GESETZES**FORMULARE**

Ingo Saenger | Christoph Ullrich | Oliver Siebert [Hrsg.]

Zwangs-vollstreckung

Kommentiertes Prozessformularbuch

3. Auflage

Überarbeitete und erweiterte Sonderausgabe
aus Saenger | Ullrich | Siebert
Gesetzesformulare Zivilprozessordnung

Ralf Bendtsen, Vorsitzender Richter am Landgericht, Lüneburg | **Dr. Jens Brögelmann**, Richter am Oberlandesgericht, Köln | **Dr. Stephanie Eberl**, LL.M. oec., Rechtsanwältin, München | **Dr. Walter Eberl**, Rechtsanwalt und Solicitor (England und Irland), München | **Walter Gierl**, Richter am Oberlandesgericht, München | **Dr. Heinz K. Haidl**, Rechtsanwalt und Fachanwalt für Handels- und Gesellschaftsrecht und für gewerblichen Rechtsschutz, Ingolstadt | **Dr. Holger Jäckel**, Richter am Landgericht, Nürnberg | **Dr. Erik Kießling**, Richter am Oberlandesgericht, Zweibrücken | **Jens Rathmann**, Richter am Oberlandesgericht, Frankfurt | **Dr. Oliver Siebert**, LL.M. (London), Rechtsanwalt und Fachanwalt für Versicherungsrecht und für Erbrecht, Mainz | **Rainer Sievers**, Diplom-Rechtspfleger, Dortmund | **Dr. Norbert Sitzmann**, Richter am Oberlandesgericht, München | **Dr. Christoph Ullrich**, Präsident des Landgerichts, Limburg | **Dr. Marcus Wilhelm**, Richter am Landgericht, Marburg

Die Formulierungsbeispiele in diesem Buch wurden mit Sorgfalt und nach bestem Wissen erstellt. Sie stellen jedoch lediglich Anregungen für die Lösungen typischer Fallgestaltungen dar. Autoren und Verlag übernehmen keine Haftung für die Richtigkeit und Vollständigkeit der in dem Buch und auf der CD-ROM enthaltenen Ausführungen und Formulierungsmuster.

Die Deutsche Nationalbibliothek verzeichnet diese Publikation in der Deutschen Nationalbibliografie; detaillierte bibliografische Daten sind im Internet über http://dnb.d-nb.de abrufbar.

ISBN 978-3-8487-2118-4

3. Auflage 2016
© Nomos Verlagsgesellschaft, Baden-Baden 2016. Printed in Germany. Alle Rechte, auch die des Nachdrucks von Auszügen, der fotomechanischen Wiedergabe und der Übersetzung, vorbehalten.

Vorwort zur 3. Auflage

Als letzter Akt bei der erfolgreichen Durchsetzung eines Anspruchs bildet die Zwangsvollstreckung den wichtigsten wirtschaftlichen Dreh- und Angelpunkt eines Zivilrechtsstreits. Die erfolgreiche Führung des Zwangsvollstreckungsverfahrens erfordert von Rechtsanwälten, Rechtspflegern, aber auch den Rechtsanwaltsfachangestellten und den Mitarbeitern in den Mahnabteilungen der Unternehmen umfassende Detailkenntnis der einschlägigen Vorschriften der ZPO, aber auch des FamFG, des ZVG und – mit der jüngst reformierten EuGVVO – zunehmend auch des Europäischen Zivilprozessrechts.

Die Konzeption der Gesetzesformulare stellt in der juristischen Praxisliteratur eine verhältnismäßig junge Gattung dar, die sich als Brücke zwischen klassischer Kommentierung und Formularbuch versteht.

Mit dieser Konzeption erschließt sie dem Nutzer paragraphenweise in jeder Verfahrenssituation die für das richtige Vorgehen erforderlichen Muster und erläutert diese so detailliert, wie dies in keinem anderen Formularbuch möglich ist.

Hiervon profitieren nicht nur diejenigen, die sich neu in die Anforderungen des Zwangsvollstreckungsrechts einarbeiten müssen. Auch erfahrene Praktiker finden zu hoch komplexen Einzelfragen stets Muster und Erläuterungen, hundertfach variiert durch gleichfalls erläuterte Varianten.

Die große Nachfrage nach den Bänden der Gesetzesformulare sowie die gesetzgeberische Aktivität, etwa durch die Erweiterung des Formularzwangs, haben eine Neuauflage des Sonderbandes aus dem erfolgreichen Werk Gesetzesformulare ZPO ermöglicht, aber auch erforderlich gemacht. Für die ausgezeichnete Unterstützung seitens des Lektorats des NOMOS-Verlags dürfen wir erneut Herrn RA Frank Michel danken.

Herausgeber, Autoren und Verlag freuen sich über Anregungen und Hinweise zur Zusammenstellung und zum Inhalt des Formularbuchs.

Münster, Limburg und Mainz im September 2015   *Ingo Saenger*
                                                      Christoph Ullrich
                                                      Oliver Siebert

Bearbeiterverzeichnis

Ralf Bendtsen, Vorsitzender Richter am Landgericht, Lüneburg
 (Tabelle pfändbarer Gegenstände)
Dr. Jens Brögelmann, Richter am Oberlandesgericht, Köln
 (§§ 802a-863, 1079-1086 ZPO)
Dr. Stephanie Eberl, LL.M. oec., Rechtsanwältin, München (§§ 1060, 1061 ZPO
 [gemeinsam mit *W. Eberl*])
Dr. Walter Eberl, Rechtsanwalt und Solicitor (England und Irland), München
 (§§ 1060, 1061 ZPO [gemeinsam mit *S. Eberl*])
Walter Gierl, Richter am Oberlandesgericht, München
 (§§ 698-700, 747-766, 771-773, 775-785, 787-789, 792-795a, 796-798a, 799-800a, 1090 ZPO)
Dr. Heinz K. Haidl, Rechtsanwalt und Fachanwalt für Handels- und Gesellschaftsrecht und für gewerblichen Rechtsschutz, Ingolstadt (§§ 935-945b ZPO)
Dr. Holger Jäckel, Richter am Landgericht, Nürnberg (§§ 916–934 ZPO)
Dr. Erik Kießling, Richter am Oberlandesgericht, Zweibrücken
 (§§ 883–898, 1105-1109 ZPO)
Jens Rathmann, Richter am Oberlandesgericht, Frankfurt
 (§§ 802c-802l, 807, 882a-882e ZPO)
Dr. Oliver Siebert, LL.M. (London), Rechtsanwalt und Fachanwalt für Versicherungsrecht und für Erbrecht, Mainz (§§ 864-882a ZPO)
Rainer Sievers, Diplom-Rechtspfleger, Dortmund (ZVG)
Dr. Norbert Sitzmann, Richter am Oberlandesgericht, München
 (§§ 704-745, 767-770, 774, 786, 795b ZPO)
Dr. Christoph Ullrich, Präsident des Landgerichts, Limburg (§§ 35, 86-96a FamFG)
Dr. Marcus Wilhelm, Richter am Landgericht, Marburg
 (Art. 36, 37, 45-48 EuGVVO)

Zitiervorschlag: GF-ZV/*Bearbeiter*, § ... Rn ...

Inhaltsverzeichnis

Vorwort zur 3. Auflage 5
Bearbeiterverzeichnis 7
Alphabetisches Musterverzeichnis 27
Abkürzungsverzeichnis 51
Literatur 53

Zivilprozessordnung (ZPO)

Buch 7 Mahnverfahren 55
§ 698 Abgabe des Verfahrens am selben Gericht 55
§ 699 Vollstreckungsbescheid 55
§ 700 Einspruch gegen den Vollstreckungsbescheid 64

Buch 8 Zwangsvollstreckung 78
Abschnitt 1 Allgemeine Vorschriften 78
§ 704 Vollstreckbare Endurteile 78
§ 705 Formelle Rechtskraft 83
§ 706 Rechtskraft- und Notfristzeugnis 85
§ 707 Einstweilige Einstellung der Zwangsvollstreckung 89
§ 708 Vorläufige Vollstreckbarkeit ohne Sicherheitsleistung 93
§ 709 Vorläufige Vollstreckbarkeit gegen Sicherheitsleistung 99
§ 710 Ausnahmen von der Sicherheitsleistung des Gläubigers 101
§ 711 Abwendungsbefugnis 103
§ 712 Schutzantrag des Schuldners 108
§ 713 Unterbleiben von Schuldnerschutzanordnungen 113
§ 714 Anträge zur vorläufigen Vollstreckbarkeit 114
§ 715 Rückgabe der Sicherheit 115
§ 716 Ergänzung des Urteils 117
§ 717 Wirkungen eines aufhebenden oder abändernden Urteils 120
§ 718 Vorabentscheidung über vorläufige Vollstreckbarkeit 124
§ 719 Einstweilige Einstellung bei Rechtsmittel und Einspruch 126
§ 720 Hinterlegung bei Abwendung der Vollstreckung 131
§ 720 a Sicherungsvollstreckung 132
§ 721 Räumungsfrist 135
§ 722 Vollstreckbarkeit ausländischer Urteile 142
§ 723 Vollstreckungsurteil 142

§		
§ 724	Vollstreckbare Ausfertigung	147
§ 725	Vollstreckungsklausel	147
§ 726	Vollstreckbare Ausfertigung bei bedingten Leistungen	152
§ 727	Vollstreckbare Ausfertigung für und gegen Rechtsnachfolger	158
§ 728	Vollstreckbare Ausfertigung bei Nacherbe oder Testamentsvollstrecker	164
§ 729	Vollstreckbare Ausfertigung gegen Vermögens- und Firmenübernehmer	165
§ 730	Anhörung des Schuldners	170
§ 731	Klage auf Erteilung der Vollstreckungsklausel	171
§ 732	Erinnerung gegen Erteilung der Vollstreckungsklausel	177
§ 733	Weitere vollstreckbare Ausfertigung	181
§ 734	Vermerk über Ausfertigungserteilung auf der Urteilsurschrift	186
§ 735	Zwangsvollstreckung gegen nicht rechtsfähigen Verein	188
§ 736	Zwangsvollstreckung gegen BGB-Gesellschaft	189
§ 737	Zwangsvollstreckung bei Vermögens- oder Erbschaftsnießbrauch	192
§ 738	Vollstreckbare Ausfertigung gegen Nießbraucher	192
§ 739	Gewahrsamsvermutung bei Zwangsvollstreckung gegen Ehegatten und Lebenspartner	196
§ 740	Zwangsvollstreckung in das Gesamtgut	198
§ 741	Zwangsvollstreckung in das Gesamtgut bei Erwerbsgeschäft	201
§ 742	Vollstreckbare Ausfertigung bei Gütergemeinschaft während des Rechtsstreits	202
§ 743	Beendete Gütergemeinschaft	205
§ 744	Vollstreckbare Ausfertigung bei beendeter Gütergemeinschaft	206
§ 744 a	Zwangsvollstreckung bei Eigentums- und Vermögensgemeinschaft	209
§ 745	Zwangsvollstreckung bei fortgesetzter Gütergemeinschaft	210
§ 746	(weggefallen)	211
§ 747	Zwangsvollstreckung in ungeteilten Nachlass	211
§ 748	Zwangsvollstreckung bei Testamentsvollstrecker	213
§ 749	Vollstreckbare Ausfertigung für und gegen Testamentsvollstrecker	213
§ 750	Voraussetzungen der Zwangsvollstreckung	218
§ 751	Bedingungen für Vollstreckungsbeginn	219
§ 752	Sicherheitsleistung bei Teilvollstreckung	220
§ 753	Vollstreckung durch Gerichtsvollzieher	222
§ 754	Vollstreckungsauftrag und vollstreckbare Ausfertigung	222
§ 755	Ermittlung des Aufenthaltsorts des Schuldners	222
§ 756	Zwangsvollstreckung bei Leistung Zug um Zug	223
§ 757	Übergabe des Titels und Quittung	232

§ 758	Durchsuchung; Gewaltanwendung	232
§ 758 a	Richterliche Durchsuchungsanordnung; Vollstreckung zur Unzeit	232
§ 759	Zuziehung von Zeugen	233
§ 760	Akteneinsicht; Aktenabschrift	243
§ 761	(weggefallen)	244
§ 762	Protokoll über Vollstreckungshandlungen	244
§ 763	Aufforderungen und Mitteilungen	244
§ 764	Vollstreckungsgericht	245
§ 765	Vollstreckungsgerichtliche Anordnungen bei Leistung Zug um Zug	246
§ 765 a	Vollstreckungsschutz	246
§ 766	Erinnerung gegen Art und Weise der Zwangsvollstreckung	253
§ 767	Vollstreckungsabwehrklage	258
§ 768	Klage gegen Vollstreckungsklausel	269
§ 769	Einstweilige Anordnungen	273
§ 770	Einstweilige Anordnungen im Urteil	278
§ 771	Drittwiderspruchsklage	280
§ 772	Drittwiderspruchsklage bei Veräußerungsverbot	283
§ 773	Drittwiderspruchsklage des Nacherben	284
§ 774	Drittwiderspruchsklage des Ehegatten	286
§ 775	Einstellung oder Beschränkung der Zwangsvollstreckung	288
§ 776	Aufhebung von Vollstreckungsmaßregeln	288
§ 777	Erinnerung bei genügender Sicherung des Gläubigers	293
§ 778	Zwangsvollstreckung vor Erbschaftsannahme	295
§ 779	Fortsetzung der Zwangsvollstreckung nach dem Tod des Schuldners	295
§ 780	Vorbehalt der beschränkten Erbenhaftung	297
§ 781	Beschränkte Erbenhaftung in der Zwangsvollstreckung	301
§ 782	Einreden des Erben gegen Nachlassgläubiger	303
§ 783	Einreden des Erben gegen persönliche Gläubiger	306
§ 784	Zwangsvollstreckung bei Nachlassverwaltung und -insolvenzverfahren	307
§ 785	Vollstreckungsabwehrklage des Erben	309
§ 786	Vollstreckungsabwehrklage bei beschränkter Haftung	311
§ 786 a	See- und binnenschifffahrtsrechtliche Haftungsbeschränkung	314
§ 787	Zwangsvollstreckung bei herrenlosem Grundstück oder Schiff	315
§ 788	Kosten der Zwangsvollstreckung	317
§ 789	Einschreiten von Behörden	321
§ 790	(aufgehoben)	322
§ 791	(weggefallen)	322

§ 792	Erteilung von Urkunden an Gläubiger	322
§ 793	Sofortige Beschwerde	323
§ 794	Weitere Vollstreckungstitel	323
§ 794 a	Zwangsvollstreckung aus Räumungsvergleich	335
§ 795	Anwendung der allgemeinen Vorschriften auf die weiteren Vollstreckungstitel	339
§ 795 a	Zwangsvollstreckung aus Kostenfestsetzungsbeschluss	339
§ 795 b	Vollstreckbarerklärung des gerichtlichen Vergleichs	339
§ 796	Zwangsvollstreckung aus Vollstreckungsbescheiden	340
§ 796 a	Voraussetzungen für die Vollstreckbarerklärung des Anwaltsvergleichs	341
§ 796 b	Vollstreckbarerklärung durch das Prozessgericht	342
§ 796 c	Vollstreckbarerklärung durch einen Notar	347
§ 797	Verfahren bei vollstreckbaren Urkunden	350
§ 798	Wartefrist	352
§ 798 a	(aufgehoben)	353
§ 799	Vollstreckbare Urkunde bei Rechtsnachfolge	353
§ 799 a	Schadensersatzpflicht bei der Vollstreckung aus Urkunden durch andere Gläubiger	353
§ 800	Vollstreckbare Urkunde gegen den jeweiligen Grundstückseigentümer	353
§ 800 a	Vollstreckbare Urkunde bei Schiffshypothek	354
§ 801	Landesrechtliche Vollstreckungstitel	355
§ 802	Ausschließlichkeit der Gerichtsstände	355
Abschnitt 2	**Zwangsvollstreckung wegen Geldforderungen**	355
Titel 1	**Allgemeine Vorschriften**	355
§ 802 a	Grundsätze der Vollstreckung; Regelbefugnisse des Gerichtsvollziehers	355
§ 802 b	Gütliche Erledigung; Vollstreckungsaufschub bei Zahlungsvereinbarung	356
§ 802 c	Vermögensauskunft des Schuldners	358
§ 802 d	Erneute Vermögensauskunft	361
§ 802 e	Zuständigkeit	365
§ 802 f	Verfahren zur Abnahme der Vermögensauskunft	365
§ 802 g	Erzwingungshaft	366
§ 802 h	Unzulässigkeit der Haftvollstreckung	370
§ 802 i	Vermögensauskunft des verhafteten Schuldners	370
§ 802 j	Dauer der Haft; erneute Haft	371
§ 802 k	Zentrale Verwaltung der Vermögensverzeichnisse	371

| § 802 l | Auskunftsrechte des Gerichtsvollziehers | 372 |

Abschnitt 2 Zwangsvollstreckung wegen Geldforderungen 374
Titel 2 Zwangsvollstreckung in das bewegliche Vermögen 374
Untertitel 1 Allgemeine Vorschriften 374

§ 803	Pfändung	374
§ 804	Pfändungspfandrecht	374
§ 805	Klage auf vorzugsweise Befriedigung	375
§ 806	Keine Gewährleistung bei Pfandveräußerung	377
§ 806 a	Mitteilungen und Befragung durch den Gerichtsvollzieher	377
§ 806 b	(aufgehoben)	378
§ 807	Abnahme der Vermögensauskunft nach Pfändungsversuch	379

Untertitel 2 Zwangsvollstreckung in körperliche Sachen 381

§ 808	Pfändung beim Schuldner	381
§ 809	Pfändung beim Gläubiger oder bei Dritten	382
§ 810	Pfändung ungetrennter Früchte	383
§ 811	Unpfändbare Sachen	385
§ 811 a	Austauschpfändung	387
§ 811 b	Vorläufige Austauschpfändung	389
§ 811 c	Unpfändbarkeit von Haustieren	391
§ 811 d	Vorwegpfändung	392
§ 812	Pfändung von Hausrat	393
§ 813	Schätzung	393
§ 814	Öffentliche Versteigerung	395
§ 815	Gepfändetes Geld	397
§ 816	Zeit und Ort der Versteigerung	398
§ 817	Zuschlag und Ablieferung	400
§ 817 a	Mindestgebot	402
§ 818	Einstellung der Versteigerung	403
§ 819	Wirkung des Erlösempfanges	404
§ 820	(weggefallen)	404
§ 821	Verwertung von Wertpapieren	404
§ 822	Umschreibung von Namenspapieren	404
§ 823	Außer Kurs gesetzte Inhaberpapiere	405
§ 824	Verwertung ungetrennter Früchte	405
§ 825	Andere Verwertungsart	405
§ 826	Anschlusspfändung	409
§ 827	Verfahren bei mehrfacher Pfändung	411

Untertitel 3 Zwangsvollstreckung in Forderungen und andere Vermögensrechte ... 413

§ 828	Zuständigkeit des Vollstreckungsgerichts	413
§ 829	Pfändung einer Geldforderung	414
§ 829 a	Vereinfachter Vollstreckungsauftrag bei Vollstreckungsbescheiden	436
§ 830	Pfändung einer Hypothekenforderung	440
§ 830 a	Pfändung einer Schiffshypothekenforderung	443
§ 831	Pfändung indossabler Papiere	444
§ 832	Pfändungsumfang bei fortlaufenden Bezügen	444
§ 833	Pfändungsumfang bei Arbeits- und Diensteinkommen	444
§ 833 a	Pfändungsumfang bei Kontoguthaben	445
§ 834	Keine Anhörung des Schuldners	445
§ 835	Überweisung einer Geldforderung	445
§ 836	Wirkung der Überweisung	449
§ 837	Überweisung einer Hypothekenforderung	452
§ 837 a	Überweisung einer Schiffshypothekenforderung	454
§ 838	Einrede des Schuldners bei Faustpfand	454
§ 839	Überweisung bei Abwendungsbefugnis	455
§ 840	Erklärungspflicht des Drittschuldners	455
§ 841	Pflicht zur Streitverkündung	458
§ 842	Schadenersatz bei verzögerter Beitreibung	460
§ 843	Verzicht des Pfandgläubigers	462
§ 844	Andere Verwertungsart	463
§ 845	Vorpfändung	465
§ 846	Zwangsvollstreckung in Herausgabeansprüche	467
§ 847	Herausgabeanspruch auf eine bewegliche Sache	467
§ 847 a	Herausgabeanspruch auf ein Schiff	469
§ 848	Herausgabeanspruch auf eine unbewegliche Sache	470
§ 849	Keine Überweisung an Zahlungs statt	472
§ 850	Pfändungsschutz für Arbeitseinkommen	472
§ 850 a	Unpfändbare Bezüge	475
§ 850 b	Bedingt pfändbare Bezüge	476
§ 850 c	Pfändungsgrenzen für Arbeitseinkommen	479
§ 850 d	Pfändbarkeit bei Unterhaltsansprüchen	483
§ 850 e	Berechnung des pfändbaren Arbeitseinkommens	495
§ 850 f	Änderung des unpfändbaren Betrages	501
§ 850 g	Änderung der Unpfändbarkeitsvoraussetzungen	506
§ 850 h	Verschleiertes Arbeitseinkommen	507

§ 850i	Pfändungsschutz für sonstige Einkünfte	511
§ 850k	Pfändungsschutzkonto	514
§ 850l	Anordnung der Unpfändbarkeit von Kontoguthaben auf dem Pfändungsschutzkonto	523
§ 851	Nicht übertragbare Forderungen	525
§ 851a	Pfändungsschutz für Landwirte	525
§ 851b	Pfändungsschutz bei Miet- und Pachtzinsen	527
§ 851c	Pfändungsschutz bei Altersrenten	529
§ 851d	Pfändungsschutz bei steuerlich gefördertem Altersvorsorgevermögen	532
§ 852	Beschränkt pfändbare Forderungen	532
§ 853	Mehrfache Pfändung einer Geldforderung	537
§ 854	Mehrfache Pfändung eines Anspruchs auf bewegliche Sachen	539
§ 855	Mehrfache Pfändung eines Anspruchs auf eine unbewegliche Sache	542
§ 855a	Mehrfache Pfändung eines Anspruchs auf ein Schiff	542
§ 856	Klage bei mehrfacher Pfändung	543
§ 857	Zwangsvollstreckung in andere Vermögensrechte	544
§ 858	Zwangsvollstreckung in Schiffspart	556
§ 859	Pfändung von Gesamthandanteilen	558
§ 860	Pfändung von Gesamtgutanteilen	561
§§ 861 und 862 (weggefallen)		562
§ 863	Pfändungsbeschränkungen bei Erbschaftsnutzungen	562
Titel 3	Zwangsvollstreckung in das unbewegliche Vermögen	563
§ 864	Gegenstand der Immobiliarvollstreckung	563
§ 865	Verhältnis zur Mobiliarvollstreckung	563
§ 866	Arten der Vollstreckung	563
§ 867	Zwangshypothek	563
§ 868	Erwerb der Zwangshypothek durch den Eigentümer	564
§ 869	Zwangsversteigerung und Zwangsverwaltung	564
§ 870	Grundstücksgleiche Rechte	564
§ 870a	Zwangsvollstreckung in ein Schiff oder Schiffsbauwerk	574
§ 871	Landesrechtlicher Vorbehalt bei Eisenbahnen	575
Titel 4	Verteilungsverfahren	575
§ 872	Voraussetzungen	575
§ 873	Aufforderung des Verteilungsgerichts	576
§ 874	Teilungsplan	576
§ 875	Terminsbestimmung	580
§ 876	Termin zur Erklärung und Ausführung	580

§ 877	Säumnisfolgen	580
§ 878	Widerspruchsklage	583
§ 879	Zuständigkeit für die Widerspruchsklage	583
§ 880	Inhalt des Urteils	583
§ 881	Versäumnisurteil	583
§ 882	Verfahren nach dem Urteil	583
Titel 5	**Zwangsvollstreckung gegen juristische Personen des öffentlichen Rechts**	**586**
§ 882 a	Zwangsvollstreckung wegen einer Geldforderung	586
Titel 6	**Schuldnerverzeichnis**	**589**
§ 882 b	Inhalt des Schuldnerverzeichnisses	589
§ 882 c	Eintragungsanordnung	590
§ 882 d	Vollziehung der Eintragungsanordnung	590
§ 882 e	Löschung	591
Abschnitt 3	**Zwangsvollstreckung zur Erwirkung der Herausgabe von Sachen und zur Erwirkung von Handlungen oder Unterlassungen**	**592**
§ 883	Herausgabe bestimmter beweglicher Sachen	592
§ 884	Leistung einer bestimmten Menge vertretbarer Sachen	596
§ 885	Herausgabe von Grundstücken oder Schiffen	597
§ 885 a	Beschränkter Vollstreckungsauftrag	603
§ 886	Herausgabe bei Gewahrsam eines Dritten	606
§ 887	Vertretbare Handlungen	606
§ 888	Nicht vertretbare Handlungen	612
§ 888 a	Keine Handlungsvollstreckung bei Entschädigungspflicht	618
§ 889	Eidesstattliche Versicherung nach bürgerlichem Recht	618
§ 890	Erzwingung von Unterlassungen und Duldungen	621
§ 891	Verfahren; Anhörung des Schuldners; Kostenentscheidung	632
§ 892	Widerstand des Schuldners	632
§ 892 a	(aufgehoben, nunmehr §96 Abs.1 FamFG)	633
§ 893	Klage auf Leistung des Interesses	633
§ 894	Fiktion der Abgabe einer Willenserklärung	634
§ 895	Willenserklärung zwecks Eintragung bei vorläufig vollstreckbarem Urteil	635
§ 896	Erteilung von Urkunden an Gläubiger	636
§ 897	Übereignung; Verschaffung von Grundpfandrechten	637
§ 898	Gutgläubiger Erwerb	637
Abschnitt 4	**(aufgehoben)**	**638**
§§ 899 bis 915 h (aufgehoben)		638

Abschnitt 5	**Arrest und einstweilige Verfügung**	638
§ 916	Arrestanspruch	638
§ 917	Arrestgrund bei dinglichem Arrest	638
§ 918	Arrestgrund bei persönlichem Arrest	638
§ 919	Arrestgericht	639
§ 920	Arrestgesuch	639
§ 921	Entscheidung über das Arrestgesuch	642
§ 922	Arresturteil und Arrestbeschluss	643
§ 923	Abwendungsbefugnis	643
§ 924	Widerspruch	649
§ 925	Entscheidung nach Widerspruch	653
§ 926	Anordnung der Klageerhebung	658
§ 927	Aufhebung wegen veränderter Umstände	663
§ 928	Vollziehung des Arrestes	668
§ 929	Vollstreckungsklausel; Vollziehungsfrist	668
§ 930	Vollziehung in bewegliches Vermögen und Forderungen	668
§ 931	Vollziehung in eingetragenes Schiff oder Schiffsbauwerk	670
§ 932	Arresthypothek	671
§ 933	Vollziehung des persönlichen Arrestes	673
§ 934	Aufhebung der Arrestvollziehung	674
§ 935	Einstweilige Verfügung bezüglich Streitgegenstand	676
§ 936	Anwendung der Arrestvorschriften	680
§ 937	Zuständiges Gericht	680
§ 938	Inhalt der einstweiligen Verfügung	684
§ 939	Aufhebung gegen Sicherheitsleistung	686
§ 940	Einstweilige Verfügung zur Regelung eines einstweiligen Zustandes	686
§ 940 a	Räumung von Wohnraum	692
§ 941	Ersuchen um Eintragungen im Grundbuch usw.	695
§ 942	Zuständigkeit des Amtsgerichts der belegenen Sache	696
§ 943	Gericht der Hauptsache	699
§ 944	Entscheidung des Vorsitzenden bei Dringlichkeit	699
§ 945	Schadensersatzpflicht	699
§ 945 a	Einreichung von Schutzschriften	701
§ 945 b	Verordnungsermächtigung	703

Buch 10 Schiedsrichterliches Verfahren ... 703

Abschnitt 8 Voraussetzungen der Anerkennung und Vollstreckung von Schiedssprüchen ... 703

§ 1060 Inländische Schiedssprüche ... 703
§ 1061 Ausländische Schiedssprüche ... 712

Buch 11 Justizielle Zusammenarbeit in der Europäischen Union ... 718

Abschnitt 4 Europäische Vollstreckungstitel nach der Verordnung (EG) Nr. 805/2004 ... 718

Titel 1 Bestätigung inländischer Titel als Europäische Vollstreckungstitel ... 718
§ 1079 Zuständigkeit ... 718
§ 1080 Entscheidung ... 719
§ 1081 Berichtigung und Widerruf ... 732

Titel 2 Zwangsvollstreckung aus Europäischen Vollstreckungstiteln im Inland ... 735
§ 1082 Vollstreckungstitel ... 735
§ 1083 Übersetzung ... 735
§ 1084 Anträge nach den Artikeln 21 und 23 der Verordnung (EG) Nr. 805/2004 ... 735
§ 1085 Einstellung der Zwangsvollstreckung ... 739
§ 1086 Vollstreckungsabwehrklage ... 742

Abschnitt 5 Europäisches Mahnverfahren nach der VO (EG) Nr. 1896/2006 ... 742

Titel 1 Allgemeine Vorschriften ... 742
§ 1087 Zuständigkeit ... 742
§ 1088 Maschinelle Bearbeitung ... 742
§ 1089 Zustellung ... 742

Titel 2 Einspruch gegen den Europäischen Zahlungsbefehl ... 743
§ 1090 Verfahren nach Einspruch ... 743
§ 1091 Einleitung des Streitverfahrens ... 744

Titel 3 Überprüfung des Europäischen Zahlungsbefehls in Ausnahmefällen ... 745
§ 1092 Verfahren ... 745

Abschnitt 6	Europäisches Verfahren für geringfügige Forderungen nach der Verordnung (EG) Nr.861/2007	747
Titel 1	Erkenntnisverfahren	747
Titel 2	Zwangsvollstreckung	748
§ 1105	Zwangsvollstreckung inländischer Titel	748
§ 1106	Bestätigung inländischer Titel	750
§ 1107	Ausländische Vollstreckungstitel	753
§ 1108	Übersetzung	753
§ 1109	Anträge nach den Artikeln 22 und 23 der Verordnung (EG) Nr. 861/2007; Vollstreckungsabwehrklage	754
Abschnitt 7	Anerkennung und Vollstreckung nach der Verordnung (EU) Nr. 1215/2012	769
Titel 1	Bescheinigung über inländische Titel	769
§ 1110	Zuständigkeit	769
§ 1111	Verfahren	769
Titel 2	Anerkennung und Vollstreckung ausländischer Titel im Inland	769
§ 1112	Entbehrlichkeit der Vollstreckungsklausel	769
§ 1113	Übersetzung oder Transliteration	769
§ 1114	Anfechtung der Anpassung eines Titels	769
§ 1115	Versagung der Anerkennung oder der Vollstreckung	770
§ 1116	Wegfall oder Beschränkung der Vollstreckbarkeit im Ursprungsmitgliedstaat	770
§ 1117	Vollstreckungsabwehrklage	770

Gesetz über die Zwangsversteigerung und die Zwangsverwaltung (ZVG)

Erster Abschnitt	Zwangsversteigerung und Zwangsverwaltung von Grundstücken im Wege der Zwangsvollstreckung	771
Erster Titel	Allgemeine Vorschriften	771
§ 1	Zuständiges Amtsgericht	771
§ 2	Bestellung durch das höhere Gericht	771
§ 3	Zustellungen	771
§ 4	Zustellung durch Aufgabe zur Post	771
§ 5	Zustellungsbevollmächtigter	772
§ 6	Bestellung eines Zustellungsvertreters	772
§ 7	Zustellung an Zustellungsvertreter	772
§ 8	Zustellung des Anordnungs- und Beitrittsbeschlusses	772
§ 9	Beteiligte	772

§ 10	Rangordnung der Rechte	775
§ 11	Rangordnung verschiedener Rechte in derselben Klasse	777
§ 12	Rangordnung gleicher Rechte untereinander	777
§ 13	Wiederkehrende Leistungen	777
§ 14	Ansprüche unbestimmten Betrages	777
Zweiter Titel	**Zwangsversteigerung**	**778**
I.	**Anordnung der Versteigerung**	778
§ 15	Antrag	778
§ 16	Inhalt des Antrages	778
§ 17	Eintragung des Schuldners; Glaubhaftmachung der Erbfolge	778
§ 18	Versteigerung mehrerer Grundstücke	789
§ 19	Eintragung der Anordnung in das Grundbuch	789
§ 20	Beschlagnahme des Grundstücks; Umfang	790
§ 21	Umfang der Beschlagnahme	790
§ 22	Wirksamwerden der Beschlagnahme	790
§ 23	Wirkung der Beschlagnahme	790
§ 24	Verwaltung und Benutzung durch den Schuldner	791
§ 25	Sicherung der ordnungsmäßigen Bewirtschaftung	791
§ 26	Veräußerung nach Beschlagnahme	791
§ 27	Beitritt zum Versteigerungsverfahren	791
II.	**Aufhebung und einstweilige Einstellung des Verfahrens**	794
§ 28	Entgegenstehende grundbuchmäßige Rechte; Verfügungsbeschränkung; Vollstreckungsmangel	794
§ 29	Zurücknahme des Antrages	797
§ 30	Einstweilige Einstellung auf Bewilligung des Gläubigers	798
§ 30 a	Einstweilige Einstellung auf Antrag des Schuldners	798
§ 30 b	Antrag auf einstweilige Einstellung; Entscheidung	799
§ 30 c	Erneute Einstellung	799
§ 30 d	Einstweilige Einstellung auf Antrag des Insolvenzverwalters	806
§ 30 e	Auflage zur einstweiligen Einstellung	806
§ 30 f	Aufhebung der einstweiligen Einstellung	807
§ 31	Fortsetzung auf Antrag des Gläubigers	807
§ 32	Zustellung des Aufhebungs- oder Einstellungsbeschlusses	807
§ 33	Entscheidung durch Versagung des Zuschlags	808
§ 34	Löschung des Versteigerungsvermerkes	808
III.	**Bestimmung des Versteigerungstermins**	808
§ 35	Ausführung durch Vollstreckungsgericht	808
§ 36	Terminsbestimmung	808

§ 37	Wesentlicher Inhalt der Terminsbestimmung	808
§ 38	Weitere Angaben in der Terminsbestimmung	809
§ 39	Bekanntmachung der Terminsbestimmung	809
§ 40	Anheftung an die Gerichtstafel	809
§ 41	Zustellung an die Beteiligten	810
§ 42	Akteneinsicht	810
§ 43	Terminsaufhebung	810
IV.	**Geringstes Gebot. Versteigerungsbedingungen**	810
§ 44	Begriff des geringsten Gebots	810
§ 45	Feststellung des geringsten Gebots	811
§ 46	Wiederkehrende Naturalleistungen	817
§ 47	Wiederkehrende Geldleistungen	817
§ 48	Bedingte Rechte; Vormerkung und Widerspruch	817
§ 49	Bargebot	817
§ 50	Erhöhung des zu zahlenden Betrages	817
§ 51	Erhöhung bei Nichthypothekenrechten	818
§ 52	Bestehenbleibende Rechte	818
§ 53	Schuldübernahme	818
§ 54	Kündigung von Grundpfandrechten	818
§ 55	Gegenstand der Versteigerung	819
§ 56	Gefahrübergang	819
§ 57	Mieter, Pächter	819
§ 57 a	Kündigungsrecht des Erstehers	819
§ 57 b	Vorausverfügungen über Miet- oder Pachtzins	819
§§ 57 c und 57 d (aufgehoben)		820
§ 58	Kosten des Zuschlagsbeschlusses	820
§ 59	Abweichende Feststellung des geringsten Gebots	820
§§ 60 und 61 (aufgehoben)		823
§ 62	Erörterungen über das geringste Gebot	824
§ 63	Einzel-, Gesamt- und Gruppenausgebot mehrerer Grundstücke	824
§ 64	Gesamthypothek	824
§ 65	Besondere Versteigerung; anderweitige Verwertung	825
V.	**Versteigerung**	825
§ 66	Verfahren im Termin	825
§ 67	Verlangen einer Sicherheitsleistung	825
§ 68	Höhe der Sicherheit	826
§ 69	Art der Sicherheitsleistung	826
§ 70	Sofortige Entscheidung; sofortige Leistung	826

§ 71	Zurückweisung eines unwirksamen Gebots	827
§ 72	Erlöschen eines Gebots; Übergebot	827
§ 73	Frist; Verkündung des letzten Gebots	827
§ 74	Anhörung über den Zuschlag	827
§ 74 a	Antrag auf Versagung des Zuschlags	827
§ 74 b	Ausnahme von § 74a	834
§ 75	Einstellung wegen Vorlegung eines Einzahlungs- oder Überweisungsnachweises im Termin	834
§ 76	Einstellung wegen Deckung des Gläubigers aus einem Einzelausgebot	834
§ 77	Einstellung wegen Mangels an Geboten	834
§ 78	Protokoll	835
VI.	**Entscheidung über den Zuschlag**	835
§ 79	Keine Bindung an Vorentscheidungen	835
§ 80	Nicht protokollierte Vorgänge	835
§ 81	Zuschlagsberechtigte	835
§ 82	Inhalt des Zuschlagsbeschlusses	835
§ 83	Versagung des Zuschlags	835
§ 84	Keine Versagung des Zuschlags	836
§ 85	Versagung bei Antrag auf neuen Versteigerungstermin	836
§ 85 a	Versagung bei zu geringem Meistgebot	837
§ 86	Wirkung der Versagung	837
§ 87	Verkündungstermin	837
§ 88	Zustellung des Beschlusses	837
§ 89	Wirksamwerden des Zuschlags	837
§ 90	Eigentumserwerb durch Zuschlag	837
§ 91	Erlöschen von Rechten	838
§ 92	Anspruch auf Ersatz des Wertes	838
§ 93	Zuschlagsbeschluss als Vollstreckungstitel	841
§ 94	Gerichtliche Verwaltung	843
VII.	**Beschwerde**	846
Vor §§ 95 bis 104		846
§ 95	Zulässigkeit	847
§ 96	Anzuwendende Vorschriften	848
§ 97	Beschwerdeberechtigte	848
§ 98	Beginn der Beschwerdefrist	848
§ 99	Gegner des Beschwerdeführers	848
§ 100	Beschwerdegründe	848

§ 101	Begründete Beschwerde; weitere Beschwerde	848
§ 102	Berechtigte für weitere Beschwerde	848
§ 103	Zustellung der Beschwerdeentscheidung	849
§ 104	Wirksamwerden der Zuschlagserteilung in der Beschwerde	849

VIII. Verteilung des Erlöses 849

§ 105	Bestimmung des Verteilungstermins	849
§ 106	Vorläufiger Teilungsplan	852
§ 107	Teilungsmasse	852
§ 108	(aufgehoben)	852
§ 109	Kosten des Verfahrens; Überschuss	853
§ 110	Nachstehende Rechte	853
§ 111	Betagter Anspruch	853
§ 112	Gesamtausgebot	853
§ 113	Aufstellung des Teilungsplans	854
§ 114	Aufzunehmende Ansprüche	854
§ 114 a	Kein Anspruch des Erstehers unter 7/10-Grenze	856
§ 115	Widerspruch gegen den Teilungsplan	856
§ 116	Aussetzung der Ausführung	859
§ 117	Ausführung bei Zahlung des Bargebots	860
§ 118	Ausführung bei Nichtzahlung des Versteigerungserlöses	860
§ 119	Aufstellung des Teilungsplans bei bedingtem Anspruch	863
§ 120	Ausführung des Teilungsplans bei aufschiebender Bedingung	863
§ 121	Zuteilung auf Ersatzansprüche	863
§ 122	Verteilung bei Gesamthypothek	863
§ 123	Hilfsübertragung bei Gesamthypothek	863
§ 124	Verteilung bei Widerspruch gegen den Teilungsplan	864
§ 125	Zuteilung des erhöhten Betrages	864
§ 126	Hilfszuteilung bei unbekannten Berechtigten	864
§ 127	Vermerke auf Hypothekenbriefen und vollstreckbaren Titeln	866
§ 128	Eintragung einer Sicherungshypothek	867
§ 129	Spätere Rangverschiebung der Sicherungshypotheken	867
§ 130	Eintragungen in das Grundbuch	867
§ 130 a	Vormerkung	868
§ 131	Löschung einer Hypothek, Grundschuld oder Rentenschuld	868
§ 132	Vollstreckbarkeit; Vollstreckungsklausel	868
§ 133	Vollstreckung ohne Zustellung des Vollstreckungstitels	869
§ 134	(aufgehoben)	872
§ 135	Vertreter für unbekannten Berechtigten	872

§ 136	Kraftloserklärung von Grundpfandbriefen	872
§ 137	Nachträgliche Ermittlung des Berechtigten	872
§ 138	Ermächtigung zum Aufgebot	872
§ 139	Terminsbestimmung bei nachträglicher Ermittlung	874
§ 140	Aufgebotsverfahren	875
§ 141	Ausführung des Teilungsplans nach Ausschließungsbeschluss	878
§ 142	Dreißigjährige Frist für hinterlegten Betrag	878
§ 143	Außergerichtliche Einigung über Erlösverteilung	878
§ 144	Außergerichtliche Befriedigung der Berechtigten	878
§ 145	Anzuwendende Vorschriften	879
§ 145 a	Sonderbestimmungen	879

Dritter Titel   Zwangsverwaltung 879

§ 146	Anordnung	879
§ 147	Eigenbesitz des Schuldners	887
§ 148	Beschlagnahme des Grundstücks; Umfang	887
§ 149	Wohnräume und Unterhalt des Schuldners	887
§ 150	Bestellung des Verwalters; Übergabe des Grundstücks	888
§ 150 a	Vorgeschlagener Verwalter	888
§ 150 b	Schuldner als Verwalter	888
§ 150 c	Aufsichtsperson für Schuldner als Verwalter	888
§ 150 d	Befugnisse des Schuldners als Verwalter	889
§ 150 e	Keine Vergütung für Schuldner als Verwalter	889
§ 151	Wirksamwerden der Beschlagnahme	889
§ 152	Aufgaben des Verwalters	889
§ 152 a	Ermächtigung	890
§ 153	Anordnungen und Aufsicht des Gerichts	890
§ 153 a	Anordnungen über Entgelt für Viehfutter	890
§ 153 b	Einstweilige Einstellung auf Antrag des Insolvenzverwalters	890
§ 153 c	Aufhebung der einstweiligen Einstellung	890
§ 154	Haftung; Rechnungslegung	891
§ 155	Verteilung der Nutzungen	891
§ 156	Öffentliche Lasten; Verteilungstermin	895
§ 157	Ausführung des Teilungsplans	895
§ 158	Kapital von Grundpfandrechten	896
§ 158 a	Belastung in einheitlicher Europäischer Währung	896
§ 159	Klage auf Änderung des Teilungsplans	896
§ 160	Außergerichtliche Verteilung	896
§ 161	Aufhebung des Verfahrens	896

Gesetz über das Verfahren in Familiensachen und in den Angelegenheiten der freiwilligen Gerichtsbarkeit (FamFG)

Vorbemerkung 899

Buch 1	Allgemeiner Teil	902
Abschnitt 1	Allgemeine Vorschriften	902
Abschnitt 2	Verfahren im ersten Rechtszug	902
§ 35	Zwangsmittel	902
Abschnitt 8	Vollstreckung	903
Unterabschnitt 1	Allgemeine Vorschriften	903
§ 86	Vollstreckungstitel	903
§ 87	Verfahren; Beschwerde	903
Unterabschnitt 2	Vollstreckung von Entscheidungen über die Herausgabe von Personen und die Regelung des Umgangs	907
§ 88	Grundsätze	907
§ 89	Ordnungsmittel	907
§ 90	Anwendung unmittelbaren Zwanges	911
§ 91	Richterlicher Durchsuchungsbeschluss	911
§ 92	Vollstreckungsverfahren	915
§ 93	Einstellung der Vollstreckung	915
§ 94	Eidesstattliche Versicherung	916
Unterabschnitt 3	Vollstreckung nach der Zivilprozessordnung	916
§ 95	Anwendung der Zivilprozessordnung	916
§ 96	Vollstreckung in Verfahren nach dem Gewaltschutzgesetz und in Ehewohnungssachen	917
§ 96 a	Vollstreckung in Abstammungssachen	918

Verordnung (EG) Nr. 44/2001 des Rates vom 22. Dezember 2000 über die gerichtliche Zuständigkeit und die Anerkennung und Vollstreckung von Entscheidungen in Zivil- und Handelssachen (EuGVVO)

Artikel 36	919
Artikel 37	919
Artikel 45	927
Artikel 46	933
Artikel 47	934
Artikel 48	934

Inhaltsverzeichnis

Artikel 49 938
Artikel 50 938
Artikel 51 938

Stichwortverzeichnis... 1091

Alphabetisches Musterverzeichnis

	Muster-Nr	§/Art.		Rn
Abtretung, Anmeldung	413	ZVG	§ 9	1
Abwendungsbefugnis, Entscheidung nach § 711	30	ZPO	§ 708	1
Anhörung des Schuldners, Anregung im Rahmen eines Antrags nach § 726	80	ZPO	§ 730	1
Anhörung des Schuldners, Verfügung des Rechtspflegers	81	ZPO	§ 730	7
Anmeldung zum Verteilungstermin	434	ZVG	§ 92	2
Annahmeverzug, bereits erfolgten Begründung durch den Gläubiger (Holschuld)	122	ZPO	§ 756	5
Annahmeverzug, Feststellung im Urteil	121	ZPO	§ 756	4
Anschlusspfändung, Antrag im Vollstreckungsauftrag, § 754	246	ZPO	§ 826	1
Antrag auf Ersatzvornahme	337	ZPO	§ 887	1
Antrag auf Nichtberücksichtigung eines Unterhaltsberechtigten	279	ZPO	§ 850 c	1
Anwaltsvergleich, Antrag auf Erteilung einer vollstreckbaren Ausfertigung	208	ZPO	§ 797	3
Anwaltsvergleich, Antrag auf Vollstreckbarerklärung durch das Prozessgericht	201	ZPO	§ 796 b	1
Anwaltsvergleich, Beschluss über die Vollstreckbarerklärung	206	ZPO	§ 796 c	12
Arrest, Antrag auf Aufhebung	362	ZPO	§ 926	17
Arrest, Antrag auf Aufhebung der Vollziehung des	368	ZPO	§ 934	1
Arrest, Antrag des Schuldners auf Aufhebung wegen veränderter Umstände	364	ZPO	§ 927	1
Arrest, dinglicher; Anordnung	352	ZPO	§ 923	1
Arrest, dinglicher; Antrag	351	ZPO	§ 920	1
Arrest, persönlicher; Tenorierung	353	ZPO	§ 923	21
Arrest, Tenor des Aufhebungsurteils bei veränderten Umständen	365	ZPO	§ 927	11

Alphabetisches Musterverzeichnis

	Muster-Nr	§/Art.		Rn
Arrest, Tenor des Beschlusses zur Aufhebung der Vollziehung	369	ZPO	§ 934	6
Arrest, Tenor des bestätigenden Urteils	357	ZPO	§ 925	5
Arrest, Tenor einer gemischten Entscheidung	359	ZPO	§ 925	22
Arrest, Tenor eines aufhebenden Urteils	358	ZPO	§ 925	17
Arrestbefehl, Antrag des Schuldners auf Fristsetzung zur Klageerhebung	360	ZPO	§ 926	1
Arrestbefehl, Tenor des fristsetzenden Beschlusses	361	ZPO	§ 926	6
Arrestbefehl/einstweilige Verfügung; Aufhebungsurteil	363	ZPO	§ 926	23
Arrestbeschluss, Antrag auf Bestätigung	356	ZPO	§ 925	1
Arrestbeschluss, Widerspruch	355	ZPO	§ 924	1
Arresthypothek, Antrag auf Eintragung	367	ZPO	§ 932	1
Arrestverfahren, zurückweisender Beschluss im	354	ZPO	§ 923	29
Aufgebot	450	ZVG	§ 140	8
Aufgebot, Antrag auf Ermächtigung	447	ZVG	§ 138	1
Aufgebot, Beschluss mit Ermächtigung	448	ZVG	§ 138	5
Aufgebotsantrag	449	ZVG	§ 140	1
Ausländische Entscheidung, Anerkennung; Antrag auf Feststellung	467	EugVVO	Art. 37	35
Ausländische Entscheidung, Anerkennung; Antrag auf Versagung	470	EugVVO	Art. 45	29
Ausländische Entscheidung, Anerkennung; Antrag auf Versagung der Vollstreckung	473	EugVVO	Art. 48	23
Ausländische Entscheidung, Anerkennung; Beschluss zur Feststellung	465	EugVVO	Art. 37	1
Ausländische Entscheidung, Anerkennung; Versagung der Vollstreckung	471	EugVVO	Art. 48	1
Ausländische Entscheidung, Anerkennung; Zurückweisung des Versagungsantrags	469	EugVVO	Art. 45	20
Ausländische Entscheidung, Anerkennung; Zurückweisung des Versagungsantrags	472	EugVVO	Art. 48	14

Alphabetisches Musterverzeichnis

	Muster-Nr	§/Art.	Rn
Ausländische Entscheidung, Anerkennung; Zurückweisung eines Feststellungsantrags durch Beschluss	466	EugVVO Art. 37	26
Ausländische Entscheidung, Versagung der Anerkennung	468	EugVVO Art. 45	1
Austauschpfändung, Antrag	124	ZPO § 756	7
Austauschpfändung, Antrag	228	ZPO § 811 a	1
Austauschpfändung, vorläufige; Antrag im Vollstreckungsauftrag, § 754	229	ZPO § 811 b	1
Austauschpfändung, vorläufige; Benachrichtigung an den Gläubiger	230	ZPO § 811 b	3
Befragung des Schuldners durch den Gerichtsvollzieher, Antrag im Vollstreckungsauftrag, § 754	221	ZPO § 806 a	1
Beschluss bei begründeter Erinnerung	145	ZPO § 766	9
Besonderer Vertreter, einstweiliger Beschluss zur Bestellung	174	ZPO § 779	5
Besonderer Vertreter, einstweiliger; Antrag auf Bestellung	173	ZPO § 779	2
Bürgschaft, Anordnung des Erlöschens	47	ZPO § 715	11
Drittschuldnererklärung	265	ZPO § 840	8
Drittschuldnererklärung, Aufforderung zur Abgabe	264	ZPO § 840	1
Drittwiderspruchsklage	157	ZPO § 771	1
Drittwiderspruchsklage bei Veräußerungsverbot	159	ZPO § 772	2
Drittwiderspruchsklage des Nacherben	160	ZPO § 773	1
Drittwiderspruchsklage, Entscheidung	158	ZPO § 771	8
Drittwiderspruchsklage, Klageschrift bei Gütergemeinschaft	161	ZPO § 774	1
Durchsuchungsantrag	125	ZPO § 756	8
Durchsuchungsantrag	129	ZPO § 759	1
Eidesstattliche Versicherung, Ergänzung	335	ZPO § 883	15
Einheitswert, Antrag beim Finanzamt auf Mitteilung	415	ZVG § 17	14

Alphabetisches Musterverzeichnis

	Muster-Nr		§/Art.	Rn
Einkünfte, mehrere; Zusammenrechnung	283	ZPO	§ 850 e	5
Einspruch, Antrag auf Aufrechterhaltung des Vollstreckungsbescheids bei Zulässigkeit	6	ZPO	§ 700	20
Einspruch, Antrag auf Verwerfung bei Unzulässigkeit	5	ZPO	§ 700	13
Einspruch, Beschluss bei Durchführung der Hauptverhandlung bei Nichterscheinen des Beklagten und Zulässigkeit	12	ZPO	§ 700	44
Einspruch, gerichtliches Informationsschreiben an den Kläger	9	ZPO	§ 700	31
Einspruch, gerichtliches Schreiben bei verspäteter Einlegung	7	ZPO	§ 700	24
Einspruch, Urteil bei Verwerfung	8	ZPO	§ 700	25
Einspruch, Verfügung bei fehlendem Eingang der Anspruchsbegründung	11	ZPO	§ 700	40
Einspruch, Verfügung bei Zulässigkeit und anschließendem Eingang der Anspruchsbegründung	10	ZPO	§ 700	36
Einstellung der Zwangsvollstreckung bei Einspruch, Antrag	55	ZPO	§ 719	9
Einstellung der Zwangsvollstreckung nach § 775 Nr. 1	162	ZPO	§ 776	1
Einstellung der Zwangsvollstreckung nach § 775 Nr. 2	163	ZPO	§ 776	5
Einstellung der Zwangsvollstreckung nach § 775 Nr. 3, Schreiben an Gerichtsvollzieher	164	ZPO	§ 776	7
Einstellung der Zwangsvollstreckung nach § 775 Nr. 4, Gläubigersicht; Schreiben an Gerichtsvollzieher	166	ZPO	§ 776	13
Einstellung der Zwangsvollstreckung nach § 775 Nr. 4, Schuldnersicht; Schreiben an Gerichtsvollzieher bei	165	ZPO	§ 776	10
Einstellung der Zwangsvollstreckung nach § 775 Nr. 5, Gläubigersicht; Schreiben an Gerichtsvollzieher	168	ZPO	§ 776	18
Einstellung der Zwangsvollstreckung nach § 775 Nr. 5, Schuldnersicht; Schreiben an Gerichtsvollzieher	167	ZPO	§ 776	16

Alphabetisches Musterverzeichnis

	Muster-Nr	§/Art.		Rn
Einstellung der Zwangsvollstreckung, abändernde Entscheidung, § 765 a Abs. 4	139	ZPO	§ 765 a	22
Einstellung der Zwangsvollstreckung, Antrag bei Berufung	54	ZPO	§ 719	1
Einstellung der Zwangsvollstreckung, Antrag zum Vollstreckungsorgan gem. § 775 Nr. 1	50	ZPO	§ 717	1
Einstellung der Zwangsvollstreckung, Beschluss	169	ZPO	§ 776	20
Einstellungsbeschluss	56	ZPO	§ 719	14
Einstellungsbeschluss gem. §§ 769 Abs. 1, 767	155	ZPO	§ 769	17
Einstweilige Anordnung nach § 769, Bestätigung	156	ZPO	§ 770	1
Einstweilige Anordnung, Erlass	136	ZPO	§ 765 a	11
Einstweilige Einstellung der Zwangsvollstreckung, Antrag; Verfügung des Gerichts bei bedingter Klageerhebung	150	ZPO	§ 767	23
Einstweilige Verfügung, Antrag; Terminsbestimmung und Ladung	383	ZPO	§ 942	10
Einstweilige Verfügung, gerichtliche Terminsanordnung	373	ZPO	§ 937	13
Einstweilige Verfügung, Schadensersatzklage	384	ZPO	§ 945	1
Einstweilige Verfügung, stattgebender Beschluss, § 937 Abs. 2 Hs 1	371	ZPO	§ 937	1
Einstweilige Verfügung, zurückweisender Beschluss, § 937 Abs. 2 Hs 2	372	ZPO	§ 937	9
Einziehungsklage mit Streitverkündung	266	ZPO	§ 841	1
Entscheidung, Antrag auf Änderung; § 765 a Abs. 4	135	ZPO	§ 765 a	8
Erbe, Antrag auf Unzulässigerklärung der Zwangsvollstreckung bei Haftungsbeschränkung	183	ZPO	§ 784	1
Erbe, Geltendmachung von Einreden gegen persönliche Gläubiger	182	ZPO	§ 783	1
Erbe, klageweise Geltendmachung von Einreden gegen Nachlassgläubiger bei Zwangsvollstreckung	181	ZPO	§ 782	1
Erbe, Tenor der die Zwangsvollstreckung für unzulässig erklärenden Entscheidung	185	ZPO	§ 785	6

Alphabetisches Musterverzeichnis

	Muster-Nr	§/Art.		Rn
Erbe, Vollstreckungsabwehrklage	184	ZPO	§ 785	1
Erbenhaftung, beschränkte; Entscheidung ohne nähere inhaltliche Prüfung der Einrede	176	ZPO	§ 780	6
Erbenhaftung, beschränkte; Urteil bei Bejahung nach inhaltlicher Prüfung	178	ZPO	§ 780	14
Erbenhaftung, beschränkte; Urteil bei Klageabweisung nach erfolgter Prüfung	179	ZPO	§ 780	16
Erbenhaftung, beschränkte; Urteil bei Versagung des Vorbehalts nach inhaltlicher Prüfung	177	ZPO	§ 780	12
Erbenhaftung, beschränkte; Vorbehalt im Erkenntnisverfahren	175	ZPO	§ 780	1
Erbschein, Antrag auf Erteilung zum Zweck der Vollstreckung	192	ZPO	§ 792	1
Erinnerung des mitverwaltenden Ehegatten des Vollstreckungsschuldners	99	ZPO	§ 740	1
Erinnerung gegen die gesamte Klausel	86	ZPO	§ 732	1
Erinnerung gegen Zwangsvollstreckung, Einwand genügender Sicherung	170	ZPO	§ 777	1
Erinnerung nach §§ 740, 766, Antrag auf Zurückweisung einer	101	ZPO	§ 741	1
Erinnerung, stattgebende Entscheidung	87	ZPO	§ 732	10
Erinnerung, Zurückweisung; Entscheidungsgründe	98	ZPO	§ 739	1
Erlösauskehr zugunsten einer späteren Pfändung, Aufforderung	248	ZPO	§ 827	3
Erlösauskehr zugunsten einer späteren Pfändung, Aufforderung	312	ZPO	§ 854	5
Ersatzhaft, nachträgliche Androhung; Kaution	344	ZPO	§ 890	14
Ersatzvornahme, gerichtliche Entscheidung	338	ZPO	§ 887	17
Erteilung der Vollstreckungsklausel	200	ZPO	§ 796	1
Erwerbsverbot, gerichtlicher Beschluss	374	ZPO	§ 938	1
Europäischer Vollstreckungstitel, Antrag auf Berichtigung oder Widerruf der Bestätigung	399	ZPO	§ 1081	1

Alphabetisches Musterverzeichnis

	Muster-Nr	§/Art.		Rn
Europäischer Vollstreckungstitel, Antrag des Gläubigers auf Bestätigung	393	ZPO	§ 1080	1
Europäischer Vollstreckungstitel, Antrag des Gläubigers auf Ersatzbestätigung nach einem Rechtsbehelf	394	ZPO	§ 1080	5
Europäischer Vollstreckungstitel, Bestätigung einer gerichtlichen Entscheidung	395	ZPO	§ 1080	8
Europäischer Vollstreckungstitel, Bestätigung einer öffentlichen Urkunde	397	ZPO	§ 1080	15
Europäischer Vollstreckungstitel, Bestätigung eines gerichtlichen Vergleichs	396	ZPO	§ 1080	13
Europäischer Vollstreckungstitel, Ersatzbestätigung infolge eines Rechtsbehelfs	398	ZPO	§ 1080	17
Europäischer Zahlungsbefehl, Antrag auf Überprüfung	406	ZPO	§ 1092	1
Europäischer Zahlungsbefehl, Anwaltsschreiben zur Bezeichnung des zuständigen Gerichts	405	ZPO	§ 1090	5
Europäischer Zahlungsbefehl, Beschluss bei erfolgreichem Antrag iSd Art. 20 EuMVVO	407	ZPO	§ 1092	7
Europäischer Zahlungsbefehl, Beschluss zur Zurückweisung des Antrags, Art. 20 Abs. 3 S. 1 EuMVVO	408	ZPO	§ 1092	10
Europäischer Zahlungsbefehl, gerichtliches Schreiben im Verfahren nach Eingang des Einspruchs	404	ZPO	§ 1090	1
Europäisches Bagatellverfahren, Antrag des Schuldners auf Beschränkung oder Aussetzung der Vollstreckung gem. Art. 23 EuGFVO	412	ZPO	§ 1109	4
Europäisches Bagatellverfahren, Antrag des Schuldners auf Verweigerung der Vollstreckung gem. Art. 22 EuGFVO	411	ZPO	§ 1109	1
Europäisches Bagatellverfahren, Bestätigung des ergangenen Urteils	410	ZPO	§ 1106	1
Faustpfand, Klageantrag unter Berücksichtigung der Einrede des § 838	263	ZPO	§ 838	1
Forderungspfändung	366	ZPO	§ 930	1

Alphabetisches Musterverzeichnis

	Muster-Nr	§/Art.		Rn
Fortsetzung der Zwangsvollstreckung, § 779 Abs. 1, Antrag an Gerichtsvollzieher auf	172	ZPO	§ 779	1
Fremdauskünfte, Antrag auf Einholung	219	ZPO	§ 802 l	1
Fristbestimmung, gerichtlicher Beschluss	382	ZPO	§ 942	1
Geldrente, Urteilstenor und Nebenentscheidung, § 708 Nr. 8	31	ZPO	§ 708	7
Geltendmachung von Aufhebungsgründen	387	ZPO	§ 1060	10
Gerichtliche Verwaltung, Antrag auf Anordnung	438	ZVG	§ 94	1
Gerichtliches Aufhebungsurteil	375	ZPO	§ 939	1
Gerichtsvollzieher, Antrag auf Akteneinsicht	132	ZPO	§ 760	1
Grundbuchwiderspruch, Eintragung; gerichtlicher Beschluss	381	ZPO	§ 941	1
Gütergemeinschaft auf Seiten des Beklagten, Antrag Auf Klauselerteilung	102	ZPO	§ 742	1
Gütergemeinschaft auf Seiten des Beklagten, Klauselerteilung	103	ZPO	§ 742	11
Gütergemeinschaft, Antrag auf Klauselerteilung gegen Ehegatten	105	ZPO	§ 744	1
Gütergemeinschaft, Erinnerung nach §§ 744 a, 740 Abs. 2	107	ZPO	§ 744 a	1
Gütergemeinschaft, Erwiderung auf Erinnerung	108	ZPO	§ 745	1
Gütergemeinschaft, Klage gegen den mitverwaltenden Ehegatten	100	ZPO	§ 740	8
Gütergemeinschaft, Klage gegen den mitverwaltenden Ehegatten	104	ZPO	§ 743	1
Gütergemeinschaft, Klauselerteilung gegen Ehegatten	106	ZPO	§ 744	8
Güteversuch, isolierter; Antrag im Vollstreckungsauftrag	211	ZPO	§ 802 b	1
Haft, Anordnung	218	ZPO	§ 802 g	10
Haftbefehl, Antrag auf Erlass	216	ZPO	§ 802 g	1
Herausgabe von Sachen, Auftrag	334	ZPO	§ 883	1
Hilfspfändung, Antrag	260	ZPO	§ 836	6

Alphabetisches Musterverzeichnis

	Muster-Nr	§/Art.		Rn
Hinterlegung, Klage	314	ZPO	§ 856	1
Hinterlegungsverlangen eines Gläubigers an den Drittschuldner	308	ZPO	§ 853	1
Internetversteigerung, Anregung zur Durchführung im Vollstreckungsauftrag, § 754	234	ZPO	§ 814	1
Kautionsbeschluss	348	ZPO	§ 890	38
Klage wegen Unzulässigkeit der Zwangsvollstreckung bei beschränkter Erbenhaftung	180	ZPO	§ 781	1
Klausel, einfache weitere	90	ZPO	§ 733	16
Klauselerteilung gegen Firmenübernehmer	79	ZPO	§ 729	18
Klauselerteilung gegen Firmenübernehmer, Antrag	78	ZPO	§ 729	1
Klauselerteilung im Urteil, Unzulässigerklärung	153	ZPO	§ 768	13
Klauselerteilung nach § 738 iVm § 727	97	ZPO	§ 738	12
Klauselerteilung nach § 738 iVm § 727, Antrag	96	ZPO	§ 738	7
Klauselerteilung nach erfolgreicher Klage, Antrag	83	ZPO	§ 731	17
Klauselerteilung, Antrag bei ungewisser Befristung	70	ZPO	§ 726	6
Klauselklage des Rechtsnachfolgers des Titelgläubigers	82	ZPO	§ 731	1
Klauselklage, Endurteil	84	ZPO	§ 731	21
Klauselurteil, Klauselerteilung	85	ZPO	§ 731	24
Kontopfändungen, sinnlose; Antrag auf befristeten Schutz für 12 Monate	298	ZPO	§ 850l	1
Kontoschutz, Antrag auf Aufhebung wegen veränderter Umstände	299	ZPO	§ 850l	7
Kostenfestsetzungsantrag gem. § 788 Abs. 1	189	ZPO	§ 788	1
Kostenfestsetzungsantrag gem. § 788 Abs. 3	190	ZPO	§ 788	7
Kostenfestsetzungsantrag, Entscheidung gem. § 788 Abs. 4	191	ZPO	§ 788	12
Leistungsaufforderung mit Vollstreckungsandrohung gegenüber Schuldner nach einem Endurteil	20	ZPO	§ 704	5
Leistungsausspruch, Geltendmachung inhaltlicher Unbestimmtheit	19	ZPO	§ 704	1
Leistungsverfügung, Antrag	377	ZPO	§ 940	14

Alphabetisches Musterverzeichnis

	Muster-Nr	§/Art.	Rn
Mehrfachpfändung, Anzeige und Herausgabe an den Gerichtsvollzieher	311	ZPO § 854	3
Mehrfachpfändung, Anzeige und Hinterlegung durch den Drittschuldner	309	ZPO § 853	3
Minderjährigenhaftung, beschränkte; Klage nach § 1629 a BGB	186	ZPO § 786	1
Namenspapiere, Antrag auf Umschreibung	242	ZPO § 822	1
Nettoeinkommen, Berechnung	282	ZPO § 850 e	1
Notarielle Urkunde, Antrag auf Erteilung einer vollstreckbaren Ausfertigung	207	ZPO § 797	1
Notfristmitteilung	26	ZPO § 706	14
Notfristmitteilung, Einholung durch das Gericht erster Instanz beim Berufungsgericht	25	ZPO § 706	9
Offenbarungsversicherung, Bestimmung des Termins durch das Gericht	342	ZPO § 889	9
Offenbarungsversicherung, Terminsantrag zur Abgabe	341	ZPO § 889	1
Ordnungsgeld, Antrag auf Festsetzung	346	ZPO § 890	27
Ordnungsgeld, Antrag auf Festsetzung	462	FamFG § 89	1
Ordnungsgeld, gerichtlicher Androhungsbeschluss	345	ZPO § 890	19
Ordnungsgeld/Ordnungshaft, Antrag auf Androhung	343	ZPO § 890	1
Ordnungsmittelbeschluss	347	ZPO § 890	34
Pfändbarkeit, Antrag auf Erweiterung bei hohem Arbeitseinkommen	287	ZPO § 850 f	9
Pfändung an sich unpfändbarer Sachen, Antrag des Gläubigers aufgrund seines Eigentumsvorbehalts im Vollstreckungsauftrag, § 754	227	ZPO § 811	1
Pfändung bei Drittgewahrsam, Erklärung des Gläubigers im Vollstreckungsauftrag, § 754	224	ZPO § 809	1
Pfändung der Vergütung für Heimarbeit	293	ZPO § 850 i	7
Pfändung derzeit noch unpfändbarer Sachen, Antrag im Vollstreckungsauftrag, § 754	232	ZPO § 811 d	1
Pfändung des Grundbuchberichtigungsanspruchs	320	ZPO § 857	26
Pfändung des Nießbrauchs	321	ZPO § 857	33

Alphabetisches Musterverzeichnis

	Muster-Nr	§/Art.		Rn
Pfändung des pfändbaren Teils des Rückkaufwertes aus privatem Rentenversicherungsvertrag	304	ZPO	§ 851 c	5
Pfändung des Rückgabeanspruchs des Schenkers aus § 528 BGB	306	ZPO	§ 852	8
Pfändung des Zugewinnanspruchs	307	ZPO	§ 852	12
Pfändung einer Forderung, Auskunftsverlangen gegenüber dem Schuldner, § 836 Abs. 3 S. 1	258	ZPO	§ 836	1
Pfändung einer Hypothekenforderung, Beschluss	254	ZPO	§ 830	1
Pfändung einer Schiffspart	323	ZPO	§ 858	1
Pfändung eines Anteils an einer beendeten Gütergemeinschaft	326	ZPO	§ 860	1
Pfändung eines Anteils an einer GmbH	317	ZPO	§ 857	10
Pfändung eines Anteils an einer Personengesellschaft	324	ZPO	§ 859	1
Pfändung eines Anwartschaftsrechts an beweglichen Sachen	318	ZPO	§ 857	17
Pfändung eines Anwartschaftsrechts an einem Grundstück	319	ZPO	§ 857	22
Pfändung eines Haustiers, Antrag auf Zulassung	231	ZPO	§ 811 c	1
Pfändung eines Herausgabeanspruchs bzgl einer beweglichen Sache	274	ZPO	§ 847	1
Pfändung eines Herausgabeanspruchs bzgl eines eingetragenen Schiffs	275	ZPO	§ 847 a	1
Pfändung eines Herausgabeanspruchs bzgl eines Grundstücks	276	ZPO	§ 848	1
Pfändung eines Miterbenanteils	325	ZPO	§ 859	7
Pfändung eines Pflichtteilsanspruchs	305	ZPO	§ 852	1
Pfändung in eine Bruchteilsgemeinschaft an einem Grundstück	316	ZPO	§ 857	6
Pfändung in eine Bruchteilsgemeinschaft an einer beweglichen Sache	315	ZPO	§ 857	1
Pfändung ungetrennter Früchte im Vollstreckungsauftrag, § 754	225	ZPO	§ 810	1

Alphabetisches Musterverzeichnis

	Muster-Nr	§/Art.		Rn
Pfändung ungetrennter Früchte, Widerspruch eines Dritten	226	ZPO	§ 810	4
Pfändung von Arbeitseinkommen	277	ZPO	§ 850	1
Pfändung von Arbeitseinkommen wegen einer Unterhaltsforderung	281	ZPO	§ 850 d	7
Pfändung von Geld, Drittwiderspruch gegen	235	ZPO	§ 815	1
Pfändung von Patenten, Marken, Gebrauchsmustern etc.	322	ZPO	§ 857	37
Pfändung von Renten- und Versorgungsbezügen	303	ZPO	§ 851 c	1
Pfändung, Antrag auf Eintragung in das Grundbuch	255	ZPO	§ 830	10
Pfändung, mehrfache; Abgabe vom Gerichtsvollzieher an das Vollstreckungsgericht	249	ZPO	§ 827	5
Pfändung, Mitteilung des Gerichtsvollziehers an den Schuldner nach § 808 Abs. 3	223	ZPO	§ 808	1
Pfändungs- und Überweisungsbeschluss	252	ZPO	§ 829	19
Pfändungs- und Überweisungsbeschluss mit erweitertem Vollstreckungszugriff, Anschreiben mit Antrag	280	ZPO	§ 850 d	1
Pfändungs- und Überweisungsbeschluss, Aufhebung bei Vollstreckungsmaßnahmen des Vollstreckungsgerichts	146	ZPO	§ 766	15
Pfändungs- und Überweisungsbeschluss, Baustein für Antrag auf Erlass	93	ZPO	§ 735	1
Pfändungs- und Überweisungsbeschluss, Beschluss bei begründeter Erinnerung – Gläubigersicht	147	ZPO	§ 766	17
Pfändungs- und Überweisungsbeschluss, Beschluss bei unzulässiger oder unbegründeter Erinnerung	148	ZPO	§ 766	19
Pfändungs- und Überweisungsbeschlusses, Anschreiben mit Antrag auf Erlass	251	ZPO	§ 829	1
Pfändungsantrag (Taschengeldanspruch)	278	ZPO	§ 850 b	1
Pfändungsbeschluss bei Wahl einer ungünstigeren Steuerklasse, analog § 850 h	291	ZPO	§ 850 h	10
Pfändungsbeschluss im Falle einer Lohnverschiebung, § 850 h Abs. 1	289	ZPO	§ 850 h	1

Alphabetisches Musterverzeichnis

	Muster-Nr		§/Art.	Rn
Pfändungsbeschluss im Falle einer Lohnverschleierung, § 850 h Abs. 2	290	ZPO	§ 850 h	5
Pfändungsbeschluss, Antrag auf Abänderung	288	ZPO	§ 850 g	1
Pfändungsfreibetrag, Antrag des Schuldners auf Festsetzung nach § 850 k Abs. 5 S. 4	295	ZPO	§ 850 k	10
Pfändungsfreier Betrag, Antrag auf Herauf- oder Herabsetzung in besonderen Fällen gemäß § 850 k Abs. 4	296	ZPO	§ 850 k	11
Pfändungsfreier Grundbetrag, Antrag des Schuldners auf Erhöhung	285	ZPO	§ 850 f	1
Pfändungsprotokoll, Abschrift	127	ZPO	§ 756	10
Pfändungsschutz bei nicht wiederkehrender Vergütung, Antrag	292	ZPO	§ 850 i	1
Pfändungsschutz für Landwirte, Antrag	300	ZPO	§ 851 a	1
Pfändungsschutz für Miet- und Pachteinnahmen, Antrag	301	ZPO	§ 851 b	1
Pfändungsschutz für Miet- und Pachteinnahmen, Antrag	302	ZPO	§ 851 b	5
P-Konto, alleiniges; Antrag des Gläubigers auf Bestimmung eines Kontos	297	ZPO	§ 850 k	16
P-Konto, Verlangen an ein Kreditinstitut ein Girokonto als solches zu führen	294	ZPO	§ 850 k	1
Protokollaufnahme und Versicherung an Eides statt	259	ZPO	§ 836	4
Räumung, stattgebender Verfügungsbeschluss	380	ZPO	§ 940 a	6
Räumung, Verfügungsantrag	379	ZPO	§ 940 a	1
Räumungsfrist, Antrag auf Bewilligung	195	ZPO	§ 794 a	1
Räumungsfrist, Antrag auf Verkürzung	197	ZPO	§ 794 a	13
Räumungsfrist, Antrag auf Verlängerung	196	ZPO	§ 794 a	9
Räumungsfrist, Antrag auf Verlängerung, § 721 Abs. 3	62	ZPO	§ 721	13
Räumungsfrist, Antrag in der Klageerwiderung im Ausgangsverfahren, § 721 Abs. 1	60	ZPO	§ 721	1

Alphabetisches Musterverzeichnis

	Muster-Nr	§/Art.		Rn
Räumungsfrist, Beschluss bei rechtzeitigem Verlängerungsantrag spätestens zwei Wochen vor Ablauf, § 721 Abs. 2	64	ZPO	§ 721	25
Räumungsfrist, Beschluss bei Versagung der Verlängerung	199	ZPO	§ 794 a	21
Räumungsfrist, Beschluss zur Bewilligung einer Verlängerung	198	ZPO	§ 794 a	16
Räumungsfrist, Gewährung im streitigen Endurteil	63	ZPO	§ 721	18
Räumungsfrist, rechtzeitiger Antrag spätestens zwei Wochen vor Ablauf, § 721 Abs. 2	61	ZPO	§ 721	9
Räumungsvollstreckung, Gerichtsvollzieherbeauftragung	336	ZPO	§ 885	1
Rechtskraftzeugnis	27	ZPO	§ 706	18
Rechtskraftzeugnis, Antrag auf Erteilung	24	ZPO	§ 706	1
Rechtskraftzeugnis, Antrag auf Erteilung	349	ZPO	§ 894	1
Regelungsverfügung, Antrag	376	ZPO	§ 940	1
Schadensersatzklage nach § 842, Begründung	267	ZPO	§ 842	1
Schiedsspruch, ausländischer; Antrag auf Vollstreckbarerklärung	390	ZPO	§ 1061	1
Schiedsspruch, ausländischer; Erwiderung auf den Antrag auf Vollstreckbarerklärung	391	ZPO	§ 1061	6
Schiedsspruch, ausländischer; Vollstreckbarerklärung	392	ZPO	§ 1061	10
Schiedsspruch, inländischer; Antrag auf Vollstreckbarerklärung	386	ZPO	§ 1060	1
Schiedsspruch, inländischer; Geltendmachung materiellrechtlicher Einwendungen	388	ZPO	§ 1060	13
Schiedsspruch, inländischer; Vollstreckbarerklärung	389	ZPO	§ 1060	15
Schiffshypothek, Antrag auf Eintragung	328	ZPO	§ 870 a	1
Schuldnerverzeichnis, Antrag auf vorzeitige Löschung	333	ZPO	§ 882 e	1
Schutzantrag, ablehnende Entscheidung	138	ZPO	§ 765 a	20
Schutzantrag, stattgebende Entscheidung	137	ZPO	§ 765 a	12
Schutzschrift	385	ZPO	§ 945 a	2

… Alphabetisches Musterverzeichnis

	Muster-Nr	§/Art.		Rn
Sicherheit, Antrag auf Rückgabe der	46	ZPO	§ 715	1
Sicherheitsleistung, Abwendungsbefugnis des Schuldners, § 711	120	ZPO	§ 756	3
Sicherheitsleistung, Anwendbarkeit des § 708 Nr. 11 auf abweisenden und stattgebenden Teil eines Urteils	32	ZPO	§ 708	15
Sicherheitsleistung, Erbringung; §§ 751 Abs. 2, 709	119	ZPO	§ 756	2
Sicherheitsleistung, Tenor und Nebenentscheidung nach § 709 S. 1	33	ZPO	§ 709	1
Sicherungsverfügung, Verfügungsantrag	370	ZPO	§ 935	1
Sicherungsvollstreckung, Abwendung durch den Vollstreckungsschuldner	59	ZPO	§ 720 a	7
Tatsächliches Angebot	123	ZPO	§ 756	6
Teilklausel bzw Teil-/Vollstreckungsklausel für den Rechtsnachfolger	76	ZPO	§ 727	16
Teilungsplan	441	ZVG	§ 114	1
Teilungsplan	453	ZVG	§ 155	1
Teilungsplan, § 875 ZPO	329	ZPO	§ 874	1
Teilungsplan, Einlegung eines Widerspruchs	442	ZVG	§ 115	1
Teilungsplan, Forderungsübertragung bei Nichtzahlung	444	ZVG	§ 118	1
Teilungsplan, Korrektur	443	ZVG	§ 115	11
Teilungsplan, Widerspruch	330	ZPO	§ 877	1
Teilungsplan, Widerspruchsklage	331	ZPO	§ 882	1
Teilungsplan, Zuteilung bei unbekanntem Berechtigten	445	ZVG	§ 126	1
Teilungsversteigerung, Anordnungsantrag	456	ZVG	§ 181	1
Teilungsversteigerung, Anordnungsbeschluss	458	ZVG	§ 181	17
Teilungsversteigerung, Antrag auf einstweilige Einstellung (§ 1365 BGB)	421	ZVG	§ 28	1
Teilungsversteigerung, Einstellungsantrag	457	ZVG	§ 181	11
Teilungsversteigerung, Einstellungsbeschluss	422	ZVG	§ 28	6

Alphabetisches Musterverzeichnis

	Muster-Nr		§/Art.	Rn
Teilungsversteigerung, Einstellungsbeschluss wegen Gefährdung des Kindeswohls	459	ZVG	§ 181	20
Teilvollstreckung, Antrag nach Leistung einer Teilsicherheit	117	ZPO	§ 752	1
Testamentsvollstrecker, Antrag auf Erteilung einer vollstreckbaren Ausfertigung für und gegen	114	ZPO	§ 749	12
Testamentsvollstrecker, Erteilung der vollstreckbaren Ausfertigung für und gegen	115	ZPO	§ 749	16
Testamentsvollstrecker, Klage auf Duldung der Zwangsvollstreckung bei Pflichtteilsanspruch gegen den Nachlass, § 748 Abs. 3	113	ZPO	§ 749	8
Testamentsvollstrecker, Klage wegen Nachlassverbindlichkeit bei Teilverwaltung einzelner Nachlassgegenstände, § 748 Abs. 2	112	ZPO	§ 749	4
Testamentsvollstrecker, Klage wegen Nachlassverbindlichkeit, § 748 Abs. 1	111	ZPO	§ 749	1
Titelumschreibung, vollständige	75	ZPO	§ 727	12
Titelumschreibung, vollständige; Antrag zugunsten des Rechtsnachfolgers des Gläubigers	74	ZPO	§ 727	1
Überweisung an Zahlungs statt, Antrag auf Eintragung (Hypothekenforderung)	261	ZPO	§ 837	1
Überweisung an Zahlungs statt, Antrag auf Eintragung (Schiffshypothekenforderung)	262	ZPO	§ 837 a	1
Überweisungsbeschluss	257	ZPO	§ 835	7
Überweisungsbeschluss, isolierter; Antrag	256	ZPO	§ 835	1
Unmittelbarer Zwang und Durchsuchungsbeschluss, Antrag auf Anordnung	463	FamFG	§ 91	1
Unmittelbarer Zwang, Beschluss mit Anordnung	464	FamFG	§ 91	15
Unterhaltsgläubiger, Antrag auf Verweis auf sein Vorrecht, § 850e Nr. 4	284	ZPO	§ 850 e	11
Unterlassungsverfügung, Antrag	378	ZPO	§ 940	21
Unterwerfung des jeweiligen Eigentümers eines Grundstücks oder Schiffsbauwerks unter die Zwangsvollstreckung	210	ZPO	§ 800 a	1

Alphabetisches Musterverzeichnis

	Muster-Nr	§/Art.		Rn
Unterwerfung unter sofortige Zwangsvollstreckung, § 794 Abs. 1 Nr. 5	194	ZPO	§ 794	67
Unzulässigerklärung der Zwangsvollstreckung bei genügender Sicherung, Beschluss	171	ZPO	§ 777	4
Unzulässigkeit der Zwangsvollstreckung; Endurteil	151	ZPO	§ 767	30
Urteilsausfertigung, vollstreckbare mit Zustellungsbescheinigung	68	ZPO	§ 725	11
Verfügung des Gerichts zur Durchsuchungsentscheidung	131	ZPO	§ 759	20
Vergleich als Grundlage der Zwangsvollstreckung, § 794 Abs. 1 Nr. 1	193	ZPO	§ 794	1
Verhaftung, isolierter Antrag	217	ZPO	§ 802 g	1
Verkehrswert, Festsetzung	433	ZVG	§ 74 a	14
Vermögensauskunft, Antrag auf Abgabe der nach Pfändungsversuch	222	ZPO	§ 807	1
Vermögensauskunft, Antrag auf Bestimmung eines Termins zur Abgabe	213	ZPO	§ 802 c	1
Vermögensauskunft, Antrag auf Bestimmung eines Termins zur Ergänzung	215	ZPO	§ 802 d	12
Vermögensauskunft, Antrag auf Bestimmung eines Termins zur wiederholten Abgabe	214	ZPO	§ 802 d	1
Versäumnisurteil, Beschluss bei fehlendem Antrag des Klägers auf Erlass	14	ZPO	§ 700	55
Versteigerung, Antrag auf Einstellung	241	ZPO	§ 818	1
Versteigerung, Bekanntmachung	238	ZPO	§ 816	5
Versteigerung, Vereinbarung über Zeit bzw Ort der	237	ZPO	§ 816	3
Versteigerungsbedingungen, Antrag auf Abänderung	429	ZVG	§ 59	1
Versteigerungsbedingungen, Entscheidung über den Antrag nach § 59	430	ZVG	§ 59	6
Versteigerungserlös einer schuldnerfremden Sache, Klage nach Auskehr	239	ZPO	§ 817	1
Versteigerungstermin, Anmeldung einer Grundschuld	427	ZVG	§ 45	1

Alphabetisches Musterverzeichnis

	Muster-Nr	§/Art.		Rn
Versteigerungstermin, Anmeldung von Hausgeldansprüchen	428	ZVG	§ 45	18
Versteigerungstermin, Antrag auf Festsetzung eines neuen	240	ZPO	§ 817a	1
Versteigerungstermin, Fristverkürzung ohne Einigung der Parteien	236	ZPO	§ 816	1
Verteilungsgericht, Abgabe vom Gerichtsvollzieher	313	ZPO	§ 854	7
Verteilungstermin, Anmeldung	435	ZVG	§ 92	9
Verteilungstermin, Bestimmung	439	ZVG	§ 105	1
Verwertung „an einem anderen Ort", § 825 Abs. 1 S. 1 2. Fall, Antrag	244	ZPO	§ 825	5
Verwertung „auf andere Weise", § 825 Abs. 1 S. 1 1. Fall; Antrag	243	ZPO	§ 825	1
Verwertung „durch eine andere Person", § 825 Abs. 2, Antrag	245	ZPO	§ 825	9
Verwertung, andere; Antrag	271	ZPO	§ 844	1
Verwertung, Aufforderung an den Drittschuldner, die Sache dem Gerichtsvollzieher herauszugeben	310	ZPO	§ 854	1
Verzicht, Nachricht an den Drittschuldner	270	ZPO	§ 843	4
Verzichtserklärung des Gläubigers gegenüber dem Schuldner	269	ZPO	§ 843	3
Vollstreckbare Ausfertigung	437	ZVG	§ 93	10
Vollstreckbare Ausfertigung, Antrag auf Erteilung	436	ZVG	§ 93	1
Vollstreckbare Ausfertigung, einfache; Vermerk	91	ZPO	§ 734	1
Vollstreckbare Ausfertigung, Rechtsnachfolgeklausel gem. § 727	92	ZPO	§ 734	8
Vollstreckbare Ausfertigung, weitere; Antrag auf Erteilung	88	ZPO	§ 733	1
Vollstreckbare Ausfertigung, weitere; Antrag für den Rechtsnachfolger	89	ZPO	§ 733	11
Vollstreckbarerklärung, Ablehnung durch Beschluss	203	ZPO	§ 796b	20
Vollstreckbarerklärung, Ablehnung; Antrag auf gerichtliche Entscheidung	205	ZPO	§ 796c	8

Alphabetisches Musterverzeichnis

	Muster-Nr	§/Art.		Rn
Vollstreckbarerklärung, Antrag	204	ZPO	§ 796 c	1
Vollstreckbarerklärung, Beschluss	202	ZPO	§ 796 b	10
Vollstreckbarerklärung, Klage auf	65	ZPO	§ 723	1
Vollstreckbarerklärung, zusprechendes Endurteil	66	ZPO	§ 723	14
Vollstreckbarkeit, Antrag auf Erteilung einer Bescheinigung über die Aussetzung oder Einschränkung	402	ZPO	§ 1085	1
Vollstreckbarkeit, Bestätigung über die Aussetzung oder Einschränkung	403	ZPO	§ 1085	4
Vollstreckbarkeit, bloße von Kosten von nicht mehr als 1.500,- EUR, §§ 708 Nr. 11, 711	38	ZPO	§ 711	10
Vollstreckung, Ablehnung	461	FamFG	§ 87	11
Vollstreckung, Antrag	460	FamFG	§ 87	1
Vollstreckung, Antrag des Schuldners auf Beschränkung oder Aussetzung gem. Art. 23 EuVTVO	401	ZPO	§ 1084	5
Vollstreckung, Antrag des Schuldners auf Verweigerung gem. Art. 21 EuVTVO	400	ZPO	§ 1084	1
Vollstreckungsabsicht, Anzeige an juristische Personen des öffentlichen Rechts	332	ZPO	§ 882 a	1
Vollstreckungsabwehrklage	149	ZPO	§ 767	1
Vollstreckungsauftrag	116	ZPO	§ 751	1
Vollstreckungsauftrag bei Sicherungsvollstreckung in bewegliches Vermögen, Baustein	58	ZPO	§ 720 a	1
Vollstreckungsauftrag bei Vollstreckungsbescheiden, vereinfachter	253	ZPO	§ 829 a	1
Vollstreckungsauftrag des Nachlassgläubigers gegen Miterben bei ungeteiltem Nachlass	109	ZPO	§ 747	1
Vollstreckungsauftrag im Falle des § 720	57	ZPO	§ 720	1
Vollstreckungsauftrag, kombinierter	126	ZPO	§ 756	9
Vollstreckungsbescheid	2	ZPO	§ 699	19
Vollstreckungsbescheid, Antrag auf Erlass	1	ZPO	§ 699	1

Alphabetisches Musterverzeichnis

	Muster-Nr	§/Art.		Rn
Vollstreckungsbescheid, Aufhebung; Endurteil bei Unschlüssigkeit der Klage	16	ZPO	§ 700	60
Vollstreckungsbescheid, Aufhebung; Endurteil bei Unzulässigkeit der Klage	15	ZPO	§ 700	56
Vollstreckungsbescheid, Einspruch	3	ZPO	§ 700	1
Vollstreckungsbescheid, Einspruch bei Versäumung der Einspruchsfrist	4	ZPO	§ 700	11
Vollstreckungsbescheid, Versäumnisurteil bei unzulässigem oder nicht ordnungsgemäßem Erlass	13	ZPO	§ 700	50
Vollstreckungsbescheid, Verwerfung des Einspruchs; Teilend- und zweites Versäumnisurteil bei Teilschlüssigkeit der Klage	17	ZPO	§ 700	64
Vollstreckungseinstellung im Rahmen einer Vollstreckungsabwehrklage, Antrag	154	ZPO	§ 769	1
Vollstreckungserinnerung aus Sicht des Vollstreckungsschuldners	140	ZPO	§ 766	1
Vollstreckungserinnerung aus Sicht eines „Dritten"	144	ZPO	§ 766	8
Vollstreckungserinnerung, Begründung bei nicht auftragsgemäßer Durchführung der Vollstreckungshandlung, § 766 Abs. 2 Alt. 2	141	ZPO	§ 766	5
Vollstreckungserinnerung, Begründung bei Verweigerung der Übernahme des Vollstreckungsauftrags, Variante iSd § 766 Abs. 2 Alt. 1	142	ZPO	§ 766	6
Vollstreckungserinnerung, Begründung wegen vom Gerichtsvollzieher in Ansatz gebrachter Kosten, Variante iSd § 766 Abs. 2 Alt. 3	143	ZPO	§ 766	7
Vollstreckungsgericht, Entscheidung	133	ZPO	§ 764	1
Vollstreckungsgericht, Zuständigkeit; Antrag auf Abgabe	250	ZPO	§ 828	1
Vollstreckungshinweise, besondere/ Vollstreckungsauftrag, besonderer	128	ZPO	§ 756	11
Vollstreckungsklausel bei Zug um Zug zu bewirkender Gegenleistung	73	ZPO	§ 726	18

Alphabetisches Musterverzeichnis

	Muster-Nr	§/Art.		Rn
Vollstreckungsklausel, Antrag auf Erteilung bei aufschiebender Bedingung	69	ZPO	§ 726	1
Vollstreckungsklausel, Antrag auf Erteilung bei Zug um Zug zu bewirkender Gegenleistung, 726 Abs. 2	71	ZPO	§ 726	11
Vollstreckungsklausel, Antrag für die Nacherben	77	ZPO	§ 728	1
Vollstreckungsklausel, einfache uneingeschränkte; Antrag auf Erteilung	67	ZPO	§ 725	1
Vollstreckungsklausel, Klage gegen; Klageschrift	152	ZPO	§ 768	1
Vollstreckungsklausel, Vollstreckung hängt von nicht kalendermäßig bestimmtem Ereignis ab	72	ZPO	§ 726	14
Vollstreckungsschaden, Klage auf Ersatz als Widerklage in der Berufungsinstanz, § 717 Abs. 2	51	ZPO	§ 717	5
Vollstreckungsschutz (unbedingte Vollstreckbarerklärung) in Urteilstenor und Nebenentscheidung	35	ZPO	§ 710	6
Vollstreckungsschutz (Versagung der Abwendungsbefugnis) nach S. 3	40	ZPO	§ 711	16
Vollstreckungsschutz für den Schuldner bei vorläufiger Vollstreckbarkeit nach den §§ 708 Nr. 11, 711	42	ZPO	§ 712	8
Vollstreckungsschutz für den Schuldner, wenn dem Schuldner eine Sicherheitsleistung nicht möglich ist, durch Absehen von einer vorläufigen Vollstreckbarkeit	43	ZPO	§ 712	12
Vollstreckungsschutz, Antrag	134	ZPO	§ 765 a	1
Vollstreckungsschutzantrag des Klägers (Antrag auf unbedingte Vollstreckbarerklärung) bei Herausgabeklage	34	ZPO	§ 710	1
Vollstreckungsschutzantrag des Klägers nach S. 3 (Ausschluss einer Abwendungsbefugnis nach S. 1) bei einer Klage auf Zahlung einer Rente	36	ZPO	§ 711	1
Vollstreckungsschutzantrag des Schuldners bei zu erwartender vorläufiger Vollstreckbarkeit nach den §§ 708 Nr. 11, 711	41	ZPO	§ 712	1
Vollstreckungsschutzantrag in der mündlichen Verhandlung	45	ZPO	§ 714	1

Alphabetisches Musterverzeichnis

	Muster-Nr	§/Art.	Rn
Vollstreckungsschutzantrag, Tenor und Gründe, wenn über diesen nicht entschieden wurde	49	ZPO § 716	8
Vollstreckungsvertreter, besonderer; Antrag auf Bestellung	187	ZPO § 787	1
Vollstreckungsvertreter, besonderer; Beschluss zur Bestellung	188	ZPO § 787	4
Vollstreckungszugriff, erweiterter bei vorsätzlicher unerlaubter Handlung	286	ZPO § 850f	5
Vorläufige Vollstreckbarkeit des Berufungsurteils	23	ZPO § 705	6
Vorläufige Vollstreckbarkeit des nicht berufungsfähigen (§ 511 Abs. 2) erstinstanzlichen Endurteils	22	ZPO § 705	1
Vorläufige Vollstreckbarkeit nach § 708 mit Abwendungsbefugnis nach § 711	37	ZPO § 711	6
Vorläufige Vollstreckbarkeit, Antrag auf nachträgliche Entscheidung	48	ZPO § 716	1
Vorläufige Vollstreckbarkeit, Antrag auf Vorabentscheidung	52	ZPO § 718	1
Vorläufige Vollstreckbarkeit, Nebenentscheidung im Urteil	44	ZPO § 713	1
Vorläufige Vollstreckbarkeit, teilweise Verurteilung/ teilweise Klageabweisung, jeweils gem. § 708 Nr. 11	39	ZPO § 711	11
Vorläufige Vollstreckbarkeit, Vorabentscheidung durch Berufungsgericht	53	ZPO § 718	5
Vormerkung, Antrag auf Eintragung	350	ZPO § 895	1
Vorpfändung, Beauftragung des Gerichtsvollziehers mit der Anfertigung und Zustellung	273	ZPO § 845	7
Vorpfändung, vom Gläubiger formulierte	272	ZPO § 845	1
Vorschusszahlung, Anordnung	455	ZVG § 161	3
Vorzugsweise Befriedigung, Klageschrift	220	ZPO § 805	1
Wertfestsetzung, Antrag auf Übersendung des Gutachtens mit Fristverlängerung	431	ZVG § 74a	1
Wertfestsetzung, Einwendungen gegen die beabsichtige	432	ZVG § 74a	3
Wertgutachten, Antrag auf Einholung	233	ZPO § 813	1

Alphabetisches Musterverzeichnis

	Muster-Nr	§/Art.		Rn
Zahlungsaufforderung an den Ersteher	440	ZVG	§ 105	2
Zahlungsplan des Gerichtsvollziehers, Widerspruch des Gläubigers	212	ZPO	§ 802 b	5
Zuständigkeitsanordnung nach § 827 Abs. 1 S. 1	247	ZPO	§ 827	1
Zustellungsauftrag an den Gerichtsvollzieher	268	ZPO	§ 843	1
Zustellungsauftrag/Zwangsvollstreckungsauftrag	118	ZPO	§ 756	1
Zwangsgeldbeschluss	340	ZPO	§ 888	14
Zwangshypothek, Antrag auf Eintragung	327	ZPO	§ 870	1
Zwangsmittel, Antrag auf Anordnung	339	ZPO	§ 888	1
Zwangsversteigerung, Anordnungsbeschluss	418	ZVG	§ 17	40
Zwangsversteigerung, Antrag auf Anordnung	414	ZVG	§ 17	1
Zwangsversteigerung, Antrag auf Anordnung	416	ZVG	§ 17	20
Zwangsversteigerung, Antrag auf Anordnung	417	ZVG	§ 17	31
Zwangsversteigerung, Antrag auf Anordnung	446	ZVG	§ 133	1
Zwangsversteigerung, Antrag auf Beitritt	419	ZVG	§ 27	1
Zwangsversteigerung, Antrag des Schuldners auf einstweilige Einstellung nach § 30 a	424	ZVG	§ 30 c	1
Zwangsversteigerung, Antrag des Schuldners auf einstweilige Einstellung nach § 30 a; Zurückweisungsbeschluss	425	ZVG	§ 30 c	11
Zwangsversteigerung, Beitrittsbeschluss	420	ZVG	§ 27	8
Zwangsversteigerung, Einstellungsbeschluss	426	ZVG	§ 30 c	16
Zwangsversteigerungsverfahren, Aufhebungsbeschluss	423	ZVG	§ 29	1
Zwangsverwaltung, Anordnung einer Vorschusszahlung	454	ZVG	§ 161	1
Zwangsverwaltung, Anordnungsbeschluss	452	ZVG	§ 146	20
Zwangsverwaltung, Antrag auf Anordnung der	451	ZVG	§ 146	1
Zwangsvollstreckung in ungeteilten Nachlass, Erinnerung des Miterben	110	ZPO	§ 747	9
Zwangsvollstreckung, Antrag auf Beschränkung	409	ZPO	§ 1105	1
Zwangsvollstreckung, Antrag auf Einstellung; Beschluss zur Zulässigkeit des Einspruchs	18	ZPO	§ 700	72

Alphabetisches Musterverzeichnis

	Muster-Nr		§/Art.	Rn
Zwangsvollstreckung, Antrag auf einstweilige Einstellung	28	ZPO	§ 707	1
Zwangsvollstreckung, Beschluss zur Durchführung	130	ZPO	§ 759	15
Zwangsvollstreckung, Beschluss zur einstweiligen Einstellung	29	ZPO	§ 707	9
Zwangsvollstreckung, gerichtlicher Hinweis auf Beginn der	209	ZPO	§ 798	1
Zwangsvollstreckung, Klage auf Duldung iSv § 737	95	ZPO	§ 738	1
Zwangsvollstreckungsauftrag	94	ZPO	§ 736	1
Zwangsvollstreckungsmaßnahmen, Informationsschreiben des Rechtsanwalts an Mandanten bei Endurteil	21	ZPO	§ 704	11

Abkürzungsverzeichnis

aA	anderer Ansicht	Einf.	Einführung
aaO	am angegebenen Ort	eingetr.	eingetragen
abl.	ablehnend	Einl.	Einleitung
ABl. EG	Amtsblatt der Europäischen Gemeinschaften	einschl.	einschließlich
		einschr.	einschränkend
ABl. EU	Amtsblatt der Europäischen Union	Entsch.	Entscheidung
		entspr.	entsprechend
Abs.	Absatz	Entw.	Entwurf
Abschn.	Abschnitt	Erkl.	Erklärung
abw.	abweichend	Erl.	Erlass; Erläuterung
aE	am Ende	etc.	et cetera
aF	alte Fassung	evtl	eventuell
AG	Amtsgericht		
allg.	allgemein	f, ff	folgende, fortfolgende
allgA	allgemeine Ansicht	Fn	Fußnote
allgM	allgemeine Meinung		
aM	anderer Meinung	GA	Gerichtsakte
Anh.	Anhang	geänd.	geändert
Anm.	Anmerkung	gem.	gemäß
AS	Aktenseite	ggf	gegebenenfalls
Aufl.	Auflage	grds.	grundsätzlich
ausdr.	ausdrücklich		
ausf.	ausführlich	hA	herrschende Auffassung
Az	Aktenzeichen	Hdb	Handbuch
		hL	herrschende Lehre
Bd.	Band	hM	herrschende Meinung
BA	Beschlussausfertigung	Hrsg.	Herausgeber
Begr.	Begründung	hrsg.	herausgegeben
Bek.	Bekanntmachung	Hs	Halbsatz
ber.	berichtigt		
bes.	besonders	iA	im Auftrag
Beschl.	Beschluss	ICC-SchO	Internationale Handelskammer Schiedsordnung
bespr.	besprochen		
bestr.	bestritten	idF	in der Fassung
bez.	bezüglich	idR	in der Regel
Bl.	Blatt	idS	in diesem Sinne
bspw	beispielsweise	iE	im Ergebnis
b.u.v.	beschlossen und verkündet	ieS	im engeren Sinne
bzgl	bezüglich	iHv	in Höhe von
bzw	beziehungsweise	inkl.	inklusive
		insb.	insbesondere
ders.	derselbe	insg.	insgesamt
dh	das heißt	iS	im Sinne
dies.	dieselbe	iÜ	im Übrigen
DIS-SchO	DIS-Schiedsgerichtsordnung	iVm	in Verbindung mit
Dok.	Dokument	iwS	im weiteren Sinne
E.	Entwurf	Kap.	Kapitel
EB	Empfangsbekenntnis	KfH	Kammer für Handelssachen
e.V.	eingetragener Verein	krit.	kritisch
ebd	ebenda		

Abkürzungsverzeichnis

lit.	littera	s.u.	siehe unten
Lit.	Literatur	Slg	Sammlung
LS	Leitsatz	sog.	so genannt
		str.	streitig/strittig
m.Anm.	mit Anmerkung		
mE	meines Erachtens	UA	Urteilsausführungen
mind.	mindestens	u.a.	unter anderem
Mitt.	Mitteilung(en)	u.a.m.	und anderes mehr
mN	mit Nachweisen	uÄ	und Ähnliches
mwN	mit weiteren Nachweisen	uE	unseres Erachtens
mWv	mit Wirkung von	umstr.	umstritten
		unstr.	unstreitig
n.r.	nicht rechtskräftig	URNr	Urkundenrolle Nummer
n.v.	nicht veröffentlicht	Urt.	Urteil
Nachw.	Nachweise	usw	und so weiter
nF	neue Fassung	uU	unter Umständen
Nov.	Novelle	uVm	und Vieles mehr
Nr.	Nummer		
		v.	von
oa	oben angegeben, angeführt	vAw	von Amts wegen
oä	oder ähnliches	vgl	vergleiche
og	oben genannt	VO	Verordnung
		vorl.	vorläufig
PKH	Prozesskostenhilfe	VU	Versäumnisurteil
pp.	fahre fort [lat. *perge, perge*; Anweisung zum Abschreiben sich wiederholender Aktenteile]	wN	weitere Nachweise
		WpHG	Wertpapierhandelsgesetz
		zB	zum Beispiel
resp.	respektive	zit.	zitiert
Rn	Randnummer	zT	zum Teil
Rspr	Rechtsprechung	ZU	Zustellungsurkunde
		zust.	zustimmend
S.	Satz/Seite	zutr.	zutreffend
s.	siehe	zzgl	zuzüglich
s.a.	siehe auch		
s.o.	siehe oben		

Literatur

Baumbach/Lauterbach/Albers/Hartmann, Kommentar zur ZPO, 73. Aufl. 2014, zit.: BLAH/*Bearbeiter*

Brox/Walker, Zwangsvollstreckungsrecht, 10. Aufl. 2014

Geimer, Internationales Zivilprozessrecht, 7. Aufl., 2014

Geimer, Neuordnung des internationalen Zustellungsrechts, 1998

Geimer/Schütze, Europäisches Zivilverfahrensrecht, Kommentar, 3. Aufl. 2010

Justizverwaltungen der Bundesländer, Koordinierungsstelle für das automatisierte Mahnverfahren beim Justizministerium Baden-Württemberg (Hrsg.), Die maschinelle Bearbeitung der Mahnverfahren – Eine Informationsschrift und Anwendungshilfe, Stand: 01/2011

Keidel, FamFG, 18. Aufl. 2014

Kroiß (Hrsg.), Formularbibliothek Zivilprozess 2. Aufl. 2011

Kropholler, Europäisches Zivilprozessrecht, 9. Aufl. 2011

Lachmann, Handbuch für die Schiedsgerichtspraxis, 3. Aufl. 2008

Mes (Hrsg.), Beck'sches Prozessformularbuch, 12. Aufl. 2012

Mayer/Kroiß (Hrsg.), Rechtsanwaltsvergütungsgesetz, Handkommentar, 6. Aufl. 2013, zit.: MaK/*Bearbeiter*

Münchener Kommentar zum Bürgerlichen Gesetzbuch, herausgeg. v. Säcker/Rixecker/Oetker, 6. Aufl. 2011 ff, zit.: MüKo-BGB/*Bearbeiter*

Münchener Kommentar zur Zivilprozessordnung, 4. Aufl. 2012, zit.: MüKo/*Bearbeiter*

Musielak/Voit (Hrsg.), Zivilprozessordnung, 12. Aufl. 2015, zit.: Musielak/*Bearbeiter*

Palandt, Bürgerliches Gesetzbuch, 74. Aufl. 2015, zit.: Palandt/*Bearbeiter*

Pfennig, Die internationale Zustellung in Zivil- und Handelssachen, 1988

Pukall/Kießling, Der Zivilprozess, 7. Aufl. 2013, zit.: *Pukall/Kießling*

Rauscher (Hrsg.), Europäisches Zivilprozess- und Kollisionsrecht Kommentar, Bearbeitung 2011

Saenger (Hrsg.), Zivilprozessordnung, Handkommentar, 6. Aufl. 2015, zit.: Hk-ZPO/*Bearbeiter*

Stein/Jonas (Hrsg.), Zivilprozessordnung, 22. Aufl. 2002 ff

Steinert/Theede/Knop, Zivilprozess, 9. Aufl. 2011

Steinert/Theede, Zwangsvollstreckung in das bewegliche Vermögen, 9. Aufl. 2013

Thomas/Putzo (Hrsg.), Zivilprozessordnung, Kommentar, 36. Aufl. 2015

Vorwerk (Hrsg.), Das Prozessformularbuch, 10. Aufl. 2015, zit.: Vorwerk/*Bearbeiter*

Zimmermann, Zivilprozessordnung, 9. Aufl. 2011

Zöller (Hrsg.), Zivilprozessordnung, 29. Aufl. 2012, zit.: Zöller/*Bearbeiter*

Zivilprozessordnung

In der Fassung der Bekanntmachung vom 5. Dezember 2005
(BGBl. I S. 3202, ber. 2006 S. 431 und 2007 S. 1781)
(FNA 310-4)
zuletzt geändert durch Art. 1 G zur Durchführung der VO (EU) Nr. 1215/2012 sowie
zur Änd. sonstiger Vorschriften vom 8. Juli 2014 (BGBl. I S. 890)

Buch 7 Mahnverfahren

§ 698 Abgabe des Verfahrens am selben Gericht

Die Vorschriften über die Abgabe des Verfahrens gelten sinngemäß, wenn Mahnverfahren und streitiges Verfahren bei demselben Gericht durchgeführt werden.

§ 699 Vollstreckungsbescheid

(1) ¹Auf der Grundlage des Mahnbescheids erlässt das Gericht auf Antrag einen Vollstreckungsbescheid, wenn der Antragsgegner nicht rechtzeitig Widerspruch erhoben hat. ²Der Antrag kann nicht vor Ablauf der Widerspruchsfrist gestellt werden; er hat die Erklärung zu enthalten, ob und welche Zahlungen auf den Mahnbescheid geleistet worden sind; § 690 Abs. 3 Satz 1 und 3 gilt entsprechend. ³Ist der Rechtsstreit bereits an ein anderes Gericht abgegeben, so erlässt dieses den Vollstreckungsbescheid.
(2) Soweit das Mahnverfahren nicht maschinell bearbeitet wird, kann der Vollstreckungsbescheid auf den Mahnbescheid gesetzt werden.
(3) ¹In den Vollstreckungsbescheid sind die bisher entstandenen Kosten des Verfahrens aufzunehmen. ²Der Antragsteller braucht die Kosten nur zu berechnen, wenn das Mahnverfahren nicht maschinell bearbeitet wird; im Übrigen genügen die zur maschinellen Berechnung erforderlichen Angaben.
(4) ¹Der Vollstreckungsbescheid wird dem Antragsgegner von Amts wegen zugestellt, wenn nicht der Antragsteller die Übermittlung an sich zur Zustellung im Parteibetrieb beantragt hat. ²In diesen Fällen wird der Vollstreckungsbescheid dem Antragsteller zur Zustellung übermittelt; die Geschäftsstelle des Gerichts vermittelt diese Zustellung nicht. ³Bewilligt das mit dem Mahnverfahren befasste Gericht die öffentliche Zustellung, so wird die Benachrichtigung nach § 186 Abs. 2 Satz 2 und 3 an die Gerichtstafel des Gerichts angeheftet oder in das Informationssystem des Gerichts eingestellt, das in dem Mahnbescheid gemäß § 692 Abs. 1 Nr. 1 bezeichnet worden ist.
(5) Die Belehrung gemäß § 232 ist dem Antragsgegner zusammen mit der Zustellung des Vollstreckungsbescheids schriftlich mitzuteilen.

A. Anwaltliche Sicht
  I. Muster: Antrag auf Erlass eines Vollstreckungsbescheids
  II. Erläuterungen
    Antrag 2
    Antragszeitpunkt 3
    Zuständiges Gericht 5
    Pflichtangaben 6
    Zustellungsform 7
    Kosten 14
    Anschrift/Bezeichnung des Antragsgegners 16
B. Gerichtliche Sicht
  I. Vollstreckungsbescheid – Musterformular

II. Erläuterungen Übersendungsschreiben 22
Ausfertigung 20

A. Anwaltliche Sicht

1 **I. Muster: Antrag auf Erlass eines Vollstreckungsbescheids**

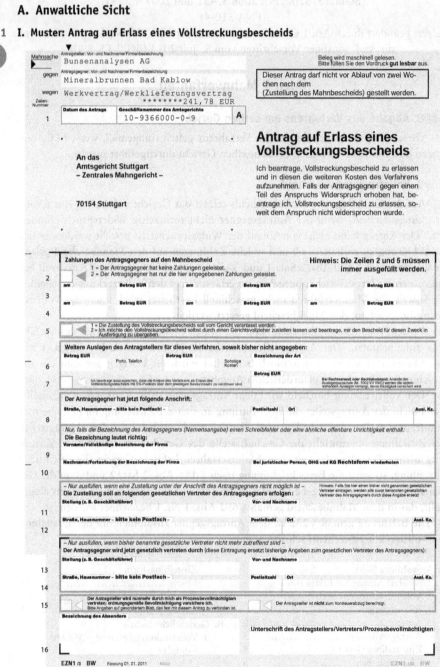

II. Erläuterungen

Der Vollstreckungsbescheid wird **nur auf Antrag** erlassen (§ 699 Abs. 1 S. 1). Hierfür gilt die Nutzungsverpflichtung iSd § 690 Abs. 3 S. 2 (vgl dort Rn 2) nicht (vgl § 699 Abs. 1 S. 2 Hs 3 verweist nicht auf § 690 Abs. 2 S. 2!), kann aber im Wege der Dateiübermittlung per EGVP (elektronisches Gerichts- und Verwaltungspostfach) sowie im Wege des Datenträgeraustauschs gestellt werden. Werden diese Möglichkeiten nicht gewählt, besteht für die Antragstellung eine Verpflichtung zur Nutzung des amtlichen Vordrucks (§ 703 c).

Der Antrag kann **nicht vor Ablauf der Widerspruchsfrist** gestellt werden (§ 699 Abs. 1 S. 2 Hs 2). Die Angabe des Zustellungsdatums im Antrag dient dazu, dieses Datum errechnen zu können. Zu beachten ist, dass für die Antragsstellung der volle Zeitraum abzuwarten ist, so dass der Antrag auch nicht vor Ablauf der Widerspruchsfrist abgesandt werden darf. Dies beruht darauf, dass der Antrag zudem die Erklärung zu enthalten hat, ob und welche Zahlungen mittlerweile auf den Mahnbescheid erfolgt sind (§ 699 Abs. 1 S. 2 Hs 2); vgl dazu den Hinweis, dass Zeilen 2 und 6 immer ausgefüllt werden müssen. Wird Einspruch gegen den Vollstreckungsbescheid eingelegt, so tritt die Rechtshängigkeit der Streitsache mit Zustellung des Mahnbescheids ein (§ 700 Abs. 2).

Zu beachten ist, dass **spätestens nach sechs Monaten nach Zustellung des Mahnbescheids** dessen Wirkungen wegfallen, wenn nicht bis zum Ablauf dieses Zeitraums der Antrag auf Erlass des Vollstreckungsbescheids gestellt wird (§ 701).

Zuständiges Antragsgericht ist grundsätzlich das Mahngericht, aber nur dann, wenn auch dessen Zuständigkeit für den Erlass des Mahnbescheids gegeben war. Ist dies nicht der Fall, kann das Gericht im weiteren Nachgang den Vollstreckungsbescheid nicht erlassen, sondern es ist vor dem zuständigen Mahngericht erneut Antrag auf Erlass eines Mahnbescheids zu stellen (BGH NJW 1990, 222). Das **Prozessgericht** ist jedoch dann zuständig, wenn das Verfahren nach Widerspruch durch den Antragsgegner bereits an dieses abgegeben worden war und im weiteren Verfahrensverlauf der Widerspruch zurückgenommen wird (§ 699 Abs. 1 S. 3) oder sich nachträglich die Unwirksamkeit des Widerspruchs herausstellt (BGH NJW 1998, 235).

In den **Zeilen 1–45** sind als **Pflichtangaben** etwaig erfolgte Zahlungen des Antragsgegners einzutragen (vgl § 699 Abs. 1 S. 2 Hs 2).

Zeile 5 sieht als Pflichtangabe den Eintrag der **Zustellungsform** vor (§ 699 Abs. 3). Hintergrund dafür ist, dass dem Gläubiger die Möglichkeit eröffnet ist, auf seinen Antrag hin, die Zustellung des Vollstreckungsbescheids im **Parteibetrieb** zu bewirken (§ 699 Abs. 3 S. 1). Zu beachten ist, dass die Geschäftsstelle die Zustellung dabei nicht vermittelt (§ 699 Abs. 4 S. 2 Hs 2). Die Zustellung im Parteibetrieb bietet sich idR an, um den Verfahrensablauf in Händen halten zu können. Zudem kann auf diese Weise die Zustellung mittels des Gerichtsvollziehers mit dessen Beauftragung zur Durchführung der Zwangsvollstreckung verbunden werden (§ 750 Abs. 1 S. 2), was der Beschleunigung des Verfahrens dient, sofern keine gesetzlichen Wartefristen einzuhalten sind (vgl § 750 Abs. 3). Bei Zustellung im Parteibetrieb erhält der Antragsteller **zwei Ausfertigungen** (eine für seine Unterlagen sowie eine für den Antragsgeg-

Gierl

ner). Die anfallenden Kosten der Zustellung werden durch das Zustellorgan gesondert berechnet.

8 Wird ein solcher Antrag auf Zustellung im Parteibetrieb nicht gestellt, erfolgt die **Zustellung von Amts wegen**. In diesem Fall erhält der Antragsteller lediglich eine vollstreckbare Ausfertigung für sich. Ein gesonderter, zusätzlicher Ansatz von Zustellungskosten erfolgt erst dann, wenn insgesamt mehr als zehn Zustellungen erforderlich waren. Ansonsten sind sie Teil der Verfahrenskosten.

9 **Kann der Vollstreckungsbescheid nicht zugestellt werden,** erhält der Antragsteller eine **Nichtzustellungsnachricht**, die den Zustellungsempfänger, das Datum des Zustellungsversuchs, den Grund der Nichtzustellung sowie etwaige Hinweise oder Vermerke des Zustellers enthält.

```
Amtsgericht Stuttgart         Geschäftsnummer des Amtsgerichts      Mahnsache  Lennonware Jeans Design GmbH
- Zentrales Mahngericht -    Bei Schreiben an das Gericht stets angeben
70154 Stuttgart                    10-0026152-0-3                    gegen    Adrian Käfer
      Tel.: 0711 921-3287, -3350                                    wegen    Warenlieferung/-en
Nachricht über die                                                                    ******1.847,24 EUR
Nichtzustellung vom     08.12.2010
                                                                    Ihr Geschäftszeichen:
                                                                         42304
                                                                         Sehr geehrte Damen und Herren,

          Amtsgericht Stuttgart, 70154 Stuttgart                    Der Vollstreckungsbescheid konnte   dem Antragsgegner

                                                                         Adrian Käfer
          Herrn                                                          Mc-Cartney Str. 27
          Richard Stern                                                  20144 Hamburg
          RECHTSBEISTAND
          Georg-Harras-Ring 4                                            nicht zugestellt werden.
          70178 STUTTGART
                                                                         Die Post hat dafür am    06.12.2010
                                                                         folgenden Grund mitgeteilt.


          Adressat unter der angegebenen Anschrift nicht zu ermitteln.
          Adressat verzogen nach:
          - Keine Angaben des Zustellers vorhanden. -
          Weitersendung nicht verlangt/nicht möglich.
```

Bitte beachten Sie:
Der Antrag auf Neuzustellung des Vollstreckungsbescheids kann nur mit dem vorgeschriebenen Vordruck gestellt werden. Wir übersenden Ihnen deshalb ein Exemplar dieses Vordrucks. Der Vordruck ist auch bei jedem Amtsgericht erhältlich. Jedes Amtsgericht hilft Ihnen im Übrigen beim Ausfüllen.

Richtet sich das Mahnverfahren gegen mehrere Antragsgegner, so ist die Neuzustellung des Vollstreckungsbescheids gegebenenfalls **an jeden Antragsgegner gesondert** zu beantragen. Sie erhalten deshalb die jeweils erforderlichen Unterlagen für jeden Antragsgegner.

Bitte füllen Sie den Vordruck **gut lesbar** aus. In das Kästchen ist die zutreffende Nummer einzutragen.

Zu Zeile 7:
Für die Absenderangabe können Sie einen Stempel verwenden.

Die Rückseite dieser Nachricht ist als Zweitschrift/Durchschrift des Antrags für Ihre Unterlagen vorgesehen.

Mit freundlichen Grüßen
Amtsgericht Stuttgart

Maschinell erstellt; ohne Unterschrift gültig (§ 703b Abs. 1 ZPO)

JNN2 -1 BW   Fassung 01.01.2011   blind

Zugleich erhält der Antragsteller einen **Antrag auf Neuzustellung eines Vollstreckungsbescheids**, dessen **Verwendung zwingend** ist. Bei mehreren Antragsgegnern wird für jeden von ihnen ein gesonderter Antrag übersandt.

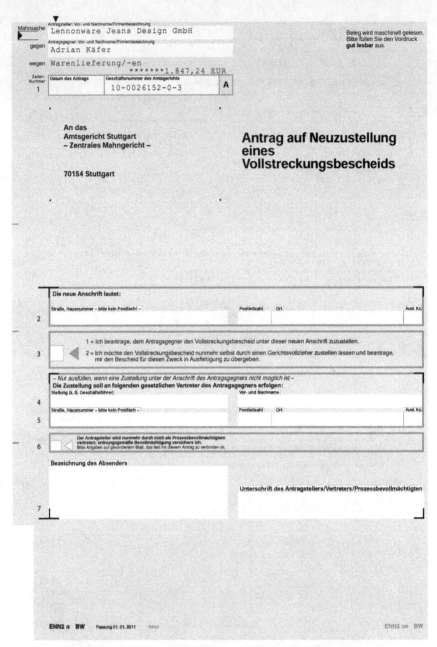

Die vorgesehenen Felder sind zwingend auszufüllen:
Zeile 6 betrifft dabei den Fall, dass ein Prozessbevollmächtigter erst nach Stellung des Antrags auf Erlass eines Vollstreckungsbescheids mandatiert wurde. In der Zeile selbst in dies lediglich zu vermerken, Die Bezeichnung des Prozessbevollmächtigten

erfolgt hingegen in einem gesonderten Blatt, das fest mit dem Antrag zu verbinden ist. Bei Vergabe einer Kennziffer kann diese angegeben werden.

Zu beachten ist, dass Kosten des Prozessbevollmächtigten, der erst nach Erlass des Vollstreckungsbescheids mandatiert wurde, nicht mehr in den Vollstreckungsbescheid aufgenommen werden. Die Angabe zur Vorsteuerabzugsberechtigung des Mandanten bedarf es daher nicht mehr. Die anfallenden Kosten können jedoch im Wege der Zwangsvollstreckung zusammen mit dem zur Zwangsvollstreckung stehenden Anspruch beigetrieben werden (vgl Hk-ZPO/*Gierl* § 699 Rn 23). 12

Ist der **Vollstreckungsbescheid unzustellbar**, kann – im Gegensatz zum Mahnbescheid (vgl § 688 Abs. 2 Nr. 3) – eine **öffentliche Zustellung** bewirkt werden (§ 699 Abs. 4 S. 3). 13

In **Zeile 6** sind nur solche **Kosten** aufzunehmen, die nach Erlass des Mahnbescheids angefallen sind, zB Kosten von erfolglosen Zustellungsversuchen bzw Kosten, die durch die Rücknahme des Widerspruchs vor dem Prozessgericht entstanden sind. Nicht darunter fallen jedoch solche Kosten, die bereits vor oder mit Mahnantragstellung entstanden sind, dabei aber nicht geltend gemacht worden sind, sowie die Kosten des Rechtsanwaltes, da diese vom Mahngericht selbst errechnet und im Vollstreckungsbescheid eingetragen werden (vgl § 699 Abs. 3 S. 2). 14

Bei maschineller Erstellung des Mahnbescheids sind (erst jetzt) die **Gerichtskosten** zu entrichten (§ 12 Abs. 3 S. 2 GKG); andernfalls wird der Vollstreckungsbescheid nicht erlassen. Die Gerichtskosten können dabei im automatisierten Mahnverfahren im Wege einer **Einzugsermächtigung** beglichen werden. Diese umfasst die Gerichtsgebühr und etwaig anfallende Zustellungsauslagen für das Mahnverfahren, nicht jedoch die Zahlung der restlichen Gerichtsgebühr iSd § 12 Abs. 3 S 3 GKG, da diese Zahlung mit einer Prozesshandlung verbunden ist und diese von der Entscheidung des Antragsteller über den Fortgang des Verfahrens abhängig ist. Diese Restgebühr ist daher gesondert zu entrichten. Voraussetzung für die Durchführung des Einziehungsverfahrens ist aber die Vergabe einer **Kennziffer** (vgl § 690 Rn 5). 15

Die **Zeilen 8–10** sowie **13 – 14** sind nur dann auszufüllen, sofern sich die **Anschrift des Antragsgegners** mittlerweile geändert hat bzw die **Bezeichnung** des Antragsgegners/gesetzlichen Vertreters bisher nicht oder unvollständig angegeben worden war. 16

In **Zeilen 9 und 10** kann die Berichtigung offensichtlicher Unrichtigkeiten betreffend Name und Firmenbezeichnung beantragt werden. Entsprechende Nachweise sollen dem Antrag beigefügt werden. 17

In **Zeile 15** betrifft den Fall, dass ein Prozessbevollmächtigter erst nach Stellung des Antrags auf Erlass eines Mahnbescheids mandatiert wurde. Dies ist dann in der Zeile lediglich zu vermerken. Die Bezeichnung des Prozessbevollmächtigten selbst hat in einem gesonderten Blatt, das mit dem Antrag fest zu verbinden ist, zu erfolgen. Sofern der Prozessbevollmächtigte über eine Kennziffer verfügt, kann diese angegeben werden. 18

B. Gerichtliche Sicht

I. Muster: Vollstreckungsbescheid

Amtsgericht Stuttgart
- Mahnabteilung -
70154 Stuttgart

Antragsgegner:

Weitersenden innerhalb des Inlands
10-9996846-0-9

Herrn
Gabriel Küssel
Krummensteig 14
65071 Krein i. Tüfgen

VOLLSTRECKUNGSBESCHEID

vom **08.12.2010** aufgrund des am 22.11.2010 zugestellten Mahnbescheids
erlassen am 24.11.2010

Der Antragsteller macht folgenden Anspruch geltend:

I. HAUPTFORDERUNG:
   Kaufvertrag
   gem. Rechnung - Nr. 255444 vom 22.08.10   *******113,00 EUR

II. KOSTEN WIE NEBENSTEHEND: ********73,00 EUR

III. NEBENFORDERUNGEN:
   1) Mahnkosten   *********5,00 EUR
   2) Bankrücklastkosten   *********5,00 EUR

IV. ZINSEN:
   laufende, vom Gericht ausgerechnete Zinsen:
   zu I.)   Zinsen von +5,000 Prozentpunkten
             über dem jeweils gültigen Basiszinssatz aus
   *******113,00 EUR von 20.09.10 bis 22.11.10 *********1,01 EUR

                                    SUMME: *******197,01 EUR

hinzu kommen weitere laufende Zinsen:
   zu I.)   Zinsen von +5,000 Prozentpunkten
             über dem jeweils gültigen Basiszinssatz aus
   *******113,00 EUR ab dem 23.11.10

Der Antragsteller hat erklärt, dass der Anspruch von einer
Gegenleistung abhänge, diese aber erbracht sei.

Auf der Grundlage des Mahnbescheids ergeht Vollstreckungsbescheid
wegen vorstehender Beträge.

Die Kosten des Verfahrens haben sich ggfls. um Gebühren und Auslagen für das Verfahren über den Vollstreckungsbescheid erhöht.

Die Kosten des Verfahrens sind ab 10.12.2010 mit fünf Prozentpunkten über dem jeweiligen Basiszinssatz zu verzinsen.

KRAMER
Rechtspfleger

Beachten Sie bitte die Hinweise auf der Rückseite

Antragsteller:
Mayer Strickmoden GmbH & Co. KG
Peter-Mayer-Str. 22
75412 Kroberdingen

gesetzlich vertreten durch:
Strickmoden Mayer GmbH
Peter-Mayer-Str. 22
75412 Kroberdingen

diese gesetzlich vertreten durch:
Geschäftsführender Gesellschafter
Konrad Mayer

Prozessbevollmächtigter:
Rechtsanwalt
Friedbert Gaiser
Stallfurthgasse 14
12205 Berlin

Bankverbindung des Prozessbev.:
Konto: 11111111111 BLZ: 77777777
Zeislerbank

Geschäftszeichen:
125/10
- Bitte stets angeben -

*******25,00 EUR
********5,00 EUR

*******25,00 EUR
*******12,50 EUR
********7,50 EUR

*******75,00 EUR

Kosten nach dem Wert der Hauptforderung EUR *******113,00
Gerichtskosten:
   Gebühr (§§ 3, 34, Nr. 1100 KV GKG)

Kosten des Antragstellers für dieses Verfahren
Vordruck, Porto
Rechtsanwalts-/Rechtsbeistandskosten
   Gebühr (Nr. 3305 VV RVG)
   Gebühr (Nr. 3308 VV RVG)
   Auslagen (Nr. 7001/7002 VV RVG)

AUSFERTIGUNG FÜR DEN ANTRAGSGEGNER

II. Erläuterungen

Die **Ausfertigung** enthält das **Gerichtssiegel** sowie den **Vermerk iSd § 703 b Abs. 1**, 20
dass die Ausfertigung maschinell erstellt wurde und ohne Unterschrift gültig ist. Eine
sog. Urschrift wird hingegen im maschinellen Verfahren nicht erstellt.

Bei beantragter **Amtszustellung** (§ 699 Abs. 4) erhält der Antragsteller eine Ausferti- 21
gung für seine Unterlagen, die mit dem Aufdruck „Ausfertigung für den Antragsteller". Bei beantragter **Zustellung im Parteibetrieb** erhält der Antragsteller zwei Ausfertigungen, nämlich eine für seine Unterlagen sowie eine für den Antragsgegner (Aufdruck „Ausfertigung für den Antragsgegner"), vgl § 757 Abs. 1.

Mit der Übersendung des Vollstreckungsbescheids erhält der Antragsteller zudem ein 22
Übersendungsschreiben.

```
Amtsgericht Stuttgart      Geschäftsnummer des Amtsgerichts    Mahnsache  Friedrich Schellenmacher
 — Mahnabteilung —      Bei Schreiben an das Gericht stets angeben
  70154 Stuttgart           10-9358558-0-5               gegen  Motto Design GmbH Co. KG

  TEL.: 0711/921-3323,-3567                              wegen  Dienstleistungsvertrag
                                                                ******2.222,15 EUR
                                                Ihr Geschäftszeichen

        Amtsgericht Stuttgart, 70154 Stuttgart                          Stuttgart, den  08.12.2010


        Herrn                                           Bitte beachten Sie:
        Friedrich Schellenmacher                        Maßnahmen zur Zwangsvollstreckung
        Rudersbach 12                                   müssen Sie selbst einleiten.
        72541 Frankenberg                               Zuständig ist nicht die Mahnabtei-
                                                        lung, sondern das für den Sitz des
                                                        Antragsgegners zuständige Voll-
                                                        streckungs-(Amts-)gericht oder der
                                                        Gerichtsvollzieher beim dortigen
                                                        Gericht.



        Sehr geehrter Herr Schellenmacher,

        eine Ausfertigung des beiliegenden Vollstreckungsbescheides
        ist dem Antragsgegner am 03.12.2010 zugestellt worden.



        Rössner
        Rechtspfleger






        Der Vollstreckungsbescheid enthält im Anspruchsbereich
        folgende Angaben:
        - Hauptforderung (gesamt)                       *****2.222,15 EUR
        - Gerichtskosten                                ********40,50 EUR
        - Auslagen des Antragstellers                   *********0,00 EUR
        - Kosten des Prozessbevollmächtigten:
              für den MB (Gebühr, Auslagen, ggf. MWST.) *********0,00 EUR
              für den VB Gebühr    *****0,00 EUR
                         Auslagen  *****0,00 EUR
                         MWST.     *****0,00 EUR
        - ausgerechnete Zinsen:  -vom Antragsteller     *********0,00 EUR
                                 -vom Gericht           ********12,64 EUR
        - andere Nebenforderungen                       *********0,00 EUR
        - S u m m e :                                   *****2.275,29 EUR

        - zuzügl. nicht ausgerechnete laufende Zinsen.
        Angegebene Zahlungen des Antragsgegners (gesamt) *********0,00 EUR

                              Mit freundlichen Grüßen
                              Amtsgericht Stuttgart
        JKB1 BW              Maschinell erstellt, ohne Unterschrift gültig (§ 703b Abs. 1 ZPO)
```

§ 700 Einspruch gegen den Vollstreckungsbescheid

(1) Der Vollstreckungsbescheid steht einem für vorläufig vollstreckbar erklärten Versäumnisurteil gleich.

(2) Die Streitsache gilt als mit der Zustellung des Mahnbescheids rechtshängig geworden.
(3) ¹Wird Einspruch eingelegt, so gibt das Gericht, das den Vollstreckungsbescheid erlassen hat, den Rechtsstreit von Amts wegen an das Gericht ab, das in dem Mahnbescheid gemäß § 692 Abs. 1 Nr. 1 bezeichnet worden ist, wenn die Parteien übereinstimmend die Abgabe an ein anderes Gericht verlangen, an dieses. ²§ 696 Abs. 1 Satz 3 bis 5, Abs. 2, 5, § 697 Abs. 1, 4, § 698 gelten entsprechend. ³§ 340 Abs. 3 ist nicht anzuwenden.
(4) ¹Bei Eingang der Anspruchsbegründung ist wie nach Eingang einer Klage weiter zu verfahren, wenn der Einspruch nicht als unzulässig verworfen wird. ²§ 276 Abs. 1 Satz 1, 3, Abs. 2 ist nicht anzuwenden.
(5) Geht die Anspruchsbegründung innerhalb der von der Geschäftsstelle gesetzten Frist nicht ein und wird der Einspruch auch nicht als unzulässig verworfen, bestimmt der Vorsitzende unverzüglich Termin; § 697 Abs. 3 Satz 2 gilt entsprechend.
(6) Der Einspruch darf nach § 345 nur verworfen werden, soweit die Voraussetzungen des § 331 Abs. 1, 2 erster Halbsatz für ein Versäumnisurteil vorliegen; soweit die Voraussetzungen nicht vorliegen, wird der Vollstreckungsbescheid aufgehoben.

A. Anwaltliche Sicht
  I. Einspruch gegen den Vollstreckungsbescheid
    1. Muster: Einspruch gegen den Vollstreckungsbescheid
    2. Erläuterungen
      [1] Statthafter Rechtsbehelf ... 2
      [2] Unkorrekter Erlass eines Vollstreckungsbescheids ... 5
      [3] Begründung 6
      [4] Vollstreckungsbescheid nicht in gesetzlicher Weise zustande gekommen 8
      [5] Darlegungslast 9
      [6] Glaubhaftmachung 10
  II. Versäumung der Anspruchsfrist
    1. Muster: Einspruch gegen Vollstreckungsbescheid bei Versäumung der Einspruchsfrist
    2. Erläuterungen
  III. Reaktionen des Antragstellers
    1. Unzulässigkeit des Einspruchs
      a) Muster: Antrag auf Verwerfung bei Unzulässigkeit des Einspruchs
      b) Erläuterungen
        [1] Zuständigkeit 14
        [2] Antragsformulierung 15
        [3] Kosten 16
        [4] Vorläufige Vollstreckbarkeit 17
        [5] Entscheidung ohne mündliche Verhandlung ... 18
        [6] Einspruchsprüfung 19
    2. Zulässigkeit des Einspruchs
      a) Muster: Antrag auf Aufrechterhaltung des Vollstreckungsbescheids bei Zulässigkeit des Einspruchs
      b) Erläuterungen
        [1] Antragsformulierung 21
        [2] Kosten 22
        [3] Zustellung 23
B. Gerichtliche Sicht
  I. Verfahren nach Eingang des Einspruchs
    1. Schreiben an den Einspruchsführer
      a) Muster: Gerichtliches Schreiben bei verspäteter Einlegung des Einspruchs
      b) Muster: Urteil bei Verwerfung des Einspruchs
      c) Erläuterungen
        [1] Entscheidungsform 26
        [2] Tenorierung 27
        [3] Kosten 28
        [4] Vorläufige Vollstreckbarkeit 29
        [5] Entscheidungsform 30
    2. Schreiben an den Kläger

a) Muster: Gerichtliches
Schreiben an den Kläger
b) Erläuterungen
  [1] Hinweise 32
  [2] Aufforderung 33
  [3] Grundlage 34
  [4] Zustellungserfordernis 35
II. Verfahren bei Zulässigkeit des
Einspruchs und anschließendem
Eingang der Anspruchsbegründung
  1. Muster: Verfügung bei
  Zulässigkeit des Einspruchs und
  anschließendem Eingang der
  Anspruchsbegründung
  2. Erläuterungen
    [1] Eingang der Einspruchsbe-
        gründung 37
    [2] Wahl des schriftlichen
        Vorverfahrens 38
    [3] Präklusion 39
III. Verfahren bei fehlendem Eingang
der Anspruchsbegründung
  1. Muster: Verfügung bei
  fehlendem Eingang der
  Anspruchsbegründung
  2. Erläuterungen
    [1] Nicht fristgemäßer Eingang
        der Anspruchsbegründung . 41
    [2] Inhalt des Hinweises 42
    [3] Fristsetzung 43
IV. Hauptverhandlung bei Nichterscheinen des Beklagten und
Zulässigkeit des Einspruchs
  1. Muster: Beschluss bei
  Durchführung der Hauptverhandlung bei Nichterscheinen
  des Beklagten und Zulässigkeit
  des Einspruchs
  2. Erläuterungen
    [1] Voraussetzungen 45
    [2] Urteilstenor 46
    [3] Kosten 47
    [4] Vorläufige Vollstreck-
        barkeit 48
V. Verfahren bei Nichtvorliegen der
Voraussetzungen zum Erlass eines
zweiten Versäumnisurteils
  1. Unzulässigkeit des Einspruchs
  2. Unzulässiger oder nicht
  ordnungsgemäßer Erlass des
  Vollstreckungsbescheids

a) Muster: Versäumnisurteil bei
unzulässigem oder nicht
ordnungsgemäßem Erlass des
Vollstreckungsbescheids
b) Erläuterungen
  [1] Tenor 51
  [2] Kosten 53
  [3] Ausspruch 54
3. Kein Antrag des Klägers auf
Erlass eines Versäumnisurteils
a) Muster: Beschluss bei
fehlendem Antrag des Klägers
auf Erlass eines Versäumnisurteils
b) Muster: Endurteil bei
Unzulässigkeit der Klage
c) Erläuterungen
  [1] Abweisung 57
  [2] Kostenentscheidung 58
  [3] Vorläufige Vollstreck-
      barkeit 59
4. Unschlüssigkeit der Klage
a) Muster: Endurteil bei
Unschlüssigkeit der Klage
b) Erläuterungen
  [1] Abweisung 61
  [2] Kostenentscheidung 62
  [3] Vorläufige Vollstreck-
      barkeit 63
5. Teilschlüssigkeit der Klage
a) Muster: Teilend- und zweites
Versäumnisurteil bei
Teilschlüssigkeit der Klage
b) Erläuterungen
  [1] Mischentscheidung 65
  [2] Mit Vollstreckungsbescheid
      übereinstimmende
      Entscheidung 66
  [3] Mit Vollstreckungsbescheid
      nicht übereinstimmende
      Entscheidung 67
  [4] Kostenentscheidung 68
  [5] Kostenentscheidung im
      Übrigen 69
  [6] Vorläufige Vollstreck-
      barkeit 70
VI. Durchführung der Hauptverhandlung bei Erscheinen des
Beklagten
VII. Zulässigkeit des Einspruchs und
Antrag auf Einstellung der
Zwangsvollstreckung

1. Muster: Beschluss zur Zulässigkeit des Einspruchs und Antrag auf Einstellung der Zwangsvollstreckung
2. Erläuterungen
   [1] Entscheidungsform 73
   [2] Begründung 74
   [3] Anfechtbarkeit des Beschlusses 75
VIII. Widereinsetzung in den vorigen Stand in Folge Versäumung der Einspruchsfrist

A. Anwaltliche Sicht

I. Einspruch gegen den Vollstreckungsbescheid

1. Muster: Einspruch gegen den Vollstreckungsbescheid

▶ In der Mahnsache

... gegen ...

lege ich gegen den Vollstreckungsbescheid des Amtsgericht ... vom ...; Az ...

Einspruch[1]

ein.

Des Weiteren beantrage ich die Einstellung der Zwangsvollstreckung ohne Erbringung einer Sicherheitsleistung.[2]

Begründung[3]

Der Vollstreckungsbescheid ist nicht in gesetzlicher Weise[4] iSd § 700 Abs. 1 iVm § 719 Abs. 1 S. 2 ZPO ergangen.

Die Voraussetzungen für den Erlass eines Vollstreckungsbescheids gem. § 699 Abs. 1 S. 1 ZPO lagen nicht vor. Der Antragsgegner hatte nämlich rechtzeitig Widerspruch gegen den am ... erlassenen Widerspruch eingelegt. Der Widerspruch ging am ... beim Mahngericht ein; der Vollstreckungsbescheid wurde am ... vom Rechtspfleger verfügt.

Zur Glaubhaftmachung nehme ich Bezug auf den Aktenauszug des Mahngerichts.[5]

Der Einspruchsführer ist nicht in der Lage, Sicherheitsleistung zu erbringen/Die Vollstreckung würde dem Einspruchsführer einen nicht zu ersetzenden Nachteil bringen, da ...

Als Mittel der Glaubhaftmachung lege ich ... vor.[6] ◀

2. Erläuterungen

[1] Der Einspruch ist der **einzig statthafte Rechtsbehelf** gegen den Vollstreckungsbescheid. Dies gilt selbst bei dessen inkorrektem Erlass (vgl dazu näher Hk-ZPO/*Gierl* § 694 Rn 19), so dass in diesem Fall die Erhebung einer Rechtspflegererinnerung iSd § 11 RPflG unzulässig ist.

Die **Einspruchsfrist** beträgt gem. § 700 Abs. 1 iVm § 339 **zwei Wochen** (im arbeitsgerichtlichen Mahnverfahren eine Woche (§ 59 ArbGG); bei Zustellung im Ausland oder bei öffentlicher Bekanntmachung bestimmt sich die Frist nach Bestimmung des Gerichts (§ 339). Bei **Versäumung der Frist** ist – sofern Wiedereinsetzung in den vorigen Stand (§ 233) ausscheidet – an die allg. Rechtsbehelfe der Zwangsvollstreckung oder des materiellen Rechts zu denken (vgl Hk-ZPO/*Gierl* § 700 Rn 13 und 18 ff).

Der Einspruch ist gem. § 700 Abs. 3 S. 3 iVm § 340 Abs. 1, 2 **schriftlich** zu erheben. Die Verwendung eines Vordrucks ist nicht vorgeschrieben. Entgegen dem Schrifttum fordert die Praxis für eine wirksame Erhebung des Einspruchs eine **Unterschrift**. Gem. § 702 kann der Einspruch auch gegenüber dem Urkundsbeamten der Geschäftsstelle erklärt werden; § 129 a findet Anwendung. Es besteht grundsätzlich kein Anwaltszwang (vgl Hk-ZPO/*Gierl* § 700 Rn 6–12).

5 [2] In Fällen des **inkorrekten Erlasses eines Vollstreckungsbescheides** (Hk-ZPO/*Gierl* § 694 Rn 19) und der unverschuldeten „Versäumung" des Widerspruchs gegen den Mahnbescheid ist neben der Erhebung des Einspruchs zusätzlich der Antrag auf Einstellung der Zwangsvollstreckung gem. § 719 zu stellen. In beiden Fällen hängt die Einstellung der Zwangsvollstreckung nicht davon ab, dass der Einspruchsführer hierfür zunächst Sicherheitsleistung erbringt.

6 [3] Der Einspruch bedarf entgegen § 340 Abs. 3 grundsätzlich **keiner Begründung** (vgl Abs. 3 S. 3).

7 Eine **Ausnahme** gilt jedoch zum einen dann, wenn der **Einspruch beschränkt eingelegt** werden soll. In diesem Fall bedarf es nähere Ausführungen, um den Umfang des Einspruchs näher bestimmen zu können. Zum anderen gilt eine Ausnahme dann, wenn neben der Einlegung des Einspruch **zusätzliche Vollstreckungsschutzanträge** iSd §§ 719, 707 gestellt werden. In diesem Fall muss der Schuldner nachweisen, dass der Vollstreckungsbescheid in nicht gesetzlicher Weise ergangen ist bzw glaubhaft machen, dass seine Säumnis unverschuldet ist (vgl §§ 707 Abs. 1 S. 2; zu § 719 Abs. 1 S. 1 vgl Rn 5).

8 [4] Dies ist dann der Fall, wenn ein Fall des **inkorrekten Erlasses eines Vollstreckungsbescheids** vorliegt (vgl hierzu Hk-ZPO/*Gierl* § 694 Rn 19). Gleiches gilt für die **unverschuldete Säumnis** iSd § 719 Abs. 1 S. 2 Alt. 2. Darunter ist die „Nichterhebung" des Widerspruchs gegen den Mahnbescheid (§ 694) zu verstehen, da gem. § 700 Abs. 1 der Vollstreckungsbescheid einem (ersten) Versäumnisurteil gleichsteht und aus diesem Titel die Vollstreckung droht!

9 [5] Dem Antragsteller obliegt die Darlegungslast, dass die Fälle des § 719 Abs. 1 S. 2 vorliegen; insofern bedarf es auch einer Glaubhaftmachung der tatsächlichen Ausführungen hierzu.

10 [6] Nach hM bedarf es für die Fälle des § 719 Abs. 1 S. 2 keiner **Glaubhaftmachung**, dass der Schuldner nicht in der Lage ist, die Sicherheitsleistung zu erbringen bzw die Vollstreckung für ihn einen nicht zu ersetzenden Nachteil bringen würde, da die Voraussetzungen des § 707 Abs. 1 nicht zusätzlich vorliegen müssen. Da die Vertretung der Gegenauffassung (vgl Hk-ZPO/*Kindl* § 719 Rn 4) jedoch keinen verfassungsrechtlichen Bedenken begegnet (BVerfG NJW-RR 2004, 934), ist es zumindest ratsam, Ausführungen hierzu zu machen und diese mit einer Glaubhaftmachung zu versehen.

II. Versäumung der Einspruchsfrist

11 **1. Muster: Einspruch gegen Vollstreckungsbescheid bei Versäumung der Einspruchsfrist**

▶ In der Mahnsache

••• gegen •••

lege ich gegen den Vollstreckungsbescheid des Amtsgericht ••• vom •••; Az •••

Einspruch

ein.

Des Weiteren wird

1. Wiedereinsetzung in den vorigen Stand gegen die Versäumung der Einspruchsfrist gegen den Vollstreckungsbescheid des AG ▬▬▬ vom ▬▬▬; Az ▬▬▬

sowie

2. die einstweilige Einstellung der Zwangsvollstreckung ohne Sicherheitsleistung

beantragt.

Begründung

Der Vollstreckungsbescheid wurde dem Antragsgegner am ▬▬▬ zugestellt. Die Einspruchsfrist lief am ▬▬▬ ab.

Der Einspruchsführer war jedoch ohne sein Verschulden verhindert, den Einspruch fristgerecht einzulegen, da ▬▬▬.

Zur Glaubhaftmachung lege ich ▬▬▬ vor.

Der Einspruchsführer ist zur Sicherheitsleistung nicht in der Lage/Die Vollstreckung würde dem Einspruchsführer einen nicht zu ersetzenden Nachteil bringen, da ▬▬▬.

Zur Glaubhaftmachung lege ich ▬▬▬ vor. ◀

2. Erläuterungen

Vgl dazu näher Hk-ZPO/*Kindl* § 707 Rn 2 ff. 12

III. Reaktionen des Antragstellers

1. Unzulässigkeit des Einspruchs

a) Muster: Antrag auf Verwerfung bei Unzulässigkeit des Einspruchs 13

▶ An das

▬▬▬gericht ▬▬▬.[1]

in der Streitsache

▬▬▬ gegen ▬▬▬

beantrage ich,

1. der Einspruch gegen den Vollstreckungsbescheid des AG ▬▬▬ wird als unzulässig verworfen[2]
2. der Antragsgegner trägt die weiteren Kosten[3] des Rechtsstreits
3. das Urteil ist vorläufig vollstreckbar[4]

Ich rege an, ohne mündliche Verhandlung zu entscheiden[5]

Begründung[6]

Der Einspruch ist unzulässig, da er verspätet eingelegt worden ist. Ausweislich der Zustellungsurkunde wurde der Vollstreckungsbescheid dem Beklagten am ▬▬▬ zugestellt. Der vom Beklagten erhobene Einspruch ist hingegen am ▬▬▬ und damit erst nach Ablauf der Einspruchsfrist beim Gericht eingegangen. ◀

b) Erläuterungen

14 **[1]** **Zuständig** für die Prüfung der Zulässigkeit des Einspruchs ist das Empfangsgericht.
15 **[2]** Die **Formulierung des Antrags** ergibt sich aus § 341 Abs. 1 S. 2 iVm § 700 Abs. 1.
16 **[3]** Da die bis zum Erlass des Vollstreckungsbescheids entstandenen **Kosten** bereits im Vollstreckungsbescheid aufgenommen worden sind (vgl § 699 Abs. 3), bedarf es nur mehr der Titulierung der weiter entstanden Kosten.
17 **[4]** Die **vorläufige Vollstreckbarkeit** bestimmt sich nach § 708 Nr. 3.
18 **[5]** Gem. § 341 Abs. 2 bedarf es für die **Entscheidung** über einen unzulässigen Einspruch keiner mündlicher Verhandlung. Ist bereits Termin bestimmt, kann die Absetzung des Termins angeregt werden.
19 **[6]** Wenngleich die **Einspruchsprüfung** von Amts wegen zu erfolgen hat (vgl § 341 Abs. 1 S. 1), empfiehlt es sich Ausführungen zu machen. Dies insb. wenn die Zustellung des Vollstreckungsbescheids im Parteibetrieb erfolgt ist (§ 699 Abs. 4 S. 1) und dem Gericht daher die Zustellungsurkunde nicht vorliegt.

2. Zulässigkeit des Einspruchs

20 **a) Muster: Antrag auf Aufrechterhaltung des Vollstreckungsbescheids bei Zulässigkeit des Einspruchs**

▶ An das

▪▪▪gericht ▪▪▪

In der Streitsache

▪▪▪ gegen ▪▪▪

beantrage ich,

1. der Vollstreckungsbescheid des AG ▪▪▪ vom ▪▪▪ wird aufrechterhalten,[1]
2. der Beklagte hat die weiteren Kosten des Rechtsstreits zu tragen,[2]
3. ▪▪▪ (vorläufige Vollstreckbarkeit) ▪▪▪

Begründung[3]

Vorab wird mitgeteilt, dass die Zustellung des Vollstreckungsbescheids am ▪▪▪ erfolgt ist. Die Zustellungsurkunde ist in Kopie beigelegt.

Zur Begründung des Anspruch wird Folgendes ausgeführt: ▪▪▪ ◀

b) Erläuterungen

21 **[1]** Die **Formulierung des Antrags** ergibt sich aus § 343 iVm § 700 Abs. 1. Zur Antragsfassung bei einer Teilaufrechterhaltung vgl § 343.
22 **[2]** Da die bisher entstandenen **Kosten** bereits im Vollstreckungsbescheid aufgenommen worden sind (§ 699 Abs. 3 S. 1), bedarf es nur mehr einer Titulierung der im Nachgang entstandenen Kosten.
23 **[3]** Ausführungen zur **Zustellung** sind nur dann angezeigt, wenn die Zustellung des Vollstreckungsbescheids im Parteibetrieb erfolgt ist, da der Nachweis der Zustellung dem Gericht nicht vorliegt. IÜ erfolgt die Darstellung der Anspruchsbegründung entspr. § 697 Abs. 1 (vgl § 700 Abs. 3 S. 2).

B. Gerichtliche Sicht

I. Verfahren nach Eingang des Einspruchs

1. Schreiben an den Einspruchsführer

a) Muster: Gerichtliches Schreiben bei verspäteter Einlegung des Einspruchs 24

▶ In der Streitsache

...

gegen

...

Sehr geehrter Herr/sehr geehrte Frau ...,

der Vollstreckungsbescheids des AG ...; Az ... vom ... in Sachen ... gg. ... wurde ausweislich der Zustellungsurkunde vom ... am ... an ... zugestellt. Damit begann die zweiwöchige Einspruchsfrist gegen den vorgenannten Vollstreckungsbescheid zu laufen. Diese Frist lief daher am ... ab. Der von Ihnen eingelegte Einspruch ging jedoch erst am ... beim Gericht ein. Damit ist Ihr Einspruch verspätet und daher gem. § 341 Abs. 1 ZPO als unzulässig zu verwerfen. Ihnen wird hiermit Gelegenheit zur Stellungnahme bis zum ... gegeben. Sofern keine Wiedereinsetzungsgründe iSd § 233 ZPO geltend gemacht werden können, wird Ihnen anheimgestellt, den erhobenen Einspruch zurückzunehmen. ◀

b) Muster: Urteil bei Verwerfung des Einspruchs 25

▶ Im Namen des Volkes

Urteil[1]

In dem Rechtsstreit

... ./. ...

erlässt das ...gericht ... ohne mündliche Hauptverhandlung[1] folgendes

Endurteil[1]

I. Der Einspruch gegen den Vollstreckungsbescheid des Amtsgerichts ... vom ... wird als unzulässig[2] verworfen.
II. Der Beklagte trägt die weiteren Kosten des Rechtsstreits.[3]
III. Das Urteil ist vorläufig vollstreckbar.[4]

Tatbestand[5]

Der Vollstreckungsbescheids des AG ...; Az ... vom ... in Sachen ... gg. ... wurde am ... an ... zugestellt. Der vom Beklagten eingelegte Einspruch, datiert vom ..., ging am ... beim Gericht ein.

Entscheidungsgründe

I. Der Einspruch war gem. § 341 ZPO iVm § 700 Abs. 1 ZPO als unzulässig zu verwerfen.

Die mit Zustellung des Vollstreckungsbescheid in Lauf gesetzte zweiwöchige Einspruchsfrist lief am ... ab. Der Einspruch ist jedoch erst am ... beim Gericht eingegangen. Er ist damit verfristet. Umstände, die eine Wiedereinsetzung in den vorigen Stand wegen Versäumung der Einspruchsfrist bedingen würden, sind weder vorgetragen worden noch ersichtlich.

II. Die Kostenentscheidung beruht auf § 97 Abs. 1 ZPO analog. Der Ausspruch zur vorläufigen Vollstreckbarkeit auf § 708 Nr. 3 ZPO.

...

[Rechtsbehelfsbelehrung gem. § 232 ZPO]
Unterschrift
Vfg.
1. Zustellen an Beklagten; formlos an Kläger
2. Kosten
3. Weglegen ◄

c) Erläuterungen

26 [1] Die **Entscheidungsform** als Urteil – und zwar auch, wenn die Entscheidung ohne mündliche Verhandlung getroffen wird – ergibt sich aus § 341 Abs. 2 iVm § 700 Abs. 1. Das Urteil ist nach allg. Regeln anfechtbar. Ist die Entscheidung entgegen § 341 Abs. 2 in Form eines „Beschlusses" ergangen, gilt der Grundsatz der Meistbegünstigung.

27 [2] Zwar kommt grundsätzlich in der **Tenorierung** nicht zum Ausdruck, dass der eingelegte Rechtsbehelf unzulässig ist. Im Rahmen des § 341 empfiehlt sich jedoch eine solche Aufnahme in den Tenor, da damit einer Verwechslungsgefahr mit dem „Zweiten Versäumnisurteil" begegnet werden kann (vgl Wortlaut des § 345 „Einspruch wird verworfen").

28 [3] Da die bisher angefallenen **Kosten** bereits in dem Vollstreckungsbescheid aufgenommen worden sind, ist nur mehr über die im Zuge der Einspruchserhebung erwachsenen Kosten zu entscheiden. Die Kostenfolge bestimmt sich in analoger Anwendung des § 97 ZPO.

29 [4] Der Ausspruch zur **vorläufigen Vollstreckbarkeit** ergibt sich aus § 708 Nr. 3 ZPO. Eine Abwendungsbefugnis besteht für den Schuldner nicht (vgl § 711 S. 1).

30 [5] Da § 341 Abs. 2 als Entscheidungsform die des „Urteils" vorsieht und die Ausnahmeregelungen der § 313a und § 313b nicht vorliegen, bedarf es eines **Tatbestandes**. Dieser wie auch die Entscheidungsgründe sind aber auf die Zulässigkeitsmängel zu beschränken.

2. Schreiben an den Kläger

31 **a) Muster: Gerichtliches Schreiben an den Kläger**

▶ In der Streitsache

...

gegen

...

Sehr geehrter Herr/sehr geehrte Frau ...,
anbei darf ich Ihnen mitteilen, dass der Beklagten mit Schreiben vom ..., bei Gericht eingegangen am ..., gegen den Vollstreckungsbescheid des AG ... vom ...; Az ... Einspruch eingelegt hat. Die Zustellung des Vollstreckungsbescheids erfolgte am ...[1]/Da die Zustellung des Vollstreckungsbescheids nicht von Amts wegen, sondern von Ihnen im Wege des

Parteibetriebs erfolgt ist, darf ich Sie bitten, mir die Zustellungsurkunde bzgl des Vollstreckungsbescheides zur Prüfung der von Amts wegen zu erfolgenden Zulässigkeit des Einspruchs (§ 341 Abs. 1 ZPO) zu übersenden.[2]

Im Übrigen wird Ihnen

a) bzgl der Erhebung des Einspruchs Gelegenheit zur Stellungnahme bis zum ... gegeben.
b) aufgegeben, den Anspruch binnen zweier Wochen in einer der Klage entspr. Form zu begründen.[3]

Vfg

1. Zustellung der Einspruchsschrift an Kläger;[4] Abschrift formlos an Beklagten
2. Wv mE sp. ... ◀

b) Erläuterungen

[1] Die **Hinweise** beruhen auf § 340 a S. 2 ZPO. 32

[2] Die **Aufforderung** ist nur in dem Fall angezeigt, sofern die Zustellung im Parteibetrieb erfolgt ist (§ 699 Abs. 3) und die Zustellungsurkunde dem Gericht nicht vorliegt. 33

[3] **Grundlage** hierfür ist § 697 Abs. 1 iVm § 700 Abs. 3 S. 2. 34

[4] Das **Zustellungserfordernis** ergibt sich aus § 340 a. 35

II. Verfahren bei Zulässigkeit des Einspruchs und anschließendem Eingang der Anspruchsbegründung

1. Muster: Verfügung bei Zulässigkeit des Einspruchs und anschließendem Eingang der Anspruchsbegründung 36

▶ Vfg[1]

1. Es wird das schriftliche Vorverfahren angeordnet
2. Dem Beklagten wird aufgegeben, binnen einer Frist von ... schriftlich auf die Klage zu erwidern[2]
3. Der Beklagte wird darauf hingewiesen, dass bei Versäumung der zur Klageerwiderung gesetzten Frist ...[3]

... ◀

2. Erläuterungen

[1] Ist der Einspruch nicht als unzulässig verworfen worden, ist nach Eingang der Anspruchsbegründung ist wie nach Eingang der Klage weiter zu verfahren (vgl § 700 Abs. 4). Der Vorsitzende hat daher die Wahlmöglichkeit gem. § 272 Abs. 2 entweder frühen ersten Termin zur mündlichen Hauptverhandlung (§ 275) oder das schriftliche Vorverfahren (§ 276) anzuordnen. 37

[2] **Bei Wahl des schriftlichen Vorverfahren** darf keine Aufforderung zur Anzeige der Verteidigungsbereitschaft iSd § 276 Abs. 1 S. 1 ergehen (vgl die ausdrückliche Regelung in § 700 Abs. 4 S. 2). 38

[3] Die **Präklusionsvorschriften iSd § 296 Abs. 1** finden auf die Klageerwiderung Anwendung, da § 700 Abs. 4 S. 2 nicht auf § 276 Abs. 1 S. 2 verweist. 39

III. Verfahren bei fehlendem Eingang der Anspruchsbegründung

40 **1. Muster: Verfügung bei fehlendem Eingang der Anspruchsbegründung**

▶ Vfg
1. Termin zur mündlichen Hauptverhandlung wird bestimmt auf ...[1]
2. Dem Kläger wird zur Begründung des geltend gemachten Anspruchs eine Frist von ... ab Zustellung der Terminsbestimmung gesetzt[1]
3. Inhaltlicher Hinweis auf die Rechtsfolgen bei Versäumung der unter 2. gesetzten Frist iSd § 296 Abs. 1 und 4[2],[3]
4. Laden von Kläger – mit Hinweis und Fristsetzung von Nr. 2 und 3 – sowie Beklagten per Zustellungsurkunde ◀

2. Erläuterungen

41 [1] Geht die Anspruchsbegründung innerhalb der von der Geschäftsstelle gesetzten Frist nicht ein, bedarf es entgegen § 697 Abs. 3 keines Terminsantrags, sondern die Terminsbestimmung erfolgt von Amts wegen (vgl § 700 Abs. 5).

42 [2] Für die **inhaltliche Ausgestaltung des Hinweises** gelten die Ausführungen zu § 296 (vgl dort Rn 26 ff).

43 [3] Nicht die Versäumung der von der Geschäftsstelle bestimmten Frist iSd § 700 Abs. 1, sondern erst die vom Vorsitzenden gem. § 700 Abs. 5 iVm § 697 Abs. 3 S. 2 gesetzte Frist eröffnet den Anwendungsbereich der Präklusionsvorschriften des § 296 Abs. 1, 4.

IV. Hauptverhandlung bei Nichterscheinen des Beklagten und Zulässigkeit des Einspruchs

44 **1. Muster: Beschluss bei Durchführung der Hauptverhandlung bei Nichterscheinen des Beklagten und Zulässigkeit des Einspruchs**

▶ 1. Der Einspruch gegen den Vollstreckungsbescheid des AG ... vom ...; Az ... wird verworfen[1],[2]
2. Der Beklagte trägt die weiteren Kosten des Rechtsstreits[3]
3. Das Urteil ist vorläufig vollstreckbar[4] ◀

2. Erläuterungen

45 [1] **Voraussetzungen** für den Erlass eines zweiten Versäumnisurteils sind:
- Zulässigkeit des Einspruchs
- Zulässigkeit und ordnungsgemäßer Erlass des Vollstreckungsbescheids
- Säumnis des Beklagten
- Antrag des Klägers
- Zulässigkeit der Klage
- Schlüssigkeit der Klage

46 [2] Der **Urteilstenor** ergibt sich direkt aus der Formulierung in § 345.

47 [3] Da die bis zum Erlass des Vollstreckungsbescheids entstandenen **Kosten** bereits tituliert sind, bedarf es lediglich des Ausspruchs bzgl der danach entstanden Kosten.

[4] Der Ausspruch bzgl der **vorläufigen Vollstreckbarkeit** bestimmt sich nach § 708 Nr. 2.

V. Verfahren bei Nichtvorliegen der Voraussetzungen zum Erlass eines zweiten Versäumnisurteils

1. Unzulässigkeit des Einspruchs

Vgl Rn 25.

2. Unzulässiger oder nicht ordnungsgemäßer Erlass des Vollstreckungsbescheids

a) **Muster: Versäumnisurteil bei unzulässigem oder nicht ordnungsgemäßem Erlass des Vollstreckungsbescheids**

▶ **Versäumnisurteil**
1. Der Vollstreckungsbescheid des AG ... vom ...; Az ... wird aufgehoben.[1]
2. Der Beklagte wird verurteilt, an den Kläger ... EUR zu bezahlen.
3. Der Beklagte trägt die Kosten des Rechtsstreits.[2]
4. Das Urteil ist vorläufig vollstreckbar.[3] ◀

b) **Erläuterungen**

[1] Diese Tenorierung ist einer Formulierung vorzuziehen, bei der der Vollstreckungsbescheid aufrechterhalten wird. Denn bei letzterer kommt dem Vollstreckungsbescheid in der Zwangsvollstreckung ein Rang zu, den er bei ordnungsgemäßer Verfahrensweise nicht innehätte.

Der Beklagte ist vielmehr **zwangsvollstreckungsrechtlich** so zu stellen wie er stehen würde, wenn der Vollstreckungsbescheid nicht erlassen worden wäre.

[2] Sind **Kosten** entstanden, die bei ordnungsgemäßer Behandlung nicht entstanden wären, ist § 21 GKG anzudenken.

[3] Der **Ausspruch** ergibt sich aus § 708 Nr. 2.

3. Kein Antrag des Klägers auf Erlass eines Versäumnisurteils

a) **Muster: Beschluss bei fehlendem Antrag des Klägers auf Erlass eines Versäumnisurteils**

▶ **Beschluss**

Es wird das Ruhen des Verfahrens angeordnet.[1]

Gründe

Das Verfahren wird von den Parteien nicht betrieben (§ 251a Abs. 3 ZPO): der Beklagte ist zur mündlichen Hauptverhandlung nicht erschienen; der Kläger seinerseits ist ebenfalls nicht erschienen/der Kläger ist zwar erschienen, stellte jedoch keinen Antrag auf Erlass eines Versäumnisurteils.

Vfg.
1. Beschluss formlos an den Parteien
2. WV mE sp. 6 Monaten ◀

56 b) Muster: Endurteil bei Unzulässigkeit der Klage

▶ **Endurteil**

1. Der Vollstreckungsbescheid des AG ▬ vom ▬; Az ▬ wird aufgehoben.
2. Die Klage wird abgewiesen.[1]
3. Der Kläger trägt die Kosten des Rechtsstreits mit Ausnahme der durch die Säumnis des Beklagten entstandenen Kosten, die dieser selbst zu tragen hat.[2]
4. Das Urteil ist vorläufig vollstreckbar. Der Kläger wie auch der Beklagte kann jeweils die Vollstreckung durch Sicherheitsleistung iHv 110 Prozent des vollstreckbaren Betrags abwenden, wenn nicht die jeweilige Gegenseite vor Vollstreckung Sicherheit iHv des jeweils durch ihn zu vollstreckenden Betrags leistet/Das Urteil ist gegen Sicherheitsleistung iHv ▬ EUR vorläufig vollstreckbar[3]. ◀

c) Erläuterungen

57 [1] Bei der **Abweisung** (§ 343 S. 2) handelt es sich um ein Prozessurteil.

58 [2] Der Ausspruch zur **Kostenentscheidung** beruht einerseits auf § 91, bzgl der Säumniskosten auf § 700 Abs. 1 iVm § 344; vgl auch Rn 68.

59 [3] Der Ausspruch zur **vorläufigen Vollstreckbarkeit** bestimmt sich nach Höhe der zu vollstreckenden Kosten der jeweiligen Partei (unter [= § 708 Nr. 11] oder über 1500 EUR [= § 709 S. 1]; vgl § 708 Nr. 11).

4. Unschlüssigkeit der Klage

60 a) **Muster: Endurteil bei Unschlüssigkeit der Klage**

▶ **Endurteil**

1. Der Vollstreckungsbescheid des AG ▬ vom ▬; Az ▬ wird aufgehoben.
2. Die Klage wird abgewiesen.[1]
3. Der Kläger trägt die Kosten des Rechtsstreits mit Ausnahme der durch die Säumnis des Beklagten entstanden Kosten, die dieser selbst zu tragen hat.[2]
4. Das Urteil ist vorläufig vollstreckbar. Der Kläger wie auch der Beklagte kann jeweils die Vollstreckung durch Sicherheitsleistung iHv 110 Prozent des vollstreckbaren Betrags abwenden, wenn nicht die jeweilige Gegenseite vor Vollstreckung Sicherheit iHv des jeweils durch ihn zu vollstreckenden Betrags leistet/Das Urteil ist gegen Sicherheitsleistung iHv ▬ EUR vorläufig vollstreckbar[3]. ◀

b) Erläuterungen

61 [1] Bei der **Abweisung** (§ 343 S. 2) handelt es sich um ein Sachurteil.
62 [2] Vgl dazu Rn 58.
63 [3] Vgl dazu Rn 59.

5. Teilschlüssigkeit der Klage

64 a) **Muster: Teilend- und zweites Versäumnisurteil bei Teilschlüssigkeit der Klage**

▶ **Teilend- und zweites Teilversäumnisurteil**[1]

1. Der Einspruch gegen den Vollstreckungsbescheid des AG ▬ vom ▬; Az ▬ wird insoweit verworfen, als er einen den Betrag iHv ▬ EUR überschießenden Teil betrifft.[2]

Im Übrigen wird der vorbezeichnete Vollstreckungsbescheid aufgehoben und die Klage abgewiesen.[3]
2. Mit Ausnahme der Kosten seiner Säumnis, die der Beklagte selbst zu tragen hat[4], tragen die Kosten des Rechtsstreits der Kläger zu ... und der Beklagte zu ....[5]
3. ... – Ausspruch zur Vollstreckbarkeit – ...[6]

Tatbestand[7]

... (Klägervortrag (in Behauptungsform))

... (Klageantrag)

... (Prozessgeschichte zum Vollstreckungsbescheid)

... (Säumnisantrag auf Erlass eines zweiten Versäumnisurteils)

Entscheidungsgründe

I. (echtes Versäumnisurteil)

Klarstellung, dass insofern der schlüssige Klagevortrag gem. § 700 Abs. 6 iVm § 331 Abs. 1 als zugestanden gilt

II. (unechtes Versäumnisurteil)

Darlegung der Abweisung iÜ unter Herausstellung des Abweisungsgrundes (Unzulässigkeit/Unschlüssigkeit).

III. Nebenentscheidungen

[Rechtsbehelfsbelehrung gem. § 232 ZPO] ◀

b) Erläuterungen

[1] Es liegt eine sog. **Mischentscheidung** vor, die nur dann ergehen kann, wenn der Streitgegenstand teilbar ist, was bei einer Leistungsklage, die auf einen Geldbetrag gerichtet ist, grundsätzlich der Fall ist. Die rechtliche Einordnung und Behandlung des Urteils bestimmt sich nach den jeweiligen Teilen.

[2] Soweit die Entscheidung mit dem Vollstreckungsbescheid **übereinstimmt**, ist der entsprechende Teil aufrechtzuerhalten (§§ 343, 345 iVm § 700 Abs. 6).

[3] Soweit die Entscheidung mit dem Vollstreckungsbescheid **nicht übereinstimmt**, ist der entsprechende Teil aufzuheben und die Klage abzuweisen (§§ 343, 345 iVm § 700 Abs. 6). Durch die Aufhebung des entsprechenden Teils verliert der Vollstreckungsbescheid insoweit auch seine vorläufige Vollstreckbarkeit (§ 719 Abs. 1). Die weiteren Folgen für die Zwangsvollstreckung ergeben sich aus §§ 775 Nr. 1, § 776.

[4] Die **Kostenentscheidung** insofern beruht auf § 344 iVm § 700 Abs. 1; da der Beklagte durch die „Versäumung des Widerspruchs" einer in der mündlichen Hauptverhandlung säumigen Partei gleichsteht, hat er die Kosten seiner „Säumnis" selbst zu tragen.

[5] Die **Kostenentscheidung** iÜ beruht auf §§ 91, 92.

[6] Der Ausspruch zur vorläufigen Vollstreckbarkeit bestimmt sich nach den allgemeinen Regeln.

§ 704

VI. Durchführung der Hauptverhandlung bei Erscheinen des Beklagten

71 Es gelten die Ausführungen nach Erlass eines ersten Versäumnisurteils entsprechend, vgl dazu näher § 343 Rn 1 ff.

VII. Zulässigkeit des Einspruchs und Antrag auf Einstellung der Zwangsvollstreckung

72 **1. Muster: Beschluss zur Zulässigkeit des Einspruchs und Antrag auf Einstellung der Zwangsvollstreckung**

▶ **Beschluss**[1]

Die Zwangsvollstreckung aus dem Vollstreckungsbescheid des AG ▬▬▬ vom ▬▬▬; Az ▬▬▬ wird gegen Sicherheitsleistung iHv ▬▬▬ EUR einstweilig eingestellt.

Gründe[2]

Vfg

1. Zustellung an Kläger und Beklagten[3]
2. WV mE sp. ▬▬▬ ◀

2. Erläuterungen

73 [1] Die **Entscheidungsform** ergibt sich aus § 719 Abs. 3.
74 [2] Eine **Begründung** ist nur dann erforderlich, wenn der Antrag abgelehnt wird.
75 [3] Obwohl der Beschluss **nicht anfechtbar** ist (§ 707 Abs. 2 S. 2 iVm § 719 Abs. 1) ist eine Zustellung im Hinblick auf § 329 Abs. 3 geboten (TP/*Hüßtege* § 707 Rn 10).

VIII. Wiedereinsetzung in den vorigen Stand infolge Versäumung der Einspruchsfrist

76 Vgl §§ 338, 341 Rn 1 ff; 11 ff.

Buch 8 Zwangsvollstreckung

Abschnitt 1 Allgemeine Vorschriften

§ 704 Vollstreckbare Endurteile

Die Zwangsvollstreckung findet statt aus Endurteilen, die rechtskräftig oder für vorläufig vollstreckbar erklärt sind.

A. Inhaltliche Bestimmtheit von Vollstreckungstiteln
   I. Muster: Geltendmachung inhaltlicher Unbestimmtheit des Leistungsausspruchs
   II. Erläuterungen
      [1] Art der Unbestimmtheit 2
      [2] Rechtsbehelfe 3
      [3] Zug um Zug zu bewirkende Gegenleistung 4

B. Vorbereitung der Zwangsvollstreckung durch den Rechtsanwalt
   I. Verhältnis zum Gegner
    1. Muster: Leistungsaufforderung mit Vollstreckungsandrohung gegenüber Schuldner nach einem Endurteil
    2. Erläuterungen
      [1] Endurteil (§ 704 Abs. 1) oder Vollstreckungstitel nach § 794 Abs. 1 6

[2] Bestimmtheit des Titels 7
[3] Vorlage einer Geldempfangsvollmacht 8
[4] Beteiligung des gegnerischen Anwalts 9
[5] Gebühren und ihre Ersatzfähigkeit 10
II. Verhältnis zum Mandanten
1. Muster: Schreiben des Rechtsanwalts an Mandanten bei Endurteil zur Unterrichtung über beabsichtigte Zwangsvollstreckungsmaßnahmen

2. Erläuterungen und Varianten
[1] Variante: Hinweis auf lediglich vorläufige Vollstreckbarkeit 12
[2] Variante: Anforderung einer ausdrücklichen Zustimmung zur Zwangsvollstreckung 13
[3] Variante: Hinweis auf Möglichkeit der Teilvollstreckung 14

A. Inhaltliche Bestimmtheit von Vollstreckungstiteln

I. Muster: Geltendmachung inhaltlicher Unbestimmtheit des Leistungsausspruchs

▶ **Antrag**[1]

...[2]

Gründe

...Der Leistungsausspruch im Titel hat – auch unter Berücksichtigung der (begrenzten) Auslegungsmöglichkeiten (vgl hierzu Hk-ZPO/*Kindl* § 704 Rn 7) – keine hinreichende inhaltliche Bestimmtheit (vgl hierzu Hk-ZPO/*Kindl* § 704 Rn 6 ff). ...[3] ◀

II. Erläuterungen

[1] **Art der Unbestimmtheit.** Bei Angriffen gegen einen Titel wegen seiner Unbestimmtheit ist bzgl der Rechtsbehelfe wie folgt zu unterscheiden (vgl BGH NJW 2010, 2041, 2042):

– sind die Person des Titelgläubigers (bspw bei einer Unterwerfungserklärungen im Abtretungsfall vgl hierzu BGH NJW 2010, 2041, 2042), des Titelschuldners (zur Auslegung der Schuldnerbezeichnung s. BGH NJW 2010, 2137) oder der Inhalt eines Leistungsausspruchs unbestimmt (Hk-ZPO/*Kindl* § 704 Rn 6 ff): **Klauselerinnerung (§ 732)** bzw **Klauselgegenklage (§ 768)**

– ist der titulierte Anspruch selbst (bspw unklarer Klagegrund eines Versäumnisurteils oder vollstreckbare Urkunde, die dem Konkretisierungsgebot nicht genügt, vgl BGH BeckRS 2015, 02240) unbestimmt: **Gestaltungsklage analog § 767**

[2] **Rechtsbehelfe.** S. hierzu die Muster bei den §§ 732, 767 u 768.

[3] **Zug um Zug zu bewirkende Gegenleistung.** An der inhaltlichen Bestimmtheit fehlt es auch, wenn die Höhe einer Zug um Zug zu erbringenden Gegenleistung nicht ausreichend bestimmt ist (OLG Hamm BeckRS 2010, 13469: der Titel sah die Ermittlung der Höhe der Gegenleistung durch ein Gutachten vor).

B. Vorbereitung der Zwangsvollstreckung durch den Rechtsanwalt

I. Verhältnis zum Gegner

5 **1. Muster: Leistungsaufforderung mit Vollstreckungsandrohung gegenüber Schuldner nach einem Endurteil**

▶ Sehr geehrte ---,

in der eingangs bezeichneten Sache liegt nunmehr zugunsten meines Mandanten ein vollstreckbarer Titel[1] vor, wonach Sie folgende Leistung[2] schulden: ---. Ich fordere Sie hiermit auf, die Leistung bis spätestens --- zu erbringen. Soweit Sie eine Geldleistung (Zahlung) schulden, hat diese auf eines der --- angegebenen Konten zu erfolgen. Eine Vollmacht zum Empfang des Geldes[3] ist beigefügt. Falls Ihre Leistung nicht fristgerecht erfolgt, wird die Zwangsvollstreckung gegen Sie betrieben werden. Ansprüche meines Mandanten auf Kostenerstattung werden gesondert geltend gemacht werden. Eine Abschrift dieser Leistungsaufforderung wurde mit gleicher Post Ihrem Prozessbevollmächtigten übersandt.[4]

Rechtsanwalt ◀

2. Erläuterungen

6 **[1] Endurteil (§ 704 Abs. 1) oder Vollstreckungstitel nach § 794 Abs. 1.** Eine gesonderte **Aufforderung zur Erfüllung** des Titels ist nicht zwingend erforderlich. Um für die Zwangsvollstreckung die Kostenfolge des § 788 Abs. 1 S. 1 Hs 1 auszulösen, muss dem Schuldner jedenfalls eine angemessene Frist zur freiwilligen Leistung gewährt werden (vgl hierzu Hk-ZPO/*Saenger* § 788 Rn 23). Zu den weiteren Voraussetzungen der Erstattungsfähigkeit der Kosten **für die Androhung der Zwangsvollstreckung** vgl BGH NJW-RR 2003, 1581. In diesem Fall kann das Schreiben ggf um folgenden Satz ergänzt werden:

▶ Ich weise darauf hin, dass ich bereits im Besitz einer vollstreckbaren Ausfertigung des Urteils bin. ◀

7 **[2] Bestimmtheit des Titels.** Ohne sie ist der Titel nicht vollstreckungsfähig. Dem Vollstreckungsorgan muss es möglich sein, allein mit dem Titel ohne Verwertung der Gerichtsakten oder anderer Urkunden die Vollstreckung durchzuführen (BGH NJW-RR 2013, 1033 Tz 17). Der Bestimmtheit ist deshalb schon im Erkenntnisverfahren größte Aufmerksamkeit zu schenken, vgl Hk-ZPO/*Kindl* § 704 Rn 5 ff. Die Auslegung eines Vollstreckungstitels erfolgt durch das Vollstreckungsorgan, ihr Ausgangspunkt ist der Tenor (BGH BeckRS 2014, 05859 Rn 18 und BGH NJW-RR 2013, 511 speziell zu der Formulierung „Zinsen in Höhe von 5 Prozent über dem Basiszinssatz" statt „Zinsen in Höhe von 5 Prozentpunkten über dem Basiszinssatz"). Bei vollstreckbaren Urkunden i.S.v. § 794 Abs. 1 Nr. 5 ist neben dem **Bestimmtheitserfordernis** (Inhalt und Umfang der Leistungspflicht) auch das **Konkretisierungsgebot** (genaue Bezeichnung des in der Urkunde erwähnten oder begründeten Anspruchs, dem Vollstreckbarkeit verliehen werden soll) zu beachten (vgl hierzu BGH BeckRS 2015, 02240).

[3] **Vorlage einer Geldempfangsvollmacht.** Die Prozessvollmacht berechtigt nach § 81 Hs 4 zur Empfangnahme der vom Gegner oder aus der Staatskasse zu erstattenden Kosten, nicht zum Empfang der Hauptsache. Es ist deshalb eine Vollmacht vorzulegen, aus der sich ergibt, dass der Rechtsanwalt zur Empfangnahme der Hauptsache, insb. von Geld ermächtigt ist (vgl Hk-ZPO/*Bendtsen* § 81 Rn 8).

[4] **Beteiligung des gegnerischen Anwalts.** Wurde der Titel in einem Rechtsstreit geschaffen und war der Titelschuldner anwaltlich vertreten, so wirkt die Prozessvollmacht fort (§ 81 Hs 1). Der gegnerische Anwalt ist also einzubeziehen:

▶ Sehr geehrter ...,

in Sachen ...

liegt nunmehr zugunsten meines Mandanten ein vollstreckbarer Titel vor. Zur Vermeidung von Zwangsvollstreckungsmaßnahmen habe ich heute eine Leistungsaufforderung an Ihren Mandanten gerichtet. Eine Abschrift dieses Schreibens ist als Anlage beigefügt. ◀

Gebühren und ihre Ersatzfähigkeit. Für den Anwalt fällt eine 0,3 Verfahrensgebühr nach VV Nr. 3309 an. Problematisch ist jedoch die Ersatzfähigkeit dieser Gebühr nach § 788 Abs. 1 S. 1. Dem Titelgläubiger muss zumindest eine vollstreckbare Ausfertigung des Titels erteilt worden sein (vgl Rn 6; zur Gesamtproblematik der Ersatzfähigkeit als Vorbereitungskosten vgl Hk-ZPO/*Saenger* § 788 Rn 12 und 13).

II. Verhältnis zum Mandanten

1. Muster: Schreiben des Rechtsanwalts an Mandanten bei Endurteil zur Unterrichtung über beabsichtigte Zwangsvollstreckungsmaßnahmen

▶ Sehr geehrte ...,

in der eingangs bezeichneten Sache hat das ...gericht ... am ... ein Urteil verkündet, wonach der Prozessgegner folgende Leistung an Sie zu erbringen hat: ... . Das Urteil ist nunmehr rechtskräftig.[1] Falls der Gegner seine Leistungspflicht aus dem Urteil nicht freiwillig erfüllt, muss dies erzwungen werden. Zu diesem Zweck würden wir für Sie einen Zwangsvollstreckungsauftrag erteilen. Die für die Zwangsvollstreckung erforderliche vollstreckbare Ausfertigung des Urteils wurde bereits bei Gericht beantragt. Nach ihrer Erteilung[2] werde ich unverzüglich Zwangsvollstreckungsmaßnahmen bezüglich des gesamten[3] titulierten Anspruchs gegen den Schuldner einleiten. Überdies muss ich Sie auf Folgendes hinweisen: Sollte künftig ein Insolvenzverfahren über das Vermögen des Schuldners eröffnet werden, so kann dies Auswirkungen auf durchgeführte Zwangsvollstreckungsmaßnahmen haben. Für den Fall, dass Sie Kenntnis von einer angespannten Finanzlage des Schuldners haben, die in die Eröffnung eines Insolvenzverfahrens mündet, wären Sie unter Umständen zur Rückgewähr der zwangsweise beigetriebenen Beträge an die Insolvenzmasse verpflichtet.

...

Rechtsanwalt ◀

2. Erläuterungen und Varianten

[1] **Variante: Hinweis auf lediglich vorläufige Vollstreckbarkeit.** Ist das Urteil nur vorläufig vollstreckbar und besteht deshalb für den Titelgläubiger im Falle einer Zwangsvollstreckung die Möglichkeit einer Gefährdungshaftung nach § 717 Abs. 2 –

ein Klagemuster hierzu s. § 717 Rn 4 – infolge einer Urteilsabänderung durch das Rechtsmittelgericht, kann der Mandant wie folgt auf das bestehende Schadensersatzrisiko hingewiesen werden:

▶ Ich muss Sie darauf hinweisen, dass das Urteil zwar vollstreckbar ist, allerdings lediglich vorläufig vollstreckbar. Das Urteil ist noch nicht rechtskräftig. Im Falle einer Abänderung des Urteils in nächster Instanz kann eine solche vor Rechtskraft des Urteils betriebene Zwangsvollstreckung zu Schadensersatzansprüchen und Erstattungsansprüchen des Prozessgegners führen. Falls Sie jegliches Risiko ausschließen wollen, sollte die Zwangsvollstreckung erst nach Rechtskraft des Urteils eingeleitet werden. Die Rechtskraft wird jedoch nicht vor dem ... eintreten. Teilen Sie mir bitte mit, welches weitere Vorgehen Sie wünschen. Bis dahin werde ich zunächst keine Zwangsvollstreckungsmaßnahmen ergreifen.

...

Rechtsanwalt ◀

Im Hinblick auf die **Gefährdungshaftung des § 717 Abs. 2** ist auch stets darauf zu achten, nicht ungewollt einen „Vollstreckungsdruck" (vgl hierzu BGH NJW-RR 2011, 338, 340) auf den Schuldner auszuüben. Für den Fall der Zwangsvollstreckung aus einem Berufungsurteil in einer vermögensrechtlichen Streitigkeit, das kein Versäumnisurteil ist, wäre anstelle der Schadensersatzpflicht auf die (bloße) **Erstattungspflicht nach § 717 Abs. 3**, die schon bei einer Leistung „aufgrund des Urteils" besteht (vgl hierzu BGH NJW 2011, 2518), hinzuweisen. Falls die Zwangsvollstreckung nur gegen **Sicherheitsleistung** zulässig ist und deshalb eine Bankbürgschaft – zum Nachweis der Sicherheitsleistung s. Hk-ZPO/Kindl § 751 Rn 5 – erforderlich ist, wäre weiter auszuführen:

▶ Überdies ist darauf hinzuweisen, dass eine vorläufige Vollstreckung nur möglich ist, wenn Sie dem Gegner für etwaige Schadensersatzansprüche aufgrund der vorläufigen Vollstreckung Sicherheit in Höhe von ... EUR leisten. Hierfür wäre es notwendig, dass Sie sich bei Ihrer Bank unter Vorlage des Urteils eine Prozessbürgschaft geben lassen und mir diese zuleiten. ◀

13 **[2] Variante: Anforderung einer ausdrücklichen Zustimmung zur Zwangsvollstreckung.** Ist zu erwarten, dass der Mandant - insb. aus privaten oder geschäftlichen Gründen – eine gütliche Abwicklung mit dem Gegner anstrebt, bietet sich folgende Variante an:

▶ Sie werden gebeten, Ihre ausdrückliche Zustimmung zur Einleitung von Zwangsvollstreckungsmaßnahmen zu erteilen bzw mitzuteilen, welches weitere Vorgehen Sie wünschen. Bis dahin werde ich zunächst keine Zwangsvollstreckungsmaßnahmen ergreifen. ◀

14 **[3] Variante: Hinweis auf Möglichkeit der Teilvollstreckung.** Bei zweifelhafter Leistungsfähigkeit des Titelschuldners bietet sich aus Kostengründen eine Teilvollstreckung an, worüber der Mandant wie folgt verständigt werden kann:

▶ Da die Leistungsfähigkeit des Schuldners zweifelhaft ist, besteht die Gefahr, dass eine Zwangsvollstreckung keinen oder nur geringen Erfolg hat. Um die Kosten gering zu halten, schlage ich vor, die Zwangsvollstreckung vorerst nur bezüglich eines Teilbetrages von ...

EUR zu betreiben. Sollten Sie jedoch statt eines solchen Teilvollstreckungsauftrags eine Zwangsvollstreckung über den Gesamtbetrag wünschen, so teilen Sie mir das bitte mit.

...

Rechtsanwalt ◄

§ 705 Formelle Rechtskraft

¹Die Rechtskraft der Urteile tritt vor Ablauf der für die Einlegung des zulässigen Rechtsmittels oder des zulässigen Einspruchs bestimmten Frist nicht ein. ²Der Eintritt der Rechtskraft wird durch rechtzeitige Einlegung des Rechtsmittels oder des Einspruchs gehemmt.

A. Formelle Rechtskraft nicht berufungsfähiger Endurteile
  I. Muster: Vorläufige Vollstreckbarkeit des nicht berufungsfähigen erstinstanzlichen Endurteils
  II. Erläuterungen
    [1] Form und Inhalt eines erstinstanzlichen Urteils 2
    [2] Rechtskraft mit Verkündung . 3
    [3] Entbehrlichkeit von Tatbestand und Entscheidungsgründen 4

B. Formelle Rechtskraft bei Berufungsurteilen
  I. Muster: Vorläufige Vollstreckbarkeit des Berufungsurteils
  II. Erläuterungen
    [1] Inhalt eines Berufungsurteils . 6
    [2] Rechtskraft mit Verkündung . 7
    [3] Entbehrlichkeit der Darlegungen im Berufungsurteil 8

A. Formelle Rechtskraft nicht berufungsfähiger Endurteile

I. Muster: Vorläufige Vollstreckbarkeit des nicht berufungsfähigen (§ 511 Abs. 2) erstinstanzlichen Endurteils

▶ **Endurteil**[1]

1. ...
2. ...
3. Das Urteil ist vorläufig vollstreckbar.[2]

Entscheidungsgründe[3]

...

Nebenentscheidungen

Die Kostenentscheidung beruht auf .... Die Entscheidung über die vorläufige Vollstreckbarkeit stützt sich auf §§ 708 Nr. 11, 713 ZPO. Die Voraussetzungen für ein Rechtsmittel gegen das Urteil liegen unzweifelhaft nicht vor. Der Wert des Beschwerdegegenstandes übersteigt 600,- EUR nicht (§ 511 Abs. 2 Nr. 1 ZPO) und die Berufung war nicht zuzulassen (§ 511 Abs. 2 Nr. 2 ZPO). ◄

II. Erläuterungen

[1] Zu **Form und Inhalt** eines erstinstanzlichen Endurteils vgl § 300.

3 **[2]** Bereits mit ihrer **Verkündung** werden nur die Entscheidungen rechtskräftig, gegen die schon ihrer Art nach ein Rechtsmittel nicht statthaft ist (vgl hierzu Hk-ZPO/ *Kindl* § 705 Rn 5 und BGH NJW-RR 2008, 1673). Gegen Endurteile des Amts- oder Landgerichts ist jedoch die Berufung an sich statthaft – auch bei einem Streitwert unter 600,- EUR. Deshalb ist über die vorläufige Vollstreckbarkeit eine Entscheidung zu treffen. Zwar ist das Urteil nicht berufungsfähig, doch tritt gemäß § 705 S. 1 die **formelle Rechtskraft** nicht vor Ablauf der für die Einlegung des zulässigen Rechtsmittels bestimmten Frist ein, hier also nicht vor Ablauf der einmonatigen Berufungsfrist nach §§ 511 Abs. 1, 517. Wird Berufung eingelegt, hemmt dies die Rechtskraft, auch wenn die Berufungssumme eindeutig nicht erreicht wird (vgl hierzu Hk-ZPO/*Kindl* § 705 Rn 8). Der Umstand, dass eine Berufung letztlich unstatthaft ist, weil der Wert des Beschwerdegegenstandes 600,- EUR nicht übersteigt (§ 511 Abs. 2 Nr. 1) und die Berufung nicht zugelassen wurde (§ 511 Abs. 2 Nr. 2), ist lediglich Grund dafür, dem Beklagten keine Abwendungsbefugnis nach § 711 zu gewähren. Denn Anordnungen nach §§ 711, 712 sollen nach § 713 dann nicht ergehen, wenn die Voraussetzungen für ein Rechtsmittel unzweifelhaft nicht vorliegen.

4 **[3]** Zur **Entbehrlichkeit von Tatbestand und Entscheidungsgründen** vgl § 300.

5 **Rechtsbehelfe.** Eine isolierte Anfechtung der Entscheidung über die vorläufige Vollstreckbarkeit ist unzulässig (OLG Köln NJW-RR 2006, 66). Im Rahmen einer Berufung in der Hauptsache besteht die Möglichkeit der Vorabentscheidung gemäß § 718 Abs. 1.

B. Formelle Rechtskraft bei Berufungsurteilen

6 **I. Muster: Vorläufige Vollstreckbarkeit des Berufungsurteils**

▶ **Endurteil**[1]
1. Auf die Berufung/Die Berufung ▄▄▄
2. ▄▄▄
3. Die Revision wird nicht zugelassen.
4. Das Urteil ist vorläufig vollstreckbar.[2]
▄▄▄[3]

Nebenentscheidungen

Die Revision war nicht zuzulassen, da keiner der Gründe des § 543 Abs. 2 ZPO vorliegt. ▄▄▄
Die Kostenentscheidung beruht auf ▄▄▄
Die Entscheidung über die vorläufige Vollstreckbarkeit stützt sich auf §§ 708 Nr. 10, 713 ZPO. Die Voraussetzungen für ein Rechtsmittel (§ 542 Abs. 1, 543 Abs. 1 ZPO) gegen das Urteil liegen unzweifelhaft nicht vor. Die Revision wurde nicht zugelassen (§ 543 Abs. 1 Nr. 1 ZPO). Eine Nichtzulassungsbeschwerde (§ 544 ZPO) ist unstatthaft, da der Wert der mit der Revision geltend zu machenden Beschwer 20.000,- EUR (§ 26 Nr. 8 EGZPO) nicht übersteigt, so dass auch eine Zulassung nach § 543 Abs. 1 Nr. 2 ZPO nicht in Betracht kommt. ◀

II. Erläuterungen

[1] Zum **Inhalt** eines Berufungsurteils vgl § 540. 7

[2] Bereits mit ihrer Verkündung werden nur die Entscheidungen rechtskräftig, gegen die schon ihrer Art nach ein Rechtsmittel nicht statthaft ist (vgl hierzu Hk-ZPO/*Kindl* § 705 Rn 5) – das sind insb. Berufungsurteile in Arrest- und einstweiligen Verfügungsverfahren (§ 542 Abs. 2 S. 1). Ansonsten unterliegen Berufungsurteile, auch die des Landgerichts, gemäß § 542 Abs. 1 der Revision. Über die vorläufige Vollstreckbarkeit ist deshalb eine Entscheidung zu treffen. Gemäß § 705 S. 1 tritt die formelle Rechtskraft nicht vor Ablauf der für die Einlegung des zulässigen Rechtsmittels bestimmten Frist ein, hier also nicht vor Ablauf der einmonatigen Frist für die **Nichtzulassungsbeschwerde** nach § 544 Abs. 1 S. 2, Abs. 5 S. 1. Wird Nichtzulassungsbeschwerde eingelegt, so hemmt dies die Rechtskraft, auch wenn die Revision wegen § 26 Nr. 8 EGZPO eindeutig unzulässig ist (vgl hierzu Hk-ZPO/*Kindl* § 705 Rn 8). Der Umstand, dass die Nichtzulassungsbeschwerde letztlich unstatthaft ist, wenn der Wert der mit der Revision geltend zu machenden Beschwer 20.000,- EUR (§ 26 Nr. 8 EGZPO; zur Unterscheidung zwischen der Beschwer aus dem Berufungsurteil und dem Wert des Beschwerdegegenstandes aus dem beabsichtigten Revisionsverfahren s. BGH BeckRS 2014, 22935) nicht übersteigt, ist lediglich Grund dafür, dem Beklagten gemäß § 713 keine Abwendungsbefugnis nach § 711 zu gewähren (vgl hierzu oben Rn 3). Dagegen ist der außerordentliche Rechtsbehelf der Anhörungsrüge (§ 321 a) kein Rechtsmittel iS von § 705 und hemmt deshalb den Eintritt der Rechtskraft nicht. 8

[3] Zur Entbehrlichkeit der Darlegungen im Berufungsurteil vgl GF-ZPO/*Weigel* § 540 Rn 13. 9

Rechtsbehelfe. Entscheidungen des **Berufungsgerichts** über die vorläufige Vollstreckbarkeit sind nicht anfechtbar (BGH NJW-RR 2006, 1076). 10

§ 706 Rechtskraft- und Notfristzeugnis

(1) Zeugnisse über die Rechtskraft der Urteile sind auf Grund der Prozessakten von der Geschäftsstelle des Gerichts des ersten Rechtszuges und, solange der Rechtsstreit in einem höheren Rechtszug anhängig ist, von der Geschäftsstelle des Gerichts dieses Rechtszuges zu erteilen.

(2) ¹Soweit die Erteilung des Zeugnisses davon abhängt, dass gegen das Urteil ein Rechtsmittel nicht eingelegt ist, holt die Geschäftsstelle des Gerichts des ersten Rechtszuges bei der Geschäftsstelle des für das Rechtsmittel zuständigen Gerichts eine Mitteilung in Textform ein, dass bis zum Ablauf der Notfrist eine Rechtsmittelschrift nicht eingereicht sei. ²Einer Mitteilung durch die Geschäftsstelle des Revisionsgerichts, dass ein Antrag auf Zulassung der Revision nach § 566 nicht eingereicht sei, bedarf es nicht.

A. Anträge des Rechtsanwalts
   I. Muster: Antrag auf Erteilung eines Rechtskraftzeugnisses
   II. Erläuterungen
     [1] Zuständigkeit 3
     [2] Nur auf Antrag 4
     [3] Form der Erteilung 5
     [4] Notfristmitteilung 6
B. Gerichtliche Tätigkeiten
   I. Einholung einer Notfristmitteilung

1. Muster: Einholung der Notfristmitteilung durch das Gericht erster Instanz beim Berufungsgericht
2. Erläuterungen
   [1] Zuständigkeit 11
   [2] Bezeichnung der Sache 12
   [3] Zustellungszeitpunkte 13
II. Notfristmitteilung
   1. Muster: Notfristmitteilung
   2. Erläuterungen und Varianten
      [1] Prüfung durch den Urkundsbeamten der Geschäftsstelle 15
   [2] Vorliegen eines Rechtsmittels 16
III. Rechtskraftzeugnis
   1. Muster: Rechtskraftzeugnis
   2. Erläuterungen und Varianten
      [1] Anbringung des Vermerks . 19
      [2] Prüfungsumfang 20
      [3] Teilrechtskraft 21
      [4] Zuständigkeit 24
      [5] Aktenvermerk über Erteilung 25

A. Anträge des Rechtsanwalts

1 **I. Muster: Antrag auf Erteilung eines Rechtskraftzeugnisses**

▶ An das

▃▃▃gericht ▃▃▃[1]

Ich beantrage[2] die Erteilung eines Rechtskraftzeugnisses für das Urteil vom ▃▃▃. Eine (abgekürzte) Ausfertigung des Urteils[3] ist als Anlage beigefügt. Die Notfristmitteilung[4] ist gemäß § 706 Abs. 2 S. 1 ZPO von der Geschäftsstelle einzuholen. ◀

II. Erläuterungen

2 Das Rechtskraftzeugnis **bescheinigt die formelle Rechtskraft** von Urteil, Vollstreckungsbescheid oder Beschluss (zur Anwendbarkeit von § 705 und damit auch § 706 auf diese Entscheidungsformen vgl Hk-ZPO/*Kindl* § 705 Rn 2 und 3). Hierbei ist zu beachten, dass der Beginn der Rechtsmittelfrist des § 517 Hs 1 die Zustellung einer Ausfertigung des Urteils voraussetzt (vgl Rn 2). Zur Bedeutung des Rechtskraftzeugnisses vgl im Einzelnen Hk-ZPO/*Kindl* § 706 Rn 1.

3 [1] **Zuständigkeit.** Zuständig ist der Urkundsbeamte der Geschäftsstelle (§ 153 GVG). Dazu, welche Instanz zuständig ist, vgl Hk-ZPO/*Kindl* § 706 Rn 3. Eine spezielle Adressierung an die Geschäftsstelle ist nicht erforderlich. Der Antrag gelangt infolge des angegebenen Aktenzeichens ohnehin zur zuständigen Geschäftsstelle.

4 [2] **Nur auf Antrag.** Das Rechtskraftzeugnis wird grundsätzlich nur auf Antrag erteilt. In **Ehe- und Abstammungssachen** wird gemäß § 46 S. 3 FamFG **von Amts wegen** ein Rechtskraftzeugnis erteilt. Der Antrag ist formlos möglich. Gemäß § 78 Abs. 5 besteht kein Anwaltszwang.

5 [3] **Form der Erteilung.** Auf die vorgelegte Ausfertigung wird das **Rechtskraftzeugnis** gesetzt. Der Antrag auf Erteilung eines Rechtskraftzeugnisses kann jedoch auch mit einem Antrag auf Erteilung einer Ausfertigung nach § 317 Abs. 2 S. 2 verbunden werden. Ebenso mit dem Antrag auf Erteilung einer vollstreckbaren Ausfertigung.

6 [4] **Notfristmitteilung.** Nach § 706 Abs. 2 S. 1 holt der Urkundsbeamte die Notfristmitteilung des Rechtsmittelgerichts von Amts wegen ein (Hk-ZPO/*Kindl* § 706 Rn 4).

7 **Gebühren.** Vgl hierzu Hk-ZPO/*Kindl* § 706 Rn 9.

Rechtsbehelfe. Zu den Rechtsbehelfen gegen Erteilung oder Versagung siehe Hk-ZPO/*Kindl* § 706 Rn 8.

B. Gerichtliche Tätigkeiten

I. Einholung einer Notfristmitteilung

1. Muster: Einholung der Notfristmitteilung durch das Gericht erster Instanz beim Berufungsgericht

▶ An das

...gericht ...[1]

In Sachen[2] ..., Kläger, ..., Beklagter

Ich bitte, in dem oben bezeichneten Verfahren gemäß § 706 Abs. 2 S. 1 ZPO eine Mitteilung zur Notfrist zu machen. Das Endurteil des ...gerichts ... vom ... wurde zuletzt zugestellt am ...[3]

...

Urkundsbeamter der Geschäftsstelle ◀

2. Erläuterungen

Nach 706 Abs. 2 S. 1 wird die Notfristmitteilung von Amts wegen durch die Geschäftsstelle des Gerichts des ersten Rechtszuges bei der Geschäftsstelle des Rechtsmittelgerichts angefordert.

[1] **Zuständigkeit.** Das Rechtskraftzeugnis wird von der Geschäftsstelle des Gerichts des **ersten** Rechtszuges erteilt (Abs. 1 S. 1). Im Falle eines Berufungsurteils muss deshalb auch ein Notfristzeugnis beim Revisionsgericht eingeholt werden, um die Rechtskraft bescheinigen zu können. Zur Zuständigkeit des Rechtsmittelgerichts für die Erteilung des Rechtskraftzeugnisses vgl Hk-ZPO/*Kindl* § 706 Rn 6.

[2] **Bezeichnung der Sache.** Die Sache ist präzise und somit bei der Anforderung beim Revisionsgericht auch unter Angabe des Gerichts 2. Instanz und des Aktenzeichens der 2. Instanz zu bezeichnen. Nur so ist es dem Urkundsbeamten möglich zu bestätigen, dass kein Rechtsmittel eingegangen ist.

[3] **Zustellungszeitpunkte.** Der Urkundsbeamte des ersuchenden Gerichts hat die Prozessakte vorliegen und kann daraus die Zustellungszeitpunkte entnehmen und im Antrag angeben.

II. Notfristmitteilung (Notfristattest)

1. Muster: Notfristmitteilung

▶ Oberlandesgericht ...

Eine Rechtsmittelschrift zu der oben bezeichneten Entscheidung ist bis ...[1] nicht[2] eingegangen.

...

Urkundsbeamter der Geschäftsstelle

Urschriftlich zurück an das ...gericht ... ◀

2. Erläuterungen und Varianten

15 **[1] Prüfung durch den Urkundsbeamten.** Der Urkundsbeamte der Geschäftsstelle des Rechtsmittelgerichts prüft, ob die Rechtsmittelfrist abgelaufen ist. Nachdem die Prüfung des Eintritts der formellen Rechtskraft Aufgabe des Urkundsbeamten der Geschäftsstelle des nach Abs. 1 S. 1 zuständigen Gerichts ist, kann sich die Notfristmitteilung mit der Aussage begnügen, dass bis zu einem bestimmten Zeitpunkt kein Rechtsmittel eingegangen ist (so BGH NJW-RR 2003, 1005 jedenfalls für die Fälle, in denen Beginn oder Ablauf der Rechtsmittelfrist zweifelhaft sind). Bei Teilanfechtung wird die Mitteilung nicht gemacht (vgl hierzu und zur Rücknahme des Rechtsmittels Hk-ZPO/*Kindl* § 706 Rn 7).

16 **[2] Vorliegen eines Rechtsmittels.** Ist ein Rechtsmittel eingegangen, wird das Notfristattest nicht erteilt. Die Geschäftsstelle des Berufungsgerichts hat gemäß § 541 Abs. 1 – beim Revisionsgericht §§ 541 Abs. 1, 565 – unverzüglich die Prozessakten anzufordern. Die Erwiderung des Rechtsmittelgerichts lautet dann:

▶ Oberlandesgericht ...

Eine Rechtsmittelschrift zu der oben bezeichneten Entscheidung ist am ... eingegangen. Es wird um Übersendung der Akten gemäß § 541 ZPO gebeten.

...

Urkundsbeamter der Geschäftsstelle ◀

17 **Rechtsbehelfe.** Gegen Erteilung oder Versagung der Notfristmitteilung haben die Parteien keinen Rechtsbehelf, da es sich um einen justizinternen Vorgang handelt (vgl Hk-ZPO/*Kindl* § 706 Rn 8 und BGH FGPrax 2010, 53).

III. Rechtskraftzeugnis

1. Muster: Rechtskraftzeugnis

18

▶ Das Urteil[1] ist[2] rechtskräftig.[3]

...gericht ...[4] ..., den ...

...

Urkundsbeamter der Geschäftsstelle[5], (Siegel) ◀

2. Erläuterungen und Varianten

19 **[1] Anbringung des Vermerks.** Angebracht wird der Vermerk auf einer vom Antragsteller vorgelegten oder gemäß § 317 Abs. 2 S. 2 Hs 1 zusätzlich beantragten Ausfertigung des Urteils – dies kann, muss aber nicht die vollstreckbare Ausfertigung sein. Die Rechtskraft kann auch gesondert unter genauer Bezeichnung des Urteils bescheinigt werden.

20 **[2] Prüfungsumfang.** Geprüft werden vom Urkundsbeamten die Antragsberechtigung (vgl hierzu Hk-ZPO/*Kindl* § 706 Rn 2) und der Eintritt der formellen Rechtskraft (§ 705), wozu es in den meisten Fällen des Notfristattestes bedarf (vgl Rn 9 und 14). Bei einem erstinstanzlichen Urteil muss nur die Notfristmitteilung des Berufungsgerichts eingeholt werden. Trotz der theoretischen Möglichkeit eines Antrags

Abschnitt 1 | Allgemeine Vorschriften § 707

nach § 566 (Sprungrevision), bedarf es aufgrund des § 706 Abs. 2 S. 2 keiner Notfristmitteilung des Revisionsgerichts (Hk-ZPO/ *Kindl* § 706 Rn 4).

[3] Bei **Teilrechtskraft** wird diese bescheinigt: 21

▶ Das Urteil ist rechtskräftig bezüglich ... ◀

In **Ehe- und Abstammungssachen** wird gemäß § 46 S. 3 FamFG von Amts wegen ein Rechtskraftzeugnis auf einer abgekürzten Ausfertigung erteilt (zum Zweck dieser Bestimmung vgl Zöller/*Stöber* § 706 Rn 6 a). Eine Notfristmitteilung des Rechtsbeschwerdegerichts ist gem. § 113 Abs. 1 S. 1 FamFG iVm § 706 Abs. 2 S 2 nicht erforderlich (BGH FGPrax 2010, 53). 22

Bei **Gestaltungsurteilen** ist der Zeitpunkt der Rechtskraft anzugeben. Insb. bei **Scheidungsbeschlüssen** (**§ 116 Abs. 1 FamFG**) ist schon allein wegen der durch die verschiedenen Verfahrensbeteiligten bedingten unterschiedlichen Zustellungszeitpunkte die Angabe des Zeitpunktes der Rechtskraft der Folgesachen üblich und aus Gründen des materiellen Rechts auch geboten: 23

▶ Der Beschluss ist rechtskräftig bzgl Ziffer 1 seit ..., Ziffer 2 seit ... ◀

[4] **Zuständigkeit.** Vgl hierzu Hk-ZPO/*Kindl* § 706 Rn 3. 24

[5] **Aktenvermerk über Erteilung.** Der Urkundsbeamte hat die **Erteilung** eines Rechtskraftzeugnisses in der Akte zu vermerken (Zöller/*Stöber* § 706 Rn 6 b): 25

▶ Rechtskraftzeugnis wurde dem ... am ... erteilt.

..., den ...

...

Urkundsbeamter der Geschäftsstelle ◀

Zum **Rechtskraftvermerk zu den Akten** nach den Aktenordnungen der Länder vgl Zöller/*Stöber* § 706 Rn 6 b.

Rechtsbehelfe. Vgl hierzu Hk-ZPO/*Kindl* § 706 Rn 8. 26

§ 707 Einstweilige Einstellung der Zwangsvollstreckung

(1) ¹Wird die Wiedereinsetzung in den vorigen Stand oder eine Wiederaufnahme des Verfahrens beantragt oder die Rüge nach § 321 a erhoben oder wird der Rechtsstreit nach der Verkündung eines Vorbehaltsurteils fortgesetzt, so kann das Gericht auf Antrag anordnen, dass die Zwangsvollstreckung gegen oder ohne Sicherheitsleistung einstweilen eingestellt werde oder nur gegen Sicherheitsleistung stattfinde und dass die Vollstreckungsmaßregeln gegen Sicherheitsleistung aufzuheben seien. ²Die Einstellung der Zwangsvollstreckung ohne Sicherheitsleistung ist nur zulässig, wenn glaubhaft gemacht wird, dass der Schuldner zur Sicherheitsleistung nicht in der Lage ist und die Vollstreckung einen nicht zu ersetzenden Nachteil bringen würde.
(2) ¹Die Entscheidung ergeht durch Beschluss. ²Eine Anfechtung des Beschlusses findet nicht statt.

A. Anwaltliche Sicht	B. Gerichtliche Sicht
I. Muster: Antrag auf einstweilige Einstellung der Zwangsvollstreckung	I. Muster: Beschluss zur einstweiligen Einstellung der Zwangsvollstreckung
II. Erläuterungen	II. Erläuterungen
[1] Zuständigkeit 2	[1] Umsetzung/Vollziehung 10
[2] Einbindung in die Rechtsmittelschrift 3	[2] Höhe der Sicherheit 11
[3] Rechtsschutzbedürfnis 4	[3] Außerkrafttreten 12
[4] Anwendungsbereich 5	[4] Begründungszwang 13
[5] Bezugnahme 6	[5] § 321 a und Rechtskraft 14
[6] Einstellung ohne Sicherheitsleistung, Gebühren 7	[6] Befristete Einstellung......... 15
	[7] Gerichtsgebühren 16
	[8] Rechtsbehelfe 17

A. Anwaltliche Sicht

1 **I. Muster: Antrag auf einstweilige Einstellung der Zwangsvollstreckung**

▶ An das

▪▪▪gericht ▪▪▪[1]

Az ▪▪▪

In Sachen ▪▪▪

wird beantragt,[2] die Zwangsvollstreckung aus dem Urteil vom ▪▪▪ ohne, hilfsweise gegen Sicherheitsleistung einstweilen einzustellen.

Begründung

Mit der im Antrag genannten Entscheidung liegt ein vollstreckbarer Titel[3] gegen den Beklagten vor. Der Beklagte wurde zur Herausgabe der im Urteilstenor bezeichneten Plastik verurteilt. Mit Schriftsatz vom heutigen Tag wurde ein Rechtsbehelf im Sinne von § 707 Abs. 1 S. 1 ZPO[4] eingelegt, es wurde nämlich die Rüge nach § 321 a ZPO erhoben. Der Rechtsbehelf hat auch Aussicht auf Erfolg ▪▪▪. Bezüglich der Einzelheiten wird auf diesen Schriftsatz verwiesen.[5] Für die Klägerin hat das Zuwarten mit der Zwangsvollstreckung keine besonderen Nachteile. Die Einstellung der Zwangsvollstreckung ist gemäß § 707 Abs. 1 S. 2 ZPO ohne Sicherheitsleistung zulässig,[6] weil der Schuldner zur Sicherheitsleistung nicht in der Lage ist (a) und die Vollstreckung dem Schuldner einen nicht zu ersetzenden Nachteil bringen würde (b).

(a) Der Beklagte ist völlig mittellos. Er bezieht lediglich Arbeitslosengeld II.

Glaubhaftmachung: Bescheid vom ▪▪▪

Er hat sonst keinerlei Einkünfte oder Vermögen.

Glaubhaftmachung: eidesstattliche Versicherung des Beklagten vom ▪▪▪, die als Anlage beigefügt ist

(b) Die Zwangsvollstreckung würde für den Beklagten einen nicht zu ersetzenden Nachteil bringen. Es wird nicht verkannt, dass grundsätzlich jeder Nachteil finanziell wiedergutgemacht werden kann. Hier ist jedoch ein Ausnahmefall gegeben. Die Plastik, zu deren Herausgabe der Beklagte verurteilt wurde, hat zwar nur einen geringen Verkehrswert, doch hat sie für den Beklagten, der dieses Kunstwerk selbst gefertigt hat, einen sehr hohen ideellen Wert, weil .... Die Klägerin hat gegenüber dem Beklagten in der Vergangenheit mehrfach geäußert, dass sie die Plastik noch irgendwann vernichten werde.

Glaubhaftmachung: eidesstattliche Versicherung des Beklagten

Im Falle der Zwangsvollstreckung und damit der Übergabe der Plastik durch den Gerichtsvollzieher an die Klägerin gemäß § 883 Abs. 1 ZPO besteht deshalb die Gefahr, dass die Klägerin die Plastik zerstört. Hierdurch würden zulasten des Beklagten irreparable Fakten geschaffen.

Aufgrund der in der Rüge nach § 321a ZPO im Einzelnen dargelegten Verletzung des Anspruchs auf rechtliches Gehör, war der Beklagte gehindert, einen Vollstreckungsschutzantrag nach § 712 ZPO zu stellen.

...

Rechtsanwalt ◄

II. Erläuterungen

[1] Zuständig ist das Gericht der Hauptsache (Hk-ZPO/*Kindl* § 707 Rn 4). 2

[2] Der Antrag nebst Begründung kann auch in den Schriftsatz, mit dem der Rechts- 3
behelf eingelegt wird, eingebunden werden. Die Antragstellung in einem gesonderten Schriftsatz unterstreicht jedoch Bedeutung und Eilbedürftigkeit.

[3] Sobald ein (vorläufig) vollstreckbarer Titel vorliegt, ist ein **Rechtsschutzbedürfnis** 4
gegeben; die Erteilung einer Vollstreckungsklausel ist nicht Voraussetzung (str; vgl Hk-ZPO/*Kindl* § 707 Rn 3).

[4] Zum Anwendungsbereich des § 707, insb. zur analogen Anwendbarkeit vgl Hk- 5
ZPO/*Kindl* § 707 Rn 1. Der in der Praxis wichtigste Anwendungsbereich ergibt sich durch die Verweisung in **§ 719 Abs. 1** für die Fälle der Berufung oder des Einspruchs gegen ein Versäumnisurteil oder einen Vollstreckungsbescheid. Bei Familiensachen ist § 120 Abs. 2 FamFG zu beachten.

[5] Siehe hierzu § 321a Rn 1. 6

[6] Zu den Voraussetzungen für die Einstellung der Zwangsvollstreckung **ohne Si-** 7
cherheitsleistung siehe Hk-ZPO/*Kindl* § 707 Rn 9. Die **Anordnung der Aufhebung von Vollstreckungsmaßregeln** ist stets nur gegen Sicherheitsleistung möglich.

Gebühren: Die Tätigkeit gehört zum Rechtszug, wenn nicht eine abgesonderte münd- 8
liche Verhandlung stattfindet, § 19 Abs. 1 Nr. 11 RVG.

B. Gerichtliche Sicht

9 **I. Muster: Beschluss zur einstweiligen Einstellung der Zwangsvollstreckung**

▶ ...gericht ...

In Sachen ...

Beschluss[1]

1. Die Zwangsvollstreckung aus dem Urteil des ...gerichts vom ... wird gegen Sicherheitsleistung in Höhe von ...[2] einstweilen[3] eingestellt.
2. Im Übrigen wird der Antrag vom ... zurückgewiesen.

Gründe[4]

Der Antrag ist teilweise begründet. Die Zwangsvollstreckung war einstweilen einzustellen, jedoch nur gegen Sicherheitsleistung, § 707 Abs. 1 S. 1 ZPO. Der Beklagte wurde mit dem Urteil zur Zahlung eines Betrages von nicht mehr als 600,- EUR verurteilt. Aufgrund des Wertes des Beschwerdegegenstandes ist eine Berufung gemäß § 511 Abs. 2 Nr. 1 ZPO unzulässig. Demgemäß wurde nach § 713 ZPO davon abgesehen, dem Beklagten eine Abwendungsbefugnis nach § 711 ZPO einzuräumen. Das Urteil ist deshalb ohne Sicherheitsleistung vollstreckbar. Der Beklagte hat gegen dieses Urteil Rüge nach § 321 a Abs. 1 S. 1 ZPO wegen Verletzung des Anspruchs auf rechtliches Gehör erhoben.[5] Eine Abwägung der Interessen der Parteien (vgl hierzu Hk-ZPO/*Kindl* § 707 Rn 5) gebietet hier die Einstellung der Zwangsvollstreckung. Die erhobene Rüge nach § 321 a ZPO hat bei vorläufiger Bewertung Aussicht auf Erfolg, weil ..., so dass das Verfahren fortzuführen sein wird. Auch in der Sache fehlt der Rechtsverteidigung des Beklagten nicht die Erfolgsaussicht. Bei der Abwägung der Interessen der Parteien war andererseits das aufgrund der gesetzlichen Wertung der §§ 708 ff ZPO grundsätzlich vorrangige Vollstreckungsinteresse des Gläubigers zu berücksichtigen. Hinzu kommt jedoch, dass der Kläger, wie sich aus ... ergibt, mittellos ist. Im Falle der erfolgreichen Zwangsvollstreckung bestünde für den Beklagten nur eine geringe Aussicht, dass er seine Leistung zurückerhält. Um zu verhindern, dass durch die Zwangsvollstreckung irreparable Fakten geschaffen werden, war die Zwangsvollstreckung aus dem Urteil einstweilen einzustellen. Die Einstellung konnte jedoch nur gegen Sicherheitsleistung erfolgen. Die Voraussetzungen des § 707 Abs. 1 S. 2 ZPO für eine Einstellung ohne Sicherheitsleistung (vgl hierzu Hk-ZPO/*Kindl* § 707 Rn 9) liegen nicht vor. Es wurde nicht ausreichend dargelegt beziehungsweise nicht ausreichend glaubhaft gemacht, dass der Vollstreckungsschuldner zur Sicherheitsleistung nicht in der Lage ist und dass zudem die Vollstreckung dem Vollstreckungsschuldner einen nicht zu ersetzenden Nachteil bringen würde. Dem Kläger wurde Gelegenheit zur Stellungnahme gegeben.[6] Eine mündliche Verhandlung war nicht geboten, § 128 Abs. 4 ZPO.

Eine Kostenentscheidung war nicht veranlasst, da die Kosten solche des Rechtsstreits in der Hauptsache sind (vgl Hk-ZPO/*Kindl* § 707 Rn 13).[7]

Dieser Beschluss ist nicht anfechtbar, § 707 Abs. 2 S. 2 ZPO.[8]

...

RiAG ◀

II. Erläuterungen

[1] Eine Ausfertigung des Beschlusses ist gemäß § 775 **Nr. 2** dem Vollstreckungsorgan zur **Umsetzung bzw Vollziehung** vorzulegen, wenngleich bereits die Entscheidung des Prozessgerichts dafür ausreicht, dass die Zwangsvollstreckung unterbleiben muss (ausführlich hierzu *Fink* und *Ellefret*, Auswirkungen einer prozessrechtlichen Einstellung der Zwangsvollstreckung auf den Drittschuldner, MDR 1998, 1272)

[2] Die **Sicherheit** (§ 108) muss den Verzögerungsschaden, die Hauptforderung und die Kosten abdecken (vgl Hk-ZPO/*Kindl* § 707 Rn 8). Eine Prozessbürgschaft sichert nicht die materielle Forderung, die dem Titel zugrunde liegt, sondern sie schafft einen Ausgleich für den Verzicht auf die vorläufige Vollstreckung (BGH BeckRS 2014, 22649 Tz 25).

[3] Zum **Außerkrafttreten** (insbesondere durch Erlass des Urteils oder Rücknahme des Rechtsbehelfs) siehe Hk-ZPO/*Kindl* § 707 Rn 7. Zum Antragsrecht des Bürgen nach § 109 Abs. 1 S. 1 vgl OLG Stuttgart BeckRS 2010, 15256.

[4] Eine **Begründung** wird für **entbehrlich** gehalten, wenn ohnehin nur eine Einstellung gegen Sicherheitsleistung beantragt wurde und antragsgemäß entschieden wird (Thomas/Putzo/*Hüßtege* § 707 Rn 10), da sich aus der Einstellung die Bejahung einer gewissen Erfolgsaussicht ergebe und der Gläubiger durch die Sicherheitsleistung ausreichend abgesichert sei (*Stackmann* JuS 2006, 980, 982). Nach aA ist stets eine Begründung erforderlich (vgl Musielak/*Lackmann* § 707 Rn 8).

[5] Der Eintritt der formellen Rechtskraft wird hierdurch nicht gehemmt. Die Neufassung des § 705 S. 2 nennt den § 321 a nicht mehr.

[6] Kann die Stellungnahme des Gläubigers wegen Eilbedürftigkeit nicht abgewartet werden, kann die **Einstellung zunächst befristet** erfolgen (Hk-ZPO/*Kindl* § 707 Rn 6).

[7] **Gerichtsgebühren** fallen nicht an.

[8] **Rechtsbehelfe.** Die Entscheidung ist gemäß § 707 Abs. 2 S. 1 unanfechtbar. Gegen die Entscheidung sind nur die **Rüge** nach § 321 a bei Verletzung des Anspruchs auf rechtliches Gehör oder die **befristete Gegenvorstellung** (hierzu ausführlich OLG Saarbrücken BeckRS 2008, 10972) möglich. Der Beschluss kann jedoch auf Gesuch einer Partei hin oder bei befristeter Einstellung (siehe Rn 15) von Amts wegen abgeändert werden (Hk-ZPO/*Kindl* § 707 Rn 12).

§ 708 Vorläufige Vollstreckbarkeit ohne Sicherheitsleistung

Für vorläufig vollstreckbar ohne Sicherheitsleistung sind zu erklären:
1. Urteile, die auf Grund eines Anerkenntnisses oder eines Verzichts ergehen;
2. Versäumnisurteile und Urteile nach Lage der Akten gegen die säumige Partei gemäß § 331 a;
3. Urteile, durch die gemäß § 341 der Einspruch als unzulässig verworfen wird;
4. Urteile, die im Urkunden-, Wechsel- oder Scheckprozess erlassen werden;
5. Urteile, die ein Vorbehaltsurteil, das im Urkunden-, Wechsel- oder Scheckprozess erlassen wurde, für vorbehaltlos erklären;
6. Urteile, durch die Arreste oder einstweilige Verfügungen abgelehnt oder aufgehoben werden;

7. Urteile in Streitigkeiten zwischen dem Vermieter und dem Mieter oder Untermieter von Wohnräumen oder anderen Räumen oder zwischen dem Mieter und dem Untermieter solcher Räume wegen Überlassung, Benutzung oder Räumung, wegen Fortsetzung des Mietverhältnisses über Wohnraum auf Grund der §§ 574 bis 574b des Bürgerlichen Gesetzbuchs sowie wegen Zurückhaltung der von dem Mieter oder dem Untermieter in die Mieträume eingebrachten Sachen;
8. Urteile, die die Verpflichtung aussprechen, Unterhalt, Renten wegen Entziehung einer Unterhaltsforderung oder Renten wegen einer Verletzung des Körpers oder der Gesundheit zu entrichten, soweit sich die Verpflichtung auf die Zeit nach der Klageerhebung und auf das ihr vorausgehende letzte Vierteljahr bezieht;
9. Urteile nach §§ 861, 862 des Bürgerlichen Gesetzbuchs auf Wiedereinräumung des Besitzes oder auf Beseitigung oder Unterlassung einer Besitzstörung;
10. Berufungsurteile in vermögensrechtlichen Streitigkeiten. Wird die Berufung durch Urteil oder Beschluss gemäß § 522 Absatz 2 zurückgewiesen, ist auszusprechen, dass das angefochtene Urteil ohne Sicherheitsleistung vorläufig vollstreckbar ist;
11. andere Urteile in vermögensrechtlichen Streitigkeiten, wenn der Gegenstand der Verurteilung in der Hauptsache 1 250 Euro nicht übersteigt oder wenn nur die Entscheidung über die Kosten vollstreckbar ist und eine Vollstreckung im Wert von nicht mehr als 1 500 Euro ermöglicht.

Schrifttum: *Brögelmann* Anordnung der vorläufigen Vollstreckbarkeit in Zivilurteilen, JuS 2007, 1006; *Dölling* Die Vollstreckbarerklärung der Kostenentscheidung im Zivilurteil, NJW 2014, 2468.

A. Urteilstenor und Nebenentscheidung in Fällen des § 708 Nr. 1 bis 7, 9 und 10
   I. Muster: Entscheidung mit Abwendungsbefugnis nach § 711
   II. Erläuterungen und Varianten
      [1] Vorläufig vollstreckbare Urteile 2
      [2] Gegenstand der vorläufigen Vollstreckbarkeit 3
      [3] Prozentuale Sicherheitsleistung 4
      [4] Vorläufig vollstreckbare Urteile ohne Abwendungsbefugnis 5
      [5] Kurzbegründung einfacher Entscheidungen 6
B. Urteilstenor und Nebenentscheidung bei Geldrente
   I. Muster: Urteilstenor und Nebenentscheidung bei Geldrente, § 708 Nr. 8
   II. Erläuterungen und Varianten
      [1] Rente für die Zukunft 8
      [2] Anwendungsbereich 9
      [3] Rente für die Vergangenheit .. 10
      [4] Abänderungsurteile 11
      [5] Vollstreckungsschutzantrag des Gläubigers 12
      [6] Wertgrenze des § 708 Nr. 11 . 13
      [7] Kombination von § 708 Nr. 8 und § 709 14
C. Urteilstenor und Nebenentscheidung im Fall des § 708 Nr. 11
   I. Muster: Anwendbarkeit des § 708 Nr. 11 auf abweisenden und stattgebenden Teil eines Urteils
   II. Erläuterungen
      [1] Höhe der Sicherheitsleistung . 16
      [2] Gesonderte Prüfung für jede Partei 17
      [3] Gegenstand der Verurteilung . 18
      [4] Ermittlung der vollstreckbaren Kosten 19

A. Urteilstenor und Nebenentscheidung in den Fällen des § 708 Nr. 1 bis 7, 9 und 10

I. Muster: Entscheidung mit Abwendungsbefugnis nach § 711

▶ ...urteil[1]
1. Der Beklagte wird verurteilt, ...
2. Der Beklagte trägt die Kosten des Rechtsstreits.
3. Das Urteil ist vorläufig vollstreckbar.[2] Der Beklagte kann die Vollstreckung durch Sicherheitsleistung in Höhe von ... EUR[3] abwenden, wenn nicht der Kläger vor der Vollstreckung Sicherheit in gleicher Höhe leistet.[4]

...

Nebenentscheidungen

Die Kostenentscheidung beruht auf § 91 Abs. 1 S. 1 ZPO; der Beklagte hat als unterlegene Partei die Kosten des Rechtsstreits zu tragen. Die Entscheidung über die vorläufige Vollstreckbarkeit stützt sich auf die §§ 708 Nr. ..., 711 S. 1 ZPO.[5] ◀

II. Erläuterungen und Varianten

[1] Grundsätzlich sind alle Urteile von Amts wegen für vorläufig vollstreckbar zu erklären (vgl hierzu Hk-ZPO/*Kindl* § 704 Rn 4). **Ausnahmen**: Urteile, die sofort mit Verkündung rechtskräftig werden (zB streitige Urteile des BGH, vgl im Einzelnen Hk-ZPO/*Kindl* § 705 Rn 5), Zwischenurteile (§§ 280, 303 und 304), Arrest und einstweilige Verfügung (§§ 922, 925 Abs. 2 und 936) und Urteile, in denen wegen eines erfolgreichen Vollstreckungsschutzantrages nach § 712 Abs. 1 S. 2 vom Ausspruch der vorläufigen Vollstreckbarkeit abgesehen wird. Endentscheidungen in Ehe- und Abstammungssachen, die bisher gemäß § 704 Abs. 2 aF hier einzuordnen waren, ergehen gemäß § 116 FamFG durch Beschluss, nicht (mehr) durch Urteil. Zur Notwendigkeit der Anordnung der vorläufigen Vollstreckbarkeit bei nicht berufungsfähigen amtsgerichtlichen Urteilen und bei Berufungsurteilen siehe § 705 Rn 1 und 5. Zu den umstrittenen materiellrechtlichen Wirkungen der vorläufigen Vollstreckbarkeit siehe Hk-ZPO/*Kindl* § 708 Rn 2. Insb. bewirken die Vollstreckung oder die Leistung zur Abwendung der Vollstreckung noch keine Erfüllung.

[2] Die vorläufige Vollstreckbarkeit bezieht sich grundsätzlich auf Hauptsache und Kostenentscheidung. Bei klageabweisenden Urteilen, Gestaltungsurteilen, Feststellungsurteilen und Urteilen auf Abgabe einer Willenserklärung (§ 894) bezieht sich der Ausspruch über die vorläufige Vollstreckbarkeit nur auf die Kostenentscheidung, bei **prozessualen Gestaltungsklagen** (§§ 767, 768 und 771, vgl Hk-ZPO/*Kindl* § 705 Rn 5 und § 768 Rn 4) und bei **Entscheidungen nach § 895** jedoch auch auf die Hauptsache.

[3] Zur **verhältnismäßigen** Sicherheitsleistung nach §§ 711 S. 1 und 2, 709 S. 2 bei Geldforderungen vgl § 709 Rn 5 und § 711 Rn 6.

[4] Bei **Berufungsurteilen** kann die Erstreckung der Abwendungsbefugnis auf das erstinstanzliche Urteil geboten sein (vgl OLG München BeckRS 2010,15236):

▶ Das Urteil ist vorläufig vollstreckbar. Der Beklagte kann die Vollstreckung aus Ziffer ▬▬ des landgerichtlichen Urteil durch Sicherheitsleistung in Höhe von ▬▬ abwenden, wenn nicht ▬▬ ◀

Der neu eingefügte Satz 2 des § 708 Nr. 10 sieht für die dort genannten Entscheidungen des Berufungsgerichts folgenden Ausspruch vor:

▶ Das in Ziffer ▬▬ genannte Urteil des ▬▬gerichts ist ohne Sicherheitsleistung vorläufig vollstreckbar. ◀

Soweit kein Fall des § 713 vorliegt, ist dann zudem eine Abwendungsbefugnis nach § 711 auszusprechen.

Handelt es sich um ein **Urteil iS von Nr. 1 bis 3** oder liegen die Voraussetzungen des § 713 vor, entfällt gemäß § 711 ein Ausspruch über eine Abwendungsbefugnis. Der Tenor lautet nur:

▶ Das Urteil ist vorläufig vollstreckbar. ◀

6 [5] Bei einfachen Entscheidungen über die vorläufige Vollstreckbarkeit werden in der Praxis zur Begründung meist nur die angewendeten Vorschriften wiedergegeben.

B. Urteilstenor und Nebenentscheidung bei Geldrente

7 **I. Muster: Urteilstenor und Nebenentscheidung bei Geldrente, § 708 Nr. 8**

▶ 1. Die Beklagten werden samtverbindlich verurteilt, an die Klägerin ab ▬▬[1] jeweils für drei Monate im Voraus eine monatliche Rente[2] in Höhe von ▬▬ EUR bis ▬▬ zu zahlen.
2. Die Beklagten werden samtverbindlich verurteilt, an die Klägerin ▬▬ zu zahlen.
3. Der Beklagte trägt die Kosten des Rechtsstreits.
4. Das Urteil ist vorläufig vollstreckbar, in Ziffer 2 jedoch bezüglich eines Betrages in Höhe von ▬▬ EUR nur gegen Sicherheitsleistung in Höhe von ▬▬ EUR und in Ziffer 3 nur gegen Sicherheitsleistung in Höhe von ▬▬ EUR. Soweit das Urteil ohne Sicherheitsleistung vorläufig vollstreckbar ist, können die Beklagten die Vollstreckung durch Sicherheitsleistung in Höhe von ▬▬ EUR abwenden, wenn nicht die Klägerin vor der Vollstreckung Sicherheit in gleicher Höhe leistet.

▬▬

Nebenentscheidung

Die Entscheidung über die vorläufige Vollstreckbarkeit beruht auf den §§ 708 Nr. 8, 709 S. 1 und 711 S. 1 ZPO.

Bezüglich der Ziffer 1) des Tenors, in der die künftige Geldrente,[3] also die Rente für die Zeit nach Schluss der mündlichen Verhandlung, tituliert ist, war die vorläufige Vollstreckbarkeit ohne Sicherheitsleistung auszusprechen, da es sich insoweit ausschließlich um privilegierte Ansprüche iS von § 708 Nr. 8 ZPO[4] handelt.

Bei Ziffer 2) war zwischen den nach § 708 Nr. 8 ZPO privilegierten Rentenansprüchen einerseits und den nicht privilegierten Rentenansprüchen sowie den sonstigen Schadensersatzansprüchen andererseits zu unterscheiden.

Für die Rentenansprüche, die während der Rechtshängigkeit und in dem der Klageerhebung, also in dem der Zustellung der (Stufen-) Klage vorausgehenden letzten Vierteljahr entstanden sind, war gemäß § 708 Nr. 8 ZPO die vorläufige Vollstreckbarkeit ohne Sicherheitsleistung auszusprechen, da es sich insoweit um privilegierte Ansprüche iS von § 708 Nr. 8 ZPO handelt.

Den Beklagten war bezüglich der nach § 708 Nr. 8 ZPO privilegierten Ansprüche gemäß § 711 ZPO eine Abwendungsbefugnis einzuräumen.[5] Die Höhe der Sicherheitsleistung war konkret zu beziffern, wobei für die laufende Rente der Jahresbetrag in die Berechnung eingestellt wurde.

Bezüglich des Rückstandes in Höhe von ... EUR, der sich auf die Zeit vor dem letzten Vierteljahr vor der Klageerhebung bezieht, bezüglich des zugesprochenen Schadensersatzes und bezüglich der Kosten war das Urteil gemäß § 709 S. 1 ZPO nur gegen Sicherheitsleistung für vorläufig vollstreckbar zu erklären. Die Summe aus nicht privilegierten Rentenrückständen und Schadensersatz übersteigt die Wertgrenze (1.250,- EUR) des § 708 Nr. 11 ZPO.[6] Um dem Tenor in diesem Punkt die nötige Bestimmtheit zu verleihen, war auch hier die Höhe der Sicherheitsleistung konkret zu beziffern.[7] ◄

II. Erläuterungen und Varianten

[1] Dies ist frühestens ein Zeitpunkt nach **Schluss der mündlichen Verhandlung.** Die bis zum Schluss der mündlichen Verhandlung entstandenen Ansprüche sind unter Berücksichtigung von erfolgten (Teil-)Zahlungen des Schuldners zu beziffern und gesondert zu tenorieren. Der Dreimonatszeitraum nach §§ 843 Abs. 2 S. 1, 760 Abs. 2 Hs 1 BGB ist nicht zwingend deckungsgleich mit dem Kalendervierteljahr (vgl hierzu NK-BGB/*Huber* § 843 Rn 237).

[2] Im Muster soll eine **Geldrente nach § 843 BGB** als Beispiel dienen. Auf Unterhaltssachen iSv § 231 FamFG ist § 708 Nr. 8 nicht mehr anwendbar. In diesen Fällen ermöglicht und gebietet **§ 116 FamFG** die Anordnung der sofortigen Wirksamkeit einer Unterhaltsentscheidung (vgl hierzu *Rake* Die Vollstreckbarkeit von Unterhaltstiteln FUR 2013, 159).

[3] Zu beachten ist insoweit, dass die bis zum Schluss der mündlichen Verhandlung fälligen Ansprüche „Rückstände" sind.

[4] § 708 Nr. 8 ist auch auf **Abänderungsurteile** (§ 323) anwendbar (Hk-ZPO/*Kindl* § 708 Rn 10), allerdings nur bei einer Erhöhung der Rente, nicht bei einer Reduzierung. Zur Möglichkeit der Abänderungsklage bei Geldrentenurteilen vgl Hk-BGB/*Staudinger* § 843 Rn 11.

[5] Zum Vollstreckungsschutzantrag des Gläubigers, der die Sicherheit nicht leisten kann, aber auf die Geldrente dringend angewiesen ist, vgl § 711 Rn 1.

[6] Andernfalls käme nicht § 709, sondern § 708 Nr. 11 zur Anwendung.

[7] Durch das Zusammentreffen der vorläufigen Vollstreckbarkeit mit Abwendungsbefugnis und der vorläufigen Vollstreckbarkeit gegen Sicherheitsleistung einerseits und der Verurteilung zu einer **wiederkehrenden Leistung** andererseits ist die Bestimmung der Höhe der Sicherheitsleistung in einem Prozentsatz nach § 709 S. 2 nicht möglich (vgl auch Thomas/Putzo/*Hüßtege* § 708 Rn 9). Einfacher ist die Tenorierung, wenn Gegenstand des Urteils nur eine Geldrente ist, die sich zudem ausschließlich auf

den in § 708 Nr. 8 genannten Zeitraum (**privilegierte Rentenansprüche**) bezieht. Dann kann wie folgt tenoriert werden:

▶ Das Urteil ist vorläufig vollstreckbar. Die Beklagte können die Vollstreckung durch Sicherheitsleistung in Höhe von ... EUR abwenden, wenn nicht die Klägerin vor der Vollstreckung Sicherheit in Höhe von 115 % des jeweils zu vollstreckenden Betrages leistet. ◀

C. Urteilstenor und Nebenentscheidung im Fall des § 708 Nr. 11

15 **I. Muster: Anwendbarkeit des § 708 Nr. 11 auf abweisenden und stattgebenden Teil eines Urteils**

▶ 1. Der Beklagte wird verurteilt, an den Kläger 1.200,- EUR zu zahlen. Im Übrigen wird die Klage abgewiesen.
2. Die Kosten des Rechtsstreits trägt der Kläger zu 1/3, der Beklagte zu 2/3.
3. Das Urteil ist vorläufig vollstreckbar. Jede Partei kann die Vollstreckung durch Sicherheitsleistung in Höhe von 115 %[1] des aus dem Urteil gegen sie vollstreckbaren Betrages abwenden, wenn nicht die jeweils andere Partei vor der Vollstreckung Sicherheit in Höhe von 115% des jeweils zu vollstreckenden Betrages leistet.

...

Nebenentscheidungen

Die Kostenentscheidung stützt sich auf § 92 Abs. 1 S. 1 Alt. 2 ZPO. Der Ausspruch über die vorläufige Vollstreckbarkeit beruht bezüglich beider Parteien[2] auf den §§ 708 Nr. 11, 711 und 709 S. 2 ZPO. Der Kläger kann in der Hauptsache[3] nicht mehr als 1.250,- EUR vollstrecken. Der Beklagte kann lediglich aus der Kostenentscheidung vollstrecken und die Kostenentscheidung ermöglicht ihm keine Vollstreckung im Wert von mehr als 1.500,- EUR.[4] ... Ein Fall des § 713 ZPO liegt nicht vor. ◀

II. Erläuterungen

16 [1] Zur Bestimmung der Höhe der Sicherheitsleistung vgl unten § 709 Rn 4 und 5.

17 [2] Es ist für jede Partei gesondert zu prüfen, ob sich die vorläufige Vollstreckbarkeit nach § 708 Nr. 11 oder § 709 richtet. Bei den prozessualen Gestaltungsklagen (zB Vollstreckungsabwehrklage oder Abänderungsklage, siehe Rn 3) ist zu beachten, dass sich die Anordnung der vorläufigen Vollstreckbarkeit auch auf die Hauptsache bezieht, so dass sich die vorläufige Vollstreckbarkeit in den meisten Fällen nach § 709 richtet. Zur Bestimmung der Höhe der Sicherheitsleistung in diesen Fällen siehe Hk-ZPO/*Kindl* § 709 Rn 2.

18 [3] Zum Gegenstand der Verurteilung gehören nicht Kosten, Zinsen und Nebenforderungen (Hk-ZPO/*Kindl* § 708 Rn 13).

19 [4] Hier ist vom Gericht die Höhe der vollstreckbaren Kosten zu ermitteln (hierzu ausführlich *Dölling* NJW 2014, 2468) .

20 **Rechtsbehelfe.** Eine isolierte Anfechtung der Entscheidung über die vorläufige Vollstreckbarkeit ist unzulässig (OLG Köln NJW-RR 2006, 66; str.). Im Rahmen einer Berufung in der Hauptsache besteht die Möglichkeit der Vorabentscheidung gemäß

§ 718 Abs. 1. Entscheidungen des **Berufungsgerichts** über die vorläufige Vollstreckbarkeit sind nicht anfechtbar (BGH NJW-RR 2006, 1076).

§ 709 Vorläufige Vollstreckbarkeit gegen Sicherheitsleistung

[1]Andere Urteile sind gegen eine der Höhe nach zu bestimmende Sicherheit für vorläufig vollstreckbar zu erklären. [2]Soweit wegen einer Geldforderung zu vollstrecken ist, genügt es, wenn die Höhe der Sicherheitsleistung in einem bestimmten Verhältnis zur Höhe des jeweils zu vollstreckenden Betrages angegeben wird. [3]Handelt es sich um ein Urteil, das ein Versäumnisurteil aufrechterhält, so ist auszusprechen, dass die Vollstreckung aus dem Versäumnisurteil nur gegen Leistung der Sicherheit fortgesetzt werden darf.

A. Muster: Tenor und Nebenentscheidung nach § 709 S. 1	[5] Aufrechterhaltung eines Versäumnisurteils 6
B. Erläuterungen und Varianten	[6] Sicherungsvollstreckung ohne Sicherheitsleistung 8
[1] Entscheidung von Amts wegen 2	
[2] Vorläufige Vollstreckbarkeit ohne Sicherheitsleistung 3	[7] Berechnung der Teilsicherheit bei Teilvollstreckung 9
[3] Abdeckung möglichen Vollstreckungsschadens 4	[8] Gesicherte Ansprüche 10
[4] Festlegung der Sicherheitsleistung in Prozentsatz 5	

A. Muster: Tenor und Nebenentscheidung nach § 709 S. 1   1

▶ 1. Der Beklagte wird verurteilt, an den Kläger ... herauszugeben
2. Der Beklagte trägt die Kosten des Rechtsstreits.
3. Das Urteil ist[1] gegen[2] Sicherheitsleistung[3] in Höhe von ... EUR[4] vorläufig vollstreckbar.[5]

...

Nebenentscheidungen

Die Entscheidung beruht auf § 709 S. 1 ZPO. Das Urteil war nur gegen Sicherheitsleistung für vorläufig vollstreckbar zu erklären,[6] da kein Urteil im Sinne des § 708 ZPO vorliegt. Insbesondere übersteigt der Wert der herauszugebenden Sache die Wertgrenze (1.250,- EUR). Der Kläger kann aus dem Urteil in der Hauptsache etwa ... EUR und an Kosten ca. ... EUR vollstrecken. Bei der Bestimmung der Höhe der Sicherheitsleistung[7] war zur Absicherung[8] des Vollstreckungsschuldners auf den vollstreckbaren Betrag ein Aufschlag vorzunehmen. ◀

B. Erläuterungen und Varianten

[1] Ein Antrag des Klägers hierzu ist nicht erforderlich. Die Entscheidung wird vom Gericht von Amts wegen getroffen. In der Berufungsinstanz ist bei bloßer Teilanfechtung die Möglichkeit einer vorläufigen Vollstreckbarkeit nach § 537 zu beachten (exemplarisch OLG Koblenz 2013, 03181).   2

3 [2] Zu den Fällen der vorläufigen Vollstreckbarkeit ohne Sicherheitsleistung vgl § 708 Rn 1, 5 und 15.

4 [3] Die Sicherheitsleistung soll den möglichen **Vollstreckungsschaden** abdecken. Zur Bemessung der Höhe der Sicherheitsleistung siehe Hk-ZPO/*Kindl* § 709 Rn 2. Soweit durch das Gericht nichts anderes bestimmt wird, kann die Sicherheitsleistung durch Bürgschaft erbracht werden, § 108 Abs. 1 S. 2. Zur Erstattungsfähigkeit der Bürgschaftskosten siehe BGH NJW 2012, 3789.

5 [4] Bei einer Geldforderung kann die Sicherheitsleistung nach § 709 S. 2 in einem **Prozentsatz** (110–120 %) festgelegt werden:
▶ 1. Der Beklagte wird verurteilt, an den Kläger ▬▬▬ EUR zu zahlen.
   2. Der Beklagte trägt die Kosten des Rechtsstreits.
   3. Das Urteil ist gegen Sicherheitsleistung in Höhe von 110 % des jeweils zu vollstreckenden Betrages vorläufig vollstreckbar.

Nebenentscheidungen

Die Entscheidung beruht auf § 709 S. 1 ZPO. Das Urteil war nur gegen Sicherheitsleistung für vorläufig vollstreckbar zu erklären, da kein Urteil im Sinne des § 708 ZPO vorliegt. Da der Beklagte zu einer Geldleistung verurteilt wurde, konnte die Höhe der zu leistenden Sicherheit gemäß § 709 S. 2 ZPO in einem Prozentsatz des jeweils zu vollstreckenden Betrages ausgedrückt werden. Zur Absicherung des Vollstreckungsschuldners war auf den zu vollstreckenden Betrag ein Aufschlag von 10 % vorzunehmen. ◀

6 [5] Wird durch das Urteil ein **Versäumnisurteil** aufrechterhalten, das als Endurteil in den Anwendungsbereich des § 709 S. 1 gefallen wäre, kann wie folgt tenoriert werden:
▶ 1. Das Versäumnisurteil des ▬▬▬gerichts ▬▬▬ vom ▬▬▬ bleibt aufrechterhalten.
   2. Der Beklagte trägt die weiteren Kosten des Rechtsstreits.
   3. Das Urteil ist gegen Sicherheitsleistung in Höhe von 110 % des jeweils zu vollstreckenden Betrages vorläufig vollstreckbar. Die Vollstreckung aus dem Versäumnisurteil darf nur gegen Leistung dieser Sicherheit fortgesetzt werden.

Nebenentscheidungen

Die Entscheidung beruht auf § 709 S. 1 und 3 ZPO. Bei dem Versäumnisurteil – wäre es als streitiges Urteil ergangen – hätten nicht die Voraussetzungen des § 708 ZPO für eine vorläufige Vollstreckbarkeit ohne Sicherheitsleistung vorgelegen. Demgemäß war nach § 709 S. 3 ZPO zu bestimmen, dass die Zwangsvollstreckung aus dem Versäumnisurteil nur gegen Leistung der nach § 709 S. 1 ZPO bestimmten Sicherheit fortgesetzt werden darf. Die Höhe der Sicherheitsleistung war gemäß § 709 S. 2 ZPO in einem Prozentsatz des vollstreckbaren Betrages auszudrücken. ◀

7 Die Anordnung nach § 709 S. 3 ist also nur erforderlich, wenn das aufrechtzuerhaltende Versäumnisurteil – als streitiges Urteil gedacht – in den Anwendungsbereich

des § 709 S. 1, also nicht in den Anwendungsbereich des § 708 gefallen wäre. Im Falle des § 708 lautet die Entscheidung:

▶ Das Urteil ist vorläufig vollstreckbar. Der Beklagte kann die Vollstreckung aus dem Versäumnisurteil vom ... und aus vorliegendem Urteil durch Sicherheitsleistung in Höhe von 110 % des aufgrund der Urteile vollstreckbaren Betrags abwenden, wenn nicht der Kläger vor der Vollstreckung Sicherheit in Höhe von 110 % des zu vollstreckenden Betrags leistet. ◀

[6] Dem Gläubiger verbleibt aber nach § 720a die Möglichkeit der Sicherungsvollstreckung ohne Sicherheitsleistung. 8

[7] Zur Berechnung der Teilsicherheit bei Teilvollstreckung, wenn die Sicherheit betragsmäßig bestimmt ist, siehe Hk-ZPO/*Kindl* § 752 Rn 2. 9

[8] Zu den durch die Sicherheitsleistung abzusichernden Ansprüchen siehe Hk-ZPO/*Kindl* § 709 Rn 2. 10

Rechtsbehelfe. Eine isolierte Anfechtung der Entscheidung über die vorläufige Vollstreckbarkeit ist unzulässig (OLG Köln NJW-RR 2006, 66; str.). Im Rahmen einer Berufung in der Hauptsache besteht die Möglichkeit der Vorabentscheidung gemäß § 718 Abs. 1. 11

§ 710 Ausnahmen von der Sicherheitsleistung des Gläubigers

Kann der Gläubiger die Sicherheit nach § 709 nicht oder nur unter erheblichen Schwierigkeiten leisten, so ist das Urteil auf Antrag auch ohne Sicherheitsleistung für vorläufig vollstreckbar zu erklären, wenn die Aussetzung der Vollstreckung dem Gläubiger einen schwer zu ersetzenden oder schwer abzuwendenden Nachteil bringen würde oder aus einem sonstigen Grund für den Gläubiger unbillig wäre, insbesondere weil er die Leistung für seine Lebenshaltung oder seine Erwerbstätigkeit dringend benötigt.

A. Antrag des Rechtsanwalts	B. Gerichtliche Entscheidung
I. Muster: Vollstreckungsschutzantrag des Klägers (Antrag auf unbedingte Vollstreckbarerklärung) bei Herausgabeklage	I. Muster: Vollstreckungsschutz (unbedingte Vollstreckbarerklärung) in Urteilstenor und Nebenentscheidung
II. Erläuterungen	II. Erläuterungen
[1] Antragserfordernis 2	[1] Geltungsbereich 7
[2] Voraussetzungen 3	[2] Interessenabwägung bei Gegenantrag 8
[3] Glaubhaftmachung der Voraussetzungen 4	
[4] Gegenantrag des Schuldners . 5	

A. Antrag des Rechtsanwalts

I. Muster: Vollstreckungsschutzantrag des Klägers (Antrag auf unbedingte Vollstreckbarerklärung) bei Herausgabeklage

▶ Ich werde beantragen:
1. Der Beklagte wird verurteilt, ••• an den Kläger herauszugeben.
2. Das Urteil ist für den Kläger ohne Sicherheitsleistung für vorläufig vollstreckbar zu erklären.[1]

Begründung

•••

Der Antrag nach § 710 ZPO, das Urteil ohne Sicherheitsleistung für vorläufig vollstreckbar zu erklären, wird wie folgt begründet:

Zwar liegt im Falle des Obsiegens des Klägers kein Fall des § 708 ZPO vor, so dass grundsätzlich gemäß § 709 S. 1 ZPO eine Sicherheitsleistung anzuordnen wäre. Jedoch ist das Urteil gemäß § 710 ZPO[2] ohne Sicherheitsleistung für vollstreckbar zu erklären. Der Kläger kann die Sicherheitsleistung nämlich nicht, jedenfalls nur unter erheblichen Schwierigkeiten erbringen. Der Kläger ist zurzeit mittellos. Er hat keine laufenden Einkünfte und kein Vermögen. Der Kläger hat lediglich ein Girokonto bei der ••• Bank, das am ••• einen Kontostand von ••• EUR auswies. Die ••• Bank ist auch nicht bereit, für den Kläger eine Prozessbürgschaft zu erklären.

Glaubhaftmachung[3]: eidesstattliche Versicherung des Klägers vom •••, die als Anlage beigefügt ist

Bestätigung der ••• Bank vom •••, die als Anlage beigefügt ist

Die Aussetzung der Vollstreckung, also ein Zuwarten bis zur Rechtskraft der Entscheidung wäre für den Kläger unbillig. Der Kläger ist auf die baldige Herausgabe der streitgegenständlichen Sache dringend angewiesen. Die Sache ist unentbehrlich für die Ausübung der selbständigen Tätigkeit des Klägers als •••.[4]

Glaubhaftmachung: eidesstattliche Versicherung des Klägers vom •••, die als Anlage beigefügt ist ◀

II. Erläuterungen

[1] Die Nebenentscheidungen, also die Kostenentscheidung und die Entscheidung über die vorläufige Vollstreckbarkeit nach §§ 708, 709, ergehen grundsätzlich von Amts wegen; Anträge der Parteien sind hierzu nicht notwendig. Dies gilt jedoch nicht für § 710, der einen **Antrag** voraussetzt, und zwar **vor Schluss der mündlichen Verhandlung** (§ 714 Abs. 1).

[2] § 710 setzt voraus, dass erhebliche Schwierigkeiten bei der Sicherheitsleistung bestehen und eine Vollstreckungsaussetzung unbillig ist. Bzgl. der Einzelheiten vgl Hk-ZPO/*Kindl* § 710 Rn 2.

[3] Nach § 714 Abs. 2 sind die Voraussetzungen des § 710 glaubhaft zu machen.

[4] Zum möglichen Gegenantrag des Schuldners nach § 712 Abs. 1 vgl Hk-ZPO/*Kindl* § 710 Rn 1.

B. Gerichtliche Entscheidung

I. Muster: Vollstreckungsschutz (unbedingte Vollstreckbarerklärung) in Urteilstenor und Nebenentscheidung 6

▶ **Endurteil**

1. Der Beklagte wird verurteilt, an den Kläger ... EUR zu zahlen.[1]
2. Die Beklagte trägt die Kosten des Rechtsstreits
3. Das Urteil ist vorläufig vollstreckbar.

...

Nebenentscheidungen

Zwar wäre wegen der Höhe des dem Kläger zugesprochenen Schadensersatzes grundsätzlich gemäß § 709 S. 1 ZPO die vorläufige Vollstreckbarkeit nur gegen Sicherheitsleistung anzuordnen gewesen. Jedoch war das Urteil auf Antrag hin gemäß § 710 ZPO ohne Sicherheitsleistung für vorläufig vollstreckbar zu erklären. Der Kläger kann die Sicherheitsleistung nämlich nicht, jedenfalls nur unter erheblichen Schwierigkeiten leisten. Er hat durch Vorlage einer eidesstattlichen Versicherung, einer Bestätigung der ... Bank und des Bescheides über die Gewährung von Arbeitslosengeld II vom ... gemäß § 714 Abs. 2 ZPO glaubhaft gemacht, dass ihm monatlich nur ein Betrag in Höhe des Existenzminimums zur Verfügung steht, dass er kein Vermögen hat und dass auch seine Bank nicht bereit ist, eine Bürgschaftserklärung abzugeben. Die Aussetzung der Vollstreckung, also ein Zuwarten mit der Vollstreckung bis zur Rechtskraft der Entscheidung wäre für den Kläger grob unbillig. Der Kläger ist auf den baldigen Erhalt der Schadensersatzleistung dringend angewiesen, um seine Wohnung und seinen Pkw behindertengerecht ausstatten zu lassen. Einer gesonderten Glaubhaftmachung hierzu bedurfte es nicht, da für die Erforderlichkeit dieser Ausstattungen durch das in der Hauptsache erholte Gutachten des Sachverständigen ... vom ... bereits Vollbeweis erbracht wurde. Insoweit wird auf Ziffer ... der Entscheidungsgründe verwiesen.[2] ◀

II. Erläuterungen

[1] § 710 gilt in direkter Anwendung nur bei Entscheidungen, die unter § 709 fallen. 7
Bei Entscheidungen, die nach § 708 vorläufig vollstreckbar sind, findet § 710 durch die Verweisung in § 711 S. 3 Anwendung (siehe hierzu § 711 Rn 15).

[2] Hat auch der Schuldner einen Vollstreckungsschutzantrag gestellt (§ 712 Abs. 1), 8
so sind gemäß § 712 Abs. 2 S. 1 die Interessen der Parteien gegeneinander abzuwägen.

Rechtsbehelfe. Eine isolierte Anfechtung der Entscheidung über die vorläufige Voll- 9
streckbarkeit ist unzulässig (OLG Köln NJW-RR 2006, 66; str.). Im Rahmen einer Berufung in der Hauptsache besteht die Möglichkeit der Vorabentscheidung gemäß § 718 Abs. 1.

§ 711 Abwendungsbefugnis

¹In den Fällen des § 708 Nr. 4 bis 11 hat das Gericht auszusprechen, dass der Schuldner die Vollstreckung durch Sicherheitsleistung oder Hinterlegung abwenden darf,

wenn nicht der Gläubiger vor der Vollstreckung Sicherheit leistet. ²§ 709 Satz 2 gilt entsprechend, für den Schuldner jedoch mit der Maßgabe, dass Sicherheit in einem bestimmten Verhältnis zur Höhe des auf Grund des Urteils vollstreckbaren Betrages zu leisten ist. ³Für den Gläubiger gilt § 710 entsprechend.

A. Anträge des Rechtsanwalts
  I. Muster: Vollstreckungsschutz-
     antrag des Klägers nach S. 3
     (Ausschluss einer Abwendungsbe-
     fugnis nach S. 1) bei einer Klage
     auf Zahlung einer Rente
  II. Erläuterungen
     [1] Zeitpunkt der Antragstellung 2
     [2] Beispiel: privilegierte Renten-
         ansprüche 3
     [3] Schwierigkeiten bei Sicher-
         heitsleistung/Unbilligkeit der
         Vollstreckungsaussetzung 4
     [4] Glaubhaftmachung 5
B. Gerichtliche Entscheidung
  I. Urteilstenor und Nebenent-
     scheidung mit Abwendungsbe-
     fugnis
     1. Vorläufige Vollstreckbarkeit mit
        Abwendungsbefugnis
        a) Muster: Vorläufige Vollstreck-
           barkeit nach § 708 mit
           Abwendungsbefugnis nach
           § 711
        b) Erläuterungen

[1] Anwendungsbereich 7
[2] Teilvollstreckung 8
[3] Teilsicherheit 9
2. Muster: Bloße Vollstreckbarkeit
   von Kosten von nicht mehr als
   1.500,- EUR, §§ 708 Nr. 11,
   711
3. Teilweise Verurteilung und
   teilweise Klageabweisung
   a) Muster: Teilweise
      Verurteilung und teilweise
      Klageabweisung, die jeweils
      unter § 708 Nr. 11 fallen
   b) Erläuterungen
      [1] Wertgrenze der
          Hauptsache 12
      [2] Wertgrenze der Kosten 13
      [3] Begründung 14
II. Vollstreckungsschutz
   1. Muster: Vollstreckungsschutz
      (Versagung der Abwendungsbe-
      fugnis) nach S. 3
   2. Erläuterungen
      [1] Klarstellung im Tenor 17
      [2] Begründung 18

A. Anträge des Rechtsanwalts

1 I. **Muster: Vollstreckungsschutzantrag des Klägers nach S. 3 (Ausschluss einer Abwendungsbefugnis nach S. 1) bei einer Klage auf Zahlung einer Rente**

▶ Ich werde beantragen:

1. Der Beklagte wird verurteilt, an die Klägerin ab ▬▬▬ jeweils für drei Monate im Voraus eine monatliche Rente in Höhe von ▬▬▬ EUR zu zahlen.
2. Das Urteil ist vorläufig vollstreckbar. Eine Abwendungsbefugnis nach § 711 S. 1 ZPO wird dem Beklagten nicht eingeräumt.[1]

Begründung

▬▬▬

Der Antrag nach § 711 S. 3 ZPO, dem Beklagten gemäß § 710 ZPO keine Abwendungsbefugnis einzuräumen, wird wie folgt begründet:

Zwar liegt im Falle des Obsiegens der Klägerin ein Fall des § 708 Nr. 8 ZPO vor,[2] so dass dem Beklagten grundsätzlich gemäß § 711 S. 1 ZPO eine Abwendungsbefugnis durch Sicherheitsleistung einzuräumen wäre. Eine solche Befugnis ist hier jedoch gemäß § 711 S. 3 ZPO iVm § 710 ZPO[3] zu versagen. Im Falle einer Sicherheitsleistung des Beklagten wäre die Klägerin gemäß §§ 775 Nr. 3, 776 S. 1 ZPO an der Vollstreckung gehindert. Sie könnte nur vollstrecken, wenn sie ihrerseits gemäß § 711 S. 1 ZPO Sicherheit leistet. Die Klägerin kann die Sicherheitsleistung jedoch nicht, jedenfalls nur unter erheblichen Schwierigkeiten erbringen. Die Klägerin ist zurzeit mittellos. Sie hat keine laufenden Einkünfte und kein Vermögen. Die Klägerin hat lediglich ein Girokonto bei der ... Bank, das am ... einen Kontostand von ... auswies. Die ... Bank ist auch nicht bereit, für die Klägerin eine Prozessbürgschaft abzugeben.

Glaubhaftmachung:[4]
- eidesstattliche Versicherung der Klägerin vom ..., die als Anlage beigefügt ist
- Bestätigung der ... Bank vom, die als Anlage beigefügt ist

Die Aussetzung der Vollstreckung, also ein Zuwarten bis zur Rechtskraft der Entscheidung wäre für die Klägerin grob unbillig, weil sie die Leistungen des Beklagten dringend für ihre Lebenshaltung benötigt, was sich bereits daraus ergibt, dass es sich um eine Geldrente iS von § 844 Abs. 2 S. 1 BGB handelt, die als Schadensersatz wegen Entziehung von Unterhalt zu leisten ist (vgl. hierzu Hk-ZPO/*Kindl* § 710 Rn 2). ... ◄

II. Erläuterungen

[1] Der Antrag ist gemäß § 714 Abs. 1 vor Schluss der letzten mündlichen Verhandlung zu stellen. In der Berufungsinstanz ist bei bloßer Teilanfechtung die Möglichkeit einer vorläufigen Vollstreckbarkeit nach § 537 zu beachten (exemplarisch OLG Koblenz 2013, 03181).

[2] Im Musterfall soll es sich um **privilegierte Rentenansprüche** handeln. Bei Rentenrückständen, die sich auf eine Zeit vor dem in § 708 Nr. 8 genannten Zeitraum beziehen (**nicht privilegierte Rentenansprüche**), richtet sich die vorläufige Vollstreckbarkeit – soweit ein Betrag von 1.250,- EUR überschritten wird – nach § 709. Vgl. hierzu § 709 Rn 1 und § 708 Rn 7 und 14. Bei familienrechtlichen Unterhaltsansprüchen kommt § 116 Abs. 3 S. 2 und 3 FamFG zur Anwendung.

[3] § 710, auf den § 711 S. 3 verweist, setzt erhebliche Schwierigkeiten bei der Sicherheitsleistung und eine Unbilligkeit der Vollstreckungsaussetzung voraus. Zu den Einzelheiten siehe Hk-ZPO/*Kindl* § 710 Rn 2.

[4] Das Erfordernis der Glaubhaftmachung ergibt sich aus § 714 Abs. 2.

B. Gerichtliche Entscheidung

I. Urteilstenor und Nebenentscheidung mit Abwendungsbefugnis

1. Vorläufige Vollstreckbarkeit mit Abwendungsbefugnis

a) **Muster: Vorläufige Vollstreckbarkeit nach § 708 mit Abwendungsbefugnis nach § 711**
▶ **Endurteil**

1. Der Beklagte wird verurteilt, an den Kläger ... EUR[1] nebst Zinsen hieraus in Höhe von ... seit ... zu zahlen.
2. Der Beklagte trägt die Kosten des Rechtsstreits
3. Das Urteil ist vorläufig vollstreckbar. Der Beklagte kann die Vollstreckung durch Sicherheitsleistung in Höhe von 110 % des aus dem Urteil vollstreckbaren[2] Betrages abwen-

den, wenn nicht der Kläger vor der Vollstreckung Sicherheit in Höhe von 110 % des zu vollstreckenden[3] Betrages leistet.

Nebenentscheidungen

Die Kostenentscheidung beruht auf § 91 ZPO. Der Beklagte hat als unterlegene Partei die Kosten des Rechtsstreits zu tragen.

Die Entscheidung über die vorläufige Vollstreckbarkeit stützt sich auf die §§ 708 Nr. 11, 711 S. 1 und 2, 709 S. 2 ZPO. Die Verurteilung in der Hauptsache übersteigt nicht den Betrag von 1.250,- EUR. Demgemäß war das Urteil nach § 708 Nr. 11 ZPO für vorläufig vollstreckbar zu erklären. Gemäß § 711 S. 1 ZPO war dem Beklagten eine Abwendungsbefugnis einzuräumen. Die Höhe der Sicherheitsleistung konnte in einem Prozentsatz (§§ 711 S. 2, 709 S. 2 ZPO) angegeben werden. Für den Beklagten sind dies 110 % des aus dem Urteil insgesamt vollstreckbaren Betrages, für den Kläger 110 % des jeweils zu vollstreckenden Betrages (§ 711 S. 2) ◄

b) Erläuterungen

7 **[1]** Bei Verurteilung zu nicht mehr als 1.250,- EUR in der Hauptsache kommen die §§ 708 Nr. 11, 711 zur Anwendung.

8 **[2]** Auch bei Teilvollstreckung muss der Schuldner die **gesamte Sicherheit** zur Abwendung erbringen (BGH NJW 2015, 77; Hk-ZPO/*Kindl* § 711 Rn 2 mwN). Aufgrund des Urteils vollstreckbar ist nicht nur die Hauptforderung. Vollstreckbar sind auch Nebenforderungen, insbesondere bereits aufgelaufene Zinsen und Kosten, soweit sie bereits durch einen Kostenfestsetzungsbeschluss beziffert sind (BGH NJW 2015, 77).

Bei der Bürgschaft (§ 108 Abs. 1 S. 2) ist ihr Sicherungszweck nicht die Sicherung der materiellen Forderung, sondern die Sicherung der durch den Titel geschaffenen Vollstreckungsbefugnisse, die aufgrund der Abwendungsbefugnis (vorübergehend) nicht ausgeübt werden können (BGH NJW 2015, 351 und OLG Celle NJW-RR 2010, 1040 zur Hinterlegung).

9 **[3]** Anders als beim Schuldner reicht beim Gläubiger eine **Teilsicherheit**, wenn er nur einen Teilbetrag vollstreckt (Thomas/Putzo/*Hüßtege* § 711 Rn 3 a).

10 **2. Muster: Bloße Vollstreckbarkeit von Kosten von nicht mehr als 1.500,- EUR, §§ 708 Nr. 11, 711**

▶ **Endurteil**

1. Die Klage wird abgewiesen.
2. Der Kläger trägt die Kosten des Rechtsstreits.
3. Das Urteil ist vorläufig vollstreckbar. Der Kläger kann die Vollstreckung durch Sicherheitsleistung in Höhe von 110 % des aus dem Urteil vollstreckbaren Betrages abwenden, wenn nicht der Beklagte vor der Vollstreckung Sicherheit in Höhe von 110 % des jeweils zu vollstreckenden Betrages leistet.

Nebenentscheidungen

Die Kostenentscheidung beruht auf § 91 ZPO. Der Kläger hat als unterlegene Partei die Kosten des Rechtsstreits zu tragen.

Die Entscheidung über die vorläufige Vollstreckbarkeit stützt sich auf die §§ 708 Nr. 11, 711 S. 1 und 2, 709 S. 2 ZPO. Es ist nur die Entscheidung über die Kosten vollstreckbar und sie ermöglicht lediglich eine Vollstreckung im Wert von nicht mehr als 1.500,- EUR. Demgemäß war das Urteil nach § 708 Nr. 11 ZPO für vorläufig vollstreckbar zu erklären. Gemäß § 711 S. 1 ZPO war dem Kläger eine Abwendungsbefugnis einzuräumen. Die Höhe der Sicherheitsleistung konnte in einem Prozentsatz (§§ 711 S. 2, 709 S. 2 ZPO) angegeben werden, der sich bei der Sicherheitsleistung des Klägers auf den aus dem Urteil insgesamt gegen ihn vollstreckbaren Betrag und bei der Sicherheitsleistung des Beklagten auf den von ihm jeweils zu vollstreckenden Betrag bezieht. ◄

3. Teilweise Verurteilung und teilweise Klageabweisung

a) **Muster: Teilweise Verurteilung und teilweise Klageabweisung, die jeweils unter § 708 Nr. 11 fallen**

▶ **Endurteil**

1. Der Beklagte wird verurteilt, an den Kläger ... EUR[1] nebst Zinsen hieraus in Höhe von ... seit ... zu zahlen. Im Übrigen wird die Klage abgewiesen.
2. Die Kosten des Rechtsstreits trägt der Kläger zu ... %[2], der Beklagte zu ... %.
3. Das Urteil ist vorläufig vollstreckbar. Jede Partei kann die Vollstreckung durch Sicherheitsleistung in Höhe von 110 % des aus dem Urteil gegen sie vollstreckbaren Betrages abwenden, wenn nicht die jeweils andere Partei Sicherheit in Höhe von 110 % des jeweils zu vollstreckenden Betrages leistet.

...

Nebenentscheidungen

Die Kostenentscheidung beruht auf § 92 S. 1 ZPO. Die Kosten waren entsprechend dem Teilunterliegen beziehungsweise Teilobsiegen verhältnismäßig zu teilen.

Die Entscheidung über die vorläufige Vollstreckbarkeit stützt sich auf die §§ 708 Nr. 11, 711 S. 1 und 2, 709 S. 2 ZPO. Bei teilweiser Klageabweisung sind die Voraussetzungen des § 708 Nr. 11 ZPO für den stattgebenden und den abweisenden Teil des Urteils getrennt zu prüfen (Hk-ZPO/*Kindl* § 708 Rn 13). Für jeden Teil liegen die Voraussetzungen des § 708 Nr. 11 ZPO vor. Der Beklagte wurde in der Hauptsache zu einem Betrag von nicht mehr als 1.250,- EUR verurteilt. Gegen den Kläger ist nur die Entscheidung über die Kosten vollstreckbar und sie ermöglicht lediglich eine Vollstreckung im Wert von nicht mehr als 1.500,- EUR. Demgemäß war das Urteil für jede Partei nach § 708 Nr. 11 ZPO für vorläufig vollstreckbar zu erklären. Gemäß § 711 S. 1 ZPO war sowohl dem Kläger als auch dem Beklagten eine Abwendungsbefugnis einzuräumen ....[3] ◄

b) **Erläuterungen**

[1] §§ 708 Nr. 11, 711 kommen zur Anwendung, wenn dem Kläger eine Vollstreckung von nicht mehr als 1.250,- EUR in der **Hauptsache** (also ohne Kosten, Zinsen und Nebenforderungen) möglich ist.

13 [2] §§ 708 Nr. 11, 711 kommen zur Anwendung, wenn die Entscheidung dem Beklagten die Vollstreckung von Kosten in Höhe von nicht mehr als 1.500,- EUR ermöglicht.

14 [3] Wegen der weiteren Begründung siehe Rn 6 und 10.

15 **Rechtsbehelfe.** Eine isolierte Anfechtung der Entscheidung über die vorläufige Vollstreckbarkeit ist unzulässig (OLG Köln NJW-RR 2006, 66; str.). Im Rahmen einer Berufung in der Hauptsache besteht die Möglichkeit der Vorabentscheidung gemäß § 718 Abs. 1. Entscheidungen des **Berufungsgerichts** über die vorläufige Vollstreckbarkeit sind nicht anfechtbar (BGH NJW-RR 2006, 1076).

II. Vollstreckungsschutz

16 **1. Muster: Vollstreckungsschutz (Versagung der Abwendungsbefugnis) nach S. 3**

▶ **Endurteil**

1. Der Beklagte wird verurteilt, an die Klägerin ab ▬▬▬ jeweils für drei Monate im Voraus eine monatliche Rente in Höhe von ▬▬▬ EUR zu zahlen.
2. Die Beklagte trägt die Kosten des Rechtsstreits
3. Das Urteil ist vorläufig vollstreckbar. Eine Abwendungsbefugnis wird dem Beklagten nicht eingeräumt.[1]

▬▬▬

Nebenentscheidungen

Das Urteil war in vollem Umfang gemäß § 708 Nr. 8 ZPO für vorläufig vollstreckbar zu erklären. Die Klägerin verlangt die Geldrente nur für den in § 708 Nr. 8 ZPO genannten Zeitraum. Dem Beklagten war auf Antrag der Klägerin eine Abwendungsbefugnis zu versagen, § 711 S. 3 ZPO iVm § 710 ZPO ▬▬▬.[2] ◀

2. Erläuterungen

17 [1] Dieser Satz ist nicht zwingend erforderlich, allerdings dient er der Klarstellung.

18 [2] Bezüglich der Begründung siehe Rn 1. Bei Unterhaltsforderungen siehe § 116 FamFG.

§ 712 Schutzantrag des Schuldners

(1) ¹Würde die Vollstreckung dem Schuldner einen nicht zu ersetzenden Nachteil bringen, so hat ihm das Gericht auf Antrag zu gestatten, die Vollstreckung durch Sicherheitsleistung oder Hinterlegung ohne Rücksicht auf eine Sicherheitsleistung des Gläubigers abzuwenden; § 709 Satz 2 gilt in den Fällen des § 709 Satz 1 entsprechend. ²Ist der Schuldner dazu nicht in der Lage, so ist das Urteil nicht für vorläufig vollstreckbar zu erklären oder die Vollstreckung auf die in § 720a Abs. 1, 2 bezeichneten Maßregeln zu beschränken.

(2) ¹Dem Antrag des Schuldners ist nicht zu entsprechen, wenn ein überwiegendes Interesse des Gläubigers entgegensteht. ²In den Fällen des § 708 kann das Gericht anordnen, dass das Urteil nur gegen Sicherheitsleistung vorläufig vollstreckbar ist.

Abschnitt 1 | Allgemeine Vorschriften § 712

A. Schutzanträge des Rechtsanwalts
I. Muster: Vollstreckungsschutzantrag des Schuldners bei zu erwartender vorläufiger Vollstreckbarkeit nach den §§ 708 Nr. 11, 711
II. Erläuterungen und Varianten
  [1] Antragserfordernis 2
  [2] Nicht zu ersetzender Nachteil 4
  [3] Glaubhaftmachung............ 5
  [4] Vollstreckungsschutzantrag bei Unmöglichkeit der Sicherheitsleistung.................... 6
  [5] Vollstreckungsschutzantrag bei zu erwartender vorläufiger Vollstreckbarkeit nach § 709 . 7
B. Urteilstenor und Nebenentscheidung
I. Vollstreckungsschutz für den Schuldner bei vorläufiger Vollstreckbarkeit
  1. Muster: Vollstreckungsschutz für den Schuldner bei vorläufiger Vollstreckbarkeit nach den §§ 708 Nr. 11, 711
  2. Erläuterungen und Varianten
    [1] Vollstreckungsschutz für den Schuldner bei vorläufiger Vollstreckbarkeit nach § 709 9
    [2] Zusätzlicher Einschub 10
    [3] Begründung 11
II. Vollstreckungsschutz für den Schuldner durch Absehen von vorläufiger Vollstreckbarkeit
  1. Muster: Vollstreckungsschutz für den Schuldner, wenn dem Schuldner eine Sicherheitsleistung nicht möglich ist, durch Absehen von einer vorläufigen Vollstreckbarkeit
  2. Erläuterungen und Varianten
    [1] Klarstellung 13
    [2] Gründe 14

A. Schutzanträge des Rechtsanwalts

I. Muster: Vollstreckungsschutzantrag des Schuldners bei zu erwartender vorläufiger Vollstreckbarkeit nach den §§ 708 Nr. 11, 711

▶ **Klageerwiderung**

1. Die Klage wird abgewiesen.
2. Der Beklagte kann für den Fall seines Unterliegens die Vollstreckung durch Sicherheitsleistung in Höhe von ... ungeachtet einer Sicherheitsleistung des Klägers nach § 711 ZPO abwenden (§ 712 Abs. 1 S. 1 ZPO).[1]

Begründung

Zum Vollstreckungsschutzantrag:

Das Maschinenzubehör, dessen Herausgabe der Kläger begehrt, hat unstreitig einen Wert von nicht mehr als 1.250,- EUR. Für den Fall der Verurteilung des Beklagten wäre dieses Urteil nach § 708 Nr. 11 ZPO für vorläufig vollstreckbar zu erklären. Auch im Falle der dem Beklagten nach § 711 ZPO einzuräumenden Abwendungsbefugnis könnte der Kläger bei einer Sicherheitsleistung seinerseits vorläufig aus dem Urteil vollstrecken. Eine solche Vollstreckung würde dem Beklagten einen nicht zu ersetzenden Nachteil im Sinne von § 712 Abs. 1 S. 1 ZPO bringen.[2] Im Falle einer Zwangsvollstreckung durch Wegnahme nach § 883 ZPO käme die Produktion im Betrieb des Beklagten zum Erliegen; das streitgegenständliche Maschinenzubehör ist für die Produktion zwingend notwendig. Eine Ersatzbeschaffung des speziell angefertigten Werkteils ist innerhalb absehbarer Zeit nicht möglich.

Glaubhaftmachung:[3] eidesstattliche Versicherung des ...

Sitzmann

Deshalb ist dem Beklagten gemäß § 712 Abs. 1 S. 1 Hs 1 ZPO die Abwendung der Vollstreckung durch Sicherheitsleistung[4] ungeachtet einer Sicherheitsleistung des Klägers nach § 711 ZPO[5] zu gestatten. Die vom Gericht durchzuführende Abwägung der Interessen der Parteien rechtfertigt diese Anordnung. Entgegenstehende überwiegende Interessen des Gläubigers beziehungsweise Klägers im Sinne von § 712 Abs. 2 S. 1 ZPO sind nicht gegeben. Auch § 713 ZPO steht dem Antrag des Beklagten nicht entgegen, da der Beklagte im Falle seiner Verurteilung die Möglichkeit der Berufung hätte, weil der Wert des Beschwerdegegenstandes den Betrag von 600,- EUR übersteigt (§ 511 Abs. 2 Nr. 1 ZPO). ◀

II. Erläuterungen und Varianten

2 [1] Die Nebenentscheidungen, also die Kostenentscheidung und die Entscheidung über die vorläufige Vollstreckbarkeit nach §§ 708, 709, ergehen grundsätzlich von Amts wegen; Anträge der Parteien sind hierzu nicht notwendig. Dies gilt jedoch nicht für § 712. Der Vollstreckungsschutz ist zu beantragen, und zwar vor Schluss der mündlichen Verhandlung (§ 714 Abs. 1). Zwar ist der Antrag nach § 712 ein Sachantrag und deshalb in der mündlichen Verhandlung zu stellen, doch wird er in schriftlichen Verfahren (zB gemäß § 522 Abs. 2) bereits durch Einreichung des Schriftsatzes wirksam gestellt (BGH BeckRS 2013, 14150). Ob ein in erster Instanz versäumter Antrag in zweiter Instanz nachgeholt werden kann, ist umstritten (vgl OLG Naumburg BeckRS 2014, 09224 mit Darstellung des Streitstandes). § 712 ist sowohl bei Urteilen nach § 708 als auch nach § 709 anwendbar. Für einen späteren Einstellungsantrag nach § 719 Abs. 2 zum Revisionsgericht ist grds. ein Vollstreckungsschutzantrag nach § 712 in der Berufungsinstanz Voraussetzung (BGH BeckRS 2014, 13958, sogar wenn die Vollstreckung die Gefahr des Existenzverlustes zur Folge hat).

3 Der Antrag nach § 712 kann auch in Ergänzung eines Antrags auf Gewährung einer Räumungsfrist nach § 721 gestellt werden (vgl hierzu *Schuschke*, Die Einstellung der Räumungsvollstreckung NZM 2015, 233).

4 [2] Zum Begriff des „nicht zu ersetzenden Nachteils" siehe Hk-ZPO/*Kindl* § 707 Rn 9. Wie auch das geschilderte Beispiel (weitere Beispiele bei Thomas/Putzo/*Hüßtege* § 712 Rn 4) zeigt, werden die strengen Voraussetzungen des § 712 nur sehr selten erfüllt sein (zum Schutzantrag bei Herausgabepflicht zum Zwecke der Vernichtung vgl BGH NJW 2009, 770, 773). Den Antragsteller trifft die Last der Darlegung und Glaubhaftmachung. Bei verbleibenden Zweifeln ist den Gläubigerinteressen Vorrang einzuräumen (vgl Thomas/Putzo/*Hüßtege* § 712 Rn 5).

5 [3] Gemäß § 714 Abs. 2 ist eine Glaubhaftmachung erforderlich.

6 [4] **Vollstreckungsschutzantrag** des Schuldners, wenn dem Schuldner eine **Sicherheitsleistung nicht möglich** ist:

▶ ▪▪▪

1. Die Klage wird abgewiesen.
2. Für den Fall des Unterliegens des Beklagten

wird das Urteil nicht für vorläufig vollstreckbar erklärt (§ 712 Abs. 1 S. 2 ZPO)

Hilfsweise: Die Vollstreckung wird auf die in § 720a Abs. 1, 2 ZPO bezeichneten Maßregeln beschränkt.

Abschnitt 1 | Allgemeine Vorschriften　　　　　　　　　　　　　　　§ 712

Zum Vollstreckungsschutzantrag:

... Deshalb wäre dem Beklagten grundsätzlich gemäß § 712 Abs. 1 S. 1 Hs 1 ZPO die Abwendung der Vollstreckung durch Sicherheitsleistung ungeachtet einer Sicherheitsleistung des Klägers nach § 709 ZPO zu gestatten. Der Beklagte ist jedoch zu einer Sicherheitsleistung nicht in der Lage, weil es dem Beklagten aufgrund seiner finanziellen Verhältnisse nicht möglich ist, eine Bankbürgschaft in der gebotenen Höhe zu erhalten.

Glaubhaftmachung gemäß § 714 Abs. 2 ZPO: eidesstattliche Versicherung des ...

Somit ist gemäß § 712 Abs. 1 S. 2 ZPO das Urteil erst gar nicht für vorläufig vollstreckbar zu erklären. Zumindest aber ist die Vollstreckung auf die in § 720a Abs. 1, 2 ZPO bezeichneten Maßregeln zu beschränken.

... ◄

[5] Ein **Vollstreckungsschutzantrag** des Schuldners bei zu erwartender **vorläufiger Vollstreckbarkeit nach § 709** würde lauten: 7

▶ ...

1. Die Klage wird abgewiesen.
2. Der Beklagte kann für den Fall seines Unterliegens die Vollstreckung durch Sicherheitsleistung in Höhe von ... ungeachtet einer Sicherheitsleistung des Klägers nach § 709 ZPO abwenden (§ 712 Abs. 1 S. 1 ZPO).

Begründung

...

Nebenentscheidungen

Die Spritzgussform, dessen Herausgabe der Kläger begehrt, hat unstreitig einen Wert von mehr als 1.250,- EUR. Für den Fall der Verurteilung des Beklagten wäre dieses Urteil nach § 709 ZPO gegen Sicherheitsleistung für vorläufig vollstreckbar zu erklären. Der Kläger könnte bei entsprechender Sicherheitsleistung vorläufig aus dem Urteil vollstrecken. Eine solche Vollstreckung würde dem Beklagten einen nicht zu ersetzenden Nachteil im Sinne von § 712 Abs. S. 1 ZPO bringen. ◄

Im Übrigen ist die Antragsbegründung identisch mit Muster Rn 1.

B. Urteilstenor und Nebenentscheidung

I. Vollstreckungsschutz für den Schuldner bei vorläufiger Vollstreckbarkeit

1. Muster: Vollstreckungsschutz für den Schuldner bei vorläufiger Vollstreckbarkeit nach den §§ 708 Nr. 11, 711 8

▶ ...

3. Das Urteil ist vorläufig vollstreckbar.[1] Der Beklagte kann die Vollstreckung durch Sicherheitsleistung in Höhe von ... EUR[2] abwenden.[3] ◄

2. Erläuterungen und Varianten

[1] Im Falle des Vollstreckungsschutzes für den Schuldner bei **vorläufiger Vollstreckbarkeit nach § 709** lautet der Tenor: 9

▶ Das Urteil ist gegen Sicherheitsleistung in Höhe von ▪▪▪ vorläufig vollstreckbar. Der Beklagte kann die Vollstreckung durch Sicherheitsleistung in gleicher Höhe abwenden. ◀

10 [2] Möglich, aber nicht notwendig ist hier der Einschub:

▶ ungeachtet einer Sicherheitsleistung des Klägers ◀

11 [3] Bezüglich der Begründung wird auf die Ausführungen zur Antragsbegründung Rn 1 und 7 verwiesen. Ist ein Rechtsmittel gegen das Urteil unzweifelhaft nicht gegeben (siehe hierzu Hk-ZPO/*Kindl* § 713 Rn 2), so hat nach § 713 eine Schuldnerschutzanordnung nach § 712 von Amts wegen zu **unterbleiben**. Ist ein Vollstreckungsschutzantrag **erfolglos**, so wird dies nur in den **Urteilsgründen**, nicht im Tenor abgehandelt (Hk-ZPO/*Kindl* § 712 Rn 6).

II. Vollstreckungsschutz für den Schuldner durch Absehen von vorläufiger Vollstreckbarkeit

12 **1. Muster: Vollstreckungsschutz für den Schuldner, wenn dem Schuldner eine Sicherheitsleistung nicht möglich ist, durch Absehen von einer vorläufigen Vollstreckbarkeit**

▶ **Endurteil**

1. Der Beklagte wird verurteilt, ▪▪▪
2. Der Beklagte trägt die Kosten des Rechtsstreits.[1]

Tatbestand

▪▪▪

Entscheidungsgründe

▪▪▪

Von der Anordnung einer vorläufigen Vollstreckbarkeit war gemäß § 712 Abs. 1 S. 2 abzusehen. ▪▪▪[2] ◀

2. Erläuterungen und Varianten

13 [1] Als Ziffer 3 kann zur bloßen Klarstellung auch angefügt werden:

▶ Das Urteil ist nicht vorläufig vollstreckbar. ◀

Der erfolglose Vollstreckungsschutzantrag wird nur in den Gründen abgehandelt. Soll nur ein **eingeschränkter Vollstreckungsschutz** nach S. 2 gewährt werden, so lautet der Tenor im Falle eines Urteils iS von § 708:

▶ Das Urteil ist vorläufig vollstreckbar. Die Zwangsvollstreckung ist auf die in § 720a Abs. 1 und 2 ZPO bezeichneten Maßregeln beschränkt. ◀

Bei einem Urteil iS von § 709 lautet der Tenor:

▶ Das Urteil ist gegen Sicherheitsleistung in Höhe von ▪▪▪ vorläufig vollstreckbar. Die Zwangsvollstreckung ist auf die in § 720a Abs. 1 und 2 ZPO bezeichneten Maßregeln beschränkt. ◀

[2] Bezüglich der Gründe wird auf die Ausführungen zur Antragsbegründung Rn 6 verwiesen.

Rechtsbehelfe. Eine isolierte Anfechtung der Entscheidung über die vorläufige Vollstreckbarkeit ist unzulässig (OLG Köln NJW-RR 2006, 66; str.). Im Rahmen einer Berufung in der Hauptsache besteht die Möglichkeit der Vorabentscheidung gemäß § 718 Abs. 1. Entscheidungen des **Berufungsgerichts** über die vorläufige Vollstreckbarkeit sind nicht anfechtbar (BGH NJW-RR 2006, 1076).

§ 713 Unterbleiben von Schuldnerschutzanordnungen

Die in den §§ 711, 712 zugunsten des Schuldners zugelassenen Anordnungen sollen nicht ergehen, wenn die Voraussetzungen, unter denen ein Rechtsmittel gegen das Urteil stattfindet, unzweifelhaft nicht vorliegen.

A. Muster: Nebenentscheidung im Urteil
B. Erläuterungen und Varianten
[1] Notwendigkeit des Ausspruchs über vorläufige Vollstreckbarkeit 2
[2] Unzulässigkeit von Rechtsmitteln .. 3
[3] Kein Vollstreckungsschutz 4

A. Muster: Nebenentscheidung im Urteil

▶ ...

1. Der Beklagte wird verurteilt, an den Kläger 500,- EUR nebst Zinsen hieraus in Höhe von 4 % über dem Basiszinssatz seit dem ... zu zahlen.
2. Der Beklagte trägt die Kosten des Rechtsstreits.
3. Das Urteil ist vorläufig vollstreckbar.[1]

...

Nebenentscheidungen

Die Entscheidung über die vorläufige Vollstreckbarkeit stützt sich auf § 708 Nr. 11 ZPO. Die Verurteilung in der Hauptsache übersteigt nicht den Betrag von 1.250,- EUR. Nach § 713 ZPO war dem Beklagten keine Abwendungsbefugnis nach § 711 ZPO einzuräumen, da ein Rechtsmittel gegen das Urteil unzweifelhaft nicht zulässig ist.[2] Eine Berufung würde bereits an der erforderlichen Beschwer scheitern. Nach § 511 Abs. 2 Nr. 1 ZPO ist eine Berufung nur zulässig, wenn der Wert des Beschwerdegegenstandes 600,- EUR übersteigt.[3] ◀

B. Erläuterungen und Varianten

[1] Zur Notwendigkeit eines Ausspruchs über die vorläufige Vollstreckbarkeit bei nicht berufungsfähigen Urteilen vgl oben § 705 Rn 3. Bei Berufungsurteilen in vermögensrechtlichen Streitigkeiten (vgl. § 708 Nr. 10) kommt § 713 zur Anwendung, wenn die Revision nicht zugelassen wurde und eine Nichtzulassungsbeschwerde unzweifelhaft nicht zulässig ist.

[2] Zu diesen Fällen siehe Hk-ZPO/*Kindl* § 713 Rn 2.

[3] § 713 steht nicht nur der Abwendungsbefugnis nach § 711, sondern auch einem Vollstreckungsschutz nach § 712 entgegen. Ist also ein Vollstreckungsschutzantrag

nach § 712 gestellt, so ist dieser (in den Gründen) abzulehnen. Der obigen Nebenentscheidung ist dann anzufügen:

▶ Aus diesem Grund war gemäß § 713 ZPO auch der Vollstreckungsschutzantrag nach § 712 ZPO zurückzuweisen. ◀

5 **Rechtsbehelfe.** Eine isolierte Anfechtung von Entscheidungen über die vorläufige Vollstreckbarkeit ist unzulässig (OLG Köln NJW-RR 2006, 66; str.). Im Rahmen einer Berufung in der Hauptsache besteht die Möglichkeit der Vorabentscheidung gemäß § 718 Abs. 1.

§ 714 Anträge zur vorläufigen Vollstreckbarkeit

(1) Anträge nach den §§ 710, 711 Satz 3, § 712 sind vor Schluss der mündlichen Verhandlung zu stellen, auf die das Urteil ergeht.
(2) Die tatsächlichen Voraussetzungen sind glaubhaft zu machen.

A. Muster: Vollstreckungsschutzantrag in der mündlichen Verhandlung
B. Erläuterungen
[1] Sachantrag............................ 2
[2] Anträge 3
[3] Begründungen 4
[4] Glaubhaftmachung 5

1 A. Muster: Vollstreckungsschutzantrag in der mündlichen Verhandlung

▶ Ich beabsichtige die Stellung eines Vollstreckungsschutzantrages im Sinne von § 714 Abs. 1 ZPO zu Protokoll[1] und beantrage hierfür nach § 297 Abs. 1 S. 3 ZPO die Gestattung durch den Vorsitzenden.

Ich beantrage:

...[2]

Begründung

Die Gestattung der Erklärung zu Protokoll ist in das pflichtgemäße Ermessen des Gerichts gestellt. Die nunmehr erteilten Hinweise des Gerichts, nämlich ..., gebieten die Gestattung.

Zur Begründung des Vollstreckungsschutzantrages ist auszuführen:

...[3]

Zur Glaubhaftmachung gemäß § 714 Abs. 2 ZPO werden die eidesstattliche Versicherung der anwesenden Partei und ... angeboten.[4] ◀

B. Erläuterungen

2 **[1]** Vollstreckungsschutzanträge des Gläubigers (§§ 710, 711 S. 3) und des Schuldners (§ 712) sind als **Sachanträge** (vgl Hk-ZPO/*Saenger* § 297 Rn 2) grundsätzlich in der Form des § 297 Abs. 1 S. 1 und 2, Abs. 2 zu stellen. Ergibt sich die Notwendigkeit des Antrages erst in der mündlichen Verhandlung, kann die Gestattung des Vorsitzenden, die Anträge zu Protokoll zu erklären, durch die im Muster dargestellte mündliche Erklärung herbeigeführt werden.

[2] Vgl die Anträge unter § 710 Rn 1, § 711 Rn 1 und 15 und § 712 Rn 1, 6 und 7.   3
[3] Vgl die Begründungen unter § 710 Rn 1, § 711 Rn 1 und 15 und § 712 Rn 1, 6   4
und 7.
[4] Zur Glaubhaftmachung vgl § 294. Eine Versicherung an Eides statt kann **von der**   5
Partei auch mündlich abgegeben werden (Zöller/*Greger* § 294 Rn 4).
Rechtsbehelfe. Eine isolierte **Anfechtung** der Entscheidung über die vorläufige Voll-   6
streckbarkeit ist unzulässig (str., vgl OLG Köln NJW-RR 2006, 66). Im Rahmen
einer Berufung in der Hauptsache besteht die Möglichkeit der Vorabentscheidung gemäß § 718 Abs. 1. Entscheidungen des Berufungsgerichts über die vorläufige Vollstreckbarkeit sind nicht anfechtbar (BGH NJW-RR 2006, 1076).
Zum Streit, ob ein in erster Instanz versäumter Antrag in der Berufungsinstanz mit   7
dem Ziel einer Vorabkorrektur **nachgeholt** werden kann, vgl Hk-ZPO/*Kindl* § 714
Rn 2.
In der Revisionsinstanz stellt sich das Problem wegen § 718 Abs. 2 erst gar nicht.   8
Hinzu kommt, dass eine einstweilige Einstellung der Zwangsvollstreckung durch das
Revisionsgericht nach § 719 Abs. 2 einen Vollstreckungsschutzantrag nach § 712 in
der Berufungsinstanz voraussetzt (BGH BeckRS, 2014, 15474 Rn 3).

§ 715 Rückgabe der Sicherheit

(1) ¹Das Gericht, das eine Sicherheitsleistung des Gläubigers angeordnet oder zugelassen hat, ordnet auf Antrag die Rückgabe der Sicherheit an, wenn ein Zeugnis über die Rechtskraft des für vorläufig vollstreckbar erklärten Urteils vorgelegt wird. ²Ist die Sicherheit durch eine Bürgschaft bewirkt worden, so ordnet das Gericht das Erlöschen der Bürgschaft an.
(2) § 109 Abs. 3 gilt entsprechend.

A. Anträge des Rechtsanwalts
   I. Muster: Antrag auf Rückgabe der
      Sicherheit
   II. Erläuterungen und Varianten
      [1] Rückerhalt einer Sicherheit ... 2
      [2] Zuständigkeit 3
      [3] Variante 4
      [4] Sicherheitsleistung durch
          Bürgschaft 5
      [5] Nachweis der Rechtskraft 6
      [6] Leistung der Sicherheit 7
      [7] Variante bei Sicherheitsleistung durch Bürgschaft 8
      [8] § 109 als Alternative,
          Gebühren 9

B. Gerichtliche Entscheidung
   I. Muster: Anordnung des Erlöschens
      einer Bürgschaft
   II. Erläuterungen und Varianten
      [1] Zuständigkeit 12
      [2] Entscheidungsform 13
      [3] Rechtskraftvermerk 14
      [4] Urteilsausfertigung ohne
          Rechtskraftvermerk 15
      [5] freigestellte mündliche
          Verhandlung 16
      [6] Rechtsbehelfe 17

A. Anträge des Rechtsanwalts

1 ### I. Muster: Antrag auf Rückgabe der Sicherheit

▶ An das

░░░gericht ░░░[1]

– Rechtspfleger –[2]

Ich beantrage:

Die Rückgabe der beim Amtsgericht ░░░ unter HL Nr. ░░░ hinterlegten ░░░ EUR[3] an den Hinterleger wird angeordnet.[4]

Das Urteil vom ░░░ ist nunmehr rechtskräftig. Ein Rechtskraftzeugnis[5] gemäß § 706 Abs. 1 ZPO ist als Anlage beigefügt. Zum Zwecke der Zwangsvollstreckung hat der Antragsteller die im Urteil angeordnete Sicherheit in der im Antrag genannten Art und Höhe geleistet.[6] Der Hinterlegungsschein des Amtsgericht ░░░, HL Nr. ░░░, auf dem die Hinterlegung quittiert ist, ist als Anlage beigefügt.[7] Gemäß § 715 ZPO[8] hat die Rückgabe der Sicherheit zu erfolgen.

░░░

Rechtsanwalt ◀

II. Erläuterungen und Varianten

2 [1] § 715 eröffnet dem **Titelgläubiger** einen einfachen Weg zum Rückerhalt einer Sicherheit. Mit dem rechtskräftigen Beschluss kann von der Hinterlegungsstelle/Hinterlegungskasse (s. hierzu die Bestimmungen der Hinterlegungsgesetze der einzelnen Länder) die Herausgabe des Hinterlegten verlangt werden

Zuständig ist das Gericht, das die Sicherheitsleistung angeordnet oder zugelassen hat.

3 [2] Gemäß § 20 Nr. 3 RPflG ist der **Rechtspfleger** zuständig.

4 [3] Oder:

▶ Wertpapiere im Nennwert von ░░░ ◀

5 [4] Bei Sicherheitsleistung durch Bürgschaft siehe die Formulierung unten Rn 11.

6 [5] Eine Urteilsausfertigung reicht, wenn das Urteil mit Verkündung rechtskräftig wird (zu den Fällen sofortiger Rechtskraft vgl Hk-ZPO/*Kindl* § 705 Rn 5).

7 [6] Gemäß §§ 709, 711, 707 Abs. 1 S. 1 Alt. 2 oder 712 Abs. 2 S. 2

8 [7] Bei Sicherheitsleistung durch **Bürgschaft**:

▶ Die Urkunde über die Zustellung (vgl § 751 Abs. 2) der Bürgschaftsurkunde an den Gegner ist als Anlage beigefügt. ◀

9 [8] Der Gläubiger kann auch den **alternativen Weg** über § 109 wählen.

10 Zu den **Gebühren** vgl Hk-ZPO/*Kindl* § 715 Rn 4.

Abschnitt 1 | Allgemeine Vorschriften § 716

B. Gerichtliche Entscheidung

I. Muster: Anordnung des Erlöschens einer Bürgschaft 11

▶ ...gericht[1]

Beschluss[2]

Das Erlöschen der vom ... gestellten Bürgschaft durch Bürgschaftsversprechen der ... Bank vom ... gegenüber dem ... für die Verbindlichkeit des ... aus dem Urteil ... wird angeordnet.

Gründe

Der Antragsteller hat zum Zwecke der vorläufigen Vollstreckung aus dem Urteil des ...gerichts vom ... Sicherheit geleistet durch Übergabe eines Bürgschaftsversprechens der ... Bank vom ... . Das Urteil ist nun rechtskräftig. Der Antragsteller hat eine mit Rechtskraftvermerk[3] versehene Urteilsausfertigung vorgelegt.[4] Dem Antragsgegner wurde Gelegenheit zur Stellungnahme gegeben.[5] Gemäß § 715 ZPO war das Erlöschen der Bürgschaft anzuordnen. Eine Kostenentscheidung war nicht veranlasst.

...

Rechtspfleger[6] ◀

II. Erläuterungen und Varianten

[1] Zuständig ist das Gericht, das die Sicherheitsleistung angeordnet oder zugelassen hat. 12
[2] Vgl §§ 715 Abs. 2, 109 Abs. 3 S. 2 und 128 Abs. 4. 13
[3] Vgl § 706. 14
[4] Eine Urteilsausfertigung ohne Rechtskraftvermerk reicht in den Fällen, in denen das Urteil mit Verkündung rechtskräftig wird. 15
[5] Nach § 128 Abs. 4 ist eine mündliche Verhandlung nicht erforderlich. 16
[6] **Rechtsbehelfe.** Zu den Rechtsbehelfen gegen die Entscheidung des Rechtspflegers siehe Hk-ZPO/*Kindl* § 715 Rn 3. 17

§ 716 Ergänzung des Urteils

Ist über die vorläufige Vollstreckbarkeit nicht entschieden, so sind wegen Ergänzung des Urteils die Vorschriften des § 321 anzuwenden.

A. Nachträgliche Entscheidung über die vorläufige Vollstreckbarkeit
   I. Muster: Antrag auf nachträgliche Entscheidung über die vorläufige Vollstreckbarkeit
   II. Erläuterungen
      [1] Anwendungsbereich 2
      [2] Vorabkorrektur bei Berufung .
      [3] Berichtigung 4
      [4] Zweiwochenfrist 5
      [5] Unvollständigkeit der Entscheidung, Gebühren 6
B. Ergänzungsurteil
   I. Muster: Tenor und Gründe, wenn über einen Vollstreckungsschutzantrag nicht entschieden wurde
   II. Erläuterungen und Varianten
      [1] Aufbau eines Ergänzungsurteils 9

Sitzmann

[2]	Umformulierung wegen Ergänzung	10	
[3]	Vollstreckungsschutzanträge .	11	
[4]	Voraussetzungen der Urteilsergänzung	12	

[5]	Begründung des Vollstreckungsschutzantrages	13
[6]	Selbständiger Kostenausspruch	14

A. Nachträgliche Entscheidung über die vorläufige Vollstreckbarkeit

1 **I. Muster: Antrag auf nachträgliche Entscheidung über die vorläufige Vollstreckbarkeit**

▶ An das

▰▰▰gericht

In Sachen ▰▰▰ beantrage ich:

Das Urteil vom ▰▰▰ wird wie folgt ergänzt:

Das Urteil ist gegen Sicherheitsleistung in Höhe von ▰▰▰ vorläufig vollstreckbar.[1]

Begründung

Im Urteil vom ▰▰▰ wurde über die vorläufige Vollstreckbarkeit nicht beziehungsweise nicht vollständig entschieden. In den Entscheidungsgründen ist gar nichts zur vorläufigen Vollstreckbarkeit ausgeführt. Es handelt sich deshalb weder um ein rechtsirriges noch um ein bewusstes Unterlassen des Gerichts, was einer Ergänzung nicht zugänglich wäre.[2] Auch liegt keine offenbare Unrichtigkeit vor, die nach § 319 ZPO berichtigt werden könnte.[3] Das Urteil ist deshalb nach § 716 ZPO zu ergänzen. Die Zweiwochenfrist gemäß §§ 716, 321 Abs. 2 ZPO ist eingehalten.[4] Das Urteil wurde am ▰▰▰ zugestellt. Aufgrund der vorgenannten Vorschriften ist Termin zur mündlichen Verhandlung zu bestimmen. Der Anordnung des schriftlichen Verfahrens wird gemäß § 128 Abs. 2 S. 1 ZPO zugestimmt. Das Urteil wird zu ergänzen sein, weil lediglich versehentlich gar nicht beziehungsweise nicht vollständig[5] über die vorläufige Vollstreckbarkeit entschieden wurde.

▰▰▰

Rechtsanwalt ◀

II. Erläuterungen

2 [1] § 716 erfasst alle Entscheidungsmöglichkeiten über die vorläufige Vollstreckbarkeit, also auch die Abwendungsbefugnis oder die Sicherheitsleistung sowie die Bestimmung der Höhe der Sicherheit. Im Rahmen eines Antrags wegen Unterlassung einer von Amts wegen zu treffenden Entscheidung können dann noch die Anträge iS von § 714 nachgeholt werden.

3 [2] Zur **Vorabkorrektur** einer fehlerhaften Entscheidung über die vorläufige Vollstreckbarkeit im Rahmen einer **Berufung** siehe § 718 Rn 1 und 4.

4 [3] Wären bspw in den Entscheidungsgründen Ausführungen zu § 709, so könnte der entsprechende Ausspruch im Tenor durch **Berichtigung** (§ 319) erfolgen.

5 [4] Bei **Versäumung der Zweiwochenfrist** ist eine Ergänzung nur im Berufungsverfahren möglich.

6 [5] Bei bloßer **Unvollständigkeit** der Entscheidung über die vorläufige Vollstreckbarkeit ist § 716 entsprechend anwendbar (Hk-ZPO/*Kindl* § 716 Rn 1).

Bezüglich der **Gebühren** vgl Hk-ZPO/*Saenger* § 321 Rn 16 f.

B. Ergänzungsurteil

I. Muster: Tenor und Gründe, wenn über einen Vollstreckungsschutzantrag nicht entschieden wurde

▶ **Ergänzungsurteil**[1]

Das Urteil vom ... wird in Ziffer 2 des Tenors wie folgt ergänzt:[2]
1. Die Zwangsvollstreckung wird auf die in § 720a Abs. 2 ZPO bezeichneten Maßregeln beschränkt.[3]
2. Der Beklagte trägt die Kosten des Verfahrens.

Tatbestand

...

Entscheidungsgründe

...

Der vom Beklagten vor Schluss der mündlichen Verhandlung gestellte Vollstreckungsschutzantrag nach § 712 ZPO wurde im Urteil vom ... übergangen im Sinne von § 321 ZPO .... Die Voraussetzungen für eine Ergänzung des Urteils nach § 321 ZPO sind gegeben. ...[4]

Der Vollstreckungsschutzantrag ist begründet: ....[5] Demgemäß war das Urteil vom ... wie aus dem Tenor ersichtlich zu ergänzen.

Die Kostenentscheidung beruht auf § 91 ZPO.[6]

Eine Entscheidung über die vorläufige Vollstreckbarkeit war nicht veranlasst, da Gegenstand der Ergänzung ohnehin nur eine Entscheidung zur vorläufigen Vollstreckbarkeit war und durch die Entscheidung kein über das ergänzte Urteil hinausgehender Kostenerstattungsanspruch entstanden ist (zu den Gebühren beim Ergänzungsurteil vgl Hk-ZPO/*Saenger* § 321 Rn 16 und 17). ◂

II. Erläuterungen und Varianten

[1] Zum Aufbau eines Ergänzungsurteils vgl § 321 Rn 6 ff.

[2] Eine Ergänzung kann auch eine **Umformulierung** gebieten, wenn bspw ein Urteil nach § 708 für vorläufig vollstreckbar erklärt wurde, was jedoch infolge eines Vollstreckungsschutzantrages nach § 712 S. 2 nicht hätte erfolgen dürfen:

▶ **Ergänzungsurteil**

Das Urteil vom ... wird dahin gehend ergänzt, dass Ziffer 2 des Tenors nunmehr lautet: Das Urteil ist nicht vorläufig vollstreckbar. ◂

[3] Wegen weiterer Vollstreckungsschutzmöglichkeiten vgl §§ 710, 711 S. 3 und 712. Bezüglich dieser Anträge iS von § 714 ist ein Ergänzungsantrag nach § 716 nur möglich, wenn sie rechtzeitig iS von § 714 gestellt wurden und ihre Verbescheidung vergessen wurde. Eine Nachholung dieser Anträge im Ergänzungsverfahren ist nur mög-

lich, wenn die Ergänzung wegen einer von Amts wegen zu treffenden Entscheidung über die vorläufige Vollstreckbarkeit geboten ist.

12 [4] Siehe § 321 Rn 6 ff.
13 [5] Siehe § 712 Rn 1, 6, 11 und 13.
14 [6] Grundsätzlich muss ein Ergänzungsurteil einen selbständigen Kostenausspruch und – wenn es sich nicht um eine Ergänzung nach § 716 handelt – eine Entscheidung zur vorläufigen Vollstreckbarkeit enthalten (Hk-ZPO/*Saenger* § 321 Rn 13). Zur Annahme der Fortgeltung der ursprünglichen Kostenentscheidung bei erfolgreichem Ergänzungsantrag und unterbliebener Kostenentscheidung vgl Zöller/*Vollkommer* § 321 Rn 10.
15 Rechtsbehelfe. Vgl Hk-ZPO/*Saenger* § 321 Rn 14.

§ 717 Wirkungen eines aufhebenden oder abändernden Urteils

(1) Die vorläufige Vollstreckbarkeit tritt mit der Verkündung eines Urteils, das die Entscheidung in der Hauptsache oder die Vollstreckbarkeitserklärung aufhebt oder abändert, insoweit außer Kraft, als die Aufhebung oder Abänderung ergeht.
(2) ¹Wird ein für vorläufig vollstreckbar erklärtes Urteil aufgehoben oder abgeändert, so ist der Kläger zum Ersatz des Schadens verpflichtet, der dem Beklagten durch die Vollstreckung des Urteils oder durch eine zur Abwendung der Vollstreckung gemachte Leistung entstanden ist. ²Der Beklagte kann den Anspruch auf Schadensersatz in dem anhängigen Rechtsstreit geltend machen; wird der Anspruch geltend gemacht, so ist er als zur Zeit der Zahlung oder Leistung rechtshängig geworden anzusehen.
(3) ¹Die Vorschriften des Absatzes 2 sind auf die im § 708 Nr. 10 bezeichneten Berufungsurteile, mit Ausnahme der Versäumnisurteile, nicht anzuwenden. ²Soweit ein solches Urteil aufgehoben oder abgeändert wird, ist der Kläger auf Antrag des Beklagten zur Erstattung des von diesem auf Grund des Urteils Gezahlten oder Geleisteten zu verurteilen. ³Die Erstattungspflicht des Klägers bestimmt sich nach den Vorschriften über die Herausgabe einer ungerechtfertigten Bereicherung. ⁴Wird der Antrag gestellt, so ist der Anspruch auf Erstattung als zur Zeit der Zahlung oder Leistung rechtshängig geworden anzusehen; die mit der Rechtshängigkeit nach den Vorschriften des bürgerlichen Rechts verbundenen Wirkungen treten mit der Zahlung oder Leistung auch dann ein, wenn der Antrag nicht gestellt wird.

A. Antrag auf Einstellung der Zwangsvollstreckung	B. Klage auf Schadenersatz als Widerklage in der Berufungsinstanz
I. Muster: Antrag zum Vollstreckungsorgan auf Einstellung der Zwangsvollstreckung gem. § 775 Nr. 1	I. Muster: Klage auf Schadenersatz als Widerklage in der Berufungsinstanz, § 717 Abs. 2
II. Erläuterungen	II. Erläuterungen und Varianten
[1] Antragstellung 2	[1] Widerklage, Inzidentantrag und selbständige Klage 6
[2] Ausfertigung des Berufungsurteils 3	[2] Tenor des Berufungsurteils ... 7
[3] Ende der vorläufigen Vollstreckbarkeit 4	[3] Grund der Aufhebung/ Abänderung 8
	[4] Anwendungsbereich 9

[5] Belehrungspflicht 10   [6] Revidierte Berufungsurteile ... 11

A. Antrag auf Einstellung der Zwangsvollstreckung

I. Muster: Antrag zum Vollstreckungsorgan auf Einstellung der Zwangsvollstreckung gem. § 775 Nr. 1

▶ An

...[1]

In der Zwangsvollstreckungssache

Az ...

beantrage ich,

1. die Zwangsvollstreckung aus dem Endurteil des ...gerichts vom ..., Az ..., einzustellen und
2. die bereits getroffenen Vollstreckungsmaßregeln aufzuheben.

Begründung

Der Vollstreckungsgläubiger betreibt die Zwangsvollstreckung aus dem lediglich vorläufig vollstreckbaren Endurteil des ...gerichts ... vom .... Es wurden bereits Zwangsvollstreckungsmaßnahmen getroffen, und zwar .... Das Urteil wurde nunmehr mit dem am ... verkündeten Berufungsurteil des ...gerichts aufgehoben. Eine Ausfertigung dieses Berufungsurteils ist diesem Schriftsatz beigefügt.[2] Bereits mit Verkündung des Berufungsurteils ist die vorläufige Vollstreckbarkeit des erstinstanzlichen Urteils gemäß § 717 Abs. 1 ZPO außer Kraft getreten.[3] Die Zwangsvollstreckung ist deshalb gem. § 775 Nr. 1 ZPO einzustellen. Gemäß § 776 S. 1 ZPO sind die bereits getroffenen Zwangsvollstreckungsmaßregeln aufzuheben. ◀

II. Erläuterungen

[1] Der Antrag ist beim jeweiligen **Vollstreckungsorgan** zu stellen.

[2] Eine beglaubigte Abschrift reicht nicht aus. Andererseits ist jedoch eine vollstreckbare Ausfertigung nicht notwendig.

[3] Zum Ende der vorläufigen Vollstreckbarkeit siehe im Einzelnen Hk-ZPO/*Kindl* § 717 Rn 2.

B. Klage auf Schadensersatz als Widerklage in der Berufungsinstanz

I. Muster: Klage auf Schadensersatz als Widerklage in der Berufungsinstanz, § 717 Abs. 2

▶ An das ...gericht

In Sachen ...

erhebe ich namens und in Vollmacht des Beklagten ergänzend zum Berufungsantrag Widerklage[1] mit folgendem Antrag:

Der Kläger wird verurteilt, an den Beklagten ... EUR nebst Zinsen hieraus in Höhe von ... seit ... zu zahlen.[2]

Begründung

Der Beklagte wurde durch das mit der Berufung angegriffene Urteil des ...gerichts vom ... zur Zahlung von ... EUR verurteilt. Das Urteil ist gegen Sicherheitsleistung vorläufig vollstreckbar. Der Kläger hat nach Sicherheitsleistung den Beklagten mit Schreiben vom ... unter Androhung der Zwangsvollstreckung zur Begleichung der titulierten Forderung aufgefordert, und zwar im Einzelnen ...

Beweis: Schreiben des Klägervertreters vom ..., das in beglaubigter Abschrift beigefügt ist

Der Beklagte hat zur Abwendung der Zwangsvollstreckung eine Zahlung in Höhe von ... EUR an den Kläger geleistet.

Beweis: Bestätigung der ... Bank, die in beglaubigter Abschrift beigefügt ist

Die zum Zwecke der Abwendung der Zwangsvollstreckung erbrachte Leistung und der hierdurch entstandene weitere Schaden werden im Wege der Widerklage gemäß § 717 Abs. 2 ZPO geltend gemacht. Der entstandene Schaden setzt sich wie folgt zusammen:

Für die Leistung an den Kläger musste der Beklagte ein Festgeldkonto auflösen, das mit ... % verzinst war.

Beweis: Bestätigung der ... Bank, die in beglaubigter Abschrift beigefügt ist

Somit errechnet sich ein entgangener Gewinn in Höhe von ...

Die Widerklage ist zulässig. Der Beklagte kann einen Anspruch nach § 717 Abs. 2 S. 1 ZPO im anhängigen Rechtsstreit geltend machen, § 717 Abs. 2 S. 2 ZPO. Die Widerklage ist auch begründet. Das Endurteil des Amtsgerichts wird, wie sich nunmehr abzeichnet, aufzuheben sein.[3] Wird ein für vorläufig vollstreckbar erklärtes Urteil[4] aufgehoben oder abgeändert, so ist der Kläger gemäß § 717 Abs. 2 S. 1 ZPO zum Ersatz des Schadens verpflichtet, der dem Beklagten durch die Vollstreckung des Urteils oder durch eine zur Abwendung der Vollstreckung erbrachte Leistung entstanden ist (vgl hierzu Hk-ZPO/*Kindl* § 717 Rn 8; BGH NJW-RR 2009, 658).[5] Ersatzfähiger Schaden im Sinne von § 717 Abs. 2 S. 1 ZPO ist also zum einen nicht nur das, was zwangsweise beigetrieben wurde, sondern auch das, was aufgrund eines „Vollstreckungsdrucks" (zum Begriff vgl BGH NJW-RR 2011, 338, 340) geleistet wurde. Die Zwangsvollstreckung hat konkret gedroht, weshalb es sich bei der Zahlung des Beklagten um eine Leistung im Sinne von § 717 Abs. 2 ZPO handelt. Die Ersatzpflicht des Klägers nach § 717 Abs. 2 ZPO beschränkt sich anders als im Falle des § 717 Abs. 3 ZPO[6] auch nicht auf die Leistung. Vom Kläger ist vielmehr der Zustand wiederherzustellen, der ohne die angedrohte Zwangsvollstreckung bestanden hätte. Der Umfang der Schadensersatzverpflichtung richtet sich nach den §§ 249 ff BGB. Deshalb ist der Kläger dem Beklagten auch zum Ersatz des weitergehenden Schadens verpflichtet. Für den Fall, dass das Gericht den geltend gemachten Zinsschaden verneint, wird vorsorglich darauf hingewiesen, dass der Anspruch auf Ersatz der geleisteten Zahlung gemäß § 717 Abs. 2 S. 2 Hs 2 ZPO als im Zahlungszeitpunkt rechtshängig geworden anzusehen ist. Somit sind gemäß § 291 BGB in Verbindung mit § 288 Abs. 1 S. 2 BGB ab dem Zahlungszeitpunkt Zinsen in Höhe von 5 % über dem Basiszinssatz geschuldet. Überdies ist schon vorab darauf hinzuweisen, dass etwaige materiellrechtliche Einwendungen des Klägers gegen den Anspruch auf Rückerstattung des Geleisteten unzulässig sind (Hk-ZPO/*Kindl* § 717 Rn 9). ◄

II. Erläuterungen und Varianten

[1] Der Anspruch kann wie hier im Muster durch **privilegierte Widerklage** – auch bereits in erster Instanz zB nach der Zwangsvollstreckung aus einem Versäumnisurteil (zu einem solchen Fall vgl OLG Hamm BeckRS 2010, 06650; zu einer Widerklage erst in der Berufungsinstanz siehe OLG München BeckRS 2013,16339) – oder durch **Zwischen- bzw Inzidentantrag** – je nach Parteirolle des Anspruchstellers – geltend gemacht werden. Zum Streitwert vgl Zöller/*Herget* § 3 Rn 16 „Rückerstattungsanspruch". Zur Aufrechnung mit diesem Anspruch vgl BGH MDR 2009, 290. Der Anspruch kann aber auch durch **selbständige Klage** geltend gemacht werden mit allen Wahlgerichtsständen, auch dem der unerlaubten Handlung nach § 32 (BGH NJW 2011, 2518 Tz 10), somit am Ort der Vollstreckung (Hk-ZPO/*Kindl* § 717 Rn 10). Dann lautet die Begründung:

▶ Die Parteien führten vor dem ... gericht ... unter Az ... einen Rechtsstreit, in dem gegen den Kläger folgendes Endurteil erging: ... . Aus diesem vorläufig vollstreckbaren Urteil hat der Beklagte die Zwangsvollstreckung betrieben. Im Einzelnen ... . Mit Berufungsurteil des ... gerichts ... vom ... wurde das erstinstanzliche Urteil aufgehoben bzw abgeändert. Der Beklagte ist dem Kläger deshalb gemäß § 717 Abs. 2 S. 2 zum Ersatz des entstandenen Schadens verpflichtet, der sich wie folgt zusammensetzt: ... ◀

6

[2] Der Tenor des Berufungsurteils enthielte dann den zusätzlichen Ausspruch:

7

▶ Der Kläger wird verurteilt, an den Beklagten ... zu zahlen. ◀

[3] Auf den Grund der Aufhebung oder Abänderung kommt es nicht an (Hk-ZPO/*Kindl* § 717 Rn 6).

8

[4] Zum Anwendungsbereich des § 717 siehe Zöller/*Herget* § 717 Rn 4 u. 5.

9

[5] Zum Schutzzweck des § 717 Abs. 2, der nicht bloße „Begleitschäden der Zwangsvollstreckung" erfasst, vgl BGH NJW-RR 2009, 658. Ausführlich zum ersatzfähigen Schaden OLG Düsseldorf BeckRS 2015, 01826. Bezüglich **überbezahlter Prozesskosten** ist nach §§ 103, 91 Abs. 4 eine Rückfestsetzung möglich (Hk-ZPO/*Gierl* § 103 Rn 6; BGH NJW-RR 2013, 186), so dass einer entsprechenden Zahlungsklage das Rechtschutzbedürfnis fehlt (OLG Düsseldorf BeckRS 2010, 24248). Zum Erstattungsanspruch nach § 788 Abs. 3 bezüglich **bereits beglichener Zwangsvollstreckungskosten** vgl Hk-ZPO/*Saenger* § 788 Rn 42 und BGH NJW-RR 2011, 1217. Zur Berücksichtigung des § 788 Abs. 3 im Rahmen der Kostenfestsetzung vgl BGH NJW-RR 2012, 311. Der Rechtsanwalt hat über das **Risiko der Schadensersatzverpflichtung** bei der Zwangsvollstreckung aus einem nur vorläufig vollstreckbaren Urteil zu belehren. Wurde aufgrund eines Titels geleistet, obwohl noch kein „Vollstreckungsdruck" bestand, kommt ein Bereicherungsanspruch in Betracht (vgl Hk-ZPO/*Kindl* § 717 Rn 9; BGH BeckRS 2011, 26454), der jedoch, soweit die Leistung aufgrund eines Urteils erfolgt ist, in der Regel nicht mit Inzidentantrag bzw Widerklage geltend gemacht werden kann, weil die Anspruchsentstehung von der Rechtskraft des die ursprüngliche Klage abweisenden Urteils abhängt (Hk-ZPO/*Kindl* § 717 Rn 9).

10

[6] Im Falle des § 717 Abs. 3 kann **nur die Erstattung des Geleisteten** verlangt werden, da Berufungsurteile ein höheres Vertrauen in ihre Richtigkeit bzw Beständigkeit

11

rechtfertigen. Der Antrag kann noch in der Revisionsinstanz gestellt werden (BGH NJW 2013, 161, 164). Zum möglichen Gerichtsstand der unerlaubten Handlung (§ 32) vgl BGH NJW 2011, 2518. Die Leistung muss auf dem Vollstreckungswillen des Gläubigers beruhen (BGH NJW 2011, 914, 915; weitergehend jedoch BGH NJW 2011, 2518).

12 Bei § 717 Abs. 3 ist zu beachten, dass bei **Aufhebung des Berufungsurteils** (und Zurückverweisung) die Leistung aufgrund des (fortbestehenden) erstinstanzlichen Urteils erfolgt sein kann. Der Antrag nach § 717 Abs. 3 S. 2 ist jedoch dann ohne weiteres erfolgreich, soweit die Verurteilung (erstmals) durch das Berufungsgericht erfolgt ist (vgl. zu einem solchen Fall BGH BeckRS 2011, 25853 Tz 10 u 65 f).

§ 718 Vorabentscheidung über vorläufige Vollstreckbarkeit

(1) In der Berufungsinstanz ist über die vorläufige Vollstreckbarkeit auf Antrag vorab zu verhandeln und zu entscheiden.
(2) Eine Anfechtung der in der Berufungsinstanz über die vorläufige Vollstreckbarkeit erlassenen Entscheidung findet nicht statt.

A. Vorabentscheidung über vorläufige Vollstreckbarkeit
   I. Muster: Antrag auf Vorabentscheidung
   II. Erläuterungen
     [1] Isolierte Berufung gegen Entscheidung über vorläufige Vollstreckbarkeit 3
     [2] Mängel der Entscheidung über die vorläufige Vollstreckbarkeit 4

B. Vorabentscheidung durch Berufungsgericht
   I. Muster: Vorabentscheidung durch Berufungsgericht
   II. Erläuterungen
     [1] Unanfechtbarkeit 6
     [2] Nachholung von Vollstreckungsschutzanträgen 7
     [3] Außerkrafttreten, Gebühren . 8

A. Vorabentscheidung über vorläufige Vollstreckbarkeit

1 **I. Muster: Antrag auf Vorabentscheidung**

▶ **Berufungsbegründung**

in Sachen ▬▬▬

Az ▬▬▬

wird die mit Schriftsatz vom ▬▬▬ eingelegte Berufung des Beklagten gegen das Urteil des ▬▬▬gerichts ▬▬▬ wie folgt begründet und es wird hierzu folgender Antrag gestellt:

Die Klage wird unter Abänderung des am ▬▬▬ verkündeten Urteils des ▬▬▬gerichts, Az▬▬▬, abgewiesen.

Es wird weiter beantragt, über folgenden Antrag gemäß § 718 ZPO vorab zu verhandeln und zu entscheiden:

Das Urteil des ▬▬▬gerichts ▬▬▬, Az ▬▬▬, ist unter Abänderung der Ziffer ▬▬▬ dieses Urteils gegen Sicherheitsleistung vorläufig vollstreckbar.[1]

Begründung

...

Zum Antrag nach § 718 ZPO: Der Beklagte wurde mit dem angefochtenen Urteil zur Zahlung von 1.400,- EUR, also zu einem Betrag von mehr als 1.250,- EUR in der Hauptsache verurteilt. Das Gericht hat zu Unrecht das Urteil gemäß § 708 Nr. 11 ZPO für vorläufig vollstreckbar erklärt und dem Beklagten lediglich eine Abwendungsbefugnis nach § 711 ZPO eingeräumt. Nachdem der Gegenstand der Verurteilung des Beklagten 1.250,- EUR übersteigt, hätte das Gericht nach § 709 ZPO das Urteil nur gegen Sicherheitsleistung für vorläufig vollstreckbar erklären dürfen. Wie sich aus der Formulierung des Tenors und der Entscheidungsgründe des angefochtenen Urteils ergibt, liegt bezüglich der Entscheidung über die vorläufige Vollstreckbarkeit auch keine nach § 319 ZPO korrigierbare offenbare Unrichtigkeit vor. Auch liegt kein Fall einer lediglich unvollständigen oder unterlassenen Entscheidung über die vorläufige Vollstreckbarkeit vor, was eine Ergänzung des Urteils nach § 716 ZPO ermöglichen würde. Es ist vielmehr eine fehlerhafte Entscheidung über die vorläufige Vollstreckbarkeit gegeben, die durch eine Vorabentscheidung mittels Teilurteil nach § 718 ZPO zu korrigieren ist.[2]

Ergänzend wird darauf hingewiesen, dass ein solches Teilurteil keiner Kostenentscheidung bedarf. ◄

II. Erläuterungen

Die Vorschrift ermöglicht die Vorabkorrektur fehlerhafter Entscheidungen der ersten Instanz zur vorläufigen Vollstreckbarkeit. Prüfungsgegenstand ist nur die richtige Anwendung der §§ 708 ff, nicht die Erfolgsaussicht der Berufung in der Hauptsache (KG NJW-RR 2009, 648). Anderes gilt, wenn aufgrund der Verweisung des § 770 S. 2 ZPO eine Entscheidung nach § 718 ergeht. In diesem Fall, in dem die Entscheidung nach § 769 Abs. 1 überprüft wird, sind auch die Erfolgsaussichten der Berufung von Bedeutung (vgl hierzu OLG Brandenburg BeckRS 2011, 26251). Ein **schriftliches Verfahren** (§§ 525, 128 Abs. 2) kann im Einzelfall zum Zwecke der Beschleunigung sinnvoll sein.

[1] Bei einer Berufung **isoliert** gegen die Entscheidung über die vorläufige Vollstreckbarkeit, soweit diese überhaupt für zulässig erachtet wird (vgl hierzu Hk-ZPO/*Kindl* § 718 Rn 1 und OLG Rostock NJW-RR 2009, 498), scheidet eine Vorabentscheidung nach § 718 aus. Zum Streit, ob im Rahmen von § 718 die in erster Instanz unterbliebenen Schutzanträge nachgeholt werden können (hiergegen Hk-ZPO/*Kindl* § 718 Rn 2) vgl im Einzelnen Hk-ZPO/*Kindl* § 714 Rn 2.

[2] Vorläufige Vollstreckbarkeit unvollständig oder vergessen: § 716
– vorläufige Vollstreckbarkeit offenbar unrichtig: § 319
– vorläufige Vollstreckbarkeit fehlerhaft: § 718
– vorläufige Vollstreckbarkeit unvollständig oder vergessen, jedoch Frist nach §§ 716, 321 Abs. 2 versäumt: § 718.

B. Vorabentscheidung durch Berufungsgericht

I. Muster: Vorabentscheidung durch Berufungsgericht

▶ ...gericht...
– Berufungskammer –
erlässt das ...gericht... durch ... aufgrund der mündlichen Verhandlung vom ... folgendes

Teilurteil

Das am ... verkündete Urteil des ...gerichts... vom ..., Az ..., ist unter Abänderung der Ziffer ... dieses Urteils nur gegen Sicherheitsleistung in Höhe von ... vorläufig vollstreckbar.[1]
Die Kostenentscheidung bleibt der Endentscheidung vorbehalten.

Entscheidungsgründe

Bezugnahme und Darstellung im Sinne von § 540 Abs. 1 Nr. 1 ZPO sind gemäß §§ 540 Abs. 2, 313a Abs. 1 S. 1 ZPO entbehrlich, da dieses Teilurteil gemäß § 718 Abs. 2 ZPO nicht anfechtbar ist.
Der Antrag nach § 718 ZPO ist begründet. Die Berufung ist zulässig (§ 522 Abs. 1 ZPO). Eine Prüfung der Erfolgsaussichten der Berufung findet im Rahmen der Entscheidung nach § 718 ZPO nicht statt (Hk-ZPO/*Kindl* § 718 Rn 3). Die § 708 ff ZPO wurden nicht richtig angewandt (zum Sachverhalt, der dieser Prüfung zugrunde gelegt werden darf s. OLG Düsseldorf BeckRS 2012, 10833). Hierzu im Einzelnen: Das erstinstanzliche Gericht hat zu Unrecht eine vorläufige Vollstreckbarkeit nach § 708 Nr. 11 ZPO ausgesprochen. Der Beklagte wurde zur Zahlung eines Betrages von mehr als 1.250,- EUR verurteilt. Es liegen auch nicht die Voraussetzungen einer anderen Fallgruppe des § 708 ZPO vor. Somit hat die Entscheidung über die vorläufige Vollstreckbarkeit gemäß § 709 ZPO wie tenoriert zu lauten.[2]
Eine Kostenentscheidung war nicht veranlasst (BLAH/*Hartmann* § 718 Rn 5).
Dieses Teilurteil erlangt infolge seiner Unanfechtbarkeit gemäß § 718 Abs. 2 ZPO mit seiner Verkündung Rechtskraft.[3] ◀

II. Erläuterungen

[1] Es gibt keine Entscheidung über die vorläufige Vollstreckbarkeit des Teilurteils, weil es sofort rechtskräftig wird.

[2] Zum Streit, ob in der Berufungsinstanz Anträge iS von § 714 nachgeholt werden können, siehe Rn 3.

[3] Die Vorabentscheidung ist auflösend bedingt durch die Hauptsacheentscheidung, also das Berufungsurteil (MüKo-ZPO/*Krüger* § 718 Rn 1).

Bezüglich der **Gebühren** siehe Hk-ZPO/*Kindl* § 718 Rn 4.

Rechtsbehelfe. Die Entscheidung ist gemäß § 718 Abs. 2 unanfechtbar.

§ 719 Einstweilige Einstellung bei Rechtsmittel und Einspruch

(1) ¹Wird gegen ein für vorläufig vollstreckbar erklärtes Urteil der Einspruch oder die Berufung eingelegt, so gelten die Vorschriften des § 707 entsprechend. ²Die Zwangs-

vollstreckung aus einem Versäumnisurteil darf nur gegen Sicherheitsleistung eingestellt werden, es sei denn, dass das Versäumnisurteil nicht in gesetzlicher Weise ergangen ist oder die säumige Partei glaubhaft macht, dass ihre Säumnis unverschuldet war.
(2) ¹Wird Revision gegen ein für vorläufig vollstreckbar erklärtes Urteil eingelegt, so ordnet das Revisionsgericht auf Antrag an, dass die Zwangsvollstreckung einstweilen eingestellt wird, wenn die Vollstreckung dem Schuldner einen nicht zu ersetzenden Nachteil bringen würde und nicht ein überwiegendes Interesse des Gläubigers entgegensteht. ²Die Parteien haben die tatsächlichen Voraussetzungen glaubhaft zu machen.
(3) Die Entscheidung ergeht durch Beschluss.

A. Anträge des Rechtsanwalts
  I. Einstellung der Zwangsvollstreckung bei Berufung
    1. Muster: Antrag auf Einstellung der Zwangsvollstreckung bei Berufung
    2. Erläuterungen
      [1] Schutz des Schuldners 2
      [2] Versäumnisurteil 4
      [3] Dauer der Einstellung der Zwangsvollstreckung 5
      [4] Erfolgsaussichten 6
      [5] Begründung des Antrags ... 7
      [6] Nicht zu ersetzender Nachteil 8
  II. Einstellung der Zwangsvollstreckung bei Einspruch
    1. Muster: Antrag auf Einstellung der Zwangsvollstreckung bei Einspruch
    2. Erläuterungen und Varianten
      [1] Versäumnisurteil/Vollstreckungsbescheid 10
      [2] Aufhebung von Vollstreckungsmaßregeln 11
      [3] Einstellung gegen Sicherheitsleistung 12
      [4] Begründung 13
B. Gerichtliche Entscheidung
  I. Muster: Einstellungsbeschluss
  II. Erläuterungen und Varianten
      [1] Umsetzung der Entscheidung 15
      [2] Eilbedürftigkeit 16
      [3] Prüfung der Begründetheit des Antrags 17
      [4] Unanfechtbarkeit/Gehörsrüge/ befristete Gegenvorstellung... 18

A. Anträge des Rechtsanwalts

I. Einstellung der Zwangsvollstreckung bei Berufung

1. Muster: Antrag auf Einstellung der Zwangsvollstreckung bei Berufung   1

▶ ... lege ich namens des ... gegen das am ... verkündete und am ... zugestellte ...urteil des ...gerichts ..., Az ...,

Berufung[1]

ein und beantrage: ...

Weiter wird beantragt:

Die Zwangsvollstreckung aus dem Endurteil[2] wird – ohne Sicherheitsleistung – einstweilen[3] eingestellt.

Hilfsweise wird beantragt:

Die Zwangsvollstreckung aus dem Endurteil wird gegen Sicherheitsleistung – die Höhe der Sicherheitsleistung wird in das Ermessen des Gerichts gestellt – einstweilen eingestellt.

Begründung

•••

Zum Antrag auf einstweilige Einstellung der Zwangsvollstreckung:

Aufgrund der Berufung ist die Zwangsvollstreckung aus dem vorläufig vollstreckbaren Endurteil gemäß § 719 Abs. 1 ZPO iVm § 707 Abs. 1 S. 1 ZPO einstweilen einzustellen. Die Berufung ist statthaft •••. Bei der gebotenen Abwägung der Interessen der Parteien (vgl hierzu OLG Karlsruhe BeckRS 2015, 09165) wird vor allem zu berücksichtigen sein, dass die Berufung Aussicht auf Erfolg hat. Insoweit wird auf den bisherigen Vortrag beziehungsweise die nachfolgende Berufungsbegründung[4] verwiesen.[5]

Dem Einstellungsantrag steht nicht entgegen, dass in erster Instanz kein Schutzantrag nach § 712 ZPO gestellt wurde (Hk-ZPO/*Kindl* § 719 Rn 3).

Die Einstellung hat gemäß § 707 Abs. 1 S. 2 ZPO ohne Sicherheitsleistung zu erfolgen, denn der Schuldner ist zur Sicherheitsleistung nicht in der Lage und die Vollstreckung würde dem Schuldner einen nicht zu ersetzenden Nachteil bringen. •••[6]

Glaubhaftmachung: •••

Für den Fall, dass das Gericht die Voraussetzungen des § 707 Abs. 1 S. 2 ZPO verneint, ist die Zwangsvollstreckung, wie hilfsweise beantragt, jedenfalls gegen Sicherheitsleistung einstweilen einzustellen. ◂

2. Erläuterungen

[1] Beim Antrag im Rahmen einer Berufung – anders beim Einspruch – ist zu beachten, dass der Schuldner in den meisten Fällen (zur Ablehnung einer Einstellung bei der Verurteilung zur Auskunft über – behauptete – Geschäftsgeheimnisse siehe OLG Koblenz BeckRS 2008, 11941; zur Einstellung der Zwangsvollstreckung aus vorläufig vollstreckbarem Unterlassungsurteil siehe OLG Karlsruhe GRUR-RR 2010, 120) bereits **durch die §§ 709, 711 ff ausreichend geschützt** ist (vgl im Einzelnen Hk-ZPO/ *Kindl* § 719 Rn 3).

[3] Für den Fall der **Revision** siehe § 719 Abs. 2. Für einen Einstellungsantrag nach § 719 Abs. 2 zum Revisionsgericht ist –im Falle der Nichtzulassungsbeschwerde ist Abs. 2 entsprechend anwendbar (BGH BeckRS 2014, 18459) – ein Vollstreckungsschutzantrag nach § 712 in der Berufungsinstanz Voraussetzung (BGH BeckRS , 2014, 15474 Rn 3). Bei einem übergangenen Antrag nach § 712 muss Urteilsergänzung beantragt werden (BGH BeckRS 2013, 14580). Ein Antrag nach §§ 719 Abs. 1, 707 ZPO in der Berufungsinstanz ist nicht ausreichend (BGH BeckRS 2014, 13958 Rn 4). Ein Antrag nach § 712 ist ausnahmsweise dann entbehrlich, wenn erer aus besonderen Gründen nicht möglich oder nicht zumutbar war (BGH BeckRS 2014, 15474 Rn 4). Ein solcher Ausnahmefall liegt nicht bereits dann vor, wenn das Berufungsgericht einen Einstellungsbeschluss nach den §§ 707, 719 fehlerhaft („bis zum rechtskräftigen Abschluss des Berufungsverfahrens" statt „einstweilen" oder „bis zum Erlass der Hauptsacheentscheidung") tenoriert hat (BGH NZM 2011, 122) oder wenn die Erfolgsaussichten im Prozess falsch eingeschätzt wurden (BGH BeckRS 2014, 13958 Rn 8). Ob die Einstellung gegen oder ohne Sicherheitsleistung zu erfolgen hat, beurteilt sich gem. Abs. 1 S. 1 nach § 707 (BGH WM 2010, 328).

[2] Zum Versäumnisurteil siehe unten Rn 9.
[3] „Einstweilen" bedeutet, dass die Zwangsvollstreckung bis zum Erlass der Hauptsachenentscheidung eingestellt ist.
[4] Da die **Erfolgsaussichten** nur anhand der **Berufungsbegründung** geprüft werden können, ist die Berufung entweder sofort zu begründen oder der Einstellungsantrag ist noch nicht bei Berufungseinlegung, sondern erst mit der Berufungsbegründung zu stellen. Bei Familiensachen ist § 120 Abs. 2 FamFG zu beachten.
[5] Zur Begründung des Antrags vgl Hk-ZPO/*Kindl* § 707 Rn 5.
[6] Zur Begründung und Glaubhaftmachung der Voraussetzungen vgl § 707 Rn 1. Allein die Vorwegnahme des Prozessergebnisses (zB durch Auskunftserteilung, s. hierzu BGH BeckRS 2014, 17484) stellt noch keinen unersetzbaren Nachteil dar (BGH BeckRS 2014, 09027 Rn 4).

II. Einstellung der Zwangsvollstreckung bei Einspruch
1. Muster: Antrag auf Einstellung der Zwangsvollstreckung bei Einspruch

▶ ... lege ich gegen das am ... verkündete und am ... zugestellte Versäumnisurteil[1]

Einspruch[2]

ein und beantrage:

...

Weiter wird beantragt:
Die Zwangsvollstreckung aus dem Versäumnisurteil wird gegen Sicherheitsleistung[3] einstweilen bis zur Entscheidung über den Einspruch eingestellt.
Es wird angeordnet, dass getroffene Vollstreckungsmaßregeln nach Sicherheitsleistung aufzuheben sind.

Begründung

...[4] ◀

2. Erläuterungen und Varianten

[1] Oder Vollstreckungsbescheid (vgl § 700 Abs. 1).
[2] Zum Einspruch siehe im Einzelnen oben § 340. Die Anordnung der Aufhebung von Vollstreckungsmaßregeln ist nach § 707 nur gegen Sicherheitsleistung möglich.
[3] Anders als bei der Berufung kommt beim Versäumnisurteil grundsätzlich nur eine Einstellung gegen Sicherheitsleistung in Betracht. Eine Ausnahme gilt nur in den in Abs. 1 S. 2 Hs 2 bestimmten Fällen (das Versäumnisurteil ist nicht in gesetzlicher Weise ergangen oder die Säumnis war unverschuldet).
[4] Die Begründung entspricht der unter Rn 1. Soll beim Versäumnisurteil eine Einstellung ohne Sicherheitsleistung erreicht werden, ist in die Begründung dann zusätzlich Nachfolgendes aufzunehmen und der Sachverhalt, soweit er sich nicht ohnehin aus der Akte ergibt, glaubhaft zu machen:

▶ Die Zwangsvollstreckung ist gemäß § 719 Abs. 1 S. 2 ZPO ausnahmsweise ohne Sicherheitsleistung einzustellen, da das Versäumnisurteil nicht in gesetzlicher Weise (§§ 331, 335 und 337 ZPO) ergangen ist, weil ... ◀

Beispiele der **Gesetzwidrigkeit** bei Zöller/*Herget* § 344 Rn 1.
oder:

▶ Die Zwangsvollstreckung ist gemäß § 719 Abs. 1 S. 2 ZPO ausnahmsweise ohne Sicherheitsleistung einzustellen, da die Säumnis unverschuldet war, weil ... ◀

Beispiele für **fehlendes Verschulden** bei Hk-ZPO/*Kindl* § 719 Rn 4.
Zum Streit, ob in den beiden vorgenannten Fällen zusätzlich auch ein unersetzbarer Nachteil und die Unfähigkeit zur Sicherheitsleistung gemäß § 707 Abs. 1 S. 2 dargelegt und glaubhaft gemacht werden müssen vgl Hk-ZPO/*Kindl* § 719 Rn 4.

B. Gerichtliche Entscheidung

14 **I. Muster: Einstellungsbeschluss**

▶ **Beschluss**[1]

Die Zwangsvollstreckung aus dem Versäumnisurteil vom ... wird gegen Sicherheitsleistung in Höhe von ... einstweilen bis zur Entscheidung über den Einspruch eingestellt. Im Übrigen wird der Antrag zurückgewiesen.

Gründe

Der Beklagte hat gegen das Versäumnisurteil form- und fristgerecht Einspruch eingelegt. Der Kläger wurde zum Antrag gehört.[2] Eine Erfolgsaussicht des Einspruchs kann nicht gänzlich verneint werden. Eine Abwägung der Interessen der Parteien gebietet die einstweilige Einstellung der Zwangsvollstreckung. Bei der Interessenabwägung (vgl hierzu Hk-ZPO/*Kindl* § 707 Rn 5 und OLG Karlsruhe BeckRS 2014, 05574) hat das Gericht neben den Erfolgsaussichten des Rechtsbehelfs berücksichtigt. ...[3]

Da das Versäumnisurteil in gesetzlicher Weise ergangen ist und der Beklagte auch nicht glaubhaft gemacht hat, dass seine Säumnis unverschuldet war, konnte die Einstellung gemäß § 719 Abs. 1 S. 2 ZPO nur gegen Sicherheitsleistung erfolgen, weshalb der weitergehende Antrag auf Einstellung ohne Sicherheitsleistung zurückzuweisen war.

Eine mündliche Verhandlung war gemäß § 128 Abs. 4 ZPO nicht geboten.

Eine Kostenentscheidung war nicht veranlasst. Die Kosten sind solche der Hauptsache (Hk-ZPO/*Kindl* § 707 Rn 12).

Dieser Beschluss ist gem. §§ 719 Abs. 1 S. 1, 707 Abs. 3 ZPO unanfechtbar.[4] ◀

II. Erläuterungen und Varianten

15 [1] Eine Ausfertigung des Beschlusses ist vom Vollstreckungsschuldner gemäß §§ 775 Nr. 2, 776 dem Vollstreckungsorgan vorzulegen.

16 [2] Wird in Ausnahmefällen wegen Eilbedürftigkeit **zunächst ohne Anhörung des Gegners** entschieden, lautet der Tenor:

▶ Die Zwangsvollstreckung aus dem Versäumnisurteil vom ... wird gegen Sicherheitsleistung in Höhe von ... einstweilen eingestellt. Die Einstellung erfolgt vorläufig; nach Eingang der Stellungnahme des Gegners wird erneut entschieden. ◀

17 [3] Vgl hierzu § 707 Rn 9. Zur Prüfung der Begründetheit des Antrags siehe im Einzelnen Hk-ZPO/*Kindl* § 707 Rn 5.

[4] **Rechtsbehelfe.** Die Entscheidungen sind unanfechtbar; § 719 Abs. 1 S. 1 verweist auf § 707. Zu den Möglichkeiten der Gehörsrüge und der befristeten Gegenvorstellung siehe § 707 Rn 17.

Gebühren: Siehe Hk-ZPO/*Kindl* § 707 Rn 13.

§ 720 Hinterlegung bei Abwendung der Vollstreckung

Darf der Schuldner nach § 711 Satz 1, § 712 Abs. 1 Satz 1 die Vollstreckung durch Sicherheitsleistung oder Hinterlegung abwenden, so ist gepfändetes Geld oder der Erlös gepfändeter Gegenstände zu hinterlegen.

A. Muster: Vollstreckungsauftrag im Falle des § 720
B. Erläuterungen und Varianten
 [1] Anwendungsbereich 2
 [2] Zwangsvollstreckungsauftrag 3
 [3] Variante bei Abwendungsbefugnis . 4
 [4] Mit/ohne Sicherheitsleistung 5

A. Muster: Vollstreckungsauftrag im Falle des § 720

▶ An das

Amtsgericht ...

– Gerichtsvollzieherverteilungsstelle –[1]

Vollstreckungsauftrag[2]

in der Sache ...

Ich beantrage, gepfändetes Geld oder den Erlös gepfändeter Gegenstände zu hinterlegen (§ 196 GVGA), weil das Urteil lediglich nach § 708 Nr. 4 bis 11 ZPO[3] vorläufig vollstreckbar ist und weder der Vollstreckungsschuldner noch der Vollstreckungsgläubiger Sicherheit nach § 711 ZPO geleistet hat.[4] ◀

B. Erläuterungen und Varianten

[1] § 720 betrifft nur die Zwangsvollstreckung wegen **Geldforderungen** in das **bewegliche** Vermögen, und zwar in **körperliche Sachen**. Für die Zwangsvollstreckung in Forderungen und andere Vermögensrechte enthält § 839 eine vergleichbare Regelung. § 720 erfasst zwei Fallbereiche (bzgl der Einzelheiten vgl Hk-ZPO/*Kindl* § 720 Rn 1): Zum einen die vorläufige Vollstreckbarkeit nach den §§ 708 Nr. 4 bis 11, 711, wenn weder der Schuldner noch der Gläubiger Sicherheit leistet; zum anderen die Abwendungsbefugnis des Schuldners nach § 712, die bei allen Varianten der vorläufigen Vollstreckbarkeit in Betracht kommt (§ 708 Nr. 1 bis 3, §§ 708 Nr. 4 bis 11, 711 und § 709). Die Auszahlung des Geldes darf erst bei Rechtskraft des Urteils oder – was allerdings nur im Fall des § 711 S. 1, nicht im Fall des § 712 Abs. 1 S. 1 möglich ist – bei Sicherheitsleistung durch den Gläubiger erfolgen (Musielak/*Lackmann* § 720 Rn 2).

[2] Zum Zwangsvollstreckungsauftrag an den Gerichtsvollzieher vgl § 756 Rn 1 ff.

[3] Variante für den Fall des § 712 Abs. 1 S. 1:

▶ Ich beantrage gepfändetes Geld oder den Erlös gepfändeter Gegenstände zu hinterlegen, da dem Vollstreckungsschuldner eine Abwendungsbefugnis nach § 712 Abs. 1 S. 1 ZPO eingeräumt wurde; die angeordnete Sicherheit wurde vom Vollstreckungsschuldner bisher allerdings nicht geleistet. ◄

5 [4] § 720 kommt also nur zur Anwendung, wenn **weder Schuldner noch Gläubiger** Sicherheit leisten. Zu den Folgen, falls Sicherheit geleistet wird, siehe Hk-ZPO/*Kindl* § 720 Rn 1.

§ 720a Sicherungsvollstreckung

(1) ¹Aus einem nur gegen Sicherheit vorläufig vollstreckbaren Urteil, durch das der Schuldner zur Leistung von Geld verurteilt worden ist, darf der Gläubiger ohne Sicherheitsleistung die Zwangsvollstreckung insoweit betreiben, als

a) bewegliches Vermögen gepfändet wird,

b) im Wege der Zwangsvollstreckung in das unbewegliche Vermögen eine Sicherungshypothek oder Schiffshypothek eingetragen wird.

²Der Gläubiger kann sich aus dem belasteten Gegenstand nur nach Leistung der Sicherheit befriedigen.

(2) Für die Zwangsvollstreckung in das bewegliche Vermögen gilt § 930 Abs. 2, 3 entsprechend.

(3) Der Schuldner ist befugt, die Zwangsvollstreckung nach Absatz 1 durch Leistung einer Sicherheit in Höhe des Hauptanspruchs abzuwenden, wegen dessen der Gläubiger vollstrecken kann, wenn nicht der Gläubiger vorher die ihm obliegende Sicherheit geleistet hat.

A. Sicherungsvollstreckung in bewegliches Vermögen	[4] Weiterer Inhalt 5
I. Muster: Baustein für Vollstreckungsauftrag bei Sicherungsvollstreckung in bewegliches Vermögen	B. Abwendung der Sicherungsvollstreckung
	I. Muster: Abwendung der Sicherungsvollstreckung durch den Vollstreckungsschuldner
II. Erläuterungen und Varianten	II. Erläuterungen
[1] Voraussetzungen der Zwangsvollstreckung/Antragserfordernis 2	[1] Adressat 8
	[2] Höhe der Sicherheitsleistung . 9
[2] Anwendungsbereich 3	[3] Bankbürgschaft 10
[3] Einfache/qualifizierte Vollstreckungsklausel 4	[4] Vorlage öffentlicher Urkunde 11
	[5] Weitere Vollstreckungsorgane 12

A. Sicherungsvollstreckung in bewegliches Vermögen

1 **I. Muster: Baustein für Vollstreckungsauftrag bei Sicherungsvollstreckung in bewegliches Vermögen**

▶ An das

Amtsgericht ...

– Gerichtsvollzieherverteilungsstelle –

In Sachen ...

beantrage[1] ich unter Verweis auf den beigefügten vorläufig vollstreckbaren und mit Vollstreckungsklausel versehenen Titel[2] die Sicherungsvollstreckung nach § 720a Abs. 1 S. 1 lit. a ZPO – durch bloße Pfändung, also vorerst ohne Ablieferung von Geld und ohne Verwertung anderer körperlicher Sachen – wegen nachfolgender Beträge. Gepfändetes Geld ist nach §§ 720a Abs. 3, 930 Abs. 2 ZPO zu hinterlegen (§ 155 GVGA). Die zweiwöchige Wartefrist des § 750 Abs. 3 ZPO ist gewahrt. Der Titel wurde am ... zugestellt.[3] ...[4] ◄

II. Erläuterungen und Varianten

[1] Allgemein zu den Voraussetzungen der Zwangsvollstreckung und zum Antragserfordernis vgl Hk-ZPO/*Kindl* vor §§ 704-945 Rn 15 ff.

[2] § 720a betrifft nur Urteile, die auf Leistung von **Geld oder auf Duldung der Zwangsvollstreckung wegen einer Geldforderung** (zu Letzterem BGH NJW 2013, 3786 unter ausführlicher Darlegung des Zwecks von § 720a) lauten. Er dient den Gläubigerinteressen, indem er auch ohne Sicherheitsleistung Vollstreckungsmaßnahmen zum Zwecke der Rangwahrung und Sicherung, nicht aber der Befriedigung gestattet (Hk-ZPO/*Kindl* § 720a Rn 1). § 720a Abs. 3 gibt dem Schuldner eine kraft Gesetzes, also ohne entsprechenden Urteilsausspruch bestehende Abwendungsbefugnis, siehe hierzu das Muster unten Rn 7. Für die Vollstreckung wegen einer Geldforderung **in körperliche Sachen** ist gemäß § 808 der Gerichtsvollzieher zuständig (zu den Organen der Zwangsvollstreckung vgl Hk-ZPO/*Kindl* vor §§ 704-945 Rn 10 ff). Zur Sicherungsvollstreckung in das unbewegliche Vermögen s. *Morvilius* Die Zwangshypothek und die Arresthypothek FPR 2013, 382. Bei der Vollstreckung wegen einer Geldforderung **in Forderungen und andere Vermögensrechte**, für die gemäß § 828 das Vollstreckungsgericht zuständig ist, kann formuliert werden:

▶ An das

Amtsgericht ...

– Vollstreckungsgericht –

In Sachen ...

beantrage ich unter Verweis auf den beigefügten vorläufig vollstreckbaren und mit Vollstreckungsklausel versehenen Titel die Sicherungsvollstreckung nach § 720a Abs. 1 S. 1 lit. a ZPO durch Pfändung der genannten Forderungen oder Rechte – vorerst ohne Überweisung nach § 835 ZPO. Die zweiwöchige Wartefrist des § 750 Abs. 3 ZPO ist gewahrt. Der Titel wurde am ... zugestellt. ◄

Im Übrigen wird auf das Muster zum Antrag auf Erlass eines Pfändungs- und Überweisungsbeschlusses §§ 829 ff verwiesen. Das Verbot an den Drittschuldner lautet:

▶ Dem Drittschuldner wird verboten, an den Schuldner alleine zu leisten. Eine Leistung des Drittschuldners darf nur an Schuldner und Gläubiger gemeinsam erfolgen. ◄

Bei der Vollstreckung wegen einer Geldforderung **in das unbewegliche Vermögen** (§ 720a Abs. 1 lit. b), für die gemäß § 867 das Grundbuchamt zuständig ist, kann formuliert werden:

▶ An das
Amtsgericht ...
– Grundbuchamt –
In Sachen ...
beantrage ich unter Verweis auf den beigefügten vorläufig vollstreckbaren und mit Vollstreckungsklausel versehenen Titel die Sicherungsvollstreckung nach § 720a Abs. 1 S. 1 b ZPO wegen nachfolgend aufgeführter Ansprüche durch Eintragung einer Sicherungshypothek auf dem Grundstück des Schuldners in ..., Flurstück-Nr. ..., eingetragen im Grundbuch für ..., Band ..., Blatt ... ◀

4 [3] Handelt es sich nicht lediglich um eine einfache **Vollstreckungsklausel** nach § 724, sondern um eine solche iS des **§ 750 Abs. 2,** muss auch die Klausel zugestellt werden und die Frist des § 750 Abs. 3 gewahrt werden (Hk-ZPO/*Kindl* § 720a Rn 2 und § 750 Rn 12).

5 [4] Wegen des weiteren Inhalts siehe § 864 ff.

6 Rechtsanwaltsgebühren: VV RVG Nr. 3309 und 3310.

B. Abwendung der Sicherungsvollstreckung

7 **I. Muster: Abwendung der Sicherungsvollstreckung durch den Vollstreckungsschuldner**

▶ An
...[1]

In der Zwangsvollstreckungssache ...
beantrage ich die Sicherungsvollstreckung (§ 720a ZPO) gemäß § 775 Nr. 3 ZPO einzustellen und die bereits getroffenen Vollstreckungsmaßnahmen aufzuheben (§ 776 ZPO).

Begründung

Der Vollstreckungsschuldner hat in Höhe des Hauptanspruchs[2] Sicherheit geleistet, und zwar durch Hinterlegung[3] eines Geldbetrages in dieser Höhe beim Amtsgericht ...

Nachweis: Hinterlegungsschein, der die Annahmeanordnung (§ ... Hinterlegungsgesetz des Landes ...) und die Quittung enthält, der Hinterlegungsstelle des Amtsgerichts ... im Original.[4]

Es wird beantragt, dem Vollstreckungsgläubiger hiervon eine beglaubigte Abschrift zuzustellen und das Original zurückzureichen.[5]

Es wird vorsorglich darauf hingewiesen, das die Abwendungsbefugnis kraft Gesetzes besteht (§ 720a Abs. 3 ZPO) und nicht des Ausspruchs im Urteil bedurfte (Hk-ZPO/*Kindl* § 720a Rn 4).

...

Rechtsanwalt ◀

II. Erläuterungen

8 [1] Adressat ist das **Vollstreckungsorgan,** an das der Gläubiger seinen Vollstreckungsauftrag gerichtet hat.

[2] Nur **in Höhe des Hauptanspruchs** ist gemäß Abs. 3 Sicherheit zu leisten. 9

[3] Zur Sicherheitsleistung durch **Bankbürgschaft** vgl Zöller/*Stöber* § 775 Rn 6. Die 10
Prozessbürgschaft nach Abs. 3 ist kein Sicherungsmittel eigener Art, sondern lediglich
eine Bürgschaft besonderer Art (BGH BeckRS 2014, 22649 Rn 36). Ansprüche hieraus unterliegen der dreijährigen Regelverjährung; sie werden mit Rechtskraft des Urteils fällig (BGH BeckRS 2014, 22649 Rn 34). Die Zulassung von Versicherungsgesellschaften als Bürgen ist umstritten (dagegen LG Darmstadt NJOZ 2009, 44).

[4] Es muss eine öffentliche Urkunde (§ 415) vorgelegt werden (siehe im Einzelnen 11
Hk-ZPO/*Kindl* § 775 Rn 8). Ein Zahlungsnachweis einer Bank reicht nicht (Zöller/
Stöber § 775 Rn 6). Zur Hinterlegung vgl Hk-ZPO/*Wöstmann* § 108 Rn 6.

[5] Wenn Adressat nicht der Gerichtsvollzieher, sondern ein anderes Vollstreckungs- 12
organ ist, hat die Zustellung gesondert zu erfolgen.

§ 721 Räumungsfrist

(1) ¹Wird auf Räumung von Wohnraum erkannt, so kann das Gericht auf Antrag oder von Amts wegen dem Schuldner eine den Umständen nach angemessene Räumungsfrist gewähren. ²Der Antrag ist vor dem Schluss der mündlichen Verhandlung zu stellen, auf die das Urteil ergeht. ³Ist der Antrag bei der Entscheidung übergangen, so gilt § 321; bis zur Entscheidung kann das Gericht auf Antrag die Zwangsvollstreckung wegen des Räumungsanspruchs einstweilen einstellen.

(2) ¹Ist auf künftige Räumung erkannt und über eine Räumungsfrist noch nicht entschieden, so kann dem Schuldner eine den Umständen nach angemessene Räumungsfrist gewährt werden, wenn er spätestens zwei Wochen vor dem Tage, an dem nach dem Urteil zu räumen ist, einen Antrag stellt. ²§§ 233 bis 238 gelten sinngemäß.

(3) ¹Die Räumungsfrist kann auf Antrag verlängert oder verkürzt werden. ²Der Antrag auf Verlängerung ist spätestens zwei Wochen vor Ablauf der Räumungsfrist zu stellen. ³§§ 233 bis 238 gelten sinngemäß.

(4) ¹Über Anträge nach den Absätzen 2 oder 3 entscheidet das Gericht erster Instanz, solange die Sache in der Berufungsinstanz anhängig ist, das Berufungsgericht. ²Die Entscheidung ergeht durch Beschluss. ³Vor der Entscheidung ist der Gegner zu hören. ⁴Das Gericht ist befugt, die im § 732 Abs. 2 bezeichneten Anordnungen zu erlassen.

(5) ¹Die Räumungsfrist darf insgesamt nicht mehr als ein Jahr betragen. ²Die Jahresfrist rechnet vom Tage der Rechtskraft des Urteils oder, wenn nach einem Urteil auf künftige Räumung an einem späteren Tage zu räumen ist, von diesem Tage an.

(6) Die sofortige Beschwerde findet statt

1. gegen Urteile, durch die auf Räumung von Wohnraum erkannt ist, wenn sich das Rechtsmittel lediglich gegen die Versagung, Gewährung oder Bemessung einer Räumungsfrist richtet;

2. gegen Beschlüsse über Anträge nach den Absätzen 2 oder 3.

(7) ¹Die Absätze 1 bis 6 gelten nicht für Mietverhältnisse über Wohnraum im Sinne des § 549 Abs. 2 Nr. 3 sowie in den Fällen des § 575 des Bürgerlichen Gesetzbuchs. ²Endet ein Mietverhältnis im Sinne des § 575 des Bürgerlichen Gesetzbuchs

durch außerordentliche Kündigung, kann eine Räumungsfrist höchstens bis zum vertraglich bestimmten Zeitpunkt der Beendigung gewährt werden.

A. Anträge des Rechtsanwalts
  I. Antrag zur Räumungsfrist
    1. Muster: Antrag zur Räumungsfrist in der Klageerwiderung im Ausgangsverfahren, § 721 Abs. 1
    2. Erläuterungen und Varianten
      [1] Antrag bei Anerkenntnis ... 2
      [2] Urteilsergänzung 3
      [3] Hilfsantrag: Vollstreckungsschutz 4
      [4] Anspruch mietrechtlicher Natur 5
      [5] Kriterien der Fristbemessung 6
      [6] Begründung des Hilfsantrags, Gebühren 7
  II. Nachträglicher Antrag
    1. Muster: Rechtzeitiger Antrag spätestens zwei Wochen vor Ablauf der Räumungsfrist, § 721 Abs. 2
    2. Erläuterungen und Varianten
      [1] Zuständigkeit 10
      [2] Abwägungskriterien 11
      [3] Antrag bei Fristversäumnis 12
  III. Verlängerung der Räumungsfrist
    1. Muster: Antrag auf Verlängerung der Räumungsfrist, § 721 Abs. 3
    2. Erläuterungen und Varianten
      [1] Zuständigkeit 14
      [2] Antrag des Vermieters 15
      [3] Verlängerungsgrund 16
      [4] Wiedereinsetzung in den vorherigen Stand 17
B. Gerichtliche Entscheidung
  I. Räumungsfrist im streitigen Endurteil
    1. Muster: Gewährung der Räumungsfrist im streitigen Endurteil, § 721 Abs. 1
    2. Erläuterungen und Varianten
      [1] Variante bei Anerkenntnis . 19
      [2] Zurückweisung des Antrags 20
      [3] Räumungsfrist von Amts wegen 21
      [4] Kalendermäßige Fristbestimmung 22
      [5] Anfechtung der Entscheidung über Räumungsfrist 23
      [6] Kosten 24
  II. Nachträglicher Beschluss
    1. Muster: Beschluss bei rechtzeitigem Verlängerungsantrag spätestens zwei Wochen vor Ablauf der Räumungsfrist, § 721 Abs. 2
    2. Erläuterungen
      [1] Zuständiges Gericht 26
      [2] Sofortige Beschwerde 27
      [3] Kostenentscheidung 28

A. Anträge des Rechtsanwalts

I. Antrag zur Räumungsfrist

1. Muster: Antrag zur Räumungsfrist in der Klageerwiderung im Ausgangsverfahren, § 721 Abs. 1

1

▶ Ich werde beantragen:

1. Die Klage wird abgewiesen.[1]
2. Vorsorglich, für den Fall des Unterliegens, beantrage ich, den Beklagten eine angemessene Räumungsfrist – mindestens bis ▬ – zu gewähren.[2]

3. Hilfsweise wird beantragt: Die Beklagten können die Vollstreckung durch Sicherheitsleistung in Höhe von ... ungeachtet einer Sicherheitsleistung des Klägers abwenden (§ 712 Abs. 1 S. 1 ZPO).[3]

Begründung

...

Im Falle des Unterliegens wird den Beklagten aufgrund der vorläufigen Vollstreckbarkeit nach § 708 Nr. 7 ZPO eine Abwendungsbefugnis nach § 711 ZPO einzuräumen sein. Jedoch ist dem Kläger im Falle einer Sicherheitsleistung durch ihn die vorläufige Vollstreckung möglich. Den Beklagten ist deshalb gemäß § 721 Abs. 1 S. 1 ZPO eine Räumungsfrist zu gewähren. Streitgegenstand ist die Räumung von Wohnraum. Der geltend gemachte Anspruch, der nicht unter § 721 Abs. 7 ZPO fällt, ist mietrechtlicher Natur und fällt somit in den Anwendungsbereich[4] des § 721 ZPO. Bei der Ermessensentscheidung des Gerichts, ob und in welchem Umfang eine Räumungsfrist gewährt wird, wird das Gericht die Interessen der Parteien gegeneinander abzuwägen haben (Hk-ZPO/*Kindl* § 721 Rn 3). Hierbei ist insbesondere Folgendes zu berücksichtigen: ...[5] Zum Hilfsantrag nach § 712 ZPO ist auszuführen: ...[6] ◄

2. Erläuterungen und Varianten

[1] Antrag bei **Anerkenntnis** – gegebenenfalls unter Verwahrung gegen die Kosten: 2

▶ Der Klageanspruch wird anerkannt.

Es wird beantragt:

Dem Beklagten wird eine angemessene Räumungsfrist – mindestens bis ... – gewährt.

Der Kläger trägt die Kosten des Rechtsstreits.

Begründung

Der Beklagte ist, wie dem Kläger bereits vorprozessual mitgeteilt, bereit, den Räumungsanspruch zu erfüllen, jedoch ist dies erst am ... möglich, weil ... . Der Beklagte ist deshalb auf die Gewährung einer Räumungsfrist bis ... angewiesen. Die Interessen des Klägers stehen nicht entgegen. Insbesondere ist die Zahlung der Miete bzw Nutzungsentschädigung an den Kläger sichergestellt. ...

Da der Beklagte bereits vorprozessual (erfolglos) eine Räumungsfrist begehrt hat, sind dem Kläger gemäß § 93b Abs. 3 ZPO die gesamten Kosten des Rechtsstreits aufzuerlegen. ◄

[2] Wird der Antrag im Urteil nicht beschieden, kann Antrag auf **Ergänzung des Urteils** (siehe im Einzelnen hierzu § 321) gestellt werden: 3

▶ Ich beantrage

gemäß §§ 721 Abs. 1 S. 3 Hs 1, 321 ZPO nachträglich über die Gewährung einer Räumungsfrist durch Ergänzungsurteil wie folgt zu entscheiden:

Dem Beklagten wird bezüglich Ziffer ... des Urteils vom ... eine Räumungsfrist bis ... gewährt.

Ich beantrage vorab durch Beschluss zu entscheiden:

Die Zwangsvollstreckung aus Ziff. ... (Räumungsanspruch) des am ... verkündeten Urteils wird gem. § 721 Abs. 1 S. 3 Hs 2 ZPO einstweilen eingestellt.

Begründung

Die beklagte Partei hat am ... die Gewährung einer Räumungsfrist beantragt. Mit dem am ... verkündeten Urteil wurde der Beklagte zur Räumung verurteilt. Das Urteil enthält keine Entscheidung über die beantragte Räumungsfrist. Deshalb ist das Urteil durch nachträgliche Entscheidung gem. §§ 721 Abs. 1 S. 3 Hs 1, 321 ZPO zu ergänzen. Der Antrag ist fristgemäß. Das Urteil wurde dem Beklagten am ... zugestellt. Die zweiwöchige Frist des § 321 Abs. 2 S. 1 ZPO ist somit gewahrt. Es wird beantragt, gem. § 321 Abs. 3 ZPO Termin zur mündlichen Verhandlung zu bestimmen und der Klagepartei mit der Terminsladung diesen Schriftsatz zuzustellen.

Der Antrag auf einstweilige Einstellung der Zwangsvollstreckung bezüglich des Räumungsausspruchs beruht auf § 721 Abs. 1 S. 3 Hs 2 ZPO. ◄

4 [3] Vgl hierzu § 712 Rn 1 und 6. Zu Räumungstiteln nach dem FamFG s. *Schuschke*, Titel auf Wohnungsräumung nach neuem FamFG NZM 2010, 137 und *Götz/Brudermüller*, Schnittstellen zwischen Familien- und Mietrecht NJW 2010, 5.

5 [4] Vgl hierzu im Einzelnen Hk-ZPO/*Kindl* § 721 Rn 2. § 721 gilt nicht in Verfahren des einstweiligen Rechtsschutzes (*Schuschke*, Aktuelle Probleme der Räumungsvollstreckung NZM 2012, 209).

6 [5] Besonders **wichtige Kriterien** sind (vgl hierzu Hk-ZPO/*Kindl* § 721 Rn 3): bisherige Dauer des Mietverhältnisses, bisheriges vertragsgemäßes Verhalten des Mieters, Gewähr für Zahlung der Nutzungsentschädigung für die Dauer der Räumungsfrist (OLG Stuttgart NJW-RR 2007, 15), Alter und Gesundheitszustand der Mieter, ausreichende Bemühungen um eine Ersatzwohnung, konkrete künftige Umzugsmöglichkeit in eine neue Wohnung. Wegen weiterer Beispiele siehe MüKo-ZPO/*Krüger* § 721 Rn 10–12). Zur Berücksichtigung der Schulferien siehe LG Berlin BeckRS 2015, 00484.

7 [6] Vgl § 712 Rn 1 und 6. Vgl hierzu auch *Schuschke*, Die Einstellung der Räumungsvollstreckung NZM 2015, 233

8 Bezüglich der **Gebühren** siehe Hk-ZPO/*Kindl* § 721 Rn 8.

II. Nachträglicher Antrag

9 **1. Muster: Rechtzeitiger Antrag spätestens zwei Wochen vor Ablauf der Räumungsfrist, § 721 Abs. 2**

▶ An das

...gericht ...[1]

Es wird beantragt,

den Beklagten eine Räumungsfrist bis ... zu gewähren.

Begründung: Der Beklagte wurde mit dem am ... verkündeten Urteil zu künftiger Räumung, nämlich zur Räumung bis spätestens ... verurteilt. Über eine Räumungsfrist wurde

noch nicht entschieden. Der Beklagte ist an einer fristgemäßen Räumung gehindert, weil
... . Bei der Abwägung der Interessen der Parteien ist Folgendes zu berücksichtigen: ...[2]
Der Antrag ist fristgemäß. Räumungstermin ist der ... . Die zweiwöchige Frist des § 721 Abs. 2 S. 1 ZPO ist somit eingehalten.[3] ◄

2. Erläuterungen und Varianten

[1] Zuständig ist das Prozessgericht der ersten Instanz oder das Berufungsgericht, wenn der Rechtsstreit dort anhängig ist, § 721 Abs. 4 S. 1. § 721 Abs. 2 gilt nur für Entscheidungen, die auf künftige Räumung lauten. Im Übrigen sieht § 721 eine vom Urteil isolierte Gewährung einer Räumungsfrist nicht vor (BGH BeckRS 2014, 09027 Rn 7)

[2] Zu den Abwägungskriterien siehe Rn 6.

[3] **Antrag bei Fristversäumnis:**

▶ Ich beantrage:
1. Dem Beklagten wird bzgl der Versäumung der Frist nach § 721 Abs. 2 ZPO Wiedereinsetzung in den vorherigen Stand gewährt.
2. Dem Beklagten wird eine Räumungsfrist bis ... gewährt.

Begründung

1. Zum Antrag auf Wiedereinsetzung:
Der Antragsteller und Beklagte war ohne Verschulden gehindert, die Zweiwochenfrist zur Antragstellung einzuhalten. Die Räumung und der Umzug des Beklagten waren in der Woche vor dem Räumungstermin geplant. Der Beklagte ist nunmehr kurzfristig an dem Umzug gehindert, weil er überraschend erkrankt ist und überdies die neue Wohnung entgegen einer vertraglichen Zusage nicht bezugsfertig ist. Im Einzelnen ...
Glaubhaftmachung gemäß §§ 721 Abs. 2 S. 2, 236 Abs. 2 S. 1 ZPO: ... ◄

III. Verlängerung der Räumungsfrist

1. Muster: Antrag auf Verlängerung der Räumungsfrist, § 721 Abs. 3

▶ An das
...gericht ...[1]

Ich beantrage:

Die mit dem am ... verkündeten Urteil gewährte Räumungsfrist bis ... wird verlängert[2] – mindestens bis ...

Begründung

Wie sich aus dem beigefügten, erst nach Festsetzung der ursprünglichen Räumungsfrist abgeschlossenen Vertrag[3] ergibt, können die Beklagten ihre neue Wohnung zwar am ... beziehen, doch läuft die Räumungsfrist bereits am ... ab. Eine fristgerechte Räumung mit anschließender Zwischenlagerung des Hausrats bis zum Einzug in die neue Wohnung ist den Beklagten nicht zumutbar. Nachdem die Beklagten auch keinen Mietrückstand haben, ist vielmehr gemäß § 721 Abs. 3 ZPO geboten, die Räumungsfrist um die relativ kurze Zeit bis zum ... zu verlängern. Die höchstzulässige Räumungsfrist von einem Jahr (§ 721 Abs. 5

ZPO) wird hierdurch nicht überschritten. Die Zweiwochenfrist des § 721 Abs. 3 S. 2 ZPO ist gewahrt.[4] ◄

2. Erläuterungen und Varianten

14 [1] Zuständig ist das Prozessgericht der ersten Instanz oder das Berufungsgericht, wenn der Rechtsstreit dort anhängig ist, § 721 Abs. 4 S. 1.

15 [2] Antrag des Vermieters:

▶ Die gewährte Räumungsfrist wird verkürzt, und endet nunmehr am ▬▬▬.

Begründung
Der Beklagte zahlt weiterhin keinen Mietzins. ◄

16 [3] Bspw Wohnungsmietvertrag oder Kaufvertrag über Wohnimmobilie.
17 [4] Wurde die Frist versäumt, so sind gemäß Abs. 2 S. 2 die Vorschriften über die Wiedereinsetzung in den vorherigen Stand (§§ 233 bis 238) sinngemäß anzuwenden. Antrag und Begründung sind entsprechend zu ergänzen.

B. Gerichtliche Entscheidung

I. Räumungsfrist im streitigen Endurteil

18 **1. Muster: Gewährung der Räumungsfrist im streitigen Endurteil, § 721 Abs. 1**

▶ **Endurteil**[1]

1. Der Beklagte wird verurteilt, die Wohnung ▬▬▬ zu räumen und geräumt an den Kläger herauszugeben.
2. [2] Dem Beklagten wird[3] eine Räumungsfrist bis ▬▬▬[4] gewährt.[5]

▬▬▬

Nebenentscheidungen

▬▬▬

Die Entscheidung über die Gewährung einer Räumungsfrist[6] beruht auf § 721 Abs. 1 S. 1 ZPO. Bei der Interessenabwägung im Rahmen dieser Ermessensentscheidung hat das Gericht insbesondere berücksichtigt, dass keine Mietrückstände bestehen und die gewährte Frist für die Beschaffung einer Ersatzwohnung notwendig, andererseits aber auch ausreichend ist. ▬▬▬ ◄

2. Erläuterungen und Varianten

19 [1] Eine Räumungsfrist kann nicht vor Erlass des Urteils durch Beschluss gewährt werden. Einem entsprechenden Bedürfnis (zB nach Einspruch gegen ein Versäumnisurteil) kann nur durch die §§ 719, 707 Rechnung getragen werden (OLG München NJW-RR 2010, 945)
Entscheidungsgründe für auf Antrag oder von Amts wegen gewährte Räumungsfrist bei Anerkenntnis- und Versäumnisurteil

▶ Gemäß § 313b Abs. 1 S. 1 ZPO ohne Tatbestand und Entscheidungsgründe. Die Gewährung einer Räumungsfrist beruht auf § 721 Abs. 1 ZPO. Dem Beklagten war von Amts wegen eine Räumungsfrist bis ... zu gewähren. Bei der Interessenabwägung im Rahmen dieser Ermessensentscheidung hat das Gericht Folgendes berücksichtigt: ... ◄

[2] Wird der Antrag zurückgewiesen, wird dies **nur in den Entscheidungsgründen**, nicht im Tenor abgehandelt (Hk-ZPO/*Kindl* § 721 Rn 4).
[3] Eine Räumungsfrist kann auch **von Amts wegen** gewährt werden.
[4] Aus Gründen der Klarheit sollte die Frist **kalendermäßig** bestimmt werden.
[5] Wird nur die Entscheidung über die Räumungsfrist angefochten, findet gem. § 721 Abs. 6 Nr. 1 die sofortige Beschwerde statt (vgl hierzu Hk-ZPO/*Kindl* § 721 Rn 7). Sie ist nur gegen die Entscheidung in einem erstinstanzliche Urteil statthaft (§ 567 Abs. 1; vgl. hierzu KG BeckRS 2012, 08686).
[6] § 93 b Abs. 3 ist zu beachten.

II. Nachträglicher Beschluss

1. Muster: Beschluss bei rechtzeitigem Verlängerungsantrag spätestens zwei Wochen vor Ablauf der Räumungsfrist, § 721 Abs. 2

▶ ...gericht ...[1]

Beschluss[2]
1. Dem Beklagten wird bezüglich des Räumungsausspruchs in Ziff. ... des Endurteils vom ... eine Räumungsfrist bis ... gewährt.
2. Der Kläger trägt die Kosten des Verfahrens.

Gründe
I. Der Beklagte wurde mit dem am ... verkündeten Urteil zur künftigen Räumung verurteilt. Im Urteil wurde noch nicht über eine Räumungsfrist entschieden. Mit Schriftsatz vom ... hat der Beklagte nunmehr die Gewährung einer Räumungsfrist beantragt. Der Kläger wurde gem. § 721 Abs. 4 S. 3 ZPO gehört.
Er hat beantragt, ...
Eine mündliche Verhandlung war nicht geboten (§ 128 Abs. 4 ZPO).
II. Der Antrag ist zulässig. Das Amtsgericht ... ist gem. § 721 Abs. 4 S. 1 ZPO zuständig. Der Antrag ist auch begründet. Er wurde rechtzeitig im Sinne von § 721 Abs. 2 S. 1 ZPO gestellt. Nach dem Urteil wäre die Wohnung am ... zu räumen. Der Antrag ist am ... bei Gericht eingegangen. Der Räumungstitel bezieht sich auch nicht auf ein Mietverhältnis im Sinne von § 721 Abs. 7 ZPO. Dem Vollstreckungsschuldner war eine Räumungsfrist bis ... zu gewähren. Bei dieser Ermessensentscheidung war im Rahmen der Abwägung der Interessen der Parteien Folgendes zu berücksichtigen: .... Die Höchstdauer der Räumungsfrist von einem Jahr (§ 721 Abs. 5 S. 1 ZPO) wird hierdurch nicht überschritten. Die Kostenentscheidung beruht auf § 91 Abs. 1 S. 1 ZPO.[3] ◄

2. Erläuterungen

[1] Gericht erster Instanz oder Berufungsgericht (§ 721 Abs. 4 S. 1)
[2] Beschlüsse nach § 721 Abs. 2 und 3 sind mit der sofortigen Beschwerde anfechtbar (§ 721 Abs. 6 Nr. 2).

28 **[3]** Die Kostenentscheidung beurteilt sich nach §§ 91 ff (Musielak/*Lackmann* § 721 Rn 9). Wegen § 93 sollte der Schuldner dem Gläubiger die Möglichkeit geben, außergerichtlich eine Verlängerung zu gewähren.

§ 722 Vollstreckbarkeit ausländischer Urteile

(1) Aus dem Urteil eines ausländischen Gerichts findet die Zwangsvollstreckung nur statt, wenn ihre Zulässigkeit durch ein Vollstreckungsurteil ausgesprochen ist.
(2) Für die Klage auf Erlass des Urteils ist das Amtsgericht oder Landgericht, bei dem der Schuldner seinen allgemeinen Gerichtsstand hat, und sonst das Amtsgericht oder Landgericht zuständig, bei dem nach § 23 gegen den Schuldner Klage erhoben werden kann.

§ 723 Vollstreckungsurteil

(1) Das Vollstreckungsurteil ist ohne Prüfung der Gesetzmäßigkeit der Entscheidung zu erlassen.
(2) ¹Das Vollstreckungsurteil ist erst zu erlassen, wenn das Urteil des ausländischen Gerichts nach dem für dieses Gericht geltenden Recht die Rechtskraft erlangt hat. ²Es ist nicht zu erlassen, wenn die Anerkennung des Urteils nach § 328 ausgeschlossen ist.

A. Vollstreckbarerklärung	[12] Anerkennungsfähigkeit 13
I. Muster: Klage auf Vollstreckbarerklärung	**B. Vollstreckungsurteil**
II. Erläuterungen	I. Muster: Vollstreckbarerklärung, zusprechendes Endurteil
[1] Zuständigkeit 2	II. Erläuterungen
[2] Formalien der Klage 3	[1] Formulierung des Tenors 15
[3] Urteilsbegriff 4	[2] Bezifferung der Sicherheitsleistung 16
[4] Angabe der Leistungspflicht .. 5	[3] Urteilstyp 17
[5] Hilfsweise Geltendmachung des ursprünglichen Anspruchs 6	[4] Ausführungen zu Anerkennungsvoraussetzungen 18
[6] Geständnisfiktion 7	[5] Zuständigkeit des Familiengerichts 19
[7] Anerkennung des ausländischen Urteils 8	[6] Ermittlung ausländischer Rechtsnormen 20
[8] Darlegung des Anspruchsgrundes 9	[7] Anerkennungsfähigkeit nach § 328 21
[9] Vorrangige Sonderregelungen 10	[8] Präklusion 22
[10] Ausgeschlossene Urteile 11	
[11] Konkretisierung des Urteilsinhalts 12	

A. Vollstreckbarerklärung

I. Muster: Klage auf Vollstreckbarerklärung

▶ An das

...gericht ...[1]

Klage[2]

Namens und in Vollmacht des Klägers werde ich folgenden Antrag stellen:

Das Urteil[3] des ...gerichts des Staates ..., vom ..., Az ..., durch das der Beklagte zu ...[4] verurteilt wurde, wird für vollstreckbar erklärt.[5]

Es wird angeregt, frühen ersten Termin zu bestimmen.

Für den Fall der Anordnung eines schriftlichen Vorverfahrens beantrage ich, nach fruchtlosem Ablauf der Frist zur Anzeige der Verteidigungsbereitschaft gem. § 331 Abs. 3 ZPO Versäumnisurteil gegen den Beklagten zu erlassen.[6]

Für den Fall eines Anerkenntnisses durch den Beklagten wird beantragt, Termin zu bestimmen, da ein Anerkenntnis nicht möglich ist.[7]

Begründung

Der Kläger erwirkte gegen die Beklagte das im Tenor genannte Urteil. Das Urteil beruht auf einem Anspruch aus ....[8]

Beweis: Urteil des ... vom ...; die Übersetzung durch einen allgemein beeidigten Übersetzer ist beigefügt

Der Kläger begehrt die Vollstreckbarerklärung nach §§ 722, 723 ZPO.

Eine dem § 722 ZPO vorrangige staatsvertragliche Regelung liegt nicht vor.[9]

Das Urteil hat einen vollstreckbaren[10], ausreichend bestimmten[11] Inhalt.

Die Entscheidung hat die nach § 723 Abs. 2 S. 1 ZPO erforderliche Rechtskraft bzw eine der formellen Rechtskraft vergleichbare Wirkung. Nach dem Recht des Staates ... ist gegen das Urteil kein Rechtsmittel oder Rechtsbehelf mehr möglich. Ob zumindest eine der formellen Rechtskraft vergleichbare Wirkung gegeben ist, beurteilt sich nach ausländischem Recht (Hk-ZPO/*Kindl* §§ 722, 723 Rn 13). Die Überprüfung der ausländischen Entscheidung auf seine Richtigkeit hin ist gemäß § 723 Abs. 2 ZPO nicht geboten und auch nicht zulässig (vgl Hk-ZPO/*Kindl* § 723 Rn 12). Die Anerkennung des Urteils ist auch nicht nach § 723 Abs. 2 S. 2 iVm § 328 ZPO ausgeschlossen; ein Anerkenntnishindernis besteht nicht: ...[12]

Materiell-rechtliche Einwendungen gegen den titulierten Anspruch, die erst nach dem Ursprungsverfahren entstanden sind, könnten zwar berücksichtigt werden (BGH NJW 1993, 1270), solche Einwendungen bestehen jedoch nicht.

Falls eine Ermittlung des Rechtes des Staates ... notwendig wird, wird angeregt, erforderlichenfalls gemäß § 293 ZPO ein Rechtsgutachten einzuholen.

...

Rechtsanwalt ◀

II. Erläuterungen

2 [1] Zur **Zuständigkeit** (§ 722 Abs. 2) vgl Hk- ZPO/*Kindl* §§ 722, 723 Rn 10. Es handelt sich gem. § 802 um eine ausschließliche Zuständigkeit. Zum **Streitwert** vgl Zöller/*Herget* § 3 Rn 16 „Vollstreckbarerklärung".

3 [2] Zur Klageschrift allgemein vgl § 253.

4 [3] Zum Begriff „Urteil" iS von § 722 vgl Hk-ZPO/*Kindl* § 723 Rn 8. Entscheidungen über die Vollstreckbarerklärung (Exequaturentscheidungen) können in einem anderen Staat nicht für vollstreckbar erklärt werden. Unter Aufgabe seiner bisherigen Rechtsprechung (BGH NJW 1984, 2765) erachtet der BGH nunmehr auch die Doppelexequatur von Schiedssprüchen selbst in den Fällen für unzulässig, in denen das Recht des ersten Exequatururteils der doctrine of merger folgt, derzufolge der Schiedsspruch völlig in dem gerichtlichen Bestätigungsurteil aufgehe mit der Folge, dass nur noch aus dem (staatlichen) Gerichtsurteil und nicht mehr aus dem Schiedsspruch zu vollstrecken sei (BGH NJW 2009, 2826; Geimer, Zurück zum Reichsgericht: Irrelevanz der merger-Theorien – Kein Wahlrecht mehr bei der Vollstreckbarerklärung ausländischer Schiedssprüche IPrax 2010, 346).

5 [4] Die Leistungspflicht ist genau anzugeben, da **Vollstreckungstitel** nur **das deutsche Vollstreckungsurteil ist**.

6 [5] Vgl hierzu Zöller/*Geimer* § 722 Rn 52. Hilfsweise – also für den Fall, dass das Gericht die Voraussetzungen des § 328 verneint – kann der **ursprüngliche Anspruch** geltend gemacht werden.

7 [6] Die Geständnisfiktion des § 331 Abs. 1 geht nur so weit, wie die Parteien **dispositionsbefugt** sind. Sie erstreckt sich also nicht auf die Anerkennung nach § 328 (Hk-ZPO/*Kindl* § 723 Rn 9).

8 [7] Die Anerkennung des ausländischen Urteils ist nach **§ 328 von Amts wegen** zu prüfen (Hk-ZPO/*Kindl* §§ 722, 723 Rn 9).

9 [8] Wegen der möglichen Zuständigkeit des Familiengerichts oder des Gerichts der freiwilligen Gerichtsbarkeit (vgl Zöller/*Geimer* § 722 Rn 47) ist der **Anspruchsgrund** kurz darzulegen.

10 [9] Bei **vorrangigen Sonderregelungen** (vgl Thomas/Putzo/*Hüßtege* Anhang zu § 723) fehlt einer Klage auf Vollstreckbarerklärung das Rechtsschutzbedürfnis (Thomas/Putzo/*Hüßtege* § 723 Rn 5). Zur praktischen Bedeutung der §§ 722, 723 infolge vorrangiger staatsvertraglicher Regelungen (vgl hierzu *Steinert/Theede* ZVR Kap. 2 Rn 43 ff) bzw der Ausführungsgesetze hierzu vgl Hk-ZPO/*Kindl* § 723 Rn 2. Hauptanwendungsbereich sind Urteile aus den USA (vgl beispielhaft BGH BeckRS 2011, 24665 und vorangehend OLG Zweibrücken BeckRS 2011, 24715 für einen kalifornischen Titel), Kanada und asiatischen Staaten.

11 [10] Nicht Feststellungs- und Gestaltungsurteile

12 [11] Bloße **Konkretisierungen** sind zulässig und geboten, vgl Hk-ZPO/*Kindl* §§ 722,723 Rn 8 und BGH BeckRS 2011, 29868 Tz 6.

13 [12] Vgl zur Anerkennungsfähigkeit § 328 und *Steinert/Theede* ZVR Kap. 2 Rn 484 ff.

Abschnitt 1 | Allgemeine Vorschriften § 723

B. Vollstreckungsurteil
I. Muster: Vollstreckbarerklärung, zusprechendes Endurteil

▶ 1. ...[1]
2. Der Beklagte trägt die Kosten des Rechtsstreits.
3. Das Urteil ist gegen Sicherheitsleistung in Höhe von ... EUR[2] vorläufig vollstreckbar.[3]

Tatbestand[4]

Der Kläger begehrt die Vollstreckbarerklärung eines ausländischen Urteils nach §§ 722, 723 ZPO. Gegenstand des Verfahrens war ein Anspruch auf ...

Der Kläger erwirkte ...

Der Kläger beantragt: ...

Der Beklagte beantragt:

Klageabweisung.

Der Beklagte wendet ein, das Urteil sei zu Unrecht ergangen. Der Anspruch bestehe nicht, weil ...

Zur Ergänzung des Tatbestandes wird auf die Klageschrift vom ..., die Klageerwiderung vom ... sowie auf das Protokoll vom ... verwiesen.

Entscheidungsgründe

I. Die Klage ist zulässig und begründet.
1. Das ...gericht ... ist gem. § 722 Abs. 2 ZPO örtlich zuständig. Zwar hat der Beklagte nicht seinen allgemeinen Gerichtsstand (§§ 13-19 ZPO) im Bezirk des ...gerichts ... . Doch ist wegen des Fehlens eines (Wohn-)Sitzes (§§ 13, 17 ZPO) der besondere Gerichtsstand des Vermögens (§ 23 ZPO) gegeben, da der Beklagte im hiesigen Gerichtsbezirk Vermögen hat. Der Beklagte hat ...
   Die sachliche Zuständigkeit des angerufenen Gerichts ergibt sich aus §§ 23 Nr. 1, 71 Abs. 1 GVG; der Streitwert beträgt nämlich ...[5]
   Für die Klage besteht auch ein Rechtsschutzbedürfnis. Für die Vollstreckbarerklärung nach §§ 722, 723 ZPO gibt es im vorliegenden Fall kein vorrangiges Verfahren nach einem Staatsvertrag bzw. einem Ausführungsgesetz zu einem Staatsvertrag ...
2. Die Klage ist begründet. Der Kläger hat einen Anspruch auf Herstellung der Vollstreckbarkeit des Urteils des ... vom ...
   a) Die Entscheidung hat einen ausreichend bestimmten vollstreckbaren Inhalt. Insbesondere handelt es sich bei der Entscheidung nicht lediglich um ein Feststellungs- oder Gestaltungsurteil. Die Entscheidung spricht vielmehr eine Leistungspflicht aus. Die Konkretisierungsbedürftigkeit des genauen Leistungsumfanges anhand der ausländischen Gesetze und anhand sonstiger allgemein zugänglicher Quellen steht nicht entgegen.
   b) Der Kläger ist Gläubiger, der Beklagte Schuldner der in der Entscheidung ausgesprochenen Leistungspflicht.
   c) Die Entscheidung ist rechtskräftig im Sinne von § 723 Abs. 2 S. 1 ZPO. Rechtskraft in diesem Sinne heißt, dass das Urteil formelle Rechtskraft hat oder eine der for-

mellen Rechtskraft vergleichbare Wirkung (vgl Hk-ZPO/*Kindl* § 723 Rn 13). Eine solche Rechtskraft ist gegeben, weil gegen die Entscheidung nach dem Recht des Staates ••• kein Rechtsbehelf mehr gegeben ist •••.[6]

d) Für die Entscheidung ist auch nicht die Anerkennung nach § 328 ZPO ausgeschlossen (§ 723 Abs. 2 S. 2 ZPO). •••[7]

e) Die vom Beklagten erhobenen Einwendungen stehen der Vollstreckbarerklärung nicht entgegen.

    aa) Ausgeschlossen ist die Beklagte mit dem Einwand •••. Dieser Einwand ist bereits am ••• entstanden. Er hätte also von der Beklagten noch vor dem Gericht in ••• geltend gemacht werden können.[8]

    bb) Der weitere Einwand •••, der erst nach dem Ursprungsverfahren entstanden ist, ist zwar nicht präkludiert (BGH NJW 1993, 1270), doch ist dieser Einwand nicht begründet, weil •••

Eine Prüfung der Gesetzmäßigkeit der Entscheidung findet nicht statt (§ 723 Abs. 1 ZPO). Nach allem war die Zulässigkeit der Zwangsvollstreckung aus der Entscheidung auszusprechen.

II. Nebenentscheidungen

Die Kostenentscheidung beruht auf § 91 ZPO.

Die Entscheidung über die vorläufige Vollstreckbarkeit stützt sich auf die §§ 708 ff ZPO.

[Rechtsbehelfsbelehrung gemäß § 232 ZPO] ◄

II. Erläuterungen

15 [1] Zur Formulierung des Tenors vgl den Antrag oben Rn 1. Siehe exemplarisch zu solchen in der Praxis eher seltenen Urteilen OLG Hamburg NJW-RR 2013, 629 und LG Augsburg BeckRS 2013, 14321. Zu einer alternativen Formulierung des Tenors mit wörtlicher (übersetzter) Wiedergabe der ausländischen Urteilsformel vgl *Steinert/Theede* ZVR Kap. 2 Rn 497. Grundlage für die Zwangsvollstreckung im Inland ist nur das deutsche Vollstreckungsurteil, das der **Vollstreckungsklausel nach § 724** bedarf (Zöller/*Geimer* § 722 Rn 92 f).

16 [2] Da ausländische Währung im Tenor zur Hauptsache nicht in Euro umgerechnet wird, kann die Höhe der **Sicherheitsleistung** nicht in einem Prozentsatz ausgedrückt werden, sondern sie ist **zu beziffern**.

17 [3] Bei dem Urteil handelt es sich um ein **prozessuales Gestaltungsurteil** (Hk-ZPO/*Kindl* §§ 722, 723 Rn 1). Vorläufig vollstreckbar ist auch die Hauptsachentscheidung (Hk-ZPO/*Kindl* §§ 722, 723 Rn 15).

18 [4] Der Tatbestand muss auch Ausführungen zu den von Amts wegen zu prüfenden **Anerkennungsvoraussetzungen** enthalten.

19 [5] Zur etwaigen Zuständigkeit des **Familiengerichts** siehe Hk-ZPO/*Kindl* §§ 722, 723 Rn 10.

20 [6] Zur Ermittlung ausländischer Rechtsnormen siehe § 293.

21 [7] Vgl hierzu Hk-ZPO/*Dörner* § 328 Rn 20 ff.

22 [8] Zu dieser Präklusion siehe Hk-ZPO/*Kindl* §§ 722, 723 Rn 14.

Gebühren: Siehe Hk-ZPO/*Kindl* §§ 722, 723 Rn 16. Bei Vollstreckbarerklärung eines ausländischen Unterhaltstitels sind nach Erlass der zu vollstreckenden Entscheidung fällig gewordene Unterhaltsbeträge nicht streitwerterhöhend zu berücksichtigen, sondern nur die Rückstände, die entweder schon bei Einreichung der Klage im Ausland fällig waren oder in der Ausgangsentscheidung als Rückstände bezeichnet und zugesprochen worden sind (BGH NJW-RR 2009, 651). 23

Rechtsbehelfe. Die Entscheidung ist mit den allgemeinen Rechtsmitteln (Berufung, Revision) anfechtbar (Hk-ZPO/*Kindl* §§ 722, 723 Rn 15). 24

§ 724 Vollstreckbare Ausfertigung

(1) Die Zwangsvollstreckung wird auf Grund einer mit der Vollstreckungsklausel versehenen Ausfertigung des Urteils (vollstreckbare Ausfertigung) durchgeführt.
(2) Die vollstreckbare Ausfertigung wird von dem Urkundsbeamten der Geschäftsstelle des Gerichts des ersten Rechtszuges und, wenn der Rechtsstreit bei einem höheren Gericht anhängig ist, von dem Urkundsbeamten der Geschäftsstelle dieses Gerichts erteilt.

§ 725 Vollstreckungsklausel

Die Vollstreckungsklausel: „Vorstehende Ausfertigung wird dem usw. (Bezeichnung der Partei) zum Zwecke der Zwangsvollstreckung erteilt"
ist der Ausfertigung des Urteils am Schluss beizufügen, von dem Urkundsbeamten der Geschäftsstelle zu unterschreiben und mit dem Gerichtssiegel zu versehen.

A. Anträge auf Erteilung einer vollstreckbaren Ausfertigung mit Vollstreckungsklausel
   I. Muster: Antrag auf Erteilung einer einfachen uneingeschränkten Vollstreckungsklausel
   II. Erläuterungen und Varianten
     [1] Zuständiges Gericht 2
     [2] Einfache/qualifizierte Klausel 3
     [3] Bestätigung von Bestand und Vollstreckbarkeit 4
     [4] Teilklausel 5
     [5] Entbehrlichkeit einer Klausel . 8
     [6] Zustellungsbescheinigung 9
B. Erteilung der vollstreckbaren Ausfertigung (Ausfertigung mit Vollstreckungsklausel)

   I. Muster: Vollstreckbare Urteilsausfertigung mit Zustellungsbescheinigung
   II. Erläuterungen und Varianten
     [1] Überschrift 13
     [2] Urteilskopf 14
     [3] Gerichtliche Vergleiche 15
     [4] Abgekürzte Ausfertigungen .. 16
     [5] Teil-Vollstreckungsklausel 17
     [6] Mehrere Titelgläubiger 18
     [7] Mehrere Titelschuldner 19
     [8] Urkundsbeamter/Rechtspfleger 20

A. Anträge auf Erteilung einer vollstreckbaren Ausfertigung mit Vollstreckungsklausel

I. Muster: Antrag auf Erteilung einer einfachen uneingeschränkten Vollstreckungsklausel

▶ An das

≡≡≡gericht ≡≡≡[1]

Az ≡≡≡

In Sachen ≡≡≡

beantrage ich gem. § 724 ZPO[2] die Erteilung einer vollstreckbaren[3] Ausfertigung[4] des Urteils[5] vom ≡≡≡ sowie eine Zustellungsbescheinigung nach § 169 Abs. 1 ZPO.[6] ◀

II. Erläuterungen und Varianten

[1] Zuständig ist das Gericht des ersten Rechtszugs oder das in Abs. 2 genannte höhere Gericht.

[2] Die Klauselvorschriften – die Nahtstelle zwischen Erkenntnis- und Zwangsvollstreckungsverfahren – unterscheiden zwischen der **einfachen** Klausel nach § 724, die vom Urkundsbeamten erteilt wird, und den **qualifizierten** Klauseln nach §§ 726 ff, die gem. § 20 Nr. 12 RPflG vom Rechtspfleger erteilt werden. Letztere werden in die titelergänzenden (§ 726) und die titelumschreibenden (§§ 727-729) Klauseln unterteilt.

[3] Die Vollstreckungsklausel bescheinigt den Bestand und die Vollstreckbarkeit des Titels. Sie ist eine allgemeine Voraussetzung der Zwangsvollstreckung und wird auch für vorläufig vollstreckbare Urteile erteilt. Die Klausel ist auf dem Urteil anzubringen, das den zu vollstreckenden Anspruch enthält (vgl hierzu Hk-ZPO/*Kindl* § 725 Rn 3; BGH BeckRS 2014, 22528 Tz 5). Zur Erteilung einer vollstreckbaren Ausfertigung eines Berufungsurteils – ggf in einer Zusammenfassung mit dem Urteil erster Instanz – vgl BGH NJW 1998, 613 und Hk-ZPO/*Kindl* § 725 Rn 3.

[4] Soweit der Antragsteller nicht eine bereits in seinem Besitz befindliche **Ausfertigung vorlegt** und die Anbringung der Klausel hierauf erfolgt, wird die Klausel auf einer **neu zu erstellenden Ausfertigung**, die gemäß § 317 Abs. 2 S. 2 in der Regel abgekürzt ist, angebracht und dem Antragsteller übersandt.

Teilklausel bzw Teil-Vollstreckungsklausel. Die Terminologie in diesem Bereich führt häufig zu Missverständnissen. Nach § 317 Abs. 1 wird den Parteien eine Ausfertigung des vollständigen Urteils von Amts wegen zugestellt. Wird von einer Partei dann eine vollstreckbare Ausfertigung beantragt, so wird diese in abgekürzter Form, also ohne Tatbestand und Entscheidungsgründe erteilt, wenn die Partei nicht ausdrücklich eine vollständige Ausfertigung beantragt (§ 317 Abs. 2 S. 2). Von dieser abgekürzten Ausfertigung ist die „Teilausfertigung" zu unterscheiden. Dies führt dann zu Missverständnissen, wenn der Begriff „Teilausfertigung" auch als Synonym für eine Teilklausel verwendet wird, wenn hiermit also zum Ausdruck gebracht werden soll, dass die Vollstreckungsklausel nur für einen Teil des titulierten Anspruchs erteilt wird. Der Begriff „Teilausfertigung" sollte deshalb nur für Ausfertigungen verwendet werden, die schon als solche – also unabhängig von der Vollstreckbarkeit – inhaltlich auf einen Teil des Urteils (vgl zB § 624 Abs. 4 S. 2 aF), des Beschlusses (vgl zB § 139 Abs. 1 FamFG) oder der Urkunde (§§ 49 Abs. 5, 42 Abs. 3 BeurkG) beschränkt sind. Auch eine Teilausfertigung kann dann vollständig oder abgekürzt, dh mit oder ohne Tatbestand und Entscheidungsgründe, sein. Soll dagegen zum Ausdruck gebracht werden, dass die Klausel, also die Vollstreckbarkeit, auf einen Teil des Titels beschränkt ist, empfiehlt es sich die Begriffe „Teilklausel", „teilweise vollstreckbare Ausfertigung" oder „Teil-Vollstreckungsklausel" zu verwenden. Der Begriff „Teil-Vollstreckungsklausel" wird bspw in § 23 Abs. 2 IntFamRVG verwendet.

Anträge auf Erteilung einer Teilklausel, zB weil ein Teil des titulierten Anspruchs bereits erfüllt wurde, würden also lauten: 7

▶ ... beantrage ich gem. § 724 ZPO die Erteilung einer vollstreckbaren Ausfertigung des Urteils vom ..., jedoch lediglich für Ziffer ... (Teil-Vollstreckungsklausel). ◀

oder

▶ ... beantrage ich gem. § 724 ZPO die Erteilung einer vollstreckbaren Ausfertigung des Urteils vom ..., jedoch lediglich bezüglich eines Betrages von ... EUR (Teil-Vollstreckungsklausel). ◀

Wird mit dem Antrag bereits eine Ausfertigung vorgelegt, kann jeweils ergänzt werden:

▶ Ich beantrage weiter, die Teil-Vollstreckungsklausel auf die beigefügte Urteilsausfertigung zu setzen. ◀

[5] **Entbehrlichkeit einer Klausel:** Grundsätzlich bedarf jeder Titel einer Vollstreckungsklausel. Zu den Ausnahmen (insb. Vollstreckungsbescheid, Arrest und einstweilige Verfügung sowie Kostenfestsetzungsbeschluss, der gem. §§ 795 a, 105 auf einen Titel gesetzt ist, der vollstreckbar ausgefertigt ist) siehe Hk-ZPO/*Kindl* § 724 Rn 2. 8

[6] Auf Antrag der Partei folgt der Zusatz (**Zustellungsbescheinigung**): 9

▶ Eine Ausfertigung des Urteils wurde ... von Amts wegen zugestellt am ... . ◀

Die Zustellung ist Voraussetzung der Zwangsvollstreckung (§ 750 Abs. 1). **Urteile** werden gem. §§ 317 Abs. 1 S 1, 166 Abs. 2 von Amts wegen zugestellt. Im Antrag auf Erteilung einer vollstreckbaren Ausfertigung kann ein konkludenter Antrag auf Erteilung einer Zustellungsbescheinigung gesehen werden (Zöller/*Stöber* § 169 Rn 2).

Gebühren: Die erstmalige Erteilung einer Vollstreckungsklausel gehört, soweit nicht deswegen eine Klage erhoben wird, zum Rechtszug (§ 19 Abs. 1 Nr. 12 RVG). Für den Rechtsanwalt, der schon im Erkenntnisverfahren tätig war, fällt deshalb keine zusätzliche Gebühr an (vgl im Einzelnen Hk-RVG/*Ebert* § 19 Rn 17 f). Der Rechtsanwalt, der nur mit der Zwangsvollstreckung beauftragt ist, erhält für diese Tätigkeit die Verfahrensgebühr für die Zwangsvollstreckung (vgl Hk-RVG/*Rohn* § 18 Rn 26). 10

B. Erteilung der vollstreckbaren Ausfertigung (Ausfertigung mit Vollstreckungsklausel)

11 I. Muster: Vollstreckbare Urteilsausfertigung mit Zustellungsbescheinigung

▶ abgekürzte Ausfertigung[1]

... gericht ...

Az ...

In Sachen ...[2]

erlässt das Amtsgericht ... durch Richter am Amtsgericht ... aufgrund mündlicher Verhandlung vom ... folgendes

Endurteil[3]

1. ...
2. ...
3. ...

Tatbestand etc.

Entscheidungsgründe etc.[4]

gez. ..., Richter am Amtsgericht

Vorstehende mit der Urschrift übereinstimmende Ausfertigung wird[5] dem Kläger[6] zum Zwecke der Zwangsvollstreckung[7] erteilt.

Eine Ausfertigung des Urteils wurde dem ... von Amts wegen am ... zugestellt.

..., den ...

...

Der Urkundsbeamte der Geschäftsstelle[8] (Siegel) ◀

II. Erläuterungen und Varianten

12 Zum Umfang der vom Urkundsbeamten vorzunehmenden Prüfung (Wirksamkeit und Fortbestand des rechtskräftigen oder vorläufig vollstreckbaren Titels mit vollstreckbarem Inhalt) siehe Hk-ZPO/*Kindl* § 724 Rn 7 f. Auch eine vom Gläubiger Zug um Zug zu erbringende Gegenleistung muss bestimmt bezeichnet sein, und zwar so, dass sie ihrerseits zum Gegenstand einer Leistungsklage gemacht werden könnte (OLG Hamm MDR 2010, 1086).

13 [1] Die Überschrift bzw Bezeichnung „vollstreckbare Ausfertigung" ist nicht zwingend erforderlich (Zöller/*Stöber* § 725 Rn 3). Ein solcher Kopfvermerk wird jedoch häufig verwendet, wenn die (abgekürzte) Ausfertigung nicht vom Antragsteller selbst vorgelegt wird, sondern vom Urkundsbeamten der Geschäftsstelle für die beantragte Vollstreckungsklausel neu erstellt wird. Der Ausfertigungsvermerk, also die Bestätigung der wortgetreuen und richtigen Wiedergabe des in den Akten befindlichen Originals, sollte klar erkennbar sein, wenn er mit der Klausel in einem Satz zusammengefasst wird (vgl hierzu Zöller/*Stöber* § 725 Rn 2).

14 [2] Der **Urteilskopf** (**Rubrum**) ist vollständig wiederzugeben. Nur so ist gewährleistet, dass der nachfolgende Klauseltext prägnant und zweifelsfrei wiedergibt, wem die Klausel erteilt wird und gegen wen sie erteilt wird.

[3] Auf **gerichtliche Vergleiche** iS von § 794 Abs. 1 Nr. 1 finden gemäß § 795 die §§ 724 ff grundsätzlich entsprechende Anwendung (vgl im Einzelnen Hk-ZPO/*Kindl* § 795 Rn 1). Zur Zuständigkeit siehe § 797 Abs. 1. Die vollstreckbare Ausfertigung eines in der mündlichen Verhandlung geschlossenen Vergleichs stellt sich wie folgt dar:

▶ auszugsweise Ausfertigung

Protokoll

aufgenommen in der öffentlichen Sitzung des Amtsgerichts ... am ... in ...

Gegenwärtig: Richter am Amtsgericht ...

Von der Zuziehung eines Protokollführers wurde gem. § 159 Abs. 1 ZPO abgesehen.

In Sachen ...

wegen ...

erschienen bei Aufruf der Sache:

Für den Kläger Rechtsanwalt ...

Für den Beklagten Rechtsanwalt ...

Es wird zunächst in den Sach- und Streitstand eingeführt. etc.

Die Parteien schließen sodann folgenden Vergleich:

1. Der Beklagte zahlt zur Abgeltung der Klageforderung an den Kläger 1.000,- EUR.
2. Die Kosten des Rechtsstreits werden gegeneinander aufgehoben.

vorgespielt und genehmigt

gez.

...

Richter am Amtsgericht

Vorstehende mit der Urschrift übereinstimmende auszugsweise Ausfertigung wird der Klagepartei zum Zwecke der Zwangsvollstreckung erteilt.

..., den ...

...

Urkundsbeamter der Geschäftsstelle (Siegel) ◀

[4] Da es sich um eine **abgekürzte Ausfertigung** handelt, wird durch Formulierung „etc." zum Ausdruck gebracht, dass im Original-Urteil, das sich in den Gerichtsakten befindet, Tatbestand und Entscheidungsgründe folgen.

[5] Soll die Klausel nur bzgl eines Teils des Titels erteilt werden, so lautet diese Teilklausel (**Teil-Vollstreckungsklausel**):

▶ Vorstehende mit der Urschrift übereinstimmende Ausfertigung wird der Klagepartei hinsichtlich eines Betrages von ... EUR zum Zwecke der Zwangsvollstreckung erteilt.

Vorstehendes Urteil wurde dem Beklagten am ... von Amts wegen zugestellt.

..., den ...

...

Urkundsbeamter der Geschäftsstelle (Siegel) ◀

18 [6] **Mehrere Titelgläubiger.** Bei zB mehreren Klägern wird formuliert:
▶ ... wird hiermit dem Kläger zu 3) ... ◀

19 [7] **Mehrere Titelschuldner.** Bei zB mehreren Beklagten wird formuliert:
▶ ... zum Zwecke der Zwangsvollstreckung gegen den Beklagten zu 3) ... ◀

20 [8] Grundsätzlich ist für die Erteilung der Urkundsbeamte zuständig. Für die Erteilung der in § 20 Nr. 12 RPflG genannten qualifizierten Vollstreckungsklauseln ist der Rechtspfleger zuständig. Bei Erteilung durch den funktionell unzuständigen Urkundsbeamten ist die Klausel zwar fehlerhaft und anfechtbar, aber nicht unwirksam (BGH BeckRS 2012, 04658). Ein solcher Fehler steht nicht zur Überprüfung des Vollstreckungsorgans (BGH NJW-RR 2013, 437). Die Fehlerhaftigkeit ist im Wege der Klauselerinnerung (§ 732), und nicht im Wege der Erinnerung nach § 766 geltend zu machen.

Der Vermerk in der Akte, dass eine Klausel erteilt wurde, richtet sich nach § 734.

Rechtsbehelfe. Zu den Rechtsbehelfen gegen die Erteilung oder Versagung der Klausel siehe Hk-ZPO/*Kindl* § 724 Rn 11. Zu den Rechtsbehelfsmöglichkeiten speziell bei Titeln (Prozessvergleich oder notarielle Urkunde) mit Ratenzahlungsvereinbarungen siehe *Kaiser* Rechtsbehelfe von Gläubiger und Schuldner bei Streitigkeiten im Rahmen von Verfall-, Wegfall- und Wiederauflebensklauseln, NJW 2010, 39.

21 Bzgl der **Gebühren** vgl Hk-ZPO/*Kindl* § 724 Rn 12.

§ 726 Vollstreckbare Ausfertigung bei bedingten Leistungen

(1) Von Urteilen, deren Vollstreckung nach ihrem Inhalt von dem durch den Gläubiger zu beweisenden Eintritt einer anderen Tatsache als einer dem Gläubiger obliegenden Sicherheitsleistung abhängt, darf eine vollstreckbare Ausfertigung nur erteilt werden, wenn der Beweis durch öffentliche oder öffentlich beglaubigte Urkunden geführt wird.

(2) Hängt die Vollstreckung von einer Zug um Zug zu bewirkenden Leistung des Gläubigers an den Schuldner ab, so ist der Beweis, dass der Schuldner befriedigt oder im Verzug der Annahme ist, nur dann erforderlich, wenn die dem Schuldner obliegende Leistung in der Abgabe einer Willenserklärung besteht.

A. Anträge auf Erteilung einer titelergänzenden Klausel
  I. Vollstreckung abhängig von nicht kalendermäßig bestimmtem Ereignis
    1. Abhängigkeit der Vollstreckung von künftigem ungewissem Ereignis in Form einer aufschiebenden Bedingung
      a) Muster: Antrag auf Erteilung der Vollstreckungsklausel bei aufschiebender Bedingung
      b) Erläuterungen

[1] Adressat 2
[2] Aufschiebende Bedingung bei Urteil 3
[3] Anwendungsbereich 4
[4] Beweisanforderungen 5

    2. Abhängigkeit der Vollstreckung von künftigem ungewissen Ereignis in Form einer ungewissen Befristung
      a) Muster: Antrag auf Klauselerteilung bei ungewisser Befristung
      b) Erläuterungen

Abschnitt 1 | Allgemeine Vorschriften § 726

[1] Unterhaltsvergleich 7
[2] Widerrufsvergleich 8
[3] Unterbliebener Widerruf als Bedingung 9
[4] Geständnis 10
II. Vollstreckung bei Zug um Zug zu bewirkender Gegenleistung
1. Muster: Antrag auf Erteilung der Vollstreckungsklausel bei Zug um Zug zu bewirkender Gegenleistung, § 726 Abs. 2
2. Erläuterungen und Varianten
[1] Leistung Zug um Zug 12
[2] Abgabe einer Willenserklärung 13
B. Erteilung einer titelergänzenden Klausel
I. Vollstreckung abhängig von nicht kalendermäßig bestimmtem Ereignis

1. Muster: Vollstreckungsklausel, Vollstreckung hängt von nicht kalendermäßig bestimmtem Ereignis ab
2. Erläuterungen und Varianten
[1] Nicht kalendermäßig bestimmter Zeitpunkt 15
[2] Nachweis 16
[3] Zuständigkeit des Rechtspflegers 17
II. Vollstreckung bei Zug um Zug zu bewirkender Gegenleistung
1. Muster: Vollstreckungsklausel bei Zug um Zug zu bewirkender Gegenleistung
2. Erläuterungen und Varianten
[1] Zuständigkeitsabgrenzung. 19

A. Anträge auf Erteilung einer titelergänzenden Klausel

I. Vollstreckung abhängig von nicht kalendermäßig bestimmtem Ereignis

1. Abhängigkeit der Vollstreckung von künftigem ungewissen Ereignis in Form einer aufschiebenden Bedingung

a) Muster: Antrag auf Erteilung der Vollstreckungsklausel bei aufschiebender Bedingung 1

▶ Ich beantrage[1] die Erteilung einer vollstreckbaren Ausfertigung von Ziffer ••• des Urteils[2] vom ••• nach §§ 724, 725, 726 ZPO. Die Vollstreckung hängt von der Eintragung der ••• GmbH in das Handelsregister ab. Diese Eintragung ist nunmehr am ••• erfolgt.[3]

Nachweis:[4] aktueller amtlicher Ausdruck aus dem Handelsregister des Amtsgerichts •••, HRB •••

•••

Rechtsanwalt ◀

b) Erläuterungen

[1] Zum Adressaten siehe § 724 Rn 2 und 3. 2

[2] Beim Urteil ist eine aufschiebende Bedingung möglich, wenn bspw eine Klage 3
gem. § 259 vor Fälligkeit des Anspruchs möglich war. Häufiger ist diese Konstellation bei Vergleichen und vollstreckbaren Urkunden. Bei der Beschreibung der Bedingung ist im Hinblick auf den späteren Nachweis des Bedingungseintritts (vgl Rn 5) größte Aufmerksamkeit geboten (vgl exemplarisch OLG Hamm BeckRS 2011, 25084)

[3] § 726 kommt nicht nur zur Anwendung, wenn die Vollstreckung von einer **Be-** 4
dingung iS des § 158 BGB abhängig ist, sondern auch dann, wenn die Vollstreckung vom Ablauf einer **anders als kalendermäßig bestimmten Frist** abhängt, vgl Rn 6 (weitere Bsp. bei Zöller/*Stöber* § 726 Rn 2). Zur Anwendung bei **Erlass- und Wiederaufle-**

Sitzmann 153

bensklauseln vgl *Kaiser* Rechtsbehelfe von Gläubiger und Schuldner bei Streitigkeiten im Rahmen von Verfall-, Wegfall- und Wiederauflebensklauseln, NJW 2010, 39.

Zur Auslegung einer notariellen Vollstreckungsunterwerfungserklärung im Hinblick auf die Frage, ob sie eine Bedingung iSv § 726 Abs. 1 enthält, s. BGH NJW-RR 2011, 424 und BGH BeckRS 2011, 29736.

Bei **auflösenden Bedingungen** und **Verfallklauseln** kommt nicht § 726, sondern § 724 zur Anwendung (Hk-ZPO/*Kindl* § 726 Rn 3; OLG Brandenburg BeckRS 2010, 15654). Zur Zuständigkeit des Urkundsbeamten der Geschäftsstelle gem. § 724 beim „bedingten" Räumungsvergleich siehe BGH NZM 2010, 39). Auch bei kalendermäßig bestimmten Fristen wird die Klausel vom Urkundsbeamten erteilt, und zwar sofort; die Vollstreckungsreife wird erst vom Vollstreckungsorgan gemäß § 751 Abs. 1 geprüft.

5 [4] Der Beweis ist durch öffentliche (§ 415 Abs. 1) oder öffentlich beglaubigte (§ 129 BGB, § 40 BUrkG) Urkunde zu führen (vgl im Einzelnen hierzu Hk-ZPO/*Kindl* § 726 Rn 4). Bei **Offenkundigkeit** (§ 291) ist ein Nachweis entbehrlich (Hk-ZPO/*Kindl* § 726 Rn 4). Kann ein erforderlicher Nachweis nicht durch Urkunden iS von § 726 Abs. 1 geführt werden, ist eine Klauselerteilungsklage (§ 731) geboten.

2. Abhängigkeit der Vollstreckung von künftigem ungewissen Ereignis in Form einer ungewissen Befristung

6 a) **Muster: Antrag auf Klauselerteilung bei ungewisser Befristung**

▶ Ich beantrage die Erteilung einer vollstreckbaren Ausfertigung von Ziffer ▪▪▪ des Vergleichs vom ▪▪▪ nach §§ 724, 725, 726 und 794 ZPO. Der Vergleich[1] enthält für den Beklagten einen Widerrufsvorbehalt. Die Widerrufserklärung war nicht nur gegenüber dem Gericht möglich.[2] Ein Widerruf ist mir bisher nicht zugegangen. Ein Widerruf ist somit nicht erfolgt. Die Widerrufsfrist ist abgelaufen. Dem Kläger ist der Nachweis durch Urkunden iS von § 726 Abs. 1 ZPO nicht möglich.[3] Der Beklagte wird jedoch zugestehen,[4] dass er den Vergleich nicht widerrufen hat. Deshalb wird die Anhörung des Beklagten nach § 730 ZPO angeregt. ◀

b) **Erläuterungen**

7 [1] Zum Unterhaltsvergleich, dessen Vollstreckbarkeit von der Rechtskraft der Scheidung abhängt, siehe § 795 b Rn 4.

8 [2] Zum Widerrufsvergleich, bei dem der Widerruf nur gegenüber dem Gericht erklärt werden kann, siehe § 795 b Rn 1 ff

9 [3] Zur Problematik, dass der Nichtwiderruf Bedingung für die Wirksamkeit des Vergleich selbst und nicht Bedingung für die Vollstreckung aus dem (wirksamen) Vergleich ist, vgl Zöller/*Stöber* § 795 b Rn 2.

10 [4] Zwar ist ein Geständnis des Schuldners möglich, doch führt das **bloße Nichtbestreiten** nicht zur Geständnisfiktion. § 138 Abs. 3 ist im Klauselerteilungsverfahren unanwendbar, jedoch besteht die Möglichkeit des Geständnisses nach § 288 (BGH BeckRS 2008, 24483, Hk-ZPO/*Kindl* § 726 Rn 4 mwN und OLG Oldenburg BeckRS 2013, 02905 mit ausführlicher Begründung; str.).

II. Vollstreckung bei Zug um Zug zu bewirkender Gegenleistung

1. Muster: Antrag auf Erteilung der Vollstreckungsklausel bei Zug um Zug zu bewirkender Gegenleistung, 726 Abs. 2

▶ Ich beantrage gemäß §§ 724, 725 ZPO die Erteilung einer vollstreckbaren Ausfertigung des Urteils vom ... . Zwar hängt die Vollstreckung von einer Zug um Zug zu bewirkenden Gegenleistung des Klägers ab, doch sind deren Erbringung oder der Annahmeverzug des Beklagten im Rahmen des Klauselerteilungsverfahrens gemäß § 726 Abs. 2 ZPO nicht nachzuweisen,[1] da der Titel nicht auf Abgabe einer Willenserklärung gerichtet ist.[2] ◀

2. Erläuterungen und Varianten

[1] Dass die titulierte Leistung nur **Zug um Zug** zu erbringen ist, erlangt erst vor Beginn der Zwangsvollstreckung durch das Vollstreckungsorgan Bedeutung (§§ 756, 765; vgl hierzu Kaiser, Rechtsbehelfe bei der Zwangsvollstreckung aus Zug-um-Zug-Titeln NJW 2010, 2330). Lautet der zu vollstreckende Titel jedoch auf **Abgabe einer Willenserklärung**, so ist wegen der Abgabefiktion des § 894 Abs. 1 die Prüfung, ob die Gegenleistung tatsächlich erbracht ist, durch § 894 Abs. 1 S. 2 in das Klauselerteilungsverfahren verlagert (s. hierzu OLG München BeckRS 2013, 17940). Zum Antrag hierzu siehe Rn 13.

[2] Ist die Leistung die Abgabe einer Willenserklärung, so lautet der Antrag:

▶ Ich beantrage gemäß §§ 724, 725 und 726 ZPO die Erteilung einer vollstreckbaren Ausfertigung des Urteils vom ... . Die Abgabe der Willenserklärung, zu der der Beklagte verurteilt wurde, hat Zug um Zug gegen Zahlung des Klägers von ... zu erfolgen. Die Zahlung wurde geleistet.
Nachweis: notariell beglaubigte Erklärung des Beklagten über den Zahlungserhalt ◀

B. Erteilung einer titelergänzenden Klausel

I. Vollstreckung abhängig von nicht kalendermäßig bestimmtem Ereignis

1. Muster: Vollstreckungsklausel, Vollstreckung hängt von nicht kalendermäßig bestimmtem Ereignis ab

▶ **Vergleich** ◀

1. Der Beklagte zahlt an den Kläger 1.000,- EUR. Der Betrag ist mit Eintragung der ... GmbH in das Handelsregister fällig.[1]

▶ ...

Vorstehende Ausfertigung wird dem Kläger zum Zwecke der Zwangsvollstreckung erteilt. Die Eintragung der ... GmbH in das Handelsregister wurde nachgewiesen durch den aktuellen amtlichen Ausdruck aus dem Handelsregister des Amtsgerichts ..., HRB ...[2]

..., den ...

...

Rechtspfleger[3] (Siegel) ◀

2. Erläuterungen und Varianten

[1] Der Zeitpunkt ist nicht kalendermäßig bestimmt.

16 [2] Die öffentlichen Urkunden, die als Nachweis dienten sind in der Klausel zu bezeichnen (hierzu ausführlich BGH Rpfleger 2007, 331), da diese Urkunden gem. § 750 Abs. 2 vor oder mit Beginn der Zwangsvollstreckung zugestellt werden müssen (Hk-ZPO/*Kindl* § 726 Rn 6). Auch ist anzugeben, welche Voraussetzungen infolge Offenkundigkeit oder Geständnis bejaht werden (Hk-ZPO/*Kindl* § 726 Rn 6). Nach § 726 Abs. 1 ist ein **Nachweis der Sicherheitsleistung** für die Erteilung der Vollstreckungsklausel **nicht erforderlich**. Die Überprüfung der Sicherheitsleistung erfolgt erst im Rahmen der Zwangsvollstreckung durch das Vollstreckungsorgan (§ 751 Abs. 2). Es liegt kein Fall des § 726 vor. Es bleibt bei der Erteilung durch den Urkundsbeamten nach § 724:

▶ **Endurteil**
1. Der Beklagte wird verurteilt, an den Kläger 3.000,- EUR zu zahlen.
2. Der Beklagte trägt die Kosten des Rechtsstreits.
3. Das Urteil ist gegen Sicherheitsleistung in Höhe von 115 % des zu vollstreckenden Betrages vorläufig vollstreckbar.

Vorstehende Ausfertigung wird dem Kläger zum Zwecke der Zwangsvollstreckung erteilt.

␣␣␣, den ␣␣␣

␣␣␣

Urkundsbeamter der Geschäftsstelle (Siegel) ◀

Gleiches gilt bei einem **kalendermäßig bestimmten Leistungszeitpunkt**; die Klausel kann bereits vor dem Leistungszeitpunkt erteilt werden. Die Zwangsvollstreckung darf aber erst nach Ablauf des bestimmten Kalendertages beginnen (§ 751 Abs. 1):

▶ **Vergleich**
1. Der Beklagte zahlt an den Kläger 1.000,- EUR. Der Betrag ist am ␣␣␣ zur Zahlung fällig.
2. Die Kosten des Rechtsstreits werden gegeneinander aufgehoben.

Vorgespielt und genehmigt

Vorstehende Ausfertigung wird dem Kläger zum Zwecke der Zwangsvollstreckung erteilt.

␣␣␣, den ␣␣␣

Urkundsbeamter der Geschäftsstelle (Siegel) ◀

17 [3] Für die Erteilung der Klausel nach § 726 ist gem. § 20 Nr. 12 RPflG der Rechtspfleger zuständig. Der Rechtspfleger ist also auch dann zuständig, wenn die Leistung davon abhängt, dass ein Vergleich nicht widerrufen wird und der **Widerruf auch direkt gegenüber der Partei** erklärt werden kann.

▶ **Vergleich**
1. Der Beklagte zahlt an den Kläger 1.000,- EUR.
2. Die Kosten des Rechtsstreits werden gegeneinander aufgehoben.
3. Dieser Vergleich kann von den Parteien binnen 2 Wochen widerrufen werden.

Vorgespielt und genehmigt

Vorstehende Ausfertigung wird dem Kläger[3] zum Zwecke der Zwangsvollstreckung erteilt.

..., den ...
...

Rechtspfleger (Siegel) ◄

Nicht in den Anwendungsbereich des § 726 und damit in die Zuständigkeit des Urkundsbeamten nach § 795 b fällt der Vergleich, der **nur durch Erklärung gegenüber dem Gericht widerrufen** werden kann. § 795 b bestimmt (klarstellend) eine Zuständigkeit des Urkundsbeamten für Vergleiche, deren Wirksamkeit ausschließlich vom Eintritt einer sich aus der Verfahrensakte ergebenden Tatsache abhängig ist. Die sind insb. der widerrufliche Vergleich, bei dem der Widerruf nur gegenüber dem Gericht erklärt werden kann, und der (Unterhalts-)Vergleich, der unter der aufschiebenden Bedingung der Rechtskraft der Scheidung geschlossen wurde (vgl § 795 b Rn 4).

II. Vollstreckung bei Zug um Zug zu bewirkender Gegenleistung

1. Muster: Vollstreckungsklausel bei Zug um Zug zu bewirkender Gegenleistung

▶ **Vergleich**

1. Der Beklagte zahlt an den Kläger 3.000,- EUR[1] Zug um Zug gegen Übergabe von ...
2. Die Kosten des Rechtsstreits werden gegeneinander aufgehoben.

Vorgespielt und genehmigt

Vorstehende Ausfertigung wird dem Kläger zum Zwecke der Zwangsvollstreckung erteilt.

..., den ...
...

Urkundsbeamter der Geschäftsstelle (Siegel) ◄

2. Erläuterungen und Varianten

[1] Der Titel lautet auf eine Geldforderung, nicht auf Abgabe einer Willenserklärung. Gem. § 726 Abs. 2 verbleibt es deshalb bei der Klauselerteilung durch den Urkundsbeamten. Die Erbringung der Gegenleistung wird (erst) bei Beginn der Zwangsvollstreckung vom Vollstreckungsorgan geprüft, vgl Rn 12. Besteht die zu vollstreckende Leistung dagegen in der **Abgabe einer Willenserklärung**, ist wegen der Abgabefiktion des § 894 eine Prüfung der Erbringung der Gegenleistung nach § 726 notwendig. Für diese Klausel nach § 726 ist gem. § 20 Nr. 12 RPflG der Rechtspfleger zuständig:

▶ **Endurteil**

1. Der Beklagte wird verurteilt, der zu Urkunde des Notars ... vom ..., UR-Nr. ..., beurkundeten Übertragung des Gesellschaftsanteils des Klägers an den ... zuzustimmen Zug um Zug gegen Zahlung von ... EUR.
2. Die Kosten des Rechtsstreits ...

Vorstehende Ausfertigung wird dem Kläger zum Zwecke der Zwangsvollstreckung erteilt. Die Erbringung der Gegenleistung wurde nachgewiesen durch notariell beglaubigte Quittung des Beklagten.

..., den ...
...

Rechtspfleger (Siegel) ◄

20 **Rechtsbehelfe.** Zu den Rechtsbehelfen bei Erteilung bzw Versagung einer Klausel siehe Hk-ZPO/*Kindl* § 726 Rn 7. Bei Erteilung einer Klausel durch den funktionell unzuständigen Urkundsbeamten statt durch den Rechtspfleger ist die Klausel zwar fehlerhaft und anfechtbar, aber nicht unwirksam (BGH BeckRS 2012, 04658). Die Fehlerhaftigkeit ist deshalb im Wege der **Klauselerinnerung** (§ 732), und nicht im Wege der Erinnerung nach § 766 geltend zu machen.

§ 727 [1]Vollstreckbare Ausfertigung für und gegen Rechtsnachfolger

(1) Eine vollstreckbare Ausfertigung kann für den Rechtsnachfolger des in dem Urteil bezeichneten Gläubigers sowie gegen denjenigen Rechtsnachfolger des in dem Urteil bezeichneten Schuldners und denjenigen Besitzer der in Streit befangenen Sache, gegen die das Urteil nach § 325 wirksam ist, erteilt werden, sofern die Rechtsnachfolge oder das Besitzverhältnis bei dem Gericht offenkundig ist oder durch öffentliche oder öffentlich beglaubigte Urkunden nachgewiesen wird.

(2) Ist die Rechtsnachfolge oder das Besitzverhältnis bei dem Gericht offenkundig, so ist dies in der Vollstreckungsklausel zu erwähnen.

A. Antrag auf Erteilung einer Rechtsnachfolgeklausel
  I. Muster: Antrag auf vollständige Titelumschreibung zugunsten des Rechtsnachfolgers des Gläubigers
  II. Erläuterungen und Varianten
    [1] Zuständiges Gericht 2
    [2] Genaue Bezeichnung des Rechtsnachfolgers 3
    [3] Änderungen ohne Identitätswechsel 4
    [4] Teilweise Titelumschreibung 5
    [5] Vorgänge nach dem UmwG .. 6
    [6] Eintritt der Rechtsnachfolge nach Rechtshängigkeit 7
    [7] Analoge Anwendung von § 727 8
    [8] Öffentlich beglaubigte/ öffentliche Urkunde 9
    [9] Nichtvorlage bereits erteilter vollstreckbarer Ausfertigung 10
B. Erteilung der Rechtsnachfolgeklausel durch das Gericht
  I. Titelumschreibung
    1. Muster: Vollständige Titelumschreibung
    2. Erläuterungen
      [1] Umschreibung auf der vorgelegten vollstreckbaren Ausfertigung 13
      [2] Anforderungen an den Nachweis 14
      [3] Bezeichnung der Urkunden 15
  II. Teilweise Titelumschreibung
    1. Muster: Teilklausel Teil-/ Vollstreckungsklausel für den Rechtsnachfolger .... bzw
    2. Erläuterungen und Varianten
      [1] Begriffe 17
      [2] Ausfertigung 18
      [3] Genaue Bezeichnung 19
      [4] Bereits erfolgte Zahlungen . 20
      [5] Getrennte Vollstreckung ursprünglicher/neuer Titelgläubiger 21
      [6] Vermerk des Rechtspflegers 22

---

1 Beachte auch §§ 93 und 94 SGB XII – Sozialhilfe –.

Abschnitt 1 | Allgemeine Vorschriften § 727

A. Antrag auf Erteilung einer Rechtsnachfolgeklausel

I. Muster: Antrag auf vollständige Titelumschreibung zugunsten des Rechtsnachfolgers des Gläubigers

▶ An das

...gericht ...[1]

Az ...

In Sachen ...

hier: Antrag auf titelumschreibende Vollstreckungsklausel nach § 727 ZPO

zeige ich an, dass ich ...[2] anwaltlich vertrete. Namens und in Vollmacht meines Mandanten beantrage ich, diesem als Rechtsnachfolger[3] der Klagepartei eine vollstreckbare Ausfertigung[4] des Urteils vom ... zu erteilen.

Begründung

Die Klagepartei erwirkte gegen den Beklagten das am ... verkündete Urteil. Der Antragsteller ist der Rechtsnachfolger[5] der Klagepartei bzw des Gläubigers im Sinne von § 727 ZPO. Der titulierte Anspruch der Klagepartei wurde mit Vertrag zu Urkunde des Notars ... vom ...[6], UR-Nr. ..., an den Antragsteller abgetreten.[7]

Nachweis[8]: Ausfertigung der notariellen Urkunde vom ...

Die der Klagepartei bereits erteilte vollstreckbare Ausfertigung vom ... ist als Anlage beigefügt. Es wird angeregt, die Vollstreckungsklausel für den Rechtsnachfolger auf der überreichten vollstreckbaren Ausfertigung anzubringen.[9]

Die Anhörung des Schuldners nach § 730 ZPO wird in das Ermessen des Gerichts gestellt. ◀

II. Erläuterungen und Varianten

[1] Der Antrag wird bei dem gem. § 724 Abs. 2 zuständigen Gericht unter dem bisherigen Aktenzeichen gestellt.

[2] Der Rechtsnachfolger ist genau zu bezeichnen; er war – im Regelfall – bisher nicht am Verfahren beteiligt und ist deshalb nicht im Rubrum der Urteilsausfertigung genannt.

[3] Bei **Änderungen ohne Identitätswechsel**, also bloßer Namensänderung (zB nach Eheschließung oder bei Firmenänderung) oder bloßem Formwechsel, ist eine Titelumschreibung nicht notwendig (BGH NJW 2012, 3518) und auch nicht zulässig. In diesen Fällen ist vom Urkundsbeamten auf Antrag lediglich ein **Klarstellungsvermerk** auf der vollstreckbaren Ausfertigung anzubringen (vgl im Einzelnen Hk-ZPO/*Kindl* § 727 Rn 9):

▶ Ich beantrage, auf der beigefügten vollstreckbaren Ausfertigung zu vermerken, dass die Firma der Beklagten nunmehr lautet: ... . Die Gesellschafterversammlung hat durch Beschluss vom ... die bisherige Firma ... in die Firma ... geändert. Die Änderung wurde am ... in das Handelsregister eingetragen.

Nachweis: amtlicher chronologischer Ausdruck aus dem Handelsregister des Amtsgerichts ... HRB ... ◀

Das Vollstreckungsorgan ist berechtigt, aber nicht verpflichtet, eine Personenidentität im Wege eigener Ermittlungen festzustellen (BGH NJW-RR 2011, 1335).

5 [4] Antrag auf nur teilweise **Titelumschreibung** (Teilklausel):

▶ **Antrag**

Dem Antragsteller wird als Rechtsnachfolger des Titelgläubigers bezüglich eines Betrages von ... EUR

– im Einzelnen

in der Zeit von ... bis ... in Höhe von monatlich ... EUR,

in der Zeit von ... bis ... in Höhe von monatlich ... EUR, ...

abzüglich bereits bezahlter ... EUR –

eine Teil-Vollstreckungsklausel zum Zwecke der Zwangsvollstreckung gegen den Antragsgegner erteilt.

Begründung

Der Titelgläubiger erwirkte gegen den Antragsgegner den Titel vom ... . Der Antragsteller ist der Rechtsnachfolger des Titelgläubigers im Sinne von § 727 ZPO iVm § 120 Abs. 1 FamFG bezüglich eines Teils der titulierten Unterhaltsforderung, und zwar in Höhe von ... . Im Einzelnen erfolgte der Übergang für folgende Monate in jeweils folgender Höhe: ... . Der titulierte Anspruch der Klagepartei ist in der vorgenannten Höhe kraft Gesetzes (§ 7 UVG) auf den Antragsteller übergegangen, weil der Antragsteller in diesem Umfang Leistungen nach dem UVG für das Kind ..., geb. ..., für das der Unterhalt tituliert ist, erbracht hat.

Nachweis: Auszahlungsbestätigung des Jugendamtes ... vom ...

Die der Klagepartei bereits erteilte vollstreckbare Ausfertigung vom ... ist als Anlage beigefügt. Es wird angeregt, die Erteilung der Teil-Vollstreckungsklausel für den Rechtsnachfolger auf der überreichten vollstreckbaren Ausfertigung zur Einschränkung zu vermerken, so dass die beantragte Klausel keine weitere vollstreckbare Ausfertigung iS von § 733 ZPO ist. ◀

Im Muster wird die in der Praxis besonders häufig vorkommende Umschreibung eines Unterhaltstitels dargestellt. Bei Titeln, die in Anwendung des FamFG ergangen sind (zB Unterhaltsbeschluss gemäß §§ 231, 116 FamFG), sind Klagepartei und Beklagter als Antragsteller (des Ausgangsverfahrens) und Antragsgegner (des Ausgangsverfahrens) zu bezeichnen (§§ 120, 113 FamFG). Die Beteiligten des Ausgangsverfahrens können auch als Titelgläubiger bzw Titelschuldner bezeichnet werden.

Zu dem Fall, dass eine bereits erteilte vollstreckbare Ausfertigung nicht vorgelegt werden kann, vgl § 733 Rn 14.

6 [5] **Vorgänge nach dem UmwG:** Hier ist besonders darauf zu achten, ob sich dies für einen Titel lediglich als Namensänderung oder als ein Fall der Rechtsnachfolge darstellt. Bspw für die in der Praxis häufig vorkommenden Fälle der Verschmelzung (§§ 2 bis 122 UmwG) im Wege der Aufnahme auf einen bestehenden Rechtsträger (§§ 4 bis 35 UmwG) speziell unter Beteiligung einer GmbH (§§ 46 bis 55 UmwG) ist deshalb zu unterscheiden, ob der Titel die übertragende Gesellschaft oder die Über-

nehmerin betrifft. Bei der Übernehmerin ist grundsätzlich nichts veranlasst. Besondere Aufmerksamkeit erfordern aber die Fälle, in denen die **Übernehmerin**, also die aufnehmende Gesellschaft im Rahmen der **Verschmelzung** umfirmiert und die Firma (Namen) der übertragenden Gesellschaft übernimmt. Insoweit handelt es sich nur um eine Namensänderung (nicht Identitätsänderung), die lediglich eines Klarstellungsvermerks auf dem Titel erfordert (hierzu Hk-ZPO/*Kindl* § 727 Rn 9). Titel für und gegen die **übertragende Gesellschaft** können auf die Übernehmerin – auf sie ist gemäß § 20 Abs. 1 Nr. 1 UmwG das Vermögen der übertragenden Gesellschaft einschließlich der Verbindlichkeiten übergegangen – als Schuldnerin oder Gläubigerin umgeschrieben werden (*Widmann/Mayer*, Umwandlungsrecht § 20 Rn 61). Ein zum Nachweis der Rechtsnachfolge vorgelegter (Handels-) Registerauszug, der gemäß § 750 auch zuzustellen ist, muss den letzten Stand aller noch nicht gegenstandslos gewordenen Eintragungen im Zeitpunkt der Klauselerteilung wiedergeben (BGH NZG 2013, 33). Der Antrag auf Titelumschreibung gegen eine übernehmende GmbH lautet:

▶ ... wird die Erteilung einer vollstreckbaren Ausfertigung (qualifizierten Vollstreckungsklausel nach § 727 ZPO) des Urteils vom ... gegen ... als Rechtsnachfolger der Beklagten beantragt.

Begründung

Das Urteil vom ... erging zwischen dem Kläger und der A GmbH als Beklagter. Die A GmbH wurde auf die B GmbH verschmolzen. Im Registerblatt der übernehmenden B GmbH ist die für die Wirksamkeit der Verschmelzung entscheidende Eintragung nach § 19 Abs. 1 S. 1 UmwG unter Nr. ... Spalte 6 Unterspalte b erfolgt, wonach die Titelschuldnerin mit der B GmbH verschmolzen ist.

Nachweis: amtlicher chronologischer Ausdruck aus dem Registerblatt der B GmbH HRB ...

Auf die B GmbH sind somit gemäß § 19 Abs. 1 Nr. 1 UmwG auch die Verbindlichkeiten der A GmbH übergegangen. Für die Wirksamkeit der Verschmelzung ist unerheblich, ob das Erlöschen der A GmbH (§ 19 Abs. 1 Nr. 2 UmwG) bereits im Handelsregister eingetragen ist.

Die der Klagepartei bereits erteilte vollstreckbare Ausfertigung vom ... ist als Anlage beigefügt. Es wird angeregt, die Vollstreckungsklausel gegen die Rechtsnachfolgerin auf diese vollstreckbare Ausfertigung zu setzen. ◀

[6] Die Rechtsnachfolge muss **nach Rechtshängigkeit** eingetreten sein (vgl im Einzelnen Hk-ZPO/*Kindl* § 727 Rn 3 und BGH FamRZ 2009, 1002). Zu der bei einer Abtretung nach Rechtshängigkeit (aber vor Schluss der mündlichen Verhandlung) gebotenen Antragsumstellung auf Leistung an den neuen Rechtsinhaber siehe Hk-ZPO/*Saenger* § 265 Rn 14. Der Neugläubiger kann die Klausel aber nur als qualifizierte Klausel nach § 727, nicht als einfache nach § 724 verlangen (BGH NJW 1984, 806).

Zu den Anforderungen an eine Titelumschreibung gemäß den §§ 795 S. 1, 727 auf den Erwerber einer Sicherungsgrundschuld beim **Kreditverkauf** bzw bei einer **Umschuldung** vgl BGH BeckRS 2012, 19156 und vorangehend BGH, Beschluss vom 29.6.2011 – VII ZB 89/10 (NJW 2011, 2803) mit einer ausdrücklichen Ablehnung der in einem obiter dictum geäußerten Ansicht des XI. Senats in BGH NJW 2010, 2041.

[7] Zur analogen Anwendung von § 727 bei der Partei kraft Amtes (insb. Insolvenzverwalter) und bei Prozessstandschaft vgl Hk-ZPO/*Kindl* § 727 Rn 6 und 7. Zur Erforderlichkeit einer „Rechtsnachfolge"-Klausel analog § 727 bei Veränderungen des im Grundbuch eingetragenen Gesellschafterbestandes einer GbR siehe BGH NJW 2011, 615. Eine analoge Anwendung des § 727 scheidet aber aus bei bloßer Namensänderung oder Formwechsel, bei dem sich an Identität und Sachbefugnis nichts ändert. Zum Klarstellungsvermerk in solchen Fällen siehe Rn 4.

9 [8] Erforderlich ist eine öffentlich beglaubigte (§ 129 BGB) oder öffentliche (§ 415) Urkunde. Zum Erfordernis ihrer Zustellung siehe § 750 und BGH BeckRS 2013, 22864 Rn 5 ff. Bei Vertreterhandeln ist auch die Vollmacht in dieser Form nachzuweisen (BGH NJW 2008, 2266).

10 [9] Wird eine bereits erteilte vollstreckbare Ausfertigung nicht vorgelegt, ist also eine weitere vollstreckbare Ausfertigung erforderlich, so ist bei der Erteilung § 733 zu beachten.

11 Bzgl der **Gebühren** vgl Hk-ZPO/*Kindl* § 727 Rn 14.

B. Erteilung der Rechtsnachfolgeklausel durch das Gericht

I. Titelumschreibung

12 **1. Muster: Vollständige Titelumschreibung**

▶ **Vollstreckbare Ausfertigung**

▬▬▬gericht▬▬▬

Vorstehende mit der Urschrift übereinstimmende Ausfertigung[1] wird dem ▬▬▬ als Rechtsnachfolger des Klägers zum Zwecke der Zwangsvollstreckung gegen den Beklagten erteilt.

Gründe

Die Rechtsnachfolge ist eingetreten durch rechtsgeschäftlichen Forderungsübergang und wurde durch eine Ausfertigung des vom Notar ▬▬▬ beurkundeten[2] Vertrages vom ▬▬▬, UR-Nr. ▬▬▬, nachgewiesen.[3]

▬▬▬, den ▬▬▬

▬▬▬

Rechtspfleger (Siegel) ◀

2. Erläuterungen

13 [1] Die Umschreibung erfolgt auf der vorgelegten vollstreckbaren Ausfertigung. Andernfalls handelt es sich um eine weitere vollstreckbare Ausfertigung iS von § 733.

14 [2] Der Nachweis ist gem. § 727 Abs. 1 durch öffentliche oder öffentlich beglaubigte Urkunde zu führen (vgl hierzu OLG Schleswig BeckRS 2010, 17297, wonach aber auch eine notariell beglaubigte Kopie einer öffentlich beglaubigten Urkunde ausreichend sein soll).

15 [3] Die **Bezeichnung der Urkunden**, die vom Rechtspfleger zum Nachweis herangezogen wurden, sind wegen des Zustellungserfordernisses (§ 750 Abs. 2) zu bezeichnen. Zur Zustellung dieser Urkunden siehe Hk-ZPO/*Kindl* § 750 Rn 11 und Hk-ZPO/*Eichele* § 192 Rn 4 sowie BGH BeckRS 2013, 22864 Rn 5 ff.

II. Teilweise Titelumschreibung

1. Muster: Teilklausel bzw Teil-/Vollstreckungsklausel für den Rechtsnachfolger

▶ **Teilvollstreckbare Ausfertigung**[1]

Vorstehende[2] mit der Urschrift übereinstimmende Ausfertigung wird dem ... als Rechtsnachfolger der Antragstellerin des Ausgangsverfahrens wegen eines Betrages in Höhe von ... EUR

– im Einzelnen[3] ...

abzüglich bereits bezahlter ... EUR[4] –

zum Zwecke der Zwangsvollstreckung gegen den Beklagten erteilt.[5]

Gründe

Die Rechtsnachfolge ist kraft Gesetzes (§ 7 UVG) eingetreten, und zwar durch Leistungen nach dem UVG für das Kind ..., geb. ..., im oben genannten Umfang. Der Nachweis erfolgte durch die Auszahlungsbestätigung des Jugendamtes ... vom ... Antragsgemäß waren die vom Titelschuldner bereits geleisteten Zahlungen zu berücksichtigen

..., den ...

...

Rechtspfleger[6] (Siegel) ◀

2. Erläuterungen und Varianten

[1] Zu den Begriffen Teilklausel, Teil-Vollstreckungsklausel, teilvollstreckbare Ausfertigung und Teilausfertigung vgl zunächst § 724 Rn 6.

[2] Die Klausel kommt auf die bereits erteilte vollstreckbare Ausfertigung oder auf eine neu erstellte abgekürzte Urteilsausfertigung.

[3] Beim Unterhalt ist eine exakte, unter Umständen monatsbezogene Bezeichnung erforderlich, damit Leistungen des Schuldners zugeordnet werden können.

[4] Wurden vom Titelschuldner für den relevanten Zeitraum bereits Zahlungen geleistet, was vom Antragsteller mitzuteilen ist und/oder in einem entsprechend reduzierten Antrag auf Umschreibung zum Ausdruck kommt, so ist dies bei der Klauselerteilung zu berücksichtigen.

[5] Die Erteilung ist unproblematisch, wenn die Teilklausel für den Rechtsnachfolger auf die zurückgereichte vollstreckbare Ausfertigung gesetzt wird. Jedoch wollen ursprünglicher Titelgläubiger und neuer Titelgläubiger in der Regel getrennt voneinander vollstrecken. Es benötigt also jeder eine vollstreckbare Ausfertigung. So entstehen zwei vollstreckbare Ausfertigungen. Der Fall einer weiteren vollstreckbaren Ausfertigung iS von § 733 liegt jedoch dann nicht vor, wenn die ursprüngliche Klausel im Umfang der neuen Klausel eingeschränkt wird (siehe Rn 22), so dass die Gefahr einer Doppelvollstreckung nicht besteht, vgl Hk-ZPO/*Kindl* § 733 Rn 2. Eine Anhörung des **Vollstreckungsschuldners** nach § 730, die im pflichtgemäßen Ermessen des Rechtspflegers steht, ist dann nicht geboten. Ein Fall des § 733 ist jedoch gegeben, wenn die ursprüngliche vollstreckbare Ausfertigung nicht vorgelegt werden kann (siehe § 733 Rn 11).

22 **[6]** Der Rechtspfleger wird nach Fertigung der im Muster dargestellten Klausel weiter wie folgt tätig: Er fertigt einen Vermerk – direkt auf der ursprünglichen vollstreckbaren Ausfertigung oder durch Verbindung des Vermerks – zur **Einschränkung der vorgelegten ursprünglichen vollstreckbaren Ausfertigung:**

▶ Heute wurde eine Ausfertigung des Titels mit Teil-Vollstreckungsklausel mit nachfolgendem Inhalt an ... als den teilweisen Rechtsnachfolger des ... erteilt: ...
Im Umfang dieser Teil-Vollstreckungsklausel ist vorstehende/umseitige vollstreckbare Ausfertigung eingeschränkt. ◀

Er bringt gem. § 734 einen **Vermerk auf dem in der Akte befindlichen Originaltitel** über die Erteilung der Teil-Vollstreckungsklausel an:

▶ Heute wurde eine Ausfertigung dieses Titels mit Teil-Vollstreckungsklausel mit nachfolgendem Klauselinhalt an ... als Teilrechtsnachfolger des ... erteilt: ...
Im Umfang dieser Teil-Vollstreckungsklausel wurde die am ... dem ... erteilte vollstreckbare Ausfertigung eingeschränkt. ◀

Schließlich trifft er noch folgende **Verfügung:**

▶ 1. Ausfertigung mit Teil-Vollstreckungsklausel zusammen mit der vorgelegten ursprünglichen vollstreckbaren Ausfertigung und den eingereichten Nachweisen zurück an den Antragsteller gegen Empfangsbekenntnis.
2. Mitteilung über die Erteilung einer Ausfertigung mit Teil-Vollstreckungsklausel an den Titelschuldner (Text wie Vermerk nach § 734 ZPO).

...

Rechtspfleger ◀

23 Die **Mitteilung** gemäß Ziffer 2 **an den Titelschuldner** nach § 733 Abs. 2 ist nicht erforderlich, wenn die ursprüngliche vollstreckbare Ausfertigung im Umfang der neu erteilten Teil-Vollstreckungsklausel eingeschränkt wurde, da dann für den Schuldner nicht die Gefahr der doppelten Inanspruchnahme besteht (str., vgl im Einzelnen Hk-ZPO/*Kindl* § 733 Rn 2).

24 **Rechtsbehelfe.** Zu den Rechtsbehelfen bei Erteilung bzw Versagung der Klausel siehe Hk-ZPO/*Kindl* § 727 Rn 13 und § 726 Rn 7.

§ 728 Vollstreckbare Ausfertigung bei Nacherbe oder Testamentsvollstrecker

(1) Ist gegenüber dem Vorerben ein nach § 326 dem Nacherben gegenüber wirksames Urteil ergangen, so sind auf die Erteilung einer vollstreckbaren Ausfertigung für und gegen den Nacherben die Vorschriften des § 727 entsprechend anzuwenden.
(2) ¹Das Gleiche gilt, wenn gegenüber einem Testamentsvollstrecker ein nach § 327 dem Erben gegenüber wirksames Urteil ergangen ist, für die Erteilung einer vollstreckbaren Ausfertigung für und gegen den Erben. ²Eine vollstreckbare Ausfertigung kann gegen den Erben erteilt werden, auch wenn die Verwaltung des Testamentsvollstreckers noch besteht.

A. Muster: Antrag auf Vollstreckungsklausel für die Nacherben
B. Erläuterungen
[1] Keine Rechtsnachfolge 2
[2] Nachweiserfordernisse 3
[3] Beifügung einer vollstreckbaren
Ausfertigung 4

A. Muster: Antrag auf Vollstreckungsklausel für die Nacherben

1

▶ zeige ich an, dass ich ... anwaltlich vertrete. Eine Vollmacht ist beigefügt.
Namens und in Vollmacht meines Mandanten beantrage ich die Erteilung einer qualifizierten Vollstreckungsklausel nach § 728 ZPO[1] für ... als Nacherben des am ... verstorbenen ... zum Zwecke der Zwangsvollstreckung gegen den Beklagten.

Begründung

Die Klagepartei erwirkte gegen den Beklagten das am ... verkündete Urteil. Das Urteil ist rechtskräftig seit ... . Das Datum der Rechtskraft kann der Akte entnommen werden und bedarf somit keines Nachweises. Der Kläger war Vorerbe des Erblassers ... . Der Antragsteller ist Nacherbe. Es ist nunmehr – nach Rechtskraft des Urteils – Nacherbfolge eingetreten.
Nachweis: Erbschein für den Nacherbfall[2]
Bei der titulierten Forderung handelt es sich um eine Nachlassforderung.
Nachweis: Notarielles Verzeichnis der Nachlassgegenstände gemäß § 2121 BGB
Das zugunsten des Vorerben ergangene Urteil ist somit nach § 326 ZPO dem Nacherben gegenüber wirksam.
Die dem Vorerben erteilte vollstreckbare Ausfertigung ist beigefügt.[3] ◀

B. Erläuterungen

[1] Die Bestimmung des § 728 ist notwendig, weil der **Nacherbe nicht Rechtsnachfolger des Vorerben** (vgl Hk-BGB/*Heeren* vor § 2100 Rn 2) und der **Erbe nicht Rechtsnachfolger des Testamentvollstreckers** ist (vgl Hk-BGB/*Heeren* vor §§ 2197-2228 Rn 4). 2

[2] Der Nacherbfall und die Voraussetzungen des § 326 sind durch öffentliche oder öffentlich beglaubigte Urkunden (§ 727 Abs. 1) nachzuweisen (Hk-ZPO/*Kindl* § 728 Rn 2). Die zum Nachweis herangezogenen Urkunden sind wegen des Zustellungserfordernisses nach § 750 Abs. 2 auch in der vollstreckbaren Ausfertigung zu bezeichnen. 3

[3] Vgl hierzu § 727 Rn 10. 4
Rechtsbehelfe. Zu den Rechtsbehelfen bei Erteilung bzw Versagung der Klausel siehe Hk-ZPO/*Kindl* § 727 Rn 13 und § 726 Rn 7. 5

§ 729 Vollstreckbare Ausfertigung gegen Vermögens- und Firmenübernehmer

(1) Hat jemand das Vermögen eines anderen durch Vertrag mit diesem nach der rechtskräftigen Feststellung einer Schuld des anderen übernommen, so sind auf die Erteilung einer vollstreckbaren Ausfertigung des Urteils gegen den Übernehmer die Vorschriften des § 727 entsprechend anzuwenden.

(2) Das Gleiche gilt für die Erteilung einer vollstreckbaren Ausfertigung gegen denjenigen, der ein unter Lebenden erworbenes Handelsgeschäft unter der bisherigen Firma fortführt, in Ansehung der Verbindlichkeiten, für die er nach § 25 Abs. 1 Satz 1, Abs. 2 des Handelsgesetzbuchs haftet, sofern sie vor dem Erwerb des Geschäfts gegen den früheren Inhaber rechtskräftig festgestellt worden sind.

A. Anträge auf Klauselerteilung
   I. Muster: Antrag auf Klauselerteilung gegen Firmenübernehmer
   II. Erläuterungen und Varianten
     [1] Antrag zum Ausgangsverfahren 3
     [2] Umfang der Vollmacht 4
     [3] Erteilung einer weiteren vollstreckbaren Ausfertigung . 5
     [4] Unternehmensübertragungen 6
     [5] Titelschuldner 7
     [6] Offenkundiges Vorliegen einer Geschäftsverbindlichkeit 8
     [7] Leistungsklage gegen Firmenübernehmer 9
     [8] Erwerb und Fortführung eines Handelsgeschäfts 10
     [9] Handelsregister 11
     [10] Vermerk über Haftungsbeschränkung 12

     [11] Elektronisches Handelsregister 13
     [12] Amtlicher Ausdruck 14
     [13] Klauselgegenklage 15
     [14] Gesamtschuldner 16
     [15] Anhörung des Schuldners 17

B. Entscheidung des Gerichts
   I. Muster: Erteilung der Vollstreckungsklausel gegen den Firmenübernehmer
   II. Erläuterungen und Varianten
     [1] Unter seiner Firma verklagter bisheriger Titelgläubiger 19
     [2] Benennung der Urkunden 20
     [3] Gefahr einer Doppelvollstreckung 21

A. Anträge auf Klauselerteilung

1 **I. Muster: Antrag auf Klauselerteilung gegen Firmenübernehmer**

▶ An das

▃▃▃gericht ▃▃▃

– Rechtspfleger –

Az ▃▃▃[1]

In Sachen ▃▃▃

vertrete ich die Klagepartei. Ich verweise auf die bereits im Rahmen des Klageverfahrens vorgelegte Prozessvollmacht.[2]

Namens und im Auftrag der Klagepartei beantrage ich unter Vorlage der bereits zum Zwecke der Zwangsvollstreckung gegen den Beklagten erteilten vollstreckbaren Ausfertigung[3] die Erteilung einer vollstreckbaren Ausfertigung (qualifizierte Vollstreckungsklausel nach § 729 ZPO) gegen ▃▃▃ als Firmenübernehmer.[4]

Begründung

Der Kläger erwirkte gegen den Beklagten[5] das am ▃▃▃ verkündete Endurteil, das am ▃▃▃ rechtskräftig wurde. Insoweit wird auf das bei den Akten befindliche Urteil verwiesen. Der Beklagte betrieb ein Handelsgeschäft unter der Firma ▃▃▃ e.K., eingetragen im Handelsregister des Amtsgerichts ▃▃▃ unter HRA ▃▃▃. Bei der Forderung, die dem Urteil zugrunde liegt, handelt es sich um eine im Betrieb des Handelsgeschäfts begründete Verbindlichkeit des Beklagten, also um eine Verbindlichkeit im Sinne von § 25 Abs. 1 S. 1 HGB. Dies ergibt sich aus den Urteilsgründen ….[6] Der Firmenübernehmer, gegen den nunmehr die Vollstreckungsklausel beantragt wird, hat das Handelsgeschäft des Beklagten am …, also nach[7] Rechtskraft des Urteils erworben.[8] Er führt es unter der bisherigen Firma … fort.[9] Ein Vermerk über eine Haftungsbeschränkung nach § 25 Abs. 2 HGB ist im Handelsregister nicht eingetragen.[10]

Nachweis: chronologischer[11] amtlicher[12] Ausdruck aus dem Handelsregister des Amtsgerichts … HRA …

Eine Mitteilung über eine von § 25 Abs. 1 S. 1 HGB abweichende Vereinbarung über die Haftung erhielt der Kläger nicht. Das Nichtvorliegen eines Haftungsausschlusses durch Mitteilung nach § 25 Abs. 2 S. 2 HGB ist im Klauselerteilungsverfahren nicht nachzuweisen (Zöller/*Stöber* § 729 Rn 9).[13] Es wird angeregt, in der Klausel die gesamtschuldnerische Haftung des Firmenübernehmers neben dem Beklagten zum Ausdruck zu bringen.[14] Weiter wird beantragt, die Klausel auf der vorgelegten vollstreckbaren Ausfertigung gegen den Beklagten anzubringen.[15] Wegen der Eindeutigkeit der Sach- und Rechtslage sollte von einer Anhörung des bisherigen Titelschuldners und des weiteren Titelschuldners nach § 730 ZPO abgesehen werden. ◄

II. Erläuterungen und Varianten

Bei § 729 handelt es sich nicht um Fälle der Haftung als Rechtsnachfolger (so in § 727), sondern um Fälle der **Mithaftung**. Neben dem ursprünglichen Titelschuldner haftet nunmehr eine weitere Person, gegen die gem. § 729 eine Vollstreckungsklausel beantragt werden kann. Zum Anwendungsbereich des § 729 Abs. 2 siehe im Einzelnen Hk-ZPO/*Kindl* § 729 Rn 3. Zu beachten ist, dass trotz Eintrags eines Haftungsausschlusses nach § 25 Abs. 2 HGB im Handelsregister dennoch eine Mithaftung gegeben sein kann (zu den Eintragungsvoraussetzungen vgl OLG München MDR 2010, 1407). 2

[1] Anzugeben ist das Aktenzeichen des Urteils, für das die Klausel erteilt werden soll. 3

[2] Die Vollmacht aus dem Erkenntnisverfahren gilt auch für die Klauselerteilung und die Zwangsvollstreckung. 4

[3] Unter Umständen ist die Erteilung einer weiteren vollstreckbaren Ausfertigung nach § 733 erforderlich, wenn vom Antragsteller die ursprünglich zum Zwecke der Zwangsvollstreckung gegen den Beklagten erteilte vollstreckbare Ausfertigung nicht vorgelegt werden kann: 5

▶ … beantrage ich die Erteilung einer qualifizierten Vollstreckungsklausel nach § 729 ZPO als weitere Klausel gemäß § 733 ZPO zum Zwecke der Zwangsvollstreckung gegen … als Firmenübernehmer.

Begründung

…

Die bereits zum Zwecke der Zwangsvollstreckung gegen den Beklagten erteilte vollstreckbare Ausfertigung kann nicht vorgelegt werden, weil hieraus derzeit die Zwangsvollstreckung betrieben wird, die noch nicht zur Befriedigung des Gläubigers geführt hat. Die voll-

Sitzmann

streckbare Ausfertigung gegen den Firmenübernehmer ist deshalb als weitere vollstreckbare Ausfertigung nach § 733 ZPO zu erteilen. Es wird angeregt, in der Klausel die gesamtschuldnerische Haftung des ... neben dem Beklagten zum Ausdruck zu bringen. Der bisherige Titelschuldner und der neue Titelschuldner werden gemäß § 730 ZPO anzuhören sein. ◀

6 [4] Im Bereich der **Unternehmensübertragung** sind zwei Bereiche zu unterscheiden, und zwar Vorgänge nach dem UmwG, das mit seinen spezielleren Regelungen dem § 25 HGB vorgeht (*Baumbach/Hopt* HGB, § 25 Rn 4), und der Erwerb eines Handelsgeschäfts iS von § 25 HGB. Bei letzterem handelt es sich häufig – aber nicht ausschließlich, vgl *Krafka/Kühn* Registerrecht, Rn 553 – um die Übertragung eines einzelkaufmännischen Unternehmens auf eine andere natürliche Person. Bei Vorgängen nach dem **UmwG**, bei denen alle Aktiva und Passiva übergehen (**Gesamtrechtsnachfolge**), wie bspw gemäß § 20 Abs. 1 Nr. 1 UmwG bei der in der Praxis häufig vorkommenden Verschmelzung, handelt es sich um Fälle der Rechtsnachfolge, für die § 727 zur Anwendung kommt (vgl hierzu § 727 Rn 6). Bei der bloßen **Übertragung eines einzelkaufmännischen Unternehmens** ist aufgrund des **sachenrechtlichen Bestimmtheitsgrundsatzes** über die den Unternehmensgegenstand bildenden Sachen und Rechte durch Übereignung bzw Abtretung zu verfügen (*Baumbach/Hopt* HGB, Einl. vor § 1 Rn 42). Insoweit handelt es sich ebenfalls um Fragen der Rechtsnachfolge und damit des § 727, wobei jedoch die Anwendbarkeit von § 727 auf die befreiende Schuldübernahme sehr umstritten ist (Hk-ZPO/*Kindl* § 727 Rn 5). Unabhängig von diesen vertraglichen Verfügungen begründet **§ 25 HGB** – er setzt die Fortführung der Firma voraus, die Fortführung einer bloßen Etablissement- oder Geschäftsbezeichnung reicht nicht, OLG Köln NZG 2012, 188) – eine zusätzliche Haftung, eine **Mithaftung** des Erwerbers, gegen den bei einer bereits rechtskräftig festgestellten Verbindlichkeit die Klauselerteilung nach § 729 möglich ist. Ausführlich zu den Voraussetzungen einer Haftung nach § 25 Abs. 1 S. 1 HGB siehe BGH BeckRS 2012, 15861 und – speziell bei Unternehmensveräußerung im Rahmen einer Insolvenz – BGH BeckRS 2013, 21422.

7 [5] Wurde in der dem Titel zugrunde liegenden Klage gemäß **§ 17 Abs. 2 HGB** nur die Firma, nicht zugleich der Inhaber als Beklagter benannt, ist Beklagter und damit Titelschuldner derjenige, der bei Klageerhebung tatsächlich Inhaber des unter der Firma betriebenen Handelsgeschäftes war (*Baumbach/Hopt* HGB, § 17 Rn 45). In der Zwangsvollstreckung ist der Inhaber erforderlichenfalls durch das Vollstreckungsorgan anhand des Handelsregisters festzustellen. Zur Vermeidung solcher Komplikationen empfiehlt es sich, bereits im Erkenntnisverfahren neben der Firma auch den Inhaber zu benennen.

8 [6] Das Vorliegen einer Geschäftsverbindlichkeit ist auch dann offenkundig, wenn der bisherige Firmeninhaber **unter seiner Firma** verklagt wurde (Hk-ZPO/*Kindl* § 729 Rn 3).

9 [7] Andernfalls muss der Gläubiger **Leistungsklage** gegen den Firmenübernehmer erheben (Hk-ZPO/*Kindl* § 729 Rn 2).

10 [8] Zu den Begriffen „Erwerb" und „Fortführung" eines Handelsgeschäfts vgl *Baumbach/Hopt* HGB, § 25 Rn 6 ff.

[9] Name, Wohnort und Geburtsdatum des neuen Inhabers stehen im **Registerblatt** bzw in dem hiervon erteilten **chronologischen Ausdruck** in Spalte 2 Unterspalte b. Der **Übergang** des Handelsgeschäfts wird nicht ins Handelsregister eingetragen (vgl *Krafka/Kühn* Registerrecht, Rn 546). Eingetragen wird lediglich ein etwaiger Haftungsausschluss nach § 25 Abs. 2 HGB.

[10] Ein solcher **Vermerk über die Haftungsbeschränkung** stünde im Registerblatt bzw chronologischen Ausdruck in Spalte 5 Unterspalte b mit zB folgendem Wortlaut: „Der Übergang der in dem Betrieb des Geschäfts begründeten Verbindlichkeiten ist bei dem Erwerb des Geschäfts durch ... ausgeschlossen" (*Krafka/Kühn* Registerrecht, Rn 550).

[11] Die Handelsregister werden seit 1.1.2007 elektronisch geführt. Während der „**aktuelle Ausdruck**" nur den letzten Stand der Eintragungen enthält (§ 30a Abs. 4 S. 3 HRV), gibt der „**chronologische Ausdruck**" alle Eintragungen des Registerblatts wieder (§ 30a Abs. 4 S. 2 HRV) und entspricht in seiner Gestaltung dem früheren Handelsregisterauszug.

[12] Anders als der (einfache) „Ausdruck" gilt der „**amtliche Ausdruck**" (§ 30a Abs. 1 HRV) als beglaubigte Abschrift (§ 30 Abs. 3 HRV)

[13] Eine etwa erfolgte Mitteilung an den Titelgläubiger müsste der Firmenübernehmer im Wege der **Klauselgegenklage** geltend machen (Hk-ZPO/*Kindl* § 729 Rn 3).

[14] Bisheriger Titelschuldner und Firmenübernehmer haften als **Gesamtschuldner**. Zur Vermeidung eines Rechtsbehelfs des Schuldners kann vom Antragsteller vorsorglich auf diesen Haftungshinweis in der Klausel hingewirkt werden. Vgl die Formulierung in Rn 18.

[15] Ansonsten entstünde eine weitere vollstreckbare Ausfertigung iS von § 733, was trotz der Ausgestaltung des § 733 Abs. 1 als Kannvorschrift eine Anhörung des Schuldners erfordert (Hk-ZPO/*Kindl* § 733 Rn 5).

B. Entscheidung des Gerichts

I. Muster: Erteilung der Vollstreckungsklausel gegen den Firmenübernehmer

▶ ...

Vorstehende mit der Urschrift übereinstimmende Ausfertigung wird dem Kläger zum Zwecke der Zwangsvollstreckung gegen ... als Firmenübernehmer nach § 729 Abs. 2 ZPO erteilt, wobei der Firmenübernehmer ... und der ursprünglichen Titelschuldner ... als Gesamtschuldner haften.

Gründe

Der Beklagte haftet für die titulierte Forderung als Firmenübernehmer nach § 25 Abs. 1 S. 1, Abs. 2 HGB. Das Vorliegen einer Geschäftsverbindlichkeit ist aufgrund des Urteilsinhalts offenkundig.[1] Im Übrigen erfolgte der Nachweis durch den vorgelegten amtlichen chronologischen Ausdruck aus dem Handelsregister des Amtsgerichts ... HRA ...[2] Der bisherige und der weitere Titelgläubiger wurden gemäß § 730 ZPO angehört.[3] ◄

II. Erläuterungen und Varianten

19 **[1]** Wurde der bisherige Titelgläubiger unter seiner Firma verklagt, ist zu formulieren:

▶ Die Zugehörigkeit der titulierten Forderung zu den Geschäftsverbindlichkeiten ist offenkundig, da der Titelschuldner unter seiner Firma verklagt wurde. ◀

20 **[2]** Die Angabe der Urkunden ist wegen des **Zustellungserfordernisses** nach § 750 Abs. 2 erforderlich.

21 **[3]** Zwingend erforderlich ist eine Anhörung nur nach § 733, also wenn die **Gefahr einer Doppelvollstreckung** besteht. Diese Gefahr besteht nicht, wenn gegen den bisherigen Titelschuldner noch keine Klausel erteilt wurde oder wenn eine bereits erteilte vollstreckbare Ausfertigung dauerhaft zurückgegeben wird oder wenn die neue Klausel auf die vorgelegte vollstreckbare Ausfertigung gesetzt wird.

22 **Rechtsbehelfe.** Zu den Rechtsbehelfen bei Erteilung bzw Versagung der Klausel siehe Hk-ZPO/*Kindl* § 727 Rn 13 und § 726 Rn 7.

§ 730 Anhörung des Schuldners

In den Fällen des § 726 Abs. 1 und der §§ 727 bis 729 kann der Schuldner vor der Erteilung der vollstreckbaren Ausfertigung gehört werden.

A. Anregung des Rechtsanwalts, den Schuldner anzuhören	[5] Unanwendbarkeit von § 138 Abs. 3 6
I. Muster: Anregung im Rahmen eines Antrags nach § 726	B. Tätigkeiten des Rechtspflegers
II. Erläuterungen und Varianten	I. Muster: Verfügung des Rechtspflegers
[1] Anhörung des Titelgläubigers ... 2	II. Erläuterungen
[2] Rechtsnachfolger auf Gläubigerseite 3	[1] Anhörungspflicht 8
[3] Anhörungspflicht 4	
[4] Beispiel: unterbliebener Vergleichswiderruf 5	

A. Anregung des Rechtsanwalts, den Schuldner anzuhören

1 **I. Muster: Anregung im Rahmen eines Antrags nach § 726**

▶ Ich rege an, den Schuldner[1] gemäß § 730 ZPO – gegebenenfalls unter ausdrücklichen Hinweis auf die Möglichkeit eines Geständnisses nach § 138 ZPO – anzuhören. Der Titelgläubiger kann den Bedingungseintritt im Sinne von § 726 Abs. 1 ZPO[2] nicht durch eine Urkunde im Sinne dieser Vorschrift nachweisen. Der Titelgläubiger geht jedoch aufgrund der außergerichtlichen Erklärung des Titelschuldners vom ••• davon aus,[3] dass dieser die Tatsache, von der die Vollstreckung abhängt, nämlich •••,[4] zugestehen[5] wird, um einen Klauselerteilungsprozess nach § 731 ZPO zu vermeiden. ◀

II. Erläuterungen und Varianten

2 **[1]** Zu den Fällen der Notwendigkeit der Anhörung des **Titelgläubigers** vgl Zöller/*Stöber* § 730 Rn 1.

[2] Die Anregung des Rechtsanwalts im Rahmen eines Antrags nach § 727, bei dem anders als bei § 726 auch ein Dritter (Rechtsvorgänger bzw -nachfolger) beteiligt ist, kann bei Rechtsnachfolge auf Gläubigerseite wie folgt ergänzt werden:

▶ Die Anhörung des bisherigen Titelgläubigers wird in das Ermessen des Gerichts gestellt. Sie ist jedoch nicht zwingend geboten, zumal die dem Titelgläubiger bereits erteilte vollstreckbare Ausfertigung zum Zwecke der Umschreibung in Anlage vorgelegt wird. ◀

[3] Der Rechtspfleger ist nicht in jedem Fall zur Anhörung verpflichtet. Bei unzureichenden Nachweisen kann er den Antrag ohne Anhörung zurückweisen (Hk-ZPO/*Kindl* § 730 Rn 2). Bei **substantiiertem Vortrag zu einem zu erwartenden Geständnis** besteht jedoch die Pflicht für den Rechtspfleger, die anderen Beteiligten (Titelschuldner, Rechtsvorgänger des Titelgläubigers bzw Rechtsnachfolger des Titelschuldners) anzuhören (Hk-ZPO/*Kindl* § 730 Rn 2).

[4] Bspw dass der außergerichtlich mögliche Vergleichswiderruf nicht erfolgt ist (weitere Beispiele bei Zöller/*Stöber* § 726 Rn 2).

[5] § 138 Abs. 3. Die Vorschrift über die Geständnisfiktion ist im Klauselerteilungsverfahren unanwendbar, jedoch besteht die Möglichkeit des Geständnisses nach § 288 (BGH BeckRS 2008, 24483, Hk-ZPO/*Kindl* § 726 Rn 4 mwN und OLG Oldenburg BeckRS 2013, 02905 mit ausführlicher Begründung; str.)

B. Tätigkeiten des Rechtspflegers

I. Muster: Verfügung des Rechtspflegers

▶ 1. Antrag auf Klauselerteilung zustellen an ...[1] mit folgendem Hinweis: Beiliegend erhalten Sie den Antrag auf Erteilung einer Vollstreckungsklausel zur Stellungnahme binnen ... Wochen.
Der Antragsteller muss seinen Vortrag zum Teil durch öffentliche Urkunden nachweisen, soweit der Vortrag nicht von Ihnen als richtig zugestanden wird. Falls Sie das Begehren des Antragstellers für berechtigt halten, wird anheimgestellt, die Richtigkeit des Vortrags des Antragstellers durch schriftliche Erklärung binnen 2 Wochen zuzugestehen. Hierdurch kann eine etwaige Klage des Antragstellers auf Erteilung der Vollstreckungsklausel vermieden werden.
2. Wiedervorlage mit Eingang, spätestens in zwei Wochen ◀

II. Erläuterungen

[1] Zur Frage, ob überhaupt eine Anhörungspflicht besteht und wer anzuhören ist, vgl Hk-ZPO/*Kindl* § 730 Rn 2.
Rechtsbehelfe. Zu den Rechtsbehelfen bei Erteilung bzw Versagung von Vollstreckungsklauseln siehe Hk-ZPO/*Kindl* § 724 Rn 11, § 727 Rn 13 und § 726 Rn 7.

§ 731 Klage auf Erteilung der Vollstreckungsklausel

Kann der nach dem § 726 Abs. 1 und den §§ 727 bis 729 erforderliche Nachweis durch öffentliche oder öffentlich beglaubigte Urkunden nicht geführt werden, so hat der Gläubiger bei dem Prozessgericht des ersten Rechtszuges aus dem Urteil auf Erteilung der Vollstreckungsklausel Klage zu erheben.

Schrifttum: *Jäckel*, Rechtsbehelfe im Klauselverfahren, JuS 2005, 610.

A. Klage und Antrag auf Vollzug
  I. Klauselklage des Rechtsnachfolgers des Titelgläubigers
    1. Muster: Klauselklage des Rechtsnachfolgers des Titelgläubigers
    2. Erläuterungen und Varianten
      [1] Zuständigkeit 2
      [2] Selbständiger neuer Prozess 3
      [3] Aktivlegitimation 4
      [4] Passivlegitimation 5
      [5] Prozessbevollmächtigter des Ausgangsprozesses 6
      [6] Mitverklagen des Altgläubigers 7
      [7] Klage auf Klausel nach § 726 8
      [8] Teil-Vollstreckungsklausel . 9
      [9] Klage bei Rechtsnachfolge des Titelschuldners 10
      [10] Zulässige Beweismittel 11
      [11] Unzulässigkeit der Klauselklage 12
      [12] Besondere Zulässigkeitsvoraussetzung 13
      [13] Vorangegangener Antrag zum Rechtspfleger 14
      [14] Gebühren 15
  II. Antrag auf Vollzug
    1. Muster: Antrag auf Klauselerteilung nach erfolgreicher Klage
    2. Erläuterungen
      [1] Umsetzung des Klauselurteils 18
      [2] Zuständigkeit des Rechtspflegers 19
      [3] Aktenzeichen................ 20
B. Gerichtliche Entscheidung
  I. Entscheidung durch Endurteil
    1. Muster: Endurteil bei Klauselklage
    2. Erläuterungen
      [1] Teilweise Klageabweisung 22
      [2] Vorläufige Vollstreckbarkeit 23
  II. Umsetzung bzw Vollzug des Klauselurteils
    1. Muster: Klauselerteilung nach Klauselurteil
    2. Erläuterungen
      [1] Antrag 25
      [2] Hinweis auf Klauselurteil .. 26
      [3] Zuständigkeit 27

A. Klage und Antrag auf Vollzug

I. Klauselklage des Rechtsnachfolgers des Titelgläubigers

1. Muster: Klauselklage des Rechtsnachfolgers des Titelgläubigers

1

▶ An das

∗∗∗gericht ∗∗∗[1]

Klage[2]

∗∗∗, Kläger[3]

Prozessbevollmächtigter: ∗∗∗

gegen

∗∗∗, Beklagter zu 1)[4]

Prozessbevollmächtigter: ∗∗∗[5]

∗∗∗, Beklagter zu 2)[6]

∗∗∗

Ich werde beantragen:

Dem Kläger ist als Rechtsnachfolger[7] des Beklagten zu 2) und bisherigen Titelgläubigers die Vollstreckungsklausel zu Ziff. ... des am ... verkündeten Urteils des ...gerichts ..., Az ...[8], zum Zwecke der Zwangsvollstreckung gegen den Beklagten zu 1) zu erteilen.[9]

Begründung

Der Kläger begehrt die Erteilung einer Vollstreckungsklausel. Im Rechtsstreit des Beklagten zu 2) gegen den Beklagten zu 1), Az ..., wurde der Beklagte zu 1) mit dem am ... verkündeten Urteil zur Zahlung von ... EUR an den Beklagten zu 2), den Kläger im dortigen Rechtsstreit, verurteilt. Das Urteil ist seit ... rechtskräftig. Der Kläger ist der Rechtsnachfolger des Beklagten zu 2) und bisherigen Titelgläubigers. Der titulierte Zahlungsanspruch wurde nach Rechtskraft des Urteils mit privatschriftlicher Vereinbarung vom Beklagten zu 2) an den Kläger abgetreten.

Beweis: Vertrag vom ..., der in beglaubigter Abschrift beigefügt ist[10]

Der Kläger kann den Nachweis des Forderungsüberganges nicht durch öffentliche oder öffentlich beglaubigte Urkunden[11] im Sinne von § 727 ZPO führen, so dass ein Antrag auf Klauselerteilung durch den Rechtspfleger gem. § 727 ZPO keine Aussicht auf Erfolg hat.[12] Der Titelgläubiger und Beklagte zu 2) hat sich geweigert, die Abtretung an den Kläger gemäß § 403 BGB beurkunden zu lassen. ... Der Beklagte zu 1) wurde mit Schreiben vom ... aufgefordert zu erklären, dass er im Falle eines Antrags auf Klauselumschreibung nach § 727 ZPO den Forderungsübergang gegenüber dem Gericht zugestehen werde.[13] Nachdem der Beklagte zu 1) diese Erklärung nicht abgegeben hat, besteht Anlass zur Klageerhebung.[14]

...

Rechtsanwalt ◄

2. Erläuterungen und Varianten

[1] Zuständig (gem. § 802 **ausschließlich**) ist das Prozessgericht des ersten Rechtszugs. Bzgl der Einzelheiten vgl Hk-ZPO/*Kindl* § 731 Rn 4.

[2] Es handelt sich um einen neuen, selbständigen Prozess. Allgemein zur Klageschrift siehe § 253.

[3] Hier der Rechtsnachfolger des bisherigen Titelgläubigers. Allgemein zur Aktivlegitimation siehe Hk-ZPO/*Kindl* § 731 Rn 3.

[4] Dies ist hier der Titelschuldner. Allgemein zur Passivlegitimation siehe Hk-ZPO/*Kindl* § 731 Rn 3.

[5] Der **Prozessbevollmächtigte des Ausgangsprozesses** ist zu benennen; an ihn ist gem. §§ 81, 172 zuzustellen.

[6] Der Altgläubiger (im Muster der Beklagte zu 2) ist hier mitzuverklagen (str., vgl Hk-ZPO/*Kindl* § 731 Rn 3). Siehe hierzu auch § 732 Rn 7.

[7] Variante: **Klage auf Klausel gem. § 726**, also bei unveränderten Parteien. Hier klagt der Titelgläubiger – schon allein in Hinblick auf Widerklage oder Vergleich ist dies nicht zwingend der Kläger des Vorprozesses – gegen den Titelschuldner. Die Zustellung hat gem. §§ 81, 172 an den Vertreter des Titelschuldners im Vorprozess zu erfolgen.

▶ Ich werde beantragen:
Dem Kläger ist die Vollstreckungsklausel zu dem am ... verkündeten Urteil des ...gerichts ..., Az ..., zum Zwecke der Zwangsvollstreckung gegen den Beklagten zu erteilen. ◀

In den Gründen ist der Bedingungseintritt iS von § 726 darzulegen und unter Beweis zu stellen.

9 [8] Variante: **Teil-Vollstreckungsklausel**

▶ Dem Kläger ist als Rechtsnachfolger des ... die Vollstreckungsklausel zu Ziff. ... des Urteils ... zu erteilen, und zwar wegen eines Betrages in Höhe von .... ◀

10 [9] Variante: Klage gegen Rechtsnachfolger des **Titelschuldners**

▶ Dem Kläger ist die Vollstreckungsklausel zu Ziff. ... des am ... verkündeten Urteils ... zum Zwecke der Zwangsvollstreckung gegen ... als Rechtsnachfolger des bisherigen Titelschuldners ... zu erteilen. ◀

11 [10] Der Kläger kann sich im Klageverfahren **aller Beweismittel** bedienen.

12 [11] Kann sich der Kläger die erforderlichen Urkunden mit zumutbaren Aufwand beschaffen (vgl die Möglichkeiten nach § 792, nach § 13 Abs. 3 FamFG und nach § 12 Abs. 2 GBO), ist die Klauselklage unzulässig. Andererseits hindert die Rechtshängigkeit einer Klauselerteilungsklage einen nachfolgenden Antrag auf Erteilung der Klausel durch den Rechtspfleger nicht (OLG Köln BeckRS 2010, 17413).

13 [12] Es ist eine besondere Zulässigkeitsvoraussetzung für die Klauselerteilungsklage (Hk-ZPO/*Kindl* § 731 Rn 5), dass der Kläger die Klausel nicht in dem einfacheren und billigeren Verfahren nach §§ 726 bis 730 erlangen kann. Ist die Nachweisbarkeit durch Urkunden iS von § 727 zweifelhaft, sollte vorsorglich vor Klageerhebung die Klausel beim Rechtspfleger beantragt werden.

14 [13] Hierdurch wird auch der Ansicht Rechnung getragen, die wegen der **Geständnismöglichkeit** stets einen vorangegangenen (erfolglosen) Antrag zum Rechtspfleger verlangt (so Thomas/Putzo/*Hüßtege* § 731 Rn 6, aA Hk-ZPO/*Kindl* § 731 Rn 5).

15 [14] Eine Feststellungsklage bzgl der Rechtsnachfolge ist nicht erforderlich. Eine Klage auf Erteilung einer Urkunde nach § 403 BGB ist ebenfalls nicht vorrangig.

16 Zu den **Gebühren** siehe Hk-ZPO/*Kindl* § 731 Rn 10.

II. Antrag auf Vollzug

17 **1. Muster: Antrag auf Klauselerteilung nach erfolgreicher Klage**

▶ An das
...gericht ...[1]

– Rechtspfleger –[2]

Als Anlagen sind das Klauselurteil vom ..., Az ...[3], sowie ein Rechtskraftzeugnis beigefügt. Ich beantrage die Erteilung einer Vollstreckungsklausel entsprechend Ziffer 1 des Urteils. Vorsorglich wird darauf hingewiesen, dass der Antrag keine vollstreckbare Ausfertigung des Klauselurteils erfordert (Zöller/*Stöber* § 731 Rn 6).

...

Rechtsanwalt ◀

2. Erläuterungen

[1] Die Klausel gilt durch das Klauselurteil noch nicht als erteilt (Thomas/Putzo/ *Hüßtege* § 731 Rn 2). Das Klauselurteil ist noch umzusetzen. Der Antrag ist an das Gericht iS von § 724 Abs. 2 zu richten, und zwar unter dem Aktenzeichen des Urteils, für das die Klausel beantragt wird.

[2] Auch wenn ein Klauselurteil vorliegt, bleibt der Rechtspfleger gem. § 20 Nr. 12 RPflG zuständig (str. vgl im Einzelnen Hk-ZPO/*Kindl* § 731 Rn 9). Bedenkt man allein die Probleme, die bei Teil-Vollstreckungsklauseln und weiteren Klauseln auftreten können, so erscheint es nicht angezeigt, in Abweichung von § 20 Nr. 12 RPflG eine Zuständigkeit des Urkundsbeamten zu eröffnen.

[3] Die Klauselklage ist eine selbständige Klage und hat demgemäß ein anderes Aktenzeichen.

B. Gerichtliche Entscheidung

I. Entscheidung durch Endurteil

1. Muster: Endurteil bei Klauselklage

▶ **Endurteil**

1. Dem Kläger ist als Rechtsnachfolger des Beklagten zu 2), Kläger im nachbenannten Rechtsstreit, die Vollstreckungsklausel zu dem am ... verkündeten Urteil des ...gerichts ..., Az ..., im Rechtsstreit des Beklagten zu 2) gegen den Beklagten zu 1) zum Zwecke der Zwangsvollstreckung gegen den Beklagten zu 1) zu erteilen, und zwar bzgl eines Betrages in Höhe von ...
Im Übrigen wird die Klage abgewiesen.[1]
2. Die Kosten des Rechtsstreits ...
3. ...[2]

Tatbestand

Der Kläger begehrt mit seiner Klage die Erteilung einer Vollstreckungsklausel nach § 731 ZPO iVm § 727 ZPO. Im Rechtsstreit des Beklagten zu 2) gegen den Beklagten zu 1), Az ..., wurde der Beklagte zu 1) mit dem am ... verkündeten Urteil zur Zahlung von ... an den Beklagten zu 2), den Kläger im dortigen Rechtsstreit, verurteilt. Das Urteil ist seit ... rechtskräftig.

Am ... einigten sich der Kläger und Beklagte zu 2) über den Übergang der titulierten Forderung auf den Kläger. Es wurde der schriftliche Abtretungsvertrag vom ... geschlossen.

Der Kläger behauptet, er sei deshalb (weiterhin) Rechtsnachfolger des derzeitigen Titelgläubigers.

Der Kläger beantragt:

...

Der Beklagte beantragt:
Die Klage wird abgewiesen.

Die Beklagten wenden ein, die Forderungsübertragung gemäß schriftlicher Vereinbarung vom ... sei durch eine nachträgliche mündliche Vereinbarung zwischen dem Kläger und dem bisherigen Titelgläubiger, dem Beklagten zu 2), rückgängig gemacht worden. Die titulierte Forderung sei auf den Titelgläubiger, den Beklagten zu 2), zurückübertragen worden. Das Gericht hat Beweis erhoben durch Einvernahme des Zeugen ... . Bzgl des Ergebnisses der Beweisaufnahme wird auf das Protokoll vom ... verwiesen. Zur Ergänzung des Tatbestandes wird auf die Klageschrift vom ... und auf die Klageerwiderungen vom ... verwiesen.

Entscheidungsgründe
Die Klage ist zulässig und teilweise begründet.

Bezüglich eines Teilbetrages von ... war die Zulässigkeit der Klauselerteilung bzw -umschreibung auf den Kläger auszusprechen.

1. a) Das ...gericht ist als Prozessgericht des ersten Rechtszuges im Verfahren, in dem der Titel geschaffen wurde, zuständig.
   b) Auch wird eine Klausel nach den §§ 726 Abs. 1, 727–729 ZPO begehrt, konkret eine Klausel nach § 727 ZPO, so dass eine Klage nach § 731 ZPO zulässig ist.
   c) Weiter ist die besondere Zulässigkeitsvoraussetzung gegeben, dass der Kläger den für eine Klauselumschreibung erforderlichen Nachweis nicht durch öffentliche oder öffentlich beglaubigte Urkunden führen kann. Der Kläger kann den Nachweis nur durch eine privatschriftliche Urkunde führen. Es besteht auch nicht die Möglichkeit für den Kläger, sich die erforderlichen Urkunden leicht anderweitig zu beschaffen, um statt einer Klauselerteilungsklage einen Antrag zum Rechtspfleger auf Klauselumschreibung nach § 727 ZPO zu stellen. Ebenso wenig war der Kläger in der lediglich vagen Aussicht auf ein Geständnis des Titelschuldners im Rahmen des Klauselumschreibungsverfahrens auf dieses Verfahren zu verweisen (Hk-ZPO/Kindl § 731 Rn 5). Besonders gilt dies mit Rücksicht darauf, dass sich die Beklagten einer Titelumschreibung widersetzen.
2. Die Klage ist gemäß § 726 ZPO teilweise begründet, und zwar bzgl eines Betrags von ... EUR. Der Kläger ist Inhaber der titulierten Forderung in Höhe von ... EUR. Unstreitig wurde die gesamte titulierte Forderung mit der schriftlichen Vereinbarung vom Beklagten zu 2) auf den Kläger übertragen. Jedoch wurde die Forderung durch die spätere mündliche Vereinbarung auf den Titelgläubiger zurückübertragen, allerdings nur teilweise. Der von den Beklagten für die vollständige Rückübertragung benannte Zeuge ... hat glaubhaft bekundet, dass eine Rückübertragung erfolgt ist, allerdings nicht in voller Höhe, sondern nur in Höhe von ... EUR. Den Inhalt dieser Aussage haben sich die Beklagten hilfsweise zu eigen gemacht. Nach allem war die Zulässigkeit der Klauselumschreibung nur für den Betrag von ... EUR auszusprechen.

Kosten: ...

Vorläufige Vollstreckbarkeit: ...

[Rechtsbehelfsbelehrung gemäß § 232 ZPO] ◄

2. Erläuterungen

22 [1] Eine **teilweise Klageabweisung** erfolgt zB, wenn die Klausel entgegen dem Klageantrag nur bzgl eines Teils des titulierten Anspruchs erteilt wird. Insoweit handelt es

sich nicht um ein „aliud", das zu einer vollständigen Klageabweisung führt, sondern lediglich um ein „minus" mit der Folge der nur teilweisen Klageabweisung.

[2] Grundsätzlich kann das Urteil nach §§ 708 ff vorläufig vollstreckbar erklärt werden (Zöller/*Stöber* § 731 Rn 6). Nach hM ist die Klauselklage jedoch eine **Feststellungsklage** (aA: prozessuale Gestaltungsklage) vgl Hk-ZPO/*Kindl* § 731 Rn 1. Konsequenterweise sollte die Anordnung einer vorläufigen Vollstreckbarkeit in der **Hauptsache** jedenfalls in den Fällen ausscheiden, in denen wie im Musterurteil in die Rechtsposition des bisherigen Titelgläubigers eingegriffen wird. 23

II. Umsetzung bzw Vollzug des Klauselurteils

1. Muster: Klauselerteilung nach Klauselurteil 24

▶ **Vollstreckbare Ausfertigung**

...gericht...

...

Vorstehende mit der Urschrift übereinstimmende Ausfertigung wird dem ...[1] als Rechtsnachfolger des Klägers zum Zwecke der Zwangsvollstreckung gegen den Beklagten erteilt. Die Erteilung erfolgte aufgrund des Klauselurteils des ...gerichts..., vom..., Az ...[2]

...

Rechtspfleger[3] (Siegel) ◀

2. Erläuterungen

[1] Zum Antrag auf Klauselerteilung nach einem Klauselurteil siehe oben Rn 17. Der erfolgreiche Kläger aus dem Klauselurteil ist – wenn es wie hier um eine Rechtsnachfolgeklausel geht – **genau zu bezeichnen,** wenn er wie hier im Beispiel im Rubrum des vollstreckbar ausgefertigten Urteils nicht aufgeführt ist. Entsprechendes gilt zB für den neuen Titelschuldner bei Rechtsnachfolge auf Schuldnerseite. 25

[2] Dieser Hinweis ist erforderlich, damit später das Vollstreckungsorgan erkennt, dass **kein Zustellungsfall** nach § 750 Abs. 2 vorliegt (Zöller/*Stöber* § 731 Rn 6). 26

[3] Zur Zuständigkeit siehe oben Rn 19. 27

Rechtsbehelfe. Hierbei ist zwischen dem **Urteil** und der **Umsetzung** zu unterscheiden. Das Urteil ist mit den allgemeinen Rechtsmitteln (Berufung, Revision) anfechtbar. Zu den Rechtsbehelfen bei der Klauselerteilung (Umsetzung) siehe Hk-ZPO/*Kindl* § 724 Rn 11, § 727 Rn 13 und § 726 Rn 7, wobei jedoch die Bindungswirkung des Urteils zu beachten ist.

§ 732 Erinnerung gegen Erteilung der Vollstreckungsklausel

(1) ¹Über Einwendungen des Schuldners, welche die Zulässigkeit der Vollstreckungsklausel betreffen, entscheidet das Gericht, von dessen Geschäftsstelle die Vollstreckungsklausel erteilt ist. ²Die Entscheidung ergeht durch Beschluss.
(2) Das Gericht kann vor der Entscheidung eine einstweilige Anordnung erlassen; es kann insbesondere anordnen, dass die Zwangsvollstreckung gegen oder ohne Sicher-

heitsleistung einstweilen einzustellen oder nur gegen Sicherheitsleistung fortzusetzen sei.

A. Klauselerinnerung durch den Rechtsanwalt	II. Erläuterungen
I. Muster: Erinnerung gegen die gesamte Klausel	[1] Zuständigkeit 11
II. Erläuterungen und Varianten	[2] Bezeichnung des Vollstreckungsschuldners 12
[1] Zuständigkeit 3	[3] Entscheidungsinhalt 13
[2] Aktenzeichen 4	[4] Gegenstandswert 14
[3] Rechtsbehelfe bei Versagung der Klausel 5	[5] Urkundsbeamter/Rechtspfleger 15
[4] Notarielle Urkunde 6	[6] Umstrittene Abhilfemöglichkeit 16
[5] Einwendungen 7	[7] Maßgebender Zeitpunkt für Begründetheit 17
[6] Bindungswirkung eines Klauselurteils 8	[8] Begründetheitsprüfung 18
B. Entscheidung des Gerichts	[9] Kosten des Erinnerungsgegners 19
I. Muster: Stattgebende Entscheidung	

A. Klauselerinnerung durch den Rechtsanwalt

1 **I. Muster: Erinnerung gegen die gesamte Klausel**

▶ An das

...gericht ...[1]

Az ...[2]

Namens und mit Vollmacht des ..., ...partei, Titelschuldner und Erinnerungsführer,

lege ich gegen die dem ..., Titelgläubiger und Erinnerungsgegner, zum Zwecke der Zwangsvollstreckung gegen ..., ...partei, erteilte Vollstreckungsklausel

Erinnerung[3]

ein und beantrage zu beschließen:

Die Zwangsvollstreckung aus der dem ... zum Urteil des ...gerichts ... vom ..., Az ..., erteilten vollstreckbaren Ausfertigung (Vollstreckungsklausel) vom ... ist unzulässig.

Ich beantrage weiter, vorab durch einstweilige Anordnung zu beschließen:

Die Zwangsvollstreckung aus der dem ... zum Urteil des ...gerichts ... vom ..., Az ..., erteilten vollstreckbaren Ausfertigung wird bis zur Entscheidung über die Erinnerung einstweilen eingestellt.[4]

Begründung

Der Erinnerungsführer erhebt gemäß § 732 ZPO folgende Einwendungen formeller Art gegen die Erteilung der Vollstreckungsklausel: ...[5]

Die Erinnerung ist auch zulässig; insbesondere ist ein Rechtsschutzbedürfnis gegeben. Die vollstreckbare Ausfertigung wurde dem Erinnerungsgegner bereits erteilt und die Zwangsvollstreckung ist noch nicht vollständig beendet. Die Klauselerteilung erfolgte auch nicht in Vollzug eines Klauselurteils nach § 731 ZPO.[6]

Dem Erinnerungsgegner sind die Kosten des Verfahrens gemäß § 91 ZPO aufzuerlegen. § 788 ZPO kommt nicht zur Anwendung (vgl Hk-ZPO/*Kindl* § 732 Rn 6).

Der Antrag, die Zwangsvollstreckung aus der Klausel im Wege der einstweiligen Anordnung vorläufig einzustellen, beruht auf § 732 Abs. 2 ZPO. Die Angelegenheit ist eilbedürftig, weil der Vollstreckungsgläubiger bereits einen Zwangsvollstreckungsauftrag erteilt hat, nämlich ... ◄

II. Erläuterungen und Varianten

§ 732 gilt für alle Klauseln, während § 768 (Klage gegen Vollstreckungsklausel) grundsätzlich eine qualifizierte Klausel voraussetzt. 2

§ 732 findet auch bei Erteilung einer vollstreckbaren Ausfertigung einer notariellen Urkunde Anwendung, § 797 Abs. 2 und 3.

[1] Zuständig ist das Gericht, von dessen Geschäftsstelle bzw Rechtspfleger die Klausel erteilt wurde (Hk-ZPO/*Kindl* § 732 Rn 5). Der Urkundsbeamte bzw der Rechtspfleger können **abhelfen** (Zöller/*Stöber* § 732 Rn 14 und 17). 3

[2] Aktenzeichen des Titels (Urteil, Vergleich etc.), für den die Klausel erteilt wurde. 4

[3] **Rechtsbehelfe bei Versagung** der Klausel (vgk Hk-ZPO/*Kindl* § 724 Rn 11) 5
– durch Urkundsbeamten: befristete Erinnerung gem. §§ 573 Abs. 1, 569 Abs. 1;
– durch Rechtspfleger: sofortige Beschwerde § 11 Abs. 1 RPflG, § 567 Abs. 1 ZPO.

[4] Bei **notarieller Urkunde**: 6

▶ Die Zwangsvollstreckung aus der dem ... für die vollstreckbare Urkunde des Notars ... vom ..., UR-Nr. ..., vom Notar ... erteilten Vollstreckungsklausel (vollstreckbare Ausfertigung) vom ... ist unzulässig. ◄

Zur Auslegung einer notariellen Vollstreckungsunterwerfungserklärung im Hinblick auf die Frage, ob sie eine Bedingung iSv § 726 Abs. 1 enthält, s BGH NJW-RR 2011, 424 und BGH BeckRS 2011, 29736.

[5] Es können nur **Einwendungen formeller Art** (siehe exemplarisch LG Tübingen BeckRS 2015, 06304) geltend gemacht werden (BGHNJW 2011, 2803; BGH NJW 2009, 1887; ob evidente materiellrechtliche Einwendungen berücksichtigt werden können, wurde offengelassen). Hierzu sowie zur Abgrenzung zur Klauselgegenklage (§ 768) und Vollstreckungsabwehrklage (§ 767) siehe Hk-ZPO/*Kindl* § 732 Rn 2 und 3, Zöller/*Stöber* § 732 Rn 5 ff und BGH NJW 2010, 2041, 2045. 7

Im Klauselerteilungsverfahren findet grundsätzlich keine materiell-rechtliche Prüfung statt (BGH NJW 2011, 2803 unter ausdrücklicher Ablehnung der anderen Auffassung in einem obiter dictum in BGH NJW 2010, 2041, 2045). Jedoch sind Erteilung und Umfang einer Vollmacht zur Erklärung einer Unterwerfungserklärung im Klauselerteilungsverfahren zu prüfen (BGH NJW 2012, 3518).

[6] Soweit die **Rechtskraft eines Klauselurteils** reicht, ist eine Klauselerinnerung unzulässig (Hk-ZPO/*Kindl* § 732 Rn 4). Deshalb ist es bei der Klauselklage unter Umständen angezeigt, den weiteren Beteiligten (zB den Rechtsvorgänger bei § 726) mitzuverklagen. 8

Zu den **Gebühren** siehe LG Freiburg BeckRS 2010, 06864. 9

B. Entscheidung des Gerichts

10 **I. Muster: Stattgebende Entscheidung**

 ▶ ...gericht ...[1]

In Sachen

..., ...partei, Vollstreckungsschuldner[2] und Erinnerungsführer

gegen

..., ...partei, Vollstreckungsgläubiger und Erinnerungsgegner

ergeht am ... folgender

Beschluss

1. Die Zwangsvollstreckung aus der dem Kläger zum Urteil des ...gerichts ... vom ... erteilten Vollstreckungsklausel (vollstreckbare Ausfertigung) vom ... ist unzulässig.[3]
2. Der Erinnerungsgegner trägt die außergerichtlichen Kosten des Erinnerungsführers.
3. Der Gegenstandswert wird auf ... festgesetzt.[4]

Gründe

I.

Dem Erinnerungsgegner wurde am ... eine vollstreckbare Ausfertigung des Urteils durch ... erteilt. Hiergegen hat der Erinnerungsführer Einwendungen gemäß § 732 ZPO erhoben. Bezüglich der Einzelheiten wird auf den Schriftsatz vom ... verwiesen. Dem Erinnerungsgegner wurde mit Verfügung vom ... Gelegenheit zur Stellungnahme gegeben. Bezüglich des Inhalts der Stellungnahme des Erinnerungsgegners wird auf den Schriftsatz vom ... verwiesen. Der Beamte[5] hat der Erinnerung nicht abgeholfen.[6]

II.

1. Die Erinnerung ist zulässig. Die angegriffene Klausel wurde erteilt, die Zwangsvollstreckung ist noch nicht vollständig beendet und die Klausel wurde auch nicht an den Erinnerungsführer zurückgegeben. Es liegt auch kein Urteil nach § 731 ZPO vor, dessen Rechtskraft dem Begehren des Erinnerungsführers entgegenstünde.
2. Die Erinnerung ist begründet.[7]
   Der Zulässigkeit der Klausel stehen nämlich Einwendungen formeller Art entgegen, und zwar ....[8] Demgemäß war die Zwangsvollstreckung aus der angegriffenen Klausel für unzulässig zu erklären.
3. Die Kostenentscheidung[9] beruht auf § 91 ZPO. § 788 ZPO kommt nicht zur Anwendung (vgl Hk-ZPO/*Kindl* § 732 Rn 6). Dem Erinnerungsgegner waren deshalb die außergerichtlichen Kosten des Erinnerungsführers aufzuerlegen. Gerichtsgebühren sind nicht angefallen.
4. Die Höhe des Gegenstandswertes (§ 3 ZPO) bestimmt sich nach dem Wert des zu vollstreckenden Anspruchs (BGH BeckRS 2014, 22528).

[Rechtsbehelfsbelehrung gemäß § 232 ZPO] ◀

II. Erläuterungen

11 [1] Das Gericht, von dessen Geschäftsstelle/Rechtspfleger die Klausel erteilt wurde. § 732 regelt nur die Erinnerung gegen die Erteilung der Klausel (vgl hierzu auch das

Muster bei *Steinert/Theede* ZVR Kap. 1 Rn 216). Bei Ablehnung einer Klausel siehe Rn 3.

[2] Da das Klauselverfahren noch nicht zum Zwangsvollstreckungsverfahren gehört, ist auch die Bezeichnung „Schuldner" möglich. 12

[3] Die Zwangsvollstreckung aus der **konkreten Klausel**, nicht aus dem Titel, wird für unzulässig erklärt. Der **Vollzug der Entscheidung** erfolgt über § 775 Nr. 1 und 2. 13

[4] Gegenstandswert ist der Wert des zu vollstreckenden Anspruchs (BGH 2011, 21925). Vgl. auch § 25 RVG. 14

[5] Der Urkundsbeamte der Geschäftsstelle (§ 724) oder der Rechtspfleger (§§ 726 ff), der die Vollstreckungsklausel erteilt hat. 15

[6] Ob überhaupt eine Abhilfemöglichkeit analog §§ 573 Abs. 1 S. 3, 572 Abs. 1 S. 1 besteht, ist umstritten, vgl Hk-ZPO/*Kindl* § 732 Rn 5. 16

[7] Maßgebend für die Begründetheit ist nicht der Zeitpunkt der Erteilung, sondern der **Zeitpunkt der Entscheidung** über die Erinnerung, Hk-ZPO/*Kindl* § 732 Rn 6. 17

[8] Vgl hierzu Zöller/*Stöber* § 732 Rn 5 ff. Zur Begründetheitsprüfung siehe *Jäckel* JuS 2005, 610, 614. Bei Erteilung einer Klausel durch den funktionell unzuständigen Urkundsbeamten statt durch den Rechtspfleger ist die Klausel zwar fehlerhaft und anfechtbar, aber nicht unwirksam (BGH BeckRS 2012, 04658). Diese Fehlerhaftigkeit ist deshalb im Wege der Klauselerinnerung (§ 732), und nicht im Wege der Erinnerung nach § 766 geltend zu machen. Die materielle Richtigkeit einer Klausel ist grundsätzlich nicht zur Überprüfung des Vollstreckungsorgans gestellt (BGH NJW-RR 2013, 437) 18

[9] Bei Zurückweisung der Erinnerung hat der Erinnerungsführer gemäß § 97 Abs. 1 die außergerichtlichen Kosten des Erinnerungsgegners zu tragen. 19

Rechtsbehelfe. Gegen die Entscheidung nach § 732 ist sofortige Beschwerde (§ 567 Abs. 1; vgl Hk-ZPO/*Kindl* § 732 Rn 6 aE) möglich. 20

§ 733 Weitere vollstreckbare Ausfertigung

(1) Vor der Erteilung einer weiteren vollstreckbaren Ausfertigung kann der Schuldner gehört werden, sofern nicht die zuerst erteilte Ausfertigung zurückgegeben wird.
(2) Die Geschäftsstelle hat von der Erteilung der weiteren Ausfertigung den Gegner in Kenntnis zu setzen.
(3) Die weitere Ausfertigung ist als solche ausdrücklich zu bezeichnen.

A. Anträge des Rechtsanwalts
  I. Erteilung einer weiteren
    vollstreckbaren Ausfertigung
    1. Muster: Antrag auf Erteilung
      einer weiteren vollstreckbaren
      Ausfertigung
    2. Erläuterungen und Varianten
      [1] Zuständiges Gericht 2
      [2] Weitere vollstreckbare
          Ausfertigung 3
      [3] Mehrheit von Schuldnern .. 4
      [4] Gerichtskosten 5
      [5] Gründe für weitere
          vollstreckbare Ausferti-
          gungen 6
      [6] Örtliche Zuständigkeit der
          Gerichtsvollzieher 7
      [7] Gleichzeitige Zwangsvoll-
          streckungsmaßnahmen an
          mehreren Orten 8

[8] Berechtigtes Interesse des Antragstellers 9
II. Weitere vollstreckbare Ausfertigung für den Rechtsnachfolger
 1. Muster: Antrag auf weitere vollstreckbare Ausfertigung für den Rechtsnachfolger
 2. Erläuterungen und Varianten
  [1] Rechtsnachfolge 12
  [2] Fehlende Rückgabe der ursprünglich erteilten Klausel.................... 13
  [3] Antrag auf Teil-Vollstreckungsklausel 14

B. Die Erteilung einer weiteren Klausel durch das Gericht
 I. Muster: Einfache weitere Klausel
 II. Erläuterungen und Varianten
  [1] Ausdrückliche Bezeichnung als weitere vollstreckbare Ausfertigung 17
  [2] Variante 18
  [3] Weitere Verfügung des Rechtspflegers 19

A. Anträge des Rechtsanwalts

I. Erteilung einer weiteren vollstreckbaren Ausfertigung

1. Muster: Antrag auf Erteilung einer weiteren vollstreckbaren Ausfertigung

▶ An das

▪▪▪gericht ▪▪▪[1]

In Sachen ▪▪▪

beantrage ich gemäß § 733 ZPO die Erteilung einer weiteren[2] vollstreckbaren Ausfertigung des Urteils vom ▪▪▪ .[3]

Die Gerichtsgebühr in Höhe von 15,- EUR ▪▪▪ ist beigefügt.[4]

Begründung[5]

Dem Kläger wurde bereits am ▪▪▪ eine vollstreckbare Ausfertigung des am ▪▪▪ verkündeten Urteils erteilt. Der Kläger betreibt mit dieser Klausel die Zwangsvollstreckung durch den örtlich zuständigen[6] Gerichtsvollzieher in ▪▪▪, wo der Vollstreckungsschuldner seinen Wohnsitz hat.

Glaubhaftmachung: Beglaubigte Abschrift des Zwangsvollstreckungsauftrages an den Gerichtsvollzieher ▪▪▪

Der Kläger beabsichtigt nunmehr parallel eine weitere Zwangsvollstreckungsmaßnahme, nämlich ▪▪▪.[7] Diese durchgeführten bzw beabsichtigten Zwangsvollstreckungsmaßnahmen werden anwaltlich versichert. Der Antragsteller benötigt deshalb eine weitere vollstreckbare Ausfertigung.[8] Es wird angeregt, von einer Anhörung des Schuldners gemäß § 733 Abs. 1 ZPO abzusehen und ihn lediglich von der Erteilung gemäß § 733 Abs. 2 ZPO in Kenntnis zu setzen. ◀

2. Erläuterungen und Varianten

[1] **Adressat** ist das gemäß § 724 Abs. 2 zuständige Gericht.

[2] Oder: zweiten, dritten etc. **vollstreckbaren Ausfertigung.** Antragsteller kann nur der der Titelgläubiger, nicht ein Dritter sein. Der Dritte muss gegebenenfalls als Rechtsnachfolger nach § 727 vorgehen (OLG Koblenz BeckRS 2014, 04017).

[3] Der Antrag kann auch mit dem erstmaligen Antrag einer vollstreckbaren Ausfertigung verbunden sein, insbesondere wenn gegen **mehrere Schuldner** gleichzeitig vollstreckt werden soll:

▶ ... beantrage ich gemäß § 733 ZPO zur Zwangsvollstreckung

gegen ... und

gegen ...

jeweils die Erteilung einer vollstreckbaren Ausfertigung des Urteils vom ... .

Begründung

Für eine effektive und erfolgreiche Beitreibung der titulierten Forderung sind Zwangsvollstreckungsmaßnahmen parallel gegen die Gesamtschuldner durchzuführen. ◀

Zu beachten ist, dass im Beispiel die die beiden Titelschuldner gemäß dem Titel Gesamtschuldner sind, der Titelgläubiger die Leistung also insgesamt nur einmal fordern kann (§ 421 BGB). Sind gegen die beiden Schuldner verschiedene Forderungen tituliert, so liegt kein Fall des § 733 vor.

[4] Zu den Gerichtskosten siehe *Schneider* JurBüro 2004, 632. Es handelt sich um Kosten der Zwangsvollstreckung, soweit die Notwendigkeit einer weiteren vollstreckbaren Ausfertigung nicht vom Gläubiger zu vertreten ist (Hk-ZPO/*Saenger* § 788 Rn 7).

[5] **Gründe** für eine weitere vollstreckbare Ausfertigung sind zB auch Verlust der Ausfertigung, ihre irrtümliche Aushändigung an den Schuldner (vgl Hk-ZPO/*Kindl* § 733 Rn 3, OLG Düsseldorf BeckRS 2012, 24956) , uU ein Zurückbehalten durch den (früheren) Prozessbevollmächtigten (OLG Schleswig MDR 2010, 292) und der Nichterhalt der vom Gericht versandten ersten Ausfertigung (OLG München FamRZ 2013, 485). Die Umstände sind dann jeweils darzulegen und glaubhaft zu machen (hierzu ausführlich OLG Saarbrücken Rpfleger 2007, 673). Wird wegen Beschädigung oder Verschmutzung eine neue vollstreckbare Ausfertigung beantragt und die alte Ausfertigung (dauerhaft) zurückgegeben, so handelt es sich nicht um eine weitere vollstreckbare Ausfertigung iS von § 733, da dann nicht die Gefahr der Zuviel- oder Doppelvollstreckung besteht.

[6] Zur örtlichen Zuständigkeit vgl § 154 GVG iVm der jeweiligen Gerichtsvollzieherordnung. Nach § 20 der GVOen darf der Gerichtsvollzieher nur in dem ihm zugewiesenen Bezirk Amtshandlungen vornehmen.

[7] Bei Zwangsvollstreckungsmaßnahmen, die gleichzeitig an mehreren Orten erfolgen oder die von funktionell unterschiedlichen Vollstreckungsorganen durchzuführen sind, kann eine weitere vollstreckbare Ausfertigung erteilt werden. In Betracht kommen zB:

▶ die Zwangsvollstreckung durch den für ... örtlich zuständigen Gerichtsvollzieher, wo der Vollstreckungsschuldner seine Geschäftsräume hat. ◀

oder

▶ die Zwangsvollstreckung durch Forderungspfändung ◀

[8] Bei einer (echten) weiteren vollstreckbaren Ausfertigung besteht stets die Gefahr, dass über die titulierte Schuld hinaus vollstreckt wird. Sie erfordert deshalb über die

allgemeinen Klauselvoraussetzungen hinaus, dass ein **berechtigtes Interesse** des Antragstellers vorliegt und berechtigte Belange des Titelschuldners nicht entgegenstehen (Hk-ZPO/*Kindl* § 733 Rn 4).

Gebühren: Hk-ZPO/*Kindl* § 733 Rn 6.

II. Weitere vollstreckbare Ausfertigung für den Rechtsnachfolger

1. Muster: Antrag auf weitere vollstreckbare Ausfertigung für den Rechtsnachfolger

▶ ... beantrage ich eine qualifizierte vollstreckbare Ausfertigung für den Rechtsnachfolger des Klägers gem. § 727 ZPO als weitere vollstreckbare Ausfertigung gem. § 733 ZPO.

Begründung

...[1]

Der Antragsteller kann die dem ursprünglichen Titelgläubiger erteilte vollstreckbare Ausfertigung nicht zum Zwecke der Umschreibung vorlegen, weil der ursprüngliche Titelgläubiger die Ausfertigung verloren hat.[2]

Glaubhaftmachung: Eidesstattliche Versicherung des ursprünglichen Titelgläubigers vom ...
Der Antragsteller benötigt deshalb eine weitere vollstreckbare Ausfertigung.[3] Der Titelschuldner wird vor der Erteilung gem. § 733 Abs. 1 ZPO zu hören sein. Weiter ist der Titelschuldner nach § 733 Abs. 2 ZPO von der Erteilung einer weiteren Ausfertigung in Kenntnis zu setzen. ◀

2. Erläuterungen und Varianten

[1] Bezüglich der gebotenen Ausführungen zur Rechtsnachfolge vgl § 727 Rn 1.

[2] Mangels Rückgabe der ursprünglich erteilten Klausel ist die nunmehr beantragte Klausel als weitere Klausel nach § 733 zu erteilen (Hk-ZPO/*Kindl* § 727 Rn 11).

[3] Variante: Antrag auf Teil-Vollstreckungsklausel als weiter vollstreckbare Ausfertigung, wenn **teilweise** Rechtsnachfolge eingetreten ist (siehe hierzu zunächst § 727 Rn 5).

▶ Ich beantrage die Erteilung einer qualifizierten vollstreckbaren Ausfertigung für den Rechtsnachfolger des Klägers gem. § 727 ZPO als weitere vollstreckbare Ausfertigung gem. § 733 ZPO bezüglich eines Betrages in Höhe von ... EUR.

Begründung

...

Die ursprünglich erteilte Vollstreckungsklausel kann nicht vorgelegt werden, weil der Titelgläubiger sie verloren hat.

Nachweis: Eidesstattliche Versicherung der gesetzlichen Vertreterin des unterhaltsberechtigten Kindes

Der Titelschuldner wird vor der Erteilung gem. § 733 Abs. 1 ZPO zu hören sein. Weiter ist der Titelschuldner nach § 733 Abs. 2 ZPO von der Erteilung einer weiteren Ausfertigung in Kenntnis zu setzen. ◀

Eine echte weitere vollstreckbare Ausfertigung liegt nur dann vor, wenn die ursprüngliche vollstreckbare Ausfertigung nicht mehr vorgelegt werden kann, zB weil der ursprüngliche Titelgläubiger sie verloren hat. Dann sind im Falle teilweiser Rechtsnachfolge jeweils Teilklauseln für den ursprünglichen Titelgläubiger und den neuen Gläubiger zu erteilen, und zwar jeweils als weitere Teilklauseln. Soweit die zuerst erteilte Ausfertigung vorgelegt und bei Teilrechtsnachfolge im Umfang der erteilten Teilklausel mit einer **Einschränkung** versehen werden kann, liegt kein Fall einer weiteren Klausel vor (vgl § 727 Rn 14 und Hk-ZPO/*Kindl* § 733 Rn 2).

Zu den **Rechtsanwaltsgebühren** in diesem Fall siehe *Schneider* JurBüro 2004, 632, 633. 15

B. Die Erteilung einer weiteren Klausel durch das Gericht

I. Muster: Einfache weitere Klausel 16

▶ Weitere[1] vollstreckbare Ausfertigung

Vorstehende mit der Urschrift übereinstimmende weitere Ausfertigung wird dem Kläger zum Zwecke der Zwangsvollstreckung erteilt.[2]

Gründe

Der Rechtsnachfolger hat glaubhaft gemacht, dass die zuerst erteilte vollstreckbare Ausfertigung verloren gegangen ist.

..., den ...

...

Rechtspfleger[3] (Siegel) ◀

II. Erläuterungen und Varianten

[1] Die vollstreckbare Ausfertigung ist ausdrücklich als „weitere" oder „zweite" oder „dritte" usw (Zöller/*Stöber* § 733 Rn 13) zu bezeichnen, § 733 Abs. 3. Die Bezeichnung in der Überschrift oder im Klauseltext ist ausreichend (Zöller/*Stöber* § 733 Rn 13, aA Thomas/Putzo/*Hüßtege* § 733 Rn 7). 17

[2] Oder: 18

▶ Vorstehende mit der Urschrift übereinstimmende Ausfertigung wird hiermit dem Kläger als weitere vollstreckbare Ausfertigung zum Zwecke der Zwangsvollstreckung erteilt. ◀

[3] Zuständig ist gem. § 20 Nr. 12 RPflG der Rechtspfleger. Er vermerkt die Erteilung gemäß § 734 auf dem Originaltitel im Akt. Seine weitere **Verfügung** lautet: 19

▶ I. Weitere vollstreckbare Ausfertigung an Rechtsanwalt ... gegen Empfangsbekenntnis übersenden.

II. Mitteilung an Titelschuldner:

Am ... wurde eine weitere vollstreckbare Ausfertigung des Urteils vom ..., Az ..., erteilt, und zwar mit folgendem Inhalt:

...

III. Wieder weglegen ◀

Zu den **Rechtsbehelfen** vgl Hk-ZPO/*Kindl* § 733 Rn 5 aE. 20

§ 734 Vermerk über Ausfertigungserteilung auf der Urteilsurschrift

¹Vor der Aushändigung einer vollstreckbaren Ausfertigung ist auf der Urschrift des Urteils zu vermerken, für welche Partei und zu welcher Zeit die Ausfertigung erteilt ist. ²Werden die Prozessakten elektronisch geführt, so ist der Vermerk in einem gesonderten elektronischen Dokument festzuhalten. ³Das Dokument ist mit dem Urteil untrennbar zu verbinden.

A. Einfache vollstreckbare Ausfertigung
   I. Muster: Vermerk über einfache vollstreckbare Ausfertigung
   II. Erläuterungen und Varianten
     [1] Vermerk auf Urschrift ... 3
     [2] Titelgläubiger 4
     [3] Teilklausel 5
     [4] Titelschuldner 6
     [5] Anbringung des Vermerks 7
B. Qualifizierte vollstreckbare Ausfertigung
   I. Muster: Vermerk über vollstreckbare Ausfertigung für und gegen Rechtsnachfolger (Rechtsnachfolgeklausel gem. § 727)

   II. Erläuterungen und Varianten
     [1] Mehrere Gesamtschuldner ... 9
     [2] Nacherbschaft 10
     [3] Vermerk bei qualifizierten Klauseln 11
     [4] Teilklausel 12
     [5] Zuständigkeit 13

A. Einfache vollstreckbare Ausfertigung

1 I. Muster: Vermerk über einfache vollstreckbare Ausfertigung

▶ Vollstreckbare Ausfertigung[1] wurde dem ...[2] zum Zwecke der Zwangsvollstreckung[3] gegen ...[4] am ... erteilt.

..., den ...

...

Urkundsbeamter der Geschäftsstelle[5] ◀

II. Erläuterungen und Varianten

2 Die Norm, die vorrangig dem **Schuldnerschutz** dient, verhindert eine ungewollte Mehrfacherteilung der Vollstreckungsklausel und ermöglicht dem Vollstreckungsschuldner, sich durch Akteneinsicht zu informieren, wem in welcher Höhe und wie viele vollstreckbare Ausfertigungen erteilt wurden (Hk-ZPO/*Kindl* § 734 Rn 1).

3 [1] Von welchem Titel eine vollstreckbare Ausfertigung erteilt wurde, muss nicht näher bezeichnet werden, weil der Vermerk auf der im Akt befindlichen **Urschrift** des Titels, von der eine (vollstreckbare) Ausfertigung erteilt wird, angebracht wird und sich nur hierauf bezieht.

4 [2] Wenn aufgrund des Inhalts des Titels nur ein Titelgläubiger vorhanden ist, ist die Angabe, wem die vollstreckbare Ausfertigung erteilt wurde, entbehrlich, da ohnehin nur der eine Titelgläubiger in Betracht kommt. Notwendig ist die Benennung des Empfängers jedoch bei mehreren Titelgläubigern oder im Falle der Titelumschreibung (siehe Rn 8).

[3] Wenn nur für einen Teil des Titels – zB antragsgemäß wegen bereits erfolgter Teilerfüllung des Titels – die Klausel (Teilklausel) erteilt wurde, ist dies ebenfalls zu vermerken:

▶ Vollstreckbare Ausfertigung über einen Betrag in Höhe von ... wurde dem ... zum Zwecke der Zwangsvollstreckung gegen ... am ... erteilt.

..., den ...

...

Urkundsbeamter der Geschäftsstelle (Siegel) ◀

[4] Bzgl des Titelschuldners gelten die Ausführungen zum Titelgläubiger oben Rn 4 entsprechend.

[5] Angebracht wird der Vermerk von dem Beamten, der die vollstreckbare Ausfertigung erteilt (Hk-ZPO/*Kindl* § 734 Rn 1), also bei § 724 vom Urkundsbeamten und bei den §§ 726 ff vom Rechtspfleger.

B. Qualifizierte vollstreckbare Ausfertigung

I. Muster: Vermerk über vollstreckbare Ausfertigung für und gegen Rechtsnachfolger (Rechtsnachfolgeklausel gem. § 727)

▶ Vollstreckbare Ausfertigung[1] wurde dem ... als Rechtsnachfolger[2] der ...partei zum Zwecke der Zwangsvollstreckung gegen die ...partei[3] am ... erteilt.[4]

..., den ...

...

Rechtspfleger[5] ◀

II. Erläuterungen und Varianten

[1] Werden mehrere vollstreckbare Ausfertigungen zum Zwecke der gleichzeitigen Zwangsvollstreckung gegen mehrere **Gesamtschuldner** erteilt, handelt es sich um weitere vollstreckbare Ausfertigungen iS von § 733, was zu vermerken ist:

▶ Zwei Vollstreckbare Ausfertigungen als weitere vollstreckbare Ausfertigungen wurden der ...partei zum Zwecke der Zwangsvollstreckung gegen ... und gegen ... erteilt. ◀

[2] Statt Rechtsnachfolge kommt auch zB Nacherbschaft (§ 728) in Betracht.

[3] Ggf ist die Erteilung gegen den Rechtsnachfolger (§ 727) oder zB den Nacherben (§ 728) oder den mithaftenden Firmenübernehmer (§ 729 Abs. 2) zu vermerken.

[4] Ein in der Praxis häufiger Fall ist der Vermerk über die Erteilung einer **Teilklausel gemäß § 727** nach gesetzlichem Forderungsübergang (siehe hierzu § 727 Rn 22).

[5] Angebracht wird der Vermerk von dem Beamten, der die vollstreckbare Ausfertigung erteilt (Hk-ZPO/*Kindl* § 734 Rn 1), also bei qualifizierten Klauseln vom Rechtspfleger.

§ 735 Zwangsvollstreckung gegen nicht rechtsfähigen Verein

Zur Zwangsvollstreckung in das Vermögen eines nicht rechtsfähigen Vereins genügt ein gegen den Verein ergangenes Urteil.

A. Muster: Baustein für Antrag auf Erlass eines Pfändungs- und Überweisungsbeschlusses
B. Erläuterungen
[1] Gewahrsam eines Vereinsorgans ... 2
[2] Vermögen eines nicht rechtsfähigen Vereins ... 3
[3] Titel gegen alle Vereinsmitglieder .. 4
[4] Aktive Parteifähigkeit/Rechtsfähigkeit ... 5
[5] Erlass eines Pfändungs- und Überweisungsbeschlusses ... 6

1 A. Muster: Baustein für Antrag auf Erlass eines Pfändungs- und Überweisungsbeschlusses

▶ An das

Amtsgericht ___

– Vollstreckungsgericht[1] –

Antrag auf Erlass eines Pfändungs- und Überweisungsbeschlusses[2]

in der Zwangsvollstreckung ___ gegen ___, nicht eingetragener Verein, vertreten durch den Vorstand ___

Nach dem Urteil des ___gerichts vom ___, Az ___, kann der Gläubiger gegen den Schuldner folgende Ansprüche geltend machen:

___

Eine vollstreckbare Ausfertigung, der Zustellungsnachweis sowie der Kostenfestsetzungsbeschluss sind beigefügt. Das Urteil ist gegen einen nicht rechtsfähigen Verein[3] gerichtet. Der Verein hat ein Konto bei der ___bank. Als Kontoinhaber werden dort die Vereinsmitglieder ___, ___ und ___ geführt.[4]

Im Namen und mit Vollmacht des Gläubigers beantrage ich den Erlass von folgendem

Beschluss

Wegen folgender Ansprüche

sowie wegen der Kosten für diesen Beschluss und seiner Zustellung werden die angeblichen Ansprüche des Schuldners gegen die ___bank, vertreten durch ___, aus Kontoverbindungen jeder Art, insbesondere aus der Kontoverbindung mit der Kontonummer ___ gepfändet ___.[5] ◀

B. Erläuterungen

2 [1] Die Zwangsvollstreckung durch den Gerichtsvollzieher ist nur bezüglich des beweglichen Vereinsvermögens möglich, das sich im **Gewahrsam eines Vereinsorgans** befindet (Hk-ZPO/*Kindl* § 735 Rn 2).

3 [2] § 735 ermöglicht die Zwangsvollstreckung in das Vermögen eines nicht rechtsfähigen Vereins, der gemäß § 50 Abs. 2 passiv parteifähig ist. Im Falle der Auflösung des Vereins bleibt § 735 bis zur Beendigung der Liquidation anwendbar (Hk-ZPO/*Kindl* § 735 Rn 1, vgl auch § 100 Nr. 1 GVGA).

[3] Wurde der Titel nicht gegen den Verein, sondern gegen alle Vereinsmitglieder er- 4
wirkt, wird er analog § 736 vollstreckt, was auch die Zwangsvollstreckung in das
Vermögen der Vereinsmitglieder (vgl hierzu für die Zwangsvollstreckung durch den
Gerichtsvollzieher § 54 GVGA) und somit in das bewegliche Vermögen des Vereins
ermöglicht, das sich im **Gewahrsam eines einfachen Mitglieds** befindet (Hk-ZPO/
Kindl § 735 Rn 3).
[4] Besteht die gepfändete Forderung des Vereins nicht, weil es sich nicht um ein Ver- 5
einskonto handelt, geht die Pfändung ins Leere. Zur Problematik der **aktiven Parteifähigkeit und Rechtsfähigkeit** des „nicht rechtsfähigen" Vereins infolge der Grund-
satzentscheidung des BGH (NJW 2001, 1056), mit der der BGB-Außengesellschaft
Rechts- und Parteifähigkeit zugesprochen wurde, vgl Hk-BGB/*Dörner* § 54 BGB
Rn 4. Wird die Fähigkeit des nicht rechtsfähigen Vereins, Träger von Rechten und
Pflichten zu sein, bejaht (so Hk-BGB/*Dörner* aaO), kann er auch selbst Kontoinhaber
sein. Unproblematisch ist deshalb der Fall, in dem der nicht rechtsfähige Verein bei
der Bank namentlich als Kontoinhaber geführt wird.
[5] Zu den Einzelheiten des Antrags auf Erlass eines Pfändungs- und Überweisungs- 6
beschlusses vgl §§ 829 ff.

§ 736 Zwangsvollstreckung gegen BGB-Gesellschaft

Zur Zwangsvollstreckung in das Gesellschaftsvermögen einer nach § 705 des Bürgerlichen Gesetzbuchs eingegangenen Gesellschaft ist ein gegen alle Gesellschafter ergangenes Urteil erforderlich.

A. Muster: Zwangsvollstreckungsauftrag		[4] Vertretungsbefugnis	6
B. Erläuterungen und Varianten		[5] Titel gegen die GbR	7
[1] Namensführung bei GbR	3	[6] Zwangsvollstreckung in das Privat-	
[2] Identität der GbR	4	vermögen eines Gesellschafters	10
[3] Rechts- und Parteifähigkeit der Außen-GbR	5		

A. Muster: Zwangsvollstreckungsauftrag 1

▶ An das

Amtsgericht ...

– Gerichtsvollzieherverteilungsstelle –

Zwangsvollstreckungsauftrag

in Sachen

...

gegen

...[1], Gesellschaft bürgerlichen Rechts[2], bestehend aus den Gesellschaftern ...[3],
...straße, ...stadt, vertreten durch den geschäftsführenden Gesellschafter[4] ...
Ich überreiche in Anlage eine vollstreckbare Ausfertigung des Urteils gegen die ... GbR[5]
und erteile den Auftrag zur Zwangsvollstreckung gegen die Gesellschaft[6] wegen folgender
Beträge: ... ◀

B. Erläuterungen und Varianten

2 § 736 soll die Vollstreckung von Privatgläubigern in das Gesellschaftsvermögen verhindern (Hk-ZPO/*Kindl* § 736 Rn 1). Diese Vorschrift ist bereits vorprozessual, spätestens aber bei Klageerhebung von großer Bedeutung. Denn die spätere Vollstreckungsrichtung und die Erfolgsaussicht einer Zwangsvollstreckung müssen bereits bei der Klageerhebung bei der Bezeichnung der beklagten Partei(en) bedacht werden.

3 [1] Zur **Namensführung** bei der GbR vgl Hk-BGB/*Saenger* § 705 Rn 22. Zum Aktivprozess einer GbR siehe BGH NJW-RR 2006, 42 und Rn 4.

4 [2] **Identitätsstiftendes Merkmal der GbR** ist nicht (mehr) die gewählte Bezeichnung der GbR als Verband (s. Rn 5), sondern dies sind die Gesellschafter (BGH NJW 2011, 615, 616 in Abkehr von BGH NJW 2009, 594 aufgrund der Änderung von § 47 Abs. 2 GBO und § 15 GBV durch das ERVGBG; *Reymann* Immobiliarvollstreckung gegen GbR(-Gesellschafter), NJW 2011, 1412). Im Hinblick hierauf scheint es geboten, die GbR als potenzielle Titelschuldnerin auch dann, wenn sie als Verband einen Namen bzw eine Bezeichnung führt, unter **zusätzlicher Benennung aller Gesellschafter** zu bezeichnen. Dies gilt zunächst für eine Klage gegen eine GbR. Aber auch im Falle der Klage einer GbR sollte der Beklagte auf eine exakte Bezeichnung der GbR hinwirken (vgl hierzu Hk-ZPO/*Bendtsen* § 50 Rn 25, um im Falle seines (Teil-)Obsiegens seine Rechte (zB Kostenerstattungsanspruch oder Anspruch aus § 717) wahren zu können. Zur Vertretung der GbR s. BGH NJW 2010, 2886. Zu Änderungen im Gesellschafterbestand nach Rechtshängigkeit s. Rn 8.

5 [3] Zur **Rechts- und Parteifähigkeit** der Außen-GbR siehe BGH NJW 2001, 1056, Hk-BGB/*Saenger* § 705 Rn 1 ff und Hk-ZPO/*Bendtsen* § 50 Rn 23. Zur Grundbuchfähigkeit vgl § 47 Abs. 2 GBO und BGH NJW-RR 2012, 86.

6 [4] Problematisch ist bei der GbR häufig die Frage der **Vertretungsbefugnis** (vgl hierzu BGH NJW 2010, 2886), da Geschäftsführerbestellung, Änderungen in der Geschäftsführung und Gesellschafterbestand und dessen Änderung für Dritte nicht ohne Weiteres erkennbar sind, zumal sie nicht in einem öffentlichen Register verzeichnet werden (vgl hierzu *Karsten Schmidt*, Schwierigkeiten mit dem Prozessrecht der GbR, NJW 2008, 1841). Zur Zustellung an eine GbR vgl BGH NJW 2006, 2191. Zum Grundsatz der gemeinschaftlichen Vertretung durch alle Gesellschafter nach Auflösung der GbR siehe BGH BeckRS 2011, 22751.

7 [5] Hier ist der **Titel gegen die GbR** als solche gerichtet (vgl aber unten Rn 10). Mit diesem kann die Zwangsvollstreckung in das Gesellschaftsvermögen erfolgen (OLG Köln BeckRS 2014, 10512, Hk-ZPO/*Kindl* § 736 Rn 1, zur notwendigen Bestimmtheit der Parteibezeichnung vgl Hk-ZPO/*Kindl* § 736 Rn 2), obwohl dies dem Wortlaut des § 736 nicht zu entnehmen ist (vgl hierzu Hk-ZPO/*Kindl* § 736 Rn 1). Nach § 736 kann die Zwangsvollstreckung in das Gesellschaftsvermögen aber auch dann erfolgen, wenn ein **Titel gegen** die Gesellschafter, und zwar **alle Gesellschafter** vorliegt. Der Titel – es genügen auch in getrennten Verfahren erwirkte Titel (BGH NZG 2011, 662, 663 – muss also alle bei Beginn der Zwangsvollstreckung vorhandenen Gesellschafter bezeichnen (vgl im Einzelnen Hk-ZPO/*Kindl* § 736 Rn 3) wie zB in der Variante Rn 10. Ein solcher Titel ermöglicht auch die Zwangsvollstreckung in das Privatvermögen der Gesellschafter. Ein solcher Titel ist insb. dann anzustreben, wenn

das Gesellschaftsvermögen in tatsächlicher Hinsicht nicht sauber vom Privatvermögen getrennt ist, weil dann erhebliche Probleme bei der Gewahrsamsfeststellung durch den Gerichtsvollzieher (vgl hierzu Zöller/*Stöber* § 736 Rn 2) entstehen können.

Zur **Titelumschreibung** bei einem Gesellschafterwechsel zwischen Rechtshängigkeit 8 der Klage und Beginn der Zwangsvollstreckung s. Hk-ZPO/*Kindl* § 736 Rn 5. Zur Erforderlichkeit einer „Rechtsnachfolge"-Klausel analog § 727 wegen Veränderung des Gesellschafterbestandes bei der Zwangsvollstreckung in ein Grundstück der GbR s. BGH NJW 2011, 615. Einer solchen Klausel bedarf es aber dann nicht, wenn im Zeitpunkt der Anordnung der Zwangsversteigerung die im Titel genannten Gesellschafter mit den im Grundbuch eingetragenen Gesellschaftern (noch) übereinstimmen (BGH NJW 2011, 1449).

Zur **Prozessstrategie** bei einer Klage gegen eine GbR vgl Hk-ZPO/*Bendtsen* § 50 9 Rn 24 und Hk-BGB/*Saenger* § 705 Rn 22. Die größte Haftungsmasse wird erschlossen, wenn die GbR als solche und zusätzlich alle Gesellschafter verklagt werden (zum Verhältnis dieser beiden Klagemöglichkeiten vgl BGH NZG 2011, 662). Die Benennung der einzelnen Gesellschafter als Parteien (s. Rn 10) ist zu unterscheiden von der bloßen namentlichen Erwähnung der Gesellschafter zur Beschreibung der GbR (zB „GbR, bestehend aus den Gesellschaftern ..."). Die Zwangsvollstreckung in ein Grundstück der GbR erfordert einen Titel, der die Gesellschafter ausweist (BGH NJW 2011, 615).

[6] Wird ein Auftrag zur Zwangsvollstreckung gegen einen Gesellschafter der GbR 10 erteilt, soll also eine **Zwangsvollstreckung in das Privatvermögen eines Gesellschafters** erfolgen, so ist ein Titel gegen die GbR als solche nicht ausreichend. Es ist ein **Titel gegen den Gesellschafter** selbst, der aber u.U. nur teilschuldnerisch haftet (BGH BeckRS 2013, 02111), erforderlich. Der Titel muss den Gesellschafter, gegen den die Vollstreckung erfolgen soll, gerichtet sein – sei es mit oder ohne Hinweis auf die Gesellschafterstellung:

▶ In Sachen

...

gegen

1. ..., (als Gesellschafter der ... GbR), Beklagter zu 1)
2. ..., (als Gesellschafter der ... GbR), Beklagter zu 2)
3. ..., (als Gesellschafter der ... GbR), Beklagter zu 3)

Endurteil

...

Bei einem Aktivprozess hat ausschließlich die GbR – nicht die Gesellschafter als 11 Streitgenossen – die Sachbefugnis (BGH NJW-RR 2006, 42). Andererseits ist auch beim Aktivprozess die zusätzliche Benennung aller Gesellschafter geboten, um Schwierigkeiten in der Zwangsvollstreckung zu vermeiden (vgl OLG München, BeckRS 2011, 24208 zur Ablehnung der Eintragung einer Zwangshypothek für die GbR).

§ 737 Zwangsvollstreckung bei Vermögens- oder Erbschaftsnießbrauch

(1) Bei dem Nießbrauch an einem Vermögen ist wegen der vor der Bestellung des Nießbrauchs entstandenen Verbindlichkeiten des Bestellers die Zwangsvollstreckung in die dem Nießbrauch unterliegenden Gegenstände ohne Rücksicht auf den Nießbrauch zulässig, wenn der Besteller zu der Leistung und der Nießbraucher zur Duldung der Zwangsvollstreckung verurteilt ist.

(2) Das Gleiche gilt bei dem Nießbrauch an einer Erbschaft für die Nachlassverbindlichkeiten.

§ 738 Vollstreckbare Ausfertigung gegen Nießbraucher

(1) Ist die Bestellung des Nießbrauchs an einem Vermögen nach der rechtskräftigen Feststellung einer Schuld des Bestellers erfolgt, so sind auf die Erteilung einer in Ansehung der dem Nießbrauch unterliegenden Gegenstände vollstreckbaren Ausfertigung des Urteils gegen den Nießbraucher die Vorschriften der §§ 727, 730 bis 732 entsprechend anzuwenden.

(2) Das Gleiche gilt bei dem Nießbrauch an einer Erbschaft für die Erteilung einer vollstreckbaren Ausfertigung des gegen den Erblasser ergangenen Urteils.

A. Anträge des Rechtsanwalts
   I. Duldung der Zwangsvollstreckung
     1. Muster: Klage auf Duldung der Zwangsvollstreckung
     2. Erläuterungen
       [1] Streitwert 3
       [2] Titelumschreibung 4
       [3] Entstehen der Forderung nach Bestellung des Nießbrauchs 5
       [4] Bestellung des Nießbrauchs nach Rechtskraft des Leistungsurteils 6
   II. Klauselerteilung
     1. Muster: Antrag des Rechtsanwalts auf Klauselerteilung nach § 738 iVm § 727
     2. Erläuterungen
       [1] Zuständigkeit 8
       [2] Text der begehrten Klausel ... 9
       [3] Nießbrauchbestellung vor Rechtskraft 10
       [4] Nachweispflicht iS von § 727 11
B. Klauselerteilung durch das Gericht
   I. Muster: Klauselerteilung nach § 738 iVm § 727
   II. Erläuterungen
       [1] Vom Antragsteller vorgelegte vollstreckbare Ausfertigung .. 14
       [2] Erteilung an Titelgläubiger ... 15
       [3] Bezeichnung des Nießbrauchers 16
       [4] Vermögenszugehörigkeit von Gegenständen 17
       [5] Benennung des Titelschuldners 18

A. Anträge des Rechtsanwalts

I. Duldung der Zwangsvollstreckung

1. Muster: Klage auf Duldung der Zwangsvollstreckung iSv § 737

▶ An das
--- gericht ---

Klage

Streitwert: --- EUR[1]

Namens und in Vollmacht des Klägers erhebe ich Klage und werde beantragen:

Der Beklagte hat die Zwangsvollstreckung des Klägers aus dem Urteil des ...gerichts ... vom ..., Az ..., in die seinem Nießbrauch unterliegenden, zum Vermögen des Nießbrauchbestellers ...gehörenden Gegenstände, insbesondere in den Lkw der Marke ... mit der Fahrzeugidentifikationsnummer ... zu dulden.

Begründung

Der Kläger erwirkte gegen den Sohn des Beklagten (nachfolgend: Nießbrauchbesteller) das am ... verkündete Endurteil des ...gerichts ..., Az ..., rechtskräftig seit ..., auf Zahlung von ... EUR.

Beweis: Urteil des ...gerichts ... vom ..., Az ...

Im Rahmen der Zwangsvollstreckung des Klägers gegen den Nießbrauchbesteller wurde der im Tenor bezeichnete Lkw am ... durch den Gerichtsvollzieher gepfändet. Daraufhin hat der Beklagte am ... gegen die Pfändung Erinnerung gem. § 766 ZPO eingelegt mit der Begründung, er sei Nießbraucher und habe Gewahrsam an dem Fahrzeug. Zum Nachweis legte der Beklagte die Urkunde des Notars ... vom ..., UR-Nr. ..., vor, aus der sich ergibt, dass ihm der Nießbrauchbesteller am ..., also vor Rechtskraft des Urteils, ein Nießbrauchrecht an dem Lkw im Rahmen eines Unternehmensnießbrauchs (vgl hierzu MK-BGB/Pohlmann § 1085 Rn 10 ff) bestellt hat. Auf die Erinnerung hin wurde die Zwangsvollstreckung für unzulässig erklärt.

Der Kläger kann gem. § 1086 BGB Befriedigung aus dem Fahrzeug verlangen. Der Beklagte muss also die Zwangsvollstreckung in die Sache dulden. Das Unternehmen ist – abgesehen von einzelnen Gegenständen mit verhältnismäßig unbedeutendem Wert – das gesamte Vermögen (zum Vermögensbegriff vgl MK-BGB/Pohlmann § 1085 Rn 2 ff) des Nießbrauchbestellers, was der Beklagte auch wusste. Der im Urteil titulierte Zahlungsanspruch[2] ist am ... entstanden, also vor Bestellung des Nießbrauchs.[3]

Beweis: Urteil des ...gerichts ..., Az ...

Das Urteil, aus dem die Zwangsvollstreckung betrieben werden soll, wurde allerdings erst am ... rechtskräftig, also nach der Nießbrauchbestellung. Eine Umschreibung des Leistungstitels des Klägers gegen den Beklagten gem. § 738 ZPO ist somit nicht möglich.[4]

Gemäß § 1086 BGB ist der Beklagte verpflichtet, die Zwangsvollstreckung in den Lkw zu dulden. Ein Duldungstitel gegen den Beklagten ist gem. § 737 Abs. 1 ZPO zur Zwangsvollstreckung erforderlich.

Der Beklagte wurde mit Schriftsatz vom ... unter Klageandrohung aufgefordert, sich bis spätestens ... gem. § 794 Abs. 2 ZPO der sofortigen Zwangsvollstreckung in die dem Nießbrauch unterliegenden Gegenstände, insbesondere in den Lkw, zu unterwerfen. Ein Duldungstitel wäre im Falle einer Unterwerfungserklärung des Nießbrauches gem. § 794 Abs. 2 ZPO entbehrlich. Nachdem eine solche Erklärung vom Beklagten nicht abgegeben wurde, war Klageerhebung geboten.

...

Rechtsanwalt ◄

2. Erläuterungen

2   Der Nießbrauch ist das (absolute) Recht, aus einer Sache (§ 1030 BGB) oder aus einem Recht (§ 1068 BGB) die Nutzungen zu ziehen. Der Nießbraucher haftet grds. nicht – Ausnahmen bei entsprechender Vereinbarung oder im Falle des § 1088 BGB – für Schulden des Nießbrauchbestellers. Wird aber der **Nießbrauch am gesamten Vermögen** einer Person (oder an einer Erbschaft iS von § 1089 BGB) bestellt, kann ein Gläubiger des Bestellers vom Nießbraucher gem. § 1086 S. 1 BGB Befriedigung aus den dem Nießbrauch unterliegenden Gegenständen verlangen (§ 1086 S. 1 BGB), wenn die **Forderung vor der Bestellung des Nießbrauchs entstanden** ist (zum Bestellungs- und Entstehungszeitpunkt vgl Staudinger/*Frank* § 1086 Rn 3 ff). In diesem Fall hat der Nießbraucher die Zwangsvollstreckung in alle mit dem Nießbrauch belasteten Gegenstände zu dulden.

Der materiellrechtliche Duldungsanspruch macht den Nießbraucher noch nicht zum Vollstreckungsschuldner. Die Zwangsvollstreckung gegen den Nießbraucher erfordert – spätestens auf Erinnerung des Nießbrauchers hin – seine namentliche Bezeichnung im Urteil oder in der Klausel (vgl § 750 Abs. 1 S. 1).

Im Weiteren ist dann im Grundsatz zu unterscheiden, wann die (in jedem Fall vor der Nießbrauchbestellung entstandene) Forderung rechtskräftig festgestellt wurde:

- Wurde die Forderung erst nach der Nießbrauchbestellung rechtskräftig festgestellt, so ist ein **Duldungstitel gegen den Nießbraucher** nach § 737 erforderlich (wie er mit der Klage im vorliegenden Muster angestrebt wird). Zur Nießbrauchbestellung an der im Streit befangenen Sache in der Zeit zwischen Rechtshängigkeit und Rechtskraft siehe Hk-ZPO/*Kindl* § 737 Rn 2.
- Wurde die Forderung vor Nießbrauchbestellung bereits rechtskräftig festgestellt (vgl hierzu im Einzelnen Zöller/*Stöber* § 737 Rn 3 ff, dort auch zu den Besonderheiten aufgrund § 325), so kann die Vollstreckbarkeit des Titels gegen den Nießbrauchbesteller auf den Nießbraucher erweitert werden, und zwar durch eine **vollstreckbare Ausfertigung gegen den Nießbraucher** nach § 738 (vgl das Muster Rn 12)

3   [1] Der **Streitwert** bestimmt sich nach der Höhe der zu vollstreckenden Forderung (ohne Nebenforderungen) oder nach dem Wert des Vollstreckungsobjektes, wenn dieser Wert geringer ist (Hk-ZPO/*Bendtsen* § 3 Rn 15 „Duldung")

4   [2] Wäre Gegenstand des Titels die **Herausgabe** des Lkws und wäre der Nießbrauch **nach Rechtshängigkeit** der Herausgabeklage bestellt worden, käme eine Titelumschreibung nach §§ 325, 727 in Betracht.

5   [3] Ist die Forderung erst **nach der Bestellung des Nießbrauchs** entstanden, so kann in das dem Nießbrauch unterliegende Vermögen nicht vollstreckt werden (vgl Zöller/*Stöber* § 737 Rn 5).

6   [4] Wurde der Nießbrauch erst **nach Rechtskraft** des Leistungsurteils bestellt, so kommt gem. § 738 eine **Titelumschreibung** (auch) gegen den Nießbraucher entsprechend §§ 727, 730-732 in Betracht. Bzgl der Einzelheiten vgl Rn 7.

II. Klauselerteilung

1. Muster: Antrag des Rechtsanwalts auf Klauselerteilung nach § 738 iVm § 727

▶ An das

...gericht ...[1]

Az ...

In Sachen ...

zeige ich an, dass ich ... anwaltlich vertrete. Eine Vollmacht ist beigefügt.

Namens und in Vollmacht des Klägers beantrage ich die Erteilung einer qualifizierten Vollstreckungsklausel nach § 738 ZPO iVm § 727 ZPO.[2]

Begründung

Der Titelschuldner hat dem ... am ..., also nach[3] Rechtskraft des Urteils in vorliegender Sache einen Nießbrauch an ... und somit an seinem Vermögen bestellt.[4]

Nachweis: Ausfertigung der notariellen Urkunde vom ...

Die der Klagepartei bereits erteilte vollstreckbare Ausfertigung vom ... ist als Anlage beigefügt. Es wird angeregt, die Vollstreckungsklausel gegen den Nießbraucher auf der überreichten vollstreckbaren Ausfertigung anzubringen. ◀

2. Erläuterungen

[1] Zuständig ist gem. §§ 738, 727, 724 das Gericht des ersten Rechtszuges und insoweit der Rechtspfleger (§ 20 Nr. 12 RPflG)

[2] Es kann auch der Text der begehrten Klausel (siehe Rn 12) angeführt werden.

[3] Zum Fall der Nießbrauchbestellung vor Rechtskraft siehe Rn 1.

[4] Den Antragsteller trifft die **Nachweispflicht iS von** § 727. Bereits der Nachweis der Bestellung eines Nießbrauchs am (gesamten) Vermögen dürfte im Rahmen des § 738 schwer möglich sein, so dass der Titelgläubiger meist Klauselklage nach § 731 erheben muss. Zur Nachweisproblematik vgl OLG Zweibrücken Rpfleger 2005, 612.

B. Klauselerteilung durch das Gericht

I. Muster: Klauselerteilung nach § 738 iVm § 727

▶ Vorstehende Ausfertigung[1] wird dem Kläger[2] zusätzlich gegen ...[3] zur Duldung der Zwangsvollstreckung in die dem Nießbrauch des ... unterliegenden,[4] zum Vermögen des Beklagten[5] gehörenden Gegenstände erteilt.

Der Nachweis der Nießbrauchbestellung nach Rechtskraft erfolgte durch ... . ◀

II. Erläuterungen

Zum Klauseltext vgl auch Zöller/*Stöber* § 738 Rn 3.

[1] Hierbei kann es sich um die vom Antragsteller vorgelegte vollstreckbare Ausfertigung gegen den Beklagten handeln.

[2] Erteilt wird sie dem Titelgläubiger; in Fällen einer Widerklage oder eines Vergleichs kann dies freilich auch der Beklagte sein.

[3] Der Nießbraucher ist genau zu bezeichnen.

17 [4] Es erfolgt keine Bezeichnung der einzelnen Gegenstände. Erst das Vollstreckungsorgan prüft, ob bestimmte Gegenstände zum Vermögen gehören, das dem Nießbrauch unterliegt (Hk-ZPO/*Kindl* § 738 Rn 3).

18 [5] Anzuführen ist der Titelschuldner; in Fällen einer Widerklage oder eines Vergleichs kann dies auch der Kläger sein.

19 Zu den **Rechtsbehelfen** vgl Hk-ZPO/*Kindl* § 727 Rn 13 und § 726 Rn 7.

§ 739 Gewahrsamsvermutung bei Zwangsvollstreckung gegen Ehegatten und Lebenspartner

(1) Wird zugunsten der Gläubiger eines Ehemannes oder der Gläubiger einer Ehefrau gemäß § 1362 des Bürgerlichen Gesetzbuchs vermutet, dass der Schuldner Eigentümer beweglicher Sachen ist, so gilt, unbeschadet der Rechte Dritter, für die Durchführung der Zwangsvollstreckung nur der Schuldner als Gewahrsamsinhaber und Besitzer.

(2) Absatz 1 gilt entsprechend für die Vermutung des § 8 Abs. 1 des Lebenspartnerschaftsgesetzes zugunsten der Gläubiger eines der Lebenspartner.

A. Muster: Entscheidungsgründe gem. § 739 für einen Beschluss nach § 766	[2] Pfändung von körperlichen Sachen/ Herausgabevollstreckung	3
B. Erläuterungen	[3] Güterstand	4
[1] Erinnerung 2		

1 **A. Muster: Entscheidungsgründe gem. § 739 für einen Beschluss nach § 766**

▶ ...gericht

- Vollstreckungsgericht -

In der Zwangsvollstreckungssache

... – Vollstreckungsgläubiger und Erinnerungsgegner –

gegen

... – Vollstreckungsschuldner –

hier: Erinnerung der ...[1] – Erinnerungsführerin –

ergeht am ... ohne mündliche Verhandlung folgender

Beschluss

Die Erinnerung der Erinnerungsführerin wird zurückgewiesen.

Die Erinnerungsführerin trägt die Kosten des Verfahrens.

Gründe

I. In der im Rubrum genannten Zwangsvollstreckungssache wurde aufgrund des Titels des Vollstreckungsgläubigers vom ... durch den Gerichtsvollzieher unter anderem ein ... gepfändet.[2] Hiergegen hat sich die Erinnerungsführerin, sie ist die Ehefrau des Vollstreckungsschuldners, mit Schreiben vom ... gewandt, und zwar mit der Begründung, die gepfändete Sache sei ihr Eigentum und werde ausschließlich von ihr genutzt. Bezüglich der Einzelheiten wird auf dieses Schreiben verwiesen.

II. Die Erinnerung ist zulässig, aber unbegründet. Ein Verfahrensverstoß im Sinne von § 766 ZPO liegt nicht vor. Gemäß § 808 Abs. 1 ZPO darf der Gerichtsvollzieher grundsätzlich nur solche körperliche Sachen pfänden, die sich im Alleingewahrsam des Vollstreckungsschuldners befinden. Diese Voraussetzung ist hier erfüllt. Gemäß § 739 Abs. 1 ZPO gilt nämlich der Vollstreckungsschuldner hier bezüglich der gepfändeten Sache als alleiniger Inhaber des Gewahrsams und als Besitzer. Zum einen sind die Erinnerungsführerin und der Vollstreckungsschuldner miteinander verheiratet[3] und waren dies auch bereits zu Beginn der Zwangsvollstreckung; zum anderen greift bezüglich der gepfändeten Sache die Eigentumsvermutung nach § 1362 BGB. Über den bereits genannten Umstand der wirksamen Ehe hinaus liegt die Voraussetzung des Alleinbesitzes eines der Ehegatten oder des ausschließlichen Mitbesitzes beider Ehegatten vor. Auch leben die Erinnerungsführerin und der Vollstreckungsschuldner nicht getrennt (§ 1362 Abs. 1 S. 2 BGB). Bei der gepfändeten Sache handelt es sich auch nicht um eine Sache, die ausschließlich zum persönlichen Gebrauch für die Erinnerungsführerin bestimmt ist. Sachen zum persönlichen Gebrauch im Sinne von § 1362 Abs. 2 BGB sind zB Kleidung und Arbeitsgeräte, jedoch nicht die hier gepfändete ... . Somit wird aufgrund des § 739 ZPO, der dem Gläubiger eines Ehegatten die Zwangsvollstreckung erleichtern soll, iVm § 1362 BGB, der eine Vermögensverschleierung unter Ehegatten verhindern soll, ein Alleingewahrsam des Vollstreckungsschuldners fingiert. Demgemäß liegt auch kein Verfahrensverstoß im Sinne von § 766 ZPO vor.

Mit ihrem Einwand, sie sei Eigentümerin der gepfändeten Sache, kann die Erinnerungsführerin nicht gehört werden; insoweit ist sie auf die Möglichkeit der Drittwiderspruchsklage nach § 771 ZPO zu verweisen.

Die Kostenentscheidung beruht auf §§ 91 ff ZPO.

Richter am Amtsgericht ◄

B. Erläuterungen

[1] Zu den Einzelheiten der Erinnerung siehe § 766.   2

[2] § 739 hat (nur) bei der Pfändung von körperlichen Sachen (§ 808) und bei der Herausgabevollstreckung (§ 883) Bedeutung, wo es jeweils auf den **Alleingewahrsam bzw Alleinbesitz** des Schuldners ankommt, der bei Ehepartnern bzw Lebenspartnern (§ 739 Abs. 2) tatsächlich meist jedoch nicht vorliegt. § 739 fingiert – soweit die Vermutung des § 1362 BGB reicht – Alleingewahrsam bzw Alleinbesitz des Vollstreckungsschuldners im Interesse einer effektiven und unkomplizierten Zwangsvollstreckung. Unabhängig von bzw neben der Gewahrsamsfrage ist jedoch stets § 811 ZPO zu beachten. Insb kommt § 811 Abs. 1 Nr. 5 auch dann zur Anwendung, wenn die zu pfändende oder gepfändete Sache vom Ehegatten des Schuldners für eine Erwerbstätigkeit benötigt wird. § 1362 BGB und § 739 erleichtern dem Gläubiger eines Ehegatten den Vollstreckungszugriff, sie schalten jedoch nicht die sozialpolitisch motivierten Regelungen des § 811 aus (BGH NJW-RR 2010, 642).   3

[3] § 739 Abs. 1 gilt grundsätzlich **für jeden Güterstand**. Lediglich bei **Gütergemeinschaft**, bei der die Vermutung der Zugehörigkeit zum Gesamtgut gilt, kommen statt § 739 die §§ 740-745 zur Anwendung, soweit nicht die Zugehörigkeit des Vollstre-   4

ckungsobjektes zum Sonder- oder Vorbehaltseigentum (des Vollstreckungsschuldners) nachgewiesen ist (Hk-ZPO/*Kindl* § 739 Rn 3). Der Gerichtsvollzieher hat bei der Zwangsvollstreckung vom **gesetzlichen Güterstand** auszugehen, bis ihm ein anderer Güterstand nachgewiesen ist (Hk-ZPO/*Kindl* § 740 Rn 4). Auf die **nichteheliche Lebensgemeinschaft** ist § 739 nicht entsprechend anwendbar (hM, siehe Hk-ZPO/*Kindl* § 739 Rn 2 mwN).

§ 740 Zwangsvollstreckung in das Gesamtgut

(1) Leben die Ehegatten in Gütergemeinschaft und verwaltet einer von ihnen das Gesamtgut allein, so ist zur Zwangsvollstreckung in das Gesamtgut ein Urteil gegen diesen Ehegatten erforderlich und genügend.
(2) Verwalten die Ehegatten das Gesamtgut gemeinschaftlich, so ist die Zwangsvollstreckung in das Gesamtgut nur zulässig, wenn beide Ehegatten zur Leistung verurteilt sind.

A. Erinnerung des Ehegatten des Vollstreckungsschuldners	[5] Gesamtgutverbindlichkeit 7
I. Muster: Erinnerung des mitverwaltenden Ehegatten des Vollstreckungsschuldners	B. Klage gegen den mitverwaltenden Ehegatten
II. Erläuterungen	I. Muster: Klage gegen den mitverwaltenden Ehegatten
[1] Geltung für alle Vollstreckungsarten 3	II. Erläuterungen
[2] Umsetzung der Entscheidung 4	[1] Duldungstitel 9
[3] Erinnerung/Drittwiderspruchsklage 5	[2] Titelumschreibung 10
[4] Alleinverwaltung des Gesamtguts durch eine Ehegatten 6	[3] Beweislast 11

A. Erinnerung des Ehegatten des Vollstreckungsschuldners

1 **I. Muster: Erinnerung des mitverwaltenden Ehegatten des Vollstreckungsschuldners**

 ▶ An das

▪▪▪gericht

- Vollstreckungsgericht -

In der Zwangsvollstreckungssache

▪▪▪ – Vollstreckungsgläubiger und Erinnerungsgegner –

gegen

▪▪▪ – Vollstreckungsschuldner –

hier: Erinnerung der ▪▪▪ - Erinnerungsführerin -

Namens und in Vollmacht der Erinnerungsführerin stelle ich folgenden Antrag:

Die im Auftrag des Vollstreckungsgläubigers erfolgte Pfändung[1] des Pkws der Marke ▪▪▪, Fahrzeugidentifikationsnummer ▪▪▪, wird für unzulässig erklärt.[2]

Der Vollstreckungsgläubiger trägt die Kosten des Verfahrens.

Begründung

I. In der oben genannten Zwangsvollstreckungssache wurde durch den Gerichtsvollzieher die im Antrag genannte Sache gepfändet. Die Pfändung erfolgte aufgrund des Urteils des ...gerichts vom ..., Az .... Der Titel richtet sich nur gegen den Vollstreckungsschuldner, nicht gegen die Erinnerungsführerin. Die Erinnerungsführerin ist die Ehefrau des Vollstreckungsschuldners;[3] sie leben im Güterstand der Gütergemeinschaft. Dieser Güterstand bestand bereits im Zeitpunkt des Beginns der Vollstreckung.

Beweis: beglaubigte Abschrift der Urkunde des Notars ... vom ..., UR-Nr. ...

Die gepfändete Sache ist gemeinschaftliches Vermögen (Gesamtgut) der Eheleute. Hierfür spricht bereits die Vermutung des § 1416 BGB (Hk-ZPO/*Kemper* § 1416 Rn 2). Gemäß § 1421 S. 2 BGB wird vermutet, dass das Gesamtgut von den Ehegatten gemeinschaftlich verwaltet wird. Überdies wurde von den Ehegatten auch tatsächlich gemäß § 1421 S. 1 BGB eine gemeinschaftliche Verwaltung des Gesamtgutes vereinbart.[4]

Beweis: wie vor

Mangels eines Alleinverwaltungsrechtes des Vollstreckungsschuldners ist hier für die Zwangsvollstreckung in das Gesamtgut ein Titel, der sich allein gegen den Vollstreckungsschuldner richtet, nicht ausreichend.[5] Aufgrund der gemeinschaftlichen Verwaltung des Gesamtgutes ist nach § 740 Abs. 2 ZPO die Zwangsvollstreckung in das Gesamtgut nur zulässig, wenn beide Ehegatten zur Leistung verurteilt sind.

...

Rechtsanwalt ◄

II. Erläuterungen

Für die Zwangsvollstreckung in das Sondergut (§ 1417 BGB) und Vorbehaltsgut (§ 1418 BGB), also bei **alleiniger Rechtsinhaberschaft** eines Ehegatten kommt § 740 nicht zur Anwendung. Es gilt dann bspw § 739, der jedoch nur für das Vorbehaltsgut Bedeutung erlangen kann, weil Sondergut nur Rechte, nicht auch Sachen sein können (Hk-BGB/*Kemper* § 1417 Rn 2).

[1] § 740 gilt für **alle Vollstreckungsarten**. Zum Anwendungsbereich der Norm, in den auch der Gütergemeinschaft vergleichbare ausländische Gemeinschaften fallen (zur Errungenschaftsgemeinschaft nach italienischem Recht vgl bspw OLG Düsseldorf NJW-RR 2010, 1662) und zum Normzweck siehe Hk-ZPO/*Kindl* § 740 Rn 1. Zu beachten ist auch der Ausschluss der Pfändung des Anteils am Gesamtgut nach § 860 (vgl hierzu OLG München NJW-RR 2013, 527).

[2] Die Umsetzung der Entscheidung erfolgt entsprechend § 775 Nr. 1, 776 (Hk-ZPO/*Kindl* § 766 Rn 17).

[3] Auch der Titelschuldner könnte eine Erinnerung auf § 740 Abs. 2 stützen. **Drittwiderspruchsklage** kann allerdings nur der Ehegatte erheben (Hk-ZPO/*Kindl* § 740 Rn 8). Rechtsbehelfe gegen Zwangsvollstreckungsmaßnahmen bedürfen nicht der Mitwirkung des anderen Ehegatten (§ 1455 Nr. 9 BGB).

[4] Verwaltet ein Ehegatte das Gesamtgut allein, so ist gem. § 740 Abs. 1 ein Titel gegen diesen Ehegatten notwendig, andererseits aber auch ausreichend.

7 **[5]** Wenn eine **Gesamtgutverbindlichkeit** (§§ 1459 f BGB) jedoch tatsächlich gegeben ist, ist der Erfolg der Erinnerung nur vorübergehender Art, weil der Vollstreckungsgläubiger **Leistungsklage** gegen den Ehegatten des Vollstreckungsschuldners erheben wird (siehe Rn 8). Die Titulierung kann in verschiedenen Urkunden bzw Urteilen erfolgt sein, sie muss aber auf demselben Schuldgrund beruhen (OLG Zweibrücken FamRZ 2009, 1910), und zwar erkennbar. Die Identität der titulierten Beträge reicht zur Feststellung der Einheitlichkeit des Schuldgrundes nicht aus (OLG München FamRZ 2013, 1403).

B. Klage gegen den mitverwaltenden Ehegatten

8 **I. Muster: Klage gegen den mitverwaltenden Ehegatten**

▶ ▪▪▪

Im Termin zur mündlichen Verhandlung werde ich folgenden Antrag stellen:

Die Beklagte wird verurteilt – samtverbindlich mit ▪▪▪ – an den Kläger ▪▪▪ EUR nebst ▪▪▪ zu zahlen.[1]

Begründung

Der Kläger erwirkte gegen den Ehemann der Beklagten ein rechtskräftiges Urteil auf Zahlung von ▪▪▪.

Beweis: beglaubigte Abschrift des Urteils des ▪▪▪gerichts vom ▪▪▪, Az ▪▪▪, rechtskräftig seit ▪▪▪

Aufgrund der Zwangsvollstreckung des Klägers gegen den Ehemann der Beklagten durch Sachpfändung hat die Beklagte im Rahmen einer Erinnerung nach § 766 ZPO vorgebracht und auch nachgewiesen, dass sie mit ihrem Ehemann im Güterstand der Gütergemeinschaft lebt und dass das Gesamtgut von den Eheleuten gemeinschaftlich verwaltet wird. Insoweit wird auf die Zwangsvollstreckungsakte des Amtsgerichts – Vollstreckungsgericht – ▪▪▪, Az ▪▪▪, verwiesen. Eine gemeinschaftliche Verwaltung wird überdies gemäß § 1421 S. 2 BGB vermutet. Die Zwangsvollstreckung in die gepfändete Sache, die dem Gesamtgut angehört, wofür auch bereits die Vermutung der §§ 1416 bis 1418 BGB spricht, wurde für unzulässig erklärt, weil der nach § 740 Abs. 2 ZPO erforderliche Titel gegen die Beklagte nicht vorliegt. Dieser Titel soll mit der vorliegenden Klage geschaffen werden. Eine Umschreibung des vorhandenen Titels nach § 742 ZPO[2] zur Zwangsvollstreckung auch gegen die Beklagte ist nicht möglich, weil die Gütergemeinschaft bereits im Zeitpunkt der Rechtshängigkeit der dem Titel zugrunde liegenden Klage bestand.

Gem. § 1459 BGB haften grundsätzlich das Gesamtgut und beide Ehegatten persönlich für alle Verbindlichkeiten der Ehegatten. Eine Ausnahme nach den §§ 1460 bis 1462 BGB liegt nicht vor.[3] ▪▪▪ Bezüglich des Sachverhalts, der dem geltend gemachten Anspruch zugrunde liegt, wird zunächst auf das vorgenannte Urteil verwiesen. Weiter ist hierzu vorzutragen ▪▪▪

▪▪▪

Rechtsanwalt ◄

Abschnitt 1 | Allgemeine Vorschriften § 741

II. Erläuterungen

[1] Zum Streit, ob auch ein **Duldungstitel** ausreichend ist, vgl Hk-ZPO/*Kindl* § 740 Rn 6.   9

[2] Zu diesem Fall vgl den Antrag § 742 Rn 1.   10

[3] Zur Beweislast vgl Hk-BGB/*Kanzleiter* § 1459 Rn 8.   11

§ 741 Zwangsvollstreckung in das Gesamtgut bei Erwerbsgeschäft

Betreibt ein Ehegatte, der in Gütergemeinschaft lebt und das Gesamtgut nicht oder nicht allein verwaltet, selbständig ein Erwerbsgeschäft, so ist zur Zwangsvollstreckung in das Gesamtgut ein gegen ihn ergangenes Urteil genügend, es sei denn, dass zur Zeit des Eintritts der Rechtshängigkeit der Einspruch des anderen Ehegatten gegen den Betrieb des Erwerbsgeschäfts oder der Widerruf seiner Einwilligung zu dem Betrieb im Güterrechtsregister eingetragen war.

A. Muster: Antrag auf Zurückweisung einer Erinnerung nach §§ 740, 766	[2] Alleinverwaltung eines Ehegatten ..	4
B. Erläuterungen	[3] Erwerbsgeschäft	5
	[4] Zeitpunkt der Errichtung des Titels	6
[1] Erinnerung........................... 3	[5] Fehlende Haftung des Gesamtguts	7

A. Muster: Antrag auf Zurückweisung einer Erinnerung nach §§ 740, 766   1

▶ 1. Die Erinnerung[1] wird zurückgewiesen.
2. Die Erinnerungsführerin trägt die Kosten des Verfahrens.

Gründe

... Es ist zwar zutreffend, dass der Vollstreckungsschuldner und die Erinnerungsführerin in Gütergemeinschaft leben und dass der Vollstreckungsschuldner nicht zur Alleinverwaltung des Gesamtgutes berechtigt ist, so dass nach § 740 ZPO die Zwangsvollstreckung in das Gesamtgut grundsätzlich einen Titel gegen beide Eheleute erfordert.[2] Ein solcher Titel gegen den Ehegatten ist hier jedoch nach § 741 ZPO nicht notwendig, weil der Vollstreckungsschuldner ein Erwerbsgeschäft[3] betreibt, nämlich .... Auch war im Zeitpunkt des Eintritts der Rechtshängigkeit[4] kein Widerruf oder Einspruch iSv § 741 S. 2 ZPO ins Güterrechtsregister eingetragen. Der Vollstreckungsgläubiger kann somit wegen aller Ansprüche – egal ob geschäftlicher oder privater Natur – in das Gesamtgut vollstrecken (Hk-ZPO/*Kindl* § 741 Rn 4).[5] ◄

B. Erläuterungen

§ 741 ermöglicht die **Zwangsvollstreckung in das gemeinschaftliche Vermögen** (Gesamtgut) der Eheleute, auch wenn nur ein Titel gegen den nicht oder nicht allein verwaltenden Ehegatten vorliegt.   2

§ 741 dient dem Schutz des Ehegatten, und grds. nicht dem seiner Rechtsnachfolger (BGH BeckRS 2010, 05785).

[1] Die Erinnerung könnte bspw begründet sein wie im Fallbeispiel § 740 Rn 1.   3

Sitzmann

4 [2] Bei **Alleinverwaltung** des anderen Ehegatten ist ein Titel gegen diesen notwendig und ausreichend, § 740 Abs. 1.

5 [3] **Erwerbsgeschäft** ist jede auf Wiederholung angelegte, der Erzielung von Einkünften dienende wirtschaftliche Tätigkeit (siehe im Einzelnen Hk-ZPO/*Kindl* § 741 Rn 2).

6 [4] Oder Zeitpunkt der Errichtung der vollstreckbaren Urkunde (Hk-ZPO/*Kindl* § 741 Rn 3).

7 [5] **Fehlende Haftung** des Gesamtguts ist durch Widerspruchsklage nach § 774 geltend zu machen. Vgl hierzu das Muster § 774 Rn 1.

§ 742 Vollstreckbare Ausfertigung bei Gütergemeinschaft während des Rechtsstreits

Ist die Gütergemeinschaft erst eingetreten, nachdem ein von einem Ehegatten oder gegen einen Ehegatten geführter Rechtsstreit rechtshängig geworden ist, und verwaltet dieser Ehegatte das Gesamtgut nicht oder nicht allein, so sind auf die Erteilung einer in Ansehung des Gesamtgutes vollstreckbaren Ausfertigung des Urteils für oder gegen den anderen Ehegatten die Vorschriften der §§ 727, 730 bis 732 entsprechend anzuwenden.

A. Anträge auf Klauselerteilung
  I. Muster: Gütergemeinschaft auf Seiten des Beklagten
  II. Erläuterungen und Varianten
    [1] Zuständigkeit 3
    [2] Variante 4
    [3] Eintritt der Gütergemeinschaft während oder nach Rechtshängigkeit 5
    [4] Eintritt der Gütergemeinschaft auf Seiten des Titelgläubigers 6
    [5] Keine Alleinverwaltung durch Titelschuldner 7
    [6] Verschaffung der Urkunde durch Antragsteller 8
    [7] Weitere vollstreckbare Ausfertigung 9
    [8] Kein Rechtsschutzbedürfnis für Leistungsklage bei Möglichkeit der Klauselumschreibung 10
B. Klauselerteilung durch das Gericht
  I. Muster: Gütergemeinschaft auf Seiten des Beklagten
  II. Erläuterungen und Varianten
    [1] Vorliegen einer vollstreckbaren Ausfertigung 12
    [2] Gütergemeinschaft auf Seiten des Titelgläubigers 13
    [3] Bezeichnung der Urkunden ... 14
    [4] Zuständigkeit des Rechtspflegers 15

A. Anträge auf Klauselerteilung

1 I. **Muster: Gütergemeinschaft auf Seiten des Beklagten**

▶ An das

■■■gericht ■■■[1]

Az ■■■

In Sachen ■■■

zeige ich an, dass ich ■■■ anwaltlich vertrete. Eine Vollmacht ist beigefügt.

Namens und in Vollmacht des Klägers beantrage ich die Erteilung einer qualifizierten Vollstreckungsklausel nach § 742 ZPO iVm § 727 ZPO zur Zwangsvollstreckung auch in das Gesamtgut des Titelschuldners und seines Ehegatten ... .[2]

Begründung

Die Klagepartei erwirkte gegen den Beklagten das am ... verkündete Urteil. Der Zeitpunkt der Zustellung der Klage und damit der Zeitpunkt der Rechtshängigkeit kann der Akte entnommen werden. Der Titelschuldner hat am ..., also nach Rechtshängigkeit[3] der Klage mit seinem Ehegatten durch Ehevertrag vom ... den Güterstand der Gütergemeinschaft vereinbart. Der Titelschuldner[4] verwaltet das Gesamtgut nicht bzw nicht allein.[5]

Nachweis: notariell beglaubigte Abschrift des Ehevertrages zu Urkunde des Notars ... vom ..., UR-Nr. ...[6]

Die der Klagepartei bereits erteilte vollstreckbare Ausfertigung vom ... ist als Anlage beigefügt.[7] Es wird angeregt, die Vollstreckungsklausel zur Zwangsvollstreckung auch in das Gesamtgut des ... auf die überreichte vollstreckbare Ausfertigung anzubringen.[8] Die Anhörung des Ehegatten des Titelschuldners gemäß § 730 ZPO wird in das Ermessen des Gerichts gestellt. ◀

II. Erläuterungen und Varianten

§ 742 betrifft nicht nur die Fälle, in denen ein Ehegatte Schuldner ist, sondern auch die Fälle seiner Gläubigerschaft. Besteht die Gütergemeinschaft **bereits bei Rechtshängigkeit**, muss der Aktiv- oder Passivprozess (§ 740) ohnehin vom Alleinverwalter (§ 1422 BGB) oder bei gemeinschaftlicher Verwaltung von beiden gemeinsam (§ 1450 BGB) geführt werden. Zur nachträglichen Schaffung eines Titels gegen einen Ehegatten vgl § 740 Rn 8. Ist jedoch die Gütergemeinschaft **erst nach Rechtshängigkeit** eingetreten, kann sowohl derjenige, der nicht verwaltet (§ 1433 BGB), als auch der, der gemeinschaftlich verwaltet (§ 1455 Nr. 7 BGB), seinen Prozess fortsetzen. In diesem Fall ist dann später die Klauselumschreibung nach § 742 zum Zwecke der Zwangsvollstreckung zugunsten des Gesamtgutes oder in das Gesamtgut (Hk-ZPO/ *Kindl* § 742 Rn 1) möglich. Vgl hierzu auch die Formulierungsbeispiele in *Steinert/ Theede* ZVR Kap. 1 Rn 142 und 143.

[1] Zur Zuständigkeit siehe Hk-ZPO/*Kindl* § 724 Rn 2.

[2] Es kann auch formuliert werden:

▶ Ich beantrage gem. §§ 742, 727 ZPO die Erteilung folgender Vollstreckungsklausel: ◀

Es folgt dann der Klauselwortlaut gemäß Rn 11.

[3] § 742 kommt auch zur Anwendung, wenn bei **Eintritt der Gütergemeinschaft** bereits ein **rechtskräftiger Titel** vorliegt, die Rechtshängigkeit also schon wieder beendet ist (Zöller/*Stöber* § 742 Rn 2).

[4] Ist die **Gütergemeinschaft auf Seiten des Titelgläubigers** eingetreten, kann formuliert werden:

▶ Namens und in Vollmacht des Klägers beantrage ich die Erteilung einer qualifizierten Vollstreckungsklausel nach § 742 ZPO iVm § 727 ZPO für den Kläger und seinen in Gütergemeinschaft lebenden Ehegatten ... als Gesamthandsgläubiger zur Zwangsvollstreckung gegen den Beklagten.

Begründung

Die Klagepartei erwirkte gegen den Beklagten das am ... verkündete Urteil. Der Titelgläubiger hat am ..., also nach Rechtshängigkeit der Klage mit seinem Ehegatten ... durch Ehevertrag vom ... den Güterstand der Gütergemeinschaft vereinbart. Der Titelgläubiger verwaltet das Gesamtgut nicht bzw nicht allein. ◄

Verwaltet der **Titelgläubiger** das Gesamtgut alleine, ist das auf ihn als alleinigen Vollstreckungsgläubiger lautende Leistungsurteil ausreichend, einer vollstreckbaren Ausfertigung nach § 742 zugunsten seines Ehegatten bedarf es nicht.

7 [5] Dh es liegt eine Alleinverwaltung durch den **Ehegatten des Titelschuldners** oder gemeinschaftliche Verwaltung vor. Verwaltet der **Titelschuldner** das Gesamtgut alleine, ist das Leistungsurteil gegen ihn gemäß § 740 ausreichend, einer vollstreckbaren Ausfertigung nach § 742 bedarf es nicht.

8 [6] Der Antragsteller kann sich die Urkunde erforderlichenfalls gemäß § 792 verschaffen. Unter Umständen wurde die Urkunde jedoch im Rahmen einer Erinnerung des Gegners gegen die Zwangsvollstreckung aus der ursprünglichen Vollstreckungsklausel bereits vorgelegt, so dass auf den Inhalt dieser M-Akte verwiesen werden kann.

9 [7] Wurde bereits eine vollstreckbare Ausfertigung erteilt und kann die Umschreibung nicht hierauf erfolgen, ist § 733 zu beachten.

10 [8] Soweit eine Klauselumschreibung nach § 742 möglich ist, fehlt einer **Leistungsklage** das Rechtsschutzbedürfnis (Hk-ZPO/*Kindl* § 742 Rn 1).

B. Klauselerteilung durch das Gericht

11 **I. Muster: Gütergemeinschaft auf Seiten des Beklagten**

 ▶ **Vollstreckbare Ausfertigung**

Vorstehende mit der Urschrift übereinstimmende Ausfertigung wird dem Kläger zum Zwecke der Zwangsvollstreckung gegen den Beklagten[1] und bezüglich des Gesamtgutes der Gütergemeinschaft auch zur Zwangsvollstreckung gegen den Ehegatten ... erteilt.[2]

Gründe

Die Gütergemeinschaft auf Seiten des Beklagten ist eingetreten nach Rechtshängigkeit der Klage, und zwar durch Ehevertrag vom ... am ..., was durch eine Ausfertigung des notariell beurkundeten Vertrages vom ..., UR-Nr. ..., nachgewiesen wurde.[3]

...

Rechtspfleger[4] ◄

II. Erläuterungen und Varianten

12 [1] Liegt gegen den Beklagten bereits eine vollstreckbare Ausfertigung vor und wird hierauf die zusätzliche Klausel gesetzt, kann formuliert werden:

Abschnitt 1 | Allgemeine Vorschriften § 743

▶ Vorstehende mit der Urschrift übereinstimmende Ausfertigung wird dem Kläger auch zum Zwecke der Zwangsvollstreckung gegen ... bezüglich des Gesamtgutes der Gütergemeinschaft erteilt. ◀

[2] Bei Gütergemeinschaft auf Seiten des **Klägers bzw Titelgläubigers** ist zu formulieren: 13

▶ **Vollstreckbare Ausfertigung**

Vorstehende mit der Urschrift übereinstimmende Ausfertigung wird dem Kläger und ... in Gütergemeinschaft als Gesamthandgläubiger zum Zwecke der Zwangsvollstreckung gegen den Beklagten erteilt. ◀

Die Ausfertigung **gegen** den (mit-)verwaltenden Ehegatten wird also beschränkt (**zur Zwangsvollstreckung in das Gesamtgut**), die Ausfertigung **für** den (mit-)verwaltenden Ehegatten wird **unbeschränkt** erteilt (Hk-ZPO/*Kindl* § 742 Rn 3).

[3] Die Urkunden sind wegen des Zustellungserfordernisses nach § 750 Abs. 2 zu bezeichnen. 14

[4] § 20 Nr. 12 RPflG. 15

Rechtsbehelfe. Bezgl der Rechtsbehelfe bei Erteilung oder Versagung der Klausel vgl Hk-ZPO/*Kindl* § 742 Rn 4, § 726 Rn 7 und § 724 Rn 11. 16

§ 743 Beendete Gütergemeinschaft

Nach der Beendigung der Gütergemeinschaft ist vor der Auseinandersetzung die Zwangsvollstreckung in das Gesamtgut nur zulässig, wenn beide Ehegatten zu der Leistung oder der eine Ehegatte zu der Leistung und der andere zur Duldung der Zwangsvollstreckung verurteilt sind.

A. Muster: Klage gegen den mitverwaltenden Ehegatten
B. Erläuterungen und Varianten
[1] Zwangsvollstreckung in das Gesamtgut 3
[2] Beendigung der Gütergemeinschaft nach Pfändung 4
[3] Beendigung der Gütergemeinschaft nach Rechtskraft des Urteils 5

A. Muster: Klage gegen den mitverwaltenden Ehegatten 1

▶ ... Im Termin zur mündlichen Verhandlung werde ich folgenden Antrag stellen: Die Beklagte wird verurteilt, die Zwangsvollstreckung aus dem Urteil ... in ...[1] zu dulden.

Begründung

Der Kläger erwirkte gegen den Ehemann der Beklagten ein Urteil auf Zahlung von ... EUR. Das Urteil ist seit ... rechtskräftig.

Aufgrund der Zwangsvollstreckung des Klägers gegen den Ehemann der Beklagten durch Sachpfändung am ... hat die Beklagte im Rahmen einer Erinnerung nach § 766 ZPO vorgebracht und auch nachgewiesen, dass sie mit ihrem Ehemann im Güterstand der Gütergemeinschaft lebte. Zwar war ihr Ehemann ursprünglich alleinvertretungsberechtigt, doch ist die Gütergemeinschaft durch das seit ... rechtskräftige Scheidungsurteil des AG ... vom ..., Az ..., beendet. Bis zur vollständigen Auseinandersetzung, wird das Gesamtgut von den Ehegatten gemeinschaftlich verwaltet, § 1472 Abs. 1 BGB. Die Zwangsvollstreckung – die Pfändung erfolgte erst nach[2] Beendigung der Gütergemeinschaft – in ..., eine Sache, die dem Gesamtgut angehört, wurde somit für unzulässig erklärt, weil der nach § 743 ZPO erforderliche Titel gegen die Beklagte nicht vorliegt. Dieser Titel soll mit der vorliegenden Klage geschaffen werden. Die Beklagte haftet für die Verbindlichkeit ihres Ehemannes, weil .... Demgemäß ist die Beklagte zur Duldung zu verurteilen. Der Klage fehlt auch nicht das Rechtsschutzbedürfnis. Die Pfändung erfolgte erst nach Beendigung der Gütergemeinschaft, so dass sie nicht einfach fortgesetzt werden kann (vgl hierzu Hk-ZPO/*Kindl* § 743 Rn 2), weshalb auch die Erinnerung Erfolg hatte. Der Kläger kann auch keine vollstreckbare Ausfertigung gegen die Beklagte nach § 744 ZPO[3] erlangen. Denn eine solche Titelumschreibung ist nur möglich, wenn der Titel bereits vor Beendigung der Gütergemeinschaft geschaffen wurde (vgl Hk-ZPO/*Kindl* § 744 Rn 1), was hier jedoch nicht der Fall ist.

...

Rechtsanwalt ◄

B. Erläuterungen und Varianten

2 § 743 ist die Folge von § 1472 BGB: Bei Beendigung der Gütergemeinschaft (vgl hierzu Hk-BGB/*Kemper* vor §§ 1447-449 Rn 1) verwalten die Ehegatten **bis zur Auseinandersetzung** auch dann **gemeinschaftlich**, wenn bisher Alleinverwaltungsrecht eines Ehegatten bestand (Hk-BGB/*Kemper* § 1472 Rn 1).

3 [1] Es kann pauschal formuliert werden „in das Gesamtgut". Zweckmäßiger ist es jedoch, um späteren Streit im Rahmen der Zwangsvollstreckung über die Zugehörigkeit zum Gesamtgut zu vermeiden, **lohnenswerte Vollstreckungsobjekte konkret zu bezeichnen** und wie folgt zu formulieren (zur Zulässigkeit eines solchen Antrags vgl BGH NJW-RR 1998, 1377):

▶ Die Beklagte wird verurteilt, die Zwangsvollstreckung in ... (konkret bezeichnete Gegenstände) sowie in das übrige Gesamtgut zu dulden. ◄

4 [2] Die Beendigung der Gütergemeinschaft **nach Pfändung** steht der Fortsetzung der Zwangsvollstreckung nicht entgegen (Zöller/*Stöber* § 743 Rn 4). Eine zum Zeitpunkt der Beendigung der Gütergemeinschaft **bereits begonnene Zwangsvollstreckung** kann fortgesetzt werden (Hk-ZPO/*Kindl* § 743 Rn 2).

5 [3] Bei Beendigung der Gütergemeinschaft **nach Rechtskraft des Urteils** gegen den **alleinverwaltungsberechtigten** Ehegatten ist eine Titelumschreibung nach § 744 möglich.

§ 744 Vollstreckbare Ausfertigung bei beendeter Gütergemeinschaft

Ist die Beendigung der Gütergemeinschaft nach der Beendigung eines Rechtsstreits des Ehegatten eingetreten, der das Gesamtgut allein verwaltet, so sind auf die Erteilung einer in Ansehung des Gesamtgutes vollstreckbaren Ausfertigung des Urteils gegen den anderen Ehegatten die Vorschriften der §§ 727, 730 bis 732 entsprechend anzuwenden.

A. Antrag auf Klauselerteilung
  I. Muster: Antrag auf Klauselerteilung
  II. Erläuterungen
    [1] Wortlaut der begehrten Klausel 2
    [2] Datum der Rechtskraft 3
    [3] Vollstreckung zugunsten des Gesamtguts 4
    [4] Fehlende Alleinverwaltung des Titelschuldners 5
    [5] Beschaffung der Urkunde gem. § 792 6
    [6] Fortsetzung der bei Beendigung der Gütergemeinschaft bereits begonnenen Zwangsvollstreckung 7

B. Klauselerteilung durch das Gericht
  I. Muster: Erteilung der Klausel
  II. Erläuterungen
    [1] Klausel nach § 744 9
    [2] Bezeichnung der Urkunden ... 10

A. Antrag auf Klauselerteilung

I. Muster: Antrag auf Klauselerteilung

▶ Namens und in Vollmacht des Titelgläubigers beantrage ich gem. §§ 744, 727 ZPO die Erteilung einer vollstreckbaren Ausfertigung gegen ..., den Ehegatten des Titelschuldners, bezüglich des Gesamtguts.[1]

Begründung

Der Kläger erwirkte gegen den Beklagten das am ... verkündete Zahlungsurteil. Das Urteil ist seit ... rechtskräftig.[2] Der Beklagte[3] lebte mit seiner Ehefrau in Gütergemeinschaft. Das Gesamtgut wurde vom Beklagten und Titelschuldner allein verwaltet.[4]

Nachweis: Notarielle Urkunde vom ...[5]

Infolge der Alleinverwaltung war gem. § 740 ZPO zur Zwangsvollstreckung in das Gesamtgut das allein gegen den Beklagten und Titelschuldner ergangene Urteil ausreichend. Die Gütergemeinschaft wurde nunmehr durch rechtskräftige Scheidung der Ehe beendet.

Nachweis: Scheidungsbeschluss des Amtsgerichts ... vom ..., Az ...

Die Gütergemeinschaft ist noch nicht auseinandergesetzt.[6]

Der Beklagte und Titelschuldner und seine Ehefrau sind bezüglich des Grundstücks, in das die Zwangsvollstreckung betrieben werden soll, weiter als Eigentümer in Gütergemeinschaft im Grundbuch eingetragen. Nachdem der Titel gegen den Beklagten bereits vor Beendigung der Gütergemeinschaft rechtskräftig wurde, bedarf es keiner gesonderten Duldungsklage nach § 743 ZPO gegen die Ehefrau des Titelschuldners, sondern es ist die beantragte Titelumschreibung nach § 744 ZPO möglich.

Es wird angeregt, die neue Klausel auf die in Anlage überreichte vollstreckbare Ausfertigung, die bereits zur Zwangsvollstreckung gegen den Beklagten erteilt wurde, anzubringen. Die Anhörung der neuen Titelschuldnerin gem. § 730 ZPO wird in das Ermessen des Gerichts gestellt.

...

Rechtsanwalt ◀

II. Erläuterungen

[1] Es kann auch der Wortlaut der begehrten Klausel (siehe Rn 8) angeführt werden.

[2] Das Datum der Rechtskraft ist von Bedeutung, weil die Klauselumschreibung nach § 744 nur möglich ist, wenn die Gütergemeinschaft erst **nach Rechtskraft** (bei anderen Titeln nach der endgültigen Errichtung der Urkunde) beendet wurde. Ein ausdrücklicher Verweis auf den Akteninhalt ist entbehrlich. Der Antrag auf Erteilung einer vollstreckbaren Ausfertigung wird zu dem Verfahren gestellt, in dem das Urteil erging. Anders als bspw eine Erinnerung gegen die Zwangsvollstreckung, die als gesonderter Vorgang in einer anderen Akte (M-Akte) bearbeitet wird, wird der vorliegende Antrag in der Prozessakte bearbeitet. Demgemäß ist bzgl des Urteils und in der Regel auch bzgl dessen Rechtskraft kein Nachweis erforderlich.

[3] Wegen der Vollstreckung **zugunsten des Gesamtguts** vgl Hk-ZPO/*Kindl* § 744 Rn 3.

[4] Bestand **keine Alleinverwaltung des Titelschuldners**, ist eine Klauselerteilung nach § 744 nicht möglich, da dann, also bei gemeinschaftlicher Verwaltung, die Zwangsvollstreckung in das Gesamtgut von Anfang an eines Leistungsurteils auch gegen den anderen Ehegatten bedurft hatte (§ 740 Abs. 2).

[5] Der Antragsteller kann sich die Urkunde gem. § 792 beschaffen, soweit sie ihm nicht ohnehin vom Vollstreckungsschuldner oder dessen Ehegatten mit dem Ziel der Abwendung der Zwangsvollstreckung vorgelegt wurde.

[6] Eine bei Beendigung der Gütergemeinschaft **bereits begonnene Zwangsvollstreckung darf fortgesetzt werden** (Hk-ZPO/*Kindl* § 743 Rn 2). Bzgl des Vorgehens nach Auseinandersetzung der Gütergemeinschaft vgl Hk-ZPO/*Kindl* § 744 Rn 3.

B. Klauselerteilung durch das Gericht

I. Muster: Erteilung der Klausel

▶ Vorstehende mit der Urschrift übereinstimmende Ausfertigung wird dem Kläger auch[1] zum Zwecke der Zwangsvollstreckung gegen ▬▬▬ bzgl des Gesamtgutes des Beklagten und der ▬▬▬ erteilt.

Gründe

Das Urteil gegen den Beklagten ist seit ▬▬▬ rechtskräftig. Der Beklagte lebte mit ▬▬▬ in Gütergemeinschaft. Er war allein verwaltungsberechtigt. Am ▬▬▬, also nach Rechtskraft des Urteils wurde die Gütergemeinschaft durch Scheidung beendet. Der Scheidungsbeschluss ist seit ▬▬▬ rechtskräftig. Die Gütergemeinschaft ist noch nicht vollständig auseinandergesetzt. Der Nachweis gem. § 727 ZPO erfolgte durch Ausfertigungen des notariellen Ehevertrages vom ▬▬▬ und des Scheidungsbeschlusses des AG ▬▬▬, Az ▬▬▬, vom ▬▬▬ mit Rechtskraftvermerk.[2]

▬▬▬
Rechtspfleger ◄

II. Erläuterungen

[1] So lautet die Formulierung (vgl auch das Muster bei *Steinert/Theede* ZVR Kap. 1 Rn 144), wenn die Klausel nach § 744 auf eine dem Titelgläubiger bereits zur

Abschnitt 1 | Allgemeine Vorschriften § 744a

Zwangsvollstreckung gegen den bisherigen Titelschuldner erteilte vollstreckbare Ausfertigung gesetzt wird. Wird die Klausel auch gegen den ursprünglichen Titelschuldner erstmals erteilt, siehe § 742 Rn 11.

[2] Das Zustellungserfordernis des § 750 Abs. 2 gebietet eine genaue Bezeichnung der Urkunden. 10

Zu den **Rechtsbehelfen** vgl Hk-ZPO/*Kindl* § 744 Rn 4. 11

§ 744a Zwangsvollstreckung bei Eigentums- und Vermögensgemeinschaft

Leben die Ehegatten gemäß Artikel 234 § 4 Abs. 2 des Einführungsgesetzes zum Bürgerlichen Gesetzbuch im Güterstand der Eigentums- und Vermögensgemeinschaft, sind für die Zwangsvollstreckung in Gegenstände des gemeinschaftlichen Eigentums und Vermögens die §§ 740 bis 744, 774 und 860 entsprechend anzuwenden.

A. Muster: Erinnerung nach §§ 744a, 740 Abs. 2
B. Erläuterungen
[1] Anwendungsbereich 2
[2] Wiederkehrende Einkünfte 3

A. Muster: Erinnerung nach §§ 744a, 740 Abs. 2 1

▶ ...[1]

Die im Auftrag des Vollstreckungsgläubigers und Erinnerungsgegners erfolgte Pfändung des Pkws der Marke ..., Fahrzeugidentifikationsnummer ..., wird für unzulässig erklärt.

Begründung

Der Vollstreckungsgläubiger und Erinnerungsgegner erwirkte das am ... verkündete Zahlungsurteil gegen den Ehemann der Erinnerungsführerin. Das Urteil ist seit ... rechtskräftig. Der Beklagte betreibt die Zwangsvollstreckung aus diesem Urteil. Im Rahmen der Zwangsvollstreckung wurde am ... durch den Gerichtsvollzieher der im Tenor genannten Pkw gepfändet. Die Zwangsvollstreckung in den Pkw ist gem. §§ 774a, 740 Abs. 2 ZPO unzulässig. Die Erinnerungsführerin ist die Ehefrau des Vollstreckungsschuldners. Die Ehe wurde am ... geschlossen.

Beweis: Heiratsurkunde vom ...

Die Erinnerungsführerin und ihr Ehemann leben im Güterstand der Eigentums- und Vermögensgemeinschaft nach §§ 13–16 des FamRG der ehemaligen DDR. Dieser gesetzliche Güterstand wurde zwar grundsätzlich gem. Art. 234 § 4 Abs. 1 EGBGB in den Güterstand der Zugewinngemeinschaft mit Wirkung zum 3.10.1990 übergeleitet (vgl Hk-ZPO/*Kindl* § 744 Rn 1), doch haben sich die Ehegatten durch notariell beurkundete Erklärung vom ..., also noch vor dem Stichtag 2.10.1992, gegenüber dem Kreisgericht ... für die Fortgeltung der Eigentums- und Vermögensgemeinschaft ausgesprochen. Damit gilt die Überleitung in den Güterstand der Zugewinngemeinschaft gem. Art. 234 § 4 Abs. 1 S. 3 EGBGB als nicht erfolgt. Aufgrund des Güterstandes der Eigentums- und Vermögensgemeinschaft ist der gepfändete Pkw gemeinsames Eigentum der Eheleute (§ 13 Abs. 1 FGB-DDR). Denn diese Norm bestimmt, dass die von einem oder beiden Ehegatten während der Ehe durch Arbeit oder aus Arbeitseinkünften[2] erworbenen Sachen beiden Ehegatten gemeinsam gehören.

Der Pkw wurde vom Ehemann der Klägerin am ▬▬▬ erworben, und mit Arbeitseinkünften der Eheleute bezahlt.

Beweis: Überweisungsbelege vom ▬▬▬

Die Zwangsvollstreckung in das gemeinschaftliche Vermögen ist gemäß §§ 744 a, 740 Abs. 2 ZPO nur zulässig, wenn beide Ehegatten zur Leistung verurteilt sind (Hk-ZPO/*Kindl* § 744 a Rn 3). Ein solches Urteil liegt gegen die Erinnerungsführerin nicht vor.

▬▬▬

Rechtsanwalt ◄

B. Erläuterungen

2   [1] Vgl § 740 Rn 1 und die dortigen Erläuterungen.
3   [2] Gleichgestellt sind ähnliche wiederkehrende Einkünfte (zB Renten), Hk-ZPO/ *Kindl* § 744 a Rn 2.

§ 745 Zwangsvollstreckung bei fortgesetzter Gütergemeinschaft

(1) Im Falle der fortgesetzten Gütergemeinschaft ist zur Zwangsvollstreckung in das Gesamtgut ein gegen den überlebenden Ehegatten ergangenes Urteil erforderlich und genügend.

(2) Nach der Beendigung der fortgesetzten Gütergemeinschaft gelten die Vorschriften der §§ 743, 744 mit der Maßgabe, dass an die Stelle des Ehegatten, der das Gesamtgut allein verwaltet, der überlebende Ehegatte, an die Stelle des anderen Ehegatten die anteilsberechtigten Abkömmlinge treten.

A. Muster: Erwiderung auf Erinnerung	[2] Auflösung der Gütergemeinschaft durch Tod eines Ehegatten	3
B. Erläuterungen		
[1] Vermutung der Zugehörigkeit einer Sache zum Gesamtgut 2	[3] Rechtsstellung des überlebenden Ehegatten	4

1   ### A. Muster: Erwiderung auf Erinnerung

▶ Hier: Erinnerung des ▬▬▬ gem. § 766 ZPO

Ich beantrage, die Erinnerung des Erinnerungsführers vom ▬▬▬ gegen folgende Zwangsvollstreckungsmaßnahme: ▬▬▬

als unbegründet zurückzuweisen.

Begründung

Der Vollstreckungsgläubiger erwirkte gegen die Vollstreckungsschuldnerin das am ▬▬▬ verkündete Zahlungsurteil des ▬▬▬gerichts ▬▬▬. Wie der Erinnerungsführer richtig vorträgt, richtet sich der Zahlungstitel nicht gegen ihn. Bestritten wird auch nicht die Behauptung, dass der Erinnerungsführer Gesamthandseigentümer der gepfändeten Sache ist[1] und Mitgewahrsam an der Sache hat. Der Erinnerungsführer, der der Sohn der Vollstreckungsschuldnerin und ihres verstorbenen Ehemannes ist, leitet seine Rechtsstellung aus einer fortgesetzten Gütergemeinschaft (§ 1483 BGB) her.[2] Gem. § 745 ZPO ist jedoch zur

Zwangsvollstreckung in das Gesamtgut ein gegen den überlebenden Ehegatten ergangenes Urteil ausreichend.[3] Die Erinnerung ist deshalb zurückzuweisen. ◄

B. Erläuterungen

[1] Für die Zugehörigkeit einer Sache zum Gesamtgut spricht eine **Vermutung**, vgl Hk-BGB/*Kemper* § 1416 Rn 2. Zum Vorbehaltsgut vgl § 1418 BGB.

[2] Grundsätzlich wird die Gütergemeinschaft durch den Tod eines Ehegatten aufgelöst (§ 1482 BGB). Nach § 1483 BGB kann eine Fortsetzung der Gütergemeinschaft vereinbart werden.

[3] Die Rechtsstellung des überlebenden Ehegatten ist die eines **alleinverwaltungsberechtigten** Ehegatten (Hk-BGB/*Kemper* § 1487 Rn 1).

§ 746 (weggefallen)

§ 747 Zwangsvollstreckung in ungeteilten Nachlass

Zur Zwangsvollstreckung in einen Nachlass ist, wenn mehrere Erben vorhanden sind, bis zur Teilung ein gegen alle Erben ergangenes Urteil erforderlich.

A. Sicht des Gläubigers
  I. Muster: Vollstreckungsauftrag des Nachlassgläubigers gegen Miterben bei ungeteiltem Nachlass
  II. Erläuterungen
    [1] Vorliegende Vollstreckungsvoraussetzungen 2
    [2] Titel gegen alle Erben 3
    [3] Vollstreckungsgegenstand 5
    [4] Bezeichnung des Erblassers ... 6
    [5] Bezeichnung der Miterben 7
    [6] Eidesstattliche Versicherung .. 8
B. Sicht der Miterben
  I. Muster: Erinnerung des Miterben gegen die Zwangsvollstreckung in ungeteiltem Nachlass
  II. Erläuterungen
    [1] Erinnerungsberechtigter Personenkreis 10
    [2] Drittwiderspruchsklage 11

A. Sicht des Gläubigers

Vgl dazu zuerst § 756.

I. Muster: Vollstreckungsauftrag des Nachlassgläubigers gegen Miterben bei ungeteiltem Nachlass

► ...

überreiche ich anliegend die vollstreckbare[1] Ausfertigung des Urteils/Urkunde ... vom ... des Gerichts/Notars[2] mit dem Auftrag, nachfolgende Beträge[3] im Wege der Zwangsvollstreckung in den Nachlass des Erblassers[4] ..., beerbt ausweislich des Erbscheins des AG ... vom ... durch die Miterben[5] ..., insb. in den Gegenstand[4] ..., beizutreiben.

Für den Fall, dass der vorbezeichnete Nachlassgegenstand bei den Miterben nicht/keine Nachlassgegenstände vorhanden sind, bitte ich um Aufnahme ins Protokoll und beantrage in diesem Fall bereits vorab die Abnahme der eidesstattlichen Versicherung[6] der Miterben. ◄

II. Erläuterungen

2 **[1]** Da jeder Erbe Vollstreckungsschuldner ist, müssen auch die **sonstigen Vollstreckungsvoraussetzungen** (zB Klausel/Zustellung) für jeden von ihnen vorliegen.

3 **[2]** Voraussetzung für die Vollstreckung in den ungeteilten Nachlass ist ein **Titel gegen alle Erben**, wobei ein einheitliches Urteil nicht vorzuliegen braucht. Ausreichend sind getrennte Urteile bzw Titel unterschiedlicher Art, sofern die samtverbindliche Haftung der Miterben ausgewiesen ist. Grundlage des Titels kann sowohl eine Gesamthandsklage (§ 2059 Abs. 2 BGB) als auch eine Gesamtschuldhaftung der Miterben (§ 2058 BGB) sein. Im Falle der **Nachlassverwaltung** ist hingegen ein Titel gegen den Verwalter erforderlich (§ 1984 Abs. 1 BGB).

4 Sofern die **Zwangsvollstreckung gegen den Erblasser vor dessen Tod bereits begonnen** hat, ist die Zwangsvollstreckung gem. § 779 fortzusetzen; eines Titels gegen alle Miterben bedarf es in diesem Fall ebenso nicht wie einer Umschreibung der Vollstreckungsklausel gem. § 727.

5 **[3]** Die Vorschrift gilt grundsätzlich für die Vollstreckung einer **Geldforderung** in das bewegliche und unbewegliche Vermögen sowie für die **Eintragung** einer **Vormerkung** bzw **Widerspruchs**. Zu beachten ist aber, dass es streitig ist, ob die Regelung auch auf eine **Wegnahmevollstreckung** Anwendung findet (idS hM: MüKo-ZPO/*Heßler* Rn 2; Hk-ZPO/*Kindl* Rn 2; Musielak/*Lackmann* Rn 1; aA Zöller/*Stöber* Rn 2).

6 **[4]** Die **Bezeichnung des Erblassers** dient der Konkretisierung der beabsichtigten Vollstreckung in den ungeteilten Nachlass und vermeidet, dass die Vollstreckung unbeabsichtigt in das Eigenvermögen der Miterben erfolgt. Soweit bekannt, sollten daher im Vollstreckungsauftrag auch die betreffenden Nachlassgegenstände bezeichnet werden.

7 **[5]** Im Hinblick darauf, dass eine Zwangsvollstreckung in den ungeteilten Nachlass des Erblassers beabsichtigt ist, bedarf es hierfür der **Bezeichnung der Miterben**, damit das Vollstreckungsorgan prüfen kann, ob sämtliche Titel gegen die Miterben vorhanden sind. Andernfalls hat das Organ nämlich die Zwangsvollstreckung zu unterlassen (TP/*Seiler* Rn 4). Der Nachweis der Miterbenstellung kann durch den Erbschein geführt werden; insofern räumen §§ 792, 896 dem Gläubiger ein Antragsrecht ein.

8 **[6]** Eine **eidesstattliche Versicherung** gem. § 802 e iVm § 883 Abs. 2 ist nur dann möglich, sofern man entsprechend der hM die Vorschrift des § 847 auch auf die Herausgabevollstreckung anwendet (vgl Rn 5).

B. Sicht der Miterben

9 **I. Muster: Erinnerung des Miterben gegen die Zwangsvollstreckung in ungeteilten Nachlass**

▶ In der Zwangsvollstreckungssache

▬▬ ./. ▬▬

lege ich namens und im Auftrag des ▬▬

Erinnerung[1]

ein.

Abschnitt 1 | Allgemeine Vorschriften   § 749

Gründe

Der Gerichtsvollzieher ... vollstreckte im Auftrag des Vollstreckungsgläubigers am ... im Wege der Herausgabevollstreckung iSd § 883 ZPO in den ungeteilten Nachlass des Erblassers ..., indem er dem Miterben[2] ... den Gegenstand ... wegnahm.

Erben sind die Miterben ....

Beweis: Erbschein des AG ... vom ...; Az ...

Der Nachlass ist noch ungeteilt.

Beweis: eidesstattliche Versicherung

Gegen den Miterben ... liegt jedoch kein Vollstreckungstitel vor. Im Hinblick auf das Fehlen des Titels ist die Zwangsvollstreckung in den Nachlass gem. § 747 ZPO unzulässig. ◂

II. Erläuterungen

[1] Jeder **Miterbe** ist berechtigt, das Fehlen eines Titels im Wege der Erinnerung iSd § 766 geltend zu machen. 10

[2] Der **Miterbe, gegen den kein Vollstreckungstitel vorliegt,** hat darüber hinaus die Möglichkeit der Drittwiderspruchsklage (§ 771). 11

§ 748 Zwangsvollstreckung bei Testamentsvollstrecker

(1) Unterliegt ein Nachlass der Verwaltung eines Testamentsvollstreckers, so ist zur Zwangsvollstreckung in den Nachlass ein gegen den Testamentsvollstrecker ergangenes Urteil erforderlich und genügend.
(2) Steht dem Testamentsvollstrecker nur die Verwaltung einzelner Nachlassgegenstände zu, so ist die Zwangsvollstreckung in diese Gegenstände nur zulässig, wenn der Erbe zu der Leistung, der Testamentsvollstrecker zur Duldung der Zwangsvollstreckung verurteilt ist.
(3) Zur Zwangsvollstreckung wegen eines Pflichtteilanspruchs ist im Falle des Absatzes 1 wie im Falle des Absatzes 2 ein sowohl gegen den Erben als gegen den Testamentsvollstrecker ergangenes Urteil erforderlich.

§ 749 Vollstreckbare Ausfertigung für und gegen Testamentsvollstrecker

¹Auf die Erteilung einer vollstreckbaren Ausfertigung eines für oder gegen den Erblasser ergangenen Urteils für oder gegen den Testamentsvollstrecker sind die Vorschriften der §§ 727, 730 bis 732 entsprechend anzuwenden. ²Auf Grund einer solchen Ausfertigung ist die Zwangsvollstreckung nur in die der Verwaltung des Testamentsvollstreckers unterliegenden Nachlassgegenstände zulässig.

A. Anwaltliche Sicht
  I. Umfängliche Nachlassverwaltung
    durch den Testamentsvollstrecker
    1. Nachlassverbindlichkeit

a) Muster: Klage gegen den
   Testamentsvollstrecker wegen
   Nachlassverbindlichkeit,
   § 748 Abs. 1
b) Erläuterungen
  [1] Parteistellung des
     Testamentsvollstreckers 2

2. Teilverwaltung einzelner Nachlassgegenstände
   a) Muster: Klage gegen den Testamentsvollstrecker wegen Nachlassverbindlichkeit bei Teilverwaltung einzelner Nachlassgegenstände, § 748 Abs. 2
   b) Erläuterungen
      [1] Umfang der Testamentsvollstreckung 5
      [2] Bezeichnung der Nachlassgegenstände 6
      [3] Duldungstitel 7
3. Pflichtteilsanspruch gegen den Nachlass
   a) Muster: Klage gegen den Testamentsvollstrecker auf Duldung der Zwangsvollstreckung bei Pflichtteilsanspruch gegen den Nachlass, § 748 Abs. 3
   b) Erläuterungen
      [1] Pflichtteilsanspruch 9
      [2] Bezeichnung der Nachlassgegenstände 10

[3] Duldungstitel 11
II. Vollstreckbare Ausfertigung für und gegen den Testamentsvollstrecker
   1. Muster: Antrag auf Erteilung einer vollstreckbaren Ausfertigung für und gegen den Testamentsvollstrecker
   2. Erläuterungen
      [1] Urteil vor dem Erbfall 13
      [2] Annahme der Erbschaft 14
      [3] Voraussetzungen der Klauselerteilung 15
B. Gerichtliche Sicht
   I. Muster: Erteilung der vollstreckbaren Ausfertigung für und gegen den Testamentsvollstrecker, § 749
   II. Erläuterungen
      [1] Unbeschränkte Testamentsvollstreckung 17
      [2] Beschränkte Testamentsvollstreckung 18

A. Anwaltliche Sicht

I. Umfängliche Nachlassverwaltung durch den Testamentsvollstrecker

1. Nachlassverbindlichkeit

1 a) **Muster: Klage gegen den Testamentsvollstrecker wegen Nachlassverbindlichkeit, § 748 Abs. 1**

▶ An das

...gericht ...

In der

Sache

...

gegen

... in seiner Eigenschaft als Testamentsvollstrecker für den Nachlass nach ...

wegen

Nachlassverbindlichkeit

Streitwert: ...

Abschnitt 1 | Allgemeine Vorschriften § 749

Namens und in Vollmacht des Klägers erhebe ich Klage und werde beantragen:
1. Der Beklagte wird als Testamentsvollstrecker[1] über den Nachlass des am ... verstorbenen Erblassers ... verurteilt, ...
2. ...
3. ...

Begründung
1. Der Beklagte ist Testamentsvollstrecker des Nachlasses; er hat das Amt mit Erklärung v. ... gegenüber dem Nachlassgericht ... angenommen.
   Beweis: Nachlassakten des Amtsgerichts ... – Nachlassgericht – Az ..., deren Beiziehung beantragt wird.
2. ... (Begründung des Klageanspruchs, der sich gegen den Nachlass richtet) ◀

b) Erläuterungen

[1] Allein die Anordnung der Testamentsvollstreckung bedingt noch nicht die **Parteistellung** des Testamentsvollstreckers. Maßgebend ist vielmehr, ob die Anordnung die Verwaltung des Nachlasses umfasst. Ist dies nicht der Fall, so ist die Klage gegen den Erben unmittelbar zu richten (§ 2213 Abs. 1 S. 2 BGB).

Ist Verwaltung des Nachlasses angeordnet, bestimmt sich der klägerische Antrag nach dem **Umfang der Verwaltung**: bei **vollumfänglicher Verwaltung des Nachlasses** durch den Testamentsvollstrecker, ist gem. Abs. 1 ein Leistungstitel gegen den Testamentsvollstrecker erforderlich, aber auch ausreichend. Zwar kann der Gläubiger gem. § 2213 Abs. 1 S. 1 BGB die Klage im Leistungsantrag (auch) gegen den Erben selbst erheben. Zur Zwangsvollstreckung in den Nachlass bedarf es aber gem. § 748 Abs. 1 eines Urteils gegen den Testamentsvollstrecker, wobei hierfür ein Duldungstitel gem. § 2213 Abs. 3 BGB ausreichend ist. Soll daher nicht in das Eigenvermögen des Erben, sondern nur in den Nachlass vollstreckt werden (vgl § 2214 BGB), ist es daher ratsam, die Klage allein gegen den Testamentsvollstrecker zu erheben. Ist bereits ein Urteil gegen den Erblasser ergangen, ist eine erneute Klageerhebung unzulässig. Es findet bzgl des Testamentsvollstreckers § 749, bzgl des Erben § 727 Anwendung – vgl auch § 52 Abs. 2 und 3 GVGA.

2. Teilverwaltung einzelner Nachlassgegenstände

a) Muster: Klage gegen den Testamentsvollstrecker wegen Nachlassverbindlichkeit bei Teilverwaltung einzelner Nachlassgegenstände, § 748 Abs. 2

▶ An das
...gericht ...

Klage

des ...

gegen

1. ... (Erbe) – Beklagter zu 1
2. ... in seiner Eigenschaft als Testamentsvollstrecker für den Nachlass nach ... – Beklagter zu 2

wegen

Nachlassverbindlichkeit

Streitwert: ...

Namens und in Vollmacht des Klägers erhebe ich Klage und werde beantragen:

1. Der Beklagte zu 1) hat als Erbe des ... (Erblasser) ... EUR nebst ... an den Kläger zu zahlen.[1]
2. Der Beklagte zu 2) hat als Testamentsvollstrecker die Zwangsvollstreckung in die seiner Verwaltung unterliegenden Nachlassgegenstände[2] ... zu dulden[3].

Gründe

1. Der Beklagte zu 1) ist Erbe des Erblassers ... . Er hat die Erbschaft mit Erklärung vom ... gegenüber dem Nachlassgericht ... angenommen. Der Beklagte zu 2) ist Testamentsvollstrecker des Nachlasses; er hat das Amt mit Erklärung vom ... gegenüber dem Nachlassgericht ... angenommen. Die Testamentsvollstreckung ist auf folgende Nachlassgegenstände beschränkt: ...
   Beweis: Nachlassakten des Amtsgerichts ... – Nachlassgericht – Az ..., deren Beiziehung beantragt wird.
2. ... (Begründung des Leistungsanspruchs gegen den Erben) ◄

b) Erläuterungen

5 [1] Umfasst die **Testamentsvollstreckung lediglich einzelne Nachlassgegenstände**, ist eine gegen den Erben erhobene Klage gem. § 2213 Abs. 1 S. 1 BGB grundsätzlich zulässig.

6 [2] Die Bezeichnung der einzelnen Nachlassgegenstände im Duldungstitel ist nicht zwingend, aber zweckmäßig (Zöller/*Stöber* Rn 4).

7 [3] Gemäß § 748 Abs. 2 ZPO ist zur Vollstreckung in die von der Testamentsvollstreckung erfassten Gegenstände jedoch ein **Duldungstitel** gegen den Testamentsvollstrecker erforderlich, der gem. § 2213 Abs. 3 BGB erwirkt werden kann. Obwohl beide Titel auch im zeitlichen Nachgang erlangt werden können, ist es zur Verfahrensbeschleunigung angezeigt, beide Klageanträge in einer Klageschrift zustellen.

3. Pflichtteilsanspruch gegen den Nachlass

8 a) **Muster: Klage gegen den Testamentsvollstrecker auf Duldung der Zwangsvollstreckung bei Pflichtteilsanspruch gegen den Nachlass, § 748 Abs. 3**

► An das

...gericht ...

Klage

des ...

gegen

1. ... (Erbe) – Beklagter zu 1
2. ... in seiner Eigenschaft als Testamentsvollstrecker für den Nachlass nach ... – Beklagter zu 2

wegen

Abschnitt 1 | Allgemeine Vorschriften § 749

Pflichtteilsanspruch

Streitwert: ...

Namens und in Vollmacht des Klägers erhebe ich Klage und werde beantragen:

1. Der Beklagte zu 1) hat als Erbe des ... (Erblasser) ... EUR an den Kläger zu zahlen.[1]
2. Der Beklagte zu 2) hat als Testamentsvollstrecker die Zwangsvollstreckung in die seiner Verwaltung unterliegenden Nachlassgegenstände ...[2] zu dulden[3].

Gründe

1. Der Beklagte zu 1) ist Erbe des Erblassers ... . Er hat die Erbschaft mit Erklärung vom ... gegenüber dem Nachlassgericht ... angenommen. Der Beklagte zu 2) ist Testamentsvollstrecker des Nachlasses; er hat das Amt mit Erklärung vom ... gegenüber dem Nachlassgericht ... angenommen.
   Beweis: Nachlassakten des Amtsgerichts ... – Nachlassgericht – Az ..., deren Beiziehung beantragt wird.
2. ... (Begründung des Pflichtteilsanspruchs gegen den Erben) ◀

b) Erläuterungen

[1] Bei einem **Pflichtteilsanspruch** ist gem. § 2213 Abs. 1 S. 3 BGB stets ein Leistungstitel gegen den Erben zu erwirken. Daneben bedarf es aber zur Zwangsvollstreckung in den Nachlass gem. § 748 Abs. 1 bzw Abs. 2 stets eines Duldungstitels gegen den Testamentsvollstrecker (Abs. 3). 9

[2] Vgl oben Rn 6. 10

[3] Vgl oben Rn 7. 11

II. Vollstreckbare Ausfertigung für und gegen den Testamentsvollstrecker

1. Muster: Antrag auf Erteilung einer vollstreckbaren Ausfertigung für und gegen den Testamentsvollstrecker 12

▶ An das

...gericht ...

in Sachen

...

gegen

...

beantrage ich unter Vorlage des am ... verkündeten Urteils[1] eine vollstreckbare Ausfertigung für/gegen den Testamentsvollstrecker ... des Nachlasses des ... (Erblasser) zu erteilen.

Begründung

Der Kläger/Beklagte ... ist nach Verkündung der Urteils vom ... am ... verstorben.

Beweis: Sterbeurkunde ...[2]

Für den Nachlass des Verstorbenen ist Testamentsvollstreckung angeordnet. Als Testamentsvollstrecker wurde ▬▬ am ▬▬ eingesetzt. Dieser hat mit Erklärung vom ▬▬ das Amt angenommen[2]. Der Umfang der Testamentsvollstreckung erstreckt sich auf ▬▬

Beweis: Testamentsvollstreckerzeugnis des Nachlassgerichts ▬▬ vom ▬▬[3] ◄

2. Erläuterungen

13 [1] Das Urteil muss **vor dem Erbfall** für oder gegen den Erblasser ergangen sein. Rechtskraft ist nicht erforderlich.

14 [2] Die **Annahme** der Erbschaft ist nicht erforderlich (§ 2213 Abs. 2 BGB).

15 [3] Für die **Voraussetzungen der Klauselerteilung** gelten die Voraussetzung der §§ 727, 730–732. Die Testamentsvollstreckung muss durch öffentliche oder öffentlich beglaubigte Urkunden nachgewiesen werden, sofern diese nicht offenkundig ist (§ 749 S. 1 iVm § 727 Abs. 1). Hierfür sieht § 792 ein entsprechendes Antragsrecht des Gläubigers vor. Die anfallenden Kosten sind gem. § 788 vom Schuldner zu erstatten.

B. Gerichtliche Sicht

16 **I. Muster: Erteilung der vollstreckbaren Ausfertigung für und gegen den Testamentsvollstrecker, § 749**

115 ▶ Vorstehende Ausfertigung wird dem ▬▬ (Antragsteller) zum Zwecke der Zwangsvollstreckung gegen ▬▬ (Testamentsvollstrecker) als Testamentsvollstrecker für den Nachlass des ▬▬ (Erblasser) gem. § 749 ZPO erteilt. Dessen Amt ist durch Testamentsvollstreckerzeugnis des Amtsgerichts ▬▬ - Nachlassgericht – vom ▬▬; Az. ▬▬ nachgewiesen. Die Testamentsvollstreckung ist auf folgende Nachlassgegenstände ▬▬ beschränkt.[1], [2] ◄

Variante: Testamentsvollstrecker als Gläubiger

▶ Vorstehende Ausfertigung wird dem ▬▬ (Testamentsvollstrecker) zum Zwecke der Zwangsvollstreckung für den Nachlass des ▬▬ (Erblasser) gem. § 749 ZPO erteilt. Dessen Amt ist durch Testamentsvollstreckerzeugnis des Amtsgerichts ▬▬ - Nachlassgericht – vom ▬▬; Az. ▬▬ nachgewiesen. ◄

II. Erläuterungen

17 [1] Bei **unbeschränkter Testamentsvollstreckung** bedarf es eines Zusatzes, dass die Vollstreckung nur die der Testamentsvollstreckung unterliegenden Gegenstände umfasst, grundsätzlich nicht. Ist die Testamentsvollstreckung jedoch auf einzelne Nachlassgegenstände beschränkt, bedarf es eines betreffenden Vermerkes.

18 [2] Sofern die Testamentsvollstreckung auf einzelne Nachlassgegenstände beschränkt ist, ist daneben zur Vollstreckung eine auf Leistung gerichtete Klausel gegen den Erben gem. § 727 erforderlich (Hk-ZV/*Giers* Rn 10).

§ 750 Voraussetzungen der Zwangsvollstreckung

(1) ¹Die Zwangsvollstreckung darf nur beginnen, wenn die Personen, für und gegen die sie stattfinden soll, in dem Urteil oder in der ihm beigefügten Vollstreckungsklau-

sel namentlich bezeichnet sind und das Urteil bereits zugestellt ist oder gleichzeitig zugestellt wird. ²Eine Zustellung durch den Gläubiger genügt; in diesem Fall braucht die Ausfertigung des Urteils Tatbestand und Entscheidungsgründe nicht zu enthalten.
(2) Handelt es sich um die Vollstreckung eines Urteils, dessen vollstreckbare Ausfertigung nach § 726 Abs. 1 erteilt worden ist, oder soll ein Urteil, das nach den §§ 727 bis 729, 738, 742, 744, dem § 745 Abs. 2 und dem § 749 für oder gegen eine der dort bezeichneten Personen wirksam ist, für oder gegen eine dieser Personen vollstreckt werden, so muss außer dem zu vollstreckenden Urteil auch die ihm beigefügte Vollstreckungsklausel und, sofern die Vollstreckungsklausel auf Grund öffentlicher oder öffentlich beglaubigter Urkunden erteilt ist, auch eine Abschrift dieser Urkunden vor Beginn der Zwangsvollstreckung zugestellt sein oder gleichzeitig mit ihrem Beginn zugestellt werden.
(3) Eine Zwangsvollstreckung nach § 720a darf nur beginnen, wenn das Urteil und die Vollstreckungsklausel mindestens zwei Wochen vorher zugestellt sind.

§ 751 Bedingungen für Vollstreckungsbeginn

(1) Ist die Geltendmachung des Anspruchs von dem Eintritt eines Kalendertages abhängig, so darf die Zwangsvollstreckung nur beginnen, wenn der Kalendertag abgelaufen ist.
(2) Hängt die Vollstreckung von einer dem Gläubiger obliegenden Sicherheitsleistung ab, so darf mit der Zwangsvollstreckung nur begonnen oder sie nur fortgesetzt werden, wenn die Sicherheitsleistung durch eine öffentliche oder öffentlich beglaubigte Urkunde nachgewiesen und eine Abschrift dieser Urkunde bereits zugestellt ist oder gleichzeitig zugestellt wird.

A. Muster: Vollstreckungsauftrag		[5] Auslegung unklarer Bezeichnungen	6
B. Erläuterungen		[6] Zustellung durch den Gläubiger	7
[1] Einführung verbindlicher Formulare	2	[7] Vollstreckungsklausel	8
[2] Vermittlung der Geschäftsstelle	3	[8] Wartefristen, zusätzliche Voraussetzungen	9
[3] Zuständigkeit des Gerichts	4		
[4] Zustellung an Prozessbevollmächtigten	5		

A. Muster: Vollstreckungsauftrag   1

▶ An[1] die
Verteilungsstelle für Gerichtsvollzieheraufträge[2]
beim Amtsgericht ...[3]
In der Zwangsvollstreckungssache
... ./. ...
Prozessbevollmächtigter: ...[4]
wegen: Vollstreckungsauftrag
überreiche ich im Namen und in Vollmacht des Gläubigers die vollstreckbare Ausfertigung des Urteils des ... vom ..., Az ...[5], sowie des Kostenfestsetzungsbeschlusses vom ... mit

Auftrag der Zustellung[6] der Schuldtitel[7] und – sofern der Schuldner nicht freiwillig leistet – um Zwangsvollstreckung[8] zum Zwecke der Einziehung folgender Beträge: ▬▬[9] ◂

B. Erläuterungen

2 [1] Zu beachten ist, dass § 753 Abs. 3 eine Ermächtigungsgrundlage für eine Einführung **verbindlicher Formulare** für den Auftrag iSd § 753 Abs. 2 vorsieht. Eine Einführung ist beabsichtigt. Verbindliche Formulare liegen aber derzeit nicht vor.

3 [2] Gemäß § 753 Abs. 2 kann der Gläubiger wegen Erteilung des Vollstreckungsauftrags sich der **Vermittlung der Geschäftsstelle** bedienen.

4 [3] Die **Zuständigkeit des Gerichts** bestimmt sich nach §§ 764 Abs. 2, 802.

5 [4] Die **Zustellung** an den für den Rechtszug bestellten Prozessbevollmächtigten beruht auf § 172 Abs. 1.

6 [5] Das Vollstreckungsorgan hat eine unklare Bezeichnung im Vollstreckungstitel nach allgemeinen Grundsätzen auszulegen. Es darf dabei aber außerhalb des Titels liegende Umstände grundsätzlich nicht berücksichtigen (BGH MDR 2010, 231).

7 [6] Gemäß § 750 Abs. 1 S. 2 Hs 1 genügt die Zustellung **durch den Gläubiger**. Einer vorherigen Zustellung bedarf es nicht in den Fällen der §§ 929 Abs. 3, 936 sowie des § 845 Abs. 2. Der **Vorteil** einer Zustellung durch den Gläubiger liegt in der Verfahrensbeschleunigung sowie darin, dass mit der Zustellung grundsätzlich zugleich die Zwangsvollstreckung betrieben werden kann, sofern nicht Einschränkungen (siehe Rn 7) vorliegen. Zur Frage einer Zahlungsaufforderung mit Vollstreckungsandrohung durch den Gläubiger und der Frage der Kostenerstattung vgl MaK/*Gierl* Nr. 3110 VV Rn 21 ff.

8 [7] Daneben ist in den Fällen des Abs. 2 die **Vollstreckungsklausel** in der entsprechenden Form zuzustellen; vgl auch Abs. 1 S. 2.

9 [8] Ggf sind **Wartefristen** (zB Abs. 3 iVm §§ 720 a, 751 Abs. 1, 798, 835 Abs. 3 S. 2, Abs. 4) einzuhalten oder **zusätzliche Voraussetzungen** (zB §§ 751 Abs. 2, 756) zu beachten.

10 [9] Vgl im Weiteren §§ 752 ff.

§ 752 Sicherheitsleistung bei Teilvollstreckung

¹Vollstreckt der Gläubiger im Fall des § 751 Abs. 2 nur wegen eines Teilbetrages, so bemisst sich die Höhe der Sicherheitsleistung nach dem Verhältnis des Teilbetrages zum Gesamtbetrag. ²Darf der Schuldner in den Fällen des § 709 die Vollstreckung gemäß § 712 Abs. 1 Satz 1 abwenden, so gilt für ihn Satz 1 entsprechend.

A. Muster: Antrag auf Teilvollstreckung
   nach Leistung einer Teilsicherheit

B. Erläuterungen
   I. Sicht des Gläubigers
      [1] Erbringung und Nachweis der
          Sicherheitsleistung 2

[2] Formel der Teilsicherheits-
    leistung 3
[3] Erbringung der Sicherheits-
    leistung 4
[4] Hinterlegungsordnung 5
[5] Nachweis der Sicherheits-
    leistung 6

II. Sicht des Schuldners
[1] Teilvollstreckung 7

[2] Vermerk des Teilbetrags auf vollstreckbarer Ausfertigung . 8

A. Muster: Antrag auf Teilvollstreckung nach Leistung einer Teilsicherheit

▶ ... beantrage ich aus der Gesamtforderung iHv 20.000,- EUR[1] einen Teilbetrag iHv 5.000,- EUR zu vollstrecken. Die im Hinblick auf die zu leistenden Gesamtsicherheitsleistung iHv 28.000,- EUR entsprechende Teilsicherheit iHv 7.000,- EUR[2] wurde – wie aus beiliegendem Hinterlegungsschein ersichtlich ist[3] – vom Gläubiger erbracht. Zugleich beantrage ich das Zweitstück der Annahmeverfügung der Hinterlegungsstelle[4] dem Schuldner zuzustellen.[5] ◀

B. Erläuterungen

I. Sicht des Gläubigers

[1] Die Regelung betrifft nur die Fälle des § 709, in denen der Gläubiger erst **nach Erbringung und Nachweis der Sicherheitsleistung** die Vollstreckung durchführen kann (S. 1 iVm § 751 Abs. 2) und dabei die Sicherheit im Urteil insgesamt beziffert worden ist.

[2] Bei einem im Urteil ausgewiesenen Betrag errechnet sich die zu erbringenden „Teilsicherheitsleistung" aus folgender Formel (vgl § 83 Nr. 2 GVGA)

$$\frac{\text{zu vollstreckender Teilbetrag} \times \text{Gesamtsicherheitsleistung}}{\text{Gesamtbetrag der zu vollstreckbaren Forderung}}$$

Zu beachten ist, dass gem. § 709 S. 2 bei einer Geldforderung die zu erbringende Teilsicherheitsleistung mittels der Angabe eines prozessualen Zuschlags im Ausspruch zur vorläufigen Vollstreckbarkeit errechnet werden kann („iHv 120 % des jeweils zu vollstreckbaren Betrags").

[3] Die **Erbringung der Sicherheitsleistung** ist durch öffentliche oder öffentlich beglaubigte Urkunden **nachzuweisen** (§ 751 Abs. 2). Dies kann auch durch die Quittung der Hinterlegungskasse erfolgen.

[4] Zu beachten, dass die HinterlO zum 1.12.2010 als Bundesrecht außer Kraft getreten ist. Die Bundesländer haben Hinterlegungsvorschriften erlassen (vgl dazu zB Bayerisches Hinterlegungsgesetz (BayHintG) vom 23.11.2010, in Kraft seit dem 1.12.2010 sowie Vollzugsvorschriften zum Bayerischen Hinterlegungsgesetz (BayHiVV) in der Bekanntmachung des Bayer. Staatsministerium der Justiz und Verbraucherschutz vom 12.12.2011 Az: 3860 – I – 10505/2010 <JMBL 2012, 3>.

[5] Die Urkunde zum **Nachweis der Sicherheitsleistung** bzw dessen Abschrift ist gem. § 751 Abs. 2 Voraussetzung für den Beginn bzw Fortgang der Zwangsvollstreckung. Es empfiehlt sich die Zustellung mit dem Vollstreckungsauftrag zu verbinden.

II. Sicht des Schuldners

[1] Bei **Teilvollstreckung** des Gläubigers räumt § 752 S. 2 nur im Fall des § 709 dem Schuldner im Rahmen einer Abwendungsbefugnis iSd § 712 Abs. 1 S. 1 die Möglich-

keit ein, lediglich einen der Teilvollstreckung entsprechenden Teil der Sicherheitsleistung zu erbringen. Zu beachten ist, dass die Möglichkeit des § 752 S. 2 jedoch nicht für die Fälle des § 708 Nr. 4–11 gilt, so dass der Vollstreckungsschuldner selbst bei einer Teilvollstreckung stets den vollen Abwendungsbetrag zu erbringen hat (Hk-ZPO/*Kindl* Rn 3).

8 [2] Zu beachten ist, dass der geleistete **Teilbetrag** auf der **vollstreckbaren Ausfertigung vermerkt** wird und dass eine Quittung bzgl des Teilbetrags durch den Gerichtsvollzieher erteilt wird (§ 757 Abs. 1).

§ 753 Vollstreckung durch Gerichtsvollzieher

(1) Die Zwangsvollstreckung wird, soweit sie nicht den Gerichten zugewiesen ist, durch Gerichtsvollzieher durchgeführt, die sie im Auftrag des Gläubigers zu bewirken haben.
(2) ¹Der Gläubiger kann wegen Erteilung des Auftrags zur Zwangsvollstreckung die Mitwirkung der Geschäftsstelle in Anspruch nehmen. ²Der von der Geschäftsstelle beauftragte Gerichtsvollzieher gilt als von dem Gläubiger beauftragt.
(3) ¹Das Bundesministerium der Justiz wird ermächtigt, durch Rechtsverordnung mit Zustimmung des Bundesrates verbindliche Formulare für den Auftrag nach Absatz 2 einzuführen. ²Für elektronisch eingereichte Aufträge können besondere Formulare vorgesehen werden.

§ 754 Vollstreckungsauftrag und vollstreckbare Ausfertigung

(1) Durch den Vollstreckungsauftrag und die Übergabe der vollstreckbaren Ausfertigung wird der Gerichtsvollzieher ermächtigt, Leistungen des Schuldners entgegenzunehmen und diese zu quittieren sowie mit Wirkung für den Gläubiger Zahlungsvereinbarungen nach Maßgabe des § 802 b zu treffen.
(2) ¹Dem Schuldner und Dritten gegenüber wird der Gerichtsvollzieher zur Vornahme der Zwangsvollstreckung und der in Absatz 1 bezeichneten Handlungen durch den Besitz der vollstreckbaren Ausfertigung ermächtigt. ²Der Mangel oder die Beschränkung des Auftrags kann diesen Personen gegenüber von dem Gläubiger nicht geltend gemacht werden.

§ 755 Ermittlung des Aufenthaltsorts des Schuldners

(1) Ist der Wohnsitz oder gewöhnliche Aufenthaltsort des Schuldners nicht bekannt, darf der Gerichtsvollzieher auf Grund des Vollstreckungsauftrags und der Übergabe der vollstreckbaren Ausfertigung zur Ermittlung des Aufenthaltsorts des Schuldners bei der Meldebehörde die gegenwärtigen Anschriften sowie Angaben zur Haupt- und Nebenwohnung des Schuldners erheben.
(2) ¹Soweit der Aufenthaltsort des Schuldners nach Absatz 1 nicht zu ermitteln ist, darf der Gerichtsvollzieher
1. zunächst beim Ausländerzentralregister die Angaben zur aktenführenden Ausländerbehörde sowie zum Zuzug oder Fortzug des Schuldners und anschließend bei

der gemäß der Auskunft aus dem Ausländerzentralregister aktenführenden Ausländerbehörde den Aufenthaltsort des Schuldners,
2. bei den Trägern der gesetzlichen Rentenversicherung die dort bekannte derzeitige Anschrift, den derzeitigen oder zukünftigen Aufenthaltsort des Schuldners sowie
3. bei dem Kraftfahrt-Bundesamt die Halterdaten nach § 33 Abs. 1 Satz 1 Nr. 2 des Straßenverkehrsgesetzes

erheben. ²Ist der Schuldner Unionsbürger, darf der Gerichtsvollzieher die Daten nach Satz 1 Nummer 1 nur erheben, wenn ihm tatsächliche Anhaltspunkte für die Vermutung der Feststellung des Nichtbestehens oder des Verlusts des Freizügigkeitsrechts vorliegen. ³Eine Übermittlung der Daten nach Satz 1 Nummer 1 an den Gerichtsvollzieher ist ausgeschlossen, wenn der Schuldner Unionsbürger ist, für den eine Feststellung des Nichtbestehens oder des Verlusts des Freizügigkeitsrechts nicht vorliegt. ⁴Die Daten nach Satz 1 Nr. 2 und 3 darf der Gerichtsvollzieher nur erheben, wenn die zu vollstreckenden Ansprüche mindestens 500 Euro betragen; Kosten der Zwangsvollstreckung und Nebenforderungen sind bei der Berechnung nur zu berücksichtigen, wenn sie allein Gegenstand des Vollstreckungsauftrags sind.

§ 756 Zwangsvollstreckung bei Leistung Zug um Zug

(1) Hängt die Vollstreckung von einer Zug um Zug zu bewirkenden Leistung des Gläubigers an den Schuldner ab, so darf der Gerichtsvollzieher die Zwangsvollstreckung nicht beginnen, bevor er dem Schuldner die diesem gebührende Leistung in einer den Verzug der Annahme begründenden Weise angeboten hat, sofern nicht der Beweis, dass der Schuldner befriedigt oder im Verzug der Annahme ist, durch öffentliche oder öffentlich beglaubigte Urkunden geführt wird und eine Abschrift dieser Urkunden bereits zugestellt ist oder gleichzeitig zugestellt wird.

(2) Der Gerichtsvollzieher darf mit der Zwangsvollstreckung beginnen, wenn der Schuldner auf das wörtliche Angebot des Gerichtsvollziehers erklärt, dass er die Leistung nicht annehmen werde.

A. Muster: Zustellungsauftrag/Zwangsvollstreckungsauftrag
   I. Bei Anordnung zusätzlich
     1. Muster: Erbringung einer Sicherheitsleistung, §§ 751 Abs. 2, 709
     2. Muster: Abwendungsbefugnis des Schuldners, § 711
  II. Bei Verurteilung zur Leistung Zug um Zug (§ 756) zusätzlich
     1. Muster: Bei Feststellung des Annahmeverzugs im Urteil
     2. Muster: Im Falle bereits erfolgter Begründung des Annahmeverzugs durch den Gläubiger (Holschuld)
     3. Muster: Tatsächliches Angebot
  III. Muster: Bei Sachpfändung zusätzlich

IV. Muster: Durchsuchungsantrag
V. Muster: „Kombinierter Antrag"
VI. Muster: Abschrift des Pfändungsprotokolls
VII. Muster: Besondere Vollstreckungshinweise/besonderer Vollstreckungsauftrag

B. Erläuterungen und Varianten
[1] Formularzwang 12
[2] Vermittlung der Geschäftsstelle 13
[3] Zuständigkeit des Gerichts 14
[4] Vollstreckung eines Teilbetrags/Restbetrags 15
[5] Zinsen 16
[6] Hinweis auf weiteren Verfahrensverlauf 17
[7] Bescheinigung der Hinterlegungsstelle 19

[8] Nichtwahrnehmung der Abwendungsbefugnis 20	[20] Darstellung des Verfahrensgangs ... 34
[9] Verbindung der Leistungsklage mit Zug-um-Zug-Antrag 21	[21] Einholung von Fremdauskünften ... 35
	[22] Kombinierter Auftrag 36
[10] Notarielle Beglaubigung, Zustellung des Schreibens 23	[23] Teilnahme an der Vermögens- auskunft 37
[11] Besondere Beauftragung des Gerichtsvollziehers 24	[24] Mitteilung über Vollstreckungser- gebnis 38
[12] Bestimmbarkeit zu erbringender Leistung 25	[25] Zusatzauftrag 39
[13] Pfändung bestimmter Gegenstände 26	[26] Ermächtigung zur Entgegennahme beigetriebener Gelder 40
[14] Zulassung der Austauschpfändung 28	[27] Zuziehung zur Vollstreckung 41
[15] Formularzwang 29	[28] Besondere Informationen über pfändbare Gegenstände 42
[16] Anordnung iSd § 758 a 30	[29] Amtsbekannt vermögensloser Schuldner 43
[17] Einverständnis des Gläubigers 31	
[18] Beginn der Vollstreckung 32	[30] Ermittlung des Aufenthaltsort des Schuldners 44
[19] Auskunftspflicht des Schuldners 30	

1 A. Muster: Zustellungsauftrag/Zwangsvollstreckungsauftrag[1]

▶ An die

Verteilungsstelle für Gerichtsvollzieheraufträge[2]

beim Amtsgericht ▪▪▪[3]

In der Zwangsvollstreckungssache

▪▪▪ ./. ▪▪▪

Prozessbevollmächtigter: ▪▪▪

wegen: Vollstreckungsauftrag

überreiche ich im Namen und in Vollmacht des Gläubigers die vollstreckbare Ausfertigung des Urteils des ▪▪▪ vom ▪▪▪; Az ▪▪▪ sowie des Kostenfestsetzungsbeschlusses vom ▪▪▪ mit dem Auftrag der Zustellung der Schuldtitel und – sofern der Schuldner nicht freiwillig leistet – um Zwangsvollstreckung zum Zwecke der Einziehung folgender Beträge[4]:

1. Hauptforderung   ▪▪▪ EUR
nebst Zinsen iHv 5 Prozentpunkten über dem Basiszins seit dem ▪▪▪
bis heute ▪▪▪[5]   ▪▪▪ EUR
2. festgesetzte Kosten   ▪▪▪ EUR
nebst Zinsen iHv 5 Prozentpunkten über dem Basiszins seit dem ▪▪▪
bis heute ▪▪▪[5]   ▪▪▪ EUR
3. Kosten früherer Vollstreckungsversuche   ▪▪▪ EUR
Belege sind beigefügt
Summe   ▪▪▪ EUR
4. Kosten für diesen Auftrag
a) Gebühr   ▪▪▪ EUR
b) Portoauslagen   ▪▪▪ EUR
c) Umsatzsteuer ▪▪▪ %   ▪▪▪ EUR
Summe   ▪▪▪ EUR
5. zuzüglich weiterer Zinsen, ab morgen anfallenden Zinsen iHv ▪▪▪ aus den Beträgen ▪▪▪
EUR

Mit der Erbringung von Teilleistungen bin ich (nicht) einverstanden/sofern der Schuldner zumindest Teilzahlungen iHv ... EUR erbringt[6]/sofern der Schuldner Ratenzahlung beantragt, bitte ich den Schuldner an mich zu verweisen.[6] ◄

I. Bei Anordnung zusätzlich

1. Muster: Erbringung einer Sicherheitsleistung, §§ 751 Abs. 2, 709   2

▶ Der Gläubiger hat die angeordnete Sicherheitsleistung ausweislich des beigefügten ... geleistet, um deren Zustellung zusammen mit dem Urteil gebeten wird.[7] ◄

2. Muster: Abwendungsbefugnis des Schuldners, § 711   3

▶ Für den Fall, dass der Schuldner keine Sicherheit leistet, bitte ich um Mitteilung, damit der Gläubiger seinerseits seine Sicherheit leisten kann.[8] ◄

II. Bei Verurteilung zur Leistung Zug um Zug (§ 756) zusätzlich

1. Muster: Bei Feststellung des Annahmeverzugs im Urteil[9]   4

▶ Der Nachweis der Feststellung des Annahmeverzugs iSd § 756 ZPO erfolgte durch den Ausspruch im Tenor Urteil des ...gerichts ... vom ... in Ziff. ... ◄

2. Muster: Im Falle der bereits erfolgten Begründung des Annahmeverzugs durch den   5
Gläubiger (Holschuld)

▶ Der Vollstreckungsschuldner befindet sich im Annahmeverzug, da der Gläubiger gemäß anliegendem notariell beglaubigten Schreiben vom ... nebst Zustellungsnachweis vom ...[10] den Schuldner zur Abholung des ... aufgefordert hat. ◄

3. Muster: Tatsächliches Angebot   6

▶ Der zuständige Gerichtsvollzieher wird ausdrücklich iSd § 756 Abs. 2 ZPO beauftragt,[11] dem Schuldner die Leistung ...[12] Zug um Zug gegen die von diesem gem. der beiliegenden Forderungsaufstellung zu erbringenden Klageforderung wörtlich anzubieten. Für den Fall, dass der Schuldner das Angebot ablehnt, bitte ich dies im Vollstreckungsprotokoll zu vermerken und die Forderung entsprechend der beigefügten Aufstellung zu vollstrecken.[11] Andernfalls bitte ich um Mitteilung, wann die Vornahme der Vollstreckung beabsichtigt ist, um dem Schuldner die geforderte Leistung anbieten zu können. ◄

III. Muster: Bei Sachpfändung zusätzlich   7

▶ Ich beantrage im Rahmen der Sachpfändung vorrangig
- die Pfändung der Sache ...[13] zu betreiben;
- für den Fall, dass die Möglichkeit einer Austauschpfändung in Betracht kommt, beantrage ich bereits vorab die Durchführung der vorläufigen Austauchpfändung iSd § 811 b ZPO und um umgehende Mitteilung[14] zur Antragstellung vor dem Vollstreckungsgericht. ◄

IV. Muster: Durchsuchungsantrag

▶ Im Falle, dass der Vollstreckungsversuch scheitert, sei es, dass der Schuldner wiederholt in seiner Wohnung nicht angetroffen wurde, sei es, dass der Schuldner oder dessen Mitbewohner ein Betreten der Wohnung nicht gestattet haben,

beantrage[15] ich bereits jetzt, zum Zwecke des Erlasses eines Durchsuchungsbeschlusses die Akten samt den Vollstreckungsnachweisen an das Amtsgericht ▬▬▬ zur Entscheidung gem. § 758 a ZPO zuzuleiten.[16] ◂

V. Muster: „Kombinierter Auftrag"

▶ aa) [Von Versuchen einer gütlichen Einigung bitte ich Abstand zu nehmen. Die Gewährung einer Stundungsbewilligung wird ausdrücklich verweigert.[17]

bb) Vor[18] Durchführung einer Pfändung und Verwertung von körperlichen Sachen beantrage ich die Einholung einer Vermögensauskunft des Schuldners (§ 802 a Abs. 2 Nr. 2 iVm § 802 c ZPO)[19] und beantrage diesbezüglich ausdrücklich die Abnahme der eidesstattlichen Versicherung.[20]

Führt eine Vollstreckung in die in dem Vermögensverzeichnis aufgeführten Vermögensgegenstände voraussichtlich nicht zu einer vollständigen Befriedigung oder kommt der Schuldner seiner Pflicht zur Abgabe der Vermögensauskunft nicht nach, beantrage ich die Einholung von Auskünften Dritter über das Vermögen des Schuldners gem. § 802 l ZPO. Die Auskünfte sind – wie folgt – zu erholen: ▬▬▬[21]

cc) Für den Fall, dass die erteilte Auskunft zumindest eine die Kosten deckende Vollstreckung erwarten lässt, beantrage ich die Pfändung und Verwertung der benannten körperlichen Sachen,[18]

dd) Für den Fall, dass der Schuldner dem Termin zur Abgabe der Vermögensauskunft unentschuldigt fernbleibt oder die Abgabe der Vermögensauskunft ohne Grund verweigert, beantrage ich zur Erzwingung der Abgabe einen Haftbefehl und bitte um Zuleitung der Akten an das Vollstreckungsgericht.[22]

ee) Bei Erlass des Haftbefehls beantrage ich den Schuldner umgehend zu verhaften. Für den Fall, dass der Schuldner nach seiner Verhaftung die Abnahme seiner Vermögensauskunft verlangt, beantrage ich, dem Gläubiger die Teilnahme zu ermöglichen.[23] ◂

VI. Muster: Abschrift des Pfändungsprotokolls

▶ um die Übersendung einer

Abschrift des Pfändungsprotokolls[24]

sowie einer Abschrift des erstellten Vermögensverzeichnisses bzw soweit der Schuldner bereits die eidesstattliche Versicherung abgegeben hat und noch nicht im Schuldnerverzeichnis gelöscht ist, wird um Übersendung des damaligen erstellten

Vermögensverzeichnisses

samt Protokoll gebeten.[25] ◂

VII. Muster: Besondere Vollstreckungshinweise/besonderer Vollstreckungsauftrag

▶ aa) Die eingezogenen Beträge beantrage ich, mir gemäß anliegender Empfangsermächtigung zu überweisen.[26]

bb) Der Gläubiger beabsichtigt, bei der Vollstreckungsmaßnahme ... vor Ort anwesend zu sein; es wird daher beantragt, den Gläubiger von dem Vollstreckungstermin vorab zu informieren.[27]

cc) Auf folgende dem Gläubiger bekannte Tatsachen wird hingewiesen:[28]
...

dd) Für den Fall, dass der Schuldner vermögenslos ist, beantrage ich, den Auftrag trotzdem auszuführen.[29]

ee) Für den Fall, dass der Wohnsitz oder der gewöhnliche Aufenthalt des Schuldners (mittlerweile) unbekannt ist, beantrage ich, Auskünfte aus dem Melderegister/Ausländerzentralregister bzw bei den Ausländerbehörden einzuholen. Ist der Aufenthaltsort des Schuldners aufgrund der vorgenannten Maßnahmen nicht zu ermitteln, beantrage ich die Einholung von Auskünften gem. § 802 l Abs. 1 S. 1 ZPO. Hierbei ist zunächst die Auskunft bei (...) einzuholen, ist diese nicht weiterführend, ist Auskunft bei (...), hilfsweise bei (...) einzuholen.[30] ◀

B. Erläuterungen und Varianten

[1] Der im Rahmen des Gesetzes zur Reform der Sachaufklärung in der Zwangsvollstreckung (BT-Drucks. 16/10069) neu eingefügte § 753 Abs. 3 sieht die Einführung eines **Formularzwangs** zur Ermöglichung einer Standardisierung des Vollstreckungsauftrags vor. Entsprechende Formulare liegen derzeit noch nicht vor.

[2] Gemäß § 753 Abs. 2 kann sich der Gläubiger wegen Erteilung des Vollstreckungsauftrags der **Vermittlung der Geschäftsstelle** bedienen.

[3] Die **Zuständigkeit des Gerichts** bestimmt sich nach §§ 764 Abs. 2, 802.

[4] Bei **Vollstreckung eines Teilbetrags oder eines Restbetrags** ist nach hM keine entsprechende Forderungsaufstellung beizufügen (Zöller/*Stöber* § 753 Rn 7; Musielak/*Lackmann* § 753 Rn 11; Hk-ZPO/*Kindl* § 753 Rn 6). Gem § 80 Abs. 3 GVGA kann der Gerichtsvollzieher jedoch bei besonderen Umständen eine Berechnung des Guthabens fordern, insb. wenn es wegen zahlreicher Posten mit verschiedenem Zinslauf und mit Abschlagszahlungen einer umfangreichen Berechnung bedarf.

[5] **Zinsen** sind bis zum Tag des Auftrages im Eigeninteresse zu berechnen und in die Forderungsaufstellung einzustellen, da diese den Gegenstandswert iSd § 25 Nr. 1 GVG erhöhen (MaK/*Gierl* § 25 RVG Rn 5).

[6] Die **Aufnahme eines entsprechenden Hinweises** auf den weiteren Verfahrensverlauf bei Bereitschaft des Schuldners zur Erbringung von Teilbeträgen ist im Hinblick auf § 802 b Abs. 2 empfehlenswert. Der Gerichtsvollzieher soll gem. § 802 b Abs. 1 in jeder Lage des Verfahrens auf eine gütliche Erledigung hinwirken. Hat der Gläubiger eine Zahlungsvereinbarung nicht ausgeschlossen, so kann der Gerichtsvollzieher dem Schuldner eine Zahlungsfrist einräumen oder eine Tilgung durch Teilleistungen (Ratenzahlung) gestatten, sofern der Schuldner glaubhaft darlegt, die nach Höhe und Zeitpunkt festzusetzenden Zahlungen erbringen zu können (§ 802 b Abs. 2 S. 1). Hat

der Gläubiger hingegen seine Einwilligung zu der Einräumung einer Zahlungsfrist bzw. der Tilgung durch Teilleistungen von Bedingungen abhängig gemacht, ist der Gerichtsvollzieher daran gebunden (§ 68 Abs. 1 S. 2 GVGA). Widerspricht der Gläubiger unverzüglich dem Zahlungsplan, teilt der Gerichtsvollzieher dies dem Schuldner mit und setzt die Vollstreckung entsprechend den Anträgen des Gläubigers fort (§ 68 Abs. 3 S. 1 GVGA). Sofern der Gläubiger lediglich mit der Ausgestaltung des Zahlungsplanes nicht einverstanden ist, liegt hingegen kein Widerspruch vor (§ 68 Abs. 3 S. 2 GVGA). Insoweit ändert der Gerichtsvollzieher lediglich die Teilzahlungsbestimmungen nach den Auflagen des Gläubigers und unterrichtet den Schuldner (§ 68 Abs. 3 S. 3 GVGA).

18 Zu beachten ist, dass die gegenüber dem Gerichtsvollzieher erklärte Gestattung der Ratenzahlung keine **Einigungsgebühr** iSd Nr. 1000 VV RVG auslöst (BGH NJW 2006, 3640). Für das Erwachsen der Gebühr ist daher der Abschluss einer Ratenzahlungsvereinbarung unmittelbar mit dem Schuldner erforderlich (vgl auch Anm. zu Nr. 1003 VV RVG). Aus gebührenrechtlichen Erwägungen empfiehlt sich daher, nicht vorab das Einverständnis zur Ratenzahlung zu erteilen.

19 [7] Der **Nachweis** kann zB durch eine Bescheinigung der Hinterlegungsstelle oder durch eine Bürgschaftserklärung (vgl dazu näher Hk-ZPO/*Kindl* § 751 Rn 5) erbracht werden. Das Erfordernis der Zustellung ergibt sich aus § 751 Abs. 2. Wurde der Beklagte im Erkenntnisverfahren von einem Prozessbevollmächtigten vertreten, gilt § 172.

20 [8] Sofern der **Schuldner** die ihm eingeräumte **Abwendungsbefugnis** (§ 711) nicht wahrnimmt, findet § 720 Anwendung, mit der Konsequenz, dass das gepfändete Geld bzw der Pfändungserlös hinterlegt wird. Sofern der Gläubiger seinerseits Sicherheit leistet, findet hingegen eine Auskehrung statt (BGHZ 12, 92).

21 [9] Um entsprechende Nachweisprobleme für den Eintritt des Annahmeverzugs im Rahmen der Zwangsvollstreckung zu vermeiden, empfiehlt es sich bei einer **Leistungsklage mit einem Zug-um-Zug-Antrag** bereits im Erkenntnisverfahren den Leistungs- mit einem Feststellungsantrag zu verbinden, der den Annahmeverzug des Beklagten im Tenor ausweist:

▶ I. Der Beklagte wird verurteilt, an den Kläger, einen Betrag iHv ... EUR Zug um Zug gegen ... zu bezahlen.
II. Es wird festgestellt, dass sich der Beklagte im Annahmeverzug befindet. ◀

22 Hintergrund hierfür ist die Regelung des § 756 Abs. 1 sowie das Erfordernis des Nachweises des Annahmeverzugs durch öffentliche bzw öffentlich beglaubigte Urkunden. Zum Nachweis iSd § 756 genügt nämlich nicht der Klageabweisungsantrag im Tatbestand des verurteilenden Urteils. Obwohl der Verzug grundsätzlich kein feststellbares Rechtsverhältnis iSd § 256 ist, wird aufgrund der Nachweisproblematik für den Eintritt des Annahmeverzugs im Rahmen des § 756 von dem Grundsatz eine Ausnahme gemacht (BGH NJW 2000, 2663).

23 [10] Der **notariellen Beglaubigung** und der **Zustellung des Schreibens** bedarf es im Hinblick auf das Nachweiserfordernis iSd § 756 Abs. 1.

24 [11] Eine **besondere Beauftragung des Gerichtsvollziehers** für die Erklärung eines wörtlichen Angebots empfiehlt sich im Hinblick darauf, dass das Erfordernis hierfür

umstritten ist (vgl Zöller/*Stöber* § 756 Rn 14 sowie Thomas/Putzo/*Seiler* § 756 Rn 12). Die Aufnahme der Ablehnung des Angebots des Gläubigers in das Protokoll dient als Nachweis iSd § 756 Abs. 1 für weitere Vollstreckungsmaßnahmen.

[12] Die **zu erbringende Leistung** muss **hinreichend bestimmt** sein, damit es einen vollstreckungsfähigen Inhalt hat. Ein Zug-um-Zug-Urteil, nach dem als Gegenleistung ein Pkw der oberen Mittelklasse zur Verfügung zu stellen ist, erfüllt diese Anforderung nicht (LG Münster DGVZ 2014, 67; AG Steinfurt DGVZ 2014, 66).

[13] Die **Pfändung von bestimmten Gegenständen** bedarf der hinreichenden Konkretisierung; insofern gelten die Grundsätze iSd § 253. Die Bezeichnung von Gegenständen empfiehlt sich zB in Fällen des § 811, in denen ausnahmsweise eine Pfändung in Betracht kommen kann (zB §§ 811 Abs. 2, 811 b, 811 d) oder sofern der Gläubiger Kenntnis von wertvollen Gegenständen oder von Gewahrsam eines zur Herausgabe bereiten Dritten (§ 809) hat. Im Falle der Pfändung eines Gegenstandes gem. § 847 ist der Pfändungs- und Überweisungsbeschluss bzgl des Herausgabeanspruchs dem Vollstreckungsauftrag beizufügen. Leistet der Dritte nicht freiwillig, bedarf es diesem gegenüber eines Vollstreckungstitels iSd § 883.

Die **ausdrückliche Bezeichnung** eines Gegenstandes zur Pfändung bedingt zugleich eine nähere Angabe der Gründe für das Absehen der Pfändung in das Pfändungsprotokoll (§ 86 Abs. 6 S. 2 Nr. 1 GVGA).

[14] Binnen zweier Wochen nach Benachrichtigung von der Durchführung einer vorläufigen Austauschpfändung hat der Gläubiger einen Antrag auf **Zulassung der Austauschpfändung** beim Vollstreckungsgericht zu stellen (§§ 811 b Abs. 2, 811 a Abs. 2), da ansonsten die Pfändung vom Gerichtsvollzieher aufzuheben ist.

[15] Seit dem 1.3.2013 ist das durch § 1, Anlage 1 der Zwangsvollstreckungsformular-Verordnung (ZVFV; erlassen am 23.8.2012, in Kraft getreten am 1.9.2012) eingeführte **Formular** für einen **Antrag iSd § 758 a Abs. 1** zwingend zu verwenden (vgl § 758 a Abs. 6 S. 2 iVm § 5 ZVFV6); vgl. dazu näher §§ 758 a, 759 Rn 3 ff.

[16] Nach hM kann der Gerichtsvollzieher die **Anordnung iSd § 758 a** nicht selbst einholen, und zwar selbst dann nicht, wenn er diese im Namen des Gläubigers stellt. Als zulässig wird jedoch erachtet, dass der Gläubiger bereits im Vollstreckungsauftrag vorsorglich den Antrag iSd § 758 a stellt und den Gerichtsvollzieher mit der Weiterleitung der Akten beauftragt (Hk-ZPO/*Kindl* § 758 a Rn 5; Zöller/*Stöber* § 758 a Rn 23; vgl auch § 758 a Rn 3). Die Aufnahme des Antrags hat zudem den Vorteil, dem Schuldner den weiteren Gang des Verfahrens aufzuzeigen, so dass er eher geneigt sein wird, die Durchsuchung zu gestatten. Als **Alternative** bietet sich bei einer Verweigerung der Durchsuchung gem. § 807 Abs. 1 Nr. 1 der Antrag auf sofortige Abnahme der Vermögensauskunft (vgl §§ 802 c, 802 f) an.

[17] Das Einverständnis des Gläubigers zur Erteilung einer Stundungsbewilligung wird mit Erteilung des Vollstreckungsauftrages grundsätzlich vermutet (BT-Drucks. 16/10069 S. 24). Da der Gerichtsvollzieher aufgrund des Vollstreckungsauftrages zur Stundungsbewilligung befugt ist, empfiehlt es sich bei gegenteiligem Vollstreckungsauftrag des Gläubigers, derartige Maßnahmen ausdrücklich auszuschließen. Es besteht aber auch die Möglichkeit der **Beschränkung des Einverständnisses auf Mindestraten und Höchstfristen**. Der Gerichtsvollzieher ist daran gebunden.

32 [18] Der Gläubiger ist nicht verpflichtet, die Vollstreckung mit einer Erwirkung der Vermögensauskunft des Schuldners nach § 802 c zu beginnen. Ein **sofortiger Pfändungsversuch** iSd § 807 Abs. 1 wird durch § 802 a Abs. 2 nicht ausgeschlossen. Die sofortige Abnahme der Vermögensauskunft iSd § 807 Abs. 1 S. 1 setzt jedoch einen entsprechenden Antrag des Gläubigers voraus (AG Augsburg JurBüro 2014, 268).

33 [19] Im Gegensatz zur Regelung in § 807 Abs. 1 aF setzt die **Auskunftspflicht** des Schuldners über seine Vermögensverhältnisse nicht mehr einen fruchtlosen Fahrnispfändungsversuch voraus. Der Gerichtsvollzieher kann nunmehr bereits zu Beginn des Vollstreckungsverfahrens die erforderlichen Informationen einholen und mit dem Gläubiger gemeinsam über das weitere Vorgehen entscheiden (BT-Drucks. 16/10069 S. 25). Voraussetzung für die Auskunftspflicht ist jedoch ein **entsprechender Antrag des Gläubigers** (vgl § 802 a Abs. 2 S. 1 Nr. 2; vgl dazu näher AG Wiesloch DGVZ 2014, 20; LG Heidelberg DGVZ 2014, 93).

34 [20] Auch diese Aufnahme in den Antrag empfiehlt sich, um dem Schuldner ggf den weiteren Verfahrensgang aufzuzeigen, und ihn so zu dessen Mitwirkung zu bewegen.

35 [21] Die Einholung von **Fremdauskünften bei Dritten** ist subsidiär zu der Einholung einer Selbstauskunft des Schuldners. Aus § 802 a Abs. 2 S. 2 folgt, dass der Gerichtsvollzieher nicht nach eigenem Ermessen Ermittlungen durchführen kann. Es bedarf jeweils eines **konkreten (!) Auftrags** des Gläubigers. Die Daten, die im Wege einer Fremdauskunft abgefragt werden können und die Stellen, bei denen die Abfrage erfolgen kann, sind in § 802 l Abs. 1 enumerativ aufgezählt. Im Hinblick auf die entstehenden Kosten sind Überlegungen angezeigt, welche Fremdauskunft am erfolgversprechendsten ist. Ggf empfiehlt sich ein **gestufter Auskunftsantrag**.

36 [22] Der Antrag auf Erlass eines Haftbefehls zur Erzwingung der Auskunftserteilung kann bereits mit demjenigen auf Einholung der Vermögensauskunft verbunden werden (BT-Drucks. 16/10069 S. 28), was zur Verfahrensbeschleunigung auch zu empfehlen ist. Ansonsten kann der Antrag im Termin – sofern der Gläubiger davon Kenntnis hat und anwesend ist (vgl Rn 11 bb) – oder nachher schriftlich gestellt werden. Bei dem gleichzeitigen Antrag auf Sachpfändung, Abnahme der eidesstattlichen Versicherung und Haft handelt es sich um einen sog. „**kombinierten Auftrag**" (vgl. § 61 Abs. 6 S. 2 GVGA).

37 [23] Der Gläubiger hat die Möglichkeit der **Teilnahme an der Vermögensauskunft** des verhafteten Schuldners, sofern die Teilnahme nicht zu einer Verzögerung der Abnahme führt. Voraussetzung ist aber ein entsprechender Antrag des Gläubigers (§ 802 i Abs. 1 S. 3). Einer Verfahrensverzögerung kann dadurch entgegengewirkt werden, dass bereits vorab der Antrag auf Verfahrensteilnahme gestellt wird.

38 [24] Der Gerichtsvollzieher ist gem. § 63 Abs. 6 GVGA bei entsprechendem Verlangen des Gläubigers zu einer Erteilung verpflichtet (Kosten: Nr. 700 GvKostG); ansonsten erlangt der Gläubiger lediglich eine **Kurzmitteilung** über das Vollstreckungsergebnis, die jedoch erkennen lassen muss, aus welchem Grund der Vollstreckungsversuch ohne Erfolg geblieben ist (BGH NJW-RR 2004, 788). Durch das Protokoll erhält der Gläubiger über die nach § 806 a zu erteilenden Mitteilungen hinaus Kenntnis von den getroffenen Maßnahmen (vgl § 63 Abs. 1 GVGA) und von Feststellungen des Gerichtsvollziehers, insb. einen Überblick über die Pfandstücke und deren ge-

schätzten Verkaufswert (vgl § 86 Abs. 6 S. 2 GVGA), so dass der Gläubiger den voraussichtlichen Verwertungserfolg einzuschätzen vermag. Auf Antrag des Gläubigers hat der Gerichtsvollzieher ihm auch **Abschriften** der von ihm eingeholten **Auskünfte** (zB Kraftfahrtbundesamtes) **über den Aufenthalt des Schuldners** zu erteilen (AG Leipzig DGVZ 2014, 69). Zur Weitergabe der vom Gerichtsvollzieher trotz Auskunftssperre von der Meldebehörde erhaltenen Auskunft über den Aufenthaltsort des Schuldners an den Gläubiger vgl. AG Marbach DGVZ 2014, 70.

[25] Ergänzend dazu empfiehlt sich der **Zusatzauftrag** bei bereits abgegebener eidesstattlicher Versicherung durch den Schuldner innerhalb der letzten zwei Jahre. In diesem Fall kann eine (wiederholte) eidesstattliche Versicherung nur unter den Voraussetzungen des § 802d verlangt werden, was der Gerichtsvollzieher zu überprüfen hat (vgl. auch §§ 140, 142 GVGA). Liegen die Voraussetzungen hierfür nicht vor, übersendet der Gerichtsvollzieher bei entsprechendem Verlangen bzw Auftrag um Erteilung einer Abschrift des Vermögensverzeichnisses die Unterlagen umgehend an das Vollstreckungsgericht zur Bearbeitung. Liegt ein solcher Antrag hingegen nicht vor, sendet er die Vollstreckungsunterlagen an den Gläubiger zurück.

[26] Mit Ausnahme der Prozesskosten (§ 81) ermächtigt die bloße Prozessvollmacht nicht zur Entgegennahme der beigetriebenen Gelder oder sonstiger Gegenstände, es sei denn, der Prozessbevollmächtigte ist hierfür von dem Gläubiger ermächtigt. Es empfiehlt sich daher die Aufnahme einer entsprechenden Ermächtigung bereits in die Prozessvollmacht. Verlangt nämlich der als Gläubigervertreter tätige Prozessbevollmächtigte (oder eine dritte Person) die Herausgabe der Leistung muss sie dem Gerichtsvollzieher eine Geldempfangsvollmacht vorlegen (§ 60 Abs. 1 S. 7 GVGA). Sollte dies nicht der Fall sein, so muss die Ermächtigung besonders erklärt werden.

[27] Nur wenn der Gläubiger seine **Zuziehung zur Vollstreckung** verlangt hat, wird er von dem Zeitpunkt benachrichtigt. Das Verlangen führt dazu, dass der Gerichtsvollzieher grundsätzlich die Vollstreckung in Abwesenheit des Gläubigers erst nach Ablauf des Zeitpunkts beginnen darf. Ein eigenhändiges Eingreifen des Gläubigers in den Gang der Vollstreckungshandlung ist jedoch nicht zulässig (§ 31 Abs. 7 S. 5 GVGA). Zur Anwesenheitsberechtigung im Rahmen einer Durchsuchung vgl § 758 Rn 5. Für die Teilnahme an der Vermögensauskunft des verhafteten Schuldners vgl § 802i Abs. 1 S. 3 sowie bb) im Muster bei Rn 11.

[28] Hat der Gläubiger **besondere Informationen über pfändbare Gegenstände** oder Umstände, die die Durchführung der Pfändung erleichtern, sollten diese dem Gerichtsvollzieher vorab mitgeteilt werden.

[29] Gegen einen **amtsbekannt vermögenslosen Schuldner** führt der Gerichtsvollzieher keine Vollstreckungsmaßnahmen durch, sondern gibt den Schuldtitel mit einer entsprechenden Bescheinigung zurück. Eine Ausnahme gilt dann, wenn zugleich weitere Aufträge (zB Antrag auf Abnahme der eidesstattlichen Versicherung) gestellt sind (vgl. § 32 Abs. 1 S. 1 GVGA) oder der Wunsch des Gläubigers auf Ausführung des Auftrags aus der Sachlage hervorgeht, so wenn der Auftrag zum Zweck des Neubeginns der Verjährung (vgl § 212 Abs. 1 Nr. 2 BGB) erteilt wird oder das Gläubigerinteresse an der Ermittlung von Drittschuldnern besteht (§ 32 Abs. 2 GVGA).

[30] § 755 überträgt dem **Gerichtsvollzieher** die **Aufgabe**, ggf den **Aufenthaltsort des Schuldners zu ermitteln**. Diese Befugnis steht dem Gerichtsvollzieher nicht von Amts

wegen zu, sondern nur aufgrund eines entsprechenden Antrags des Gläubigers. Auch die Einholung der weitergehenden Auskünfte iSd § 802l Abs. 1 S. 1 bedürfen eines konkreten Auftrags des Gläubigers. Die Ermittlungen bei anderen Behörden iSd § 755 Abs. 2 sind gegenüber einer Datenerhebung bei der Meldebehörde nachrangig. Der Gerichtsvollzieher kann/muss jedoch sogleich Ermittlungen iSd § 755 Abs. 2 durchführen, wenn der Gläubiger eine nicht veraltete (2 bis 4 Wochen) Auskunft aus dem Einwohnermelderegister vorgelegt hat (AG Offenbach DGVZ 2013, 188; Hk-ZPO/*Kindl* § 755 Rn 6).

§ 757 Übergabe des Titels und Quittung

(1) Der Gerichtsvollzieher hat nach Empfang der Leistungen dem Schuldner die vollstreckbare Ausfertigung nebst einer Quittung auszuliefern, bei teilweiser Leistung diese auf der vollstreckbaren Ausfertigung zu vermerken und dem Schuldner Quittung zu erteilen.

(2) Das Recht des Schuldners, nachträglich eine Quittung des Gläubigers selbst zu fordern, wird durch diese Vorschriften nicht berührt.

§ 758 Durchsuchung; Gewaltanwendung

(1) Der Gerichtsvollzieher ist befugt, die Wohnung und die Behältnisse des Schuldners zu durchsuchen, soweit der Zweck der Vollstreckung dies erfordert.

(2) Er ist befugt, die verschlossenen Haustüren, Zimmertüren und Behältnisse öffnen zu lassen.

(3) Er ist, wenn er Widerstand findet, zur Anwendung von Gewalt befugt und kann zu diesem Zweck die Unterstützung der polizeilichen Vollzugsorgane nachsuchen.

§ 758 a Richterliche Durchsuchungsanordnung; Vollstreckung zur Unzeit

(1) ¹Die Wohnung des Schuldners darf ohne dessen Einwilligung nur auf Grund einer Anordnung des Richters bei dem Amtsgericht durchsucht werden, in dessen Bezirk die Durchsuchung erfolgen soll. ²Dies gilt nicht, wenn die Einholung der Anordnung den Erfolg der Durchsuchung gefährden würde.

(2) Auf die Vollstreckung eines Titels auf Räumung oder Herausgabe von Räumen und auf die Vollstreckung eines Haftbefehls nach § 802 g ist Absatz 1 nicht anzuwenden.

(3) ¹Willigt der Schuldner in die Durchsuchung ein oder ist eine Anordnung gegen ihn nach Absatz 1 Satz 1 ergangen oder nach Absatz 1 Satz 2 entbehrlich, so haben Personen, die Mitgewahrsam an der Wohnung des Schuldners haben, die Durchsuchung zu dulden. ²Unbillige Härten gegenüber Mitgewahrsamsinhabern sind zu vermeiden.

(4) ¹Der Gerichtsvollzieher nimmt eine Vollstreckungshandlung zur Nachtzeit und an Sonn- und Feiertagen nicht vor, wenn dies für den Schuldner und die Mitgewahrsamsinhaber eine unbillige Härte darstellt oder der zu erwartende Erfolg in einem Missverhältnis zu dem Eingriff steht, in Wohnungen nur auf Grund einer besonderen

Anordnung des Richters bei dem Amtsgericht. ²Die Nachtzeit umfasst die Stunden von 21 bis 6 Uhr.
(5) Die Anordnung nach Absatz 1 ist bei der Zwangsvollstreckung vorzuzeigen.
(6) ¹Das Bundesministerium der Justiz wird ermächtigt, durch Rechtsverordnung mit Zustimmung des Bundesrates Formulare für den Antrag auf Erlass einer richterlichen Durchsuchungsanordnung nach Absatz 1 einzuführen. ²Soweit nach Satz 1 Formulare eingeführt sind, muss sich der Antragsteller ihrer bedienen. ³Für Verfahren bei Gerichten, die die Verfahren elektronisch bearbeiten, und für Verfahren bei Gerichten, die die Verfahren nicht elektronisch bearbeiten, können unterschiedliche Formulare eingeführt werden.

§ 759 Zuziehung von Zeugen

Wird bei einer Vollstreckungshandlung Widerstand geleistet oder ist bei einer in der Wohnung des Schuldners vorzunehmenden Vollstreckungshandlung weder der Schuldner noch ein erwachsener Familienangehöriger, eine in der Familie beschäftigte Person oder ein erwachsener ständiger Mitbewohner anwesend, so hat der Gerichtsvollzieher zwei erwachsene Personen oder einen Gemeinde- oder Polizeibeamten als Zeugen zuzuziehen.

A. Anwaltliche Sicht
  I. Muster: Durchsuchungsantrag
  II. Erläuterungen
    [1] Zuständigkeit 2
    [2] Antragsteller 3
    [3] Darlegungs- und Beweislast 4
    [4] Richterliche Anordnung 5
    [5] Formularzwang 6
    [6] Rechtliches Gehör 11
    [7] Verfahrensbeschleunigung 12
    [8] Entscheidungsverbrauch 13
    [9] Durchsuchung zur Nachtzeit etc 14
B. Gerichtliche Sicht
  I. Beschluss zur Durchführung der Zwangsvollstreckung
    1. Muster: Beschluss zur Durchführung der Zwangsvollstreckung
    2. Erläuterungen
      [1] Rahmen, Ziel und Grenzen der Durchsuchung 16
      [2] Entscheidungsverbrauch 17
      [3] Vollstreckung zur Nachtzeit 18
      [4] Begründung; Anforderungen ... 19
  II. Verfügung des Gerichts
    1. Muster: Verfügung des Gerichts zur Durchsuchungsentscheidung
      [1] Zustellung an Gläubiger 21
      [2] Mitteilung der Entscheidung an Schuldner 22

§ 759 Buch 8 | Zwangsvollstreckung

A. Anwaltliche Sicht

I. Muster: Durchsuchungsantrag

Raum für Eingangsstempel

Amtsgericht **Kelheim**

Vollstreckungsgericht[1]

Antrag auf Erlass einer richterlichen Durchsuchungsanordnung

Es wird beantragt,[2] auf Grund der nachfolgenden Angaben[3]

☒ des anliegenden Schuldtitels / der anliegenden Schuldtitel sowie der beiliegenden Unterlagen:

☒ Vollstreckungsprotokoll/-e
☒ Mitteilung/-en des Vollstreckungsorgans
☒ Akten des Vollstreckungsorgans
☒ _____

entsprechend nachstehendem Entwurf die **Anordnung zur Durchsuchung**[4] der **Wohnung** (Privatwohnung bzw. Arbeits-, Betriebs-, Geschäftsräume) **nach § 758a Absatz 1 der Zivilprozessordnung – ZPO – zu erlassen.**

Anhörung des Schuldners[6]
Hinweise für den Antragsteller: Der Schuldner muss grundsätzlich vor Erlass einer Durchsuchungsanordnung angehört werden. Falls von einer vorherigen Anhörung des Schuldners aus Sicht des Antragstellers **ausnahmsweise** abgesehen werden muss, ist eine Begründung erforderlich.

☐ Eine **Anhörung** des Schuldners vor Erlass der Durchsuchungsanordnung würde den Vollstreckungserfolg aus den nachstehenden Gründen gefährden:
Bitte darstellen,
(1) warum von einer vorherigen Anhörung abgesehen werden muss,
(2) welche gewichtigen Interessen durch eine vorherige Anhörung konkret gefährdet wären, die die Überraschung des Schuldners erfordern.
Die Angaben sind durch die Vorlage entsprechender Unterlagen, soweit vorhanden, nachzuweisen.

Hinweis:
Soweit für den Antrag eine zweckmäßige Eintragungsmöglichkeit in diesem Formular nicht besteht, können Anlagen genutzt werden.[8]

☒ Um direkte Weiterleitung an den zuständigen Gerichtsvollzieher wird gebeten.[7]

Datum   (Unterschrift Antragsteller/-in)

Abschnitt 1 | Allgemeine Vorschriften § 759

Amtsgericht	**Kelheim**
Anschrift:	Klosterstr. 6
	93309 Kelheim

Geschäftszeichen:	

BESCHLUSS
(Durchsuchungsermächtigung)
in der Zwangsvollstreckungssache

~~des~~/der ~~Herrn/Frau~~/Firma	Meier- Bau – GmbH	
	Neuhauserstrasse 2	
	84048 Mainburg	
vertreten durch Herrn/~~Frau/Firma~~	Rechtsanwälte H.C. Huber & Kollegen	– Gläubiger –
	Bayerstr. 16	
	84048 Mainburg	
Aktenzeichen des Gläubigervertreters	M- 2/365/15	

gegen

~~Herrn/Frau/Firma~~	Hans Schmidt	
	Saugasse 2	
	84048 Mainburg	
vertreten durch Herrn/~~Frau/Firma~~	Rechtsanwalt Dorfmeister	– Schuldner –
	Rathausgasse 1	
	84048 Mainburg	
Aktenzeichen des Schuldnervertreters	M 2-34/15	

Auf Antrag des Gläubigers wird auf Grund des Vollstreckungstitels / der Vollstreckungstitel (den oder die Titel bitte nach Art, Gericht / Notar, Datum, Geschäftszeichen etc. bezeichnen)

Urteil des Amtsgerichts Kelheim vom 10.3.2015 C 245/15

☐ wegen der Gesamtforderung in Höhe von € 4.300 €
☐ wegen einer Teilforderung in Höhe von €
☐ wegen einer Restforderung in Höhe von €

der zuständige Gerichtsvollzieher ermächtigt, zum Zweck der Zwangsvollstreckung die Durchsuchung

☒ der Privatwohnung in (vollständige Anschrift)
  Saugasse 2, 84048 Mainburg

☒ der Arbeits-, Betriebs-, Geschäftsräume in (vollständige Anschrift)
  Saugasse 4 84048 Mainburg

des Schuldners durchzuführen (§ 758a Absatz 1 ZPO).

Gierl

Die Ermächtigung ist auf die Dauer von __6__ Monat/-en von heute an befristet [8] und umfasst im Rahmen der angeordneten Durchsuchung die Befugnis, verschlossene Haustüren, Zimmertüren und Behältnisse öffnen zu lassen und Pfandstücke zum Zweck ihrer Verwertung an sich zu nehmen (Artikel 13 Absatz 2 des Grundgesetzes, § 758a Absatz 1 ZPO). Die Ermächtigung gilt zugleich für das Abholen der Pfandstücke.
☐ Die Durchsuchung der Wohnung (Privatwohnung bzw. Arbeits-, Betriebs-, Geschäftsräume) wird
☐ auf folgende Zeiten beschränkt:
☒ zeitlich nicht beschränkt.[9]

(Vom Gericht auszufüllen)

Gründe

| (Datum) | (Unterschrift Richter am Amtsgericht) | (Datum) | (Unterschrift Urkundsbeamter der Geschäftsstelle) |

II. Erläuterungen

[1] **Zuständig** ist das Amtsgericht, in dessen Bezirk die Durchsuchung stattfinden soll (Abs. 1 S. 1). Es handelt sich um eine ausschließliche Zuständigkeit (§ 802).

Funktionell ist der Richter zuständig, der jedoch nicht als Vollstreckungsgericht handelt (Hk-ZPO/*Kindl* § 758 a Rn 5).

[2] Der **Antrag** ist durch den **Gläubiger selbst** zu stellen. Der Gerichtsvollzieher kann 3 den Antrag nicht stellen, selbst wenn er hierzu vom Gläubiger beauftragt ist (vgl § 33 Abs. 2 S. 4 GVGA). Als zulässig wird er es jedoch erachtet, dass der Gläubiger den Auftrag in den an den Gerichtsvollzieher gerichteten Vollstreckungsauftrag aufnimmt (vgl §§ 753, 754, 755, 756 Rn 27). Zu beachten ist, dass das BMJ von der ihm im Rahmen des Abs. 6 erteilten Ermächtigungsgrundlage Gebrauch gemacht hat. Ab dem 1.3.2013 ist das durch § 1, Anlage 1 der Zwangsvollstreckungsformular-Verordnung (ZVFV; erlassen am 23.8.2012, in Kraft getreten am 1.9.2012) eingeführte **Formular** für einen **Antrag iSd Abs. 1** zwingend zu verwenden (vgl Abs. 6 S. 2 iVm § 5 ZVFV6). Der Formularzwang gilt nicht für Anträge der Finanzbehörden auf Erlass einer Durchsuchungsanordnung gem. § 287 Abs. 4 AO (vgl BGH JurBüro 2014, 326).

[3] Die **Darlegungs- und Beweislast** für die Zulässigkeit und Begründetheit des Antrags trägt der beantragende Gläubiger. Insoweit obliegt es diesem, die entsprechenden Tatsachen vorzutragen und ggf glaubhaft zu machen. Dem Antrag müssen die für den Beginn der Zwangsvollstreckung erforderlichen **Urkunden** beigefügt werden (Zöller/*Stöber* § 758 a Rn 24); zudem müssen die Tatsachen, aus denen die jeweiligen Anträge abgeleitet werden, dem Gericht so dargelegt werden (zB mittels Vollstreckungsprotokoll), dass dem Gericht eine Entscheidung über den Antrag möglich ist. 4

[4] Da das Leistungsurteil nicht als Grundlage für die im Rahmen der Vollstreckung 5 durchzuführende Durchsuchung dienen kann (BVerfG NJW 1979, 1539; 1981, 2111) bedarf es im Hinblick auf Art. 13 Abs. 2 GG einer **zusätzlichen richterlichen Anordnung**. Bei mangelnder Einwilligung des Schuldners zur Durchsuchung ist mit Ausnahme einer Räumungsvollstreckung bzw einer Vollstreckung eines Haftbefehls iSd § 802 g bei allen sonstigen Vollstreckungsarten eine richterliche Anordnung einzuholen.

[5] Der Formularzwang betrifft lediglich den **Antrag** iSd § Abs. 1. Demgemäß können/sind **ergänzende Anträge** im Wege von **Anlagen** zu stellen. **Varianten:** 6

▶ Die Anwesenheit des Gläubigers oder seines Vertreters in der Wohnung des Schuldners zum Zwecke der Vollstreckung aus dem Urteil des ▬▬gerichts vom ▬▬; Az ▬▬ wird gestattet. ◀

Da die erwirkte richterliche Durchsuchungsbeschluss kein **Betretungsrecht des Gläubigers** bzgl der Schuldnerwohnung selbst umfasst, bedarf es in den Fällen, in denen der Schuldner gegen die Zuziehung des Gläubigers Widerstand leistet oder diesem den Zutritt zur Wohnung verwehrt, einer gesonderten richterlichen Anordnung (vgl § 31 Abs. 7 S. 4 iVm §§ 62 und § 62 GVGA). 7

▶ Für den Fall, dass sich die begonnene Durchsuchung nicht vor Beginn der Nachtzeit beendet werden kann, wird der Fortgang der Durchsuchung zur Nachtzeit gestattet/die Durchsuchung zur Nachtzeit und an Sonn- und Feiertagen wird gestattet. ◀ 8

(aa) Da keine gesetzliche Regelung vorliegt, dass der Gerichtsvollzieher befugt ist, 9 nach Beginn der **Vollstreckungshandlung** zur Tageszeit diese auch **nach Beginn der**

Gierl

Nachtzeit fortführen darf, ist es empfehlenswert, die Anordnung des Richters vorsorglich einzuholen, sofern eine begründete Erwartung besteht, dass die Vollstreckung erst nach Beginn der Nachtzeit beendet werden kann (vgl § 33 Abs. 2 S. 8 und 9 GVGA).

10 **(bb)** Nicht abschließend ist geklärt, ob sich der Zwang zur **Verwendung des Formulars** auch auf den Antrag auf **Anordnung der Vollstreckung gem. Abs. 4** erstreckt, sofern neben der Anordnung iSd Abs. 1 eine solche iSd Abs. 4 erstrebt wird. Dies wird durch Vollstreckungsgerichte zum Teil bejaht (vgl AG Zeitz BeckRS 2013, 16855 sowie AG Bad Segeberg BeckRS 2014, 00340). Nach AG Bad Segeberg soll das Feld auf Seite Drei des Formulars <*Die Durchsuchung der Wohnung wird zeitlich nicht beschränkt*> für einen solchen Antrag zur Verfügung stehen. Die hierfür notwendige Begründung könne gesondert vorgenommen werden und dem Antrag beigefügt werden (vgl auch AG Zeitz aaO). Diese Auffassung erscheint jedoch fraglich, da Abs. 6 ausdrücklich lediglich eine Ermächtigung für einen Antrag iSd Abs. 1 einräumt. Insofern kann sich der Formularzwang nicht auf einen Antrag iSd Abs. 4 erstrecken (vgl dazu auch *Schmidt* JurBüro 2014, 63, 64 sowie BMJ: Fragen und Antworten: Formulare für die Zwangsvollstreckung Antwort zu Frage 12 <*Ich möchte beim Gericht beantragen dass der Gerichtsvollzieher nachts in der Wohnung des Schuldners vollstrecken darf. Wo trage ich diesen Antrag ein?*>: „Das Formular für den Antrag auf Erlass einer richterlichen Durchsuchungsanordnung beinhaltet keinen Antrag auf Anordnung der Vollstreckung in Wohnungen zur Nachtzeit oder an Sonn- und Feiertagen. Hierdurch wird den gesetzlichen Vorgaben entsprochen". („sic"!). Im Hinblick auf die beiden Entscheidungen der Untergerichte (s.o.) empfiehlt es sich daher sowohl im oben genannten Feld auf Seite Drei des Formulars als auch in einem gesonderten Beiblatt ausdrücklich die Durchsuchung zur Nachtzeit bzw Sonn- und Feiertagen zu beantragen und dies zu begründen. **Formulierungsvorschlag:**

▶ Der Durchsuchung zur Nachtzeit und an Sonn- und Feiertagen bedarf es, da sich der Schuldner nur am Wochenende/zur Nachtzeit in seiner Wohnung aufhält.
Mittel der Glaubhaftmachung: Vollstreckungsprotokoll. ◀

11 **[6]** Entsprechend der hM (Hk-ZPO/*Kindl* § 758a Rn 5; Zöller/*Stöber* § 758a Rn 25; aA Thomas/Putzo/*Seiler* § 758a Rn 16) geht das Formular davon aus, dass dem Schuldner grundsätzlich vor Erlass der Entscheidung rechtliches Gehör zu gewähren ist. Eine Ausnahme von dem Grundsatz kommt nur dann in Frage, wenn durch eine vorherige Anhörung der **Vollstreckungserfolg gefährdet** werden würde. Insoweit ist ein Absehen der Anhörung ausdrücklich zu beantragen. Die Umstände, die eine solche Annahme rechtfertigen, sind im Rahmen der Begründung darzulegen und ggf glaubhaft zu machen.

12 **[7]** Der Antrag dient der Verfahrensbeschleunigung.

13 **[8]** Die **Entscheidung** erfasst den konkreten Vollstreckungsauftrag und ist grundsätzlich **verbraucht**, wenn die Durchsuchung durchgeführt worden ist, und zwar selbst dann, wenn diese erfolglos war (Hk-ZPO/*Kindl* § 758a Rn 6). Da jedoch vertreten wird, dass bei Ausspruch eines zeitlichen Rahmens mehrere Durchsuchungen statthaft sind (Hk-ZPO/*Kindl* § 758a Rn 6; Musielak/*Lackmann* § 758a Rn 15; aA Zöller/*Stöber* § 758a Rn 30), ist es ratsam, einen entsprechenden Antrag zu stellen.

[9] Ob dieses Feld auch den Antrag auf Durchsuchung zur Nachtzeit und an Sonn- und Feiertagen erfasst, ist noch nicht abschließend geklärt. Vgl dazu näher Rn 9.   14

B. Gerichtliche Sicht
I. Beschluss zur Durchführung der Zwangsvollstreckung
1. Muster: Beschluss zur Durchführung der Zwangsvollstreckung

Raum für Eingangsstempel	**Antrag auf Erlass einer richterlichen Durchsuchungsanordnung** **Es wird beantragt,** auf Grund der nachfolgenden Angaben ☒ des anliegenden Schuldtitels / der anliegenden Schuldtitel sowie der beiliegenden Unterlagen: ☒ Vollstreckungsprotokoll/-e ☒ Mitteilung/-en des Vollstreckungsorgans ☒ Akten des Vollstreckungsorgans ☐ _____
Amtsgericht **Kelheim** Vollstreckungsgericht _____	entsprechend nachstehendem Entwurf die **Anordnung zur Durchsuchung der Wohnung** (Privatwohnung bzw. Arbeits-, Betriebs-, Geschäftsräume) **nach § 758a Absatz 1 der Zivilprozessordnung – ZPO – zu erlassen.**
	Anhörung des Schuldners **Hinweise für den Antragsteller:** Der Schuldner muss grundsätzlich vor Erlass einer Durchsuchungsanordnung angehört werden. Falls von einer vorherigen Anhörung des Schuldners aus Sicht des Antragstellers **ausnahmsweise** abgesehen werden muss, ist eine Begründung erforderlich. ☐ Eine **Anhörung** des Schuldners vor Erlass der Durchsuchungsanordnung würde den Vollstreckungserfolg aus den nachstehenden Gründen gefährden: Bitte darstellen, (1) warum von einer vorherigen Anhörung abgesehen werden muss, (2) welche gewichtigen Interessen durch eine vorherige Anhörung konkret gefährdet wären, die die Überraschung des Schuldners erfordern. Die Angaben sind durch die Vorlage entsprechender Unterlagen, soweit vorhanden, nachzuweisen. _____ _____ _____ _____ _____ _____
Hinweis: Soweit für den Antrag eine zweckmäßige Eintragungsmöglichkeit in diesem Formular nicht besteht, können Anlagen genutzt werden.	☒ Um direkte Weiterleitung an den zuständigen Gerichtsvollzieher wird gebeten. Datum (Unterschrift Antragsteller/-in)

Abschnitt 1 | Allgemeine Vorschriften § 759

Amtsgericht	**Kelheim**	
Anschrift:	Klosterstr. 6	
	93309 Kelheim	
Geschäftszeichen:	M 245/15	

BESCHLUSS
(Durchsuchungsermächtigung)

in der Zwangsvollstreckungssache[1]

~~des~~/ der ~~Herrn/Frau~~/ Firma	~~Meier Bau GmbH~~	
	Neuhauserstrasse 2	
	84048 Mainburg	
vertreten durch Herrn/Frau/Firma	Rechtsanwälte H.C. Huber & Kollegen	– Gläubiger –
	Bayerstr. 16	
	84048 Mainburg	
Aktenzeichen des Gläubigervertreters	M- 2/365/15	

gegen

Herrn/Frau/Firma	Hans Schmidt	
	Saugasse 2	
	84048 Mainburg	
vertreten durch Herrn/Frau/Firma	Rechtsanwalt Dorfmeister	– Schuldner –
	Rathausgasse 1	
	84048 Mainburg	
Aktenzeichen des Schuldnervertreters	M 2-34/15	

Auf Antrag des Gläubigers wird auf Grund des Vollstreckungstitels / der Vollstreckungstitel (den oder die Titel bitte nach Art, Gericht / Notar, Datum, Geschäftszeichen etc. bezeichnen)

Urteil des Amtsgerichts Kelheim vom 10.3.2015 C 245/15

- [X] wegen der Gesamtforderung in Höhe von € 4.300
- [ ] wegen einer Teilforderung in Höhe von €
- [ ] wegen einer Restforderung in Höhe von €

der zuständige Gerichtsvollzieher ermächtigt, zum Zweck der Zwangsvollstreckung die Durchsuchung

- [X] der Privatwohnung in (vollständige Anschrift)
  Saugasse 2, 84048 Mainburg
- [X] der Arbeits-, Betriebs-, Geschäftsräume in (vollständige Anschrift)
  Saugasse 4 84048 Mainburg

des Schuldners durchzuführen (§ 758a Absatz 1 ZPO).

> Die Ermächtigung ist auf die Dauer von __6__ Monat/-en von heute an befristet und umfasst im Rahmen der angeordneten Durchsuchung die Befugnis, verschlossene Haustüren, Zimmertüren und Behältnisse öffnen zu lassen und Pfandstücke zum Zweck ihrer Verwertung an sich zu nehmen (Artikel 13 Absatz 2 des Grundgesetzes, § 758a Absatz 1 ZPO).
>
> Die Ermächtigung gilt zugleich für das Abholen der Pfandstücke.
>
> ☐ Die Durchsuchung der Wohnung (Privatwohnung bzw. Arbeits-, Betriebs-, Geschäftsräume) wird
>
> ☐ auf folgende Zeiten beschränkt:
>
> ☒ zeitlich nicht beschränkt.[3]
>
> (Vom Gericht auszufüllen)
>
> Gründe[4]
>
> Die Voraussetzungen für den von dem Gläubiger beantragten Erlass einer Durchsuchungsanordnung iSd § 758a ZPO liegen vor.
> Die von dem Antragsteller erstrebte Durchsuchung der Wohnung und der Geschäftsräume des Schuldners ist erforderlich, weil – wie der Antragsteller durch Vorlage des Vollstreckungsprotokolls vom ... hinreichend dargelegt und glaubhaft gemacht hat,
>
> - dem Gerichtsvollzieher die Betretung der Räumlichkeiten von dem Schuldner verweigert wurde,
> - trotz vorangegangener Ankündigung der Vollstreckung zu unterschiedlichen Zeiten, nämlich am ... und etc. vom Gerichtsvollzieher zu diesen Zeiten niemand in der Wohnung/Geschäftsräumen des Schuldners angetroffen wurde.
>
> Insofern besteht auch ein Rechtsschutzbedürfnis für den antragstellenden Gläubiger zur Durchführung der Durchsuchung, da der Vollstreckungserfolg nicht mit weniger einschneidenden Mitteln erreicht werden kann.
>
> (Datum)   (Unterschrift Richter am Amtsgericht)   (Datum)   (Unterschrift Urkundsbeamter der Geschäftsstelle)

2. Erläuterungen

16 **[1]** Die Anordnung hat **Rahmen, Ziel und Grenzen der Durchsuchung** zu bestimmen (BVerfG NJW 2000, 943). Der Beschluss muss daher Gläubiger, Titel (bei einer Teilforderung deren Höhe), den Inhaber der Wohnung sowie den Ort der zu durchsu-

chenden Wohnung bezeichnen (OLG Köln OLGZ 93, 375; JurBüro 1996, 213). Die Angaben müssen sich aus der Formel selbst entnehmen lassen (Zöller/*Stöber* § 758a Rn 27).

[2] **Entscheidungsverbrauch.** Vgl hierzu Rn 13   17
[3] Vgl dazu Rn 9.   18
[4] Die Entscheidung ist kurz (Musielak/*Lackmann* § 758a Rn 14) zu begründen. 19
Aus der **Begründung** muss sich zumindest ergeben, dass die Voraussetzungen für eine Durchsuchung geprüft und als gegeben erachtet wurden.

II. Verfügung des Gerichts

1. Muster: Verfügung des Gerichts zur Durchsuchungsentscheidung   20

▶ Vfg
1. Formlose Mitteilung an Antragsteller/Gläubiger[1]
2. Sofern dessen Anhörung erfolgt ist, Mitteilung an den Schuldner[2]
3. Abtragen
4. UmA gem. Antrag an die Gerichtsvollzieherverteilerstelle zwV ◀

[1] Eine **Zustellung an den Gläubiger** bedarf es nur bei einer den Antrag ablehnen- 21
den Entscheidung (§ 329 Abs. 2 bzw 3).
[2] Einer **Mitteilung der Entscheidung an den Schuldner** bedarf es nur in dem Fall, 22
sofern eine Anhörung des Schuldners erfolgt ist. Ansonsten ist die Anordnung gem.
§ 758a Abs. 5 dem Schuldner bei der Zwangsvollstreckung vorzuzeigen. Wie im
Rückschluss aus § 758a Abs. 5 zu entnehmen ist, bedarf es grundsätzlich keiner Mitteilung vorab an den Schuldner.

§ 760 Akteneinsicht; Aktenabschrift

¹Jeder Person, die bei dem Vollstreckungsverfahren beteiligt ist, muss auf Begehren Einsicht der Akten des Gerichtsvollziehers gestattet und Abschrift einzelner Aktenstücke erteilt werden. ²Werden die Akten des Gerichtsvollziehers elektronisch geführt, erfolgt die Gewährung von Akteneinsicht durch Erteilung von Ausdrucken, durch Übermittlung von elektronischen Dokumenten oder durch Wiedergabe auf einem Bildschirm; dies gilt auch für die nach § 885a Absatz 2 Satz 2 elektronisch gespeicherten Dateien.

A. Muster: Antrag auf Einsicht in Akten des Gerichtsvollziehers	[2] Anwesenheit des Gerichtsvollziehers 3
B. Erläuterungen	[3] Ausdrücklicher Antrag 4
[1] Zur Akteneinsicht berechtigte Personen 2	[4] Begründung 5

1 A. Muster: Antrag auf Einsicht in Akten des Gerichtsvollziehers

▶ An den

▪▪▪ Gerichtsvollzieher ▪▪▪

▪▪▪ (Adresse)

In der Zwangsvollstreckungssache

▪▪▪ ./. ▪▪▪

beantrage ich namens und im Auftrag des ▪▪▪[1]
Einsicht in die Akten des Gerichtsvollziehers[2]/
Die Erteilung der Abschrift der Aktenstücke ▪▪▪[3],[4] ◀

B. Erläuterungen

2 [1] Die Rechte iSd § 760 stehen nur den am Vollstreckungsverfahren beteiligten Personen zu (vgl hierzu näher Hk-ZPO/*Kindl* § 760 Rn 2). Sonstige Dritte können gem. § 299 Abs. 2 bei Vorliegen eines rechtlichen Interesses Akteneinsicht beantragen.

3 [2] Die Einsichtnahme erfolgt in **Anwesenheit des Gerichtsvollziehers** (§ 42 Nr. 1 S. 3 GVO).

4 [3] Für die Erteilung von Abschriften bedarf es eines **ausdrücklichen Antrags** (§ 63 Abs. 6 GVGA).

5 [4] Einer besonderen **Begründung** für die Wahrnehmung der Rechte iSd § 760 bedarf es nicht.

§ 761 (weggefallen)

§ 762 Protokoll über Vollstreckungshandlungen

(1) Der Gerichtsvollzieher hat über jede Vollstreckungshandlung ein Protokoll aufzunehmen.
(2) Das Protokoll muss enthalten:
1. Ort und Zeit der Aufnahme;
2. den Gegenstand der Vollstreckungshandlung unter kurzer Erwähnung der wesentlichen Vorgänge;
3. die Namen der Personen, mit denen verhandelt ist;
4. die Unterschrift dieser Personen und den Vermerk, dass die Unterzeichnung nach Vorlesung oder Vorlegung zur Durchsicht und nach Genehmigung erfolgt sei;
5. die Unterschrift des Gerichtsvollziehers.
(3) Hat einem der unter Nummer 4 bezeichneten Erfordernisse nicht genügt werden können, so ist der Grund anzugeben.

§ 763 Aufforderungen und Mitteilungen

(1) ¹Die Aufforderungen und sonstigen Mitteilungen, die zu den Vollstreckungshandlungen gehören, sind von dem Gerichtsvollzieher mündlich zu erlassen und vollständig in das Protokoll aufzunehmen.

Abschnitt 1 | Allgemeine Vorschriften § 764

(2) ¹Kann dies mündlich nicht ausgeführt werden, so hat der Gerichtsvollzieher eine Abschrift des Protokolls zuzustellen oder durch die Post zu übersenden. ²Es muss im Protokoll vermerkt werden, dass diese Vorschrift befolgt ist. ³Eine öffentliche Zustellung findet nicht statt.

Zur näheren Ausgestaltung des Protokolls vgl §§ 63, 86 GVGA (Schönfelder Deutsche Gesetze – Ergänzungsband Nr. 109). 1

§ 764 Vollstreckungsgericht

(1) Die den Gerichten zugewiesene Anordnung von Vollstreckungshandlungen und Mitwirkung bei solchen gehört zur Zuständigkeit der Amtsgerichte als Vollstreckungsgerichte.
(2) Als Vollstreckungsgericht ist, sofern nicht das Gesetz ein anderes Amtsgericht bezeichnet, das Amtsgericht anzusehen, in dessen Bezirk das Vollstreckungsverfahren stattfinden soll oder stattgefunden hat.
(3) Die Entscheidungen des Vollstreckungsgerichts ergehen durch Beschluss.

A. Muster: Entscheidung des Vollstreckungsgerichts	[1] Maßnahmen/Entscheidungen	2
	[2] Entscheidungsform	4
B. Erläuterungen	[3] Zustellungserfordernis	5

A. Muster: Entscheidung des Vollstreckungsgerichts 1

▶ Amtsgericht ...
– Vollstreckungsgericht –
Az ...
In der Zwangsvollstreckungssache
...
gegen
...
hier: ...
erlässt[1] das Amtsgericht ... – Vollstreckungsgericht – am ... folgenden

Beschluss[2]
...

Gründe
I. ... (Kurze Sachdarstellung mit Angabe der entspr. Anträge)
II. ... (Darlegung der rechtlichen Erwägungen für die getroffene Entscheidung)
III. ... (Kostenentscheidung)
[Rechtsbehelfsbelehrung gem. § 232 ZPO]
...

Unterschrift
Vfg

1. Zustellen der Entscheidung an Gläubiger und Schuldner[3]
2. Schlussbehandlung ◄

B. Erläuterungen

2 [1] Die Vorschrift betrifft gem. Abs. 3 nur **Entscheidungen** des Vollstreckungsgerichts, nicht jedoch **Maßnahmen**. Erstere liegen vor, wenn ein Beschluss nach tatsächlicher und rechtlicher Würdigung beider Parteivorbringens ergangen ist, also beide Parteien (auch der Schuldner) angehört wurden oder ein Antrag des Gläubigers – auch ohne Anhörung des Schuldners – abgelehnt wird (vgl dazu näher Hk-ZPO/ *Kindl* § 766 Rn 6; Zöller/*Stöber* § 766 Rn 2).

3 Die **Durchführung einer mündlichen Verhandlung** ist freigestellt (§ 128 Abs. 4).

4 [2] Gemäß Abs. 3 ergeht die Entscheidung in **Form** eines Beschlusses. Es gelten die allgemeinen Voraussetzungen für dessen Erlass bzw Form.

5 [3] Das **Zustellungserfordernis** ergibt sich aus § 329 Abs. 3.

§ 765 Vollstreckungsgerichtliche Anordnungen bei Leistung Zug um Zug

¹Hängt die Vollstreckung von einer Zug um Zug zu bewirkenden Leistung des Gläubigers an den Schuldner ab, so darf das Vollstreckungsgericht eine Vollstreckungsmaßregel nur anordnen, wenn

1. der Beweis, dass der Schuldner befriedigt oder im Verzug der Annahme ist, durch öffentliche oder öffentlich beglaubigte Urkunden geführt wird und eine Abschrift dieser Urkunden bereits zugestellt ist; der Zustellung bedarf es nicht, wenn bereits der Gerichtsvollzieher die Zwangsvollstreckung nach § 756 Abs. 1 begonnen hatte und der Beweis durch das Protokoll des Gerichtsvollziehers geführt wird; oder
2. der Gerichtsvollzieher eine Vollstreckungsmaßnahme nach § 756 Abs. 2 durchgeführt hat und diese durch das Protokoll des Gerichtsvollziehers nachgewiesen ist.

Vgl dazu näher § 756.

§ 765 a Vollstreckungsschutz

(1) ¹Auf Antrag des Schuldners kann das Vollstreckungsgericht eine Maßnahme der Zwangsvollstreckung ganz oder teilweise aufheben, untersagen oder einstweilen einstellen, wenn die Maßnahme unter voller Würdigung des Schutzbedürfnisses des Gläubigers wegen ganz besonderer Umstände eine Härte bedeutet, die mit den guten Sitten nicht vereinbar ist. ²Es ist befugt, die in § 732 Abs. 2 bezeichneten Anordnungen zu erlassen. ³Betrifft die Maßnahme ein Tier, so hat das Vollstreckungsgericht bei der von ihm vorzunehmenden Abwägung die Verantwortung des Menschen für das Tier zu berücksichtigen.

(2) Eine Maßnahme zur Erwirkung der Herausgabe von Sachen kann der Gerichtsvollzieher bis zur Entscheidung des Vollstreckungsgerichts, jedoch nicht länger als eine Woche, aufschieben, wenn ihm die Voraussetzungen des Absatzes 1 Satz 1 glaubhaft gemacht werden und dem Schuldner die rechtzeitige Anrufung des Vollstreckungsgerichts nicht möglich war.

(3) In Räumungssachen ist der Antrag nach Absatz 1 spätestens zwei Wochen vor dem festgesetzten Räumungstermin zu stellen, es sei denn, dass die Gründe, auf denen der Antrag beruht, erst nach diesem Zeitpunkt entstanden sind oder der Schuldner ohne sein Verschulden an einer rechtzeitigen Antragstellung gehindert war.
(4) Das Vollstreckungsgericht hebt seinen Beschluss auf Antrag auf oder ändert ihn, wenn dies mit Rücksicht auf eine Änderung der Sachlage geboten ist.
(5) Die Aufhebung von Vollstreckungsmaßregeln erfolgt in den Fällen des Absatzes 1 Satz 1 und des Absatzes 4 erst nach Rechtskraft des Beschlusses.

A. Anwaltliche Sicht
  I. Vollstreckungsschutz
    1. Muster: Antrag auf Vollstreckungsschutz
    2. Erläuterungen
      [1] Zuständiges Gericht 2
      [2] Antrag des Schuldners 3
      [3] Konkrete Vollstreckungsmaßnahme 4
      [4] Erlass einer einstweiligen Anordnung 5
      [5] Kostenentscheidung 6
      [6] Darlegung besonderer Härte 7
  II. Änderung der Entscheidung
    1. Muster: Antrag auf Änderung der Entscheidung, § 765 a Abs. 4
    2. Erläuterungen
      [1] Antrag des Gläubigers 9
      [2] Begründung 10
B. Gerichtliche Sicht
  I. Muster: Erlass einer einstweiligen Anordnung
  II. Entscheidung bezüglich des Schutzantrags
    1. Verfahren bei Stattgeben
      a) Muster: Stattgebende Entscheidung
      b) Erläuterungen und Varianten
        [1] Durchführung der mündlichen Verhandlung .. 13
        [2] Form der Entscheidung 14
        [3] Mögliche Entscheidungsarten 15
        [4] Kostenentscheidung 19
    2. Verfahren bei ablehnender Entscheidung
      a) Muster: Ablehnende Entscheidung
      b) Erläuterungen
        [1] Kostenentscheidung 21
        [2] Notwendigkeit von Vollstreckungsschutz .... 21 a
    3. Verfahren bei abändernder Entscheidung
      a) Muster: Abändernde Entscheidung, § 765 a Abs. 4
      b) Erläuterungen und Varianten
        [1] Variante 23

A. Anwaltliche Sicht

I. Vollstreckungsschutz

1. Muster: Antrag auf Vollstreckungsschutz

▶ An das

Amtsgericht ...

Vollstreckungsgericht[1]

In der Zwangsvollstreckungssache

... ./. ...

wegen ...

hier: Antrag gem. § 765 a ZPO

stelle ich namens und im Auftrag des Schuldners ... folgenden Antrag[2] gem. § 765 a ZPO

§ 765 a   Buch 8 | Zwangsvollstreckung

1. die Verwertung der gepfändeten Sache ... im Wege der öffentlichen Versteigerung[3] am ... bis zum ... einzustellen,[3]
2. im Wege der einstweiligen Anordnung die weitere Zwangsvollstreckung in den gepfändeten Gegenstand ... bis zum Erlass der Entscheidung vorab einstweilig einzustellen.[4]
3. Die Kosten des Verfahrens trägt der Gläubiger.[5]

Begründung[6]

Der Gläubiger betreibt gegen den Schuldner die Zwangsvollstreckung aus dem Vollstreckungsbescheid des AG ... vom ...; Az ..., wegen einer Forderung iHv ... EUR. Der Gerichtsvollzieher hat aufgrund des vorgenannten Titels, die Sache ... gepfändet. Am ... ist die Verwertung der Sache im Wege der öffentlichen Versteigerung in ... angesetzt.

Die Verwertung der gepfändeten Sache ... an dem angesetzten Termin bedeutet für den Schuldner eine Härte, die mit den guten Sitten nicht vereinbar ist. ... (zB bei der gepfändeten Sache handelt es sich um ein Erbstück, das über Generationen vererbt worden ist)

Beweis: Zeugeneinvernahme des ...; eidesstattliche Versicherung ...

Der Schuldner hat gegenüber dem Gerichtsvollzieher wie auch gegenüber dem Gläubiger selbst mehrmals betont, dass am Tag nach dem festgesetzten Versteigerungstermin ein Zahlungszufluss iHv ... EUR eingeht, aus dem sich der Gläubiger ohne weiteres befriedigen kann.

Beweis:
1. Vollstreckungsprotokoll ...
2. Eidesstattliche Versicherung des Drittschuldners ... bzw Zeugeneinvernahme des ...

Ein Abwarten des Zahlungseingangs vor Verwertung des gepfändeten Gegenstandes beeinträchtigt keine Belange des Gläubigers, weil .... ◄

2. Erläuterungen

2   [1] **Zuständiges Gericht** ist das Vollstreckungsgericht, in dessen Bezirk die Vollstreckungsmaßnahme durchgeführt wird (§ 764 Abs. 2). Funktionell zuständig ist der Rechtspfleger (§ 20 Nr. 17 RPflG).

3   [2] Die Gewährung des Vollstreckungsschutzes bedarf eines **Antrags des Schuldners**, der nicht dem Anwaltszwang unterliegt (§ 78 Abs. 5); er kann zu Protokoll des Urkundsbeamten oder schriftlich gestellt werden. **In zeitlicher Hinsicht** kann der Antrag bereits dann gestellt werden, wenn eine Vollstreckungsmaßnahme bevorsteht, jedoch nicht mehr, wenn diese beendet ist. Grundsätzlich ist der Antrag an keine **Frist** gebunden; in Räumungssachen gilt jedoch die Frist gem. Abs. 3. **In inhaltlicher Hinsicht** bedarf es zur Zulässigkeit des Antrags keiner konkreten Bezeichnung der begehrten Entscheidung; es genügt grundsätzlich, dass das „Begehren um Schutz" aus der Erklärung des Schuldners entnommen werden kann (OLG Frankfurt Rpfleger 1979, 391).

4   [3] Der Antrag ist nur bzgl einer **konkreten Vollstreckungsmaßnahme** zulässig, nicht jedoch gegen die Zwangsvollstreckung im Allgemeinen. § 765 a erfasst jedoch alle Arten der Zwangsvollstreckung; zum konkreten Anwendungsbereich vgl näher Hk-ZPO/*Kindl* § 765 a Rn 2.

[4] Die Antrag auf Erlass einer einstweiligen Anordnung beruht auf § 765 a Abs. 1 S. 2 iVm § 732 Abs. 2.

[5] Einer **Kostenentscheidung** bedarf es grundsätzlich nur, wenn das Gericht dem Gläubiger die Kosten des Verfahrens gem. § 788 Abs. 4 auferlegt. Ansonsten fallen die Kosten der Entscheidung stets dem Schuldner zur Last (§ 788 Abs. 1).

[6] Da § 765 a eine eng auszulegende Ausnahmevorschrift ist, bedarf es einer hinreichenden **Darlegung der Umstände**, die bei (weiterer) Durchführung der konkreten Vollstreckungsmaßnahme eine **Härte** bedeutet, die gegen die guten Sitten verstößt (vgl dazu näher Hk-ZPO/*Kindl* § 765 a Rn 4 – 7). Insofern obliegt dem Schuldner die **Darlegungs- und Beweislast**. Der **Aufbau der Begründung** kann sich zB an folgende Gliederungspunkte orientieren:

a) **Besondere Umstände**, aus denen abgeleitet werden kann, dass die konkrete Vollstreckungsmaßnahme nicht mit den guten Sitten vereinbar ist:
   - **Art der Vollstreckungsmaßnahme** (Zwangsvollstreckung wegen Geldforderungen in bewegliche Sachen – Immobiliarvollstreckung – Forderungspfändung – Herausgabe- und Räumungsvollstreckung in Wohnraum – Herausgabe- und Räumungsvollstreckung sonstiger Räume)
   - **Zeitpunkt** der Vollstreckungsmaßnahme
   - **Art des Anspruchs** (zB Schadensersatzanspruch aus vorsätzlich begangener unerlaubter Handlung)
   - besondere Umstände in der **Person des Schuldners** (zB Alter; vgl BVerfG NJW 1998, 295)
   - **Grundrechte des Schuldners** (zB körperliche Unversehrtheit, Art. 2 Abs. 1 oder Art. 13 GG) oder eines nahen Angehörigen (zB bei Suizidgefahr; vgl. dazu näher Hk-ZPO/*Kindl* Rn 6a-c)
   - **Tierschutzgesichtspunkte** (Abs. 1 S. 3)
b) **Interessensabwägung der Umstände**, wobei Berücksichtigung finden kann
   - Schutzwürdigkeit des Schuldners (uU schuldhaftes Verhalten des Schuldners)
   - Vollstreckungsinteresse des Gläubigers
   - Verhältnismäßigkeitsgrundsatz

II. Änderung der Entscheidung

1. Muster: Antrag auf Änderung der Entscheidung, § 765 a Abs. 4

▶ ...

stelle ich namens und im Auftrag des Gläubigers ... folgenden Antrag[1] gem. § 765 a Abs. 4 ZPO

1. der Beschluss des AG ... vom ...; Az ..., wird aufgehoben.
2. Der Antrag auf Einstellung der Zwangsvollstreckung aus dem Urteil des AG ... vom ...; Az ..., in Form der Verwertung der gepfändete Sache ... im Wege der öffentlichen Versteigerung am ... in ... wird zurückgewiesen.

Begründung[2]

... ◀

2. Erläuterungen

9 **[1]** Die Abänderung der getroffenen Entscheidung ergeht nur auf **Antrag** des Gläubigers oder des Schuldners.

10 **[2]** In der **Begründung** ist darzulegen, dass sich die der ursprünglichen Entscheidung zugrunde liegenden Tatsachen geändert haben bzw neue Tatsachen aufgetreten sind. Zu beachten ist, dass eine andere rechtliche Beurteilung eine Abänderung der Entscheidung nicht rechtfertigt. Die Grundsätze des § 767 Abs. 2 gelten hingegen nicht (Zöller/*Stöber* § 765 a Rn 29).

B. Gerichtliche Sicht

I. Muster: Erlass einer einstweiligen Anordnung

11
▶ In der Zwangsvollstreckungssache

··· ./. ···

ergeht folgender

Beschluss

Die Zwangsvollstreckung aus dem Urteil des ···gerichts ··· vom ···; Az ···, in Form der Verwertung der gepfändete Sache ··· im Wege der öffentlichen Versteigerung am ··· in ··· wird gegen eine von dem Schuldner zu erbringende Sicherheitsleistung iHv ··· EUR bis zur Entscheidung über den Vollstreckungsschutzantrag des Schuldners einstweilig eingestellt.

Begründung

··· [vgl dazu § 732 Rn 10 ff]

Vfg

··· [vgl dazu § 732 Rn 10 ff] ◀

II. Entscheidung bezüglich des Schutzantrags

1. Verfahren bei Stattgeben

12 **a) Muster: Stattgebende Entscheidung**

▶ In der Zwangsvollstreckungssache

··· ./. ···

ergeht aufgrund mündlicher Verhandlung[1] am ···

folgender

Beschluss[2]

1. Die Zwangsvollstreckung aus dem Urteil des ···gerichts ··· vom ···; Az ··· in Form der Verwertung der gepfändete Sache ··· im Wege der öffentlichen Versteigerung am ··· in ··· wird bis zum ···/unter der Auflage ··· einstweilig eingestellt.[3]

2. Die Kosten des Verfahrens trägt der Gläubiger.[4]
3. Der Streitwert wird auf ... EUR festgesetzt.

Begründung

I. ... (Sachverhaltsschilderung)

II. ... (rechtliche Ausführungen)

[Rechtsbehelfsbelehrung gem. § 232 ZPO] ◄

b) Erläuterungen und Varianten

[1] Die **Durchführung der mündlichen Verhandlung** ist gem. § 764 Abs. 3 iVm § 128 Abs. 4 freigestellt. Vor Erlass der Entscheidung bedarf es in jedem Fall der Anhörung des Gläubigers.

[2] Die **Form der Entscheidung** ergibt sich aus § 764 Abs. 3.

[3] Als **mögliche Entscheidungsarten** kommen in Betracht:

a) Ganze oder teilweise **Aufhebung von Vollstreckungsmaßnahmen**:

▶ 1. Die Zwangsvollstreckung aus dem Urteil des ...gerichts ... vom ...; Az ..., in Form der Pfändung der Sache ... wird aufgehoben.
2. Die Aufhebung der Pfändung wird mit Eintritt der Rechtskraft der Entscheidung wirksam. ◄

Bei einem **Ausspruch der Aufhebung** ist zu beachten, dass damit der Verlust des Pfändungspfandrechts verbunden sein wird. Aus diesem Grunde empfiehlt es sich zu prüfen, ob das Rechtsschutzziel des Schuldners nicht durch eine andere Tenorierung erreicht werden kann. Um dem Gläubiger die Möglichkeit zu geben, die Entscheidung ohne einen mit dessen Erlass einhergehenden Verlust des Pfandrechts im Wege des Rechtsmittels überprüfen lassen zu können, tritt gem. Abs. 5 die Aufhebung der Vollstreckungsmaßnahme erst mit Rechtskraft der Entscheidung ein. Wenngleich die Wirkung des Ausspruchs der Aufhebung der Vollstreckungsmaßnahmen kraft Gesetzes erst nach Rechtskraft der Entscheidung eintritt, empfiehlt sich – aus deklaratorischen Gründen – ein entsprechender Ausspruch in der Tenorierung (Zöller/*Stöber* § 765a Rn 22).

b) **Einstweilige Einstellung der Vollstreckung** (Beispiel): Die Einstellung wird idR die angezeigte Entscheidung sein, da die Vollstreckungsmaßnahmen bestehen bleiben und deshalb deren rangwahrende Wirkung bestehen bleibt (Zöller/*Stöber* § 765a Rn 17).

c) die **Untersagung der konkreten Vollstreckungsmaßnahme**:

▶ Die Zwangsvollstreckung aus dem Urteil des ...gerichts ... vom ...; Az ... in Form der Verwertung der gepfändeten Sache ... im Wege des freihändigen Verkaufs wird bis zum ... untersagt. ◄

Daneben kann die Entscheidung mit der **Anordnung von Auflagen** (BGH NJW 2005, 1859; insb. von Zahlungen) und **Befristungen** (BVerfG NJW-RR 2007, 228) verbunden werden.

[4] Zur Kostenentscheidung vgl Rn 6.

2. Verfahren bei ablehnender Entscheidung

20 **a) Muster: Ablehnende Entscheidung**

138 ▶ ...

1. Der Antrag auf einstweilige Einstellung/Untersagung/Aufhebung der Zwangsvollstreckung aus dem Urteil des ...gerichts ... vom ...; Az ... im Wege ... wird zurückgewiesen.
2. Die Kosten des Verfahrens trägt der Schuldner.[1]

Begründung

I. ... (Sachverhaltsschilderung)

II. Der Antrag war zurückzuweisen, da der Schuldner keine Tatsachen im Hinblick auf das Vorliegen von besonderen Umstände vorgetragen hat, die eine Härte iSd § 765 a ZPO bedingen, die mit den guten Sitten nicht vereinbar ist. ... (Ausführungen)[2]

[Rechtsbehelfsbelehrung gem. § 232 ZPO] ◀

b) Erläuterungen

21 [1] Einer **Kostenentscheidung** zulasten des Schuldners bedarf es zwar nicht, da die Kosten gem. § 788 Abs. 4 grundsätzlich der Schuldner zu tragen hat. Ein deklaratorischer Ausspruch schadet jedoch nicht.

21a [2] Über die **Notwendigkeit von Vollstreckungsschutz** hat das Vollstreckungsgericht selbst zu entscheiden; die Entscheidung darf nicht dem Gerichtsvollzieher überlassen werden (BVerfG NJW 2013, 290). Sofern das Gericht der Einschätzung des von ihm beigezogenen Sachverständigen betreffend die vom Schuldner geltend gemachte räumungsbedingte Gesundheits-/Lebensgefahr nicht folgt, bedarf es einer ausführlich abwägenden Begründung (BVerfG NJW-RR 2014, 583). Zur Auseinandersetzung mit einem sachverständigen Gutachten vgl. auch BVerfG NJW-RR 2014, 584; NJW 2014, 2288.

3. Verfahren bei abändernder Entscheidung

22 **a) Muster: Abändernde Entscheidung, § 765 a Abs. 4**[1]

139 ▶ ...

1. Der Beschluss des AG ... vom ... wird aufgehoben.
2. Der Antrag auf Einstellung der Zwangsvollstreckung aus dem Urteil des ...gerichts ... vom ...; Az ... in Form der Verwertung der gepfändete Sache ... im Wege der öffentlichen Versteigerung am ... in ... wird zurückgewiesen.

... ◀

b) Erläuterungen und Varianten

23 [1] Vgl dazu Rn 9–10; Variante:

▶ Der Beschluss des AG ... vom ... wird mit der Maßgabe abgeändert, dass die Zwangsvollstreckung aus dem Urteil des ...gerichts ... vom ...; Az ..., im Wege der öffentlichen Versteigerung am ... in ... über den ... hinaus bis zum ... einstweilig eingestellt wird.

Begründung

... ◀

§ 766 Erinnerung gegen Art und Weise der Zwangsvollstreckung

(1) ¹Über Anträge, Einwendungen und Erinnerungen, welche die Art und Weise der Zwangsvollstreckung oder das vom Gerichtsvollzieher bei ihr zu beobachtende Verfahren betreffen, entscheidet das Vollstreckungsgericht. ²Es ist befugt, die im § 732 Abs. 2 bezeichneten Anordnungen zu erlassen.

(2) Dem Vollstreckungsgericht steht auch die Entscheidung zu, wenn ein Gerichtsvollzieher sich weigert, einen Vollstreckungsauftrag zu übernehmen oder eine Vollstreckungshandlung dem Auftrag gemäß auszuführen, oder wenn wegen der von dem Gerichtsvollzieher in Ansatz gebrachten Kosten Erinnerungen erhoben werden.

A. Anwaltliche Sicht
  I. Sicht des Vollstreckungsschuldners
    1. Muster: Vollstreckungserinnerung aus Sicht des Vollstreckungsschuldners
    2. Erläuterungen und Varianten
      [1] Erinnerungsberechtigte 2
      [2] Antrag 3
      [3] Vom Gerichtsvollzieher in Ansatz gebrachte Kosten ... 4
  II. Sicht des Vollstreckungsgläubigers
    1. Muster: Begründung der Erinnerung bei nichtauftragsgemäßer Durchführung der Vollstreckungshandlung, § 766 Abs. 2 Alt. 2
    2. Muster: Begründung der Erinnerung bei Verweigerung der Übernahme des Vollstreckungsauftrags, Variante iSd § 766 Abs. 2 Alt. 1
    3. Muster. Begründung der Erinnerung wegen vom Gerichtsvollzieher in Ansatz gebrachter Kosten, Variante iSd § 766 Abs. 2 Alt. 3
  III. Muster: Vollstreckungserinnerung aus Sicht eines „Dritten"
B. Gerichtliche Sicht
  I. Aus Schuldner-/Drittensicht begründete Erinnerung
    1. Muster: Beschluss bei begründeter Erinnerung
    2. Erläuterungen
      [1] Umfang der Unzulässigkeit der Zwangsvollstreckung .. 10
      [2] Pflicht zur Aufhebung der Pfändung 11
      [3] Gerichtsgebühren 12
      [4] Kostenentscheidung 13
      [5] Ausspruch zur vorläufigen Vollstreckbarkeit 14
  II. Aufhebung von Vollstreckungsmaßnahmen
    1. Muster: Aufhebung des Pfändungs- und Überweisungsbeschlusses bei Vollstreckungsmaßnahmen des Vollstreckungsgerichts
    2. Erläuterungen
      [1] Eigene Vollstreckungsmaßnahmen des Vollstreckungsgerichts 16
  III. Begründete Erinnerung – in Gläubigersicht
    1. Muster: Beschluss bei begründeter Erinnerung – Gläubigersicht
    2. Erläuterungen und Varianten
      [1] Umfang der Entscheidung 18
  IV. Unzulässige oder unbegründete Erinnerung
    1. Muster: Beschluss bei unzulässiger oder unbegründeter Erinnerung
    2. Erläuterungen
      [1] Aufbau 20

A. Anwaltliche Sicht

I. Sicht des Vollstreckungsschuldners

1. Muster: Vollstreckungserinnerung aus Sicht des Vollstreckungsschuldners

▶ An das
Amtsgericht ···
Vollstreckungsgericht
In der Zwangsvollstreckungssache

··· ./. ···

lege ich namens und im Auftrag des ···[1] gegen

die Pfändung des ··· (zB Computers ···) durch den Gerichtsvollzieher ···; Az ···,

Erinnerung[2]

ein.

Begründung[3]

Der Gerichtsvollzieher ··· hat im Rahmen der Zwangsvollstreckung aus dem Urteil des ···gerichts ··· vom ···; Az ···, folgende Gegenstände gepfändet ···.

Die Pfändung des Gegenstandes ··· (zB der Computer ···) war jedoch unzulässig, da dieser für die Erwerbstätigkeit des Schuldners erforderlich ist ··· (zB der Schuldner betreibt ein elektrotechnisches Planungsbüro, wobei die Pläne im Wege des Zeichenprogramms ···, das auf dem Computer installiert ist, erstellt werden).

Der gepfändete Gegenstand ··· ist daher zur Fortsetzung des weiteren Betriebs des ··· (Planungsbüro) erforderlich und daher gem. § 811 Abs. 1 Nr. 5 ZPO unpfändbar. ◀

2. Erläuterungen und Varianten

[1] **Erinnerungsberechtigt** sind sowohl der Schuldner (jedoch nur bzgl Verstöße, durch die er selbst beschwert ist, was nicht der Fall ist, wenn die Beeinträchtigung ausschließlich aus dem Recht eines Dritten abgeleitet wird (BGH NJW-RR 2010, 281) als auch der Gläubiger, wie auch ein durch die Zwangsvollstreckungsmaßnahme in seinen Rechten betroffener Dritter (Hk-ZPO/*Kindl* § 766 Rn 10).

[2] Ein bestimmter **Antrag** ist nicht erforderlich, kann jedoch zur Beschränkung der Überprüfung des Gerichts auf bestimmte Punkte erfolgen (Musielak/*Lackmann* § 766 Rn 16); jedenfalls muss die angegriffene Vollstreckungsmaßnahme bezeichnet werden (Hk-ZPO/*Kindl* § 766 Rn 9).

[3] Erinnerung bezüglich **vom Gerichtsvollzieher in Ansatz gebrachter Kosten**, Variante iSd § 766 Abs. 2 Alt. 3

▶ Im Rahmen der gegen den Erinnerungsführer im Auftrag des Erinnerungsgegners durchgeführten Zwangsvollstreckung hat der Gerichtsvollzieher u.a. auch folgende angesetzte Kosten vollstreckt ···

Entgegen der Auffassung des Gerichtsvollziehers sind die in Ansatz gestellten Kosten jedoch nicht ersatzfähig, da ··· ◀

Abschnitt 1 | Allgemeine Vorschriften § 766

II. Sicht des Vollstreckungsgläubigers

1. Muster: Begründung der Erinnerung bei nicht auftragsgemäßer Durchführung der Vollstreckungshandlung, § 766 Abs. 2 Alt. 2

5

▶ Im Rahmen der Zwangsvollstreckung aus dem Urteil des ...gerichts ... vom ...; Az ..., hat der Gerichtsvollzieher ... entgegen der Anweisung des Gläubigers die Pfändung folgende Gegenstände ... mit der Begründung abgelehnt, dass ...

Entgegen der Auffassung des Gerichtsvollziehers sind diese Gegenstände jedoch pfändbar, weil ... ◀

141

2. Muster: Begründung der Erinnerung bei Verweigerung der Übernahme des Vollstreckungsauftrags, Variante iSd § 766 Abs. 2 Alt. 1

6

▶ Mit Schreiben vom ... beantragte der Erinnerungsführer beim Gerichtsvollzieher ... die Durchführung der Zwangsvollstreckung aus dem Titel ... vom ...; Az ..., gegen den Vollstreckungsschuldner ...

Beweis: Schreiben vom ... in Kopie

Mit Schreiben vom ... weigerte sich der Gerichtsvollzieher jedoch mit der Begründung, ..., den Vollstreckungsauftrag (überhaupt) zu übernehmen.

Beweis: Schreiben vom ... in Kopie

Die Weigerung erfolgte jedoch zu Unrecht, da der Gerichtsvollzieher örtlich und funktionell zuständig ist sowie die Voraussetzungen der Zwangsvollstreckung iSd §§ 750 ff ZPO, insb. ..., vorliegen. ◀

142

3. Muster: Begründung der Erinnerung wegen vom Gerichtsvollzieher in Ansatz gebrachter Kosten, Variante iSd § 766 Abs. 2 Alt. 3

7

▶ Im Rahmen der gegen den Vollstreckungsschuldner ... im Auftrag des Erinnerungsführers durchgeführten Zwangsvollstreckung hat der Gerichtsvollzieher die vom Erinnerungsführer in Ansatz gebrachte Kosten ... iHv ... EUR nicht vollstreckt/mit der Begründung nicht vollstreckt, ...

Entgegen der Auffassung des Gerichtsvollziehers sind die in Ansatz gestellten Kosten jedoch vollstreckungsfähig, weil ... ◀

143

III. Muster: Vollstreckungserinnerung aus Sicht eines „Dritten"

8

▶ Der Gerichtsvollzieher ... hat im Rahmen der Zwangsvollstreckung aus dem Urteil des ...gerichts ... vom ...; Az ..., folgende Gegenstände gepfändet ...

Die Pfändung der Gegenstände war jedoch unzulässig, weil ... (zB diese Gegenstände befanden sich jedoch im Gewahrsam des Erinnerungsführers).

Beweis: ...

Dieser ist jedoch nicht Schuldner des Gläubigers und hat auch nicht bei der Pfändung der Gegenstände seine Herausgabebereitschaft zur Verwertung erklärt.

Beweis: Pfändungsprotokoll ...

Allein die bloße Duldung der Wegnahme durch den Gerichtsvollzieher bedingt noch keine Herausgabebereitschaft (Hk-ZPO/*Kemper* § 809 Rn 6).

144

Durch die Pfändung der Gegenstände ... hat der Gerichtsvollzieher daher gegen die auch den Erinnerungsführer schützende Verfahrensvorschrift ... (zB des § 809 ZPO) verstoßen). ◄

B. Gerichtliche Sicht
I. Aus Schuldner-/Drittensicht begründete Erinnerung
9 **1. Muster: Beschluss bei begründeter Erinnerung**

▶ Amtsgericht ...

Az ...

Beschluss

In der Zwangsvollstreckungssache

... – Gläubiger

./.

... – Schuldner

Erinnerungsführer ...

hat das Amtsgericht ... – Zwangsvollstreckungsgericht

auf die Erinnerung des ... am ... beschlossen:

1. Die vom Gerichtsvollzieher ... am ... in ... vorgenommene Pfändung des ... wird für unzulässig erklärt/insoweit[1] für unzulässig erklärt, als ....[1]
(2. Der Gerichtsvollzieher wird angewiesen, die Pfändung aufzuheben.)[2]
3. Die Entscheidung ergeht gerichtsgebührenfrei.[3]
4. Die außergerichtlichen Gebühren des Verfahrens trägt der Gläubiger.[4]
5. Die Vollziehung der Entscheidung wird bis zur Rechtskraft des Beschlusses ausgesetzt.[5]

Begründung

I. ... (Sachverhaltsdarstellung entspr. den Grundsätzen des Tatbestandsaufbaus iSd § 313 Abs. 2 ZPO)

II.

1. Zulässigkeitsfragen
2. Begründetheitsfragen
3. Nebenentscheidungen

[Rechtsbehelfsbelehrung gem. § 232 ZPO] ◄

2. Erläuterungen

10 [1] In der Entscheidung muss im Hinblick auf die Wirkung des § 775 Nr. 1 der Umfang der Unzulässigkeit der Zwangsvollstreckung konkret bestimmt werden, insb. wenn nur die Art und Weise der Pfändung unzulässig ist.

11 [2] Die **Pflicht zur Aufhebung der Pfändung** ergibt sich für den Gerichtsvollzieher direkt aus §§ 776 S. 1, 775 Nr. 1. Eines besonderen Ausspruchs in dem Tenor bedarf es daher nicht (Hk-ZPO/*Kindl* § 766 Rn 17). Der Zusatz ist jedoch nicht schädlich.

[3] **Gerichtsgebühren** fallen nicht an.

[4] Die **Kostenentscheidung** im Übrigen beruht auf §§ 91 ff.

[5] Eines **Ausspruchs zur vorläufigen Vollstreckbarkeit** bedarf es im Hinblick auf § 794 Abs. 1 Nr. 3 nicht. Jedoch ist zu beachten, dass bei Erklärung der Unzulässigkeit der Zwangsvollstreckung und einer damit einhergehenden Aufhebung der Pfändung zugleich die Verstrickung endet, damit auch das Pfändungspfandrecht erlischt und somit ein Rangverlust eintritt. Bis zum Eintritt der formellen Rechtskraft ist daher die Vollziehung der Entscheidung **analog § 570 Abs. 2** auszusetzen.

II. Aufhebung von Vollstreckungsmaßnahmen

1. Muster: Aufhebung des Pfändungs- und Überweisungsbeschlusses bei Vollstreckungsmaßnahmen des Vollstreckungsgerichts

▶ 1. Der Pfändungs- und Überweisungsbeschluss des AG ... – Vollstreckungsgericht – vom ...; Az ..., wird aufgehoben.[1]
2. Die Entscheidung ergeht gerichtsgebührenfrei.
4. Die außergerichtlichen Gebühren des Verfahrens trägt der Gläubiger.
5. Die Vollziehung der Entscheidung wird bis zur Rechtskraft des Beschlusses ausgesetzt. ◀

2. Erläuterungen

[1] Nur in den Fällen, in denen das Vollstreckungsgericht selbst die Vollstreckungsmaßnahme getroffen hat, kann es diese aufheben. Andernfalls unterbleibt der Ausspruch einer Aufhebung.

III. Begründete Erinnerung – Gläubigersicht

1. Muster: Beschluss bei begründeter Erinnerung – Gläubigersicht

▶ 1. Der Gerichtsvollzieher wird angewiesen, die Pfändung des Gegenstandes ... nicht[1] aus dem Grund der Unpfändbarkeit gem. § 811 Abs. 1 Nr. 5 ZPO abzulehnen.
2. Die Entscheidung ergeht gerichtsgebührenfrei.
3. Die Kosten des Verfahrens trägt der Schuldner. ◀

2. Erläuterungen und Varianten

[1] Bei der Abfassung der Entscheidung ist darauf zu achten, dass sie sich auf die angegriffenen Teil der Vollstreckungsmaßnahme beschränkt. Zu diesem Zweck empfiehlt sich eine negative Formulierung (*Lippross*, § 18 VI). Dadurch bleibt zugleich die Eigenverantwortlichkeit des Gerichtsvollziehers im Übrigen gewahrt. Variante bei **Vollstreckungsmaßnahmen des Vollstreckungsgerichts:**

▶ 1. Der Beschluss des Vollstreckungsgerichts ... vom ...; Az ..., wird aufgehoben.
2. Der Rechtspfleger wird angewiesen, den vom Gläubiger am ... beantragten Pfändungs- und Überweisungsbeschluss zu erlassen.(a)

3. Die Entscheidung ergeht gerichtsgebührenfrei.
4. Der außergerichtlichen Kosten des Verfahrens trägt der Schuldner. ◄

(a) Die Anweisung beruht auf § 572 Abs. 3.

IV. Unzulässige oder unbegründete Erinnerung

19 **1. Muster: Beschluss bei unzulässiger oder unbegründeter Erinnerung**[1]

▶ 1. Die Erinnerung des ••• gegen ••• wird zurückgewiesen.
2. Die Entscheidung ergeht gerichtsgebührenfrei.
3. Die außergerichtlichen Kosten des Verfahrens trägt der ••• ◄

2. Erläuterungen

20 [1] Zum Aufbau vgl Rn 9.

§ 767 Vollstreckungsabwehrklage

(1) Einwendungen, die den durch das Urteil festgestellten Anspruch selbst betreffen, sind von dem Schuldner im Wege der Klage bei dem Prozessgericht des ersten Rechtszuges geltend zu machen.
(2) Sie sind nur insoweit zulässig, als die Gründe, auf denen sie beruhen, erst nach dem Schluss der mündlichen Verhandlung, in der Einwendungen nach den Vorschriften dieses Gesetzes spätestens hätten geltend gemacht werden müssen, entstanden sind und durch Einspruch nicht mehr geltend gemacht werden können.
(3) Der Schuldner muss in der von ihm zu erhebenden Klage alle Einwendungen geltend machen, die er zur Zeit der Erhebung der Klage geltend zu machen imstande war.

A. Klage	[13] Einstellung der Zwangsvollstreckung vor Rechtshängigkeit 15
I. Muster: Vollstreckungsabwehrklage	[14] Vollstreckungsgläubiger 16
II. Erläuterungen und Varianten	[15] § 767 Abs. 3 17
[1] Zuständigkeit 3	[16] Einwendungen 18
[2] Aktiv- und Passivlegitimation 4	[17] Präklusionszeitpunkte 19
[3] Streitwert 5	[18] Variante zu § 769 Abs. 3 20
[4] Abänderungsklage 6	[19] Sicherheitsleistung............ 21
[5] Titel 7	B. Gerichtliche Maßnahmen
[6] Antragsvarianten 8	I. Verfahrensleitung
[7] Titelherausgabe 9	1. Muster: Verfügung des Gerichts bezüglich des Antrags auf einstweilige Anordnung bei bedingter Klageerhebung
[8] § 770 10	
[9] § 769 11	
[10] Antrag zur einstweiligen Anordnung 12	
[11] Ablauf der einstweiligen Anordnung 13	2. Erläuterungen und Varianten
[12] Antrag zu Vollstreckungsmaßregeln 14	[1] Bewilligung von Prozesskostenhilfe 24

[2] Verbindung von Klageschrift und PKH-Antrag 25	II. Verfahrensabschluss
	1. Muster: Endurteil
	2. Erläuterungen
[3] Frist zur Stellungnahme zum Einstellungsantrag 26	[1] Rechtsgestaltendes Urteil .. 31
	[2] Weitere Tenorierungsbeispiele 32
[4] Nur Zustellung des Einstellungsantrags 27	[3] Rechtskraft erfolgloser Aufrechnung .... 32 a
[5] Gelegenheit zur Stellungnahme zum PKH-Antrag 28	[4] Vorläufige Vollstreckbarkeit prozessualer Gestaltungsurteile 33
[6] Frist zur Stellungnahme zum PKH-Antrag 29	[5] Situation im Musterfall 34

A. Klage

I. Muster: Vollstreckungsabwehrklage

▶ An das

...gericht ...[1]

In Sachen ...[2]

Vorläufiger Streitwert: ...[3]

Ich werde beantragen:[4]

1. Die Zwangsvollstreckung aus dem am ... verkündeten Urteil des ...gerichts ..., Az ...,[5] wird für unzulässig erklärt.[6]
2. ...[7]
3. ...[8]

Ich beantrage, gemäß § 769 ZPO vorab zu entscheiden:[9]

Die Zwangsvollstreckung aus ... wird[10] ohne – hilfsweise gegen – Sicherheitsleistung bis zum Erlass des Urteils[11] einstweilen eingestellt.[12]

Ein Gerichtskostenvorschuss in Höhe von ... EUR wurde durch ... gezahlt.[13]

Begründung

Der Kläger begehrt die vollständige Unzulässigerklärung der Zwangsvollstreckung aus dem Urteil ..., wonach er ... zu leisten hat. Bezüglich des Sachverhalts, der der titulierten Forderung zugrunde liegt, wird auf die in Anlage beigefügte Urteilsabschrift verwiesen. Das Leistungsurteil fällt in den Anwendungsbereich des § 767 ZPO. Der Kläger ist Vollstreckungsschuldner. Der Beklagte ist Vollstreckungsgläubiger.[14]

Der Kläger macht[15] die nachfolgenden Einwendungen[16] im Sinne von § 767 ZPO geltend.

Rechtsvernichtende Einwendungen: Der Kläger hat den titulierten Betrag am ... an den Beklagten durch Überweisung gezahlt. ... Der titulierte Anspruch ist deshalb durch Erfüllung erloschen, § 362 ZPO.

Rechtshemmende Einwendungen: Unabhängig von der bereits vorgetragenen Erfüllung ist vorsorglich auch vorzutragen, dass der Beklagte dem Kläger Forderung nach ihrer Titulierung bis ... gestundet hatte. Die Parteien trafen anlässlich einer Besprechung am ... eine Stundungsvereinbarung.

Beweis: ... als Zeuge

Inhaltliche Änderung des titulierten Anspruchs: Der Beklagte und Titelgläubiger hat überdies den bereits titulierten Anspruch am ▪▪▪ abgetreten, so dass ihm nunmehr die Sachbefugnis fehlt. Der Kläger wurde über die Abtretung jedoch erst nach seiner Zahlung gemäß § 409 BGB informiert. Erst durch diese Anzeige hat der Kläger von der Abtretung Kenntnis erlangt.

Die erhobenen Einwendungen sind auch nicht gemäß § 767 Abs. 2 ZPO ausgeschlossen. Maßgeblicher Zeitpunkt für eine Präklusion ist der Schluss der mündlichen Verhandlung, auf die hin das Urteil ergangen ist. Sämtliche Einwendungen sind erst danach entstanden.[17]

Der Beklagte wurde mit Schreiben vom ▪▪▪ aufgefordert, den Empfang der Leistung gemäß § 368 BGB bis spätestens ▪▪▪ schriftlich zu bestätigen. Der Beklagte ist dieser Aufforderung ohne Angabe von Gründen nicht nachgekommen. Bezüglich des angegriffenen Titels war bisher auch noch keine Vollstreckungsgegenklage, die zu einer weiteren Präklusion nach § 767 Abs. 3 ZPO führen würde, anhängig.[18]

Dem Antrag, durch einstweilige Anordnung die Zwangsvollstreckung bis zum Erlass des Urteils einzustellen, ist gemäß § 769 Abs. 1 ZPO zu entsprechen. Gründe für eine Sicherheitsleistung liegen nicht vor.[19]

Bezüglich des Sachverhalts wird auf die obigen Ausführungen verwiesen.

Zur Glaubhaftmachung dieses Sachverhalts: Eidesstattliche Versicherung des Klägers und ▪▪▪ ◄

II. Erläuterungen und Varianten

2   Ziel einer **Vollstreckungsabwehrklage** (prozessuale Gestaltungsklage) ist vollständige oder teilweise Beseitigung der Vollstreckbarkeit eines Titels, und zwar dauerhaft oder auch nur vorübergehend (Hk-ZPO/*Kindl* § 767 Rn 1). Durch die Verweisung in § 120 Abs. 1 FamFG kommt die Vorschrift auch in Familienstreitsachen zur Anwendung. Zur Abgrenzung der verschiedenen vollstreckungsrechtlichen Rechtsbehelfe vgl Hk-ZPO/*Kindl* § 767 Rn 2 ff. Ein Rechtsschutzbedürfnis ist grds gegeben, sobald ein Titel vorliegt (hierzu und zu den Ausnahmen vgl Hk-ZPO/*Kindl* § 767 Rn 17). Die Erteilung einer Vollstreckungsklausel ist grds. nicht Voraussetzung (OLG München BeckRS 2010, 15517; anders uU, wenn die Voraussetzungen für die Klauselerteilung nicht vorliegen, BGH BeckRS 2014, 22861). Auch wenn sich der Titelgläubiger nur eine Teilklausel erteilen lässt, steht dies dem Rechtsschutzbedürfnis an einer Klage über den gesamten titulierten Betrag nicht entgegen (OLG Koblenz BeckRS 2014, 14205). Das Rechtsschutzbedürfnis entfällt grundsätzlich noch nicht durch einen Verzicht auf die Rechte aus dem Titel oder durch bestehende Einigkeit der Parteien des Titels, dass eine Zwangsvollstreckung nicht mehr in Betracht kommt (BGH BeckRS 2012, 00067). Eine Ausnahme gilt dann, wenn die Zwangsvollstreckung unzweifelhaft nicht (mehr) droht, zB weil die Voraussetzungen für die Erteilung der Vollstreckungsklausel nicht vorliegen (BGH BeckRS 2014, 22861)

Die prozessuale Gestaltungsklage analog § 767 (**Titelgegenklage**) richtet sich gegen die **Wirksamkeit** eines Titels (vgl Hk-ZPO/*Kindl* § 767 Rn 6 a; BGH BeckRS 2015, 02240 und BeckRS 2015, 08849). Bei Angriffen gegen die **Bestimmtheit** eines Titels ist bzgl der Rechtsbehelfe wie folgt zu unterscheiden:

- sind die Person des Titelgläubigers oder der Inhalt eines Leistungsausspruchs unbestimmt: Klauselerinnerung (§ 732) bzw Klauselgegenklage (768)
- ist der titulierte Anspruch selbst (bspw unklarer Klagegrund eines Versäumnisurteils oder vollstreckbare Urkunde, die dem Konkretisierungsgebot nicht genügt, vgl BGH BeckRS 2015, 02240) unbestimmt: Gestaltungsklage analog § 767

Zur **verlängerten Vollstreckungsabwehrklage** (Bereicherungsklage) nach zwischenzeitlicher Beendigung der Zwangsvollstreckung s. Hk-ZPO/*Kindl* § 767 Rn 8.

[1] Zuständigkeit. Örtlich und sachlich (unabhängig vom Streitwert) zuständig ist (ausschließlich, § 802) das Prozessgericht des ersten Rechtszuges, § 767 Abs. 1. Bei notariellen Urkunden oder gerichtlichen Urkunden gelten die §§ 797 Abs. 5, 800 Abs. 3 (vgl Hk-ZPO/*Kindl* § 767 Rn 9).

[2] Aktiv- und Passivlegitimation. Ihr ist wegen der Möglichkeit einer erfolgten oder zu erwartenden Titelumschreibung auch bei der Vollstreckungsgegenklage besondere Aufmerksamkeit zu schenken. Bei den Parteien handelt es sich nicht zwingend um die Parteien des Rechtsstreits, in dem der angegriffene Titel geschaffen wurde (zur Aktiv- und Passivlegitimation siehe Hk-ZPO/*Kindl* § 767 Rn 18). Eine gewillkürte Prozessstandschaft ist nicht zulässig – selbst dann nicht, wenn der Anspruch, der Grundlage der geltend gemachten Einwendung ist, an den Prozessstandschafter abgetreten wurde (BGH NJW-RR 2014, 653, 654). Der **Prozessbevollmächtigte des Ausgangsprozesses** ist im Rubrum der Vollstreckungsabwehrklage zu benennen. Ihm ist gemäß § 172 Abs. 1 die Klage zuzustellen.

[3] Streitwert. Siehe hierzu Hk-ZPO/*Bendtsen* § 3 Rn 15 „Vollstreckungsabwehrklage". Der Streitwert der Vollstreckungsgegenklage bestimmt sich nach dem Nennwert der titulierten Forderung, und zwar auch dann, wenn Teile der Forderung erfüllt oder beigetrieben sind. Etwas anders gilt nur, wenn sich aus den Klageanträgen oder aus der Klagebegründung ergibt, dass die Vollstreckung aus der Urkunde nur teilweise für unzulässig erklärt werden soll (BGH BeckRS 2014, 19869 Tz 15). Zur möglichen Vorgehensweise in solchen Fällen siehe Rn 8. Dies gilt auch für die Beschwer im Falle eines Rechtsmittels (BGH NJW-RR 2011, 489). Zum isolierten oder kumulativen Titelherausgabeantrag s. unten. Zum Wert der Beschwer eines Urteils über die Vollstreckungsabwehrklage s. BGH NJW-RR 2011, 489)

[4] Abänderungsklage. Zur Abgrenzung von anderen Klagearten (insb. von der Abänderungsklage) und Rechtsbehelfen (insb. von der Erinnerung gem. § 766) siehe Hk-ZPO/*Kindl* § 767 Rn 2 ff.

[5] Titel. Urteil – nicht zwingend des angerufenen Gerichts, da bspw auch bei der Klage gegen ein Berufungsurteil das Prozessgericht des **ersten** Rechtszuges zuständig ist – oder Titel nach § 794. § 767 findet auf Schuldtitel iS von § 794 entsprechende Anwendung, § 795 S. 1. Zur Präklusion bei solchen Titeln vgl Hk-ZPO/*Kindl*, § 767 Rn 20; speziell zum Kostenfestsetzungsbeschluss siehe OLG Köln NJW-RR 2010, 1447.

[6] Antragsvarianten:

▶ Die Zwangsvollstreckung aus dem Urteil des ...
... wird bezüglich des für die Zeit von ... bis ... titulierten Unterhalts ◀

Sitzmann

(zB bei Unterhaltsvollstreckung, obwohl einzelne Monate bezahlt wurden)

▶ ... wird bezüglich des für die Zeit ab ... titulierten Unterhalts ◀

(zB Unterhaltsvollstreckung aus Trennungsunterhaltstitel für die Zeit nach Rechtskraft der Scheidung)

▶ ... wird für derzeit unzulässig erklärt ◀

(bei Vereinbarung über Vollstreckungsaufschub oder bei Ratenzahlungsvergleich mit Verfall- und/oder Wegfallklausel; zur Zulässigkeit vollstreckungsbeschränkender Abreden und zum Vorgehen bei ihrer Nichtbeachtung vgl Hk-ZPO/*Kindl* vor §§ 704-945 Rn 9)

▶ ... wird für die Zeit vor dem ... für unzulässig erklärt ◀

(bei nachträglicher Stundungsvereinbarung)

▶ ... durch ... wird für unzulässig erklärt ◀

(zB, wenn der Vollstreckungsgläubiger durch Abtretung nicht mehr Inhaber der titulierten Forderung ist)

▶ ... wird bezüglich eines Betrages von ... EUR für unzulässig erklärt ◀

(bei teilweiser Unzulässigkeit, wenn der restliche Teil der titulierten Forderung unstreitig noch nicht erloschen ist)

Besondere Aufmerksamkeit ist dann geboten, wenn ein **Teil der titulierten Forderung unstreitig erloschen** ist. Dies könnte bei Zahlungstiteln dazu verleiten, die Vollstreckungsabwehrklage auf die streitige Teilforderung zu beschränken. Dies ist jedoch nur dann empfehlenswert, wenn der Schuldner auch bzgl der überschießenden Forderung eine Zwangsvollstreckung sofort verhindern kann, also insoweit bspw Urkunden bzw Nachweise iSv § 775 Nr. 4 und 5 hat. Andernfalls ist es ratsam, über den Gesamtbetrag eine Beseitigung der Vollstreckbarkeit des Titels anzustreben (zum Rechtsschutzbedürfnis in solchen Fällen siehe Rn 2). Auch wenn ein Teilerlöschen der titulierten Forderung zwischen den Parteien unstreitig ist bzw wird, bestimmen sich Streitwert (BGH BeckRS 2014, 17486) und Beschwer (BGH NJW-RR 2001, 489, 490) nach dem Nennbetrag. Um im Falle eines sofortigen Anerkenntnisses bzgl des unstreitig erloschenen Teils die nachteilige Kostenfolge des § 93 zu vermeiden, erscheint es empfehlenswert, eine vorprozessuale Aufforderung an den Titelgläubiger auch darauf zu richten, dass dieser bzgl des unstreitig erloschenen Forderungsteils seine Befriedigung gemäß § 775 Nr. 4 bestätigt. Es kann formuliert werden:

▶ ... Ihr Mandant ist Inhaber von folgendem Titel: ... Es ist u.a. ein Zahlungsanspruch iHv 10.000,- EUR tituliert. Ihr Mandant betreibt bzw beabsichtigt die Zwangsvollstreckung über einen Betrag iHv 6.000,- EUR. Der Anspruch ist jedoch vollständig erloschen, und zwar bzgl eines Betrages iHv 4.000,- EUR durch Aufrechnung, was zwischen den Parteien wohl unstreitig ist. Auch bzgl des Restbetrages von 6.000,- EUR ist der Anspruch erloschen, und zwar durch ...

Ich fordere Ihren Mandanten deshalb auf, bis spätestens ... schriftlich zu bestätigen, dass er bzgl Ziffer ... des vorgenannten Titels in voller Höhe befriedigt ist (§ 775 Nr. 4 ZPO, und

Zwangsvollstreckungsanträge zurückzunehmen. Andernfalls wird mein Mandant Vollstreckungsabwehrklage erheben.

Für den Fall, dass das Erlöschen iHv 6.000,- EUR bestritten wird, ist jedenfalls bzgl des zwischen den Parteien wohl unstreitigen Erlöschens iHv 4000,- EUR eine entsprechende Erklärung abzugeben ist, da ansonsten bzgl des titulierten Gesamtbetrages von 10.000,- EUR – mit entsprechendem Streitwert (BGH BeckRS 2014, 17486 und NJW-RR 2006, 11469 - Klage erhoben werden müsste. ◄

Die dargestellten Anträge richten sich gegen das **Urteil**. Bei der Vollstreckung von Kosten ist gegen den **Kostenfestsetzungsbeschluss** vorzugehen.

[7] **Titelherausgabe.** Falls dem Vollstreckungsgläubiger bereits eine vollstreckbare Ausfertigung erteilt wurde und die Zwangsvollstreckung aus dem gesamten Titel für unzulässig erklärt werden soll, der Vollstreckungsgläubiger die vollstreckbare Ausfertigung also nicht mehr zur Vollstreckung seiner Restforderung benötigt, kann zusätzlich – kumulativ oder als unechten Hilfsantrag (s. hierzu *Kaiser* Besondere Anträge neben Zwangsvollstreckungsrechtsbehelfen des Schuldners NJW 2014, 364) - Titelherausgabe beantragt werden (vgl Hk-ZPO/*Kindl* § 767 Rn 8; *Wendt*, Die Klage auf Titelherausgabe JuS 2013, 33). Die Begründetheit einer solchen Klage setzt jedoch voraus, dass **unstreitig oder nachgewiesen** ist, dass der **titulierte materiellrechtliche Anspruch nicht (mehr) besteht** (hierzu ausführlich und speziell zur Gesamtschuld BGH NJW-RR 2014, 195 Rn. 19); insoweit ist das Gestaltungsurteil nach § 767 allein nicht ausreichend (BGH NJW-RR 2008, 1512). Titelherausgabe kann auch im Rahmen einer Titelgegenklage (s. Rn 2) verlangt werden (BGH BeckRS 2015, 02240 Tz 22 ff). Der Antrag auf Titelherausgabe lautet: 9

▶ Der Beklagte wird verurteilt, die vollstreckbare Ausfertigung des Urteils ... ab Rechtskraft des Ausspruchs der Unzulässigkeit der Zwangsvollstreckung aus dem vorgenannten Urteil an den Kläger herauszugeben. ◄

In den Gründen ist dann zusätzlich anzuführen:

▶ Ein Anspruch auf Herausgabe der vollstreckbaren Ausfertigung ergibt sich in entsprechender Anwendung von § 371 S. 1 BGB (Hk-BGB/*Schulze* § 371 Rn 2 und BGH NJW-RR 2014, 195). Die Herausgabe wird erst ab Rechtskraft des Ausspruchs der Unzulässigkeit der Zwangsvollstreckung aus dem Urteil verlangt. Der dem Urteil zugrunde liegende materiellrechtliche Anspruch besteht auch nicht mehr, weil er, wie bereits vorgetragen, durch Erfüllung erloschen ist. ... ◄

Der Streitwert für den isolierten Antrag auf Herausgabe des Vollstreckungstitels bemisst sich nach dem Grad der Gefahr des Missbrauchs des Titels durch den Gläubiger (BGH NJW-RR 2011, 489, 490 für den Wert des Beschwerdegegenstandes). Wird der Antrag im Rahmen der Vollstreckungsabwehrklage geltend gemacht, ist für ihn kein gesonderter Streitwert anzusetzen (Kaiser NJW 2014, 364, 366). Zum Wert der Beschwer eines Urteils über eine isolierte Titelherausgabeklage s. BeckRS 2014, 19869): Wert wie bei der Vollstreckungsabwehrklage.

[8] **§ 770.** Es folgt ggf der Antrag zur Entscheidung, die gemäß § 770 **mit dem Urteil** ergehen kann. 10

11 [9] § 769. Es empfiehlt sich eine Antragstellung am Anfang der Klageschrift, da ansonsten die Gefahr besteht, dass der Antrag zunächst übergangen wird.

12 [10] **Antrag zur einstweiligen Anordnung.** Der Umfang ist grundsätzlich derselbe wie im Klageantrag und genau zu bezeichnen. Vgl im Einzelnen § 769.

13 [11] **Ablauf der einstweiligen Anordnung.** Dieser Endzeitpunkt ergibt sich zwar ohnehin aus dem Gesetz und ist im Antrag nicht unbedingt erforderlich, doch sollte der Antragsgegner auf die Angabe dieses Zeitpunktes in einem etwaigen Einstellungsbeschluss hinwirken, weil hierdurch Missverständnisse im Rahmen der späteren Zwangsvollstreckung vermieden werden können.

14 [12] **Antrag zu Vollstreckungsmaßregeln.**

▶ Die Aufhebung der getroffenen Vollstreckungsmaßregeln gegen Sicherheitsleistung in Höhe von ... wird angeordnet. ◀

Vgl im Einzelnen das Muster bei § 769.

15 [13] **Einstellung der Zwangsvollstreckung vor Rechtshängigkeit.** Erst wenn die Zustellung der Klage sichergestellt ist, darf das Gericht eine einstweilige Einstellung der Zwangsvollstreckung beschließen.

16 [14] **Vollstreckungsgläubiger.** Dies ist idR der Titelgläubiger. Passivlegitimiert ist aber auch der neue Gläubiger nach Abtretung der titulierten Forderung, wenn die Voraussetzungen für eine Titelumschreibung vorliegen. Zur Passivlegitimation vgl Hk-ZPO/*Kindl*, § 767 Rn 18.

17 [15] **§ 767 Abs. 3.** Abs. 3 verhindert eine Vollstreckungsverschleppung durch mehrere Klagen. Dem Titelschuldner obliegt es deshalb gem. § 767 Abs. 3 alle ihm möglichen Einwendungen geltend zu machen. Andernfalls ist er mit solchen Einwendungen in einer späteren Vollsteckungsabwehrklage ausgeschlossen (hM, siehe im Einzelnen Hk-ZPO/*Kindl* § 767 Rn 23).

18 [16] **Einwendungen.** Grundsätzlich können aufgrund der Präklusionsbestimmung in § 767 Abs. 2 gegen Urteile – anders bei Vergleichen und vollstreckbaren Urkunden – nur rechtsvernichtende und rechtshemmende Einwendungen geltend gemacht werden (Hk-ZPO/*Kindl* § 767 Rn 10). Mit der Vollstreckungsabwehrklage kann auch die Wirkungslosigkeit eines (Versäumnis-)Urteils infolge Vergleichs (BGH NJW-RR 2007, 1724) und die Unwirksamkeit eines (unklaren) Vollstreckungsbescheides (OLG Zweibrücken NJW-RR 2010, 285) geltend gemacht werden. Eine Zahlung, die lediglich zur Abwendung der Zwangsvollstreckung erfolgt, und die Vollstreckung aus einem lediglich vorläufig vollstreckbaren Urteil, einem Arrestbefehl oder einer einstweiligen Verfügung sind keine Erfüllung iS von § 362 (BGH NJW 2014, 2199, 2200; zur Vollstreckungsabwehrklage in einem solchen Fall s. *Kruse/Schäfers* JuS 2013, 896. Zur Klage analog § 767 s. *Kaiser* Die Abgrenzung der Vollstreckungsabwehrklage zur prozessualen Gestaltungsklage sui generis, NJW 2010, 2933.

18a Größte Aufmerksamkeit ist in Fällen der **Rechtsnachfolge** auf Gläubigerseite geboten, wenn der Einwand weder den titulierten Anspruch noch die Wirksamkeit des Titels, sondern die Rechtsnachfolge in Frage stellt. Denn dann sind Klauselerinnerung (§ 732) bzw Klauselgegenklage (§ 768) die richtigen Rechtsbehelfe.

18b Vollstreckungsabwehrklage und Klauselgegenklage können verbunden werden (Hk-ZPO/*Kindl* § 768 Rn 1; BGH, Urteil vom 24.10.2014 – V ZR 45/13). Bei einer

Zwangsvollstreckung nach den §§ 887, 888 ist zu beachten, dass der Erfüllungseinwand nicht nur durch Vollstreckungsabwehrklage, sondern auch im Zwangsvollstreckungsverfahren erhoben werden kann, denn Vollstreckungsorgan ist bei diesen Vollstreckungsarten das Prozessgericht (BGH NJW-RR 2013, 1336).

[17] **Präklusionszeitpunkte.** Vgl hierzu Hk-ZPO/*Kindl* § 767 Rn 21. Präkludierte Einwendungen können nur in besonders schwerwiegenden, eng begrenzten Ausnahmefällen im Rahmen von § 826 BGB vorgebracht werden (BGH NJW-RR 2012, 304). Zum **Zeitpunkt der Entstehung** einer Einwendung s. Hk-ZPO/*Kindl* § 767 Rn 22 und BGH NJW-RR 2010, 1598.

[18] **Variante zu § 769 Abs. 3.** In einem solchen Fall wäre zu ergänzen:

▶ Es war bereits eine Vollstreckungsgegenklage anhängig, und zwar unter Az ···. Die nunmehr erhobenen Einwendungen sind jedoch erst nach Schluss der mündlichen Verhandlung in diesem Verfahren entstanden, so dass sie nicht nach § 767 Abs. 3 ZPO ausgeschlossen sind (BGH NJW 1991, 2280). ··· ◀

Nach hM werden Einwendungen, die in einer vorangegangenen Vollstreckungsabwehrklage hätten geltend gemacht werden müssen, nicht von § 767 Abs. 2 erfasst; die Präklusion richtet sich nach § 767 Abs. 3 (vgl im Einzelnen Hk-ZPO/*Kindl* § 767 Rn 20).

[19] **Sicherheitsleistung.** § 769 ermöglicht anders als § 707 eine Einstellung ohne Sicherheitsleistung auch dann, wenn nicht glaubhaft gemacht ist, dass der Schuldner zur Sicherheitsleistung nicht in der Lage ist und die Vollstreckung einen nicht zu ersetzenden Nachteil bringen würde (vgl Hk-ZPO/*Kindl* § 769 Rn 2). § 769 Abs. 1 S. 2 enthält nunmehr eine spezielle Regelung für den Fall, dass dem Kläger eine Sicherheitsleistung nicht möglich ist.

Gebühren: Siehe Hk-ZPO/*Kindl* 767 Rn 26. Die vorgerichtliche Tätigkeit des Rechtsanwalts erfüllt den Gebührentatbestand der Nr. 2300 VV RVG (BGH MDR 2011, 454).

B. Gerichtliche Maßnahmen

I. Verfahrensleitung

1. Muster: Verfügung des Gerichts bezüglich des Antrags auf einstweilige Anordnung bei bedingter Klageerhebung

▶ **Verfügung**[1]

1. Beglaubigte Abschrift des Antrags auf Einstellung der Zwangsvollstreckung zustellen an Beklagten mit nachfolgendem Anschreiben und unter Beifügung einer Abschrift der Klageschrift und des Prozesskostenhilfeantrags:[2]
Beiliegend erhalten Sie einen Antrag auf einstweilige Einstellung der Zwangsvollstreckung zugestellt. Sie erhalten Gelegenheit, hierzu binnen einer[3] Woche Stellung zu nehmen. Eine förmliche Zustellung der Klage selbst ist mit dieser Zustellung nicht verbunden.[4]
Den beigefügten Prozesskostenhilfeantrag erhalten Sie ebenfalls zur Stellungnahme[5] innerhalb der oben genannten Frist.[6]

2. Mitteilung von 1.) an Kläger
3. Wiedervorlage mit Eingang, spätestens 1 Woche ◀

2. Erläuterungen und Varianten

24 [1] Soll eine Vollstreckungsgegenklage nur für den Fall der Bewilligung von **Prozesskostenhilfe** erhoben werden (vgl hierzu Hk-ZPO/*Pukall* § 117 Rn 7) und wird zugleich ein Antrag auf einstweilige Einstellung der Zwangsvollstreckung gestellt (vgl hierzu Hk-ZPO/*Kindl* 769 Rn 2), so sind dem Gegner der PKH-Antrag und die Klageschrift gemäß § 118 Abs. 1 **formlos** mitzuteilen. Zum Antrag nach § 769 ist dem Gegner rechtliches Gehör zu gewähren. Nicht zuletzt deshalb, weil ein Einstellungsbeschluss nicht anfechtbar ist (Hk-ZPO/*Kindl* § 769 Rn 7), sollte der Antrag vom Gericht **zugestellt** werden, wodurch sein Zugang sichergestellt und auch nachweisbar ist. Unabhängig davon, ob der Antrag nach § 769 in der Klageschrift enthalten ist oder als gesonderter Schriftsatz gleichzeitig mit der Klage eingereicht wird, erfolgt die Übermittlung an den Gegner idR in einem Vorgang, also in einer Sendung, die zugestellt wird. Aber die unterschiedliche rechtliche Qualität der Mitteilung ist zum Ausdruck zu bringen. Wird eine **Klage unbedingt** erhoben und ist der Vorschuss gemäß § 12 Abs. 1 GKG gezahlt oder der Kläger gemäß § 14 GKG von der Vorschusszahlung befreit, so ist in die Verfügung nach § 272 Abs. 2 (Bestimmung eines frühen ersten Termins oder Anordnung des schriftlichen Vorverfahrens) aufzunehmen:

▶ Mit der Klage erhalten Sie auch den Antrag auf einstweilige Einstellung der Zwangsvollstreckung zugestellt. Sie erhalten Gelegenheit, hierzu binnen einer Woche Stellung zu nehmen. ◀

25 [2] Häufig sind Klageschrift und PKH-Antrag in einem Schriftsatz verbunden.

26 [3] Die Frist hängt von der Eilbedürftigkeit im Einzelfall ab.

27 [4] Für den Empfänger ist klarzustellen, dass diese Zustellung nur eine förmliche Zustellung des Einstellungsantrags, nicht der Klageschrift ist. Zu diesem auch bei formloser Mitteilung gebotenem Hinweis vgl Hk-ZPO/*Pukall* § 118 Rn 2.

28 [5] Gelegenheit zur Stellungnahme ist nach § 118 Abs. 1 zu gewähren.

29 [6] Die Frist zur Stellungnahme zum PKH-Antrag sollte nicht länger sein als die Frist zur Stellungnahme zum Einstellungsantrag, weil erst mit Gewährung von Prozesskostenhilfe der Fortgang des Verfahrens durch nachfolgende Klagezustellung sichergestellt ist; erst ab diesem Zeitpunkt darf ein Einstellungsbeschluss ergehen (str., vgl Hk-ZPO/*Kindl* § 769 Rn 3).

II. Verfahrensabschluss

30 **1. Muster: Endurteil**

▶ **Endurteil**[1]

1. Die Zwangsvollstreckung aus dem Urteil des ▪▪▪gerichts ▪▪▪ vom ▪▪▪ wird in Ziff. 1 bezüglich eines Betrages in Höhe von ▪▪▪ EUR für unzulässig erklärt.[2]
Im Übrigen wird die Klage abgewiesen[3].

2. Die Kosten des Rechtsstreits werden gegeneinander aufgehoben.

3. Das Urteil ist vorläufig vollstreckbar,[4] für den Kläger jedoch nur gegen Sicherheitsleistung in Höhe von ... EUR. Der Kläger kann die Vollstreckung durch Sicherheitsleistung in Höhe von ... EUR abwenden, wenn nicht der Beklagte vor der Vollstreckung Sicherheit in gleicher Höhe leistet.

Tatbestand

...

Entscheidungsgründe

Die Klage ist zulässig und teilweise begründet.

Das ...gericht ... ist als Prozessgericht des ersten Rechtszuges örtlich und sachlich zuständig, § 767 Abs. 1 ZPO. Ein Rechtsschutzbedürfnis ist gegeben, da ein Titel vorliegt, nämlich das Endurteil vom ... . Das Rechtsschutzbedürfnis entfällt nicht dadurch, dass noch keine Vollstreckungsklausel für das Urteil erteilt wurde und (demgemäß) auch noch keine Zwangsvollstreckungsmaßnahmen ergriffen wurden (vgl Hk-ZPO/*Kindl* § 767 Rn 17).

Die Klage ist bezüglich eines Betrages von ... begründet. In dieser Höhe war die Zwangsvollstreckung aus dem im Tenor genannten Urteil für unzulässig zu erklären. Im Übrigen war die Klage abzuweisen.

Nur in Höhe von ... EUR steht der titulierten Forderung eine Einwendung im Sinne von § 767 Abs. 2 ZPO entgegen. In dieser Höhe ist eine Zahlung des Klägers auf die titulierte Forderung erfolgt. Insoweit ist also die Forderung durch Erfüllung erloschen (§ 362 Abs. 1 BGB). Unstreitig zahlte der Kläger am ..., also nach Schluss der mündlichen Verhandlung, einen Betrag in Höhe von ... an den Beklagten durch Überweisung. Diese Zahlung enthielt keine Tilgungsbestimmung im Sinne von § 366 Abs. 1 BGB. Unstreitig hatte der Beklagte zu diesem Zeitpunkt eine weitere fällige, allerdings nicht titulierte Forderung in Höhe von ... . Mangels Tilgungsbestimmung wurde durch die Zahlung des Klägers zunächst diese nicht titulierte Forderung getilgt (§ 366 Abs. 2 BGB). Die nicht titulierte Forderung hat nämlich eine geringere Sicherheit als die titulierte Forderung (vgl hierzu Hk-BGB/*Schulze* § 366 Rn 6). Aufgrund der vorrangigen Zuordnung der Zahlung des Klägers auf diese Forderung blieb noch ein Restbetrag von ... . In dieser Höhe wurde die titulierte Forderung getilgt. Somit war nur in dieser Höhe die Zwangsvollstreckung aus dem Urteil für unzulässig zu erklären. Dem Rest der titulierten Forderung steht keine Einwendung iS von § 767 ZPO entgegen. Für die behauptete Stundungsvereinbarung sowie bezüglich der Abtretung und der Abtretungsanzeige blieb der Kläger beweisfällig. Obwohl der Beklagte diese Einwendungen bestritten hat, wurde vom Kläger (zur Beweislast bei der Vollstreckungsabwehrklage siehe Hk-ZPO/*Kindl* § 767 Rn 18) kein Beweis angeboten. Die weitergehende Klage war deshalb abzuweisen.

Nebenentscheidungen

Die Kostenentscheidung in Form der Kostenaufhebung beruht auf § 92 Abs. 1 S. 1 Alt. 1 ZPO.

Die Entscheidung über die vorläufige Vollstreckbarkeit stützt sich hinsichtlich des stattgebenden Teils der Klage auf § 709 ZPO. Bei einem prozessualen Gestaltungsurteil nach § 767 ZPO – anders als bei sonstigen Gestaltungsurteilen – besteht die Besonderheit, dass das Urteil auch hinsichtlich der Hauptsache für vorläufig vollstreckbar zu erklären ist, weil für

Sitzmann

die Einstellung der Zwangsvollstreckung gem. § 775 Nr. 1 ZPO die Ausfertigung einer vollstreckbaren Entscheidung vorgelegt werden muss, aus der sich die Unzulässigkeit der Zwangsvollstreckung ergibt (vgl Hk-ZPO/*Kindl* § 704 Rn 5). Es ist somit nicht nur der Kostenpunkt, sondern auch die Hauptsache für vorläufig vollstreckbar zu erklären. Die Verurteilung in der Hauptsache übersteigt den in § 708 Nr. 11 ZPO genannten Betrag von 1.250,- EUR, so dass für die Klagepartei gem. § 709 ZPO die vorläufige Vollstreckbarkeit nur gegen Sicherheitsleistung auszusprechen war. Da die Unzulässigerklärung der Zwangsvollstreckung keine Geldforderung im Sinne von § 709 S. 2 ZPO ist, war der Umfang der Sicherheitsleistung betragsmäßig zu beziffern. Bei der Höhe waren neben der Hauptsache – insoweit kommt es auf die Schäden an, die dem Beklagten entstehen können (Hk-ZPO/ *Kindl* § 709 Rn 2) – auch die durch den Kläger vollstreckbaren Kosten zu berücksichtigen. Für den Beklagten[5] war die vorläufige Vollstreckbarkeit nach § 708 Nr. 11, 711 ZPO auszusprechen.

Eine einstweilige Anordnung nach § 770 ZPO war nicht geboten. Das Urteil ist ohnehin gem. § 709 ZPO vorläufig vollstreckbar. Im Falle einer Zwangsvollstreckung des Beklagten aus dem angegriffenen Titel hat der Kläger mittels des vorläufig vollstreckbaren Urteils gem. § 775 Nr. 1 ZPO die Möglichkeit, eine Einstellung oder Beschränkung der Zwangsvollstreckung herbeizuführen. Eine gesonderte Entscheidung nach § 770 ZPO wäre nur dann erforderlich gewesen, wenn eine Einstellung der Zwangsvollstreckung ohne Sicherheitsleistung des Klägers angezeigt wäre. Dies ist jedoch hier nicht der Fall (zum Verhältnis der Entscheidung über die vorläufige Vollstreckbarkeit zu den Anordnungen nach § 770 ZPO vgl Hk-ZPO/*Kindl* § 770 Rn 1). ◀

2. Erläuterungen

31 [1] **Rechtsgestaltendes Urteil.** Allgemein zur Urteilsabfassung vgl § 313.

32 [2] **Weitere Tenorierungsbeispiele.** Siehe hierzu die Anträge im Klagemuster oben Rn 8.

32a [3] **Abweisendes Urteil.** Zu einer der Rechtskraft fähigen Entscheidung analog § 322 Abs. 2 über eine vom Kläger erfolglos zur Aufrechnung gestellte Gegenforderungen s. BGH BeckRS 2014, 23528 Rn 48.

33 [4] **Vorläufige Vollstreckbarkeit prozessualer Gestaltungsurteile.** Siehe hierzu Hk-ZPO/*Kindl* § 704 Rn 5. Für die Höhe der Sicherheitsleistung ist neben den Kosten auch auf den dem Vollstreckungsgläubiger drohenden Schaden abzustellen (Hk-ZPO/ *Kindl* § 709 Rn 2).

34 [5] Im Musterfall ist für den Beklagten allerdings nichts zu vollstrecken, da Kostenaufhebung angeordnet wurde und keine Auslagenvorschüsse des Beklagten geleistet wurden.

35 **Rechtsbehelfe.** Das Urteil ist mit den allgemeinen Rechtsmitteln (Berufung und Revision) anfechtbar. Für die Beschwer ist maßgebend, in welcher nominellen Höhe die Vollstreckbarkeit des Titels beseitigt werden soll bzw wird (BGH NJW-RR 2011, 489).

§ 768 Klage gegen Vollstreckungsklausel

Die Vorschriften des § 767 Abs. 1, 3 gelten entsprechend, wenn in den Fällen des § 726 Abs. 1, der §§ 727 bis 729, 738, 742, 744, des § 745 Abs. 2 und des § 749 der Schuldner den bei der Erteilung der Vollstreckungsklausel als bewiesen angenommenen Eintritt der Voraussetzung für die Erteilung der Vollstreckungsklausel bestreitet, unbeschadet der Befugnis des Schuldners, in diesen Fällen Einwendungen gegen die Zulässigkeit der Vollstreckungsklausel nach § 732 zu erheben.

A. Anwaltliche Sicht
   I. Muster: Klage gegen Vollstreckungsklausel – Klageschrift
   II. Erläuterungen und Varianten
      [1] Zuständigkeit 2
      [2] Streitwert 3
      [3] Parteien 4
      [4] Vollstreckungsabwehrklage – Klauselgegenklage 5
      [5] Antragsvarianten 6
      [6] Antrag auf einstweilige Einstellung der Zwangsvollstreckung 7
      [7] Maßgeblicher Zeitpunkt 8
      [8] Beweislast 9
      [9] Vermeidung einer Präklusion 10
      [10] Klauselerinnerung 11
B. Richterliche Sicht
   I. Muster: Unzulässigerklärung der Klauselerteilung im Urteil
   II. Erläuterungen
      [1] Umfang der Unzulässigerklärung 14
      [2] Weitere Varianten 15
      [3] § 770 16
      [4] Beweislast 17
      [5] Vorläufige Vollstreckbarkeit auch in der Hauptsache 18

A. Anwaltliche Sicht

I. Muster: Klage gegen Vollstreckungsklausel – Klageschrift

1

▶ An das

▪▪▪gericht ▪▪▪[1]

Klage[2]

In Sachen

▪▪▪[3]

Ich werde beantragen:

Die Zwangsvollstreckung aus der dem Beklagten am ▪▪▪ zu Ziffer ▪▪▪ des am ▪▪▪ vor dem ▪▪▪gericht ▪▪▪ abgeschlossenen Vergleichs zur Zwangsvollstreckung gegen den Kläger erteilten Vollstreckungsklausel[4] wird für unzulässig erklärt.[5]

Ich beantrage, vorab zu entscheiden: ▪▪▪[6]

Begründung

Die Parteien waren auch Parteien des im Tenor bezeichneten Rechtsstreits – allerdings mit umgekehrten Parteirollen. Durch den ebenfalls im Tenor genannten gerichtlichen Vergleich wurde eine Zahlungspflicht des Klägers gegenüber dem Beklagten, der der Schwiegervater des Klägers ist, tituliert. Zwischen dem Kläger und seiner Ehefrau, der Tochter des Beklagten, ist bzw war beim ▪▪▪gericht ▪▪▪ unter Az ▪▪▪ ein Scheidungsverfahren anhängig. Am ▪▪▪ wurde dem Beklagten eine vollstreckbare Ausfertigung des eingangs genannten Vergleichs zum Zwecke der Zwangsvollstreckung gegen den Kläger erteilt. Die Ziffer ▪▪▪ des Vergleichs, bezüglich der die Klausel angegriffen wird, lautet:

Der Beklagte zahlt an den Kläger ▪▪▪ EUR. Dieser Betrag ist erst ein Jahr nach Rechtskraft der Scheidung des Beklagten von seiner Ehefrau ▪▪▪ zur Zahlung fällig.

Die Klage ist begründet, weil die als bewiesen angenommenen materiell-rechtlichen Voraussetzungen für die Erteilung der Vollstreckungsklausel nicht vorlagen. Die Vollstreckungsklausel wurde zu Unrecht erteilt. Die Voraussetzungen für die Klauselerteilung nach § 726 ZPO lagen und liegen [7] nicht vor. Die im Tenor genannte, nicht kalendermäßig bestimmte Frist (zur Anwendbarkeit des § 726 ZPO auf solche Fristen vgl Hk-ZPO/*Kindl* § 726 Rn 2) ist noch nicht abgelaufen. Entgegen der Annahme des Rechtspflegers, der die Klausel erteilt hat, wurde die Scheidung erst am ▪▪▪ rechtskräftig. Der Scheidungsbeschluss wurde nämlich erst am ▪▪▪ wirksam zugestellt, denn ▪▪▪. Insoweit wird die Beiziehung der Scheidungsakte ▪▪▪ beantragt. Das ursprünglich zum Scheidungsurteil erteilte Rechtskraftzeugnis ist unrichtig. ▪▪▪ Die Jahresfrist ist noch nicht abgelaufen.[8]

Weiter ist einzuwenden: ▪▪▪[9]

Der Kläger erhebt auch folgende formelle Einwendungen (zur Zulässigkeit der Geltendmachung in einer Klauselgegenklage neben materiellrechtlichen Einwendungen vgl Hk-ZPO/*Kindl* § 732 Rn 3): ▪▪▪[10]

▪▪▪

Rechtsanwalt ◄

II. Erläuterungen und Varianten

2 **[1]** Zuständig ist (gemäß § 802 **ausschließlich**) das Prozessgericht des ersten Rechtszugs, §§ 768, 767 Abs. 1. Bei vollstreckbaren Urkunden gelten §§ 797 Abs. 5, 800 Abs. 3.

3 **[2]** Es handelt sich um einen neuen, selbständigen Prozess. Der **Streitwert** bestimmt sich nach dem Umfang, in dem der Ausschluss der Zwangsvollstreckung angestrebt wird (Hk-ZPO/*Kindl* § 3 Rn 15 „Vollstreckungsabwehrklage").

4 **[3]** Parteien sind **Titelschuldner und Titelgläubiger,** nicht zwingend die Parteien des Ausgangsprozesses. Der Prozessbevollmächtigte des Ausgangsprozesses ist anzugeben.

5 **[4]** Während sich die Vollstreckungsabwehrklage (§ 767) gegen die Vollstreckbarkeit eines Titels und die prozessuale Gestaltungsklage analog § 767 (**Titelgegenklage**) gegen die Wirksamkeit eines Titels richtet, wendet sich die Klauselgegenklage (nur) gegen die Vollstreckbarkeit einer **Klausel.** Zur Abgrenzung dieser Klagen und der Klauselerinnerung gem. § 732 siehe Hk-ZPO/*Kindl* § 768 Rn 1. Vollstreckungsabwehrklage und Klauselgegenklage können miteinander verbunden werden (Hk-ZPO/*Kindl* § 768 Rn 1; BGH NJW 2015, 619). Der Übergang von der Vollstreckungsabwehrklage zur Klauselgegenklage ist eine Klageänderung, die sachdienlich sein kann (BGH BeckRS 2012, 05392).

6 **[5]** Antragsvarianten:

– bei **Titelumschreibung auf den Rechtsnachfolger des ursprünglichen Klägers (Titelgläubiger):**

▶ Die Zwangsvollstreckung aus der am ... zu Ziffer ... des Urteils des ...gerichts ... vom ..., Az ..., dem Beklagten als Rechtsnachfolger des Klägers in diesem Rechtsstreit erteilten Vollstreckungsklausel wird für unzulässig erklärt. ◀

– bei **Titelumschreibung auf den Rechtsnachfolger des ursprünglichen Beklagten (Titelschuldner):**

▶ Die Zwangsvollstreckung aus der dem Beklagten am ... zu Ziffer ... des Urteils des ...gerichts ... vom ..., Az ..., erteilten Vollstreckungsklausel zum Zwecke der Zwangsvollstreckung gegen den Kläger als Rechtsnachfolger des Beklagten des Ausgangsverfahrens wird für unzulässig erklärt. ◀

– bei einer **Vollstreckungsklausel gegen den Firmenübernehmer:**

▶ Die Zwangsvollstreckung aus der dem Beklagten am ... zum Urteil des ...gerichts vom ..., Az ..., erteilten Vollstreckungsklausel zum Zwecke der Zwangsvollstreckung gegen den Kläger als gesamtschuldnerisch haftenden Firmenübernehmer wird für unzulässig erklärt. ◀

– bei **teilweiser Unzulässigerklärung:**

▶ ... wird insoweit für unzulässig erklärt, als sie die Zwangsvollstreckung eines Betrages von mehr als ... EUR gestattet.

oder

... wird insoweit für unzulässig erklärt, als sie die Zwangsvollstreckung aus Ziffer ... des genannten Urteils gestattet. ◀

– bei **notarieller Urkunde:**

▶ Die Zwangsvollstreckung aus der dem Beklagten am ... vom Notar ... zu der notariellen Urkunde des Notars ... vom ..., UR-Nr. ..., erteilten Vollstreckungsklausel wird für unzulässig erklärt. ◀

[6] Bzgl des Antrags auf einstweilige Einstellung der Zwangsvollstreckung wird auf § 767 Rn 9 ff und § 769 verwiesen. Wie die Hauptsache bezieht sich auch die einstweilige Einstellung der Zwangsvollstreckung nur auf eine bestimmte **Klausel**, nicht auf den Titel. Wenn also bspw die gegen einen Firmenübernehmer nach § 729 Abs. 2 erteilte Klausel erfolgreich angegriffen wird, lässt dies den Titel und damit eine etwa gegen den bisherigen Titelschuldner erteilte Klausel unberührt.

[7] Maßgebend ist nicht der Zeitpunkt der Klauselerteilung, sondern die **letzte mündliche Verhandlung** (Hk-ZPO/*Kindl* § 768 Rn 3).

[8] **Beweispflichtig** für das Vorliegen der Klauselvoraussetzungen ist auch nach Klauselerteilung weiterhin der **Titelgläubiger** (str., vgl Hk-ZPO/*Kindl* § 768 Rn 3).

[9] Zur **Vermeidung einer Präklusion** sind alle Einwendungen vorzubringen, die im Zeitpunkt der Klageerhebung möglich sind. § 768 verweist auf § 767 Abs. 3.

[10] Zur Klauselerinnerung siehe § 732.

Zu den **Gebühren** siehe Hk-ZPO/*Kindl* § 768 Rn 5.

B. Richterliche Sicht

13 **I. Muster: Unzulässigerklärung der Klauselerteilung im Urteil**

▶ **Endurteil**

1. Die Zwangsvollstreckung aus der dem Beklagten am ▬▬ zum Urteil des ▬▬gerichts vom ▬▬, Az ▬▬, erteilten Vollstreckungsklausel zum Zwecke der Zwangsvollstreckung gegen den Kläger[1] als gesamtschuldnerisch haftenden Firmenübernehmer wird für unzulässig erklärt.[2]
2. Der Beklagte trägt die Kosten des Rechtsstreits.
3. Das Urteil ist gegen Sicherheitsleistung in Höhe von ▬▬ vorläufig vollstreckbar.
4. ▬▬[3]

Tatbestand

Der Kläger wendet sich gegen eine Vollstreckungsklausel, die zur Zwangsvollstreckung gegen ihn als Firmenübernehmer erteilt wurde. Der Beklagte erwirkte im Rechtsstreit ▬▬ einen Zahlungstitel gegen ▬▬. Der Kläger hat den Betrieb des ▬▬ im Sinne von § 25 HGB übernommen. Dem Beklagten wurde eine Vollstreckungsklausel zum Zwecke der Zwangsvollstreckung gegen den Kläger gem. § 729 ZPO erteilt. Der Nachweis wurde durch einen amtlichen chronologischen Ausdruck aus dem Handelsregister geführt, aus dem sich keine Haftungsbeschränkung ergibt.

Der Kläger behauptet, er habe dem Beklagten die vereinbarte Haftungsbeschränkung am ▬▬ mitgeteilt.

Der Kläger beantragt:

Die Zwangsvollstreckung ▬▬

Der Beklagte beantragt:

Die Klage wird abgewiesen.

Der Beklagte wendet ein, die vom Kläger behauptete Mitteilung über die vereinbarte Haftungsbeschränkung sei nicht erfolgt.

▬▬

Entscheidungsgründe

Die Klage ist zulässig. Das ▬▬gericht ▬▬ ist gem. §§ 768, 767 Abs. 1 ZPO zuständig. Ein Rechtsschutzbedürfnis für die Klage ist gegeben. Der Beklagte besitzt eine noch nicht vollständig verbrauchte vollstreckbare Ausfertigung des Urteils vom ▬▬. Unerheblich ist insoweit, dass die Zwangsvollstreckung (noch) nicht droht und der Beklagte noch keine Zwangsvollstreckungsmaßnahmen beantragt hat (vgl Hk-ZPO/*Kindl* § 768 Rn 2). Der Klage steht auch nicht die Rechtskraft eines Urteils nach § 731 ZPO entgegen. Die Klausel wurde vom Rechtspfleger erteilt und nicht aufgrund einer Klage gem. § 731 ZPO. Die Klausel wurde zudem nach den §§ 726 ff ZPO – hier konkret nach § 729 ZPO – erteilt.

Die Klage ist begründet. Die Zwangsvollstreckung aus der dem Beklagten zur Zwangsvollstreckung gegen den Kläger erteilten vollstreckbaren Ausfertigung war für unzulässig zu erklären.

Der Kläger ist aktivlegitimiert; er ist Titelschuldner neben dem ursprünglichen Titelschuldner und Beklagten des Ausgangsverfahrens. Der Beklagte ist passivlegitimiert; er ist Titelgläubiger, ihm wurde die Klausel zum Zwecke der Zwangsvollstreckung erteilt. Die Zwangsvollstreckung aus der Klausel war für unzulässig zu erklären, da die vom Beklagten behaupteten, die Klauselerteilung rechtfertigenden Umstände nicht vorliegen bzw vom Beklagten nicht bewiesen wurden. Eine Haftung des Klägers nach § 25 Abs. 1 S. 1, Abs. 2 HGB für die titulierte Forderung ist nicht gegeben. Zwar hat der Kläger einen amtlichen Ausdruck des Registerblattes vorgelegt, aus dem sich keine Haftungsbeschränkung ergibt, doch hat der Kläger nachgewiesen,[4] dass eine haftungsausschließende Mitteilung an den Beklagten erging. Der Zeuge ... hat glaubhaft bekundet, ... Nach allem hat das Gericht keinen Zweifel, dass der vereinbarte Haftungsausschluss dem Beklagten mitgeteilt wurde. Mangels Haftung des Klägers gem. § 25 HGB durfte keine Klausel nach §§ 729, 727 ZPO erteilt werden.

Nebenentscheidungen

Die Kostenentscheidung beruht auf § 91 ZPO.

Die Entscheidung über die vorläufige Vollstreckbarkeit stützt sich auf § 709 ZPO. Der Wert der Hauptsache liegt über 1.250,- EUR, so dass eine vorläufige Vollstreckbarkeit nach § 708 Nr. 11 ZPO nicht angeordnet werden konnte. Bei der somit gem. § 709 ZPO zu bestimmenden Sicherheitsleistung waren der Wert der titulierten Forderung und die Höhe der aus dem Urteil zu vollstreckbaren Kosten zu berücksichtigen.[5]

Weiter war gem. § 770 ZPO die Zwangsvollstreckung aus der im Tenor bezeichneten Klausel einzustellen, und zwar ohne Sicherheitsleistung. Die Klage war erfolgreich. Etwaige drohende Nachteile für den Beklagten und Vollstreckungsgläubiger sind nicht ersichtlich. ◂

II. Erläuterungen

[1] Eine dem Titelgläubiger gegen den ursprünglichen Titelschuldner erteilte Vollstreckungsklausel bleibt hiervon unberührt. 14

[2] Bzgl der weiteren Varianten siehe die Klageanträge Rn 6. 15

[3] Vgl hierzu § 770. 16

[4] Dies ändert nichts an der grundsätzlichen **Beweislast** des Beklagten für das Vorliegen der Umstände, die die Klauselerteilung rechtfertigen (vgl hierzu Hk-ZPO/*Kindl* § 768 Rn 3). Der Beklagte ist im Musterfall nur aufgrund der Besonderheiten des § 25 HGB beweisbelastet. 17

[5] Das prozessuale Gestaltungsurteil ist auch in der **Hauptsache** für **vorläufig vollstreckbar** zu erklären. 18

Rechtsbehelfe. Das Urteil ist mit den allgemeinen Rechtsmitteln (Berufung und Revision) anfechtbar. 19

§ 769 Einstweilige Anordnungen

(1) ¹Das Prozessgericht kann auf Antrag anordnen, dass bis zum Erlass des Urteils über die in den §§ 767, 768 bezeichneten Einwendungen die Zwangsvollstreckung gegen oder ohne Sicherheitsleistung eingestellt oder nur gegen Sicherheitsleistung fortgesetzt werde und dass Vollstreckungsmaßregeln gegen Sicherheitsleistung aufzuheben seien. ²Es setzt eine Sicherheitsleistung für die Einstellung der Zwangsvollstre-

ckung nicht fest, wenn der Schuldner zur Sicherheitsleistung nicht in der Lage ist und die Rechtsverfolgung durch ihn hinreichende Aussicht auf Erfolg bietet. ³Die tatsächlichen Behauptungen, die den Antrag begründen, sind glaubhaft zu machen.
(2) ¹In dringenden Fällen kann das Vollstreckungsgericht eine solche Anordnung erlassen, unter Bestimmung einer Frist, innerhalb der die Entscheidung des Prozessgerichts beizubringen sei. ²Nach fruchtlosem Ablauf der Frist wird die Zwangsvollstreckung fortgesetzt.
(3) Die Entscheidung über diese Anträge ergeht durch Beschluss.
(4) Im Fall der Anhängigkeit einer auf Herabsetzung gerichteten Abänderungsklage gelten die Absätze 1 bis 3 entsprechend.

A. Anwaltliche Tätigkeit
   I. Muster: Antrag auf Vollstreckungseinstellung im Rahmen einer Vollstreckungsabwehrklage
   II. Erläuterungen und Varianten
      [1] Zeitpunkt und Position des Antrags 2
      [2] Zuständigkeit 3
      [3] Entscheidung durch Beschluss .. 4
      [4] Variante: notarielle Urkunde . 5
      [5] Teileinstellung 6
      [6] Einstellung ohne Sicherheitsleistung 7
      [7] Klarstellung zum Außerkrafttreten 8
      [8] Anwendungsbereich 9
      [9] Klauselgegenklage 10
      [10] Aufhebung von Vollstreckungsmaßregeln 11
      [11] Begründung 12
      [12] Glaubhaftmachung des Sachverhalts 13
      [13] Gerichtliches Ermessen 14
      [14] Erhebliche Nachteile 15
B. Gerichtliche Entscheidung
   I. Muster: Einstellungsbeschluss gem. §§ 769 Abs. 1, 767
   II. Erläuterungen und Varianten
      [1] Außerkrafttreten 18
      [2] Tenor 19
      [3] Variante: Entscheidung durch Vollstreckungsgericht 20
      [4] Begründungserfordernis 21
      [5] Besondere Eilbedürftigkeit ... 22
      [6] Ermessensentscheidung des Gerichts 23
      [7] Unanfechtbarkeit / befristete Erinnerung bei Rechtspflegerentscheidung 24

A. Anwaltliche Tätigkeit

1 **I. Muster: Antrag auf Vollstreckungseinstellung im Rahmen einer Vollstreckungsabwehrklage**

▶ An das[1]

＊＊＊gericht ＊＊＊[2]

Ich beantrage, gem. § 769 ZPO vorab im Wege der einstweiligen Anordnung ohne mündliche Verhandlung gem. § 128 Abs. 4 ZPO zu entscheiden:[3]

1. Die Zwangsvollstreckung gegen ＊＊＊ aus dem Urteil[4] des ＊＊＊gerichts ＊＊＊ vom ＊＊＊, Az ＊＊＊,[5] wird ohne Sicherheitsleistung[6] – hilfsweise gegen Sicherheitsleistung – einstweilen bis[7] zum Erlass des Urteils über die Vollstreckungsabwehrklage[8] eingestellt.[9]
2. Die Aufhebung bereits getroffener Vollstreckungsmaßregeln nach Sicherheitsleistung[10] wird angeordnet.

Hilfsweise:

Die Zwangsvollstreckung darf nur gegen Sicherheitsleistung fortgesetzt werden.

Abschnitt 1 | Allgemeine Vorschriften § 769

Begründung

Bezüglich des Sachverhalts wird auf die Klageschrift vom ... verwiesen.[11]

Glaubhaftmachung des Sachverhalts:[12] Eidesstattliche Versicherung des Klägers vom ..., die als Anlage beigefügt ist

Die Klage hat Aussicht auf Erfolg.[13] Durch die Zwangsvollstreckung drohen dem Kläger erhebliche Nachteile, und zwar ....[14]

Der Beklagte hat bereits folgende Vollstreckungsmaßnahmen getroffen: ...

Glaubhaftmachung: ...

...

Rechtsanwalt ◄

II. Erläuterungen und Varianten

[1] Der Antrag kann in einem **gesonderten Schriftsatz** neben der Klageschrift gestellt werden. Er eröffnet aber anders als ein Antrag auf Erlass einer einstweiligen Anordnung nach § 49 FamFG kein gesondertes Verfahren (s Rn 16), Dies gilt auch, wenn § 769 aufgrund der Verweisung in § 120 FamFG in einer Familienstreitsache zur Anwendung kommt. Der Antrag ist auch **nachträglich** möglich, wenn er mit Einreichung der Klageschrift unterblieben ist. Wird der Antrag in der Klageschrift gestellt, empfiehlt es sich, ihn am Anfang des Schriftsatzes nach den Hauptsacheanträgen zu stellen. Der Antrag kann gem. § 769 Abs. 2 auch bereits **vor Klageeinreichung** gestellt werden, allerdings nur in dringenden Fällen. Zuständig ist dann das Vollstreckungsgericht. In einem solchen Fall wäre der Antrag zum Prozessgericht wie folgt zu ergänzen:

▶ Einen gleichlautenden Antrag hat der Kläger bereits gemäß § 769 Abs. 2 S. 1 ZPO zum Vollstreckungsgericht gestellt. Die einstweilige Anordnung ist antragsgemäß ergangen. Wie der als Anlage beigefügten Beschlussabschrift zu entnehmen ist, wurde dem Kläger eine Frist bis ... gesetzt, eine Entscheidung des Prozessgerichts beizubringen. Nach fruchtlosem Fristablauf droht gemäß § 769 Abs. 2 S. 2 ZPO die Fortsetzung der Zwangsvollstreckung. Sollte eine Entscheidung innerhalb der Frist nicht möglich sein, wird um Hinweis gebeten, damit beim Vollstreckungsgericht gemäß § 224 Abs. 2 ZPO eine Fristverlängerung beantragt werden kann. ◄

[2] Grundsätzlich ist gem. Abs. 1 das **Prozessgericht** zuständig, das über die Hauptsache entscheidet. Lediglich in dringenden Fällen (vgl hierzu Hk-ZPO/*Kindl* § 769 Rn 6) ist gemäß Abs. 2 das **Vollstreckungsgericht** (§ 764 Abs. 2) zuständig. Die (unverschuldete) Dringlichkeit ist im Antrag darzulegen.

[3] Die Entscheidung ergeht durch Beschluss, § 769 Abs. 3.

[4] Bei einer notariellen Urkunde:

▶ Die Zwangsvollstreckung aus der notariellen Urkunde des Notars ... vom ..., UR-Nr. ..., wird einstweilen eingestellt. ◄

[5] Wird die Einstellung nur für einen **Teil des titulierten Anspruchs** begehrt, ist der konkrete Umfang anzugeben, vgl hierzu die Klageanträge bei § 768 Rn 6 und § 767 Rn 8.

Sitzmann

Antrag nach § 242 FamFG iVm § 769 bei einem Unterhaltsabänderungsantrag (bzgl eines Unterhaltsbeschlusses oder einer gerichtlich protokollierten Vereinbarung):

▶ Die Zwangsvollstreckung aus Ziffer ___ des ___ vom ___, Az ___, wird insoweit einstweilen bis zum Erlass des Endbeschlusses eingestellt, als dort für die Zeit ab ___ ein ___ Unterhalt von monatlich mehr als ___ EUR tituliert ist. ◀

7 [6] Anders als bei § 707 ist die Einstellung **ohne Sicherheitsleistung** auch dann möglich, wenn ein unersetzbarer Nachteil und die Unfähigkeit zur Sicherheitsleistung nicht gegeben sind. § 769 Abs. 1 S. 2 ermöglicht bei hinreichender Erfolgsaussicht der Klage ein Absehen von der Sicherheitsleistung, wenn diese dem Antragsteller nicht möglich ist (vgl hierzu *Langenbucher*, Kredithandel nach dem Risikobegrenzungsgesetz, NJW 2008, 3169).

8 [7] Die einstweilige Anordnung nach § 769 ist zwar mit Urteilserlass ohnehin hinfällig – es gilt dann § 770 –, doch empfiehlt sich diese **Klarstellung** jedenfalls aus Sicht des Antragsgegners und Vollstreckungsgläubigers, um Missverständnisse im Rahmen einer späteren Zwangsvollstreckung zu vermeiden. Da mit Urteilsverkündung die Entscheidung nach § 769 außer Kraft tritt, sollte der Kläger vorsorglich auch einen Antrag nach § 770 stellen.

9 [8] **Anwendungsbereich.** Neben der direkten Anwendung bei der Vollstreckungsabwehrklage, der Abänderungsklage (Abs. 4) und der Klauselgegenklage findet § 769 auch Anwendung infolge der Verweisung in den §§ 771, 785, 786 und 805 sowie §§ 120, 242 FamFG (vgl im Einzelnen Hk-ZPO/*Kindl* § 769 Rn 1).

10 [9] Antrag im Rahmen einer **Klage gegen die Erteilung einer Vollstreckungsklausel** nach § 768:

▶ Die Zwangsvollstreckung aus der dem ___ am ___ erteilten Vollstreckungsklausel wird ohne Sicherheitsleistung – hilfsweise gegen Sicherheitsleistung – bis zum Erlass des Urteils über die Klauselgegenklage einstweilen eingestellt. ◀

oder

▶ Die Zwangsvollstreckung aus der dem Beklagten am ___ vom Notar ___ zu der notariellen Urkunde des Notars ___ vom ___, UR-Nr. ___, erteilten Vollstreckungsklausel wird bis zum Erlass des Urteils über die Klauselgegenklage einstweilen eingestellt. ◀

Bei der Klauselgegenklage wird nur die Zwangsvollstreckung aus der konkret bezeichneten **Klausel**, nicht aus dem Titel insgesamt für unzulässig erklärt.

11 [10] Die Anordnung der Aufhebung von **Vollstreckungsmaßregeln** darf stets nur gegen Sicherheitsleistung erfolgen. Die Aufhebung wird **nur angeordnet**; die Aufhebung erfolgt dann gemäß § 776 durch das jeweilige Vollstreckungsorgan.

12 [11] Siehe hierzu *Kaiser*, Besondere Anträge neben Zwangsvollstreckungsrechtsbehelfen NJW 2014, 364. Ist der Antrag Bestandteil der Klageschrift:

▶ Bezüglich des Sachverhalts wird auf obige Ausführungen verwiesen. ◀

13 [12] Nach § 769 Abs. 1 S. 3 ist der Sachverhalt **glaubhaft** zu machen.

14 [13] Bei der Entscheidung hat das Gericht die **dem Schuldner drohenden Nachteile** sowie **die Erfolgsaussichten der Klage** zu würdigen (Hk-ZPO/*Kindl* § 769 Rn 4).

[14] Erhebliche Nachteile drohen zB, wenn infolge der finanziellen Verhältnisse des Vollstreckungsgläubigers etwaige Leistungen nicht zurückerlangt werden können.

Zu den **Gebühren** siehe Hk-ZPO/*Kindl* § 769 Rn 9. In Familiensachen ist zu beachten, dass eine einstweilige Anordnung nach § 769 im Rahmen eines Unterhaltsabänderungsantrags (§ 242 FamFG) oder im Rahmen eines Vollstreckungsgegenantrags (§ 120 FamFG iVm § 767) keine einstweilige Anordnung iSd §§ 49 ff FamFG ist (vgl im Einzelnen *Schneider,* Einstweilige Anordnung ist nicht gleich einstweilige Anordnung NZFam 2014, 940)

B. Gerichtliche Entscheidung

I. Muster: Einstellungsbeschluss gem. §§ 769 Abs. 1, 767

▶ In Sachen

... ...

ergeht im Wege der einstweiligen Anordnung gemäß § 128 Abs. 4 ZPO ohne mündliche Verhandlung am ... folgender

Beschluss[1]

1. ...[2]
2. Die Aufhebung der getroffenen Vollstreckungsmaßregel gegen Sicherheitsleistung in Höhe von ... wird angeordnet.
3. ...[3]

Gründe[4]

Der Kläger hat durch seine eidesstattliche Versicherung vom ... und durch ... folgenden Sachverhalt gemäß § 769 Abs. 1 S. 2 ZPO glaubhaft gemacht:

Der Kläger wurde mit Beschluss des Amtsgerichts ... – Familiengericht – zur Zahlung eines Trennungsunterhalts in Höhe von monatlich ... verpflichtet. Dieser Unterhaltsanspruch besteht für die Zeit ab ... nicht mehr, da die Scheidung der Parteien seit ... rechtskräftig ist.

Die Beklagte erhielt Gelegenheit zur Stellungnahme.[5]

II. Die Zwangsvollstreckung war einzustellen. Das ...gericht ... ist zuständig. Eine entsprechende Hauptsacheklage ist anhängig. Dass die Klage noch nicht zugestellt wurde, ist unerheblich (Hk-ZPO/*Kindl* § 769 Rn 3). Dem Kläger wurde mit Beschluss vom heutigen Tag Prozesskostenhilfe gewährt. Die Zustellung der Klage wurde verfügt. Die Klage hat hinreichend Aussicht auf Erfolg.[6] Für die Zeit ab Rechtskraft der Scheidung besteht kein Anspruch auf Trennungsunterhalt mehr. Die Zwangsvollstreckung aus dem Urteil wird insoweit für unzulässig zu erklären sein. Dem Kläger drohen erhebliche Nachteile durch die Zwangsvollstreckung. Aufgrund der finanziellen Verhältnisse der Beklagten ist davon auszugehen, dass der Kläger geleisteten Unterhalt nicht zurückerhält.

Demgemäß war auch die Aufhebung der Vollstreckungsmaßregeln anzuordnen, und zwar bezüglich der Ansprüche für die Zeit ab ...

Die Anordnung der Aufhebung dieser Vollstreckungsmaßregel war allerdings gem. § 769 Abs. 1 S. 1 ZPO nur gegen Sicherheitsleistung möglich.

§ 770

Eine Kostenentscheidung war nicht veranlasst. Die Kosten sind solche des anhängigen Rechtsstreits (vgl Hk-ZPO/*Kindl* § 769 Rn 5).
Dieser Beschluss ist nicht anfechtbar (vgl hierzu BGH NJW 2004, 2224). ◀

II. Erläuterungen und Varianten

18 [1] Die Umsetzung eines Einstellungsbeschlusses erfolgt durch Vorlage an das Vollstreckungsorgan nach § 775 Nr. 2. Die Anordnung nach § 769 wird – soweit sie nicht ohnehin befristet ist oder abgeändert bzw aufgehoben wird (vgl hierzu Zöller/*Herget* § 769 Rn 9) – mit Verkündung des Urteil hinfällig (Hk-ZPO/*Kindl* § 769 Rn 5). Es kommt dann § 770 (von Amts wegen) zur Anwendung.

19 [2] Vgl hierzu die Antragsmuster Rn 1, 5 und 6.

20 [3] Falls die **Entscheidung durch das Vollstreckungsgericht** ergeht, folgt der Zusatz:

▶ Der Kläger hat bis spätestens ... eine Entscheidung des Prozessgerichts gemäß § 769 ZPO beizubringen. Nach fruchtlosem Fristablauf wird die Zwangsvollstreckung fortgesetzt. ◀

21 [4] Nach hM ist eine **Begründung** des Beschlusses erforderlich (vgl Zöller/*Herget* § 769 Rn 6).

22 [5] Bei besonderer Eilbedürftigkeit ist **vor Anhörung des Gegners** eine vorläufige Entscheidung möglich. Vgl hierzu § 707 Rn 15 und § 719 Rn 16.

23 [6] Das Gericht trifft die Entscheidung nach **pflichtgemäßem Ermessen**. Hierbei sind die dem Schuldner drohenden Nachteile und die Erfolgsaussichten der Klage zu berücksichtigen; bei fehlender Erfolgsaussicht der Klage darf keine Einstellung erfolgen (Hk-ZPO/*Kindl* § 769 Rn 4). Darlegung und Glaubhaftmachung unterliegen strengen Anforderungen, da andernfalls die Vollstreckbarkeit eines Titels entwertet würde (Zöller/*Herget* § 769 Rn 5).

24 [7] **Rechtsbehelfe.** Vgl zur **Unanfechtbarkeit** im Einzelnen Hk-ZPO/*Kindl* § 769 Rn 7. Soweit jedoch im Urteil gemäß § 770 S. 1 eine Anordnung nach § 769 getroffen wurde, kann diese mit dem Urteil gemäß § 770 S. 2, 718 angefochten werden (vgl hierzu OLG Brandenburg BeckRS 2011, 26251). Zur Unanfechtbarkeit bei Unterhaltsabänderungsverfahren vgl § 242 S. 2 FamFG. Gegen die Entscheidung des Rechtspflegers nach § 769 Abs. 2 findet die befristete Erinnerung (§ 11 Abs. 2 RPflG) statt.

§ 770 Einstweilige Anordnungen im Urteil

[1]Das Prozessgericht kann in dem Urteil, durch das über die Einwendungen entschieden wird, die in dem vorstehenden Paragraphen bezeichneten Anordnungen erlassen oder die bereits erlassenen Anordnungen aufheben, abändern oder bestätigen. [2]Für die Anfechtung einer solchen Entscheidung gelten die Vorschriften des § 718 entsprechend.

A. Muster: Bestätigung der einstweiligen Anordnung nach § 769

B. Erläuterungen und Varianten
   [1] Anwendungsbereich 2

[2] Abstimmung mit Entscheidung über vorläufige Vollstreckbarkeit 3	[3] Außerkrafttreten der Entscheidung 4
	[4] Begründung 5

A. Muster: Bestätigung der einstweiligen Anordnung nach § 769   1

▶ **Endurteil**

1. ...[1]
2. Der Beklagte trägt die Kosten des Rechtsstreits.
3. Das Urteil ist gegen Sicherheitsleistung in Höhe von ... vorläufig vollstreckbar.
4. [2] Die einstweilige Anordnung vom ... bleibt aufrechterhalten.[3]

...

Nebenentscheidungen

Die Entscheidung über die einstweilige Einstellung der Zwangsvollstreckung, die auf § 770 ZPO beruht, war von Amts wegen zu treffen (vgl Hk-ZPO/*Kindl* § 770 Rn 1). Hierbei war zu berücksichtigen ... .[4] ◀

B. Erläuterungen und Varianten

[1]   Der Anwendungsbereich des § 770 entspricht dem des § 769 (Hk-ZPO/*Kindl*   2
§ 770 Rn 1). Zu den möglichen Entscheidungen vgl deshalb § 769 Rn 1, 5 und 6. Für die Anfechtung verweist S. 2 auf § 718 (vgl hierzu Hk-ZPO/*Kindl* § 770 Rn 2 und OLG Brandenburg BeckRS 2011, 26251)

[2]   Die Entscheidung ist mit der Entscheidung über die vorläufige Vollstreckbarkeit   3
abzustimmen (Hk-ZPO/*Kindl* § 770 Rn 1). Zur Entbehrlichkeit einer Entscheidung vgl zB oben § 767 Rn 30 aE, wo aufgrund der Entscheidung über die vorläufige Vollstreckbarkeit über § 775 Nr. 1 das gewünschte Ergebnis erreicht wird.

[3]   Ohne ausdrückliche Äußerung tritt die Entscheidung nach § 769 mit Urteilsver-   4
kündung außer Kraft. Die Entscheidung nach § 769 kann entsprechend dem Ergebnis in der Hauptsache auch **abgeändert** werden:

▶ Die einstweilige Anordnung vom ... wird mit der Maßgabe aufrechterhalten, dass ... ◀

oder

▶ Die einstweilige Anordnung vom ... wird dahin gehend abgeändert, dass ... ◀

Wird im Urteil erstmals über den Antrag auf einstweilige Anordnung entschieden, so gilt das zu § 769 Ausgeführte. Es ist zB zu formulieren:

▶ Die Zwangsvollstreckung aus ... wird einstweilen eingestellt. ◀

Die Entscheidung nach § 770 tritt spätestens mit Urteilsrechtskraft außer Kraft (Zöller/*Herget* § 770 Rn 1). Dies kann im Antrag bzw in der Entscheidung auch zum Ausdruck gebracht werden:

▶ ... wird bis zur Rechtskraft des Urteils mit der Maßgabe aufrechterhalten, dass ... ◀

oder wenn keine Entscheidung nach § 769 vorausgegangen ist:

▶ Die Zwangsvollstreckung aus ▬▬▬ wird bis zur Rechtskraft des Urteils einstweilen eingestellt. ◀

5   [4] Vgl hierzu § 769 Rn 17.
6   Zu den **Gebühren** siehe Hk-ZPO/*Kindl* § 770 Rn 3.
7   **Rechtsbehelfe.** Die Anordnungen sind nicht selbständig anfechtbar. Es bestehen jedoch im Rahmen der Berufung Gestaltungsmöglichkeiten – entweder gemäß § 769 oder gemäß § 770 S. 2 iVm § 718 (vgl hierzu Hk-ZPO/*Kindl* § 770 Rn 2).

§ 771 Drittwiderspruchsklage

(1) Behauptet ein Dritter, dass ihm an dem Gegenstand der Zwangsvollstreckung ein die Veräußerung hinderndes Recht zustehe, so ist der Widerspruch gegen die Zwangsvollstreckung im Wege der Klage bei dem Gericht geltend zu machen, in dessen Bezirk die Zwangsvollstreckung erfolgt.
(2) Wird die Klage gegen den Gläubiger und den Schuldner gerichtet, so sind diese als Streitgenossen anzusehen.
(3) ¹Auf die Einstellung der Zwangsvollstreckung und die Aufhebung der bereits getroffenen Vollstreckungsmaßregeln sind die Vorschriften der §§ 769, 770 entsprechend anzuwenden. ²Die Aufhebung einer Vollstreckungsmaßregel ist auch ohne Sicherheitsleistung zulässig.

A. Anwaltliche Sicht
   I. Muster: Drittwiderspruchsklage
   II. Erläuterungen
      [1] Örtliche Zuständigkeit 2
      [2] Klage gegen Gläubiger und Schuldner 3
      [3] Vermögensgegenstand 4
      [4] Grundlage der Zwangsvollstreckung 5
      [5] Mögliche Beklagte 6
      [6] Antrag auf einstweilige Einstellung/Aufhebung getroffener Vollstreckungsmaßregeln 7

B. Gerichtliche Sicht
   I. Muster: Entscheidung bei Drittwiderspruchsklage
   II. Erläuterungen
      [1] Kostenentscheidung 9
      [2] Ausspruch über vorläufige Vollstreckbarkeit 10
      [3] Entscheidungsaufbau 11

A. Anwaltliche Sicht

I. Muster: Drittwiderspruchsklage

▶ An das

▬▬▬gericht ▬▬▬[1]

Klage

des ▬▬▬ – Kläger -

Prozessbevollmächtigter: ▬▬▬

gegen

1. ... – Beklagter zu 1 –
2. ... – Beklagter zu 2 –

wegen Unzulässigkeit der Zwangsvollstreckung und Herausgabe[2]

namens und in Vollmacht des Klägers erhebe ich Klage und werde beantragen:

1. Die Pfändung des Fotoapparats, Marke ..., Fabrikationsnummer ...,[3] durch den Gerichtsvollziehers ... aufgrund des Urteils des AG ... vom ...; Az ...,[4] wird für unzulässig erklärt.
2. Der Beklagte zu 2 wird verurteilt, den Fotoapparats, Marke ..., Fabrikationsnummer ..., an den Kläger herauszugeben.[5]

Vorab beantrage ich:

Die vom Beklagten zu 1 betriebene Zwangsvollstreckung aufgrund des Urteils des ...gerichts ... vom ...; Az ..., wird einstweilig eingestellt.[6]

Begründung

I. Der Beklagte zu 1 betreibt aufgrund des gegen den Beklagten zu 2 am ... erwirkten Urteil des ...gerichts ... vom ...; Az ..., die Zwangsvollstreckung gegen den Beklagten zu 2. Aufgrund des vorgenannten Urteils pfändete der Gerichtsvollzieher ... am ... den im Gewahrsam des Beklagten zu 2 befindlichen streitgegenständlichen Fotoapparat, Marke ..., Fabrikationsnummer ...

Beweis: Urteil des ...gerichts ... vom ...

Vollstreckungsprotokoll des Gerichtsvollziehers ... vom ...

Der Fotoapparat steht jedoch im Eigentum des Klägers. Mit Kaufvertrag vom ... hatte der Kläger den streitgegenständlichen Fotoapparat an den Beklagten zu 2 zum Preis von ... EUR verkauft, sich jedoch bis zur vollständigen Bezahlung des Kaufpreises das Eigentum vorbehalten. Mit dem Beklagten zu 2 wurde eine Ratenzahlungsvereinbarung getroffen, in dessen Rahmen der Beklagte zu 2 verpflichtet ist, ab ... zum jeweiligen Monatsersten eine Rate iHv ... EUR an den Kläger zu bezahlen.

Beweis: Kaufvertrag über den streitgegenständlichen Fotoapparat vom ...

Bis auf die Zahlung zweier Kaufpreisraten iHv insgesamt ... EUR ist eine Zahlung durch den Beklagten zu 2 nicht erfolgt. Es steht daher noch ein Restkaufpreis iHv ... EUR offen.

Beweis: ...

Der Beklagte zu 1 wurde mit Schreiben vom ... aufgefordert, die Freigabe des streitgegenständlichen Fotoapparats bis zum ... zu erklären.

Beweis: Schreiben an den Beklagten zu 1 samt Anlagen in Kopie

Nachdem die Frist ohne entsprechende Erklärung des Beklagten zu 1 verstrichen ist, ist Klage geboten.

II. Der Kläger ist infolge des Zahlungsverzugs des Beklagten zu 2 von dem Teilzahlungsgeschäft zurückgetreten. ... (weitere Ausführungen)

Mit Schreiben vom ... hat der Kläger den Beklagten zu 2 aufgefordert, den Fotoapparat an ihn bis zum ... herauszugeben. Eine Reaktion des Beklagten zu 2 erfolgte jedoch nicht.

Beweis: Schreiben vom ... in Kopie

III. Der Gerichtsvollzieher ... hat bereits zum ... Termin zur öffentlichen Versteigerung des streitgegenständlichen Fotoapparats angesetzt.

Beweis: Öffentliche Bekanntmachung in der Zeitung ... vom ...

Zur Vermeidung des Eigentumsverlusts des Klägers wird beantragt, alsbald über den Antrag auf einstweilige Anordnung zu entscheiden. ◀

II. Erläuterungen

2 [1] **Örtlich zuständig** ist das Gericht, in dessen Bezirk die Zwangsvollstreckung erfolgt (Abs. 1). Die **sachliche Zuständigkeit** des Gerichts bestimmt sich nach §§ 23, 71 GVG.

3 [2] Im Beispielsfall wird die Klage gegen den Gläubiger und Schuldner gerichtet (Abs. 2).

4 [3] Im Antrag muss der **Vermögensgegenstand**, in den vollstreckt wird, hinreichend bezeichnet werden; es gelten die Grundsätze iSd § 253. Es empfiehlt sich, die angegriffene Vollstreckungsmaßnahme ebenfalls genau zu bezeichnen (str., vgl Hk-ZPO/*Kindl* § 771 Rn 16).

5 [4] Der Titel, der Grundlage der Zwangsvollstreckung ist, muss hinreichend bezeichnet werden; insofern gelten die Grundsätze des § 253.

6 [5] Die Klage kann gem. Abs. 2 sowohl gegen den Gläubiger als auch gegen den Schuldner (Herausgabeantrag) gerichtet werden.

7 [6] Es empfiehlt sich zugleich, einen Antrag auf einstweilige Einstellung bzw auf Aufhebung bereits getroffener Vollstreckungsmaßregeln iSd Abs. 3 zu stellen.

B. Gerichtliche Sicht

8 **I. Muster: Entscheidung bei Drittwiderspruchsklage**

▶ ... [zum Rubrum vgl § 300 Rn 1 ff]

Endurteil

1. Die Pfändung des Fotoapparats, Marke ..., Fabrikationsnummer ... aufgrund des Urteils des ...gerichts ..., vom ..., Az ..., wird für unzulässig erklärt.
2. Der Beklagte trägt die Kosten des Rechtsstreits.[1]
3. Das Urteil ist vorläufig vollstreckbar. Der Beklagte kann die Vollstreckung durch Sicherheitsleistung iHv ... EUR abwenden, wenn nicht der Kläger vor der Vollstreckung Sicherheit in gleicher Höhe leistet.[2]

Tatbestand

...

Entscheidungsgründe

I. Zulässigkeit der Klage

II. Begründetheit der Klage[3]

1. Aktivlegitimation der Klägers
2. Geltendmachung eines Rechts iSd § 771 ZPO (vgl Hk-ZPO/*Kindl* § 771 Rn 5–14)

3. keine entgegenstehenden Einwendungen des Beklagten (Gläubiger); vgl Hk-ZPO/*Kindl* § 771 Rn 20
   a) Einwendung gegen das Recht des Klägers (zB Scheingeschäft; sittenwidrige Übertragung des Rechts auf den Kläger [„Knebelungsvertrag"])
   b) Treuwidrige Geltendmachung des Rechts durch den Kläger infolge
      aa) Vorliegen eines besseren Rechts des Beklagten (zB Vermieterpfandrecht iSd 562 BGB im Verhältnis zum Sicherungseigentum [BGHZ 117, 200])
      bb) Duldung oder materiellrechtliche Haftung des Beklagten (zB Gesamtschuldnerschaft; Bürge)
      cc) Recht des Klägers ist anfechtbar iSd § 9 AnfG
[Rechtsbehelfsbelehrung gem. § 232 ZPO] ◀

II. Erläuterungen

[1] Die **Kostenentscheidung** beruht auf §§ 91 ff. 9

[2] Im Hinblick auf § 775 Nr. 1 ist das Urteil mit einem **Ausspruch über die vorläufige Vollstreckbarkeit** zu versehen. 10

[3] Der Aufbau des Urteils kann sich zB an diesen Gliederungspunkten orientieren. 11

§ 772 Drittwiderspruchsklage bei Veräußerungsverbot

¹Solange ein Veräußerungsverbot der in den §§ 135, 136 des Bürgerlichen Gesetzbuchs bezeichneten Art besteht, soll der Gegenstand, auf den es sich bezieht, wegen eines persönlichen Anspruchs oder auf Grund eines infolge des Verbots unwirksamen Rechts nicht im Wege der Zwangsvollstreckung veräußert oder überwiesen werden. ²Auf Grund des Veräußerungsverbots kann nach Maßgabe des § 771 Widerspruch erhoben werden.

A. Anwaltliche Sicht
   I. Muster: Drittwiderspruchsklage bei Veräußerungsverbot
   II. Erläuterungen

[1] Verwertung 3
B. Gerichtliche Sicht

A. Anwaltliche Sicht

Vgl dazu Muster § 771 Rn 1   1

I. Muster: Drittwiderspruchsklage bei Veräußerungsverbot

▶ ... werde beantragt:

1. Die Verwertung[1] des im Wege der Zwangsvollstreckung aufgrund des Urteil des ...gerichts ... vom ..., Az ..., gepfändeten Pkws Audi A8, Fahrgestellnummer ..., wird für unzulässig erklärt.
2. ... (vgl Muster § 771 Rn 1)

Begründung

Mit Beschluss vom ...; Az ..., ordnete das ...gericht auf entsprechendes Gesuch des Klägers im Rahmen einer einstweiligen Verfügung an, dass dem ... die Veräußerung des Pkw Audi A8, Fahrgestellnummer ... zugunsten des Klägers untersagt wird.

Beweis: Beschluss des ...gerichts ... vom ..., Az ...

Aufgrund des Urteils des ...gerichts ..., vom ...; Az ..., dem eine Werklohnforderung iHv ... EUR zugrunde liegt, pfändete der Gerichtsvollzieher ... im Auftrag des Beklagten am ... den streitgegenständlichen Pkw. Es droht dessen Verwertung im Wege der öffentlichen Versteigerung, nachdem der Gerichtsvollzieher hierzu Termin zum ... angesetzt hat.

Beweis: Bekanntmachung in der örtlichen Zeitung ... in Kopie.

Aufgrund des zugunsten des Klägers im Wege des einstweiligen Rechtsschutzes (§ 938 Abs. 2 ZPO) erwirkten Veräußerungsverbots iSd §§ 135, 136 BGB ist jedoch eine Verwertung des gepfändeten Pkws gem. § 772 S. 1 ZPO unzulässig. ◀

II. Erläuterungen

[1] Im Gegensatz zu § 771 darf nach § 772 S. 1 nur die **Verwertung** des gepfändeten Gegenstandes, nicht aber die Pfändung selbst für unzulässig erklärt werden.

B. Gerichtliche Sicht

Die **Tenorierung und die Begründung** entsprechen dem Antrag iSd Rn 2. Zu den weiteren Entscheidungen vgl § 771 Rn 9 f.

§ 773 Drittwiderspruchsklage des Nacherben

¹Ein Gegenstand, der zu einer Vorerbschaft gehört, soll nicht im Wege der Zwangsvollstreckung veräußert oder überwiesen werden, wenn die Veräußerung oder die Überweisung im Falle des Eintritts der Nacherbfolge nach § 2115 des Bürgerlichen Gesetzbuchs dem Nacherben gegenüber unwirksam ist. ²Der Nacherbe kann nach Maßgabe des § 771 Widerspruch erheben.

Vgl dazu § 771 Muster Rn 1.

A. Muster: Drittwiderspruchsklage des Nacherben

▶ ... werde beantragen:
1. Die Verwertung[1] des im Wege der Zwangsvollstreckung aufgrund des Urteil des ... gerichts ... vom ..., Az ..., gepfändeten Bildes des Künstlers ..., Motiv ..., erstellt im Zeitraum ..., wird für unzulässig erklärt.
2. ... (vgl Muster zu § 771 Rn 1)

Begründung
1. Der Vollstreckungsschuldner der Beklagten ... ist Vorerbe des Nachlasses im Erbfall ..., verstorben am ...; der Kläger ist dessen Nacherbe.
Beweis:
- Eröffnungsniederschrift des Nachlassgerichts ...
- Vorerbschein des ...
- beglaubigte Abschrift des Testaments des Erblassers ... vom ...

Der Vorerbschaft unterliegt auch das von dem Künstler ... im Zeitraum ... erstellte Bild, Motiv ...
Beweis:
- Nachlassverzeichnis vom ...
- Zeugnis des ..., Vorerbe

2. Die Beklagte betreibt die Zwangsvollstreckung aus dem Urteil des AG ..., vom ..., Az ..., wegen eines Betrages iHv ... EUR gegen .... In dessen Rahmen pfändete der Gerichtsvollzieher ... im Auftrag der Beklagten das von dem Künstler ... im Zeitraum ... erstellten Bild, Motiv ...
Beweis:
1. Urteil des AG ..., vom ..., Az ...
2. Vollstreckungsprotokoll des Gerichtsvollziehers ... v. ...

Der Verurteilung lag eine Mietforderung der Beklagten als Vermieterin der Wohnung ... an den ... zugrunde.

Beweis: Urteil des AG ..., vom ..., Az ...

Es droht die Verwertung des streitgegenständlichen Bildes im Weg der öffentlichen Versteigerung, nachdem der Gerichtsvollzieher hierzu Termin zum ... angesetzt hat.

Beweis: Bekanntmachung in der örtlichen Zeitung ... in Kopie.

Die von der Beklagten betriebene Zwangsvollstreckung ist jedoch gem. §§ 773 S. 2, 771 BGB iVm § 2115 BGB unwirksam, als nicht nur die Pfändung, sondern auch die Verwertung des streitgegenständlichen Bildes angeordnet wurde. Dieses ist nämlich Bestandteil des Nachlasses des Erblassers ... und unterliegt daher der Nacherbenbindung (§§ 2111, 2112 BGB). Durch die Versteigerung wird somit in die Substanz des Nachlasses des Erblassers eingegriffen und das Nacherbenrecht des Klägers beeinträchtigt. Bei der Mietforderung handelt es sich hingegen um eine persönliche Schuld des Vorerben, die die Beklagte nicht als Nachlassgläubiger, sondern als persönliche Gläubigerin des Vorerben geltend macht. Insoweit ist eine Verfügung gegenüber dem Kläger als Nacherben des Nachlasses iSd § 2115 BGB unwirksam. ◀

B. Erläuterungen

[1] Im Zusammenspiel von § 2115 BGB und § 773 ZPO ist zu unterscheiden zwischen **Vollstreckungsmaßnahmen** wie zB Pfändung und Beschlagnahme durch Anordnung der Zwangsversteigerung (§§ 15, 20 ZVG) einerseits und die auf diesen Vollstreckungsmaßnahmen beruhenden **Veräußerungs- und Verwertungshandlungen** (zB Überweisung der gepfändeten Forderung (§ 835 ZPO) andersseits. Den erstgenannten Maßnahmen kann der Nacherbe nicht nach § 773 widersprechen, da diese sein Recht als Nacherbe nicht beeinträchtigen (NK-BGB/*Gierl* § 2115 Rn 14 ff).

§ 774 Drittwiderspruchsklage des Ehegatten

Findet nach § 741 die Zwangsvollstreckung in das Gesamtgut statt, so kann ein Ehegatte nach Maßgabe des § 771 Widerspruch erheben, wenn das gegen den anderen Ehegatten ergangene Urteil in Ansehung des Gesamtgutes ihm gegenüber unwirksam ist.

A. Muster: Drittwiderspruchsklage, Klageschrift bei Gütergemeinschaft	[4] Formeller Verstoß gegen § 741	6
	[5] Abgrenzung § 766/§ 774	7
B. Erläuterungen und Varianten	[6] § 1456 Abs. 1 S. 1 BGB	8
[1] Zuständigkeit 3	[7] Alternative bei gemeinsamer Verwaltung	9
[2] Rechtsnatur der Gütergemeinschaft 4	[8] § 1456 Abs. 1 BGB	10
[3] Alternative Formulierung bei gemeinsamer Verwaltung 5		

A. Muster: Drittwiderspruchsklage, Klageschrift bei Gütergemeinschaft

▶ An das

===gericht ===[1]

In Sachen ===

Ich werde beantragen:

Die Zwangsvollstreckung des Beklagten in === wird für unzulässig erklärt.

Begründung

Der Kläger begehrt die Unzulässigerklärung der Zwangsvollstreckung in ===. Der Kläger und seine Ehefrau, die Vollstreckungsschuldnerin, leben im Güterstand der Gütergemeinschaft. Der Kläger hat am Vollstreckungsobjekt Eigentum in Gütergemeinschaft.[2] Der Kläger verwaltet das Gesamtgut allein.[3]

Beweis: Beglaubigte Abschrift des Ehevertrages vom ===

Seine Ehefrau verwaltet das Gesamtgut also „nicht" im Sinne von § 741 ZPO. Seine Ehefrau betreibt selbstständig ein Erwerbsgeschäft, und hiergegen ist kein Einspruch oder Widerruf der Einwilligung in das Güterrechtsregister eingetragen.[4] Demgemäß wurde die Zwangsvollstreckungsmaßnahme nicht gem. §§ 766, 741 ZPO angegriffen; ein Verfahrensverstoß liegt nicht vor. Jedoch ist die Zwangsvollstreckung gem. § 774 ZPO für unzulässig zu erklären, weil es sich bei dem gepfändeten Gegenstand um Gesamtgut der Eheleute handelt und das Gesamtgut für die gegen die Ehefrau des Klägers titulierte Forderung nach materiellem Recht nicht haftet.[5] Für die Zugehörigkeit des Gegenstandes zum Gesamtgut spricht die

Vermutung der §§ 1416-1418 BGB (Hk-BGB/*Kemper* § 1416 Rn 2). Eine Zustimmung des Klägers zum Rechtsgeschäft wurde nicht erteilt. Bei der dem Titel zugrunde liegenden Forderung handelt es sich auch nicht um eine Geschäftsschuld im Sinne von § 1431 Abs. 1 S. 1 BGB.[6] Geschäftsschulden sind nur Verbindlichkeiten aus Rechtsgeschäften, die der Geschäftsbetrieb mit sich bringt (vgl Hk-BGB/*Kemper* § 1431 Rn 2). Dies ist hier nicht der Fall. Bei dem titulierten Anspruch handelt es sich um eine private Verbindlichkeit (zur Abgrenzung zwischen dem persönlichen und dem geschäftlichen Bereich vgl BGH NJW 1982, 1810, 1811) der Ehefrau des Klägers, und zwar um ... . Demgemäß haftet der nach § 1422 BGB allein verwaltende[7] Kläger nach § 1438 BGB nicht. Er hat das Rechtsgeschäft weder vorgenommen noch ihm zugestimmt. Das Rechtsgeschäft ist auch nicht ohne seine Zustimmung für das Gesamtgut wirksam. Entbehrlich wäre die Zustimmung des Klägers nur dann gewesen, wenn es sich gemäß § 1431 Abs. 1 BGB[8] um eine Geschäftsschuld seiner Ehefrau handeln würde, was jedoch, wie bereits dargestellt, nicht der Fall ist.

Nach allem ist die Zwangsvollstreckung in ... für unzulässig zu erklären.

...

Rechtsanwalt ◄

B. Erläuterungen und Varianten

§ 774 ist auf den § 741 (Zwangsvollstreckung in das Gesamtgut bei Erwerbsgeschäft) zugeschnitten; der allein- oder mitverwaltende Ehegatte kann geltend machen, dass das **Gesamtgut materiellrechtlich nicht haftet.** Liegen die Voraussetzungen des § 741 erst gar nicht vor, kann der Ehegatte unmittelbar nach § 771 vorgehen (Musielak/*Lackmann* § 774 Rn 2).

[1] Ausschließlich (§ 802) zuständig ist gem. §§ 774, 771 Abs. 1 das Gericht, in dessen Bezirk die Zwangsvollstreckung erfolgt.

[2] Die Gütergemeinschaft ist eine Gesamthandsgemeinschaft der Ehegatten ohne eigene Rechtspersönlichkeit (Hk-BGB/*Kemper* § 1416 Rn 3).

[3] Alternative Formulierung **bei gemeinsamer Verwaltung:**

▶ Der Kläger verwaltet das Gesamtgut gemeinsam mit seiner Ehefrau. Seine Ehefrau verwaltet das Gesamtgut also nicht allein. ◄

Bestünde ein Alleinverwaltungsrecht des Titelschuldners, im Muster also der Ehefrau, läge ein Fall des § 740 Abs. 1 vor (nicht § 741), in dem eine etwa fehlende Haftung des Gesamtgutes mit der Drittwiderspruchsklage nach § 771 geltend gemacht werden kann (Hk-ZPO/*Kindl* § 740 Rn 8).

[4] Läge eine solche Eintragung vor, könnte auch ein formeller Verstoß gegen § 741 geltend gemacht werden (Hk-ZPO/*Kindl* § 741 Rn 5).

[5] Zur Abgrenzung zwischen § 766 und § 774 sowie zu den Fällen des Wahlrechts zwischen beiden Rechtsbehelfen siehe Hk-ZPO/*Kindl* § 741 Rn 5 und § 774 Rn 2. An die Stelle des Rechtes iS von § 771, auf den § 774 verweist, tritt hier der Einwand, dass das Gesamtgut nicht haftet (Thomas/Putzo/*Hüßtege* § 774 Rn 2).

[6] Bei gemeinsamer Verwaltung: § 1456 Abs. 1 S. 1 BGB.

9 [7] Bei gemeinsamer Verwaltung wäre anzuführen:

▶ Demgemäß haftet die Klägerin, die das Gesamtgut gem. § 1450 BGB mit ihrem Ehemann gemeinsam verwaltet, nach § 1460 BGB nicht. ◀

10 [8] Bei gemeinsamer Verwaltung: § 1456 Abs. 1 BGB.

§ 775 Einstellung oder Beschränkung der Zwangsvollstreckung
Die Zwangsvollstreckung ist einzustellen oder zu beschränken:
1. wenn die Ausfertigung einer vollstreckbaren Entscheidung vorgelegt wird, aus der sich ergibt, dass das zu vollstreckende Urteil oder seine vorläufige Vollstreckbarkeit aufgehoben oder dass die Zwangsvollstreckung für unzulässig erklärt oder ihre Einstellung angeordnet ist;
2. wenn die Ausfertigung einer gerichtlichen Entscheidung vorgelegt wird, aus der sich ergibt, dass die einstweilige Einstellung der Vollstreckung oder einer Vollstreckungsmaßregel angeordnet ist oder dass die Vollstreckung nur gegen Sicherheitsleistung fortgesetzt werden darf;
3. wenn eine öffentliche Urkunde vorgelegt wird, aus der sich ergibt, dass die zur Abwendung der Vollstreckung erforderliche Sicherheitsleistung oder Hinterlegung erfolgt ist;
4. wenn eine öffentliche Urkunde oder eine von dem Gläubiger ausgestellte Privaturkunde vorgelegt wird, aus der sich ergibt, dass der Gläubiger nach Erlass des zu vollstreckenden Urteils befriedigt ist oder Stundung bewilligt hat;
5. wenn der Einzahlungs- oder Überweisungsnachweis einer Bank oder Sparkasse vorgelegt wird, aus dem sich ergibt, dass der zur Befriedigung des Gläubigers erforderliche Betrag zur Auszahlung an den Gläubiger oder auf dessen Konto eingezahlt oder überwiesen worden ist.

§ 776 Aufhebung von Vollstreckungsmaßregeln
¹In den Fällen des § 775 Nr. 1, 3 sind zugleich die bereits getroffenen Vollstreckungsmaßregeln aufzuheben. ²In den Fällen der Nummern 4, 5 bleiben diese Maßregeln einstweilen bestehen; dasselbe gilt in den Fällen der Nummer 2, sofern nicht durch die Entscheidung auch die Aufhebung der bisherigen Vollstreckungshandlungen angeordnet ist.

A. Anwaltliche Sicht
  I. Einstellung der Zwangsvollstreckung nach § 775 Nr. 1
    1. Muster: Einstellung der Zwangsvollstreckung nach § 775 Nr. 1
    2. Erläuterungen und Varianten
      [1] Vollstreckbare Entscheidung 2
      [2] Varianten 3
      [3] Getroffene Vollstreckungsmaßnahmen 4

  II. Einstellung der Zwangsvollstreckung nach § 775 Nr. 2
    1. Muster: Einstellung der Zwangsvollstreckung nach § 775 Nr. 2
    2. Erläuterungen
      [1] Bestehenbleiben bereits getroffener Vollstreckungsmaßnahmen 6
  III. Einstellen der Zwangsvollstreckung nach § 775 Nr. 3

1. Muster: Schreiben an Gerichtsvollzieher bei Einstellung der Zwangsvollstreckung nach § 775 Nr. 3
2. Erläuterungen
   [1] Einzahlungs- oder Überweisungsbelege 8
   [2] Aufhebung getroffener Vollstreckungsmaßnahmen 9
IV. Einstellung der Zwangsvollstreckung nach § 775 Nr. 4
1. Sicht des Schuldners
   a) Muster: Schreiben an Gerichtsvollzieher bei Einstellung der Zwangsvollstreckung nach § 775 Nr. 4 – Schuldnersicht
   b) Erläuterungen
      [1] Nachweis der Befriedigung/Stundung 11
      [2] Bestand getroffener Vollstreckungsmaßnahmen 12
2. Sicht des Gläubigers
   a) Muster: Schreiben an Gerichtsvollzieher bei Einstellung der Zwangsvollstreckung nach § 775 Nr. 4 – Gläubigersicht
   b) Erläuterungen
      [1] Bestand bereits getroffener Vollstreckungsmaßregeln .. 14

[2] Fortsetzung des Verfahrens 15
V. Einstellung der Zwangsvollstreckung nach § 775 Nr. 5
1. Sicht des Schuldners
   a) Muster: Schreiben an Gerichtsvollzieher bei Einstellung der Zwangsvollstreckung nach § 775 Nr. 5 – Schuldnersicht
   b) Erläuterungen
      [1] Bestand getroffener Zwangsvollstreckungsmaßnahmen 17
2. Sicht des Gläubigers
   a) Muster: Schreiben an Gerichtsvollzieher bei Einstellung der Zwangsvollstreckung nach § 775 Nr. 5 – Gläubigersicht
   b) Erläuterungen
      [1] Fortsetzung der Zwangsvollstreckung 19
B. Gerichtliche Sicht
I. Muster: Beschluss zur Einstellung der Zwangsvollstreckung
II. Erläuterungen
   [1] Einstellung von Vollstreckungsmaßnahmen 21
   [2] Einstellungsgrund 22
   [3] Zustellung 23

A. Anwaltliche Sicht

I. Einstellung der Zwangsvollstreckung nach § 775 Nr. 1

1. Muster: Einstellung der Zwangsvollstreckung nach § 775 Nr. 1

▶ An

Herrn Gerichtsvollzieher ...

in

der Zwangsvollstreckungssache

... ./. ...

lege ich die

Ausfertigung[1] des Beschlusses des ...gerichts ... vom ..., Az ... vor, aus der sich ergibt, dass die Einstellung[2] der Zwangsvollstreckung des Gläubigers ... aufgrund des Vollstreckungsbescheids des AG ... vom ..., Az ... angeordnet worden ist.
Die bereits erfolgte Pfändung des Pkws Audi A8, Fahrgestellnummer ... ist daher aufzuheben[3]. ◀

2. Erläuterungen und Varianten

[1] Die Ausfertigung muss eine **vollstreckbare Entscheidung betreffen** (vgl insb. auch § 794 Abs. 1 Nr. 3); die vorläufige Vollstreckbarkeit (§ 704 Abs. 1) ist ausreichend.

[2] Varianten:

▶ ... dass der der Zwangsvollstreckung zugrunde liegende Vollstreckungsbescheid des AG ... vom ...; Az ..., aufgehoben worden ist. ◀

oder

▶ ... dass die vorläufige Vollstreckbarkeit des der Zwangsvollstreckung zugrunde liegenden Urteils des ...gerichts ... vom ...; Az ..., aufgehoben worden ist. ◀

oder

▶ ... dass die Zwangsvollstreckung aus dem der Zwangsvollstreckung zugrunde liegenden Urteil des ...gerichts ... vom ...; Az ..., für unzulässig erklärt worden ist. ◀

[3] **Getroffene Vollstreckungsmaßnahmen** sind zwar gem. § 775 Nr. 1 von Amts wegen („zugleich") aufzuheben. Es empfiehlt sich jedoch, hierauf in dem Antrag hinzuweisen.

II. Einstellung der Zwangsvollstreckung nach § 775 Nr. 2

1. Muster: Einstellung der Zwangsvollstreckung nach § 775 Nr. 2

▶ ... dass die einstweilige Einstellung der Vollstreckung aus dem der Zwangsvollstreckung zugrunde liegenden Urteil des ...gerichts ... vom ...; Az ..., angeordnet worden ist.[1] ◀

▶ oder:

... dass die Vollstreckung aus dem der Zwangsvollstreckung zugrunde liegenden Urteil des ...gerichts ... vom ...; Az ..., nur gegen Erbringung einer Sicherheitsleistung iHv ... EUR fortgesetzt werden darf.[1] ◀

2. Erläuterungen

[1] Gemäß § 776 S. 2 bleiben die **getroffenen Vollstreckungsmaßnahmen** bestehen, sofern nicht durch die Entscheidung die Aufhebung der bisherigen Vollstreckungshandlungen angeordnet ist.

III. Einstellung der Zwangsvollstreckung nach § 775 Nr. 3

1. Muster: Schreiben an Gerichtsvollzieher bei Einstellung der Zwangsvollstreckung nach § 775 Nr. 3

▶ ...

lege ich

den Einzahlungsschein der Hinterlegungsstelle[1] beim AG ..., vom ... vor, aus dem sich ergibt, dass die zur Abwendung der Vollstreckung aus dem Urteil des ...gerichts ..., vom ...; Az ..., erforderliche Sicherheitsleistung iHv ... EUR erbracht worden ist.

Die bereits erfolgte Pfändung des Pkws Audi A8, Fahrgestellnummer ... ist daher aufzuheben.[2] ◄

2. Erläuterungen

[1] **Einzahlungs- oder Überweisungsbelege** einer Bank reichen nicht aus; vgl auch Hk-ZPO/*Kindl* § 775 Rn 8.

[2] Getroffene **Vollstreckungsmaßnahmen** sind zwar gem. § 775 Nr. 1 von Amts wegen („zugleich") aufzuheben. Es empfiehlt sich jedoch, hierauf in dem Antrag hinzuweisen.

IV. Einstellung der Zwangsvollstreckung nach § 775 Nr. 4

1. Sicht des Schuldners

a) **Muster: Schreiben an Gerichtsvollzieher bei Einstellung der Zwangsvollstreckung nach § 775 Nr. 4 – Schuldnersicht**

▶ Unter Vorlage der vom Gläubiger ausgestellten Quittung vom ...[1] über die vom Schuldner ... entsprechend dem Urteil des ...gerichts ... vom ...; Az ...; zu leistende Zahlung iHv ... EUR beantrage ich die Einstellung der aus vorgenanntem Titel betriebene Vollstreckung gegen ....[2] ◄

b) **Erläuterungen**

[1] Der **Nachweis der Befriedigung/Stundung** muss durch eine öffentliche (zB durch eine Gerichtsvollzieherquittung, § 757 Abs. 1) oder durch den Gläubiger ausgestellte Privaturkunde nachgewiesen werden.

[2] Gemäß § 776 S. 2 bleiben die **Vollstreckungsmaßnahmen** einstweilen bestehen.

2. Sicht des Gläubigers

a) **Muster: Schreiben an Gerichtsvollzieher bei Einstellung der Zwangsvollstreckung nach § 775 Nr. 4 – Gläubigersicht**

▶ ... beantrage ich trotz Vorlage einer angeblichen vom Gläubiger ausgestellten Quittung über die Zahlung des aus dem Urteil des ...gerichts ... vom ... vom Schuldner ... geschuldeten Zahlungsbetrages iHv ... EUR die Fortsetzung der Vollstreckung aus dem Urteil des ...gerichts ...; vom ...; Az ....[1]

Begründung[2]

Die vom Schuldner vorgelegte Quittung ist nicht vom Gläubiger ausgestellt worden. Eine Befriedigung des Gläubigers ist bis dato nicht erfolgt. ◄

b) **Erläuterungen**

[1] Gem. § 776 S. 2 bleiben in den Fällen der § 776 Nr. 4 und 5 die **Vollstreckungsmaßregeln bestehen.** Der Vollstreckungsgläubiger ist durch das Pfändungspfandrecht weiter gesichert; eine Verwertungsmöglichkeit besteht (zunächst) jedoch nicht.

[2] Die Fortsetzung des Verfahrens erfolgt auf Antrag des Gläubigers, indem er ausdrücklich oder konkludent die **Befriedigung bestreitet** (Hk-ZPO/*Kindl* § 775 Rn 16; Zöller/*Stöber* § 775 Rn 12).

V. Einstellung der Zwangsvollstreckung nach § 775 Nr. 5

1. Sicht des Schuldners

16 **a) Muster: Schreiben an Gerichtsvollzieher bei Einstellung der Zwangsvollstreckung nach § 775 Nr. 5 – Schuldnersicht**

▶ Unter Vorlage des Auszugs über das Konto des ... bei der Bank ...; Kontonummer ..., der bezeugt, dass der gem. Urteil des ...gerichts ... vom ...; Az ...; zur Befriedigung des Gläubigers erforderliche Betrag auf dessen Konto überwiesen worden ist, beantrage ich die Einstellung der aus vorgenannten Titel betriebene Vollstreckung gegen ....[1] ◀

b) Erläuterungen

17 [1] Getroffene Zwangsvollstreckungsmaßnahmen bleiben gem. § 776 S. 2 bestehen.

2. Sicht des Gläubigers

18 **a) Muster: Schreiben an Gerichtsvollzieher bei Einstellung der Zwangsvollstreckung nach § 775 Nr. 5 – Gläubigersicht**

▶ ... beantrage ich trotz Vorlage eines Auszugs über das Konto des ... bei der Bank ...; Kontonummer ... bzgl einer Zahlung des aus dem Urteil des ...gerichts ... vom ... vom Schuldner ... geschuldeten Zahlungsbetrages iHv ... EUR die Fortsetzung der Vollstreckung aus dem Urteil des ...gerichts ... vom ...; Az ....[1]

Begründung

Der von dem Schuldner ... geschuldete Betrag ist auf dem Konto des Gläubigers bisher nicht gutgeschrieben worden. Eine Befriedigung des Gläubigers ist daher bis heute nicht erfolgt. ◀

b) Erläuterungen

19 [1] Die **Fortsetzung der Zwangsvollstreckung** bedarf eines (zumindest konkludent erklärten) Antrags des Gläubigers.

B. Gerichtliche Sicht

I. Muster: Beschluss zur Einstellung der Zwangsvollstreckung

20

▶ Amtsgericht ...

Vollstreckungsgericht[1]

In der Zwangsvollstreckungssache

... ./. ...

ergeht

auf Antrag des ...

folgender

Beschluss

Die Zwangsvollstreckung aus dem Urteil des ...gerichts ... vom ...; Az ... wird eingestellt.

Gründe

Die vom Gläubiger ... gegen den Schuldner ... betriebene Zwangsvollstreckung war einzustellen, da der Schuldner gem. § 775 ZPO eine ... vorgelegt hat, aus der sich ergibt, dass ... (Fälle des § 775 Nr. 1–5).[2]

[Rechtsbehelfsbelehrung gem. § 232 ZPO]

Vfg

1. ˜ Zustellen an Gläubiger; formlose Mitteilung an Schuldner[3]
2. Schlussbehandlung ◀

II. Erläuterungen

[1] Die **Einstellung** der vom Vollstreckungsgericht getroffenen Vollstreckungsmaßnahmen erfolgt durch das Vollstreckungsgericht selbst. Eine gesonderte Entscheidung ist jedoch dann nicht erforderlich, wenn das Vollstreckungsgericht bereits die Einstellung der Zwangsvollstreckung angeordnet hat (zB § 765 a; 766 Abs. 1 S. 2; Zöller/ Stöber § 775 Rn 10). 21

[2] Die Entscheidung ist zu begründen, wobei der **Einstellungsgrund** anzugeben ist. 22

[3] Das Erfordernis der **Zustellung** beruht auf § 329 Abs. 3, da die Entscheidung der sofortigen Beschwerde (§ 793) unterliegt. 23

§ 777 Erinnerung bei genügender Sicherung des Gläubigers

¹Hat der Gläubiger eine bewegliche Sache des Schuldners im Besitz, in Ansehung deren ihm ein Pfandrecht oder ein Zurückbehaltungsrecht für seine Forderung zusteht, so kann der Schuldner der Zwangsvollstreckung in sein übriges Vermögen nach § 766 widersprechen, soweit die Forderung durch den Wert der Sache gedeckt ist. ²Steht dem Gläubiger ein solches Recht in Ansehung der Sache auch für eine andere Forderung zu, so ist der Widerspruch nur zulässig, wenn auch diese Forderung durch den Wert der Sache gedeckt ist.

A. Anwaltliche Sicht
  I. Muster: Erinnerung gegen Zwangsvollstreckung, Einwand genügender Sicherung
  II. Erläuterungen
    [1] Sicherungseigentum 2
    [2] Beweislast 3

B. Gerichtliche Sicht
  I. Muster: Beschluss zur Unzulässigerklärung der Zwangsvollstreckung bei genügender Sicherung
  II. Erläuterungen
    [1] Tenorierung 5
    [2] Deckung....................... 6

A. Anwaltliche Sicht

I. Muster: Erinnerung gegen Zwangsvollstreckung, Einwand genügender Sicherung

▶ ▃▃▃ lege ich im Namen und in Vollmacht des Schuldners ▃▃▃

gegen die Zwangsvollstreckung im Wege ▃▃▃ (Vollstreckungsmaßnahme – zB Pfändung des Pkws Audi A8, Fahrgestellnummer ▃▃▃)

Erinnerung

ein.

Begründung

Der Gläubiger betreibt die Zwangsvollstreckung aus dem Urteil des ▃▃▃gerichts ▃▃▃ vom ▃▃▃ Az ▃▃▃ gegen den Schuldner wegen eines Geldbetrages iHv ▃▃▃. In dessen Rahmen pfändete der Gerichtsvollzieher ▃▃▃ im Auftrag des Gläubigers ▃▃▃ den im Gewahrsam des Schuldners ▃▃▃ befindlichen Pkw, Marke Audi A8; Fahrgestellnummer ▃▃▃.

Der Gläubiger ist jedoch bereits dadurch hinreichend gesichert, als der Schuldner bereits vor Beginn der Zwangsvollstreckung seinen weiteren, bereits im unmittelbaren Besitz des Gläubigers befindlichen, Pkw, Marke VW Passat TDI, Fahrgestellnummer ▃▃▃ zur Sicherung der streitgegenständlichen Vollstreckungsforderung an den Gläubiger übereignet hat.[1]

Beweis: Sicherungsvertrag vom ▃▃▃

Der Wert des vorgenannten Pkws, Marke VW Passat, beträgt ▃▃▃ EUR und übertrifft daher bei weitem die Vollstreckungsforderung.

Beweis: Sachverständigengutachten[2] ◀

II. Erläuterungen

[1] **Sicherungseigentum** ist dem Pfandrecht gleichgestellt; Voraussetzung ist aber, dass der Gläubiger im Besitz der beweglichen Sache ist.

[2] Die **Beweislast** für die Deckung hat der Schuldner (Hk-ZPO/*Kindl* § 777 Rn 6).

B. Gerichtliche Sicht

I. Muster: Beschluss zur Unzulässigerklärung der Zwangsvollstreckung bei genügender Sicherung

▶ ▃▃▃ ergeht folgender

Beschluss

1. Die Zwangsvollstreckung in das Vermögen des ▃▃▃ wird insoweit für unzulässig erklärt, als sie sich über den Pkw, Marke VW Passat TDI, Fahrgestellnummer ▃▃▃ hinaus[1] auf folgende Gegenstände erstreckt:
Pkw, Marke Audi A8, Fahrgestellnummer ▃▃▃
2. ▃▃▃ (vgl § 766 Rn 1 f)

Begründung

▃▃▃ (Die Ausführungen entsprechen dem anwaltlichen Schriftsatz)[2]

[Rechtsbehelfsbelehrung gem. § 232 ZPO] ◀

Abschnitt 1 | Allgemeine Vorschriften § 779

II. Erläuterungen

[1] Die **Tenorierung** ist darauf auszurichten, dass die Zwangsvollstreckung über den im Besitz des Gläubigers befindlichen Sicherungsgut hinaus („übrige Vermögen") für unzulässig erklärt wird (Musielak/*Lackmann* § 777 Rn 6). 5

[2] Die Beweislast für die **Deckung** hat der Schuldner (Hk-ZPO/*Kindl* § 777 Rn 6). 6

§ 778 Zwangsvollstreckung vor Erbschaftsannahme

(1) Solange der Erbe die Erbschaft nicht angenommen hat, ist eine Zwangsvollstreckung wegen eines Anspruchs, der sich gegen den Nachlass richtet, nur in den Nachlass zulässig.
(2) Wegen eigener Verbindlichkeiten des Erben ist eine Zwangsvollstreckung in den Nachlass vor der Annahme der Erbschaft nicht zulässig.

§ 779 Fortsetzung der Zwangsvollstreckung nach dem Tod des Schuldners

(1) Eine Zwangsvollstreckung, die zur Zeit des Todes des Schuldners gegen ihn bereits begonnen hatte, wird in seinen Nachlass fortgesetzt.
(2) ¹Ist bei einer Vollstreckungshandlung die Zuziehung des Schuldners nötig, so hat, wenn die Erbschaft noch nicht angenommen oder wenn der Erbe unbekannt oder es ungewiss ist, ob er die Erbschaft angenommen hat, das Vollstreckungsgericht auf Antrag des Gläubigers dem Erben einen einstweiligen besonderen Vertreter zu bestellen. ²Die Bestellung hat zu unterbleiben, wenn ein Nachlasspfleger bestellt ist oder wenn die Verwaltung des Nachlasses einem Testamentsvollstrecker zusteht.

A. Anwaltliche Sicht
   I. Muster: Antrag an Gerichtsvollzieher auf Fortsetzung der Zwangsvollstreckung, § 779 Abs. 1
   II. Muster: Antrag auf Bestellung eines einstweiligen besonderen Vertreters, § 779 Abs. 2
   III. Erläuterungen
      [1] Zuständigkeit 3
      [2] Fortsetzung 4
B. Gerichtliche Sicht
   I. Muster: Beschluss zur Bestellung eines einstweiligen besonderen Vertreters
   II. Erläuterungen
      [1] Bezeichnung des Erben 6
      [2] Tenor 7

A. Anwaltliche Sicht

I. Muster: Antrag an Gerichtsvollzieher auf Fortsetzung der Zwangsvollstreckung, § 779 Abs. 1

1

▶ An

den Gerichtsvollzieher ...

... beantrage ich die Fortsetzung der Zwangsvollstreckung in den Nachlass des Schuldners. Der im Wege der öffentlichen Versteigerung des zu Lebzeiten des Schuldners gepfändeten Schmucks erzielte Erlös iHv ... EUR führte zu keiner vollständigen Befriedigung der Vollstreckungsforderung, die samt Vollstreckungskosten, ... EUR beträgt. ◀

2 II. Muster: Antrag auf Bestellung eines einstweiligen besonderen Vertreters, § 779 Abs. 2

▶ An das

Amtsgericht ---

Vollstreckungsgericht[1]

--- beantrage ich für den Nachlass, Erblasser ---, die Bestellung eines einstweiligen besonderen Vertreters.

Begründung

Entsprechend der Auftragserteilung vom --- durch den Gläubiger --- pfändete der Gerichtsvollzieher --- am --- beim Schuldner --- den Gegenstand ---. Die anschließende Verwertung dieses Gegenstandes im Wege der öffentlichen Versteigerung führte nicht zur vollständigen Befriedigung des Gläubigers.[2]

Beweis: Vollstreckungsprotokoll des GV vom ---; Az ---

Von der Vollstreckungsforderung ist derzeit noch ein Restbetrag iHv --- EUR offen.

Beweis: Vollstreckungsprotokoll des GV vom ---; Az ---

Forderungsaufstellung des Gläubigers vom ---

Aus diesem Grunde beauftragte der Gläubiger am --- die Fortsetzung der Zwangsvollstreckung in das Vermögen des Schuldners, der bereits am --- verstorben ist.

Beweis:

1. Gerichtsvollzieher ---; ---
2. Schreiben der Ehefrau des Schuldners --- vom ---

Der Gerichtsvollzieher --- führte am --- durch Aufnahme der Erklärung in das Vollstreckungsprotokoll, dass er den Gegenstand ---, den er bereits am --- zugunsten des weiteren Gläubigers des Schuldners, ---, gepfändet hatte, auch für den Gläubiger --- pfände, eine Anschlusspfändung gem. § 826 Abs. 1 ZPO zugunsten des antragstellenden Gläubigers durch.

Eine Annahme der Erbschaft durch die testamentarisch eingesetzte Erbin, der Ehefrau des Schuldners ---, erfolgte bisher nicht.

Beweis: Schreiben der Ehefrau des Schuldners vom --- an den Gläubiger

Zur Zustellung der Anschlusserklärung iSd § 826 Abs. 3 ZPO an den Schuldner bedarf es daher der Bestellung einen einstweiligen besonderen Vertreters gem. § 779 Abs. 2 S. 1. ◀

III. Erläuterungen

3 [1] Die **Zuständigkeit** des Vollstreckungsgerichts beruht auf § 779 Abs. 2 S. 1.

4 [2] Eine **Fortsetzung in den Nachlass** des Schuldners (vgl § 778 Abs. 1) kann ohne Titelumschreibung iSd § 727 nur dann erfolgen, wenn zu Lebzeiten des Schuldners eine konkrete Vollstreckungsmaßnahme bereits begonnen hatte (vgl OLG München BNJW-RR 2014, 394). War dies der Fall, kann der Gerichtsvollzieher daher mit einer neuen Vollstreckungsmaßnahme beauftragt werden (Musielak/*Lackmann* § 779 Rn 3).

B. Gerichtliche Sicht

I. Muster: Beschluss zur Bestellung eines einstweiligen besonderen Vertreters

▶ ... als einstweiliger besonderer Vertreter der Erbin ...[1] zugunsten des Nachlasses ... wird bis zur Annahme der Erbschaft[2]

..., Rechtsanwalt ... bestellt.

Begründung

... (es gelten die Darlegungen im anwaltlichen Schriftsatz entsprechend) ◀

II. Erläuterungen

[1] Eine **Bezeichnung des Erben** erfolgt nur dann, wenn dessen Person bekannt ist.

[2] Es empfiehlt sich **im Tenor** bereits die **Beendigung der Bestellung** (zB Annahme der Erbschaft; Kenntnis der Person des Erben) aufzunehmen; eines konstitutiven Aufhebungsbeschlusses der Bestellung, der ansonsten grundsätzlich für die Beendigung des Vertreteramtes erforderlich ist (BGH NJW 2010, 157) bedarf es dadurch wohl nicht mehr.

§ 780 Vorbehalt der beschränkten Erbenhaftung

(1) Der als Erbe des Schuldners verurteilte Beklagte kann die Beschränkung seiner Haftung nur geltend machen, wenn sie ihm im Urteil vorbehalten ist.

(2) Der Vorbehalt ist nicht erforderlich, wenn der Fiskus als gesetzlicher Erbe verurteilt wird oder wenn das Urteil über eine Nachlassverbindlichkeit gegen einen Nachlassverwalter oder einen anderen Nachlasspfleger oder gegen einen Testamentsvollstrecker, dem die Verwaltung des Nachlasses zusteht, erlassen wird.

A. Anwaltliche Sicht
  I. Muster: Vorbehalt der beschränkten Erbenhaftung im Erkenntnisverfahren
  II. Erläuterungen
    [1] Geltendmachung im Erkenntnisverfahren 2
    [2] Besonderer Antrag 3
    [3] Umfang der Haftungsbeschränkung 4
    [4] Bezeichnung des Nachlasses .. 5
B. Gerichtliche Sicht
  I. Vorbehalt der Haftungsbeschränkung ohne nähere inhaltliche Prüfung der Einrede
    1. Muster: Entscheidung zum Vorbehalt der Haftungsbeschränkung ohne nähere inhaltliche Prüfung der Einrede
    2. Erläuterungen und Varianten
      [1] Aufnahme des Vorbehalts in den Tenor 7
      [2] Kostenanspruch 9
      [3] Beschränkung auf den Ausspruch des Vorbehalts allgemein 11
  II. Versagung des Vorbehalts nach inhaltlicher Prüfung
    1. Muster: Urteil bei Versagung des Vorbehalts nach inhaltlicher Prüfung
    2. Erläuterungen
      [1] Versagung des Vorbehalts 13
  III. Bejahung der Haftungsbeschränkung nach inhaltlicher Prüfung
    1. Muster: Urteil bei Bejahung der Haftungsbeschränkung nach inhaltlicher Prüfung
    2. Erläuterungen und Varianten

[1] Verurteilung aus dem
Nachlass 15
VI. Klageabweisung nach erfolgter
Prüfung der Haftungsbe-
schränkung
 1. Muster: Urteil bei Klageabweisung nach erfolgter Prüfung
 der Haftungsbeschränkung

2. Erläuterungen
[1] Voraussetzungen der
Klageabweisung 17

A. Anwaltliche Sicht

1 **I. Muster: Vorbehalt der beschränkten Erbenhaftung im Erkenntnisverfahren**

▶ **Klageerwiderung[1]**

... namens und in Vollmacht des Beklagten werde ich beantragen

1. die Klage wird abgewiesen;
2. hilfsweise[2] die Aufnahme des Haftungsvorbehalts nach § 780 ZPO, dass dem Beklagten die Beschränkung seiner Haftung für ...[3] auf den Nachlass des Erblassers ...[4] vorbehalten wird. ◀

II. Erläuterungen

2 [1] Bei der Zwangsvollstreckung gegen den Erben wird die Beschränkung der Erbenhaftung nur berücksichtigt, wenn der Erbe entsprechende Einwendungen im Wege der Vollstreckungsabwehrklage erhoben hat (vgl §§ 781, 785). Dies setzt aber voraus, dass der Erbe den Vorbehalt **im Erkenntnisverfahren geltend gemacht** hat. Ohne Aufnahme des Vorbehalts im Vollstreckungstitel kann sich der Erbe in der Zwangsvollstreckung nicht auf die Haftungsbeschränkung berufen (Hk-ZPO/*Kindl* § 780 Rn 1). Der Vorbehalt kann erstmals auch **im Berufungsrechtszug** erhoben werden (vgl dazu näher BGH NJW-RR 2010, 664).

3 [2] Eines **besonderen Antrags** zur Aufnahme der Haftungsbeschränkung iSd § 780 in den Tenor bedarf es grundsätzlich nicht (BGH NJW 1964, 2298, 2300; NJW 1983, 2378, 2379). Ausreichend, aber auch erforderlich ist, dass der Beklagte im Erkenntnisverfahren eine entsprechende **Einrede** erhoben hat oder jedenfalls der **allgemeine Vorbehalt gem. § 780 Abs. 1 begehrt** wird (BGH NJW 1983, 2298, 2300). Es empfiehlt sich jedoch, diesen im Antragssatz ausdrücklich aufzunehmen. Für die Beachtlichkeit der **Einrede** ist ein substantiierter Vortrag nicht erforderlich (Musielak/*Lackmann* § 780 Rn 6). Die Einrede kann grundsätzlich nur in der Tatsacheninstanz erhoben werden (Hk-ZPO/*Kindl* § 780 Rn 7), erstmals aber auch in der Berufungsinstanz (vgl dazu näher BGH NJW-RR 2010, 664). Zu den Fällen, in denen der Vorbehalt entbehrlich ist vgl Abs. 2 sowie Hk-ZPO/*Kindl* § 780 Rn 5 und 6.

4 [3] Der **Umfang der Haftungsbeschränkung** ist konkret (Haupt-, Nebenanspruch) zu bezeichnen. Zu beachten ist dabei, dass im Falle einer auch die **Prozesskosten** umfassenden Haftungsbeschränkung die Einrede ausdrücklich auf diese zu erheben ist. Andererseits kann die Einrede nur auf die Prozesskosten beschränkt werden, sofern der Vorbehalt nur diese erfassen soll. Für den Fall, dass im Rahmen der Klageerwiderung lediglich die Haftungsbeschränkung iSd § 780 erstrebt wird, empfiehlt es sich im

Hinblick auf die Kostenfolge des § 93 den Klageanspruch unter Vorbehalt der Haftungsbeschränkung anzuerkennen.

[4] Für die **Bezeichnung des Nachlasses**, auf den sich die Haftungsbeschränkung bezieht, gilt der Bestimmtheitsgrundsatz.

B. Gerichtliche Sicht

I. Vorbehalt der Haftungsbeschränkung ohne nähere inhaltliche Prüfung der Einrede

1. Muster: Entscheidung zum Vorbehalt der Haftungsbeschränkung ohne nähere inhaltliche Prüfung der Einrede

▶ ...

1. ...
2. Dem Beklagten wird die Beschränkung der Haftung auf den Nachlass des ... (Erblasser) vorbehalten.[1] Die Haftungsbeschränkung umfasst auch die Prozesskosten.[2]

...

Entscheidungsgründe[3]

... ◀

2. Erläuterungen und Varianten

[1] Auch wenn zum Teil Ausführungen zum **Vorbehalt** in den Gründen als ausreichend erachtet werden (vgl MüKo-ZPO/K. *Schmidt/Brinkmann* § 780 Rn 17), ist es empfehlenswert, diesen **in den Tenor aufzunehmen** (Hk-ZPO/*Kindl* § 780 Rn 8; Zöller/*Stöber* § 780 Rn 12). Zu beachten ist, dass der Ausspruch der Beschränkung der Haftung auf den Nachlass des Erblassers im Tenor zum Ausdruck kommt, da allein eine Verurteilung „als Erbe" nicht für ausreichend erachtet wird (RG JW 11, 948; Zöller/*Stöber* § 780 Rn 12).

Da § 780 Abs. 1 auch auf den **Prozessvergleich** Anwendung findet (BGH NJW 1991, 2839), ist die Bezeichnung als Erbe im Protokoll über einen Prozessvergleich ebenfalls nicht ausreichend. Es bedarf der Aufnahme der Beschränkung in den Vergleich selbst. **Variante:**

▶ **Vergleich**

1. Der Beklagte zahlt zur Abgeltung der streitgegenständlichen Forderung an den Kläger ...
2. Die Kosten des Rechtsstreits tragen ...
3. Dem Beklagten wird die Beschränkung der Haftung auf den Nachlass des ... (Erblasser) vorbehalten. Die Haftungsbeschränkung umfasst auch die Prozesskosten. ◀

Für **vollstreckbare Urkunden** gelten die Ausführungen entsprechend.

[2] Bei einem Ausspruch der Haftungsbeschränkung ist darauf zu achten, ob diese auch den **Kostenanspruch** umfassen soll. Sowohl bei bejahender als auch bei ablehnender Entscheidung ist ein entsprechender Ausspruch im Tenor erforderlich.

Gierl

Variante:

▶ ...

2. Dem Beklagten wird die Beschränkung der Haftung auf den Nachlass des ... (Erblasser) vorbehalten. Die Haftungsbeschränkung umfasst nicht die Prozesskosten. ◀

10 Streitig ist, ob eine **Differenzierung im Tenor** nach den Kosten der eigenen Prozessführung des Erben (die er selbst zu tragen hat) und den vom Vorbehalt erfassten Kosten zu erfolgen hat (idS Zöller/*Stöber* § 780 Rn 7). Da die Frage, welche Kosten von dem Vorbehalt erfasst sind, erst im Verfahren nach § 785 entschieden wird, erübrigt sich zutreffenderweise eine derartige Tenorierung (Musielak/*Lackmann* § 780 Rn 7; Hk-ZPO/*Kindl* § 780 Rn 4).

11 [3] Das Gericht kann sich auf den **Ausspruch des Vorbehalts** allgemein beschränken (OLG Koblenz NJW-RR 2006, 377). Zu einer näheren Prüfung, ob die Einrede berechtigt erhoben worden ist, ist das Gericht nicht verpflichtet (zu den Ausnahmen vgl Hk-ZPO/*Kindl* § 780 Rn 8; Zöller/*Stöber* § 780 Rn 6). Es ist ihm jedoch nicht verwehrt, diese inhaltlich zu prüfen. Wird nach Prüfung der Einrede die Beschränkung der Erbenhaftung verneint, so ist ohne Vorbehalt zu verurteilen.

II. Versagung des Vorbehalts nach inhaltlicher Prüfung

12 **1. Muster: Urteil bei Versagung des Vorbehalts nach inhaltlicher Prüfung**

▶ ...

1. der Beklagte wird verurteilt, ...[1]
2. Die Kosten des Rechtsstreit trägt der Beklagte
3. Ausspruch zur vorläufige Vollstreckung ◀

2. Erläuterungen

13 [1] Bei **Versagung des Vorbehalts** ist dieser in den Entscheidungsgründen darzustellen; ein besonderer Ausspruch im Tenor ist nicht erforderlich (Hk-ZPO/*Kindl* § 780 Rn 8). Eine Verurteilung ohne Vorbehalt hat dann zu erfolgen, sofern das Gericht nach Prüfung das Bestehen der Haftungsbeschränkung verneint (Hk-ZPO/*Kindl* § 780 Rn 9).

III. Bejahung der Haftungsbeschränkung nach inhaltlicher Prüfung

14 **1. Muster: Urteil bei Bejahung der Haftungsbeschränkung nach inhaltlicher Prüfung**

▶ ... der Beklagte wird verurteilt, aus dem Nachlass des Erblassers ... einen Betrag iHv ... EUR[1] an den Kläger zu bezahlen. ◀

2. Erläuterungen und Varianten

15 [1] Nach erfolgter Prüfung der Beschränkung der Erbenhaftung hat **die Verurteilung aus dem Nachlass** zu erfolgen (BayObLG NJW-RR 2000, 306, 308; Hk-ZPO/*Kindl* § 780 Rn 9). Stehen die aus dem Nachlass zu leistenden Gegenstände fest, sind diese im Tenor zu bezeichnen. Beispiel:

Abschnitt 1 | Allgemeine Vorschriften § 781

▶ der Beklagte wird verurteilt, den Pkw ..., Baujahr ..., Fahrgestellnummer ... aus dem Nachlass des Erblassers ... an den Kläger herauszugeben. ◀

IV. Klageabweisung nach erfolgter Prüfung der Haftungsbeschränkung

1. Muster: Urteil bei Klageabweisung nach erfolgter Prüfung der Haftungsbeschränkung

▶ ...

1. Die Klage wird abgewiesen[1]
2. ... ◀

2. Erläuterungen

[1] Eine **Klageabweisung** hat dann zu erfolgen, sofern der Klageanspruch zwar erfolgreich wäre, nach erfolgter Prüfung der Haftungsbeschränkung diese zu bejahen ist, und zudem feststeht, dass keine Nachlassgegenstände vorhanden sind, aus denen sich der Gläubiger befriedigen kann (BayObLG NJW-RR 2000, 306, 308; Hk-ZPO/ *Kindl* § 780 Rn 9).

§ 781 Beschränkte Erbenhaftung in der Zwangsvollstreckung

Bei der Zwangsvollstreckung gegen den Erben des Schuldners bleibt die Beschränkung der Haftung unberücksichtigt, bis auf Grund derselben gegen die Zwangsvollstreckung von dem Erben Einwendungen erhoben werden.

A. Anwaltliche Sicht		[3] Beweislast	4
I. Muster: Klage wegen Unzulässigkeit der Zwangsvollstreckung bei beschränkter Erbenhaftung		[4] Haftungsbeschränkung	5
		[5] Vollstreckungsabwehrklage	6
		[6] Vermeidung der Kostenfolge des § 93	7
II. Erläuterungen			
[1] Zuständigkeit	2	B. Gerichtliche Sicht	
[2] Inhalt der Klage	3		

A. Anwaltliche Sicht

I. Muster: Klage wegen Unzulässigkeit der Zwangsvollstreckung bei beschränkter Erbenhaftung

▶ An das

...gericht ...[1]

Klage

des

...

Prozessbevollmächtigter: ...

gegen

...

Prozessbevollmächtigter: ...

wegen Unzulässigkeit der Zwangsvollstreckung
erhebe ich namens und in Auftrag des ▄▄▄

Klage

und werde beantragen

die Zwangsvollstreckung aus dem Urteil des ▄▄▄ vom ▄▄▄; Az ▄▄▄ in das nicht zum Nachlass des Erblassers ▄▄▄ gehörende Vermögen wird für unzulässig zu erklärt

▄▄▄[2]

Begründung

Der Kläger wendet sich gegen Zwangsvollstreckungsmaßnahmen in sein Eigenvermögen.

Der Kläger ist Alleinerbe des Nachlasses des Erblassers ▄▄▄, gestorben am ▄▄▄.

Beweis: Erbschein des Nachlassgerichts ▄▄▄

Der Beklagte hatte gegen den Erblasser eine Kaufpreisforderung iHv ▄▄▄ EUR, die er nach dem Ableben des Erblasser gegen den Kläger als Erbe des Erblassers vor dem ▄▄▄gericht ▄▄▄; Az ▄▄▄; einklagte. Mit Urteil vom ▄▄▄ wurde der Kläger zur Zahlung des Betrages iHv ▄▄▄ EUR verurteilt. Im Urteil wurde dem Kläger auf entsprechenden Antrag die Beschränkung seiner Haftung gem. § 780 ZPO vorbehalten.

Beweis: Urteil des ▄▄▄gerichts ▄▄▄ vom ▄▄▄; Az ▄▄▄; in Kopie

Mit Beschluss v. ▄▄▄, rechtskräftig seit ▄▄▄, hat das Insolvenzgericht beim AG ▄▄▄ das beantragte Nachlassinsolvenzverfahren mangels Masse gem. § 26 InsO abgelehnt.

Beweis: Beschluss des Insolvenzgerichts ▄▄▄ vom ▄▄▄; Az ▄▄▄; in Kopie

Mit Schreiben vom ▄▄▄ hat der Kläger bereits vor Erhebung der Klage die Einrede der Dürftigkeit des Nachlasses gem. § 1990 BGB erhoben.[3]

Beweis: Schreiben vom ▄▄▄

Durch die Erhebung der Einrede hat der Kläger seine Haftung für die Nachlassverbindlichkeiten wirksam auf den Nachlass des Erblassers ▄▄▄ beschränkt.[4] Eine Haftung mit dem Eigenvermögen des Klägers ist daher nicht gegeben.[5]

Eine vorprozessuale vom Kläger beabsichtigte Einigung mit dem Beklagten dahin gehend, dass dieser sich verpflichtet, Zwangsvollstreckungsmaßnahmen lediglich in den Nachlass durchzuführen, konnte nicht erzielt werden.[6]

Beweis: Schriftverkehr der Parteien in Kopie

Insb. hat der Beklagte seinen Vollstreckungsauftrag gegenüber dem Gerichtsvollzieher ▄▄▄ trotz Aufforderung des Klägers nicht auf den Nachlass beschränkt.[6]

Beweis: schriftliche Mitteilung des Gerichtsvollziehers ▄▄▄ vom ▄▄▄

Gem. §§ 781, 785, 767 ZPO ist daher zur Geltendmachung der Haftungsbeschränkung Klage geboten. ◀

II. Erläuterungen

2 [1] **Zuständig** ist das Gericht des ersten Rechtszugs, das das Vorbehaltsurteil (§ 305) erlassen hat (§§ 781, 785, 767).

3 [2] Es gelten im Übrigen die Ausführungen zu § 253.

[3] Dem Kläger obliegt die **Beweislast** für den Eintritt der Haftungsbeschränkung. 4
[4] Die **Haftungsbeschränkung** wird erst auf entsprechende Erhebung der Einrede im 5
Wege der Vollstreckungsgegenklage gem. §§ 781, 785 in der Zwangsvollstreckung
berücksichtigt.
[5] Der Erbe kann die Klage als **Vollstreckungsabwehrklage** bereits vor Beginn der 6
Zwangsvollstreckung, also vor Durchführung der ersten Vollstreckungsmaßnahme
(Hk-ZPO/*Kindl* vor § 704 Rn 20), erheben.
[6] Zur **Vermeidung der Kostenfolge** des § 93 empfiehlt es sich vorprozessual, den 7
Gläubiger/Beklagten zu einer Beschränkung des Vollstreckungsauftrags aufzufordern.

B. Gerichtliche Sicht

Es gelten die Ausführungen unter Rn 2 ff sowie die §§ 767, 769, 770 entsprechend 8
(vgl § 785).

§ 782 Einreden des Erben gegen Nachlassgläubiger

¹Der Erbe kann auf Grund der ihm nach den §§ 2014, 2015 des Bürgerlichen Gesetzbuchs zustehenden Einreden nur verlangen, dass die Zwangsvollstreckung für die Dauer der dort bestimmten Fristen auf solche Maßregeln beschränkt wird, die zur Vollziehung eines Arrestes zulässig sind. ²Wird vor dem Ablauf der Frist die Eröffnung des Nachlassinsolvenzverfahrens beantragt, so ist auf Antrag die Beschränkung der Zwangsvollstreckung auch nach dem Ablauf der Frist aufrechtzuerhalten, bis über die Eröffnung des Insolvenzverfahrens rechtskräftig entschieden ist.

A. Anwaltliche Sicht	[2] Vollstreckungsabwehrklage .. 3
I. Muster: Klageweise Geltendmachung von Einreden des Erben gegen Nachlassgläubiger bei Zwangsvollstreckung	[3] Formulierung der Anträge 4
	[4] Bezeichnung der Gegenstände 6
	[5] Ende der Beschränkung 7
	[6] Unzulässigerklärung 9
II. Erläuterungen und Varianten	[7] Einstweilige Anordnung 10
[1] Zuständigkeit 2	B. Gerichtliche Sicht

A. Anwaltliche Sicht

I. Muster: Klageweise Geltendmachung von Einreden des Erben gegen Nachlassgläubiger bei Zwangsvollstreckung 1

▶ An das
...gericht ...[1]

Klage

des

...

Prozessbevollmächtigter: ...

gegen

...

Prozessbevollmächtigter: ...
wegen Unzulässigkeit der Zwangsvollstreckung
erhebe ich namens und in Auftrag des ...

Klage[2]

und werde beantragen[3]

1. Die Versteigerung oder sonstige Verwertung folgender aufgrund des Urteils des ... gerichts ... vom ...; Az ...; gepfändeten Gegenstände ...[4] wird bis zum Ablauf des ...[5] für unzulässig erklärt.[6]
2. Die Zwangsvollstreckung aus dem Urteil des ... gerichts ... vom ...; Az ...; wird ohne Anordnung der Sicherheitsleistung, hilfsweise gegen Sicherheitsleistung, eingestellt.[7]

Begründung[6]

Der Kläger wendet sich mit der Klage gegen Zwangsvollstreckungsmaßnahmen wegen Nachlassverbindlichkeiten.

Der Beklagte erwirkte gegen den Kläger als Erben des ... am ... ein Urteil des ... gerichts ...; Az ...; wegen einer Forderung gegen den Erblasser iHv ... EUR. In dem vorbezeichneten Urteil wurde dem Kläger die Beschränkung seiner Haftung vorbehalten.

Beweis: Urteil des ... gerichts ...; Az ...; in Kopie

Der Kläger hat die Erbschaft mit Erklärung zu Protokoll des Nachlassgerichts ... am ... angenommen.

Aufgrund des Urteils des ... gerichts ... pfändete der Gerichtsvollzieher ... am ... folgende Gegenstände ...

Beweis: Vollstreckungsprotokoll des Gerichtsvollziehers ... vom ...

Die öffentliche Versteigerung der genannten Gegenstände ist zum ... angesetzt.

Beweis: Öffentliche Bekanntmachung in der Zeitung ... vom ...

Der Kläger erhebt die Dreimonatseinrede iSd § 2014 BGB. Bis zum Ablauf des ... ist gemäß § 2014 BGB, § 782 S. 1 ZPO eine Verwertung der gepfändeten Gegenstände nicht zulässig.

Die Zwangsvollstreckung aus dem bezeichneten Urteil ist zudem gem. §§ 769, 770 ZPO einzustellen. ◄

II. Erläuterungen und Varianten

2 [1] **Zuständig** ist das Gericht des ersten Rechtszugs, das das Vorbehaltsurteil (§ 305) erlassen hat (§§ 782, 785, 767).

3 [2] Die Einreden der §§ 2014, 2015 BGB sind gem. § 785 in **Form** der Vollstreckungsabwehrklage zu erheben (vgl dazu Hk-ZPO/*Kindl* § 785 Rn 3; Musielak/*Lackmann* 785 Rn 5 f; § 782 Rn 3).

4 [3] Die **Formulierung der Anträge** wird durch die angegriffene Vollstreckungsmaßnahme sowie durch die Sicherungsmaßnahmen der Arrestvollziehung (§§ 930–932) bedingt (vgl Zöller/*Stöber* § 782 Rn 1).

Beispiele: 5

1. **Dreimonatseinrede** gem. § 2014 BGB

a) **Klageantragvarianten** nach Zöller/*Stöber* § 782 Rn 1 nach dem **Vollstreckungsgegenstand**

aa) bei **Pfändung von Geld** (§ 782 iVm § 930 Abs. 2)

▶ Das aufgrund des Urteils des ... vom ..., Az ..., bei dem Kläger gepfändete Geld iHv ... EUR ist zu hinterlegen. ◀

bb) bei **Herausgabe bestimmter Gegenstände** gem. § 883

▶ Die aufgrund des Urteils des ... vom ..., Az ..., zu erfolgende Herausgabe des Gegenstandes ... an den ... wird bis zum ... für unzulässig erklärt. ◀

Alternativ:

▶ Aus dem Urteil des ... vom ..., Az ..., ist bis zum ... nur die Pfändung/Wegnahme des Gegenstandes .../Eintragung einer Zwangshypothek in das Grundstück ..., nicht jedoch darüber hinaus die Verwertung/Herausgabe an den Beklagten zulässig (Zöller/*Stöber* § 782 Rn 1). ◀

b) Klageantrag nach NK-BGB/*Krug* § 2014 Rn 12

▶ Die Zwangsvollstreckung aus dem Urteil des ... vom ..., Az ..., wird – soweit sie über reine Sicherungsmaßnahmen hinausgeht – für die Zeit bis ... für unzulässig erklärt. ◀

2. **Einrede des Aufgebotsverfahrens** (§ 2015); NK-/BGB/*Krug* § 2015 Rn 11.

▶ Die Zwangsvollstreckung aus dem Urteil des ... vom ...; Az ...; wird – soweit sie über reine Sicherungsmaßnahmen hinausgeht – für die Zeit bis zum Abschluss des beim Amtsgericht ..., Az ..., betriebenen Verfahrens zum Aufgebot des Nachlassgläubigers in der Nachlasssache ... für unzulässig erklärt. ◀

[4] Für die **Bezeichnung der Gegenstände** gilt der Bestimmtheitsgrundsatz iSd § 253. 6

[5] Da die Beschränkung ohne Weiteres mit dem Ablauf der **Fristen** endet und die 7
Zwangsvollstreckung nach Fristablauf fortgesetzt wird, ist in dem Antrag die Frist **genau zu bestimmen**. Dies erfordert bei § 2014 BGB eine Bestimmung nach dem Kalender. Da bei § 2015 BGB eine genaue Zeitangabe nicht möglich ist, ist allgemein auf den Abschluss des Aufgebotsverfahrens abzustellen.

Gemäß § 782 S. 2 kann – sofern vor Ablauf der gem. S. 1 gesetzten Frist Nachlassinsolvenz beantragt worden ist – im **Klageweg** iSd § 785 die gem. S. 2 gesetzte **Frist verlängert** werden. **Formulierungsbeispiel** (vgl auch Zöller/*Stöber* § 782 Rn 3): 8

▶ Die mit Urteil des ..., vom ...; Az ...; angeordnete Beschränkung der Zwangsvollstreckung bleibt über die darin bestimmte Frist ... hinaus bis zur Entscheidung über den Antrag auf Eröffnung des Insolvenzverfahrens über den Nachlass des ... aufrechterhalten. ◀

[6] Es gelten im Hinblick auf § 785 die Ausführungen zu § 767 entsprechend. 9

[7] Der Antrag bzgl des Erlasses **einstweiliger Anordnungen** beruht auf §§ 785, 769, 10
770.

B. Gerichtliche Sicht

11 Es gelten die Ausführungen unter Rn 2 ff sowie die §§ 767, 769, 770 entsprechend (vgl § 785).

§ 783 Einreden des Erben gegen persönliche Gläubiger

In Ansehung der Nachlassgegenstände kann der Erbe die Beschränkung der Zwangsvollstreckung nach § 782 auch gegenüber den Gläubigern verlangen, die nicht Nachlassgläubiger sind, es sei denn, dass er für die Nachlassverbindlichkeiten unbeschränkt haftet.

A. Anwaltliche Sicht
   I. Muster: Geltendmachung von Einreden des Erben gegen persönliche Gläubiger
   II. Erläuterungen
[1] Antragsinhalt 2
[2] Anwendungsbereich 3
[3] Darlegungs-/Beweislast 4
B. Gerichtliche Sicht

A. Anwaltliche Sicht

1 I. Muster: Geltendmachung von Einreden des Erben gegen persönliche Gläubiger

▶ ... und werde beantragen[1]

1. Die Verwertung der gepfändeten Gegenstände ... ist unzulässig.
2. Die Zwangsvollstreckung aus dem Urteil des ...gerichts ... vom ...; Az ...; wird ohne Anordnung der Sicherheitsleistung, hilfsweise gegen Sicherheitsleistung, eingestellt.

Begründung

Der Kläger wendet sich als Erbe des Erblassers ... gegen Zwangsvollstreckungsmaßnahmen in den Nachlass des ...

Der Beklagte erwirkte am ... ein Urteil des ...gerichts vom ...; Az ...; gegen den Kläger wegen einer Forderung iHv ...EUR. Bei dieser Forderung handelt es sich um eine persönliche Schuld des Klägers, jedoch nicht um eine Nachlassverbindlichkeit.[2]

Beweis: Urteil des ...gerichts vom ...; Az ...; in Kopie

Der Kläger hat die Erbschaft mit Erklärung zu Protokoll des Nachlassgerichts ... am ... angenommen.[3]

Beweis: Erklärung zu Protokoll des Nachlassgerichts ... vom ...

Aufgrund des Urteil des ...gerichts ... pfändete der Gerichtsvollzieher ... am ... folgende Gegenstände ... .

Beweis: Vollstreckungsprotokoll des Gerichtsvollziehers ... vom ...

Die vorgenannten Gegenstände gehören jedoch zum Nachlass des Erblassers ...[3]

Beweis: Zeuge ...

Die öffentliche Versteigerung der genannten Gegenstände ist zum ... angesetzt.

Beweis: Öffentliche Bekanntmachung in der Zeitung ... vom ...

Der Kläger erhebt die Dreimonatseinrede iSd § 2014 BGB.[3] Bis zum Ablauf des ...[3] ist gemäß § 2014 BGB, § 782 S. 1 ZPO eine Verwertung der gepfändeten Gegenstände nicht zulässig. ◄

II. Erläuterungen

[1] Es gelten grundsätzlich die **Ausführungen zu § 782** entsprechend. 2

[2] Der **Anwendungsbereich des § 783** ist für den Fall eröffnet, dass persönliche 3 Gläubiger des Erben in den Nachlass vollstrecken. Bei Vollstreckung von Nachlassgläubigern findet hingegen § 782 Anwendung.

[3] Der Kläger (als Schuldner) hat die **Darlegungs-/Beweislast** dafür, dass es sich bei 4 dem Gegenstand, in die der Beklagte vollstreckt, um einen **Nachlassgegenstand** handelt. Zugleich obliegt dem Kläger die Darlegungs-/Beweislast, dass die **Schutzfristen** des § 782 iVm §§ 2014, 2015 BGB noch nicht abgelaufen sind. Dem **Beklagten** (Gläubiger) hingegen obliegt die Darlegungs-/Beweislast für die **unbeschränkte Haftung des Klägers** (§ 783 Hs 2).

B. Gerichtliche Sicht

Es gelten die Ausführungen unter Rn 2 ff sowie die §§ 767, 769, 770 entsprechend 5 (vgl § 785).

§ 784 Zwangsvollstreckung bei Nachlassverwaltung und -insolvenzverfahren

(1) Ist eine Nachlassverwaltung angeordnet oder das Nachlassinsolvenzverfahren eröffnet, so kann der Erbe verlangen, dass Maßregeln der Zwangsvollstreckung, die zugunsten eines Nachlassgläubigers in sein nicht zum Nachlass gehörendes Vermögen erfolgt sind, aufgehoben werden, es sei denn, dass er für die Nachlassverbindlichkeiten unbeschränkt haftet.

(2) Im Falle der Nachlassverwaltung steht dem Nachlassverwalter das gleiche Recht gegenüber Maßregeln der Zwangsvollstreckung zu, die zugunsten eines anderen Gläubigers als eines Nachlassgläubigers in den Nachlass erfolgt sind.

A. Anwaltliche Sicht
  I. Muster: Antrag des Erben auf Unzulässigerklärung der Zwangsvollstreckung bei Haftungsbeschränkung
  II. Erläuterungen
    [1] Antragsinhalt 2
    [2] Abfassung des Klageantrags/der Urteilsformel 3
    [3] Darlegungs-/Beweislast 4
    [4] Vorbehalt der beschränkten Haftung 5
    [5] Erbenstellung des Klägers 6
    [6] Anwendungsbereich der Vorschrift 7
B. Gerichtliche Sicht

A. Anwaltliche Sicht

I. Muster: Antrag des Erben auf Unzulässigerklärung der Zwangsvollstreckung bei Haftungsbeschränkung

▶ ...[1] werde ich beantragen

Die Zwangsvollstreckung in die von dem Gerichtsvollzieher ... aufgrund des Urteils des ...gerichts ... vom ...; Az ...; gepfändeten Gegenstände ... ist unzulässig.[2]

Begründung

Der Kläger wendet sich als Erbe des Erblassers ... gegen Zwangsvollstreckungsmaßnahmen des Beklagten als Gläubiger des Nachlass des Erblassers ... in das Eigenvermögen des Klägers.

Der Beklagte erwirkte am ... ein Urteil des ...gerichts vom ...; Az ...; gegen den Kläger wegen einer Forderung iHv ... EUR. Bei dieser Forderung handelt es sich um eine Nachlassverbindlichkeit bzgl des Nachlasses des Erblassers ....[3] Dem Kläger wurde in dem vorgenannten Urteil die Beschränkung seiner Haftung vorbehalten.[4]

Beweis: Urteil des ...gerichts ... vom ...; Az ...; die Beiziehung der Akte wird ausdrücklich beantragt

Der Kläger hat die Erbschaft mit Erklärung zu Protokoll des Nachlassgerichts ... am ... angenommen.[5]

Beweis: Erklärung zu Protokoll des Nachlassgerichts ... vom ...

Aufgrund des Urteils des ...gerichts ... pfändete der Gerichtsvollzieher ... am ... folgende Gegenstände ....

Beweis: Vollstreckungsprotokoll des Gerichtsvollziehers ... vom ...

Die vorgenannten Gegenstände gehören jedoch zum Eigenvermögen des Klägers.[5]

Beweis: Zeuge ...

Im Nachgang zur Pfändung[6] ordnete das Nachlassgericht ... mit Beschluss vom ... Nachlassverwaltung iSd §§ 1975, 1981 BGB bzgl des Nachlasses des Erblassers ... an.

Beweis: Beschluss des Nachlassgerichts vom ...; Az ...

Der Kläger erhebt ausdrücklich die Einrede iSd § 784 ZPO. Die Zwangsvollstreckung in das Eigenvermögen des Klägers aufgrund der Nachlassverbindlichkeit des Erblassers ... ist nach erfolgter Anordnung der Nachlassverwaltung unzulässig. ◀

II. Erläuterungen

[1] Es gelten die Ausführungen zu §§ 781, 782 entsprechend.

[2] Die **Abfassung des Klageantrags/der Urteilsformel** hat sich an § 775 Nr. 1 auszurichten. Eines gesonderten Antrags auf Aufhebung der Zwangsvollstreckungsmaßnahmen bedarf es nicht (vgl dazu § 776).

[3] Dem **Kläger** obliegt die **Darlegungs-/Beweislast**, dass wegen einer Nachlassverbindlichkeit vollstreckt wird, dass die Vollstreckung in einen Gegenstand erfolgt, der zu seinem Eigenvermögen gehört, sowie dass Nachlassverwaltung angeordnet bzw dass das Nachlassinsolvenzverfahren eröffnet worden ist. Der **Beklagte** hingegen hat die Darlegungs-/Beweislast, dass der Erbe für die Nachlassverbindlichkeit unbeschränkt haftet.

Abschnitt 1 | Allgemeine Vorschriften § 785

[4] Die Klage des Schuldners ist nur dann erfolgreich, wenn der **Vorbehalt der beschränkten Haftung** in dem der Zwangsvollstreckung zugrunde liegenden Urteil aufgenommen worden ist (Zöller/*Stöber* § 784 Rn 2; BL/*Hartmann* § 784 Rn 2). 5

[5] Die Vorschrift setzt voraus, dass der **Kläger Erbe** bzgl des Erblassers ist, dessen Gläubiger nunmehr in das Eigenvermögen des Klägers vollstrecken. 6

[6] Der **Anwendungsbereich der Vorschrift** ist nur dann eröffnet, wenn die Anordnung der Nachlassverwaltung bzw die Eröffnung des Nachlassinsolvenzverfahrens **nach Durchführung einer Zwangsvollstreckungsmaßnahme** erfolgt ist. Andernfalls finden §§ 781, 785 Anwendung. 7

B. Gerichtliche Sicht

Es gelten die Ausführungen unter Rn 2 ff sowie die §§ 767, 769, 770 entsprechend (vgl § 785). 8

§ 785 Vollstreckungsabwehrklage des Erben

Die auf Grund der §§ 781 bis 784 erhobenen Einwendungen werden nach den Vorschriften der §§ 767, 769, 770 erledigt.

A. Anwaltliche Sicht	B. Gerichtliche Sicht	
I. Muster: Vollstreckungsabwehrklage des Erben	I. Muster: Tenor der die Zwangsvollstreckung für unzulässig erklärenden Entscheidung	
II. Erläuterungen	II. Erläuterungen	
[1] Zuständigkeit 2	[1] Grundsätze	7
[2] Klageziel 3	[2] Kostenentscheidung	8
[3] Klagehäufung 5	[3] Vorläufige Vollstreckbarkeit .	9
	[4] Prüfungspunkte	10

A. Anwaltliche Sicht

I. Muster: Vollstreckungsabwehrklage des Erben 1

▶ An das

...gericht ...[1]

Klage

des ...

Prozessbevollmächtigter: ...

gegen ...

Prozessbevollmächtigter: ...

wegen Unzulässigkeit der Zwangsvollstreckung

erhebe ich namens und in Auftrag des ...

Klage

und beantrage

Gierl 309

1. die Zwangsvollstreckung aus dem Urteil des ___gerichts ___ vom ___; Az ___; in das nicht zum Nachlass des Erblassers ___ gehörende Vermögen für unzulässig zu erklären.[2]
2. [3]die Pfändung des zum Nachlass des Erblassers ___ gehörenden Gegenstandes ___ für unzulässig zu erklären.[2] ◄

II. Erläuterungen

2 [1] Durch die Verweisung in § 785 auf § 767 ergibt sich die generelle Zuständigkeit des Prozessgerichts erster Instanz für Klagen, mit denen die Einwendungen der §§ 781–784 erhoben werden.

3 [2] Soweit das **Klageziel** darauf gerichtet ist, den titulierten Anspruch ganz, zeitweise oder für eine bestimmte Zeit (§ 782) anzugreifen, liegt eine **Vollstreckungsabwehrklage** iSd § 767 iVm § 785 vor.

4 Ist die Klage auf die Unzulässigkeit einer Vollstreckungsmaßnahme in einen **bestimmten Gegenstand** gerichtet, liegt begrifflich eine **Drittwiderspruchsklage** iSd § 771 vor, die jedoch gem. der Verweisung in § 785 als Vollstreckungsabwehrklage behandelt wird. Dies hat zur Folge, dass für die Einwendungen iSd §§ 781–784 die Zuständigkeit des Prozessgerichts des ersten Rechtszugs begründet wird.

5 [3] Die beiden Anträge können im Wege einer Klagehäufung iSd § 260 ZPO miteinander verbunden werden (Hk-ZPO/*Kindl* § 785 Rn 3; Musielak/*Lackmann* § 785 Rn 3).

B. Gerichtliche Sicht

I. Muster: Tenor der die Zwangsvollstreckung für unzulässig erklärenden Entscheidung

▶ ___

1. [1] a) Die Zwangsvollstreckung aus dem Urteil des ___gerichts ___ vom ___; Az ___; in das nicht zum Nachlass des Erblassers ___ gehörende Vermögen wird für unzulässig erklärt.
   b) Die Pfändung des zum Nachlass des Erblassers ___ gehörenden Gegenstandes ___ wird für unzulässig erklärt.
2. Die Kosten des Rechtsstreits trägt der Beklagte.[2]
3. Das Urteil ist gegen Sicherheitsleistung iHv ___ EUR vorläufig vollstreckbar.[3]

Begründung[4]

___ ◄

II. Erläuterungen

7 [1] Es gelten die **Grundsätze für die Abfassung der Klageanträge**.

8 [2] Die **Kostenentscheidung** bestimmt sich nach §§ 91 ff.

9 [3] Im Hinblick auf § 775 Nr. 1 gelten die Ausführungen zu §§ 767, 771 entsprechend (vgl dazu näher Hk-ZPO/*Kindl* § 767 Rn 25, § 771 Rn 23).

[4] Die **Prüfungspunkte** haben sich an dem begehrten **Klageziel** auszurichten: 10
a) Zulässigkeit der Klage
   aa) Allgemeine Voraussetzungen des § 767.
   bb) Rechtsschutzbedürfnis
   Zu beachten ist, dass bei Fehlen des Vorbehalts in dem zu vollstreckenden Titel streitig ist, ob die Klage als unzulässig (MüKo-ZPO/K. *Schmidt/Brinkmann* § 785 Rn 12 mit Fn 20; Musielak/*Lackmann* § 785 Rn 5) oder als unbegründet (Hk-ZPO/*Kindl* § 785 Rn 4) abzuweisen ist.
b) Begründetheit der Klage
   aa) Vorliegen
      – der Aktivlegitimation bei Klage von Erbe, Nachlassverwalter, Testamentsvollstrecker
      – der Passivlegitimation durch Klage gegen Titelgläubiger
   bb) Vortrag einer Einwendung iSd §§ 781 ff (§ 767 Abs. 2 findet dabei keine Anwendung).
   cc) Kein Ausschluss nach § 767 Abs. 3.

§ 786 Vollstreckungsabwehrklage bei beschränkter Haftung

(1) Die Vorschriften des § 780 Abs. 1 und der §§ 781 bis 785 sind auf die nach § 1489 des Bürgerlichen Gesetzbuchs eintretende beschränkte Haftung, die Vorschriften des § 780 Abs. 1 und der §§ 781, 785 sind auf die nach den §§ 1480, 1504, 1629 a, 2187 des Bürgerlichen Gesetzbuchs eintretende beschränkte Haftung entsprechend anzuwenden.

(2) Bei der Zwangsvollstreckung aus Urteilen, die bis zum Inkrafttreten des Minderjährigenhaftungsbeschränkungsgesetzes vom 25. August 1998 (BGBl. I S. 2487) am 1. Juli 1999 ergangen sind, kann die Haftungsbeschränkung nach § 1629 a des Bürgerlichen Gesetzbuchs auch dann geltend gemacht werden, wenn sie nicht gemäß § 780 Abs. 1 dieses Gesetzes im Urteil vorbehalten ist.

A. Muster: Klage wegen beschränkter Minderjährigenhaftung nach § 1629 a BGB	[3] Haftungsbeschränkung	4
	[4] Einstweiliger Rechtsschutz	5
	[5] Schaffung des Titels nach Eintritt der Volljährigkeit	6
B. Erläuterungen		
[1] Zuständigkeit	2	
	[6] Rechenschaftspflicht	7
[2] Übersicht	3	

A. Muster: Klage wegen beschränkter Minderjährigenhaftung nach § 1629 a BGB 1

▶ An das
... gericht ... [1]
in Sachen[2]

...

gegen

Ich werde beantragen:
Die Zwangsvollstreckung aus dem Urteil des ...gerichts ... vom ..., Az ..., in das bei Eintritt der Volljährigkeit des Klägers am ... noch nicht vorhandene Vermögen sowie in den Pkw der Marke ..., Fahrzeugidentifikationsnummer ..., wird für unzulässig erklärt.[3]
Ich beantrage, vorab ohne mündliche Verhandlung im Wege der einstweiligen Anordnung zu beschließen:[4]
Die Zwangsvollstreckung aus dem Urteil des ...gerichts ... vom ..., Az ..., in den Pkw der Marke ..., Fahrzeugidentifikationsnummer ..., wird einstweilen eingestellt und die Aufhebung der Pfändung gegen Sicherheitsleistung wird angeordnet.

Begründung
Der Kläger macht mit dieser Klage seine beschränkte Minderjährigenhaftung geltend. Der Kläger wurde mit dem im Tenor genannten Versäumnisurteil zur Zahlung von ... verurteilt. Der Kläger war zu diesem Zeitpunkt noch minderjährig;[5] er wurde gemäß § 1629 Abs. 1 BGB von seinen Eltern vertreten. Der Kläger wurde am ... volljährig. Der Kläger macht nunmehr gemäß §§ 786 Abs. 1, 780 Abs. 1 ZPO die Beschränkung seiner Haftung geltend. (vgl hierzu Hk-BGB/*Kemper* § 1629 a Rn 13). Bei der titulierten Forderung – es waren Telekommunikationsgebühren in enormer Höhe – handelt es sich um eine Verbindlichkeit im Sinne von § 1629a Abs. 1 BGB. Die Verbindlichkeit unterfällt auch nicht dem § 1629a Abs. 2 BGB (Rechtsgeschäfte im Zusammenhang mit einem Erwerbsgeschäft beziehungsweise zur Befriedigung persönlicher Bedürfnisse). ... Die Haftungsbeschränkung ist deshalb gerechtfertigt. Der von der Beklagten gepfändete Pkw ist kein Vermögen, das im Zeitpunkt der Volljährigkeit des Klägers (schon) vorhanden war. Der Pkw wurde erst nachträglich erworben. Vorsorglich wird darauf hingewiesen, dass die Beklagte als Vollstreckungsgläubigerin darlegungs- und beweispflichtig dafür ist, dass das Vollstreckungsobjekt Vermögen ist, das zum Zeitpunkt der Volljährigkeit vorhanden war (Hk-BGB/*Kemper* § 1629 a Rn 11). [6] Die Vermutung des § 1629 a Abs. 4 S. 2 BGB kommt bei der vorliegend titulierten Verbindlichkeit nicht zum Tragen.
Zum Antrag nach §§ 785, 769 ZPO: ...

...

Rechtsanwalt ◄

B. Erläuterungen

2 [1] **Zuständigkeit.** Vgl hierzu § 767 Abs. 1, auf den die §§ 768 Abs. 1, 785 verweisen.

3 [2] **Übersicht.** Im Rahmen von § 1629 a BGB sind folgende Konstellationen zu unterscheiden:

– Im Prozess:
Klage gegen den Minderjährigen: Haftungsbegrenzung bzw entsprechender Vorbehalt können noch nicht geltend gemacht werden (MüKo-BGB/Huber § 1629 a Rn 34; Hk-BGB/Kemper § 1629 a Rn 9; aA *Karsten Schmidt* Minderjährigen-Haftungsbeschränkung im Unternehmensrecht: Funktioniert das? JuS 2004, 361, 365, das Unterlassen eines Antrags auf Vorbehalt hat aber keine Präklusionswirkung)

Klage gegen den volljährig Gewordenen: Geltendmachung der Einrede der beschränkten Haftung ist geboten, wenn es sich um eine Verbindlichkeit iSv § 1629a Abs. 1 S. 1 BGB handelt, die nicht einen der Ausnahmetatbestände des § 1629a Abs. 2 BGB erfüllt.

Die erfolgreich erhobene Einrede führt zu (vgl Hk-BGB/Kemper § 1629a Rn 13):
- Klageabweisung oder
- Vorbehalt im Urteil (§§ 780, 786) oder
- Verurteilung zu – nach entsprechender Antragsumstellung – zur Duldung der Zwangsvollstreckung in bestimmte (bei Eintritt der Volljährigkeit schon vorhandene) Gegenstände bzgl der Klageforderung (vgl hierzu BeckOK/Veit § 1629a Rn 32)

Wird also der (mittlerweile) Volljährige wegen einer Verbindlichkeit aus der Zeit seiner Minderjährigkeit verklagt – anders im Musterfall, in dem der Tittel bereits zur Zeit der Minderjährigkeit erwirkt wurde -, so muss er im Prozess die Einrede der Haftungsbeschränkung erheben:

▶ **Anträge:**

Dem Beklagten bleibt die Beschränkung der Haftung auf den Bestand des bei Eintritt seiner Volljährigkeit am ... vorhandenen Vermögens vorbehalten (§§ 780 Abs. 1, 786 Abs. 1 ZPO). Der Vorbehalt umfasst auch die Prozesskosten.

Gründe

Bei der Klageforderung handelt es sich um eine Verbindlichkeit des Beklagten iSv § 1629a Abs. 1 BGB, die auch keinen Ausnahmetatbestand des § 1629a Abs. 2 BGB erfüllt ... ◀

Es liegt im Ermessen des Gerichts, ob es endgültig über die Haftungsbeschränkung entscheidet, oder ob es nur den Vorbehalt in die Entscheidung aufnimmt (vgl BGH NJW-RR 2010, 664 zur beschränkten Erbenhaftung).

- In der Zwangsvollstreckung:

Zwangsvollstreckung gegen den (noch) Minderjährigen:
die Haftungsbeschränkung wirkt sich noch nicht aus

Zwangsvollstreckung gegen den volljährig Gewordenen:
Titel aus der Zeit seiner Minderjährigkeit (vgl Musterfall): da die Haftungsbeschränkung somit erst nach der Erwirkung des Titels eingetreten ist, kann sie gemäß §§ 786, 785 im Wege der Vollstreckungsabwehrklage (§ 767) geltend gemacht werden.

Titel aus der Zeit nach Eintritt der Volljährigkeit: da die Haftungsbeschränkung somit bereits im Zeitpunkt der Erwirkung des Titels geltend gemacht werden konnte, kann die Haftungsbeschränkung im Rahmen der Zwangsvollstreckung nur geltend gemacht werden, wenn sie im Urteil vorbehalten ist (§§ 786 Abs. 1, 780 Abs. 1). Eine Ausnahme gilt dann, wenn das Urteil vor dem 1.7.1999 – erst zu diesem Zeitpunkt ist das Minderjährigenhaftungsbeschränkungsgesetz in Kraft getreten – ergangen ist (§ 780 Abs. 2).

[3] **Haftungsbeschränkung.** Kläger ist hier der (**mittlerweile**) **Volljährige**. Nur für ihn wirkt die Haftungserleichterung. Der (noch) Minderjährige kann uneingeschränkt in Anspruch genommen werden (Hk-BGB/*Kemper* § 1629 Rn 9). § 1629a BGB schützt

4

nicht den Minderjährigen vor Schulden, sondern es schützt den volljährig Gewordenen vor dem Zugriff der Altgläubiger auf das erst ab Eintritt der Volljährigkeit erworbene Vermögen (*Karsten Schmidt* Minderjährigen-Haftungsbeschränkung im Unternehmensrecht: Funktioniert das? JuS 2004, 361).

5 [4] **Einstweiliger Rechtsschutz.** Vgl hierzu § 769, auf den die §§ 786, 785 verweisen.
6 [5] **Schaffung des Titels nach Eintritt der Volljährigkeit.** Es ist zu unterscheiden, ob der **Titel noch während der Minderjährigkeit** (so im Muster) oder erst nach Eintritt der Volljährigkeit (vgl die Übersicht unter Rn 3) geschaffen wird (vgl im Einzelnen MüKo-BGB/*Huber* § 1629 a Rn 34 und OLG Köln NJW-RR 2010, 1447).
7 [6] **Rechenschaftspflicht.** Zu dieser Pflicht des volljährig Gewordenen vgl BeckOK BGB/*Veit* § 1629 a Rn 16 und MüKo-BGB/*Huber* § 1629 a Rn 35.
8 Zu den **Gebühren** siehe Hk-ZPO/*Kindl* § 767 Rn 26 und § 769 Rn 9.

§ 786 a See- und binnenschifffahrtsrechtliche Haftungsbeschränkung

(1) Die Vorschriften des § 780 Abs. 1 und des § 781 sind auf die nach § 611 Absatz 1 oder 3, §§ 612 bis 616 des Handelsgesetzbuchs oder nach den §§ 4 bis 5 m des Binnenschifffahrtsgesetzes eintretende beschränkte Haftung entsprechend anzuwenden.
(2) Ist das Urteil nach § 305 a unter Vorbehalt ergangen, so gelten für die Zwangsvollstreckung die folgenden Vorschriften:
1. Wird die Eröffnung eines Seerechtlichen oder eines Binnenschifffahrtsrechtlichen Verteilungsverfahrens nach der Schifffahrtsrechtlichen Verteilungsordnung beantragt, an dem der Gläubiger mit dem Anspruch teilnimmt, so entscheidet das Gericht nach § 5 Abs. 3 der Schifffahrtsrechtlichen Verteilungsordnung über die Einstellung der Zwangsvollstreckung; nach Eröffnung des Seerechtlichen Verteilungsverfahrens sind die Vorschriften des § 8 Abs. 4 und 5 der Schifffahrtsrechtlichen Verteilungsordnung, nach Eröffnung des Binnenschifffahrtsrechtlichen Verteilungsverfahrens die Vorschriften des § 8 Abs. 4 und 5 in Verbindung mit § 41 der Schifffahrtsrechtlichen Verteilungsordnung anzuwenden.
2. ¹Ist nach Artikel 11 des Haftungsbeschränkungsübereinkommens (§ 611 Absatz 1 Satz 1 des Handelsgesetzbuchs) von dem Schuldner oder für ihn ein Fonds in einem anderen Vertragsstaat des Übereinkommens errichtet worden, so sind, sofern der Gläubiger den Anspruch gegen den Fonds geltend gemacht hat, die Vorschriften des § 50 der Schifffahrtsrechtlichen Verteilungsordnung anzuwenden. ²Hat der Gläubiger den Anspruch nicht gegen den Fonds geltend gemacht oder sind die Voraussetzungen des § 50 Abs. 2 der Schifffahrtsrechtlichen Verteilungsordnung nicht gegeben, so werden Einwendungen, die auf Grund des Rechts auf Beschränkung der Haftung erhoben werden, nach den Vorschriften der §§ 767, 769, 770 erledigt; das Gleiche gilt, wenn der Fonds in dem anderen Vertragsstaat erst bei Geltendmachung des Rechts auf Beschränkung der Haftung errichtet wird.
3. ¹Ist von dem Schuldner oder für diesen ein Fonds in einem anderen Vertragsstaat des Straßburger Übereinkommens über die Beschränkung der Haftung in der Binnenschifffahrt – CLNI (BGBl. 1988 II S. 1643) errichtet worden, so ist, sofern der

Gläubiger den Anspruch gegen den Fonds geltend gemacht hat, § 52 der Schifffahrtsrechtlichen Verteilungsordnung anzuwenden. ²Hat der Gläubiger den Anspruch nicht gegen den Fonds geltend gemacht oder sind die Voraussetzungen des § 52 Abs. 3 der Schifffahrtsrechtlichen Verteilungsordnung nicht gegeben, so werden Einwendungen, die auf Grund des Rechts auf Beschränkung der Haftung nach den §§ 4 bis 5m des Binnenschifffahrtsgesetzes erhoben werden, nach den Vorschriften der §§ 767, 769, 770 erledigt; das Gleiche gilt, wenn der Fonds in dem anderen Vertragsstaat erst bei Geltendmachung des Rechts auf Beschränkung der Haftung errichtet wird.

(3) Ist das Urteil eines ausländischen Gerichts unter dem Vorbehalt ergangen, dass der Beklagte das Recht auf Beschränkung der Haftung geltend machen kann, wenn ein Fonds nach Artikel 11 des Haftungsbeschränkungsübereinkommens oder nach Artikel 11 des Straßburger Übereinkommens über die Beschränkung der Haftung in der Binnenschifffahrt errichtet worden ist oder bei Geltendmachung des Rechts auf Beschränkung der Haftung errichtet wird, so gelten für die Zwangsvollstreckung wegen des durch das Urteil festgestellten Anspruchs die Vorschriften des Absatzes 2 entsprechend.

§ 787 Zwangsvollstreckung bei herrenlosem Grundstück oder Schiff

(1) Soll durch die Zwangsvollstreckung ein Recht an einem Grundstück, das von dem bisherigen Eigentümer nach § 928 des Bürgerlichen Gesetzbuchs aufgegeben und von dem Aneignungsberechtigten noch nicht erworben worden ist, geltend gemacht werden, so hat das Vollstreckungsgericht auf Antrag einen Vertreter zu bestellen, dem bis zur Eintragung eines neuen Eigentümers die Wahrnehmung der sich aus dem Eigentum ergebenden Rechte und Verpflichtungen im Zwangsvollstreckungsverfahren obliegt.

(2) Absatz 1 gilt entsprechend, wenn durch die Zwangsvollstreckung ein Recht an einem eingetragenen Schiff oder Schiffsbauwerk geltend gemacht werden soll, das von dem bisherigen Eigentümer nach § 7 des Gesetzes über Rechte an eingetragenen Schiffen und Schiffsbauwerken vom 15. November 1940 (RGBl. I S. 1499) aufgegeben und von dem Aneignungsberechtigten noch nicht erworben worden ist.

A. Anwaltliche Sicht
   I. Muster: Antrag auf Bestellung eines besonderen Vollstreckungsvertreters
   II. Erläuterungen
      [1] Bestellung während des Prozesses 2
      [2] Titelumschreibung 3

B. Gerichtliche Sicht
   I. Muster: Beschluss zur Bestellung eines besonderen Vollstreckungsvertreters
   II. Erläuterungen
      [1] Entscheidung durch den Rechtspfleger 5
      [2] Entscheidungsbegründung 6

A. Anwaltliche Sicht

I. Muster: Antrag auf Bestellung eines besonderen Vollstreckungsvertreters

▶ An das

Amtsgericht ...

– Vollstreckungsgericht –

Betreff: Bestellung eines besonderen Vollstreckungsvertreters gem. § 789 ZPO

Namens und im Auftrag des Vollstreckungsgläubigers ... beantrage ich zur Durchführung der Zwangsvollstreckung in das Grundstück ... bis zur Eintragung eines neuen Eigentümers die Bestellung eines besonderen Vertreters gem. § 787 Abs. 1 ZPO.

Begründung

Der Antragsteller erwirkte als Kläger einen Vollstreckungstitel gegen den bisherigen Eigentümer ... des Grundstücks ... zur Zwangsvollstreckung in das vorbezeichnete Grundstück.

Beweis: Urteil des ...gerichts ... vom ...; Az ...

Nach Urteilserlass[1] hat der vormalige Eigentümer ... durch Erklärung dem Grundbuchamt ... gegenüber auf das Grundstück verzichtet. Der Verzicht wurde am ... in das Grundbuch eingetragen. Eine Aneignung des Grundstücks ist bisher nicht erfolgt.

Beweis: Grundbuchauszug vom ...

Zum weiteren Fortgang[2] der Zwangsvollstreckung in das vorbezeichnete Grundstück bedarf es daher der Vertreterbestellung gem. § 787 Abs. 1 ZPO. ◀

II. Erläuterungen

[1] Die Bestellung eines Vertreters während des Prozesses (§ 58) ist ausreichend; eines gesonderten Antrags für das Vollstreckungsverfahren bedarf es nicht mehr.

[2] Nach Bestellung des Vertreters ist der Titel entsprechend § 727 gegen diesen umzuschreiben und zuzustellen.

B. Gerichtliche Sicht

I. Muster: Beschluss zur Bestellung eines besonderen Vollstreckungsvertreters

▶ ...

Beschluss[1]

Bis zur Eintragung eines neuen Eigentümers an dem Grundstück ... wird zur Wahrnehmung der sich aus dem Eigentum ergebenden Rechte und Verpflichtungen im Zwangsvollstreckungsverfahren aufgrund des Vollstreckungstitels ... vom ...; Az ...;

als besonderer Vollstreckungsvertreter gem. § 787 Abs. 1 ZPO

... bestellt.

Gründe[2]

... ◀

II. Erläuterungen

[1] Die Entscheidung ergeht durch den **Rechtspfleger** (§ 20 Nr. 17 RPflG). 5

[2] Es gelten die Ausführungen zur Antragsbegründung entsprechend. 6

§ 788 Kosten der Zwangsvollstreckung

(1) ¹Die Kosten der Zwangsvollstreckung fallen, soweit sie notwendig waren (§ 91), dem Schuldner zur Last; sie sind zugleich mit dem zur Zwangsvollstreckung stehenden Anspruch beizutreiben. ²Als Kosten der Zwangsvollstreckung gelten auch die Kosten der Ausfertigung und der Zustellung des Urteils. ³Soweit mehrere Schuldner als Gesamtschuldner verurteilt worden sind, haften sie auch für die Kosten der Zwangsvollstreckung als Gesamtschuldner; § 100 Abs. 3 und 4 gilt entsprechend.

(2) ¹Auf Antrag setzt das Vollstreckungsgericht, bei dem zum Zeitpunkt der Antragstellung eine Vollstreckungshandlung anhängig ist, und nach Beendigung der Zwangsvollstreckung das Gericht, in dessen Bezirk die letzte Vollstreckungshandlung erfolgt ist, die Kosten gemäß § 103 Abs. 2, den §§ 104, 107 fest. ²Im Falle einer Vollstreckung nach den Vorschriften der §§ 887, 888 und 890 entscheidet das Prozessgericht des ersten Rechtszuges.

(3) Die Kosten der Zwangsvollstreckung sind dem Schuldner zu erstatten, wenn das Urteil, aus dem die Zwangsvollstreckung erfolgt ist, aufgehoben wird.

(4) Die Kosten eines Verfahrens nach den §§ 765a, 811a, 811b, 829, 850k, 850l, 851a und 851b kann das Gericht ganz oder teilweise dem Gläubiger auferlegen, wenn dies aus besonderen, in dem Verhalten des Gläubigers liegenden Gründen der Billigkeit entspricht.

A. Anwaltliche Sicht
  I. Kostenfestsetzungsantrag gem. § 788 Abs. 1
    1. Muster: Kostenfestsetzungsantrag gem. § 788 Abs. 1
    2. Erläuterungen
      [1] Zuständigkeit 2
      [2] Verzinsung 3
      [3] Kostenerstattungsumfang .. 4
      [4] Kostenaufstellung 5
      [5] Antrag auf Festsetzung der Zwangsvollstreckungskosten 6
  II. Kostenfestsetzungsantrag gem. § 788 Abs. 3
    1. Muster: Kostenfestsetzungsantrag gem. § 788 Abs. 3
    2. Erläuterungen und Varianten
      [1] Zuständigkeit 8
      [2] Materiellrechtlicher Erstattungsanspruch 9
      [3] Kosten der Zwangsvollstreckung 10
      [4] Teilaufhebung des Urteils .. 11
B. Gerichtliche Sicht
  I. Muster: Entscheidung gem. § 788 Abs. 4
  II. Erläuterungen
      [1] Entscheidung zugunsten des Schuldners 13
      [2] Kosten des besonderen Verfahrens 14
      [3] Zwingende Rechtsfolge 15

A. Anwaltliche Sicht

I. Kostenfestsetzungsantrag gem. § 788 Abs. 1

1. Muster: Kostenfestsetzungsantrag gem. § 788 Abs. 1

▶ An das

___gericht ___[1]

Kostenfestsetzungsantrag gem. § 788 ZPO

In der Vollstreckungssache

___ ./. ___

beantrage ich namens und im Auftrag des Gläubigers ___

1. die Festsetzung der aus der anliegenden Berechnung ausgewiesenen Kosten, die dem Antragsteller aufgrund der gegen den Schuldner auf der Grundlage des Urteils des ___gerichts ___ vom ___; Az ___; betriebenen Zwangsvollstreckung erwachsen sind.
2. auszusprechen, dass die festgesetzten Beträge ab Antragseingang mit fünf Prozentpunkten über dem Basiszinssatz nach § 247 BGB zu verzinsen sind.[2]

Begründung

Der Vollstreckungsschuldner ist aufgrund des Urteils des ___gerichts ___ vom ___; Az ___; zur Zahlung eines Betrages iHv ___ EUR an den Antragsteller verpflichtet. Trotz erneuter Zahlungsaufforderung des Antragstellers erfolgte keine Leistung der Gegenseite, so dass Vollstreckungsmaßnahmen gegen den Schuldner erforderlich waren. Bzgl der durchgeführten Vollstreckungsmaßnahmen und deren Kosten[3] wird auf beiliegende Aufstellung[4] Bezug genommen.

Der Vollstreckungsschuldner bestreitet die angefallenen Kosten sowohl dem Grund als auch der Höhe nach, so dass eine Festsetzung der Kosten der betriebenen Zwangsvollstreckung geboten ist.[5] ◀

2. Erläuterungen

[1] Grundsätzlich ist das Vollstreckungsgericht zur Festsetzung der Kosten der Zwangsvollstreckung zuständig. Die örtliche **Zuständigkeit** wird dadurch bestimmt, ob im Zeitpunkt der Antragstellung eine Vollstreckungshandlung anhängig oder die Zwangsvollstreckung bereits beendet ist. In den Fällen der §§ 887, 888, 890 ist die Zuständigkeit des Prozessgerichts des ersten Rechtszugs begründet (§ 788 Abs. 2).

[2] Für den Ausspruch der **Verzinsung** der festgesetzten Kosten bedarf es eines entsprechenden **Antrags** (§ 788 Abs. 2 S. 1 iVm § 104 Abs. 1 S. 1).

[3] Erstattungsfähig sind nur solche **Kosten**, die unmittelbar und konkret der Vorbereitung oder Durchführung der Vollstreckung dienen (OLG München NJW-RR 2000, 517, 518). Zum Gegenstand erstattungsfähiger Kosten vgl Hk-ZPO/*Saenger* § 788 Rn 7–22. Darüber hinaus ist für die Erstattungsfähigkeit der Kosten erforderlich, dass diese „**notwendig**" waren (vgl dazu näher Hk-ZPO/*Saenger* § 788 Rn 23–30).

Die vorgenannten Voraussetzungen für die Erstattungsfähigkeit müssen sich aus der Begründung des Antrags und der Aufstellung des Kosten entnehmen lassen.

[4] Es gelten die Anforderungen des § 103 Abs. 2 S. 2 iVm § 788 Abs. 2 S. 1.

[5] Grundsätzlich werden Kosten der Zwangsvollstreckung gem. Abs. 1 S. 1 Hs 2 zugleich mit dem zur Zwangsvollstreckung stehenden Anspruch beigetrieben. Ein gesonderter **Antrag** auf Festsetzung der Zwangsvollstreckungskosten iSd Abs. 2 ist jedoch im Anfechtungsstreit (vgl § 2 AnfG) **erforderlich**, wie auch, wenn Umfang und Notwendigkeit der Kosten umstritten sind oder ein Nachweis der Kosten für Dritte (zB Versicherungen) benötigt wird (Hk-ZPO/*Saenger* § 788 Rn 38).

II. Kostenfestsetzungsantrag gem. § 788 Abs. 3

1. Muster: Kostenfestsetzungsantrag gem. § 788 Abs. 3

▶ An das

...gericht ...[1]

Kostenfestsetzungsantrag gem. § 788 Abs. 3 ZPO

In der Vollstreckungssache

... ./. ...

beantrage ich namens und im Auftrag des Vollstreckungsschuldners ...

1. die Festsetzung[2] der aus der anliegenden Berechnung ausgewiesenen Kosten, die dem Antragsteller aufgrund der gegen den ihn auf der Grundlage des Urteils des ...gerichts ... vom ...; Az ...; betriebenen Zwangsvollstreckung erwachsen sind.
2. auszusprechen, dass die festgesetzten Beträge ab Antragseingang mit fünf Prozentpunkten über dem Basiszinssatz nach § 247 BGB zu verzinsen sind.

Begründung

Der Vollstreckungsgläubiger betrieb aufgrund des in Erstinstanz erwirkten Urteils des ...gerichts ... vom ...; Az ...; die Zwangsvollstreckung gegen den Antragsteller.

Beweis: Urteil des ...gerichts ... vom ...; Az ...; Vollstreckungsprotokoll des Gerichtsvollziehers ... v. ...

Infolge der vom Vollstreckungsgläubiger betriebenen Zwangsvollstreckung erwuchsen dem Antragsteller folgende Kosten der Zwangsvollstreckung ...;[3] insoweit wird auf die beiliegende Aufstellung Bezug genommen.

Auf Berufung des Antragstellers hob das ...gericht ... mit Urteil vom ...; Az ...; das Urteil der Erstinstanz auf.[4] Gem. § 788 Abs. 3 ZPO hat der Vollstreckungsgläubiger die vorgenannten Kosten dem Antragsteller als Vollstreckungsschuldner zu erstatten.

Anlage: Kostenaufstellung ◀

2. Erläuterungen und Varianten

[1] Die **Zuständigkeit des Gerichts** ist davon abhängig, auf welchem Verfahrensweg der Erstattungsanspruch geltend gemacht wird:

a) Wird der Anspruch durch **eigenständige Klage** geltend gemacht, so findet neben den §§ 12, 13 ff auch § 32 entsprechende Anwendung, so dass die Klage am Ort der Vollstreckung erhoben werden kann (vgl Hk-ZPO/*Kindl* § 717 Rn 10).

§ 788

b) Bei Geltendmachung durch **Inzidentantrag** gem. § 717 Abs. 2 S. 2 ist das Gericht zuständig, bei dem die Urteilsaufhebung beantragt wird (vgl § 717 Abs. 2 S. 2).

c) Sofern man zutreffend die Kostenentscheidung der aufhebenden Entscheidung als Titel iSd § 103 Abs. 1 ansieht (vgl dazu Hk-ZPO/*Saenger* § 788 Rn 44), ist eine Kostenfestsetzung gem. §§ 103 ff möglich, wodurch die Zuständigkeit des Prozessgerichts des ersten Rechtszug begründet ist (§ 104 Abs. 1).

9 [2] Dem Schuldner stehen verschiedene Möglichkeiten offen, den **materiellrechtlichen Erstattungsanspruch** iSd Abs. 3 geltend zu machen (vgl dazu Rn 8). Darüber hinaus, kann der Schuldner den Erstattungsanspruch als Gegenanspruch im Kostenfestsetzungsverfahren des Gläubigers geltend machen (Musielak/*Lackmann* § 788 Rn 26; OLG Düsseldorf JurBüro 1996, 610).

10 [3] Zu beachten ist, dass umstritten ist, ob die erbrachte Sicherheitsleistung des Schuldners **Kosten der Zwangsvollstreckung** sind (vgl dazu näher Hk-ZPO/*Saenger* § 788 Rn 43 und 10). Kosten, die zur Abwehr der Zwangsvollstreckung geleistet wurden, fallen hingegen nicht unter Abs. 3. Diese können jedoch im Wege des § 717 Abs. 2 oder im Festsetzungsverfahren als Kosten des Rechtsstreits festgesetzt werden.

11 [4] Bei **Teilaufhebung** des Urteils kann der Schuldner diejenigen Kosten zurückerstattet verlangen, die infolgedessen nicht notwendig angefallen wären (Hk-ZPO/*Saenger* § 788 Rn 42; OLG München NJW-RR 1999, 798). Es ist daher eine Vergleichsrechnung anzustellen. Formulierungsbeispiel:

▶ ... beantrage ich namens und im Auftrag

1. folgende dem Vollstreckungsschuldner erwachsenen Kosten aus der vom Vollstreckungsgläubiger gegen den Antragsteller betriebenen Zwangsvollstreckung festzusetzen

...

2. auszusprechen, dass die festgesetzten Beträge ab Antragseingang mit fünf Prozentpunkten über dem Basiszinssatz nach § 247 BGB zu verzinsen sind.

Begründung

... (zunächst wie Muster Rn 7)
Infolge der vom Vollstreckungsgläubiger betriebenen Zwangsvollstreckung erwuchsen dem Antragsteller folgende Kosten der Zwangsvollstreckung ...; insoweit wird auf die beiliegende Aufstellung Bezug genommen.
Auf Berufung des Antragstellers hob das ...gericht ... mit Urteil vom ...; Az ...; das Urteil der Erstinstanz iHv ... auf; im Übrigen wurde das Ersturteil aufrechterhalten.
Beweis: Urteil des ...gerichts ... vom ...; Az ...
Der Vollstreckungsgläubiger ist daher nur berechtigt, diejenigen Kosten von dem Antragsteller zu verlangen, die auf der Grundlage des vorgenannten abändernden Urteils angefallen wären. Gem. § 788 Abs. 3 ZPO hat der Vollstreckungsgläubiger die vorgenannten bereits erbrachten Kosten dem Antragsteller als Vollstreckungsschuldner insoweit zu erstatten.
Der oben genannte Betrag ergibt sich auf der Grundlage folgender Berechnung:
Kostenansatz der vom Antragsteller als Vollstreckungsschuldner erbrachten Vollstreckungskosten auf der Grundlage des Gegenstandswerts des Ersturteils

./.
Kostenansatz der Zwangsvollstreckung auf der Grundlage des Gegenstandswerts auf der Grundlage des abändernden Urteils ◀

B. Gerichtliche Sicht

I. Muster: Entscheidung gem. § 788 Abs. 4

▶ ...

Beschluss

1. ...[1]
2. Die Kosten des Verfahrens[2] trägt der Gläubiger

Gründe

I. ... (Sachverhalt)

II. ... (rechtliche Ausführungen)

III. Die Kosten des Verfahrens waren gem. § 788 Abs. 4 ZPO aus Billigkeitsgründen dem Vollstreckungsgläubiger aufzuerlegen.

Zwar fallen gem. § 788 Abs. 1 ZPO die Kosten der Zwangsvollstreckung grundsätzlich dem Schuldner zur Last. Dies gilt jedoch in den Fällen des § 788 Abs. 4 ZPO dann nicht, sofern besondere Umstände eine Kostenhaftung des Gläubigers als billig erscheinen lassen.

Die Voraussetzungen für eine solche Kostenbelastung des Gläubigers sind vorliegend gegeben:

Bei dem gegenständlichen Verfahren, in dem der Vollstreckungsschuldner eine Entscheidung iSd § ... begehrt, handelt sich um ein von Abs. 4 erfasstes Verfahren.

Es liegen auch besondere Umstände iSd Abs. 4 vor, die in Abweichung des in Abs. 1 geregelten Grundsatzes eine Auferlegung der Kosten des Verfahrens zulasten des Gläubigers als billig erscheinen lassen.[3]

[Rechtsbehelfsbelehrung gem. § 232 ZPO] ◀

II. Erläuterungen

[1] Es muss eine **Entscheidung zugunsten des Schuldners** ergangen sein, da andernfalls der Gläubiger die Kosten des jeweiligen Verfahrens gem. Abs. 1 beitreiben kann.

[2] Die Kostenentscheidung betrifft nur die **Kosten des besonderen Verfahrens** iSd Abs. 4 (Hk-ZPO/*Saenger* § 788 Rn 46).

[3] Bei der Kostenüberbürdung handelt es sich trotz des Wortlauts („kann") um eine **zwingende Rechtsfolge** (Hk-ZPO/*Saenger* § 788 Rn 46).

§ 789 Einschreiten von Behörden

Wird zum Zwecke der Vollstreckung das Einschreiten einer Behörde erforderlich, so hat das Gericht die Behörde um ihr Einschreiten zu ersuchen.

§ 790 (aufgehoben)

§ 791 (weggefallen)

§ 792 Erteilung von Urkunden an Gläubiger
Bedarf der Gläubiger zum Zwecke der Zwangsvollstreckung eines Erbscheins oder einer anderen Urkunde, die dem Schuldner auf Antrag von einer Behörde, einem Beamten oder einem Notar zu erteilen ist, so kann er die Erteilung an Stelle des Schuldners verlangen.

A. Muster: Antrag auf Verteilung eines Erbscheins zum Zweck der Vollstreckung	
B. Erläuterungen	
[1] Beginn der Zwangsvollstreckung zu Lebzeiten des Erblassers 2	[2] Angaben durch den Gläubiger 3
	[3] Eidesstattliche Versicherung 4
	[4] Notwendigkeit der beantragten Urkunde zur Vollstreckung 5
	[5] Ausfertigung des Erbscheins 6

1 A. Muster: Antrag auf Erteilung eines Erbscheins zum Zweck der Vollstreckung

▶ An das

Amtsgericht ▪▪▪

– Nachlassgericht –

In der Zwangsvollstreckungssache

▪▪▪ ./. ▪▪▪

beantrage ich namens und im Auftrag des ▪▪▪ zum Zwecke der Vollstreckung folgenden

Erbschein

Es wird bezeugt, dass der Erblasser ▪▪▪; geb. am ▪▪▪, in ▪▪▪, gestorben am ▪▪▪ in ▪▪▪; zuletzt wohnhaft in ▪▪▪ aufgrund privatschriftlichen Testament vom ▪▪▪ von ▪▪▪ als Alleinerbe beerbt worden ist.

Begründung

Der Antragsteller ist Gläubiger einer Forderung iHv ▪▪▪ EUR gegen den Erblasser ▪▪▪. Noch zu Lebzeiten des Erblasser erwirkte der Antragsteller für die Forderung einen Vollstreckungstitel gegen der Erblasser ▪▪▪ und zwar in Form eines Urteils des ▪▪▪gerichts ▪▪▪ vom ▪▪▪; Az ▪▪▪. Vor Beginn[1] der Zwangsvollstreckung verstarb der Erblasser am ▪▪▪.[2]

Beweis: ▪▪▪[2]

Zur Fortsetzung der Zwangsvollstreckung in den Nachlass des Erblassers bedarf es gem. § 727 Abs. 1 ZPO der Titelumschreibung gegen den aufgrund privatschriftlichen Testaments v. ▪▪▪ durch den Erblasser ▪▪▪ eingesetzten Alleinerben ▪▪▪; weitere Verfügungen von Todes wegen sind nicht vorhanden.[2] Der testamentarisch eingesetzte Alleinerbe ▪▪▪ hat die Erbschaft mit Erklärung zu Protokoll des Nachlassgerichts ▪▪▪ angenommen. Ein Rechtsstreit über das Erbrecht ist nicht anhängig.[2]

Beweis: Nachlassakten des Erbfalls ▪▪▪; Az ▪▪▪[3]

Der Antragsteller bedarf zur Titelumschreibung des gegen den Erblasser erwirkten Urteils gegen den Erben[4] die Erteilung eines Erbscheins, der die Rechtsnachfolgerschaft des Erben bezeugt (§ 727 Abs. 1 ZPO).

Beweis: Urteil des ...gerichts ... vom ...; Az ...

Das Antragsrecht des Gläubigers ... beruht auf § 792 ZPO.[5] Zum Nachweis der Alleinerbschaft des ... gem. §§ 2355, 2356 BGB wird auf die bereits vom Erben vorgelegten Urkunden Bezug genommen.[3] ◄

B. Erläuterungen

[1] Hat die Zwangsvollstreckung **zu Lebzeiten des Erblassers bereits begonnen**, kann sie ohne Titelumschreibung gem. § 779 Abs. 1 fortgesetzt werden.

[2] Der Gläubiger hat die gem. §§ 2354, 2355, 2356 Abs. 1 BGB dem Antragsteller obliegenden **Angaben** an dessen Stelle abzugeben (OLG München NJW 2014, 3254).

[3] Sofern der Gläubiger die erstmalige Erteilung des Erbscheins beantragt, kann dieser anstelle des Schuldners die gem. § 2356 BGB erforderliche **eidesstattliche Versicherung** abgegeben. Gem. § 2356 Abs. 2 BGB bedarf es der eidesstattlichen Versicherung jedoch dann nicht, wenn die Tatsachen bei dem Nachlassgericht offenkundig sind.

[4] Dem Gläubiger obliegt der **Nachweis**, dass er die beantragte Urkunde zum Zwecke der Vollstreckung benötigt. Der Nachweis erfolgt durch Vorlage des Vollstreckungstitels; einer vollstreckbaren Ausfertigung des Titels bedarf es nicht (Hk-ZPO/ Kindl § 792 Rn 4).

[5] Ist dem Erben bereits ein Erbschein erteilt worden, so kann der Gläubiger gem. § 357 Abs. 2 FamFG eine **Ausfertigung des Erbscheins** unter glaubhafter Darlegung seines rechtlichen Interesses verlangen. § 896 ergänzt § 792, sofern aufgrund eines Urteils, das eine Willenserklärung des Schuldners ersetzt, eine Eintragung in ein öffentliches Buch oder Register vorgenommen werden soll.

§ 793 Sofortige Beschwerde

Gegen Entscheidungen, die im Zwangsvollstreckungsverfahren ohne mündliche Verhandlung ergehen können, findet sofortige Beschwerde statt.

Es wird auf die Ausführungen bei GF-ZPO/*Fölsch* §§ 567–572 verwiesen.

§ 794 Weitere Vollstreckungstitel

(1) Die Zwangsvollstreckung findet ferner statt:
1. aus Vergleichen, die zwischen den Parteien oder zwischen einer Partei und einem Dritten zur Beilegung des Rechtsstreits seinem ganzen Umfang nach oder in Betreff eines Teiles des Streitgegenstandes vor einem deutschen Gericht oder vor einer durch die Landesjustizverwaltung eingerichteten oder anerkannten Gütestelle abgeschlossen sind, sowie aus Vergleichen, die gemäß § 118 Abs. 1 Satz 3 oder § 492 Abs. 3 zu richterlichem Protokoll genommen sind;

2. aus Kostenfestsetzungsbeschlüssen;
2a. (aufgehoben)
2b. (weggefallen)
3. aus Entscheidungen, gegen die das Rechtsmittel der Beschwerde stattfindet;
3a. (aufgehoben)
4. aus Vollstreckungsbescheiden;
4a. aus Entscheidungen, die Schiedssprüche für vollstreckbar erklären, sofern die Entscheidungen rechtskräftig oder für vorläufig vollstreckbar erklärt sind;
4b. aus Beschlüssen nach § 796 b oder § 796 c;
5. aus Urkunden, die von einem deutschen Gericht oder von einem deutschen Notar innerhalb der Grenzen seiner Amtsbefugnisse in der vorgeschriebenen Form aufgenommen sind, sofern die Urkunde über einen Anspruch errichtet ist, der einer vergleichsweisen Regelung zugänglich, nicht auf Abgabe einer Willenserklärung gerichtet ist und nicht den Bestand eines Mietverhältnisses über Wohnraum betrifft, und der Schuldner sich in der Urkunde wegen des zu bezeichnenden Anspruchs der sofortigen Zwangsvollstreckung unterworfen hat;
6. aus für vollstreckbar erklärten Europäischen Zahlungsbefehlen nach der Verordnung (EG) Nr. 1896/2006;
7. aus Titeln, die in einem anderen Mitgliedstaat der Europäischen Union nach der Verordnung (EG) Nr. 805/2004 des Europäischen Parlaments und des Rates vom 21. April 2004 zur Einführung eines Europäischen Vollstreckungstitels für unbestrittene Forderungen als Europäische Vollstreckungstitel bestätigt worden sind;
8. aus Titeln, die in einem anderen Mitgliedstaat der Europäischen Union im Verfahren nach der Verordnung (EG) Nr. 861/2007 des Europäischen Parlaments und des Rates vom 11. Juli 2007 zur Einführung eines europäischen Verfahrens für geringfügige Forderungen ergangen sind;
9. aus Titeln eines anderen Mitgliedstaats der Europäischen Union, die nach der Verordnung (EU) Nr. 1215/2012 des Europäischen Parlaments und des Rates vom 12. Dezember 2012 über die gerichtliche Zuständigkeit und die Anerkennung und Vollstreckung von Entscheidungen in Zivil- und Handelssachen zu vollstrecken sind.

(2) Soweit nach den Vorschriften der §§ 737, 743, des § 745 Abs. 2 und des § 748 Abs. 2 die Verurteilung eines Beteiligten zur Duldung der Zwangsvollstreckung erforderlich ist, wird sie dadurch ersetzt, dass der Beteiligte in einer nach Absatz 1 Nr. 5 aufgenommenen Urkunde die sofortige Zwangsvollstreckung in die seinem Recht unterworfenen Gegenstände bewilligt.

A. Zwangsvollstreckung aus Vergleichen	[2] Inhalt und Umfang des Vergleichs 3
I. Muster: Vergleich als Grundlage der Zwangsvollstreckung, § 794 Abs. 1 Nr. 1	[3] Abgeltungsklausel 27
	[4] Einbeziehung Dritter in den Vergleich 33
II. Erläuterungen und Varianten	
[1] Anraten zum Vergleichsabschluss 2	[5] Kostenregelungen im Vergleich 37

[6]	Widerrufsvorbehalt 42	[2]	Inhalt des vollstreckbaren Anspruchs 69
[7]	Protokollierung des Vergleichs 46	[3]	Unterwerfungserklärung 70
[8]	Streit um Wirksamkeit und Fortbestand des Vergleichs ... 47	[4]	Bestimmung des Gläubigers .. 71
		[5]	Zeitliche Beschränkung der Unterwerfungserklärung 72
B. Zwangsvollstreckung aus Urkunden		[6]	Zuständigkeit für Abfassung der Urkunde 73
I. Muster: Unterwerfung unter sofortige Zwangsvollstreckung, § 794 Abs. 1 Nr. 5		[7]	Vollstreckbarerklärung/ Vollstreckungsklausel 74
II. Erläuterungen			
[1]	Gegenstand des Anspruchs ... 68		

A. Zwangsvollstreckung aus Vergleichen

I. Muster: Vergleich als Grundlage der Zwangsvollstreckung, § 794 Abs. 1 Nr. 1

▶ ...

Erschienen ...

Das Gericht weist auf folgende Punkte hin ...[1]

Nach Erörterung der Sach- und Rechtslage schließen die Parteien auf Anraten des Gerichts[1] folgenden

Vergleich

1. Regelung über den Streitgegenstand[2] einschließlich der Aufnahme einer Abfindungsklausel[3]
2. Regelung über den Streitgegenstand hinaus
3. Einbeziehung Dritter[4]
4. Kostenregelung[5]
5. Widerrufsvorbehalt[6],[8]

Vorgespielt und genehmigt.[7],[8] ◀

II. Erläuterungen und Varianten

[1] Die Aufnahme von **Hinweisen** bzw eines Anratens des Gerichts zum Vergleichsabschluss empfiehlt sich, sofern eine Genehmigung oder ein Einverständnis Dritter (zB Rechtsschutz-, Haftpflichtversicherung) eingeholt werden muss, da dadurch die Grundlagen für den Abschluss dargelegt bzw nachgewiesen werden können.

[2] **Inhalt und Umfang** des Vergleichs werden durch den geltend gemachten Streitgegenstand bestimmt. Bei der Formulierung ist insb. darauf zu achten, dass die im Vergleich geregelte Verpflichtung vollstreckungsfähig ist; dh sie muss – aus Sicht des Vollstreckungsorgans – inhaltlich bestimmt sein. Insofern gelten die Anforderungen an den Urteilstenor entsprechend (BGH NJW 1993, 1995).

a) **Zahlungsklage**
aa) **Formulierung bei Zahlungsklage**

▶ Der Beklagte zahlt(a) an den Kläger(b) bis spätestens ...(c) einen Betrag iHv ... EUR(d) zuzüglich ... % Zinsen ab ....(e) Dem Beklagten wird nachgelassen, den Betrag in Raten iHv ... EUR, beginnend am ..., jeweils fällig am ... eines jeden Monats an den Kläger zu bezahlen. ◀

5 (a) Wenngleich der Vergleich regelmäßig keine **Umschaffung** bedingt (BGH NJW 2002, 1503), ist eine solche Formulierung derjenigen vorzuziehen, wonach der Beklagten „sich zur Zahlung verpflichtet". Denn damit wird unmittelbar an den ursprünglichen Streitgegenstand angeknüpft und begegnet einem möglichen Missverständnis, dass eine Novation angedacht war. Eine solche hätte nämlich zur Folge, dass erst auf Leistung aus der Novation geklagt werden müsste.

6 (b) Anstelle des Klägers kommt auch ein **Dritter**, insb. der Prozessbevollmächtigte (vgl dazu MaK/*Klees* Nr. 1009 VV Rn 10) als Leistungsempfänger in Betracht.

7 (c) Es empfiehlt sich – statt einer Bestimmung zB „zwei Wochen ab Vergleichsabschluss" – das **Leistungsdatum** eindeutig zu bestimmen. Eine solche Formulierung vermeidet zum einen Berechnungsprobleme iSd §§ 187 Abs. 1, 188 Abs. 2 BGB. Zum anderen tritt bei Verstreichen des Datums ohne zusätzliche Mahnung Verzug ein (§ 286 Abs. 2 Nr. 1 BGB). Zu beachten ist, dass bei Nichtaufnahme eines konkreten Fälligkeitsdatums die Leistung gem. § 271 BGB sofort fällig ist.

8 (d) IdR ist die **Umsatzsteuer** in dem Zahlungsbetrag enthalten (BGH NJW 2002, 2312; 2001, 2464); andernfalls ist eine entsprechende Regelung in den Vergleich aufzunehmen. Bei Unklarheiten empfiehlt sich eine ausdrückliche Klarstellung, ob der Zahlungsbetrag die Umsatzsteuer mitumfasst.

9 (e) Zum Teil wird in der Praxis eine **Verzinsungsregelung** nicht getroffen. Es empfiehlt sich jedoch die Aufnahme einer Zinsregelung zumindest für den Fall, dass die Zahlung bis zum Fälligkeitsdatum nicht erfolgt. Beispiel:

▶ Der Beklagte zahlt einen Betrag iHv ... EUR an den Kläger bis zum ... . Bei Nichtzahlung ist der Betrag von diesem Zeitpunkt ab mit ... % zu verzinsen. ◀

10 **bb) Variante bei Zug um Zug zu erbringender Leistung**
▶ Der Beklagte zahlt an den Kläger einen Betrag iHv ... EUR Zug um Zug gegen ....(a) ◀

11 (a) Die **Gegenleistung** ist im Hinblick auf §§ 756, 765 hinreichend zu bestimmen.

12 **cc) Variante bei Ratenzahlungen des Beklagten**
▶ ... (wie Muster Rn 1). Dem Beklagten wird nachgelassen, den Betrag in Raten iHv ... EUR, beginnend am ..., jeweils fällig am ... eines jeden Monats an den Kläger zu bezahlen. Kommt der Beklagte mit einer Rate länger als ... in Rückstand,(a) so ist der noch ausstehende Restbetrag sofort fällig.(b) Maßgebend für die Rechtzeitigkeit der Zahlung ist die Gutschrift auf dem Konto des ....(c) ◀

13 (a) Die Formulierung „**Rückstand**" ist der des „Verzugs" vorzuziehen, da im letzteren Fall für die Schuldner die Möglichkeit besteht, sich gem. § 286 Abs. 4 BGB zu exculpieren.

14 (b) Die **Verfallklausel** bewirkt die sofortige Erteilung der Vollstreckungsklausel bei Zahlungsrückstand. Zu beachten ist, dass bei der Aufnahme einer Verfallklausel für den Gesamtbetrag nach hM dem Gläubiger nicht die Beweislast für den Eintritt der Vollstreckungsreife obliegt. Vielmehr ist es Sache des Schuldners die rechtzeitige Zahlung zu beweisen (vgl Hk-ZPO/*Kindl* § 726 Rn 3). Ggf könnte im Vergleich zur Klarstellung aufgenommen werden, dass der Schuldner die Rechtzeitigkeit der Leistung zu beweisen hat. Beispiel:

▶ ... Der Beklagte weist die Rechtzeitigkeit der Zahlung nach. ◀

Eine **Fristüberschreitung** durch den Schuldner ist aber dann nicht schädlich, wenn der Gläubiger einen Vertrauenstatbestand geschaffen hat, nach dem der Schuldner sich darauf verlassen durfte, dass der Gläubiger aus einer Fristüberschreitung nicht die vereinbarten Folgen herleiten werde (BGH NJW 2003, 2448; OLG Nürnberg MDR 2010, 1442).

(c) Die Aufnahme einer **Rechtzeitigkeitsklausel** (vgl. Hk-BGB/*Schulze* § 270 Rn 6) empfiehlt sich, da grundsätzlich die Gefahr der Verzögerung der Leistung der Gläubiger zu tragen hat. Die Klausel beugt auch Unklarheiten dahin gehend vor, ob es für den Eintritt des Verfalls auf die Rechtzeitigkeit des Leistungshandlung oder auf die Erfüllung iSd § 362 BGB ankommen soll (vgl. auch EuGH NJW 2008, 1935). 15

dd) Varianten mit sog. „Druckklausel" 16

▶ ... (wie Muster/Ratenzahlung Rn 12). Zahlt der Beklagte bis zum ... einen Betrag iHv ... EUR an den Kläger, ist der Restbetrag iHv ... EUR(a) erlassen.(b) ◀

(a) Diese Variante soll dem Schuldner einen **Anreiz** bieten, die Schuld zu begleichen. Zugleich hat sie für den Gläubiger den Vorteil des „schnellen Geldes". 17

(b) Statt eines Restschulderlasses kann dem Schuldner auch **andere Leistungen** des Gläubigers in Aussicht gestellt werden. 18

ee) Variante mit Sicherung der Leistungsverpflichtung 19

▶ ... (wie Muster/Ratenzahlung Rn 12). Zur Absicherung der Zahlungsverpflichtung des Schuldners übereignet dieser sicherungshalber den Pkw Audi A8, Baujahr ..., Fahrgestellnummer ..., Wert derzeit iHv ... EUR an den Kläger ... . Die Verwertungsreife des Pkws tritt ein, sofern ... . ◀

b) Unterlassungsverpflichtung 20

▶ 1. Der Beklagte verpflichtet sich folgende Behauptungen zu unterlassen:
  ... (hinreichende Bezeichnung der Behauptungen)
  2. Für jede Zuwiderhandlung(a) gegen Ziff. 1 zahlt der Beklagte einen Betrag iHv ... EUR, fällig im Zeitpunkt der Zuwiderhandlung, an den Kläger. ◀

(a) Da die **Strafdrohung** iSd § 890 eine hoheitliche Maßnahme darstellt, kann sie nicht in den Vergleich mit aufgenommen werden (Hk-ZPO/*Pukall* § 890 Rn 11). Als zulässig wird jedoch die Aufnahme einer Vertragsstrafe erachtet (OLG Hamm MDR 1967, 42). Streitig ist jedoch, ob in diesem Fall aus dem Vergleich selbst vollstreckt werden kann (§ 731) oder eine neue Leistungsklage auf Zahlung der Vertragsstrafe erforderlich ist (so hM; OLG Hamburg MDR 1965, 584). 21

c) Willenserklärung 22

▶ 1. Der Beklagte gibt folgende Willenerklärung ab:(a)
  Ich stimme der Herausgabe des Gegenstandes ...(b) durch ...(b) an den ...(b) zu.
  2. ... ◀

(a) Sofern die **Abgabe einer Willenserklärung** Gegenstand eines Vergleichs ist, ist darauf zu achten, dass die Willenserklärung selbst in den Vergleich mit aufgenommen 23 wird und nicht nur die Verpflichtung zur Abgabe der Erklärung. Hintergrund dafür ist, dass die Fiktion der Abgabe einer Willenserklärung iSd § 894 auf der Rechtskraft des Urteils beruht, die jedoch einem Vergleich fehlt (BGHZ 98, 127). Bei Aufnahme lediglich einer Verpflichtung müsste entweder eine Vollstreckung nach § 888 erfolgen oder – auf der Grundlage des abgeschlossenen Vergleichs – eine neue Leistungsklage auf Abgabe der Willenserklärung erhoben worden.

24 (b) Auf eine hinreichende Bestimmtheit des Vergleichsinhalts ist zu achten.

25 **d) Handlungen**

▶ 1. Der Beklagte übergibt bis zum spätestens ••• den Gegenstand ••• am Wohnort des Klägers an diesen.
2. Die Kosten der Vornahme der Übergabe trägt der Beklagte.
3. Für den Fall, dass bis zum vorgenannten Termin der Gegenstand nicht an den Kläger übergeben worden ist, zahlt der Beklagte einen Betrag iHv ••• EUR. Dieser verzinst sich bis zur Bewirkung der Übergabe an den Kläger mit einem Zinssatz iHv ••• p.a.
4. Im Falle, dass zwischen den Parteien die Ordnungsgemäßheit des vom Beklagten zu leistenden Gegenstandes streitig ist, wird als Gutachter der Sachverständige ••• beauftragt. Die mit der Beauftragung und Erstellung des Gutachtens anfallenden Kosten des Sachverständigen trägt bei Ordnungsgemäßheit der Sache der Kläger, bei Nichtordnungsgemäßheit der Beklagte. ◀

oder zB

▶ 1. a) Die Parteien sind darüber einig, dass der streitgegenständliche Mietvertrag vom ••• über die Wohnung, bestehend aus ••• Zimmern, Küche, Bad mit Wirkung zum ••• aufgehoben/beendet ist.
b) Der Beklagte räumt die Wohnung in •••, bestehend aus ••• Zimmern, Küche, Bad ••• bis spätestens zum ••• und übergibt die Wohnung spätestes bis zum vorgenannten Termin besenrein an den Kläger.
2. Der Beklagte verzichtet auf eine Antragstellung auf Bewilligung einer Räumungsfrist iSd § 794a, die über den in Ziff. 1 genannten Räumungstermin hinausgeht.(a)
3. Im Falle der nichttermingerechten Räumung zahlt der Beklagte den vereinbarten monatlichen Mietzins nebst Nebenkosten anteilig für die Dauer der nichttermingerechten Herausgabe der Wohnung an den Kläger.
4. a) Die Parteien sind sich einig, dass der Beklagte beim Auszug folgende Schönheitsreparaturen auf seine Kosten durchzuführen hat: •••
b) Bei Streitigkeiten im Hinblick auf die fachgerechte Ausführung wird zur Begutachtung der Arbeiten der Sachverständige ••• beauftragt. Die dabei anfallenden Kosten trägt der Beklagte, sofern das Gutachten die nichtfachgerechte Ausführung der Schönheitsreparaturen ••• bestätigt.

5. a) Der Beklagte ist berechtigt, beim Auszug folgende von ihm eingebaute Sachen auszubauen und mitzunehmen: ...
   b) aa) Folgende von dem Beklagten eingebauten Sachen verbleiben hingegen in streitgegenständlichen Wohnung: ...
      bb) Der Kläger zahlt als Entschädigung für den Verbleib folgender von dem Beklagten in der Wohnung eingebauten und dort verbliebenen Sachen ... eine Entschädigung iHv ... EUR.
      Für folgende in der Wohnung eingebauten und dort verbliebenen Sachen ... verzichtet der Beklagte auf eine Entschädigung.
6. ... (ggf weitere Regelungen, zB Betriebskostenabrechnung/Umzugskosten usw.) ◄

(a) Die **Zulässigkeit** einer solchen Verzichtsklausel ist streitig (vgl dazu näher Hk-ZPO/*Kindl* § 794 a Rn 1 aE).

[3] Abgeltungsklausel:

▶ Mit dem Vergleichsabschluss ist die streitgegenständliche Forderung geregelt und abgegolten. ◄

Varianten:

▶ ... Mit dem Vergleichsabschluss sind alle in dem Rechtsstreit von den Parteien wechselseitig geltend gemachten Ansprüche abgegolten. ◄

oder

▶ ... Mit dem Vergleichsabschluss sind alle gegenseitigen Ansprüche aus dem streitgegenständlichen Rechtsverhältnis abgegolten. ◄

oder

▶ ... Mit dem Vergleichsabschluss sind alle wechselseitigen Ansprüche aus allen zum Zeitpunkt des Vergleichsabschlusses bestehenden Rechtsverhältnissen abgegolten. ◄

oder

▶ ...

a) Mit dem Vergleichsabschluss sind folgende Ansprüche/Forderungen geregelt und abgegolten: ...
b) Unberührt von dem Vergleich bleiben folgende Regelungspunkte: ... ◄

Zur Frage, ob bei einer Abgeltungsklausel die Voraussetzungen für eine Gebührenanrechnung im Kostenfestsetzungsverfahren iSd § 15 a Abs. 2 RVG (Geschäftsgebühr auf die Verfahrensgebühr) gegeben sind vgl Rn 38.

a) In Betracht kommen **Regelungen über weitere Ansprüche** aus dem streitgegenständlichen als auch von sonstigen weiteren Rechtsverhältnissen zwischen den Parteien. Daneben kommen zur „Verbreitung der Vergleichsgrundlage" auch Regelungen und Vereinbarungen über sonstige Leistungen der Parteien in Betracht, die nicht in einem gegenwärtigen Rechtsverhältnis zwischen ihnen wurzeln. Formulierungsbeispiel:

▶ Der Beklagte zahlt zur Abgeltung der streitgegenständlichen Werkvertragsforderung einen Betrag iHv ... EUR. Im Gegenzug dazu erbringt der Kläger folgendes Gewerk ... ◄

29 **b)** Zugleich können Regelungen über bereits **ergangene Entscheidungen im streitgegenständlichen oder in einem anderweitig rechtshängigen Rechtsstreit** aufgenommen werden. Dabei ist danach zu differenzieren, ob ergangene Entscheidungen bereits rechtskräftig geworden sind sowie danach, ob diese aufrechterhalten bleiben sollen:

aa) Entscheidung ist noch nicht rechtskräftig

30 Formulierungsbeispiel für Aufrechterhaltung der ergangenen Entscheidung:

▶ Der Beklagte zahlt über das Teilurteil des ... gerichts ... vom ..., das aufrechterhalten bleibt, hinaus einen Betrag iHv weiteren ... EUR. ◀

31 Formulierungsbeispiel bei Wegfall der ergangenen Entscheidung:

▶ 1. Der Beklagte zahlt an den Kläger insgesamt einen Betrag iHv ... EUR. Mit diesem Vergleich ist das in dem streitgegenständlichen Verfahren ergangene Versäumnisurteil vom ... hinfällig und wirkungslos.
2. Der Kläger verzichtet auf seine Rechte aus dem vorgenannten Versäumnisurteil.
3. Die bereits erteilte vollstreckbare Ausfertigung bzgl des vorgenannten Versäumnisurteils gibt der Kläger an den Beklagten bis spätestens ... an diesen heraus. ◀

bb) Die Entscheidung ist bereits rechtskräftig

32 ▶ 1. Der Beklagte zahlt an den Kläger unter Abgeltung aller zwischen den Parteien gegenseitig bestehenden Ansprüche insgesamt einen Betrag iHv ... EUR.
2. Das im Rechtsstreit zwischen den Parteien vor dem ... gericht ... am ... ergangene Urteil, Az ..., bleibt von diesem Vergleich unberührt. ◀

alternativ:

▶ 3. Der Kläger verzichtet auf seine Rechte aus dem von ihm gegen den Beklagten vor dem ... gericht ... erwirkten Versäumnisurteil vom ..., Az .... Der Kläger übergibt die bereits erteilte vollstreckbare Ausfertigung an den Beklagten zum ... ◀

33 **[4] Einbeziehung Dritter in den Vergleich:**

▶ 1. Der ...(a) tritt dem nachfolgenden Vergleichsabschluss zwischen dem Kläger und dem Beklagten(b) bei.
2. Die Parteien(b) des streitgegenständlichen Prozessverhältnisses treffen unter dem gem. Ziff. 1 erfolgten Beitritt des ...(c) folgende Vereinbarung:
Zur Abgeltung der streitgegenständlichen Forderung zwischen Kläger und Beklagtem zahlt der Beklagte an den ... einen Betrag iHv ... EUR. ◀

34 **(a)** Sofern der **Dritte zur Zwangsvollstreckung berechtigt** sein soll (vgl dazu Rn 35), ist darauf zu achten, dass der Dritte im Vergleichsrubrum aufgeführt wird. Um Unklarheiten bei der Klauselerteilung vorzubeugen empfiehlt es sich zudem, den Dritten in den Abschluss der Vergleichsregelung aufzunehmen und ihn dabei hinreichend iSd der Grundsätze des § 253 Abs. 2 Nr. 1 zu bezeichnen.

35 **(b)** Bei einem Vergleichsabschluss mit Beteiligung eines Dritten ist zu **unterscheiden:**
– bei einem **Abschluss zugunsten eines Dritten** ist zu unterscheiden, ob der Dritte lediglich materiellrechtlich Begünstigter der Regelung oder auch zur Zwangsvollstreckung aus dem Vergleich berechtigt sein soll (vgl dazu auch § 1629 a Abs. 3 BGB).

Im letzteren Fall bedarf es zur Erteilung der Vollstreckungsklausel zugunsten des Dritten dessen Beitritt zum Vergleich (OLG Hamm NJW-RR 1996, 1157; OLG Celle NJW 1966, 1367). Ansonsten ist der Dritte darauf angewiesen, dass der Vergleichsgläubiger auf Leistung an ihn vollstreckt oder dass er selbst Leistungsklage gegen den Vergleichsverpflichteten auf Grundlage des Vergleichsinhalts (§ 328 BGB) erhebt.

– Im umgekehrten Fall wird der **Dritte** nur dann **Titelschuldner**, wenn er gegenüber dem Gläubiger eine Verpflichtung eingegangen ist (vgl dazu näher Hk-ZPO/*Kindl* § 794 Rn 18). Die Anführung des Dritten im Rubrum mit dem Zusatz „dem Vergleich aufseiten des Schuldners beigetreten" verpflichtet den Dritten nicht als Titelschuldner (OLG Köln Rpfleger 1985, 305).

(c) An dem Vergleichsabschluss müssen die **Prozessparteien** selbst beteiligt sein, da 36
ein Abschluss lediglich zwischen einer Partei und dem Dritten das Prozessverhältnis nicht beendigt.

[5] **Kostenregelungen im Vergleich:** 37

▶ ... Die Kosten des Rechtsstreits einschließlich der Kosten des abgeschlossenen Vergleichs werden gegeneinander aufgehoben.(a) ◀

oder

▶ ... Die Kosten des Rechtsstreits trägt der Kläger zu ... %; der Beklagte zu ... %; die Kosten des abgeschlossenen Vergleichs werden gegeneinander aufgehoben. ◀

oder

▶ ... Die Kosten der Beweisaufnahme(b) trägt der Beklagte; im Übrigen(b) werden die Kosten des Rechtsstreits einschließlich des Vergleichsabschlusses gegeneinander aufgehoben. ◀

oder

▶ ... Die Kostenentscheidung bleibt dem Gericht vorbehalten.(c) ◀

(a) Die **Kostenfolge** bestimmt sich grundsätzlich nach § 98, wobei zwischen den Kos- 38
ten des Rechtsstreits und denen des Vergleichs unterschieden wird. Die Parteien können eine andere Kostenregelung als die in § 98, die der iSd § 92 Abs. 1 S. 1 Alt. 1 entsprechend vereinbaren. Da auch eine sog. negative Kostenregelung (Hk-ZPO/*Gierl* § 98 Rn 10) eine „andere Vereinbarung" iSd § 98 darstellt und diese auch konkludent durch Nichtaufnahme einer Kostenregelung in den gerichtlichen Vergleich möglich ist, empfiehlt sich im Falle, dass die Kostenfolge iSd § 98 beabsichtigt ist, eine entsprechend ausdrückliche Regelung im Vergleich. Zu beachten ist, dass es für eine Anrechnung der Geschäftsgebühr auf die Verfahrensgebühr iSd **§ 15 a Abs. 2 RVG** nicht ausreichend ist, dass allein eine Kostenaufhebung oder eine Abgeltungsklausel in den Vergleich aufgenommen worden ist (BGH NJW 2011, 861). Eine Anrechnung iSd § 15 a Abs. 2 RVG kann allenfalls dann erfolgen, wenn insoweit eine ausdrückliche Regelung in dem Vergleich selbst getroffen wurde (die Frage offen lassend BGH NJW 2011, 861). Formulierungsbeispiel:

▶ Die jeweiligen Geschäftsgebühren der Prozessbevollmächtigten der Parteien in Höhe von jeweils ... EUR sind durch diesen Vergleich abgegolten. ◀

Gierl

39 (b) Im Rahmen der Kostenregelung kann eine **Unterscheidung** nach den einzelnen entstanden Kosten, zB Kosten der Beweisaufnahme, Gerichtskosten, außergerichtliche Kosten, erfolgen (vgl dazu auch *Michel*, JuS 1986, 43).

40 (c) Bei solch einer Regelung liegt eine sog. **negative Kostenregelung** als „andere Vereinbarung" iSd § 98 vor. Diese bedingt, dass das Gericht über die Verteilung der Kosten zu befinden hat. Verteilungsmaßstab hierfür sind die Grundsätze des § 91 a (vgl dazu näher Hk-ZPO/*Gierl* § 98 Rn 10 iVm § 91 a Rn 46).

41 Vgl im Übrigen Gesetzesformulare ZPO § 98 Rn 5 ff.

42 [6] IdR erfolgt der Abschluss des Vergleichs durch Aufnahme eines **Widerrufsvorbehalts** zugunsten einer oder beider Parteien. Formulierungsbeispiel:

▶ Dem Beklagten bleibt der Widerruf des Vergleichs mittels eines beim Gericht(a) bis zum ___(b) eingehenden Schriftsatzes(c) vorbehalten. ◀

43 (a) Der **Empfänger der Widerrufserklärung** ist durch die Parteien frei bestimmbar. Wird keine diesbezügliche Vereinbarung getroffen, kann der Widerruf sowohl dem Gericht als auch der Partei gegenüber erfolgen (BGH NJW 2005, 3576).

44 (b) Um Fristberechnungsprobleme zu vermeiden, empfiehlt es sich, ein bestimmtes **Datum festzulegen**. Zu einzelnen Problemen der Fristbestimmung, insb. deren Verlängerung vgl Hk-ZPO/*Kindl* § 794 Rn 15.

45 (c) Der Widerruf ist grundsätzlich **formfrei**, sofern nicht die Parteien anders vereinbaren. Bei Vereinbarung des Erfordernisses eines „bei Gericht eingehenden Schriftsatzes" müssen im Zweifel die für bestimmende Schriftsätze geltenden Formerfordernisse gewahrt werden (HkZPO/*Kindl* § 794 Rn 14).

46 [7] Die ordnungsgemäße **Protokollierung des Vergleichs** gem. §§ 160 Abs. 3 S. 1 iVm 162 Abs. 1 S. und 2 ist Wirksamkeitserfordernis.

47 [8] Bei **Streit um Wirksamkeit und Fortbestand des Vergleichs** ist zu unterscheiden: **1. Aus anwaltlicher Sicht a)** Streit um (ursprüngliche) Wirksamkeit – Nichtigkeit(a)

48 ▶ ___ stelle ich folgende Anträge:
1. Das Verfahren nimmt seinen Fortgang; Terminsantrag wird ausdrücklich gestellt.(a)
2. Der Beklagte wird verurteilt, an den Kläger einen Betrag iHv ___ EUR samt ___ Zinsen seit dem ___ zu zahlen.(b)
3. Es wird festgestellt, dass der am ___ vor dem ___ zwischen den Parteien abgeschlossene Vergleich den Rechtsstreit nicht beendet hat.(c)
4. Die Zwangsvollstreckung aus dem am ___ vor dem ___ zwischen den Parteien abgeschlossenen Vergleich wird gegen Sicherheitsleistung einstweilig eingestellt.(d) ◀

49 (a) In den Fällen, in denen zumindest eine der Parteien vorbringt, dass der Vergleich als solcher nicht zustande gekommen ist (zB Widerruf), das materiellrechtliche Rechtsgeschäft oder die Prozesshandlung unwirksam ist, sind die Fragen im ursprünglichen – scheinbar beendeten – Rechtsstreit zu klären. Insoweit ist unter Berufung des Unwirksamkeitsgrunds die **Anberaumung eines Termins** zu beantragen (Hk-ZPO/*Kindl* § 794 Rn 20). Dies gilt grundsätzlich auch dann, wenn der **Anspruch auf Rückerstattung der aufgrund des Vergleichs erbrachten Leistung** geltend gemacht wird (BGH NJW 1999, 2903), sei denn, dass das Ursprungsverfahren, in dem der

Vergleich geschlossen worden ist, rechtskräftig beendet ist (BGH NJW 2011, 2141). In diesem Fall kann die Rückforderung im Wege eines neuen Rechtsstreits erfolgen. Zum Verhältnis „Fortsetzung des ursprünglichen Rechtsstreits" und „Einwand, aufgrund der Unwirksamkeit eines Prozessvergleichs müsse das Ursprungsverfahrens fortgesetzt werden" vgl. BGH NJW 2014, 394.

(b) IdR ist der ursprüngliche Antrag zu stellen. 50

(c) Der (ursprüngliche) Antrag kann mit einem **Zwischenfeststellungsantrag** iSd § 256 51 Abs. 2 verbunden werden.

(d) Die **Fortsetzung des Prozesses** allein beseitigt die Vollstreckbarkeit des Vergleichs 52 nicht. Der Antrag beruht auf entsprechender Anwendung der §§ 707, 719 (vgl im Übrigen Hk-ZPO/*Kindl* § 794 Rn 21).

b) Streit um den Fortbestand des Vergleichs bzw dessen Durchsetzbarkeit(a)

▶ ... stelle ich folgenden 53

Antrag:(b)

Die Zwangsvollstreckung aus dem zwischen ... und ... vor dem ... am ... abgeschlossenen Vergleich; Az ..., wird für unzulässig erklärt.(b) ◀

(a) Hierbei handelt es sich um die Fälle, in denen ein (nicht vorbehaltener) Rücktritt, 54 Verletzungen von Vergleichsverpflichtungen, ein Wegfall oder Fehlen der Geschäftsgrundlage (§ 313 Abs. 3 BGB), Auslegungsfragen des Vergleichsinhalts oder nach Vergleichsabschluss getroffene **Änderungen** geltend gemacht werden. In all diesen Fällen ist ein neuer Rechtsstreit zu führen.

(b) Der Antrag wird durch den **Streitgegenstand des neuen Rechtsstreits** bedingt. In 55 Betracht kommen Feststellungs-, Leistungs- (zB bei Geltendmachung von Verpflichtungen aus dem abgeschlossenen Vergleich) oder Vollstreckungsgegenklage (§ 767). Letztere ist zu erheben, wenn eine nachträgliche Unwirksamkeit (zB Störung der Geschäftsgrundlage) geltend gemacht wird. Die Regelung des § 767 Abs. 2 findet dabei keine Anwendung.

2. Aus gerichtlicher Sicht

a) Streit um (ursprüngliche) Wirksamkeit – Nichtigkeit aa) Erledigung des (ursprünglichen) Rechtsstreits durch (wirksamen) Vergleich

▶ **Endurteil**(a) 56

1. Der Rechtsstreit ist durch den zwischen den Parteien am ... vor dem ... abgeschlossenen Vergleich erledigt.
2. Der ... trägt die weiteren Kosten des Rechtsstreits.(b)
3. Ausspruch über die Vorläufige Vollstreckbarkeit.(c) ◀

(a) Will das Gericht bei einem **Streit über die Wirksamkeit** eines Prozessvergleichs die 57 Erledigung des Rechtsstreits durch einen Vergleich aussprechen, so hat dies durch ein Endurteil zu erfolgen, das gegebenenfalls berufungsfähig ist. Der Erlass eines Zwischenurteils ist nicht zulässig (BGH NJW 1996, 3345).

58 **(b)** Nachdem der Vergleich den ursprünglichen **Rechtsstreit wirksam beendet** hat und dabei idR eine Kostenverteilung durch die Parteien bzw durch das Gericht gem. § 91a erfolgt ist, bedarf es nurmehr einer **Kostengrundentscheidung** über die im „Fortsetzungsverfahren" angefallenen Kosten.

59 **(c)** Der Ausspruch umfasst lediglich den Kostenerstattungsanspruch.

bb) Keine Erledigung durch den abgeschlossenen Vergleich

60 ▶ 1. Der zwischen den Parteien vor dem ... am ... abgeschlossene Vergleich hat den Rechtsstreit nicht erledigt.(a)
2. Der Beklagte wird verurteilt ....(b)
3. Im Übrigen wird die Klage abgewiesen.(b)
4. Kostenausspruch.
5. Ausspruch über vorläufige Vollstreckbarkeit. ◀

61 **(a)** Die Entscheidung kann auch vorab in Form eines **Zwischenurteils** (§ 303) erfolgen.

62 **(b) Entscheidungsgegenstand** ist nunmehr der Streitgegenstand des ursprünglichen Rechtsstreits. Dessen Rechtshängigkeit steht daher der Erhebung einer neuen Leistungsklage entgegen (Hk-ZPO/*Kindl* § 794 Rn 20).

b) Streit um den Fortbestand des Vergleichs bzw dessen Durchsetzbarkeit(a) – **Formulierungsbeispiele:**

63 ▶ 1. Es wird festgestellt(a), dass der zwischen den Parteien am ... vor dem ... abgeschlossene Vergleich, Az ..., nicht dazu berechtigt, die Zwangsvollstreckung vor Durchführung folgender Maßnahmen ... durchzuführen.
2. Der Beklagte wird verurteilt, an den Kläger einen Betrag iHv ... EUR Zug um Zug gegen Rückübereignung samt Übergabe des Gegenstandes ... durch den Kläger an den Beklagten zu zahlen.(b)
3. Die Zwangsvollstreckung aus dem zwischen ... und ... vor dem ... am ... abgeschlossenen Vergleich; Az ..., wird für unzulässig erklärt.(c) ◀

64 **(a)** Eine **Klage auf Feststellung** des Titelinhalts und oder seiner Reichweite ist zulässig (BGH NJW 1997, 2320).

65 **(b)** Ein **Leistungsausspruch** kann zB auf der Ausübung eines nicht vereinbarten Rücktritts beruhen.

66 **(c)** Vorliegend handelt es sich um Tenorierung bei einer Vollstreckungsabwehrklage iSd § 767 (vgl dazu näher § 767 Rn 1 ff).

B. Zwangsvollstreckung aus Urkunden

67 **I. Muster: Unterwerfung unter sofortige Zwangsvollstreckung, § 794 Abs. 1 Nr. 5**

▶ 1. ...
2. ...
3. Wegen aller[1] in[2] dieser Urkunde eingegangenen und übernommenen Zahlungsverpflichtungen[1] unterwirft[3] sich der ... zugunsten der ...[4] der sofortigen Zwangsvollstreckung in sein gesamtes Vermögen[5],[6],[7] ◀

II. Erläuterungen

[1] Zum **Gegenstand des Anspruchs** und dessen inhaltlichen Bestimmbarkeit und insb. zur Vereinbarkeit mit §§ 307 ff BGB vgl Hk-ZPO/*Kindl* § 794 Rn 31-37 d. Unterwerfungsfähig ist auch der dingliche Anspruch (§ 1147 BGB aus einer Grundschuld, Hypothek, Rentenschuld; vgl dazu auch näher § 800). 68

[2] Der **Inhalt des vollstreckbaren Anspruchs** muss in der Urkunde hinreichend bezeichnet sein. Die Auslegung beschränkt sich auf den Urkundenwortlaut und nicht darüber hinaus auf außerhalb der Urkunde liegende andere Umstände (BayObLG DNotZ 1992, 309; Hk-ZPO/*Kindl* § 794 Rn 35). 69

[3] Die **Unterwerfungserklärung** ist eine einseitige prozessuale Willenserklärung, die aber auch durch einen Bevollmächtigten erklärt werden kann (Hk-ZPO/*Kindl* § 794 Rn 35–36). Die Erteilung und der Umfang einer Vollmacht zur Erklärung der Unterwerfung unter die Zwangsvollstreckung in einer notariellen Urkunde sind allein im Klauselerteilungsverfahren und nicht im Zwangsvollstreckungsverfahren zu prüfen (BGH NJW 2012, 3518). 70

[4] Der Gläubiger ist hinreichend zu **bestimmen**. Sind mehrere vorhanden, so muss sich ihr Beteiligungsverhältnis, bei Vorliegen mehrerer Schuldner deren Haftungsverhältnis, aus der Urkunde ergeben (Zöller/*Stöber* § 794 Rn 29). 71

[5] Die Unterwerfungserklärung kann auf bestimmte Vollstreckungsmaßnahmen sowie gegenständlich und zeitlich **beschränkt** werden. 72

[6] Grundsätzlich zuständig für die **Abfassung der Urkunde** ist der Notar; als Gericht iSd Nr. 5 kommt ansonsten nur das Amtsgericht für die in § 62 BeurkG aufgeführten Fälle in Betracht (vgl auch § 56 Abs. 4 BeurkG). 73

[7] Zur **Vollstreckbarerklärung** und Erteilung der **Vollstreckungsklausel** vgl §§ 796 c, 797. 74

§ 794 a Zwangsvollstreckung aus Räumungsvergleich

(1) ¹Hat sich der Schuldner in einem Vergleich, aus dem die Zwangsvollstreckung stattfindet, zur Räumung von Wohnraum verpflichtet, so kann ihm das Amtsgericht, in dessen Bezirk der Wohnraum belegen ist, auf Antrag eine den Umständen nach angemessene Räumungsfrist bewilligen. ²Der Antrag ist spätestens zwei Wochen vor dem Tag, an dem nach dem Vergleich zu räumen ist, zu stellen; §§ 233 bis 238 gelten sinngemäß. ³Die Entscheidung ergeht durch Beschluss. ⁴Vor der Entscheidung ist der Gläubiger zu hören. ⁵Das Gericht ist befugt, die im § 732 Abs. 2 bezeichneten Anordnungen zu erlassen.
(2) ¹Die Räumungsfrist kann auf Antrag verlängert oder verkürzt werden. ²Absatz 1 Satz 2 bis 5 gilt entsprechend.
(3) ¹Die Räumungsfrist darf insgesamt nicht mehr als ein Jahr, gerechnet vom Tag des Abschlusses des Vergleichs, betragen. ²Ist nach dem Vergleich an einem späteren Tag zu räumen, so rechnet die Frist von diesem Tag an.
(4) Gegen die Entscheidung des Amtsgerichts findet die sofortige Beschwerde statt.
(5) ¹Die Absätze 1 bis 4 gelten nicht für Mietverhältnisse über Wohnraum im Sinne des § 549 Abs. 2 Nr. 3 sowie in den Fällen des § 575 des Bürgerlichen Gesetz-

§ 794a | Buch 8 | Zwangsvollstreckung

buchs. ²Endet ein Mietverhältnis im Sinne des § 575 des Bürgerlichen Gesetzbuchs durch außerordentliche Kündigung, kann eine Räumungsfrist höchstens bis zum vertraglich bestimmten Zeitpunkt der Beendigung gewährt werden.

A. Anwaltliche Sicht
  I. Räumungsfrist
    1. Muster: Antrag auf Bewilligung einer Räumungsfrist
    2. Erläuterungen
      [1] Zuständigkeit 2
      [2] Bewilligung der Räumungsfrist 3
      [3] Anwendungsbereich 4
      [4] Antragszeitpunkt 5
      [5] Rechtsgrundlage 6
      [6] Anwendungsbereich 7
      [7] Kriterien für die Darlegung der Bewilligung einer Räumungsfrist 8
  II. Verlängerung der gewährten Räumungsfrist
    1. Muster: Antrag auf Verlängerung der gewährten Räumungsfrist
    2. Erläuterungen
      [1] Verlängerung der Räumungsfrist 10
      [2] Voraussetzungen 11
      [3] Einstweiliger Rechtsschutz 12
  III. Verkürzung der Räumungsfrist
    1. Muster: Antrag auf Verkürzung der Räumungsfrist
    2. Erläuterungen
      [1] Verlängerte Räumungsfrist 14
      [2] Termin 15
B. Gerichtliche Sicht
  I. Bewilligung einer Verlängerung der Räumungsfrist
    1. Muster: Beschluss zur Bewilligung einer Verlängerung der Räumungsfrist
    2. Erläuterungen
      [1] Zuständigkeit 17
      [2] Entscheidungsform 18
      [3] Maximalfrist 19
      [4] Kostenentscheidung 20
  II. Versagung der Verlängerung der Räumungsfrist
    1. Muster: Beschluss bei Versagung der Verlängerung der Räumungsfrist
    2. Erläuterungen
      [1] Sofortige Beschwerde 22
      [2] Grundsätze 23

A. Anwaltliche Sicht

I. Räumungsfrist

1. Muster: Antrag auf Bewilligung einer Räumungsfrist

▶ An das

Amtsgericht ...[1]

In der

Mietsache[1]

... ./. ...

wegen Bewilligung einer Räumungsfrist gem. § 794a ZPO

beantrage[2] ich namens und im Auftrag des Beklagten

1. dem Beklagten eine über den zwischen den Parteien vereinbarten Termin zur Räumung der Wohnung in ..., bestehend aus ...[3] zum ... hinaus[4] angemessene Räumungsfrist zu bewilligen.
2. bis zur Entscheidung über den Antrag, die Zwangsvollstreckung aus dem zwischen den Parteien am ... vor dem Amtsgericht ... abgeschlossenen Vergleich; Az ..., einstwei-

len ohne, hilfsweise gegen Erbringung einer Sicherheitsleistung, vorläufig einzustellen.[5]

Begründung

1. Der Beklagte verpflichtete sich im Rahmen eines vor dem Amtsgericht ... abgeschlossenen Vergleichs vom ..., Az ...,[6] zur Räumung der streitgegenständlichen Wohnung[3] in ..., bestehend aus ... zum ....[4]
Beweis: beglaubigte Abschrift des Vergleichs vom ...
Nach Abschluss des Vergleichs trafen folgende bei dessen Abschluss durch den Beklagten nicht vorgesehene Umstände ein, die einer Räumung zu dem vereinbarten Termin entgegenstehen: ....[7]
Beweis: ...
Für das Suchen einer Ersatzwohnung bedarf der Beklagte mindestens ... Monate.
Beweis: ...
2. Bis zum Erlass der beantragten Entscheidung wird der Erlass einer einstweiligen Anordnung gem. § 732 Abs. 2 beantragt.[5] ◄

2. Erläuterungen

[1] **Zuständig** ist das Amtsgericht des Bezirks, wo der Wohnraum belegen ist, und zwar als Prozess- und nicht als Vollstreckungsgericht.
[2] Die **Bewilligung** der Räumungsfrist bedarf eines Antrags (Abs. 1 S. 1).
[3] Zum gegenständlichen **Anwendungsbereich** der Regelung vgl Abs. 5.
[4] Der Antrag ist **spätestens** zwei Wochen vor dem Tag, an dem nach dem Vergleich zu räumen ist, zu stellen (Abs. 1 S. 2). Ist im Vergleich kein Räumungstermin benannt, beginnt die Frist mit dem Tag des Vergleichsabschlusses (str.; vgl Hk-ZPO/*Kindl* § 794 a Rn 5).
[5] Der Antrag beruht auf § 794 a Abs. 1 S. 5 iVm § 732 Abs. 2.
[6] Nach hM erfasst die Vorschrift **nur gerichtliche Räumungsvergleiche** (Hk-ZPO/*Kindl* § 794 a Rn 1).
[7] Zu den **Kriterien** für die Darlegung einer Bewilligung einer Räumungsfrist vgl Hk-ZPO/*Kindl* § 794 a Rn 2.

II. Verlängerung der gewährten Räumungsfrist
1. Muster: Antrag auf Verlängerung der gewährten Räumungsfrist

▶ ...[1]
beantrage ich
1. die mit Beschluss des Amtsgerichts ... vom ... bis zum ... verlängerte Räumungsfrist aus dem zwischen den Parteien abgeschlossenen Räumungsvergleich vom ... weiter angemessen zu verlängern[2].
2. ...[3] ◄

2. Erläuterungen

[1] Es gelten die Ausführungen oben Rn 1.

11 [2] Die Voraussetzungen des Abs. 1 S. 2 bis 5 geltend entsprechend (Abs. 2 S. 2).
12 [3] Es gelten die Ausführungen für den einstweiligen Rechtsschutz oben Rn 6.

III. Verkürzung der Räumungsfrist

13 **1. Muster: Antrag auf Verkürzung der Räumungsfrist**

▶ ... beantrage ich

die mit Beschluss des Amtsgerichts ... vom ... bis zum ... verlängerte Räumungsfrist[1] aus dem zwischen den Parteien abgeschlossenen Räumungsvergleich vom ... dahin gehend zu verkürzen, dass als spätester Räumungstermin der ...[2] bestimmt wird.

Begründung

Das Amtsgericht ... bewilligte mit Beschluss vom ... dem Beklagten über den im Vergleich vom ... vereinbarten Räumungstermin zum ... hinaus eine Verlängerung der Räumungsfrist bis zum .... Grundlage der Gewährung war, dass die dem Beklagten im Zeitpunkt des Abschlusses des Vergleichs erteilte Zusage einer Ersatzwohnung widerrufen wurde.

Beweis: Beschluss des Amtsgerichts ... vom ...

Mittlerweile hat der Beklagte mit dem neuen Vermieter ... einen schriftlichen Mietvertrag zum ... abgeschlossen. Nach Mitteilung des neuen Vermieters ist ein vorheriger Einzug in diese Wohnung jederzeit möglich.

Beweis: Zeugeneinvernahme des ...

Ein weiterer Räumungsschutz über den ... hinaus, ist daher nicht mehr geboten, so dass die bewilligte Räumungsfrist zum ... zu verkürzen ist. ◀

2. Erläuterungen

14 [1] Eine **Verkürzung** iSd Abs. 2 erfasst nur die **verlängerte Räumungsfrist** iSd Abs. 1, nicht jedoch die im Vergleich zwischen den Parteien vereinbarte Räumungsfrist (Hk-ZPO/*Kindl* § 794a Rn 4).
15 [2] Es empfiehlt sich den angedachten Termin zu **benennen**.

B. Gerichtliche Sicht

I. Bewilligung einer Verlängerung der Räumungsfrist

16 **1. Muster: Beschluss zur Bewilligung einer Verlängerung der Räumungsfrist**

▶ ... erlässt das Amtsgericht ...[1] folgenden

Beschluss[2]

1. dem Antragsteller wird eine über den zwischen den Parteien vereinbarten Termin zur Räumung der Wohnung in ..., bestehend aus ... zum ... hinaus, eine Verlängerung der Räumungsfrist bis zum ... bewilligt.[3]
2. Der Antragsgegner trägt die Kosten des Verfahrens.[4] ◀

2. Erläuterungen

17 [1] **Zuständig** ist das Amtsgericht als Prozessgericht, nicht als Vollstreckungsgericht.

[2] Die Entscheidung ergeht durch **Beschluss** (Abs. 1 S. 3). Er unterliegt der sofortigen Beschwerde (§ 567).

[3] Die **Maximalfrist** beträgt ein Jahr, gerechnet vom Tag des Abschlusses des Vergleichs bzw bei Räumung an einem späteren Tag von diesem Tag ab (Abs. 3).

[4] Die **Kostenentscheidung** bestimmt sich nach den Grundsätzen der §§ 91 ff.

II. Versagung der Verlängerung der Räumungsfrist
1. Muster: Beschluss bei Versagung der Verlängerung der Räumungsfrist

▶ **Beschluss**[1]

1. Der Antrag wird zurückgewiesen.
2. Der Antragsteller trägt die Kosten des Verfahrens.[2]

Gründe

... ◀

2. Erläuterungen

[1] Die Entscheidung unterliegt der **sofortigen Beschwerde** (§ 567).

[2] Es gelten die **Grundsätze** oben Rn 20.

§ 795 Anwendung der allgemeinen Vorschriften auf die weiteren Vollstreckungstitel

¹Auf die Zwangsvollstreckung aus den in § 794 erwähnten Schuldtiteln sind die Vorschriften der §§ 724 bis 793 entsprechend anzuwenden, soweit nicht in den §§ 795 a bis 800, 1079 bis 1086, 1093 bis 1096 und 1107 bis 1117 abweichende Vorschriften enthalten sind. ²Auf die Zwangsvollstreckung aus den in § 794 Abs. 1 Nr. 2 erwähnten Schuldtiteln ist § 720 a entsprechend anzuwenden, wenn die Schuldtitel auf Urteilen beruhen, die nur gegen Sicherheitsleistung vorläufig vollstreckbar sind. ³Die Vorschriften der in § 794 Absatz 1 Nummer 6 bis 9 genannten Verordnungen bleiben unberührt.

§ 795 a Zwangsvollstreckung aus Kostenfestsetzungsbeschluss

Die Zwangsvollstreckung aus einem Kostenfestsetzungsbeschluss, der nach § 105 auf das Urteil gesetzt ist, erfolgt auf Grund einer vollstreckbaren Ausfertigung des Urteils; einer besonderen Vollstreckungsklausel für den Festsetzungsbeschluss bedarf es nicht.

§ 795 b Vollstreckbarerklärung des gerichtlichen Vergleichs

Bei Vergleichen, die vor einem deutschen Gericht geschlossen sind (§ 794 Abs. 1 Nr. 1) und deren Wirksamkeit ausschließlich vom Eintritt einer sich aus der Verfahrensakte ergebenden Tatsache abhängig ist, wird die Vollstreckungsklausel von dem Urkundsbeamten der Geschäftsstelle des Gerichts des ersten Rechtszugs und, wenn der Rechtsstreit bei einem höheren Gericht anhängig ist, von dem Urkundsbeamten der Geschäftsstelle dieses Gerichts erteilt.

§ 796 Zwangsvollstreckung aus Vollstreckungsbescheiden

(1) Vollstreckungsbescheide bedürfen der Vollstreckungsklausel nur, wenn die Zwangsvollstreckung für einen anderen als den in dem Bescheid bezeichneten Gläubiger oder gegen einen anderen als den in dem Bescheid bezeichneten Schuldner erfolgen soll.

(2) Einwendungen, die den Anspruch selbst betreffen, sind nur insoweit zulässig, als die Gründe, auf denen sie beruhen, nach Zustellung des Vollstreckungsbescheids entstanden sind und durch Einspruch nicht mehr geltend gemacht werden können.

(3) Für Klagen auf Erteilung der Vollstreckungsklausel sowie für Klagen, durch welche die den Anspruch selbst betreffenden Einwendungen geltend gemacht werden oder der bei der Erteilung der Vollsteckungsklausel als bewiesen angenommene Eintritt der Voraussetzung für die Erteilung der Vollstreckungsklausel bestritten wird, ist das Gericht zuständig, das für eine Entscheidung im Streitverfahren zuständig gewesen wäre.

A. Anwaltliche Sicht
   I. Erteilung der Vollstreckungsklausel
      1. Muster: Erteilung der Vollstreckungsklausel, § 796 Abs. 1
      2. Erläuterungen
         [1] Zuständigkeit 2
         [2] Vollstreckungsklauselerteilung 3
         [3] Beginn der Zwangsvollstreckung zu Lebzeiten des Schuldners.................. 4
   II. Einwendungen, die den Anspruch selbst betreffen, § 796 Abs. 2
   III. Klage auf Erteilung der Vollstreckungsklausel etc., § 796 Abs. 3
B. Gerichtliche Sicht
   I. Erteilung der Vollstreckungsklausel, § 796 Abs. 1
   II. Einwendungen, die den Anspruch selbst betreffen, § 796 Abs. 2
   III. Klage auf Erteilung der Vollstreckungsklausel etc., § 796 Abs. 3

A. Anwaltliche Sicht

I. Erteilung der Vollstreckungsklausel

1. Muster: Erteilung der Vollstreckungsklausel, § 796 Abs. 1

▶ An das

Amtsgericht ▬▬▬

als zentrales Mahngericht[1]

In der Zwangsvollstreckungssache

▬▬▬ ./. ▬▬▬ als Rechtsnachfolger des ▬▬▬

beantrage ich unter Vorlage des Vollstreckungsbescheids des AG ▬▬▬ vom ▬▬▬, Az ▬▬▬; die Erteilung[2] der

Vollstreckungsklausel iSd § 796 Abs. 1 iVm § 724 Abs. 1 ZPO.

Begründung

Am ▬▬▬ wurde vom AG ▬▬▬ Vollstreckungsbescheid, Az ▬▬▬, gegen den Schuldner ▬▬▬ erlassen. Dieser ist am ▬▬▬ verstorben und wurde von ▬▬▬ als Alleinerben beerbt. Dieser hat die Erbschaft angenommen.

Beweis: Erbschein des Amtsgerichts ... vom ..., Az ...

Die Zwangsvollstreckung aus dem Vollstreckungsbescheid des AG ... hat bisher nicht begonnen.[3]

Beweis: eidesstattliche Versicherung des Antragstellers ◀

2. Erläuterungen

[1] **Zuständig** für die Erteilung ist das Gericht, das den Vollstreckungsbescheid erlassen hat. Bei Errichtung eines zentralen Mahngerichts ist dieses zuständig (BGH NJW 1993, 3141).

[2] Eine Erteilung einer **Vollstreckungsklausel** ist nur in den Fällen §§ 727-729, 738, 744, 744 a, 749 sowie gem. § 31 AVAG erforderlich (vgl auch § 829 a).

[3] Hat die **Zwangsvollstreckung zu Lebzeiten des Schuldners** begonnen, kann sie in dessen Nachlass gem. § 779 fortgesetzt werden. In das Vermögen des Erben kann erst nach dessen Annahme der Erbschaft vollstreckt werden (§ 778 Abs. 1).

II. Einwendungen, die den Anspruch selbst betreffen, § 796 Abs. 2

Insofern wird aus die Ausführungen zu § 767 Bezug genommen.

III. Klage auf Erteilung der Vollstreckungsklausel etc., § 796 Abs. 3

Abs. 3 betrifft **Zuständigkeitsregelungen** für Klagen iSd §§ 731, 767, 768. Auf die Ausführungen hierzu wird Bezug genommen.

B. Gerichtliche Sicht

I. Erteilung der Vollstreckungsklausel, § 796 Abs. 1

Auf die Ausführungen zu §§ 727 ff wird Bezug genommen.

II. Einwendungen, die den Anspruch selbst betreffen, § 796 Abs. 2

Insofern wird aus die Ausführungen zu § 767 Bezug genommen.

III. Klage auf Erteilung der Vollstreckungsklausel etc., § 796 Abs. 3

Auf die Ausführungen zu §§ 731, 767 und 768 wird Bezug genommen.

§ 796 a Voraussetzungen für die Vollstreckbarerklärung des Anwaltsvergleichs

(1) Ein von Rechtsanwälten im Namen und mit Vollmacht der von ihnen vertretenen Parteien abgeschlossener Vergleich wird auf Antrag einer Partei für vollstreckbar erklärt, wenn sich der Schuldner darin der sofortigen Zwangsvollstreckung unterworfen hat und der Vergleich unter Angabe des Tages seines Zustandekommens bei einem Amtsgericht niedergelegt ist, bei dem eine der Parteien zur Zeit des Vergleichsabschlusses ihren allgemeinen Gerichtsstand hat.

§ 796 b

(2) Absatz 1 gilt nicht, wenn der Vergleich auf die Abgabe einer Willenserklärung gerichtet ist oder den Bestand eines Mietverhältnisses über Wohnraum betrifft.

(3) Die Vollstreckbarerklärung ist abzulehnen, wenn der Vergleich unwirksam ist oder seine Anerkennung gegen die öffentliche Ordnung verstoßen würde.

§ 796 b Vollstreckbarerklärung durch das Prozessgericht

(1) Für die Vollstreckbarerklärung nach § 796 a Abs. 1 ist das Gericht als Prozessgericht zuständig, das für die gerichtliche Geltendmachung des zu vollstreckenden Anspruchs zuständig wäre.

(2) [1]Vor der Entscheidung über den Antrag auf Vollstreckbarerklärung ist der Gegner zu hören. [2]Die Entscheidung ergeht durch Beschluss. [3]Eine Anfechtung findet nicht statt.

A. Anwaltliche Sicht
  I. Muster: Antrag auf Vollstreckbarerklärung eines Anwaltsvergleichs durch das Prozessgericht
  II. Erläuterungen
    [1] Zuständiges Gericht 2
    [2] Niederlegung des Vergleichs bei einem Amtsgericht 3
    [3] Kostenentscheidung 4
    [4] Beifügung des abgeschlossenen Anwaltsvergleichs 5
    [5] Inhaltliche Bestimmbarkeit des Vergleichsumfangs 6
    [6] Tag des Zustandekommens des Vergleichs 7
    [7] Vergleichsgegenstand 8
    [8] Unterwerfung unter die sofortige Zwangsvollstreckung 9
B. Gerichtliche Sicht
  I. Vollstreckbarerklärung
    1. Muster: Beschluss zur Vollstreckbarerklärung
    2. Erläuterungen
      [1] Zuständigkeit 11
      [2] Entscheidungsform 12
      [3] Tenor 13
      [4] Kostenentscheidung 14
      [5] Sofortige Vollstreckbarkeit 15
      [6] Anhörung des Antragsgegners 16
      [7] Prüfungsumfang des Gerichts 17
      [8] Zustellung der Entscheidung............... 18
      [9] Anfechtung der Entscheidung............... 19
  II. Ablehnung der Vollstreckbarerklärung
    1. Muster: Ablehnung der Vollstreckbarerklärung durch Beschluss
    2. Erläuterungen
      [1] Prüfungsumfang 21
      [2] Übermittlung ablehnender Beschlüsse 22

A. Anwaltliche Sicht

1 **I. Muster: Antrag auf Vollstreckbarerklärung eines Anwaltsvergleichs durch das Prozessgericht**

▶ An das

...gericht ...[1]

In dem Verfahren auf Vollstreckbarerklärung eines Anwaltsvergleichs

zwischen

... Antragsteller

Bevollmächtigter: ...

und

… Antragsgegner

Bevollmächtigter: …

beantrage ich für den Antragsteller:

1. Der am … unter Beteilung der vorgenannten Bevollmächtigten geschlossene Vergleich, niedergelegt unter dem Az …; bei dem Amtsgericht …[2], wird für vollstreckbar erklärt.
2. Die Kosten dieses Verfahrens werden dem Antragsgegner auferlegt.[3]

Begründung

Am … schlossen der Antragsteller und der Antragsgegner unter Beteiligung ihrer Bevollmächtigten, den Rechtsanwälten … einen Vergleich. Bzgl dessen Inhalt wird auf den in Anlage beigefügten Vergleich Bezug genommen.[4]

Nachdem der Antragsgegner seinen darin übernommenen Leistungspflichten nicht nachgekommen ist, bedarf es zum Zwecke der Zwangsvollstreckung gegen ihn der Vollstreckbarerklärung des Vergleichs gem. §§ 796 a, 796 b ZPO.

Die Zuständigkeit des Gerichts ergibt sich aus § 796 b Abs. 1 ZPO.

Anlage:[4]

Anwaltsvergleich

Die Parteien

… – Vergleichspartei zu 1

vertreten durch Rechtsanwalt …

und

… – Vergleichspartei zu 2

vertreten durch Rechtsanwalt …

streiten über Kaufpreisansprüche des …, Vergleichspartei zu 1, gegen …, Vergleichspartei zu 2, aus einem zwischen ihnen am … abgeschlossenen Kaufvertrag über …. Der …, Vergleichspartei zu 1, macht einen Kaufpreisanspruch iHv … EUR geltend, während …, Vergleichspartei zu 2, Gewährleistungsrechte wegen Mangelhaftigkeit des Kaufgegenstandes erhebt.[5]

Zur Beseitigung der Streitigkeiten zwischen den Parteien und zur Vermeidung eines gerichtlichen Rechtsstreits schließen die von den Parteien beauftragten Rechtsanwälte in deren Namen und in Vollmacht der jeweiligen von ihnen vertretenen Parteien am …[6] folgenden

Vergleich

1. Die Vergleichspartei zu 2 zahlt an die Vergleichspartei zu 1 einen Betrag iHv … EUR bis spätestens ….[7]
2. Die Parteien sind sich darüber einig, dass durch den Abschluss des Vergleichs alle gegenseitigen Ansprüche aus dem streitgegenständlichen Kaufvertrag vom … über den Kaufgegenstand … abgegolten sind.

3. Die Vergleichspartei zu 2 unterwirft sich wegen des Zahlungsanspruchs unter Ziff. 1 des Vergleichs der sofortigen Zwangsvollstreckung.[8]
4. Die Kosten der Vergleichsniederlegung werden gegeneinander aufgehoben. ◀

II. Erläuterungen

2 [1] **Zuständiges Gericht** für die Vollstreckbarerklärung ist dasjenige, das als Prozessgericht für die gerichtliche Geltendmachung des zu vollstreckenden Anspruchs zuständig ist (§ 796 b).

3 [2] Der Vergleich ist bei einem Amtsgericht **niederzulegen**, bei dem eine der Parteien zur Zeit des Vergleichsabschlusses ihren allgemeinen Gerichtsstand hat (§ 796 a Abs. 1).

4 [3] **Die Kostenentscheidung** ergeht von Amts wegen; ein Kostenantrag ist jedoch üblich (vgl § 91 Rn 2). Durch die Tätigkeit des Anwalts im gerichtlichen Verfahren zur Vollstreckbarerklärung eines Anwaltsvergleichs entsteht eine 1,3 Verfahrensgebühr iSd Nr. 3100 RVG VV (OLG München NJW-RR 2010, 502).

5 [4] Dem Antrag ist als **Entscheidungsgrundlage** für die Entscheidung über die Vollstreckbarerklärung der abgeschlossene Anwaltsvergleich beizufügen.

6 [5] Es empfiehlt sich zur inhaltlichen Bestimmtheit des Vergleichsumfangs, den durch den Vergleich erledigten Streit als **Präambel** mit aufzunehmen.

7 [6] Zur Aufnahme des **Tages des Zustandekommens des Vergleichs** vgl Hk-ZPO/Kindl § 796 a Rn 4.

8 [7] Zum **Vergleichsgegenstand** vgl Abs. 1 und Abs. 2; sowie Hk-ZPO/Kindl § 796 a Rn 3.

9 [8] Mindestens eine der Parteien muss sich in dem Vergleich der **sofortigen Zwangsvollstreckung** unterworfen haben.

B. Gerichtliche Sicht

I. Vollstreckbarerklärung

10 **1. Muster: Beschluss zur Vollstreckbarerklärung**

▶ ...gericht

Az ...

In dem Verfahren auf Vollstreckbarerklärung zwischen

... – Antragsteller und Vergleichspartei zu 1)

Verfahrensbevollmächtigter: ...

und

... – Antragsgegner und Vergleichspartei zu 2)

Verfahrensbevollmächtigter: ...

erlässt das ...gericht[1] ... am ... folgenden

Beschluss[2], [9]

I. Der am ... zwischen den Vergleichsparteien geschlossene Anwaltsvergleich, niedergelegt bei dem Amtsgericht ..., Az ..., wird für vollstreckbar erklärt.

Der Vergleich lautet:[3]
1. Die Vergleichspartei zu 2 zahlt an die Vergleichspartei zu 1 einen Betrag iHv ... EUR bis spätestens ... .
2. Die Parteien sind sich darüber einig, dass durch den Abschluss des Vergleichs alle gegenseitigen Ansprüche aus dem streitgegenständlichen Kaufvertrag vom ... über den Kaufgegenstand ... abgegolten sind.
3. Die Vergleichspartei zu 2 unterwirft sich wegen des Zahlungsanspruchs unter Ziff. 1 des Vergleichs der sofortigen Zwangsvollstreckung.
4. Die Kosten der Vergleichsniederlegung werden gegeneinander aufgehoben.[4],[5]

II. Die Kosten dieses Verfahrens trägt der Antragsgegner.

Gründe

I.

Die Parteien stritten über Kaufpreisansprüche des ..., Vergleichspartei zu 1, gegen ..., Vergleichspartei zu 2, aus einem zwischen ihnen am ... abgeschlossenen Kaufvertrag über ... . Der ..., Vergleichspartei zu 1, machte einen Kaufpreisanspruch iHv ... EUR geltend, während ..., Vergleichspartei zu 2, Gewährleistungsrechte wegen Mangelhaftigkeit des Kaufgegenstandes erhob.

Zur Beseitigung der Streitigkeiten zwischen den Parteien und zur Vermeidung eines gerichtlichen Rechtsstreits schlossen die von den Parteien beauftragten Rechtsanwälte in deren Namen und in Vollmacht der jeweiligen von ihnen vertretenen Parteien am ... den im Tenor bezeichneten Vergleich. Dieser wurde am ... unter dem Az ... bei dem Amtsgericht ... niedergelegt.

II.

1. Der Anwaltsvergleich war gem. §§ 796 a, b ZPO für vollstreckbar zu erklären.
   Das Gericht ist gem. §§ 796 b Abs. 1 ZPO örtlich und sachlich zuständig.
   Auch nach erfolgter Anhörung[6] des Antragsgegners bestehen sowohl in formeller als auch in materieller Hinsicht keine Bedenken gegen die Wirksamkeit des abgeschlossenen Vergleichs.[7]
2. Die Kostenentscheidung beruht auf § 91 Abs. 1 ZPO.

Vfg
1. Zustellen an Prozessbevollmächtigte[8]
2. Schlussbehandlung ◄

2. Erläuterungen

[1] **Zuständig** ist der Richter, nicht der Rechtspfleger. Im Übrigen bestimmt sich die sachliche Zuständigkeit gem. § 796 b Abs. 1.   11

[2] Auch **nach Durchführung einer mündlichen Verhandlung** ergeht die Entscheidung in Form eines Beschlusses (§ 796 a Abs. 2 S. 2).   12

[3] Der **Vergleich** ist **Inhalt der Entscheidung** und daher in der Tenorierung mit aufzuführen.   13

[4] Die **Kostenentscheidung** beruht auf §§ 91 ff ZPO.   14

15 [5] Die Entscheidung ist gem. § 794 Abs. 1 Nr. 4 b **sofort vollstreckbar**. Eines Ausspruchs zur vorläufigen Vollstreckbarkeit bedarf es daher nicht.

16 [6] Der **Antragsgegner** ist gem. § 796 b Abs. 2 S. 1 stets zu hören.

17 [7] Der **Prüfungsumfang des Gerichts** erstreckt sich auf folgende Punkte:
a) Formelle Wirksamkeit (vgl dazu Hk-ZPO/*Kindl* § 796 a Rn 2)
 – Datum des Zustandekommens
 – Niederlegung bei einem gem. § 796 a Abs. 1 zuständigen Amtsgericht
 – Schriftform
 – Eigenhändige Unterschrift eines bevollmächtigten Rechtsanwalts
 – Unterwerfungsklausel der sofortigen Zwangsvollstreckung
b) Materielle Wirksamkeit (Hk-ZPO/*Kindl* § 796 a Rn 3 und 7)
 – Vergleichsbefugnis
 – gegenseitiges Nachgeben iSd § 779 BGB
 – vergleichsfähiger Anspruch (vgl dazu auch § 796 a Abs. 2)
 – Wirksamkeit in materiellrechtlicher Hinsicht (insb. § 796 a Abs. 3)
 – Zur Frage, ob materiellrechtliche Einwendungen gegen den Fortbestand des Anspruchs zu prüfen sind, vgl Hk-ZPO/*Kindl* § 796 a Rn 7.

18 [8] Die Entscheidung ist gem. § 329 Abs. 3 **zuzustellen**.

19 [9] Eine **Anfechtung** der gerichtlichen Entscheidung ist gem. § 796 b Abs. 2 S. 3 ausgeschlossen.

II. Ablehnung der Vollstreckbarerklärung

20 **1. Muster: Ablehnung der Vollstreckbarerklärung durch Beschluss**

▶ ...

Beschluss

1. Der Antrag des Antragstellers ... vom ... auf Vollstreckbarerklärung des am ... zwischen den Bevollmächtigten des Antragstellers und -gegners abgeschlossenen Anwaltsvergleichs, niedergelegt am ... bei dem Amtsgericht ..., Az ..., wird zurückgewiesen.
2 Die Kosten dieses Verfahrens trägt der Antragsteller.

Gründe[1]

...

Vfg
1. Formlose Mitteilung an Antragsteller und Antragsgegner[2]
2. Schlussbehandlung ◀

2. Erläuterungen

21 [1] Zum **Prüfungsumfang** vgl Muster Rn 1.
22 [2] Ablehnende Beschlüsse sind formlos zu **übermitteln**.

§ 796 c Vollstreckbarerklärung durch einen Notar

(1) ¹Mit Zustimmung der Parteien kann ein Vergleich ferner von einem Notar, der seinen Amtssitz im Bezirk eines nach § 796 a Abs. 1 zuständigen Gerichts hat, in Verwahrung genommen und für vollstreckbar erklärt werden. ²Die §§ 796 a und 796 b gelten entsprechend.
(2) ¹Lehnt der Notar die Vollstreckbarerklärung ab, ist dies zu begründen. ²Die Ablehnung durch den Notar kann mit dem Antrag auf gerichtliche Entscheidung bei dem nach § 796 b Abs. 1 zuständigen Gericht angefochten werden.

A. Anwaltliche Sicht
   I. Vollstreckbarerklärung
      1. Muster: Antrag auf Vollstreckbarerklärung, § 796 c Abs. 1
      2. Erläuterungen
         [1] Abänderung der Zuständigkeit für Verwahrung und Vollstreckbarerklärung 2
         [2] Zuständigkeit 3
         [3] Verwahrung 4
         [4] Kosten der Vollstreckbarerklärung 5
         [5] Zustimmung bezüglich Verwahrung 6
         [6] Vollstreckbarerklärung durch den Notar 7
   II. Gerichtliche Entscheidung gegen die Ablehnung der Vollstreckbarerklärung durch den Notar
      1. Muster: Antrag auf gerichtliche Entscheidung gegen die Ablehnung der Vollstreckbarerklärung durch den Notar, § 796 c Abs. 2
      2. Erläuterungen
         [1] Zuständigkeit 9
         [2] Unanfechtbarkeit der Vollstreckbarerklärung 10
B. Notarielle Sicht
C. Gerichtliche Sicht
   I. Muster: Beschluss über die Vollstreckbarerklärung eines Anwaltsvergleichs
   II. Erläuterungen

A. Anwaltliche Sicht

I. Vollstreckbarerklärung

1. Muster: Antrag auf Vollstreckbarerklärung, § 796 c Abs. 1

▶ An den
Notar[1]

... [2]

In dem Verfahren auf Vollstreckbarerklärung eines Anwaltsvergleichs zwischen

...

                                            - Antragsteller -

Bevollmächtigter: ...
und

...

                                            - Antragsgegner -

Bevollmächtigter: ...

beantrage ich für den Antragsteller:

1. Der am ▬▬ unter Beteiligung der vorgenannten Bevollmächtigten geschlossene Vergleich, in Verwahrung genommen von dem Notar ▬▬[3], Az ▬▬, wird für vollstreckbar erklärt.
2. Die Kosten dieses Verfahrens werden dem Antragsgegner auferlegt.[4]

Begründung

Am ▬▬ schlossen der Antragsteller und der Antragsgegner unter Beteiligung ihrer Bevollmächtigten, den Rechtsanwälten ▬▬ und ▬▬, einen Vergleich, der mit Zustimmung der Parteien[5] am ▬▬ von dem oben genannten Notar ▬▬ in Verwahrung genommen worden ist. Bzgl dessen Inhalt wird auf den bereits vorliegenden, sich in notarieller Verwahrung befindlichen Vergleich Bezug genommen.[6]

Nachdem der Antragsgegner seinen darin übernommenen Leistungspflichten nicht nachgekommen ist, bedarf es zur Zwecke der Zwangsvollstreckung gegen ihn der Vollstreckbarerklärung des Vergleichs gem. §§ 796 a, 796 b, 796 c ZPO.

Die Zuständigkeit des Notars ▬▬ ergibt sich aus § 796 c Abs. 1 ZPO. ◂

2. Erläuterungen

[1] Es gelten grundsätzlich die Ausführungen zu § 796 a, b entsprechend; § 796 c Abs. 1 sieht in Abs. 1 lediglich eine **Abänderung der Zuständigkeit** für die Verwahrung und die Vollstreckbarerklärung vor. Insofern müssen alle Voraussetzungen eines Anwaltsvergleichs erfüllt sein (OLG Brandenburg FamRZ 2014, 872, 873).

[2] Die **Zuständigkeit** bestimmt sich gem. Abs. 1 S. 1.

[3] Im Gegensatz zu § 796 b ist derjenige Notar für die Vollstreckbarerklärung zuständig, der auch den Vergleich in **Verwahrung** genommen hat.

[4] Der Notar muss auch bzgl der **Kosten der Vollstreckbarerklärung** entscheiden.

[5] Es empfiehlt sich die **Zustimmung** bzgl der Verwahrung des Anwaltsvergleichs durch einen Notar in den Vergleichsabschluss mit **aufzunehmen**. Streitig ist, ob sich die Zustimmung neben der Verwahrung auch auf die Vollstreckungserklärung beziehen muss; vgl dazu näher Hk-ZPO/*Kindl* § 796 c Rn 2.

[6] Da für die Vollstreckbarerklärung durch den Notar alle Voraussetzungen eines Anwaltsvergleichs erfüllt sein müssen, kann nur solch ein Anwaltsvergleich für vollstreckbar erklärt werden, in dem sich der Schuldner der sofortigen Zwangsvollstreckung unterworfen hat (OLG Brandenburg FamRZ 2014, 872, 873).

II. Gerichtliche Entscheidung gegen die Ablehnung der Vollstreckbarerklärung durch den Notar

1. Muster: Antrag auf gerichtliche Entscheidung gegen die Ablehnung der Vollstreckbarerklärung durch den Notar, § 796 c Abs. 2

▸ An das

▬▬gericht ▬▬[1]

In dem Verfahren auf Vollstreckbarerklärung eines Anwaltsvergleichs

zwischen

Abschnitt 1 | Allgemeine Vorschriften § 796 c

...

- Antragsteller -

Bevollmächtigter: ...

und

...

- Antragsgegner -

Bevollmächtigter: ...

stelle ich namens und im Auftrag für den Antragsteller

Antrag auf gerichtliche Entscheidung

hinsichtlich der Ablehnung[2] der Vollstreckbarerklärung des zwischen den vorgenannten Parteien abgeschlossenen Anwaltsvergleichs durch den Notar ...

Begründung

Am ... schlossen der Antragsteller und der Antragsgegner unter Beteiligung ihrer Bevollmächtigten, den Rechtsanwälten ... und ... einen Vergleich. Bzgl dessen Inhalt wird auf den in Anlage beigefügten Vergleich Bezug genommen. Mit Zustimmung der Parteien wurde der Vergleich bei dem Notar ... in Verwahrung genommen.

Beweis: ...

Anlage ...

Nachdem der Antragsgegner seinen darin übernommenen Leistungspflichten nicht nachgekommen ist, beantragte der Antragsteller zum Zwecke der Zwangsvollstreckung die Vollstreckbarerklärung des Vergleichs gem. §§ 796 a, 796 b, 796 b ZPO.

Beweis: ...

Mit Beschluss vom ...; Az ..., lehnte der Notar ... die beantragte Vollstreckbarerklärung mit der Begründung ab, ...

Beweis: Beschluss v. ...

Die Zurückweisung des Antrags ist jedoch unzutreffend, weil ....

Die Zuständigkeit des Gerichts ergibt sich aus § 796 b Abs. 1 iVm § 796 c Abs. 2 S. 2 ZPO. ◀

2. Erläuterungen

[1] Die **Zuständigkeit** des Gerichts ergibt sich aus § 796 c Abs. 2 iVm § 796 b Abs. 1.   9

[2] Die **Vollstreckbarerklärung** ist unanfechtbar.   10

B. Notarielle Sicht

Der Notar hat auch über die **Kosten der Vollstreckbarerklärung** gem. §§ 91 ff zu entscheiden. Im Übrigen gelten die Ausführungen zu §§ 796 a, b entsprechend. Zum Prüfungsumfang des Notars vgl Hk-ZPO/*Kindl* § 796 c Rn 3.   11

C. Gerichtliche Sicht

I. Muster: Beschluss über die Vollstreckbarerklärung eines Anwaltsvergleichs[1]

Beschluss

I. Der Beschluss des Notars ... vom ..., Az ..., wird aufgehoben.

II. Der am ... zwischen den Vergleichsparteien geschlossene Anwaltsvergleich, in Verwahrung genommen von dem Notar ...; Az ...; wird für vollstreckbar erklärt.
Der Vergleich lautet:
1. Die Vergleichspartei zu 2 zahlt an die Vergleichspartei zu 1 einen Betrag iHv ... EUR bis spätestens ...
2. Die Parteien sind sich darüber einig, dass durch den Abschluss des Vergleichs alle gegenseitigen Ansprüche aus dem streitgegenständlichen Kaufvertrag vom ... über den Kaufgegenstand ... abgegolten sind.
3. Die Vergleichspartei zu 2 unterwirft sich wegen des Zahlungsanspruchs unter Ziff. 1 des Vergleichs der sofortigen Zwangsvollstreckung.
4. Die Kosten der Vergleichsniederlegung werden gegeneinander aufgehoben.

III. Die Kosten dieses Verfahrens trägt der Antragsgegner.

Gründe

II. Erläuterungen

[1] Es gelten die Ausführungen zu §§ 796 a, b entsprechend.

§ 797 Verfahren bei vollstreckbaren Urkunden

(1) Die vollstreckbare Ausfertigung gerichtlicher Urkunden wird von dem Urkundsbeamten der Geschäftsstelle des Gerichts erteilt, das die Urkunde verwahrt.
(2) ¹Die vollstreckbare Ausfertigung notarieller Urkunden wird von dem Notar erteilt, der die Urkunde verwahrt. ²Befindet sich die Urkunde in der Verwahrung einer Behörde, so hat diese die vollstreckbare Ausfertigung zu erteilen.
(3) ¹Die Entscheidung über Einwendungen, welche die Zulässigkeit der Vollstreckungsklausel und die Zulässigkeit der Erteilung einer weiteren vollstreckbaren Ausfertigung betreffen, wird bei gerichtlichen Urkunden von dem die Urkunde verwahrenden Gericht, bei notariellen Urkunden von dem Amtsgericht getroffen, in dessen Bezirk der die Urkunde verwahrende Notar oder die verwahrende Behörde den Amtssitz hat. ²Die Entscheidung über die Erteilung einer weiteren vollstreckbaren Ausfertigung wird bei gerichtlichen Urkunden von dem die Urkunde verwahrenden Gericht getroffen, bei einer notariellen Urkunde von dem die Urkunde verwahrenden Notar oder, wenn die Urkunde von einer Behörde verwahrt wird, von dem Amtsgericht, in dessen Bezirk diese Behörde ihren Amtssitz hat.
(4) Auf die Geltendmachung von Einwendungen, die den Anspruch selbst betreffen, ist die beschränkende Vorschrift des § 767 Abs. 2 nicht anzuwenden.

(5) Für Klagen auf Erteilung der Vollstreckungsklausel sowie für Klagen, durch welche die den Anspruch selbst betreffenden Einwendungen geltend gemacht werden oder der bei der Erteilung der Vollstreckungsklausel als bewiesen angenommene Eintritt der Voraussetzung für die Erteilung der Vollstreckungsklausel bestritten wird, ist das Gericht, bei dem der Schuldner im Inland seinen allgemeinen Gerichtsstand hat, und sonst das Gericht zuständig, bei dem nach § 23 gegen den Schuldner Klage erhoben werden kann.

(6) Auf Beschlüsse nach § 796c sind die Absätze 2 bis 5 entsprechend anzuwenden.

A. Anwaltliche Sicht
   I. Vollstreckbare Ausfertigung notarieller Urkunden
      1. Muster: Antrag auf Erteilung einer vollstreckbaren Ausfertigung einer notariellen Urkunde, § 797 Abs. 2 S. 1
      2. Erläuterungen
         [1] Zuständigkeit des die Urkunde verwahrenden Notars 2
   II. Vollstreckbare Ausfertigung für Anwaltsvergleiche
      1. Muster: Antrag auf Erteilung einer vollstreckbaren Ausfertigung für Anwaltsvergleiche, § 797 Abs. 6
      2. Erläuterungen
         [1] Zuständigkeit des die Originalurkunde verwahrenden Notars 4

B. Notarielle Sicht

A. Anwaltliche Sicht

I. Vollstreckbare Ausfertigung notarieller Urkunden

1. Muster: Antrag auf Erteilung einer vollstreckbaren Ausfertigung einer notariellen Urkunde, § 797 Abs. 2 S. 1

▶ An den

Notar ...[1]

In der Zwangsvollstreckungssache

... ./. ...

beantrage ich unter Bezugnahme auf die bereits in Verwahrung vorliegende notarielle Urkunde, UR-Nr. ...,

die Erteilung der Vollstreckungsklausel

gem. § 797 Abs. 2 ZPO. ◀

2. Erläuterungen

[1] Zuständig ist der Notar, der die Urkunde verwahrt; gem. § 45 Abs. 1 BeurkG ist dies grundsätzlich der Notar, der der Urkunde aufgenommen hat.

II. Vollstreckbare Ausfertigung für Anwaltsvergleiche

3 **1. Muster: Antrag auf Erteilung einer vollstreckbaren Ausfertigung für Anwaltsvergleiche, § 797 Abs. 6**

▶ An den

Notar ⸺.[1]

In der Zwangsvollstreckungssache

⸺ ./. ⸺

beantrage ich unter Bezugnahme auf den bereits in notarieller Verwahrung befindlichen Anwaltsvergleich zwischen den Vergleichsparteien ⸺ und ⸺ vom ⸺, durch Beschluss vom ⸺, Az ⸺ für vollstreckbar erklärt,

die Erteilung der Vollstreckungsklausel

gem. § 797 Abs. 6 ZPO. ◀

2. Erläuterungen

4 [1] Zuständig ist der Notar, der die Originalurkunde des Vergleichs verwahrt und der diesen gem. § 796 c für vollstreckbar erklärt hat.

B. Notarielle Sicht

5 Es gelten die Grundsätze der §§ 724 ff (vgl § 52 BeurkG). Auf die dortigen Ausführungen wird Bezug genommen. Zum **Prüfungsumfang des Notars** vgl Hk-ZPO/*Kindl* § 797 Rn 3–5.

§ 798 Wartefrist

Aus einem Kostenfestsetzungsbeschluss, der nicht auf das Urteil gesetzt ist, aus Beschlüssen nach § 794 Abs. 1 Nr. 4 b sowie aus den nach § 794 Abs. 1 Nr. 5 aufgenommenen Urkunden darf die Zwangsvollstreckung nur beginnen, wenn der Schuldtitel mindestens zwei Wochen vorher zugestellt ist.

1 **A. Muster: Gerichtlicher Hinweis auf Beginn der Zwangsvollstreckung**

▶ ⸺

Vorstehende Ausfertigung wird der antragstellenden Partei (Kläger) zum Zweck der Zwangsvollstreckung erteilt.

Eine Ausfertigung des Beschlusses ist dem Prozessbevollmächtigten des Beklagten am ⸺ zugestellt worden. Die Zwangsvollstreckung darf frühestens zwei Wochen nach diesem Tag beginnen (§ 798). Eine Sicherheitsvollstreckung (§ 720 a ZPO) darf frühestens zwei Wochen seit der Zustellung dieses Beschlusses und der vorgenannten Vollstreckungsklausel beginnen (§ 750 Abs. 3).[1] ◀

B. Erläuterungen

2 [1] Aus anwaltlicher Sicht empfiehlt sich zur Vermeidung der Wartefrist iSd § 798 eines Vorgehens nach § 105 (vgl § 105 Rn 1 ff), was zudem den Vorteil bietet, dass es keiner besonderen Vollstreckungsklausel (§ 795 a) bedarf (vgl Hk-ZPO/*Gierl* § 105 Rn 2).

§ 798 a (aufgehoben)

§ 799 Vollstreckbare Urkunde bei Rechtsnachfolge

Hat sich der Eigentümer eines mit einer Hypothek, einer Grundschuld oder einer Rentenschuld belasteten Grundstücks in einer nach § 794 Abs. 1 Nr. 5 aufgenommenen Urkunde der sofortigen Zwangsvollstreckung unterworfen und ist dem Rechtsnachfolger des Gläubigers eine vollstreckbare Ausfertigung erteilt, so ist die Zustellung der die Rechtsnachfolge nachweisenden öffentlichen oder öffentlich beglaubigten Urkunde nicht erforderlich, wenn der Rechtsnachfolger als Gläubiger im Grundbuch eingetragen ist.

§ 799 a Schadensersatzpflicht bei der Vollstreckung aus Urkunden durch andere Gläubiger

[1]Hat sich der Eigentümer eines Grundstücks in Ansehung einer Hypothek oder Grundschuld in einer Urkunde nach § 794 Abs. 1 Nr. 5 der sofortigen Zwangsvollstreckung in das Grundstück unterworfen und betreibt ein anderer als der in der Urkunde bezeichnete Gläubiger die Vollstreckung, so ist dieser, soweit die Vollstreckung aus der Urkunde für unzulässig erklärt wird, dem Schuldner zum Ersatz des Schadens verpflichtet, der diesem durch die Vollstreckung aus der Urkunde oder durch eine zur Abwendung der Vollstreckung erbrachte Leistung entsteht. [2]Satz 1 gilt entsprechend, wenn sich der Schuldner wegen der Forderungen, zu deren Sicherung das Grundpfandrecht bestellt worden ist, oder wegen der Forderung aus einem demselben Zweck dienenden Schuldanerkenntnis der sofortigen Vollstreckung in sein Vermögen unterworfen hat.

§ 800 Vollstreckbare Urkunde gegen den jeweiligen Grundstückseigentümer

(1) [1]Der Eigentümer kann sich in einer nach § 794 Abs. 1 Nr. 5 aufgenommenen Urkunde in Ansehung einer Hypothek, einer Grundschuld oder einer Rentenschuld der sofortigen Zwangsvollstreckung in der Weise unterwerfen, dass die Zwangsvollstreckung aus der Urkunde gegen den jeweiligen Eigentümer des Grundstücks zulässig sein soll. [2]Die Unterwerfung bedarf in diesem Fall der Eintragung in das Grundbuch.
(2) Bei der Zwangsvollstreckung gegen einen späteren Eigentümer, der im Grundbuch eingetragen ist, bedarf es nicht der Zustellung der den Erwerb des Eigentums nachweisenden öffentlichen oder öffentlich beglaubigten Urkunde.
(3) Ist die sofortige Zwangsvollstreckung gegen den jeweiligen Eigentümer zulässig, so ist für die im § 797 Abs. 5 bezeichneten Klagen das Gericht zuständig, in dessen Bezirk das Grundstück belegen ist.

§ 800a Vollstreckbare Urkunde bei Schiffshypothek

(1) Die Vorschriften der §§ 799, 800 gelten für eingetragene Schiffe und Schiffsbauwerke, die mit einer Schiffshypothek belastet sind, entsprechend.
(2) Ist die sofortige Zwangsvollstreckung gegen den jeweiligen Eigentümer zulässig, so ist für die im § 797 Abs. 5 bezeichneten Klagen das Gericht zuständig, in dessen Bezirk das Register für das Schiff oder das Schiffsbauwerk geführt wird.

A. Muster: Unterwerfung des jeweiligen Eigentümers eines Grundstücks oder Schiffsbauwerks unter die Zwangsvollstreckung	[3] Inhalt der Unterwerfungserklärung ... 4
	[4] Persönliche Haftung des Schuldners ... 5
	[5] Kumulative Zwangsvollstreckungsunterwerfungserklärung in der Urkunde 6
B. Erläuterungen	
[1] Dinglicher Anspruch auf Zahlung .. 2	
[2] Unterwerfender Grundstücks-/ Schiffsbauwerkseigentümer bei Urkundserrichtung 3	

1 A. Muster: Unterwerfung des jeweiligen Eigentümers eines Grundstücks oder Schiffsbauwerks unter die Zwangsvollstreckung

▶ Wegen des Grundschuldkapitals samt Zinsen und etwaiger weiterer Nebenleistungen[1] unterwirft der Eigentümer[2] den mit der Grundschuld belasteten Pfandbesitz der sofortigen Zwangsvollstreckung aus dieser Urkunde in der Weise, dass die Zwangsvollstreckung gegen den jeweiligen Eigentümer[3] des belasteten Pfandbesitzes zulässig ist.

2. ... und ... – nachstehend als „der Schuldner" bezeichnet – verpflichten[4] sich gegenüber dem Gläubiger unabhängig von der am ... bestellten Grundschuld zur Zahlung einer der Grundschuldsumme mit allen Nebenleistungen entsprechenden sofort fälligen Betrages (§ 780 BGB). Mehrere Personen verpflichten sich als Gesamtschuldner. Wegen dieser Zahlungsverpflichtung unterwirft sich der Schuldner der sofortigen Zwangsvollstreckung aus dieser Urkunde in sein gesamtes Vermögen.[5], [6] ◀

B. Erläuterungen

2 [1] Die **Unterwerfungserklärung** muss einen **dinglichen Anspruch** „auf Zahlung aus dem Grundstück" (§ 1147 BGB) betreffen. Sie muss die dingliche Duldungspflicht eindeutig bezeichnen; es ist empfehlenswert, dabei den Wortlaut des § 800 Abs. 1 zu verwenden (Zöller/*Stöber* § 800 Rn 3).

3 [2] Der **Unterwerfende** muss bei Errichtung der Urkunde noch nicht Grundstückseigentümer sein; es ist ausreichend, wenn er das Grundstück erst nachträglich erwerben wird (KG NJW-RR 1987, 1229; Hk-ZPO/*Kindl* § 800 Rn 2).

4 [3] Aus der **Unterwerfungserklärung** muss eindeutig hervorgehen, dass die Vollstreckung gegen den jeweiligen Eigentümer zulässig sein soll (Hk-ZPO/*Kindl* § 800 Rn 2).

5 [4] Neben der Unterwerfungserklärung in das mit dem dinglichen Anspruch iSd § 1147 BGB belastete Grundstück wird idR eine **persönliche Haftung** des Schuldners mit seinem ganzen übrigen Vermögen übernommen. Hierbei handelt es sich um ein abstraktes Schuldversprechen mit Unterwerfungserklärung iSd § 794 Abs. 1 Nr. 5.

[5] Die **kumulative Zwangsvollstreckungsunterwerfungserklärung** muss in der Urkunde selbst zum Ausdruck kommen (BGH DNot 1988, 487); die kumulative Haftung verstößt grundsätzlich nicht gegen AGB-Recht (BGH NJW 1987, 904; 2004, 59, 61; 839, 840; Hk-ZPO/*Kindl* § 794 Rn 37).

[6] Wird die **Unterwerfungserklärung von Gesellschaftern einer Gesellschaft bürgerlichen Rechts** erklärt, kann die Zwangsvollstreckung auch in ein Grundstück des Gesellschaftsvermögens betrieben werden (BGH NJW 2004, 3632). Die Zwangsverwaltung des Grundstücks der GbR darf aber nur angeordnet werden, wenn deren Gesellschafter sämtlich aus dem Titel hervorgehen und mit den im Grundbuch eingetragenen Gesellschaftern übereinstimmen. Dabei gilt hinsichtlich der Gesellschafter § 1148 S. 1 BGB entsprechend. Veränderungen im Gesellschafterbestand sind durch eine Rechtsnachfolgeklausel analog § 727 ZPO nachzuweisen (BGH NJW 2011, 615, 616). Einer solchen Klausel bedarf es aber dann nicht, wenn die aus dem Titel ausgewiesenen Gesellschafter bei Anordnung der Zwangsversteigerung mit den im Grundbuch eingetragenen übereinstimmen (BGH NJW 2011, 1449).

§ 801 Landesrechtliche Vollstreckungstitel

(1) Die Landesgesetzgebung ist nicht gehindert, auf Grund anderer als der in den §§ 704, 794 bezeichneten Schuldtitel die gerichtliche Zwangsvollstreckung zuzulassen und insoweit von diesem Gesetz abweichende Vorschriften über die Zwangsvollstreckung zu treffen.
(2) Aus landesrechtlichen Schuldtiteln im Sinne des Absatzes 1 kann im gesamten Bundesgebiet vollstreckt werden.

§ 802 Ausschließlichkeit der Gerichtsstände

Die in diesem Buche angeordneten Gerichtsstände sind ausschließliche.

Abschnitt 2 Zwangsvollstreckung wegen Geldforderungen

Titel 1 Allgemeine Vorschriften

§ 802 a Grundsätze der Vollstreckung; Regelbefugnisse des Gerichtsvollziehers

(1) Der Gerichtsvollzieher wirkt auf eine zügige, vollständige und Kosten sparende Beitreibung von Geldforderungen hin.
(2) Auf Grund eines entsprechenden Vollstreckungsauftrags und der Übergabe der vollstreckbaren Ausfertigung ist der Gerichtsvollzieher unbeschadet weiterer Zuständigkeiten befugt,
1. eine gütliche Erledigung der Sache (§ 802 b) zu versuchen,
2. eine Vermögensauskunft des Schuldners (§ 802 c) einzuholen,
3. Auskünfte Dritter über das Vermögen des Schuldners (§ 802 l) einzuholen,
4. die Pfändung und Verwertung körperlicher Sachen zu betreiben,

5. eine Vorpfändung (§ 845) durchzuführen; hierfür bedarf es nicht der vorherigen Erteilung einer vollstreckbaren Ausfertigung und der Zustellung des Schuldtitels.

Die Maßnahmen sind in dem Vollstreckungsauftrag zu bezeichnen, die Maßnahme nach Satz 1 Nr. 1 jedoch nur dann, wenn sich der Auftrag hierauf beschränkt.

§ 802 b Gütliche Erledigung; Vollstreckungsaufschub bei Zahlungsvereinbarung

(1) Der Gerichtsvollzieher soll in jeder Lage des Verfahrens auf eine gütliche Erledigung bedacht sein.

(2) Hat der Gläubiger eine Zahlungsvereinbarung nicht ausgeschlossen, so kann der Gerichtsvollzieher dem Schuldner eine Zahlungsfrist einräumen oder eine Tilgung durch Teilleistungen (Ratenzahlung) gestatten, sofern der Schuldner glaubhaft darlegt, die nach Höhe und Zeitpunkt festzusetzenden Zahlungen erbringen zu können. Soweit ein Zahlungsplan nach S. 1 festgesetzt wird, ist die Vollstreckung aufgeschoben. Die Tilgung soll binnen zwölf Monaten abgeschlossen sein.

(3) Der Gerichtsvollzieher unterrichtet den Gläubiger unverzüglich über den gemäß Abs. 2 festgesetzten Zahlungsplan und den Vollstreckungsaufschub. Widerspricht der Gläubiger un-verzüglich, so wird der Zahlungsplan mit der Unterrichtung des Schuldners hinfällig; zugleich endet der Vollstreckungsaufschub. Dieselben Wirkungen treten ein, wenn der Schuldner mit einer festgesetzten Zahlung ganz oder teilweise länger als zwei Wochen in Rückstand gerät.

A. Antrag auf Ratenzahlung,
§ 802 b Abs. 2
  I. Muster: Antrag des Schuldners auf Festsetzung eines Zahlungsplans
  II. Erläuterungen
    [1] Zuständigkeit 2
    [2] Ratenhöhe 3
    [3] Glaubhaftmachung der Ratenaufbringung 4
B. Widerspruch des Gläubigers,
§ 802 b Abs. 3
	I. Muster: Widerspruch des Gläubigers gegen den Zahlungsplan des Gläubigers
	II. Erläuterungen
	  [1] Widerspruch gegenüber Gerichtsvollzieher 6
	  [2] Verhinderung der Ratenzahlung 7

A. Antrag auf Ratenzahlung, § 802 b Abs. 2

1 **I. Muster: Antrag des Schuldners auf Festsetzung eines Zahlungsplans**

▶ An den Gerichtsvollzieher ▪▪▪[1]

In der Zwangsvollstreckungssache

▪▪▪ ./. ▪▪▪

Namens und im Auftrag des Schuldners beantragen wir, dem Schuldner folgende Teilzahlungen zu gestatten und die Vollstreckung aufzuschieben:

Dem Schuldner wird nachgelassen, die zur Vollstreckung stehende Forderung des Gläubigers nebst Zinsen von insgesamt ▪▪▪ sowie die Vollstreckungskosten von ▪▪▪ in monatlichen Raten von ▪▪▪, jeweils zahlbar zum ▪▪▪ eines Monats, bis zum ▪▪▪ vollständig begleichen.[2]

Die vorgeschlagenen Raten kann der Schuldner mit Unterstützung seiner Familie aufbringen. Höhere Raten oder gar eine größere Einmal-Zahlung ist dem Schuldner nicht möglich ... Die erste Rate ist bereits angewiesen worden.[3] ◄

II. Erläuterungen

[1] **Zuständig** für die Gestattung von Ratenzahlungen ist – neben dem Gläubiger – der Gerichtsvollzieher, sofern der Gläubiger nicht bereits entsprechende Zahlungsvereinbarungen ausgeschlossen hat. Gegen die Verweigerung einer Ratenzahlung durch den Gerichtsvollzieher oder Gläubiger gibt es **keinen Rechtsbehelf**.

[2] Die Ratenvereinbarung soll nach § 802 b Abs. 1 S. 3 eine Ratenhöhe vorsehen, die es erlaubt, die Tilgung innerhalb von 12 Monaten abzuschließen. Da es sich um eine Soll-Vorschrift handelt, ist insbesondere bei besonders hohen Schulden ausnahmsweise auch ein längerer Tilgungszeitraum möglich. Wird ein Zahlungsplan vom Gerichtsvollzieher festgesetzt, so hat dies gemäß § 802 b Abs. 2 S. 2 kraft Gesetzes zur Folge, dass die Vollstreckung aufgeschoben wird, solange der Zahlungsplan eingehalten wird. Gemäß § 802 b Abs. 3 S. 3 endet der Zahlungsaufschub, wenn der Schuldner mit einer festgesetzten Zahlung ganz oder teilweise länger als zwei Wochen in Rückstand gerät

[3] Der Schuldner muss gemäß § 802 b Abs. 2 S. 1 **glaubhaft machen**, dass er die vorgeschlagenen Raten aufbringen kann. Sinnvoll ist direkt die erste Rate zu zahlen, um Zahlungsfähigkeit und -willigkeit zu zeigen. Zugleich sollte auch begründet werden, warum die angebotene Rate das Äußerste ist, was der Schuldner aufbringen kann.

B. Widerspruch des Gläubigers, § 802 b Abs. 3

I. Muster: Widerspruch des Gläubigers gegen den Zahlungsplan des Gläubigers

▶ An den Gerichtsvollzieher ...[1]

In der Zwangsvollstreckungssache

... ./. ...

Namens und im Auftrag des Gläubigers wird dem Zahlungsplan vom ... gemäß § 802 b ZPO widersprochen.[2] ◄

II. Erläuterungen

[1] Ein Widerspruch gegen den vom Gerichtsvollzieher festgesetzten Zahlungsplan ist **gegenüber dem Gerichtsvollzieher** zu erklären.

[2] Der Gläubiger kann die Gestattung einer Ratenzahlung durch **Widerspruch** verhindern bzw abwenden. Eine Begründung muss der Gläubiger nicht angeben. Er ist nicht zu irgendwelchen Zugeständnissen gegenüber dem Schuldner verpflichtet, sondern kann sein Glück in der Vollstreckung suchen. Ist bei dem Schuldner nicht mit nennenswertem pfändbaren Vermögen zu rechnen, sind die Befriedigungschancen allerdings oft besser, wenn er sich auf Ratenzahlungen einlässt, selbst wenn die Tilgung länger als 12 Monate erfordert. Ein Schuldner, dem eine realistische Chance der Schuldentilgung geboten wird, ist unter Umständen auch bereit, durch überobligatorische Bemühungen seine Schulden zurückzuführen und zB Unterstützung in der Fa-

milie und bei Freunden zu suchen. Wendet sich der Gläubiger nur gegen einzelne Bestimmungen der Ratenzahlungsfestsetzung, so stellt dies keinen Widerspruch dar. In einem solchen Fall wird der Gerichtsvollzieher lediglich die Bedingungen für die Ratenzahlungen entsprechend den Vorgaben des Gläubigers anpassen.

§ 802 c Vermögensauskunft des Schuldners

(1) [1]Der Schuldner ist verpflichtet, zum Zwecke der Vollstreckung einer Geldforderung auf Verlangen des Gerichtsvollziehers Auskunft über sein Vermögen nach Maßgabe der folgenden Vorschriften zu erteilen sowie seinen Geburtsnamen, sein Geburtsdatum und seinen Geburtsort anzugeben. [2]Handelt es sich bei dem Vollstreckungsschuldner um eine juristische Person oder um eine Personenvereinigung, so hat er seine Firma, die Nummer des Registerblatts im Handelsregister und seinen Sitz anzugeben.

(2) [1]Zur Auskunftserteilung hat der Schuldner alle ihm gehörenden Vermögensgegenstände anzugeben. [2]Bei Forderungen sind Grund und Beweismittel zu bezeichnen. [3]Ferner sind anzugeben:

1. die entgeltlichen Veräußerungen des Schuldners an eine nahestehende Person (§ 138 der Insolvenzordnung), die dieser in den letzten zwei Jahren vor dem Termin nach § 802 f Abs. 1 und bis zur Abgabe der Vermögensauskunft vorgenommen hat;
2. die unentgeltlichen Leistungen des Schuldners, die dieser in den letzten vier Jahren vor dem Termin nach § 802 f Abs. 1 und bis zur Abgabe der Vermögensauskunft vorgenommen hat, sofern sie sich nicht auf gebräuchliche Gelegenheitsgeschenke geringen Wertes richteten.

[4]Sachen, die nach § 811 Abs. 1 Nr. 1 und 2 der Pfändung offensichtlich nicht unterworfen sind, brauchen nicht angegeben zu werden, es sei denn, dass eine Austauschpfändung in Betracht kommt.

(3) [1]Der Schuldner hat zu Protokoll an Eides statt zu versichern, dass er die Angaben nach den Absätzen 1 und 2 nach bestem Wissen und Gewissen richtig und vollständig gemacht habe. [2]Die Vorschriften der §§ 478 bis 480, 483 gelten entsprechend.

A. Muster: Antrag auf Bestimmung eines Termins zur Abgabe der Vermögensauskunft
B. Erläuterungen
[1] Kombinierter Antrag 2
[2] Antrag an den Gerichtsvollzieher .. 4
[3] Daten des Schuldners 5
[4] Zuständigkeit des Gerichtsvollziehers 6
[5] Kosten 7
[6] Weiterleitung des Antrags 9
[7] Bestimmung eines gesonderten Termins 11
[8] Teilnahme am nicht öffentlichen Termin 12
[9] Zahlung an den Gläubiger/Vertreter 14
[10] Einziehung durch den Gerichtsvollzieher 15
[11] Haftbefehl 16
[12] Kosten 17

A. Muster: Antrag auf Bestimmung eines Termins zur Abgabe der Vermögensauskunft

▶ An das

Amtsgericht ...[1]

– Gerichtsvollzieherverteilungsstelle –[2]

Antrag auf Bestimmung eines Termins zur Abgabe der Vermögensauskunft nach § 802 c ZPO

In der Vollstreckungssache

... ./. ...[3]

zeige ich an, den Gläubiger zu vertreten.

In der Anlage übersende ich vollstreckbare Ausfertigung des ...[4] nebst Kostenfestsetzungsbeschluss vom .... Danach kann der Gläubiger beanspruchen:

- Hauptforderung: ...
- Zinsen auf Hauptforderung: 5,0 Prozentpunkte über dem Basiszinssatz aus ... seit ...
- festgesetzte Kosten: ...
- Zinsen auf Kosten: 5,0 Prozentpunkte über dem Basiszinssatz aus ... seit ...
- Kosten dieses Verfahrens[5]

Für den Fall der Unzuständigkeit des angerufenen Gerichtsvollziehers wird um Weiterleitung an den zuständigen Gerichtsvollzieher gebeten.[6]

Ich

beantrage

daher,

1) Termin zur Abnahme der Vermögensauskunft[7] nach § 802 c ZPO zu bestimmen,
2) für den Fall, dass der Schuldner im Termin nicht erscheint oder ohne Grund die Abgabe der Vermögensauskunft verweigert, den Erlass eines Haftbefehls durch das Vollstreckungsgericht mit anschließender Verhaftung des Schuldners, und
3) nach Durchführung des Termins Übersendung des Protokolls nebst Vermögensverzeichnis.

Von dem anzuberaumenden Termin bitte ich mich rechtzeitig zu verständigen, da der Gläubiger sein Anwesenheitsrecht selbst bzw durch mich wahrnehmen möchte.[8]

Für den Fall, dass der Schuldner Ratenzahlung anbietet, besteht Einverständnis mit einer Einziehung durch den Gerichtsvollzieher.[9]

Für den Fall, dass die Ratenzahlungen nicht pünktlich erfolgen, wird bereits jetzt um Anberaumung eines zeitnahen Termins zur Abgabe der Vermögensauskunft gebeten.[10]

Die Anträge werden auch für den Fall aufrechterhalten, dass gegen den Schuldner bereits ein Haftbefehl in anderer Sache erlassen wurde.[11]

Für den Fall, dass der Schuldner bereits in den letzten drei Jahren die Vermögensauskunft abgegeben hat, werden die o.g. Anträge nicht weiterverfolgt. Es wird darum gebeten, in diesem Fall eine Ablichtung des Vermögensverzeichnisses zu übersenden.[12]

§ 802 c   Buch 8 | Zwangsvollstreckung

Nach Abschluss des Verfahrens bitte ich um Rücksendung der Vollstreckungsunterlagen.

...

Rechtsanwalt ◄

B. Erläuterungen

2 **[1]** Das Muster entspricht einem gesonderten Antrag nach § 802 c. Nach § 802 c ist auf Antrag des Gläubigers eine **Vermögensauskunft** bereits vor Vornahme einer Maßnahme der Zwangsvollstreckung zu erteilen, wobei für den Auftrag nach § 753 Abs. 3 amtliche Formulare eingeführt werden sollen. Kommt der Schuldner dabei seiner Auskunftspflicht nicht nach, ist der Gerichtsvollzieher nach § 802 l befugt, bei den dort genannten Stellen Auskünfte einzuholen. (dazu Muster zu § 802 l) Zur Befugnis zur Ermittlung des Aufenthaltsortes des Schuldners vgl § 755 (dazu Muster § 753 f Rn 11). Im Unterschied zur alten Rechtslage ist eine Erfolglosigkeit vorheriger Vollstreckungsversuche nicht erforderlich.

3 **Örtlich zuständig** ist nach § 802 e Abs. 1 das Amtsgericht, in dessen Bezirk der Schuldner seinen Wohnsitz, hilfsweise seinen Aufenthalt hat. Für letzteres genügt gegebenenfalls ein kurzfristiger Aufenthalt im Rahmen einer Durchreise (vgl BGH NJW 2008, 3233: Gerichtstermin; Prütting/Gehrlein/*Meller-Hannich* § 802 e Rn 3).

4 **[2]** Sofern – etwa aus dem vorherigen Sachpfändungsverfahren – der **zuständige Gerichtsvollzieher** bekannt ist, kann der Antrag unmittelbar an diesen gerichtet werden, ansonsten kann der Antrag über die Verteilungsstelle für Gerichtsvollzieheraufträge bei dem AG diesem zugeleitet werden (vgl § 22 Abs. 2 S. 2 GVGO).

5 **[3]** Die genauen **Daten des Schuldners** sind anzugeben, also zB der gesetzliche Vertreter, da dieser bei prozessunfähigen oder juristischen Personen die Erklärung abgeben muss und entsprechend zu laden ist.

6 **[4]** Die Ausfertigung des jeweiligen Vollstreckungstitels mit Nachweis der Erfüllung der **Vollstreckungsvoraussetzungen** (Klausel, Zustellung) ist vorzulegen.

7 **[5] Kosten** des Rechtsanwalts: 0,3 Verfahrensgebühr (VV Nr. 3309) bzw Terminsgebühr bei Teilnahme (vgl Rn 12) nach VV Nr. 3310; zum Gegenstandswert vgl § 25 Abs. 1 Nr. 4 RVG, Postpauschale (VV Nr. 7002), Mehrwertsteuer; Kosten des Gerichtsvollziehers für Abnahme der Vermögensauskunft; 33,- EUR (Nr. 260 zum Gerichtsvollzieherkostengesetz).

8 Die Vorlage einer **Forderungsaufstellung** ist nicht zwingend, erleichtert aber die Entscheidung über Ratenzahlungsangebote (vgl Rn 14).

9 **[6]** Die **Weiterleitung an den zuständigen Gerichtsvollzieher** erfolgt nach § 802 e Abs. 2 auf Antrag des Gläubigers.

10 Für die eidesstattliche Versicherung nach **§ 836 Abs. 3 S. 2 bzw § 883 Abs. 2** sind die entsprechenden Voraussetzungen nachzuweisen (Nichtabgabe der Auskunft durch den Schuldner bzw Erklärung des Gerichtsvollziehers, dass herauszugebende Sache nicht aufgefunden wurde).

11 **[7]** Ein **Termin** wird durch den Gerichtsvollzieher bestimmt, der zugleich eine letzte Zahlungsfrist nach § 802 f Abs. 1 S. 1 bestimmt.

[8] Der Gläubiger bzw sein Vertreter haben das **Recht zur Teilnahme** an dem ansonsten nicht öffentlichen Termin. Ob eine solche – mit einer Gebühr nach VV Nr. 3310 verbundene – Teilnahme angezeigt ist, wird davon abhängen, ob dem Gläubiger besondere Umstände bekannt sind, zu denen der Schuldner befragt werden soll, also zB verheimlichtes Vermögen. Zur Vermeidung von Verzögerung empfiehlt es sich bei Teilnahmeabsicht, eine Möglichkeit zur schnellen Kommunikation anzugeben (Handy oÄ).

Als Alternative zu einer Teilnahme bietet es sich an, dem Antrag einen auf den Einzelfall zugeschnittenen **Fragebogen** beizufügen und den Gerichtsvollzieher zu ersuchen, diesen ebenfalls dem Schuldner vorzulegen (zur Zulässigkeit eines solchen Vorgehens Hk-ZPO/*Rathmann* § 802 f Rn 9). Solche Fragen können betreffen:
– Angabe der Lohnsteuerklasse (zur Klärung, ob bewusst eine ungünstige Steuerklasse gewählt wurde),
– Angaben zu eigenen Einkommen der Unterhaltsberechtigten (zur Berechnung des unpfändbaren Teils des Arbeitseinkommens, vgl BGH NJW 04, 2979),
– Angaben zu Abtretungen des Einkommens (im Hinblick auf Anfechtungsmöglichkeiten nach dem AnfG).

[9] An das **Einverständnis** des Gläubigers mit einer Ratenzahlung bzw einer Verweigerung derselben oder einer solchen unter Bedingungen ist der Gerichtsvollzieher gebunden (vgl. § 68 Abs. 1 S. 2 GVGA). Zur Zahlung unmittelbar an den Gerichtsvollzieher vgl Neugebauer MDR 2012, 1381.

[10] Wenn der Gerichtsvollzieher die Beträge selbst einzieht (dazu Rn 14), kann er unmittelbar erkennen, ob die Raten eingehalten werden und entsprechend einen **neuen Termin** bestimmen.

[11] Gibt der Schuldner für einen anderen Gläubiger die Vermögensauskunft ab, gilt dies auch für die **anderen Gläubiger**. In diesem Fall erfolgt die Übersendung des Vermögensverzeichnisses.

[12] **Kosten der Übersendung** einer Ablichtung: 33,- EUR (Nr. 261 zum Gerichtsvollzieherkostengesetz).

§ 802 d Erneute Vermögensauskunft

(1) ¹Ein Schuldner, der die Vermögensauskunft nach § 802 c dieses Gesetzes oder nach § 284 der Abgabenordnung innerhalb der letzten zwei Jahre abgegeben hat, ist zur erneuten Abgabe nur verpflichtet, wenn ein Gläubiger Tatsachen glaubhaft macht, die auf eine wesentliche Veränderung der Vermögensverhältnisse des Schuldners schließen lassen. ²Andernfalls leitet der Gerichtsvollzieher dem Gläubiger einen Ausdruck des letzten abgegebenen Vermögensverzeichnisses zu. ³Der Gläubiger darf die erlangten Daten nur zu Vollstreckungszwecken nutzen und hat die Daten nach Zweckerreichung zu löschen; hierauf ist er vom Gerichtsvollzieher hinzuweisen. ⁴Von der Zuleitung eines Ausdrucks nach Satz 2 setzt der Gerichtsvollzieher den Schuldner in Kenntnis und belehrt ihn über die Möglichkeit der Eintragung in das Schuldnerverzeichnis (§ 882 c).

(2) Anstelle der Zuleitung eines Ausdrucks kann dem Gläubiger auf Antrag das Vermögensverzeichnis als elektronisches Dokument übermittelt werden, wenn dieses mit einer qualifizierten elektronischen Signatur versehen und gegen unbefugte Kenntnisnahme geschützt ist.

A. Erneute Abgabe der Vermögensauskunft
  I. Muster: Antrag auf Bestimmung eines Termins zur erneuten Abgabe der Vermögensauskunft
  II. Erläuterungen
    [1] Örtliche Zuständigkeit 2
    [2] Adressat 3
    [3] Parteibezeichnung 4
    [4] Gebühren 5
    [5] Zeitpunkt der Abgabe der letzten Vermögensauskunft ... 6
    [6] Anwesenheitsrecht 8
    [7] Haftbefehl 9
    [8] Gründe für die wiederholte Abgabe 10

B. Ergänzung der Vermögensauskunft
  I. Muster: Antrag auf Bestimmung eines Termins zur Ergänzung der Vermögensauskunft
  II. Erläuterungen
    [1] Örtliche Zuständigkeit 13
    [2] Adressat 14
    [3] Aktenzeichen 15
    [4] Gebühren/Kosten 16
    [5] Voraussetzungen 17
    [6] Anwesenheitsrecht 19
    [7] Abgrenzung erneute Abgabe/Ergänzung der Vermögensauskunft 20
    [8] Zu ergänzende Angabe 21

A. Erneute Abgabe der Vermögensauskunft

1 **I. Muster: Antrag auf Bestimmung eines Termins zur erneuten Abgabe der Vermögensauskunft**

▶ An das

Amtsgericht ▄▄▄[1]

– Gerichtsvollzieherverteilungsstelle –[2]

Antrag auf Bestimmung eines Termins zur erneuten Abgabe der Vermögensauskunft nach § 802 d ZPO

In der Vollstreckungssache

▄▄▄ ./. ▄▄▄[3]

zeige ich an, den Gläubiger zu vertreten.

In der Anlage übersende ich vollstreckbare Ausfertigung des ▄▄▄ nebst Kostenfestsetzungsbeschluss vom ▄▄▄ Danach kann der Gläubiger beanspruchen:
– Hauptforderung: ▄▄▄
– Zinsen auf Hauptforderung: 5,0 Prozentpunkte über dem Basiszinssatz aus ▄▄▄ seit ▄▄▄
– festgesetzte Kosten: ▄▄▄
– Zinsen auf Kosten: 5,0 Prozentpunkte über dem Basiszinssatz aus ▄▄▄ seit ▄▄▄
– Kosten dieses Verfahrens[4]

Der Schuldner hat am ▄▄▄ vor dem Gerichtsvollzieher ▄▄▄ bei dem Amtsgericht ▄▄▄ zum Az ▄▄▄ die Vermögensauskunft nach § 802 c ZPO abgegeben und ist im Schuldnerverzeichnis noch nicht gelöscht.[5]

Ich beantrage,

1) Termin zur erneuten Abgabe der Vermögensauskunft nach § 903 ZPO zu bestimmen,
2) für den Fall, dass der Schuldner im Termin nicht erscheint oder ohne Grund die Abgabe der Vermögensauskunft verweigert, den Erlass eines Haftbefehls durch das Vollstreckungsgericht mit anschließender Verhaftung des Schuldners, und
3) nach Durchführung des Termins Übersendung des Protokolls nebst Vermögensverzeichnis.

Von dem anzuberaumenden Termin bitte ich mich rechtzeitig zu verständigen, da der Gläubiger sein Anwesenheitsrecht selbst bzw durch mich wahrnehmen möchte.[6]

Die Anträge werden auch für den Fall aufrechterhalten, dass gegen den Schuldner bereits ein Haftbefehl in anderer Sache erlassen wurde.[7]

Begründung

Nach der beiliegenden Bescheinigung der Arbeitsagentur ... bezieht der Schuldner keine Leistungen mehr von dort. Insofern hat sich zu den Verhältnissen im Termin vom ... eine Änderung ergeben, die vermuten lässt, dass der Schuldner in der Zwischenzeit eine neue Arbeitsstelle gefunden hat.[8]

Nach Abschluss des Verfahrens bitte ich um Rücksendung der Vollstreckungsunterlagen.

...

Rechtsanwalt ◀

II. Erläuterungen

[1] Zur örtlichen Zuständigkeit vgl § 802 c Rn 3.   2
[2] Vgl § 802 c Rn 4.   3
[3] Vgl § 802 c Rn 5.   4
[4] Da es sich um ein neues Verfahren zur Abgabe der Vermögensauskunft handelt, fallen **Gebühren** wie bei § 802 c Rn 7 dargestellt an.   5
[5] Der Schuldner ist nach § 802 d zur Abgabe einer Vermögensauskunft dann nicht verpflichtet, wenn die letzte Abgabe weniger als zwei Jahre (nach § 903 aF: 3 Jahre) zurückliegt, es sei denn, die in § 802 d genannten besonderen Voraussetzungen liegen vor. Diese begründen die Vermutung, dass der Schuldner in der Zwischenzeit wieder **Vermögenswerte erlangt** hat.   6

Liegen die Voraussetzungen des § 802 d vor, ist der Schuldner zur Abgabe einer **kompletten Erklärung** – einschließlich eines vollständigen Vermögensverzeichnisses – verpflichtet.   7

[6] Vgl § 802 c Rn 12.   8
[7] Vgl § 802 c Rn 16.   9
[8] Zu den nach § 802 d maßgeblichen Gründen gehört u.a. der **Verlust der bisherigen Arbeitsstelle** (auch Beendigung einer freiberuflichen/selbständigen Tätigkeit oder Ausscheiden aus Beamten-Status). Davon wird auch erfasst, dass der Schuldner keine Leistungen der Arbeitsagentur bzw der zuständigen Arge mehr bezieht, da dann vermutet werden kann, er habe eine neue Arbeitsstelle (mit ggf pfändbaren Bezügen) gefunden. Weitere für § 802 d erhebliche Umstände sind der Erwerb von Vermögen   10

(Erbschaft uä) und der Eintritt in die Altersrente. Die Änderung der tatsächlichen Umstände ist glaubhaft zu machen (§ 294); nicht erforderlich ist die Darlegung, der Schuldner habe tatsächlich neues Vermögen erlangt (Musielak/Voit, § 802 d, Rn 9).

11 Bei Vorliegen der Voraussetzungen des § 802 d kann nach § 802 j Abs. 3 auch ein Schuldner, der die **maximale Haftzeit** von sechs Monaten verbüßt hat, erneut verhaftet werden.

B. Ergänzung der Vermögensauskunft

12 **I. Muster: Antrag auf Bestimmung eines Termins zur Ergänzung der Vermögensauskunft**

▶ An das

Amtsgericht ▬▬▬[1]

– Gerichtsvollzieherverteilungsstelle –[2]

Antrag auf Bestimmung eines Termins zur Ergänzung der Vermögensauskunft

In der Vollstreckungssache

▬▬▬ ./. ▬▬▬

Az: ▬▬▬ [3]

zeige ich an, den Gläubiger zu vertreten.

In der Anlage übersende ich vollstreckbare Ausfertigung des ▬▬▬ nebst Kostenfestsetzungsbeschluss vom ▬▬▬. Danach kann der Gläubiger beanspruchen:

– Hauptforderung: ▬▬▬
– Zinsen auf Hauptforderung: 5,0 Prozentpunkte über dem Basiszinssatz aus ▬▬▬ seit ▬▬▬
– festgesetzte Kosten: ▬▬▬
– Zinsen auf Kosten: 5,0 Prozentpunkte über dem Basiszinssatz aus ▬▬▬ seit ▬▬▬

Summe:[4]

Der Schuldner hat am ▬▬▬ vor dem Gerichtsvollzieher ▬▬▬ bei dem Amtsgericht ▬▬▬ zum o.g. Az die Vermögensauskunft nach § 802 c ZPO abgegeben.[5]

Ich beantrage,

1) Termin zur Ergänzung der Vermögensauskunft zu bestimmen,
2) für den Fall, dass der Schuldner im Termin nicht erscheint oder ohne Grund die Abgabe der Vermögensauskunft verweigert, den Erlass eines Haftbefehls durch das Vollstreckungsgericht mit anschließender Verhaftung des Schuldners, und
3) nach Durchführung des Termins Übersendung des Protokolls nebst Vermögensverzeichnis.

Von dem anzuberaumenden Termin bitte ich mich rechtzeitig zu verständigen, da der Gläubiger sein Anwesenheitsrecht selbst bzw durch mich wahrnehmen möchte.[6]

Begründung

Der Schuldner hat in dem anlässlich des o.g. Termins erstellten Vermögensverzeichnis angegeben, er stehe zu einem Unternehmen der Z-Gruppe in einem ständigen Arbeitsverhältnis. Da es sich bei den verschiedenen Unternehmen der Z-Gruppe um jeweils selbständige

juristische Personen handelt, ist, gestützt auf diese unvollständigen Angaben, eine Pfändung nach §§ 829 ff nicht möglich.[7]
Daneben hat der Schuldner angegeben, ein Pkw Marke ... Typ ... stünde in seinem Eigentum. Offen blieb jedoch, an welchem Standort sich der Pkw befindet.[8]
Nach Abschluss des Verfahrens bitte ich um Rücksendung der Vollstreckungsunterlagen.

...

Rechtsanwalt ◀

II. Erläuterungen

[1] Zur örtlichen Zuständigkeit vgl § 802 c Rn 3. 13
[2] Vgl § 802 c Rn 4. 14
[3] Hier ist das **Aktenzeichen** des bereits durchgeführten Verfahrens zur Abgabe der Vermögensauskunft anzugeben. 15
[4] Da das bisherige Verfahren fortgesetzt wird, fallen **keine neuen Gebühren und Kosten** an. 16
[5] Für das Verfahren auf Ergänzung der bereits abgegebenen Vermögensauskunft ist nicht erforderlich, dass – erneut – die **Voraussetzungen des § 802 c** vorliegen, da diese bereits im ersten Termin vorlagen. 17
Liegen die Voraussetzungen für die Ergänzung der Vermögensauskunft vor, ist der Schuldner nicht zur Abgabe einer kompletten Erklärung – einschließlich eines vollständigen Vermögensverzeichnisses – verpflichtet, sondern nur zur **Beantwortung der konkreten Fragen**. 18
[6] Vgl § 802 c Rn 12. 19
[7] Zur **Abgrenzung** zwischen dem Verfahren nach § 802 d und der Ergänzung einer Vermögensauskunft vgl Hk-ZPO/*Rathmann* § 802 d Rn 11. Hat der Schuldner unvollständige/ungenaue bzw widersprüchliche Angaben gemacht, hat er das Verzeichnis zu ergänzen. Sind die Angaben dagegen bewusst falsch (zB Angabe eines unzutreffenden Arbeitgebers), hat er die Erklärung insgesamt neu abzugeben (vgl auch BGH NZM 2011, 580). Durch § 802 d soll insofern keine Änderung zur bisherigen Rechtslage erfolgen (BT-Drucks. 16/10069, S. 26). 20
[8] Vgl OLG Frankfurt am Main MDR 76, 320. 21

§ 802 e Zuständigkeit

(1) Für die Abnahme der Vermögensauskunft und der eidesstattlichen Versicherung ist der Gerichtsvollzieher bei dem Amtsgericht zuständig, in dessen Bezirk der Schuldner im Zeitpunkt der Auftragserteilung seinen Wohnsitz oder in Ermangelung eines solchen seinen Aufenthaltsort hat.
(2) Ist der angegangene Gerichtsvollzieher nicht zuständig, so leitet er die Sache auf Antrag des Gläubigers an den zuständigen Gerichtsvollzieher weiter.

§ 802 f Verfahren zur Abnahme der Vermögensauskunft

(1) ¹Zur Abnahme der Vermögensauskunft setzt der Gerichtsvollzieher dem Schuldner für die Begleichung der Forderung eine Frist von zwei Wochen. ²Zugleich be-

stimmt er für den Fall, dass die Forderung nach Fristablauf nicht vollständig beglichen ist, einen Termin zur Abgabe der Vermögensauskunft alsbald nach Fristablauf und lädt den Schuldner zu diesem Termin in seine Geschäftsräume. ³Der Schuldner hat die zur Abgabe der Vermögensauskunft erforderlichen Unterlagen im Termin beizubringen.
(2) ¹Abweichend von Absatz 1 kann der Gerichtsvollzieher bestimmen, dass die Abgabe der Vermögensauskunft in der Wohnung des Schuldners stattfindet. ²Der Schuldner kann dieser Bestimmung binnen einer Woche gegenüber dem Gerichtsvollzieher widersprechen. ³Andernfalls gilt der Termin als pflichtwidrig versäumt, wenn der Schuldner in diesem Termin aus Gründen, die er zu vertreten hat, die Vermögensauskunft nicht abgibt.
(3) ¹Mit der Terminsladung ist der Schuldner über die nach § 802 c Abs. 2 erforderlichen Angaben zu belehren. ²Der Schuldner ist über seine Rechte und Pflichten nach den Absätzen 1 und 2, über die Folgen einer unentschuldigten Terminssäumnis oder einer Verletzung seiner Auskunftspflichten sowie über die Möglichkeit der Einholung von Auskünften Dritter nach § 802 l und der Eintragung in das Schuldnerverzeichnis bei Abgabe der Vermögensauskunft nach § 882 c zu belehren.
(4) ¹Zahlungsaufforderungen, Ladungen, Bestimmungen und Belehrungen nach den Absätzen 1 bis 3 sind dem Schuldner zuzustellen, auch wenn dieser einen Prozessbevollmächtigten bestellt hat; einer Mitteilung an den Prozessbevollmächtigten bedarf es nicht. ²Dem Gläubiger ist die Terminsbestimmung nach Maßgabe des § 357 Abs. 2 mitzuteilen.
(5) ¹Der Gerichtsvollzieher errichtet eine Aufstellung mit den nach § 802 c Absatz 1 und 2 erforderlichen Angaben als elektronisches Dokument (Vermögensverzeichnis). ²Diese Angaben sind dem Schuldner vor Abgabe der Versicherung nach § 802 c Abs. 3 vorzulesen oder zur Durchsicht auf einem Bildschirm wiederzugeben. ³Dem Schuldner ist auf Verlangen ein Ausdruck zu erteilen.
(6) ¹Der Gerichtsvollzieher hinterlegt das Vermögensverzeichnis bei dem zentralen Vollstreckungsgericht nach § 802 k Abs. 1 und leitet dem Gläubiger unverzüglich einen Ausdruck zu. ²Der Ausdruck muss den Vermerk enthalten, dass er mit dem Inhalt des Vermögensverzeichnisses übereinstimmt; § 802 d Abs. 1 Satz 3 und Abs. 2 gilt entsprechend.

1 Zum Verfahren bei der Abgabe der Vermögensauskunft vgl Muster zu § 802 c.

§ 802 g Erzwingungshaft

(1) ¹Auf Antrag des Gläubigers erlässt das Gericht gegen den Schuldner, der dem Termin zur Abgabe der Vermögensauskunft unentschuldigt fernbleibt oder die Abgabe der Vermögensauskunft gemäß § 802 c ohne Grund verweigert, zur Erzwingung der Abgabe einen Haftbefehl. ²In dem Haftbefehl sind der Gläubiger, der Schuldner und der Grund der Verhaftung zu bezeichnen. ³Einer Zustellung des Haftbefehls vor seiner Vollziehung bedarf es nicht.

(2) ¹Die Verhaftung des Schuldners erfolgt durch einen Gerichtsvollzieher. ²Dem Schuldner ist der Haftbefehl bei der Verhaftung in beglaubigter Abschrift zu übergeben.

A. Anwaltliche Sicht	[4] Angabe der Gesamtsumme ... 16
I. Haftbefehl	[5] Übergabe der beglaubigten Abschrift des Haftbefehls .. 18
1. Muster: Antrag auf Erlass eines Haftbefehls	2. Erläuterungen ....
2. Erläuterungen	B. Richterliche Sicht
[1] Isolierter Antrag 2	I. Muster: Anordnung der Haft
[2] Bezeichnung der zu verhaftenden Person 5	II. Erläuterungen und Varianten
[3] Nachweis der Vollstreckungsvoraussetzungen 6	[1] Angabe der Person, die die Vermögensauskunft abzugeben hat 20
[4] Löschungssumme 7	[2] Grund für den Haftbefehl 23
[5] Ordnungsgemäße Ladung . 8	[3] Titel 24
II. Verhaftung	[4] Angabe der Forderungshöhe . 25
1. Muster: Antrag auf Verhaftung	[5] Verweigerung der Abgabe der Vermögensauskunft im Termin 26
[1] Isolierter Antrag 11	
[2] Bezeichnung der zu verhaftenden Person 14	
[3] Vollstreckungsvoraussetzungen 15	

A. Anwaltliche Sicht

I. Haftbefehl

1. Muster: Antrag auf Erlass eines Haftbefehls

▶ An das

Amtsgericht ...[1]

Antrag auf Erlass eines Haftbefehls (§ 802 g ZPO)

In der Vollstreckungssache

... ./. ...[2]

zeige ich an, den Gläubiger zu vertreten.

In der Anlage übersende ich vollstreckbare Ausfertigung des ...[3] nebst Kostenfestsetzungsbeschluss vom .... Danach kann der Gläubiger beanspruchen:

– Hauptforderung: ...
– Zinsen auf Hauptforderung: 5,0 Prozentpunkte über dem Basiszinssatz aus ... seit ...
– festgesetzte Kosten: ...
– Zinsen auf Kosten: 5,0 Prozentpunkte über dem Basiszinssatz aus ... seit ...

Summe:[4]

Nach dem Protokoll des Gerichtsvollziehers ... ist der Schuldner dem Termin vom ... zur Abgabe der Vermögensauskunft trotz Ladung ferngeblieben.[5]

Ich beantrage daher,

gegen den Schuldner Haftbefehl zu erlassen.

...

Rechtsanwalt ◄

2. Erläuterungen

2 [1] Ein **isolierter Antrag** auf Erlass eines Haftbefehls nach § 802 g wird in der Praxis selten vorkommen, da dieser bereits in den kombinierten Anträgen (vgl Muster zu § 802 c) enthalten sein wird.

3 Zuständig für den Erlass des Haftbefehls ist der **Richter** des zuständigen (§ 764) Amtsgerichts.

4 Nach § 79 Abs. 2 S. 2 Nr. 4 dürfen (nunmehr) nach dem Rechtsdienstleistungsgesetz als **Inkassounternehmen** registrierte Personen einen Antrag auf Erlass eines Haftbefehls stellen.

5 [2] Die zu **verhaftende Person** (vgl § 802 c Rn 5) muss genau bezeichnet werden.

6 [3] Nachweis der **Vollstreckungsvoraussetzungen** (vgl § 802 c Rn 6).

7 [4] Angabe der Gesamtsumme ist nicht zwingend, wird aber im Hinblick auf eine etwaige **Löschungssumme** (Betrag, den der Schuldner zur Abwendung der Haft zu zahlen hat) empfohlen (StJ/*Münzenberg* § 901 Rn 13). Keine gesonderten Kosten für Gericht bzw Rechtsanwalt. Kosten des Gerichtsvollziehers: 39,- Euro (Nr. 270 zum Gerichtsvollzieherkostengesetz)

8 [5] Die ordnungsgemäße **Ladung des Schuldners** sowie sein Fernbleiben im Termin bzw die grundlose Weigerung der Abgabe ist durch das Protokoll des Gerichtsvollziehers nachweisbar.

9 Der **Grundsatz der Verhältnismäßigkeit** wird dem Erlass eines Haftbefehls – insbesondere bei kleineren Forderungen – nur ausnahmsweise entgegenstehen (vgl Hk-ZPO/*Rathmann* § 802 g Rn 6).

II. Verhaftung

10 **1. Muster: Antrag auf Verhaftung**

▶ An das

Amtsgericht ...[1]

– Gerichtsvollzieherverteilungsstelle –

Antrag auf Verhaftung (§ 802 g ZPO)

In der Vollstreckungssache

... ./. ...[2]

zeige ich an, den Gläubiger zu vertreten.

In der Anlage übersende ich vollstreckbare Ausfertigung des ...[3] nebst Kostenfestsetzungsbeschluss vom ... . Danach kann der Gläubiger beanspruchen:

- Hauptforderung: ...
- Zinsen auf Hauptforderung: 5,0 Prozentpunkte über dem Basiszinssatz aus ... seit ...

- festgesetzte Kosten: ...
- Zinsen auf Kosten: 5,0 Prozentpunkte über dem Basiszinssatz aus ... seit ...

Summe:[4]

Ich überreiche weiter Haftbefehl des Amtsgerichts ... vom ... Az ... nebst beglaubigter Ablichtung.[5]

Ich beantrage daher,

den Schuldner durch den zuständigen Gerichtsvollzieher verhaften zu lassen und ihm die Vermögensauskunft abzunehmen.

Einer Ratenzahlung – Geldempfangsvollmacht liegt vor – wird zugestimmt, sofern die monatlichen Raten mindestens ... EUR betragen.

...

Rechtsanwalt ◀

2. Erläuterungen

[1] Ein **isolierter Antrag auf Verhaftung** wird in der Praxis selten vorkommen, da dieser bereits in den kombinierten Anträgen (vgl Muster zu § 802 c) enthalten sein wird. 11

Zur **örtlichen Zuständigkeit** vgl § 802 c Rn 3. 12

Der Haftbefehl kann nur **maximal zwei Jahre** nach Erlass vollstreckt werden (§ 802 h Abs. 1). 13

[2] Die **zu verhaftende Person** (vgl § 802 c Rn 5) muss genau bezeichnet werden. 14

[3] Nachweis der **Vollstreckungsvoraussetzungen** (vgl § 802 c Rn 6). 15

[4] Angabe der **Gesamtsumme** ist nicht zwingend, wird aber im Hinblick auf eine etwaige Ratenzahlung hilfreich sein. 16

Keine gesonderten **Kosten** für Rechtsanwalt. Kosten des Gerichtsvollziehers: 33,- EUR (KV Nr. 270) für Verhaftung. Keine Vorschussleistung für Haftkosten durch Gläubiger. 17

[5] Dem Schuldner ist bei Verhaftung eine beglaubigte Abschrift des Haftbefehls zu **übergeben** (§ 802 g Abs. 2 S. 2), einer vorherigen Zustellung bedarf es nicht. 18

B. Richterliche Sicht

I. Muster: Anordnung der Haft

19

▶ Amtsgericht ...

In der Zwangsvollstreckungssache

... ./. ...

wird gegen den Schuldner[1] die Haft zur Erzwingung der Abgabe der Vermögensauskunft nach § 802 c ZPO[2] angeordnet.

Dem Gläubiger steht aufgrund des rechtskräftigen ...[3] eine Forderung zu, die sich wie folgt zusammensetzt:[4]

§ 802 i

Im Termin zur Abgabe der Vermögensauskunft vom ▭▭▭ war der Schuldner unentschuldigt nicht erschienen.[5]

▭▭▭

Richter ◄

II. Erläuterungen und Varianten

20 [1] In dem Haftbefehl ist anzugeben, wer die Vermögensauskunft abzugeben hat. Dies kann entweder der Schuldner selbst sein oder sein **gesetzlicher Vertreter** (zB Geschäftsführer). Beispiel:

▶ ▭▭▭ wird gegen den Geschäftsführer der Schuldnerin, Herrn ▭▭▭, wohnhaft: ▭▭▭ die Haft angeordnet. ◄

21 Bei **mehreren gesetzlichen Vertretern** ist derjenige zu verhaften, der zum Termin geladen war und nicht erschienen ist bzw die Abgabe der Vermögensauskunft verweigert hat.

22 Einer **Zustellung des Haftbefehls** vor Verhaftung bedarf es nicht (§ 802 g Abs. 1 S. 3).

23 [2] Anzugeben ist der **Grund für den Haftbefehl**, mithin die Art der eidesstattlichen Versicherung bzw. der Vermögensauskunft, die abzugeben ist (§ 802 c; § 836 Abs. 2 S. 2; § 883 Abs. 2).

24 [3] Der **Titel,** der Grundlage der Vollstreckung ist, ist anzugeben.

25 [4] Die Angabe der **Forderungshöhe** ist nicht zwingend, erleichtert es aber dem Gerichtsvollzieher, die Löschungssumme zu ermitteln (vgl Rn 7).

26 [5] Hat der Schuldner im Termin grundlos die **Abgabe der Vermögensauskunft verweigert,** sollte es heißen:

▶ Im Termin vom ▭▭▭ hat der Schuldner die Abgabe der Vermögensauskunft ohne Begründung verweigert. ◄

§ 802 h Unzulässigkeit der Haftvollstreckung

(1) Die Vollziehung des Haftbefehls ist unstatthaft, wenn seit dem Tag, an dem der Haftbefehl erlassen wurde, zwei Jahre vergangen sind.
(2) Gegen einen Schuldner, dessen Gesundheit durch die Vollstreckung der Haft einer nahen und erheblichen Gefahr ausgesetzt würde, darf, solange dieser Zustand dauert, die Haft nicht vollstreckt werden.

§ 802 i Vermögensauskunft des verhafteten Schuldners

(1) ¹Der verhaftete Schuldner kann zu jeder Zeit bei dem Gerichtsvollzieher des Amtsgerichts des Haftortes verlangen, ihm die Vermögensauskunft abzunehmen. ²Dem Verlangen ist unverzüglich stattzugeben; § 802 f Abs. 5 gilt entsprechend. ³Dem Gläubiger wird die Teilnahme ermöglicht, wenn er dies beantragt hat und seine Teilnahme nicht zu einer Verzögerung der Abnahme führt.
(2) ¹Nach Abgabe der Vermögensauskunft wird der Schuldner aus der Haft entlassen. ²§ 802 f Abs. 5 und 6 gilt entsprechend.

(3) ¹Kann der Schuldner vollständige Angaben nicht machen, weil er die erforderlichen Unterlagen nicht bei sich hat, so kann der Gerichtsvollzieher einen neuen Termin bestimmen und die Vollziehung des Haftbefehls bis zu diesem Termin aussetzen. ²§ 802 f gilt entsprechend; der Setzung einer Zahlungsfrist bedarf es nicht.

§ 802 j Dauer der Haft; erneute Haft

(1) ¹Die Haft darf die Dauer von sechs Monaten nicht übersteigen. ²Nach Ablauf der sechs Monate wird der Schuldner von Amts wegen aus der Haft entlassen.
(2) Gegen den Schuldner, der ohne sein Zutun auf Antrag des Gläubigers aus der Haft entlassen ist, findet auf Antrag desselben Gläubigers eine Erneuerung der Haft nicht statt.
(3) Ein Schuldner, gegen den wegen Verweigerung der Abgabe der Vermögensauskunft eine Haft von sechs Monaten vollstreckt ist, kann innerhalb der folgenden zwei Jahre auch auf Antrag eines anderen Gläubigers nur unter den Voraussetzungen des § 802 d von neuem zur Abgabe einer solchen Vermögensauskunft durch Haft angehalten werden.

§ 802 k Zentrale Verwaltung der Vermögensverzeichnisse

(1) ¹Nach § 802 f Abs. 6 dieses Gesetzes oder nach § 284 Abs. 7 Satz 4 der Abgabenordnung zu hinterlegende Vermögensverzeichnisse werden landesweit von einem zentralen Vollstreckungsgericht in elektronischer Form verwaltet. ²Die Vermögensverzeichnisse können über eine zentrale und länderübergreifende Abfrage im Internet eingesehen und abgerufen werden. ³Gleiches gilt für Vermögensverzeichnisse, die auf Grund einer § 284 Abs. 1 bis 7 der Abgabenordnung gleichwertigen bundesgesetzlichen oder landesgesetzlichen Regelung errichtet wurden, soweit diese Regelung die Hinterlegung anordnet. ⁴Ein Vermögensverzeichnis nach Satz 1 oder Satz 2 ist nach Ablauf von zwei Jahren seit Abgabe der Auskunft oder bei Eingang eines neuen Vermögensverzeichnisses zu löschen.
(2) ¹Die Gerichtsvollzieher können die von den zentralen Vollstreckungsgerichten nach Absatz 1 verwalteten Vermögensverzeichnisse zu Vollstreckungszwecken abrufen. ²Den Gerichtsvollziehern stehen Vollstreckungsbehörden gleich, die

1. Vermögensauskünfte nach § 284 der Abgabenordnung verlangen können,
2. durch Bundesgesetz oder durch Landesgesetz dazu befugt sind, vom Schuldner Auskunft über sein Vermögen zu verlangen, wenn diese Auskunftsbefugnis durch die Errichtung eines nach Absatz 1 zu hinterlegenden Vermögensverzeichnisses ausgeschlossen wird, oder
3. durch Bundesgesetz oder durch Landesgesetz dazu befugt sind, vom Schuldner die Abgabe einer Vermögensauskunft nach § 802 c gegenüber dem Gerichtsvollzieher zu verlangen.

³Zur Einsicht befugt sind ferner Vollstreckungsgerichte, Insolvenzgerichte und Registergerichte sowie Strafverfolgungsbehörden, soweit dies zur Erfüllung der ihnen obliegenden Aufgaben erforderlich ist.
(3) ¹Die Landesregierungen bestimmen durch Rechtsverordnung, welches Gericht die Aufgaben des zentralen Vollstreckungsgerichts nach Absatz 1 wahrzunehmen

hat. ²Sie können diese Befugnis auf die Landesjustizverwaltungen übertragen. ³Das zentrale Vollstreckungsgericht nach Absatz 1 kann andere Stellen mit der Datenverarbeitung beauftragen; die jeweiligen datenschutzrechtlichen Bestimmungen über die Verarbeitung personenbezogener Daten im Auftrag sind anzuwenden.
(4) ¹Das Bundesministerium der Justiz wird ermächtigt, durch Rechtsverordnung mit Zustimmung des Bundesrates die Einzelheiten des Inhalts, der Form, Aufnahme, Übermittlung, Verwaltung und Löschung der Vermögensverzeichnisse nach § 802 f Abs. 5 dieses Gesetzes und nach § 284 Abs. 7 der Abgabenordnung oder gleichwertigen Regelungen im Sinne von Absatz 1 Satz 2 sowie der Einsichtnahme, insbesondere durch ein automatisiertes Abrufverfahren, zu regeln. ²Die Rechtsverordnung hat geeignete Regelungen zur Sicherung des Datenschutzes und der Datensicherheit vorzusehen. ³Insbesondere ist sicherzustellen, dass die Vermögensverzeichnisse

1. bei der Übermittlung an das zentrale Vollstreckungsgericht nach Absatz 1 sowie bei der Weitergabe an die anderen Stellen nach Absatz 3 Satz 3 gegen unbefugte Kenntnisnahme geschützt sind,
2. unversehrt und vollständig wiedergegeben werden,
3. jederzeit ihrem Ursprung nach zugeordnet werden können und
4. nur von registrierten Nutzern abgerufen werden können und jeder Abrufvorgang protokolliert wird.

§ 802 l Auskunftsrechte des Gerichtsvollziehers

(1) ¹Kommt der Schuldner seiner Pflicht zur Abgabe der Vermögensauskunft nicht nach oder ist bei einer Vollstreckung in die dort aufgeführten Vermögensgegenstände eine vollständige Befriedigung des Gläubigers voraussichtlich nicht zu erwarten, so darf der Gerichtsvollzieher

1. bei den Trägern der gesetzlichen Rentenversicherung den Namen, die Vornamen oder die Firma sowie die Anschriften der derzeitigen Arbeitgeber eines versicherungspflichtigen Beschäftigungsverhältnisses des Schuldners erheben;
2. das Bundeszentralamt für Steuern ersuchen, bei den Kreditinstituten die in § 93 b Abs. 1 der Abgabenordnung bezeichneten Daten abzurufen (§ 93 Abs. 8 Abgabenordnung);
3. beim Kraftfahrt-Bundesamt die Fahrzeug- und Halterdaten nach § 33 Abs. 1 des Straßenverkehrsgesetzes zu einem Fahrzeug, als dessen Halter der Schuldner eingetragen ist, erheben.

²Die Erhebung oder das Ersuchen ist nur zulässig, soweit dies zur Vollstreckung erforderlich ist und die zu vollstreckenden Ansprüche mindestens 500 Euro betragen; Kosten der Zwangsvollstreckung und Nebenforderungen sind bei der Berechnung nur zu berücksichtigen, wenn sie allein Gegenstand des Vollstreckungsauftrags sind.
(2) ¹Daten, die für die Zwecke der Vollstreckung nicht erforderlich sind, hat der Gerichtsvollzieher unverzüglich zu löschen oder zu sperren. ²Die Löschung ist zu protokollieren.
(3) ¹Über das Ergebnis einer Erhebung oder eines Ersuchens nach Absatz 1 setzt der Gerichtsvollzieher den Gläubiger unter Beachtung des Absatzes 2 unverzüglich und

den Schuldner innerhalb von vier Wochen nach Erhalt in Kenntnis. ²§ 802 d Abs. 1 Satz 3 und Abs. 2 gilt entsprechend.

A. Muster: Antrag auf Einholung von Fremdauskünften
B. Erläuterungen und Varianten
[1] Örtliche Zuständigkeit 2
[2] Antrag an den Gerichtsvollzieher .. 3
[3] Daten des Schuldners 4
[4] Kosten des Gerichtsvollziehers 5
[5] Übermittlung der Untersuchungsergebnisse 8

A. Muster: Antrag auf Einholung von Fremdauskünften

▶ An das

Amtsgericht ...[1]

– Gerichtsvollzieherverteilungsstelle –[2]

Antrag auf Einholung von Fremdauskünften nach § 802 l ZPO

In der Vollstreckungssache

... ./. ...[3]

zeige ich an, den Gläubiger zu vertreten.

In der Anlage übersende ich vollstreckbare Ausfertigung des ... nebst Kostenfestsetzungsbeschluss vom ... Danach kann der Gläubiger beanspruchen:

- Hauptforderung: ...
- Zinsen auf Hauptforderung: 5,0 Prozentpunkte über dem Basiszinssatz aus ... seit ...
- festgesetzte Kosten: ...
- Zinsen auf Kosten: 5,0 Prozentpunkte über dem Basiszinssatz aus ... seit ...
- Kosten dieses Verfahrens[4]

Der Schuldner hat am trotz entsprechender Ladung durch den Gerichtsvollzieher ... bei dem Amtsgericht ... zum Az ... die Vermögensauskunft nach § 802 c ZPO nicht abgegeben.[5]

Ich beantrage, [6]

1. bei den Trägern der gesetzlichen Rentenversicherung den Namen, die Vornamen oder die Firma sowie die Anschriften der derzeitigen Arbeitgeber eines versicherungspflichtigen Beschäftigungsverhältnisses des Schuldners erheben;
2. das Bundeszentralamt für Steuern ersuchen, bei den Kreditinstituten die in § 93 b Abs. 1 der Abgabenordnung bezeichneten Daten abzurufen (§ 93 Abs. 8 Abgabenordnung);
3. beim Kraftfahrt-Bundesamt die Fahrzeug- und Halterdaten nach § 33 Abs. 1 des Straßenverkehrsgesetzes zu einem Fahrzeug, als dessen Halter der Schuldner eingetragen ist, erheben.

Begründung

Aufgrund eines entsprechenden Antrags nach § 802 c ZPO hat der zuständige Gerichtsvollzieher den Schuldner zur Abgabe der Vermögensauskunft geladen, der Schuldner ist dem aber nicht nachgekommen. Aus diesem Grund sind die nach § 802 l ZPO möglichen Erhebungen und Auskünfte einzuholen, um etwaige Vollstreckungsmöglichkeiten zu ermitteln.

§ 804 Buch 8 | Zwangsvollstreckung

Nach Abschluss des Verfahrens bitte ich um Rücksendung der Vollstreckungsunterlagen.

Rechtsanwalt ◄

B. Erläuterungen und Varianten

2 [1] Zur örtlichen Zuständigkeit vgl § 802 c Rn 3.
3 [2] Vgl § 802 c Rn 4.
4 [3] Vgl § 802 c Rn 5.
5 [4] Für den Gerichtsvollzieher fallen **Gebühren** nach Ziff. 440 KV (13,- EUR) an; auch sind Auslagen der um Informationen gebetenen Behörden zu erstatten (Ziff. 708 KV). Keine gesonderten Gebühren für Rechtsanwälte.
6 [5] Die Einholung der in § 802l bezeichneten Informationen ist **nur zulässig,** wenn die Abgabe der Vermögensauskunft nicht erfolgte oder aufgrund der Angaben in dem Vermögensverzeichnis eine vollständige Befriedigung des Gläubigers nicht zu erwarten ist. Im letztgenannten Fall sollte es im Antrag heißen:

▶ Aufgrund der Angaben in dem Vermögensverzeichnis zu Einkünften/Vermögen des Schuldners ist eine zeitnahe Befriedigung der Forderung des Gläubigers nicht zu erwarten. ◄

7 Daneben muss der Betrag der zu vollstreckenden Ansprüche mindestens 500,- EUR betragen. Kosten sind dabei nicht zu berücksichtigen, sofern sie nicht allein Gegenstand der Vollstreckung sind (§ 802l Abs. 1 S. 2).
8 [6] Die Ergebnisse der Ermittlungen des Gerichtsvollziehers werden dem Gläubiger unverzüglich übermittelte; der Schuldner wird, um eine Vollstreckung nicht zu gefährden, innerhalb von vier Wochen in Kenntnis von den Ermittlungen gesetzt.

Abschnitt 2 Zwangsvollstreckung wegen Geldforderungen
Titel 2 Zwangsvollstreckung in das bewegliche Vermögen
Untertitel 1 Allgemeine Vorschriften

§ 803 Pfändung

(1) ¹Die Zwangsvollstreckung in das bewegliche Vermögen erfolgt durch Pfändung. ²Sie darf nicht weiter ausgedehnt werden, als es zur Befriedigung des Gläubigers und zur Deckung der Kosten der Zwangsvollstreckung erforderlich ist.
(2) Die Pfändung hat zu unterbleiben, wenn sich von der Verwertung der zu pfändenden Gegenstände ein Überschuss über die Kosten der Zwangsvollstreckung nicht erwarten lässt.

§ 804 Pfändungspfandrecht

(1) Durch die Pfändung erwirbt der Gläubiger ein Pfandrecht an dem gepfändeten Gegenstande.

(2) Das Pfandrecht gewährt dem Gläubiger im Verhältnis zu anderen Gläubigern dieselben Rechte wie ein durch Vertrag erworbenes Faustpfandrecht; es geht Pfand- und Vorzugsrechten vor, die für den Fall eines Insolvenzverfahrens den Faustpfandrechten nicht gleichgestellt sind.[1]

(3) Das durch eine frühere Pfändung begründete Pfandrecht geht demjenigen vor, das durch eine spätere Pfändung begründet wird.

§ 805 Klage auf vorzugsweise Befriedigung

(1) Der Pfändung einer Sache kann ein Dritter, der sich nicht im Besitz der Sache befindet, auf Grund eines Pfand- oder Vorzugsrechts nicht widersprechen; er kann jedoch seinen Anspruch auf vorzugsweise Befriedigung aus dem Erlös im Wege der Klage geltend machen, ohne Rücksicht darauf, ob seine Forderung fällig ist oder nicht.

(2) Die Klage ist bei dem Vollstreckungsgericht und, wenn der Streitgegenstand zur Zuständigkeit der Amtsgerichte nicht gehört, bei dem Landgericht zu erheben, in dessen Bezirk das Vollstreckungsgericht seinen Sitz hat.

(3) Wird die Klage gegen den Gläubiger und den Schuldner gerichtet, so sind diese als Streitgenossen anzusehen.

(4) [1]Wird der Anspruch glaubhaft gemacht, so hat das Gericht die Hinterlegung des Erlöses anzuordnen. [2]Die Vorschriften der §§ 769, 770 sind hierbei entsprechend anzuwenden.

A. Muster: Klageschrift für eine Klage auf vorzugsweise Befriedigung
B. Erläuterungen
[1] Zuständigkeit 2
[2] Überschrift 3
[3] Inhaber eines besitzlosen Pfandrechts 4
[4] Einstweiliger Rechtsschutz 5
[5] Geldforderungen 6
[6] Rechtsschutzbedürfnis 7
[7] Entstehungszeitpunkt des Vermieterpfandrechts 8
[8] Einverständnis mit vorrangiger Befriedigung 9
[9] Kosten 10

A. Muster: Klageschrift für eine Klage auf vorzugsweise Befriedigung

1

▶ An das Amtsgericht/Landgericht[1]

...

**Klage auf vorzugsweise Befriedigung (§ 805 ZPO)
und Antrag auf einstweilige Anordnung**[2]

des Herrn ... [volles Rubrum wie im Muster zu § 253]

Streitwert: ... EUR[1]

Namens und in Vollmacht des Klägers erheben wir Klage und werden beantragen,

1. den Kläger wegen seiner Forderung von ... nebst Zinsen in Höhe von fünf Prozentpunkten über dem Basiszinssatz seit dem ... aus dem Reinerlös aus der Verwertung der

---
1 Vgl. §§ 49 ff InsO.

am ▬ vom Gerichtsvollzieher ▬ gepfändeten Sache ▬ (Az ▬) vor dem Beklagten zu befriedigen;[3]

2. vorab die Hinterlegung des Reinerlöses aus der Verwertung der vorgenannten Sache bis zur Entscheidung über den Antrag zu 1) beim Amtsgericht ▬ zugunsten der Parteien anzuordnen.[4]

Begründung

Der Beklagte betreibt wegen einer Geldforderung[5] gegen den Schuldner ▬ aus dem Titel ▬ die Zwangsvollstreckung. Am ▬ ließ der Beklagte die im Antrag näher bezeichnete Sache pfänden.[6]

Beweis: Kopie des Pfändungsprotokolls vom ▬ (Az ▬)

Dem Kläger steht jedoch an dieser Sache ein vorrangiges Vermieterpfandrecht iSd § 562 BGB zu. Mit Mietvertrag vom ▬ hat der Schuldner die Räume vom Kläger angemietet.

Beweis: Mietvertrag vom ▬

Schon bei Einzug hat der Schuldner, die ihm gehörende Sache ▬ in die Mieträume eingebracht, wodurch das Vermieterpfandrecht des Klägers entstanden ist. Dem Kläger steht gegen den Schuldner derzeit eine offene Mietforderung in Höhe von ▬ zu. Die offene Mietforderung setzt sich wie folgt zusammen ▬

Da das Vermieterpfandrecht schon vor der Pfändung der Sache durch den Beklagten bestand, geht das Vermieterpfandrecht des Klägers gemäß § 804 Abs. 2 ZPO, § 50 InsO bzw analog § 804 Abs. 3 ZPO vor.[7]

Der Beklagte hat sich trotz schriftlicher Aufforderung geweigert, den Vorrang anzuerkennen.[8]

Beweis: Schreiben des Beklagten vom ▬

Daher war Klage geboten.

▬

Rechtsanwalt ◄

B. Erläuterungen

2 **[1] Zuständigkeit:** Örtlich zuständig ist gemäß §§ 805 Abs. 2, 764 Abs. 2, 802 das Gericht, in dessen Bezirk das Vollstreckungsverfahren stattfinden soll bzw gerade stattfindet. Die sachliche Zuständigkeit richtet sich gemäß § 805 Abs. 2 ZPO, §§ 23 Nr. 1, 71 GVG nach dem Streitwert. Maßgeblich ist nach § 6 S. 1 Hs 2 der Wert der gesicherten Forderung. Ist der Wert des gepfändeten Gegenstandes niedriger, ist stattdessen dieser gemäß § 6 S. 2 maßgeblich.

3 **[2]** Die **Überschrift** ist nicht erforderlich, aber sinnvoll. Insbesondere ist es zweckmäßig, den Antrag auf einstweilige Anordnung nach § 805 Abs. 4 schon in der Überschrift zu erwähnen und damit besonders augenfällig hervorzuheben.

4 **[3]** Der **Inhaber eines besitzlosen Pfandrechts** kann, wie aus § 805 ZPO folgt, die Vollstreckung eines Gläubigers in eine Sache nicht verhindern, an der ihm zB ein Vermieter- oder Verpächterpfandrecht (§§ 562, 581 Abs. 2, 592 BGB) zusteht. Er kann lediglich mit der Klage auf vorzugsweise Befriedigung nach § 805 erzwingen, dass er aus dem Vollstreckungserlös vor dem vollstreckenden Gläubiger befriedigt wird. Weil

ein Vermieter oder Verpächter die Entfernung der Sache durch den Gerichtsvollzieher nicht verhindern kann, führt ein unterlassener Widerspruch iS der §§ 562a, 581 Abs. 2 BGB nicht zum Wegfall des Anspruchs auf vorzugsweise Befriedigung nach § 805 (BGH NJW 1986, 2426). Weil keine Zurückschaffung der Sache verlangt werden kann, ist die Vorzugsklage auch nach Ablauf der Frist des §§ 562b Abs. 2 S. 2, 581 Abs. 2 BGB möglich (Musielak/*Becker* § 805 Rn 4).

[4] Gemäß § 805 Abs. 4 sollte im Wege des **einstweiligen Rechtsschutzes** die Hinterlegung beantragt werden. Sollte der Erlös schon an den vollstreckenden Gläubiger ausgekehrt worden sein, kommt der Hinterlegungsantrag allerdings zu spät und die Klage auf vorzugsweise Befriedigung nach § 805 ist wegen der bereits eingetretenen Beendigung der Zwangsvollstreckung unzulässig. In diesem Fall bleibt dem Pfandrechtsinhaber nur eine auf § 812 Abs. 1 S. 1 2. Fall BGB gestützte Bereicherungsklage.

[5] Aus der Stellung des § 805 im Abschnitt 2 des 8. Buches folgt, dass die Klage auf vorzugsweise Befriedigung nur bei einer Vollstreckung wegen einer **Geldforderung**, aber nicht bei einer Herausgabevollstreckung statthaft ist.

[6] Erst mit Beginn der Zwangsvollstreckung in den konkreten Gegenstand besteht das **Rechtsschutzbedürfnis** für die Klage nach § 805. Es endet mit der Erlösauskehr an den vollstreckenden Gläubiger.

[7] **Entstehungszeitpunkt des Vermieterpfandrechts:** Es entsteht auch dann sofort mit Einbringung der Sache in die Mieträume, wenn zu diesem Zeitpunkt noch keine offenen Mietschulden vorhanden sind, weil gem. § 562 Abs. 2 BGB auch künftige Forderungen vom Vermieterpfandrecht abgedeckt werden (BGH NJW 1986, 2426).

[8] Kein Rechtsschutzbedürfnis für eine Klage gemäß § 805 besteht, wenn Vollstreckungsgläubiger und -schuldner mit der vorrangigen Befriedigung des Pfandrechtsinhabers einverstanden sind, weil der Gerichtsvollzieher dann ohnehin zur Auszahlung an den Pfandrechtsinhaber verpflichtet ist. Eine vorherige Aufforderung ist auch im Hinblick auf § 93 wichtig.

[9] **Kosten:** An Gerichtsgebühren fallen für die Klage 3,0 Verfahrensgebühren gemäß Nr. 1210 KV GKG an. Der Rechtsanwalt erhält in der Regel 1,3 Verfahrensgebühren nach Nr. 3100 KV RVG. Der Eilantrag gem. § 805 Abs. 4 gehört nach § 19 Abs. 2 Nr. 11 RVG zum Rechtszug und löst keine zusätzlichen Kosten aus.

§ 806 Keine Gewährleistung bei Pfandveräußerung

Wird ein Gegenstand auf Grund der Pfändung veräußert, so steht dem Erwerber wegen eines Mangels im Recht oder wegen eines Mangels der veräußerten Sache ein Anspruch auf Gewährleistung nicht zu.

§ 806a Mitteilungen und Befragung durch den Gerichtsvollzieher

(1) Erhält der Gerichtsvollzieher anlässlich der Zwangsvollstreckung durch Befragung des Schuldners oder durch Einsicht in Dokumente Kenntnis von Geldforderungen des Schuldners gegen Dritte und konnte eine Pfändung nicht bewirkt werden oder wird eine bewirkte Pfändung voraussichtlich nicht zur vollständigen Befriedigung des

Gläubigers führen, so teilt er Namen und Anschriften der Drittschuldner sowie den Grund der Forderungen und für diese bestehende Sicherheiten dem Gläubiger mit.
(2) ¹Trifft der Gerichtsvollzieher den Schuldner in der Wohnung nicht an und konnte eine Pfändung nicht bewirkt werden oder wird eine bewirkte Pfändung voraussichtlich nicht zur vollständigen Befriedigung des Gläubigers führen, so kann der Gerichtsvollzieher die zum Hausstand des Schuldners gehörenden erwachsenen Personen nach dem Arbeitgeber des Schuldners befragen. ²Diese sind zu einer Auskunft nicht verpflichtet und vom Gerichtsvollzieher auf die Freiwilligkeit ihrer Angaben hinzuweisen. ³Seine Erkenntnisse teilt der Gerichtsvollzieher dem Gläubiger mit.

A. Muster: Antrag auf Befragung des Schuldners durch den Gerichtsvollzieher im Vollstreckungsauftrag, § 754	B. Erläuterungen	
	[1] Aufforderung zu Ermittlungen	2
	[2] Mitwirkung des Schuldners	3
	[3] Mitteilung an Gläubiger	4

1 A. Muster: Antrag auf Befragung des Schuldners durch den Gerichtsvollzieher im Vollstreckungsauftrag, § 754

▶ Ferner bitten[1] wir für den Fall der teilweisen oder vollständigen Fruchtlosigkeit der Vollstreckung

1. durch Befragen des Schuldners und Einsichtnahme in seine Unterlagen[2] zu ermitteln, ob ihm Geldforderungen gegen Dritte zustehen und uns alle sachdienlichen Feststellungen hierzu – insbesondere Name und Anschrift jedes Drittschuldners und Anspruchsgrundes – schriftlich mitzuteilen[3] (§ 806a Abs. 1 ZPO) sowie
2. bei Abwesenheit des Schuldners die zum Hausstand gehörenden erwachsenen Personen nach dem Arbeitgeber des Schuldners zu befragen und uns alle sachdienlichen Feststellungen schriftlich mitzuteilen (§ 806a Abs. 2 ZPO). ◀

B. Erläuterungen

2 [1] Weil § 806a den Gerichtsvollzieher nur berechtigt, aber nicht verpflichtet, Ermittlungen zu eventuell pfändbaren Geldforderungen anzustellen, sollte der Gerichtsvollzieher hierzu ausdrücklich aufgefordert werden.

3 [2] Anders als im Falle einer eidesstattlichen Versicherung (§ 807) ist der Schuldner nicht zur Mitwirkung verpflichtet. Der Gerichtsvollzieher muss allerdings den Schuldner im Gegensatz zu den anderen Hausstandsangehörigen (Umkehrschluss aus § 806a Abs. 2 S. 2) nicht über die Freiwilligkeit belehren.

4 [3] Erlangt der Gerichtsvollzieher Informationen iS des § 806a, so ist er nach dem Wortlaut der Norm zur Mitteilung an den Gläubiger verpflichtet. Nicht zwingend, aber sinnvoll ist es, dass die Mitteilung schriftlich erfolgt.

§ 806b (aufgehoben)

§ 807 Abnahme der Vermögensauskunft nach Pfändungsversuch

(1) ¹Hat der Gläubiger die Vornahme der Pfändung beim Schuldner beantragt und
1. hat der Schuldner die Durchsuchung (§ 758) verweigert oder
2. ergibt der Pfändungsversuch, dass eine Pfändung voraussichtlich nicht zu einer vollständigen Befriedigung des Gläubigers führen wird,

so kann der Gerichtsvollzieher dem Schuldner die Vermögensauskunft auf Antrag des Gläubigers abweichend von § 802 f sofort abnehmen. ²§ 802 f Abs. 5 und 6 findet Anwendung.

(2) ¹Der Schuldner kann einer sofortigen Abnahme widersprechen. ²In diesem Fall verfährt der Gerichtsvollzieher nach § 802 f; der Setzung einer Zahlungsfrist bedarf es nicht.

A. Muster: Antrag auf Abgabe der Vermögensauskunft nach Pfändungsversuch	[5] Kosten 7
	[6] Weiterleitung des Antrags . 9
B. Erläuterungen	[7] Bestimmung des Termins .. 11
[1] Kombinierter Antrag 2	[8] Zahlung an den Gläubiger/ Vertreter 14
[2] Antrag an den Gerichtsvollzieher 4	[9] Einziehung durch den Gerichtsvollzieher 15
[3] Daten des Schuldners 5	[10] Haftbefehl 16
[4] Zuständigkeit des Gerichtsvollziehers 6	[11] Kosten 17

A. Muster: Antrag auf Abgabe der Vermögensauskunft nach Pfändungsversuch

1

▶ An das
Amtsgericht ...[1]
– Gerichtsvollzieherverteilungsstelle –[2]

Antrag auf Abgabe der Vermögensauskunft nach § 807 ZPO

In der Vollstreckungssache
... ./. ...[3]

zeige ich an, den Gläubiger zu vertreten.
In der Anlage übersende ich vollstreckbare Ausfertigung des ...[4] nebst Kostenfestsetzungsbeschluss vom .... Danach kann der Gläubiger beanspruchen:
- Hauptforderung: ...
- Zinsen auf Hauptforderung: 5,0 Prozentpunkte über dem Basiszinssatz aus ... seit ...
- festgesetzte Kosten: ...
- Zinsen auf Kosten: 5,0 Prozentpunkte über dem Basiszinssatz aus ... seit ...
- Kosten dieses Verfahrens[5]

Für den Fall der Unzuständigkeit des angerufenen Gerichtsvollziehers wird um Weiterleitung an den zuständigen Gerichtsvollzieher gebeten.[6]

Ich
beantrage
daher,

1) die Abnahme der Vermögensauskunft nach § 807 ZPO[7],
2) für den Fall, dass der ohne Grund die Abgabe der Vermögensauskunft verweigert, den Erlass eines Haftbefehls durch das Vollstreckungsgericht mit anschließender Verhaftung des Schuldners, und
3) nach Durchführung des Termins Übersendung des Protokolls nebst Vermögensverzeichnis.

Für den Fall, dass der Schuldner Ratenzahlung anbietet, besteht Einverständnis mit einer Einziehung durch den Gerichtsvollzieher.[8]
Für den Fall, dass die Ratenzahlungen nicht pünktlich erfolgen, wird bereits jetzt um Anberaumung eines zeitnahen Termins zur Abgabe der Vermögensauskunft gebeten.[10]
Die Anträge werden auch für den Fall aufrechterhalten, dass gegen den Schuldner bereits ein Haftbefehl in anderer Sache erlassen wurde.[10]
Für den Fall, dass der Schuldner bereits in den letzten drei Jahren die Vermögensauskunft abgegeben hat, werden die o.g. Anträge nicht weiterverfolgt. Es wird darum gebeten, in diesem Fall eine Ablichtung des Vermögensverzeichnisses zu übersenden.[11]
Nach Abschluss des Verfahrens bitte ich um Rücksendung der Vollstreckungsunterlagen.

Rechtsanwalt ◄

B. Erläuterungen

2 [1] Das Muster entspricht einem **gesonderten Antrag** nach § 807. Danach kann die Vermögensauskunft unmittelbar – also ohne die Voraussetzungen des § 802 f Abs. 1 – abgenommen werden, wenn der Schuldner die Durchsuchung verweigert (Abs. 1 Satz 1 Nr. 1) oder der bereits erfolgte Pfändungsversuch voraussichtlich nicht zu einer vollständigen Befriedigung des Gläubigers führen wird (Abs. 1 Satz 1 Nr. 2). Die Vermögensauskunft wird auch in diesen Fällen nur auf Antrag des Gläubigers abgenommen, der auch zugleich mit dem Pfändungsauftrag – als **kombinierter Auftrag** – gestellt werden kann.
3 **Örtlich zuständig** ist der nach § 753 Abs. 1 zuständige Gerichtsvollzieher. Zum Verfahren bei Unzuständigkeit vgl. §§ 20 f GVO.
4 [2] Sofern – etwa aus dem vorherigen Sachpfändungsverfahren – der **zuständige Gerichtsvollzieher** bekannt ist, kann der Antrag unmittelbar an diesen gerichtet werden, ansonsten kann der Antrag über die Verteilungsstelle für Gerichtsvollzieheraufträge bei dem AG diesem zugeleitet werden (vgl § 22 Abs. 2 S. 2 GVO).
5 [3] Die genauen **Daten des Schuldners** sind anzugeben, also zB der gesetzliche Vertreter, da dieser bei prozessunfähigen oder juristischen Personen die Erklärung abgeben muss und entsprechend zu laden ist.
6 [4] Die Ausfertigung des jeweiligen Vollstreckungstitels mit Nachweis der Erfüllung der **Vollstreckungsvoraussetzungen** (Klausel, Zustellung) ist vorzulegen.
7 [5] **Kosten** des Rechtsanwalts: 0,3 Verfahrensgebühr (VV Nr. 3309) bzw Terminsgebühr bei Teilnahme an Abnahme der Vermögensauskunft (vgl § 802 c Rn 12) nach

VV Nr. 3310; zum Gegenstandswert vgl § 25 Abs. 1 Nr. 4 RVG, Postpauschale (VV Nr. 7002), Mehrwertsteuer; Kosten des Gerichtsvollziehers für Abnahme der Vermögensauskunft; 33,- EUR (Nr. 260 zum Gerichtsvollzieherkostengesetz); beachte insofern aber § 3 Abs. 2 S. 1 Nr. 3 Gerichtsvollzieherkostengesetz bei kombiniertem Auftrag.

Die Vorlage einer **Forderungsaufstellung** ist nicht zwingend, erleichtert aber die Entscheidung über Ratenzahlungsangebote (vgl Rn 14). 8

[6] Die **Weiterleitung an den zuständigen Gerichtsvollzieher** erfolgt hier nach § 20 Abs. 2 GVO. 9

Für die eidesstattliche Versicherung nach **§ 836 Abs. 3 S. 2 bzw § 883 Abs. 2** ist § 807 nicht unmittelbar heranzuziehen, da er nur bei der Vollstreckung von Geldforderungen durch Pfändung anwendbar ist. 10

[7] Ein **Termin** wird durch den Gerichtsvollzieher sofort nach Durchführung des Pfändungsversuchs bestimmt, eine letzte Zahlungsfrist nach § 802 f Abs. 1 S. 1 unterbleibt. Dem Schuldner steht nach Abs. 2 das Recht zu, der sofortigen Abnahme zu widersprechen; in diesem Fall leitet der Gerichtsvollzieher das Verfahren nach § 802 f ein, wobei die dort genannte Setzung einer Zahlungsfrist nicht erforderlich ist. Zur Möglichkeit, bereits vorab einen Fragenkatalog einzureichen, vgl § 802 c Rn 13. 11

Voraussetzung für die Abnahme ist (Abs. 1 S. 1 Nr. 1) die **Verweigerung der Durchsuchung** nach § 758, wobei die Durchsuchung als solche rechtmäßig angeordnet worden sein muss. 12

Alternativ dazu kann die Abnahme erfolgen (Abs. 1 S. 1 Nr. 2), wenn nach Einschätzung des Gerichtsvollziehers eine **vollständige Befriedigung des Gläubigers nicht zu erwarten** ist. Dies erfordert eine Gesamtwürdigung unter Berücksichtigung der Umstände des Einzelfalls. 13

[8] An das **Einverständnis** des Gläubigers mit einer Ratenzahlung bzw einer Verweigerung derselben oder einer solchen unter Bedingungen ist der Gerichtsvollzieher gebunden (vgl. § 68 Abs. 1 S. 2 GVGA). Zur Zahlung unmittelbar an den Gerichtsvollzieher vgl Neugebauer MDR 2012, 1381. 14

[9] Wenn der Gerichtsvollzieher die Beträge selbst einzieht (dazu Rn 14), kann er unmittelbar erkennen, ob die Raten eingehalten werden und entsprechend einen **neuen Termin** bestimmen. 15

[11] Gibt der Schuldner für einen anderen Gläubiger die Vermögensauskunft ab, gilt dies auch für die **anderen Gläubiger**. In diesem Fall erfolgt die Übersendung des Vermögensverzeichnisses. 16

[12] **Kosten der Übersendung** einer Ablichtung: 33,- EUR (Nr. 261 zum Gerichtsvollzieherkostengesetz). 17

Untertitel 2 Zwangsvollstreckung in körperliche Sachen

§ 808 Pfändung beim Schuldner

(1) Die Pfändung der im Gewahrsam des Schuldners befindlichen körperlichen Sachen wird dadurch bewirkt, dass der Gerichtsvollzieher sie in Besitz nimmt.

§ 809   Buch 8 | Zwangsvollstreckung

(2) ¹Andere Sachen als Geld, Kostbarkeiten und Wertpapiere sind im Gewahrsam des Schuldners zu belassen, sofern nicht hierdurch die Befriedigung des Gläubigers gefährdet wird. ²Werden die Sachen im Gewahrsam des Schuldners belassen, so ist die Wirksamkeit der Pfändung dadurch bedingt, dass durch Anlegung von Siegeln oder auf sonstige Weise die Pfändung ersichtlich gemacht ist.
(3) Der Gerichtsvollzieher hat den Schuldner von der erfolgten Pfändung in Kenntnis zu setzen.

A. Muster: Mitteilung des Gerichtsvollziehers an den Schuldner nach § 808 Abs. 3 [1]

▶ An den Schuldner

...

In Ihrer Abwesenheit habe ich am ... im Auftrag des Gläubigers ... aufgrund des Titels ... bei ... in die Sache ... vollstreckt. Die Sache befindet sich nun bis zur Verwertung in der Pfandkammer. Als Anlage erhalten Sie eine Kopie des Pfändungsprotokolls.

...

Gerichtsvollzieher ◀

B. Erläuterungen

[1]   Fand die Pfändung zB bei einem Dritten statt, der die gepfändete Sache des Schuldners in Gewahrsam hatte, so ist der Schuldner nach § 808 Abs. 3 über die in seiner Abwesenheit erfolgte Pfändung durch den Gerichtsvollzieher zu benachrichtigen. Dies geschieht durch Übersendung des Pfändungsprotokolls (§ 86 Abs. 5 Nr. 2 GVGA). Durch das kurze Anschreiben sollte dem Schuldner der Hintergrund erläutert werden.

§ 809 Pfändung beim Gläubiger oder bei Dritten

Die vorstehenden Vorschriften sind auf die Pfändung von Sachen, die sich im Gewahrsam des Gläubigers oder eines zur Herausgabe bereiten Dritten befinden, entsprechend anzuwenden.

A. Muster: Erklärung des Gläubigers zur Pfändung bei Drittgewahrsam im Vollstreckungsauftrag, § 754	B. Erläuterungen und Varianten [1] Gewahrsam eines Dritten .... 2 [2] Kosten 3

A. Muster: Erklärung des Gläubigers zur Pfändung bei Drittgewahrsam im Vollstreckungsauftrag, § 754

▶ Wir beantragen,

beim Dritten ... gemäß § 809 ZPO die dem Schuldner gehörende Maschine ... zu pfänden.[1]

Auf unsere Anfrage hin hat sich der Dritte ..., in dessen Gewahrsam sich die Maschine derzeit befindet, mit der Herausgabe der Sache zur Pfändung und Verwertung schriftlich ausdrücklich einverstanden erklärt (Anlage).[2] ◄

B. Erläuterungen und Varianten

[1] Falls sich die zu pfändende Sache im **Gewahrsam eines Dritten** und nicht des Schuldners befindet, kann die Vollstreckung in die Sache nur mit Einwilligung des Dritten erfolgen. Eine **Einwilligung** iS des § 809 muss die Herausgabe zur Verwertung abdecken. Sie kann jedenfalls ab Vornahme der Pfändung nicht mehr widerrufen werden. Gemäß § 88 S. 2 GVGA hat der Gerichtsvollzieher die Erteilung der Einwilligung im Pfändungsprotokoll zu vermerken und den Schuldner von der erfolgten Pfändung zu informieren (§ 808 Abs. 3). Ebenso wenig wie bei der Pfändung von Sachen im Gewahrsam des Schuldners, muss auch bei Drittgewahrsam gegenüber dem Gerichtsvollzieher nicht nachgewiesen werden, dass die Sache wirklich dem Schuldner gehört (Zöller/*Stöber* § 809 ZPO Rn 7, str.). Der Dritte kann die Einwilligung ohne Angabe von Gründen verweigern. Tut er dies, bleibt nur die Möglichkeit, einen eventuellen Herausgabeanspruch des Schuldners gegen den Dritten zu pfänden und anschließend gegen den Dritten durchzusetzen (siehe §§ 846 ff). 2

[2] Um unnötige Kosten zu vermeiden, sollte die Herausgabebereitschaft des Dritten vor Beauftragung des Gerichtsvollziehers möglichst abgeklärt werden. Falls dies nicht geschehen ist, kann man die Abklärung dieser Frage auch dem Gerichtsvollzieher übertragen und formulieren: 3

▶ Ob der Dritte ... zur Herausgabe der Sache zur Pfändung und Verwertung bereit ist, bitten wir im Auftrag des Gläubigers zu ermitteln. ◄

§ 810 Pfändung ungetrennter Früchte

(1) ¹Früchte, die von dem Boden noch nicht getrennt sind, können gepfändet werden, solange nicht ihre Beschlagnahme im Wege der Zwangsvollstreckung in das unbewegliche Vermögen erfolgt ist. ²Die Pfändung darf nicht früher als einen Monat vor der gewöhnlichen Zeit der Reife erfolgen.
(2) Ein Gläubiger, der ein Recht auf Befriedigung aus dem Grundstück hat, kann der Pfändung nach Maßgabe des § 771 widersprechen, sofern nicht die Pfändung für einen im Falle der Zwangsvollstreckung in das Grundstück vorgehenden Anspruch erfolgt ist.

A. Pfändbarkeit ungetrennter Früchte
   I. Muster: Antrag auf Pfändung ungetrennter Früchte im Vollstreckungsauftrag, § 754
   II. Erläuterungen
      [1] Alleingewahrsam des Schuldners 2
      [2] Bestimmung zum Weiterverkauf 3

B. Widerspruchsrecht
   I. Muster: Widerspruch eines Dritten gegen die Pfändung ungetrennter Früchte
   II. Erläuterungen
      [1] Rubrum, Anträge 5
      [2] Widerspruchsrecht eines Realgläubigers 6

A. Pfändbarkeit ungetrennter Früchte

I. Muster: Antrag auf Pfändung ungetrennter Früchte im Vollstreckungsauftrag, § 754

▶ Wir beantragen,

die vom Boden noch nicht getrennte Spargel-Ernte auf dem Grundstück ... zu pfänden. Der Schuldner bewirtschaftet als Pächter das o.g. Grundstück.[1] Die Ernte ist zum Weiterverkauf bestimmt.[2] Die Ernte-Reife tritt in weniger als einem Monat ein. ◀

II. Erläuterungen

[1] Die Früchte müssen im **Alleingewahrsam des Schuldners** stehen. Diese Voraussetzung ist bei einem Pächter in aller Regel ohne weiteres erfüllt (§ 102 Abs. 1 S. 3 GVGA). Auf den Grundstückseigentümer trifft dies nur zu, wenn er selbst die Fläche bewirtschaftet und also insbesondere nicht verpachtet hat. Die Einschränkung des § 810 Abs. 1, dass die Pfändung nur bis zur Beschlagnahme im Wege der Immobiliarvollstreckung zulässig ist, gilt nicht für den Fall, dass sich die Pfändung gegen den Pächter richtet, weil das Recht des Pächters auf die Pfandfrucht gemäß § 21 Abs. 3 ZVG von der Beschlagnahme unberührt bleibt.

[2] Bei Früchten, die zum Weiterverkauf bestimmt sind, steht der Pfändung regelmäßig der Pfändungsschutz des § 811 Nr. 4 nicht entgegen, denn der Besitz solcher Früchte ist weder unmittelbar zur Fortführung des Betriebs noch zur Sicherung des Unterhalts des Schuldners und seiner Familie erforderlich.

B. Widerspruchsrecht

I. Muster: Widerspruch eines Dritten gegen die Pfändung ungetrennter Früchte

▶ ...[1]

Begründung

Der Beklagte hat aufgrund des Titels ... am ... die Getreide-Ernte auf dem Grundstück ... des Schuldners ... pfänden lassen. Das Grundstück wird vom Schuldner selbst bewirtschaftet.[2] Der Gerichtsvollzieher hat die Pfändung durch Aufstellung einer Pfandtafel kenntlich gemacht.

Beweis: Pfändungsprotokoll des Gerichtsvollziehers ... vom ... (Az ...)

Auf dem vorgenannten Grundstück des Schuldners lastet eine zugunsten des Klägers eingetragene Grundschuld. Zugunsten des Beklagten ist kein (bzw kein vorrangiges Recht) im Grundbuch eingetragen.

Beweis: Grundbuchauszug vom ...

Der Kläger widerspricht der Pfändung der Ernte auf dem Grundstück gemäß § 810 Abs. 3 ZPO.

... ◀

II. Erläuterungen

[1] Bei einer auf § 810 Abs. 3 gestützten Drittwiderspruchsklage ergeben sich beim **Rubrum** und den **Anträgen** keine Besonderheiten (siehe Muster zu § 871).

[2] **Widerspruchsrecht eines Realgläubigers:** Nur wenn der Eigentümer das Grundstück selbst bewirtschaftet und nicht ein Pächter oder Nießbraucher vorhanden ist, kann das Recht eines Grundpfandgläubigers oder sonstigen Realgläubigers auf Befriedigung aus dem Grundstück durch die Pfändung ungetrennter Früchte beeinträchtigt werden. Ist das Grundstück dagegen verpachtet worden oder besteht zugunsten eines Dritten ein Nießbrauch, würden die Früchte gemäß § 21 Abs. 3 ZVG, §§ 954, 956 BGB ohnehin von einer Beschlagnahme im Wege der Immobiliarvollstreckung nicht erfasst, weil sie dem Pächter/Nießbraucher zustehen. In diesem Fall besteht daher kein Widerspruchsrecht nach § 810 Abs. 3.

6

§ 811 Unpfändbare Sachen

(1) Folgende Sachen sind der Pfändung nicht unterworfen:
1. die dem persönlichen Gebrauch oder dem Haushalt dienenden Sachen, insbesondere Kleidungsstücke, Wäsche, Betten, Haus- und Küchengerät, soweit der Schuldner ihrer zu einer seiner Berufstätigkeit und seiner Verschuldung angemessenen, bescheidenen Lebens- und Haushaltsführung bedarf; ferner Gartenhäuser, Wohnlauben und ähnliche Wohnzwecken dienende Einrichtungen, die der Zwangsvollstreckung in das bewegliche Vermögen unterliegen und deren der Schuldner oder seine Familie zur ständigen Unterkunft bedarf;
2. die für den Schuldner, seine Familie und seine Hausangehörigen, die ihm im Haushalt helfen, auf vier Wochen erforderlichen Nahrungs-, Feuerungs- und Beleuchtungsmittel oder, soweit für diesen Zeitraum solche Vorräte nicht vorhanden und ihre Beschaffung auf anderem Wege nicht gesichert ist, der zur Beschaffung erforderliche Geldbetrag;
3. Kleintiere in beschränkter Zahl sowie eine Milchkuh oder nach Wahl des Schuldners statt einer solchen insgesamt zwei Schweine, Ziegen oder Schafe, wenn diese Tiere für die Ernährung des Schuldners, seiner Familie oder Hausangehörigen, die ihm im Haushalt, in der Landwirtschaft oder im Gewerbe helfen, erforderlich sind; ferner die zur Fütterung und zur Streu auf vier Wochen erforderlichen Vorräte oder, soweit solche Vorräte nicht vorhanden sind und ihre Beschaffung für diesen Zeitraum auf anderem Wege nicht gesichert ist, der zu ihrer Beschaffung erforderliche Geldbetrag;
4. bei Personen, die Landwirtschaft betreiben, das zum Wirtschaftsbetrieb erforderliche Gerät und Vieh nebst dem nötigen Dünger sowie die landwirtschaftlichen Erzeugnisse, soweit sie zur Sicherung des Unterhalts des Schuldners, seiner Familie und seiner Arbeitnehmer oder zur Fortführung der Wirtschaft bis zur nächsten Ernte gleicher oder ähnlicher Erzeugnisse erforderlich sind;
4a. bei Arbeitnehmern in landwirtschaftlichen Betrieben die ihnen als Vergütung gelieferten Naturalien, soweit der Schuldner ihrer zu seinem und seiner Familie Unterhalt bedarf;

§ 811   Buch 8 | Zwangsvollstreckung

5. bei Personen, die aus ihrer körperlichen oder geistigen Arbeit oder sonstigen persönlichen Leistungen ihren Erwerb ziehen, die zur Fortsetzung dieser Erwerbstätigkeit erforderlichen Gegenstände;[1]
6. bei den Witwen und minderjährigen Erben der unter Nummer 5 bezeichneten Personen, wenn sie die Erwerbstätigkeit für ihre Rechnung durch einen Stellvertreter fortführen, die zur Fortführung dieser Erwerbstätigkeit erforderlichen Gegenstände;
7. Dienstkleidungsstücke sowie Dienstausrüstungsgegenstände, soweit sie zum Gebrauch des Schuldners bestimmt sind, sowie bei Beamten, Geistlichen, Rechtsanwälten, Notaren, Ärzten und Hebammen die zur Ausübung des Berufes erforderlichen Gegenstände einschließlich angemessener Kleidung;
8. bei Personen, die wiederkehrende Einkünfte der in den §§ 850 bis 850b dieses Gesetzes oder der in § 54 Abs. 3 bis 5 des Ersten Buches Sozialgesetzbuch bezeichneten Art oder laufende Kindergeldleistungen beziehen, ein Geldbetrag, der dem der Pfändung nicht unterworfenen Teil der Einkünfte für die Zeit von der Pfändung bis zu dem nächsten Zahlungstermin entspricht;
9. die zum Betrieb einer Apotheke unentbehrlichen Geräte, Gefäße und Waren;
10. die Bücher, die zum Gebrauch des Schuldners und seiner Familie in der Kirche oder Schule oder einer sonstigen Unterrichtsanstalt oder bei der häuslichen Andacht bestimmt sind;
11. die in Gebrauch genommenen Haushaltungs- und Geschäftsbücher, die Familienpapiere sowie die Trauringe, Orden und Ehrenzeichen;
12. künstliche Gliedmaßen, Brillen und andere wegen körperlicher Gebrechen notwendige Hilfsmittel, soweit diese Gegenstände zum Gebrauch des Schuldners und seiner Familie bestimmt sind;
13. die zur unmittelbaren Verwendung für die Bestattung bestimmten Gegenstände.

(2) ¹Eine in Absatz 1 Nr. 1, 4, 5 bis 7 bezeichnete Sache kann gepfändet werden, wenn der Verkäufer wegen einer durch Eigentumsvorbehalt gesicherten Geldforderung aus ihrem Verkauf vollstreckt. ²Die Vereinbarung des Eigentumsvorbehaltes ist durch Urkunden nachzuweisen.

A. Muster: Antrag des Gläubigers auf Pfändung an sich unpfändbarer Sachen aufgrund seines Eigentumsvorbehalts im Vollstreckungsauftrag, § 754	B. Erläuterungen [1] Zuständigkeit .... 2 [2] Ausnahme .... 3 [3] Nachweisbarkeit durch Urkunde ... 4

1 A. Muster: Antrag des Gläubigers auf Pfändung an sich unpfändbarer Sachen aufgrund seines Eigentumsvorbehalts im Vollstreckungsauftrag, § 754[1]

▶ ... beantragen wir, die Sache ... des Schuldners gem. §§ 811 Abs. 2 ZPO iVm § 811 Nr. 5 ZPO zu pfänden.[2]

---

1 Ferner Originale eines urheberschutzfähigen Werkes sowie Vorrichtungen, die ausschließlich zur Vervielfältigung oder Funksendung eines Werkes bestimmt sind, nach Maßgabe der §§ 112–119 UrheberrechtsG.

Die Parteien haben hinsichtlich dieser Sache ein Eigentumsvorbehalt vereinbart und der Gläubiger vollstreckt vorliegend gerade wegen der durch den Eigentumsvorbehalt gesicherten Kaufpreisforderung.
Anlage: Kaufvertrag vom ... mit der Vereinbarung über den Eigentumsvorbehalt[3] ◄

B. Erläuterungen

[1] **Zuständigkeit:** Die Entscheidung, ob eine Sache nach § 811 Abs. 2 gepfändet werden kann trifft der Gerichtsvollzieher. Eine vorherige Zulassung der Pfändung durch das Vollstreckungsgericht ist nicht erforderlich (Zöller/*Stöber* § 811 Rn 39).

[2] Die **Ausnahme des § 811 Abs. 2** gilt nur für die Nr. 1, 4, 5 und 7 und nur für den Fall, dass dem Gläubiger aus dem Verkauf der Sache ein **einfacher Eigentumsvorbehalt** an ihr zusteht und er gerade wegen der gesicherten Forderung vollstreckt. Für einen erweiterten Eigentumsvorbehalt gilt die Ausnahme nicht. Eine analoge Anwendung zB auf das Sicherungseigentum ist nicht möglich.

[3] Die Vereinbarung des Eigentumsvorbehalts muss gem. § 811 Abs. 2 S. 2 durch eine Urkunde nachweisbar sein.

§ 811 a Austauschpfändung

(1) Die Pfändung einer nach § 811 Abs. 1 Nr. 1, 5 und 6 unpfändbaren Sache kann zugelassen werden, wenn der Gläubiger dem Schuldner vor der Wegnahme der Sache ein Ersatzstück, das dem geschützten Verwendungszweck genügt, oder den zur Beschaffung eines solchen Ersatzstückes erforderlichen Geldbetrag überlässt; ist dem Gläubiger die rechtzeitige Ersatzbeschaffung nicht möglich oder nicht zuzumuten, so kann die Pfändung mit der Maßgabe zugelassen werden, dass dem Schuldner der zur Ersatzbeschaffung erforderliche Geldbetrag aus dem Vollstreckungserlös überlassen wird (Austauschpfändung).
(2) ¹Über die Zulässigkeit der Austauschpfändung entscheidet das Vollstreckungsgericht auf Antrag des Gläubigers durch Beschluss. ²Das Gericht soll die Austauschpfändung nur zulassen, wenn sie nach Lage der Verhältnisse angemessen ist, insbesondere wenn zu erwarten ist, dass der Vollstreckungserlös den Wert des Ersatzstückes erheblich übersteigen werde. ³Das Gericht setzt den Wert eines vom Gläubiger angebotenen Ersatzstückes oder den zur Ersatzbeschaffung erforderlichen Betrag fest. ⁴Bei der Austauschpfändung nach Absatz 1 Halbsatz 1 ist der festgesetzte Betrag dem Gläubiger aus dem Vollstreckungserlös zu erstatten; er gehört zu den Kosten der Zwangsvollstreckung.
(3) Der dem Schuldner überlassene Geldbetrag ist unpfändbar.
(4) Bei der Austauschpfändung nach Absatz 1 Halbsatz 2 ist die Wegnahme der gepfändeten Sache erst nach Rechtskraft des Zulassungsbeschlusses zulässig.

A. Muster: Antrag auf Austauschpfändung	[2] Bezeichnung der zu pfändenden Sache	3
B. Erläuterungen und Varianten	[3] Kosten	5
[1] Zuständigkeit 2	[4] Beifügung von Urkunden	6

[5] Anwendungsbereich 7   [6] Wertangaben, Kosten 8

A. Muster: Antrag auf Austauschpfändung

▶ An das Amtsgericht ...[1]
– Vollstreckungsgericht –
In der Zwangsvollstreckungssache

... ./. ...

beantragen wir namens und in Vollmacht des Gläubigers gemäß § 811a ZPO, die Pfändung der Sache ... des Schuldners gegen Übergabe und Übereignung des Ersatzstückes ... im Wert von ... EUR[2] an den Schuldner zuzulassen.[3]

Begründung

Dem Gläubiger steht gegen den Schuldner eine titulierte Forderung in Höhe von ... EUR zu.

Beweis: vollstreckbare Ausfertigung des Titels, ggf Nachweis über erbrachte Sicherheitsleistung[4]

Er beabsichtigt in die Sache ... des Schuldners zu vollstrecken, die dem Schutz des § 811 Nr. 1, 5 bzw Nr. 6 ZPO[5] unterliegt.

Die Sache ... des Schuldners hat einen Wert von mindestens ... EUR.[6]

Beweis: Beleg

Das im Antrag näher bezeichnete Ersatzstück genügt ebenso nach dem § 811 Nr. 1, 5 bzw Nr. 6 ZPO geschützten Verwendungszweck und ist nach Lage der Verhältnisse angemessen. Es hat aber nur einen Wert von ... EUR.[7]

Beweis: Beleg

Angesichts des Wertes der Sache ... des Schuldners ist sicher zu erwarten, dass der Vollstreckungserlös den Wert des Ersatzstückes erheblich übersteigen wird. Gemäß § 811a Abs. 2 S. 4 ZPO sind der Wert des Ersatzstückes dem Gläubiger aus dem Erlös zu erstatten, da es sich um dem Gläubiger entstandenen Kosten der Zwangsvollstreckung handelt. ◀

B. Erläuterungen und Varianten

[1] Ausschließlich **zuständig** ist gemäß §§ 811a Abs. 2, 764 Abs. 2, 802 das örtliche Amtsgericht als Vollstreckungsgericht. Es entscheidet gemäß § 20 Nr. 17 RPflG der Rechtspfleger.

[2] Die zu pfändende Sache und das Ersatzstück müssen **eindeutig bezeichnet** werden. Anstatt dem Schuldner für die zu pfändende Sache ein Ersatzstück zu überlassen, ist es auch möglich, ihm den **erforderlichen Geldbetrag** zur Verfügung zu stellen, um sich selbst eines Ersatzstück zu beschaffen. Der Antrag würde dann lauten:

▶ die Pfändung der Sache ... des Schuldners gegen Überlassung des zur Beschaffung eines Ersatzstückes erforderlichen Geldbetrag in Höhe von ... EUR an den Schuldner ist zuzulassen. ◀

Nach § 811a Abs. 1 ist es sogar möglich, dass der Geldbetrag für die Ersatzbeschaffung dem Schuldner erst nach Verwertung aus dem Erlös ausgezahlt wird. Voraussetzung hierfür ist aber, dass dem Gläubiger nicht möglich oder zumutbar ist, das Ersatzstück zu beschaffen oder zumindest den erforderlichen Geldbetrag zur Beschaffung des Ersatzstückes vorzustrecken.

[3] Der vom Gläubiger zur Beschaffung des Ersatzstücks aufgewandte Betrag bzw der an den Schuldner gezahlte Ersatzbetrag gehört ebenso wie die Verfahrenskosten zu den **Kosten der Zwangsvollstreckung** gemäß §§ 788 Abs. 1, Abs. 4, 811 a ohne dass es hierzu eines Antrages oder eines Ausspruchs im Beschluss gemäß § 811 a Abs. 2 bedürfte. Nur wenn aus Billigkeitsgründen gemäß § 811 a Abs. 4 hiervon abgewichen werden soll, müsste dies im Beschluss ausdrücklich bestimmt werden. Der vom Gläubiger für das Ersatzstück aufgewandte und vom Gericht festgesetzte Betrag wird ihm gemäß § 811 Abs. 2 S. 4 unmittelbar aus dem Vollstreckungserlös erstattet.

[4] Die für den Beginn der Zwangsvollstreckung erforderlichen Urkunden müssen dem Antrag beigefügt werden. Weil die Zustellung gemäß § 750 Abs. 1 S. 1 noch gleichzeitig mit der Pfändung erfolgen kann, muss diese nicht nachgewiesen werden.

[5] Weil der Wortlaut des § 811 a Abs. 1 ausdrücklich nur die Ziffern Nr. 1, 5 und 6 des § 811 nennt, kommt eine Analogie auf andere Fälle des § 811 nicht in Betracht (Zöller/*Stöber* § 811 Rn 2).

[6] Der Gläubiger muss **konkrete Angaben zum Wert** der zu pfändenden Sache und des in Betracht kommenden Ersatzstückes machen. Der Wert kann insbesondere durch Kostenvoranschläge belegt werden. Die Einholung eines Gutachtens ist regelmäßig nicht erforderlich, zumal die dadurch verursachten Kosten eine Austauschpfändung häufig sinnlos und damit unzulässig machen würden.

Kosten: Gerichtsgebühren fallen nicht an. Das Verfahren auf Zulassung der Austauschpfändung ist eine besondere Angelegenheit iS des § 18 Nr. 9 RVG, für die der Anwalt nach Nr. 3309 KV RVG 0,3 Verfahrensgebühren beanspruchen kann. Für die Pfändung fällt für den Gerichtsvollzieher die volle Pfändungsgebühr nach Nr. 205 KV GV an.

§ 811 b Vorläufige Austauschpfändung

(1) ¹Ohne vorgängige Entscheidung des Gerichts ist eine vorläufige Austauschpfändung zulässig, wenn eine Zulassung durch das Gericht zu erwarten ist. ²Der Gerichtsvollzieher soll die Austauschpfändung nur vornehmen, wenn zu erwarten ist, dass der Vollstreckungserlös den Wert des Ersatzstückes erheblich übersteigen wird.
(2) Die Pfändung ist aufzuheben, wenn der Gläubiger nicht binnen einer Frist von zwei Wochen nach Benachrichtigung von der Pfändung einen Antrag nach § 811 a Abs. 2 bei dem Vollstreckungsgericht gestellt hat oder wenn ein solcher Antrag rechtskräftig zurückgewiesen ist.
(3) Bei der Benachrichtigung ist dem Gläubiger unter Hinweis auf die Antragsfrist und die Folgen ihrer Versäumung mitzuteilen, dass die Pfändung als Austauschpfändung erfolgt ist.
(4) ¹Die Übergabe des Ersatzstückes oder des zu seiner Beschaffung erforderlichen Geldbetrages an den Schuldner und die Fortsetzung der Zwangsvollstreckung erfol-

gen erst nach Erlass des Beschlusses gemäß § 811 a Abs. 2 auf Anweisung des Gläubigers. ²§ 811 a Abs. 4 gilt entsprechend.

A. Austauschpfändung ohne vorherige gerichtliche Entscheidung, § 811 b Abs. 1
I. Muster: Antrag auf vorläufige Austauschpfändung im Vollstreckungsauftrag, § 754
II. Erläuterungen
  [1] Zeitpunkt der Austauschpfändung 2

B. Gläubigerbenachrichtigung, § 811 b Abs. 2, 3
I. Muster: Benachrichtigung an den Gläubiger über eine vorläufige Austauschpfändung
II. Erläuterungen
  [1] Anwendungsbereich 4
  [2] Frist 5
  [3] Hinweis, Kosten 6

A. Austauschpfändung ohne vorherige gerichtliche Entscheidung, § 811 b Abs. 1

1   I. Muster: Antrag auf vorläufige Austauschpfändung im Vollstreckungsauftrag, § 754

▶ Falls die Voraussetzungen des § 811 b ZPO vorliegen, bitten wir um die Vornahme einer vorläufigen Austauschpfändung und rascher Benachrichtigung, damit wir beim Vollstreckungsgericht fristgerecht die Zulassung der Austauschpfändung beantragen können.[1] ◀

II. Erläuterungen

2   [1] Vorläufig ist die Austauschpfändung, weil sie schon vor der Zulassung durch das Vollstreckungsgericht erfolgt. Der Gerichtsvollzieher kann eine **vorläufige Austauschpfändung** zwar auch ohne Antrag des Gläubigers durchführen. Er wird dies aber nur tun, wenn er davon ausgeht, dass der Gläubiger dies wünscht und anschließend auch den Antrag auf Zulassung der Austauschpfändung stellen wird. Eine Klarstellung der Absichten des Gläubigers ist daher sinnvoll.

B. Gläubigerbenachrichtigung, § 811 b Abs. 2, 3

3   I. Muster: Benachrichtigung an den Gläubiger über eine vorläufige Austauschpfändung

▶ An den Gläubiger

===

In der Zwangsvollstreckungssache

=== ./. ===

habe ich in Ermangelung (ausreichend) anderer pfändbarer Gegenstände[1] die Sache === im Wege der vorläufigen Austauschpfändung gepfändet. Diese Sache ist zwar grundsätzlich gemäß § 811 Nr. 1, 5 bzw 6 ZPO unpfändbar. Es ist aber zu erwarten, dass das Vollstreckungsgericht auf Ihren Antrag hin gemäß § 811 a ZPO die Durchführung einer Austauschpfändung zulassen wird. Ich weise aber ausdrücklich darauf hin, dass die vorläufige Austauschpfändung nach § 811 b ZPO aufgehoben wird, wenn Sie nicht binnen zwei Wochen nach Eingang dieser Nachricht auch tatsächlich die Zulassung der Austauschpfändung beim Vollstreckungsgericht beantragen.[2]

Die gepfändete Sache ... hat einen gewöhnlichen Verkaufswert von ... und wird voraussichtlichen Erlös von ... erbringen. Als Ersatzstück kommt die Sache ... in Betracht, die den geschützten Verwendungszweck genügt, aber nur etwa ... kostet.[3]

Ferner weise ich Sie darauf hin, dass die Vollstreckung nach gerichtlicher Zulassung der Austauschpfändung gemäß § 811 b Abs. 4 ZPO nur auf Ihre Anweisung hin fortgesetzt wird.

...

Gerichtsvollzieher ◄

II. Erläuterungen

[1] Wegen der Umständlichkeit des Verfahrens einer Austauschpfändung soll der Gerichtsvollzieher diese nur vornehmen, wenn andere pfändbare Sachen nicht vorhanden sind oder zur Befriedigung des Gläubigers nicht ausreichen (§ 75 S. 1 GVGA).

[2] Diesen Hinweis schreibt § 811 b Abs. 3 ausdrücklich vor. Die Zweiwochenfrist folgt aus § 811 b Abs. 2. Die Benachrichtigung kann formlos erfolgen, was aber nicht sinnvoll ist.

[3] Diesen Hinweis soll der Gerichtsvollzieher nach § 75 S. 4 Nr. 1 S. 2 GVGA ebenfalls erteilen, auch wenn dies nach § 811 b Abs. 2 und Abs. 3 nicht verlangt wird.

Kosten: Gerichtsgebühren fallen nicht an. Die vorläufige Austauschpfändung ist auch keine besondere Angelegenheit iS des § 18 Nr. 9 RVG. Für das anschließende Verfahren über die nachträgliche Zulassung der Austauschpfändung kann der Anwalt aber nach Nr. 3309 KV RVG 0,3 Verfahrensgebühren beanspruchen. Für die Pfändung fällt für den Gerichtsvollzieher die volle Pfändungsgebühr nach Nr. 205 KV GV an.

§ 811 c Unpfändbarkeit von Haustieren

(1) Tiere, die im häuslichen Bereich und nicht zu Erwerbszwecken gehalten werden, sind der Pfändung nicht unterworfen.

(2) Auf Antrag des Gläubigers lässt das Vollstreckungsgericht eine Pfändung wegen des hohen Wertes des Tieres zu, wenn die Unpfändbarkeit für den Gläubiger eine Härte bedeuten würde, die auch unter Würdigung der Belange des Tierschutzes und der berechtigten Interessen des Schuldners nicht zu rechtfertigen ist.

A. Muster: Antrag auf Zulassung der Pfändung eines Haustiers
B. Erläuterungen
[1] Zuständigkeit 2
[2] Haustiere, die nicht Erwerbszwecken dienen 3
[3] Beizufügende Urkunden 4
[4] Zulassung der Pfändung 5

A. Muster: Antrag auf Zulassung der Pfändung eines Haustiers

▶ An das Amtsgericht ...[1]
– Vollstreckungsgericht –

Antrag auf Zulassung einer Pfändung nach § 811 c Abs. 2 ZPO

In der Zwangsvollstreckungssache

... ./. ...

beantragen wir namens und in Vollmacht des Gläubigers,
die Pfändung des Reitpferdes ... des Schuldners zuzulassen.[2]

Begründung

Dem Gläubiger steht gegen den Schuldner eine titulierte Forderung in Höhe von ... EUR zu.

Beweis: vollstreckbare Ausfertigung des Titels, ggf Nachweis über erbrachte Sicherheitsleistung[3]

Der im Antrag näher bezeichnete Wallach hat einen Marktwert von mindestens 10.000 EUR.[4]

Beweis: Angebotsschreiben des Züchters ... über ein vergleichbares Reitpferd (Wallach)

Anderes pfändbares Vermögen des Schuldners ist nicht vorhanden.[4]

Beweis: letztes Pfändungsprotokoll; Kopie des Offenbarungseids des Schuldners

Die Unpfändbarkeit stellt für den Gläubiger daher im vorliegenden Fall eine nicht zu rechtfertigende Härte dar. ◄

B. Erläuterungen

2 [1] Ausschließlich **zuständig** ist gemäß §§ 811c Abs. 2, 764 Abs. 2, 802 das örtliche Amtsgericht als Vollstreckungsgericht. Es entscheidet gemäß § 20 Nr. 17 RPflG der Rechtspfleger.

3 [2] Bei **Haustieren**, die nicht zu Erwerbszwecken gehalten werden, soll ein Eingriff in die Verbundenheit zwischen Schuldner und Tier unterbleiben. Deshalb statuiert § 811c Abs. 1 grundsätzlich ein Pfändungsverbot. Um ausnahmsweise ein Haustier pfänden zu können, muss die Zulassung der Pfändung beim Vollstreckungsgericht beantragt werden. Die Entscheidung ergeht gemäß § 764 Abs. 3 durch Beschluss.

4 [3] Die für den Beginn der Zwangsvollstreckung erforderlichen Urkunden müssen dem Antrag beigefügt werden. Weil die Zustellung gemäß § 750 Abs. 1 S. 1 noch gleichzeitig mit der Pfändung erfolgen kann, muss diese nicht nachgewiesen werden.

5 [4] Entscheidend für die **Zulassung der Pfändung** eines Haustieres ist, dass das Tier einen erheblichen materiellen Wert hat, so dass ein Erlös deutlich über 250,- EUR zu erwarten ist, und keine anderweitigen Vollstreckungsmöglichkeiten vorhanden sind. Die Unpfändbarkeit muss für den Gläubiger eine Härte bedeuten, die auch unter Würdigung der Belange des Tierschutzes und der berechtigten Interesses des Schuldners nicht zu rechtfertigen ist. Das Gericht hat somit eine **Abwägung** vorzunehmen. Diese fällt umso eher zugunsten des Gläubigers aus, je höher der Wert des Tieres ist und umso geringer die gefühlsmäßige Verbundenheit zwischen dem Schuldner und dem Tier ist.

§ 811d Vorwegpfändung

(1) ¹Ist zu erwarten, dass eine Sache demnächst pfändbar wird, so kann sie gepfändet werden, ist aber im Gewahrsam des Schuldners zu belassen. ²Die Vollstreckung darf erst fortgesetzt werden, wenn die Sache pfändbar geworden ist.

(2) Die Pfändung ist aufzuheben, wenn die Sache nicht binnen eines Jahres pfändbar geworden ist.

A. Muster: Antrag auf Pfändung derzeit noch unpfändbarer Sachen im Vollstreckungsauftrag, § 754

B. Erläuterungen
[1] Antragslose Pfändung 2
[2] Verbleiben beim Schuldner 3

A. Muster: Antrag auf Pfändung derzeit noch unpfändbarer Sachen im Vollstreckungsauftrag, § 754

▶ Wir beantragen,

den Lieferwagen ... des Schuldners im Wege der Vorwegpfändung gemäß § 811 d ZPO zu pfänden.[1]

Derzeit ist der Lieferwagen zwar noch gemäß § 811 Abs. 1 Nr. 5 ZPO unpfändbar, weil der Schuldner ihn zur Auslieferung, der von ihm hergestellten und vertriebenen Produkte ... benötigt. Der Schuldner plant aber die Aufgabe seines unrentablen Betriebs, so dass der Pfändungsschutz des § 811 Abs. 1 Nr. 5 ZPO in den nächsten Monaten wegfallen wird.[2] ◀

B. Erläuterungen

[1] Für die Vorwegpfändung wegen des zu erwartenden Wegfalls der Unpfändbarkeit nach § 811 Abs. 1 bedarf es keiner Entscheidung des Vollstreckungsgerichts. Der Gerichtsvollzieher kann eine Vorwegpfändung auch ohne Antrag durchführen. Falls der Gläubiger Informationen über den kommenden Wegfall des Pfändungsschutzes erlangt hat, ist aber gleichwohl ein ausdrücklicher Antrag zweckmäßig.

[2] Im Falle einer Vorwegpfändung muss die Sache beim Schuldner zunächst verbleiben (§ 811 d Abs. 1 S. 2). Falls der Pfändungsschutz dann doch nicht innerhalb der Frist von einem Jahr (§ 811 d Abs. 2) wegfällt, ist die Pfändung wieder aufzuheben.

§ 812 Pfändung von Hausrat

Gegenstände, die zum gewöhnlichen Hausrat gehören und im Haushalt des Schuldners gebraucht werden, sollen nicht gepfändet werden, wenn ohne weiteres ersichtlich ist, dass durch ihre Verwertung nur ein Erlös erzielt werden würde, der zu dem Wert außer allem Verhältnis steht.

§ 813 Schätzung

(1) ¹Die gepfändeten Sachen sollen bei der Pfändung auf ihren gewöhnlichen Verkaufswert geschätzt werden. ²Die Schätzung des Wertes von Kostbarkeiten soll einem Sachverständigen übertragen werden. ³In anderen Fällen kann das Vollstreckungsgericht auf Antrag des Gläubigers oder des Schuldners die Schätzung durch einen Sachverständigen anordnen.

(2) ¹Ist die Schätzung des Wertes bei der Pfändung nicht möglich, so soll sie unverzüglich nachgeholt und ihr Ergebnis nachträglich in dem Pfändungsprotokoll vermerkt werden. ²Werden die Akten des Gerichtsvollziehers elektronisch geführt, so ist

das Ergebnis der Schätzung in einem gesonderten elektronischen Dokument zu vermerken. ³Das Dokument ist mit dem Pfändungsprotokoll untrennbar zu verbinden.

(3) Zur Pfändung von Früchten, die von dem Boden noch nicht getrennt sind, und zur Pfändung von Gegenständen der in § 811 Abs. 1 Nr. 4 bezeichneten Art bei Personen, die Landwirtschaft betreiben, soll ein landwirtschaftlicher Sachverständiger zugezogen werden, sofern anzunehmen ist, dass der Wert der zu pfändenden Gegenstände den Betrag von 500 Euro übersteigt.

(4) Die Landesjustizverwaltung kann bestimmen, dass auch in anderen Fällen ein Sachverständiger zugezogen werden soll.

A. Muster: Antrag auf Einholung eines Wertgutachtens	[2] Antragsberechtigte 3
B. Erläuterungen	[3] Schätzung des Gerichtsvollziehers .. 4
[1] Zuständigkeit 2	[4] Ermessen des Vollstreckungsgerichts 5

1 A. Muster: Antrag auf Einholung eines Wertgutachtens

▶ An das Amtsgericht ...[1]

– Vollstreckungsgericht –

Antrag gemäß § 813 Abs. 1 S. 2 ZPO

In der Zwangsvollstreckungssache

... ./. ...

beantragen wir namens und in Vollmacht des Gläubigers,[2]
die Schätzung der durch den Gerichtsvollzieher ... am ... gepfändeten Sache ... (Az ...) durch einen geeigneten Sachverständigen anzuordnen.

Begründung

Der Gerichtsvollzieher ... hat am ... im Auftrag des Gläubigers zur Vollstreckung des Titels ... beim Schuldner die im Antrag näher bezeichnete Sache gepfändet und den gewöhnlichen Verkaufswert mit ... geschätzt.[3]

Beweis: Pfändungsprotokoll[3]

Der Gerichtsvollzieher hat allerdings selbst gegenüber den Parteien erklärt, ihm fehle das nötige Fachwissen zur Schätzung der gepfändeten Sache. Zugleich hat er die Parteien auf die Möglichkeit hingewiesen, eine Schätzung des Wertes durch einen geeigneten Sachverständigen gemäß § 813 Abs. 1 S. 3 ZPO zu beantragen. Der vom Gerichtsvollzieher geschätzte Wert erscheint deutlich zu niedrig angesetzt, weil ... Zur Vermeidung einer Verschleuderung des Schuldnervermögens und damit auch der Gefährdung des Befriedigungsinteresses ist die Einholung der Schätzung eines Sachverständigen erforderlich und angesichts des vermutlichen Wertes der Sache auch angemessen.[4] ◀

B. Erläuterungen

2 [1] Ausschließlich **zuständig** ist gemäß §§ 813 Abs. 1 S. 3, 764 Abs. 2, 802 das örtliche Amtsgericht als Vollstreckungsgericht. Es entscheidet gemäß § 20 Nr. 17 RPflG der Rechtspfleger. Die Entscheidung ergeht gemäß § 764 Abs. 3 durch Beschluss.

(2) Die Pfändung ist aufzuheben, wenn die Sache nicht binnen eines Jahres pfändbar geworden ist.

A. Muster: Antrag auf Pfändung derzeit noch unpfändbarer Sachen im Vollstreckungsauftrag, § 754

B. Erläuterungen
[1] Antragslose Pfändung 2
[2] Verbleiben beim Schuldner 3

A. Muster: Antrag auf Pfändung derzeit noch unpfändbarer Sachen im Vollstreckungsauftrag, § 754

▶ Wir beantragen,

den Lieferwagen ... des Schuldners im Wege der Vorwegpfändung gemäß § 811 d ZPO zu pfänden.[1]

Derzeit ist der Lieferwagen zwar noch gemäß § 811 Abs. 1 Nr. 5 ZPO unpfändbar, weil der Schuldner ihn zur Auslieferung, der von ihm hergestellten und vertriebenen Produkte ... benötigt. Der Schuldner plant aber die Aufgabe seines unrentablen Betriebs, so dass der Pfändungsschutz des § 811 Abs. 1 Nr. 5 ZPO in den nächsten Monaten wegfallen wird.[2] ◀

B. Erläuterungen

[1] Für die Vorwegpfändung wegen des zu erwartenden Wegfalls der Unpfändbarkeit nach § 811 Abs. 1 bedarf es keiner Entscheidung des Vollstreckungsgerichts. Der Gerichtsvollzieher kann eine Vorwegpfändung auch ohne Antrag durchführen. Falls der Gläubiger Informationen über den kommenden Wegfall des Pfändungsschutzes erlangt hat, ist aber gleichwohl ein ausdrücklicher Antrag zweckmäßig.

[2] Im Falle einer Vorwegpfändung muss die Sache beim Schuldner zunächst verbleiben (§ 811 d Abs. 1 S. 2). Falls der Pfändungsschutz dann doch nicht innerhalb der Frist von einem Jahr (§ 811 d Abs. 2) wegfällt, ist die Pfändung wieder aufzuheben.

§ 812 Pfändung von Hausrat

Gegenstände, die zum gewöhnlichen Hausrat gehören und im Haushalt des Schuldners gebraucht werden, sollen nicht gepfändet werden, wenn ohne weiteres ersichtlich ist, dass durch ihre Verwertung nur ein Erlös erzielt werden würde, der zu dem Wert außer allem Verhältnis steht.

§ 813 Schätzung

(1) ¹Die gepfändeten Sachen sollen bei der Pfändung auf ihren gewöhnlichen Verkaufswert geschätzt werden. ²Die Schätzung des Wertes von Kostbarkeiten soll einem Sachverständigen übertragen werden. ³In anderen Fällen kann das Vollstreckungsgericht auf Antrag des Gläubigers oder des Schuldners die Schätzung durch einen Sachverständigen anordnen.

(2) ¹Ist die Schätzung des Wertes bei der Pfändung nicht möglich, so soll sie unverzüglich nachgeholt und ihr Ergebnis nachträglich in dem Pfändungsprotokoll vermerkt werden. ²Werden die Akten des Gerichtsvollziehers elektronisch geführt, so ist

das Ergebnis der Schätzung in einem gesonderten elektronischen Dokument zu vermerken. ³Das Dokument ist mit dem Pfändungsprotokoll untrennbar zu verbinden.
(3) Zur Pfändung von Früchten, die von dem Boden noch nicht getrennt sind, und zur Pfändung von Gegenständen der in § 811 Abs. 1 Nr. 4 bezeichneten Art bei Personen, die Landwirtschaft betreiben, soll ein landwirtschaftlicher Sachverständiger zugezogen werden, sofern anzunehmen ist, dass der Wert der zu pfändenden Gegenstände den Betrag von 500 Euro übersteigt.
(4) Die Landesjustizverwaltung kann bestimmen, dass auch in anderen Fällen ein Sachverständiger zugezogen werden soll.

A. Muster: Antrag auf Einholung eines Wertgutachtens	[2] Antragsberechtigte 3
B. Erläuterungen	[3] Schätzung des Gerichtsvollziehers .. 4
[1] Zuständigkeit 2	[4] Ermessen des Vollstreckungsgerichts 5

1 A. Muster: Antrag auf Einholung eines Wertgutachtens

▶ An das Amtsgericht ▪▪▪[1]
– Vollstreckungsgericht –

Antrag gemäß § 813 Abs. 1 S. 2 ZPO

In der Zwangsvollstreckungssache

▪▪▪ ./. ▪▪▪

beantragen wir namens und in Vollmacht des Gläubigers,[2]
die Schätzung der durch den Gerichtsvollzieher ▪▪▪ am ▪▪▪ gepfändeten Sache ▪▪▪ (Az ▪▪▪) durch einen geeigneten Sachverständigen anzuordnen.

Begründung

Der Gerichtsvollzieher ▪▪▪ hat am ▪▪▪ im Auftrag des Gläubigers zur Vollstreckung des Titels ▪▪▪ beim Schuldner die im Antrag näher bezeichnete Sache gepfändet und den gewöhnlichen Verkaufswert mit ▪▪▪ geschätzt.[3]
Beweis: Pfändungsprotokoll[3]
Der Gerichtsvollzieher hat allerdings selbst gegenüber den Parteien erklärt, ihm fehle das nötige Fachwissen zur Schätzung der gepfändeten Sache. Zugleich hat er die Parteien auf die Möglichkeit hingewiesen, eine Schätzung des Wertes durch einen geeigneten Sachverständigen gemäß § 813 Abs. 1 S. 3 ZPO zu beantragen. Der vom Gerichtsvollzieher geschätzte Wert erscheint deutlich zu niedrig angesetzt, weil ▪▪▪ Zur Vermeidung einer Verschleuderung des Schuldnervermögens und damit auch der Gefährdung des Befriedigungsinteresses ist die Einholung der Schätzung eines Sachverständigen erforderlich und angesichts des vermutlichen Wertes der Sache auch angemessen.[4] ◀

B. Erläuterungen

2 [1] **Ausschließlich zuständig** ist gemäß §§ 813 Abs. 1 S. 3, 764 Abs. 2, 802 das örtliche Amtsgericht als Vollstreckungsgericht. Es entscheidet gemäß § 20 Nr. 17 RPflG der Rechtspfleger. Die Entscheidung ergeht gemäß § 764 Abs. 3 durch Beschluss.

[2] Nach § 813 Abs. 1 S. 3 sind nur der Gläubiger und der Schuldner **antragsberechtigt**.

[3] **Schätzung des Gerichtsvollziehers:** Der Gerichtsvollzieher soll nur bei Kostbarkeiten einen Sachverständigen hinzuziehen (§ 813 Abs. 1 S. 2). Kostbarkeiten sind Sachen, die im Verhältnis zu ihrer Größe einen großen Wert darstellen. Insbesondere Schmuck aus hochwertigen Materialien, seltene Münzen, wertvolle Kunstwerke und Antiquitäten zählen hierzu. Für die Bewertung als Kostbarkeit sind neben dem Materialwert, Seltenheitsgrad, künstlerische Gestaltung auch Erhaltungszustand und Alter von Bedeutung (OLG Köln RPfleger 1998, 352). Ob eine Kostbarkeit vorliegt, beurteilt dabei der Gerichtsvollzieher nach pflichtgemäßem Ermessen (OLG Köln aaO). In allen anderen Fällen muss der Gerichtsvollzieher selbst eine Schätzung vornehmen und nur Gläubiger und Schuldner können die Begutachtung durch einen Sachverständigen herbeiführen (§ 813 Abs. 1 S. 3). Machen sie von ihrem Antragsrecht keinen Gebrauch, können sie nicht vom Gerichtsvollzieher im Wege der Amtshaftung Schadensersatz verlangen, weil dieser die gepfändete Sache unter Wert versteigert hat (OLG München InVo 1999, 316). Das Ergebnis der Schätzung des Gerichtsvollziehers ergibt sich aus dem Pfändungsprotokoll, in das der Wert einzutragen ist (§ 762 Abs. 2 ZPO und § 86 Abs. 1 Nr. 1 GVGA).

[4] **Ermessen des Vollstreckungsgerichts:** Auf Antrag des Gläubigers oder Schuldners „kann" das Vollstreckungsgericht nach § 813 Abs. 1 S. 3 die Erstellung eines Wertgutachtens durch einen geeigneten Sachverständigen anordnen. Dem Antrag wird das Vollstreckungsgericht nur stattgeben, wenn Zweifel an der Angemessenheit der Schätzung des Gerichtsvollziehers bestehen und die Begutachtung auch unter Berücksichtigung des voraussichtlichen Wertes des Gegenstandes und den Kosten des Gutachtens **wirtschaftlich vernünftig** ist. Die Kosten für das Sachverständigengutachten sind notwendige **Kosten der Zwangsvollstreckung** iSd § 788 Abs. 1.

§ 814 Öffentliche Versteigerung

(1) Die gepfändeten Sachen sind von dem Gerichtsvollzieher öffentlich zu versteigern; Kostbarkeiten sind vor der Versteigerung durch einen Sachverständigen abzuschätzen.
(2) Eine öffentliche Versteigerung kann nach Wahl des Gerichtsvollziehers
1. als Versteigerung vor Ort oder
2. als allgemein zugängliche Versteigerung im Internet über eine Versteigerungsplattform

erfolgen.
(3) ¹Die Landesregierungen bestimmen für die Versteigerung im Internet nach Absatz 2 Nummer 2 durch Rechtsverordnung
1. den Zeitpunkt, von dem an die Versteigerung zugelassen ist,
2. die Versteigerungsplattform,
3. die Zulassung zur und den Ausschluss von der Teilnahme an der Versteigerung; soweit die Zulassung zur Teilnahme oder der Ausschluss von einer Versteigerung einen Identitätsnachweis natürlicher Personen vorsieht, ist spätestens ab dem

1. Januar 2013 auch die Nutzung des elektronischen Identitätsnachweises (§ 18 des Personalausweisgesetzes) zu diesem Zweck zu ermöglichen,
4. Beginn, Ende und Abbruch der Versteigerung,
5. die Versteigerungsbedingungen und die sonstigen rechtlichen Folgen der Versteigerung einschließlich der Belehrung der Teilnehmer über den Gewährleistungsausschluss nach § 806,
6. die Anonymisierung der Angaben zur Person des Schuldners vor ihrer Veröffentlichung und die Möglichkeit der Anonymisierung der Daten der Bieter,
7. das sonstige zu beachtende besondere Verfahren.
²Sie können die Ermächtigung durch Rechtsverordnung auf die Landesjustizverwaltungen übertragen.

A. Muster: Anregung zur Durchführung einer Internetversteigerung im Vollstreckungsauftrag, § 754

B. Erläuterungen
[1] Wahl des Gerichtsvollziehers 2
[2] Begründung 3

1 A. Muster: Anregung zur Durchführung einer Internetversteigerung im Vollstreckungsauftrag, § 754

▶ Ferner regen wir an,[1] die Versteigerung auf der dafür vorgesehenen Internetplattform durchzuführen.

Aufgrund der leichteren Zugänglichkeit, der Überörtlichkeit des Bieterkreises sowie der längeren Bietzeiten verspricht die Versteigerung auf der Internetplattform einen deutlich höheren Erlös als eine örtliche Präsenzversteigerung im Gerichtsvollzieherbezirk. Eine Internetversteigerung ist im vorliegenden Fall insbesondere deshalb geboten, weil ... [2] ◀

B. Erläuterungen

2 [1] Nach § 814 Abs. 2 hat der Gerichtsvollzieher die Wahl, ob die Versteigerung vor Ort oder im Internet erfolgen soll. Gläubiger und Schuldner können insoweit nur Anregungen äußern. Die Wahlmöglichkeit des Gerichtsvollziehers nach § 814 Abs. 2 setzt allerdings voraus, dass in dem Bundesland eine Rechtsverordnung iSd § 814 Abs. 3 bereits ergangen ist, welche die Internetversteigerung zulässt und die näheren Einzelheiten wie Versteigerungsplattform und Versteigerungsbedingungen regelt (BT-Drucks. 16/12811, S. 10). Ansonsten kann eine Internetversteigerung nur unter den Voraussetzungen des § 825 erreicht werden. Bei seiner Wahl ist der Gerichtsvollzieher nicht völlig frei. Der Gerichtsvollzieher soll sich für die Internetversteigerung entscheiden, wenn diese einen höheren Erlös verspricht als die Präsenzversteigerung vor Ort.

3 [2] Eine Begründung der Anregung vergrößert die Chance ihrer Befolgung. Der Gesetzgeber verspricht sich von der Internetversteigerung vor allem bei geringwertigen Gegenständen des täglichen Gebrauchs und der Unterhaltungselektronik erheblich höhere Erlöse als bei der Präsenzversteigerung (BT-Drucks. 16/12811, S. 7). Sehr naheliegend ist die Internetversteigerung aber auch bei speziellen Pfandobjekten, für die sich üblicherweise nur wenige Personen interessieren.

§ 815 Gepfändetes Geld

(1) Gepfändetes Geld ist dem Gläubiger abzuliefern.
(2) ¹Wird dem Gerichtsvollzieher glaubhaft gemacht, dass an gepfändetem Geld ein die Veräußerung hinderndes Recht eines Dritten bestehe, so ist das Geld zu hinterlegen. ²Die Zwangsvollstreckung ist fortzusetzen, wenn nicht binnen einer Frist von zwei Wochen seit dem Tag der Pfändung eine Entscheidung des nach § 771 Abs. 1 zuständigen Gerichts über die Einstellung der Zwangsvollstreckung beigebracht wird.
(3) Die Wegnahme des Geldes durch den Gerichtsvollzieher gilt als Zahlung von Seiten des Schuldners, sofern nicht nach Absatz 2 oder nach § 720 die Hinterlegung zu erfolgen hat.

A. Muster: Drittwiderspruch gegen die Pfändung von Geld	[1] Zuständigkeit	2
	[2] Widerspruchsrecht	3
B. Erläuterungen	[3] Glaubhaftmachung	4

A. Muster: Drittwiderspruch gegen die Pfändung von Geld   1

▶ An den Gerichtsvollzieher ...[1]

In der Zwangsvollstreckungssache

... ./. ...

Namens und in Vollmacht unseres Mandanten ... beantragen wir,

den von Ihnen im Auftrag des Gläubigers ... am ... beim Schuldner gepfändeten Geldbetrag von ... EUR (Protokoll vom ..., ... DR-Nr. ...) vollständig und ohne Abzug von Kosten zu hinterlegen.[2]

Begründung

Das gepfändete Geld gehört dem Mandanten und nicht dem Schuldner. Der Schuldner war vom Mandanten beauftragt worden, ... Das gepfändete Geld hat der Mandant dem Schuldner am ... in einer grauen Geldbörse mit dem Firmenlogo ... übergeben, um in Ausführung des Auftrages ... zu bezahlen. Bevor der Schuldner den Auftrag ausführen konnte, ist das Geld in der Stückelung ... von Ihnen gepfändet worden.

Glaubhaftmachung: eidesstattliche Versicherung des Mitarbeiters des Mandanten und des Schuldners[3]

Das Geld ist gemäß § 815 Abs. 2 ZPO vollständig und ohne Abzüge zu hinterlegen, um den Mandanten die Möglichkeit zu gewähren, binnen zwei Wochen ab Pfändung Drittwiderspruchsklage zu erheben. ◀

B. Erläuterungen

[1] **Zuständig** für die Entgegennahme des Widerspruchs ist der Gerichtsvollzieher.   2

[2] **Widerspruchsrecht:** Zum Widerspruch ist nur der betroffene Dritte berechtigt,   3
aber nicht der Schuldner. Durch die Hinterlegung gemäß § 815 Abs. 2 soll einem Dritten, dem ein die Veräußerung hinderndes Recht an dem Geld zusteht, die Chance gegeben werden, vor Ablieferung des Geldbetrages an den Gläubiger Drittwiderspruchsklage (§ 771 Abs. 1) zu erheben und eine einstweilige Einstellung der

§ 816

Zwangsvollstreckung zu erwirken (§§ 771 Abs. 3 S. 1, 769). Voraussetzung ist, dass die **Geldscheine bzw Münzen des Dritten noch unterscheidbar im Schuldnervermögen vorhanden sind** und insbesondere keine Vermischung gemäß §§ 947 Abs. 2, 948 BGB eingetreten ist. Wird dem Gerichtsvollzieher im Falle einer Hinterlegung des Geldes nicht binnen zweier Wochen seit dem Tage der Pfändung eine gerichtliche Entscheidung über die Einstellung des Zwangsvollstreckung vorgelegt, so fordert er das Geld von der Hinterlegungsstelle zurück und gibt das Geld nach Abzug der Vollstreckungskosten dem Gläubiger (§ 87 Abs. 3 GVGA).

4 [3] Die Voraussetzungen des Widerspruchsrechts müssen gemäß § 815 Abs. 2 gegenüber dem Gerichtsvollzieher **glaubhaft gemacht** werden.

§ 816 Zeit und Ort der Versteigerung

(1) Die Versteigerung der gepfändeten Sachen darf nicht vor Ablauf einer Woche seit dem Tag der Pfändung geschehen, sofern nicht der Gläubiger und der Schuldner über eine frühere Versteigerung sich einigen oder diese erforderlich ist, um die Gefahr einer beträchtlichen Wertverringerung der zu versteigernden Sache abzuwenden oder um unverhältnismäßige Kosten einer längeren Aufbewahrung zu vermeiden.
(2) Die Versteigerung erfolgt in der Gemeinde, in der die Pfändung geschehen ist, oder an einem anderen Ort im Bezirk des Vollstreckungsgerichts, sofern nicht der Gläubiger und der Schuldner über einen dritten Ort sich einigen.
(3) Zeit und Ort der Versteigerung sind unter allgemeiner Bezeichnung der zu versteigernden Sachen öffentlich bekannt zu machen.
(4) Bei der Versteigerung gilt die Vorschrift des § 1239 Absatz 1 Satz 1 des Bürgerlichen Gesetzbuchs entsprechend; bei der Versteigerung vor Ort ist auch § 1239 Absatz 2 des Bürgerlichen Gesetzbuchs entsprechend anzuwenden.
(5) Die Absätze 2 und 3 gelten nicht bei einer Versteigerung im Internet.

A. Verkürzung der Zeit bis zur Versteigerung
   I. Muster: Fristverkürzung ohne Einigung der Parteien
   II. Erläuterungen
      [1] Fristverkürzung 2
B. Parteivereinbarung über Zeit bzw Ort der Versteigerung
   I. Muster: Vereinbarung über Zeit bzw Ort der Versteigerung

II. Erläuterungen
      [1] Terminsvereinbarung 4
C. Bekanntmachung
   I. Muster: Bekanntmachung der Versteigerung
   II. Erläuterungen
      [1] Versteigerungsbekanntgabe .. 6

A. Verkürzung der Zeit bis zur Versteigerung

1 **I. Muster: Fristverkürzung ohne Einigung der Parteien**

▶ An den Gerichtsvollzieher ▂▂▂
In der Zwangsvollstreckungssache

▂▂▂ ./. ▂▂▂

Namens und in Vollmacht des Gläubigers beantragen wir,

Abschnitt 2 | Zwangsvollstreckung wegen Geldforderungen § 816

den Termin zur Versteigerung der am ... gepfändeten Sache ... (... DR-Nr. ...) unter Verkürzung der Wochenfrist gemäß § 816 Abs. 1 ZPO auf den ... bzw spätestens auf den ... festzusetzen.

Begründung

Zur Vermeidung erheblicher Wertverringerung und unverhältnismäßiger Aufbewahrungskosten ist die Versteigerung bis spätestens zum ... erforderlich.[1] Der Wert der gepfändeten Ware ... hängt entscheidend von der Frische ab. Auch bei idealer Lagerung/Kühlung ist die Ware nach einer Woche nur noch etwa die Hälfte wert. Überdies fallen wegen der aufwändigen Kühlung pro Tag Lagerungskosten von ... EUR an. ◄

II. Erläuterungen

[1] **Fristverkürzung:** Es genügt, dass entweder die Gefahr einer beträchtlichen Wertverringerung besteht oder die Aufbewahrungskosten unverhältnismäßig hoch sind. Dass beide Alternativen zugleich vorliegen, ist eine Besonderheit des gewählten Beispiels.

B. Parteivereinbarung über Zeit bzw Ort der Versteigerung

I. Muster: Vereinbarung über Zeit bzw Ort der Versteigerung

▶ An den Gerichtsvollzieher ...

In der Zwangsvollstreckungssache

... ./. ...

Namens und in Vollmacht des Gläubigers beantragen wir,

im Hinblick auf die zwischen den Parteien getroffenen Vereinbarung den Termin der Versteigerung auf den ... zu bestimmen/die Versteigerung am Ort ... abzuhalten.

Begründung

Die Parteien haben sich gemäß § 816 Abs. 1 ZPO/§ 816 Abs. 2 ZPO darauf geeinigt, dass der Termin am .../die Versteigerung am Ort ... stattfinden soll.[1]

Beweis: Einverständniserklärung des Schuldners ◄

II. Erläuterungen

[1] **Terminsvereinbarung:** Die Parteien müssen nicht begründen, warum die Versteigerung zu einer anderen Zeit oder an einem anderen Ort stattfinden soll. Die bloße Einigung bindet den Gerichtsvollzieher.

C. Bekanntmachung

I. Muster: Bekanntmachung der Versteigerung

▶ **Öffentliche Zwangsversteigerung**[1]

Zur Versteigerung gelangen: ...

Die Versteigerung findet statt: ...
Folgende Gegenstände stehen zur Versteigerung an:
Vorbesichtigung 10-17 Uhr, Versteigerung 17-20 Uhr ◄

II. Erläuterungen

6 [1] Versteigerungsbekanntgabe: Bei Pfandgegenstände von geringem Wert genügt ein Aushang vor den üblichen Versteigerungsräumen, ansonsten sollte auch eine Bekanntmachung in einer Zeitung erfolgen (Einzelheiten: § 93 Abs. 3 GVGA). Die Namen von Gläubiger und Schuldner sind nicht anzugeben (§ 93 Abs. 2 S. 3 GVGA).

7 Neben einer allgemeinen Bezeichnung der zur Versteigerung bestimmten Pfandstücke sollten auch Marke bzw Hersteller und Typ angegeben werden (§ 93 Abs. 2 Nr. 2 GVGA).

§ 817 Zuschlag und Ablieferung

(1) ¹Bei der Versteigerung vor Ort soll dem Zuschlag an den Meistbietenden ein dreimaliger Aufruf vorausgehen. ²Bei einer Versteigerung im Internet ist der Zuschlag der Person erteilt, die am Ende der Versteigerung das höchste, wenigstens das nach § 817 a Absatz 1 Satz 1 zu erreichende Mindestgebot abgegeben hat; sie ist von dem Zuschlag zu benachrichtigen. ³§ 156 des Bürgerlichen Gesetzbuchs gilt entsprechend.
(2) Die zugeschlagene Sache darf nur abgeliefert werden, wenn das Kaufgeld gezahlt worden ist oder bei Ablieferung gezahlt wird.
(3) ¹Hat der Meistbietende nicht zu der in den Versteigerungsbedingungen bestimmten Zeit oder in Ermangelung einer solchen Bestimmung nicht vor dem Schluss des Versteigerungstermins die Ablieferung gegen Zahlung des Kaufgeldes verlangt, so wird die Sache anderweit versteigert. ²Der Meistbietende wird zu einem weiteren Gebot nicht zugelassen; er haftet für den Ausfall, auf den Mehrerlös hat er keinen Anspruch.
(4) ¹Wird der Zuschlag dem Gläubiger erteilt, so ist dieser von der Verpflichtung zur baren Zahlung so weit befreit, als der Erlös nach Abzug der Kosten der Zwangsvollstreckung zu seiner Befriedigung zu verwenden ist, sofern nicht dem Schuldner nachgelassen ist, durch Sicherheitsleistung oder durch Hinterlegung die Vollstreckung abzuwenden. ²Soweit der Gläubiger von der Verpflichtung zur baren Zahlung befreit ist, gilt der Betrag als von dem Schuldner an den Gläubiger gezahlt.

A. Muster: Klage nach Auskehr des Versteigerungserlöses einer schuldnerfremden Sache	[1] Zuständigkeit 2
	[2] Rubrum 3
	[3] Bereicherungsklage 4
B. Erläuterungen	

1 **A. Muster: Klage nach Auskehr des Versteigerungserlöses einer schuldnerfremden Sache**

 ▶ An das Amtsgericht/Landgericht ...[1]

Klage

des Herrn ...[2]

Streitwert: ... EUR

Namens und in Vollmacht des Klägers erhebe ich Klage und werde beantragen,

den Beklagten zu verurteilen, an den Kläger ... EUR nebst Zinsen in Höhe von fünf Prozentpunkten über dem Basiszinssatz seit dem ... zu zahlen.[3]

Begründung

Der Kläger war Eigentümer der Sache ... . Der Beklagte ließ im Rahmen einer Zwangsvollstreckung aus ... gegen den Schuldner ... diese Sache pfänden. Am ... fand die Versteigerung statt. Nach Abzug der Vollstreckungskosten ist der verbleibende Erlös von ... an den Beklagten ausgekehrt worden.

Beweis: Versteigerungsprotokoll; Eigentumsnachweise

Mit der vorliegenden Klage verlangt der Kläger gemäß § 812 Abs. 1, S. 1, 2. Fall BGB die Auszahlung des an den Beklagten ausgekehrten Betrages an ihn. Das Zwangsvollstreckungsrecht bezweckt die Befriedigung des Gläubigers allein auf Kosten des Schuldners. Das formale Einhalten der Vollstreckungsvoraussetzungen verleiht dem Gläubiger noch kein materielles Recht zum Zugriff auf schuldnerfremde Sachen (BGHZ 119, 75). Unerheblich ist, ob dem Beklagten bekannt war, dass die Sache dem Kläger gehörte. Nur bei einer rechtsgeschäftlichen Bestellung besteht gemäß § 1207 BGB die Möglichkeit eines gutgläubigen Erwerbs. Hier handelte es sich aber um eine Pfändung im Wege der Zwangsvollstreckung, wo kein Gutglaubensschutz besteht (BGHZ 119, 75). Durch Versteigerung und Ablieferung der Sache gemäß § 817 Abs. 2 ZPO hat der Kläger zwar sein Eigentum an der Sache selbst endgültig verloren. Analog § 1247 BGB hat sich sein Eigentum aber an dem Erlös fortgesetzt. Indem der Erlös – abzüglich der Vollstreckungskosten – an den Beklagten ausgekehrt worden ist, ist der Beklagten in sonstiger Weise auf Kosten des Klägers bereichert worden.

Allein der Umstand, dass der Kläger die Erhebung der Drittwiderspruchsklage nach § 771 ZPO versäumt hat, führt nur dazu, dass er sich mit dem formellen Ergebnis des eigentlichen Vollstreckungsverfahrens abfinden muss. Ein materiellen Rechtsverlust hinsichtlich des Erlöses hat dies aber nicht zur Folge (BGHZ 119, 75).

Der Kläger hat den Beklagten erfolglos unter Fristsetzung bis zum ... aufgefordert, den an ihn ausgezahlten Erlös aus der Versteigerung an den Kläger zu zahlen. ◀

B. Erläuterungen

[1] Die örtliche **Zuständigkeit** ergibt sich demgemäß aus §§ 12 ff und die sachliche Zuständigkeit aus §§ 23 Nr. 1, 71 Abs. 1 GVG. Es handelt sich um eine gewöhnliche Leistungsklage. Die gelegentlich anzutreffende Bezeichnung als „verlängerte Drittwiderspruchsklage" ist irreführend.

[2] Es ist ein **volles Rubrum** iSd § 253 erforderlich (siehe Muster bei GF-ZPO/*Pukall* § 253).

[3] **Bereicherungsklage:** Wird eine schuldnerfremde Sache versteigert und gemäß § 817 Abs. 2 an den Ersteigerer abgeliefert, so hat der ursprüngliche Eigentümer ge-

gen den Ersteigerer keinen Anspruch auf Rückgewähr der Sache. Der Ersteigerer erwirbt mit der Ablieferung durch den Gerichtsvollzieher originäres Eigentum kraft Hoheitsakt. Eine Drittwiderspruchsklage gemäß § 771 ist nach Auskehr des Erlöses an den Gläubiger mangels Rechtsschutzbedürfnisses wegen endgültiger Beendigung der Zwangsvollstreckung nicht mehr zulässig. Möglich ist aber, den an den Gläubiger ausgezahlten Erlös (Nettoerlös) von diesem im Wege einer auf § 812 Abs. 1 S. 1 2. Fall BGB gestützten Bereicherungsklage zurückzufordern. Hinsichtlich des Abzugs der Vollstreckungskosten vom Erlös stehen dem ursprünglichen Eigentümer dagegen keine Ansprüche zu.

§ 817 a Mindestgebot

(1) ¹Der Zuschlag darf nur auf ein Gebot erteilt werden, das mindestens die Hälfte des gewöhnlichen Verkaufswertes der Sache erreicht (Mindestgebot). ²Der gewöhnliche Verkaufswert und das Mindestgebot sollen bei dem Ausbieten bekannt gegeben werden.
(2) ¹Wird der Zuschlag nicht erteilt, weil ein das Mindestgebot erreichendes Gebot nicht abgegeben ist, so bleibt das Pfandrecht des Gläubigers bestehen. ²Er kann jederzeit die Anberaumung eines neuen Versteigerungstermins oder die Anordnung anderweitiger Verwertung der gepfändeten Sache nach § 825 beantragen. ³Wird die anderweitige Verwertung angeordnet, so gilt Absatz 1 entsprechend.
(3) ¹Gold- und Silbersachen dürfen auch nicht unter ihrem Gold- oder Silberwert zugeschlagen werden. ²Wird ein den Zuschlag gestattendes Gebot nicht abgegeben, so kann der Gerichtsvollzieher den Verkauf aus freier Hand zu dem Preise bewirken, der den Gold- oder Silberwert erreicht, jedoch nicht unter der Hälfte des gewöhnlichen Verkaufswertes.

A. Muster: Antrag auf Festsetzung eines neuen Versteigerungstermins

B. Erläuterungen
[1] Zuständigkeit 2
[2] Antrag auf neuen Versteigerungstermin 3

1 A. Muster: Antrag auf Festsetzung eines neuen Versteigerungstermins

▶ An den Gerichtsvollzieher ▪▪▪[1]
In der Zwangsvollstreckungssache

▪▪▪ ./. ▪▪▪

Namens und in Vollmacht des Gläubigers beantragen wir,
zur Versteigerung am ▪▪▪ der beim Schuldner gepfändeten Sache ▪▪▪ (Az ▪▪▪ DR-Nr. ▪▪▪) einen neuen Versteigerungstermin anzusetzen.[2]

Begründung

Nachdem beim Versteigerungstermin am ▪▪▪ kein Mindestgebot iSd § 817 a Abs. 1 ZPO abgegeben worden ist, beantragt der Gläubiger nunmehr gemäß § 817 a Abs. 2 S. 2 ZPO um Anberaumung eines neuen Termins. Der Gläubiger hat mehrere Interessenten auftun können, die am kommenden Versteigerungstermin teilnehmen werden. Sollte gleichwohl kein Mindestgebot iSd § 817a Abs. 1 ZPO abgegeben werden, so soll das Pfandrecht bestehen bleiben. Der Gläubiger beabsichtigt für diesen Fall eine andere Verwertung nach § 825 ZPO zu beantragen. ◄

B. Erläuterungen

[1] **Zuständig** für die Durchführung der Versteigerung (§ 814) und damit der Anberaumung eines Versteigerungstermins ist der Gerichtsvollzieher.

[2] Ist bei einem ersten Versteigerungstermin kein Gebot abgegeben worden, das mindestens die Hälfte des gewöhnlichen Verkaufswerts der Sache erreicht hat (Mindestgebot), und der Versteigerungstermin damit gemäß § 817a Abs. 1 gescheitert, so wird gemäß § 817a Abs. 2 S. 2 **nur auf Antrag ein neuer Versteigerungstermin** anberaumt. Für einen zweiten Versteigerungstermin kann noch nicht die Darlegung der Erfolgsaussichten des erneuten Versuchs verlangt werden. Bleibt auch der neue Termin oder der Versuch anderweitiger Verwertung ohne Erfolg und ist auch von weiteren Verwertungsversuchen kein Erfolg zu erwarten, so kann der Gerichtsvollzieher die Pfändung aufheben (§ 95 Abs. 4 S. 3 GVGA).

§ 818 Einstellung der Versteigerung

Die Versteigerung wird eingestellt, sobald der Erlös zur Befriedigung des Gläubigers und zur Deckung der Kosten der Zwangsvollstreckung hinreicht.

A. Muster: Antrag auf Einstellung der Versteigerung

▶ An den Gerichtsvollzieher ...
In der Zwangsvollstreckungssache

... ./. ...

beantragen wir namens und in Vollmacht des Schuldners,
die Zwangsvollstreckung einzustellen, den überschießende Erlös von ... EUR sowie die nicht versteigerten Pfandstücke an den Schuldner herauszugeben.[1]

Begründung

Wie sich aus folgender Aufstellung ergibt, übersteigt der Erlös der bisherigen Versteigerungen bereits die Summe von Hauptforderung, Nebenforderungen und Kosten der Zwangsvollstreckung um ... EUR:

...

Demgemäß ist nunmehr die Zwangsvollstreckung einzustellen und wie beantragt zu verfahren. ◄

B. Erläuterungen

[1] Die Vorschrift des § 818 setzt eine **Mehrheit von Pfandstücken** voraus, die nacheinander versteigert werden. Gelegenheit zu einem schriftlichen Antrag besteht aller-

dings nur, wenn die Versteigerung in mehreren Terminen stattfindet. Der Gerichtsvollzieher hat die Zwangsvollstreckung an sich von Amts wegen einzustellen, sobald der Erlös zur Befriedigung des Gläubigers und zur Deckung der Kosten der Zwangsvollstreckung hinreicht. Ein ausdrücklicher Antrag kann aber zur Vorbereitung einer Vollstreckungserinnerung gemäß § 766 wegen der Nichteinstellung der Zwangsvollstreckung sinnvoll sein, wenn Streit darüber besteht, ob tatsächlich alle zu berücksichtigende Positionen durch den bisherigen Erlös abgedeckt sind.

§ 819 Wirkung des Erlösempfanges
Die Empfangnahme des Erlöses durch den Gerichtsvollzieher gilt als Zahlung von Seiten des Schuldners, sofern nicht dem Schuldner nachgelassen ist, durch Sicherheitsleistung oder durch Hinterlegung die Vollstreckung abzuwenden.

§ 820 (weggefallen)

§ 821 Verwertung von Wertpapieren
Gepfändete Wertpapiere sind, wenn sie einen Börsen- oder Marktpreis haben, von dem Gerichtsvollzieher aus freier Hand zum Tageskurs zu verkaufen und, wenn sie einen solchen Preis nicht haben, nach den allgemeinen Bestimmungen zu versteigern.

§ 822 Umschreibung von Namenspapieren
Lautet ein Wertpapier auf Namen, so kann der Gerichtsvollzieher durch das Vollstreckungsgericht ermächtigt werden, die Umschreibung auf den Namen des Käufers zu erwirken und die hierzu erforderlichen Erklärungen an Stelle des Schuldners abzugeben.

A. Muster: Antrag auf Umschreibung von Namenspapieren	[1] Zuständigkeit	2
	[2] Antragsrecht	3
B. Erläuterungen	[3] Erforderlichkeit der Umschreibung	4

1 A. Muster: Antrag auf Umschreibung von Namenspapieren

▶ An das Amtsgericht ▪▪▪ [1]

– Vollstreckungsgericht –

Antrag auf Umschreibung von Namenspapieren gemäß § 822 ZPO

In der Zwangsvollstreckungssache

▪▪▪ ./. ▪▪▪

beantragen wir namens und in Vollmacht des Gläubigers,[2]

den Gerichtsvollzieher ▪▪▪ gemäß § 822 ZPO zu ermächtigen, die Umschreibung[3] der Namensaktie ▪▪▪ auf den Erwerber ▪▪▪ zu erwirken und die hierzu erforderlichen Erklärungen anstelle des Schuldners abzugeben.

Begründung

Der Gerichtsvollzieher ... hat am ... beim Schuldner die Namenspapiere ... über ... EUR (Nr. ...) gepfändet.

Beweis: Pfändungsprotokoll vom ... (... DR-Nr. ...).

Zur Verwertung ist die Umschreibung der Namenspapiere auf den Erwerber ... erforderlich. Der Schuldner hat die Umschreibung verweigert, so dass eine Umschreibung durch den Gerichtsvollzieher erforderlich ist.

In der Anlage liegt der Vollstreckungstitel bei. ◀

B. Erläuterungen

[1] Ausschließlich **zuständig** für die Ermächtigung des Gerichtsvollziehers zur Umschreibung ist gemäß §§ 822, 764 Abs. 2, 802 das örtliche Amtsgericht als Vollstreckungsgericht. Es entscheidet gemäß § 20 Nr. 17 RPflG der Rechtspfleger. Die Entscheidung ergeht gemäß § 764 Abs. 3 durch Beschluss.

[2] **Antragsrecht:** Gläubiger und Erwerber sind antragsberechtigt. Der Gerichtsvollzieher kann aber auch von Amts wegen den Antrag auf Ermächtigung stellen (§ 105 Abs. 3 S. 3 GVGA). Das ist zweckmäßig und der Wortlaut des § 822 steht dem nicht entgegen. In der Regel wird daher ein Tätigwerden des Gläubigers bzw des Erwerbers nicht erforderlich sein.

[3] Die **Umschreibung ist erforderlich**, weil zur Rechtsübertragung eines Namenspapiers die Übergabe allein nicht genügt. Zusätzlich ist vielmehr je nach Papier Indossament, Abtretungserklärung oder Umschreibungsantrag erforderlich. Gibt der Schuldner die Erklärung nicht freiwillig ab, so kann der Gerichtsvollzieher aufgrund der Ermächtigung an seiner Stelle tätig werden.

§ 823 Außer Kurs gesetzte Inhaberpapiere

Ist ein Inhaberpapier durch Einschreibung auf den Namen oder in anderer Weise außer Kurs gesetzt, so kann der Gerichtsvollzieher durch das Vollstreckungsgericht ermächtigt werden, die Wiederinkurssetzung zu erwirken und die hierzu erforderlichen Erklärungen an Stelle des Schuldners abzugeben.

§ 824 Verwertung ungetrennter Früchte

¹Die Versteigerung gepfändeter, von dem Boden noch nicht getrennter Früchte ist erst nach der Reife zulässig. ²Sie kann vor oder nach der Trennung der Früchte erfolgen; im letzteren Fall hat der Gerichtsvollzieher die Aberntung bewirken zu lassen.

§ 825 Andere Verwertungsart

(1) ¹Auf Antrag des Gläubigers oder des Schuldners kann der Gerichtsvollzieher eine gepfändete Sache in anderer Weise oder an einem anderen Ort verwerten, als in den vorstehenden Paragraphen bestimmt ist. ²Über die beabsichtigte Verwertung hat der Gerichtsvollzieher den Antragsgegner zu unterrichten. ³Ohne Zustimmung des An-

tragsgegners darf er die Sache nicht vor Ablauf von zwei Wochen nach Zustellung der Unterrichtung verwerten.

(2) Die Versteigerung einer gepfändeten Sache durch eine andere Person als den Gerichtsvollzieher kann das Vollstreckungsgericht auf Antrag des Gläubigers oder des Schuldners anordnen.

A. Verwertung „auf andere Weise"	II. Erläuterungen
I. Muster: Antrag auf Verwertung „auf andere Weise", § 825 Abs. 1 S. 1 1. Fall	[1] Zuständigkeit 6
	[2] Antragsberechtigung 7
	[3] Anderer Ort.................... 8
II. Erläuterungen	C. Verwertung „durch eine andere Person"
[1] Zuständigkeit 2	
[2] Antragsberechtigung 3	I. Muster: Antrag auf Verwertung „durch eine andere Person", § 825 Abs. 2
[3] Andere Verwertungsart 4	
B. Verwertung „an einem anderen Ort"	
I. Muster: Antrag auf Verwertung „an einem anderen Ort", § 825 Abs. 1 S. 1 2. Fall	II. Erläuterungen
	[1] Zuständigkeit 10
	[2] Andere Person 11

A. Verwertung „auf andere Weise"

1 **I. Muster: Antrag auf Verwertung „auf andere Weise", § 825 Abs. 1 S. 1 1. Fall**

▶ An den Gerichtsvollzieher ▬▬▬[1]

In der Zwangsvollstreckungssache

▬▬▬ ./. ▬▬▬

Namens und in Vollmacht des Gläubigers[2] beantragen wir,

die laut Pfändungsprotokoll vom ▬▬▬ (Az ▬▬▬ DR ▬▬▬) beim Schuldner gepfändete Sache ▬▬▬ dem ▬▬▬ zu einem Kaufpreis von ▬▬▬ im Wege des freihändigen Verkauf zu überlassen.[3]

Begründung

Im Pfändungsprotokoll vom ▬▬▬ haben Sie den mutmaßlichen Versteigerungserlös der gepfändeten Sache ▬▬▬ mit ▬▬▬ EUR geschätzt. Nach langwieriger Suche konnte der im Antrag genannte Käufer ▬▬▬ gefunden werden, der bereit ist, die Sache zu einem Preis von ▬▬▬ EUR zu kaufen.

Beweis: Schreiben des Käufers ▬▬▬

Da dieser Kaufpreis um mehr als ▬▬▬ % über dem zu erwartenden Versteigerungserlös liegt, liegt die Verwertung durch freihändigen Verkauf an den Käufer ▬▬▬ im Interesse beider Parteien.

▬▬▬

Rechtsanwalt ◀

II. Erläuterungen

2 [1] **Zuständigkeit:** Ein Antrag auf Verwertung auf andere Weise als durch Versteigerung (§ 825 Abs. 1 S. 1 1. Fall) oder an einem anderen Ort als der Gemeinde, in der die Pfändung geschehen ist (§ 825 Abs. 1 S. 1 1. Fall), muss an den **Gerichtsvollzieher** gerichtet werden.

[2] Antragsberechtigt sind in allen Fällen des § 825 jeweils der Gläubiger und der Schuldner.

[3] Andere Verwertungsart: Im Regelfall sind gepfändete Sachen gemäß § 814 vom Gerichtsvollzieher öffentlich zu versteigern. Als andere Verwertungsart kommt der **freihändige Verkauf bzw Eigentumszuweisung gegen Entgelt** in Betracht. Voraussetzung für die Anordnung einer anderen Verwertungsart ist, dass ein höherer Erlös als bei einer Versteigerung zu erwarten ist. Dies ist im Antrag gemäß § 825 Abs. 1 S. 1 1. Fall zu begründen und ggf zu belegen. Der Erwerber erlangt das Eigentum durch hoheitliche Eigentumszuweisung durch den Gerichtsvollzieher, die nur gegen Barzahlung (§ 817 Abs. 2) oder gegen Verrechnung (§ 817 Abs. 4) zulässig ist (Musielak/Becker § 825 Rn 3). In keinem Fall, darf der Erlös unter der Hälfte des gewöhnlichen Verkaufswerts (§ 817a Abs. 1) liegen. Eine Mängelhaftung ist gemäß § 806 ausgeschlossen. Es handelt sich beim „freihändigen Verkauf" demnach nicht um einen privatrechtlichen Kaufvertrag iSd §§ 433 ff BGB.

B. Verwertung „an einem anderen Ort"

I. Muster: Antrag auf Verwertung „an einem anderen Ort", § 825 Abs. 1 S. 1 2. Fall

▶ An den Gerichtsvollzieher ...[1]

In der Zwangsvollstreckungssache

... ./. ...

Namens und in Vollmacht des Gläubigers[2] beantragen wir,

die Versteigerung der laut Pfändungsprotokoll vom ... (Az ... DR ...) beim Schuldner gepfändeten Sachen ... nicht im Gebäude des Amtsgerichts ..., sondern in ... abzuhalten.[3]

Begründung

Erfahrungsgemäß finden sich zu den üblichen Versteigerungsterminen im Gerichtsgebäude nur selten Interessenten für die vorliegende Art von gepfändeten Sachen ein. Um einen höheren Versteigerungserlös zu erzielen, wird daher gemäß § 825 Abs. 1 ZPO beantragt, die Versteigerung in ... abzuhalten, wo regelmäßig mit der Anwesenheit einer größeren Zahl möglicher Interessenten zu rechnen ist.

...

Rechtsanwalt ◀

II. Erläuterungen

[1] Siehe oben Rn 2.

[2] Siehe oben Rn 3.

[3] **Anderer Ort:** Im Regelfall findet die Versteigerung gemäß § 816 Abs. 2 in der Gemeinde statt, in der die Pfändung geschehen ist. Voraussetzung für die Anberaumung der Versteigerung an einem anderen Ort ist, dass hierdurch ein höherer Erlös zu erwarten ist. Dies muss im Antrag begründet und ggf belegt werden.

C. Verwertung „durch eine andere Person"

I. Muster: Antrag auf Verwertung „durch eine andere Person", § 825 Abs. 2

▶ An das Amtsgericht ... [1]

– Vollstreckungsgericht –

Antrag auf andere Verwertungsart (§ 825 Abs. 2 ZPO)

In der Zwangsvollstreckungssache

... ./. ...

beantragen wir namens und in Vollmacht des Gläubigers,[2]

die laut Pfändungsprotokoll vom ... (Az ... DR ...) beim Schuldner gepfändete Sache/n ... nicht durch den Gerichtsvollzieher, sondern durch den Auktionator ... in ... versteigern zu lassen.

Begründung

Bei den gepfändeten und zur Versteigerung anstehenden Sachen handelt es sich um Kunstwerke/Liebhaberstücke, für den ein begrenzter und besonderen Regeln unterliegender Markt besteht. Interessenten für Gegenstände dieser Art nehmen üblicherweise an öffentlichen Versteigerungen nicht teil. Um einen angemessen hohen Verwertungserlös zu erzielen, ist daher die Beauftragung des im Antrag genannten Auktionators geboten, der über den nötigen Marktzugang und Spezialwissen verfügt. Die vorliegend zu erwartenden Ersteigerungserlöse bewegen sich nach den Erfahrungen des Auktionators üblicherweise im Bereich von ... EUR bis ... EUR. Es ist daher zu erwarten, dass die durch die Beauftragung des Auktionators zusätzlich entstehenden Vollstreckungskosten von ... EUR (bzw ... % des Erlöses) durch den höheren Versteigerungserlös mehr als ausgeglichen werden.

Beweis: Schreiben des Auktionators

...

Rechtsanwalt ◀

II. Erläuterungen

[1] Ausschließlich **zuständig** für die Übertragung der Versteigerung auf eine andere Person als den Gerichtsvollzieher ist gemäß §§ 825 Abs. 2, 764 Abs. 2, 802 das örtliche Amtsgericht als Vollstreckungsgericht. Es entscheidet gemäß § 20 Nr. 17 RPflG der Rechtspfleger. Die Entscheidung ergeht gemäß § 764 Abs. 3 durch Beschluss.

[2] **Andere Person:** Ist zu erwarten, dass eine andere Person als der Gerichtsvollzieher, aufgrund besonderen Marktzugangs und Spezialwissens auch bei Abzug der durch Einschaltung eines Dritten entstehenden zusätzlichen Kosten einen deutlich höheren Erlös erzielen wird, kann das Vollstreckungsgericht diese Person mit der Versteigerung beauftragen. Auftraggeber des privaten Auktionators ist in einem solchen Fall nicht der Gläubiger oder der Schuldner, sondern das Land, vertreten durch das Vollstreckungsgericht (BGHZ 170, 243). Im Rahmen dieses als öffentlich-rechtlich zu qualifizierenden Auftragsverhältnisses wird der Auktionator privatrechtlich tätig (BGH aaO).

§ 826 Anschlusspfändung

(1) Zur Pfändung bereits gepfändeter Sachen genügt die in das Protokoll aufzunehmende Erklärung des Gerichtsvollziehers, dass er die Sachen für seinen Auftraggeber pfände.
(2) Ist die erste Pfändung durch einen anderen Gerichtsvollzieher bewirkt, so ist diesem eine Abschrift des Protokolls zuzustellen.
(3) Der Schuldner ist von den weiteren Pfändungen in Kenntnis zu setzen.

A. Muster: Antrag auf Anschlusspfändung im Vollstreckungsauftrag, § 754	[1] Anschlusspfändung 2
	[2] Vollstreckungsvoraussetzungen 3
	[3] Kopie des Pfändungsprotokolls 4
B. Erläuterungen und Varianten	[4] Hypothekenhaftungsverband 5

A. Muster: Antrag auf Anschlusspfändung im Vollstreckungsauftrag, § 754

▶ ... beantragen wir namens und in Vollmacht des Gläubigers ...,

den bereits am ... vom Obergerichtsvollzieher ... gepfändeten Lieferwagen ... des Schuldners (Az ... DR-Nr. ...) im Wege der Anschlusspfändung auch für den Gläubiger ... zu pfänden.[1]

... [Darlegung der Vollstreckungsvoraussetzungen][2]

Der Obergerichtsvollzieher ... hat den Lieferwagen ... bereits am ... für den Gläubiger ... durch Anlegung eines Pfandsiegels gepfändet.

Beweis: Pfändungsprotokoll vom ...[3]

Die Pfändung fand auf dem Betriebsgelände statt, dass der Schuldner angemietet hat.[4] ◀

B. Erläuterungen und Varianten

[1] Gemäß § 826 Abs. 1 genügt zur **Anschlusspfändung** die Aufnahme der Erklärung des Gerichtsvollziehers ins Protokoll, dass er die Sache auch für den weiteren Gläubiger pfände. Die Anlegung eines zusätzlichen Pfandsiegels oder eine sonstige Kenntlichmachung der weiteren Pfändung an der Sache selbst ist nicht erforderlich. Durch die Anschlusspfändung entsteht ein **eigenständiges Pfändungspfandrecht** des weiteren Gläubigers, das allerdings bei Wirksamkeit des früheren Pfändungspfandrechts gemäß § 804 Abs. 3 nachrangig ist. Wirksamkeitsvoraussetzung für die Anschlusspfändung ist nur die **staatliche Verstrickung** (§ 116 Abs. 3 S. 1GVGA). Der Gegenstand muss also unter staatlicher Verfügungsmacht stehen. Hierzu muss der Gerichtsvollzieher die Sache in die Pfandkammer genommen (§ 808 Abs. 1) oder ein Pfandsiegel an der Sache angebracht haben (§ 808 Abs. 2). Dagegen ist nicht erforderlich, dass aufgrund der Erstpfändung auch ein wirksames Pfändungspfandrecht entstanden ist. Unerheblich ist also, ob die Erstpfändung zB mangels wirksamer Zustellung der vollstreckbaren Ausfertigung anfechtbar ist. Wird das frühere Pfändungspfandrecht nach der Anschlusspfändung aufgehoben, so rückt das aufgrund der Anschlusspfändung entstandene Pfändungspfandrecht einen Rang vor. Die Anschlusspfändung entfällt also nicht bei nachträglicher Aufhebung des anfechtbaren früheren Pfändungspfand-

rechts, sondern verbessert sogar seinen Rang. Statt der vereinfachten Anschlusspfändung ist auch eine selbständige Zweitpfändung gemäß § 808 möglich. Das ist sinnvoll, wenn Zweifel an der wirksamen Verstrickung durch die Erstpfändung bestehen (§ 116 Abs. 2 S. 2 GVGA). Die staatliche Verstrickung fehlt aber nur bei Vorliegen von Nichtigkeitsgründen, also vor allem beim Fehlen einer ausreichenden Kenntlichmachung der Pfändung iSd § 808 Abs. 2.

3 [2] Wie bei einer Erstpfändung muss auch bei der Anschlusspfändung dargelegt werden, dass die **Vollstreckungsvoraussetzungen** vorliegen. Insbesondere ist darzustellen, aufgrund welchen Titels bzw welcher vollstreckbaren Ausfertigung vollstreckt werden soll und wie sich die Forderungshöhe im Einzelnen zusammensetzt (Forderungsaufstellung). Die vollstreckbare Ausfertigung muss dem Gerichtsvollzieher übergeben werden (§§ 754, 755). Insoweit kann auf das allgemeine Muster zu § 754 und die dortige Kommentierung verwiesen werden.

4 [3] Die Beifügung einer **Kopie des Pfändungsprotokolls der Erstpfändung** ist natürlich nur erforderlich, wenn die Erstpfändung nicht vom demselben Gerichtsvollzieher vorgenommen worden ist, der nun die Anschlusspfändung ausbringen soll. Diese Möglichkeit sieht § 826 Abs. 2 ausdrücklich vor. Zu einem Wechsel der Zuständigkeit des Gerichtsvollziehers kann es kommen, wenn die Sache nach der Erstpfändung in den Bezirk eines anderen Gerichtsvollziehers gelangt.

5 [4] Nach § 865 Abs. 1 S. 1 unterliegen Zubehörstücke (§§ 97, 98 BGB), die zum Hypothekenhaftungsverband gehören (§ 865 Abs. 1 ZPO iVm §§ 1120 ff BGB), nicht der Mobiliarvollstreckung, sondern der Immobiliarvollstreckung. Das bedeutet, der Gerichtsvollzieher wäre nicht zuständig. Pfändet er gleichwohl, so ist eine solche Pfändung nach hM nichtig mit der Folge, dass keine Verstrickung begründet worden ist und also auch keine Anschlusspfändung in Betracht kommt. Falls es sich also um Zubehör handeln könnte, muss dargelegt werden, woraus sich ergibt, dass die Sache **nicht zum Hypothekenverband** gehört. Weil nur Zubehörstücke vom Hypothekenhaftungsverband erfasst werden, welche dem Grundstückseigentümer gehören (§ 865 Abs. 1 ZPO, § 1120 Hs 2 BGB), kann der Pfändung von Sachen des Mieters durch den Gerichtsvollzieher die Vorschrift des § 865 Abs. 2 S. 1 nie entgegenstehen.

6 Die gepfändete Sache kann sich bei der Erstpfändung auch im Gewahrsam eines Dritten befunden haben:

▶ Die Pfändung fand in der Autowerkstatt ▪▪▪ statt, in welche der Schuldner den Lieferwagen zur Reparatur gebracht hatte. Der Lieferwagen befindet sich noch immer dort. Der Betreiber der Autowerkstatt, Herr ▪▪▪, hat erklärt, er sei auch mit der Anschlusspfändung und einer eventuellen Verwertung einverstanden.
Beweis: Schreiben des Betreibers der Werkstatt ▪▪▪ ◀

7 Befand sich die Sache bei der Erstpfändung im (Mit-)Gewahrsam eines Dritten, so ist auch bei der Anschlusspfändung die **Herausgabebereitschaft des Dritten** gemäß § 809, 2. Fall erforderlich (§ 116 Abs. 3 S. 7 GVGA). Das gilt selbst dann, wenn der Gerichtsvollzieher die Sache im Zuge der Erstpfändung in seine Pfandkammer gebracht hat und ein Drittgewahrsam an sich nicht länger besteht. Weil der Dritte aber anlässlich der Erstpfändung im Zweifel nur seine Herausgabebereitschaft hinsichtlich

dieser Erstpfändung und nicht auch aller zukünftigen Pfändungen erklärt hat, muss sein Einverständnis mit der Anschlusspfändung nachgeholt werden.

§ 827 Verfahren bei mehrfacher Pfändung

(1) ¹Auf den Gerichtsvollzieher, von dem die erste Pfändung bewirkt ist, geht der Auftrag des zweiten Gläubigers kraft Gesetzes über, sofern nicht das Vollstreckungsgericht auf Antrag eines beteiligten Gläubigers oder des Schuldners anordnet, dass die Verrichtungen jenes Gerichtsvollziehers von einem anderen zu übernehmen seien. ²Die Versteigerung erfolgt für alle beteiligten Gläubiger.
(2) ¹Ist der Erlös zur Deckung der Forderungen nicht ausreichend und verlangt der Gläubiger, für den die zweite oder eine spätere Pfändung erfolgt ist, ohne Zustimmung der übrigen beteiligten Gläubiger eine andere Verteilung als nach der Reihenfolge der Pfändungen, so hat der Gerichtsvollzieher die Sachlage unter Hinterlegung des Erlöses dem Vollstreckungsgericht anzuzeigen. ²Dieser Anzeige sind die auf das Verfahren sich beziehenden Dokumente beizufügen.
(3) In gleicher Weise ist zu verfahren, wenn die Pfändung für mehrere Gläubiger gleichzeitig bewirkt ist.

A. Zuständigkeitsanordnung
   I. Muster: Zuständigkeitsanordnung nach § 827 Abs. 1 S. 1
   II. Erläuterungen
     [1] Zuständigkeit 2
B. Erlösauskehr zugunsten einer späteren Pfändung
   I. Muster: Aufforderung zur Erlösauskehr zugunsten einer späteren Pfändung
   II. Erläuterungen
     [1] Auslösendes Verteilungsverfahren 4
C. Abgabe vom Gerichtsvollzieher an das Vollstreckungsgericht
   I. Muster: Abgabe vom Gerichtsvollzieher an das Vollstreckungsgericht
   II. Erläuterungen
     [1] Zuständigkeit 6
     [2] Abgabe 7

A. Zuständigkeitsanordnung

I. Muster: Zuständigkeitsanordnung nach § 827 Abs. 1 S. 1

▶ An das Amtsgericht ...
– Vollstreckungsgericht –[1]
In der Zwangsvollstreckungssache
... [volles Rubrum]
beantragen wir namens und in Vollmacht des Gläubigers zu 2),
die Zuständigkeit des Gerichtsvollziehers ... für die Verwertung der Sache ... des Schuldners anzuordnen, die laut Pfändungsprotokoll vom ... vom Gerichtsvollzieher ... für den Gläubiger ... (Az ...) und laut Pfändungsprotokoll vom ... vom Gerichtsvollzieher ... für den Gläubiger (Az ...) gepfändet worden ist.

Begründung

Da die Sache ... nach der durch den Gerichtsvollzieher ... vorgenommenen Erstpfändung vom Schuldner in den Bezirk des Gerichtsvollziehers ... verbracht worden ist, wo dann auch die Anschlusspfändung stattgefunden hat, erscheint es gemäß § 827 Abs. 1 S. 1 ZPO geboten, die Verwertung von diesem Gerichtsvollzieher durchführen zu lassen, um einen Rücktransport und damit unnötige Kosten zu vermeiden. ◄

II. Erläuterungen

2 [1] **Ausschließlich zuständig** ist gemäß §§ 827, 764 Abs. 2, 802 das örtliche Amtsgericht als Vollstreckungsgericht und zwar dasjenige, in dessen Bezirk die Erstpfändung vorgenommen worden ist. Es entscheidet gemäß § 20 Nr. 17 RPflG der Rechtspfleger. Die Entscheidung ergeht gemäß § 764 Abs. 3 durch Beschluss.

B. Erlösauskehr zugunsten einer späteren Pfändung

3 **I. Muster: Aufforderung zur Erlösauskehr zugunsten einer späteren Pfändung**

▶ An den Gerichtsvollzieher ▪▪▪
In der Zwangsvollstreckungssache

▪▪▪ ./. ▪▪▪

beantragen wir namens und in Vollmacht des Gläubigers ▪▪▪,

den nach Abzug der Kosten verbleibenden Erlös aus der Versteigerung der Sachen ▪▪▪ des Schuldners vom ▪▪▪ (Az ▪▪▪) vorrangig an den Gläubiger ▪▪▪ auszukehren.[1]

Begründung

Die Pfändung zugunsten unseres Mandanten ist zwar zeitlich nach der Pfändung zugunsten des Gläubigers ▪▪▪ erfolgt. Die Zustellung des der Pfändung des Gläubigers ▪▪▪ zugrunde liegenden Titels war aber unwirksam, weil ▪▪▪. Unser Mandant ist daher vorrangig aus dem Erlös zu befriedigen.

▪▪▪

Rechtsanwalt ◄

II. Erläuterungen

4 [1] **Auslösen des Verteilungsverfahrens:** Durch das an den Gerichtsvollzieher gerichtete Verlangen eines Gläubigers, ihn abweichend von seinem (scheinbaren) Rang und ohne Zustimmung der dadurch benachteiligten (scheinbar) vorrangigen Gläubiger bevorzugt zu befriedigen, kann ein Gläubiger ein Verteilungsverfahren nach den §§ 872 ff auslösen. Der Gerichtsvollzieher selbst darf keine Verteilung des Erlöses vornehmen, die der zeitlichen Reihenfolge der Pfändungen entspricht. Ein solches Verlangen eines Gläubigers ist aber nur sinnvoll, wenn die zeitlich früheren Pfändungen anfechtbar sind.

C. Abgabe vom Gerichtsvollzieher an das Vollstreckungsgericht

5 **I. Muster: Abgabe vom Gerichtsvollzieher an das Vollstreckungsgericht**

▶ An das Amtsgericht ▪▪▪
– Vollstreckungsgericht –[1]

In der Zwangsvollstreckungssache

                                    ... ./. ...

die Sache ... des Schuldners ... ist mehrfach gepfändet worden. Auf die Pfändungsprotokoll vom ... (Az ...) und vom ... (Az ...) wird Bezug genommen. Die Versteigerung hat unter Abzug der Kosten einen Erlös ... EUR ergeben. Der Betrag reicht nicht zur Befriedigung aller Gläubiger aus. Der Gläubiger, für den die zweite Pfändung erfolgte, verlangt ohne Zustimmung des anderen Gläubigers die vorrangige Befriedigung.[2] Das Anwaltsschreiben des Gläubigers ... ist beigefügt. Den Erlös habe ich gemäß § 827 Abs. 2 ZPO unter dem Az ... beim Amtsgericht ... hinterlegt und bitte um weitere Veranlassung.

...

Gerichtsvollzieher ◄

II. Erläuterungen

[1] Siehe oben Rn 2.   6
[2] Die **Abgabe durch den Gerichtsvollzieher an das Vollstreckungsgericht** hat gemäß   7
§ 827 Abs. 3 auch dann zu erfolgen, wenn mehrere Gläubiger die Pfändung gleichzeitig bewirkt haben.

Untertitel 3 Zwangsvollstreckung in Forderungen und andere Vermögensrechte

§ 828 Zuständigkeit des Vollstreckungsgerichts

(1) Die gerichtlichen Handlungen, welche die Zwangsvollstreckung in Forderungen und andere Vermögensrechte zum Gegenstand haben, erfolgen durch das Vollstreckungsgericht.
(2) Als Vollstreckungsgericht ist das Amtsgericht, bei dem der Schuldner im Inland seinen allgemeinen Gerichtsstand hat, und sonst das Amtsgericht zuständig, bei dem nach § 23 gegen den Schuldner Klage erhoben werden kann.
(3) ¹Ist das angegangene Gericht nicht zuständig, gibt es die Sache auf Antrag des Gläubigers an das zuständige Gericht ab. ²Die Abgabe ist nicht bindend.

A. Muster: Antrag auf Abgabe an das zuständige Gericht   1

▶ An das Amtsgericht ...
– Vollstreckungsgericht –
In der Zwangsvollstreckungssache

                                    ... ./. ...

bedanken wir uns für den gerichtlichen Hinweis auf die fehlende Zuständigkeit des angerufenen Gerichts und beantragen gemäß § 828 Abs. 3 ZPO um Abgabe an das örtlich zuständige Gericht.[1]

...

Rechtsanwalt ◄

B. Erläuterungen

2 **[1]** Um Verzögerungen zu vermeiden, kann der Antrag auf Abgabe an das örtlich zuständige Gericht auch schon als Hilfsantrag in den Antrag auf Erlass eines Pfändungs- und Überweisungsbeschluss aufgenommen werden.

§ 829 Pfändung einer Geldforderung

(1) ¹Soll eine Geldforderung gepfändet werden, so hat das Gericht dem Drittschuldner zu verbieten, an den Schuldner zu zahlen. ²Zugleich hat das Gericht an den Schuldner das Gebot zu erlassen, sich jeder Verfügung über die Forderung, insbesondere ihrer Einziehung, zu enthalten. ³Die Pfändung mehrerer Geldforderungen gegen verschiedene Drittschuldner soll auf Antrag des Gläubigers durch einheitlichen Beschluss ausgesprochen werden, soweit dies für Zwecke der Vollstreckung geboten erscheint und kein Grund zu der Annahme besteht, dass schutzwürdige Interessen der Drittschuldner entgegenstehen.
(2) ¹Der Gläubiger hat den Beschluss dem Drittschuldner zustellen zu lassen. ²Der Gerichtsvollzieher hat den Beschluss mit einer Abschrift der Zustellungsurkunde dem Schuldner sofort zuzustellen, sofern nicht eine öffentliche Zustellung erforderlich wird. ³An Stelle einer an den Schuldner im Ausland zu bewirkenden Zustellung erfolgt die Zustellung durch Aufgabe zur Post.
(3) Mit der Zustellung des Beschlusses an den Drittschuldner ist die Pfändung als bewirkt anzusehen.
(4) ¹Das Bundesministerium der Justiz wird ermächtigt, durch Rechtsverordnung mit Zustimmung des Bundesrates Formulare für den Antrag auf Erlass eines Pfändungs- und Überweisungsbeschlusses einzuführen. ²Soweit nach Satz 1 Formulare eingeführt sind, muss sich der Antragsteller ihrer bedienen. ³Für Verfahren bei Gerichten, die die Verfahren elektronisch bearbeiten, und für Verfahren bei Gerichten, die die Verfahren nicht elektronisch bearbeiten, können unterschiedliche Formulare eingeführt werden.

A. Antrag auf Erlass eines Pfändungs- und Überweisungsbeschlusses		
I. Muster: Antrag auf Erlass eines Pfändungs- und Überweisungsbeschlusses		
II. Erläuterungen und Varianten		
[1] Zuständigkeit		2
[2] Formularzwang		3
[3] Erfordernis der Zustellung		7
[4] Eigene Zustellung		10
[5-6] Besonderheiten bei der Lohnpfändung		11
[7] Antrag auf Prozesskostenhilfe für die Forderungspfändung		12
[8] Nachweis bereits gewährter Prozesskostenhilfe		13
[9] Anlagen zu den Vollstreckungsvoraussetzungen etc.		14
[10] Anlagen zum Antrag auf Prozesskostenhilfe		15
[11] Nachweis der Zahlung des Gerichtskostenvorschusses		16
[12] Weglassen von Formularseiten		17
[13] Kein Anwaltszwang		18
B. Pfändungs- und Überweisungsbeschluss		
I. Muster: Pfändungs- und Überweisungsbeschluss		
II. Erläuterungen und Varianten		
[1] Bezeichnung des Vollstreckungsgerichts		20
[2] Aktenzeichen		21
[3] Einheitlicher Pfändungs- und Überweisungsbeschluss und Rechtsbehelfe		22
[4] Bankverbindung		24
[5] Zwingende Zustellung an den Schuldneranwalt		25
[6] Aktenzeichen des Schuldneranwalts		26
[7] Bezeichnung des Titels		27
[8] Zu vollstreckende Hauptforderung		28

[9]	Zu vollstreckende Restforderung	29	[23]	Pfändung eines Anspruchs gegen eine Bank	45
[10-11]	Zu vollstreckende Zinsen	30	[24]	Pfändung eines Anspruchs gegen einen Versicherer	49
[12]	Vorgerichtliche Anwaltskosten	33	[25]	Pfändung eines Bausparguthabens	53
[13]	Zu vollstreckende Kosten eines Vollstreckungsbescheides	34	[26]	Pfändung sonstiger Ansprüche	55
[14]	Zu vollstreckende Prozesskosten	35	[27]	Zusammenrechnung von mehreren Einkünften des Schuldners	61
[15]	Zu vollstreckende Kosten der Zwangsvollstreckung	36	[28]	Nichtberücksichtigung eines Unterhaltsberechtigten des Schuldners	62
[16]	Forderungsaufstellung in einer Anlage	37	[29]	Bezeichnung von erforderlichen Urkunden (Hilfsvollstreckung)	63
[17]	Pfändungsausspruch	38	[30]	Sonstige Anordnungen	64
[18]	Bezeichnung des Drittschuldners	39	[31]	Drittschuldnerverbot (Arrestatorium)	65
[19]	Bezeichnung des zu pfändenden Anspruchs	40	[32]	Schuldnerverbot (Inhibitorium)	66
[20]	Pfändung von Arbeitseinkommen	42	[33]	Wahl der Überweisungsart	67
[21]	Pfändung von Sozialleistungen	43			
[22]	Pfändung des Steuererstattungsanspruchs	44			

A. Antrag auf Erlass eines Pfändungs- und Überweisungsbeschlusses

I. Muster: Antrag auf Erlass eines Pfändungs- und Überweisungsbeschlusses

251

Raum für Kostenvermerke und Eingangsstempel	**Antrag auf Erlass eines Pfändungs- und Überweisungsbeschlusses insbesondere wegen gewöhnlicher Geldforderungen** [1]
	[2] **Es wird beantragt**, den nachfolgenden Entwurf als Beschluss auf ☒ Pfändung ☒ und ☒ Überweisung zu erlassen.
Amtsgericht Aachen [1]	☒ Zugleich wird beantragt, die Zustellung zu vermitteln (☒ mit der Aufforderung nach § 840 der Zivilprozessordnung – ZPO). [3]
Vollstreckungsgericht Adalbertsteinweg 92 52070 Aachen	☐ Die Zustellung wird selbst veranlasst. [4]
	Es wird gemäß dem nachfolgenden Entwurf des Beschlusses Antrag gestellt auf
	☐ Zusammenrechnung mehrerer Arbeitseinkommen (§ 850e Nummer 2 ZPO) [5]
	☐ Zusammenrechnung von Arbeitseinkommen und Sozialleistungen (§ 850e Nummer 2a ZPO) [5]
	☐ Nichtberücksichtigung von Unterhaltsberechtigten (§ 850c Absatz 4 ZPO) [6]
	☐ _____
	Es wird beantragt, [7]
	☒ Prozesskostenhilfe zu bewilligen
	☒ Frau Rechtsanwältin / ~~Herrn Rechtsanwalt~~
	Dr. Sabine Schlau in Aachen beizuordnen.
	☐ Prozesskostenhilfe wurde gemäß anliegendem Beschluss bewilligt. [8]
	Anlagen:
	☒ Schuldtitel und 5 Vollstreckungsunterlagen [9]
	☒ Erklärung über die persönlichen und wirtschaftlichen Verhältnisse nebst 4 Belegen [10]
	☐ _____
	☐ Verrechnungsscheck für Gerichtskosten [11]
	☐ Gerichtskostenstempler
	☒ Ich drucke nur die ausgefüllten Seiten [12]
	1-6 und 8-9 (Bezeichnung der Seiten) aus und reiche diese dem Gericht ein.
Hinweis: [2] Soweit für den Antrag eine zweckmäßige Eintragungsmöglichkeit in diesem Formular nicht besteht, können ein geeignetes Freifeld sowie Anlagen genutzt werden.	23.03.2015 *Werner Müller* [13] Datum (Unterschrift Antragsteller /-in)

II. Erläuterungen und Varianten

[1] Unabhängig von der Höhe des Streitwerts ist gemäß § 828 das Amtsgericht als Vollstreckungsgericht für die Forderungspfändung sachlich zuständig. Örtlich zuständig ist im Normalfall des § 828 Abs. 2, 1. Fall das Amtsgericht, in dessen Bezirk der Schuldner seinen Wohnsitz (§ 13) bzw seinen Firmensitz (§ 17) hat. Fehlt es an einem allgemeinen Gerichtsstand im Inland, so ist für die Pfändung von Forderungen das Amtsgericht örtlich zuständig, in dem der Drittschuldner seinen Wohnsitz oder Firmensitz hat (§§ 828 Abs. 2, 23 S. 2). Es handelt sich gemäß § 802 um einen ausschließlichen Gerichtsstand. Über den Pfändungsantrag entscheidet gemäß § 20 Nr. 17 RPflG der Rechtspfleger. Soll durch die Forderung ein Arrest vollzogen werden, so ist gemäß §§ 930 Abs. 1 S. 3, 919 das Arrestgericht als Vollstreckungsgericht zuständig.

[2] Gemäß § 829 Abs. 4 S. 2 muss ein Gläubiger für den Antrag auf Erlass eines Pfändungs- und Überweisungsbeschlusses „insbesondere wegen gewöhnlicher Geldforderungen" zwingend das vom Bundesministerium der Justiz hierfür vorgesehene Formular verwenden (Anlage 2 zu § 2 Nr. 2 ZVFV). Eine ausfüllbare Version des Formulars als pdf-Datei kann auf der Seite des Bundesministeriums der Justiz (http://www.bmjv.de/DE/Service/Formulare/_node.html) heruntergeladen werden. Für die Vollstreckung wegen einer „Unterhaltsforderung" ist ein gesondertes Formular vorgeschrieben (Anlage 3 zu § 2 Nr. 1 ZVFV), das auf derselben Seite heruntergeladen werden kann. Durch die vereinheitlichen Formulare soll die Effizienz der Antragsbearbeitung bei den Vollstreckungsgerichten gesteigert werden. Ein ohne Verwendung der offiziellen Formulare des Bundesministeriums für Justiz gestellter Antrag ist allein wegen Nichtbeachtung des Formularzwangs abzulehnen! Grundsätzlich ist auch die Umgestaltung und Änderung der offiziellen Formulare unzulässig (§ 3 Abs. 1 und Abs. 2 S. 1 ZVFV). Der Formularzwang geht aber nicht soweit, dass jede Abweichung schon des Layouts gleich zu Ablehnung des Antrages führt. Jedenfalls wenn das Papierformat DIN A4 erhalten bleibt und die Reihenfolge und Anordnung der Formularfelder der einzelnen Seiten und die Seitenumbrüche nicht verändert werden, sind unwesentliche Abweichungen der Schriftgröße, der Zeilenumbrüche, der Stärke der Linien oder der Größe der Kästen zulässig (§ 3 Abs. 2 S. 2 Nr. 1-2 ZVFV), soweit hierdurch die Antragsbearbeitung durch das Vollstreckungsgericht nicht beeinträchtigt wird (BGH, NJW 2014, 3160 (3163)). Auch müssen nicht einzelne Bestandteile in grüner Farbe gehalten sein, sondern ein Schwarz/Weiß-Druck genügt (§ 3 Abs. 2 S. 2 Nr. 3 ZVFV).

Soweit für den beabsichtigten Antrag keine zweckmäßige Eintragungsmöglichkeit in dem Formular besteht, kann ein geeignetes Freifeld oder eine Anlage genutzt werden, wobei auch die Nutzung mehrerer Freifelder und Anlagen zulässig ist (§ 3 Abs. 3 ZVFV). Darüber hinaus sind die den Formularzwang regelnden Normen verfassungsgemäß dahingehend auszulegen, dass der Gläubiger vom Formularzwang entbunden ist, soweit das Formular unvollständig, unzutreffend, fehlerhaft oder missverständlich ist. In diesen, seinen Fall nicht zutreffend erfassenden Bereichen ist es nicht zu beanstanden, wenn ein Gläubiger in dem Formular Streichungen, Berichtigungen oder Ergänzungen vornimmt oder das Formular insoweit nicht nutzt, sondern auf beigefügte Anlagen verweist (BGH, NJW 2014, 3160 (3162)). Wegen des grundsätzlich bestehenden Formularzwangs sollte ein Gläubiger Streichungen, Berichtigungen oder Ergänzungen im Formular nur vornehmen, wenn dies unumgänglich ist, um sich nicht unnötig der Gefahr einer Verzögerung oder gar Ablehnung der Pfändung und Überweisung auszusetzen.

5 Die erste Seite der Formulare stellt den eigentlichen Antrag dar. Die folgenden Seiten des Formulars beinhalten den Entwurf eines Pfändungs- und Überweisungsbeschlusses, dessen Erlass beantragt wird.

6 Im obigen Beispiel wird – was der Normalfall ist – sowohl ein Pfändungs- als auch ein Überweisungsbeschluss beantragt, weshalb die Kästen vor den Worten „Pfändung", „und" sowie „Überweisung" jeweils angekreuzt sind. Möglich ist auch die Beantragung eines isolierten Pfändungsbeschlusses, indem nur das Kästchen vor dem Wort „Pfändung" angekreuzt wird. Weil ohne Überweisung eine Verwertung der gepfändeten Forderung allerdings nicht möglich ist, wird ein isolierter Pfändungsbeschluss in aller Regel nur beantragt, wenn aus rechtlichen Gründen die Verwertung und damit der Erlass eines Überweisungsbeschlusses noch nicht zulässig ist. Das ist bei einer Sicherungsvollstreckung nach § 720a Abs. 1 a) oder bei der Vollziehung eines Arrestbeschlusses gemäß § 930 Abs. 1 der Fall (BGH WM 2014, 1639). Hinsichtlich der Beantragung eines isolierten Pfändungsbeschlusses wird auf die Kommentierung zu § 935 ZPO verwiesen.

7 [3] Für das Wirksamwerden der Pfändung und damit für den Rang des Pfändungspfandrechts ist gemäß § 829 Abs. 3 die **Zustellung an den Drittschuldner** entscheidend. Auch die Überweisung wird gemäß § 835 Abs. 3 S. 1 mit der Zustellung an den Drittschuldner wirksam. Nach § 829 Abs. 2 S. 1 erfolgt die Zustellung nicht von Amts wegen, sondern auf Betreiben des Gläubigers, was durch Beauftragung eines Gerichtsvollziehers geschieht (§§ 191 ff). Gemäß § 193 Abs. 3 S. 1 kann sich der Gläubiger hierzu der Vermittlung der Geschäftsstelle des Amtsgerichts bedienen, die dann den zuständigen Gerichtsvollzieher nach § 193 Abs. 3 S. 2 für den Gläubiger mit der Zustellung beauftragt. Das ist in aller Regel sinnvoll und sollte durch daher Ankreuzen beantragt werden.

8 Der Gerichtsvollzieher wird den Beschluss und die Abschrift der Urkunde von der Zustellung an den Drittschuldner gemäß § 829 Abs. 2 S. 2 auch **dem Schuldner zuzustellen**. Da es aber keine dem § 829 Abs. 3 entsprechende Vorschrift für die Zustellung an den Schuldner gibt, ist diese Zustellung für die Wirksamkeit der Pfändung unerheblich.

9 Auf Verlangen des Gläubigers fordert der Gerichtsvollzieher den Drittschuldner bei der Zustellung des Pfändungsbeschlusses zugleich zur Abgabe der Drittschuldnererklärung auf. Der Gerichtsvollzieher formuliert die Aufforderung selbstständig. Von dieser Möglichkeit sollte der Gläubiger im Regelfall durch Ankreuzen Gebrauch machen. Ein Muster für eine selbst erstellte Aufforderung zur Abgabe der Drittschuldnererklärung findet sich unter § 840 ZPO.

10 [4] Will der Gläubiger selbst zustellen, so kann dies durch Ankreuzen an dieser Stelle kenntlich gemacht werden. Natürlich dürfen in diesem Falle in der vorherigen Zeile keine Kreuze gesetzt sein, da anderenfalls der Antrag in sich widersprüchlich ist.

[5-6] Das Ausfüllen dieses Kastens ist nur bei Pfändung von Arbeitslohn erforderlich. Wegen der Einzelheiten wird auf die Kommentierungen zu § 850e und § 850c verwiesen.

[7] Es besteht gemäß § 119 Abs. 2 die Möglichkeit, die Bewilligung von Prozesskostenhilfe für die Zwangsvollstreckung in das bewegliche Vermögen im Bezirk des Vollstreckungsgerichts zu beantragen, wenn die Vertretung durch einen Anwalt gemäß § 121 Abs. 2 erforderlich ist. Wird kein Anwalt benannt, wird das Gericht einen Anwalt auswählen.

[8] Falls dem Gläubiger bereits zur Durchführung der Zwangsvollstreckung Prozesskostenhilfe gewährt worden ist, sollte eine Kopie des Beschlusses dem Antrag beigefügt werden. Ein solcher Fall kann auftreten, wenn bereits anlässlich einer vorangegangenen Vollstreckungsmaßnahme erfolgreich Prozesskostenhilfe beantragt worden ist.

[9] Die Pfändung einer Forderung setzt voraus, dass alle **Bedingungen für den Beginn der Zwangsvollstreckung iSd** § 750 erfüllt sind und dies vom Gläubiger nachgewiesen worden ist. Vorzulegen sind also die vollstreckbare Ausfertigung und der Zustellungsnachweis im Original. Wenn zugleich auch der Kostenfestsetzungsbeschluss mitvollstreckt werden soll, muss eine vollstreckbare Ausfertigung über diesen beigefügt werden. Falls ein Urteil vor Rechtskraft vollstreckt werden soll und die vorläufige Vollstreckbarkeit von einer Sicherheitsleistung abhängt, so ist gemäß § 751 Abs. 2 eine öffentliche oder öffentlich beglaubigte Urkunde vorzulegen, welche die Erbringung der Sicherheit belegt. Soll die Pfändung auch wegen bereits entstandener Vollstreckungskosten erfolgen, worunter auch die Kosten der Urteilzustellung und Beantragung vollstreckbarer Ausfertigungen fallen (§ 788 Abs. 1 S. 2 ZPO), so ist der Anfall dieser Kosten mit entsprechenden Urkunden zu belegen.

[10] Falls mit dem Antrag auf Erlass des Pfändungs- und Überweisungsbeschlusses erstmals Prozesskostenhilfe beantragt wird, muss die Erklärung über die persönlichen und wirtschaftlichen Verhältnisse nebst der Belege (z.B. Bescheide über den Bezug von Sozialleistungen, Mietvertrag etc.) beigefügt werden. Für die Erklärung über die persönlichen und wirtschaftlichen Verhältnisse müssen die amtlichen Formulare verwandt werden (www.justiz.de/**formulare**/zwi_bund/zp1a.pdf).

[11] Um Verzögerungen durch die Anforderung des **Gerichtskostenvorschuss** zu vermeiden, sollten – wenn keine Prozesskostenhilfe beantragt wird – die Gerichtskosten für den Erlass des Pfändungs- und Überweisungsbeschlusses und die Kosten für die Zustellung durch den Gerichtsvollzieher im Voraus zB durch Gerichtskostenmarken oder Gerichtsgebührenstempler eingezahlt werden.

[12] Falls nicht alle Seiten des Formulars benötigt werden, können auch nur die ausgefüllten eingereicht werden (§ 3 Abs. 4 ZVFV). Die Seiten 6 und 7 werden z.B. nur benötigt, wenn Arbeitslohn gepfändet werden soll. Allerdings sollte jeweils sorgfältig überlegt werden, ob wirklich eine Seite des Formulars vollständig verzichtbar ist.

[13] Es besteht **kein Anwaltszwang** gemäß § 78, so dass der Gläubiger auch persönlich den Antrag stellen kann.

B. Pfändungs- und Überweisungsbeschluss

I. Muster: Pfändungs- und Überweisungsbeschluss

Amtsgericht [1]	Aachen
Anschrift:	Adalbertsteinweg 92
	52070 Aachen
Geschäftszeichen: [2]	

☒ **Pfändungs-** ☒ **und** ☒ **Überweisungs-Beschluss** [3]
in der Zwangsvollstreckungssache

des /der Herrn /Frau / Firma	Werner Müller	
	Mühlenweg 15	
	52070 Aachen	
vertreten durch Herrn / Frau / Firma	Rechtsanwältin Dr. Sabine Schlau	
	Kongressstraße 114	
	52070 Aachen	– Gläubiger –
Aktenzeichen des Gläubigervertreters		
Bankverbindung [4]	☒ des Gläubigers ☐ des Gläubigervertreters	
IBAN:	DE10 1010 0101 1010 0101 00	
BIC: Angabe kann entfallen, wenn IBAN mit DE beginnt.		

gegen

Herrn / Frau / Firma	Heinz Schmidt	
	Mittelstraße 250	
	52070 Aachen	
vertreten durch [5] Herrn / Frau / Firma	Rechtsanwalt Arno Winkel	
	Bergstraße 2	– Schuldner –
	52249 Eschweiler	
Aktenzeichen des Schuldnervertreters [6] 1145/14 BE		

Nach dem Vollstreckungstitel / den Vollstreckungstiteln [7]
(den oder die Titel bitte nach Art, Gericht / Notar, Datum, Geschäftszeichen etc. bezeichnen)

Urteil des Landgerichts Aachen vom 02.02.2015, Az. 12 O 415/14
KFB des Landgerichts Aachen vom 23.02.2015, Az. 12 O 415/14

Abschnitt 2 | Zwangsvollstreckung wegen Geldforderungen § 829

kann der Gläubiger von dem Schuldner nachfolgend aufgeführte Beträge beanspruchen: [3]

10.000 €	☒ Hauptforderung ☐ Teilhauptforderung [9]
€	☐ Restforderung aus Hauptforderung [9]
€	☐ nebst ___ % Zinsen daraus / aus _____ Euro [10] seit dem _____ ☐ bis _____
526,91 €	☒ nebst Zinsen in Höhe von ☒ 5 Prozentpunkten ☐ 2,5 Prozentpunkten [11] ☐ 8 Prozentpunkten ☐ ___ Prozentpunkten über dem jeweiligen Basiszinssatz daraus / ~~aus~~ _____ Euro seit dem 31.12.2013 ☐ bis _____
€	☐ Säumniszuschläge gemäß § 193 Absatz 6 Satz 2 des Versicherungsvertragsgesetzes
775,64 €	☒ titulierte vorgerichtliche Kosten [12] ☐ Wechselkosten
€	☐ Kosten des Mahn- / Vollstreckungsbescheides [13]
1.474,57 €	☒ festgesetzte Kosten [14]
€	☐ nebst ☐ 4 % Zinsen ☐ ___ % Zinsen daraus/ aus _____ Euro seit dem _____ ☐ bis _____
€	☐ nebst Zinsen in Höhe von ☐ 5 ☐ ___ Prozentpunkten über dem jeweiligen Basiszinssatz daraus / aus _____ Euro seit dem _____ ☐ bis _____
€	☐ bisherige Vollstreckungskosten [15]
12.777,12 €	**Summe I**
€ (wenn Angabe möglich)	☐ gemäß Anlage(n) [16] _____ (zulässig, wenn in dieser Aufstellung die erforderlichen Angaben nicht oder nicht vollständig eingetragen werden können)
€ (wenn Angabe möglich)	**Summe II** (aus Summe I und Anlage(n) _____)

Wegen dieser Ansprüche sowie wegen der Kosten für diesen Beschluss (vgl. Kostenrechnung) und wegen der Zustellungskosten für diesen Beschluss wird / werden die nachfolgend aufgeführte / -n angebliche / -n Forderung / -en des Schuldners gegenüber dem Drittschuldner – einschließlich der künftig fällig werdenden Beträge – so lange gepfändet, bis der Gläubigeranspruch gedeckt ist. [17]

Drittschuldner (genaue Bezeichnung des Drittschuldners: Firma bzw. Vor- und Zuname, vertretungsberechtigte Person / -en, jeweils mit Anschrift; Postfach-Angabe ist nicht zulässig; bei mehreren Drittschuldnern ist eine Zuordnung des Drittschuldners zu der / den zu pfändenden Forderung / -en vorzunehmen) [18]
Herr / Frau / Firma

    Elonore Bachmann
    Felderweg 7a
    52249 Eschweiler

Forderung aus Anspruch [19]	4

☐ A (an Arbeitgeber) [20]

☐ B (an Agentur für Arbeit bzw. Versicherungsträger) [21]
    Art der Sozialleistung: _____
    Konto- / Versicherungsnummer: _____

☐ C (an Finanzamt) [22]

☐ D (an Kreditinstitute) [23]

☐ E (an Versicherungsgesellschaften) [24]
    Konto- / Versicherungsnummer: _____

☐ F (an Bausparkassen) [25]

☒ G (an Drittschuldner eines Darlehensrückzahlungsanspruchs) [26]

☐ gemäß gesonderter Anlage(n) [19] _____

Anspruch A (an Arbeitgeber) [20]

1. auf Zahlung des gesamten gegenwärtigen und künftigen Arbeitseinkommens (einschließlich des Geldwertes von Sachbezügen)
2. auf Auszahlung des als Überzahlung jeweils auszugleichenden Erstattungsbetrages aus dem durchgeführten Lohnsteuer-Jahresausgleich sowie aus dem Kirchenlohnsteuer-Jahresausgleich für
    das Kalenderjahr _____ und für alle folgenden Kalenderjahre
3. auf
_____
_____
_____

Anspruch B (an Agentur für Arbeit bzw. Versicherungsträger) [21]
auf Zahlung der gegenwärtig und künftig nach dem Sozialgesetzbuch zustehenden Geldleistungen. Die Art der Sozialleistungen ist oben angegeben.

Anspruch A und B
Die für die Pfändung von Arbeitseinkommen geltenden Vorschriften der §§ 850 ff. ZPO in Verbindung mit der Tabelle zu § 850c Absatz 3 ZPO in der jeweils gültigen Fassung sind zu beachten.

Anspruch C (an Finanzamt) [22]
auf Auszahlung

1. des als Überzahlung auszugleichenden Erstattungsbetrages bzw. des Überschusses, der sich als Erstattungsanspruch bei Abrechnung der auf die Einkommensteuer (nebst Solidaritätszuschlag) und Kirchensteuer sowie Körperschaftsteuer anzurechnenden Leistungen für das abgelaufene Kalenderjahr _____ und für alle früheren Kalenderjahre ergibt
2. des Erstattungsbetrages, der sich aus dem Erstattungsanspruch zu viel gezahlter Kraftfahrzeugsteuer für das Kraftfahrzeug mit dem amtlichen Kennzeichen _____ ergibt
    Erstattungsgrund:
_____
_____
_____

Anspruch D (an Kreditinstitute) [23]

1. auf Zahlung der zu Gunsten des Schuldners bestehenden Guthaben seiner sämtlichen Girokonten (insbesondere seines Kontos _____) bei diesem Kreditinstitut einschließlich der Ansprüche auf Gutschrift der eingehenden Beträge; mitgepfändet wird die angebliche (gegenwärtige und künftige) Forderung des Schuldners an den Drittschuldner auf Auszahlung eines vereinbarten Dispositionskredits („offene Kreditlinie"), soweit der Schuldner den Kredit in Anspruch nimmt
2. auf Auszahlung des Guthabens und der bis zum Tag der Auszahlung aufgelaufenen Zinsen sowie auf fristgerechte bzw. vorzeitige Kündigung der für ihn geführten Sparguthaben und / oder Festgeldkonten, insbesondere aus Konto _____
3. auf Auszahlung der bereitgestellten, noch nicht abgerufenen Darlehensvaluta aus einem Kreditgeschäft, wenn es sich nicht um zweckgebundene Ansprüche handelt
4. auf Zahlung aus dem zum Wertpapierkonto gehörenden Gegenkonto, insbesondere aus Konto _____ , auf dem die Zinsgutschriften für die festverzinslichen Wertpapiere gutgebracht sind
5. auf Zutritt zu dem Bankschließfach Nr. _____ und auf Mitwirkung des Drittschuldners bei der Öffnung des Bankschließfachs bzw. auf die Öffnung des Bankschließfachs allein durch den Drittschuldner zum Zweck der Entnahme des Inhalts
6. auf _____

Hinweise zu Anspruch D:

Auf § 835 Absatz 3 Satz 2 ZPO (Zahlungsmoratorium von vier Wochen) und § 835 Absatz 4 ZPO wird der Drittschuldner hiermit hingewiesen.

Pfändungsschutz für Kontoguthaben und Verrechnungsschutz für Sozialleistungen und für Kindergeld werden seit dem 1. Januar 2012 nur für Pfändungsschutzkonten nach § 850k ZPO gewährt.

Anspruch E (an Versicherungsgesellschaften) [24]

1. auf Zahlung der Versicherungssumme, der Gewinnanteile und des Rückkaufwertes aus der Lebensversicherung / den Lebensversicherungen, die mit dem Drittschuldner abgeschlossen ist / sind
2. auf das Recht zur Bestimmung desjenigen, zu dessen Gunsten im Todesfall die Versicherungssumme ausgezahlt wird, bzw. auf das Recht zur Bestimmung einer anderen Person an Stelle der von dem Schuldner vorgesehenen
3. auf das Recht zur Kündigung des Lebens- / Rentenversicherungsvertrages, auf das Recht auf Umwandlung der Lebens- / Rentenversicherung in eine prämienfreie Versicherung sowie auf das Recht zur Aushändigung der Versicherungspolice

Ausgenommen von der Pfändung sind Ansprüche aus Lebensversicherungen, die nur auf den Todesfall des Versicherungsnehmers abgeschlossen sind, wenn die Versicherungssumme den in § 850b Absatz 1 Nummer 4 ZPO in der jeweiligen Fassung genannten Betrag nicht übersteigt.

Anspruch F (an Bausparkassen) [25]

aus dem über eine Bausparsumme von (mehr oder weniger) _____ Euro
abgeschlossenen Bausparvertrag Nr. _____ ,
insbesondere Anspruch auf

1. Auszahlung des Bausparguthabens nach Zuteilung
2. Auszahlung der Sparbeiträge nach Einzahlung der vollen Bausparsumme
3. Rückzahlung des Sparguthabens nach Kündigung
4. das Kündigungsrecht selbst und das Recht auf Änderung des Vertrags
5. auf _____

Anspruch G [26]

(Hinweis: betrifft Anspruch an weitere Drittschuldner bzw. schon aufgeführte Drittschuldner, soweit Platz unzureichend)

auf Rückzahlung des Darlehens über 12.000 € gemäß dem schriftlichen Darlehensvertrag vom 08.01.2012

Berechnung des pfändbaren Nettoeinkommens

(betrifft Anspruch A und B)

Von der Pfändung sind ausgenommen:

1. Beträge, die unmittelbar auf Grund steuer- oder sozialrechtlicher Vorschriften zur Erfüllung gesetzlicher Verpflichtungen des Schuldners abzuführen sind, ferner die auf den Auszahlungszeitraum entfallenden Beträge, die der Schuldner nach den Vorschriften der Sozialversicherungsgesetze zur Weiterversicherung entrichtet oder an eine Ersatzkasse oder an ein Unternehmen der privaten Krankenversicherung leistet, soweit diese Beträge den Rahmen des Üblichen nicht übersteigen;
2. Aufwandsentschädigungen, Auslösegelder und sonstige soziale Zulagen für auswärtige Beschäftigungen, das Entgelt für selbstgestelltes Arbeitsmaterial, Gefahren-, Schmutz- und Erschwerniszulagen, soweit sie den Rahmen des Üblichen nicht übersteigen;
3. die Hälfte der für die Leistung von Mehrarbeitsstunden gezahlten Teile des Arbeitseinkommens;
4. die für die Dauer eines Urlaubs über das Arbeitseinkommen hinaus gewährten Bezüge, Zuwendungen aus Anlass eines besonderen Betriebsereignisses und Treuegelder, soweit sie den Rahmen des Üblichen nicht übersteigen;
5. Weihnachtsvergütungen bis zum Betrag der Hälfte des monatlichen Arbeitseinkommens, höchstens aber bis zur Höhe des in § 850a Nummer 4 ZPO in der jeweiligen Fassung genannten Höchstbetrages;
6. Heirats- und Geburtsbeihilfen, sofern die Vollstreckung wegen anderer als der aus Anlass der Heirat oder der Geburt entstandenen Ansprüche betrieben wird;
7. Erziehungsgelder, Studienbeihilfen und ähnliche Bezüge;
8. Sterbe- und Gnadenbezüge aus Arbeits- und Dienstverhältnissen;
9. Blindenzulagen;
10. Geldleistungen für Kinder sowie Sozialleistungen, die zum Ausgleich immaterieller Schäden gezahlt werden.

☐ **Es wird angeordnet,** dass zur Berechnung des nach § 850e ZPO pfändbaren Teils des Gesamteinkommens zusammenzurechnen sind:[27]

☐ Arbeitseinkommen bei Drittschuldner (genaue Bezeichnung) _____ und

☐ Arbeitseinkommen bei Drittschuldner (genaue Bezeichnung) _____

Der unpfändbare Grundbetrag ist in erster Linie den Einkünften des Schuldners bei Drittschuldner (genaue Bezeichnung) _____ zu entnehmen, weil dieses Einkommen die wesentliche Grundlage der Lebenshaltung des Schuldners bildet.

☐ **Es wird angeordnet,** dass zur Berechnung des nach § 850e ZPO pfändbaren Teils des Gesamteinkommens zusammenzurechnen sind:[27]

☐ laufende Geldleistungen nach dem Sozialgesetzbuch von Drittschuldner (genaue Bezeichnung der Leistungsart und des Drittschuldners) _____ und

☐ Arbeitseinkommen bei Drittschuldner (genaue Bezeichnung) _____

Der unpfändbare Grundbetrag ist in erster Linie den laufenden Geldleistungen nach dem Sozialgesetzbuch zu entnehmen. Ansprüche auf Geldleistungen für Kinder dürfen mit Arbeitseinkommen nur zusammengerechnet werden, soweit sie nach § 76 des Einkommensteuergesetzes (EStG) oder nach § 54 Absatz 5 des Ersten Buches Sozialgesetzbuch (SGB I) gepfändet werden können.

☐ Gemäß § 850c Absatz 4 ZPO wird **angeordnet**, dass[78]

☐ der Ehegatte ☐ der Lebenspartner / die Lebenspartnerin ☐ das Kind / die Kinder

bei der Berechnung des unpfändbaren Teils des Arbeitseinkommens

☐ nicht ☐ nur teilweise

als Unterhaltsberechtigte / -r zu berücksichtigen sind / ist.
(Begründung zu Höhe und Art des eigenen Einkommens)

_____
_____
_____

Vom Gericht auszufüllen:
(wenn ein Unterhaltsberechtigter nur teilweise zu berücksichtigen ist):
Bei der Feststellung des nach der Tabelle zu § 850c Absatz 3 ZPO pfändbaren Betrages bleibt die Unterhaltspflicht des Schuldners gegenüber _____
außer Betracht. Der pfändbare Betrag ist deshalb ausschließlich unter Berücksichtigung der übrigen Unterhaltsleistungen des Schuldners festzustellen.
Der nach der Tabelle unpfändbare Teil des Arbeitseinkommens des Schuldners ist wegen seiner teilweise zu berücksichtigenden gesetzlichen Unterhaltspflicht gegenüber _____ um weitere

☐ _____ € monatlich
☐ _____ € wöchentlich
☐ _____ € täglich

zu erhöhen.

Der dem Schuldner danach zu belassende weitere Teil seines Arbeitseinkommens darf jedoch den Betrag nicht übersteigen, der ihm nach der Tabelle des § 850c Absatz 3 ZPO bei voller Berücksichtigung der genannten unterhaltsberechtigten Person zu verbleiben hätte. [8]

☒ **Es wird angeordnet, dass**

☐ der Schuldner die Lohn- oder Gehaltsabrechnung oder die Verdienstbescheinigung einschließlich der entsprechenden Bescheinigungen der letzten drei Monate vor Zustellung des Pfändungs- und Überweisungsbeschlusses an den Gläubiger herauszugeben hat

☐ der Schuldner das über das jeweilige Sparguthaben ausgestellte Sparbuch (bzw. die Sparurkunde) an den Gläubiger herauszugeben hat und dieser das Sparbuch (bzw. die Sparurkunde) unverzüglich dem Drittschuldner vorzulegen hat

☐ ein von dem Gläubiger zu beauftragender Gerichtsvollzieher für die Pfändung des Inhalts Zutritt zum Schließfach zu nehmen hat

☐ der Schuldner die Versicherungspolice an den Gläubiger herauszugeben hat und dieser sie unverzüglich dem Drittschuldner vorzulegen hat

☐ der Schuldner die Bausparurkunde und den letzten Kontoauszug an den Gläubiger herauszugeben hat und dieser die Unterlagen unverzüglich dem Drittschuldner vorzulegen hat

[29] ☒ der Schuldner den zwischen ihm und der Drittschuldnerin geschlossenen schriftlichen Darlehensvertrag vom 08.01.2012 über das Privatdarlehen in Höhe von 12.000 € vorzulegen hat

___

☐ **Sonstige Anordnungen:** [30]

___

Der Drittschuldner darf, soweit die Forderung gepfändet ist, an den Schuldner nicht mehr zahlen. Der Schuldner darf insoweit nicht über die Forderung verfügen, sie insbesondere nicht einziehen. [32]

☒ Zugleich wird dem Gläubiger die zuvor bezeichnete Forderung in Höhe des gepfändeten Betrages

☒ zur Einziehung überwiesen. [33]   ☐ an Zahlungs statt überwiesen. [33]

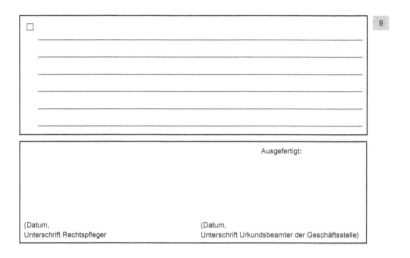

II. Erläuterungen und Varianten

[1] Hier ist dasselbe Gericht einzutragen wie auf der Antragsseite (Seite 1 des Formulars). 20

21 [2] Falls gegen den Schuldner zuvor noch kein Antrag vor dem Vollstreckungsgericht gestellt worden ist, gibt es auch noch kein Geschäftszeichen (Aktenzeichen), das hier eingetragen werden könnte. Erst der Rechtspfleger kann das Geschäftszeichen eintragen.

22 [3] **Einheitlicher Pfändungs- und Überweisungsbeschluss:** In aller Regel werden Pfändung und Überweisung der Forderung in einem Beschluss zusammengefasst. Soll nur ein Pfändungs- oder nur ein Überweisungsbeschluss ergehen, ist nur das Kästchen vor dem Wort „Pfändungs-" bzw. nur das Kästchen vor dem Wort „Überweisungs-" anzukreuzen. Einzelheiten zur isolierten Beantragung nur eines Überweisungsbeschlusses sind unter § 835 dargestellt.

23 Statthafter **Rechtsbehelf gegen einen Pfändungs- und Überweisungsbeschluss** ist die Vollstreckungserinnerung gemäß § 766, wenn der Beschluss gegenüber dem Beschwerten keine Entscheidung ist; anderenfalls ist allein die sofortige Beschwerde gemäß § 793 iVm § 11 Abs. 1 RPflG statthaft, mit der „Entscheidungen, die im Zwangsvollstreckungsverfahren ohne mündliche Verhandlung ergehen können", angreifbar sind (BGH, ZIP 2004, 1379). Der Beschluss stellt für den Beschwerten eine Entscheidung iSd § 793 dar, wenn er vor dessen Erlass angehört worden ist (BGH, NJW 2011, 525). Weil der Schuldner aber gemäß § 834 vor Erlass eines Pfändungs- und Überweisungsbeschlusses grundsätzlich nicht anzuhören ist, stellt der Beschluss ihm gegenüber im Normalfall keine Entscheidung, sondern eine Vollstreckungsmaßnahme dar, so dass für ihn in aller Regel die Vollstreckungserinnerung gemäß § 766 Abs. 1 der richtige Rechtsbehelf ist (BGH, NJW 2011, 525). Wird der Schuldner ausnahmsweise zuvor angehört, ist allein die sofortige Beschwerde gemäß § 793 iVm § 11 Abs. 1 RPflG statthaft, wobei unerheblich ist, ob die Anhörung zulässig war. Hatte der Antrag des Gläubigers auf Erlass eines bestimmten Pfändungs- und Überweisungsbeschlusses ganz oder teilweise keinen Erfolg, so ist für ihn stets die sofortige Beschwerde gemäß § 793 iVm § 11 Abs. 1 RPflG der richtige Rechtsbehelf. Weil der Gläubiger seinen Standpunkt in der Antragsschrift darstellen konnte, ist der Pfändungs- und Überweisungsbeschluss ihm gegenüber immer eine Entscheidung iSd § 793. Wird der beantragte Pfändungs- und Überweisungsbeschluss ohne Anhörung des Schuldners nur zum Teil erlassen, so kann dementsprechend der Schuldner mit der Vollstreckungserinnerung (§ 766 Abs. 1) gegen den zusprechenden Teil und der Gläubiger mit der sofortigen Beschwerde (§ 793 iVm § 11 Abs. 1 RPflG) gegen den zurückgewiesenen Teil vorgehen. Muster für eine Vollstreckungserinnerung finden sich unter § 766 und für eine sofortige Beschwerde unter § 567.

24 [4] Damit der Drittschuldner weiß, wohin er das Geld überweisen soll, ist die Mitteilung der **Bankverbindung** des Gläubigers im Beschluss erforderlich. Soll ein beauftragter Anwalt nachhalten, wann welche Zahlung durch den Drittschuldner geleistet worden ist, ist das Kästchen „des Gläubigervertreters" anzukreuzen und die Kontoverbindung des Anwalts anzugeben.

25 [5] War der Schuldner im Prozess anwaltlich vertreten, so muss der **Anwalt des Schuldners** an dieser Stelle aufgeführt werden. Nach § 172 Abs. 1 hat eine Zustellung an den für den Rechtszug bestellten Prozessbevollmächtigten zu erfolgen und ein Verfahren vor dem Vollstreckungsgericht gehört gemäß § 172 Abs. 1 S. 3 zum ersten

Rechtszug. Eine Zustellung an den Schuldner selbst wäre daher unwirksam, mit der Folge, dass dem Schuldner durch die Zustellung der Pfändungsbeschluss nicht gemäß § 829 Abs. 1 S. 2 wirksam jede Verfügung über die gepfändete Forderung verboten wird und zB eine Abtretung der Forderung nach der Pfändung gegenüber dem Gläubiger wirksam wäre.

[6] Hier sollte das **Aktenzeichen des Schuldneranwalts** eingetragen werden, das sich aus einem Schriftsatz des Anwalts aus dem vorangegangenen Prozess entnehmen lässt.

[7] Der bzw die Titel sollte hier möglichst genau bezeichnet werden. Weil eine vollstreckbare Ausfertigung des Titels dem Antrag als Anlage beiliegen muss, hat der Rechtspfleger die Möglichkeit eventuell fehlende Angaben hieraus zu entnehmen und zu ergänzen. Darauf sollte der Antragsteller aber nicht vertrauen. Die Abkürzung „KFB" steht für Kostenfestsetzungsbeschluss.

[8] Auf Seite 3 des Formulars ist einzutragen, wegen welcher titulierter Ansprüche des Gläubigers gepfändet werden soll (**Forderungsaufstellung**). Normalerweise soll die gesamte Hauptforderung aus dem Titel vollstreckt werden. Der Betrag ist in der linken Spalte einzutragen und das Kästchen vor dem Wort „Hauptforderung" anzukreuzen. Zu beachten ist dabei, dass im Tenor eines Urteils die vorgerichtlichen Kosten nicht immer als solche gesondert aufgeführt werden und der ausgeurteilte Gesamtbetrag deshalb nicht mit der Hauptforderung identisch sein muss. Aus den Entscheidungsgründen ist zu entnehmen, wie sich der ausgeurteilte Betrag zusammensetzt, und welcher Teilbetrag auf die vorgerichtlichen Kosten entfällt. Dieser Teilbetrag muss abgezogen werden. Für die vorgerichtlichen Kosten besteht in Zeile 6 des Formulars eine eigene Eintragungsmöglichkeit (siehe [12]). Durch Ankreuzen des Kästchens vor dem Wort „Teilhauptforderung" kann die Vollstreckung aber auch auf einen Teilbetrag der Hauptforderung beschränkt werden, um zB Kosten und Risiko zunächst klein zu halten. Dann ist in der linken Spalte der Teilbetrag einzutragen, der vollstreckt werden soll.

[9] Wird nur noch eine **Restforderung** geltend gemacht, so genügt es in der zweiten Zeile ein Kreuz zu setzen und in der linken Spalte den noch offenen Restbetrag anzugeben. Die Möglichkeit Teilzahlungen aufzulisten, sieht das Formular nicht vor (BGH, NJW 2014, 3160 (3161)). Durch welche Leistungen des Schuldners oder Vollstreckungsmaßnahmen die Hauptforderung bis auf den noch offenen Rechtsbetrag zurückgeführt worden ist, muss das Vollstreckungsgericht allerdings auch nicht wissen. Wegen des Grundsatzes der Formalisierung der Zwangsvollstreckung ist es nicht Aufgabe des Vollstreckungsorgans zu prüfen, ob und inwieweit die titulierte Forderung bereits erloschen ist. Diese Frage ist vielmehr auf Antrag des Schuldners im Rahmen der Vollstreckungsabwehrklage vom Prozessgericht der ersten Instanz zu klären (§ 767).

[10-11] Die dritte Zeile ist für den Fall vorgesehen, dass dem Gläubiger ein **Zinsanspruch** mit einem festen Zinssatz zugesprochen worden ist. Dabei wird es sich im Zweifel um einen vertraglichen Zinsanspruch handelt. Gesetzliche Zinsen, deren Höhe vom jeweiligen Basiszinssatz abhängt, können in der vierten Zeile eingetragen werden. Dabei wird angegeben, um wie viele Prozentpunkte der ausgeurteilte Zins-

satz über dem jeweiligen Basiszinssatz liegt. Im Regelfall werden die Zinsen aus der gesamten Hauptforderung („daraus") verlangt. Sollen ausnahmsweise nur aus einem Teilbetrag der zu vollstreckenden Forderung Zinsen vollstreckt werden, sollte das Wort „daraus" durchgestrichen und hinter dem Wort „aus" der entsprechende Teilbetrag angegeben werden.

31 Sinnvollerweise sind Zeilen 3 und 4 dahingehend zu verstehen, dass in die linke Spalte die ausgerechneten aufgelaufenen Zinsen und in die zweiten Spalte die weiteren Zinsen ab Antragstellung aufzunehmen sind (vgl. BGH, NJW 2014, 3160 (3161)). Zur Berechnung der angelaufenen Zinsen kann ein Zinsrechner im Internet verwandt werden. Üblicherweise können Zinsen bis zum noch nicht feststehenden Zeitpunkt der Erfüllung der Forderung verlangt werden. Dementsprechend kann typischerweise kein Endzeitpunkt angegeben werden und das Kästchen vor dem Wort „bis" ist nicht anzukreuzen und kein Enddatum anzugeben.

32 Haben mehrere Teilbeträge jeweils einen eigenen Zinsbeginn kann dies mit den Zeilen 3 und 4 des Formulars nicht dargestellt werden. Dies kann zB auftreten, wenn mehrere Monatsmieten eingeklagt worden sind und für jede Monatsmiete jeweils ein anderer Zinsbeginn gilt. Hier muss eine „freihändige" Anlage erstellt werden (siehe Rn 37).

33 [12] Häufig werden im Urteil auch die **vorgerichtlichen Anwaltsgebühren** des Klägers zugesprochen, die in der sechsten Zeile eingetragen werden können.

34 [13] Wird aus einem Vollstreckungsbescheid vollstreckt, können hier die Kosten des vorangegangenen Mahnverfahrens eingetragen werden.

35 [14] Mit den **festgesetzten Kosten** ist der Betrag aus dem Kostenfestsetzungsbeschluss (KFB) gemeint. Die vollstreckbare Ausfertigung des KFB muss dann dem Antrag als Anlage beigefügt sein.

36 [15] Als **bisherige Kosten der Zwangsvollstreckung** gelten gemäß § 788 Abs. 1 S. 2 ZPO auch die Kosten für die Beantragung der vollstreckbaren Ausfertigung und die Kosten der Zustellung des Titels. Ferner gehören die Kosten einer beantragten Vermögensauskunft und die Kosten etwaiger vorheriger Vollstreckungsversuche hierher. Das Entstehen dieser Kosten sollte durch entsprechende Belege nachgewiesen werden.

37 [16] Sollen mehrere Hauptforderungen vollstreckt werden oder gibt es für mehrere Teilbeträge jeweils einen eigenen Zinsbeginn, so genügen die vorgegebenen Felder des Formulars nicht (BGH, NJW 2014, 3160 (3161)). Dann kann eine **Anlage** beigefügt werden, in der die **Forderungsaufstellung** tabellarisch und möglichst übersichtlich dargestellt wird. Der Endbetrag sollte in jedem Fall in der linken Spalte angegeben werden.

38 [17] Dieser Satz enthält den eigentlichen Pfändungsausspruch.

39 [18] Wichtig ist die **genaue und eindeutige Bezeichnung des Drittschuldners**. Der Drittschuldner ist die Person, gegen den der Schuldner eine Forderung hat, die gepfändet werden soll. Erst durch die Zustellung an den Drittschuldner wird die Pfändung gemäß § 829 Abs. 3 wirksam. Es muss sich also um eine zustellungsfähige Bezeichnung handeln. Hinsichtlich der Identität des Drittschuldners dürfen keine Unklarheiten bleiben. § 829 Abs. 1 S. 3 erlaubt auch die Pfändung von Forderungen gegen verschiedene Drittschuldner in einem einheitlichen Beschluss. Diese Möglichkeit

wird auch im Formular ausdrücklich erwähnt. Bei mehreren Drittschuldnern muss aber jeweils deutlich gemacht werden, welche zu pfändende Forderung sich gegen welchen Drittschuldner richtet.

[19] Auf den Seiten 4 ff. des Formulars sollen die **zu pfändenden Ansprüche** eindeutig bezeichnet werden. Ob die vom Gläubiger behaupteten Ansprüche des Schuldners wirklich bestehen und gerade dem Schuldner zustehen, ist vom Vollstreckungsgericht wegen der Formalisierung der Zwangsvollstreckung nicht zu prüfen. Der Gläubiger muss also weder beweisen noch glaubhaft machen, dass die zu pfändenden Ansprüche wirklich bestehen. Es werden daher die „angeblichen Ansprüche" gepfändet. Besteht eine gepfändete Forderung nicht oder steht sie jedenfalls nicht dem Schuldner zu, so geht die Pfändung „ins Leere" und ist nichtig. 40

Der erste Kasten auf Seite 4 des Formulars enthält zunächst eine **Übersicht möglicher Drittschuldner**, gegen die Geldforderungen bestehen können, und in dem Zutreffendes angekreuzt werden kann. Weil es freundlicher klingt, wird die etwas ungewöhnliche Formulierung „Anspruch an" anstelle „Anspruch gegen" verwandt. 41

Auch wenn einige gängige Drittschuldner aufgeführt sind, gibt es darüber hinaus noch zahlreiche weitere wie zB Käufer, Mieter, Auftraggeber usw. Außerdem kann wegen einer Geldforderung des Gläubigers nicht nur in eine Geldforderung des Schuldners, sondern auch in Herausgabe- und Leistungsansprüche (§§ 847 ff.) sowie sonstige Vermögensrechte (§ 857) wie zB Gesellschaftsanteile oder Patente vollstreckt werden, die im Formular überhaupt nicht erwähnt werden. Diese weiteren Fälle erfassen soll die vorletzte Zeile (Anspruch G) ermöglichen. Sollte wegen des Umfangs der Beschreibung oder der Vielzahl der Drittschuldner der Platz einer Zeile nicht genügen, sieht die letzte Zeile des Übersichtskastens den Verweis auf eine gesonderte Anlage vor. Etwas inkonsistent sehen die Zeilen 2 (Anspruch B) und die Zeile 5 (Anspruch E) bereits im Übersichtskasten weitere Eintragungen vor (Art der Sozialleistung und Konto-/Versicherungsnummer). Die folgenden Kästen enthalten nähere Beschreibungen der Ansprüche A, B, C usw. und ermöglichen zum Teil auch weitere Eintragungen.

[20] **Anspruch A: Arbeitseinkommen.** Siehe Muster zu § 850. 42

[21] **Anspruch B: Sozialleistungen.** Soweit die Pfändbarkeit von Sozialleistungen nicht gemäß § 54 Abs. 1 bis 3 und Abs. 4 SGB I ausgeschlossen ist, sind Ansprüche auf laufende Sozialleistungen zwar wie Arbeitseinkommen pfändbar. Im Hinblick auf die damit geltenden Pfändungsfreigrenzen des § 850c ist die Pfändung von Sozialleistungen aber in aller Regel nicht Erfolg versprechend. Die Art der zu pfändenden Sozialleistung ist schon im ersten Kasten anzugeben. Ist eine Konto-/Versicherungsnummer nicht bekannt, schließt dies Pfändung und Überweisung nicht aus, erschwert aber die Zuordnung beim Drittschuldner. 43

[22] **Anspruch C: Steuererstattungsanspruch.** Durchaus lohnend kann die Pfändung des jährlichen Steuererstattungsanspruchs für die Einkommenssteuer sein. Hierzu muss der Gläubiger nur das zuständige Finanzamt kennen und das laufende Kalenderjahr eintragen. Entstanden und pfändbar ist der Erstattungsanspruch aus einem Steuerschuldverhältnis schon dann, wenn der Tatbestand verwirklicht ist, an den das Gesetz die Leistungspflicht knüpft. Pfändbar ist mithin bereits der abstrakt entstan- 44

dene Erstattungsanspruch, auch wenn eine Steuererklärung noch nicht abgegeben und die Festsetzung im Steuerbescheid noch nicht erfolgt ist (OLG, Koblenz, ZVI 2004, 614). Bei Pfändung eines Erstattungs- oder Vergütungsanspruchs gilt gemäß § 46 Abs. 7 AO die Finanzbehörde, die über den Anspruch entschieden oder zu entscheiden hat, als Drittschuldner. Die Pfändung umfasst nach dem Formular auch die vorangegangenen Kalenderjahre, was allerdings im Regelfall nicht nichts nutzt, weil die Erstattungsbeträge der Vorjahresbeträge im Zweifel schon ausgezahlt worden sind und die entsprechenden Steuererstattungsansprüche nicht mehr bestehen. Künftige Steuererstattungsansprüche können gemäß § 46 Abs. 6 AO nicht gepfändet werden. Die Pfändung eines Erstattungsanspruchs wegen zu viel gezahlter Kraftfahrzeugsteuer dürfte in der Praxis kaum eine Rolle spielen.

45 [23] **Anspruch D: Ansprüche gegen eine Bank.** Die in den fünf Nummern aufgeführten Ansprüche werden nur selten bei einem Schuldner alle zugleich bestehen. Nicht zutreffende Nummern müssen gleichwohl nicht durchgestrichen werden. Soweit die Ansprüche nicht bestehen, geht die Pfändung ins Leere; im Übrigen ist sie wirksam. Die Eintragung einer Kontonummer ist zweckmäßig, aber nicht zwingend erforderlich.

46 Girokonto (Nr. 1): Ansprüche aus einem Girokonto können gepfändet werden, wenn der Schuldner **Alleininhaber** oder Mitberechtigter eines **Oder-Kontos** ist. Ehegatten führen ein gemeinschaftliches Girokonto üblicherweise als Oder-Konto. Beide sind dann **Gesamtgläubiger iSd § 428 BGB**, so dass jeder allein über das Konto verfügen und auf das gesamte Guthaben zugreifen kann. Anders als beim Und-Konto genügt damit die Pfändung gegenüber einem Ehegatten, um uneingeschränkten Pfändungszugriff auf das Konto zu haben. Ein Girokonto wird in aller Regel als <u>Kontokorrent</u> iSd § 355 HGB geführt. Die einzelnen Gutschriften auf das Konto sind nicht als Einzelforderungen pfändbar, sondern sind nur unselbstständige Rechenposten. Nach § 357 HGB kann lediglich der Überschuss (Saldo) gepfändet werden. Die Pfändung des Guthabens eines Kontos bei einem Kreditinstitut umfasst gemäß § 833a Abs. 1 kraft Gesetzes neben dem am Tag der Zustellung des Pfändungsbeschlusses bei dem Kreditinstitut bestehenden Guthaben auch die Tagesguthaben der auf die Pfändung folgenden Tage bis zur vollständigen Befriedigung des Gläubigers. Um zu verhindern, dass der Schuldner die Pfändung zukünftiger Salden dadurch unterläuft, dass er Gutschriften von Zahlungseingängen auf das gepfändete Konto widerspricht bzw die Einzahlungen auf ein anderes Konto umleitet, wird auch der **Anspruch auf Gutschrift aller künftigen Eingänge** gepfändet werden. Der Gläubiger kann damit zwar wegen der Kontokorrentabrede nicht unmittelbar auf die Einzahlungen und Überweisungen zugreifen, aber sicherstellen, dass diese in das Kontokorrent eingestellt werden und den Saldo zugunsten des Schuldners erhöhen, auf den er dann zugreifen kann (BGHZ 93, 315). Durch Einräumung eines Überziehungskredit iSd § 493 Abs. 1 BGB, der auch als Dispositionskredit oder „offene Kreditlinie" bezeichnet wird, kommt zwischen der Bank und dem Kunden ein Vorvertrag zustanden. Zwar ist die Entscheidung, einen Kredit in Anspruch zu nehmen, höchstpersönlich und das „Abrufrecht" daher unpfändbar. Der Gläubiger kann aber den zukünftigen Darlehensauszahlungsanspruch pfänden, der in dem Moment entsteht, in dem der Schuldner den Überziehungskredit in Anspruch nimmt (BGHZ 147, 193). Sobald

und soweit der Schuldner den Überziehungskredit in Anspruch nimmt, hat die Bank bei Pfändung des zukünftigen Auszahlungsanspruchs den Überziehungsbetrag nicht an den Schuldner, sondern an den Pfandgläubiger auszuzahlen (BGHZ aaO). Bei einer bloßen geduldeten Überziehung iSd § 493 Abs. 2 BGB besteht kein Anspruch auf Kreditgewährung, der gepfändet werden könnte.

Sparguthaben (Nr. 2): Unproblematisch pfändbar ist der Anspruch auf Auszahlung eines Sparguthabens bzw. das Guthaben auf einem Festgeldkonto. Das eventuell erforderliche Kündigungsrecht wird automatisch mitgepfändet. 47

Darlehensauszahlungsanspruch (Nr. 3): Die Pfändung dieses Anspruchs gemäß § 488 Abs. 1 S. 1 BGB aus einem abgeschlossenen Darlehensvertrag ist kaum je erfolgversprechend, weil der Darlehensgeber von seinem **außerordentlichen Kündigungsrecht aus § 490 Abs. 1 BGB** wegen Vermögensverschlechterung Gebrauch machen wird, so dass der gepfändete Anspruch wieder entfällt. Soll der zu finanzierende Gegenstand der Sicherung des Darlehensrückzahlungsanspruchs dienen, so ist die Pfändung sogar wegen **Zweckbindung** des Darlehens gemäß § 851 Abs. 1 iVm § 399 1. Fall BGB von vornherein ausgeschlossen. Der Geldbetrag darf dann zu keinem anderen Zweck eingesetzt werden als zur Finanzierung des Gegenstandes, der zugleich als Sicherheit für den Rückzahlungsanspruch dient. Unproblematisch pfändbar ist dagegen der **Darlehensrückzahlungsanspruch** aus § 488 Abs. 1 S. 2 BGB falls der Schuldner einem Dritten ein Darlehen gewährt hat. Diese Konstellation ist aber eher selten. 48

[24] **Anspruch E: Versicherungssumme.** Die Ansprüche auf Zahlung der Versicherungssumme, der Gewinnanteile und des Rückkaufswertes sind Geldforderungen und damit nach § 829 pfändbar. Die Angabe der Versicherungssumme ist sinnvoll, aber nicht unbedingt zur eindeutigen Bezeichnung der zu pfändenden Forderungen erforderlich. Der Anspruch des Arbeitnehmers auf Auszahlung der Versicherungssumme aus einer Firmendirektversicherung ist bereits vor Eintritt des Versicherungsfalls als zukünftige Forderung pfändbar (BGH, NJW-RR 2011, 283). 49

Als **unselbstständige Gestaltungsrechte** werden das Recht auf Bestimmung der Bezugsberechtigung, das Kündigung- und Umwandlungsrecht eigentlich automatisch von der Pfändung mitumfasst. 50

Um die Verwertungsmöglichkeit nicht zu verlieren, muss der Gläubiger nach Erlass des Pfändungs- und Überweisungsbeschlusses und **vor Eintritt des Versicherungsfalles** ein eventuelles **Bezugsrecht eines Dritten widerrufen**. Nach Eintritt des Versicherungsfalls ist es hierfür zu spät. 51

Gemäß § 836 Abs. 3 S. 1 ist der Schuldner zur **Herausgabe des Versicherungsscheins und der letzten Prämienquittung** verpflichtet. 52

[25] **Anspruch F. Bausparguthaben:** Soweit die Ansprüche auf Auszahlung bzw. Rückzahlung der vom Schuldner auf den Bausparvertrag bereits **eingezahlten Sparbeträge** (Eigenkapital des Schuldners) gerichtet sind, ist die Pfändung uneingeschränkt möglich. Die Pfändung der entsprechenden Ansprüche sieht das Formular vor. Um eine vorzeitige Rückzahlung zu erreichen, kann der Gläubiger den Bausparvertrag erforderlichenfalls kündigen. Klarstellend wird daher auch das Kündigungsrecht und das Recht auf Änderung des Vertrages gepfändet. 53

54 Die Entscheidung bei Zuteilungsreife einen Darlehensvertrag zu den im Bausparvertrag garantierten Bedingungen auch tatsächlich abzuschließen, ist dagegen höchstpersönlich. Der **Anspruch auf Abschluss des Darlehensvertrages** ist gemäß § 851 Abs. 1 **unpfändbar** und die Inanspruchnahme des Bauspardarlehens damit durch den Gläubiger nicht erzwingbar. Hat sich der Schuldner bereits entschieden, das Bauspardarlehen in Anspruch zu nehmen, so ist der **Darlehensauszahlungsanspruch** gleichwohl **grundsätzlich unpfändbar**. Die Baugelder sind entsprechend dem Inhalt des Bausparvertrags **zweckgebunden**. Da der Darlehensauszahlungsanspruch also nicht ohne Veränderung des Vertragsinhalts an einen beliebigen Dritten abgetreten werden könnte, ist eine Abtretung gemäß § 399 1. Fall BGB und damit gemäß § 851 Abs. 1 auch eine Pfändung ausgeschlossen. Dem steht § 851 Abs. 2 nicht entgegen, weil diese Vorschrift – entgegen ihrem zu weiten Wortlaut – die Pfändung trotz fehlender Abtretbarkeit nur für den Fall der Unabtretbarkeit iSd § 399 2. Fall BGB zulässt. Die Bausparkasse hat auch ein schutzwürdiges Interesse an der Verwendung des Geldes zum Bau oder Kauf eines Hauses, weil nur durch diesen Einsatz des Darlehens die vom Schuldner zur Sicherung des Bauspardarlehens zu gewährende Grundsicherheit den veranschlagten Sicherungswert erreicht. Der Darlehensauszahlungsanspruch **kann daher nur von den Baugläubigern** wegen der Forderungen für die in den Bau geflossenen Leistungen bzw vom **Grundstücksverkäufer** wegen der Kaufpreisforderung für das (Bau-)Grundstück **gepfändet werden**. Nur diese Personen können unter Ziffer 5 folgendes **eintragen:**

▶ auf *Auszahlung des Bauspardarlehens* ◀

55 [26] **Anspruch G: sonstige Ansprüche.** Damit auch die Vielzahl möglicher Drittschuldner und Ansprüche, die im Formular nicht ausdrücklich aufgeführt sind, eintragen werden können, steht dieser Kasten bereit. Die Ansprüche müssen dabei so genau bezeichnet werden, dass sie von anderen Ansprüchen eindeutig unterscheidbar sind (BGH, JurBüro 2010, 440). Es muss auch für Dritte erkennbar sein, welche Forderung des Schuldners gegen den Drittschuldner Gegenstand der Pfändung sein soll. Erforderlich ist deshalb in der Regel die **Angabe des Schuldgrundes** (BGHZ 86, 337). Allein die **Nennung des Vertragsverhältnisses** reicht regelmäßig nicht, weil aus diesem üblicherweise verschiedene Forderungen resultieren können und damit nicht klar ist, welche Forderung gemeint ist. Es muss also zB bei einem Kaufvertrag angegeben werden, ob die Kaufpreisforderung, der Rückzahlungsanspruch nach einer Minderung oder der Schadensersatzanspruch wegen Nichterfüllung etc. gepfändet werden soll. Der **Entstehungszeitpunkt** einer Forderung muss nicht genannt werden. Die Geldforderungen aus gegenseitigen Verträgen können zB ebenso gut durch nähere Kennzeichnung des vertragstypischen Leistungsgegenstandes konkretisiert werden, zB „Mieten aus der Vermietung der Wohnung in der Schloßallee 1 in Neustadt". Auch die **Höhe** der zu pfändenden Forderung muss nicht angegeben werden, sofern nicht bloß eine Teilpfändung beabsichtigt ist. Ebenso wenig ist die Aufführung einer **Vertragsnummer oder Kontonummer** erforderlich, wenngleich die Angaben natürlich zweckmäßig sind, wenn sie bekannt sind. Soll eine **zukünftige Forderung** gepfändet werden, muss dies grundsätzlich ausdrücklich beantragt werden. Künftige Forderungen können grundsätzlich gepfändet werden, sofern ihr Rechtsgrund und der Dritt-

schuldner im Zeitpunkt der Pfändung bestimmt sind (BGH, NJW-RR 2011, 283). Bei der Pfändung einer Gehaltsforderung oder einer in ähnlichen fortlaufenden Bezügen bestehenden Forderung, erstreckt sich gemäß § 832 die Pfändung auch ohne ausdrücklichen Antrag auf die zukünftig fällig werdenden Beträge. Von der Pfändung werden auch die zur Hauptforderung gehörenden **Nebenrechte** wie Zinsen, akzessorische Sicherungs- und Vorzugsrechte sowie Auskunfts- und Rechnungslegungsansprüche erfasst. Werden alle Ansprüche aus einem Vertrag gepfändet, werden im Zweifel auch die **Gestaltungsrechte** mitgepfändet. Zur Klarstellung und um Zweifeln vorzubeugen kann ist es sinnvoll, wichtige Neben- und Gestaltungsrechte im Pfändungsantrag bzw -beschluss gleichwohl ausdrücklich aufzuführen.

Im Kasten Anspruch G können zum Beispiel zu pfändende **Mietforderungen** bezeichnet werden: 56

▶ Ansprüche auf Zahlung aller gegenwärtigen und künftigen Mieten ohne den Nebenkostenanteil ... aus der Vermietung der Wohnung in ... einschließlich aller Ansprüche auf Nutzungsentschädigung und Schadensersatz wegen verspäteter Rückgabe der Mietsache ◀

Pfändbar ist nur die **Netto-Miete**. Der Anspruch auf Zahlung einer monatlichen Nebenkostenpauschale und der Nachzahlungsanspruch am Ende des Abrechnungszeitraums sind zweckgebunden iSd § 851 Abs. 1 ZPO iVm § 399 1. Fall BGB und damit grundsätzlich unpfändbar (OLG Celle NJW-RR 2000, 460). Die Nebenkostenzahlungen sind nur zugunsten von Gläubigern pfändbar, für welche sie bestimmt sind, also zB der Heizkostenanteil vom Lieferanten des Heizöls. 57

Die Pfändung **zukünftiger Mieten kann** gemäß § 1124 Abs. 2 BGB iVm §§ 146 Abs. 1, 20 Abs. 2 ZVG **durch eine Zwangsverwaltung verdrängt** werden, selbst wenn die Pfändung zeitlich früher erfolgte. 58

Der Zwangsverwalter kann trotz zeitlich früherer Pfändung der zukünftigen Mieten oder Vorausabtretung aller zukünftigen Miet- oder Pachtforderungen die Forderungen ab dem auf die Beschlagnahme nachfolgenden Monat einziehen. Es ist daher zu erwägen, ob die Zwangsverwaltung nicht die vorzugswürdigere Vollstreckungsart ist. Der Schuldnerschutz ist in § 851 b geregelt. 59

- **Pflichtteilsanspruch**: Siehe Muster zu § 852 Abs. 1. 60
- **Rentenansprüche**: Siehe Muster zu § 851 c.
- **Rückforderung des Schenkers aus § 528 BGB**: Siehe Muster zu § 852 Abs. 2.
- **Zugewinnanspruch**: Siehe Muster zu § 852 Abs. 2.

[27] siehe § 850 e. 61

[28] Siehe § 850 c. 62

[29] Für die Hilfsvollstreckung nach § 836 Abs. 3 S. 3 ist erforderlich, dass herauszugebende Urkunden im **Pfändungs- und Überweisungsbeschluss ausreichend bestimmt bezeichnet** sind (BGH NJW-RR 2006, 1576). Falls möglich, sollten die Urkunden schon bei Antragstellung genau bezeichnet werden. Fehlen hierzu aber die nötigen Informationen oder wurde die Auflistung der Urkunden vergessen, kann die Bezeichnung der Urkunden auch später durch einen Ergänzungsbeschluss nachgeholt werden. Häufig benötigte Urkunden sind im Formular bereits aufgelistet und können bei 63

Bedarf angekreuzt werden. In den Leerzeilen können andere Urkunden eingetragen werden, die in der vorangehenden Auflistung fehlen.

64 [30] Für sonstige Anordnungen, die dem Schuldner nicht die Herausgabe bestimmter Unterlagen gebieten, wird dieser Leerkasten vorgehalten.

65 [31] Das **Drittschuldnerverbot** (= Arrestatorium) ist ein wesentlicher Bestandteil des Pfändungsbeschlusses. Fehlt das Arrestatorium, so ist die Pfändung unwirksam. Das wird daraus gefolgert, dass die Pfändung erst gemäß § 829 Abs. 3 mit Zustellung des Pfändungsbeschluss an den Drittschuldner wirksam wird. Eine unter Verletzung des Drittschuldnerverbots vorgenommene Leistung des Drittschuldners an den Schuldner ist gegenüber dem Gläubiger gemäß §§ **135, 136 BGB** unwirksam, dh er kann dem Gläubiger gegenüber nicht geltend machen, dass seine Verpflichtung durch die Leistung bereits erloschen ist. Es gibt hiervon aber zwei **Ausnahmen:**

– **Leistet** der Drittschuldner **in Unkenntnis** des Pfändungsbeschlusses an den Schuldner, was etwa im Falle einer Ersatzzustellung (§ 178) denkbar ist, sind zu seinem Schutz die §§ **1275, 407 BGB** entsprechend anwendbar, dh der Drittschuldner wird durch die Leistung frei.

– Bestand vor der Pfändung im Verhältnis zum Schuldner eine **Aufrechnungslage,** so darf der Drittschuldner gemäß § **392 BGB** trotz des Zahlungsverbots weiter gegenüber dem Schuldner aufrechnen. Die Rechtsposition des Drittschuldners darf durch die Pfändung nicht verschlechtert werden.

66 [32] Das **Verbot an den Schuldner** (sog. Inhibitorium) ist keine zwingende Wirksamkeitsvoraussetzung. Durch das Schuldnerverbot entsteht ein relatives Veräußerungsverbot zugunsten des Gläubigers, §§ **135, 136 BGB**. Der Schuldner darf allerdings Maßnahmen ergreifen, die das Recht des Gläubigers nicht beeinträchtigen, zB auf Leistung an den Gläubiger klagen.

67 [33] In den meisten Fällen ist es sinnvoll die Überweisung zur Einziehung gemäß § 835 Abs. 1 1. Fall zu beantragen (zu den Einzelheiten siehe § 835 Rn 11 ff). Daher sind im Formular die Worte „zur Einziehung überwiesen" hervorgehoben.

§ 829 a Vereinfachter Vollstreckungsauftrag bei Vollstreckungsbescheiden

(1) ¹Im Fall eines elektronischen Antrags zur Zwangsvollstreckung aus einem Vollstreckungsbescheid, der einer Vollstreckungsklausel nicht bedarf, ist bei Pfändung und Überweisung einer Geldforderung (§§ 829, 835) die Übermittlung der Ausfertigung des Vollstreckungsbescheides entbehrlich, wenn

1. die sich aus dem Vollstreckungsbescheid ergebende fällige Geldforderung nicht mehr als 5 000 Euro beträgt; Kosten der Zwangsvollstreckung und Nebenforderungen sind bei der Berechnung der Forderungshöhe nur zu berücksichtigen, wenn sie allein Gegenstand des Vollstreckungsantrags sind;
2. die Vorlage anderer Urkunden als der Ausfertigung des Vollstreckungsbescheides nicht vorgeschrieben ist;
3. der Gläubiger eine Abschrift des Vollstreckungsbescheides nebst Zustellungsbescheinigung als elektronisches Dokument dem Antrag beifügt und

4. der Gläubiger versichert, dass ihm eine Ausfertigung des Vollstreckungsbescheides und eine Zustellungsbescheinigung vorliegen und die Forderung in Höhe des Vollstreckungsantrags noch besteht.

²Sollen Kosten der Zwangsvollstreckung vollstreckt werden, sind zusätzlich zu den in Satz 1 Nr. 3 genannten Dokumenten eine nachprüfbare Aufstellung der Kosten und entsprechende Belege als elektronisches Dokument dem Antrag beizufügen.

(2) Hat das Gericht an dem Vorliegen einer Ausfertigung des Vollstreckungsbescheides oder der übrigen Vollstreckungsvoraussetzungen Zweifel, teilt es dies dem Gläubiger mit und führt die Zwangsvollstreckung erst durch, nachdem der Gläubiger die Ausfertigung des Vollstreckungsbescheides übermittelt oder die übrigen Vollstreckungsvoraussetzungen nachgewiesen hat.

(3) § 130 a Abs. 2 bleibt unberührt.

A. Muster: Vereinfachter Vollstreckungsauftrag bei Vollstreckungsbescheiden		[2] Vollstreckungsbescheid über eine Forderung bis 5.000 EUR	3
B. Erläuterungen		[3] Kopie des Vollstreckungsbescheids als Anlage	4
[1] Elektronischer Vollstreckungsauftrag	2	[4] Versicherung des Gläubigers	5

1 A. Muster: Vereinfachter Vollstreckungsauftrag bei Vollstreckungsbescheiden[1]

253

Raum für Kostenvermerke und Eingangsstempel Amtsgericht [1] _____ Vollstreckungsgericht _____ _____	**Antrag auf Erlass eines Pfändungs- und Überweisungsbeschlusses insbesondere wegen gewöhnlicher Geldforderungen** **Es wird beantragt,** den nachfolgenden Entwurf als Beschluss auf ☒ Pfändung☒ und ☒ Überweisung zu erlassen. ☒ Zugleich wird beantragt, die Zustellung zu vermitteln (☒ mit der Aufforderung nach § 840 der Zivilprozessordnung – ZPO). ☐ Die Zustellung wird selbst veranlasst. Es wird gemäß dem nachfolgenden Entwurf des Beschlusses Antrag gestellt auf ☐ Zusammenrechnung mehrerer Arbeitseinkommen (§ 850e Nummer 2 ZPO) ☐ Zusammenrechnung von Arbeitseinkommen und Sozialleistungen (§ 850e Nummer 2a ZPO) ☐ Nichtberücksichtigung von Unterhaltsberechtigten (§ 850c Absatz 4 ZPO) ☒ **vereinfachte Vollstreckung gemäß § 829a ZPO.**[2] _____ Es wird beantragt, ☐ Prozesskostenhilfe zu bewilligen ☐ Frau Rechtsanwältin / Herrn Rechtsanwalt _____ beizuordnen. ☐ Prozesskostenhilfe wurde gemäß anliegendem Beschluss bewilligt. **Anlagen:** ☒ Schuldtitel und __1__ Vollstreckungsunterlagen[3] ☐ Erklärung über die persönlichen und wirtschaftlichen Verhältnisse nebst ___ Belegen ☒ **Versicherung nach** **§ 829a Abs. 1 Nr. 4 ZPO.**[4] ☒ Verrechnungsscheck für Gerichtskosten ☐ Gerichtskostenstempler ☐ Ich drucke nur die ausgefüllten Seiten _____ (Bezeichnung der Seiten) aus und reiche diese dem Gericht ein. 23.03.2015 *Werner Müller* Datum (Unterschrift Antragsteller/-in)

Hinweis:
Soweit für den Antrag eine zweckmäßige Eintragungsmöglichkeit in diesem Formular nicht besteht, können ein geeignetes Freifeld sowie Anlagen genutzt werden.

B. Erläuterungen

[1] Um einen vollständig **papierlosen elektronischen Vollstreckungsauftrag** zur Forderungspfändung zu ermöglichen, lässt § 829a die Übersendung einer Ausfertigung des Titels und der Zustellungsbescheinigung als **elektronisches Dokument** zu, wenn aus einem Vollstreckungsbescheid eine Geldforderung bis maximal 5.000,- EUR durch Forderungspfändung vollstreckt werden soll. Ein Antrag nach § 829a ist dementsprechend nur bei einem Vollstreckungsgericht möglich, bei dem die technische Voraussetzung für den Empfang von elektronischen Dokumenten iSd § 130a erfüllt ist. Wo das der Fall ist, zeigt die Internetseite www.justiz.de/elektronischer_rechtsverkehr/index.php. Nähere Informationen zum sog. Elektronischen Gerichts- und Verwaltungspostfach (kurz: EGVP) finden sich unter http://www.egvp.de. Dort kann auch das erforderliche plattformunabhängige Programm kostenlos heruntergeladen werden, das ähnlich einem Email-Programm aufgebaut ist.

[2] Das vereinfachte Verfahren ist gemäß § 829a nur zulässig, wenn eine Geldforderung iHv bis 5.000,- EUR aus einem **Vollstreckungsbescheid** durch Pfändung und Überweisung einer Geldforderung des Schuldners vollstreckt werden soll. Weil nach dem Wortlaut des § 829a Abs. 1 „die sich aus dem Vollstreckungsbescheid ergebende Geldforderung" 5.000,- EUR nicht übersteigen darf, ist eine Teilvollstreckung in Höhe von bis 5.000,- EUR bei einer titulierten Hauptforderung von mehr als 5.000,- EUR nicht möglich. Die gleichzeitig mitvollstreckten Nebenforderungen und Kosten werden bei der Bestimmung des Grenzbetrages von 5.000,- EUR nicht berücksichtigt. Die Vollstreckung im vereinfachten Verfahren setzt voraus, dass **keine Vollstreckungsklausel erforderlich** ist. Diese Voraussetzung ist gemäß § 796 Abs. 1 erfüllt, wenn die Vollstreckung nur zwischen Personen stattfindet, die im Vollstreckungsbescheid selbst als Gläubiger und Schuldner genannt sind und also keine nachträgliche Rechtsnachfolge stattgefunden hat. Hinsichtlich des Inhalts des zu beantragenden Pfändungs- und Beweisbeschlusses kann im Übrigen auf das Muster zu § 829 verwiesen werden.

[3] Dem elektronischen Antrag ist gemäß § 829a Abs. 1 Nr. 3 ZPO eine Abschrift des Vollstreckungsbescheides nebst Zustellungsbescheinigung als elektronisches Dokument beizufügen.

[4] Nach § 829a Abs. 1 Nr. 4 muss „**der Gläubiger**" versichern, dass ihm eine Ausfertigung des Vollstreckungsbescheides und eine Zustellungsbescheinigung vorliegen und die Forderung in Höhe des Vollstreckungsauftrags noch besteht. Die Versicherung muss der **Gläubiger persönlich** abgeben. Ein Bevollmächtigter kann aus eigener Kenntnis in der Regel nicht wissen, ob der Gläubiger die Forderung nicht bereits ganz oder teilweise beigetrieben hat. Auch wenn der Gläubiger das Fortbestehen seiner Inhaberschaft der Forderung nach dem Wortlaut des § 829a Abs. 1 Nr. 4 nicht ausdrücklich versichern muss, darf er die Forderung natürlich auch nicht zB durch Abtretung verloren haben.

§ 830 Pfändung einer Hypothekenforderung

(1) ¹Zur Pfändung einer Forderung, für die eine Hypothek besteht, ist außer dem Pfändungsbeschluss die Übergabe des Hypothekenbriefes an den Gläubiger erforderlich. ²Wird die Übergabe im Wege der Zwangsvollstreckung erwirkt, so gilt sie als erfolgt, wenn der Gerichtsvollzieher den Brief zum Zwecke der Ablieferung an den Gläubiger wegnimmt. ³Ist die Erteilung des Hypothekenbriefes ausgeschlossen, so ist die Eintragung der Pfändung in das Grundbuch erforderlich; die Eintragung erfolgt auf Grund des Pfändungsbeschlusses.

(2) Wird der Pfändungsbeschluss vor der Übergabe des Hypothekenbriefes oder der Eintragung der Pfändung dem Drittschuldner zugestellt, so gilt die Pfändung diesem gegenüber mit der Zustellung als bewirkt.

(3) ¹Diese Vorschriften sind nicht anzuwenden, soweit es sich um die Pfändung der Ansprüche auf die im § 1159 des Bürgerlichen Gesetzbuchs bezeichneten Leistungen handelt. ²Das Gleiche gilt bei einer Sicherungshypothek im Falle des § 1187 des Bürgerlichen Gesetzbuchs von der Pfändung der Hauptforderung.

A. Pfändung einer Hypothekenforderung
  I. Muster: Beschluss zur Pfändung einer Hypothekenforderung
  II. Erläuterungen und Varianten
    [1] Ausfüllung der übrigen Bestandteile des Formulars 2
    [2] Bezeichnung von zu pfändendem Anspruch und Drittschuldner 3
    [3] Akzessorität zwischen gesicherter Forderung und Hypothek ... 4
    [4] Hypothekenzinsen 5
    [5] Teilpfändung und Teilhypothekenbrief 6
    [6] Bezeichnung des Briefhypothekenbriefs für die Hilfsvollstreckung 7
B. Eintragung der Pfändung in das Grundbuch
  I. Muster: Antrag auf Eintragung der Pfändung in das Grundbuch
  II. Erläuterungen und Varianten
    [1] Buchhypothek, Briefhypothek .. 11

A. Pfändung einer Hypothekenforderung

1 I. Muster: Beschluss zur Pfändung einer Hypothekenforderung

▶ Ausschnitt aus Seite 4 des Formulars zu § 829 ZPO[1]

```
Forderung aus Anspruch

  ☒  G   (an Darlehensnehmer und an Hypothekenschuldner)[2]
```

Ausschnitt aus Seite 6 des Formulars zu § 829 ZPO

```
  ☒  Anspruch G
     (Hinweis: betrifft Anspruch an weitere Drittschuldner bzw. schon aufgeführte Drittschuldner, soweit Platz unzureichend)
     an den persönlichen Drittschuldner (Darlehensnehmer)
     auf Rückzahlung des Darlehens über 150.000 €[3] nebst ... % Zinsen[4]
     seit dem ... aus dem Darlehensvertrag vom 8.1.2012
     an den dinglichen Drittschuldner (Hypothekenschuldner/Eigentümer)
```

auf Zahlung aus der Hypothek[3] nebst ... % Zinsen[4] seit dem ..., die
im Grundbuch des Amtsgerichts ... Band ..., Blatt ... in Abteilung III unter
der laufenden Nummer ... auf dem Grundstück ... eingetragen worden ist
und auf Erteilung und Aushändigung eines Teilhypothekenbriefes[5]

Ausschnitt aus Seite 8 des Formulars zu § 829 ZPO

☒ **Es wird angeordnet, dass**
  ☐ der Schuldner die Lohn- oder Gehaltsabrechnung oder die Verdienstbescheinigung einschließlich der entsprechenden Bescheinigungen der letzten drei Monate vor Zustellung des Pfändungs- und Überweisungsbeschlusses an den Gläubiger herauszugeben hat
  ☐ der Schuldner das über das jeweilige Sparguthaben ausgestellte Sparbuch (bzw. die Spaurkunde) an den Gläubiger herauszugeben hat und dieser das Sparbuch (bzw. die Spaurkunde) unverzüglich dem Drittschuldner vorzulegen hat
  ☐ ein von dem Gläubiger zu beauftragender Gerichtsvollzieher für die Pfändung des Inhalts Zutritt zum Schließfach zu nehmen hat
  ☐ der Schuldner die Versicherungspolice an den Gläubiger herauszugeben hat und dieser sie unverzüglich dem Drittschuldner vorzulegen hat
  ☐ der Schuldner die Bausparurkunde und den letzten Kontoauszug an den Gläubiger herauszugeben hat und dieser die Unterlagen unverzüglich dem Drittschuldner vorzulegen hat
  ☒ der Schuldner den Brief, der über die Hypothek, die im Grundbuch
    des Amtsgerichts ... Band ..., Blatt ... in Abteilung III unter der
    laufenden Nummer ... auf dem Grundstück ... eingetragen worden ist,
    an den Gläubiger herauszugeben hat[6]

II. Erläuterungen und Varianten

[1] Wegen des vollständigen Formulars wird auf § 829 verwiesen.

[2] Auf Seite 4 des Formulars zu § 829 sollten die zu pfändenden Ansprüche bzw. die Anspruchsgegner in der Zeile „Anspruch G" mit einer Kurzbezeichnung versehen werden. Falls der persönliche Drittschuldner nicht zugleich auch Eigentümer des mit der Hypothek belasteten Grundstücks ist, muss im Pfändungsbeschluss auf Seite 3 des Formulars der vom persönlichen Drittschuldner verschiedene Eigentümer (= dingliche Drittschuldner) gesondert aufgeführt werden.

[3] Ebenso wie die Hypothek gemäß §§ 401, 1153 Abs. 1 BGB im Falle der Übertragung der gesicherten Forderung stets mitübergeht, so wird die Hypothek auch gemäß § 830 Abs. 1 im Falle der Pfändung der gesicherten Forderung notwendig mitgepfändet. Die gesicherte Forderung kann nicht ohne die Hypothek gepfändet werden und die Hypothek kann nur mittelbar dadurch gepfändet werden, dass die gesicherte Forderung gepfändet wird. Eine Ausnahme bildet die Höchstbetragshypothek, bei der

die gesicherte Forderung gemäß § 1190 Abs. 4 BGB ohne die Hypothek übertragen werden kann und dementsprechend § 837 Abs. 3 auch eine Überweisung der gesicherten Forderung an Zahlungs statt ohne die Hypothek zulässt, was allerdings kaum je im Interesse des Gläubigers liegen dürfte.

5 [4] Der **Zinsanspruch** wird gemäß § 830 Abs. 3 S. 1 ZPO iVm § 1159 BGB wie eine gewöhnliche Forderung allein nach § 829 gepfändet und nach §§ 835 f überwiesen. Dementsprechend ist hinsichtlich des Zinsanspruchs gemäß §§ 829 Abs. 3, 835 Abs. 3 S. 1 die Zustellung des Pfändungs- und Überweisungsbeschlusses an den Drittschuldner zwingende Wirksamkeitsvoraussetzung. Die Sonderregelungen des § 830 Abs. 1 und 2 gelten insoweit nicht, selbst wenn der Zinsanspruch mit der Hypothekenforderung gepfändet wird.

6 [5] Bei einer **Teilpfändung** einer Briefhypothek benötigt der Gläubiger für das Wirksamwerden der Pfändung einen entsprechenden **Teilhypothekenbrief**. Der Nebenanspruch auf Übergabe des Briefes an das Grundbuchamt oder einen Notar zum Zwecke der Erstellung des erforderlichen Teilbriefes (§§ 1152 BGB, 61 GBO) dürfte dem Gläubiger auch ohne besonderen Ausspruch im Pfändungsbeschluss zustehen. Zur Klarstellung sollte dies aber ausdrücklich ausgesprochen werden.

7 [6] Zur Pfändung einer Forderung, die durch eine **Briefhypothek** gesichert ist, genügt nicht allein der Pfändungsbeschluss, sondern der Gläubiger muss zusätzlich in den Besitz des Briefes gelangen (§ 830 Abs. 1 S. 1). Übergibt der Schuldner den Brief nicht freiwillig, so kann die Wegnahme gemäß § 883 im Wege der **Hilfspfändung** aufgrund des Pfändungsbeschlusses durchgeführt werden, der gemäß § 836 Abs. 3 S. 5 als **Herausgabetitel** fungiert. Gemäß § 830 Abs. 1 S. 2 gilt die Übergabe des Briefs dann bereits mit Wegnahme durch den Gerichtsvollzieher als bewirkt und nicht erst mit Ablieferung an den Gläubiger. Ist ein Dritter im Besitz des Briefes und nicht zur Herausgabe bereit, so bleibt dem Gläubiger nichts anderes übrig als sich den Herausgabeanspruch des Schuldners gegen den Dritten gemäß § 886 überweisen zu lassen und anschließend die Herausgabevollstreckung gegen den Dritten zu richten (vgl BGH NJW 1979, 2045).

8 Die **Überweisung der Hypothekenforderung** (= Hypothek) berechtigt den Gläubiger, gemäß § 1147 BGB auf Duldung der Zwangsvollstreckung gegen den Grundstückseigentümer zu klagen und aus dem obsiegenden Urteil die Vollstreckung in das Grundstück zu betreiben. Nach § 837 Abs. 1 S. 1 wird die Überweisung einer Hypothekenforderung zur Einziehung an sich schon mit Aushändigung des Überweisungsbeschlusses an den Gläubiger wirksam. § 837 Abs. 1 S. 1 setzt allerdings eine „gepfändete Forderung" voraus. Die **Überweisung kann also nicht vor der Pfändung der gesicherten Forderung wirksam werden**, die ihrerseits gemäß § 830 Abs. 1 im Falle einer Briefhypothek die Übergabe des Hypothekenbriefs und im Falle der Buchhypothek die Eintragung im Grundbuch voraussetzt.

9 Bei einer **Buchhypothek** ist stattdessen die Eintragung des Gläubigers in das Grundbuch zur Pfändung der gesicherten Forderung nebst Hypothek erforderlich (§ 830 Abs. 1 S. 3). Siehe Muster Rn 11.

B. Eintragung der Pfändung in das Grundbuch

I. Muster: Antrag auf Eintragung der Pfändung in das Grundbuch   10

▶ An das Amtsgericht ...
– Grundbuchamt –
In der Zwangsvollstreckungssache

... ./. ...

beantragen wir namens und in Vollmacht des Gläubigers,

die Pfändung des Gläubigers der im Grundbuch des Amtsgerichts ... Band ..., Blatt ... in der Abteilung III unter der laufenden Nummer ... eingetragenen Hypothek einzutragen.[1]

Anlagen:
1. Pfändungs- und Überweisungsbeschlusses des Amtsgerichts ... vom ... (Az ...)
2. Zustellungsurkunde vom ... hinsichtlich des Drittschuldners ...

Wir bitten um anschließende Rücksendung dieser Vollstreckungsunterlagen. ◀

II. Erläuterungen und Varianten

[1] Bei einer durch eine **Buchhypothek** gesicherten Forderung hat die **Eintragung ins Grundbuch** für die Pfändung **konstitutive Wirkung**.   11

Bei einer **Briefhypothek** stellt dagegen die Eintragung nur eine **Berichtigung** dar, weil die Pfändung schon mit Erlangung des Briefes durch den Gläubiger wirksam geworden ist. Um einen gutgläubigen Erwerb eines Dritten zu verhindern, ist eine Berichtigung jedoch sinnvoll. Zum Nachweis der Unrichtigkeit des Grundbuchs (§ 22 GBO) muss die Erlangung des Briefs durch den Gläubiger durch dessen Vorlage belegt werden. Die Liste der Anlagen ist also zu erweitern: 12

▶ 3. Hypothekenbrief Nr. ... über ... EUR ◀

Falls der Schuldner zwar nicht im Grundbuch voreingetragen ist, aber eine lückenlose Kette von beglaubigten Abtretungserklärungen iSd §§ 39 GBO, 1155 BGB bis zurück zum letzten eingetragenen Hypothekengläubiger vorhanden ist, müssen auch alle beglaubigten Abtretungserklärungen vorgelegt werden. Die Liste der Anlagen ist also zu erweitern: 13

▶ 4. beglaubigte Abtretungserklärung vom ... zwischen ... und ... ◀

§ 830 a Pfändung einer Schiffshypothekenforderung

(1) Zur Pfändung einer Forderung, für die eine Schiffshypothek besteht, ist die Eintragung der Pfändung in das Schiffsregister oder in das Schiffsbauregister erforderlich; die Eintragung erfolgt auf Grund des Pfändungsbeschlusses.

(2) Wird der Pfändungsbeschluss vor der Eintragung der Pfändung dem Drittschuldner zugestellt, so gilt die Pfändung diesem gegenüber mit der Zustellung als bewirkt.

(3) ¹Diese Vorschriften sind nicht anzuwenden, soweit es sich um die Pfändung der Ansprüche auf die im § 53 des Gesetzes über Rechte an eingetragenen Schiffen und Schiffsbauwerken vom 15. November 1940 (RGBl. I S. 1499) bezeichneten Leistun-

gen handelt. ²Das Gleiche gilt, wenn bei einer Schiffshypothek für eine Forderung aus einer Schuldverschreibung auf den Inhaber, aus einem Wechsel oder aus einem anderen durch Indossament übertragbaren Papier die Hauptforderung gepfändet wird.

1 Auf die Erläuterungen zu § 830 zur Buchhypothek kann verwiesen werden. Das dort Gesagt gilt entsprechend. Die Schiffshypothek ist stets Buchhypothek, so dass zur Pfändung ein Pfändungsbeschluss und die Eintragung ins Schiffsregister erforderlich ist Zöller/*Stöber*, Rn 1.

§ 831 Pfändung indossabler Papiere

Die Pfändung von Forderungen aus Wechseln und anderen Papieren, die durch Indossament übertragen werden können, wird dadurch bewirkt, dass der Gerichtsvollzieher diese Papiere in Besitz nimmt.

1 Die Pfändung gemäß § 831 erfolgt allein durch Inbesitznahme des Papiers durch den Gerichtsvollzieher, so dass ein Pfändungsbeschluss überflüssig ist. Die Vorschrift des § 831 gilt insbesondere für Wechsel (Art. 11 WG), Orderschecks (Art. 14 SchG) und handelsrechtliche Wertpapiere (§ 363 Abs. 1 HGB), soweit sie an Order lauten, wozu auch Konnossemente der Verfrachter, Ladescheine der Frachtführer, Lagerscheine sowie Transportversicherungspolicen zählen (§ 363 Abs. 2 HGB).

2 Wie sich aus der systematischen Stellung des § 831 ergibt, erfolgt die Verwertung nach den Regeln der Vollstreckung in Geldforderung und mithin durch **Überweisung** gemäß §§ 835, 836. Es ergeht also ein gesonderter Überweisungsbeschluss, in dem die Überweisung zur Einziehung oder an Zahlungs statt ausgesprochen wird. Wie ein isolierter Überweisungsbeschluss beantragt wird, wird unter § 835 dargestellt.

§ 832 Pfändungsumfang bei fortlaufenden Bezügen

Das Pfandrecht, das durch die Pfändung einer Gehaltsforderung oder einer ähnlichen in fortlaufenden Bezügen bestehenden Forderung erworben wird, erstreckt sich auch auf die nach der Pfändung fällig werdenden Beträge.

§ 833 Pfändungsumfang bei Arbeits- und Diensteinkommen

(1) ¹Durch die Pfändung eines Diensteinkommens wird auch das Einkommen betroffen, das der Schuldner infolge der Versetzung in ein anderes Amt, der Übertragung eines neuen Amtes oder einer Gehaltserhöhung zu beziehen hat. ²Diese Vorschrift ist auf den Fall der Änderung des Dienstherrn nicht anzuwenden.
(2) Endet das Arbeits- oder Dienstverhältnis und begründen Schuldner und Drittschuldner innerhalb von neun Monaten ein solches neu, so erstreckt sich die Pfändung auf die Forderung aus dem neuen Arbeits- oder Dienstverhältnis.

§ 833a Pfändungsumfang bei Kontoguthaben
Die Pfändung des Guthabens eines Kontos bei einem Kreditinstitut umfasst das am Tag der Zustellung des Pfändungsbeschlusses bei dem Kreditinstitut bestehende Guthaben sowie die Tagesguthaben der auf die Pfändung folgenden Tage.

§ 834 Keine Anhörung des Schuldners
Vor der Pfändung ist der Schuldner über das Pfändungsgesuch nicht zu hören.

§ 835 Überweisung einer Geldforderung
(1) Die gepfändete Geldforderung ist dem Gläubiger nach seiner Wahl zur Einziehung oder an Zahlungs statt zum Nennwert zu überweisen.
(2) Im letzteren Fall geht die Forderung auf den Gläubiger mit der Wirkung über, dass er, soweit die Forderung besteht, wegen seiner Forderung an den Schuldner als befriedigt anzusehen ist.
(3) ¹Die Vorschriften des § 829 Abs. 2, 3 sind auf die Überweisung entsprechend anzuwenden. ²Wird ein bei einem Kreditinstitut gepfändetes Guthaben eines Schuldners, der eine natürliche Person ist, dem Gläubiger überwiesen, so darf erst vier Wochen nach der Zustellung des Überweisungsbeschlusses an den Drittschuldner aus dem Guthaben an den Gläubiger geleistet oder der Betrag hinterlegt werden; ist künftiges Guthaben gepfändet worden, ordnet das Vollstreckungsgericht auf Antrag zusätzlich an, dass erst vier Wochen nach der Gutschrift von eingehenden Zahlungen an den Gläubiger geleistet oder der Betrag hinterlegt werden darf.
(4) ¹Wird künftiges Guthaben auf einem Pfändungsschutzkonto im Sinne von § 850k Absatz 7 gepfändet und dem Gläubiger überwiesen, darf der Drittschuldner erst nach Ablauf des nächsten auf die jeweilige Gutschrift von eingehenden Zahlungen folgenden Kalendermonats an den Gläubiger leisten oder den Betrag hinterlegen. ²Das Vollstreckungsgericht kann auf Antrag des Gläubigers eine abweichende Anordnung treffen, wenn die Regelung des Satzes 1 unter voller Würdigung des Schutzbedürfnisses des Schuldners für den Gläubiger eine unzumutbare Härte verursacht.
(5) Wenn nicht wiederkehrend zahlbare Vergütungen eines Schuldners, der eine natürliche Person ist, für persönlich geleistete Arbeiten oder Dienste oder sonstige Einkünfte, die kein Arbeitseinkommen sind, dem Gläubiger überwiesen werden, so darf der Drittschuldner erst vier Wochen nach der Zustellung des Überweisungsbeschlusses an den Gläubiger leisten oder den Betrag hinterlegen.

A. Isolierter Überweisungsbeschluss
  I. Muster: Antrag auf Erlass eines isolierten Überweisungsbeschlusses
  II. Erläuterungen
    [1] Antrag auf isolierten Pfändungsbeschluss 2
    [2] Ankreuzen nur des Überweisungsbeschlusses 4
    [3] Vorliegen der Vollstreckungsvoraussetzungen 5
    [4] Pfändungsbeschluss als Anlage 6

B. Überweisungsbeschluss
  I. Muster: Überweisungsbeschluss
  II. Erläuterungen
    [1] Anpassungen des Formulars 8
    [2] Ausstreichen des Pfändungsausspruchs 9
    [3] Bezeichnung erforderlicher Urkunde für die Hilfsvollstreckung 10
    [4] Überweisung zur Einziehung... 11
    [5] Überweisung an Zahlungs statt 12

A. Isolierter Überweisungsbeschluss

I. Muster: Antrag auf Erlass eines isolierten Überweisungsbeschlusses

▶ Ausschnitte aus Seite 1 des Formulars zu § 829 ZPO[1]

> Antrag auf Erlass eines Pfändungs- und Überweisungsbeschlusses insbesondere wegen gewöhnlicher Geldforderungen
> Es wird beantragt, den nachfolgenden Entwurf als Beschluss auf ☐ Pfändung ☐ und
> ☒ Überweisung zu erlassen.[2]
> ☒ Zugleich wird beantragt, die Zustellung zu vermitteln (☒ mit der Aufforderung nach § 840 der Zivilprozessordnung – ZPO).
> ☐ Die Zustellung wird selbst veranlasst.
>
> Anlagen:
> ☒ Schuldtitel und 3 Vollstreckungsunterlagen[3]
> ☐ Erklärung über die persönlichen und wirtschaftlichen Verhältnisse nebst ___ Belegen
> ☒   isolierter Pfändungsbeschluss
>   vom 6.12.2014 des AG Bochum[4]
>
> ☐ Verrechnungsscheck für Gerichtskosten
> ☒ Gerichtskostenstempler

II. Erläuterungen

[1] Wie ein einheitlicher Pfändungs- und Überweisungsbeschluss beantragt wird, ist unter § 829 dargestellt worden. Hier soll nur noch die Beantragung eines isolierten Überweisungsbeschlusses erläutert werden, der noch für die Verwertung erforderlich ist, wenn bisher nur ein isolierter Pfändungsbeschluss vorliegt. Für den **Erlass eines gesonderten Überweisungsbeschlusses** besteht in der Regel nur dann Anlass, wenn eine Überweisung zum Zeitpunkt der Pfändung noch nicht möglich war. Das ist bei der Vollziehung eines Arrestes nach den §§ 929 ff und einer Sicherungsvollstreckung nach § 720a der Fall, denn in diesen beiden Fällen ist der Gläubiger zum Zeitpunkt der Pfändung (noch) nicht zur Befriedigung aus der gepfändeten Forderung berechtigt. Ferner ergeht ein gesonderter Überweisungsbeschluss bei Pfändung indossabler Papiere iSd § 831, weil die Pfändung durch Inbesitznahme durch den Gerichtsvollzieher erfolgt und es damit keinen Pfändungsbeschluss gibt, mit dem der Überweisungsbeschluss zusammen ergehen könnte.

[3] Wegen des bestehenden Formularzwangs (siehe Kommentierung zu § 829) sollte zur Beantragung das vom Bundesministerium der Justiz herausgegebene Formular verwandt werden, auch wenn dieses nur unvollkommene Anpassungsmöglichkeiten für die Beantragung eines isolierten Überweisungsbeschlusses vorsieht.

Abschnitt 2 | Zwangsvollstreckung wegen Geldforderungen § 835

[2] Im ersten Kasten in der rechten Spalte der Antragsseite ist ausdrücklich die Möglichkeit vorgesehen, nur einen isolierten Überweisungsbeschluss zu beantragen.

[3] Zum Zeitpunkt der Beantragung des gesonderten Überweisungsbeschlusses müssen weiterhin insbesondere die allgemeinen Zwangsvollstreckungsvoraussetzungen nach § 750 vorliegen und nachgewiesen werden. Falls zunächst nur eine Sicherungsvollstreckung nach § 720a durch isolierte Pfändung durchgeführt worden ist, muss nun der Nachweis über die Erbringung der Sicherheitsleistung oder das Rechtskraftzeugnis gemäß § 706 Abs 1 vorgelegt werden.

[4] Der bereits ergangene Pfändungsbeschluss muss als Anlage dem Antrag beigefügt werden. Voraussetzung für die Überweisung ist nämlich eine vorherige oder gleichzeitige Pfändung des zu überweisenden Anspruchs.

B. Überweisungsbeschluss

I. Muster: Überweisungsbeschluss

▶ Ausschnitt aus Seite 2 des Formulars zu § 829 ZPO

☐ Pfändungs- ☐ und ☒ Überweisungs-Beschluss

in der Zwangsvollstreckungssache[1]

Ausschnitt aus Seite 3 des Formulars zu § 829 ZPO

~~Wegen dieser Ansprüche sowie wegen der Kosten für diesen Beschluss (vgl. Kostenrechnung) und wegen der Zustellungskosten für diesen Beschluss wird / werden die nachfolgend aufgeführte / -n angebliche / -n Forderung / -en des Schuldners gegenüber dem Drittschuldner – einschließlich der künftig fällig werdenden Beträge – so lange~~ gepfändet, bis der Gläubigeranspruch gedeckt ist.[2]

Ausschnitte aus Seite 8 des Formulars zu § 829 ZPO

☒ **Es wird angeordnet, dass**[3]
    ☐ der Schuldner die Lohn- oder Gehaltsabrechnung oder die Verdienstbescheinigung einschließlich der entsprechenden Bescheinigungen der letzten drei Monate vor Zustellung des Pfändungs- und Überweisungsbeschlusses an den Gläubiger herauszugeben hat
    ☒ der Schuldner das über das jeweilige Sparguthaben ausgestellte Sparbuch (bzw. die Sparurkunde) an den Gläubiger herauszugeben hat und dieser das Sparbuch (bzw. die Sparurkunde) unverzüglich dem Drittschuldner vorzulegen hat
    ☐ ein von dem Gläubiger zu beauftragender Gerichtsvollzieher für die Pfändung des Inhalts Zutritt zum Schließfach zu nehmen hat
    ☐ der Schuldner die Versicherungspolice an den Gläubiger herauszugeben hat und dieser sie unverzüglich dem Drittschuldner vorzulegen hat
    ☐ der Schuldner die Bausparurkunde und den letzten Kontoauszug an den Gläubiger herauszugeben hat und dieser die Unterlagen unverzüglich dem Drittschuldner vorzulegen hat
    ☐

Der Drittschuldner darf, soweit die Forderung gepfändet ist, an den Schuldner nicht mehr zahlen. Der Schuldner darf insoweit nicht über die Forderung verfügen, sie insbesondere nicht einziehen.

☒ Zugleich wird dem Gläubiger die zuvor bezeichnete Forderung in Höhe des gepfändeten Betrages

    ☒ zur Einziehung überwiesen.[4]   ☐ an Zahlungs statt überwiesen.[5]

II. Erläuterungen

8   [1] Auf der zweiten Seite des Formulars zur Forderungspfändung (siehe § 829) muss an einer weiteren Stelle angekreuzt werden, dass nur ein Überweisungsbeschluss beantragt wird. Leider sieht das vom Bundesministerium der Justiz vorgegebene Formular nicht die Möglichkeit vor, wegen der Bezeichnung von Gläubiger, Schuldner, Drittschuldner, zu vollstreckender Forderung und gepfändeter Forderung einfach auf den Pfändungsbeschluss zu verweisen. Das bedeutet, dass alle diese Angaben vom Pfändungsbeschluss abgeschrieben und in den beantragten Überweisungsbeschluss-Entwurf übertragen werden müssen.

9   [2] Liegt eine Pfändung schon vor und soll deshalb nur ein isolierter Pfändungsbeschluss erlassen werden, muss der nicht passende Pfändungsausspruch aus dem Formular ausgestrichen werden. An dieser Stelle zeigt sich, dass der Fall eines isolierten Überweisungsbeschlusses durch das Formular nur unvollkommen berücksichtigt worden ist.

10   [3] Für die Hilfsvollstreckung nach § 836 Abs. 3 S. 5 ist erforderlich, dass herauszugebende Urkunden **im Überweisungsbeschluss ausreichend bestimmt bezeichnet** sind (BGH NJW-RR 2006, 1576). Falls möglich, sollten die Urkunden schon bei Beantragung des Überweisungsbeschlusses genau bezeichnet werden. Fehlen hierzu aber die nötigen Informationen oder wurde die Auflistung der Urkunden vergessen, kann die Bezeichnung der Urkunden notfalls später durch einen Ergänzungsbeschluss nachgeholt werden.

11   [4] Im Falle der **Überweisung zur Einziehung** gemäß §§ 835 Abs. 1, 836 Abs. 1 erhält der Gläubiger in Bezug auf die gepfändete Forderung eine materielle Einziehungsbefugnis. Seine Forderung gegenüber dem Schuldner verliert er nicht und kann sich bei Scheitern der Einziehung weiter an den Schuldner halten. Aus diesem Grund ist die Überweisung zur Einziehung im Regelfall die günstigere Art der Überweisung und ist im Formular als „Standard-Überweisungsart" durch Fettdruck hervorgehoben worden. Inhaber der gepfändeten Forderung bleibt der Schuldner. Aufgrund seiner Einziehungsbefugnis kann der Gläubiger jedoch Zahlung an sich verlangen und ggf Zahlungsklage (siehe Muster zu § 841) erheben. In dem Umfang, in dem der Drittschuldner leistet, erlischt die Forderung des Gläubigers gegen dem Schuldner.

Abschnitt 2 | Zwangsvollstreckung wegen Geldforderungen § 836

[5] Alternativ kann der Gläubiger auch gemäß § 835 Abs. 2 die **Überweisung an Zahlungs statt zum Nennwert** beantragen.
Bei dieser Art der Überweisung tauscht der Gläubiger seine Forderung gegen den Schuldner gegen die Forderung gegen den Drittschuldner. Weil er hierbei gemäß § 835 Abs. 2 seine Forderung gegen den Schuldner verliert, kann er sich nicht mehr an den Schuldner halten, falls sich der Drittschuldner als nicht leistungsfähig erweist. Bestand die gepfändete und überwiesene Forderung gegenüber dem Drittschuldner nicht, so sind Pfändung und Überweisung nichtig, so dass der Gläubiger auch nicht gemäß § 835 Abs. 2 seine Forderung gegen den Schuldner verloren hat. Voraussetzung der Überweisung an Zahlungs statt ist, dass der Anspruch überhaupt einen Nennwert hat.

§ 836 Wirkung der Überweisung

(1) Die Überweisung ersetzt die förmlichen Erklärungen des Schuldners, von denen nach den Vorschriften des bürgerlichen Rechts die Berechtigung zur Einziehung der Forderung abhängig ist.
(2) Der Überweisungsbeschluss gilt, auch wenn er mit Unrecht erlassen ist, zugunsten des Drittschuldners dem Schuldner gegenüber so lange als rechtsbeständig, bis er aufgehoben wird und die Aufhebung zur Kenntnis des Drittschuldners gelangt.
(3) ¹Der Schuldner ist verpflichtet, dem Gläubiger die zur Geltendmachung der Forderung nötige Auskunft zu erteilen und ihm die über die Forderung vorhandenen Urkunden herauszugeben. ²Erteilt der Schuldner die Auskunft nicht, so ist er auf Antrag des Gläubigers verpflichtet, sie zu Protokoll zu geben und seine Angaben an Eides statt zu versichern. ³Der gemäß § 802 e zuständige Gerichtsvollzieher lädt den Schuldner zur Abgabe der Auskunft und eidesstattlichen Versicherung. ⁴Die Vorschriften des § 802 f Abs. 4 und der §§ 802 g bis 802 i, 802 j Abs. 1 und 2 gelten entsprechend. ⁵Die Herausgabe der Urkunden kann von dem Gläubiger im Wege der Zwangsvollstreckung erwirkt werden.

A. Auskunftsverlangen gegenüber dem Schuldner
   I. Muster: Auskunftsverlangen gegenüber dem Schuldner, § 836 Abs. 3 S. 1
   II. Erläuterungen
      [1] Auskunftspflicht 2
      [2] Herausgabe 3
B. Protokollaufnahme und Versicherung an Eides statt
   I. Muster: Antrag auf Protokollaufnahme und Versicherung an Eides statt, § 836 Abs. 3 S. 2
   II. Erläuterungen
      [1] Eidesstattliche Versicherung 5
C. Hilfspfändung
   I. Muster: Antrag auf Hilfspfändung, § 836 Abs. 3 S. 3
   II. Erläuterungen
      [1] Herausgabe der Urkunden ... 7

A. Auskunftsverlangen gegenüber dem Schuldner

I. Muster: Auskunftsverlangen gegenüber dem Schuldner, § 836 Abs. 3 S. 1

▶ An Herrn ... [Schuldner]
In der Zwangsvollstreckungssache

... ./. ...

namens und in Vollmacht des Gläubigers fordern wir Sie gemäß § 836 Abs. 3 S. 1 ZPO hinsichtlich ihrer Forderung gegen Herrn ... [Drittschuldner], die dem Gläubiger mit Pfändungs- und Überweisungsbeschluss des Amtsgerichts ... vom ... (Az ...) zur Einziehung überwiesen worden ist, zur Auskunft[1] auf:

1. in welcher Höhe die Forderung derzeit besteht;
2. ob berechtigterweise vom Drittschuldner Einwendungen erhoben werden können;
3. ob die Forderung durch Bürgen oder andere Sicherungsmittel gesichert ist;
4. ob und ggf welche Urkunden hinsichtlich der Forderung oder Sicherungsmittel vorhanden sind, welche als Beweismittel bei der Geltendmachung genutzt werden können.

Alle Urkunden, welche die Forderung und Sicherheiten betreffen, sind dem Gläubiger gemäß § 836 Abs. 3 S. 1 ZPO herauszugeben.[2]

Zur Auskunftserteilung und Herausgabe der Urkunden setzten wir Ihnen einer Frist bis zum ...

Vorsorglich weisen wir Sie darauf hin, dass Sie im Falle einer Weigerung auf Antrag des Gläubigers die verlangten Auskünfte gegenüber dem Gerichtsvollzieher zur Protokoll abgeben und an Eides statt versichern müssen. Falls Sie die Urkunden nicht freiwillig herausgeben, können diese Ihnen vom Gerichtsvollzieher im Wege der Hilfsvollstreckung gemäß § 836 Abs. 3 S. 3 ZPO weggenommen werden.

...

Rechtsanwalt ◄

II. Erläuterungen

2 [1] Nach § 836 Abs. 3 S. 1 hat der Schuldner alle Auskünfte zu erteilen, welche zur Geltendmachung der Forderung erforderlich sind. Hierzu muss der Gläubiger konkrete Fragen formulieren. Welche Fragen sinnvoll sind, hängt vom konkreten Einzelfall ab. Die **Auskunftspflicht** erstreckt sich nicht auf Tatsachen, welche einer Verschwiegenheitspflicht unterliegen (OLG Stuttgart NJW 1994, 2838). Bei Pfändung eines möglichen Steuererstattungsanspruchs kann der Gläubiger vom Schuldner auch nicht analog § 836 Abs. 3 S. 1 die Abgabe der Einkommensteuererklärung und sonstige Verfahrenshandlungen des Schuldners im Steuerfestsetzungsverfahren verlangen (BGH NJW 2008, 1675).

3 [2] Nach § 836 Abs. 3 S. 1 hat der Schuldner auch „alle vorhandenen **Urkunden** über die Forderung" **herauszugeben**. Die Verpflichtung besteht auch dann, wenn die Urkunden im Pfändungs- und Überweisungsbeschluss nicht aufgelistet sind und ihre Herausgabe nicht angeordnet worden ist. Die genaue Bezeichnung im Beschluss ist erst erforderlich, wenn aufgrund des Pfändungs- und Überweisungsbeschlusses eine Herausgabevollstreckung betrieben werden soll (Rn 4). Nach Sinn und Zweck des § 836 Abs. 3 S. 1 ist die Vorschrift weit auszulegen (BGH NJW 2007, 606). Herauszugeben sind Urkunden, aus denen sich die Empfangsberechtigung des Gläubigers ergibt sowie solche, die den Bestand der Forderung beweisen oder sonst der Ermittlung oder dem Nachweis ihrer Höhe, Fälligkeit oder Einredefreiheit dienen (BGH NJW 2003, 1256). Bei einer überwiesenen Lohnforderung gehören neben der laufenden **Lohnabrechnung** auch die letzten drei Lohnabrechnungen aus der Zeit vor der

Pfändung zu den „über die Forderung vorhandenen Urkunden" (BGH aaO), damit der Gläubiger überprüfen kann, ob die aktuelle Lohnabrechnung eventuell auffällige Abweichungen zur früheren aufweist. **EC-Karten** fallen dagegen nicht unter § 836 Abs. 3 S. 1 und können im Falle einer Kontenpfändung nicht herausverlangt werden (BGH NJW 2003, 1256).

B. Protokollaufnahme und Versicherung an Eides statt

I. Muster: Antrag auf Protokollaufnahme und Versicherung an Eides statt, § 836 Abs. 3 S. 2

4

▶ An das Amtsgericht ...
– Verteilungsstelle für Gerichtsvollzieheraufträge –
In der Zwangsvollstreckungssache

beantragen wir namens und in Vollmacht des Gläubigers,
gemäß §§ 836 Abs. 3 S. 2 ZPO Termin zur Auskunftserteilung und zur Abgabe der Versicherung an Eides statt zu bestimmen und dem Schuldner folgenden Fragenkatalog vorzulegen:[1]
1. In welcher Höhe besteht derzeit die Forderung?
2. Können berechtigterweise vom Drittschuldner Einwendungen erhoben werden?
3. Ist die Forderung durch Bürgen oder andere Sicherungsmittel gesichert?
4. Sind Urkunden über die Forderung oder Sicherungsmittel vorhanden?
Für den Fall, dass der Schuldner verzogen sein sollte, wird beantragt,
die Sache an den zuständigen Gerichtsvollzieher am Wohnsitze des Schuldners abzugeben.
Für den Fall, dass der Schuldner dem Termin unentschuldigt fernbleibt oder die Auskunft verweigert,
wird beim Vollstreckungsgericht Erlass eines Haftbefehls und Erteilung einer Ausfertigung an uns beantragt.

Begründung

Durch Pfändungs- und Überweisungsbeschluss des Amtsgerichts ... vom ... (Az ...) ist die ...forderung des Schuldners gegen den Drittschuldner gepfändet und ihm zur Einziehung überwiesen worden. Der Gläubiger hat den Schuldner gemäß § 836 Abs. 3 S. 1 ZPO zur Auskunft aufgefordert. Der Aufforderung ist der Schuldner nicht nachgekommen.
Anlagen
1. Pfändungs- und Überweisungsbeschluss des Amtsgerichts ... vom ... (Az ...)
2. Zustellungsurkunde bzgl des Drittschuldners vom ...
3. Aufforderungsschreiben an den Schuldner von ...
...
Rechtsanwalt ◀

II. Erläuterungen

[1] Falls der Schuldner das Aufforderungsschreiben nach § 836 Abs. 3 S. 1 nicht beantwortet, kann der Gläubiger den Gerichtsvollzieher gemäß § 836 Abs. 3 S. 2 mit

5

der Aufnahme eines Protokolls und der Abnahme der **eidesstattlichen Versicherung** beauftragen.

C. Hilfspfändung

6 **I. Muster: Antrag auf Hilfspfändung, § 836 Abs. 3 S. 3**

▶ An das Amtsgericht ▪▪▪
– Verteilungsstelle für Gerichtsvollzieheraufträge –
In der Zwangsvollstreckungssache

▪▪▪ ./. ▪▪▪

beantragen wir namens und in Vollmacht des Gläubigers,

im Wege der Hilfsvollstreckung gemäß §§ 836 Abs. 3 S. 3, 883 ZPO dem Schuldner die Urkunde ▪▪▪ wegzunehmen und dem Gläubiger zu übergeben.[1]

Begründung

Durch Pfändungs- und Überweisungsbeschluss des Amtsgerichts ▪▪▪ vom ▪▪▪ (Az ▪▪▪) ist die ▪▪▪forderung des Schuldners gegen den Drittschuldner gepfändet und ihm zur Einziehung überwiesen worden. Durch Ergänzungsbeschluss vom ▪▪▪ (Az ▪▪▪) hat das Vollstreckungsgericht angeordnet, dass dem Gläubiger die Urkunde ▪▪▪ auszuhändigen ist. Da der Schuldner der Aufforderung zur Herausgabe nicht nachgekommen ist, bedarf es nun der Hilfsvollstreckung gemäß §§ 836 Abs. 3 S. 3, 883 ZPO.

Anlagen

1. Pfändungs- und Überweisungsbeschluss des Amtsgerichts ▪▪▪ vom ▪▪▪ (Az ▪▪▪)
2. Zustellungsurkunde bzgl des Drittschuldners vom ▪▪▪ und bzgl des Schuldners vom ▪▪▪
3. Ergänzungsbeschluss vom ▪▪▪ (Az ▪▪▪)
4. Zustellungsurkunde bzgl des Schuldners vom ▪▪▪

▪▪▪ ◀

II. Erläuterungen

7 [1] Aufgrund des Pfändungs- und Überweisungsbeschlusses kann gemäß §§ 836 Abs. 3 S. 5, 883 die **Herausgabe der Urkunden im Wege der Zwangsvollstreckung** erzwungen werden. Der Pfändungs- und Überweisungsbeschluss stellt insoweit einen Titel dar. Voraussetzung ist jedoch, dass die herausverlangten Urkunden **im Pfändungs- Überweisungsbeschluss ausreichend bestimmt bezeichnet** sind (BGH NJW-RR 2006, 1576). Fehlt es hieran, muss der Gläubiger beim Vollstreckungsgericht eine entsprechende Ergänzung des Pfändungs- und Überweisungsbeschlusses beantragen (BGH aaO). Ferner muss der Pfändungs- und Überweisungsbeschluss gemäß § 750 Abs. 1 spätestens bei Beginn der Vollstreckung zugestellt werden.

§ 837 Überweisung einer Hypothekenforderung

(1) ¹Zur Überweisung einer gepfändeten Forderung, für die eine Hypothek besteht, genügt die Aushändigung des Überweisungsbeschlusses an den Gläubiger. ²Ist die Er-

teilung des Hypothekenbriefes ausgeschlossen, so ist zur Überweisung an Zahlungs statt die Eintragung der Überweisung in das Grundbuch erforderlich; die Eintragung erfolgt auf Grund des Überweisungsbeschlusses.

(2) ¹Diese Vorschriften sind nicht anzuwenden, soweit es sich um die Überweisung der Ansprüche auf die im § 1159 des Bürgerlichen Gesetzbuchs bezeichneten Leistungen handelt. ²Das Gleiche gilt bei einer Sicherungshypothek im Falle des § 1187 des Bürgerlichen Gesetzbuchs von der Überweisung der Hauptforderung.

(3) Bei einer Sicherungshypothek der im § 1190 des Bürgerlichen Gesetzbuchs bezeichneten Art kann die Hauptforderung nach den allgemeinen Vorschriften gepfändet und überwiesen werden, wenn der Gläubiger die Überweisung der Forderung ohne die Hypothek an Zahlungs statt beantragt.

A. Muster: Antrag auf Eintragung bei Überweisung an Zahlungs statt

▶ An das Amtsgericht ...

– Grundbuchamt –

In der Zwangsvollstreckungssache

... ./. ...

beantragen wir namens und in Vollmacht des Gläubigers,

den Gläubiger als neuen Inhaber der im Grundbuch des Amtsgerichts ... Band ..., Blatt ... in der Abteilung III unter der laufenden Nummer ... eingetragenen Hypothek einzutragen.[1]

Anlagen:
1. Pfändungs- und Überweisungsbeschlusses des Amtsgerichts ... vom ... (Az ...)
2. Zustellungsurkunde vom ... hinsichtlich des Drittschuldners ...

Wir bitten um anschließende Rücksendung dieser Vollstreckungsunterlagen. ◀

B. Erläuterungen

[1] Die Pfändung und Überweisungsanordnung ergehen auch hinsichtlich einer Hypothekenforderung in einem **einheitlichen Beschluss** (siehe Muster zu § 830). Hinsichtlich des statthaften **Rechtsbehelfs** wird auf Rn 12 zu § 829 verwiesen.

Nach § 837 Abs. 1 S. 2 ist bei der **Überweisung einer Buchhypothek an Zahlungs statt** zusätzlich die Eintragung in das Grundbuch erforderlich. Mit Eintragung wird der Gläubiger neuer Inhaber der Hypothek. Bei der **Überweisung einer Briefhypothek an Zahlungs statt** ersetzt der Überweisungsbeschluss die Abtretungserklärung iSd § 1154 BGB Zöller/*Stöber* Rn 6. Wenn der Gläubiger auch den Brief erhalten hat, ist er bereits ohne Änderung des Grundbuchs neuer Inhaber der Briefhypothek geworden. Der Eintrag ins Grundbuch stellt dann nur noch eine – allerdings sinnvolle – Grundbuchberichtigung dar.

Bei der Überweisung einer Hypothek zur Einziehung kann nur die Pfändung, aber nicht auch die Überweisung eingetragen werden, weil die Hypothek nicht auf den Gläubiger übergeht, sondern dieser nur eine Einziehungsbefugnis erlangt Zöller/*Stöber* Rn 6.

§ 837a Überweisung einer Schiffshypothekenforderung

(1) ¹Zur Überweisung einer gepfändeten Forderung, für die eine Schiffshypothek besteht, genügt, wenn die Forderung zur Einziehung überwiesen wird, die Aushändigung des Überweisungsbeschlusses an den Gläubiger. ²Zur Überweisung an Zahlungs statt ist die Eintragung der Überweisung in das Schiffsregister oder in das Schiffsbauregister erforderlich; die Eintragung erfolgt auf Grund des Überweisungsbeschlusses.

(2) ¹Diese Vorschriften sind nicht anzuwenden, soweit es sich um die Überweisung der Ansprüche auf die im § 53 des Gesetzes über Rechte an eingetragenen Schiffen und Schiffsbauwerken vom 15. November 1940 (RGBl. I S. 1499) bezeichneten Leistungen handelt. ²Das Gleiche gilt, wenn bei einer Schiffshypothek für eine Forderung aus einer Schuldverschreibung auf den Inhaber, aus einem Wechsel oder aus einem anderen durch Indossament übertragbaren Papier die Hauptforderung überwiesen wird.

(3) Bei einer Schiffshypothek für einen Höchstbetrag (§ 75 des im Absatz 2 genannten Gesetzes) gilt § 837 Abs. 3 entsprechend.

A. Muster: Antrag auf Eintragung bei Überweisung an Zahlungs statt

▶ An das Amtsgericht ...

– Schiffsregister –

In der Zwangsvollstreckungssache

... ./. ...

beantragen wir namens und in Vollmacht des Gläubigers,

den Gläubiger als neuen Inhaber der im Schiffsregister des Amtsgerichts ... Band ..., Blatt ... in der Abteilung III unter der laufenden Nummer ... eingetragenen Schiffshypothek einzutragen.[1]

Anlagen:

1. Pfändungs- und Überweisungsbeschlusses des Amtsgerichts ... vom ... (Az ...)
2. Zustellungsurkunde vom ... hinsichtlich des Drittschuldners ...

Wir bitten um anschließende Rücksendung dieser Vollstreckungsunterlagen. ◀

B. Erläuterungen

[1] Auf die Erläuterungen zu § 830 zur Buchhypothek kann verwiesen werden. Die Schiffshypothek ist stets Buchhypothek, so dass zur Pfändung ein Pfändungsbeschluss und die Eintragung ins Schiffsregister erforderlich ist Zöller/*Stöber* Rn 1.

§ 838 Einrede des Schuldners bei Faustpfand

Wird eine durch ein Pfandrecht an einer beweglichen Sache gesicherte Forderung überwiesen, so kann der Schuldner die Herausgabe des Pfandes an den Gläubiger verweigern, bis ihm Sicherheit für die Haftung geleistet wird, die für ihn aus einer Verletzung der dem Gläubiger dem Verpfänder gegenüber obliegenden Verpflichtungen entstehen kann.

A. Muster: Klageantrag unter Berücksichtigung der Einrede des § 838

▶ ... beantragen wir namens und in Vollmacht des Klägers,

den Beklagten zur Herausgabe des ... [genaue Bezeichnung des Faustpfands] zu verurteilen Zug um Zug gegen Hinterlegung eines Geldbetrages in Höhe von ... EUR zugunsten des ... [Drittschuldners] zur Sicherung eines möglichen Schadensersatzanspruchs wegen Verletzung der Pflichten eines Pfandgläubigers durch den Kläger.[1]

 ◀

B. Erläuterungen

[1] Ist die gepfändete Forderung des Schuldners gegen den Drittschuldner durch ein **Faustpfand** gesichert, so kann der Gläubiger zwar vom Schuldner gemäß § 1251 Abs. 1 BGB, § 836 Abs. 1 ZPO **Herausgabe** dieses Pfandes verlangen; gemäß § 274 Abs. 1 BGB iVm § 838 ZPO allerdings nur Zug um Zug gegen Stellung einer **Sicherheit** in Höhe eines möglichen Schadensersatzanspruchs des Verpfänders (= Drittschuldners) gegen den Gläubiger aus § 1251 Abs. 2 S. 2 BGB wegen der Verletzung von Obhuts-, Sorgfalts- oder Rückgabepflichten eines Pfandgläubigers (vgl §§ 1214 f, 1217 f, 1223, 1243 BGB). Es ist eine Sicherheit iSd §§ 232 ff BGB zu leisten, so dass eine (Bank-)Bürgschaft nur möglich ist, wenn eine andere Sicherheit nicht geleistet werden kann (§ 232 Abs. 2 BGB). Die Herausgabe des Faustpfands kann nicht im Wege der Hilfsvollstreckung gemäß § 836 Abs. 3 durchgesetzt werden. Falls der Schuldner nicht freiwillig zur Herausgabe des Faustpfands gegen Erbringung der Sicherheit bereit ist, muss also vor dem Prozessgericht eine auf die Anspruchsgrundlage des § 1251 Abs. 1 BGB gestützte Herausgabeklage erhoben werden. Es handelt sich um eine gewöhnliche Leistungsklage. Die Klageschrift muss den Anforderungen des § 253 entsprechen (siehe Muster zu § 253).

§ 839 Überweisung bei Abwendungsbefugnis

Darf der Schuldner nach § 711 Satz 1, § 712 Abs. 1 Satz 1 die Vollstreckung durch Sicherheitsleistung oder Hinterlegung abwenden, so findet die Überweisung gepfändeter Geldforderungen nur zur Einziehung und nur mit der Wirkung statt, dass der Drittschuldner den Schuldbetrag zu hinterlegen hat.

§ 840 Erklärungspflicht des Drittschuldners

(1) Auf Verlangen des Gläubigers hat der Drittschuldner binnen zwei Wochen, von der Zustellung des Pfändungsbeschlusses an gerechnet, dem Gläubiger zu erklären:
1. ob und inwieweit er die Forderung als begründet anerkenne und Zahlung zu leisten bereit sei;
2. ob und welche Ansprüche andere Personen an die Forderung machen;
3. ob und wegen welcher Ansprüche die Forderung bereits für andere Gläubiger gepfändet sei;

4. ob innerhalb der letzten zwölf Monate im Hinblick auf das Konto, dessen Guthaben gepfändet worden ist, nach § 850l die Unpfändbarkeit des Guthabens angeordnet worden ist, und
5. ob es sich bei dem Konto, dessen Guthaben gepfändet worden ist, um ein Pfändungsschutzkonto im Sinne von § 850k Abs. 7 handelt.

(2) ¹Die Aufforderung zur Abgabe dieser Erklärungen muss in die Zustellungsurkunde aufgenommen werden. ²Der Drittschuldner haftet dem Gläubiger für den aus der Nichterfüllung seiner Verpflichtung entstehenden Schaden.

(3) ¹Die Erklärungen des Drittschuldners können bei Zustellung des Pfändungsbeschlusses oder innerhalb der im ersten Absatz bestimmten Frist an den Gerichtsvollzieher erfolgen. ²Im ersteren Fall sind sie in die Zustellungsurkunde aufzunehmen und von dem Drittschuldner zu unterschreiben.

A. Abgabe der Drittschuldnererklärung
 I. Muster: Aufforderung zur Abgabe der Drittschuldnererklärung
 II. Erläuterungen und Varianten
  [1] Antrag 2
  [2] Einklagbare Obliegenheit 3
  [3] Frist 4
  [4] Umfang 5
  [5] P-Konto oder Schutzantrag 6
  [6] Haftung des Drittschuldners ... 7
B. Drittschuldnererklärung
 I. Muster: Drittschuldnererklärung
 II. Erläuterungen
  [1] Zeitpunkt 9

A. Abgabe der Drittschuldnererklärung

I. Muster: Aufforderung zur Abgabe der Drittschuldnererklärung[1]

▶ An ■■■ [Drittschuldner]

In der Zwangsvollstreckungssache

■■■ ./. ■■■

namens und in Vollmacht des Gläubigers fordern wir Sie gemäß § 840 Abs. 1 ZPO auf[2], binnen einer Frist von 2 Wochen[3] nach Zustellung dieses Schreibens und des Pfändungs- und Überweisungsbeschlusses des Amtsgerichts ■■■ (Az ■■■) zu erklären:

1. ob und inwieweit Sie die gepfändete Forderung als begründet anerkennen und Zahlung zu leisten bereit sind;
2. ob und welche Ansprüche andere Personen an die Forderung machen;
3. ob und wegen welcher Ansprüche die Forderung bereits für andere Gläubiger gepfändet ist;[4]
4. ob innerhalb der letzten zwölf Monate im Hinblick auf das Konto, dessen Guthaben gepfändet worden ist, nach § 850 l die Unpfändbarkeit des Guthabens angeordnet worden ist, und[5]
5. ob es sich bei dem Konto, dessen Guthaben gepfändet worden ist, um ein Pfändungsschutzkonto im Sinne von § 850 k Abs. 7 handelt.[5]

Vorsorglich wird darauf hingewiesen, dass Sie als Drittschuldner gemäß § 840 Abs. 2 S. 2 ZPO im Falle der Nichterfüllung der Erklärungspflicht für einen hieraus entstehenden Schaden haften.[5]

■■■

Rechtsanwalt ◀

II. Erläuterungen und Varianten

[1] In aller Regel wird **im Antrag auf Erlass des Pfändungs- und Überweisungsbeschlusses** (siehe Muster zu § 829) das Vollstreckungsgericht gebeten, den Gerichtsvollzieher mit der Einholung der Drittschuldnererklärung zu betrauen:

▶ Ferner bitten wir,

die Zustellung des Pfändungs- und Überweisungsbeschlusses durch den zuständigen Gerichtsvollzieher an den Drittschuldner mit der Aufforderung zur Abgabe der Drittschuldnererklärung zu veranlassen. ◀

In diesem Fall formuliert der Gerichtsvollzieher die Aufforderung selbständig (§ 173 GVGA). Eine weitere Aufforderung durch den Gläubiger ist überflüssig und nicht gemäß § 788 erstattungsfähig.

[2] Den Drittschuldner trifft nur eine nicht **einklagbare Obliegenheit** zur Abgabe der Drittschuldnererklärung (BGH NJW-RR 2006, 1566). Der Drittschuldner haftet lediglich § 840 Abs. 2 S. 2 für die Folge der Nichterfüllung. Die Aufforderung muss dem Drittschuldner vom Gerichtsvollzieher **zugestellt** werden (§ 840 Abs. 2 S. 1).

[3] Die Drittschuldnererklärung muss **innerhalb der Zweiwochenfrist** des § 840 Abs. 1 **zugehen** (BGH NJW 1981, 990).

[4] **Umfang:** Mehr als die in § 840 Abs. 1 Nr. 1–5 aufgeführten Angaben kann der Gläubiger nicht verlangen. Insbesondere muss der Drittschuldner keine Abrechnung vornehmen oder Belege vorlegen. Es genügt, wenn der Drittschuldner erklärt, ob er zur Leistung bereit ist oder nicht (Nr. 1). Eine Begründung für die fehlende Bereitschaft muss er nicht geben, auch wenn dies regelmäßig sinnvoll ist. Falls die gepfändete Forderung abgetreten oder übergegangen ist, so ist der neue Forderungsinhaber sowie der Grund für den Forderungsübergang zu bezeichnen (Nr. 2). Andere Pfändungsbeschlüsse – einschließlich der Vorpfändungen – sowie die Namen der Gläubiger sind anzugeben und eindeutig zu bezeichnen (Nr. 3). Kopien der Beschlüsse müssen nicht übergeben werden.

[5] Betrifft eine Pfändung ein **Konto,** so hat das Geldinstitut als Drittschuldner anzugeben, ob es sich um ein P-Konto handelt oder ob Schutzanträge nach § 850l gestellt worden sind.

[6] Die Haftung des Drittschuldners setzt Verschulden voraus (BGHZ 79, 275). Als **Schaden** können insbesondere die Kosten eines Einziehungsprozesses geltend gemacht werden, der bei rechtzeitiger Erteilung bzw zutreffender Drittschuldnererklärung unterblieben wäre. Die Anwaltskosten für ein zweites Aufforderungsschreiben, nachdem der Drittschuldner das erste unbeantwortet gelassen hat, sind dagegen nicht erstattungsfähig (BGH NJW-RR 2006, 1566). Wird keine Drittschuldnererklärung erteilt, so kann der Gläubiger von der Beitreibbarkeit des gepfändeten Anspruchs ausgehen und diesen ohne Kostenrisiko einklagen, so dass ein weitere Aufforderungsschreiben überflüssig ist (BGH aaO).

B. Drittschuldnererklärung

I. Muster: Drittschuldnererklärung

▶ An ••• [Gläubiger bzw Rechtsanwalt des Gläubigers]
In der Zwangsvollstreckungssache

••• ./. •••

gebe ich folgende Drittschuldnererklärung ab:[1]
1. Der gepfändete Darlehensrückzahlungsanspruch besteht. Er ist aber derzeit nicht fällig. Vereinbart ist die Rückzahlung zum •••.
2. Mit Pfändungs- und Überweisungsbeschluss vom ••• (Az •••) ist die Forderung bereits zugunsten des Gläubigers ••• wegen einer Geldforderung in Höhe von ••• gepfändet worden. Die Zustellung des Beschlusses erfolgte an mich am •••. Darüber hinaus machen keine weiteren Personen Rechte hinsichtlich des gepfändeten Anspruchs geltend.

•••

Drittschuldner ◀

II. Erläuterungen

[1] Falls die **Drittschuldnererklärung** direkt bei Zustellung abgegeben wird, ist sie gemäß § 840 Abs. 3 S. 2 vom Gerichtsvollzieher in die Zustellungsurkunde aufzunehmen und vom Drittschuldner zu unterschreiben. Im Übrigen kann sie formlos innerhalb der Zweiwochenfrist erfolgen, wobei Schriftform zu empfehlen ist.

§ 841 Pflicht zur Streitverkündung

Der Gläubiger, der die Forderung einklagt, ist verpflichtet, dem Schuldner gerichtlich den Streit zu verkünden, sofern nicht eine Zustellung im Ausland oder eine öffentliche Zustellung erforderlich wird.

A. Muster: Einziehungsklage mit Streitverkündung	[3] Streitverkündung	4
B. Erläuterungen	[4] Einziehungsberechtigung	5
[1] Zuständiges Gericht 2	[5] Wissenserklärung	6
[2] Leistungsklage 3	[6] Einwendungen gegen die Forderung	7

A. Muster: Einziehungsklage mit Streitverkündung

▶ An das •••gericht[1]

•••

Einziehungsklage[2] und Streitverkündung

••• [volles Rubrum]
beantragen wir namens und in Vollmacht des Klägers,

den Beklagten zu verurteilen, an den Kläger ••• EUR nebst Zinsen in Höhe von fünf Prozentpunkten über dem Basiszinssatz seit dem ••• zu zahlen.

••• [evtl. weitere Anträge]

Gleichzeitig wird ... [Name und Adresse des Schuldners] gemäß § 841 ZPO der Streit verkündet mit der Aufforderung, dem Rechtsstreit auf Seiten des Klägers beizutreten.[3] Die Lage des Rechtsstreits ergibt sich aus der Klageschrift.

Begründung

Durch Pfändungs- und Überweisungsbeschluss des Amtsgerichts ... vom ... (Az ...) ist die ...forderung des Streitverkündeten gegen den Beklagten gepfändet und dem Kläger zur Einziehung überwiesen worden. Der Beschluss ist mit der Zustellung an den Beklagten ... wirksam geworden, so dass der Kläger zur Einziehung der Forderung des Streitverkündeten gegen den Beklagten gemäß § 836 Abs. 1 ZPO berechtigt ist.[4]

Beweis:

Kopie des Pfändungs- und Überweisungsbeschluss des Amtsgerichts ... vom ... (Az ...) und des Zustellungsnachweises vom ...

Der Beklagte hat auf die ihm am ... zugestellte Aufforderung zur Abgabe der Drittschuldnererklärung nicht reagiert.[5] Ebenso wenig hat er auf die Zahlungsaufforderung hin geleistet. Daher ist Klage geboten.

Beweis:

1. Kopie der Zustellungsurkunde gemäß § 840 Abs. 2 ZPO
2. Anwaltsschreiben des Klägers an den Beklagten vom ...

Der dem Kläger zur Einziehung überwiesene Zahlungsanspruch ergibt sich aus § ... BGB.[6]

... [Darlegung aller Anspruchsvoraussetzungen]

...

Rechtsanwalt ◄

B. Erläuterungen

[1] Je nach Art und Höhe des gepfändeten und überwiesenen Anspruchs ist Klage vor dem **Amtsgericht, Familiengericht, Landgericht, Arbeitsgericht oder Verwaltungsgericht** zu erheben.

[2] Die Einziehungsklage oder Drittschuldnerklage stellt eine **gewöhnliche Leistungsklage** dar. Kein Rechtsschutzbedürfnis für die Einziehungsklage besteht allerdings, wenn der Schuldner die gepfändete Forderung gegen den Drittschuldner bereits erfolgreich eingeklagt hat und ein Titel vorhanden ist. In diesem Fall ist eine Titelumschreibung gemäß § 727 der einfachere Weg. Ansonsten ist die Erhebung einer Einziehungsklage erforderlich, wenn der Drittschuldner nicht freiwillig leistet. Soweit die ordentlichen Gerichte zuständig sind, muss die Klageschrift den Anforderungen des § 253 genügen.

[3] Eine ordnungsgemäße Streitverkündung gemäß § 841 gegenüber dem Schuldner ist keine Zulässigkeitsvoraussetzung der Einziehungsklage. Die Streitverkündung erfolgt zweckmäßigerweise schon in der Klageschrift und muss den Anforderungen des § 73 genügen. Die Streitverkündungsschrift bzw die Klageschrift mit Streitverkündung muss dem Schuldner gemäß § 73 S. 2 zugestellt werden, damit sie die Interventionswirkungen der §§ 74, 68 auslöst.

5 [4] Da der Gläubiger mit der Einziehungsklage eine Forderung geltend macht, die nicht in seiner Person entstanden ist, muss er darlegen und ggf beweisen, woraus sich seine **Einziehungsberechtigung** (= Aktivlegitimation) ergibt. Sie folgt aus einem wirksamen Überweisungsbeschluss, der wiederum einen wirksamen Pfändungsbeschluss voraussetzt. Bei einer Überweisung zur Einziehung steht dem Gläubiger gemäß § 836 Abs. 1 eine materiellrechtliche Einziehungsbefugnis zu. Wenn die Forderung dem Gläubiger an Zahlungs statt zum Nennwert überwiesen worden ist, so ist der Gläubiger sogar gemäß § 835 Abs. 2 Inhaber der Forderung geworden. Unerheblich ist, ob der Überweisungsbeschluss anfechtbar ist, solange er nicht aufgehoben worden ist (BGHZ 66, 79). Im Rahmen der Einziehungsklage wird grundsätzlich nicht geprüft, ob das Vollstreckungsgericht den Pfändungs- und Überweisungsbeschluss zu Recht erlassen hat. **Das Prozessgericht prüft nur, ob hinsichtlich des Überweisungsbeschlusses Nichtigkeitsgründe vorliegen,** denn ein unwirksamer Überweisungsbeschluss erzeugt keine Rechtswirkungen und kann daher auch nicht die Einziehungsbefugnis begründen (BGHZ 66, 79). Unwirksam und nicht bloß anfechtbar ist der Überweisungsbeschluss, wenn die gepfändete und überwiesene Forderung nicht eindeutig bezeichnet oder der Pfändungs- und Überweisungsbeschluss gemäß §§ 829 Abs. 3, 835 Abs. 3 S. 1 dem Drittschuldner (hier: Beklagten) nicht zugestellt worden ist. Ebenfalls unwirksam ist der Überweisungsbeschluss, wenn das Arrestatorium fehlt, was bei Verwendung des vom Bundesministerium der Justiz vorgegebenen Formulars nicht vorkommen kann. Der weitere zu prüfende Nichtigkeitsgrund, das Nichtbestehen der Forderung oder die fehlende Inhaberschaft des Schuldners, hat in diesem Zusammenhang keine eigenständige Bedeutung, weil der Bestand der Forderung ohnehin in der Einziehungsklage vollständig geprüft wird. Dagegen kann sich der Drittschuldner im Rahmen der Einziehungsklage grundsätzlich nicht auf Pfändungsverbote oder -beschränkungen berufen (BGH NJW 1998, 1553). Einzige Ausnahme sollen nur die § 851 ZPO, § 399 BGB bilden, weil die Unpfändbarkeit hier letztlich auf materiellem Recht beruht (BGH RPfleger 1978, 248).

6 [5] Hat der Drittschuldner in der Drittschuldnererklärung das Bestehen der Forderung anerkannt, so ist hierin kein Anerkenntnis iSd §§ 780, 781 BGB zu sehen. Es handelt sich vielmehr nur um eine **Wissenserklärung** (BGHZ 69, 328), die allerdings eine **Beweislastumkehr** zum Nachteil des Drittschuldners zur Folge hat.

7 [6] Der Drittschuldner kann alle **Einwendungen gegen die Forderung**, die ihm gegenüber dem Schuldner zugestanden hätten, gemäß § 404 BGB auch dem einziehungsberechtigten Gläubiger entgegenhalten. Hat der Drittschuldner in Unkenntnis des Pfändungsbeschlusses – etwa bei einer Ersatzzustellung – an den Schuldner geleistet, ist zu seinem Schutz der §§ 1274, 407 BGB entsprechend anwendbar (BGHZ 89, 337).

§ 842 Schadenersatz bei verzögerter Beitreibung

Der Gläubiger, der die Beitreibung einer ihm zur Einziehung überwiesenen Forderung verzögert, haftet dem Schuldner für den daraus entstehenden Schaden.

A. Muster: Begründung einer Schadenser-   [1] Allgemeine Anforderungen 2
satzklage nach § 842   [2] Anspruchsgrundlage 3
B. Erläuterungen   [3] Obliegenheitsverletzung 4

A. Muster: Begründung einer Schadensersatzklage nach § 842

▶ ...[1]

Begründung

Dem Kläger steht gegen den Beklagten aus § 842 ZPO einen Schadensersatzanspruch in Höhe von ... zu, weil der Beklagte die Forderung pflichtwidrig nicht rechtzeitig geltend gemacht hat.[2]

Durch Pfändungs- und Überweisungsbeschluss des Amtsgerichts ... vom ... (Az ...) ist die ...forderung des Klägers gegen den Drittschuldner ... durch den Beklagten gepfändet und ihm zur Einziehung überwiesen worden. Der Beschluss ist mit der Zustellung an den Drittschuldner ... wirksam geworden.

Beweis: Kopie des Pfändungs- und Überweisungsbeschluss des Amtsgerichts ... vom ... (Az ...) und des Zustellungsnachweises vom ...

Zum damaligen Zeitpunkt war die wirtschaftliche Situation des Drittschuldners noch gut. Der Kläger hat den Beklagten darauf hingewiesen, dass eine Verschlechterung zu befürchten ist und den Kläger zu zügigen Beitreibung der Forderung aufgefordert, um eine wirtschaftliche Entwertung zu verhindern.

Beweis: Aufforderungsschreiben des Klägers gegenüber dem Beklagten vom ...

Der Aufforderung ist der Beklagte nicht nachgekommen und hat die Forderung bis heute – dh selbst nach fast zwei Jahren – noch nicht eingeklagt. Mittlerweile hat der Drittschuldner seinen Geschäftsbetrieb aufgegeben und lebt von Sozialleistungen. Angesichts des Alters des Drittschuldners von 60 Jahren ist nicht mehr zu erwarten, dass der Drittschuldner eine neue Arbeitsstelle erhält und sich seine wirtschaftliche Lage verbessert. Die Forderung gegen den Drittschuldner ist damit praktisch wertlos geworden.

Den Kläger trifft auch keine Obliegenheitsverletzung iSd § 254 BGB.[3] Ein Versuch des Klägers die Forderung zugunsten des Beklagten einzuklagen, ist an der Verweigerung der Prozesskostenhilfe durch Beschluss des ... vom ... (Az ...) gescheitert. Das ...gericht hat seine Ablehnung – wohl zutreffend – damit begründet, dass der Beklagte aufgrund des Pfändungs- und Überweisungsbeschlusses beitreiben kann. Dies hat er aber leider nicht getan.

Beweis: Kopie des ablehnenden PKH-Beschluss des ... vom ... (Az ...)

Die Schadenshöhe errechnet sich gemäß § 249 BGB wie folgt ...

...

Rechtsanwalt ◀

B. Erläuterungen

[1] Zu den **allgemeinen Anforderungen an eine Klageschrift** siehe § 253.

[2] Bei § 842 handelt es sich um eine **Anspruchsgrundlage**. Die Verzögerung der Beitreibung oder die Nichtbeitreibung durch den Gläubiger muss einen Schaden ausge-

löst haben, was nur bei einer Überweisung zur Einziehung denkbar ist, bei welcher der Schuldner Inhaber der Forderung bleibt. Das Verschulden wird gemäß § 280 Abs. 1 S. 2 BGB vermutet.

4 [3] Der Schadensersatzanspruch kann bei **Obliegenheitsverletzung** des Schuldners gemäß **§ 254 Abs. 1 BGB gemindert oder sogar ganz ausgeschlossen** sein. Eine solche Obliegenheitsverletzung wäre die unterlassene Mitwirkung des Schuldners, der zB entgegen § 836 Abs. 3 notwendige Auskünfte nicht erteilt oder wichtige Urkunde nicht übergeben hat. Grundsätzlich kann auch der Schuldner, der noch Inhaber der Forderung ist, diese zugunsten des Gläubigers einziehen (BGH NJW 2001, 2178). Falls er dies unterlässt, trifft ihn zumindest eine Mitverantwortung für die Schadensentstehung.

§ 843 Verzicht des Pfandgläubigers

¹Der Gläubiger kann auf die durch Pfändung und Überweisung zur Einziehung erworbenen Rechte unbeschadet seines Anspruchs verzichten. ²Die Verzichtleistung erfolgt durch eine dem Schuldner zuzustellende Erklärung. ³Die Erklärung ist auch dem Drittschuldner zuzustellen.

A. Zustellungsauftrag an den Gerichtsvollzieher
   I. Muster: Zustellungsauftrag an den Gerichtsvollzieher
   II. Erläuterungen
      [1]   Zustellung im Parteibetrieb.... 2
B. Verzicht des Gläubigers
   I. Muster: Verzichtserklärung des Gläubigers gegenüber dem Schuldner
   II. Muster: Nachricht vom Verzicht an den Drittschuldner
   III. Erläuterungen
      [1]   Verzicht zur Vermeidung der Drittwiderspruchsklage......... 5

A. Zustellungsauftrag an den Gerichtsvollzieher

1 **I. Muster: Zustellungsauftrag an den Gerichtsvollzieher**

▶ An das Amtsgericht ▪▪▪

– Verteilerstelle für Gerichtsvollzieheraufträge –

In der Zwangsvollstreckungssache

▪▪▪ ./. ▪▪▪

beantragen wir namens und in Vollmacht des Gläubigers,

die beigefügte Verzichtserklärung gemäß § 843 S. 2 ZPO an den Schuldner und die Nachricht vom Verzicht gemäß § 843 S. 3 ZPO an den Drittschuldner zuzustellen.[1]

▪▪▪

Rechtsanwalt ◀

II. Erläuterungen

2 [1] Nach § 843 S. 2 erfolgt die Verzichtserklärung durch Zustellung an den Schuldner. Die Zustellung erfolgt im Parteibetrieb, dh der Gläubiger beauftragt gemäß § 192 einen Gerichtsvollzieher mit der Durchführung der Zustellung. Zu Informationszwecken ist gemäß § 843 S. 3 ferner eine Zustellung an den Drittschuldner vorge-

sehen. Ein Verzicht ist aber auch ohne förmliche Zustellung möglich, da diese nur der Beweissicherung dient (BGH NJW 2002, 1788).

B. Verzicht des Gläubigers

I. Muster: Verzichtserklärung des Gläubigers gegenüber dem Schuldner

▶ An ... [Schuldner]

Sehr geehrter Herr ...

hiermit verzichte ich gemäß § 843 ZPO auf die durch den Pfändungs- und Überweisungsbeschluss vom ... (Az ...) erworbenen Rechte.[1] Der Anspruch aus dem Titel bleibt hiervon unberührt und besteht also fort.

...

Gläubiger ◀

II. Muster: Nachricht vom Verzicht an den Drittschuldner

▶ An ... [Drittschuldner]

Sehr geehrter Herr ...

mit der in der Anlage beigefügten Verzichtserklärung vom ... habe ich auf meine durch den Pfändungs- und Überweisungsbeschluss vom ... (Az ...) erworbenen Rechte verzichtet. Die Zustellung dieser Mitteilung erfolgt gemäß § 843 S. 3 ZPO.

...

Gläubiger ◀

III. Erläuterungen

[1] Ein **Verzicht kann sinnvoll sein**, um einer drohende Drittwiderspruchsklage (§ 771) zuvorzukommen oder einer Haftung nach § 842 zu entgehen. Der Verzicht erfolgt durch **Erklärung des Gläubigers gegenüber dem Schuldner**. Die Rücknahme des Antrags auf Erlass des Pfändungs- und Überweisungsbeschlusses steht dem Verzicht auf die Rechte aus dem Pfändungs- und Überweisungsbeschluss gemäß § 843 gleich (OLG Köln RPfleger 1995, 370). Obwohl dies nicht erforderlich ist, kann der Schuldner zur Klarstellung die Aufhebung des Pfändungs- und Überweisungsbeschlusses beim Vollstreckungsgericht beantragten (BGH NJW 2002, 1788).

§ 844 Andere Verwertungsart

(1) Ist die gepfändete Forderung bedingt oder betagt oder ist ihre Einziehung wegen der Abhängigkeit von einer Gegenleistung oder aus anderen Gründen mit Schwierigkeiten verbunden, so kann das Gericht auf Antrag an Stelle der Überweisung eine andere Art der Verwertung anordnen.
(2) Vor dem Beschluss, durch welchen dem Antrag stattgegeben wird, ist der Gegner zu hören, sofern nicht eine Zustellung im Ausland oder eine öffentliche Zustellung erforderlich wird.

A. Muster: Antrag auf andere Verwertung
B. Erläuterungen
  [1] Zuständiges Gericht 2
  [2] Andere Anordnungen 3
  [3] Mit Schwierigkeiten verbunden ... 4

1　A. Muster: Antrag auf andere Verwertung

▶ An das Amtsgericht ...

– Vollstreckungsgericht –[1]

In der Zwangsvollstreckungssache

... ./. ...

beantragen wir namens und in Vollmacht des Gläubigers,

den durch Pfändungsbeschluss des Amtsgericht ... vom ... (Az ...) für den Gläubiger gepfändeten Gesellschaftsanteil des Schuldners in Höhe von ... EUR an der GmbH durch eine vom Gerichtsvollzieher ... in ... durchzuführende Versteigerung zu verwerten.[2]

Begründung[3]

Nach dem Gesellschaftervertrag vom ... der GmbH ist die Kündigung ausgeschlossen. Eine Liquidation ist nicht möglich. Eine andere Verwertung gemäß § 844 ZPO durch eine vom Gerichtsvollzieher durchzuführende Versteigerung ist daher geboten.

...

Rechtsanwalt ◀

B. Erläuterungen

2　[1] Zuständig ist das **Vollstreckungsgericht** (§ 828 Abs. 2), dass durch den Rechtspfleger handelt (§ 20 Nr. 17 RPflG). Die Entscheidung ergeht gemäß § 764 Abs. 3 durch **Beschluss**.

3　[2] Im Regelfall erfolgt die Verwertung gepfändeter Ansprüche und anderer Vermögensrechte entweder durch Überweisung zur Einziehung und anschließender Geltendmachung gegenüber dem Drittschuldner (§§ 835 Abs. 1 1. Fall, 836 Abs. 2) oder durch Überweisung an Zahlungs statt zum Nennwert (§ 835 Abs. 1 2. Fall, Abs. 2). Insbesondere bei anderen Vermögensrechten iSd § 857 kann diese Art der Verwertung jedoch „mit Schwierigkeiten verbunden" oder gar unmöglich sein, so dass gemäß § 844 **auf Antrag des Gläubigers oder des Schuldners** vom Vollstreckungsgericht eine andere Art der Verwertung anzuordnen ist. **Andere Anordnungen iSd § 844** können zB der freihändige Verkauf, die öffentliche Versteigerung durch einen Gerichtsvollzieher (§ 857 Abs. 5), die Fruchtziehung durch Verwaltung (§ 857 Abs. 4) oder bei Fehlen eines Nennwerts die Überweisung an Zahlungs statt zum Schätzwert sein. Der auf einen Antrag nach § 844 ergehende Beschluss ersetzt den Überweisungsbeschluss.

4　[3] Im Rahmen der Begründung ist darzulegen, aus welchen Gründen die gewöhnliche Verwertung durch Überweisung zur Einziehung oder an Zahlungs statt zum Nennwert im vorliegenden Fall „**mit Schwierigkeiten verbunden**" ist. Ferner sollte sich aus dem Antrag ergeben, warum die beantragte Art der Verwertung angemessen und interessengerecht ist.

§ 845 Vorpfändung

(1) ¹Schon vor der Pfändung kann der Gläubiger auf Grund eines vollstreckbaren Schuldtitels durch den Gerichtsvollzieher dem Drittschuldner und dem Schuldner die Benachrichtigung, dass die Pfändung bevorstehe, zustellen lassen mit der Aufforderung an den Drittschuldner, nicht an den Schuldner zu zahlen, und mit der Aufforderung an den Schuldner, sich jeder Verfügung über die Forderung, insbesondere ihrer Einziehung, zu enthalten. ²Der Gerichtsvollzieher hat die Benachrichtigung mit den Aufforderungen selbst anzufertigen, wenn er von dem Gläubiger hierzu ausdrücklich beauftragt worden ist. ³An Stelle einer an den Schuldner im Ausland zu bewirkenden Zustellung erfolgt die Zustellung durch Aufgabe zur Post.

(2) ¹Die Benachrichtigung an den Drittschuldner hat die Wirkung eines Arrestes (§ 930), sofern die Pfändung der Forderung innerhalb eines Monats bewirkt wird. ²Die Frist beginnt mit dem Tag, an dem die Benachrichtigung zugestellt ist.

A. Durch den Gläubiger formulierte Vorpfändung	[4] Arrestatorium ... 5
I. Muster: Vom Gläubiger formulierte Vorpfändung	[5] Zustellung ... 6
II. Erläuterungen	B. Anfertigung und Zustellung der Vorpfändung durch den Gerichtsvollzieher
[1] Private Zwangsvollstreckungsmaßnahme ... 2	I. Muster: Beauftragung des Gerichtsvollziehers mit der Anfertigung und Zustellung der Vorpfändung
[2] Parteibetrieb ... 3	II. Erläuterungen
[3] Bezeichnung der Forderung ... 4	[1] Formulierung, Kosten ... 8

A. Durch den Gläubiger formulierte Vorpfändung

I. Muster: Vom Gläubiger formulierte Vorpfändung[1]

1

▶ An ... [Drittschuldner][2]

In der Zwangsvollstreckungssache

... ./. ...

Hiermit zeigen wir an, dass wir den Gläubiger ... vertreten. Durch Urteil des ... vom ... (Az ...) ist der Schuldner ... zur Zahlung von ... EUR nebst Zinsen in Höhe von fünf Prozentpunkten über dem Basiszinssatz seit dem ... an den Gläubiger verurteilt worden. Wegen dieses Anspruchs steht eine Pfändung der angeblichen ...forderung des Schuldners gegen Sie als Drittschuldner auf Zahlung von ... EUR bevor.[3]

Hiermit benachrichtigen wir Sie gemäß § 845 Abs. 1 S. 1 ZPO von der bevorstehenden Pfändung und fordern Sie auf, nicht mehr an den Schuldner zu zahlen.[4]

Zugleich fordern wir den Schuldner auf, sich jeder Verfügung über die Forderung, insbesondere ihrer Einziehung, zu enthalten.[5]

...

Rechtsanwalt ◀

II. Erläuterungen

[1] Die Vorpfändung ist eine **private Zwangsvollstreckungsmaßnahme**, mit der die Zeit bis zum Erlass und der Zustellung des Pfändungs- und Überweisungsbeschluss durch das Vollstreckungsgericht überbrückt werden soll. „Privat" ist die Vollstre-

2

ckungsmaßnahme deshalb, weil die Pfändung vom Gläubiger selbst und nicht vom Vollstreckungsgericht ausgesprochen wird. **Voraussetzung** ist das Vorhandensein eines wirksamen **Titels über eine Geldforderung**. Die Erteilung einer vollstreckbaren Ausfertigung (Klausel) oder die vorherige Zustellung des Schuldtitels sind dagegen gemäß § 802a Abs 2 S 1 Nr 5 entbehrlich. Eine eventuelle Bedingung iSd § 726 Abs. 1 muss bereits eingetreten sein. Die besonderen Vollstreckungsvoraussetzungen der §§ 751, 765 müssen ebenfalls vorliegen. Die Wartefrist des § 798 braucht jedoch nicht beachtet zu werden (BGH NJW 1982, 1150). Die Vorpfändung hat gemäß §§ 845 Abs. 2, 930 die **Wirkung einer auflösend bedingten Arrestpfändung**, die wieder entfällt, wenn nicht innerhalb eines Monats dem Drittschuldner der Pfändungs- und Überweisungsbeschluss des Vollstreckungsgericht hinsichtlich derselben Forderung zugestellt wird. Mit der Zustellung des Pfändungs- und Überweisungsbeschlusses erlangt der Gläubiger dann ein Pfändungspfandrecht mit dem **Rang des Zustellungsdatums der Vorpfändung.**

3 [2] Das Vorpfändungsschreiben muss dem Drittschuldner im Parteibetrieb, dh gemäß §§ 191 ff durch einen vom Gläubiger zu beauftragenden Gerichtsvollzieher zugestellt werden. Die Zustellung auch an den Schuldner ist keine Wirksamkeitsvoraussetzung.

4 [3] Die zu pfändende Forderung muss so **bestimmt bezeichnet** werden, dass über die Identität der späteren Pfändung mit der Vorpfändung Gewissheit besteht (BGH NJW 2001, 2976).

5 [4] Entscheidend für die Wirksamkeit der Vorpfändung ist das Gebot an den Drittschuldner, nicht länger an den Schuldner zu leisten (sog. **Arrestatorium**).

6 [5] Die Zustellung des Verbots an Schuldner nicht mehr über die Forderung zu verfügen, ist zwar im Gesetz vorgeschrieben. Es handelt sich aber nicht um eine zwingende Wirksamkeitsvoraussetzung.

B. Anfertigung und Zustellung der Vorpfändung durch den Gerichtsvollzieher

7 **I. Muster: Beauftragung des Gerichtsvollziehers mit der Anfertigung und Zustellung der Vorpfändung**

▶ An das Amtsgericht ...
– Gerichtsvollzieherverteilungsstelle –
In der Zwangsvollstreckungssache

... ./. ...

Durch Urteil des ... vom ... (Az ...) ist der Schuldner ... zur Zahlung von ... EUR nebst Zinsen in Höhe von fünf Prozentpunkten über dem Basiszinssatz seit dem ... an den Gläubiger verurteilt worden. Wegen dieses Anspruchs steht eine Pfändung der angeblichen ...forderung des Schuldners gegen den Drittschuldner auf Zahlung von ... EUR bevor.
Namens und in Vollmacht des Gläubigers beantragen wir,
eine entsprechende Benachrichtigung (Vorpfändung) anzufertigen und sowohl dem Schuldner als auch dem Drittschuldner zuzustellen (§ 126 GVGA).[1]

...

Rechtsanwalt ◀

II. Erläuterungen

[1] Der Gläubiger kann gemäß § 845 Abs. 1 S. 2 die **Formulierung** des Benachrichtigungsschreibens mit der Aufforderung auch **dem Gerichtsvollzieher überlassen.** Um eine möglichst rasche Bearbeitung zu gewährleisten, ist es aber zu empfehlen, das Benachrichtigungsschreiben mit Aufforderung selbst zu erstellen, so dass der Gerichtsvollzieher nur noch die Zustellung vornehmen muss. 8

Kosten: Gerichtsgebühren entstehen nicht. Die Vorpfändung löst 0,3 Verfahrensgebühren nach Nr. 3309 KV RVG aus. Die Vorpfändung und der anschließende Antrag auf Erlass eines Pfändungs- und Überweisungsbeschlusses bilden aber eine einheitliche Vollstreckungsmaßnahme iSd § 18 Nr. 3 RVG, so dass letztlich durch die Vorpfändung keine zusätzlich Anwaltskosten entstehen. Für die Anfertigung des Vorpfändungsschreibens (§ 845 Abs. 1 S. 2) erhält der Gerichtsvollzieher die Gebühr Nr. 200 KV GV. Die Zustellung fällt unter Nr. 100 KV-GV. 9

§ 846 Zwangsvollstreckung in Herausgabeansprüche

Die Zwangsvollstreckung in Ansprüche, welche die Herausgabe oder Leistung körperlicher Sachen zum Gegenstand haben, erfolgt nach den §§ 829 bis 845 unter Berücksichtigung der nachstehenden Vorschriften.

§ 847 Herausgabeanspruch auf eine bewegliche Sache

(1) Bei der Pfändung eines Anspruchs, der eine bewegliche körperliche Sache betrifft, ist anzuordnen, dass die Sache an einen vom Gläubiger zu beauftragenden Gerichtsvollzieher herauszugeben sei.

(2) Auf die Verwertung der Sache sind die Vorschriften über die Verwertung gepfändeter Sachen anzuwenden.

A. Muster: Pfändung eines Herausgabeanspruchs bzgl einer beweglichen Sache
B. Erläuterungen
   [1] Vollstreckung in Herausgabe- und Lieferungsansprüche 2
   [2] Bezeichnung des Anspruchs, in den vollstreckt werden soll 4
   [3] Pfändungsschutz 5
   [4] Herausgabe bzw. Leistung an den Gerichtsvollzieher 6
   [5] Verbot der Überweisung an Zahlungs statt 7

A. Muster: Pfändung eines Herausgabeanspruchs bzgl einer beweglichen Sache 1

▶ Ausschnitt aus Seite 4 des Formulars zu § 829 ZPO[1]

```
Forderung aus Anspruch

☒ G    (an Herausgabepflichtigen bzw. Lieferanten)[2]
```

Ausschnitt aus Seite 6 des Formulars zu § 829 ZPO

☒ **Anspruch G**
(Hinweis: betrifft Anspruch an weitere Drittschuldner bzw. schon aufgeführte Drittschuldner, soweit Platz unzureichend)
auf Herausgabe/Lieferung der beweglichen Sache ...[3]

Ausschnitt aus Seite 8 des Formulars zu § 829 ZPO

☒ **Sonstige Anordnungen**
Es wird angeordnet, dass der Drittschuldner die bewegliche Sache ...
an einen vom Gläubiger zu beauftragenden Gläubiger zum Zwecke
der Vollstreckung herauszugeben hat.[4]

Der Drittschuldner darf, soweit die Forderung gepfändet ist, an den Schuldner nicht mehr zahlen. Der Schuldner darf insoweit nicht über die Forderung verfügen, sie insbesondere nicht einziehen.
☒ Zugleich wird dem Gläubiger die zuvor bezeichnete Forderung in Höhe des gepfändeten Betrages
  ☒ zur Einziehung überwiesen.[5]   ☐ an Zahlungs statt überwiesen.[5]

B. Erläuterungen

[1] Antrag und Beschlussentwurf werden mit Ausnahme der nachfolgenden Besonderheit wie im Muster zu § 829 gefasst. Die §§ 829 ff sind gemäß § 846 anwendbar.

Nach den § 847 werden Herausgabe- oder Lieferungsansprüche zur Befriedigung einer Geldforderung gepfändet. Die Vollstreckung vollzieht sich in zwei Stufen: Zunächst muss im Wege der Forderungspfändung erreicht werden, dass der Gerichtsvollzieher auf die Sache zugreifen kann. Anschließend wird die Sache durch den Gerichtsvollzieher versteigert und der Erlös an den Gläubiger ausgekehrt.

[2] Auf Seite 4 des Formulars zu § 829 sollten der zu pfändende Anspruch in der Zeile „Anspruch G" mit einer Kurzbezeichnung versehen werden.

[3] Keine unpfändbaren Sachen: Der Pfändungs- und Überweisungsbeschluss darf nur insoweit ergehen, als die Herausgabe- oder Leistungsansprüche nicht auf Sachen gerichtet sind, die gemäß § 811 unpfändbar sind, denn die Pfändung dieser Ansprüche dient letztlich der Verwertung der Sachen durch den Gerichtsvollzieher gemäß §§ 847 Abs. 2, 814 ff durch Versteigerung und Erlösauskehr an den Gläubiger. Die Herausgabe- oder Leistungsansprüche sind durch genaue Bezeichnung der Sachen zu individualisieren, die herausgegeben bzw geliefert werden sollen.

[4] Weil der wegen einer Geldforderung vollstreckende Gläubiger nicht die Sache selbst, sondern später erst den Erlös aus der Verwertung der Sache erhalten soll, ist gemäß § 847 Abs. 1 anzuordnen, dass die Sache **an einem vom Gläubiger zu beauftragenden Gerichtsvollzieher herauszugeben** ist, der dann gemäß §§ 847 Abs. 2, 814 ff die Sache versteigert. Leistet der Drittschuldner und erhält also der Gerichtsvollzieher die Sache, so erwirbt der Schuldner mit der Leistung das Eigentum am geleisteten Gegenstand und der Gläubiger ein **Pfändungspfandrecht an der Sache**

(§ 1287 S. 1 BGB). Lehnt der Drittschuldner die Leistung ab, so wird eine Einziehungsklage gegenüber dem Drittschuldner erforderlich (siehe Muster zu § 841). Bei der Formulierung des Klageantrages ist darauf zu achten, dass er auf Herausgabe der Sache an den Gerichtsvollzieher und nicht an den Gläubiger gerichtet sein muss.

[5] Nur die **Überweisung** der Herausgabeansprüche **zur Einziehung** ist zulässig. Die Überweisung an Zahlungs statt zum Nennwert iSd § 835 Abs. 1 ist dagegen gemäß § 849 ausgeschlossen, weil es an einem Nennwert fehlt und vor allem, weil die Vollstreckung in die Herausgabe- und Lieferansprüche aufgrund eines Zahlungstitels nicht der Befriedigung, sondern nur der Vorbereitung der Verwertung der Sache dient.

§ 847 a Herausgabeanspruch auf ein Schiff

(1) Bei der Pfändung eines Anspruchs, der ein eingetragenes Schiff betrifft, ist anzuordnen, dass das Schiff an einen vom Vollstreckungsgericht zu bestellenden Treuhänder herauszugeben ist.
(2) ¹Ist der Anspruch auf Übertragung des Eigentums gerichtet, so vertritt der Treuhänder den Schuldner bei der Übertragung des Eigentums. ²Mit dem Übergang des Eigentums auf den Schuldner erlangt der Gläubiger eine Schiffshypothek für seine Forderung. ³Der Treuhänder hat die Eintragung der Schiffshypothek in das Schiffsregister zu bewilligen.
(3) Die Zwangsvollstreckung in das Schiff wird nach den für die Zwangsvollstreckung in unbewegliche Sachen geltenden Vorschriften bewirkt.
(4) Die vorstehenden Vorschriften gelten entsprechend, wenn der Anspruch ein Schiffsbauwerk betrifft, das im Schiffsbauregister eingetragen ist oder in dieses Register eingetragen werden kann.

A. Muster: Pfändung eines Herausgabeanspruchs bzgl eines eingetragenen Schiffs
B. Erläuterungen

[1] Analogie zum Grundstücksrecht; Funktion des Treuhänders 2

A. Muster: Pfändung eines Herausgabeanspruchs bzgl eines eingetragenen Schiffs

▶ Ausschnitt aus Seite 4 des Formulars zu § 829 ZPO[1]

Forderung aus Anspruch

☒ G (an Schiffsverkäufer)

Ausschnitt aus Seite 6 des Formulars zu § 829 ZPO

☒ **Anspruch G**
(Hinweis: betrifft Anspruch an weitere Drittschuldner bzw. schon aufgeführte Drittschuldner, soweit Platz unzureichend)
auf Auflassung und Eintragung des Eigentums an dem Binnenschiff ...,

> eingetragen im Schiffsregister des Amtsgerichts ... Blatt ..., aus
> dem am ... vor dem Notar ... in ... geschlossenen Kaufvertrag (UrkNr. ...)

Ausschnitt aus Seite 8 des Formulars zu § 829 ZPO

> ☒ **Sonstige Anordnungen**
> Es wird angeordnet, dass das Schiff an den Treuhänder ... als
> Vertreter des Schuldners aufzulassen ist.

> **Der Drittschuldner darf, soweit die Forderung gepfändet ist, an den Schuldner nicht mehr zahlen. Der Schuldner darf insoweit nicht über die Forderung verfügen, sie insbesondere nicht einziehen.**
> ☒ Zugleich wird dem Gläubiger die zuvor bezeichnete Forderung in Höhe des gepfändeten Betrages
>   ☒ zur Einziehung überwiesen.   ☐ an Zahlungs statt überwiesen.

B. Erläuterungen

2 [1] Die Pfändung eines Herausgabeanspruchs oder eines Anspruchs auf Übereignung eines eingetragenen Schiffs wegen einer Geldforderung entspricht der Pfändung eines entsprechenden Anspruchs auf Herausgabe oder Übereignung eines Grundstücks gemäß § 848. Die Funktion des Treuhänders entspricht derjenigen des Sequesters.

§ 848 Herausgabeanspruch auf eine unbewegliche Sache

(1) Bei Pfändung eines Anspruchs, der eine unbewegliche Sache betrifft, ist anzuordnen, dass die Sache an einen auf Antrag des Gläubigers vom Amtsgericht der belegenen Sache zu bestellenden Sequester herauszugeben sei.
(2) ¹Ist der Anspruch auf Übertragung des Eigentums gerichtet, so hat die Auflassung an den Sequester als Vertreter des Schuldners zu erfolgen. ²Mit dem Übergang des Eigentums auf den Schuldner erlangt der Gläubiger eine Sicherungshypothek für seine Forderung. ³Der Sequester hat die Eintragung der Sicherungshypothek zu bewilligen.
(3) Die Zwangsvollstreckung in die herausgegebene Sache wird nach den für die Zwangsvollstreckung in unbewegliche Sachen geltenden Vorschriften bewirkt.

A. Muster: Pfändung eines Herausgabeanspruchs bzgl eines Grundstücks	[3] Bestimmtheit 5
B. Erläuterungen	[4] Anordnung der Auflassung an den Sequester 6
[1] Vollstreckung in ein Grundstück .. 2	[5] Verbot der Überweisung an Zahlungs statt 7
[2] Bezeichnung des Anspruchs, in den vollstreckt werden soll 4	

A. Muster: Pfändung eines Herausgabeanspruchs bzgl eines Grundstücks

▶ Ausschnitt aus Seite 4 des Formulars zu § 829 ZPO[1]

Forderung aus Anspruch

☒ G   (an Grundstücksverkäufer)[2]

Ausschnitt aus Seite 6 des Formulars zu § 829 ZPO

☒ **Anspruch G**
(Hinweis: betrifft Anspruch an weitere Drittschuldner bzw. schon aufgeführte Drittschuldner, soweit Platz unzureichend)

auf Auflassung und Eintragung des Eigentums an dem Grundstück …,

eingetragen im Grundbuch … Blatt …, aus dem am … vor dem Notar …

in … geschlossenen Kaufvertrag (UrkNr. …)[3]

Ausschnitt aus Seite 8 des Formulars zu § 829 ZPO

☒ **Sonstige Anordnungen**

Es wird angeordnet, dass das Grundstück an den Sequester … als

Vertreter des Schuldners aufzulassen ist.[4]

Der Drittschuldner darf, soweit die Forderung gepfändet ist, an den Schuldner nicht mehr zahlen. Der Schuldner darf insoweit nicht über die Forderung verfügen, sie insbesondere nicht einziehen.
☒ Zugleich wird dem Gläubiger die zuvor bezeichnete Forderung in Höhe des gepfändeten Betrages
    ☒ zur Einziehung überwiesen.[5]   ☐ an Zahlungs statt überwiesen.[5]

B. Erläuterungen

[1] Antrag und Beschlussentwurf werden mit Ausnahme der nachfolgenden Besonderheit wie im Muster zu § 829 gefasst.

Nach den § 848 wird ein Anspruch auf Übertragung eines Grundstücks zur Befriedigung einer Geldforderung gepfändet. Die Vollstreckung vollzieht sich in zwei Stufen: Zunächst muss der Zugriff auf das Grundstück im Wege der Forderungspfändung eröffnet werden und anschließend das Grundstück durch Versteigerung verwertet werden.

[2] Auf Seite 4 des Formulars zu § 829 sollten der zu pfändende Anspruch in der Zeile „Anspruch G" mit einer Kurzbezeichnung versehen werden.

[3] Wichtig für die **Bestimmtheit** und damit die Wirksamkeit des Pfändungs- und Überweisungsbeschlusses ist, dass das Grundstück eindeutig bezeichnet wird.

[4] Weil der wegen einer Geldforderung vollstreckende Gläubiger nicht das Grundstück selbst, sondern durch eine anschließende Vollstreckung in das Grundstück Be-

friedigung erhalten soll, ist gemäß § 848 Abs. 1 anzuordnen, dass das Grundstück an einen **Sequester** als Vertreter des Schuldners aufzulassen ist. Die Mitwirkung des Schuldners ist durch den Einsatz des Sequesters nicht erforderlich. Leistet der Drittschuldner, so wird der Schuldner gemäß § 848 Abs. 2 S. 2 Eigentümer und der Gläubiger erhält kraft Gesetz eine **Sicherungshypothek** iSd § 1184 BGB. Die Eintragung in das Grundbuch, welche der Sequester gemäß § 848 Abs. 2 S. 3 zu bewilligen hat, kommt nur berichtigende Wirkung zu. Die weitere Vollstreckung richtet sich nach den §§ 864 ff iVm dem ZVG.

7 [5] Die **Überweisung** an Zahlungs statt zum Nennwert ist gemäß § 849 ausgeschlossen (siehe § 847 Rn 7).

§ 849 Keine Überweisung an Zahlungs statt

Eine Überweisung der im § 846 bezeichneten Ansprüche an Zahlungs statt ist unzulässig.

§ 850 Pfändungsschutz für Arbeitseinkommen

(1) Arbeitseinkommen, das in Geld zahlbar ist, kann nur nach Maßgabe der §§ 850 a bis 850 i gepfändet werden.

(2) Arbeitseinkommen im Sinne dieser Vorschrift sind die Dienst- und Versorgungsbezüge der Beamten, Arbeits- und Dienstlöhne, Ruhegelder und ähnliche nach dem einstweiligen oder dauernden Ausscheiden aus dem Dienst- oder Arbeitsverhältnis gewährte fortlaufende Einkünfte, ferner Hinterbliebenenbezüge sowie sonstige Vergütungen für Dienstleistungen aller Art, die die Erwerbstätigkeit des Schuldners vollständig oder zu einem wesentlichen Teil in Anspruch nehmen.

(3) Arbeitseinkommen sind auch die folgenden Bezüge, soweit sie in Geld zahlbar sind:

a) Bezüge, die ein Arbeitnehmer zum Ausgleich für Wettbewerbsbeschränkungen für die Zeit nach Beendigung seines Dienstverhältnisses beanspruchen kann;

b) Renten, die auf Grund von Versicherungsverträgen gewährt werden, wenn diese Verträge zur Versorgung des Versicherungsnehmers oder seiner unterhaltsberechtigten Angehörigen eingegangen sind.

(4) Die Pfändung des in Geld zahlbaren Arbeitseinkommens erfasst alle Vergütungen, die dem Schuldner aus der Arbeits- oder Dienstleistung zustehen, ohne Rücksicht auf ihre Benennung oder Berechnungsart.

A. Muster: Pfändung von Arbeitseinkommen		[3] Arbeitseinkommen	5
		[4] Lohnsteuer-Jahresausgleich	9
B. Erläuterungen		[5] Anspruch auf Lohnabrechnung	10
[1] Ausfüllen der allgemeinen Bestandteile	2	[6] Herausgabe vorhandener Lohnabrechnungen	12
[2] Anspruch gegen den Arbeitgeber	4		

A. Muster: Pfändung von Arbeitseinkommen

▶ Ausschnitte aus Seite 4 des Formulars zu § 829 ZPO[1]

Forderung aus Anspruch
☒ A (an Arbeitgeber)[2]

Anspruch A (an Arbeitgeber)
1. auf Zahlung des gesamten gegenwärtigen und künftigen Arbeitseinkommens (einschließlich des Geldwertes von Sachbezügen)[3]
2. auf Auszahlung des als Überzahlung jeweils auszugleichenden Erstattungsbetrages aus dem durchgeführten Lohnsteuer-Jahresausgleich sowie aus dem Kirchenlohnsteuer-Jahresausgleich für das Kalenderjahr <u>2014</u>
3. und für alle folgenden Kalenderjahre[4] auf

regelmäßige Erteilung von Lohnabrechnungen, wobei eine Kopie genügt[5]

Ausschnitt aus Seite 8 des Formulars zu § 829 ZPO

☒ **Es wird angeordnet, dass**
  ☒ der Schuldner die Lohn- oder Gehaltsabrechnung oder die Verdienstbescheinigung einschließlich der entsprechenden Bescheinigungen der letzten drei Monate vor Zustellung des Pfändungs- und Überweisungsbeschlusses an den Gläubiger herauszugeben hat[6]

B. Erläuterungen

[1] Zu den allgemeinen Anforderungen eines Antrags und eines Pfändungs- und Überweisungsbeschlusses siehe Muster zu § 829. Hier werden nur die **Besonderheiten der Pfändung des Arbeitseinkommens** dargestellt.

Bezieht der Schuldner **mehrere Arbeitseinkommen oder zusätzlich Sozialleistungen**, so sollte auch beantragt werden, dass die Einkommen zusammengerechnet werden und der pfändungsfreie Betrag in erste Linie dem Haupteinkommen entnommen wird, weil anderenfalls dem Schuldner für jedes einzelne Einkommen und mithin mehrfach der pfändungsfreie Betrag des § 850c zugutekommt (Einzelheiten unter § 850c). Falls eine dem Schuldner gegenüber **unterhaltsberechtigte Person** in nennenswertem Umfang **eigene Einkünfte bezieht,** sollte zusätzlich beantragt werden, dass diese Person bei der Ermittlung der pfändungsfreien Beträge des Schuldners ganz oder teilweise nicht zu berücksichtigen ist (Einzelheiten unter § 850c).

[2] Auf Seite 4 des Formulars zu § 829 muss zur Pfändung des Anspruchs des Schuldners auf Arbeitseinkommen das Kästchen „A (an Arbeitgeber)" angekreuzt werden.

5 **[3]** Der **Begriff des Arbeitseinkommens** wird in § 850 Abs. 2-4 näher bestimmt. Er ist weit zu verstehen. Das Arbeitseinkommen umfasst alle Einkünfte, die unmittelbar oder mittelbar auf einer Arbeitsleistung des Schuldners beruhen und in Geld ausgezahlt werden. Insbesondere zählen auch Renten oder Ruhegelder aufgrund einer früheren Arbeitstätigkeit dazu. Auf die Benennung oder Berechnungsart kommt es nach § 850 Abs. 4 nicht an.

6 Nach § 850e Nr. 3 S. 1 ist der **Wert von Sachleistungen** (zB freie oder verbilligte Kost, freie Unterkunft, gestellte Kleidung, privat nutzbarer Dienstwagen usw) schon kraft Gesetzes dem Geldeinkommen hinzuzurechnen. Ein Gläubiger kann zwar nicht auf die Sachleistungen selbst zugreifen, weil diese gemäß § 851 Abs. 1 ZPO iVm § 399 1. Alt. BGB regelmäßig unpfändbar sind. Wird der unpfändbare Teil des Einkommens aber ganz oder teilweise durch Sachleistungen abgedeckt, steigt entsprechend der pfändbare Anteil des in Geld zahlbaren Einkommensanteils. Mit welchem Geldbetrag, die Sachleistungen zu bewerten sind, wird nicht in den Pfändungsbeschluss aufgenommen. Die Bewertung muss der Drittschuldner bei der Ermittlung des pfändbaren Betrages selbst vornehmen. Maßgeblich ist dabei nicht der tatsächliche wirtschaftliche Wert der Sachleistung, sondern inwieweit durch die Sachleistung der notwendige Lebensunterhalt des Schuldners gedeckt wird. Dementsprechend wird das Recht einen sehr hochwertigen Dienstwagen auch privat nutzen zu dürfen, häufig nur mit einem verhältnismäßig geringen Betrag anzusetzen sein.

7 Das Formular ist dahingehend zu verstehen, dass nur der pfändbare Teil des Arbeitseinkommens gepfändet wird. Dies ergibt sich aus den grau unterlegten Kasten auf Seite 4, der auf die Tabelle der pfändungsfreien Beträge zu § 850c Abs. 3 verweist, und dem ebenfalls grau unterlegten Kasten auf Seite 6, der die unpfändbaren Anteile des Einkommens gemäß § 850e Nr. 1 und § 850a aufzählt. Der pfändungsfreie Betrag muss zum Zwecke der Pfändung und Überweisung nicht beziffert werden. Gemäß § 850c Abs. 3 S. 2 genügt – wie im Formular geschehen – die Bezugnahme auf die Tabelle zu § 850c Abs. 3 (sog. Blankettbeschluss). Der pfändungsfreie Betrag muss später vom Arbeitgeber als Drittschuldner ermittelt werden. Dazu muss dieser zunächst das Nettoeinkommen unter Abzug der Beträge aus § 850e Nr. 1 und § 850a ermittelt (Einzelheiten unter § 850e). Anhand der Tabelle kann er anschließend den jeweils unpfändbaren Betrag ablesen. Welche Zeile dann maßgeblich ist, richtet sich nach dem in einem konkreten Monat erzielten Nettoeinkommen iSd § 850e Nr. 1 des Schuldners. Aus welcher Spalte anschließend der unpfändbare Betrag zu entnehmen ist, richtet sich nach der Anzahl der unterhaltsberechtigten Personen. Die Spalte 0 gilt für einen Schuldner ohne Unterhaltspflichten, die Spalte 1 für einen Schuldner, der einer Person Unterhalt zu gewähren hat, die Spalte 2 für einen Schuldner, der zwei Personen Unterhalt zu leisten hat, usw. Dabei ist grundsätzlich unerheblich, ob der Schuldner seinen Unterhaltspflichten tatsächlich in einem Umfang nachkommt, der den pauschalen Aufschlägen für unterhaltspflichte Personen entspricht (BGH MDR 2010, 1489). § 850c Abs. 2a sieht eine Anpassung der Pfändungsgrenzen und damit der Tabelle in Jahren mit ungerader Jahreszahl jeweils zum 1. Juli vor. Der Arbeitgeber muss also darauf achten, dass er die gerade aktuelle Tabelle zu § 850c Abs. 3 bei der Ermittlung des pfändbaren Betrages zugrunde legt.

Gemäß § 832 werden zukünftige Bezüge bereits kraft Gesetzes von der Pfändung miterfasst. Dies wird im Formular gleich zweimal deklaratorisch klargestellt, nämlich im Pfändungsausspruch auf Seite 3 (siehe [17]) und auf Seite 4 bei der Beschreibung des zu pfändenden Anspruchs (siehe [20]). Selbst wenn das von der Pfändung betroffene Arbeits- oder Dienstverhältnis endet, so erstreckt sich gemäß § 833 Abs. 2 die Pfändung automatisch auch auf die Bezüge aus einem erneut begründeten Arbeits- oder Dienstverhältnis, ohne dass hierzu eine neue Pfändung oder ein besonderer Antrag erforderlich wäre, wenn der Schuldner innerhalb von neun Monaten bei demselben Arbeitgeber eine neue Anstellung erlangt.

[4] Gemäß § 42 b EStG ist ein Arbeitgeber mit weniger als 10 Arbeiternehmern berechtigt und mit mehr Arbeiternehmern grundsätzlich verpflichtet, einen Lohnsteuerausgleich durchzuführen, und die für das Ausgleichsjahr einbehaltene Lohnsteuer dem Arbeitnehmer insoweit zu erstatten, als sie die auf den Jahresarbeitslohn entfallende Jahreslohnsteuer übersteigt (Lohnsteuer-Jahresausgleich). Eingetragen werden sollte das aktuelle Jahr.

[5] Auch ohne besonderen Ausspruch wird der Anspruch auf Lohnabrechnung als unselbständiges Nebenrecht gemäß § 412, § 401 BGB mitgepfändet. Auf Antrag des Gläubigers ist die Mitpfändung klarstellend im Pfändungs- und Überweisungsbeschluss auszusprechen (BGH, NJW 2013, 539 (540)).

An dieser Stelle kann auch die Pfändung eines verschobenen (§ 850 h Abs. 1) oder verschleierten (§ 850 h Abs. 2) Arbeitseinkommens eingetragen werden (siehe Muster zu § 850 h).

[6] Zur Pflicht des Schuldners aus § 836 Abs. 3 S. 1, Unterlagen zum Zwecke der Geltendmachung der gepfändeten Forderung gegenüber dem Drittschuldner an den Gläubiger herauszugeben und der Möglichkeit einer Hilfsvollstreckung gegen den Schuldner: siehe § 829 [29]. Bei einer überwiesenen Lohnforderung gehören neben der laufenden **Lohnabrechnung** auch die letzten drei Lohnabrechnungen aus der Zeit vor der Pfändung zu den „über die Forderung vorhandenen Urkunden" (BGH NJW 2003, 1256), damit der Gläubiger überprüfen kann, ob die aktuelle Lohnabrechnung eventuell auffällige Abweichungen zur früheren aufweist.

§ 850 a Unpfändbare Bezüge

Unpfändbar sind

1. zur Hälfte die für die Leistung von Mehrarbeitsstunden gezahlten Teile des Arbeitseinkommens;
2. die für die Dauer eines Urlaubs über das Arbeitseinkommen hinaus gewährten Bezüge, Zuwendungen aus Anlass eines besonderen Betriebsereignisses und Treugelder, soweit sie den Rahmen des Üblichen nicht übersteigen;
3. Aufwandsentschädigungen, Auslösungsgelder und sonstige soziale Zulagen für auswärtige Beschäftigungen, das Entgelt für selbstgestelltes Arbeitsmaterial, Gefahrenzulagen sowie Schmutz- und Erschwerniszulagen, soweit diese Bezüge den Rahmen des Üblichen nicht übersteigen;

4. Weihnachtsvergütungen bis zum Betrage der Hälfte des monatlichen Arbeitseinkommens, höchstens aber bis zum Betrag von 500 Euro;
5. Heirats- und Geburtsbeihilfen, sofern die Vollstreckung wegen anderer als der aus Anlass der Heirat oder der Geburt entstandenen Ansprüche betrieben wird;
6. Erziehungsgelder, Studienbeihilfen und ähnliche Bezüge;
7. Sterbe- und Gnadenbezüge aus Arbeits- oder Dienstverhältnissen;
8. Blindenzulagen.

§ 850 b Bedingt pfändbare Bezüge

(1) Unpfändbar sind ferner
1. Renten, die wegen einer Verletzung des Körpers oder der Gesundheit zu entrichten sind;
2. Unterhaltsrenten, die auf gesetzlicher Vorschrift beruhen, sowie die wegen Entziehung einer solchen Forderung zu entrichtenden Renten;
3. fortlaufende Einkünfte, die ein Schuldner aus Stiftungen oder sonst auf Grund der Fürsorge und Freigebigkeit eines Dritten oder auf Grund eines Altenteils oder Auszugsvertrags bezieht;
4. Bezüge aus Witwen-, Waisen-, Hilfs- und Krankenkassen, die ausschließlich oder zu einem wesentlichen Teil zu Unterstützungszwecken gewährt werden, ferner Ansprüche aus Lebensversicherungen, die nur auf den Todesfall des Versicherungsnehmers abgeschlossen sind, wenn die Versicherungssumme 3 579 Euro nicht übersteigt.

(2) Diese Bezüge können nach den für Arbeitseinkommen geltenden Vorschriften gepfändet werden, wenn die Vollstreckung in das sonstige bewegliche Vermögen des Schuldners zu einer vollständigen Befriedigung des Gläubigers nicht geführt hat oder voraussichtlich nicht führen wird und wenn nach den Umständen des Falles, insbesondere nach der Art des beizutreibenden Anspruchs und der Höhe der Bezüge, die Pfändung der Billigkeit entspricht.

(3) Das Vollstreckungsgericht soll vor seiner Entscheidung die Beteiligten hören.

A. Muster: Pfändungsantrag (Taschengeldanspruch)	[4] Beschränkte Pfändbarkeit	5
B. Erläuterungen	[5] Unpfändbarer Mindestbetrag	6
[1] Ausfüllen der allgemeinen Bestandteile ... 2	[6] Schutz des Grundfreibetrags	7
[2] Kurzbezeichnung des Anspruchs/ Drittschuldners ... 3	[7] Begründung	8
	[8] Subsidiarität	9
[3] Ausführliche Bezeichnung des zu pfändenden Taschengeldanspruchs ... 4	[9] Billigkeit	10

1 **A. Muster: Pfändungsantrag (Taschengeldanspruch)**

278 ▶ Ausschnitt aus Seite 4 des Formulars zu § 829 ZPO[1]

Forderung aus Anspruch

Abschnitt 2 | Zwangsvollstreckung wegen Geldforderungen § 850 b

☒ **G** (an unterhaltspflichtigen Ehegatten)[2]

Ausschnitt aus Seite 6 des Formulars zu § 829 ZPO

☒ **Anspruch G**
(Hinweis: betrifft Anspruch an weitere Drittschuldner bzw. schon aufgeführte Drittschuldner, soweit Platz unzureichend)

auf Zahlung des als Teil des ehelichen Unterhalts monatlich zu
leistenden Taschengeldes[3] in Höhe von 7/10,[4] soweit der
verbleibende Anteil von 3/10 einen Mindestbetrag von 50,- EUR
überschreitet[5] und der Schuldnerin im Übrigen Unterhaltsleistungen
in Höhe des pfändungsfreien Betrages nach der Tabelle zu
§ 850 c Abs. 3 ZPO verbleiben.[6]

Begründung:[7]
Die Schuldnerin ist Hausfrau und hat keine eigenen Einkünfte. Der
Versuch einer Vollstreckung in das bewegliche Vermögen der Schuldnerin
ist erfolglos geblieben.[8] Die Zulassung der Pfändung entspricht im
vorliegenden Fall der Billigkeit, weil ...[9]

B. Erläuterungen

[1] Zu den allgemeinen Anforderungen an das Rubrum und die Forderungsberechnung sowie den weiteren Inhalt eines Pfändungs- und Überweisungsbeschlusses siehe Muster zu § 829.

[2] Auf Seite 4 des Formulars zu § 829 sollten der zu pfändende Anspruch in der Zeile „Anspruch G" mit einer Kurzbezeichnung versehen werden.

[3] Der haushaltführende Ehegatte hat, sofern nicht das Familieneinkommen schon durch den notwendigen Grundbedarf der Familienmitglieder restlos aufgezehrt wird, einen **Taschengeldanspruch** (BGH NJW 2004, 2450). Dieser ist als Teil des gesetzlichen Unterhaltsanspruchs aus §§ 1360, 1360a BGB gemäß § 850 b Abs. 1 Nr. 2 grundsätzlich unpfändbar. Auf Antrag kann die Pfändung aber gemäß § 850 b Abs. 2 bei Fruchtlosigkeit der sonstigen Vollstreckung aus Billigkeitsgründen ausnahmsweise zugelassen werden (BGH aaO). Die Höhe des zu gewährenden Taschengeldes richtet sich nach den im Einzelfall gegebenen Vermögensverhältnissen, dem Lebensstil und der Zukunftsplanung der Ehegatten und wird in der Rechtsprechung üblicherweise mit **5 % bis 7 % des Nettoeinkommens** des verdienenden Ehegatten angesetzt (BGH NJW 2004, 674 (677)). Da es sich um einen gesetzlichen Anspruch handelt, ist gleichgültig, ob der verdienende Ehegatte tatsächlich dem haushaltsführenden Ehegatten ein Taschengeld zahlt oder welche andere Handhabung besteht (BGH NJW

§ 850 b

1998, 1553 (1555)). Gegenüber einem haushaltsführenden Ehegatten ohne eigene Einkünfte ist die Pfändung des Taschengeldanspruchs häufig die einzige Zugriffsmöglichkeit.

5 **[4]** Wird die Pfändung der bedingt pfändbaren Bezüge zugelassen, so richtet sich die Pfändung gemäß § 850 b Abs. 2 „nach den für das Arbeitseinkommen geltenden Vorschriften". Wird wegen einer nicht privilegierten Forderung gepfändet, so gilt also der Pfändungsschutz des § 850 c. Eine Pfändung ist demnach nur möglich, wenn der Unterhaltsanspruch insgesamt den unpfändbare Grundbetrag des § 850 c Abs. 1 übersteigt. Von den darüber hinaus gehenden Betrag (**Mehrbetrag**) muss **dem Schuldner** gemäß § 850 c Abs. 2 S. 1 **ein Anteil von 3/10** verbleiben, weshalb nur 7/10 pfändbar sind (vgl BGH NJW 2004, 2450 (2451)).

6 **[5]** Die Pfändung eines nur in bescheidender Höhe bestehenden Taschengeldanspruchs wird in der Regel nicht der Billigkeit entsprechen (vgl. OLG Brandenburg MDR 2002, 356). Um sicherzustellen, dass der dem Schuldner verbleibende Anteil am Taschengeld nicht unangemessen gering ausfallen kann, ist die Angabe eines **Mindestbetrages** sinnvoll. Ob wirklich ein Taschengeldanspruch besteht, der auch den Mindestbetrag übersteigt, ist vom Vollstreckungsgericht nicht zu prüfen (OLG Köln RPfleger 2003, 670). Aufgrund der Formalisierung der Zwangsvollstreckung wird nur der „angebliche Anspruch" gepfändet.

7 **[6]** Dem Schuldner (= haushaltsführenden Ehegatten) muss wertmäßig ein Unterhalt verbleiben, der dem **Grundfreibetrag des § 850 c Abs. 1** entspricht. Dieser Unterhalt wird durch Sachleistungen erfüllt. Nur auf den über den Grundfreibetrag hinausgehenden Mehrbetrag kann anteilig zugegriffen werden. Eine Erhöhung des Grundfreibetrags gemäß § 850 c Abs. 2 im Hinblick auf unterhaltsberechtigte Kinder oder den unterhaltsberechtigten Ehegatten scheidet aus (BGH NJW 2004, 2450 (2451)), weil die auf diese Personen entfallenden Unterhaltsbeträge schon bei der Ermittlung des bereinigten Nettoeinkommens abgezogen worden sind und nicht doppelt berücksichtigt werden können (*Neugebauer* MDR 2005, 376 (377)).

8 **[7]** Die Pfändbarkeit eines Anspruchs iSd § 850 b stellt eine zu begründende Ausnahme dar. Das vom Bundesministerium der Justiz herausgegebene Formular sieht keine speziellen Felder für eine Begründung vor. Im Kasten „Anspruch G" auf Seite 6 ist im Regelfall aber genügend Platz für eine kurze Begründung. Sollte der Platz nicht genügen, kann im ersten Kasten auf Seite 4 auf gesonderte Anlagen verwiesen werden (s. Formular unter § 829 Rn 19).

9 **[8]** Die Pfändung der renten- und rentenähnlichen Ansprüche aus § 850 b Abs. 1 setzt nach § 850 b Abs. 2 voraus, dass die Vollstreckung in das sonstige Vermögen des Schuldners zur vollständigen Befriedigungen nicht geführt oder voraussichtlich nicht führen wird (**Subsidiarität**). Den Nachweis kann der Gläubiger auch durch Vorlage einer sog. Fruchtlosigkeitsbescheinigung nach § 32 GVGA oder eine amtliche Auskunft des GV erbringen. Die Bescheinigung ist dem Antrag als Anlage beizufügen (s. S. 1 des Formulars unter § 829 Rn 1).

10 **[9]** Allein der Umstand, dass kein anderes Vermögen vorhanden ist, auf das zugegriffen werden kann, genügt nicht für die Begründung der **Billigkeit** (BGH NJW 2004, 2450 (2451 f)). Wie sich aus dem Wort „und" in § 850 b Abs. 2 ergibt, ist die Billig-

keit neben dem Fehlen einer anderen Befriedigungsmöglichkeit eine zusätzliche Voraussetzung. Als Kriterien für die Billigkeitsentscheidung nennt das Gesetz die „Art des beizutreibenden Anspruchs" und die „Höhe der Bezüge". Insbesondere bei der Vollstreckung privilegierter Ansprüche wie Unterhaltsansprüchen (§ 850 d) oder Schadensersatzansprüche wegen vorsätzlicher unerlaubter Handlung (§ 850 f Abs. 2) kann die Zulassung der Pfändung bedingt pfändbarer Bezüge in Betracht kommen. Weitere Gesichtspunkte können unter anderem auch die Umstände der Entstehung des Anspruchs, das Verhalten der Beteiligten im Rahmen der Beitreiben der Forderung, eine wirtschaftliche Notlage des Gläubigers und ein hoher Lebensstandard des Schuldners, die Höhe der beizutreibende Forderung und die voraussichtliche Dauer einer Pfändung sein (hierzu: BGH NJW 2004, 2450 (2452)). **Darlegungs- und beweisbelastet ist der Gläubiger** (BGH aaO).

§ 850 c [1]Pfändungsgrenzen für Arbeitseinkommen

(1) [1]Arbeitseinkommen ist unpfändbar, wenn es, je nach dem Zeitraum, für den es gezahlt wird, nicht mehr als

930 Euro[2] monatlich,
217,50 Euro[3] wöchentlich oder
43,50 Euro[4] täglich,

beträgt.
[2]Gewährt der Schuldner auf Grund einer gesetzlichen Verpflichtung seinem Ehegatten, einem früheren Ehegatten, seinem Lebenspartner, einem früheren Lebenspartner oder einem Verwandten oder nach §§ 1615 l, 1615 n des Bürgerlichen Gesetzbuchs einem Elternteil Unterhalt, so erhöht sich der Betrag, bis zu dessen Höhe Arbeitseinkommen unpfändbar ist, auf bis zu

2 060 Euro[5] monatlich,
478,50 Euro[6] wöchentlich oder
96,50 Euro[7] täglich,

und zwar um

350 Euro[8] monatlich,
81 Euro[9] wöchentlich oder
17 Euro[10] täglich,

für die erste Person, der Unterhalt gewährt wird, und um je

---

1 Die in der Neubekanntmachung v. 5.12.2005 (BGBl. I S. 3202) enthaltenen amtlichen Anmerkungen zu den ab 1.7.2005 maßgeblichen Beträgen sind nicht mehr wiedergegeben.
2 Ab 1.7.2011: 1 028,89 Euro (vgl. Pfändungsfreigrenzen-Bek. 2011 v. 9.5.2011, BGBl. I S. 825).
3 Ab 1.7.2011: 236,79 Euro (vgl. Pfändungsfreigrenzen-Bek. 2011 v. 9.5.2011, BGBl. I S. 825).
4 Ab 1.7.2011: 47,36 Euro (vgl. Pfändungsfreigrenzen-Bek. 2011 v. 9.5.2011, BGBl. I S. 825).
5 Ab 1.7.2011: 2 279,03 Euro (vgl. Pfändungsfreigrenzen-Bek. 2011 v. 9.5.2011, BGBl. I S. 825).
6 Ab 1.7.2011: 524,49 Euro (vgl. Pfändungsfreigrenzen-Bek. 2011 v. 9.5.2011, BGBl. I S. 825).
7 Ab 1.7.2011: 104,90 Euro (vgl. Pfändungsfreigrenzen-Bek. 2011 v. 9.5.2011, BGBl. I S. 825).
8 Ab 1.7.2011: 387,22 Euro (vgl. Pfändungsfreigrenzen-Bek. 2011 v. 9.5.2011, BGBl. I S. 825).
9 Ab 1.7.2011: 89,11 Euro (vgl. Pfändungsfreigrenzen-Bek. 2011 v. 9.5.2011, BGBl. I S. 825).
10 Ab 1.7.2011: 17,82 Euro (vgl. Pfändungsfreigrenzen-Bek. 2011 v. 9.5.2011, BGBl. I S. 825).

195 Euro[11] monatlich,
45 Euro[12] wöchentlich oder
9 Euro[13] täglich
für die zweite bis fünfte Person.
(2) ¹Übersteigt das Arbeitseinkommen den Betrag, bis zu dessen Höhe es je nach der Zahl der Personen, denen der Schuldner Unterhalt gewährt, nach Absatz 1 unpfändbar ist, so ist es hinsichtlich des überschießenden Betrages zu einem Teil unpfändbar, und zwar in Höhe von drei Zehnteln, wenn der Schuldner keiner der in Absatz 1 genannten Personen Unterhalt gewährt, zwei weiteren Zehnteln für die erste Person, der Unterhalt gewährt wird, und je einem weiteren Zehntel für die zweite bis fünfte Person. ²Der Teil des Arbeitseinkommens, der 2 851 Euro[14] monatlich (658 Euro[15] wöchentlich, 131,58 Euro[16] täglich) übersteigt, bleibt bei der Berechnung des unpfändbaren Betrages unberücksichtigt.
(2 a) ¹Die unpfändbaren Beträge nach Absatz 1 und Absatz 2 Satz 2 ändern sich jeweils zum 1. Juli eines jeden zweiten Jahres, erstmalig zum 1. Juli 2003, entsprechend der im Vergleich zum jeweiligen Vorjahreszeitraum sich ergebenden prozentualen Entwicklung des Grundfreibetrages nach § 32 a Abs. 1 Nr. 1 des Einkommensteuergesetzes; der Berechnung ist die am 1. Januar des jeweiligen Jahres geltende Fassung des § 32 a Abs. 1 Nr. 1 des Einkommensteuergesetzes zugrunde zu legen. ²Das Bundesministerium der Justiz gibt die maßgebenden Beträge rechtzeitig im Bundesgesetzblatt bekannt.[17]
(3) ¹Bei der Berechnung des nach Absatz 2 pfändbaren Teils des Arbeitseinkommens ist das Arbeitseinkommen, gegebenenfalls nach Abzug des nach Absatz 2 Satz 2 pfändbaren Betrages, wie aus der Tabelle ersichtlich, die diesem Gesetz als Anlage beigefügt ist, nach unten abzurunden, und zwar bei Auszahlung für Monate auf einen durch 10 Euro, bei Auszahlung für Wochen auf einen durch 2,50 Euro oder bei Auszahlung für Tage auf einen durch 50 Cent teilbaren Betrag. ²Im Pfändungsbeschluss genügt die Bezugnahme auf die Tabelle.
(4) Hat eine Person, welcher der Schuldner auf Grund gesetzlicher Verpflichtung Unterhalt gewährt, eigene Einkünfte, so kann das Vollstreckungsgericht auf Antrag des Gläubigers nach billigem Ermessen bestimmen, dass diese Person bei der Berechnung des unpfändbaren Teils des Arbeitseinkommens ganz oder teilweise unberücksichtigt bleibt; soll die Person nur teilweise berücksichtigt werden, so ist Absatz 3 Satz 2 nicht anzuwenden.

A. Muster: Antrag auf Nichtberücksichtigung eines Unterhaltsberechtigten
B. Erläuterungen und Varianten
   [1] Antrag und Beschlussentwurf 2
   [2] Anpassung der Antragsseite 3
   [3] Vollständige Nichtberücksichtigung eines Unterhaltsberechtigten   4
   [4] Entbehrlichkeit der Bezifferung bei teilweiser Nichtberücksichtigung 5

---

11 Ab 1.7.2011: 215,73 Euro (vgl. Pfändungsfreigrenzen-Bek. 2011 v. 9. 5.2011, BGBl. I S. 825).
12 Ab 1.7.2011: 49,65 Euro (vgl. Pfändungsfreigrenzen-Bek. 2011 v. 9.5.2011, BGBl. I S. 825).
13 Ab 1.7.2011: 9,93 Euro (vgl. Pfändungsfreigrenzen-Bek. 2011 v. 9.5.2011, BGBl. I S. 825).
14 Ab 1.7.2011: 3 154,15 Euro (vgl. Pfändungsfreigrenzen-Bek. 2011 v. 9.5.2011, BGBl. I S. 825).
15 Ab 1.7.2011: 725,89 Euro (vgl. Pfändungsfreigrenzen-Bek. 2011 v. 9.5.2011, BGBl. I S. 825).
16 Ab 1.7.2011: 145,18 Euro (vgl. Pfändungsfreigrenzen-Bek. 2011 v. 9.5.2011, BGBl. I S. 825).
17 Siehe die Pfändungsfreigrenzen-Bek. 2011, auszugsweise wiedergegeben als nichtamtlicher Anhang.

| [5] | Begründung des Antrags.......... | 6 | | bei teilweiser Nichtberücksichtigung............................. | 7 |
| [6] | Ermittlung des pfändbaren Anteils durch das Vollstreckungsgericht | | | | |

A. Muster: Antrag auf Nichtberücksichtigung eines Unterhaltsberechtigten

▶ Ausschnitt aus Seite 1 des Formulars zu § 829 ZPO[1]

Es wird gemäß dem nachfolgenden Entwurf des Beschlusses Antrag gestellt auf
- ☐ Zusammenrechnung mehrerer Arbeitseinkommen (§ 850 e Nummer 2 ZPO)
- ☐ Zusammenrechnung von Arbeitseinkommen und Sozialleistungen (§ 850 e Nummer 2 a ZPO)
- ☒ Nichtberücksichtigung von Unterhaltsberechtigten (§ 850 c Absatz 4 ZPO)[2]
- ☐ _____
       _____

Ausschnitte aus Seite 7 des Formulars zu § 829 ZPO

☒ Gemäß § 850 c Absatz 4 ZPO wird **angeordnet**, dass
  ☒ der Ehegatte   ☐ der Lebenspartner / die Lebenspartnerin   ☐ das Kind / die Kinder
  bei der Berechnung des unpfändbaren Teils des Arbeitseinkommens
  ☒ nicht[3]   ☐ nur teilweise[4]
  als Unterhaltsberechtigte / -r zu berücksichtigen sind / ist.
  (Begründung zu Höhe und Art des eigenen Einkommens)[5]
  Die Ehefrau des Schuldners, die mit ihm in einem gemeinsamen Haushalt
  lebt, bezieht durch ihre Tätigkeit als ... monatliche Einkünfte von ...,
  die ihren eigenen Unterhaltsbedarf vollständig abdecken.

Vom Gericht auszufüllen[6]
(wenn ein Unterhaltsberechtigter nur teilweise zu berücksichtigen ist)
Bei der Feststellung des nach der Tabelle zu § 850 c Abs. 3 ZPO pfändbaren Betrages
bleibt die Unterhaltspflicht des Schuldners gegenüber

_____
außer Betracht. Der pfändbare Betrag ist deshalb ausschließlich unter Berücksichtigung der übrigen
Unterhaltsleistungen des Schuldners festzustellen.
Der nach der Tabelle unpfändbare Teil des Arbeitseinkommens des Schuldners ist wegen seiner teilweise zu berücksichtigenden gesetzlichen Unterhaltspflicht gegenüber
_____ um weitere

☐	_____	€ monatlich
☐	_____	€ wöchentlich
☐	_____	€ täglich

zu erhöhen.

B. Erläuterungen und Varianten

2 **[1]** **Antrag und Beschlussentwurf** werden mit Ausnahme der nachfolgenden Besonderheit wie im Muster zu § 829 und § 850 gefasst.

3 **[2]** Auf der Antragsseite muss lediglich zusätzlich angekreuzt werden, dass die Nichtberücksichtigung eines Unterhaltsberechtigten gemäß § 850 c Abs. 4 ZPO beantragt wird. Kann eine gegenüber dem Schuldner unterhaltsberechtigte Person ihren Unterhaltsbedarf ganz oder teilweise aus eigenen Einkünfte bestreiten, sollte dieser Antrag gestellt werden, damit sich der pfändbare Anteil entsprechend erhöht. Hintergrund ist folgender: Der **unpfändbare Anteil des Arbeitseinkommens** wird aus der Tabelle zu § 850 c Abs. 3 abgelesen. Die Differenz zwischen dem Einkommen und den unpfändbaren Anteilen ergibt dann den pfändbaren Anteil. Aus welcher Spalte der unpfändbare Betrag zu entnehmen ist, richtet sich nach der Anzahl der unterhaltsberechtigten Personen. Dabei spielt es grundsätzlich keine Rolle, ob der Schuldner seinen Unterhaltspflichten tatsächlich in einem Umfang nachkommt, der den pauschalen Aufschlägen für Unterhaltsberechtigte entspricht (BGH MDR 2010, 1489). Je weniger Unterhaltsberechtigte vorhanden sind, umso geringer ist der unpfändbare und umso höher der pfändbare Anteil des Arbeitseinkommens. Ist ein Unterhaltsberechtigter zwar vorhanden, hat das Vollstreckungsgericht aber nach § 850 c Abs. 4 bestimmt, dass er nicht zu berücksichtigen ist, so erhöht sich also der pfändbare Betrag.

4 **[3]** Soll ein Unterhaltsberechtigter **ganz unberücksichtigt** bleiben, so ist der pfändbare Teil des Arbeitseinkommens aus der Spalte der Tabelle zu § 850 c Abs. 3 zu entnehmen, die für einen Schuldner ohne Vorhandensein dieses Unterhaltsberechtigten gelten würde.

5 **[4]** Der Gläubiger muss den **Teilbetrag nicht beziffern**, mit dem ein Unterhaltsberechtigter teilweise nicht zu berücksichtigen ist, wenn der Unterhaltsberechtigte wegen geringer Einkünfte seinen Bedarf nur teilweise selbst decken kann. Er muss lediglich in der Begründung die Höhe der Einkünfte des Unterhaltsberechtigten nennen und nach Möglichkeit belegen (siehe [5]). Die Berechnung des pfändbaren Anteils ist dann Sache des Vollstreckungsgerichts (siehe [6]).

6 **[5]** Welche Einkünfte ein Unterhaltsberechtigter des Schuldners hat, muss möglichst konkret dargelegt werden und sollte nach Möglichkeit belegt werden.

7 **[6]** Das Vollstreckungsgericht muss ermitteln, in welchem **Umfang** der **Unterhaltsberechtigte zu berücksichtigen** ist. Führt der Unterhaltsberechtigte einen eigenen Haushalt, so kann sich das Vollstreckungsgericht hinsichtlich des Bedarfs des Unterhaltsberechtigten an dem Grundfreibetrag aus § 850 c Abs. 1 orientieren. Muss der Unterhaltsberechtigte dagegen keinen eigenen Haushalt bestreiten, weil er beim Schuldner lebt, so wird auf den **sozialrechtlichen Regelbedarf** gemäß § 28 SGB XII zuzüglich ei-

nes **Aufschlags von 30–50 %** abgestellt (BGH NJW-RR 2005, 1239). Weil die Anordnung gemäß § 850 c Abs. 4 nach „**billigen Ermessen**" zu treffen ist, verbietet sich eine schematische Behandlung dieser Fälle. Soweit bekannt, sind die Besonderheiten des Einzelfalles zu berücksichtigen.

Für den Arbeitgeber legt das Vollstreckungsgericht dann im grün unterlegten Kasten auf Seite 7 des Formulars fest, wie der unpfändbare Anteil bei einer teilweisen Berücksichtigung eines Unterhaltsberechtigten zu ermitteln ist. Dazu bestimmt das Vollstreckungsgericht, dass der unpfändbare Teil des Arbeitseinkommens zunächst aus der Spalte der Tabelle zu § 850 c Abs. 3 zu entnehmen ist, der für einen Schuldner ohne Vorhandensein dieses Unterhaltsberechtigten gelten würde, und dass dieser Betrag dann um einen vom Vollstreckungsgericht festgesetzten Aufschlag zu erhöhen ist.

8

§ 850 d Pfändbarkeit bei Unterhaltsansprüchen

(1) ¹Wegen der Unterhaltsansprüche, die kraft Gesetzes einem Verwandten, dem Ehegatten, einem früheren Ehegatten, dem Lebenspartner, einem früheren Lebenspartner oder nach §§ 1615 l, 1615 n des Bürgerlichen Gesetzbuchs einem Elternteil zustehen, sind das Arbeitseinkommen und die in § 850 a Nr. 1, 2 und 4 genannten Bezüge ohne die in § 850 c bezeichneten Beschränkungen pfändbar. ²Dem Schuldner ist jedoch so viel zu belassen, als er für seinen notwendigen Unterhalt und zur Erfüllung seiner laufenden gesetzlichen Unterhaltspflichten gegenüber den dem Gläubiger vorgehenden Berechtigten oder zur gleichmäßigen Befriedigung der dem Gläubiger gleichstehenden Berechtigten bedarf; von den in § 850 a Nr. 1, 2 und 4 genannten Bezügen hat ihm mindestens die Hälfte des nach § 850 a unpfändbaren Betrages zu verbleiben. ³Der dem Schuldner hiernach verbleibende Teil seines Arbeitseinkommens darf den Betrag nicht übersteigen, der ihm nach den Vorschriften des § 850 c gegenüber nicht bevorrechtigten Gläubigern zu verbleiben hätte. ⁴Für die Pfändung wegen der Rückstände, die länger als ein Jahr vor dem Antrag auf Erlass des Pfändungsbeschlusses fällig geworden sind, gelten die Vorschriften dieses Absatzes insoweit nicht, als nach Lage der Verhältnisse nicht anzunehmen ist, dass der Schuldner sich seiner Zahlungspflicht absichtlich entzogen hat.

(2) Mehrere nach Absatz 1 Berechtigte sind mit ihren Ansprüchen in der Reihenfolge nach § 1609 des Bürgerlichen Gesetzbuchs und § 16 des Lebenspartnerschaftsgesetzes zu berücksichtigen, wobei mehrere gleich nahe Berechtigte untereinander den gleichen Rang haben.

(3) Bei der Vollstreckung wegen der in Absatz 1 bezeichneten Ansprüche sowie wegen der aus Anlass einer Verletzung des Körpers oder der Gesundheit zu zahlenden Renten kann zugleich mit der Pfändung wegen fälliger Ansprüche auch künftig fällig werdendes Arbeitseinkommen wegen der dann jeweils fällig werdenden Ansprüche gepfändet und überwiesen werden.

A. Pfändungs- und Überweisungsbeschluss mit erweitertem Vollstreckungszugriff
   I. Muster: Anschreiben mit Antrag auf Pfändungs- und Überweisungsbeschluss mit erweitertem Vollstreckungszugriff
   II. Erläuterungen
      [1] Formularzwang 2
      [2] Antrag auf erweiterten Vollstreckungszugriff 4
      [3] Prozesskostenhilfe für die Forderungspfändung 6
B. Pfändungs- und Überweisungsbeschluss wegen einer Unterhaltsforderung in das Arbeitseinkommen
   I. Muster: Pfändung von Arbeitseinkommen wegen einer Unterhaltsforderung
   II. Erläuterungen und Varianten
      [1] Ausfüllen der allgemeinen Bestandteile 8
      [2] Besonderheiten der Antragsseite 9
      [3] Vollstreckung wegen einer titulierten gesetzlichen Unterhaltsforderung 10
      [4] Statische und dynamische Unterhaltsrente und Vorratspfändung 13
      [5] Unterhaltsrückstände, die älter als ein Jahr sind 15
      [6] Angabe aller Unterhaltsberechtigter und Einkünfte des Schuldners 16
      [7] Ermittlung des unpfändbaren Betrages durch das Vollstreckungsgericht 18

Abschnitt 2 | Zwangsvollstreckung wegen Geldforderungen § 850 d

A. Pfändungs- und Überweisungsbeschluss mit erweitertem Vollstreckungszugriff

I. Muster: Anschreiben mit Antrag auf Pfändungs- und Überweisungsbeschluss mit erweitertem Vollstreckungszugriff[1]

1

Raum für Kostenvermerke und Eingangsstempel

Amtsgericht Aachen

Vollstreckungsgericht

Adalbertsteinweg 92

52070 Aachen

Antrag auf Erlass eines Pfändungs- und Überweisungsbeschlusses wegen Unterhaltsforderungen [1]

Es wird beantragt, den nachfolgenden Entwurf als Beschluss auf ☒ Pfändung ☒ und ☒ Überweisung zu erlassen.

☒ Zugleich wird beantragt, die Zustellung zu vermitteln (☒ mit der Aufforderung nach § 840 der Zivilprozessordnung – ZPO).
☐ Die Zustellung wird selbst veranlasst.

Es wird gemäß dem nachfolgenden Entwurf des Beschlusses Antrag gestellt auf

☐ Zusammenrechnung mehrerer Arbeitseinkommen (§ 850e Nummer 2 ZPO)
☐ Zusammenrechnung von Arbeitseinkommen und Sozialleistungen (§ 850e Nummer 2a ZPO)

☒ erweiterter Vollstreckungszugriff gemäß § 850 d ZPO [2]

Es wird beantragt, [3]

☒ Prozesskostenhilfe zu bewilligen
☒ Frau Rechtsanwältin / Herrn Rechtsanwalt

Dr. Sabine Schlau in Aachen
beizuordnen.

☐ Prozesskostenhilfe wurde gemäß anliegendem Beschluss bewilligt.

Anlagen:
☒ Schuldtitel und 5 Vollstreckungsunterlagen
☒ Erklärung über die persönlichen und wirtschaftlichen Verhältnisse nebst 4 Belegen
☐ _____

☐ Verrechnungsscheck für Gerichtskosten
☐ Gerichtskostenstempler

☐ Ich drucke nur die ausgefüllten Seiten
_____
(Bezeichnung der Seiten)
aus und reiche diese dem Gericht ein.

Hinweis:
Soweit für den Antrag eine zweckmäßige Eintragungsmöglichkeit in diesem Formular nicht besteht, können ein geeignetes Freifeld sowie Anlagen genutzt werden.

23.03.2015   *Dr. S. Schlau*
Datum   (Unterschrift Antragsteller / -in)

II. Erläuterungen

2 **[1]** Für die Beantragung eines Pfändungs- und Überweisungsbeschlusses zur Vollstreckung von „**Unterhaltsforderungen**" ist vom Bundesministerium der Justiz ein gesondertes Formular herausgegeben worden (Anlage 3 zu § 2 Nr. 1 ZVFV), das gemäß § 829 Abs. 4 S. 2 zwingend verwandt werden muss. Eine ausfüllbare Version des Formulars als pdf-Datei kann auf der Seite des Bundesministeriums der Justiz (http://www.bmjv.de/DE/Service/Formulare/_node.html) heruntergeladen werden. Ein ohne Verwendung dieses Formulars gestellter Antrag ist allein wegen Nichtbeachtung des Formularzwangs abzulehnen! Einzelheiten zum Umfang und zu den Grenzen des Formularzwangs siehe § 829 Rn 3 ff.

3 Die erste Seite des Formulars stellt den eigentlichen Antrag dar. Die folgenden Seiten des Formulars beinhalten den **Entwurf eines Pfändungs- und Überweisungsbeschlusses**, dessen Erlass beantragt wird. Die Antragsseite zur Vollstreckung von Unterhaltsforderung ist mit der Antragsseite des Formulars für die Vollstreckung „gewöhnlicher Forderung" weitgehend identisch! Lediglich ein möglicher Antrag nach § 850c Abs. 4 ist auf der Antragsseite des Formulars zur Vollstreckung von Unterhaltsforderungen weggelassen worden (zum Hintergrund: siehe Rn 5). Wegen der Einzelheiten, wie die Antragsseite auszufüllen ist, kann daher auf die Kommentierung zu § 829 Rn 6 ff verwiesen werden. Im Folgenden werden nur Besonderheiten bei der Vollstreckung von Unterhaltsforderungen hervorgehoben.

4 **[2]** Der **erweiterter Vollstreckungszugriff** nach § 850d wird dem Unterhaltsberechtigten **nur auf Antrag** gewährt (BeckOK/*Riedel*, § 850d Rn 31; HK-ZP/*Kemper*, § 850d Rn 29). Anders als bei der Vollstreckung eines ebenfalls bevorrechtigten Gläubigers einer Schadensersatzforderung wegen vorsätzlicher unerlaubter Handlung (§ 850f Abs. 2) ergibt sich das Antragserfordernis zwar nicht schon aus dem Wortlaut des § 850d. Außer beim Zusammentreffen der Pfändung wegen einer Unterhaltsforderung mit der Pfändung wegen einer nicht bevorrechtigten Forderung (§ 850e Nr. 4) besteht aber kein Zwang für den Unterhaltsgläubiger auf die gemäß § 850d der Pfändung im erweitertem Umfang unterliegenden Teile des Arbeitseinkommens zuzugreifen. Er kann sich auch auf den Zugriff auf die nach § 850c pfändbaren Teile des Arbeitseinkommens beschränken. Weil er die Wahl hat, muss er klarstellen, ob er von dem erweiterten Vollstreckungszugriff nach § 850d Gebrauch machen möchte oder nicht. Ein ausdrücklicher Antrag – wie hier dargestellt – ist dazu nicht erforderlich. Dass ein erweiterter Vollstreckungszugriff gewünscht ist, kann beim Fehlen eines ausdrücklichen Antrages auch daraus gefolgert werden, dass der Gläubiger auf Seite 8 des Formulars Angaben zu weiteren unterhaltsberechtigten Personen oder deren Fehlen gemacht hat, die nur für den Fall eines erweiterten Vollstreckungszugriffs erforderlich sind. Das Nichtvorhandensein eines vorgedruckten ausdrücklichen Antrages auf erweiterten Vollstreckungszugriff nach § 850d auf der Antragsseite des Formulars zeigt, dass dies vom Bundesministerium der Justiz als ausreichend erachtet worden ist.

5 Die Möglichkeit der Beantragung der Nichtberücksichtigung von (anderen) Unterhaltsberechtigten gemäß § 850c Abs. 4 (siehe Muster und Erläuterungen unter § 850c) ist im Formular für die Vollstreckung wegen Unterhaltsforderungen nicht enthalten, weil als Regelfall die Beantragung des erweiterten Vollstreckungszugriffs nach § 850 d angesehen wird, und in diesem Fall der pfändungsfreie Betrag ohnehin nicht aus der Tabelle zu § 850 c Abs. 3 zu entnehmen ist, sondern vom Vollstreckungsgericht individuell festgesetzt wird.

[3] Wegen der rechtlichen Schwierigkeiten bei der Pfändung aus Unterhaltstiteln kann die Bewilligung von Prozesskostenhilfe in der Regel nicht mit der Begründung abgelehnt werden, eine anwaltliche Vertretung sei nicht nötig (BGH FamRZ 2006, 856).

B. Pfändungs- und Überweisungsbeschluss wegen einer Unterhaltsforderung in das Arbeitseinkommen

I. Muster: Pfändung von Arbeitseinkommen wegen einer Unterhaltsforderung[1]

Amtsgericht Anschrift:	Aachen Adalbertsteinweg 92 52070 Aachen	
Geschäftszeichen:		

☒ Pfändungs- ☒ und ☒ Überweisungs-Beschluss [1]
in der Zwangsvollstreckungssache

des / der Herrn / Frau	Yvonne Müller Mühlenweg 15 52070 Aachen	
geboren am [2] (Angabe des Geburtsdatums bei Minderjährigen sinnvoll)	08.05.2012	
gesetzlich vertreten [2] durch Herrn / Frau	Simone Müller Mühlenweg 15 52070 Aachen	
vertreten durch Herrn / Frau / Firma	Rechtsanwältin Dr. Sabine Schlau Kongressstraße 114 52070 Aachen	– Gläubiger –
Aktenzeichen des Gläubigervertreters		
Bankverbindung	☐ des Gläubigers ☒ des Gläubigervertreters	
IBAN:	DE10 1010 0101 1010 0101 00	
BIC: Angabe kann entfallen, wenn IBAN mit DE beginnt.		

gegen

Herrn / Frau	Werner Müller Mittelstraße 250 52070 Aachen	
vertreten durch Herrn / Frau / Firma	Rechtsanwalt Arno Winkel Bergstraße 2 52249 Eschweiler	– Schuldner –
Aktenzeichen des Schuldnervertreters	1145/14 BE	

Abschnitt 2 | Zwangsvollstreckung wegen Geldforderungen § 850 d

Nach dem Vollstreckungstitel / den Vollstreckungstiteln [3]
(den oder die Titel bitte nach Art, Gericht / Notar / Jugendamt, Datum, Geschäftszeichen etc. bezeichnen)

Beschluss des Amtsgerichts - Familiengericht - Aachen
vom 02.02.2015, Az. 151 F 512/14 [3]

kann der Gläubiger von dem Schuldner nachfolgend aufgeführte Beträge beanspruchen:

I. Unterhaltsrückstand

4.272 €	☒ Unterhaltsrückstand für die Zeit vom 01.02.2014 ☒ bis 31.01.2015	
€	☐ nebst ___ % Zinsen seit dem _____ ☐ bis _____	
€	☐ nebst Zinsen in Höhe von 5 Prozentpunkten über dem jeweiligen Basiszinssatz seit dem _____ ☐ bis _____	
372,57 € (wenn Angabe möglich)	☒ gemäß Anlage(n) Verzugszinsberechnung (zulässig, wenn in dieser Aufstellung die erforderlichen Angaben nicht oder nicht vollständig eingetragen werden können)	

II. Nur auszufüllen bei statischer Unterhaltsrente [4]

Unterhalt für

☒ Kind ☐ Ehegatten ☐ Lebenspartner / -in

☐ Elternteil nach §1615l des Bürgerlichen Gesetzbuches (BGB) ☐ Eltern ☐ Enkel

Der Unterhalt ist zu zahlen ☐ wöchentlich ☒ monatlich ☐ vierteljährlich

☒ laufend ab 01.02.2015 ☒ zahlbar am ersten
(Wochentag bzw. bezifferten Tag des Monats oder des Jahres angeben)

☐ jeder Woche ☒ jeden Monats ☐ jeden Jahres ☐ bis _____

€	☐ Unterhalt bis zur Vollendung des **sechsten** Lebensjahres des Kindes
€	☐ Unterhalt von der Vollendung des **sechsten** Lebensjahres bis zur Vollendung des **zwölften** Lebensjahres des Kindes
€	☐ Unterhalt von der Vollendung des **zwölften** Lebensjahres bis zur Vollendung des **achtzehnten** Lebensjahres des Kindes
€	☐ Unterhalt von der Vollendung des **achtzehnten** Lebensjahres des Gläubigers an
356 €	☒ Unterhalt vom 01.03.2015 bis 31.05.2018
372 €	☒ Unterhalt vom 01.06.2018 bis 31.05.2024
434 €	☒ Unterhalt vom 01.06.2024 bis 31.05.2030
€ (wenn Angabe möglich)	☐ gemäß Anlage(n) _____ (vgl. Hinweis zu I.)

Brögelmann

III. Nur auszufüllen bei dynamisierter Unterhaltsrente[4]

☐ **Unterhalt**, veränderlich gemäß dem Mindestunterhalt nach § 1612a Absatz 1 BGB, zahlbar am Ersten jeden Monats, laufend ab _____ ☐ bis _____

_____ Prozent des Mindestunterhalts der **ersten Altersstufe**,

☐ abzüglich ☐ des hälftigen ☐ des vollen Kindergeldes für ein

☐ erstes / zweites ☐ drittes ☐ _____ Kind

☐ abzüglich Kindergeld in Höhe von _____ €
☐ abzüglich sonstiger kindbezogener Leistungen in Höhe von _____ €

(derzeitiger monatlicher Zahlbetrag des Unterhalts: _____ €) bis zur Vollendung des **sechsten** Lebensjahres des Kindes (Zeitraum vom _____ bis _____)

_____ Prozent des Mindestunterhalts der **zweiten Altersstufe**,

☐ abzüglich ☐ des hälftigen ☐ des vollen Kindergeldes für ein

☐ erstes / zweites ☐ drittes ☐ _____ Kind

☐ abzüglich Kindergeld in Höhe von _____ €
☐ abzüglich sonstiger kindbezogener Leistungen in Höhe von _____ €

(derzeitiger monatlicher Zahlbetrag des Unterhalts: _____ €) vom **siebenten** bis zur Vollendung des **zwölften** Lebensjahres des Kindes (Zeitraum vom _____ bis _____)

_____ Prozent des Mindestunterhalts der **dritten Altersstufe**,

☐ abzüglich ☐ des hälftigen ☐ des vollen Kindergeldes für ein

☐ erstes / zweites ☐ drittes ☐ _____ Kind

☐ abzüglich Kindergeld in Höhe von _____ €
☐ abzüglich sonstiger kindbezogener Leistungen in Höhe von _____ €

(derzeitiger monatlicher Zahlbetrag des Unterhalts: _____ €) ab dem **dreizehnten** Lebensjahr des Kindes (Zeit ab dem _____)

☐ gemäß Anlage(n) _____
(vgl. Hinweis Seite 3 zu I.)

IV. Kosten

_____ €	☐	festgesetzte Kosten
_____ €	☐	nebst ☐ 4 % Zinsen ☐ ____ % Zinsen daraus/ aus _____ Euro seit dem _____ ☐ bis _____
_____ €	☐	nebst Zinsen in Höhe von ☐ 5 ____ Prozentpunkten über dem jeweiligen Basiszinssatz daraus / aus _____ Euro seit dem _____ ☐ bis _____
_____ €	☐	bisherige Vollstreckungskosten
_____ € (wenn Angabe möglich)	☐	gemäß Anlage(n) _____ (vgl. Hinweis Seite 3 zu I.)

Wegen dieser Ansprüche einschließlich der künftig fällig werdenden Beträge sowie wegen der Kosten für diesen Beschluss (vgl. Kostenrechnung) und wegen der Zustellungskosten für diesen Beschluss wird / werden die nachfolgend aufgeführte /-n angebliche /-n Forderung /-en des Schuldners gegenüber dem Drittschuldner – einschließlich der künftig fällig werdenden Beträge – so lange gepfändet, bis der Gläubigeranspruch gedeckt ist.

Abschnitt 2 | Zwangsvollstreckung wegen Geldforderungen § 850 d

8. Sterbe- und Gnadenbezüge aus Arbeits- und Dienstverhältnissen;
9. Blindenzulagen;
10. Geldleistungen für Kinder sowie Sozialleistungen, die zum Ausgleich immaterieller Schäden gezahlt werden.

☐ **Es wird angeordnet,** dass zur Berechnung des nach § 850c ZPO pfändbaren Teils des Gesamteinkommens zusammenzurechnen sind:

☐ Arbeitseinkommen bei Drittschuldner (genaue Bezeichnung)
_____ und

☐ Arbeitseinkommen bei Drittschuldner (genaue Bezeichnung)
_____

Der unpfändbare Grundbetrag ist in erster Linie den Einkünften des Schuldners bei Drittschuldner (genaue Bezeichnung)
_____ zu entnehmen,
weil dieses Einkommen die wesentliche Grundlage der Lebenshaltung des Schuldners bildet.

☐ **Es wird angeordnet,** dass zur Berechnung des nach § 850c ZPO pfändbaren Teils des Gesamteinkommens zusammenzurechnen sind:

☐ laufende Geldleistungen nach dem Sozialgesetzbuch von Drittschuldner (genaue Bezeichnung der Leistungsart und des Drittschuldners)
_____ und

☐ Arbeitseinkommen bei Drittschuldner (genaue Bezeichnung)
_____

Ansprüche auf Geldleistungen für Kinder dürfen mit Arbeitseinkommen nur zusammengerechnet werden, soweit sie nach § 76 des Einkommensteuergesetzes (EStG) oder nach § 54 Absatz 5 des Ersten Buches Sozialgesetzbuch (SGB I) gepfändet werden können.

☐ Der erweiterte Pfändungsumfang gilt nicht für die Unterhaltsrückstände, die länger als ein Jahr [5] vor Stellung des Pfändungsantrags vom _____ fällig geworden sind, weil nach Lage der Verhältnisse nicht anzunehmen ist, dass der Schuldner sich seiner Zahlungspflicht absichtlich entzogen hat.

Der Schuldner ist nach Angaben des Gläubigers [6]

☐ ledig. ☐ verheiratet / eine Lebenspartnerschaft führend.
☐ mit dem Gläubiger verheiratet / eine Lebenspartnerschaft führend. ☒ geschieden.

☐ Der Schuldner ist dem geschiedenen Ehegatten gegenüber unterhaltspflichtig

☐ _____

Der Schuldner hat nach Angaben des Gläubigers
☐ keine unterhaltsberechtigten Kinder.
☒ keine weiteren unterhaltsberechtigten Kinder außer dem Gläubiger.
☐ ____ unterhaltsberechtigtes Kind / unterhaltsberechtigte Kinder.
☐ ____ weiteres unterhaltsberechtigtes Kind / weitere unterhaltsberechtigte Kinder außer dem Gläubiger.
☐ _____

| Vom Gericht auszufüllen | 9 |

Pfandfreier Betrag

Dem Schuldner dürfen von dem errechneten Nettoeinkommen bis zur Deckung des Gläubigeranspruchs für seinen eigenen notwendigen Unterhalt _____ Euro monatlich verbleiben

☐ sowie _____ Euro monatlich zur Erfüllung seiner laufenden gesetzlichen Unterhaltspflichten gegenüber den Berechtigten, die dem Gläubiger vorgehen

☐ sowie zur gleichmäßigen Befriedigung der Unterhaltsansprüche der berechtigten Personen, die dem Gläubiger gleichstehen, _____/_____ Anteile des Nettoeinkommens, das nach Abzug des notwendigen Unterhalts des Schuldners verbleibt, bis zur Deckung der gesamten Unterhaltsansprüche dieser Personen von zusammen monatlich _____ Euro. Gepfändet sind demzufolge _____/_____ Anteile des _____ Euro monatlich übersteigenden Nettoeinkommens und das nach Deckung der eben genannten Unterhaltsansprüche von zusammen monatlich _____ Euro verbleibende Mehreinkommen aus den bezeichneten _____/_____ Anteilen.

Der sich hieraus ergebende dem Schuldner zu belassende Betrag darf nicht höher sein als der unter Berücksichtigung der Unterhaltspflichten gemäß der Tabelle zu § 850c ZPO (in der jeweils gültigen Fassung) pfandfrei verbleibende Betrag.

☐ Sonstige Anordnungen:
_____
_____
_____
_____
_____

☐ **Es wird angeordnet, dass**

☐ der Schuldner die Lohn- oder Gehaltsabrechnung oder die Verdienstbescheinigung einschließlich der entsprechenden Bescheinigungen der letzten drei Monate vor Zustellung des Pfändungs- und Überweisungsbeschlusses an den Gläubiger herauszugeben hat

☐ der Schuldner das über das jeweilige Sparguthaben ausgestellte Sparbuch (bzw. die Sparurkunde) an den Gläubiger herauszugeben hat und dieser das Sparbuch (bzw. die Sparurkunde) unverzüglich dem Drittschuldner vorzulegen hat

☐ ein von dem Gläubiger zu beauftragender Gerichtsvollzieher für die Pfändung des Inhalts Zutritt zum Schließfach zu nehmen hat

☐ der Schuldner die Versicherungspolice an den Gläubiger herauszugeben hat und dieser sie unverzüglich dem Drittschuldner vorzulegen hat

☐ der Schuldner die Bausparurkunde und den letzten Kontoauszug an den Gläubiger herauszugeben hat und dieser die Unterlagen unverzüglich dem Drittschuldner vorzulegen hat

☐ _____
_____
_____
_____
_____
_____

Für die Pfändung der Kosten für den Unterhaltsrechtsstreit (das gilt nicht für die Kosten der Zwangsvollstreckung) sind bezüglich der Ansprüche A und B die gemäß § 850c ZPO geltenden Vorschriften für die Pfändung von Arbeitseinkommen anzuwenden; bei einem Pfändungsschutzkonto gilt § 850k Absatz 1 und 2 ZPO.

II. Erläuterungen und Varianten

8 [1] In der Kommentierung des Musters zum Beschlussentwurf wird nur auf Besonderheiten der Pfändung wegen Unterhaltsforderungen in Arbeitseinkommen eingegangen. Im Übrigen wird auf die Kommentierung zu § 829 und § 850 verwiesen.

[2] Die zweite Seite des Formulars für die Vollstreckung von Unterhaltsforderungen unterscheidet sich vom Formular für die Vollstreckung gewöhnlicher Forderungen nur dadurch, dass beim Gläubiger das Geburtsdatum angegeben werden kann, was bei Minderjährigen sinnvoll ist. Außerdem sind zusätzliche Zeilen vorhanden, um einen gesetzlichen Vertreter einzutragen. Relevant wird dies, wenn eine Mutter für ihr Kind in Verfahrensstandschaft gemäß § 1629 Abs. 3 S. 1 einen Unterhaltstitel erlangt hat, den sie nun für das Kind vollstrecken will.

[3] Wird der erweiterte Vollstreckungszugriff nach § 850 d beantragt, muss sich aus dem Titel eindeutig ergeben, dass eine **gesetzliche Unterhaltsforderung** tituliert worden ist. Falls dies nicht der Fall ist, kann der Gläubiger nicht den erweiterten Vollstreckungszugriff des § 850 d in Anspruch nehmen, sondern kann – wie ein gewöhnlicher Gläubiger – nur auf die gemäß § 850 c pfändungsfreien Beträge zugreifen (vgl BGHZ 152, 166). Im Zwangsvollstreckungsverfahren kann auch nicht nachträglich geklärt werden, ob Inhalt des Titels Unterhaltsforderungen sind (BGH aaO). Den erweiterten Vollstreckungszugriff nach § 850 d kann sich ein Gläubiger in einem solchen Fall nur durch eine **Klage auf Feststellung** iSd § 256 Abs. 1 eröffnen, dass Inhalt des Titels gesetzliche Unterhaltsforderungen sind (vgl BGHZ 109, 275). Ein Anspruch aus schuldrechtlichem Versorgungsausgleich fällt nicht unter das Vollstreckungsprivileg aus § 850 d (BGH FamRZ 2005, 1564).

Bei einem erweiterten Vollstreckungszugriff gemäß § 850 d kann sich der Unterhaltsschuldner nicht auf die Pfändungsfreibeträge des § 850 c berufen, sondern ihm selbst verbleibt nur noch der „notwendige Unterhalt" iSd § 850 d, und auch der Pfändungsschutz des § 850 a wird beschränkt (siehe grau unterlegter Kasten auf Seite 7 des Formulars).

Auch die **notwendige Rechtsverfolgungskosten** (Prozesskosten und Vollstreckungskosten) sind nach § 850 d privilegiert (OLG Hamm RPfleger 1977, 109, str.). Der Gläubiger muss die Prozesskosten und Vollstreckungskosten aus Mitteln entnehmen, die ihm sonst für den Unterhalt zur Verfügung stünden. Der § 850 d will aber gerade gewährleisten, dass dem Gläubiger der Unterhalt möglichst ungeschmälert bereitsteht.

[4] Das Formular unterscheidet zwischen einer „statischen Unterhaltsrente", bei der im Unterhaltstitel ein fester Betrag angegeben worden ist, und einer „dynamischen Unterhaltsrente" (Seite 4 des Formulars), bei der ein Prozentsatz bezogen auf den Mindestunterhalt (§ 1612 a BGB) aufgeführt wird. Der Mindestunterhalt entspricht der untersten Einkommensstufe der Düsseldorfer Tabelle. Der künftig zu zahlende Unterhalt kann im Titel nach Altersstufen gestaffelt sein. Falls im Unterhaltstitel die Zeiträume nicht durch Nennung von Altersstufen (zB bis zur Vollendung des sechsten Lebensjahr), sondern durch Nennung konkrete Datumsangaben bezeichnet worden sind, sollten diese Datumsangaben im Formular eingetragen werden.

Wird wegen eines bereits fälligen Unterhaltsbetrages vollstreckt, kann gemäß § 850 d Abs. 3 **zugleich auch wegen zukünftig fällig werdender Unterhaltsbeträge gepfändet** werden (**sog. Vorratspfändung**). Bei dieser Vorschrift handelt es sich um eine Ausnahme zu § 751 Abs. 1, wonach eigentlich nur wegen bereits fälliger Forderungen vollstreckt werden kann. Voraussetzung für die Vorratspfändung ist aber natürlich, dass die zukünftigen Unterhaltsforderungen gemäß § 258 überhaupt eingeklagt und ebenfalls tituliert worden sind. Der Gläubiger erwirbt durch die Vorratspfändung ein Pfandrecht wegen seiner noch nicht fälligen Unterhaltsforderungen mit dem Rang der Zustellung des Pfändungsbeschlusses. Die gleichen Grundsätze gelten für die Vollstreckung einer **wegen einer Körper- oder Gesundheitsverletzung zu zahlenden Geldrente**.

15 [5] Wegen **Unterhaltsrückständen, die länger als ein Jahr vor dem Antrag** auf Erlass des Pfändungsbeschlusses **fällig geworden sind**, kann gemäß § 850 d Abs. 1 S. 4 dann nicht im erweiterten Umfang nach § 850 d in das Arbeitseinkommen des Schuldners vollstreckt werden, wenn sich der Schuldner nicht absichtlich der Zahlungspflicht entzogen hat. Aus der negativen Formulierung als Ausschluss folgt, dass der Schuldner darzulegen und erforderlichenfalls nachzuweisen hat, dass er sich nicht absichtlich der Zahlungspflicht entzogen hat (BGH NJW-RR 2005, 718). Weil der Schuldner vor Erlass des Pfändungsbeschlusses gemäß § 834 nicht angehört wird, kann er dies erst nachträglich mit einer Vollstreckungserinnerung gemäß § 766 Abs. 1 tun. Der Gläubiger muss also weder im Antrag auf Erlass des Pfändungsbeschlusses noch in einem späteren Erinnerungsverfahren nach § 766 Abs. 1 darlegen oder beweisen, dass die Voraussetzungen des Ausschlusses des § 850 d Abs. 1 S. 4 nicht vorliegen (BGH NJW-RR 2005, 718). Der Gläubiger wird dementsprechend kaum je Anlass haben, hier ein Kreuz zu setzen.

16 [6] Weil das Vollstreckungsgericht im Pfändungsbeschluss den Betrag festlegen muss, der dem Schuldner zur Erfüllung von vorrangigen oder gleichberechtigten Unterhaltspflichten zusätzlich zu seinem notwendigen Unterhalt zu verbleiben hat, **muss der Gläubiger sämtliche möglichen unterhaltsberechtigten Personen bezeichnen**. Es genügt ein vollständiger und widerspruchsfreier Vortrag. Das Vorhandensein oder Nichtvorhandensein von weiteren Unterhaltsberechtigten vor oder neben dem Gläubiger muss nicht belegt werden. Falls aufgrund falscher Angaben des Gläubigers die pfändungsfreien Beträge zu niedrig festgesetzt werden, kann der Schuldner, der vor Erlass des Pfändungs- und Überweisungsbeschlusses gemäß § 834 nicht gehört wird, gemäß § 766 Abs. 1 Vollstreckungserinnerung einlegen.

17 Alle Einkünfte des Schuldners, deren Anrechnung auf den „notwendigen Unterhalt" des Schuldners in Betracht kommt (zB Wohngeld), oder die ganz oder teilweise den Bedarf eines Unterhaltsberechtigten abdecken (zB Kindergeld), für dessen Unterhalt der Schuldner aufzukommen hat, sollten mitgeteilt werden. Durch Berücksichtigung dieser Einkünfte kann sich der dem Schuldner zu belassende Betrag deutlich mindern und der pfändbare Anteil des Einkommens dementsprechend vergrößern. Im Muster des Pfändungs- und Überweisungsbeschlusses ist zB das Wohngeld vom notwendigen Unterhaltsbedarf abgezogen worden.

18 [7] Der dem Schuldner verbleibende Betrag muss vom Vollstreckungsgericht **beziffert** werden. Dem Schuldner muss aber gemäß § 850 d Abs. 1 S. 2 ein Geldbetrag in Höhe seines **notwendigen Unterhalts** verbleiben, dessen **Berechnung im Beschluss offengelegt** werden muss. Die Ermittlung des notwendigen Unterhalts richtet sich nach dem **Sozialhilfebedarf nach dem SGB XII** (BGH NJW-RR 2011, 706). Eine Festsetzung des notwendigen Unterhalts unterhalb des Regelsatzes des § 28 SGB XII ist in keinem Fall zulässig (BGH aaO). Neben dem Regelsatz (§ 28 SGB XII) und den Kosten für

Unterkunft und Heizung (§ 29 SGB XII) ist auch ein pauschaler arbeitsbedingter Mehraufwand (§ 82 Abs. 3 SGB XII) iHv 30 % des Regelsatzes zu berücksichtigen (LG Stuttgart InVo 2005, 281).

Falls ein **bevorrechtigter Unterhaltsberechtigter** vorhanden ist, so muss vom Vollstreckungsgericht der Betrag beziffert und festgesetzt werden, der dem Schuldner zu belassen ist, damit er seine Unterhaltspflicht dem bevorrechtigten Unterhaltsberechtigten gegenüber erfüllen kann. Dabei ist der volle angemessene Unterhalt nach § 1610 Abs. 1 BGB und nicht ein Betrag nach den Regeln des Sozialhilferechts festzusetzen. Einkommen, das zugunsten des Unterhaltsberechtigten gezahlt wird (zB Kindergeld, Erziehungsgeld), ist auf dessen Bedarf anzurechnen und mindert den Betrag, der dem Schuldner zu Erfüllung dieser Unterhaltspflicht zu belassen ist. 19

Wenn neben dem Gläubiger noch **gleichrangige Unterhaltsberechtigte** vorhanden sind, so darf der vollstreckende Gläubiger nur auf einen seinem Unterhaltsanspruch entsprechenden Anteil des über dem notwendigen Unterhalt des Schuldners hinausgehenden Betrages zugreifen. Die weiteren Anteile des Mehrbetrages, dh des nach Abzug des notwendigen Unterhalts des Schuldners verbleibenden Nettoeinkommens, sind dem Schuldner ebenfalls zu belassen. 20

Damit die Regelung des § 850 d über die Bestimmung des dem Schuldner zu belassenden Betrages nicht im Einzelfall zu einer Schlechterstellung führen kann, fungieren die für gewöhnliche Gläubiger geltenden **Freibeträge** des § 850 c als **Obergrenze**. 21

§ 850 e Berechnung des pfändbaren Arbeitseinkommens

Für die Berechnung des pfändbaren Arbeitseinkommens gilt Folgendes:
1. ¹Nicht mitzurechnen sind die nach § 850 a der Pfändung entzogenen Bezüge, ferner Beträge, die unmittelbar auf Grund steuerrechtlicher oder sozialrechtlicher Vorschriften zur Erfüllung gesetzlicher Verpflichtungen des Schuldners abzuführen sind. ²Diesen Beträgen stehen gleich die auf den Auszahlungszeitraum entfallenden Beträge, die der Schuldner
    a) nach den Vorschriften der Sozialversicherungsgesetze zur Weiterversicherung entrichtet oder
    b) an eine Ersatzkasse oder an ein Unternehmen der privaten Krankenversicherung leistet, soweit sie den Rahmen des Üblichen nicht übersteigen.
2. ¹Mehrere Arbeitseinkommen sind auf Antrag vom Vollstreckungsgericht bei der Pfändung zusammenzurechnen. ²Der unpfändbare Grundbetrag ist in erster Linie dem Arbeitseinkommen zu entnehmen, das die wesentliche Grundlage der Lebenshaltung des Schuldners bildet.
2a. ¹Mit Arbeitseinkommen sind auf Antrag auch Ansprüche auf laufende Geldleistungen nach dem Sozialgesetzbuch zusammenzurechnen, soweit diese der Pfändung unterworfen sind. ²Der unpfändbare Grundbetrag ist, soweit die Pfändung nicht wegen gesetzlicher Unterhaltsansprüche erfolgt, in erster Linie den laufenden Geldleistungen nach dem Sozialgesetzbuch zu entnehmen. ³Ansprüche auf Geldleistungen für Kinder dürfen mit Arbeitseinkommen nur zusammengerech-

net werden, soweit sie nach § 76 des Einkommensteuergesetzes oder nach § 54 Abs. 5 des Ersten Buches Sozialgesetzbuch gepfändet werden können.

3. ¹Erhält der Schuldner neben seinem in Geld zahlbaren Einkommen auch Naturalleistungen, so sind Geld- und Naturalleistungen zusammenzurechnen. ²In diesem Fall ist der in Geld zahlbare Betrag insoweit pfändbar, als der nach § 850 c unpfändbare Teil des Gesamteinkommens durch den Wert der dem Schuldner verbleibenden Naturalleistungen gedeckt ist.

4. ¹Trifft eine Pfändung, eine Abtretung oder eine sonstige Verfügung wegen eines der in § 850 d bezeichneten Ansprüche mit einer Pfändung wegen eines sonstigen Anspruchs zusammen, so sind auf die Unterhaltsansprüche zunächst die gemäß § 850 d der Pfändung in erweitertem Umfang unterliegenden Teile des Arbeitseinkommens zu verrechnen. ²Die Verrechnung nimmt auf Antrag eines Beteiligten das Vollstreckungsgericht vor. ³Der Drittschuldner kann, solange ihm eine Entscheidung des Vollstreckungsgerichts nicht zugestellt ist, nach dem Inhalt der ihm bekannten Pfändungsbeschlüsse, Abtretungen und sonstigen Verfügungen mit befreiender Wirkung leisten.

A. Berechnung des Nettoeinkommens
  I. Muster: Berechnung des Nettoeinkommens, § 850 e Nr. 1
  II. Erläuterungen
    [1] Nettoeinkommen 2
    [2] Wert von Sachleistungen 3
    [3] Pfändung wegen bevorrechtigter Unterhaltsforderung 4
B. Zusammenrechnung mehrerer Einkünfte
  I. Muster: Zusammenrechnung mehrerer Einkünfte, § 850 e Nr. 2 und Nr. 2 a
  II. Erläuterungen
    [1] Zweck der Zusammenrechnung und Antragserfordernis 6
    [2] Zusammenrechnung mit Sozialleistungen 8
    [3] Angabe der zusammenzurechnenden Einkünfte 9
    [4] Benennung des Haupteinkommens 10
C. Vorrecht des Unterhaltsgläubigers
  I. Muster: Antrag auf Verweis des Unterhaltsgläubigers auf sein Vorrecht, § 850 e Nr. 4
  II. Erläuterungen
    [1] Erhöhung der Befriedigungschancen 12
    [2] Abänderung des Pfändungs- und Überweisungsbeschlusses .. 15
    [3] Berechnung des pfändungsfreien Betrages 16
    [4] Anordnung des Vollstreckungsgerichts 17

A. Berechnung des Nettoeinkommens

1 **I. Muster: Berechnung des Nettoeinkommens, § 850 e Nr. 1[1]**

a) Brutto-Einkommen
    Arbeitseinkommen   ... EUR
    + Wert von Sachleistungen[2]   ... EUR
b) Abzug der unpfändbaren Bezüge iSd § 850 a ZPO
    - Hälfte der Vergütung für Mehrarbeit[3]   ... EUR
    - Urlaubsgeld[3]   ... EUR
    - Treuegeld bzw Jubiläumszuwendung[3]   ... EUR
    - Aufwandsentschädigungen, Auslösungen und sonstige Zulagen für auswärtige Beschäftigungen   ... EUR
    - Gefahrenzulagen, Schmutz- und Erschwerniszulagen   ... EUR

- Hälfte der Weihnachtsvergütung (maximal: 500 EUR)[3]	... EUR
- Heirats- und Geburtenbeihilfen	... EUR
- Erziehungsgelder	... EUR

c) Abzug der weiteren in § 850 e Abs. 1 ZPO genannten Beträge

- Lohnsteuer	... EUR
- Kirchensteuer	... EUR
- Sozialversicherungsbeiträge	... EUR
- Beiträge zur privaten Krankenversicherung	... EUR
Nettoeinkommen iSd § 850 e Nr. 1 ZPO	**... EUR**

II. Erläuterungen

[1] Der pfändbare Anteil des Einkommens wird aufgrund des **Nettoeinkommens** des Schuldners iSd § 850 e Nr. 1 ermittelt. Erst wenn der Nettolohn feststeht, kann im Falle einer nicht bevorrechtigten Pfändung der pfändungsfreie Betrag der Tabelle zu § 850 c Abs. 3 entnommen werden. Nach der Höhe des Nettoeinkommens richtet sich, welche Zeile der Tabelle maßgeblich ist.

[2] Hierbei handelt es sich nur um eine Klarstellung. Nach § 850 e Nr. 3 S. 1 ist der **Wert von Sachleistungen** (zB freie oder verbilligte Kost, freie Unterkunft, gestellte Kleidung, privat nutzbarer Dienstwagen usw) schon **kraft Gesetzes** dem Geldeinkommen hinzuzurechnen. Ein Gläubiger kann zwar nicht auf die Sachleistungen selbst zugreifen, weil diese gemäß § 851 Abs. 1 ZPO iVm § 399 1. Alt. BGB regelmäßig unpfändbar sind. Wird der unpfändbare Teil des Einkommens aber ganz oder teilweise durch Sachleistungen abgedeckt, steigt entsprechend der pfändbare Anteil des in Geld zahlbaren Einkommensanteils. Mit welchem Geldbetrag, die Sachleistungen zu bewerten sind, wird nicht in den Pfändungsbeschluss aufgenommen. Die Bewertung muss der Drittschuldner bei der Ermittlung des pfändbaren Betrages selbst vornehmen. Maßgeblich ist dabei nicht der tatsächliche wirtschaftliche Wert der Sachleistung, sondern inwieweit durch die Sachleistung der notwendige Lebensunterhalt des Schuldners gedeckt wird. Dementsprechend wird das Recht einen sehr hochwertigen Dienstwagen auch privat nutzen zu dürfen, häufig nur mit einem verhältnismäßig geringen Betrag anzusetzen sein. Der vollständige Pfändungs- und Überweisungsbeschluss für Arbeitseinkommen findet sich unter § 850.

[3] **Bei Pfändung wegen einer bevorrechtigten Unterhaltsforderung** verbleibt dem Schuldner gemäß § 850 d Abs. 1 S. 2 Hs 2 von den pfändungsfreien Bezügen aus § 850 a Nr. 1, 2 und 4 nur die Hälfte. Die in den übrigen Nummern des § 850 a genannten Bezüge sind dem Schuldner dagegen in jedem Fall in voller Höhe zu belassen. Siehe auch Rn 18 zu § 850 d.

B. Zusammenrechnung mehrerer Einkünfte

I. Muster: Zusammenrechnung mehrerer Einkünfte, § 850 e Nr. 2 und Nr. 2 a

▶ Ausschnitt aus Seite 1 des Formulars zu § 829 ZPO[1]

> Es wird gemäß dem nachfolgenden Entwurf des Beschlusses Antrag gestellt auf
>
> ☒ Zusammenrechnung mehrerer Arbeitseinkommen (§ 850 e Nummer 2 ZPO)[1]
>
> ☐ Zusammenrechnung von Arbeitseinkommen und Sozialleistungen (§ 850 e Nummer 2 a ZPO)[2]
>
> ☐ Nichtberücksichtigung von Unterhaltsberechtigten (§ 850 c Absatz 4 ZPO)
>
> ☐ _____

Ausschnitte aus Seite 7 des Formulars zu § 829 ZPO

> ☒ **Es wird angeordnet**, dass zur Berechnung des nach § 850 c ZPO pfändbaren Teils des Gesamteinkommens zusammenzurechnen sind:[3]
>
> ☒ Arbeitseinkommen bei Drittschuldner (genaue Bezeichnung)
> Firma Garding GmbH & Co KG, Krefelderstraße 7 in Essen   und
>
> ☒ Arbeitseinkommen bei Drittschuldner (genaue Bezeichnung)
> Restaurant Zum Hirsch, Am Markt 11 in Essen
>
> Der unpfändbare Grundbetrag ist in erster Linie den Einkünften des Schuldners bei Drittschuldner (genaue Bezeichnung)
> Firma Garding GmbH & Co KG, Krefelderstraße 7 in Essen   zu entnehmen,
> weil dieses Einkommen die wesentliche Grundlage der Lebenshaltung des Schuldners bildet.[4]

> ☐ **Es wird angeordnet**, dass zur Berechnung des nach § 850 c ZPO pfändbaren Teils des Gesamteinkommens zusammenzurechnen sind:
>
> ☐ laufende Geldleistungen nach dem Sozialgesetzbuch von Drittschuldner (genaue Bezeichnung der Leistungsart und des Drittschuldners)
>
> und
>
> ☐ Arbeitseinkommen bei Drittschuldner (genaue Bezeichnung)
>
> Der unpfändbare Grundbetrag ist in erster Linie den laufenden Geldleistungen nach dem Sozialgesetzbuch zu entnehmen. Ansprüche auf Geldleistungen für Kinder dürfen mit Arbeitseinkommen nur zusammengerechnet werden, soweit sie nach § 76 des Einkommensteuergesetzes (EStG) oder nach § 54 Absatz 5 des Ersten Buches Sozialgesetzbuch (SGB I) gepfändet werden können.[4]

II. Erläuterungen

[1] Ohne **Zusammenrechnung** wäre von jedem Einkommen des Schuldners jeweils der pfändungsfreie Grundbetrag aus § 850c Abs. 1 abzuziehen und käme dem Schuldner also mehrfach zugute. Er würde besser stehen als jemand, der die gleiche Summe aus nur einem Einkommen bezieht. Das ist nicht gerechtfertigt. Durch die Zusammenrechnung nach § 850e Nr. 2 ist der pfändungsfreie Grundbetrag dem Schuldner nur einmal zu belassen, der aus dem Haupteinkommen zu entnehmen ist. Vorteile bringt die Zusammenrechnung also dann, wenn zumindest auch ein Nebeneinkommen (mit-)gepfändet worden ist.

Das Zusammenrechnen geschieht nur **auf Antrag**. Es ist hierzu nicht erforderlich, dass alle Einkommen, die zusammengerechnet werden sollen, auch gepfändet werden. Umgekehrt führt aber auch allein die Einbeziehung eines weiteren Einkommens in die Zusammenrechnung nicht zu einer Erstreckung der Pfändung auf dieses Einkommen. Wird der Antrag nicht vor Erlass des Pfändungsbeschlusses gestellt, so kann er auch nachgeholt werden.

[2] Eine Zusammenrechnung mit **Sozialleistungen** kommt nur in Betracht, wenn es sich um fortlaufende Geldleistungen handelt, die gemäß § 54 Abs. 4 oder Abs. 5 SGB IV pfändbar sind. Die **Sozialhilfe ist unpfändbar** (§ 17 Abs. 1 SGB XII) und damit nicht in die Zusammenrechnung einzubeziehen. Eine Zusammenrechnung **mit dem Wohngeld ist** ebenfalls **unzulässig** (§ 54 Abs. 3 Nr. 2a SGB I). Die Ansprüche auf **Geldleistungen für Kinder** dürfen mit Arbeitseinkommen oder mit anderen Sozialleistungen nur insoweit zusammengerechnet werden, als sie nach § 76 EStG oder nach § 54 Abs. 5 SGB I gepfändet werden könnten. Pfänden **Unterhaltsgläubiger** bevorrechtigt, ist § 850e Abs. 2a nicht anzuwenden, weil die Leistungen dann auch ohnedies nach § 850d Abs. 1 S. 2 zu berücksichtigen sind (Musielak/*Becker*, § 850e Rn 13). Die praktische Bedeutung des § 850e Abs. 2a ist nicht sonderlich groß.

[3] Auf Seite 7 des vom Bundesministerium der Justiz herausgegebenen Formulars sind die zusammenzurechnenden Arbeitseinkommen durch Nennung der Arbeitgeber (Drittschuldner) eindeutig zu bezeichnen.

[4] Meist wird das **Haupteinkommen** zugleich das größte Einkommen sein. Zwingend ist das aber nicht. Wichtiger als die Höhe kann im Einzelfall die Sicherheit und Beständigkeit eines Einkommens sein.

C. Vorrecht des Unterhaltsgläubigers

I. Muster: Antrag auf Verweis des Unterhaltsgläubigers auf sein Vorrecht, § 850e Nr. 4

▶ An das Amtsgericht ...

– Vollstreckungsgericht –

In der Zwangsvollstreckungssache

./.

beantragen wir namens und in Vollmacht des Gläubigers gemäß § 850e Nr. 4 ZPO zu beschließen:[1]

§ 850 e   Buch 8 | Zwangsvollstreckung

Der zugunsten des Gläubigers ... ergangene Pfändungs- und Überweisungsbeschluss des Amtsgerichts ... vom ... (Az ... M ...) wird dahin abgeändert,[2] dass dem Schuldner lediglich ein pfändungsfreier Betrag in Höhe von ...[3] zu belassen ist.

Auf die Unterhaltsansprüche des Gläubigers ... wegen welcher der oben genannte Pfändungs- und Überweisungsbeschluss ergangen ist, sind in erster Linie die Anteile des Einkommens des Schuldners zu verrechnen, die über dem nach diesem Beschluss und unter den nach der Tabelle zu § 850 c Abs. 3 ZPO geltenden pfändungsfreien Beträgen liegen.

Begründung

Der Gläubiger ... vollstreckt wegen bevorrechtigten Unterhaltsansprüchen. Den erweiterten Vollstreckungszugriff gemäß § 850 d ZPO hat er nicht beantragt.[4] Der antragsgemäß zu seinen Gunsten erlassene Pfändungs- und Überweisungsbeschluss ist dem Drittschuldner am ... zugestellt worden.

Beweis: Beiziehung der Vollstreckungsakte ... M ... des Amtsgerichts ...

Der Gläubiger in diesem Verfahren vollstreckt wegen einer gewöhnlichen Forderung. Der zu seinen Gunsten ergangene Pfändungs- und Überweisungsbeschluss des Amtsgerichts ... (Az ... M ...) ist dem Drittschuldner am ... zugestellt worden und geht somit gemäß § 804 Abs. 3 ZPO dem Pfändungs- und Überweisungsbeschluss des Gläubigers ... im Range nach.

Beweis: Pfändungs- und Überweisungsbeschluss vom ... und Zustellungsurkunde vom ...

Der Gläubiger ... ist daher wegen seiner bevorrechtigten Unterhaltsansprüche gemäß § 850 e Nr. 4 ZPO auf die vorrangige Befriedigung aus dem erweiterten Vollstreckungszugriff nach § 850 d ZPO zu verweisen, der dem Gläubiger dieses Verfahrens nicht zugänglich ist.

...

Rechtsanwalt ◄

II. Erläuterungen

12 [1] Die Bestimmungen des § 850 e Nr. 4 will die **Befriedigungschancen eines** gemäß § 804 Abs. 3 **nachrangigen gewöhnlichen Gläubigers** für den Fall erhöhen, dass ein bevorrechtigter Unterhaltsgläubiger ihm mit einer Pfändung oder Abtretung zeitlich zuvor kommen ist. Der bevorrechtigte Unterhaltsgläubiger soll aufgrund seines zeitlich früher wirksam gewordenen Pfändungsbeschlusses bzw der Abtretung zunächst Befriedigung aus dem erweiterten Zugriff nach § 850 d suchen, der einem gewöhnlichen Gläubiger nicht offensteht und nicht unnötig die jedem Gläubiger zugänglichen Einkommensanteile verbrauchen, die über den pfändungsfreien Beträgen nach § 850 c liegen.

13 Den **Antrag** wird daher ein Gläubiger einer gewöhnlichen Forderung stellen, dem ein Unterhaltsgläubiger mit der Pfändung zeitlich zuvor gekommen ist. Nach dem Wortlaut des § 850 e Nr. 4 steht das Antragsrecht zwar eigentlich allen „Beteiligten" zu. Dem Drittschuldner und Schuldner fehlt jedoch stets das **Rechtsschutzbedürfnis**. Dem Drittschuldner kann die Effizienz der Vollstreckung gleichgültig sein. Nach § 850 e Nr. 4 S. 3 kann er den erweiterten Vollstreckungszugriff nach § 850 d ignorieren, solange ihm kein Beschluss gemäß § 850 e Nr. 4 S. 2 zugestellt worden ist, ohne

Rechtsnachteile befürchten zu müssen. Für den Schuldner ist es sogar günstiger, wenn der Unterhaltsgläubiger den erweiterten Vollstreckungszugriff nach § 850 d nicht nutzt und ihm die pfändungsfreien Beträge nach § 850 c verbleiben. Durch einen Beschluss nach § 850 e Nr. 4 S. 2 kann er sich nur verschlechtern. Für den Unterhaltsgläubiger ist die Nachholung der Eröffnung des erweiterten Vollstreckungszugriffs nach § 850 d nur dann interessant, wenn er unter Beachtung der pfändungsfreien Beträge nach § 850 c keine vollständige Befriedigung erreichen kann.

Auf den Fall, dass das vorrangige Pfändungspfandrecht nicht einem Unterhaltsgläubiger, sondern einem Gläubiger einer **Schadensersatzforderung wegen vorsätzlicher unerlaubter Handlung** iSd § 850 f. Abs. 2 zusteht, ist § 850 e Nr. 4 **analog** anwendbar. Der Gesetzeszweck trifft auf die Fallkonstellation in gleicher Weise zu. 14

[2] Es handelt sich nicht bloß um eine Ergänzung, sondern um eine **Abänderung des Pfändungs- und Überweisungsbeschlusses des bevorrechtigten Unterhaltsgläubigers**, weil die bisherige (wenn auch nur deklaratorische) Bestimmungen zu den pfändungsfreien Beträgen nach § 850 c durch die Festsetzung eines pfändungsfreien Betrages nach § 850 d ersetzt werden. Der Beschluss wird mit **Zustellung an den Drittschuldner** wirksam (vgl § 850 e Nr. 4 S. 3). 15

[3] Zur **Berechnung des pfändungsfreien Betrages**: siehe Rn 11 und 12 zu § 850 d. 16

[4] Der Drittschuldner kann zwar **ohne Anordnung des Vollstreckungsgerichts** den erweiterten Vollstreckungszugriff nach § 850 d beim Unterhaltsgläubiger berücksichtigen. § 850 e Nr. 4 S. 3 erlaubt dem Drittschuldner aber ausdrücklich auch ohne Rechtsnachteile den erweiterten Vollstreckungszugriff unberücksichtigt zu lassen. Das ist dem Drittschuldner auch unbedingt anzuraten, weil er bei einer fehlerhaften eigenen Berechnung des pfändungsfreien Betrages nach § 850 d Gefahr läuft, zweimal leisten zu müssen, ohne das diesem Risiko für ihn ein Vorteil gegenüberstünde. Der **nachrangige gewöhnliche Gläubiger muss nicht abwarten**, ob der Drittschuldner vielleicht den erweiterten Vollstreckungszugriff von sich aus berücksichtigt, weil dieser gemäß § 850 e Nr. 4 jederzeit mit befreiender Wirkung ohne Berücksichtigung des erweiterten Vollstreckungszugriff nach den gemäß § 850 c geltenden Freibeträge und unter Beachtung des Prioritätsprinzips die Anteile an dem Schuldnereinkommen verteilen kann. Dadurch dem nachrangigen Gläubiger entstandene Nachteile können nicht mehr rückgängig gemacht werden. 17

§ 850 f [1]Änderung des unpfändbaren Betrages

(1) Das Vollstreckungsgericht kann dem Schuldner auf Antrag von dem nach den Bestimmungen der §§ 850 c, 850 d und 850 i pfändbaren Teil seines Arbeitseinkommens einen Teil belassen, wenn

a) der Schuldner nachweist, dass bei Anwendung der Pfändungsfreigrenzen entsprechend der Anlage zu diesem Gesetz (zu § 850 c) der notwendige Lebensunterhalt im Sinne des Dritten und Elften Kapitels des Zwölften Buches Sozialgesetzbuch

---

1 Die in der Neubekanntmachung v. 5.12.2005 (BGBl. I S. 3202) enthaltenen amtlichen Anmerkungen zu den ab 1.7.2005 maßgeblichen Beträgen sind nicht mehr wiedergegeben.

oder nach Kapitel 3 Abschnitt 2 des Zweiten Buches Sozialgesetzbuch für sich und für die Personen, denen er Unterhalt zu gewähren hat, nicht gedeckt ist,
b) besondere Bedürfnisse des Schuldners aus persönlichen oder beruflichen Gründen oder
c) der besondere Umfang der gesetzlichen Unterhaltspflichten des Schuldners, insbesondere die Zahl der Unterhaltsberechtigten, dies erfordern

und überwiegende Belange des Gläubigers nicht entgegenstehen.

(2) Wird die Zwangsvollstreckung wegen einer Forderung aus einer vorsätzlich begangenen unerlaubten Handlung betrieben, so kann das Vollstreckungsgericht auf Antrag des Gläubigers den pfändbaren Teil des Arbeitseinkommens ohne Rücksicht auf die in § 850 c vorgesehenen Beschränkungen bestimmen; dem Schuldner ist jedoch so viel zu belassen, wie er für seinen notwendigen Unterhalt und zur Erfüllung seiner laufenden gesetzlichen Unterhaltspflichten bedarf.

(3) [1]Wird die Zwangsvollstreckung wegen anderer als der in Absatz 2 und in § 850 d bezeichneten Forderungen betrieben, so kann das Vollstreckungsgericht in den Fällen, in denen sich das Arbeitseinkommen des Schuldners auf mehr als monatlich 2 815 Euro[2] (wöchentlich 641 Euro[3], täglich 123,50 Euro[4] beläuft, über die Beträge hinaus, die nach § 850 c pfändbar wären, auf Antrag des Gläubigers die Pfändbarkeit unter Berücksichtigung der Belange des Gläubigers und des Schuldners nach freiem Ermessen festsetzen. [2]Dem Schuldner ist jedoch mindestens so viel zu belassen, wie sich bei einem Arbeitseinkommen von monatlich 2 815 Euro[5] (wöchentlich 641 Euro[6], täglich 123,50 Euro[7] aus § 850 c ergeben würde. [3]Die Beträge nach den Sätzen 1 und 2 werden entsprechend der in § 850 c Abs. 2 a getroffenen Regelung jeweils zum 1. Juli eines jeden zweiten Jahres, erstmalig zum 1. Juli 2003, geändert. [4]Das Bundesministerium der Justiz gibt die maßgebenden Beträge rechtzeitig im Bundesgesetzblatt bekannt.

A. Erhöhung des pfändungsfreien Grundbetrages
   I. Muster: Antrag des Schuldners auf Erhöhung des pfändungsfreien Grundbetrages
   II. Erläuterungen
     [1] Erhöhung des pfändungsfreien Betrages...................... 2
     [2] Fiktiver sozialhilferechtlicher Bedarf........................ 3
B. Erweiterung der Pfändbarkeit bei vorsätzlicher unerlaubter Handlung
   I. Muster: Erweiterter Vollstreckungszugriff bei vorsätzlicher unerlaubter Handlung
   II. Erläuterungen
     [1] Ausfüllen der allgemeinen Bestandteile..................... 6
     [2] Antrag auf erweiterten Vollstreckungszugriff................. 7
C. Erweiterung der Pfändbarkeit bei hohem Arbeitseinkommen
   I. Muster: Antrag auf Erweiterung der Pfändbarkeit bei hohem Arbeitseinkommen
   II. Erläuterungen
     [1] Nutzen.................... 10
     [2] Anwendbarkeit................. 11
     [3] Abwägung..................... 12

---

2 Ab 1.7.2011: 3 117,53 Euro (vgl. Pfändungsfreigrenzen-Bek. 2011 v. 9.5.2011, BGBl. I S. 825).
3 Ab 1.7.2011: 708,83 Euro (vgl. Pfändungsfreigrenzen-Bek. 2011 v. 9.5.2011, BGBl. I S. 825).
4 Ab 1.7.2011: 137,08 Euro (vgl. Pfändungsfreigrenzen-Bek. 2011 v. 9.5.2011, BGBl. I S. 825).
5 Ab 1.7.2011: 3 117,53 Euro (vgl. Pfändungsfreigrenzen-Bek. 2011 v. 9.5.2011, BGBl. I S. 825).
6 Ab 1.7.2011: 708,83 Euro (vgl. Pfändungsfreigrenzen-Bek. 2011 v. 9.5.2011, BGBl. I S. 825).
7 Ab 1.7.2011: 137,08 Euro (vgl. Pfändungsfreigrenzen-Bek. 2011 v. 9.5.2011, BGBl. I S. 825).

A. Erhöhung des pfändungsfreien Grundbetrages

I. Muster: Antrag des Schuldners auf Erhöhung des pfändungsfreien Grundbetrages

▶ An das Amtsgericht ...
– Vollstreckungsgericht –
In der Zwangsvollstreckungssache

...../.....

beantragen wir namens und in Vollmacht des Gläubigers gemäß § 850 f Abs. 1 ZPO:
den Pfändungs- und Überweisungsbeschluss des Amtsgerichts ... vom ... (Az ... M ...) dahin gehend abzuändern, dass dem Schuldner monatlich ein zusätzlicher Betrag von ... EUR zu belassen ist.[1]

Begründung

Der sich nach dem Pfändungs- und Überweisungsbeschluss des Amtsgerichts ... vom ... ergebende pfändungsfreie Betrag ist unzureichend, weil ...[2] ◀

II. Erläuterungen

[1] Mit dem Antrag nach § 850 f Abs. 1 kann der Schuldner in besonderen Ausnahmefällen, die im Katalog der Vorschrift abschließend aufgezählt sind, eine Erhöhung des pfändungsfreien Betrages zu erreichen. Nach seinem Wortlaut **gilt die Vorschrift uneingeschränkt auch für die Vollstreckung von Unterhalt** (BGH NJW-RR 2004, 506). Sie geht der Regelung des § 850 d Abs. 1 S. 3 vor und ermöglicht also im Einzelfall auch gegenüber einem Unterhaltsgläubiger den pfändungsfreien Betrag über den sich aus § 850 c ergebenden Betrag festzusetzen (BGH aaO). Gegen den Beschluss ist der **Rechtsbehelf** der sofortigen Beschwerde gemäß § 793 iVm § 11 Abs. 1 RPfG statthaft.

[2] Zur Darlegung der Voraussetzungen des § 850 f. Abs. 1 a, wonach der pfändungsfreie Betrag im konkreten Fall unter dem sozialhilferechtlichen Bedarf liegt, empfiehlt sich die Vorlage einer Bescheinigung über den **fiktiven sozialhilferechtlichen Bedarf** des zuständigen Sozialamtes oder der Agentur für Arbeit (BT-Drucks. 12/1754 S. 17). Gebunden ist das Vollstreckungsgericht an eine solche Bescheinigung allerdings nicht (Köln FamRZ 1992, 845).

Besondere **Bedürfnisse aus persönlichen Gründen** iSd § 850 f Abs. 1 b 1. Fall können Mehrkosten für eine spezielle Kost sein, die aufgrund einer Krankheit benötigt wird. Mehrkosten können sich auch aus den besonderen Erfordernissen einer Behinderung ergeben. **Besondere Bedürfnisse aus beruflichen Gründen** iSd § 850 f Abs. 1 b 2. Fall können sich aus der Notwendigkeit besonderer Arbeitskleidung oder ungewöhnlich hoher Anfahrtskosten ergeben. Voraussetzung ist aber jeweils, dass die Kosten nicht schon durch spezielle Bezüge oder Pauschalen abgedeckt sind. Überwiegende Interessen des Gläubigers dürfen gemäß § 850 f Abs. 1 nicht entgegenstehen. Der Verringerung des Pfändungszugriffs für den Gläubiger verbundener Nachteil darf nicht schwerer wiegen als der Nachteil, der dem Schuldner ohne Erhöhung des pfändungsfreien Betrages droht.

B. Erweiterung der Pfändbarkeit bei vorsätzlicher unerlaubter Handlung

I. Muster: Erweiterter Vollstreckungszugriff bei vorsätzlicher unerlaubter Handlung

▶ Ausschnitt aus Seite 1 des Formulars zu § 829 ZPO[1]

Es wird gemäß dem nachfolgenden Entwurf des Beschlusses Antrag gestellt auf
☐ Zusammenrechnung mehrerer Arbeitseinkommen (§ 850 e Nummer 2 ZPO)
☐ Zusammenrechnung von Arbeitseinkommen und Sozialleistungen (§ 850 e Nummer 2 a ZPO
☐ Nichtberücksichtigung von Unterhaltsberechtigten (§ 850 c Absatz 4 ZPO)
☒ erweiterten Vollstreckungszugriff
gemäß § 850 f Abs. 2 ZPO[2]

II. Erläuterungen

[1] Zu den allgemeinen Anforderungen an das Rubrum und die Forderungsberechnung sowie den weiteren Inhalt eines Pfändungs- und Überweisungsbeschlusses: siehe Kommentierung zu § 829.

[2] Der Antrag nach § 850 f Abs. 2 sollte schon mit dem Antrag auf Erlass des Pfändungs- und Überweisungsbeschlusses gestellt werden. Ein nachträglicher Antrag ist aber möglich und führt dann zu einem Änderungsbeschluss hinsichtlich der Höhe des pfändungsfreien Betrages. Aus dem Titel muss sich eindeutig ergeben, dass eine **Schadensersatzforderung wegen vorsätzlicher unerlaubter Handlung tituliert** worden ist. Auch die Vollstreckung von Verzugszinsen sowie Prozess- und Vollstreckungskosten unterfallen dann dem Vollstreckungsprivileg des § 850 f Abs. 2 (BGH NJW-RR 2011, 791). Ein Vollstreckungsbescheid genügt als Nachweis des Anspruchsgrundes nicht, weil im Mahnverfahren die Angaben des Antragstellers zum Anspruchsgrund ungeprüft übernommen werden und eine richterliche Überprüfung fehlt (BGH NJW 2005, 1663). Unzureichend ist auch ein Versäumnisurteil iSd § 313 b Abs. 1, sofern nicht ausnahmsweise der Anspruchsgrund im Tenor genannt wird. Auf die Angaben des Klägers in der Klageschrift kann nicht zurückgegriffen werden. Weil für einen Anspruch aus § 823 BGB auch Fahrlässigkeit genügt, kann aus dem Erlass des Versäumnisurteils nicht geschlossen werden, dass das Gericht wie der Kläger von einer vorsätzlichen Begehung ausgegangen ist. Aufgrund der Formalisierung der Zwangsvollstreckung kann nicht das Vollstreckungsgericht im Vollstreckungsverfahren, sondern nur das Prozessgericht, die Feststellung treffen, ob es sich tatsächlich um eine Schadensersatzforderung gemäß §§ 823 ff BGB wegen einer vorsätzlichen Tat handelt (BGH NJW 2005, 1663). Der Gläubiger kann sich den erweiterten Vollstreckungszugriff nach § 850 f Abs. 2 dann nur durch eine Klage auf Feststellung iSd § 256 Abs. 1, dass Inhalt des Titels eine solche Schadensersatzforderung ist, eröffnen (BGHZ 109, 275).

Dem Schuldner ist gemäß § 850 f Abs. 2 nur soviel zu belassen, wie er für seinen **notwendigen Unterhalt** und zur Erfüllung seiner **laufenden gesetzlichen Unterhaltspflichten** bedarf. Der pfandfreie Betrag wird grundsätzlich nach den gleichen Grundsätzen wie bei der Vollstreckung einer bevorrechtigten Unterhaltsforderung nach § 850 d bestimmt (siehe § 850 d Rn 18). Anders als § 850 d Abs. 1 sieht § 850 f Abs. 2 allerdings keine Kürzung der unpfändbaren Bezüge nach § 850 a Nr. 1, 2 und 4 vor. Wie der pfandfreie Betrag errechnet worden ist, muss auch im Falle des § 850 f Abs. 2 im Beschluss offengelegt werden.

C. Erweiterung der Pfändbarkeit bei hohem Arbeitseinkommen

I. Muster: Antrag auf Erweiterung der Pfändbarkeit bei hohem Arbeitseinkommen

▶ An das Amtsgericht ...

– Vollstreckungsgericht –

In der Zwangsvollstreckungssache

beantragen wir namens und in Vollmacht des Gläubigers gemäß § 850 f. Abs. 3 ZPO, den Pfändungs- und Überweisungsbeschluss des Amtsgerichts ... vom ... (Az M ...) dahin gehend abzuändern, dass der Teil des Nettoeinkommens der den Betrag von monatlich 2.985,- EUR übersteigt, bei der Berechnung des unpfändbaren Betrages unberücksichtigt bleibt.[1]

Begründung

Der Gläubiger vollstreckt wegen einer Kaufpreisforderung und damit wegen einer Forderung, die weder nach § 850 d ZPO noch nach § 850 f Abs. 2 ZPO bevorrechtigt ist.[2]

Der Schuldner bezieht ein Nettoeinkommen von ...

Beweis: Drittschuldnererklärung des ... vom ...

Bei Abwägung der Belange des Gläubigers und des Schuldners entspricht es der Billigkeit, dass dem Schuldner nur soviel belassen wird, wie ihm bei einem Einkommen bis 2.851 EUR zu stünde, weil ...[3] ◀

II. Erläuterungen

[1] Der **Nutzen** dieses Antrags für den Gläubiger ist gering. Der Teil des Arbeitseinkommens, der 3.154,15 EUR übersteigt, wird gemäß § 850 c Abs. 2 S. 2 (Stand: Juli 2011) ohnehin nicht bei der Berechnung des unpfändbaren Betrages berücksichtigt. Gemäß § 850 f Abs. 3 S. 2 ist dem Schuldner mindestens so viel zu belassen, wie sich bei einem monatlichen Einkommen von 3.117,53 EUR 2.985,- EUR (Stand: Juli 2011) aus § 850 c ergeben würde. Das bedeutet, dass der bei der Ermittlung des unpfändbaren Betrages zu berücksichtigende Teil des Nettoeinkommen derzeit um gerade mal rund 36,62 EUR (= 3.154,15 EUR – 3.117,53 EUR) herabgesetzt werden kann.

[2] Nach dem Wortlaut des § 850 f Abs. 3 S. 1 setzt die Anwendbarkeit der Vorschrift voraus, dass nicht wegen einer bevorrechtigten Forderung nach § 850 d oder § 850 f Abs. 2 vollstreckt wird. Gläubiger jener Forderungen können nach § 850 d oder § 850 f Abs. 2 in sehr viel weiter gehendem Umfang vollstrecken und bedürfen des § 850 f Abs. 3 nicht.

12 [3] Nach § 850 f Abs. 3 hat das Vollstreckungsgericht die „**Belange** des Gläubigers und des Schuldners" **abzuwägen** und den Betrag, der dem Schuldner zu belassen ist, „**nach freiem Ermessen**" festzusetzen, wobei die Grenze des § 850 f Abs. 3 S. 2 aber nicht unterschritten werden darf. Besondere Umstände des Einzelfalls müssen für eine Besserstellung des Gläubigers sprechen. Dabei ist insbesondere zu berücksichtigen, wie dringend Gläubiger und Schuldner den Differenzbetrag benötigen und wie die Befriedigungschancen des Gläubigers mit und ohne diesen Differenzbetrag stehen. **Darlegungs- und beweisbelastet ist der Gläubiger.**

§ 850 g Änderung der Unpfändbarkeitsvoraussetzungen

¹Ändern sich die Voraussetzungen für die Bemessung des unpfändbaren Teils des Arbeitseinkommens, so hat das Vollstreckungsgericht auf Antrag des Schuldners oder des Gläubigers den Pfändungsbeschluss entsprechend zu ändern. ²Antragsberechtigt ist auch ein Dritter, dem der Schuldner kraft Gesetzes Unterhalt zu gewähren hat. ³Der Drittschuldner kann nach dem Inhalt des früheren Pfändungsbeschlusses mit befreiender Wirkung leisten, bis ihm der Änderungsbeschluss zugestellt wird.

A. Muster: Antrag auf Abänderung des Pfändungsbeschlusses	[2] Antragsberechtigung 3
B. Erläuterungen	[3] Zeitpunkt des Wirksamwerdens der Änderung 4
[1] Zuständigkeit 2	[4] Voraussetzung der Abänderung ... 6

1 **A. Muster: Antrag auf Abänderung des Pfändungsbeschlusses**

▶ An das Amtsgericht ▪▪▪

– Vollstreckungsgericht –[1]

In der Zwangsvollstreckungssache

▪▪▪./.▪▪▪

beantragen wir namens und in Vollmacht des Schuldners,[2]

den Pfändungs- und Überweisungsbeschluss des Amtsgerichts ▪▪▪ vom ▪▪▪ (Az ▪▪▪) dahin abzuändern, dass dem Schuldner ab dem ▪▪▪[3] monatlich ▪▪▪ EUR pfändungsfrei zu belassen sind.[3]

Begründung

Durch den Pfändungs- und Überweisungsbeschluss des Amtsgerichts ▪▪▪ vom ▪▪▪ ist der pfändungsfreie Betrag auf monatlich ▪▪▪ EUR festgesetzt worden. Bei der Berechnung des pfändungsfreien Betrages ist nur die Unterhaltspflicht des Schuldners gegenüber seiner Ehefrau berücksichtigt worden. Nach Erlass des Beschlusses am ▪▪▪ ist am ▪▪▪ der Sohn ▪▪▪ geboren worden.[4]

Beweis: Geburtsurkunde

Mit der Geburt ist eine zusätzliche Unterhaltspflicht des Schuldners entstanden. Der Pfändungsfreibetrag ist daher mit Wirkung ab dem ▪▪▪ um ▪▪▪ EUR auf ▪▪▪ EUR zu erhöhen.

▪▪▪

Rechtsanwalt ◀

B. Erläuterungen

[1] Zuständig ist immer das **Vollstreckungsgericht** (§ 828 Abs. 2), **von dem der abzuändernde Pfändungs- und Überweisungsbeschluss erlassen worden ist**, denn ein Abänderungsantrag nach § 850 g leitet kein neues Vollstreckungsverfahren ein (BGH RPfleger 1990, 308). Ein zwischenzeitlich vorgenommener Wechsel des Wohnsitzes durch Schuldner ist also unerheblich. Funktionell zuständig ist der Rechtspfleger (§ 20 Nr. 17 RPflG). Gegen den Beschluss nach § 850 g ist der **Rechtsbehelf** der sofortige Beschwerde gemäß § 793 iVm § 11 Abs. 1 RPflG statthaft.

[2] **Antragsberechtigt** ist neben dem **Schuldner** und dem **Gläubiger** gemäß § 850 g S. 2 auch ein Dritter, dem der Schuldner kraft Gesetzes Unterhalt zu gewähren hat. Ein **Unterhaltsberechtigter** kann aber den Antrag nur mit dem Ziel erheben, die Erhöhung des Teils des pfändungsfreien Betrages zu erreichen, der zur Erfüllung der Unterhaltspflicht ihm gegenüber bestimmt ist.

[3] Es muss der **Zeitpunkt** angegeben werden, **ab dem die Änderung wirksam werden soll**. In aller Regel ist auf den Zeitpunkt abzustellen, an dem sich die Umstände geändert haben, die Anlass für die Anpassung des Pfändungsbeschlusses sind. Der **Rückwirkung** kommt allerdings keine allzu große praktische Bedeutung zu, weil der Drittschuldner gemäß § 850 g S. 3 **bis zur Zustellung** des Änderungsbeschlusses an ihn **mit befreiender Wirkung** nach dem Inhalt des früheren Pfändungsbeschlusses leisten kann.

Jede **Anordnung im Pfändungsbeschluss, die von einer Änderung der Voraussetzungen für die Bemessung des unpfändbaren Teils betroffen ist,** kann gemäß § 850 g abgeändert bzw nachträglich eingefügt werden. Bei Blankettbeschlüssen iSd § 850 c Abs. 3 wird eine Abänderung nach § 850 g allerdings nur selten erforderlich sein, weil in einem solchen Pfändungsbeschluss die Höhe des pfändungsfreien Betrages ohnehin nicht beziffert und die Zahl der zu berücksichtigenden Unterhaltsberechtigten nicht festgelegt wird. Vielmehr hat der Drittschuldner die erforderlichen Feststellungen selbst zu treffen und eine Änderung eigenständig zu berücksichtigen. Denkbar ist aber, dass zB Anordnungen nach § 850 e Nr. 2, 2a oder 4 aufgrund veränderter Umstände angepasst werden müssen. Im Übrigen kommen bei Blankettbeschlüssen lediglich klarstellenden Beschlüsse nach § 850 c Abs. 4 in Betracht (BGHZ 166, 48).

[4] Voraussetzung für eine Abänderung gemäß § 850 g ist, dass sich die Umstände **nach Erlass des Pfändungsbeschlusses geändert** haben. Sind aufgrund der Angaben des Gläubigers von Anfang an unrichtige Tatsachen dem Pfändungsbeschluss zugrunde gelegt worden, so ist § 850 g nicht anwendbar. In diesem Fall ist für den gemäß § 834 vor Erlass nicht angehörten Schuldner bzw einen betroffenen Unterhaltsberechtigten die Vollstreckungserinnerung gemäß § 766 Abs. 1 der richtige Rechtsbehelf.

§ 850 h Verschleiertes Arbeitseinkommen

(1) ¹Hat sich der Empfänger der vom Schuldner geleisteten Arbeiten oder Dienste verpflichtet, Leistungen an einen Dritten zu bewirken, die nach Lage der Verhältnisse ganz oder teilweise eine Vergütung für die Leistung des Schuldners darstellen, so

kann der Anspruch des Drittberechtigten insoweit auf Grund des Schuldtitels gegen den Schuldner gepfändet werden, wie wenn der Anspruch dem Schuldner zustände. ²Die Pfändung des Vergütungsanspruchs des Schuldners umfasst ohne weiteres den Anspruch des Drittberechtigten. ³Der Pfändungsbeschluss ist dem Drittberechtigten ebenso wie dem Schuldner zuzustellen.

(2) ¹Leistet der Schuldner einem Dritten in einem ständigen Verhältnis Arbeiten oder Dienste, die nach Art und Umfang üblicherweise vergütet werden, unentgeltlich oder gegen eine unverhältnismäßig geringe Vergütung, so gilt im Verhältnis des Gläubigers zu dem Empfänger der Arbeits- und Dienstleistungen eine angemessene Vergütung als geschuldet. ²Bei der Prüfung, ob diese Voraussetzungen vorliegen, sowie bei der Bemessung der Vergütung ist auf alle Umstände des Einzelfalles, insbesondere die Art der Arbeits- und Dienstleistung, die verwandtschaftlichen oder sonstigen Beziehungen zwischen dem Dienstberechtigten und dem Dienstverpflichteten und die wirtschaftliche Leistungsfähigkeit des Dienstberechtigten Rücksicht zu nehmen.

A. Pfändungsbeschluss im Falle einer Lohnverschiebung
  I. Muster: Pfändungsbeschluss im Falle einer Lohnverschiebung, § 850 h Abs. 1
  II. Erläuterungen
    [1] Ausfüllen der allgemeinen Bestandteile 2
    [2] Darlegung der Lohnverschiebung 3
B. Pfändungsbeschluss im Falle einer Lohnverschleierung
  I. Muster: Pfändungsbeschluss im Falle einer Lohnverschleierung, § 850 h Abs. 2
  II. Erläuterungen
    [1] Ausfüllen der allgemeinen Bestandteile 6

[2] Darlegung der Lohnverschleierung 7
C. Pfändungsbeschluss bei Wahl einer ungünstigeren Steuerklasse
  I. Muster: Pfändungsbeschluss bei Wahl einer ungünstigeren Steuerklasse, analog § 850 h
  II. Erläuterungen
    [1] Ausfüllen der allgemeinen Bestandteile 11
    [2] Anordnung der Berechnung nach einer günstigeren Steuerklasse 12

A. Pfändungsbeschluss im Falle einer Lohnverschiebung

1 I. Muster: Pfändungsbeschluss im Falle einer Lohnverschiebung, § 850 h Abs. 1

▶ Ausschnitte aus Seite 4 des Formulars zu § 829 ZPO[1]

Forderung aus Anspruch
☒ A (an Arbeitgeber)

Anspruch A (an Arbeitgeber)
1. auf Zahlung des gesamten gegenwärtigen und künftigen Arbeitseinkommens (einschließlich des Geldwertes von Sachbezügen)
2. auf Auszahlung des als Überzahlung jeweils auszugleichenden Erstattungsbetrages aus dem durchgeführten Lohnsteuer-Jahresausgleich sowie aus dem Kirchenlohnsteuer-Jahresausgleich für das Kalenderjahr <u>2014</u> und für alle folgenden Kalenderjahre
3. auf

> Zahlung auch der Beträge, die Frau Lisa Meyer, Rosenweg 17 in Gelsenkirchen als Drittberechtigte iSd § 850 h Abs. 1 ZPO aufgrund der vom Schuldner für den Drittschuldner geleisteten Arbeit zustehen[2]

II. Erläuterungen

[1] Zu den allgemeinen Anforderungen an das Rubrum und die Forderungsberechnung sowie den weiteren Inhalt eines Pfändungs- und Überweisungsbeschlusses: siehe Muster zu § 829. Zu den Besonderheiten der Pfändung von Arbeitslohn: siehe Muster zu § 850.

[2] Dieser Satz ist hat nur klarstellende Bedeutung, denn § 850 h Abs. 1 S. 3 bestimmt ausdrücklich, dass im Falle einer **Lohnverschiebung** die Pfändung des Vergütungsanspruchs des Schuldners **ohne Weiteres den Anspruch des Drittberechtigten umfasst**. War dem Gläubiger bei Beantragung des Pfändungs- und Überweisungsbeschlusses nicht bekannt, dass der Schuldner und der Arbeitgeber eine Vereinbarung getroffen haben, wonach der Arbeitslohn statt an ihn zB an seine Ehefrau zu leisten ist (Lohnverschiebung) und enthält der Beschluss dementsprechend keinen Hinweis auf eine mögliche Lohnverschiebung, so ist gleichwohl kraft Gesetzes auch der angebliche Anspruch der Ehefrau gegenüber dem Arbeitgeber auf Auszahlung des Arbeitslohns gemäß § 850 h Abs. 1 S. 2 von der Pfändung umfasst. Die Vorschrift des § 850 h Abs. 1 gilt auch für gelegentliche oder einmalige Arbeits- oder Dienstleistungen iSd § 850 i Abs. 1. Auch wenn sich der Gläubiger ausdrücklich auf § 850 h Abs. 1 beruft, **prüft das Vollstreckungsgericht nicht, ob tatsächlich eine Lohnverschiebung vorliegt** (vgl **BGH** MDR 2013, 1370). Es wird lediglich der angebliche Anspruch des Drittberechtigten gegen den Arbeitgeber mitgepfändet. Ob ein solcher Anspruch wirklich besteht, ist erst im Einziehungsprozess durch das Prozessgericht zu prüfen (BGH aaO). Im Einziehungsprozess muss nur der objektive Tatbestand der Lohnverschiebung nachgewiesen werden. Die Feststellung einer Benachteiligungsabsicht ist nicht erforderlich (vgl BAG ZInsO 2008, 758).

Nach § 850 h Abs. 1 S. 3 ist der Beschluss dem Drittberechtigten ebenso wie dem Schuldner zuzustellen. Daher ist es sinnvoll, den Drittberechtigten im Pfändungs- und Überweisungsbeschluss bereits zu benennen, wenn eine Lohnverschiebung bekannt ist. Aus dem Umkehrschluss aus §§ 829 Abs. 3, 835 Abs. 3 S. 1 folgt aber, dass die **Zustellung an den Drittberechtigten keine Wirksamkeitsvoraussetzung** für die Pfändung oder die Überweisung ist. Pfändung und Überweisung werden nach diesen Vorschriften vielmehr schon mit der Zustellung an den Drittschuldner wirksam. Die Zustellung an den Drittberechtigten kann jederzeit nachgeholt werden.

B. Pfändungsbeschluss im Falle einer Lohnverschleierung

I. Muster: Pfändungsbeschluss im Falle einer Lohnverschleierung, § 850 h Abs. 2

▶ Ausschnitte aus Seite 4 des Formulars zu § 829 ZPO[1]

Forderung aus Anspruch
☒ A (an Arbeitgeber)

Anspruch A (an Arbeitgeber)
1. auf Zahlung des gesamten gegenwärtigen und künftigen Arbeitseinkommens (einschließlich des Geldwertes von Sachbezügen)
2. auf Auszahlung des als Überzahlung jeweils auszugleichenden Erstattungsbetrages aus dem durchgeführten Lohnsteuer-Jahresausgleich sowie aus dem Kirchenlohnsteuer-Jahresausgleich für das Kalenderjahr 2014 und für alle folgenden Kalenderjahre
3. auf

   Zahlung einer angemessenen Vergütung iSd § 850 h Abs. 2 ZPO für die

   vom Schuldner für den Drittschuldner geleisteten Arbeit[2]

II. Erläuterungen

[1] Siehe oben Rn 2.

[2] Auch bei der **Lohnverschleierung** hat die Bezugnahme im Pfändungsbeschluss auf § 850 h Abs. 2 nur klarstellende Bedeutung. Unabhängig von der Formulierung des Pfändungsbeschlusses kann sich der Gläubiger in jedem Fall im Einziehungsprozess auf das Vorliegen einer Lohnverschleierung berufen, wenn der Schuldner einem Dritten im Rahmen eines ständigen Arbeits- oder Dienstverhältnisses unentgeltlich oder gegen unverhältnismäßig geringe Vergütung Leistungen erbringt, die üblicherweise vergütet bzw höher vergütet werden. Verlangt werden kann dann die **fiktive angemessene Vergütung.**

Ob eine Lohnverschleierung vorliegt, ist nicht vom Vollstreckungsgericht zu prüfen. Es hat insbesondere auch nicht die Höhe der fiktiven angemessenen Vergütung festzusetzen. Im Einziehungsprozess muss nur der objektive Tatbestand der Lohnverschleierung nachgewiesen werden. Die Feststellung einer Benachteiligungsabsicht ist nicht erforderlich (BAG ZInsO 2008, 758).

Rückstände **aus verschleiertem Arbeitseinkommen** können nicht gemäß § 850 h Abs. 2 gepfändet werden (BAG ZIP 2008, 979). Der Gläubiger soll nicht schlechter, aber auch nicht besser gestellt werden, als er ohne Lohnverschleierung stünde (BAG ZIP 2008, 979). Bei üblicher Entlohnung wäre aber das vereinbarte Entgelt laufend ausgezahlt worden und kein Rückstand vorhanden.

C. Pfändungsbeschluss bei Wahl einer ungünstigeren Steuerklasse

I. Muster: Pfändungsbeschluss bei Wahl einer ungünstigeren Steuerklasse, analog § 850 h

▶ Ausschnitt aus Seite 8 des Formulars zu § 829 ZPO[1]

☒ **Sonstige Anordnungen**

Der Drittschuldner wird angewiesen, den Schuldner bei der Berechnung des pfändbaren Betrags so zu behandeln, als würde das Arbeitseinkommen nach der Steuerklasse IV versteuert[2]

II. Erläuterungen

[1] Siehe oben Rn 2.

[2] Hat der Schuldner ohne sachlichen Grund eine **ungünstige Steuerklasse** (zB V statt IV) gewählt, so ist er **analog § 850 h** so zu behandeln, als würde sein Einkommen nach der günstigeren Steuerklasse versteuert (BGH NJW-RR 2006, 569). Fand die Wahl der ungünstigen Steuerklasse schon vor der Pfändung statt, so gilt dies nur, wenn der Gläubiger dem Schuldner Benachteiligungsabsicht nachweisen kann (BGH aaO). Wählt der Schuldner dagegen erst nach der Pfändung eine ungünstigere Lohnsteuerklasse oder behält er diese für das folgende Kalenderjahr bei, so genügt, dass für diese Wahl objektiv kein sachlich rechtfertigender Grund vorhanden ist, ohne dass eine Benachteiligungsabsicht festgestellt werden muss (BGH aaO). Die analoge Anwendung des § 850 h führt im Ergebnis zur Reduzierung des unpfändbaren Betrages, denn es werden gemäß § 850 e Nr. 1 nur die Steuern nach der günstigen Steuerklasse abgezogen; an das Finanzamt sind dann aber gleichwohl die Steuern nach der vom Schuldner wirksam gewählten ungünstigen Steuerklasse abzuführen.

§ 850 i Pfändungsschutz für sonstige Einkünfte

(1) ¹Werden nicht wiederkehrend zahlbare Vergütungen für persönlich geleistete Arbeiten oder Dienste oder sonstige Einkünfte, die kein Arbeitseinkommen sind, gepfändet, so hat das Gericht dem Schuldner auf Antrag während eines angemessenen Zeitraums so viel zu belassen, als ihm nach freier Schätzung des Gerichts verbleiben würde, wenn sein Einkommen aus laufendem Arbeits- oder Dienstlohn bestünde. ²Bei der Entscheidung sind die wirtschaftlichen Verhältnisse des Schuldners, insbesondere seine sonstigen Verdienstmöglichkeiten, frei zu würdigen. ³Der Antrag des Schuldners ist insoweit abzulehnen, als überwiegende Belange des Gläubigers entgegenstehen.
(2) Die Vorschriften des § 27 des Heimarbeitsgesetzes vom 14. März 1951 (BGBl. I S. 191) bleiben unberührt.
(3) Die Bestimmungen der Versicherungs-, Versorgungs- und sonstigen gesetzlichen Vorschriften über die Pfändung von Ansprüchen bestimmter Art bleiben unberührt.

§ 850 i

A. Pfändungsschutz bei nicht wiederkehrender Vergütung
  I. Muster: Antrag auf Pfändungsschutz bei nicht wiederkehrender Vergütung
  II. Erläuterungen
    [1] Zuständigkeit 2
    [2] Nachträglicher Pfändungsschutz 3
    [3] Einsatz der vollen Arbeitskraft 5
    [4] Höhe des unpfändbaren Betrages 6

B. Pfändung der Vergütung für Heimarbeit
  I. Muster: Pfändung der Vergütung für Heimarbeit
  II. Erläuterungen
    [1] Ausfüllen der allgemeinen Bestandteile 8
    [2] Pfändung der Heimarbeitsvergütung 9

A. Pfändungsschutz bei nicht wiederkehrender Vergütung

1   **I. Muster: Antrag auf Pfändungsschutz bei nicht wiederkehrender Vergütung**

▶ An das Amtsgericht ...

– Vollstreckungsgericht –[1]

In der Zwangsvollstreckungssache

... ./. ...

beantragen wir namens und in Vollmacht des Schuldners,

den Pfändungs- und Überweisungsbeschluss des Amtsgerichts ... vom ... (Az ...) gemäß § 850 i Abs. 1 ZPO dahin abzuändern, dass die Pfändung in Höhe des Teilbetrages von ... aufgehoben und dem Schuldner zu belassen ist.[2]

Begründung

Durch den Pfändungs- und Überweisungsbeschluss des Amtsgerichts ... vom ... ist die Architektenhonorarforderung gegen den Bauherrn ... gepfändet worden. Das Großprojekt hat den Schuldner über 3 Monate mit seiner vollen Arbeitskraft[3] in Anspruch genommen.

Beweis: Bestätigung des Bauherrn/Bauleiters

Zur Bestreitung seines eigenen Unterhalts und des Unterhalts für seine Ehefrau und sein Kind ist er auf die Einnahmen aus diesem Bauprojekt angewiesen. Damit der Schuldner nicht schlechter gestellt wird als ein Arbeitnehmer, der sein Arbeitseinkommen aus einem laufenden Arbeitslohn bezieht, ist dem Schuldner für drei Monate der dreifache Tabellenbetrag gemäß § 850 c Abs. 3 ZPO zu belassen, zu dessen Ermittlung als monatliches Nettoeinkommen ein Drittel des Betrages anzusetzen ist und zwei Unterhaltsberechtigte (Ehefrau und Kind) zu berücksichtigen sind.[4]

...

Rechtsanwalt ◀

II. Erläuterungen

2   **[1]** Zuständig ist immer das **Vollstreckungsgericht** (§ 828 Abs. 2), **von dem der abzuändernde Pfändungs- und Überweisungsbeschluss erlassen worden ist.** Funktionell zuständig ist der Rechtspfleger (§ 20 Nr. 17 RPflG). Gegen den Beschluss ist der **Rechtsbehelf** die **sofortige Beschwerde** gemäß § 793 iVm § 11 Abs. 1 RPfG statthaft.

3   **[2]** Bei einer nicht wiederkehrenden Vergütung für persönliche Leistungen wird **Pfändungsschutz** gemäß § 850 i Abs. 1 S. 1 **nur nachträglich auf Antrag des Schuldners gewährt. Bei der Pfändung durch einen Gläubiger wird also stets die Vergütungsforderung zunächst in voller Höhe erfasst.

Der weite Begriff der „sonstigen Einkünfte" in § 850i Abs. 1 deckte grundsätzlich alle Einkunftsarten von nicht abhängig Personen ab. Durch § 850i Abs. 1 werden insbesondere **freiberuflich Tätige und Selbständige** geschützt, die über kein laufendes Arbeitseinkommen verfügen, sondern **persönliche Leistungen aufgrund Einzelaufträgen** erbringen (vgl BGH NJW-RR 2004, 644). Unerheblich ist die Rechtsnatur des jeweiligen zugrunde liegenden Vertragsverhältnisses (BGH aaO). Erfasst werden auch einmalige **Abfindungen** bei Beendigung eines Arbeitsverhältnisses (OLG Köln OLGZ 1990, 236).

[3] Durch die Betonung, dass die volle Arbeitskraft eingesetzt worden ist, soll deutlich gemacht werden, dass der Schuldner während dieser Zeit sich aufgrund seiner Arbeit keine weiteren Verdienstmöglichkeiten erschließen konnte (vgl § 850i Abs. 1 S. 2).

[4] **Höhe des unpfändbaren Betrages:** Nach § 850i Abs. 1 ist dem Schuldner für einen angemessenen Zeitraum so viel zu belassen, als ihm nach freier Schätzung des Gerichts verbleiben würde, wenn er sein Einkommen aus einem laufenden Arbeits- oder Dienstlohn beziehen würde. Die Pfändungsfreibeträge des § 850c sind daher im Rahmen des § 850i heranziehen.

B. Pfändung der Vergütung für Heimarbeit

I. Muster: Pfändung der Vergütung für Heimarbeit

▶ Ausschnitt aus Seite 4 des Formulars zu § 829 ZPO[1]

Forderung aus Anspruch

☒ G   (an Heimarbeitgeber)

Ausschnitt aus Seite 6 des Formulars zu § 829 ZPO

☒ **Anspruch G**

(Hinweis: betrifft Anspruch an weitere Drittschuldner bzw. schon aufgeführte Drittschuldner, soweit Platz unzureichend)

auf Zahlung der gesamten Heimarbeitsvergütung (einschließlich des Geldwertes von Sachbezügen) nach Maßgabe der §§ 850 ff ZPO in Verbindung mit der Tabelle zu § 850c Abs. 3 ZPO in der jeweils gültigen Fassung gepfändet.[2]

II. Erläuterungen

[1] Zu den allgemeinen Anforderungen an das Rubrum und die Forderungsberechnung sowie den weiteren Inhalt eines Pfändungs- und Überweisungsbeschlusses: siehe

Muster zu § 829. Zu den Besonderheiten der Pfändung von Arbeitslohn, die in gleicher Weise auch für die Pfändung der Heimarbeitsvergütung gelten, kann auf das Muster zu § 850 verwiesen werden.

9 [2] Anders als ein Arbeitnehmer ist der Heimarbeiter nicht in den Betrieb des Auftraggebers eingegliedert und unterliegt auch nicht dessen Direktionsrecht. Der Begriff der Heimarbeit ist in § 2 Heimarbeitsgesetz definiert. Für das Entgelt, das den in **Heimarbeit** Beschäftigten gewährt wird, gelten aber gemäß § 850 i Abs. 2 iVm § 27 Heimarbeitsgesetz die Vorschriften der §§ 850 ff über den Pfändungsschutz für Arbeitslohn entsprechend. Besonderheiten gegenüber der Pfändung von gewöhnlichem Arbeitslohn ergeben sich nicht.

§ 850 k Pfändungsschutzkonto

(1) ¹Wird das Guthaben auf dem Pfändungsschutzkonto des Schuldners bei einem Kreditinstitut gepfändet, kann der Schuldner jeweils bis zum Ende des Kalendermonats über Guthaben in Höhe des monatlichen Freibetrages nach § 850 c Abs. 1 Satz 1 in Verbindung mit § 850 c Abs. 2 a verfügen; insoweit wird es nicht von der Pfändung erfasst. ²Zum Guthaben im Sinne des Satzes 1 gehört auch das Guthaben, das bis zum Ablauf der Frist des § 835 Absatz 4 nicht an den Gläubiger geleistet oder hinterlegt werden darf. ³Soweit der Schuldner in dem jeweiligen Kalendermonat nicht über Guthaben in Höhe des nach Satz 1 pfändungsfreien Betrages verfügt hat, wird dieses Guthaben in dem folgenden Kalendermonat zusätzlich zu dem nach Satz 1 geschützten Guthaben nicht von der Pfändung erfasst. ⁴Die Sätze 1 bis 3 gelten entsprechend, wenn das Guthaben auf einem Girokonto des Schuldners gepfändet ist, das vor Ablauf von vier Wochen seit der Zustellung des Überweisungsbeschlusses an den Drittschuldner in ein Pfändungsschutzkonto umgewandelt wird.

(2) ¹Die Pfändung des Guthabens gilt im Übrigen als mit der Maßgabe ausgesprochen, dass in Erhöhung des Freibetrages nach Absatz 1 folgende Beträge nicht von der Pfändung erfasst sind:

1. die pfändungsfreien Beträge nach § 850 c Abs. 1 Satz 2 in Verbindung mit § 850 c Abs. 2 a Satz 1, wenn
    a) der Schuldner einer oder mehreren Personen aufgrund gesetzlicher Verpflichtung Unterhalt gewährt oder
    b) der Schuldner Geldleistungen nach dem Zweiten oder Zwölften Buch Sozialgesetzbuch für mit ihm in einer Gemeinschaft im Sinne des § 7 Abs. 3 des Zweiten Buches Sozialgesetzbuch oder der §§ 19, 20, 36 Satz 1 oder 43 des Zwölften Buches Sozialgesetzbuch lebende Personen, denen er nicht aufgrund gesetzlicher Vorschriften zum Unterhalt verpflichtet ist, entgegennimmt;
2. einmalige Geldleistungen im Sinne des § 54 Abs. 2 des Ersten Buches Sozialgesetzbuch und Geldleistungen zum Ausgleich des durch einen Körper- oder Gesundheitsschaden bedingten Mehraufwandes im Sinne des § 54 Abs. 3 Nr. 3 des Ersten Buches Sozialgesetzbuch;

3. das Kindergeld oder andere Geldleistungen für Kinder, es sei denn, dass wegen einer Unterhaltsforderung eines Kindes, für das die Leistungen gewährt oder bei dem es berücksichtigt wird, gepfändet wird.

²Für die Beträge nach Satz 1 gilt Absatz 1 Satz 3 entsprechend.

(3) An die Stelle der nach Absatz 1 und Absatz 2 Satz 1 Nr. 1 pfändungsfreien Beträge tritt der vom Vollstreckungsgericht im Pfändungsbeschluss belassene Betrag, wenn das Guthaben wegen der in § 850 d bezeichneten Forderungen gepfändet wird.

(4) ¹Das Vollstreckungsgericht kann auf Antrag einen von den Absätzen 1, 2 Satz 1 Nr. 1 und Absatz 3 abweichenden pfändungsfreien Betrag festsetzen. ²Die §§ 850 a, 850 b, 850 c, 850 d Abs. 1 und 2, die §§ 850 e, 850 f, 850 g und 850 i sowie die §§ 851 c und 851 d dieses Gesetzes sowie § 54 Abs. 2, Abs. 3 Nr. 1, 2 und 3, Abs. 4 und 5 des Ersten Buches Sozialgesetzbuch, § 17 Abs. 1 Satz 2 des Zwölften Buches Sozialgesetzbuch und § 76 des Einkommensteuergesetzes sind entsprechend anzuwenden. ³Im Übrigen ist das Vollstreckungsgericht befugt, die in § 732 Abs. 2 bezeichneten Anordnungen zu erlassen.

(5) ¹Das Kreditinstitut ist dem Schuldner zur Leistung aus dem nach Absatz 1 und 3 nicht von der Pfändung erfassten Guthaben im Rahmen des vertraglich Vereinbarten verpflichtet. ²Dies gilt für die nach Absatz 2 nicht von der Pfändung erfassten Beträge nur insoweit, als der Schuldner durch eine Bescheinigung des Arbeitgebers, der Familienkasse, des Sozialleistungsträgers oder einer geeigneten Person oder Stelle im Sinne von § 305 Abs. 1 Nr. 1 der Insolvenzordnung nachweist, dass das Guthaben nicht von der Pfändung erfasst ist. ³Die Leistung des Kreditinstituts an den Schuldner hat befreiende Wirkung, wenn ihm die Unrichtigkeit einer Bescheinigung nach Satz 2 weder bekannt noch infolge grober Fahrlässigkeit unbekannt ist. ⁴Kann der Schuldner den Nachweis nach Satz 2 nicht führen, so hat das Vollstreckungsgericht auf Antrag die Beträge nach Absatz 2 zu bestimmen. ⁵Die Sätze 1 bis 4 gelten auch für eine Hinterlegung.

(6) ¹Wird einem Pfändungsschutzkonto eine Geldleistung nach dem Sozialgesetzbuch oder Kindergeld gutgeschrieben, darf das Kreditinstitut die Forderung, die durch die Gutschrift entsteht, für die Dauer von 14 Tagen seit der Gutschrift nur mit solchen Forderungen verrechnen und hiergegen nur mit solchen Forderungen aufrechnen, die ihm als Entgelt für die Kontoführung oder aufgrund von Kontoverfügungen des Berechtigten innerhalb dieses Zeitraums zustehen. ²Bis zur Höhe des danach verbleibenden Betrages der Gutschrift ist das Kreditinstitut innerhalb von 14 Tagen seit der Gutschrift nicht berechtigt, die Ausführung von Zahlungsvorgängen wegen fehlender Deckung abzulehnen, wenn der Berechtigte nachweist oder dem Kreditinstitut sonst bekannt ist, dass es sich um die Gutschrift einer Geldleistung nach dem Sozialgesetzbuch oder von Kindergeld handelt. ³Das Entgelt des Kreditinstituts für die Kontoführung kann auch mit Beträgen nach den Absätzen 1 bis 4 verrechnet werden.

(7) ¹In einem der Führung eines Girokontos zugrunde liegenden Vertrag können der Kunde, der eine natürliche Person ist, oder dessen gesetzlicher Vertreter und das Kreditinstitut vereinbaren, dass das Girokonto als Pfändungsschutzkonto geführt wird. ²Der Kunde kann jederzeit verlangen, dass das Kreditinstitut sein Girokonto als Pfändungsschutzkonto führt. ³Ist das Guthaben des Girokontos bereits gepfändet

worden, so kann der Schuldner die Führung als Pfändungsschutzkonto zum Beginn des vierten auf seine Erklärung folgenden Geschäftstages verlangen.

(8) ¹Jede Person darf nur ein Pfändungsschutzkonto unterhalten. ²Bei der Abrede hat der Kunde gegenüber dem Kreditinstitut zu versichern, dass er kein weiteres Pfändungsschutzkonto unterhält. ³Das Kreditinstitut darf Auskunfteien mitteilen, dass es für den Kunden ein Pfändungsschutzkonto führt. ⁴Die Auskunfteien dürfen diese Angabe nur verwenden, um Kreditinstituten auf Anfrage zum Zwecke der Überprüfung der Richtigkeit der Versicherung nach Satz 2 Auskunft darüber zu erteilen, ob die betroffene Person ein Pfändungsschutzkonto unterhält. ⁵Die Erhebung, Verarbeitung und Nutzung zu einem anderen als dem in Satz 4 genannten Zweck ist auch mit Einwilligung der betroffenen Person unzulässig.

(9) ¹Unterhält ein Schuldner entgegen Absatz 8 Satz 1 mehrere Girokonten als Pfändungsschutzkonten, ordnet das Vollstreckungsgericht auf Antrag eines Gläubigers an, dass nur das von dem Gläubiger in dem Antrag bezeichnete Girokonto dem Schuldner als Pfändungsschutzkonto verbleibt. ²Der Gläubiger hat die Voraussetzungen nach Satz 1 durch Vorlage entsprechender Erklärungen der Drittschuldner glaubhaft zu machen. ³Eine Anhörung des Schuldners unterbleibt. ⁴Die Entscheidung ist allen Drittschuldnern zuzustellen. ⁵Mit der Zustellung der Entscheidung an diejenigen Kreditinstitute, deren Girokonten nicht zum Pfändungsschutzkonto bestimmt sind, entfallen die Wirkungen nach den Absätzen 1 bis 6.

A. Errichtung eines Pfändungsschutzkontos
  I. Muster: Verlangen an ein Kreditinstitut ein Girokonto als P-Konto zu führen
  II. Erläuterungen
    [1] Errichtung des P-Kontos 2
    [2] Sinn und Zweck des P-Kontos 3
    [3] Umwandlung eines Girokontos 4
    [4] Kein gemeinsames Konto 5
    [5] Rückwirkung der Umstellung.. 6
    [6] Führung des P-Kontos 7
    [7] Begünstigter Personenkreis 8
    [8] Aufstockung 9
B. Bestimmung des Pfändungsfreibetrages durch das Vollstreckungsgericht
  I. Muster: Antrag des Schuldners nach § 850k Abs. 5 S. 4
  II. Muster: Antrag auf Herauf- oder Herabsetzung des pfändungsfreien Betrages in besonderen Fällen gemäß § 850k Abs. 4
  III. Erläuterungen und Varianten
    [1] Zuständigkeit 12
    [2] Rechtsschutzbedürfnis 13
    [3] Antrag auf Festsetzung des Freibetrags 14
    [4] Schutzumfang 15
C. Vorgehen gegen mehrere P-Konten eines Schuldners
  I. Muster: Antrag des Gläubigers auf Bestimmung eines Kontos zum alleinigen P-Konto
  II. Erläuterungen
    [1] Zuständigkeit 17
    [2] Anordnung des Vollstreckungsgerichts 18
    [3] Drittschuldnererklärung 19

A. Errichtung eines Pfändungsschutzkontos

I. Muster: Verlangen an ein Kreditinstitut ein Girokonto als P-Konto zu führen

▶ An die Bank ....[1]

Betreff: Umwandlung des Girokonto Nr. ... BLZ ... in ein P-Konto[2]

Sehr geehrte Damen und Herrn,

hiermit beantrage ich[3], dass mein Girokonto Nr. ... BLZ ...[4] zum frühestmöglichen Zeitpunkt[5] als Pfändungsschutzkonto geführt wird.[6] Hiermit versichere ich, dass ich noch nicht über ein Pfändungsschutzkonto verfüge.[7]

Auf das vorgenannte Girokonto überweist mein Arbeitgeber ... nur den pfändungsfreien Teil meines Arbeitseinkommens. Als Beleg hierfür ist diesem Schreiben als – Anlage – die Bescheinigung meines Arbeitgebers beigefügt. Das Guthaben auf meine Girokonto ist mir also insgesamt zur freien Verfügung zu überlassen.[8]

...

Unterschrift des Schuldners ◄

II. Erläuterungen

[1] Will ein Schuldner ein **Pfändungsschutzkonto** errichten, muss er sich an das Kreditinstitut wenden, bei dem er ein P-Konto einrichten möchte. Die Mitwirkung des Vollstreckungsgerichts ist zur Errichtung des P-Kontos nicht erforderlich.

[2] **Sinn und Zweck des P-Kontos:** Durch die §§ 850 bis 850h wird unmittelbar nur der zum Bestreiten des Lebensunterhalts erforderliche Teil des Anspruchs auf Arbeitslohn vom Pfändungsschutz erfasst. Für Personen ohne feste Bezüge besteht gemäß § 850i ein entsprechender Schutz für nicht wiederkehrende Vergütungsforderungen. Sobald aber das Arbeitseinkommen oder die sonstige Einkünfte auf das Konto des Schuldners eingezahlt werden, erlischt die entsprechende Forderung gemäß § 362 BGB, so dass der bisherige Pfändungsschutz nicht mehr greift. Die Einkünfte sollen dem Schuldner jedoch auch weiterhin im erforderlichen Umfang zur Deckung des Lebensbedarfs verbleiben. An dieser Stelle setzt die Regelung des § 850k an. Das Pfändungsschutzkonto iSd § 850k bewirkt einen automatischen Pfändungsschutz für das Guthaben auf einem Girokonto einer natürlichen Person in Höhe der pfändungsfreien Beträge.

[3] Auf die einseitige **Erklärung** des Schuldners hin ist ein Kreditinstitut nach § 850k Abs. 7 S. 2 verpflichtet, auch ein bereits vorhandenes Girokonto **nachträglich** in ein P-Konto **umzuwandeln**. Die Umstellung sowie das anschließende Führen des Girokontos als P-Konto darf keine zusätzlichen Kosten für den Schuldner auslösen (BT-Drucks. 16/12714, S. 17; BGHZ 141, 380). Die Errichtung eines neuen Girokontos, das von Anfang an gemäß § 850k Abs. 7 S. 1 als P-Konto geführt werden soll, kann allerdings daran scheitern, dass das Kreditinstitut den Abschluss eines Girokontovertrages verweigert. Lediglich Sparkassen sind in einigen Bundesländern zum Abschluss eines Girokontovertrages verpflichtet (zB § 5 Abs. 2 Sparkassengesetz NW). Die Möglichkeit der rechtsgeschäftlichen Vertretung bei der Einrichtung eines P-Kontos ist vom Gesetzgeber bewusst ausgeschlossen worden, um die Gefahr der Einrichtung mehrere P-Konten für einen Schuldner zu verringern (BT-Drucks. 16/12714, S. 21).

[4] Ein P-Konto kann **nicht als gemeinsames Konto** mehrerer Personen geführt werden. Das gilt auch bei Eheleuten und Lebenspartnern (BT-Drucks. 16/7615, S. 20). Gegebenenfalls muss also zunächst durch Änderung des Kontovertrages der Schuldner zum alleinigen Inhaber des P-Kontos gemacht werden. Unschädlich ist dagegen die Erteilung einer Kontovollmacht an den Ehegatten (BT-Drucks. 16/7615, S. 20/21). Beiden Ehegatten können jeweils ein eigenes P-Konto führen.

[5] Die **Umwandlung in ein P-Konto** ist auch dann noch möglich, wenn der Anspruch auf Auszahlung des Guthabens bereits von einem Gläubiger gepfändet und diesem überwiesen worden ist. Nach § 850k Abs. 7 S. 3 muss das Kreditinstitut die

Umstellung bis zum Beginn des vierten Geschäftstages nach Zugang der Erklärung des Schuldners vollziehen. Ab dem Beginn des vierten Geschäftstages kann der Schuldner also über den Freibetrag verfügen. Die Umwandlung wirkt auf eine bereits bestehende Pfändung zurück, wenn das Girokonto gemäß § 850 k Abs. 1 S. 3 vor Ablauf von **vier Wochen seit Zustellung** des Überweisungsbeschlusses an das Geldinstitut in ein P-Konto umgewandelt wird. Durch die Sperrfrist von vier Wochen für die Auszahlung an den Gläubiger oder eine Hinterlegung stellt die Vorschrift des § 835 Abs. 3 S. 2 sicher, dass die Rückwirkung nicht ins Leere geht und das Guthaben auf dem Konto noch vorhanden ist.

7 **[6]** Ein Guthaben in Höhe des monatlichen **Freibetrages** iSd § 850 c Abs. 1 S. 1, Abs. 2 a von **derzeit 1.028,89 EUR** wird bei einem P-Konto nach § 850 k Abs. 1 S. 1 durch eine Kontopfändung von vornherein nicht erfasst. Eine gerichtliche Freigabe ist insoweit also nicht erforderlich. Der von der Pfändung ausgenommene Teil des Kontoguthabens wird durch diese Regelung nur der Höhe nach bezeichnet. Die Herkunft des Guthabens spielt daher keine Rolle. Insbesondere muss es sich nicht um Arbeitslohn oder Sozialleistungen handeln. Jedwedes Guthaben wird in Höhe des Freibetrages geschützt (BT-Drucks. 16/12714, S. 19). Über diesen Teil des Guthabens kann der Schuldner trotz Pfändung frei verfügen. Durch die Formulierung „im Rahmen des vertraglich Vereinbarten" ist klargestellt worden, dass dies nicht nur durch Barabhebung, sondern entsprechend der vertraglichen Ausgestaltung des Kontos auch durch Überweisung, Lastschriften und Einziehungsermächtigungen geschehen kann (BT-Drucks. 16/7615, S. 20). Damit soll gewährleistet werden, dass der Schuldner trotz Kontopfändung weiterhin am bargeldlosen Zahlungsverkehr teilnehmen kann. Selbst wenn in einem Monat der Freibetrag vom Schuldner bereits vollständig ausgeschöpft worden ist und am Monatsende noch eine Gutschrift auf dem P-Konto eingeht, wird das entsprechende Guthaben nicht sofort an den Schuldner ausgezahlt (§ 835 Abs. 4), sondern zunächst dem Schuldner vorbehalten, damit ihm auch im Folgemonat soweit möglich der volle Freibetrag zur Verfügung steht (§ 850 k Abs. 1 S. 2). Dem Schuldner entstehen somit keine Nachteile, wenn zB Sozialleistungen für einen bestimmten Monat bereits am Ende des Vormonats auf das P-Konto eingezahlt werden. Erst soweit die Gutschrift auch im Folgemonat nicht zur Deckung des Freibetrages erforderlich war, kann der Gläubiger auf den Betrag zugreifen (§ 835 Abs. 4). Wird der pfändungsfreie Betrag in einem Monat nicht voll ausgeschöpft, so steht der Restbetrag dem Schuldner im Folgemonat zusätzlich zur Verfügung (§ 850 k Abs. 1 S. 3). Auf ein übertragenes Guthaben, das auch im Folgemonat nicht verbraucht wird, können dagegen die Gläubiger zugreifen (BT-Drucks. 16/12714, S. 19). Die Regelung des § 850 k Abs. 1 bis 5 dient nur dem Schutz eines „Guthabens auf dem Pfändungsschutzkonto" und nicht von Gutschriften. Solange das P-Konto überzogen ist, kann das Kreditinstitut deshalb die Ausführung von Zahlungsvorgängen des Schuldners mangels Deckung ablehnen. Eine Ausnahme bilden gemäß § 850 k Abs. 6 die Geldleistungen nach dem Sozialgesetzbuch und das Kindergeld.

8 **[7]** Für **jede natürliche Person** darf gemäß § 850 k Abs. 8 S. 1 nur ein P-Konto eingerichtet werden. Dementsprechend hat der Kunde nach § 850 k Abs. 8 S. 2 bei seinem Verlangen auf Errichtung eines P-Kontos zu versichern, dass er noch über keines verfügt. Auch ohne Zustimmung des Schuldners kann und soll das Kreditinstitut die

Richtigkeit der Versicherung ihres Kunden durch Abfrage bei Auskunfteien wie der SCHUFA Holding AG überprüfen (§ 850 k Abs. 8 S. 4). Damit die entsprechende Auskunfteien auch Kenntnis von P-Konten haben, dürfen Geldinstitute jede Errichtung eines P-Kunden dort mitteilen (§ 850 k Abs. 8 S. 3).

[8] Die unter § 850 k Abs. 2 aufgeführten **Aufstockungsbeträge** – wie zB der Erhöhungsbetrag wegen Unterhaltspflichten des Schuldners – werden zwar ebenfalls kraft Gesetzes nicht von der Pfändung erfasst. Das Kreditinstitut muss diese Beträge gegenüber dem Schuldner aber nur dann freigeben, wenn der Schuldner eine Bescheinigung einer geeigneten Person oder Stelle vorlegt, aus der sich die Pfändungsfreiheit des Betrages nach § 850 k Abs. 2 eindeutig ergibt. Neben Bescheinigungen des Arbeitgebers, der Familienkasse oder eines Sozialleistungsträgers kommen auch Bescheinigungen einer Schuldnerberatungsstelle iSd § 305 Abs. 1 Nr. 1 InsO in Betracht (BT-Drucks. 16/7615, S. 20). In Abstimmung der Arbeitsgemeinschaft Schuldnerberatung der Verbände und dem Zentralen Kreditausschuss (ZKA) ist ein Formular für eine solche Bescheinigung entwickelt worden, das verwandt werden kann, aber nicht muss (Download-Adresse: http://www.zka-online.de/zka/kontofuehrung.html). Das Kreditinstitut soll die zum Teil aufwendigen Feststellungen und Berechnungen des Aufstockungsbetrages nach § 850 k Abs. 2 nicht wiederholen müssen, wenn diese durch eine vertrauenswürdige Stelle bereits vorgenommen worden sind. Soweit das Kreditinstitut nicht grob fahrlässig gehandelt hat, wird es gemäß § 850 k Abs. 5 S. 3 selbst dann durch Leistung an den Schuldner frei, wenn die Bescheinigung sich als unrichtig erweist. Akzeptiert ein Kreditinstitut eine Bescheinigung nicht, kann der Schuldner die Bestimmung des Freibetrages gemäß § 850 k Abs. 5 S. 4 durch das Vollstreckungsgericht beantragen.

B. Bestimmung des Pfändungsfreibetrages durch das Vollstreckungsgericht

I. Muster: Antrag des Schuldners nach § 850 k Abs. 5 S. 4

▶ An das Amtsgericht

– Vollstreckungsgericht –[1]

In der Zwangsvollstreckungssache

... ./. ...

beantragen wir namens und in Vollmacht des Schuldners,

den monatlichen pfändungsfreien Betrage iSd 850 k Abs. 1 und Abs. 2 für das Girokonto bei der Bank, Nr. ... BLZ ..., auf ... EUR festzusetzen.

Begründung

Das im Antrag genannten Konto wird als sog. P-Konto geführt.

Beweis: Kontounterlagen, Bescheinigung der Bank

Zugunsten des Gläubigers ... ist ein Pfändungs- und Überweisungsbeschluss bezüglich des Kontos ergangen.

Beweis: Pfändungs- und Überweisungsbeschluss

Die Bank ... lässt den Schuldner gemäß § 850 k Abs. 1, Abs. 5 S. 1 nur über den Grundfreibetrag frei verfügen. Die Bescheinigung des Arbeitgebers des Schuldners, einem kleinen 2-

Mann-Betrieb, über die Berechnung des Pfändungsfreibetrages unter Berücksichtigung auch der Unterhaltspflichten Schuldners hat die Bank ... nicht akzeptiert.[2]

Beweis: Schreiben der Bank ... vom ...

Unter Berücksichtigung der Unterhaltspflichten des Schuldners errechnet sich der Pfändungsfreibetrag wie folgt: ...

Beweis: Bescheinigung des Arbeitgebers, Stammbaum etc.

...

Rechtsanwalt ◄

11 **II. Muster: Antrag auf Herauf- oder Herabsetzung des pfändungsfreien Betrages in besonderen Fällen gemäß § 850 k Abs. 4**

▶ An das Amtsgericht

– Vollstreckungsgericht –[1]

In der Zwangsvollstreckungssache

.../...

beantragen wir namens und in Vollmacht des Gläubigers/Schuldners,

den monatlichen pfändungsfreien Betrage iSd § 850 k Abs. 4 für das Girokonto Nr. ... BLZ ... bei der Bank ... auf ... EUR festzusetzen.[3]

Begründung

Das im Antrag genannten Konto wird als sog. P-Konto geführt.

Beweis: Kontounterlagen

Zugunsten des Gläubigers ... ist ein Pfändungs- und Überweisungsbeschluss bezüglich des Kontos ergangen.

Beweis: Pfändungs- und Überweisungsbeschluss

Abweichend von § 850 k Abs. 1 ist der pfändungsfreie Betrag im vorliegenden Fall gemäß §§ ... wie folgt festzusetzen: ...[4] ◄

III. Erläuterungen und Varianten

12 [1] **Zuständig** ist das Vollstreckungsgericht (§ 828 Abs. 2), dass durch den Rechtspfleger handelt (§ 20 Nr. 17 RPflG). Die Entscheidung ergeht gemäß § 764 Abs. 3 durch **Beschluss**. Gegen den Beschluss ist der **Rechtsbehelf** der sofortigen Beschwerde gemäß § 793 iVm § 11 Abs. 1 RPfG statthaft.

13 [2] Das **Rechtsschutzbedürfnis** für einen Antrag auf Festsetzung des Pfändungsfreibetrages iSd § 850 k Abs. 2 durch das Vollstreckungsgericht besteht nur, wenn der Pfändungsfreibetrag gegenüber dem Kreditinstitut nicht erfolgreich durch eine Bescheinigung iSd § 850 k Abs. 5 S. 2 nachgewiesen werden konnte. Der Schuldner muss deshalb darlegen, dass er entweder schon keine geeigneten Bescheinigungen beschaffen konnte oder jedenfalls alle in Betracht kommenden Bescheinigungen von dem Kreditinstitut als nicht ausreichend zurückgewiesen worden sind.

14 [3] Ist das laufende Arbeitseinkommen beim Arbeitgeber gepfändet worden und überweist dieser nur noch den jeweils unpfändbaren Teil auf das P-Konto, dessen

Höhe zB aufgrund von Überstunden, Urlaubs- und Weihnachtsgeld ständigen Schwankungen unterliegt, kann der Freibetrag für das P-Konto gemäß § 850 k Abs. 4 durch Bezugnahme auf das vom Arbeitgeber monatlich überwiesene unpfändbare Arbeitskommen festgesetzt werden (BGH, NJW 2012, 79). Eine Bezifferung des unpfändbaren Teil ist insoweit ausnahmsweise entbehrlich, um das ständige Anpassen durch wiederholte Anträge gemäß § 850 k Abs. 4 an die jeweilige aktuelle Höhe des pfändbaren Betrages zu vermeiden (BGH aaO). Für diesen Fall kann der Antrag wie folgt formuliert werden:

▶ ... beantragen wir namens und in Vollmacht des Schuldners,

den pfändungsfreien Betrag in Höhe des ... [genaue Bezeichnung des Arbeitseinkommens] festzusetzen, der vom Arbeitgeber ... monatlich auf das Girokonto Nr. ... BLZ ... bei der Bank ... überwiesen wird. ◀

Im Antrag und dem anschließenden Beschluss sollte die genaue Formulierung enthalten sein, durch welche die Zahlung im Überweisungsträger bezeichnet wird, damit die gemeinte Überweisung vom Kreditinstitut leicht festgestellt werden kann und eine Verwechslungsgefahr ausgeschlossen ist (BGH, NJW 2012, 79 (80)). Alternativ kommt ein Antrag nach § 850 l in Betracht.

[4] Der **Pfändungsschutz der Ansprüche auf Arbeitseinkommen und sonstige Vergütung** iSd § 850 i setzt sich nach Einzahlung und Erlöschen dieser Ansprüche am Guthaben des P-Kontos fort. Der zum Lebensunterhalt bestimmte Betrag soll grundsätzlich auch auf dem P-Konto im selben Umfang geschützt sein. Für den Regelfall kann der pfändungsfreie Betrag weitgehend pauschal gemäß § 850 k Abs. 1 und Abs. 2 insbesondere unter Rückgriff auf die Tabelle zu § 850 c Abs. 3 ausreichend genau bestimmt werden. Im Einzelfall ist aber eine individuellere Ermittlung des pfändungsfreien Betrages erforderlich. Das geschieht gemäß § 850 k Abs. 4 auf Antrag des Gläubigers oder Schuldners durch das Vollstreckungsgericht. Dabei werden nach § 850 k Abs. 4, S. 2 die Vorschriften entsprechend angewandt, die den Pfändungsschutz des Arbeitseinkommens und sonstiger Einkünfte iSd § 850 i für verschiedene Sonderfälle näher regeln. Auf die entsprechenden Muster zu den einzelnen Vorschriften und Kommentierungen wird verwiesen. Durch eine Bestimmung des pfändungsfreien Betrages durch das Vollstreckungsgericht kann ein Schuldner zB erreichen, dass im Rahmen des P-Kontos auch die unpfändbaren Bezüge iSd § 850 a oder ein vermehrter Bedarf iSd § 850 f. Abs. 1 berücksichtigt wird. Umgekehrt kann ein Gläubiger zB bei privilegierten Unterhaltsansprüchen (§ 850 d) oder Ansprüchen aus unerlaubter Handlung (§ 850 f. Abs. 2 und 3) die Herabsetzung des pfändungsfreien Betrages erwirken. Ist bereits wegen eines Unterhaltsanspruchs ein Pfändungs- und Beweisbeschluss bezüglich des Anspruchs auf Arbeitseinkommen ergangen und dabei der pfändungsfreie Betrag gemäß § 850 d bestimmt worden, so gilt dieser Betrag gemäß § 850 k Abs. 3 automatisch auch für das P-Konto. Entsprechendes sollte auch für eine bereits vorhandene Bestimmung des pfändbaren Betrages gemäß § 850 f gelten, die im Rahmen der Pfändung des Anspruchs auf Arbeitseinkommen getroffen worden ist. Ob § 850 k Abs. 3 in analoger Anwendung auch auf diese Fallgruppen erstreckt wird, bleibt jedoch abzuwarten.

C. Vorgehen gegen mehrere P-Konten eines Schuldners

16 I. Muster: Antrag des Gläubigers auf Bestimmung eines Kontos zum alleinigen P-Konto

▶ An das Amtsgericht
– Vollstreckungsgericht –[1]
In der Zwangsvollstreckungssache

... ./. ...

beantragen wir namens und in Vollmacht des Gläubigers,

das Girokonto des Schuldners bei der Bank ... Nr. ... BLZ ... gemäß § 850k Abs. 9 zum einzigen Pfändungsschutzkonto des Schuldners zu erklären.[2]

Begründung

Entgegen § 850k Abs. 8 S. 1 ZPO führt der Schuldner mehr als nur ein Girokonto als Pfändungsschutzkonto.
Es handelt sich um folgende Konten ...
Beweis: Bestätigungen der Banken, dass die Konten als P-Konten geführt werden.[3]

...

Rechtsanwalt ◀

II. Erläuterungen

17 [1] **Zuständig** ist das Vollstreckungsgericht (§ 828 Abs. 2), dass durch den Rechtspfleger handelt (§ 20 Nr. 17 RPflG). Die Entscheidung ergeht gemäß § 764 Abs. 3 durch **Beschluss**. Gegen den Beschluss ist der **Rechtsbehelf** der sofortigen Beschwerde gemäß § 793 iVm § 11 Abs. 1 RPfG statthaft.

18 [2] Führt ein Schuldner entgegen § 850k Abs. 8, S. 1 **mehr als nur ein P-Konto**, so ordnet das Vollstreckungsgericht gemäß § 850k Abs. 9 auf Antrag eines Gläubigers an, dass dem Schuldner nur das vom Gläubiger bezeichnete Girokonto als Pfändungsschutzkonto verbleibt. Es muss also nicht das zuerst begründete Pfändungsschutzkonto zum einzig wirksamen Pfändungskonto erklärt werden. Der Gläubiger kann vielmehr frei wählen und sich zB für das Konto mit den geringsten Eingängen entscheiden. Die Härten, die dem Schuldner daraus entstehen können, muss er hinnehmen. Immerhin hat er wenigstens eine unrichtige Versicherung iSd § 850k Abs. 8, S. 2 abgegeben. Bei der Anordnung des Vollstreckungsgerichts handelt es sich um eine Gestaltungserklärung. Mit Zustellung der Entscheidung an diejenigen Kreditinstitute, deren Girokonten nicht zum Pfändungsschutzkonto bestimmt sind, entfallen gemäß § 850k Abs. 9 S. 5 die Pfändungsschutzwirkungen. Die Bedeutung dieses Rechtsbehelfs wird aber sehr gering bleiben. Wenn die Banken wie in § 850k Abs. 8 vorgesehen, vor jeder Einrichtung eines P-Kontos bei der SCHUFA Holding AG abfragen, ob schon ein P-Konto des Schuldners vorhanden ist, und jede Errichtung eines P-Kontos unverzüglich der SCHUFA Holding AG anzeigen, so wird es kaum einem Schuldner gelingen können, mehr als nur ein P-Konto zu führen.

19 [3] Dass ein Girokonto als P-Konto geführt wird, kann insbesondere mithilfe der **Drittschuldnererklärung** der Bank nachgewiesen werden, denn diese Angabe muss ge-

mäß § 840 Abs. 1 Nr. 5 in der Drittschuldnererklärung enthalten sein. Die Vorlage von Drittschuldnererklärungen iSd § 840 ist aber nicht erforderlich. Die Glaubhaftmachung kann gemäß § 850k Abs. 9 S. 2 auch durch jede andere Erklärung des Drittschuldners erfolgen.

§ 850 l Anordnung der Unpfändbarkeit von Kontoguthaben auf dem Pfändungsschutzkonto

[1]Auf Antrag des Schuldners kann das Vollstreckungsgericht anordnen, dass das Guthaben auf dem Pfändungsschutzkonto für die Dauer von bis zu zwölf Monaten der Pfändung nicht unterworfen ist, wenn der Schuldner nachweist, dass dem Konto in den letzten sechs Monaten vor Antragstellung ganz überwiegend nur unpfändbare Beträge gutgeschrieben worden sind, und er glaubhaft macht, dass auch innerhalb der nächsten zwölf Monate nur ganz überwiegend nicht pfändbare Beträge zu erwarten sind. [2]Die Anordnung kann versagt werden, wenn überwiegende Belange des Gläubigers entgegenstehen. [3]Sie ist auf Antrag eines Gläubigers aufzuheben, wenn ihre Voraussetzungen nicht mehr vorliegen oder die Anordnung den überwiegenden Belangen dieses Gläubigers entgegensteht.

A. Befristeter Schutz eines P-Kontos vor sinnlosen Kontenpfändungen für 12 Monate
   I. Muster: Antrag auf befristeten Schutz vor sinnlosen Kontopfändungen für 12 Monate
   II. Erläuterungen
      [1] Zuständigkeit 2
      [2] Zwölfmonatiger Pfändungsschutz 3
      [3] Keine prophylaktische Anordnung 4
      [4] Ausschließliche Geltung für P-Konten 5
      [5] Gelegentlicher Eingang unbedeutender Beträge 6
B. Aufhebung des befristeten Kontoschutzes wegen veränderter Umstände
   I. Muster: Antrag auf Aufhebung des Kontoschutzes wegen veränderter Umstände
   II. Erläuterungen
      [1] Zuständigkeit 8
      [2] Aufhebung wegen nicht mehr vorhandener Voraussetzungen 9

A. Befristeter Schutz eines P-Kontos vor sinnlosen Kontenpfändungen für 12 Monate

I. Muster: Antrag auf befristeten Schutz vor sinnlosen Kontopfändungen für 12 Monate

1

▶ An das Amtsgericht ...

– Vollstreckungsgericht –[1]

In der Zwangsvollstreckungssache

... ./. ...

beantragen wird namens und in Vollmacht des Schuldners,

anzuordnen, dass für die Dauer von 12 Monaten das Konto Nr. ..., BLZ ... bei der Bank ... nicht der Pfändung unterworfen ist.[2]

§ 850 l

Begründung

Das Guthaben auf dem Konto Nr. ...., BLZ .... bei der Bank ....ist mit Pfändungs- und Überweisungsbeschluss des Amtsgerichts .... vom ...... (Az ....) gepfändet worden.[3]

Beweis: Pfändungs- und Überweisungsbeschluss

Bei dem gepfändeten Konto handelt es sich um ein Pfändungsschutzkonto.[4] Auf dem Konto gehen nur unpfändbare Beträge wie .... ein.

Beweis: Bescheide über Sozialleistungen etc.

Andere nennenswerte Eingänge hatte das Konto in den letzten 6 Monaten nicht.[5]

Beweis: Kontoauszüge der letzten 6 Monate

Mit einer Änderung der wirtschaftlichen Situation des Schuldners ist auch nicht in den nächsten 12 Monaten zu rechnen.

Beweis: Eidesstattliche Versicherung des Schuldners vom ....

Pfändungen von Gläubigern in das gegenwärtige oder künftige Guthaben auf dem vorgenannten Konto sind daher von vornherein ohne Aussicht auf Erfolg. Den beantragten Anordnungen stehen daher auch keine überwiegende Belange der Gläubiger entgegen.

....

Rechtsanwalt ◄

II. Erläuterungen

2 [1] Der Antrag ist an das gemäß § 828 für die **Forderungsvollstreckung zuständige Amtsgericht** als Vollstreckungsgericht zu richten (siehe § 829 Rn 2). Das Vollstreckungsgericht entscheidet gemäß § 764 Abs. 3 durch **Beschluss**. Gegen die Zurückweisung seines Antrages kann der Schuldner **sofortige Beschwerde** gemäß § 793 iVm § 11 Abs. 1 RPflG einlegen.

3 [2] Mit einem Antrag nach § 850 l kann erreicht werden, dass das P-Konto **insgesamt für 12 Monate nicht mehr der Pfändung unterworfen ist**. Nach Ablauf der 12 Monate kann ein erneuter Antrag gestellt werden. Ein Antrag gemäß § 850 k Abs. 4 kann sinnvoller sein, weil der Schutz dann nicht auf 12 Monate beschränkt ist.

4 [3] Voraussetzung für einen Antrag nach § 850 l ist eine Pfändung, so dass **nicht prophylaktisch** die Unpfändbarkeit angeordnet werden kann (BeckOK/Riedel, § 850 l ZPO Rn 1).

5 [4] Nach dem Wortlaut des § 850 l S. 1 gilt die Vorschrift nur für P-Konten.

6 [5] Aus der Formulierung, dass „ganz überwiegend nur unpfändbare Beträge gutgeschrieben worden sind" folgt, dass der gelegentliche Eingang von unbedeutenden pfändbare Beträge der Antrag nach § 850 l nicht entgegensteht.

B. Aufhebung des befristeten Kontoschutzes wegen veränderter Umstände

7 **I. Muster: Antrag auf Aufhebung des Kontoschutzes wegen veränderter Umstände**

▶ An das Amtsgericht ....
- Vollstreckungsgericht -[1]

In der Zwangsvollstreckungssache

...·/. ...
beantragen wird namens und in Vollmacht des Gläubigers,
den Beschluss des Amtsgerichts ... vom ..... (Az ...) wieder aufzuheben.[2]

Begründung

Mit vorgenanntem Beschluss ist das Konto des Schuldners ... Nr. ... BLZ ... bei der Bank ... gemäß § 850l S. 1 für 12 Monate von der Pfändung ausgenommen worden. Die Gewährung des Pfändungsschutzes für das Konto ist damit begründet worden, dass auf das Konto ganz überwiegend nur unpfändbare Sozialleistungen in Form der Hilfe zum Lebensunterhalt eingehen. Seit dem ... hat der Schuldner eine Einstellung bei dem Unternehmen ... gefunden.
Beweis: Bescheinigung des Arbeitgebers des Schuldners
Entsprechend dem Tarifvertrag ... muss sich das Einkommen des Schuldners nunmehr auf ... EUR belaufen.
Beweis: Tarifvertrag/Drittschuldnererklärung des Arbeitnehmers
Die Voraussetzungen des § 850l S. 1 liegen nicht länger vor. Es ist mit dem Eingang von Arbeitslohn auf dem Konto zu rechnen, der die Pfändungsfreigrenzen deutlich übersteigt.
...
Rechtsanwalt ◄

II. Erläuterungen

[1] Der Antrag ist an das gemäß § 828 für die **Forderungsvollstreckung** zuständige **Amtsgericht** als Vollstreckungsgericht zu richten (siehe § 829 Rn 2). 8

[2] Die Annahme, dass in den nächsten 12 Monaten kein Eingang von nennenswerten unpfändbaren Beträgen auf dem Konto zu erwarten ist, beruht auf einer **Prognose**, die sich als falsch herausstellen kann. Aus diesem Grunde kann ein Gläubiger gemäß § 850l S. 3 die Aufhebung des Kontoschutzes iSd § 850l S. 1 beantragen, wenn die Voraussetzungen nicht mehr vorliegen oder der Anordnung nunmehr überwiegende Belange des Gläubigers entgegenstehen. 9

§ 851 Nicht übertragbare Forderungen

(1) Eine Forderung ist in Ermangelung besonderer Vorschriften der Pfändung nur insoweit unterworfen, als sie übertragbar ist.
(2) Eine nach § 399 des Bürgerlichen Gesetzbuchs nicht übertragbare Forderung kann insoweit gepfändet und zur Einziehung überwiesen werden, als der geschuldete Gegenstand der Pfändung unterworfen ist.

§ 851a Pfändungsschutz für Landwirte

(1) Die Pfändung von Forderungen, die einem die Landwirtschaft betreibenden Schuldner aus dem Verkauf von landwirtschaftlichen Erzeugnissen zustehen, ist auf seinen Antrag vom Vollstreckungsgericht insoweit aufzuheben, als die Einkünfte zum Unterhalt des Schuldners, seiner Familie und seiner Arbeitnehmer oder zur Aufrechterhaltung einer geordneten Wirtschaftsführung unentbehrlich sind.

(2) Die Pfändung soll unterbleiben, wenn offenkundig ist, dass die Voraussetzungen für die Aufhebung der Zwangsvollstreckung nach Absatz 1 vorliegen.

A. Muster: Antrag auf Pfändungsschutz für Landwirte
B. Erläuterungen

[1] Zuständigkeit 2
[2] Antrag des Schuldners 3

1 A. Muster: Antrag auf Pfändungsschutz für Landwirte

▶ An das Amtsgericht ...

– Vollstreckungsgericht –[1]

In der Zwangsvollstreckungssache

... ./. ...

beantragen wir namens und in Vollmacht des Schuldners gemäß § 851 a ZPO,

den Pfändungs- und Überweisungsbeschluss des Amtsgerichts ... vom ... (Az ...) dahin gehend abzuändern, dass die Pfändung der Forderungen aus dem Verkauf der Ernte von ... in Höhe von ... EUR aufgehoben wird.[2]

Weiter beantragen wir,

die Zwangsvollstreckung in Höhe von ... ohne Sicherheitsleistung einstweilen einzustellen.

Begründung

Der Schuldner führt einen landwirtschaftlichen Betrieb, der insbesondere den Anbau von ... umfasst. Durch den Pfändungs- und Überweisungsbeschluss des Amtsgerichts ... vom ... (Az ...) sind die Forderungen aus dem Verkauf der diesjährigen Ernte von ... in Höhe von ... EUR gepfändet worden. Die Einnahmen aus dem Verkauf der Ernte in Höhe von ... benötigt der Schuldner unbedingt zum eigenen Unterhalt und zum Unterhalt seiner Ehefrau und seines Kindes.

Beweis: Haushaltsbuch, Rechnungen über Einkäufe, Familienbuch

Ein weiterer Betrag von ... EUR ist erforderlich zur Aufrechterhaltung des landwirtschaftlichen Betriebes bis zur nächsten Ernte. Dieser Betrag setzt sich wie folgt zusammen ... [Auflistung aller Kosten].

Beweis: Rechnungen über Dünger, Saatgut, Treibstoff, Reparaturen etc.

Es sind keine anderweitigen Einkünfte vorhanden, aus denen diese Kosten bestritten werden könnten.

Der Schuldner ist nicht imstande, eine Sicherheit zu stellen. Daher wird die einstweilige Einstellung der Zwangsvollstreckung ohne Sicherheitsleistung analog §§ 766 Abs. 1 S. 2, 732 Abs. 2 ZPO bis zur Entscheidung über den Schuldnerschutzantrag beantragt. ◀

B. Erläuterungen

2 [1] Zuständig ist immer das **Vollstreckungsgericht** (§ 828 Abs. 2), **von dem der abzuändernde oder aufzuhebende Pfändungs- und Überweisungsbeschluss erlassen worden ist.** Funktionell zuständig ist der Rechtspfleger (§ 20 Nr. 17 RPflG).

[2] Der Pfändungsschutz setzt zwar grundsätzlich einen **Antrag des Schuldners** voraus (§ 851a Abs. 1). **Bei offenkundiger Unpfändbarkeit** nach § 851a Abs. 1 hat die Pfändung aber gemäß § 851a Abs. 2 schon **von Amts wegen** zu unterbleiben. Ein Schutz vor Sachpfändungen besteht gemäß § 811 Nr. 4.

§ 851b Pfändungsschutz bei Miet- und Pachtzinsen

(1) ¹Die Pfändung von Miete und Pacht ist auf Antrag des Schuldners vom Vollstreckungsgericht insoweit aufzuheben, als diese Einkünfte für den Schuldner zur laufenden Unterhaltung des Grundstücks, zur Vornahme notwendiger Instandsetzungsarbeiten und zur Befriedigung von Ansprüchen unentbehrlich sind, die bei einer Zwangsvollstreckung in das Grundstück dem Anspruch des Gläubigers nach § 10 des Gesetzes über die Zwangsversteigerung und die Zwangsverwaltung vorgehen würden. ²Das Gleiche gilt von der Pfändung von Barmitteln und Guthaben, die aus Miet- oder Pachtzahlungen herrühren und zu den in Satz 1 bezeichneten Zwecken unentbehrlich sind.
(2) Wird der Antrag nicht binnen einer Frist von zwei Wochen gestellt, so ist er ohne sachliche Prüfung zurückzuweisen, wenn das Vollstreckungsgericht der Überzeugung ist, dass der Schuldner den Antrag in der Absicht der Verschleppung oder aus grober Nachlässigkeit nicht früher gestellt hat. Die Frist beginnt mit der Pfändung.
(3) Anordnungen nach Abs. 1 können mehrmals ergehen und, soweit es nach Lage der Verhältnisse geboten ist, auf Antrag aufgehoben oder abgeändert werden.
(4) Vor den in den Abs. 1 und 3 bezeichneten Entscheidungen ist, soweit dies ohne erhebliche Verzögerung möglich ist, der Gläubiger zu hören. Die für die Entscheidung wesentlichen tatsächlichen Verhältnisse sind glaubhaft zu machen. Die Pfändung soll unterbleiben, wenn offenkundig ist, dass die Voraussetzungen für die Aufhebung der Zwangsvollstreckung nach Abs. 1 vorliegen.

A. Muster: Antrag auf Pfändungsschutz für Miet- und Pachteinnahmen
B. Erläuterungen
   [1] Ausfüllen der allgemeinen Bestandteile 2
   [2] Pfändung von Mietforderungen ... 3
C. Muster: Antrag auf Pfändungsschutz für Miet- und Pachteinnahmen
D. Erläuterungen
   [1] Zuständigkeit und Rechtsmittel ... 6
   [2] Antragsfrist 7
   [3] Umfang des Pfändungsschutzes ... 8
   [4] Darlegung und Glaubhaftmachung 9

A. Muster: Antrag auf Pfändungsschutz für Miet- und Pachteinnahmen

▶ Ausschnitt aus Seite 4 des Formulars zu § 829 ZPO[1]

Forderung aus Anspruch
☒ G (an Mieter)

Ausschnitt aus Seite 6 des Formulars zu § 829 ZPO

> ☒ **Anspruch G**
> (Hinweis: betrifft Anspruch an weitere Drittschuldner bzw schon aufgeführte Drittschuldner, soweit Platz unzureichend)
>
> auf Zahlung aller gegenwärtigen und künftigen Mieten ohne den
>
> Nebenkostenanteil ... aus der Vermietung der Wohnung im 2. OG links
>
> in ... einschließlich aller Ansprüche auf Nutzungsentschädigung und
>
> Schadensersatz wegen verspäteter Rückgabe der Mietsache[2]

B. Erläuterungen

2 [1] Zu den allgemeinen Anforderungen an das Rubrum und die Forderungsberechnung sowie dem weiteren Inhalt eines Pfändungs- und Überweisungsbeschlusses siehe Muster zu § 829.

3 [2] Pfändbar ist nur die **Netto-Miete**. Der Anspruch auf Zahlung einer monatlichen Nebenkostenpauschale und der Nachzahlungsanspruch am Ende des Abrechnungszeitraums sind zweckgebunden iSd § 851 Abs. 1 ZPO iVm § 399 1. Fall BGB und damit grundsätzlich unpfändbar (OLG Celle NJW-RR 2000, 460). Die Nebenkostenzahlungen sind nur zugunsten von Gläubigern pfändbar, für welche sie bestimmt sind, also zB der Heizkostenanteil vom Lieferanten des Heizöls.

4 Die Pfändung **zukünftiger Mieten** kann gemäß § 1124 Abs. 2 BGB iVm §§ 146 Abs. 1, 20 Abs. 2 ZVG **durch eine Zwangsverwaltung verdrängt** werden, selbst wenn die Pfändung zeitlich früher erfolgte. Der Zwangsverwalter kann trotz zeitlich früherer Pfändung der zukünftigen Mieten oder Vorausabtretung aller zukünftigen Miet- oder Pachtforderungen die Forderungen ab dem auf die Beschlagnahme nachfolgenden Monat einziehen. Es ist daher zu erwägen, ob die Zwangsverwaltung nicht die vorzugswürdigere Vollstreckungsart ist.

C. Muster: Antrag auf Pfändungsschutz für Miet- und Pachteinnahmen

5
▶ An das Amtsgericht ...
– Vollstreckungsgericht –[1]
In der Zwangsvollstreckungssache

... ./. ...

beantragen wir namens und in Vollmacht des Schuldners gemäß § 851 b ZPO,

den Pfändungs- und Überweisungsbeschluss des Amtsgerichts ... vom ... (Az ...) dahin gehend abzuändern, dass die Pfändung der gegenwärtigen und zukünftigen monatlichen Mietforderungen ohne Nebenkostenpauschalen aus der Vermietung der Wohnung in ... in Höhe von monatlich ... EUR aufgehoben wird.[2]

Weiter beantragen wird,

die Zwangsvollstreckung in Höhe von ... einstweilen einzustellen.

Begründung

Durch den Pfändungs- und Überweisungsbeschluss des Amtsgerichts ... vom ... (Az ...) sind die gegenwärtigen und künftigen Mietforderungen des Schuldners gegen den Drittschuldner ... aus der Vermietung der Wohnung in ... ohne die Nebenkostenpauschalen gepfändet worden.

Folgende Kosten sind im vergangenen Jahr zur laufenden Unterhaltung des Mietobjekts, zur Vornahme von notwendigen Instandsetzungsarbeiten und zur Befriedigung von Grundpfandgläubigern angefallen: ... [Auflistung der einzelnen Kosten][3]

Beweis: Rechnungen aus vergangenem Jahr[4]

Daraus ergibt sich eine durchschnittliche monatliche Belastung in Höhe von ... . In diesem Jahr ist mit Kosten in gleicher Höhe zu rechnen. Diese Ausgaben können nicht aus sonstigen Einkünften des Schuldners bestritten werden.

Glaubhaftmachung: eidesstattliche Versicherung des Schuldners[4]

Ferner wird die einstweilige Einstellung der Zwangsvollstreckung analog §§ 766 Abs. 1 S. 2, 732 Abs. 2 ZPO bis zur Entscheidung über den Schuldnerschutzantrag beantragt. ◄

D. Erläuterungen

[1] Zuständig ist immer das **Vollstreckungsgericht** (§ 828 Abs. 2), **von dem der abzuändernde oder aufzuhebende Pfändungs- und Überweisungsbeschluss erlassen worden ist**. Funktionell zuständig ist der Rechtspfleger (§ 20 Nr. 17 RPflG). Gegen den Beschluss ist der **Rechtsbehelf** der **sofortigen Beschwerde** gemäß § 793 iVm § 11 Abs. 1 RPfG statthaft.

[2] Der Pfändungsschutz setzt einen **Antrag des Schuldners binnen einer Frist von 2 Wochen** voraus.

[3] **Kosten zur laufenden Unterhaltung** des Grundstücks sind u.a. Anliegerbeiträge, Abfall- und Straßenreinigungsgebühren, Feuerversicherung, Strom- und Gaskosten, Heizkosten, Kosten der Hausverwaltung. Ferner können **Instandsetzungskosten** berücksichtigt werden. Zu den **Ansprüchen iSd § 10 ZVG** zählen insbesondere bereits bestehende Grundpfandrechte einschließlich der Zinsen. Die Aufzählung der abzugsfähigen Kosten in § 851 b Abs. 1 ist abschließend. Einkünfte aus Vermietung und Verpachtung sind außerhalb des von § 851 b umfassten Bereichs grundsätzlich uneingeschränkt pfändbar (BGHZ 161, 371).

[4] Die Voraussetzungen des Pfändungsschutzes nach § 851 b müssen vom Schuldner dargelegt und **glaubhaft gemacht** werden.

§ 851 c Pfändungsschutz bei Altersrenten

(1) Ansprüche auf Leistungen, die auf Grund von Verträgen gewährt werden, dürfen nur wie Arbeitseinkommen gepfändet werden, wenn

1. die Leistung in regelmäßigen Zeitabständen lebenslang und nicht vor Vollendung des 60. Lebensjahres oder nur bei Eintritt der Berufsunfähigkeit gewährt wird,
2. über die Ansprüche aus dem Vertrag nicht verfügt werden darf,
3. die Bestimmung von Dritten mit Ausnahme von Hinterbliebenen als Berechtigte ausgeschlossen ist und
4. die Zahlung einer Kapitalleistung, ausgenommen eine Zahlung für den Todesfall, nicht vereinbart wurde.

§ 851c

(2) ¹Um dem Schuldner den Aufbau einer angemessenen Alterssicherung zu ermöglichen, kann er unter Berücksichtigung der Entwicklung auf dem Kapitalmarkt, des Sterblichkeitsrisikos und der Höhe der Pfändungsfreigrenze, nach seinem Lebensalter gestaffelt, jährlich einen bestimmten Betrag unpfändbar auf der Grundlage eines in Absatz 1 bezeichneten Vertrags bis zu einer Gesamtsumme von 256 000 Euro ansammeln. ²Der Schuldner darf vom 18. bis zum vollendeten 29. Lebensjahr 2 000 Euro, vom 30. bis zum vollendeten 39. Lebensjahr 4 000 Euro, vom 40. bis zum vollendeten 47. Lebensjahr 4 500 Euro, vom 48. bis zum vollendeten 53. Lebensjahr 6 000 Euro, vom 54. bis zum vollendeten 59. Lebensjahr 8 000 Euro und vom 60. bis zum vollendeten 67. Lebensjahr 9 000 Euro jährlich ansammeln. ³Übersteigt der Rückkaufwert der Alterssicherung den unpfändbaren Betrag, sind drei Zehntel des überschießenden Betrags unpfändbar. ⁴Satz 3 gilt nicht für den Teil des Rückkaufwerts, der den dreifachen Wert des in Satz 1 genannten Betrags übersteigt.

(3) § 850e Nr. 2 und 2a gilt entsprechend.

A. Pfändung von Renten- und Versorgungsbezügen
  I. Muster: Pfändung von Renten- und Versorgungsbezügen
  II. Erläuterungen
B. Pfändung des pfändbaren Teils des Rückkaufwertes

I. Muster: Pfändung des pfändbaren Teils des Rückkaufwertes aus privatem Rentenversicherungsvertrag
II. Erläuterungen
  [1] Ausfüllen der allgemeinen Bestandteile 6
  [2] Umfang des Pfändungsschutzes 7

A. Pfändung von Renten- und Versorgungsbezügen

I. Muster: Pfändung von Renten- und Versorgungsbezügen

▶ Ausschnitt aus Seite 4 des Formulars zu § 829 ZPO[1]

Forderung aus Anspruch

☒ **G**   (an Privatversicherer)

Ausschnitt aus Seite 6 des Formulars zu § 829 ZPO

☒ **Anspruch G**

(Hinweis: betrifft Anspruch an weitere Drittschuldner bzw schon aufgeführte Drittschuldner, soweit Platz unzureichend)

auf Zahlung der künftig fällig werdenden monatlichen Renten aus ...

[zB privaten Rentenversicherungsvertrag] nach Maßgabe der

§§ 850 ff ZPO in Verbindung mit der Tabelle zu

§ 850c Abs. 3 ZPO in der jeweils gültigen Fassung[2]

II. Erläuterungen

[1] Zu den allgemeinen Anforderungen an das Rubrum und die Forderungsberechnung sowie den weiteren Inhalt eines Pfändungs- und Überweisungsbeschlusses: siehe

Muster zu § 829. Zu den Besonderheiten der Pfändung von Arbeitslohn: siehe Muster zu § 850.

[2] Der Pfändungsschutz für Arbeitseinkommen ist grundsätzlich auch auf Alters-, Hinterbliebenen- und Berufsunfähigkeitsrenten anwendbar (vgl §§ 850 Abs. 2, 850 Abs. 3 b) ZPO, § 54 IV SGB I). Das gilt auch für Rentenansprüche aus berufsständischen Versorgungseinrichtungen. Wie Arbeitseinkommen wird ferner die steuerlich geförderten Altersvorsorge iSd § 851 d geschützt. 3

Bezüge aus privaten Verträgen der Altersvorsorge von Selbstständigen genießen den Pfändungsschutz für Arbeitseinkommen nur, wenn die strengen Voraussetzungen der § 851 c Abs. 1 Nr. 1 bis 4 kumulativ erfüllt sind (BGH NJW-RR 2011, 493). Entsprechendes gilt für eine Berufsunfähigkeitsrente. Der Pfändungsschutz ist insoweit beschränkt auf das **Vermögen, das der Schuldner zur Vorsorge für das Alter oder den Eintritt der Berufsunfähigkeit endgültig und unwiderruflich angelegt hat** (*Stöber* NJW 2007, 1243 (1244)). Bezieht der Schuldner neben den vertraglichen Rentenzahlungen noch Leistungen aus der gesetzlichen Rentenversicherung oder aus einer berufsständischen Versorgungseinrichtung oder bezieht er zusätzlich noch Arbeitseinkommen, so sind auf Antrag des Gläubigers gemäß § 851 c Abs. 3 iVm § 850 e Nr. 2, 2 a **alle Bezüge zusammenzurechnen** (siehe Muster zu § 850 e Nr. 2, 2 a). Lebensgefährten sind keine Hinterbliebenen iSd § 851 c (BGH NJW-RR 2011, 493). 4

B. Pfändung des pfändbaren Teils des Rückkaufwertes

I. Muster: Pfändung des pfändbaren Teils des Rückkaufwertes aus privatem Rentenversicherungsvertrag 5

▶ Ausschnitt aus Seite 4 des Formulars zu § 829 ZPO[1]

Forderung aus Anspruch

☒ **G** (an Privatversicherer)

Ausschnitt aus Seite 6 des Formulars zu § 829 ZPO

☒ **Anspruch G**

(Hinweis: betrifft Anspruch an weitere Drittschuldner bzw schon aufgeführte Drittschuldner, soweit Platz unzureichend)

auf Auszahlung bzw Vergütung des Rückkaufwertes aus dem privaten

Rentenversicherungsvertrag NR. ... sowie das Recht zur vorzeitigen

(Teil-)Kündigung, soweit der Rückkaufwert durch 7/10 des Betrages

aufgebaut worden ist, der über den pfändungsfreien jährlichen

Einzahlungsbeträgen des § 851 c Abs. 2 S. 2 ZPO lag.[2]

II. Erläuterungen

6 **[1]** Zu den allgemeinen Anforderungen an das Rubrum und die Forderungsberechnung sowie den weiteren Inhalt eines Pfändungs- und Überweisungsbeschlusses siehe Muster zu § 829.

7 **[2]** Durch § 851c Abs. 2 wird in bestimmter Höhe das **Kapital bzw der Rückkaufwert des privaten Vorsorgevertrages** geschützt. Unpfändbar ist jeweils der Gegenwert der Beitragssumme, die innerhalb eines Jahres eingezahlt worden ist und eine nach dem Alter gestaffelte Wertgrenze nicht überschreitet (§ 851c Abs. 2 S. 2). Wird eine höhere Beitragssumme eingezahlt, so sind von dem entsprechenden Teil des Rückkaufswerts nur 7/10 pfändbar (§ 851c Abs. 2 S. 3). Damit soll ein gewisser Anreiz für den Schuldner verbleiben, auch über die genannten Jahresbeträge hinaus, eine möglichst leistungsfähige Altersvorsorge aufzubauen. Da nur der Teil des Rückkaufswerts pfändbar ist, der den unpfändbaren Betrag übersteigt, muss eine Teilkündigung durch den vollstreckenden Gläubiger möglich sein, der auf den pfändbaren Teil beschränkt ist. Entgegenstehende Klauseln des Versicherungsvertrages müssen im Rahmen der Vollstreckung entsprechend § 851 Abs. 2 ZPO iVm § 399 2. Fall BGB unbeachtlich sein. Kein Pfändungsschutz besteht für den Teil des Rückkaufswerts der die Summe von 714.000,- EUR übersteigt (§ 851c Abs. 2 S. 4), was in der Praxis aber kaum je vorkommen wird.

§ 851d Pfändungsschutz bei steuerlich gefördertem Altersvorsorgevermögen

Monatliche Leistungen in Form einer lebenslangen Rente oder monatlicher Ratenzahlungen im Rahmen eines Auszahlungsplans nach § 1 Abs. 1 Satz 1 Nr. 4 des Altersvorsorgeverträge-Zertifizierungsgesetzes aus steuerlich gefördertem Altersvorsorgevermögen sind wie Arbeitseinkommen pfändbar.

Vgl Muster bei § 851c Rn 1.

§ 852 Beschränkt pfändbare Forderungen

(1) Der Pflichtteilsanspruch ist der Pfändung nur unterworfen, wenn er durch Vertrag anerkannt oder rechtshängig geworden ist.
(2) Das Gleiche gilt für den nach § 528 des Bürgerlichen Gesetzbuchs dem Schenker zustehenden Anspruch auf Herausgabe des Geschenkes sowie für den Anspruch eines Ehegatten auf den Ausgleich des Zugewinns.

A. Pfändung eines Pflichtteilsanspruchs
   I. Muster: Pfändung eines Pflichtteilsanspruchs
   II. Erläuterungen
      [1] Ausfüllen der allgemeinen Bestandteile 2
      [2] Isolierter Pfändungsbeschluss .. 3
      [3] Erbe als Drittschuldner 4
      [4] Beschränkung der Verwertbarkeit und nicht der Pfändbarkeit 5
      [5] Anordnung der Mitteilungspflicht 6
      [6] Klarstellung der Beschränkung der Verwertbarkeit 7
B. Pfändung des Rückgabeanspruchs des Schenkers
   I. Muster: Pfändung des Rückgabeanspruchs des Schenkers aus § 528 BGB
   II. Erläuterungen
      [1] Ausfüllen der allgemeinen Bestandteile 9

[2]	Pfändung des Rückgabeanspruchs oder Zugewinnanspruchs..........................	10	
[3]	Unzulässigkeit der Überweisung an Zahlungs statt................	11	

C. Pfändung des Zugewinnanspruchs
  I. Muster: Pfändung des Zugewinnanspruchs

II. Erläuterungen
  [1] Ausfüllen der allgemeinen Bestandteile..................... 13
  [2] Pfändung des Zugewinnanspruchs.......................... 14

A. Pfändung eines Pflichtteilsanspruchs

I. Muster: Pfändung eines Pflichtteilsanspruchs

▶ Ausschnitt aus Seite 1 des Formulars zu § 829 ZPO[1]

> **Antrag auf Erlass eines Pfändungs- und Überweisungsbeschlusses insbesondere wegen gewöhnlicher Geldforderungen**
> **Es wird beantragt**, den nachfolgenden Entwurf als Beschluss auf ☒ Pfändung ☐ und ☐ Überweisung zu erlassen.[2]
> ☒ Zugleich wird beantragt, die Zustellung zu vermitteln (☒ mit der Aufforderung nach § 840 der Zivilprozessordnung – ZPO).
> ☐ Die Zustellung wird selbst veranlasst.

Ausschnitt aus Seite 2 des Formulars zu § 829 ZPO

> ☒ Pfändungs- ☐ und ☐ Überweisungs-Beschluss[2]
> in der Zwangsvollstreckungssache

Ausschnitt aus Seite 4 des Formulars zu § 829 ZPO

> **Forderung aus Anspruch**
> ☒ G   (an Erben)[3]

Ausschnitt aus Seite 6 des Formulars zu § 829 ZPO

> ☒ **Anspruch G**
> (Hinweis: betrifft Anspruch an weitere Drittschuldner bzw schon aufgeführte Drittschuldner, soweit Platz unzureichend)
>   auf Zahlung des Pflichtteils nach dem am ... in ... verstorbenen
>   Erblasser ...[4]

Ausschnitt aus Seite 8 des Formulars zu § 829 ZPO

> ☒ **Es wird angeordnet, dass**
>   ☒ der Schuldner dem Gläubiger mitteilt, wenn der Pflichtteils-
>   anspruch durch einen (formlosen) Vertrag zwischen ihm und dem
>   Drittschuldner anerkannt worden ist oder er den Pflichtteils-
>   anspruch gegenüber dem Drittschuldner eingeklagt hat[5]

☒ Sonstige Anordnungen

Die Überweisung des gepfändeten Anspruchs zur Einziehung oder an
Zahlungs statt ist erst zulässig, wenn der Pflichtteilsanspruch
durch einen formlosen Vertrag anerkannt oder durch den Schuldner
rechtshängig gemacht worden ist.[6]

▶ Ausschnitt aus Seite 8 des Formulars zu § 829 ZPO

Der Drittschuldner darf, soweit die Forderung gepfändet ist, an den Schuldner nicht mehr zahlen. Der Schuldner darf insoweit nicht über die Forderung verfügen, sie insbesondere nicht einziehen.
   ☐ Zugleich wird dem Gläubiger die zuvor bezeichnete Forderung in Höhe des gepfändeten Betrages[2]
      ☐ zur Einziehung überwiesen.   ☐ an Zahlungs statt überwiesen.

II. Erläuterungen

2 [1] Zu den allgemeinen Anforderungen an das Rubrum und die Forderungsberechnung sowie dem weiteren Inhalt eines Pfändungsbeschlusses siehe Muster zu § 829.

3 [2] Solange die Voraussetzungen des § 852 Abs. 1 nicht vorliegen, darf nur ein isolierter Pfändungsbeschluss ohne Überweisung ergehen. Deshalb ist an den angegebenen Stellen darauf zu achten, dass die Kästchen für die Überweisung nicht angekreuzt werden.

4 [3] Weil der Pflichtteilsanspruch nach der ausdrücklichen Regelung des § 2213 Abs. 1 S. 3 BGB auch bei Bestehen einer Testamentsvollstreckung nur gegen die Erben selbst geltend gemacht werden kann, ist der **Testamentsvollstrecker** nicht als „weiterer Drittschuldner" oder „sonstiger Beteiligter" aufzunehmen.

5 [4] Nach dem Wortlaut des § 852 Abs. 1 ist **nur der vertraglich anerkannte oder rechtshängige Pflichtteilsanspruch** iSd §§ 2303 bis 2338 BGB der Pfändung unterworfen. Trotz des missverständlichen Wortlauts kann ein Pflichtteilsanspruch aber auch schon vor vertraglicher Anerkennung oder Rechtshängigkeit als in seiner zwangsweisen Verwertbarkeit aufschiebend bedingter Anspruch gepfändet werden (BGH NJW-RR 2009, 997). Weil Anerkenntnis oder Rechtshängigkeit nicht Voraussetzung der Pfändung sind, ist auch eine Darlegung oder gar ein Nachweis des Bedingungseintritts im **Pfändungsantrag** nicht erforderlich (BGH aaO).

6 [5] In entsprechender Anwendung von § 836 Abs. 3 kann der Gläubiger vom Schuldner nach der Pfändung Auskunft darüber verlangen, ob die Voraussetzungen des § 852 Abs. 1 ZPO vorliegen und die Überweisung zur Einziehung beim Vollstreckungsgericht beantragt werden kann (BGH NJW-RR 2009, 997). Durch die Pfändung wird der Schuldner nicht daran gehindert, den Pflichtteilsanspruch einzuklagen. Er muss allerdings Zahlung an den Gläubiger beantragen.

7 [6] Dass die Verwertung des Pfandrechts von einem vertraglichen Anerkenntnis oder der Rechtshängigkeit des Pflichtteilsanspruchs abhängen, ergibt sich aus dem Gesetz

und bedarf keiner Anordnung. Zur Klarstellung sollte jedoch ein entsprechender Hinweis in den Pfändungsbeschluss aufgenommen werden (BGH NJW-RR 2009, 997). Hintergrund der Einschränkung der Verwertung ist, dass mit Rücksicht auf die persönlichen Beziehungen der Beteiligten dem Pflichtteilsberechtigten die Entscheidung vorbehalten bleiben soll, ob er den Anspruch überhaupt geltend machen will (BGHZ 123, 183). Die Beschränkung der Verwertung gemäß § 852 gilt auch bei Vollstreckung einer privilegierten Unterhaltsforderung (BGH NJW 2013, 530). Wie nach Eintritt der Bedingungen für die Verwertung ein isolierter Überweisungsbeschluss beantragt werden kann, ist unter § 835 dargestellt.

B. Pfändung des Rückgabeanspruchs des Schenkers

I. Muster: Pfändung des Rückgabeanspruchs des Schenkers aus § 528 BGB

▶ Ausschnitt aus Seite 4 des Formulars zu § 829 ZPO[1]

Forderung aus Anspruch
☒ G (an Beschenkten)

Ausschnitt aus Seite 6 des Formulars zu § 829 ZPO

☒ Anspruch G
(Hinweis: betrifft Anspruch an weitere Drittschuldner bzw schon aufgeführte Drittschuldner, soweit Platz unzureichend)
auf Herausgabe der nachfolgenden beweglichen Sache ...[2]

Ausschnitt aus Seite 8 des Formulars zu § 829 ZPO

☒ Es wird angeordnet, dass
☒ der Schuldner dem Gläubiger mitteilt, wenn der Anspruch auf Rückgabe des Geschenks durch einen (formlosen) Vertrag zwischen ihm und dem Drittschuldner anerkannt worden ist oder er den Anspruch gegenüber dem Drittschuldner eingeklagt hat[2]

☒ Sonstige Anordnungen
Die Überweisung des gepfändeten Anspruchs zur Einziehung ist erst zulässig, wenn der Anspruch auf Rückgabe des Geschenks durch einen (formlosen) Vertrag anerkannt oder durch den Schuldner rechtshängig gemacht worden ist.[3]

II. Erläuterungen

[1] Zum weiteren Inhalt eines Pfändungsbeschlusses: siehe Muster zu § 846 bei beweglichen Sachen und Muster zu § 848 bei Grundstücken.

10 [2] Das unter Rn 4 ff. Gesagte gilt für den **Rückgabeanspruch des Schenkers** aus § 528 BGB und für den **Zugewinnausgleichsanspruch** (§§ 1372 ff, 1378 BGB) entsprechend. Die Einschränkungen des § 852 Abs. 2 greifen aber jedenfalls dann nicht, wenn Eheleute oder sonstige nahe Angehörige ein Grundstück untereinander übertragen, um es dem Zugriff der Gläubiger eines der Beteiligten zu entziehen, wenn dem Schuldner ein allein von seinem Belieben abhängiges, vormerkungsgesichertes Recht auf Rückforderung belassen wird (BGHZ 154, 64).

11 [3] Die Möglichkeit einer Einziehung an Zahlungs statt wird nicht erwähnt, weil diese gemäß § 849 bei einer Vollstreckung wegen einer Geldforderung in einen Herausgabeanspruch nicht zulässig ist.

C. Pfändung des Zugewinnanspruchs

12 **I. Muster: Pfändung des Zugewinnanspruchs**

▶ Ausschnitt aus Seite 4 des Formulars zu § 829 ZPO[1]

Forderung aus Anspruch

☒ **G** (an Ehegatten des Schuldners)

Ausschnitt aus Seite 6 des Formulars zu § 829 ZPO

☒ **Anspruch G**
(Hinweis: betrifft Anspruch an weitere Drittschuldner bzw schon aufgeführte Drittschuldner, soweit Platz unzureichend)

auf Zahlung der Ausgleichsforderung, die mit der Beendigung des

Güterstandes der Zugewinngemeinschaft entstanden ist[2]

Ausschnitt aus Seite 8 des Formulars zu § 829 ZPO

☒ **Es wird angeordnet, dass**
☒ der Schuldner dem Gläubiger mitteilt, wenn der Zugewinnausgleichs-

anspruch durch einen (formlosen) Vertrag zwischen ihm und der

Drittschuldnerin anerkannt worden ist oder er den Anspruch

gegenüber der Drittschuldnerin eingeklagt hat[2]

☒ **Sonstige Anordnungen**
Die Überweisung des gepfändeten Anspruchs zur Einziehung oder an

Zahlungs statt ist erst zulässig, wenn der Zugewinnausgleichsanspruch

durch einen (formlosen) Vertrag anerkannt oder durch den Schuldner

rechtshängig gemacht worden ist.

II. Erläuterungen

[1] Siehe oben Rn 2. 13
[2] Siehe oben Rn 4 ff. 14

§ 853 Mehrfache Pfändung einer Geldforderung

Ist eine Geldforderung für mehrere Gläubiger gepfändet, so ist der Drittschuldner berechtigt und auf Verlangen eines Gläubigers, dem die Forderung überwiesen wurde, verpflichtet, unter Anzeige der Sachlage und unter Aushändigung der ihm zugestellten Beschlüsse an das Amtsgericht, dessen Beschluss ihm zuerst zugestellt ist, den Schuldbetrag zu hinterlegen.

A. Hinterlegungsverlangen des Gläubigers gegenüber dem Drittschuldner
   I. Muster: Hinterlegungsverlangen eines Gläubigers an den Drittschuldner
   II. Erläuterungen
     [1] Voraussetzungen des Hinterlegungsverlangens 2
B. Mehrfachpfändung und Hinterlegung durch den Drittschuldner
   I. Muster: Anzeige der Mehrfachpfändung und Hinterlegung durch den Drittschuldner
   II. Erläuterungen
     [1] Zuständigkeit 4
     [2] Erlöschen der gepfändeten Forderung 5

A. Hinterlegungsverlangen des Gläubigers gegenüber dem Drittschuldner

I. Muster: Hinterlegungsverlangen eines Gläubigers an den Drittschuldner 1

▶ An ... [Drittschuldner]

Sehr geehrte Damen und Herren,

durch Pfändungs- und Überweisungsbeschluss des Amtsgerichts ... vom ... (Az ...) ist die Werklohnforderung des Schuldners gegen Sie aus dem Bauprojekt ... in Höhe von ... EUR zugunsten unseres Mandanten gepfändet worden. Wie sich aus Ihrer Mitteilung gemäß § 840 ZPO ergibt, ist dieselbe Forderung mit Pfändungs- und Überweisungsbeschluss des Amtsgerichts ... vom ... (Az ...) auch zugunsten des Gläubigers ... gepfändet worden. Wir fordern Sie hiermit gemäß § 853 ZPO auf, unter Anzeige der Sachlage und unter Aushändigung der Ihnen zugestellten Pfändungs- und Überweisungsbeschlüsse den gepfändeten Werklohn bei dem Amtsgericht ..., zu hinterlegen, so dass dort ein Verteilungsverfahren nach §§ 872 ff ZPO durchgeführt werden kann.[1]

...

Rechtsanwalt ◀

II. Erläuterungen

[1] Ein **Hinterlegungsverlangen** ist für den Gläubiger, dessen Pfändungs- und Überweisungsbeschluss zuerst zugestellt worden ist, nur sinnvoll, wenn der Erlös nicht zu Befriedigung aller pfändender Gläubiger ausreichend ist und ernsthafte Zweifel daran bestehen, dass der Drittschuldner nicht nach § 804 Abs. 3 ohnehin erst ihn vollständig befriedigen wird. Für nachfolgende Gläubiger ist das Hinterlegungsverlangen nur 2

ratsam, wenn die Wirksamkeit des vorrangigen Pfändungspfandrechts fraglich ist und der vorrangige Gläubiger nach entsprechender Aufforderung nicht durch Erklärung gegenüber dem Drittschuldner auf seinen besseren Rang verzichtet. Sobald einer der Gläubiger ein Hinterlegungsverlangen stellt, muss hinterlegt werden. Falls der Drittschuldner sich weigert, kann der Gläubiger gemäß § 856 auf Erfüllung dieser Verpflichtung klagen. Bis zu einem Hinterlegungsverlangen kann der Drittschuldner von sich aus hinterlegen oder unter Beachtung des Prioritätsprinzips aus § 804 Abs. 3 die Verteilung selbst vornehmen.

B. Mehrfachpfändung und Hinterlegung durch den Drittschuldner

I. Muster: Anzeige der Mehrfachpfändung und Hinterlegung durch den Drittschuldner

▶ An das Amtsgericht ...
– Verteilungsgericht –[1]
Betreff: Anzeige der Mehrfachpfändung und Hinterlegung

hiermit zeige ich [Drittschuldner] an, dass hinsichtlich der Werklohnforderung des Schuldners ... gegen mich aus dem Bauprojekt ... in Höhe von ... EUR folgende Pfändungs- und Überweisungsbeschlüsse ergangen sind:

1. Pfändungs- und Überweisungsbeschluss des Amtsgerichts ... vom ... (Az ...) wegen einer Forderung des Gläubigers ... über ... EUR, der mir am ... zugestellt worden ist und
2. Pfändungs- und Überweisungsbeschluss des Amtsgerichts ... vom ... (Az ...) wegen einer Forderung des Gläubigers ... über ... EUR, der mir am ... zugestellt worden ist.

Die Beschlüsse liegen als Anlage diesem Schreiben bei.

Mit Schreiben vom ... hat der Gläubiger ... die Hinterlegung des gepfändeten Betrages zugunsten beider Gläubiger verlangt.

Die gepfändeten Geldbeträge sind von mir beim Amtsgericht – Hinterlegungsstelle – unter dem Az ... bereits hinterlegt worden.[2]

...

Drittschuldner ◀

II. Erläuterungen

[1] **Zuständig** ist das Amtsgericht, dessen Pfändungs- und Überweisungsbeschluss dem Drittschuldner zuerst zugestellt worden ist (§§ 853, 828 Abs. 2, 802). Funktionell zuständig ist der Rechtspfleger (§ 20 Nr. 17 RPflG). Aufgrund der Anzeige findet das Verteilungsverfahren gemäß §§ 872 ff von Amts wegen statt, wenn der hinterlegte Betrag nicht zur vollständigen Befriedigung aller Gläubiger ausreicht.

[2] Die Hinterlegung erfolgt zugunsten aller Pfandgläubiger ebenfalls beim Amtsgericht, dessen Pfändungs- und Überweisungsbeschluss dem Drittschuldner zuerst zugestellt worden ist (§§ 853, 828 Abs. 2, 802). **Durch die Hinterlegung erlischt die gepfändete Forderung** und der Drittschuldner wird frei. Analog § 1247 BGB tritt der hinterlegte Betrag an die Stelle der erloschenen gepfändeten Forderung und die Pfändungspfandrechte bestehen nun an dem hinterlegten Betrag fort (sog. **dingliche Surrogation**).

§ 854 Mehrfache Pfändung eines Anspruchs auf bewegliche Sachen

(1) ¹Ist ein Anspruch, der eine bewegliche körperliche Sache betrifft, für mehrere Gläubiger gepfändet, so ist der Drittschuldner berechtigt und auf Verlangen eines Gläubigers, dem der Anspruch überwiesen wurde, verpflichtet, die Sache unter Anzeige der Sachlage und unter Aushändigung der ihm zugestellten Beschlüsse dem Gerichtsvollzieher herauszugeben, der nach dem ihm zuerst zugestellten Beschluss zur Empfangnahme der Sache ermächtigt ist. ²Hat der Gläubiger einen solchen Gerichtsvollzieher nicht bezeichnet, so wird dieser auf Antrag des Drittschuldners von dem Amtsgericht des Ortes ernannt, wo die Sache herauszugeben ist.

(2) ¹Ist der Erlös zur Deckung der Forderungen nicht ausreichend und verlangt der Gläubiger, für den die zweite oder eine spätere Pfändung erfolgt ist, ohne Zustimmung der übrigen beteiligten Gläubiger eine andere Verteilung als nach der Reihenfolge der Pfändungen, so hat der Gerichtsvollzieher die Sachlage unter Hinterlegung des Erlöses dem Amtsgericht anzuzeigen, dessen Beschluss dem Drittschuldner zuerst zugestellt ist. ²Dieser Anzeige sind die Dokumente beizufügen, die sich auf das Verfahren beziehen.

(3) In gleicher Weise ist zu verfahren, wenn die Pfändung für mehrere Gläubiger gleichzeitig bewirkt ist.

A. Aufforderung an den Drittschuldner
 I. Muster: Aufforderung an den Drittschuldner, die Sache dem Gerichtsvollzieher zum Zwecke der Verwertung herauszugeben
 II. Erläuterungen
  [1] Aufforderung an den Drittschuldner 2
B. Mehrfachpfändung und Herausgabe an den Gerichtsvollzieher
 I. Muster: Anzeige der Mehrfachpfändung und Herausgabe an den Gerichtsvollzieher
 II. Erläuterungen
C. Antrag auf Erlösauskehr zugunsten einer späteren Pfändung

 I. Muster: Aufforderung zur Erlösauskehr zugunsten einer späteren Pfändung
 II. Erläuterungen
  [1] Verlangen nachrangiger Gläubiger auf bevorzugte Befriedigung 6
D. Abgabe vom Gerichtsvollzieher an das Verteilungsgericht
 I. Muster: Abgabe vom Gerichtsvollzieher an das Verteilungsgericht
 II. Erläuterungen
  [1] Gleichzeitige Bewirkung der Pfändung durch mehrere Gläubiger 8

A. Aufforderung an den Drittschuldner

I. Muster: Aufforderung an den Drittschuldner, die Sache dem Gerichtsvollzieher zum Zwecke der Verwertung herauszugeben   1

▶ An ... [Drittschuldner]

Sehr geehrte Damen und Herren,

durch Pfändungs- und Überweisungsbeschluss des Amtsgerichts ... vom ... (Az ...) ist der Anspruch des Schuldners auf Herausgabe der Sache ... gegen Sie wegen einer Geldforderung meines Mandanten gepfändet worden. Wie sich aus Ihrer Mitteilung gemäß § 840 ZPO ergibt, ist derselbe Herausgabeanspruch mit Pfändungs- und Überweisungsbeschluss des Amtsgerichts ... vom ... (Az ...) auch zugunsten des Gläubigers ... gepfändet worden.

Wir fordern Sie hiermit gemäß § 854 Abs. 1 ZPO auf, unter Anzeige der Sachlage und unter Aushändigung der Ihnen zugestellten Pfändungs- und Überweisungsbeschlüsse die Sache ▪▪▪ dem Gerichtsvollzieher ▪▪▪ zur Verwertung und Verteilung des Erlöses auszuhändigen.[1]

Rechtsanwalt ◄

II. Erläuterungen

[1] Wird wegen einer Geldforderung in einen Herausgabe- oder Beschaffungsanspruch vollstreckt, so muss die Sache von einem Gerichtsvollzieher gemäß §§ 847 Abs. 2, 814 versteigert und anschließend der Erlös ausgekehrt werden. Zu diesem Zweck hat der Drittschuldner nach § 847 Abs. 1 die Sache an den vom Gläubiger benannten Gerichtsvollzieher herauszugeben. Um sicherzustellen, dass der Gerichtsvollzieher bei einer Mehrfachpfändung auch Kenntnis von einem weiteren Pfändungs- und Überweisungsbeschluss erlangt und weitere Gläubiger bei der Erlösverteilung durch den Gerichtsvollzieher überhaupt berücksichtigen werden können, ist es für nachrangige Gläubiger regelmäßig ratsam, eine **Aufforderung nach § 854 an den Drittschuldner** zu richten. Bei einer Mehrfachpfändung ist die Sache an den Gerichtsvollzieher zur Verwertung herauszugeben, der von dem Gläubiger benannt worden ist, der zuerst gepfändet hat. Falls dieser Gläubiger noch keinen Gerichtsvollzieher benannt haben sollte, kann der Drittschuldner gemäß § 854 Abs. 1 S. 2 das Amtsgericht des Erfüllungsort (§ 269 BGB) um Benennung eines Gerichtsvollziehers ersuchen.

B. Mehrfachpfändung und Herausgabe an den Gerichtsvollzieher

I. Muster: Anzeige der Mehrfachpfändung und Herausgabe an den Gerichtsvollzieher

▶ An den Gerichtsvollzieher ▪▪▪

Betreff: Anzeige der Mehrfachpfändung und Übergabe

hiermit zeige ich an, dass hinsichtlich des Anspruchs des Schuldners ▪▪▪ gegen mich auf Herausgabe der beweglichen Sache ▪▪▪ folgende Pfändungs- und Überweisungsbeschlüsse wegen Geldforderungen ergangen sind:

1. Pfändungs- und Überweisungsbeschluss des Amtsgerichts ▪▪▪ vom ▪▪▪ (Az ▪▪▪) wegen einer Forderung des Gläubigers ▪▪▪ über ▪▪▪ EUR, der mir am ▪▪▪ zugestellt worden ist und
2. Pfändungs- und Überweisungsbeschluss des Amtsgerichts ▪▪▪ vom ▪▪▪ (Az ▪▪▪) wegen einer Forderung des Gläubigers ▪▪▪ über ▪▪▪ EUR, der mir am ▪▪▪ zugestellt worden ist.

Die Beschlüsse liegen als Anlage diesem Schreiben bei.

Mit Schreiben vom ▪▪▪ hat der Gläubiger ▪▪▪ die Aushändigung der Sache an den Gerichtsvollzieher zur Verwertung und Verteilung des Erlöses verlangt. Die Sache wird Ihnen in der kommenden Woche übergeben.

▪▪▪

Drittschuldner ◄

II. Erläuterungen

Siehe Rn 2.

C. Antrag auf Erlösauskehr zugunsten einer späteren Pfändung

I. Muster: Aufforderung zur Erlösauskehr zugunsten einer späteren Pfändung

▶ An den Gerichtsvollzieher ...

In der Zwangsvollstreckungssache

... ./. ...

beantragen wir namens und in Vollmacht des Gläubigers ...,

den nach Abzug der Kosten verbleibenden Erlös aus der Versteigerung der Sachen ... (Az ...) vorrangig an den Gläubiger ... auszukehren.[1]

Begründung

Der Pfändungs- und Überweisungsbeschluss unseres Mandanten ist zwar zeitlich nach dem Pfändungs- und Überweisungsbeschluss des Gläubigers ... zugestellt worden. Die Zustellung des Pfändungs- und Überweisungsbeschluss des Gläubigers ... war aber unwirksam, weil .... Unser Mandant ist daher vorrangig aus dem Erlös zu befriedigen.

...

Rechtsanwalt ◀

II. Erläuterungen

[1] Durch das Verlangen eines nachrangigen Gläubigers gegenüber dem Gerichtsvollzieher bevorzugt befriedigt zu werden, wird gemäß § 854 Abs. 2 ZPO die Pflicht des Gerichtsvollziehers ausgelöst, den Erlös dem Amtsgericht zur Verteilung auszuhändigen.

D. Abgabe vom Gerichtsvollzieher an das Verteilungsgericht

I. Muster: Abgabe vom Gerichtsvollzieher an das Verteilungsgericht

▶ An das Amtsgericht ...

– Verteilungsgericht –

In der Zwangsvollstreckungssache

... ./. ...

der Anspruch auf Herausgabe der Sache ... ist mehrfach gepfändet worden. Auf die anliegenden Pfändungs- und Überweisungsbeschlüsse und die Anzeige der Mehrfachpfändung durch den Drittschuldner wird Bezug genommen. Die Versteigerung hat unter Abzug der Kosten einen Erlös von ... EUR ergeben. Der Betrag reicht nicht zur Befriedigung aller Gläubiger aus. Der Gläubiger, für den die zweite Pfändung erfolgte, verlangt ohne Zustimmung des anderen Gläubigers die vorrangige Befriedigung.[1] Den Erlös habe ich gemäß

§ 854 Abs. 2 unter dem Az ... beim Amtsgericht ... hinterlegt und bitte um weitere Veranlassung.

...

Gerichtsvollzieher ◄

II. Erläuterungen

8 [1] Die **Abgabe durch den Gerichtsvollzieher an das Verteilungsgericht** hat gemäß § 854 Abs. 3 auch dann zu erfolgen, wenn mehrere Gläubiger die Pfändung gleichzeitig bewirkt haben.

§ 855 Mehrfache Pfändung eines Anspruchs auf eine unbewegliche Sache

Betrifft der Anspruch eine unbewegliche Sache, so ist der Drittschuldner berechtigt und auf Verlangen eines Gläubigers, dem der Anspruch überwiesen wurde, verpflichtet, die Sache unter Anzeige der Sachlage und unter Aushändigung der ihm zugestellten Beschlüsse an den von dem Amtsgericht der belegenen Sache ernannten oder auf seinen Antrag zu ernennenden Sequester herauszugeben.

A. Antrag auf Herausgabe eines Grundstücks an den Sequester

1 Siehe Muster zu § 854 Rn 1 und 3, wobei der Anspruch auf Herausgabe einer beweglichen Sache durch den Anspruch auf Herausgabe einer unbeweglichen Sache und der Gerichtsvollzieher durch den Sequester zu ersetzen ist.

B. Erläuterungen

2 Zur Verwertung des Grundstücks siehe § 848.

§ 855 a Mehrfache Pfändung eines Anspruchs auf ein Schiff

(1) Betrifft der Anspruch ein eingetragenes Schiff, so ist der Drittschuldner berechtigt und auf Verlangen eines Gläubigers, dem der Anspruch überwiesen wurde, verpflichtet, das Schiff unter Anzeige der Sachlage und unter Aushändigung der Beschlüsse dem Treuhänder herauszugeben, der in dem ihm zuerst zugestellten Beschluss bestellt ist.
(2) Absatz 1 gilt sinngemäß, wenn der Anspruch ein Schiffsbauwerk betrifft, das im Schiffsbauregister eingetragen ist oder in dieses Register eingetragen werden kann.

A. Antrag auf Herausgabe eines Schiffes an den Treuhänder

1 Siehe Muster zu § 854 Rn 1 und 3, wobei der Anspruch auf Herausgabe einer beweglichen Sache durch den Anspruch auf Herausgabe eines Schiffs oder Schiffsbauwerk und der Gerichtsvollzieher durch den Treuhänder zu ersetzen ist.

B. Erläuterungen

Zur Verwertung des Schiffes siehe § 847 a. 2

§ 856 Klage bei mehrfacher Pfändung

(1) Jeder Gläubiger, dem der Anspruch überwiesen wurde, ist berechtigt, gegen den Drittschuldner Klage auf Erfüllung der nach den Vorschriften der §§ 853 bis 855 diesem obliegenden Verpflichtungen zu erheben.
(2) Jeder Gläubiger, für den der Anspruch gepfändet ist, kann sich dem Kläger in jeder Lage des Rechtsstreits als Streitgenosse anschließen.
(3) Der Drittschuldner hat bei dem Prozessgericht zu beantragen, dass die Gläubiger, welche die Klage nicht erhoben und dem Kläger sich nicht angeschlossen haben, zum Termin zur mündlichen Verhandlung geladen werden.
(4) Die Entscheidung, die in dem Rechtsstreit über den in der Klage erhobenen Anspruch erlassen wird, ist für und gegen sämtliche Gläubiger wirksam.
(5) Der Drittschuldner kann sich gegenüber einem Gläubiger auf die ihm günstige Entscheidung nicht berufen, wenn der Gläubiger zum Termin zur mündlichen Verhandlung nicht geladen worden ist.

A.	Muster: Klage auf Hinterlegung		[2] Anforderungen an das Rubrum...	3
B.	Erläuterungen		[3] Zweck	4
	[1] Zuständigkeit	2	[4] Streitverkündung	5

A. Muster: Klage auf Hinterlegung 1

▶ An das Amtsgericht/Landgericht ...[1]

Klage nach § 856 ZPO mit Streitverkündung

In dem Rechtsstreit

... [volles Rubrum][2]

beantragen wir namens und in Vollmacht des Klägers ...,

den Beklagten zu verurteilen, ... EUR nebst Zinsen in Höhe von fünf Prozentpunkte seit dem ... unter Anzeige der Sachlage und unter Aushändigung der Pfändungs- und Überweisungsbeschlüsse des Amtsgerichts ... vom ... (Az ...) und vom ... (Az ...) beim Amtsgericht ... zu hinterlegen.[3]

Zugleich wird

dem ... [Schuldner] der Streit verkündet mit der Aufforderung, dem Rechtsstreit auf Seiten des Klägers beizutreten.[4]

Begründung

Der Kläger hat mit Pfändungs- und Überweisungsbeschluss des Amtsgerichts ... vom ... (Az ...) die Werklohnforderung des Streitverkündeten gegen den Beklagten gepfändet und sich zur Einziehung überweisen lassen. Der Beschluss ist dem Beklagten am ... zugestellt worden. Hinsichtlich derselben Werklohnforderung war zuvor schon ein Pfändungs- und Überweisungsbeschluss des Amtsgerichts ... vom ... (Az ...) zugunsten des Gläubigers ... ergangen, der dem Beklagten am ... zugestellt worden ist.

Beweis: Kopien der Pfändungs- und Überweisungsbeschlüsse, Kopie der Erklärung gemäß § 840 ZPO

Diese Zustellung des Pfändungs- und Überweisungsbeschluss des Amtsgerichts ▬▬ vom ▬▬ (Az ▬▬) zugunsten des Gläubigers war aber unwirksam, weil ▬▬

Um eine zutreffende Verteilung des Erlöses sicherzustellen, haben wir den Beklagten gemäß § 853 ZPO mit Anwaltsschreiben vom ▬▬ aufgefordert, den Werklohn unter Anzeige der Sachlage beim Amtsgericht ▬▬ zu hinterlegen.

Beweis: Kopie des Anwaltsschreiben unserer Kanzlei vom ▬▬

Dies hat Beklagte jedoch abgelehnt.

Beweis: Kopie des Schreibens des Streitverkündeten vom ▬▬

Daher ist Klage geboten. Eine beglaubigte Ausfertigung der Klageschrift für den Streitverkündeten ist beigefügt.

▬▬

Rechtsanwalt ◄

B. Erläuterungen

2 [1] Die sachliche **Zuständigkeit** richtet sich nach dem Streitwert (§§ 23, 71 GVG). Die örtliche Zuständigkeit folgt aus den §§ 12 ff.

3 [2] Zu den **Anforderungen an das Rubrum** siehe § 253.

4 [3] **Zweck:** Gemäß § 856 kann jeder Gläubiger, dem der Anspruch zur Einziehung überwiesen worden ist, die Verpflichtungen des Drittschuldners aus den §§ 853 bis 855a durch Erhebung der Klage durchsetzen. Hat bereits ein Gläubiger Klage erhoben, können sich die anderen gemäß § 856 Abs. 2 ZPO der Klage als Streitgenossen anschließen. Für den **Anschluss** genügt nach dem Wortlaut bereits eine Pfändung ohne Überweisung (zB in den Fällen §§ 720a, 930). Einer weiteren Klage stünde die anderweitige Rechtshängigkeit gemäß § 261 Abs. 3 Nr. 1 entgegen. Die **Rechtskraft** der Entscheidung wirkt gemäß § 856 Abs. 4 grundsätzlich für und gegen sämtliche Gläubiger. Hat der Drittschuldner es allerdings unterlassen, die **Ladung der weiteren Gläubiger** zu beantragen, so kann er sich gemäß § 856 Abs. 5 den nicht geladenen Gläubigern gegenüber nicht auf eine ihm günstige Entscheidung berufen. Der Drittschuldner kann in diesem Prozess **auch den Bestand der gepfändeten Forderung** bestreiten.

5 [4] Gemäß § 841 ist dem Schuldner der Streit zu verkünden.

§ 857 Zwangsvollstreckung in andere Vermögensrechte

(1) Für die Zwangsvollstreckung in andere Vermögensrechte, die nicht Gegenstand der Zwangsvollstreckung in das unbewegliche Vermögen sind, gelten die vorstehenden Vorschriften entsprechend.

(2) Ist ein Drittschuldner nicht vorhanden, so ist die Pfändung mit dem Zeitpunkt als bewirkt anzusehen, in welchem dem Schuldner das Gebot, sich jeder Verfügung über das Recht zu enthalten, zugestellt ist.

(3) Ein unveräußerliches Recht ist in Ermangelung besonderer Vorschriften der Pfändung insoweit unterworfen, als die Ausübung einem anderen überlassen werden kann.
(4) ¹Das Gericht kann bei der Zwangsvollstreckung in unveräußerliche Rechte, deren Ausübung einem anderen überlassen werden kann, besondere Anordnungen erlassen. ²Es kann insbesondere bei der Zwangsvollstreckung in Nutzungsrechte eine Verwaltung anordnen; in diesem Fall wird die Pfändung durch Übergabe der zu benutzenden Sache an den Verwalter bewirkt, sofern sie nicht durch Zustellung des Beschlusses bereits vorher bewirkt ist.
(5) Ist die Veräußerung des Rechts selbst zulässig, so kann auch diese Veräußerung von dem Gericht angeordnet werden.
(6) Auf die Zwangsvollstreckung in eine Reallast, eine Grundschuld oder eine Rentenschuld sind die Vorschriften über die Zwangsvollstreckung in eine Forderung, für die eine Hypothek besteht, entsprechend anzuwenden.
(7) Die Vorschrift des § 845 Abs. 1 Satz 2 ist nicht anzuwenden.

A. Bewegliche Sache
  I. Muster: Pfändung in eine Bruchteilsgemeinschaft an einer beweglichen Sache
  II. Erläuterungen und Varianten
    [1] Ausfüllen der allgemeinen Bestandteile 2
    [2] Miteigentümer als Drittschuldner 3
    [3] Pfändung des Anteils an einer Bruchteilsgemeinschaft 4
B. Grundstück
  I. Muster: Pfändung in eine Bruchteilsgemeinschaft an einem Grundstück
  II. Erläuterungen
    [1] Ausfüllen der allgemeinen Bestandteile 7
    [2] Miteigentümer als Drittschuldner 8
    [3] Pfändung eines Bruchteils am Grundstück 9
C. GmbH-Anteil
  I. Muster: Pfändung eines Anteils an einer GmbH
  II. Erläuterungen
    [1] Ausfüllen der allgemeinen Bestandteile 11
    [2] GmbH als Drittschuldner 12
    [3] Pfändung der GmbH-Anteile und Verwertung 13
D. Anteil an einer Personengesellschaft
  I. Muster: Pfändung eines Anteils an einer Personengesellschaft
  II. Erläuterungen
E. Anwartschaftsrecht – bewegliche Sache
  I. Muster: Pfändung eines Anwartschaftsrechts an beweglichen Sachen
  II. Erläuterungen
    [1] Ausfüllen der allgemeinen Bestandteile 18
    [2] Vorbehaltskäufer als Drittschuldner 19
    [3] Doppelpfändung 20
    [4] Pfändung des Anspruchs des Schuldners auf Rückzahlung ... 21
F. Anwartschaftsrecht – Grundstück
  I. Muster: Pfändung eines Anwartschaftsrechts an einem Grundstück
  II. Erläuterungen
    [1] Ausfüllen der allgemeinen Bestandteile 23
    [2] Bezeichnung des Anwartschaftsrechts 24
    [3] Kein Drittschuldner 25
G. Grundbuchberichtigungsanspruch
  I. Muster: Pfändung des Grundbuchberichtigungsanspruchs
  II. Erläuterungen
    [1] Ausfüllen der allgemeinen Bestandteile 27
    [2] Bucheigentümer als Drittschuldner 28
    [3] Grundbuchberichtigungsanspruch 29
    [4] Untersagung von Verfügungen über den Berichtigungsanspruch 30
H. Grundschuld, Reallast, Rentenschuld
  I. Muster: Pfändung in eine Grundschuld, Reallast oder Rentenschuld, § 857 Abs. 6
  II. Erläuterungen
I. Nießbrauch
  I. Muster: Pfändung des Nießbrauchs
  II. Erläuterungen
    [1] Ausfüllen der allgemeinen Bestandteile 34
    [2] Grundsätzliche Unpfändbarkeit 35
    [3] Befriedigung aus Miet- oder Pachteinnahmen 36

J. Patente, Marken, Gebrauchsmuster
  I. Muster: Pfändung von Patenten, Marken, Gebrauchsmustern etc.
  II. Erläuterungen und Varianten
    [1] Ausfüllen der allgemeinen Bestandteile.................... 38
    [2] Pfändbarkeit der Rechte aus Patenten...................... 39
    [3] Vorbereitung der Hilfsvollstreckung........................ 40
    [4] Verwertung des Patents......... 41
    [5] Wirksamwerden durch Zustellung an den Schuldner.......... 43

A. Bewegliche Sache

1   **I. Muster: Pfändung in eine Bruchteilsgemeinschaft an einer beweglichen Sache**

315 ▶ Ausschnitt aus Seite 4 des Formulars zu § 829 ZPO[1]

Forderung aus Anspruch

☒ G   (an Miteigentümer)[2]

Ausschnitt aus Seite 6 des Formulars zu § 829 ZPO

☒ **Anspruch G**

(Hinweis: betrifft Anspruch an weitere Drittschuldner bzw schon aufgeführte Drittschuldner, soweit Platz unzureichend)

Anteil des Schuldners an der Bruchteilsgemeinschaft an der Maschine …,

dessen Miteigentümer zu ½ der Schuldner neben dem Drittschuldner ist

insbesondere einschließlich des Anspruchs auf Auflösung und Teilhabe

am Ertrag und Erlös[3]

II. Erläuterungen und Varianten

2 [1] Antrag und Beschlussentwurf werden mit Ausnahme der nachfolgenden Besonderheit wie im Muster zu § 829 gefasst. Die §§ 829 ff gelten gemäß § 857 Abs. 1 entsprechend.

3 [2] **Drittschuldner**, an die der Pfändungs- und Überweisungsbeschluss gemäß §§ 857 Abs. 1, 829 Abs. 3, 835 Abs. 3 S. 1 zugestellt werden muss, sind die übrigen **Miteigentümer**.

4 [3] Der **Anteil an einer Bruchteilsgemeinschaft** iSd § 741 BGB ist nach § 747 S. 1 BGB übertragbar und damit gemäß § 851 Abs. 1 pfändbar. Der Anteil als solcher ist zwar kein „Anspruch", sondern ein „anderes Vermögensrecht". Allerdings sieht das zwingend zu verwendende Formular des Bundesministeriums der Justiz keinen speziellen Kasten für die Pfändung von anderen Vermögensrechten vor, so dass der Eintrag unter „Anspruch G" erfolgen muss. Die Pfändung und Überweisung des Anteils berechtigt den Gläubiger zur Teilhabe an den Nutzungen und Früchten des Gegenstandes (§ 743 BGB). Nach der ausdrücklichen Regelung des § 751 S. 2 BGB kann der Gläubiger nach Pfändung des Anteils die Aufhebung der Bruchteilsgemeinschaft selbst dann verlangen, wenn sie vertraglich ausgeschlossen worden ist, sofern der Vollstreckungstitel nicht bloß vorläufig vollstreckbar ist. Nach Aufhebung kann der

Gläubiger Teilhabe am Erlös beanspruchen (§§ 752, 753 BGB). Diese aus dem Bruchteilsanteil folgenden Rechte und Ansprüche sind durch dessen Pfändung ohne Weiteres miterfasst und werden nur klarstellend aufgeführt.

In gleicher Weise kann ein **Anteil an einer Forderung** gepfändet werden:

▶ ... Anteil des Schuldners an der Bruchteilsgemeinschaft an der Forderung ..., dessen Mitinhaber zu 1/2 der Schuldner neben dem Drittschuldner ist insbesondere einschließlich des Anspruchs auf Auflösung und Teilhabe am Ertrag und Erlös ◀

B. Grundstück

I. Muster: Pfändung in eine Bruchteilsgemeinschaft an einem Grundstück

▶ Ausschnitt aus Seite 4 des Formulars zu § 829 ZPO[1]

Forderung aus Anspruch

☒ **G** (an Miteigentümer)[2]

Ausschnitt aus Seite 6 des Formulars zu § 829 ZPO

☒ **Anspruch G**

(Hinweis: betrifft Anspruch an weitere Drittschuldner bzw schon aufgeführte Drittschuldner, soweit Platz unzureichend)

alle Ansprüche aus der Bruchteilsgemeinschaft an dem Grundstück ..., dessen Miteigentümer zu ½ der Schuldner neben dem Drittschuldner ist insbesondere einschließlich des Anspruchs auf Auflösung und Teilhabe am Ertrag und Erlös[3]

II. Erläuterungen

[1] Siehe oben Rn 2.

[2] Siehe oben Rn 3.

[3] Der Bruchteil an einem Grundstück als solcher kann nicht nach §§ 857, 829, sondern gemäß § 864 Abs. 2 nur im Wege der Immobiliarvollstreckung gepfändet werden (siehe Muster zu § 864). Die **aus dem Bruchteil folgenden Ansprüche** unterliegen dagegen der Forderungspfändung. Zwar stehen diese Ansprüche dem jeweiligen Inhaber des Bruchteils zu und sind also nicht einzeln übertragbar, was an sich zur Unpfändbarkeit gemäß § 851 Abs. 1 führen müsste. Die Ansprüche können aber einem anderen **zur Ausübung überlassen** werden und sind daher nach der Sonderregelung des § 857 Abs. 3 gleichwohl **isoliert pfändbar**. Dabei kann der Aufhebungsanspruch aber nicht allein, sondern nur zusammen mit künftigen Anspruch auf Teilung und Auslösung des Verwertungserlöses gepfändet werden (BGH NJW 2006, 849). Die alleinige Pfändung des Aufhebungsanspruchs wäre allerdings ohnehin sinnlos.

C. GmbH-Anteil

I. Muster: Pfändung eines Anteils an einer GmbH

10

▶ Ausschnitt aus Seite 4 des Formulars zu § 829 ZPO[1]

Forderung aus Anspruch

☒ G   (an GmbH) [2]

Ausschnitt aus Seite 6 des Formulars zu § 829 ZPO

☒ **Anspruch G**

(Hinweis: betrifft Anspruch an weitere Drittschuldner bzw schon aufgeführte Drittschuldner, soweit Platz unzureichend)

alle Geschäftsanteile des Schuldners der ... GmbH

insbesondere einschließlich der Ansprüche auf Gewinnanteile[3]

Ausschnitt aus Seite 8 des Formulars zu § 829 ZPO

☒ **Sonstige Anordnungen**

Es wird angeordnet, dass die gepfändeten Geschäftsanteile im Wege

der Versteigerung durch einen vom Gläubiger zu beauftragenden

Gerichtsvollzieher zu verwerten sind[4]

II. Erläuterungen

11 [1] Siehe oben Rn 2.

12 [2] „Drittschuldner" ist die GmbH (vgl BGH MDR 2013, 811). Die Pfändung wird dementsprechend gemäß §§ 857 Abs. 1, 829 Abs. 3 mit **Zustellung an die GmbH** wirksam.

13 [3] Die **Geschäftsanteile an einer GmbH** sind gemäß § 15 Abs. 1 GmbHG übertragbar und damit gemäß § 851 Abs. 1 pfändbar. Beschränkungen der Abtretbarkeit gemäß § 15 Abs. 5 GmbHG durch den Gesellschaftsvertrag gelten gemäß § 851 Abs. 2 nicht für die Pfändbarkeit. Von der Pfändung der GmbH-Anteile ist ein eventueller **Abfindungsanspruch** im Falle der Kündigung des Gesellschafters oder einer Einziehung der Geschäftsanteile iSd § 34 GmbHG (BGH NJW 2000, 2819) mitumfasst. Das an den Geschäftsanteilen begründete Pfändungspfandrecht setzt sich am Abfindungsanspruch fort. Dieses Pfändungspfandrecht geht, weil es sofort entsteht, sogar einer früheren Pfändung des künftigen Abfindungsanspruchs durch einen anderen Gläubiger im Rang vor, weil diese Pfändung erst mit Entstehung des Abfindungsanspruchs entsteht (BGHZ 104, 351). Durch die Pfändung der Geschäftsanteile wird der Gläubiger nicht neuer Gesellschafter. Ansprüche des Schuldners gegen die GmbH auf Erteilung von Auskunft über deren Angelegenheiten und auf Gestattung der Einsicht in deren Bücher und Schriften gemäß § 51 a GmbHG sind nicht zusammen mit

der Geschäftsanteilspfändung mitgepfändet und sind auch nicht selbstständig pfändbar (BGH MDR 2013, 811).

[4] **Verwertung der GmbH-Anteile:** Eine Überweisung zur Einziehung nach §§ 857 Abs. 1, 835 Abs. 1, 836 Abs. 1 ermöglicht dem Gläubiger in aller Regel nicht die Verwertung der gepfändeten GmbH-Anteile. Denn meist ist die Kündigung der GmbH nicht gemäß § 60 Abs. 2 GmbHG im Gesellschaftsvertrag vorgesehen, so dass der Gläubiger nicht durch Kündigung die Auseinandersetzung auslösen kann. Die Verwertung der gepfändeten Geschäftsanteile erfolgt daher in der Regel nach §§ 857 Abs. 5, 844 Abs. 1 durch **öffentliche Versteigerung oder freihändigen Verkauf** (BGHZ 104, 351). Sinnvoll ist nur die Überweisung des Gewinnauszahlungsanspruchs zu Einziehung, weil es sich hierbei um eine gewöhnliche Geldforderung handelt.

D. Anteil an einer Personengesellschaft

I. Muster: Pfändung eines Anteils an einer Personengesellschaft

Siehe Muster zu § 859.

II. Erläuterungen

Siehe Erläuterungen zu § 859.

E. Anwartschaftsrecht – bewegliche Sache

I. Muster: Pfändung eines Anwartschaftsrechts an beweglichen Sachen

▶ Ausschnitt aus Seite 4 des Formulars zu § 829 ZPO[1]

Forderung aus Anspruch

☒ G   (an Vorbehaltsverkäufer)[2]

Ausschnitt aus Seite 6 des Formulars zu § 829 ZPO

☒ **Anspruch G**

(Hinweis: betrifft Anspruch an weitere Drittschuldner bzw schon aufgeführte Drittschuldner, soweit Platz unzureichend)

Anwartschaftsrecht des Schuldners auf Eigentumserwerb an der Sache ...,

welche der Schuldner unter Eigentumsvorbehalt erworben hat[3] und

auf Rückzahlung des bereits gezahlten Kaufpreises[4]

II. Erläuterungen

[1] Siehe oben Rn 2.

[2] Der **Vorbehaltsverkäufer** wird als **Drittschuldner** angesehen (BGH NJW 1954, 1325). Der Pfändungs- und Überweisungsbeschluss ist daher gemäß §§ 857 Abs. 1, 829 Abs. 3, 835 Abs. 3 S. 2 an den Vorbehaltsverkäufer als Drittschuldner zuzustel-

len. Zwar hat der Vorbehaltsverkäufer die Leistungshandlungen (Besitzübergabe und bedingte Übereignung) schon vorgenommen. Weil der Bedingungseintritt aber von der vollständigen Kaufpreiszahlung abhängt (§ 449 Abs. 1 BGB), muss der Vorbehaltsverkäufer noch zumindest durch Entgegennahme der Zahlung beim Eigentumsübergang mitwirken (vgl §§ 267 Abs. 2, 162 Abs. 1 BGB). Im Vorbehaltsverkäufer den Drittschuldner zu sehen, hat zudem für die Praxis den Vorteil, dass ihn die Obliegenheit zur Abgabe der Drittschuldnererklärung gemäß § 840 trifft. Ob der BGH auch in Zukunft den Vorbehaltsverkäufer als Drittschuldner ansehen wird, ist allerdings nicht sicher (offengelassen in BGHZ 49, 197). Daher sollte der Pfändungs- und Überweisungsbeschluss im Hinblick auf § 857 Abs. 2 sicherheitshalber auch dem Schuldner zugestellt werden.

20 [3] Das **Anwartschaftsrecht an einer beweglichen Sache** als solches nutzt einem vollstreckenden Gläubiger nicht viel, denn es gibt keinen Markt für Anwartschaftsrechte. Eigentliches Ziel des Gläubigers ist daher der Zugriff auf die Sache, auf dessen Erlangung das Anwartschaftsrecht gerichtet ist. Nach hM muss hierzu sowohl das Anwartschaftsrecht als auch die Sache gepfändet werden (**Doppelpfändung**). In welcher Reihenfolge, Anwartschaftsrecht und Sache gepfändet werden, ist an sich gleichgültig. Da es für den Rang allerdings wohl auf die Sachpfändung ankommt, sollte diese so schnell wie möglich durchgeführt werden (siehe Muster zu § 754). Der Sachpfändung nach §§ 808 ff kann der Vorbehaltsverkäufer nicht gemäß § 771 erfolgreich widersprechen, wenn der Gläubiger das Anwartschaftsrecht pfändet. Die Verwertung der Sache ist aber erst nach Zahlung des Restkaufpreises und Übergang des Eigentums auf den Schuldner zulässig. Um den Bedingungseintritt herbeizuführen, kann der Gläubiger selbst den Restkaufpreis an den Vorbehaltsverkäufer zahlen. Die Zahlung des Restkaufpreises durch den Gläubiger ist indes nur sinnvoll, wenn erwartet werden kann, dass der Erlös der Sache den Betrag der Restzahlung nebst Kosten überschreiten wird. Der Schuldner kann der Zahlung nicht nach § 267 Abs. 2 BGB widersprechen. Der Vorbehaltsverkäufer ist als Drittschuldner nach § 840 verpflichtet, die Höhe des Restkaufpreises mitzuteilen. Bei der Zahlung des Restkaufpreises handelt es sich für den Gläubiger um Kosten der Zwangsvollstreckung iSd § 788 Abs. 1. Die Verwertung der Sache erfolgt schließlich durch Versteigerung der Sache durch den Gerichtsvollzieher gemäß §§ 814 ff.

21 [4] Der Gläubiger muss mit der Möglichkeit rechnen, dass der Schuldner auch seine Verpflichtung zur Kaufpreiszahlung gegenüber dem Vorbehaltsverkäufer nicht eingehalten hat und dieser daraufhin vom Vertrag zurückgetreten ist. Für diesen Fall sollte der **Anspruch des Schuldners auf Rückzahlung** eventuell schon erbrachter Kaufpreisraten gemäß § 346 Abs. 1 BGB gepfändet werden.

F. Anwartschaftsrecht – Grundstück

22 **I. Muster: Pfändung eines Anwartschaftsrechts an einem Grundstück**

▶ Ausschnitt aus Seite 4 des Formulars zu § 829 ZPO[1]

Forderung aus Anspruch

☒ **G** (Anwartschaftsrecht an einem Grundstück)

Ausschnitt aus Seite 6 des Formulars zu § 829 ZPO

☒ **Anspruch G**

(Hinweis: betrifft Anspruch an weitere Drittschuldner bzw schon aufgeführte Drittschuldner, soweit Platz unzureichend)

Anwartschaftsrecht des Schuldners auf Eigentumserwerb am Grundstück

... straße Nr. ..., eingetragen im Grundbuch des Amtsgerichts ..., Band ...,

Blatt ..., das dem Schuldner laut Urkunde des Notars ..., Urkundsnummer

... am ... aufgelassen worden ist[2]

Ausschnitt aus Seite 8 des Formulars zu § 829 ZPO

~~Der Drittschuldner darf, soweit die Forderung gepfändet ist, an den Schuldner nicht mehr zahlen.~~ Der Schuldner darf insoweit nicht über die Forderung verfügen, sie insbesondere nicht einziehen.[3]

☒ **Zugleich wird dem Gläubiger die zuvor bezeichnete Forderung in Höhe des gepfändeten Betrages**
  ☒ **zur Einziehung überwiesen.**   ☐ an Zahlungs statt überwiesen.

II. Erläuterungen

[1] Siehe oben Rn 2.

[2] Nicht alle hier aufgeführten Angaben sind zur **Bezeichnung des Anwartschaftsrechts** erforderlich. Für die eindeutige Individualisierung des Anwartschaftsrechts genügt in aller Regel schon die eindeutige Nennung des Grundstücks. Ein pfändbares **Anwartschaftsrecht am Grundstück** besteht erst, wenn der Schuldner nach der Auflassung einen Antrag auf Eintragung beim Grundbuchamt gestellt hat oder für den Schuldner eine Auflassungsvormerkung eingetragen worden ist (BGHZ 106, 108). Mit dem Übergang des Eigentums auf den Schuldner erlangt der Gläubiger gemäß §§ 857 Abs. 1, 848 Abs. 2 S. 2 automatisch eine **Sicherungshypothek** (BGHZ 49, 197). Die Eintragung der Sicherungshypothek erfolgt im Wege der Grundbuchsberichtigung. Die weitere Vollstreckung richtet sich dann entsprechend § 848 Abs. 3 nach den Regeln der Immobiliarvollstreckung. Falls nicht sicher feststeht, ob schon ein Anwartschaftsrecht besteht, sollte sicherheitshalber auch der Übereignungsanspruch gepfändet werden (siehe Muster zu § 848).

[3] Bei einem Anwartschaftsrecht an einem Grundstück gibt es **keinen Drittschuldner** (BGHZ 49, 197). Denn durch die Auflassung hat der Verkäufer seine Pflichten aus dem Kaufvertrag schon erfüllt und seine Mitwirkung ist zur Entstehung des Vollrechts in keiner Weise erforderlich. Dementsprechend kann das Verbot an den Drittschuldner, nicht an den Schuldner zu leisten, gestrichen werden und es verbleibt nur das Gebot an den Schuldner, sich jeder Verfügung über das Anwartschaftsrecht zu enthalten. Da kein Drittschuldner vorhanden ist, wird die Pfändung gemäß § 857 Abs. 2 mit Zustellung an den Schuldner als Auflassungsempfänger wirksam

(BGHZ 49, 197). Es ist aber unschädlich, wenn das Drittschuldnerverbot nicht ausgestrichen und der Pfändungs- und Überweisungsbeschluss überflüssigerweise auch an den Grundstücksverkäufer zugestellt wird.

G. Grundbuchberichtigungsanspruch

I. Muster: Pfändung des Grundbuchberichtigungsanspruchs

▶ Ausschnitt aus Seite 4 des Formulars zu § 829 ZPO[1]

Forderung aus Anspruch
☒ G   (an Bucheigentümer)[2]

Ausschnitt aus Seite 6 des Formulars zu § 829 ZPO

☒ **Anspruch G**
(Hinweis: betrifft Anspruch an weitere Drittschuldner bzw schon aufgeführte Drittschuldner, soweit Platz unzureichend)
auf Zustimmung zur Berichtigung des Grundbuchs von ..., Blatt ... durch Eintragung des Schuldners als Eigentümer des Grundstücks ...straße Nr. ... in ...[3]

Ausschnitt aus Seite 8 des Formulars zu § 829 ZPO

~~Der Drittschuldner darf, soweit die Forderung gepfändet ist, an den Schuldner nicht mehr zahlen.~~ Der Schuldner darf insoweit nicht über die Forderung verfügen, ~~sie insbesondere~~ nicht einziehen als dies zum Nachteil des Gläubigers geht.[4]
☒ Zugleich wird dem Gläubiger die zuvor bezeichnete Forderung in Höhe des gepfändeten Betrages
☒ zur Einziehung überwiesen.[4]   ☐ an Zahlungs statt überwiesen.

II. Erläuterungen

[1] Siehe oben Rn 2.

[2] Drittschuldner ist der zu Unrecht im Grundbuch Eingetragene (= Bucheigentümer).

[3] Der **Anspruch auf Berichtigung des Grundbuchs** aus § 894 BGB steht zwar immer dem wahren Berechtigten zu und kann nicht isoliert übertragen werden, so dass der Anspruch an sich gemäß § 851 Abs. 1 unpfändbar sein müsste. Nach § 857 Abs. 2 ist der Berichtigungsanspruch aber insoweit der Pfändung unterworfen als er einem anderen zur Ausübung überlassen werden kann. Der Gläubiger kann zwar nur die Eintragung des Schuldners im Grundbuch erreichen, wenn das Grundbuch zum Nachteil des Schuldners unrichtig ist. An der Eintragung des Schuldners im Grundbuch hat der Gläubiger aber dann ein Interesse, wenn er eine Immobiliarvollstreckung gegen den Schuldner durchführen will, die dessen Eintragung voraussetzt.

[4] Dem Schuldner werden gemäß §§ 857 Abs. 1, 829 Abs. 1 S. 2 alle Verfügungen 30
über dem Berichtigungsanspruch untersagt, welche die Ausübung durch den Gläubiger erschweren oder unmöglich machen könnten. Das Gebot an den Drittschuldner gemäß §§ 857 Abs. 1, 829 Abs. 1 S. 1, nicht an den Schuldner zu leisten, wäre dagegen unsinnig und unterbleibt, weil die Eintragung des Schuldners gerade vom Gläubiger angestrebt wird. Zum Formzwang und der Zulässigkeit von Anpassungen in Ausnahmefällen siehe § 829 Rn 3 ff

H. Grundschuld, Reallast, Rentenschuld

I. Muster: Pfändung in eine Grundschuld, Reallast oder Rentenschuld, § 857 Abs. 6

Siehe Muster zu § 830. 31

II. Erläuterungen

Nach § 857 Abs. 6 gelten für die Vollstreckung in eine **Grundschuld**, **Reallast** oder 32
eine **Rentenschuld** die Vorschriften des § 830 über die Vollstreckung in eine Forderung, für die eine Hypothek besteht, entsprechend (siehe § 830). Nach hM erfolgt auch Pfändung einer **Eigentümergrundschuld** (§ 1196 BGB, §§ 1163 Abs. 1, 1177 Abs. 1 BGB) gemäß §§ 857 Abs. 6, 830 durch Pfändungsbeschluss und Briefübergabe oder Eintragung ins Grundbuch (BGH NJW 1961, 601).

I. Nießbrauch

I. Muster: Pfändung des Nießbrauchs 33

▶ Ausschnitt aus Seite 4 des Formulars zu § 829 ZPO[1]

Forderung aus Anspruch
☒ **G** (an Grundstückeigentümers)

Ausschnitt aus Seite 6 des Formulars zu § 829 ZPO

☒ **Anspruch G**
(Hinweis: betrifft Anspruch an weitere Drittschuldner bzw schon aufgeführte Drittschuldner, soweit Platz unzureichend)
Nießbrauch des Schuldners, eingetragen im Grundbuch des Amtsgerichts ..., Band ... Blatt ... in Abt. II unter lfd. Nr. ..., an dem Grundstück ...straße Nr. ... in ... des Eigentümers ...[2]

Ausschnitt aus Seite 8 des Formulars zu § 829 ZPO

☒ **Sonstige Anordnungen**
Zur Ausübung des Nießbrauchs wird die Verwaltung angeordnet und ... zum Verwalter bestimmt. Der Verwalter hat den Nießbrauch entgeltlich an Dritte zu überlassen bis der Gläubiger durch die

> Einkünfte befriedigt ist. Der Verwalter wird ermächtigt,
> sich selbst den Besitz an dem durch den gepfändeten Nießbrauch
> belasteten Grundstück zu verschaffen.[3]

Ausschnitt aus Seite 8 des Formulars zu § 829 ZPO

> Der Drittschuldner darf, soweit die Forderung gepfändet ist, an den Schuldner nicht mehr zahlen. Der Schuldner darf insoweit nicht über die Forderung verfügen, sie insbesondere nicht einziehen.
> ☒ **Zugleich wird dem Gläubiger die zuvor bezeichnete Forderung in Höhe des gepfändeten Betrages**
>   ☒ **zur Einziehung überwiesen.**[3]   ☐ an Zahlungs statt überwiesen.

II. Erläuterungen

34 [1] Siehe oben Rn 2.

35 [2] Der **Nießbrauch** ist zwar gemäß § 1059 S. 1 BGB nicht übertragbar und damit gemäß § 851 Abs. 1 an sich unpfändbar. Da der Nießbrauch aber nach § 1059 S. 2 BGB einem anderen zur Ausübung überlassen werden kann, ist er gemäß § 857 Abs. 3 insoweit auch der Pfändung unterworfen. Ein vertraglicher Ausschluss der Überlassung des Nießbrauchs zur Ausübung steht der Pfändung nach § 851 Abs. 2 nicht entgegen (BGHZ 95, 99). Gegenstand der Pfändung ist der Nießbrauch selbst und nicht ein obligatorischer Anspruch auf seine Ausübung. Der Schuldner kann deshalb nach der Pfändung den Nießbrauch nicht ohne Zustimmung des Gläubigers wirksam aufheben (BGHZ 62, 133). Die Pfändung eines Grundstücksnießbrauchs bedarf nicht der Eintragung im Grundbuch (BGHZ 62, 133).

36 [3] Weil der Nießbrauch gemäß § 1059 S. 1 BGB nicht übertragbar ist und nur zur Ausübung überlassen werden kann, scheidet eine Verwertung durch Veräußerung aus. Das Vollstreckungsgericht kann aber zur Vollstreckung in den Nießbrauch gemäß § 857 Abs. 4 eine Verwaltung des Grundstücks anordnen, die an die Vorschriften zur Zwangsverwaltung in §§ 146 ff ZVG anzulehnen ist (BGH NJW 2011, 1009). Der Verwalter sollte nach Maßgabe der Regelung in § 150 Abs. 2 ZVG zugleich ermächtigt werden, sich den Besitz des mit dem Nießbrauch belasteten Grundstücks zu verschaffen, wobei der Beschluss Vollstreckungstitel gemäß § 794 Abs. 1 Nr. 3 ist und notfalls mithilfe des Gerichtsvollziehers durchgesetzt werden kann (BGH NJW 2011, 1009).

J. Patente, Marken, Gebrauchsmuster

37 **I. Muster: Pfändung von Patenten, Marken, Gebrauchsmustern etc.**

▶ Ausschnitt aus Seite 4 des Formulars zu § 829 ZPO[1]

> Forderung aus Anspruch
>
> ☒ G   (Patent)

Ausschnitt aus Seite 6 des Formulars zu § 829 ZPO

☒ **Anspruch G**
(Hinweis: betrifft Anspruch an weitere Drittschuldner bzw schon aufgeführte Drittschuldner, soweit Platz unzureichend)

Patent des Schuldners, eingetragen unter Nr. ... beim Deutschen

Patentamt, betreffend ... [2]

Ausschnitte aus Seite 8 des Formulars zu § 829 ZPO

☒ **Es wird angeordnet, dass**

☒ der Schuldner alle das Patent betreffenden Unterlagen, insbesondere die Patenturkunde, an den Gläubiger herauszugeben hat [3]

☒ **Sonstige Anordnungen**

Es wird die Verwertung des Patents durch öffentliche Versteigerung durch einen vom Gläubiger zu beauftragenden Gerichtsvollzieher angeordnet. [4]

Ausschnitt aus Seite 8 des Formulars zu § 829 ZPO

~~Der Drittschuldner darf, soweit die Forderung gepfändet ist, an den Schuldner nicht mehr~~ zahlen. Der Schuldner darf insoweit nicht über die Forderung verfügen, sie insbesondere ~~nicht einziehen.~~ [5]

☒ **Zugleich wird dem Gläubiger die zuvor bezeichnete Forderung in Höhe des gepfändeten Betrages**
  ☒ **zur Einziehung überwiesen.**   ☐ an Zahlungs statt überwiesen.

II. Erläuterungen und Varianten

[1] Siehe oben Rn 2.

[2] Das Recht auf Erteilung des Patents und das Recht aus dem **Patent** sind gemäß § 15 Abs. 1 PatG übertragbar und damit nach § 851 Abs. 1 pfändbar (BGHZ 125, 334). Bereits erteilte Lizenzen bleiben gemäß § 15 Abs. 3 PatG gültig.

[3] Zur Vorbereitung einer Hilfsvollstreckung nach § 836 Abs. 3 sollte die **Herausgabe der Patenturkunde** angeordnet werden.

[4] Zur **Verwertung des Patents** kann gemäß §§ 844 Abs. 1, 857 Abs. 5 der freihändige Verkauf oder die Versteigerung angeordnet werden. Möglich ist gemäß §§ 844 Abs. 1, 857 Abs. 4 auch die Anordnung der **Verwaltung**:

▶ Es wird die Verwaltung des Patents angeordnet und ... zum Verwalter bestimmt. Der Verwalter hat entgeltlich Lizenzen an Dritte zu vergeben bis der Gläubiger durch die Einkünfte befriedigt ist. Der Verwalter wird ermächtigt, sich selbst den Besitz der Patenturkunde zu verschaffen. ◄

42 In Betracht kommt ferner die **Verwertung durch Lizenzerteilungen** durch den Gläubiger:

▶ Es wird die Erteilung der ausschließlichen, für das Gebiet der Bundesrepublik Deutschland geltenden Lizenz an den Gläubiger mit der Befugnis zur Erteilung von Unterlizenzen angeordnet bis der Gläubiger durch die Einkünfte befriedigt ist. ◄

43 **[5]** Da es sich um ein drittschuldnerloses Vermögensrecht handelt, ist das Drittschuldnerverbot (Arrestatorium) zu streichen. Die Pfändung wird gemäß § 857 Abs. 2 durch Zustellung an den Schuldner wirksam. Der Schuldner darf nicht länger über das Patent verfügen. Er darf das Patent weder nach § 15 Abs. 1 PatG übertragen noch gemäß § 15 Abs. 2 PatG neue Lizenzen erteilen. Der Schuldner bleibt aber Patentinhaber und bis zur Pfandverwertung kann ihm nicht die Eigennutzung des Patents untersagt werden (BGHZ 125, 334).

§ 858 Zwangsvollstreckung in Schiffspart

(1) Für die Zwangsvollstreckung in die Schiffspart (§§ 489 ff. des Handelsgesetzbuchs) gilt § 857 mit folgenden Abweichungen.
(2) Als Vollstreckungsgericht ist das Amtsgericht zuständig, bei dem das Register für das Schiff geführt wird.
(3) ¹Die Pfändung bedarf der Eintragung in das Schiffsregister; die Eintragung erfolgt auf Grund des Pfändungsbeschlusses. ²Der Pfändungsbeschluss soll dem Korrespondentreeder zugestellt werden; wird der Beschluss diesem vor der Eintragung zugestellt, so gilt die Pfändung ihm gegenüber mit der Zustellung als bewirkt.
(4) ¹Verwertet wird die gepfändete Schiffspart im Wege der Veräußerung. ²Dem Antrag auf Anordnung der Veräußerung ist ein Auszug aus dem Schiffsregister beizufügen, der alle das Schiff und die Schiffspart betreffenden Eintragungen enthält; der Auszug darf nicht älter als eine Woche sein.
(5) ¹Ergibt der Auszug aus dem Schiffsregister, dass die Schiffspart mit einem Pfandrecht belastet ist, das einem andern als dem betreibenden Gläubiger zusteht, so ist die Hinterlegung des Erlöses anzuordnen. ²Der Erlös wird in diesem Fall nach den Vorschriften der §§ 873 bis 882 verteilt; Forderungen, für die ein Pfandrecht an der Schiffspart eingetragen ist, sind nach dem Inhalt des Schiffsregisters in den Teilungsplan aufzunehmen.

A. Muster: Pfändung einer Schiffspart
B. Erläuterungen
   [1] Antrag und Beschlussentwurf 2
   [2] Schiffspart 3
   [3] Verwertung 4
   [4] Drittschuldnerloser Vermögensgegenstand 5

A. Muster: Pfändung einer Schiffspart

▶ ...[1]

wird die angebliche Schiffspart des Schuldners am Vermögen der Reederei mit dem gemeinschaftlichen Schiff ..., eingetragen im Schiffsregister des Amtsgericht ..., Band ..., Blatt ..., gepfändet.[2]

Der Schuldner hat sich jeder Verfügung über die gepfändete Schiffspart einschließlich des Anspruchs auf Auszahlung der Gewinnanteile zu enthalten.

Zugleich wird die Verwertung der gepfändeten Schiffspart durch öffentliche Versteigerung durch einen vom Gläubiger zu beauftragenden Gerichtsvollzieher angeordnet.[3] Der mitgepfändete Anspruch auf fortlaufende Auszahlung der Gewinnanteile wird dem Gläubiger zur Einziehung überwiesen. ◀

▶ Ausschnitt aus Seite 4 des Formulars zu § 829 ZPO[1]

Forderung aus Anspruch
☒ G (Schiffspart)

Ausschnitt aus Seite 6 des Formulars zu § 829 ZPO

☒ **Anspruch G**
(Hinweis: betrifft Anspruch an weitere Drittschuldner bzw schon aufgeführte Drittschuldner, soweit Platz unzureichend)
Schiffspart des Schuldners am Vermögen der Reederei mit dem gemeinschaftlichen Schiff ..., eingetragen im Schiffsregister des Amtsgerichts ..., Band ..., Blatt ...[2]

Ausschnitt aus Seite 8 des Formulars zu § 829 ZPO

☒ **Sonstige Anordnungen**
Es wird angeordnet, dass die gepfändeten Schiffspart im Wege der Versteigerung durch einen vom Gläubiger zu beauftragenden Gerichtsvollzieher zu verwerten ist[3]

Ausschnitt aus Seite 8 des Formulars zu § 829 ZPO

~~Der Drittschuldner darf, soweit die Forderung gepfändet ist, an den Schuldner nicht mehr~~ zahlen. Der Schuldner darf insoweit nicht über die Forderung verfügen, sie insbesondere ~~nicht einziehen~~.[4]
☒ **Zugleich wird dem Gläubiger die zuvor bezeichnete Forderung in Höhe des gepfändeten Betrages**
☒ **zur Einziehung überwiesen.** ☐ an Zahlungs statt überwiesen.

B. Erläuterungen

2 [1] Antrag und Beschlussentwurf werden mit Ausnahme der nachfolgenden Besonderheit wie im Muster zu § 829 gefasst. Die §§ 829 ff gelten gemäß §§ 857 Abs. 1, 858 Abs. 1 ZPO entsprechend, soweit die § 858 Abs. 2 bis 5 keine abweichenden Regelungen enthalten. Zu beachten ist, dass nach § 858 Abs. 2 als Vollstreckungsgericht das Amtsgericht **zuständig**, in dessen Register das zu pfändende Schiff geführt wird.

3 [2] **Schiffspart** ist der Eigentumsanteil eines Mitreeders an einem Seeschiff (§ 491 Abs. 1 HGB). Sie ist gemäß § 503 Abs. 1 HGB übertragbar und mithin gemäß § 851 Abs. 1 pfändbar. Der Anspruch aus § 502 HGB auf Beteiligung am Gewinn entsprechend der Größe der Schiffspart wird von der Pfändung der Schiffspart miterfasst (Zöller/*Stöber* § 859 ZPO Rn 3). Die Pfändung wird gemäß § 858 Abs. 3 S. 1 mit **Eintragung ins Schiffsregister** wirksam.

4 [3] Die **Verwertung** der Schiffspart ist gemäß § 858 Abs. 4 S. 1 nur **durch Veräußerung** zulässig. Angeordnet werden können die Versteigerung durch einen Gerichtsvollzieher und der freihändige Verkauf. Dies kann schon im Pfändungsbeschluss erfolgen. Zu diesem Zwecke ist dem Pfändungsantrag nach § 858 Abs. 4 S. 2 ein Auszug aus dem Schiffsregister beizufügen, der nicht älter als eine Woche sein darf.

5 [4] Weil zur Veräußerung der Schiffspart keinerlei Mitwirkung der Mitreeder erforderlich ist (§ 503 Abs. 1 S. 1 HGB), sind die **Mitreeder nicht Drittschuldner**. Das Drittschuldnerverbot (Arrestatorium) sollte daher durchgestrichen werden. Zur Möglichkeit von Anpassungen trotz Formularzwangs siehe § 829. Das ändert aber nichts daran, dass die Pfändung dem Korrespondentreeder als dem Vertreter der Reederei (§ 492 HGB) zugestellt werden muss. Die Pfändung gilt gemäß § 858 Abs. 3 S. 2 bereits mit Zustellung an ihn als bewirkt, selbst wenn die Eintragung erst später erfolgt. Der Pfändungsbeschluss sollte neben einem eventuell Korrespondentreeder, auch allen Mitreedern und natürlich dem Schuldner zugestellt werden.

§ 859 Pfändung von Gesamthandanteilen

(1) ¹Der Anteil eines Gesellschafters an dem Gesellschaftsvermögen einer nach § 705 des Bürgerlichen Gesetzbuchs eingegangenen Gesellschaft ist der Pfändung unterworfen. ²Der Anteil eines Gesellschafters an den einzelnen zu dem Gesellschaftsvermögen gehörenden Gegenständen ist der Pfändung nicht unterworfen.

(2) Die gleichen Vorschriften gelten für den Anteil eines Miterben an dem Nachlass und an den einzelnen Nachlassgegenständen.

A. Personengesellschaftsanteil
   I. Muster: Pfändung eines Anteils an einer Personengesellschaft
   II. Erläuterungen und Varianten
      [1] Ausfüllen der allgemeinen Bestandteile 2
      [2] GbR als Drittschuldner 3
      [3] Umfang der Pfändung 4
      [4] Unzulässigkeit der Überweisung an Zahlungs statt 6
B. Miterbenanteil
   I. Muster: Pfändung eines Miterbenanteils
   II. Erläuterungen
      [1] Ausfüllen der allgemeinen Bestandteile 8
      [2] Miterben als Drittschuldner 9
      [3] Möglichkeit der Ausschlagung durch den Schuldner 10
      [4] Unzulässigkeit der Überweisung an Zahlungs statt 11

A. Personengesellschaftsanteil

I. Muster: Pfändung eines Anteils an einer Personengesellschaft

▶ Ausschnitt aus Seite 4 des Formulars zu § 829 ZPO[1]

Forderung aus Anspruch
☒ G (an GbR) [2]

Ausschnitt aus Seite 6 des Formulars zu § 829 ZPO

☒ **Anspruch G**

(Hinweis: betrifft Anspruch an weitere Drittschuldner bzw schon aufgeführte Drittschuldner, soweit Platz unzureichend)

Gesellschaftsanteil des Schuldners an der ... GbR einschließlich aller

Ansprüche auf Zahlung des Gewinnanteils und des Auseinandersetzungs-

guthabens und einer etwaigen Geschäftsführungsvergütung [3]

Ausschnitt aus Seite 8 des Formulars zu § 829 ZPO

Der Drittschuldner darf, soweit die Forderung gepfändet ist, an den Schuldner nicht mehr zahlen. Der Schuldner darf insoweit nicht über die Forderung verfügen, sie insbesondere nicht einziehen.
☒ **Zugleich wird dem Gläubiger die zuvor bezeichnete Forderung in Höhe des gepfändeten Betrages**
  ☒ **zur Einziehung überwiesen.**[4]   ☐ an Zahlungs statt überwiesen.

II. Erläuterungen und Varianten

[1] Antrag und Entwurf des Pfändungs- und Überweisungsbeschluss werden mit Ausnahme der nachfolgenden Besonderheit wie im Muster zu § 829 gefasst. Die §§ 829 ff gelten gemäß § 857 Abs. 1 entsprechend.

[2] **Drittschuldner** ist bei die GbR selbst (BGHZ 97, 392). Dies muss erst Recht nach Anerkennung der Rechtsfähigkeit einer GbR als Außengesellschaft gelten (BGHZ 146, 341). Hat die Gesellschaft einen Geschäftsführer, so genügt gemäß § 170 Abs. 1 die Zustellung an diesen, sofern es sich bei dem Geschäftsführer nicht um den Schuldner handelt. Bei mehreren Geschäftsführern genügt gemäß § 170 Abs. 3 die Zustellung an einen (BGH NJW 2007, 995). Ist kein Geschäftsführer vorhanden oder jedenfalls nicht bekannt, bleibt nur die Zustellung an alle Drittschuldner.

[3] Wenn die GbR einen eindeutigen und feststehenden **Namen** hat, kann dieser zur Bezeichnung der Gesellschaft verwandt werden. Anderenfalls wird die Gesellschaft durch Auflistung aller Gesellschafter benannt:

▶ Gesellschaftsanteil des Schuldners an der zwischen ihm und den ... [Namen und Anschriften aller Gesellschafter] bestehenden Gesellschaft bürgerlichen Rechts, ◀

5 § 859 Abs. 1 S. 1 erklärt den Gesellschaftsanteil einer GbR für pfändbar. Hierbei handelt es sich um eine Ausnahme zu § 851 Abs. 1, denn gemäß § 719 Abs. 1 BGB ist der Gesellschaftsanteil als solche ohne Zustimmung der übrigen Gesellschafter nicht übertragbar und damit eigentlich nicht pfändbar. Die Vorschrift des § 859 Abs. 1 gilt entsprechend für andere Personengesellschaften (OHG, KG, Partnergesellschaft, EWIV). Die **Pfändung des Gesellschaftsanteils** nach §§ 857 Abs. 1, 829 erfasst alle Vermögensrechte, die sich aus dem Geschäftsanteil ergeben und damit insbesondere den Anspruch auf Auszahlung der Gewinnanteile und des Auseinandersetzungsguthabens (BGHZ 116, 222). Die Aufführung dieser Ansprüche im Pfändungs- und Überweisungsbeschluss hat nur klarstellende Bedeutung und kann auch weggelassen werden. Die Ansprüche auf Auszahlung der Gewinnanteile, des Auseinandersetzungsguthabens und einer eventuellen Geschäftsführervergütung können zwar, da sie gemäß § 717 BGB einzeln übertragbar sind, auch ohne den Geschäftsanteil gepfändet werden. Empfehlenswert ist das allerdings nicht, weil der Schuldner dann durch Verfügung über seinen Geschäftsanteil mit Zustimmung der übrigen Gesellschafter allen künftigen Ansprüchen aus dem Geschäftsanteil die Grundlage entziehen könnte. Dass der Gläubiger aufgrund der Pfändung des Geschäftsanteils die Gesellschaft kündigen kann, bestimmt § 725 Abs. 1 BGB ausdrücklich, so dass die Erwähnung der Pfändung des **Kündigungsrechts** überflüssig ist. Die Kündigung ist nach § 725 Abs. 1 BGB nur zulässig, wenn der Vollstreckungstitel rechtskräftig ist, weil es sich um einen nicht mehr rückgängig machbaren Eingriff in den Bestand der Gesellschaft handelt (*Brox/Walker* ZVR Rn 775). Die Kündigung ist gegenüber allen Gesellschaftern auszusprechen. Der Gläubiger wird durch Pfändung des Geschäftsanteils nicht neuer Gesellschafter und kann insbesondere keine Verwaltungs-, Auskunfts- oder Kontrollrechte eines Gesellschafters ausüben (BGHZ 116, 222). Den übrigen Gesellschafter soll nicht im Wege der Zwangsvollstreckung ein neuer Gesellschafter aufgezwungen werden können (*Brox/Walker* aaO). Diese können auch nach der Pfändung des Gesellschaftsanteils des Schuldners ohne die Zustimmung des Gläubigers über Vermögensgegenstände der Gesellschaft verfügen (OLG Stuttgart InVo 2000, 396). Solange die Gesellschaft besteht, kann der Gläubiger daher gemäß § 725 Abs. 2 BGB nur den Anspruch auf Gewinnanteile geltend machen und durch Kündigung gemäß § 725 Abs. 1 BGB die Abwicklung der Gesellschaft oder zumindest das Ausscheiden des Schuldners gegen eine Abfindung aus der Gesellschaft herbeiführen.

6 [4] Weil der wegen einer Geldforderung vollstreckende Gläubiger nicht in die Stellung als Mitgesellschafter oder Miterbe einrücken darf, ist die Überweisung an Zahlungs statt unzulässig. Zulässig ist nur die Überweisung zur Einziehung.

B. Miterbenanteil

7 **I. Muster: Pfändung eines Miterbenanteils**

▶ Ausschnitt aus Seite 4 des Formulars zu § 829 ZPO[1]

Forderung aus Anspruch
☒ G   (an Miterben des Schuldners)[2]

Ausschnitt aus Seite 6 des Formulars zu § 829 ZPO

> ☒ **Anspruch G**
> (Hinweis: betrifft Anspruch an weitere Drittschuldner bzw schon aufgeführte Drittschuldner, soweit Platz unzureichend)
> Miterbenanteil des Schuldners am Nachlass des am ... in ... verstorbenen
> Erblasser ... und die sich hieraus ergebenden Ansprüche

II. Erläuterungen

[1] Siehe oben Rn 2. 8

[2] **Drittschuldner** sind die übrigen Miterben (OLG Frankfurt RPfleger 1979, 205). 9
Ein Nachlasspfleger für einen unbekannten Erben ist ebenfalls Drittschuldner. Ist ein Testamentsvollstrecker vorhanden, so ist nur dieser Drittschuldner (Zöller/*Stöber* § 859 Rn 16).

[3] Die Erbenstellung des Schuldners bleibt von der Pfändung unberührt. Der 10 Schuldner kann daher das **Erbe ausschlagen** und dadurch die Pfändung gegenstandslos machen (*Brox/Walker* ZVR Rn 786). Ohne Zustimmung des Gläubigers können die Miterben weder den Nachlass gemäß § 2042 BGB auseinandersetzen, noch gemäß § 2040 Abs. 1 BGB gemeinschaftlich über einzelne Nachlassgegenstände verfügen (BGH NJW 1968, 2059).

[4] Siehe oben Rn 6. 11

§ 860 Pfändung von Gesamtgutanteilen

(1) ¹Bei dem Güterstand der Gütergemeinschaft ist der Anteil eines Ehegatten an dem Gesamtgut und an den einzelnen dazu gehörenden Gegenständen der Pfändung nicht unterworfen. ²Das Gleiche gilt bei der fortgesetzten Gütergemeinschaft von den Anteilen des überlebenden Ehegatten und der Abkömmlinge.

(2) Nach der Beendigung der Gemeinschaft ist der Anteil an dem Gesamtgut zugunsten der Gläubiger des Anteilsberechtigten der Pfändung unterworfen.

A. Muster: Pfändung eines Anteils an einer beendeten Gütergemeinschaft	[2] Beendigungsgründe	3
B. Erläuterungen	[3] Beendigung der Gütergemeinschaft	4
[1] Ausfüllen der allgemeinen Bestandteile ... 2	[4] Unzulässigkeit der Überweisung an Zahlungs statt	5

A. Muster: Pfändung eines Anteils an einer beendeten Gütergemeinschaft 1

▶ Ausschnitt aus Seite 4 des Formulars zu § 829 ZPO[1]

Forderung aus Anspruch

☒ G (an früheren Ehefrau des Schuldners)[2]

Ausschnitt aus Seite 6 des Formulars zu § 829 ZPO

> ☒ **Anspruch G**
> (Hinweis: betrifft Anspruch an weitere Drittschuldner bzw schon aufgeführte Drittschuldner, soweit Platz unzureichend)
> Anteil des Schuldners an dem Gesamtgut der durch ...[2] beendeten Gütergemeinschaft, die zwischen dem Schuldner und seiner früheren Ehefrau

B. Erläuterungen

2 [1] Antrag und Entwurf des Pfändungs- und Überweisungsbeschluss werden mit Ausnahme der nachfolgenden Besonderheit wie im Muster zu § 829 gefasst. Die §§ 829 ff gelten gemäß § 857 Abs. 1 entsprechend.

3 [2] Falls die Gütergemeinschaft nicht durch Tod des Ehegatten beendet worden ist, so ist der Ehegatte **Drittschuldner**. Anderenfalls sind die Erben des Ehegatten Drittschuldner. Die Bedeutung dieser Vollstreckungsmöglichkeit ist äußerst gering, weil die Gütergemeinschaft zwischen Ehegatten in Praxis kaum je vereinbart wird und die Ehegatten meist in einer Zugewinngemeinschaft leben. Zur Pfändung des Anspruchs auf Zugewinnausgleich siehe Muster zu § 852.

4 [3] Als Beendigungsgründe kommen der Tod eines Ehegatten, ein Wechsel des Güterstandes durch einen Ehevertrag oder eine rechtskräftige Scheidung in Betracht.

5 [4] Weil der wegen einer Geldforderung vollstreckende Gläubiger nicht in die Gütergemeinschaft einrücken darf, ist die Überweisung an Zahlungs statt unzulässig. Zulässig ist nur die Überweisung zur Einziehung.

§§ 861 und 862 (weggefallen)

§ 863 Pfändungsbeschränkungen bei Erbschaftsnutzungen

(1) [1]Ist der Schuldner als Erbe nach § 2338 des Bürgerlichen Gesetzbuchs durch die Einsetzung eines Nacherben beschränkt, so sind die Nutzungen der Erbschaft der Pfändung nicht unterworfen, soweit sie zur Erfüllung der dem Schuldner seinem Ehegatten, seinem früheren Ehegatten, seinem Lebenspartner, einem früheren Lebenspartner oder seinen Verwandten gegenüber gesetzlich obliegenden Unterhaltspflicht und zur Bestreitung seines standesmäßigen Unterhalts erforderlich sind. [2]Das Gleiche gilt, wenn der Schuldner nach § 2338 des Bürgerlichen Gesetzbuchs durch die Ernennung eines Testamentsvollstreckers beschränkt ist, für seinen Anspruch auf den jährlichen Reinertrag.

(2) Die Pfändung ist unbeschränkt zulässig, wenn der Anspruch eines Nachlassgläubigers oder ein auch dem Nacherben oder dem Testamentsvollstrecker gegenüber wirksames Recht geltend gemacht wird.

(3) Diese Vorschriften gelten entsprechend, wenn der Anteil eines Abkömmlings an dem Gesamtgut der fortgesetzten Gütergemeinschaft nach § 1513 Abs. 2 des Bürgerlichen Gesetzbuchs einer Beschränkung der im Absatz 1 bezeichneten Art unterliegt.

Titel 3 Zwangsvollstreckung in das unbewegliche Vermögen

§ 864 Gegenstand der Immobiliarvollstreckung

(1) Der Zwangsvollstreckung in das unbewegliche Vermögen unterliegen außer den Grundstücken die Berechtigungen, für welche die sich auf Grundstücke beziehenden Vorschriften gelten, die im Schiffsregister eingetragenen Schiffe und die Schiffsbauwerke, die im Schiffsbauregister eingetragen sind oder in dieses Register eingetragen werden können.

(2) Die Zwangsvollstreckung in den Bruchteil eines Grundstücks, einer Berechtigung der im Absatz 1 bezeichneten Art oder eines Schiffes oder Schiffsbauwerks ist nur zulässig, wenn der Bruchteil in dem Anteil eines Miteigentümers besteht oder wenn sich der Anspruch des Gläubigers auf ein Recht gründet, mit dem der Bruchteil als solcher belastet ist.

§ 865 Verhältnis zur Mobiliarvollstreckung

(1) Die Zwangsvollstreckung in das unbewegliche Vermögen umfasst auch die Gegenstände, auf die sich bei Grundstücken und Berechtigungen die Hypothek, bei Schiffen oder Schiffsbauwerken die Schiffshypothek erstreckt.

(2) ¹Diese Gegenstände können, soweit sie Zubehör sind, nicht gepfändet werden. ²Im Übrigen unterliegen sie der Zwangsvollstreckung in das bewegliche Vermögen, solange nicht ihre Beschlagnahme im Wege der Zwangsvollstreckung in das unbewegliche Vermögen erfolgt ist.

§ 866 Arten der Vollstreckung

(1) Die Zwangsvollstreckung in ein Grundstück erfolgt durch Eintragung einer Sicherungshypothek für die Forderung, durch Zwangsversteigerung und durch Zwangsverwaltung.

(2) Der Gläubiger kann verlangen, dass eine dieser Maßregeln allein oder neben den übrigen ausgeführt werde.

(3) ¹Eine Sicherungshypothek (Absatz 1) darf nur für einen Betrag von mehr als 750 Euro eingetragen werden; Zinsen bleiben dabei unberücksichtigt, soweit sie als Nebenforderung geltend gemacht sind. ²Auf Grund mehrerer demselben Gläubiger zustehender Schuldtitel kann eine einheitliche Sicherungshypothek eingetragen werden.

§ 867 Zwangshypothek

(1) ¹Die Sicherungshypothek wird auf Antrag des Gläubigers in das Grundbuch eingetragen; die Eintragung ist auf dem vollstreckbaren Titel zu vermerken. ²Mit der Eintragung entsteht die Hypothek. ³Das Grundstück haftet auch für die dem Schuldner zur Last fallenden Kosten der Eintragung.

§ 870

(2) ¹Sollen mehrere Grundstücke des Schuldners mit der Hypothek belastet werden, so ist der Betrag der Forderung auf die einzelnen Grundstücke zu verteilen. ²Die Größe der Teile bestimmt der Gläubiger; für die Teile gilt § 866 Abs. 3 Satz 1 entsprechend.

(3) Zur Befriedigung aus dem Grundstück durch Zwangsversteigerung genügt der vollstreckbare Titel, auf dem die Eintragung vermerkt ist.

§ 868 Erwerb der Zwangshypothek durch den Eigentümer

(1) Wird durch eine vollstreckbare Entscheidung die zu vollstreckende Entscheidung oder ihre vorläufige Vollstreckbarkeit aufgehoben oder die Zwangsvollstreckung für unzulässig erklärt oder deren Einstellung angeordnet, so erwirbt der Eigentümer des Grundstücks die Hypothek.

(2) Das Gleiche gilt, wenn durch eine gerichtliche Entscheidung die einstweilige Einstellung der Vollstreckung und zugleich die Aufhebung der erfolgten Vollstreckungsmaßregeln angeordnet wird oder wenn die zur Abwendung der Vollstreckung nachgelassene Sicherheitsleistung oder Hinterlegung erfolgt.

§ 869 Zwangsversteigerung und Zwangsverwaltung

Die Zwangsversteigerung und die Zwangsverwaltung werden durch ein besonderes Gesetz geregelt.

§ 870 Grundstücksgleiche Rechte

Auf die Zwangsvollstreckung in eine Berechtigung, für welche die sich auf Grundstücke beziehenden Vorschriften gelten, sind die Vorschriften über die Zwangsvollstreckung in Grundstücke entsprechend anzuwenden.

A. Muster: Antrag auf Eintragung einer Zwangshypothek	[3] Gegenstände der Immobiliarvollstreckung 23
B. Erläuterungen und Varianten	[4] Verhältnis zur Mobiliarvollstreckung 28
[1] Arten der Immobiliarvollstreckung 2	
[2] Zwangssicherungshypothek 6	

1 A. Muster: Antrag auf Eintragung einer Zwangshypothek

▶ An das

Amtsgericht ▬▬▬

– Grundbuchamt –

Antrag auf Eintragung einer Zwangshypothek

In der Vollstreckungssache[1]

▬▬▬ ./. ▬▬▬

zeigen wir an, dass wir den Gläubiger vertreten. Namens und in Vollmacht desselben beantragen wir,

1. wegen der sich aus der beigefügten vollstreckbaren Ausfertigung des Urteils des Landgerichts ▬▬▬ vom ▬▬▬ nebst Kostenfeststellungsbeschluss vom ▬▬▬ ergebenden Hauptforderung in Höhe von ▬▬▬ EUR,

2. die Eintragung einer Zwangshypothek[2] auf dem Grundstück[3] des Schuldners in ..., Flurstück-Nr. ..., Gemarkung ..., eingetragen im Grundbuch des Amtsgerichts von ..., Band ..., Bl. ...,[4] vorzunehmen.

Titel und Vollstreckungsunterlagen erbitten wir nach Erledigung zurück.

Die Kosten des Eintragungsantrags berechnen wir wie folgt:

...

Rechtsanwalt ◄

B. Erläuterungen und Varianten

[1] **Arten der Immobiliarvollstreckung.** Die §§ 864-871 befassen sich mit der Zwangsvollstreckung in das unbewegliche Vermögen wegen Geldforderungen. Die ZPO regelt indes nur die Abgrenzung von beweglichem und unbeweglichem Vermögen in §§ 864, 865 (siehe Rn 23 ff), nimmt eine Bestimmung der Arten der Vollstreckung in § 866 (siehe Rn 3) vor und normiert sodann lediglich die Zwangshypothek (§§ 866 Abs. 3, 867 f, siehe Rn 6 ff). Hinsichtlich der Zwangsversteigerung und -verwaltung verweist § 869 auf das ZVG. Zu beachten ist schließlich noch, dass die Immobiliarvollstreckung weiteren **gesetzlichen Beschränkungen** außerhalb der ZPO unterliegen kann, so zB in §§ 5, 8 ErbbauRG, §§ 11 Abs. 2, 12 Abs. 3 S. 2 WEG oder § 322 Abs. 3 AO.

§ 866 Abs. 1 benennt mit der Eintragung einer Sicherungshypothek, der Zwangsversteigerung und Zwangsverwaltung die **zulässigen Maßnahmen** der Immobiliarvollstreckung. Es steht dem Gläubiger frei, mit welcher dieser Maßnahmen er vorgehen möchte: in § 866 Abs. 2 wird neben dem **freien Wahlrecht** auch klargestellt, dass der Gläubiger eine **Häufung** der zulässigen Maßnahmen vornehmen kann. Dies kann bspw aufgrund des unterschiedlichen Umfangs der Beschlagnahme (siehe Rn 33) angezeigt sein oder um den Gläubiger bei einer möglicherweise erfolglosen Zwangsversteigerung noch über die Zwangshypothek zu sichern. Das freie Wahlrecht erstreckt sich auch auf die Wahl zwischen Mobiliar- und Immobiliarvollstreckung: ein Vorrang der Mobiliarvollstreckung besteht (mit Ausnahme der §§ 322 Abs. 4, 412 Abs. 2 AO betreffend die Vollstreckung bei Steuerforderungen und Bußgeldern) nicht (hM; siehe Hk-ZPO/*Kindl* § 866 Rn 3).

Hinsichtlich der Zwangshypothek bestimmt § 866 Abs. 3 S. 1 eine **Wertgrenze**: eine Sicherungshypothek darf nur für einen Betrag von mehr als 750,- EUR eingetragen werden (bei Zwangsverwaltung und -versteigerung bietet ggf § 765 a Schutz bei Bagatellforderungen). Die Wertgrenze gilt nicht bei freiwillig bestellten Sicherungshypotheken und Sicherungshypotheken nach § 848 Abs. 2, § 232 BGB und § 648 BGB (Bauhandwerkersicherungshypothek). Bei der **Berechnung** des Mindestbetrages sind alle Nebenforderungen im Sinne des § 4 zu berücksichtigen (zB Zinsen, die als Hauptforderung tituliert sind; titulierte Kosten), nicht aber Zinsen, soweit sie als Nebenforderung geltend gemacht werden (§ 866 Abs. 3 S. 1 Hs 2), und die Anwalts- und Gerichtskosten des Eintragungsverfahrens. **Forderungen** eines Gläubigers oder einer Gläubigermehrheit aus mehreren Schuldtiteln gegen denselben Schuldner können, auch wenn sie einzeln unter 750,- EUR liegen, **zusammengerechnet** werden (§ 866 Abs. 3 S. 2). Forderungen mehrerer Gläubiger indes können nur im Rahmen

Siebert

der Abgabenvollstreckung zusammengerechnet werden (§§ 252, 322 Abs. 1 S. 2 AO). Eine Zwangshypothek für einen Betrag unter 750,01 EUR ist **nichtig** und von Amts wegen zu löschen; eine Eigentümergrundschuld entsteht nicht (Hk-ZPO/*Kindl* § 866 Rn 5).

5 Bei der Zwangsverwaltung richten sich die **Gerichtsgebühren** nach KV-GKG Nr. 2220 f, bei der Zwangsversteigerung nach KV-GKG Nr. 2210-2216. Für die Eintragung einer jeden Zwangshypothek wird nach KV-GNotKG Nr 14121 eine volle Gebühr erhoben, der Geschäftswert richtet sich nach dem Nennbetrag der Schuld (§ 53 Abs. 1 GNotKG). Die **Anwaltsgebühren** bei Zwangsversteigerung und -verwaltung sind in VV-RVG Nr. 3311 f geregelt (Gegenstandswert: §§ 26 f RVG). Die Eintragung einer Zwangshypothek stellt nach § 18 Nr. 14 RVG eine besondere Angelegenheit dar, welche die Gebühr nach VV-RVG Nr. 3309 f auslöst (Vorbemerkung 3.3.3; Gegenstandswert: § 25 Abs. 1 Nr. 1 RVG).

6 **[2] Zwangssicherungshypothek.** Die Zwangshypothek nach § 867 ist eine **reine Sicherungshypothek** (§ 866 Abs. 1), die nur als Buchhypothek bestellt werden kann: die Erteilung eines Hypothekenbriefes ist ausgeschlossen (§ 1185 Abs. 1 BGB). Auch ist sie **streng akzessorisch**: in Entstehung, Bestand und Umfang richtet sie sich allein nach der zugrunde liegenden Forderung (§§ 1184 Abs. 1, 1185 Abs. 2 BGB).

7 a) **Eintragungsvoraussetzungen.** Nach hM stellt die Eintragung einer Zwangshypothek sowohl eine Vollstreckungsmaßnahme als auch ein Grundbuchgeschäft dar (**Theorie der Doppelnatur**). Das Amtsgericht, in dessen Bezirk das zu belastende Grundstück liegt (§§ 1, 2 Abs. 1 GBO), handelt daher zugleich als Vollstreckungsorgan und Grundbuchamt und hat von Amts wegen die Voraussetzungen der Zwangsvollstreckung und der Eintragung zu prüfen.

8 aa) Erforderlich ist ein **Antrag des Gläubigers**, der schriftlich oder zu Protokoll der Geschäftsstelle zu stellen ist (§ 13 Abs. 1 GBO). Anwaltszwang besteht nicht (§ 78 Abs. 5). Erfolgt die Antragstellung durch einen Bevollmächtigten (auch außerhalb des Personenkreis des § 10 Abs. 2 FamFG, so OLG München FGPrax 2012, 194, 195, aA *Demharter* Rpfleger 2012, 620), so ist die **Vollmacht** in Schriftform nachzuweisen (§ 80; aA OLG Zweibrücken Rpfleger 2001, 174: § 13 FGG aF). War der Rechtsanwalt bereits in dem streitigen Verfahren tätig, umfasst dessen Prozessvollmacht auch das Verfahren der Zwangsvollstreckung (§ 81): hier genügt zum Nachweis der Vollmacht die Benennung des Bevollmächtigten im Rubrum des Schuldtitels. In dem Antrag sind das zu belastende Grundstück als auch die zu vollstreckenden Geldbeträge (zu den eintragungsfähigen Fremdwährungen: Hk-ZPO/*Kindl* § 867 Rn 8) anzugeben (§ 28 GBO). Will der Gläubiger nach § 867 Abs. 2 mehrere Grundstücke mit einer Hypothek belasten, so muss der Forderungsbetrag auf die Grundstücke verteilt werden, wobei auch hier die Wertgrenze des § 866 Abs. 3 zu berücksichtigen ist (§ 867 Abs. 2 S. 2, siehe Rn 19). Dem Antrag beizufügen ist der **Vollstreckungstitel**, der grundsätzlich mit der Vollstreckungsklausel versehen sein muss. Der Antrag kann bis zur Eintragung (Unterzeichnung gem. § 44 GBO) oder Speicherung (§ 129 Abs. 1 GBO) **zurückgenommen** werden.

9 bb) Weiter ist nach § 39 GBO die **Voreintragung des Schuldners** als Grundstückseigentümer erforderlich (Ausnahmen: § 40 GBO). Fehlt es hieran, muss der Gläubiger

zunächst eine Grundbuchberichtigung herbeiführen (hierzu Hk-ZPO/*Kindl* § 867 Rn 9). Ergibt sich ein nach § 47 GBO einzutragendes **Gemeinschaftsverhältnis** nicht mit der erforderlichen Klarheit aus dem Titel, so sollte eine formlose (aA Zöller/*Stöber* § 867 Rn 3: § 29 GBO) Klarstellung im Eintragungsantrag erfolgen.

cc) Schließlich müssen auch die allgemeinen Prozessvoraussetzungen und die **allgemeinen** und **besonderen Vollstreckungsvoraussetzungen** vorliegen, Vollstreckungshindernisse (ausf. Hk-ZPO/*Kindl* § 867 Rn 6) dürfen nicht bestehen. So muss bspw die zu vollstreckende Forderung bereits fällig sein (§ 751 Abs. 1), der Titel dem Schuldner bereits zugestellt worden und Wartefristen (§§ 750 Abs. 3, 798) abgelaufen sein. 10

b) Verfahren. Bei Vorliegen von **Eintragungshindernissen** ist zwischen solchen vollstreckungsrechtlicher und grundbuchrechtlicher Natur zu unterscheiden. 11

aa) Bei Vorliegen **vollstreckungsrechtlicher Mängel** (Rn 10) kann das Grundbuchamt keine Zwischenverfügung nach § 18 Abs. 1 GBO erlassen. Es wird auf den Mangel nach § 139 hinweisen, eine rangwahrende Wirkung kommt der Hinweisverfügung im Hinblick auf § 17 GBO indes nicht zu. Trägt der Gläubiger in dem Antrag alle Vollstreckungsvoraussetzungen schlüssig vor und fehlt es nur noch an dem erforderlichen Nachweis, kann nach § 18 GBO verfahren werden (str., so Hk-ZPO/*Kindl* § 867 Rn 13; aA Zöller/*Stöber* § 867 Rn 4). 12

bb) Stehen der Eintragung jedoch nur noch **grundbuchrechtliche Hindernisse** entgegen (zB Fehlen der Voreintragung nach § 39 GBO), so kann das Grundbuchamt, sofern der Mangel alsbald behoben werden kann, dem Gläubiger eine Frist zur Beseitigung des Hindernisses setzen und eine rangwahrende Zwischenverfügung nach § 18 Abs. 2 GBO erlassen. 13

c) Eintragung der Zwangshypothek. Der **Rechtspfleger** (§§ 3 Nr. 1 lit. h, 20 Nr. 17 RPflG) nimmt an „nächstbereiter Stelle" in Abt. III des Grundbuchs die Eintragung der Zwangshypothek vor, die als Sicherungshypothek zu bezeichnen ist (§ 1184 Abs. 2). Weiter ist anzugeben, dass die Eintragung im Wege der Zwangsvollstreckung erfolgte; ggf ist auch auf § 720a zu verweisen (str., ausf. Hk-ZPO/*Kindl* § 867 Rn 14). Die Eintragung wird nach § 867 Abs. 1 S. 1 Hs 2 auch auf dem Vollstreckungstitel vermerkt. Die Anforderungen an den **Inhalt** der Eintragung bestimmt § 1115 Abs. 1 BGB: 14

aa) Anzugeben ist zum einen der **Gläubiger**. Dessen Bezeichnung richtet sich nach § 15 GBVfg. So ist bspw der Einzelkaufmann nicht unter seiner Firma, sondern unter seinem bürgerlichen Namen einzutragen. Ungeachtet ihrer (Teil)Rechts- und Grundbuchfähigkeit kann eine **GbR** gem. § 47 Abs. 2 S. 1 GBO (in der Fassung des ERVGBG, gültig seit dem 18.08.2009) nur dann als Gläubigerin einer Zwangshypothek eingetragen werden, wenn sich deren Gesellschafter aus dem Vollstreckungstitel ergeben (zu der Bezeichnung der Gesellschafter: § 15 GBV). Identitätsstiftendes Merkmal einer GbR ist seit der Einführung des Zwangs zur Eintragung ihrer Gesellschafter nicht mehr die gewählte Bezeichnung der GbR als Verband, sondern die Nennung ihrer Gesellschafter (so Beschlussempfehlung zum ERVGBG in BT-Drucks 16/13437 S. 24). Es muss daher bereits bei Schaffung des Vollstreckungstitels unbedingt darauf geachtet werden, neben der GbR auch deren Gesellschafter namentlich zu bezeichnen (so auch BGH NJW 2011, 615). Auch die **Wohnungseigentümerge-** 15 meinschaft kann mit Anerkennung ihrer Teilrechtsfähigkeit als Gläubigerin einer Zwangshypothek in das Grundbuch eingetragen werden (BGH NJW 2005, 2061); auch dann, wenn der Titel unter Auflistung aller Wohnungseigentümer ergangen ist. Im Antrag kann die Gemeinschaft durch die Bezeichnung „Wohnungseigentümergemeinschaft" gefolgt von der bestimmten Angabe des gemeinschaftlichen Grundstücks, identifiziert werden (durch postalische oder grundbuchmäßige Bezeichnung, § 10 Abs. 6 S. 4 WEG):

▶ zeigen wir an, dass wir die Wohnungseigentümergemeinschaft ...-Straße Nr. ..., ..., vertreten. Namens und in Vollmacht der Gläubigerin beantragen wir: ... ◀

Hat ein **Prozessstandschafter** den Titel erstritten, so ist dieser als Gläubiger einzutragen (zB WEG-Verwalter, auch nach Anerkennung der Teilrechtsfähigkeit der WEG, vgl OLG München NZM 2006, 512).

16 bb) Weiter ist der **Geldbetrag** der **Forderung** und der **Nebenleistungen** einzutragen. Für die Kosten der Eintragung haftet das Grundstück kraft Gesetzes (§ 867 Abs. 1 S. 3): sie sind daher nicht eintragungsfähig. Werden Zinsen als Nebenleistungen geltend gemacht, muss auch der **Zinssatz** eingetragen werden, wobei hinsichtlich des Anfangszeitpunktes auf den Schuldtitel Bezug genommen werden kann (§ 874 BGB). Orientiert sich ein gleitender Zinssatz in Anlehnung an § 288 Abs. 1 BGB an dem Basiszinssatz, so ist der grundbuchrechtliche Bestimmtheitsgrundsatz gewahrt und es bedarf nicht der Eintragung eines Höchstzinssatzes (BGH NJW 2006, 1341):

▶ Namens und in Vollmacht des Gläubigers beantragen wir,

wegen der sich aus der beigefügten vollstreckbaren Ausfertigung des Urteils des Landgerichts ... vom ... ergebenden Hauptforderung in Höhe von ... EUR nebst Zinsen in Höhe von 5 Prozentpunkten über dem Basiszinssatz seit dem ...,

die Eintragung einer Zwangshypothek ... vorzunehmen. ◀

17 d) **Wirkung der Eintragung.** aa) Mit der Eintragung **entsteht** die Zwangshypothek (§ 867 Abs. 1 S. 2). Ein **gutgläubiger Erwerb** einer Zwangshypothek bei fehlendem Eigentum des Schuldners an dem zu belastenden Grundstück ist nicht möglich (zum gutgläubigen rechtsgeschäftlichem Erwerb der Hypothek vom Gläubiger siehe Hk-ZPO/*Kindl* § 867 Rn 17). Eine Zwangshypothek, die trotz des Fehlens von Vollstreckungsvoraussetzungen eingetragen wurde, ist nur dann **nichtig**, wenn der Mangel nicht behoben werden kann. So führt bspw die nachträgliche Zustellung des Titels oder der Ablauf der Wartefrist des § 750 Abs. 3 zu einer Heilung. Diese wirkt auf den Zeitpunkt der Eintragung zurück und wahrt daher den Rang (OLG Hamm NJW-RR 1998, 87; ausf. Hk-ZPO/*Kindl* § 867 Rn 18). Liegt indes ein unheilbarer Mangel vor, so ist die Eintragung nichtig und von Amts wegen zu löschen (§ 53 Abs. 1 GBO). In einem solchen Fall wandelt sich die Zwangshypothek in eine Eigentümergrundschuld um.

18 bb) Eine **Umwandlung in eine Eigentümergrundschuld** erfolgt bspw auch dann, wenn die gesicherte Forderung erlischt, der Vollstreckungstitel oder seine vorläufige Vollstreckbarkeit aufgehoben wird (§ 868; ausf. Hk-ZPO/*Kindl* § 868 Rn 2 ff), die Zwangsvollstreckung aus dem Titel für unzulässig erklärt oder einstweilen eingestellt wird. Dies muss der Schuldner mit der **Vollstreckungsgegenklage** (§ 767) geltend ma-

chen, wobei die Präklusion nach §§ 767 Abs. 2, 796 Abs. 2 zu berücksichtigen ist. Auch der Erwerber des mit der Zwangshypothek belasteten Grundstücks ist mit den Einwendungen ausgeschlossen, die der Schuldner wegen §§ 767 Abs. 2, 796 Abs. 2 nicht mehr erheben kann (BGH NJW 2013, 3243). Einreden gegen die Hypothek (§ 1157 BGB) sind ebenfalls nach § 767 geltend zu machen.

e) **Belastung mehrerer Grundstücke.** § 867 Abs. 2 normiert das **Verbot der Gesamthypothek** (§ 1132 BGB): wegen derselben Forderung kann der Gläubiger nicht mehrere Grundstücke oder Miteigentumsanteile des Schuldners (auch nicht nacheinander) mit Zwangshypotheken belasten, selbst wenn die weiteren Zwangshypotheken nur Ausfallhypotheken sind. Vielmehr muss der Gläubiger bereits im Antrag (siehe Rn 8) den Gesamtbetrag seiner Forderung auf die einzelnen Grundstücke des Schuldners **verteilen**. Auf jedem Grundstück ist eine eigene Zwangshypothek für den jeweiligen Teilbetrag einzutragen, wobei die Mindestgrenze des § 866 Abs. 3 S. 1 zu berücksichtigen ist (§ 867 Abs. 2 S. 2 Hs 2): 19

▶ Namens und in Vollmacht des Gläubigers beantragen wir,
1. wegen eines Teilbetrags in Höhe von ... EUR der sich aus der beigefügten vollstreckbaren Ausfertigung des Urteils des Landgerichts ... vom ... ergebenden Hauptforderung die Eintragung einer Zwangshypothek auf dem Grundstück des Schuldners in ..., Flurstück-Nr. ..., Gemarkung ..., eingetragen im Grundbuch des Amtsgerichts von ..., Band ..., Bl. ..., vorzunehmen,
2. wegen eines weiteren Teilbetrags in Höhe von ... EUR der sich aus der beigefügten vollstreckbaren Ausfertigung des Urteils des Landgerichts ... vom ... ergebenden Hauptforderung die Eintragung einer Zwangshypothek auf dem Grundstück des Schuldners in ..., Flurstück-Nr. ..., Gemarkung ..., eingetragen im Grundbuch des Amtsgerichts von ..., Band ..., Bl. ..., vorzunehmen. ◀

Erfährt der Gläubiger, nachdem über den vollen Forderungsbetrag bereits eine Zwangshypothek auf einem Grundstück des Schuldners eingetragen wurde, von einem weiteren, geringer belasteten Grundstück, so kann er auf die bereits eingetragene Zwangshypothek teilweise **verzichten** (§ 1168 BGB) und sodann hinsichtlich dieser Teilforderung in das weitere Grundstück vollstrecken:

▶ An das Amtsgericht ...
– Grundbuchamt –
Im Grundbuch des dortigen Amtsgerichts von ..., Band ..., Bl. ..., ist in Abteilung III Nr. ... zugunsten unseres Mandanten eine Zwangshypothek in Höhe von ... EUR eingetragen. Namens und in Vollmacht unseres Mandanten erklären wir hiermit in Höhe von ... EUR den Verzicht auf die vorgenannte Zwangshypothek, wir bewilligen und beantragen die Eintragung dieses Verzichts in das Grundbuch.

...

Rechtsanwalt ◀

Bei Vollstreckung aus **mehreren Schuldtiteln** muss klar herausgestellt werden, aus welchem Titel welcher Forderungsteil auf welchem Grundstück einzutragen ist.

Die Verteilungsanordnung kann (nach entsprechendem Hinweis des Gerichts gem. § 139) in Schriftform (Hk-ZPO/*Kindl* § 867 Rn 21) **nachgeholt** werden: eine rang- 20 wahrende Wirkung kommt der Nachholung nicht zu. Ein **Verstoß** gegen § 867 Abs. 2 steht der Entstehung der Gesamthypothek entgegen, sie ist von Amts wegen zu löschen (§ 53 Abs. 1 S. 2 GBO). Sind mehrere Personen als **Gesamtschuldner** verurteilt, so kann das Grundstück eines jeden Schuldners mit einer Zwangshypothek über den vollen Betrag belastet werden (Hk-ZPO/*Kindl* § 867 Rn 23). Auch eine rechtsgeschäftlich bestellte Sicherungshypothek oder Grundschuld steht der Eintragung einer Zwangshypothek wegen derselben Forderung auf einem anderen Grundstück nicht nach § 867 Abs. 2 entgegen.

21 f) **Entbehrlichkeit eines Duldungstitels.** Bei Zwangshypotheken bedarf es nach § **867 Abs. 3** keines dinglichen Duldungstitels als Voraussetzung der **Zwangsversteigerung**: ausreichend ist die vollstreckbare Ausfertigung des Schuldtitels, auf welchem die Eintragung der Zwangshypothek vermerkt ist. Ein Duldungstitel ist jedoch nur bei einer Zwangsversteigerung gegen den **schuldnerischen Grundstückseigentümer** (§ 17 ZVG; oder dessen Rechtsnachfolger über § 727) entbehrlich: bei dem Erfordernis eines Duldungstitels bleibt es daher zB bei einer Zwangsversteigerung aus einer Zwangshypothek gegen einen Eigentümer, der das Eigentum an dem Grundstück erst nach der Eintragung der Zwangshypothek erlangt hat. Hier ist eine **Klage auf Duldung der Zwangsvollstreckung** nach § 1147 BGB zu erheben:

▶ **Klage im Urkundsprozess**

...

wegen: Duldung der Zwangsvollstreckung
Streitwert: ... EUR
Namens und in Vollmacht des Klägers erheben wir Klage und werden im Termin zur mündlichen Verhandlung wie folgt beantragen:

1. Der Beklagte wird verurteilt, wegen der in Abt. III, Nr. ..., des Grundbuchs von ..., Band ..., Bl. ..., eingetragenen Zwangssicherungshypothek zu ... EUR nebst ... % Zinsen hieraus seit dem ... sowie wegen der Kosten der Zwangsvollstreckung in Höhe von ... EUR die Zwangsvollstreckung in dessen Grundstück ..., Flurstück-Nr. ..., Gemarkung ..., eingetragen im Grundbuch des Amtsgerichts ..., Band ..., Bl. ..., zu dulden.
2. ... ◀

Bei einer **Arresthypothek** ist § 867 Abs. 3 nicht anwendbar (§ 932 Abs. 2). Für die **Zwangsverwaltung** hingegen bedarf es eines Duldungstitels nicht.

22 g) **Rechtsbehelfe.** Die Zurückweisung des Eintragungsantrages kann der **Gläubiger** mit der Beschwerde (§§ 11 RPflG, 71 Abs. 1 GBO) anfechten. Gegen die Aufklärungsverfügung nach § 139 (siehe Rn 12) steht kein Rechtsbehelf zur Verfügung. Der **Schuldner** kann gegen die Eintragung einer Zwangshypothek nicht nach §§ 766, 793 vorgehen, sondern nur eine modifizierte Beschwerde nach §§ 11 Abs. 1 RPflG, 72 Abs. 1 S. 2 GBO bzw § 75 SchiffsRegO einlegen; allerdings nur mit dem Ziel der Eintragung eines Amtswiderspruchs oder einer Löschung nach § 53 Abs. 1 S. 2 GBO (Hk-ZPO/*Kindl* § 867 Rn 25). Letzteres ist aber nur dann zulässig, wenn sich an die Eintragung der Zwangshypothek kein gutgläubiger Erwerb (siehe Rn 17) anschließen kann (BGHZ 64, 194). **Dritte** können gegen die Eintragung einer Zwangshypothek

nach § 771 mit der Einwendung vorgehen, dass sie und nicht der Schuldner Eigentümer des mit der Zwangshypothek belasteten Grundstücks sind.

[3] **Gegenstände der Immobiliarvollstreckung.** Die Regelung des § 864 bestimmt die der Zwangsvollstreckung in das unbewegliche Vermögen unterliegenden Gegenstände. 23

a) **Grundstücke.** Dies sind nach § 864 Abs. 1 zum einen **Grundstücke.** Hierunter ist ein abgegrenzter Teil der Erdoberfläche zu verstehen, der im Grundbuch als Grundstück eingetragen ist. Es kommt hierbei nicht darauf an, ob das Grundstück auf einem Grundbuchblatt alleine (§ 3 Abs. 1 GBO) oder auf einem gemeinschaftlichen Grundbuchblatt unter einer besonderen Nummer (§ 4 Abs. 1 GBO) gebucht ist. Zu dem Grundstück gehören auch dessen **Bestandteile** (§§ 93, 94, 96 BGB). Auch nicht wesentliche Bestandteile, die in den Haftungsverband der Hypothek fallen (§ 1120 BGB), unterliegen der Immobiliarvollstreckung (ausf. Hk-ZPO/*Kindl* § 864 Rn 4 f). **Scheinbestandteile** (§ 95 BGB) hingegen sind der Mobiliarvollstreckung unterworfen. Zur Vollstreckung in **Zubehör** siehe Rn 31. Für Früchte auf dem Halm enthält § 810 eine Sonderregelung. 24

b) **Grundstücksgleiche Rechte.** Weiter unterliegen auch grundstücksgleiche Rechte der Immobiliarvollstreckung (§ 870). Praktisch relevant wird vor allem die Zwangsvollstreckung in **Erbbaurechte** (§ 11 ErbbauRG) sein. Ist für die Belastung des Erbbaurechts die Zustimmung des Eigentümers vereinbart (§ 5 ErbbauRG), muss diese mit Beantragung in der Form des § 29 GBO nachgewiesen werden (§ 15 ErbbauRG): 25

▶ ... zeigen wir an, dass wir den Gläubiger vertreten. Namens und in Vollmacht desselben beantragen wir,

wegen ...

die Eintragung einer Zwangshypothek auf dem Erbbaurecht des Schuldners auf dem Grundstück in ..., eingetragen im Erbbaugrundbuch von ..., Band ..., Bl. ..., vorzunehmen.

Die Zustimmung des Grundstückseigentümers fügen wir in notariell beglaubigter Form bei. ◀

Liegt die Zustimmung des Grundstückseigentümers nicht vor, muss das Recht auf Zustimmung und Ersetzung zur Ausübung gepfändet und die Zustimmung durch das Gericht ersetzt werden (§ 7 Abs. 3 ErbbauRG). Weitere grundstücksgleiche Rechte sind in den neuen Ländern das **Gebäudeeigentum** (siehe Hk-ZPO/*Kindl* § 864 Rn 3), das **Bergwerkseigentum** (nach dem BBergG) und andere landesrechtlichen grundstücksgleichen Rechte (zB Fischereirechte nach § 69 EGBGB). Zu **Schiffen und Schiffsbauwerken** siehe §§ 870 a, 871 Rn 2.

c) **Bruchteilseigentum am unbeweglichen Vermögen.** Nach § 864 Abs. 2 kann in den Bruchteil eines Grundstücks nur dann die Immobiliarvollstreckung erfolgen, wenn dieser in einem im Grundbuch eingetragen (ansonsten: Grundbuchberichtigung vor Vollstreckung, § 894 BGB) **Miteigentumsanteil** gem. §§ 1008 ff, 741 ff BGB besteht oder sich der Anspruch des Gläubigers auf ein Recht gründet, mit dem der Bruchteil als solcher noch belastet ist (ausf. hierzu Hk-ZPO/*Kindl* § 864 Rn 10): 26

▶ Namens und in Vollmacht des Gläubigers beantragen wir,

wegen ...

die Eintragung einer Zwangshypothek auf dem hälftigen Miteigentumsanteil des Schuldners an dem Grundstück ..., Flurstück-Nr. ..., Gemarkung ..., eingetragen im Grundbuch des Amtsgerichts ..., Band ..., Bl. ..., vorzunehmen. ◀

Hat der Miteigentumsanteil für sich (wie oft) keinen Marktwert, kann der Gläubiger den Anspruch des Schuldners gegenüber seinen Miteigentümern auf Aufhebung der Gemeinschaft pfänden und sich zur Ausübung übertragen lassen (sog. **„großes Antragsrecht"**; vgl § 857 Rn 5 ff). Zur Rangsicherung sollte aber die Zwangshypothek auf dem Bruchteil des Schuldners eingetragen werden.

27 Auch **Wohnungseigentum** und **Teileigentum** an anderen Räumen des Gebäudes (§ 1 Abs. 2 und 3 WEG) sind wie Bruchteilseigentum nach § 864 Abs. 2 zu behandeln (str., aA Zöller/*Stöber* § 864 Rn 1: Anwendung des § 864 Abs. 1). Bei der Zwangsversteigerung ist § 12 WEG zu beachten.

▶ Namens und in Vollmacht des Gläubigers beantragen wir,

wegen ...

die Eintragung einer Zwangshypothek auf dem Wohnungseigentum des Schuldners in ..., eingetragen im Wohnungsgrundbuch von ..., Band ..., Bl. ..., vorzunehmen. ◀

28 **[4] Verhältnis zur Mobiliarvollstreckung.** Auch in der Zwangsvollstreckung muss zum Schutz des Gläubigers die (wirtschaftliche) Einheit des Haftungsverbandes der Hypothek erhalten bleiben. Die Regelung des § 865 erstreckt daher die Zwangsvollstreckung in das unbewegliche Vermögen über die wesentlichen Bestandteile (§§ 93, 94 BGB) hinaus auf die nach **§§ 1120 ff BGB** mithaftenden Gegenstände eines Grundstücks.

29 **a) Haftungsverband der Hypothek.** Nach § 1120 BGB umfasst die Hypothek die von dem Grundstück **getrennten Erzeugnisse** (zB Früchte oder Ausbeute wie Kohle, § 99 BGB) und sonstigen Bestandteile, soweit sie nicht mit der Trennung nach §§ 954–957 BGB in das Eigentum eines anderen als des Grundstückseigentümers oder -eigenbesitzers gelangt sind. Weiter fällt in den Haftungsverband das **Zubehör** des Grundstücks (zur Definition ausf. Hk-BGB/*Dörner* §§ 97, 98 Rn 1 ff), welches im Eigentum des Grundstückseigentümers stand. Erfasst wird ferner das Anwartschaftsrecht des Grundstückeigentümers an unter Eigentumsvorbehalt erworbenem Zubehör. Auch erstreckt sich der Haftungsverband der Hypothek gem. § 1123 Abs. 1 BGB auf **Miet- und Pachtforderungen**, auf wiederkehrende Leistungen (wie **Reallast** oder **Erbbauzins**, § 1126 BGB) und nach §§ 1127–1130 BGB auf bestimmte **Versicherungsforderungen**.

30 Zu berücksichtigen ist indes die Möglichkeit einer **Enthaftung**. Diese findet zB statt, wenn die Gegenstände vor der Beschlagnahme (siehe hierzu Rn 32) veräußert und von dem Grundstück entfernt wurde (§ 1121 Abs. 1 BGB). Auch eine Entfernung nach der Beschlagnahme kann zu einer Enthaftung führen, wenn der Erwerber zum Zeitpunkt der Entfernung in Ansehung der Beschlagnahme nicht bösgläubig war (§ 1121 Abs. 2 BGB). Hierbei ist die Bösgläubigkeit nach § 23 Abs. 2 ZVG zu beurteilen. Eine Enthaftung erfolgt weiter, wenn die vor der Beschlagnahme vorgenommene Entfernung von dem Grundstück innerhalb der Grenzen einer ordnungsgemäßen Wirtschaft erfolgte (§ 1122 BGB). Zur Enthaftung von Miet- und Pachtforderungen

siehe § 1123 Abs. 2 BGB. Im Falle einer Enthaftung unterliegen die betroffenen Gegenstände sodann der Mobiliarvollstreckung.

b) Zwangsvollstreckung in Zubehör. Nach § 865 Abs. 2 S. 1 kann im Eigentum des Grundstückeigentümers stehendes Zubehör, welches dem Haftungsverband der Hypothek zugehört, nicht im Wege der Mobiliarzwangsvollstreckung gepfändet werden. Unerheblich ist hierbei, ob das Grundstück überhaupt mit einer Hypothek belastet ist; das **Verbot der Mobiliarvollstreckung** in Zubehör gilt auch für Realgläubiger. Eine gegen § 865 Abs. 2 S. 1 verstoßende Pfändung eines Zubehörstücks durch den Gerichtsvollzieher ist nach ganz hM nicht nichtig, sondern nur **anfechtbar** (ausf. Hk-ZPO/*Kindl* § 865 Rn 6) und führt auch zur Entstehung eines Pfandrechts. Zu dem Rechtsbehelf gegen die Pfändung durch das funktionell unzuständige Vollstreckungsorgan siehe Rn 34.

31

c) Zwangsvollstreckung in die übrigen Gegenstände. Im Unterschied zum Zubehör unterliegen die übrigen Gegenstände des Haftungsverbandes der Mobiliarzwangsvollstreckung, solange nicht ihre Beschlagnahme im Wege der Zwangsvollstreckung in das unbewegliche Vermögen erfolgt ist (§ **865 Abs. 2 S. 2**). Die eine Mobiliarvollstreckung ausschließende **Beschlagnahme** erfolgt durch Anordnung der Zwangsversteigerung oder -verwaltung (§§ 20, 146 Abs. 1 ZVG); zur Wirksamkeit: §§ 22, 151 ZVG. Keine Beschlagnahme nach § 865 Abs. 2 ist hingegen die Pfändung aufgrund dinglichen Titels (§ 1147 BGB; str., siehe Musielak/*Becker* § 865 Rn 9) oder die Anordnung auf Zwangsversteigerung/-verwaltung auf Antrag eines Insolvenzverwalters (§ 172 ZVG), Erben (§ 175 ZVG) oder zum Zwecke der Aufhebung einer Gemeinschaft (§ 180 ZVG).

32

Hinsichtlich des **Umfangs der Beschlagnahme** ist zwischen Zwangsverwaltung und -versteigerung zu unterscheiden: im Gegensatz zur Zwangsverwaltung (§ 148 ZVG) sind bei Anordnung der Zwangsversteigerung Miet- und Pachtforderungen als auch Ansprüche aus einem mit dem Eigentum verbundenen Recht auf wiederkehrende Leistung nicht erfasst (§ 21 Abs. 2 ZVG), land- und forstwirtschaftliche Erzeugnisse und Forderungen aus einer Versicherung solcher Erzeugnisse nur dann, wenn die Erzeugnisse noch mit dem Boden verbunden oder sie Zubehör sind (§ 21 Abs. 1 ZVG). Das Recht eines Pächters auf Fruchtgenuss wird in keinem Fall beeinträchtigt (§ 21 Abs. 3 ZVG). Zum **Fortgang der Vollstreckung** bei vor der Beschlagnahme bereits zulässig im Wege der Mobiliarvollstreckung gepfändeten Gegenständen, die aber noch nicht verwertet wurden: siehe Hk-ZPO/*Kindl* § 865 Rn 8 ff. Bei Verstoß gegen § 865 Abs. 2 S. 2 ist die Pfändung nicht unwirksam, sondern nur **anfechtbar**, zu dem Rechtsbehelf siehe Rn 34.

33

d) Rechtsbehelfe. Gegen Pfändungen, die wegen Verstoßes gegen § 865 Abs. 2 anfechtbar sind, kann der Schuldner, der Zwangsverwalter (§ 152 Abs. 1 ZVG) und jeder durch die Pfändung benachteiligte Gläubiger im Wege der **Erinnerung** (§ 766) vorgehen. Darüber hinaus kann nach hM der Grundpfandgläubiger auch **Drittwiderspruchsklage** (§ 771) erheben (ausf. Hk-ZPO/*Kindl* § 865 Rn 11). Im Falle einer zulässigen Pfändung kann der Beschlagnahmegläubiger die Verwertung nach § 772 unterbinden oder als rangbesserer Gläubiger (§ 10 ZVG) **Vorzugsklage** (§ 805) erheben.

34

§ 870 a Zwangsvollstreckung in ein Schiff oder Schiffsbauwerk

(1) ¹Die Zwangsvollstreckung in ein eingetragenes Schiff oder in ein Schiffsbauwerk, das im Schiffsbauregister eingetragen ist oder in dieses Register eingetragen werden kann, erfolgt durch Eintragung einer Schiffshypothek für die Forderung oder durch Zwangsversteigerung. ²Die Anordnung einer Zwangsversteigerung eines Seeschiffs ist unzulässig, wenn sich das Schiff auf der Reise befindet und nicht in einem Hafen liegt.

(2) § 866 Abs. 2, 3, § 867 gelten entsprechend.

(3) ¹Wird durch eine vollstreckbare Entscheidung die zu vollstreckende Entscheidung oder ihre vorläufige Vollstreckbarkeit aufgehoben oder die Zwangsvollstreckung für unzulässig erklärt oder deren Einstellung angeordnet, so erlischt die Schiffshypothek; § 57 Abs. 3 des Gesetzes über Rechte an eingetragenen Schiffen und Schiffsbauwerken vom 15. November 1940 (RGBl. I S. 1499) ist anzuwenden. ²Das Gleiche gilt, wenn durch eine gerichtliche Entscheidung die einstweilige Einstellung der Zwangsvollstreckung und zugleich die Aufhebung der erfolgten Vollstreckungsmaßregeln angeordnet wird oder wenn die zur Abwendung der Vollstreckung nachgelassene Sicherheitsleistung oder Hinterlegung erfolgt.

A. Muster: Antrag auf Eintragung einer Schiffshypothek
B. Erläuterungen

[1] Inhalt und Normzweck 2
[2] Besonderheiten der Zwangsvollstreckung 4

1 **A. Muster: Antrag auf Eintragung einer Schiffshypothek**

▶ An das

Amtsgericht ▃▃▃

– Seeschiffsregister –

Antrag auf Eintragung einer Schiffshypothek[1]

in der Vollstreckungssache

▃▃▃ ./. ▃▃▃

zeigen wir an, dass wir den Gläubiger vertreten. Namens und in Vollmacht desselben beantragen wir,

wegen der sich aus der beigefügten vollstreckbaren Ausfertigung des Urteils des Landgerichts ▃▃▃ vom ▃▃▃ nebst Kostenfeststellungsbeschluss vom ▃▃▃ ergebenden Hauptforderung in Höhe von ▃▃▃ EUR,

die Eintragung einer Schiffshypothek auf dem Seeschiff „▃▃▃" des Schuldners, eingetragen im Seeschiffsregister des Amtsgerichts ▃▃▃, Bl. ▃▃▃, vorzunehmen.[2]

Titel und Vollstreckungsunterlagen erbitten wir nach Erledigung zurück.

Die Kosten des Eintragungsantrags berechnen wir wie folgt:

▃▃▃

Rechtsanwalt ◀

B. Erläuterungen

[1] Inhalt und Normzweck. Im Seeschiffs- oder Binnenschiffsregister bzw im Register für Schiffsbauwerke **eingetragene Schiffe/Schiffsbauwerke** unterliegen nach § 864 Abs. 1 grundsätzlich der Immobiliarzwangsvollstreckung. Darüber hinaus normiert § 870 a Besonderheiten, die sich aus den Besonderheiten des Schiffsrechts ergeben. Die Regelung findet nur auf in den entsprechenden Registern eingetragene Schiffen/Schiffsbauwerke Anwendung als auch auf Miteigentumsanteilen an diesen (§ 8 Abs. 3 SchiffsRG); **nicht eingetragene Schiffe** unterliegen der Mobiliarzwangsvollstreckung nach §§ 803 ff.

Für „**Bahneinheiten**", dh einem Eisenbahn- oder Kleinbahnunternehmen gewidmeten Grundstücken als Einheit, ergänzt § 871 die Regelung des Art. 112 EGBGB. Auf der Ebene des Vollstreckungsrechts wird der Vorbehalt landesrechtlicher Regelungen vor dem Bundesrecht für den Fall erweitert, dass ein Dritter aufgrund dinglichen oder persönlichen Rechts die Nutzung ausübt. Die praktische Bedeutung dieser Vorschrift ist indes gering.

[2] Besonderheiten der Zwangsvollstreckung. Die Vollstreckung in ein eingetragenes Schiff oder Schiffsbauwerk, welches eingetragen ist oder eingetragen werden kann, erfolgt nach freier Wahl des Gläubigers durch **Zwangseintragung einer Schiffshypothek** oder **Zwangsversteigerung** (§§ 162 ff ZVG). Eine Zwangsverwaltung hingegen ist unzulässig. Die Eintragung einer Zwangsschiffshypothek folgt nach § 870a Abs. 2 und 3 den Regeln der §§ 866, 867. Eine Abweichung ist insofern notwendig, als das Schiffsrecht kein Eigentümerpfandrecht kennt: daher **erlischt eine Schiffshypothek** nach § 870a Abs. 3, bei Wegfall der gesicherten Forderung (§§ 57 Abs. 1 S. 1, 59 SchiffsRG), Verzicht des Gläubigers (§ 57 Abs. 2 SchiffsRG) oder bei Vorliegen eines Falls des § 868 Abs. 2. Lehnt das Registergericht die Eintragung der Zwangsschiffshypothek ab, kann der Gläubiger hiergegen mit dem Rechtsmittel der (unbefristeten) **Beschwerde** nach §§ 75 ff SchiffsRegO vorgehen.

§ 871 Landesrechtlicher Vorbehalt bei Eisenbahnen

Unberührt bleiben die landesgesetzlichen Vorschriften, nach denen, wenn ein anderer als der Eigentümer einer Eisenbahn oder Kleinbahn den Betrieb der Bahn kraft eigenen Nutzungsrechts ausübt, das Nutzungsrecht und gewisse dem Betriebe gewidmete Gegenstände in Ansehung der Zwangsvollstreckung zum unbeweglichen Vermögen gehören und die Zwangsvollstreckung abweichend von den Vorschriften des Bundesrechts geregelt ist.

Titel 4 Verteilungsverfahren

§ 872 Voraussetzungen

Das Verteilungsverfahren tritt ein, wenn bei der Zwangsvollstreckung in das bewegliche Vermögen ein Geldbetrag hinterlegt ist, der zur Befriedigung der beteiligten Gläubiger nicht hinreicht.

§ 873 Aufforderung des Verteilungsgerichts

Das zuständige Amtsgericht (§§ 827, 853, 854) hat nach Eingang der Anzeige über die Sachlage an jeden der beteiligten Gläubiger die Aufforderung zu erlassen, binnen zwei Wochen eine Berechnung der Forderung an Kapital, Zinsen, Kosten und sonstigen Nebenforderungen einzureichen.

§ 874 Teilungsplan

(1) Nach Ablauf der zweiwöchigen Fristen wird von dem Gericht ein Teilungsplan angefertigt.

(2) Der Betrag der Kosten des Verfahrens ist von dem Bestand der Masse vorweg in Abzug zu bringen.

(3) ¹Die Forderung eines Gläubigers, der bis zur Anfertigung des Teilungsplanes der an ihn gerichteten Aufforderung nicht nachgekommen ist, wird nach der Anzeige und deren Unterlagen berechnet. ²Eine nachträgliche Ergänzung der Forderung findet nicht statt.

A. Muster: Teilungsplan, § 875 ZPO
B. Erläuterungen und Varianten
[1] Normzweck und Voraussetzungen 2
[2] Aufforderung an die Gläubiger 9
[3] Teilungsplan 12

A. Muster: Teilungsplan, § 875 ZPO

▶ Amtsgericht ...

Teilungsplan (§ 875 ZPO)

In dem Zwangsvollstreckungsverfahren gegen ...

Hinterlegt sind in dem Verteilungsverfahren[1] gem. § 853 ZPO: ... EUR.

1. Die Teilungsmasse bestimmt sich wie folgt:

a) Hinterlegungsbetrag: ... EUR
b) Hinterlegungszinsen: ... EUR
c) abzgl. Kosten des Verfahrens (§ 874 Abs. 2 ZPO): ... EUR
Summe ... EUR

2. Pfändungsgläubiger nebst Ansprüchen (Rang gem. § 804 Abs. 3 ZPO):

Lfd. Nr.	Datum d. Zustellung Pfändungsbenachrichtigung an Drittschuldner	Gläubiger und ggf -vertreter	Pfändungsbeschluss	Pfandsumme	Vollstreckungstitel	Anmeldungsdatum
1.	...	...	...	...	...	...
2.	...	...	...	...	...	...

3. Nach Ablauf der zweiwöchigen Frist gem. § 873 ZPO[2] am ... wird folgende Reihenfolge der aus der Teilungsmasse zu befriedigenden Forderungen festgelegt.[3] Die Teilungsmasse gebührt dem Gläubiger ... auf seinen an erster Rangstelle stehenden Anspruch in Höhe von ... EUR Kosten, ... EUR Zinsen, ... EUR Teil der Hauptsache.

..., den ...
...

Unterschrift Rechtspfleger ◄

B. Erläuterungen und Varianten

[1] **Normzweck und Voraussetzungen.** Die Vorschriften über das Verteilungsverfahren (§§ 872 ff) finden Anwendung, wenn im Falle der Mobiliarzwangsvollstreckung ein hinterlegter Erlös oder Schuldbetrag nicht zur Befriedigung aller Gläubiger, für die eine Pfändung erfolgte, ausreicht. Die **Prioritätenstreitigkeit** zur Klärung der Rangfolge der Gläubiger gem. § 804 Abs. 3 hat nicht der Gerichtsvollzieher oder Drittschuldner zu entscheiden, sie wird allein im Verteilungsverfahren ausgetragen, um so Bereicherungs- und Haftungsprozesse zu vermeiden.

a) **Verfahrensvoraussetzungen.** aa) Anwendung findet das Verteilungsverfahren nur bei vorausgehender **Zwangsvollstreckung in das bewegliche Vermögen** nach §§ 803-863. Auf eine Erlösverteilung nach der Zwangsversteigerung oder -verwaltung finden die §§ 872 ff keine Anwendung, eigenständige Regelungen hierzu enthalten die §§ 105 ff, 156 ff ZVG (ausführlich Hk-ZVG/*Sievers* § 105 Rn 1 ff).

bb) Voraussetzung des Verteilungsverfahrens ist weiter die **Hinterlegung eines Geldbetrages**. Diese kann von dem Gerichtsvollzieher nach §§ 827 Abs. 2 oder 854 Abs. 2 oder dem Drittschuldner nach § 853 bewirkt worden sein. Es genügen ferner Hinterlegungen gem. § 930 Abs. 2 und §§ 769, 805 Abs. 4 (Hk-ZPO/*Kindl* § 872 Rn 3). Kein Verteilungsverfahren nach §§ 872 ff findet jedoch bei einer Hinterlegung nach § 372 BGB wegen Gläubigerungewissheit oder Annahmeverzug statt (so bereits RGZ 144, 391).

cc) Schließlich darf der hinterlegte Geldbetrag nicht zur Befriedigung der **beteiligten Gläubiger** ausreichen. Beteiligt sind alle Gläubiger, für die eine Pfändung erfolgte, nicht aber Gläubiger mit vertraglichen oder gesetzlichen Pfandrechten: diese können ihr Recht mit der Klage nach § 805 verfolgen. Zum Zusammentreffen von Abtretung und Pfändung siehe ausf. Hk-ZPO/*Kindl* § 872 Rn 4. Ist die **Hinterlegungsmasse ausreichend**, kommt es im Rahmen eines vereinfachten Verfahrens (ohne Terminsbestimmung, Teilungsplan) zur Auszahlung an die Berechtigten. Auch bei einer **Einigung** der Beteiligten über die Verteilung des hinterlegten Betrages finden die §§ 872 ff keine Anwendung: die Auszahlungen sind gem. der Einigung vorzunehmen (vgl § 22 Abs. 2 Nr. 1 HintG).

b) **Wirkungen des Verteilungsverfahrens.** Bei Vorliegen der Verfahrensvoraussetzungen (siehe Rn 3-5) tritt das Verteilungsverfahren kraft Gesetzes ein, es wird vom Gericht **von Amts wegen** betrieben. Bis zur endgültigen Ausführung des Teilungsplans können Prioritätsstreitigkeiten zwischen den beteiligten Gläubigern nur im Verteilungsverfahren geklärt werden, unzulässig ist daher bspw eine Klage eines beteiligten Gläubigers auf Zustimmung zur Auszahlung. Streitig ist, ob auch nach Eröffnung des Verteilungsverfahrens im Wege der **Erinnerung** (§ 766) Mängel der Zwangsvollstreckung durch einen vorrangigen Gläubiger, die zur Aufhebung von dessen Pfändungen und Ausscheiden aus dem Verteilungsverfahren führen würden, angegriffen werden können (dies bejahend hM, siehe Hk-ZPO/*Kindl* § 872 Rn 8; aA OLG Koblenz ZIP

1983, 745; Zöller/*Stöber* § 872 Rn 5). Der (nicht beteiligte) **Schuldner** und **Dritte** können auch nach dem Verteilungstermin noch Rechtsbehelfe einlegen (ausf. Hk-ZPO/*Kindl* § 872 Rn 9).

7 c) **Rechtsbehelfe.** Mit der befristeten Erinnerung nach § 11 Abs. 2 RPflG sind **formelle Mängel** des Verfahrens (zB Unzuständigkeit des Gerichts) geltend zu machen. **Sachliche Mängel** des Verteilungsverfahrens können nur mit dem Widerspruch und sodann der Widerspruchsklage angegriffen werden (siehe §§ 875-877 Rn 6).

8 d) **Gebühren und Kosten.** An **Gerichtsgebühren** fällt eine halbe Gebühr nach KV-GKG Nr. 2117 an, die aus der gesamten zur Verteilung anstehenden Masse berechnet wird und vorweg aus dieser zu entnehmen ist (§ 874 Abs. 2). An **Anwaltsgebühren** fällt eine 0,3 Verfahrensgebühr an (VV-RVG Nr. 3309), wobei sich der Streitwert nach § 25 Abs. 1 Nr. 1 RVG bestimmt.

9 [2] **Aufforderung an die Gläubiger.** Das Verteilungsverfahren beginnt mit der Aufforderung des zuständigen Amtsgerichts an die beteiligten Gläubiger, binnen zwei Wochen eine Berechnung ihrer Forderung einzureichen, damit so dem Verteilungsplan der aktuelle Forderungsbestand zugrunde gelegt werden kann.

10 a) **Zuständiges Amtsgericht.** Ausschließlich (§ 802) zuständig für das Verteilungsverfahren ist das Amtsgericht, welches als **Vollstreckungsgericht** tätig wird. **Örtlich** zuständig ist das Gericht, an das der Gerichtsvollzieher bzw Drittschuldner nach §§ 827, 853, 854 die Anzeige zu richten haben. Bei Hinterlegung nach § 769 oder § 805 Abs. 4 ist das Gericht des ersten Vollstreckungsaktes zuständig. **Funktionell** zuständig ist der Rechtspfleger (§ 20 Nr. 17 RPflG).

11 b) **Inhalt der Aufforderung.** Das Gericht hat die aus der Anzeige ersichtlichen Gläubiger aufzufordern, eine Berechnung ihrer Forderung einzureichen. Diese Aufforderung ist den Gläubigern **zuzustellen** (§ 329 Abs. 2 S. 2), ein bestimmter Inhalt oder eine bestimmte Form sind im Gesetz nicht vorgesehen. Auch ein Hinweis auf die Folgen der Versäumung der nach §§ 211 ff zu berechnenden, nicht verlängerbaren Frist von zwei Wochen ist nicht vorgeschrieben, aber zweckmäßig:

> ▶ Sehr geehrter Herr ...,
> hinsichtlich des oben bezeichneten, hinterlegten Geldbetrages wird nunmehr das Verteilungsverfahren durchgeführt. Sie werden hiermit aufgefordert, die Forderung, welche Grundlage Ihrer Zwangsvollstreckung ist, in Hauptsache, Zinsen, Kosten und Nebenforderungen gegliedert nach dem aktuellen Stand zu berechnen und innerhalb einer Frist von **zwei Wochen** ab Zustellung dieser Aufforderung bei Gericht einzureichen.
> Diese Frist kann nicht verlängert werden. Nach Ablauf der Frist wird ein Verteilungsplan erstellt. Wir weisen ausdrücklich darauf hin, dass nach Erstellung des Verteilungsplans eingehende Berechnungen in diesem keine Berücksichtigung finden.
> Bitte fügen Sie der Berechnung die sie tragenden Unterlagen bei, soweit sich diese nicht schon im Besitz des Gerichtsvollziehers befinden und dem Gericht zugeleitet wurden.
> Die Berechnung kann schriftlich oder zu Protokoll der Geschäftsstelle erklärt werden. Ein Anwaltszwang besteht nicht.
> Mit freundlichen Grüßen
>
> ...
>
> Rechtspfleger ◀

[3] **Teilungsplan.** Der Verteilungsplan hat nur **vorbereitenden Charakter**: er ist Grundlage der Verhandlungen im Verteilungstermin und bereitet die gerichtliche Entscheidung über die Verteilung des hinterlegten Geldbetrages vor.

a) **Inhalt des Teilungsplans.** Der Rechtspfleger hat nach Ablauf der zweiwöchigen Frist des § 873 den Teilungsplan anzufertigen (**§ 874 Abs. 1**). Die Anfertigung erfolgt **ohne mündliche Verhandlung** und **von Amts wegen**. Der Plan wird nicht an die Beteiligten versandt, sondern nur zur Einsichtnahme in der Geschäftsstelle niedergelegt (§ 875 Abs. 1 S. 2).

Das Gesetz stellt keine konkreten Anforderungen an den **Inhalt** und die Form des Teilungsplanes.

aa) Es ist jedoch zunächst die **verteilungsfähige Masse** zu bestimmen: diese setzt sich aus dem hinterlegten Betrag zuzüglich der Hinterlegungszinsen (§ 12 HintG) und abzüglich der Kosten des Verfahrens zusammen. Die Verfahrenskosten sind nach § 874 Abs. 2 vorweg in Abzug zu bringen. Hierbei handelt es sich jedoch nur um die gemeinschaftlichen Kosten (insb. die Gerichtskosten), nicht aber um die Kosten der einzelnen Gläubiger aufgrund ihrer Teilnahme am Verfahren: diese werden bei rechtzeitiger Anmeldung mit dem Rang der Forderung berücksichtigt.

bb) In den Teilungsplan werden alle **Gläubiger** (ggf nebst Bevollmächtigten) aufgenommen, deren Pfändungen das Gericht als wirksam ansieht. **Nichtige Pfändungen** bleiben unberücksichtigt (zur Prüfungsintensität siehe Hk-ZPO/*Kindl* § 784 Rn 3), lediglich **angefochtene Pfändungen** werden in den Plan aufgenommen, da die Pfändung bis zur Aufhebung wirksam ist. Eine Entscheidung über die sachliche Berechtigung der geltend gemachten Forderung trifft das Gericht jedoch nicht.

cc) Grundlage der Planerstellung sind alle **Forderungen**, die sich aus der Anzeige als auch den von den Gläubigern vorgelegten Berechnungen nebst Unterlagen ergeben, wenn diese rechtzeitig eingereicht wurden (siehe Rn 17). Bei Anmeldung einer geringeren Forderung, als aus den Unterlagen ersichtlich (**Minderanmeldung**), ist analog § 308 Abs. 1 nur diese aufzunehmen. Die Forderungen sind nach der ihnen zukommenden **Rangfolge** (§ 804 Abs. 3) in den Plan aufzunehmen. Bei Pfändung **fortlaufender Bezüge** ist ein Verteilungsplan entsprechend § 156 Abs. 2 S. 2 ZVG aufzustellen (ausf. Hk-ZPO/*Kindl* § 874 Rn 3).

b) **Fristversäumnis nach § 874 Abs. 3.** Nach Anfertigung des Teilungsplanes, dh dessen Niederlegung bei der Geschäftsstelle gem. 875 Abs. 1 S. 2, sind **Änderungen** und **Ergänzungen** der Forderungen, auch betreffend die Rangstelle (str., siehe Hk-ZPO/*Kindl* § 874 Rn 5) nicht mehr zulässig. Die Versäumnis der Frist nach § 873 führt daher nicht zu einer völligen Nichtberücksichtigung der Gläubigerforderung im Teilungsplan: es verbleibt bei der Aufnahme der Forderung in dem Umfang, wie sie sich aus der Anzeige nebst Unterlagen ergab. Auch nach Anfertigung des Teilungsplanes kann jedoch ein jeder Gläubiger seine Forderung noch vollständig oder teilweise **zurücknehmen** oder eine **Einigung der Gläubiger** erfolgen: der Teilungsplan muss in diesen Fällen entsprechend angepasst werden.

§ 875 Terminsbestimmung

(1) ¹Das Gericht hat zur Erklärung über den Teilungsplan sowie zur Ausführung der Verteilung einen Termin zu bestimmen. ²Der Teilungsplan muss spätestens drei Tage vor dem Termin auf der Geschäftsstelle zur Einsicht der Beteiligten niedergelegt werden.

(2) Die Ladung des Schuldners zu dem Termin ist nicht erforderlich, wenn sie durch Zustellung im Ausland oder durch öffentliche Zustellung erfolgen müsste.

§ 876 Termin zur Erklärung und Ausführung

¹Wird in dem Termin ein Widerspruch gegen den Plan nicht erhoben, so ist dieser zur Ausführung zu bringen. ²Erfolgt ein Widerspruch, so hat sich jeder dabei beteiligte Gläubiger sofort zu erklären. ³Wird der Widerspruch von den Beteiligten als begründet anerkannt oder kommt anderweit eine Einigung zustande, so ist der Plan demgemäß zu berichtigen. ⁴Wenn ein Widerspruch sich nicht erledigt, so wird der Plan insoweit ausgeführt, als er durch den Widerspruch nicht betroffen wird.

§ 877 Säumnisfolgen

(1) Gegen einen Gläubiger, der in dem Termin weder erschienen ist noch vor dem Termin bei dem Gericht Widerspruch erhoben hat, wird angenommen, dass er mit der Ausführung des Planes einverstanden sei.

(2) Ist ein in dem Termin nicht erschienener Gläubiger bei dem Widerspruch beteiligt, den ein anderer Gläubiger erhoben hat, so wird angenommen, dass er diesen Widerspruch nicht als begründet anerkenne.

A. Muster: Widerspruch gegen Teilungsplan
B. Erläuterungen und Varianten

[1] Verteilungstermin 2
[2] Widerspruch gegen Verteilungsplan 6

1 A. Muster: Widerspruch gegen Teilungsplan

▶ An das Amtsgericht ▪▪▪
– Vollstreckungsgericht –

In der Zwangsvollstreckungssache

▪▪▪ ./. ▪▪▪

Az ▪▪▪

zeigen wir hiermit an, dass wir den Gläubiger ▪▪▪ in dem Verteilungsverfahren und auch Verteilungstermin[1] vertreten und legen hiermit namens und in Vollmacht unseres Mandanten insoweit

Widerspruch[2]

gegen den Teilungsplan ein, als in dem Teilungsplan die Forderung des Widerspruchsführers im Rang der Forderung des Gläubigers ▪▪▪ nachgeht.

Begründung

Entgegen der in dem Teilungsplan aufgenommenen Rangfolge, ist die Forderung des Gläubigers ▪▪▪ nicht vor der des Widerspruchsführers zu befriedigen, da der Pfändungs- und

Überweisungsbeschluss, auf welchem der Vorrang des Gläubigers ... beruhen soll, nicht wirksam ist.
Im Einzelnen: ... ◄

B. Erläuterungen und Varianten

[1] **Verteilungstermin.** Nach § 875 Abs. 1 bedarf es vor der Entscheidung über die Verteilung zwingend eines (nicht öffentlichen) mündlichen Verhandlungstermins vor dem Verteilungsgericht (Rechtspfleger). Die Beteiligten können sich hierin zu dem vom Gericht erstellten Verteilungsplan erklären und insbesondere einen Widerspruch erheben (siehe Rn 6 ff). Über den Verhandlungstermin ist ein **Protokoll** aufzunehmen (§ 159), das allen am Verfahren beteiligten Gläubigern und auch dem Schuldner mitzuteilen ist. 2

a) **Terminsbestimmung.** Nach Erstellung des Verteilungsplanes erfolgt **von Amts wegen** (§ 214) die Bestimmung des Verhandlungstermins. Zu diesem sind die beteiligten Gläubiger und auch der Schuldner zu laden (§ 329 Abs. 2 S. 2). Eine Ladung des Schuldners ist nach § 875 Abs. 2 nicht erforderlich, wenn diese durch Zustellung im Ausland oder öffentliche Zustellung erfolgen müsste. Die **Ladungsfrist** beträgt drei Tage (§ 217). Auf die Folgen der Säumnis nach § 877 muss nicht hingewiesen werden (§ 231 Abs. 1): 3

▶ Das Gericht hat zur Erklärung über den Teilungsplan sowie zur Ausführung der Verteilung Termin bestimmt auf ..., den ..., Uhr, Raum ....
Der Teilungsplan wird ab dem ... zur Einsichtnahme in Raum ... niedergelegt.
...

Rechtspfleger ◄

Die Terminsladung ist unanfechtbar. Bei **Nichteinhaltung der Ladungsfrist** ist der Termin zu vertagen. Dies können die Gläubiger mit dem Rechtsmittel der befristeten Erinnerung (§ 11 Abs. 2 RPflG), der Schuldner im Wege der Erinnerung (§ 766) geltend machen. Eine Teilnahme am Termin ohne Rüge führt zur Heilung der Fristversäumung (§ 295).

b) **Planniederlegung.** Neben der Terminsladung ist weiter der Verteilungsplan **spätestens drei Tage** vor dem Termin auf der Geschäftsstelle des Verteilungsgerichts zur Einsichtnahme niederzulegen (§ 875 Abs. 1 S. 2). Wird der Verteilungsplan verspätet zur Einsichtnahme niedergelegt, so begründet dies ebenfalls ein Recht auf Vertagung (siehe Rn 3 aE zu den Rechtsmitteln der Beteiligten). 4

c) **Säumnis im Termin.** Für den Fall, dass ein beteiligter Gläubiger in dem Verteilungstermin säumig ist, stellt § 877 zwei **unwiderlegliche Vermutungen** auf: aa) Nach § 877 Abs. 1 wird das Einverständnis desjenigen Gläubigers mit dem Verteilungsplan vermutet, der weder vor dem Termin Widerspruch gegen den Plan erhoben hat, noch in dem Termin erschienen ist. Diese Vermutung wird auch auf den Gläubiger erstreckt, der zwar in dem Termin erschienen ist, dort aber keinen Widerspruch erhoben hat (siehe Hk-ZPO/*Kindl* § 877 Rn 2). bb) Weiter wird nach § 877 Abs. 2 vermutet, dass der von einem Widerspruch betroffene, säumige Gläubiger den Widerspruch nicht als begründet anerkennt. Der Widerspruchsführer muss daher auch den säumi- 5 gen Gläubiger nach § 877 verklagen (siehe §§ 878-882 Rn 6). Um das Risiko eines sofortigen Anerkenntnisses (§ 93) zu vermeiden, sollte daher der Widerspruchsführer den Säumigen vor Klageerhebung zur Anerkennung des Widerspruchs auffordern.

6 **[2] Widerspruch gegen Verteilungsplan.** Der Widerspruch ist spätestens im Verteilungstermin zu erheben, er kann aber auch schon vorher schriftlich oder zu Protokoll der Geschäftsstelle erklärt werden. Eine Begründung ist nicht erforderlich, indes muss das Rechtsschutzziel des Widerspruchsführers erkennbar sein.

7 a) **Gegenstand des Widerspruchs.** Nur mit dem Rechtsbehelf des Widerspruchs nach § 876 können die beteiligten Gläubiger gegen den **Inhalt des Verteilungsplanes** vorgehen. Der Widerspruch kann bspw auf eine Rangverbesserung oder eine höhere Zuteilung abzielen. Auch die Aufnahme einer Forderung in den Verteilungsplan, die bislang überhaupt nicht oder zu niedrig angesetzt war, kann mit dem Widerspruch verfolgt werden (ausf. Hk-ZPO/*Kindl* § 876 Rn 2). **Bloße Verfahrensfehler,** die sich auf den Planinhalt nicht ausgewirkt haben (zB Unzuständigkeit des Gerichts, Nichtberücksichtigung eines Widerspruchs), sind dagegen bei Verletzung des rechtlichen Gehörs mit der Erinnerung (§ 766), andernfalls mit der sofortigen Beschwerde nach § 793 (Hk-ZPO/*Kindl* § 876 Rn 2; aA Zöller/*Stöber* § 876 Rn 12: stets sofortige Beschwerde) zu rügen.

8 b) **Widerspruchsberechtigte.** Zum Widerspruch berechtigt sind alle **beteiligten Gläubiger,** die durch den Widerspruch eine Planänderung zu ihren Gunsten anstreben. Ein Widerspruch, durch den die Position des Gläubigers im Ergebnis nicht verbessert würde (zB bei einem gegen einen rangschlechteren Gläubiger gerichteten Widerspruch), ist unzulässig. Gläubiger, die ein Pfandrecht (§ 804) nicht erlangt oder nachgewiesen haben, sind nicht widerspruchsberechtigt. Auch der **Schuldner** und **Dritte** müssen ihre Rechte außerhalb des Verteilungsverfahrens geltend machen (siehe §§ 872–874 Rn 6) und sind nicht widerspruchsberechtigt.

9 c) **Verfahren bei Widerspruch.** Auf den Widerspruch hin haben sich nach § 876 S. 2 die beteiligten Gläubiger, deren Position durch den Widerspruch angegriffen wird, zu erklären. Zur Behandlung Abwesender siehe Rn 5. Erkennen die beteiligten Gläubiger den Widerspruch an oder kommt anderweitig eine Einigung zustande, so ist der Verteilungsplan dementsprechend vom Gericht zu berichtigen (§ 876 S. 3). Der Plan wird sodann im Termin vollständig ausgeführt: der Rechtspfleger weist die Hinterlegungsstelle schriftlich an, die Auszahlungen nach dem (ggf berichtigten) Verteilungsplan vorzunehmen. Beträge, die auf Gläubiger entfallen, welche noch nicht zur Befriedigung berechtigt sind (§§ 720a Abs. 2, 845 Abs. 2, 930 Abs. 2), werden hinterlegt. Gelingt eine Einigung nicht, so entscheidet der Rechtspfleger nicht über den Widerspruch. Der Rechtspfleger prüft nur, ob trotz des Widerspruchs eine teilweise Abwicklung des Verteilungsplans möglich ist und führt diesen insoweit aus (§ 876 S. 4). Im Übrigen bleiben die Beträge hinterlegt. Weiter hat der Rechtspfleger den Widerspruchsführer darauf hinzuweisen, dass die restliche Ausführung des Verteilungsplanes dann erfolgt, wenn der widersprechende Gläubiger nicht innerhalb eines Monats die Erhebung der Widerspruchsklage nachweist (§ 878 Abs. 1).

§ 878 Widerspruchsklage

(1) ¹Der widersprechende Gläubiger muss ohne vorherige Aufforderung binnen einer Frist von einem Monat, die mit dem Terminstag beginnt, dem Gericht nachweisen, dass er gegen die beteiligten Gläubiger Klage erhoben habe. ²Nach fruchtlosem Ablauf dieser Frist wird die Ausführung des Planes ohne Rücksicht auf den Widerspruch angeordnet.
(2) Die Befugnis des Gläubigers, der dem Plan widersprochen hat, ein besseres Recht gegen den Gläubiger, der einen Geldbetrag nach dem Plan erhalten hat, im Wege der Klage geltend zu machen, wird durch die Versäumung der Frist und durch die Ausführung des Planes nicht ausgeschlossen.

§ 879 Zuständigkeit für die Widerspruchsklage

(1) Die Klage ist bei dem Verteilungsgericht und, wenn der Streitgegenstand zur Zuständigkeit der Amtsgerichte nicht gehört, bei dem Landgericht zu erheben, in dessen Bezirk das Verteilungsgericht seinen Sitz hat.
(2) Das Landgericht ist für sämtliche Klagen zuständig, wenn seine Zuständigkeit nach dem Inhalt der erhobenen und in dem Termin nicht zur Erledigung gelangten Widersprüche auch nur bei einer Klage begründet ist, sofern nicht die sämtlichen beteiligten Gläubiger vereinbaren, dass das Verteilungsgericht über alle Widersprüche entscheiden solle.

§ 880 Inhalt des Urteils

¹In dem Urteil, durch das über einen erhobenen Widerspruch entschieden wird, ist zugleich zu bestimmen, an welche Gläubiger und in welchen Beträgen der streitige Teil der Masse auszuzahlen sei. ²Wird dies nicht für angemessen erachtet, so ist die Anfertigung eines neuen Planes und ein anderweites Verteilungsverfahren in dem Urteil anzuordnen.

§ 881 Versäumnisurteil

Das Versäumnisurteil gegen einen widersprechenden Gläubiger ist dahin zu erlassen, dass der Widerspruch als zurückgenommen anzusehen sei.

§ 882 Verfahren nach dem Urteil

Auf Grund des erlassenen Urteils wird die Auszahlung oder das anderweite Verteilungsverfahren von dem Verteilungsgericht angeordnet.

A. Muster: Widerspruchsklage gegen Teilungsplan, § 878	[3] Zulässigkeit der Widerspruchsklage	6
B. Erläuterungen und Varianten	[4] Begründetheit der Widerspruchsklage	8
[1] Zuständigkeit für die Widerspruchsklage 2	[5] Auswirkungen des Urteils auf das Verteilungsverfahren	10
[2] Streitwert, Gebühren und Kosten .. 4		

1 A. Muster: Widerspruchsklage gegen Teilungsplan, § 878

▶ An das

Landgericht ▪▪▪[1]

Widerspruchsklage nach § 878 ZPO

des ▪▪▪

gegen

▪▪▪

wegen: Abänderung des Teilungsplans des AG ▪▪▪ (Vollstreckungsgericht) vom ▪▪▪
Streitwert: ▪▪▪ EUR[2]

Namens und in Vollmacht des Klägers erheben wir hiermit Widerspruchsklage[3],[4] und werden im Termin zur mündlichen Verhandlung wie folgt beantragen:

1. Der Widerspruch des Klägers gegen den Teilungsplan des AG ▪▪▪ (Verteilungsgericht) vom ▪▪▪ in dem Verteilungsverfahren mit dem Az ▪▪▪ ist begründet. Der Teilungsplan wird dahin gehend abgeändert, dass der Kläger mit einer Forderung in Höhe von ▪▪▪ EUR vor der Forderung des Beklagten in Höhe von ▪▪▪ EUR zu befriedigen ist.[5]
2. Die Kosten des Rechtsstreits hat der Beklagte zu tragen. ◀

B. Erläuterungen und Varianten

2 [1] **Zuständigkeit für die Widerspruchsklage.** Um der Gefahr widersprüchlicher Entscheidungen zu begegnen, begründet die Regelung des § 879 einen **einheitlichen Gerichtsstand** für Widerspruchsklagen nach § 878 Abs. 1. Hierbei handelt es sich um eine **ausschließliche** Zuständigkeit (§ 802). Auf unmittelbar erhobene Bereicherungsklagen nach § 878 Abs. 2 hingegen findet § 879 keine Anwendung. Die **örtliche Zuständigkeit** richtet sich nach dem Sitz des Gerichts, bei welchem das Verteilungsverfahren tatsächlich stattgefunden hat und ist unabhängig davon, ob dieses Gericht überhaupt zuständig war (RGZ 52, 312).

3 **Sachlich zuständig** ist je nach Streitwert (§§ 23, 71 Abs. 1 GVG, zu dessen Bestimmung siehe Rn 4) das Amtsgericht (welches auch als Vollstreckungsgericht tätig war) oder das Landgericht, in dessen Bezirk das Verteilungsgericht seinen Sitz hat. Wenn auch nur einer der im Verteilungstermin nicht erledigten Widersprüche die Wertgrenze von 5.000,- EUR (§ 23 Nr. 1 GVG) übersteigt, ist das Landgericht für sämtliche Widerspruchsklagen, unabhängig von deren Streitwert, zuständig (**§ 879 Abs. 2 Hs 1**). Durch Vereinbarung sämtlicher beteiligter Gläubiger kann indes die Zuständigkeit des Verteilungsgerichts (nicht aber des Landgerichts) begründet werden (**§ 879 Abs. 2 Hs 2**). Mehrere Klagen sind zu verbinden (§ 147).

4 [2] **Streitwert, Gebühren und Kosten.** Der **Streitwert** bestimmt sich nach dem Betrag, um den sich im Falle des Obsiegens der Erlös des Klägers aus dem Verteilungsverfahren erhöhen würde. § 4 Abs. 1 Hs 2 ist nicht anwendbar: unerheblich ist bei Bestimmung des Streitwerts, ob es sich bei dem von dem Kläger erstrebten Mehrbetrag um die Hauptforderung, Zinsen, Kosten oder sonstige Nebenforderungen handelt.

Für die Widerspruchsklage fallen die für das Prozessverfahren der ersten Instanz geltenden **Gebühren** an (KV-GKG Nr. 1210 f). Ebenso verdient der Rechtsanwalt die für das Verfahren im ersten Rechtszug festgelegten Gebühren (VV-RVG Nr. 3100 ff).

[3] **Zulässigkeit der Widerspruchsklage.** Bei der Widerspruchsklage handelt es sich um eine **prozessuale Gestaltungsklage**, welche die Anordnung einer Änderung des Verteilungsplanes zum Ziel hat (BGH NJW 2001, 2477). Im **Klageantrag** hat der Kläger daher die erstrebte Änderung des Teilungsplanes so konkret als möglich zu bezeichnen. **Aktivlegitimiert** ist ein jeder Gläubiger, der dem Verteilungsplan rechtzeitig widersprochen hat. **Passivlegitimiert** sind alle von dem Widerspruch betroffenen Gläubiger (auch die im Verteilungstermin säumigen, vgl § 877 Abs. 2). Machen mehrere Gläubiger denselben Widerspruchsgrund geltend, so können sie gemeinsam klagen (§§ 59 ff). Mehrere Beklagte sind einfache Streitgenossen nach § 61. Ein **Rechtsschutzinteresse** besteht nur ab Ende des Verhandlungstermins über den Verteilungsplan bis zur Ausführung desselben (BGH NJW-RR 1987, 890). Nach Ausführung kann der Kläger die Klage für erledigt erklären oder im Wege der zulässigen Klageänderung (§ 264 Nr. 3) von dem Beklagten die Herausgabe der Bereicherung verlangen (§ 878 Abs. 2).

Auch nach Ablauf der **Monatsfrist** nach **§ 878 Abs. 1** kann Widerspruchsklage erhoben werden, ihre Wahrung ist keine Zulässigkeitsvoraussetzung. Jedoch hat die Klage nur dann **aufschiebende Wirkung** und es bleibt bei einer Hinterlegung der vom Widerspruch betroffenen Teilungsmassen, wenn sich die Widerspruchsklage gegen alle betroffenen Gläubiger richtet und der Kläger ihre Erhebung binnen eines Monats nach dem Terminstag schriftlich oder zu Protokoll der Geschäftsstelle nachweist. Dabei muss der Kläger (nur) die fristgemäße Einreichung der Klage und die Einzahlung des Vorschusses (§ 12 GKG) oder die Einreichung eines Prozesskostenhilfeantrags **nachweisen**, allein die Klageerhebung genügt nicht. Zur Fristberechnung siehe Hk-ZPO/*Kindl* § 878 Rn 3.

[4] **Begründetheit der Widerspruchsklage.** Die Klage ist begründet, wenn der Kläger darlegt und ggf auch beweist, dass ihm im Verhältnis zu dem oder den Beklagten das Recht zusteht, **vorrangig** aus dem hinterlegten Erlös befriedigt zu werden und daher der Verteilungsplan unrichtig ist. Dies ist dann der Fall, wenn das Pfandrecht des Beklagten an dem hinterlegten Erlös nicht entstanden, nach der Pfändung wieder erloschen (durch Wegfall der Titelforderung) oder die Pfändung nichtig oder anfechtbar ist (ausf. Hk-ZPO/*Kindl* § 878 Rn 5 mit Bsp). Die Klage kann dabei nur auf solche Tatsachen gestützt werden, die zum **Schluss des Verteilungstermins** schon eingetreten waren (hM siehe Musielak/*Becker* § 878 Rn 5; aA Hk-ZPO/*Kindl* § 878 Rn 4: Schluss der letzten mündlichen Verhandlung). Die Klage ist weiter begründet, wenn zB der Kläger mit dem Beklagten einen Vorrang vertraglich vereinbart hat oder sich der Beklagte den Vorrang in sittenwidriger Weise erschlichen hat. Der Beklagte hat demgegenüber vorzutragen, dass der von dem Kläger behauptete Vorrang diesem nicht zukommt; im Verfahren der Widerspruchsklage kann der Beklagte **nicht aufrechnen** oder ein **Zurückbehaltungsrecht** geltend machen.

Die Regelung des § 878 Abs. 2 stellt klar, dass der Gläubiger, welcher den Nachweis der Klageerhebung nicht fristgerecht erbracht hat, **keinen materiellen Rechtsverlust** erleidet: er kann im Wege der **Bereicherungsklage** gem. § 812 Abs. 1 S. 1 2. Alt. BGB (Eingriffskondiktion) vor Planausführung die Einwilligung in die Auszahlung an sich und nach Ausführung die Herausgabe des Erlöses von dem konkurrierenden Gläubiger verfolgen. Über den Wortlaut des § 878 Abs. 2 hinaus kann auch der Gläubiger mit der Bereicherungsklage vorgehen, der überhaupt **keinen Widerspruch** erhoben hat oder der im **Verteilungstermin nicht erschienen** ist.

10 [5] **Auswirkungen des Urteils auf das Verteilungsverfahren.** Ist die Widerspruchsklage **begründet**, so sollte das Gericht bereits im Urteilstenor konkrete Anordnungen dazu treffen, was von dem hinterlegten Betrag in Abweichung von dem Verteilungsplan an welche Gläubiger auszuzahlen ist (§ 880 S. 1). Das Urteil ist als Gestaltungsurteil hinsichtlich der Hauptsache erst mit Rechtskraft vollstreckbar; hinsichtlich der Kosten ist es für vorläufig vollstreckbar zu erklären. Das Verteilungsgericht ersucht erst dann die Hinterlegungsstelle um Auszahlung oder setzt das Verteilungsverfahren fort (§ 882), **nachdem** die beteiligten Gläubiger die Rechtskraft des dem Widerspruch stattgebenden Urteils nachgewiesen haben.

11 Das Gericht kann bei begründeter Widerspruchsklage aber auch (nur) die Ausfertigung eines **neuen Verteilungsplans** und ein neues Verteilungsverfahren **anordnen** (§ 880 S. 2):

▶ In dem Verteilungsverfahren des Amtsgerichts ... (Verteilungsgericht) mit dem Az ... wird die Anfertigung eines neuen Teilungsplans entsprechend der vorliegenden Entscheidung und die anschließende Durchführung eines entsprechenden Verteilungsverfahrens angeordnet. ◀

Dergestalt wird das Gericht verfahren, wenn noch nicht alle Klagen betreffend denselben Widerspruch entscheidungsreif sind oder wenn es die Berechnung dem Verteilungsgericht überlassen möchte.

12 Ist die Widerspruchsklage **nicht begründet**, so wird die Klage (lediglich) abgewiesen; es ergeht keine Anweisung an das Verteilungsgericht, nun den Verteilungsplan auszuführen. Eine Sonderregelung für den Fall des **Versäumnisurteils** gegen den widersprechenden Kläger trifft § 881: abweichend von der Regelung des § 330 wird er so behandelt, als habe er keinen Widerspruch erhoben. Das Gericht tenoriert:

▶ Der Widerspruch des Klägers gegen den Verteilungsplan des Amtsgerichts (Verteilungsgericht) vom ... in dem Verteilungsverfahren mit dem Az ... gilt als zurückgenommen. ◀

Ein solches Versäumnisurteil steht indes der Erhebung einer **Bereicherungsklage** nach § 878 Abs. 2 **nicht entgegen** (hM siehe Hk-ZPO/*Kindl* § 881 Rn 1; aA Zöller/*Stöber* § 881 Rn 1).

Titel 5 Zwangsvollstreckung gegen juristische Personen des öffentlichen Rechts

§ 882 a Zwangsvollstreckung wegen einer Geldforderung

(1) ¹Die Zwangsvollstreckung gegen den Bund oder ein Land wegen einer Geldforderung darf, soweit nicht dingliche Rechte verfolgt werden, erst vier Wochen nach dem

Zeitpunkt beginnen, in dem der Gläubiger seine Absicht, die Zwangsvollstreckung zu betreiben, der zur Vertretung des Schuldners berufenen Behörde und, sofern die Zwangsvollstreckung in ein von einer anderen Behörde verwaltetes Vermögen erfolgen soll, auch dem zuständigen Minister der Finanzen angezeigt hat. ²Dem Gläubiger ist auf Verlangen der Empfang der Anzeige zu bescheinigen. ³Soweit in solchen Fällen die Zwangsvollstreckung durch den Gerichtsvollzieher zu erfolgen hat, ist der Gerichtsvollzieher auf Antrag des Gläubigers vom Vollstreckungsgericht zu bestimmen.

(2) ¹Die Zwangsvollstreckung ist unzulässig in Sachen, die für die Erfüllung öffentlicher Aufgaben des Schuldners unentbehrlich sind oder deren Veräußerung ein öffentliches Interesse entgegensteht. ²Darüber, ob die Voraussetzungen des Satzes 1 vorliegen, ist im Streitfall nach § 766 zu entscheiden. ³Vor der Entscheidung ist der zuständige Minister zu hören.

(3) ¹Die Vorschriften der Absätze 1 und 2 sind auf die Zwangsvollstreckung gegen Körperschaften, Anstalten und Stiftungen des öffentlichen Rechtes mit der Maßgabe anzuwenden, dass an die Stelle der Behörde im Sinne des Absatzes 1 die gesetzlichen Vertreter treten. ²Für öffentlich-rechtliche Bank- und Kreditanstalten gelten die Beschränkungen der Absätze 1 und 2 nicht.

(4) (weggefallen)

(5) Der Ankündigung der Zwangsvollstreckung und der Einhaltung einer Wartefrist nach Maßgabe der Absätze 1 und 3 bedarf es nicht, wenn es sich um den Vollzug einer einstweiligen Verfügung handelt.

A. Muster: Anzeige der Vollstreckungsabsicht an juristische Personen des öffentlichen Rechts	[1] Anwendungsbereich 2
	[2] Anzeige der Vollstreckungsabsicht und Wartefrist 4
B. Erläuterungen	[3] Pfändungsverbote 8

A. Muster: Anzeige der Vollstreckungsabsicht an juristische Personen des öffentlichen Rechts

▶ An ...

Nachrichtlich an:

Minister der Finanzen ...

Sehr geehrte Damen und Herren,

wie Ihnen aus dem Verfahren vor dem Landgericht ... (Az ...) bekannt ist, vertreten wir die rechtlichen Interessen von Herrn ..., wohnhaft ...

Hiermit zeigen wir an, dass nunmehr die Vollstreckungsreife des gegen das Bundesland ... erwirkten Titels,[1] des Urteils des Landgerichts ... vom ..., Az ..., mit welchem das Bundesland zu einer Zahlung in Höhe von ... EUR verurteilt wurde, eingetreten ist.

Wir kündigen namens und in Vollmacht unseres Mandanten dessen Zwangsvollstreckungsabsicht[2] an und weisen darauf hin, dass die Zwangsvollstreckung aus dem oben bezeichneten Titel vier Wochen nach dem Eingang der vorliegenden Anzeige begonnen werden kann.[3]

Wir dürfen Sie bitten, uns den Empfang der vorliegenden Anzeige der Vollstreckungsabsicht mit beigefügtem Empfangsbekenntnis zu bestätigen.
Mit freundlichen Grüßen ◄

B. Erläuterungen

2 **[1] Anwendungsbereich.** Die Regelung des § 882 a nimmt einen Ausgleich zwischen den Interessen des vollstreckenden Gläubigers und den Interessen der juristischen Personen des öffentlichen Rechts an der Erfüllung ihrer im Gemeinwohlinteresse ausgeübten öffentlichen Aufgaben vor (BVerfG NJW 1982, 2859). Die Vorschrift findet Anwendung auf die **Zwangsvollstreckung wegen einer Geldforderung** (gem. §§ 803–882 a; auch nach §§ 887 Abs. 2, 888 und § 845) gegen die Bundesrepublik Deutschland (Abs. 1 S. 1), ein Bundesland (Abs. 1 S. 1) oder gegen eine Körperschaft, Anstalt oder Stiftung des öffentlichen Rechts (Abs. 3 S. 1). Hierunter fallen zB die öffentlich-rechtlichen Rundfunkanstalten oder die Industrie- und Handwerkskammern (§ 3 Abs. 1 IHKG). Weiter werden Kirchen und deren Organisationen von dem Schutzbereich des § 882 a erfasst, wenn sie als öffentlich-rechtliche Organisationen anerkannt sind.

3 **Nicht anwendbar** ist § 882 a bei der Vollstreckung gegen öffentlich-rechtliche Bank- und Kreditanstalten (Abs. 3 S. 2) und gegen Gemeinde- und Gemeindeverbände (§ 15 Nr. 3 EGZPO normiert einen entsprechenden landesrechtlichen Vorbehalt, vgl zB Art. 77 BayGO). Auch erfasst die Regelung nicht die Vollstreckung wegen einer Geldforderung in Verfolgung dinglicher Rechte (zB nach § 1147 BGB). **Sonderregelungen** für die Vollstreckung aus einem Urteil des Verwaltungs-, Sozial- oder Finanzgerichts gegen die öffentliche Hand enthalten § 170 VwGO, § 198 Abs. 1 SGG und § 151 Abs. 1 FGO.

4 **[2] Anzeige der Vollstreckungsabsicht und Wartefrist.** Der Zwangsvollstreckung wegen einer Geldforderung gegen eine der in Rn 2 aufgeführten juristischen Personen des öffentlichen Rechts muss eine **Anzeige der Vollstreckungsabsicht** nach Abs. 1 vorausgehen. Diese Anzeige ist an den Prozessbevollmächtigten oder die Behörde zu richten (§ 81), bei Körperschaften an deren gesetzlichen Vertreter. Soll in das Vermögen einer anderen Behörde vollstreckt werden, ist zusätzlich eine Anzeige an den Finanzminister des Bundes oder Landes erforderlich (Abs. 1 S. 1 aE).

5 Eine besondere **Form** sieht Abs. 1 nicht vor, sie kann daher auch mündlich erfolgen. Da die Anzeige jedoch von dem Vollstreckungsorgan **von Amts wegen** geprüft wird, ist eine schriftliche Anzeige nebst Zustellung oder Anforderung eines Empfangsbekenntnisses zu empfehlen. Der **Inhalt** der Anzeige muss dem Schuldner die ernsthafte Absicht der Zwangsvollstreckung aufzeigen, der Angabe von Ort oder Zeit der Vollstreckung bedarf es indes nicht. Auch muss dem Schuldner eine Identifikation der zu vollstreckenden Forderung anhand einer genauen Bezeichnung des vollstreckbaren Titels, des Gläubigers und Schuldners als auch Schuldgrundes ermöglicht werden.

6 Erst nach Ablauf einer **Wartefrist** von vier Wochen nach der Anzeige der Vollstreckungsabsicht kann die Zwangsvollstreckung beginnen; die Frist wird nach § 222 berechnet (bei zwei Anzeigen, vgl. Rn 4 aE, ist auf den Eingang der zweiten Anzeige abzustellen) und ihre Einhaltung ebenfalls von Amts wegen von dem Vollstreckungsor-

gan geprüft. Die Wartefrist beginnt nach hM erst dann zu laufen, wenn zum Zeitpunkt der Ankündigung bereits alle **Vollstreckungsvoraussetzungen** vorliegen (ausf. Hk-ZPO/*Kindl* § 882 a Rn 2).

Einer Anzeige der Vollstreckungsabsicht und Einhaltung der Wartefrist bedarf es nicht bei dem **Vollzug einer einstweiligen Verfügung** (Abs. 5). Soweit für die Vollstreckung nach Rn 2 ein **Gerichtsvollzieher** benötigt wird, bestimmt das Vollstreckungsgericht diesen auf Antrag des Gläubigers (Abs. 1 S. 3). Die Anzeige der Vollstreckungsabsicht ist keine besondere Angelegenheit gem. § 19 Abs. 2 Nr. 4 RVG: sie löst die **Vollstreckungsgebühr** nach VV-RVG Nr. 3309 aus und ist mit dieser abgegolten. 7

[3] **Pfändungsverbote.** In Ergänzung des § 811 bestimmt Abs. 2, dass die Pfändung in Sachen (im Sinne des § 808) des Verwaltungsvermögens, die für die Erfüllung öffentlicher Aufgaben unentbehrlich sind oder deren Veräußerung ein öffentliches Interesse entgegensteht, unzulässig ist. Hierunter fallen zB Kunstgegenstände aus öffentlichen Sammlungen und wegen einem Geheimhaltungsinteresse ggf auch Sachmittel von Polizei und Bundeswehr. Das Vollstreckungsorgan muss die Voraussetzungen des Abs. 2 **von Amts wegen** prüfen; im Streitfall entscheidet das Vollstreckungsgericht nach Abs. 2 S. 2 durch den Richter (§§ 766, 793). Zuvor ist nach Abs. 2 S. 3 der zuständige Minister, dem das Vermögen untersteht, in welches vollstreckt werden soll, zu hören. 8

Titel 6 Schuldnerverzeichnis

§ 882 b Inhalt des Schuldnerverzeichnisses

(1) Das zentrale Vollstreckungsgericht nach § 882 h Abs. 1 führt ein Verzeichnis (Schuldnerverzeichnis) derjenigen Personen,

1. deren Eintragung der Gerichtsvollzieher nach Maßgabe des § 882 c angeordnet hat;
2. deren Eintragung die Vollstreckungsbehörde nach Maßgabe des § 284 Abs. 9 der Abgabenordnung angeordnet hat; einer Eintragungsanordnung nach § 284 Abs. 9 der Abgabenordnung steht die Anordnung der Eintragung in das Schuldnerverzeichnis durch eine Vollstreckungsbehörde gleich, die auf Grund einer gleichwertigen Regelung durch Bundesgesetz oder durch Landesgesetz ergangen ist;
3. deren Eintragung das Insolvenzgericht nach Maßgabe des § 26 Absatz 2 oder des § 303 a der Insolvenzordnung angeordnet hat.

(2) Im Schuldnerverzeichnis werden angegeben:

1. Name, Vorname und Geburtsname des Schuldners sowie die Firma und deren Nummer des Registerblatts im Handelsregister,
2. Geburtsdatum und Geburtsort des Schuldners,
3. Wohnsitze des Schuldners oder Sitz des Schuldners,

einschließlich abweichender Personendaten.

(3) Im Schuldnerverzeichnis werden weiter angegeben:
1. Aktenzeichen und Gericht oder Vollstreckungsbehörde der Vollstreckungssache oder des Insolvenzverfahrens,
2. im Fall des Absatzes 1 Nr. 1 das Datum der Eintragungsanordnung und der gemäß § 882 c zur Eintragung führende Grund,
3. im Fall des Absatzes 1 Nr. 2 das Datum der Eintragungsanordnung und der gemäß § 284 Abs. 9 der Abgabenordnung oder einer gleichwertigen Regelung im Sinne von Absatz 1 Nr. 2 Halbsatz 2 zur Eintragung führende Grund,
4. im Fall des Absatzes 1 Nummer 3 das Datum der Eintragungsanordnung sowie die Feststellung, dass ein Antrag auf Eröffnung des Insolvenzverfahrens über das Vermögen des Schuldners mangels Masse gemäß § 26 Absatz 1 Satz 1 der Insolvenzordnung abgewiesen wurde, oder bei einer Eintragung gemäß § 303 a der Insolvenzordnung der zur Eintragung führende Grund und das Datum der Entscheidung des Insolvenzgerichts.

§ 882 c Eintragungsanordnung

(1) Der zuständige Gerichtsvollzieher ordnet von Amts wegen die Eintragung des Schuldners in das Schuldnerverzeichnis an, wenn
1. der Schuldner seiner Pflicht zur Abgabe der Vermögensauskunft nicht nachgekommen ist;
2. eine Vollstreckung nach dem Inhalt des Vermögensverzeichnisses offensichtlich nicht geeignet wäre, zu einer vollständigen Befriedigung des Gläubigers zu führen, auf dessen Antrag die Vermögensauskunft erteilt oder dem die erteilte Auskunft zugeleitet wurde, oder
3. der Schuldner dem Gerichtsvollzieher nicht innerhalb eines Monats nach Abgabe der Vermögensauskunft oder Bekanntgabe der Zuleitung nach § 802 d Abs. 1 Satz 2 die vollständige Befriedigung des Gläubigers nachweist, auf dessen Antrag die Vermögensauskunft erteilt oder dem die erteilte Auskunft zugeleitet wurde. Dies gilt nicht, solange ein Zahlungsplan nach § 802 b festgesetzt und nicht hinfällig ist.

(2) ¹Die Eintragungsanordnung soll kurz begründet werden. ²Sie ist dem Schuldner zuzustellen, soweit sie ihm nicht mündlich bekannt gegeben und in das Protokoll aufgenommen wird (§ 763).

(3) ¹Die Eintragungsanordnung hat die in § 882 b Abs. 2 und 3 genannten Daten zu enthalten. ²Sind dem Gerichtsvollzieher die nach § 882 b Abs. 2 Nr. 1 bis 3 im Schuldnerverzeichnis anzugebenden Daten nicht bekannt, holt er Auskünfte bei den in § 755 Abs. 1 und 2 Satz 1 Nr. 1 genannten Stellen ein oder sieht das Handelsregister ein, um die erforderlichen Daten zu beschaffen.

§ 882 d Vollziehung der Eintragungsanordnung

(1) ¹Gegen die Eintragungsanordnung nach § 882 c kann der Schuldner binnen zwei Wochen seit Bekanntgabe Widerspruch beim zuständigen Vollstreckungsgericht einlegen. ²Der Widerspruch hemmt nicht die Vollziehung. ³Nach Ablauf der Frist des Sat-

zes 1 übermittelt der Gerichtsvollzieher die Anordnung unverzüglich elektronisch dem zentralen Vollstreckungsgericht nach § 882 h Abs. 1. ⁴Dieses veranlasst die Eintragung des Schuldners.
(2) ¹Auf Antrag des Schuldners kann das Vollstreckungsgericht anordnen, dass die Eintragung einstweilen ausgesetzt wird. ²Das zentrale Vollstreckungsgericht nach § 882 h Abs. 1 hat von einer Eintragung abzusehen, wenn ihm die Ausfertigung einer vollstreckbaren Entscheidung vorgelegt wird, aus der sich ergibt, dass die Eintragungsanordnung einstweilen ausgesetzt ist.
(3) ¹Über die Rechtsbehelfe nach den Absätzen 1 und 2 ist der Schuldner mit der Bekanntgabe der Eintragungsanordnung zu belehren. ²Das Gericht, das über die Rechtsbehelfe entschieden hat, übermittelt seine Entscheidung dem zentralen Vollstreckungsgericht nach § 882 h Abs. 1 elektronisch.

§ 882 e Löschung

(1) Eine Eintragung im Schuldnerverzeichnis wird nach Ablauf von drei Jahren seit dem Tag der Eintragungsanordnung von dem zentralen Vollstreckungsgericht nach § 882 h Abs. 1 gelöscht.
(2) ¹Über Einwendungen gegen die Löschung nach Absatz 1 oder ihre Versagung entscheidet der Urkundsbeamte der Geschäftsstelle. ²Gegen seine Entscheidung findet die Erinnerung nach § 573 statt.
(3) Abweichend von Absatz 1 wird eine Eintragung auf Anordnung des zentralen Vollstreckungsgerichts nach § 882 h Abs. 1 gelöscht, wenn diesem
1. die vollständige Befriedigung des Gläubigers nachgewiesen worden ist;
2. das Fehlen oder der Wegfall des Eintragungsgrundes bekannt geworden ist oder
3. die Ausfertigung einer vollstreckbaren Entscheidung vorgelegt wird, aus der sich ergibt, dass die Eintragungsanordnung aufgehoben oder einstweilen ausgesetzt ist.
(4) ¹Wird dem zentralen Vollstreckungsgericht nach § 882 h Abs. 1 bekannt, dass der Inhalt einer Eintragung von Beginn an fehlerhaft war, wird die Eintragung durch den Urkundsbeamten der Geschäftsstelle geändert. ²Wird der Schuldner oder ein Dritter durch die Änderung der Eintragung beschwert, findet die Erinnerung nach § 573 statt.

A. Muster: Antrag auf vorzeitige Löschung aus dem Schuldnerverzeichnis
B. Erläuterungen

[1] Zuständigkeit 2
[2] Nachweis 4
[3] Kosten 5

A. Muster: Antrag auf vorzeitige Löschung aus dem Schuldnerverzeichnis

▶ An das Amtsgericht ... als zentrales Vollstreckungsgericht[1]
– Schuldnerverzeichnis –

Antrag auf vorzeitige Löschung aus dem Schuldnerverzeichnis (§ 882 e Abs. 3 Nr. 1 ZPO)

In der Vollstreckungssache

zeige ich an, den Schuldner zu vertreten.

Ich beantrage,

die Eintragung des Schuldners aufgrund der Anordnung des Gerichtsvollziehers ... vom ...,
Az ..., zu löschen.

Begründung

Der Gerichtsvollzieher ... hat am ... die Eintragung des Schuldners in des Schuldnerverzeichnis angeordnet.

Unter dem ... hat der Schuldner den gesamten noch offenen Forderungsbetrag getilgt, was durch Bescheinigung des Gläubigers vom ... nachgewiesen wird.[2]

...

Rechtsanwalt[3] ◄

B. Erläuterungen

2 [1] Zur örtlichen Zuständigkeit des zentralen Vollstreckungsgerichts vgl § 882 b Abs. 1 iVm § 882 h; die Länder haben jeweils die Zuständigkeit für die Führung des Schuldnerverzeichnisses bei einem Amtsgericht zentralisiert (vgl Hk-ZPO/*Rathmann* § 882 h Rn 2).

3 Die **Löschung im Schuldnerverzeichnis** erfolgt nach § 882 e Abs. 1 (von Amts wegen) am Ende des dritten Kalenderjahres nach der Eintragungsanordnung. Eine vorherige Löschung auf Antrag des Schuldners ist nur dann möglich, wenn die Voraussetzungen des § 882 e Abs. 3 vorliegen, was der bisherigen Rechtslage entsprechen soll (BT-Drucks. 16/10069, S. 40). Zu Rechtsmitteln gegen die Versagung der Löschung vgl § 882 e Abs. 2.

4 [2] Der **Nachweis** erfolgt durch die Quittung des Gläubigers (vgl § 368 BGB) oder auch durch Vorlage des quittierten (§ 757) Titels.

5 [3] Keine besondere Gebühr des Gerichts. **Kosten** des Rechtsanwalts: besondere Angelegenheit iSv § 18 Nr. 17 RVG; daher 0,3 Verfahrensgebühr (VV Nr. 3309) Postpauschale (VV Nr. 7002), Mehrwertsteuer.

Abschnitt 3 Zwangsvollstreckung zur Erwirkung der Herausgabe von Sachen und zur Erwirkung von Handlungen oder Unterlassungen

§ 883 Herausgabe bestimmter beweglicher Sachen

(1) Hat der Schuldner eine bewegliche Sache oder eine Menge bestimmter beweglicher Sachen herauszugeben, so sind sie von dem Gerichtsvollzieher ihm wegzunehmen und dem Gläubiger zu übergeben.

(2) ¹Wird die herauszugebende Sache nicht vorgefunden, so ist der Schuldner verpflichtet, auf Antrag des Gläubigers zu Protokoll an Eides statt zu versichern, dass er die Sache nicht besitze, auch nicht wisse, wo die Sache sich befinde. ²Der gemäß § 802 e zuständige Gerichtsvollzieher lädt den Schuldner zur Abgabe der eidesstattlichen Versicherung. ³Die Vorschriften der §§ 478 bis 480, 483, 802 f Abs. 4, §§ 802 g bis 802 i und 802 j Abs. 1 und 2 gelten entsprechend.

(3) Das Gericht kann eine der Sachlage entsprechende Änderung der eidesstattlichen Versicherung beschließen.

A. Anwaltliche Sicht
   I. Muster: Auftrag zur Herausgabe von Sachen
   II. Erläuterungen
      [1] Leistungstitel 2
      [2] Gerichtsvollzieherverteilungsstelle 5
      [3] Zustellbescheinigung 6
      [4] Titel 7
      [5] Hinweise des Gläubigers 8
      [6] Offenbarungsversicherung ... 10
      [7] Einverständnis 11
      [8] Änderung 12
      [9] Abnahme der eidesstattlichen Versicherung 13
      [10] Verfahrenskosten 14

B. Gerichtliche Sicht
   I. Muster: Ergänzung der eidesstattlichen Versicherung
   II. Erläuterungen
      [1] Besonderer Antrag 16
      [2] Entscheidung über den Antrag 17

A. Anwaltliche Sicht

I. Muster: Auftrag zur Herausgabe von Sachen

▶ An das[1]

Amtsgericht ...

– Gerichtsvollzieherverteilungsstelle –[2]

...

In der Zwangsvollstreckungssache ...

übersende ich den beiliegenden vollstreckbaren Schuldtitel nebst Zustellbescheinigung[3] mit der Bitte an den zuständigen Gerichtsvollzieher,

die Zwangsvollstreckung durch Wegnahme der von dem Schuldner herauszugebenden, im Titel näher bezeichneten Sachen ...[4] durchzuführen. Diese Gegenstände bitte ich dem Gläubiger zu übergeben, der bei der Vollstreckung zugegen sein will.[5] Deshalb bitte ich den zuständigen Gerichtsvollzieher ferner,

den Gläubiger unmittelbar über den Termin des beabsichtigten Vollstreckungsversuchs zu informieren.

Sollten die Sachen nicht gefunden werden, bitte ich[6]

dem Schuldner – wenn er damit einverstanden ist[7] – sogleich die eidesstattliche Versicherung abzunehmen,[8] ihn andernfalls mit einer Frist von zwei Wochen zur Abgabe der Offenbarungsversicherung zu laden.[9]

Außerdem bitte ich um Vollstreckung der titulierten Kosten gemäß beigefügtem Kostenfestsetzungsbeschluss vom ... sowie der Vollstreckungskosten[10]

...

Rechtsanwalt ◀

II. Erläuterungen

[1] Die Vorschrift kommt bei **Leistungstiteln** zur Anwendung, die auf die **Herausgabe** einer bestimmten **beweglichen Sache** oder einer Menge bestimmter beweglicher Sachen (§ 884) gerichtet sind. Der **Gerichtsvollzieher**, das nach **Abs. 1** zuständige Voll-

streckungsorgan, hat diese Sachen dem Schuldner (oder einem herausgabebereiten Dritten, der die Sache zumindest im Mitgewahrsam hat, § 70 Abs. 2 GVGA) **wegzunehmen** und dem Gläubiger zu **übergeben**.

3   Tätigkeitsvoraussetzung ist für den Gerichtsvollzieher neben dem **Vollstreckungsauftrag** (§ 753; zur Möglichkeit und zum Gesetzgebungsstand hinsichtlich verbindlicher Formulare bei der Antragstellung s. die Anmerkungen dort) ein **vollstreckungsfähiger Titel** jedweder Art, der auf Herausgabe einer beweglichen Sache (oder einer Menge bestimmter beweglicher Sachen, § 884) gerichtet ist, nicht auf die Entfernung beweglicher Sachen.

4   Zu den **beweglichen Sachen** (§ 90 BGB) gehören sowohl **vertretbare** als auch **unvertretbare** und auch solche, die erst durch die Wegnahme (Demontage) wieder zu selbstständigen beweglichen Sachen werden (Thomas/Putzo/*Hüßtege* § 883 Rn 2). Eine herauszugebende **Menge** bestimmter beweglicher Sachen kann zB eine Bibliothek oder eine Ladeneinrichtung sein, aber auch eine nach Gattungsmerkmalen (100 kg Saatkorn Weizen) und auf den konkreten Vorrat begrenzte Gattungsschuld (etwa das im Tank noch vorhandene Heizöl).

5   [2] Nach § 753 Abs. 2 kann der Gläubiger, der die Geschäftsverteilung unter den Gerichtsvollziehern nicht kennen muss, zur Erteilung (Weiterleitung) seines Vollstreckungsauftrags an den Gerichtsvollzieher die Geschäftsstelle des Amtsgerichts am Wohnsitz des Schuldners in Anspruch nehmen (die „**Gerichtsvollzieherverteilungsstelle**", vgl §§ 22 ff. GVO, § 31 Abs. 1 GVGA).

6   [3] Die **Zustellbescheinigung**, die die Geschäftsstelle des erkennenden Gerichts nach § 169 Abs. 1 bei vollstreckungsfähigen **Entscheidungen** (Urteilen und Beschlüssen, nicht Vergleichen, weil diese im Parteibetrieb zugestellt werden) auf Antrag dem Gläubiger erteilt, ist – neben dem Antrag und dem Titel mit Vollstreckungsklausel – eine weitere Voraussetzung der Zwangsvollstreckung, § 750 Abs. 1. Vergleiche müssen spätestens bei der Herausgabevollstreckung dem Schuldner zugestellt werden, §§ 795, 750 Abs. 1 S. 2.

7   [4] Der **Titel** muss so **hinreichend bestimmt** sein, dass der Gerichtsvollzieher allein aus der Urteilsformel zweifelsfrei erkennen kann, welche individuell bestimmte bewegliche Sache oder welche ebenso eingegrenzte Menge bestimmter beweglicher Sachen er im Auftrag des Gläubigers bei dem Schuldner (oder einem herausgabebereiten Dritten, der zumindest Mitgewahrsam hat, § 70 Abs. 2 GVGA) wegnehmen und dem Gläubiger übergeben soll. S. im Übrigen bereits oben Rn. 4; nicht hinreichend bestimmt ist etwa der Antrag, den „Hausrat" herauszugeben.

8   [5] Bei Beauftragung des Gerichtsvollziehers können **Hinweise des Gläubigers** an ihn höchst zweckmäßig oder geboten sein, insbesondere zum vermutlichen Aufbewahrungsort des herauszugebenden Gegenstandes, zur Art seiner Demontage oder etwa zu seinem Transport. Ergänzende Angaben zur Spezifizierung des herauszugebenden Gegenstandes sind dagegen für den Gerichtsvollzieher idR unbeachtlich; maßgebend ist für ihn allein der Titel.

9   Zu Einzelheiten der **Durchführung** der Zwangsvollstreckung in bewegliche Sachen s. § 127 GVGA. **Verweigert** der Schuldner dem Gerichtsvollzieher schon den Zutritt zu seiner Wohnung, bedarf es hierfür einer richterlichen **Durchsuchungsanordnung**

nach § 758 a (vgl dazu § 61 Abs. 7 GVGA und die Muster §§ 758 a f. Rn 1 und Rn 11 iVm den Bestimmungen der ZVFV). Selbst bei Vorliegen einer solchen hat der Gläubiger selbst noch keinen Anspruch auf Anwesenheit in der Wohnung des Schuldners gegen dessen Willen. Grundsätzlich sind die Hinzuziehung und die **Gegenwart des Gläubigers** bei der Vollstreckungshandlung jedoch zweckmäßig, damit er sogleich die Identität des weggenommenen mit dem nach dem Titel geschuldeten **Gegenstand überprüfen** und Hinweise zum Auffinden des herauszugebenden Gegenstandes geben kann. Ohnehin hat der Gerichtsvollzieher den Gläubiger idR über den Ort und die Zeit der Vollstreckungshandlung zu informieren, damit dieser sich dort zur **Empfangnahme** der Sachen einfinden bzw. die notwendigen Maßnahmen zur Fortschaffung der Sachen treffen kann (§ 127 Abs. 2 GVGA); andernfalls sind diese ihm zuzusenden oder in Verwahrung zu nehmen.

[6] Werden die vom Schuldner herauszugebenden Sachen vom Gerichtsvollzieher bei einem **Dritten** angetroffen, der hieran zumindest **Mitgewahrsam** hat, ist die Wegnahme nur zulässig, wenn der Dritte zur Herausgabe bereit ist (§ 70 Abs. 2 GVGA) oder aber die Zwangsvollstreckung auch in dessen Vermögen zulässig ist (§ 127 Abs. 1 GVGA). Andernfalls hat es der Gerichtsvollzieher dem Gläubiger zu überlassen, beim Vollstreckungsgericht die Überweisung des Anspruchs des Schuldners auf Herausgabe der Sache zu erwirken (§ 886). Werden die vom Schuldner herauszugebenden Sachen vom Gerichtsvollzieher **nicht aufgefunden**, hat er dies im Protokoll über die Vollstreckungshandlung (§ 127 Abs. 6 GVGA) zu vermerken. Der Verbleib der Sache ist durch eine **Offenbarungsversicherung** zu klären (**Abs. 2 S. 1**). Zum Verfahren bei Abnahme der eidesstattlichen Versicherung vgl §§ 135 ff. GVGA. Der Schuldner hat dabei nach Abs. 2 zu versichern, dass er „die Sache nicht besitze, auch nicht wisse, wo die Sache sich befinde"; dies geht den allgemeineren Regelungen der § 802 c Abs. 3, § 138 Abs. 2 S. 6 GVGA vor. 10

[7] Auf das Einverständnis des Schuldners kommt es unter den Voraussetzungen des durch das Gesetz zur Reform der Sachaufklärung in der Zwangsvollstreckung geänderten und ab 1.1.2013 geltenden § 807 nicht mehr an. Daher kann der Gerichtsvollzieher auch ohne das Einverständnis des Schuldners die eidesstattliche Versicherung (Abs. 2) **sofort** abnehmen. 11

[8] Ist dem Gläubiger die Formel nach Abs. 2 zu weit oder angesichts einer Nebenpflicht des Schuldners zur Nachforschung nicht hinreichend bestimmt, kann er nach **Abs. 3** das Gericht (das ist der Rechtspfleger des Vollstreckungsgerichts, § 764 Abs. 2, § 20 Nr. 17 RPflG) mit dem Antrag anrufen, eine der Sachlage entsprechende **Änderung** des Wortlauts der eidesstattlichen Versicherung zu beschließen. 12

[9] Für die Abnahme der eidesstattlichen Versicherung nach Abs. 2 ist ebenfalls der Gerichtsvollzieher zuständig, Abs. 2 iVm § 802 e Abs. 1. Wegen des von ihm für die Abnahme der Offenbarungsversicherung zu beachtenden Verfahrens vgl eingehend §§ 135 ff. GVGA; im Übrigen hat er sowohl die Vorschriften über die Abnahme von Eiden und Bekräftigungen (§§ 478 ff) als insbesondere auch den § 802 f zu beachten, der das Verfahren der Abnahme der Vermögensauskunft eingehend regelt. Zur sofort möglichen Abnahme der Offenbarungsversicherung, namentlich für den Fall, dass der herauszugebende Gegenstand beim Schuldner nicht angetroffen wird, vgl oben zu Rn 11. 13

14 [10] In der Regel werden aus dem Urteil bzw dem Kostenfestsetzungsbeschluss außer der Hauptsache noch die **Verfahrenskosten** vollstreckbar sein (diese aber nach §§ 808 ff). Hinzu kommen nach § 788 (Näheres dazu vgl dort) die **Kosten der Zwangsvollstreckung** (Anwalt: 0,3 Verfahrensgebühr nach Nr. 3309 VV RVG, bemessen nach dem Wert der herauszugebenden Gegenstandes, § 25 Abs. 1 Nr. 2 RVG; das Verfahren zur Abgabe der Offenbarungsversicherung stellt insoweit eine weitere Angelegenheit dar, § 18 Abs. 1 Nr. 16 RVG, löst also eine zusätzliche Vollstreckungsgebühr nach Nr. 3309 VV RVG aus; Gerichtsvollzieher: Nr. 221, Wegnahme bzw. Entgegennahme der beweglichen Sache, Nr. 262 KV GvKostG, Abnahme der Offenbarungsversicherung), vgl dazu die Anm. zu § 754. Das gerichtliche Verfahren nach Abs. 3 ist gerichtskostenfrei.

B. Gerichtliche Sicht

15 **I. Muster: Ergänzung der eidesstattlichen Versicherung**

▶ Amtsgericht ▬▬▬

Beschluss

In der Zwangsvollstreckungssache ▬▬▬

hat das Amtsgericht – Vollstreckungsgericht – ▬▬▬ am ▬▬▬ durch ▬▬▬

beschlossen:[1]

Der Schuldner hat zur Ergänzung seiner eidesstattlichen Versicherung vom ▬▬▬ anzugeben, wann und wodurch ihm der unter Ziffer ▬▬▬ des Gerichtsvollzieherprotokolls vom ▬▬▬ aufgeführte Gegenstand ▬▬▬ abhandengekommen ist und ob er hierfür einen Ersatz oder Ersatzanspruch erlangt hat.

[Rechtsbehelfsbelehrung gem. § 232 ZPO]

▬▬▬, Rechtspfleger[2] ◀

II. Erläuterungen

16 [1] Die Änderung des Wortlauts der eidesstattlichen Versicherung (nach Abs. 3) erfolgt nur auf besonderen Antrag des Gläubigers, dem das Protokoll der vorausgegangenen eidesstattlichen Versicherung beizufügen und in dem die Gründe für die Änderung des Wortlauts des Abs. 2 darzulegen sind.

17 [2] Über den Antrag nach **Abs. 3**, eine der Sachlage entsprechende **Änderung** des Wortlauts der eidesstattlichen Versicherung zu beschließen, entscheidet der **Rechtspfleger** des Vollstreckungsgerichts, § 764 Abs. 2, § 20 Nr. 17 RPflG. Das Abänderungsverfahren ist gerichtskostenfrei.

§ 884 Leistung einer bestimmten Menge vertretbarer Sachen

Hat der Schuldner eine bestimmte Menge vertretbarer Sachen oder Wertpapiere zu leisten, so gilt die Vorschrift des § 883 Abs. 1 entsprechend.

1 Hat der Schuldner dem Gläubiger nach dem zu vollstreckenden Titel eine bestimmte Menge **vertretbarer Sachen** (§ 91 BGB) zu leisten, erfolgt die Zwangsvollstreckung

durch den Gerichtsvollzieher dadurch, dass dieser die geschuldete Menge in **mittlerer Art und Güte** dieser Sache (§ 243 BGB) bei dem Schuldner wegnimmt und sie dem Gläubiger übergibt. Befinden sich die herauszugebenden Sachen im (Mit-)Gewahrsam eines **Dritten**, darf der Gerichtsvollzieher diese dem Dritten nur wegnehmen, wenn er damit einverstanden oder wenn auch die Zwangsvollstreckung in das in dessen Gewahrsam befindliche Vermögen zulässig ist (§ 127 Abs. 1 GVGA).

Vgl im Übrigen die Anmerkungen zu § 883.

§ 885 Herausgabe von Grundstücken oder Schiffen

(1) ¹Hat der Schuldner eine unbewegliche Sache oder ein eingetragenes Schiff oder Schiffsbauwerk herauszugeben, zu überlassen oder zu räumen, so hat der Gerichtsvollzieher den Schuldner aus dem Besitz zu setzen und den Gläubiger in den Besitz einzuweisen. ²Der Gerichtsvollzieher hat den Schuldner aufzufordern, eine Anschrift zum Zweck von Zustellungen oder einen Zustellungsbevollmächtigten zu benennen.
(2) Bewegliche Sachen, die nicht Gegenstand der Zwangsvollstreckung sind, werden von dem Gerichtsvollzieher weggeschafft und dem Schuldner oder, wenn dieser abwesend ist, einem Bevollmächtigten des Schuldners, einem erwachsenen Familienangehörigen, einer in der Familie beschäftigten Person oder einem erwachsenen ständigen Mitbewohner übergeben oder zur Verfügung gestellt.
(3) ¹Ist weder der Schuldner noch eine der bezeichneten Personen anwesend oder wird die Entgegennahme verweigert, hat der Gerichtsvollzieher die in Absatz 2 bezeichneten Sachen auf Kosten des Schuldners in die Pfandkammer zu schaffen oder anderweitig in Verwahrung zu bringen. ²Bewegliche Sachen, an deren Aufbewahrung offensichtlich kein Interesse besteht, sollen unverzüglich vernichtet werden.
(4) ¹Fordert der Schuldner die Sachen nicht binnen einer Frist von einem Monat nach der Räumung ab, veräußert der Gerichtsvollzieher die Sachen und hinterlegt den Erlös. ²Der Gerichtsvollzieher veräußert die Sachen und hinterlegt den Erlös auch dann, wenn der Schuldner die Sachen binnen einer Frist von einem Monat abfordert, ohne binnen einer Frist von zwei Monaten nach der Räumung die Kosten zu zahlen. ³Die §§ 806, 814 und 817 sind entsprechend anzuwenden. ⁴Sachen, die nicht verwertet werden können, sollen vernichtet werden.
(5) Unpfändbare Sachen und solche Sachen, bei denen ein Verwertungserlös nicht zu erwarten ist, sind auf Verlangen des Schuldners jederzeit ohne Weiteres herauszugeben.

A. Muster Gerichtsvollzieherbeauftragung zur Räumungsvollstreckung
B. Erläuterungen
[1] Vorbemerkungen 2
[2] Gerichtsvollzieherverteilungsstelle . 4
[3] Titel 5
[4] Zustellbescheinigung 9
[5] Kostengrundentscheidung 10
[6] Kosten des Vollstreckungsverfahrens 11
[7] Beitreibung der Kosten der Zwangsvollstreckung 12
[8] Räumungsfrist 13
[9] Auslagenvorschuss des Gerichtsvollziehers 14
[10] Starksagen des Anwalts für den Kostenvorschuss 15
[11] Benachrichtigung des Gläubigers von dem Räumungstermin 16

§ 885 | Buch 8 | Zwangsvollstreckung

C. Weitere Durchführung des Zwangs-vollstreckungsverfahrens

D. Rechtsbehelfe

A. Muster: Gerichtsvollzieherbeauftragung zur Räumungsvollstreckung[1]

▶ An das

Amtsgericht ---

– Gerichtsvollzieherverteilungsstelle –[2]

In der Zwangsvollstreckungssache ---

übersende ich den beiliegenden vollstreckbaren Räumungstitel[3] des Amtsgerichts --- vom --- (Az ---) nebst Zustellbescheinigung[4] mit dem Antrag,

die Zwangsvollstreckung durch Räumung der im Titel näher bezeichneten Wohnung in --- durchzuführen.

Nach Ziffer --- des Urteils ist der Schuldner ferner zur Zahlung von --- nebst Zinsen --- verurteilt worden. Wegen dieses Anspruchs und wegen der der titulierten Verfahrenskosten[5] gemäß beigefügtem Kostenfestsetzungsbeschluss vom ---, außerdem wegen der Kosten dieses Vollstreckungsverfahrens[6] bitte ich ferner um

Vollstreckung durch Mobiliarpfändung.[7]

Die nach dem Urteil dem Schuldner gewährte Räumungsfrist läuft am --- ab. Ich beantrage daher,

den Räumungstermin auf einen Zeitpunkt sofort nach Ablauf der Räumungsfrist festzusetzen,

weil dem Schuldner bereits durch das Gericht nach § 721 ZPO eine sehr lange Räumungsfrist gewährt worden ist und ---.[8]

Für die Kosten der Räumung[9] komme ich persönlich auf.[10] Den Kostenvorschuss fordern Sie darum bei mir an, zusammen mit der Terminsnachricht,[11] um die ich ebenfalls bitte.

Rechtsanwalt ◀

B. Erläuterungen

[1] Die Vorschrift betrifft die **Vollstreckung** zur Herausgabe, Überlassung oder Räumung einer **unbeweglichen Sache** (eines Grundstücks oder einer Wohnung) oder eines Schiffes oder Schiffsbauwerks (**Abs. 1**). In der Vorschrift wird ferner geregelt, wie der Gerichtsvollzieher, dem diese Vollstreckung obliegt, mit den bei der Herausgabevollstreckung angetroffenen beweglichen **Sachen** zu verfahren hat, die **nicht Gegenstand** der Zwangsvollstreckung sind (**Abs. 2–4**). Das vom Gerichtsvollzieher bei der Herausgabevollstreckung zu beachtende Verfahren ist näher in den §§ 128–132 GVGA geregelt. Die Verpflichtung des Schuldners zur Räumung bezieht sich auch auf das Zubehör; entweder verbleibt es bei der unbeweglichen Sache oder ist an den Gläubiger herauszugeben (§ 129 Abs. 3 GVGA). Soweit die sonstigen beweglichen Sachen selbst der Zwangsvollstreckung unterliegen, gelten die jeweils darauf bezogenen Bestimmungen (Herausgabe nach § 883, Inbesitznahme nach § 808 wegen neben dem

Räumungstitel ausgebrachter Zahlungstitel v.a. wegen der Verfahrenskosten sowie der Kosten der Zwangsvollstreckung selbst, s. Rn. 12). Zur Vollstreckung in Verfahren nach dem Gewaltschutzgesetz und in Ehewohnungssachen s. § 96 Abs. 2 FamFG.

Bei der hergebrachten Räumung nach § 885 erhält der Gläubiger geleerte Räume. 3
Das verursacht gerade im Hinblick auf die in der unbeweglichen Sache oder dem Schiff bzw. Schiffsbauwerk angetroffenen beweglichen Sachen zumeist **hohe Kosten**: Wertlose Sachen müssen entsorgt werden, sonstige nicht der Vollstreckung unterliegende Sachen müssen, wenn sie der Schuldner nicht (gegen Kostenerstattung) entgegennimmt, weggeschafft und verwahrt sowie später veräußert und der Veräußerungserlös hinterlegt werden. Für diese Kosten ist der Gläubiger vorschusspflichtig; in nicht wenigen Fällen vermag er – mangels Leistungsfähigkeit – auch keinen Ersatz vom Schuldner zu erlangen. In der Praxis (vgl. BGH NZM 2013, 395; *Majer* NZM 2012, 68) wurden deshalb kostensparende **Alternativen** entwickelt (v.a. „Berliner Räumung", „Hamburger Räumung", „Frankfurter Räumung"); das MietRÄndG (Gesetz über die energetische Modernisierung von vermietetem Wohnraum und über die vereinfachte Durchsetzung von Räumungstiteln vom 11.3.2013, BGBl. I S. 434) hat insoweit ab dem 1.5.2013 mit § 885 a eine Sonderregelung geschaffen (zu Einzelheiten s. die Anmerkungen dort).

[2] Der Gläubiger kann zur Weiterleitung seines Vollstreckungsauftrags die Hilfe der 4
Gerichtsvollzieherverteilungsstelle des Amtsgerichts am Wohnsitz des Schuldners in Anspruch nehmen (vgl. auch § 883 Rn 7).

[3] Voraussetzung der Räumungsvollstreckung ist ein zur Herausgabevollstreckung 5
geeigneter Titel. Außer einem **Räumungsurteil** oder **Prozessvergleich** können das auch eine **einstweilige Anordnung** nach § 49 FamFG sein (vgl dazu § 51 FamFG Rn 2 ff), die einen Räumungsausspruch enthält, oder der Zuschlags- oder Räumungsbeschluss nach §§ 93, 149 Abs. 2 ZVG, ebenso auch eine einstweilige Verfügung nach § 940 a auf Räumung von Wohnraum. Diese Titel bedürfen (im Hinblick auf Art. 13 Abs. 2 GG) nach § 758 a Abs. 2 zu ihrer Vollstreckung **nicht** noch einer richterlichen Durchsuchungsanordnung. **Notarielle Urkunden** kommen als Räumungstitel dagegen nur in Betracht, wenn sie **nicht** die Räumung von **Wohnraum** betreffen.

Die allgemeinen **Voraussetzungen der Zwangsvollstreckung** müssen vorliegen, darun- 6
ter die Vollstreckungsklausel. Eine Ausnahme davon sieht § 53 FamFG bei der einstweiligen Anordnung vor (vgl dazu § 53 FamFG Rn 2). Eine dem Schuldner durch das Gericht gewährte **Räumungsfrist** muss abgelaufen sein. Der Räumungstermin kann dagegen schon vor Ablauf der Räumungsfrist bestimmt werden (Rn 13).

Aufgabe des Gerichtsvollziehers ist es, den oder die Vollstreckungsschuldner **aus dem** 7
Besitz zu setzen, wobei Besitz die tatsächliche Sachherrschaft über die Räumlichkeiten bedeutet. Der von ihm zu vollstreckende Titel muss sich nach Maßgabe des § 750 Abs. 1 gegen den oder die konkret im Titel bezeichneten, von ihm ermittelten (Mit-)**Gewahrsamsinhaber** der Wohnung richten. Der Gerichtsvollzieher ist nur befugt, die tatsächlichen Besitzverhältnisse zu überprüfen, nicht das Recht zum Besitz (anders *Majer* NZM 2012, 67, 68). Zu den umstrittenen Fragen, inwieweit von dem Titel neben dem Schuldner auch **andere Personen** (Ehegatten, Kinder, Lebenspartner) betroffen sein können bzw. der Mitbesitz anderer Personen der Räumung entgegen-

steht, vgl zB Hk-ZPO/*Pukall* Rn 7 ff (grds. ist ein Titel gegen jeden erforderlich, der Gewahrsam hat).

8 Die Verpflichtung des Schuldners zur Besitzaufgabe muss in dem Räumungstitel eindeutig zum Ausdruck kommen. Auch wenn die **Räumung** (das ist das über das Besitzverschaffen hinausgehende, kostenpflichtige und oft sehr kostenintensive Wegschaffen und Einlagern von Hab und Gut des Schuldners durch den Gerichtsvollzieher, ggfl. auch das Entsorgen wertlosen oder unverwertbaren Guts) nicht ausdrücklich genannt ist, wird sie bei der Herausgabevollstreckung doch über die Abs. 2–4 der Vorschrift erfasst. Der Gläubiger kann aber aus Gründen der Kostenminimierung (vgl Rn 3) die Zwangsvollstreckung zunächst auf die bloße **Herausgabe der Wohnung** beschränken, ohne Räumung zu verlangen („**Berliner Räumung**"); dann setzt der Gerichtsvollzieher den Schuldner lediglich aus dem Besitz und weist den Gläubiger – ohne die Sachen selbst in Verwahrung genommen zu haben – in jenen ein, notfalls (wenn der Schuldner nicht anwesend ist) unter Zuhilfenahme eines Schlüsseldienstes, Einbau eines neuen Schlosses, Schlüsselübergabe an den Gläubiger und Protokollierung des Vorgangs (der etwa 10 Minuten dauert, *Dötsch* NZM 2012, 74). Alternativ dazu kann der Besitzer durch den Austausch der Schlösser aus dem Besitz gesetzt werden, wobei der Gewahrsam für eine zweiwöchige Wartefrist einem Speditionsunternehmen übertragen wird, innerhalb derer der Besitzer die Sachen abholt oder diese sodann in den Gewahrsam des Gerichtsvollziehers genommen werden („**Hamburger Räumung**"). Oder aber der Gerichtsvollzieher erlaubt dem Gläubiger die Räumung in Eigenregie, wobei die Gegenstände von diesem in Verwahrung zu nehmen sind und für den Gerichtsvollzieher zugänglich bleiben müssen („**Frankfurter Räumung**"); zu allen drei Alternativen der Räumung vgl eingehend zu § 885 a.

9 [4] Zur **Zustellbescheinigung** vgl § 883 Rn 8.

10 [5] Das sind die aufgrund der Kostengrundentscheidung dem Gläubiger zu erstattenden **Prozesskosten** für den Räumungsprozess, der zu dem nach § 885 zu vollstreckenden Titel geführt hat. Diese hat der Rechtspfleger im Kostenfestsetzungsverfahren (§§ 103 ff) durch Kostenfestsetzungsbeschluss festzusetzen. Dieser Beschluss ist ein zur Zwangsvollstreckung geeigneter Titel (§ 794 Abs. 1 Nr. 2), vor dessen Vollstreckung eventuell eine **Wartefrist** einzuhalten ist, vgl dazu § 798. Die Vollstreckung der Prozesskosten und der Zwangsvollstreckungskosten (§ 788) erfolgt im Wege der **Mobiliarvollstreckung**, für die ebenfalls der Gerichtsvollzieher zuständig ist (§§ 803 ff) und mit der er ausdrücklich – neben der Vollstreckung zur Räumung – beauftragt werden muss (vgl auch Rn 12).

11 [6] An **Kosten** des Vollstreckungsverfahrens können anfallen:
- **Anwaltsgebühren**: Nach Nr. 3309 VV RVG eine 0,3 **Verfahrensgebühr** für den Räumungsauftrag und evtl nochmals (als „besondere Angelegenheit", § 18 Abs. 1 Nrn. 1, 3 RVG) für den Pfändungsauftrag im Rahmen der Mobiliarvollstreckung.
- **Gerichtsvollzieher**: Für die Räumung nach Nr. 240 KV GvKostG eine Festgebühr in Höhe von 98,- EUR, evtl zuzüglich Zeitzuschlag nach Nr. 500 KV GvKostG in Höhe von 20,- EUR oder 26,- EUR bzw. 15,- EUR für den Pfändungsauftrag (je nach Erfolg, Nrn. 205 bzw 604 KV GvKostG).

– Vor allem aber können erhebliche **Auslagen** für das Öffnen der Wohnung, für das Verpacken, den Abtransport, die Lagerung und die Verwertung des Räumungsgutes anfallen (Rn 14).

[7] Die erstattungsfähigen Kosten des Rechtsstreits und die **Kosten der Zwangsvollstreckung** (vgl dazu Rn 11), die nach § 788 Abs. 1 ebenfalls der **Schuldner** zu tragen hat, sind zugleich mit dem zur Zwangsvollstreckung stehenden Anspruch beizutreiben (§ 788 Abs. 1 S. 1), Näheres dazu vgl dort. Eines **Schuldtitels** wegen der Kosten der Zwangsvollstreckung bedarf es nicht (Hk-ZPO/*Saenger*, § 788 Rn 32). **Kosten**, die dem Gläubiger aufgrund des zugleich mit der Räumung geltend gemachten **Vermieterpfandrechts** (s. zu § 885 a) entstanden sind (etwa für die Einlagerung der Möbel des Schuldners oder für die Entrümpelung), muss er gegen den Schuldner im ordentlichen Erkenntnisverfahren nach der ZPO titulieren lassen; sie sind **nicht** über § 788 zu erstatten (AG Hannover NZM 2011, 96). 12

[8] Dass die Räumung von Wohnraum sofort nach Ablauf der nach § 721 gewährten Räumungsfrist durchgeführt werden soll, bedarf vorsorglich näherer Begründung. Die Anberaumung des Termins ist aber nach § 130 Abs. 1 GVGA schon vor Ablauf der Räumungsfrist möglich. Ansonsten ist zu beachten, dass zwischen der Benachrichtigung des Schuldners vom Vollstreckungstermin und dem Termin selbst mindestens drei Wochen liegen müssen (§ 129 Abs. 2 S. 5 GVGA). 13

[9] Wenn der Gerichtsvollzieher zum Räumungstermin einen Schlosser und den Vertreter eines Transportunternehmens mitbringen muss, das er mit dem Wegschaffen der dem Schuldner gehörenden Sachen aus der Wohnung beauftragen will, und wenn außer den Speditionskosten noch Kosten der Einlagerung des Räumungsgutes in einem (gewerblichen) Lagerhaus hinzukommen können, wird der an den Gerichtsvollzier für die Räumung zu zahlende Kostenvorschuss bei erheblichem Umfang des Räumungsgutes mehrere tausend Euro betragen können. Der Gerichtsvollzieher kann (und wird) die Durchführung des Vollstreckungsauftrags von einem angemessenen **Vorschuss** des Gläubigers abhängig machen. Den Vorschuss hat er so zu bemessen, dass er die gewöhnlichen Kosten für die Verpackung und den Abtransport der Räumungsgutes des Schuldners und für dessen kurzfristige, jedenfalls die in **Abs. 4** genannte Zweimonatsfrist (künftig wohl: Einmonatsfrist, § 885 Abs. 4 S. 1 ZPO-E) umfassende Einlagerung deckt, § 4 GvKostG. Etwas anderes gilt dann, wenn dem Gläubiger für das Vollstreckungsverfahren **PKH** bewilligt worden ist. 14

[10] Die Erklärung des Anwaltes gegenüber dem Gerichtsvollzieher, für den **Kostenvorschuss** für die Räumungsvollstreckung **persönlich** aufkommen zu wollen, beschleunigt zwar die angestrebte Vollstreckung; eine solche Erklärung wird der Anwalt vernünftigerweise jedoch nur abgeben, wenn der Mandant einen entsprechenden Vorschuss bereits an ihn gezahlt hat oder zweifelfrei zahlen können wird. 15

[11] Die **Benachrichtigung** auch des Gläubigers über den anstehenden Räumungstermin schreibt § 129 Abs. 2 GVGA dem Gerichtsvollzieher vor. Ist der Anwalt bei der Räumung zugegen, löst das **keine Terminsgebühr** nach Nr. 3310 VV RVG aus. Die Räumung selbst kann allerdings auch in Abwesenheit des (Schuldners und des) Gläubigers, erst recht seines Anwalts, vollzogen werden (§ 129 Abs. 2 S. 8 GVGA); jedenfalls dann, wenn er durch die Maßnahmen des Gerichtsvollziehers in die Lage ver- 16

setzt wird, die tatsächliche Sachherrschaft über die unbewegliche Sache oder das eingetragene Schiff bzw. Schiffsbauwerk auszuüben (z.B. Übergabe des Schlüssels, Bestellung eines Hüters).

C. Weitere Durchführung des Zwangsvollstreckungsverfahrens

17 Die Verpflichtung des Schuldners zur Räumung bezieht sich auch auf das Zubehör; entweder verbleibt es bei der unbeweglichen Sache oder ist an den Gläubiger herauszugeben (§ 129 Abs. 3 GVGA). Soweit die sonstigen beweglichen Sachen selbst der Zwangsvollstreckung unterliegen, gelten die jeweils darauf bezogenen Bestimmungen (Herausgabe nach § 883, Inbesitznahme nach § 808 wegen neben dem Räumungstitel ausgebrachter Zahlungstitel v.a. wegen der Verfahrenskosten sowie der Kosten der Zwangsvollstreckung selbst, s. Rn 12).

18 Andere bewegliche Sachen im Eigentum oder Besitz des Schuldners, die nicht Zubehör und auch sonst nicht Gegenstand der Zwangsvollstreckung sind, werden nach **Abs. 2** von dem Gerichtsvollzieher dem Schuldner, oder, wenn dieser abwesend ist, seinem Bevollmächtigten, einem erwachsenen Familienangehörigen, einer bei der Familie beschäftigten Person oder einem erwachsenen ständigen Mitbewohner übergeben oder zur Verfügung gestellt. Der Gerichtsvollzieher ist nicht verpflichtet, die herausgeholten Sachen in die neue Wohnung des Schuldners zu schaffen; bei einem entsprechenden Kostenvorschuss des Schuldners kann er dies aber veranlassen, ebenso, wenn diese Kosten die Kosten des Abtransports und der Lagerung nicht übersteigen (§ 129 Abs. 4 S. 8, 9 GVGA). Ist keine dieser Personen bei der Räumung anwesend oder wird die Entgegennahme verweigert (bzw. räumt der Schuldner nicht freiwillig), schafft der Gerichtsvollzieher das **Mobiliar** auf Kosten des Schuldners in die **Pfandkammer** oder (was praktisch die Regel darstellt) nimmt sie in eine andere Verwahrung (Abs. 3 S. 1); das gilt allerdings nicht für Müll oder sonstige Sachen des Schuldners, die als nicht verwertbar anzusehen sind und/oder an deren Aufbewahrung offensichtlich kein Interesse besteht, Rn 21. Fordert der Schuldner die verwahrten Gegenstände nicht binnen einer Frist von einem Monat ab bzw. zahlt er nicht binnen einer Frist von zwei Monaten die Kosten der Räumung, veräußert der Gerichtsvollzieher die Sachen und hinterlegt den Erlös (Abs. 4). Die Veräußerung geschieht im Weg der öffentlichen Versteigerung (§§ 814, 817); dem Erwerber erwachsen hierbei keinerlei Gewährleistungsrechte (§ 806).

19 Das in Abs. 2 bis 4 vorgesehene Verfahren ist auf **Tiere** entsprechend anwendbar, die sich auf dem zu räumenden Grundstück bzw. Schiff befinden. Wenn nicht dem Schuldner, sind sie einer Ersatzperson zu übergeben. Ist auch das nicht möglich, hat der Gerichtsvollzieher wie bei beweglichen Sachen für die Verwahrung der Tiere zu sorgen, dies auf Kosten des Schuldners bei **Vorschusspflicht** des Gläubigers (§ 4 GvKostG). Dies gilt auch, wenn die dadurch entstehenden Kosten (namentlich wegen der Art und/oder Anzahl der Tiere) besonders hoch ausfallen. Scheitert der Versuch des Gerichtsvollziehers, die in Verwahrung genommenen Tiere nach Abs. 4 S. 1 zu verkaufen, hat der Gläubiger aber für die weiteren Kosten der Verwahrung nicht mehr aufzukommen (BGH NJW 2012, 2889). Auch eine Tötung der Tiere scheidet aus; vielmehr hat der Gerichtsvollzieher die zuständige **Ordnungsbehörde** zu verstän-

digen, die die Verwahrung und Versorgung der Tiere zu übernehmen hat "(Zöller/ *Stöber* Rn 19; str., eingehend hierzu Hk-ZV/*Bendtsen* Rn 57, 79 mwN).

Unpfändbare bewegliche Sachen und solche, bei denen ein Verwertungserlös nicht zu erwarten ist, sind auf Verlangen des Schuldners vom Gerichtsvollzieher ohne Weiteres an ihn herauszugeben (**Abs. 5**). Der Schuldner hat die unpfändbaren oder wertlosen Sachen auf eigene Kosten abzuholen. **Pfändbare bewegliche Sachen** sind hingegen vom Gerichtsvollzieher zur Deckung der Vollstreckungskosten (§ 788) in Besitz zu nehmen und ggfl. zu verwerten (§§ 803 ff.).

20

Durchgeführt ist die Räumung erst, wenn auch **Unrat, Müll** und wertloses Gerümpel aus der Wohnung geschafft sind (Zöller/*Stöber* Rn 18 mwN). Sachen, die unter Berücksichtigung der Grundsätze des § 813 Abs. 1 als **nicht verwertbar** anzusehen sind und/oder an deren Aufbewahrung offensichtlich kein Interesse besteht, sollen unverzüglich vernichtet werden (Abs. 3 S. 2). Die mit dem Wegschaffen verbundenen Kosten gehören zu den Räumungskosten (§ 788), für die auch der Gläubiger (als Gesamtschuldner neben dem Vollstreckungsschuldner, § 13 Abs. 1, 2 GvKostG) einzustehen hat (LG Koblenz NJW-RR 2006, 1560, 1561; sehr str, aA zB Zöller/*Stöber* Rn 29; *Hartmann* § 13 GvKostG Rn 6). Der Gerichtsvollzieher kann deshalb vom Gläubiger nach § 4 Abs. 1 S. 1 GvKostG auch für die **Entrümpelung** einen angemessenen **Vorschuss** fordern.

21

D. Rechtsbehelfe

Rechtsbehelfe: Gegen das **Verfahren des Gerichtsvollziehers** findet für alle Verfahrensbeteiligten (einschließlich durch die Vollstreckung betroffener Dritter) die **Erinnerung** nach § 766 statt (vgl § 766 Rn 1). Dritte, die sich auf Verletzung ihres Eigentums berufen, müssen den Klageweg beschreiten (§ 771: **Drittwiderspruchsklage**, vgl § 771 Rn 1 ff).

22

§ 885 a Beschränkter Vollstreckungsauftrag

(1) Der Vollstreckungsauftrag kann auf die Maßnahmen nach § 885 Absatz 1 beschränkt werden.
(2) ¹Der Gerichtsvollzieher hat in dem Protokoll (§ 762) die frei ersichtlichen beweglichen Sachen zu dokumentieren, die er bei der Vornahme der Vollstreckungshandlung vorfindet. ²Er kann bei der Dokumentation Bildaufnahmen in elektronischer Form herstellen.
(3) ¹Der Gläubiger kann bewegliche Sachen, die nicht Gegenstand der Zwangsvollstreckung sind, jederzeit wegschaffen und hat sie zu verwahren. ²Bewegliche Sachen, an deren Aufbewahrung offensichtlich kein Interesse besteht, kann er jederzeit vernichten. ³Der Gläubiger hat hinsichtlich der Maßnahmen nach den Sätzen 1 und 2 nur Vorsatz und grobe Fahrlässigkeit zu vertreten.
(4) ¹Fordert der Schuldner die Sachen beim Gläubiger nicht binnen einer Frist von einem Monat nach der Einweisung des Gläubigers in den Besitz ab, kann der Gläubiger die Sachen verwerten. ²Die §§ 372 bis 380, 382, 383 und 385 des Bürgerlichen Gesetzbuchs sind entsprechend anzuwenden. ³Eine Androhung der Versteigerung fin-

§ 885 a

det nicht statt. ⁴Sachen, die nicht verwertet werden können, können vernichtet werden.
(5) Unpfändbare Sachen und solche Sachen, bei denen ein Verwertungserlös nicht zu erwarten ist, sind auf Verlangen des Schuldners jederzeit ohne Weiteres herauszugeben.
(6) Mit der Mitteilung des Räumungstermins weist der Gerichtsvollzieher den Gläubiger und den Schuldner auf die Bestimmungen der Absätze 2 bis 5 hin.
(7) Die Kosten nach den Absätzen 3 und 4 gelten als Kosten der Zwangsvollstreckung.

1 Bei der hergebrachten Räumung nach § 885 erhält der Gläubiger geleerte Räume. Das verursacht gerade im Hinblick auf die in der unbeweglichen Sache oder dem Schiff bzw. Schiffsbauwerk angetroffenen beweglichen Sachen zumeist **hohe Kosten**: Wertlose Sachen müssen entsorgt werden, sonstige nicht der Vollstreckung unterliegende Sachen müssen, wenn sie der Schuldner nicht (gegen Kostenerstattung) entgegennimmt, weggeschafft und verwahrt sowie später veräußert und der Veräußerungserlös hinterlegt werden. Für diese Kosten ist der Gläubiger vorschusspflichtig; in nicht wenigen Fällen vermag er – mangels Leistungsfähigkeit – auch keinen Ersatz vom Schuldner zu erlangen. In der Praxis (vgl. BGH NZM 2013, 395; *Majer* NZM 2012, 68) wurden deshalb kostensparende **Alternativen** entwickelt; das MietRÄndG (Gesetz über die energetische Modernisierung von vermietetem Wohnraum und über die vereinfachte Durchsetzung von Räumungstiteln vom 11.3.2013, BGBl. I S. 434) hat insoweit ab dem 1.5.2013 mit § 885 a eine Sonderregelung geschaffen.

2 Der Gläubiger kann sich vor allem auf die bloße **Herausgabe der Wohnung** beschränken, ohne Räumung zu verlangen („**Berliner Räumung**", vgl dazu Hk-ZPO/*Pukall* Rn 6, 11, 23). Dann setzt der Gerichtsvollzieher den Schuldner – ohne dass sich der Gläubiger insoweit auf ein Vermieterpfandrecht berufen müsste (s. hierzu Rn. 5) – lediglich aus dem Besitz und weist den Gläubiger – ohne die Sachen selbst in Verwahrung genommen zu haben – in den Gewahrsam ein, notfalls (wenn der Schuldner nicht anwesend ist) unter Zuhilfenahme eines Schlüsseldienstes, Einbau eines neuen Schlosses, Schlüsselübergabe an den Gläubiger und Protokollierung des Vorgangs (der etwa 10 Minuten dauert, *Dötsch* NZM 2012, 74). Dieses in der Praxis seit längerem anerkannte Modell ist nunmehr in § 885 a Abs. 1 kodifiziert worden.

3 Obgleich die in der Wohnung befindlichen, bei der Vollstreckung angetroffenen Gegenstände nicht der Herausgabe oder Beschlagnahme unterliegen (zur Abgrenzung s. § 885 Rn. 2), **verbleiben** diese in der Wohnung und unterliegen damit dem Zugriff des Gläubigers. Die Gegenstände sind – im Interesse der Beweissicherung – vom Gerichtsvollzieher zu **dokumentieren** (Abs. 2), so dass er die Wohnung zumindest zu betreten und deren frei ersichtliche Ausstattung (nicht erforderlich ist dementsprechend v.a. die Öffnung und Inspektion von Behältnissen jeglicher Art) in Augenschein zu nehmen und zu bewerten hat. Ob diese Dokumentation, namentlich in elektronischer Form, die zu protokollierende Bestandsaufnahme ersetzen kann, ist umstritten (vgl. Musielak/*Lackmann* Rn 6); § 129 Abs. 2 GVGA scheint nicht hiervon auszugehen. Der Gläubiger kann die schuldnereigenen Gegenstände in der Wohnung belassen oder in eine geeignete andere Verwahrung überführen; in jedem Fall hat er für eine

ordnungsgemäße Sicherung und Lagerung zu sorgen. Bewegliche Sachen, an deren Aufbewahrung (d.h. Verwertung) offensichtlich kein Interesse besteht, können von ihm vernichtet werden (Abs. 3 S. 2); in allen Fällen hat der Gläubiger gegenüber dem Schuldner (zwischen ihnen wird aufgrund der Verwahrung ein **gesetzliches Schuldverhältnis** begründet) lediglich Vorsatz und grobe Fahrlässigkeit zu vertreten (Abs. 3 S. 3). Umstritten ist, ob der Gläubiger vor der Vernichtung – anders als bei § 885 – einen Verwertungsversuch unternehmen muss (Musielak/*Lackmann* Rn 8). Fordert der Schuldner die Sachen nicht binnen einer Frist von einem Monat ab, kann der Gläubiger diese (soweit sie hierzu tauglich sind) hinterlegen oder im Wege des Selbsthilfeverkaufs **verwerten** und den Erlös zugunsten des Gläubigers hinterlegen (Abs. 4). Eine vorausgehende Androhung ist nicht erforderlich; nicht verwertbare Gegenstände können – soweit der Schuldner nicht deren Herausgabe verlangt, wozu er ebenso wie hinsichtlich der unpfändbaren Sachen jederzeit berechtigt ist (Abs. 5) – vernichtet werden.

Der Gläubiger kann sich insbesondere auch dann, wenn er an den Gegenständen in der Wohnung ein **Vermieter- oder Verpächterpfandrecht** geltend macht, auf den begrenzten Vollstreckungsauftrag nach Abs. 1 beschränken. Die dem Pfandrecht unterliegenden (pfändbaren) Sachen kann er gem. §§ 562b Abs. 1 S. 2, 581 Abs. 2 BGB grundsätzlich ohne Titel wegnehmen. Allerdings richten sich in diesem Fall die Rechte und Pflichten des Gläubigers nicht nach Abs. 3, 4, sondern nach den §§ 1204ff., 1257 BGB. Der Gläubiger hat die in der Wohnung verbliebenen oder weggeschafften Sachen zu verwahren (BGH NJW 2006, 848, 849) bzw. auf Verlangen des Schuldners die dem Vermieterpfandrecht nicht unterliegenden Sachen herauszugeben; auch die Verwertung und Befriedigung des Gläubigers aus dem Pfanderlös richten sich nach den Vorschriften des Pfandrechts. Ggfl. haftet der Gläubiger dem Schuldner, bspw bei nicht angezeigter oder vorzeitiger Verwertung des Pfandguts; verbunden mit allen Beweisführungs- und Beweislastproblemen (vgl dazu *Schuschke* NZM 2006, 284ff). Macht der Gläubiger sein Vermieter- oder Verpächterpfandrecht an allen in den Räumen des Schuldners befindlichen Gegenständen geltend, darf der Gerichtsvollzieher auch bei einem Bestreiten des Schuldners weder Existenz noch Reichweite dieses Rechts prüfen, und zwar auch nicht im Hinblick auf § 811; vielmehr hat er alle Sachen in den Räumen zu belassen und den Mieter auf materiell-rechtliche Rechtsbehelfe zu verweisen (§ 128 Abs. 4 S. 2 GVGA). 4

Alternativ zur Berliner Räumung (mit oder ohne Inanspruchnahme seines Vermieter- oder Verpächterpfandrechts) kann der Gläubiger den Gerichtsvollzieher mit der „**Hamburger Räumung**" beauftragen (vgl Hk-ZPO/*Pukall* Rn 11). Diese wird in zwei Teilakten vollzogen. Zeigt der Schuldner auf Anfrage des Gerichtsvollziehers diesem nicht an, die Wohnung bis zu dem von ihm festgesetzten Termin freiwillig zu räumen, erscheint der Gerichtsvollzieher zum Räumungstermin mit einem Schlosser und einem Vertreter des Transportunternehmens, das er mit dem Wegschaffen der dem Schuldner gehörenden Sachen aus der Wohnung beauftragen wird, wenn der Räumungsschuldner nicht doch noch freiwillig auszieht. Der Gerichtsvollzieher setzt den Schuldner aus der Wohnung und verwehrt ihm mithilfe des Schlossaustausches (oder der Wegnahme aller Schlüssel) den Zutritt dazu. Der Schuldner kann während der gesetzten Frist die nicht der Vollstreckung unterliegenden Sachen herausverlangen 5 und an sich nehmen; nach fruchtlosem Fristablauf nimmt der Gerichtsvollzieher die Sachen mithilfe des Speditionsunternehmens in Gewahrsam und verfährt sodann nach § 885 Abs. 2 bis 4.

6 Weil die von dem Gläubiger im Voraus zu entrichtenden, oft extrem hohen – im Einzelfall auch mehrere tausend Euro betragenden – Räumungskosten beim Schuldner nicht selten uneinbringlich sind, und auch ein alternatives Vorgehen im Wege der „Berliner Räumung" oder der „Hamburger Räumung" idR mit nicht unerheblichen Kosten verbunden ist, kann der Gerichtsvollzieher dem Gläubiger unter Berücksichtigung der Interessen des Schuldners nach pflichtgemäßem Ermessen auch gestatten, die Räumung mit **eigenen Leuten** durchzuführen und/oder ausnahmsweise eigene leerstehende Räume zur Lagerung des Räumungsgutes (oder besonderer Teile davon) zur Verfügung zu stellen, wenn daraus nicht wieder Komplikationen zu erwachsen drohen („**Frankfurter Räumung**"; vgl die Rspr-Nachweise bei *Schuschke* NZM 2005, 683).

7 Zu den Gebühren des Rechtsanwalts und den Kosten des Gerichtsvollziehers vgl zu § 885 Rn 11; die Gebühr des Gerichtsvollziehers erhöht sich auf 108,- EUR (Nr. 241 KV GvKostG).

§ 886 Herausgabe bei Gewahrsam eines Dritten

Befindet sich eine herauszugebende Sache im Gewahrsam eines Dritten, so ist dem Gläubiger auf dessen Antrag der Anspruch des Schuldners auf Herausgabe der Sache nach den Vorschriften zu überweisen, welche die Pfändung und Überweisung einer Geldforderung betreffen.

1 Befindet sich die von dem Schuldner an den Gläubiger herauszugebende Sache (angeblich) bei einem **Dritten**, der nicht zu deren freiwilliger Herausgabe bereit ist, kann der Gläubiger sich den Herausgabeanspruch, den sein Schuldner seinerseits gegen den Dritten hat, pfänden und überweisen lassen.

2 Den **Antrag** auf Pfändung und Überweisung hat der Gläubiger an das **Vollstreckungsgericht** zu richten (§ 828), das vor Erlass des Pfändungs- und Überweisungsbeschlusses (§§ 829, 835) zu prüfen hat, ob der – vom Gläubiger vorzulegende – Titel zur Herausgabevollstreckung geeignet ist. Zum Wortlaut des Antrags und des Beschlusses vgl die Anmerkungen zu §§ 829, 839.

§ 887 Vertretbare Handlungen

(1) Erfüllt der Schuldner die Verpflichtung nicht, eine Handlung vorzunehmen, deren Vornahme durch einen Dritten erfolgen kann, so ist der Gläubiger von dem Prozessgericht des ersten Rechtszuges auf Antrag zu ermächtigen, auf Kosten des Schuldners die Handlung vornehmen zu lassen.

(2) Der Gläubiger kann zugleich beantragen, den Schuldner zur Vorauszahlung der Kosten zu verurteilen, die durch die Vornahme der Handlung entstehen werden, unbeschadet des Rechts auf eine Nachforderung, wenn die Vornahme der Handlung einen größeren Kostenaufwand verursacht.

(3) Auf die Zwangsvollstreckung zur Erwirkung der Herausgabe oder Leistung von Sachen sind die vorstehenden Vorschriften nicht anzuwenden.

A. Antrag auf Ersatzvornahme
　I. Muster: Antrag auf Ersatzvornahme
　II. Erläuterungen und Varianten
　　[1]　Ersatzvornahme 2
　　[2]　Bestimmte Handlung 8
　　[3]　Duldung der Ersatzvornahme 9
　　[4]　Höhe des Vorschusses 10
　　[5]　Kostengrundentscheidung 11
　　[6]　Voraussetzungen der Zwangsvollstreckung 12
　　[7]　Rechtliches Interesse 13
　　[8]　Begründung der Ersatzvornahme 14
　　[9]　Kosten der Zwangsvollstreckung 15
　　[10] Vollstreckungsvoraussetzungen des Ersatzvornahme-Beschlusses 16

B. Verfahren bei Ersatzvornahme
　I. Muster: Gerichtliche Entscheidung auf Ersatzvornahme
　II. Erläuterungen und Varianten
　　[1]　Entscheidung durch Beschluss 18
　　[2]　Entscheidungsvoraussetzungen 19
　　[3]　Bezeichnung der Handlung ... 20
　　[4]　Kostenvorschuss für die Ersatzvornahme 21
　III. Verfahren im Übrigen
　IV. Rechtsmittel

C. Kosten
　[1]　Gerichtskosten 24
　[2]　Anwaltskosten 25

A. Antrag auf Ersatzvornahme

I. Muster: Antrag auf Ersatzvornahme[1]

▶ An das

Amtsgericht ...

In der Zwangsvollstreckungssache ... (Az ...)

beantrage ich namens und im Auftrag der Gläubigerin:

1. sie zu ermächtigen, selbst oder durch Dritte geeignete Maßnahmen[2] zur Abwehr von Feuchtigkeitsimmissionen zu ergreifen, die von dem ihrem Grundstück in ... benachbarten Grundstück der Schuldnerin ... ausgehen;
2. der Gläubigerin zu gestatten, das Grundstück der Schuldnerin zur Vornahme der unter Ziff. 1 beschriebene Maßnahme zu betreten[3] oder betreten zu lassen;
3. die Schuldnerin zu verurteilen, an die Gläubigerin für die unter Ziff. 1 genannten Arbeiten einen Kostenvorschuss[4] in Höhe von ... EUR zu zahlen;
4. der Schuldnerin die Kosten dieses Verfahrens aufzuerlegen.[5]

Gründe

Durch Urteil des angerufenen Gerichts vom ... ist die Schuldnerin wegen der von ihrem angrenzenden Grundstück in ... ausgehenden Feuchtigkeitsimmissionen verurteilt worden, geeignete Maßnehmen zu treffen, die das weitere Eindringen dieser Immissionen auf das Grundstück der Gläubigerin verhindern. Dieses, der Schuldnerin am ... zugestellte Urteil ist rechtskräftig.

Beweis: anliegende vollstreckbare Ausfertigung des Urteils vom ... mit Rechtskraftvermerk und Zustellbescheinigung vom ...[6]

Trotz Aufforderung unter großzügiger Fristsetzung bis zum ... und wiederholter mündlicher und schriftlicher Mahnungen nach Ablauf dieser Frist

Beweis: Schreiben vom ..., jeweils in Kopie

ist die Schuldnerin ihren titulierten Verpflichtungen nicht nachgekommen, obwohl sie nach hiesiger Einschätzung dazu in der Lage wäre.[7] Nach wie vor und stetig zunehmend dringt kontaminiertes Wasser aus dem Grundstück der Schuldnerin auf das der Gläubigerin. Eine Ersatzvornahme durch das Tiefbauunternehmen ..., das nach Einschätzung des von der Gläubigerin hinzugezogenen Sachverständigen ...

Beweis: dessen Gutachten vom ...

sachgerecht nur vom Grundstück der Schuldnerin aus[8] Abdichtungsarbeiten auf der Grundstücksgrenze vornehmen kann, wird nach dem auf dem Gutachten basierenden Kostenvoranschlag der Tiefbaufirma vom ...

Beweis: Kostenvoranschlag vom ... in Kopie

mindestens ... EUR kosten. Einen entsprechenden Vorschuss hat die Schuldnerin an die Gläubigerin zur Ersatzvornahme zu leisten ... Hinzu kommen die Kosten des Sachverständigen[9] ... mit ... EUR (vgl anliegende Kostenrechnung vom ... in Kopie); dessen Einschaltung war wegen der für die Sanierungsarbeiten schwierigen örtlichen Gegebenheiten notwendig.

Nach Beschlussfassung bitte ich um Rückgabe des Titels und um eine vollstreckbare Ausfertigung des beantragten Beschlusses mit Zustellbescheinigung.[10]

 ◄

II. Erläuterungen und Varianten

2 [1] Kommt der Schuldner seiner Verpflichtung aus einem vollstreckbaren Schuldtitel (Urteil oder Vergleich) nicht nach, eine Handlung vorzunehmen, die anstelle des Schuldners auch ein Dritter vornehmen könnte und deren wirtschaftliche Bedeutung nicht davon abhängt, dass sie gerade vom Schuldner persönlich vorgenommen wird (**vertretbare Handlung**), so kann das **Prozessgericht** den Gläubiger auf Antrag ermächtigen, diese Handlung auf Kosten des Schuldners selbst vorzunehmen oder vornehmen zu lassen (**Ersatzvornahme**).

3 Ersatzvornahmen kommen insbesondere bei der Verpflichtung des Schuldners zu Werk- oder Dienstleistungen (soweit letztere nicht unter § 888 fallen) in Betracht. Bei **unvollständiger Erfüllung** der Verpflichtung des Schuldners kann der Gläubiger anstelle der Vollstreckung nach dieser Vorschrift auch Klage auf Leistung des Interesses erheben (§ 893).

4 Erfordert die vom Schuldner geschuldete Handlung die **Mitwirkung eines Dritten**, kommt eine Zwangsvollstreckung nach § 887 nur in Betracht, wenn der Dritte damit **einverstanden** ist oder gegen ihn ein **Duldungstitel** vorliegt (OLG Zweibrücken NJW-RR 1998, 1767). Die Vorschrift betrifft nicht die Zwangsvollstreckung zur Erwirkung der Herausgabe oder Leistung von Sachen (**Abs. 3**).

5 Die **allgemeinen Voraussetzungen der Zwangsvollstreckung** müssen vorliegen, einschließlich der **Bestimmtheit** des Vollstreckungstitels („**vollstreckungsrechtliches Bestimmtheitserfordernis**", vgl etwa BVerfG NJOZ 2011, 1423, 1425). Auch bei einem

gerichtlichen **Vergleich** muss die Verpflichtung des Schuldners inhaltlich allein aus dem protokollierten Vergleichstext festzustellen sein. Ist die zu vollstreckende Handlung etwa nur unter Beiziehung eines in den Gerichtsakten befindlichen Gutachtens zu ermitteln, so ist der Titel grundsätzlich zu unbestimmt und keine geeignete Vollstreckungsgrundlage (OVG Magdeburg BeckRS 2011, 52505). Außerdem muss das **Rechtsschutzinteresse** des Gläubigers an einer Ersatzvornahme fortbestehen. Seinen nach § 887 erforderlichen **Antrag** auf Ermächtigung zur Ersatzvornahme hat der Gläubiger an das (jeweilige) **Prozessgericht** erster Instanz zu richten (vgl dazu Hk-ZPO/*Pukall* Rn 3).

In dem Antrag muss der Gläubiger die durch den vollstreckbaren Schuldtitel gedeckte **konkrete Handlung** benennen, zu der das Gericht ihn ermächtigen soll. Der Gläubiger braucht nicht notwendig die detaillierten, zur Durchführung der Vollstreckung geplanten Arbeitsschritte anzugeben. Ist nach dem zu vollstreckenden Titel ein bestimmter **Handlungserfolg** geschuldet, hat der Gläubiger die von dem Schuldner zu ergreifenden Maßnahmen zu benennen, wenn streitig ist, welche Maßnahmen für eine fachkundige Mangelbeseitigung erforderlich sind. 6

Der Schuldner muss die ihm nach dem zu vollstreckenden Titel gebotene Handlung **verweigert** haben. Der Gläubiger hat zur Begründung des Antrags vorzutragen, dass der Schuldner diese Handlung trotz Aufforderung nicht oder völlig unbrauchbar vorgenommen habe, obwohl er sie seit Eintritt der Vollstreckbarkeit des Titels hätte vornehmen können. Bei einer **Dauerverpflichtung** steht dem die Verweigerung der weiteren Erfüllung gleich. 7

[2] Wenn dem Prozessgericht der Antrag, „geeignete Maßnahmen zur Abwehr von Feuchtigkeitsimmissionen zu ergreifen", zu weit (unbestimmt) gefasst sein sollte (vgl schon Rn 6), könnte der Antrag nach Hinweis des Gerichts (§ 139) auch wie folgt gefasst werden: 8

▶ ... die von dem Sachverständigen ... in seinem Gutachten vom ... Seite ... vorgeschlagenen Maßnahmen zur Abwehr von Feuchtigkeitsimmissionen zu ergreifen. ◀

[3] Der Schuldner hat nach § 892 die Durchführung einer **Ersatzvornahme** zu dulden. Im Hinblick auf Art. 13 Abs. 2 GG ist rein vorsorglich die richterliche Gestattung des Betretens des Grundstücks angezeigt, so dass ein dahingehender Antrag formuliert werden sollte. 9

[4] Die **Höhe des Vorschusses** für die Ersatzvornahme liegt im Ermessen des Gerichts. Die Schätzgrundlage hat der Gläubiger entsprechend § 287 Abs. 1 S. 1 substantiiert darzulegen, möglichst durch einen Kostenvoranschlag. Bei einem Streit der Parteien über die Höhe der voraussichtlichen Kosten der Ersatzvornahme kann für die Kostenschätzung durch das Gericht auch ein **Sachverständiger** herangezogen werden. 10

[5] Die **Kostengrundentscheidung** hat das Gericht nach § 891 S. 3 vAw zu treffen. Dennoch empfiehlt sich ein entsprechender Antrag der Partei, um den Richter daran zu erinnern. 11

[6] Die allgemeinen **Voraussetzungen der Zwangsvollstreckung** (§ 750) hinsichtlich der titulierten vertretbaren Handlung, die der Schuldner vornehmen soll, sind dem 12

§ 887 Buch 8 | Zwangsvollstreckung

Vollstreckungsorgan „Prozessgericht" zur Anordnung einer Ersatzvornahme nachzuweisen (vgl schon Rn 5).

13 [7] Der Gläubiger hat dem Gericht ferner darzulegen, dass er nach wie vor ein **rechtliches Interesse** an der Vornahme der titulierten Handlung hat und dass diese Handlung dem Schuldner **zumutbar** ist (vgl dazu Hk-ZPO/*Pukall* Rn 10).

14 [8] Zur Begründung des Antrags zu 2. vgl Rn 9.

15 [9] Die **Kosten der Zwangsvollstreckung** (vgl Rn 24 f), soweit sie notwendig waren (wie ein Sachverständigengutachten bei ungeklärter, streitiger Vorgehensweise zur Mängelbeseitigung), hat nach § 788 Abs. 1 der Schuldner zu tragen. Die Festsetzung dieser Kosten obliegt nach § 788 Abs. 2 S. 2 dem Prozessgericht, das – nach rechtlichem Gehör – durch richterlichen Beschluss entscheidet, vgl dazu § 788 Rn 2 ff, 12. Es handelt sich nicht um ein Rechtspflegergeschäft; § 20 Nr. 17 RPflG ist bei Zuständigkeit des Prozessgerichts nicht einschlägig (Zöller/*Stöber* § 887 Rn 6).

16 [10] Der Entscheidung zur Ersatzvornahme (in vollstreckbarer Beschlussausfertigung, mit Zustellbescheinigung) bedarf der Gläubiger nach § 750 insbesondere, um daraus seinen nunmehr erstmals titulierten Anspruch auf Zahlung des Vorschusses zur Durchführung der Ersatzvornahme vollstrecken zu können.

B. Verfahren bei Ersatzvornahme

17 **I. Muster: Gerichtliche Entscheidung auf Ersatzvornahme**

▶ **Beschluss**[1]

In der Zwangsvollstreckungssache ...

hat das Amtsgericht ... am ...[2] durch ... beschlossen:

Die Gläubigerin wird ermächtigt, selbst oder durch Dritte geeignete Maßnahmen zur Abwehr von Feuchtigkeitsimmissionen zu ergreifen,[3] die von dem ihrem Grundstück in ... benachbarten Grundstück der Schuldnerin ... ausgehen.

Der Gläubigerin wird gestattet, das Grundstück der Schuldnerin zur Vornahme der unter Ziff. 1 beschriebenen Maßnahmen zu betreten oder betreten zu lassen.

Die Schuldnerin wird verurteilt, an die Gläubigerin für die unter Ziff. 1 genannten Arbeiten einen Kostenvorschuss[4] in Höhe von ... EUR zu zahlen.

Die Schuldnerin hat die Kosten dieses Verfahrens zu tragen.

Gründe

...

[Rechtsbehelfsbelehrung gem. § 232 ZPO] ◀

II. Erläuterungen und Varianten

18 [1] Die **Ermächtigung zur Ersatzvornahme** hat durch **Beschluss** (§ 891 S. 1) des Prozessgerichts erster Instanz zu erfolgen, beim LG durch den Einzelrichter nach §§ 348, 348 a dann, wenn dieser auch mit dem Erkenntnisverfahren befasst war. Hatte die Kammer den zu vollstreckenden Titel im **Eilverfahren** erlassen, bleibt sie für das Verfahren nach Abs. 1 auch dann zuständig, wenn für das Hauptsacheverfahren der Ein-

zelrichter originär oder obligatorisch zuständig ist; denn dieses stellt ein anderes, selbstständiges Verfahren dar (OLG Koblenz NJW-RR 2002, 1724, 1725). Der Beschluss bedarf als Vollstreckungstitel des **vollen Rubrums**.

[2] Vor seiner Entscheidung über den Antrag (bei freigestellter mündlicher Verhandlung, § 128 Abs. 4) hat das Prozessgericht dem Schuldner zwingend **rechtliches Gehör** zu gewähren, § 891 S. 2. Wendet der Schuldner darauf **Erfüllung** im Hinblick auf die tenorierte vertretbare Handlung ein, ist dieser Einwand nach Auffassung des BGH (NJW 2005, 367, 369) durch das Prozessgericht zu prüfen; denn die Nichterfüllung der geschuldeten Handlung ist tatbestandliche Voraussetzung für den Erlass des Ermächtigungsbeschlusses (Näheres dazu Hk-ZPO/*Pukall* Rn 9). Etwas anderes soll dann gelten, wenn der Schuldner sich darauf beruft, die Vornahme der titulierten Handlung belaste ihn **unzumutbar** oder könne nicht zum Erfolg führen; über solche Einwendungen habe das Vollstreckungsgericht **nicht** zu befinden (BGH NJW-RR 2006, 202, 203); der Schuldner ist insoweit auf die Vollstreckungsabwehrklage (§ 767) verwiesen. Der Erfüllungseinwand gegen den Beschluss über den Kostenvorschuss (Abs. 2) ist denknotwendig nur mit der Vollstreckungsabwehrklage angreifbar (Zöller/*Stöber* Rn 13).

19

[3] Das Gericht hat in seinem Beschluss die Handlungen **genau zu bezeichnen,** zu deren Vornahme sie den Gläubiger selbst oder einen von diesem zu beauftragenden Dritten auf Kosten des Schuldners ermächtigt (vgl Rn 6). Art und Umfang der Ermächtigung müssen durch Schuldtitel und Antrag gedeckt sein. Der Dritte (etwa der Handwerker oder Buchprüfer) muss nicht namentlich benannt sein. Dem Schuldner kann aufgegeben werden, notwendige Vorbereitungsarbeiten (einschließlich des Betretens eines Grundstücks) zu dulden (vgl Rn 9).

20

[4] Das Gericht hat in dem Beschluss auf Antrag des Gläubigers einen vom Schuldner zu leistenden **Kostenvorschuss** für die **Ersatzvornahme** festzusetzen (**Abs. 2**). Die Erforderlichkeit der Vorschussanordnung und die Höhe des Vorschusses (vgl schon Rn 10) sind nach Anhörung **des Schuldners** durch das Gericht zu prüfen. Verursacht die Ersatzvornahme einen höheren Kostenaufwand als zunächst vermutet, kann der Gläubiger, der bereits die Anordnung einer Vorschusszahlung durch den Schuldner erwirkt hat, nach **Abs. 2** auch noch einen **Nachforderungsantrag** stellen, zu dem der Schuldner zunächst erneut gehört werden muss. Die Entscheidung über diesen Antrag ergeht wiederum durch Beschluss.

21

III. Verfahren im Übrigen

Zum Verfahren im Übrigen vgl §§ 891, 892. Der Beschluss bedarf danach einer Kostengrundentscheidung (§ 891 S. 3). Da er mit der sofortigen Beschwerde anfechtbar ist (§§ 793, 567 Abs. 1 Nr. 1), ist er zu **begründen**. Soweit durch den Beschluss die Vorauszahlung der Kosten der Ersatzvornahme angeordnet wird, bildet er einen Vollstreckungstitel nach § 794 Abs. 1 Nr. 3, der auch der **Zustellung** an beide Parteien bedarf (§ 329 Abs. 3). Im Übrigen ist er förmlich zuzustellen, da er mit der sofortigen Beschwerde angreifbar ist. Das gilt ebenso für den Beschluss, durch den der Antrag nach Abs. 1 **zurückgewiesen** wird, etwa, weil der Schuldner unstreitig erfüllt hat oder weil das Rechtschutzinteresse aus einem sonstigen Grund inzwischen entfallen ist.

22

IV. Rechtsmittel

23 Der die Ersatzvornahme anordnende Beschluss unterliegt ebenso wie der Beschluss, mit dem dem Schuldner ein Kostenvorschuss für die Ersatzvornahme aufgegeben wird, der **sofortigen Beschwerde** (§§ 793, 567 Abs. 1 Nr. 1), einzulegen innerhalb einer Notfrist von zwei Wochen beim Prozessgericht (dem iudex a quo) oder beim Beschwerdegericht (dem iudex ad quem) § 569 Abs. 1. Näheres zur sofortigen Beschwerde in Anm. zu §§ 567 ff.

C. Kosten

24 **Gerichtskosten** fallen nach Nr. 2111 KV GKG als Festgebühr iHv 20,- EUR an, außerdem können Auslagen anfallen, insbesondere für eine Kostenschätzung durch einen Sachverständigen (Nr. 9005 KV GKG).

25 Der **Anwalt** erhält für die Anträge nach Abs. 1 und 2 eine 0,3-Verfahrensgebühr nach Nr. 3309 VV RVG; ggfl. eine weitere 0,3-Gebühr bei Teilnahme an einem gerichtlichen Termin. Kostenrechtlich stellen beide Anträge (auf Ersatzvornahme und auf Kostenvorschuss) auch dann **eine Angelegenheit** dar, wenn die Verurteilung zur Vorauszahlung erst später erfolgte (MaK/*Rohn* § 18 Rn 89). Die Vollstreckung der Entscheidung auf Zahlung eines Kostenvorschusses ist nach § 18 Nr. 14 RVG eine **besondere Angelegenheit**, für die die Gebühr nach Nr. 3309 VV RVG erneut anfällt. Der **Gegenstandswert** für die Anwaltsgebühren bemisst sich im Falle des Beschlusses nach Abs. 1 gemäß § 25 Abs. 1 Nr. 3 RVG, im Falle des Abs. 2 nach § 25 Abs. 1 Nr. 1 RVG.

§ 888 Nicht vertretbare Handlungen

(1) ¹Kann eine Handlung durch einen Dritten nicht vorgenommen werden, so ist, wenn sie ausschließlich von dem Willen des Schuldners abhängt, auf Antrag von dem Prozessgericht des ersten Rechtszuges zu erkennen, dass der Schuldner zur Vornahme der Handlung durch Zwangsgeld und für den Fall, dass dieses nicht beigetrieben werden kann, durch Zwangshaft oder durch Zwangshaft anzuhalten sei. ²Das einzelne Zwangsgeld darf den Betrag von 25 000 Euro nicht übersteigen. ³Für die Zwangshaft gelten die Vorschriften des Zweiten Abschnitts über die Haft entsprechend.
(2) Eine Androhung der Zwangsmittel findet nicht statt.
(3) Diese Vorschriften kommen im Falle der Verurteilung zur Leistung von Diensten aus einem Dienstvertrag nicht zur Anwendung.

A. Zwangsmittelandrohung
  I. Muster: Antrag auf Androhung von Zwangsmitteln
  II. Erläuterungen
    [1] Vorbemerkungen 2
    [2] Erläuterungen 6
    [3] Antrag 7
    [4] Anhörung des Schuldners 8

[5] Höhe oder Dauer der Zwangsmittel 9
[6] Abwenden der Vollstreckung durch den Schuldner 10
[7] Kostengrundentscheidung nach § 788 11
[8] Rechtliches Interesse an der Anordnung des Beugemittels 12

[9] Vollstreckung des Beugemittels durch den Gläubiger 13
B. Zwangsgeld
  I. Muster eines Zwangsgeldbeschlusses
  II. Erläuterungen
    [1] Anhörung des Schuldners 15
    [2] Entscheidung durch Beschluss 16
    [3] Zwangsgeld als regelmäßiges Beugemittel 17
    [4] Wiederholte Festsetzung des Zwangsmittels 18
    [5] Fristsetzung zur Abwendung . 19
    [6] Gebühren und Kosten 20
    [7] Begründung des Zwangsmittelbeschlusses 22
  III. Rechtsmittel
C. Vollstreckung des Zwangsmittelbeschlusses

A. Zwangsmittelandrohung

I. Muster: Antrag auf Androhung von Zwangsmitteln[1]

▶ An das

Landgericht ...

In der Zwangsvollstreckungssache ...

überreiche ich vollstreckbare Ausfertigung des Urteils des angerufenen Gerichts vom ... mit Zustellbescheinigung[1] und beantrage[2] namens und im Auftrag des von mir weiterhin vertretenen Gläubigers wie folgt zu entscheiden:[3]

1. Gegen den Schuldner wird ein Zwangsgeld von ... EUR[4] und für den Fall, dass dieses nicht beigetrieben werden kann, ersatzweise Zwangshaft von ... Tagen verhängt, wenn der Schuldner nicht bis zum ... ein Verzeichnis der von der Erblasserin ... bei ihrem Tode hinterlassenen Gegenstände (Nachlassverzeichnis)[5] erstellt.
2. Der Schuldner hat die Kosten dieses Verfahrens zu tragen.[6]

Gründe

Der Schuldner ist seiner Verpflichtung aus dem inzwischen rechtkräftigen Urteil des angerufenen Gerichts vom ..., ein Nachlassverzeichnis zu erstellen, trotz mehrfacher Erinnerung nicht nachgekommen. Der Schuldner will damit gegen die letztwillige Verfügung der Erblasserin „protestieren"; die Verhängung von Zwangsmitteln ist deshalb unumgänglich.[7]

Nach Beschlussfassung bitte ich um Rückgabe des Titels und um eine vollstreckbare Ausfertigung des beantragten Beschlusses mit Zustellbescheinigung.[8]

... ◀

II. Erläuterungen

[1] Weigert sich der Schuldner, eine Handlung vorzunehmen, die so nur durch ihn und nicht durch einen Dritten vorgenommen werden kann und deren Vornahme ausschließlich vom Willen des Schuldners abhängt (**unvertretbare Handlung**), so kann er auf Antrag des Gläubigers von dem Prozessgericht des ersten Rechtszuges zur Vornahme der Handlung durch Zwangsgeld und für den Fall, dass dieses nicht beigetrieben werden kann, durch Zwangshaft oder von vornherein durch Zwangshaft angehalten werden. Da eine Androhung unterbleibt (Abs. 2), gehen Antrag und Entscheidung unmittelbar auf die Festsetzung eines Zwangsmittels.

3 Diese Vorschrift kommt nicht zur Anwendung im Falle der Verpflichtung zur Eingehung einer Ehe (hierauf kann schon nicht geklagt werden, § 1297 BGB) oder zur Herstellung des ehelichen Lebens (diese Pflicht nach § 1353 Abs. 2 BGB ist praktisch bedeutungslos), vgl auch § 120 Abs. 3 FamFG, und nach **Abs. 3** auch nicht im Falle der Verurteilung zur Leistung von Diensten aus einem Dienstvertrag; sie kommt ferner nicht zur Anwendung, wenn der Schuldner nach § 510 b gleichzeitig für den Fall der Nichtvornahme der Handlung zu einer Entschädigung verurteilt worden ist (§ 888 a).

4 **Voraussetzung** für die Verhängung eines Zwangsmittels gegen den Schuldner ist ein **Schuldtitel**, der ihn zur Vornahme einer (unvertretbaren) **Handlung** verpflichtet, also zu einem **aktiven Tun**, nicht zu einem Unterlassen, das nur über § 890 erzwungen werden kann. Die Vorschrift betrifft auch nicht die Verpflichtung zur Abgabe einer Willenserklärung (dazu vgl §§ 894 ff). Die Zwangsvollstreckung aus dem Titel muss **zulässig** sein, insbesondere muss der Titel hinreichend **bestimmt** sein („vollstreckungsrechtliches Bestimmtheitserfordernis", vgl § 887 Rn 5) und es müssen auch die übrigen Voraussetzungen der Zwangsvollstreckung vorliegen. Allein aus dem Titel (bei Entscheidungen aus deren Tenor) muss sich eindeutig ergeben, welche ganz konkrete Handlung der Schuldner vorzunehmen hat bzw von ihm erzwungen werden soll (vgl dazu Hk-ZPO/*Pukall* Rn 3).

5 Notwendig ist ein Antrag des Gläubigers an das **erstinstanzliche Prozessgericht**, in dem er darlegen muss, dass der Schuldner die nach dem Titel geschuldete Handlung nicht vorgenommen hat, obwohl ihm deren Vornahme möglich war und auch noch **möglich** wäre (hM, vgl Hk-ZPO/*Pukall* Rn 7), dass die Nichtvornahme einzig vom Willen des Schuldners abhängt und dass darum zur Beugung seines Willens staatliche Zwangsmittel erforderlich sind. Zu den Einwänden der Erfüllung und der Unmöglichkeit durch den Schuldner und deren Beachtlichkeit bereits im Vollstreckungsverfahren s. Rn 15.

6 [2] Die **Verhängung von Zwangsmitteln** ist nach Abs. 1 S. 1 die einzig zulässige Art und Weise, durch die die Nichtbefolgung der dem Schuldner gebotenen **unvertretbaren Handlung** (Rn 2) vollstreckt wird.

7 [3] Das Prozessgericht wird nicht von Amts wegen tätig, sondern nur auf Antrag des Gläubigers, in dem er die Nichterfüllung der dem Schuldner gebotenen unvertretbaren Handlungen darzulegen hat (vgl schon Rn 5).

8 [4] Das Prozessgericht hat den Schuldner zu dem Antrag zu **hören** (§ 891 S. 2). Die zu verhängenden **Zwangsmittel** müssen dem Schuldner **nicht** zuvor **angedroht** worden sein (**Abs. 2**); sie müssen dem Gebot effektiven Rechtsschutzes entsprechen, andererseits aber auch verhältnismäßig sein. Der Gläubiger muss nicht ein bestimmtes Zwangsmittel beantragen. Gibt er aber in seinem Antrag dafür einen Rahmen vor, ist dieser vom Prozessgericht zu beachten (§ 308 Abs. 1). Der Antrag muss auf **Anordnung**, nicht auf bloße Androhung eines Zwangsmittels lauten. Ein **Verschulden** des Schuldners an der Nichtvornahme hat der Gläubiger nicht darzulegen, weil Verschulden nicht Voraussetzung für die Anordnung eines **Beugemittels** ist.

9 [5] Das einzelne **Zwangsgeld** muss nach Art. 6 Abs. 1 S. 1 EGStGB mindestens 5,- EUR betragen und darf nach **Abs. 1 S. 2** den Betrag von 25.000,- EUR nicht übersteiーー

gen. Das Gericht hat bei der Bemessung des Zwangsgeldes den Wert der Hauptsache ins Verhältnis zu setzen. Auch die festzusetzende **Ersatzhaft** hat sich an der Höhe des Zwangsgeldes zu orientieren. Ist die Anordnung der Ersatzhaft im Beschluss unterblieben, ist deren Festsetzung nachholbar (Art. 8 Abs. 1 EGStGB). Zur Länge der Zwangshaft s. Rn 17.

[6] Der Schuldner kann die Vollstreckung des Beugemittels jederzeit durch Vornahme der geschuldeten Handlung abwenden.

[7] Nach § 788 hat der Schuldner die **Kosten** der Zwangsvollstreckung zu tragen, soweit sie notwendig waren. Vgl dazu die Anm. zu § 788.

[8] Der Gläubiger hat sein **rechtliches Interesse** an der Verhängung eines Beugemittels darzulegen, vgl auch Rn 5, 15.

[9] Die **Vollstreckung** des Zwangsgeldbeschlusses erfolgt nicht vAw; sie obliegt dem Gläubiger, und zwar nach den allgemeinen Regeln des Vollstreckungsrechts. Sachlich zuständiges Organ für die Vollstreckung des Zwangsgeldes (wie auch der Ersatz-Zwangshaft) ist darum der **Gerichtsvollzieher**. Dieser kann den Zwangsgeldbeschluss nur vollstrecken, wenn auch für ihn die allgemeinen Vollstreckungsvoraussetzungen vorliegen, namentlich die Vollstreckungsklausel. Das Zwangsgeld zieht der Gerichtsvollzieher zugunsten der **Staatskasse** ein, und zwar nach den Regeln der Mobiliarvollstreckung und nicht nach denen der JBeitrO.

B. Zwangsgeld

I. Muster: Zwangsgeldbeschluss[1]

▶ Landgericht ...

– Az ... –

Beschluss[2]

In der Zwangsvollstreckungssache ...

hat die ... Zivilkammer des Landgerichts ... durch den ... als Einzelrichter am ... beschlossen:

1. Gegen den Schuldner wird ein Zwangsgeld von ... EUR[3] und für den Fall, dass dieses nicht beigetrieben werden kann, ersatzweise Zwangshaft[4] von ... Tagen angeordnet, wenn der Schuldner nicht bis zum ...[5] ein Verzeichnis der von der Erblasserin ... bei ihrem Tode hinterlassenen Gegenstände (Nachlassverzeichnis) erstellt.
2. Der Schuldner hat die Kosten dieses Verfahrens zu tragen.[6]

Gründe

...[7]

[Rechtsbehelfsbelehrung gem. § 232 ZPO]

... ◀

II. Erläuterungen

[1] Wenn das Prozessgericht den Schuldner zu dem Antrag **anhört** (§ 891 S. 2), obliegt es diesem, gegebenenfalls darzulegen und zu beweisen, zur Erfüllung der ihm

obliegenden Handlung alles ihm Zumutbare unternommen zu haben. Der Einwand der **nachträglichen Unmöglichkeit** ist im Verfahren nach § 888 zulässig und beachtlich; ebenso ist der **Erfüllungseinwand** des Schuldners vom Prozessgericht zu prüfen, weil die vom BGH zum Erfüllungseinwand im zwangsvollstreckungsrechtlichen Verfahren nach § 887 entwickelten Erwägungen (BGH NJW 2005, 367, 369) nach der ihm folgenden obergerichtlichen Rechtsprechung auch auf das Verfahren nach § 888 zu übertragen sind (sehr str, vgl dazu OLG Frankfurt a.M. BeckRS 2011, 03340, vgl auch Hk-ZPO/*Pukall* Rn 9). Sonstige materielle Einwendungen (namentlich Unzumutbarkeit) vermag der Schuldner nur im Rahmen einer Vollstreckungsabwehrklage (§ 767) geltend zu machen (BGH NJW-RR 2006, 202, 203). Ist der Schuldner zur Erteilung einer Auskunft verurteilt worden, kommt er dieser Verpflichtung nur mit einer geordneten, vollständigen, übersichtlichen und nachvollziehbaren Auskunft nach.

16 [2] Das Prozessgericht entscheidet über den Antrag durch (richterlichen) **Beschluss** (§ 891 S. 1), der nach § 128 Abs. 4 auch aufgrund mündlicher Verhandlung ergehen könnte (in der Praxis selten). Liegen die Antragsvoraussetzungen vor (auch durch den Schuldner unverschuldet), setzt das Gericht ein (verhältnismäßiges) Zwangsmittel für den Fall fest, dass der Schuldner die im Tenor des Beschlusses zu bezeichnende unvertretbare Handlung nicht bis zu dem bestimmten **Zeitpunkt** (insofern ist entweder ein Datum zu benennen oder eine Frist ab Zustellung des Beschlusses zu setzen) erbringt. Eine Androhung findet nicht statt (Abs. 2), vielmehr wird das Zwangsmittel unmittelbar festgesetzt. Die vom Schuldner vorzunehmende Handlung kann in dem Beschluss unter Beachtung des zu vollstreckenden Titels und von § 308 Abs. 1 näher konkretisiert werden (Thomas/Putzo/*Hüßtege* Rn 12).

17 [3] In der Regel verhängt das Vollstreckungsgericht als Zwangsmittel ein **Zwangsgeld** und für den Fall, dass dieses nicht beigetrieben werden kann, Zwangshaft. Die **Zwangshaft**, die das Prozessgericht nach **Abs. 1 S. 1** auch von vornherein anordnen kann, beträgt mindestens einen Tag und längstens insgesamt sechs Monate (Abs. 1 S. 3, § 802j Abs. 1). Eine **konkrete Dauer** der Zwangshaft (eines *Beuge*mittels!) kann das Prozessgericht nicht von vornherein festsetzen (es wird also „Zwangshaft bis zur Dauer von 6 Monaten verhängt"), ebenso wenig können Zwangsgeld und Zwangshaft nebeneinander angeordnet werden, sondern nur alternativ. Primär Zwangshaft beantragt der Gläubiger in der Regel schon deshalb nicht, weil er dann die nicht geringen Haftkosten vorzuschießen hat (Rn 20, 24 f), deren Beitreibung vom Schuldner zweifelhaft sein kann. Zur Höhe des Zwangsgeldes s Rn 9.

18 [4] Zwangsmittel können bei Nichtbefolgen der Anordnung auch **wiederholt** festgesetzt werden, sofern dafür ein Rechtsschutzbedürfnis besteht. Dieses wird regelmäßig erst nach Vollstreckung des vorausgegangenen Zwangsmittels vorliegen (OLG Celle NJOZ 2006, 3590, 3591). Die wiederholte Festsetzung erfolgt nur auf besonderen Antrag, bei hartnäckiger Verweigerung der geschuldeten Handlung bis zur Höchstgrenze des **Abs. 1 S. 2**. Im Falle wiederholter Festsetzung ist auch ein **Wechsel des Zwangsmittels** möglich (Thomas/Putzo/*Hüßtege* Rn 12), so nach wirkungsloser Vollstreckung des Zwangsgeldes die Verhängung von Zwangshaft.

[5] Weil der Schuldner die Vollstreckung des Zwangsmittelbeschlusses jederzeit durch Vornahme der Handlung abwenden kann (Rn 5), ist eine letzte **Fristsetzung** hierfür im Beschluss zweckmäßig.

[6] Der Schuldner hat nach § 788 die durch die Verhängung des Zwangsmittels entstandenen notwendigen Kosten des Gläubigers zu tragen. An **Gerichtsgebühren** fallen gemäß Nr. 2111 KV GKG für das Verfahren nach § 888 pauschal 20,- EUR an. Für den **Anwalt** stellt dieses Verfahren (einschließlich der Vollstreckung des Zwangsmittels) eine **besondere Angelegenheit** nach § 18 Nr. 15 RVG dar, für die er die 0,3-Verfahrensgebühr nach Nr. 3309 VV RVG erhält, bei mündlicher Verhandlung zudem die 0,3-Termingebür nach Nr. 3310.

Die Höhe der Gebühren des Anwalts richtet sich nach dem **Gegenstandswert** der vorzunehmenden Handlung (§ 25 Abs. 1 Nr. 3 RVG), der sich in der Regel nach dem Wert bemisst, den die zu erwirkende Handlung für den Gläubiger hat. Maßgeblich ist dabei das **Erfüllungsinteresse** an der titulierten Verpflichtung, das wiederum in der Regel dem Wert der Hauptsache entspricht (vgl die Nachweise bei Hk-ZPO/*Pukall* Rn 19).

[7] Der zu **begründende** (da mit dem Rechtsbehelf der sofortigen Beschwerde angreifbare) Beschluss des Prozessgerichts, durch den eines der Zwangsmittel angeordnet wird, bedarf der **Zustellung** an beide Parteien (§ 329 Abs. 3); er hat eine Kosten(grund-)entscheidung zu enthalten (§ 891 S. 3) und ist Vollstreckungstitel nach § 794 Abs. 1 Nr. 3. Der Begründung und Zustellung bedarf auch der Beschluss, der den Antrag des Gläubigers zurückweist, beispielsweise weil die Antragsvoraussetzungen nicht vorliegen oder weil der Titel inzwischen aufgehoben ist.

III. Rechtsmittel

Der das Zwangsmittel anordnende Beschluss unterliegt der **sofortigen Beschwerde** (§§ 793, 567 Abs. 1 Nr. 1), einzulegen innerhalb einer Notfrist von zwei Wochen beim Prozessgericht (dem iudex a quo) oder beim Beschwerdegericht (dem iudex ad quem) § 569 Abs. 1. Näheres zur sofortigen Beschwerde vgl das Kommentierte Prozessformularbuch, Anm. zu §§ 567 ff. Nach höchstrichterlicher Rechtsprechung soll die Beschwerde gemäß § 570 Abs. 1 aufschiebende Wirkung haben, dh bis zur endgültigen Entscheidung hierüber sind Zwangsgeld und Zwangshaft nicht durchsetzbar (BGH NJW 2011, 3791; aA Zöller/*Stöber* Rn 15).

C. Vollstreckung des Zwangsmittelbeschlusses

Die **Vollstreckung** des **Zwangsgeldbeschlusses** erfolgt zunächst durch den Gerichtsvollzieher, und zwar nach den Regeln der Mobiliarvollstreckung, nicht nach den Regeln der JBeitrO (oben Rn 13). Bei einer notwendigen **Forderungspfändung** (nach §§ 829, 835 durch das Vollstreckungsgericht!) ist das beizutreibende Zwangsgeld unmittelbar an die Staatskasse zu überweisen. Der Gerichtsvollzieher hat beigetriebenes Zwangsgeld ebenfalls der Staatskasse abzuliefern. Für die Durchführung entstehen zusätzliche Gebühren je nach Vollstreckungshandlung (Nr. 2111 KV GKG, Nr. 205 KV GvKostG).

25 Die Vollstreckung der **Zwangshaft** (auch der Ersatzhaft) hat gemäß **Abs. 1 S. 3** nach den §§ 802 g bis 802 j zu erfolgen. Die **Verhaftung** obliegt dem Gerichtsvollzieher; sie setzt zusätzlich einen, gleichfalls vom Prozessgericht (vgl Hk-ZPO/*Pukall* Rn 18) auf Antrag des Gläubigers zu erlassenden **Haftbefehl** voraus (BGH NJW 2008, 2919, 2920). Außerdem soll der Gläubiger – sofern ihm nicht PKH für das Vollstreckungsverfahren bewilligt worden ist – die voraussichtlichen **Haftkosten** vorauszahlen (§ 4 Abs. 1 GvKostG, KV Nr. 9010). Das vom Gerichtsvollzieher iÜ zu beobachtende Verfahren richtet sich nach §§ 143 ff GVGA. Für die Verhaftung erhält der Gerichtsvollzieher eine Gebühr in Höhe von 39,- EUR (Nr. 270 KV GvKostG).

§ 888 a Keine Handlungsvollstreckung bei Entschädigungspflicht

Ist im Falle des § 510 b der Beklagte zur Zahlung einer Entschädigung verurteilt, so ist die Zwangsvollstreckung auf Grund der Vorschriften der §§ 887, 888 ausgeschlossen.

1 Wurde der Schuldner durch das Amtsgericht nach § 510 b zu einer vertretbaren oder unvertretbare Handlung unter gleichzeitiger Festsetzung einer **Entschädigung** für den Fall der **nicht fristgerechten** Vornahme der Handlung verurteilt (vgl das Beispiel § 510 b Rn 7), ist die Zwangsvollstreckung wegen der **Hauptleistung** (auf Vornahme der Handlung) nach § 888 a **ausgeschlossen**, ebenso die Offenbarungsversicherung nach § 889.

2 Entsprechendes gilt im arbeitsgerichtlichen Urteilsverfahren (§ 61 Abs. 2 S. 2 ArbGG). Betreibt der Gläubiger dennoch wegen der Hauptforderung die Zwangsvollstreckung, steht dem Schuldner die sofortige Beschwerde zu (§ 793).

§ 889 Eidesstattliche Versicherung nach bürgerlichem Recht

(1) ¹Ist der Schuldner auf Grund der Vorschriften des bürgerlichen Rechts zur Abgabe einer eidesstattlichen Versicherung verurteilt, so wird die Versicherung vor dem Amtsgericht als Vollstreckungsgericht abgegeben, in dessen Bezirk der Schuldner im Inland seinen Wohnsitz oder in Ermangelung eines solchen seinen Aufenthaltsort hat, sonst vor dem Amtsgericht als Vollstreckungsgericht, in dessen Bezirk das Prozessgericht des ersten Rechtszuges seinen Sitz hat. ²Die Vorschriften der §§ 478 bis 480, 483 gelten entsprechend.

(2) Erscheint der Schuldner in dem zur Abgabe der eidesstattlichen Versicherung bestimmten Termin nicht oder verweigert er die Abgabe der eidesstattlichen Versicherung, so verfährt das Vollstreckungsgericht nach § 888.

A. Anwaltliche Sicht	[4] Voraussetzungen der eidesstattlichen Versicherung . 6
I. Muster: Terminsantrag zur Abgabe der Offenbarungsversicherung	[5] Termin zur Offenbarungsversicherung 7
II. Erläuterungen	[6] Begründung 8
[1] Anwendungsbereich........... 2	B. Gerichtliche Sicht
[2] rtliche Zuständigkeit.......... 4	
[3] Sachliche Zuständigkeit 5	

Abschnitt 3 | Herausgabe/Erwirkung von Handlungen § 889

I. Muster: Bestimmung des Termins zur Offenbarungsversicherung durch das Gericht
II. Erläuterungen
[1] Abgabe 10
[2] Nichterscheinen 11
[3] Zwangsmaßnahmen 12
C. Kosten

A. Anwaltliche Sicht

I. Muster: Terminsantrag zur Abgabe der Offenbarungsversicherung[1]

1

▶ An das

Amtsgericht ...[2]

In der Zwangsvollstreckungssache ...

überreiche ich vollstreckbare Ausfertigung des Urteils des Landgerichts ...[3] vom ... mit Zustellbescheinigung[4] und beantrage[5] namens und im Auftrag des von mir weiterhin vertretenen Gläubigers,

Termin zur Abgabe der eidesstattlichen Versicherung durch den Schuldner zu bestimmen.

Gründe ◀

II. Erläuterungen

[1] Die Vorschrift betrifft die **Offenbarungsversicherung** nach **bürgerlichem Recht** (insbesondere aus §§ 259, 260, 1640, 1667, 1802, 2006, 2028, 2057 BGB) und ist von der nach §§ 802c Abs. 3, 883 Abs. 2 und 836 Abs. 3 S. 2 zu unterscheiden. Gibt der Schuldner die von ihm geforderte eidesstattliche Versicherung nicht freiwillig ab, muss der Gläubiger zunächst klagen und dann im Obsiegensfall das Urteil nach § 889 vollstrecken, sofern der Schuldner auch nach Erlass des Titels (insbesondere des Teilurteils über die zweite Stufe einer **Stufenklage**, § 254) nicht doch noch bereit ist, die Versicherung freiwillig abzugeben.

2

Hat der Gläubiger einen **Titel** in der Hand, der den Schuldner zur Abgabe der Offenbarungsversicherung verpflichtet, kann er – wenn der Schuldner die Erklärung nicht freiwillig abgibt (zuständig ist dann das Gericht der freiwilligen Gerichtsbarkeit, §§ 361, 410 Nr. 1, 413 FamFG) – beim **Vollstreckungsgericht** (§ 764 Abs. 1, nicht bei dem Prozessgericht!) die Bestimmung eines **Termins** zur Abgabe der eidesstattlichen Versicherung beantragen.

3

[2] **Örtlich zuständig** für den Antrag ist das **Vollstreckungsgericht**, in dessen **Bezirk** der Schuldner im Inland seinen Wohnsitz (§ 13) oder in Ermangelung eines solchen seinen Aufenthaltsort hat (§ 16). Bei juristischen Personen ist der Sitz maßgebend (§ 17). Hat der Schuldner mehr als einen Wohnsitz, hat der Gläubiger die Wahl (§ 35). Fehlt es an einem Wohnsitz oder Aufenthaltsort des Schuldners, ist das Amtsgericht zuständig, in dessen Bezirk das Prozessgericht des ersten Rechtszuges seinen Sitz hat (**Abs. 1 S. 1**). Das Vollstreckungsgericht ist auch bei familien- und arbeitsgerichtlichen Titeln sachlich zuständig.

4

[3] **Sachlich zuständig** für die Abnahme der Offenbarungsversicherung ist nicht das Prozessgericht, sondern das **Vollstreckungsgericht**, vgl Rn 3. Funktionell zuständig ist dort der Rechtspfleger (§ 20 Nr. 17 RPflG); etwas anderes gilt aber dann, wenn nach

5

Kießling

Abs. 2 Zwangsmittel festzusetzen sind, hierfür ist der Richter ausschließlich zuständig (§ 4 Abs. 2 Nr. 2 RPflG).

6 [4] Die **Voraussetzungen der Zwangsvollstreckung** (§ 750 Abs. 1) sind auch bei einem Antrag auf Offenbarungsversicherung darzulegen (str, vgl Hk-ZPO/*Pukall* Rn 4).

7 [5] **Termin** zur Offenbarungsversicherung bestimmt das Vollstreckungsgericht nicht von Amts wegen, sondern nur auf **Antrag** des Gläubigers. Bei der Terminsbestimmung hat der funktionell zuständige **Richter** (vgl Rn 5) außer den **Voraussetzungen** der Zwangsvollstreckung auch die Vorschriften für Ladungen und Termine (§§ 214 ff) zu beachten. Der Schuldner, der die Versicherung höchstpersönlich abzugeben hat (Abs. 1 S. 2, 478), ist auch dann persönlich förmlich zu laden (§ 329 Abs. 2 S. 2), wenn er anwaltlich vertreten ist.

8 [6] Zur Begründung des Antrags auf Bestimmung eines Termins zur Offenbarungsversicherung ist vom Gläubiger darzulegen, dass der Schuldner seiner Verpflichtung aus dem Titel zur Abgabe einer eidesstattlichen Versicherung trotz Aufforderung und Gelegenheit dazu nicht nachgekommen ist.

B. Gerichtliche Sicht

9 **I. Muster: Bestimmung des Termins zur Offenbarungsversicherung durch das Gericht**

▶ Amtsgericht

In der Zwangsvollstreckungssache ▬▬▬

wird Termin zur Abgabe[1] der Offenbarungsversicherung bestimmt auf ▬▬▬

Der Schuldner wird vorsorglich darauf hingewiesen, dass im Falle seines Nichterscheinens[2] in dem vorgenannten Termin ▬▬▬ auf Antrag gegen ihn Zwangsgeld oder Zwangshaft[3] verhängt werden kann,

Vfg.

1. Beschl-Ausfertigung an Schuldner mit ZU zustellen
2. ▬▬▬ ◀

II. Erläuterungen

10 [1] Gibt der Schuldner die nach bürgerlichem Recht geschuldete eidesstattliche Versicherung (zB im Rahmen einer Rechnungslegung nach § 259 BGB) nicht freiwillig ab (nach den Regelungen des FamFG, s. oben Rn 3), ist das gerichtliche Vollstreckungsverfahren geboten. Die Terminsanberaumung und Ladung des Schuldners hierzu stellt aber noch keine Vollstreckungshandlung dar (Zöller/*Stöber* Rn 2), so dass auch kein Rechtsbehelf hiergegen statthaft und dementsprechend auch keine Rechtsmittelbelehrung notwendig ist. Für die Abgabe der geschuldeten eidesstattlichen Versicherung durch den im Termin **erschienenen** Schuldner gelten nach **Abs. 1 S. 2** die Vorschriften der §§ 478 bis 480, 483 entsprechend. Danach ist die Erklärung des Schuldners – nach Belehrung über die Bedeutung seiner Erklärung und die Folgen einer falschen Erklärung durch den Richter – vom Schuldner in Person abzugeben. Der Inhalt seiner Erklärung richtet sich nach seiner bürgerlich-rechtlichen Erklärungsverpflichtung (vgl dazu Hk-ZPO/*Pukall* Rn 5).

[2] **Erscheint** der Schuldner in dem zur Abgabe der eidesstattlichen Versicherung bestimmten Termin trotz ordnungsgemäßer Ladung **nicht** oder weigert er sich, die eidesstattliche Versicherung so abzugeben, wie er verurteilt worden ist (eine **unvertretbare Handlung**), so kommen nach **Abs. 2** die Vorschriften des § 888 entsprechend zur Anwendung (vgl dort). Das Verfahren setzt zunächst einen **Antrag** des Gläubigers voraus (der schon im Termin nach Abs. 1 gestellt werden kann). 11

[3] Das weitere Verfahren verbleibt zwar in der Zuständigkeit des Vollstreckungsgerichts, ist nun aber in vollem Umfang dem **Richter** vorbehalten (§ 4 Abs. 2 Nr. 2 RPflG), weil nach § 888 neben Zwangsgeld auch Zwangshaft angeordnet werden kann. Der Richter hat zunächst die Zulässigkeit der Zwangsvollstreckung zu prüfen und dem Schuldner vor der Anordnung einer Zwangsmaßnahme nach § 888 rechtliches Gehör zu gewähren (§ 891 S. 2), was aber regelmäßig schon durch die Ladung (und Anhörung) zum Termin nach Abs. 1 erfolgt (Zöller/*Stöber* Rn 4). Zu den einzelnen Maßnahmen s. die Anmerkungen zu § 888. 12

C. Kosten

Gibt der Schuldner die Offenbarungsversicherung freiwillig ab, bestimmen sich die Kosten nach Nr. 15212 KV GNotKG. Für das **gerichtliche** Verfahren auf Abgabe der eidesstattlichen Versicherung nach Abs. 1 fällt nach Nr. 2114 KV GKG eine Festgebühr von 35,- EUR an. Bedarf es zudem des Zwangs nach Abs. 2, entsteht eine weitere Gebühr nach Nr. 2111 KV GKG in Höhe von 20,- EUR. Für den **Rechtsanwalt** entstehen die Gebühren nach Nrn. 3309, 3310 VV RVG, und zwar nach dem Gegenstandswert der vorzunehmenden Handlung (dem Wert des erhofften Zuwachses), nicht dem des Zwangsgeldes (MaK/*Rohn* § 18 Rn 99). Auch insoweit ist das weitere Verfahren nach Abs. 2 eine **besondere Angelegenheit** (§ 18 Nr. 13 RVG), für die er wiederum Gebühren erhält. 13

§ 890 Erzwingung von Unterlassungen und Duldungen

(1) ¹Handelt der Schuldner der Verpflichtung zuwider, eine Handlung zu unterlassen oder die Vornahme einer Handlung zu dulden, so ist er wegen einer jeden Zuwiderhandlung auf Antrag des Gläubigers von dem Prozessgericht des ersten Rechtszuges zu einem Ordnungsgeld und für den Fall, dass dieses nicht beigetrieben werden kann, zur Ordnungshaft oder zur Ordnungshaft bis zu sechs Monaten zu verurteilen. ²Das einzelne Ordnungsgeld darf den Betrag von 250 000 Euro, die Ordnungshaft insgesamt zwei Jahre nicht übersteigen.
(2) Der Verurteilung muss eine entsprechende Androhung vorausgehen, die, wenn sie in dem die Verpflichtung aussprechenden Urteil nicht enthalten ist, auf Antrag von dem Prozessgericht des ersten Rechtszuges erlassen wird.
(3) Auch kann der Schuldner auf Antrag des Gläubigers zur Bestellung einer Sicherheit für den durch fernere Zuwiderhandlungen entstehenden Schaden auf bestimmte Zeit verurteilt werden.

A. Antrag auf Androhung von Ordnungsmitteln
  I. Muster: Antrag auf Androhung
  II. Erläuterungen
    [1] Norminhalt 2
    [2] Antrag als Voraussetzung 4
    [3] Festsetzung im Erkenntnisverfahren 5
    [4] Benennung des Verpflichteten 7
    [5] Höhe der Ordnungsmittel 8
    [6] Konkretisierung der Ordnungsmittel 10
    [7] Kostengrundentscheidung, Kosten 11
    [8] Streitwertbemessung 12
    [9] Antragsbegründung 13
B. Nachträgliche Androhung der Ersatzhaft, Kaution
  I. Muster: Nachträgliche Androhung der Ersatzhaft
    [1] Ersatzhaft 15
  II. Kaution
C. Androhungsbeschluss
  I. Muster: Gerichtlicher Androhungsbeschluss
  II. Erläuterungen und Varianten
    [1] Androhungsvoraussetzungen . 20
    [2] Unterlassungs- und Duldungsverpflichtung.................. 22
    [3] Benennung des Verpflichteten 24
    [4] Kosten 25
    [5] Begründung, Rechtsmittel 26
D. Festsetzung von Ordnungsgeld
  I. Muster: Antrag auf Festsetzung von Ordnungsgeld
  II. Erläuterungen
    [1] Bestimmtheit des Titels 28
    [2] Antrag als Voraussetzung 30
    [3] Entscheidung im schriftlichen Verfahren 31
    [4] Bemessung der Ordnungsmittel 32
    [5] Begründungserfordernis 33
E. Beschlüsse des Gerichts
  I. Ordnungsmittelbeschluss
    1. Muster: Ordnungsmittelbeschluss
    2. Erläuterungen
      [1] Ordnungsmittelbeschluss .. 35
      [2] Begründung des Beschlusses 36
  II. Kautionsbeschluss
    1. Muster: Kautionsbeschluss
    2. Erläuterungen
      [1] Kautionsbeschluss 39
      [2] Tenor des Beschlusses 40
      [3] Höhe der Kaution 41
F. Vollstreckung, Rechtsbehelfe

A. Antrag auf Androhung von Ordnungsmitteln[1]

1 I. Muster: Antrag auf Androhung

▶ An das

Landgericht ▪▪▪

In der Zwangsvollstreckungssache ▪▪▪

überreiche ich die anliegende Ausfertigung des vor der angerufenen Kammer am ▪▪▪ geschlossenen Prozessvergleiches und beantrage[2] namens und im Auftrag des von mir weiterhin vertretenen Gläubigers durch Beschluss im schriftlichen Verfahren[3] wie folgt zu entscheiden:[4]

Der Schuldnerin wird bei Meidung eines Ordnungsgeldes bis zu 250.000,- EUR[5] für jeden Fall der Zuwiderhandlung und für den Fall, dass dieses nicht beigetrieben werden kann, ersatzweise einer an ihrem Inhaber zu vollziehenden Ordnungshaft, oder zu einer an ihrem Inhaber zu vollziehenden Ordnungshaft bis zu sechs Monaten untersagt, im geschäftlichen Verkehr zu Zwecken des Wettbewerbs mit der Ankündigung zu werben:[6]

„Schneller als die Polizei erlaubt! Knöllchen bekommen, während Sie auf unseren 30-Minuten-Service gewartet haben? Kein Problem bei Bilder-Bauer! Wir bezahlen noch 10,- EUR dazu!"

Die Schuldnerin hat die Kosten dieses Verfahrens zu tragen.[7]
Der Streitwert wird auf 30.000,- EUR festgesetzt.[8]

Gründe[9]

In dem vor der Kammer geschlossenen Prozessvergleich ist in der Erwartung künftigen redlichen Geschäftsgebarens der Schuldnerin eine Sanktionsandrohung für den Fall weiteren unlauteren Wettbewerbs unterblieben. Die Schuldnerin hat sich jedoch an ihr Versprechen nicht gehalten; sie wirbt in den örtlichen Tageszeitungen weiterhin mit der beanstandeten Anzeige (Beweis: ■■■), so dass jetzt dringender Handlungsbedarf besteht.

 ◀

II. Erläuterungen

[1] Kommt der Schuldner seiner Verpflichtung nicht nach, eine **Handlung** zu unterlassen oder die Vornahme einer Handlung durch den Gläubiger zu **dulden**, so kann er dazu auf Antrag des Gläubigers von dem **Prozessgericht** des ersten Rechtszuges durch Festsetzung von **Ordnungsgeld** oder **Ordnungshaft** angehalten werden (**Abs. 1**), wenn diese Ordnungsmittel im Hinblick auf die geschuldete Verpflichtung verhältnismäßig sind, ihm zuvor **angedroht** worden waren (**Abs. 2**) und er der Unterlassungs- oder Duldungspflicht **schuldhaft** zuwider gehandelt hat.

Die Abgrenzung zwischen Unterlassungs- und Duldungsgeboten auf der einen und Handlungsgeboten auf der anderen Seite kann schwierig sein. **Unterlassen** im Sinne von Abs. 1 ist ein untätiges Verhalten, das einen konkreten Kausalverlauf nicht mitbestimmend beeinflusst (Musielak/*Lackmann* Rn 2). Wenn allerdings der rechtswidrige Zustand bereits eingetreten ist (Lärmstörung durch zu laut gestellte Musikanlage), sind zu seiner Beseitigung Handlungen erforderlich (Verringerung der Lautstärkeeinstellung der Anlage). Dementsprechend schuldet der zur Unterlassung Verpflichtete nicht nur künftige Untätigkeit, sondern auch ein Verhalten, das den Nichteintritt der drohenden Beeinträchtigung bewirkt (BGH NJW 2003, 1035). **Dulden** ist ein Unterfall des Unterlassens, das darin besteht, die Vornahme einer Handlung eines Anderen im Einflussbereich des Schuldners nicht zu behindern. Aber auch dafür kann im Einzelfall eine Handlung des Duldungspflichtigen erforderlich sein (etwa bei einer Wohnungsbesichtigung). Die Abgrenzung sollte sich danach bestimmen, ob dem Schuldner mehr ein Gebot zum Handeln oder mehr ein Gebot zum Unterlassen erteilt worden ist, so dass – sich gegenseitig ausschließend – entweder eine Vollstreckung nach §§ 887, 888 oder nach § 890 in Betracht kommt (vgl zB Hk-ZPO/*Pukall* Rn 3 ff).

[2] Der Androhungsbeschluss setzt einen **Antrag** des Gläubigers an das erstinstanzliche **Prozessgericht** als dem zuständigen **Vollstreckungsorgan** voraus, der unter den Voraussetzungen des § 78 dem **Anwaltszwang** unterliegt. Der Bezeichnung eines bestimmten Ordnungsmittels oder gar seiner Höhe bedarf es nicht. Wird allerdings ein bestimmtes Ordnungsmittel oder eine bestimmte Höhe beantragt, bindet dies das Gericht zwar nicht bei der Androhung (anzudrohen ist vielmehr stets der durch Abs. 1 vorgegebene Rahmen, vgl Rn 19), wohl aber bei der Festsetzung des Ordnungsmittels (§ 308 Abs. 1). Vorsorglich sollte der Gläubiger im Antrag darlegen, dass der Schuldner seiner Unterlassungs- oder Duldungsverpflichtung zuwider gehandelt hat und

dass er (der Gläubiger) ein besonderes Rechtsschutzinteresse an der Sanktionsandrohung habe, wenngleich beides nicht zwingend erscheint, weil das rechtliche Interesse schon aus dem titulierten Unterlassungsanspruch und der ständigen Möglichkeit der Zuwiderhandlung folgt (str, vgl dazu Hk-ZPO/*Pukall* Rn 12).

5 [3] In der Regel setzt das Prozessgericht bereits im **Erkenntnisverfahren** in seinem Urteil oder **Beschluss** Ordnungsmittel für den Fall der Zuwiderhandlung gegen ein Handlungs- oder Unterlassungsgebot fest, dies allerdings nur, wenn ein solcher Antrag vom Kläger im Laufe des Erkenntnisverfahrens gestellt worden ist:

▶ Erhebe ich namens und im Auftrag des Klägers Klage mit folgenden Anträgen:
1. Der Schuldnerin wird untersagt, im geschäftlichen Verkehr zu Zwecken des Wettbewerbs wie folgt zu werben ...
2. Der Schuldnerin wird für jeden Fall der schuldhaften Zuwiderhandlung gegen das nach Ziff. 1 auszuurteilende Unterlassungsgebot ein Ordnungsgeld bis zu 250.000,- EUR und für den Fall, dass dieses nicht beigetrieben werden kann, ersatzweise Ordnungshaft, oder aber Ordnungshaft bis zu sechs Monaten angedroht. ◀

Ein Unterlassungs- oder Duldungsgebot wird in der Praxis zumeist durch **einstweilige Verfügung** angeordnet; auch dann erfolgt eine Ordnungsmittelandrohung üblicherweise unmittelbar in der Ausgangsentscheidung. **Fehlt die Androhung im Titel,** bleibt der (erste) nachfolgende Verstoß des Schuldners gegen das Unterlassungs- oder Duldungsgebot sanktionslos, da mangels vorheriger Androhung noch kein Ordnungsmittel gegen ihn festgesetzt werden kann. Folgt die Unterlassungs- oder Duldungsverpflichtung aus einem **Prozessvergleich**, bedarf es nach **Abs. 2** immer eines besonderen, zuzustellenden **Beschlusses**, der die Androhung ausspricht. Denn eine „Androhung" im Prozessvergleich reicht deshalb nicht aus, weil diese wegen ihres öffentlich-rechtlichen Charakters dem Richter vorbehalten ist (hM, vgl Hk-ZPO/*Pukall* Rn 11 mwN).

6 Die **Sanktionsandrohung** durch Beschluss nach Abs. 2 kann im Übrigen bei Vorliegen eines Titels, der den Beklagten (Schuldner) zu einer Handlung oder Duldung verpflichtet, **jederzeit** nachgeholt werden, also auch schon vor Rechtskraft eines entsprechenden Urteils, sofern die allgemeinen Voraussetzungen der Zwangsvollstreckung vorliegen (vgl weiter Rn 20). Wegen der in der Regel gebotenen Eilbedürftigkeit kommt im Allgemeinen nur eine Entscheidung im **schriftlichen Verfahren** in Betracht, § 128 Abs. 4.

7 [4] Die Androhung (und Festsetzung) des Ordnungsmittels muss sich gegen den im Erkenntnisverfahren **Verpflichteten** richten. Wenn ein **Kaufmann** unter seiner Firma verklagt worden ist (§ 17 Abs. 2 HGB), hat der Gläubiger zu beantragen (und das Gericht sodann in seinem Androhungsbeschluss auszusprechen), dass das Ordnungsmittel an ihrem **Inhaber** zu vollziehen ist.

8 [5] Das einzelne **Ordnungsgeld** darf nach **Abs. 1 S. 2** den Betrag von 250.000,- EUR nicht übersteigen. Die Mindesthöhe des Ordnungsgeldes beträgt 5,- EUR (Art 6 Abs. 1 EGStGB). Bei mehrfachen Zuwiderhandlungen, auch wenn sie fahrlässig begangen wurden (BGH NJW 1993, 721), kann – anders als im Strafrecht – **Fortsetzungszusammenhang** angenommen werden mit der Folge, dass die Einzelakte als eine Tat angesehen werden (Musielak/*Lackmann* Rn 13; Zöller/*Stöber* Rn 20 mwN).

Die **Ordnungshaft** beträgt im Mindestmaß einen Tag (Art. 6 Abs. 2 EGStGB) und darf nur bis zur Dauer von sechs Monaten angedroht werden (**Abs. 1 S. 1**). Insgesamt darf der Vollzug von Ordnungshaft (wegen wiederholter Verstöße gegen das Unterlassungs- oder Duldungsgebot) zwei Jahre nicht übersteigen (**Abs. 1 S. 2**). 9

[6] Die (beantragte) Androhung muss das Ordnungsmittel seiner Art nach genau bezeichnen, ungenügend ist insbesondere die Androhung „der gesetzlichen Ordnungsmittel nach § 890" oder „der Ordnungsmittel in gesetzlicher Höhe". Wird nicht auch „ersatzweise Ordnungshaft" neben dem Ordnungsgeld angedroht, kann diese auch bei Nichteinbringlichkeit des Ordnungsgeldes nicht festgesetzt werden. Im Übrigen können Ordnungsgeld und Ordnungshaft nicht nebeneinander, sondern nur alternativ angedroht (und festgesetzt) werden, wenngleich eine fehlerhafte Kumulation folgenlos bleibt (BGH NJW 2004, 506). In dem beantragten Beschluss des Prozessgerichts muss die – im Urteil, im Vergleich oder in der einstweiligen Verfügung – titulierte Duldungs- oder Unterlassungsverpflichtung dann nochmals aufgenommen werden, wenn die Androhung nicht zugleich mit der Hauptsacheentscheidung im Erkenntnisverfahren ergeht. Der Antrag des Gläubigers darf über die Verpflichtung entsprechend der Verurteilung in der Hauptsache nicht hinausgehen. 10

[7] Die nach § 891 S. 1 vAw zu treffende **Kostengrundentscheidung** hat unter Berücksichtigung des § 788 zu ergehen. Für den Androhungsbeschluss als „gerichtliche Handlung der Zwangsvollstreckung" fällt nach Nr. 2111 KV GKG eine **Gerichtsgebühr** in Höhe von 20,- EUR an, in der Sache aber **nur einmal**, für einen späteren Ordnungsmittelbeschluss also nicht zusätzlich. Die Androhung löst nach § 19 Abs. 2 Nr. 5 RVG dann keine weitere **Anwaltsgebühr** aus, wenn eine solche schon in dem zu vollstreckenden Titel enthalten war (also bereits vom Rechtsanwalt mit dem Sachantrag im Erkenntnisverfahren beantragt worden ist). Auch der Anwalt, der den selbstständigen Androhungsbeschluss erwirkt, erhält nach § 18 Nr. 3 RVG nur dann die 0,3-Verfahrensgebühr nach Nr. 3309 VV RVG, wenn keine nachfolgende Festsetzung und Vollstreckung mehr erfolgt; Androhung und Vollstreckung sind demnach „eine Angelegenheit" (MaK/*Ebert* § 19 Rn 114). 11

[8] Angaben zum Streitwert des Duldungs- oder Unterlassungstitels: Es dient der Verfahrensvereinfachung, wenn der Gläubiger seine Vorstellungen zur **Streitwertbemessung** durch das Gericht schon im Beschlussantrag mitteilt (vgl § 61 Abs. 1 GKG). 12

[9] Zum Inhalt und Umfang der **Antragsbegründung** vgl schon Rn 6. 13

B. Nachträgliche Androhung der Ersatzhaft, Kaution

I. Muster: Nachträgliche Androhung der Ersatzhaft 14

▶ ... erweitere ich meinen Antrag[1] aus dem Schriftsatz vom ... um die Bitte, dem Schuldner für den Fall ... Ersatzhaft anzudrohen.

Begründung

Der Unterzeichner wurde am ... davon in Kenntnis gesetzt, dass ... Hierdurch ist die akute Gefahr für den Gläubiger eingetreten ... ◀

[1] Die **Ersatzhaft** kann dem Schuldner auf Antrag auch noch **nachträglich angedroht** werden, und zwar auch durch den **Rechtspfleger** (§ 4 Abs. 2 Nr. 2 a RPflG), der 15

§ 890 | Buch 8 | Zwangsvollstreckung

für die Vollstreckung der Ordnungsmittel zuständig ist (§ 31 Abs. 3 RPflG). Der Tagessatz der **Ersatzordnungshaft** muss im Androhungsbeschluss nicht festgelegt werden (Zöller/*Stöber* Rn 12 b). Die bloße Androhung der „gesetzlichen Ordnungsmittel gemäß § 890 ZPO" genügt dagegen nicht, weil sie das Ausmaß des angedrohten hoheitlichen Zwangs nicht ohne Weiteres (unmittelbar) erkennen lässt (BGH NJW 1995, 3177, 3181).

II. Kaution

16 Wenn der Gläubiger Grund zu der Annahme hat, dass der Schuldner sich nicht an das Unterlassungs- oder Duldungsgebot halten wird, kann dem Schuldner auf besonderen Antrag zugleich für den Fall von (zumindest zweimaligen) Zuwiderhandlungen **ferner** die Verurteilung zur Zahlung einer **Kaution** nach **Abs. 3 angedroht** werden. Der Antrag kann auch nachträglich gestellt werden, regelmäßig nach der ersten Zuwiderhandlung gegen das Unterlassungs- oder Duldungsgebot:

▶ ... dem Schuldner anzudrohen, dass er zugunsten der Gläubigerin für den ihr aus der ferneren Verletzung des Gebots zur Unterlassung von ... drohenden Schaden zu einer Sicherheitsleistung in Höhe von ...EUR verurteilt werden kann. ◀

17 Auch zu diesem Antrag ist vor der Beschlussfassung zunächst der Schuldner durch das Prozessgericht des ersten Rechtszuges zu hören (§ 891 S. 2). Der Kautionsbeschluss bedarf nach § 329 Abs. 2 der förmlichen Zustellung an den Schuldner.

18 Die Verurteilung zur Stellung einer Sicherheitsleistung ist eine **besondere Angelegenheit**, die zugunsten des Anwaltes eine **0,3-Verfahrensgebühr** nach Nr. 3309 VV RVG auslöst. Der **Gegenstandswert** ist gemäß § 25 Abs. 1 Nr. 3 RVG nach dem Betrag der Kaution zu bemessen.

C. Androhungsbeschluss

19 I. Muster: Gerichtlicher Androhungsbeschluss[1]

▶ Landgericht ...
Az ...

Beschluss

In der Zwangsvollstreckungssache ...

hat die ... Zivilkammer des Landgerichts ... am ... durch die Richterin ... als Einzelrichterin beschlossen:[2]

Der Schuldnerin wird bei Meidung eines Ordnungsgeldes bis zu 250.000,- EUR für jeden Fall der Zuwiderhandlung und für den Fall, dass dieses nicht beigetrieben werden kann, ersatzweise einer an ihrem Inhaber[3] zu vollziehenden Ordnungshaft, oder zu einer an ihrem Inhaber zu vollziehenden Ordnungshaft bis zu sechs Monaten untersagt, im geschäftlichen Verkehr zu Zwecken des Wettbewerbes mit der Ankündigung zu werben: „Schneller als die Polizei erlaubt! Knöllchen bekommen, während Sie auf unseren 30-Minunten-Service gewartet haben? Kein Problem bei Bilder-Bauer! Wir bezahlen noch 10,- EUR dazu!"

Die Schuldnerin hat die Kosten dieses Verfahrens zu tragen.

Der Streitwert wird auf 30.000,- EUR festgesetzt.[4]

Gründe[5]

...

[Rechtsbehelfsbelehrung gem. § 232 ZPO]... ◄

II. Erläuterungen und Varianten

[1] **Anordnungsvoraussetzungen.** Mit dem Erlass des Androhungsbeschlusses nach **Abs. 2 beginnt** die Zwangsvollstreckung. Das Prozessgericht hat deshalb vor Erlass des Beschlusses die allgemeinen Zulässigkeitsvoraussetzungen der Zwangsvollstreckung zu prüfen, darunter den Bestand des (zumindest vorläufig vollstreckbaren) Titels, der etwa durch Ablauf der Vollziehungsfrist bei einer einstweiligen Verfügung (§§ 936, 929 Abs. 2) oder durch uneingeschränkte Erledigterklärung entfallen sein kann. Hinzukommen müssen die Vollstreckungsklausel und die vorausgegangene Zustellung an den Schuldner, wobei gerade für den praktisch häufigsten Fall der Verurteilung zu einem Unterlassen oder Dulden im Wege einstweiligen Rechtsschutzes Besonderheiten gelten (§§ 929 Abs. 1 und 3 S. 1, 936). 20

▶ Das Prozessgericht entscheidet nach **Anhörung** des Schuldners (§ 891 S. 1) durch **Beschluss** bei freigestellter mündlicher Verhandlung (§ 128 Abs. 4). ◄ 21

[2] Der selbstständige (nachträgliche) Androhungsbeschluss muss die Unterlassungs- oder Duldungsverpflichtung aus dem zu vollstreckenden **Titel** enthalten, auf die sich die Ordnungsmittelandrohungen beziehen; er darf nicht darüber hinausgehen (§ 308 Abs. 1 S. 1). Die Vollstreckung einer in einem **gerichtlichen Vergleich** vereinbarten Unterlassungsverpflichtung durch Festsetzung eines Ordnungsgeldes setzt stets eine gerichtliche Androhung durch einen gesonderten Beschluss voraus (vgl oben Rn 5). 22

Im Tenor des Beschlusses hat das Gericht alternativ Ordnungsgeld (ggfl. ersatzweise Ordnungshaft) oder Ordnungshaft anzudrohen. Anzudrohen sind gegen den Schuldner nach Abs. 1 S. 2 ohne Konkretisierung des oder der Ordnungsmittel auf einen ggfl. konkret festzusetzenden Betrag: 23

▶ für jeden Fall der Zuwiderhandlung ein Ordnungsgeld bis zu 250.000,- EUR und für den Fall, dass dieses nicht beigetrieben werden kann, Ordnungshaft oder Ordnungshaft bis zu sechs Monaten. ◄

[3] In dem Beschluss ist die Person namentlich zu benennen, die **Verpflichtete** des Androhungsbeschlusses sein soll. Titelschuldner ist bei einzelkaufmännischen Unternehmungen der Geschäftsinhaber, bei juristischen Personen und Personalgesellschaften (oHG, KG, GbR) regelmäßig diese selbst, wenngleich die ersatzweise Ordnungshaft wie auch die primäre Ordnungshaft nur gegenüber dem oder den gesetzlichen Vertretern (Organen) angedroht werden darf, der bzw. die im Androhungsbeschluss (anders beim Ordnungsmittelbeschluss selbst) nicht zwingend namentlich benannt werden müssen (vgl oben Rn 7). Es genügt zu tenorieren (Thomas/Putzo/*Hüßtege* Rn 20): 24

▶ ░░░ ersatzweise an ihrem Geschäftsführer zu vollziehenden ░░░ ◀

25 [4] Wegen der Kosten vgl Rn 12, wegen der Streitwertbemessung vgl Rn 13.
26 [5] Der Androhungsbeschluss ist zu **begründen**. Er bedarf, ebenso wie der Kautions(androhungs-)beschluss (Rn 16), nach § 329 Abs. 2 der **förmlichen Zustellung**. **Rechtsmittel**: Der Androhungsbeschluss ist mit der **sofortigen Beschwerde** (§§ 793, 567 Abs. 1 Nr 1) anfechtbar. Wird die Androhung bereits mit der Entscheidung zur Hauptsache im Erkenntnisverfahren ausgesprochen (vgl. oben Rn. 3), können nur die gegen die Entscheidung selbst gegebenen Rechtsmittel eingelegt werden (str, vgl. Zöller/*Stöber* Rn 28).

D. Festsetzung von Ordnungsgeld

27 **I. Muster: Antrag auf Festsetzung von Ordnungsgeld**[1]

▶ An das
Landgericht ░░░
In der Zwangsvollstreckungssache ░░░
überreiche ich die anliegenden Ausfertigungen des vor dem angerufenen Gericht am ░░░ geschlossenen Prozessvergleiches und des Androhungsbeschlusses der Kammer vom ░░░ sowie die Zustellbescheinigungen vom ░░░ und beantrage[2] namens und im Auftrag des von mir weiterhin vertretenen Gläubigers, durch Beschluss im schriftlichen Verfahren[3] wie folgt zu entscheiden:

Gegen die Schuldnerin wird ein Ordnungsgeld von 5.000,- EUR[4] und für den Fall, dass dieses nicht beigetrieben werden kann, ersatzweise eine an ihrem Inhaber zu vollziehende Ordnungshaft von einem Tag je 500,- EUR festgesetzt.

Gründe

░░░[5] ◀

II. Erläuterungen

28 [1] Die allgemeinen **Voraussetzungen der Zwangsvollstreckung** müssen auch für die Festsetzung des Ordnungsmittels vorliegen, einschließlich der **Bestimmtheit des Vollstreckungstitels** (zum vollstreckungsrechtlichen Bestimmtheitserfordernis vgl § 887 Rn 5). Ob ein Verstoß gegen die titulierte Verpflichtung vorliegt, richtet sich ausschließlich nach dem Vollstreckungstitel. Zur Ermittlung etwaiger **Umgehungstatbestände** können die Entscheidungsgründe herangezogen werden. Für die **Auslegung** des Titels, der durch das Prozessgericht selbst zu vollstrecken ist, können aber auch Umstände außerhalb des Titels berücksichtigt werden (Musielak/*Lackmann* § 750 Rn 9). Der Schutzumfang des Titels erstreckt sich herkömmlicherweise auch auf Verletzungshandlungen, die nach der Verkehrsauffassung gleichwertig sind und die im Kern mit der Verletzungshandlung übereinstimmen („**Kernverstoß**", „**kerngleiche Verletzungshandlungen**", vgl Hk-ZPO/*Pukall* Rn 6 mwN).
Der Verstoß gegen den Unterlassungs- oder Duldungstitel muss **schuldhaft** erfolgt sein (BVerfG NJW 81, 2457), entweder durch positives Tun oder durch Unterlassen. Fahrlässigkeit reicht aus; der **Versuch** einer Zuwiderhandlung nur dann, wenn sich

die Androhung (ausnahmsweise) auch auf den Versuch erstreckt (Musielak/*Lackmann* Rn 4). Positive Kenntnis des Unterlassungstitels ist nicht zwingend erforderlich, jedenfalls nicht, wenn der Schuldner die Verbotsnorm schuldhaft nicht kannte; die Grundsätze über den **Verbotsirrtum** finden Anwendung (str, vgl dazu Hk-ZPO/*Pukall* Rn 8).

Maßgeblicher Zeitpunkt für das Vorliegen einer Zuwiderhandlung ist der der Androhung des Ordnungsmittels (**Abs. 2**). Die Zuwiderhandlung muss zeitlich **nachfolgen**. Zudem 29

- müssen die Zuwiderhandlung der Verkündung und/oder Zustellung (§ 329 Abs. 3) der Androhung an den Schuldner vorausgegangen und
- die Zwangsvollstreckung nach den allgemeinen **Zwangsvollstreckungsvoraussetzungen** zulässig sein,
- die Vollstreckungsklausel muss erteilt sein,
- der Gläubiger muss zu diesem Zeitpunkt eine erforderliche **Sicherheitsleistung** bereits erbracht haben,
- die Zwangsvollstreckung aus dem Titel darf auch nicht nach § 719 eingestellt sein (teils str, vgl dazu zB Hk-ZPO/*Pukall* Rn 9; Musielak/*Lackmann* Rn 6);
- zum Zeitpunkt der Zuwiderhandlung muss ferner das **Rechtsschutzbedürfnis** des Gläubigers an der Durchsetzung des Titels bestanden haben (Hk-ZPO/*Pukall* Rn 10); das ist nicht der Fall, wenn die (restliche) Erfüllung der Verpflichtung für den Gläubiger völlig bedeutungslos ist.

[2] Ein Ordnungsmittel setzt das Gericht nur auf besonderen **Antrag** des Gläubigers nach Anhörung des Schuldners (§ 891 S. 2) fest. Für den Antrag ist das erstinstanzliche Prozessgericht ausschließlich **zuständig;** unter den Voraussetzungen des § 78 unterliegt der Antrag dem **Anwaltszwang**. Ist das Landgericht zuständiges Prozessgericht, hat es in der Besetzung zu entscheiden, die den zu vollstreckenden Titel zu erlassen hat (also je nach dem ebenfalls als Kammer oder durch den Einzelrichter). 30

[3] Die – fakultativ mögliche – Entscheidung über den Ordnungsmittelantrag im schriftlichen Verfahren ist im Vollstreckungsverfahren aus Gründen der Verfahrensbeschleunigung regelmäßig angezeigt. 31

[4] Bei der Wahl und der **Bemessung** der Ordnungsmittel steht dem Prozessgericht **Ermessen** zu; es hat die Ordnungsmittel im Hinblick auf ihren Zweck auszuwählen und zu bemessen (s. Rn 35). 32

[5] Der Antrag ist durch den Gläubiger zu begründen. Insbesondere hat er die oben unter Rn 30 dargestellten Anordnungsvoraussetzungen darzulegen und im Bestreitensfall zu beweisen. 33

E. Beschlüsse des Gerichts zur Festsetzung

I. Ordnungsmittelbeschluss

1. Muster: Ordnungsmittelbeschluss 34

▶ **Beschluss**

In der Zwangsvollstreckungssache ...

Gegen die Schuldnerin wird ein Ordnungsgeld von 5.000,- EUR und für den Fall, dass dieses nicht beigetrieben werden kann, ersatzweise eine an ihrem Inhaber zu vollziehende Ordnungshaft[1] von einem Tag je 500,- EUR festgesetzt.

Begründung

...[2]

[Rechtsbehelfsbelehrung gem. § 232 ZPO] ◄

2. Erläuterungen

35 **[1]** Der **Tenor** des Beschlusses entspricht dem Anordnungsantrag, s. Rn 27. Die Höhe des Ordnungsgeldes bzw die Dauer der Ordnungshaft stehen im **Ermessen des Gerichts**. Hierbei sind allerdings alle maßgeblichen Umstände zu berücksichtigen; eine schematische Festsetzung, namentlich nach einem Bruchteil des Streitwertes des ursprünglichen Erkenntnisverfahrens, verbietet sich. Maßgeblich sind insbesondere die Art, der Umfang und die Dauer der Verletzungshandlung, der Grad des Verschuldens, die mit der Verletzungshandlung einhergehenden Vor- und Nachteile sowie die Wahrscheinlichkeit weiterer Verletzungshandlungen (BGH NJW 2004, 506, 510).

36 **[2]** In der **Begründung** seines Ordnungsmittelbeschlusses hat das Gericht sowohl die Zuwiderhandlung des Schuldners gegen das Unterlassungs- oder Duldungsgebot darzulegen als auch dessen Verschulden. Zu begründen hat es auch die Auswahl des Ordnungsmittels und dessen Höhe bzw Dauer. Der Beschluss bedarf einer **Kostengrundentscheidung** (§ 891 S. 3).

37 **Gerichtskosten** fallen nach Nr. 2111 KV GKG nicht ein weiteres Mal an, wenn die in dieser Vorschrift vorgesehene 20,- EUR Festgebühr bereits für den Androhungsbeschluss erhoben worden ist. Jede Verurteilung zu einem Ordnungsgeld stellt nach § 18 Abs. 1 Nr. 14 RVG eine **besondere Angelegenheit** dar, für die der **Anwalt** jeweils die 0,3-Verfahrensgebühr nach Nr. 3309 VV RVG erhält. Den **Gegenstandswert** hat das Gericht nach § 25 Abs. 1 Nr. 3 RVG zu bemessen (nach dem Interesse, nicht nach der Höhe des Ordnungsgeldes).

II. Kautionsbeschluss

38 ### 1. Muster: Kautionsbeschluss

▶ **Beschluss**[1]

In der Zwangsvollstreckungssache ...

Der Schuldner wird verurteilt,[2] zugunsten des Gläubigers für die ihm zur Abwehr der durch fernere Zuwiderhandlung gegen das Unterlassungsurteil des erkennenden Gerichts vom ... entstehenden Kosten eine Sicherheit in Höhe von 3.000,- EUR zu leisten, und zwar befristet bis zum ...

Gründe

Der Schuldner ist nach dem Urteil der Kammer vom ... verpflichtet, es zu unterlassen ... . Gegen diese Anordnung hat er wiederholt verstoßen, so dass inzwischen dreimal ein Ordnungsgeld gegen ihn festgesetzt und vollstreckt werden musste. Der Schuldner setzt sein rechtswidriges Verhalten unbeeindruckt fort. Der Gläubiger muss zur Abwehr künftiger Ver-

stöße Schutzvorkehrungen in Form von ... treffen, die nur mit einem Kostenaufwand in Höhe von 3.000,- EUR zu realisieren sind. In Höhe dieses Betrages hat der Schuldner antragsgemäß eine nach § 890 Abs. 3 ZPO bis zum ... befristete Kaution zu leisten.[3]
[Rechtsbehelfsbelehrung gem. § 232 ZPO]

... ◀

2. Erläuterungen

[1] **Kautionsbeschluss.** Auf besonderen Antrag des Gläubigers kann der Schuldner nach **Abs. 3** zur Bestellung einer **Sicherheit** für den durch fernere Zuwiderhandlungen entstehenden Schaden auf bestimmte Zeit verurteilt werden. Der Schuldner ist zu diesem Antrag zu hören (§ 891 S. 2). Die Anordnung einer Kautionszahlung kann nur ergehen, wenn der Schuldner mindestens einmal gegen das Unterlassungs- oder Duldungsgebot verstoßen hat und ihm der Kautionsbeschluss zuvor **angedroht** worden war (Rn 16). 39

[2] Der **Tenor** des Kautionsordnungsbeschlusses entspricht dem Antrag Rn 16. 40

[3] Die **Höhe** der Kaution steht im Ermessen des Gerichts; sie soll den Schaden abdecken, der dem Gläubiger durch weitere Zuwiderhandlungen entstehen kann. Dabei nicht einzurechnen sind künftige Ordnungsgelder, die der Staatskasse zustehen. 41

Die Verurteilung zur Bestellung einer Sicherheit ist eine besondere Angelegenheit nach § 18 Abs. 1 Nr. 15 VV RVG, für die der **Anwalt** eine 0,3-Verfahrensgebühr erhält. Vgl im Übrigen Rn 36. 42

F. Vollstreckung, Rechtsbehelfe

Die **Vollstreckung der Ordnungsmittel** erfolgt von Amts wegen; sie obliegt dem Rechtspfleger (§§ 4 Abs. 2 Nr. 2 a, 31 Abs. 3 RPflG), und zwar des Prozessgerichts. Das **Ordnungsgeld** wird nach der JBeitrO vollstreckt und fließt nicht dem Gläubiger, sondern der Staatskasse zu. Die **Ordnungshaft** wird ebenfalls vom Rechtspfleger des Prozessgerichts vollstreckt, aber nicht als Kriminalstrafe; sie ist vielmehr nach §§ 802 g ff, 143 ff GVGA auf Kosten des Gläubigers zu vollstrecken (str, vgl dazu Hk-ZPO/*Pukall* Rn 34). Die Haftkosten sind danach Kosten der Zwangsvollstreckung (§ 788, Nr. 9010 KV GKG), zu deren Sicherung der Rechtspfleger einen Haftkostenvorschuss nach § 4 Abs. 1 GvKostG vom Gläubiger fordern kann und sollte. Gebühren für Vollstreckungshandlungen fallen je nach Art der Tätigkeit an. Bedarf es der Hinzuziehung des Gerichtsvollziehers, um einen Widerstand des Schuldners zu brechen, fallen Gebühren in Höhe von 52,- EUR an (Nr. 250 KV GvKostG); muss die Verhaftung des Schuldners durchgeführt werden, entstehen Kosten in Höhe von 39,- EUR (Nr. 270 KV GvKostG). 43

Gegen die Festsetzung eines Ordnungsmittels ist die sofortige Beschwerde eröffnet (§§ 793, 567 Abs. 1 Nr. 1), auch wegen der Höhe des Ordnungsmittels, ferner gegen den Beschluss über die Sicherheitsleistung nach Abs. 3. Diese ist binnen einer Frist von zwei Wochen entweder beim Ausgangsgericht (iudex a quo) oder beim Beschwerdegericht einzulegen (iudex ad quem) § 569 Abs. 1. Gegen eine fehlerhafte Art und Weise der Durchführung der Vollstreckung ist die Erinnerung nach § 766 gegeben. 44

Nach höchstrichterlicher Rechtsprechung soll die Beschwerde gemäß § 570 Abs. 1 aufschiebende Wirkung haben, dh bis zur endgültigen Entscheidung hierüber sind Ordnungsgeld und Ordnungshaft nicht durchsetzbar (BGH NJW 2011, 3791; aA Zöller/*Stöber* Rn 28).

§ 891 Verfahren; Anhörung des Schuldners; Kostenentscheidung

[1]Die nach den §§ 887 bis 890 zu erlassenden Entscheidungen ergehen durch Beschluss. [2]Vor der Entscheidung ist der Schuldner zu hören. [3]Für die Kostenentscheidung gelten die §§ 91 bis 93, 95 bis 100, 106, 107 entsprechend.

1 Die Vorschrift (**Satz 1**) betrifft die nach §§ 887–890 möglichen Entscheidungen, die das **Prozessgericht** als Vollstreckungsorgan zu treffen hat. Den Entscheidungen hat das rechtliche Gehör des Schuldners vorauszugehen (Satz 2). Die Entscheidungen sollen zugleich eine Kostengrundentscheidung enthalten (Satz 3).

2 Vor dem Prozessgericht besteht unter den Voraussetzungen des § 78 Abs. 1, 2 **Anwaltszwang**. Zu einem (nach § 128 Abs. 4 freigestellten, praktisch aber nur selten anberaumten) Termin ist der Schuldner unter Beachtung der §§ 214 ff förmlich zu laden. Ist das Landgericht das (sachlich ausschließlich zuständige, § 802) Prozessgericht, so entscheidet es in der Besetzung, in der es auch den zu vollstreckenden Titel erlassen hatte (also durch den Einzelrichter oder die Kammer). Vgl im Übrigen Hk-ZPO/*Pukall* Rn 2.

3 Die Entscheidung hat das Prozessgericht jeweils durch **Beschluss** zu treffen, auch wenn sie aufgrund mündlicher Verhandlung ergeht; auch ein in mündlicher Verhandlung verkündeter Beschluss ist dann noch förmlich zuzustellen (§ 329 Abs. 3). Die Entscheidungen bedürfen der **Begründung**. Gegen die Entscheidung des Prozessgerichts ist die **sofortige Beschwerde** gegeben (§§ 567 Abs. 1, 793). Zur Androhung eines Ordnungsmittels bereits in der Entscheidung zum Erkenntnisverfahren vgl § 890 Rn. 3, 21.

§ 892 Widerstand des Schuldners

Leistet der Schuldner Widerstand gegen die Vornahme einer Handlung, die er nach den Vorschriften der §§ 887, 890 zu dulden hat, so kann der Gläubiger zur Beseitigung des Widerstandes einen Gerichtsvollzieher zuziehen, der nach den Vorschriften des § 758 Abs. 3 und des § 759 zu verfahren hat.

1 Bei vertretbaren Handlungen (§ 887) hat der Schuldner die **Ersatzvornahme** durch den Gläubiger zu **dulden**, auch durch die vom Gläubiger bestimmten Personen. Die durch die Ersatzvornahme entstehenden Kosten sind Kosten der Zwangsvollstreckung, die der Schuldner dem Gläubiger nach § 788 zu ersetzen hat, soweit sie nicht bereits durch eine Vorschusszahlung des Schuldners gedeckt sind (§ 887 Rn 10).

2 Der **Widerstand** des Schuldners gegen die Ersatzvornahme kann nach § 892 mit Hilfe des Gerichtsvollziehers gebrochen werden. Der Beschluss nach § 887 Abs. 1, mit dem der Gläubiger ermächtigt wird, eine dem Schuldner obliegende Handlung auf dessen

Kosten vorzunehmen oder vornehmen zu lassen, hindert diesen jedoch nicht, seine Verpflichtung in anderer Weise freiwillig zu erfüllen (BGH NJW 1995, 3189, 3190, vgl auch § 264 Abs. 1 BGB). Wenn der Gerichtsvollzieher auf Widerstand durch den Schuldner stößt, hat er zu seiner Vollstreckungshandlung **Zeugen** hinzuzuziehen (§ 759) und ist seinerseits befugt, um Unterstützung durch die **Polizei** nachzusuchen (§ 758 Abs. 3).

Widerstand, den der Schuldner gegen Handlungen leistet, die er nach § 890 zu dulden hat, kann ebenfalls durch den Gerichtsvollzieher gebrochen werden. Kommt der Schuldner im Falle der Anordnung einer Duldung oder Unterlassung nach § 890 seinen Verpflichtungen nicht nach, hat er insbesondere die Vollstreckung des Ordnungsgeldes oder der Ordnungshaft zu dulden, ebenso die Vollstreckung einer eventuell angeordneten Sicherheitsleistung (Kaution, vgl § 890 Rn 16). Zur Vollstreckung der Verpflichtungen vgl § 890 Rn 42. 3

Bedarf es der Hinzuziehung des Gerichtsvollziehers, um einen Widerstand des Schuldners zu brechen, fallen Gebühren in Höhe von 52,- EUR an (Nr. 250 KV GvKostG); muss die Verhaftung des Schuldners durchgeführt werden, entstehen Kosten in Höhe von 39,- EUR (Nr. 270 KV GvKostG). 4

§ 892 a (aufgehoben, nunmehr § 96 Abs. 1 FamFG)

§ 893 Klage auf Leistung des Interesses

(1) Durch die Vorschriften dieses Abschnitts wird das Recht des Gläubigers nicht berührt, die Leistung des Interesses zu verlangen.
(2) Den Anspruch auf Leistung des Interesses hat der Gläubiger im Wege der Klage bei dem Prozessgericht des ersten Rechtszuges geltend zu machen.

Die Vorschrift stellt klar, dass die Möglichkeit der Individualvollstreckung eines Anspruchs aus §§ 883–890 dem Gläubiger nicht das Recht nimmt, stattdessen die Leistung des Interesses nach den Vorschriften des materiellen Rechts zu fordern, etwa Schadensersatz trotz eines Herausgabetitels oder eines Titels auf Nacherfüllung (das kann auch ein Vergleich sein) oder bei nicht vertretbaren Handlungen, die der Gläubiger nicht erzwingen kann (weil etwa die unvertretbare Handlung unmöglich geworden ist, § 293 BGB). 1

Die Vorschrift ist auf § 894 nicht anwendbar (Zöller/*Stöber* Rn 1). Abs. 2 regelt die Zuständigkeit für eine solche Klage. Sachlich, örtlich und international ausschließlich zuständig (§ 802) ist das **Prozessgericht** des ersten Rechtszuges, das zuvor mit der Individualleistungsklage befasst war, und zwar unabhängig vom Wert des Streitgegenstandes. Das kann auch das Familiengericht sein. 2

Für eine Schadensersatzklage (insbesondere aus §§ 280 f, 286 BGB) müssen die materiellrechtlichen Voraussetzungen (namentlich auch im Hinblick darauf, dass der Kläger statt Erfüllung nunmehr sein Interesse verfolgt) und die allgemeinen Sachurteilsvoraussetzungen vorliegen. Nach allgM ist dagegen **nicht** Voraussetzung der Klage, dass die Zwangsvollstreckung nach den §§ 883–890 vergeblich versucht worden ist (vgl nur Hk-ZPO/*Pukall* Rn 3 mwN). 3

§ 894 Fiktion der Abgabe einer Willenserklärung

¹Ist der Schuldner zur Abgabe einer Willenserklärung verurteilt, so gilt die Erklärung als abgegeben, sobald das Urteil die Rechtskraft erlangt hat. ²Ist die Willenserklärung von einer Gegenleistung abhängig gemacht, so tritt diese Wirkung ein, sobald nach den Vorschriften der §§ 726, 730 eine vollstreckbare Ausfertigung des rechtskräftigen Urteils erteilt ist.

A. Muster: Antrag auf Erteilung eines Rechtskraftzeugnisses	[2] Rechtskraftzeugnis 7
B. Erläuterungen	[3] Prüfung des Urkundsbeamten 8
[1] Fiktion der Abgabe der Willenserklärung................................ 2	[4] Kosten 9

1 A. Muster: Antrag auf Erteilung eines Rechtskraftzeugnisses[1]

▶ An das

Landgericht ▪▪▪[2]

In der Zwangsvollstreckungssache ▪▪▪

lege ich die mit Zustellungsvermerk versehene Ausfertigung des am ▪▪▪ verkündeten Urteils des angerufenen Gerichts vor mit der Bitte,

das Urteil mit dem Rechtskraftvermerk zu versehen

und es dann wieder an mich zurückzugeben.[3] ◀

B. Erläuterungen

2 [1] Ist der Schuldner, der zur Abgabe einer Willenserklärung verurteilt worden ist, dazu nicht freiwillig bereit, muss er nicht erst – anders als bei sonstigen unvertretbaren Handlungen (§ 888) – durch Zwangsmittel hierzu angehalten werden: Mit Rechtskraft des Titels wird die Willenserklärung als abgegeben **fingiert**. Die rechtskräftige Verurteilung **ersetzt** also die **Willenserklärung** des Schuldners. Die Fiktionswirkung dieser Vorschrift ist **Akt der Zwangsvollstreckung** (Zöller/*Stöber* Rn 5).

3 Titel sind nicht nur Urteile, sondern auch der formellen Rechtskraft fähige **Beschlüsse**; dazu gehören insbesondere die in Beschlussform ergehenden einstweiligen Verfügungen. Weil § 894 nur bei Titeln Anwendung findet, die in Rechtskraft erwachsen können, muss die Verpflichtung zur Abgabe einer Willenserklärung in einem **Prozessvergleich** oder einer **notariellen Urkunde** nach § 888 vollstreckt werden (BGH NJW 86, 2704, 2705), sofern die Willenserklärung nicht schon – wie zumeist – in dem Vergleich oder in der notariellen Urkunde abgegeben ist.

4 Die Verpflichtungen zur Eingehung der Ehe und zur Herstellung des ehelichen Lebens unterliegen nicht der Vollstreckung (§ 120 Abs. 3 FamFG); darauf bezogene Willenserklärungen sind also nicht erzwingbar. Auf Eingehung einer Ehe kann schon nicht geklagt werden (§ 1297 BGB) und die Pflicht zur Herstellung des ehelichen Lebens (§ 1353 Abs. 2 BGB) ist zumindest praktisch bedeutungslos; vgl bereits zu § 888 Rn 3.

5 Die Wirkungen nach **Satz 1** treten nur ein, wenn der Titel den Schuldner zur Abgabe einer bestimmten Willenserklärung verurteilt. Erklärungen **tatsächlichen Inhalts** oder

deren Widerruf, ebenso die Abgabe einer eidesstattlichen Versicherung fallen nicht unter § 894, sondern unter § 888, ggfl. auch unter § 889 (Thomas/Putzo/*Hüßtege* Rn 5).

Ist die Willenserklärung von einer **Gegenleistung** abhängig (**Satz 2**), tritt die Fiktion des Satzes 1 ein, sobald nach den Vorschriften der §§ 726, 730 von dem rechtskräftigen Urteil eine vollstreckbare Ausfertigung (§ 724) erteilt ist. Letztere darf erst erteilt werden, wenn die Gegenleistung erbracht ist oder der Schuldner sich in Annahmeverzug befindet (§ 726). Satz 2 gilt entsprechend, wenn die Vollstreckung von einer **Bedingung** abhängig ist (§ 726 Abs. 1). 6

[2] Das **Rechtskraftzeugnis** erteilt nach § 706 Abs. 1 die **Geschäftsstelle** des Gerichts des ersten Rechtszuges (vgl § 706 Rn 22). Solange der Rechtsstreit in einem höheren Rechtszug anhängig ist, ist die Geschäftsstelle dieses Gerichts zuständig. Funktionell zuständig ist der **Urkundsbeamte der Geschäftsstelle** (§ 153 GVG). 7

[3] Der Urkundsbeamte hat selbstständig zu prüfen, ob der eingereichte Titel **formell rechtskräftig** ist, also nach den ihm vorliegenden Daten nicht mehr mit einem ordentlichen Rechtsmittel angefochten werden kann (§ 19 Abs. 1 EGZPO). 8

[4] Der Antrag auf Erteilung eines Rechtskraftzeugnisses löst **keine Kosten** aus. Auch für den Anwalt gehört dieser Antrag zum Rechtszug und ist mit der Verfahrensgebühr abgegolten, § 19 Abs. 1 Nr. 9 RVG (MaK/*Ebert* § 19 Rn 80). 9

§ 895 Willenserklärung zwecks Eintragung bei vorläufig vollstreckbarem Urteil

¹Ist durch ein vorläufig vollstreckbares Urteil der Schuldner zur Abgabe einer Willenserklärung verurteilt, auf Grund deren eine Eintragung in das Grundbuch, das Schiffsregister oder das Schiffsbauregister erfolgen soll, so gilt die Eintragung einer Vormerkung oder eines Widerspruchs als bewilligt. ²Die Vormerkung oder der Widerspruch erlischt, wenn das Urteil durch eine vollstreckbare Entscheidung aufgehoben wird.

A. Muster: Antrag auf Eintragung einer Vormerkung	[2] Örtliche Zuständigkeit	4
B. Erläuterungen	[3] Antrag des Gläubigers	5
	[4] Sicherheitsleistung	6
[1] Fiktion der Bewilligung ... 2	[5] Kosten der Eintragung	7

A. Muster: Antrag auf Eintragung einer Vormerkung[1] 1

▶ An das
Amtsgericht
– Grundbuchamt –[2]

...

In der Zwangsvollstreckungssache ...
beantrage ich namens und im Auftrag der von mir vertretenen Gläubigerin,
im Grundbuch von ... Band ..., Blatt ..., Grundstück lfd. Nr. ..., eine Vormerkung zur Sicherung des Anspruchs der Gläubigerin auf ... einzutragen.

Die Schuldnerin ist nach dem am ... verkündeten, in Anlage beigefügten[3] vorläufig vollstreckbaren Urteil des ...gerichts zur Abgabe der ...-Erklärung verurteilt worden, der sie nicht nachgekommen ist.
Die Eintragung einer Vormerkung ist damit geboten;[4] sie gilt als bewilligt.[5] ◄

B. Erläuterungen

2 [1] Ist der Schuldner durch ein nach den §§ 708, 709 oder 537 vorläufig vollstreckbares **Urteil** zur Abgabe einer Willenserklärung **verurteilt**, aufgrund derer eine Eintragung in das Grundbuch, das Schiffsregister oder das Schiffsbauregister erfolgen soll (Abgabe einer Auflassungserklärung, Bestellung eines Grundpfandrechts), so wird – anders als bei § 894 – die Eintragung einer **Vormerkung** (§ 883 BGB) oder eines **Widerspruchs** (§ 899 BGB) als durch den Schuldner bereits **bewilligt** (§ 19 GBO) fingiert, obgleich das Urteil nur vorläufig vollstreckbar und damit noch nicht rechtskräftig ist. Das ist insofern unbedenklich, als Vormerkung und Widerspruch lediglich auf eine (vorübergehende) Sicherung des Gläubigers zielen.

3 Auf Prozessvergleiche und notarielle Urkunden findet die Vorschrift keine Anwendung, mangels einer Leistungsverpflichtung auch nicht auf ein Feststellungsurteil. Ob das auch für eine als Beschluss ergangene einstweilige Verfügung gilt, ist zumindest zweifelhaft (Hk-ZPO/*Pukall* Rn 1).

4 [2] Örtlich ausschließlich zuständig (§ 802) für die Eintragung der Vormerkung ist das Amtsgericht (Grundbuchamt) des Bezirks, in dem sich das Grundstück befindet. Das **Grundbuchamt** ist insoweit **Organ der Zwangsvollstreckung.**

5 [3] Die Eintragung eines der Sicherungsmittel erfolgt nach den Vorschriften der GBO nur auf **Antrag** des Gläubigers unter Vorlage einer Urteilsausfertigung; einer vollstreckbaren Urteilsausfertigung bedarf es dafür nicht (Zöller/*Stöber* Rn 1). Nach Rechtskraft des Urteils ist die vorläufig sichernde Eintragung auf Antrag des Gläubigers umzuwandeln in das Vollrecht (Zöller/*Stöber* Rn 2).

6 [4] Eine erforderliche **Sicherheitsleistung** (nach §§ 709, 711) muss der Gläubiger erbracht haben, die Zwangsvollstreckung darf nicht nach §§ 711, 712 abgewendet, beschränkt oder eingestellt sein.

7 [5] Die **Kosten** der Eintragung sind **nicht** solche der Zwangsvollstreckung (OLG Celle NJW 1968, 2246, 2247). Der darauf zielende Antrag ist auch nicht im Kanon der „besonderen Angelegenheiten" in der Zwangsvollstreckung in § 18 RVG aufgeführt. Für die Eintragung einer Vormerkung fällt nach Nrn. 14250, 14251 KV GNotKG dennoch eine vom Antragsteller zu tragende halbe Gerichtsgebühr bzw. eine Festgebühr in Höhe von 50,- EUR an; sein **Anwalt** erhält die Geschäftsgebühr nach Nr. 2300 VV RVG (Musielak/*Lackmann* Rn 5).

§ 896 Erteilung von Urkunden an Gläubiger

Soll auf Grund eines Urteils, das eine Willenserklärung des Schuldners ersetzt, eine Eintragung in ein öffentliches Buch oder Register vorgenommen werden, so kann der Gläubiger an Stelle des Schuldners die Erteilung der im § 792 bezeichneten Urkunden verlangen, soweit er dieser Urkunden zur Herbeiführung der Eintragung bedarf.

Die Vorschrift gilt für **Eintragungen** nach §§ 894, 895 (Fiktion der Abgabe einer Willenserklärung). Bedarf es für die Eintragung der **Willenserklärung** in ein öffentliches Buch oder Register (insbesondere in das Grundbuch) einer Urkunde der in § 792 bezeichneten Art (zB eines Hypothekenbriefs), darf der Gläubiger gegen den Schuldner keinen Zwang zu deren Beschaffung ausüben: er kann sie selbst beantragen.

Die **Kosten** der Beschaffung der Urkunde gehen zu Lasten des Gläubigers, weil die Eintragung in das öffentliche Buch oder Register keine Maßnahme der Zwangsvollstreckung darstellt.

§ 897 Übereignung; Verschaffung von Grundpfandrechten

(1) Ist der Schuldner zur Übertragung des Eigentums oder zur Bestellung eines Rechts an einer beweglichen Sache verurteilt, so gilt die Übergabe der Sache als erfolgt, wenn der Gerichtsvollzieher die Sache zum Zwecke der Ablieferung an den Gläubiger wegnimmt.

(2) Das Gleiche gilt, wenn der Schuldner zur Bestellung einer Hypothek, Grundschuld oder Rentenschuld oder zur Abtretung oder Belastung einer Hypothekenforderung, Grundschuld oder Rentenschuld verurteilt ist, für die Übergabe des Hypotheken-, Grundschuld- oder Rentenschuldbriefs.

Wenn der Schuldner zur Übereignung einer **beweglichen Sache** oder zur **Bestellung eines Rechts** an einer beweglichen Sache (Pfandrecht, Nießbrauch) verurteilt worden ist, kann die dafür notwendige **Einigung** nach § 894 ersetzt werden. Die nach § 929 außerdem erforderliche Übergabe der Sache, die in der Verurteilung zur Übereignung notwendig enthalten ist, gilt als erfolgt (**Abs. 1**), wenn der Gerichtsvollzieher die Sache aufgrund eines vollstreckbaren Urteils zum Zwecke der Ablieferung an den Gläubiger wegnimmt (§§ 883, 884; vgl auch § 127 Abs. 7 GVGA).

Maßgebend (insbesondere für den Gefahrübergang) ist der Zeitpunkt der Wegnahme der Sache durch den Gerichtsvollzieher, nicht aber der Zeitpunkt der Übergabe an den Gläubiger. Bei nur vorläufig vollstreckbaren Titeln kommt die Vorschrift ebenfalls zur Anwendung; der Rechtserwerb vollzieht sich jedoch erst mit Rechtskraft (MüKo-ZPO/*Schilken* Rn 5). Bei einer Zug-um-Zug-Verurteilung sind die §§ 726 Abs. 2, 756 und 894 Satz 2 zu beachten.

Bei einer Verurteilung des Schuldners zur Bestellung einer Hypothek, Grundschuld oder Rentenschuld oder zur Abtretung oder Belastung einer Hypothekenforderung, Grundschuld oder Rentenschuld gilt Entsprechendes (**Abs. 2**). Der Gerichtsvollzieher hat nach § 127 Abs. 7 GVGA auch den Hypotheken-, Grundschuld- oder Rentenschuldbrief dem Schuldner wegzunehmen und dem Gläubiger auszuhändigen; das entfällt bei § 1117 Abs. 2 BGB.

§ 898 Gutgläubiger Erwerb

Auf einen Erwerb, der sich nach den §§ 894, 897 vollzieht, sind die Vorschriften des bürgerlichen Rechts zugunsten derjenigen, die Rechte von einem Nichtberechtigten herleiten, anzuwenden.

1 Weil der Erwerb in den Fällen §§ 894, 897 qua Fiktion rechtsgeschäftlich erfolgt, gelten auch die **Gutglaubensvorschriften** (§§ 892, 893, 932 ff, 1244 BGB, §§ 366, 367 HGB). Es kommt auf die Gutgläubigkeit des Gläubigers und der Personen an, deren Wissen er sich gemäß § 166 BGB zurechnen lassen muss; dazu gehört nicht der Gerichtsvollzieher, auch nicht in Fällen freiwilliger Leistung durch den Schuldner (MüKo-ZPO/*Schilken* Rn 5).

2 Der **maßgebliche Zeitpunkt** für den Gutglaubenserwerb ist den materiellrechtlichen Gutglaubensregeln (Vollendung des Rechtserwerbs) iVm § 894 (Rechtskraft des Urteils, bei einem Grundstückserwerb außerdem die Stellung des Umschreibungsantrages nach § 892 Abs. 2 BGB) und § 897 (Zeitpunkt der Wegnahme durch den Gerichtsvollzieher) zu entnehmen. Ein gutgläubiger Erwerb ist nach § 935 BGB bei gestohlenen, verloren gegangenen oder sonst abhanden gekommenen Sachen ausgeschlossen. Zum gutgläubigen Erwerb einer Vormerkung s. Zöller/*Stöber* Rn 1.

Abschnitt 4 (aufgehoben)

§§ 899 bis 915 h (aufgehoben)

Abschnitt 5 Arrest und einstweilige Verfügung

§ 916 Arrestanspruch

(1) Der Arrest findet zur Sicherung der Zwangsvollstreckung in das bewegliche oder unbewegliche Vermögen wegen einer Geldforderung oder wegen eines Anspruchs statt, der in eine Geldforderung übergehen kann.

(2) Die Zulässigkeit des Arrestes wird nicht dadurch ausgeschlossen, dass der Anspruch betagt oder bedingt ist, es sei denn, dass der bedingte Anspruch wegen der entfernten Möglichkeit des Eintritts der Bedingung einen gegenwärtigen Vermögenswert nicht hat.

§ 917 Arrestgrund bei dinglichem Arrest

(1) Der dingliche Arrest findet statt, wenn zu besorgen ist, dass ohne dessen Verhängung die Vollstreckung des Urteils vereitelt oder wesentlich erschwert werden würde.

(2) [1]Als ein zureichender Arrestgrund ist es anzusehen, wenn das Urteil im Ausland vollstreckt werden müsste und die Gegenseitigkeit nicht verbürgt ist. [2]Eines Arrestgrundes bedarf es nicht, wenn der Arrest nur zur Sicherung der Zwangsvollstreckung in ein Schiff stattfindet.

§ 918 Arrestgrund bei persönlichem Arrest

Der persönliche Sicherheitsarrest findet nur statt, wenn er erforderlich ist, um die gefährdete Zwangsvollstreckung in das Vermögen des Schuldners zu sichern.

§ 919 Arrestgericht

Für die Anordnung des Arrestes ist sowohl das Gericht der Hauptsache als das Amtsgericht zuständig, in dessen Bezirk der mit Arrest zu belegende Gegenstand oder die in ihrer persönlichen Freiheit zu beschränkende Person sich befindet.

§ 920 Arrestgesuch

(1) Das Gesuch soll die Bezeichnung des Anspruchs unter Angabe des Geldbetrages oder des Geldwertes sowie die Bezeichnung des Arrestgrundes enthalten.
(2) Der Anspruch und der Arrestgrund sind glaubhaft zu machen.
(3) Das Gesuch kann vor der Geschäftsstelle zu Protokoll erklärt werden.

A. Muster: Antrag beim dinglichen Arrest
B. Erläuterungen und Varianten
[1] Arrestgericht 2
[2] Mündliche Verhandlung 3
[3] Funktionelle Zuständigkeit 4
[4] Kostenpauschale 5
[5] Dinglicher Arrest 6
[6] Ausfertigungen 10
[7] Antragsbegründung 11
[8] Anwaltszwang 19
C. Weitere Hinweise

A. Muster: Antrag beim dinglichen Arrest

▶ An das

Amts-/Landgericht ...[1]

Arrestantrag

In Sachen

... – Antragsteller –

Prozessbevollmächtigter: ...

gegen

... – Antragsgegner –

beantrage ich namens des Antragstellers – wegen Dringlichkeit möglichst ohne mündliche Verhandlung[2] und notfalls durch den Vorsitzenden allein[3] – folgenden Arrestbefehl zu erlassen:

Wegen einer Darlehensforderung des Antragstellers gegen den Antragsgegner in Höhe von ... EUR nebst Zinsen hieraus in Höhe von ... seit dem ... sowie einer Kostenpauschale[4] in Höhe von ... EUR wird der dingliche Arrest in das gesamte Vermögen des Antragstellers angeordnet.[5]

Es wird gebeten, dem Antragsteller zu meinen Händen zwei Ausfertigungen des Arrestbefehls zu erteilen.[6]

Begründung[7]

...

...

Rechtsanwalt[8] ◀

B. Erläuterungen und Varianten

2 **[1] Arrestgericht.** Ausschließlich **zuständig** ist zum einen das Gericht, bei dem die Hauptsache anhängig ist oder anhängig zu machen wäre (§§ 919 Alt. 1, 943, 802). Daneben ist unabhängig vom Streitwert auch das Amtsgericht zuständig, in dessen Bezirk die zu pfändende Sache belegen ist (§ 919 Alt. 2). Insofern hat der Antragsteller die Wahl (§ 35). Im Übrigen ist Prorogation nicht zulässig (§ 40 Abs. 2 Nr. 2; aA OLG Frankfurt OLGR 2009, 419 für die Derogation der internationalen Zuständigkeit deutscher Gerichte). Die Voraussetzung besonderer Dringlichkeit (§ 942 Abs. 1) besteht hier – anders als bei der einstweiligen Verfügung – nicht. Bei inländischem Vermögen eines ausländischen Schuldners regeln §§ 919 Alt. 2, 943 zugleich die internationale Zuständigkeit (Musielak/*Huber* § 919 Rn 2).

3 **[2] Mündliche Verhandlung.** Die Formulierung, dass der Arrest ausschließlich ohne mündliche Verhandlung erlassen werden soll, ist unzweckmäßig. Denn darin läge eine bedingte – und damit unzulässige – Rücknahme des Antrags (hM; BLAH/*Hartmann* § 921 Rn 4; Thomas/Putzo/Seiler § 922 Rn 1; differenzierend Hk-ZV/*Haertlein* § 922 Rn 5).

4 **[3] Funktionelle Zuständigkeit.** Dieser Teil des Antrags bezieht sich auf § 944. Hierüber entscheidet das Gericht nach eigenem Ermessen. In Kammersachen darf der Vorsitzende nur dann allein entscheiden, wenn selbst die geringe Verzögerung infolge einer Beschlussfassung durch die Kammer nicht hingenommen werden kann (Hk-ZPO/*Kemper* § 944 Rn 3).

5 **[4] Kostenpauschale.** Deren Festsetzung muss gesondert beantragt werden. Ihre Höhe richtet sich nach den Kosten des zukünftigen Hauptsacheprozesses (OLG München MDR 1957, 238).

6 **[5] Dinglicher Arrest.** Der Antrag orientiert sich am Tenor des Arrestbeschlusses (siehe §§ 921–923 Rn 1 ff). Zur Formulierung beim **persönlichen Arrest** siehe §§ 921-923 Rn 21 ff.

7 Der Arrest kann auch wegen zukünftig fällig werdender, **wiederkehrender Leistungen** beantragt werden. Das gilt insbesondere zur Sicherung von Unterhaltsforderungen (über § 95 Abs. 1 FamFG). In diesem Fall lautet der Antrag bspw:

▶ Wegen rückständigen und künftigen Trennungsunterhalts der Antragstellerin in Höhe von ... EUR monatlich ab ... ◀

Ob über diese zukünftigen Leistungen bereits ein Titel vorliegt, ist unerheblich (OLG Hamm FamRZ 1980, 391).

8 Mit dem Arrestgesuch kann zugleich die **Arrestpfändung** nach § 930 Abs. 1 S. 2 beantragt werden (Zöller/*Vollkommer* § 920 Rn 5). Das macht frühzeitige Informationen über pfändbares Vermögen des Schuldners erforderlich. Für den Antrag gilt der Tenor von § 930 Rn 1. Das Bestehen der zu pfändenden Forderung muss nicht glaubhaft gemacht werden. Zu den notwendigen Angaben s. § 829 Rn 18. Dann muss der Gläubiger die Wochenfrist des § 929 Abs. 3 S. 2 im Auge behalten, welche mit der Zustellung des Pfändungsbeschlusses an den Drittschuldner beginnt (§ 829 Abs. 3; Thomas/Putzo/Seiler § 929 Rn 7).

Die Bestimmung einer **Lösungssumme** (§ 923) kann angeregt werden, ein Antrag 9
hierzu ist jedoch nicht zwingend (BLAH/*Hartmann* § 920 Rn 10; aA Thomas/Putzo/
Seiler § 920 Rn 1). Der Gläubiger sollte aber kurze Ausführungen zu ggf bereits aufgelaufenen Zinsen und zur Höhe der Kosten machen, da diese neben der zu sichernden Forderung für die Lösungssumme bedeutsam sind.

[6] **Ausfertigungen.** Dieses Ansinnen stellt sicher, dass der Gläubiger den Arrestbefehl zugleich dem Schuldner zustellen (§ 922 Abs. 2) und ggf dem Grundbuchamt zur 10
Eintragung einer Arresthypothek (§ 932) vorlegen kann (Prütting/Gehrlein/*Fischer*
§ 932 Rn 2).

[7] **Antragsbegründung.** Sie entspricht im Wesentlichen den Anforderungen an eine 11
Klageschrift (§ 253 Abs. 2 Nr. 2). Im Einzelnen:

Aus dem Arrestgesuch müssen sich zunächst alle die Zuständigkeit des Gerichts begründenden Umstände ergeben. 12

Sodann hat der Gläubiger den **Arrestanspruch** darzulegen. Damit ist die zu sichernde 13
Geldforderung des Antragstellers gemeint (§ 916). Schlüssig vorzutragen sind wie bei
einer Klageschrift die Voraussetzungen der Entstehung des Anspruchs. Die entsprechenden Tatsachen sind durch präsente Beweismittel **glaubhaft** zu machen (§ 920
Abs. 2). Hierzu dient in aller Regel eine **eidesstattliche Versicherung** (§ 294 Abs. 1),
auch eine solche des Gläubigers selbst. Urkundenvorlegung nach § 142 ist nicht möglich (OLG Frankfurt MMR 2010, 68). Zulässig sind auch eine **anwaltliche Versicherung** über Umstände, die der Rechtsanwalt in seiner Berufstätigkeit wahrgenommen
hat (Hk-ZV/*Haertlein* § 920 Rn 17) oder die Vorlage eines von einem Beteiligten
selbst eingeholten **Gutachtens** (OLG Celle MDR 2014, 986). Zur Glaubhaftmachung
eines deliktischen Arrestanspruchs kann auch die Anklageschrift in einem laufenden
Strafverfahren gegen den Antragsgegner dienen (OLG Bamberg MDR 2013, 57). Ergeben sich aus dem eigenen Vortrag oder einer Schutzschrift mögliche Einwendungen
des Schuldners, so ist zusätzlich glaubhaft zu machen, dass der Forderung keine Einwendung entgegensteht (Hk-ZPO/*Kemper* § 920 Rn 5; Thomas/Putzo/Seiler vor
§ 916 Rn 9).

Auf die Fälligkeit des Anspruchs kommt es nicht an (Hk-ZPO/*Kemper* § 916 Rn 3), 14
ebenso wenig auf den Eintritt eines bestimmten Termins oder einer Bedingung (§ 916
Abs. 2). Es kann daher bspw ein künftiger Zugewinnausgleichsanspruch (§ 1378
BGB) gesichert werden, auch schon vor Rechtskraft der Scheidung (hM; OLG Hamm
FamRZ 1997, 181; OLG Hamburg FamRZ 2003, 238). Zu Unterhaltsforderungen
siehe Rn 7.

Ob der Anspruch auf Duldung der Zwangsvollstreckung (§ 1147 BGB) hierher gehört oder zur einstweiligen Verfügung, ist streitig. Nach Ansicht der Rspr gilt letzteres (BGH NJW 2008, 376; Musielak/*Huber* § 916 Rn 13; aA [Arrest] BLAH/*Hartmann* § 916 Rn 6; Zöller/*Vollkommer* § 916 Rn 6). Zur Sicherung des Rückgewähranspruchs nach § 11 Abs. 1 AnfG bildet eine einstweilige Verfügung (Veräußerungsverbot) den richtigen Weg (OLG Frankfurt OLGZ 1979, 75; OLG Koblenz
NJW-RR 1993, 1343; OLG Stuttgart ZIP 2010, 1089; aA OLG Jena OLGR 1997,
52). 15

Außerdem ist zum **Arrestgrund** (§ 917) vorzutragen und die zugrunde liegenden Tatsachen sind glaubhaft zu machen. Entscheidend ist die Besorgnis der Vereitelung oder 16

Erschwernis der Vollstreckung eines zukünftigen Urteils aufgrund einer drohenden Änderung der Vermögensverhältnisse des Schuldners (Hk-ZPO/*Kemper* § 917 Rn 3 f). Es geht um objektiv **unlauteres Verhalten des Schuldners**, typischerweise durch Beiseite schaffen von Vermögensstücken (Zöller/*Vollkommer* § 917 Rn 5; einschränkend OLG Koblenz NJOZ 2012, 896). **Nicht ausreichend** sind eine allgemein schlechte Vermögenslage des Schuldners und die Konkurrenz mit anderen Gläubigern (aA Hk-ZV/*Haertlein* § 917 Rn 9), selbst bei Zahlungsunfähigkeit (OLG Köln NZI 1997, 2081). Denn die bloße Sicherung eines Vorrangs ist nicht Zweck des Arrestverfahrens (hM; BGHZ 131, 105; OLG Karlsruhe FamRZ 1985, 507; BLAH/*Hartmann* § 917 Rn 7). Ebenso wenig genügt es, dass der Antragsteller eine Straftat des Antragsgegners gegen sein Vermögen behauptet (OLG Köln MDR 2008, 232; OLG Schleswig MDR 2014, 1289).

17 Beim **persönlichen Arrest** hat der Gläubiger darüber hinaus darzulegen, warum dinglicher Arrest nicht ausreichend ist und – sofern Haft beantragt wird – warum dies verhältnismäßig ist (Musielak/*Huber* Rn 8; zu diesen Kriterien siehe §§ 921-923 Rn 25).

18 Die geltend gemachte Dringlichkeit wird im Übrigen nicht schon dadurch widerlegt, dass der Gläubiger seinen Arrestantrag zulässigerweise an die Bewilligung von **Prozesskostenhilfe** knüpft (OLG Saarbrücken MDR 2008, 594).

19 **[8] Anwaltszwang.** Die Antragstellung selbst kann auch vor dem Landgericht ohne Rechtsanwalt erfolgen (§§ 920 Abs. 3, 78 Abs. 3). Für das weitere Verfahren besteht allerdings Anwaltszwang (OLG Hamm MDR 2008, 708).

C. Weitere Hinweise

20 Die **Gerichtskosten** müssen nicht vorgeschossen werden (*Hartmann* § 12 GKG Rn 12). Es fällt eine 1,5-fache Gebühr an, die sich beim Urteilsverfahren auf 3,0 erhöht (Nrn. 1410, 1412 KV GKG). Für die **Rechtsanwaltsgebühren** gilt das Arrestverfahren im Verhältnis zur Hauptsache als eigene Angelegenheit (§ 17 Nr. 4 a RVG). Die Gebühr bemisst sich nach Nr. 3100 VV RVG, bei Terminswahrnehmung kommt Nr. 3104 VV RVG hinzu. Diese Terminsgebühr fällt auch an, wenn das Gericht auf den Arrestantrag Termin bestimmt hat und sodann ohne mündliche Verhandlung durch Anerkenntnisurteil entscheidet (OLG Zweibrücken AGS 2015, 16). Die Aufnahme einer eidesstattlichen Versicherung wird nicht gesondert vergütet. Das Gleiche gilt für die Zustellung des Arrestbefehls an den Gegner (§ 19 Abs. S. 2 Nr. 9 RVG). Zur Arrestpfändung s. § 930 Rn 10; zum **Streitwert** siehe §§ 921-923 Rn 18.

§ 921 Entscheidung über das Arrestgesuch

¹Das Gericht kann, auch wenn der Anspruch oder der Arrestgrund nicht glaubhaft gemacht ist, den Arrest anordnen, sofern wegen der dem Gegner drohenden Nachteile Sicherheit geleistet wird. ²Es kann die Anordnung des Arrestes von einer Sicherheitsleistung abhängig machen, selbst wenn der Anspruch und der Arrestgrund glaubhaft gemacht sind.

§ 922 Arresturteil und Arrestbeschluss

(1) ¹Die Entscheidung über das Gesuch ergeht im Falle einer mündlichen Verhandlung durch Endurteil, andernfalls durch Beschluss. ²Die Entscheidung, durch die der Arrest angeordnet wird, ist zu begründen, wenn sie im Ausland geltend gemacht werden soll.
(2) Den Beschluss, durch den ein Arrest angeordnet wird, hat die Partei, die den Arrest erwirkt hat, zustellen zu lassen.
(3) Der Beschluss, durch den das Arrestgesuch zurückgewiesen oder vorherige Sicherheitsleistung für erforderlich erklärt wird, ist dem Gegner nicht mitzuteilen.

§ 923 Abwendungsbefugnis

In dem Arrestbefehl ist ein Geldbetrag festzustellen, durch dessen Hinterlegung die Vollziehung des Arrestes gehemmt und der Schuldner zu dem Antrag auf Aufhebung des vollzogenen Arrestes berechtigt wird.

A. Arrestbeschluss
  I. Dinglicher Arrest
    1. Muster: Anordnung des
      dinglichen Arrestes
    2. Erläuterungen und Varianten
      [1] Beschlussverfahren 2
      [2] Rubrum 4
      [3] Arresttenor 5
      [4] Sicherheitsleistung 9
      [5] Lösungssumme 13
      [6] Kostenentscheidung 16
      [7] Streitwert 18
      [8] Beschlussbegründung 19
      [9] Zuständiger Richter 20
  II. Persönlicher Arrest
    1. Muster: Tenorierung des persönlichen Arrestes
    2. Erläuterungen und Varianten
      [1] Bagatellforderungen 22
      [2] Arrestgrund 23
      [3] Haftbefehl 24
      [4] Verhältnismäßigkeit 25
      [5] Übrige Entscheidungen 26
  III. Zustellung des Arrestbeschlusses
B. Arresturteil
C. Zurückweisender Beschluss
  I. Muster: Zurückweisender Beschluss im Arrestverfahren
  II. Erläuterungen
    [1] Zurückweisendes Urteil 30
    [2] Tenorierung 31
    [3] Beschlussbegründung 32

A. Arrestbeschluss

I. Dinglicher Arrest

1. Muster: Anordnung des dinglichen Arrestes

▶ Amts-/Landgericht ...
Az ...

Beschluss[1]

In dem Rechtsstreit ...[2]

1. Wegen einer Kaufpreisforderung des Antragstellers gegen den Antragsgegner aus dem Kaufvertrag vom ... in Höhe von ... EUR nebst Zinsen hieraus in Höhe von ... seit dem ... wird der dingliche Arrest in das bewegliche und unbewegliche Vermögen des Antragsgegners angeordnet.[3]

2. Der dingliche Arrest darf nur gegen Sicherheitsleistung in Höhe von ... EUR vollzogen werden.[4]

3. Die Vollziehung des Arrestes wird gehemmt und der Antragsgegner darf die Aufhebung der Vollstreckungsmaßnahmen beantragen, wenn er Sicherheit in Höhe von ... EUR leistet.[5]
4. Die Kosten des Verfahrens hat der Antragsgegner zu tragen.[6]
5. Der Streitwert wird auf ... EUR festgesetzt.[7]

Gründe[8]

...
...

Rechtsbehelfsbelehrung[9] ◄

...

▶ Richter am AG/LG[10] ◄

2. Erläuterungen und Varianten

2 **[1] Beschlussverfahren.** Ob gem. § 922 Abs. 1 S. 1 Hs 2 **ohne mündliche Verhandlung** durch Beschluss entschieden wird, bestimmt das Gericht nach **pflichtgemäßem Ermessen.** Hierüber befindet bei Kollegialspruchkörpern das gesamte Gericht, nicht allein der Vorsitzende (Hk-ZPO/*Kemper* § 922 Rn 3), es sei denn, die Kammer für Handelssachen ist zuständig. Eine Anfechtung dieser Entscheidung ist nicht möglich (BLAH/*Hartmann* § 921 Rn 7). Das Beschlussverfahren kommt insbesondere in Betracht, wenn durch die mit einem mündlichen Termin verbundene längere Verfahrensdauer der Zweck des Arrestes vereitelt würde (Zöller/*Vollkommer* § 921 Rn 1). Erscheint indessen die Anhörung des Gegners als erforderlich, so ist mündlich zu verhandeln. Diese Erforderlichkeit kann sich daraus ergeben, dass der Arrest im Geltungsbereich der EuGVVO zu vollstrecken ist und ihm anderenfalls die Anerkennung versagt zu werden droht (Hk-ZV/*Haertlein* § 922 Rn 4). **Mündliche Verhandlung** kann das Arrestgericht auch anberaumen, nachdem es den Arrestantrag zunächst durch Beschluss abgelehnt und der Antragsteller hiergegen sofortige Beschwerde eingelegt hat (OLG Hamburg MDR 2013, 1122; zur sofortigen Beschwerde s. Rn 34).

3 Zur **Terminsverfügung** bei mündlicher Verhandlung siehe § 937 Rn 13.

4 **[2] Rubrum.** Die Parteien sind im Beschlussverfahren als **Antragsteller** und **Antragsgegner** zu bezeichnen. Im Übrigen ist ein **vollständiges Rubrum** erforderlich (§ 750 Abs. 1).

5 **[3] Arresttenor.** Der Arrestbeschluss muss die Art des Arrestes sowie den gesicherten Anspruch nach Grund und Betrag **möglichst genau umschreiben.** Bezugnahmen auf die Antragsschrift sind nicht ausreichend. Die Art des Arrestes gibt der Gläubiger vor (§ 308 Abs. 1). Nur wenn er sich nicht festgelegt hat, wird wegen der Subsidiarität regelmäßig dinglicher Arrest zu verhängen sein (Musielak/*Huber* § 920 Rn 6; Zöller/*Vollkommer* § 920 Rn 3). Zu Unterhaltsforderungen siehe § 920 Rn 7.

6 Der Arrest ist grundsätzlich auf das **gesamte Vermögen** des Gegners zu erstrecken. Eine Bestimmung einzelner Arrestgegenstände ist im Regelfall weder erforderlich noch rechtlich bedeutsam (StJ/*Grunsky* § 922 Rn 31). Sie ist jedoch möglich (WS/*Thümmel* § 922 Rn 6; Hk-ZV/*Haertlein* § 922 Rn 9). Das gilt etwa bei der be-

schränkten Erbenhaftung im Falle Nachlassverwaltung (§§ 1975, 1984 Abs. 2 BGB). Wiederum ist genau zu formulieren:

▶ ... wird der dingliche Arrest in den dem/der ... gebührenden Nachlass nach dem/der am ... verstorbenen ... angeordnet. ◀

In diesem Fall wäre Antragsgegner der Nachlassverwalter als Partei Kraft Amtes.

Zur **Kostenpauschale** siehe § 920 Rn 5. 7

Die Verbindung mit einem **Pfändungsbeschluss** ist möglich und zweckmäßig (siehe § 930 Rn 1 ff). 8

[4] **Sicherheitsleistung.** Gem. § 921 S. 1 kann das Gericht **nach Ermessen** die Vollziehung des Arrestes an eine vom Gläubiger zu leistende **Sicherheit** (§ 108) knüpfen. Dann gilt § 751 Abs. 2. Eine gesonderte Fristsetzung ist nicht notwendig (Zöller/*Vollkommer* § 921 Rn 4). Die Nichtleistung der Sicherheit berechtigt den Schuldner, einen Antrag nach § 927 zu stellen (BLAH/*Hartmann* § 927 Rn 5; zu diesem Antrag siehe § 927 Rn 1 ff). 9

Alternativ – aber weniger zweckmäßig – kann **auch bereits vor der Arrestanordnung** eine Sicherheitsleistung gefordert werden (§ 921 S. 2). Dies kommt namentlich in Betracht, wenn ein besonders hoher Schaden des Gegners zu erwarten ist oder wenn zweifelhaft erscheint, ob der Antragsteller aufgrund seiner Vermögensverhältnisse mögliche spätere Schadensersatzansprüche (§ 945) erfüllen kann (BLAH/*Hartmann* § 921 Rn 10). Der **Beschluss**, der dem Antragsteller zuzustellen, dem Gegner jedoch überhaupt nicht mitzuteilen ist (§ 922 Abs. 3), lautet in diesem Fall: 10

▶ Die Anordnung des dinglichen Arrestes wird davon abhängig gemacht, dass der Antragsteller zuvor Sicherheit in Höhe von ... EUR leistet. ◀

Ein solcher Beschluss bedarf der Begründung (BLAH/*Hartmann* § 921 Rn 11). Der Antragsteller kann ihn mit der sofortigen Beschwerde anfechten, sofern er ihn nicht beantragt hatte (§ 567 Abs. 1 Nr. 2; Hk-ZPO/*Kemper* § 922 Rn 12). Nach Erbringung der Sicherheit und deren Nachweis kann der Gläubiger bei Gericht beantragen,

▶ den dinglichen Arrest entsprechend dem Antrag vom ... anzuordnen ◀

In allen Fällen sollte die **Höhe der Sicherheit** einen möglichen Schadensersatzanspruch nach § 945 abdecken (Zöller/*Vollkommer* § 921 Rn 5). 11

§ 921 ist auch in Fällen der **einstweiligen Verfügung** anwendbar, naturgemäß jedoch nicht bei der auf Geldzahlung gerichteten Leistungsverfügung (*Schuschke/Walker* § 921 Rn 22). 12

[5] **Lösungssumme.** Die Abwendungsbefugnis des Gegners durch Leistung einer **Lösungssumme** muss **zwingend** festgesetzt werden (§ 923). Hier richtet sich die Höhe nach dem zu sichernden Anspruch und den Nebenforderungen sowie den Kosten des Hauptsacheverfahrens. Entgegen des Wortlauts muss sich das Gericht nicht auf die Möglichkeit der Hinterlegung beschränken. Vielmehr gilt wiederum § 108 (Hk-ZPO/*Kemper* § 923 Rn 3; Thomas/Putzo/*Seiler* § 923 Rn 1). 13

Die Folgen einer Leistung der Lösungssumme ergeben sich aus §§ 775 Nr. 3, 934. Dabei ist die Einstellung der Zwangsvollstreckung aus dem Arrest im Wege der Erin- 14 nerung geltend zu machen (§ 766 Abs. 1; Hk-ZPO/*Kemper* § 923 Rn 4). Im Falle der Hinterlegung eines Geldbetrages gilt ferner § 233 BGB.

15 Häufig wird schlicht **vergessen**, eine Abwendungsbefugnis zu tenorieren (BLAH/*Hartmann* § 923 Rn 2). Das macht den Beschluss nicht unwirksam. Es muss aber auf Antrag eine Ergänzung analog § 321 erfolgen (Zöller/*Vollkommer* § 923 Rn 1).

16 **[6] Kostenentscheidung.** § 91. Die **Kosten** des Arrestverfahrens gehören nicht zu den Kosten eines parallelen oder sich anschließenden Hauptsacheverfahrens. Ergeht gleichzeitig ein Pfändungsbeschluss (§ 930), so gilt für die Kosten insoweit § 788 (Musielak/*Huber* § 922 Rn 8).

17 Ein Ausspruch zur vorläufigen Vollstreckbarkeit unterbleibt. Der Beschluss ist ohne Weiteres Grundlage der Zwangsvollstreckung (§ 928).

18 **[7] Streitwert.** § 53 Abs. 1 Nr. 1 GKG. Demnach ist der Wert gem. § 3 zu schätzen. Üblicherweise wird **1/4 bis 1/2 der Hauptsacheforderung** angesetzt, häufig 1/3 (OLG Schleswig NJW-RR 2014, 1342). Das gilt auch beim persönlichen Arrest (OLG Koblenz JurBüro 1992, 191). Eine zugleich angeordnete Forderungspfändung (§ 930 Abs. 1; hierzu näher § 930 Rn 1 ff) erhöht den Streitwert nicht (Thomas/Putzo/*Hüßtege* § 3 Rn 16), ebenso wenig eine geltend gemachte Kostenpauschale (Hk-ZPO/*Bendtsen* § 3 Rn 15 „Arrestverfahren"). Zu den **Gerichts- und Anwaltsgebühren** siehe § 920 Rn 20.

19 **[8] Beschlussbegründung.** Der Beschluss (Arrestbefehl) bedarf von Gesetzes wegen grundsätzlich **keiner Begründung**, es sei denn, der Arrest soll im Ausland geltend gemacht werden (§ 922 Abs. 1 S. 2; vgl ferner § 30 Abs. 4 AVAG). Eine Begründung ist auch dann nicht erforderlich, wenn eine Schutzschrift vorlag (OLG Köln MDR 1998, 434). Allerdings erscheint es angemessen, dem Beschluss auch in den sonstigen Fällen zumindest eine kurze Begründung mit wenigen Sätzen beizufügen (BLAH/*Hartmann* § 922 Rn 3). Das gilt vor allem bei schwieriger Sach- und/oder Rechtslage (Musielak/*Huber* § 922 Rn 4). Hierzu kann auf das Arrestgesuch Bezug genommen werden.

19a **[9] Rechtsbehelfsbelehrung.** § 232. Die Belehrung ist unabhängig von dem am Landgericht herrschenden Anwaltszwang zu erteilen und bezieht sich auf den Widerspruch (§ 924).

20 **[10] Zuständiger Richter.** Am Landgericht gelten für die Entscheidung durch die Kammer oder den Einzelrichter die §§ 348 ff entsprechend (StJ/*Grunsky* § 348 Rn 4). In dringenden Fällen kann der Vorsitzende allein entscheiden (§ 944). Dass das Gericht einen solchen Eilfall angenommen hat, sollte aus dem Beschluss deutlich werden.

II. Persönlicher Arrest

21 **1. Muster: Tenorierung des persönlichen Arrestes**

▶ **Arrest- und Haftbefehl**

1. Wegen einer Kaufpreisforderung des Antragstellers gegen den Antragsgegner aus dem Kaufvertrag vom ▬▬▬ in Höhe von ▬▬▬ EUR[1] nebst Zinsen hieraus in Höhe von ▬▬▬ seit dem ▬▬▬ sowie einer Kostenpauschale von ▬▬▬ EUR wird der persönliche Sicherheitsarrest angeordnet.[2]

2. In Vollziehung des persönlichen Arrestes wird gegen den Antragsgegner ... die Haft verhängt und der Antragsteller ermächtigt, die Verhaftung des Antragsgegners durch den Gerichtsvollzieher durchführen zu lassen.[3] Die Verhaftung ist zu unterlassen, wenn der Antragsgegner dem Gerichtsvollzieher seiner Reisepapiere übergibt.[4]

3. ...[5] ◄

2. Erläuterungen und Varianten

[1] **Bagatellforderungen.** Bei Bagatellforderungen scheidet die Verhaftung des Schuldners aus (Zöller/*Vollkommer* § 918 Rn 2). Die Wertgrenze wird bei mindestens 500,- EUR liegen müssen.

[2] **Arrestgrund (persönlicher Arrest).** Der persönliche Arrest ist gegenüber dem dinglichen **subsidiär** (Hk-ZPO/*Kemper* § 918 Rn 1). Der **Arrestgrund** (§ 917) ist um ein zusätzliches Kriterium erweitert. Nur wenn dinglicher Arrest nicht ausreicht, um die Zwangsvollstreckung des Gläubigers zu sichern, kommt eine Freiheitsbeschränkung in Betracht (§ 918). Dies ist vor allem der Fall, wenn der Verbleib inländischen Schuldnervermögens unklar ist (OLG Karlsruhe NJW-RR 1997, 450), die Vollstreckung Mitwirkungshandlungen des Schuldners erfordert – etwa die Erteilung einer Auskunft – oder wenn er sich der eidesstattlichen Versicherung entziehen will (OLG München NJW-RR 1988, 382). Bei juristischen Personen kann gegen die vertretungsberechtigten Organe persönlicher Arrest verhängt werden (Hk-ZV/*Haertlein* § 918 Rn 4). Die Notwenigkeit des persönlichen Arrestes muss in den Gründen der Entscheidung dargelegt werden.

[3] **Haftbefehl.** §§ 933 S. 1, 802 g. Die Art des Vollzuges ist im Arrestbefehl klar zu bezeichnen. Bei der Anordnung des Vollzuges durch Haft ist neben dem Arrestbeschluss kein zusätzlicher **Haftbefehl** erforderlich (BLAH/*Hartmann* § 933 Rn 1, aA Zöller/*Vollkommer* § 933 Rn 1). Er hat die **Lösungssumme** zu enthalten (§ 933 S. 2). Zum Haftbefehl im Übrigen siehe § 802 g. Die **Kosten des Gerichtsvollziehers** hat der Gläubiger vorzuschießen (§ 4 GvKostG), sonst droht § 934 Abs. 2. Die Gebühr beträgt 39,- EUR (Nr. 270 KV GvKostG). Hinzu kommen die Haftkosten (Nr. 9010 KV GKG, § 50 Abs. 2, 3 StVollzG).

[4] **Verhältnismäßigkeit.** Es handelt sich um eine sonstige Beschränkung der persönlichen Freiheit iSv § 933 S. 1. Denn aus Gründen der **Verhältnismäßigkeit** hat bei milderen Mitteln die Verhaftung zu unterbleiben. Ob daneben die Angemessenheit der Maßnahmen im Bezug auf den Arrestanspruch zu prüfen ist, wird kontrovers diskutiert (bejahend bspw Zöller/*Vollkommer* § 918 Rn 2, verneinend bspw Hk-ZV/*Haertlein* § 918 Rn 8) Als mildere Mittel kommen namentlich eine Meldepflicht in bestimmten zeitlichen Abständen oder Hausarrest in Betracht. In diesem Fall kann die Entscheidung bspw lauten:

▶ Der Antragsgegner hat sich am Montag einer jeden Woche bei der Meldebehörde ... zu melden und die hierüber ausgestellte Bescheinigung bis spätestens zum Mittwoch der gleichen Woche dem Gericht vorzulegen. ◄

[5] **Übrige Entscheidungen.** Die übrigen Entscheidungen entsprechen denen beim dinglichen Arrest. Auch beim Streitwert (Rn 18) gelten die gleichen Grundsätze (OLG Koblenz JurBüro 1992, 191).

III. Zustellung des Arrestbeschlusses

27 Der Arrestbeschluss muss **nur dem Antragsteller zugestellt** werden (§§ 329 Abs. 2 S. 2, 929 Abs. 2). Dieser hat den Beschluss **im Parteibetrieb dem Gegner zuzustellen** (§§ 922 Abs. 2, 191 ff). Dies ermöglicht die Vornahme von Vollstreckungshandlungen innerhalb der Wochenfrist des § 929 Abs. 3 und damit einen Überraschungseffekt. Für den Gläubigervertreter empfiehlt sich die telefonische Kontaktaufnahme mit der Geschäftsstelle des Gerichts, um die Beschlussausfertigungen nach Erlass sogleich selbst abzuholen. Der zur Zustellung an den Gegner vorgesehenen Ausfertigung sind Abschriften des Arrestgesuchs anzufügen. Dies ersetzt die fehlende oder knapp geratene Begründung. Allerdings hängt die Wirksamkeit der Zustellung des Beschlusses hiervon nicht ab (BLAH/*Hartmann* § 922 Rn 19). Etwas anderes gilt, wenn in den Gründen des Arrestbefehls auf die Antragsschrift Bezug genommen (siehe Rn 19) und sie ausdrücklich zum Bestandteil des Beschlusses gemacht worden ist. Dann ist auch die Antragsschrift zuzustellen (OLG Frankfurt MDR 2010, 48; OLG München NJW-RR 2003, 366). Ferner tritt mit der Zustellung materiellrechtlich Verjährungshemmung ein (§ 204 Abs. 1 Nr. 9 BGB).

27a Die Zustellung an den Antragsgegner kann auch im Wege öffentlicher Zustellung erfolgen (§§ 185 ff; OLG Bamberg NJW-RR 2013, 1279).

B. Arresturteil

28 Das anordnende Urteil entspricht in seinem **Tenor** den Beschlüssen von oben Rn 1 ff. Es sollte möglichst direkt am Sitzungstag verkündet werden. Wiederum unterbleibt ein Ausspruch zur vorläufigen Vollstreckbarkeit. **Tatbestand und Entscheidungsgründe** folgen allgemeinen Grundsätzen (§ 313). Für die Zustellung des Urteils gilt § 317 Abs. 1. Diese Zustellung bedeute noch keine Vollziehung iSv § 929 (Prütting/Gehrlein/*Fischer* § 922 Rn 17).

C. Zurückweisender Beschluss

29 I. Muster: Zurückweisender Beschluss im Arrestverfahren

▶ Amts-/Landgericht ...

Az ...

Beschluss[1]

In dem Rechtsstreit

...

1. Das Arrestgesuch des Antragstellers wird zurückgewiesen.[2]
2. Die Kosten des Verfahrens hat der Antragsteller zu tragen.
3. Der Streitwert wird auf ... EUR festgesetzt.

Gründe[3]

...

Rechtsbehelfsbelehrung

...

Richter am AG/LG ◄

II. Erläuterungen

[1] **Zurückweisendes Urteil.** Das Gericht kann den Antrag auch nach mündlicher Verhandlung durch Endurteil zurückweisen. Dieser Weg ist aber unzweckmäßig, wenn der Antrag von vornherein nicht durchdringen wird. Der Tenor des Urteils ist identisch, hinzu kommt der Anspruch zur vorläufigen Vollstreckbarkeit (§§ 708 Nr. 6, 711). 30

[2] **Tenorierung.** Man kann das Gesuch in der Terminologie des § 708 Nr. 6 auch „ablehnen". Überflüssig ist eine Zurückweisung „als unbegründet" oÄ. Derlei ergibt sich aus den Gründen des Beschlusses. 31

[3] **Beschlussbegründung.** Im Gegensatz zum stattgebenden Beschluss muss die Zurückweisung **zwingend begründet** werden. Anderenfalls wäre eine Überprüfung im Beschwerdewege nicht möglich. Die Gründe gliedern sich wie gewohnt in Sachbericht und rechtliche Erörterung. 32

Eine **Zustellung** des Beschlusses erfolgt **nur an den Antragsteller** (§ 329 Abs. 3). Dagegen unterbleibt eine Mitteilung an den Antragsgegner (§ 922 Abs. 3), es sei denn, er wurde ausnahmsweise angehört (Zöller/*Vollkommer* § 922 Rn 1). 33

Gegen den zurückweisenden Beschluss ist die **sofortige Beschwerde** statthaft (§ 567 Abs. 1 Nr. 2), jedoch nur wenn der Beschwerdewert 600 EUR übersteigt, also gegen ein entsprechendes Urteil die Berufung zulässig wäre (LG Köln MDR 2003, 831; LG Konstanz NJW-RR 1995, 1102; aA LG Zweibrücken NJW-RR 1987, 1199; Hk-ZPO/Kemper § 922 Rn 12; Zöller/*Vollkommer* § 922 Rn 13). Sehr str. ist, ob die Beschwerde in Arrestverfahren vor den Landgerichten dem Anwaltszwang unterliegt (so bspw OLG Frankfurt GRUR-RR 2011, 31; OLG Hamm NJW-RR 1997, 763; Prütting/Gehrlein/*Fischer* § 922 Rn 10) oder ohne Anwalt erhoben werden kann (so bspw OLG Karlsruhe NJW-RR 1993, 1470; Zöller/*Vollkommer* § 922 Rn 13). 34

Ebenfalls sehr str. ist, ob die Zurückweisung des Arrestantrags im **familiengerichtlichen Verfahren** mit der sofortigen Beschwerde gem. §§ 567 ff (so OLG Celle MDR 2013, 661; KG FamRZ 2014, 148) oder mit der Beschwerde gem. §§ 58 ff FamFG (so OLG München FamRZ 2011, 746; OLG Brandenburg FamRZ 2014, 1389) anzufechten ist. 35

§ 924 Widerspruch

(1) Gegen den Beschluss, durch den ein Arrest angeordnet wird, findet Widerspruch statt.
(2) ¹Die widersprechende Partei hat in dem Widerspruch die Gründe darzulegen, die sie für die Aufhebung des Arrestes geltend machen will. ²Das Gericht hat Termin zur mündlichen Verhandlung von Amts wegen zu bestimmen. ³Ist das Arrestgericht ein Amtsgericht, so ist der Widerspruch unter Angabe der Gründe, die für die Aufhebung

Jäckel

des Arrestes geltend gemacht werden sollen, schriftlich oder zum Protokoll der Geschäftsstelle zu erheben.

(3) ¹Durch Erhebung des Widerspruchs wird die Vollziehung des Arrestes nicht gehemmt. ²Das Gericht kann aber eine einstweilige Anordnung nach § 707 treffen; § 707 Abs. 1 Satz 2 ist nicht anzuwenden.

A. Muster: Widerspruch
B. Erläuterungen und Varianten
[1] Zuständiges Gericht 2
[2] Widerspruchsrecht 3
[3] Statthaftigkeit 4
[4] Kostenwiderspruch 6
[5] Einstellung der Vollziehung 7
[6] Sicherheitsleistung 10
[7] Begründung 11
[8] Anwaltszwang....................... 15
C. Weitere Hinweise

1 **A. Muster: Widerspruch**

▶ An das

Amts-/Landgericht ...[1]

Az ...

In dem Rechtsstreit

...

zeige ich an, dass ich den Antragsgegner[2] vertrete. In dessen Namen erhebe ich

Widerspruch

gegen den/die am ... erlassene(n) und am ... zugestellte(n) Arrestbefehl/einstweilige Verfügung.[3]

Im Termin zur mündlichen Verhandlung werde ich beantragen:,

Der Arrestbefehl/die einstweilige Verfügung vom ... wird aufgehoben und der Antrag auf seinen/ihren Erlass zurückgewiesen.[4]

Bereits vorab beantrage ich,

die Vollziehung des Arrestes/der einstweiligen Verfügung ohne/gegen Sicherheitsleistung mit sofortiger Wirkung einzustellen[5]/von einer Sicherheitsleistung durch den Arrest-/Verfügungskläger abhängig zu machen.[6]

Begründung[7]

...

...

Rechtsanwalt[8] ◀

B. Erläuterungen und Varianten

2 [1] **Zuständiges Gericht.** Der Widerspruch ist an das Gericht zu richten, das den Arrestbefehl/die einstweilige Verfügung erlassen hat, unabhängig davon, ob dieses Gericht sachlich und örtlich zuständig war (dann ggf § 281). Dies gilt auch, wenn der Erlass erst auf das Rechtsmittel des Gläubigers durch das Beschwerdegericht erfolgte (hM; Hk-ZPO/*Kemper* § 924 Rn 7, BLAH/*Hartmann* § 924 Rn 11).

[2] **Widerspruchsrecht.** Zum Widerspruch berechtigt ist auch der **Rechtsnachfolger** des Antragsgegners (Hk-ZPO/*Kemper* § 924 Rn 5). Dagegen kann ein **Dritter** nur nach §§ 766 oder 771 vorgehen (BLAH/*Hartmann* § 924 Rn 7).

[3] **Statthaftigkeit.** Es muss sich um eine **Anordnung durch Beschluss** gehandelt haben (Abs. 1). Anderenfalls – beim Urteil – ist nur die Berufung statthaft.

An eine **Frist** ist der Widerspruch nicht gebunden. Die Zustellung des Arrestbefehls/der einstweiligen Verfügung muss noch nicht erfolgt sein (Thomas/Putzo/*Seiler* § 924 Rn 1). Lediglich die Einlegung nach mehreren Monaten kann den Einwand der Verwirkung rechtfertigen, es sei denn, der Ausgang eines länger andauernden Hauptsacheprozesses wird abgewartet (OLG Frankfurt OLGR 1995, 106).

[4] **Kostenwiderspruch.** Eine Beschränkung des Widerspruchs auf die **Kostenentscheidung** des Anordnungsbeschlusses ist möglich. § 99 Abs. 1 steht nicht entgegen. Wichtigster Fall ist das Fehlen einer Abmahnung in Wettbewerbssachen. Es empfiehlt sich eine eindeutige Formulierung, zumal der Kostenwiderspruch de facto ein Anerkenntnis des Arrest-/Verfügungsanspruchs darstellt (OLG Frankfurt NJW-RR 1996, 1535). Daher ist ein Übergang vom „Kostenwiderspruch" zum Vollwiderspruch nicht mehr möglich (OLG Hamburg NJW-RR 2000, 1238). Der Antrag des Schuldners geht in diesem Fall dahin,

▶ den Arrest/die einstweilige Verfügung vom ... hinsichtlich der Kostenentscheidung abzuändern und die Kosten des Verfahrens dem Antragsteller aufzuerlegen. ◀

Ferner sollte der Arrest-/Verfügungsanspruch anerkannt und auf die Rechte aus §§ 926, 927 verzichtet werden (sog. Abschlusserklärung). Die bloße Ankündigung genügt nicht (BLAH/*Hartmann* § 924 Rn 9). Damit wird eine mündliche Verhandlung idR überflüssig (§ 128 Abs. 3). Der Urteilstenor bezieht sich allein auf die Abänderung oder Bestätigung des Arrestbefehls/der einstweiligen Verfügung im Kostenpunkt. Im Rahmen einer möglichen **Anwendung des** § 93 hat der Schuldner das Fehlen einer vorgerichtlichen Abmahnung zu beweisen, wobei den Gläubiger eine sekundäre Darlegungslast trifft (BGH GRUR 2007, 629, siehe ferner LG Hamburg GRUR-RR 2009, 159).

[5] **Einstellung der Vollziehung.** Der Widerspruch hat **keine aufschiebende Wirkung** (Abs. 3 S. 1). Der Schuldner muss zur Unterbindung der weiteren Vollziehung daher einen Antrag nach §§ **924 Abs. 3 S. 2, 707** stellen. Hierüber entscheidet das Gericht durch unanfechtbaren Beschluss (siehe § 707 Rn 9 ff).

Diese Vorschriften haben beim **Arrest** kaum praktische Bedeutung. Denn dort ist der Schuldner in der Regel über § 923 ausreichend geschützt (Musielak/*Huber* § 924 Rn 10). Und eine Einstellung der Vollziehung ohne Sicherheitsleistung wäre ein allzu einfacher Weg, den Arrestbefehl zu entwerten.

Der Hauptanwendungsfall der §§ 924 Abs. 3 S. 2, 707 betrifft daher die **einstweilige Verfügung**. Allerdings kommt die Einstellung auch hier **nur unter besonderen Umständen** in Betracht (OLG Frankfurt MDR 1983, 585). So gibt es Fälle – insb. bei der Unterlassungsverfügung –, in denen eine Einstellung der Vollziehung die Gefahr des Verlustes des Verfügungsanspruchs mit sich bringen würde und einer Aufhebung der einstweiligen Verfügung gleichkäme (WS/*Thümmel* § 924 Rn 16). Eine Einstellung ist hier nur denkbar, wenn die einstweilige Verfügung aller Voraussicht nach keinen Bestand haben kann, etwa weil erhebliche Zweifel am Sachvortrag des Gläubigers bestehen (OLG Koblenz WRP 1990, 366) oder weil die Verjährungseinrede des Schuldners durchgreift (OLG Koblenz WRP 1981, 545). Am ehesten kann man sich die Anordnung der Einstellung gegen Sicherheitsleistung bei Regelungs- und Leistungsverfügungen vorstellen. Im **arbeitsgerichtlichen Verfahren** ist **§ 62 Abs. 1 S. 2 ArbGG** entsprechend anzuwenden (LAG Hamm MDR 1988, 892).

10 [6] **Sicherheitsleistung.** Nur wenn keine vom **Gläubiger** zu erbringende Sicherheitsleistung angeordnet worden ist (§ 921, siehe §§ 921-923 Rn 9 ff), kann beantragt werden, dies zunächst nachzuholen.

11 [7] **Begründung.** Die Notwendigkeit der Begründung ergibt sich aus Abs. 2 S. 1. Ihr Fehlen macht den Widerspruch aber nicht unzulässig (hM; Zöller/*Vollkommer* § 924 Rn 7) und berechtigt das Gericht insbesondere nicht, von der Anberaumung einer mündlichen Verhandlung abzusehen (BLAH/*Hartmann* § 924 Rn 16).

12 Der Antragsgegner hat vorzutragen, dass eine Prozessvoraussetzung, der Arrest-/Verfügungsanspruch oder der Arrest-/Verfügungsgrund fehlt. Soweit er für diese Einwände beweispflichtig ist, sind die entsprechenden Tatsachen **glaubhaft zu machen**.

13 Der Widerspruch kann auch auf eine Änderung der Umstände iSv § 927 gestützt werden. Insoweit hat der Schuldner die Wahl, wie er vorgeht (siehe hierzu § 927 Rn 7). Eine eindeutige Formulierung des Schriftsatzes ist ratsam. In Fällen einstweiliger Verfügungen kann der Widerspruch schließlich dem Zweck dienen, eine Entscheidung nach § 939 herbeizuführen (Thomas/Putzo/Seiler § 924 Rn 5).

14 Hinsichtlich des **Antrags nach §§ 924 Abs. 3 S. 2, 707** (siehe hierzu oben Rn 7 ff) muss zur Abwägung zwischen dem Sicherungsinteresse des Gläubigers und den durch die Vollziehung dem Schuldner drohenden Schäden Stellung genommen werden.

15 [8] **Anwaltszwang.** Vor dem Landgericht unterliegt der Widerspruch dem Anwaltszwang (Umkehrschluss aus Abs. 2 S. 3).

C. Weitere Hinweise

16 Auf den Widerspruch hin muss das Gericht einen **Termin zur mündlichen Verhandlung** bestimmen (Abs. 2 S. 2). Etwas anderes gilt lediglich beim „Kostenwiderspruch" (§ 128 Abs. 3; siehe hierzu oben Rn 6). Der Termin ist unter Beachtung des **§ 217** möglichst rasch anzuberaumen (BLAH/*Hartmann* § 924 Rn 2). § 274 Abs. 3 gilt nicht. Mit der Ladung ist dem Antragsteller der Widerspruchsschriftsatz zu übermitteln.

17 Eine **Güteverhandlung** (§ 278 Abs. 2) ist obligatorisch (Musielak/*Huber* § 924 Rn 7). War der Gläubiger bislang noch nicht anwaltlich vertreten (§§ 920 Abs. 3, 78 Abs. 3), so hat an ihn bei Verfahren vor dem Landgericht eine Aufforderung entsprechend § 271 Abs. 2 zu ergehen.

18 Eine **Widerklage** ist im Arrestverfahren nicht statthaft (Hk-ZPO/*Kemper* § 922 Rn 4).

19 Für das Widerspruchsverfahren fallen keine selbständigen **Gerichtskosten** an. Jedoch erhöht sich die Gebühr auf das 3,0-fache (Nr. 1412 KV GKG). Das gilt auch für die Entscheidung über einen Kostenwiderspruch, wobei die 1,5 weiteren Gebühren nach

dem Wert des Konteninteresses zu bemessen sind (OLG Hamburg MDR 1997, 890). Anordnungs- und Widerspruchsverfahren stellen hinsichtlich der **Rechtsanwaltsgebühren** dieselbe Angelegenheit dar (§ 16 Nr. 6 RVG). Allerdings wird eine Terminsgebühr hinzukommen (Nr. 3104 VV RVG).

Wenn der Anwalt des Schuldners ausschließlich mit der Einlegung eines Kostenwiderspruchs beauftragt wird, fällt eine Verfahrensgebühr (Nr. 3100 VV RVG) nach dem Wert der Kosten an. Es kommt keine 0,8-fache Gebühr nach Nr. 3101 Nr. 1 VV RVG aus dem Gegenstandswert des Arrest-/Verfügungsverfahrens hinzu (BGH NJW 2013, 3104). 19a

Das auf Verzicht des Widerspruchs gerichtete sog. „Abschlussschreiben" des Gläubigeranwalts gehört gebührenrechtlich bereits zur Hauptsacheklage (BGH NJW 2008, 1744). 20

§ 925 Entscheidung nach Widerspruch

(1) Wird Widerspruch erhoben, so ist über die Rechtmäßigkeit des Arrestes durch Endurteil zu entscheiden.

(2) Das Gericht kann den Arrest ganz oder teilweise bestätigen, abändern oder aufheben, auch die Bestätigung, Abänderung oder Aufhebung von einer Sicherheitsleistung abhängig machen.

A. Antrag auf Bestätigung
   I. Muster: Antrag auf Bestätigung
   II. Erläuterungen
      [1] Antrag des Gläubigers 2
      [2] Begründung 3
B. Entscheidung des Gerichts
   I. Bestätigendes Urteil
    1. Muster: Tenor des bestätigenden Urteils
    2. Erläuterungen
      [1] Ausschließliche Zuständigkeit 6
      [2] Urteilsvorschriften 8
      [3] Parteirollen 9
      [4] Tenor und Prüfungsumfang 10
      [5] Kostenentscheidung 13
      [6] Sicherheitsleistung 15
      [7] Tatbestand 16

   II. Aufhebendes Urteil
    1. Muster: Tenor eines aufhebenden Urteils
    2. Erläuterungen
      [1] Haupttenor 18
      [2] Kostenentscheidung 20
      [3] Vorläufige Vollstreckbarkeit 21
   III. Gemischte Entscheidung
    1. Muster: Tenor einer gemischten Entscheidung
    2. Erläuterungen
      [1] Haupttenor 23
      [2] Lösungssumme 25
      [3] Kostenentscheidung 26
      [4] Vorläufige Vollstreckbarkeit 27
   IV. Weitere Hinweise

A. Antrag auf Bestätigung

I. Muster: Antrag auf Bestätigung 1

▶ An das
Amts-/Landgericht ...
Az ...
In dem Rechtsstreit

beantrage ich namens des Arrest-/Verfügungsklägers,[1]

den Arrest/die einstweilige Verfügung vom ░░░ zu bestätigen und dem Arrest-/Verfügungsbeklagten auch die weiteren Kosten des Verfahrens aufzuerlegen.

Begründung[2]

░░░

░░░

Rechtsanwalt ◄

II. Erläuterungen

2 [1] **Antrag des Gläubigers.** Da nach Widerspruch aufgrund einer mündlichen Verhandlung durch Urteil zu entscheiden ist, hat der Gläubiger einen Antrag zu stellen, der durch vorbereitenden Schriftsatz anzukündigen ist (§§ 129, 297 Abs. 2).

3 [2] **Begründung.** Der Antragsteller hat zum Widerspruch des Schuldners sowie zu den nach wie vor (oder nunmehr; Zöller/*Vollkommer* § 925 Rn 4) vorliegenden Voraussetzungen der Rechtmäßigkeit des Arrestes/der einstweiligen Verfügung Stellung zu nehmen. Neue Voraussetzungen, die der Rechtfertigung der Anordnung dienen, sind **glaubhaft** zu machen. Ein „Austausch" der Arrest-/Verfügungsansprüche ist aber nicht möglich (Musielak/*Huber* § 925 Rn 2).

4 Wenn die Vollziehung nicht von einer **Sicherheitsleistung** abhängig gemacht worden ist (siehe §§ 921-923 Rn 9 ff), sollte der Gläubiger darlegen, warum dies aus seiner Sicht auch im Falle der Bestätigung nicht geboten erscheint.

B. Entscheidung des Gerichts

I. Bestätigendes Urteil

5 **1. Muster: Tenor des bestätigenden Urteils**

▶ Amts-/Landgericht ░░░[1]

Az ░░░

Im Namen des Volkes

Urteil[2]

In dem Rechtsstreit

░░░[3]

1. Der Arrestbefehl/Die einstweilige Verfügung vom ░░░ wird bestätigt.[4]
2. Der Arrest-/Verfügungsbeklagte hat auch die weiteren Kosten des Rechtsstreits zu tragen.[5]
3. Der Arrest darf nur gegen Sicherheitsleistung in Höhe von ░░░ EUR vollzogen werden.[6]

Tatbestand[7]

░░░

Entscheidungsgründe

Richter am AG/LG ◄

2. Erläuterungen

[1] **Ausschließliche Zuständigkeit.** Es entscheidet das Gericht, das den Arrestbefehl/die einstweilige Verfügung erlassen hat. Eine Ausnahme gilt nur, wenn der Arrest/die einstweilige Verfügung erst auf die Beschwerde des Gläubigers hin erlassen worden ist. Dann findet das Widerspruchsverfahren vor dem Gericht der ersten Instanz statt (hM; Zöller/*Vollkommer* § 924 Rn 6 mwN).

Stellt sich heraus, dass dieses Gericht eigentlich **unzuständig** war, so hat auf Antrag gem. § 281 eine Verweisung an das richtige Gericht zu erfolgen (hM; Hk-ZPO/*Kemper* § 925 Rn 3; BLAH/*Hartmann* § 925 Rn 7). Der Arrest/die einstweilige Verfügung ist nicht schon allein deshalb aufzuheben, weil ihn zuvor ein unzuständiges Gericht erlassen hatte (LAG Hannover MDR 2006, 592).

[2] **Urteilsvorschriften.** Es gelten trotz des Eilcharakters die Urteilsvorschriften der §§ 300 ff (BLAH/*Hartmann* § 925 Rn 3). Auch nach Kostenwiderspruch (§ 924 Rn 6) ist durch Urteil zu entscheiden (OLG Frankfurt GRUR-RR 2007, 62).

[3] **Parteirollen.** Durch den Widerspruch ändern sich die Parteirollen nicht (Musielak/*Huber* § 925 Rn 3). Man spricht aber nunmehr vom Arrest-/Verfügungskläger bzw -beklagten. Nach dieser Rollenverteilung richtet sich auch eine mögliche Anwendung der §§ 330 f (BLAH/*Hartmann* § 925 Rn 2).

[4] **Tenor und Prüfungsumfang.** Die Wortwahl des § 925 Abs. 2 ist eindeutig, so dass nicht etwa analog § 343 S. 1 eine „Aufrechterhaltung" zu tenorieren ist. Schon gar nicht ist über das Schicksal des Widerspruchs zu entscheiden, es sei denn, er ist ausnahmsweise bereits unzulässig oder wurde zurückgenommen. Eine solche Rücknahme kann jederzeit und ohne Zustimmung des Gegners erfolgen (Musielak/*Huber* § 924 Rn 5). In diesen Fällen ist je nach Konstellation analog §§ 341 Abs. 1 S. 2, 516 Abs. 3 zu entscheiden (Hk-ZPO/*Kemper* § 925 Rn 4, 8; Thomas/Putzo/*Seiler* § 925 Rn 2 f).

Das Gericht hat **zu prüfen,** ob der Antrag auf Erlass des Arrestbefehls/der einstweiligen Verfügung **im Zeitpunkt des Schlusses der mündlichen Verhandlung** zulässig und begründet ist (BLAH/*Hartmann* § 925 Rn 4). Streitige Behauptungen müssen nach wie vor lediglich glaubhaft gemacht worden sein. Ursprünglich fehlende Voraussetzungen können nachgeholt werden.

Ist der Arrest bereits vollzogen worden, steht ihm eine zwischenzeitliche Eröffnung des Insolvenzverfahrens über das Schuldnervermögen nicht entgegen (Musielak/*Huber* § 925 Rn 7; vgl aber auch § 927 Rn 9).

[5] **Kostenentscheidung.** Es gelten § 91 (hM; Hk-ZPO/*Kemper* § 925 Rn 8) oder § 97 Abs. 1 analog.

Wie beim Arresturteil (§ 922 Abs. 1 S. 1) ergeht **keine Entscheidung zur vorläufigen Vollstreckbarkeit**, auch nicht hinsichtlich der Kosten (Thomas/Putzo/*Seiler* § 925 Rn 2).

15 [6] **Sicherheitsleistung.** § 925 Abs. 2. Diese Regelung kommt in Betracht, wenn im Arrestbeschluss eine **Anordnung nach § 921 S. 1** (siehe §§ 921–923 Rn 9) unterblieben ist (BLAH/*Hartmann* § 925 Rn 9). Nach wie vor steht sie im Ermessen des Gerichts. Bei Anordnung kann darüber entschieden werden, ob und welche **Schonfrist** dem Gläubiger gewährt wird (Hk-ZV/*Haertlein* § 925 Rn 4). Wenn keine Sicherheit geleistet worden ist, kann die Einstellung der Zwangsvollstreckung über § 766 geltend gemacht werden. Bei einstweiligen Verfügungen gilt jedoch die Einschränkung des § 939.

16 [7] **Tatbestand.** Es ist zu berücksichtigen, dass bereits eine Entscheidung vorliegt, über deren Bestand die Parteien streiten. Daher empfiehlt sich ein Aufbau wie beim Einspruch gegen ein Versäumnisurteil (§ 343; Musielak/*Huber* § 925 Rn 3).

II. Aufhebendes Urteil

17 **1. Muster: Tenor eines aufhebenden Urteils**

> 1. Der Arrestbefehl/Die einstweilige Verfügung vom ••• wird aufgehoben und der Antrag auf seinen/ihren Erlass zurückgewiesen.[1]
> 2. Die Kosten des Rechtsstreits hat der Arrest-/Verfügungskläger zu tragen.[2]
> 3. Das Urteil ist vorläufig vollstreckbar. Der Arrest-/Verfügungskläger darf die Vollstreckung durch Sicherheitsleistung in Höhe von 110% des aufgrund des Urteils zu vollstreckenden Betrages abwenden, wenn nicht der Arrest-/Verfügungsbeklagte vor der Vollstreckung Sicherheit in gleicher Höhe leistet.[3] ◀

2. Erläuterungen

18 [1] **Haupttenor.** Es hat – ähnlich wie bei § 343 S. 2 – eine **doppelte Tenorierung** zu erfolgen. Statt den Antrag zurückzuweisen, kann man ihn auch „ablehnen" (vgl § 708 Nr. 6).

19 Die Aufhebung wirkt im Hinblick auf mögliche Rangfragen bereits **ab ihrer Verkündung** (hM; OLG München FGPrax 2013, 110; Hk-ZPO/*Kemper* § 925 Rn 5 mwN; aA [ab Rechtskraft] OLG Celle NJW-RR 1987, 64). Das Rechtmittelgericht darf dies nicht durch eine Entscheidung nach §§ 719, 707 unterlaufen (hM; Hk-ZPO/*Kemper* § 925 Rn 5; Zöller/*Vollkommer* § 925 Rn 11). Die Aufhebung hat die sich aus §§ 775 Nr. 1, 776 S. 1 ergebenden Folgen. Daher ist das Arrestgericht gehindert, die Aufhebung von Zwangsvollstreckungsmaßnahmen bis zur Rechtskraft des Urteils aufzuschieben (so aber OLG Karlsruhe Rpfleger 1997, 16).

20 [2] **Kostenentscheidung.** § 91. Gemeint sind die **Kosten des gesamten Verfahrens**, auch wenn der Arrest/die einstweilige Verfügung ursprünglich zu Recht ergangen ist (Zöller/*Vollkommer* § 925 Rn 8).

21 [3] **Vorläufige Vollstreckbarkeit.** In der Regel gelten §§ 708 Nr. 6, 711, unter Umständen auch § 713.

III. Gemischte Entscheidung

1. Muster: Tenor einer gemischten Entscheidung

▶ 1. Der Arrestbefehl vom ... wird insoweit bestätigt, als der dingliche Arrest wegen einer Forderung des Arrestklägers gegen den Arrestbeklagten in Höhe von ... EUR nebst Zinsen hieraus in Höhe von ... seit dem ... angeordnet worden ist.[1]
2. Im Übrigen wird der Arrestbefehl vom ... aufgehoben und der Antrag auf seinen Erlass zurückgewiesen.
3. Die Vollziehung des Arrestes wird gehemmt und der Arrestbeklagte darf die Aufhebung der Vollstreckungsmaßnahmen beantragen, wenn er Sicherheit in Höhe von ... EUR leistet.[2]
4. Von den Kosten des Rechtsstreits haben der Arrestkläger ... und der Arrestbeklagte ... zu tragen.[3]
5. Das Urteil ist vorläufig vollstreckbar. Der Arrestkläger darf die gegen ihn gerichtete Vollstreckung durch Sicherheitsleistung in Höhe von 110 % des aufgrund des Urteils zu vollstreckenden Betrages abwenden, wenn nicht der Arrestbeklagte vor der Vollstreckung Sicherheit in gleicher Höhe leistet.[4] ◀

2. Erläuterungen

[1] **Haupttenor.** War der Arrest/die einstweilige Verfügung teilweise zu Recht erlassen worden, so ist er/sie in diesem Umfang zu bestätigen. Dagegen dürfen keine Gesamtaufhebung und Neuanordnung in geändertem Umfang erfolgen. Denn sonst würde zwischenzeitlichen Vollstreckungsmaßnahmen die Grundlage entzogen.

Beim **Arrest** ist eine nochmalige Bezeichnung der Forderung nach Art und Grund nicht notwendig. Sie ergibt sich aus dem (teilweise) bestätigten Arrestbefehl.

[2] **Lösungssumme (§ 923).** Sie ist dem geänderten Umfang des Arrestes anzupassen.

[3] **Kostenentscheidung.** Es gilt § 92.

[4] **Vorläufige Vollstreckbarkeit.** §§ 708 Nr. 6, 711. Dieser Ausspruch bezieht sich nur auf die Kostentragungspflicht des Gläubigers. Ggf hat der Beklagte gem. § 92 Abs. 2 Nr. 1 die gesamten Kosten zu tragen. Dann entfällt ein Anspruch zur vorläufigen Vollstreckbarkeit völlig.

IV. Weitere Hinweise

Gegen das Urteil kann die benachteiligte Partei nach allgemeinen Regeln **Berufung** einlegen (§§ 511 ff). Revision findet nicht statt (§ 542 Abs. 2 S. 1). Eine Ausnahme gilt für ein Urteil nach Kostenwiderspruch (§ 924 Rn 6, oben Rn 8), das analog § 99 Abs. 2 mit der sofortigen Beschwerde angefochten werden kann (OLG Koblenz NJW-RR 1997, 893; OLG Brandenburg MDR 1994, 404; OLG Frankfurt WRP 2015, 235; aA [kein Rechtsmittel] OLG München NJW 1972, 954).

Ein vom Erstgericht auf Widerspruch **zu Unrecht aufgehobener Arrest** ist durch das Berufungsgericht erneut zu erlassen.

§ 926 Anordnung der Klageerhebung

(1) Ist die Hauptsache nicht anhängig, so hat das Arrestgericht auf Antrag ohne mündliche Verhandlung anzuordnen, dass die Partei, die den Arrestbefehl erwirkt hat, binnen einer zu bestimmenden Frist Klage zu erheben habe.
(2) Wird dieser Anordnung nicht Folge geleistet, so ist auf Antrag die Aufhebung des Arrestes durch Endurteil auszusprechen.

A. Fristsetzung		B. Weiteres Verfahren	
I. Antrag des Schuldners		I. Antrag auf Aufhebung	
1. Muster: Antrag des Schuldners auf Fristsetzung der Klageerhebung		1. Muster: Antrag auf Aufhebung	
2. Erläuterungen		2. Erläuterungen	
[1] Zuständigkeit	2	[1] Zuständigkeit	18
[2] Frist	3	[2] Einstellung der Vollstreckung	19
[3] Begründung	5	[3] Begründung	20
II. Fristsetzender Beschluss		3. Terminsladung	
1. Muster: Tenor des fristsetzenden Beschlusses		II. Aufhebungsurteil	
2. Erläuterungen		1. Muster: Aufhebungsurteil Arrestbefehl/einstweilige Verfügung	
[1] Rechtliches Gehör	7	2. Erläuterungen und Varianten	
[2] Frist	8	[1] Parteirollen	24
[3] Gericht der Hauptsache	9	[2] Aufhebung	25
[4] Anhängigkeit	10	[3] Kostenentscheidung	26
[5] Fristwahrung	12	[4] Vorläufige Vollstreckbarkeit	27
[6] Gerichtlicher Hinweis	13	3. Weitere Hinweise	
[7] Gründe	14		
[8] Funktionelle Zuständigkeit	15		
3. Weitere Hinweise			

A. Fristsetzung

I. Antrag des Schuldners

1. Muster: Antrag des Schuldners auf Fristsetzung zur Klageerhebung

▶ An das

Amts-/Landgericht ...[1]

Az ...

In dem Rechtsstreit

...

beantrage ich,

dem Antragsteller aufzugeben, binnen einer vom Gericht zu bestimmenden Frist bei dem Gericht der Hauptsache Klage zu erheben.[2]

Begründung[3]

...

...

Rechtsanwalt ◀

2. Erläuterungen

[1] Zuständigkeit. Der Antrag ist an das Gericht zu richten, das den Arrest/die einstweilige Verfügung erlassen hat, ganz gleich wo das Widerspruchs- oder das Aufhebungsverfahren (§ 927) schwebt (BLAH/*Hartmann* § 926 Rn 6; Zöller/*Vollkommer* § 926 Rn 6). Beim Erlass des Arrestes/der einstweiligen Verfügung durch das Beschwerde-/Berufungsgericht ist der Antrag an das Gericht der ersten Instanz zu richten (hM; Hk-ZPO/*Kemper* § 926 Rn 5). In Fällen des § 942 Abs. 2 ist das sachlich zuständige Landgericht berufen (OLG Schleswig NJW-RR 1997, 829). Es herrscht **kein Anwaltszwang** (§ 13 RPflG).

[2] Frist. Eine konkrete Frist sollte nicht vorgeschlagen werden, da das Gericht hierüber nach eigenem Ermessen entscheidet.

Der Antrag auf Bestimmung einer Klageerhebungsfrist kann **schon vor Erlass** des Arrestes/der einstweiligen Verfügung gestellt werden (Zöller/*Vollkommer* § 926 Rn 9), etwa wenn das Gericht mündliche Verhandlung bestimmt hat und dem Schuldner damit verbunden rechtliches Gehör gewährt wird. Eine solche Kombination ist aus anwaltlicher Sicht sinnvoll, wenn dem Anspruch im Rahmen einer vollwertigen Beweisaufnahme erfolgversprechend entgegengetreten werden kann oder wenn von vornherein der Verdacht des Missbrauchs des Eilverfahrens besteht. In diesem Fall ist die Fristsetzung Aufgabe des Richters (§§ 6, 8 Abs. 1 RPflG; Zöller/*Vollkommer* § 926 Rn 9).

[3] Begründung. Der Schuldner hat grundsätzlich ein legitimes Interesse daran, zu erfahren, ob der Gläubiger sein behauptetes Recht ernsthaft weiterverfolgt (BLAH/*Hartmann* § 926 Rn 2). Die Antragsschrift sollte aber zumindest kurz darlegen, dass ein **Rechtsschutzbedürfnis** gegeben ist. Es wäre entfallen, wenn der Schuldner den Anspruch zwischenzeitlich erfüllt hat und er daher erloschen ist oder wenn der Gläubiger anderweitig befriedigt worden ist (OLG München NJOZ 2013, 1544). Dann führt der richtige Weg über § 924 oder § 927 (KG NJW-RR 2009, 23). Die Abwendung der Vollziehung nach § 923 berührt das Rechtsschutzbedürfnis hingegen nicht (Thomas/Putzo/*Seiler* § 926 Rn 2).

II. Fristsetzender Beschluss

1. Muster: Tenor des fristsetzenden Beschlusses

▶ Amts-/Landgericht ...

Az ...

Beschluss[1]

In dem Rechtsstreit

...

Dem Antragsteller wird aufgegeben, binnen einer Frist von ...[2] nach Zustellung dieses Beschlusses bei dem Gericht der Hauptsache[3] Klage zu erheben[4]. Bei Versäumung dieser Frist[5] ist der Arrestbefehl/die einstweilige Verfügung vom ... auf Antrag des Antragsgegners aufzuheben.[6]

Gründe[7]

Rechtsbehelfsbelehrung

Rechtspfleger[8] ◄

2. Erläuterungen

7 **[1] Rechtliches Gehör.** Vor Erlass des Beschlusses sollte dem Antragsteller – also dem Gläubiger – rechtliches Gehör gewährt werden (Hk-ZPO/*Kemper* § 926 Rn 6; Thomas/Putzo/*Seiler* § 926 Rn 4; strenger [zwingende Anhörung] Hk-ZV/*Haertlein* § 926 Rn 7). Zu diesem Zweck ist ihm der Antrag des Schuldners zuzustellen.

8 **[2] Frist.** Die Länge der Frist richtet sich nach den Umständen des Einzelfalls (Hk-ZPO/*Kemper* § 926 Rn 6), insbesondere nach dem Umfang des Streitstoffs und der Vorbereitungszeit für die Fertigung einer Klageschrift. Sie beträgt **mindestens zwei Wochen** (Rechtsgedanke der §§ 276 Abs. 1 S. 2, 277 Abs. 3; Zöller/*Vollkommer* § 926 Rn 16) und kann verlängert werden (§ 224 Abs. 2). Allerdings wird kaum mehr als ein Monat in Betracht kommen.

9 **[3] Gericht der Hauptsache.** Eines Hinweises, welches Gericht dies ist, bedarf es nicht (BLAH/*Hartmann* § 926 Rn 7). Schon gar nicht hätte ein solcher Hinweis Auswirkungen auf die Zuständigkeit des genannten Gerichts.

10 **[4] Anhängigkeit.** Die Hauptsache darf **noch nicht anhängig** oder abgeschlossen sein. Hierzu gehört auch die Zustellung eines Mahnbescheids (OLG Köln OLGZ 1979, 119) oder das Prozesskostenhilfeverfahren (hM; OLG Düsseldorf WRP 2015, 396; BLAH/*Hartmann* § 926 Rn 3; Zöller/*Vollkommer* § 926 Rn 32; aA OLG Hamm OLGZ 1989, 323; Hk-ZPO/*Kemper* § 926 Rn 10). In einem solchen Fall ist der Antrag unzulässig und zurückzuweisen.

11 Auf die Erfolgsaussichten im Hauptsacheverfahren kommt es nicht an. Sie sind nicht zu prüfen (Zöller/*Vollkommer* § 926 Rn 14).

12 **[5] Fristwahrung.** Hierfür ist die fristgerechte Einreichung der Klage oder Widerklage und ihre demnächstige Zustellung (§ 167) ausreichend, wenn der Gläubiger alles seinerseits für die Zustellung erforderliche getan hat (OLG Celle MDR 2007, 1280; Hk-ZPO/*Kemper* § 926 Rn 12; aA OLG Koblenz NJW-RR 1995, 443; Musielak/*Huber* § 926 Rn 15). Bis zum Schluss der mündlichen Verhandlung über den Aufhebungsantrag (Abs. 2) kann die Zustellung der Klage nachgeholt werden (§ 231 Abs. 2; OLG Koblenz NJW-RR 1995, 444). Die Klage muss jedoch den Arrest-/Verfügungsanspruch zum Streitgegenstand haben (Hk-ZPO/*Kemper* § 926 Rn 15; aA OLG Frankfurt MDR 2003, 23). Wenn die einstweilige Verfügung auf Eintragung einer Vormerkung für eine Bauhandwerkersicherungshypothek gerichtet war, muss sich die Hauptsacheklage demnach auf Eintragung der Hypothek richten, nicht auf Werklohn (OLG Brandenburg NJW 2014, 3316). Die Klage vor einem ausländischen Gericht ist ausreichend, wenn dessen Urteil anerkennungsfähig ist (Hk-ZV/*Haertlein* § 926 Rn 16).

Abschnitt 5 | Arrest und einstweilige Verfügung § 926

[6] **Gerichtlicher Hinweis.** Der Antragsteller ist auf die **Folgen der Fristversäumung** hinzuweisen (§ 231 Abs. 1; Hk-ZPO/*Kemper* § 926 Rn 6; Thomas/Putzo/*Seiler* § 926 Rn 4).

[7] **Gründe.** Der Beschluss ist zu begründen (BLAH/*Hartmann* § 926 Rn 7), denn er ist seitens des Gläubigers anfechtbar (siehe Rn 16). Die Begründung kann sich aber auf die Feststellung der Zulässigkeit des Antrags und die Erwägungen zur Fristbemessung beschränken.

[8] **Funktionelle Zuständigkeit.** Sie ergibt sich aus § 20 Nr. 14 RPflG.

3. Weitere Hinweise

Der Beschluss ist dem Gläubiger **zuzustellen** (§ 329 Abs. 2 S. 2), beim Schuldner genügt formlose Bekanntgabe.

Gegen den fristsetzenden Beschluss findet für den Gläubiger die **sofortige Erinnerung** statt (§ 11 Abs. 2 S. 1 RPflG; BGH NJW-RR 1987, 683, 685). Die Verwerfung/Zurückweisung dieser Erinnerung ist unanfechtbar (OLG Stuttgart Rpfleger 2008, 475). Der Schuldner kann gegen die Zurückweisung seines Antrags oder gegen die Länge der Frist mit der **sofortigen Beschwerde** vorgehen (§ 567 Abs. 1 Nr. 1, § 11 Abs. 1 RPflG).

B. Weiteres Verfahren

I. Antrag auf Aufhebung

1. Muster: Antrag auf Aufhebung

▶ An das

Amts-/Landgericht ...[1]

Az ...

In dem Rechtsstreit

...

beantrage ich,

einen Termin zur mündlichen Verhandlung zu bestimmen und sodann die Aufhebung des Arrestes/der einstweiligen Verfügung vom ... auszusprechen.

Ferner wird beantragt,

die Zwangsvollstreckung aus dem Arrest/der einstweiligen Verfügung vom ... bis zur ... Entscheidung im Aufhebungsverfahren ohne/gegen Sicherheitsleistung einstweilen einzustellen.[2]

Begründung[3]

...

...

Rechtsanwalt ◀

2. Erläuterungen

[1] **Zuständigkeit.** Ausschließlich zuständig ist das Arrestgericht (§ 919) bzw das Gericht der einstweiligen Verfügung (§ 937 Abs. 1), es sei denn das Verfahren ist inzwi-

schen am Berufungsgericht anhängig (OLG Koblenz NJW-RR 1995, 443, 444; aA [immer das Erlassgericht] OLG Karlsruhe NJW 1973, 1509 bzw [immer das fristsetzende Gericht] OLG Dresden OLGR 2004, 39).

19 **[2] Einstellung der Vollstreckung.** Im Aufhebungsverfahren kann die Zwangsvollstreckung **analog § 924 Abs. 3** einstweilen eingestellt werden (Hk-ZPO/*Kemper* § 926 Rn 16; Zöller/*Vollkommer* § 926 Rn 28). Das gilt auch für die einstweilige Verfügung. Beim Arrest hat im Hinblick auf § 923 aber nur die Anordnung ohne Sicherheitsleitung Sinn (siehe § 924 Rn 7 ff). Über einen solchen Antrag hat das Gericht vorab durch unanfechtbaren Beschluss zu entscheiden (§ 707 Abs. 2; s. dort Rn 9 ff).

20 **[3] Begründung.** Der Schuldner hat vorzutragen, dass der Arrest/die einstweilige Verfügung noch besteht, also keine rechtskräftige Aufhebung oder Erledigungserklärung stattfand. Darüber hinaus ist zu behaupten, dass die **Hauptsacheklage nicht rechtzeitig erhoben** bzw innerhalb der Frist zurückgenommen oder als unzulässig zurückgewiesen worden ist. Ein Nachweis ist nicht notwendig. Denn die Fristwahrung glaubhaft zu machen (§ 294), obliegt dem Gläubiger (Zöller/*Vollkommer* § 926 Rn 24). Im Hinblick auf die Rückwirkung nach § 167 (siehe oben Rn 12) sollte der Aufhebungsantrag nicht übereilt gestellt werden.

3. Terminsladung

21 Das Gericht hat nach Eingang des Antrags von Amts wegen eine **mündliche Verhandlung** anzuberaumen (§§ 128, 216). Die Ladung erfolgt nach allgemeinen Grundsätzen. Mit ihr ist der Aufhebungsantrag an den Gläubiger zuzustellen. Bei Verlegungsgesuchen ist zu beachten, dass § 227 Abs. 3 S. 2 Nr. 1 auch hier gilt (BLAH/*Hartmann* § 926 Rn 13). Eine **Güteverhandlung** (§ 278 Abs. 2) ist nicht obligatorisch (BLAH/*Hartmann* § 927 Rn 8; aA Zöller/*Greger* § 278 Rn 10). Das Gericht kann den Vergleich kompromissbereiter Parteien natürlich jederzeit protokollieren.

22 Im Übrigen finden die Vorschriften über das Säumnisverfahren Anwendung (Zöller/*Vollkommer* § 926 Rn 22).

II. Aufhebungsurteil

23 **1. Muster: Aufhebungsurteil Arrestbefehl/einstweilige Verfügung**

▶ Amts-/Landgericht ▪▪▪

Az ▪▪▪

Im Namen des Volkes

Urteil

In dem Rechtsstreit

▪▪▪[1]

1. Der Arrestbefehl/Die einstweilige Verfügung vom ▪▪▪ wird aufgehoben.[2]
2. Die Kosten des Verfahrens hat der Arrest-/Verfügungskläger zu tragen.[3]
3. Das Urteil ist vorläufig vollstreckbar. Der Arrest-/Verfügungskläger darf die Vollstreckung durch Sicherheitsleistung in Höhe von 110% des aufgrund des Urteils zu voll-

streckenden Betrages abwenden, wenn nicht der Arrest-/Verfügungsbeklagte vor der Vollstreckung Sicherheit in gleicher Höhe leistet.[4]

◄

2. Erläuterungen und Varianten

[1] **Parteirollen.** Zwar sind die **Parteirollen vertauscht**; der Schuldner ist nun Angreifer und der Gläubiger in der Verteidigungsposition (Zöller/*Vollkommer* § 926 Rn 22). Das sollte bei der Reihenfolge des Rubrums deutlich werden. Allerdings empfiehlt sich zur Vermeidung von Verwirrungen weiterhin die herkömmliche Bezeichnung Arrest-/Verfügungskläger bzw -beklagter.

[2] **Aufhebung.** Sie wirkt **ex tunc** (OLG Frankfurt NJW 1982, 1056).
Die Formel eines **negativen Urteils** lautet:

▶ 1. Der Antrag des Arrest-/Verfügungsbeklagten auf Aufhebung des Arrestes/der einstweiligen Verfügung vom ... wird zurückgewiesen.
2. Der Arrest-/Verfügungsbeklagte hat auch die weiteren Kosten des Verfahrens zu tragen.
3. Das Urteil ist vorläufig vollstreckbar. Der Arrest-/Verfügungsbeklagte darf die Vollstreckung durch Sicherheitsleistung in Höhe von 110 % des aufgrund des Urteils vollstreckbaren Betrages abwenden, wenn nicht der Arrest-/Verfügungskläger vor der Vollstreckung Sicherheit in gleicher Höhe leistet. ◄

[3] **Kostenentscheidung.** § 91. Gemeint sind die **Kosten** des gesamten Arrest-/Verfügungsverfahrens (Thomas/Putzo/*Seiler* § 926 Rn 16). Ob der Arrest/die einstweilige Verfügung im Zeitpunkt des Erlasses begründet war, hat keine Bedeutung (BLAH/*Hartmann* § 926 Rn 15).

[4] **Vorläufige Vollstreckbarkeit.** §§ 708 Nr. 6, 711.

3. Weitere Hinweise

Gegen das aufhebende Urteil ist die **Berufung** möglich. Revision findet nicht statt (§ 542 Abs. 2 S. 1).

Für das Aufhebungsverfahren nach § 926 Abs. 2 fallen gesonderte **Gerichtskosten** aus Nrn. 1410, 1412 KV GKG an (Vorbem. 1.4. KV GKG). Der Rechtsanwalt erhält keine zusätzliche Verfahrensgebühr (§ 16 Nr. 5 RVG), ggf aber erstmals eine Terminsgebühr (Nr. 3104 VV RVG).

Das auf Verzicht des Antrags nach § 926 gerichtete sog. „Abschlussschreiben" des Gläubigeranwalts gehört gebührenrechtlich bereits zur Hauptsacheklage (BGH NJW 2008, 1744).

§ 927 Aufhebung wegen veränderter Umstände

(1) Auch nach der Bestätigung des Arrestes kann wegen veränderter Umstände, insbesondere wegen Erledigung des Arrestgrundes oder auf Grund des Erbietens zur Sicherheitsleistung die Aufhebung des Arrestes beantragt werden.

(2) Die Entscheidung ist durch Endurteil zu erlassen; sie ergeht durch das Gericht, das den Arrest angeordnet hat, und wenn die Hauptsache anhängig ist, durch das Gericht der Hauptsache.

A. Antrag des Schuldners
   I. Muster: Antrag des Schuldners auf Aufhebung des Arrestes wegen veränderter Umstände
   II. Erläuterungen und Varianten
     [1] Ausschließliche Zuständigkeit 2
     [2] Hauptantrag 3
     [3] Einstellung der Vollstreckung ... 4
     [4] Kostenantrag 5
     [5] Begründung 6

B. Aufhebungsurteil
   I. Muster: Tenor des Aufhebungsurteils bei veränderten Umständen
   II. Erläuterungen und Varianten
     [1] Parteirollen 12
     [2] Aufhebung 13
     [3] Kostenentscheidung 14
     [4] Vorläufige Vollstreckbarkeit . 16
     [5] Streitwert 17
   III. Weiterer Hinweis

A. Antrag des Schuldners

1 **I. Muster: Antrag des Schuldners auf Aufhebung des Arrestes wegen veränderter Umstände**

▶ An das

Amts-/Landgericht ▪▪▪[1]

Az ▪▪▪

In dem Rechtsstreit

▪▪▪

beantrage ich,

den Arrestbefehl/die einstweilige Verfügung vom ▪▪▪ aufzuheben[2]

sowie

vorab die Zwangsvollstreckung aus dem Arrestbefehl/der einstweiligen Verfügung vom ▪▪▪ bis zur Entscheidung im Aufhebungsverfahren ohne/gegen Sicherheitsleistung einstweilen einzustellen.[3]

Schließlich beantrage ich,

dem Aufhebungsbeklagten auch die Kosten des Arrestverfahrens/Verfahrens der einstweiligen Verfügung aufzuerlegen.[4]

Begründung[5]

▪▪▪

▪▪▪

Rechtsanwalt ◀

II. Erläuterungen und Varianten

2 [1] **Ausschließliche Zuständigkeit.** Der Antrag ist an das Gericht zu richten, das den Arrest/die einstweilige Verfügung erlassen hat bzw an das Gericht der Hauptsache (§ 943), wenn diese anhängig ist (§ 927 Abs. 2 2. Hs).

3 [2] **Hauptantrag.** Der Antrag unterliegt keiner Frist. Wenn bereits erfolglos Widerspruch eingelegt worden war, sollte man von

▶ dem/der durch Urteil vom ... bestätigten Arrest/einstweiligen Verfügung ◀ sprechen.

[3] **Einstellung der Vollstreckung.** § 924 Abs. 3 ist auch hier entsprechend anwendbar (Hk-ZPO/*Kemper* § 927 Rn 12; BLAH/*Hartmann* § 927 Rn 13; aA Hk-ZV/*Haertlein* § 927 Rn 14). Zu den Einzelheiten siehe § 924 Rn 7 ff.

[4] **Kostenantrag.** Diese Kostenfolge entspricht nicht dem Regelfall (siehe unten Rn 14). Nach rechtskräftiger Abweisung des Arrest-/Verfügungsanspruchs im Hauptsacheverfahren kann der Antrag nach § 927 auch mit dem alleinigen Ziel betrieben werden, die Kostenentscheidung des Anordnungsverfahrens zu korrigieren (OLG Saarbrücken OLGR 2009, 708).

[5] **Begründung.** Ausführungen zur **Zulässigkeit des Antrags** sind regelmäßig nicht veranlasst. Sie wäre insbesondere nicht gegeben, wenn der Gläubiger auf die Geltendmachung der Rechte aus dem Arrest/der einstweiligen Verfügung endgültig verzichtet und den Titel herausgegeben hat (Hk-ZPO/*Kemper* § 927 Rn 3; Thomas/Putzo/*Seiler* § 927 Rn 4; aA Hk-ZV/*Haertlein* § 927 Rn 12). Eine **Abschlusserklärung** des Schuldners, die einen Verzicht auf die Rechte aus § 927 enthält, steht dem Antrag nicht entgegen, wenn die veränderten Umstände gegenüber einem rechtskräftigen Hauptsachetitel nach § 767 geltend gemacht werden könnten. Denn die Abschlusserklärung soll lediglich eine Gleichstellung des vorläufigen Titels mit einem Hauptsachetitel bewirken und nicht über einen solchen hinausgehen (LG Hamburg WRP 2009, 795, siehe ferner BGHZ 181, 373).

Hinsichtlich des **Verhältnisses zu anderen Rechtsbehelfen** gilt das Folgende: § 927 erfasst die Fälle, in denen sich die Umstände **nach Erlass oder Bestätigung** des Arrestbefehls/der einstweiligen Verfügung geändert haben. Dem stehen Umstände gleich, von denen der Schuldner erst nach Erlass/Bestätigung erfahren hat (OLG Frankfurt OLGR 2006, 266; OLG Stuttgart OLGR 2008, 924). § 767 wird durch den spezielleren § 927 verdrängt (BLAH/*Hartmann* § 924 Rn 7). Der Vortrag, die Anordnung hätte von Anfang an nicht ergehen dürfen, hat bei § 927 indessen keinen Platz. Ist noch kein Widerspruch eingelegt, so hat der Schuldner die Wahl, ob er diesen verfolgt oder nach § 927 vorgeht (Zöller/*Vollkommer* § 927 Rn 2). Ein bereits schwebender Widerspruch oder eine Berufung lassen für den Antrag nach § 927 hingegen das Rechtsschutzbedürfnis entfallen (LG Lüneburg MDR 2008, 828; Hk-ZPO/*Kemper* § 927 Rn 4). Bei einstweiligen Verfügungen hat der Antrag nach § 942 Abs. 3 Vorrang vor § 927 (Hk-ZV/*Haertlein* § 927 Rn 2).

Gegenüber einer bereits erhobenen Hauptsacheklage kann der Antrag nach § 927 **als Widerklage** geltend gemacht werden (OLG Hamburg NJW-RR 2007, 40; aA OLG Karlsruhe GRUR-RR 2014, 362).

Der Schuldner hat **glaubhaft zu machen** (§ 294), dass sich die rechtlichen oder tatsächlichen Umstände in der Weise geändert haben, als das Sicherungsinteresse des Gläubigers entfallen ist (Hk-ZPO/*Kemper* § 927 Rn 7). Als wichtigsten Fall nennt das Gesetz den **Wegfall des Arrest-/Verfügungsgrundes.** Dies ist bei rechtskräftigem Obsiegen des Gläubigers in der Hauptsache gegeben. Der Arrest-/Verfügungsanspruch selbst kann aber auch im Hauptsacheverfahren aberkannt, erloschen oder jedenfalls mit einer dauerhaften Einrede behaftet sein. Darüber hinaus stellt die Abgabe einer ausreichend **strafbewehrten Unterlassungserklärung** entsprechend dem Verbotsausspruch einer einstweiligen Verfügung einen geänderten Umstand dar, auch wenn der Gläubiger die Erklärung nicht angenommen hat (OLG Hamburg OLGR 2002, 407). Weiter berechtigt die Zahlung einer **Sicherheitsleistung** (§ 923) zum Aufhebungsantrag. Der Schuldner hat hierüber einen Nachweis zu erbringen. Insofern ist von § 934 abzugrenzen, der nur die Aufhebung der Arrestvollziehung betrifft, nicht die der Arrestanordnung. Ein bedeutender Umstand ist ferner das fruchtlose **Verstreichen der Vollziehungsfrist** (§ 929 Abs. 2). Denn dann ist der Arrest/die einstweilige Verfügung „unheilbar unvollziehbar" (OLG Hamm NJW-RR 1994, 521; OLG Oldenburg BauR 2008, 1932) und insgesamt aufzuheben. Gleiches gilt für die zwischenzeitliche Eröffnung des Insolvenzverfahrens über das Vermögen des Schuldners, wenn der Arrest noch nicht vollzogen worden ist (§ 89 Abs. 1 InsO). Dann kann der Insolvenzverwalter den Antrag nach § 927 stellen.

10 Zur **Terminsladung** nach Eingang des Antrags siehe § 926 Rn 21.

B. Aufhebungsurteil

11 **I. Muster: Tenor des Aufhebungsurteils bei veränderten Umständen**

▶ Amts-/Landgericht ▪▪▪

Az ▪▪▪

Im Namen des Volkes

Urteil

In dem Rechtsstreit

▪▪▪[1]

1. Der Arrestbefehl/die einstweilige Verfügung vom ▪▪▪ wird aufgehoben.[2]
2. Die Kosten des Aufhebungsverfahrens hat der Aufhebungsbeklagte zu tragen.[3]
3. Das Urteil ist vorläufig vollstreckbar. Der Aufhebungsbeklagte darf die Vollstreckung durch Sicherheitsleistung in Höhe von 110% des aufgrund des Urteils zu vollstreckenden Betrages abwenden, wenn nicht der Aufhebungskläger vor der Vollstreckung Sicherheit in gleicher Höhe leistet.[4]

Beschluss

Der Streitwert wird auf ▪▪▪ EUR festgesetzt.[5]

▪▪▪

Richter(in) am AG/LG ◀

II. Erläuterungen und Varianten

12 **[1] Parteirollen.** Im Aufhebungsverfahren haben sich die **Parteirollen vertauscht** (Hk-ZPO/*Kemper* § 927 Rn 2). Das Rubrum sollte daher mit dem Schuldner beginnen, im Übrigen aber zur Klarstellung **Doppelbezeichnungen** wählen: Aufhebungskläger und Arrest-/Verfügungsbeklagter ./. Aufhebungsbeklagter und Arrest-/Verfügungskläger (siehe auch OLG Frankfurt NJW-RR 2000, 1236).

[2] **Aufhebung.** Im Gegensatz zu § 926 wirkt die Aufhebung hier nur **ex nunc** (Hk-ZPO/*Kemper* § 927 Rn 12; BLAH/*Hartmann* § 927 Rn 13). Daher fehlt einer auf ursprüngliche Rechtmäßigkeit der Anordnung gerichteten Feststellungswiderklage des Gläubigers idR das Rechtsschutzbedürfnis (OLG Stuttgart OLGR 2008, 924). 13

Liegt die Änderung der Umstände darin, dass der Schuldner eine **Sicherheitsleistung anbietet,** darf die Aufhebung nur unter einer aufschiebenden Bedingung angeordnet werden. Sodann gilt § 775 Nr. 3. Dem Schuldner ist zugleich eine **Frist** zu setzen (Hk-ZPO/*Kemper* § 927 Rn 10):

▶ Der Arrestbefehl/die einstweilige Verfügung vom ... wird unter der Bedingung aufgehoben, dass der Aufhebungskläger binnen einer Frist von 2 Wochen nach Zustellung dieses Beschlusses eine Sicherheit in Höhe von ... EUR leistet und dies gegenüber dem Gericht nachweist. ◀

[3] **Kostenentscheidung.** § 91. Gemeint sind damit grundsätzlich **nur die Kosten des Aufhebungsverfahrens** (hM; Thomas/Putzo/*Seiler* § 927 Rn 7; BLAH/*Hartmann* § 927 Rn 11). Das ist im Tenor deutlich zu machen. Abweichend hiervon sind die Kosten des gesamten Verfahrens auf Antrag dem Gläubiger aufzuerlegen, wenn die Anordnung des Arrestes/der einstweiligen Verfügung von Anfang an unrechtmäßig erfolgte (BGHZ 122, 172, 178) oder wenn die Vollziehungsfrist (§ 929 Abs. 2) versäumt worden ist (OLG Frankfurt NJW-RR 2002, 1080; aA OLG München WRP 1996, 1052; Bedenken auch bei Zöller/*Vollkommer* § 927 Rn 12). Dann ist der Kostentenor um die Passage 14

▶ ... einschließlich der Kosten des Arrestverfahrens/des Verfahrens der einstweiligen Verfügung ... ◀

zu erweitern.

Eine Entscheidung nach § 93 (ggf über § 91 a) kommt in Betracht, wenn der Gläubiger den Aufhebungsanspruch des Schuldners **sofort anerkannt** und bereits zuvor zu erkennen gegeben hat, dass er den Arrest/die einstweilige Verfügung nicht mehr vollziehen werde (BLAH/*Hartmann* § 927 Rn 11). Der Schuldner ist daher gehalten, den Antrag nach § 927 anzudrohen (sog. „Gegenabmahnung"; OLG Frankfurt OLGR 2001, 147). 15

[4] **Vorläufige Vollstreckbarkeit.** §§ 708 Nr. 6, 711. 16

[5] **Streitwert.** Wegen der gesondert zu berechnenden Kosten (s. Rn 14) ist der Streitwert für das Aufhebungsverfahren neu festzusetzen. Man kann sich am Streitwert des Anordnungsverfahrens (siehe §§ 921–923 Rn 18) orientieren (OLG Frankfurt AGS 2014, 184; OLG Saarbrücken Beschl. v. 4.3.2010 – 5 W 12/10; KG KGR 2003, 342). Allerdings mag der Wert des Titels – vor allem bei Versäumung der Vollziehungsfrist (§ 929 Abs. 2) – nur noch sehr gering sein, so dass sich in derartigen Fällen ein weitaus niedrigerer Betrag rechtfertigt (Zöller/*Herget* § 3 Rn 16 „Einstweilige Verfügung" aE), etwa von 1/3 des Streitwertes aus dem Anordnungsverfahren (KG KGR 2002, 243). 17

III. Weiterer Hinweis

Für das Aufhebungsverfahren nach § 927 fallen gesonderte **Gerichtskosten** aus Nrn. 1410, 1412 KV GKG an (Vorbem. 1.4. KV GKG). Der Rechtsanwalt erhält keine zu- 18 sätzliche Verfahrensgebühr (§ 16 Nr. 5 RVG, siehe auch KG NJW-RR 2009, 1438), ggf aber erstmals eine Terminsgebühr (Nr. 3104 VV RVG).

§ 928 Vollziehung des Arrestes
Auf die Vollziehung des Arrestes sind die Vorschriften über die Zwangsvollstreckung entsprechend anzuwenden, soweit nicht die nachfolgenden Paragraphen abweichende Vorschriften enthalten.

§ 929 Vollstreckungsklausel; Vollziehungsfrist
(1) Arrestbefehle bedürfen der Vollstreckungsklausel nur, wenn die Vollziehung für einen anderen als den in dem Befehl bezeichneten Gläubiger oder gegen einen anderen als den in dem Befehl bezeichneten Schuldner erfolgen soll.
(2) Die Vollziehung des Arrestbefehls ist unstatthaft, wenn seit dem Tag, an dem der Befehl verkündet oder der Partei, auf deren Gesuch er erging, zugestellt ist, ein Monat verstrichen ist.
(3) ¹Die Vollziehung ist vor der Zustellung des Arrestbefehls an den Schuldner zulässig. ²Sie ist jedoch ohne Wirkung, wenn die Zustellung nicht innerhalb einer Woche nach der Vollziehung und vor Ablauf der für diese im vorhergehenden Absatz bestimmten Frist erfolgt.

§ 930 Vollziehung in bewegliches Vermögen und Forderungen
(1) ¹Die Vollziehung des Arrestes in bewegliches Vermögen wird durch Pfändung bewirkt. ²Die Pfändung erfolgt nach denselben Grundsätzen wie jede andere Pfändung und begründet ein Pfandrecht mit den im § 804 bestimmten Wirkungen. ³Für die Pfändung einer Forderung ist das Arrestgericht als Vollstreckungsgericht zuständig.
(2) Gepfändetes Geld und ein im Verteilungsverfahren auf den Gläubiger fallender Betrag des Erlöses werden hinterlegt.
(3) Das Vollstreckungsgericht kann auf Antrag anordnen, dass eine bewegliche körperliche Sache, wenn sie der Gefahr einer beträchtlichen Wertverringerung ausgesetzt ist oder wenn ihre Aufbewahrung unverhältnismäßige Kosten verursachen würde, versteigert und der Erlös hinterlegt werde.
(4) Die Vollziehung des Arrestes in ein nicht eingetragenes Seeschiff ist unzulässig, wenn sich das Schiff auf der Reise befindet und nicht in einem Hafen liegt.

A. Muster: Forderungspfändung
B. Erläuterungen
[1] Zuständigkeit 2
[2] Verbundbeschluss 3
[3] Tenor des Arrestbefehls 5
[4] Pfändung 6
[5] Einziehungs- und Zahlungsverbot .. 8
C. Weitere Hinweise

A. Muster: Forderungspfändung

▶ Amts-/Landgericht ...[1]

Az ...

Arrestbefehl und Pfändungsbeschluss[2]

In dem Rechtsstreit

...

1.-5. ...[3]

6. In Vollziehung des Arrestes wird die angebliche Forderung des Antragsgegners gegen ... aus dem Darlehensvertrag vom ... bis zur Höhe von ... EUR gepfändet.[4] Soweit diese Forderung gepfändet ist, wird dem Antragsgegner verboten, darüber zu verfügen, insbesondere den Forderungsbetrag einzuziehen. Dem ... wird verboten, diesen Betrag an den Antragsgegner zu zahlen.[5]

...

...

Richter am AG/LG ◀

B. Erläuterungen

[1] **Zuständigkeit.** Das Arrestgericht ist zugleich ausschließlich zuständiges **Vollstreckungsgericht** (§§ 930 Abs. 1 S. 3, 828 Abs. 1, 802).

[2] **Verbundbeschluss.** Ist an das Arrestgesuch ein Pfändungsantrag gekoppelt, so ist der Pfändungsbeschluss in zulässiger und zweckmäßiger Weise mit dem Arrestbefehl **zu verbinden** (OLG Zweibrücken FamRZ 2000, 966). Dann ist insgesamt – auch für alle weiteren Entscheidungen – der **Richter** zuständig. Jedoch stellt nur der Pfändungsbeschluss eine **Vollstreckungsmaßnahme** iSd § 766 dar.

Dagegen ist ein **gesonderter Pfändungsbeschluss** notwendig, wenn der Arrest nach mündlicher Verhandlung durch Urteil angeordnet wird (§ 922 Abs. 1 S. 1; BLAH/*Hartmann* § 930 Rn 7; aA Zöller/*Vollkommer* § 930 Rn 3) oder wenn die Vollziehung des Arrestes gem. § 921 S. 1 von der Leistung einer Sicherheit abhängig gemacht wurde (BLAH/*Hartmann* § 930 Rn 7; siehe §§ 921-923 Rn 9 ff). Einen nicht zeitgleich mit dem Arrest verkündeten Pfändungsbeschluss erlässt der **Rechtspfleger** (§ 20 Nr. 16 RPflG).

[3] **Tenor des Arrestbefehls.** Siehe §§ 921-923 Rn 1 ff.

[4] **Pfändung.** Die Vollziehung des Arrestes beschränkt sich auf die **Sicherung** durch Pfändung und endet mit dieser. Eine Befriedigung des Gläubigers ist nicht Zweck des Arrestes. Daher darf grundsätzlich **keine Überweisung** der Forderung (§ 835) erfolgen. Ein Überweisungsbeschluss wäre nichtig (BGH NJW 1993, 735; BGH NJW 2014, 2732). Ausnahmen gelten nur für die Überweisung des Anspruchs auf Herausgabe des Hypothekenbriefes, weil er zur gepfändeten Forderung gehört (Thomas/Putzo/Seiler § 930 Rn 1). Folglich gehen auch keinerlei Gestaltungsrechte auf den Arrestgläubiger über (BLAH/*Hartmann* § 930 Rn 1).

Das entstehende **Arrestpfandrecht** (§§ 930 Abs. 1 S. 2, 804) wird durch das Obsiegen des Gläubigers in der Hauptsache zum Vollstreckungspfandrecht mit gleichbleibendem Rang, welches dann ohne Weiteres die Verwertung ermöglicht (Hk-ZPO/*Kemper* § 930 Rn 5), dh es kann Überweisung beantragt werden (siehe auch § 835 Rn 5):

▶ Es wird beantragt, die durch Arrestbefehl und Pfändungsbeschluss des AG/LG ▪▪▪ vom ▪▪▪ (Az. ▪▪▪) gepfändete Forderung des Schuldners gegen ▪▪▪ im gepfändeten Umfang dem Gläubiger zur Einziehung zu überweisen. ◀

Anderenfalls muss das Arrestpfandrecht über §§ 927, 776 aufgehoben werden.

8 [5] Einziehungs- und Zahlungsverbot. § 829 Abs. 1 S. 1, 2.

C. Weitere Hinweise

9 Die **Zustellung** richtet sich auch im Falle der **Verbindung** mit dem Arrestbefehl nach jedem Einzelbeschluss gesondert. Der Arrestbeschluss als solcher wird daher nicht erst mit der Zustellung an den Drittschuldner (§ 829 Abs. 3) wirksam (BLAH/*Hartmann* § 922 Rn 34). Der Arrestgläubiger hat die Zustellungen an den Antragsgegner und den Drittschuldner nach wie vor selbst zu besorgen (§ 829 Abs. 2; Zöller/*Vollkommer* § 930 Rn 3).

10 Die Pfändung betrifft die Vollziehung des Arrestes und stellt hinsichtlich der **Rechtsanwaltsgebühren** eine eigene Angelegenheit dar (§ 18 Abs. 1 Nr. 2 RVG). Die Gebühr richtet sich nach Nr. 3309 VV RVG. Es fällt außerdem eine **Gerichtsgebühr** nach Nr. 2111 KV GKG an. Zum Streitwert siehe §§ 921–923 Rn 18.

§ 931 Vollziehung in eingetragenes Schiff oder Schiffsbauwerk

(1) Die Vollziehung des Arrestes in ein eingetragenes Schiff oder Schiffsbauwerk wird durch Pfändung nach den Vorschriften über die Pfändung beweglicher Sachen mit folgenden Abweichungen bewirkt.

(2) Die Pfändung begründet ein Pfandrecht an dem gepfändeten Schiff oder Schiffsbauwerk; das Pfandrecht gewährt dem Gläubiger im Verhältnis zu anderen Rechten dieselben Rechte wie eine Schiffshypothek.

(3) Die Pfändung wird auf Antrag des Gläubigers vom Arrestgericht als Vollstreckungsgericht angeordnet; das Gericht hat zugleich das Registergericht um die Eintragung einer Vormerkung zur Sicherung des Arrestpfandrechts in das Schiffsregister oder Schiffsbauregister zu ersuchen; die Vormerkung erlischt, wenn die Vollziehung des Arrestes unstatthaft wird.

(4) Der Gerichtsvollzieher hat bei der Vornahme der Pfändung das Schiff oder Schiffsbauwerk in Bewachung und Verwahrung zu nehmen.

(5) Ist zur Zeit der Arrestvollziehung die Zwangsversteigerung des Schiffes oder Schiffsbauwerks eingeleitet, so gilt die in diesem Verfahren erfolgte Beschlagnahme des Schiffes oder Schiffsbauwerks als erste Pfändung im Sinne des § 826; die Abschrift des Pfändungsprotokolls ist dem Vollstreckungsgericht einzureichen.

(6) ¹Das Arrestpfandrecht wird auf Antrag des Gläubigers in das Schiffsregister oder Schiffsbauregister eingetragen; der nach § 923 festgestellte Geldbetrag ist als der Höchstbetrag zu bezeichnen, für den das Schiff oder Schiffsbauwerk haftet. ²Im Übrigen gelten der § 867 Abs. 1 und 2 und der § 870a Abs. 3 entsprechend, soweit nicht vorstehend etwas anderes bestimmt ist.

(7) Die Vollziehung des Arrestes in ein eingetragenes Seeschiff ist unzulässig, wenn sich das Schiff auf der Reise befindet und nicht in einem Hafen liegt.

§ 932 Arresthypothek

(1) ¹Die Vollziehung des Arrestes in ein Grundstück oder in eine Berechtigung, für welche die sich auf Grundstücke beziehenden Vorschriften gelten, erfolgt durch Eintragung einer Sicherungshypothek für die Forderung; der nach § 923 festgestellte Geldbetrag ist als der Höchstbetrag zu bezeichnen, für den das Grundstück oder die Berechtigung haftet. ²Ein Anspruch nach § 1179a oder § 1179b des Bürgerlichen Gesetzbuchs steht dem Gläubiger oder im Grundbuch eingetragenen Gläubiger der Sicherungshypothek nicht zu.
(2) Im Übrigen gelten die Vorschriften des § 866 Abs. 3 Satz 1, des § 867 Abs. 1 und 2 und des § 868.
(3) Der Antrag auf Eintragung der Hypothek gilt im Sinne des § 929 Abs. 2, 3 als Vollziehung des Arrestbefehls.

A. Muster: Antrag auf Eintragung einer Arresthypothek	[2] Vollstreckungstitel 3
	[3] Bevollmächtigter 6
B. Erläuterungen	[4] Inhalt des Antrags 7
[1] Zuständigkeit 2	C. Weitere Hinweise

A. Muster: Antrag auf Eintragung einer Arresthypothek

▶ An das

Amtsgericht ...[1]

– Grundbuchamt –

In der Vollstreckungssache

...

- Gläubiger -

gegen

...

- Schuldner -

lege ich die Ausfertigung des Arrestbefehls des Amts-/Landgerichts ..., Az ..., vom ..., dem Gläubiger zugestellt am ..., vor[2] und beantrage in dessen Namen,[3]

wegen des Arrestanspruchs im Grundbuch des Amtsgerichts ... für ..., Band ..., Blatt ..., zugunsten des Gläubigers eine Arresthypothek bis zu einem Höchstbetrag von ... EUR einzutragen.[4]

Ich bitte den Vollstreckungstitel alsbald zurückzureichen.

...

Rechtsanwalt ◀

B. Erläuterungen und Varianten

2 **[1] Zuständigkeit.** Der Antrag ist an das Amtsgericht zu richten, in dessen Bezirk das Grundstück gelegen ist (§ 1 Abs. 1 GBO). Die Eintragung der Hypothek ist sowohl Vollstreckungsmaßnahme als auch eine Maßnahme der freiwilligen Gerichtsbarkeit.

3 **[2] Vollstreckungstitel.** Der zugrunde liegende Vollstreckungstitel ist mit dem Antrag vorzulegen (Musielak/*Huber* § 932 Rn 2). Eine Klausel ist grundsätzlich entbehrlich (§ 929 Abs. 1). Die Zustellung dieses Titels bzw deren fristgemäße Nachholung muss ebenso wenig nachgewiesen werden (§ 929 Abs. 3; Thomas/Putzo/*Seiler* § 932 Rn 4). Die Zustellung an den Schuldner erfolgt am zweckmäßigsten parallel mittels einer weiteren Ausfertigung des Arrestbefehls. Wurde diese **Wochenfrist** nicht eingehalten, so ist das Grundbuch unrichtig (§ 894 BGB) und der Schuldner kann entweder einen Widerspruch eintragen lassen (§ 899 BGB) oder gem. § 22 GBO die Löschung beantragen (Zöller/*Vollkommer* § 932 Rn 7). Letzterer Antrag bedarf des Unrichtigkeitsnachweises in der Form des § 29 GBO (BayObLG Rpfleger 1993, 397).

4 Der Gläubiger hat die **Vollziehungsfrist** (§ 929 Abs. 2) zu beachten, wobei der Eingang des Antrags beim zuständigen Grundbuchamt genügt (Hk-ZPO/*Kemper* § 932 Rn 8; zu den umstr. Einzelheiten vgl BLAH/*Hartmann* § 932 Rn 8). Durch Zwischenverfügung (§ 18 GBO) beanstandete Hindernisse müssen innerhalb dieser Frist behoben werden (BLAH/*Hartmann* § 932 Rn 7). Daher sind Eile und zugleich Genauigkeit geboten.

5 Für die Entstehung der Hypothek selbst und für ihren Rang ist die Eintragung im Grundbuch entscheidend (§ 867 Abs. 1 S. 2).

6 **[3] Bevollmächtigter.** Eine gesonderte **Vollmacht** (§ 81 sowie § 11 FamFG) muss der Antragstellervertreter nicht nachweisen, wenn er bereits im Arrestbefehl als solcher benannt ist (Musielak/*Huber* § 932 Rn 2).

7 **[4] Inhalt des Antrags.** Der Antrag erfordert die Bezeichnung des Grundstücks des Schuldners. Dieser muss voreingetragen sein (§ 39 GBO). Ferner ist die Lösungssumme (§ 923) als **Höchstbetrag** anzugeben, wobei 750,- EUR überschritten werden müssen (§ 866 Abs. 3 S. 1). Der Gläubiger kann mehrere Grundstücke mit jeweils einer Arresthypothek belasten. Dann sind die Höchstbeträge im Antrag anhand der Lösungssumme gem. § 867 Abs. 2 zu verteilen.

8 Hatte das Arrestgericht die Festsetzung einer **Lösungssumme** vergessen, so muss der Gläubiger schnellstmöglich deren Nachholung beantragen (siehe §§ 921–923 Rn 15). Denn anderenfalls würde das Grundbuchamt den Eintragungsantrag zurückzuweisen haben (BLAH/*Hartmann* § 932 Rn 3; Zöller/*Vollkommer* § 932 Rn 3).

9 Für die **Kosten der Eintragung** (siehe Rn 14) haftet das Grundstück kraft Gesetzes (§ 867 Abs. 1 S. 3), so dass sie nicht gesondert anzugeben sind.

10 Die Erbringung einer ggf nach § 921 festgesetzten **Sicherheitsleistung** ist gegenüber dem Grundbuchamt ebenfalls nachzuweisen (§§ 928, 751 Abs. 2).

11 Die Arresthypothek ist immer eine **Buchhypothek** (§§ 932 Abs. 2, 867 Abs. 1). Die Eintragung in Abteilung III des Grundbuchs lautet:

▶ Sicherungshypothek zum Höchstbetrag von ▄▄▄ EUR zugunsten des/der ▄▄▄, (geb. am ▄▄▄) in ▄▄▄. Aufgrund des Arrestbefehls des Amts-/Landgerichts ▄▄▄ vom ▄▄▄ (Az ▄▄▄) eingetragen am ▄▄▄. ◀

Das Grundbuchamt hat die erfolgte Eintragung auf der Ausfertigung des Arrestbefehls zu vermerken (§§ 932 Abs. 2, 867 Abs. 1). Folge ist ein **Anspruch des Gläubigers auf Duldung der Zwangsvollstreckung** (§ 1147 BGB), welcher klageweise geltend gemacht werden muss (Hk-ZPO/*Kemper* § 932 Rn 4). Dabei hat der Schuldner – bei allgemeiner Beweislastverteilung – alle Einwendungen gegen den gesicherten Arrestanspruch (§ 1184 BGB). Betreiben andere Gläubiger die Zwangsversteigerung des Grundstücks, wird die Arresthypothek nicht nach § 14 ZVG behandelt (MüKo-ZPO/*Drescher* § 932 Rn 10; *Stöber* § 14 ZVG Rn 2.3; aA BLAH/*Hartmann* § 932 Rn 3; StJ/*Grunsky* § 932 Rn 1).

Nach rechtskräftigem Obsiegen in der Hauptsache kann der Gläubiger unter Vorlage der vollstreckbaren Ausfertigung des Hauptsachetitels nebst Zustellungsnachweis einen **Antrag auf Umwandlung** in eine ranggleiche **Zwangshypothek** stellen (BLAH/*Hartmann* § 932 Rn 4). Voraussetzung ist, dass Arrest- und Hautsacheanspruch identisch waren (LG Berlin NJOZ 2009, 4564). Dieser Antrag bedarf nicht der Bewilligung des Grundstückseigentümers nach § 19 GBO und nicht der Form des § 29 GBO. Er ist gerichtet auf 12

▶ Unwandlung der in Abteilung III Lfd. Nr. ... eingetragenen Arresthypothek über ... EUR in eine Zwangssicherungshypothek von ... EUR nebst Zinsen in Höhe von 5 Prozentpunkten über dem Basiszinssatz seit der Eintragung der Umwandlung im Grundbuch. ◀

C. Weitere Hinweise

Gegen die Eintragung der Arresthypothek kann der Schuldner insoweit vorgehen, als er mittels **beschränkter Beschwerde gem. § 71 Abs. 2 S. 2 GBO** die Eintragung eines Amtswiderspruchs im Grundbuch beantragt (KG NJW-RR 1987, 592; *Jäckel* JuS 2006, 410, 411). Bei Ablehnung des Gläubigerantrages kommt die Beschwerde gem. § 71 Abs. 1 GBO in Betracht. 13

Die **Gerichtskosten** für die Eintragung der Arresthypothek richten sich nach Nr. 14121 KV GNotKG. Als Geschäftswert ist der Nennbetrag zugrunde zu legen (§ 53 Abs. 1 S. 1 GNotKG). Der Wert darf aber nicht höher sein als der Streitwert im Anordnungsverfahren (hM; KG Rpfleger 1993, 397; OLG Köln JurBüro 1986, 1546). Für die **Rechtsanwaltsgebühren** gilt der Eintragungsantrag als eigene Angelegenheit (§ 18 Abs. 1 Nr. 2 RVG). Es fällt eine Gebühr nach Nr. 3309 VV RVG an. 14

Bei der **Umschreibung** der Arrest- in eine Zwangshypothek (s. Rn 12) werden Gerichtskosten nach Nr. 14130 KV GNotKG fällig. Als Geschäftswert wird man 10-20 % des Nennbetrages festsetzen können (§ 36 Abs. 1 GNotKG). Die anwaltlichen Gebühren folgen wiederum aus Nr. 3309 VV RVG. 15

§ 933 Vollziehung des persönlichen Arrestes

¹Die Vollziehung des persönlichen Sicherheitsarrestes richtet sich, wenn sie durch Haft erfolgt, nach den Vorschriften der §§ 802 g, 802 h und 802 j Abs. 1 und 2 und, wenn sie durch sonstige Beschränkung der persönlichen Freiheit erfolgt, nach den vom Arrestgericht zu treffenden besonderen Anordnungen, für welche die Beschrän-

kungen der Haft maßgebend sind. ²In den Haftbefehl ist der nach § 923 festgestellte Geldbetrag aufzunehmen.

§ 934 Aufhebung der Arrestvollziehung

(1) Wird der in dem Arrestbefehl festgestellte Geldbetrag hinterlegt, so wird der vollzogene Arrest von dem Vollstreckungsgericht[1] aufgehoben.
(2) Das Vollstreckungsgericht kann die Aufhebung des Arrestes auch anordnen, wenn die Fortdauer besondere Aufwendungen erfordert und die Partei, auf deren Gesuch der Arrest verhängt wurde, den nötigen Geldbetrag nicht vorschießt.
(3) Die in diesem Paragraphen erwähnten Entscheidungen ergehen durch Beschluss.
(4) Gegen den Beschluss, durch den der Arrest aufgehoben wird, findet sofortige Beschwerde statt.

A. Antrag auf Aufhebung der Vollziehung
   I. Muster: Antrag auf Aufhebung der Vollziehung des Arrestes
   II. Erläuterungen
      [1] Zuständigkeit 2
      [2] Parteibezeichnung 3
      [3] Inhalt des Antrags 4
      [4] Begründung 5
B. Aufhebender Beschluss
   I. Muster: Tenor des Beschlusses zur Aufhebung der Vollziehung des Arrestes
   II. Erläuterungen
      [1] Entscheidung durch Beschluss 7
      [2] Folge der Aufhebung 9
      [3] Begründung 11
      [4] Funktionelle Zuständigkeit ... 12
   III. Weitere Hinweise

A. Antrag auf Aufhebung der Vollziehung

1   **I. Muster: Antrag auf Aufhebung der Vollziehung des Arrestes**

▶ An das
Amtsgericht ...[1]
– Vollstreckungsgericht –
Az ...
In dem Rechtsstreit[2]

... – Gläubiger –

gegen

... – Schuldner –

zeige ich die Vertretung des Schuldners an und beantrage,
die aufgrund des Arrestbefehls des Amts-/Landgerichts ... vom ..., Az ..., erfolgte Pfändung des/der .../Eintragung einer Arresthypothek im Grundbuch ... aufzuheben.[3]

Begründung[4]

...

...

Rechtsanwalt ◀

---

1 Vgl hierzu § 20 Nr. 15 RechtspflegerG.

II. Erläuterungen

[1] **Zuständigkeit.** Ausschließlich zuständig (§ 802) ist das **Vollstreckungsgericht** (§ 764 Abs. 2), bei Forderungspfändungen das Arrestgericht (§ 930 Abs. 1 S. 3). Anwaltszwang besteht in keinem dieser Fälle (§ 13 RPflG).

[2] **Parteibezeichnung.** Da es sich um einen Antrag im Rahmen der Zwangsvollstreckung handelt, sollten die Parteien als Gläubiger und Schuldner bezeichnet werden.

[3] **Inhalt des Antrags.** Der Antrag hat die Vollstreckungsmaßnahme möglichst genau zu beschreiben. Er ist gerichtet auf **Aufhebung der Arrestvollziehung**, nicht des Arrestbefehls. Letztere bestimmt sich nach §§ 924-927.

[4] **Begründung.** Dem Antrag ist der **Hinterlegungsnachweis** bezüglich der Lösungssumme (§ 923) beizufügen. Bei Aufteilung einer Arresthypothek auf mehrere Grundstücke genügt Erbringung des dort jeweils eingetragenen Höchstbetrages (BLAH/*Hartmann* § 934 Rn 2).

B. Aufhebender Beschluss

I. Muster: Tenor des Beschlusses zur Aufhebung der Vollziehung des Arrestes

▶ Amtsgericht ...

Az ...

Beschluss[1]

In dem Rechtsstreit

... – Gläubiger –

gegen

... – Schuldner –

Die aufgrund des Arrestbefehls des Amts-/Landgerichts ... vom ..., Az ..., erfolgte Pfändung des/der .../Eintragung einer Arresthypothek im Grundbuch ... wird aufgehoben.[2]

Gründe[3]

...

Rechtsbehelfsbelehrung

...

Rechtspfleger[4] ◀

II. Erläuterungen

[1] **Entscheidung durch Beschluss.** § 934 Abs. 3. Mündliche Verhandlung ist freigestellt (§ 128 Abs. 4) und wegen klarer Tatsachenlage regelmäßig entbehrlich.
Vor Erlass des Beschlusses sollte dem Gläubiger **rechtliches Gehör** gewährt werden. Zu diesem Zweck ist ihm der Antrag des Schuldners zuzustellen.

[2] **Folge der Aufhebung.** Es erlischt das Pfandrecht des Gläubigers (Hk-ZPO/*Kemper* § 934 Rn 3). Wegen der Kosten kann er weiterhin aus dem Arrestbefehl vollstrecken (BLAH/*Hartmann* § 934 Rn 1). Eine Arresthypothek wird zur Eigentümergrundschuld (§§ 932 Abs. 2, 868 Abs. 2), wobei der Schuldner die Berichtigung des Grundbuchs selbst zu veranlassen hat (§ 22 GBO).

10 Eine Kostenentscheidung unterbleibt. Es gilt § 788 (Musielak/*Huber* § 934 Rn 2).
11 **[3] Begründung.** Der Beschluss ist zu begründen, denn er unterliegt seitens des Gläubigers der Anfechtung durch die sofortige Beschwerde (§ 934 Abs. 4).
12 **[4] Funktionelle Zuständigkeit.** § 20 Nr. 15 RPflG.

III. Weitere Hinweise

13 Der Beschluss ist dem Gläubiger **zuzustellen** (§ 329 Abs. 3), beim Schuldner genügt formlose Bekanntgabe.
14 Den Aufhebungsbeschluss kann der Gläubiger mit der **sofortigen Beschwerde** anfechten (Abs. 4). Gleiches gilt für den Schuldner bei Ablehnung seines Antrags (§ 11 Abs. 1 RPflG, § 567 Abs. 1 Nr. 2).
15 Gesonderte **Gerichtskosten** fallen im Verfahren nach § 934 nicht an. Hinsichtlich der **Rechtsanwaltsgebühren** ist zu differenzieren: Für den Schuldnervertreter handelt es sich um eine eigene Angelegenheit (§ 18 Abs. 1 Nr. 2 RVG). Es fällt eine Gebühr nach Nr. 3309 VV RVG an, die eine mögliche Grundbuchberichtigung mit einschließt. Seitens des Gläubigervertreters handelt es sich um einen Teil der bereits erfolgten Arrestvollziehung, so dass keine weiteren Gebühren entstehen (§ 19 Abs. 2 Nr. 6 RVG).

§ 935 Einstweilige Verfügung bezüglich Streitgegenstand

Einstweilige Verfügungen in Bezug auf den Streitgegenstand sind zulässig, wenn zu besorgen ist, dass durch eine Veränderung des bestehenden Zustandes die Verwirklichung des Rechts einer Partei vereitelt oder wesentlich erschwert werden könnte.

A. Muster: Verfügungsantrag – Sicherungsverfügung			[6] Entscheidungskompetenz des Vorsitzenden	9
B. Erläuterungen und Varianten			[7] Sachantrag	10
[1] Zuständiges Gericht	2		[8] Sicherstellung; Sequestration bei Herausgabeverfügung	11
[2] Kein Anwaltszwang	3		[9] Anträge – Varianten	13
[3] Streitgegenstand	4		[10] Begleitende Anträge	18
[4] Streitwert	5		[11] Kosten und Gebühren	19
[5] Antrag bzgl mündlicher Verhandlung	7		[12] Begründung der Anträge	22

1 **A. Muster: Verfügungsantrag – Sicherungsverfügung**

▶ An das
Amtsgericht/Landgericht ▬▬[1]

Antrag auf Erlass einer einstweiligen Verfügung

In Sachen

...

- Antragsteller -

Verfahrensbevollmächtigter:[2]

gegen

...

- Antragsgegner -

wegen Herausgabe zur Sicherstellung[3]

vorläufiger Streitwert: ... EUR[4]

beantrage ich namens des Antragstellers – wegen Dringlichkeit ohne mündliche Verhandlung[5] und durch den Vorsitzenden allein[6] – den Erlass folgender einstweiliger Verfügung:[7]

1. Der Antragsgegner hat den Pkw ..., amtliches Kennzeichen ..., Fahrgestell-Nr. ..., sowie die zugehörigen drei Fahrzeugschlüssel und Fahrzeugbrief zur Verwahrung an den Gerichtsvollzieher, hilfsweise an einen vom Gericht zu bestellenden Sequester[8] herauszugeben.[9]
2. Die Durchsuchung des Grundstücks des Antragsgegners in ... einschließlich der Garage wird zur Vollstreckung der Herausgabe gestattet.[10]
3. Der Antragsgegner hat die Kosten des Verfahrens aus einem Streitwert in Höhe von ... EUR zu tragen.[11]

Begründung[12]

...

Rechtsanwalt ◄

B. Erläuterungen und Varianten

[1] **Zuständiges Gericht.** Für den Erlass einer einstweiligen Verfügung ist das Gericht der Hauptsache ausschließlich zuständig, §§ 937 Abs. 1, 802; gem. § 943 Abs. 1 ist dies das Gericht des ersten Rechtszuges und, wenn die Hauptsache in der Berufungsinstanz anhängig ist, das Berufungsgericht. Ausnahmsweise ist in besonders dringenden Fällen das Amtsgericht zuständig, in dessen Bezirk sich der Streitgegenstand befindet, § 942 Abs. 1, siehe dort.

[2] Für die **Antragstellung** besteht auch beim Landgericht entgegen § 78 Abs. 1 **kein Anwaltszwang**, §§ 936, 920 Abs. 3, 78 Abs. 5 – anders aber bei nachfolgender mündlicher Verhandlung oder späteren Prozesshandlungen außerhalb des Beschlussverfahrens.

[3] **Streitgegenstand.** Ziel des Eilverfahrens nach § 935 ist nicht die Durchsetzung, sondern die Sicherung der Durchsetzbarkeit von Ansprüchen, die nicht auf Geld (hier §§ 916 ff) gerichtet sind; Streitgegenstand ist also die Erhaltung des Status quo in Bezug auf einen Individualanspruch, zB Anspruch auf Herausgabe, auf Duldung usw, sog. Sicherungsverfügung (vgl Thomas/Putzo/*Reichold* § 935 Rn 5) – in Abgrenzung zur sog. Regelungsverfügung und Leistungsverfügung, siehe hierzu § 940.

[4] **Streitwert.** Hier ist mangels Geldforderung zweckmäßigerweise der Wert anzugeben und dieser sodann in der Begründung näher darzulegen, wobei von Folgendem auszugehen ist: Der Streitwert richtet sich nach dem Sicherungsinteresse des Antragstellers; er ist gem. § 53 Abs. 1 GKG, § 3 nach freiem Ermessen zu bestimmen und beträgt in der Regel 1/3 bis 1/2 des Wertes des zu sichernden Anspruchs (vgl BLAH/*Hartmann* Anhang § 3 Rn 35).

6 Ein **Gerichtskostenvorschuss** ist bei der einstweiligen Verfügung nicht einzuzahlen.

7 **[5] Antrag bzgl mündlicher Verhandlung.** Vorrangiges Ziel des einstweiligen Rechtsschutzes wird für den Rechtsanwalt regelmäßig der umgehende Erlass einer einstweiligen Verfügung ohne mündliche Verhandlung sein, § 937 Abs. 2 Alt. 1; dies ist jedoch nur bei besonderer Eilbedürftigkeit möglich. Hierzu sind in der Begründung zusätzliche Ausführungen erforderlich und die entsprechenden Tatsachen glaubhaft zu machen.

8 Neben der allgemeinen Eilbedürftigkeit, die Voraussetzung für die einstweilige Verfügung ist (vgl Rn 24 und § 940 Rn 13) sind folgende verschiedene Dringlichkeitsstufen zu unterscheiden:
– der dringende Fall iS § 937 Abs. 2 als Voraussetzung für den Erlass einer einstweiligen Verfügung ohne mündliche Verhandlung; zum Begriff siehe § 937 Rn 2.
– der dringende Fall iS § 944 als Voraussetzung für die Entscheidung durch den Vorsitzenden anstelle des Kollegialgerichts, siehe Rn 9.
– der dringende Fall iS § 942 als Voraussetzung für die Eilzuständigkeit des belegenen Amtsgerichts, zum Begriff siehe § 942 Rn 2.

9 **[6] Entscheidungskompetenz des Vorsitzenden.** Bei Anrufung des Landgerichts kann gem. § 944 in dringenden Fällen anstelle der Kammer der Vorsitzende allein entscheiden. Ein dringender Fall idS ist nur gegeben, wenn bereits die Verzögerung, die ein Zuwarten auf eine Entscheidung der Kammer mit sich bringen würde, den Zweck der einstweiligen Verfügung gefährden würde (Hk-ZPO/*Kemper* § 944 Rn 3).

10 **[7] Sachantrag.** Bei Verfügungsanträgen ist das Bestimmtheitsgebot des § 253 Abs. 2 Nr. 2 insofern abgemildert, als das Gericht nach § 938 Abs. 1 die gebotenen Anordnungen nach freiem Ermessen trifft, siehe hierzu § 937 Rn 4.

11 **[8] Sicherstellung.** Bei der Herausgabeverfügung kann wegen des Verbots der Vorwegnahme der Hauptsache und des Verbots der endgültigen Befriedigung (siehe § 937 Rn 4) grundsätzlich nur Herausgabe an einen geeigneten Dritten – dies wird regelmäßig der zuständige Gerichtsvollzieher sein, vgl § 938 Abs. 2 – zur Sicherung des Anspruchs angeordnet werden. Eine Ausnahme, dh Herausgabe an den Antragsteller im Wege der Leistungsverfügung kommt nur bei lebensnotwendigen Sachen (dies ist in der Begründung darzulegen und glaubhaft zu machen) oder im Rahmen von Besitzschutzansprüchen bei verbotener Eigenmacht gem. § 858 BGB (Argument aus § 859 BGB) in Betracht, vgl hierzu § 940 Rn 16.

12 Bei der Sicherungsverfügung ist zwischen reiner Verwahrung – nur Sicherstellung des Verfügungsgegenstandes und ggf Abschluss eines hierauf bezogenen Verwahrungsvertrages – und **Sequestration** (vgl § 938 Abs. 2) zu unterscheiden; letztere umfasst neben Sicherstellung und Verwahrung auch die Verwaltung einer Sache (vgl Zöller/*Vollkommer* § 938 Rn 7 – 8). Der Gerichtsvollzieher ist zwar zur Verwahrung, nicht aber zur Sequestration verpflichtet.

13 **[9] Anträge – Varianten.** Gegenstand der Sicherung kann neben der Herausgabe von Gegenständen jeder nicht auf Geldzahlung gerichtete Individualanspruch sein, zB:

a) Eintragung einer **Auflassungsvormerkung** in das Grundbuch, § 883 BGB – Antrag: 14

▶ Für den Antragsteller wird im Grundbuch des Amtsgerichts ... von ..., Band ..., Blatt ..., in Abteilung II eine Vormerkung zur Sicherung des Anspruchs auf Auflassung eingetragen. ◀

b) Eintragung einer Vormerkung für eine **Bauhandwerkersicherungshypothek,** § 648 15 BGB – Antrag:

▶ Zugunsten des Antragstellers wird eine Vormerkung zur Sicherung des Anspruchs auf Einräumung einer Sicherungshypothek wegen seiner Forderung aus Bauvertrag vom ... in Höhe von ... EUR nebst Zinsen in Höhe von ... Prozentpunkten über dem Basiszinssatz seit ... und ... EUR Kosten auf dem Grundstück ..., vorgetragen im Grundbuch des Amtsgerichts ... von ..., Band ..., Blatt ..., eingetragen. ◀

c) Veräußerungsverbot – Antrag: 16

▶ Dem Antragsgegner wird verboten, das im Grundbuch des Amtsgerichts ... von ..., Band ..., Blatt ..., eingetragene Grundstück ... zu veräußern und die grundbuchmäßige Umschreibung des Eigentums auf einen anderen als den Antragsteller zu beantragen oder einen evtl bereits gestellten Antrag aufrechtzuerhalten. ◀

d) Grundbuchwiderspruch/Erwerbsverbot: 17

– Zum Grundbuchwiderspruch gem. § 899 BGB siehe Muster zu § 941.
– Zum Erwerbsverbot siehe Muster zu § 938.

[10] Begleitende Anträge: 18

a) Um die Herausgabe des Gegenstandes vollstrecken zu können, ist es regelmäßig geboten, zugleich eine Durchsuchungsanordnung gem. § 750 a zu beantragen; der Begriff der Wohnung ist dabei weit zu verstehen und umfasst insbesondere auch Geschäftsräume, Garten, Garage usw (Zöller/*Stöber* § 758 a Rn 4).

b) Hat aufgrund der einstweiligen Verfügung eine Eintragung in das Grundbuch zu erfolgen, so ist gem. § 941 folgender begleitender Antrag zu stellen, sofern der Antragsteller nicht selbst die Maßnahmen gegenüber dem Grundbuchamt ergreifen möchte:

▶ Das zuständige Grundbuchamt soll um Eintragung des/der nach Ziffer 1 beantragten Widerspruchs/Vormerkung ersucht werden. ◀

Zu den weiteren Einzelheiten siehe § 941.

[11] **Kosten und Gebühren.** Das Verfahren in der Hauptsache und das Verfahren 19 über einen Antrag auf Erlass einer einstweiligen Verfügung sind kosten- und gebührenrechtlich verschiedene Angelegenheiten, Vorbem. 1.4.1 S. 1 KV GKG; § 17 Nr. 4 b RVG.

Der Rechtsanwalt erhält daher in einem einstweiligen Verfügungsverfahren stets **ge-** 20 **sonderte Gebühren,** unabhängig von den Gebühren, die ihm bereits im Verfahren über die Hauptsache entstanden sind oder in Zukunft noch entstehen. Im Verfügungsverfahren bestimmen sich die Gebühren nach Teil 3 VV RVG. Sofern die entsprechenden Gebührentatbestände erfüllt werden, fallen folgende Gebühren an: 1,3

Verfahrensgebühr, Nr. 3100 VV RVG; 1,2 Terminsgebühr, Nr. 3104 VV RVG und ggf eine 1,0 Einigungsgebühr, Nr. 1003 VV RVG.

21 An **Gerichtskosten** fällt grundsätzlich der 1,5-fache Satz an, Nr. 1410 KV GKG. Ergeht ein Urteil oder ein Beschluss nach § 91 a oder § 269 Abs. 3 S. 3, erhöht sich die Gebühr auf 3,0, Nr. 1412 KV GKG. Wird das Verfahren durch Rücknahme, Anerkenntnis, Vergleich oder Erledigterklärung ohne Kostenentscheidung beendet, ermäßigt sich die Gebühr auf 1,0, Nr. 1412 KV GKG.

22 **[12] Begründung der Anträge.** Für die Begründung der einstweiligen Verfügung gelten über § 936 im Wesentlichen die Regeln zum Arrest (vgl dort § 920 Rn 11 – 16). Es sind Verfügungsanspruch und Verfügungsgrund – im Aufbau getrennt – schlüssig vorzutragen und die zugrunde liegenden Tatsachen glaubhaft zu machen.

23 **Verfügungsanspruch** ist bei der Sicherungsverfügung der zu sichernde materiellrechtliche **Individualanspruch**, vgl oben Rn 4; Einzelheiten hierzu bei Hk-ZPO/*Kemper* § 935 Rn 11; Zöller/*Vollkommer* § 935 Rn 6.

24 Der **Verfügungsgrund** ist letztlich eine besondere Form des Rechtsschutzbedürfnisses für ein Eilverfahren. Bei der Sicherungsverfügung liegt er in der objektiv begründeten Besorgnis, dass durch eine Veräußerung des bestehenden Zustandes die **Verwirklichung** des Rechts des Antragstellers **vereitelt oder wesentlich erschwert** werden könnte, § 935 Hs 2. Dies ist bspw der Fall bei drohender Veräußerung, Verschlechterung oder Entziehung der Sache. Kraft Gesetzes bedarf es in Ausnahmefällen keiner Glaubhaftmachung des Verfügungsgrundes, so bei Eintragung einer Vormerkung – § 885 Abs. 1 S. 2 BGB – oder eines Widerspruchs – § 899 Abs. 2 S. 2 BGB – in das Grundbuch.

25 Zur **Glaubhaftmachung** von Verfügungsanspruch und Verfügungsgrund vgl § 294 sowie § 920 Rn 13.

§ 936 Anwendung der Arrestvorschriften

Auf die Anordnung einstweiliger Verfügungen und das weitere Verfahren sind die Vorschriften über die Anordnung von Arresten und über das Arrestverfahren entsprechend anzuwenden, soweit nicht die nachfolgenden Paragraphen abweichende Vorschriften enthalten.

§ 937 Zuständiges Gericht

(1) Für den Erlass einstweiliger Verfügungen ist das Gericht der Hauptsache zuständig.
(2) Die Entscheidung kann in dringenden Fällen sowie dann, wenn der Antrag auf Erlass einer einstweiligen Verfügung zurückzuweisen ist, ohne mündliche Verhandlung ergehen.

A. Stattgebender Verfügungsbeschluss	[2] Rubrum 3
I. Muster: Stattgebender Verfügungs-	[3] Beschlusstenor 4
beschluss, § 937 Abs. 2 Hs 1	[4] Streitwert..................... 5
II. Erläuterungen und Varianten	[5] Begründung des Beschlusses . 6
[1] Beschlussverfahren 2	

[6] Zustellung und weiteres Verfahren 7	C. Gerichtliche Terminsanordnung I. Muster: Gerichtliche Terminsanordnung II. Erläuterungen
B. Zurückweisender Verfügungsbeschluss	
I. Muster: Zurückweisender Verfügungsbeschluss, § 937 Abs. 2 Hs 2	[1] Urteilsverfahren 14
	[2] Güteverhandlung 15
II. Erläuterungen	[3] Terminierung 16
[1] Begründung des Beschlusses . 10	[4] Terminsvorbereitung und mündliche Verhandlung 17
[2] Zustellung und weiteres Verfahren 11	[5] Zustellung 19
	[6] Belehrung 20

A. Stattgebender Verfügungsbeschluss

I. Muster: Stattgebender Verfügungsbeschluss, § 937 Abs. 2 Hs 1

▶ Amtsgericht/Landgericht ...

Az ...

Beschluss[1]

In dem einstweiligen Verfügungsverfahren[2]

...

hat das Amtsgericht/Landgericht ... am ... durch Richter ... beschlossen:

1. Dem Antragsgegner wird aufgegeben, den Anschluss der Wohnung ... in ... an die öffentliche Stromversorgung wieder herzustellen.[3]
2. Der Antragsgegner hat die Kosten des Verfahrens zu tragen.
3. Der Streitwert wird auf ... EUR festgesetzt.[4]

Gründe[5]

...

...

Richter am Amtsgericht/Landgericht[6] ◀

II. Erläuterungen und Varianten

[1] **Beschlussverfahren.** Nach der gesetzlichen Konzeption wird gem. § 937 Abs. 2 über die einstweilige Verfügung grundsätzlich aufgrund mündlicher Verhandlung durch Urteil entschieden. Lediglich in dringenden Fällen kann ohne vorhergehende mündliche Verhandlung und damit ohne vorige Anhörung des Schuldners (zur Schutzschrift siehe § 945 a) eine Entscheidung durch Beschluss ergehen, § 937 Abs. 2 Hs 1; dies ist möglich, wenn eine Eilbedürftigkeit, die über die der einstweiligen Verfügung ohnehin immanenten Dringlichkeit hinausgeht, gegeben ist und selbst eine innerhalb abgekürzter Frist (§§ 217 Abs. 1, 226) anberaumte mündliche Verhandlung nicht abgewartet werden kann oder, wenn der Zweck der einstweiligen Verfügung gerade den Überraschungseffekt der Beschlussverfügung, wie häufig im gewerblichen Rechtsschutz, erfordert (Zöller/*Vollkommer* § 937 Rn 2, Hk-ZPO/*Kemper* § 937 Rn 5). Fehlt die Dringlichkeit im Sinne von § 937 Abs. 2 Hs 1 und ist der Antrag auf Erlass einer einstweiligen Verfügung nicht durch Beschluss zurückzuweisen, § 937

Abs. 2 Hs 2, hat das Gericht zwingend mündliche Verhandlung zu bestimmen, siehe nachfolgend Rn 13.

3 **[2] Rubrum.** Der Verfügungsbeschluss des Gerichts enthält ein vollständiges Rubrum mit Parteien, die im Beschlussverfahren als Antragsteller und Antragsgegner zu bezeichnen sind, und etwaigen Parteivertretern.

4 **[3] Beschlusstenor.** Das Gericht ist im einstweiligen Verfügungsverfahren nicht streng an die gestellten Anträge gebunden, sondern trifft die gebotenen Maßnahmen nach billigem Ermessen, § 938. Die gerichtliche Anordnung muss sich aber im Rahmen des gestellten Antrages halten (§ 308), muss vollstreckungsfähig sein, darf die Entscheidung im Verhältnis zur Hauptsache nicht vorweg nehmen und darf nicht zu einer Befriedigung des Gläubigers (Ausnahme: Leistungsverfügung, siehe § 940 Rn 14 – 20) führen (vgl im Einzelnen Hk-ZPO/*Kemper* § 938 Rn 2–4, Thomas/Putzo/ *Reichold* § 938 Rn 1–5).

5 **[4] Streitwert.** Der Streitwert ist gemäß § 53 Abs. 1 GKG, § 3 zu schätzen; üblicherweise wird 1/3–1/2 des Hauptsachestreitwertes angesetzt (vgl § 935 Rn 5).

6 **[5] Begründung des Beschlusses.** Der stattgebende Beschluss muss von Gesetzes wegen nicht begründet werden, selbst dann nicht, wenn eine Schutzschrift des Antragsgegners vorliegt, so OLG Köln MDR 1998, 432. Eine Ausnahme gilt nur bei Auslandszustellung, §§ 936, 922 Abs. 1 S. 1. Dennoch ist unter Bezugnahme auf den Verfügungsschriftsatz eine kurze Begründung der Voraussetzungen zu Verfügungsanspruch, Verfügungsgrund und besonderer Dringlichkeit, auf die das Gericht seinen Beschluss stützt, geboten.

Bei ausführlicher Begründung ist eine Untergliederung in Sachverhaltsdarstellung und rechtliche Würdigung zweckmäßig. Teilweise werden in der Praxis jedoch lediglich die Vorschriften genannt, auf denen der Beschluss beruht, etwa wie folgt:

▶ Der Beschluss beruht auf den §§ 3, 32, 91, 935 ff, 890 ZPO; 3, 4 Nr. 8, 12, 13 UWG. ◀

7 **[6] Zustellung und weiteres Verfahren.** Der Verfügungsbeschluss wird nur dem Antragsteller/Antragstellervertreter, nicht aber dem Antragsgegner zugestellt; es gelten die gleichen Grundsätze wie beim Arrest (siehe dort §§ 921–923 Rn 27). Die förmliche Zustellung des Beschlusses an den Antragsteller setzt die Vollziehungsfrist des § 929 Abs. 2 in Gang; der Verfügungsbeschluss muss von diesem im Parteibetrieb innerhalb der Fristen des § 929 Abs. 2, 3 zugestellt werden – Haftungsfalle für den Rechtsanwalt!

8 Gegen den ohne mündliche Verhandlung ergangenen Beschluss kann der Antragsgegner unbefristet **Widerspruch** – und zwar insgesamt, teilweise oder auch beschränkt auf die Kosten – einlegen, § 924, siehe dort. Nach Widerspruchseinlegung hat das Gericht zwingend mündliche Verhandlung zu bestimmen und aufgrund mündlicher Verhandlung durch Urteil zu entscheiden. Daneben und unabhängig davon stehen dem Antragsgegner die Verfahrensmöglichkeiten nach § 926 und § 927 zu (siehe dort).

B. Zurückweisender Verfügungsbeschluss

I. Muster: Zurückweisender Verfügungsbeschluss, § 937 Abs. 2 Hs 2

▶ Amtsgericht/Landgericht ...

Az ...

In dem einstweiligen Verfügungsverfahren

...

erlässt das Amtsgericht/Landgericht ... am ... durch Richter ... folgenden

Beschluss

1. Der Antrag auf Erlass einer einstweiligen Verfügung wird zurückgewiesen.
2. Die Kosten des Verfahrens trägt der Antragsteller.
3. Der Streitwert wird auf ... EUR festgesetzt.

Gründe[1]

...

...

Richter am Amtsgericht/Landgericht[2] ◀

II. Erläuterungen

[1] **Begründung des Beschlusses.** Der zurückweisende Beschluss ist zwingend zu begründen, da er vom Antragsteller gemäß § 567 Abs. 1 Nr. 2 mit der sofortigen Beschwerde angegriffen werden kann. Die Zurückweisung kommt in Betracht wegen Unzulässigkeit (zB fehlende Statthaftigkeit des einstweiligen Verfügungsverfahrens, fehlende Zuständigkeit des Gerichts) oder wegen Unbegründetheit (Verfügungsanspruch und/oder Verfügungsgrund ist nicht gegeben oder nicht glaubhaft gemacht).

[2] **Zustellung.** Auch der zurückweisende Beschluss ist nur dem Antragsteller/Antragstellervertreter (§ 329 Abs. 3), nicht aber dem Antragsgegner zuzustellen, vgl Rn 7.

Weiteres Verfahren. Auf die sofortige Beschwerde des Antragstellers hin wird vom Beschwerdegericht der Verfügungsbeschluss erlassen, die Beschwerde zurückgewiesen oder Termin zur mündlichen Verhandlung bestimmt.

C. Gerichtliche Terminsanordnung

I. Muster: Gerichtliche Terminsanordnung

▶ Amts-/Landgericht ...

Az ...

Verfügung

in Sachen ...

§ 938

I.
1. Über den Antrag auf Erlass einer einstweiligen Verfügung wird nicht ohne mündliche Verhandlung entschieden. Eine über den behaupteten Verfügungsgrund hinausgehende besondere Dringlichkeit (§ 937 Abs. 2 ZPO) ist nicht gegeben.[1]
2. Termin zur Güteverhandlung[2] mit sich ggf anschließender mündlicher Verhandlung wird bestimmt auf ▄▄▄.[3]
Zu diesem Termin wird gem. §§ 273, 278 ZPO das persönliche Erscheinen des/der ▄▄▄ angeordnet.[4]

II.
1. Abschrift von I., Abschrift der Antragsschrift und Ladung an Antragsgegner zustellen[5] mit Belehrung über Anwaltszwang.[6]
2. Abschrift von I. mit Ladung an Antragsteller(-vertreter) zustellen.
3. Parteien zum persönlichen Erscheinen laden. ◄

II. Erläuterungen

14 **[1] Urteilsverfahren.** Anders als beim Arrest (§ 921) stellt die Entscheidung aufgrund mündlicher Verhandlung – entgegen einer verbreiteten Praxis – den gesetzlichen Regelfall dar. Die Anberaumung eines Termins bedarf daher keiner näheren Begründung, zumal eine solche Entscheidung des Gerichts unanfechtbar ist.

15 **[2] Güteverhandlung.** § 278 Abs. 2 gilt auch für Fälle, in denen über den Erlass einer einstweiligen Verfügung nach mündlicher Verhandlung entschieden werden soll.

16 **[3] Terminierung.** Es gilt § 216. Das Gericht ist gehalten, möglichst kurzfristig zu terminieren, um den Sinn des einstweiligen Rechtsschutzes nicht zu unterlaufen. Die Ladungsfristen des § 217 sind einzuhalten, nicht aber die Einlassungsfrist des § 274 Abs. 3 (Hk-ZPO/*Saenger* § 274 Rn 6). Für die Bemessung der Ladungsfrist ist nicht ausschlaggebend, ob der Antragsgegner bis zum Termin einen Schriftsatz einreichen kann – Gedanke des § 226 Abs. 2. Es besteht grundsätzlich kein Anspruch auf Terminsverlegung, auch nicht in der Ferienzeit Juli und August (§ 227 Abs. 3 S. 2 Nr. 1).

17 **[4] Terminsvorbereitung und mündliche Verhandlung.** Im Verfügungsprozess finden grundsätzlich die Regelungen des Erkenntnisverfahrens Anwendung. Folglich ist auch von § 273 Abs. 2 Nr. 3 Gebrauch zu machen, insbesondere, wenn dies zur Sachaufklärung geboten erscheint. Etwaige Zeugen werden nicht geladen; vielmehr haben die Parteien selbst für die Präsenz der Zeugen im Termin zu sorgen, § 294 Abs. 2.

18 Bis zum Schluss der mündlichen Verhandlung sind **neues Vorbringen** und neue – präsente – Glaubhaftmachungsmittel möglich. Ein Anspruch auf Schriftsatznachlass besteht nicht (hM vgl Hk-ZPO/*Saenger* § 283 Rn 2); ebenso wenig besteht ein Anspruch auf Vertagung.

19 **[5] Zustellung.** Dieses Erfordernis ergibt sich aus § 329 Abs. 2 S. 2.

20 **[6] Belehrung.** Vor dem Landgericht gelten §§ 78 Abs. 1, 215.

§ 938 Inhalt der einstweiligen Verfügung

(1) Das Gericht bestimmt nach freiem Ermessen, welche Anordnungen zur Erreichung des Zweckes erforderlich sind.

(2) Die einstweilige Verfügung kann auch in einer Sequestration sowie darin bestehen, dass dem Gegner eine Handlung geboten oder verboten wird, insbesondere die Veräußerung, Belastung oder Verpfändung eines Grundstücks oder eines eingetragenen Schiffes oder Schiffsbauwerks untersagt wird.

A. Muster: Gerichtlicher Beschluss – Erwerbsverbot
B. Erläuterungen

[1] Beispiele zulässiger Maßnahmen ... 2
[2] Nebenverfügungen 5
[3] Begründung 6

A. Muster: Gerichtlicher Beschluss – Erwerbsverbot

▶ Amtsgericht/Landgericht ...

Az ...

Beschluss

in dem einstweiligen Verfügungsverfahren ...

hat das Amtsgericht/Landgericht ... am ... durch Richter ... beschlossen:

1. Dem Antragsgegner wird verboten, das im Grundbuch von ..., Band ..., Blatt ..., eingetragene Grundstück ..., zu erwerben, den Antrag auf Eintragung des Eigentumsübergangs beim Grundbuchamt zu stellen oder aufrechtzuerhalten.[1]
2. ...[2]
3. Die Kosten des Verfahrens trägt der Antragsgegner.
4. Der Streitwert wird auf ... EUR festgesetzt.

Gründe[3]

...

...

Richter am Amtsgericht/Landgericht ◀

B. Erläuterungen

[1] § 938 Abs. 2 nennt als **Beispiele zulässiger Maßnahmen** des Gerichts Handlungsverbote, Handlungsgebote sowie die Sequestration, die bei Herausgabeverfügungen zum Tragen kommt.

Die Sequestration ist von der reinen Verwahrung, die dem zuständigen Gerichtsvollzieher obliegt, zu unterscheiden (siehe § 935 Rn 12). Lehnt der Gerichtsvollzieher das Amt des Sequesters ab, so hat das Gericht einen anderen Gerichtsvollzieher oder eine dritte Person als Sequester zu bestimmen. Weiter hat das Gericht dessen Aufgaben und Vergütung festzulegen (vgl Hk-ZPO/*Kemper* § 938 Rn 5).

Das im Muster gewählte **Erwerbsverbot** ist zwar gesetzlich nicht geregelt und nicht im Grundbuch eintragungsfähig, wird aber von der Rechtsprechung als nach § 938 Abs. 2 mögliche Sicherungsmaßnahme zugelassen.

[2] Zu den gebotenen **Nebenverfügungen** vgl § 941.

[3] Der Beschluss ist kurz zu **begründen**, vgl § 937 Rn 6.

§ 939 Aufhebung gegen Sicherheitsleistung

Nur unter besonderen Umständen kann die Aufhebung einer einstweiligen Verfügung gegen Sicherheitsleistung gestattet werden.

A. Muster: Gerichtliches Aufhebungsurteil
B. Erläuterungen und Varianten
[1] Entscheidung durch mündliche Verhandlung 2
[2] Bestimmtheit der Sicherheitsleistung 3

A. Muster: Gerichtliches Aufhebungsurteil

▶ Amtsgericht/Landgericht ▪▪▪

Az. ▪▪▪

Urteil[1]

1. Die einstweilige Verfügung vom ▪▪▪ (in der Fassung durch das Urteil vom ▪▪▪) wird gegen Sicherheitsleistung des Antragsgegners durch Gestellung einer schriftlichen, unwiderruflichen, unbedingten und unbefristeten Bürgschaft eines im Inland zum Geschäftsbetrieb befugten Kreditinstituts in Höhe von ▪▪▪ EUR oder durch Hinterlegung eines Geldbetrages von ▪▪▪ EUR zugunsten des Antragstellers aufgehoben.[2]

2. Die Kosten des Aufhebungsverfahrens trägt der Antragsteller. Im Übrigen verbleibt es bei der Kostenentscheidung aus dem Beschluss/Urteil vom ▪▪▪

Gründe[3]

▪▪▪ ◀

B. Erläuterungen

[1] Das Gericht entscheidet stets aufgrund einer **mündlichen Verhandlung** nach § 924 oder § 927 durch Urteil (Hk-ZPO/*Kemper* § 939 Rn 6).

[2] Die Sicherheitsleistung ist nach Art und Höhe präzise zu bestimmen; sie muss eine gleichwertige Sicherheit darstellen, die gewährleistet, dass der Zweck der einstweiligen Verfügung erreicht werden kann. Dies wird nur ausnahmsweise der Fall sein. Gleichwertigkeit mit einer Bauhandwerkerversicherungshypothek ist bei einer Bürgschaft nach § 108 anzunehmen.

[3] Notwendige Voraussetzung jeder Aufhebung sind das Vorliegen besonderer Umstände. Das Gericht entscheidet nach pflichtgemäßen Ermessen (näher hierzu Hk-ZPO/*Kemper* § 939 Rn 3 ff.

§ 940 Einstweilige Verfügung zur Regelung eines einstweiligen Zustandes

Einstweilige Verfügungen sind auch zum Zwecke der Regelung eines einstweiligen Zustandes in Bezug auf ein streitiges Rechtsverhältnis zulässig, sofern diese Regelung, insbesondere bei dauernden Rechtsverhältnissen zur Abwendung wesentlicher Nachteile oder zur Verhinderung drohender Gewalt oder aus anderen Gründen nötig erscheint.

A. Regelungsverfügung
I. Muster: Verfügungsantrag – Regelungsverfügung
II. Erläuterungen und Varianten
  [1] Zuständiges Gericht 2
  [2] Kein Anwaltszwang 3
  [3] Streitgegenstand der Regelungsverfügung, Abgrenzung 4
  [4] Streitwert. Kosten und Gebühren 6
  [5] Dringlichkeit 7
  [6] Antrag – Varianten 8
  [7] Begründung der Anträge 13
B. Leistungsverfügung
  I. Muster: Verfügungsantrag – Leistungsverfügung
  II. Erläuterungen und Varianten
    [1] Streitgegenstand der Leistungsverfügung 15
    [2] Anträge – Besonderheiten und Varianten 17
    [3] Begründung der Anträge 20
C. Unterlassungsverfügung
  I. Muster: Verfügungsantrag – Unterlassungsverfügung
  II. Erläuterungen und Varianten
    [1] Antrag – Besonderheiten 22
    [2] Vollstreckung 24
    [3] Streitwert 25
    [4] Begründung der Anträge 26

A. Regelungsverfügung

I. Muster: Verfügungsantrag – Regelungsverfügung

▶ An das

Landgericht ...

Kammer für Handelssachen[1]

Antrag auf Erlass einer einstweiligen Verfügung

in Sachen

- Antragsteller -

Verfahrensbevollmächtigter: ... [2]

gegen

- Antragsgegner -

wegen Entziehung der Vertretungsbefugnis[3]

vorläufiger Streitwert:[4] ... EUR

beantrage ich namens des Antragstellers – wegen Dringlichkeit ohne mündliche Verhandlung und durch den Vorsitzenden allein[5] –, den Erlass folgender einstweiliger Verfügung:[6]

1. Dem Antragsgegner wird die Geschäftsführungsbefugnis und Vertretungsmacht für die ... KG bis zur rechtskräftigen Entscheidung über die Klage gegen den Antragsgegner auf Ausschließung aus der ... KG vor dem Landgericht ..., Az ..., entzogen. Ge-

§ 940

schäftsführungsbefugnis und Vertretungsmacht werden bis zu diesem Zeitpunkt Herrn ▪▪▪ übertragen.[7]
2. Die Kosten des Verfahrens trägt der Antragsgegner.[4]

Begründung[8]

▪▪▪
▪▪▪

Rechtsanwalt ◄

II. Erläuterungen und Varianten

2 [1] **Zuständiges Gericht.** Regelung in § 937 (vgl § 935 Rn 2); vorliegend ist die Kammer für Handelssachen funktionell zuständig, § 95 Abs. 1 Nr. 4 a GVG.

3 [2] Für den Verfügungsantrag besteht **kein Anwaltszwang** (vgl § 935 Rn 3).

4 [3] **Streitgegenstand der Regelungsverfügung.** Ziel des Eilverfahrens nach § 940 ist, einen Zustand wegen eines streitigen Rechtsverhältnisses bis zur endgültigen Klärung einstweilen zu regeln. Der Unterschied zu § 935 liegt in Folgendem: Gegenstand des § 940 ist statt eines Individualanspruchs ein streitiges Rechtsverhältnis; Zweck ist anstelle der Sicherung des Status quo die Regelung eines einstweiligen Zustandes; dabei kann auch eine Änderung des Status quo angeordnet werden. Insofern geht die Regelungsverfügung weiter als die Sicherungsverfügung.

5 Die **Abgrenzung** zwischen Sicherungs- und Regelungsverfügung ist fließend und teilweise schwierig, für die anwaltliche Praxis jedoch von untergeordneter Bedeutung, da die dogmatische Einordnung als solche für die rechtliche Beurteilung ohne Relevanz ist. Soweit sich manche Ansprüche durch bloße Sicherungsmaßnahmen nicht wirksam sichern lassen, kommt hier nur eine Erfüllung in Form einer Leistungsverfügung in Betracht, hierzu nachfolgend Rn 14.

6 [4] **Streitwert. Kosten und Gebühren.** Hierzu § 935 Rn 5 sowie § 935 Rn 19–21.

7 [5] **Dringlichkeit.** Hierzu § 935 Rn 7–9.

8 [6] **Antrag – Varianten.** Der Antrag muss bei der Regelungsverfügung auf eine bestimmte Regelung gerichtet sein; es muss jedoch nicht notwendig die zu treffende Maßnahme im Einzelnen bezeichnet werden; zur Antragsfassung allgemein siehe § 935 Rn 10 und § 937 Rn 4.

9 Einer Regelungsverfügung zugänglich sind vor allem Streitigkeiten im Zusammenhang mit Arbeits-, Gesellschafts-, Miet- und Nachbarschaftsverhältnissen, zB

10 a) **Zutrittsgewährung** – Antrag:

▶ Dem Antragsgegner wird geboten, dem Antragsteller zum Zwecke der Besichtigung der Räumlichkeiten den ungehinderten Zugang zu der Eigentumswohnung ▪▪▪, gelegen in ▪▪▪, zu gestatten. ◄

11 b) **Einsichtnahme** in Geschäftsbücher (zB nach § 716 BGB) – Antrag

▶ Der Antragsgegnerin wird geboten, dem Antragsteller die Einsichtnahme in die Geschäftsbücher und Papiere der Gesellschaft (unter Hinzuziehung eines Wirtschaftsprüfers/Steuerberaters/Rechtsanwalts) zu gestatten und das Betreten der Geschäftsräume durch den Antragsteller zu diesem Zweck zu dulden. ◄

Abschnitt 5 | Arrest und einstweilige Verfügung § 940

Der Antrag ist auf Gestattung zu richten; geschuldet wird hier nicht die Vornahme einer Handlung (Auskunftserteilung), sondern ein passives Verhalten (vgl Palandt/*Sprau* § 716 Rn 1).

c) Weiterbeschäftigungsanspruch – Antrag: 12

▶ Dem Antragsgegner wird geboten, den Antragsteller bis zum rechtskräftigen Abschluss des Kündigungsschutzverfahrens zu unveränderten Bedingungen als ... weiter zu beschäftigen. ◀

[7] **Begründung der Anträge.** Der Antragsteller muss Verfügungsanspruch – streitiges Rechtsverhältnis – und Verfügungsgrund – die Maßnahme muss zur Abwendung wesentlicher Nachteile oder zur Verhinderung drohender Gewalt oder aus anderen Gründen notwendig, also dringlich, sein – glaubhaft machen. Zur Glaubhaftmachung siehe § 294 und § 920 Rn 13. 13

B. Leistungsverfügung

I. Muster: Verfügungsantrag – Leistungsverfügung 14

▶ An das

Amtsgericht/Landgericht ...

Antrag auf Erlass einer einstweiligen Verfügung

In Sachen

...

wegen Schadensersatzrente[1]

vorläufiger Streitwert: ... EUR

beantrage ich wegen Dringlichkeit ohne mündliche Verhandlung den Erlass einer einstweiligen Verfügung wie folgt:

1. Die Antragsgegner haben als Gesamtschuldner an den Antragsteller bis zur rechtskräftigen Entscheidung des Verfahrens in der Hauptsache ..., Az ..., eine monatliche, jeweils monatlich im Voraus, erstmalig am ... zu entrichtende Schadensrente von ... EUR zu bezahlen.[2]
2. Die Antragsgegner haben samtverbindlich die Kosten des Verfahrens zu tragen.

Begründung[3]

...

...

Rechtsanwalt ◀

II. Erläuterungen und Varianten

[1] **Streitgegenstand der Leistungsverfügung.** Über den Regelungsbereich des § 940 hinaus hat die Rechtsprechung die sog. Leistungsverfügung entwickelt; mit ihr ist – nur in engen Ausnahmefällen – eine vorläufige Befriedigung möglich, wenn ein ordentliches Verfahren nicht abgewartet werden kann; allerdings ist wegen des Verbots 15

der Vorwegnahme der Hauptsache äußerste Zurückhaltung geboten (vgl Hk-ZPO/ *Kemper* § 940 Rn 9 ff; BLAH/*Hartmann* § 940 Rn 7).

16 **Leistungsverfügungen** kommen in Betracht bei:

- **Geldforderungen** in Form von einmaligen Leistungen zur Finanzierung von unaufschiebbaren Maßnahmen, zB Arzt-, Heilungskosten (vgl OLG München VersR 2010, 755) oder in Form von wiederkehrenden Leistungen wie Lohn-, Gehaltsansprüche (vor allem während laufenden Kündigungsschutzprozessen), Renten. Für Unterhaltsansprüche gelten vorrangig und abschließend die Regelungen des FamFG (§§ 49 ff, 246 f. FamFG).
- **Besitzschutzrechtlichen Herausgabeansprüchen** gem. § 861 BGB bei verbotener Eigenmacht – in Abgrenzung zur Sicherungsverfügung (vgl hierzu § 935 Rn 11).
- **Ansprüche auf Vornahme einer Handlung**, zB Erteilung von Auskünften, Gegendarstellung, Durchführung einer Reparaturmaßnahme.

17 **[2] Anträge – Besonderheiten und Varianten.** Wegen der mit der Leistungsverfügung verbundenen Befriedigung ist insb. bei Geldansprüchen eine zeitliche Begrenzung vorzunehmen, regelmäßig bis zur Entscheidung in der Hauptsache. Varianten:

18 a) **Gegendarstellung:**

▶ Dem Antragsgegner wird auferlegt, in der nächstmöglichen Ausgabe der Zeitung ... im Teil ... mit gleicher Schrift wie die Erstmitteilung folgende Gegendarstellung zu veröffentlichen:

... ◀

Im Presserecht kommt bei unzutreffenden Tatsachenbehauptungen auch die Durchsetzung eines Gegendarstellungsanspruchs im Wege der einstweiligen Verfügung in Betracht. Hier sind die einschlägigen Landespressegesetze und die presserechtlichen Besonderheiten des Verfahrens zu beachten (vgl Palandt/*Sprau* Einf. vor § 823 Rn 36 mwN).

19 b) Vornahme einer **Reparaturmaßnahme:**

▶ Dem Antragsgegner wird geboten, die Reparatur der Heizungsanlage in der Wohnung ... in ... vorzunehmen. ◀

20 **[3] Begründung der Anträge.** Bei der Leistungsverfügung sind ebenfalls Verfügungsanspruch und Verfügungsgrund glaubhaft zu machen, wobei letzterer besonderer Beachtung bedarf: Es muss eine gravierende, regelmäßig existenzielle Notlage bestehen, wegen der der Antragsteller auf die sofortige Erfüllung des Anspruchs angewiesen ist. Wesentliche Nachteile iS § 940 sind insoweit nicht ausreichend. Ein Verfügungsgrund ist daher bspw zu verneinen, wenn die Geldmittel anderweitig, etwa über Sozialleistungen beschafft werden können.

C. Unterlassungsverfügung

I. Muster: Verfügungsantrag – Unterlassungsverfügung

▶ An das

Amtsgericht/Landgericht ...

Antrag auf Erlass einer einstweiligen Verfügung

In Sachen

...

wegen Unterlassung

vorläufiger Streitwert: ... EUR

beantrage ich wegen Dringlichkeit ohne mündliche Verhandlung den Erlass einer einstweiligen Verfügung mit folgendem Inhalt:

1. Dem Antragsgegner wird verboten, wörtlich oder sinngemäß folgende Behauptungen aufzustellen und/oder zu verbreiten:
   - der Antragsteller sei ein notorischer Betrüger;
   - der Antragsteller bereichere sich in krimineller Weise auf Kosten argloser Kunden.[1]
2. Dem Antragsgegner wird für jeden Fall der Zuwiderhandlung gegen Ziffer 1. Ordnungsgeld bis zu 250.000,- EUR und für den Fall, dass dieses nicht beigetrieben werden kann, Ordnungshaft, oder Ordnungshaft bis zu 6 Monaten angedroht.[2]
3. Der Antragsgegner hat die Kosten des Verfahrens aus einem Streitwert in Höhe von ... EUR zu tragen.[3]

Begründung[4]

...

...

Rechtsanwalt ◀

II. Erläuterungen und Varianten

[1] **Anträge – Besonderheiten.** Die Formulierung des Unterlassungsantrags bedarf trotz des Ermessens des Gerichts nach § 938 besonderer Sorgfalt; grundsätzlich sollte er sich an der konkreten Verletzungsform orientieren. Verallgemeinerungen sind in Grenzen zulässig, soweit noch das Charakteristische der Verletzungshandlung zum Ausdruck kommt (vgl zB OLG Hamm NJW-RR 2010, 189). In der Praxis hat sich folgende Vorgehensweise bewährt: Bildung eines abstrakten Obersatzes, der den wesentlichen Verletzungskern beschreibt, verbunden mit einem Zusatz – eingeleitet mit „insbesondere" –, der die konkrete Verletzung wiedergibt.

Wird **Unterlassung von Lärm** begehrt, ist im Einzelnen anzugeben, welche Art Lärm – einschließlich Lärmquelle, ggf begrenzt nach Zeit und Geräuschpegel – zu unterlassen ist, Beispiel:

▶ Dem Antragsgegner wird unter Androhung der gerichtlichen Festsetzung eines Ordnungsgeldes bis zu 250.000,- EUR, ersatz- oder wahlweise einer Ordnungshaft bis zu 6 Monaten, verboten, in der Wohnung ... nachts von 22.00 Uhr bis 6.00 Uhr ruhestörenden Lärm durch Bohrarbeiten zu verursachen. ◀

24 **[2] Die Vollstreckung** des Unterlassungsantrages richtet sich wie im Hauptsacheverfahren nach § 890. Der Festsetzung eines Ordnungsmittels hat eine entsprechende Androhung vorauszugehen; diese erfolgt zweckmäßigerweise bereits in dem zu erwirkenden Titel selbst, Einzelheiten siehe § 890 Rn 1 ff.

25 **[3] Streitwert.** Die Höhe des Streitwertes im Äußerungsrecht hängt vor allem davon ab, wie groß die Öffentlichkeit bei der Ehrverletzung war: Bei einem Vier-Augen-Gespräch oder kleinem Gesprächskreis wird regelmäßig ein Streitwert bis 5.000,- EUR anzunehmen und damit das Amtsgericht sachlich zuständig sein; bei größerem Publikum – von örtlichen Vorgängen oder lokaler Presse bis hin zu überörtlichen Medien, vor allem Internet – wird der Streitwert regelmäßig über 5.000,- EUR liegen und kann sechsstellige Beträge erreichen, je nach Bekanntheit der geschädigten Person.

26 **[4] Begründung der Anträge.** Hinsichtlich der Glaubhaftmachung von Verfügungsanspruch und Verfügungsgrund gelten keine Besonderheiten. Bei dem Verfügungsgrund, der Dringlichkeit, ist allerdings Folgendes zu beachten: Ein längeres Zuwarten des Anspruchstellers zwischen Kenntnis von der Verletzungshandlung und dem gerichtlichen Verfügungsantrag kann die Dringlichkeit beseitigen. Die Rechtsprechung geht regelmäßig davon aus, dass es eines einstweiligen Rechtsschutzes nicht mehr bedürfe, wenn der Antragsteller durch sein Zuwarten selbst zum Ausdruck bringt, dass ihm die Verfolgung des Verstoßes nicht so wichtig ist (Einzelheiten bei BLAH/*Hartmann* § 940 Rn 6 und Rn 33 aE). Die einzelnen Oberlandesgerichte beurteilen die sog. Dringlichkeitsfrist unterschiedlich; besonders streng ist vor allem das Oberlandesgericht München; hier wird regelmäßig eine Frist von mehr als einem Monat als dringlichkeitsschädlich angesehen – Haftungsfalle für den Rechtsanwalt.

§ 940 a Räumung von Wohnraum

(1) Die Räumung von Wohnraum darf durch einstweilige Verfügung nur wegen verbotener Eigenmacht oder bei einer konkreten Gefahr für Leib oder Leben angeordnet werden.
(2) Die Räumung von Wohnraum darf durch einstweilige Verfügung auch gegen einen Dritten angeordnet werden, der im Besitz der Mietsache ist, wenn gegen den Mieter ein vollstreckbarer Räumungstitel vorliegt und der Vermieter vom Besitzerwerb des Dritten erst nach dem Schluss der mündlichen Verhandlung Kenntnis erlangt hat.
(3) Ist Räumungsklage wegen Zahlungsverzugs erhoben, darf die Räumung von Wohnraum durch einstweilige Verfügung auch angeordnet werden, wenn der Beklagte einer Sicherungsanordnung (§ 283 a) im Hauptsacheverfahren nicht Folge leistet.
(4) In den Fällen der Absätze 2 und 3 hat das Gericht den Gegner vor Erlass einer Räumungsverfügung anzuhören.

A. Räumung von Wohnraum		[2] Leistungs-/Befriedigungsverfügung	3
I. Muster: Verfügungsantrag – Räumung		[3] Betretensverbot	4
II. Erläuterungen		[4] Begründung	5
[1] Anwendungsbereich	2		

B. Räumung von Wohnraum gegen Dritte, § 940 a Abs. 2
  I. Muster: Stattgebender Verfügungsbeschluss – Räumung
  II. Erläuterungen

[1] Ausnahmevorschrift 7
[2] Wohnraummietverhältnisse .. 8
[3] Gebührenstreitwert 9
[4] Voraussetzungen 10

A. Räumung von Wohnraum

I. Muster: Verfügungsantrag – Räumung

▶ An das

Amtsgericht ...[1]

Antrag auf Erlass einer einstweiligen Verfügung

In Sachen

...

wegen Räumung und Unterlassung

vorläufiger Streitwert: ... EUR

beantrage ich namens der Antragstellerin – wegen Dringlichkeit ohne mündliche Verhandlung – den Erlass folgender einstweiliger Verfügung:

1. Dem Antragsgegner wird aufgegeben, die im Anwesen ... im Obergeschoss gelegene Wohnung Nr. ..., bestehend aus ... zu räumen und mit sämtlichen Wohnungsschlüsseln an die Antragstellerin herauszugeben.[2]
2. Dem Antragsgegner wird bei Meidung eines vom Gericht für jeden Fall der Zuwiderhandlung festzusetzenden Ordnungsgeldes bis zu 250.000,- EUR, ersatzweise Ordnungshaft, oder Ordnungshaft bis zu 6 Monaten, untersagt, die in Ziffer 1. bezeichnete Wohnung zu betreten.[3]

Begründung[4]

...

...

Rechtsanwalt ◀

II. Erläuterungen

[1] Im **Anwendungsbereich des FamFG** gilt der dortige Eilrechtsschutz, der gegenüber §§ 940, 940 a vorrangig ist; so kommt namentlich bei Gewalt im gemeinsamen häuslichen Bereich eine vorläufige Regelung nach § 2 GewSchG im Wege der einstweiligen Anordnung gem. § 214 FamFG in Betracht; für §§ 940, 940 a bleibt dann kein Raum. Gleiches gilt für Ehewohnungs- und Ehewohnungszuweisungssachen gem. §§ 49, 200 FamFG. Zuständig ist hier das Familiengericht.

[2] § 940 a ist ein Fall der **Leistungs- bzw Befriedigungsverfügung**, da sie über die Sicherung des Gläubigers hinaus geht und zur Befriedigung des Gläubigers führt (vgl Hk-ZPO/*Kemper* § 940 a Rn 1). § 940 a stellt daher hohe Anforderungen an den Verfügungsgrund.

[3] **Zusätzlich** zu dem Räumungsgebot gemäß Ziffer 1 kann im Bedarfsfalle bei Vorliegen der Voraussetzungen des § 940 das Verbot des Betretens der gegenständlichen

Wohnung angeordnet werden; dies führt vor allem aufgrund der Ordnungsmittelbewehrung im Zuwiderhandlungsfalle zu einer Verbesserung des Schutzes der bedrohten Person.

5 **[4] Begründung.** Im Rahmen der Begründung des einstweiligen Verfügungsantrages auf Räumung sind sowohl Verfügungsanspruch und Verfügungsausspruch schlüssig vorzutragen und gemäß § 294 glaubhaft zu machen. Der Verfügungsanspruch ist aus dem materiellen Recht herzuleiten, insbesondere aus § 546 BGB. Als Verfügungsgrund kommt nach § 940 a Abs. 1 ausschließlich in Betracht:

– verbotene Eigenmacht nach § 858 Abs. 1 BGB oder
– eine konkrete Gefahr für Leib oder Leben.

B. Räumung von Wohnraum gegen Dritte, § 940 a Abs. 2

6 **I. Muster: Stattgebender Verfügungsbeschluss – Räumung**

▶ Amtsgericht ▪▪▪

Az. ▪▪▪

Beschluss[1]

in dem einstweiligen Verfügungsverfahren ▪▪▪

hat das Amtsgericht ▪▪▪ beschlossen:

1. Der Antragsgegner ist verpflichtet, die Wohnung[2] im Haus ▪▪▪, gelegen im Erdgeschoss, bestehend aus drei Zimmern (Wohnzimmer, Schlafzimmer, Kinderzimmer), Küche, Bad nebst dazugehörendem Keller Nr. ▪▪▪ und Garage zu räumen und an den Antragsteller herauszugeben.
2. Der Antragsgegner trägt die Kosten des Verfahrens.
3. Der Streitwert wird auf ▪▪▪ EUR festgesetzt.[3]

Gründe[4]

▪▪▪

Richter am Amtsgericht ◀

II. Erläuterungen

7 **[1] Ausnahmevorschrift.** § 940 a Abs. 2 erfasst Fälle, in denen dem Vermieter beim Versuch der Räumung von Wohnraum ein zuvor völlig unbeteiligter Dritter gegenübersteht, vgl. Landgericht Arnsberg NJW-RR 2014, 970. Die Vorschrift ist wegen des Ausnahmecharakters eng auszulegen und restriktiv anzuwenden.

8 **[2] Wohnraummietverhältnisse.** § 940 a bezieht sich nach dem eindeutigen Wortlaut nur auf Wohnraum, d. h. auf Räumlichkeiten, die zum Wohnen genutzt werden. Eine analoge Anwendung auf Gewerberaummietverhältnisse scheidet mangels planwidriger Regelungslücke aus (hM vgl. OLG Celle MietRB 2015, 12; KG Berlin NJW 2013, 3588).

9 **[3] Der Gebührenstreitwert** richtet sich im einstweiligen Verfügungsverfahren gem. § 53 Abs. 1 Nr. 1 GKG nach § 3. Danach ist ein Bruchteil des Hauptsachestreitwertes angemessen. Dennoch wird es in Fällen des § 940 a regelmäßig gerechtfertigt sein,

den für das Hauptsacheverfahren einer Räumungsklage vorgesehen Streitwert von zwölf Monaten (§ 41 GKG) anzusetzen, da das Begehren des Antragstellers im Ergebnis auf seine Vorwegnahme der Hauptsache und nicht auf den Erlass einer vorläufigen Regelung gerichtet ist (vgl. OLG Celle MietRB 2015, 12).

[4] **Voraussetzungen.** Eine auf § 940a Abs. 2 gestützte einstweilige Verfügung kann nur ergehen, wenn kumulativ vier Voraussetzungen glaubhaft gemacht sind:
- Besitz des Dritten. Der Dritte muss im Besitz der Mietsache sein.
- Vollstreckbarer Räumungstitel gegen den Mieter.
- Vermieterkenntnis von Besitzerwerb des Dritten erst nach Schluss der mündlichen Verhandlung gegen den Mieter.
- keine Besitzberechtigung des Dritten gegenüber dem Vermieter bzw. sonst Besitzberechtigten – ungeschriebenes Tatbestandsmerkmal (vgl Landgericht Arnsberg NJW-RR 2014, 970).

§ 941 Ersuchen um Eintragungen im Grundbuch usw.

Hat auf Grund der einstweiligen Verfügung eine Eintragung in das Grundbuch, das Schiffsregister oder das Schiffsbauregister zu erfolgen, so ist das Gericht befugt, das Grundbuchamt oder die Registerbehörde um die Eintragung zu ersuchen.

A. Muster: Gerichtlicher Beschluss – Eintragung eines Grundbuchwiderspruchs
B. Erläuterungen und Varianten

[1] Eintragungsersuchen 2
[2] Zeitpunkt des Eintragungsersuchens 3
[3] Beschluss 5

A. Muster: Gerichtlicher Beschluss – Eintragung eines Grundbuchwiderspruchs

▶ Amts-/Landgericht ...

Az ...

Beschluss

in Sachen

...

1. Es wird angeordnet, hinsichtlich der im Grundbuch von ..., Band ..., Blatt ..., in Abteilung II laufende Nr. ... zugunsten des Antragstellers eingetragenen Auflassungsvormerkung einen Widerspruch gegen die Richtigkeit des Grundbuchs einzutragen.[1]
2. Das Grundbuch wird um die Eintragung des Widerspruchs gem. Ziffer 1 ersucht.[2]

...

Gründe

...

...

Richter am Amtsgericht/Landgericht[3] ◀

B. Erläuterungen und Varianten

2 [1] Ein **Eintragungsersuchen** beim Grundbuchamt oder Schiffs(bau)register gem. Ziffer 2 kommt in Betracht, wenn die Eintragung selbst Gegenstand der einstweiligen Verfügung ist; Hauptfälle sind die Eintragung einer Vormerkung nach §§ 883, 885 BGB oder, wie hier, eines Widerspruchs nach § 899 Abs. 2 BGB.

3 [2] Das Eintragungsersuchen erfolgt zweckmäßigerweise bereits im Verfügungsbeschluss (Hk-ZPO/*Kemper* § 941 Rn 3).

4 Das Eintragungsersuchen steht im Ermessen des Gerichts; die **Ablehnung des Ersuchens** ist daher für den Antragsteller nicht mit Rechtsbehelf angreifbar; er kann den Antrag dann ohne Rechtsverlust bei dem zuständigen Grundbuchamt oder der zuständigen Registerbehörde selbst stellen. Das Gericht sollte den Antragsteller hierauf jedoch hinweisen; Ziffer 2 des Verfügungsbeschlusses würde dann lauten wie folgt:

▶ Dem Antragsteller bleibt es überlassen, beim Grundbuchamt die für die Eintragung erforderlichen Anträge zu stellen. ◀

5 [3] Das Gericht übermittelt eine Ausfertigung des Beschlusses mit dem Eintragungsersuchen an das zuständige Grundbuchamt oder Register – Formulierungsvorschlag:

▶ In Sachen ... wird anbei eine Ausfertigung des Beschlusses vom ... mit dem Ersuchen übermittelt, den darin ausgesprochenen Widerspruch für das im Beschluss genannte Grundstück einzutragen. Es wird gebeten, das Gericht vom Vollzug der Eintragung zu benachrichtigen. ◀

§ 942 Zuständigkeit des Amtsgerichts der belegenen Sache

(1) In dringenden Fällen kann das Amtsgericht, in dessen Bezirk sich der Streitgegenstand befindet, eine einstweilige Verfügung erlassen unter Bestimmung einer Frist, innerhalb der die Ladung des Gegners zur mündlichen Verhandlung über die Rechtmäßigkeit der einstweiligen Verfügung bei dem Gericht der Hauptsache zu beantragen ist.
(2) ¹Die einstweilige Verfügung, auf Grund deren eine Vormerkung oder ein Widerspruch gegen die Richtigkeit des Grundbuchs, des Schiffsregisters oder des Schiffsbauregisters eingetragen werden soll, kann von dem Amtsgericht erlassen werden, in dessen Bezirk das Grundstück belegen ist oder der Heimathafen oder der Heimatort des Schiffes oder der Bauort des Schiffsbauwerks sich befindet, auch wenn der Fall nicht für dringlich erachtet wird; liegt der Heimathafen des Schiffes nicht im Inland, so kann die einstweilige Verfügung vom Amtsgericht in Hamburg erlassen werden. ²Die Bestimmung der im Absatz 1 bezeichneten Frist hat nur auf Antrag des Gegners zu erfolgen.
(3) Nach fruchtlosem Ablauf der Frist hat das Amtsgericht auf Antrag die erlassene Verfügung aufzuheben.
(4) Die in diesem Paragraphen erwähnten Entscheidungen des Amtsgerichts ergehen durch Beschluss.

A. Fristbestimmung
   I. Muster: Gerichtlicher Beschluss –
      Fristbestimmung
  II. Erläuterungen
     [1] Dringende Fälle 2
     [2] Gerichtliche Entscheidung 4
     [3] Beschlussinhalt 5
     [4] Frist 6
     [5] Gerichtskosten 9
B. Terminsbestimmung und Ladung
   I. Muster: Antrag – Terminsbe-
      stimmung und Ladung
  II. Erläuterungen und Varianten
     [1] Antrag auf Durchführung des
         Rechtfertigungsverfahrens 11
     [2] Erstbefassung des Hauptsa-
         chegerichts 12
     [3] Fristgemäßer Antrag 13
     [4] Vergütung 15

A. Fristbestimmung

I. Muster: Gerichtlicher Beschluss – Fristbestimmung

▶ Amtsgericht ...[1]

Az ...

Beschluss[2]

In dem einstweiligen Verfügungsverfahren

...

- Antragsteller -

gegen

...

- Antragsgegner -

hat das Amtsgericht ... am ... durch Richter AG ... beschlossen:

1. ...[3]
2. Der Antragsteller hat innerhalb einer Frist von einer Woche[4] ab Zustellung dieses Beschlusses die Ladung des Antragsgegners zur mündlichen Verhandlung über die Rechtmäßigkeit der einstweiligen Verfügung bei dem Amtsgericht/Landgericht ... als dem zuständigen Gericht der Hauptsache zu beantragen.

...

Gründe

...
...

Richter am Amtsgericht[5] ◀

II. Erläuterungen

[1] In **dringenden Fällen** kann auf entsprechenden Antrag hin eine einstweilige Verfügung gem. § 942 Abs. 1 von dem Amtsgericht, in dessen Bezirk sich der Streitgegenstand befindet, beantragt werden; ein solcher dringender Fall ist gegeben, wenn die Anrufung des Gerichts der Hauptsache gem. § 943 eine nachteilige Verzögerung für den Gläubiger mit sich bringen würde. Die diesbezüglichen Tatsachen sind vom Antragsteller glaubhaft zu machen (Hk-ZPO/*Kemper* § 942 Rn 2).

3 Das **Amtsgericht der belegenen Sache** ist auch, ohne dass das Dringlichkeitserfordernis des Abs. 1 vorliegen muss, zuständig, wenn eine Vormerkung oder ein Widerspruch in das Grundbuch oder Schiffs(bau)register eingetragen werden soll. Für den Antragsteller besteht hier ein Wahlrecht zwischen dem Gericht der Hauptsache nach § 937 und dem Belegenheitsgericht nach § 942.

4 [2] Bei der gerichtlichen Entscheidung nach § 942 handelt es sich um eine **vorläufige Entscheidung**, an die sich ein Rechtfertigungsverfahren vor dem Gericht der Hauptsache gem. § 937 anschließt. Aufgrund des Vorläufigkeitscharakters ergeht die Entscheidung – selbst nach fakultativer mündlicher Verhandlung – stets durch Beschluss, § 942 Abs. 4 (vgl ergänzend auch Hk-ZPO/*Kemper* § 942 Rn 5).

5 [3] Zu den möglichen **Beschlussinhalten** siehe §§ 935, 940.

6 [4] Das Amtsgericht hat nach § 942 Abs. 1 bereits mit Erlass der einstweiligen Verfügung – im Tenor – oder bei Versäumnis im Wege der Ergänzung nach § 321 von Amts wegen und nach § 942 Abs. 2 S. 2 auf Antrag nachträglich eine **Frist** zu setzen, innerhalb der die Ladung des Antragsgegners zur mündlichen Verhandlung über die Rechtmäßigkeit der einstweiligen Verfügung bei dem Gericht der Hauptsache zu beantragen ist (vgl Zöller/*Vollkommer* § 942 Rn 3).

7 Im Fall des § 942 Abs. 1 dürfte aufgrund der Dringlichkeit eine **Frist von einer Woche** angemessen und ausreichend sein (vgl Zöller/*Vollkommer* § 942 Rn 3), im Fall des Abs. 2 eine etwas längere Frist.

8 Bei der gesetzten Frist handelt es sich **nicht** um eine **Notfrist**; sie kann daher auf Antrag verlängert werden, § 224. Auch kann der Antrag bis zur Entscheidung des Amtsgerichts vor dem Gericht der Hauptsache nachgeholt werden, § 231 Abs. 2 (vgl Zöller/*Vollkommer* § 942 Rn 5).

9 [5] Hinsichtlich der **Gerichtskosten** gilt das Verfahren vor dem Belegenheitsgericht und dem Hauptsachegericht als ein Rechtsstreit, Vorbem. 1.4.1 S. 2 KV GKG; es fallen keine zusätzlichen Kosten an.

B. Terminsbestimmung und Ladung

10 ### I. Muster: Antrag – Terminsbestimmung und Ladung

▶ An das

Amtsgericht/Landgericht ___[1]

In dem einstweiligen Verfügungsverfahren

___

Az des Amtsgerichts ___: ___[2]

wegen ___

hat das Amtsgericht ___ mit Beschluss vom ___, Az ___, gemäß § 942 Abs. 1 ZPO eine Frist bis ___ gesetzt, innerhalb der der Antragsgegner zur mündlichen Verhandlung über die Rechtmäßigkeit der einstweiligen Verfügung zu laden ist.

Namens des Antragstellers beantrage ich daher Termin zur mündlichen Verhandlung über die Rechtmäßigkeit der einstweiligen Verfügung des Amtsgerichts ___ vom ___ zu bestimmen und den Antragsgegner hierzu zu laden.[3]

In der Sache selbst wird beantragt, die einstweilige Verfügung des Amtsgerichts ... vom ..., Az ..., zu bestätigen.[4]

...

Rechtsanwalt ◄

II. Erläuterungen und Varianten

[1] Der **Antrag auf Durchführung des Rechtfertigungsverfahrens** ist nicht beim Amtsgericht der belegenen Sache nach § 942, sondern beim Gericht der Hauptsache gemäß § 943 zu stellen, das über den Bestand der vorläufigen Entscheidung des Amtsgerichts zu entscheiden hat (Hk-ZPO/*Kemper* § 942 Rn 6).

[2] Es ist aufgrund der **Erstbefassung des Hauptsachegerichts** das vollständige Rubrum mit dem Aktenzeichen des amtsgerichtlichen Verfahrens anzugeben. Das Hauptsachegericht fordert dann von dort die Verfahrensakten an.

[3] Stellt der Antragsteller den **Antrag innerhalb der gesetzten Frist nicht**, hebt das Amtsgericht (und nicht das Gericht der Hauptsache) auf Antrag des Antragsgegners die einstweilige Verfügung auf, § 942 Abs. 3. Der entsprechende Antrag lautet:

▶ Die einstweilige Verfügung des Amtsgerichts ... vom ... wird aufgehoben. ◄

Über die **anderen Rechtsbehelfe** entscheidet ausschließlich das Gericht der Hauptsache. Das Rechtfertigungsverfahren vor dem Hauptsachegericht entspricht insoweit dem Widerspruchsverfahren nach § 924 ff (Zöller/*Vollkommer* § 942 Rn 4, 7).

[4] Für den Rechtsanwalt ist das Verkehren vor beiden Gerichten **eine Angelegenheit**, § 16 Nr. 6 RVG.

11

12

13

14

15

§ 943 Gericht der Hauptsache

(1) Als Gericht der Hauptsache im Sinne der Vorschriften dieses Abschnitts ist das Gericht des ersten Rechtszuges und, wenn die Hauptsache in der Berufungsinstanz anhängig ist, das Berufungsgericht anzusehen.

(2) Das Gericht der Hauptsache ist für die nach § 109 zu treffenden Anordnungen ausschließlich zuständig, wenn die Hauptsache anhängig ist oder anhängig gewesen ist.

§ 944 Entscheidung des Vorsitzenden bei Dringlichkeit

In dringenden Fällen kann der Vorsitzende über die in diesem Abschnitt erwähnten Gesuche, sofern deren Erledigung eine mündliche Verhandlung nicht erfordert, anstatt des Gerichts entscheiden.

§ 945 Schadensersatzpflicht

Erweist sich die Anordnung eines Arrestes oder einer einstweiligen Verfügung als von Anfang an ungerechtfertigt oder wird die angeordnete Maßregel auf Grund des § 926 Abs. 2 oder des § 942 Abs. 3 aufgehoben, so ist die Partei, welche die Anordnung erwirkt hat, verpflichtet, dem Gegner den Schaden zu ersetzen, der ihm aus der Vollziehung der angeordneten Maßregel oder dadurch entsteht, dass er Sicherheit leistet, um die Vollziehung abzuwenden oder die Aufhebung der Maßregel zu erwirken.

A. Muster: Schadensersatzklage
B. Erläuterungen
[1] Zuständigkeit 2
[2] Verschuldensunabhängiger
    Schadensersatzanspruch 3
[3] Voraussetzungen/Umfang des
    Schadensersatzanspruchs 4

1 A. Muster: Schadensersatzklage

▶ An das
Amtsgericht/Landgericht ▪▪▪ [1]

Klage[2]

in Sachen

▪▪▪

Antrag

Der Beklagte wird verurteilt, an den Kläger ▪▪▪ EUR nebst Zinsen in Höhe von 5 Prozentpunkten über dem Basiszinssatz hieraus seit ▪▪▪ zu bezahlen.

▪▪▪

Begründung[3]

▪▪▪

▪▪▪

Rechtsanwalt ◀

B. Erläuterungen

2 [1] Bei der **Zuständigkeit** besteht die **Wahlmöglichkeit** zwischen dem allgemeinen Gerichtsstand und dem ebenfalls eröffneten besonderen Gerichtsstand des § 32 (so die hM, vgl Thomas/Putzo/*Putzo* § 32 Rn 4).

3 [2] § 945 gewährt einen **verschuldensunabhängigen Schadensersatzanspruch**. Prozessual handelt es sich bei § 945 um ein normales Klageverfahren, für das die Vorschriften der §§ 253 ff gelten; zu Aufbau, Rubrum und Anträgen vgl im Einzelnen § 253.

4 [3] Nur eine Gläubigerhandlung, die als zwangsweise Durchsetzung eines Arrestes oder einer einstweiligen Verfügung angesehen werden kann, ist eine Vollziehung iSd § 945 und begründet die scharfe Haftung des Gläubigers. Die Schadensersatzpflicht kann nicht allein durch das Erwirken des einstweiligen Titels begründet werden. Vielmehr ist ein darüber hinausgehendes Verhalten erforderlich, das zumindest einen gewissen Vollstreckungsdruck erzeugt. Dies ist bei einer Unterlassungsverfügung erst mit der förmlichen Zustellung im Parteibetrieb anzunehmen (BGH GRUR 2015, 196). Zu den **materiellen Voraussetzungen im Übrigen** und zu dem **Umfang des Schadensersatzanspruchs** siehe Hk-ZPO/*Kemper* § 945 Rn 4 ff.

§ 945 a Einreichung von Schutzschriften

(1) ¹Die Länder führen ein zentrales, länderübergreifendes elektronisches Register für Schutzschriften (Schutzschriftenregister). ²Schutzschriften sind vorbeugende Verteidigungsschriftsätze gegen erwartete Anträge auf Arrest oder einstweilige Verfügung.

(2) ¹Eine Schutzschrift gilt als bei allen ordentlichen Gerichten der Länder eingereicht, sobald sie in das Schutzschriftenregister eingestellt ist. ²Schutzschriften sind sechs Monate nach ihrer Einstellung zu löschen.

(3) ¹Die Gerichte erhalten Zugriff auf das Register über ein automatisiertes Abrufverfahren. ²Die Verwendung der Daten ist auf das für die Erfüllung der gesetzlichen Aufgaben Erforderliche zu beschränken. ³Abrufvorgänge sind zu protokollieren.

A. Vorbemerkung	[3] Aktiv- und Passivrubrum	5
B. Muster: Schutzschrift	[4] Zweck der Schutzschrift	6
C. Erläuterungen und Varianten	[5] Kosten und Gebühren	7
[1] Zuständiges Gericht ... 3	[6] Begründung	8
[2] Keine gesetzliche Regelung ... 4		

A. Vorbemerkung

§ 945 tritt am 1.1.2016 in Kraft und trifft erstmalig organisatorische und inhaltliche Regelungen zu dem von der Rspr. entwickelten Verteidigungsmittel der Schutzschrift.

1

B. Muster: Schutzschrift

2

▶ An das
Amtsgericht/Landgericht ...[1]

Schutzschrift[2]

in einem etwaigen einstweiligen Verfügungsverfahren des

...

 - möglicher Antragsteller -[3]

Verfahrensbevollmächtigte: ...

gegen

...

 - möglicher Antragsgegner -

Verfahrensbevollmächtigte: ...

wegen ...

Hiermit bestelle ich mich zum Verfahrensbevollmächtigten für ... (im Folgenden Antragsgegner genannt) für den Fall, dass ... (im Folgenden Antragsteller) wegen des nachstehend wiedergegebenen Sachverhalts einen Antrag auf Erlass einer einstweiligen Verfügung stellen sollte.

Ich beantrage,(4)

1. einen etwaigen Antrag auf Erlass einer einstweiligen Verfügung zurückzuweisen;
2. hilfsweise über einen Antrag auf Erlass einer einstweiligen Verfügung nicht ohne vorherige mündliche Verhandlung zu entscheiden;

3. hilfsweise für den Fall der Abweisung des Verfügungsantrags oder seiner Zurücknahme dem Antragsteller die Kosten des Verfügungsverfahrens einschließlich derjenigen Kosten aufzuerlegen, die durch die Hinterlegung dieser Schutzschrift entstanden sind.[5]

Ich bin damit einverstanden, dass Termin zur mündlichen Verhandlung unter Abkürzung der Ladungsfrist bestimmt wird und dass dem Antragsteller die vorliegende Schutzschrift zugänglich gemacht wird, sofern dieser einen Antrag auf Erlass einer einstweiligen Verfügung stellen sollte.

Begründung[6]

...

...

Rechtsanwalt ◄

C. Erläuterungen und Varianten

3 **[1] Zuständiges Gericht.** Die Schutzschrift ist an das Gericht zu richten, das für den Erlass der einstweiligen Verfügung gem. §§ 943, 942 zuständig ist. Sind, wie in der Praxis häufig der Fall, mehrere Gerichte zuständig, ist bei jedem dieser Gerichte, ggf bei den einzelnen Kammern (Zivilkammer – Handelskammer – Spezialkammer) eines Gerichts, je eine Schutzschrift zu hinterlegen.

4 **[2] Unzureichende gesetzliche Regelung.** Die Schutzschrift wurde von der Rechtsprechung als heute anerkanntes vorbeugendes Verteidigungsmittel entwickelt, da in dringenden Fällen eine Beteiligung des Antragsgegners am Verfahren gesetzlich nicht vorgesehen ist, vgl § 937 Rn 2. Nunmehr wird der Begriff der Schutzschrift in Abs. 1 S. 1 definiert. Mit der Schutzschrift wird dem Schuldner die Möglichkeit gegeben, sich auf eigene Initiative hin rechtliches Gehör vor dem drohenden Erlass einer einstweiligen Verfügung ohne mündliche Verhandlung zu verschaffen (vgl zur Schutzschrift weitergehend Hk-ZPO/*Kemper* § 935 Rn 16; Zöller/*Vollkommer* § 937 Rn 4).

5 **[3]** Die Parteien eines etwaigen Verfügungsverfahrens sind im **Aktiv- und Passivrubrum** entsprechend dem erwarteten Verfügungsantrag anzugeben und möglichst genau zu bezeichnen, um bei Gericht die Zuordnung zu einem eingereichten Verfügungsantrag sicherzustellen. Das Gericht verwahrt die eingegangenen Schutzschriften gesondert ohne Vergabe eines Aktenzeichens (ein Prozessrechtsverhältnis wird durch die Schutzschrift noch nicht begründet) und prüft bei Eingang eines einstweiligen Verfügungsantrages, ob eine Schutzschrift deponiert ist. In diesem Fall wird die Schutzschrift zu den Verfahrensakten genommen; das Gericht entscheidet über die einstweilige Verfügung unter Berücksichtigung des Inhalts der Schutzschrift.

6 **[4] Zweck der Schutzschrift** ist zum einen, dass vom Gericht das Vorbringen des Antragsgegners, das für eine Zurückweisung des Verfügungsantrages spricht, berücksichtigt wird, und zum anderen, dass jedenfalls ein Beschluss ohne mündliche Verhandlung verhindert wird; diesen Zielen tragen Antrag Ziffer 1 und Ziffer 2 Rechnung.

7 **[5] Kosten und Gebühren.** Die Kosten des Antragsgegners für die Schutzschrift sind als Teil des Verfügungsverfahrens nach §§ 91 ff erstattungsfähig, wenn es tatsächlich zu einem Verfahren kommt. Der Rechtsanwalt erhält eine 1,3 Verfahrensgebühr nach

Nr. 3100 VV RVG. Dies gilt selbst dann (also keine Ermäßigung auf 0,8), wenn der Antrag abgelehnt oder zurückgenommen wird, sofern die Schutzschrift nicht nur einen Sachantrag, sondern auch Tatsachen- oder Rechtsausführungen enthält (BGH NJW-RR 2008, 1093).

[6] **Begründung.** Der Aufbau der Schutzschrift entspricht im Wesentlichen dem eines Widerspruchs; die möglichen Einwände gegen Verfügungsanspruch und Verfügungsgrund sind getrennt darzustellen; die zugrunde liegenden Tatsachen sind glaubhaft zu machen, vgl auch § 924 Rn 12. 8

§ 945 b Verordnungsermächtigung

Das Bundesministerium der Justiz hat durch Rechtsverordnung mit Zustimmung des Bundesrates die näheren Bestimmungen über die Einrichtung und Führung des Registers, über die Einreichung von Schutzschriften zum Register, über den Abruf von Schutzschriften aus dem Register, über die Erhebung von Gebühren sowie über die Einzelheiten der Datenübermittlung und -speicherung sowie der Datensicherheit und der Barrierefreiheit zu treffen.

Buch 10 Schiedsrichterliches Verfahren

Abschnitt 8 Voraussetzungen der Anerkennung und Vollstreckung von Schiedssprüchen

§ 1060 Inländische Schiedssprüche

(1) Die Zwangsvollstreckung findet statt, wenn der Schiedsspruch für vollstreckbar erklärt ist.

(2) ¹Der Antrag auf Vollstreckbarerklärung ist unter Aufhebung des Schiedsspruchs abzulehnen, wenn einer der in § 1059 Abs. 2 bezeichneten Aufhebungsgründe vorliegt. ²Aufhebungsgründe sind nicht zu berücksichtigen, soweit im Zeitpunkt der Zustellung des Antrags auf Vollstreckbarerklärung ein auf sie gestützter Aufhebungsantrag rechtskräftig abgewiesen ist. ³Aufhebungsgründe nach § 1059 Abs. 2 Nr. 1 sind auch dann nicht zu berücksichtigen, wenn die in § 1059 Abs. 3 bestimmten Fristen abgelaufen sind, ohne dass der Antragsgegner einen Antrag auf Aufhebung des Schiedsspruchs gestellt hat.

A. Anwaltliche Sicht	[5] Gegenstand des Verfahrens ... 7
I. Vollstreckbarerklärung eines inländischen Schiedsspruchs	[6] Formelle Voraussetzungen . 9
1. Muster: Antrag auf Vollstreckbarerklärung eines inländischen Schiedsspruchs	II. Geltendmachung von Aufhebungsgründen
2. Erläuterungen	1. Muster: Geltendmachung von Aufhebungsgründen
[1] Einleitung 2	2. Erläuterungen
[2] Antragsbefugnis 4	[1] Aufhebungsantrag 11
[3] Antragsgegner 5	[2] Geltendmachung 12
[4] Antrag 6	III. Materiellrechtliche Einwendungen

1. Muster: Geltendmachung materiellrechtlicher Einwendungen
2. Erläuterungen
   [1] Geltendmachung materiellrechtlicher Einwendungen . 14
B. Richterliche Sicht

I. Muster: Vollstreckbarerklärung
II. Erläuterungen
   [1] Mündliche Verhandlung 16
   [2] Zurückweisung des Aufhebungsantrags 17
   [3] Streitwert 18

A. Anwaltliche Sicht

I. Vollstreckbarerklärung eines inländischen Schiedsspruchs

1. Muster: Antrag auf Vollstreckbarerklärung eines inländischen Schiedsspruchs

▶ An das

Oberlandesgericht ...[1]

In der Schiedssache ...

— Schiedskläger und Antragsteller —[2]

Verfahrensbevollmächtigte: ...

gegen ...

— Schiedsbeklagter und Antragsgegner —[3]

Verfahrensbevollmächtigte: ...

beantragen wir namens und im Auftrag des Antragstellers:[4]

I. Der von dem Schiedsgericht, bestehend aus den Schiedsrichtern ..., ... und ... (Vorsitzender) am ... erlassene Schiedsspruch[5] mit folgendem Inhalt
    1. ...
    2. ...
    wird für vollstreckbar erklärt.
II. Der Beschluss, der den Schiedsspruch für vollstreckbar erklärt, ist für vorläufig vollstreckbar zu erklären.
III. Der Antragsgegner trägt die Kosten des Verfahrens.

Begründung

In der Anlage AS 1 überreichen wir den Schiedsspruch vom ... als Original.[6]

..., den ... ◀

2. Erläuterungen

[1] Einleitung. Nach § 1055 kommt einem Schiedsspruch grundsätzlich die Wirkung eines rechtskräftigen gerichtlichen Urteils zu. Allerdings ist der Schiedsspruch noch kein vollstreckbarer Titel, sondern bedarf der Vollstreckbarerklärung durch ein staatliches Gericht. Die Vollstreckbarerklärung ist dann Vollstreckungstitel und Gegenstand der Zwangsvollstreckung, nicht der Schiedsspruch selbst (Schwerdtfeger/*Eberl*/*Eberl* Kap. 7 Rn 88; BeckOK ZPO/*Wilske*/*Markert* § 1060 Rn 1). Das Verfahren der Vollstreckbarerklärung ist Beschlussverfahren und richtet sich nach §§ 1062-1066 (MüKo-ZPO/*Münch* § 1060 Rn 15; Hk-ZPO/Saenger § 1060 Rn 3).

Zuständigkeit. Nach § 1062 Abs. 1 Nr. 4, 2. Fall ist primär das in der Schiedsvereinbarung bezeichnete Oberlandesgericht zuständig, hilfsweise das Oberlandesgericht, in dessen Bezirk der Ort des schiedsrichterlichen Verfahrens liegt (BGH v. 23.02.2006 – III ZB 50/05; Schwerdtfeger/*Eberl*/*Eberl* Kap. 7 Rn 98; BeckOK ZPO/*Wilske*/*Markert* § 1060 Rn 15, § 1062 Rn 3). Die Eingangszuständigkeit der Oberlandesgerichte ist derogationsfest und kann von den Parteien nicht abbedungen werden (OLG München v. 04.03.2014 – 34 Sch 19/13, v. 1.4.2010 – 34 Sch 19/09; Zöller/*Geimer* § 1062 Rn 1; Musielak/*Voit* § 1062 Rn 2). Durch die Eingangszuständigkeit der Oberlandesgerichte ist im Rechtsmittelverfahren der BGH zuständig. Dadurch wird eine einheitliche Rechtsanwendung gewährleistet (Schwerdtfeger/*Eberl*/*Eberl* Kap. 7 Rn 98; BT-Drs. 13/5274 S. 63).

[2] **Antragsbefugnis.** Antragsbefugt ist die obsiegende Partei, wobei ein teilweises Obsiegen, wie zB hinsichtlich der Kostenlast, ausreicht (BGH v. 08.03.2007 – III ZB 21/06; *Lachmann* Rn 2467; MüKo-ZPO/*Münch* § 1060 Rn 7). Kommt es auf Gläubigerseite zur Rechtsnachfolge, geht die Antragsbefugnis entsprechend §§ 727 ff auf den oder die Rechtsnachfolger über. Die Vollstreckbarerklärung ist für den Rechtsnachfolger zulässig (BGH v. 8.3.2007 – III ZB 21/06; Schwerdtfeger/*Eberl*/*Eberl* Kap. 7 Rn 99; Hk-ZPO/*Saenger* § 1060 Rn 4; *Lachmann* Rn 2471). Der Antragsgegner hat die Möglichkeit, die Rechtsnachfolge im Vollstreckbarerklärungsverfahren zu bestreiten und damit ggf eine Beweisaufnahme zu veranlassen (BGH v. 8.3.2007 – III ZB 21/06). Die Schiedsrichter selbst sind nicht antragsbefugt (*Schwab*/*Walter* Kap. 27 Rn 2).

[3] **Antragsgegner.** Antragsgegner ist der im Schiedsspruch benannte Vollstreckungsgegner (Schwerdtfeger/*Eberl*/*Eberl* Kap. 7 Rn 99; MüKo-ZPO/*Münch* § 1060 Rn 7). Im Fall der Rechtsnachfolge auf Schuldnerseite ist der Antrag gegen den oder die Rechtsnachfolger zu richten (BGH v. 8.3.2007 – III ZB 21/06; Zöller/*Geimer* § 1060 Rn 2; Schwerdtfeger/*Eberl*/*Eberl* Kap. 7 Rn 99; Hk-ZPO/*Saenger* § 1060 Rn 4).

[4] **Antrag.** Das Verfahren der Vollstreckbarerklärung ist durch Antrag einzuleiten, der schriftlich oder zu Protokoll der Geschäftsstelle beim zuständigen Oberlandesgericht einzureichen ist (Zöller/*Geimer* § 1060 Rn 17; Schwerdtfeger/*Eberl*/*Eberl* Kap. 7 Rn 98; Hk-ZPO/*Saenger* § 1060 Rn 4, 5). Der Antrag ist nicht fristgebunden (Hk-ZPO/*Saenger* § 1060 Rn 4; Musielak/*Voit* § 1060 Rn 6). Das Begehren ist im Antrag konkret zu bezeichnen (MüKo-ZPO/*Münch* § 1061 Rn 7).

[5] **Gegenstand des Verfahrens.** § 1060 regelt nur die Vollstreckbarerklärung inländischer Schiedssprüche (MüKo-ZPO/*Münch* § 1060 Rn 1; Hk-ZPO/*Saenger* § 1060 Rn 2). Ein Schiedsspruch ist nach dem **Territorialitätsprinzip** des § 1025 Abs. 1 inländisch, wenn der Schiedsort im Inland liegt (OLG Hamburg v. 24.01.2003 – 11 Sch 06/01; Schwerdtfeger/*Eberl*/*Eberl* Kap. 7 Rn 91; Hk-ZPO/*Saenger* § 1025 Rn 1, § 1060 Rn 2). Gegenstand des Vollstreckbarerklärungsverfahrens ist nur ein Schiedsspruch, der die Anforderungen des § 1054 erfüllt (vgl oben §§ 1054, 1055 Rn 2 ff; OLG München v. 18.12.2013 – 34 Sch 14/12; Schwerdtfeger/*Eberl*/*Eberl* Kap. 7 Rn 92; Hk-ZPO/*Saenger* § 1060 Rn 2). Es muss daher eine schriftlich abgefasste Entscheidung eines nicht staatlichen Gerichts vorliegen, die das Verfahren urteilsmäßig endgültig abschließt, von den Schiedsrichtern unterzeichnet ist und den Parteien zu-

gesandt wurde (OLG Düsseldorf SchiedsVZ 2005, 214, 215; StJ/*Schlosser* § 1060 Rn 3; Schwerdtfeger/*Eberl/Eberl* Kap. 7 Rn 92). Daher kann auch ein Schiedsspruch mit vereinbartem Wortlaut (OLG München SchiedsVZ 2009, 127, 128; OLG Koblenz v. 7.2.2008 – 2 Sch 01/08) sowie ein Kostenergänzungsschiedsspruch für vollstreckbar erklärt werden (OLG Hamburg v. 30.8.2002 – 11 Sch 01/02). Ausreichend ist, wenn die Entscheidung das Verfahren lediglich zu einem abtrennbaren Teil abschließt, so dass auch ein Teilschiedsspruch für vollstreckbar erklärt werden kann (Schwerdtfeger/*Eberl/Eberl* Kap. 7 Rn 92; BeckOK ZPO/*Wilske/Markert* § 1060 Rn 2). Ein Zwischenschiedsspruch kann mangels endgültiger Entscheidung nicht für vollstreckbar erklärt werden (MüKo-ZPO/*Münch* § 1060 Rn 10; BeckOK ZPO/*Wilske/Markert* § 1060 Rn 3). Eine vom Schiedsgericht erlassene einstweilige Anordnung kann aufgrund ihres vorläufigen Charakters nicht Gegenstand des Vollstreckbarerklärungsverfahrens sein (*Lachmann* Rn 2514).

8 **Schiedssprüche mit nicht vollstreckungsfähigem Inhalt.** Nach hM können Schiedssprüche mit nicht vollstreckungsfähigem Inhalt, also gestaltende, feststellende und abweisende Schiedssprüche, Gegenstand eines Vollstreckbarerklärungsverfahrens sein (Hk-ZPO/*Saenger* § 1060 Rn 2; BeckOK ZPO/*Wilske/Markert* § 1060 Rn 3; aA Zöller/*Geimer* § 1060 Rn 6; MüKo-ZPO/*Münch* § 1060 Rn 11). Dies ergibt sich daraus, dass die Vollstreckbarerklärung nicht nur der Zwangsvollstreckung dient, sondern einen Schiedsspruch auch gegen die Geltendmachung von Aufhebungsgründen sichert: Nach § 1059 Abs. 3 S. 4 kann ein Antrag auf Aufhebung eines Schiedsspruchs dann nicht mehr gestellt werden, wenn der Schiedsspruch vor einem deutschen Gericht bereits für vollstreckbar erklärt wurde. Die Vollstreckbarerklärung bewirkt somit die Bestandskraft der Entscheidung. Es ist daher auch ein Rechtsschutzbedürfnis für die Vollstreckbarerklärung von Schiedssprüchen mit nicht vollstreckungsfähigem Inhalt anzuerkennen (BGH SchiedsVZ 2006, 278, 297; OLG Frankfurt v. 30.09.2010 – 26 Sch 22/10; OLG München SchiedsVZ 2009, 127, 128; Schwerdtfeger/*Eberl/Eberl* Kap. 7 Rn 95). Daher kommt auch die Vollstreckbarerklärung einer Kostengrundentscheidung ebenso in Betracht (OLG München SchiedsVZ 2011, 230, 231; v. 25.6.2007 – 34 Sch 06/07; BeckOK ZPO/*Wilske/Markert* § 1060 Rn 3) wie die Vollstreckbarerklärung eines Schiedsspruchs, bevor die im Schiedsspruch ausgesprochene Verpflichtung fällig wird. Der Antragsteller muss nicht abwarten, bis alle Voraussetzungen für den Beginn der Vollstreckung erfüllt sind (OLG Naumburg SchiedsVZ 2010, 277, 278; Zöller/*Geimer* § 1060 Rn 5; BeckOK ZPO/ *Wilske/Markert* § 1060 Rn 4).

9 **[6] Formelle Voraussetzungen.** Die formellen Voraussetzungen des Antrags auf Vollstreckbarerklärung sind gem. § 1064 Abs. 1 S. 1 durch Vorlage des Schiedsspruchs im Original oder in beglaubigter Abschrift erfüllt (OLG München v. 04.03.2014 – 34 Sch 19/13, v. 21.01.2014 – 34 Sch 30/13; Schwerdtfeger/*Eberl/Eberl* Kap. 7 Rn 100). Die Beglaubigung kann gem. § 1046 Abs. 1 S. 2 durch den für das gerichtliche Verfahren bevollmächtigten Rechtsanwalt vorgenommen werden. Die Beglaubigung muss sich auf den Schiedsspruch iS des § 1054 beziehen und die Unterschriften der Schiedsrichter erfassen (Schwerdtfeger/*Eberl/Eberl* Kap. 7 Rn 100; MüKo-ZPO/ *Münch* § 1064 Rn 5; Hk-ZPO/*Saenger* § 1064 Rn 2). Eine besondere Form der Beglaubigung ist nicht erforderlich, kann gem. § 142 durch das Gericht jedoch gefor-

dert werden (OLG München v. 22.2.2006 – 34 Sch 02/06; Schwerdtfeger/*Eberl*/*Eberl* Kap. 7 Rn 100). Die Vorlage der Schiedsvereinbarung selbst ist nicht erforderlich (Schwerdtfeger/*Eberl*/*Eberl* Kap. 7 Rn 100; Hk-ZPO/*Saenger* § 1064 Rn 2; *Vorwerk/Trappe* Kap. 17 Rn 83).

II. Geltendmachung von Aufhebungsgründen
1. Muster: Geltendmachung von Aufhebungsgründen

▶ An das
Oberlandesgericht ...
In der Schiedssache ...

                               - Schiedskläger und Antragsteller -

Verfahrensbevollmächtigte: ...
gegen ...

                               - Schiedsbeklagter und Antragsgegner -

Verfahrensbevollmächtigte: ...
beantragen wir namens und im Auftrag des Antragsgegners:

1. Der Antrag auf Vollstreckbarerklärung des durch das Schiedsgericht, bestehend aus ..., ... und ... (Vorsitzender) am ... erlassenen Schiedsspruchs wird zurückgewiesen.
2. Der durch das Schiedsgericht, bestehend aus ..., ... und ... (Vorsitzender) am ... erlassene Schiedsspruch wird aufgehoben.[1]
3. Der Antragsteller trägt die Kosten des Verfahrens.

Begründung[2]

... ◀

2. Erläuterungen

[1] **Aufhebungsantrag im Vollstreckbarerklärungsverfahren.** Ein Antrag auf Vollstreckbarerklärung eines Schiedsspruchs ist gem. § 1060 Abs. 2 S. 1 abzulehnen, wenn ein Aufhebungsgrund nach § 1059 Abs. 2 vorliegt. Nach teilweise vertretener Ansicht besteht für einen gesonderten Aufhebungsantrag im Vollstreckbarerklärungsverfahren kein Rechtsschutzbedürfnis, da die Möglichkeit besteht, die Aufhebungsgründe im Vollstreckbarerklärungsverfahren geltend zu machen (OLG Frankfurt v. 30.09.2010 – 26 Sch 22/10; *Schwab/Walter* Kap. 25 Rn 4; Musielak/*Voit* § 1059 Rn 33). Nach vorzugswürdiger Auffassung kann ein Aufhebungsantrag auch dann gestellt werden, wenn bereits Vollstreckbarerklärung beantragt wurde, da der Antrag auf Vollstreckbarerklärung von der Gegenpartei zurückgenommen werden und dann die Präklusion der Aufhebungsgründe (vgl § 1059 Abs. 3) drohen kann (OLG Stuttgart SchiedsVZ 2011, 49, 53; OLG Hamm v. 18.7.2007 – 8 Sch 02/07; OLG München v. 25.6.2007 – 34 Sch 06/07; Zöller/*Geimer* § 1059 Rn 4; Hk-ZPO/*Saenger* § 1059 Rn 35; MüKo-ZPO/*Münch* § 1059 Rn 81; *Kröll* SchiedsVZ 2008, 112, 113). Wird Vollstreckbarerklärung und Aufhebung eines Schiedsspruchs beantragt, sollten die Verfahren verbunden werden. Werden die Verfahren nicht verbunden, sollte ein Verfahren ausgesetzt werden (Zöller/*Geimer* § 1059 Rn 4). Wird das Vollstreckbarer-

klärungsverfahren ausgesetzt und der Aufhebungsantrag rechtskräftig abgewiesen, dürfen Aufhebungsgründe aufgrund § 1060 Abs. 2 S. 2 im Verfahren der Vollstreckbarerklärung nicht mehr berücksichtigt werden. Wird der Aufhebungsprozess ausgesetzt und im Vollstreckbarerklärungsverfahren nach § 1060 Abs. 2 S. 1 die Aufhebung des Schiedsspruchs entschieden, ist der Aufhebungsprozess erledigt (*Schwab/ Walter* Kap. 25 Rn 4).

12 **[2] Geltendmachung von Aufhebungsgründen.** Die Aufhebungsgründe des § 1059 Abs. 2 Nr. 1 sind nur auf Rüge hin zu beachten, die Aufhebungsgründe nach § 1059 Abs. 2 Nr. 2 dagegen grundsätzlich von Amts wegen, wobei für die Praxis entsprechende Ausführungen üblich und zu empfehlen sind (BGH NJW 1999, 2974, 2975; Hk-ZPO/*Saenger* § 1060 Rn 7; Schwerdtfeger/*Eberl/Eberl* Kap. 7 Rn 107). Nicht zu berücksichtigen sind gem. § 1060 Abs. 2 S. 2 Aufhebungsgründe, soweit im Zeitpunkt der Zustellung des Antrags auf Vollstreckbarerklärung ein auf sie gestützter Aufhebungsantrag bereits rechtskräftig abgewiesen wurde (Schwerdtfeger/*Eberl/ Eberl* Kap. 7 Rn 108; Hk-ZPO/*Saenger* § 1060 Rn 7). Die Aufhebungsgründe des § 1059 Abs. 2 Nr. 1 können im Aufhebungsverfahren gem. § 1060 Abs. 2 S. 3 grundsätzlich nur dann berücksichtigt werden, wenn sie iS des § 1059 Abs. 3 fristgemäß geltend gemacht worden sind (vgl oben § 1059 Rn 7; BGH SchiedsVZ 2006, 278, 279; Hk-ZPO/*Saenger* § 1060 Rn 7). Die Aufhebungsgründe des § 1059 Abs. 2 Nr. 2 sind im Vollstreckbarerklärungsverfahren dagegen immer von Amts wegen zu berücksichtigen (BGH SchiedsVZ 2006, 278, 279). Dies gilt auch dann, wenn die für den Aufhebungsantrag bestimmten Fristen des § 1059 Abs. 3 bereits abgelaufen sind und unabhängig davon, ob derselbe Grund die Aufhebung nach § 1059 Abs. 2 Nr. 2 sowie nach § 1059 Abs. 2 Nr. 1 rechtfertigt, im letzteren Fall aber wegen Fristablaufs gem. § 1060 Abs. 2 S. 3 präkludiert ist (BGH NJW 2001, 373, 373; Schwerdtfeger/ *Eberl/Eberl* Kap. 7 Rn 108; Hk-ZPO/*Saenger* § 1060 Rn 7). Dies gilt insbesondere für den ordre public-Verstoß nach § 1059 Abs. 2 Nr. 2 b) (BGH SchiedsVZ 2006, 278, 279).

III. Materiellrechtliche Einwendungen

13 **1. Muster: Geltendmachung materiellrechtlicher Einwendungen**

▶ An das

Oberlandesgericht ▪▪▪

In der Schiedssache ▪▪▪

- Schiedskläger und Antragsteller -

Verfahrensbevollmächtigte: ▪▪▪

gegen ▪▪▪

- Schiedsbeklagter und Antragsgegner -

Verfahrensbevollmächtigte: ▪▪▪

beantragen wir namens und im Auftrag des Antragsgegners:

I. Der Antrag auf Vollstreckbarerklärung des durch das Schiedsgericht, bestehend aus ..., ... und ... (Vorsitzender) am ... erlassenen Schiedsspruchs wird zurückgewiesen.
II. Der Antragsteller trägt die Kosten des Verfahrens.

Begründung

Der Antragsteller war von ... bis ... als Handelsvertreter für den Antragsgegner tätig. Im Schiedsverfahren hat der Antragsteller Ansprüche auf Provision geltend gemacht. Mit Schiedsspruch vom ... hat das Schiedsgericht den Antragsgegner zur Zahlung von Provisionen in Höhe von ... EUR verurteilt (Anlage AS 1). Der Antragsgegner hat den Betrag in Höhe von ... EUR am ... auf das Konto des Antragstellers mit der Nr. ... bei der ...-Bank (BLZ) überwiesen.

Beweis: Bankbestätigung vom ... (Anlage AG 1).

Daher macht der Antragsgegner gegen den Antrag auf Vollstreckbarerklärung den Erfüllungseinwand geltend und beantragt, den Antrag auf Vollstreckbarerklärung des bezeichneten Schiedsspruchs zurückzuweisen.[1]

..., den ... ◀

2. Erläuterungen

[1] **Geltendmachung materiellrechtlicher Einwendungen.** Nach hM sind materiellrechtliche Einwendungen gegen den im Schiedsspruch zuerkannten Anspruch, wie zB Erfüllung, Aufrechnung oder Erlass im Vollstreckbarerklärungsverfahren geltend zu machen (BGH SchiedsVZ 2010, 275; SchiedsVZ 2008, 40; OLG München v. 04.03.2014 – 34 Sch 19/13; Zöller/*Geimer* § 1060 Rn 9; dazu vgl. ausführlich Schwerdtfeger/*Eberl/Eberl* Kap. 7 Rn 109 ff; Hk-ZPO/*Saenger* § 1060 Rn 8; MüKo-ZPO/*Münch* § 1060 Rn 19). Könnten solche Einwendungen erst im Wege der Vollstreckungsgegenklage gem. § 767 im anschließenden Vollstreckungsverfahren geltend gemacht werden, würde dies einen unnötigen höheren Kosten- und Zeitaufwand bedeuten (OLG Frankfurt aM v. 18.5.2006 – 26 Sch 18/05; Schwerdtfeger/*Eberl/Eberl* Kap. 7 Rn 112). Dieser Grundsatz gilt nicht für Einwendungen, über die nach dem Willen der Parteien ein Schiedsgericht zu entscheiden hat (BGH v. 30.09.2010 – III ZB 57/10 zur Vollstreckbarerklärung eines ausländischen Schiedsspruchs; OLG Köln v. 26.02.2014 – 19 Sch 12/13; Zöller/*Geimer* § 1060 Rn 9; Schwerdtfeger/*Eberl/Eberl* Kap. 7 Rn 114). Dies ist zB der Fall, wenn die Parteien vereinbart haben, dass auch Folgestreitigkeiten durch ein Schiedsgericht entschieden werden sollen (OLG München v. 22.2.2006 – 34 Sch 02/06). Entsprechend **§ 767 Abs. 2** können materiellrechtliche Einwendungen, die der Schuldner bereits im Schiedsverfahren hätte geltend machen können, im Vollstreckbarerklärungsverfahren nicht berücksichtigt werden (OLG Frankfurt a.M. v. 18.5.2006 – 26 Sch 18/05; Schwerdtfeger/*Eberl/Eberl* Kap. 7 Rn 113; Hk-ZPO/*Saenger* § 1060 Rn 8; MüKo-ZPO/*Münch* § 1060 Rn 19). Dies gilt grundsätzlich auch für die **Aufrechnung** (BGH v. 30.09.2010 – III ZB 57/10; OLG München v. 27.03.2013 – 34 Sch 27/10; Schwerdtfeger/*Eberl/Eberl* Kap. 7 Rn 113). Eine Ausnahme ist jedoch dann anzuerkennen, wenn die Aufrechnungslage zwar vor Schluss der mündlichen Verhandlung des Schiedsverfahrens gegeben war, die zur Auf-

rechnung stehende Forderung aber nicht der Schiedsvereinbarung unterfällt. In diesem Fall hatte der Schuldner keine Möglichkeit, die Aufrechnung während des Schiedsverfahrens zu erklären (BGH v. 30.09.2010 – III ZB 57/10; v. 07.01.1965 – VII ZR 241/63; OLG Koblenz v. 28.7.2005 – 2 Sch 04/05; *Schwab/Walter* Kap. 27 Rn 12; *Lachmann* Rn 1284). Sind die Einwendungen begründet und nicht entsprechend § 767 Abs. 2 präkludiert, ist die Vollstreckbarerklärung des Schiedsspruchs abzulehnen. Da kein Aufhebungsgrund gegeben ist, ist der Schiedsspruch nicht aufzuheben (Zöller/*Geimer* § 1060 Rn 10; Schwerdtfeger/*Eberl/Eberl* Kap. 7 Rn 115).

B. Richterliche Sicht

15 **I. Muster: Vollstreckbarerklärung**

▶ In dem gerichtlichen Verfahren
betreffend die Schiedssache ...

- Schiedskläger und Antragsteller -

Verfahrensbevollmächtigte: ...

gegen ...

- Schiedsbeklagter und Antragsgegner -

Verfahrensbevollmächtigte: ...

wegen Vollstreckbarerklärung eines Schiedsspruchs (u.a.)

erlässt der ... Senat des Oberlandesgerichts ... unter Mitwirkung ...

aufgrund der mündlichen Verhandlung vom ...[1]

folgenden

Beschluss

I. Das aus den Schiedsrichtern ..., ... und ...(Vorsitzender) bestehende Schiedsgericht erließ am ... in ... in dem zwischen dem Antragsteller und dem Antragsgegner geführten Schiedsverfahren folgenden Schiedsspruch:
   1. ...
   2. ...
II. Dieser Schiedsspruch wird für vollstreckbar erklärt.
III. Der Antrag des Antragsgegners, den Schiedsspruch aufzuheben, wird zurückgewiesen.[2]
IV. Der Antragsgegner trägt die Kosten des Verfahrens.
V. Der Beschluss ist vorläufig vollstreckbar.
VI. Der Streitwert wird auf ... EUR festgesetzt.[3]

Gründe

I. Antragsteller und Antragsgegner haben am ... einen Vertrag geschlossen über ... In Ziffer ... dieses Vertrages haben die Parteien eine Schiedsklausel vereinbart, nach der sämtliche Streitigkeiten aus und im Zusammenhang mit diesem Vertrag unter Ausschluss des ordentlichen Rechtsweges endgültig durch ein Schiedsgericht zu entscheiden sind. Zwischen den Parteien ist streitig, ...

Nach mündlicher Verhandlung vom ... hat das Schiedsgericht am ... den in der Beschlussformel wiedergegebenen Schiedsspruch erlassen.

Unter Vorlage des Originals des Schiedsspruchs beantragt der Antragsteller, diesen für vollstreckbar zu erklären.

Der Antragsgegner beantragt die Zurückweisung dieses Antrags und stellt seinerseits den Antrag, den Schiedsspruch vom ... aufzuheben.

Zur Begründung hat der Antragsgegner vorgetragen: ...

II. Der zulässige Antrag auf Vollstreckbarerklärung ist begründet.
1. Die Zulässigkeit ergibt sich aus §§ 1025 Abs. 1, 1062 Abs. 1 Nr. 4 ZPO.
2. Die formellen Voraussetzungen gem. § 1064 Abs. 1 S. 1 ZPO für die Vollstreckbarerklärung hat der Antragsteller durch Vorlage des Schiedsspruchs im Original erfüllt.
3. Die vom Antragsgegner vorgebrachten Gründe rechtfertigen keine Zurückweisung des Antrags auf Vollstreckbarerklärung unter Aufhebung des Schiedsspruchs. ...
4. Die Kostenentscheidung ergibt sich aus § 91 Abs. 1 ZPO.
5. Der Ausspruch zur vorläufigen Vollstreckbarkeit folgt aus § 1064 Abs. 2 ZPO.
6. Der Streitwert war nach §§ 2, 3 ZPO zu ermitteln.
7. Einer Zulassungsentscheidung nach § 574 Abs. 1 Nr. 2 ZPO bedarf es nicht (§ 1065 Abs. 1 S. 1 ZPO).

... ◄

II. Erläuterungen

[1] **Mündliche Verhandlung.** Grundsätzlich steht es im Ermessen des Gerichts, eine mündliche Verhandlung anzuordnen (BGH v. 23.02.2006 – III ZB 50/05; v. 15.07.1999 – III ZB 21/98; OLG Hamm v. 20.06.2001 – 8 Sch 02/00; Hk-ZPO/ *Saenger* § 1063 Rn 2). Eine mündliche Verhandlung ist gem. § 1063 Abs. 2 zwingend anzuordnen, wenn die Aufhebung des Schiedsspruchs beantragt wird oder Aufhebungsgründe nach § 1059 in Betracht kommen (Schwerdtfeger/*Eberl*/*Eberl* Kap. 7 Rn 102). § 1063 Abs. 2 1. Alt. setzt einen förmlichen Aufhebungsantrag voraus; Gegenanträge im Vollstreckbarerklärungsverfahren genügen insoweit nicht (BGH NJW 1999, 2974, 2975; OLG Köln v. 22.2.2007 – 9 Sch 16/06; Schwerdtfeger/*Eberl*/*Eberl* Kap. 7 Rn 102). Aufhebungsgründe nach § 1059 Abs. 2 kommen iS des § 1063 Abs. 2 2. Alt. in Betracht, wenn sie sich aus der Aktenlage ergeben oder begründet geltend gemacht werden (BGHZ 142, 204, 207; OLG München SchiedsVZ 2011, 230, 231; Zöller/*Geimer* § 1063 Rn 2; BeckOK ZPO/*Wilske*/*Markert* § 1063 Rn 9). Aufgrund Art. 6 Abs. 1 EMRK hat eine mündliche Verhandlung auch dann zu erfolgen, wenn eine Partei dies ausdrücklich beantragt (Zöller/*Geimer* § 1063 Rn 2; Schwerdtfeger/*Eberl*/*Eberl* Kap. 7 Rn 102). 16

[2] **Zurückweisung des Aufhebungsantrags.** Hat der Antragsgegner einen förmlichen Aufhebungsantrag gestellt und ist dieser nicht begründet, ist dieser Antrag zurückzuweisen. 17

18 **[3] Streitwert.** Der Streitwert im Verfahren der Vollstreckbarerklärung entspricht regelmäßig dem Wert des zu vollstreckenden Anspruchs (Taktik im Schiedsverfahren/*v. Bodungen/Pörnacher* S. 151).

§ 1061 Ausländische Schiedssprüche

(1) ¹Die Anerkennung und Vollstreckung ausländischer Schiedssprüche richtet sich nach dem Übereinkommen vom 10. Juni 1958 über die Anerkennung und Vollstreckung ausländischer Schiedssprüche (BGBl. 1961 II S. 121). ²Die Vorschriften in anderen Staatsverträgen über die Anerkennung und Vollstreckung von Schiedssprüchen bleiben unberührt.
(2) Ist die Vollstreckbarerklärung abzulehnen, stellt das Gericht fest, dass der Schiedsspruch im Inland nicht anzuerkennen ist.
(3) Wird der Schiedsspruch, nachdem er für vollstreckbar erklärt worden ist, im Ausland aufgehoben, so kann die Aufhebung der Vollstreckbarerklärung beantragt werden.

A. Anwaltliche Sicht
   I. Vollstreckbarerklärung eines ausländischen Schiedsspruchs
      1. Muster: Antrag auf Vollstreckbarerklärung eines ausländischen Schiedsspruchs
      2. Erläuterungen
         [1] Einleitung 2
         [2] Gegenstand des Verfahrens 4
         [3] Formelle Voraussetzungen . 5
   II. Erwiderung
      1. Muster: Erwiderung auf den Antrag auf Vollstreckbarerklärung eines ausländischen Schiedsspruchs
      2. Erläuterungen
         [1] Geltendmachung von Anerkennungsversagungsgründen 7
B. Richterliche Sicht
   I. Muster: Vollstreckbarerklärung eines ausländischen Schiedsspruchs
   II. Erläuterungen und Varianten
      [1] Zurückweisung des Antrags auf Vollstreckbarerklärung ... 11

A. Anwaltliche Sicht

I. Vollstreckbarerklärung eines ausländischen Schiedsspruchs

1. Muster: Antrag auf Vollstreckbarerklärung eines ausländischen Schiedsspruchs

▶ An das
Oberlandesgericht ▪▪▪[1]

In dem Schiedsverfahren ▪▪▪

- Schiedskläger und Antragsteller -

Verfahrensbevollmächtigte: ▪▪▪

gegen ▪▪▪

- Schiedsbeklagter und Antragsgegner -

Verfahrensbevollmächtigte: ▪▪▪

beantragen wir namens und im Auftrag des Antragstellers:

I. Der durch das Schiedsgericht, bestehend aus ..., ... und ... (Vorsitzender) am ... erlassene Schiedsspruch mit folgendem Inhalt:[2]
   1. ...
   2. ...
   wird für vollstreckbar erklärt.
II. Der Antragsgegner trägt die Kosten des Verfahrens.

Begründung

In der Anlage (Anlage AS 1) überreichen wir den Schiedsspruch als Original und den Tenor in amtlich beglaubigter Übersetzung (Anlage AS 2).[3]

..., den ... ◀

2. Erläuterungen

[1] **Einleitung.** Für die Anerkennung und Vollstreckung ausländischer Schiedssprüche gelten gem. § 1025 Abs. 4 die §§ 1061 bis 1065. Ein Schiedsspruch ist nach dem in § 1025 Abs. 1 normierten **Territorialitätsprinzip** ausländisch, wenn der Ort des Schiedsverfahrens außerhalb Deutschlands liegt (OLG Düsseldorf v. 19.1.2005 – I-26 Sch 05/03; Schwerdtfeger/*Eberl/Eberl* Kap. 7 Rn 120; Hk-ZPO/*Saenger* § 1025 Rn 1; BeckOK ZPO/*Wilske/Markert* § 1061 Rn 5). Nach § 1061 Abs. 1 S. 1 richtet sich die Anerkennung und Vollstreckung ausländischer Schiedssprüche grundsätzlich nach dem UN-Übereinkommen über die Anerkennung und Vollstreckung ausländischer Schiedssprüche vom 10.6.1958 (UNÜ), wobei Vorschriften in anderen Staatsverträgen nach § 1061 Abs. 1 S. 2 unberührt bleiben. Die Anwendbarkeit des UNÜ gilt unabhängig davon, ob der Schiedsspruch in einem der Mitgliedstaaten des Übereinkommens erlassen wurde (BGH v. 23.2.2006 – III ZB 50/05 Rn 19; v. 25.09.2003 – III ZB 68/02; Schwerdtfeger/*Eberl/Eberl* Kap. 7 Rn 118; Hk-ZPO/*Saenger* § 1061 Rn 1, 5). Die Bundesrepublik Deutschland hat den Vertragsstaatenvorbehalt des Art. I Abs. 3 S. 1 UNÜ zurückgezogen. Daher kann jeder Schiedsspruch, der im Ausland erlassen wurde, in Deutschland nach dem UNÜ anerkannt und vollstreckt werden (Hk-ZPO/*Saenger* § 1061 Rn 1; BeckOK ZPO/*Wilske/Markert* § 1061 Rn 2). Nach dem **Grundsatz der Meistbegünstigung** des Art. VII Abs. 1 UNÜ lässt das UNÜ die Anwendung nationalen Rechts zu, soweit es für die Anerkennung und Vollstreckung des Schiedsspruchs günstiger ist. Das deutsche Gericht ist von Amts wegen dazu befugt, auf das anerkennungsfreundlichere innerstaatliche Recht (originär nationales Recht und völkerrechtliche Verträge) zurückzugreifen. Eine Berufung der Parteien auf das innerstaatliche Recht ist insofern nicht erforderlich (BGH v. 30.09.2010 – III ZB 69/09; v. 23.02.2006 – III ZB 50/05; 21.09.2005 – III ZB 18/05; Schwerdtfeger/*Eberl/Eberl* Kap. 7 Rn 119; BeckOK ZPO/*Wilske/Markert* § 1061 Rn 4).

Zuständigkeit. Primär zuständig ist gem. § 1062 Abs. 1 Nr. 4, 2. Fall das in der Schiedsvereinbarung bezeichnete Oberlandesgericht, hilfsweise das Oberlandesgericht, in dessen Bezirk der Ort des schiedsrichterlichen Verfahrens liegt. Da ein ausländischer Schiedsspruch nach dem Territorialitätsprinzip dann vorliegt, wenn der Ort des schiedsrichterlichen Verfahrens außerhalb Deutschlands liegt (Zöller/*Geimer*

§ 1025 Rn 7; BeckOK ZPO/*Wilske/Markert* § 1061 Rn 5), kann sich die örtliche Zuständigkeit nicht nach dem Schiedsort richten. Fehlt es an einem Schiedsort im Inland, ist gem. § 1062 Abs. 2 wahlweise das Oberlandesgericht örtlich zuständig, in dessen Bezirk sich entweder der Sitz oder der gewöhnliche Aufenthalt des Antragsgegners bzw dessen Vermögen oder der in Anspruch genommene Gegenstand befindet. Hilfsweise ist das Kammergericht zuständig (Hk-ZPO/*Saenger* § 1062 Rn 3; BeckOK ZPO/*Wilske/Markert* § 1062 Rn 4). Ob für die Zuständigkeit des Kammergerichts ein hinreichender Inlandsbezug erforderlich ist, ist umstritten (so MüKo-ZPO/*Münch* § 1062 Rn 20; KG v. 10.08.2006 – 20 Sch 7/04; aA Zöller/*Geimer* § 1062 Rn 3; BeckOK ZPO/*Wilske/Markert* § 1062 Rn 4; Hk-ZPO/*Saenger* § 1062 Rn 3).

4 **[2] Gegenstand des Verfahrens.** Gegenstand des Schiedsverfahrens ist ein ausländischer Schiedsspruch. Ob ein Schiedsspruch vorliegt, beurteilt sich vorrangig nach deutschem Recht (Hk-ZPO/*Saenger* § 1061 Rn 2; BeckOK ZPO/*Wilske/Markert* § 1061 Rn 5). Die Entscheidung muss einem deutschen Schiedsspruch funktional äquivalent sein (BGH NJW 1982, 1224, 1226; OLG Düsseldorf SchiedsVZ 2005, 214, 215; Schwerdtfeger/*Eberl/Eberl* Kap. 7 Rn 120; Hk-ZPO/*Saenger* § 1061 Rn 2). Die Formanforderungen des § 1054 müssen nicht erfüllt sein (Hk-ZPO/*Saenger* § 1061 Rn 2; BeckOK ZPO/*Wilske/Markert* § 1061 Rn 6; Musielak/*Voit* § 1061 Rn 3). Entscheidungen, die lediglich schuldrechtliche Wirkung entfalten, wie zB der italienische lodo irrituale, können nicht für vollstreckbar erklärt werden. Zu ihrer Durchsetzung ist Erfüllungsklage zu erheben (BGH v. 21.12.2006 – IX ZB 150/05, v. 08.10.1981 – III ZR 42/80; BayObLG v. 22.11.2002 – 4 Z Sch 13/02; Zöller/*Geimer* § 1061 Rn 4; Schwerdtfeger/*Eberl/Eberl* Kap. 7 Rn 120). Auch Zwischenentscheidungen des Schiedsgerichts über seine Zuständigkeit oder über andere prozessuale Streitpunkte können nicht für vollstreckbar erklärt werden, da sie keine endgültige Sachentscheidung darstellen (BGH v. 18.1.2007 – III ZB 35/06; Zöller/*Geimer* § 1061 Rn 14).

Exequaturentscheidungen. Eine ausländische gerichtliche Entscheidung, die den ausländischen Schiedsspruch für vollstreckbar erklärt, kann nicht für vollstreckbar erklärt werden (BGH SchiedsVZ 2009, 285; Zöller/*Geimer* § 1061 Rn 8; BeckOK ZPO/*Wilske/Markert* § 1061 Rn 7). Mit seiner Entscheidung vom 2.7.2009 hat der BGH eine Doppelexequatur von Schiedssprüchen grundsätzlich für unzulässig erklärt und damit seine frühere Rechtsprechung, nach der die Partei eines ausländischen Schiedsverfahrens die Wahl hatte, den ausländischen Schiedsspruch nach § 1061 oder eine ausländische gerichtliche Entscheidung, die den Schiedsspruch für vollstreckbar erklärt und nach der doctrine of merger den Schiedsspruch in das Urteil aufnimmt, nach §§ 722 ff anzuerkennen und für vollstreckbar erklären zu lassen, aufgegeben (BGH SchiedsVZ 2009, 285 f; Zöller/*Geimer* § 1061 Rn 9; Musielak/*Voit* § 1061 Rn 6; *Plaßmeier* SchiedsVZ 2010, 82). Allein der ausländische Schiedsspruch kann für vollstreckbar erklärt werden.

5 **[3] Formelle Voraussetzungen.** Nach Art. IV Abs. 2 UNÜ ist ein nicht in deutscher Sprache abgefasster Schiedsspruch in amtlich beglaubigter deutscher Übersetzung beizubringen. Infolge des Grundsatzes der Meistbegünstigung des Art. VII Abs. 1 UNÜ, nach dem im Vergleich zum UNÜ anerkennungsfreundlichere Vorschriften des

nationalen Rechts anzuwenden sind, werden diese formellen Anforderungen durch die Regelung des § 1064 Abs. 1 abgeschwächt (BGH v. 23.2.2006 – III ZB 50/05; OLG Köln v. 21.02.2014 – 19 Sch 18/13; OLG München SchiedsVZ 2010, 169, 171; OLG Koblenz v. 28.7.2005 – 2 Sch 04/05; Zöller/*Geimer* § 1061 Rn 2, § 1064 Rn 5). Nach § 1064 Abs. 1 S. 1 ist dem Antrag auf Vollstreckbarerklärung der Schiedsspruch in Ur- oder beglaubigter Abschrift beizufügen; eine Übersetzung fremdsprachiger Schiedssprüche ist nicht erforderlich (BGH SchiedsVZ 2003, 281, 282; Hk-ZPO/*Saenger* § 1061 Rn 6). Das Gericht kann jedoch nach § 142 Abs. 3 eine Übersetzung des Schiedspruchs verlangen (OLG München v. 30.07.2012 – 34 Sch 18/10; Schwerdtfeger/*Eberl*/*Eberl* Kap. 7 Rn 121). Die Beglaubigung unterliegt keinen besonderen formellen Anforderungen (Zöller/*Geimer* § 1064 Rn 1; Hk-ZPO/*Saenger* § 1064 Rn 2). Gem. § 1064 Abs. 1 S. 2 kann die Beglaubigung durch den für das gerichtliche Verfahren bevollmächtigten Rechtsanwalt erfolgen (OLG München SchiedsVZ 2010, 169, 170; Hk-ZPO/*Saenger* § 1064 Rn 2). Für die Praxis ist es empfehlenswert, zumindest eine Übersetzung des Entscheidungstenors vorzulegen (Schwerdtfeger/*Eberl*/*Eberl* Kap. 7 Rn 121).

II. Erwiderung

1. Muster: Erwiderung auf den Antrag auf Vollstreckbarerklärung eines ausländischen Schiedsspruchs

▶ In der Schiedssache ...

- Schiedskläger und Antragsteller -

Verfahrensbevollmächtigte: ...

gegen ...

- Schiedsbeklagter und Antragsgegner -

Verfahrensbevollmächtigte: ...

beantragen wir namens und im Auftrag des Antragsgegners:

1. Es wird festgestellt, dass der Schiedsspruch vom ... im Inland nicht anzuerkennen ist.
2. Der Antragsgegner trägt die Kosten des Verfahrens.

Begründung

...[1] ◀

2. Erläuterungen

[1] **Geltendmachung von Anerkennungsversagungsgründen.** Der Antrag auf Vollstreckbarerklärung eines ausländischen Schiedsspruchs ist abzulehnen, wenn ihm ein Anerkennungsversagungsgrund nach Art. V UNÜ entgegensteht (Hk-ZPO/*Saenger* § 1061 Rn 8). Insofern besteht kein Ermessen des Gerichts (BeckOK ZPO/*Wilske*/*Markert* § 1061 Rn 14; Musielak/*Voit* § 1061 Rn 18). Die Anerkennungsversagungsgründe des Art. V Abs. 1 UNÜ sind durch das Gericht nur dann zu berücksichtigen, wenn sie vom Antragsgegner substantiiert geltend gemacht, vorgetragen und bewiesen werden (BGH NJW-RR 2001, 1059; Hk-ZPO/*Saenger* § 1061 Rn 8). Die Anerkennungsversagungsgründe des Art. V Abs. 2 UNÜ sind von Amts wegen zu berück-

sichtigen. Für die Praxis sind entsprechende Ausführungen üblich und zu empfehlen (Taktik im Schiedsverfahren/*Eberl* S. 208 ff). Die Anerkennungsversagungsgründe entsprechen im Wesentlichen den Aufhebungsgründen des § 1059 Abs. 2 (dazu ausführlich Taktik im Schiedsverfahren/*Eberl* S. 206 ff).

8 **Präklusion.** Die Frage, ob der Antragsgegner mit der Geltendmachung eines Einwands im Vollstreckbarerklärungsverfahren präkludiert ist, der im Erlassstaat durch fristgebundenen Rechtsbehelf oder im Schiedsverfahren hätte geltend gemacht werden können aber nicht geltend gemacht worden ist, war Gegenstand intensiver Auseinandersetzung in Literatur und Rechtsprechung (dazu vgl Taktik im Schiedsverfahren/*Eberl* S. 211 f). Vor Änderung des Schiedsverfahrensrechts durch das Schiedsverfahrens-Neuregelungsgesetz vom 22.12.1997 konnte der Einwand der Unzuständigkeit des Schiedsgerichts aufgrund fehlender oder unwirksamer Schiedsvereinbarung nach ständiger Rechtsprechung des BGH im Vollstreckbarerklärungsverfahren nicht mehr geltend gemacht werden, soweit dieser Einwand im Ausland mit einem fristgebundenen Rechtsbehelf hätte geltend gemacht werden können aber nicht geltend gemacht worden ist. Diese Rechtsprechung beruhte auf § 1044 Abs. 2 Nr. 1 aF, wonach der Antrag auf Vollstreckbarerklärung abzulehnen war, wenn der Schiedsspruch rechtsunwirksam war. Vorbehaltlich abweichender staatsvertraglicher Vereinbarung war für die Frage der Wirksamkeit des Schiedsspruchs das für das Schiedsverfahren geltende Recht maßgeblich. Wurde der Einwand einer fehlenden oder unwirksamen Schiedsvereinbarung nicht durch fristgebundenen Rechtsbehelf geltend gemacht, so ist der Schiedsspruch nach dem ausländischen Recht wirksam (BGH SchiedsVZ 2011, 105, 106). Ob sich diese Rechtslage zur Präklusion durch die Aufhebung des § 1044 aF geändert hat, ist umstritten, wurde aber durch die herrschende Meinung verneint (BGH NJW-RR 2001, 1059, 1060; OLG Karlsruhe SchiedsVZ 2006, 281, 282; dazu vgl. auch Taktik im Schiedsverfahren/*Eberl* S. 211). Nach dieser Auffassung war der Antragsgegner mit der Geltendmachung solcher Einwendungen präkludiert, die im Erlassstaat durch fristgemäßen Rechtsbehelf hätten geltend gemacht werden können, aber nicht geltend gemacht wurden. In seiner Entscheidung vom 16.12.2010 entschied der BGB nun, dass seine vormalige Präklusionsrechtsprechung im Hinblick auf die Rüge der Unzuständigkeit des Schiedsgerichts aufgrund fehlender oder unwirksamer Schiedsvereinbarung (§ 1044 Abs. 2 Nr. 1 aF) nicht aufrechterhalten bleiben kann. Demnach könne sich der Antragsgegner im Vollstreckbarerklärungsverfahren darauf berufen, dass dem Schiedsspruch keine oder keine gültige Schiedsvereinbarung zugrunde liegt. Nach Ansicht des BGH enthält weder § 1061 noch Art. V UNÜ einen Vorbehalt der Geltendmachung ausländischer Rechtsbehelfe gegen den Schiedsspruch. Allerdings ist zu berücksichtigen, dass nach dem Meistbegünstigungsgrundsatz (§ 1061 Abs. 1 S. 1, Art. VII Abs. 1 UNÜ) die Parteien das Recht haben, sich auf einen Schiedsspruch nach Maßgabe des innerstaatlichen Rechts oder der Verträge des Landes, in dem er geltend gemacht wird, zu berufen und damit die darin enthaltenen Präklusionsvorschriften die Geltendmachung von Einwendungen beschränken können (BGH SchiedsVZ 2011, 105, 106; dazu vgl. auch Hk-ZPO/ *Saenger* § 1061 Rn 16).

9 **Geltendmachung materiellrechtlicher Einwendungen.** Ebenso wie bei der Vollstreckbarerklärung inländischer Schiedssprüche können auch im Verfahren der Vollstreck-

barerklärung ausländischer Schiedssprüche materiellrechtliche Einwendungen gegen den im Schiedsspruch zuerkannten Anspruch geltend gemacht werden (BGH SchiedsVZ 2010, 275; Zöller/*Geimer* § 1061 Rn 54; Hk-ZPO/*Saenger* § 1061 Rn 17; Schwerdtfeger/*Eberl*/*Eberl* Kap. 7 Rn 127). Auf die Grundsätze zur Geltendmachung materiellrechtlicher Einwendungen im Verfahren der Vollstreckbarerklärung inländischer Schiedssprüche wird daher an dieser Stelle verwiesen (vgl oben § 1060 Rn 14).

B. Richterliche Sicht

I. Muster: Vollstreckbarerklärung eines ausländischen Schiedsspruchs

10

▶ In dem gerichtlichen Verfahren
betreffend die Schiedssache ...

- Schiedskläger und Antragsteller -

Verfahrensbevollmächtigte: ...

gegen ...

- Schiedsbeklagter und Antragsgegner -

Verfahrensbevollmächtigte: ...

wegen Vollstreckbarerklärung eines Schiedsspruchs

erlässt der ... Senat des Oberlandesgerichts ... unter Mitwirkung ...

ohne mündliche Verhandlung

am ...

folgenden

Beschluss[1]

I. Das Schiedsgericht, bestehend aus ..., ... und ... (Vorsitzender) erließ am ... in ... in dem zwischen dem Antragsteller und dem Antragsgegner geführten Schiedsverfahren folgenden Schiedsspruch:
...
II. Dieser Schiedsspruch wird für vollstreckbar erklärt.
III. Der Antragsgegner trägt die Kosten des Verfahrens.
IV. Der Beschluss ist vorläufig vollstreckbar.
V. Der Streitwert wird auf ... EUR festgesetzt.

Gründe

I. Die Parteien haben am ... einen Vertrag über ... geschlossen. Nachdem der Antragsteller den Vertrag gekündigt hatte, entstand zwischen den Parteien Streit über die Wirksamkeit der Kündigung und dem daraus folgenden Schaden. Am ... haben die Parteien eine Schiedsvereinbarung geschlossen, nach der sämtliche Streitigkeiten aus und im Zusammenhang mit dem Vertrag vom ... endgültig und unter Ausschluss der ordentlichen Gerichtsbarkeit durch ein Schiedsgericht zu entscheiden sind. Am ... hat das Schiedsgericht oben bezeichneten Schiedsspruch erlassen.
Unter Vorlage einer beglaubigten Kopie des Schiedsspruchs nebst beglaubigter Übersetzung des Tenors begehrt der Antragsteller, den Schiedsspruch für vollstreckbar zu erklären.

Der Antragsgegner beantragt die Abweisung dieses Antrags.
Der Antragsgegner trägt dazu vor ▄▄▄.

II. Der zulässige Antrag ist begründet.
1. Die Zuständigkeit ergibt sich aus §§ 1025 Abs. 4, 1062 Abs. 2 ZPO.
2. Die Zulässigkeitsvoraussetzungen nach §§ 1061 Abs. 1 S. 1, 1064 Abs. 1 S. 1, Abs. 3 ZPO iVm Art. VII Abs. 1 UN-Übereinkommen hat der Antragsteller durch Vorlage einer amtlich beglaubigten Kopie des Schiedsspruchs sowie einer durch einen vereidigten Dolmetscher angefertigten Übersetzung des Tenors des Schiedsspruchs erfüllt. Nach dem Grundsatz der Meistbegünstigung des Art. VII Abs. 1 UN-Übereinkommen hat die Vorschrift des § 1064 ZPO Vorrang vor Art. IV UN-Übereinkommen. Die Vorlage der Schiedsvereinbarung und einer Übersetzung des Schiedsspruchs ist keine Zulässigkeitsvoraussetzung (BGH SchiedsVZ 2003, 281, 282).
3. Dem Antrag auf Vollstreckbarerklärung ist stattzugeben, da keine Anerkennungs- und Versagungsgründe vorliegen (Art. V Abs. 1, Abs. 2 UNÜ, § 1061 Abs. 2 ZPO). Die Einwendungen des Antragsgegners greifen nicht durch ▄▄▄
4. Die Kostenentscheidung ergibt sich aus § 91 ZPO.
5. Der Ausspruch zur vorläufigen Vollstreckbarkeit folgt aus § 1064 Abs. 4 ZPO.
6. Der Streitwert war nach §§ 2, 3 ZPO zu ermitteln. ◄

II. Erläuterungen und Varianten

11 **[1] Zurückweisung des Antrags auf Vollstreckbarerklärung.** Lehnt das Gericht die Vollstreckbarerklärung eines ausländischen Schiedsspruchs ab, ist wie folgt zu tenorieren:

▶ I. Der durch das Schiedsgericht, bestehend aus ▄▄▄, ▄▄▄ und ▄▄▄ (Vorsitzender) am ▄▄▄ ergangene Schiedsspruch ist im Inland nicht anzuerkennen.
II. Der Antragsteller trägt die Kosten des gerichtlichen Verfahrens.
III. Der Streitwert wird auf ▄▄▄ EUR festgesetzt. ◄

Buch 11 Justizielle Zusammenarbeit in der Europäischen Union

Abschnitt 4 Europäische Vollstreckungstitel nach der Verordnung (EG) Nr. 805/2004

Titel 1 Bestätigung inländischer Titel als Europäische Vollstreckungstitel

§ 1079 Zuständigkeit

Für die Ausstellung der Bestätigungen nach
1. Artikel 9 Abs. 1, Artikel 24 Abs. 1, Artikel 25 Abs. 1 und
2. Artikel 6 Abs. 2 und 3

der Verordnung (EG) Nr. 805/2004 sind die Gerichte, Behörden oder Notare zuständig, denen die Erteilung einer vollstreckbaren Ausfertigung des Titels obliegt.

§ 1080 Entscheidung

(1) ¹Bestätigungen nach Artikel 9 Abs. 1, Artikel 24 Abs. 1, Artikel 25 Abs. 1 und Artikel 6 Abs. 3 der Verordnung (EG) Nr. 805/2004 sind ohne Anhörung des Schuldners auszustellen. ²Eine Ausfertigung der Bestätigung ist dem Schuldner von Amts wegen zuzustellen.

(2) Wird der Antrag auf Ausstellung einer Bestätigung zurückgewiesen, so sind die Vorschriften über die Anfechtung der Entscheidung über die Erteilung einer Vollstreckungsklausel entsprechend anzuwenden.

A. Anwaltliche Sicht
   I. Bestätigung als Europäischer Vollstreckungstitel
     1. Muster: Antrag des Gläubigers auf Bestätigung als Europäischer Vollstreckungstitel
     2. Erläuterungen
       [1] Zuständigkeit 2
       [2] Unbestrittene und unbedingte Geldforderung . 3
       [3] Verbraucherschutz 4
   II. Ersatzbestätigung nach einem Rechtsbehelf
     1. Muster: Antrag des Gläubigers auf Ersatzbestätigung nach einem Rechtsbehelf
     2. Erläuterungen
       [1] Zuständigkeit 6
       [2] Ersatzbestätigung 7
B. Richterliche Sicht
   I. Bestätigung einer gerichtlichen Entscheidung als Europäischer Vollstreckungstitel
     1. Bestätigung einer gerichtlichen Entscheidung als Europäischer Vollstreckungstitel gem. Art. 9 Abs. 1 EuVTVO (amtl. Formular: Anhang I) – Musterformular
     2. Erläuterungen
       [1] Bestätigung einer Entscheidung und Vollstreckung 9
       [2] Beachtung der Zuständigkeitsregeln der EuGVVO .. 10
       [3] Verbraucherschutz 11
       [4] Ordnungsgemäße Zustellung und Unterrichtung 12

   II. Bestätigung eines gerichtlichen Vergleichs als Europäischer Vollstreckungstitel
     1. Bestätigung eines gerichtlichen Vergleichs als Europäischer Vollstreckungstitel gem. Art. 24 Abs. 1 EuVTVO (amtl. Formular: Anhang II) – Musterformular
     2. Erläuterungen
       [1] Bestätigung eines Prozessvergleichs/einer öffentlichen Urkunde 14
   III. Bestätigung einer öffentlichen Urkunde als Europäischer Vollstreckungstitel
     1. Bestätigung einer öffentlichen Urkunde als Europäischer Vollstreckungstitel gem. Art. 25 Abs. 1 EuVTVO (amtl. Formular: Anhang III) – Musterformular
     2. Erläuterungen
       [1] Bestätigung eines Prozessvergleichs/einer öffentlichen Urkunde 16
   IV. Ersatzbestätigung als Europäischer Vollstreckungstitel im Folge eines Rechtsbehelfs
     1. Ersatzbestätigung als Europäischer Vollstreckungstitel in Folge eines Rechtsbehelfs (amtl. Formular: Anhang V) – Musterformular
     2. Erläuterungen
       [1] Bestätigung eines Prozessvergleichs/einer öffentlichen Urkunde 18

A. Anwaltliche Sicht

I. Bestätigung als Europäischer Vollstreckungstitel

1. Muster: Antrag des Gläubigers auf Bestätigung als Europäischer Vollstreckungstitel

▶ An das Amtsgericht ...[1]

In der Zwangsvollstreckungssache

... ./. ...

beantragen wir namens und in Vollmacht des Gläubigers ...,

zu dem Versäumnisurteil[2] des Amtsgerichts ... vom ... (Az ...) die Bestätigung als Europäischer Vollstreckungstitel zu erteilen.

Der Schuldner ist Verbraucher. Die Voraussetzungen des Art. 6 Abs. 1 lit. b und d EuVTVO sind erfüllt, denn bei Erlass der Entscheidung wohnte der Schuldner noch im Ursprungsland des Titels.[3]

...

Rechtsanwalt ◄

2. Erläuterungen

[1] **Zuständigkeit:** Nach der Verordnung (EG) Nr. 805/2004 zur Einführung eines Europäischen Vollstreckungstitels für unbestrittene Forderungen (kurz: EuVTVO) wird ein Titel aus einem EU-Staat über eine unbestrittene Forderung auf Antrag des Gläubigers im Ursprungsland als Europäischer Vollstreckungstitel bestätigt, so dass dieser in den anderen Staaten der EU ohne Weiteres wie ein inländischer Titel vollstreckt werden kann. Eine Vollstreckbarerklärung oder eine Anerkennung in dem Vollstreckungsland ist nicht mehr erforderlich (Art. 5 EuVTVO). Dies gilt für alle EU-Staaten mit Ausnahme Dänemarks (Art. 2 Abs. 3 EuVTVO). Ist ein Vollstreckungstitel in Deutschland begründet worden, so erteilt gemäß § 1079 die Stelle die Bestätigung als Europäischen Vollstreckungstitel, der auch die Erteilung der vollstreckbaren Ausfertigung obliegt. Im Falle eines Anerkenntnis- oder Versäumnisurteils, eines Prozessvergleichs (§ 794 Nr. 1), eines Kostenfestsetzungsbeschlusses (§ 794 Nr. 2) oder eines Vollstreckungsbescheides (§ 794 Nr. 4) ist der Antrag also an das **Gericht des ersten Rechtszuges** zu richten. Abweichend von § 724 Abs. 2 erteilt die Bestätigung als Europäischer Vollstreckungstitel gemäß § 20 Nr. 11 RPflG nicht der Urkundsbeamte der Geschäftsstelle, sondern der Rechtspfleger. Eine vollstreckbare notariellen Urkunde (§ 794 Nr. 5) ist gemäß § 797 Abs. 2 S. 1 ZPO iVm § 1079 von dem **Notar** als Europäischer Vollstreckungstitel zu bestätigen, der die Urkunde verwahrt. Wird die Urkunde bei Gericht oder einer Behörde verwahrt, ist die Bestätigung gemäß § 797 Abs. 1 bzw Abs. 2 S. 2 von dieser Stelle auszusprechen.

[2] **Unbestrittene und unbedingte Geldforderung:** Nach der EuVTVO können nur solche Titel als Europäische Vollstreckungstitel bestätigt werden, die eine unbestrittene Geldforderung zum Gegenstand haben. Die Geldforderung muss gemäß Art. 4 Nr. 2 EuVTVO entweder fällig sein oder das Fälligkeitsdatum muss sich aus dem Titel ergeben. Sie darf nicht von einer Bedingung abhängen. Es darf sich auch nicht um eine Zug-um-Zug-Verpflichtung handeln. Unbestritten ist eine Forderung, wenn der Schuldner sie entweder ausdrücklich anerkannt hat (Art. 3 Abs. 1 lit. a und d

EuVTVO) oder er in einem gerichtlichen Verfahren nicht widersprochen hat, obwohl ihm hierzu ausreichend Gelegenheit eingeräumt worden ist (Art. 3 Abs. 1 lit. b und c EuVTVO). Ist Deutschland das Ursprungsland des Titels kommt mithin eine Bestätigung als Europäischer Vollstreckungstitel in Betracht, wenn es sich bei dem Titel um ein **Anerkenntnisurteil** oder ein **Versäumnisurteil**, einen **Prozessvergleich** (§ 794 Abs. 1 Nr. 1), einen **Kostenfestsetzungsbeschluss** (§ 794 Abs. 1 Nr. 2), einen **Vollstreckungsbescheid** (§ 794 Abs. 1 Nr. 4) oder eine **vollstreckbare Urkunde** (§ 794 Abs. 1 Nr. 5) handelt.

[3] **Verbraucherschutz:** Zum Schutze der Verbraucher kann ein Titel, der nicht auf einem ausdrücklichen Anerkenntnis beruht, gemäß Art. 6 Abs. 1 lit. b und d EuVTVO nur dann als Europäischer Vollstreckungstitel bestätigt werden, wenn der Verbraucher in seinem Heimatland verklagt worden ist und dort die Entscheidung gegen ihn ergangen ist. Eine Vollstreckung in einem anderen EU-Staat ist dann allerdings nur erforderlich, wenn der Verbraucher nach der Entscheidung in einen anderen EU-Staat umzieht oder zumindest in einem anderen EU-Staat Vermögen hat, auf das im Wege der Vollstreckung zugegriffen werden soll. Damit ist der Europäische Vollstreckungstitel gegenüber Verbrauchern nur von geringer Bedeutung.

II. Ersatzbestätigung nach einem Rechtsbehelf

1. Muster: Antrag des Gläubigers auf Ersatzbestätigung nach einem Rechtsbehelf

▶ An das Amtsgericht ...[1]

In der Zwangsvollstreckungssache

... ./. ...

beantragen wir namens und in Vollmacht des Gläubigers ...,

zu dem Versäumnisurteil des Amtsgerichts ... vom ... (Az ...) eine Ersatzbestätigung zu erteilen, nachdem der Einspruch des Schuldners gegen das Versäumnisurteil durch Urteil vom ... (Az ...) zurückgewiesen worden ist.[2]

...

Rechtsanwalt ◀

2. Erläuterungen

[1] Siehe oben Rn 2.

[2] **Ersatzbestätigung nach zurückgewiesenem Rechtsbehelf:** Ist nach Anfechtung einer Entscheidung, die als Europäischer Vollstreckungstitel bestätigt worden ist, eine bestätigende Entscheidung ergangen, so wird gemäß Art. 6 Abs. 3 EuVTVO auf jederzeitigen Antrag des Gläubigers unter Verwendung des Formblatts in Anhang V eine Ersatzbestätigung ausgestellt, wenn diese Entscheidung im Ursprungsland vollstreckbar ist.

B. Richterliche Sicht
I. Bestätigung einer gerichtlichen Entscheidung als Europäischer Vollstreckungstitel

1. Muster: Bestätigung einer gerichtlichen Entscheidung als Europäischer Vollstreckungstitel gem. Art. 9 Abs. 1 EuVTVO[1]

1. Ursprungsmitgliedstaat: Belgien ☐ Tschechische Republik ☐ Deutschland ☐ Estland ☐ Griechenland ☐ Spanien ☐ Frankreich ☐ Irland ☐ Italien ☐ Zypern ☐ Lettland ☐ Litauen ☐ Luxemburg ☐ Ungarn ☐ Malta ☐ Niederlande ☐ Österreich ☐ Polen ☐ Portugal ☐ Slowakei ☐ Slowenien ☐ Finnland ☐ Schweden ☐ Vereinigtes Königreich ☐

2. Gericht, das die Bestätigung ausgestellt hat
2.1 Bezeichnung:
2.2 Anschrift:
2.3 Tel./Fax/E-Mail:

3. Falls abweichend, Gericht, das die Entscheidung erlassen hat
3.1 Bezeichnung:
3.2 Anschrift:
3.3 Tel./Fax/E-Mail:

4. Entscheidung
4.1 Datum:
4.2 Aktenzeichen:
4.3 Parteien
4.3.1 Name(n) und Anschrift(en) des/der Gläubiger(s):
4.3.2 Name(n) und Anschrift(en) des/der Schuldner(s):

5. Geldforderung laut Bestätigung
5.1 Betrag:
5.1.1 Währung: Euro ☐ Zypern-Pfund ☐ tschechische Krone ☐ estnische Krone ☐ Pfund Sterling ☐ Forint ☐ Krone ☐ Lats ☐ maltesische Lira ☐ Zloty ☐ Litas ☐ slowakische Krone ☐ Tolar ☐ schwedische Krone ☐ andere Währung ☐ (bitte angeben)

5.1.2 Falls sich die Geldforderung auf eine wiederkehrende Leistung bezieht
5.1.2.1 Höhe jeder Rate:
5.1.2.2 Fälligkeit der ersten Rate:
5.1.2.3 Fälligkeit der nachfolgenden Raten:
wöchentlich ☐ monatlich ☐ andere Zeitabstände (bitte angeben) ☐
5.1.2.4 Laufzeit der Forderung
5.1.2.4.1 Derzeit unbestimmt ☐ oder
5.1.2.4.2 Fälligkeit der letzten Rate:

5.2 Zinsen

5.2.1 Zinssatz

5.2.1.1 ... % oder

5.2.1.2 ... % über dem Basissatz der EZB ([1])

5.2.1.3 Anderer Wert (bitte angeben):

5.2.2 Fälligkeit der Zinsen:

5.3 Höhe der zu ersetzenden Kosten, falls in der Entscheidung angegeben:

6. Die Entscheidung ist im Ursprungsmitgliedstaat vollstreckbar ☐

7. Gegen die Entscheidung kann noch ein Rechtsmittel eingelegt werden

 Ja ☐ Nein ☐

8. Gegenstand der Entscheidung ist eine unbestrittene Forderung im Sinne von Artikel 3 Absatz 1 ☐

9. Die Entscheidung steht im Einklang mit Artikel 6 Absatz 1 Buchstabe b ☐ [2]

10. Die Entscheidung betrifft Verbrauchersachen [3]

 Ja ☐ Nein ☐

10.1 Wenn ja:

 Der Schuldner ist der Verbraucher

 Ja ☐ Nein ☐

10.2 Wenn ja:

 Der Schuldner hat seinen Wohnsitz im Ursprungsmitgliedstaat (im Sinne von Artikel 59 der Verordnung (EG) Nr. 44/2001) ☐

11. Zustellung des verfahrenseinleitenden Schriftstücks nach Maßgabe von Kapitel III, sofern anwendbar [4]

 Ja ☐ Nein ☐

11.1 Die Zustellung ist gemäß Artikel 13 erfolgt ☐

 oder die Zustellung ist gemäß Artikel 14 erfolgt ☐

 oder der Schuldner hat das Schriftstück nachweislich im Sinne von Artikel 18 Absatz 2 erhalten ☐

11.2 Ordnungsgemäße Unterrichtung

 Der Schuldner wurde nach Maßgabe der Artikel 16 und 17 unterrichtet ☐

12. Zustellung von Ladungen, sofern anwendbar

 Ja ☐ Nein ☐

([1]) Von der Europäischen Zentralbank auf ihre Hauptrefinanzierungsoperationen angewendeter Zinssatz.

12.1 Die Zustellung ist gemäß Artikel 13 erfolgt ☐

oder die Zustellung ist gemäß Artikel 14 erfolgt ☐

▶︎(1)oder der Schuldner hat die Ladung nachweislich im Sinne von Artikel 18 Absatz 2 erhalten ☐◀︎

12.2 Ordnungsgemäße Unterrichtung

Der Schuldner wurde nach Maßgabe des Artikels 17 unterrichtet ☐

13. Heilung von Verfahrensmängeln infolge der Nichteinhaltung der Mindestvorschriften gemäß Artikel 18 Absatz 1

13.1 Die Entscheidung wurde gemäß Artikel 13 zugestellt ☐

oder die Entscheidung wurde gemäß Artikel 14 zugestellt ☐

oder der Schuldner hat die Entscheidung nachweislich im Sinne von Artikel 18 Absatz 2 erhalten ☐

13.2 Ordnungsgemäße Unterrichtung

Der Schuldner wurde nach Maßgabe des Artikels 18 Absatz 1 Buchstabe b unterrichtet ☐

13.3 Der Schuldner hatte die Möglichkeit, einen Rechtsbehelf gegen die Entscheidung einzulegen

Ja ☐   Nein ☐

13.4 Der Schuldner hat keinen Rechtsbehelf gemäß den einschlägigen Verfahrensvorschriften eingelegt

Ja ☐   Nein ☐

Geschehen zu .... am ....

....
Unterschrift und/oder Stempel

2. Erläuterungen

9 **[1] Bestätigung einer Entscheidung und Vollstreckung:** Für die Bestätigung einer Entscheidung als Europäischer Vollstreckungstitel ist das Formblatt in Anhang I der EuVTVO vorgesehen (Art. 9 Abs. 1 EuVTVO), das vom Gericht ausgefüllt wird, das den Vollstreckungstitel erlassen hat (Art. 6 Abs. 1 EuVTVO). Die Bestätigung als Europäischer Vollstreckungstitel wird in der Sprache ausgestellt, in der die Entscheidung abgefasst ist (Art. 9 Abs. 1 EuVTVO). Vor der Bestätigung wird der Schuldner gemäß § 1080 Abs. 1 S. 1 nicht angehört. Die erteilte Bestätigung wird ihm nach § 1080 Abs. 1 S. 2 von Amts wegen zugestellt. Dem Gläubiger wird die Bestätigung formlos übersandt. Eine als Europäischer Vollstreckungstitel bestätigte Entscheidung kann dann unter den gleichen Bedingungen vollstreckt werden wie eine im Vollstreckungsstaat ergangene Entscheidung (Art. 20 Abs. 1 EuVTVO). Den Vollstreckungsbehörden im Vollstreckungsstaat muss eine vollstreckbare Ausfertigung, die Bestätigung als Europäischer Vollstreckungstitel und ggf eine Transkription oder Übersetzung der Bestätigung vorgelegt werden (Art. 20 Abs. 2 EuVTVO).

10 **[2] Beachtung der Zuständigkeitsregeln der EuGVVO:** Gemäß Art. 6 Abs. 1 lit. b EuVTVO setzt die Bestätigung einer Entscheidung als Europäischer Vollstreckungstitel voraus, dass die Entscheidung nicht unter Verletzung der Zuständigkeitsregeln in Kapitel II Abschnitte 3 und 6 der EG-Verordnung Nr. 44/2001 über die gerichtliche

Zuständigkeit und die Anerkennung und Vollstreckung von Entscheidungen in Zivil- und Handelssachen (kurz: EuGVVO) zustande gekommen ist.

[3] **Verbraucherschutz:** Zum Schutze der Verbraucher kann ein Titel, der nicht auf einem ausdrücklichen Anerkenntnis beruht, gemäß Art. 6 Abs. 1 lit. b und d EuVTVO nur dann als Europäischer Vollstreckungstitel bestätigt werden, wenn der Verbraucher in seinem Heimatland verklagt worden ist und dort die Entscheidung gegen ihn ergangen ist.

[4] **Ordnungsgemäße Zustellung und Unterrichtung:** Durch die „Mindestvorschriften für das Verfahren für unbestrittene Forderungen" in den Art. 12 bis 18 EuVTVO soll gewährleistet werden, dass nur solche Titel, die auf Säumnis bzw einem fehlenden Widerspruch beruhen, als Europäische Vollstreckungstitel bestätigt werden, vor deren Erlass der Schuldner ordnungsgemäß unterrichtet worden ist und ihm verfahrensleitende Schriftstücke wirklich zugestellt worden sind, so dass er auch tatsächlich die Möglichkeit eines Widerspruchs hatte.

II. Bestätigung eines gerichtlichen Vergleichs als Europäischer Vollstreckungstitel

13 1. Muster: Bestätigung eines gerichtlichen Vergleichs als Europäischer Vollstreckungstitel gem. Art. 24 Abs. 1 EuVTVO [1]

1. Ursprungsmitgliedstaat: Belgien ☐ Tschechische Republik ☐ Deutschland ☐ Estland ☐ Griechenland ☐ Spanien ☐ Frankreich ☐ Irland ☐ Italien ☐ Zypern ☐ Lettland ☐ Litauen ☐ Luxemburg ☐ Ungarn ☐ Malta ☐ Niederlande ☐ Österreich ☐ Polen ☐ Portugal ☐ Slowakei ☐ Slowenien ☐ Finnland ☐ Schweden ☐ Vereinigtes Königreich ☐

2. Gericht, das die Bestätigung ausgestellt hat

2. Bezeichnung:

2.2 Anschrift:

2.3 Tel./Fax/E-Mail:

3. Falls abweichend, Gericht, das den Vergleich gebilligt hat oder vor dem er geschlossen wurde

3.1 Bezeichnung:

3.2 Anschrift:

3.3 Tel./Fax/E-Mail:

4. Gerichtlicher Vergleich

4.1 Datum:

4.2 Aktenzeichen:

4.3 Parteien

4.3.1 Name(n) und Anschrift(en) des/der Gläubiger(s):

4.3.2 Name(n) und Anschrift(en) des/der Schuldner(s):

5. Geldforderung laut Bestätigung

5.1 Betrag:

5.1.1 Währung: Euro ☐ Zypern-Pfund ☐ tschechische Krone ☐ estnische Krone ☐
Pfund Sterling ☐ Forint ☐ Litas ☐ Lats ☐
maltesische Lira ☐ Zloty ☐ schwedische Krone ☐ slowakische Krone ☐
Tolar ☐
andere Währung
(bitte angeben) ☐

5.1.2 Falls sich die Geldforderung auf eine wiederkehrende Leistung bezieht

5.1.2.1 Höhe jeder Rate:

5.1.2.2 Fälligkeit der ersten Rate:

5.1.2.3 Fälligkeit der nachfolgenden Raten:
wöchentlich ☐ monatlich ☐ andere Zeitabstände (bitte angeben) ☐

5.1.2.4 Laufzeit der Forderung

5.1.2.4.1 Derzeit unbestimmt ☐ oder

5.1.2.4.2 Fälligkeit der letzten Rate:

5.2	Zinsen
5.2.1	Zinssatz
5.2.1.1	... % oder
5.2.1.2	... % über dem Basissatz der EZB (^{1})
5.2.1.3	Anderer Wert (bitte angeben):
5.2.2	Fälligkeit der Zinsen:
5.3	Höhe der zu ersetzenden Kosten, falls im gerichtlichen Vergleich angegeben:
6.	Der gerichtliche Vergleich ist im Ursprungsmitgliedstaat vollstreckbar ☐

Geschehen zu .... am ....

....
Unterschrift und/oder Stempel

(^{1}) Von der Europäischen Zentralbank auf ihre Hauptrefinanzierungsoperationen angewendeter Zinssatz.

2. Erläuterungen

[1] Für die **Bestätigung eines Prozessvergleichs oder einer öffentlichen Urkunde** sind die amtlichen Formblätter in Anhang II und III der EuVTVO vorgesehen (Art. 24 Abs. 1 und Art. 25 Abs. 1 EuVTVO). Das Formblatt in Anhang II ist im Falle eines in Deutschland geschlossenen Prozessvergleichs vom Rechtspfleger des Gerichts auszufüllen, vor welchem der Prozessvergleich geschlossen bzw das den Vergleich durch Beschluss festgestellt hat. Im Falle einer vollstreckbaren Urkunde wird das Formblatt in Anhang III von dem Notar ausgefüllt, der die Urkunde aufbewahrt (siehe Rn 1 und 4).

III. Bestätigung einer öffentlichen Urkunde als Europäischer Vollstreckungstitel

15 **1. Muster: Bestätigung einer öffentlichen Urkunde als Europäischer Vollstreckungstitel gem. Art. 25 Abs. 1 EuVTVO** [1]

1. Ursprungsmitgliedstaat: Belgien ☐ Tschechische Republik ☐ Deutschland ☐ Estland ☐ Griechenland ☐
Spanien ☐ Frankreich ☐ Irland ☐ Italien ☐ Zypern ☐ Lettland ☐
Litauen ☐ Luxemburg ☐ Ungarn ☐ Malta ☐ Niederlande ☐
Österreich ☐ Polen ☐ Portugal ☐ Slowakei ☐ Slowenien ☐ Finnland ☐
Schweden ☐ Vereinigtes Königreich ☐

2. Gericht/befugte Stelle, das/die die Bestätigung ausgestellt hat

2.1 Bezeichnung:

2.2 Anschrift:

2.3 Tel./Fax/E-Mail:

3. Falls abweichend, Gericht/befugte Stelle, das/die die öffentliche Urkunde aufgenommen oder registriert hat

3.1 Bezeichnung:

3.2 Anschrift:

3.3 Tel./Fax/E-Mail:

4. Öffentliche Urkunde

4.1 Datum:

4.2 Aktenzeichen:

4.3 Parteien

4.3.1 Name(n) und Anschrift(en) des/der Gläubiger(s):

4.3.2 Name(n) und Anschrift(en) des/der Schuldner(s):

5. Geldforderung laut Bestätigung

5.1 Betrag:

5.1.1 Währung: Euro ☐ Zypern-Pfund ☐ tschechische Krone ☐ estnische Krone ☐
Pfund Sterling ☐ Forint ☐ Litas ☐ Lats ☐
maltesische Lira ☐ Zloty ☐ schwedische Krone ☐ slowakische Krone ☐
Tolar ☐
andere Währung
(bitte angeben) ☐

5.1.2 Falls sich die Geldforderung auf eine wiederkehrende Leistung bezieht

5.1.2.1 Höhe jeder Rate:

5.1.2.2 Fälligkeit der ersten Rate:

5.1.2.3 Fälligkeit der nachfolgenden Raten:

wöchentlich ☐ monatlich ☐ andere Zeitabstände (bitte angeben) ☐

5.1.2.4 Laufzeit der Forderung

5.1.2.4.1 Derzeit unbestimmt ☐ oder

5.1.2.4.2 Fälligkeit der letzten Rate:

5.2　Zinsen

5.2.1　Zinssatz

5.2.1.1　... % oder

5.2.1.2　... % über dem Basissatz der EZB ([1])

5.2.1.3　Anderer Wert (bitte angeben):

5.2.2　Fälligkeit der Zinsen:

5.3　Höhe der zu ersetzenden Kosten, falls in der öffentlichen Urkunde angegeben:

6.　Die öffentliche Urkunde ist im Ursprungsmitgliedstaat vollstreckbar ☐

Geschehen zu .... am ....

....
Unterschrift und/oder Stempel

([1]) Von der Europäischen Zentralbank auf ihre Hauptrefinanzierungsoperationen angewendeter Zinssatz.

2. Erläuterungen

[1] Siehe oben Rn 14. 16

IV. Ersatzbestätigung als Europäischer Vollstreckungstitel infolge eines Rechtsbehelfs

17 1. Muster: Ersatzbestätigung als Europäischer Vollstreckungstitel infolge eines Rechtsbehelfs[1]

A. Gegen folgende(n), als Europäischer Vollstreckungstitel bestätigte(n) Entscheidung/gerichtlichen Vergleich/öffentliche Urkunde (*) wurde ein Rechtsbehelf eingelegt:

1. Ursprungsmitgliedstaat: Belgien ☐ Tschechische Republik ☐ Deutschland ☐ Estland ☐ Griechenland ☐ Spanien ☐ Frankreich ☐ Irland ☐ Italien ☐ Zypern ☐ Lettland ☐ Litauen ☐ Luxemburg ☐ Ungarn ☐ Malta ☐ Niederlande ☐ Österreich ☐ Polen ☐ Portugal ☐ Slowakei ☐ Slowenien ☐ Finnland ☐ Schweden ☐ Vereinigtes Königreich ☐

2. Gericht/befugte Stelle, das/die die Bestätigung ausgestellt hat

2.1 Bezeichnung:

2.2 Anschrift:

2.3 Tel./Fax/E-Mail:

3. Falls abweichend,

— Gericht, das die Entscheidung erlassen hat (*)

— Gericht, von dem der gerichtliche Vergleich gebilligt bzw. vor dem er geschlossen wurde (*)

— Gericht/befugte Stelle, das/die die öffentliche Urkunde aufgenommen oder registriert hat (*)

3.1 Bezeichnung:

3.2 Anschrift:

3.3 Tel./Fax/E-Mail:

4. Entscheidung/gerichtlicher Vergleich/öffentliche Urkunde (*)

4.1 Datum:

4.2 Aktenzeichen:

4.3 Parteien

4.3.1 Name(n) und Anschrift(en) des/der Gläubiger(s):

4.3.2 Name(n) und Anschrift(en) des/der Schuldner(s):

B. Auf diesen Rechtsbehelf hin ist folgende Entscheidung ergangen, die hiermit als Europäischer Vollstreckungstitel bestätigt wird, der den ursprünglichen Europäischen Vollstreckungstitel ersetzt

1. Gericht

1.1 Bezeichnung:

1.2 Anschrift:

1.3 Tel./Fax/E-Mail:

2. Entscheidung

2.1 Datum:

2.2 Aktenzeichen:

3. Geldforderung laut Bestätigung

3.1 Betrag:

(*) Unzutreffendes streichen.

Abschnitt 4 | Europäische Vollstreckungstitel, VO (EG) Nr. 805/2004 § 1080

3.1.1 Währung: Euro ☐ Zypern-Pfund ☐ tschechische Krone ☐ estnische Krone ☐
Pfund Sterling ☐ Forint ☐ Litas ☐ Lats ☐
maltesische Lira ☐ Zloty ☐ schwedische Krone ☐ slowakische Krone ☐
Tolar ☐
andere Währung
(bitte angeben) ☐

3.1.2 Falls sich die Geldforderung auf eine wiederkehrende Leistung bezieht

3.1.2.1 Höhe jeder Rate:

3.1.2.2 Fälligkeit der ersten Rate:

3.1.2.3 Fälligkeit der nachfolgenden Raten:

wöchentlich ☐   monatlich ☐   andere Zeitabstände (bitte angeben) ☐

3.1.2.4 Laufzeit der Forderung

3.1.2.4.1 Derzeit unbestimmt ☐ oder

3.1.2.4.2 Fälligkeit der letzten Rate:

3.2 Zinsen

3.2.1 Zinssatz

3.2.1.1 … % oder

3.2.1.2 … % über dem Basissatz der EZB

3.2.1.3 Anderer Wert (bitte angeben):

3.2.2 Fälligkeit der Zinsen:

3.3 Höhe der zu ersetzenden Kosten, falls in der Entscheidung angegeben:

4. Die Entscheidung ist im Ursprungsmitgliedstaat vollstreckbar ☐

5. Gegen die Entscheidung können noch weitere Rechtsbehelfe eingelegt werden

   Ja ☐   Nein ☐

6. Die Entscheidung steht im Einklang mit Artikel 6 Absatz 1 Buchstabe b ☐

7. Die Entscheidung betrifft Verbrauchersachen

   Ja ☐   Nein ☐

7.1 Wenn ja:

   Der Schuldner ist der Verbraucher

   Ja ☐   Nein ☐

7.2 Wenn ja:

   Der Schuldner hat seinen Wohnsitz im Ursprungsmitgliedstaat im Sinne von Artikel 59 der Verordnung (EG) Nr. 44/2001 ☐

8. Zum Zeitpunkt der Entscheidung nach Einlegung des Rechtsbehelfs ist die Forderung unbestritten im Sinne des Artikels 3 Absatz 1 Buchstaben b oder c

   Ja ☐   Nein ☐

Brögelmann

Wenn ja:

8.1 Zustellung des den Rechtsbehelf einleitenden Schriftstücks

Hat der Schuldner Rechtsbehelf eingelegt?

Ja ☐   Nein ☐

Wenn ja:

8.1.1 Die Zustellung ist gemäß Artikel 13 erfolgt ☐

oder die Zustellung ist gemäß Artikel 14 erfolgt ☐

oder der Schuldner hat das Schriftstück nachweislich im Sinne von Artikel 18 Absatz 2 erhalten ☐

8.1.2 Ordnungsgemäße Unterrichtung

Der Schuldner wurde nach Maßgabe der Artikel 16 und 17 unterrichtet ☐

8.2 Zustellung von Ladungen, sofern anwendbar

Ja ☐   Nein ☐

8.2.1 Die Zustellung ist gemäß Artikel 13 erfolgt ☐

oder die Zustellung ist gemäß Artikel 14 erfolgt ☐

oder der Schuldner hat die Ladung nachweislich im Sinne von Artikel 18 Absatz 2 erhalten ☐

8.2.2 Ordnungsgemäße Unterrichtung

Der Schuldner wurde nach Maßgabe des Artikels 17 unterrichtet ☐

8.3 Heilung von Verfahrensmängeln infolge der Nichteinhaltung der Mindestvorschriften gemäß Artikel 18 Absatz 1

8.3.1 Die Entscheidung wurde gemäß Artikel 13 zugestellt ☐

oder die Entscheidung wurde gemäß Artikel 14 zugestellt ☐

oder der Schuldner hat die Entscheidung nachweislich im Sinne von Artikel 18 Absatz 2 erhalten ☐

8.3.2 Ordnungsgemäße Unterrichtung

Der Schuldner wurde nach Maßgabe des Artikels 18 Absatz 1 Buchstabe b unterrichtet ☐

Geschehen zu .... am ....

Unterschrift und/oder Stempel

2. Erläuterungen

18 [1] Siehe oben Rn 14.

§ 1081 Berichtigung und Widerruf

(1) ¹Ein Antrag nach Artikel 10 Abs. 1 der Verordnung (EG) Nr. 805/2004 auf Berichtigung oder Widerruf einer gerichtlichen Bestätigung ist bei dem Gericht zu stellen, das die Bestätigung ausgestellt hat. ²Über den Antrag entscheidet dieses Ge-

richt. ³Ein Antrag auf Berichtigung oder Widerruf einer notariellen oder behördlichen Bestätigung ist an die Stelle zu richten, die die Bestätigung ausgestellt hat. ⁴Die Notare oder Behörden leiten den Antrag unverzüglich dem Amtsgericht, in dessen Bezirk sie ihren Sitz haben, zur Entscheidung zu.

(2) ¹Der Antrag auf Widerruf durch den Schuldner ist nur binnen einer Frist von einem Monat zulässig. ²Ist die Bestätigung im Ausland zuzustellen, beträgt die Frist zwei Monate. ³Sie ist eine Notfrist und beginnt mit der Zustellung der Bestätigung, jedoch frühestens mit der Zustellung des Titels, auf den sich die Bestätigung bezieht. ⁴In dem Antrag auf Widerruf sind die Gründe darzulegen, weshalb die Bestätigung eindeutig zu Unrecht erteilt worden ist.

(3) § 319 Abs. 2 und 3 ist auf die Berichtigung und den Widerruf entsprechend anzuwenden.

A. Antrag auf Berichtigung oder Widerruf der Bestätigung als Europäischer Vollstreckungstitel gem. Art. 10 Abs. 3 EuVTVO

B. Erläuterungen
[1] Antrag 2
[2] Berichtigung 3
[3] Widerruf 4

1 **A. Muster: Antrag auf Berichtigung oder Widerruf der Bestätigung als Europäischer Vollstreckungstitel gem. Art. 10 Abs. 3 EuVTVO[1]**

DER FOLGENDE EUROPÄISCHE VOLLSTRECKUNGSTITEL

1. Ursprungsmitgliedstaat: Belgien ☐ Tschechische Republik ☐ Deutschland ☐ Estland ☐ Griechenland ☐ Spanien ☐ Frankreich ☐ Irland ☐ Italien ☐ Zypern ☐ Lettland ☐ Litauen ☐ Luxemburg ☐ Ungarn ☐ Malta ☐ Niederlande ☐ Österreich ☐ Polen ☐ Portugal ☐ Slowakei ☐ Slowenien ☐ Finnland ☐ Schweden ☐ Vereinigtes Königreich ☐

2. Gericht/befugte Stelle, das/die die Bestätigung ausgestellt hat

2.1 Bezeichnung:

2.2 Anschrift:

2.3 Tel./Fax/E-Mail:

3. Falls abweichend

— Gericht, das die Entscheidung erlassen hat (*)

— Gericht, von dem der gerichtliche Vergleich gebilligt bzw. vor dem er geschlossen wurde (*)

— Gericht/befugte Stelle, das/die die öffentliche Urkunde aufgenommen oder registriert hat (*)

3.1 Bezeichnung:

3.2 Anschrift:

3.3 Tel./Fax/E-Mail:

4. Entscheidung/gerichtlicher Vergleich/öffentliche Urkunde

4.1 Datum:

4.2 Aktenzeichen:

4.3 Parteien

4.3.1 Name(n) und Anschrift(en) des/der Gläubiger(s):

4.3.2 Name(n) und Anschrift(en) des/der Schuldner(s):

5. [2]MUSS BERICHTIGT WERDEN, da aufgrund eines materiellen Fehlers der Europäische Vollstreckungstitel und die zugrunde liegende Entscheidung/der zugrunde liegende gerichtliche Vergleich/die zugrunde liegende öffentliche Urkunde folgende Abweichung aufweisen (bitte darlegen) ☐

6. MUSS WIDERRUFEN WERDEN, da [3]

6.1 die bestätigte Entscheidung einen Verbrauchervertrag betrifft, jedoch in einem Mitgliedstaat ergangen ist, in dem der Verbraucher keinen Wohnsitz im Sinne von Artikel 59 der Verordnung (EG) Nr. 44/2001 hat ☐

6.2 die Bestätigung als Europäischer Vollstreckungstitel aus einem anderem Grund eindeutig zu Unrecht erteilt wurde (bitte darlegen) ☐

Geschehen zu .... am ....

....
Unterschrift und/oder Stempel

(*) Unzutreffendes streichen.

B. Erläuterungen

2 **[1] Antrag:** Der Anhang VI stellt ein amtliches Formblatt für einen Antrag gemäß Art. 10 Abs. 1 EuVTVO auf Berichtigung oder Widerruf einer erteilten Bestätigung als Europäischer Vollstreckungstitel bereit. Der Antrag ist nach § 1081 Abs. 1 S. 1 und S. 3 bei der Stelle einzureichen, welche die Bestätigung erteilt hat. Hat ein Notar

zu einer vollstreckbaren Urkunde eine Bestätigung erteilt, so ist dementsprechend der Antrag an den Notar zu richten. Der Notar entscheidet allerdings nicht selbst, sondern leitet den Antrag gemäß § 1081 Abs. 1 S. 4 unverzüglich an das Amtsgericht weiter, in dessen Bezirk er seinen Sitz hat. Über den Antrag entscheidet immer ein Gericht. Funktionell zuständig ist gemäß § 20 Nr. 11 RPflG der Rechtspfleger. Einen Antrag auf Berichtigung können sowohl der Gläubiger als auch der Schuldner stellen. Weil an einem Widerruf der Bestätigung nur der Schuldner ein berechtigtes Interesse haben kann, ist nur er antragsbefugt.

[2] Eine **Berichtigung** der Bestätigung ist gemäß Art. 10 Abs. 1 lit. a EuVTVO zulässig, wenn die Angaben in der Bestätigung von dem Titel abweichen, dh falsch übertragen worden sind. 3

[3] Ein **Widerruf** erfordert gemäß Art. 10 Abs. 1 lit. b EuVTVO, dass die Voraussetzungen für die Erteilung „eindeutig" nicht vorlagen. Ein Widerruf ist nach Nr. 6.1 des Formblatts (Anhang VI der EuVTVO) insbesondere dann möglich, wenn der Schuldner ein Verbraucher ist und die der Bestätigung zugrunde liegende Entscheidung aber nicht in dem Mitgliedstaat ergangen ist, in dem der Schuldner seinen Wohnsitz hat. Im Übrigen müssen gemäß § 1081 Abs. 2 S. 4 die Gründe dargelegt werden, weshalb die Bestätigung eindeutig zu Unrecht erteilt worden ist. 4

Titel 2 Zwangsvollstreckung aus Europäischen Vollstreckungstiteln im Inland

§ 1082 Vollstreckungstitel
Aus einem Titel, der in einem anderen Mitgliedstaat der Europäischen Union nach der Verordnung (EG) Nr. 805/2004 als Europäischer Vollstreckungstitel bestätigt worden ist, findet die Zwangsvollstreckung im Inland statt, ohne dass es einer Vollstreckungsklausel bedarf.

§ 1083 Übersetzung
Hat der Gläubiger nach Artikel 20 Abs. 2 Buchstabe c der Verordnung (EG) Nr. 805/2004 eine Übersetzung vorzulegen, so ist diese in deutscher Sprache zu verfassen und von einer hierzu in einem der Mitgliedstaaten der Europäischen Union befugten Person zu beglaubigen.

§ 1084 Anträge nach den Artikeln 21 und 23 der Verordnung (EG) Nr. 805/2004

(1) ¹Für Anträge auf Verweigerung, Aussetzung oder Beschränkung der Zwangsvollstreckung nach den Artikeln 21 und 23 der Verordnung (EG) Nr. 805/2004 ist das Amtsgericht als Vollstreckungsgericht zuständig. ²Die Vorschriften des Buches 8 über die örtliche Zuständigkeit des Vollstreckungsgerichts sind entsprechend anzuwenden. ³Die Zuständigkeit nach den Sätzen 1 und 2 ist ausschließlich.
(2) ¹Die Entscheidung über den Antrag nach Artikel 21 der Verordnung (EG) Nr. 805/2004 ergeht durch Beschluss. ²Auf die Einstellung der Zwangsvollstreckung und die Aufhebung der bereits getroffenen Vollstreckungsmaßregeln sind § 769

Abs. 1 und 3 sowie § 770 entsprechend anzuwenden. ³Die Aufhebung einer Vollstreckungsmaßregel ist auch ohne Sicherheitsleistung zulässig.

(3) ¹Über den Antrag auf Aussetzung oder Beschränkung der Vollstreckung nach Artikel 23 der Verordnung (EG) Nr. 805/2004 wird durch einstweilige Anordnung entschieden. ²Die Entscheidung ist unanfechtbar.

A. Verweigerung der Vollstreckung
   I. Muster: Antrag des Schuldners auf Verweigerung der Vollstreckung gem. Art. 21 EuVTVO
   II. Erläuterungen
      [1] Zuständigkeit 2
      [2] Ne bis in idem 3
      [3] Titelkollision 4
B. Beschränkung oder Aussetzung der Vollstreckung
   I. Muster: Antrag des Schuldners auf Beschränkung oder Aussetzung der Vollstreckung gem. Art. 23 EuVTVO
   II. Erläuterungen
      [1] Zuständigkeit 6
      [2] Beschränkung der Vollstreckung 7

A. Verweigerung der Vollstreckung

1 I. Muster: Antrag des Schuldners auf Verweigerung der Vollstreckung gem. Art. 21 EuVTVO

▶ An das Amtsgericht ...[1]

- Vollstreckungsgericht -

In der Zwangsvollstreckungssache

des ...

Gläubigers,

Verfahrensbevollmächtigte: ...

gegen

...

Schuldner,

Verfahrensbevollmächtigte: ...

beantragen wir namens und in Vollmacht des Schuldners,

1. die Zwangsvollstreckung aus dem als Europäischer Vollstreckungstitel bestätigten Urteil des ... [Gericht] aus ... [EU-Staat] vom ... (Az ...) zu verweigern[2] und
2. vorab die Zwangsvollstreckung – ohne Sicherheitsleistung – einstweilen einzustellen.[3]

Begründung

Der Gläubiger betreibt aus dem im Antrag bezeichneten Titel die Zwangsvollstreckung gegen den Schuldner in Deutschland. Der in diesem Titel festgestellte angebliche Anspruch des Gläubigers gegen den Schuldner ist allerdings in Deutschland bereits vor Erlass des Titels mit Urteil des Landgerichts ... vom ... (Az ...) abgewiesen worden.

Beweis: Kopie des Urteils des Landgerichts ... vom ... (Az ...)

Da der Schuldner von dem im Antrag bezeichneten Titel erst durch die gegen ihn gerichtete Vollstreckung erfahren hat, konnte er auf das bereits zuvor ergangene widersprechende Urteil des Landgerichts ... vom ... aus Deutschland nicht früher hinweisen.[2]

Folgende Vollstreckungsmaßnahmen sind gegen den Schuldner bereits durchgeführt worden: ...

Beweis: ...

Wegen des klaren Verstoßes gegen den Grundsatz ne bis in idem bitten wir vorab um sofortige einstweilige Einstellung der Zwangsvollstreckung.

...

Rechtsanwalt ◄

II. Erläuterungen

[1] **Zuständigkeit:** Für einen Antrag nach Art. 21 EuVTVO auf Verweigerung der Vollstreckung wegen einer früheren entgegengesetzten Entscheidung ist gemäß §§ 1084 Abs. 1, 764 das Amtsgericht als Vollstreckungsgericht zuständig, in dessen Bezirk die Vollstreckung stattfindet bzw stattfinden soll. Im Falle der Forderungspfändung ist gemäß § 828 Abs. 2 das Vollstreckungsgericht zuständig, in dem der Schuldner seinen allgemeinen Gerichtsstand hat. Dieselbe Zuständigkeitsregelung gilt auch für einen Antrag auf Beschränkung oder Aussetzung der Vollstreckung nach Art. 23 EuVTVO wegen Einlegung eines Rechtsbehelfs gegen eine als Europäischer Vollstreckungstitel bestätigte Entscheidung oder wegen eines Berichtigungsantrages hinsichtlich der Bestätigung.

[2] **Ne bis in idem:** Ein Antrag nach Art. 21 EuVTVO ist begründet, wenn die als Europäischer Vollstreckungstitel bestätigte Entscheidung mit einer früheren Entscheidung wegen eines Verstoßes gegen den Grundsatz ne bis in idem unvereinbar ist. Das setzt einen identischen Streitgegenstand und Parteiidentität hinsichtlich beider Entscheidungen voraus. Die frühere Entscheidung muss zumindest als Europäischer Titel bestätigungsfähig sein. Schutzwürdig ist der Schuldner nur, wenn er keine Möglichkeit hatte, den Erlass der zweiten Entscheidung unter Hinweis auf die bereits zuvor ergangene entgegenstehende Entscheidung im Ursprungsland zu verhindern. Die Entscheidung des Vollstreckungsgerichts ergeht gemäß § 1084 Abs. 2 S. 1 durch Beschluss.

[3] **Einstweilige Einstellung bei „Titelkollision":** Bis zur Entscheidung in der Hauptsache kann das Vollstreckungsgericht die Vollstreckung gemäß §§ 1084 Abs. 2 S. 2, 769 Abs. 1 auf Antrag einstweilen einstellen. Gemäß § 1084 Abs. 2 S. 3 ist ausdrücklich auch eine Einstellung ohne Sicherheitsleistung zulässig, die bei einem klaren Verstoß gegen den Grundsatz ne bis in idem regelmäßig geboten ist.

B. Beschränkung oder Aussetzung der Vollstreckung

I. Muster: Antrag des Schuldners auf Beschränkung oder Aussetzung der Vollstreckung gem. Art. 23 EuVTVO

▶ An das Amtsgericht ...[1]

- Vollstreckungsgericht -

§ 1084

In der Zwangsvollstreckungssache

des ...

Gläubigers,

Verfahrensbevollmächtigte: ...

gegen

...

Schuldner,

Verfahrensbevollmächtigte: ...

beantragen wir namens und in Vollmacht des Schuldners gemäß Art. 23 EuVTVO,

die Zwangsvollstreckung aus dem als Europäischer Vollstreckungstitel bestätigten Urteil des ... [Gericht] aus ... [EU-Staat] vom ... (Az ...) gegen Sicherheitsleistung in Höhe von ... einstweilen einzustellen.[2]

Begründung

Der Gläubiger betreibt aus dem im Antrag bezeichneten Titel die Zwangsvollstreckung gegen den Schuldner in Deutschland. Gegen diesen Titel hat der Schuldner im Ursprungsland des Titels am ... den nach dortigem Recht statthaften Rechtsbehelf ... eingelegt.

Beweis: ...

Der Erfolgsaussichten des Rechtsbehelfs ergeben sich aus folgenden Gründen: ...

...

Rechtsanwalt ◂

II. Erläuterungen

6 [1] Siehe oben Rn 2.

7 [2] **Beschränkung der Vollstreckung bei laufendem Rechtsbehelfsverfahren:** Hat der Schuldner im Ursprungsland des Titels gegen diesen einen Rechtsbehelf eingelegt oder im Vollstreckungsland die Berichtigung oder den Widerruf einer Bestätigung als Europäischer Vollstreckungstitel beantragt, so kann er gemäß Art. 23 EuVTVO die Beschränkung und im Ausnahmefall sogar die Aussetzung der Vollstreckung beantragen. Dem Art. 23 EuVTVO kommt eine vergleichbare Funktion zu wie der Regelung der §§ 719, 707. Ein schutzwürdiges Interesse an einer Beschränkung oder gar Aussetzung der Vollstreckung hat ein Schuldner nur, wenn der eingelegte Rechtsbehelf Aussicht auf Erfolg hat. Eine Beschränkung der Vollstreckung auf bloße Sicherungsmaßnahmen, wie es Art. 23 lit. a EuVTVO vorsieht, gibt es im deutschen Zivilprozessrecht nicht. Eine gleichwertige Entsprechung ist die Einstellung gegen Sicherheitsleistung, so dass der Gläubiger entweder eine Sicherheit erhält oder die Vollstreckung fortsetzen darf. Nach Art. 23 lit. b EuVTVO kann die Fortsetzung der Vollstreckung von einer Sicherheit abhängig gemacht werden. Eine Aussetzung der Vollstreckung ohne Sicherheit ist nach Art. 23 lit. c EuVTVO nur bei „außergewöhnlichen Umständen" zulässig.

§ 1085 Einstellung der Zwangsvollstreckung

Die Zwangsvollstreckung ist entsprechend den §§ 775 und 776 auch dann einzustellen oder zu beschränken, wenn die Ausfertigung einer Bestätigung über die Nichtvollstreckbarkeit oder über die Beschränkung der Vollstreckbarkeit nach Artikel 6 Abs. 2 der Verordnung (EG) Nr. 805/2004 vorgelegt wird.

A. Anwaltliche Sicht
   I. Muster: Antrag auf Erteilung einer Bescheinigung über die Aussetzung oder Einschränkung der Vollstreckbarkeit
   II. Erläuterungen
      [1] Zuständigkeit 2
      [2] Antrag 3

B. Richterliche Sicht
   I. Bestätigung über die Aussetzung oder Einschränkung der Vollstreckbarkeit (amtl. Formular: Anhang IV) – Musterformular
   II. Erläuterungen

A. Anwaltliche Sicht

I. Muster: Antrag auf Erteilung einer Bescheinigung über die Aussetzung oder Einschränkung der Vollstreckbarkeit

▶ An das Amtsgericht ...[1]

In der Zwangsvollstreckungssache

... ./. ...

beantragen wir namens und in Vollmacht des Schuldners ...,

über die einstweilige Einstellung der Vollstreckbarkeit aus dem Versäumnisurteil des Amtsgerichts ... vom ... (Az ...) eine Bescheinigung gemäß Art. 6 Abs. 2 EuVTVO zu erteilen.[2]

Begründung

Zum Versäumnisurteil des Amtsgerichts ... vom ... (Az ...) ist am ... eine Bestätigung als Europäischer Vollstreckungstitel erteilt worden. Mit Beschluss des Amtsgerichts vom ... (Az ...) ist die Vollstreckung aus dem Versäumnisurteil nunmehr gemäß §§ 707, 719 ZPO im Hinblick auf den vom Schuldner eingelegten Einspruch gegen Sicherheitsleistung in Höhe von ... einstweilen eingestellt worden. Der Schuldner hat die Sicherheit durch Stellung einer Bankbürgschaft erbracht.

...

Rechtsanwalt ◀

II. Erläuterungen

[1] **Zuständig:** Ist Deutschland das Ursprungsland des Titels, so ist diejenige Stelle für die Erteilung einer Bescheinigung nach § 6 Abs. 2 EuVTVO zuständig, der auch die Erteilung der vollstreckbaren Ausfertigung obliegt. Wurde der Vollstreckungstitel durch ein deutsches Gericht erlassen oder im Falle eines Prozessvergleichs vor einem deutschen Gericht geschlossen oder von diesem festgestellt, so ist der Rechtspfleger für die Erteilung der Bescheinigung funktionell zuständig (§ 1079 ZPO iVm § 20 Nr. 11 RPflG).

[2] **Antrag:** Die Bescheinigung gemäß Art. 6 Abs. 2 EuVTVO ergeht auf Antrag des Schuldners. Für Erteilung der Entscheidung ist der Gläubiger anzuhören. Mithilfe

dieser Bescheinigung kann der Schuldner die Vollstreckung im EU-Ausland verhindern. Ist eine Bescheinigung nach Art. 6 Abs. 2 EuVTVO in einem anderen EU-Staat erteilt worden, aus dem auch der Titel stammt, so ist bei Vorlage der Bescheinigung durch den Schuldner in Deutschland die Zwangsvollstreckung laut § 1085 nach den Vorschriften der §§ 775 oder 776 einzustellen.

B. Richterliche Sicht

I. Muster: Bestätigung über die Aussetzung oder Einschränkung der Vollstreckbarkeit – Musterformular

1. Ursprungsmitgliedstaat: Belgien ☐ Tschechische Republik ☐ Deutschland ☐ Estland ☐ Griechenland ☐ Spanien ☐ Frankreich ☐ Irland ☐ Italien ☐ Zypern ☐ Lettland ☐ Litauen ☐ Luxemburg ☐ Ungarn ☐ Malta ☐ Niederlande ☐ Österreich ☐ Polen ☐ Portugal ☐ Slowakei ☐ Slowenien ☐ Finnland ☐ Schweden ☐ Vereinigtes Königreich ☐

2. Gericht/befugte Stelle, das/die die Bestätigung ausgestellt hat
2.1 Bezeichnung:
2.2 Anschrift:
2.3 Tel./Fax/E-Mail:

3. Falls abweichend,
— Gericht, das die Entscheidung erlassen hat (*)
— Gericht, von dem der gerichtliche Vergleich gebilligt bzw. vor dem er geschlossen wurde (*)
— Gericht/befugte Stelle, das/die die öffentliche Urkunde aufgenommen oder registriert hat (*)
3.1 Bezeichnung:
3.2 Anschrift:
3.3 Tel./Fax/E-Mail:

4. Entscheidung/gerichtlicher Vergleich/öffentliche Urkunde (*)
4.1 Datum:
4.2 Aktenzeichen:
4.3 Parteien
4.3.1 Name(n) und Anschrift(en) des/der Gläubiger(s):
4.3.2 Name(n) und Anschrift(en) des/der Schuldner(s):

5. Die Entscheidung/der gerichtliche Vergleich/die öffentliche Urkunde (*) wurde als Europäischer Vollstreckungstitel bestätigt, jedoch
5.1 ist die Entscheidung/der gerichtliche Vergleich/die öffentliche Urkunde (*) nicht mehr vollstreckbar ☐
5.2 ist die Vollstreckung einstweilig
5.2.1 ausgesetzt ☐
5.2.2 auf Sicherungsmaßnahmen beschränkt ☐
5.2.3 von der Leistung einer Sicherheit abhängig gemacht, die noch aussteht ☐
5.2.3.1 Höhe der Sicherheit:
5.2.3.2 Währung: Euro ☐ Zypern-Pfund ☐ tschechische Krone ☐ estnische Krone ☐
Pfund Sterling ☐ Forint ☐ Litas ☐ Lats ☐
maltesische Lira ☐ Zloty ☐ schwedische Krone ☐ slowakische Krone ☐
Tolar ☐
andere Währung
(bitte angeben) ☐

5.2.4 Sonstiges (bitte angeben) ☐

Geschehen zu .... am ....

....
Unterschrift und/oder Stempel

(*) Unzutreffendes streichen.

II. Erläuterungen

Siehe Rn 2 und 3.

§ 1086 Vollstreckungsabwehrklage

(1) ¹Für Klagen nach § 795 Satz 1 in Verbindung mit § 767 ist das Gericht ausschließlich örtlich zuständig, in dessen Bezirk der Schuldner seinen Wohnsitz hat, oder, wenn er im Inland keinen Wohnsitz hat, das Gericht, in dessen Bezirk die Zwangsvollstreckung stattfinden soll oder stattgefunden hat. ²Der Sitz von Gesellschaften oder juristischen Personen steht dem Wohnsitz gleich.
(2) § 767 Abs. 2 ist entsprechend auf gerichtliche Vergleiche und öffentliche Urkunden anzuwenden.

Abschnitt 5 Europäisches Mahnverfahren nach der VO (EG) Nr. 1896/2006

Titel 1 Allgemeine Vorschriften

§ 1087 Zuständigkeit

Für die Bearbeitung von Anträgen auf Erlass und Überprüfung sowie die Vollstreckbarerklärung eines Europäischen Zahlungsbefehls nach der Verordnung (EG) Nr. 1896/2006 des Europäischen Parlaments und des Rates vom 12. Dezember 2006 zur Einführung eines Europäischen Mahnverfahrens (ABl. EU Nr. L 399 S. 1) ist das Amtsgericht Wedding in Berlin ausschließlich zuständig.

§ 1088 Maschinelle Bearbeitung

(1) ¹Der Antrag auf Erlass des Europäischen Zahlungsbefehls und der Einspruch können in einer nur maschinell lesbaren Form bei Gericht eingereicht werden, wenn diese dem Gericht für seine maschinelle Bearbeitung geeignet erscheint. ²§ 130a Abs. 3 gilt entsprechend.
(2) Der Senat des Landes Berlin bestimmt durch Rechtsverordnung, die nicht der Zustimmung des Bundesrates bedarf, den Zeitpunkt, in dem beim Amtsgericht Wedding die maschinelle Bearbeitung der Mahnverfahren eingeführt wird; er kann die Ermächtigung durch Rechtsverordnung auf die Senatsverwaltung für Justiz des Landes Berlin übertragen.

§ 1089 Zustellung

(1) ¹Ist der Europäische Zahlungsbefehl im Inland zuzustellen, gelten die Vorschriften über das Verfahren bei Zustellungen von Amts wegen entsprechend. ²Die §§ 185 bis 188 sind nicht anzuwenden.
(2) Ist der Europäische Zahlungsbefehl in einem anderen Mitgliedstaat der Europäischen Union zuzustellen, gelten die Vorschriften der Verordnung (EG) Nr. 1393/2007 sowie für die Durchführung § 1068 Abs. 1 und § 1069 Abs. 1 entsprechend.

Titel 2 Einspruch gegen den Europäischen Zahlungsbefehl

§ 1090 Verfahren nach Einspruch

(1) ¹Im Fall des Artikels 17 Abs. 1 der Verordnung (EG) Nr. 1896/2006 fordert das Gericht den Antragsteller mit der Mitteilung nach Artikel 17 Abs. 3 der Verordnung (EG) Nr. 1896/2006 auf, das Gericht zu bezeichnen, das für die Durchführung des streitigen Verfahrens zuständig ist. ²Das Gericht setzt dem Antragsteller hierfür eine nach den Umständen angemessene Frist und weist ihn darauf hin, dass dem für die Durchführung des streitigen Verfahrens bezeichneten Gericht die Prüfung seiner Zuständigkeit vorbehalten bleibt. ³Die Aufforderung ist dem Antragsgegner mitzuteilen.
(2) ¹Nach Eingang der Mitteilung des Antragstellers nach Absatz 1 Satz 1 gibt das Gericht, das den Europäischen Zahlungsbefehl erlassen hat, das Verfahren von Amts wegen an das vom Antragsteller bezeichnete Gericht ab. ²§ 696 Abs. 1 Satz 3 bis 5, Abs. 2, 4 und 5 sowie § 698 gelten entsprechend.
(3) Die Streitsache gilt als mit Zustellung des Europäischen Zahlungsbefehls rechtshängig geworden, wenn sie nach Übersendung der Aufforderung nach Absatz 1 Satz 1 und unter Berücksichtigung der Frist nach Absatz 1 Satz 2 alsbald abgegeben wird.

A. Gerichtliche Sicht
   I. Verfahren nach Eingang des Einspruchs
     1. Muster: Gerichtliches Schreiben im Verfahren nach Eingang des Einspruchs
     2. Erläuterungen
        [1] Adressat 2
        [2] Anlass 3
   II. Verfahren nach Eingang der Bezeichnung des zuständigen Gerichts

B. Anwaltliche Sicht
   I. Muster: Anwaltsschreiben zur Bezeichnung des zuständigen Gerichts
   II. Erläuterungen
     [1] Zuständiges Gericht 6
     [2] Antragstellung 7

A. Gerichtliche Sicht

I. Verfahren nach Eingang des Einspruchs

1. Muster: Gerichtliches Schreiben im Verfahren nach Eingang des Einspruchs

▶ An

...[1]

Einspruch gegen den Europäischen Zahlungsbefehl,

Az ...; v. ..., gegen den Antragsgegner ...

Sehr geehrter ...,

hiermit wird Ihnen mitgeteilt, dass der Antragsgegner ... mit Schreiben vom ... gegen obigen Europäischen Zahlungsbefehl Einspruch eingelegt hat und das Verfahren nunmehr als ordentlicher Zivilprozess weitergeführt wird.

Zu diesem Zwecke bedarf es der Bezeichnung des dafür zuständigen Gerichts, wozu Sie ausdrücklich gem. § 1090 Abs. 1 ZPO iVm Art. 17 Abs. 1 VO (EG) Nr. 1896/2006 binnen einer Frist von ▮▮▮ ab Zugang dieses Schreibens aufgefordert werden.[2] Dem von Ihnen bezeichneten Gericht ist jedoch die Prüfung seiner Zuständigkeit vorbehalten.

Vor Abgabe an das von Ihnen bezeichnete Gericht bedarf es aber der Bezahlung des weiteren Gebührenvorschusses iHv ▮▮▮ EUR gem. § 12 Abs. 4 iVm Abs. 3 S. 3 GKG.

Vfg
1. Mitteilung an Antragsteller
2. Abschrift an Antragsgegner ◂

2. Erläuterungen

2 [1] Das Schreiben richtet sich an den **Antragsteller** des Europäischen Zahlungsbefehls.

3 [2] Der **Aufforderung** bedarf es, da der Antrag iSd Art. 7 EuMVVO eine Bezeichnung des für das gerichtliche Verfahren zuständige Gericht nicht vorsieht.

II. Verfahren nach Eingang der Bezeichnung des zuständigen Gerichts

4 Es gelten die **Regelungen des nationalen Mahnverfahrens** entsprechend (vgl Abs. 2 S. 2). Insbesondere sind die Parteien über den Umstand und der Zeitpunkt der Abgabe zu unterrichten.

B. Anwaltliche Sicht

5 I. Muster: Anwaltsschreiben zur Bezeichnung des zuständigen Gerichts

▸ An das

▮▮▮gericht ▮▮▮[1]

Bezeichnung des zuständigen Gerichts gem. § 1090 Abs. 1 ZPO

Sehr geehrte ▮▮▮

als zuständiges Gericht für die Durchführung des streitigen Verfahrens wird das

▮▮▮

Bezeichnet.[2] ◂

II. Erläuterungen

6 [1] Das Amtsgericht Wedding ist zur **Entgegennahme der Bezeichnung des zuständigen Gerichts** nur dann zuständig, wen es den Europäischen Zahlungsbefehl selbst erlassen hat.

7 [2] Eine ausdrückliche **Antragstellung** zur Abgabe des Verfahrens bedarf es nicht, da die Abgabe gem. § 1090 Abs. 2 S. 1 von Amts wegen erfolgt.

§ 1091 Einleitung des Streitverfahrens

§ 697 Abs. 1 bis 3 gilt entsprechend.

Titel 3 Überprüfung des Europäischen Zahlungsbefehls in Ausnahmefällen

§ 1092 Verfahren

(1) ¹Die Entscheidung über einen Antrag auf Überprüfung des Europäischen Zahlungsbefehls nach Artikel 20 Abs. 1 oder Abs. 2 der Verordnung (EG) Nr. 1896/2006 ergeht durch Beschluss. ²Der Beschluss ist unanfechtbar.
(2) Der Antragsgegner hat die Tatsachen, die eine Aufhebung des Europäischen Zahlungsbefehls begründen, glaubhaft zu machen.
(3) Erklärt das Gericht den Europäischen Zahlungsbefehl für nichtig, endet das Verfahren nach der Verordnung (EG) Nr. 1896/2006.
(4) Eine Wiedereinsetzung in die Frist nach Artikel 16 Abs. 2 der Verordnung (EG) Nr. 1896/2006 findet nicht statt.

A. Anwaltliche Sicht
   I. Muster: Antrag auf Überprüfung des Europäischen Zahlungsbefehls
   II. Erläuterungen
     [1] Zuständigkeit 2
     [2] Anwendungsbereich 3
     [3] Überprüfungsgründe 4
     [4] Anwendbarkeit von § 294 5
     [5] Anwendbarkeit von § 707 6
B. Gerichtliche Sicht
   I. Verfahren bei erfolgreichem Antrag
     1. Muster: Beschluss bei erfolgreichem Antrag iSd Art. 20 EuMVVO
     2. Erläuterungen
       [1] Form der Entscheidung 8
       [2] Verfahrensbeendigung 9
   II. Verfahren bei Zurückweisung des Antrags
     1. Muster: Beschluss zur Zurückweisung des Antrags, Art. 22 Abs. 3 S. 1 EuMVVO
     2. Erläuterungen
       [1] Form der Entscheidung 11
       [2] Ausspruch der Aufrechterhaltung 12

A. Anwaltliche Sicht

I. Muster: Antrag auf Überprüfung des Europäischen Zahlungsbefehls   1

▶ An das
Amtsgericht Wedding[1]

In Sachen

... ./. ...

stelle ich den Antrag auf Überprüfung des gegen ... erlassenen Europäischen Zahlungsbefehls gem. § 1092 ZPO iVm Art. 20 Abs. 1/Abs. 2 EuMVVO und beantrage dessen Aufhebung.

Bis zur Entscheidung über den Antrag beantrage ich die Einstellung der Zwangsvollstreckung ohne, hilfsweise gegen Sicherheitsleistung.[2]

Gründe

Auf Antrag des ... erließ am ... das Amtsgericht Wedding[1] einen Europäischen Zahlungsbefehl, der am ... dem ... zugestellt worden ist.
An der fristgemäßen Einlegung des Einspruchs war der Antragsgegner jedoch deswegen unverschuldet gehindert, weil ...[3]

Gierl

§ 1092 Buch 11 | Justizielle Zusammenarbeit in der Europäischen Union

Als Mittel der **Glaubhaftmachung** lege ich ...[4] vor.

Eine Einstellung der Zwangsvollstreckung ohne Erbringung einer Sicherheitsleistung ist geboten, da ...[5] ◄

II. Erläuterungen

2 [1] Der Antrag iSd § 1092 betrifft nur den Fall, dass das **Amtsgericht Wedding** den **Europäischen Zahlungsbefehl erlassen** hat (im Inland erlassener Zahlungsbefehl; vgl auch § 1087), da sich der außerordentliche Rechtsbefehl an das Gericht des Ursprungsmitgliedstaats richtet (vgl Art. 5 Nr. 1 EuMVVO).

3 [2] Der Antrag beruht auf § 1095 Abs. 1. Die Vorschrift ist nur dann anzuwenden, wenn im **Inland** ein **Antrag iSd Art. 20 EuMVVO** gegen einen im Inland erlassenen Zahlungsbefehl gestellt worden ist.

4 [3] **Weitere Überprüfungsgründe** finden sich in Art. 20 Abs. 1 a) sowie in Abs. 2. Zu beachten ist, dass bei Versäumung der Einspruchsfrist kein Antrag auf Wiedereinsetzung gestellt werden kann, sondern in diesem Fall der Antrag gem. Art. 20 Abs. 1 b) EuMVVO der zulässige Rechtsbehelf ist. Des Weiteren ist zu beachten, dass der Einwand der Erfüllung nicht im Rahmen des § 1092 geltend gemacht werden kann, sondern (nur) im Rahmen des Art. 22 EuMVVO Berücksichtigung findet.

5 [4] § 294 findet Anwendung.

6 [5] Es gelten die Ausführungen zu § 707.

B. Gerichtliche Sicht

I. Verfahren bei erfolgreichem Antrag

7 **1. Muster: Beschluss bei erfolgreichem Antrag iSd Art. 20 EuMVVO**

► ...

Beschluss[1]

1. Der Europäische Zahlungsbefehl in Sachen ... gegen ..., vom ..., Az ..., wird für nichtig erklärt.[2]
2. Die Kosten des Verfahrens trägt der Antragsteller des Europäischen Zahlungsbefehls.

Gründe

1. ...
2. Die Kostenentscheidung beruht auf § 91 ZPO. ◄

2. Erläuterungen

8 [1] Die **Form der Entscheidung** beruht auf § 1092 Abs. 1 S. 1.

9 [2] Das **Europäische Mahnverfahren** ist hierdurch **beendet**; eine Überleitung in das reguläre Zivilverfahren findet nicht statt. Der Antragsteller ist daher gehalten, die Forderung in einem neuen Klageverfahren durchzuführen. Die ergangene Entscheidung iSd § 1092 Abs. 3 steht einem solchen Verfahren nicht entgegen.

II. Verfahren bei Zurückweisung des Antrags

1. Muster: Beschluss zur Zurückweisung des Antrags, Art. 20 Abs. 3 S. 1 EuMVVO 10

▶ ...

Beschluss[1]

1. Der Antrag auf Überprüfung des Europäischen Zahlungsbefehls vom ..., Az ..., wird zurückgewiesen.[2]
2. Die Kosten des Verfahrens trägt der Antragsgegner im Erlassverfahren des Europäischen Zahlungsbefehls.

Gründe

I.

... (Darstellung des Sach- und Rechtsstreits)

II.

1. Der Antrag auf Überprüfung des Europäischen Zahlungsbefehls war zurückzuweisen, da keine der Voraussetzungen für dessen Überprüfung iSd Art. 20 Abs. 1 bzw Abs. 2 EuMVVO gegeben sind. ...
2. Die Kostenentscheidung beruht auf § 91 ZPO. ◀

2. Erläuterungen

[1] Die **Form der Entscheidung** beruht auf § 1092 Abs. 1 S. 1. 11
[2] Eines ausdrücklichen **Ausspruchs der Aufrechterhaltung** bedarf es grundsätzlich 12
nicht, da sich die Rechtsfolge direkt aus Art. 20 Abs. 3 S 1 EuMVVO ergibt. Ein deklaratorischer Ausspruch wäre jedoch nicht schädlich.

Abschnitt 6 Europäisches Verfahren für geringfügige Forderungen nach der Verordnung (EG) Nr. 861/2007

Titel 1 Erkenntnisverfahren

Vorbemerkung

Das „**Europäische Verfahren für geringfügige Forderungen**" nach der VO (EG) 1
Nr. 861/2007 („Europäisches Bagatellverfahren", EuGFVO; Text im Anhang zu § 1109) gilt im gesamten EU-Raum (mit Ausnahme Dänemarks, Art. 2 Abs. 3 EuGFVO); es soll die grenzüberschreitende Rechtsdurchsetzung von Bagatellforderungen (bis zu **2.000,- EUR** ohne Zinsen, Kosten und Auslagen, Art. 2 Abs. 1 EuGFVO) erleichtern (Art. 1 EuGFVO) und dabei einfacher, schneller und kostengünstiger als die etablierten Verfahrensordnungen sein. Das Verfahren eignet sich aber auch für alle anderen Klageinhalte, solange nur die Wertgrenze eingehalten ist (Musielak/*Voit*, vor §§ 1097 ff Rn 6). Die Vollstreckung eines in diesem Verfahren ergangenen Urteils ist in jedem der Mitgliedstaaten (also nicht nur im Urteilsstaat) ipso iure und grundsätzlich ohne Exequaturerklärung und ohne Sicherheitsleistung möglich. Die VO kommt **nicht** zur Anwendung bei Steuer- und Zollsachen, bei verwaltungsgerichtlichen Angelegenheiten, bei Staatshaftungssachen sowie insbesondere in Verfahren

nach dem Katalog des Art. 2 Abs. 2 EuGFVO (namentlich betreffend Personenstandssachen, eheliches Güter- und Unterhaltsrecht, Erbrecht, Insolvenzrecht, Arbeitsrecht, Persönlichkeitsrechte). Die Kommission hat am 19.11.2013 den Entwurf einer Überarbeitung der Verordnung vorgelegt, die zu wesentlichen Änderungen führen soll (KOM [2013] 794); namentlich ist die Anhebung der Wertgrenze auf 5.000,- EUR bzw 10.000,- EUR beabsichtigt (zum Entwurf *Sujecki* ZRP 2014, 84; *Wagner* NJW 2014, 1862).

2 Voraussetzung ist, dass der **Rechtsstreit grenzüberschreitend ist**; das ist er, wenn mindestens eine Partei im Zeitpunkt der Klageeinreichung ihren Wohnsitz oder gewöhnlichen Aufenthaltsort in einem anderen Mitgliedstaat als dem des angerufenen Gerichts hat (Art. 3 Abs. 1 S. 1, Abs. 3 EuGFVO; Ziff. 5 des Klageformblatts A). Die internationale und zT auch die örtliche **Zuständigkeit** des Gerichts für Verfahren nach der EuGFVO bestimmen sich nach der EuGVVO 2012 (Brüssel I a –VO, VO 1215/2012 vom 12.12.2012, ABl L 351, S. 1, eingehend hierzu Hk-ZPO/*Dörner*, EuGVVO) und im Übrigen nach §§ 12 ff; die sachliche Zuständigkeit bestimmt sich nach §§ 23, 71 GVG und Sondervorschriften des nationalen Rechts.

3 Vom **Verfahren** nach der ZPO, auch dem nach billigem Ermessen (§ 495 a), unterscheidet sich das europäische Bagatellverfahren bereits in Bezug auf die Verfahrenseinleitung: Die Klage muss **zwingend** mit dem in den Mitgliedstaaten einheitlich geltenden „**Klageformblatt A**" erhoben werden; auch die Klageerwiderung, die Berichtigung der Klage und die Widerklage erfolgen über Musterformulare (eingehend Hk-ZPO/*Pukall* zu §§ 1097ff). Vom Kläger ist außerdem **kein Gerichtskostenvorschuss** zu leisten, § 12 Abs. 2 Nr. 6 GKG. Die zu verwendenden Musterformulare sind online über den Europäischen Gerichtsatlas für Zivilsachen (Europäisches E-Justizportal, e-justice.europa.eu) zugänglich. Zu den Besonderheiten des Erkenntnisverfahrens im Verfahren im Übrigen (insbesondere: grundsätzlich schriftlich, Umfang der Beweisaufnahme und Wahl der Beweismittel stehen im Ermessen des Gerichts, kein Versäumnisurteil, dafür Entscheidung nach Lage der Akten; vereinfachte Zwangsvollstreckung) vgl Hk-ZPO/*Pukall* vor § 1097 Rn 1 ff.

Titel 2 Zwangsvollstreckung

§ 1105 Zwangsvollstreckung inländischer Titel

(1) ¹Urteile sind für vorläufig vollstreckbar ohne Sicherheitsleistung zu erklären. ²Die §§ 712 und 719 Abs. 1 Satz 1 in Verbindung mit § 707 sind nicht anzuwenden.
(2) ¹Für Anträge auf Beschränkung der Zwangsvollstreckung nach Artikel 15 Abs. 2 in Verbindung mit Artikel 23 der Verordnung (EG) Nr. 861/2007 ist das Gericht der Hauptsache zuständig. ²Die Entscheidung ergeht im Wege einstweiliger Anordnung. ³Sie ist unanfechtbar. ⁴Die tatsächlichen Voraussetzungen des Artikels 23 der Verordnung (EG) Nr. 861/2007 sind glaubhaft zu machen.

A. Muster: Antrag auf Beschränkung   [1] Vollstreckung bestätigter Urteile ... 2
der Zwangsvollstreckung   [2] Glaubhaftmachung 55
B. Erläuterungen

A. Muster: Antrag auf Beschränkung der Zwangsvollstreckung[1]

▶ An das Amtsgericht ...

In der Zwangsvollstreckungssache ...

beantrage ich, im Wege der einstweiligen Anordnung zu bestimmen:

Die Zwangsvollstreckung aus dem Urteil des Amtsgerichts ... vom ... wird von einer von dem Kläger/Gläubiger zu erbringenden Sicherheitsleistung in Höhe von 120 vH des daraus jeweils vollstreckbaren Betrages abhängig gemacht.

Gründe[2]

... ◀

B. Erläuterungen

[1] Nach Art. 20 Abs. 1 EuGFVO können im europäischen Bagatellverfahren ergangene und nach § 1106 bestätigte Urteile (zur Reichweite dieser Voraussetzung s dort) in allen EU-Mitgliedstaaten (außer Dänemark, Art. 2 Abs. 3 EuGFVO) vollstreckt werden, ohne dass es einer Vollstreckbarkeitserklärung bedarf und ohne dass die Anerkennung angefochten werden kann. Nach **Abs. 1 S. 1** sind inländische Entscheidungen nach der EuGFVO gleichwohl als „vorläufig vollstreckbar" zu tenorieren, obgleich nach Art. 15 EuGFVO Urteile, die in diesem Verfahren ergehen, sämtlich ohne Sicherheitsleistung **vollstreckbar** sind. Damit entspricht die Vorschrift dem § 708, geht aber über die Wertgrenze der Nr. 11 hinaus, jedoch ohne dem Schuldner von Amts wegen die Abwendungsbefugnis nach § 711 einzuräumen.

Die im Rechtsstreit ganz oder teilweise unterlegene Partei kann nach Art. 23 EuGFVO nach Einlegung eines (sich nach den Regelungen der ZPO bestimmenden, vgl. Hk-ZPO/*Pukall* vor §§ 1097 ff Rn 19) Rechtsmittels oder nach Beantragung des Überprüfungsverfahrens nach Art. 18 EuGFVO (hierbei handelt es sich nicht um ein Rechtsmittel, Hk-ZPO/*Pukall* vor §§ 1097 ff Rn 20), aber auch ohne diese Voraussetzungen, vor Eintritt der Rechtskraft des inländischen Urteils (zu Urteilen aus anderen Mitgliedstaaten s. § 1109) bei dem Gericht der Hauptsache **beantragen**, dass die Zwangsvollstreckung

– auf **Sicherheitsmaßnahmen** beschränkt wird, vergleichbar den §§ 720 a, 845, 916 ff, 935 ff (vgl dazu § 9 Abs. 1 AVAG),
– von einer durch den Schuldner zu erbringenden **Sicherheitsleistung** abhängig gemacht wird,
– oder – unter außergewöhnlichen Umständen (Art. 23 EuGFVO) – für bestimmte Zeit **ausgesetzt** wird (etwa bei Vorliegen der Voraussetzungen des § 765 a).

Die den Schuldner schützenden Vorschriften der §§ 712, 719 sind durch Art. 15 Abs. 2 EuGFVO verdrängt. Der Betrag der **Sicherheitsleistung** ist dann nach § 709 S. 2 zu bestimmen (Zöller/*Geimer* Rn 3). Zweckmäßigerweise erfolgt das mit einem Prozentsatz auf den *jeweils zu vollstreckenden* Betrag.

[2] Der Antragsteller hat die tatsächlichen Voraussetzungen seines Schutzantrages **glaubhaft** zu machen, **Abs. 2 S. 4**. Die Entscheidung des Gerichts der Hauptsache (**Abs. 2 S. 1**) ergeht als **einstweilige Anordnung** (durch Beschluss). Eine vorherige An-

hörung des Antragsgegners ist wegen der regelmäßigen Eilbedürftigkeit der Entscheidung nicht geboten, weil der Beschluss trotz seiner **Unanfechtbarkeit (Abs. 2 S. 2, 3)** aufgrund neuen Vorbringens **abänderbar** ist (Zöller/*Geimer* Rn 5; Thomas/Putzo/ *Hüßtege* Rn 5).

§ 1106 Bestätigung inländischer Titel

(1) Für die Ausstellung der Bestätigung nach Artikel 20 Abs. 2 der Verordnung (EG) Nr. 861/2007 ist das Gericht zuständig, dem die Erteilung einer vollstreckbaren Ausfertigung des Titels obliegt.

(2) ¹Vor Ausfertigung der Bestätigung ist der Schuldner anzuhören. ²Wird der Antrag auf Ausstellung einer Bestätigung zurückgewiesen, so sind die Vorschriften über die Anfechtung der Entscheidung über die Erteilung einer Vollstreckungsklausel entsprechend anzuwenden.

A. Muster: Bestätigung des im europäischen Bagatellverfahren ergangenen Urteils

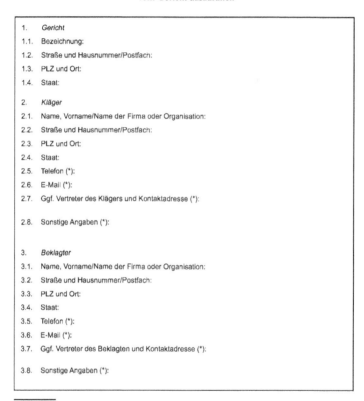

Europäisches Verfahren für geringfügige Forderungen

Formblatt D

Bestätigung eines im europäischen Verfahren für geringfügige Forderungen ergangenen Urteils

(Artikel 20 Absatz 2 der Verordnung (EG) Nr. 861/2007 des Europäischen Parlaments und des Rates zur Einführung eines europäischen Verfahrens für geringfügige Forderungen)

Vom Gericht auszufüllen

1. *Gericht*
1.1. Bezeichnung:
1.2. Straße und Hausnummer/Postfach:
1.3. PLZ und Ort:
1.4. Staat:

2. *Kläger*
2.1. Name, Vorname/Name der Firma oder Organisation:
2.2. Straße und Hausnummer/Postfach:
2.3. PLZ und Ort:
2.4. Staat:
2.5. Telefon (*):
2.6. E-Mail (*):
2.7. Ggf. Vertreter des Klägers und Kontaktadresse (*):

2.8. Sonstige Angaben (*):

3. *Beklagter*
3.1. Name, Vorname/Name der Firma oder Organisation:
3.2. Straße und Hausnummer/Postfach:
3.3. PLZ und Ort:
3.4. Staat:
3.5. Telefon (*):
3.6. E-Mail (*):
3.7. Ggf. Vertreter des Beklagten und Kontaktadresse (*):

3.8. Sonstige Angaben (*):

(*) Fakultativ.

```
4.   Urteil
4.1. Datum:
4.2. Aktenzeichen:
4.3. Inhalt des Urteils:
4.3.1. Das Gericht hat _____ verurteilt, an _____ zu zahlen
       1. Hauptforderung:
       2. Zinsen:
       3. Kosten:
4.3.2. Das Gericht hat _____ verurteilt, _____ zu _____.

(Wenn das Urteil von einem Berufungsgericht erlassen wurde oder bei Überprüfung eines Urteils)
Dieses Urteil hat Vorrang vor dem am ___/___/____ unter dem Aktenzeichen _____ ergangenen
Urteil und der dazu etwaig ausgestellten Bestätigung.
DIESES URTEIL WIRD IN EINEM ANDEREN MITGLIEDSTAAT ANERKANNT UND VOLLSTRECKT,
OHNE DASS ES EINER VOLLSTRECKBARERKLÄRUNG BEDARF UND OHNE DASS SEINE
ANERKENNUNG ANGEFOCHTEN WERDEN KANN.

Ort: _____
Datum: ___/___/____
Unterschrift und/oder Stempel:
```

B. Erläuterungen

2   Das in Deutschland im europäischen Bagatellverfahren ergangene Urteil ist in einem **anderen** Mitgliedstaat nach Art. 20 Abs. 2 EuGFVO nur vollstreckbar, wenn es zuvor unter Verwendung des **Formblatts D** durch das inländische Gericht **bestätigt** worden ist. Den Antrag hierauf enthält bereits das Klageformblatt A:

▶ 9. Bestätigung

Ein in einem Mitgliedstaat im Rahmen des europäischen Verfahrens für geringfügige Forderungen erlassenes Urteil kann in einem anderen Mitgliedstaat anerkannt und vollstreckt werden. Haben Sie die Absicht, die Anerkennung und Vollstreckung in einem anderen Mitgliedstaat als dem des Gerichts zu beantragen, so können Sie in diesem Formblatt das Gericht darum ersuchen, nach Erlass eines Urteils zu Ihren Gunsten eine Bestätigung dieses Urteils aufzustellen.

9. Bestätigung

Ich bitte das Gericht um Ausstellung einer Bestätigung des Urteils.

☐ Ja

☐ Nein ◀

3   Die Bestätigung entspricht der Vollstreckungsklausel (§ 724) und bezeugt den Bestand und die Vollstreckbarkeit des Titels in allen EU-Mitgliedstaaten (außer Dänemark, Art. 2 Abs. 3 EuGFVO). Im Vollstreckungsstaat darf die Vollziehung des ausländischen Titels – seine hinreichende Bestimmtheit vorausgesetzt (BGH NJW 2010,

2137, 2138) – nur unter den (engen) Voraussetzungen von Art. 22 EuGFVO abgelehnt werden.

Die **Bestätigung** fertigt auf Antrag des Klägers/Vollstreckungsgläubigers das **erkennende Gericht** aus, dem auch die Erteilung der vollstreckbaren Ausfertigung des Titels obliegt, Abs. 1. Ihre Erteilung ist in Deutschland Aufgabe des Rechtspflegers, § 20 Nr. 11 RPflG. Er hat vor seiner Entscheidung zwingend den Schuldner **anzuhören, Abs. 2 S. 1**, obgleich die VO eine solche Anhörung jedenfalls ausdrücklich nicht vorsieht; diese Anhörung kann nicht nachgeholt werden (Zöller/*Geimer* Rn 2). Die Bestätigung, die nicht der förmlichen Zustellung bedarf, ist kostenfrei zu erteilen (Art. 20 Abs. 2 EuGFVO). 4

§ 1107 Ausländische Vollstreckungstitel
Aus einem Titel, der in einem Mitgliedstaat der Europäischen Union nach der Verordnung (EG) Nr. 861/2007 ergangen ist, findet die Zwangsvollstreckung im Inland statt, ohne dass es einer Vollstreckungsklausel bedarf.

Aus einem im europäischen Bagatellverfahren in einem EU-Mitgliedstaat ergangenen Titel (das kann auch ein Kostenfestsetzungsbeschluss sein) findet nach Art. 20 Abs. 1 EuGFVO die Zwangsvollstreckung im Inland statt, ohne dass es einer Anerkennung oder einer Vollstreckungsklausel bedarf. Letztere wird durch die **Bestätigung** nach § 1106, Art. 20 Abs. 2 EuGFVO ersetzt. 1

Für die Zwangsvollstreckung im Inland gelten über Art. 21 Abs. 1 S. 1 EuGFVO ergänzend die Vorschriften des 8. Buches der **ZPO**. Dazu gehören die weiteren Voraussetzungen der Zwangsvollstreckung nach § 750 (Zustellung, evtl Ablauf einer Wartefrist), ebenso die Rechtsbehelfe nach §§ 766, 793 (Thomas/Putzo/*Hüßtege* Rn 3). 2

§ 1108 Übersetzung
Hat der Gläubiger nach Artikel 21 Abs. 2 Buchstabe b der Verordnung (EG) Nr. 861/2007 eine Übersetzung vorzulegen, so ist diese in deutscher Sprache zu verfassen und von einer in einem der Mitgliedstaaten der Europäischen Union hierzu befugten Person zu erstellen.

Die starke Formalisierung des europäischen Bagatellverfahrens namentlich durch einheitliche Formblätter führt idR dazu, dass keine Übersetzungen notwendig sind. Eine Übersetzung wird aber dann erforderlich sein, wenn das Formblatt D ergänzende, individuelle handschriftliche Zusätze enthält. In diesem Fall hat der Gläubiger nach Art. 21 Abs. 2 S. 1 lit. b EuGFVO eine Übersetzung in die deutsche Sprache vorzulegen. Die Übersetzung hat eine dazu befugte Person vorzunehmen (Art. 21 Abs. 2 S. 3 EuGFVO). 1

§ 1109 Anträge nach den Artikeln 22 und 23 der Verordnung (EG) Nr. 861/2007; Vollstreckungsabwehrklage

(1) ¹Auf Anträge nach Artikel 22 der Verordnung (EG) Nr. 861/2007 ist § 1084 Abs. 1 und 2 entsprechend anzuwenden. ²Auf Anträge nach Artikel 23 der Verordnung (EG) Nr. 861/2007 ist § 1084 Abs. 1 und 3 entsprechend anzuwenden.
(2) § 1086 gilt entsprechend.

A. Verweigerung der Vollstreckung
   I. Muster: Antrag des Schuldners auf Verweigerung der Vollstreckung gem. Art. 22 EuGFVO
   II. Erläuterungen
B. Beschränkung oder Aussetzung der Vollstreckung

   I. Muster: Antrag des Schuldners auf Beschränkung oder Aussetzung der Vollstreckung gem. Art. 23 EuGFVO
   II. Erläuterungen
C. Sonstiges

A. Verweigerung der Vollstreckung

1 **I. Muster: Antrag des Schuldners auf Verweigerung der Vollstreckung gem. Art. 22 EuGFVO**

▶ An das Amtsgericht ...
- Vollstreckungsgericht -
In der Zwangsvollstreckungssache
des ...
Gläubigers,
Verfahrensbevollmächtigte: ...
gegen
...
Schuldner,
Verfahrensbevollmächtigte: ...
beantragen wir namens und in Vollmacht des Schuldners,
1. die Zwangsvollstreckung aus dem im europäischen Verfahren für geringfügige Forderungen bestätigten Urteil des ... [Gericht] aus ... [EU-Staat] vom ... (Az ...) zu verweigern und
2. vorab die Zwangsvollstreckung – ohne Sicherheitsleistung – einstweilen einzustellen.

Begründung
Der Gläubiger betreibt aus dem im Antrag bezeichneten Titel die Zwangsvollstreckung gegen den Schuldner in Deutschland. Der in diesem Titel festgestellte angebliche Anspruch des Gläubigers gegen den Schuldner ist allerdings in Deutschland bereits vor Erlass des Titels mit Urteil des Landgerichts ... vom ... (Az ...) abgewiesen worden.
Beweis: Kopie des Urteils des Landgerichts ... vom ... (Az ...)
Da der Schuldner von dem im Antrag bezeichneten Titel erst durch die gegen ihn gerichtete Vollstreckung erfahren hat, konnte er auf das bereits zuvor ergangene widersprechende Urteil des Landgerichts ... vom ... aus Deutschland nicht früher hinweisen.

Folgende Vollstreckungsmaßnahmen sind gegen den Schuldner bereits durchgeführt worden: ...

Beweis: ...

Wegen des klaren Verstoßes gegen den Grundsatz ne bis in idem bitten wir vorab um sofortige einstweilige Einstellung der Zwangsvollstreckung.

...

Rechtsanwalt ◀

II. Erläuterungen

Nach Art. 22 Abs. 1 EuGFVO kann auf Antrag des Schuldners die Vollstreckung eines nach der EuGFVO ergangenen Urteils vom zuständigen Gericht im **Vollstreckungsmitgliedstaat abgelehnt** werden, wenn das Urteil mit einem früheren in einem Mitgliedstaat oder einem Drittland ergangenen Urteil unvereinbar ist. Auf einen entsprechenden Antrag sind nach **Abs. 1 S. 1** die auf der EuVTVO beruhenden § 1084 Abs. 1 und 2 entsprechend anzuwenden (vgl dazu Hk-ZPO/*Saenger* § 1084 Rn 2 f).

Vgl im Übrigen die eingehenden Erläuterungen von *Brögelmann* zu § 1084 Rn 2 ff.

B. Beschränkung oder Aussetzung der Vollstreckung

I. Muster: Antrag des Schuldners auf Beschränkung oder Aussetzung der Vollstreckung gem. Art. 23 EuGFVO

▶ An das Amtsgericht ...

- Vollstreckungsgericht -

In der Zwangsvollstreckungssache

des ...

Gläubigers,

Verfahrensbevollmächtigte: ...

gegen

...

Schuldner,

Verfahrensbevollmächtigte: ...

beantragen wir namens und in Vollmacht des Schuldners gemäß Art. 23 EuGFVO,

die Zwangsvollstreckung aus dem im europäischen Verfahren für geringfügige Forderungen bestätigten Urteil des ... [Gericht] aus ... [EU-Staat] vom ... (Az ...) gegen Sicherheitsleistung in Höhe von ... einstweilen einzustellen.

Begründung

Der Gläubiger betreibt aus dem im Antrag bezeichneten Titel die Zwangsvollstreckung gegen den Schuldner in Deutschland. Gegen diesen Titel hat der Schuldner im Ursprungsland des Titels am ... den nach dortigem Recht statthaften Rechtsbehelf ... eingelegt.

Beweis: ...

Der Erfolgsaussichten des Rechtsbehelfs ergeben sich aus folgenden Gründen: ...
...

Rechtsanwalt ◄

II. Erläuterungen

5   Auf Anträge auf **Aussetzung** oder **Beschränkung** der Vollstreckung nach Art. 23 EuGFVO sind nach Abs. 1 S. 2 die Regeln des § 1084 Abs. 1 und 3 entsprechend anzuwenden, vgl im Übrigen die eingehenden Erläuterungen von *Brögelmann* 6 f.

C. Sonstiges

6   Die Vorschrift betrifft nicht den verordnungsautonomen Überprüfungsantrag nach Art. 18 EuGFVO, für den das erkennende Gericht zuständig ist (§ 1104).

7   Weil **Abs. 2** den § 1086 für entsprechend anwendbar erklärt, ist gegenüber ausländischen Urteilen die **Vollstreckungsabwehrklage** nach § 767 statthaft – ohne Präklusion nach § 767 Abs. 2.

8   **Kosten.** Gericht: 30,- EUR Festgebühr nach Nr. 2119 KV GKG, Anwalt: Verfahrensgebühr nach Nr. 3100 VV RVG (besondere Angelegenheit nach § 18 Nr. 6 RVG).

Verordnung (EG) Nr. 861/2007 des europäischen Parlaments und des Rates vom 11. Juli 2007 zur Einführung eines europäischen Verfahrens für geringfügige Forderungen
(ABl. Nr. L 199 S. 1, ber. 2015 Nr. L 141 S. 118)
(Celex-Nr. 3 2007 R 0861)
zuletzt geändert durch Art. 1 Abs. 1 Buchst. k) ÄndVO (EU) 517/2013 vom 13. Mai 2013
(ABl. Nr. L 158 S. 1)

DAS EUROPÄISCHE PARLAMENT UND DER
RAT DER EUROPÄISCHEN UNION –

gestützt auf den Vertrag zur Gründung der Europäischen Gemeinschaft, insbesondere auf Artikel 61 Buchstabe c und Artikel 67,
auf Vorschlag der Kommission,
nach Stellungnahme des Europäischen Wirtschafts- und Sozialausschusses[1],
gemäß dem Verfahren des Artikels 251 des Vertrags[2],
in Erwägung nachstehender Gründe:

(1)   Die Gemeinschaft hat sich zum Ziel gesetzt, einen Raum der Freiheit, der Sicherheit und des Rechts, in dem der freie Personenverkehr gewährleistet ist, zu erhalten und weiterzuentwickeln. Zur schrittweisen Schaffung eines solchen Raums erlässt die Gemeinschaft unter anderem im Bereich der justiziellen Zusammenarbeit in Zivilsachen mit grenzüberschreitendem Bezug die für das reibungslose Funktionieren des Binnenmarkts erforderlichen Maßnahmen.

(2)   Gemäß Artikel 65 Buchstabe c des Vertrags schließen diese Maßnahmen die Beseitigung der Hindernisse für eine reibungslose Abwicklung von Zivilver-

---
1   Amtl. Anm.: ABl. C 88 vom 11. 4. 2006, S. 61.
2   Amtl. Anm.: Stellungnahme des Europäischen Parlaments vom 14. Dezember 2006 (noch nicht im Amtsblatt veröffentlicht) und Beschluss des Rates vom 13. Juni 2007.

fahren ein, erforderlichenfalls durch Förderung der Vereinbarkeit der in den Mitgliedstaaten geltenden zivilrechtlichen Verfahrensvorschriften.

(3) Bisher hat die Gemeinschaft in diesem Bereich unter anderem bereits folgende Maßnahmen erlassen: Verordnung (EG) Nr. 1348/2000 des Rates vom 29. Mai 2000 über die Zustellung gerichtlicher und außergerichtlicher Schriftstücke in Zivil- oder Handelssachen in den Mitgliedstaaten[3], Verordnung (EG) Nr. 44/2001 des Rates vom 22. Dezember 2000 über die gerichtliche Zuständigkeit und die Anerkennung und Vollstreckung von Entscheidungen in Zivil- und Handelssachen[4], Entscheidung 2001/470/EG des Rates vom 28. Mai 2001 über die Einrichtung eines Europäischen Justiziellen Netzes für Zivil- und Handelssachen[5], Verordnung (EG) Nr. 805/2004 des Europäischen Parlaments und des Rates vom 21. April 2004 zur Einführung eines europäischen Vollstreckungstitels für unbestrittene Forderungen[6] und Verordnung (EG) Nr. 1896/2006 des Europäischen Parlaments und des Rates vom 12. Dezember 2006 zur Einführung eines Europäischen Mahnverfahrens[7].

(4) Der Europäische Rat forderte auf seiner Tagung vom 15. und 16. Oktober 1999 in Tampere den Rat und die Kommission auf, gemeinsame Verfahrensregeln für vereinfachte und beschleunigte grenzüberschreitende Gerichtsverfahren bei verbraucher- und handelsrechtlichen Ansprüchen mit geringem Streitwert zu verabschieden.

(5) Am 30. November 2000 verabschiedete der Rat ein gemeinsames Programm der Kommission und des Rates über Maßnahmen zur Umsetzung des Grundsatzes der gegenseitigen Anerkennung gerichtlicher Entscheidungen in Zivil- und Handelssachen[8]. In dem Programm wird auf die Vereinfachung und Beschleunigung der Beilegung grenzüberschreitender Streitigkeiten Bezug genommen. Dies wurde durch das vom Europäischen Rat am 5. November 2004 angenommene Haager Programm[9], in dem eine aktive Durchführung der Arbeiten zu geringfügigen Forderungen gefordert wird, weiter vorangebracht.

(6) Am 20. Dezember 2002 nahm die Kommission ein Grünbuch über ein Europäisches Mahnverfahren und über Maßnahmen zur einfacheren und schnelleren Beilegung von Streitigkeiten mit geringem Streitwert an. Mit dem Grünbuch wurde eine Konsultation über Maßnahmen zur Vereinfachung und Beschleunigung von Streitigkeiten mit geringem Streitwert eingeleitet.

(7) Viele Mitgliedstaaten haben vereinfachte zivilrechtliche Verfahren für Bagatellsachen eingeführt, da der Zeit-/Kostenaufwand und die Schwierigkeiten,

---

3 Amtl. Anm.: ABl. L 160 vom 30. 6. 2000, S. 37.
4 Amtl. Anm.: ABl. L 12 vom 16. 1. 2001, S. 1. Geändert durch die Verordnung (EG) Nr. 1791/2006 (ABl. L 363 vom 20. 12. 2006, S. 1).
5 Amtl. Anm.: ABl. L 174 vom 27. 6. 2001, S. 25.
6 Amtl. Anm.: ABl. L 143 vom 30. 4. 2004, S. 15. Geändert durch die Verordnung (EG) Nr. 1869/2005 der Kommission (ABl. L 300 vom 17. 11. 2005, S. 6).
7 Amtl. Anm.: ABl. L 399 vom 30. 12. 2006, S. 1.
8 Amtl. Anm.: ABl. C 12 vom 15. 1. 2001, S. 1.
9 Amtl. Anm.: ABl. C 53 vom 3. 3. 2005, S. 1.

die mit der Rechtsverfolgung verbunden sind, nicht unbedingt proportional zum Wert der Forderung abnehmen. Die Hindernisse für ein schnelles Urteil mit geringen Kosten verschärfen sich in grenzüberschreitenden Fällen. Es ist daher erforderlich, ein europäisches Verfahren für geringfügige Forderungen einzuführen. Ziel eines solchen europäischen Verfahrens sollte der erleichterte Zugang zur Justiz sein. Die Verzerrung des Wettbewerbs im Binnenmarkt aufgrund des unterschiedlichen Funktionierens der verfahrensrechtlichen Instrumente, die den Gläubigern in den einzelnen Mitgliedstaaten zur Verfügung stehen, machen eine Gemeinschaftsregelung erforderlich, die für Gläubiger und Schuldner in der gesamten Europäischen Union gleiche Bedingungen gewährleistet. Bei der Festsetzung der Kosten für die Behandlung von Klagen im Rahmen des europäischen Verfahrens für geringfügige Forderungen sollten die Grundsätze der Einfachheit, der Schnelligkeit und der Verhältnismäßigkeit berücksichtigt werden müssen. Zweckdienlicherweise sollten die Einzelheiten zu den zu erhebenden Gebühren veröffentlicht werden und die Modalitäten zur Festsetzung dieser Gebühren transparent sein.

(8) Mit dem europäischen Verfahren für geringfügige Forderungen sollten Streitigkeiten mit geringem Streitwert in grenzüberschreitenden Fällen vereinfacht und beschleunigt und die Kosten verringert werden, indem ein fakultatives Instrument zusätzlich zu den Möglichkeiten geboten wird, die nach dem Recht der Mitgliedstaaten bestehen und unberührt bleiben. Mit dieser Verordnung sollte es außerdem einfacher werden, die Anerkennung und Vollstreckung eines Urteils zu erwirken, das im europäischen Verfahren für geringfügige Forderungen in einem anderen Mitgliedstaat ergangen ist.

(9) Diese Verordnung soll der Förderung der Grundrechte dienen und berücksichtigt insbesondere die Grundsätze, die mit der Charta der Grundrechte der Europäischen Union anerkannt wurden. Das Gericht sollte das Recht auf ein faires Verfahren sowie den Grundsatz des kontradiktorischen Verfahrens wahren, insbesondere wenn es über das Erfordernis einer mündlichen Verhandlung und über die Erhebung von Beweisen und den Umfang der Beweisaufnahme entscheidet.

(10) Zur Vereinfachung der Berechnung des Streitwertes sollten dabei Zinsen, Ausgaben und Auslagen unberücksichtigt bleiben. Dies sollte weder die Befugnis des Gerichts, diese in seinem Urteil zuzusprechen, noch die nationalen Zinsberechnungsvorschriften berühren.

(11) Zur Erleichterung der Einleitung des europäischen Verfahrens für geringfügige Forderungen sollte der Kläger ein Klageformblatt ausfüllen und beim zuständigen Gericht einreichen. Das Klageformblatt sollte nur bei einem zuständigen Gericht eingereicht werden.

(12) Dem Klageformblatt sollten gegebenenfalls zweckdienliche Beweisunterlagen beigefügt werden. Dies steht der Einreichung weiterer Beweisstücke durch den Kläger während des Verfahrens jedoch nicht entgegen. Der gleiche Grundsatz sollte für die Antwort des Beklagten gelten.

(13) Die Begriffe „offensichtlich unbegründet" im Zusammenhang mit der Zurückweisung einer Forderung und „unzulässig" im Zusammenhang mit der Abweisung einer Klage sollten nach Maßgabe des nationalen Rechts bestimmt werden.

(14) Das europäische Verfahren für geringfügige Forderungen sollte schriftlich durchgeführt werden, sofern nicht das Gericht eine mündliche Verhandlung für erforderlich hält oder eine der Parteien einen entsprechenden Antrag stellt. Das Gericht kann einen solchen Antrag ablehnen. Diese Ablehnung kann nicht separat angefochten werden.

(15) Die Parteien sollten nicht verpflichtet sein, sich durch einen Rechtsanwalt oder sonstigen Rechtsbeistand vertreten zu lassen.

(16) Der Begriff der „Widerklage" sollte im Sinne des Artikels 6 Absatz 3 der Verordnung (EG) Nr. 44/2001 als Widerklage verstanden werden, die auf denselben Vertrag oder Sachverhalt wie die Klage selbst gestützt wird. Die Artikel 2 und 4 sowie Artikel 5 Absätze 3, 4 und 5 sollten entsprechend für Widerklagen gelten.

(17) Macht der Beklagte während des Verfahrens ein Recht auf Aufrechnung geltend, so sollte diese Forderung nicht als Widerklage im Sinne dieser Verordnung gelten. Daher sollte der Beklagte nicht verpflichtet sein, das in Anhang I vorgegebene Klageformblatt A für die Inanspruchnahme eines solchen Rechts zu verwenden.

(18) Der Empfangsmitgliedstaat für die Zwecke der Anwendung des Artikels 6 sollte der Mitgliedstaat sein, in dem die Zustellung oder in den die Versendung eines Schriftstücks erfolgt. Damit die Kosten verringert und die Fristen verkürzt werden, sollten Unterlagen den Parteien vorzugsweise durch Postdienste mit Empfangsbestätigung zugestellt werden, aus der das Datum des Empfangs hervorgeht.

(19) Eine Partei kann die Annahme eines Schriftstücks zum Zeitpunkt der Zustellung oder durch Rücksendung innerhalb einer Woche verweigern, wenn dieses nicht in einer Sprache abgefasst ist, die die Partei versteht oder die Amtssprache des Empfangsmitgliedstaates ist, (wenn es in diesem Mitgliedstaat mehrere Amtssprachen gibt, der Amtssprache oder einer der Amtssprachen des Ortes, an dem die Zustellung erfolgen soll oder an den das Schriftstück gesandt werden soll) und ihm auch keine Übersetzung in diese Sprache beiliegt.

(20) Bei der mündlichen Verhandlung und der Beweisaufnahme sollten die Mitgliedstaaten vorbehaltlich der nationalen Rechtsvorschriften des Mitgliedstaats, in dem das Gericht seinen Sitz hat, den Einsatz moderner Kommunikationsmittel fördern. Das Gericht sollte sich für die einfachste und kostengünstigste Art und Weise der Beweisaufnahme entscheiden.

(21) Die praktische Hilfestellung, die die Parteien beim Ausfüllen der Formblätter erhalten sollen, sollte Informationen zur technischen Verfügbarkeit und zum Ausfüllen der Formblätter umfassen.

(22) Informationen zu Verfahrensfragen können auch vom Gerichtspersonal nach Maßgabe des einzelstaatlichen Rechts erteilt werden.

(23) Angesichts des Ziels dieser Verordnung, Streitigkeiten mit geringem Streitwert in grenzüberschreitenden Rechtssachen zu vereinfachen und zu beschleunigen, sollte das Gericht auch in den Fällen, in denen diese Verordnung keine Frist für einen bestimmten Verfahrensabschnitt vorsieht, so schnell wie möglich tätig werden.

(24) Die Berechnung der in dieser Verordnung vorgesehenen Fristen sollte nach Maßgabe der Verordnung (EWG, Euratom) Nr. 1182/71 des Rates vom 3. Juni 1971 zur Festlegung der Regeln für die Fristen, Daten und Termine[10] erfolgen.

(25) Zur schnelleren Durchsetzung geringfügiger Forderungen sollte das Urteil ohne Rücksicht auf seine Anfechtbarkeit und ohne Sicherheitsleistung vollstreckbar sein, sofern in dieser Verordnung nichts anderes bestimmt ist.

(26) Immer wenn in dieser Verordnung auf Rechtsmittel Bezug genommen wird, sollten alle nach dem einzelstaatlichen Recht möglichen Rechtsmittel umfasst sein.

(27) Dem Gericht muss eine Person angehören, die nach nationalem Recht dazu ermächtigt ist, als Richter tätig zu sein.

(28) Wenn das Gericht eine Frist setzt, sollte es die betroffene Partei über die Folgen der Nichtbeachtung dieser Frist informieren.

(29) Die unterlegene Partei sollte die Kosten des Verfahrens tragen. Die Kosten des Verfahrens sollten nach einzelstaatlichem Recht festgesetzt werden. Angesichts der Ziele der Einfachheit und der Kosteneffizienz sollte das Gericht anordnen, dass eine unterlegene Partei lediglich die Kosten des Verfahrens tragen muss, einschließlich beispielsweise sämtlicher Kosten, die aufgrund der Tatsache anfallen, dass sich die Gegenpartei durch einen Rechtsanwalt oder sonstigen Rechtsbeistand hat vertreten lassen, oder sämtlicher Kosten für die Zustellung oder Übersetzung von Dokumenten, die im Verhältnis zum Streitwert stehen oder die notwendig waren.

(30) Um die Anerkennung und Vollstreckung zu erleichtern, sollte ein im europäischen Verfahren für geringfügige Forderungen ergangenes Urteil in einem anderen Mitgliedstaat anerkannt werden und vollstreckbar sein, ohne dass es einer Vollstreckbarerklärung bedarf und ohne dass die Anerkennung angefochten werden kann.

(31) Es sollte Mindeststandards für die Überprüfung eines Urteils in den Fällen geben, in denen der Beklagte nicht imstande war, die Forderung zu bestreiten.

(32) Im Hinblick auf die Ziele der Einfachheit und Kosteneffizienz sollte die Partei, die ein Urteil vollstrecken lassen will, in dem Vollstreckungsmitgliedstaat – außer bei den Stellen, die gemäß dem einzelstaatlichen Recht dieses Mitgliedstaats für das Vollstreckungsverfahren zuständig sind – keine Postan-

---

10 Amtl. Anm.: ABl. L 124 vom 8. 6. 1971, S. 1.

schrift nachweisen und auch keinen bevollmächtigten Vertreter haben müssen.

(33) Kapitel III dieser Verordnung sollte auch auf die Kostenfestsetzungsbeschlüsse durch Gerichtsbedienstete aufgrund eines im Verfahren nach dieser Verordnung ergangenen Urteils Anwendung finden.

(34) Die zur Durchführung dieser Verordnung erforderlichen Maßnahmen sollten gemäß dem Beschluss 1999/468/EG des Rates vom 28. Juni 1999 zur Festlegung der Modalitäten für die Ausübung der der Kommission übertragenen Durchführungsbefugnisse[11] erlassen werden.

(35) Insbesondere sollte die Kommission die Befugnis erhalten, die zur Durchführung dieser Verordnung erforderlichen Maßnahmen im Zusammenhang mit Aktualisierungen oder technischen Änderungen der in den Anhängen vorgegebenen Formblätter zu erlassen. Da es sich hierbei um Maßnahmen von allgemeiner Tragweite handelt, die eine Änderung bzw. Streichung von nicht wesentlichen Bestimmungen und eine Hinzufügung neuer nicht wesentlicher Bestimmungen der vorliegenden Verordnung bewirken, sind diese Maßnahmen gemäß dem Regelungsverfahren mit Kontrolle des Artikels 5 a des Beschlusses 1999/468/EG zu erlassen.

(36) Da die Ziele dieser Verordnung, nämlich die Schaffung eines Verfahrens zur Vereinfachung und Beschleunigung von Streitigkeiten mit geringem Streitwert in grenzüberschreitenden Rechtssachen und die Reduzierung der Kosten, auf Ebene der Mitgliedstaaten nicht ausreichend verwirklicht werden können und daher wegen ihres Umfangs und ihrer Wirkung besser auf Gemeinschaftsebene zu verwirklichen sind, kann die Gemeinschaft im Einklang mit dem in Artikel 5 des Vertrags niedergelegten Subsidiaritätsprinzip tätig werden. Entsprechend dem in demselben Artikel genannten Grundsatz der Verhältnismäßigkeit geht diese Verordnung nicht über das zur Erreichung dieser Ziele erforderliche Maß hinaus.

(37) Das Vereinigte Königreich und Irland haben gemäß Artikel 3 des dem Vertrag über die Europäische Union und dem Vertrag zur Gründung der Europäischen Gemeinschaft beigefügten Protokolls über die Position des Vereinigten Königreichs und Irlands mitgeteilt, dass sie sich an der Annahme und Anwendung dieser Verordnung beteiligen möchten.

(38) Gemäß den Artikeln 1 und 2 des dem Vertrag über die Europäische Union und dem Vertrag zur Gründung der Europäischen Gemeinschaft beigefügten Protokolls über die Position Dänemarks beteiligt sich Dänemark nicht an der Annahme dieser Verordnung, die für Dänemark nicht bindend und nicht auf Dänemark anwendbar ist –

HABEN FOLGENDE VERORDNUNG ERLASSEN:

---

11 Amtl. Anm.: ABl. L 184 vom 17. 7. 1999, S. 23. Geändert durch den Beschluss 2006/512/EG (ABl. L 200 vom 22. 7. 2006, S. 11).

Kapitel I. Gegenstand und Anwendungsbereich

Artikel 1 Gegenstand

Mit dieser Verordnung wird ein europäisches Verfahren für geringfügige Forderungen eingeführt, damit Streitigkeiten in grenzüberschreitenden Rechtssachen mit geringem Streitwert einfacher und schneller beigelegt und die Kosten hierfür reduziert werden können. Das europäische Verfahren für geringfügige Forderungen steht den Rechtssuchenden als eine Alternative zu den in den Mitgliedstaaten bestehenden innerstaatlichen Verfahren zur Verfügung.

Mit dieser Verordnung wird außerdem die Notwendigkeit von Zwischenverfahren zur Anerkennung und Vollstreckung der in anderen Mitgliedstaaten im Verfahren für geringfügige Forderungen ergangenen Urteile beseitigt.

Artikel 2 Anwendungsbereich

(1) Diese Verordnung gilt für grenzüberschreitende Rechtssachen in Zivil- und Handelssachen, ohne dass es auf die Art der Gerichtsbarkeit ankommt, wenn der Streitwert der Klage ohne Zinsen, Kosten und Auslagen zum Zeitpunkt des Eingangs beim zuständigen Gericht 2.000 EUR nicht überschreitet. Sie erfasst insbesondere nicht Steuer- und Zollsachen, verwaltungsrechtliche Angelegenheiten sowie die Haftung des Staates für Handlungen oder Unterlassungen im Rahmen der Ausübung hoheitlicher Rechte („acta iure imperii").

(2) Diese Verordnung ist nicht anzuwenden auf:

a) den Personenstand, die Rechts- und Handlungsfähigkeit sowie die gesetzliche Vertretung von natürlichen Personen,

b) die ehelichen Güterstände, das Unterhaltsrecht und das Gebiet des Erbrechts einschließlich des Testamentsrechts,

c) Konkurse, Verfahren im Zusammenhang mit der Abwicklung zahlungsunfähiger Unternehmen oder anderer juristischer Personen, gerichtliche Vergleiche, Vergleiche und ähnliche Verfahren,

d) die soziale Sicherheit,

e) die Schiedsgerichtsbarkeit,

f) das Arbeitsrecht,

g) die Miete oder Pacht unbeweglicher Sachen, mit Ausnahme von Klagen wegen Geldforderungen, oder

h) die Verletzung der Privatsphäre oder der Persönlichkeitsrechte, einschließlich der Verletzung der Ehre.

(3) In dieser Verordnung bedeutet der Begriff „Mitgliedstaat" die Mitgliedstaaten mit Ausnahme Dänemarks.

Artikel 3 Grenzüberschreitende Rechtssachen

(1) Eine grenzüberschreitende Rechtssache im Sinne dieser Verordnung liegt vor, wenn mindestens eine der Parteien ihren Wohnsitz oder gewöhnlichen Aufenthalt in einem anderen Mitgliedstaat als dem des angerufenen Gerichts hat.

(2) Der Wohnsitz bestimmt sich nach den Artikeln 59 und 60 der Verordnung (EG) Nr. 44/2001.

(3) Maßgeblicher Augenblick zur Feststellung, ob eine grenzüberschreitende Rechtssache vorliegt, ist der Zeitpunkt, zu dem das Klageformblatt beim zuständigen Gericht eingeht.

Kapitel II. Das europäische Verfahren für geringfügige Forderungen

Artikel 4 Einleitung des Verfahrens

(1) Der Kläger leitet das europäische Verfahren für geringfügige Forderungen ein, indem er das in Anhang I vorgegebene Klageformblatt A ausgefüllt direkt beim zuständigen Gericht einreicht oder diesem auf dem Postweg übersendet oder auf anderem Wege übermittelt,

der in dem Mitgliedstaat, in dem das Verfahren eingeleitet wird, zulässig ist, beispielsweise per Fax oder e-Mail. Das Klageformblatt muss eine Beschreibung der Beweise zur Begründung der Forderung enthalten; gegebenenfalls können ihm als Beweismittel geeignete Unterlagen beigefügt werden.
(2) Die Mitgliedstaaten teilen der Kommission mit, welche Übermittlungsarten sie zulassen. Diese Mitteilung wird von der Kommission bekannt gemacht.
(3) Fällt die erhobene Klage nicht in den Anwendungsbereich dieser Verordnung, so unterrichtet das Gericht den Kläger darüber. Nimmt der Kläger die Klage daraufhin nicht zurück, so verfährt das Gericht mit ihr nach Maßgabe des Verfahrensrechts des Mitgliedstaats, in dem das Verfahren durchgeführt wird.
(4) Sind die Angaben des Klägers nach Ansicht des Gerichts unzureichend oder nicht klar genug, oder ist das Klageformblatt nicht ordnungsgemäß ausgefüllt und ist die Klage nicht offensichtlich unbegründet oder nicht offensichtlich unzulässig, so gibt das Gericht dem Kläger Gelegenheit, das Klageformblatt zu vervollständigen oder zu berichtigen oder ergänzende Angaben zu machen oder Unterlagen vorzulegen oder die Klage zurückzunehmen, und setzt hierfür eine Frist fest. Das Gericht verwendet dafür das in Anhang II vorgegebene Formblatt B.
Ist die Klage offensichtlich unbegründet oder offensichtlich unzulässig oder versäumt es der Kläger, das Klageformblatt fristgerecht zu vervollständigen oder zu berichtigen, so wird die Klage zurück- bzw. abgewiesen.
(5) Die Mitgliedstaaten sorgen dafür, dass das Klageformblatt bei allen Gerichten, in denen das europäische Verfahren für geringfügige Forderungen eingeleitet werden kann, erhältlich ist.

Artikel 5 Durchführung des Verfahrens
(1) Das europäische Verfahren für geringfügige Forderungen wird schriftlich durchgeführt. Das Gericht hält eine mündliche Verhandlung ab, wenn es diese für erforderlich hält oder wenn eine der Parteien einen entsprechenden Antrag stellt. Das Gericht kann einen solchen Antrag ablehnen, wenn es der Auffassung ist, dass in Anbetracht der Umstände des Falles ein faires Verfahren offensichtlich auch ohne mündliche Verhandlung sichergestellt werden kann. Die Ablehnung ist schriftlich zu begründen. Gegen die Abweisung des Antrags ist kein gesondertes Rechtsmittel zulässig.
(2) Nach Eingang des ordnungsgemäß ausgefüllten Klageformblatts füllt das Gericht Teil I des in Anhang III vorgegebenen Standardantwortformblatts C aus.
Es stellt dem Beklagten gemäß Artikel 13 eine Kopie des Klageformblatts und gegebenenfalls der Beweisunterlagen zusammen mit dem entsprechend ausgefüllten Antwortformblatt zu. Diese Unterlagen sind innerhalb von 14 Tagen nach Eingang des ordnungsgemäß ausgefüllten Klageformblatts abzusenden.
(3) Der Beklagte hat innerhalb von 30 Tagen nach Zustellung des Klageformblatts und des Antwortformblatts zu antworten, indem er Teil II des Formblatts C ausfüllt und es gegebenenfalls mit als Beweismittel geeigneten Unterlagen an das Gericht zurücksendet oder indem er auf andere geeignete Weise ohne Verwendung des Antwortformblatts antwortet.
(4) Innerhalb von 14 Tagen nach Eingang der Antwort des Beklagten ist eine Kopie der Antwort gegebenenfalls zusammen mit etwaigen als Beweismittel geeigneten Unterlagen an den Kläger abzusenden.
(5) Macht der Beklagte in seiner Antwort geltend, dass der Wert einer nicht lediglich auf eine Geldzahlung gerichteten Klage die in Artikel 2 Absatz 1 festgesetzten Wertgrenze übersteigt, so entscheidet das Gericht innerhalb von 30 Tagen nach Absendung der Antwort an den Kläger, ob die Forderung in den Anwendungsbereich dieser Verordnung fällt. Gegen diese Entscheidung ist ein gesondertes Rechtsmittel nicht zulässig.
(6) Etwaige Widerklagen, die mittels Formblatt A zu erheben sind, sowie etwaige Beweisunterlagen werden dem Kläger gemäß Artikel 13 zugestellt. Die Unterlagen sind innerhalb von 14 Tagen nach deren Eingang bei Gericht abzusenden.

Der Kläger hat auf eine etwaige Widerklage innerhalb von 30 Tagen nach Zustellung zu antworten.
(7) Überschreitet die Widerklage die in Artikel 2 Absatz 1 festgesetzte Wertgrenze, so werden die Klage und die Widerklage nicht nach dem europäischen Verfahren für geringfügige Forderungen, sondern nach Maßgabe des Verfahrensrechts des Mitgliedstaats, in dem das Verfahren durchgeführt wird, behandelt.
Artikel 2 und Artikel 4 sowie die Absätze 3, 4 und 5 des vorliegenden Artikels gelten entsprechend für Widerklagen.

Artikel 6 Sprachen
(1) Das Klageformblatt, die Antwort, etwaige Widerklagen, die etwaige Antwort auf eine Widerklage und eine etwaige Beschreibung etwaiger Beweisunterlagen sind in der Sprache oder einer der Sprachen des Gerichts vorzulegen.
(2) Werden dem Gericht weitere Unterlagen nicht in der Verfahrenssprache vorgelegt, so kann das Gericht eine Übersetzung der betreffenden Unterlagen nur dann anfordern, wenn die Übersetzung für den Erlass des Urteils erforderlich erscheint.
(3) Hat eine Partei die Annahme eines Schriftstücks abgelehnt, weil es nicht in

a) der Amtssprache des Empfangsmitgliedstaats oder – wenn es in diesem Mitgliedstaat mehrere Amtssprachen gibt – der Amtssprache oder einer der Amtssprachen des Ortes, an dem die Zustellung erfolgen soll oder an den das Schriftstück gesandt werden soll, oder
b) einer Sprache, die der Empfänger versteht,

abgefasst ist, so setzt das Gericht die andere Partei davon in Kenntnis, damit diese eine Übersetzung des Schriftstücks vorlegt.

Artikel 7 Abschluss des Verfahrens
(1) Innerhalb von 30 Tagen, nachdem die Antworten des Beklagten oder des Klägers unter Einhaltung der Frist des Artikels 5 Absatz 3 oder Absatz 6 eingegangen sind, erlässt das Gericht ein Urteil oder verfährt wie folgt:

a) Es fordert die Parteien innerhalb einer bestimmten Frist, die 30 Tage nicht überschreiten darf, zu weiteren die Klage betreffenden Angaben auf,
b) es führt eine Beweisaufnahme nach Artikel 9 durch,
c) es lädt die Parteien zu einer mündlichen Verhandlung vor, die innerhalb von 30 Tagen nach der Vorladung stattzufinden hat.

(2) Das Gericht erlässt sein Urteil entweder innerhalb von 30 Tagen nach einer etwaigen mündlichen Verhandlung oder nach Vorliegen sämtlicher Entscheidungsgrundlagen. Das Urteil wird den Parteien gemäß Artikel 13 zugestellt.
(3) Ist bei dem Gericht innerhalb der in Artikel 5 Absatz 3 oder Absatz 6 gesetzten Frist keine Antwort der betreffenden Partei eingegangen, so erlässt das Gericht zu der Klage oder der Widerklage ein Urteil.

Artikel 8 Mündliche Verhandlung
Das Gericht kann eine mündliche Verhandlung über Video-Konferenz oder unter Zuhilfenahme anderer Mittel der Kommunikationstechnologie abhalten, wenn die entsprechenden technischen Mittel verfügbar sind.

Artikel 9 Beweisaufnahme
(1) Das Gericht bestimmt die Beweismittel und den Umfang der Beweisaufnahme, die im Rahmen der für die Zulässigkeit von Beweisen geltenden Bestimmungen für sein Urteil erforderlich sind. Es kann die Beweisaufnahme mittels schriftlicher Aussagen von Zeugen oder Sachverständigen oder schriftlicher Parteivernehmung zulassen. Des Weiteren kann es die Beweisaufnahme über Video-Konferenz oder mit anderen Mitteln der Kommunikationstechnologie zulassen, wenn die entsprechenden technischen Mittel verfügbar sind.

(2) Das Gericht kann Sachverständigenbeweise oder mündliche Aussagen nur dann zulassen, wenn dies für sein Urteil erforderlich ist. Dabei trägt es den Kosten Rechnung.
(3) Das Gericht wählt das einfachste und am wenigsten aufwändige Beweismittel.

Artikel 10 Vertretung der Parteien

Die Vertretung durch einen Rechtsanwalt oder einen sonstigen Rechtsbeistand ist nicht verpflichtend.

Artikel 11 Hilfestellung für die Parteien

Die Mitgliedstaaten gewährleisten, dass die Parteien beim Ausfüllen der Formblätter praktische Hilfestellung erhalten können.

Artikel 12 Aufgaben des Gerichts

(1) Das Gericht verpflichtet die Parteien nicht zu einer rechtlichen Würdigung der Klage.
(2) Das Gericht unterrichtet die Parteien erforderlichenfalls über Verfahrensfragen.
(3) Soweit angemessen, bemüht sich das Gericht um eine gütliche Einigung der Parteien.

Artikel 13 Zustellung von Unterlagen

(1) Unterlagen werden durch Postdienste mit Empfangsbestätigung zugestellt, aus der das Datum des Empfangs hervorgeht.
(2) Ist eine Zustellung gemäß Absatz 1 nicht möglich, so kann die Zustellung auf eine der Arten bewirkt werden, die in den Artikeln 13 und 14 der Verordnung (EG) Nr. 805/2004 festgelegt sind.

Artikel 14 Fristen

(1) Setzt das Gericht eine Frist fest, so ist die betroffene Partei über die Folgen der Nichteinhaltung dieser Frist zu informieren.
(2) Das Gericht kann die Fristen nach Artikel 4 Absatz 4, Artikel 5 Absätze 3 und 6 und Artikel 7 Absatz 1 ausnahmsweise verlängern, wenn dies notwendig ist, um die Rechte der Parteien zu wahren.
(3) Kann das Gericht die Fristen nach Artikel 5 Absätze 2 bis 6 sowie Artikel 7 ausnahmsweise nicht einhalten, veranlasst es so bald wie möglich die nach diesen Vorschriften erforderlichen Verfahrensschritte.

Artikel 15 Vollstreckbarkeit des Urteils

(1) Das Urteil ist ungeachtet eines möglichen Rechtsmittels vollstreckbar. Es darf keine Sicherheitsleistung verlangt werden.
(2) Artikel 23 ist auch anzuwenden, wenn das Urteil in dem Mitgliedstaat zu vollstrecken ist, in dem es ergangen ist.

Artikel 16 Kosten

Die unterlegene Partei trägt die Kosten des Verfahrens. Das Gericht spricht der obsiegenden Partei jedoch keine Erstattung für Kosten zu, soweit sie nicht notwendig waren oder in keinem Verhältnis zu der Klage stehen.

Artikel 17 Rechtsmittel

(1) Die Mitgliedstaaten teilen der Kommission mit, ob ihr Verfahrensrecht ein Rechtsmittel gegen ein im europäischen Verfahren für geringfügige Forderungen ergangenes Urteil zulässt und innerhalb welcher Frist das Rechtsmittel einzulegen ist. Diese Mitteilung wird von der Kommission bekannt gemacht.
(2) Artikel 16 gilt auch für das Rechtsmittelverfahren.

Artikel 18 Mindeststandards für die Überprüfung des Urteils
(1) Der Beklagte ist berechtigt, beim zuständigen Gericht des Mitgliedstaats, in dem das Urteil im europäischen Verfahren für geringfügige Forderungen ergangen ist, eine Überprüfung des Urteils zu beantragen, sofern
a) i) ihm das Klageformblatt oder die Ladung zur Verhandlung ohne persönliche Empfangsbestätigung gemäß Artikel 14 der Verordnung (EG) Nr. 805/2004 zugestellt wurde und
ii) die Zustellung ohne sein Verschulden nicht so rechtzeitig erfolgt ist, dass er Vorkehrungen für seine Verteidigung hätte treffen können, oder
b) der Beklagte aufgrund höherer Gewalt oder aufgrund außergewöhnlicher Umstände ohne eigenes Verschulden daran gehindert war, das Bestehen der Forderung zu bestreiten,
wobei in beiden Fällen vorausgesetzt wird, dass er unverzüglich tätig wird.
(2) Lehnt das Gericht die Überprüfung mit der Begründung ab, dass keiner der in Absatz 1 genannten Gründe zutrifft, so bleibt das Urteil in Kraft.
Entscheidet das Gericht, dass die Überprüfung aus einem der in Absatz 1 genannten Gründe gerechtfertigt ist, so ist das im europäischen Verfahren für geringfügige Forderungen ergangene Urteil nichtig.

Artikel 19 Anwendbares Verfahrensrecht
Sofern diese Verordnung nichts anderes bestimmt, gilt für das europäische Verfahren für geringfügige Forderungen das Verfahrensrecht des Mitgliedstaats, in dem das Verfahren durchgeführt wird.

Kapitel III. Anerkennung und Vollstreckung in einem anderen Mitgliedstaat

Artikel 20 Anerkennung und Vollstreckung
(1) Ein im europäischen Verfahren für geringfügige Forderungen ergangenes Urteil wird in einem anderen Mitgliedstaat anerkannt und vollstreckt, ohne dass es einer Vollstreckbarerklärung bedarf und ohne dass die Anerkennung angefochten werden kann.
(2) Auf Antrag einer Partei fertigt das Gericht eine Bestätigung unter Verwendung des in Anhang IV vorgegebenen Formblatts D zu einem im europäischen Verfahren für geringfügige Forderungen ergangenen Urteil ohne zusätzliche Kosten aus.

Artikel 21 Vollstreckungsverfahren
(1) Unbeschadet der Bestimmungen dieses Kapitels gilt für das Vollstreckungsverfahren das Recht des Vollstreckungsmitgliedstaats.
Jedes im europäischen Verfahren für geringfügige Forderungen ergangene Urteil wird unter den gleichen Bedingungen vollstreckt wie ein im Vollstreckungsmitgliedstaat ergangenes Urteil.
(2) Die Partei, die die Vollstreckung beantragt, muss Folgendes vorlegen:
a) eine Ausfertigung des Urteils, die die Voraussetzungen für den Nachweis seiner Echtheit erfüllt; und
b) eine Ausfertigung der Bestätigung im Sinne des Artikels 20 Absatz 2 sowie, falls erforderlich, eine Übersetzung davon in die Amtssprache des Vollstreckungsmitgliedstaats oder – falls es in diesem Mitgliedstaat mehrere Amtssprachen gibt – nach Maßgabe der Rechtsvorschriften dieses Mitgliedstaats in die Verfahrenssprache oder eine der Verfahrenssprachen des Ortes, an dem die Vollstreckung betrieben wird, oder in eine sonstige Sprache, die der Vollstreckungsmitgliedstaat zulässt.
Jeder Mitgliedstaat kann angeben, welche Amtssprache oder Amtssprachen der Organe der Europäischen Union er neben seiner oder seinen eigenen für das europäische Verfahren für geringfügige Forderungen zulässt. Der Inhalt des Formblatts D ist von einer Person zu übersetzen, die zur Anfertigung von Übersetzungen in einem der Mitgliedstaaten befugt ist.

(3) Für die Vollstreckung eines Urteils, das in dem europäischen Verfahren für geringfügige Forderungen in einem anderen Mitgliedstaat erlassen worden ist, darf von der Partei, die die Vollstreckung beantragt, nicht verlangt werden, dass sie im Vollstreckungsstaat über
a) einen bevollmächtigten Vertreter oder
b) eine Postanschrift
außer bei den Vollstreckungsagenten verfügt.
(4) Von einer Partei, die in einem Mitgliedstaat die Vollstreckung eines im europäischen Verfahren für geringfügige Forderungen in einem anderen Mitgliedstaat ergangenen Urteils beantragt, darf weder wegen ihrer Eigenschaft als Ausländer noch wegen Fehlens eines inländischen Wohnsitzes oder Aufenthaltsorts im Vollstreckungsmitgliedstaat eine Sicherheitsleistung oder Hinterlegung, unter welcher Bezeichnung auch immer, verlangt werden.

Artikel 22 Ablehnung der Vollstreckung

(1) Auf Antrag der Person, gegen die die Vollstreckung gerichtet ist, wird die Vollstreckung vom zuständigen Gericht im Vollstreckungsmitgliedstaat abgelehnt, wenn das im europäischen Verfahren für geringfügige Forderungen ergangene Urteil mit einem früheren in einem Mitgliedstaat oder einem Drittland ergangenen Urteil unvereinbar ist, sofern
a) das frühere Urteil zwischen denselben Parteien wegen desselben Streitgegenstandes ergangen ist,
b) das frühere Urteil im Vollstreckungsmitgliedstaat ergangen ist oder die Voraussetzungen für die Anerkennung im Vollstreckungsmitgliedstaat erfüllt und
c) die Unvereinbarkeit im gerichtlichen Verfahren des Mitgliedstaats, in dem das Urteil im europäischen Verfahren für geringfügige Forderungen ergangen ist, nicht geltend gemacht wurde und nicht geltend gemacht werden konnte.
(2) Keinesfalls darf ein im europäischen Verfahren für geringfügige Forderungen ergangenes Urteil im Vollstreckungsmitgliedstaat in der Sache selbst nachgeprüft werden.

Artikel 23 Aussetzung oder Beschränkung der Vollstreckung

Hat eine Partei ein im europäischen Verfahren für geringfügige Forderungen ergangenes Urteil angefochten oder ist eine solche Anfechtung noch möglich oder hat eine Partei eine Überprüfung nach Artikel 18 beantragt, so kann das zuständige Gericht oder die zuständige Behörde im Vollstreckungsmitgliedstaat auf Antrag der Partei, gegen die sich die Vollstreckung richtet,
a) das Vollstreckungsverfahren auf Sicherungsmaßnahmen beschränken
b) die Vollstreckung von der Leistung einer von dem Gericht zu bestimmenden Sicherheit abhängig machen oder
c) unter außergewöhnlichen Umständen das Vollstreckungsverfahren aussetzen.

Kapitel IV. Schlussbestimmungen

Artikel 24 Information

Die Mitgliedstaaten arbeiten insbesondere im Rahmen des gemäß der Entscheidung 2001/470/EG eingerichteten Europäischen Justiziellen Netzes für Zivil- und Handelssachen zusammen, um die Öffentlichkeit und die Fachwelt über das europäische Verfahren für geringfügige Forderungen, einschließlich der Kosten, zu informieren.

Artikel 25 Angaben zu den zuständigen Gerichten, den Kommunikationsmitteln und den Rechtsmitteln

(1) Die Mitgliedstaaten teilen der Kommission bis zum 1. Januar 2008 mit,
a) welche Gerichte dafür zuständig sind, ein Urteil im europäischen Verfahren für geringfügige Forderungen zu erlassen;
b) welche Kommunikationsmittel für die Zwecke des europäischen Verfahrens für geringfügige Forderungen zulässig sind und den Gerichten nach Artikel 4 Absatz 1 zur Verfügung stehen;
c) ob nach ihrem Verfahrensrecht Rechtsmittel im Sinne des Artikels 17 eingelegt werden können, und bei welchem Gericht sie eingelegt werden können;
d) welche Sprachen nach Artikel 21 Absatz 2 Buchstabe b zugelassen sind; und
e) welche Behörden für die Vollstreckung zuständig sind und welche Behörden für die Zwecke der Anwendung des Artikels 23 zuständig sind.
Die Mitgliedstaaten unterrichten die Kommission über alle späteren Änderungen dieser Angaben.
(2) Die Kommission macht die nach Absatz 1 mitgeteilten Angaben durch Veröffentlichung im Amtsblatt der Europäischen Union und durch alle anderen geeigneten Mittel öffentlich zugänglich.

Artikel 26 Durchführungsmaßnahmen

Die Maßnahmen zur Änderung nicht wesentlicher Bestimmungen dieser Verordnung, einschließlich durch Hinzufügung neuer nicht wesentlicher Bestimmungen, die eine Aktualisierung oder eine technische Änderung der Formblätter in den Anhängen bewirken, werden nach dem in Artikel 27 Absatz 2 genannten Regelungsverfahren mit Kontrolle erlassen.

Artikel 27 Ausschuss

(1) Die Kommission wird von einem Ausschuss unterstützt.
(2) Wird auf diesen Absatz Bezug genommen, so gelten Artikel 5 a Absätze 1 bis 4 und Artikel 7 des Beschlusses 1999/468/EG unter Beachtung von dessen Artikel 8.

Artikel 28 Überprüfung

Die Kommission legt dem Europäischen Parlament, dem Rat und dem Europäischen Wirtschafts- und Sozialausschuss bis zum 1. Januar 2014 einen detaillierten Bericht über die Überprüfung des Funktionierens des europäischen Verfahrens für geringfügige Forderungen, einschließlich der Wertgrenze einer Klage gemäß Artikel 2 Absatz 1, vor. Dieser Bericht enthält eine Bewertung des Funktionierens des Verfahrens und eine erweiterte Folgenabschätzung für jeden Mitgliedstaat.
Zu diesem Zweck, und damit gewährleistet ist, dass die vorbildliche Praxis in der Europäischen Union gebührend berücksichtigt wird und die Grundsätze der besseren Rechtsetzung zum Tragen kommen, stellen die Mitgliedstaaten der Kommission Angaben zum grenzüberschreitenden Funktionieren des europäischen Verfahrens für geringfügige Forderungen zur Verfügung. Diese Angaben beziehen sich auf die Gerichtsgebühren, die Schnelligkeit des Verfahrens, die Effizienz, die Benutzerfreundlichkeit und die internen Verfahren für geringfügige Forderungen der Mitgliedstaaten.
Dem Bericht der Kommission werden gegebenenfalls Vorschläge zur Anpassung der Verordnung beigefügt.

Artikel 29 Inkrafttreten

Diese Verordnung tritt am Tag nach ihrer Veröffentlichung im *Amtsblatt der Europäischen Union* in Kraft.
Sie gilt ab dem 1. Januar 2009, mit Ausnahme des Artikels 25, der ab dem 1. Januar 2008 gilt.
Diese Verordnung ist in allen ihren Teilen verbindlich und gilt gemäß dem Vertrag zur Gründung der Europäischen Gemeinschaft unmittelbar in den Mitgliedstaaten.

Abschnitt 7 Anerkennung und Vollstreckung nach der Verordnung (EU) Nr. 1215/2012

Titel 1 Bescheinigung über inländische Titel

§ 1110 Zuständigkeit

Für die Ausstellung der Bescheinigung nach den Artikeln 53 und 60 der Verordnung (EU) Nr. 1215/2012 sind die Gerichte oder Notare zuständig, denen die Erteilung einer vollstreckbaren Ausfertigung des Titels obliegt.

§ 1111 Verfahren

(1) ¹Bescheinigungen nach den Artikeln 53 und 60 der Verordnung (EU) Nr. 1215/2012 sind ohne Anhörung des Schuldners auszustellen. ²In den Fällen des § 726 Absatz 1 und der §§ 727 bis 729 kann der Schuldner vor der Ausstellung der Bescheinigung gehört werden. ³Eine Ausfertigung der Bescheinigung ist dem Schuldner von Amts wegen zuzustellen.

(2) Für die Anfechtbarkeit der Entscheidung über die Ausstellung der Bescheinigung nach Absatz 1 gelten die Vorschriften über die Anfechtbarkeit der Entscheidung über die Erteilung der Vollstreckungsklausel entsprechend.

Titel 2 Anerkennung und Vollstreckung ausländischer Titel im Inland

§ 1112 Entbehrlichkeit der Vollstreckungsklausel

Aus einem Titel, der in einem anderen Mitgliedstaat der Europäischen Union vollstreckbar ist, findet die Zwangsvollstreckung im Inland statt, ohne dass es einer Vollstreckungsklausel bedarf.

§ 1113 Übersetzung oder Transliteration

Hat eine Partei nach Artikel 57 der Verordnung (EU) Nr. 1215/2012 eine Übersetzung oder eine Transliteration vorzulegen, so ist diese in deutscher Sprache abzufassen und von einer in einem Mitgliedstaat der Europäischen Union hierzu befugten Person zu erstellen.

§ 1114 Anfechtung der Anpassung eines Titels

Für die Anfechtung der Anpassung eines Titels (Artikel 54 der Verordnung (EU) Nr. 1215/2012) sind folgende Rechtsgrundlagen entsprechend anzuwenden:

1. im Fall von Maßnahmen des Gerichtsvollziehers oder des Vollstreckungsgerichts § 766,
2. im Fall von Entscheidungen des Vollstreckungsgerichts oder von Vollstreckungsmaßnahmen des Prozessgerichts § 793 und
3. im Fall von Vollstreckungsmaßnahmen des Grundbuchamts § 71 der Grundbuchordnung.

§ 1115 Versagung der Anerkennung oder der Vollstreckung

(1) Für Anträge auf Versagung der Anerkennung oder der Vollstreckung (Artikel 45 Absatz 4 und Artikel 47 Absatz 1 der Verordnung (EU) Nr. 1215/2012) ist das Landgericht ausschließlich zuständig.

(2) ¹Örtlich zuständig ist ausschließlich das Landgericht, in dessen Bezirk der Schuldner seinen Wohnsitz hat. ²Hat der Schuldner im Inland keinen Wohnsitz, ist ausschließlich das Landgericht zuständig, in dessen Bezirk die Zwangsvollstreckung durchgeführt werden soll. ³Der Sitz von Gesellschaften und juristischen Personen steht dem Wohnsitz gleich.

(3) Der Antrag auf Versagung kann bei dem zuständigen Landgericht schriftlich eingereicht oder mündlich zu Protokoll der Geschäftsstelle erklärt werden.

(4) ¹Über den Antrag auf Versagung entscheidet der Vorsitzende einer Zivilkammer durch Beschluss. ²Der Beschluss ist zu begründen und kann ohne mündliche Verhandlung ergehen. ³Der Antragsgegner ist vor der Entscheidung zu hören.

(5) ¹Gegen die Entscheidung findet die sofortige Beschwerde statt. ²Die Notfrist des § 569 Absatz 1 Satz 1 beträgt einen Monat und beginnt mit der Zustellung der Entscheidung. ³Gegen den Beschluss des Beschwerdegerichts findet die Rechtsbeschwerde statt.

(6) ¹Über den Antrag auf Aussetzung oder Beschränkung der Vollstreckung und den Antrag, die Vollstreckung von der Leistung einer Sicherheit abhängig zu machen (Artikel 44 Absatz 1 der Verordnung (EU) Nr. 1215/2012), wird durch einstweilige Anordnung entschieden. ²Die Entscheidung ist unanfechtbar.

§ 1116 Wegfall oder Beschränkung der Vollstreckbarkeit im Ursprungsmitgliedstaat

¹Auf Antrag des Schuldners (Artikel 44 Absatz 2 der Verordnung (EU) Nr. 1215/2012) ist die Zwangsvollstreckung entsprechend § 775 Nummer 1 und 2 und § 776 auch dann einzustellen oder zu beschränken, wenn der Schuldner eine Entscheidung eines Gerichts des Ursprungsmitgliedstaats über die Nichtvollstreckbarkeit oder über die Beschränkung der Vollstreckbarkeit vorlegt. ²Auf Verlangen des Vollstreckungsorgans ist eine Übersetzung der Entscheidung vorzulegen. ³§ 1108 gilt entsprechend.

§ 1117 Vollstreckungsabwehrklage

(1) Für Klagen nach § 795 Satz 1 in Verbindung mit § 767 gilt § 1086 Absatz 1 entsprechend.

(2) Richtet sich die Klage gegen die Vollstreckung aus einem gerichtlichen Vergleich oder einer öffentlichen Urkunde, ist § 767 Absatz 2 nicht anzuwenden.

1 Hinsichtlich der §§ 1110-1117 ZPO vgl. die Muster bei Artt. 36 f, 45, 46 EuGVVO.

Gesetz über die Zwangsversteigerung und die Zwangsverwaltung

in der Fassung der Bekanntmachung vom 20. Mai 1898 (RGBl. S. 713)

(BGBl. III/FNA 310-14)
zuletzt geändert durch Art. 6 G zur weiteren Erleichterumng zur Sanierung von Unternehmen vom 7. Dezember 2011 (BGBl. I S. 2582)

Erster Abschnitt Zwangsversteigerung und Zwangsverwaltung von Grundstücken im Wege der Zwangsvollstreckung

Erster Titel Allgemeine Vorschriften

§ 1 [Zuständiges Amtsgericht]

(1) Für die Zwangsversteigerung und die Zwangsverwaltung eines Grundstücks ist als Vollstreckungsgericht das Amtsgericht zuständig, in dessen Bezirke das Grundstück belegen ist.
(2) ¹Die Landesregierungen werden ermächtigt, durch Rechtsverordnung die Zwangsversteigerungs- und Zwangsverwaltungssachen einem Amtsgericht für die Bezirke mehrerer Amtsgerichte zuzuweisen, sofern die Zusammenfassung für eine sachdienliche Förderung und schnellere Erledigung der Verfahren erforderlich ist. ²Die Landesregierungen können die Ermächtigung auf die Landesjustizverwaltungen übertragen.

§ 2 [Bestellung durch das höhere Gericht]

(1) Ist das Grundstück in den Bezirken verschiedener Amtsgerichte belegen oder ist es mit Rücksicht auf die Grenzen der Bezirke ungewiß, welches Gericht zuständig ist, so hat das zunächst höhere Gericht eines der Amtsgerichte zum Vollstreckungsgerichte zu bestellen; § 36 Abs. 2 und 3 und § 37 der Zivilprozeßordnung finden entsprechende Anwendung.
(2) ¹Die gleiche Anordnung kann getroffen werden, wenn die Zwangsversteigerung oder die Zwangsverwaltung mehrerer Grundstücke in demselben Verfahren zulässig ist und die Grundstücke in den Bezirken verschiedener Amtsgerichte belegen sind. ²Von der Anordnung soll das zum Vollstreckungsgerichte bestellte Gericht die übrigen Gerichte in Kenntnis setzen.

§ 3 [Zustellungen]

¹Die Zustellungen erfolgen von Amts wegen. ²Sie können durch Einschreiben mit Rückschein erfolgen. ³Zum Nachweis der Zustellung genügt der Rückschein.

§ 4 [Zustellung durch Aufgabe zur Post]

¹Wohnt derjenige, welchem zugestellt werden soll, weder am Orte noch im Bezirke des Vollstreckungsgerichts, so kann die Zustellung durch Aufgabe zur Post erfolgen, solange nicht die Bestellung eines daselbst wohnhaften Prozeßbevollmächtigten oder Zustellungsbevollmächtigten dem Gericht angezeigt ist. ²Die Postsendung muß mit der Bezeichnung „Einschreiben" versehen werden.

§ 5 [Zustellungsbevollmächtigter]
Die Bestellung eines Zustellungsbevollmächtigten bei dem Grundbuchamte gilt auch für das Verfahren des Vollstreckungsgerichts, sofern sie diesem bekannt geworden ist.

§ 6 [Bestellung eines Zustellungsvertreters]
(1) Ist der Aufenthalt desjenigen, welchem zugestellt werden soll, und der Aufenthalt seines Zustellungsbevollmächtigten dem Vollstreckungsgericht nicht bekannt oder sind die Voraussetzungen für eine öffentliche Zustellung aus sonstigen Gründen (§ 185 der Zivilprozeßordnung) gegeben, so hat das Gericht für denjenigen, welchem zugestellt werden soll, einen Zustellungsvertreter zu bestellen.
(2) ¹Das gleiche gilt, wenn im Falle der Zustellung durch Aufgabe zur Post die Postsendung als unbestellbar zurückkommt. ²Die zurückgekommene Sendung soll dem Zustellungsvertreter ausgehändigt werden.
(3) Statt der Bestellung eines Vertreters genügt es, wenn die Zustellung für nicht prozeßfähige Personen an die Vormundschaftsbehörde, für juristische Personen oder für Vereine, die als solche klagen und verklagt werden können, an die Aufsichtsbehörde angeordnet wird.

§ 7 [Zustellung an Zustellungsvertreter]
(1) An den Zustellungsvertreter erfolgen die Zustellungen, solange derjenige, welchem zugestellt werden soll, nicht ermittelt ist.
(2) ¹Der Zustellungsvertreter ist zur Ermittlung und Benachrichtigung des Vertretenen verpflichtet. ²Er kann von diesem eine Vergütung für seine Tätigkeit und Ersatz seiner Auslagen fordern. ³Über die Vergütung und die Erstattung der Auslagen entscheidet das Vollstreckungsgericht.
(3) Für die Erstattung der Auslagen haftet der Gläubiger, soweit der Zustellungsvertreter von dem Vertretenen Ersatz nicht zu erlangen vermag; die dem Gläubiger zur Last fallenden Auslagen gehören zu den Kosten der die Befriedigung aus dem Grundstücke bezweckenden Rechtsverfolgung.

§ 8 [Zustellung des Anordnungs- und Beitrittsbeschlusses]
Die Vorschriften der §§ 4 bis 7 finden auf die an den Schuldner zu bewirkende Zustellung des Beschlusses, durch welchen die Zwangsvollstreckung angeordnet oder der Beitritt eines Gläubigers zugelassen wird, keine Anwendung.

§ 9 [Beteiligte]
In dem Verfahren gelten als Beteiligte, außer dem Gläubiger und dem Schuldner:
1. diejenigen, für welche zur Zeit der Eintragung des Vollstreckungsvermerkes ein Recht im Grundbuch eingetragen oder durch Eintragung gesichert ist;
2. diejenigen, welche ein der Zwangsvollstreckung entgegenstehendes Recht, ein Recht an dem Grundstück oder an einem das Grundstück belastenden Rechte, einen Anspruch mit dem Rechte auf Befriedigung aus dem Grundstück oder ein Miet- oder Pachtrecht, auf Grund dessen ihnen das Grundstück überlassen ist, bei

dem Vollstreckungsgericht anmelden und auf Verlangen des Gerichts oder eines Beteiligten glaubhaft machen.

A. Anwaltliche Sicht
  I. Muster: Anmeldung einer Abtretung
  II. Erläuterungen und Varianten
    [1] Anmeldung 3
    [2] Glaubhaftmachung 6
    [3] Variante 7
    [4] Eigentumswechsel 12
    [5] Informationen über die Gläubiger 13
B. Gerichtliche Sicht

A. Anwaltliche Sicht

I. Muster: Anmeldung einer Abtretung

▶ An das

Amtsgericht ...

Abteilung für Zwangsversteigerungen

Anmeldung zum Zwangsversteigerungsverfahren ... **(Nachname des Schuldners)**

... (Az des Gerichts)

Sehr geehrte Damen und Herren,

ich bestelle mich als Vertreter für den Berechtigten ... (Name und Anschrift) und melde die Rechte an der Grundschuld III/... über ... EUR mit den Zinsen seit dem ... an.[1]

Zum Nachweis[2] der Abtretung füge ich als Anlage die Abtretungserklärung und den Grundschuldbrief mit der Bitte um Rückgabe bei.[3]

Mit freundlichen Grüßen

...

Rechtsanwalt ◀

II. Erläuterungen und Varianten

Das Vollstreckungsgericht beteiligt von Amts wegen die betreibenden Anordnungs- und Beitrittsgläubiger und den Schuldner, sowie alle, für die zum Zeitpunkt der Eintragung des Vollstreckungsvermerks (§ 19) ein Recht im Grundbuch eingetragen ist. Rechte im Sinne von § 9 sind ausnahmslos alle im Grundbuch eingetragenen Belastungen und Vermerke, wie zB das Sondereigentum der anderen Wohnungseigentümer, das Eigentum oder Erbbaurecht (Abt. I), Dienstbarkeiten und Reallasten (Abt. II), Grundschulden und Hypotheken (Abt. III). Alle Berechtigten, deren Rechte erst nach dem Vollstreckungsvermerk in das Grundbuch eingetragen werden, können ohne Anmeldung (siehe Rn 3) **nicht** am Verfahren beteiligt werden.

[1] **Anmeldung.** Die in § 9 Nr. 2 genannten Berechtigten werden vom Vollstreckungsgericht nicht von Amts wegen, sondern erst nach Anmeldung ihrer Rechte am Verfahren beteiligt. Die Anmeldung ist formfrei und muss regelmäßig Rechtsgrund, Rang und ggf Betrag des Anspruchs beinhalten.

In den Verfahren zur Zwangsversteigerung einer Eigentumswohnung wird die **Wohnungseigentümergemeinschaft** nur nach Anmeldung an dem Verfahren beteiligt (Str., so: LG Bielefeld, Beschluss vom 29.05.2012 - 23 T 186/12 = ZfIR 2012, 659; *Schnei-*

der, ZfIR 2012, 613; Muster: vgl. § 45 Rn 18). Statt einer Anmeldung kann auch ein Beitritt zum Verfahren beantragt werden, vgl § 15 Rn 14 ff.

4 Ein spätester Zeitpunkt für den Erwerb der Beteiligtenstellung ist für die Anmeldung nicht vorgesehen. Allerdings erleiden Anmeldungen, die erst nach Aufforderung zur Abgabe von Geboten (§ 37 Nr. 4) dem Gericht zugehen einen Rangverlust. Sie können in der Erlösverteilung nur im Rang nach allen anderen Ansprüchen (vgl § 10 Abs. 1) berücksichtigt werden (§ 110)

5 Die Ansprüche der (betreibenden) Gläubiger gelten als angemeldet, soweit sie sich aus den Anordnungs- und Beitrittsanträgen ergeben (§ 114 Satz 2).

6 **[2] Glaubhaftmachung.** Auf Verlangen des Gerichts oder eines anderen Beteiligten muss der Antragsteller seinen Anspruch glaubhaft machen (§ 294 ZPO; vgl § 45 Rn 26). Das Verlangen ist jederzeit, nicht nur zeitnah nach der Antragstellung, möglich. Wird der Anspruch nicht glaubhaft gemacht, erwirbt der Antragsteller keinen Beteiligtenstatus. Die Hausgeldansprüche einer Wohnungseigentümergemeinschaft müssen immer glaubhaft gemacht werden (§ 45 Abs. 3).

7 **[3] Variante:** Wenn die Abtretung der Grundschuld bereits im Grundbuch eingetragen wurde, müssen die urkundlichen Nachweise (Abtretungserklärung und Grundschuldbrief) nicht vorgelegt werden. Stattdessen genügt ein einfacher Hinweis:

▶ Zum Nachweis verweise ich auf die Eintragung der Abtretung im Grundbuch. ◀

8 **Beispiel: Anmeldung eines neuen Rechts**

▶ ... und melde zum Verfahren die Zwangssicherungshypothek III/... über ... EUR mit allen Zinsen und Nebenleistungen, die Kosten der Eintragung mit ... EUR und die Kosten der dinglichen Rechtsverfolgung mit ... EUR an. ◀

9 Die Berechtigten, deren Rechte zeitlich nach dem Zwangsversteigerungsvermerk im Grundbuch eingetragen werden sind, können ohne Anmeldung vom Vollstreckungsgericht nicht beteiligt werden. Sie werden nicht über den Fortgang des Verfahrens informiert und können auch keine Zuteilung aus dem Versteigerungserlös erhalten. In diesem Zusammenhang ist zu beachten, dass das Grundbuchamt den Gläubiger lediglich über die erfolgte Eintragung seiner Zwangssicherungshypothek informiert, jedoch nicht über eine anhängige Zwangsversteigerung oder den in der Abteilung II eingetragenen Zwangsversteigerungsvermerk. Zusammen mit dem Antrag auf Eintragung der Zwangssicherungshypothek (vgl § 870 ZPO) sollte daher auch immer ein vollständiger Grundbuchabdruck beantragt werden.

10 **Beispiel: Anmeldung einer Pfändung**

▶ ... und melde die Pfändung der Ansprüche des ... (Name des eingetragenen, dinglichen Berechtigten = Pfändungsschuldner) ... (aus der Briefgrundschuld III/... | aus der Eigentümergrundschuld III/... | auf Auszahlung des Übererlöses) an.

Zum Nachweis füge ich als Anlage den Pfändungs- und Überweisungsbeschluss mit Zustellungsurkunde im Original (... und den Grundschuldbrief) bei. Die Ansprüche meines Mandanten beziffere ich wie folgt: ... ◀

Beispiel: Anmeldung eines Eigentumswechsels   11

▶ ... melde zum Verfahren an, dass mein Mandant im Grundbuch als neuer Eigentümer eingetragen ist.[4]

Ich bitte mir mitzuteilen, für wen und wegen welcher Ansprüche das Verfahren zurzeit betrieben wird.[5] Ferner bitte ich um eine Bezifferung der voraussichtlichen, restlichen Gerichtskosten. ◀

[4] **Eigentumswechsel.** Der Eigentumswechsel ist gemäß § 23 iVm § 136 BGB den bereits betreibenden Gläubigern gegenüber relativ unwirksam (Etwas anderes gilt nur, wenn der neue Eigentümer zeitlich vor der Beschlagnahme durch die Eintragung einer Auflassungsvormerkung nach § 883 BGB gesichert wurde). Das Vollstreckungsgericht wird nach der Anmeldung den neuen Eigentümer über den Fortgang des Verfahrens informieren. Auf das weitere Zwangsversteigerungsverfahren hat die Anmeldung aber keine Auswirkung. Mit dem Zuschlag wird der neue Eigentümer sein Eigentum wieder verlieren (§ 90). Anschließend veranlasst das Vollstreckungsgericht die Eintragung des Erstehers als neuen Eigentümer und die Löschung der bisherigen Eigentümereintragung.   12

[5] **Informationen über die Gläubiger.** Im Rahmen der Abwicklung des Grundstückskaufvertrages und der Ablösung der Rechte müssen auch die persönlichen Gläubiger, die durch Anordnung oder Beitritt in der Zwangsversteigerung eine Beschlagnahme erhalten haben (Rangklasse 5 des § 10), beachtet und berücksichtigt werden. Diese (persönlichen) Gläubiger und ihre Ansprüche sind nicht aus dem Grundbuch ersichtlich. Lediglich das Vollstreckungsgericht kann dazu verlässlich Auskunft erteilen.   13

B. Gerichtliche Sicht

Das Vollstreckungsgericht wird die Anmeldung zur Kenntnis nehmen und in Zukunft den Berechtigten am Verfahren beteiligen. Wenn bereits der Verkehrswert (siehe § 74a) festgesetzt worden ist, wird der Beschluss dem (neuen) Beteiligten zugestellt, damit auch für diesen die Rechtskraft eintritt.   14

§ 10 [Rangordnung der Rechte]

(1) Ein Recht auf Befriedigung aus dem Grundstücke gewähren nach folgender Rangordnung, bei gleichem Range nach dem Verhältnis ihrer Beträge:

1. der Anspruch eines die Zwangsverwaltung betreibenden Gläubigers auf Ersatz seiner Ausgaben zur Erhaltung oder nötigen Verbesserung des Grundstücks, im Falle der Zwangsversteigerung jedoch nur, wenn die Verwaltung bis zum Zuschlage fortdauert und die Ausgaben nicht aus den Nutzungen des Grundstücks erstattet werden können;

1a. im Falle einer Zwangsversteigerung, bei der das Insolvenzverfahren über das Vermögen des Schuldners eröffnet ist, die zur Insolvenzmasse gehörenden Ansprüche auf Ersatz der Kosten der Feststellung der beweglichen Gegenstände, auf die sich die Versteigerung erstreckt; diese Kosten sind nur zu erheben, wenn

ein Insolvenzverwalter bestellt ist, und pauschal mit vier vom Hundert des Wertes anzusetzen, der nach § 74 a Abs. 5 Satz 2 festgesetzt worden ist;
2. bei Vollstreckung in ein Wohnungseigentum die daraus fälligen Ansprüche auf Zahlung der Beiträge zu den Lasten und Kosten des gemeinschaftlichen Eigentums oder des Sondereigentums, die nach § 16 Abs. 2, § 28 Abs. 2 und 5 des Wohnungseigentumsgesetzes geschuldet werden, einschließlich der Vorschüsse und Rückstellungen sowie der Rückgriffsansprüche einzelner Wohnungseigentümer. Das Vorrecht erfasst die laufenden und die rückständigen Beträge aus dem Jahr der Beschlagnahme und den letzten zwei Jahren. Das Vorrecht einschließlich aller Nebenleistungen ist begrenzt auf Beträge in Höhe von nicht mehr als 5 vom Hundert des nach § 74 a Abs. 5 festgesetzten Wertes. Die Anmeldung erfolgt durch die Gemeinschaft der Wohnungseigentümer. Rückgriffsansprüche einzelner Wohnungseigentümer werden von diesen angemeldet;
3. die Ansprüche auf Entrichtung der öffentlichen Lasten des Grundstücks wegen der aus den letzten vier Jahren rückständigen Beträge; wiederkehrende Leistungen, insbesondere Grundsteuern, Zinsen, Zuschläge oder Rentenleistungen, sowie Beträge, die zur allmählichen Tilgung einer Schuld als Zuschlag zu den Zinsen zu entrichten sind, genießen dieses Vorrecht nur für die laufenden Beträge und für die Rückstände aus den letzten zwei Jahren. Untereinander stehen öffentliche Grundstückslasten, gleichviel ob sie auf Bundes- oder Landesrecht beruhen, im Range gleich. Die Vorschriften des § 112 Abs. 1 und der §§ 113 und 116 des Gesetzes über den Lastenausgleich vom 14. August 1952 ((Bundesgesetzbl. I S. 446)* bleiben unberührt;
4. die Ansprüche aus Rechten an dem Grundstück, soweit sie nicht infolge der Beschlagnahme dem Gläubiger gegenüber unwirksam sind, einschließlich der Ansprüche auf Beträge, die zur allmählichen Tilgung einer Schuld als Zuschlag zu den Zinsen zu entrichten sind; Ansprüche auf wiederkehrende Leistungen, insbesondere Zinsen, Zuschläge, Verwaltungskosten oder Rentenleistungen, genießen das Vorrecht dieser Klasse nur wegen der laufenden und der aus den letzten zwei Jahren rückständigen Beträge;
5. der Anspruch des Gläubigers, soweit er nicht in einer der vorhergehenden Klassen zu befriedigen ist;
6. die Ansprüche der vierten Klasse, soweit sie infolge der Beschlagnahme dem Gläubiger gegenüber unwirksam sind;
7. die Ansprüche der dritten Klasse wegen der älteren Rückstände;
8. die Ansprüche der vierten Klasse wegen der älteren Rückstände.
(2) Das Recht auf Befriedigung aus dem Grundstücke besteht auch für die Kosten der Kündigung und der die Befriedigung aus dem Grundstücke bezweckenden Rechtsverfolgung.
(3) ¹Zur Vollstreckung mit dem Range nach Absatz 1 Nr. 2 müssen die dort genannten Beträge die Höhe des Verzugsbetrages nach § 18 Abs. 2 Nr. 2 des Wohnungseigentumsgesetzes übersteigen; liegt ein vollstreckbarer Titel vor, so steht § 30 der Abgabenordnung einer Mitteilung des Einheitswerts an die in Absatz 1 Nr. 2 genannten Gläubiger nicht entgegen. ²Für die Vollstreckung genügt ein Titel, aus dem die Ver-

pflichtung des Schuldners zur Zahlung, die Art und der Bezugszeitraum des Anspruchs sowie seine Fälligkeit zu erkennen sind. ³Soweit die Art und der Bezugszeitraum des Anspruchs sowie seine Fälligkeit nicht aus dem Titel zu erkennen sind, sind sie in sonst geeigneter Weise glaubhaft zu machen.

§ 11 [Rangordnung verschiedener Rechte in derselben Klasse]

(1) Sind Ansprüche aus verschiedenen Rechten nach § 10 Nr. 4, 6 oder 8 in derselben Klasse zu befriedigen, so ist für sie das Rangverhältnis maßgebend, welches unter den Rechten besteht.
(2) In der fünften Klasse geht unter mehreren Ansprüchen derjenige vor, für welchen die Beschlagnahme früher erfolgt ist.

§ 12 [Rangordnung gleicher Rechte untereinander]

Die Ansprüche aus einem und demselben Rechte haben untereinander folgende Rangordnung:
1. die Ansprüche auf Ersatz der im § 10 Abs. 2 bezeichneten Kosten;
2. die Ansprüche auf wiederkehrende Leistungen und andere Nebenleistungen;
3. der Hauptanspruch.

§ 13 [Wiederkehrende Leistungen]

(1) ¹Laufende Beträge wiederkehrender Leistungen sind der letzte vor der Beschlagnahme fällig gewordene Betrag sowie die später fällig werdenden Beträge. ²Die älteren Beträge sind Rückstände.
(2) Absatz 1 ist anzuwenden, gleichviel ob die Ansprüche auf wiederkehrende Leistungen auf öffentlichem oder privatem Recht oder ob sie auf Bundes- oder Landesrecht beruhen oder ob die gesetzlichen Vorschriften andere als die in § 10 Abs. 1 Nr. 3 und 4 bestimmten Fristen festsetzen; kürzere Fristen als die in § 10 Abs. 1 Nr. 3 und 4 bestimmten werden stets vom letzten Fälligkeitstag vor der Beschlagnahme zurückgerechnet.
(3) Fehlt es innerhalb der letzten zwei Jahre an einem Fälligkeitstermin, so entscheidet der Zeitpunkt der Beschlagnahme.
(4) ¹Liegen mehrere Beschlagnahmen vor, so ist die erste maßgebend. ²Bei der Zwangsversteigerung gilt, wenn bis zur Beschlagnahme eine Zwangsverwaltung fortgedauert hat, die für diese bewirkte Beschlagnahme als die erste.

§ 14 [Ansprüche unbestimmten Betrages]

Ansprüche von unbestimmtem Betrage gelten als aufschiebend bedingt durch die Feststellung des Betrags.

Zweiter Titel Zwangsversteigerung

I. Anordnung der Versteigerung

§ 15 [Antrag]

Die Zwangsversteigerung eines Grundstücks wird von dem Vollstreckungsgericht auf Antrag angeordnet.

§ 16 [Inhalt des Antrages]

(1) Der Antrag soll das Grundstück, den Eigentümer, den Anspruch und den vollstreckbaren Titel bezeichnen.
(2) Die für den Beginn der Zwangsvollstreckung erforderlichen Urkunden sind dem Antrage beizufügen.

§ 17 [Eintragung des Schuldners; Glaubhaftmachung der Erbfolge]

(1) Die Zwangsversteigerung darf nur angeordnet werden, wenn der Schuldner als Eigentümer des Grundstücks eingetragen oder wenn er Erbe des eingetragenen Eigentümers ist.
(2) ¹Die Eintragung ist durch ein Zeugnis des Grundbuchamts nachzuweisen. ²Gehören Vollstreckungsgericht und Grundbuchamt demselben Amtsgericht an, so genügt statt des Zeugnisses die Bezugnahme auf das Grundbuch.
(3) Die Erbfolge ist durch Urkunden glaubhaft zu machen, sofern sie nicht bei dem Gericht offenkundig ist.

A. Anwaltliche Sicht
  I. Anordnung wegen einer Grundschuld
    1. Muster: Antrag auf Anordnung der Zwangsversteigerung
    2. Erläuterungen und Varianten
      [1] Örtliche Zuständigkeit......... 2
      [2] Kombiantrag................... 3
      [3] Gesamtantrag und Gerichtskosten................... 4
      [4] Identifizierbarkeit des Schuldners................... 5
      [5] Eigentumsnachweis............. 6
      [6] Persönlicher Zahlungsanspruch 7
      [7] Gleitende Verzinsung........... 8
      [8] Vollstreckungsanspruch........ 9
      [9] Kündigung der Grundschuld... 10
      [10] Vollstreckungsunterlagen....... 11
      [11] Gutachten.................... 12
      [12] Ansprechpartner.............. 13
  II. Anordnung wegen Hausgeldansprüchen
    1. Muster: Antrag beim Finanzamt auf Mitteilung des Einheitswerts
    2. Erläuterungen
      [1] Örtliche Zuständigkeit......... 15
      [2] Einheitswert................... 16
      [3] Wohnungseigentümergemeinschaft......................... 17
      [4] Lage der Wohnung............. 18
      [5] Besondere Vollstreckungsvoraussetzungen................... 19
    3. Muster: Antrag auf Anordnung der Zwangsversteigerung
    4. Erläuterungen und Varianten
      [1] Örtliche Zuständigkeit......... 21
      [2] Grundbesitz................... 21a
      [3] Wohnungseigentümergemeinschaft......................... 21a
      [3] Identifizierbarkeit des Schuldners................... 23
      [4] Eigentumsnachweis............. 24
      [5] Vollstreckungsanspruch........ 25
      [6] Betragsmäßige Deckelung der Hausgelder...................... 26
      [7] Besondere Vollstreckungsvoraussetzungen................... 27
      [8] Einheitswert................... 28
      [9] Rückforderung der Vollstreckungsunterlagen............... 29
      [10] Gutachten.................... 30
  III. Anordnung wegen eines Zahlungsanspruchs
    1. Muster: Antrag auf Anordnung der Zwangsversteigerung
    2. Erläuterungen und Varianten
      [1] Örtliche Zuständigkeit......... 32

[2]	Gerichtskosten und Gesamtantrag	33
[3]	Identifizierbarkeit des Schuldners	34
[4]	Eigentumsnachweis	35
[5]	Vollstreckungsanspruch	36
[6]	Vollstreckungsunterlagen	38
[7]	Gutachten	39

B. Gerichtliche Sicht
  I. Muster: Anordnungsbeschluss
  II. Erläuterungen und Varianten
    [1] Vollstreckungsanspruch 41
    [2] Grundstücksbeschreibung 42
    [3] Eingetragener Eigentümer 43
    [4] Beschlagnahme 44

A. Anwaltliche Sicht

I. Anordnung wegen einer Grundschuld

1. Muster: Antrag auf Anordnung der Zwangsversteigerung

▶ An das

Amtsgericht ...[1]

Abteilung für Zwangsversteigerungen

Antrag auf Anordnung einer Zwangsversteigerung[2]

Sehr geehrte Damen und Herren,

ich bestelle mich als Vertreter für die Gläubigerin ... (Name und Anschrift) und beantrage die Zwangsversteigerung[2] des nachfolgend genannten Grundbesitzes:

Grundbuch	Band	Blatt	Lage
...[3]	...	...	...

Schuldner und eingetragener Eigentümer ist:

... (Name und Anschrift)[4]

Wegen der Nachweise nehme ich Bezug auf das Grundbuch.[5]

Der Vollstreckungsantrag erfolgt wegen folgender dinglicher[6] Ansprüche der Gläubigerin:

lfd Nr	Nominalbetrag	Zinssatz in %[7]	seit dem	einmalige Nebenleistung
...[8]	...	...	...	...

nebst den Kosten der gegenwärtigen und künftigen dinglichen Rechtsverfolgung.

Die Grundschuld ist fällig.[9]

Die vollstreckbare Ausfertigung der Urkunde des Notars ... vom ..., UR-Nr. ... nebst Zustellungsnachweisen füge ich bei. Nach Anordnung des Verfahrens bitte ich um Rückgabe des Titels.[10]

Zu gegebener Zeit bitte ich um Übersendung einer Abschrift des erstellten Verkehrswertgutachtens und des Exposés – wenn möglich in elektronischer Form – an meine o.g. E-Mail-Adresse.[11]

Bei Anfragen der Interessenten und in der Veröffentlichung benennen Sie bitte als Ansprechpartner bei der Gläubigerin: ...[12]

Ich beantrage, mir von jedem Protokoll unaufgefordert eine Abschrift zuzusenden.

Die Bankverbindung der Gläubigerin lautet: ...

Mit freundlichen Grüßen

...

Rechtsanwalt ◄

2. Erläuterungen und Varianten

2 **[1] Örtliche Zuständigkeit.** Örtlich zuständig ist das Amtsgericht, in dessen Gerichtsbezirk das Grundstück liegt. Entscheidend ist nur die tatsächliche Lage, nicht der Ort der grundbuchlichen Erfassung; diese kann, insbesondere bei Teilzentralisierungen der Grundbuchämter (§ 1 Abs. 3 GBO), davon abweichend sein. § 1 Abs. 2 ermächtigt die Landesregierungen durch Rechtsverordnung die Zuständigkeit im Interesse einer sachdienlichen und schnelleren Bearbeitung zu zentralisieren. Von dieser Möglichkeit haben bisher die Bundesländer Baden-Württemberg, Bayern, Brandenburg, Nordrhein-Westfalen, Rheinland-Pfalz, Sachsen, Schleswig-Holstein und Thüringen Gebrauch gemacht. Einen schnellen und aktuellen Überblick über sämtliche **Zwangsversteigerungsgerichte** bietet innerhalb des Justizportals des Bundes und der Länder die Internetseite http://www.zvg-portal.de. Über die Suchmaske kann mit der Ortsangabe oder Postleitzahl das zuständige Zwangsversteigerungsgericht ermittelt werden. Sind in einem Verfahren mehrere Grundstücke aus verschiedenen Gerichtsbezirken betroffen, wird das zuständige Amtsgericht von dem nächst höheren Gericht bestimmt. Dazu ist grundsätzlich ein Gesuch (Antrag) erforderlich (siehe § 37 ZPO).

3 **[2] Kombiantrag.** Soll zusätzlich auch die Zwangsverwaltung beantragt werden, kann dies mit demselben Schriftsatz und dem Zusatz

► ... und Zwangsverwaltung ◄

erfolgen. Der namentliche Vorschlag eines bestimmten Zwangsverwalters ist in der Regel nicht zu empfehlen, da die Gerichte häufig dazu neigen, den vorgeschlagenen grundsätzlich nicht einzusetzen.

4 **[3] Gesamtantrag und Gerichtskosten.** Für die Entscheidung über den Antrag wird eine Gerichtsgebühr in Höhe von 50 EUR (GKG KV 2210) erhoben. Da die Gebühr **pro Antrag** erhoben wird, ist es nicht sinnvoll, für mehrere Grundstücke oder Grundbücher einzelne Anträge zu stellen. Die Festgebühr wird mit der Entscheidung fällig (§ 7 Abs. 1 S. 1 GKG). Sie wird vom Antragsteller als Kostenschuldner erhoben (§ 53 Abs. 1 GKG). Die weiteren Verfahrenskosten sind abhängig vom Verkehrswert und der Höhe der Sachverständigenvergütung. Auch in durchschnittlichen Verfahren muss mit einem Gesamtbetrag zwischen 2.000 und 5.000 EUR gerechnet werden.

5 **[4] Identifizierbarkeit des Schuldners.** Passend zu den Angaben in der vollstreckbaren Ausfertigung des Titels muss der Schuldner eindeutig identifizierbar sein. In der Regel wird er auch **Eigentümer** des Grundstücks sein (vgl § 17). Sind Schuldner und Eigentümer nicht identisch, sind beide zu bezeichnen.

6 **[5] Eigentumsnachweis.** Der Nachweis der Eintragung des Schuldners als Eigentümer (vgl Rn 5) ist entbehrlich, wenn sich Grundbuchamt und Zwangsversteigerungsgericht bei demselben Amtsgericht befinden. In den Fällen von Teilzentralisierungen (siehe Rn 2) ist der Nachweis erforderlich, wenn das zuständige Grundbuchamt zu einem anderen Amtsgericht gehört (*Dassler/Schiffhauer/Hintzen*, § 17 Rn 19; aA *Stö-*

ber, § 17 ZVG Rn 5.5.b – es reicht aus, wenn das Grundbuchamt zum Bezirk des zentralen Versteigerungsgerichts gehört). Sind die Grundbuchämter nicht bei den Amtsgerichten untergebracht, ist das Zeugnis immer zu erbringen. Wenn das Vollstreckungsgericht an das elektronische Grundbuch (SOLUM) angeschlossen ist und jederzeit der aktuelle Stand der Grundbucheintragungen abgefragt werden kann, ist die Vorlage eines besonderen Zeugnisses entbehrlich. Wenn ein Zeugnis erforderlich ist, genügt auch die Vorlage eines beglaubigten Grundbuchausdrucks statt eines solchen Zeugnisses.

[6] **Persönlicher Zahlungsanspruch.** In der Regel soll die Zwangsversteigerung aus einem eingetragenen dinglichen Recht aus der Rangklasse 4 des § 10 erfolgen. Soll zusätzlich auch der titulierte persönliche Zahlungsanspruch (Rangklasse 5 des § 10) vollstreckt werden, ist der Zusatz

▶ ... und persönlichen ◀

hinzuzufügen. Vorteile ergeben sich durch diese Verfahrensweise in der Regel nicht. Nur dann, wenn der Versteigerungserlös vermutlich für die Befriedigung sämtlicher Grundschulden und Hypotheken ausreichen wird, kann der betreibende Gläubiger mit der Befriedigung seiner älteren Zinsen in der Rangklasse 5 (= persönliche Ansprüche) rechnen.

[7] **Gleitende Verzinsung.** Ist der Anspruch gleitend zu verzinsen, lautet die Bezeichnung

▶ ... Prozentpunkte über dem Basiszinssatz. ◀

[8] **Vollstreckungsanspruch.** Der **Vollstreckungsanspruch** ist genau zu bezeichnen. In dem Anspruch ist nach Hauptforderung, wiederkehrenden Nebenleistungen, einmaligen Nebenleistungen und Kosten zu differenzieren. Bei wiederkehrenden Leistungen genügt die Angabe des bereits ausgerechneten Betrages nicht. Es muss wegen der zeitlichen Limitierung in der Rangklasse 4 des § 10 sowohl die Zinshöhe als auch der Zinsbeginn mitgeteilt werden. Erfolgte Teilzahlungen sind ordnungsgemäß zu verrechnen und anzugeben. Die Geltendmachung eines Teilbetrages ist jedoch auch möglich.

[9] **Kündigung der Grundschuld.** Ist die Fälligkeit des Kapitalanspruchs aus einer Grundschuld von der vorherigen Kündigung und dem Ablauf der Kündigungsfrist abhängig (vgl § 1192 Abs. 1 BGB), muss dies grundsätzlich im Verfahren zur Erteilung der Vollstreckungsklausel, also in der Regel vor dem Notar, bewiesen werden (vgl § 726 ZPO). Das Vollstreckungsgericht hat insoweit keine Prüfungspflicht. Allerdings muss dem Vollstreckungsgericht nachgewiesen werden, dass die Vollstreckungsklausel und die schriftliche Kündigung zugestellt worden sind (vgl § 750 Abs. 2 ZPO). In der Regel verzichtet allerdings der Schuldner bei der Bestellung der Grundschuld gegenüber dem Notar auf den Nachweis der Kündigung, so dass der Notar die vollstreckbare Ausfertigung auch ohne entsprechende Prüfung erteilen kann. Das Vollstreckungsgericht wird dann auch keinen Zustellungsnachweis in Bezug auf das Kündigungsschreiben verlangen.

[10] **Vollstreckungsunterlagen.** Welche Urkunden beizufügen sind, richtet sich nach dem Einzelfall. In Betracht kommen die vollstreckbare Ausfertigung des **Vollstre-**

ckungstitels mit **Zustellungsnachweisen** und **Vollmachturkunden,** aber auch Erbscheine (siehe § 17 Abs. 3), Abtretungsurkunden, bisherige Vollstreckungsunterlagen (zum Nachweis der bisherigen Kosten), Basiszinstabellen (bei gleitenden Zinssätzen nach § 288 BGB). Nach der Anordnung kann das Gericht die eingereichten Unterlagen dem Gläubiger für andere Vollstreckungsversuche wieder überlassen. Spätestens zur Zuschlagsentscheidung müssen die Unterlagen dem Gericht jedoch wieder vorliegen (BGH WM 2004, 838 = Rpfleger 2004, 368 = ZfIR 2004, 489 = MDR 2004, 774 = BGHReport 2004, 919 = NJW-RR 2004, 1366). Grundschuld- und Hypothekenbriefe müssen **nicht** mit vorgelegt werden. Die Vorlage ist erst zum Verteilungstermin und nur dann erforderlich, wenn eine Kapitalzuteilung erfolgen kann (§ 126, Rn 3).

12 [11] **Gutachten.** Nach § 74a Abs. 5 muss das Gericht vor der Bestimmung des Versteigerungstermins den Verkehrswert des Versteigerungsobjektes festsetzen. Dazu wird in aller Regel ein Sachverständiger mit der Begutachtung des Objektes beauftragt. Bei vielen Gerichten erstellt der Sachverständige das Gutachten nicht nur in Papierform, sondern auch für die Veröffentlichung im Internet auch als Datei (im Format *.pdf).

13 [12] **Ansprechpartner.** Wenn sich die Gläubigerin bei der Vermarktung des Objektes aktiv einbringen möchte, sollte der Name, die Telefonnummer und eventuell auch die E-Mail-Adresse des Ansprechpartners mitgeteilt werden. Die Gerichte sind in der Regel bereit, diese Informationen bei telefonischen Anfragen und in der Internetveröffentlichung weiterzugeben.

II. Anordnung wegen Hausgeldansprüchen

14 **1. Muster: Antrag beim Finanzamt auf Mitteilung des Einheitswerts**

▶ An das
Finanzamt ███[1]

Mitteilung des Einheitswerts für Grundstücke[2]

Sehr geehrte Damen und Herren,

im Namen und mit Vollmacht der Wohnungseigentümergemeinschaft ███[3] beantrage ich, mir den Einheitswert des nachfolgend genannten Grundbesitzes mitzuteilen:

Lage	Wohnungsgrundbuch	Band	Blatt
███[4]	███	███	███

Eigentümer:

███ (Name und Anschrift)

Unter Bezug auf die anliegende Kopie des vollstreckbaren Titels weise ich darauf hin, dass im § 10 Abs. 3 des Zwangsversteigerungsgesetzes eine Ausnahme zum Steuergeheimnis (§ 30 AO) normiert und die Mitteilung des Einheitswertes im vorliegenden Fall zulässig ist.[5]

Mit freundlichen Grüßen

███

Rechtsanwalt ◀

2. Erläuterungen

[1] **Örtliche Zuständigkeit.** Die Zuständigkeit des Finanzamtes richtet sich in der Regel nach der Lage des Versteigerungsobjektes.

[2] **Einheitswert.** Die Vollstreckung wegen Hausgeldansprüche in der Rangklasse 2 des § 10 ist nur zulässig, wenn der Gesamtanspruch den Verzugsbetrag des § 18 Abs. 2 Nr. 2 WEG überschreitet, also mehr beträgt als **3 % des steuerlichen Einheitswertes** (vgl §§ 19 ff BewG). Der Nachweis des Einheitswertes ist eine besondere Vollstreckungsvoraussetzung und muss mit dem Antrag von der Gläubigerin urkundlich nachgewiesen werden (§ 16 Abs. 2). Die Gläubigerin (idR die WE-Gemeinschaft) kann unter Bezug auf § 10 Abs. 3 und unter Vorlage eines vollstreckbaren Titels **beim Finanzamt** eine Bescheinigung über den Einheitswert beantragen. Ist das Zwangsversteigerungsverfahren bereits anhängig und der Verkehrswert der Eigentumswohnung nach § 74a Abs. 5 bereits festgesetzt, ist für den Beitrittsantrag die Vorlage des Einheitswerts entbehrlich (BGHReport 2009, 911 = MDR 2009, 829 = NJW-Spezial 2009, 394 = Rpfleger 2009, 399 = WM 2009, 1372 = ZfIR 2009, 477).

[3] **Wohnungseigentümergemeinschaft.** Die Gemeinschaft muss die Bezeichnung „Wohnungseigentümergemeinschaft" gefolgt von der bestimmten Angabe des gemeinschaftlichen Grundstücks führen (§ 10 WEG), also zB „Wohnungseigentümergemeinschaft Musterallee 23".

[4] **Lage der Wohnung.** Die Zuständigkeit des Finanzamtes bestimmt sich nach der Lage. Daher müssen die postalische Anschrift des Hauses und die genaue Lage der betroffenen Wohnung anzugeben werden.

[5] **Besondere Vollstreckungsvoraussetzungen.** Die weiteren Voraussetzungen für eine Vollstreckung in der Rangklasse 2 (§ 10 Abs. 3 S. 2 und 3: Art der Schuld, Bezugszeitraum und Fälligkeit) sind gegenüber der Finanzverwaltung nicht nachzuweisen (aA Rechtsausschuss des Bundestages, BT-Drucks. 16/12714, S. 23). Der Vollstreckungstitel muss auch nicht im Original (vollstreckbare Ausfertigung) vorgelegt werden.

3. Muster: Antrag auf Anordnung der Zwangsversteigerung

▶ An das

Amtsgericht ...[1]

Abteilung für Zwangsversteigerungen

Antrag auf Anordnung einer Zwangsversteigerung

Sehr geehrte Damen und Herren,

ich bestelle mich als Vertreter für die Wohnungseigentümergemeinschaft ...[2] und beantrage die Zwangsversteigerung des nachfolgend genannten Grundbesitzes:[3]

Grundbuch	Band	Blatt	Lage
...	...	...	...

Schuldner und eingetragene Eigentümer ist:

... (Name und Anschrift)[4]

Wegen der Nachweise nehme ich Bezug auf das Grundbuch.[5]

Der Vollstreckungsantrag erfolgt wegen folgender Ansprüche der Gläubigerin:

...[5]

nebst den Kosten der gegenwärtigen und künftigen dinglichen Rechtsverfolgung.

Für die Ansprüche wird der Vorrang der 2. Rangklasse des § 10 ZVG bis zu einem Betrag in Höhe von 5 % des noch festzusetzenden Verkehrswertes beansprucht.[7]

Als Anlagen füge ich bei:

1) Die vollstreckbare Ausfertigung des Urteils des ... vom ... (Az ...)

2) Die Klageschrift zur Glaubhaftmachung der Art der Schuld, des Bezugszeitraums und der Fälligkeiten.[8]

3) Die Mitteilung des Finanzamts über den Einheitswert[9]

Nach Anordnung des Verfahrens bitte ich um Rückgabe des Titels.[10]

Zu gegebener Zeit bitte ich um Übersendung einer Abschrift des erstellten Verkehrswertgutachtens und des Exposés – wenn möglich in elektronischer Form – an meine o.g. E-Mail-Adresse.[11]

Ich beantrage, mir von jedem Protokoll unaufgefordert eine Abschrift zuzusenden.

Mit freundlichen Grüßen

...

Rechtsanwalt ◄

4. Erläuterungen und Varianten

21 **[1] Örtliche Zuständigkeit.** Örtlich zuständig ist das Amtsgericht, in dessen Gerichtsbezirk das Grundstück liegt (siehe Rn 2).

21a **[2] Grundbesitz.** Bevorrechtigte Hausgeldansprüche der Rangklasse 2 können nicht als Gesamtforderungen auf mehreren Wohnungs- und Teileigentumseinheiten geltend gemacht werden, selbst dann nicht, wenn die Einheiten als wirtschaftliche Einheit anzusehen sind. Bereits im Vollstreckungstitel muss deutlich werden, welche Hausgelder für welche Wohneinheit entstanden sind. Auch im Wirtschaftsplan der Gemeinschaft müssen die Lasten für jede Einheit getrennt erfasst werden. Eine Zusammenfassung nach Schuldner/Eigentümer ist für die Immobiliarvollstreckung ungeeignet.

22 **[3] Wohnungseigentümergemeinschaft.** Die Gemeinschaft muss die Bezeichnung „Wohnungseigentümergemeinschaft" gefolgt von der bestimmten Angabe des gemeinschaftlichen Grundstücks führen (§ 10 WEG), also zB „Wohnungseigentümergemeinschaft Musterallee 23". Ältere Zahlungstitel weisen den Wohnungsverwalter unmittelbar als Gläubiger aus, weil dieser in gewillkürter Prozessstandschaft den Anspruch der WE-Gemeinschaft im eigenen Namen eingeklagt hat. In diesem Fall muss auch in dem Vollstreckungsantrag und dem Anordnungs- bzw Beitrittsbeschluss der WE-Verwalter als Gläubiger ausgewiesen werden. Die Anordnung kann auch in diesem Fall in der Rangklasse 2 erfolgen.

23 **[4] Identifizierbarkeit des Schuldners.** Passend zu den Angaben in der vollstreckbaren Ausfertigung des Titels muss der Schuldner eindeutig identifizierbar sein. In der Regel wird er auch **Eigentümer** des Grundstücks sein (vgl § 17). Sind Schuldner und Eigentümer nicht identisch, sind beide zu bezeichnen.

[5] **Eigentumsnachweis.** Der Nachweis der Eintragung des Schuldners als Eigentümer ist entbehrlich, wenn sich Grundbuchamt und Zwangsversteigerungsgericht bei demselben Amtsgericht befinden (siehe Rn 5). 24

[6] **Vollstreckungsanspruch.** Der Vollstreckungsanspruch ist genau zu bezeichnen. Ergänzend zu den Angaben im Vollstreckungstitel sind bei den Einzelansprüchen die Art der Schuld, der Bezugszeitraum und die Fälligkeiten anzugeben. 25

▶ Hausgeldjahresabrechnung für das Jahr 2014, fällig gem. Beschluss der WE-Gemeinschaft am 1.3.2015 ◀

Erfolgte Teilzahlungen sind ordnungsgemäß zu verrechnen und anzugeben. Soweit die Säumniszinsen nicht tituliert sind, kann keine Vollstreckung erfolgen. Stattdessen kann aber eine Anmeldung (siehe § 45 Rn 18 ff) erfolgen. Da für die Vollstreckung ein Zahlungstitel genügt (§ 10 Abs. 3), gehören auch die Kosten für die Beschaffung dieses Titels zu den Kosten der „dinglichen" Rechtsverfolgung im Sinne des § 10 Abs. 2.

[7] **Betragsmäßige Deckelung der Hausgelder.** Die Summe sämtlicher Ansprüche der Rangklasse 2, einschließlich Zinsen und Rechtsverfolgungskosten, ist betragsmäßig beschränkt auf **5 Prozent des Verkehrswertes** (§ 74 a Abs. 5). Dabei ist es ohne Bedeutung, ob die Ansprüche mit einer Anmeldung oder mehreren, von einem oder mehreren Berechtigten, mit Anmeldung (siehe § 45 Rn 18 ff) oder durch Vollstreckung geltend gemacht worden sind. Weitergehende (titulierte) Ansprüche können aber in der Rangklasse 5 anhängig gemacht werden: 26

▶ Im Übrigen wird die Anordnung in der 5. Rangklasse beantragt. ◀

[8] **Besondere Vollstreckungsvoraussetzungen.** Gemäß § 10 Abs. 3 muss ein Zahlungstitel vorliegen, in dem die **Zahlungspflicht**, die **Art der Schuld**, der **Bezugszeitraum** und die **Fälligkeit** erkennbar sind. Die erste Bedingung muss sich unmittelbar aus dem Titel ergeben. Die drei weiteren Voraussetzungen können dagegen auch glaubhaft gemacht werden, etwa durch Vorlage einer Kopie der Klageschrift (BT-Drucks. 16/887, S. 46). Mahnbescheide werden daher in aller Regel nicht ausreichend sein, da sich insbesondere die Art der Schuld (einschließlich der genauen Angaben, welche Wohnung betroffen ist) nicht nachweisen lässt. 27

[9] **Einheitswert.** Der Nachweis des Einheitswertes ist eine besondere Vollstreckungsvoraussetzung und muss mit dem Antrag von der Gläubigerin urkundlich nachgewiesen werden (siehe Rn 16). 28

[10] **Rückforderung der Vollstreckungsunterlagen.** Nach der Anordnung kann das Gericht die eingereichten Unterlagen dem Gläubiger für andere Vollstreckungsversuche wieder überlassen. Spätestens zur Zuschlagsentscheidung müssen die Unterlagen dem Gericht jedoch wieder vorliegen (BGH WM 2004, 838 = Rpfleger 2004, 368 = ZfIR 2004, 489 = MDR 2004, 774 = BGHReport 2004, 919 = NJW-RR 2004, 1366). 29

[11] **Gutachten.** Nach § 74 a Abs. 5 muss das Gericht vor der Bestimmung des Versteigerungstermins den Verkehrswert des Versteigerungsobjektes festsetzen. Dazu wird in aller Regel ein Sachverständiger mit der Begutachtung des Objektes beauftragt. Bei vielen Gerichten erstellt der Sachverständige das Gutachten nicht nur in Pa- 30

III. Anordnung wegen eines Zahlungsanspruchs

1. Muster: Antrag auf Anordnung der Zwangsversteigerung

▶ An das
Amtsgericht ▪▪▪[1]
Abteilung für Zwangsversteigerungen

Antrag auf Anordnung einer Zwangsversteigerung

Sehr geehrte Damen und Herren,

ich bestelle mich als Vertreter für den Gläubiger ▪▪▪ (Name und Anschrift) und beantrage die Zwangsversteigerung des nachfolgend genannten Grundbesitzes:

Grundbuch	Band	Blatt	Lage
▪▪▪[2]	▪▪▪	▪▪▪	▪▪▪

Schuldner und eingetragene Eigentümer ist:

▪▪▪ (Name und Anschrift)[3]

Wegen der Nachweise nehme ich Bezug auf das Grundbuch. [4]

Der Vollstreckungsantrag erfolgt wegen folgender persönlicher Ansprüche des Gläubigers:

▪▪▪[5]

nebst den Kosten der gegenwärtigen und künftigen dinglichen Rechtsverfolgung. Als Anlagen füge ich die vollstreckbare Ausfertigung des Urteils des ▪▪▪ vom ▪▪▪ (Az ▪▪▪) bei. Nach Anordnung des Verfahrens bitte ich um Rückgabe des Titels.[6]

Zu gegebener Zeit bitte ich um Übersendung einer Abschrift des erstellten Verkehrswertgutachtens und des Exposés – wenn möglich in elektronischer Form – an meine o.g. E-Mail-Adresse.[7]

Ich beantrage, mir von jedem Protokoll unaufgefordert eine Abschrift zuzusenden.

Mit freundlichen Grüßen

▪▪▪

Rechtsanwalt ◀

2. Erläuterungen und Varianten

[1] **Örtliche Zuständigkeit.** Örtlich zuständig ist das Amtsgericht, in dessen Gerichtsbezirk das Grundstück liegt (siehe Rn 2).

[2] **Gerichtskosten und Gesamtantrag.** Für die Entscheidung über den Antrag wird **eine Gerichtsgebühr** in Höhe von 100 EUR (GKG KV 2210) erhoben. Da die Gebühr **pro Antrag** erhoben wird, ist es nicht sinnvoll, für mehrere Grundstücke oder Grundbücher einzelne Anträge zu stellen. Die Festgebühr wird mit der Entscheidung fällig (§ 7 Abs. 1 S. 1 GKG). Sie wird vom Antragsteller als Kostenschuldner erhoben (§ 53 Abs. 1 GKG). Die weiteren Verfahrenskosten sind abhängig vom Verkehrswert und

der Höhe der Sachverständigenvergütung. Auch in durchschnittlichen Verfahren muss mit einem Gesamtbetrag zwischen 2.000 und 5.000 EUR gerechnet werden.

[3] **Identifizierbarkeit des Schuldners.** Passend zu den Angaben in der vollstreckbaren Ausfertigung des Titels muss der Schuldner eindeutig identifizierbar sein. In der Regel wird er auch **Eigentümer** des Grundstücks sein (vgl § 17). 34

[4] **Eigentumsnachweis.** Der Nachweis der Eintragung des Schuldners als Eigentümer ist entbehrlich, wenn sich Grundbuchamt und Zwangsversteigerungsgericht bei demselben Amtsgericht befinden (siehe Rn 6). 35

[5] **Vollstreckungsanspruch.** Der Vollstreckungsanspruch ist genau zu bezeichnen. Erfolgte Teilzahlungen sind ordnungsgemäß zu verrechnen und anzugeben. Wegen der Details kann auf eine Anlage verwiesen werden. Es ist jedoch auch möglich, nur einen Teilbetrag geltend zu machen. 36

Wird lediglich wegen der persönlichen Ansprüche, also aus der Rangklasse 5 des § 10 vollstreckt, bleiben nach den gesetzlichen Versteigerungsbedingungen sämtliche im Grundbuch eingetragenen Rechte bestehen und sind von einem Ersteher mit zu übernehmen. Daher sind die Aussichten für eine erfolgreiche Versteigerung und auf Befriedigung sehr gering. Bei der Abwägung der Aussichten muss das hohe Kostenrisiko bedacht werden (siehe Rn 5). 37

[6] **Vollstreckungsunterlagen.** Grundsätzlich sind die vollstreckbare Ausfertigung des **Vollstreckungstitels** mit **Zustellungsnachweisen** und die Unterlagen der bisherigen Rechtsverfolgung (zum Nachweis der Kosten) vorzulegen. Nach der Anordnung kann das Gericht die eingereichten Unterlagen dem Gläubiger für andere Vollstreckungsversuche wieder überlassen. Spätestens zur Zuschlagsentscheidung müssen die Unterlagen dem Gericht jedoch wieder vorliegen (BGH WM 2004, 838 = Rpfleger 2004, 368 = ZfIR 2004, 489 = MDR 2004, 774 = BGHReport 2004, 919 = NJW-RR 2004, 1366). 38

[7] **Gutachten.** Nach § 74 a Abs. 5 muss das Gericht vor der Bestimmung des Versteigerungstermins den Verkehrswert des Versteigerungsobjektes festsetzen. Dazu wird in aller Regel ein Sachverständiger mit der Begutachtung des Objektes beauftragt. Bei vielen Gerichten erstellt der Sachverständige das Gutachten nicht nur in Papierform, sondern für die Veröffentlichung im Internet auch als Datei (im Format *.pdf). 39

B. Gerichtliche Sicht

I. Muster: Anordnungsbeschluss 40

▶ Amtsgericht ...

Beschluss

Auf Antrag der

Wohnungseigentümergemeinschaft ... (Anschrift)

– Gläubigerin –

Verfahrensvertreter: Rechtsanwalt ...

gegen

... (Name und Anschrift)

– Schuldner –

wird wegen eines Hausgeldanspruchs in Höhe von ... EUR[1]

in der Rangklasse 2 des § 10 ZVG bis zu einem Betrag aller Ansprüche in Höhe von 5 % des festgesetzten Verkehrswertes,

im Übrigen in der Rangklasse 5 des § 10 ZVG

aufgrund des vollstreckbaren Urteils des Landgerichts ... vom ... (Az ...)

die

Zwangsversteigerung

des Wohnungseigentums

... (Grundbuchbezeichnung)

... (Bestandsverzeichnis des Grundbuchs)[2]

Eigentümer: ... (gem. Abteilung I des Grundbuchs)[3]

angeordnet.

[Im Übrigen wird der Antrag zurückgewiesen, da ...]

Dieser Beschluss gilt zugunsten der Gläubigerin als Beschlagnahme des Versteigerungsobjektes.[4]

...

Soweit dem Antrag der Gläubigerin nicht stattgegeben wurde, ist für die Gläubigerin der Rechtsbehelf der sofortigen Beschwerde statthaft. Diese ist binnen einer Frist von zwei Wochen einzulegen. Die Frist beginnt mit der Zustellung des Beschlusses. Die Beschwerde kann beim Amtsgericht (Name) oder beim Beschwerdegericht, dem Landgericht (Name und Anschrift), eingelegt werden. Die Beschwerdeschrift muss die Bezeichnung der angefochtenen Entscheidung sowie die Erklärung enthalten, dass Beschwerde gegen diese Entscheidung eingelegt wird. Die Beschwerde kann auch durch Erklärung zu Protokoll der Geschäftsstelle des Amtsgerichts eingelegt werden. [5]

Ort, Datum

...

Rechtspfleger ◄

II. Erläuterungen und Varianten

41 **[1] Vollstreckungsanspruch** (Varianten). Wird wegen der Ansprüche aus einer Grundschuld vollstreckt (siehe Rn 1) lautet der Anspruch beispielsweise

▶ wird wegen eines dinglichen (... *und persönlichen*) Anspruchs auf ... EUR, nebst ... % Zinsen seit dem ..., einer einmaligen Nebenleistung in Höhe von ... % und den Kosten des Verfahrens ◄

Der Anspruch eines persönlichen Gläubigers (siehe Rn 31) kann lauten:

▶ wird wegen eines persönlichen Anspruchs auf ... EUR, nebst Zinsen in Höhe von ... seit dem ... und den Kosten des Verfahrens ◄

[2] **Grundstücksbeschreibung.** Der Grundbesitz wird entsprechend dem wesentlichen Eintrag im Bestandsverzeichnis des Grundbuchs beschrieben.

[3] **Eingetragener Eigentümer.** Der im Grundbuch eingetragene Eigentümer wird ohne Anschrift angegeben.

[4] **Beschlagnahme.** Die Beschlagnahme des Grundstücks, seinen Bestandteilen und den Gegenständen des Hypothekenhaftungsverbandes hat für den Gläubiger die Wirkung eines Veräußerungsverbotes (§§ 20–23).

[5] **Rechtsbehelfsbelehrung.** Der Anordnungsbeschluss ergeht in aller Regel ohne vorherige Anhörung des Schuldners und stellt somit aus seiner Sicht eine Vollstreckungsmaßnahme dar, die er fristlos mit der Vollstreckungserinnerung nach § 766 ZPO angreifen kann. Eine Rechtsbehelfsbelehrung ist nach § 232 ZPO nicht vorgesehen. Soweit einem Antrag nicht (vollständig) stattgegeben wurde, liegt in der (teilweisen) Zurückweisung eine Entscheidung. In diesen Fällen muss der Beschluss mit einer Rechtsbehelfsbelehrung versehen werden.

§ 18 [Versteigerung mehrerer Grundstücke]

Die Zwangsversteigerung mehrerer Grundstücke kann in demselben Verfahren erfolgen, wenn sie entweder wegen einer Forderung gegen denselben Schuldner oder wegen eines an jedem der Grundstücke bestehenden Rechtes oder wegen einer Forderung, für welche die Eigentümer gesamtschuldnerisch haften, betrieben wird.

Über die Verfahrensverbindung bzw Verfahrenstrennung entscheidet das Gericht nach freiem Ermessen nach verfahrensökonomischen und wirtschaftlichen Überlegungen. Die Aufteilung hat Auswirkungen auf die Gerichtskosten und auf die Möglichkeit, die einzelnen Versteigerungsobjekte in einem gemeinsamen Ausgebot anzubieten (§ 63 Abs. 2). Sofern die Einzelgrundstücke eine wirtschaftliche Einheit bilden oder im Versteigerungstermin ein Gesamtausgebot gewünscht wird, kann die Wiederverbindung der Verfahren beantragt werden. Sinnvollerweise wird der Antrag im Rahmen der Anhörung des Gerichts zur Wertfestsetzung (§ 74a Abs. 5) gestellt, weil dann konkrete Informationen über die wirtschaftlichen Zusammenhänge vorliegen.

Die Verfahrenstrennung kann am Ende eines Anordnungsbeschlusses erfolgen:

▶ Das Verfahren wird gemäß § 18 ZVG aufgeteilt und wie folgt fortgeführt: ... (Grundstück 1) unter dem Aktenzeichen ... ... (Grundstück 2) unter dem Aktenzeichen ... ◀

§ 19 [Eintragung der Anordnung in das Grundbuch]

(1) Ordnet das Gericht die Zwangsversteigerung an, so hat es zugleich das Grundbuchamt um Eintragung dieser Anordnung in das Grundbuch zu ersuchen.

(2) ¹Das Grundbuchamt hat nach der Eintragung des Versteigerungsvermerkes dem Gericht eine beglaubigte Abschrift des Grundbuchblatts und der Urkunden, auf welche im Grundbuche Bezug genommen wird, zu erteilen, die bei ihm bestellten Zustellungsbevollmächtigten zu bezeichnen und Nachricht zu geben, was ihm über Wohnort und Wohnung der eingetragenen Beteiligten und deren Vertreter bekannt

ist. ²Statt der Erteilung einer beglaubigten Abschrift der Urkunden genügt die Beifügung der Grundakten oder der Urkunden.
(3) Eintragungen im Grundbuch, die nach der Eintragung des Vermerks über die Anordnung der Zwangsversteigerung erfolgen, soll das Grundbuchamt dem Gericht mitteilen.

§ 20 [Beschlagnahme des Grundstücks; Umfang]
(1) Der Beschluß, durch welchen die Zwangsversteigerung angeordnet wird, gilt zugunsten des Gläubigers als Beschlagnahme des Grundstücks.
(2) Die Beschlagnahme umfaßt auch diejenigen Gegenstände, auf welche sich bei einem Grundstücke die Hypothek erstreckt.

§ 21 [Umfang der Beschlagnahme]
(1) Die Beschlagnahme umfaßt land- und forstwirtschaftliche Erzeugnisse des Grundstücks sowie die Forderung aus einer Versicherung solcher Erzeugnisse nur, soweit die Erzeugnisse noch mit dem Boden verbunden oder soweit sie Zubehör des Grundstücks sind.
(2) Die Beschlagnahme umfaßt nicht die Miet- und Pachtforderungen sowie die Ansprüche aus einem mit dem Eigentum an dem Grundstücke verbundenen Rechte auf wiederkehrende Leistungen.
(3) Das Recht eines Pächters auf den Fruchtgenuß wird von der Beschlagnahme nicht berührt.

§ 22 [Wirksamwerden der Beschlagnahme]
(1) ¹Die Beschlagnahme des Grundstücks wird mit dem Zeitpunkte wirksam, in welchem der Beschluß, durch den die Zwangsversteigerung angeordnet ist, dem Schuldner zugestellt wird. ²Sie wird auch wirksam mit dem Zeitpunkt, in welchem das Ersuchen um Eintragung des Versteigerungsvermerkes dem Grundbuchamte zugeht, sofern auf das Ersuchen die Eintragung demnächst erfolgt.
(2) ¹Erstreckt sich die Beschlagnahme auf eine Forderung, so hat das Gericht auf Antrag des Gläubigers dem Drittschuldner zu verbieten, an den Schuldner zu zahlen. ²Die Beschlagnahme wird dem Drittschuldner gegenüber erst mit dem Zeitpunkte wirksam, in welchem sie ihm bekannt oder das Zahlungsverbot ihm zugestellt wird. ³Die Vorschriften des § 845 der Zivilprozeßordnung finden entsprechende Anwendung.

§ 23 [Wirkung der Beschlagnahme]
(1) ¹Die Beschlagnahme hat die Wirkung eines Veräußerungsverbots. ²Der Schuldner kann jedoch, wenn sich die Beschlagnahme auf bewegliche Sachen erstreckt, über einzelne Stücke innerhalb der Grenzen einer ordnungsmäßigen Wirtschaft auch dem Gläubiger gegenüber wirksam verfügen.
(2) ¹Kommt es bei einer gegen die Beschlagnahme verstoßenden Verfügung nach § 135 Abs. 2 des Bürgerlichen Gesetzbuchs darauf an, ob derjenige, zu dessen Gunsten verfügt wurde, die Beschlagnahme kannte, so steht die Kenntnis des Versteige-

rungsantrags einer Kenntnis der Beschlagnahme gleich. ²Die Beschlagnahme gilt auch in Ansehung der mithaftenden beweglichen Sachen als bekannt, sobald der Versteigerungsvermerk eingetragen ist.

§ 24 [Verwaltung und Benutzung durch den Schuldner]

Die Verwaltung und Benutzung des Grundstücks verbleibt dem Schuldner nur innerhalb der Grenzen einer ordnungsmäßigen Wirtschaft.

§ 25 [Sicherung der ordnungsmäßigen Bewirtschaftung]

¹Ist zu besorgen, daß durch das Verhalten des Schuldners die ordnungsmäßige Wirtschaft gefährdet wird, so hat das Vollstreckungsgericht auf Antrag des Gläubigers die zur Abwendung der Gefährdung erforderlichen Maßregeln anzuordnen. ²Das Gericht kann die Maßregeln aufheben, wenn der zu deren Fortsetzung erforderliche Geldbetrag nicht vorgeschossen wird.

In der Regel ist es für die Gläubiger sinnvoller, statt einer Sicherungsmaßnahme nach § 25 eine **Zwangsverwaltung** zu beantragen. Die Möglichkeiten des Zwangsverwalters sind umfassender und zusätzlich können überschüssige Einnahmen gemäß Teilungsplan an die Berechtigten ausgeschüttet werden. 1

§ 26 [Veräußerung nach Beschlagnahme]

Ist die Zwangsversteigerung wegen des Anspruchs aus einem eingetragenen Rechte angeordnet, so hat eine nach der Beschlagnahme bewirkte Veräußerung des Grundstücks auf den Fortgang des Verfahrens gegen den Schuldner keinen Einfluß.

§ 27 [Beitritt zum Versteigerungsverfahren]

(1) ¹Wird nach der Anordnung der Zwangsversteigerung ein weiterer Antrag auf Zwangsversteigerung des Grundstücks gestellt, so erfolgt statt des Versteigerungsbeschlusses die Anordnung, daß der Beitritt des Antragstellers zu dem Verfahren zugelassen wird. ²Eine Eintragung dieser Anordnung in das Grundbuch findet nicht statt.
(2) Der Gläubiger, dessen Beitritt zugelassen ist, hat dieselben Rechte, wie wenn auf seinen Antrag die Versteigerung angeordnet wäre.

A. Anwaltliche Sicht	[3] Weitere Erläuterungen 5
I. Muster: Antrag auf Beitritt zur Zwangsversteigerung	[4] Hausgeld 6
II. Erläuterungen und Varianten	B. Gerichtliche Sicht
[1] Kurzrubrum 2	I. Muster: Beitrittsbeschluss
[2] Beitritt zum Verfahren 3	II. Erläuterung
	[1] Beitrittsbeschluss 9

A. Anwaltliche Sicht

I. Muster: Antrag auf Beitritt zur Zwangsversteigerung

▶ An das

Amtsgericht ...

Abteilung für Zwangsversteigerungen

1

Beitritt zur Zwangsversteigerung ▶▶▶ (Nachname des Schuldners)[1]

▶▶▶ (Az des Gerichts)

Sehr geehrte Damen und Herren,

ich bestelle mich als Vertreter für die Gläubigerin ▶▶▶ (Name und Anschrift) und beantrage in dem Verfahren zur Zwangsversteigerung des nachfolgend genannten Grundbesitzes

Grundbuch	Band	Blatt	Lage
▶▶▶	▶▶▶	▶▶▶	▶▶▶

Schuldner und eingetragene Eigentümer ist:

▶▶▶ (Name und Anschrift)

die Zulassung des Beitritts[2] wegen folgender Ansprüche ▶▶▶[3]

▶▶▶[4]

nebst den Kosten der gegenwärtigen und künftigen dinglichen Rechtsverfolgung. Als Anlagen füge ich die vollstreckbare Ausfertigung des Urteils des ▶▶▶ vom ▶▶▶ (Az ▶▶▶) bei. Nach Anordnung des Verfahrens bitte ich um Rückgabe des Titels.

Zu gegebener Zeit bitte ich um Übersendung einer Abschrift des erstellten Verkehrswertgutachtens und des Exposés – wenn möglich in elektronischer Form – an meine o.g. E-Mail-Adresse.

Ich beantrage, mir von jedem Protokoll unaufgefordert eine Abschrift zuzusenden.

Mit freundlichen Grüßen

▶▶▶

Rechtsanwalt ◀

II. Erläuterungen und Varianten

2 **[1] Kurzrubrum.** Üblicherweise wird von den Gerichten für die Verfahrensbezeichnung der Nachname des Schuldners verwendet, also nach dem Muster

▶ Zwangsversteigerungsverfahren Müller ◀

3 **[2] Beitritt zum Verfahren.** Sollte die Versteigerung von mehreren Gläubigern aus verschiedenen Rechten und Ansprüchen beantragt werden, wird das gesamte Verfahren (Wertfestsetzung, Terminsbestimmung, Versteigerungstermin, Erlösverteilung) gemeinsam durchgeführt, da mehrere parallele Vollstreckungsverfahren über denselben Gegenstand ausgeschlossen sind. Ist die Zwangsversteigerung bereits anhängig (siehe §§ 15–18), erfolgt für alle weiteren Gläubiger die Vollstreckung in das Grundstück durch **Beitritt zu dem anhängigen Verfahren**. In vielen Fällen hat der Antragsteller keine genauen Informationen, ob bereits ein anderer Gläubiger das Verfahren beantragt hat, oder ob ein früherer Anordnungsantrag zwischenzeitlich zurückgenommen worden ist. Es ist aber ohne Bedeutung, ob ein Gläubiger einen Antrag auf Anordnung des Verfahrens stellt oder seinen Antrag als Beitrittsantrag bezeichnet. Ein Anordnungsantrag ist automatisch als Beitrittsantrag oder ein Beitrittsantrag als Anordnungsantrag zu behandeln, wenn bereits ein Versteigerungsverfahren anhängig ist oder zwischenzeitlich wieder aufgehoben wurde.

Ein Beitritt liegt auch vor, wenn ein bereits betreibender Gläubiger wegen eines anderen Anspruchs erneut die Zwangsversteigerung beantragt. Es kann sich dabei um vollständig unterschiedliche Forderungen handeln oder um verschiedene Teile derselben Forderung.

[3] **Weitere Erläuterungen.** Wegen des weiteren Inhaltes wird auf die Ausführungen zu §§ 15–18 verwiesen.

[4] **Hausgeld.** Wird wegen eines Hausgeldanspruchs in der Rangklasse 2 des § 10 der Beitritt zum Verfahren beantragt, muss der Gesamtanspruch den Verzugsbetrag des § 18 Abs. 2 Nr. 2 WEG überschreiten, also mehr als **3 % des steuerlichen Einheitswertes** betragen (vgl §§ 15–19 Rn 16). Bei einem Beitritt kann die Gläubigerin diese Voraussetzung auch dadurch beweisen, dass die Forderung wegen der der Beitritt beantragt wird, 3 % des rechtskräftig festgesetzten Verkehrswerts (siehe § 74 a) des Versteigerungsobjekts übersteigt (BGHReport 2009, 911 = MDR 2009, 829 = NJW-Spezial 2009, 394 = Rpfleger 2009, 399 = WM 2009, 1372 = ZfIR 2009, 477).

Hat eine WE-Gemeinschaft zunächst eine Anordnung wegen Hausgelder in der Rangklasse 5 erwirkt und weist sie später nach, dass die Voraussetzungen für einen Vorrang in der Rangklasse 2 vorliegen, kann die Gläubigerin einen Beitrittsbeschluss im Sinne eines Ergänzungsbeschlusses beantragen, um klarstellen zu lassen, dass die in der Rangklasse 5 angeordneten Beträge tatsächlich der vorrangige Rangklasse zuzuordnen sind (BGH Rpfleger 2008, 375 mit Anmerkung *Hintzen/Alff*). Da es sich in diesem Fall um dieselbe Forderung gegen denselben Schuldner handelt, dürfte eine einheitliche Beschlagnahme vorliegen, die sich nach dem früheren Beschluss richtet. Für die Fristberechnung nach § 44 Abs. 2 ist auf die Zustellung des Ergänzungsbeschlusses an den Schuldner abzustellen.

B. Gerichtliche Sicht

I. Muster: Beitrittsbeschluss

▶ Amtsgericht ...

Beschluss

Auf Antrag der

... (Name und Anschrift)

– Gläubigerin –

Verfahrensvertreter: Rechtsanwalt ...

gegen

... (Name und Anschrift)

– Schuldner –

wird wegen eines dinglichen Anspruchs auf ...

aufgrund des vollstreckbaren Ausfertigung der notariellen Urkunde des Notars ... vom ...

(UR-Nr. ...)

der Beitritt

der Gläubigerin zu der angeordneten Zwangsversteigerung

■■■ (Grundbuchbezeichnung)

■■■ (Bestandsverzeichnis des Grundbuchs)

Eigentümer: ■■■ (gem. Abteilung I des Grundbuchs)

zugelassen.[1]

[Im Übrigen wird der Antrag zurückgewiesen, da ■■■]

Dieser Beschluss gilt zugunsten der Gläubigerin als Beschlagnahme des Versteigerungsobjektes.

■■■

Soweit dem Antrag des Gläubigers nicht stattgegeben wurde, ist für den Gläubiger der Rechtsbehelf der sofortigen Beschwerde statthaft. Diese ist binnen einer Frist von zwei Wochen einzulegen. Die Frist beginnt mit der Zustellung des Beschlusses. Die Beschwerde kann beim Amtsgericht (Name) oder beim Beschwerdegericht, dem Landgericht (Name und Anschrift), eingelegt werden. Die Beschwerdeschrift muss die Bezeichnung der angefochtenen Entscheidung sowie die Erklärung enthalten, dass Beschwerde gegen diese Entscheidung eingelegt wird. Die Beschwerde kann auch durch Erklärung zu Protokoll der Geschäftsstelle des Amtsgerichts eingelegt werden.

Ort, Datum

■■■

Rechtspfleger ◄

II. Erläuterung

9 **[1] Beitrittsbeschluss.** Der Beitrittsbeschluss unterscheidet sich vom Anordnungsbeschluss nur sprachlich, nicht inhaltlich (vgl Rn 3). Wegen der Einzelheiten wird auf die Erläuterungen zu §§ 15–18 Rn 38 ff verwiesen.

II. Aufhebung und einstweilige Einstellung des Verfahrens

§ 28 [Entgegenstehende grundbuchmäßige Rechte; Verfügungsbeschränkung; Vollstreckungsmangel]

(1) ¹Wird dem Vollstreckungsgericht ein aus dem Grundbuch ersichtliches Recht bekannt, welches der Zwangsversteigerung oder der Fortsetzung des Verfahrens entgegensteht, so hat das Gericht das Verfahren entweder sofort aufzuheben oder unter Bestimmung einer Frist, binnen welcher der Gläubiger die Hebung des Hindernisses nachzuweisen hat, einstweilen einzustellen. ²Im letzteren Falle ist das Verfahren nach dem Ablaufe der Frist aufzuheben, wenn nicht inzwischen der Nachweis erbracht ist.

(2) Wird dem Vollstreckungsgericht eine Verfügungsbeschränkung oder ein Vollstreckungsmangel bekannt, ist Absatz 1 entsprechend anzuwenden.

A. Anwaltliche Sicht	[2] Verfahrenshindernis............ 3
I. Muster: Antrag auf einstweilige Einstellung der Teilungsversteigerung (§ 1365 BGB)	[3] Scheidung..................... 4
	[4] Glaubhaftmachung............. 5
	B. Gerichtliche Sicht
II. Erläuterungen und Varianten	I. Muster: Einstellungsbeschluss
[1] Teilungsversteigerung........... 2	

II. Erläuterungen [2] Auflagen 8
[1] Einstellungsfrist ....

A. Anwaltliche Sicht

I. Muster: Antrag auf einstweilige Einstellung der Teilungsversteigerung (§ 1365 BGB)

▶ An das

Amtsgericht ...

Abteilung für Zwangsversteigerungen

Einstellung der Teilungsversteigerung ... (Nachnamen der Eigentümer) [1]

... (Az des Gerichts)

Sehr geehrte Damen und Herren,

ich bestelle mich als Vertreter für die Antragsgegnerin ... (Name, Anschrift) und beantrage die einstweilige Einstellung des Verfahrens (§ 28 Abs. 2 ZVG iVm § 1365 BGB)[2]

Die Eigentümer sind Eheleute und leben im gesetzlichen Güterstand der Zugewinngemeinschaft.[3] Sie sind zu je 1/2-Anteil Miteigentümer des Zwangsversteigerungsobjektes. Der 1/2-Anteil des Antragstellers an dem Grundstück stellt nahezu sein ganzen Vermögen dar. Für seinen Antrag auf Anordnung der Teilungsversteigerung (§ 180 ZVG) hätte er daher die Zustimmung meiner Mandantin benötigt. Diese Zustimmung lag nicht vor und wird auch verweigert. Das Teilungsversteigerungsverfahren ist daher nach § 28 Abs. 2 ZVG einstweilen einzustellen.

... [4]

Mit freundlichen Grüßen

...

Rechtsanwalt ◀

II. Erläuterungen und Varianten

[1] **Teilungsversteigerung.** Das Verfahren zur Zwangsversteigerung zum Zwecke der Aufhebung einer Gemeinschaft wird in den §§ 180–185 geregelt. Das Verfahren steht im Zusammenhang mit dem Anspruch eines Miteigentümers gegenüber den anderen Miteigentümern auf Auseinandersetzung der Eigentümergemeinschaft. Das Verfahren wird im Wesentlichen unter entsprechender Anwendung der für die Vollstreckungsversteigerung geltenden Vorschriften durchgeführt. Wegen der Details siehe § 180 Rn 3.

[2] **Verfahrenshindernis.** Leben die Ehegatten im gesetzlichen Güterstand und stellt der Miteigentumsanteil an einem Grundstück das (nahezu) ganze Vermögen dar, benötigt der Antragsteller der Teilungsversteigerung die Zustimmung des anderen Ehegatten. Die fehlende Zustimmung nach § 1365 Abs. 1 BGB bildet ein Verfahrenshindernis, dass nach § 28 Abs. 2 ZVG das Vollstreckungsgericht von Amts wegen zu berücksichtigen hat, wenn es ihm bekannt geworden ist. (BGHReport 2007, 923 = Rpfleger 2007, 558 = NJW 2007, 3124 = MDR 2007, 1220).

[3] **Scheidung.** Ein Zustimmungsvorbehalt nach § 1365 BGB endet in der Regel mit der rechtskräftigen Scheidung (OLGR Hamm 2006, 691 = FamRZ 2006, 1557 =

NJW-RR 2006, 1442 = InVo 2007, 31). Aber auch nach der Scheidung ist die Zustimmung noch erforderlich, wenn der im Scheidungsverfahren geltend gemachte Anspruch auf Zugewinnausgleich in Folge der Abtrennung der Folgesache aus dem Verbund bei Eintritt der Teil-Rechtskraft hinsichtlich der Scheidung noch nicht entschieden ist (BGH, Urteil vom 23.6.1983 – IX ZR 47/82 = NJW 1984, 609; Köln OLGR 2000, 422; Palandt/*Brudermüller* § 1365 Rn 19; vgl §§ 137, 140 FamFG).

5 [4] **Glaubhaftmachung.** Zur Glaubhaftmachung kann auf die Vorgänge beim Familiengericht verweisen oder die eidesstattliche Versicherung angeboten werden.

B. Gerichtliche Sicht

6 **I. Muster: Einstellungsbeschluss**

▶ Amtsgericht

Beschluss

Das Verfahren zur Zwangsversteigerung zum Zwecke der Aufhebung der Gemeinschaft

... (Grundbuchbezeichnung)

... (Bestandsverzeichnis des Grundbuchs)

Eigentümer:

1) ... (Name des Antragstellers mit Verfahrensvertreter)

2) ... (Name der Antragsgegnerin mit Verfahrensvertreter)

wird gemäß § 28 ZVG bis zum ... (Datum) einstweilen eingestellt.[1]

Dem Antragsteller ... (Name) wird aufgegeben, die Zustimmung der Antragsgegnerin gemäß § 1365 Abs. 1 BGB oder eine Entscheidung des Familiengerichts gemäß § 1365 Abs. 2 BGB, durch die die verweigerte Zustimmung ersetzt wird, vorzulegen.[2]

Sollte die entsprechende Erklärung nicht fristgerecht vorgelegt werden, wird das Zwangsversteigerungsverfahren aufgehoben.

Gründe

...

...

Belehrung

Gegen diese Entscheidung ist der Rechtsbehelf der sofortigen Beschwerde statthaft. Sie ist binnen einer Frist von zwei Wochen einzulegen. Die Frist beginnt mit der Zustellung des Beschlusses. Die Beschwerde kann beim Amtsgericht (Name) oder beim Beschwerdegericht, dem Landgericht (Name und Anschrift), eingelegt werden. Die Beschwerdeschrift muss die Bezeichnung der angefochtenen Entscheidung sowie die Erklärung enthalten, dass Beschwerde gegen diese Entscheidung eingelegt wird. Die Beschwerde kann auch durch Erklärung zu Protokoll der Geschäftsstelle des Amtsgerichts eingelegt werden.

Ort, Datum

Rechtspfleger ◀

II. Erläuterungen

[1] Einstellungsfrist. Im ZVG-Verfahren sind Einstellungen immer als einstweilige, also befristete Einstellungen zu verstehen. Die Frist ist nach der voraussichtlichen Verfahrensdauer des gerichtlichen Ersetzungsverfahrens (§ 1365 Abs. 2 BGB) zu bestimmen.

[2] Auflagen. Da der Mangel durch nachträgliche Genehmigung oder durch einen Ersetzungsbeschluss des Familiengerichts behoben werden kann, ist eine sofortige Aufhebung des Verfahrens in der Regel nicht möglich. Stattdessen kommt nur eine einstweilige Einstellung mit Fristsetzung und Auflagen in Frage.

§ 29 [Zurücknahme des Antrages]

Das Verfahren ist aufzuheben, wenn der Versteigerungsantrag von dem Gläubiger zurückgenommen wird.

A. Muster: Aufhebungsbeschluss
B. Erläuterungen und Varianten
  [1] Aufhebung der Beschlagnahme ... 2
  [2] Aufhebung für einzelnen Gläubiger 3
  [3] Vollständige Aufhebung 4
  [4] Terminsaufhebung 5

A. Muster: Aufhebungsbeschluss

▶ Amtsgericht ...

Beschluss

Das Verfahren zur Zwangsversteigerung

... (Grundbuchbezeichnung)

... (Bestandsverzeichnis des Grundbuchs)

Eigentümer: ... (gem. Abteilung I des Grundbuchs)

wird aufgehoben,[1] soweit es von der ... (Name und Anschrift der Gläubigerin) mit Beschluss vom ...betrieben wird,[2] da diese den Antrag auf Zwangsversteigerung zurückgenommen hat. Im Übrigen bleibt die Beschlagnahme bestehen.[3]

... [4]

...

Ort, Datum

...

Rechtspfleger ◀

B. Erläuterungen und Varianten

[1] Aufhebung der Beschlagnahme. Das Beschlagnahme endet erst mit dem Aufhebungsbeschluss (BGHReport 2008, 1195 = BGHZ 177, 218 = Rpfleger 2008, 586 = NJW 2008, 3067 = ZfIR 2008, 876). Der Eingang der Antragsrücknahme beim Amtsgericht ist insoweit nicht ausreichend.

3 **[2] Aufhebung für einzelnen Gläubiger.** Die Verfahrensaufhebung bezieht sich immer auf einen konkreten Anordnungs- oder Beitrittsbeschluss und somit auf einen bestimmten Gläubiger. Wird das Verfahren noch von weiteren Anordnungs- oder Beitrittsgläubigern betrieben, bleibt die Beschlagnahme insoweit bestehen. Das Verfahren wird dann für diese Gläubiger weiter geführt.

4 **[3] Vollständige Aufhebung.** Wenn sämtliche Gläubiger ihre Zwangsversteigerungsanträge zurückgenommen haben, sollte dies vom Gericht zum Ausdruck gebracht werden:

▶ Das Verfahren ... wird aufgehoben, weil sämtliche Gläubiger ihre Zwangsversteigerungsanträge zurückgenommen haben. ◀

In diesem Fall kann das Gericht dann auch die Löschung des Zwangsversteigerungsvermerks im Grundbuch veranlassen und die Gerichts- und Verfahrenskosten abrechnen.

5 **[4] Terminsaufhebung.** Haben sämtliche Gläubiger ihre Zwangsversteigerungsanträge zurückgenommen (Rn 19), wird ein bereits bestimmter Versteigerungstermin aufgehoben.

§ 30 [Einstweilige Einstellung auf Bewilligung des Gläubigers]

(1) ¹Das Verfahren ist einstweilen einzustellen, wenn der Gläubiger die Einstellung bewilligt. ²Die Einstellung kann wiederholt bewilligt werden. ³Ist das Verfahren auf Grund einer Bewilligung des Gläubigers bereits zweimal eingestellt, so gilt eine erneute Einstellungsbewilligung als Rücknahme des Versteigerungsantrags.
(2) Der Bewilligung der Einstellung steht es gleich, wenn der Gläubiger die Aufhebung des Versteigerungstermins bewilligt.

§ 30 a [Einstweilige Einstellung auf Antrag des Schuldners]

(1) Das Verfahren ist auf Antrag des Schuldners einstweilen auf die Dauer von höchstens sechs Monaten einzustellen, wenn Aussicht besteht, daß durch die Einstellung die Versteigerung vermieden wird, und wenn die Einstellung nach den persönlichen und wirtschaftlichen Verhältnissen des Schuldners sowie nach der Art der Schuld der Billigkeit entspricht.
(2) Der Antrag ist abzulehnen, wenn die einstweilige Einstellung dem betreibenden Gläubiger unter Berücksichtigung seiner wirtschaftlichen Verhältnisse nicht zuzumuten ist, insbesondere ihm einen unverhältnismäßigen Nachteil bringen würde, oder wenn mit Rücksicht auf die Beschaffenheit oder die sonstigen Verhältnisse des Grundstücks anzunehmen ist, daß die Versteigerung zu einem späteren Zeitpunkt einen wesentlich geringeren Erlös bringen würde.
(3) ¹Die einstweilige Einstellung kann auch mit der Maßgabe angeordnet werden, daß sie außer Kraft tritt, wenn der Schuldner die während der Einstellung fällig werdenden wiederkehrenden Leistungen nicht binnen zwei Wochen nach Eintritt der Fälligkeit bewirkt. ²Wird die Zwangsversteigerung von einem Gläubiger betrieben, dessen Hypothek oder Grundschuld innerhalb der ersten sieben Zehnteile des Grundstückswertes steht, so darf das Gericht von einer solchen Anordnung nur insoweit ab-

sehen, als dies nach den besonderen Umständen des Falles zur Wiederherstellung einer geordneten wirtschaftlichen Lage des Schuldners geboten und dem Gläubiger unter Berücksichtigung seiner gesamten wirtschaftlichen Verhältnisse, insbesondere seiner eigenen Zinsverpflichtungen, zuzumuten ist.

(4) Das Gericht kann ferner anordnen, daß der Schuldner Zahlungen auf Rückstände wiederkehrender Leistungen zu bestimmten Terminen zu bewirken hat.

(5) Das Gericht kann schließlich die einstweilige Einstellung von sonstigen Auflagen mit der Maßgabe abhängig machen, daß die einstweilige Einstellung des Verfahrens bei Nichterfüllung dieser Auflagen außer Kraft tritt.

§ 30 b [Antrag auf einstweilige Einstellung; Entscheidung]

(1) ¹Die einstweilige Einstellung ist binnen einer Notfrist von zwei Wochen zu beantragen. ²Die Frist beginnt mit der Zustellung der Verfügung, in welcher der Schuldner auf das Recht zur Stellung des Einstellungsantrages, den Fristbeginn und die Rechtsfolgen eines fruchtlosen Fristablaufs hingewiesen wird. ³Der Hinweis ist möglichst zugleich mit dem Beschluß, durch den die Zwangsversteigerung angeordnet wird, zuzustellen.

(2) ¹Die Entscheidung über den Antrag auf einstweilige Einstellung des Verfahrens ergeht durch Beschluß. ²Vor der Entscheidung sind der Schuldner und der betreibende Gläubiger zu hören; in geeigneten Fällen kann das Gericht mündliche Verhandlung anberaumen. ³Der Schuldner und der betreibende Gläubiger haben ihre Angaben auf Verlangen des Gerichts glaubhaft zu machen.

(3) Gegen die Entscheidung ist die sofortige Beschwerde zulässig; vor der Entscheidung ist der Gegner zu hören.

(4) Der Versteigerungstermin soll erst nach Rechtskraft des die einstweilige Einstellung ablehnenden Beschlusses bekanntgegeben werden.

§ 30 c [Erneute Einstellung]

¹War das Verfahren gemäß § 30 a einstweilen eingestellt, so kann es auf Grund des § 30 a einmal erneut eingestellt werden, es sei denn, daß die Einstellung dem Gläubiger unter Berücksichtigung seiner gesamten wirtschaftlichen Verhältnisse nicht zuzumuten ist. ²§ 30 b gilt entsprechend.

A. Anwaltliche Sicht	[2] Zulässigkeit 13
I. Muster: Antrag des Schuldners auf einstweilige Einstellung nach § 30 a	[3] Sanierungsfähigkeit 14
	[4] Hinweis 15
II. Erläuterungen und Varianten	II. Einstweilige Einstellung
[1] Einstweilige Einstellung 2	1. Muster: Einstellungsbeschluss
[2] Sanierungsfähigkeit 4	2. Erläuterungen und Varianten
[3] Schutzwürdigkeit und Zumutbarkeit 10	[1] Einstellungszeit 17
	[2] Auflagen 18
B. Gerichtliche Sicht	[3] Belehrung 19
I. Zurückweisung des Einstellungsantrags	[4] Ergänzungsentscheidung 20
1. Muster: Zurückweisungsbeschluss	[5] Zulässigkeit 21
2. Erläuterungen und Varianten	[6] Sanierungsfähigkeit 22
[1] Einstweilige Einstellung 12	[7] Schutzwürdigkeit und Zumutbarkeit 23

A. Anwaltliche Sicht

I. Muster: Antrag des Schuldners auf einstweilige Einstellung nach § 30 a

▶ An das
Amtsgericht ▬▬▬
Abteilung für Zwangsversteigerungen

Einstellung der Zwangsversteigerung ▬▬▬ (Nachname des Schuldners)

▬▬▬ (Az des Gerichts)

Sehr geehrte Damen und Herren,

ich bestelle mich als Vertreter für den Schuldner ▬▬▬ (Name, Anschrift) und beantrage die einstweilige Einstellung des Verfahrens, soweit es von der ▬▬▬ (Name der Gläubigerin) mit Beschluss vom ▬▬▬ betrieben wird (§ 30 a ZVG).[1]

▬▬▬[2]

▬▬▬[3]

Mit freundlichen Grüßen

▬▬▬

Rechtsanwalt ◀

II. Erläuterungen und Varianten

[1] **Einstweilige Einstellung.** Der Antrag des Schuldners auf einstweilige Einstellung des Verfahrens (§ 30 a) bezieht sich immer auf einen konkreten Anordnungs- oder Beitrittsbeschluss und somit auf **eine bestimmte Gläubigerin**. Das Verfahren insgesamt kommt nur dann zum Ruhen, wenn die einstweilige Einstellung für jeden einzelnen betreibenden Gläubiger erfolgt. Der Antrag des Schuldners ist fristgebunden und muss innerhalb von 2 Wochen beim Amtsgericht eingehen. Die Frist beginnt mit der Zustellung der Belehrung (vgl § 30 b).

Das Verfahren kann nicht nur auf Antrag des Schuldners (§ 30 a), sondern auch auf Bewilligung des Gläubigers (§ 30) eingestellt werden. Diese Möglichkeit steht dem Gläubiger jederzeit und insgesamt zweimal pro Anordnungs- und Beitrittsbeschluss zur Verfügung. In den meisten Fällen erfolgt eine Einstellung des Verfahrens auf Bewilligung der Gläubiger (§ 30). In der Regel bewilligen die Gläubiger im Rahmen von außergerichtlichen Einigungsversuchen mit den Schuldnern die Einstellung. Als weitere Einstellungsmöglichkeiten kommen § 765 a ZPO (sittenwidrige Härte), § 775 ZPO (Beschränkung der Zwangsvollstreckung; Sicherheitsleistung; Zahlungsnachweis) und § 570 Abs. 1 und 3 ZPO (Aussetzung und Einstellung im Beschwerdeverfahren) in Frage.

[2] **Sanierungsfähigkeit.** Die einstweilige Einstellung nach § 30 a setzt kumulativ voraus, dass 1) Aussicht auf Vermeidung der Zwangsversteigerung besteht (**Sanierungsfähigkeit**), 2) der Schuldner **schutzwürdig** ist und 3) die Einstellung für den **Gläubiger zumutbar** ist. Die wesentliche Voraussetzung ist die Sanierungsfähigkeit. Durch die Einstellung muss die Versteigerung voraussichtlich vermieden werden können. Dem Schuldner muss es möglich sein, das Verfahren des betreibenden Gläubigers inner-

halb des Einstellungszeitraumes abzuwenden. Unzureichend ist die bloße Behauptung, das Objekt könne freihändig veräußert werden. Ebenso wenig genügt es, wenn der Schuldner ohne jede Konkretisierung behauptet, sich um eine Umschuldung bemühen zu wollen.

Beispiel: Neue Arbeitsstelle 5

▶ Der Schuldner ist seit ... unverschuldet arbeitslos geworden und konnte deswegen die fälligen Raten nicht mehr bedienen. Zum 1. des nächsten Monats wird er jedoch eine neue Arbeitsstelle antreten. Er wird dann in der Lage sein, die Rückstände und die laufenden Raten wieder zu bezahlen. Nach der Unterzeichnung des Arbeitsvertrages werde ich eine Kopie nachreichen. ◀

Diese Begründung wird in der Regel nicht ausreichend sein, weil die Gläubiger in den Fällen von Zahlungsrückständen den Kredit insgesamt kündigen und die Vollstreckung wegen des gesamten Kapitalanspruchs betreiben. Eine Rückzahlung der ausstehenden Raten ist dann nicht mehr ausreichend. Gleichwohl kann ein derartiger Antrag sinnvoll sein, weil das Gericht vor der Ablehnung des Antrags die Gläubigerin anhören muss (§ 30b Abs. 2 S. 2). Parallel zum Antrag bei Gericht sollte ein außergerichtliches Gespräch mit der Gläubigerin geführt werden, damit diese dann ihrerseits die einstweilige Einstellung des Verfahrens bewilligt (§ 30).

Beispiel: Verkauf 6

▶ Der Schuldner hat sich entschlossen, das Grundstück freihändig zu veräußern. Zur Glaubhaftmachung füge ich eine Kopie des unterschriebenen Maklervertrages bei. Die Preisvorstellungen sind nach Meinung des Maklers auch realistisch. Nach Abschluss eines Kaufvertrages und der Eigentumsumschreibung im Grundbuch wird es möglich sein, alle im Grundbuch eingetragenen Gläubiger – einschließlich der betreibenden Gläubigerin – zu befriedigen. Als Anlage füge ich eine entsprechende Berechnung bei. ◀

Eine Sanierung über eine freihändige Veräußerung ist nur dann möglich, wenn alle betreibenden Gläubiger und sämtliche im Grundbuch eingetragenen Berechtigten dem Verkauf zustimmen. In solchen Fällen müssen also Verhandlungen mit sämtlichen Beteiligten aufgenommen werden. Zur Sicherheit sollten vom Schuldnervertreter beim Vollstreckungsgericht Kopien sämtlicher Anordnungs- und Beitrittsbeschlüsse und beim Grundbuchamt ein aktueller Grundbuchauszug angefordert werden.

Beispiel: Aufteilung in Wohnungseigentum 7

▶ Bei dem Versteigerungsobjekt handelt es sich um ein Zweifamilienhaus. Nach dem Tode der Eltern des ... (Name des Schuldners) steht die Wohnung im Obergeschoss leer und wird nur gelegentlich von den Kindern der Schuldner genutzt, wenn diese zu Besuch kommen. Die Schuldner beabsichtigen nun, das Haus in Wohnungseigentum aufzuteilen, um dann die Wohnung im Obergeschoss zu verkaufen. Nach Auskunft des beauftragten Maklers können die Voraussetzungen für die Teilung kurzfristig geschaffen werden. Die Aussichten für einen erfolgreichen Verkauf werden von ihm als gut eingeschätzt. Das Schreiben des Maklers füge ich als Anlage bei. Mit dem Verkaufserlös könnte die gesamte Restschuld bei der ... (Name der Gläubigerin) bedient werden. ◀

Der Vortrag kann geeignet sein, das Gericht von der Sanierungsfähigkeit zu überzeugen. Im Zweifel wird aber auch die Gläubigerin bereit sein, ihrerseits die Einstellung zu bewilligen. In jedem Fall sollten auch direkte Verhandlungen mit der Gläubigerin aufgenommen werden.

8 **Beispiel: Unterstützung und Bürgschaft**

▶ Auf mein Anraten hat der Schuldner seine ... (Eltern; Lebensgefährtin) offen über die schwierige Situation und die drohende Zwangsversteigerung aufgeklärt. Diese haben/hat sich bereit erklärt, ihn bei der geplanten Umschuldung zu unterstützen. Sie sind/ist bereit,
...
– für einen neuen Kredit zur Ablösung der Gläubigerin zu bürgen.
– die Ansprüche der Gläubigerin in 6 Monatsraten auszugleichen. ◀

Bei dieser Begründung ist es schwierig, das Gericht und die Gläubigerin von der Sanierungsfähigkeit zu überzeugen, da die Glaubhaftmachung durch Urkunden kaum möglich ist. Auch in diesem Fall sind direkte Verhandlungen mit der Gläubigerin unter Beteiligung der unterstützenden Personen unerlässlich.

9 **Beispiel: Ratenzahlung**

▶ Die Zwangsversteigerung wird betrieben von der Wohnungseigentümergemeinschaft wegen der Rückstände aus dem letzten Jahr. Der Schuldner hat heute eine erste Raten auf die Rückstände in Höhe von 1.000 EUR überwiesen. Den Restbetrag wird er in 6 Monatsraten à 750 EUR überweisen. Als Anlage füge ich die Kopie des Überweisungsbeleges bei. ◀

Sofern das Gericht aus den Gesamtumständen keine Zweifel an dem Zahlungswillen und der Zahlungsfähigkeit des Schuldners herleitet, dürfte eine solche Begründung Aussicht auf Erfolg haben.

10 [3] **Schutzwürdigkeit und Zumutbarkeit.** Der Antrag ist nur begründet, wenn *„die Einstellung nach den persönlichen und wirtschaftlichen Verhältnissen des Schuldners sowie nach der Art der Schuld der Billigkeit entspricht"* und für den Gläubiger zumutbar ist. Hier können beispielsweise die persönlichen Verhältnisse des Schuldners durch Arbeitslosigkeit, Krankheit und familiäre Schwierigkeiten (zB Todesfall in der Familie; Trennung und Ehescheidung) aber auch allgemeine oder persönliche, wirtschaftliche Umstände eine Rolle spielen. Unter Berücksichtigung der voraussichtlich langen Verfahrensdauer (nicht unter einem Jahr) und der im Verhältnis zum freihändigen Verkauf doch mäßigen Erlöse, wird bei einem sanierungsfähigen Schuldner eine einstweilige Einstellung dem Gläubiger in der Regel zumutbar sein.

B. Gerichtliche Sicht

I. Zurückweisung des Einstellungsantrags

11 **1. Muster: Zurückweisungsbeschluss**

▶ Amtsgericht ...

Beschluss

In dem Verfahren zur Zwangsversteigerung
... (Grundbuchbezeichnung)
... (Bestandsverzeichnis des Grundbuchs)

Eigentümer: ... (gem. Abteilung I des Grundbuchs)

wird der Antrag des

... (Name und Anschrift des Schuldners)

– Schuldner –

Verfahrensvertreter: Rechtsanwalt ... (Name und Anschrift)

vom ..., auf einstweilige Einstellung des Verfahrens, soweit es von der

... (Name und Anschrift der Gläubigerin)

– Gläubigerin –

mit Beschluss vom ... betrieben wird, zurückgewiesen.[1]

Gründe

Der ... (Anordnungsbeschluss; Beitrittsbeschluss) wurde dem Schuldner am ... zugestellt. Mit Schreiben vom ..., beim Amtsgericht eingegangen am ..., hat der Schuldner die einstweilige Einstellung des Verfahrens gemäß § 30a ZVG beantragt. Der Antrag ist zulässig, fristgerecht gestellt, jedoch unbegründet.[2]

Sachliche Voraussetzung für die Einstellung nach § 30 a ZVG ist zunächst, dass die Aussicht besteht, dass durch die Einstellung die Versteigerung vermieden werden kann. Der Schuldner muss also vortragen und gegebenenfalls glaubhaft machen, wie er die Gläubigerin in der Zeit der Einstellung befriedigen will oder das Verfahren auf sonstige Weise abwenden kann.[3]

... (wesentlicher Inhalt des Vortrags des Antragstellers und Gründe für die Ablehnung)

Im Übrigen wurde in diesem Verfahren noch kein Sachverständiger mit der Erstellung eines Wertgutachtens beauftragt, so dass mit einem Versteigerungstermin in den nächsten Monaten nicht zu rechnen ist. Es verbleibt daher dem Schuldner noch ausreichend Zeit, eine Einigung herbeizuführen und die Versteigerung abzuwenden.[4]

...

Belehrung

Gegen diese Entscheidung ist der Rechtsbehelf der sofortigen Beschwerde statthaft. Sie ist binnen einer Frist von zwei Wochen einzulegen. Die Frist beginnt mit der Zustellung des Beschlusses. Die Beschwerde kann beim Amtsgericht (Name) oder beim Beschwerdegericht, dem Landgericht (Name und Anschrift), eingelegt werden. Die Beschwerdeschrift muss die Bezeichnung der angefochtenen Entscheidung sowie die Erklärung enthalten, dass Beschwerde gegen diese Entscheidung eingelegt wird. Die Beschwerde kann auch durch Erklärung zu Protokoll der Geschäftsstelle des Amtsgerichts eingelegt werden.

Ort, Datum

...

Rechtspfleger ◄

2. Erläuterungen und Varianten

[1] **Einstweilige Einstellung.** Der Antrag des Schuldners auf einstweilige Einstellung des Verfahrens (§ 30a) bezieht sich immer auf einen konkreten Anordnungs- oder Beitrittsbeschluss und somit auf **einen bestimmten Gläubiger**.

13 **[2] Zulässigkeit.** Der Antrag des Schuldners ist fristgebunden und muss innerhalb von 2 Wochen beim Amtsgericht eingehen. Die Frist beginnt mit der Zustellung der Belehrung (vgl § 30 b). In der Regel wird die Belehrung zusammen mit dem Anordnungs- bzw Beitrittsbeschluss zugestellt.

14 **[3] Sanierungsfähigkeit.** Siehe Rn 4–9

15 **[4] Hinweis.** Die einstweilige Einstellung nach § 30a soll dem Schuldner die notwendige Zeit einräumen, um die Vollstreckung außergerichtlich abzuwenden. In den meisten Verfahren wird der Antrag abgelehnt, weil die Sanierungsfähigkeit (siehe Rn 4) nicht ausreichend glaubhaft gemacht wurde. Da auch in einfach gelagerten Fällen eine Verfahrensdauer von über einem Jahr nicht selten ist, hat der Schuldner in den Fällen, in denen der Einstellungsantrag abgelehnt wurde, noch ausreichend Zeit, eine außergerichtliche Lösung anzustreben.

II. Einstweilige Einstellung

16 **1. Muster: Einstellungsbeschluss**

▶ Amtsgericht ▬▬▬

Beschluss

Das Verfahren zur Zwangsversteigerung

▬▬▬ (Grundbuchbezeichnung)

▬▬▬ (Bestandsverzeichnis des Grundbuchs)

Eigentümer: ▬▬▬ (gem. Abteilung I des Grundbuchs)

wird auf Antrag des

▬▬▬ (Name und Anschrift des Schuldners)

– Schuldner –

Verfahrensvertreter: Rechtsanwalt ▬▬▬ (Name und Anschrift)

soweit es von der

▬▬▬ (Name und Anschrift der Gläubigerin)

– Gläubigerin –

mit Beschluss vom ▬▬▬ betrieben wird, bis zum ▬▬▬ einstweilen eingestellt.[1]
Die Einstellung tritt außer Kraft, wenn der Schuldner nicht monatlich ▬▬▬.[2]

Die Gläubigerin wird darauf hingewiesen, dass das Verfahren nur auf ihren Antrag fortgesetzt wird. Der Fortsetzungsantrag ist binnen der Frist von 6 Monaten zu stellen. Die Frist beginnt mit dem Ende der Einstellungsfrist (§ 31 Abs. 2 Buchst. b) ZVG), oder nach dem vorzeitigen Außerkrafttreten der einstweiligen Einstellung. Wird der Antrag nicht fristgerecht gestellt, so ist das Verfahren insoweit aufzuheben.[3]

▬▬▬[4]

Gründe

Das Zwangsversteigerungsverfahren wurde auf Antrag der ▬▬▬ (Gläubigerin) durch Beschluss vom ▬▬▬ angeordnet. Die Zustellung des Beschlusses und der Belehrung an den Schuldner ist am ▬▬▬ erfolgt. Mit Schreiben vom ▬▬▬, beim Amtsgericht eingegangen am ▬▬▬, hat der Schuldner die einstweilige Einstellung des Verfahrens gemäß § 30a ZVG beantragt.[5]

Der Antrag ist zulässig, rechtzeitig gestellt und auch begründet.

Sachliche Voraussetzung für die Einstellung nach § 30 a ZVG ist zunächst, dass die Aussicht besteht, dass durch die Einstellung die Versteigerung vermieden werden kann. Der Schuldner muss also vortragen und gegebenenfalls glaubhaft machen, wie er den Gläubiger in der Zeit der Einstellung befriedigen will oder das Verfahren auf sonstige Weise abwenden kann. Dazu wurde dargelegt, dass ...[6]

Der Schuldner ist auch schutzwürdig, da .... Die Einstellung kann der Gläubigerin auch zugemutet werden, weil die vom Schuldner angebotene Lösung schneller zu einer Befriedigung führt als das Zwangsversteigerungsverfahren.[7]

...

Belehrung

Gegen diese Entscheidung ist der Rechtsbehelf der sofortigen Beschwerde statthaft. Sie ist binnen einer Frist von zwei Wochen einzulegen. Die Frist beginnt mit der Zustellung des Beschlusses. Die Beschwerde kann beim Amtsgericht (Name) oder beim Beschwerdegericht, dem Landgericht (Name und Anschrift), eingelegt werden. Die Beschwerdeschrift muss die Bezeichnung der angefochtenen Entscheidung sowie die Erklärung enthalten, dass Beschwerde gegen diese Entscheidung eingelegt wird. Die Beschwerde kann auch durch Erklärung zu Protokoll der Geschäftsstelle des Amtsgerichts eingelegt werden.

Ort, Datum

...

Rechtspfleger ◄

2. Erläuterungen und Varianten

[1] **Einstellungszeit.** Die Einstellungszeit (maximal 6 Monate) kann entweder direkt mit einer Datumsangabe erfolgen oder mittelbar (*„für 6 Monate"* ab Beschluss) 17

[2] **Auflagen.** In der Regel wird das Gericht die einstweilige Einstellung nur unter Zahlungsauflagen bewilligen (§ 30 a Abs. 3-5). 18

[3] **Belehrung.** Bei einer einstweiligen Einstellung ist der Gläubiger darauf hinzuweisen, dass das Verfahren auch nach Ablauf der Einstellungsfrist nur auf seinen Antrag hin fortgesetzt werden kann. Wird der Antrag nicht fristgerecht gestellt, so ist das Verfahren aufzuheben (§ 31). 19

[4] **Ergänzungsentscheidung.** Ist bereits ein Versteigerungstermin bestimmt worden und ist kein weiterer betreibender Gläubiger vorhanden, kann hier über die Terminsaufhebung entschieden werden. 20

▶ Der Versteigerungstermin zum ... (Datum) wird aufgehoben. ◄

Anderenfalls kann eine Klarstellung sinnvoll sein:

▶ Der Versteigerungstermin zum ... (Datum) wird **nicht** aufgehoben, da das Verfahren noch für die ... (Name der Gläubigerin) aus dem Recht III/... (laufende Nr. im Grundbuch) betrieben wird. ◄

[5] **Zulässigkeit.** Der Antrag des Schuldners ist fristgebunden und muss innerhalb von 2 Wochen beim Amtsgericht eingehen. Die Frist beginnt mit der Zustellung der 21

Belehrung (vgl § 30 b). In der Regel wird die Belehrung zusammen mit dem Anordnungs- bzw Beitrittsbeschluss zugestellt.

22 [6] Sanierungsfähigkeit. Siehe Rn 4–9.

23 [7] Schutzwürdigkeit und Zumutbarkeit. Siehe Rn 10.

§ 30 d [Einstweilige Einstellung auf Antrag des Insolvenzverwalters]

(1) ¹Ist über das Vermögen des Schuldners ein Insolvenzverfahren eröffnet, so ist auf Antrag des Insolvenzverwalters die Zwangsversteigerung einstweilen einzustellen, wenn

1. im Insolvenzverfahren der Berichtstermin nach § 29 Abs. 1 Nr. 1 der Insolvenzordnung noch bevorsteht,
2. das Grundstück nach dem Ergebnis des Berichtstermins nach § 29 Abs. 1 Nr. 1 der Insolvenzordnung im Insolvenzverfahren für eine Fortführung des Unternehmens oder für die Vorbereitung der Veräußerung eines Betriebs oder einer anderen Gesamtheit von Gegenständen benötigt wird,
3. durch die Versteigerung die Durchführung eines vorgelegten Insolvenzplans gefährdet würde oder
4. in sonstiger Weise durch die Versteigerung die angemessene Verwertung der Insolvenzmasse wesentlich erschwert würde.

²Der Antrag ist abzulehnen, wenn die einstweilige Einstellung dem Gläubiger unter Berücksichtigung seiner wirtschaftlichen Verhältnisse nicht zuzumuten ist.

(2) Hat der Schuldner einen Insolvenzplan vorgelegt und ist dieser nicht nach § 231 der Insolvenzordnung zurückgewiesen worden, so ist die Zwangsversteigerung auf Antrag des Schuldners unter den Voraussetzungen des Absatzes 1 Satz 1 Nr. 3, Satz 2 einstweilen einzustellen.

(3) § 30 b Abs. 2 bis 4 gilt entsprechend mit der Maßgabe, daß an die Stelle des Schuldners der Insolvenzverwalter tritt, wenn dieser den Antrag gestellt hat, und daß die Zwangsversteigerung eingestellt wird, wenn die Voraussetzungen für die Einstellung glaubhaft gemacht sind.

(4) Ist vor der Eröffnung des Insolvenzverfahrens ein vorläufiger Verwalter bestellt, so ist auf dessen Antrag die Zwangsversteigerung einstweilen einzustellen, wenn glaubhaft gemacht wird, daß die einstweilige Einstellung zur Verhütung nachteiliger Veränderungen in der Vermögenslage des Schuldners erforderlich ist. Ist ein vorläufiger Sachverwalter bestellt, so steht dieses Antragsrecht dem Schuldner zu.

§ 30 e [Auflage zur einstweiligen Einstellung]

(1) ¹Die einstweilige Einstellung ist mit der Auflage anzuordnen, daß dem betreibenden Gläubiger für die Zeit nach dem Berichtstermin nach § 29 Abs. 1 Nr. 1 der Insolvenzordnung laufend die geschuldeten Zinsen binnen zwei Wochen nach Eintritt der Fälligkeit aus der Insolvenzmasse gezahlt werden. ²Ist das Versteigerungsverfahren schon vor der Eröffnung des Insolvenzverfahrens nach § 30 d Abs. 4 einstweilen eingestellt worden, so ist die Zahlung von Zinsen spätestens von dem Zeitpunkt an anzuordnen, der drei Monate nach der ersten einstweiligen Einstellung liegt.

(2) Wird das Grundstück für die Insolvenzmasse genutzt, so ordnet das Gericht auf Antrag des betreibenden Gläubigers weiter die Auflage an, daß der entstehende Wertverlust von der Einstellung des Versteigerungsverfahrens an durch laufende Zahlungen aus der Insolvenzmasse an den Gläubiger auszugleichen ist.
(3) Die Absätze 1 und 2 gelten nicht, soweit nach der Höhe der Forderung sowie dem Wert und der sonstigen Belastung des Grundstücks nicht mit einer Befriedigung des Gläubigers aus dem Versteigerungserlös zu rechnen ist.

§ 30 f [Aufhebung der einstweiligen Einstellung]

(1) ¹Im Falle des § 30 d Abs. 1 bis 3 ist die einstweilige Einstellung auf Antrag des Gläubigers aufzuheben, wenn die Voraussetzungen für die Einstellung fortgefallen sind, wenn die Auflagen nach § 30 e nicht beachtet werden oder wenn der Insolvenzverwalter, im Falle des § 30 d Abs. 2 der Schuldner, der Aufhebung zustimmt. ²Auf Antrag des Gläubigers ist weiter die einstweilige Einstellung aufzuheben, wenn das Insolvenzverfahren beendet ist.
(2) ¹Die einstweilige Einstellung nach § 30 d Abs. 4 ist auf Antrag des Gläubigers aufzuheben, wenn der Antrag auf Eröffnung des Insolvenzverfahrens zurückgenommen oder abgewiesen wird. ²Im übrigen gilt Absatz 1 Satz 1 entsprechend.
(3) ¹Vor der Entscheidung des Gerichts ist der Insolvenzverwalter, im Falle des § 30 d Abs. 2 der Schuldner, zu hören. ²§ 30 b Abs. 3 gilt entsprechend.

§ 31 [Fortsetzung auf Antrag des Gläubigers]

(1) ¹Im Falle einer einstweiligen Einstellung darf das Verfahren, soweit sich nicht aus dem Gesetz etwas anderes ergibt, nur auf Antrag des Gläubigers fortgesetzt werden. ²Wird der Antrag nicht binnen sechs Monaten gestellt, so ist das Verfahren aufzuheben.
(2) Die Frist nach Absatz 1 Satz 2 beginnt
a) im Falle des § 30 mit der Einstellung des Verfahrens,
b) im Falle des § 30 a mit dem Zeitpunkt, bis zu dem die Einstellung angeordnet war,
c) im Falle des § 30 f Abs. 1 mit dem Ende des Insolvenzverfahrens, im Falle des § 30 f Abs. 2 mit der Rücknahme oder der Abweisung des Antrags auf Eröffnung des Insolvenzverfahrens,
d) wenn die Einstellung vom Prozeßgericht angeordnet war, mit der Wiederaufhebung der Anordnung oder mit einer sonstigen Erledigung der Einstellung.
(3) Das Vollstreckungsgericht soll den Gläubiger auf den Fristbeginn unter Bekanntgabe der Rechtsfolgen eines fruchtlosen Fristablaufs hinweisen; die Frist beginnt erst zu laufen, nachdem der Hinweis auf die Rechtsfolgen eines fruchtlosen Fristablaufs dem Gläubiger zugestellt worden ist.

§ 32 [Zustellung des Aufhebungs- oder Einstellungsbeschlusses]

Der Beschluß, durch welchen das Verfahren aufgehoben oder einstweilen eingestellt wird, ist dem Schuldner, dem Gläubiger und, wenn die Anordnung von einem Dritten beantragt war, auch diesem zuzustellen.

§ 33 [Entscheidung durch Versagung des Zuschlags]

Nach dem Schlusse der Versteigerung darf, wenn ein Grund zur Aufhebung oder zur einstweiligen Einstellung des Verfahrens oder zur Aufhebung des Termins vorliegt, die Entscheidung nur durch Versagung des Zuschlags gegeben werden.

§ 34 [Löschung des Versteigerungsvermerkes]

Im Falle der Aufhebung des Verfahrens ist das Grundbuchamt um Löschung des Versteigerungsvermerkes zu ersuchen.

III. Bestimmung des Versteigerungstermins

§ 35 [Ausführung durch Vollstreckungsgericht]

Die Versteigerung wird durch das Vollstreckungsgericht ausgeführt.

§ 36 [Terminsbestimmung]

(1) Der Versteigerungstermin soll erst nach der Beschlagnahme des Grundstücks und nach dem Eingange der Mitteilungen des Grundbuchamts bestimmt werden.

(2) ¹Der Zeitraum zwischen der Anberaumung des Termins und dem Termin soll, wenn nicht besondere Gründe vorliegen, nicht mehr als sechs Monate betragen. ²War das Verfahren einstweilen eingestellt, so soll diese Frist nicht mehr als zwei Monate, muß aber mindestens einen Monat betragen.

(3) Der Termin kann nach dem Ermessen des Gerichts an der Gerichtsstelle oder an einem anderen Orte im Gerichtsbezirk abgehalten werden.

§ 37 [Wesentlicher Inhalt der Terminsbestimmung]

Die Terminsbestimmung muß enthalten:

1. die Bezeichnung des Grundstücks;
2. Zeit und Ort des Versteigerungstermins;
3. die Angabe, daß die Versteigerung im Wege der Zwangsvollstreckung erfolgt;
4. die Aufforderung, Rechte, soweit sie zur Zeit der Eintragung des Versteigerungsvermerkes aus dem Grundbuche nicht ersichtlich waren, spätestens im Versteigerungstermine vor der Aufforderung zur Abgabe von Geboten anzumelden und, wenn der Gläubiger widerspricht, glaubhaft zu machen, widrigenfalls die Rechte bei der Feststellung des geringsten Gebots nicht berücksichtigt und bei der Verteilung des Versteigerungserlöses dem Anspruche des Gläubigers und den übrigen Rechten nachgesetzt werden würden;
5. die Aufforderung an diejenigen, welche ein der Versteigerung entgegenstehendes Recht haben, vor der Erteilung des Zuschlags die Aufhebung oder einstweilige Einstellung des Verfahrens herbeizuführen, widrigenfalls für das Recht der Versteigerungserlös an die Stelle des versteigerten Gegenstandes treten würde.

A. Anwaltliche Sicht

I. Anmeldung von Rechten (Abs. 4)
Siehe § 45.

II. „Geltendmachung" von Drittrechten (Abs. 5)

Zu den entgegenstehenden Rechten gehören insbesondere das Eigentum, vor allen am 1
Grundstückszubehör (§§ 97, 98 BGB, § 55 Abs. 2), die Veräußerungsverbote (zB aus einem Insolvenzverfahren) und das Verwertungsverbot bei einer nicht befreiten Nacherbschaft (§§ 2113, 2136 BGB). Diese Rechte an Gegenständen der Versteigerung hindern grundsätzlich die Versteigerung nur, wenn sie rechtzeitig geltend gemacht werden.

Für eine „Geltendmachung" wird eine gegenständlich beschränkte Einstellung (§ 30) 2
oder Verfahrensaufhebung (§ 29) sämtlicher betreibender Anordnungs- und Beitrittsgläubiger benötigt. Die einfache Anmeldung gegenüber dem Vollstreckungsgericht genügt nicht. Werden die Erklärungen der betreibenden Gläubiger nicht freiwillig abgegeben, muss der Berechtigte die Drittwiderspruchsklage (siehe § 771 ZPO, Rn 1) erheben und eine einstweilige Anordnung des Prozessgerichts (siehe § 769 ZPO, Rn 1) beantragen.

§ 38 [Weitere Angaben in der Terminsbestimmung]

(1) ¹Die Terminsbestimmung soll die Angabe des Grundbuchblatts, der Größe und des Verkehrswerts des Grundstücks enthalten. ²Ist in einem früheren Versteigerungstermin der Zuschlag aus den Gründen des § 74 a Abs. 1 oder des § 85 a Abs. 1 versagt worden, so soll auch diese Tatsache in der Terminsbestimmung angegeben werden.
(2) Das Gericht kann Wertgutachten und Abschätzungen in einem für das Gericht bestimmten elektronischen Informations- und Kommunikationssystem öffentlich bekannt machen.

§ 39 [Bekanntmachung der Terminsbestimmung]

(1) Die Terminsbestimmung muß durch einmalige Einrückung in das für Bekanntmachungen des Gerichts bestimmte Blatt oder in einem für das Gericht bestimmten elektronischen Informations- und Kommunikationssystem öffentlich bekanntgemacht werden.
(2) Hat das Grundstück nur einen geringen Wert, so kann das Gericht anordnen, daß die Einrückung oder Veröffentlichung nach Absatz 1 unterbleibt; in diesem Falle muß die Bekanntmachung dadurch erfolgen, daß die Terminsbestimmung in der Gemeinde, in deren Bezirke das Grundstück belegen ist, an die für amtliche Bekanntmachungen bestimmte Stelle angeheftet wird.

§ 40 [Anheftung an die Gerichtstafel]

(1) ¹Die Terminsbestimmung soll an die Gerichtstafel angeheftet werden. ²Ist das Gericht nach § 2 Abs. 2 zum Vollstreckungsgerichte bestellt, so soll die Anheftung auch

bei den übrigen Gerichten bewirkt werden. ³Wird der Termin nach § 39 Abs. 1 durch Veröffentlichung in einem für das Gericht bestimmten elektronischen Informations- und Kommunikationssystem öffentlich bekannt gemacht, so kann die Anheftung an die Gerichtstafel unterbleiben.
(2) Das Gericht ist befugt, noch andere und wiederholte Veröffentlichungen zu veranlassen; bei der Ausübung dieser Befugnis ist insbesondere auf den Ortsgebrauch Rücksicht zu nehmen.

§ 41 [Zustellung an die Beteiligten]
(1) Die Terminsbestimmung ist den Beteiligten zuzustellen.
(2) Im Laufe der vierten Woche vor dem Termin soll den Beteiligten mitgeteilt werden, auf wessen Antrag und wegen welcher Ansprüche die Versteigerung erfolgt.
(3) Als Beteiligte gelten auch diejenigen, welche das angemeldete Recht noch glaubhaft zu machen haben.

§ 42 [Akteneinsicht]
(1) Die Einsicht der Mitteilungen des Grundbuchamts sowie der erfolgten Anmeldungen ist jedem gestattet.
(2) Das gleiche gilt von anderen das Grundstück betreffenden Nachweisungen, welche ein Beteiligter einreicht, insbesondere von Abschätzungen.

§ 43 [Terminsaufhebung]
(1) ¹Der Versteigerungstermin ist aufzuheben und von neuem zu bestimmen, wenn die Terminsbestimmung nicht sechs Wochen vor dem Termin bekanntgemacht ist. ²War das Verfahren einstweilen eingestellt, so reicht es aus, daß die Bekanntmachung der Terminsbestimmung zwei Wochen vor dem Termin bewirkt ist.
(2) Das gleiche gilt, wenn nicht vier Wochen vor dem Termin dem Schuldner ein Beschluß, auf Grund dessen die Versteigerung erfolgen kann, und allen Beteiligten, die schon zur Zeit der Anberaumung des Termins dem Gericht bekannt waren, die Terminsbestimmung zugestellt ist, es sei denn, daß derjenige, in Ansehung dessen die Frist nicht eingehalten ist, das Verfahren genehmigt.

IV. Geringstes Gebot. Versteigerungsbedingungen

§ 44 [Begriff des geringsten Gebots]
(1) Bei der Versteigerung wird nur ein solches Gebot zugelassen, durch welches die dem Anspruche des Gläubigers vorgehenden Rechte sowie die aus dem Versteigerungserlöse zu entnehmenden Kosten des Verfahrens gedeckt werden (geringstes Gebot).
(2) Wird das Verfahren wegen mehrerer Ansprüche von verschiedenem Range betrieben, so darf der vorgehende Anspruch der Feststellung des geringsten Gebotes nur dann zugrunde gelegt werden, wenn der wegen dieses Anspruchs ergangene Beschluß dem Schuldner vier Wochen vor dem Versteigerungstermin zugestellt ist.

§ 45 [Feststellung des geringsten Gebots]

(1) Ein Recht ist bei der Feststellung des geringsten Gebots insoweit, als es zur Zeit der Eintragung des Versteigerungsvermerkes aus dem Grundbuch ersichtlich war, nach dem Inhalte des Grundbuchs, im übrigen nur dann zu berücksichtigen, wenn es rechtzeitig angemeldet und, falls der Gläubiger widerspricht, glaubhaft gemacht wird.

(2) Von wiederkehrenden Leistungen, die nach dem Inhalte des Grundbuchs zu entrichten sind, brauchen die laufenden Beträge nicht angemeldet, die rückständigen nicht glaubhaft gemacht zu werden.

(3) ¹Ansprüche der Wohnungseigentümer nach § 10 Abs. 1 Nr. 2 sind bei der Anmeldung durch einen entsprechenden Titel oder durch die Niederschrift der Beschlüsse der Wohnungseigentümer einschließlich ihrer Anlagen oder in sonst geeigneter Weise glaubhaft zu machen. ²Aus dem Vorbringen müssen sich die Zahlungspflicht, die Art und der Bezugszeitraum des Anspruchs sowie seine Fälligkeit ergeben.

A. Anwaltliche Sicht
   I. Anmeldung einer Grundschuld
      1. Muster: Anmeldung einer Grundschuld zum Versteigerungstermin
      2. Erläuterungen und Varianten
         [1] Grundsätzliches 2
         [2] Hauptforderung 3
         [3] Laufende und 2 Jahre rückständige Zinsen 4
         [4] Weitere Zinsen 7
         [5] Ältere Zinsen 8
         [6] Einmalige Nebenleistung 9
         [7] Kosten der Rechtsverfolgung ... 10
         [8] Aktenkundige Kosten 13
         [9] Kündigung 14
         [10] Löschungsanspruch 15
         [11] Vollstreckungstitel und Grundschuldbrief 17
   II. Anmeldung von Hausgeldern
      1. Muster: Anmeldung von Hausgeldansprüchen zum Versteigerungstermin
      2. Erläuterungen und Varianten
         [1] Wohnungseigentümergemeinschaft 19
         [2] Beitritt und/oder Anmeldung ... 20
         [3] Hausgeldanspruch 21
         [4] Betragsmäßige Deckelung der Hausgelder 24
         [5] Glaubhaftmachung 26
B. Gerichtliche Sicht

A. Anwaltliche Sicht

I. Anmeldung einer Grundschuld

1. Muster: Anmeldung einer Grundschuld zum Versteigerungstermin

▶ An das

Amtsgericht ...

Abteilung für Zwangsversteigerungen

Anmeldung zum Zwangsversteigerungsverfahren ... (Nachname des Schuldners)

... (Az des Gerichts)

Sehr geehrte Damen und Herren,

für den Berechtigten ... (Name, Anschrift) melde ich die Ansprüche wie folgt an:[1]

a) Grundschuld III/... (lfd Nr.[2]   ... EUR

b) ... % Zinsen, laufende und 2 Jahre rückständige, seit dem ... bis heute[3]   ... EUR

zuzüglich den weiter laufenden[4]

c) ältere Zinsen seit dem ▪▪▪[5]
d) einmalige Nebenleistung[6] ▪▪▪ EUR
e) Kosten der dinglichen Rechtsverfolgung[7] ▪▪▪ EUR
▪▪▪ (Auflistung der Details)
Soweit aus der Gerichtsakte weitere Kosten ersichtlich sind, werden auch diese angemeldet.[8]

Das Recht ist gekündigt und zur Rückzahlung fällig.[9]
In Bezug auf die vorrangigen Grundpfandrechte werden die eventuell vorhandenen Löschungsansprüche (§ 1179a BGB) geltend gemacht.[10]
Als Anlage füge ich den Vollstreckungstitel und den Grundschuldbrief bei.[11]
Ich beantrage, mir von jedem Protokoll unaufgefordert eine Abschrift zuzusenden.
Die Bankverbindung der Gläubigerin lautet: ▪▪▪
Mit freundlichen Grüßen

▪▪▪

Rechtsanwalt ◄

2. Erläuterungen und Varianten

2 [1] **Grundsätzliches.** Eine Anmeldung ist rangwahrend, wenn sie spätestens im Versteigerungstermin bis zur Aufforderung zur Abgabe von Geboten erfolgt. Sinnvollerweise erfolgt die Anmeldung schriftlich und rechtzeitig vor dem ersten Versteigerungstermin. Die Anmeldung gilt auch für die eventuellen weiteren Versteigerungstermine. Sie muss dann nicht wiederholt werden.

Ansprüche, die sich aus dem Vollstreckungsantrag zum Anordnungs- oder Beitrittsbeschluss (§§ 15, 27) ergeben, gelten als rechtzeitig angemeldet (§§ 37 Nr. 4, 110, 114 Abs. 1 S. 2) und müssen nicht besonders angemeldet werden. Gläubiger, deren Rechte und Ansprüche nicht aus dem Grundbuch ersichtlich sind, oder erst nach dem Versteigerungsvermerk ins Grundbuch eingetragen wurden, müssen ihre Rechte immer anmelden um überhaupt im Verfahren beteiligt zu werden (siehe § 9 Rn 2).

3 [2] **Hauptforderung.** Die Kapitalansprüche der Hypotheken und Grundschulden werden vom Vollstreckungsgericht von Amts wegen berücksichtigt, wenn sie zur Zeit der Eintragung des Versteigerungsvermerks aus dem Grundbuch ersichtlich waren.

4 [3] **Laufende und 2 Jahre rückständige Zinsen.** In der Rangklasse 4 des § 10 werden laufenden Beträge für Zinsen und andere wiederkehrende Leistungen sowie Rückstände für zwei Jahre berücksichtigt.

5 Für die Bestimmung der laufenden (wiederkehrenden) Leistungen wird auf die letzte Fälligkeit vor der Beschlagnahme abgestellt (§ 13). Dabei ist für alle am Versteigerungsverfahren beteiligten Berechtigten die sogenannte erste Beschlagnahme (vgl § 22) maßgeblich. Es kommt also nicht auf die für den jeweiligen Gläubiger erwirkte Beschlagnahme an, sondern es ist für alle - betreibenden und nicht betreibenden - Beteiligten einheitlich auf die erste Beschlagnahme im Verfahren abzustellen.

6 **Beispiel:** Tag der ersten Beschlagnahme im Verfahren: 29.5.2014

Für III/1: 10 % Zinsen, fällig jeweils kalenderjährlich, nachträglich am 31.12. = Letzter Fälligkeitstermin vor der Beschlagnahme war am 31.12.2013 für die Zinsen ab dem 1.1.2013 = Beginn der laufenden Leistungen. In der Rangklasse 4 können Zinsen ab dem 1.1.2011 berücksichtigt werden.

Für III/2: 12 % Zinsen, fällig jeweils kalendervierteljährlich im Voraus = Letzter Fälligkeitstermin vor der Beschlagnahme war am 1.4.2014 für die Zinsen ab dem 1.4.2014 = Beginn der laufenden Leistungen. In der Rangklasse 4 können Zinsen ab dem 1.4.2012 berücksichtigt werden.

Für III/3 (Zwangssicherungshypothek): 8,25 % Zinsen = Beginn der laufenden Leistungen am 29.5.2014 = Beginn der laufenden Leistungen am Tag der Beschlagnahme (§ 13 Abs. 3 ZVG): 29.5.2014. In der Rangklasse 4 können Zinsen ab dem 29.5.2012 berücksichtigt werden.

[4] **Weitere Zinsen.** Die weiteren Zinsen über den Versteigerungstermin hinaus werden vom Amtsgericht von Amts wegen berücksichtigt (Abs. 2 und § 114 Abs. 2) und müssen nicht angemeldet werden.

[5] **Ältere Zinsen.** Ältere als die laufenden und 2 Jahre rückständige Zinsen können nur in der Rangklasse 5 (wenn deswegen betrieben wird, vgl §§ 15 und 27) oder in der Rangklasse 8 berücksichtigt werden. In aller Regel bestehen in diesen Rangklassen wegen der hohen vorrangigen Ansprüche nur sehr geringe Aussichten auf eine Befriedigung.

[6] **Einmalige Nebenleistung.** Einmalige Nebenleistungen werden vom Vollstreckungsgericht von Amts wegen berücksichtigt, wenn sie zur Zeit der Eintragung des Versteigerungsvermerks aus dem Grundbuch ersichtlich waren.

[7] **Kosten der Rechtsverfolgung.** Im Range des jeweiligen Anspruchs - für die Grundpfandrechte in der Rangklasse 4 - sind auch die Kosten der Kündigung und der dinglichen Rechtsverfolgung, also die zur Befriedigung aus dem Grundstück erforderlichen Vollstreckungskosten zu berücksichtigen (vgl auch § 1118 BGB). Im Übrigen gilt hinsichtlich der Vollstreckungskosten für alle Ansprüche § 788 Abs. 1 ZPO iVm § 91 ZPO.

Die Kosten der Befriedigung aus dem Grundstück bezweckenden Rechtsverfolgung sind die durch Zwangsversteigerung, Zwangsverwaltung oder Zwangssicherungshypothek veranlassten, notwendigen Aufwendungen. Dies können sein:
- Kosten der dinglichen Klage
- Kosten der Anordnung bzw des Beitritts zur Zwangsversteigerung
- Kosten der anwaltlichen Vertretung im Versteigerungsverfahren
- Kosten eines Grundbuchauszugs
- Kosten eines erforderlichen Erbscheins
- Sämtliche Kosten für eine Zwangsverwaltung
- Vorschüsse einer Zwangsverwaltung (§ 161 Abs. 3), die nicht in der Rangklasse 1 eingeordnet werden können

Sind dem Gläubiger darüber hinaus weitere Vollstreckungskosten - zB wegen einer vorangegangenen Mobiliarzwangsvollstreckung - entstanden, können diese in der

Zwangsversteigerung nur in der Rangklasse 5 geltend gemacht werden und auch nur, wenn ihretwegen das Verfahren ausdrücklich betrieben wird.

13 **[8] Aktenkundige Kosten.** Kosten müssen stets vom Gläubiger angemeldet werden. Dies gilt auch dann, wenn sie vom Gericht erhoben und aus der Gerichtsakte ersichtlich sind.

14 **[9] Kündigung.** Wenn das Recht des Gläubigers nach den gesetzlichen Versteigerungsbedingungen bestehen bleibt und vom Ersteher übernommen wird (§ 91 Abs. 1), muss eine bereits ausgesprochene Kündigung zum Versteigerungstermin angemeldet werden. Ansonsten muss das Recht gegenüber dem Ersteher erneut fällig gestellt werden.

15 **[10] Löschungsanspruch.** Hat der Gläubiger gegenüber dem Schuldner nach § 1179 a BGB einen Anspruch auf Löschung vorgehender oder gleichrangiger Eigentümergrundschulden, müssen diese Ansprüche **zum Verteilungstermin** angemeldet werden (§ 114). Diese Löschungsansprüche haben in der Praxis nur eine geringe Bedeutung, weil die Rückzahlung der (Kredit-) Forderung keine materiellrechtliche Folgen für die **Grundschuld** hat. Die nicht mehr valutierte Grundschuld bleibt ein Fremdrecht für den eingetragenen Gläubiger und wird nicht zur Eigentümergrundschuld. Der Eigentümer hat lediglich einen schuldrechtlichen Anspruch auf Löschung oder Rückübertragung der Grundschuld. Gleichwohl ist die Anmeldung der Löschungsansprüche auch bei der Grundschuld sinnvoll, weil Ausnahmen denkbar sind (zB bei vertragswidriger Zahlung auf die Grundschuld; kurzfristige Eintragung des Verzicht nach § 1168 BGB). Bei vorrangigen **Hypotheken**, insbesondere bei Altrechten, sollten die Löschungsansprüche nach § 1179 a BGB immer angemeldet werden.

16 Ist die Grundschuld durch Zuschlag erloschen (§ 91 Abs. 1) und **verzichtet** der Gläubiger **erst zum Verteilungstermin** gegenüber dem Vollstreckungsgericht für den nicht valutierten Teil seines Rechts auf den Erlös (§§ 1154, 1192 BGB analog), geht der anteilige Erlösanspruch auf den Schuldner als Eigentümerrecht über. Die gleich- oder nachrangigen Grundpfandgläubiger können ihren gesetzlichen Löschungsanspruch nach § 1179 a BGB noch im Verteilungstermin anmelden und der Zuteilung an den Schuldner widersprechen (BGH, U. v. 27.4.2012 – V ZR 270/10; BGHZ 193, 144 = NJW 2012, 2274 = Rpfleger 2012, 452).

17 **[11] Vollstreckungstitel und Grundschuldbrief.** Spätestens zur Zuschlagsentscheidung muss der betreibende Gläubiger (vgl §§ 15, 27) die Vollstreckungsunterlagen dem Gericht (wieder) vorlegen (BGH, WM 2004, 838 = Rpfleger 2004, 368 = ZfIR 2004, 489 = MDR 2004, 774 = BGHReport 2004, 919 = NJW-RR 2004, 1366). Die Grundschuld- und Hypothekenbriefe müssen erst zum Verteilungstermin eingereicht werden und nur dann, wenn eine Kapitalzuteilung erfolgen kann (§ 126, Rn 3).

II. Anmeldung von Hausgeldern

18 **1. Muster: Anmeldung von Hausgeldansprüchen zum Versteigerungstermin**

▶ An das

Amtsgericht ...

Abteilung für Zwangsversteigerungen

Anmeldung zum Zwangsversteigerungsverfahren ... (Nachname des Schuldners)

... (Az des Gerichts)

Sehr geehrte Damen und Herren,

für die Wohnungseigentümergemeinschaft ...[1] melde ich die Hausgeldansprüche wie folgt an:[2]

...[3]

Ab dem ... (Datum) sind monatlich zum 1. Werktag Vorauszahlungen auf die Hausgelder in Höhe von ... EUR zu zahlen.

Für die Ansprüche wird bis zu einem Betrag in Höhe von 5 % des festgesetzten Verkehrswertes der Vorrang der 2. Rangklasse des § 10 ZVG beansprucht.[4]

Zur Glaubhaftmachung füge ich als Anlage eine Kopie des Protokolls der Versammlung der Wohnungseigentümer vom ... (Datum) mit der genehmigten Hausgeldabrechnung bei.[5]

Ich beantrage, mir von jedem Protokoll unaufgefordert eine Abschrift zuzusenden.

Die Bankverbindung der WE-Gemeinschaft lautet: ...

Mit freundlichen Grüßen

...

Rechtsanwalt ◄

2. Erläuterungen und Varianten

[1] **Wohnungseigentümergemeinschaft.** Die Gemeinschaft muss die Bezeichnung „Wohnungseigentümergemeinschaft" gefolgt von der bestimmten Angabe des gemeinschaftlichen Grundstücks führen (§ 10 WEG), also zB „Wohnungseigentümergemeinschaft Musterallee 23".

[2] **Beitritt und/oder Anmeldung.** Die Anmeldung und konkrete Bezifferung der Hausgelder ist auch dann sinnvoll, wenn bereits eine Anordnung bzw Beitritt wegen der Hausgelder erfolgt ist (siehe § 15 Rn 20–30). Die Kosten der bisherigen Rechtsverfolgung und die laufenden und zukünftig fällig werdenden Vorauszahlungen müssen in jedem Fall ausdrücklich beziffert und angemeldet werden.

[3] **Hausgeldanspruch.** Der Anspruch ist betragsmäßig genau zu bezeichnen. Ergänzend sind die Art der Schuld (Hausgeldansprüche), der Bezugszeitraum und die Fälligkeiten anzugeben.

▶ ... EUR Hausgelder für das Jahr 2014, fällig gem. Beschluss der WE-Gemeinschaft vom 1.3.2015 ◄

Erfolgte Teilzahlungen sind ordnungsgemäß zu verrechnen und anzugeben.

Für die säumigen Hausgelder können Säumniszinsen geltend gemacht werden:

▶ Zusätzlich werden für die Einzelansprüche die gesetzlichen Säumniszinsen in Höhe von 5 Prozentpunkten über dem Basiszinssatz seit dem (Tag der Mahnung, vgl § 286 BGB) angemeldet. ◄

Gehören dem Schuldner mehrere, rechtlich selbstständiger Wohnungs- oder Teileigentumseinheiten, zB eine Wohnung und eine Garage, müssen die Ansprüche für die einzelnen Objekte getrennt angemeldet werden. Die Anmeldung als Gesamtforderung ist nicht zulässig.

24 **[4] Betragsmäßige Deckelung der Hausgelder.** Die Summe sämtlicher Ansprüche der Rangklasse 2, einschließlich Zinsen und Rechtsverfolgungskosten, ist betragsmäßig beschränkt auf **5 Prozent des Verkehrswertes** (§ 74 a Abs. 5). Dabei ist es ohne Bedeutung, ob die Ansprüche mit einer Anmeldung oder mehreren, von einem oder mehreren Berechtigten, mit Anmeldung oder durch Vollstreckung geltend gemacht werden. Die weitergehenden Ansprüche können nur in der Rangklasse 5 berücksichtigt werden und nur aufgrund einer Anordnung oder eines Beitritts (siehe §§ 15 und 27).

25 Wird der Antrag **nicht** auf 5 Prozent der Verkehrswertes **begrenzt**, muss das Vollstreckungsgericht die weitergehende Anmeldung als Widerspruch behandeln (§ 115 Abs. 2), den streitigen Betrag bedingt zuteilen, hinterlegen und die Wohnungseigentümergemeinschaft auf den Klageweg (§§ 876–882 ZPO) verweisen.

26 **[5] Glaubhaftmachung.** Gemäß Abs. 3 sind die Ansprüche der Anmeldung durch die Niederschrift der Beschlüsse der Wohnungseigentümer einschließlich ihrer Anlagen oder in sonst geeigneter Weise glaubhaft zu machen. Aus dem Vorbringen müssen sich die Zahlungspflicht, die Art und der Bezugszeitraum des Anspruchs sowie seine Fälligkeit ergeben. Soweit wegen der Ansprüche eine Anordnung oder ein Beitritt erfolgt ist (§§ 15, 27) genügt ein Verweis auf die Unterlagen in der Gerichtsakte.

27 In der Praxis erweist sich die Glaubhaftmachung aus formalen Gründen häufig sehr schwierig, weil zB
– die Formvorschriften (vgl § 24 WEG) nicht beachtet worden sind.
– die Hausgeld-Jahresgesamtabrechnung nicht als Anlage zur Niederschrift genommen wurde und sich somit aus der Einzelrechnung für den Schuldner kein Bezug zur Beschlussfassung der Gemeinschaft herstellen lässt.
– die Ansprüche gegen einen Schuldner nach Wirtschafteinheiten zusammengefasst wurden, obwohl sie rechtlich getrennt sind (siehe Rn 23).
In diesen Fällen kann der Verwalter unvollständige Informationen nachtragen und die Richtigkeit seiner Angaben an Eides Statt versichern (§ 294 ZPO).

28 Der Verwalter der WE-Gemeinschaft kann den Umfang seiner Vertretungsmacht durch eine Vollmachts- und Ermächtigungsurkunde nachweisen (§ 27 Abs. 6 WEG)

B. Gerichtliche Sicht

29 Das Vollstreckungsgericht wird die Anmeldung entgegennehmen, im Versteigerungstermin bekannt geben (§ 66) und bei der Aufstellung des geringsten Gebots (§ 45) sowie in der Erlösverteilung (§ 114) berücksichtigen. Mit der Anmeldung wird das Gericht die Wohnungseigentümergemeinschaft als Beteiligte ansehen und über das weiteren Verfahren informieren (vgl. § 9 Rn 4).

30 Die Anmeldung und die notwendige Glaubhaftmachung (Rn 26) muss spätestens im Versteigerungstermin bis zur Aufforderung zur Abgabe von Geboten erfolgen und kann nicht rangwahrend nachgeholt werden (vgl § 110).

§ 46 [Wiederkehrende Naturalleistungen]
Für wiederkehrende Leistungen, die nicht in Geld bestehen, hat das Gericht einen Geldbetrag festzusetzen, auch wenn ein solcher nicht angemeldet ist.

§ 47 [Wiederkehrende Geldleistungen]
¹Laufende Beträge regelmäßig wiederkehrender Leistungen sind für die Zeit bis zum Ablaufe von zwei Wochen nach dem Versteigerungstermine zu decken. ²Nicht regelmäßig wiederkehrende Leistungen werden mit den Beträgen berücksichtigt, welche vor dem Ablaufe dieser Frist zu entrichten sind.

§ 48 [Bedingte Rechte; Vormerkung und Widerspruch]
Bedingte Rechte sind wie unbedingte, Rechte, die durch Eintragung eines Widerspruchs oder einer Vormerkung gesichert sind, wie eingetragene Rechte zu berücksichtigen.

§ 49 [Bargebot]
(1) Der Teil des geringsten Gebots, welcher zur Deckung der Kosten sowie der im § 10 Nr. 1 bis 3 und im § 12 Nr. 1, 2 bezeichneten Ansprüche bestimmt ist, desgleichen der das geringste Gebot übersteigende Betrag des Meistgebots ist von dem Ersteher vor dem Verteilungstermin zu berichtigen (Bargebot).
(2) Das Bargebot ist von dem Zuschlag an zu verzinsen.
(3) Das Bargebot ist so rechtzeitig durch Überweisung oder Einzahlung auf ein Konto der Gerichtskasse zu entrichten, dass der Betrag der Gerichtskasse vor dem Verteilungstermin gutgeschrieben ist und ein Nachweis hierüber im Termin vorliegt.
(4) Der Ersteher wird durch Hinterlegung von seiner Verbindlichkeit befreit, wenn die Hinterlegung und die Ausschließung der Rücknahme im Verteilungstermine nachgewiesen werden.

§ 50 [Erhöhung des zu zahlenden Betrages]
(1) ¹Soweit eine bei der Feststellung des geringsten Gebots berücksichtigte Hypothek, Grundschuld oder Rentenschuld nicht besteht, hat der Ersteher außer dem Bargebot auch den Betrag des berücksichtigten Kapitals zu zahlen. ²In Ansehung der Verzinslichkeit, des Zinssatzes, der Zahlungszeit, der Kündigung und des Zahlungsorts bleiben die für das berücksichtigte Recht getroffenen Bestimmungen maßgebend.
(2) Das gleiche gilt:
1. wenn das Recht bedingt ist und die aufschiebende Bedingung ausfällt oder die auflösende Bedingung eintritt;
2. wenn das Recht noch an einem anderen Grundstücke besteht und an dem versteigerten Grundstücke nach den besonderen Vorschriften über die Gesamthypothek erlischt.

(3) Haftet der Ersteher im Falle des Absatzes 2 Nr. 2 zugleich persönlich, so ist die Erhöhung des zu zahlenden Betrags ausgeschlossen, soweit der Ersteher nicht bereichert ist.

§ 51 [Erhöhung bei Nichthypothekenrechten]

(1) ¹Ist das berücksichtigte Recht nicht eine Hypothek, Grundschuld oder Rentenschuld, so finden die Vorschriften des § 50 entsprechende Anwendung. ²Der Ersteher hat statt des Kapitals den Betrag, um welchen sich der Wert des Grundstücks erhöht, drei Monate nach erfolgter Kündigung zu zahlen und von dem Zuschlag an zu verzinsen.

(2) Der Betrag soll von dem Gerichte bei der Feststellung des geringsten Gebots bestimmt werden.

§ 52 [Bestehenbleibende Rechte]

(1) ¹Ein Recht bleibt insoweit bestehen, als es bei der Feststellung des geringsten Gebots berücksichtigt und nicht durch Zahlung zu decken ist. ²Im übrigen erlöschen die Rechte.

(2) ¹Das Recht auf eine der in den §§ 912 bis 917 des Bürgerlichen Gesetzbuchs bezeichneten Renten bleibt auch dann bestehen, wenn es bei der Feststellung des geringsten Gebots nicht berücksichtigt ist. ²Satz 1 ist entsprechend anzuwenden auf

a) den Erbbauzins, wenn nach § 9 Abs. 3 des Erbbaurechtsgesetzes das Bestehenbleiben des Erbbauzinses als Inhalt der Reallast vereinbart worden ist;
b) Grunddienstbarkeiten und beschränkte persönliche Dienstbarkeiten, die auf dem Grundstück als Ganzem lasten, wenn in ein Wohnungseigentum mit dem Rang nach § 10 Abs. 1 Nr. 2 vollstreckt wird und diesen kein anderes Recht der Rangklasse 4 vorgeht, aus dem die Versteigerung betrieben werden kann.

§ 53 [Schuldübernahme]

(1) Haftet bei einer Hypothek, die bestehenbleibt, der Schuldner zugleich persönlich, so übernimmt der Ersteher die Schuld in Höhe der Hypothek; die Vorschriften des § 416 des Bürgerlichen Gesetzbuchs finden mit der Maßgabe entsprechende Anwendung, daß als Veräußerer im Sinne dieser Vorschriften der Schuldner anzusehen ist.

(2) Das gleiche gilt, wenn bei einer Grundschuld oder Rentenschuld, die bestehenbleibt, der Schuldner zugleich persönlich haftet, sofern er spätestens im Versteigerungstermine vor der Aufforderung zur Abgabe von Geboten die gegen ihn bestehende Forderung unter Angabe ihres Betrags und Grundes angemeldet und auf Verlangen des Gerichts oder eines Beteiligten glaubhaft gemacht hat.

§ 54 [Kündigung von Grundpfandrechten]

(1) Die von dem Gläubiger dem Eigentümer oder von diesem dem Gläubiger erklärte Kündigung einer Hypothek, einer Grundschuld oder einer Rentenschuld ist dem Ersteher gegenüber nur wirksam, wenn sie spätestens in dem Versteigerungstermine vor der Aufforderung zur Abgabe von Geboten erfolgt und bei dem Gericht angemeldet worden ist.

(2) Das gleiche gilt von einer aus dem Grundbuche nicht ersichtlichen Tatsache, infolge deren der Anspruch vor der Zeit geltend gemacht werden kann.

1 Anmeldung der Fälligkeit: Siehe § 45 Rn 14.

§ 55 [Gegenstand der Versteigerung]

(1) Die Versteigerung des Grundstücks erstreckt sich auf alle Gegenstände, deren Beschlagnahme noch wirksam ist.

(2) Auf Zubehörstücke, die sich im Besitze des Schuldners oder eines neu eingetretenen Eigentümers befinden, erstreckt sich die Versteigerung auch dann, wenn sie einem Dritten gehören, es sei denn, daß dieser sein Recht nach Maßgabe des § 37 Nr. 5 geltend gemacht hat.

Geltendmachung von Drittrechten: Siehe § 37 Rn 1. 1

§ 56 [Gefahrübergang]

¹Die Gefahr des zufälligen Unterganges geht in Ansehung des Grundstücks mit dem Zuschlag, in Ansehung der übrigen Gegenstände mit dem Schlusse der Versteigerung auf den Ersteher über. ²Von dem Zuschlag an gebühren dem Ersteher die Nutzungen und trägt er die Lasten. ³Ein Anspruch auf Gewährleistung findet nicht statt.

§ 57 [Mieter, Pächter]

Ist das Grundstück einem Mieter oder Pächter überlassen, so finden die Vorschriften der §§ 566, 566a, 566b Abs. 1, §§ 566c und 566d des Bürgerlichen Gesetzbuchs nach Maßgabe der §§ 57a und 57b entsprechende Anwendung.

§ 57a [Kündigungsrecht des Erstehers]

¹Der Ersteher ist berechtigt, das Miet- oder Pachtverhältnis unter Einhaltung der gesetzlichen Frist zu kündigen. ²Die Kündigung ist ausgeschlossen, wenn sie nicht für den ersten Termin erfolgt, für den sie zulässig ist.

§ 57b [Vorausverfügungen über Miet- oder Pachtzins]

(1) ¹Soweit nach den Vorschriften des § 566b Abs. 1 und der §§ 566c, 566d des Bürgerlichen Gesetzbuchs für die Wirkung von Verfügungen und Rechtsgeschäften über die Miete oder Pacht der Übergang des Eigentums in Betracht kommt, ist an dessen Stelle die Beschlagnahme des Grundstücks maßgebend. ²Ist dem Mieter oder Pächter der Beschluß, durch den die Zwangsversteigerung angeordnet wird, zugestellt, so gilt mit der Zustellung die Beschlagnahme als dem Mieter oder Pächter bekannt; die Zustellung erfolgt auf Antrag des Gläubigers an die von ihm bezeichneten Personen. ³Dem Beschlusse soll eine Belehrung über die Bedeutung der Beschlagnahme für den Mieter oder Pächter beigefügt werden. ⁴Das Gericht hat auf Antrag des Gläubigers zur Feststellung der Mieter und Pächter eines Grundstücks Ermittlungen zu veranlassen; es kann damit einen Gerichtsvollzieher oder einen sonstigen Beamten beauftragen, auch die zuständige örtliche Behörde um Mitteilung der ihr bekannten Mieter und Pächter ersuchen.

(2) ¹Der Beschlagnahme zum Zwecke der Zwangsversteigerung steht die Beschlagnahme zum Zwecke der Zwangsverwaltung gleich, wenn sie bis zum Zuschlag fortgedauert hat. ²Ist dem Mieter oder Pächter der Beschluß, durch den ihm verboten wird,

an den Schuldner zu zahlen, zugestellt, so gilt mit der Zustellung die Beschlagnahme als dem Mieter oder Pächter bekannt.
(3) Auf Verfügungen und Rechtsgeschäfte des Zwangsverwalters finden diese Vorschriften keine Anwendung.

§§ 57 c und 57 d (aufgehoben)

§ 58 [Kosten des Zuschlagsbeschlusses]

Die Kosten des Beschlusses, durch welchen der Zuschlag erteilt wird, fallen dem Ersteher zur Last.

§ 59 [Abweichende Feststellung des geringsten Gebots]

(1) ¹Jeder Beteiligte kann spätestens im Versteigerungstermin vor der Aufforderung zur Abgabe von Geboten eine von den gesetzlichen Vorschriften abweichende Feststellung des geringsten Gebots und der Versteigerungsbedingungen verlangen. ²Der Antrag kann spätestens zu dem in Satz 1 genannten Zeitpunkt zurückgenommen werden. ³Wird durch die Abweichung das Recht eines anderen Beteiligten beeinträchtigt, so ist dessen Zustimmung erforderlich.
(2) Sofern nicht feststeht, ob das Recht durch die Abweichung beeinträchtigt wird, ist das Grundstück mit der verlangten Abweichung und ohne sie auszubieten.
(3) Soll das Fortbestehen eines Rechtes bestimmt werden, das nach § 52 erlöschen würde, so bedarf es nicht der Zustimmung eines nachstehenden Beteiligten.

A. Anwaltliche Sicht
   I. Muster: Antrag auf Abänderung der Versteigerungsbedingungen
   II. Erläuterungen und Varianten
      [1] Gesetzliche Versteigerungsbedingungen 2
      [2] Zustimmungen und Doppelausgebot 4
B. Gerichtliche Sicht
   I. Muster: Entscheidung über den Antrag nach § 59
   II. Erläuterungen und Varianten
      [1] Beschlussverkündung 7
      [2] Entscheidungsinhalt 8
      [3] Zuzahlungswert 10
      [4] Zulässigkeit 11
      [5] § 59 Abs. 1 12
      [6] § 59 Abs. 2 13

A. Anwaltliche Sicht

1 **I. Muster: Antrag auf Abänderung der Versteigerungsbedingungen**

▶ An das
Amtsgericht ▪▪▪
Abteilung für Zwangsversteigerungen

Änderung der Versteigerungsbedingungen im Zwangsversteigerungsverfahren

▪▪▪ (Nachname des Schuldners)

▪▪▪ (Az des Gerichts)

Sehr geehrte Damen und Herren,
ich bestelle mich als Vertreter für ▪▪▪ (Name und Anschrift).
Für meinen Mandanten ist auf dem Versteigerungsobjekt ▪▪▪ (Bezeichnung des Rechts, zB „das Wegerecht II/1") eingetragen. Ich beantrage die Änderung der gesetzlichen Verstei-

gerungsbedingungen dahingehen, dass dieses Recht in das geringste Gebot aufgenommen wird und bestehen bleibt.[1]

Sollte das Gericht die Zustimmung einzelner Beteiligten für erforderlich halten, bitte ich um entsprechende Mitteilung unter Angabe der Ansprechpartner, Anschriften und Aktenzeichen. Ich werde mich dann bis zum Versteigerungstermin um die notwendigen Zustimmungen bemühen. Hilfsweise beantrage ich die Bildung eines Doppelausgebotes.[2]

Mit freundlichen Grüßen

...

Rechtsanwalt ◀

II. Erläuterungen und Varianten

[1] **Gesetzliche Versteigerungsbedingungen.** Die gesetzlichen Versteigerungsbedingungen bestimmen sich nach §§ 44 bis 65. Dabei sind insbesondere die §§ 44 und 52 von Bedeutung, da sie die Bedingungen für das Bestehenbleiben bzw Erlöschen der im Grundbuch eingetragenen Rechte regeln. Demnach bleiben nach den gesetzlichen Bedingungen nur die **Rechte bestehen**, die **im Rang vor dem bestrangig betreibenden Gläubiger** eingetragen sind. Mit dem § 59 steht den Beteiligten ein Instrument zur Deregulierung des Verfahrensrechts zur Verfügung um flexibel auf die Bedingungen des Verfahrens reagieren zu können.

Als weitere, typische Beispiele für Abänderungsanträge kommen in Frage:

– Bestehenbleiben einer Erbbauzinsreallast, die nach den gesetzlichen Bedingungen erlöschen würde, weil die Versteigerung des Erbbaurechts aus einem vorrangigen Recht (zB wegen den vorrangigen Grundsteueransprüchen der Stadtkasse aus der Rangklasse 3) betrieben wird. Als Alternative kann sich hier die Ablösung des vorrangigen Rechts nach § 268 BGB anbieten.

– Erlöschen eines Rechts, das nach den gesetzlichen Bedingungen von einem Ersteher zu übernehmen wäre. Solche bestehen bleibenden Rechte schrecken die Interessenten ab und können eine erfolgreiche Versteigerung erschweren oder sogar verhindern.

[2] **Zustimmungen und Doppelausgebot.** Dem Antrag auf Änderung der Versteigerungsbedingungen wird nur stattgegeben, wenn alle Beteiligten, die von der Änderung betroffen sind, der Abänderung zustimmen (siehe Rn 11). Der Antragsteller wird sich daher in eigenem Interesse bereits im Vorfeld des Versteigerungstermins um die notwendigen Zustimmungen bemühen.

Erst im Laufe der vierten Woche vor dem Termin wird das Gericht die Beteiligten informieren, auf wessen Antrag und wegen welcher Ansprüche die Versteigerung betrieben wird (§ 41 Abs. 2). Erst dann können die Beteiligten abschätzen, welche Rechte durch den Zuschlag erlöschen werden. Da es für den Antragsteller in der verbleibenden Zeit nur schwer möglich ist, die eventuell erforderlichen Zustimmungserklärungen (siehe Rn 11) beizubringen, sollte der Antrag frühzeitig, also zB nach der Terminsbestimmung gestellt werden.

B. Gerichtliche Sicht

I. Muster: Entscheidung über den Antrag nach § 59

▶ Das Gericht verkündete folgenden Beschluss:[1]

Das Versteigerungsobjekt wird zusätzlich unter der abweichenden Bedingung ausgeboten, dass das ▬ (zB Wegerecht II/1) bestehen bleibt (Doppelausgebot).[2]

Der Betrag, der nach §§ 51, 50 ZVG zuzuzahlen ist, falls das Recht zum Zeitpunkt des Zuschlags nicht besteht, wird nach Anhörung der anwesenden Beteiligten mit ▬ EUR bestimmt.[3]

Gründe

Der Antrag, das Recht unter Abänderung der gesetzlichen Versteigerungsbedingungen bestehen zu lassen, ist von ▬ (Name des Antragstellers) vor Beginn der Bietzeit gestellt worden. Dieser ist nach § 9 ZVG am Verfahren beteiligt. Der Änderungsantrag betrifft die §§ 44 und 52 ZVG und ist zulässig.[4]

Von der Änderung ist der Rechtsinhaber selber betroffen. Seine nach § 59 Abs. 1 ZVG notwendige Zustimmung liegt vor. Weitere Beteiligte, deren Beeinträchtigung feststeht, sind nicht vorhanden.[5]

Von der Änderung sind aber möglicherweise die vorrangige Gläubigerin ▬ (Name) aus dem Recht III/▬ (lfd Nr.) und der für dieses Recht persönlich haftende Schuldner betroffen. Beide haben dem Antrag nicht zugestimmt. Um eine mögliche Beeinträchtigung feststellen zu können, wird das Objekt auch unter der abweichenden Bedingung ausgeboten (§ 59 Abs. 2 ZVG).[6] ◀

II. Erläuterungen und Varianten

[1] Beschlussverkündung. Die Entscheidung über den Antrag nach § 59 wird in dem Versteigerungstermin verkündet und protokolliert. Die Entscheidung ist eine verfahrensleitende Maßnahme und kann nicht selbstständig, sondern nur im Rahmen der Zuschlagsbeschwerde angegriffen werden. Eine Rechtsbehelfsbelehrung nach § 232 ZPO ist daher entbehrlich.

[2] Entscheidungsinhalt. Neben der Zulassung eines Doppelausgebots (Rn 6) kommen als weitere Entscheidungen über einen (zulässigen) Antrag nach § 59 in Frage:

Zulassung ohne Doppelausgebot:

▶ Das Versteigerungsobjekt wird nur unter der abweichenden Bedingungen ausgeboten, dass das ▬ (zB Leitungsrecht II/2) erlischt. Nach Anhörung der anwesenden Beteiligten stellt das Gericht fest, dass von dem Änderungsantrag ausschließlich der Berechtigte selbst betroffen ist. Seine Zustimmung liegt vor. ◀

Ablehnung:

▶ Der Antrag, das Versteigerungsobjekt unter der abweichenden Bedingungen auszubieten, dass das ▬ (zB Wohnungsrecht II/3) erlischt, wird zurückgewiesen. Das Gericht stellt fest, dass von dem Änderungsantrag der Berechtigte betroffen ist. Seine Zustimmung liegt nicht vor. ◀

Wird dem Antrag stattgegeben, ist als Folge ein neues (weiteres) geringstes Gebot aufzustellen. Dazu stellt das Gericht fest, welche Rechte bestehen bleiben und vom

Ersteher zu übernehmen sind und welcher Betrag mindestens in Bar zu bieten ist (§§ 44, 46 und 47).

[3] **Zuzahlungswert.** Wenn ein Recht aus der Abteilung II (zB Dienstbarkeiten, Reallasten, Nießbrauch) in das geringste Gebot als bestehen bleibendes Recht aufgenommen wird, muss das Gericht nach Anhörung der anwesenden Beteiligten einen Zuzahlungsbetrag festsetzen. Dieser Betrag ist von dem Ersteher des Versteigerungsobjektes zu bezahlen, wenn sich herausstellen sollte, dass das Recht zum Zeitpunkt des Zuschlags tatsächlich nicht besteht (zB wegen nicht erkannter Unwirksamkeit).

[4] **Zulässigkeit.** Abweichungen erfolgen nur auf Antrag („verlangen") eines Beteiligten im Sinne des § 9, also alle betreibenden Gläubiger, der Schuldner, die Berechtigten gemäß Grundbuch oder Anmeldung. Die Interessenten können keinen Abweichungsantrag stellen. Der Antrag kann vorher schriftlich, zu Protokoll der Geschäftsstelle oder im Versteigerungstermin bis spätestens zum Beginn der Bietzeit („bis zur Aufforderung zur Abgabe von Geboten") gestellt werden. Der Antrag muss darauf abzielen, eine der Bestimmungen der §§ 44 bis 65 abzuändern.

[5] **§ 59 Abs. 1.** Im ersten Schritt prüft das Gericht, ob eine rechtliche oder wirtschaftliche Beeinträchtigung eines Beteiligten (§ 9) vorliegt. Folgende Möglichkeiten sind denkbar:

Das Gericht stellt fest, dass

1. eine Beeinträchtigung sämtlicher Beteiligten mit Sicherheit ausgeschlossen werden kann bzw deren Zustimmung vorliegt: Dem Antrag wird stattgegeben. (siehe Rn 8, Beispiel 1).
2. mindestens ein Beteiligter mit Sicherheit beeinträchtigt ist und dessen Zustimmung nicht vorliegt: Der Antrag wird zurückgewiesen. (siehe Rn 8, Beispiel 2).

[6] **§ 59 Abs. 2.** Sofern der Antrag nicht bereits nach § 59 Abs. 1 zurückgewiesen wurde, prüft das Gericht in einem zweiten Schritt, ob ein Beteiligter (§ 9) von der Änderung *möglicherweise* beeinträchtigt ist. Diese Frage hängt vom wirtschaftlichen Ergebnis der Versteigerung ab. Liegt die Zustimmung dieses (eventuell beeinträchtigten) Beteiligten nicht vor, wird das Objekt im Doppelausgebot angeboten (siehe Muster Rn 6).

Nach dem Schluss der Versteigerung vergleicht das Gericht das Meistgebot im gesetzlichen Ausgebot mit dem Meistgebot im abweichenden Ausgebot und prüft, ob jetzt die Beeinträchtigung zweifelsfrei festgestellt oder ausgeschlossen werden kann. Wird die Beeinträchtigung ausgeschlossen bzw wird die Zustimmung erteilt, muss der Zuschlag auf das Meistgebot im abweichenden Ausgebot erteilt werden, ansonsten auf das Meistgebot im gesetzlichen Ausgebot. Das Doppelausgebot dient also nur zur Klärung der Frage nach der Beeinträchtigung. Es ist daher es ohne Bedeutung, welches Meistgebot das wirtschaftlich bessere ist!

§§ 60 und 61 (aufgehoben)

§ 62 [Erörterungen über das geringste Gebot]

Das Gericht kann schon vor dem Versteigerungstermin Erörterungen der Beteiligten über das geringste Gebot und die Versteigerungsbedingungen veranlassen, zu diesem Zwecke auch einen besonderen Termin bestimmen.

§ 63 [Einzel-, Gesamt- und Gruppenausgebot mehrerer Grundstücke]

(1) [1]Mehrere in demselben Verfahren zu versteigernde Grundstücke sind einzeln auszubieten. [2]Grundstücke, die mit einem einheitlichen Bauwerk überbaut sind, können auch gemeinsam ausgeboten werden.

(2) [1]Jeder Beteiligte kann spätestens im Versteigerungstermin vor der Aufforderung zur Abgabe von Geboten verlangen, daß neben dem Einzelausgebot alle Grundstücke zusammen ausgeboten werden (Gesamtausgebot). [2]Sofern einige Grundstücke mit einem und demselben Recht belastet sind, kann jeder Beteiligte auch verlangen, daß diese Grundstücke gemeinsam ausgeboten werden (Gruppenausgebot). [3]Auf Antrag kann das Gericht auch in anderen Fällen das Gesamtausgebot einiger der Grundstücke anordnen (Gruppenausgebot).

(3) [1]Wird bei dem Einzelausgebot auf eines der Grundstücke ein Meistgebot abgegeben, das mehr beträgt als das geringste Gebot für dieses Grundstück, so erhöht sich bei dem Gesamtausgebote das geringste Gebot um den Mehrbetrag. [2]Der Zuschlag wird auf Grund des Gesamtausgebots nur erteilt, wenn das Meistgebot höher ist als das Gesamtergebnis der Einzelausgebote.

(4) [1]Das Einzelausgebot unterbleibt, wenn die anwesenden Beteiligten, deren Rechte bei der Feststellung des geringsten Gebots nicht zu berücksichtigen sind, hierauf verzichtet haben. [2]Dieser Verzicht ist bis spätestens vor der Aufforderung zur Abgabe von Geboten zu erklären.

§ 64 [Gesamthypothek]

(1) [1]Werden mehrere Grundstücke, die mit einer dem Anspruche des Gläubigers vorgehenden Gesamthypothek belastet sind, in demselben Verfahren versteigert, so ist auf Antrag die Gesamthypothek bei der Feststellung des geringsten Gebots für das einzelne Grundstück nur zu dem Teilbetrage zu berücksichtigen, der dem Verhältnisse des Wertes des Grundstücks zu dem Werte der sämtlichen Grundstücke entspricht; der Wert wird unter Abzug der Belastungen berechnet, die der Gesamthypothek im Range vorgehen und bestehen bleiben. [2]Antragsberechtigt sind der Gläubiger, der Eigentümer und jeder dem Hypothekengläubiger gleich- oder nachstehende Beteiligte.

(2) [1]Wird der im Absatz 1 bezeichnete Antrag gestellt, so kann der Hypothekengläubiger bis zum Schlusse der Verhandlung im Versteigerungstermine verlangen, daß bei der Feststellung des geringsten Gebots für die Grundstücke nur die seinem Anspruche vorgehenden Rechte berücksichtigt werden; in diesem Falle sind die Grundstücke auch mit der verlangten Abweichung auszubieten. [2]Erklärt sich nach erfolgtem Ausgebote der Hypothekengläubiger der Aufforderung des Gerichts ungeachtet nicht darüber, welches Ausgebot für die Erteilung des Zuschlags maßgebend sein soll, so verbleibt es bei der auf Grund des Absatzes 1 erfolgten Feststellung des geringsten Gebots.

(3) Diese Vorschriften finden entsprechende Anwendung, wenn die Grundstücke mit einer und derselben Grundschuld oder Rentenschuld belastet sind.

§ 65 [Besondere Versteigerung; anderweitige Verwertung]

(1) ¹Das Gericht kann auf Antrag anordnen, daß eine Forderung oder eine bewegliche Sache von der Versteigerung des Grundstücks ausgeschlossen und besonders versteigert werden soll. ²Auf Antrag kann auch eine andere Art der Verwertung angeordnet, insbesondere zur Einziehung einer Forderung ein Vertreter bestellt oder die Forderung einem Beteiligten mit dessen Zustimmung an Zahlungs Statt überwiesen werden. ³Die Vorschriften der §§ 817, 820, 835 der Zivilprozeßordnung finden entsprechende Anwendung. ⁴Der Erlös ist zu hinterlegen.
(2) Die besondere Versteigerung oder die anderweitige Verwertung ist nur zulässig, wenn das geringste Gebot erreicht ist.

V. Versteigerung

§ 66 [Verfahren im Termin]

(1) In dem Versteigerungstermine werden nach dem Aufrufe der Sache die das Grundstück betreffenden Nachweisungen, die das Verfahren betreibenden Gläubiger, deren Ansprüche, die Zeit der Beschlagnahme, der vom Gericht festgesetzte Wert des Grundstücks und die erfolgten Anmeldungen bekanntgemacht, hierauf das geringste Gebot und die Versteigerungsbedingungen nach Anhörung der anwesenden Beteiligten, nötigenfalls mit Hilfe eines Rechnungsverständigen, unter Bezeichnung der einzelnen Rechte festgestellt und die erfolgten Feststellungen verlesen.
(2) Nachdem dies geschehen, hat das Gericht auf die bevorstehende Ausschließung weiterer Anmeldungen hinzuweisen und sodann zur Abgabe von Geboten aufzufordern.

Zur Anmeldung der Ansprüche siehe § 45 Rn 1.   1

§ 67 [Verlangen einer Sicherheitsleistung]

(1) ¹Ein Beteiligter, dessen Recht durch Nichterfüllung des Gebots beeinträchtigt werden würde, kann Sicherheitsleistung verlangen, jedoch nur sofort nach Abgabe des Gebots. ²Das Verlangen gilt auch für weitere Gebote desselben Bieters.
(2) ¹Steht dem Bieter eine durch das Gebot ganz oder teilweise gedeckte Hypothek, Grundschuld oder Rentenschuld zu, so braucht er Sicherheit nur auf Verlangen des Gläubigers zu leisten. ²Auf Gebote des Schuldners oder eines neu eingetretenen Eigentümers findet diese Vorschrift keine Anwendung.
(3) Für ein Gebot des Bundes, der Deutschen Bundesbank, der Deutschen Genossenschaftsbank, der Deutschen Girozentrale (Deutsche Kommunalbank) oder eines Landes kann Sicherheitsleistung nicht verlangt werden.

§ 68 [Höhe der Sicherheit]

(1) ¹Die Sicherheit ist für ein Zehntel des in der Terminsbestimmung genannten, anderenfalls des festgesetzten Verkehrswerts zu leisten. ²Übersteigt die Sicherheit nach Satz 1 das Bargebot, ist der überschießende Betrag freizugeben. ³Ist die Sicherheitsleistung durch Überweisung auf das Konto der Gerichtskasse bewirkt, ordnet das Gericht die Auszahlung des überschießenden Betrags an.

(2) Ein Beteiligter, dessen Recht nach § 52 bestehenbleibt, kann darüber hinausgehende Sicherheitsleistung bis zur Höhe des Betrags verlangen, welcher zur Deckung der seinem Rechte vorgehenden Ansprüche durch Zahlung zu berichtigen ist.

(3) Bietet der Schuldner oder ein neu eingetretener Eigentümer des Grundstücks, so kann der Gläubiger darüber hinausgehende Sicherheitsleistung bis zur Höhe des Betrags verlangen, welcher zur Deckung seines Anspruchs durch Zahlung zu berichtigen ist.

(4) Die erhöhte Sicherheitsleistung nach den Absätzen 2 und 3 ist spätestens bis zur Entscheidung über den Zuschlag zu erbringen.

§ 69 [Art der Sicherheitsleistung]

(1) Eine Sicherheitsleistung durch Barzahlung ist ausgeschlossen.

(2) ¹Zur Sicherheitsleistung sind Bundesbankschecks und Verrechnungsschecks geeignet, die frühestens am dritten Werktag vor dem Versteigerungstermin ausgestellt worden sind. ²Dies gilt nur, wenn sie von einem im Geltungsbereich dieses Gesetzes zum Betreiben von Bankgeschäften berechtigten Kreditinstitut oder der Bundesbank ausgestellt und im Inland zahlbar sind. ³Als berechtigt im Sinne dieser Vorschrift gelten Kreditinstitute, die in der Liste der zugelassenen Kreditinstitute gemäß Artikel 3 Abs. 7 und Artikel 10 Abs. 2 der Richtlinie 77/780/EWG des Rates vom 12. Dezember 1977 zur Koordinierung der Rechts- und Verwaltungsvorschriften über die Aufnahme und Ausübung der Tätigkeit der Kreditinstitute (ABl. EG Nr. L 322 S. 30) aufgeführt sind.

(3) ¹Als Sicherheitsleistung ist eine unbefristete, unbedingte und selbstschuldnerische Bürgschaft eines Kreditinstituts im Sinne des Absatzes 2 zuzulassen, wenn die Verpflichtung aus der Bürgschaft im Inland zu erfüllen ist. ²Dies gilt nicht für Gebote des Schuldners oder eines neu eingetretenen Eigentümers.

(4) Die Sicherheitsleistung kann durch Überweisung auf ein Konto der Gerichtskasse bewirkt werden, wenn der Betrag der Gerichtskasse vor dem Versteigerungstermin gutgeschrieben ist und ein Nachweis hierüber im Termin vorliegt.

§ 70 [Sofortige Entscheidung; sofortige Leistung]

(1) Das Gericht hat über die Sicherheitsleistung sofort zu entscheiden.

(2) ¹Erklärt das Gericht die Sicherheit für erforderlich, so ist sie sofort zu leisten. ²Die Sicherheitsleistung durch Überweisung auf ein Konto der Gerichtskasse muss bereits vor dem Versteigerungstermin erfolgen. ³Unterbleibt die Leistung, so ist das Gebot zurückzuweisen.

(3) Wird das Gebot ohne Sicherheitsleistung zugelassen und von dem Beteiligten, welcher die Sicherheit verlangt hat, nicht sofort Widerspruch erhoben, so gilt das Verlangen als zurückgenommen.

§ 71 [Zurückweisung eines unwirksamen Gebots]

(1) Ein unwirksames Gebot ist zurückzuweisen.
(2) Ist die Wirksamkeit eines Gebots von der Vertretungsmacht desjenigen, welcher das Gebot für den Bieter abgegeben hat, oder von der Zustimmung eines anderen oder einer Behörde abhängig, so erfolgt die Zurückweisung, sofern nicht die Vertretungsmacht oder die Zustimmung bei dem Gericht offenkundig ist oder durch eine öffentlich beglaubigte Urkunde sofort nachgewiesen wird.

§ 72 [Erlöschen eines Gebots; Übergebot]

(1) ¹Ein Gebot erlischt, wenn ein Übergebot zugelassen wird und ein Beteiligter der Zulassung nicht sofort widerspricht. ²Das Übergebot gilt als zugelassen, wenn es nicht sofort zurückgewiesen wird.
(2) Ein Gebot erlischt auch dann, wenn es zurückgewiesen wird und der Bieter oder ein Beteiligter der Zurückweisung nicht sofort widerspricht.
(3) Das gleiche gilt, wenn das Verfahren einstweilen eingestellt oder der Termin aufgehoben wird.
(4) Ein Gebot erlischt nicht, wenn für ein zugelassenes Übergebot die nach § 68 Abs. 2 und 3 zu erbringende Sicherheitsleistung nicht bis zur Entscheidung über den Zuschlag geleistet worden ist.

§ 73 [Frist; Verkündung des letzten Gebots]

(1) ¹Zwischen der Aufforderung zur Abgabe von Geboten und dem Zeitpunkt, in welchem bezüglich sämtlicher zu versteigernder Grundstücke die Versteigerung geschlossen wird, müssen 30 Minuten liegen. ²Die Versteigerung muß so lange fortgesetzt werden, bis der Aufforderung des Gerichts ungeachtet ein Gebot nicht mehr abgegeben wird.
(2) ¹Das Gericht hat das letzte Gebot und den Schluß der Versteigerung zu verkünden. ²Die Verkündung des letzten Gebots soll mittels dreimaligen Aufrufs erfolgen.

§ 74 [Anhörung über den Zuschlag]

Nach dem Schlusse der Versteigerung sind die anwesenden Beteiligten über den Zuschlag zu hören.

§ 74 a [Antrag auf Versagung des Zuschlags]

(1) ¹Bleibt das abgegebene Meistgebot einschließlich des Kapitalwertes der nach den Versteigerungsbedingungen bestehenbleibenden Rechte unter sieben Zehnteilen des Grundstückswertes, so kann ein Berechtigter, dessen Anspruch ganz oder teilweise durch das Meistgebot nicht gedeckt ist, aber bei einem Gebot in der genannten Höhe voraussichtlich gedeckt sein würde, die Versagung des Zuschlags beantragen. ²Der Antrag ist abzulehnen, wenn der betreibende Gläubiger widerspricht und glaubhaft

macht, daß ihm durch die Versagung des Zuschlags ein unverhältnismäßiger Nachteil erwachsen würde.
(2) Der Antrag auf Versagung des Zuschlags kann nur bis zum Schluß der Verhandlung über den Zuschlag gestellt werden; das gleiche gilt von der Erklärung des Widerspruchs.
(3) ¹Wird der Zuschlag gemäß Absatz 1 versagt, so ist von Amts wegen ein neuer Versteigerungstermin zu bestimmen. ²Der Zeitraum zwischen den beiden Terminen soll, sofern nicht nach den besonderen Verhältnissen des Einzelfalles etwas anderes geboten ist, mindestens drei Monate betragen, darf aber sechs Monate nicht übersteigen.
(4) In dem neuen Versteigerungstermin darf der Zuschlag weder aus den Gründen des Absatzes 1 noch aus denen des § 85 a Abs. 1 versagt werden.
(5) ¹Der Grundstückswert (Verkehrswert) wird vom Vollstreckungsgericht, nötigenfalls nach Anhörung von Sachverständigen, festgesetzt. ²Der Wert der beweglichen Gegenstände, auf die sich die Versteigerung erstreckt, ist unter Würdigung aller Verhältnisse frei zu schätzen. ³Der Beschluß über die Festsetzung des Grundstückswertes ist mit der sofortigen Beschwerde anfechtbar. ⁴Der Zuschlag oder die Versagung des Zuschlags können mit der Begründung, daß der Grundstückswert unrichtig festgesetzt sei, nicht angefochten werden.

A. Anwaltliche Sicht	2. Erläuterungen und Varianten
I. Vorbereitung der Stellungnahme zur Wertfestsetzung	[1] Verkehrswertfestsetzung nach § 74 a 4
1. Muster: Antrag auf Übersendung des Gutachtens mit Fristverlängerung	[2] Einwendungen 5
	B. Gerichtliche Sicht
2. Erläuterung	I. Muster: Festsetzung des Verkehrswertes
[1] Gutachten 2	II. Erläuterungen und Varianten
II. Stellungnahme im Wertfestsetzungsverfahren	[1] Einzelverkehrswerte 15
	[2] Zubehör 16
1. Muster: Einwendungen gegen die beabsichtigte Wertfestsetzung	[3] Gesamtverkehrswert 17
	[4] Einwendungen 18

A. Anwaltliche Sicht

I. Vorbereitung der Stellungnahme zur Wertfestsetzung

1. Muster: Antrag auf Übersendung des Gutachtens mit Fristverlängerung

▶ An das

Amtsgericht ▪▪▪

Abteilung für Zwangsversteigerungen

Wertfestsetzung im Zwangsversteigerungsverfahren

▪▪▪ (Nachname des Schuldners)

▪▪▪ (Az des Gerichts)

Sehr geehrte Damen und Herren,

im Namen und mit Vollmacht des/der ▪▪▪ (Name, Anschrift) bitte ich um Übersendung einer Abschrift des erstellten Verkehrswertgutachtens – wenn möglich in elektronischer Form[1] – an meine o.g. E-Mail-Adresse und beantrage eine angemessene Fristverlängerung für die Stellungnahme zur beabsichtigten Wertfestsetzung.

Mit freundlichen Grüßen

...

Rechtsanwalt ◄

2. Erläuterung

[1] **Gutachten.** Die Parteien haben **keinen** Anspruch auf eine kostenfreie Kopie des Gutachtens, wenn Ihnen im Rahmen des rechtlichen Gehörs eine Exposé zur Verfügung gestellt wurde (LG Dortmund, Beschluss vom 1.4.2005 – 9 T 527/04). Bei vielen Gerichten erstellt der Sachverständige das Gutachten nicht nur in Papierform, sondern für die Veröffentlichung im Internet auch als Datei (im Format *.pdf). Das Gutachten als PDF-Datei ist wesentlich günstiger (2,50 EUR = KV 9000 Nr. 2 GKG) als eine kopierte Papierfassung. Außerdem wird die Übersendung der Datei nicht von der vorherigen Zahlung eines Vorschusses abhängig gemacht, da es sich bei 2,50 EUR um einen Kleinbetrag handelt.

II. Stellungnahme im Wertfestsetzungsverfahren

1. Muster: Einwendungen gegen die beabsichtigte Wertfestsetzung

▶ An das

Amtsgericht ...

Abteilung für Zwangsversteigerungen

Wertfestsetzung im Zwangsversteigerungsverfahren

... (Nachname des Schuldners)

... (Az des Gerichts)

Sehr geehrte Damen und Herren,

im Namen und Vollmacht des/der ... (Name, Anschrift) nehme ich zu der beabsichtigten Festsetzung des Verkehrswertes[1] wie folgt Stellung:

Mit der beabsichtigten Wertfestsetzung bin ich nicht einverstanden ...[2]

Mit freundlichen Grüßen

...

Rechtsanwalt ◄

2. Erläuterungen und Varianten

[1] **Verkehrswertfestsetzung nach § 74 a.** Für die Feststellung der 5/10-Grenze (§ 74 Abs. 1), der 7/10-Grenze (§ 85 a Abs. 1) und für die Kostenberechnung muss das Vollstreckungsgericht den Verkehrswert des Versteigerungsobjektes festsetzen (§ 74 a Abs. 5). Zur Vorbereitung wird das Gericht in aller Regel einen Sachverständigen mit der Wertermittlung beauftragen. Nach Vorlage des Gutachtens ist allen Beteiligten das rechtliche Gehör zu gewähren. Das Gericht muss alle wesentlichen Umstände der Wertermittlung und den Wert, den es festzusetzen beabsichtigt, mitteilen. Allein die Bekanntgabe des vom Sachverständigen ermittelten Wertes stellt kein rechtliches Gehör dar und ist deshalb nicht ausreichend. Daher wird entweder eine Kopie des gesamten Gutachtens oder eine Zusammenfassung (Exposé) übersandt.

5 **[2] Einwendungen.** Jeder der Verfahrensbeteiligten (vgl § 9) kann seine Einwendungen zu der beabsichtigten Entscheidung des Gerichts vorbringen und eigene Vorstellungen darlegen. Der Vortrag kann darauf abzielen, dass der vom Sachverständigen ermittelte Wert zu gering oder zu hoch ermittelt wurde. Auch können formale Mängel in der Wertermittlung gerügt werden.

6 **Beispiel: Beleihungswert statt Verkehrswert**

▶ Bei der vorgelegten Berechnung handelt es sich offensichtlich um das Ergebnis einer Wertermittlung, die im Rahmen der Kreditvergabe entstanden ist. Diese Berechnungen des Beleihungswertes genügen nicht den Anforderungen an eine gutachterliche Ermittlung des Verkehrswertes im Sinne des § 74a Abs. 5 ZVG und § 194 BauGB. Ich beantrage daher, einen öffentlich bestellten und vereidigten Grundstückssachverständigen mit der Wertermittlung zu beauftragen. Nach der Vorlage des neuen Gutachtens werde ich inhaltlich zum Verkehrswert Stellung nehmen. ◀

Der **Verkehrswert (Marktwert)** wird durch den Preis bestimmt, der zum Zeitpunkt der Wertermittlung, im gewöhnlichen Geschäftsverkehr ohne Rücksicht auf ungewöhnliche oder persönliche Verhältnisse zu erzielen wäre (vgl § 194 BauGB). Der **Beleihungswert** ist der Wert, von dem mit hoher Wahrscheinlichkeit erwartet werden kann, dass er langfristig zu jedem beliebigen Zeitpunkt realisiert werden kann. Der Beleihungswert bildet die Obergrenze, bis zu der ein Kreditinstitut aufgrund interner oder gesetzlicher Vorschriften Kredite gewähren darf. Der Beleihungswert ist nicht identisch mit dem Verkehrswert.

7 Zur Ermittlung des Verkehrswerts ist bzw sind das **Vergleichswertverfahren**, das **Ertragswertverfahren**, das **Sachwertverfahren** oder mehrere dieser Verfahren heranzuziehen. Der Verkehrswert ist aus dem Ergebnis des herangezogenen Verfahrens unter Berücksichtigung der Lage auf dem Grundstücksmarkt zu bemessen. Sind mehrere Verfahren herangezogen worden, ist der Verkehrswert aus den Ergebnissen der angewandten Verfahren unter Würdigung ihrer Aussagefähigkeit zu bemessen. Die Verfahren sind nach der Art des Versteigerungsobjektes unter Berücksichtigung der im gewöhnlichen Geschäftsverkehr bestehenden Gepflogenheiten und der sonstigen Umstände des Einzelfalls zu wählen. Der Sachverständige muss die Wahl begründen (vgl § 7 WertV).

8 **Beispiel: Fehlende Vergleichswertermittlung**

▶ Der Sachverständige hat das Einfamilienhaus lediglich nach dem Sachwertverfahren ermittelt. Es fehlen Ausführungen, ob in der letzten Zeit vergleichbare Objekte gehandelt worden sind. Ich beantrage daher, den Sachverständigen zur Feststellung des Vergleichswertes und zur Überprüfung seines Ergebnisses aufzufordern. ◀

Bei Anwendung des Vergleichswertverfahrens (vgl § 13 WertV) sind Kaufpreise solcher Grundstücke heranzuziehen, die mit dem Versteigerungsobjekt hinreichend übereinstimmen (Vergleichsgrundstücke). Finden sich in dem Gebiet, in dem das Grundstück gelegen ist, nicht genügend Kaufpreise, können auch Vergleichsgrundstücke aus vergleichbaren Gebieten herangezogen werden.

Beispiel: Fehlende Sachwertermittlung 9

▶ Der Sachverständige hat den Wert der Eigentumswohnung allein nach dem Ertragswertverfahren ermittelt. Da diese Wohnung nach Größe, Zuschnitt und Ausstattung aber auch für Eigennutzer von Interesse ist, sollte zusätzlich der Wert nach dem Sachwertverfahren ermittelt und herangezogen werden. Ich beantrage daher, den Sachverständigen mit der Ermittlung des Sachwertes und zur Überprüfung seines Ergebnisses aufzufordern. ◀

Bei Anwendung des Sachwertverfahrens ist der Wert der baulichen Anlagen, wie Gebäude und Außenanlagen nach ihrem Herstellungswerten unter Berücksichtigung ihres Alters, eventuellen Baumängeln und Bauschäden sowie sonstiger wertbeeinflussender Umstände zu ermitteln. (vgl. § 21 WertV). Bei eigengenutzten Objekten wird der Verkehrswert maßgeblich vom Sachwert bestimmt.

Beispiel: Fehlerhafte Mietberechnung 10

▶ Der Sachverständige hat den Wert des Mehrfamilienhauses auf der Basis einer Miete in Höhe von ... EUR pro qm ermittelt. Tatsächlich wird aber eine vertragliche Miete in Höhe von ... EUR gezahlt. Die entsprechenden Nachweise füge ich in Kopie dem Schreiben bei. Ich beantrage, den Sachverständigen mit einer Überprüfung des Gutachtens zu beauftragen. ◀

Bei der Ermittlung des Ertragswerts ist von den **nachhaltig erzielbaren** Mieteinnahmen auszugehen (vgl § 16 WertV). Die Höhe der derzeit tatsächlich gezahlte Miete ist nicht maßgebend. Sie ist aber ein wichtiges Indiz für die anzusetzende „nachhaltig erzielbare" Miete.

Beispiel: Schuldner will Innenbesichtigung ermöglichen 11

▶ Dem Sachverständigen war es bisher nicht möglich, das Versteigerungsobjekt von Innen zu besichtigen. Deshalb kam es zu einem erheblichen Sicherheitsabschlag bei der Wertermittlung. Mein Mandant ... (Name des Schuldner) ist nunmehr bereit, dem Sachverständigen die Innenbesichtigung zu ermöglichen. Ich beantrage daher, den Sachverständigen mit einer Ergänzung seines Gutachtens zu beauftragen. ◀

Das Gericht kann dem Sachverständigen den Zugang zum Objekt nicht ermöglichen. Verweigert der Schuldner dem Sachverständigen den Zugang, wird das Objekt nach dem äußeren Anschein und den vorhandenen Unterlagen bewertet. Dabei wird der Sachverständige vorsichtig vorgehen und zur Sicherheit einen nicht unerheblichen Abschlag vom Wert vornehmen. Dies wird in der Versteigerung regelmäßig zu geringeren Erlösen und zu Nachteilen für den Gläubiger, aber auch für den Schuldner (geringere Entschuldung) führen. Ein einsichtiger Schuldner wird daher auch im eigenen Interesse dem Sachverständigen den Zugang ermöglichen.

Beispiel: Innenbesichtigung über Zwangsverwaltung 12

▶ Dem Sachverständigen war es bisher nicht möglich, das Versteigerungsobjekt von Innen zu besichtigen. Deshalb kam es zu einem erheblichen Sicherheitsabschlag bei der Wertermittlung. Ich habe heute für die Gläubigerin die Anordnung der Zwangsverwaltung beantragt. Der einzusetzende Zwangsverwalter kann dann dem Sachverständigen die Innenbesichtigung ermöglichen oder zumindest Fotos und Informationen zur Verfügung stellen. Ich beantrage daher, den Sachverständigen mit einer Ergänzung seines Gutachtens zu beauftragen. ◀

Die Zwangsverwaltung wird häufig nicht mit dem primären Ziel, aus den Mieteinnahmen befriedigt zu werden, sondern als flankierende Maßnahme zu einer parallel beantragten Zwangsversteigerung genutzt (vgl BR-Drucks. 842/03). Der Zwangsverwalter übt die Verwaltungsrechte aus und kann in der Regel dem Sachverständigen einen Zugang ermöglich. In jedem Fall wird er umfassend über das Objekt berichten (§ 3 ZwVwV) und dabei üblicherweise auch Fotos erstellen.

13 **Beispiel: Zubehör**

▶ Der Sachverständige hat das Gaststätteninventar als Zubehör mitbewertet und in den Verkehrswert einbezogen. Das Inventar ist aber von dem Pächter ▄▄▄ (Name und Anschrift) eingebracht worden und somit kein Zubehör im Sinne des § 97 BGB. Ich beantrage daher, den Sachverständigen zu beauftragen, den Verkehrswert ohne das Inventar zu bestimmen.

Sollte das Gericht eine Freigabeerklärung der betreibenden Gläubiger für erforderlich halten, bitte ich, diesen Antrag an die Gläubiger weiterzuleiten und mir Namen, Anschrift, Aktenzeichen und Ansprechpartner der Gläubiger zu benennen. ◀

Nach §§ 55, 20, 21 ZVG und §§ 1120 ff BGB mit § 97 BGB gehören zum Versteigerungsobjekt nicht nur das Grundstück mit seinen Aufbauten, sondern auch Gegenstände des Hypothekenhaftungsverbandes. Insbesondere der Wert des Zubehörs kann in manchen Verfahren einen erheblichen Anteil am Verkehrswert ausmachen. Für das Vollstreckungsgericht und für den Sachverständigen ist die Frage nach der rechtlichen Einordnung des Inventars häufig sehr schwierig. Eine rechtsverbindliche Entscheidung darüber, welche Gegenstände von der Versteigerung erfasst worden sind, kann im Streitfall nur das Prozessgericht treffen (LG Leipzig, Beschluss vom 9.7.2001 – 12 T 3764/01 = Rpfleger 2001, 610). Im Zweifel verlangt das Vollstreckungsgericht eine formale Freigabeerklärung der betreibenden Gläubiger, um im Versteigerungstermin eine rechtlich verlässliche Aussage treffen zu können.

B. Gerichtliche Sicht

14 **I. Muster: Festsetzung des Verkehrswertes**

▶ Amtsgericht ▄▄▄

Beschluss

In dem Verfahren zur Zwangsversteigerung

▄▄▄ (Grundbuchbezeichnung)

▄▄▄ (Bestandsverzeichnis des Grundbuchs)

Eigentümer: ▄▄▄ (gem. Abteilung I des Grundbuchs)

wird gemäß § 74 a ZVG der Verkehrswert

    für das Grundstück ▄▄▄ (Nr. des Bestandsverzeichnisses) auf ▄▄▄ EUR,

    für das Grundstück ▄▄▄ (Nr. des Bestandsverzeichnisses) auf ▄▄▄ EUR[1]

    und für das Zubehör ▄▄▄ (schlagwortartige Bezeichnung) auf ▄▄▄ EUR[2]

festgesetzt.

Der Gesamtverkehrswert wird auf ... EUR festgesetzt.[3]

Gründe

Zur Vorbereitung der Festsetzung ist der Sachverständige ... (Name und Anschrift), mit einer gutachterlichen Wertermittlung beauftragt worden. Gemäß seinem Gutachten hat er den Wert in der festgesetzten Höhe ermittelt.

Das Gericht hat dieses Gutachten zur Grundlage seiner Wertfestsetzung gemacht. Wegen der Einzelheiten wird auf das Gutachten Bezug genommen.

Den Verfahrensbeteiligten wurde Gelegenheit zur Stellungnahme gegeben. Widerspruch wurde nicht erhoben.[4]

...

Belehrung

Gegen diese Entscheidung ist der Rechtsbehelf der sofortigen Beschwerde statthaft. Sie ist binnen einer Frist von zwei Wochen einzulegen. Die Frist beginnt mit der Zustellung des Beschlusses. Die Beschwerde kann beim Amtsgericht (Name) oder beim Beschwerdegericht, dem Landgericht (Name und Anschrift), eingelegt werden. Die Beschwerdeschrift muss die Bezeichnung der angefochtenen Entscheidung sowie die Erklärung enthalten, dass Beschwerde gegen diese Entscheidung eingelegt wird. Die Beschwerde kann auch durch Erklärung zu Protokoll der Geschäftsstelle des Amtsgerichts eingelegt werden.

Ort, Datum

...

Rechtspflegerin ◀

II. Erläuterungen und Varianten

[1] **Einzelverkehrswerte.** Das Gericht muss für jedes Flurstück, das im Bestandsverzeichnis des Grundbuchs unter einer eigenen Nummer gebucht ist (= Grundstück), einen eigenen Verkehrswert (vgl. § 63 Abs. 1) festsetzen, auch dann, wenn mehre Grundstücke eine wirtschaftliche Einheit bilden. 15

[2] **Zubehör.** Das Vollstreckungsgericht muss den Wert der beweglichen Gegenstände, auf die sich die Versteigerung erstreckt, unter Würdigung aller Verhältnisse frei schätzen (§ 74a Abs. 5 S. 2 (siehe Rn 12). 16

[3] **Gesamtverkehrswert.** Für die Sachverständigen ist es unstreitig, dass sich der Gesamtverkehrswert nicht zwingend aus der Summe der Einzelwerte zusammensetzt. So wird der Wert eines Hotels deutlich höher sein, als der Wert des Gebäudes zuzüglich Wert des Inventars. Auch bei Gewerbeimmobilien kann der Gesamtwert höher sein als die Summe der einzeln nicht nutzbaren Teilparzellen. Bei den Gerichten wird das Bedürfnis für die gesonderte Festsetzung eines Gesamtverkehrswertes nicht einheitlich gesehen. 17

[4] **Einwendungen.** Wenn die Beteiligten im Rahmen der Anhörung Einwendungen gegen die geplante Festsetzung erhoben haben, muss das Gericht in den Gründen darauf eingehen. Ein Rechtsmittel stellen diese Einwendungen nicht dar. 18

Rechtsbehelf. Gegen die Wertfestsetzung steht den Beteiligten der Rechtsbehelf der sofortigen Beschwerde zu (§ 74a Abs. 5 S. 3). Der Wertfestsetzungsbeschluss entfaltet 19 keine materielle, sondern lediglich eine formelle Rechtskraft. Sollten neue Tatsachen zB durch Beschädigungen, wertsteigernde Maßnahmen, Änderung der Bodenbewertung etc. in erheblichem Umfang (mehr als 10 %) bekannt werden, kann das Gericht den Wert auf Antrag oder von Amts wegen neu festsetzen.

§ 74 b [Ausnahme von § 74 a]

Ist das Meistgebot von einem zur Befriedigung aus dem Grundstück Berechtigten abgegeben worden, so findet § 74 a keine Anwendung, wenn das Gebot einschließlich des Kapitalwertes der nach den Versteigerungsbedingungen bestehenbleibenden Rechte zusammen mit dem Betrage, mit dem der Meistbietende bei der Verteilung des Erlöses ausfallen würde, sieben Zehnteile des Grundstückswertes erreicht und dieser Betrag im Range unmittelbar hinter dem letzten Betrage steht, der durch das Gebot noch gedeckt ist.

§ 75 [Einstellung wegen Vorlegung eines Einzahlungs- oder Überweisungsnachweises im Termin]

Das Verfahren wird eingestellt, wenn der Schuldner im Versteigerungstermin einen Einzahlungs- oder Überweisungsnachweis einer Bank oder Sparkasse oder eine öffentliche Urkunde vorlegt, aus der sich ergibt, dass der Schuldner oder ein Dritter, der berechtigt ist, den Gläubiger zu befriedigen, den zur Befriedigung und zur Deckung der Kosten erforderlichen Betrag an die Gerichtskasse gezahlt hat.

Siehe § 775 ZPO Rn 16.

§ 76 [Einstellung wegen Deckung des Gläubigers aus einem Einzelausgebot]

(1) Wird bei der Versteigerung mehrerer Grundstücke auf eines oder einige so viel geboten, daß der Anspruch des Gläubigers gedeckt ist, so wird das Verfahren in Ansehung der übrigen Grundstücke einstweilen eingestellt; die Einstellung unterbleibt, wenn sie dem berechtigten Interesse des Gläubigers widerspricht.
(2) [1]Ist die einstweilige Einstellung erfolgt, so kann der Gläubiger die Fortsetzung des Verfahrens verlangen, wenn er ein berechtigtes Interesse daran hat, insbesondere wenn er im Verteilungstermine nicht befriedigt worden ist. [2]Beantragt der Gläubiger die Fortsetzung nicht vor dem Ablaufe von drei Monaten nach dem Verteilungstermine, so gilt der Versteigerungsantrag als zurückgenommen.

§ 77 [Einstellung wegen Mangels an Geboten]

(1) Ist ein Gebot nicht abgegeben oder sind sämtliche Gebote erloschen, so wird das Verfahren einstweilen eingestellt.
(2) [1]Bleibt die Versteigerung in einem zweiten Termine gleichfalls ergebnislos, so wird das Verfahren aufgehoben. [2]Liegen die Voraussetzungen für die Anordnung der Zwangsverwaltung vor, so kann auf Antrag des Gläubigers das Gericht anordnen, daß das Verfahren als Zwangsverwaltung fortgesetzt wird. [3]In einem solchen Falle bleiben die Wirkungen der für die Zwangsversteigerung erfolgten Beschlagnahme be-

stehen; die Vorschrift des § 155 Abs. 1 findet jedoch auf die Kosten der Zwangsversteigerung keine Anwendung.

§ 78 [Protokoll]
Vorgänge in dem Termine, die für die Entscheidung über den Zuschlag oder für das Recht eines Beteiligten in Betracht kommen, sind durch das Protokoll festzustellen; bleibt streitig, ob oder für welches Gebot der Zuschlag zu erteilen ist, so ist das Sachverhältnis mit den gestellten Anträgen in das Protokoll aufzunehmen.

VI. Entscheidung über den Zuschlag

§ 79 [Keine Bindung an Vorentscheidungen]
Bei der Beschlußfassung über den Zuschlag ist das Gericht an eine Entscheidung, die es vorher getroffen hat, nicht gebunden.

§ 80 [Nicht protokollierte Vorgänge]
Vorgänge in dem Versteigerungstermin, die nicht aus dem Protokoll ersichtlich sind, werden bei der Entscheidung über den Zuschlag nicht berücksichtigt.

§ 81 [Zuschlagsberechtigte]
(1) Der Zuschlag ist dem Meistbietenden zu erteilen.
(2) Hat der Meistbietende das Recht aus dem Meistgebot an einen anderen abgetreten und dieser die Verpflichtung aus dem Meistgebot übernommen, so ist, wenn die Erklärungen im Versteigerungstermin abgegeben oder nachträglich durch öffentlich beglaubigte Urkunden nachgewiesen werden, der Zuschlag nicht dem Meistbietenden, sondern dem anderen zu erteilen.
(3) Erklärt der Meistbietende im Termin oder nachträglich in einer öffentlich beglaubigten Urkunde, daß er für einen anderen geboten habe, so ist diesem der Zuschlag zu erteilen, wenn die Vertretungsmacht des Meistbietenden oder die Zustimmung des anderen entweder bei dem Gericht offenkundig ist oder durch eine öffentlich beglaubigte Urkunde nachgewiesen wird.
(4) Wird der Zuschlag erteilt, so haften der Meistbietende und der Ersteher als Gesamtschuldner.

§ 82 [Inhalt des Zuschlagsbeschlusses]
In dem Beschlusse, durch welchen der Zuschlag erteilt wird, sind das Grundstück, der Ersteher, das Gebot und die Versteigerungsbedingungen zu bezeichnen; auch sind im Falle des § 69 Abs. 3 der Bürge unter Angabe der Höhe seiner Schuld und im Falle des § 81 Abs. 4 der Meistbietende für mithaftend zu erklären.

§ 83 [Versagung des Zuschlags]
Der Zuschlag ist zu versagen:
1. wenn die Vorschrift des § 43 Abs. 2 oder eine der Vorschriften über die Feststellung des geringsten Gebots oder der Versteigerungsbedingungen verletzt ist;

2. wenn bei der Versteigerung mehrerer Grundstücke das Einzelausgebot oder das Gesamtausgebot den Vorschriften des § 63 Abs. 1, Abs. 2 Satz 1, Abs. 4 zuwider unterblieben ist;
3. wenn in den Fällen des § 64 Abs. 2 Satz 1, Abs. 3 die Hypothek, Grundschuld oder Rentenschuld oder das Recht eines gleich- oder nachstehenden Beteiligten, der dem Gläubiger vorgeht, durch das Gesamtergebnis der Einzelausgebote nicht gedeckt werden;
4. wenn die nach der Aufforderung zur Abgabe von Geboten erfolgte Anmeldung oder Glaubhaftmachung eines Rechtes ohne Beachtung der Vorschrift des § 66 Abs. 2 zurückgewiesen ist;
5. wenn der Zwangsversteigerung oder der Fortsetzung des Verfahrens das Recht eines Beteiligten entgegensteht;
6. wenn die Zwangsversteigerung oder die Fortsetzung des Verfahrens aus einem sonstigen Grunde unzulässig ist;
7. wenn eine der Vorschriften des § 43 Abs. 1 oder des § 73 Abs. 1 verletzt ist,
8. wenn die nach § 68 Abs. 2 und 3 verlangte Sicherheitsleistung nicht bis zur Entscheidung über den Zuschlag geleistet worden ist.

§ 84 [Keine Versagung des Zuschlags]

(1) Die im § 83 Nr. 1 bis 5 bezeichneten Versagungsgründe stehen der Erteilung des Zuschlags nicht entgegen, wenn das Recht des Beteiligten durch den Zuschlag nicht beeinträchtigt wird oder wenn der Beteiligte das Verfahren genehmigt.
(2) Die Genehmigung ist durch eine öffentlich beglaubigte Urkunde nachzuweisen.

§ 85 [Versagung bei Antrag auf neuen Versteigerungstermin]

(1) [1]Der Zuschlag ist zu versagen, wenn vor dem Schlusse der Verhandlung ein Beteiligter, dessen Recht durch den Zuschlag beeinträchtigt werden würde und der nicht zu den Berechtigten des § 74 a Abs. 1 gehört, die Bestimmung eines neuen Versteigerungstermins beantragt und sich zugleich zum Ersatze des durch die Versagung des Zuschlages entstehenden Schadens verpflichtet, auch auf Verlangen eines anderen Beteiligten Sicherheit leistet. [2]Die Vorschriften des § 67 Abs. 3 und des § 69 sind entsprechend anzuwenden. [3]Die Sicherheit ist in Höhe des bis zum Verteilungstermin zu berichtigenden Teils des bisherigen Meistgebots zu leisten.
(2) Die neue Terminsbestimmung ist auch dem Meistbietenden zuzustellen.
(3) Für die weitere Versteigerung gilt das bisherige Meistgebot mit Zinsen von dem durch Zahlung zu berichtigenden Teile des Meistgebots unter Hinzurechnung derjenigen Mehrkosten, welche aus dem Versteigerungserlöse zu entnehmen sind, als ein von dem Beteiligten abgegebenes Gebot.
(4) In dem fortgesetzten Verfahren findet die Vorschrift des Absatzes 1 keine Anwendung.

§ 85a [Versagung bei zu geringem Meistgebot]

(1) Der Zuschlag ist ferner zu versagen, wenn das abgegebene Meistgebot einschließlich des Kapitalwertes der nach den Versteigerungsbedingungen bestehenbleibenden Rechte die Hälfte des Grundstückswertes nicht erreicht.
(2) ¹§ 74a Abs. 3, 5 ist entsprechend anzuwenden. ²In dem neuen Versteigerungstermin darf der Zuschlag weder aus den Gründen des Absatzes 1 noch aus denen des § 74a Abs. 1 versagt werden.
(3) Ist das Meistgebot von einem zur Befriedigung aus dem Grundstück Berechtigten abgegeben worden, so ist Absatz 1 nicht anzuwenden, wenn das Gebot einschließlich des Kapitalwertes der nach den Versteigerungsbedingungen bestehenbleibenden Rechte zusammen mit dem Betrage, mit dem der Meistbietende bei der Verteilung des Erlöses ausfallen würde, die Hälfte des Grundstückswertes erreicht.

§ 86 [Wirkung der Versagung]

Die rechtskräftige Versagung des Zuschlags wirkt, wenn die Fortsetzung des Verfahrens zulässig ist, wie eine einstweilige Einstellung, anderenfalls wie die Aufhebung des Verfahrens.

§ 87 [Verkündungstermin]

(1) Der Beschluß, durch welchen der Zuschlag erteilt oder versagt wird, ist in dem Versteigerungstermin oder in einem sofort zu bestimmenden Termin zu verkünden.
(2) ¹Der Verkündungstermin soll nicht über eine Woche hinaus bestimmt werden. ²Die Bestimmung des Termins ist zu verkünden und durch Anheftung an die Gerichtstafel bekanntzumachen.
(3) Sind nachträglich Tatsachen oder Beweismittel vorgebracht, so sollen in dem Verkündungstermin die anwesenden Beteiligten hierüber gehört werden.

§ 88 [Zustellung des Beschlusses]

¹Der Beschluß, durch welchen der Zuschlag erteilt wird, ist den Beteiligten, soweit sie weder im Versteigerungstermine noch im Verkündungstermin erschienen sind, und dem Ersteher sowie im Falle des § 69 Abs. 3 dem für mithaftend erklärten Bürgen und im Falle des § 81 Abs. 4 dem Meistbietenden zuzustellen. ²Als Beteiligte gelten auch diejenigen, welche das angemeldete Recht noch glaubhaft zu machen haben.

§ 89 [Wirksamwerden des Zuschlags]

Der Zuschlag wird mit der Verkündung wirksam.

§ 90 [Eigentumserwerb durch Zuschlag]

(1) Durch den Zuschlag wird der Ersteher Eigentümer des Grundstücks, sofern nicht im Beschwerdewege der Beschluß rechtskräftig aufgehoben wird.
(2) Mit dem Grundstück erwirbt er zugleich die Gegenstände, auf welche sich die Versteigerung erstreckt hat.

§ 91 [Erlöschen von Rechten]

(1) Durch den Zuschlag erlöschen unter der im § 90 Abs. 1 bestimmten Voraussetzung die Rechte, welche nicht nach den Versteigerungsbedingungen bestehen bleiben sollen.

(2) Ein Recht an dem Grundstücke bleibt jedoch bestehen, wenn dies zwischen dem Berechtigten und dem Ersteher vereinbart ist und die Erklärungen entweder im Verteilungstermin abgegeben oder, bevor das Grundbuchamt um Berichtigung des Grundbuchs ersucht ist, durch eine öffentlich beglaubigte Urkunde nachgewiesen werden.

(3) ¹Im Falle des Absatzes 2 vermindert sich der durch Zahlung zu berichtigende Teil des Meistgebots um den Betrag, welcher sonst dem Berechtigten gebühren würde. ²Im übrigen wirkt die Vereinbarung wie die Befriedigung des Berechtigten aus dem Grundstücke.

(4) ¹Das Erlöschen eines Rechts, dessen Inhaber zur Zeit des Erlöschens nach § 1179 a des Bürgerlichen Gesetzbuchs die Löschung einer bestehenbleibenden Hypothek, Grundschuld oder Rentenschuld verlangen kann, hat nicht das Erlöschen dieses Anspruchs zur Folge. ²Der Anspruch erlischt, wenn der Berechtigte aus dem Grundstück befriedigt wird.

§ 92 [Anspruch auf Ersatz des Wertes]

(1) Erlischt durch den Zuschlag ein Recht, das nicht auf Zahlung eines Kapitals gerichtet ist, so tritt an die Stelle des Rechtes der Anspruch auf Ersatz des Wertes aus dem Versteigerungserlöse.

(2) ¹Der Ersatz für einen Nießbrauch, für eine beschränkte persönliche Dienstbarkeit sowie für eine Reallast von unbestimmter Dauer ist durch Zahlung einer Geldrente zu leisten, die dem Jahreswerte des Rechtes gleichkommt. ²Der Betrag ist für drei Monate vorauszuzahlen. ³Der Anspruch auf eine fällig gewordene Zahlung verbleibt dem Berechtigten auch dann, wenn das Recht auf die Rente vor dem Ablaufe der drei Monate erlischt.

(3) Bei ablösbaren Rechten bestimmt sich der Betrag der Ersatzleistung durch die Ablösungssumme.

A. Anwaltliche Sicht
  I. Forderungsanmeldung zum Verteilungstermin
  II. Anmeldung eines einmaligen Wertersatzes
    1. Muster: Anmeldung zum Verteilungstermin
    2. Erläuterungen und Varianten
      [1] Wertersatz durch einmalige Kapitalabfindung.............. 3
      [2] Betrag der Kapitalabfindung... 6
      [3] Laufende und rückständige Leistungen...................... 8
  III. Anmeldung einer Rente als Wertersatzes
    1. Muster: Anmeldung zum Verteilungstermin
    2. Erläuterungen und Varianten
      [1] Wertersatz durch Rentenzahlungen........................... 10
      [2] Berechnung..................... 12
B. Gerichtliche Sicht

A. Anwaltliche Sicht

I. Forderungsanmeldung zum Verteilungstermin

1 Siehe § 45 Rn 1.

II. Anmeldung eines einmaligen Wertersatzes

1. Muster: Anmeldung zum Verteilungstermin

▶ An das

Amtsgericht ...

Abteilung für Zwangsversteigerungen

Anmeldung zum Zwangsversteigerungsverfahren ... **(Nachname des Schuldners)**

... (Az des Gerichts)

Sehr geehrte Damen und Herren,

das Wegerecht[1] ... (genaue Bezeichnung gemäß Grundbuch) ist durch Zuschlag erloschen. Zum Verteilungstermin melde ich im Namen und mit Vollmacht für den Berechtigten ... (Name, Anschrift) den Wertersatz mit ... EUR an.

Der angemeldete Betrag richtet sich nach dem Wert, den das Recht für den Berechtigten hatte. ...[2]

Die Summe der laufenden und rückständigen Leistungen bis zum Zuschlag betragen ... EUR.[3]

Die Bankverbindung des Berechtigten lautet: ...

Mit freundlichen Grüßen

...

Rechtsanwalt ◀

2. Erläuterungen und Varianten

[1] Wertersatz durch einmalige Kapitalabfindung. Wenn eine Grunddienstbarkeit (zB ein Wegerecht) durch Zuschlag erloschen ist, erhält der Eigentümer des berechtigten Grundstücks einen Wertersatz. Wenn der Betrag nicht aus dem Grundbuch ersichtlich ist (Regelfall), muss er ausdrücklich angemeldet werden (vgl § 45).

Das Gericht wird den Betrag, soweit er angemessen erscheint, dem Berechtigten im Teilungsplan zuteilen. Die Zuteilung erfolgt unter der Bedingung, dass der Betrag festgestellt wird. Stimmt der Schuldner der Zuteilung nicht ausdrücklich zu, muss der Berechtigte auf Feststellung klagen (siehe § 256 ZPO).

Durch einmalige Kapitalabfindung werden die durch Zuschlag erloschene **Grunddienstbarkeit** (Rn 3), die **Auflassungsvormerkung** (§ 883 BGB), das für mehrere Verkaufsfälle bestellte **Vorkaufsrecht** (§§ 1094, 1097 BGB), die (befristete) **Reallast von bestimmter Dauer** (§ 1105 BGB), die **Erbbauzinsreallast** entschädigt.

[2] Betrag der Kapitalabfindung. Der Wertersatz bestimmt sich nach dem Wert des Rechts für den Berechtigten. Er darf nicht mit dem Zuzahlungsbetrag des § 51 verwechselt werden (Wert der Belastung für das Versteigerungsobjekt). Die Berechnung sollte plausibel und nachvollziehbar dargelegt werden.

Der Wert einer Grunddienstbarkeit (Rn 3) ist aus Sicht des herrschenden Grundstücks zu bewerten. Der Wert der erloschenen Auflassungsvormerkung bestimmt sich nach dem schuldrechtlichen Anspruch gegenüber dem Schuldner, kann also maximal den gesamten Resterlös an der Rangstelle der Vormerkung ausmachen. Der Wert des Vorkaufsrecht ist frei zu schätzen und wird im Allgemeinen mit 2–3 % des Verkehrswertes (§ 74a Abs. 4) beziffert. Der Wertersatz für befristete Reallasten bestimmt sich nach der Summe der noch zu zahlenden Einzelleistungen. Die Summe wird aber nach finanzmathematischen Methoden abgezinst.

8 [3] **Laufende und rückständige Leistungen.** Siehe § 45 Rn 1.

III. Anmeldung einer Rente als Wertersatzes

9 **1. Muster: Anmeldung zum Verteilungstermin**

▶ An das

Amtsgericht ...

Abteilung für Zwangsversteigerungen

Anmeldung zum Zwangsversteigerungsverfahren ... **(Nachname des Schuldners)**
... (Az des Gerichts)

Sehr geehrte Damen und Herren,

das Wohnungsrecht[1] ... (genaue Bezeichnung gemäß Grundbuch) ist durch Zuschlag erloschen.

Den Jahreswert des Recht beziffere ich im Namen und mit Vollmacht für den Berechtigten ... (Name, Anschrift) mit ... EUR. Der Berechtigte ist am ... (Datum) geboren.[2]

...

Die Bankverbindung des Berechtigten lautet: ...

Mit freundlichen Grüßen

...

Rechtsanwalt ◀

2. Erläuterungen und Varianten

10 [1] **Wertersatz durch Rentenzahlungen.** Für Rechte von unbestimmter Dauer (zB lebenslängliche Rechte) wird ein **Deckungskapital** (vgl § 121) gebildet und hinterlegt. Aus diesem Deckungskapital erhält der Berechtigten dann als Wertersatz vierteljährlich im Voraus fällige **Rentenzahlungen**.

11 Durch Rentenzahlungen werden die durch Zuschlag erloschene **lebenslängliche Dienstbarkeit** (§ 1090 BGB), das **Wohnungsrecht** (§ 1093 BGB, Rn 9), die **Reallast von unbestimmter Dauer** (§ 1105 BGB) und der **Nießbrauch** (§ 1030 BGB) abgegolten.

12 [2] **Berechnung.** Für die Berechnung des Deckungskapitals (Rn 9) wird die Jahresleistung mit der statistischen Lebenserwartung multipliziert (Zur Höchstgrenze siehe § 121). Der Beginn der Berechnung bestimmt sich nach dem Zuschlagsdatum. Soweit der Wert der Jahresleistung nicht grundbuchersichtlich ist, muss er festgestellt werden (vgl Rn 4).

13 Die bis zum Zuschlag noch offenen Zahlungsansprüche aus laufenden und rückständigen Leistungen (zur Anmeldung: Siehe § 45) können nach dem Verteilungstermin sofort ausgezahlt werden.

B. Gerichtliche Sicht

Das Vollstreckungsgericht wird die Anmeldung entgegennehmen, im Verteilungstermin bekannt geben (§ 66) und bei der Erlösverteilung (§ 114) berücksichtigen. 14

§ 93 [Zuschlagsbeschluss als Vollstreckungstitel]

(1) ¹Aus dem Beschlusse, durch welchen der Zuschlag erteilt wird, findet gegen den Besitzer des Grundstücks oder einer mitversteigerten Sache die Zwangsvollstreckung auf Räumung und Herausgabe statt. ²Die Zwangsvollstreckung soll nicht erfolgen, wenn der Besitzer auf Grund eines Rechtes besitzt, das durch den Zuschlag nicht erloschen ist. ³Erfolgt gleichwohl die Zwangsvollstreckung, so kann der Besitzer nach Maßgabe des § 771 der Zivilprozeßordnung Widerspruch erheben.
(2) Zum Ersatze von Verwendungen, die vor dem Zuschlage gemacht sind, ist der Ersteher nicht verpflichtet.

A. Anwaltliche Sicht
 I. Zwangsräumung aus dem Zuschlagsbeschluss als Räumungstitel
  1. Muster: Antrag auf Erteilung einer vollstreckbaren Ausfertigung
  2. Erläuterungen und Varianten
   [1] Angaben der Ersteher 2
   [2] Räumungsvollstreckung 3
   [3] Angaben des Besitzers 6
   [4] Ehepartner und erwachsene Familienmitglieder 7
   3. Gerichtsvollzieherbeauftragung zur Räumungsvollstreckung
   4. Vollstreckungsschutz und Widerspruch
 2. Gerichtliche Sicht
  I. Muster: Vollstreckbare Ausfertigung
  II. Erläuterungen
   [1] Erteilung der Vollstreckungsklausel 11
   [2] Zuständigkeit 12

A. Anwaltliche Sicht

I. Zwangsräumung aus dem Zuschlagsbeschluss als Räumungstitel

1. Muster: Antrag auf Erteilung einer vollstreckbaren Ausfertigung 1

▶ An das

Amtsgericht ▫▫▫

Abteilung für Zwangsversteigerungen

Zwangsversteigerungsverfahren ▫▫▫ **(Nachname des Schuldners)**

▫▫▫ (Az des Gerichts)

Sehr geehrte Damen und Herren,

im Namen und mit Vollmacht des Erstehers ▫▫▫ (Name, Anschrift)[1] beantrage ich die Erteilung einer vollstreckbaren Ausfertigung des Zuschlagsbeschlusses[2] zum Zwecke der Zwangsvollstreckung auf Räumung und Herausgabe gegen den alten Eigentümer ▫▫▫ (Name, Anschrift) und seinen minderjährigen Familienangehörigen[3] (§ 93 ZVG).

Die Vollstreckungsklausel soll sich auch gegen folgende, erwachsenen Familienmitglieder des Schuldners erteilt werden:[4]

- ▪▪▪ (Name, Anschrift) – Ehepartner -
- ▪▪▪ (Name, Anschrift) – erwachsenes Kind ohne eigenes Besitzrecht -

Der Besitz ist aktenkundig.

Ich bitte in der Klausel zu vermerken, wann der Zuschlagsbeschluss dem alten Eigentümer zugestellt worden ist.

Die vollstreckbare Ausfertigung erbitte ich zu meinen Händen.

Mit freundlichen Grüßen

▪▪▪

Rechtsanwalt ◄

2. Erläuterungen und Varianten

2 **[1] Angaben der Ersteher.** Gemäß § 750 Abs. 1 S. 1 ZPO muss die Person des Gläubigers der beabsichtigten Räumungsvollstreckung im Beschluss oder der Vollstreckungsklausel namentlich bezeichnet werden. Der Ersteher (vgl Zuschlagsbeschluss, §§ 81 Abs. 1, 82) als neuer Eigentümer und Gläubiger sollte daher auch im Antrag genau bezeichnet werden.

3 **[2] Räumungsvollstreckung.** Der Zuschlagsbeschluss ist grundsätzlich ein Vollstreckungstitel auf Räumung und Herausgabe gegen jeden Besitzer. Die Rechtskraft des Zuschlagsbeschlusses braucht nicht abgewartet werden, weil der Beschluss sofort wirksam ist (§§ 89, 104).

4 Grundsätzlich kann gegen jeden Besitzer des Grundstücks oder des mitversteigerten Zubehörs (§ 90 Abs. 2), der sein Recht zum Besitz durch den Zuschlag verloren hat, die Zwangsräumung aus dem Zuschlagsbeschluss betrieben werden. Dies wird insbesondere der Schuldner als bisheriger Eigentümer und seine Familienmitglieder sein.

5 Sofern die erwachsenen Familienmitglieder ein eigenes Besitzrecht haben, zB aus einem Mietvertrag mit dem Schuldner, kann aus dem Zuschlagsbeschluss keine Räumungsvollstreckung erfolgen (vgl Rn 7).

6 **[3] Angaben des Besitzers.** Gemäß § 750 Abs. 1 S. 1 ZPO muss die Person des Schuldners der beabsichtigten Räumungsvollstreckung im Beschluss oder der Vollstreckungsklausel namentlich bezeichnet werden. Mit dem Räumungstitel kann der Gerichtsvollzieher auch die minderjährigen Familienmitglieder räumen, ohne dass diese in der Klausel genau bezeichnet sind.

7 **[4] Ehepartner und erwachsene Familienmitglieder.** Der Ehepartner (Lebenspartner) des Schuldners (der nicht selber Miteigentümer war) ist selber Gewahrsamsinhaber und muss in der Vollstreckungsklausel namentlich erwähnt werden BGHZ 159, 383 = BGHReport 2004, 1520 = MDR 2004, 1257 = NJW 2004, 3041 = Rpfleger 2004, 640). Minderjährige Kinder, die mit ihren Eltern zusammenleben, haben grundsätzlich keinen Mitbesitz an der gemeinsam genutzten Wohnung. Die Besitzverhältnisse an der Wohnung ändern sich im Regelfall nicht, wenn die Kinder nach Erreichen der Volljährigkeit mit ihren Eltern weiter zusammenleben. Haben Kinder keinen Mitbesitz an der Wohnung erlangt (Rn 5), reicht für eine Räumungsvollstreckung ein Vollstreckungstitel gegen die Eltern aus (BGHReport 2008, 820 = MDR 2008, 824 = NJW 2008, 1959 = Rpfleger 2008, 509 = ZfIR 2008, 472). Zur Sicherheit sollten sie aber in der Klausel namentlich erwähnt werden.

3. Gerichtsvollzieherbeauftragung zur Räumungsvollstreckung
Siehe § 885 ZPO Rn 1 ff. 8

4. Vollstreckungsschutz und Widerspruch
– Einwendungen gegen die Erteilung der Vollstreckungsklausel: Siehe § 732 ZPO. 9
– Einstweiliger Aufschub der Zwangsräumung: Siehe § 765 a ZPO (§ 721 ZPO ist nicht anwendbar).
– Einwendungen des rechtmäßigen Besitzers: Siehe § 771 ZPO.

2. Gerichtliche Sicht

I. Muster: Vollstreckbare Ausfertigung 10

▶ Vorstehende Ausfertigung wird dem
... (Name, Anschrift – des Erstehers = Gläubiger der Zwangsräumung)
gegen
1. ... (Name, Anschrift – des Alteigentümers = Schuldner der Zwangsräumung)
2. seinen minderjährigen Familienmitgliedern
3. ... (Name, Anschrift – des Ehepartners)
4. ... (Namen, Anschrift der weiteren, erwachsenen Familienmitglieder)
zum Zwecke der Zwangsvollstreckung auf Räumung und Herausgabe erteilt.[1]
Die Besitzverhältnisse sind bei Gericht offenkundig..
Der vorstehende Beschluss ist dem Schuldner zu 1) am ... (Datum) zugestellt worden.
...

Ort, Datum
...

Urkundsbeamter der Geschäftsstelle[2] ◀

II. Erläuterungen

[1] **Erteilung der Vollstreckungsklausel.** Die vollstreckbare Ausfertigung wird in der Regel erteilt, ohne dass vorher der Schuldner angehört (vgl § 730 ZPO) oder der Zuschlagsbeschluss rechtskräftig wird (siehe Rn 3). 11

[2] **Zuständigkeit.** Für die Erteilung der vollstreckbaren Ausfertigung ist in der Regel der Urkundsbeamte der Geschäftsstelle zuständig (Siehe §§ 724, 727 ZPO) 12

§ 94 [Gerichtliche Verwaltung]

(1) ¹Auf Antrag eines Beteiligten, der Befriedigung aus dem Bargebote zu erwarten hat, ist das Grundstück für Rechnung des Erstehers in gerichtliche Verwaltung zu nehmen, solange nicht die Zahlung oder Hinterlegung erfolgt ist. ²Der Antrag kann schon im Versteigerungstermine gestellt werden.
(2) Auf die Bestellung des Verwalters sowie auf dessen Rechte und Pflichten finden die Vorschriften über die Zwangsverwaltung entsprechende Anwendung.

ZVG § 94 Erster Abschnitt | Zwangsversteigerung/Zwangsverwaltung

A. Anwaltliche Sicht
   I. Muster: Antrag auf Anordnung der gerichtlichen Verwaltung
   II. Erläuterungen und Varianten
      [1] Gerichtliche Verwaltung 2
      [2] Eilbedürftigkeit 4
      [3] Antragsgegner 5
      [4] Antragsvoraussetzung 6
      [5] Vorschlag eines Verwalters 7
      [6] Weitere Hinweise 8
B. Gerichtliche Sicht

A. Anwaltliche Sicht

1 **I. Muster: Antrag auf Anordnung der gerichtlichen Verwaltung**

▶ per Telefax

An das

Amtsgericht ▪▪▪

Abteilung für Zwangsversteigerungen

Gerichtliche Verwaltung[1] im Zwangsversteigerungsverfahren ▪▪▪ (Nachname des Schuldners)

▪▪▪ (Az des Gerichts)

Eilt sehr – Bitte sofort vorlegen[2]

Sehr geehrte Damen und Herren,

ich bestelle mich als Vertreter für die Gläubigerin ▪▪▪ (Name, Anschrift) und beantrage die Anordnung der gerichtlichen Verwaltung nach § 94 ZVG.

Dem Ersteher ▪▪▪ (Name, Anschrift)[3] ist das Zwangsversteigerungsobjekt mit Beschluss vom ▪▪▪ (Datum) für ein Meistgebot in Höhe von ▪▪▪ EUR zugeschlagen worden. Auch unter Berücksichtigung der vorgehenden Belastungen kann meine Mandantin in der Erlösverteilung zumindest teilweise mit einer Zuteilung rechnen.[4]

Als gerichtlichen Verwalter nach § 94 ZVG schlage ich ▪▪▪ (Name, Anschrift) vor.[5]

Ich bitte um eine schnelle Entscheidung, um die Beteiligten vor tatsächlichen und für die Gläubiger nachteiligen Verfügungen des Erstehers zu schützen. ▪▪▪[6]

Sofern der Ersteher bereits sein Bargebot unter Verzicht auf die Rücknahme hinterlegt haben sollte (§ 49 Abs. 4 ZVG), bitte ich den Antrag als gegenstandslos anzusehen.

Mit freundlichen Grüßen

▪▪▪

Rechtsanwalt ◀

II. Erläuterungen und Varianten

2 [1] **Gerichtliche Verwaltung.** Im Zwangsversteigerungsrecht besteht die Besonderheit, dass der Ersteher unmittelbar durch den Zuschlag Eigentum erwirbt (§§ 89, 90), obwohl er erst zum Verteilungstermin, also im Normalfall ca. zwei bis drei Monate später, Zahlung leisten muss. Als neuer Eigentümer kann der Ersteher sofort und ohne Beschränkungen über das ersteigerte Objekt verfügen und die Nutzungen ziehen. Im Regelfall ist über die Bonität des Erstehers nichts bekannt, so dass die Gläubiger im Zweifelsfalle versuchen werden, hier Näheres zu erfahren. Sollten sich Unsicherheiten oder Verdachtsmomente zeigen, kann die gerichtliche Verwaltung beantragt werden, um sich vor tatsächlichen Verfügungen des Erstehers zu schützen (siehe: Hk-ZV/Stumpe, § 94 Rn 1 ff).

Der gerichtliche Verwalter hat ab Zuschlag das Recht und die Pflicht, die Nutzungen 3 aus dem Grundstück zu ziehen und die Kosten und die Ausgaben der Verwaltung zu bestreiten (vgl § 155 Abs. 1). Soweit Überschüsse erzielt werden, sind die laufenden wiederkehrenden Leistungen für die bestehen gebliebenen Rechte zu begleichen (vgl § 155 Abs. 2). Eine Ausschüttung auf die Ansprüche der durch Zuschlag erloschenen Rechte kann in der gerichtlichen Verwaltung nicht erfolgen.

[2] **Eilbedürftigkeit.** Wenn die Gefahr besteht, dass der Ersteher als neuer Eigentü- 4 mer schädigende Verfügungen über das Grundstück vornehmen wird, ist höchste Eile geboten. Der Antrag kann bereits mündlich im Versteigerungstermin, also noch vor der Zuschlagserteilung (Eigentumsübergang), gestellt werden. Wird der Antrag erst später gestellt, sollte er dem Gericht tunlichst per Telefax oder durch einen Boten übersandt werden. Zusätzlich sollte im Antrag ausdrücklich auf die Eilbedürftigkeit hingewiesen werden.

[3] **Antragsgegner.** Der Antrag richtet sich gegen den Ersteher aus dem Zuschlagsbe- 5 schluss. Im Antrag sollten nicht nur die Angaben aus dem Zuschlagsbeschluss, sondern alle bekannten und sachdienlichen Angaben aufgeführt werden, wie zB Angaben über weitere Geschäftsführer und weitere bekannte Anschriften.

[4] **Antragsvoraussetzung.** Der Antrag kann von einem Berechtigten nur dann ge- 6 stellt werden, der dieser voraussichtlich eine Zahlung aus dem Teilungsplan (§§ 105 ff) erhalten wird. Ist damit unter Berücksichtigung der vorrangigen Rechte (vgl § 10) und der unzureichenden Höhe der Teilungsmasse (§ 107) nicht zu rechnen, muss der Antrag als unzulässig zurückgewiesen werden.

[5] **Vorschlag eines Verwalters.** Entsprechend § 1 Abs. 2 ZwVwV kann als Verwalter 7 nur eine geschäftskundige natürliche Person bestellt werden, die nach Qualifikation und vorhandener Büroausstattung die Gewähr für die ordnungsgemäße Gestaltung und Durchführung der Verwaltung bietet. Das Gericht ist bei der Auswahl des Verwalters frei und nicht an den Vorschlag gebunden. Sofern zum Zeitpunkt der Antragstellung noch eine Zwangsverwaltung anhängig ist, sollte der Zwangsverwalter auch zum gerichtlichen Verwalter nach § 94 ernannt werden, um die Überleitung der Verwaltungsverfahren und die Übergabe der Unterlagen zu vereinfachen.

[6] **Weitere Hinweise.** Sofern dem Antrag Hinweise oder Verdachtsmomente für ein 8 schädigendes Verhalten des Erstehers zu Grunde liegen, eventuell auch aus früheren Verfahren, sollte dies dem Gericht und damit auch dem zukünftigen Verwalter mitgeteilt werden.

Für das gerichtliche Verwaltungsverfahren entstehen **keine Gerichtsgebühren**. Die 9 Ausgaben der Verwaltung, einschließlich der Vergütung des Verwalters, trägt der Ersteher. Der Antragsteller haftet aber gleichfalls und ist darüber hinaus gemäß § 161 Abs. 3 auch vorschusspflichtig.

B. Gerichtliche Sicht

Sofern die Voraussetzungen für eine gerichtliche Verwaltung vorliegen (siehe Rn 6), 10 wird das Gericht unverzüglich die Verwaltung durch Beschluss anordnen und eine geeignete Person (siehe Rn 7) als Verwalter einsetzen. Die gerichtliche Verwaltung ist kein selbstständiges Verfahren (wie zB eine Zwangsverwaltung, §§ 146 ff) und wird als Teil des anhängigen Zwangsversteigerungsverfahrens und daher unter demselben Aktenzeichen geführt.

11 Solange noch eine Zwangsversteigerung anhängig ist, ruht das Verfahren der gerichtlichen Verwaltung. Mit der Aufhebung der Zwangsverwaltung (also spätestens nach Feststellung der Rechtskraft des Zuschlagsbeschlusses) wird der Zwangsverwalter „sein" Verfahren abschließen und mit dem gerichtlichen Verwalter abrechnen. Er wird dem „neuen" Verwalter den Masseüberschuss für die Zeit nach dem Zuschlag auszahlen und die Schlüssel und Unterlagen (Versicherung, Miete, Kaution) aushändigen. Häufig wird ein eingesetzter Zwangsverwalter auch zum gerichtlichen Verwalter berufen, um die Amtsübergabe zu vereinfachen.

12 Die weitere gerichtliche Tätigkeit bestimmt sich nach den Regeln der Zwangsverwaltung (§§ 146 ff) und der Zwangsverwalterverordnung.

13 Die gerichtliche Verwaltung ist aufzuheben, wenn
   – der Antragsteller seinen Antrag zurücknimmt,
   – der Ersteher das Meistgebot hinterlegt (§ 49 Abs. 4),
   – der Ersteher zum Verteilungstermin gezahlt hat,
   – die Einnahmen nicht ausreichen und der Antragsteller eine angeordnete Vorschusszahlung nicht leistet (§ 161 Abs. 3).

VII. Beschwerde

Vor §§ 95 bis 104

1 Über § 793 ZPO können die **Entscheidungen** (zur Abgrenzung zu den Vollstreckungsmaßnahmen siehe Hk-ZPO/Kindl § 766 ZPO) des Vollstreckungsgerichts grundsätzlich mit der sofortigen Beschwerde (§§ 567 ZPO ff) angegriffen werden. Über die Verweisung des § 869 ZPO gilt dies auch für die Entscheidungen des Vollstreckungsgerichts in den ZVG-Verfahren. Für das Verfahren der **Zwangsversteigerung** (nicht der Zwangsverwaltung) ist im § 95 das **Beschwerderecht** gegen die zeitlich vor dem Zuschlagsbeschluss gefassten Entscheidungen des Vollstreckungsgerichts **eingeschränkt**.

2 Soweit die Beschlüsse des Vollstreckungsgerichts nicht als Entscheidung, sondern als Vollstreckungsmaßnahme anzusehen sind, ist nicht das Beschwerderecht anzuwenden, sondern die Vollstreckungserinnerung nach § 766 ZPO.

Beispiel: Für den Schuldner, der vor der Beschlussfassung nicht angehört wurde (Regelfall), handelt es sich bei dem Anordnungsbeschluss (§ 15) um eine Vollstreckungsmaßnahme, die er mit der Vollstreckungserinnerung nach § 766 ZPO rügen kann.

Aus der Sicht des Gläubigers handelt es sich bei der Anordnung um eine Entscheidung. Soweit der Vollstreckungsantrag zurückgewiesen wurde, kann der (beschwerte) Gläubiger die Beschwerde einlegen.

3 Die grundsätzliche Beschränkung des Beschwerderechts durch § 95 wird unmittelbar im § 95 für einige, bestimmt Entscheidungen wieder zugelassen:

- Anordnung und Beitritt (§§ 15, 27) – vgl aber Rn 2
- Einstweilige Einstellung auf Antrag des Gläubigers (§ 30)
- Fortsetzung des eingestellten Verfahrens (§ 31)

Weitere Ausnahmen von der Einschränkung des Beschwerderechts finden sich in den §§ 30 b Abs. 3, 30 d Abs. 3, 30 f Abs. 3 S. 2   4

- Einstweilige Einstellung auf Antrag des Schuldners oder Insolvenzverwalters und § 74 a Abs. 5 S. 3
- Festsetzung des Verkehrswertes

Gemäß § 232 ZPO muss jeder Beschluss, der mit der Beschwerde, dem Widerspruch oder der sofortigen Erinnerung angreifbar ist, mit einer Belehrung versehen werden. Fehlt die Belehrung, kann dem Beschwerdeführer die Wiedereinsetzung in den vorherigen Stand gewährt werden (vgl. § 233 Satz 2 ZPO).   4a

Eine Wiedereinsetzung ist aber ausgeschlossen, wenn der Beteiligte wegen vorhandener Kenntnis über seine Rechtsbehelfe kein Unterstützung durch eine Rechtsbehelfsbelehrung bedarf. Dementsprechend fehlt es an einem ursächlichen Zusammenhang zwischen der unterbliebenen Belehrung und der Versäumung der Rechtsbehelfsfrist, wenn der Beschwerdeführer anwaltlich vertreten ist. Von einem Rechtsanwalt kann und muss erwartet werden, dass er selbst die Voraussetzungen für die Einlegung eines Rechtsbehelfs, insbesondere die zu wahrenden Fristen kennt   4b

Soweit die gerügte Verfahrensentscheidungen nicht in dem ZVG geregelt sind, ist die Einschränkung des § 95 nicht anzuwenden: 5

- Vollstreckungsschutz bei sittenwidriger Härte (§ 765 a ZPO)
- Ablehnung eines Sachverständigen (§ 406 ZPO)

Neben bzw statt der sofortigen Beschwerde (Rn 1–4) können weitere Abwehrbestimmungen zulässig sein (Anwendungsfälle und Abgrenzungen: Siehe HK-ZV/*Rensen*, Vorbemerkung zu §§ 95-104):   6

- § 732 ZPO (Erinnerung gegen die Erteilung der Vollstreckungsklausel)
- § 766 ZPO (Erinnerung gegen Vollstreckungsmaßnahmen, Rn 2)
- § 767 ZPO (Vollstreckungsabwehrklage)
- § 771 ZPO (Drittwiderspruchsklage)
- § 11 Abs. 2 RPflG (sofortige Rechtspflegererinnerung)
- § 115 (Widerspruch gegen eine Zuteilung im Teilungsplan) – siehe § 115 Rn 1

§ 95 [Zulässigkeit]

Gegen eine Entscheidung, die vor der Beschlußfassung über den Zuschlag erfolgt, kann die sofortige Beschwerde nur eingelegt werden, soweit die Entscheidung die Anordnung, Aufhebung, einstweilige Einstellung oder Fortsetzung des Verfahrens betrifft.

§ 96 [Anzuwendende Vorschriften]
Auf die Beschwerde gegen die Entscheidung über den Zuschlag finden die Vorschriften der Zivilprozeßordnung über die Beschwerde nur insoweit Anwendung, als nicht in den §§ 97 bis 104 ein anderes vorgeschrieben ist.

§ 97 [Beschwerdeberechtigte]
(1) Die Beschwerde steht im Falle der Erteilung des Zuschlags jedem Beteiligten sowie dem Ersteher und dem für zahlungspflichtig erklärten Dritten, im Falle der Versagung dem Gläubiger zu, in beiden Fällen auch dem Bieter, dessen Gebot nicht erloschen ist, sowie demjenigen, welcher nach § 81 an die Stelle des Bieters treten soll.
(2) Im Falle des § 9 Nr. 2 genügt es, wenn die Anmeldung und Glaubhaftmachung des Rechtes bei dem Beschwerdegericht erfolgt.

§ 98 [Beginn der Beschwerdefrist]
¹Die Frist für die Beschwerde gegen einen Beschluß des Vollstreckungsgerichts, durch welchen der Zuschlag versagt wird, beginnt mit der Verkündung des Beschlusses. ²Das gleiche gilt im Falle der Erteilung des Zuschlags für die Beteiligten, welche im Versteigerungstermin oder im Verkündungstermin erschienen waren.

§ 99 [Gegner des Beschwerdeführers]
(1) Erachtet das Beschwerdegericht eine Gegenerklärung für erforderlich, so hat es zu bestimmen, wer als Gegner des Beschwerdeführers zuzuziehen ist.
(2) Mehrere Beschwerden sind miteinander zu verbinden.

§ 100 [Beschwerdegründe]
(1) Die Beschwerde kann nur darauf gestützt werden, daß eine der Vorschriften der §§ 81, 83 bis 85 a verletzt oder daß der Zuschlag unter anderen als den der Versteigerung zugrunde gelegten Bedingungen erteilt ist.
(2) Auf einen Grund, der nur das Recht eines anderen betrifft, kann weder die Beschwerde noch ein Antrag auf deren Zurückweisung gestützt werden.
(3) Die im § 83 Nr. 6, 7 bezeichneten Versagungsgründe hat das Beschwerdegericht von Amts wegen zu berücksichtigen.

§ 101 [Begründete Beschwerde; weitere Beschwerde]
(1) Wird die Beschwerde für begründet erachtet, so hat das Beschwerdegericht unter Aufhebung des angefochtenen Beschlusses in der Sache selbst zu entscheiden.
(2) Wird ein Beschluß, durch welchen der Zuschlag erteilt ist, aufgehoben, auf Rechtsbeschwerde aber für begründet erachtet, so ist unter Aufhebung des Beschlusses des Beschwerdegerichts die gegen die Erteilung des Zuschlags erhobene Beschwerde zurückzuweisen.

§ 102 [Berechtigte für weitere Beschwerde]
Hat das Beschwerdegericht den Beschluß, durch welchen der Zuschlag erteilt war, nach der Verteilung des Versteigerungserlöses aufgehoben, so steht die Rechtsbe-

schwerde, wenn das Beschwerdegericht sie zugelassen hat, auch denjenigen zu, welchen der Erlös zugeteilt ist.

§ 103 [Zustellung der Beschwerdeentscheidung]
¹Der Beschluß des Beschwerdegerichts ist, wenn der angefochtene Beschluß aufgehoben oder abgeändert wird, allen Beteiligten und demjenigen Bieter, welchem der Zuschlag verweigert oder erteilt wird, sowie im Falle des § 69 Abs. 3 dem für mithaftend erklärten Bürgen und in den Fällen des § 81 Abs. 2, 3 dem Meistbietenden zuzustellen. ²Wird die Beschwerde zurückgewiesen, so erfolgt die Zustellung des Beschlusses nur an den Beschwerdeführer und den zugezogenen Gegner.

§ 104 [Wirksamwerden der Zuschlagserteilung in der Beschwerde]
Der Beschluß, durch welchen das Beschwerdegericht den Zuschlag erteilt, wird erst mit der Zustellung an den Ersteher wirksam.

VIII. Verteilung des Erlöses

§ 105 [Bestimmung des Verteilungstermins]
(1) Nach der Erteilung des Zuschlags hat das Gericht einen Termin zur Verteilung des Versteigerungserlöses zu bestimmen.
(2) ¹Die Terminsbestimmung ist den Beteiligten und dem Ersteher sowie im Falle des § 69 Abs. 3 dem für mithaftend erklärten Bürgen und in den Fällen des § 81 Abs. 2, 3 dem Meistbietenden zuzustellen. ²Als Beteiligte gelten auch diejenigen, welche das angemeldete Recht noch glaubhaft zu machen haben.
(3) Die Terminsbestimmung soll an die Gerichtstafel angeheftet werden.
(4) Ist die Terminsbestimmung dem Ersteher und im Falle des § 69 Abs. 3 auch dem für mithaftend erklärten Bürgen sowie in den Fällen des § 81 Abs. 2, 3 auch dem Meistbietenden nicht zwei Wochen vor dem Termin zugestellt, so ist der Termin aufzuheben und von neuem zu bestimmen, sofern nicht das Verfahren genehmigt wird.

A. Gerichtliche Sicht
   I. Muster: Bestimmung des Verteilungstermins
   II. Muster: Zahlungsaufforderung an den Ersteher
   III. Erläuterungen und Beispiele
     [1] Verteilungstermin 3
     [2] Anmeldung des Wertersatzes ... 4
     [3] Zahlungsaufforderung 5
     [4] Beispiel einer Zahlungsaufforderung 6
     [5] Hinweis auf die Rechtsfolgen .. 7
     [6] Verzinsung des Bargebots 8
B. Anwaltliche Sicht
   I. Forderungsanmeldung zum Verteilungstermin
   II. Anmeldung eines einmaligen Wertersatzes
   III. Anmeldung einer Rente als Wertersatzes

A. Gerichtliche Sicht

I. Muster: Bestimmung des Verteilungstermins
▶ Amtsgericht ...

Beschluss

In dem Verfahren zur Zwangsversteigerung

▀▀▀ (Grundbuchbezeichnung)

▀▀▀ (Bestandsverzeichnis des Grundbuchs)

Schuldner: ▀▀▀ (gem. Abteilung I des Grundbuchs)

wird Termin zur Verteilung des Versteigerungserlöses[1] bestimmt auf

▀▀▀ (Datum, Uhrzeit)

▀▀▀ Amtsgericht ▀▀▀ (Ort, Saal)

Es wird darauf hingewiesen, dass die Gläubiger, für die ein durch den Zuschlagsbeschluss erloschenes Recht im Grundbuch eingetragen ist, das nicht auf einen bestimmten Geldbetrag lautet (zB beschränkte persönliche Dienstbarkeiten, Grunddienstbarkeiten, Wohnrechte, Wegerechte u.a.), unter Umständen einen Wertersatz erhalten können. Dieser Wertersatz muss ausdrücklich beim Gericht angemeldet werden, damit er berücksichtigt werden kann. Diese Anmeldung muss spätestens zum Verteilungstermin erfolgen.[2]

▀▀▀

Ort, Datum

▀▀▀

Rechtspflegerin ◄

2 **II. Muster: Zahlungsaufforderung an den Ersteher[3]**

▶ Amtsgericht ▀▀▀

In dem Verfahren zur Zwangsversteigerung

▀▀▀ (Grundbuchbezeichnung)

▀▀▀ (Bestandsverzeichnis des Grundbuchs)

Schuldner: ▀▀▀ (gem. Abteilung I des Grundbuchs)

werden Sie gebeten, dafür Sorge zu tragen, dass dem Vollstreckungsgericht zum Verteilungstermin der wie folgt errechnete Betrag zur Verfügung steht:

▀▀▀[4]

Es wird um rechtzeitige Überweisung auf das Konto der ▀▀▀ (Gerichtskasse) bei der ▀▀▀ (Bank, Bankverbindung) gebeten.

Bei der Überweisung müssen angegeben werden:

– der Name des Amtsgerichts („AG ▀▀▀")

– das Aktenzeichen des Verfahrens

– der Tag des Verteilungstermins

Der Nachweis über die Buchung auf dem Konto der Gerichtskasse muss dem Vollstreckungsgericht zur angegebenen Uhrzeit vorliegen. Ein verspäteter Zahlungseingang (auch um wenige Stunden), gilt dabei als Nichtzahlung. Dies hat die Folge, dass vollstreckbare Forderungen gegen Sie entstehen und Sicherungshypotheken in das Grundbuch eingetragen werden.[5]

Sie können die damit verbundenen Schwierigkeiten, Kosten und Unannehmlichkeiten vermeiden, wenn Sie die mehrtägige Überweisungsdauer berücksichtigen, und die Überweisung spätestens eine Woche vor dem Termin veranlassen.

Sie haben die Möglichkeit, die Verzinsungspflicht zu beenden, wenn Sie das Bargebot bei Gericht unter Verzicht auf die Rücknahme hinterlegen. Dazu müssen Sie ausdrücklich bei der Hinterlegungsstelle des Amtsgerichts einen entsprechenden Antrag stellen.[6] Es wird darauf hingewiesen, dass Überweisungen an die Hinterlegungsstelle auf ein gesondertes Konto erfolgen müssen. Entsprechende Informationen erhalten Sie im Rahmen des Hinterlegungsverfahrens. Überweisen Sie also bitte keine Beträge, die für die Hinterlegungsstelle bestimmt sind, auf o.g. Konto der Gerichtskasse.

...

Ort, Datum

...

Rechtspflegerin ◄

III. Erläuterungen und Beispiele

[1] **Verteilungstermin.** Der Verteilungstermin wird von dem Gericht zeitlich nach dem Zuschlag bestimmt und findet ca. zwei bis drei Monate nach dem Zuschlagstermin statt. Sofern der Zuschlagsbeschluss mit der Beschwerde angegriffen wurde (§ 96 iVm § 567 ZPO), wird sich die Erlösverteilung bis zur Rechtskraft der Entscheidung verzögern.

[2] **Anmeldung des Wertersatzes.** Siehe § 92 Rn 2 und 9.

[3] **Zahlungsaufforderung.** Gleichzeitig mit der Bestimmung des Verteilungstermins wird der Ersteher zur Zahlung aufgefordert. Wenn sich eine Bank für die Sicherheit verbürgt hat (§ 69 Abs. 3) oder der Meistbietende die Rechte aus dem Meistgebot abgetreten hat (§ 81 Abs. 2) oder als Strohmann aufgetreten ist (§ 81 Abs. 3), muss die Zahlungsaufforderung auch an diese Personen zugestellt werden. Die Zahlungsaufforderungen sind förmlich zuzustellen und müssen mindestens zwei Wochen vor dem Termin zugehen.

[4] **Beispiel einer Zahlungsaufforderung.** Im folgenden Beispiel wurde am 13.1.2015 der Zuschlag für 100.000 EUR erteilt. Der Verteilungstermin soll am 21.3.2015 stattfinden. Zum Versteigerungstermin wurde Sicherheit in Höhe von 10.000 EUR geleistet und am 30.1.2015 ein Betrag in Höhe von 15.000 EUR hinterlegt (vgl Rn 8).

Bargebot:	100.000 EUR
4 % Zinsen aus 15.000 EUR vom 13.1.2015 bis 29.1.2015 (17 Tage)	28,33 EUR
4 % Zinsen aus 75.000 EUR vom 13.1.2015 bis 20.3.2015 (68 Tage)	641,67 EUR
Zwischensumme:	100.670 EUR
abzüglich gezahlter Sicherheitsleistung in Höhe von	10.000 EUR
abzüglich Hinterlegung am 30.1.2015 in Höhe von	15.000 EUR
restlicher zu zahlender Betrag:	75.670 EUR

[5] **Hinweis auf die Rechtsfolgen.** Wenn dem Vollstreckungsgericht zum Verteilungstermin der Zahlungsnachweis nicht vorliegt, wird die „Nichtzahlung" festgestellt, die

Forderung gegen den Ersteher auf Zahlung des Bargebotes nebst Zinsen auf die Berechtigten gemäß Teilungsplan übertragen und Sicherungshypotheken eingetragen (§§ 118, 128). Als spätere Folge kann aus diesen Rechten die *Wiederversteigerung* (§§ 132, 133) beantragt werden.

8 [6] **Verzinsung des Bargebots.** Der Ersteher muss das Bargebot vom Tag des Zuschlags an mit 4 % verzinsen (§ 49 Abs. 2, § 246 BGB). Die Verzinsung endet im Regelfall am Vortag des Verteilungstermins. Der Betrag, der zum Versteigerungstermin als Sicherheitsleistung auf das Konto der Gerichtskasse überwiesen wurde (§ 69 Abs. 4), ist nicht zu verzinsen (§ 107 Abs. 3). Dasselbe gilt, wenn die Sicherheit gemäß § 69 Abs. 2 durch Scheck geleistet wurde. Die Verzinsungspflicht endet vorzeitig, soweit der Betrag förmlichen bei der Hinterlegungsstelle des Amtsgerichts hinterlegt wird (§ 49 Abs. 4).

B. Anwaltliche Sicht

I. Forderungsanmeldung zum Verteilungstermin

9 Siehe § 45 Rn 1.

II. Anmeldung eines einmaligen Wertersatzes

10 Siehe § 92 Rn 2.

III. Anmeldung einer Rente als Wertersatzes

11 Siehe § 92 Rn 9

§ 106 [Vorläufiger Teilungsplan]

¹Zur Vorbereitung des Verteilungsverfahrens kann das Gericht in der Terminsbestimmung die Beteiligten auffordern, binnen zwei Wochen eine Berechnung ihrer Ansprüche einzureichen. ²In diesem Falle hat das Gericht nach dem Ablaufe der Frist den Teilungsplan anzufertigen und ihn spätestens drei Tage vor dem Termin auf der Geschäftsstelle zur Einsicht der Beteiligten niederzulegen.

§ 107 [Teilungsmasse]

(1) ¹In dem Verteilungstermin ist festzustellen, wieviel die zu verteilende Masse beträgt. ²Zu der Masse gehört auch der Erlös aus denjenigen Gegenständen, welche im Falle des § 65 besonders versteigert oder anderweit verwertet sind.
(2) ¹Die von dem Ersteher im Termine zu leistende Zahlung erfolgt an das Gericht. ²§ 49 Abs. 3 gilt entsprechend
(3) Ein Geldbetrag, der zur Sicherheit für das Gebot des Erstehers bei der Gerichtskasse einbezahlt ist, wird auf die Zahlung nach Absatz 2 Satz 1 angerechnet.

§ 108 (aufgehoben)

§ 109 [Kosten des Verfahrens; Überschuss]

(1) Aus dem Versteigerungserlöse sind die Kosten des Verfahrens vorweg zu entnehmen, mit Ausnahme der durch die Anordnung des Verfahrens oder den Beitritt eines Gläubigers, durch den Zuschlag oder durch nachträgliche Verteilungsverhandlungen entstehenden Kosten.

(2) Der Überschuß wird auf die Rechte, welche durch Zahlung zu decken sind, verteilt.

§ 110 [Nachstehende Rechte]

Rechte, die ungeachtet der im § 37 Nr. 4 bestimmten Aufforderung nicht rechtzeitig angemeldet oder glaubhaft gemacht worden sind, stehen bei der Verteilung den übrigen Rechten nach.

§ 111 [Betagter Anspruch]

¹Ein betagter Anspruch gilt als fällig. ²Ist der Anspruch unverzinslich, so gebührt dem Berechtigten nur die Summe, welche mit Hinzurechnung der gesetzlichen Zinsen für die Zeit von der Zahlung bis zur Fälligkeit dem Betrage des Anspruchs gleichkommt; solange die Zeit der Fälligkeit ungewiß ist, gilt der Anspruch als aufschiebend bedingt.

§ 112 [Gesamtausgebot]

(1) Ist bei der Versteigerung mehrerer Grundstücke der Zuschlag auf Grund eines Gesamtausgebots erteilt und wird eine Verteilung des Erlöses auf die einzelnen Grundstücke notwendig, so wird aus dem Erlöse zunächst der Betrag entnommen, welcher zur Deckung der Kosten sowie zur Befriedigung derjenigen bei der Feststellung des geringsten Gebots berücksichtigten und durch Zahlung zu deckenden Rechte erforderlich ist, für welche die Grundstücke ungeteilt haften.

(2) ¹Der Überschuß wird auf die einzelnen Grundstücke nach dem Verhältnisse des Wertes der Grundstücke verteilt. ²Dem Überschusse wird der Betrag der Rechte, welche nach §"91 nicht erlöschen, hinzugerechnet. ³Auf den einem Grundstücke zufallenden Anteil am Erlöse wird der Betrag der Rechte, welche an diesem Grundstücke bestehen bleiben, angerechnet. ⁴Besteht ein solches Recht an mehreren der versteigerten Grundstücke, so ist bei jedem von ihnen nur ein dem Verhältnisse des Wertes der Grundstücke entsprechender Teilbetrag in Anrechnung zu bringen.

(3) Reicht der nach Absatz 2 auf das einzelne Grundstück entfallende Anteil am Erlöse nicht zur Befriedigung derjenigen Ansprüche aus, welche nach Maßgabe des geringsten Gebots durch Zahlung zu berichtigen sind oder welche durch das bei dem Einzelausgebote für das Grundstück erzielte Meistgebot gedeckt werden, so erhöht sich der Anteil um den Fehlbetrag.

§ 113 [Aufstellung des Teilungsplans]

(1) In dem Verteilungstermine wird nach Anhörung der anwesenden Beteiligten von dem Gerichte, nötigenfalls mit Hilfe eines Rechnungsverständigen, der Teilungsplan aufgestellt.

(2) In dem Plane sind auch die nach § 91 nicht erlöschenden Rechte anzugeben.

§ 114 [Aufzunehmende Ansprüche]

(1) ¹In den Teilungsplan sind Ansprüche, soweit ihr Betrag oder ihr Höchstbetrag zur Zeit der Eintragung des Versteigerungsvermerkes aus dem Grundbuch ersichtlich war, nach dem Inhalte des Buches, im übrigen nur dann aufzunehmen, wenn sie spätestens in dem Termin angemeldet sind. ²Die Ansprüche des Gläubigers gelten als angemeldet, soweit sie sich aus dem Versteigerungsantrag ergeben.

(2) Laufende Beträge wiederkehrender Leistungen, die nach dem Inhalte des Grundbuchs zu entrichten sind, brauchen nicht angemeldet zu werden.

A. Gerichtliche Sicht	[3] Verzinsung des Bargebotes 5
I. Muster: Teilungsplan	[4] Schuldenmasse 6
II. Erläuterungen und Varianten	[5] Zuteilung 9
[1] Vorbemerkung 2	[6] Ergänzungen und Korrekturen .. 10
[2] Bestehen gebliebene Rechte 3	

A. Gerichtliche Sicht

1 **I. Muster: Teilungsplan**

▶ ▪▪▪ (Aktenzeichen des Gerichts)

Teilungsplan im Zwangsversteigerungsverfahren

▪▪▪ (Name des Schuldners)

1. Vorbemerkung[1]

Tag der ersten Beschlagnahme: ▪▪▪(Datum)

Tag des Zuschlags: ▪▪▪ (Datum)

Tag des Verteilungstermins: ▪▪▪ (Datum)

Zum heutigen Termin liegen folgende Anmeldungen vor:

▪▪▪ (Liste der Anmeldungen)

2. Bestehen gebliebene Rechte

Folgende Rechte sind gemäß den Versteigerungsbedingungen im Zuschlagsbeschluss bestehen geblieben und werden von dem Ersteher übernommen:

▪▪▪[2]

3. Teilungsmasse

Die Teilungsmasse in Höhe von ▪▪▪ EUR setzt sich zusammen aus

a) dem Bargebot: ... EUR
b) den Zinsen nach § 49 Abs. 2 ZVG: ...[3]

4. Schuldenmasse

Der Teilungsmasse stehen folgende Zahlungsansprüche in der angegebenen Rangordnung gegenüber:

...[4]

5. Zuteilung

Aus der Teilungsmasse wird auf folgende Ansprüche zugeteilt:

...[5]

Die Teilungsmasse ist erschöpft; auf die weiteren Ansprüche der Schuldenmasse kann keine Zuteilung erfolgen.

6. Ergänzungen und Korrekturen

...[6]

...

Ort, Datum

...

Rechtspflegerin ◄

II. Erläuterungen und Varianten

[1] **Vorbemerkung.** Die für das Verständnis des Teilungsplans notwendigen Angaben werden üblicherweise in einer Vorbemerkung dargestellt.

[2] **Bestehen gebliebene Rechte.** Die dinglichen Rechte, die nach den Versteigerungsbedingungen bestehen bleiben und von dem Ersteher zu übernehmen sind, werden im Zuschlagsbeschluss aufgelistet (§ 91). Im Teilungsplan werden die Rechte im Interesse einer besseren Verständlichkeit nochmals wiederholt (§ 113 Abs. 2).

Abweichend von der Aussage im Zuschlagsbeschluss kann der Ersteher mit einem Berechtigten auch das nachträgliche Bestehenbleiben eines Rechts vereinbaren (§ 91 Abs. 2). Ob und in welchem Maße diese Vereinbarung zu Änderungen des Teilungsplans führen (§ 91 Abs. 3), wird erst im Anschluss an die Zuteilung geprüft und in Form einer Korrektur dargestellt (Rn 11).

[3] **Verzinsung des Bargebotes.**
Zu den Zinsen nach § 49 Abs. 2: siehe § 105 Rn 6 und 8.
Hinterlegung und Hinterlegungszinsen: Soweit der Ersteher das Bargebot bei der Hinterlegungsstelle des Amtsgerichts unter Verzicht auf die Rücknahme hinterlegt, endet seine Verzinsungspflicht. In fast allen Bundesländern werden inzwischen keine Hinterlegungszinsen mehr gezahlt.

[4] **Schuldenmasse.** Im Teilungsplan werden zunächst die Verfahrenskosten festgestellt (§ 109). Dieser Anspruch wird in der Literatur und in Anlehnung an die Rangordnung des § 10 auch mit „Rangklasse 0" bezeichnet. Der verbleibende Überschuss wird auf die Ansprüche der Berechtigten entsprechend der Rangfolge der §§ 10 bis 12 und unter Beachtung der näheren Bestimmungen der §§ 110 bis 114 verteilt.

7 **Beispiel für einen Anspruch in der Schuldenmasse**

2.	C-Bank AG aus Dortmund III/1, Grundschuld		
2.1	Kosten der dinglichenRechtsverfolgung	550 EUR	
2.2	einmalige Nebenleistung: 10% von 10.000 EUR	1.000 EUR	
2.3	15 % Zinsen aus 10.000 EUR vom 1.1.2011 bis 29.6.2014 (1259 Tage)	5.245,83 EUR	
2.4	Kapital/Hauptforderung	10.000 EUR	16.795,83 EUR

8 Nach ganz überwiegender Praxis der Gerichte werden diejenigen Ansprüche, die mangels Teilungsmasse offensichtlich nicht zum Zuge kommen können, nicht mit in der Schuldenmasse aufgenommen.

9 [5] **Zuteilung.** In der Zuteilung wird die Teilungsmasse an die namentlich zu bezeichnenden Berechtigten auf ihre Ansprüche entsprechend der in der Schuldenmasse aufgestellten Rangfolge verteilt.

10 [6] **Ergänzungen und Korrekturen.** Bei der Zuteilung sind die Besonderheiten aus den §§ 119 und 126 zu beachten (zB Bedingungen, Hilfszuteilungen, Verteilung bei mehreren Grundstücken, Korrekturen aufgrund von Widersprüchen, Forderungsübertragungen). Diese Ergänzungen können entweder in der Protokoll zum Verteilungstermin oder in einem ergänzenden Abschnitt im Teilungsplan dargestellt werden.

§ 114a [Kein Anspruch des Erstehers unter 7/10-Grenze]

¹Ist der Zuschlag einem zur Befriedigung aus dem Grundstück Berechtigten zu einem Gebot erteilt, das einschließlich des Kapitalwertes der nach den Versteigerungsbedingungen bestehenbleibenden Rechte hinter sieben Zehnteilen des Grundstückswertes zurückbleibt, so gilt der Ersteher auch insoweit als aus dem Grundstück befriedigt, als sein Anspruch durch das abgegebene Meistgebot nicht gedeckt ist, aber bei einem Gebot zum Betrage der Sieben-Zehnteile-Grenze gedeckt sein würde. ²Hierbei sind dem Anspruch des Erstehers vorgehende oder gleichstehende Rechte, die erlöschen, nicht zu berücksichtigen.

§ 115 [Widerspruch gegen den Teilungsplan]

(1) ¹Über den Teilungsplan wird sofort verhandelt. ²Auf die Verhandlung sowie auf die Erledigung erhobener Widersprüche und die Ausführung des Planes finden die §§ 876 bis 882 der Zivilprozeßordnung entsprechende Anwendung.
(2) Ist ein vor dem Termin angemeldeter Anspruch nicht nach dem Antrag in den Plan aufgenommen, so gilt die Anmeldung als Widerspruch gegen den Plan.
(3) Der Widerspruch des Schuldners gegen einen vollstreckbaren Anspruch wird nach den §§ 767, 769, 770 der Zivilprozeßordnung erledigt.

(4) Soweit der Schuldner durch Sicherheitsleistung oder Hinterlegung die Befriedigung eines solchen Anspruchs abwenden darf, unterbleibt die Ausführung des Planes, wenn die Sicherheit geleistet oder die Hinterlegung erfolgt ist.

A. Anwaltliche Sicht	I. Muster: Korrektur des Teilungsplans
I. Muster: Einlegung eines Widerspruchs gegen den Teilungsplan	II. Erläuterungen
II. Erläuterungen und Varianten	[1] Korrektur des Teilungsplans.... 12
[1] Widerspruch gegen den Teilungsplan...................... 2	[2] Entscheidung des Vollstreckungsgerichts.................. 13
B. Gerichtliche Sicht	[3] Bedingte Zuteilung............ 15
	[4] Widerspruchsklage............. 16

A. Anwaltliche Sicht

I. Muster: Einlegung eines Widerspruchs gegen den Teilungsplan

▶ An das

Amtsgericht ...

Abteilung für Zwangsversteigerungen

Widerspruch im Zwangsversteigerungsverfahren ... **(Nachname des Schuldners)**

... (Az des Gerichts)

Sehr geehrte Damen und Herren,

im Namen und mit Vollmacht für ... (Vorname, Name) widerspreche ich einer Zuteilung[1] an

... (Vorname, Nachname) auf den Anspruch ... (genaue Bezeichnung des dinglichen Rechts/Anspruchs)[2]

... (Gründe des Widerspruchs)

Mit freundlichen Grüßen

...

Rechtsanwalt ◀

II. Erläuterungen und Varianten

[1] Widerspruch gegen den Teilungsplan. Bei materiell-rechtlichen Einwendungen gegen eine Zuteilung im Teilungsplan ist der Widerspruch der ausschließliche Rechtsbehelf. Er ist bei der Zuteilung auf einen fremden Anspruch, gegen die Festlegung des besseren Rangs eines Fremdanspruchs oder gegen die (ganze oder teilweise) Nichtberücksichtigung des eigenen Anspruchs statthaft. Der Widerspruch kann schriftlich oder auch mündlich zu Protokoll erklärt werden. Der Widerspruch kann bereits vorher und muss **spätestens im Verteilungstermin** eingelegt werden (OLG Köln, Rpfleger 1991, 519).

Gegen **formell-rechtliche Fehler** kann kein Widerspruch erhoben werden, da sich diese Fehler nicht mit einer Widerspruchsklage gegen einen Dritten klären lassen. Zu diesen Fehlern gehören:

- die fehlerhafte *Berechnung* der Teilungsmasse (§ 107 Abs. 1 S. 1, einschließlich der Verzinsung,
- die fehlerhafte Zurückweisung eines Widerspruchs (§ 115 Abs. 1 S. 2, §§ 876 ZPO ff);
- die unterlassene Hilfsverteilung bei einem bedingten Recht (§ 119), bei einem Gesamtrecht (§ 123 Abs. 1), bei einem Widerspruch (124 Abs. 1) und bei einem unbekannten Berechtigten (§ 126 Abs. 1);
- die nicht erfolgte Zuteilung eines Zuzahlungsbetrages (§ 125 Abs. 1).

4 Die **sofortige Beschwerde** nach §§ 793, 567 ff ZPO ist ebenfalls nicht statthaft: Da diese Entscheidungen sämtlich nur innerhalb des Teilungsplans getroffen werden können (zB § 119: „... *so ist durch den Teilungsplan festzustellen, wie ...*") und der Teilungsplan nur im Verteilungstermins und somit **zwingend** im Rahmen einer **mündlichen Verhandlung** aufgestellt werden kann (§§ 113 Abs. 1, 115 Abs. 1 S. 1), ist der Zugang zur sofortigen Beschwerde über § 793 ZPO verwehrt

5 Folglich ist in Bezug auf diese Entscheidungen nach den allgemeinen verfahrensrechtlichen Vorschriften kein Rechtsbehelf gegeben und für die Beteiligten der Weg der **sofortigen Rechtspflegererinnerung** eröffnet. Wenn der Rechtspfleger der Erinnerung nicht abhilft, ist für die Entscheidung der Richter beim Amtsgericht zuständig (§ 28 RPflG).

6 Die Entscheidungen des Gerichts, die im Zusammenhang mit der Ausführung des Teilungsplans stehen und nicht zwingend im Verteilungstermin erfolgen müssen, wie zB
- die Forderungsübertragungen im Falle der Nichtzahlung (§ 118) und
- die Entscheidung über die Fortsetzung der Ausführung eines Teilungsplans (§ 878 Abs. 1 S. 2 ZPO),

können mit der sofortigen Beschwerde angegriffen werden (§§ 793, 567 ZPO).

7 Alternativ und außerhalb des ZVG-Verfahrens kann der im Teilungsplan benachteiligte Gläubiger die **Bereicherungsklage** (§ 878 Abs. 2 ZPO, § 812 BGB) gegen den in der Erlösverteilung zu Unrecht bevorzugten Gläubiger erheben (BGH Rpfleger 1995, 173 (Abschnitt III der Gründe) = DB 1994, 2615 = DNotZ 1995, 204 = MDR 1995, 791 = NJW 1994, 3299 = WM 1995, 36).

8 Zum Widerspruch berechtigt sind alle Beteiligten (§ 9), die gemäß § 10 einen Anspruch auf Zahlung aus dem Erlös haben und einen Ausfall erleiden, weil sie im Teilungsplan durch einen anderen ganz oder zum Teil aus der Zuteilung verdrängt werden. Der Widerspruch ist also nur zulässig, wenn der Widersprechende im Falle eines Erfolges und nach entsprechender Korrektur des Teilungsplans mehr aus dem Erlös erhalten würde.

9 Soweit ein Beteiligter seinen Anspruch angemeldet hat und vom Vollstreckungsgericht nicht antragsgemäß in den Teilungsplan aufgenommen worden ist, gilt seine Anmeldung als Widerspruch (Abs. 2).

10 [2] **Details und Ziel des Widerspruchs.** Damit die Zulässigkeit geprüft und über den Widerspruch gemäß § 878 ZPO verhandelt werden kann, ist darzulegen, gegen welche Zuteilung und in welchem Umfang Widerspruch erhoben wird.

B. Gerichtliche Sicht

I. Muster: Korrektur des Teilungsplans[1]

▶ **6. Korrektur und Ergänzung**

Aufgrund des zulässigen Widerspruchs der ... (Widersprechende) erfolgt eine Änderung des Teilungsplans:[2]

Die Zuteilung ... (lfd Nr. der Zuteilung, Berechtigter, Anspruch, Betrag) erfolgt bedingt:[3]

a) an ... (Berechtigter gemäß Zuteilung) für den Fall, dass der Widerspruch unbegründet ist oder die Klageerhebung nicht binnen einem Monat nachgewiesen wird.[4]

b) an ... (Widersprechende), wenn der Widerspruch begründet ist.

Der Betrag ist zu hinterlegen (§§ 124, 120 ZVG). ◀

II. Erläuterungen

[1] **Korrektur des Teilungsplans.** Siehe § 114 Rn 11; Alternativ kann die Widerspruchsbehandlung und die Korrektur des Teilungsplans auch direkt in das Protokoll zum Verteilungstermin aufgenommen werden (vgl § 118 Rn 1 und 15).

[2] **Entscheidung des Vollstreckungsgerichts.** Das Vollstreckungsgericht prüft nur die Zulässigkeit des Widerspruchs (Berechtigung und Frist, Rn 2 und 5). Ein unzulässiger Widerspruch wird durch Beschluss zurückgewiesen. Über die Begründetheit entscheidet das Prozessgericht nach Erhebung der Widerspruchsklage (Rn 13).

Liegt im Verteilungstermin ein zulässiger Widerspruch vor, muss sich der anwesende, vom Widerspruch betroffenen Beteiligte sofort dazu erklären (§ 876 Satz 2 ZPO). Wird der Widerspruch als begründet anerkannt oder kommt eine Einigung zustande, ändert das Gericht den Teilungsplan entsprechend der Einigung ab (§ 876 Satz 3 ZPO). Ist der vom Widerspruch betroffene Beteiligte nicht anwesend, wird gemäß § 877 Abs. 2 ZPO vermutet, dass er den Widerspruch nicht als begründet anerkennt.

[3] **Bedingte Zuteilung.** Kommt es in der Verhandlung nicht zu einer Einigung, führt das Gericht den Plan insoweit aus, als er durch den Widerspruch nicht betroffen ist (§ 876 Satz 4 ZPO). Hinsichtlich des streitigen Betrages ergänzt das Gericht den Teilungsplan um eine Hilfsverteilung und hinterlegt den streitigen Betrag.

[4] **Widerspruchsklage.** Der Widersprechende muss dem Vollstreckungsgericht gemäß § 878 Abs. 1 ZPO binnen einer Frist von einem Monat nachweisen, dass er gegen den beteiligten Gläubiger Klage erhoben hat. Die Frist beginnt mit dem Terminstag ohne vorherige Aufforderung oder Belehrung des Vollstreckungsgerichts. Sie ist als gesetzliche Frist nicht verlängerbar (§ 224 Abs. 2 ZPO).

Nach fruchtlosem Ablauf der Monatsfrist veranlasst das Vollstreckungsgericht die Auszahlung des hinterlegten Betrages (§ 878 Abs. 1 Satz 2 ZPO). Dasselbe gilt, wenn das Urteil des Prozessgerichts vorgelegt wird (§ 882 ZPO).

§ 116 [Aussetzung der Ausführung]

Die Ausführung des Teilungsplans soll bis zur Rechtskraft des Zuschlags ausgesetzt werden, wenn der Ersteher oder im Falle des § 69 Abs. 3 der für mithaftend erklärte

Bürge sowie in den Fällen des § 81 Abs. 2, 3 der Meistbietende die Aussetzung beantragt.

§ 117 [Ausführung bei Zahlung des Bargebots]

(1) ¹Soweit der Versteigerungserlös in Geld vorhanden ist, wird der Teilungsplan durch Zahlung an die Berechtigten ausgeführt. ²Die Zahlung ist unbar zu leisten.

(2) ¹Die Auszahlung an einen im Termin nicht erschienenen Berechtigten ist von Amts wegen anzuordnen. ²Die Art der Auszahlung bestimmt sich nach den Landesgesetzen. ³Kann die Auszahlung nicht erfolgen, so ist der Betrag für den Berechtigten zu hinterlegen.

(3) Im Falle der Hinterlegung des Erlöses kann statt der Zahlung eine Anweisung auf den hinterlegten Betrag erteilt werden.

§ 118 [Ausführung bei Nichtzahlung des Versteigerungserlöses]

(1) Soweit das Bargebot nicht berichtigt wird, ist der Teilungsplan dadurch auszuführen, daß die Forderung gegen den Ersteher auf die Berechtigten übertragen und im Falle des § 69 Abs. 3 gegen den für mithaftend erklärten Bürgen auf die Berechtigten mitübertragen wird; Übertragung und Mitübertragung erfolgen durch Anordnung des Gerichts.

(2) ¹Die Übertragung wirkt wie die Befriedigung aus dem Grundstücke. ²Diese Wirkung tritt jedoch im Falle des Absatzes 1 nicht ein, wenn vor dem Ablaufe von drei Monaten der Berechtigte dem Gerichte gegenüber den Verzicht auf die Rechte aus der Übertragung erklärt oder die Zwangsversteigerung beantragt. ³Wird der Antrag auf Zwangsversteigerung zurückgenommen oder das Verfahren nach § 31 Abs. 2 aufgehoben, so gilt er als nicht gestellt. ⁴Im Falle des Verzichts soll das Gericht die Erklärung dem Ersteher sowie demjenigen mitteilen, auf welchen die Forderung infolge des Verzichts übergeht.

A. Gerichtliche Sicht	[2] Briefvorlage	3
I. Muster: Forderungsübertragung bei Nichtzahlung	[3] Widersprüche und abweichende Anmeldungen	5
II. Erläuterungen und Varianten	[4] Teilzahlung	6
[1] Forderungsübertragung im Protokoll 2	[5] Forderungsübertragung	7
	[6] Sicherungshypotheken	9

A. Gerichtliche Sicht

1 I. Muster: Forderungsübertragung bei Nichtzahlung

▶ Teilungsplan; Forderungsübertragung▪▪▪ (Ort), ▪▪▪ (Datum)

Protokoll[1]

Nichtöffentliche Sitzung des Amtsgerichts ▪▪▪

Aktenzeichen: ▪▪▪

Gegenwärtig: ▪▪▪ (Name), Rechtspflegerin

In dem Verfahren zur Zwangsversteigerung

▪▪▪ (Grundbuchbezeichnung)

... (Bestandsverzeichnis des Grundbuchs)

Schuldner: ... (gem. Abteilung I des Grundbuchs)

erschien in dem heutigen Termin zur Verteilung des Versteigerungserlöses nach Aufruf der Sache: ...

Es wurde festgestellt, dass sich der Brief der Grundschuld III/... bei der Akte befindet und die Grundschuld III/... brieflos ist.[2]

Sodann wurde der aus Anlage ersichtliche Teilungsplan verlesen. Über den Teilungsplan wurde verhandelt. Widerspruch wurde nicht erhoben und ist aus der Akte auch nicht ersichtlich. Vom Teilungsplan abweichende Anmeldungen liegen nicht vor.[3]

Der Ersteher hat heute insgesamt ... EUR zu zahlen. Nach Auskunft der Gerichtskasse wurde der Betrag nicht eingezahlt. Damit ist die Zahlungsverpflichtung nicht erfüllt.

Das Gericht verkündete folgenden

Beschluss

Da der Ersteher die Zahlungsverpflichtung nicht erfüllt hat, werden die Forderungen gegen den Ersteher[4] auf die Berechtigten gemäß aufgestelltem Teilungsplan übertragen.[5]

Das Gericht wies darauf hin, dass

für die übertragenen Forderungen Sicherungshypotheken gemäß § 128 ZVG in dem aus dem Teilungsplan ersichtlichen Rang einzutragen sind. Die Eintragung unterbleibt bis zum Eingang der Unbedenklichkeitsbescheinigung des Finanzamtes. Nach Eingang dieser Bescheinigung wird die Eintragung der Sicherungshypotheken von Amts wegen veranlasst.[6]

die Beträge von heute an mit 5 Prozentpunkten über dem jeweiligen Basiszinssatz zu verzinsen sind (§§ 286, 288 BGB).

Belehrung

Gegen diese Entscheidung ist der Rechtsbehelf der sofortigen Beschwerde statthaft. Sie ist binnen einer Frist von zwei Wochen einzulegen. Die Frist beginnt mit der Zustellung des Beschlusses. Die Beschwerde kann beim Amtsgericht (Name) oder beim Beschwerdegericht, dem Landgericht (Name und Anschrift), eingelegt werden. Die Beschwerdeschrift muss die Bezeichnung der angefochtenen Entscheidung sowie die Erklärung enthalten, dass Beschwerde gegen diese Entscheidung eingelegt wird. Die Beschwerde kann auch durch Erklärung zu Protokoll der Geschäftsstelle des Amtsgerichts eingelegt werden.

geschlossen:

...

Rechtspflegerin ◄

II. Erläuterungen und Varianten

[1] **Forderungsübertragung im Protokoll.** Über die wesentlichen Vorgänge im Verteilungstermin ist ein Protokoll aufzustellen (§§ 160 ZPO ff). 2

[2] **Briefvorlage.** Nach dem Wortlaut des § 126 gilt der Berechtigte als unbekannt, wenn eine Zuteilung auf das Kapital einer Briefgrundschuld (Briefhypothek) erfolgt kann und der im Grundbuch eingetragene Gläubiger nicht spätestens im Verteilungs- 3

termin den **Grundschuldbrief** (Hypothekenbrief) vorlegen kann (§ 1160 Abs. 1 BGB). Für eine Zuteilung, die nur auf Kosten und Nebenleistungen (Zinsen) erfolgt, ist keine Briefvorlage erforderlich (§§ 1159, 1160 Abs. 3 BGB).

4 Ist der Berechtigte einer Zuteilung unbekannt, teilt das Gericht im Teilungsplan den Anspruch an den **unbekannten Berechtigten** zu (Siehe § 126 Rn 1).

5 [3] **Widersprüche und abweichende Anmeldungen.** Siehe § 115

6 [4] **Teilzahlung.** Da in den meisten Fällen im Versteigerungstermin von den Bietern Sicherheit verlangt wird (§§ 67 ff), liegt in der Regel zum Verteilungstermin eine Teilzahlung vor. In diesem Fall wird der Satz

▶ ... soweit sie nicht bereits durch erfolgte Teilzahlung gedeckt sind ... ◀

eingefügt.

7 [5] **Forderungsübertragung.** Wenn der Ersteher seiner Zahlungsverpflichtung nicht (vollständig) nachkommt, wird der Teilungsplan dadurch ausgeführt, dass das Vollstreckungsgericht die **Forderung** des Schuldners gegen den Ersteher auf die Zuteilungsberechtigten **überträgt**. Diese erhalten damit jeweils einen Zahlungsanspruch gegenüber dem Ersteher.

8 Die Übertragung wirkt wie die Befriedigung aus dem Grundstück. Der Gläubiger muss sich so behandeln lassen, als sei sein ursprünglicher Anspruch gegen den Schuldner in Höhe der Zuteilung aus dem Erlös befriedigt worden und durch Tilgung erloschen. Dem Gläubiger steht daher nur noch die Forderung gegen den Ersteher zu. Die Befriedigungswirkung kann der Gläubiger dadurch ausschließen, dass er innerhalb von 3 Monaten ab Verkündung der Forderungsübertragung entweder

– dem Gericht gegenüber auf die Rechte aus der Forderungsübertragung verzichtet oder

– aus der übertragenen Forderung bzw der dafür eingetragenen Sicherungshypothek die Wiederversteigerung (Rn 9) gegen den Ersteher einleitet.

Bis zum Ablauf der dreimonatigen Frist ist die Befriedigungswirkung daher aufschiebend bedingt. Erst nach fruchtlosem Ablauf der Frist erlischt die alte Forderung gegen den Schuldner mit allen Nebenrechten.

9 [6] **Sicherungshypotheken.** Die übertragenen Ansprüche werden anschließend von Amts wegen durch Sicherungshypotheken (§ 128) abgesichert. Die Gläubiger haben dann die Möglichkeit, im Wege der Zwangsvollstreckung gegen den Ersteher persönlich vorzugehen (§ 132) oder die erneute Versteigerung (§ 133 = Wiederversteigerung) zu beantragen.

10 Der Ersteher kann grundsätzlich erst dann im Grundbuch als Eigentümer eingetragen werden, wenn er die Grunderwerbsteuer beglichen hat und dem Gericht die Unbedenklichkeitsbescheinigung des Finanzamts vorliegt (§ 22 GrEStG). Wenn der Ersteher bereits den Versteigerungserlös nicht gezahlt hat, wird er in der Regel auch die Steuerschuld nicht begleichen, so dass es dem Vollstreckungsgericht nicht möglich ist, das Grundbuch zu berichtigen und die Sicherungshypotheken nach § 128 eintragen zu lassen. Wird allerdings eine neue Zwangsversteigerung beantragt, können die Gerichte aufgrund übereinstimmender Verwaltungsanordnungen der Länderfinanzminister das Finanzamt um Erteilung der Unbedenklichkeitsbescheinigung ersuchen.

Das Finanzamt erteilt daraufhin die Bescheinigung, um die Grundbuchberichtigung und die Eintragung der Sicherungshypotheken nach § 128 zu ermöglichen.

§ 119 [Aufstellung des Teilungsplans bei bedingtem Anspruch]
Wird auf einen bedingten Anspruch ein Betrag zugeteilt, so ist durch den Teilungsplan festzustellen, wie der Betrag anderweit verteilt werden soll, wenn der Anspruch wegfällt.

§ 120 [Ausführung des Teilungsplans bei aufschiebender Bedingung]
(1) ¹Ist der Anspruch aufschiebend bedingt, so ist der Betrag für die Berechtigten zu hinterlegen. ²Soweit der Betrag nicht gezahlt ist, wird die Forderung gegen den Ersteher auf die Berechtigten übertragen. ³Die Hinterlegung sowie die Übertragung erfolgt für jeden unter der entsprechenden Bedingung.
(2) Während der Schwebezeit gelten für die Anlegung des hinterlegten Geldes, für die Kündigung und Einziehung der übertragenen Forderung sowie für die Anlegung des eingezogenen Geldes die Vorschriften der §§ 1077 bis 1079 des Bürgerlichen Gesetzbuchs; die Art der Anlegung bestimmt derjenige, welchem der Betrag gebührt, wenn die Bedingung ausfällt.

§ 121 [Zuteilung auf Ersatzansprüche]
(1) In den Fällen des § 92 Abs. 2 ist für den Ersatzanspruch in den Teilungsplan ein Betrag aufzunehmen, welcher der Summe aller künftigen Leistungen gleichkommt, den fünfundzwanzigfachen Betrag einer Jahresleistung jedoch nicht übersteigt; zugleich ist zu bestimmen, daß aus den Zinsen und dem Betrage selbst die einzelnen Leistungen zur Zeit der Fälligkeit zu entnehmen sind.
(2) Die Vorschriften der §§ 119, 120 finden entsprechende Anwendung; die Art der Anlegung des Geldes bestimmt der zunächst Berechtigte.

§ 122 [Verteilung bei Gesamthypothek]
(1) ¹Sind mehrere für den Anspruch eines Beteiligten haftende Grundstücke in demselben Verfahren versteigert worden, so ist, unbeschadet der Vorschrift des § 1132 Abs. 1 Satz 2 des Bürgerlichen Gesetzbuchs, bei jedem einzelnen Grundstücke nur ein nach dem Verhältnisse der Erlöse zu bestimmender Betrag in den Teilungsplan aufzunehmen. ²Der Erlös wird unter Abzug des Betrags der Ansprüche berechnet, welche dem Anspruche des Beteiligten vorgehen.
(2) Unterbleibt die Zahlung eines auf den Anspruch des Beteiligten zugeteilten Betrags, so ist der Anspruch bei jedem Grundstück in Höhe dieses Betrags in den Plan aufzunehmen.

§ 123 [Hilfsübertragung bei Gesamthypothek]
(1) Soweit auf einen Anspruch, für den auch ein anderes Grundstück haftet, der zugeteilte Betrag nicht gezahlt wird, ist durch den Teilungsplan festzustellen, wie der Betrag anderweit verteilt werden soll, wenn das Recht auf Befriedigung aus dem zuge-

teilten Betrage nach Maßgabe der besonderen Vorschriften über die Gesamthypothek erlischt.
(2) Die Zuteilung ist dadurch auszuführen, daß die Forderung gegen den Ersteher unter der entsprechenden Bedingung übertragen wird.

§ 124 [Verteilung bei Widerspruch gegen den Teilungsplan]

(1) Im Falle eines Widerspruchs gegen den Teilungsplan ist durch den Plan festzustellen, wie der streitige Betrag verteilt werden soll, wenn der Widerspruch für begründet erklärt wird.
(2) Die Vorschriften des § 120 finden entsprechende Anwendung; die Art der Anlegung bestimmt derjenige, welcher den Anspruch geltend macht.
(3) Das gleiche gilt, soweit nach § 115 Abs. 4 die Ausführung des Planes unterbleibt.

1   Zum Widerspruch Siehe § 115.

§ 125 [Zuteilung des erhöhten Betrages]

(1) ¹Hat der Ersteher außer dem durch Zahlung zu berichtigenden Teile des Meistgebots einen weiteren Betrag nach den §§ 50, 51 zu zahlen, so ist durch den Teilungsplan festzustellen, wem dieser Betrag zugeteilt werden soll. ²Die Zuteilung ist dadurch auszuführen, daß die Forderung gegen den Ersteher übertragen wird.
(2) ¹Ist ungewiß oder streitig, ob der weitere Betrag zu zahlen ist, so erfolgt die Zuteilung und Übertragung unter der entsprechenden Bedingung. ²Die §§ 878 bis 882 der Zivilprozeßordnung finden keine Anwendung.
(3) Die Übertragung hat nicht die Wirkung der Befriedigung aus dem Grundstücke.

§ 126 [Hilfszuteilung bei unbekannten Berechtigten]

(1) Ist für einen zugeteilten Betrag die Person des Berechtigten unbekannt, insbesondere bei einer Hypothek, Grundschuld oder Rentenschuld der Brief nicht vorgelegt, so ist durch den Teilungsplan festzustellen, wie der Betrag verteilt werden soll, wenn der Berechtigte nicht ermittelt wird.
(2) ¹Der Betrag ist für den unbekannten Berechtigten zu hinterlegen. ²Soweit der Betrag nicht gezahlt wird, ist die Forderung gegen den Ersteher auf den Berechtigten zu übertragen.

A. Gerichtliche Sicht	[2] Briefvorlage	3
I. Muster: Zuteilung bei unbekanntem Berechtigten	[3] Hilfsverteilung	4
II. Erläuterungen und Varianten	[4] Berechtigter nicht ermittelbar..	5
[1] Protokoll 2	[5] Vertreter für den unbekannten Berechtigten	6

A. Gerichtliche Sicht

I. Muster: Zuteilung bei unbekanntem Berechtigten

▶ ... (Ort), ... (Datum)

Protokoll[1]

Nichtöffentliche Sitzung des Amtsgerichts ...

Aktenzeichen: ...

Gegenwärtig: ... (Name), Rechtspflegerin

In dem Verfahren zur Zwangsversteigerung

... (Grundbuchbezeichnung)

... (Bestandsverzeichnis des Grundbuchs)

Schuldner: ... (gem. Abteilung I des Grundbuchs)

erschien in dem heutigen Termin zur Verteilung des Versteigerungserlöses nach Aufruf der Sache: ...

Sodann wurde der aus Anlage ersichtliche Teilungsplan verlesen. Über den Teilungsplan wurde verhandelt. Widerspruch wurde nicht erhoben und ist aus der Akte auch nicht ersichtlich. Vom Teilungsplan abweichende Anmeldungen liegen nicht vor.

Der Ersteher hat heute insgesamt ... EUR zu zahlen. Nach Auskunft der Gerichtskasse wurde der Betrag eingezahlt. Damit ist die Zahlungsverpflichtung erfüllt.

Gemäß Teilungsplan kann auf die Grundschuld III/... eine Zuteilung auf den Kapitalanspruch erfolgen. Es wurde festgestellt, dass der Brief der Grundschuld III/... zum Verteilungstermin nicht vorgelegt wurde.[2] Gemäß § 126 ZVG gilt der Berechtigte der Zuteilung als Unbekannt. Es ergeben sich daher folgende Ergänzungen zum Teilungsplan:[3]

Wird der Berechtigte nachträglich ermittelt, so ist der Teilungsplan weiter auszuführen (§ 137 Abs. 1 ZVG).

Wird als Berechtigter der frühere Eigentümer ... (Name des Schuldners) ermittelt, sind bei der Zuteilung auf das Recht keine Zinsen zu berücksichtigen (§ 1197 Abs. 2 BGB). Der Teilbetrag in Höhe von ... EUR wird dann an die Gläubiger der weiteren Ansprüche verteilt (ausfallende Gläubiger):

... (Namen und Ansprüche der ausfallenden Berechtigten, in der Rangfolge gemäß Schuldenmasse)

Falls der Berechtigte nicht ermittelt wird, wird der zugeteilte Betrag hilfsweise auf die ausfallenden Gläubiger (siehe oben) verteilt.[4]

Sofern alle Gläubiger befriedigt sein sollten, steht der Betrag dem früheren Schuldner/Eigentümer ... (Name) als Erlösüberschuss zu.

Das Gericht verkündete folgenden

Beschluss[5]

Als Vertreter und zur Ermittlung des unbekannten Berechtigten der Grundschuld III/... wird ... (Anrede, Titel, Vorname, Name und Anschrift) bestellt (§ 135 ZVG). Er/Sie ist zur Ermittlung und Benachrichtigung des Vertretenen verpflichtet und kann von dem Vertretenen eine Vergütung für die Tätigkeit und Ersatz der Auslagen fordern. Über die Vergütung und die Erstattung der Auslagen entscheidet das Vollstreckungsgericht. Sie sind aus dem zugeteilten Betrag vorweg zu entnehmen.

Ausführung der Zuteilung:

Bis zur Feststellung des Berechtigten der Zuteilung zur Grundschuld III/... wird der Betrag hinterlegt (§ 126 Abs. 2 Satz 1 ZVG). Im Übrigen veranlasst das Gericht die Auszahlung gemäß Teilungsplan (§ 117 ZVG).

geschlossen:

...

Rechtspflegerin ◀

II. Erläuterungen und Varianten

2 **[1] Protokoll.** Allgemeine Hinweise zum Verteilungstermin siehe § 118.

3 **[2] Briefvorlage.** Nach dem Wortlaut des § 126 gilt der Berechtigte als unbekannt, wenn eine Zuteilung auf das Kapital einer Briefgrundschuld (Briefhypothek) erfolgt kann und der im Grundbuch eingetragene Gläubiger nicht spätestens im Verteilungstermin den **Grundschuldbrief** (Hypothekenbrief) vorlegen kann (§ 1160 Abs. 1 BGB). Für eine Zuteilung, die nur auf Kosten und Nebenleistungen (Zinsen) erfolgt, ist keine Briefvorlage erforderlich (§§ 1159, 1160 Abs. 3 BGB).

4 **[3] Hilfsverteilung.** Ist der Berechtigte einer Zuteilung unbekannt, teilt das Gericht im Teilungsplan den Anspruch an den **unbekannten Berechtigten** zu und bestimmt gleichzeitig durch eine Hilfszuteilung, wem der zugeteilte Betrag zufallen soll, wenn der wahre Berechtigte nicht gemäß §§ 135–142 ermittelt wird. Hilfsberechtigt sind die im Teilungsplan rangbesten ausfallenden Gläubiger, zuletzt der bisherige Eigentümer mit seinem Anspruch auf den Erlösüberschuss.

5 **[4] Berechtigter nicht ermittelbar.** Gemäß § 126 Abs. 1 ZVG ist festzustellen, wie der Betrag zu verteilen ist, wenn ein Berechtigter nicht ermittelt werden kann.

6 **[5] Vertreter für den unbekannten Berechtigten.** Ist der Berechtigte aus materiellem (§ 372 BGB) oder verfahrensrechtlichem (§ 126) Gründen unbekannt, muss ein Vertreter nach § 135 bestellt werden.

7 Kann der Gläubiger den Brief deshalb nicht vorlegen, weil er in Verlust geraten oder versehentlich vernichtet worden ist, kann er das Aufgebotsverfahren zur Kraftloserklärung des Briefes beantragen (§§ 478 Abs. 1, 466 Abs. 2, 433 FamFG). Mit dem Ausschließungsbeschluss, in dem der Brief für kraftlos erklärt wurde, weist der Gläubiger seine Berechtigung nach. Da der Berechtigte damit bekannt ist, kann das Vollstreckungsgericht den Teilungsplan weiter ausführen (§ 137).

8 Wird der Unbekannte nicht ermittelt (bezieht sich nicht auf fehlende Legitimationsnachweise/Grundschuldbrief, Rn 7) muss nach drei Monaten das Vollstreckungsgericht auf Antrag des (ersten) Berechtigten aus der Hilfsverteilung diesen Berechtigten ermächtigen (§ 138), das Aufgebotsverfahren nach § 140 zu beantragen.

§ 127 [Vermerke auf Hypothekenbriefen und vollstreckbaren Titeln]

(1) ¹Wird der Brief über eine infolge der Versteigerung erloschene Hypothek, Grundschuld oder Rentenschuld vorgelegt, so hat das Gericht ihn unbrauchbar zu ma-

chen. ²Ist das Recht nur zum Teil erloschen, so ist dies auf dem Briefe zu vermerken. ³Wird der Brief nicht vorgelegt, so kann das Gericht ihn von dem Berechtigten einfordern.
(2) Im Falle der Vorlegung eines vollstreckbaren Titels über einen Anspruch, auf welchen ein Betrag zugeteilt wird, hat das Gericht auf dem Titel zu vermerken, in welchem Umfange der Betrag durch Zahlung, Hinterlegung oder Übertragung gedeckt worden ist.
(3) Der Wortlaut der Vermerke ist durch das Protokoll festzustellen.

§ 128 [Eintragung einer Sicherungshypothek]

(1) ¹Soweit für einen Anspruch die Forderung gegen den Ersteher übertragen wird, ist für die Forderung eine Sicherungshypothek an dem Grundstücke mit dem Range des Anspruchs einzutragen. ²War das Recht, aus welchem der Anspruch herrührt, nach dem Inhalte des Grundbuchs mit dem Rechte eines Dritten belastet, so wird dieses Recht als Recht an der Forderung miteingetragen.
(2) Soweit die Forderung gegen den Ersteher unverteilt bleibt, wird eine Sicherungshypothek für denjenigen eingetragen, welcher zur Zeit des Zuschlags Eigentümer des Grundstücks war.
(3) ¹Mit der Eintragung entsteht die Hypothek. ²Vereinigt sich die Hypothek mit dem Eigentum in einer Person, so kann sie nicht zum Nachteil eines Rechtes, das bestehen geblieben ist, oder einer nach Absätzen 1, 2 eingetragenen Sicherungshypothek geltend gemacht werden.
(4) Wird das Grundstück von neuem versteigert, ist der zur Deckung der Hypothek erforderliche Betrag als Teil des Bargebots zu berücksichtigen.

§ 129 [Spätere Rangverschiebung der Sicherungshypotheken]

¹Die Sicherungshypothek für die im § 10 Nr. 1 bis 3 bezeichneten Ansprüche, für die im § 10 Nr. 4 bezeichneten Ansprüche auf wiederkehrende Leistungen und für die im § 10 Abs. 2 bezeichneten Kosten kann nicht zum Nachteile der Rechte, welche bestehen geblieben sind, und der übrigen nach § 128 Abs. 1, 2 eingetragenen Sicherungshypotheken geltend gemacht werden, es sei denn, daß vor dem Ablaufe von sechs Monaten nach der Eintragung derjenige, welchem die Hypothek zusteht, die Zwangsversteigerung des Grundstücks beantragt. ²Wird der Antrag auf Zwangsversteigerung zurückgenommen oder das Verfahren nach § 31 Abs. 2 aufgehoben, so gilt er als nicht gestellt.

§ 130 [Eintragungen in das Grundbuch]

(1) ¹Ist der Teilungsplan ausgeführt und der Zuschlag rechtskräftig, so ist das Grundbuchamt zu ersuchen, den Ersteher als Eigentümer einzutragen, den Versteigerungsvermerk sowie die durch den Zuschlag erloschenen Rechte zu löschen und die Eintragung der Sicherungshypotheken für die Forderung gegen den Ersteher zu bewirken. ²Bei der Eintragung der Hypotheken soll im Grundbuch ersichtlich gemacht werden, daß sie auf Grund eines Zwangsversteigerungsverfahrens erfolgt ist.

(2) Ergibt sich, daß ein bei der Feststellung des geringsten Gebots berücksichtigtes Recht nicht zur Entstehung gelangt oder daß es erloschen ist, so ist das Ersuchen auch auf die Löschung dieses Rechtes zu richten.
(3) Hat der Ersteher, bevor er als Eigentümer eingetragen worden ist, die Eintragung eines Rechtes an dem versteigerten Grundstück bewilligt, so darf die Eintragung nicht vor der Erledigung des im Absatz 1 bezeichneten Ersuchens erfolgen.

§ 130 a [Vormerkung]

(1) Soweit für den Gläubiger eines erloschenen Rechts gegenüber einer bestehenbleibenden Hypothek, Grundschuld oder Rentenschuld nach § 1179 a des Bürgerlichen Gesetzbuchs die Wirkungen einer Vormerkung bestanden, fallen diese Wirkungen mit der Ausführung des Ersuchens nach § 130 weg.
(2) ¹Ist bei einem solchen Recht der Löschungsanspruch nach § 1179 a des Bürgerlichen Gesetzbuchs gegenüber einem bestehenbleibenden Recht nicht nach § 91 Abs. 4 Satz 2 erloschen, so ist das Ersuchen nach § 130 auf einen spätestens im Verteilungstermin zu stellenden Antrag des Anspruchsberechtigten jedoch auch darauf zu richten, daß für ihn bei dem bestehenbleibenden Recht eine Vormerkung zur Sicherung des sich aus der erloschenen Hypothek, Grundschuld oder Rentenschuld ergebenden Anspruchs auf Löschung einzutragen ist. ²Die Vormerkung sichert den Löschungsanspruch vom gleichen Zeitpunkt an, von dem ab die Wirkungen des § 1179 a Abs. 1 Satz 3 des Bürgerlichen Gesetzbuchs bestanden. ³Wer durch die Eintragung der Vormerkung beeinträchtigt wird, kann von dem Berechtigten die Zustimmung zu deren Löschung verlangen, wenn diesem zur Zeit des Erlöschens seines Rechts ein Anspruch auf Löschung des bestehenbleibenden Rechts nicht zustand oder er auch bei Verwirklichung dieses Anspruchs eine weitere Befriedigung nicht erlangen würde; die Kosten der Löschung der Vormerkung und der dazu erforderlichen Erklärungen hat derjenige zu tragen, für den die Vormerkung eingetragen war.

§ 131 [Löschung einer Hypothek, Grundschuld oder Rentenschuld]

¹In den Fällen des § 130 Abs. 1 ist zur Löschung einer Hypothek, einer Grundschuld oder einer Rentenschuld, im Falle des § 128 zur Eintragung des Vorranges einer Sicherungshypothek die Vorlegung des über das Recht erteilten Briefes nicht erforderlich. ²Das gleiche gilt für die Eintragung der Vormerkung nach § 130 a Abs. 2 Satz 1.

§ 132 [Vollstreckbarkeit; Vollstreckungsklausel]

(1) ¹Nach der Ausführung des Teilungsplans ist die Forderung gegen den Ersteher, im Falle des § 69 Abs. 3 auch gegen den für mithaftend erklärten Bürgen und im Falle des § 81 Abs. 4 auch gegen den für mithaftend erklärten Meistbietenden, der Anspruch aus der Sicherungshypothek gegen den Ersteher und jeden späteren Eigentümer vollstreckbar. ²Diese Vorschrift findet keine Anwendung, soweit der Ersteher einen weiteren Betrag nach den §§ 50, 51 zu zahlen hat.
(2) ¹Die Zwangsvollstreckung erfolgt auf Grund einer vollstreckbaren Ausfertigung des Beschlusses, durch welchen der Zuschlag erteilt ist. ²In der Vollstreckungsklausel

ist der Berechtigte sowie der Betrag der Forderung anzugeben; der Zustellung einer Urkunde über die Übertragung der Forderung bedarf es nicht.

Wenn der Ersteher zum Verteilungstermin seiner Zahlungsverpflichtung nicht nachkommt, wird der Teilungsplan dadurch ausgeführt, dass das Vollstreckungsgericht die Forderung des Schuldners gegen den Ersteher auf die Zuteilungsberechtigten überträgt (§ 118 Rn 1). Damit erhalten diese jeweils einen Zahlungsanspruch gegenüber dem Ersteher. Die Ansprüche werden anschließend von Amts wegen durch Sicherungshypotheken abgesichert (§ 128). Die Gläubiger haben dann die Möglichkeit, im Wege der Zwangsvollstreckung gegen den Ersteher persönlich vorzugehen oder die erneute Versteigerung zu beantragen (§ 133 Rn 1 = Wiederversteigerung).

Um ein aufwendiges Klageverfahren zu vermeiden, bestimmt die Norm, dass bereits der Zuschlagsbeschluss (§ 81) vollstreckbar ist. Er ist sowohl für die Vollstreckung in das Grundstück, als auch für die Vollstreckung in das sonstige Vermögen des Erstehers eine geeignete Vollstreckungsgrundlage.

In Bezug auf das grundsätzliche Klauselverfahren wird auf die Ausführungen zu § 725 ZPO verweisen. Ergänzend muss der zugeteilte Betrag des Berechtigten (siehe § 114 Rn 10) angegeben werden.

§ 133 [Vollstreckung ohne Zustellung des Vollstreckungstitels]

¹Die Zwangsvollstreckung in das Grundstück ist gegen den Ersteher ohne Zustellung des vollstreckbaren Titels oder der nach § 132 erteilten Vollstreckungsklausel zulässig; sie kann erfolgen, auch wenn der Ersteher noch nicht als Eigentümer eingetragen ist. ²Der Vorlegung des im § 17 Abs. 2 bezeichneten Zeugnisses bedarf es nicht, solange das Grundbuchamt noch nicht um die Eintragung ersucht ist.

A. Anwaltliche Sicht
   I. Anordnung der Wiederversteigerung
      1. Muster: Antrag auf Anordnung der Zwangsversteigerung
      2. Erläuterungen und Varianten
         [1] Wiederversteigerung 2
         [2] Vorverfahren 3
         [3] Schuldner 4
         [4] Eintragung im Grundbuch 5
         [5] Dinglicher Anspruch 6
         [6] Vollstreckungstitel 7
         [7] Verkehrswert 8
B. Gerichtliche Sicht

A. Anwaltliche Sicht

I. Anordnung der Wiederversteigerung

1. Muster: Antrag auf Anordnung der Zwangsversteigerung

▶ An das

Amtsgericht ...

Abteilung für Zwangsversteigerungen

Antrag auf Anordnung einer Zwangsversteigerung[1]

Aktenzeichen des Vorverfahrens: ...[2]

Sehr geehrte Damen und Herren,

ich bestelle mich als Vertreter für die Gläubigerin ▪▪▪ (Name, Anschrift) und beantrage die Zwangsversteigerung (Wiederversteigerung) des nachfolgend genannten Grundbesitzes:

Grundbuch	Band	Blatt	Lage
▪▪▪	▪▪▪	▪▪▪	▪▪▪

Schuldner und Eigentümer ist:

▪▪▪ (Name, Anschrift)[3]

Die Berichtigung des Grundbuchs (§ 133 ZVG) ist bisher nicht erfolgt.[4] Im Übrigen nehme ich Bezug auf das Grundbuch.

Der Vollstreckungsantrag erfolgt wegen folgender persönlicher und dinglicher[5] Ansprüche der Gläubigerin:

Nominalbetrag	Zinssatz in %	seit dem	einmalige Nebenleistung
▪▪▪	▪▪▪	▪▪▪	▪▪▪

nebst den Kosten der gegenwärtigen und künftigen dinglichen Rechtsverfolgung.

Die vollstreckbare Ausfertigung des Zuschlagsbeschlusses vom ▪▪▪ füge ich bei.[6] Nach Anordnung des Verfahrens bitte ich um Rückgabe des Titels.

Ich rege an, den im Vorverfahren (siehe oben) ermittelten Wert auch in diesem Verfahren als Verkehrswert festzusetzen.[7]

Bei Anfragen der Interessenten und in der Veröffentlichung benennen Sie bitte als Ansprechpartner bei der Gläubigerin: ▪▪▪ (Name, Anschrift, Telefonnummer)

Ich beantrage, mir von jedem Protokoll unaufgefordert eine Abschrift zuzusenden.

Die Bankverbindung der Gläubigerin lautet: ▪▪▪

Mit freundlichen Grüßen

▪▪▪

Rechtsanwalt ◄

2. Erläuterungen und Varianten

2 [1] **Wiederversteigerung.** Die Immobiliarvollstreckung aus den übertragenen Forderungen (§ 118) und/oder den dafür eingetragenen Sicherungshypotheken (§ 128) wird als **Wiederversteigerung** bezeichnet. Im Übrigen wird auf die Ausführungen zu § 15 verwiesen. Besonderheiten für die Wiederversteigerung ergeben sich bei der Bildung des geringsten Gebots und bei der Befriedigungsrangfolge (§§ 128, 129).

3 [2] **Vorverfahren.** Die Wiederversteigerung ist rechtlich und verfahrenstechnisch selbstständig und unabhängig von dem vorausgegangenen Zwangsversteigerungsverfahren. Aus organisatorischen Gründen wird aber das Aktenzeichen des Vorverfahrens angegeben, um dem Gericht eine schnellere Zuordnung zu ermöglichen und unnötigen Zeitverlust zu vermeiden.

4 [3] **Schuldner.** Schuldner der Wiederversteigerung ist der Ersteher gemäß Zuschlagsbeschluss in der vorausgegangenen Zwangsversteigerung (§§ 81, 82).

[4] **Eintragung im Grundbuch.** Abweichend von § 17 Abs. 1 kann die Wiederversteigerung angeordnet werden, bevor der Ersteher als Eigentümer im Grundbuch eingetragen ist (Satz 1, 2. Halbsatz). Ohne diese Verfahrenserleichterung müsste der Gläubiger warten, bis das Eintragungsersuchen vom Vollstreckungsgericht gefertigt und vom Grundbuchamt vollzogen wird (§ 130). Der Versteigerungstermin kann jedoch erst bestimmt werden, nachdem das Grundbuch berichtigt wurde.

[5] **Dinglicher Anspruch.** Obwohl die Sicherungshypotheken erst mit ihrer späteren Eintragung im Grundbuch entstehen (§ 128 Abs. 3), kann das Gericht die Wiederversteigerung bereits vor der Eintragung wegen des dinglichen Anspruchs aus der noch einzutragenden Sicherungshypothek anordnen (*Hornung*, Rpfleger 1994, 9 und 405; aA *Dassler/Schiffhauer/Hintzen*, § 133 Rn 15). Der Gesetzgeber wollte durch die Bestimmungen der §§ 132, 133 das Verfahren beschleunigen und vereinfachen und differenziert nicht zwischen der Vollstreckung aus der persönlichen Forderung und der Sicherungshypothek. Ansonsten wäre der Gläubiger gezwungen, nach Eintragung der Sicherungshypothek wegen des dinglichen Anspruchs dem (eigenen) Verfahren beizutreten.

[6] **Vollstreckungstitel.** Die Wiederversteigerung (Rn 3) erfolgt aus der vollstreckbaren Ausfertigung des Zuschlagsbeschlusses (§ 132). Die Anordnung ist auch ohne vorherige Zustellung des Zuschlagsbeschlusses und der Vollstreckungsklausel zulässig. Die Vorschrift begründet damit eine Ausnahme von § 750 Abs. 1 ZPO, macht aber die Zustellung des Zuschlagsbeschlusses an den Ersteher nach § 88 ZVG nicht entbehrlich.

[7] **Verkehrswert.** Auch in dem neuen Verfahren (Wiederversteigerung) ist gemäß § 74 a Abs. 5 der Verkehrswert zu ermitteln und festzusetzen. Es liegt im Ermessen des Gerichts, ob dafür die Wertermittlung (Gutachten) des Vorverfahrens zu Grunde gelegt werden kann. Wenn die Wertermittlung zeitlich zu lange zurückliegt, wird das Gericht zumindest eine Aktualisierung des (alten) Gutachtens veranlassen.

B. Gerichtliche Sicht

Die Anordnung der Wiederversteigerung unterscheidet sich nicht von einer normalen Anordnung. Es wird daher auf die Ausführungen zu § 15 verwiesen.

Spätestens nach der Anordnung der Wiederversteigerung wird das Gericht das Grundbuchamt um die Berichtigung des Grundbuchs ersuchen (§ 130). Im Einzelnen muss der Ersteher als neuer Eigentümer vermerkt, die durch Zuschlag erloschenen dinglichen Rechte gelöscht und die Sicherungshypotheken für die übertragenen Forderungen (§§ 118, 128) eintragen werden.

Der Ersteher kann grundsätzlich erst dann im Grundbuch als Eigentümer eingetragen werden, wenn er die Grunderwerbsteuer beglichen hat und dem Gericht die Unbedenklichkeitsbescheinigung des Finanzamts vorliegt (§ 22 GrEStG). Wenn der Ersteher bereits den Versteigerungserlös nicht gezahlt hat, wird er in der Regel auch die Steuerschuld nicht begleichen, so dass es dem Vollstreckungsgericht nicht möglich ist, das Grundbuch berichtigen zu lassen. Wird allerdings die Wiederversteigerung beantragt, können die Gerichte aufgrund übereinstimmender Verwaltungsanordnungen der Länderfinanzminister das Finanzamt um Erteilung der Unbedenklichkeitsbescheinigung ersuchen. Das Finanzamt erteilt daraufhin die Bescheinigung, um die Grundbuchberichtigung und die Eintragung der Sicherungshypotheken nach § 128 zu ermöglichen.

§ 134 (aufgehoben)

§ 135 [Vertreter für unbekannten Berechtigten]

¹Ist für einen zugeteilten Betrag die Person des Berechtigten unbekannt, so hat das Vollstreckungsgericht zur Ermittlung des Berechtigten einen Vertreter zu bestellen. ²Die Vorschriften des § 7 Abs. 2 finden entsprechende Anwendung. ³Die Auslagen und Gebühren des Vertreters sind aus dem zugeteilten Betrage vorweg zu entnehmen.

Siehe § 126 Rn 1 und 6.

§ 136 [Kraftloserklärung von Grundpfandbriefen]

Ist der Nachweis des Berechtigten von der Beibringung des Briefes über eine Hypothek, Grundschuld oder Rentenschuld abhängig, so kann der Brief im Wege des Aufgebotsverfahrens auch dann für kraftlos erklärt werden, wenn das Recht bereits gelöscht ist.

§ 137 [Nachträgliche Ermittlung des Berechtigten]

(1) Wird der Berechtigte nachträglich ermittelt, so ist der Teilungsplan weiter auszuführen.

(2) ¹Liegt ein Widerspruch gegen den Anspruch vor, so ist derjenige, welcher den Widerspruch erhoben hat, von der Ermittlung des Berechtigten zu benachrichtigen. ²Die im § 878 der Zivilprozeßordnung bestimmte Frist zur Erhebung der Klage beginnt mit der Zustellung der Benachrichtigung.

Siehe § 126, Rn 1.

§ 138 [Ermächtigung zum Aufgebot]

(1) Wird der Berechtigte nicht vor dem Ablaufe von drei Monaten seit dem Verteilungstermin ermittelt, so hat auf Antrag das Gericht den Beteiligten, welchem der Betrag anderweit zugeteilt ist, zu ermächtigen, das Aufgebotsverfahren zum Zwecke der Ausschließung des unbekannten Berechtigten von der Befriedigung aus dem zugeteilten Betrage zu beantragen.

(2) ¹Wird nach der Erteilung der Ermächtigung der Berechtigte ermittelt, so hat das Gericht den Ermächtigten hiervon zu benachrichtigen. ²Mit der Benachrichtigung erlischt die Ermächtigung.

A. Anwaltliche Sicht
   I. Muster: Antrag auf Ermächtigung
      zum Aufgebot

II. Erläuterungen
   [1] Eventualzuteilung 2
   [2] Ermächtigungsantrag 3
B. Gerichtliche Sicht

I. Muster: Beschluss mit Ermächtigung zum Aufgebot
 II. Erläuterungen
  [1] Ermächtigungsbeschluss 6
  [2] Beispiel 7

A. Anwaltliche Sicht

I. Muster: Antrag auf Ermächtigung zum Aufgebot

▶ An das

Amtsgericht ...

Abteilung für Zwangsversteigerungen

Zwangsversteigerungsverfahren ... (Nachname des Schuldners)

... (Az des Gerichts)

Sehr geehrte Damen und Herren,

im Verteilungstermin am ... (Datum) ist für den unbekannten Berechtigten auf den Anspruch ... ein Betrag in Höhe von ... EUR zugeteilt worden.

Der Berechtigte des Anspruchs konnte nicht ermittelt werden. Für diesen Fall erfolgte hilfsweise eine Zuteilung an den Eventualberechtigten ... (Name, Anschrift.[1]

Im Namen und mit Vollmacht für diesen Eventualberechtigten beantrage ich die Ermächtigung, das Aufgebotsverfahren zum Zwecke der Ausschließung des unbekannten Berechtigten von der Befriedigung aus dem zugeteilten Betrag zu beantragen.[2]

Mit freundlichen Grüßen

...

Rechtsanwalt ◀

II. Erläuterungen

[1] **Eventualzuteilung.** Erfolgt im Verteilungstermin eine Zuteilung an einen unbekannten Berechtigten, bestimmt das Gericht im Rahmen einer Hilfszuteilung (Eventualzuteilung), wem der Erlösanteil zufällt, wenn der Berechtigte nicht ermittelt wird und hinterlegt der Betrag. Gleichzeitig bestellt das Vollstreckungsgericht einen Vertreter zur Ermittlung des Berechtigten (siehe § 126 Rn 1).

[2] **Ermächtigungsantrag.** Wird der unbekannte Berechtigte nicht innerhalb von 3 Monaten ermittelt, kann der Eventualberechtigte der Hilfszuteilung nach Ablauf der Frist einen Ermächtigungsantrag stellen. Die Frist beginnt mit dem Tag des Verteilungstermins (§§ 187 Abs. 1, 188 Abs. 2 BGB). Antragsberechtigt ist nur der Eventualberechtigte, nicht der Ermittlungsvertreter nach § 135.

Kann der Gläubiger den Brief deshalb nicht vorlegen, weil er in Verlust geraten oder versehentlich vernichtet worden ist, kann er das Aufgebotsverfahren zur Kraftloserklärung des Briefes beantragen (§§ 478 Abs. 1, 466 Abs. 2, 433 FamFG). Mit dem Ausschließungsbeschluss, in dem der Brief für kraftlos erklärt wurde, weist der Gläubiger seine Berechtigung nach. Da der Berechtigte damit bekannt ist, kann das Vollstreckungsgericht den Teilungsplan weiter ausführen (§ 137).

B. Gerichtliche Sicht

I. Muster: Beschluss mit Ermächtigung zum Aufgebot

▶ Amtsgericht ▃▃▃

Beschluss

In dem Verfahren zur Zwangsversteigerung

▃▃▃ (Grundbuchbezeichnung)

▃▃▃ (Bestandsverzeichnis des Grundbuchs)

Schuldner: ▃▃▃ (gem. Abteilung I des Grundbuchs)

wird der

▃▃▃ (Name, Anschrift)

Verfahrensvertreter: Rechtsanwalt ▃▃▃

ermächtigt[1], das Aufgebotsverfahren zum Zwecke der Ausschließung des unbekannten Berechtigten von der Befriedigung aus dem im Teilungsplan zugeteilten Betrag in Höhe von ▃▃▃[2] zu beantragen.

▃▃▃

Ort, Datum

▃▃▃

Rechtspflegerin ◀

II. Erläuterungen

[1] **Ermächtigungsbeschluss.** Durch Beschluss des Vollstreckungsgerichts wird der antragstellende Eventualberechtigte ermächtigt, ein Aufgebotsverfahren zum Ausschluss des unbekannten Berechtigten zu beantragen (siehe § 140). Der Antrag kann nicht mit der Begründung abgelehnt werden, die Nachforschungen des Ermittlungsvertreters (§ 135) seien noch nicht abgeschlossen.

[2] **Beispiel:** 20.000 EUR (Zuteilung Nr. 5.3).

§ 139 [Terminsbestimmung bei nachträglicher Ermittlung]

(1) ¹Das Gericht kann im Falle der nachträglichen Ermittlung des Berechtigten zur weiteren Ausführung des Teilungsplans einen Termin bestimmen. ²Die Terminsbestimmung ist dem Berechtigten und dessen Vertreter, dem Beteiligten, welchem der Betrag anderweit zugeteilt ist, und demjenigen zuzustellen, welcher zur Zeit des Zuschlags Eigentümer des Grundstücks war.

(2) ¹Liegt ein Widerspruch gegen den Anspruch vor, so erfolgt die Zustellung der Terminsbestimmung auch an denjenigen, welcher den Widerspruch erhoben hat. ²Die im § 878 der Zivilprozeßordnung bestimmte Frist zur Erhebung der Klage beginnt mit dem Termine.

§ 140 [Aufgebotsverfahren]

(1) Für das Aufgebotsverfahren ist das Vollstreckungsgericht zuständig.

(2) Der Antragsteller hat zur Begründung des Antrags die ihm bekannten Rechtsnachfolger desjenigen anzugeben, welcher als letzter Berechtigter ermittelt ist.

(3) In dem Aufgebot ist der unbekannte Berechtigte aufzufordern, sein Recht innerhalb der Aufgebotsfrist anzumelden, widrigenfalls seine Ausschließung von der Befriedigung aus dem zugeteilten Betrag erfolgen werde.

(4) Das Aufgebot ist demjenigen, welcher als letzter Berechtigter ermittelt ist, den angezeigten Rechtsnachfolgern sowie dem Vertreter des unbekannten Berechtigten zuzustellen.

(5) Eine im Vollstreckungsverfahren erfolgte Anmeldung gilt auch für das Aufgebotsverfahren.

(6) Der Antragsteller kann die Erstattung der Kosten des Verfahrens aus dem zugeteilten Betrage verlangen.

A. Anwaltliche Sicht
   I. Muster: Aufgebotsantrag
   II. Erläuterungen
      [1]   Sachliche Zuständigkeit 2
      [2]   Eventualzuteilung 4
      [3]   Letzter Berechtigter 5
      [4]   Ermächtigung 6
      [5]   Weitere Ausführung des Teilungsplans 7

B. Gerichtliche Sicht
   I. Muster: Aufgebot
   II. Erläuterungen
      [1]   Inhalt des Aufgebots 9
      [2]   Anspruch gemäß Schuldenmasse 14
      [3]   Zuteilung 15
      [4]   Aufgebotsfrist 16
      [5]   Funktionelle Zuständigkeit 17

A. Anwaltliche Sicht

I. Muster: Aufgebotsantrag

▶ An das

Amtsgericht ...

Abteilung für Zwangsversteigerungen[1]

Zwangsversteigerungsverfahren ... **(Nachname des Schuldners)**

... (Az des Gerichts)

Sehr geehrte Damen und Herren,

im Verteilungstermin am ... (Datum) ist für den unbekannten Berechtigten auf den Anspruch ... ein Betrag in Höhe von ... EUR zugeteilt worden.

Der Berechtigte des Anspruchs konnte nicht ermittelt werden. Für diesen Fall erfolgte hilfsweise eine Zuteilung an den Eventualberechtigten ... (Name, Anschrift).[2]

Der vom Gericht bestellte Vertreter des unbekannten Berechtigten hat als letzten, bekannten Berechtigten ... (vollständige Personenangaben) ermittelt.[3]

Mit Beschluss vom ... (Datum) ist der Eventualberechtigte ermächtigt worden, das Aufgebotsverfahren zu beantragen.[4]

Im Namen und mit Vollmacht des Eventualberechtigten beantrage ich das Aufgebotsverfahren nach § 140 ZVG zum Zwecke der Ausschließung des unbekannten Berechtigten von der Befriedigung aus dem zugeteilten Betrag.[5]

Mit freundlichen Grüßen

Rechtsanwalt ◄

II. Erläuterungen

2 [1] **Sachliche Zuständigkeit.** Für das Aufgebotsverfahren nach § 140 ist das Vollstreckungsgericht der anhängigen Zwangsversteigerungssache örtlich und sachlich zuständig (Abs. 1). Das Aufgebotsverfahren wird organisatorisch unter dem Aktenzeichen des Zwangsversteigerungsverfahrens durchgeführt.

3 Kann der Gläubiger den Brief deshalb nicht vorlegen, weil er in Verlust geraten oder versehentlich vernichtet worden ist, kann er das Aufgebotsverfahren zur Kraftloserklärung des Briefes beantragen (§§ 478 Abs. 1, 466 Abs. 2, 433 FamFG). Für des Aufgebotsverfahrens nach dem FamFG ist das Amtsgericht der belegenen (Grundstücks-)Sache zuständig (§ 466 Abs. 2 FamFG).

4 [2] **Eventualzuteilung.** Wird im Verteilungstermin einem unbekannten Berechtigten ein Erlösanteil zugeteilt, bestimmt das Gericht im Rahmen einer Hilfszuteilung (Eventualzuteilung), wem der Erlösanteil zufällt, wenn der Berechtigte nicht ermittelt wird, und hinterlegt den Betrag (vgl § 126 Rn 1).

5 [3] **Letzter Berechtigter.** Soweit dem Antragsteller die Rechtsnachfolger des zuletzt ermittelten Berechtigten bekannt sind, müssen sie im Antrag benannt werden (Abs. 2).

6 [4] **Ermächtigung.** Wird der unbekannte Berechtigte nicht innerhalb von drei Monaten ermittelt, wird der Eventualberechtigte der Hilfszuteilung auf Antrag ermächtigt, ein Aufgebotsverfahren zum Ausschluss des unbekannten Berechtigten zu beantragen (§ 138 Rn 5). Der Antrag auf Einleitung des Verfahrens ist nur mit einer Ermächtigung nach § 138 zulässig.

7 [5] **Weitere Ausführung des Teilungsplans.** Wird der unbekannte Berechtigte durch Beschluss von der Befriedigung aus dem zugeteilten Betrag ausgeschlossen, muss das Vollstreckungsgericht einen besonderen Termin zur weiteren Ausführung des Teilungsplans bestimmen (§ 141). Vorrangig sind die Vergütung und die Auslagen des Ermittlungsvertreters (§ 135) und die gerichtlichen und außergerichtlichen Kosten des Aufgebotsverfahrens zu begleichen. Der restliche Betrag wird an den Eventualberechtigten ausgezahlt.

B. Gerichtliche Sicht

8 I. Muster: Aufgebot

▶ Amtsgericht ▄▄▄

Aufgebot[1]

In dem Verfahren zur Zwangsversteigerung

▄▄▄ (Grundbuchbezeichnung)

▄▄▄ (Bestandsverzeichnis des Grundbuchs)

Schuldner: ▄▄▄ (gem. Abteilung I des Grundbuchs)

ist in der Erlösverteilung auf den Anspruch ...[2] ein Betrag in Höhe von ... EUR[3] zugeteilt worden. Der Berechtigte des Anspruchs konnte nicht ermittelt werden.
Der Eventualberechtigte, ... (Personenangaben mit Verfahrensvertreter) hat das

Aufgebotsverfahren

nach § 140 ZVG beantragt.
Der Berechtigte des o.a. Anspruchs wird aufgefordert, seinen Anspruch bis spätestens bis zum ... (Datum)[4] beim Amtsgericht ... anzumelden.
Soweit die Anmeldung oder die erforderliche Glaubhaftmachung des Rechts unterbleibt oder erst nach Ablauf der Frist erfolgt, wird der Berechtigte von der Befriedigung aus dem zugeteilten Betrag ausgeschlossen.
Der Berechtigte kann die Erklärung auch zur Niederschrift der Geschäftsstelle abgeben.

...

Ort, Datum

...

Rechtspflegerin[5] ◄

II. Erläuterungen

[1] **Inhalt des Aufgebots.** In das Aufgebot sind nach Abs. 3 und § 434 Abs. 2 FamFG 9
aufzunehmen:
– die Bezeichnung des Antragstellers (Eventualberechtigten),
– die genaue Bezeichnung des Grundstücks,
– die Angaben zum Grundbuchrecht und zum Zuteilungsbetrag,
– die Aufforderung an den unbekannten Berechtigten, seinen Anspruch spätestens bis zum Ende der Aufgebotsfrist anzumelden,
– der Hinweis, dass er widrigenfalls von der Befriedigung aus dem zugeteilten Betrag ausgeschlossen wird,
– das Ende der Aufgebotsfrist.

Das Aufgebot ist dem zuletzt ermittelten Berechtigten, den bekannten Rechtsnachfol- 10
gern und dem Ermittlungsvertreter (vgl § 135) zuzustellen (Abs. 4). Zusätzlich ist das Aufgebot öffentlich an der Gerichtstafel und in dem elektronischen Bundesanzeiger bekannt zu machen (vgl § 435 FamFG).

Nach Ablauf der Aufgebotsfrist wird der unbekannte Berechtigte durch Beschluss 11
von der Befriedigung aus dem zugeteilten Betrag ausgeschlossen. Der **Ausschließungsbeschluss** wird öffentlich zugestellt (§ 441 FamFG) und erst mit Rechtskraft wirksam (§ 439 Abs. 1 FamFG).

Für das Aufgebotsverfahren werden Gerichtsgebühren nach § 128 d KostO erhoben. 12
Sie werden vorab aus dem zugeteilten Betrag entnommen. Im Übrigen haftet der Antragsteller für die Kosten.

Nach Rechtskraft des Ausschließungsbeschlusses bestimmt das Vollstreckungsgericht 13
einen besonderen Termin zur weiteren Ausführung des Teilungsplans (§ 141). Vorrangig sind die Vergütung und die Auslagen des Ermittlungsvertreters (§ 135) und die

gerichtlichen und außergerichtlichen Kosten des Aufgebotsverfahrens zu begleichen. Der restliche Betrag wird an den Eventualberechtigten ausgezahlt.

14 **[2] Anspruch gemäß Schuldenmasse.** Zu Details zum Anspruch gemäß Schuldenmasse vgl § 114 Rn 7, 8.

15 **[3] Zuteilung.** Zu Details des zugeteilten Betrages vgl § 114 Rn 10.

16 **[4] Aufgebotsfrist.** Die Aufgebotsfrist und die Art der Bekanntmachung können über § 12 EGZVG von den Ländern bestimmt werden. Danach gilt in den meisten Ländern eine Aufgebotsfrist von drei Monaten.

17 **[5] Funktionelle Zuständigkeit.** Für die Durchführung des Aufgebotstermins und der darin ergehenden Entscheidung ist der Rechtspfleger funktionell zuständig (vgl § 3 Nr. 1 Buchst. c RPflG und § 1).

§ 141 [Ausführung des Teilungsplans nach Ausschließungsbeschluss]
[1]Nach der Erlassung des Ausschließungsbeschlusses hat das Gericht einen Termin zur weiteren Ausführung des Teilungsplans zu bestimmen. [2]Die Terminsbestimmung ist dem Antragsteller und den Personen, welchen Rechte in dem Urteile vorbehalten sind, dem Vertreter des unbekannten Berechtigten sowie demjenigen zuzustellen, welcher zur Zeit des Zuschlags Eigentümer des Grundstücks war.

§ 142 [Dreißigjährige Frist für hinterlegten Betrag]
[1]In den Fällen des § 117 Abs. 2 und der §§ 120, 121, 124, 126 erlöschen die Rechte auf den hinterlegten Betrag mit dem Ablaufe von dreißig Jahren, wenn nicht der Empfangsberechtigte sich vorher bei der Hinterlegungsstelle meldet; derjenige, welcher zur Zeit des Zuschlags Eigentümer des Grundstücks war, ist zur Erhebung berechtigt. [2]Die dreißigjährige Frist beginnt mit der Hinterlegung, in den Fällen der §§ 120, 121 mit dem Eintritt der Bedingung, unter welcher die Hinterlegung erfolgt ist.

§ 143 [Außergerichtliche Einigung über Erlösverteilung]
Die Verteilung des Versteigerungserlöses durch das Gericht findet nicht statt, wenn dem Gerichte durch öffentliche oder öffentlich beglaubigte Urkunden nachgewiesen wird, daß sich die Beteiligten über die Verteilung des Erlöses geeinigt haben.

§ 144 [Außergerichtliche Befriedigung der Berechtigten]
(1) [1]Weist der Ersteher oder im Falle des § 69 Abs. 3 der für mithaftend erklärte Bürge dem Gerichte durch öffentliche oder öffentlich beglaubigte Urkunden nach, daß er diejenigen Berechtigten, deren Ansprüche durch das Gebot gedeckt sind, befriedigt hat oder daß er von ihnen als alleiniger Schuldner angenommen ist, so sind auf Anordnung des Gerichts die Urkunden nebst der Erklärung des Erstehers oder des Bürgen zur Einsicht der Beteiligten auf der Geschäftsstelle niederzulegen. [2]Die Beteiligten sind von der Niederlegung zu benachrichtigen und aufzufordern, Erinnerungen binnen zwei Wochen geltend zu machen.

(2) Werden Erinnerungen nicht innerhalb der zweiwöchigen Frist erhoben, so beschränkt sich das Verteilungsverfahren auf die Verteilung des Erlöses aus denjenigen Gegenständen, welche im Falle des § 65 besonders versteigert oder anderweit verwertet worden sind.

§ 145 [Anzuwendende Vorschriften]

Die Vorschriften des § 105 Abs. 2 Satz 2 und der §§ 127, 130 bis 133 finden in den Fällen der §§ 143, 144 entsprechende Anwendung.

IX. Grundpfandrechte in ausländischer Währung

§ 145 a [Sonderbestimmungen]

Für die Zwangsversteigerung eines Grundstücks, das mit einer Hypothek, Grundschuld oder Rentenschuld in einer nach § 28 Satz 2 der Grundbuchordnung zugelassenen Währung belastet ist, gelten folgende Sonderbestimmungen:

1. Die Terminbestimmung muß die Angabe, daß das Grundstück mit einer Hypothek, Grundschuld oder Rentenschuld in einer nach § 28 Satz 2 der Grundbuchordnung zugelassenen Währung belastet ist, und die Bezeichnung dieser Währung enthalten.
2. ¹In dem Zwangsversteigerungstermin wird vor der Aufforderung zur Abgabe von Geboten festgestellt und bekannt gemacht, welchen Wert die in der nach § 28 Satz 2 der Grundbuchordnung zugelassenen Fremdwährung eingetragene Hypothek, Grundschuld oder Rentenschuld nach dem amtlich ermittelten letzten Kurs in Euro hat. ²Dieser Kurswert bleibt für das weitere Verfahren maßgebend.
3. ¹Die Höhe des Bargebots wird in Euro festgestellt. ²Die Gebote sind in Euro abzugeben.
4. Der Teilungsplan wird in Euro aufgestellt.
5. ¹Wird ein Gläubiger einer in nach § 28 Satz 2 der Grundbuchordnung zulässigen Fremdwährung eingetragenen Hypothek, Grundschuld oder Rentenschuld nicht vollständig befriedigt, so ist der verbleibende Teil seiner Forderung in der Fremdwährung festzustellen. ²Die Feststellung ist für die Haftung mitbelasteter Gegenstände, für die Verbindlichkeit des persönlichen Schuldners und für die Geltendmachung des Ausfalls im Insolvenzverfahren maßgebend.

Dritter Titel Zwangsverwaltung

§ 146 [Anordnung]

(1) Auf die Anordnung der Zwangsverwaltung finden die Vorschriften über die Anordnung der Zwangsversteigerung entsprechende Anwendung, soweit sich nicht aus den §§ 147 bis 151 ein anderes ergibt.

(2) Von der Anordnung sind nach dem Eingange der im § 19 Abs. 2 bezeichneten Mitteilungen des Grundbuchamts die Beteiligten zu benachrichtigen.

A. Anwaltliche Sicht
I. Muster: Antrag auf Anordnung der Zwangsverwaltung
II. Erläuterungen und Varianten
[1] Örtliche Zuständigkeit 2
[2] Zwangsverwaltung 3
[3] Gesamtantrag und Gerichtskosten 7
[4] Angaben zum Schuldner 8
[5] Eigentumsnachweis 9
[6] Persönlicher Zahlungsanspruch 10
[7] Gleitende Verzinsung 11
[8] Vollstreckungsanspruch 12
[9] Vorschlag eines Zwangsverwalters 13
[10] Kündigung der Grundschuld ... 16
[11] Vollstreckungsunterlagen 17
[12] Beschlagnahmebericht 18
[13] Ansprechpartner 19
B. Gerichtliche Sicht
I. Muster: Anordnungsbeschluss
II. Erläuterungen
[1] Anordnungsbeschluss 21
[2] Entzug des Verwaltungsrechts .. 22
[3] Verwalterauswahl 25
[4] Besitzübergang 28
[5] Ergänzende Entscheidungen 31

A. Anwaltliche Sicht

1 I. Muster: Antrag auf Anordnung der Zwangsverwaltung

▶ An das

Amtsgericht ▭▭▭[1]

Abteilung für Zwangsverwaltungen

Antrag auf Anordnung einer Zwangsverwaltung[2]

Sehr geehrte Damen und Herren,

ich bestelle mich als Vertreter für ▭▭▭ (Name und Anschrift der Gläubigerin) und beantrage die Zwangsverwaltung[2] des nachfolgend genannten Grundbesitzes:

Grundbuch	Band	Blatt	Lage
▭▭▭[3]	▭▭▭	▭▭▭	▭▭▭

Schuldner und eingetragene Eigentümer ist:

▭▭▭ (Name und Anschrift)[4]

Wegen der Nachweise nehme ich Bezug auf das Grundbuch.[5]

Der Vollstreckungsantrag erfolgt wegen folgender dinglicher[6] Ansprüche:

lfd Nr	Nominalbetrag	Zinssatz in %[7]	seit dem	einmalige Nebenleistung
▭▭▭[8]	▭▭▭	▭▭▭	▭▭▭	▭▭▭

nebst den Kosten der gegenwärtigen und künftigen dinglichen Rechtsverfolgung.

▭▭▭ (Vorschlag eines Zwangsverwalters)[9]

Die Grundschuld ist fällig.[10]

Die vollstreckbare Ausfertigung der Urkunde des Notars ▭▭▭ vom ▭▭▭, UR-Nr. ▭▭▭ nebst Zustellungsnachweisen füge ich bei. Nach Anordnung des Verfahrens bitte ich um Rückgabe des Titels.[11]

Von dem Beschlagnahmebericht des Zwangsverwalters erbitte ich eine Abschrift, wenn möglich in elektronischer Form an meine o.g. E-Mail-Adresse.[12]

Für Anfragen des Zwangsverwalters steht als Ansprechpartner der Gläubigerin ...[13] zur Verfügung.

Die Bankverbindung der Gläubigerin lautet: ...

Mit freundlichen Grüßen

...

Rechtsanwalt ◄

II. Erläuterungen und Varianten

[1] **Örtliche Zuständigkeit.** Örtlich zuständig ist das Amtsgericht, in dessen Gerichtsbezirk das Grundstück liegt (siehe § 15 Rn 2).

[2] **Zwangsverwaltung.** Die Zwangsverwaltung ist ein Teil des Zwangsvollstreckungsrechts der ZPO und gehört zu den drei Vollstreckungsverfahren in das unbewegliche Vermögen. Der vom Gericht eingesetzte Zwangsverwalter bewirtschaftet das Objekt und befriedigt die Gläubiger aus den Einkünften (in der Regel die Miet- und Pachteinnahmen). In der Zwangsverwaltung soll die Art der Nutzung, die bis zur Anordnung der Zwangsverwaltung bestand, beibehalten werden (§ 5 Abs. 1 ZwVwV). Die Zwangsverwaltung wird häufig auch als begleitende Maßnahme zur Zwangsversteigerung beantragt. Besteht der Immobilienbesitz des Schuldners aus mehreren Grundstücken, sollte aus Kostengründen geprüft werden, ob tatsächlich sämtliche Parzellen zwangsverwaltet werden sollen. So werden beispielsweise die Kosten für die Zwangsverwaltung eines rechtlich selbständigen Einstellplatzes die zu erwartenden Einnahmen weit übersteigen (vgl Rn 32 ff).

Soll zusätzlich auch die Zwangsversteigerung beantragt werden, kann dies mit demselben Schriftsatz und dem Zusatz

▶ ... und Zwangsversteigerung ◄

erfolgen.

Neben den allgemeinen und besonderen Vollstreckungsvoraussetzungen ist der Besitz des Schuldners eine zwingende Voraussetzung für die Zwangsverwaltung. Ist der Schuldner weder unmittelbarer noch mittelbarer Besitzer, ist die Zwangsverwaltung nicht möglich und unzulässig (BGHZ 96, 61 = MDR 1986, 140 = NJW 1986, 2438 = NJW-RR 1986, 858 = Rpfleger 1986, 26 = ZIP 1985, 1532). Der Besitz des eingetragenen Eigentümers ist jedoch von Vollstreckungsgericht nicht prüfen (BGHReport 2004, 1056 = MDR 2004, 1022 = Rpfleger 2004, 510 = WM 2004, 1042 = ZfIR 2005, 14).

In der Zwangsverwaltung werden, abweichend von der Regelung für die Zwangsversteigerung, in der Rangklasse 2 (Hausgelder) und der Rangklasse 3 (Grundbesitzabgaben) nur die laufenden, wiederkehrenden Leistungen berücksichtigt (§ 155 Abs. 2 S. 2). Gemäß § 13 Abs. 1 sind das der letzte vor der ersten Beschlagnahme (§ 155, Rn 2) fällig gewordene Betrag sowie die später fällig werdenden Beträge. Diese Beträge sind vom Zwangsverwalter gemäß §§ 155 Abs. 1 und 156 von Amts wegen zu bedienen, notfalls über einen Vorschuss der betreibenden Gläubigerin. Die Anordnung der Zwangsverwaltung wegen der bevorrechtigten Ansprüche ist praktisch kaum möglich und in jedem Fall sinnlos. Die Rückstände (§ 13 Abs. 1 S. 2) und die älteren

Beträge können in der Zwangsverwaltung nur in der Rangklasse 5 durch Anordnung oder Beitritt geltend gemacht werden.

7 **[3] Gesamtantrag und Gerichtskosten.** Für die Entscheidung über den Antrag wird eine Gerichtsgebühr in Höhe von 50 EUR (GKG KV 2220) erhoben. Da die Gebühr **pro Antrag** erhoben wird, ist es nicht sinnvoll, für mehrere Grundstücke oder Grundbücher einzelne Anträge zu stellen. Die Festgebühr wird mit der Entscheidung fällig (§ 7 Abs. 1 S. 1 GKG). Sie wird vom Antragsteller als Kostenschuldner erhoben (§ 53 Abs. 1 GKG). Die weiteren Verfahrenskosten und die Zwangsverwaltervergütung werden aus den Einnahmen beglichen (§ 155 Abs. 1). Soweit die Einnahmen nicht ausreichen, wird das Gericht auf Antrag des Zwangsverwalters einen entsprechenden Vorschuss von Gläubiger verlangen (siehe § 161 Abs. 3).

8 **[4] Angaben zum Schuldner.** Passend zu den Angaben in der vollstreckbaren Ausfertigung des Titels muss der Schuldner eindeutig identifizierbar sein. In der Regel wird er auch **Eigentümer** des Grundstücks sein (vgl § 17). Sind Schuldner und Eigentümer nicht identisch, sind beide zu bezeichnen. Abweichend von den allgemeinen Bestimmungen (§ 17) kann die Zwangsverwaltung auch gegen einen, nicht im Grundbuch eingetragenen **Eigenbesitzer** angeordnet werden (§ 147).

9 **[5] Eigentumsnachweis.** Der Nachweis der Eintragung des Schuldners als Eigentümer (vgl Rn 8) ist entbehrlich, wenn sich Grundbuchamt und Zwangsversteigerungsgericht bei demselben Amtsgericht befinden. In den Fällen von Teilzentralisierungen ist der Nachweis erforderlich, wenn das zuständige Grundbuchamt zu einem anderen Amtsgericht gehört (*Dassler/Schiffhauer/Hintzen*, § 17 Rn 19; aA *Stöber*, § 17 ZVG Rn 5.5.b – es reicht aus, wenn das Grundbuchamt zum Bezirk des zentralen Versteigerungsgerichts gehört). Sind die Grundbuchämter nicht bei den Amtsgerichten untergebracht, ist das Zeugnis immer zu erbringen. Wenn das Vollstreckungsgericht an das elektronische Grundbuch (SOLUM) angeschlossen ist und jederzeit der aktuelle Stand der Grundbucheintragungen abgefragt werden kann, ist die Vorlage eines besonderen Zeugnisses entbehrlich. Wenn ein Zeugnis erforderlich ist, genügt auch die Vorlage eines beglaubigten Grundbuchausdrucks statt eines solchen Zeugnisses.

10 **[6] Persönlicher Zahlungsanspruch.** In der Regel soll die Zwangsverwaltung aus einem eingetragenen dinglichen Recht aus der Rangklasse 4 des § 10 erfolgen. Soll zusätzlich auch der titulierte persönliche Zahlungsanspruch (Rangklasse 5 des § 10) vollstreckt werden, ist der Zusatz

▶ ... und persönlichen ◀

hinzuzufügen. Vorteile ergeben sich durch diese Verfahrensweise in der Regel nicht.

11 **[7] Gleitende Verzinsung.** Ist der Anspruch gleitend zu verzinsen, lautet die Bezeichnung

▶ ... Prozentpunkte über dem Basiszinssatz. ◀

12 **[8] Vollstreckungsanspruch.** Der **Vollstreckungsanspruch** ist genau zu bezeichnen. In dem Anspruch ist nach Hauptforderung, wiederkehrenden Nebenleistungen, einmaligen Nebenleistungen und Kosten zu differenzieren. Bei wiederkehrenden Leistungen genügt die Angabe des bereits ausgerechneten Betrages nicht. Da in der Zwangsverwaltung in der Rangklasse 4 die laufende wiederkehrende Leistungen vorrangig be-

rücksichtigt werden (§ 155 Rn 9), muss sowohl die Zinshöhe als auch der Zinsbeginn mitgeteilt werden. Erfolgte Teilzahlungen sind ordnungsgemäß zu verrechnen und anzugeben. Die Geltendmachung eines Teilbetrages ist jedoch auch möglich.

[9] **Vorschlag eines Zwangsverwalters.** Die Auswahl des Zwangsverwalters erfolgt durch das Vollstreckungsgericht nach pflichtgemäßem Ermessen. An den Vorschlag des betreibenden Gläubigers ist das Gericht grundsätzlich nicht gebunden. In der Regel ist es nicht ratsam, einen bestimmten Verwalter vorzuschlagen, da die Gerichte dazu neigen, den vorgeschlagenen nicht auszuwählen.   13

Sind allerdings die Bedingungen des § 150a erfüllt und ist der vorgeschlagene Verwalter auch geeignet, muss das Gericht antragsgemäß entscheiden und den Vorgeschlagenen als Zwangsverwalter (**Institutsverwalter**) einsetzen. Grundsätzlich sind folgende Institute berechtigt, einen Institutsverwalter vorzuschlagen: 14
- Sämtliche **Kreditinstitute**, **Banken** und **Sparkassen** (vgl §§ 1, 2 KWG – Gesetz über das Kreditwesen),
- alle privaten **Versicherungsgesellschaften** (§§ 1, 1a, 1b VAG – Gesetz über die Beaufsichtigung der Versicherungsunternehmen),
- alle **Bausparkassen** (§ 1 BauSparkG – Gesetz über Bausparkassen),
- sämtliche Körperschaften des öffentlichen Rechts, zB der **Bund**, die **Länder**, die **Gemeinden** und **Kreise**, die **Sozialversicherungsträger** und
- die **kirchlichen Körperschaften** (soweit sie öffentlichrechtlich sind).

Das vorschlagende Institut muss **am Verfahren** als Gläubigerin **beteiligt** sein (§ 9). Es ist nicht erforderlich, dass die Gläubigerin einen Anordnungs- oder Beitrittsantrag gestellt hat und die Zwangsverwaltung betreibt.   15

[10] **Kündigung der Grundschuld.** Ist die Fälligkeit des Kapitalanspruchs aus einer Grundschuld von der vorherigen Kündigung und dem Ablauf der Kündigungsfrist abhängig (vgl § 1192 Abs. 1 BGB), muss dies grundsätzlich im Verfahren zur Erteilung der Vollstreckungsklausel, also in der Regel vor dem Notar, bewiesen werden (vgl § 726 ZPO). Das Vollstreckungsgericht hat insoweit keine Prüfungspflicht. Allerdings muss dem Vollstreckungsgericht nachgewiesen werden, dass die Vollstreckungsklausel und die schriftliche Kündigung zugestellt worden sind (vgl § 750 Abs. 2 ZPO). In der Regel verzichtet allerdings der Schuldner bei der Bestellung der Grundschuld gegenüber dem Notar auf den Nachweis der Kündigung, so dass der Notar die vollstreckbare Ausfertigung auch ohne entsprechende Prüfung erteilen kann. Das Vollstreckungsgericht wird dann auch keinen Zustellungsnachweis in Bezug auf das Kündigungsschreiben verlangen.   16

[11] **Vollstreckungsunterlagen.** Welche Urkunden beizufügen sind, richtet sich nach dem Einzelfall. In Betracht kommen die vollstreckbare Ausfertigung des **Vollstreckungstitels** mit **Zustellungsnachweisen** und **Vollmachturkunden**, aber auch Erbscheine (siehe § 17 Abs. 3), Abtretungsurkunden, bisherige Vollstreckungsunterlagen (zum Nachweis der bisherigen Kosten), Basiszinstabellen (bei gleitenden Zinssätzen nach § 288 BGB). Nach der Anordnung kann das Gericht die eingereichten Unterlagen dem Gläubiger für andere Vollstreckungsversuche wieder überlassen. Grundschuld- und Hypothekenbriefe müssen nicht mit vorgelegt werden.   17

18 [12] **Beschlagnahmebericht.** Der Verwalter muss dem Gericht zeitnah und umfassend Bericht erstatten. Im Einzelnen sind festzuhalten:
1. Der Zeitpunkt und die Umstände des Besitzübergangs.
2. Eine nähere Beschreibung des Objekts, der Unterhaltungszustand und die Nutzung.
3. Alle beschlagnahmten Erzeugnisse, Bestandteile, Zubehörstücke und Forderungen.
4. Die vorrangigen Hausgeldansprüche der Wohnungseigentümergemeinschaft und die öffentlichen Lasten des Grundstücks (§§ 155 Abs. 1, 156).
5. Die dem Schuldner und seiner Familie zu belassenen Räume (§ 149).
6. Die voraussichtlichen Ausgaben der Verwaltung (§ 155 Abs. 1)
7. Die voraussichtlichen Einnahmen.
8. Die erforderlichen Vorschüsse (§ 161 Abs. 3).
9. Alle sonstigen wesentlichen Verhältnisse.

19 [13] **Ansprechpartner.** Für eventuelle Rücksprachen des Zwangsverwalters mit der Gläubigerin sollte der Name, die Telefonnummer und eventuell auch die Email-Adresse des Ansprechpartners mitgeteilt werden.

B. Gerichtliche Sicht

20 **I. Muster: Anordnungsbeschluss**

▶ Amtsgericht ▪▪▪

Beschluss[1]

Auf Antrag des

▪▪▪ (Name und Anschrift)

– Gläubigerin –

Verfahrensvertreter: Rechtsanwalt ▪▪▪

gegen

▪▪▪ (Name, Anschrift)

– Schuldner –

wird wegen eines dinglichen (▪▪▪ *und persönlichen*) Anspruchs auf

▪▪▪ EUR, nebst ▪▪▪ % Zinsen seit dem ▪▪▪,

einer einmaligen Nebenleistung in Höhe von ▪▪▪ %

und den Kosten des Verfahrens

aufgrund des vollstreckbaren Urteils des Landgerichts ▪▪▪ vom ▪▪▪ (Az ▪▪▪)

die **Zwangsverwaltung** des Grundstücks

▪▪▪ (Grundbuchbezeichnung)

▪▪▪ (Bestandsverzeichnis des Grundbuchs)

Eigentümer: ▪▪▪ (gem. Abteilung I des Grundbuchs)

angeordnet.

[Im Übrigen wird der Antrag zurückgewiesen, da ▪▪▪]

Soweit dem Antrag des Gläubigers nicht stattgegeben wurde, ist für den Gläubiger der Rechtsbehelf der sofortigen Beschwerde statthaft. Diese ist binnen einer Frist von zwei Wochen einzulegen. Die Frist beginnt mit der Zustellung des Beschlusses. Die Beschwerde kann beim Amtsgericht (Name) oder beim Beschwerdegericht, dem Landgericht (Name und Anschrift), eingelegt werden. Die Beschwerdeschrift muss die Bezeichnung der angefochtenen Entscheidung sowie die Erklärung enthalten, dass Beschwerde gegen diese Entscheidung eingelegt wird. Die Beschwerde kann auch durch Erklärung zu Protokoll der Geschäftsstelle des Amtsgerichts eingelegt werden.

Dieser Beschluss gilt zugunsten der Gläubigerin als Beschlagnahme des Verwaltungsobjektes.

Durch die Beschlagnahme wird dem Schuldner die Verwaltung und Benutzung des Objektes entzogen.[2]

Als Verwalter wird ... (Name, Anschrift) bestellt.[3]

Sofern sich das Verwaltungsobjekt im Besitz der Schuldner befindet, wird der Zwangsverwalter ermächtigt, sich selbst den Besitz zu verschaffen. Besitzt jemand das Verwaltungsobjekt als Mieter oder Pächter, wird der mittelbare Besitz auf den Zwangsverwalter übertragen.[4]

Schuldner und Gläubiger werden aufgefordert, innerhalb von 14 Tagen nach Zugang des Anordnungsbeschlusses einen bestehenden Versicherungsschutz (Feuer-, Sturm-, Leitungswasserschäden und Haftpflichtgefahren) schriftlich gegenüber dem Verwalter nachzuweisen. Ansonsten hat der Verwalter diese Versicherungen unverzüglich abzuschließen, wenn der Gläubiger die unbedingte Kostendeckung schriftlich mitteilt, § 9 Abs. 3 ZwVwV.

...[5]

...

Ort, Datum

...

Rechtspflegerin ◀

II. Erläuterungen

[1] **Anordnungsbeschluss.** Der Anordnungsbeschluss in Zwangsverwaltungssachen ist weitgehend identisch mit der Anordnung einer Zwangsversteigerung (siehe § 15 Rn 40).

[2] **Entzug des Verwaltungsrechts.** Der Beschluss über die Anordnung der Zwangsverwaltung bewirkt eine Beschlagnahme des Verwaltungsobjektes und somit ein relatives Veräußerungsverbot zugunsten des jeweiligen Beschlagnahmegläubigers.

Durch die Beschlagnahme wird dem Schuldner die Verwaltung und die Benutzung des Grundstücks entzogen (§ 148 Abs. 2) und auf den Zwangsverwalter übertragen.

Der Verwalter soll grundsätzlich die bisherige wirtschaftliche Nutzung des Grundstücks fortführen (konservative, bestandserhaltende Verwaltung) und den Erfolg der Vollstreckungsmaßnahme über die Vermietung oder Verpachtung suchen. Darum soll der Zwangsverwalter die bei der Anordnung vorgefundene Art der Nutzung lediglich fortführen. Die Substanz und das Wesen des Gebäudes sollen erhalten und nicht verändert werden. Der Verwalter muss wie ein sorgfältiger Eigentümer tätig zu sein und ist daher verpflichtet, alle Handlungen vorzunehmen, die nötig sind, um das Grundstück in seinem wirtschaftlichen Bestand zu erhalten und ordnungsgemäß zu nutzen.

25 [3] **Verwalterauswahl.** Gleichzeitig mit der Anordnung bestellt das Vollstreckungsgericht den Verwalter. Hierbei muss es sich um eine natürliche Person handeln. Personenmehrheiten oder gar juristische Personen sind ausgeschlossen.

26 Die Auswahl des Verwalters erfolgt durch das Vollstreckungsgericht nach pflichtgemäßem Ermessen (BGHReport 2005, 1143 = MDR 2005, 1011 = Rpfleger 2005, 457 = WM 2005, 1323) aus dem Kreis aller zur Übernahme bereiten Personen. An den Vorschlag des betreibenden Gläubigers ist das Gericht nicht gebunden. Lediglich in den Sonderfällen der §§ 150 a und 150 b ist die Auswahl eingeschränkt.

27 Der Verwalter muss geschäftskundig sein, also über allgemeine juristische und wirtschaftliche Kenntnisse und besondere Fachkenntnisse in den Bereichen Mietrecht, Vollstreckungsrecht, Steuerrecht und Buchhaltungswesen verfügen. Ein bestimmter Berufsabschluss oder Qualifikationsnachweis ist nicht erforderlich. Das Gericht muss sich, abgestimmt auf das konkrete Verfahren von der notwendigen Qualifikation überzeugen (OLG Koblenz, EWiR 2006, 139 = Rpfleger 2005, 618 = ZInsO 2005, 1171 = ZIP 2005, 2273).

28 [4] **Besitzübergang.** Der Verwalter muss die Immobilie in seinem wirtschaftlichen Bestand erhalten, ordnungsgemäß verwalten und nutzen (§ 152). Dazu wird dem Schuldner die Verwaltung und Benutzung entzogen und auf den Verwalter übertragen. Die Übertragung ist mit dem Übergang des (mittelbaren oder unmittelbaren) Besitzes auf den Zwangsverwalter vollzogen. Ist der Schuldner aber weder unmittelbarer noch mittelbarer Besitzer und verweigert der Dritte, der den Besitz innehat, die Herausgabe, so ist die Zwangsverwaltung rechtlich nicht durchführbar und aufzuheben (BGHZ 96, 61 = MDR 1986, 140 = NJW 1986, 2438 = NJW-RR 1986, 858 = Rpfleger 1986, 26 = ZIP 1985, 1532; LG Dortmund, Rpfleger 2002, 472).

29 Ist der Schuldner unmittelbarer Besitzer, erwirbt der Zwangsverwalter den Besitz durch Erlangung der tatsächlichen Gewalt über das Verwaltungsobjekt (§ 854 Abs. 1 BGB). Dazu verschafft er sich mit der Ermächtigung des Gerichts selbst den Besitz oder wird über den Gerichtsvollzieher in den Besitz eingewiesen (§ 885 ZPO und § 180 GVGA).

30 Ist das Verwaltungsobjekt vermietet oder verpachtet und übt der Schuldner nur den mittelbaren Besitz aus, ist ein Besitzerwerb nach § 854 BGB nicht möglich. Mit der Anordnung der Zwangsverwaltung und der Übertragung der Verwaltung und Benutzung wird dem Schuldner der mittelbarer Besitz entzogen und auf den Verwalter übertragen (LG Hamburg, 19.1.2005 – 328 T 4/05, Jurion). Der Übergang des mittelbaren Besitzes wird wirksam mit der Annahme des Amtes durch den Verwalter, also im Zweifel mit Zustellung des Beschlusses an ihn.

31 [5] **Ergänzende Entscheidungen.** Am Ende können sich ergänzende Entscheidungen anschließen, nämlich

teilweise Zurückweisungen des Gläubigerantrags mit Begründung.

Aufteilung des Verfahrens in Einzelverfahren (§ 18):

▶ Das Verfahren wird gemäß § 18 ZVG aufgeteilt und wie folgt fortgeführt:
... (Grundstück 1) unter dem Aktenzeichen ...
... (Grundstück 2) unter dem Aktenzeichen ... ◀

Grundsätzlich ist die Zwangsverwaltung für jedes Verwaltungsobjekt getrennt und in selbständigen Verfahren durchzuführen (BGH, Rpfleger 2006, 151; ZInsO 2006, 85; NZM 2006, 234; MDR 2006, 837). 32

Eine gemeinsame Verfahrensabwicklung ist nur zulässig, wenn die Verwaltungsobjekte eine wirtschaftliche Einheit bilden (zB ein Hausgrundstück mit einer wirtschaftlich zugehörigen Gartenparzelle oder die Miteigentumsanteile von Eheleuten an dem Einfamilienhaus). Im Zweifel und im Interesse einer besseren Transparenz und sauberen Trennung der Verwaltungsmassen sollte das Gericht bei mehreren Zwangsverwaltungsobjekten grundsätzlich getrennte Verfahren einrichten. 33

Die Entscheidung ergeht von Amts wegen oder auf Anregung des Zwangsverwalters und erfolgt nach pflichtgemäßem Ermessen. Das Gericht darf sich bei seiner Entscheidung ausschließlich davon leiten lassen, ob eine Verfahrensverbindung zu einer besseren Übersichtlichkeit und sichereren Verfahrensabwicklung führt. Mögliche Kostenersparnisse oder Synergieeffekte dürfen die Entscheidung nicht beeinflussen. In Hinblick auf die Zwangsverwaltervergütung ist es auch ohne Belang, ob die Zwangsverwaltung in einem einheitlichen Verfahren oder für jedes Objekt einzeln angeordnet wird, da die Mindestvergütungen auch in einem verbundenem Verfahren für jedes wirtschaftlich selbständige Objekt getrennt anzusetzen sind (BGH, Rpfleger 2007, 274; BGHReport 2007, 371; NZM 2007, 300). 34

§ 147 [Eigenbesitz des Schuldners]

(1) Wegen des Anspruchs aus einem eingetragenen Rechte findet die Zwangsverwaltung auch dann statt, wenn die Voraussetzungen des § 17 Abs. 1 nicht vorliegen, der Schuldner aber das Grundstück im Eigenbesitze hat.
(2) Der Besitz ist durch Urkunden glaubhaft zu machen, sofern er nicht bei dem Gericht offenkundig ist.

§ 148 [Beschlagnahme des Grundstücks; Umfang]

(1) ¹Die Beschlagnahme des Grundstücks umfaßt auch die im § 21 Abs. 1, 2 bezeichneten Gegenstände. ²Die Vorschrift des § 23 Abs. 1 Satz 2 findet keine Anwendung.
(2) Durch die Beschlagnahme wird dem Schuldner die Verwaltung und Benutzung des Grundstücks entzogen.

§ 149 [Wohnräume und Unterhalt des Schuldners]

(1) Wohnt der Schuldner zur Zeit der Beschlagnahme auf dem Grundstücke, so sind ihm die für seinen Hausstand unentbehrlichen Räume zu belassen.
(2) Gefährdet der Schuldner oder ein Mitglied seines Hausstandes das Grundstück oder die Verwaltung, so hat auf Antrag das Gericht dem Schuldner die Räumung des Grundstücks aufzugeben.

(3) ¹Bei der Zwangsverwaltung eines landwirtschaftlichen, forstwirtschaftlichen oder gärtnerischen Grundstücks hat der Zwangsverwalter aus den Erträgnissen des Grundstücks oder aus deren Erlös dem Schuldner die Mittel zur Verfügung zu stellen, die zur Befriedigung seiner und seiner Familie notwendigen Bedürfnisse erforderlich sind. ²Im Streitfall entscheidet das Vollstreckungsgericht nach Anhörung des Gläubigers, des Schuldners und des Zwangsverwalters. ³Der Beschluß unterliegt der sofortigen Beschwerde.

§ 150 [Bestellung des Verwalters; Übergabe des Grundstücks]

(1) Der Verwalter wird von dem Gerichte bestellt.

(2) Das Gericht hat dem Verwalter durch einen Gerichtsvollzieher oder durch einen sonstigen Beamten das Grundstück zu übergeben oder ihm die Ermächtigung zu erteilen, sich selbst den Besitz zu verschaffen.

§ 150a [Vorgeschlagener Verwalter]

(1) Gehört bei der Zwangsverwaltung eines Grundstücks zu den Beteiligten eine öffentliche Körperschaft, ein unter staatlicher Aufsicht stehendes Institut, eine Hypothekenbank oder ein Siedlungsunternehmen im Sinne des Reichssiedlungsgesetzes, so kann dieser Beteiligte innerhalb einer ihm vom Vollstreckungsgericht zu bestimmenden Frist eine in seinen Diensten stehende Person als Verwalter vorschlagen.

(2) ¹Das Gericht hat den Vorgeschlagenen zum Verwalter zu bestellen, wenn der Beteiligte die dem Verwalter nach § 154 Satz 1 obliegende Haftung übernimmt und gegen den Vorgeschlagenen mit Rücksicht auf seine Person oder die Art der Verwaltung Bedenken nicht bestehen. ²Der vorgeschlagene Verwalter erhält für seine Tätigkeit keine Vergütung.

§ 150b [Schuldner als Verwalter]

(1) ¹Bei der Zwangsverwaltung eines landwirtschaftlichen, forstwirtschaftlichen oder gärtnerischen Grundstücks ist der Schuldner zum Verwalter zu bestellen. ²Von seiner Bestellung ist nur abzusehen, wenn er nicht dazu bereit ist oder wenn nach Lage der Verhältnisse eine ordnungsmäßige Führung der Verwaltung durch ihn nicht zu erwarten ist.

(2) Vor der Bestellung sollen der betreibende Gläubiger und etwaige Beteiligte der in § 150a bezeichneten Art sowie die untere Verwaltungsbehörde gehört werden.

(3) Ein gemäß § 150a gemachter Vorschlag ist nur für den Fall zu berücksichtigen, daß der Schuldner nicht zum Verwalter bestellt wird.

§ 150c [Aufsichtsperson für Schuldner als Verwalter]

(1) ¹Wird der Schuldner zum Zwangsverwalter bestellt, so hat das Gericht eine Aufsichtsperson zu bestellen. ²Aufsichtsperson kann auch eine Behörde oder juristische Person sein.

(2) ¹Für die Aufsichtsperson gelten die Vorschriften des § 153 Abs. 2 und des § 154 Satz 1 entsprechend. ²Gerichtliche Anordnungen, die dem Verwalter zugestellt wer-

den, sind auch der Aufsichtsperson zuzustellen. ³Vor der Erteilung von Anweisungen im Sinne des § 153 ist auch die Aufsichtsperson zu hören.
(3) Die Aufsichtsperson hat dem Gericht unverzüglich Anzeige zu erstatten, wenn der Schuldner gegen seine Pflichten als Verwalter verstößt.
(4) ¹Der Schuldner führt die Verwaltung unter Aufsicht der Aufsichtsperson. ²Er ist verpflichtet, der Aufsichtsperson jederzeit Auskunft über das Grundstück, den Betrieb und die mit der Bewirtschaftung zusammenhängenden Rechtsverhältnisse zu geben und Einsicht in vorhandene Aufzeichnungen zu gewähren. ³Er hat, soweit es sich um Geschäfte handelt, die über den Rahmen der laufenden Wirtschaftsführung hinausgehen, rechtzeitig die Entschließung der Aufsichtsperson einzuholen.

§ 150 d [Befugnisse des Schuldners als Verwalter]

¹Der Schuldner darf als Verwalter über die Nutzungen des Grundstücks und deren Erlös, unbeschadet der Vorschriften der §§ 155 bis 158, nur mit Zustimmung der Aufsichtsperson verfügen. ²Zur Einziehung von Ansprüchen, auf die sich die Beschlagnahme erstreckt, ist er ohne diese Zustimmung befugt; er ist jedoch verpflichtet, die Beträge, die zu notwendigen Zahlungen zur Zeit nicht erforderlich sind, nach näherer Anordnung des Gerichts unverzüglich anzulegen.

§ 150 e [Keine Vergütung für Schuldner als Verwalter]

¹Der Schuldner erhält als Verwalter keine Vergütung. ²Erforderlichenfalls bestimmt das Gericht nach Anhörung der Aufsichtsperson, in welchem Umfange der Schuldner Erträgnisse des Grundstücks oder deren Erlös zur Befriedigung seiner und seiner Familie notwendigen Bedürfnisse verwenden darf.

§ 151 [Wirksamwerden der Beschlagnahme]

(1) Die Beschlagnahme wird auch dadurch wirksam, daß der Verwalter nach § 150 den Besitz des Grundstücks erlangt.
(2) Der Beschluß, durch welchen der Beitritt eines Gläubigers zugelassen wird, soll dem Verwalter zugestellt werden; die Beschlagnahme wird zugunsten des Gläubigers auch mit dieser Zustellung wirksam, wenn der Verwalter sich bereits im Besitze des Grundstücks befindet.
(3) Das Zahlungsverbot an den Drittschuldner ist auch auf Antrag des Verwalters zu erlassen.

§ 152 [Aufgaben des Verwalters]

(1) Der Verwalter hat das Recht und die Pflicht, alle Handlungen vorzunehmen, die erforderlich sind, um das Grundstück in seinem wirtschaftlichen Bestande zu erhalten und ordnungsmäßig zu benutzen; er hat die Ansprüche, auf welche sich die Beschlagnahme erstreckt, geltend zu machen und die für die Verwaltung entbehrlichen Nutzungen in Geld umzusetzen.
(2) Ist das Grundstück vor der Beschlagnahme einem Mieter oder Pächter überlassen, so ist der Miet- oder Pachtvertrag auch dem Verwalter gegenüber wirksam.

§ 152 a [Ermächtigung]

¹Der Bundesminister der Justiz wird ermächtigt, Stellung, Aufgaben und Geschäftsführung des Zwangsverwalters sowie seine Vergütung (Gebühren und Auslagen) durch Rechtsverordnung mit Zustimmung des Bundesrates näher zu regeln. ²Die Höhe der Vergütung ist an der Art und dem Umfang der Aufgabe sowie an der Leistung des Zwangsverwalters auszurichten. ³Es sind Mindest- und Höchstsätze vorzusehen.

Siehe Zwangsverwalterverordnung (ZwVwV) vom 19.12.2003, BGBl. I S. 2804.

§ 153 [Anordnungen und Aufsicht des Gerichts]

(1) Das Gericht hat den Verwalter nach Anhörung des Gläubigers und des Schuldners mit der erforderlichen Anweisung für die Verwaltung zu versehen, die dem Verwalter zu gewährende Vergütung festzusetzen und die Geschäftsführung zu beaufsichtigen; in geeigneten Fällen ist ein Sachverständiger zuzuziehen.

(2) ¹Das Gericht kann dem Verwalter die Leistung einer Sicherheit auferlegen, gegen ihn Zwangsgeld festsetzen und ihn entlassen. ²Das Zwangsgeld ist vorher anzudrohen.

§ 153 a [Anordnungen über Entgelt für Viehfutter]

Ist in einem Gebiet das zu dem landwirtschaftlichen Betriebe gehörende Vieh nach der Verkehrssitte nicht Zubehör des Grundstücks, so hat, wenn der Schuldner zum Zwangsverwalter bestellt wird, das Vollstreckungsgericht gemäß § 153 Anordnungen darüber zu erlassen, welche Beträge der Schuldner als Entgelt dafür, daß das Vieh aus den Erträgnissen des Grundstücks ernährt wird, der Teilungsmasse zuzuführen hat und wie die Erfüllung dieser Verpflichtung sicherzustellen ist.

§ 153 b [Einstweilige Einstellung auf Antrag des Insolvenzverwalters]

(1) Ist über das Vermögen des Schuldners das Insolvenzverfahren eröffnet, so ist auf Antrag des Insolvenzverwalters die vollständige oder teilweise Einstellung der Zwangsverwaltung anzuordnen, wenn der Insolvenzverwalter glaubhaft macht, daß durch die Fortsetzung der Zwangsverwaltung eine wirtschaftlich sinnvolle Nutzung der Insolvenzmasse wesentlich erschwert wird.

(2) Die Einstellung ist mit der Auflage anzuordnen, daß die Nachteile, die dem betreibenden Gläubiger aus der Einstellung erwachsen, durch laufende Zahlungen aus der Insolvenzmasse ausgeglichen werden.

(3) Vor der Entscheidung des Gerichts sind der Zwangsverwalter und der betreibende Gläubiger zu hören.

§ 153 c [Aufhebung der einstweiligen Einstellung]

(1) Auf Antrag des betreibenden Gläubigers hebt das Gericht die Anordnung der einstweiligen Einstellung auf, wenn die Voraussetzungen für die Einstellung fortgefallen sind, wenn die Auflagen nach § 153 b Abs. 2 nicht beachtet werden oder wenn der Insolvenzverwalter der Aufhebung zustimmt.

(2) ¹Vor der Entscheidung des Gerichts ist der Insolvenzverwalter zu hören. ²Wenn keine Aufhebung erfolgt, enden die Wirkungen der Anordnung mit der Beendigung des Insolvenzverfahrens.

§ 154 [Haftung; Rechnungslegung]

¹Der Verwalter ist für die Erfüllung der ihm obliegenden Verpflichtungen allen Beteiligten gegenüber verantwortlich. ²Er hat dem Gläubiger und dem Schuldner jährlich und nach der Beendigung der Verwaltung Rechnung zu legen. ³Die Rechnung ist dem Gericht einzureichen und von diesem dem Gläubiger und dem Schuldner vorzulegen.

§ 155 [Verteilung der Nutzungen]

(1) Aus den Nutzungen des Grundstücks sind die Ausgaben der Verwaltung sowie die Kosten des Verfahrens mit Ausnahme derjenigen, welche durch die Anordnung des Verfahrens oder den Beitritt eines Gläubigers entstehen, vorweg zu bestreiten.
(2) ¹Die Überschüsse werden auf die in § 10 Abs. 1 Nr. 1 bis 5 bezeichneten Ansprüche verteilt. ²Hierbei werden in der zweiten, dritten und vierten Rangklasse jedoch nur Ansprüche auf laufende wiederkehrende Leistungen, einschließlich der Rentenleistungen, sowie auf diejenigen Beträge berücksichtigt, die zur allmählichen Tilgung einer Schuld als Zuschlag zu den Zinsen zu entrichten sind. ³Abzahlungsbeträge auf eine unverzinsliche Schuld sind wie laufende wiederkehrende Leistungen zu berücksichtigen, soweit sie fünf vom Hundert des ursprünglichen Schuldbetrages nicht übersteigen.
(3) ¹Hat der eine Zwangsverwaltung betreibende Gläubiger für Instandsetzungs-, Ergänzungs- oder Umbauarbeiten an Gebäuden Vorschüsse gewährt, so sind diese zum Satze von einhalb vom Hundert über dem Zinssatz der Spitzenrefinanzierungsfazilität der Europäischen Zentralbank (SFR-Zinssatz) zu verzinsen. ²Die Zinsen genießen bei der Zwangsverwaltung und der Zwangsversteigerung dasselbe Vorrecht wie die Vorschüsse selbst.
(4) ¹Hat der Zwangsverwalter oder, wenn der Schuldner zum Verwalter bestellt ist, der Schuldner mit Zustimmung der Aufsichtsperson Düngemittel, Saatgut oder Futtermittel angeschafft, die im Rahmen der bisherigen Wirtschaftsweise zur ordnungsmäßigen Aufrechterhaltung des Betriebs benötigt werden, so haben Ansprüche aus diesen Lieferungen den in § 10 Abs. 1 Nr. 1 bezeichneten Rang. ²Das gleiche gilt von Krediten, die zur Bezahlung dieser Lieferungen in der für derartige Geschäfte üblichen Weise aufgenommen sind.

A. Gerichtliche Sicht
  I. Muster: Teilungsplan
  II. Erläuterungen und Varianten
    [1] Beschlagnahme 2
    [2] Ausgaben der Verwaltung und Zahlungen von Amts wegen 3
    [3] Verteilung der Überschüsse 6
    [4] Erste Gruppe 9
    [5] Musteranspruch 11
    [6] Zweite Gruppe 14
    [7] Muster eines Vollstreckungsanspruchs 15

A. Gerichtliche Sicht

1 I. Muster: Teilungsplan

▶ ▬▬▬ (Aktenzeichen des Gerichts)

Teilungsplan in dem Zwangsverwaltungsverfahren

▬▬▬ (Name des Schuldners)

1. Vorbemerkung

Die Beschlagnahme ist am ▬▬▬ (Datum) wirksam geworden.[1]

Der Zwangsverwalter erwartet jährliche Einnahmen in Höhe von ▬▬▬ EUR.

Hieraus sind vorweg zu bestreiten (§§ 155 Abs. 1, 156 ZVG, § 11 ZwVwV):[2]

– die Ausgaben der Verwaltung und die Kosten des Verfahrens, einschließlich der laufenden Hausgeldansprüche (vgl Rangklasse 2 des § 10) und die öffentlichen, dinglichen Benutzungsgebühren (vgl Rangklasse 3 des § 10).

– die Ansprüche der Gläubiger auf Erstattung geleisteter, vom Gericht angeordneter Vorschüsse.

Wurden die Vorschüsse für Instandsetzungs-, Ergänzungs- oder Umbauarbeiten an Gebäuden verwandt, ist der Vorschuss mit einem Satz von 0,5 % über dem SFR-Zinssatz der Europäischen Zentralbank zu verzinsen.

– die laufenden Beträge der öffentlichen Lasten (Grundsteuern etc.)

Danach wird voraussichtlich ein jährlicher Überschuss in Höhe von ca. ▬▬▬ EUR verbleiben.[3]

2. Verteilungsanordnung nach § 155 Abs. 2 ZVG

2.1 Erste Gruppe[4]

Laufende wiederkehrende Leistungen aus den eingetragenen, dinglichen Rechten (§ 10 Abs. 1 Nr. 4 ZVG) – untereinander im Rang von § 879 BGB (Reihenfolge der Eintragung):

▬▬▬ (Ansprüche)[5]

2.2 Zweite Gruppe[6]

Beschlagnahmeansprüche nach § 10 Abs. 1 Nr. 5 ZVG iVm § 155 Abs. 2 ZVG:

▬▬▬ (Vollstreckungsansprüche)[7]

▬▬▬

Ort, Datum

▬▬▬

Rechtspflegerin ◀

II. Erläuterungen und Varianten

2 [1] **Beschlagnahme.** Die Beschlagnahme in der Zwangsverwaltung wird entweder wirksam mit

- der Zustellung des Anordnungsbeschlusses an den Schuldner (§ 22 Abs. 1 S. 1),
- mit Eingang des Eintragungsersuchens nach § 19 beim Grundbuchamt (§ 22 Abs. 1 S. 2) oder
- mit Übergang des Besitzes auf den Zwangsverwalter (siehe § 150 Rn 20).

Dabei ist der früheste Zeitpunkt für die Bestimmung des Beschlagnahmezeitpunktes entscheidend. Das Gericht bestimmt den Zeitpunkt und teilt diesen dem Zwangsverwalter mit. Das Beschlagnahmedatum ist entscheidend für die Abgrenzung der laufenden wiederkehrenden Leistungen (vgl Rn 9) von den Rückständen (siehe Rn 14, 15).

[2] **Ausgaben der Verwaltung und Zahlungen von Amts wegen.** Bevor der Verwalter auf die Ansprüche der Gläubiger Ausschüttungen vornimmt, müssen alle Ausgaben der Verwaltung und die Kosten des Verfahrens beglichen sind. Die Zahlungen der Verwaltungsausgaben und Verfahrenskosten erfolgen ohne Mitwirkung des Gerichts und ohne vorherige Aufstellung des Teilungsplans. Zu den Verwaltungsausgaben und Verfahrenskosten der Zwangsverwaltung gehören alle Beträge, die der Zwangsverwalter im Rahmen der ordnungsgemäßen Verwaltung (vgl § 152) aus der Masse aufzuwenden hat. 3

Die laufenden Hausgeldansprüche der Wohnungseigentümergemeinschaft (Rangklasse 2 des § 10) und die laufenden öffentlichen Lasten des Grundstücks (Rangklasse 3 des § 10), die im Zusammenhang mit der Bewirtschaftung des Grundstücks stehen, gehören ebenfalls zu den Ausgaben der Verwaltung nach § 155 Abs. 1 und müssen vom Verwalter beglichen werden. Reicht die Masse dafür nicht aus, muss der Gläubiger auch für diesen Beträge einen Vorschuss leisten (BGHZ 182, 361 = MDR 2010, 107 = NJW 2010, 1003 = Rpfleger 2010, 100 = ZfIR 2010, 37). 4

Soweit die laufenden Hausgelder und die laufenden öffentlichen Lasten **nicht** zu den **Bewirtschaftungskosten** gerechnet werden können (zB Grundsteuern), sind sie vom Verwalter nach § 156 von Amts wegen zu berücksichtigen. Für die Zahlungen dürfen aber keine Gläubigervorschüsse (§ 161 Abs. 3) verwendet werden. Die Rückstände (§ 13 Abs. 1 Satz 2) und die älteren Beträge können in der Zwangsverwaltung nur in der Rangklasse 5 durch Anordnung oder Beitritt geltend gemacht werden (Rn 14 ff). 5

[3] **Verteilung der Überschüsse.** Die verbleibenden Überschüsse der Nutzungseinnahmen werden an die Gläubiger ausgeschüttet. Die Ausschüttungen erfolgen ausschließlich nach Maßgabe des vom Vollstreckungsgericht aufgestellten Teilungsplans. 6

Das Zwangsverwaltungsverfahren ist ein Dauerverfahren, bei dem der Zwangsverwalter fortlaufend Zahlungen an die Gläubiger leistet, und zwar zur Zeit der Fälligkeit und soweit die Bestände ausreichen. Daher wird der Teilungsplan auch für die Zukunft aufgestellt. 7

Im Regelfall reichen die Überschüsse nicht aus, um sämtliche laufenden Ansprüche, die während des Zwangsverwaltungsverfahrens zu berücksichtigen sind, zu zahlen. Bei unzureichender Masse sind die Gläubiger in der durch den Teilungsplan aufgestellten Befriedigungsreihenfolge zu bedienen. Ein nachrangiger Gläubiger kann daher nur dann eine Zahlung erwarten, wenn der während des gesamten Verfahrens erzielte Überschuss größer ist als die Gesamtsumme der zu berücksichtigenden, laufenden wiederkehrenden Leistungsansprüche der vorgehenden Berechtigten. 8

9 **[4] Erste Gruppe.** Abweichend von der Regelung für die Zwangsversteigerung werden in der Zwangsverwaltung in der Rangklasse 4 des § 10 nur die laufende wiederkehrende Leistungen aus den eingetragenen, dinglichen Rechten berücksichtigt. Gemäß § 13 Abs. 1 sind das der letzte vor der ersten Beschlagnahme (Rn 2) fällig gewordene Betrag sowie die später fällig werdenden Beträge.

10 Die Ansprüche aus den Rangklassen 1, 2 und 3 werden zwar im Abs. 2 erwähnt, sind aber vom Zwangsverwalter von Amts wegen zu begleichen (vgl Rn 4 und 5). Eine besondere Zahlungsanweisung über den Teilungsplan ist daher entbehrlich. Bei den Ansprüchen aus der Rangklasse 1 a handelt es sich nicht um wiederkehrende Leistungen.

11 **[5] Musteranspruch.** Im Teilungsplan sind die einzelnen Rechte nach folgendem Muster aufzunehmen:

1.	... der Muster-Bank AG in Dortmund, aus der Grundschuld III/2 über 150.000 EUR:
	12 % Zinsen von 150.000 EUR, ab dem 1.1.2014, fällig jeweils kalenderjährlich nachträglich am ersten Werktag des Folgejahres.
	[optional:] Für das Recht besteht Mithaft im Grundbuch von Dortmund Blatt 12345: Eine Zahlung kann nur erfolgen, soweit keine Befriedigung aus dem mithaftenden Grundstück erfolgt.
2.	...

12 Die Ansprüche der ersten Gruppe sind jeweils mit den Informationen
   - Empfänger
   - lfd. Nr. des dingliches Rechts
   - Zinssatz
   - Zinskapital
   - Beginn der Verzinsung
   - Fälligkeiten
   - besondere Zahlungsbedingungen
   aufzunehmen.

13 Die Gerichte stellen in aller Regel den Teilungsplan nicht vollständig aus, sondern nur so weit, wie er unter Berücksichtigung der zu erwartenden Überschüsse benötigt wird (siehe Rn 8).

14 **[6] Zweite Gruppe.** Erst wnn der während des gesamten Verfahrens erzielte Überschuss größer ist als die Gesamtsumme der zu berücksichtigenden, laufenden wiederkehrenden Leistungsansprüche (erste Gruppe), kann eine Ausschüttung auf die Vollstreckungsansprüche der Gläubiger gemäß ihrer Anordnungs- und Beitrittsbeschlüsse (Rangklasse 5) erfolgen.

15 **[7] Muster eines Vollstreckungsanspruchs.** Die Gläubiger werden im Rang der Beschlagnahmen aus der Anordnung und den Beitritten berücksichtigt:

1.	... der Muster-Bank AG in Dortmund, aus der Grundschuld III/2 über 150.000 EUR:
	Kosten der dinglichen Rechtsverfolgung in Höhe von 123 EUR
	eine einmalige Nebenleistung in Höhe von 20.000 EUR
	12 % Zinsen von 150.000 EUR, vom 1.1.2011 bis zum 31.12.2013 (*siehe Rn 11*)
	Kapital in Höhe von 200.000 EUR
2.	... (Anspruch eines Beitrittsgläubigers)

Die laufenden, wiederkehrenden (Zins-)Ansprüche aus den eingetragenen, dinglichen Rechte werden bereits in der ersten Gruppe berücksichtigt. Die Kapitalansprüche (beachte § 158), einmalige und rückständige Leistungen sowie Kosten können in der Zwangsverwaltung nur in der Rangklasse 5 geltend gemacht werden. 16

§ 156 [Öffentliche Lasten; Verteilungstermin]

(1) ¹Die laufenden Beträge der öffentlichen Lasten sind von dem Verwalter ohne weiteres Verfahren zu berichtigen. ²Dies gilt auch bei der Vollstreckung in ein Wohnungseigentum für die laufenden Beträge der daraus fälligen Ansprüche auf Zahlung der Beiträge zu den Lasten und Kosten des gemeinschaftlichen Eigentums oder des Sondereigentums, die nach § 16 Abs. 2, § 28 Abs. 2 und 5 des Wohnungseigentumsgesetzes geschuldet werden, einschließlich der Vorschüsse und Rückstellungen sowie der Rückgriffsansprüche einzelner Wohnungseigentümer. ³Die Vorschrift des § 10 Abs. 1 Nr. 2 Satz 3 findet keine Anwendung.

(2) ¹Ist zu erwarten, daß auch auf andere Ansprüche Zahlungen geleistet werden können, so wird nach dem Eingange der im § 19 Abs. 2 bezeichneten Mitteilungen des Grundbuchamts der Verteilungstermin bestimmt. ²In dem Termine wird der Teilungsplan für die ganze Dauer des Verfahrens aufgestellt. ³Die Terminsbestimmung ist den Beteiligten sowie dem Verwalter zuzustellen. ⁴Die Vorschriften des § 105 Abs. 2 Satz 2, des § 113 Abs. 1 und der §§ 114, 115, 124, 126 finden entsprechende Anwendung.

§ 157 [Ausführung des Teilungsplans]

(1) ¹Nach der Feststellung des Teilungsplans hat das Gericht die planmäßige Zahlung der Beträge an die Berechtigten anzuordnen; die Anordnung ist zu ergänzen, wenn nachträglich der Beitritt eines Gläubigers zugelassen wird. ²Die Auszahlungen erfolgen zur Zeit ihrer Fälligkeit durch den Verwalter, soweit die Bestände hinreichen.

(2) ¹Im Falle der Hinterlegung eines zugeteilten Betrags für den unbekannten Berechtigten ist nach den Vorschriften der §§ 135 bis 141 zu verfahren. ²Die Vorschriften des § 142 finden Anwendung.

§ 158 [Kapital von Grundpfandrechten]

(1) ¹Zur Leistung von Zahlungen auf das Kapital einer Hypothek oder Grundschuld oder auf die Ablösungssumme einer Rentenschuld hat das Gericht einen Termin zu bestimmen. ²Die Terminsbestimmung ist von dem Verwalter zu beantragen.

(2) ¹Soweit der Berechtigte Befriedigung erlangt hat, ist das Grundbuchamt von dem Gericht um die Löschung des Rechtes zu ersuchen. ²Eine Ausfertigung des Protokolls ist beizufügen; die Vorlegung des über das Recht erteilten Briefes ist zur Löschung nicht erforderlich.

(3) Im übrigen finden die Vorschriften der §§ 117, 127 entsprechende Anwendung.

§ 158a [Belastung in einheitlicher Europäischer Währung]

Für die Zwangsverwaltung eines Grundstücks, das mit einer Hypothek, Grundschuld oder Rentenschuld in einer nach § 28 Satz 2 der Grundbuchordnung zugelassenen Währung belastet ist, gelten folgende Sonderbestimmungen:

1. Die Beträge, die auf ein in der Fremdwährung eingetragenes Recht entfallen, sind im Teilungsplan in der eingetragenen Währung festzustellen.
2. Die Auszahlung erfolgt in Euro.
3. ¹Der Verwalter zahlt wiederkehrende Leistungen nach dem Kurswert des Fälligkeitstages aus. ²Zahlungen auf das Kapital setzt das Gericht in dem zur Leistung bestimmten Termin nach dem amtlich ermittelten letzten Kurswert fest.

§ 159 [Klage auf Änderung des Teilungsplans]

(1) Jeder Beteiligte kann eine Änderung des Teilungsplans im Wege der Klage erwirken, auch wenn er Widerspruch gegen den Plan nicht erhoben hat.

(2) Eine planmäßig geleistete Zahlung kann auf Grund einer späteren Änderung des Planes nicht zurückgefordert werden.

§ 160 [Außergerichtliche Verteilung]

Die Vorschriften der §§ 143 bis 145 über die außergerichtliche Verteilung finden entsprechende Anwendung.

§ 161 [Aufhebung des Verfahrens]

(1) Die Aufhebung des Verfahrens erfolgt durch Beschluß des Gerichts.

(2) Das Verfahren ist aufzuheben, wenn der Gläubiger befriedigt ist.

(3) Das Gericht kann die Aufhebung anordnen, wenn die Fortsetzung des Verfahrens besondere Aufwendungen erfordert und der Gläubiger den nötigen Geldbetrag nicht vorschießt.

(4) Im übrigen finden auf die Aufhebung des Verfahrens die Vorschriften der §§ 28, 29, 32, 34 entsprechende Anwendung.

A. Anwaltliche Sicht
   I. Muster: Antragsrücknahme
   II. Erläuterungen
B. Gerichtliche Sicht

I. Muster: Anordnung einer Vorschusszahlung
II. Erläuterungen
   [4] Vorschuss für Ausgaben der Verwaltung 4

A. Anwaltliche Sicht

I. Muster: Antragsrücknahme

▶ An das

Amtsgericht (Name, Anschrift)

Abteilung für Zwangsverwaltungen

Antragsrücknahme in dem Zwangsverwaltungsverfahren

... (Nachname des Schuldners)

... (Az des Gerichts)

Sehr geehrte Damen und Herren,

den Antrag auf Anordnung der Zwangsverwaltung nehme ich **zurück** und bitte um Aufhebung des Verfahrens.

Die Antragsrücknahme beschränke ich[1] auf folgende Vermögensrechte, die bis zu ihrer Durchsetzung durch des Zwangsverwalter weiter beschlagnahmt bleiben sollen.

... (Bestimmte einzelne Ansprüche, zB klageanhängige Mietansprüche)

Die Antragsrücknahme bezieht sich auch nicht auf den vorhandenen Verfahrensüberschuss. Dieser soll gem. Teilungsplan ausgeschüttet werden (§ 155 Abs. 2).

Mit freundlichen Grüßen

...

Rechtsanwalt ◀

II. Erläuterungen

[1] **Einschränkung der Antragsrücknahme.** Mit Zugang des Aufhebungsbeschlusses stellt der Zwangsverwalter grds. seine Tätigkeit ein und gibt das Grundstück mit seinen Bestandteilen und Zubehörstücken an den Eigentümer heraus. Der Verfahrensüberschuss ist nicht mehr an die Gläubiger auszuschütten, sondern an den Eigentümer auszuzahlen, da die Pfandrechte der Grundschuldgläubiger am Erlös mit der Aufhebung erlöschen. Der BGH hat aber entscheiden (BGHZ 177, 218 = NJW 2008, 3067 = Rpfleger 2008, 586 = BGHReport 2008, 1195 = ZfIR 2008, 876), dass eine Antragsrücknahme mit entsprechen Einschränkungen versehen werden kann.

B. Gerichtliche Sicht

I. Muster: Anordnung einer Vorschusszahlung

▶ Amtsgericht ...

Beschluss

In dem Verfahren zur Zwangsverwaltung

... (Grundbuchbezeichnung)

... (Bestandsverzeichnis des Grundbuchs)

Eigentümer: ... (gem. Abteilung I des Grundbuchs)

wird auf Antrag des ... (Zwangsverwalters), vom ... angeordnet, dass die betreibende Gläubigerin, ... (Antragstellerin des Verfahrens), binnen 2 Wochen nach Zustellung dieses

Beschlusses einen Vorschuss in Höhe von ... EUR an den Zwangsverwalter zu zahlen hat, widrigenfalls das Verfahren aufgehoben werden wird.[1]

Der Vorschuss ist notwendig, weil nach dem Bericht des Zwangsverwalters, der in der Anlage in Abschrift beigefügt ist, die Fortsetzung des Verfahrens besondere Aufwendungen erfordert (§ 161 Abs. 3 ZVG), wofür zurzeit keine Mittel vorhanden sind.

...

Ort, Datum

...

Rechtspflegerin ◀

II. Erläuterungen

4 [1] **Vorschuss für Ausgaben der Verwaltung.** Kann der Verwalter die notwendigen Ausgaben der Verwaltung und die Kosten des Verfahrens (§ 155 Rn 3 ff) nicht begleichen, muss der (betreibende) Gläubiger auf Anordnung des Gerichts einen Vorschuss leisten (Abs. 3). Der Vorschuss ist zweckgebunden und kann ausschließlich für die Verwaltungsausgaben und Verfahrenskosten verwendet werden. Wird der Vorschuss nicht geleistet, ist das Verfahren aufzuheben. Mit der Anordnung ist der Gläubiger auf diese Rechtsfolge hinzuweisen.

5 Die Hausgeldansprüche der Wohnungseigentümergemeinschaft (Rangklasse 2 des § 10) und die öffentlichen Lasten des Grundstücks (Rangklasse 3 des § 10), die im Zusammenhang mit der **Bewirtschaftung** des Grundstücks stehen, gehören zu den Ausgaben der Verwaltung nach § 155 Abs. 1 und müssen vom Verwalter beglichen werden. Reicht die Masse dafür nicht aus, muss der Gläubiger auch für diesen Beträge einen Vorschuss leisten (BGHZ 182, 361 = MDR 2010, 107 = NJW 2010, 1003 = Rpfleger 2010, 100 = ZfIR 2010, 37). Soweit eine Berücksichtigung als Ausgabe der Verwaltung iSd § 155 Abs. 1 ausgeschlossen ist (zB für Grundsteuern), ist auch eine Verwendung von Gläubigervorschüssen nicht möglich.

6 In der **Zwangsversteigerung** genießt der Vorschuss nur dann Vorrang (Rangklasse 1 des § 10) vor Grundpfandrechten, soweit die vom Vorschuss beglichenen Ausgaben im konkreten Fall unmittelbar objekterhaltende oder -verbessernde Wirkung hatten. Soweit eine Ausgabe nur mittelbar objekterhaltende oder -verbessernde Wirkung hat, steht ihr kein Vorrang in der Rangklasse 1 zu (BGHZ 154, 387 = NJW 2003, 2162 = Rpfleger 2003, 454 = MDR 2003, 1074).

Beispiel: Der Gläubiger hat auf Anordnung des Gerichts nach § 161 Abs. 3 einen Vorschuss in Höhe von 1.000 EUR geleistet. Der Zwangsverwalter zahlt davon: 100 EUR für die Gebäudefeuerversicherung, 300 EUR für den Ersatz defekter Sanitäranlagen und 600 EUR für die laufenden Verwaltungskosten (zB Kontogebühren, Gerichtskostenvorschuss, Kosten für eine Zeitungsanzeige). Der Erstattungsanspruch des Gläubigers kann in Höhe von 400 EUR in der Rangklasse 1 geltend gemacht werden.

Gesetz über das Verfahren in Familiensachen und in den Angelegenheiten der freiwilligen Gerichtsbarkeit (FamFG)

Vom 17. Dezember 2008 (BGBl. I S. 2586)
(FNA 315-24)
zuletzt geändert durch Art. 4 G zur Umsetzung der Entscheidung des Bundesverfassungsgerichts zur Sukzessivadoption durch Lebenspartner vom 20. Juni 2014 (BGBl. I S. 786)

– Auszug –

Vorbemerkung

I. Struktur der Vollstreckung nach FamFG

- Familienstreitsachen/Ehesachen
  → Vollstreckung nach ZPO, § 120 Abs. 1 FamFG
- Angelegenheiten der **freiwilligen Gerichtsbarkeit**, § 88 FamFG ff
  - Verfahrensabschließende Beschlüsse, vollstreckbare Vergleiche
    → Grundsätzlich Vollstreckung nach ZPO, § 95 Abs. 1 FamFG
    Sonderregelungen: Herausgabe und Sorgerechtsentscheidungen in §§ 88–94 FamFG
  - Gerichtliche Anordnungen nach § 35 FamFG
    → Vollstreckung nach § 35 FamFG, ZPO
- Vollstreckung **ausländischer** Entscheidungen
  → § 110 FamFG

II. Schnellübersicht:[1] Vollstreckungsansprüche von A–Z (Auswahl)

Verpflichtung	Vollstreckung nach …
Ablieferung der Betreuungsverfügung an das Gericht, § 285 FamFG	§ 35 FamFG
Ablieferung der Vorsorgevollmacht	§ 35 FamFG
Ablieferung von — Erbschein — Testamentsvollstreckerzeugnis	§ 95 FamFG
Ablieferung, Testament	§ 35 FamFG
Abstammung, Duldung der Probeentnahme	§ 96 a, § 95 iVm ZPO
Aktionär, Auskunft gem. § 132 AktG	§ 95 FamFG iVm ZPO
Auseinandersetzungen von Nachlass/Gütergemeinschaft; Zahlung, §§ 368, 371, 373 FamFG	§ 95 FamFG iVm ZPO
Ausgleichszahlung in Ehewohnungs- und Haushaltssachen	§ 95 FamFG iVm ZPO
Auskunft (Benennung) des Kindesvaters durch Mutter an Scheinvater	§ 95 FamFG iVm ZPO
Auskunft, Eltern über das Kind, § 1686 BGB	§ 95 FamFG iVm ZPO
Auskunft, Versorgungsausgleichssachen, gegen Ehegatten, § 4 VersAusglG	§ 95 FamFG iVm ZPO

---

1 Schnellübersicht nach Hk-ZV/*Giers*, §§ 149-270 FamFG, Rn 258

Verpflichtung	Vollstreckung nach ...
Auskunft, Versorgungsausgleichssachen, von Amts wegen, § 220	§ 35 FamFG
Auskunftsverlangen des Gerichts in Unterhaltssachen	keine, vgl § 235 Abs. 4 FamFG
Benennung des Kindesvaters	§ 95 FamFG iVm § 118 ZPO
Betreuung, Aufsichtsmaßnahmen, §§ 1837, 1908 i BGB	§ 35 FamFG
Betreuung, Herausgabe des Betreuten	§§ 88 ff FamFG
Betreuung, Zahlungsanspruch gegen Betreuten	§ 95 FamFG iVm ZPO
Betreuungsverfügung, Ablieferung an das Gericht, § 285 FamFG	§ 35 FamFG
Betreuungsverfügung, Herausgabe	§ 35 FamFG
Dispache, Aushändigung von Unterlagen, §§ 404, 405 Abs. 2 FamFG	§ 35 FamFG
Dispache, Zahlung gem. § 409 FamFG	§ 95 FamFG iVm ZPO
Ehewohnungssachen: Ausgleichszahlung, Räumung, Nutzungsvergütung, Unterlassung, §§ 1361 b, 1568 a BGB	§ 95 FamFG iVm ZPO
Ehewohnungsverfahren, Verpflichtung zur Kündigung des Untermietverhältnisses	§ 95 FamFG iVm ZPO
Einsichtsrecht der Aktionäre/Gläubiger	§ 95 FamFG iVm ZPO
Erbschein, Ablieferungsanspruch des eingezogenen E.	§ 95 FamFG iVm ZPO
Ersatzvornahme gem. § 887 ZPO, Kostenvorschuss	§ 95 FamFG iVm ZPO
Familienstreitsachen	§ 120 FamFG nach ZPO
Gerichtlich gebilligte Vergleiche	§§ 88 ff FamFG
Gewaltschutz, Unterlassung	§ 95 FamFG iVm ZPO
Gewaltschutz: Räumung der Wohnung/Unterlassung/Verbote	§ 95 FamFG iVm ZPO, § 96 FamFG
Gütergemeinschaft, Auseinandersetzungen, Herausgabe/Zahlung, §§ 368, 371, 373 FamFG	§ 95 FamFG iVm ZPO
Gütergemeinschaft, Teilungsvereinbarung; Zahlung, §§ 366, 373 FamFG	§ 95 FamFG iVm ZPO
Güterrecht, § 261 Abs. 1 FamFG	§ 120 FamFG nach ZPO
Haushaltssachen, Ausgleichszahlung	§ 95 FamFG iVm ZPO
Haushaltssachen, Herausgabe	§ 95 FamFG iVm ZPO
Herausgabe eingezogener Erbschein	§ 95 FamFG iVm ZPO
Herausgabe zum persönlichen Gebrauch einer Person bestimmter Sachen	§§ 88 ff FamFG oder § 95 FamFG iVm ZPO
Herausgabe, Betreuter an Betreuer	§§ 88 ff FamFG
Herausgabe, Betreuungsverfügung	§ 35 FamFG
Herausgabe, Haushaltssachen	§ 95 FamFG iVm ZPO
Herausgabe, Kind, an Eltern, Vormund	§§ 88 ff FamFG
Herausgabe, Person	§§ 88 ff FamFG
Herausgabe, Testament	§ 35 FamFG
Herausgabe, Vorsorgevollmacht	§ 35 FamFG
Jahresbericht, Erstellung, §§ 1840 Abs. 1, 1908 i BGB	§ 35 FamFG
Kind, Herausgabe an Eltern, Vormund	§§ 88 ff FamFG
Kostenfestsetzungsbeschlüsse	§ 120 FamFG nach ZPO oder § 95 FamFG iVm ZPO
Kostenvorschuss für Ersatzvornahme	§ 95 FamFG iVm ZPO
Kündigung, Verpflichtung zur K. eines Untermietverhältnisses im Ehewohnungsverfahren	§ 95 FamFG iVm ZPO
Landwirtschaftssachen	§ 95 FamFG iVm ZPO
Mitwirkungspflichten des Ehegatten (zB bei der Steuer)	§ 120 FamFG nach ZPO
Mündel, Herausgabe	§§ 88 ff FamFG

Verpflichtung	Vollstreckung nach ...
Mündel, Zahlungsanspruch des Vormunds	§ 95 FamFG iVm ZPO
Nachlass, Auseinandersetzungen; Zahlung, §§ 368, 371 FamFG	§ 95 FamFG iVm ZPO
Nachlass, Teilungsvereinbarung; Zahlung, §§ 366, 371 FamFG	§ 95 FamFG iVm ZPO
Näherungsverbot, Gewaltschutz	§§ 95, 96 FamFG iVm ZPO
Namensänderung, Verpflichtung laut Ehevertrag	§ 95 FamFG iVm ZPO
Nutzungsentgelt, Ehewohnungssachen	§ 95 FamFG iVm ZPO
Nutzungsentgelt, Haushaltssachen	§ 95 FamFG iVm ZPO
Ordnungsmittel	§ 1 Abs. 1 Nr. 3, § 6 Abs. 2 JBeitrO
Pfleger, Zahlungsanspruch gegen Pflegling	§ 95 FamFG iVm ZPO
Pflegschaft, Zahlungsanspruch des Pflegers	§ 95 FamFG iVm ZPO
Probeentnahme, Abstammung	§ 96 a, § 95 FamFG iVm ZPO
Räumung: Ehewohnungssachen, GewSchG	§ 95 FamFG iVm ZPO
Rechnungslegung	§ 35 FamFG
Registersachen, Zwangsgeld	§§ 388 ff FamFG
Sonstige Familiensachen	§ 95 FamFG iVm ZPO
Teilungsvereinbarungen, Nachlass/Gütergemeinschaft; Zahlung, §§ 366, 371, 373 FamFG	§ 95 FamFG iVm ZPO
Testament, Ablieferung/Herausgabe	§ 35 FamFG
Testamentsvollstreckerzeugnis, Ablieferung/Herausgabe	§ 95 FamFG iVm ZPO
Umgang, Verbot ohne Umgangsregelung	§ 88 FamFG
Umgangsregelung, Betreuter/Kind/Mündel	§§ 88 ff FamFG
Unterhalt (Trennungs-, Kindes-, Verwandten-, nachehelicher U., U. der nichtehelichen Mutter)	§ 120 FamFG nach ZPO
Unterhalt, Auskunft	§ 120 FamFG nach ZPO
Unterlassung, Ehestörung	§ 95 FamFG iVm ZPO
Unterlassung, Gewaltschutz	§ 95 FamFG iVm ZPO
Unterlassung, güterstandswidrige Verfügungen	§ 120 FamFG nach ZPO
Vereinfachtes Verfahren Unterhalt Minderjähriger	§ 120 FamFG nach ZPO
Vermögensverzeichnis über Erwerb des Kindes von Todes wegen, § 1640 BGB	§ 35 FamFG
Versorgungsausgleichssachen, Anspruch auf Abtretung	§ 95 FamFG iVm ZPO
Versorgungsausgleichssachen, Auskunft gegen Ehegatten, § 4 VersAusglG	§ 95 FamFG iVm ZPO
Versorgungsausgleichssachen, Auskunft von Amts wegen, § 220 FamFG	§ 35 FamFG
Versorgungsausgleichssachen, Zahlungsansprüche	§ 95 FamFG iVm ZPO
Verzeichnis über das von Todes wegen erworbenen Vermögens eines Kindes, § 1640 BGB	§ 35 FamFG
Vormund, Aufsichtsmaßnahmen, § 1837 BGB	§ 35 FamFG
Vormund, Zahlungsanspruch gegen Mündel	§ 95 FamFG iVm ZPO
Vormundschaft, Übernahme	§ 35 FamFG, § 1788 BGB
Vormundschaft, Vermögensherausgabe/Rechnungslegung	§ 95 FamFG iVm ZPO
Vorsorgevollmacht Ablieferung/Herausgabe, § 285 FamFG	§ 35 FamFG
Willenserklärung, Abgabe einer W.	§ 95 FamFG iVm ZPO
Zugewinn	§ 120 FamFG nach ZPO
Zwangsgeld	§ 35 FamFG; § 1 Abs. 1 Nr. 3 JBeitrO
Zwangshaft, Vollzug	§ 35 FamFG iVm §§ 802 g, 802 h, 802 j ZPO

Buch 1 Allgemeiner Teil

Abschnitt 1 Allgemeine Vorschriften

Abschnitt 2 Verfahren im ersten Rechtszug

§ 35 Zwangsmittel

(1) ¹Ist auf Grund einer gerichtlichen Anordnung die Verpflichtung zur Vornahme oder Unterlassung einer Handlung durchzusetzen, kann das Gericht, sofern ein Gesetz nicht etwas anderes bestimmt, gegen den Verpflichteten durch Beschluss Zwangsgeld festsetzen. ²Das Gericht kann für den Fall, dass dieses nicht beigetrieben werden kann, Zwangshaft anordnen. ³Verspricht die Anordnung eines Zwangsgeldes keinen Erfolg, soll das Gericht Zwangshaft anordnen.

(2) Die gerichtliche Entscheidung, die die Verpflichtung zur Vornahme oder Unterlassung einer Handlung anordnet, hat auf die Folgen einer Zuwiderhandlung gegen die Entscheidung hinzuweisen.

(3) ¹Das einzelne Zwangsgeld darf den Betrag von 25 000 Euro nicht übersteigen. ²Mit der Festsetzung des Zwangsmittels sind dem Verpflichteten zugleich die Kosten dieses Verfahrens aufzuerlegen. ³Für den Vollzug der Haft gelten § 802 g Abs. 1 Satz 2 und Abs. 2, die §§ 802 h und 802 j Abs. 1 der Zivilprozessordnung entsprechend.

(4) ¹Ist die Verpflichtung zur Herausgabe oder Vorlage einer Sache oder zur Vornahme einer vertretbaren Handlung zu vollstrecken, so kann das Gericht, soweit ein Gesetz nicht etwas anderes bestimmt, durch Beschluss neben oder anstelle einer Maßnahme nach den Absätzen 1, 2 die in §§ 883, 886, 887 der Zivilprozessordnung vorgesehenen Maßnahmen anordnen. ²Die §§ 891 und 892 der Zivilprozessordnung gelten entsprechend.

(5) Der Beschluss, durch den Zwangsmaßnahmen angeordnet werden, ist mit der sofortigen Beschwerde in entsprechender Anwendung der §§ 567 bis 572 der Zivilprozessordnung anfechtbar.

1 Diese zentrale Vorschrift zur Zwangsvollstreckung im FamFG verweist in den meisten Teilen auf die ZPO oder ist den dortigen Regelungen zur Vollstreckung nicht vertretbarer Handlungen nachgebildet (für Muster vgl §§ 888 ff ZPO).

2 Nach Abs. 2 muss die gerichtliche Entscheidung einen Hinweis auf die Folgen einer Zuwiderhandlung enthalten, die Anordnung von Zwangsmaßnahmen muss also zunächst angedroht werden.

3 § 35 regelt die Durchsetzung gerichtlicher Anordnungen, die **innerhalb eines Verfahrens** erlassen werden. Weitere Regelungen zur Vollstreckung von Entscheidungen über die Herausgabe von Personen und die Regelung des Umgangs enthalten §§ 88 ff. Ergänzend gelten §§ 95, 96 für die Vollstreckung nach der Zivilprozessordnung. Weitere Sonderregelungen sind in den meisten Büchern des FamFG und auch im BGB enthalten (vgl. HK-FamFG/*Schreiber*, § 35 Rn 2). Die Vorschrift gilt nicht in Ehe- und Familienstreitsachen, § 113 Abs. 1 FamFG.

Zu beachten ist dabei, dass die **Vollstreckung im FamFG von Amts wegen** erfolgt und kein ausdrücklicher Antrag erforderlich ist. Die Anregung der Vollstreckung wird aber üblicherweise ebenfalls mit „Antrag" bezeichnet.

Abschnitt 8 Vollstreckung

Unterabschnitt 1 Allgemeine Vorschriften

§ 86 Vollstreckungstitel

(1) Die Vollstreckung findet statt aus
1. gerichtlichen Beschlüssen;
2. gerichtlich gebilligten Vergleichen (§ 156 Abs. 2);
3. weiteren Vollstreckungstiteln im Sinne des § 794 der Zivilprozessordnung, soweit die Beteiligten über den Gegenstand des Verfahrens verfügen können.

(2) Beschlüsse sind mit Wirksamwerden vollstreckbar.

(3) Vollstreckungstitel bedürfen der Vollstreckungsklausel nur, wenn die Vollstreckung nicht durch das Gericht erfolgt, das den Titel erlassen hat.

§ 87 Verfahren; Beschwerde

(1) ¹Das Gericht wird in Verfahren, die von Amts wegen eingeleitet werden können, von Amts wegen tätig und bestimmt die im Fall der Zuwiderhandlung vorzunehmenden Vollstreckungsmaßnahmen. ²Der Berechtigte kann die Vornahme von Vollstreckungshandlungen beantragen; entspricht das Gericht dem Antrag nicht, entscheidet es durch Beschluss.

(2) Die Vollstreckung darf nur beginnen, wenn der Beschluss bereits zugestellt ist oder gleichzeitig zugestellt wird.

(3) ¹Der Gerichtsvollzieher ist befugt, erforderlichenfalls die Unterstützung der polizeilichen Vollzugsorgane nachzusuchen. ²§ 758 Abs. 1 und 2 sowie die §§ 759 bis 763 der Zivilprozessordnung gelten entsprechend.

(4) Ein Beschluss, der im Vollstreckungsverfahren ergeht, ist mit der sofortigen Beschwerde in entsprechender Anwendung der §§ 567 bis 572 der Zivilprozessordnung anfechtbar.

(5) Für die Kostenentscheidung gelten die §§ 80 bis 82 und 84 entsprechend.

A. **Antrag auf Vollstreckung** 1	[7] Titel zur Vollstreckung 8
I. Muster: Antrag auf Vollstreckung . 1	[8] Zustellung des Titels 9
II. Erläuterungen 2	[9] Begründung des Antrags 10
[1] Zuständigkeit 2	B. **Ablehnung der Vollstreckung** 11
[2] Vollstreckung von Amts wegen 3	I. Muster: Ablehnung der Vollstreckung 11
[3] Bezeichnung des Antragstellers 4	II. Erläuterungen 12
[4] Beteiligte 5	[1] Allgemeines Muster 12
[5] Vollstreckung von Amts wegen 6	[2] Beschlussformel 13
[6] Begründung des Antrags 7	[3] Kostenentscheidung 14
	[4] Gründe 15
	[5] Anhörung des Gegners 16

[6] Kostenentscheidung 17

A. Antrag auf Vollstreckung

I. Muster: Antrag auf Vollstreckung

▶ An das

Amtsgericht[1] ▬▬▬

– Familiengericht –

Eilt sehr – bitte sofort vorlegen!

Antrag[2]

auf ▬▬▬

in der Familiensache

des Antragstellers[3] ▬▬▬

– Bevollmächtigter: Rechtsanwalt ▬▬▬ –

Beteiligte[4]:

– Bevollmächtigter: Rechtsanwalt ▬▬▬ –

Namens und im Auftrag des Antragstellers beantrage[5] ich, ▬▬▬

Begründung[6]

Durch Beschluss[7] des (Familien)gerichts ▬▬▬ vom ▬▬▬ wurde der Beteiligte ▬▬▬ verpflichtet ▬▬▬ zu tun/unterlassen etc. Die Zustellung[8] des Vollstreckungstitels erfolgte am ▬▬▬. Die Wirksamkeit[9] des Vollstreckungstitels, § 86 Abs. 2 FamFG ist eingetreten. Dies ergibt sich aus ▬▬▬. Um die gerichtliche Entscheidung durchzusetzen ist die Vollstreckungsmaßnahme des ▬▬▬ notwendig. Dies begründet sich ▬▬▬.

▬▬▬

Rechtsanwalt ◀

II. Erläuterungen

[1] **Zuständig** für alle im FamFG geregelten Verfahren ist das Familiengericht unabhängig vom Gegenstandswert. Die örtliche Zuständigkeit richtet sich nach § 88.

[2] In Verfahren, die von Amts wegen eingeleitet werden können, wird die Vollstreckung dann von Amts wegen vom Gericht veranlasst und durchgeführt. Findet das Erkenntnisverfahren allein auf **Antrag** statt, so erfordert auch die Vollstreckung einen Antrag des Berechtigten. Kann das Gericht dagegen im Hauptsacheverfahren von Amts wegen tätig werden, so kann auch die Vollstreckung von Amts wegen betrieben werden. (Hk-ZPO/*Kemper*, § 87 FamFG Rn 2). Es ist üblich, in beiden Konstellationen einen „Antrag" zu stellen, obwohl teilweise auch eine „Anregung" ausreichend wäre. Das FamFG spricht in Abs. 1 S. 2 selbst von einem Antragsrecht. Sofern das Gericht dem Antrag nicht entspricht, hat es den Antrag in Form eines Beschlusses abzulehnen. Der Berechtigte hat dann die Möglichkeit der Einlegung eines Rechtsmittels und der Überprüfung durch das Rechtsmittelgericht, § 86 Abs. 1 S. 2.

[3] Die **Person** des Antragstellers ist genau zu bezeichnen und der Bevollmächtigte – sofern vorhanden – ist anzugeben.

[4] Wer **Beteiligter** eines solchen Verfahrens ist, ergibt sich aus § 7.

[5] Siehe oben Rn 3.

[6] Eine **Begründung** des Antrages ist nach §§ 23, 27 notwendig. Wichtig ist die Angabe des Vollstreckungstitels gem. § 86 auf dessen Inhalt auch Bezug genommen werden kann. Abs. 2 verlangt dessen vorherige oder gleichzeitige Zustellung. Die angestrebte Vollstreckungsmaßnahme (Zwangsgeld, -haft, Ordnungsgeld, -haft, unmittelbarer Zwang etc.) ist anzugeben, wenn es dazu Zweifel geben kann. Eine Begründung für die Auswahl erleichtert es dem Gericht, dem Antrag zu folgen. Welche Maßnahme möglich ist, richtet sich nach dem jeweiligen Titel. Sofern sich der Grund für die Vollstreckung nicht von selbst ergibt, sollte angegeben werden, warum hier staatliche Hilfe in Anspruch genommen wird und die Vollstreckung notwendig ist. Dies gilt insbesondere bei Regelungen zum Umgangsrecht. Hier enthalten §§ 88 ff Spezialregelungen. Die Vollstreckung in Familienstreitsachen und Ehesachen erfolgt nach den Regeln der ZPO, § 113 Abs. 1 FamFG.

[7] Die Vollstreckung findet statt aus allen in § 86 Abs. 1 genannten **Titeln**. Vergleiche sind keine Vollstreckungstitel, wenn es um Kindesherausgabe oder Umgangsrecht geht. Nur wenn das Gericht sich den Vergleich zu eigen gemacht hat und ihn durch Beschluss bestätigt, § 156 Abs. 2, ist diese Entscheidung vollstreckbar (ausführlich: *Schlünder*, FamRZ 2012, 9; KG FamRZ 2011, 588; OLG Frankfurt FamRB 2011, 240; OLG Nürnberg FamRB 2011, 240; HK-FamFG/*von Harbou* § 86 Rn 4 ff; Hk-ZPO/*Kemper* § 86 FamFG Rn 5; *Haußleiter*, NJW-Spezial 2011, 68; *Schael*, FamRZ 2011, 865). Vollstreckbar ist eine Umgangsregelung nur wenn sie hinreichend präzise ist. Dafür ist die genaue Bestimmung über Art, Ort und Zeit des Umgangs erforderlich (BGH NJW-RR 2012, 324 = FamRZ 2012, 533 mit Anm Hammer = FamRB 2012, 142 mit Anm. *Giers*; HK-FamFG/*Völker/Clausius/Wagner* § 89 Rn 4 ff.; OLG Saarbrücken FamRZ 2014, 402; OLG Bamberg FamRZ 2013, 1759; *Cirullies* Rn 610 ff). Nach früherem Recht erstellte Titel sind jetzt nach FamFG zu vollstrecken (BGH NJW-RR 2012, 324 = FamRZ 2012, 533). Überblick zur Vollstreckung ausländischer Titel: *Strasser*, NZFam 2015, 103.

[8] Die Notwendigkeit der **Zustellung** des Titels an den Verpflichteten ergibt sich aus § 87 Abs. 2 und ist § 750 Abs. 1 S. 1 ZPO nachgebildet. Auf die dortigen Anmerkungen ist zu verweisen. Es ist nicht nur die Zustellung eines „Beschlusses" wie das Gesetz schreibt sondern auch der anderen Vollstreckungstitel notwendig, HK-FamFG/*von Harbou* § 87 Rn 5; aA zu Vergleich in Gewaltschutzverfahren OLG Brandenburg NZFam 2015, 328 mit Anm. *Breidenstein*).

[9] Für die Vollstreckung ist nach § 86 Abs. 2 die **Wirksamkeit des Titels** notwendig. Diese richtet sich nach § 40 (Bekanntgabe der Entscheidung) oder nach Spezialregelungen, die sich aus den jeweiligen Teilen des FamFG ergeben wie aus § 209 Abs. 2 bezüglich Ehewohnungs- und Haushaltssachen (ausführlich mit Übersicht: *Cirullies*, FPR 2012, 473; vgl. Hk-ZPO/*Kemper* § 86 FamFG Rn 7 ff).

Eine Vollstreckungsklausel ist nach § 86 Abs. 3 nur erforderlich, wenn die Vollstreckung nicht von dem Gericht, das den Beschluss erlassen hat, durchgeführt werden soll. (aA zu Vergleich in Gewaltschutzverfahren OLG Brandenburg NZFam 2015, 328 mit Anm. *Breidenstein*). Die einstweilige Anordnung benötigt die Vollstreckungsklausel nur bei Einsatz gegen eine nicht im Beschluss genannte Person, § 53 Abs. 1.

B. Ablehnung der Vollstreckung

11 I. Muster: Ablehnung der Vollstreckung

▶ **Beschluss**[1]

In der ...sache

Beteiligter ...

Bevollmächtigter: ...

hat das Amtsgericht – Familiengericht – ... durch Richter am Amtsgericht ... beschlossen:

1.[2] Der Antrag des ... vom ... auf Durchführung der Zwangsvollstreckung und ... [beantragte Maßnahme] wird zurückgewiesen.

2.[3] Die Kosten des Verfahrens hat der Antragsteller zu tragen.

Gründe[4]

Mit Schriftsatz vom ... hat der Antragsteller beantragt, aus dem Beschluss des ... Gerichts die Zwangsvollstreckung zu betreiben und folgende Vollstreckungsmaßnahme begehrt ... . Er führt zur Begründung aus ... .

Der angehörte[5] Beteiligte ... hat dem widersprochen und dies begründet mit ... .

Der Antrag war abzuweisen, da ... .

Die Kostenentscheidung[6] beruht auf § 81 Abs. ... FamFG und berücksichtigt, dass der Antrag erfolglos war. Eine Quotierung der Kosten war nicht angezeigt, weil ... .

...

Unterschrift

Der Beschluss wurde der Geschäftsstelle am ... übergeben.

Rechtsbehelfsbelehrung (sofortige Beschwerde, §§ 567 ff ZPO) ◀

II. Erläuterungen

12 [1] Die Einzelheiten zu Form und Inhalt des Beschlusses nach FamFG ergeben sich aus § 38.

13 [2] In der Beschlussformel, § 38 Abs. 2 Ziff. 3, ist der zurückgewiesene Antrag möglichst genau zu bezeichnen um die Rechtskraft des Beschlusses präzise definieren zu können.

14 [3] Eine Kostenentscheidung ist nach § 80 ff notwendig. Diese Regelungen sind nach Abs. 5 entsprechend anzuwenden. Die Kostenentscheidung richtet sich im Vollstreckungsverfahren nach den Grundsätzen, die auch im Hauptsacheverfahren Anwendung finden.

15 [4] Der Beschluss ist mit Gründen zu versehen (siehe oben Rn 12).

16 [5] Die Anhörung des Gegners ist (nur) bei der Vollstreckung von Ordnungsmitteln bei Entscheidungen über die Herausgabe von Personen und der Regelung des Umgangs erforderlich, sofern dadurch nicht die Vollstreckung vereitelt oder wesentlich erschwert wird, § 92 Abs. 1 S. 1.

[6] Siehe oben Rn 14.

Unterabschnitt 2 Vollstreckung von Entscheidungen über die Herausgabe von Personen und die Regelung des Umgangs

§ 88 Grundsätze

(1) Die Vollstreckung erfolgt durch das Gericht, in dessen Bezirk die Person zum Zeitpunkt der Einleitung der Vollstreckung ihren gewöhnlichen Aufenthalt hat.
(2) Das Jugendamt leistet dem Gericht in geeigneten Fällen Unterstützung.

§ 89 Ordnungsmittel

(1) ¹Bei der Zuwiderhandlung gegen einen Vollstreckungstitel zur Herausgabe von Personen und zur Regelung des Umgangs kann das Gericht gegenüber dem Verpflichteten Ordnungsgeld und für den Fall, dass dieses nicht beigetrieben werden kann, Ordnungshaft anordnen. ²Verspricht die Anordnung eines Ordnungsgelds keinen Erfolg, kann das Gericht Ordnungshaft anordnen. ³Die Anordnungen ergehen durch Beschluss.
(2) Der Beschluss, der die Herausgabe der Person oder die Regelung des Umgangs anordnet, hat auf die Folgen einer Zuwiderhandlung gegen den Vollstreckungstitel hinzuweisen.
(3) ¹Das einzelne Ordnungsgeld darf den Betrag von 25 000 Euro nicht übersteigen. ²Für den Vollzug der Haft gelten § 802 g Abs. 1 Satz 2 und Abs. 2, die §§ 802 h und 802 j Abs. 1 der Zivilprozessordnung entsprechend.
(4) ¹Die Festsetzung eines Ordnungsmittels unterbleibt, wenn der Verpflichtete Gründe vorträgt, aus denen sich ergibt, dass er die Zuwiderhandlung nicht zu vertreten hat. ²Werden Gründe, aus denen sich das fehlende Vertretenmüssen ergibt, nachträglich vorgetragen, wird die Festsetzung aufgehoben.

A. Muster: Antrag auf Festsetzung von Ordnungsgeld	1	[4] Vollstreckbarkeit	8
B. Erläuterungen	2	[5] Festsetzung von Ordnungsgeld	9
[1] Zuständigkeit	2	[6] Inhaltlicher Vortrag	10
[2] Antragstellung	6	[7] Zweck der Verhängung von Ordnungsmitteln	13
[3] Bewilligung von Verfahrenskostenhilfe	7		

A. Muster: Antrag auf Festsetzung von Ordnungsgeld

▶ An das

Amtsgericht[1]

– Familiengericht –

Eilt sehr! Bitte sofort vorlegen!

Antrag auf Festsetzung von Ordnungsgeld

in der Familiensache

des ...

Antragstellers

Bevollmächtigter: Rechtsanwälte ...

Beteiligte:

wird namens und in Vollmacht der Antragstellerin beantragt[2] bzw angeregt,

gegen den Antragsgegner zur Durchsetzung der Anordnung des Amtsgerichts – Familiengerichts – ... Az ... vom ... nach der der Antragsgegner verpflichtet ist, das Kind ... geboren am ... an die Antragstellerin herauszugeben, ein Ordnungsgeld in vom Gericht zu bestimmender Höhe festzusetzen;

dem Antragsgegner die Kosten des Verfahrens aufzuerlegen und anzuordnen, dass er die außergerichtlichen Kosten der Antragstellerin zu erstatten hat.

Es wird weiterhin beantragt, dem Antragsteller für dieses Verfahren Verfahrenskostenhilfe[3] unter meiner Beiordnung zu bewilligen.

Begründung

Durch Beschluss des Amtsgerichts – Familiengerichts – ... Az ... vom ... ist die Antragsgegnerin verpflichtet, das Kind ..., geboren ..., an den Antragsteller herauszugeben.[4]

Beweis: beigefügter Beschluss des Amtsgerichts ... und Beiziehung der Akten

Dem Antragsgegner wurde durch Beschluss des Amtsgerichts – Familiengerichts – ..., Az ... vom ... die Festsetzung von Ordnungsgeld angedroht[5].

Beweis: beigefügter Beschluss des Amtsgerichts ... und Beiziehung der Akten

Der Beschluss ist vollstreckbar. Er ist wirksam im Sinne von § 86 Abs. 2 FamFG und bedarf nach § 87 Abs. 3 FamFG keiner Vollstreckungsklausel, da er vom angerufenen Gericht erlassen wurde.

Das Kind wird von dem Antragsgegner weiterhin der Antragstellerin widerrechtlich vorenthalten[6]. Der Antragsgegner verweigert die Herausgabe des Kindes ohne triftigen Grund und handelt damit widerrechtlich iSd § 1632 Abs. 1 BGB. Dem Herausgabeverlangen der Antragstellerin stehen keine Hindernisse entgegen. Das Kindeswohl ist durch die gewaltsame Herausnahme nicht gefährdet, wozu im Einzelnen auszuführen ist ...

Gemäß § 89 Abs. 1 S. 1 FamFG ist daher gegen den Antragsgegner zur Befolgung der Herausgabeanordnung des Familiengerichts ein Ordnungsgeld[7] festzusetzen, das in Höhe von ... EUR für gerechtfertigt gehalten wird.

Der Antragsteller ist nicht in der Lage, die Verfahrenskosten zu tragen und der Antrag auf Bewilligung von Verfahrenskostenhilfe ist nicht mutwillig. Zu den persönlichen und wirtschaftlichen Verhältnissen wird auf die beigefügte Erklärung über die persönlichen und wirtschaftlichen Verhältnisse nebst Belegen Bezug genommen. ◄

B. Erläuterungen

2   [1] Zur Durchsetzung von Herausgabe- und Umgangsanordnungen sind im Regelfall Ordnungsgeld und für den Fall mangelnder Erfolgsaussicht Ordnungshaft anzuordnen. Diese Vorschrift entspricht im Wesentlichen **§ 890 ZPO**, auf den ergänzend verwiesen wird.

3   Die u.U. gewaltsame Vollstreckung von Entscheidungen im Zusammenhang mit Kindern benötigt Umsicht und Abwägung, um dem Kind nicht mehr zu schaden als zu

nutzen. Bereits bei der Beratung / in der Verhandlung ist auf eine gütliche Regelung hinzuwirken. Eine Entscheidung, die von dem „unwilligen" Elternteil boykottiert wird, belastet das Kind sehr. Ein im Konsens erzieltes Ergebnis eines kurzen – aber stattfindenden – Umgangs ist wesentlich mehr wert als ein umfangreicher Beschluss, der kaum umgesetzt werden kann (vgl. HK-FamFG/*Völker/Clausius/Wagner* § 88 Rn 3 ff). Grundsätzlich sollte durch das persönliche Gespräch mit den Beteiligten im Rahmen einer mündlichen Verhandlung auf eine gütliche Einigung auch noch im Vollstreckungsverfahren hingewirkt werden.

Grundsätzlich ist das Gericht zuständig, in dessen Bezirk das Kind lebt, § 88 Abs. 1. 3a Die Ortsnähe des Gerichts soll genutzt werden (*Schlünder*, FamRZ 2009, 1636, 1638) Es kommt auf den verfestigten (nach ca. 6 Monaten, vgl. BGH NJW 93, 2047, 2048) Lebensmittelpunkt zum Zeitpunkt der Vollstreckung an (ausführlich: HK-FamFG/*Völker/Clausius/Wagner* § 88 Rn 3 ff.; Hk-ZPO/*Kemper* § 88 FamFG Rn 2).

Es handelt sich um eine neue Prüfung der Zuständigkeit für ein separates Verfahren. 4 Die hier beantragte Vollstreckungsmaßnahme erfolgt nicht in Fortsetzung des früheren Erkenntnisverfahrens. Bei jedem Vollstreckungsverfahren handelt es sich um eine eigene Angelegenheit, so dass gegebenenfalls die Zuständigkeit neu zu prüfen ist. Bei Rechtshängigkeit des Eheverfahrens können diese Verfahren in den Verbund aufgenommen werden, § 137 Abs. 3.

Für Bürger der Staaten der Europäischen Union sind die Gerichte am Wohnsitz des 5 Kindes innerhalb der EU anzurufen (*Cirullies*, Vollstreckung in Familiensachen, Rn 581 ff).

[2] Üblicherweise wird ein „Antrag" gestellt auch wenn das Verfahren eigentlich von 6 Amts wegen zu führen ist. vgl § 87 Rn 3.

[3] Der sehr oft mögliche Antrag auf Bewilligung von Verfahrenskostenhilfe sollte 7 nicht vergessen werden.

[4] Vollstreckbar ist nur eine gerichtliche Verfügung. Siehe § 87 Rn 9 8

[5] Ordnungsgeld kann nur festgesetzt werden, wenn dies vorher angedroht wurde, 9 § 89 Abs. 2. Die Androhung setzt nicht voraus, dass eine Zuwiderhandlung stattgefunden hat oder zu befürchten ist (OLG Zweibrücken NJW-FER 1998, 236 zu § 33 FGG aF). Aus taktischen Erwägungen ist es sinnvoll, die Androhung von Ordnungsmitteln bereits in dem Beschluss, der das vorangegangene Verfahren beendet, aufnehmen zu lassen. Dies gilt auch bei einem gerichtlich gebilligten Vergleich (ausführlich: *Schlünder*, FamRZ 2012, 9).

Der Beschluss ersetzt nicht die Androhung nach § 89 Abs. 2 (BVerfG NJW 2011, 2347 = FamRB 2011, 239 mit Anm. *Giers*). Die Androhung ist in der Beschwerdeinstanz nachholbar OLG Naumburg NZFam 2015, 182 mit Anm. *Cirullies*. Ein nach § 33 FGG aF angedrohtes Zwangsgeld ersetzt den Hinweis nach § 89 Abs. 2 nicht (BGH FamRZ 2011, 1729 = NJW 2011, 3163 = FamRB 2011, 339 mit Anm. *Schlünder*; aA OLG Köln FamRZ 2011, 663,).Die Androhung ohne Angabe einer Obergrenze ist nicht ausreichend, OLG Oldenburg FamRZ 2014, 145.

[6] Der inhaltliche Vortrag betrifft letztlich nur die Voraussetzungen für ein Vollstre- 10 ckungsverfahren. Bei der Vollstreckung wird grundsätzlich das Hauptsacheverfahren nicht wiederholt. Änderungen der tatsächlichen Situation sind nicht im Vollstre-

ckungsverfahren zu überprüfen. Wegen der in solchen Konstellationen oft stattfindenden Vermittlungsbemühungen des Gerichts und des Jugendamtes sollte die Situation insgesamt geschildert werden. Gegebenenfalls ist von Amts wegen ein Verfahren auf Abänderung der Umgangsregelung oder des Sorgerechts einzuleiten (str. OLG Frankfurt FamRZ 2009, 796 mit abl. Anm. *van Els*, FamRZ 2009, 1418). Eine einstweilige Einstellung der Zwangsvollstreckung kann nur in den gesonderten Verfahren nach § 63 Abs. 3 (Beschwerdeverfahren) oder auf Grund eines Antrages nach § 93 Abs. 1 in der Vollstreckung erfolgen.

11 Beruft sich ein Elternteil nach Zuwiderhandlung gegen eine gerichtliche Umgangsentscheidung auf den entgegenstehenden **Willen des Kindes**, wird ein fehlendes Vertretenmüssen nur dann anzunehmen sein, wenn er im Einzelnen darlegt, wie er auf das Kind eingewirkt hat, um es zum Umgang zu bewegen (KG FamRZ 2011, 588; vgl OLG Düsseldorf FamRZ 2009, 1419 zu § 33 FGG). Er trägt die Beweislast dafür, dass er Zuwiderhandlungen gegen den Umgangstitel nicht zu vertreten hat, BGH FamRZ 2014, 732; OLG Saarbrücken, NJW-Spezial 2013, 5; OLG Naumburg FamRZ 2014, 145; Hk-ZPO/*Kemper*, § 89 Rn 4).

12 Die Festsetzung eines **Ordnungsmittels unterbleibt**, wenn der Verpflichtete Gründe vorträgt, aus denen sich ergibt, dass er die Zuwiderhandlung **nicht zu vertreten** hat. Er hat diesen Sachverhalt im Einzelnen darzutun. Gelingt es dem Verpflichteten nicht, detailliert zu erläutern, warum er an der Befolgung der gerichtlichen Anordnung gehindert war, kommt ein Absehen von der Festsetzung eines Ordnungsmittels oder die nachträgliche Aufhebung des Ordnungsmittels nicht in Betracht (vgl BT-Drucks. 16/6308 S. 218).

13 [7] Mit der Verhängung von Ordnungsmitteln soll gegenüber dem früher nach § 33 FGG aF festzusetzenden Zwangsgeld die Effektivität der Vollstreckung von Umgangs- und Herausgabeentscheidungen erhöht werden. Anders als Zwangsmittel dienen Ordnungsmittel nicht ausschließlich der Einwirkung auf den Willen der pflichtigen Person. Sie haben außerdem Sanktionscharakter und können auch dann noch festgesetzt und vollstreckt werden, wenn die zu vollstreckende Handlung, Duldung oder Unterlassung wegen Zeitablaufs nicht mehr vorgenommen werden kann (BT-Drucks. 16/6308, S. 218). (vgl zu Schadensersatzanspruch bei Verweigerung des Umgangs: *Steinberger/Lecking* MDR 2009, 960).

14 Die Höhe richtet sich nach den Umständen des Einzelfalles. Von Bedeutung sind Maß des Verschuldens, die wirtschaftlichen Verhältnisse des Verpflichteten oder auch die Wirkungslosigkeit bisheriger Ordnungsgelder (OLG Köln FamRZ 2015, 163; OLG Saarbrücken FamRZ 2011, 589). Die Umwandlung von nicht beitreibbarem Ordnungsgeld in Ordnungshaft regelt § 888 ZPO. Eine wiederholte Festsetzung ist ebenso wie eine anschließende Anordnung von Haft möglich.

15 Der Betrag des Ordnungsgeldes muss im Antrag nicht genannt werden, da das Gericht von Amts wegen tätig wird. Es darf maximal 25.000,– EUR betragen, § 89 Abs. 3 S. 2. Bei der konkreten Festsetzung muss die Höhe nach den jeweiligen Verhältnissen ausgerichtet werden. Entscheidend ist, welcher Betrag den Schuldner zur Herausgabe des Kindes motivieren könnte. Ist der Betrag zu hoch und damit nicht mehr vollstreckbar, verfehlt er sein Ziel.

Das Ordnungsgeld ist von Amts wegen zugunsten der Staatskasse nach der Justizbeitreibungsordnung zu vollstrecken. 16

§ 90 Anwendung unmittelbaren Zwanges

(1) Das Gericht kann durch ausdrücklichen Beschluss zur Vollstreckung unmittelbaren Zwang anordnen, wenn
1. die Festsetzung von Ordnungsmitteln erfolglos geblieben ist;
2. die Festsetzung von Ordnungsmitteln keinen Erfolg verspricht;
3. eine alsbaldige Vollstreckung der Entscheidung unbedingt geboten ist.

(2) ¹Anwendung unmittelbaren Zwanges gegen ein Kind darf nicht zugelassen werden, wenn das Kind herausgegeben werden soll, um das Umgangsrecht auszuüben. ²Im Übrigen darf unmittelbarer Zwang gegen ein Kind nur zugelassen werden, wenn dies unter Berücksichtigung des Kindeswohls gerechtfertigt ist und eine Durchsetzung der Verpflichtung mit milderen Mitteln nicht möglich ist.

§ 91 Richterlicher Durchsuchungsbeschluss

(1) ¹Die Wohnung des Verpflichteten darf ohne dessen Einwilligung nur auf Grund eines richterlichen Beschlusses durchsucht werden. ²Dies gilt nicht, wenn der Erlass des Beschlusses den Erfolg der Durchsuchung gefährden würde.

(2) Auf die Vollstreckung eines Haftbefehls nach § 94 in Verbindung mit § 802g der Zivilprozessordnung ist Absatz 1 nicht anzuwenden.

(3) ¹Willigt der Verpflichtete in die Durchsuchung ein oder ist ein Beschluss gegen ihn nach Absatz 1 Satz 1 ergangen oder nach Absatz 1 Satz 2 entbehrlich, haben Personen, die Mitgewahrsam an der Wohnung des Verpflichteten haben, die Durchsuchung zu dulden. ²Unbillige Härten gegenüber Mitgewahrsamsinhabern sind zu vermeiden.

(4) Der Beschluss nach Absatz 1 ist bei der Vollstreckung vorzulegen.

A. Anordnung unmittelbaren Zwangs und Durchsuchungsbeschluss 1	[10] Begründung bei Anwendung von Gewalt 13
I. Muster: Antrag auf Anordnung unmittelbaren Zwangs und eines Durchsuchungsbeschlusses 1	[11] Begründung bei Anwendung von Gewalt 14
II. Erläuterungen 2	B. Anordnung unmittelbaren Zwangs .. 15
[1] Zuständigkeit 2	I. Muster: Beschluss mit Anordnung unmittelbaren Zwangs 15
[2] Vollstreckung von Amts wegen 3	II. Erläuterungen 16
[3] Herausgabe des Kindes 4	[1] Wegnahme und Übergabe des Kindes 16
[4] Einsatz von Gewalt 5	[2] Unterstützung durch polizeiliche Vollzugsorgane ... 17
[5] Hinzuziehung des Jugendamtes 8	[3] Hinzuziehung des Jugendamts 18
[6] Verfahrenskostenhilfe 9	[4] Eidesstattliche Versicherung 19
[7] Vorherige Zustellung 10	[5] Kostenentscheidung 20
[8] Eidesstattliche Versicherung .. 11	[6] Begründung 21
[9] Durchsetzbarkeit der gerichtlichen Verfügung 12	

A. Anordnung unmittelbaren Zwangs und Durchsuchungsbeschluss

1 I. Muster: Antrag auf Anordnung unmittelbaren Zwangs und eines Durchsuchungsbeschlusses

▶ An das

Amtsgericht[1]

– Familiengericht –

Eilt sehr! Bitte sofort vorlegen!

Antrag auf Anordnung unmittelbaren Zwangs gemäß §§ 90, 91 FamFG

in der Familiensache

des ...

Antragstellers

Bevollmächtigter: Rechtsanwälte ...

Beteiligte:

wird namens und in Vollmacht der Antragstellerin beantragt[2] bzw angeregt,

1. den zuständigen Gerichtsvollzieher zu beauftragen, die Herausgabeanordnung des Familiengerichts ... vom ..., Az ... durchzusetzen und dazu das Kind ... geb. am ..., der Antragsgegnerin wegzunehmen und es dem Antragsteller an Ort und Stelle zu übergeben;[3]

2. den zuständigen Gerichtsvollzieher zu ermächtigen, zur Durchsetzung dieser Anordnung Gewalt anzuwenden, insbesondere den Widerstand des Antragsgegners und/oder des herauszugebenden Kindes zu überwinden und die Wohnung der Antragsgegnerin zu durchsuchen sowie die Unterstützung der polizeilichen Vollzugsorgane in Anspruch zu nehmen;[4]

3. dem zuständigen Gerichtsvollzieher aufzugeben, einen Vertreter des Jugendamtes hinzuzuziehen;[5]

4. der Antragsgegnerin die Kosten des Verfahrens aufzuerlegen.

Es wird weiterhin beantragt, dem Antragsteller für dieses Verfahren Verfahrenskostenhilfe[6] unter meiner Beiordnung zu bewilligen.

Zur reibungslosen und schnellen Durchführung der Kindesherausgabe wird ferner angeregt, in die Ermächtigung zur Gewaltanwendung den Hinweis mit aufzunehmen, dass diese Anordnung dem Herausgabeverpflichteten erst bei der Wegnahme zuzustellen[7] ist. Außerdem ist der Hinweis aufzunehmen, dass die Herausgabeverpflichtete bei Nichtauffinden des Kindes vom zuständigen Amtsgericht zur Abgabe der eidesstattlichen Versicherung[8] über den Verbleib des Kindes geladen oder vorgeführt werden kann.

Begründung

Durch Beschluss des Amtsgerichts – Familiengerichts – ... Az ... vom ... ist die Antragsgegnerin verpflichtet, das Kind ..., geboren ..., an den Antragsteller herauszugeben.[9]

Beweis: beigefügter Beschluss des Amtsgerichts ... und Beiziehung der Akten

Das Kind wird von der Antragsgegnerin weiterhin dem Antragsteller widerrechtlich vorenthalten. Die Antragsgegnerin verweigert die Herausgabe des Kindes ohne triftigen Grund und dem Herausgabeverlangen der Antragstellerin stehen keine Hindernisse entgegen. Die Gewaltanwendung[10] ist nunmehr das einzige Mittel, den Antragsgegner zur Herausgabe des Kindes zu zwingen und daher auch nicht unverhältnismäßig. Das Kindeswohl ist durch die gewaltsame Herausnahme nicht gefährdet, wozu im Einzelnen auszuführen ist ▪▪▪.

Ein der Gewaltanwendung entgegenstehender eventueller Wille des herauszugebenden Kindes ist unbeachtlich, da er bereits in dem zugrundeliegenden Herausgabestreit der Beteiligten eingehend geprüft und bereits dort für unbeachtlich angesehen wurde. Neue Umstände, die einer Herausgabe entgegenstehen könnten, sind nicht eingetreten.

Gemäß § 90 Abs. 1 FamFG ist daher gegen die Antragsgegnerin Gewaltanwendung anzuordnen, um sie zur Befolgung der Herausgabeanordnung des Familiengerichts zu zwingen.

Die gebotene Hinzuziehung des Jugendamtes rechtfertigt sich aus §§ 88 Abs. 2 FamFG, 50 Abs. 1 SGB VIII.

Die vorherige[11] Festsetzung von Ordnungsgeld und/oder Ordnungshaft ist hier nicht angezeigt. Gleiches gilt für eine vorherige Androhung der Gewaltanwendung. Die Antragsgegnerin hat schon im bisherigen Verfahren zu erkennen gegeben, der Herausgabeanordnung freiwillig nicht Folge zu leisten. Zudem ist eine alsbaldige Vollstreckung unbedingt erforderlich. Weiter ist auszuführen ▪▪▪.

Aus diesen Gründen ist auch von der vorherigen Bekanntmachung der Anordnung der Gewaltanwendung abzusehen.

Der Antragsteller ist nicht in der Lage, die Verfahrenskosten zu tragen und der Antrag ist nicht mutwillig. Zu den persönlichen und wirtschaftlichen Verhältnissen wird auf die beigefügte Erklärung über die persönlichen und wirtschaftlichen Verhältnisse nebst Belegen Bezug genommen. ◄

II. Erläuterungen

[1] **Zuständig** ist nach § 88 Abs. 1 das Gericht, in dessen Bezirk das Kind bei Einleitung der Vollstreckung seinen gewöhnlichen Aufenthalt (Hk-ZPO/*Kemper* § 88 FamFG Rn 2) hat. Es handelt sich um eine neue Prüfung der Zuständigkeit für ein separates Verfahren (vgl BT-Drucks. 16/6308 S. 217). Die hier beantragte Vollstreckungsmaßnahme erfolgt nicht in Fortsetzung des früheren Erkenntnisverfahrens.

[2] Die Vollstreckung erfolgt eigentlich **von Amts wegen**, § 87 Abs. 1, üblich ist es aber dennoch einen „Antrag" zu stellen. Im Hinblick auf die Rechtsmittelmöglichkeit bei dessen Ablehnung, § 87 Abs. 1 S. 2 aE, sollte immer ein „Antrag" gestellt werden.

[3] Die Herausgabe des Kindes wird mit Hilfe des **Gerichtsvollziehers** betrieben und erfolgt an den Antragsteller. Dieser ist daher in die Vollstreckung einzubinden. Eine problemlose Erreichbarkeit des Antragstellers sollte sichergestellt werden.

[4] Die Möglichkeit **Gewalt einzusetzen** sollte in den Antrag und auch in den Beschluss aufgenommen werden. Bei der Anordnung ist der Grundsatz der Verhältnismäßigkeit strikt zu beachten. (ausführlich zur Gewaltanwendung: *Hammer*, FPR 2008, 413; *Zimmermann*, FPR 2008, 420). Abs. 2 greift den Grundsatz auf, dass die Anwendung unmittelbaren Zwangs nur dann in Betracht kommt, wenn mildere Mittel zur Vollstreckung der Entscheidung nicht zur Verfügung stehen (BGH NJW 1977, 150, 151; OLG Brandenburg FamRZ 2001, 1315, 1316; BayObLG FamRZ 1985, 520, 521). Unmittelbarer Zwang kann nur unter den in Abs. 1 Nr. 1 bis 3 genannten Voraussetzungen eingesetzt werden. Die Anwendung unmittelbaren Zwanges erfolgt

durch den Gerichtsvollzieher, der dabei die Polizei zu Hilfe nehmen kann. Der Auftrag ist vom Gericht zu erteilen und soll zusätzlich konkrete Anweisungen enthalten, § 213a Nr. 1 der Geschäftsanweisung für Gerichtsvollzieher (OLG Zweibrücken FamRZ 2001, 643).

6 Gerade bei der Vollstreckung der Herausgabe von Personen ist ein behutsames Vorgehen erforderlich, wenn nicht Gefahr im Verzuge ist. Grundsätzlich sollte daher zunächst das persönliche Gespräch des Familiengerichts mit dem Berechtigten und dem Verpflichteten und gegebenenfalls mit der herauszugebenden Person gesucht werden.

7 Die Wohnung eines Verpflichteten darf ohne dessen Einwilligung nur aufgrund richterlichen Beschlusses durchsucht werden. § 91 enthält eine § 758a ZPO entsprechende Vorschrift zur richterlichen Durchsuchungsanordnung.

8 [5] Die gebotene Hinzuziehung des **Jugendamtes** rechtfertigt sich aus § 88 Abs. 2 FamFG, § 50 Abs. 1 SGB VIII. Im Interesse des herauszuholenden Kindes sollte eine fachkundige Person bei der Vollstreckung anwesend sein.

9 [6] In Familiensachen sollte wegen der meist schlechten wirtschaftlichen Situation stets an **Verfahrenskostenhilfe**, § 76 FamFG, § 114ff ZPO, gedacht werden.

10 [7] Die vorherige **Zustellung** ist wenig sinnvoll, da im hier fraglichen Verfahrensstadium kaum damit zu rechnen ist, dass die Ankündigung der Gewaltanwendung zur freiwilligen Herausgabe des Kindes führt.

11 [8] Sollte das Kind nicht auffindbar sein, kann der herausgabepflichtige Elternteil durch **eidesstattliche Versicherung** zur Offenbarung des Aufenthaltsortes gezwungen werden, § 94.

12 [9] Durchsetzbar ist nur eine gerichtliche Verfügung, nicht aber eine gerichtlich lediglich protokollierte Einigung (siehe oben § 87 Rn 8).

13 [10] Die Anwendung von Gewalt ist immer das letzte Mittel und deshalb ist genau zu prüfen und zu begründen, warum weniger einschneidende Vollstreckungsmaßnahmen erfolglos waren oder sein werden. Siehe auch Rn 5.

14 [11] Siehe Rn 13.

B. Anordnung unmittelbaren Zwangs

15 **I. Muster: Beschluss mit Anordnung unmittelbaren Zwangs**

▶ **Beschluss**

In pp. hat das Amtsgericht – Familiengericht am ... durch Richter am Amtsgericht ... beschlossen:

1. der zuständige Gerichtsvollzieher wird beauftragt, die Herausgabeanordnung des Familiengerichts ... vom .... Az ... durchzusetzen und dazu das Kind ... geb. am ..., der Antragsgegnerin wegzunehmen und es dem Antragsteller an Ort und Stelle zu übergeben;[1]

2. der zuständige Gerichtsvollzieher wird ermächtigt, zur Durchsetzung dieser Anordnung Gewalt anzuwenden, insbesondere den Widerstand des Antragsgegners und/oder des herauszugebenden Kindes zu überwinden und die Wohnung der Antragsgegnerin in ... zu durchsuchen sowie die Unterstützung der polizeilichen Vollzugsorgane in Anspruch zu nehmen.[2] Die Anordnung der Ermächtigung zur Gewaltanwendung ist dem Herausgabeverpflichteten erst bei der Wegnahme zuzustellen;

3. dem zuständigen Gerichtsvollzieher wird aufgegeben, einen Vertreter des Jugendamtes hinzuzuziehen[3];
4. sollte das Kind bei dem Vollstreckungsversuch nicht aufgefunden werden, hat die Herausgabeverpflichtete eine eidesstattliche Versicherung über den Verbleib des Kindes abzugeben. Dazu ist sie gegebenenfalls vorzuführen.[4]
5. die Antragsgegnerin hat die Kosten des Verfahrens zu tragen.[5]

Begründung[6]

... ◄

II. Erläuterungen

[1] Siehe § 90 Rn 4.
[2] Siehe § 90 Rn 5.
[3] Siehe § 90 Rn 8.
[4] Siehe § 90 Rn 11.
[5] Die Kostenentscheidung beruht auf § 92 Abs. 2 in entsprechender Anwendung (str. vgl. GF-FamFG/*Sitzmann*, § 91 Rn 10).
[6] Die Entscheidung ist zu begründen.

§ 92 Vollstreckungsverfahren

(1) ¹Vor der Festsetzung von Ordnungsmitteln ist der Verpflichtete zu hören. ²Dies gilt auch für die Anordnung von unmittelbarem Zwang, es sei denn, dass hierdurch die Vollstreckung vereitelt oder wesentlich erschwert würde.
(2) Dem Verpflichteten sind mit der Festsetzung von Ordnungsmitteln oder der Anordnung von unmittelbarem Zwang die Kosten des Verfahrens aufzuerlegen.
(3) ¹Die vorherige Durchführung eines Verfahrens nach § 165 ist nicht Voraussetzung für die Festsetzung von Ordnungsmitteln oder die Anordnung von unmittelbarem Zwang. ²Die Durchführung eines solchen Verfahrens steht der Festsetzung von Ordnungsmitteln oder der Anordnung von unmittelbarem Zwang nicht entgegen.

§ 93 Einstellung der Vollstreckung

(1) ¹Das Gericht kann durch Beschluss die Vollstreckung einstweilen einstellen oder beschränken und Vollstreckungsmaßregeln aufheben, wenn
1. Wiedereinsetzung in den vorigen Stand beantragt wird;
2. Wiederaufnahme des Verfahrens beantragt wird;
3. gegen eine Entscheidung Beschwerde eingelegt wird;
4. die Abänderung einer Entscheidung beantragt wird;
5. die Durchführung eines Vermittlungsverfahrens (§ 165) beantragt wird.
²In der Beschwerdeinstanz ist über die einstweilige Einstellung der Vollstreckung vorab zu entscheiden. ³Der Beschluss ist nicht anfechtbar.
(2) Für die Einstellung oder Beschränkung der Vollstreckung und die Aufhebung von Vollstreckungsmaßregeln gelten § 775 Nr. 1 und 2 und § 776 der Zivilprozessordnung entsprechend.

1 Die Regelung deckt sich weitgehend mit den §§ 707, 719 ZPO (für Muster vgl §§ 707, 719 ZPO). Ergänzt werden diese jedoch um typische Fallkonstellationen in FamFG-Verfahren.

2 Abs. 2 bestimmt die Voraussetzungen einer dauerhaften Einstellung der Vollstreckung und verweist insoweit auf die entsprechenden Vorschriften der §§ 775 Nr. 1 und 2, 776 ZPO.

§ 94 Eidesstattliche Versicherung

[1]Wird eine herauszugebende Person nicht vorgefunden, kann das Gericht anordnen, dass der Verpflichtete eine eidesstattliche Versicherung über ihren Verbleib abzugeben hat. [2]§ 883 Abs. 2 und 3 der Zivilprozessordnung gilt entsprechend.

1 Die Regelung verweist auf die genannten Vorschriften der ZPO. Die entsprechenden Muster können daher verwendet werden (vgl §§ 883 ff ZPO).

Unterabschnitt 3 Vollstreckung nach der Zivilprozessordnung

§ 95 Anwendung der Zivilprozessordnung

(1) Soweit in den vorstehenden Unterabschnitten nichts Abweichendes bestimmt ist, sind auf die Vollstreckung

1. wegen einer Geldforderung,
2. zur Herausgabe einer beweglichen oder unbeweglichen Sache,
3. zur Vornahme einer vertretbaren oder nicht vertretbaren Handlung,
4. zur Erzwingung von Duldungen und Unterlassungen oder
5. zur Abgabe einer Willenserklärung

die Vorschriften der Zivilprozessordnung über die Zwangsvollstreckung entsprechend anzuwenden.

(2) An die Stelle des Urteils tritt der Beschluss nach den Vorschriften dieses Gesetzes.

(3) [1]Macht der aus einem Titel wegen einer Geldforderung Verpflichtete glaubhaft, dass die Vollstreckung ihm einen nicht zu ersetzenden Nachteil bringen würde, hat das Gericht auf seinen Antrag die Vollstreckung vor Eintritt der Rechtskraft in der Entscheidung auszuschließen. [2]In den Fällen des § 707 Abs. 1 und des § 719 Abs. 1 der Zivilprozessordnung kann die Vollstreckung nur unter derselben Voraussetzung eingestellt werden.

(4) Ist die Verpflichtung zur Herausgabe oder Vorlage einer Sache oder zur Vornahme einer vertretbaren Handlung zu vollstrecken, so kann das Gericht durch Beschluss neben oder anstelle einer Maßnahme nach den §§ 883, 885 bis 887 der Zivilprozessordnung die in § 888 der Zivilprozessordnung vorgesehenen Maßnahmen anordnen, soweit ein Gesetz nicht etwas Anderes bestimmt.

1 Anmerkung zu Abs. 1: Das FamFG verweist hier auf die Vorschriften von §§ 803 ff ZPO (wegen Geldforderung), §§ 883 ff ZPO (Herausgabe einer beweglichen oder unbeweglichen Sache), §§ 887, 888 ZPO (Vornahme einer vertretbaren oder nicht ver-

tretbaren Handlung), § 890 ZPO Erzwingung von Duldungen und Unterlassungen) und § 894 f ZPO (Abgabe einer Willenserklärung). Die Muster zu diesen ZPO-Vorschriften (vgl §§ 803 ZPO etc) können entsprechend verwendet werden. Modifikationen ergeben sich lediglich aus Abs. 2–4. In Ehesachen und Familienstreitsachen ist § 95 nicht anzuwenden, § 113 Abs. 1. Zuständige Verweisungsnorm ist in diesen Konstellationen § 120.

Anmerkung zu Abs. 2–4: Das FamFG kennt kein Urteil, § 113 Abs. 5. Entscheidungen sind deshalb durch Beschluss, § 38, zu treffen. Dies gilt auch für Entscheidungen über Vollstreckungsabwehrverfahren und Drittwiderspruchsverfahren. Für den notwendigen Inhalt, die Bekanntgabe, die Berichtigung, die Ergänzung und die Rechtskraft des Beschlusses sowie für die Anhörungsrüge gelten die Vorschriften des Abschnitts 3, §§ 38 ff. (Hk-ZPO/*Kemper*, § 95 FamFG Rn 9). Diese Vorschriften verdrängen die entsprechenden Regelungen in der ZPO, § 113 Abs. 5.   2

Die Einstellung der Zwangsvollstreckung kann nach Abs. 3 erfolgen, der § 62 Abs. 1 S. 2 ArbGG nachgebildet ist. Ob diese Regelung nur im Erkenntnisverfahren gemäß ihrem Wortlaut oder auch noch bei der Vollstreckung anwendbar ist, ist streitig (HK-FamFG/*von Harbou*/*Simon* § 95 Rn 10).   3

Abs. 4 eröffnet dem Gericht die Möglichkeit, bei der Vollstreckung zur Herausgabe oder Vorlage einer Sache sowie einer vertretbaren Handlung auf die Festsetzung von Zwangsmitteln nach § 888 ZPO, statt auf die §§ 883, 885, 886, 887 ZPO zurückzugreifen. Darüber entscheidet das Gericht nach pflichtgemäßem Ermessen mit dem Ziel eine nach den Umständen des Einzelfalls möglichst effektive Vollstreckung zu ermöglichen.   4

§ 96 Vollstreckung in Verfahren nach dem Gewaltschutzgesetz und in Ehewohnungssachen

(1) ¹Handelt der Verpflichtete einer Anordnung nach § 1 des Gewaltschutzgesetzes zuwider, eine Handlung zu unterlassen, kann der Berechtigte zur Beseitigung einer jeden andauernden Zuwiderhandlung einen Gerichtsvollzieher zuziehen. ²Der Gerichtsvollzieher hat nach § 758 Abs. 3 und § 759 der Zivilprozessordnung zu verfahren. ³Die §§ 890 und 891 der Zivilprozessordnung bleiben daneben anwendbar.

(2) ¹Bei einer einstweiligen Anordnung in Gewaltschutzsachen, soweit Gegenstand des Verfahrens Regelungen aus dem Bereich der Ehewohnungssachen sind, und in Ehewohnungssachen ist die mehrfache Einweisung des Besitzes im Sinne des § 885 Abs. 1 der Zivilprozessordnung während der Geltungsdauer möglich. ²Einer erneuten Zustellung an den Verpflichteten bedarf es nicht.

Für diese in der ZPO nicht mehr (früher: §§ 892 a und 885 Abs. 1 ZPO aF) geregelte Konstellation der Vollstreckung einer Anordnung nach Gewaltschutzgesetz wird gesondert auf Vorschriften der zivilprozessualen Vollstreckung verwiesen.   1

§ 96a Vollstreckung in Abstammungssachen

(1) Die Vollstreckung eines durch rechtskräftigen Beschluss oder gerichtlichen Vergleich titulierten Anspruchs nach § 1598a des Bürgerlichen Gesetzbuchs auf Duldung einer nach den anerkannten Grundsätzen der Wissenschaft durchgeführten Probeentnahme, insbesondere die Entnahme einer Speichel- oder Blutprobe, ist ausgeschlossen, wenn die Art der Probeentnahme der zu untersuchenden Person nicht zugemutet werden kann.

(2) Bei wiederholter unberechtigter Verweigerung der Untersuchung kann auch unmittelbarer Zwang angewendet werden, insbesondere die zwangsweise Vorführung zur Untersuchung angeordnet werden.

1 Die Regelung in § 96a erfasst nur einen kleinen Teil der Vollstreckung in Abstammungssachen. Die Mitwirkung an der Begutachtung wird nach § 95 Abs. 1 FamFG iVm § 890 ZPO vollstreckt. § 96a enthält nur eine spezielle Vollstreckungsschutzvorschrift (Hk-ZPO/*Kemper* § 96a FamFG Rn 2).

2 **Erzwingen der Untersuchung im Abstammungsverfahren**, § 169 ff: Untersuchungen zur Feststellung der Vaterschaft erfolgen aufgrund eines förmlichen Beweisbeschlusses, §§ 177 Abs. 2, 178. Das Gericht ist gehalten von Amts wegen die Vollstreckung zu betreiben. Ausdrückliche Anträge sind nicht erforderlich aber möglich und gegebenenfalls sinnvoll (vgl. § 87 Rn 3).

3 Einzelheiten des Verfahrens regeln §§ 386 bis 390 ZPO auf die § 178 Abs. 2 verweist. Die Möglichkeit zum Einsatz unmittelbaren Zwangs eröffnet § 178 Abs. 2 S. 2. Bei Weigerung eines Beteiligten ist in einem Zwischenverfahren nach §§ 386 ff ZPO zu entscheiden, ob der Beteiligte die Untersuchung zu dulden hat. § 178 regelt Einzelheiten.

4 **Verfahren auf Klärung der Abstammung**, § 1598a BGB: Nach § 1598a Abs. 2 BGB kann die fehlende Zustimmung eines Beteiligten zu der Abstammungsuntersuchung durch Entscheidung des Gericht ersetzt werden, die von Amts wegen ergeht. § 96a regelt Einzelheiten. Die zwangsweise Vorführung gem. Abs. 2 erfolgt nach den Vorschriften der ZPO durch den Gerichtsvollzieher aufgrund eines Vorführungsbefehl des Gerichts.

VERORDNUNG (EU) Nr. 1215/2012 DES EUROPÄISCHEN PARLAMENTS UND DES RATES vom 12. Dezember 2012 über die gerichtliche Zuständigkeit und die Anerkennung und Vollstreckung von Entscheidungen in Zivil- und Handelssachen (Neufassung) (EuGVVO)

– Auszug –

Artikel 36

(1) Die in einem Mitgliedstaat ergangenen Entscheidungen werden in den anderen Mitgliedstaaten anerkannt, ohne dass es hierfür eines besonderen Verfahrens bedarf.

(2) Jeder Berechtigte kann gemäß dem Verfahren nach Abschnitt 3 Unterabschnitt 2 die Feststellung beantragen, dass keiner der in Artikel 45 genannten Gründe für eine Versagung der Anerkennung gegeben ist.

(3) Wird die Anerkennung in einem Rechtsstreit vor dem Gericht eines Mitgliedstaats, dessen Entscheidung von der Versagung der Anerkennung abhängt, verlangt, so kann dieses Gericht über die Anerkennung entscheiden.

Artikel 37

(1) Eine Partei, die in einem Mitgliedstaat eine in einem anderen Mitgliedstaat ergangene Entscheidung geltend machen will, hat Folgendes vorzulegen:

a) eine Ausfertigung der Entscheidung, die die für ihre Beweiskraft erforderlichen Voraussetzungen erfüllt, und

b) die nach Artikel 53 ausgestellte Bescheinigung.

(2) Das Gericht oder die Behörde, bei dem oder der eine in einem anderen Mitgliedstaat ergangene Entscheidung geltend gemacht wird, kann die Partei, die sie geltend macht, gegebenenfalls auffordern, eine Übersetzung oder eine Transliteration des Inhalts der in Absatz 1 Buchstabe b genannten Bescheinigung nach Artikel 57 zur Verfügung zu stellen. Kann das Gericht oder die Behörde das Verfahren ohne eine Übersetzung der eigentlichen Entscheidung nicht fortsetzen, so kann es oder sie die Partei auffordern, eine Übersetzung der Entscheidung statt der Übersetzung des Inhalts der Bescheinigung zur Verfügung zu stellen.

A. Gerichtliche Sicht
   I. Feststellung der Anerkennung einer ausländischen Entscheidung
      1. Muster: Beschluss zur Feststellung der Anerkennung einer ausländischen Entscheidung
      2. Erläuterungen
         [1] Einleitung 2
         [2] Tenor und Gründe 21
         [3] Weiteres Verfahren 22
   II. Zurückweisung eines Feststellungsantrags
      1. Muster: Zurückweisung eines Feststellungsantrags durch Beschluss
      2. Erläuterungen
         [1] Allgemeines 27
         [2] Tenor 30
         [3] Gründe 31
         [4] Bekanntgabe 32
B. Anwaltliche Sicht
   I. Antrag auf Feststellung der Anerkennung einer ausländischen Entscheidung
      1. Muster: Antrag auf Feststellung der Anerkennung einer ausländischen Entscheidung
      2. Erläuterungen und Varianten
         [1] Grundlagen 36
         [2] Anzurufendes Gericht 37

[3] Antrag 38
[4] Antragsbegründung 39

II. Antrag auf negative Feststellung

A. Gerichtliche Sicht

I. Feststellung der Anerkennung einer ausländischen Entscheidung

1 1. Muster: Beschluss zur Feststellung der Anerkennung einer ausländischen Entscheidung

▶ Vfg.

1. Beschluss

In dem Verfahren

■■■ ./. ■■■

hat das Landgericht ■■■ – ■■■. Zivilkammer – durch den Vorsitzenden Richter am Landgericht ■■■ am ■■■ beschlossen:[1]

Es wird festgestellt, dass das Urteil des ■■■ vom ■■■ (Az ■■■), durch welches der Antragsgegner verurteilt wurde, ■■■, für das Gebiet der Bundesrepublik Deutschland anerkannt ist.

Der Antragsgegner hat die Kosten des Verfahrens zu tragen.

Gründe

Der Antragsgegner wurde mit Urteil des ■■■ vom ■■■ (Az ■■■) verurteilt, ■■■. Nach Art. 36 Abs. 2 EuGVVO, dessen Anwendungsbereich vorliegend eröffnet ist, kann jeder Berechtigte bei Gericht gemäß dem in Artt. 46 ff. EuGVVO geregelten Verfahren die Feststellung beantragen, dass keiner der in Art. 45 EuGVVO genannten Gründe für eine Versagung der Anerkennung gegeben ist. ■■■

Die Kostenentscheidung beruht auf Artt. 36 Abs. 2, 47 Abs. 2 EuGVVO, 91 ZPO.

■■■, den ■■■

Landgericht ■■■, ■■■. Zivilkammer

Der Vorsitzende[2]

2. Der Geschäftsstelle z.w.V.[3]

■■■, den ■■■

■■■

Vorsitzender Richter am Landgericht ◀

2. Erläuterungen

2 **[1] Einleitung.** An sich können auf dem Hoheitsgebiet der Bundesrepublik Deutschland nur Entscheidungen deutscher Gerichte ohne Weiteres Geltung beanspruchen. Ausländische gerichtliche Entscheidungen bedürfen dagegen grundsätzlich einer Anerkennung, um im Bundesgebiet Wirkung entfalten zu können.

3 **Rechtsquellen.** Dabei bestimmt sich die Frage der Anerkennung von gerichtlichen Entscheidungen der Mitgliedstaaten der Europäischen Union (mit Ausnahme Dänemarks, vgl Hk-ZPO/*Dörner*, Vor EuGVVO, Rn 6) in Zivil- und Handelssachen nach der EuGVVO, die in ihrem Anwendungsbereich nationale Vorschriften der Mitgliedstaaten verdrängt (Hk-ZPO/*Dörner*, Vor EuGVVO, Rn 16; allgemein zum Anwen-

dungsvorrang europäischen Rechts bereits EuGH, NJW 1964, 2371). Die deutschen Ausführungsbestimmungen zur Anerkennung mitgliedstaatlicher Entscheidungen im Bundesgebiet nach der EuGVVO finden sich nicht mehr im Anerkennungs- und Vollstreckungsausführungsgesetz (AVAG; darauf weist Hk-ZV/*Mäsch*, Vor Art. 36 ff. EuGVVO, Rn 3, hin), sondern in den durch das Gesetz zur Durchführung der Verordnung Nr. 1215/2012 EU vom 8.7.2014 (BGBl. I S. 890 ff) in die Zivilprozessordnung neu eingefügten §§ 1110–1117 ZPO (Hk-ZPO/*Dörner*, Vor EuGVVO, Rn 17; Hk-ZV/*Mäsch*, Vor Art. 36 ff. EuGVVO, Rn 3). Zum Verhältnis zwischen EuGVVO und anderen Rechtsquellen vgl im Einzelnen Hk-ZPO/*Dörner*, Vor EuGVVO, Rn 7 ff.

Grundsatz der automatischen Anerkennung. Nach Art. 36 Abs. 1 EuGVVO werden 4
die in einem Mitgliedstaat ergangenen Entscheidungen in den anderen Mitgliedstaaten **ipso iure** anerkannt, ohne dass es hierfür eines besonderen Verfahrens bedarf (vgl dazu *Hau*, MDR 2014, 1417 sowie Hk-ZPO/*Dörner*, Art. 36 EuGVVO, Rn 10). Stellt sich die Frage nach der Anerkennung einer ausländischen Entscheidung daher im Rahmen eines inländischen Rechtsstreits als Vorfrage, dann ist hierüber gemäß Art. 36 Abs. 3 EuGVVO durch das Gericht **inzident** mitzuentscheiden (vgl dazu *Hau*, MDR 2014, 1417 sowie Hk-ZPO/*Dörner*, Art. 36 EuGVVO, Rn 1, 13). Nach Art. 36 Abs. 2 EuGVVO kann aber auch ein **Antrag auf Feststellung der Anerkennung** der ausländischen gerichtlichen Entscheidung im Inland gestellt werden.

Zuständigkeit. Für die Feststellung der Anerkennung ausländischer Entscheidungen 5
nach der EuGVVO ist in Deutschland der Vorsitzende einer Zivilkammer des Landgerichts allein **sachlich** und **funktionell zuständig** (Artt. 36 Abs. 2, 47 Abs. 1 und 2 EuGVVO, § 1115 Abs. 1 und 4 ZPO; vgl dazu auch Hk-ZPO/*Dörner*, Art. 47 EuGVVO, Rn 3, Hk-ZPO/*Saenger*, § 1115, Rn 2 sowie Hk-ZV/*Mäsch*, Art. 47, Rn 2). **Örtlich zuständig** ist grundsätzlich dasjenige Gericht, in dessen Bezirk der Schuldner seinen Wohnsitz hat oder die Zwangsvollstreckung erfolgen soll (Artt. 36 Abs. 2, 47 Abs. 1 und 2 EuGVVO, § 1115 Abs. 2 ZPO; vgl dazu auch Hk-ZPO/*Dörner*, Art. 47 EuGVVO, Rn 3 sowie Hk-ZPO/*Saenger*, § 1115, Rn 2). Kommt eine Zwangsvollstreckung nicht in Betracht, dann ist dasjenige Gericht örtlich zuständig, in dessen Bezirk sich ein Feststellungsinteresse lokalisieren lässt (so Hk-ZV/*Mäsch*, Art. 33 EuGVVO aF, Rn 15).

Feststellungsantrag. Der **Antrag** auf Feststellung der Anerkennung einer ausländi- 6
schen Entscheidung kann gemäß Artt. 36 Abs. 2, 47 Abs. 1 und 2 EuGVVO, § 1115 Abs. 3 ZPO **schriftlich** eingereicht oder **mündlich zu Protokoll der Geschäftsstelle** erklärt werden (Hk-ZPO/*Dörner*, Art. 47 EuGVVO, Rn 3; Hk-ZPO/*Saenger*, § 1115, Rn 3). Für die Antragstellung besteht nach Artt. 36 Abs. 2, 47 Abs. 1 und 2 EuGVVO, § 78 Abs. 3 ZPO kein **Anwaltszwang** (*Hau*, MDR 2014, 1417 [1419]; Hk-ZPO/*Saenger*, § 1115, Rn 3; Hk-ZV/*Mäsch*, § 1115, Rn 3).

Antragsberechtigung. Antragsberechtigt sind neben den Parteien des Ausgangsrechts- 7
streits und deren Rechtsnachfolgern auch Dritte (Hk-ZPO/*Dörner*, Art. 36 EuGVVO, Rn 12).

Feststellungsinteresse. Für einen Antrag auf Feststellung der Anerkennung einer aus- 8
ländischen Entscheidung ist kein besonderes Feststellungsinteresse erforderlich (Hk-

ZPO/*Dörner*, Art. 36 EuGVVO, Rn 12); es genügt vielmehr, dass die Frage der Anerkennung für die Parteien überhaupt rechtlich relevant ist und damit ein allgemeines Feststellungsinteresse gegeben ist (so Hk-ZV/*Mäsch*, Art. 33 EuGVVO aF, Rn 17).

9 **Vorzulegende Urkunden.** Nach Art. 37 Abs. 1 EuGVVO sind dem Antrag auf Feststellung der Anerkennung einer ausländischen Entscheidung eine **Ausfertigung der betreffenden Entscheidung** und zwei Abschriften derselben sowie eine **Bescheinigung** des Ursprungsgerichts nach Art. 53 EuGVVO beizufügen.

10 **Übersetzungen und Abschriften.** Nach Art. 37 Abs. 2 S. 1 EuGVVO kann das Gericht die Vorlage einer **Übersetzung oder Transliteration der Bescheinigung** des Ursprungsgerichts nach Art. 53 EuGVVO verlangen (vgl dazu auch Hk-ZPO/*Dörner*, Art. 37 EuGVVO, Rn 2). Dies soll insbesondere dann erfolgen, wenn die Bescheinigung über die routinemäßigen Eintragungen hinaus weitere Angaben enthält (BT-Drucks. 18/823, S. 21; *Hau*, MDR 2014, 1417 [1421 in Fn 23]).

11 Kann das Gericht das Verfahren ohne eine Übersetzung der eigentlichen Entscheidung nicht fortsetzen, so kann es die antragstellende Partei gemäß Art. 37 Abs. 2 S. 2 EuGVVO auffordern, statt der Übersetzung des Inhalts der Bescheinigung eine **Übersetzung der Entscheidung** zur Verfügung zu stellen (vgl dazu auch Hk-ZPO/*Dörner*, Art. 37 EuGVVO, Rn 2); in diesem Fall kann das Gericht auch verlangen, dass zwei **Abschriften** der übersetzten Entscheidung vorgelegt werden. Zu den gerichtlichen Reaktionsmöglichkeiten bei Nichtvorlage dieser Urkunden vgl Rn 17 ff.

12 Die **Übersetzungen** sind von einer dazu in einem der Mitgliedstaaten befugten Stelle zu erstellen, Artt. 36 Abs. 2, 47 Abs. 2, 57 Abs. 3 EuGVVO, § 1113 ZPO.

13 **Gerichtliches Verfahren und Umfang der gerichtlichen Prüfung.** Das gerichtliche Verfahren auf Feststellung der Anerkennung einer ausländischen Entscheidung ist im Interesse des Antragsgegners (vgl dazu BT-Drucks. 18/823, S. 22 sowie Hk-ZPO/*Dörner*, Art. 47 EuGVVO, Rn 3) bereits in der Eingangsinstanz als **kontradiktorisches Verfahren** ausgestaltet (Hk-ZPO/*Dörner*, Art. 47 EuGVVO, Rn 3; Hk-ZV/*Mäsch*, § 1115, Rn 3). Eine mündliche Verhandlung ist nach Artt. 36 Abs. 2, 47 Abs. 2 EuGVVO, § 1115 Abs. 4 S 2 ZPO zwar fakultativ (Hk-ZPO/*Dörner*, Art. 47 EuGVVO, Rn 3). Der Antragsgegner ist aber gemäß Artt. 36 Abs. 2, 47 Abs. 2 EuGVVO, § 1115 Abs. 4 S. 3 ZPO vor einer gerichtlichen Entscheidung immer zu hören (Hk-ZPO/*Dörner*, Art. 47 EuGVVO, Rn 3).

14 Das Gericht hat vor seiner Entscheidung von Amts wegen die **Verfahrensvoraussetzungen** der Artt. 36 f, 46 ff, 52 ff. EuGVVO zu prüfen. Hierzu zählen neben der **Anwendbarkeit der EuGVVO** und der **Zuständigkeit des Gerichts** auch das Vorliegen einer hinreichend bestimmten **Entscheidung** (vgl dazu Musielak/Voit/*Lackmann*, § 4 AVAG, Rn 5) sowie die Vorlage der dem Feststellungantrag beizufügenden **Urkunden**.

15 Anders als im früheren Verfahren nach Art. 33 Abs. 2 EuGVVO aF (vgl dazu OLG Oldenburg, NJOZ 2003, 3201 [3202]; MK/*Gottwald*, § 33 EuGVVO aF, Rn 18) hat das Gericht vor einer Feststellung der Anerkennung einer ausländischen gerichtlichen Entscheidung nunmehr insbesondere auch zu prüfen, ob **Anerkennungshindernisse iSv. Art. 45 EuGVVO** vorliegen. Dies ist ausweislich des aktuellen Verordnungstextes Kern der zu beantragenden gerichtlichen Feststellung.

Weiteres Verfahren, Entscheidungsform. Liegen die Verfahrensvoraussetzungen der 16
Artt. 36 f, 46 ff, 52 ff. EuGVVO vor, so beschließt das Gericht im Falle des Nichtvorliegens eines Anerkennungshindernisses gemäß Artt. 36 Abs. 2, 48 EuGVVO **unverzüglich,** dass die ausländische Entscheidung anerkannt ist (**Anerkennungsfeststellung**).

Zwischenverfügung bei Nichtvorlage von Urkunden. Fehlt dagegen die **Bescheinigung** 17
nach Art. 53 EuGVVO, so kann der Vorsitzende gemäß Artt. 36 Abs. 2, 47
Abs. 2 EuGVVO, §§ 139, 142 ZPO für die Vorlage der Bescheinigung eine Frist bestimmen:

▶ Vfg. 18

1. Nachricht an Antragsteller gegen ZU:

In pp. besteht gemäß Art. 37 Abs. 1 EuGVVO die Verpflichtung zur Vorlage einer Bescheinigung des Erstgerichts nach Art. 53 EuGVVO. Ihrem Antrag auf Feststellung der Anerkennung einer ausländischen Entscheidung vom ... lag diese Bescheinigung nicht bei. Sie werden daher gemäß Artt. 36 Abs. 2, 47 Abs. 2 EuGVVO, §§ 139, 142 ZPO aufgefordert, binnen ... diese Bescheinigung bei Gericht vorzulegen. Bei Nichtvorlage der Bescheinigung innerhalb dieser Vorlagefrist müssen Sie mit der Zurückweisung des Feststellungsantrags rechnen.

2. WV ... (Nachreichung Bescheinigung nach Art. 53 EuGVVO?)

..., den ...

Landgericht ..., ... Zivilkammer

Der Vorsitzende ◀

Entsprechendes gilt im Falle der Nichtvorlage der **Entscheidungsausfertigung.** 19

Antragszurückweisung. Erfolgt trotz Fristsetzung weiterhin keine Vorlage der fehlen- 20
den Urkunden, fehlen Verfahrensvoraussetzungen oder liegen Anerkennungshindernisse iSv. Art. 45 EuGVVO vor, dann ist der Antrag auf Feststellung der Anerkennung einer ausländischen Entscheidung gemäß Artt. 36 Abs. 2, 47 Abs. 2 EuGVVO, § 1115 Abs. 4 ZPO durch Beschluss zurückzuweisen (vgl Rn 26 ff).

[2] **Tenor und Gründe.** Die dem Feststellungsantrag stattgebende Hauptsacheent- 21
scheidung lautet dahin gehend, dass der ausländische Titel für das Bundesgebiet anerkannt ist. Die Entscheidung ist nach Artt. 36 Abs. 2, 47 Abs. 2 EuGVVO, § 1115 Abs. 4 S. 2 ZPO zu begründen (Hk-ZPO/*Dörner*, Art. 47 EuGVVO, Rn 3 sowie Hk-ZPO/*Saenger*, § 1115, Rn 3).

[3] **Weiteres Verfahren.** Nach erfolgter Feststellung der Anerkennung einer ausländi- 22
schen Entscheidung ist dem Antragsgegner von Amts wegen eine beglaubigte Abschrift des Beschlusses zuzustellen (Artt. 36 Abs. 2, 47 Abs. 2 EuGVVO, 329 Abs. 2 S. 2 ZPO). Dem Antragsteller ist der Beschluss nach Artt. 36 Abs. 2, 47 Abs. 2 EuGVVO, 329 Abs. 2 S. 1 ZPO formlos mitzuteilen.

Der Urkundsbeamte der Geschäftsstelle kann den weiteren Verfahrensgang wie folgt 23
verfügen:

▶ Vfg.

1. Beglaubigte Abschrift des Beschlusses an

a) Antragsteller formlos,
b) Antragsgegner gegen ZU.
2. Der Geschäftsstelle.
==, den ===

===

Justizangestellter als Urkundsbeamter der Geschäftsstelle des Landgerichts ◄

24 **Gebühren.** Nach Nr. 1510 KV GKG fällt bei Gericht eine Verfahrensgebühr von 240,00 EUR€ an.

25 **Rechtsmittel.** Gegen die Entscheidung über die Anerkennung einer ausländischen Entscheidung findet innerhalb einer Notfrist von einem Monat die sofortige Beschwerde statt (Artt. 36 Abs. 2, 47 Abs. 2, 49 EuGVVO, § 1115 Abs. 5 S. 1 und 2 ZPO; vgl dazu auch Hk-ZPO/*Dörner*, Art. 49 EuGVVO, Rn 1 f, Hk-ZPO/*Saenger*, § 1115, Rn 3 sowie Hk-ZV/*Mäsch*, § 1115, Rn 5). Nach Artt. 36 Abs. 2, 47 Abs. 2, 49 EuGVVO, § 1115 Abs. 5 S. 3 ZPO findet gegen den Beschluss des Beschwerdegerichts die Rechtsbeschwerde statt (vgl dazu auch Hk-ZPO/*Dörner*, Art. 50 EuGVVO, Rn 1, Hk-ZPO/*Saenger*, § 1115, Rn 3 sowie Hk-ZV/*Mäsch*, § 1115, Rn 5).

II. Zurückweisung eines Feststellungsantrags

26 **1. Muster: Zurückweisung eines Feststellungsantrags durch Beschluss**

▶ Vfg.

1. Beschluss
In dem Verfahren

===./. ===

hat das Landgericht === – ===. Zivilkammer – durch den Vorsitzenden Richter am Landgericht === am === beschlossen:[1]

Der Antrag auf Feststellung der Anerkennung des Urteils des === vom ===, Az === für das Gebiet der Bundesrepublik Deutschland wird zurückgewiesen.

Die Kosten des Verfahrens hat der Antragsteller zu tragen.[2]

Gründe

Unter dem === hat der Antragsteller das Gericht ersucht, festzustellen, dass das Urteil des === vom === (Az ===) für das Gebiet der Bundesrepublik Deutschland anerkannt ist. Diesem Antrag war entgegen Artt. 36 Abs. 2, 37 Abs. 1 EuGVVO keine Bescheinigung nach Art. 53 EuGVVO beigefügt. Auch auf entsprechende Aufforderung der Kammer vom === hin hat der Antragsteller diese Bescheinigung nicht vorgelegt, weshalb der Feststellungsantrag zurückzuweisen war.

Die Kostenentscheidung folgt aus Artt. 36 Abs. 2, 47 Abs. 2 EuGVVO, 91 ZPO.

===, den ===

Landgericht ===, ===. Zivilkammer

Der Vorsitzende[3]

2. Beschlussausfertigung an Antragsteller gegen ZU[4]
3. Weglegen

..., den ...

...

Vorsitzender Richter am Landgericht ◀

2. Erläuterungen

[1] **Allgemeines.** Vgl zunächst Rn 2 ff. 27

Zuständigkeit. Vgl Rn 5. 28

Gerichtliches Verfahren und Umfang der gerichtlichen Prüfung. Vgl Rn 13 ff 29

[2] Tenor. Bei Nichtvorliegen der Verfahrensvoraussetzungen bzw Vorliegen eines 30
Anerkennungshindernisses ist der Feststellungsantrag kostenpflichtig (Art. 36 Abs. 2, 47 Abs. 2 EuGVVO, 91 ZPO) zurückzuweisen.

[3] Gründe. Der Beschluss ist nach Artt. 36 Abs. 2, 47 Abs. 2 EuGVVO, § 1115 31
Abs. 4 S. 2 ZPO zu begründen (Hk-ZPO/*Dörner*, Art. 47 EuGVVO, Rn 3 sowie Hk-ZPO/*Saenger*, § 1115, Rn 3).

[4] Bekanntgabe. Der einen Antrag auf Feststellung der Anerkennung einer ausländi- 32
schen Entscheidung zurückweisende Beschluss ist dem Antragsteller gemäß Artt. 36 Abs. 2, 47 Abs. 2 EuGVVO, 329 Abs. 2 S. 2 ZPO zuzustellen, weil er eine den Antragsteller belastende Kostenentscheidung enthält und daher insoweit einen Vollstreckungstitel darstellt (ebenso im Falle der Zurückweisung von Anträgen nach Art. 33 Abs. 2 EuGVVO aF Zöller/*Geimer*, Anhang III, § 8 AVAG, Rn 2). Dem Antragsgegner ist der Beschluss nach Artt. 36 Abs. 2, 47 Abs. 2 EuGVVO, 329 Abs. 2 S. 1 ZPO formlos mitzuteilen.

Gebühren. Vgl Rn 24. 33

Rechtsmittel. Zu den Rechtsmitteln vgl Rn 25. 34

B. Anwaltliche Sicht

I. Antrag auf Feststellung der Anerkennung einer ausländischen Entscheidung

1. Muster: Antrag auf Feststellung der Anerkennung einer ausländischen 35
Entscheidung

▶ Rechtsanwalt ...[1]

Landgericht ...[2]

In dem Verfahren

...

beantrage ich namens und in Vollmacht des Antragstellers,

durch gerichtlichen Beschluss festzustellen, dass das Urteil des ... vom ... (Az ...), durch welches der Antragsgegner verurteilt wurde, ..., für das Gebiet der Bundesrepublik Deutschland anerkannt ist.[3]

Begründung

Der Antragsgegner wurde mit Urteil des ... vom ... (Az ...) rechtskräftig verurteilt, ...

Beweis: Ausfertigung des Urteils des ... vom ... (Az ...)
Der Anerkennung dieser Entscheidung für das Gebiet der Bundesrepublik Deutschland stehen keine Hindernisse entgegen. ...[4]

..., den ...

..., Rechtsanwalt ◄

2. Erläuterungen und Varianten

36 **[1] Grundlagen.** Zur Notwendigkeit der Anerkennung ausländischer gerichtlicher Entscheidungen vor deren Wirkungsentfaltung im Bundesgebiet, zu den dafür geltenden Rechtsquellen sowie zum Grundsatz der automatischen Anerkennung von gerichtlichen Entscheidungen der Mitgliedstaaten der Europäischen Union vgl Rn 2 ff. Zur Antragsberechtigung sowie zum Feststellungsinteresse für Anträge auf Feststellung der Anerkennung einer ausländischen gerichtlichen Entscheidung vgl Rn 7 ff.

37 **[2] Anzurufendes Gericht.** Zur örtlichen und sachlichen Zuständigkeit des Gerichts für Anträge auf Feststellung der Anerkennung einer ausländischen gerichtlichen Entscheidung vgl Rn 5.

38 **[3] Antrag.** Da die Anerkennung ausländischer gerichtlicher Entscheidungen bei Nichtvorliegen von Anerkennungshindernissen grundsätzlich automatisch und ohne besonderes Verfahren erfolgt (vgl Rn 4), kann bei Gericht nicht die Anerkennung einer ausländischen gerichtlichen Entscheidung, sondern nur eine entsprechende Feststellung begehrt werden. Im Rahmen des Feststellungsantrags sind sowohl die verfahrensgegenständliche ausländische Entscheidung als auch die sich aus ihr ergebende Verpflichtung des Antragsgegners genau zu bezeichnen.

39 **[4] Antragsbegründung.** Die **Zulässigkeit** eines Antrags auf Feststellung der Anerkennung einer ausländischen Entscheidung setzt nicht voraus, dass konkret Streit über die Anerkennungsfähigkeit der verfahrensgegenständlichen Entscheidung besteht (Hk-ZPO/*Dörner*, Art. 36 EuGVVO, Rn 12). Vielmehr genügt es, dass die Frage der Anerkennung für die Verfahrensbeteiligten überhaupt rechtlich relevant ist und damit ein allgemeines Feststellungsinteresse gegeben ist (ebenso Hk-ZV/*Mäsch*, Art. 33 EuGVVO aF, Rn 17 mit Hinweis auf die ggf nach § 26 AVAG drohende Kostenfolge für den Antragsteller).

40 Auf diesen Umstand kann im Rahmen der Antragsbegründung hingewiesen werden:

▶ ... Der Antrag auf Feststellung der Anerkennung einer ausländischen Entscheidung ist auch zulässig. Nach Art. 36 Abs. 2 EuGVVO, dessen Anwendungsbereich hier eröffnet ist, kann jeder Berechtigte die Feststellung beantragen, dass keiner der in Art. 45 EuGVVO genannten Gründe für eine Versagung der Anerkennung gegeben ist. Die Zulässigkeit eines Antrags auf Feststellung der Anerkennung einer ausländischen Entscheidung setzt nicht voraus, dass konkret Streit über die Anerkennungsfähigkeit der verfahrensgegenständlichen Entscheidung besteht (Hk-ZPO/*Dörner*, Art. 36 EuGVVO, Rn 12). Vielmehr genügt es, dass die Frage der Anerkennung für die Verfahrensbeteiligten überhaupt rechtlich relevant ist und damit ein allgemeines Feststellungsinteresse gegeben ist (ebenso Hk-ZV/*Mäsch*, Art. 33 EuGVVO aF, Rn 17 mit Hinweis auf die ggf nach § 26 AVAG drohende Kostenfolge für den Antragsteller). Diese Voraussetzung ist vorliegend erfüllt. ... ◄

Zur **Begründetheit** eines Antrags auf Feststellung der Anerkennung einer ausländischen gerichtlichen Entscheidung vgl Rn 41. 41

Beizufügende Unterlagen. Zu den der Antragsschrift beizufügenden Unterlagen vgl Rn 9 ff. 42

Gebühren, Rechtsmittel. Vgl Rn 24 f. 43

II. Antrag auf negative Feststellung

Anträge auf Feststellung der Nichtanerkennung einer ausländischen Entscheidung (= negative Feststellung) sind im Rahmen des Verfahrens nach Art. 36 Abs. 2 EuGVVO unzulässig (*Hau*, MDR 2014, 1417; aA Hk-ZPO/*Dörner*, Art. 37 EuGVVO, Rn 12). 44

Besteht aber ein besonderes Interesse an der Feststellung der Nichtanerkennung einer ausländischen Entscheidung, dann kann nach autonomem Recht negative Feststellungsklage erhoben werden. 45

Artikel 45

(1) Die Anerkennung einer Entscheidung wird auf Antrag eines Berechtigten versagt, wenn

a) die Anerkennung der öffentlichen Ordnung (ordre public) des ersuchten Mitgliedstaats offensichtlich widersprechen würde;

b) dem Beklagten, der sich auf das Verfahren nicht eingelassen hat, das verfahrenseinleitende Schriftstück oder ein gleich wertiges Schriftstück nicht so rechtzeitig und in einer Weise zugestellt worden ist, dass er sich verteidigen konnte, es sei denn, der Beklagte hat gegen die Entscheidung keinen Rechtsbehelf eingelegt, obwohl er die Möglichkeit dazu hatte;

c) die Entscheidung mit einer Entscheidung unvereinbar ist, die zwischen denselben Parteien im ersuchten Mitgliedstaat ergangen ist;

d) die Entscheidung mit einer früheren Entscheidung unvereinbar ist, die in einem anderen Mitgliedstaat oder in einem Drittstaat in einem Rechtsstreit wegen desselben Anspruchs zwischen denselben Parteien ergangen ist, sofern die frühere Entscheidung die notwendigen Voraussetzungen für ihre Anerkennung im ersuchten Mitgliedstaat erfüllt, oder

e) die Entscheidung unvereinbar ist
   i) mit Kapitel II Abschnitte 3, 4 oder 5, sofern der Beklagte Versicherungsnehmer, Versicherter, Begünstigter des Versicherungsvertrags, Geschädigter, Verbraucher oder Arbeitnehmer ist, oder
   ii) mit Kapitel II Abschnitt 6.

(2) Das mit dem Antrag befasste Gericht ist bei der Prüfung, ob eine der in Absatz 1 Buchstabe e angeführten Zuständigkeiten gegeben ist, an die tatsächlichen Feststellungen gebunden, aufgrund deren das Ursprungsgericht seine Zuständigkeit angenommen hat.

(3) Die Zuständigkeit des Ursprungsgerichts darf, unbeschadet des Absatzes 1 Buchstabe e, nicht nachgeprüft werden. Die Vorschriften über die Zuständigkeit gehören nicht zur öffentlichen Ordnung (ordre public) im Sinne des Absatzes 1 Buchstabe a.
(4) Der Antrag auf Versagung der Anerkennung ist gemäß den Verfahren des Unterabschnitts 2 und gegebenenfalls des Abschnitts 4 zu stellen.

A. Richterliche Sicht
  I. Versagung der Anerkennung
    1. Muster: Versagung der Anerkennung
    2. Erläuterungen
      [1] Einleitung 2
      [2] Tenor und Gründe 15
      [3] Weiteres Verfahren 16
  II. Zurückweisung eines Antrags auf Versagung der Anerkennung
    1. Muster: Zurückweisung des Versagungsantrags
    2. Erläuterungen
      [1] Allgemeines 21
      [2] Tenor 24
      [3] Gründe 25
      [4] Bekanntgabe 26
B. Anwaltliche Sicht
  I. Muster: Antrag auf Versagung der Anerkennung
  II. Erläuterungen
      [1] Grundlagen 30
      [2] Anzurufendes Gericht 31
      [3] Antrag 32
      [4] Vorzulegende Urkunden, Übersetzungen oder Transliterationen ... 33

A. Richterliche Sicht

I. Versagung der Anerkennung

1 **1. Muster: Versagung der Anerkennung**

▶ Vfg.

1. Beschluss

In dem Verfahren

▬▬ ./. ▬▬

hat das Landgericht ▬▬ – ▬▬. Zivilkammer – durch den Vorsitzenden Richter am Landgericht ▬▬ am ▬▬ beschlossen:[1]

Die Anerkennung des Urteils des ▬▬ vom ▬▬ (Az ▬▬), durch welches der Antragsteller verurteilt wurde, ▬▬, wird für das Gebiet der Bundesrepublik Deutschland versagt.

Der Antragsgegner hat die Kosten des Verfahrens zu tragen.

Gründe

Der Antragsteller wurde mit Urteil des ▬▬ vom ▬▬ (Az ▬▬) verurteilt, ▬▬. Nach Artt. 45 Abs. 1, 47 Abs. 2 EuGVVO, § 1115 ZPO wird auf Antrag eines Berechtigten die Anerkennung einer Entscheidung versagt, wenn eines der in Art. 45 Abs. 1 EuGVVO aufgezählten Anerkennungshindernisse gegeben ist. ▬▬

Die Kostenentscheidung beruht auf Artt. 45 Abs. 4, 47 Abs. 2 EuGVVO, § 91 ZPO.

▬▬, den ▬▬

Landgericht ▬▬, ▬▬. Zivilkammer

Der Vorsitzende[2]

2. Der Geschäftsstelle z.w.V.[3]

▬▬, den ▬▬

Vorsitzender Richter am Landgericht ◀

2. Erläuterungen

[1] **Einleitung.** An sich können auf dem Hoheitsgebiet der Bundesrepublik Deutschland nur Entscheidungen deutscher Gerichte ohne Weiteres Geltung beanspruchen. Ausländische gerichtliche Entscheidungen bedürfen dagegen grundsätzlich einer Anerkennung, um im Bundesgebiet Wirkung entfalten zu können.

Rechtsquellen. Dabei bestimmt sich die Frage der Anerkennung von gerichtlichen Entscheidungen der Mitgliedstaaten der Europäischen Union (mit Ausnahme Dänemarks, vgl Hk-ZPO/*Dörner*, Vor EuGVVO, Rn 6) in Zivil- und Handelssachen nach der EuGVVO, die in ihrem Anwendungsbereich nationale Vorschriften der Mitgliedstaaten verdrängt (Hk-ZPO/*Dörner*, Vor EuGVVO, Rn 16; allgemein zum Anwendungsvorrang europäischen Rechts bereits EuGH, NJW 1964, 2371). Die deutschen Ausführungsbestimmungen zur Anerkennung mitgliedstaatlicher Entscheidungen im Bundesgebiet nach der EuGVVO finden sich nicht mehr im Anerkennungs- und Vollstreckungsausführungsgesetz (AVAG; darauf weist Hk-ZV/*Mäsch*, Vor Art. 36 ff. EuGVVO, Rn 3, hin), sondern in den durch das Gesetz zur Durchführung der Verordnung Nr. 1215/2012 EU vom 8.7.2014 (BGBl. I S. 890 ff) in die Zivilprozessordnung neu eingefügten §§ 1110–1117 ZPO (Hk-ZPO/*Dörner*, Vor EuGVVO, Rn 17; Hk-ZV/*Mäsch*, Vor Art. 36 ff. EuGVVO, Rn 3). Zum Verhältnis zwischen EuGVVO und anderen Rechtsquellen vgl im Einzelnen Hk-ZPO/*Dörner*, Vor EuGVVO, Rn 7 ff.

Grundsatz der automatischen Anerkennung. Nach Art. 36 Abs. 1 EuGVVO werden die in einem Mitgliedstaat ergangenen Entscheidungen **ipso iure** in den anderen Mitgliedstaaten anerkannt, ohne dass es hierfür eines besonderen Verfahrens bedarf (vgl dazu *Hau*, MDR 2014, 1417 sowie Hk-ZPO/*Dörner*, Art. 36 EuGVVO, Rn 10). Nach Artt. 45 Abs. 1 und 4, 47 Abs. 2 EuGVVO, § 1115 ZPO kann aber die Versagung der Anerkennung einer ausländischen gerichtlichen Entscheidung beantragt werden.

Zuständigkeit. Für Anträge auf Versagung der Anerkennung ausländischer Entscheidungen nach der EuGVVO ist in Deutschland der Vorsitzende einer Zivilkammer des Landgerichts allein **sachlich** und **funktionell zuständig** (Artt. 45 Abs. 4, 47 Abs. 1 und 2 EuGVVO, §§ 1115 Abs. 1 und 4 ZPO; vgl dazu auch Hk-ZPO/*Dörner*, Art. 47 EuGVVO, Rn 3, Hk-ZPO/*Saenger*, § 1115, Rn 2 sowie Hk-ZV/*Mäsch*, Art. 47, Rn 2). **Örtlich zuständig** ist grundsätzlich dasjenige Gericht, in dessen Bezirk der Schuldner seinen Wohnsitz hat oder die Zwangsvollstreckung erfolgen soll (Artt. 45 Abs. 4, 47 Abs. 1 und 2 EuGVVO, § 1115 Abs. 2 ZPO; vgl dazu auch Hk-ZPO/*Dörner*, Art. 47 EuGVVO, Rn 3 sowie Hk-ZPO/*Saenger*, § 1115, Rn 2).

Versagungsantrag. Der Antrag auf Versagung der Anerkennung einer ausländischen Entscheidung kann gemäß Artt. 45 Abs. 4, 47 Abs. 1 und 2 EuGVVO, § 1115 Abs. 3 ZPO **schriftlich** eingereicht oder **mündlich zu Protokoll der Geschäftsstelle** erklärt werden (Hk-ZPO/*Dörner*, Art. 47 EuGVVO, Rn 3; Hk-ZPO/*Saenger*, § 1115, Rn 3). Für die Antragstellung besteht nach Artt. 45 Abs. 4, 47 Abs. 1 und 2 EuGVVO, § 78 Abs. 3 ZPO kein **Anwaltszwang** (*Hau*, MDR 2014, 1417 [1419]; Hk-ZPO/*Saenger*, § 1115, Rn 3; Hk-ZV/*Mäsch*, § 1115, Rn 3).

7 **Antragsberechtigung.** Antragsberechtigt sind neben den Parteien des Ausgangsrechtsstreits deren Rechtsnachfolger (Hk-ZPO/*Dörner*, Art. 46 EuGVVO, Rn 33).
8 **Rechtsschutzbedürfnis.** Für einen Antrag auf Versagung der Anerkennung einer ausländischen Entscheidung ist kein besonderes Rechtsschutzbedürfnis erforderlich.
9 **Vorzulegende Urkunden, Übersetzungen und Transliterationen.** Nach Artt. 45 Abs. 4, 47 Abs. 3 Unterabs. 1 EuGVVO ist dem Antrag auf Versagung der Anerkennung einer ausländischen Entscheidung eine **Ausfertigung der betreffenden Entscheidung** und gegebenenfalls eine Übersetzung oder Transliteration der Entscheidung beizufügen (Hk-ZPO/*Dörner*, Art. 47 EuGVVO, Rn 4). Das Gericht kann aber gemäß Artt. 45 Abs. 4, 47 Abs. 3 Unterabs. 2 S. 1 EuGVVO auf die Vorlage der Schriftstücke verzichten, wenn die Schriftstücke bereits vorliegen oder das Gericht die Vorlage für unzumutbar für den Antragsteller hält (Hk-ZPO/*Dörner*, Art. 47 EuGVVO, Rn 4); im letzteren Fall kann das Gericht dann nach Artt. 45 Abs. 4, 47 Abs. 3 Unterabs. 2 S. 2 EuGVVO von der anderen Partei die Vorlage der Schriftstücke verlangen (Hk-ZPO/*Dörner*, Art. 47 EuGVVO, Rn 4).
10 Etwaige **Übersetzungen** sind von einer dazu in einem der Mitgliedstaaten befugten Stelle zu erstellen, Artt. 45 Abs. 4, 47 Abs. 2, 57 Abs. 3 EuGVVO, § 1113 ZPO.
11 **Gerichtliches Verfahren und Umfang der gerichtlichen Prüfung.** Das gerichtliche Verfahren auf Versagung der Anerkennung einer ausländischen Entscheidung ist im Interesse des Antragsgegners (vgl dazu BT-Drucks. 18/823, S. 22 sowie Hk-ZPO/*Dörner*, Art. 47 EuGVVO, Rn 3) bereits in der Eingangsinstanz als **kontradiktorisches Verfahren** ausgestaltet. Eine mündliche Verhandlung ist nach Artt. 45 Abs. 4, 47 Abs. 1 und 2 EuGVVO, § 1115 Abs. 4 S 2 ZPO zwar fakultativ (Hk-ZPO/*Dörner*, Art. 47 EuGVVO, Rn 3). Der Antragsgegner ist aber gemäß Artt. 45 Abs. 4, 47 Abs. 1 und 2 EuGVVO, § 1115 Abs. 4 S. 3 ZPO vor einer gerichtlichen Entscheidung immer zu hören (Hk-ZPO/*Dörner*, Art. 47 EuGVVO, Rn 3).
12 Vor seiner Entscheidung hat das Gericht von Amts wegen die **Verfahrensvoraussetzungen** der Artt. 45 Abs. 4, 46 ff, 52 ff. EuGVVO zu prüfen. Hierzu zählen neben der **Anwendbarkeit der EuGVVO** und der **Zuständigkeit des Gerichts** auch das Vorliegen einer hinreichend bestimmten **Entscheidung** sowie die Vorlage der dem Antrag beizufügenden **Urkunden**. Kern der gerichtlichen Prüfung ist aber die Frage, ob **Anerkennungshindernisse** iSv. Art. 45 EuGVVO vorliegen.
13 **Weiteres Verfahren, Entscheidungsform.** Über den Antrag auf Versagung der Anerkennung entscheidet das Gericht **unverzüglich** (Art. 48 EuGVVO; vgl dazu Hk-ZPO/*Dörner*, Art. 48 EuGVVO, Rn 1) durch **Beschluss** (Artt. 45 Abs. 4, 47 Abs. 2 EuGVVO, § 1115 Abs. 4 S. 1 ZPO; vgl dazu Hk-ZPO/*Dörner*, Art. 47 EuGVVO, Rn 3 sowie Hk-ZPO/*Saenger*, § 1115, Rn 3).
14 **[13]** Liegt ein Anerkennungshindernis vor, dann beschließt das Gericht, dass die Anerkennung der gerichtlichen Entscheidung für das Gebiet der Bundesrepublik Deutschland versagt wird (**Versagung der Anerkennung**). Andernfalls wird der Antrag auf Versagung der Anerkennung einer ausländischen gerichtlichen Entscheidung zurückgewiesen (**Antragszurückweisung**, vgl Rn 20 ff).
15 **[2] Tenor und Gründe.** Die dem Antrag stattgebende Hauptsacheentscheidung lautet dahin gehend, dass die Anerkennung der Entscheidung für das Gebiet der Bundesre-

publik Deutschland versagt wird. Die Entscheidung ist nach Artt. 45 Abs. 4, 47 Abs. 2 EuGVVO, § 1115 Abs. 4 S. 2 ZPO zu begründen (Hk-ZPO/*Dörner*, Art. 47 EuGVVO, Rn 3 sowie Hk-ZPO/*Saenger*, § 1115, Rn 3).

[3] **Weiteres Verfahren.** Nach erfolgter Versagung der Anerkennung einer ausländischen Entscheidung ist der Beschluss dem Antragsgegner gemäß Artt. 45 Abs. 4, 47 Abs. 2 EuGVVO, 329 Abs. 2 S. 2 ZPO zuzustellen. Dem Antragsteller ist der Beschluss nach Artt. 45 Abs. 4, 47 Abs. 2 EuGVVO, 329 Abs. 2 S. 1 ZPO formlos mitzuteilen. 16

Der Urkundsbeamte der Geschäftsstelle kann den weiteren Verfahrensgang wie folgt verfügen: 17

▶ Vfg.

1. Beglaubigte Abschrift des Beschlusses an
    a) Antragsteller formlos,
    b) Antragsgegner gegen ZU.
2. Der Geschäftsstelle.

..., den ...

...

Justizangestellter als Urkundsbeamter der Geschäftsstelle des Landgerichts ◀

Gebühren. Nach Nr. 1510 KV GKG fällt bei Gericht eine Verfahrensgebühr von 240,00 € an. 18

Rechtsmittel. Gegen die Entscheidung über die Versagung der Anerkennung einer ausländischen Entscheidung findet innerhalb einer Notfrist von einem Monat die sofortige Beschwerde statt (Artt. 45 Abs. 4, 47 Abs. 2 EuGVVO, § 1115 Abs. 5 S. 1 und 2 ZPO; vgl dazu auch Hk-ZPO/*Dörner*, Art. 49 EuGVVO, Rn 1 f sowie Hk-ZPO/*Saenger*, § 1115, Rn 3). Nach Artt. 45 Abs. 4, 47 Abs. 2, 50 EuGVVO, § 1115 Abs. 5 S. 3 ZPO findet gegen den Beschluss des Beschwerdegerichts die Rechtsbeschwerde statt (vgl dazu auch Hk-ZPO/*Dörner*, Art. 50 EuGVVO, Rn 1 sowie Hk-ZPO/*Saenger*, § 1115, Rn 3). 19

II. Zurückweisung eines Antrags auf Versagung der Anerkennung

1. Muster: Zurückweisung des Versagungsantrags

20

▶ Vfg.

1. Beschluss

In dem Verfahren

... ./. ...

hat das Landgericht ... – ... Zivilkammer – durch den Vorsitzenden Richter am Landgericht ... am ... beschlossen:[1]

Der Antrag auf Versagung der Anerkennung des Urteils des ... vom ..., Az ... für das Gebiet der Bundesrepublik Deutschland wird zurückgewiesen.

Die Kosten des Verfahrens hat der Antragsteller zu tragen.[2]

Gründe

Unter dem ▬▬ hat der Antragsteller das Gericht ersucht, die Anerkennung des Urteils des ▬▬ vom ▬▬ (Az ▬▬), durch welches der Antragsteller verurteilt wurde, ▬▬, für das Gebiet der Bundesrepublik Deutschland zu versagen. Zur Begründung seines Antrags hat der Antragsteller ausgeführt, es liege ein Anerkennungshindernis im Sinne von Art. 45 Abs. 1 lit. a) EuGVVO vor, weil die Anerkennung dieser ausländischen Entscheidung der öffentlichen Ordnung (ordre public) des ersuchten Mitgliedstaats offensichtlich widersprechen würde. Diese Annahme ist indes unzutreffend. ▬▬

Die Kostenentscheidung folgt aus Artt. 45 Abs. 4, 47 Abs. 2 EuGVVO, § 91 ZPO.

▬▬, den ▬▬

Landgericht ▬▬, ▬▬. Zivilkammer

Der Vorsitzende[3]

2. Beschlussausfertigung an Antragsteller gegen ZU[4]
3. Weglegen

▬▬, den ▬▬

▬▬

Vorsitzender Richter am Landgericht ◄

2. Erläuterungen

21 **[1] Allgemeines.** Vgl zunächst Rn 2 ff.

22 **Zuständigkeit.** Vgl Rn 5.

23 **Gerichtliches Verfahren und Umfang der gerichtlichen Prüfung.** Vgl Rn 11 ff

24 **[2] Tenor.** Der Tenor lautet dahin gehend, dass der Antrag auf Versagung der Anerkennung der ausländischen Entscheidung für das Gebiet der Bundesrepublik Deutschland kostenpflichtig (Artt. 45 Abs. 4, 47 Abs. 2 EuGVVO, § 91 ZPO) zurückgewiesen wird.

25 **[3] Gründe.** Der Beschluss ist nach Artt. 45 Abs. 4, 47 Abs. 2 EuGVVO, § 1115 Abs. 4 S. 2 ZPO zu begründen (Hk-ZPO/*Dörner*, Art. 47 EuGVVO, Rn 3 sowie Hk-ZPO/*Saenger*, § 1115, Rn 3).

26 **[4] Bekanntgabe.** Der einen Antrag auf Versagung der Anerkennung einer ausländischen Entscheidung zurückweisende Beschluss ist dem Antragsteller gemäß Artt. 45 Abs. 4, 47 Abs. 2 EuGVVO, 329 Abs. 2 S. 2 ZPO zuzustellen, weil er eine den Antragsteller belastende Kostenentscheidung enthält und daher insoweit einen Vollstreckungstitel darstellt (ebenso im Falle der Zurückweisung von Anträgen nach § 33 Abs. 2 EuGVVO aF Zöller/*Geimer*, Anhang III, § 8 AVAG, Rn 2). Dem Antragsgegner ist der Beschluss nach Artt. 45 Abs. 4, 47 Abs. 2 EuGVVO, 329 Abs. 2 S. 1 ZPO formlos mitzuteilen.

27 **Gebühren.** Vgl Rn 18.

28 **Rechtsmittel.** Vgl Rn 19.

B. Anwaltliche Sicht

I. Muster: Antrag auf Versagung der Anerkennung

▶ Rechtsanwalt ...[1]

Landgericht ...[2]

In dem Verfahren

...

beantrage ich namens und in Vollmacht des Antragstellers,

durch gerichtlichen Beschluss die Anerkennung des Urteils des ... vom ... (Az ...), durch welches der Antragsteller verurteilt wurde, ..., für das Gebiet der Bundesrepublik Deutschland zu versagen.[3]

Begründung

Der Antragsteller wurde zwar mit Urteil des ... vom ... (Az ...) rechtskräftig verurteilt, ...

Beweis: Ausfertigung des Urteils des ... vom ... (Az ...)

Es liegt aber ein Anerkennungshindernis im Sinne von Art. 45 Abs. 1 lit. a) EuGVVO vor, weil die Anerkennung dieser ausländischen Entscheidung der öffentlichen Ordnung (ordre public) des ersuchten Mitgliedstaats offensichtlich widersprechen würde. ...[4]

..., den ...

..., Rechtsanwalt ◀

29

470

II. Erläuterungen

[1] **Grundlagen.** Zur Notwendigkeit der Anerkennung ausländischer gerichtlicher Entscheidungen vor deren Wirkungsentfaltung im Bundesgebiet, zu den dafür geltenden Rechtsquellen sowie zum Grundsatz der automatischen Anerkennung von gerichtlichen Entscheidungen der Mitgliedstaaten der Europäischen Union vgl Rn 2 ff. Zur Antragsberechtigung sowie zum Rechtsschutzbedürfnis für Anträge auf Versagung der Anerkennung einer ausländischen gerichtlichen Entscheidung vgl Rn 7 f.

30

[2] **Anzurufendes Gericht.** Zur örtlichen, sachlichen und funktionellen Zuständigkeit für Anträge auf Versagung der Anerkennung einer ausländischen gerichtlichen Entscheidung vgl Rn 5.

31

[3] **Antrag.** Zu den für einen Versagungsantrag geltenden Anforderungen vgl Rn 6 ff

32

[4] **Vorzulegende Urkunden, Übersetzungen oder Transliterationen.** Zu den der Antragsschrift beizufügenden Unterlagen vgl Rn 9 f.

33

Gebühren, Rechtsmittel. Vgl Rn 18 f.

34

Artikel 46

Die Vollstreckung einer Entscheidung wird auf Antrag des Schuldners versagt, wenn festgestellt wird, dass einer der in Artikel 45 genannten Gründe gegeben ist.

Artikel 47

(1) Der Antrag auf Versagung der Vollstreckung ist an das Gericht zu richten, das der Kommission von dem betreffenden Mitgliedstaat gemäß Artikel 75 Buchstabe a mitgeteilt wurde.
(2) Für das Verfahren zur Versagung der Vollstreckung ist, soweit es nicht durch diese Verordnung geregelt ist, das Recht des ersuchten Mitgliedstaats maßgebend.
(3) Der Antragsteller legt dem Gericht eine Ausfertigung der Entscheidung und gegebenenfalls eine Übersetzung oder Transliteration der Entscheidung vor.
Das Gericht kann auf die Vorlage der in Unterabsatz 1 genannten Schriftstücke verzichten, wenn ihm die Schriftstücke bereits vorliegen oder wenn es das Gericht für unzumutbar hält, vom Antragsteller die Vorlage der Schriftstücke zu verlangen. Im letztgenannten Fall kann das Gericht von der anderen Partei verlangen, diese Schriftstücke vorzulegen.
(4) Von der Partei, die die Versagung der Vollstreckung einer in einem anderen Mitgliedstaat ergangenen Entscheidung beantragt, kann nicht verlangt werden, dass sie im ersuchten Mitgliedstaat über eine Postanschrift verfügt. Es kann von ihr auch nicht verlangt werden, dass sie im ersuchten Mitgliedstaat über einen bevollmächtigten Vertreter verfügt, es sei denn, ein solcher Vertreter ist ungeachtet der Staatsangehörigkeit oder des Wohnsitzes der Parteien vorgeschrieben.

Artikel 48

Das Gericht entscheidet unverzüglich über den Antrag auf Versagung der Vollstreckung.

A. Richterliche Sicht
   I. Versagung der Vollstreckung
     1. Muster: Versagung der Vollstreckung
     2. Erläuterungen
       [1] Einleitung 2
       [2] Tenor und Gründe 10
       [3] Weiteres Verfahren 11
   II. Zurückweisung eines Antrags auf Versagung der Vollstreckung
     1. Muster: Zurückweisung des Versagungsantrags
     2. Erläuterungen
       [1] Allgemeines 15
       [2] Tenor 18
       [3] Gründe 19
       [4] Bekanntgabe 20
B. Anwaltliche Sicht
   I. Muster: Antrag auf Versagung der Vollstreckung
   II. Erläuterungen
       [1] Grundlagen 24
       [2] Anzurufendes Gericht 25
       [3] Antrag 26
       [4] Vorzulegende Urkunden, Übersetzungen oder Transliterationen 27

A. Richterliche Sicht

I. Versagung der Vollstreckung

1. Muster: Versagung der Vollstreckung

▶ Vfg.

1. Beschluss
In dem Verfahren

... ./. ...

hat das Landgericht ... – ... . Zivilkammer – durch den Vorsitzenden Richter am Landgericht ... am ... beschlossen:[1]

Die Vollstreckung des Urteils des ... vom ... (Az ...), durch welches der Antragsteller verurteilt wurde, ..., wird für das Gebiet der Bundesrepublik Deutschland versagt.

Der Antragsgegner hat die Kosten des Verfahrens zu tragen.

Gründe

Der Antragsteller wurde mit Urteil des ... vom ... (Az ...) verurteilt, ... Nach Artt. 46 Abs. 1, 47 Abs. 2 EuGVVO, § 1115 ZPO wird auf Antrag eines Berechtigten die Vollstreckung einer Entscheidung versagt, wenn eines der in Art. 45 Abs. 1 EuGVVO aufgezählten Anerkennungshindernisse gegeben ist. ...

Die Kostenentscheidung beruht auf Artt. 45 Abs. 4, 47 Abs. 2 EuGVVO, § 91 ZPO.

..., den ...

Landgericht ..., ... Zivilkammer

Der Vorsitzende[2]

2. Der Geschäftsstelle z.w.V.[3]

..., den ...

...

Vorsitzender Richter am Landgericht ◄

2. Erläuterungen

[1] **Einleitung.** Die Vollstreckbarkeit einer gerichtlichen Entscheidung, also die mit ihr verbundene Anordnung ihrer zwangsweisen Durchsetzung, ist an sich auf den Ursprungsstaat der Entscheidung begrenzt. Vollstreckungswirkungen kann eine gerichtliche Entscheidung folglich zunächst einmal nur dort, nicht hingegen in einem Zweitstaat, entfalten (Hk-ZPO/*Dörner*, Vor Art. 39-44 EuGVVO, Rn 1 mwN). Für einen Zweitstaat kann die Vollstreckbarkeit einer Entscheidung daher an sich erst durch ein dort durchzuführendes **Vollstreckbarerklärungsverfahren** originär begründet werden (Hk-ZPO/*Dörner*, Vor Art. 39-44 EuGVVO, Rn 1 mwN; vgl auch *Hau*, MDR 2014, 1417 [1418]).

Grundsatz der automatischen Vollstreckbarkeit. Von diesem traditionellen Prinzip „*keine Vollstreckung ohne Vollstreckbarerklärung*" (vgl dazu *Hau*, MDR 2014, 1417 [1418]) abweichend bestimmt Art. 39 EuGVVO nunmehr, dass eine in einem Mitgliedsstaat ergangene, dort vollstreckbare Entscheidung auch in den anderen Mitgliedsstaaten ohne gesonderte Vollstreckbarerklärung vollstreckbar ist (*Hau*, MDR 2014, 1417 [1418]; Hk-ZPO/*Dörner*, Vor Art. 39-44 EuGVVO, Rn 1 mwN sowie Hk-ZPO/*Dörner*, Art. 39 EuGVVO, Rn 1). Nach Artt. 46 Abs. 1, 47 Abs. 2 EuGVVO, § 1115 ZPO kann aber die Versagung der Vollstreckung einer ausländischen gerichtlichen Entscheidung beantragt werden.

Zuständigkeit. Zur örtlichen, sachlichen und funktionellen Zuständigkeit vgl Art. 45, Rn 5.

Versagungsantrag. Zu den Anforderungen an den Versagungsantrag vgl Art. 45, Rn 6.

6 **Antragsberechtigung und Rechtsschutzbedürfnis.** Zur Antragsberechtigung sowie zum Rechtsschutzbedürfnis vgl Art. 45, Rn 7 f.

7 **Vorzulegende Urkunden, Übersetzungen und Transliterationen.** Zu den vorzulegenden Urkunden, Übersetzungen und Transliterationen vgl Art. 45, Rn 9 f.

8 **Gerichtliches Verfahren und Umfang der gerichtlichen Prüfung.** Zum gerichtlichen Verfahren und zum Umfang der gerichtlichen Prüfung vgl zunächst Art. 45, Rn 11 f. Zur Berücksichtigungsfähigkeit von Einwendungen nach dem Recht des ersuchten Staates vgl die Darstellung bei Hk-ZPO/*Dörner*, Art. 41 EuGVVO, Rn 7 sowie bei Hk-ZPO/*Dörner*, Art. 46 EuGVVO, Rn 2.

9 **Weiteres Verfahren, Entscheidungsform.** Zum weiteren Verfahren sowie zur Entscheidungsform vgl vgl Art. 45, Rn 13 f.

10 **[2] Tenor und Gründe.** Die dem Antrag stattgebende Hauptsacheentscheidung lautet dahin gehend, dass die Vollstreckung der Entscheidung für das Gebiet der Bundesrepublik Deutschland versagt wird. Die Entscheidung ist nach Art. 47 Abs. 2 EuGVVO, § 1115 Abs. 4 S. 2 ZPO zu begründen (Hk-ZPO/*Dörner*, Art. 47 EuGVVO, Rn 3 sowie Hk-ZPO/*Saenger*, § 1115, Rn 3).

11 **[3] Weiteres Verfahren.** Zum weiteren Verfahren nach Erlass des Beschlusses vgl Art. 45, Rn 16 f.

12 **Gebühren.** Nach Nr. 1510 KV GKG fällt bei Gericht eine Verfahrensgebühr von 240,00 € an.

13 **Rechtsmittel.** Zu den Rechtsmitteln vgl vgl Art. 45, Rn 19.

II. Zurückweisung eines Antrags auf Versagung der Vollstreckung

14 **1. Muster: Zurückweisung des Versagungsantrags**

▶ Vfg.

1. Beschluss

In dem Verfahren

 ./. ___

hat das Landgericht ___ – ___. Zivilkammer – durch den Vorsitzenden Richter am Landgericht ___ am ___ beschlossen:[1]

Der Antrag auf Versagung der Vollstreckung des Urteils des ___ vom ___, Az ___ für das Gebiet der Bundesrepublik Deutschland wird zurückgewiesen.

Die Kosten des Verfahrens hat der Antragsteller zu tragen.[2]

Gründe

Unter dem ___ hat der Antragsteller das Gericht ersucht, die Vollstreckung des Urteils des ___ vom ___ (Az ___), durch welches der Antragsteller verurteilt wurde, ___, für das Gebiet der Bundesrepublik Deutschland zu versagen. Zur Begründung seines Antrags hat der Antragsteller ausgeführt, es liege ein Anerkennungshindernis im Sinne von Art. 45 Abs. 1 lit. a) EuGVVO vor, weil die Anerkennung dieser ausländischen Entscheidung der öffentlichen Ordnung (ordre public) des ersuchten Mitgliedstaats offensichtlich widersprechen würde. Diese Annahme ist indes unzutreffend. ___

Die Kostenentscheidung folgt aus Artt. 45 Abs. 4, 47 Abs. 2 EuGVVO, § 91 ZPO.

…, den …

Landgericht …, …. Zivilkammer

Der Vorsitzende[3]

2. Beschlussausfertigung an Antragsteller gegen ZU[4]
3. Weglegen

…, den …

…

Vorsitzender Richter am Landgericht ◄

2. Erläuterungen

[1] Allgemeines. Vgl Rn 2 ff. 15

Zuständigkeit. Vgl Rn 4 sowie Art. 45, Rn 5. 16

Gerichtliches Verfahren und Umfang der gerichtlichen Prüfung. Vgl Rn 8 sowie Art. 45, Rn 11 f. 17

[2] Tenor. Der Tenor lautet dahin gehend, dass der Antrag auf Versagung der Vollstreckung der ausländischen Entscheidung für das Gebiet der Bundesrepublik Deutschland kostenpflichtig (Art. 47 Abs. 2 EuGVVO, § 91 ZPO) zurückgewiesen wird. 18

[3] Gründe. Der Beschluss ist nach Art. 47 Abs. 2 EuGVVO, § 1115 Abs. 4 S. 2 ZPO zu begründen (Hk-ZPO/*Dörner*, Art. 47 EuGVVO, Rn 3 sowie Hk-ZPO/*Saenger*, § 1115, Rn 3). 19

[4] Bekanntgabe. Der einen Antrag auf Versagung der Vollstreckung einer ausländischen Entscheidung zurückweisende Beschluss ist dem Antragsteller gemäß Art. 47 Abs. 2 EuGVVO, 329 Abs. 2 S. 2 ZPO zuzustellen, weil er eine den Antragsteller belastende Kostenentscheidung enthält und daher insoweit einen Vollstreckungstitel darstellt (ebenso im Falle der Zurückweisung von Anträgen nach § 33 Abs. 2 EuGVVO aF. Zö/*Geimer*, Anhang III, § 8 AVAG, Rn 2). Dem Antragsgegner ist der Beschluss nach Art. 47 Abs. 2 EuGVVO, 329 Abs. 2 S. 1 ZPO formlos mitzuteilen. 20

Gebühren. Vgl Rn 12. 21

Rechtsmittel. Vgl Rn 13 sowie Art. 45, Rn 19. 22

B. Anwaltliche Sicht

I. Muster: Antrag auf Versagung der Vollstreckung 23

▶ Rechtsanwalt …[1]

Landgericht …[2]

In dem Verfahren

…

beantrage ich namens und in Vollmacht des Antragstellers,

durch gerichtlichen Beschluss die Vollstreckung des Urteils des … vom … (Az …), durch welches der Antragsteller verurteilt wurde, …, für das Gebiet der Bundesrepublik Deutschland zu versagen.[3]

Begründung

Der Antragsteller wurde zwar mit Urteil des ▪▪▪ vom ▪▪▪ (Az ▪▪▪) rechtskräftig verurteilt, ▪▪▪.

Beweis: Ausfertigung des Urteils des ▪▪▪ vom ▪▪▪ (Az ▪▪▪)

Es liegt aber ein Anerkennungshindernis im Sinne von Art. 45 Abs. 1 lit. a) EuGVVO vor, weil die Anerkennung dieser ausländischen Entscheidung der öffentlichen Ordnung (ordre public) des ersuchten Mitgliedstaats offensichtlich widersprechen würde. ▪▪▪[4]

▪▪▪, den ▪▪▪

▪▪▪, Rechtsanwalt ◀

II. Erläuterungen

24 [1] **Grundlagen.** Zur grundsätzlichen Notwendigkeit der Vollstreckbarerklärung ausländischer gerichtlicher Entscheidungen, zu den dafür geltenden Rechtsquellen sowie zum Grundsatz der automatischen Vollstreckbarkeit gerichtlicher Entscheidungen der Mitgliedstaaten der Europäischen Union vgl Rn 2 ff. Zur Antragsberechtigung sowie zum Rechtsschutzbedürfnis für Anträge auf Versagung der Anerkennung einer ausländischen gerichtlichen Entscheidung vgl Rn 6 sowie Art. 45, Rn 7 ff.

25 [2] **Anzurufendes Gericht.** Zur örtlichen, sachlichen und funktionellen Zuständigkeit für Anträge auf Versagung der Anerkennung einer ausländischen gerichtlichen Entscheidung vgl Rn 4 sowie Art. 45, Rn 5.

26 [3] **Antrag.** Zu den für einen Versagungsantrag geltenden Anforderungen vgl Rn 5 sowie Art. 45, Rn 6.

27 [4] **Vorzulegende Urkunden, Übersetzungen oder Transliterationen.** Zu den der Antragsschrift beizufügenden Unterlagen vgl Rn 7 sowie Art. 45, Rn 9 f.

28 Gebühren, Rechtsmittel. Vgl Rn 12 f sowie Art. 45, Rn 19.

Artikel 49

(1) Gegen die Entscheidung über den Antrag auf Versagung der Vollstreckung kann jede Partei einen Rechtsbehelf einlegen.

(2) Der Rechtsbehelf ist bei dem Gericht einzulegen, das der Kommission von dem betreffenden Mitgliedstaat gemäß Artikel 75 Buchstabe b mitgeteilt wurde.

Artikel 50

Gegen die Entscheidung, die über den Rechtsbehelf ergangen ist, kann nur ein Rechtsbehelf eingelegt werden, wenn der betreffende Mitgliedstaat der Kommission gemäß Artikel 75 Buch stabe c mitgeteilt hat, bei welchen Gerichten ein weiterer Rechtsbehelf einzulegen ist.

Artikel 51

(1) Das mit einem Antrag auf Verweigerung der Vollstreckung befasste Gericht oder das nach Artikel 49 oder Artikel 50 mit einem Rechtsbehelf befasste Gericht kann das Verfahren aussetzen, wenn gegen die Entscheidung im Ursprungsmitgliedstaat ein

ordentlicher Rechtsbehelf eingelegt wurde oder die Frist für einen solchen Rechtsbehelf noch nicht verstrichen ist. Im letztgenannten Fall kann das Gericht eine Frist bestimmen, innerhalb derer der Rechtsbehelf einzulegen ist.

(2) Ist die Entscheidung in Irland, Zypern oder im Vereinigten Königreich ergangen, so gilt jeder im Ursprungsmitgliedstaat statthafte Rechtsbehelf als ordentlicher Rechtsbehelf im Sinne des Absatzes 1.

Tabelle pfändbarer Gegenstände A

Gegenstand	Gesetzliche Grundlage	Pfändbarkeit	Austauschpfändung, §§ 811a, 811b ZPO	Entscheidungen/Literatur
A				
Abfindung für Verlust des Arbeitsplatzes	§ 850 i ZPO	Pfändbar. Pfändungsschutz nach § 850 i ZPO. Freibetrag nach den Umständen des Einzelfalles.		BAG NZA 1992, 384; NJW 2015, 107, 108 LG Bamberg Rpfleger 2009, 327 LG Köln ZVI 2007, 20
Abtretungsvertrag s. Lohnabtretungsurkunde				
Aktie (s. auch Namensaktie; s. auch Inhaberaktie)	§§ 808 Abs. 2, 821 ZPO § 105 Abs. 2 GVGA	Pfändbar. Wegnahme durch den GVZ, gleich ob Inhaber- oder Namensaktie.		Stöber, Forderungspfändung, Rn 1605 Hk-ZV/Koch, Schwerpunktbeitrag „ZV in Gesellschaftsanteile", Rn 24
	§§ 857, 829 ZPO § 106 GVGA	**Sammelverwahrte Aktien** bei Kreditinstituten: Die Pfändung des Anteils des Schuldners als Hinterleger an den im Sammeldepot verwahrten Papieren erfolgt durch das Vollstreckungsgericht (PfÜB). Der GVZ kann Nachweisurkunden beim Schuldner im Wege der **Hilfspfändung** wegnehmen.		BGH Rpfleger 2000, 420 (zur Pfändung im Depot verwahrter Wertpapiere): NJW-RR 2008, 494, 495
Altersrente s. Rente				
Anhänger (s. auch Kraftfahrzeug)	§§ 808, 809, 811 Abs. 1 Nr. 1 ZPO	Pfändbar.		LG Lüneburg Rpfleger 1954, 314 (Grundstückszubehör)
	§ 811 Abs. 1 Nr. 4 ZPO § 811 Abs. 1 Nr. 5 ZPO § 865 Abs. 2 ZPO §§ 107, 108 Abs. 2 GVGA	**Ausnahme:** Kein Verwertungserlös zu erzielen oder zur Ausübung bzw Fortsetzung der Landwirtschaft, des Berufs bzw der Erwerbstätigkeit notwendig, oder als Zubehör im Eigentum des Grundstückseigentümers. Die Ausnahmen gelten nicht bei der Herausgabevollstreckung, §§ 883 f ZPO.	Zulässig, abhängig von Wert, Ausstattung und Zustand des Fahrzeuges.	OLG Köln Rpfleger 1986, 57 = DGVZ 1986, 13 LG Oldenburg DGVZ 1991, 119 AG Göttingen Rpfleger 2011, 457
	§ 811 Abs. 2 ZPO	In den Fällen des § 811 Abs. 1 Nr. 1, 4, 5–7 ZPO		

A — Tabelle pfändbarer Gegenstände

Gegenstand	Gesetzliche Grundlage	Pfändbarkeit	Austauschpfändung, §§ 811a, 811b ZPO	Entscheidungen/Literatur
		stets pfändbar, wenn Verkäufer wegen durch Eigentumsvorbehalt gesicherter Kaufpreisforderung vollstreckt.		
Anleihe (Bund bzw Sondervermögen des Bundes, ehem. Fonds „Deutsche Einheit")	§§ 857, 829 ZPO § 106 GVGA	Pfändbar.		Röder, Die Pfändung von Geldmarktanteilen (Geldmarktfonds) als Geldmarkt-Sondervermögen von Kapitalanlagegesellschaften, DGVZ 1995, 110
Anlieferungs-Referenzmenge eines Milcherzeugers	§§ 857 Abs. 1 und 5, 829 ZPO	Pfändbar. Die Milchquotenregelung lief zum 31.3.2015 aus.		BGH NJW-RR 2007, 1219 (zur MilchAbg; heute MilchQuotV).
Anrufbeantworter	§§ 808, 811 Abs. 1 Nr. 1 ZPO	Pfändbar, weil nicht notwendiger Haushaltsgegenstand.		LG Berlin DGVZ 1965, 117 (nein: Radio- und Fernsehmechaniker)
	§ 811 Abs. 1 Nr. 5 ZPO	**Ausnahme:** Unpfändbar, sofern es sich bei betriebswirtschaftlicher Betrachtungsweise um ein notwendiges Hilfsmittel zur Ausübung des Berufs des Schuldners bzw eines mitarbeitenden Familienangehörigen oder zur Fortführung eines Erwerbsgeschäfts handelt, bei dem die persönliche Arbeitsleistung überwiegt.	Zulässig, abhängig von Wert und Ausstattung.	LG Mannheim BB 1974, 1458 (nein: Automatenaufsteller) AG Iserlohn DGVZ 1975, 63 (ja bei selbständigem Handelsvertreter) LG Düsseldorf DGVZ 1986, 44 (ja bei Immobilienmakler) LG Berlin NJW-RR 1992, 1039 (nein bei Polizeibeamten)
	§ 811 Abs. 2 ZPO	In den Fällen des § 811 Abs. 1 Nr. 1, 4, 5–7 ZPO stets pfändbar, wenn Verkäufer wegen durch Eigentumsvorbehalt gesicherter Kaufpreisforderung vollstreckt.		
Anteilspapiere, die auf den Inhaber lauten (s. auch Aktie; s. auch Investmentzertifikat)	§§ 808 Abs. 2, 809, 821 ZPO	Pfändbar; Wegnahme durch den GVZ. Sie verbriefen Teilhaberrechte.		RGZ 53, 107, 109 Röder, Die Pfändung von Geldmarktanteilen (Geldmarktfonds) als Geldmarkt-Sondervermögen von Kapitalanlagegesellschaften, DGVZ 1995, 110
	§ 836 Abs. 3 ZPO, § 106 GVGA	**Anteilscheine an einer GmbH** sind als bloße Beweisurkunden nur der **Hilfspfändung** zugänglich.		Kaiser, Vollstreckung in Anteilscheine von offenen und geschlossenen Invest-

Tabelle pfändbarer Gegenstände A

Gegenstand	Gesetzliche Grundlage	Pfändbarkeit	Austauschpfändung, §§ 811a, 811b ZPO	Entscheidungen/Literatur
	§§ 857, 829 ZPO § 106 GVGA	**Sammelverwahrte Anteilspapiere** bei Kreditinstituten: Die Pfändung des Anteils des Schuldners als Hinterleger an den im Sammeldepot verwahrten Papieren erfolgt durch das Vollstreckungsgericht (PfÜB). Der GVZ kann Nachweisurkunden beim Schuldner im Wege der **Hilfspfändung** wegnehmen, § 106 GVGA.		ment- und Immobilienfonds, InVo 2001, 46 *Kunst*, Zwangsvollstreckung in Wertpapiere, InVo 2004, 3 BGH Rpfleger 2000, 420 (zur Pfändung im Depot verwahrter Wertpapiere)
Antiquitäten	§§ 808, 809, 813 ZPO	Pfändbar, auch soweit Warenbestand. **Ausnahme:** Soweit es sich um einen notwendigen Hausratsgegenstand iSd § 811 Abs. 1 Nr. 1 ZPO handelt.	Zulässig, abhängig von Wert und Ausstattung.	OLG Köln InVo 1998, 260 (Stollenschrank)
	§ 811 Abs. 1 Nr. 5 ZPO	Unpfändbar, sofern es sich bei betriebswirtschaftlicher Betrachtungsweise um ein notwendiges Hilfsmittel zur Ausübung des Berufs des Schuldners bzw eines mitarbeitenden Familienangehörigen oder zur Fortführung eines Erwerbsgeschäfts handelt, bei dem die persönliche Arbeitsleistung überwiegt (kleiner Einzelhandel).		
	§ 811 Abs. 2 ZPO	In den Fällen des § 811 Abs. 1 Nr. 1, 4, 5–7 ZPO stets pfändbar, wenn Verkäufer wegen durch Eigentumsvorbehalt gesicherter Kaufpreisforderung vollstreckt.		
Anwartschaftsrecht, bewegliche Sachen	§§ 808, 809, 857 ZPO	Pfändbar, wenn die Sache selbst pfändbar ist; nach hM im Wege der Doppelpfändung (Sache und Recht). Da unklar, ob ein Drittschuldner vorhanden ist, immer auch Zustellung an Schuldner bewirken.		BGH NJW 1954, 1325 Hk-ZV/*Koch*, § 857 ZPO Rn 8 ff

Gegenstand	Gesetzliche Grundlage	Pfändbarkeit	Austauschpfändung, §§ 811a, 811b ZPO	Entscheidungen/Literatur
Anwartschaftsrecht, unbewegliche Sachen	§ 857 ZPO	Pfändbar, nach Auflassung und Stellung des Eintragungsantrags durch Schuldner oder Eintragung einer Auflassungsvormerkung.		BGH NJW 1998, 1093 Hk-ZV/*Koch*, § 857 ZPO Rn 16 f
Apotheke	§§ 808, 809, 811 Abs. 1 Nr. 9 ZPO	Unpfändbar die zum Betrieb einer Apotheke unentbehrlichen Geräte, Gefäße und Waren; vgl dazu §§ 4 und 5 ApoBetrO.		OLG Köln NJW 1961, 975 (zu Arzneimitteln)
Aquarium	§ 811 Abs. 1 Nr. 1 ZPO	Pfändbar ohne Fische.		
	§ 811 c ZPO	Nicht pfändbar mit Fischen, es sei denn, aufgrund des hohen Wertes der Fische liegt für den Gläubiger eine unzumutbare Härte vor.	Zulässig.	
	§ 811 Abs. 1 Nr. 5 ZPO	Unpfändbar, sofern es sich bei betriebswirtschaftlicher Betrachtungsweise um ein notwendiges Hilfsmittel zur Ausübung des Berufs des Schuldners bzw eines mitarbeitenden Familienangehörigen oder zur Fortführung eines Erwerbsgeschäfts handelt, bei dem die persönliche Arbeitsleistung überwiegt (kleiner Einzelhandel).		
	§ 811 Abs. 2 ZPO	In den Fällen des § 811 Abs. 1 Nr. 1, 4, 5–7 ZPO stets pfändbar, wenn Verkäufer wegen durch Eigentumsvorbehalt gesicherter Kaufpreisforderung vollstreckt.		
Arbeitnehmersparzulagen	§ 13 Abs. 3 S. 2 5. VermBG	Nicht pfändbar, weil nicht übertragbar.		
Arbeitseinkommen	§§ 850 ff ZPO	Nur in den in den einzelnen Vorschriften aufgezeigten Grenzen pfändbar.		Vgl u.a. *Hintzen/Wolf*, Zwangsvollstreckung, Rn 6.83 ff Hk-ZV/*Meller-Hannich*, §§ 850 ff ZPO, je Rn 1 ff

Tabelle pfändbarer Gegenstände A

Gegenstand	Gesetzliche Grundlage	Pfändbarkeit	Austauschpfändung, §§ 811a, 811b ZPO	Entscheidungen/Literatur
Arbeitsgegenstände (s. auch einzelne Gegenstände)	§§ 808, 809 ZPO § 811 Abs. 1 Nr. 5 ZPO	Unpfändbar, sofern es sich bei betriebswirtschaftlicher Betrachtungsweise um ein notwendiges Hilfsmittel zur Ausübung des Berufs des Schuldners bzw eines mitarbeitenden Familienangehörigen oder zur Fortführung eines Erwerbsgeschäfts handelt, bei dem die persönliche Arbeitsleistung überwiegt.	Zulässig, abhängig von Wert und Ausstattung.	OLG Hamburg DGVZ 1984, 57 (Taxiunternehmer) OLG Hamm MDR 1984, 855 = DGVZ 1984, 138 LG Siegen NJW-RR 1986, 224 LG Frankfurt NJW-RR 1988, 1471 (Videofilmkassetten) LG Augsburg DGVZ 1989, 138 (Videothek) – dazu aA OLG Stuttgart FamRZ 1963, 297 = DGVZ 1963, 152
	§ 811 Abs. 2 ZPO	In den Fällen des § 811 Abs. 1 Nr. 1, 4, 5–7 ZPO stets pfändbar, wenn Verkäufer wegen durch Eigentumsvorbehalt gesicherter Kaufpreisforderung vollstreckt.		OLG Köln InVo 2000, 397 = OLGR 2000, 480 OLG Oldenburg DGVZ 1993, 12 (Sonnenbänke) LG Mönchengladbach Rpfleger 2005, 38 (Internet-Domain) LG Aachen NZI 2006, 643 (Labor- und Praxiseinrichtungsgegenstände eines Arztes) OLG Düsseldorf, Urt. v. 14.6.2006 – VI-U (Kart) 35/05 (Pizza-Lieferdienst) OVG Sachsen-Anhalt, Beschl. v. 29.4.2009 – 3 M 175/09 (Licht- und Tontechnik einer mobilen Diskothek) BGH MDR 2010, 405 = FamRZ 2010, 550 AG Eschwege DGVZ 2002, 127 (auch wenn Sachen für Fortführung der Erwerbstätigkeit benötigt werden)
	§ 865 ZPO	Unpfändbar, soweit sie Grundstückszubehör im Eigentum des Grundstückseigentümers sind.		Zubehör sind Maschinen auf dem Betriebsgrundstück (BGH NJW 1979, 2514 – Verpackungsmaschine), nicht aber solche, die weitgehend außerhalb des Betriebsgrundstücks eingesetzt werden, wie zB Baugeräte (BGH NJW 1994, 864) oder Speditionsfahrzeuge (BGH NJW 1983, 746)

A   Tabelle pfändbarer Gegenstände

Gegenstand	Gesetzliche Grundlage	Pfändbarkeit	Austauschpfändung, §§ 811a, 811b ZPO	Entscheidungen/Literatur
Arbeitskleidung	§ 811 Abs. 1 Nr. 5 ZPO	Nicht pfändbar (in angemessener Zahl).	Zulässig, abhängig vom Wert.	
	§ 811 Abs. 1 Nr. 7 ZPO	Nicht pfändbar (in angemessener Zahl).	Nicht zulässig.	LG Aachen NZI 2006, 643 (Zahnarzt)
	§ 811 Abs. 2 ZPO	In den Fällen des § 811 Abs. 1 Nr. 1, 4, 5–7 ZPO stets pfändbar, wenn Verkäufer wegen durch Eigentumsvorbehalt gesicherter Kaufpreisforderung vollstreckt.		
Armbanduhr	§ 811 Abs. 1 Nr. 1 ZPO	Besitzt der Schuldner nur eine einzige Uhr, ist diese nicht pfändbar.	Zulässig, abhängig vom Wert.	OLG München DGVZ 1983, 140 = OLGZ 1983, 325
	§ 811 Abs. 2 ZPO	In den Fällen des § 811 Abs. 1 Nr. 1, 4, 5–7 ZPO stets pfändbar, wenn Verkäufer wegen durch Eigentumsvorbehalt gesicherter Kaufpreisforderung vollstreckt.		
Arzneimittel	§ 811 Abs. 1 Nr. 9 ZPO	Nicht pfändbar. **Ausnahme:** größere Warenvorräte. Zum Begriff der Arznei: § 2 AMG.		OLG Köln NJW 1961, 975
Arztkittel	§ 811 Abs. 1 Nr. 7 ZPO	Nicht pfändbar.	Nicht zulässig.	LG Aachen NZI 2006, 643 (Zahnarzt)
	§ 811 Abs. 2 ZPO	In den Fällen des § 811 Abs. 1 Nr. 1, 4, 5–7 ZPO stets pfändbar, wenn Verkäufer wegen durch Eigentumsvorbehalt gesicherter Kaufpreisforderung vollstreckt.		
Ausputzmaschine	§ 811 Abs. 1 Nr. 5 ZPO	Nicht pfändbar, sofern es sich bei betriebswirtschaftlicher Betrachtungsweise um notwendige Hilfsmittel zur Fortführung eines Erwerbsgeschäfts handelt, bei dem die persönliche Arbeitsleistung des Schuldners selbst überwiegt (kleiner Einzelhandel).	Zulässig, abhängig vom Wert.	LG Berlin DGVZ 1965, 28 (kleiner Schuhmacher)
	§ 811 Abs. 2 ZPO	In den Fällen des § 811 Abs. 1 Nr. 1, 4, 5–7 ZPO stets pfändbar, wenn Ver-		

Tabelle pfändbarer Gegenstände A

Gegenstand	Gesetzliche Grundlage	Pfändbarkeit	Austausch-pfändung, §§ 811a, 811b ZPO	Entscheidungen/Literatur
		käufer wegen durch Eigentumsvorbehalt gesicherter Kaufpreisforderung vollstreckt.		
Ausstellungsgegenstände	§ 811 Abs. 1 Nr. 5 ZPO	Nicht pfändbar, sofern es sich bei betriebswirtschaftlicher Betrachtungsweise um ein notwendiges Hilfsmittel zur Ausübung des Berufs des Schuldners bzw eines mitarbeitenden Familienangehörigen oder zur Fortführung eines Erwerbsgeschäfts handelt, bei dem die persönliche Arbeitsleistung überwiegt (kleiner Einzelhandel).	Nicht zulässig, weil die Ersatzleistung nicht dem geschützten Verwendungszweck iSd § 811 a ZPO entsprechen wird.	LG Saarbrücken DGVZ 1988, 158
	§ 811 Abs. 2 ZPO	In den Fällen des § 811 Abs. 1 Nr. 1, 4, 5–7 ZPO stets pfändbar, wenn Verkäufer wegen durch Eigentumsvorbehalt gesicherter Kaufpreisforderung vollstreckt.		
Ausstellungszelt (*s. auch* Arbeitsgegenstände)	§ 811 Abs. 1 Nr. 5 ZPO	Nicht pfändbar, sofern es sich bei betriebswirtschaftlicher Betrachtungsweise um ein notwendiges Hilfsmittel zur Ausübung des Berufs des Schuldners bzw eines mitarbeitenden Familienangehörigen oder zur Fortführung eines Erwerbsgeschäfts handelt, bei dem die persönliche Arbeitsleistung überwiegt.	Zulässig, abhängig vom Wert.	
	§ 811 Abs. 2 ZPO	In den Fällen des § 811 Abs. 1 Nr. 1, 4, 5–7 ZPO stets pfändbar, wenn Verkäufer wegen durch Eigentumsvorbehalt gesicherter Kaufpreisforderung vollstreckt.		
Auto *s.* Kraftfahrzeug *s.* Lkw				
Automat	§§ 808, 809 ZPO § 70 Abs. 2 GVGA	Pfändbar.		LG Aurich/OLG Oldenburg DGVZ 1990, 136 = MDR 1990, 932 = NJW-RR 1991,

Tabelle pfändbarer Gegenstände

Gegenstand	Gesetzliche Grundlage	Pfändbarkeit	Austauschpfändung, §§ 811a, 811b ZPO	Entscheidungen/Literatur
		Regelmäßig Scheinbestandteil (§ 95 BGB) eines Grundstücks, weil nur zum vorübergehenden Gebrauch durch Mieter oder Pächter an- bzw eingebracht. Problematisch, ob Schuldner Alleingewahrsam am Automaten hat. Kein § 811 Abs. 1 Nr. 5 ZPO, weil Schwerpunkt nicht die persönliche Leistung des Automatenaufstellers ist. Bei Widerspruch des Dritten gegen die Pfändung bleibt nur Pfändung des Anspruchs des Schuldners gegen Dritten auf Herausgabe des Gerätes sowie Pfändung des Zugangsrechts zu den Geräten.		192 = JurBüro 1990, 1370 (Alleingewahrsam) OLG Hamm ZMR 1991, 385 (Mitgewahrsam) AG Wiesloch DGVZ 2002, 61 (Mitgewahrsam)
Autotelefon (s. auch Handy)	§§ 808, 809, 811 Abs. 1 Nr. 1 ZPO	Pfändbar.		
	§ 811 Abs. 1 Nr. 5 ZPO	Unpfändbar, sofern es sich bei betriebswirtschaftlicher Betrachtungsweise um ein notwendiges Hilfsmittel zur Ausübung des Berufs des Schuldners bzw eines mitarbeitenden Familienangehörigen oder zur Fortführung eines Erwerbsgeschäfts handelt, bei dem die persönliche Arbeitsleistung überwiegt.	Zulässig, abhängig vom Wert.	OLG Köln NJW-RR 1994, 51 = MDR 1993, 1177
	§ 811 Abs. 2 ZPO	In den Fällen des § 811 Abs. 1 Nr. 1, 4, 5–7 ZPO stets pfändbar, wenn Verkäufer wegen durch Eigentumsvorbehalt gesicherter Kaufpreisforderung vollstreckt.		

Tabelle pfändbarer Gegenstände

Gegenstand	Gesetzliche Grundlage	Pfändbarkeit	Austauschpfändung, §§ 811a, 811b ZPO	Entscheidungen/Literatur

B

Gegenstand	Gesetzliche Grundlage	Pfändbarkeit	Austauschpfändung, §§ 811a, 811b ZPO	Entscheidungen/Literatur
Backöfen (Bäckerei, Pizzeria)	§ 811 Abs. 1 Nr. 5 ZPO	Nicht pfändbar, sofern es sich bei betriebswirtschaftlicher Betrachtungsweise um ein notwendiges Hilfsmittel zur Ausübung des Berufs des Schuldners bzw eines mitarbeitenden Familienangehörigen oder zur Fortführung eines Erwerbsgeschäfts handelt, bei dem die persönliche Arbeitsleistung überwiegt (kleiner Einzelhandel).	Zulässig, abhängig vom Wert.	OLG Frankfurt InVo 2001, 220 = OLGR 2001, 27 OLG Düsseldorf, Urt. v. 14.6.2006 – VI-U (Kart) 35/05 (Pizza-Lieferdienst) (jeweils für Vermieterpfandrecht)
	§ 811 Abs. 2 ZPO	In den Fällen des § 811 Abs. 1 Nr. 1, 4, 5–7 ZPO stets pfändbar, wenn Verkäufer wegen durch Eigentumsvorbehalt gesicherter Kaufpreisforderung vollstreckt.		
Baracke (s. auch Scheinbestandteile)	§ 811 Abs. 1 Nr. 1 ZPO § 865 ZPO § 95 BGB	Pfändbar, sofern es sich um einen nicht wesentlichen Bestandteil eines Grundstücks handelt, der nur zu einem vorübergehenden Zweck mit dem Grundstück verbunden ist.		LG Braunschweig KKZ 1974, 56
Bargeld	§§ 808 Abs. 2, 809 ZPO § 811a Abs. 3 ZPO § 815 Abs. 1 ZPO § 821 ZPO	Pfändbar. **Ausnahmen:** Unpfändbar, wenn hierauf § 811 Abs. 1 Nr. 8 ZPO (Pfändungsschutz für Arbeitseinkommen) oder § 54 SGB I (Sozialleistungsschutz) Anwendung findet. Unpfändbar als Ersatzleistung bei der Austauschpfändung		LG Regensburg Rpfleger 1979, 467 = DGVZ 1980, 126 OLG Köln NJW 1992, 50 = DGVZ 1991, 24 = NJW 1992, 50 AG Wiesbaden DGVZ 1997, 59 LG Lübeck DGVZ 2002, 185 LG Flensburg DGVZ 2002, 187
	§ 811 Abs. 1 Nr. 5 ZPO	Unpfändbar als Wechselgeld, sofern es zur Fortsetzung des Erwerbsbetriebs benötigt wird.		

Gegenstand	Gesetzliche Grundlage	Pfändbarkeit	Austauschpfändung, §§ 811a, 811b ZPO	Entscheidungen/Literatur
Barscheck	§ 831 ZPO	Pfändbar; Wegnahme durch den GVZ. Überweisungsbeschluss durch Vollstreckungsgericht notwendig, § 835 ZPO.		LG Göttingen NJW 1983, 635
Baubude (s. auch Zubehör)	§ 811 Abs. 1 Nr. 1 ZPO § 865 ZPO § 95 BGB	Pfändbar, sofern es sich um einen nicht wesentlichen Bestandteil eines Grundstücks handelt, der nur zu einem vorübergehenden Zweck mit dem Grundstück verbunden ist.		LG Braunschweig KKZ 1974, 56 OLG Köln DGVZ 1992, 116
Baugeld (Bausparguthaben)	§§ 829, 835 ZPO	Besteht aus Bausparguthaben und Bauspardarlehen. Der Darlehensanteil ist jedoch zweckgebunden und nur pfändbar, soweit dem Zweck entsprechend, also für Architekten, Bauhandwerker etc. der Baumaßnahme; nicht pfändbar im Übrigen, es sei denn, die Zweckbindung wäre entfallen.		BGH NJW 2014, 3160, 3162
Baumschulbestand (s. auch Scheinbestandteile)	§ 810 ZPO § 95 BGB	Pfändbar, weil Bäume, Sträucher, Pflanzen, Gerätschaften etc. keine Bestandteile, sondern Scheinbestandteile sind. **Ausnahme:** Geschützte landwirtschaftliche Erzeugnisse eines Familienbetriebes nach § 811 Abs. 1 Nr. 4 ZPO.		LG Bayreuth DGVZ 1985, 42 AG Elmshorn DGVZ 1995, 12
	§ 811 Abs. 2 ZPO	In den Fällen des § 811 Abs. 1 Nr. 1, 4, 5–7 ZPO stets pfändbar, wenn Verkäufer wegen durch Eigentumsvorbehalt gesicherter Kaufpreisforderung vollstreckt.		
Baustoffe (s. auch Zubehör)	§§ 808, 809, 811 Abs. 1 ZPO § 865 ZPO §§ 97, 98 BGB	Nicht pfändbar, wenn es sich um Zubehör handelt. **Voraussetzungen für Zubehör:** Bewegliche Sache, kein Bestandteil der Hauptsache, wirtschaftli-		AG Elmshorn DGVZ 1985, 191 BGH DGVZ 1994, 138 = NJW 1994, 864

Tabelle pfändbarer Gegenstände — B

Gegenstand	Gesetzliche Grundlage	Pfändbarkeit	Austauschpfändung, §§ 811a, 811b ZPO	Entscheidungen/Literatur
		che Einheit mit der Hauptsache, räumliches Verhältnis mit der Hauptsache.		
Bedienungsgeld (Trinkgeld)	§§ 808, 809, 811 Abs. 1 Nr. 8 ZPO	Als Bargeld pfändbar nach erfolgter Abrechnung mit Gaststätteninhaber. Nicht pfändbar als Forderung gegenüber Gastwirt.		LG Kaiserslautern DGVZ 2009, 165 OLG Stuttgart JurBüro 2001, 656 = InVo 2001, 453
Beihilfen für Aufwendungen von Beamten im Krankheitsfall	Beihilfevorschriften des Bundes und der Länder	Als zweckgebundene Leistungen grds. unpfändbar. **Ausnahme:** Es wird wegen einer Forderung gepfändet, die als Aufwand des Beamten dem konkreten Beihilfeanspruch zugrunde liegt (Anlassforderung).		BGH NJW-RR 2005, 720 BGH NJW-RR 2008, 360
Berufsunfähigkeits-(zusatz-)**versicherung**	§ 850 Abs. 3 Buchst. b ZPO	Unpfändbar bei Arbeitnehmern und Beamten, ansonsten pfändbar.		BGH NJW-RR 2008, 496 BGH MDR 2010, 1081 BGH NJW-RR 2010, 474
	§ 850 b Abs. 1 Nr. 2 ZPO	Generell unpfändbar, es sei denn, die Ausnahmen nach § 850 b Abs. 2 ZPO liegen vor.		
Beschränkte persönliche Dienstbarkeit	§§ 857 Abs. 3, 829 Abs. 3 ZPO §§ 1090, 1092, 1093 BGB	Nur pfändbar, wenn die Ausübung der Dienstbarkeit und damit des Wohnrechts durch einen anderen aufgrund Einigung zwischen Eigentümer und Berechtigtem gestattet ist.		*Diepold/Hintzen*, Muster 60 *Stöber*, Forderungspfändung, Rn 1515 ff
Bestattungsbedarf	§ 811 Abs. 1 Nr. 5 ZPO	Pfändbar, wenn es sich um Gegenstände des Herstellers in seinen Räumen handelt. **Ausnahme:** Nicht pfändbar, sofern es sich bei betriebswirtschaftlicher Betrachtungsweise um notwendige Hilfsmittel zur Fortführung eines Erwerbsgeschäfts handelt, bei dem die persönliche Arbeitsleistung des Schuldners	Theoretisch möglich, weil auch schon beschriftete Grabsteine wiederverwendbar sind.	OLG Köln DGVZ 1992, 116 = OLGZ 1993, 113 (zur Wiederverwertbarkeit)

Tabelle pfändbarer Gegenstände

Gegenstand	Gesetzliche Grundlage	Pfändbarkeit	Austauschpfändung, §§ 811a, 811b ZPO	Entscheidungen/Literatur
	§ 811 Abs. 2 ZPO	selbst überwiegt (kleiner Einzelhandel). In den Fällen des § 811 Abs. 1 Nr. 1, 4, 5–7 ZPO stets pfändbar, wenn Verkäufer wegen durch Eigentumsvorbehalt gesicherter Kaufpreisforderung vollstreckt.		
	§§ 811 Abs. 1 Nr. 13, 809 ZPO	Unpfändbar, soweit sie zur unmittelbaren Verwendung für die Bestattung bestimmt sind (zB Sarg, Leichenhemd), sowie aus Pietätsgründen auch die Gegenstände, die bereits auf dem Friedhof lagern. Ein Grabstein dient nicht unmittelbar der Bestattung.		OLG Köln DGVZ 1992, 116 = OLGZ 1993, 113 (zum Vollstreckungsschutz gem. § 765a ZPO) BGH Rpfleger 2006, 208 = NJW-RR 2006, 570 (auch kein § 765a ZPO gegenüber dem Steinmetz)
Betäubungsmittel	§ 811 Abs. 1 Nr. 9 ZPO	Nicht pfändbar, weil sie nur auf ärztliche Anordnung abgegeben werden dürfen und mit Zustimmung des Bundesgesundheitsamtes zu verwerten sind.		
Betriebliche Altersvorsorge	§ 2 Abs. 2 S. 4 BetrAVG	Die Versorgungsanwartschaften des ausgeschiedenen Arbeitnehmers in Höhe der vom Arbeitgeber erbrachten Leistungen sind unpfändbar. Eine laufende Betriebsrente ist wie Arbeitseinkommen pfändbar.		OLG Köln OLGR 2003, 54 LG Konstanz Rpfleger 2008, 87 LG Stuttgart JurBüro 2010, 155
Bett	§ 811 Abs. 1 Nr. 1 ZPO § 812 ZPO	Nicht pfändbar, wenn es sich um eine Sache des persönlichen und häuslichen Gebrauchs handelt, oder nicht verwertbar ist.	Zulässig bei neuwertigem und hochwertigem Bett.	
	§ 811 Abs. 2 ZPO	In den Fällen des § 811 Abs. 1 Nr. 1, 4, 5–7 ZPO stets pfändbar, wenn Verkäufer wegen durch Eigentumsvorbehalt gesicherter		

Tabelle pfändbarer Gegenstände B

Gegenstand	Gesetzliche Grundlage	Pfändbarkeit	Austauschpfändung, §§ 811a, 811b ZPO	Entscheidungen/Literatur
		Kaufpreisforderung vollstreckt.		
Bezugsberechtigung, unwiderrufliche	§ 857 ZPO	In der Lebensversicherung eines Dritten: pfändbar.		LG Koblenz JurBüro 2006, 548 LG Münster JurBüro 1997, 662
Betriebsrenten	§§ 829, 850 ff ZPO	Laufende Betriebsrenten sind wie Arbeitseinkommen pfändbar.		
Bibel	§ 811 Abs. 1 Nr. 10 ZPO	Nicht pfändbar, weil die Zweckbestimmung entgegensteht; auch nicht bei sehr wertvoller Ausstattung.		AG Bremen DGVZ 1984, 157
Binnenschiff	§§ 808, 809, 811 Abs. 1 Nr. 1, 5 ZPO	Pfändbar (zB Boot, Faltboot, Ruderboot, Wassermotorrad), sofern es sich nicht um ein Binnenschiff handelt, welches im Schifffahrtsregister eingetragen ist.		
	§§ 864, 870 a ZPO §§ 1, 3, 8, 24 f, 77 SchiffsRG §§ 162 ff ZVG §§ 78 Abs. 6, 84, 153 Abs. 2, 4 GVGA	Schiffe, die im Schiffsregister vermerkt sind, werden wie eine unbewegliche Sache behandelt (Schiffshypothek, Zwangsversteigerung).		
Blankoscheck (s. auch Scheck)	§ 831 ZPO § 123 GVGA	Pfändbar durch den GVZ, den Überweisungsbeschluss erlässt das Vollstreckungsgericht, der Gläubiger nimmt das Ausfüllrecht wahr.		
Blankowechsel (s. auch Wechsel)	§ 831 ZPO § 123 GVGA	Pfändbar durch den GVZ, den Überweisungsbeschluss erlässt das Vollstreckungsgericht, der Gläubiger nimmt das Ausfüllrecht wahr.		LG Darmstadt DGVZ 1990, 157
Bodenprodukte	§ 865 Abs. 2 ZPO §§ 94 Abs. 1, 99 BGB	Grundsätzlich nicht pfändbar, weil sie als mit dem Boden zusammenhängende Erzeugnisse wesentlicher Bestandteil des Grundstücks sind (§ 94 Abs. 1 BGB) und als solche dem		

Gegenstand	Gesetzliche Grundlage	Pfändbarkeit	Austauschpfändung, §§ 811a, 811b ZPO	Entscheidungen/Literatur
	§§ 808, 809, 811 Abs. 1 Nr. 4 ZPO §§ 97, 98 Nr. 2 BGB	Hypothekenhaftungsverband (§§ 1120 ff BGB) unterliegen; die Vollstreckung erfolgt im Wege der Zwangsversteigerung oder Zwangsverwaltung. **Ausnahme 1: Vom Boden getrennte Erzeugnisse** Pfändbar nur, sofern sie nicht Zubehör geworden sind, also nicht zur Fortführung der Wirtschaft oder zum Lebensunterhalt des Schuldners, seiner Familie und seiner Arbeitnehmer benötigt werden. Zum Verkauf bereitgestellte Erzeugnisse sind kein Zubehör mehr.		RGZ 143, 33, 39 LG Kleve DGVZ 1980, 38
	§ 810 ZPO § 865 Abs. 2 ZPO § 811 Abs. 1 Nr. 2–4 ZPO §§ 97, 98 Nr. 2 BGB	**Ausnahme 2: Vom Boden noch nicht getrennte Früchte** Pfändbar nur, wenn die Beschlagnahme im Wege der Immobiliarvollstreckung noch nicht wirksam erfolgt ist und sie bei Trennung nicht Zubehör werden, wenn sie also nicht zur Fortführung der Wirtschaft oder zum Lebensunterhalt des Schuldners, seiner Familie und seiner Arbeitnehmer benötigt werden.		RG DNotZ 1933, 441 OLG Celle MDR 1962, 139 AG Oldenburg DGVZ 1988, 79 (Obstplantage)
	§ 811 Abs. 2 ZPO	In den Fällen des § 811 Abs. 1 Nr. 1, 4, 5–7 ZPO stets pfändbar, wenn Verkäufer wegen durch Eigentumsvorbehalt gesicherter Kaufpreisforderung vollstreckt.		
Briefmarken (s. Bargeld; s. Geld)	§§ 808 Abs. 2, 815 Abs. 1 ZPO	Grundsätzlich pfändbar, weil sie als noch nicht benutzte Marken inländischen Wertzeichen gleichstehen und in Geld umgewechselt werden können.		
Briefmarkensammlung	§§ 808, 809, 811 Abs. 1 Nr. 1 ZPO	Pfändbar. Bei wertvollen Sammlungen ist ein Sach-		

Tabelle pfändbarer Gegenstände B

Gegenstand	Gesetzliche Grundlage	Pfändbarkeit	Austauschpfändung, §§ 811a, 811b ZPO	Entscheidungen/Literatur
	§ 811 Abs. 2 ZPO	verständiger hinzuzuziehen, § 813 Abs. 1 ZPO. **Ausnahme:** Bei Pfändung im Gewerbebetrieb des Schuldners ist § 811 Abs. 1 Nr. 5 ZPO zu beachten. In den Fällen des § 811 Abs. 1 Nr. 1, 4, 5–7 ZPO stets pfändbar, wenn Verkäufer wegen durch Eigentumsvorbehalt gesicherter Kaufpreisforderung vollstreckt.		
Brieftaube (s. auch Tiere)	§ 811 Abs. 1 Nr. 1, 5 ZPO § 811 c Abs. 1 ZPO	Unpfändbar, weil regelmäßig von räumlicher Nähe (häuslicher Bereich) auszugehen ist und bei privatem Erwerbszweck § 811 Abs. 1 Nr. 5 ZPO entgegensteht. **Ausnahme:** Bei hohem Wert der Tiere durch Beschluss des Vollstreckungsgerichts, § 811 c Abs. 2 ZPO.	Pfändbar, wenn Härtefall (§ 811 c Abs. 2 ZPO) vorliegt.	
Brille	§ 811 Abs. 1 Nr. 12 ZPO	Unpfändbar als notwendiges krankheitsbedingtes Hilfsmittel.	Auch bei sehr wertvollem Brillengestell nicht möglich, weil § 811 a ZPO nur für § 811 Nr. 1, 5 und 6 ZPO gilt und insoweit abschließend ist.	AA zur abschließenden Regelung von § 811 a ZPO: OLG Köln Rpfleger 1985, 57 (zum Pkw eines Schwerbehinderten)
Bruchteilsgemeinschaft, Anspruch auf Aufhebung	§§ 857, 829 ZPO §§ 741 f, 1008 BGB § 180 ZVG	Pfändbar – nicht allein, aber zusammen mit dem künftigen Anspruch auf eine den Anteilen entsprechende Teilung und Auskehrung des Versteigerungserlöses. § 1365 BGB findet insoweit keine Anwendung.		BGH NJW 2006, 849 BGH MDR 2010, 894 (Verfügung des Schuldners) BGH FamRZ 2006, 856
Btx-Gerät (s. auch Computer)	§§ 808, 809, 811 Abs. 1 Nr. 1 ZPO § 811 Abs. 1 Nr. 5 ZPO	Pfändbar, da regelmäßig nicht notwendiger Haushaltsgegenstand. **Ausnahme:** Zur Fortsetzung eines Erwerbsbetriebes notwendig.	Zulässig bei einem Haushaltsgegenstand	

954 *Bendtsen*

Gegenstand	Gesetzliche Grundlage	Pfändbarkeit	Austausch-pfändung, §§ 811a, 811b ZPO	Entscheidungen/Literatur
			oder Erwerbsgegenstand nach § 811 Abs. 1 Nr. 1 und 5 ZPO; abhängig vom Wert.	
	§ 811 Abs. 2 ZPO	In den Fällen des § 811 Abs. 1 Nr. 1, 4, 5–7 ZPO stets pfändbar, wenn Verkäufer wegen durch Eigentumsvorbehalt gesicherter Kaufpreisforderung vollstreckt.		
	§ 865 Abs. 2 ZPO	Als Grundstückszubehör im Eigentum des Grundstückseigentümers unpfändbar.		
Buch	§§ 808, 809 ZPO	Pfändbar.		AG Gelsenkirchen DGVZ 1962, 157
	§ 811 Abs. 1 Nr. 5, 7 und 10 ZPO	**Ausnahme:** Kirchliche oder schulische Bücher, Bücher zum Dienstgebrauch.		
	§ 811 Abs. 1 Nr. 5 ZPO	Nicht pfändbar, sofern es sich bei betriebswirtschaftlicher Betrachtungsweise um notwendige Hilfsmittel zur Fortführung eines Erwerbsgeschäfts handelt, bei dem die persönliche Arbeitsleistung des Schuldners selbst überwiegt (kleiner Einzelhandel). Beachte zudem § 113 UrhG bei der Zwangsvollstreckung gegen den Urheber in das Original.		LG Düsseldorf MDR 1964, 63 (Leihbücherei)
	§ 811 Abs. 2 ZPO	In den Fällen des § 811 Abs. 1 Nr. 1, 4, 5–7 ZPO stets pfändbar, wenn Verkäufer wegen durch Eigentumsvorbehalt gesicherter Kaufpreisforderung vollstreckt.		
Bügelmaschine	§§ 808, 809, 811 Abs. 1 Nr. 1 ZPO	Pfändbar, da regelmäßig nicht notwendiger Haushaltsgegenstand.		AG Elmshorn DGVZ 1985, 191
	§ 811 Abs. 1 Nr. 5 ZPO	**Ausnahme:** Nicht pfändbar, sofern es sich bei betriebswirtschaftlicher Betrachtungsweise um not-	Zulässig bei einem Haushalts- oder Er-	

Tabelle pfändbarer Gegenstände B

Gegenstand	Gesetzliche Grundlage	Pfändbarkeit	Austauschpfändung, §§ 811a, 811b ZPO	Entscheidungen/Literatur
		wendige Hilfsmittel zur Fortführung eines Erwerbsgeschäfts handelt, bei dem die persönliche Arbeitsleistung des Schuldners selbst überwiegt.	werbsgegenstand.	
	§ 811 Abs. 2 ZPO	In den Fällen des § 811 Abs. 1 Nr. 1, 4, 5–7 ZPO stets pfändbar, wenn Verkäufer wegen durch Eigentumsvorbehalt gesicherter Kaufpreisforderung vollstreckt.		
	§ 865 Abs. 2 ZPO	Als Grundstückszubehör im Eigentum des Grundstückseigentümers unpfändbar.		
Büromaschinen (*s. auch* Anrufbeantworter; *s. auch* Computer; *s. auch* Fax-Gerät; *s. auch* Fotokopiergerät)	§§ 808, 809 ZPO	Pfändbar.		LG Mannheim MDR 1977, 49
	§ 811 Abs. 1 Nr. 5 ZPO	**Ausnahme:** Nicht pfändbar, sofern es sich bei betriebswirtschaftlicher Betrachtungsweise um notwendige Hilfsmittel zur Fortführung eines Erwerbsgeschäfts handelt, bei dem die persönliche Arbeitsleistung des Schuldners selbst überwiegt.	Zulässig, abhängig vom Wert.	
	§ 811 Abs. 2 ZPO	In den Fällen des § 811 Abs. 1 Nr. 1, 4, 5–7 ZPO stets pfändbar, wenn Verkäufer wegen durch Eigentumsvorbehalt gesicherter Kaufpreisforderung vollstreckt.		
	§ 865 Abs. 2 ZPO	Unpfändbar als Grundstückszubehör im Eigentum des Grundstückseigentümers.		
Büromöbel	§§ 808, 809 ZPO	Pfändbar.		LG Mannheim MDR 1977, 49 AG München DGVZ 1995, 11
	§ 811 Abs. 1 Nr. 5 ZPO	**Ausnahme:** Nicht pfändbar, sofern es sich bei be-	Zulässig, abhängig vom Wert.	

Gegenstand	Gesetzliche Grundlage	Pfändbarkeit	Austausch-pfändung, §§ 811a, 811b ZPO	Entscheidungen/Literatur
	§ 811 Abs. 2 ZPO	triebswirtschaftlicher Betrachtungsweise um notwendige Hilfsmittel zur Fortführung eines Erwerbsgeschäfts handelt, bei dem die persönliche Arbeitsleistung des Schuldners selbst überwiegt. In den Fällen des § 811 Abs. 1 Nr. 1, 4, 5–7 ZPO stets pfändbar, wenn Verkäufer wegen durch Eigentumsvorbehalt gesicherter Kaufpreisforderung vollstreckt.		
	§ 865 Abs. 2 ZPO	Unpfändbar als Grundstückszubehör im Eigentum des Grundstückseigentümers.		
Bundesobligationen	§§ 857, 829 ZPO DepotG	Als sammelverwahrte Wertpapiere Pfändung des Auslieferungsanspruchs des Hinterlegers gegen das Kreditinstitut und des Miteigentumsanteils des Schuldners als Hinterleger an den im Sammeldepot verwahrten Papieren durch das Vollstreckungsgericht.		BGH Rpfleger 2000, 420 (zur Pfändung im Depot verwahrter Wertpapiere)
	§ 106 GVGA	Der GVZ kann Beweisurkunden beim Schuldner im Wege der **Hilfspfändung** wegnehmen.		
Bundesschatzbriefe	§§ 857, 829 ZPO DepotG	Als sammelverwahrte Wertpapiere Pfändung des Auslieferungsanspruchs des Hinterlegers gegen das Kreditinstitut und des Miteigentumsanteils des Schuldners als Hinterleger an den im Sammeldepot verwahrten Papieren durch das Vollstreckungsgericht.		BGH Rpfleger 2000, 420 (zur Pfändung im Depot verwahrter Wertpapiere)
	§ 106 GVGA	Der GVZ kann Nachweisurkunden beim Schuldner im Wege der **Hilfspfändung** wegnehmen.		

Tabelle pfändbarer Gegenstände B

Gegenstand	Gesetzliche Grundlage	Pfändbarkeit	Austauschpfändung, §§ 811a, 811b ZPO	Entscheidungen/Literatur
Bundeswertpapiere	§§ 857, 829 ZPO	**1. Verwaltung bei der Bundeswertpapierverwaltung** Pfändung der Einzelschuldbuchforderung und Eintragung in das Bundesschuldbuch bei der Bundesrepublik Deutschland Finanzagentur GmbH in Frankfurt/Main. Verwertung gem. §§ 857, 844 ZPO zB durch Verkauf. **2. Verwaltung bei depotführenden Kreditinstituten** Als sammelverwahrte Wertpapiere Pfändung des Auslieferungsanspruchs des Hinterlegers gegen das Kreditinstitut und des Miteigentumsanteils des Schuldners als Hinterleger an den im Sammeldepot verwahrten Papieren durch das Vollstreckungsgericht.		BGH Rpfleger 2000, 420 (zur Pfändung im Depot verwahrter Wertpapiere)
	§ 106 GVGA	Der GVZ kann Nachweisurkunden beim Schuldner im Wege der **Hilfspfändung** wegnehmen.		
Bungalow	§§ 808, 809 ZPO	Pfändbar, wenn es sich um einen nicht wesentlichen Bestandteil des Grundstücks handelt. **Ausnahmen:**		OLG Zweibrücken Rpfleger 1976, 328 = DGVZ 1976, 172 LG Hagen DGVZ 1978, 11 BGH NJW 1988, 2789 (Blockhaus)
	§ 811 Abs. 1 Nr. 1 ZPO	Er dient dem Schuldner auf Dauer zu Wohnzwecken.		
	§ 865 Abs. 2 ZPO	Es handelt sich um einen wesentlichen Bestandteil des Grundstücks; dann nur Immobiliarvollstreckung.		

C

Gegenstand	Gesetzliche Grundlage	Pfändbarkeit	Austauschpfändung, §§ 811a, 811b ZPO	Entscheidungen/Literatur
Campingausrüstung	§§ 808, 809, 811 Abs. 1 Nr. 1 ZPO	Pfändbar, soweit sie zur Freizeitnutzung dient.		
Campingwagen	§§ 808, 809 ZPO	Pfändbar, soweit er zur Freizeitnutzung dient.		
	§ 811 Abs. 1 Nr. 1 ZPO	Unpfändbar, wenn er zu dauernden Wohnzwecken genutzt wird.	Zulässig, abhängig von Wert und Ausstattung.	
	§ 811 Abs. 2 ZPO	In den Fällen des § 811 Abs. 1 Nr. 1, 4, 5–7 ZPO stets pfändbar, wenn Verkäufer wegen durch Eigentumsvorbehalt gesicherter Kaufpreisforderung vollstreckt.		
Caravan	§§ 808, 809 ZPO	Pfändbar, soweit er zur Freizeitnutzung dient.		
	§ 811 Abs. 1 Nr. 1 Hs 2 ZPO	Unpfändbar, wenn er zu dauernden Wohnzwecken genutzt wird.	Zulässig, abhängig von Wert und Ausstattung.	
	§ 811 Abs. 1 Nr. 5 ZPO	Nicht pfändbar, sofern es sich bei betriebswirtschaftlicher Betrachtungsweise um ein notwendiges Hilfsmittel zur Fortführung eines Erwerbsgeschäfts handelt, bei dem die persönliche Arbeitsleistung des Schuldners selbst überwiegt.	Zulässig, abhängig von Wert und Ausstattung.	
	§ 811 Abs. 2 ZPO	In den Fällen des § 811 Abs. 1 Nr. 1, 4, 5–7 ZPO stets pfändbar, wenn Verkäufer wegen durch Eigentumsvorbehalt gesicherter Kaufpreisforderung vollstreckt.		
Cassettendeck	§§ 808, 809, 811 Abs. 1 Nr. 1 ZPO	Pfändbar, wenn daneben ein Fernseher vorhanden.		VGH Baden-Württemberg NJW 1995, 2804 = DGVZ 1995, 150 = JurBüro 1995, 664
	§ 811 Abs. 2 ZPO	In den Fällen des § 811 Abs. 1 Nr. 1, 4, 5–7 ZPO stets pfändbar, wenn Verkäufer wegen durch Eigentumsvorbehalt gesicherter		

Tabelle pfändbarer Gegenstände   C

Gegenstand	Gesetzliche Grundlage	Pfändbarkeit	Austauschpfändung, §§ 811a, 811b ZPO	Entscheidungen/Literatur
		Kaufpreisforderung vollstreckt.		
CB-Funkgerät	§§ 808, 809, 811 Abs. 1 Nr. 5 ZPO	Pfändbar, soweit es sich nicht bei betriebswirtschaftlicher Betrachtungsweise um ein notwendiges Hilfsmittel zur Fortführung eines Berufs oder Erwerbsgeschäfts handelt, bei dem die persönliche Arbeitsleistung des Schuldners überwiegt (zB selbstfahrender Frachtführer).		
	§ 811 Abs. 2 ZPO	In den Fällen des § 811 Abs. 1 Nr. 1, 4, 5–7 ZPO stets pfändbar, wenn Verkäufer wegen durch Eigentumsvorbehalt gesicherter Kaufpreisforderung vollstreckt.		
CD's	§§ 808, 809, 811 Abs. 1 Nr. 1 ZPO	Pfändbar.		OVG Sachsen-Anhalt, Beschl. v. 29.4.2009 – 3 M 175/09 (Licht- und Tontechnik einer mobilen Diskothek)
	§ 811 Abs. 1 Nr. 5 ZPO	Nicht pfändbar, sofern es sich bei betriebswirtschaftlicher Betrachtungsweise um ein notwendiges Hilfsmittel zur Fortführung des Berufs oder eines Erwerbsgeschäfts handelt, bei dem die persönliche Arbeitsleistung des Schuldners überwiegt (zB Discjockey, Musiker).		
	§ 811 Abs. 2 ZPO	In den Fällen des § 811 Abs. 1 Nr. 1, 4, 5–7 ZPO stets pfändbar, wenn Verkäufer wegen durch Eigentumsvorbehalt gesicherter Kaufpreisforderung vollstreckt.		
CD-Player	§§ 808, 809, 811 Abs. 1 Nr. 1 ZPO	Pfändbar, wenn daneben Fernseher vorhanden.		VGH Mannheim NJW 1995, 2804 = DGVZ 1995, 150 = JurBüro 1995, 664 OVG Sachsen-Anhalt, Beschl. v. 29.4.2009 – 3 M 175/09 (Licht- und Tontechnik einer mobilen Diskothek)
	§ 811 Abs. 1 Nr. 5 ZPO	Nicht pfändbar, sofern es sich bei betriebswirt-	Zulässig, abhängig von Wert	

Gegenstand	Gesetzliche Grundlage	Pfändbarkeit	Austausch-pfändung, §§ 811a, 811b ZPO	Entscheidungen/Literatur
		schaftlicher Betrachtungsweise um ein notwendiges Hilfsmittel zur Fortführung eines Berufs oder eines Erwerbsgeschäfts handelt, bei dem die persönliche Arbeitsleistung des Schuldners überwiegt (zB Discjockey, Musiker).	und Ausstattung.	
	§ 811 Abs. 2 ZPO	In den Fällen des § 811 Abs. 1 Nr. 1, 4, 5–7 ZPO stets pfändbar, wenn Verkäufer wegen durch Eigentumsvorbehalt gesicherter Kaufpreisforderung vollstreckt.		
CD-ROM	§§ 808, 809, 811 Abs. 1 Nr. 1 ZPO	Pfändbar.		
	§ 811 Abs. 1 Nr. 5 ZPO	Nicht pfändbar, sofern es sich bei betriebswirtschaftlicher Betrachtungsweise um ein notwendiges Hilfsmittel zur Fortführung des Berufs oder eines Erwerbsgeschäfts handelt, bei dem die persönliche Arbeitsleistung des Schuldners überwiegt.		
	§ 811 Abs. 2 ZPO	In den Fällen des § 811 Abs. 1 Nr. 1, 4, 5–7 ZPO stets pfändbar, wenn Verkäufer wegen durch Eigentumsvorbehalt gesicherter Kaufpreisforderung vollstreckt.		
		Beachte: Urheberrechtliche Schutzbestimmungen für Software.		Hk-ZV/*Krone*, Schwerpunktbeitrag „ZV in IT-Güter", Rn 10 ff
Comic-Hefte	§§ 808 Abs. 2, 809, 811 Abs. 1 Nr. 1 ZPO	Pfändbar; lohnenswert jedoch nur bei Sammlerstücken.		
Computer (Hardware)	§§ 808, 809, 811 Abs. 1 Nr. 1 ZPO	Pfändbar, soweit Nutzung nur zum Privatgebrauch.		OLG Hamburg DGVZ 1984, 57 (pfändbar bei KG)
	§ 811 Abs. 1 Nr. 5 ZPO	Nicht pfändbar, sofern es sich bei betriebswirtschaftlicher Betrachtungsweise – auch im Hinblick auf Brancheneigenart und Konkurrenz – um notwendige Hilfsmittel zur Fort-	Zulässig, abhängig von Wert und Ausstattung.	AG Heidelberg DGVZ 1989, 15 (Examensvorbereitung und Dissertation – abzulehnen) LG Hildesheim DGVZ 1990, 30 (unpfändbar für Bauzeichnungen etc.)

Tabelle pfändbarer Gegenstände C

Gegenstand	Gesetzliche Grundlage	Pfändbarkeit	Austauschpfändung, §§ 811a, 811b ZPO	Entscheidungen/Literatur
	§ 811 Abs. 2 ZPO	führung eines Berufs oder eines Erwerbsgeschäfts handelt, bei dem die persönliche Arbeitsleistung des Schuldners überwiegt. In den Fällen des § 811 Abs. 1 Nr. 1, 4, 5–7 ZPO stets pfändbar, wenn Verkäufer wegen durch Eigentumsvorbehalt gesicherter Kaufpreisforderung vollstreckt. Beachte: Urheberrechtliche Schutzbestimmungen für Software.		LG Frankfurt DGVZ 1990, 58 (pfändbar Buchführungscomputer bei Architekt) AG Steinfurt DGVZ 1990, 62 (pfändbar Buchhaltungscomputer einer GmbH) AG Bersenbrück DGVZ 1990, 78 (unpfändbar bei Versicherungskaufmann) AG Düsseldorf DGVZ 1991, 175 (pfändbar bei Reisebüro-GmbH) LG Koblenz JurBüro 1992, 264 (Versicherungsagent) LG Frankfurt DGVZ 1994, 28 (pfändbar, soweit der verbliebene Teil der Anlage ausreicht – Anwaltskanzlei) LG Heilbronn DGVZ 1994, 55 = Rpfleger 1994, 370 (unpfändbar nebst Drucker bei elektrotechnischem Planungsbüro) AG Essen DGVZ 1998, 94 (unpfändbar bei Betriebswirtschafts-Student) LG Bad Kreuznach DGVZ 2000, 140 (abgemeldetes Gewerbe) LG Wuppertal StrVert 2002, 432 (pfändbar) AG Kiel JurBüro 2004, 334 (pfändbar bei Jura-Student) vgl auch *Roy/Palm*, NJW 1995, 690
Computer (Software beim Nutzungsberechtigten)	§§ 808, 809 ZPO (Datenträger); ggf § 857 ZPO (Nutzungsrechte gesondert) § 811 Abs. 1 Nr. 5 ZPO	Pfändbar, soweit Nutzung nur zum Privatgebrauch. Nicht pfändbar, sofern es sich bei betriebswirtschaftlicher Betrachtungsweise – auch im Hinblick auf Brancheneigenart und Konkurrenz – um ein notwendiges Hilfsmittel zur Fortführung des Berufs oder eines Erwerbsge-	Zulässig, abhängig vom Wert; aber kaum durchführbar, weil das Ersatzstück selten einen höheren Erlös erbringen wird.	AG Offenbach NJW-RR 1989, 445 KG Rpfleger 1994, 309 = DGVZ 1994, 114 LG Landau CR 1996, 30 = DGVZ 1995, 87 BGH NJW 2000, 1415 (Software als Sache) vgl *Weimann*, DGVZ 1996, 1 f Hk-ZV/*Krone*, Schwerpunktbeitrag „ZV in IT-Güter", Rn 10 ff

Gegenstand	Gesetzliche Grundlage	Pfändbarkeit	Austauschpfändung, §§ 811a, 811b ZPO	Entscheidungen/Literatur
	§ 811 Abs. 2 ZPO	schäfts handelt, bei dem die persönliche Arbeitsleistung des Schuldners selbst überwiegt. In den Fällen des § 811 Abs. 1 Nr. 1, 4, 5–7 ZPO stets pfändbar, wenn Verkäufer wegen durch Eigentumsvorbehalt gesicherter Kaufpreisforderung vollstreckt. Beachte: Urheberrechtliche Schutzbestimmungen für Software (§§ 34, 90 UrhG).		
Computerspiele	§§ 808, 809 ZPO	Pfändbar, soweit die Verwertung nicht einen verhältnismäßig geringen Erlös bringen würde, § 812 ZPO. Beachte: Urheberrechtliche Schutzbestimmungen für Software (§§ 34, 90 UrhG).		Hk-ZV/*Krone*, Schwerpunktbeitrag „ZV in IT-Güter", Rn 10 ff

Tabelle pfändbarer Gegenstände D

Gegenstand	Gesetzliche Grundlage	Pfändbarkeit	Austauschpfändung, §§ 811a, 811b ZPO	Entscheidungen/Literatur
D				
Datenbank (s. auch Computer)	§§ 808, 809, 811 Abs. 1 Nr. 1 ZPO	Pfändbar, da regelmäßig nicht notwendiger Haushaltsgegenstand.		Hk-ZV/*Krone*, Schwerpunktbeitrag „ZV in IT-Güter", Rn 10 ff
	§ 811 Abs. 1 Nr. 5 ZPO	**Ausnahme:** Nicht pfändbar, sofern es sich bei betriebswirtschaftlicher Betrachtungsweise – auch im Hinblick auf Branchene igenart und Konkurrenz – um ein notwendiges Hilfsmittel zur Fortführung des Berufs oder eines Erwerbsgeschäfts handelt, bei dem die persönliche Arbeitsleistung des Schuldners selbst überwiegt.		
	§ 811 Abs. 2 ZPO	In den Fällen des § 811 Abs. 1 Nr. 1, 4, 5–7 ZPO stets pfändbar, wenn Verkäufer wegen durch Eigentumsvorbehalt gesicherter Kaufpreisforderung vollstreckt.		
		Beachte: Urheberrechtliche Schutzbestimmungen für Software (§§ 39, 40 UrhG).		
Dauerwohnrecht	§§ 857 Abs. 6, 830 ZPO	Pfändbar; wirksam mit Eintragung im Grundbuch. Verwertung erfolgt gem. §§ 857 Abs. 5, 844 ZPO.		*Diepold/Hintzen*, Muster 58 *Stöber*, Forderungspfändung, Rn 1525
	§ 33 Abs. 1 S. 1 WEG			
Depotschein	§§ 808, 809 ZPO	Unpfändbar, weil es sich lediglich um ein Nachweispapier über die Verwahrung von Wertpapieren handelt.		
	§ 106 GVGA	Er kann im Wege der **Hilfspfändung** durch den GVZ weggenommen werden.		
Dia-Projektor	§§ 808, 809, 811 Abs. 1 Nr. 1 ZPO	Pfändbar, da regelmäßig nicht notwendiger Haushaltsgegenstand.		
	§ 811 Abs. 1 Nr. 5 ZPO	**Ausnahme:** Nicht pfändbar, sofern es sich bei betriebswirtschaftlicher Betrachtungsweise um ein notwendiges Hilfsmittel zur Fortführung des Berufs	Zulässig bei einem Haushaltsgegenstand oder Erwerbsgegenstand nach § 811 Abs. 1	

Gegenstand	Gesetzliche Grundlage	Pfändbarkeit	Austauschpfändung, §§ 811a, 811b ZPO	Entscheidungen/Literatur
		oder eines Erwerbsgeschäfts handelt, bei dem die persönliche Arbeitsleistung des Schuldners selbst überwiegt (zB Fotoreporter).	Nr. 1 und 5 ZPO; abhängig vom Wert.	
	§ 811 Abs. 2 ZPO	In den Fällen des § 811 Abs. 1 Nr. 1, 4, 5–7 ZPO stets pfändbar, wenn Verkäufer wegen durch Eigentumsvorbehalt gesicherter Kaufpreisforderung vollstreckt.		
Dienstbarkeit s. Beschränkt persönliche Dienstbarkeit				
Dienstkleidung	§ 811 Abs. 1 Nr. 7 ZPO	Unpfändbar, sofern sie zur Ausübung des Berufs dienstlich angeordnet ist. Pfändbar, sofern sie freiwillig getragen wird.		AG Sinzig NJW-RR 1987, 508 (Zahnarzt) LG Aachen NZI 2006, 643 (Praxiseinrichtung eines Zahnarztes)
	§ 811 Abs. 2 ZPO	In den Fällen des § 811 Abs. 1 Nr. 1, 4, 5–7 ZPO stets pfändbar, wenn Verkäufer wegen durch Eigentumsvorbehalt gesicherter Kaufpreisforderung vollstreckt.		
Digitalkamera	§§ 808, 809, 811 Abs. 1 Nr. 1, 5 ZPO	Pfändbar, da regelmäßig nicht notwendiger Haushaltsgegenstand.	Zulässig, abhängig von Wert und Ausstattung.	
	§ 811 Abs. 1 Nr. 5 ZPO	**Ausnahme:** Nicht pfändbar, sofern es sich bei betriebswirtschaftlicher Betrachtungsweise um ein notwendiges Hilfsmittel zur Fortführung des Berufs oder eines Erwerbsgeschäfts handelt, bei dem die persönliche Arbeitsleistung des Schuldners selbst überwiegt (zB Fotoreporter).		
	§ 811 Abs. 2 ZPO	In den Fällen des § 811 Abs. 1 Nr. 1, 4, 5–7 ZPO stets pfändbar, wenn Verkäufer wegen durch Eigentumsvorbehalt gesicherter		

Bendtsen

Tabelle pfändbarer Gegenstände   D

Gegenstand	Gesetzliche Grundlage	Pfändbarkeit	Austauschpfändung, §§ 811a, 811b ZPO	Entscheidungen/Literatur
		Kaufpreisforderung vollstreckt.		
Diktiergerät (s. auch Tonbandgerät)	§§ 808, 809, 811 Abs. 1 Nr. 1 ZPO	Pfändbar, da regelmäßig nicht notwendiger Haushaltsgegenstand.		LG Berlin DGVZ 1961, 122 LG Berlin DGVZ 1965, 71 LG Mannheim MDR 1966, 516
	§ 811 Abs. 1 Nr. 5 ZPO	**Ausnahmen:** Nicht pfändbar, sofern es sich bei betriebswirtschaftlicher Betrachtungsweise um ein notwendiges Hilfsmittel zur Fortführung des Berufs oder eines Erwerbsgeschäfts handelt, bei dem die persönliche Arbeitsleistung des Schuldners selbst überwiegt.	Zulässig bei einem Haushaltsgegenstand oder Erwerbsgegenstand nach § 811 Abs. 1 Nr. 1 und 5 ZPO; abhängig vom Wert.	
	§ 811 Abs. 1 Nr. 7 ZPO	Nicht pfändbar, soweit zur Ausübung des Berufs als Beamter, Geistlicher, Anwalt, Notar, Arzt oder Hebamme erforderlich.		
	§ 811 Abs. 2 ZPO	In den Fällen des § 811 Abs. 1 Nr. 1, 4, 5–7 ZPO stets pfändbar, wenn Verkäufer wegen durch Eigentumsvorbehalt gesicherter Kaufpreisforderung vollstreckt.		
Dividende s. Gewinnanteil des Aktionärs				
Domain s. Internet-Domain				
Drehbank	§§ 808, 809 ZPO	Pfändbar als Haushaltsgegenstand.		LG Hanau DGVZ 1961, 122
	§ 811 Abs. 1 Nr. 5 ZPO	**Ausnahme:** Nicht pfändbar, sofern es sich bei betriebswirtschaftlicher Betrachtungsweise um ein notwendiges Hilfsmittel zur Fortführung des Berufs oder eines Erwerbsgeschäfts handelt, bei dem die persönliche Arbeitsleistung des Schuldners selbst überwiegt.	Zulässig, abhängig vom Wert.	

Gegenstand	Gesetzliche Grundlage	Pfändbarkeit	Austauschpfändung, §§ 811a, 811b ZPO	Entscheidungen/Literatur
	§ 811 Abs. 2 ZPO	In den Fällen des § 811 Abs. 1 Nr. 1, 4, 5–7 ZPO stets pfändbar, wenn Verkäufer wegen durch Eigentumsvorbehalt gesicherter Kaufpreisforderung vollstreckt.		
Drucker (s. auch Computer)	§§ 808, 809, 811 Abs. 1 Nr. 1 ZPO	Pfändbar (als Hardware zur Computeranlage), da regelmäßig nicht notwendiger Haushaltsgegenstand.		AG Bersenbrück DGVZ 1990, 78 (komplette PC-Anlage) LG Heilbronn Rpfleger 1994, 370 = DGVZ 1994, 55 = NJW-RR 1995, 255
	§ 811 Abs. 1 Nr. 5 ZPO	**Ausnahme:** Nicht pfändbar, sofern es sich bei betriebswirtschaftlicher Betrachtungsweise um ein notwendiges Hilfsmittel zur Fortführung des Berufs oder eines Erwerbsgeschäfts handelt, bei dem die persönliche Arbeitsleistung des Schuldners selbst überwiegt.	Zulässig, abhängig vom Wert.	
	§ 811 Abs. 2 ZPO	In den Fällen des § 811 Abs. 1 Nr. 1, 4, 5–7 ZPO stets pfändbar, wenn Verkäufer wegen durch Eigentumsvorbehalt gesicherter Kaufpreisforderung vollstreckt.		
DVD	§§ 808, 809, 811 Abs. 1 Nr. 1 ZPO	Pfändbar.		Hk-ZV/*Krone*, Schwerpunktbeitrag „ZV in IT-Güter", Rn 10 ff
	§ 811 Abs. 1 Nr. 5 ZPO	Nicht pfändbar, sofern es sich bei betriebswirtschaftlicher Betrachtungsweise um ein notwendiges Hilfsmittel zur Fortführung des Berufs oder eines Erwerbsgeschäfts handelt, bei dem die persönliche Arbeitsleistung des Schuldners überwiegt.		LG Augsburg DGVZ 1989, 138 = NJW-RR 1989, 1536 zur entspr. Videothek
	§ 811 Abs. 2 ZPO	In den Fällen des § 811 Abs. 1 Nr. 1, 4, 5–7 ZPO stets pfändbar, wenn Verkäufer wegen durch Eigentumsvorbehalt gesicherter Kaufpreisforderung vollstreckt.		

Tabelle pfändbarer Gegenstände

Gegenstand	Gesetzliche Grundlage	Pfändbarkeit	Austauschpfändung, §§ 811a, 811b ZPO	Entscheidungen/Literatur
		Beachte: Urheberrechtliche Schutzbestimmungen für Software.		

E

E

Gegenstand	Gesetzliche Grundlage	Pfändbarkeit	Austauschpfändung, §§ 811a, 811b ZPO	Entscheidungen/Literatur
EC-Karte	§§ 808, 835, 836 Abs. 3 ZPO § 106 GVGA	Unpfändbar; auch nicht im Wege der Hilfspfändung pfändbar.		BGH Rpfleger 2003, 308 (keine Urkunde gem. § 836 Abs. 3 ZPO)
Edelmetall	§§ 808 Abs. 2, 809 ZPO § 81 Abs. 2, 89 Abs. 2 GVGA	Pfändbar; grds. durch Wegnahme. Verwertung ggf nach Schätzung durch Sachverständigen, § 813 Abs. 1 S. 2 ZPO; nicht unter dem Edelmetallwert, § 817 a Abs. 3 ZPO.		
Edelsteine	§§ 808 Abs. 2, 809 ZPO § 81 Abs. 2, 89 Abs. 2 GVGA	Pfändbar; grds. durch Wegnahme. Verwertung ggf nach Schätzung durch Sachverständigen, § 813 Abs. 1 S. 2 ZPO.		AG München DGVZ 1989, 31
EDV-Anlage s. Computer (Hardware)				
EDV-Programm s. Computer (Software)				
Ehrenzeichen	§ 811 Abs. 1 Nr. 11 ZPO	Nicht pfändbar ist das Original, soweit es von einem in- oder ausländischen Staat dem Schuldner verliehen worden und in dessen Besitz oder bestimmungsgemäß in der Familie verblieben ist. Pfändbar hingegen sind private Auszeichnungen wie Vereinsabzeichen, Pokale, Sammlerstücke etc.	Nicht zulässig.	
Eigengeld s. Strafgefangener				
Einbauküchen	§§ 811 Abs. 1 Nr. 1, 812 ZPO § 865 ZPO §§ 93, 94, 95, 97 BGB	Nicht pfändbar als Hausratsgegenstand. Zudem nicht pfändbar, soweit es sich um einen wesentlichen Bestandteil eines Grundstücks oder um Grundstückszubehör im Ei-	Zulässig nur im Rahmen des § 811 Abs. 1 Nr. 1 ZPO.	Zur Frage, ob wesentlicher Bestandteil oder Zubehör: OLG Karlsruhe NJW-RR 1986, 19 = ZMR 1987, 265 (nein) OLG Karlsruhe Rpfleger 1988, 542 = NJW-RR 1988, 459 (nein)

Tabelle pfändbarer Gegenstände E

Gegenstand	Gesetzliche Grundlage	Pfändbarkeit	Austauschpfändung, §§ 811a, 811b ZPO	Entscheidungen/Literatur
	§ 811 Abs. 2 ZPO	gentum des Grundstückseigentümers handelt. In den Fällen des § 811 Abs. 1 Nr. 1, 4, 5–7 ZPO stets pfändbar, wenn Verkäufer wegen durch Eigentumsvorbehalt gesicherter Kaufpreisforderung vollstreckt.		OLG Frankfurt ZMR 1988, 136 (nein)
				OLG Hamm NJW-RR 1989, 333
				OLG Celle NJW-RR 1989, 913
				BGH NJW-RR 1990, 586 (Norddeutschland)
				BGH Rpfleger 1990, 218 = MDR 1990, 613
				KG BauR 1991, 484
				OLG Koblenz ZMR 1993, 66 (nein)
				OLG Köln NJW-RR 1993, 861
				OLG Zweibrücken Rpfleger 1993, 169
				OLG Düsseldorf Rpfleger 1994, 374
				OLG Saarbrücken VersR 1996, 97 (nein)
				LG Berlin NJW-RR 1997, 1097 (Zubehör in Norddeutschland)
				OLG Hamm FamRZ 1998, 1028 (nein in Westfalen)
				LG Hagen Rpfleger 1999, 341 (Zubehör)
				OLG Stuttgart FamRZ 1999, 855 (ja bzw Zubehör bei selbstgenutzter Wohnung)
				AG Nördlingen JurBüro 2002, 211 (nein, soweit nicht angepasst oder raumteilend)
				AG Göttingen NJW-RR 2002, 1722 (grds. nein)
				OLG Nürnberg FamRZ 2003, 156
				BGH NJW 2009, 1078 (vom Mieter eingebaute Küche)
				AG Bad Neuenahr-Ahrweiler DGVZ 2004, 159 (zu § 811 Abs. 2 ZPO)
				vgl auch *Holch*, DGVZ 1998, 65 f

Gegenstand	Gesetzliche Grundlage	Pfändbarkeit	Austauschpfändung, §§ 811a, 811b ZPO	Entscheidungen/Literatur
Einbaumöbel	§§ 811 Abs. 1 Nr. 1, 812 ZPO	Nicht pfändbar als Hausratsgegenstand.	Zulässig im Rahmen des § 811 Abs. 1 Nr. 1 ZPO.	Zur Frage, ob wesentlicher Bestandteil oder Zubehör: BFH NJW 1977, 648
	§ 865 ZPO §§ 93, 94, 95, 97 BGB	Zudem nicht pfändbar, soweit es sich um einen wesentlichen Bestandteil eines Grundstücks oder um Grundstückszubehör im Eigentum des Grundstückseigentümers handelt.		OLG Schleswig NJW-RR 1988, 1459 OLG Düsseldorf OLGZ 1988, 115 OLG Köln NJW-RR 1991, 1081
	§ 811 Abs. 2 ZPO	In den Fällen des § 811 Abs. 1 Nr. 1, 4, 5–7 ZPO stets pfändbar, wenn Verkäufer wegen durch Eigentumsvorbehalt gesicherter Kaufpreisforderung vollstreckt.		FG Köln EFG 2003, 1645 AG Aschaffenburg DGVZ 1998, 158 (fest installierte Sauna ist Zubehör)
Einrichtungsgegenstände	§§ 811 Abs. 1 Nr. 1, 812 ZPO	Pfändbar.		AG Itzehoe DGVZ 1998, 63
Eisenbahn	Gesetz betreffend die Unzulässigkeit der Pfändung von Eisenbahnfahrbetriebsmitteln v. 3.5.1886 idF v. 5.10.1994 (BGBl. I S. 2911, 2917)	Nicht pfändbar sind Fahrbetriebsmittel der Eisenbahnen, welche Personen oder Güter im öffentlichen Verkehr befördern, von der ersten Einstellung in den Betrieb bis zur endgültigen Ausscheidung aus den Beständen.		
Elektro-Bike	§§ 808, 809, 811 Abs. 1 Nr. 1 ZPO	Pfändbar, sofern es nur privat genutzt wird, da nicht notwendiger Haushaltsgegenstand.		
	§ 811 Abs. 1 Nr. 5 ZPO	**Ausnahme:** Nicht pfändbar, sofern es sich bei betriebswirtschaftlicher Betrachtungsweise um ein notwendiges Hilfsmittel zur Fortführung des Berufs oder eines Erwerbsgeschäfts handelt, bei dem die persönliche Arbeitsleistung des Schuldners überwiegt.	Zulässig, abhängig von Wert und Ausstattung.	
	§ 811 Abs. 2 ZPO	In den Fällen des § 811 Abs. 1 Nr. 1, 4, 5–7 ZPO stets pfändbar, wenn Verkäufer wegen durch Eigentumsvorbehalt gesicherter Kaufpreisforderung vollstreckt.		

Tabelle pfändbarer Gegenstände E

Gegenstand	Gesetzliche Grundlage	Pfändbarkeit	Austauschpfändung, §§ 811a, 811b ZPO	Entscheidungen/Literatur
Elektro-Grill	§§ 808, 809, 811 Abs. 1 Nr. 1 ZPO	Pfändbar, da regelmäßig nicht notwendiger Haushaltsgegenstand.		
	§ 811 Abs. 1 Nr. 5 ZPO	**Ausnahme:** Nicht pfändbar, sofern es sich bei betriebswirtschaftlicher Betrachtungsweise um ein notwendiges Hilfsmittel zur Fortführung des Berufs oder eines Erwerbsgeschäfts handelt, bei dem die persönliche Arbeitsleistung des Schuldners überwiegt (zB Imbissbude).	Zulässig bei einem Haushalts- oder Erwerbsgegenstand.	
	§ 811 Abs. 2 ZPO	In den Fällen des § 811 Abs. 1 Nr. 1, 4, 5–7 ZPO stets pfändbar, wenn Verkäufer wegen durch Eigentumsvorbehalt gesicherter Kaufpreisforderung vollstreckt.		
	§ 865 Abs. 2 ZPO	Als Grundstückszubehör im Eigentum des Grundstückseigentümers unpfändbar.		
Elterngeld	§§ 1 ff BEEG § 54 Abs. 3 Nr. 1 SGB I	Unpfändbar bis zur Höhe der nach § 10 BEEG anrechnungsfreien Beträge; ansonsten pfändbar wie Arbeitseinkommen.		*Röder*, Zwangsvollstreckung von Elterngeld im zivilrechtlichen und verwaltungsrechtlichen Verfahren, KKZ 2009, 4
Entlassungsgeld eines Wehrpflichtigen	§§ 829, 850 i ZPO	Pfändbar.		AG Krefeld MDR 1979, 853 LG Detmold KKZ 2001, 163
Erdbeeren		**1. Vom Boden getrennte Erzeugnisse**		
	§§ 808, 809, 811 Abs. 1 Nr. 4 ZPO §§ 97, 98 Nr. 2, 99 BGB	Pfändbar nur, sofern sie nicht Zubehör geworden sind, also nicht zur Fortführung der Wirtschaft oder zum Lebensunterhalt des Schuldners, seiner Familie und seiner Arbeitnehmer benötigt werden.		RG DNotZ 1933, 441 OLG Celle MDR 1962, 139 AG Oldenburg DGVZ 1988, 79 (Obstplantage)
		Zum Verkauf bereitgestellte Erzeugnisse sind kein Zubehör mehr.		RGZ 143, 33, 39 LG Kleve DGVZ 1980, 38
	§ 811 Abs. 2 ZPO	In den Fällen des § 811 Abs. 1 Nr. 1, 4, 5–7 ZPO stets pfändbar, wenn Verkäufer wegen durch Eigen-		

Gegenstand	Gesetzliche Grundlage	Pfändbarkeit	Austausch-pfändung, §§ 811a, 811b ZPO	Entscheidungen/Literatur
		tumsvorbehalt gesicherter Kaufpreisforderung vollstreckt.		
	§ 810 ZPO § 865 Abs. 2 ZPO § 811 Abs. 1 Nr. 2–4 ZPO §§ 97, 98 Nr. 2, 99 BGB	**2. Vom Boden noch nicht getrennte Erzeugnisse** Pfändbar nur, wenn die Beschlagnahme im Wege der Immobiliarvollstreckung noch nicht wirksam erfolgt ist und sie bei Trennung nicht Zubehör werden, wenn sie also nicht zur Fortführung der Wirtschaft oder zum Lebensunterhalt des Schuldners, seiner Familie und seiner Arbeitnehmer benötigt werden.		
Erneuerungsschein (Talon)	§ 808 ZPO	Unpfändbar, da es sich lediglich um ein Legitimationspapier zum Bezug von Zins- oder Gewinnanteilscheinen handelt; gepfändet wird nur das Wertpapier, zu dem es gehört.		
	§ 106 GVGA	Er kann jedoch im Wege der **Hilfspfändung** durch den GVZ weggenommen werden.		
Ertragsschein	§§ 808, 809, 821 ZPO	Pfändbar; Wegnahme durch den GVZ. Er verbrieft Teilhaberrechte.		
	§ 106 GVGA	Anteilscheine an einer GmbH sind als bloße Beweisurkunden nur der **Hilfspfändung** zugänglich.		RGZ 53, 109
Erwerbsgegenstände s. Arbeitsgegenstände s. auch einzelne Gegenstände				
Espressoautomat	§§ 808, 809, 811 Abs. 1 Nr. 1 ZPO	Pfändbar, da regelmäßig nicht notwendiger Haushaltsgegenstand.		
	§ 811 Abs. 1 Nr. 5 ZPO	**Ausnahme:** Nicht pfändbar, sofern es sich bei betriebswirtschaftlicher Betrachtungsweise um ein	Zulässig bei einem Haushalts- oder Er-	

Tabelle pfändbarer Gegenstände E

Gegenstand	Gesetzliche Grundlage	Pfändbarkeit	Austausch-pfändung, §§ 811a, 811b ZPO	Entscheidungen/Literatur
		notwendiges Hilfsmittel zur Fortführung des Berufs oder eines Erwerbsgeschäfts handelt, bei dem die persönliche Arbeitsleistung des Schuldners überwiegt.	werbsgegenstand.	
	§ 811 Abs. 2 ZPO	In den Fällen des § 811 Abs. 1 Nr. 1, 4, 5–7 ZPO stets pfändbar, wenn Verkäufer wegen durch Eigentumsvorbehalt gesicherter Kaufpreisforderung vollstreckt.		
	§ 865 Abs. 2 ZPO	Als Grundstückszubehör im Eigentum des Grundstückseigentümers unpfändbar.		
Eurocheque	§§ 808, 809, 835, 836 Abs. 3 ZPO § 106 GVGA	Unpfändbar, auch nicht im Wege der Sachpfändung oder der **Hilfspfändung** pfändbar.		BGH Rpfleger 2003, 308 (keine Urkunde gem. § 836 Abs. 3 ZPO)
Eurocheque-Karte s. EC-Karte				

F

Gegenstand	Gesetzliche Grundlage	Pfändbarkeit	Austauschpfändung, §§ 811a, 811b ZPO	Entscheidungen/Literatur
Fach- und Lehrbuch	§§ 808, 809, 811 Abs. 1 Nr. 5, 10 ZPO	Unpfändbar, weil regelmäßig zur Fortsetzung des Berufs notwendig, oder als schulische bzw kirchliche Bücher.		
	§ 811 Abs. 2 ZPO	In den Fällen des § 811 Abs. 1 Nr. 1, 4, 5–7 ZPO stets pfändbar, wenn Verkäufer wegen durch Eigentumsvorbehalt gesicherter Kaufpreisforderung vollstreckt.		
Fahrgeschäfte	§§ 808, 809 ZPO	Pfändbar.	Dürfte regelmäßig nicht in Betracht kommen.	AG Hannover DGVZ 1975, 15
	§ 811 Abs. 1 Nr. 5 ZPO	**Ausnahme:** Nicht pfändbar, sofern es sich bei betriebswirtschaftlicher Betrachtungsweise um ein notwendiges Hilfsmittel zur Fortführung des Berufs oder eines Erwerbsgeschäfts handelt, bei dem die persönliche Arbeitsleistung des Schuldners überwiegt.		
	§ 811 Abs. 2 ZPO	In den Fällen des § 811 Abs. 1 Nr. 1, 4, 5–7 ZPO stets pfändbar, wenn Verkäufer wegen durch Eigentumsvorbehalt gesicherter Kaufpreisforderung vollstreckt.		
	§ 865 Abs. 2 ZPO	Fahrgeschäfte, die ständig an demselben Platz stehen, sind wesentliche Bestandteile oder Zubehör und unterliegen somit der Immobiliarvollstreckung.		
Fahrrad	§§ 808, 809, 811 Abs. 1 Nr. 1 ZPO	Pfändbar, sofern es nur privat genutzt wird, da nicht notwendiger Haushaltsgegenstand.		OLG Braunschweig NJW 1952, 751 Wilhelmshaven DGVZ 1959, 188
	§ 811 Abs. 1 Nr. 5 ZPO	**Ausnahme:** Nicht pfändbar, sofern es sich bei betriebswirtschaftlicher Betrachtungsweise um ein notwendiges Hilfsmittel	Zulässig, abhängig von Wert und Ausstattung.	

Tabelle pfändbarer Gegenstände F

Gegenstand	Gesetzliche Grundlage	Pfändbarkeit	Austauschpfändung, §§ 811a, 811b ZPO	Entscheidungen/Literatur
		zur Fortführung des Berufs oder eines Erwerbsgeschäfts handelt, bei dem die persönliche Arbeitsleistung des Schuldners überwiegt.		
	§ 811 Abs. 2 ZPO	In den Fällen des § 811 Abs. 1 Nr. 1, 4, 5–7 ZPO stets pfändbar, wenn Verkäufer wegen durch Eigentumsvorbehalt gesicherter Kaufpreisforderung vollstreckt.		
Fahrzeug s. Kraftfahrzeug; s. Lkw				
Faxgerät	§§ 808, 809, 811 Abs. 1 Nr. 1 ZPO	Pfändbar, da regelmäßig nicht notwendiger Haushaltsgegenstand.		FG Saarland DGVZ 1995, 171
	§ 811 Abs. 1 Nr. 5 ZPO	**Ausnahme:** Nicht pfändbar, sofern es sich bei betriebswirtschaftlicher Betrachtungsweise um ein notwendiges Hilfsmittel zur Fortführung des Berufs oder eines Erwerbsgeschäfts handelt, bei dem die persönliche Arbeitsleistung des Schuldners überwiegt.	Zulässig, abhängig von Wert und Ausstattung, insbesondere bei kombinierten Geräten mit Telefon, Anrufbeantworter.	
	§ 811 Abs. 2 ZPO	In den Fällen des § 811 Abs. 1 Nr. 1, 4, 5–7 ZPO stets pfändbar, wenn Verkäufer wegen durch Eigentumsvorbehalt gesicherter Kaufpreisforderung vollstreckt.		
Federwaage	§ 811 Abs. 1 Nr. 1 ZPO	Pfändbar.		AG Schweinfurt JurBüro 1977, 1287
Fernglas	§§ 808, 809, 811 Abs. 1 Nr. 1 ZPO	Pfändbar, sofern es ausschließlich privat genutzt wird.		
	§ 811 Abs. 1 Nr. 5 ZPO	**Ausnahme:** Nicht pfändbar, sofern es sich bei betriebswirtschaftlicher Betrachtungsweise um ein notwendiges Hilfsmittel zur Fortführung des Berufs oder eines Erwerbsge	Zulässig, abhängig von Wert und Ausstattung.	

Tabelle pfändbarer Gegenstände

Gegenstand	Gesetzliche Grundlage	Pfändbarkeit	Austauschpfändung, §§ 811a, 811b ZPO	Entscheidungen/Literatur
		schäfts handelt, bei dem die persönliche Arbeitsleistung des Schuldners selbst überwiegt (Förster, Wachmann).		
	§ 811 Abs. 2 ZPO	In den Fällen des § 811 Abs. 1 Nr. 1, 4, 5–7 ZPO stets pfändbar, wenn Verkäufer wegen durch Eigentumsvorbehalt gesicherter Kaufpreisforderung vollstreckt.		
Fernsehgerät	§§ 808, 809, 811 Abs. 1 Nr. 1 ZPO	Als einziges Gerät unpfändbar, da notwendiger Haushaltsgegenstand, auch als Farbfernsehgerät.	Zulässig, zB neues, hochwertiges Gerät oder Großbildschirmgerät gegen kleines gebrauchtes Gerät.	OLG Frankfurt NJW 1970, 152
				LG Fürth DGVZ 1977, 171 = NJW 1978, 113
				LG Gießen NJW 1979, 769
				LG Lübeck DGVZ 1985, 153
	§ 811 Abs. 1 Nr. 5 ZPO	Pfändbar die bei einem Radiohändler zum Verkauf angebotenen Geräte, es sei denn, die persönliche Arbeitsleistung des Schuldners würde überwiegen.	OLG Frankfurt NJW 1970, 152	OLG Stuttgart MDR 1986, 767 = JurBüro 1987, 460
			OLG Köln DGVZ 1982, 62	LG Bremen DGVZ 1987, 186 (pfändbar)
			LG Bochum DGVZ 1983, 12 = JurBüro 1983, 301	LG Aachen DGVZ 1988, 154 (pfändbar)
	§ 811 Abs. 2 ZPO	In den Fällen des § 811 Abs. 1 Nr. 1, 4, 5–7 ZPO stets pfändbar, wenn Verkäufer wegen durch Eigentumsvorbehalt gesicherter Kaufpreisforderung vollstreckt.	LG Berlin DGVZ 1991, 91 (bei einem Schätzwert von 500 DM)	LG Itzehoe DGVZ 1988, 120 (pfändbar)
				BFH NJW 1990, 1871 = DGVZ 1990, 118 = JurBüro 1990, 1358
			LG Wuppertal KKZ 2009, 41	LG Hannover DGVZ 1990, 60
				LG Wiesbaden DGVZ 1992, 75 (bei einem Arzt)
				LG Augsburg DGVZ 1993, 55
				OLG Frankfurt DGVZ 1994, 43
				AG Wiesbaden DGVZ 1997, 59 (pfändbar, wenn Radiogerät vorhanden)
				AG Essen DGVZ 1998, 94
				LG Gera DGVZ 2001, 9 (pfändbar; Schuldner hat noch ein Rundfunkgerät oder ein anderes tontechnisches Informationsmittel)

Tabelle pfändbarer Gegenstände F

Gegenstand	Gesetzliche Grundlage	Pfändbarkeit	Austausch-pfändung, §§ 811a, 811b ZPO	Entscheidungen/Literatur
Fertiggarage	§ 865 ZPO §§ 94, 96 BGB	Unpfändbar, weil regelmäßig aus Beton erstellt, in jedem Falle mit dem Boden fest verbunden und damit wesentlicher Bestandteil; unterliegt daher der Immobiliarvollstreckung.		AG Lichtenberg DGVZ 2007, 173 (unpfändbar) = FoVo 2008, 127 BFH NJW 1979, 392 OLG Düsseldorf BauR 1982, 165
Fertighaus	§§ 808, 811 Abs. 1 Nr. 1 Hs 2 ZPO	Pfändbar, sofern es nur Scheinbestandteil des Grundstücks ist. Unpfändbar, wenn es zwar nur Scheinbestandteil des Grundstücks ist, aber zu Wohnzwecken benötigt wird.		LG Bochum DGVZ 1988, 156
	§ 865 ZPO §§ 94, 95, 96 BGB	Unpfändbar, wenn es mit dem Grundstück des Schuldners auf Dauer fest verbunden ist.		
	§ 811 Abs. 2 ZPO	In den Fällen des § 811 Abs. 1 Nr. 1, 4, 5–7 ZPO stets pfändbar, wenn Verkäufer wegen durch Eigentumsvorbehalt gesicherter Kaufpreisforderung vollstreckt.		
Feuerwaffen	§§ 808, 809 ZPO	Pfändbar, soweit nicht gem. §§ 2, 40 WaffG Erwerb und Veräußerung verboten sind.		
	§ 811 Abs. 1 Nr. 7 ZPO	**Ausnahme:** Dienstausrüstungsgegenstand, der beruflich genutzt wird, oder Kriegswaffen.		
	§ 811 Abs. 2 ZPO	In den Fällen des § 811 Abs. 1 Nr. 1, 4, 5–7 ZPO stets pfändbar, wenn Verkäufer wegen durch Eigentumsvorbehalt gesicherter Kaufpreisforderung vollstreckt.		
Filmausrüstung (zB Stativ, Objektive, Filme, Leinwand, Projektor)	§§ 808, 809, 811 Abs. 1 Nr. 1 ZPO	Pfändbar, da regelmäßig nicht notwendiger Haushaltsgegenstand.		

Gegenstand	Gesetzliche Grundlage	Pfändbarkeit	Austauschpfändung, §§ 811a, 811b ZPO	Entscheidungen/Literatur
	§ 811 Abs. 1 Nr. 5 ZPO	**Ausnahme:** Nicht pfändbar, sofern es sich bei betriebswirtschaftlicher Betrachtungsweise um ein notwendiges Hilfsmittel zur Fortführung des Berufs oder eines Erwerbsgeschäfts handelt, bei dem die persönliche Arbeitsleistung des Schuldners selbst überwiegt (zB Fotograf, Reporter).	Zulässig, abhängig von Wert und Ausstattung, insbesondere zusammen mit der Kamera.	
	§ 811 Abs. 2 ZPO	In den Fällen des § 811 Abs. 1 Nr. 1, 4, 5–7 ZPO stets pfändbar, wenn Verkäufer wegen durch Eigentumsvorbehalt gesicherter Kaufpreisforderung vollstreckt.		
Filme	§§ 808, 809, 811 Abs. 1 Nr. 1 ZPO	Unpfändbar, sofern die Filme mit persönlichen Aufnahmen versehen sind.	Nicht zulässig bei persönlichen Aufnahmen.	
	§ 811 Abs. 1 Nr. 5 ZPO	Nicht pfändbar, sofern es sich bei betriebswirtschaftlicher Betrachtungsweise um ein notwendiges Hilfsmittel zur Fortführung des Berufs oder eines Erwerbsgeschäfts handelt, bei dem die persönliche Arbeitsleistung des Schuldners selbst überwiegt.	Wirtschaftlich kaum sinnvoll.	
Filmkamera	§§ 808, 809, 811 Abs. 1 Nr. 1 ZPO	Pfändbar, da regelmäßig nicht notwendiger Haushaltsgegenstand.		
	§ 811 Abs. 1 Nr. 5 ZPO	**Ausnahme:** Nicht pfändbar, sofern es sich bei betriebswirtschaftlicher Betrachtungsweise um ein notwendiges Hilfsmittel zur Fortführung des Berufs oder eines Erwerbsgeschäfts handelt, bei dem die persönliche Arbeitsleistung des Schuldners selbst überwiegt.	Zulässig, abhängig von Wert und Ausstattung, insbesondere zusammen mit Zubehörausrüstung.	
	§ 811 Abs. 2 ZPO	In den Fällen des § 811 Abs. 1 Nr. 1, 4, 5–7 ZPO stets pfändbar, wenn Verkäufer wegen durch Eigen-		

Tabelle pfändbarer Gegenstände

Gegenstand	Gesetzliche Grundlage	Pfändbarkeit	Austauschpfändung, §§ 811a, 811b ZPO	Entscheidungen/Literatur
		tumsvorbehalt gesicherter Kaufpreisforderung vollstreckt.		
Filmprojektor	§§ 808, 809, 811 Abs. 1 Nr. 1 ZPO	Pfändbar, da regelmäßig nicht notwendiger Haushaltsgegenstand.		
	§ 811 Abs. 1 Nr. 5 ZPO	**Ausnahme:** Nicht pfändbar, sofern es sich bei betriebswirtschaftlicher Betrachtungsweise um ein notwendiges Hilfsmittel zur Fortführung des Berufs oder eines Erwerbsgeschäfts handelt, bei dem die persönliche Arbeitsleistung des Schuldners selbst überwiegt.	Zulässig, abhängig von Wert und Ausstattung, insbesondere zusammen mit der gesamten Fotoausrüstung.	
	§ 811 Abs. 2 ZPO	In den Fällen des § 811 Abs. 1 Nr. 1, 4, 5–7 ZPO stets pfändbar, wenn Verkäufer wegen durch Eigentumsvorbehalt gesicherter Kaufpreisforderung vollstreckt.		
Finanzierungsschätze	§§ 829, 836 Abs. 3 ZPO	Unpfändbar im Wege der Sachpfändung, weil sammelverwahrte Bundeswertpapiere. Pfändung der Wertpapiere erfolgt nach § 829 ZPO durch das Vollstreckungsgericht.		
	§ 106 GVGA	Der GVZ kann Nachweisurkunden im Wege der **Hilfspfändung** wegnehmen.		
Fitnessgeräte	§§ 808, 809, 811 Abs. 1 Nr. 1 ZPO	Pfändbar, sofern sie ausschließlich privat genutzt werden, da regelmäßig nicht notwendiger Haushaltsgegenstand.		
	§ 811 Abs. 1 Nr. 5 ZPO	**Ausnahme:** Nicht pfändbar, sofern es sich bei betriebswirtschaftlicher Betrachtungsweise um ein notwendiges Hilfsmittel zur Fortführung des Berufs oder eines Erwerbsgeschäfts handelt, bei dem die persönliche Arbeitsleistung des Schuldners selbst überwiegt.	Zulässig, abhängig von Wert und Ausstattung.	

Gegenstand	Gesetzliche Grundlage	Pfändbarkeit	Austausch-pfändung, §§ 811a, 811b ZPO	Entscheidungen/Literatur
	§ 811 Abs. 1 Nr. 12 ZPO	Als Hilfsmittel für Behinderte unpfändbar.		
	§ 811 Abs. 2 ZPO	In den Fällen des § 811 Abs. 1 Nr. 1, 4, 5–7 ZPO stets pfändbar, wenn Verkäufer wegen durch Eigentumsvorbehalt gesicherter Kaufpreisforderung vollstreckt.		
Flugticket	§§ 808, 829 ZPO	Unpfändbar im Wege der Sachpfändung.		LG Frankfurt DGVZ 1990, 169
	§ 836 Abs. 3 ZPO § 106 GVGA	Die Wegnahme erfolgt nach der Pfändung des Anspruchs gegen die Fluggesellschaft im Wege der **Hilfspfändung**. Der GVZ kann das Ticket vorsorglich wegnehmen.		
Flugzeug s. Luftfahrzeuge				
Fotoausrüstung	§§ 808, 809, 811 Abs. 1 Nr. 1 ZPO	Pfändbar, da regelmäßig nicht notwendiger Haushaltsgegenstand.		
	§ 811 Abs. 1 Nr. 5 ZPO	**Ausnahme:** Nicht pfändbar, sofern es sich bei betriebswirtschaftlicher Betrachtungsweise um ein notwendiges Hilfsmittel zur Fortführung des Berufs oder eines Erwerbsgeschäfts handelt, bei dem die persönliche Arbeitsleistung des Schuldners selbst überwiegt.	Zulässig, abhängig von Wert und Ausstattung.	
	§ 811 Abs. 2 ZPO	In den Fällen des § 811 Abs. 1 Nr. 1, 4, 5–7 ZPO stets pfändbar, wenn Verkäufer wegen durch Eigentumsvorbehalt gesicherter Kaufpreisforderung vollstreckt.		
Fotokopiergerät	§§ 808, 809, 811 Abs. 1 Nr. 1 ZPO	Pfändbar, sofern es nur privat genutzt wird, da nicht notwendiger Haushaltsgegenstand.		LG Berlin DGVZ 1985, 142 (bei einem Rechtsanwalt) LG Frankfurt DGVZ 1990, 59 (unpfändbar bei einem Architekt)
	§ 811 Abs. 1 Nr. 5 ZPO	Unpfändbar, sofern es sich bei betriebswirtschaftlicher Betrachtungsweise um ein notwendiges Hilfs-	Zulässig.	FG Köln EFG 1991, 301 (bei einem Steuerberater)

Tabelle pfändbarer Gegenstände F

Gegenstand	Gesetzliche Grundlage	Pfändbarkeit	Austauschpfändung, §§ 811a, 811b ZPO	Entscheidungen/Literatur
		mittel zur Fortführung des Berufs oder eines Erwerbsgeschäfts handelt, bei dem die persönliche Arbeitsleistung des Schuldners selbst überwiegt.		
	§ 811 Abs. 2 ZPO	In den Fällen des § 811 Abs. 1 Nr. 1, 4, 5–7 ZPO stets pfändbar, wenn Verkäufer wegen durch Eigentumsvorbehalt gesicherter Kaufpreisforderung vollstreckt.		
	§ 865 Abs. 2 ZPO	Unpfändbar, wenn es sich um Grundstückszubehör des Betriebes handelt, das im Eigentum des Grundstückseigentümers steht.		
Früchte auf dem Halm	§ 810 ZPO § 865 Abs. 2 ZPO § 811 Abs. 1 Nr. 2–4 ZPO §§ 97, 98 Nr. 2 BGB	Pfändbar nur, wenn die Beschlagnahme im Wege der Immobiliarvollstreckung noch nicht wirksam erfolgt ist und sie bei Trennung nicht Zubehör werden, wenn sie also nicht zur Fortführung der Wirtschaft oder zum Lebensunterhalt des Schuldners, seiner Familie und seiner Arbeitnehmer benötigt werden.		OLG Celle MDR 1962, 139 AG Oldenburg DGVZ 1988, 79 (Obstplantage)
	§ 811 Abs. 2 ZPO	In den Fällen des § 811 Abs. 1 Nr. 1, 4, 5–7 ZPO stets pfändbar, wenn Verkäufer wegen durch Eigentumsvorbehalt gesicherter Kaufpreisforderung vollstreckt. **Vom Boden bereits getrennte Erzeugnisse:** Pfändbar nur, sofern sie nicht Zubehör geworden sind, also nicht zur Fortführung der Wirtschaft oder zum Lebensunterhalt des Schuldners, seiner Familie und seiner Arbeitnehmer benötigt werden. Zum Verkauf bereitgestellte Erzeugnisse sind kein Zubehör mehr.		RGZ 143, 33, 39 LG Kleve DGVZ 1980, 38

Tabelle pfändbarer Gegenstände

Gegenstand	Gesetzliche Grundlage	Pfändbarkeit	Austauschpfändung, §§ 811a, 811b ZPO	Entscheidungen/Literatur
	§ 811 Abs. 2 ZPO	In den Fällen des § 811 Abs. 1 Nr. 1, 4, 5–7 ZPO stets pfändbar, wenn Verkäufer wegen durch Eigentumsvorbehalt gesicherter Kaufpreisforderung vollstreckt.		
Funkgerät	§§ 808, 809, 811 Abs. 1 Nr. 1 ZPO	Pfändbar, sofern das Gerät ausschließlich privat genutzt wird (Hobbyfunker).		
	§ 811 Abs. 1 Nr. 5 ZPO	**Ausnahme:** Nicht pfändbar, sofern es sich bei betriebswirtschaftlicher Betrachtungsweise um ein notwendiges Hilfsmittel zur Fortführung des Berufs oder eines Erwerbsgeschäfts handelt, bei dem die persönliche Arbeitsleistung des Schuldners selbst überwiegt.	Zulässig, abhängig von Wert und Ausstattung.	
	§ 811 Abs. 2 ZPO	In den Fällen des § 811 Abs. 1 Nr. 1, 4, 5–7 ZPO stets pfändbar, wenn Verkäufer wegen durch Eigentumsvorbehalt gesicherter Kaufpreisforderung vollstreckt.		
Funktelefon	§§ 808, 809, 811 Abs. 1 Nr. 1 ZPO	Pfändbar, sofern es ausschließlich privat genutzt wird.		
	§ 811 Abs. 1 Nr. 5 ZPO	**Ausnahme:** Nicht pfändbar, sofern es sich bei betriebswirtschaftlicher Betrachtungsweise um ein notwendiges Hilfsmittel zur Fortführung des Berufs oder eines Erwerbsgeschäfts handelt, bei dem die persönliche Arbeitsleistung des Schuldners selbst überwiegt.	Zulässig, abhängig von Wert und Ausstattung.	
	§ 811 Abs. 2 ZPO	In den Fällen des § 811 Abs. 1 Nr. 1, 4, 5–7 ZPO stets pfändbar, wenn Verkäufer wegen durch Eigentumsvorbehalt gesicherter Kaufpreisforderung vollstreckt.		

Tabelle pfändbarer Gegenstände F

Gegenstand	Gesetzliche Grundlage	Pfändbarkeit	Austauschpfändung, §§ 811a, 811b ZPO	Entscheidungen/Literatur
Furnierschneidemaschine	§§ 808, 809 ZPO	Pfändbar als Haushaltsgegenstand, weil nicht notwendig.		LG Verden DGVZ 1973, 92
	§ 811 Abs. 1 Nr. 5 ZPO	**Ausnahme:** Unpfändbar, sofern es sich bei betriebswirtschaftlicher Betrachtungsweise um ein notwendiges Hilfsmittel zur Fortführung des Berufs oder eines Erwerbsgeschäfts handelt, bei dem die persönliche Arbeitsleistung des Schuldners selbst überwiegt.	Zulässig, abhängig von Wert und Ausstattung.	
	§ 811 Abs. 2 ZPO	In den Fällen des § 811 Abs. 1 Nr. 1, 4, 5–7 ZPO stets pfändbar, wenn Verkäufer wegen durch Eigentumsvorbehalt gesicherter Kaufpreisforderung vollstreckt.		
Futtersilo	§ 811 Abs. 1 Nr. 4 ZPO	Unpfändbar.	Nicht zulässig.	LG Hildesheim NdsRpfl 1971, 257
	§ 811 Abs. 2 ZPO	In den Fällen des § 811 Abs. 1 Nr. 1, 4, 5–7 ZPO stets pfändbar, wenn Verkäufer wegen durch Eigentumsvorbehalt gesicherter Kaufpreisforderung vollstreckt.		

G

Gegenstand	Gesetzliche Grundlage	Pfändbarkeit	Austauschpfändung, §§ 811a, 811b ZPO	Entscheidungen/Literatur
Garage (Fertiggarage, Tiefgarage)	§ 865 Abs. 2 ZPO §§ 93, 94 BGB	Unpfändbar, weil es sich, gleich aus welchem Material sie hergestellt ist, normalerweise um einen wesentlichen Bestandteil des Grundstücks handelt.		BFH NJW 1979, 392 (Fertiggarage) OLG Düsseldorf BauR 1982, 165 (Fertiggarage) BGH NJW 1982, 756 (Tiefgarage)
Gartengeräte	§ 811 Abs. 1 Nr. 1, 4, 5 ZPO	Unpfändbar, soweit sie zu den Haushaltsgegenständen oder bei in der Landwirtschaft tätigen Personen zu den zum Betrieb notwendigen Geräten gehören.	Nur zulässig im Rahmen von § 811 Abs. 1 Nr. 1, 5 ZPO.	LG Münster JMBl. NW 1953, 127
	§ 811 Abs. 2 ZPO	In den Fällen des § 811 Abs. 1 Nr. 1, 4, 5–7 ZPO stets pfändbar, wenn Verkäufer wegen durch Eigentumsvorbehalt gesicherter Kaufpreisforderung vollstreckt.		
	§ 865 ZPO § 98 Nr. 2 BGB	Unpfändbar, soweit es sich um Grundstückszubehör im Eigentum des Grundstückseigentümers handelt.		
Gartenhaus	§§ 808, 809, 811 Abs. 1 Nr. 1 ZPO	Unpfändbar, wenn es dem Schuldner zu ständigen Wohnzwecken dient.	Zulässig im Rahmen des § 811 Abs. 1 Nr. 1 ZPO.	OLG Hamm MDR 1951, 738 OLG Zweibrücken Rpfleger 1976, 328 = DGVZ 1976, 172
	§ 865 Abs. 2 ZPO	Pfändbar, wenn es sich weder um einen wesentlichen Bestandteil des Grundstücks (sondern um einen Scheinbestandteil), noch um Zubehör handelt; ansonsten wird es nur im Rahmen der Zwangsversteigerung verwertet.		
Gartenmöbel	§ 811 Abs. 1 Nr. 1 ZPO	Nicht pfändbar in angemessenem Umfang.	Zulässig, abhängig vom Wert.	
	§ 811 Abs. 2 ZPO	In den Fällen des § 811 Abs. 1 Nr. 1, 4, 5–7 ZPO stets pfändbar, wenn Verkäufer wegen durch Eigentumsvorbehalt gesicherter Kaufpreisforderung vollstreckt.		

Tabelle pfändbarer Gegenstände

Gegenstand	Gesetzliche Grundlage	Pfändbarkeit	Austauschpfändung, §§ 811a, 811b ZPO	Entscheidungen/Literatur
Gartenzwerg	§§ 808, 809, 811 Abs. 1 Nr. 1 ZPO	Pfändbar, weil zur bescheidenen Lebensführung nicht notwendig.		*Wieser*, Zur Pfändung von Gartenzwergen, NJW 1990, 1971 *Schmittmann*, Gartenzwerge vor Gericht – Tendenzen und Entwicklungen in der neueren Rechtsprechung, MDR 2000, 753
	§ 811 Abs. 1 Nr. 5 ZPO	Nicht pfändbar, sofern es sich bei betriebswirtschaftlicher Betrachtungsweise um ein notwendiges Hilfsmittel zur Fortführung eines Erwerbsgeschäfts handelt, bei dem die persönliche Arbeitsleistung des Schuldners selbst überwiegt (wohl selten).		
	§ 811 Abs. 2 ZPO	In den Fällen des § 811 Abs. 1 Nr. 1, 4, 5–7 ZPO stets pfändbar, wenn Verkäufer wegen durch Eigentumsvorbehalt gesicherter Kaufpreisforderung vollstreckt.		
	§ 865 Abs. 2 ZPO § 97 BGB	Unpfändbar, soweit er Zubehör des Grundstücks im Eigentum des Grundstückseigentümers sein sollte.		
Gebetbuch	§ 811 Abs. 1 Nr. 10 ZPO	Unpfändbar, soweit es zum Gebrauch in der Kirche oder zur häuslichen Andacht bestimmt ist, pfändbar als bloßes Kunstobjekt.	Unzulässig.	AG Bremen DGVZ 1984, 157
Gebetsteppich	§ 811 Abs. 1 Nr. 10 ZPO entsprechend	Unpfändbar (vgl Art. 4 Abs. 2 GG), soweit er zum Gebrauch in der Kirche oder zur häuslichen Andacht bestimmt ist. Pfändbar als bloßes Kunstobjekt.	Unzulässig.	AA AG Hannover DGVZ 1987, 31
Gebisse	§ 811 Abs. 1 Nr. 12 ZPO	Unpfändbar als notwendiges krankheitsbedingtes Hilfsmittel.	Unzulässig, weil nicht zu der enumerativen Aufzählung des § 811a ZPO gehörend.	

Gegenstand	Gesetzliche Grundlage	Pfändbarkeit	Austauschpfändung, §§ 811a, 811b ZPO	Entscheidungen/Literatur
Geflügelzuchtbetrieb	§§ 808, 809, 811 Abs. 1 Nr. 5 ZPO	Nicht pfändbar, sofern es sich bei betriebswirtschaftlicher Betrachtungsweise um ein notwendiges Hilfsmittel zur Fortführung eines Erwerbsgeschäfts handelt, bei dem die persönliche Arbeitsleistung des Schuldners selbst überwiegt.		LG Kassel DGVZ 1961, 124
Gefriertruhe	§§ 808, 809, 812 ZPO	Pfändbar, jedenfalls soweit der Schuldner noch einen Kühlschrank mit Tiefkühlfach besitzt.		LG Kiel DGVZ 1978, 115 AG Paderborn DGVZ 1979, 27 AG Itzehoe DGVZ 1984, 30
	§ 811 Abs. 1 Nr. 5 ZPO	**Ausnahme:** Nicht pfändbar, sofern es sich bei betriebswirtschaftlicher Betrachtungsweise um ein notwendiges Hilfsmittel zur Fortführung eines Erwerbsgeschäfts handelt, bei dem die persönliche Arbeitsleistung des Schuldners selbst überwiegt.	Zulässig, aber regelmäßig kein Verwertungserfolg zu erzielen.	
	§ 811 Abs. 2 ZPO	In den Fällen des § 811 Abs. 1 Nr. 1, 4, 5–7 ZPO stets pfändbar, wenn Verkäufer wegen durch Eigentumsvorbehalt gesicherter Kaufpreisforderung vollstreckt.		
Geld	§§ 808, 811 Abs. 1 Nr. 8, 811a Abs. 3 ZPO § 815 Abs. 1 ZPO § 821 ZPO	Pfändbar. **Ausnahmen:** Wenn hierauf § 811 Abs. 1 Nr. 8 ZPO (Pfändungsschutz für Arbeitseinkommen) oder § 54 SGB I (Sozialleistungsschutz) Anwendung findet.		LG Regensburg KKZ 1981, 50 OLG Köln NJW 1992, 50 = DGVZ 1991, 24
	§ 811a ZPO § 811 Abs. 1 Nr. 8 ZPO § 811 Abs. 1 Nr. 5 ZPO	Unpfändbar ferner als Ersatzleistung bei der Austauschpfändung oder als Wechselgeld, sofern es zur Fortsetzung des Erwerbsbetriebs benötigt wird.		LG Lübeck DGVZ 2002, 185

Tabelle pfändbarer Gegenstände G

Gegenstand	Gesetzliche Grundlage	Pfändbarkeit	Austauschpfändung, §§ 811a, 811b ZPO	Entscheidungen/Literatur
Gemälde	§§ 808 Abs. 2, 809, 811 Abs. 1 Nr. 1, 813 Abs. 1 S. 2 ZPO § 79 GVGA	Pfändbar. Beachte aber § 113 UrhG bei einer Zwangsvollstreckung gegen den Urheber in das Original. Vor der Verwertung ist ein Sachverständigengutachten einzuholen; eine andere Verwertungsweise, zB Auktionator, sollte geprüft werden.		
	§ 811 Abs. 2 ZPO	In den Fällen des § 811 Abs. 1 Nr. 1, 4, 5–7 ZPO stets pfändbar, wenn Verkäufer wegen durch Eigentumsvorbehalt gesicherter Kaufpreisforderung vollstreckt.		
Genossenschaft, eingetragene, Geschäftsanteil	§§ 829, 835 ZPO §§ 7 Nr. 1, 19, 73, 91 GenG	Pfändbar nicht der Anteil an sich, sondern die Ansprüche auf Auszahlung des Gewinns, auf das Auseinandersetzungsguthaben, auf Auszahlung des Anteils an der Ergebnisrücklage, auf den Anteil am Liquidationserlös.		BGH Rpfleger 2010, 95 *Diepold/Hintzen*, Muster 78 *Stöber*, Forderungspfändung, Rn 1631 ff Hk-ZV/*Koch*, Schwerpunktbeitrag „ZV in Gesellschaftsanteile", Rn 29 f
Genussschein	§§ 808 Abs. 2, 809, 821 ZPO	Pfändbar. Wegnahme durch den GVZ.		
Geschäftsbücher/-papiere	§ 811 Abs. 1 Nr. 11 ZPO	Nicht pfändbar.	Unzulässig.	KG OLGRsp 17, 194 (Kundenliste pfändbar) OLG Frankfurt MDR 1979, 316 (Kundenkartei unpfändbar) *Pump*, Die Vorlage von Geschäftsbüchern und anderen für die Vollstreckung bedeutsamen Unterlagen, StW 2003, 133
Geschäftseinrichtung	§§ 808, 809 ZPO	Pfändbar.		AG Plön JurBüro 2002, 607
	§ 811 Abs. 1 Nr. 5 ZPO	Nicht pfändbar, sofern es sich bei betriebswirtschaftlicher Betrachtungsweise um ein notwendiges	Zulässig, abhängig vom Wert.	LG Augsburg DGVZ 1997, 27 (Kfz-Abschlepp- und Reparaturfirma)

Gegenstand	Gesetzliche Grundlage	Pfändbarkeit	Austausch-pfändung, §§ 811a, 811b ZPO	Entscheidungen/Literatur
		Hilfsmittel zur Fortführung eines Erwerbsgeschäfts handelt, bei dem die persönliche Arbeitsleistung des Schuldners selbst überwiegt.		AG Saarlouis DGVZ 1997, 142 (Frisör) AG Gießen DGVZ 1998, 30 (Schmuckgeschäft) LG Lübeck DGVZ 2002, 185 (Textilien)
	§ 811 Abs. 2 ZPO	In den Fällen des § 811 Abs. 1 Nr. 1, 4, 5–7 ZPO stets pfändbar, wenn Verkäufer wegen durch Eigentumsvorbehalt gesicherter Kaufpreisforderung vollstreckt.		
Geschirrspüler	§§ 808, 809 ZPO	Pfändbar, da kein notwendiger Haushaltsgegenstand.		AG Heidelberg DGVZ 1981, 31
Getreide	§ 811 Abs. 1 Nr. 4 ZPO	Pfändbar, sofern sie bereits vom Boden getrennt sind und nicht zur Fortführung der Wirtschaft oder zum Lebensunterhalt des Schuldners, seiner Familie und seiner Arbeitnehmer benötigt werden.		RG DNotZ 1933, 441 OLG Celle MDR 1962, 139 LG Kleve DGVZ 1980, 38
	§§ 810, 865 Abs. 2 ZPO § 98 Nr. 2 BGB	Pfändbar, sofern sie noch nicht geerntet sind und die Beschlagnahme im Wege der Immobiliarvollstreckung noch nicht wirksam erfolgt ist.		
		Zum Verkauf bereitgestellte Erzeugnisse sind kein Zubehör mehr.		RGZ 143, 33, 39
	§ 811 Abs. 2 ZPO	In den Fällen des § 811 Abs. 1 Nr. 1, 4, 5–7 ZPO stets pfändbar, wenn Verkäufer wegen durch Eigentumsvorbehalt gesicherter Kaufpreisforderung vollstreckt.		
Gewächshaus	§§ 808, 809, 865 ZPO	Pfändbar, sofern es sich um einen nicht wesentlichen Bestandteil eines Grundstücks handelt, der nur zu einem vorübergehenden Zweck mit dem Grundstück verbunden ist.		
	§ 811 Abs. 1 Nr. 4 ZPO	Unpfändbar bei in der Landwirtschaft tätigen Personen, soweit es zur		

Tabelle pfändbarer Gegenstände G

Gegenstand	Gesetzliche Grundlage	Pfändbarkeit	Austauschpfändung, §§ 811a, 811b ZPO	Entscheidungen/Literatur
	§ 811 Abs. 2 ZPO	Fortführung des Betriebes erforderlich ist. In den Fällen des § 811 Abs. 1 Nr. 1, 4, 5–7 ZPO stets pfändbar, wenn Verkäufer wegen durch Eigentumsvorbehalt gesicherter Kaufpreisforderung vollstreckt.		
Gewehr	§§ 808, 809 ZPO §§ 66, 95 Abs. 1 GVGA	Pfändbar, soweit nicht gem. §§ 2, 40 WaffG oder dem Kriegswaffenkontrollgesetz Erwerb und Veräußerung verboten sind.		
	§ 811 Abs. 1 Nr. 7 ZPO § 7 WaffG	**Ausnahme:** Dienstausrüstungsgegenstand, der beruflich genutzt wird.		
	§ 811 Abs. 2 ZPO	In den Fällen des § 811 Abs. 1 Nr. 1, 4, 5–7 ZPO stets pfändbar, wenn Verkäufer wegen durch Eigentumsvorbehalt gesicherter Kaufpreisforderung vollstreckt.		
Gewinnanteil des Aktionärs (Dividende)	§ 58 Abs. 4 AktG § 829 ZPO	Pfändbar.		*Stöber*, Forderungspfändung, Rn 1605 Hk-ZV/*Koch*, Schwerpunktbeitrag „ZV in Gesellschaftsanteile", Rn 26
Gewinnanteilschein	§§ 808, 809, 821 ZPO	Pfändbar; Wegnahme durch den GVZ. Sie verbriefen Teilhaberrechte.		
	§ 836 Abs. 3 ZPO § 106 GVGA	Anteilscheine an einer GmbH sind als bloße Beweisurkunden nur der **Hilfspfändung** zugänglich.		RGZ 53, 109
Gewinnschein des Aktionärs (Dividendenschein)	§§ 808, 821 ZPO	Pfändbar; ist ein Wertpapier.		*Stöber*, Forderungspfändung, Rn 1606
GmbH	§§ 829, 857 ZPO §§ 14, 15, 29, 72 GmbHG	Der Geschäftsanteil ist pfändbar. Auch Einzelansprüche wie der auf den Gewinn oder das Auseinandersetzungsguthaben sind pfändbar.		*Diepold/Hintzen*, Muster 82 *Stöber*, Forderungspfändung, Rn 1611 ff Hk-ZV/*Koch*, Schwerpunktbeitrag „ZV in Gesellschaftsanteile", Rn 18 ff

Gegenstand	Gesetzliche Grundlage	Pfändbarkeit	Austauschpfändung, §§ 811a, 811b ZPO	Entscheidungen/Literatur
GmbH-Anteilschein	§ 836 Abs. 3 ZPO § 106 GVGA	Er ist als bloße Beweisurkunde nur der **Hilfspfändung** zugänglich.		RGZ 53, 109
Gold	§ 808 Abs. 2 ZPO §§ 81 Abs. 2, 89 Abs. 2 GVGA	Pfändbar; grds. durch Wegnahme. Verwertung nicht unter dem Edelmetallwert, § 817 a Abs. 3 ZPO.		
Grabanlage/ Grabmal/Grabstein	§ 811 Abs. 1 Nr. 5 ZPO	Pfändbar, wenn es sich um Gegenstände des Herstellers in seinen Räumen handelt. **Ausnahme:** Nicht pfändbar, sofern es sich bei betriebswirtschaftlicher Betrachtungsweise um notwendige Hilfsmittel zur Fortführung eines Erwerbsgeschäfts handelt, bei dem die persönliche Arbeitsleistung des Schuldners selbst überwiegt (kleiner Steinmetzbetrieb).	Theoretisch möglich, weil auch schon beschriftete Grabsteine wiederverwendbar sind.	OLG Köln DGVZ 1992, 116 = OLGZ 1993, 113 (zur Wiederverwertbarkeit und zum Vollstreckungsschutz gem. § 765 a ZPO)
	§ 811 Abs. 2 ZPO	In den Fällen des § 811 Abs. 1 Nr. 1, 4, 5–7 ZPO stets pfändbar, wenn Verkäufer wegen durch Eigentumsvorbehalt gesicherter Kaufpreisforderung vollstreckt.		
	§§ 808, 809, 811 Abs. 1 Nr. 13 ZPO	Pfändbar, weil nicht unmittelbar zur Bestattung notwendig, nicht nur bei Werklohnforderung des Steinmetzen.		BGH Rpfleger 2006, 208 = NJW-RR 2006, 570 (auch kein § 765 a ZPO gegenüber dem Steinmetz)
Grundschuld	§§ 857 Abs. 6, 829, 830, 835, 837 ZPO § 1192 BGB	Pfändung der **Fremdgrundschuld** durch Pfändungsbeschluss und Übergabe des Grundschuldbriefes, bei dessen Ausschluss Eintragung im Grundbuch. Entsprechend für die **Eigentümergrundschuld.**		*Diepold/Hintzen*, Muster 46, 52, 85 ff *Stöber*, Forderungspfändung, Rn 1872 ff HM, vgl BGH NJW-RR 1989, 636 Hk-ZV/*Koch*, § 857 ZPO Rn 55
Grundschuldbrief	§§ 857 Abs. 6, 830 ZPO	Unpfändbar, da kein Wertpapier.		RGZ 66, 27

Tabelle pfändbarer Gegenstände G

Gegenstand	Gesetzliche Grundlage	Pfändbarkeit	Austauschpfändung, §§ 811a, 811b ZPO	Entscheidungen/Literatur
	§ 106 GVGA	Er kann durch den GVZ im Wege der **Hilfspfändung** weggenommen werden.		BGH Rpfleger 1989, 248
	§§ 808, 821 ZPO	Pfändbar hingegen die – seltenen – Grundschuldbriefe auf den Inhaber.		
Grundstück	§§ 864–869 ZPO §§ 1 ff ZVG	Vollstreckung durch Zwangsversteigerung, Zwangsverwaltung oder Eintragung einer Sicherungshypothek.		
Grundstückserzeugnisse	§ 865 Abs. 2 ZPO §§ 94 Abs. 1, 99 BGB	Grundsätzlich nicht pfändbar, weil sie als mit dem Boden zusammenhängende Erzeugnisse wesentlicher Bestandteil des Grundstücks sind (§ 94 Abs. 1 BGB) und als solche dem Hypothekenhaftungsverband (§§ 1120 ff BGB) unterliegen. Die Vollstreckung erfolgt im Wege der Zwangsversteigerung oder Zwangsverwaltung. **Ausnahmen:** **1. Vom Boden getrennte Erzeugnisse**		RG DNotZ 1933, 441 OLG Celle MDR 1962, 139 AG Oldenburg DGVZ 1988, 79 (Obstplantage)
	§§ 808, 809, 811 Abs. 1 Nr. 4 ZPO §§ 97, 98 Nr. 2 BGB	Pfändbar nur, sofern sie nicht Zubehör geworden sind, also nicht zur Fortführung der Wirtschaft oder zum Lebensunterhalt des Schuldners, seiner Familie und seiner Arbeitnehmer benötigt werden.		
		Zum Verkauf bereitgestellte Erzeugnisse sind kein Zubehör mehr. **2. Vom Boden noch nicht getrennte Früchte**		RGZ 143, 33, 39 LG Kleve DGVZ 1980, 38
	§ 810 ZPO § 865 Abs. 2 ZPO § 811 Abs. 1 Nr. 2–4 ZPO §§ 97, 98 Nr. 2 BGB	Pfändbar nur, wenn die Beschlagnahme im Wege der Immobiliarvollstreckung noch nicht wirksam erfolgt ist und sie bei Trennung nicht Zubehör werden, wenn sie also nicht zur Fortführung der Wirtschaft oder zum Lebensunterhalt des Schuld-		

Gegenstand	Gesetzliche Grundlage	Pfändbarkeit	Austauschpfändung, §§ 811a, 811b ZPO	Entscheidungen/Literatur
	§ 811 Abs. 2 ZPO	ners, seiner Familie und seiner Arbeitnehmer benötigt werden. In den Fällen des § 811 Abs. 1 Nr. 1, 4, 5–7 ZPO stets pfändbar, wenn Verkäufer wegen durch Eigentumsvorbehalt gesicherter Kaufpreisforderung vollstreckt.		

H

Gegenstand	Gesetzliche Grundlage	Pfändbarkeit	Austauschpfändung, §§ 811a, 811b ZPO	Entscheidungen/Literatur
Handy	§§ 808, 809, 811 Abs. 1 Nr. 1 ZPO	Pfändbar, sofern es ausschließlich privat genutzt wird.		
	§ 811 Abs. 1 Nr. 5 ZPO	**Ausnahme:** Nicht pfändbar, sofern es sich bei betriebswirtschaftlicher Betrachtungsweise um notwendige Hilfsmittel zur Fortführung eines Erwerbsgeschäfts handelt, bei dem die persönliche Arbeitsleistung des Schuldners selbst überwiegt.	Zulässig, abhängig von Wert und Ausstattung.	
	§ 811 Abs. 2 ZPO	In den Fällen des § 811 Abs. 1 Nr. 1, 4, 5–7 ZPO stets pfändbar, wenn Verkäufer wegen durch Eigentumsvorbehalt gesicherter Kaufpreisforderung vollstreckt.		
Hardware s. Computer (Hardware)				
Hausgeld s. Strafgefangener				
Haushaltsbücher	§§ 808, 811 Abs. 1 Nr. 11 ZPO	Unpfändbar: Haushaltungs- und Geschäftsbücher, Quittungen, Belege, Briefe, private Fotos, sonstige Familienpapiere.	Nicht zulässig.	
Hausrat (s. auch einzelne Gegenstände)	§ 811 Abs. 1 Nr. 1 ZPO	Unpfändbar, soweit der Schuldner der Sachen im Hinblick auf seine Berufstätigkeit sowie der seiner Verschuldung angemessenen bescheidenen Lebens- und Haushaltsführung bedarf.	Zulässig.	OLG Schleswig SchlHA 1955, 201 LG Wiesbaden DGVZ 1989, 141 LG Heilbronn MDR 1992, 1001 = DGVZ 1993, 12 *App,* Zum Hausrat des Vollstreckungsschuldners, KKZ 2008, 130
	§ 812 ZPO	Unpfändbar darüber hinaus alle Gegenstände, die zum Hausrat gehören, im Haushalt benutzt werden und keinen nennenswerten Übererlös in der Verwertung erzielen würden.	Nicht zulässig.	

Gegenstand	Gesetzliche Grundlage	Pfändbarkeit	Austauschpfändung, §§ 811a, 811b ZPO	Entscheidungen/Literatur
Heimarbeitsvergütung	§§ 829, 850 ff, 850 i ZPO	Pfändbar in den Grenzen von Arbeitseinkommen.		
Heimtrainer	§§ 808, 809, 811 Abs. 1 Nr. 1 ZPO	Pfändbar, sofern er ausschließlich privat genutzt wird, da regelmäßig nicht notwendiger Haushaltsgegenstand.		
	§ 811 Abs. 1 Nr. 5 ZPO	**Ausnahme:** Nicht pfändbar, sofern es sich bei betriebswirtschaftlicher Betrachtungsweise um notwendige Hilfsmittel zur Fortführung eines Erwerbsgeschäfts handelt, bei dem die persönliche Arbeitsleistung des Schuldners selbst überwiegt.	Zulässig.	
	§ 811 Abs. 1 Nr. 12 ZPO	Unpfändbar als Hilfsmittel für Behinderte.	Nicht zulässig.	
	§ 812 ZPO	Unpfändbar darüber hinaus als Hausrat, der im Haushalt benutzt wird, soweit kein nennenswerter Übererlös in der Verwertung erziel werden würde.		
	§ 811 Abs. 2 ZPO	In den Fällen des § 811 Abs. 1 Nr. 1, 4, 5–7 ZPO stets pfändbar, wenn Verkäufer wegen durch Eigentumsvorbehalt gesicherter Kaufpreisforderung vollstreckt.		
	§ 865 ZPO §§ 97, 98 Nr. 1 BGB	Unpfändbar, soweit es sich um Grundstückszubehör im Eigentum des Grundstückseigentümers handelt.		
Heißmangel	§§ 808, 809, 811 Abs. 1 Nr. 1 ZPO §§ 812, 865 Abs. 2 ZPO	Pfändbar, sofern sie ausschließlich privat genutzt wird, da regelmäßig nicht notwendiger Haushaltsgegenstand.		KG DGVZ 1954, 189 OLG Celle MDR 1954, 427
	§ 811 Abs. 1 Nr. 5 ZPO	**Ausnahme:** Nicht pfändbar, sofern es sich bei betriebswirtschaftlicher Betrachtungsweise um notwendige Hilfsmittel zur Fortführung eines Erwerbsgeschäfts handelt, bei dem die persönliche Arbeits-	Zulässig, abhängig vom Wert.	

Tabelle pfändbarer Gegenstände   H

Gegenstand	Gesetzliche Grundlage	Pfändbarkeit	Austausch-pfändung, §§ 811a, 811b ZPO	Entscheidungen/Literatur
		leistung des Schuldners selbst überwiegt.		
	§ 812 ZPO	Unpfändbar darüber hinaus als Hausrat, der im Haushalt benutzt wird, soweit kein nennenswerter Übererlös in der Verwertung erzielt werden würde.	Unzulässig.	
	§ 811 Abs. 2 ZPO	In den Fällen des § 811 Abs. 1 Nr. 1, 4, 5–7 ZPO stets pfändbar, wenn Verkäufer wegen durch Eigentumsvorbehalt gesicherter Kaufpreisforderung vollstreckt.		
	§ 865 ZPO §§ 97, 98 Nr. 1 BGB	Unpfändbar, soweit es sich um Grundstückszubehör im Eigentum des Grundstückseigentümers handelt.		
Heißwassergerät	§§ 808, 809 ZPO	Pfändbar als zum Verkauf bereite Ware.		LG Berlin NJW-RR 2004, 635
	§ 811 Abs. 1 Nr. 5 ZPO	Unpfändbar, wenn es sich bei betriebswirtschaftlicher Betrachtungsweise um notwendige Hilfsmittel zur Fortführung eines Erwerbsgeschäfts handelt, bei dem die persönliche Arbeitsleistung des Schuldners selbst überwiegt.	Zulässig.	
	§ 811 Abs. 2 ZPO	In den Fällen des § 811 Abs. 1 Nr. 1, 4, 5–7 ZPO stets pfändbar, wenn Verkäufer wegen durch Eigentumsvorbehalt gesicherter Kaufpreisforderung vollstreckt.		
	§ 865 Abs. 2 ZPO	Nicht pfändbar, soweit eingebaut, weil dann wesentlicher Bestandteil des Grundstücks. Nicht pfändbar, wenn es im Rohbau auf den Platz verbracht worden ist, der für das Gerät bestimmt ist. Verwertung in beiden vorgenannten Fällen dann nur im Rahmen des ZVG.	Nicht zulässig.	

Gegenstand	Gesetzliche Grundlage	Pfändbarkeit	Austauschpfändung, §§ 811a, 811b ZPO	Entscheidungen/Literatur
Heizgerät	§ 811 Abs. 1 Nr. 1 ZPO	Unpfändbar, da regelmäßig einfacher Hausratsgegenstand.	Zulässig.	
	§ 811 Abs. 2 ZPO	In den Fällen des § 811 Abs. 1 Nr. 1, 4, 5–7 ZPO stets pfändbar, wenn Verkäufer wegen durch Eigentumsvorbehalt gesicherter Kaufpreisforderung vollstreckt.		
	§ 812 ZPO	Unpfändbar darüber hinaus als Hausrat, der im Haushalt benutzt wird, soweit kein nennenswerter Übererlös in der Verwertung erzielt werden würde.	Nicht zulässig.	
Heizkörper/ Heizungsanlage	§§ 808, 809 ZPO	Pfändbar als zum Verkauf bereite Ware.		BGHZ 53, 326 BGHZ 58, 309
	§ 811 Abs. 1 Nr. 5 ZPO	Unpfändbar, wenn es sich bei betriebswirtschaftlicher Betrachtungsweise um notwendige Hilfsmittel zur Fortführung eines Erwerbsgeschäfts handelt, bei dem die persönliche Arbeitsleistung des Schuldners selbst überwiegt.	Zulässig.	BGH NJW 1979, 712 BGH NJW-RR 1990, 158 (Wärmepumpenanlage) LG Berlin NJW-RR 2004, 635 OLG Hamm MDR 2005, 387
	§ 811 Abs. 2 ZPO	In den Fällen des § 811 Abs. 1 Nr. 1, 4, 5–7 ZPO stets pfändbar, wenn Verkäufer wegen durch Eigentumsvorbehalt gesicherter Kaufpreisforderung vollstreckt.		
	§ 865 Abs. 2 ZPO §§ 93, 94, 97, 98 BGB	Nicht pfändbar, soweit eingebaut, weil dann wesentlicher Bestandteil des Grundstücks. Unpfändbar auch schon, wenn sie im Rohbau auf den Platz verbracht worden sind, der für sie bestimmt ist. Dann Verwertung nur im Rahmen des ZVG. Pfändbar, weil Scheinbestandteil, wenn nur zu vorübergehendem Gebrauch während der Mietzeit installiert.	Nicht zulässig.	OLG Celle CuR 2009, 150 (Heizungsanlage) Brandenb. OLG BauR 2009, 1484 (Heizöltank)

Tabelle pfändbarer Gegenstände H

Gegenstand	Gesetzliche Grundlage	Pfändbarkeit	Austausch-pfändung, §§ 811a, 811b ZPO	Entscheidungen/Literatur
Heizöl	§§ 808, 809 ZPO	Pfändbar.		OLG Schleswig OLGR Schleswig 1997, 119
	§ 811 Abs. 1 Nr. 5 ZPO	Unpfändbar, wenn es sich bei betriebswirtschaftlicher Betrachtungsweise um notwendige Hilfsmittel zur Fortführung eines Erwerbsgeschäfts handelt, bei dem die persönliche Arbeitsleistung des Schuldners selbst überwiegt.	Nicht praktisch.	AG Saarlouis DGVZ 1999, 187 *Schulte-Thomas*, Zubehörveräußerung bei Grundstückskaufverträgen, RNotZ 2004, 64
	§ 811 Abs. 2 ZPO	In den Fällen des § 811 Abs. 1 Nr. 1, 4, 5–7 ZPO stets pfändbar, wenn Verkäufer wegen durch Eigentumsvorbehalt gesicherter Kaufpreisforderung vollstreckt.		
	§ 865 ZPO	Nicht pfändbar als Vorrat für das Heizen der Wohnung, weil Grundstückszubehör. Verwertung im Rahmen des ZVG.	Unzulässig.	
Herd (s. auch Hausrat)	§§ 811 Abs. 1 Nr. 1, 812 ZPO	Unpfändbar, weil notwendigerweise zum Hausrat gehörend; wird im Haushalt benutzt und wird keinen nennenswerten Übererlös in der Verwertung erzielen.		OLG Celle Rpfleger 1972, 324 LG Rottweil DGVZ 1975, 59
Hi-Fi-Anlage (s. auch einzelne Geräte)	§§ 808, 809 ZPO	Pfändbar.		LG Hannover JurBüro 1989, 1469 (Stereoturm)
	§ 811 Abs. 1 Nr. 1 ZPO	**Ausnahme:** Unpfändbar, sofern darin das einzige Radiogerät enthalten ist (Kompaktanlage).	Zulässig, abhängig von Alter, Wert und Ausstattung, insbesondere aber in Verbindung mit weiterem Zubehör, zB besondere Lautsprecher-Boxen.	
	§ 811 Abs. 2 ZPO	In den Fällen des § 811 Abs. 1 Nr. 1, 4, 5–7 ZPO stets pfändbar, wenn Verkäufer wegen durch Eigentumsvorbehalt gesicherter Kaufpreisforderung vollstreckt.		

Gegenstand	Gesetzliche Grundlage	Pfändbarkeit	Austauschpfändung, §§ 811a, 811b ZPO	Entscheidungen/Literatur
Hochdruckreiniger	§§ 808, 809, 811 Abs. 1 Nr. 1 ZPO	Pfändbar, sofern er nur privat oder gewerblich benutzt wird.		LG Bochum DGVZ 1982, 43
	§ 811 Abs. 1 Nr. 5 ZPO	**Ausnahmen:** Nicht pfändbar, sofern es sich bei betriebswirtschaftlicher Betrachtungsweise um notwendige Hilfsmittel zur Fortführung eines Erwerbsgeschäfts handelt, bei dem die persönliche Arbeitsleistung des Schuldners selbst überwiegt.	Zulässig, abhängig von Alter, Wert und Ausstattung.	
	§ 811 Abs. 2 ZPO	In den Fällen des § 811 Abs. 1 Nr. 1, 4, 5–7 ZPO stets pfändbar, wenn Verkäufer wegen durch Eigentumsvorbehalt gesicherter Kaufpreisforderung vollstreckt.		
	§ 865 Abs. 2 ZPO §§ 93, 94, 97 BGB	Unpfändbar, sofern er entweder wesentlicher Bestandteil eines Grundstücks oder Zubehör im Eigentum des Grundstückseigentümers ist.	Nicht zulässig.	
Hochseekabel	§§ 808, 809 ZPO	Pfändbar.		Das die Pfändung verbietende Kabelpfandgesetz vom 31.3.1925 ist am 1.1.1995 außer Kraft getreten (BGBl. I 1994 S. 2325, 2396).
	§ 811 Abs. 1 Nr. 5 ZPO	Nicht pfändbar, sofern es sich bei betriebswirtschaftlicher Betrachtungsweise um notwendige Hilfsmittel zur Fortführung eines Erwerbsgeschäfts handelt, bei dem die persönliche Arbeitsleistung des Schuldners selbst überwiegt.	Zulässig, aber wohl kaum praktisch.	
	§ 811 Abs. 2 ZPO	In den Fällen des § 811 Abs. 1 Nr. 1, 4, 5–7 ZPO stets pfändbar, wenn Verkäufer wegen durch Eigentumsvorbehalt gesicherter Kaufpreisforderung vollstreckt.		
Hotelinventar	§§ 808, 809 ZPO	Pfändbar.		
	§ 811 Abs. 1 Nr. 5 ZPO	**Ausnahmen:** Nicht pfändbar, sofern es sich bei betriebswirtschaftlicher Betrachtungsweise um notwendige Hilfsmittel zur Fortführung eines Erwerbs-	Zulässig, abhängig von Alter, Wert und Ausstattung der Gegenstände.	

Tabelle pfändbarer Gegenstände H

Gegenstand	Gesetzliche Grundlage	Pfändbarkeit	Austauschpfändung, §§ 811a, 811b ZPO	Entscheidungen/Literatur
		geschäfts handelt, bei dem die persönliche Arbeitsleistung des Schuldners selbst überwiegt (vom Schuldner persönlich geführtes Hotel).		
	§ 811 Abs. 2 ZPO	In den Fällen des § 811 Abs. 1 Nr. 1, 4, 5–7 ZPO stets pfändbar, wenn Verkäufer wegen durch Eigentumsvorbehalt gesicherter Kaufpreisforderung vollstreckt.		
	§ 865 Abs. 2 ZPO §§ 93, 94, 97 BGB	Unpfändbar, sofern das Inventar entweder wesentlicher Bestandteil eines Grundstücks oder Zubehör im Eigentum des Grundstückseigentümers ist.	Nicht zulässig.	
Hubschrauber	§§ 808, 809 ZPO §§ 864, 870 a ZPO §§ 171 a ff ZVG §§ 99, 100 LuftFzRG §§ 78 Abs. 6, 85, 153 Abs. 5 GVGA	Pfändbar. **Ausnahme:** Der Hubschrauber ist in der Luftfahrzeugrolle (Amtsgericht) eingetragen; dann erfolgt die Vollstreckung durch Zwangsversteigerung.		
Hund s. Tiere				
Hypothek	§§ 830, 835, 837, 857 ZPO	Nur pfändbar zusammen mit der Forderung. **Briefhypothek:** Pfändungsbeschluss und Übergabe des Hypothekenbriefes an den Gläubiger. **Buchhypothek:** Pfändungsbeschluss und Eintragung im Grundbuch. Verwertung bei beiden gem. § 837 ZPO.		*Diepold/Hintzen*, Muster 42–46, 49–52, 85 ff *Stöber*, Forderungspfändung, Rn 1795 ff
Hypothekenbrief	§§ 830, 836 Abs. 3 ZPO § 106 GVGA	Unpfändbar, kein Wertpapier. Kann durch den GVZ im Wege der **Hilfspfändung** weggenommen werden.		
	§§ 808, 821 ZPO	Pfändbar hingegen die – seltenen – **Hypothekenbriefe auf den Inhaber.**		

1000 *Bendtsen*

# I

Gegenstand	Gesetzliche Grundlage	Pfändbarkeit	Austauschpfändung, §§ 811a, 811b ZPO	Entscheidungen/Literatur
		I		
Ikonen	§§ 808, 809, 813 Abs. 1 S. 2 ZPO § 811 Abs. 1 Nr. 10 ZPO	Pfändbar als Kunstgegenstand. **Ausnahme:** Die Ikone ist Gegenstand der Religionsausübung.	Unzulässig.	
Immaterialgüterrechte (Gebrauchsmusterrecht, Lizenz, Markenrecht, Patentrecht, Urheberrecht, Verlagsrecht)		Teilweise pfändbar.		*Zimmermann*, Immaterialgüterrechte in der Zwangsvollstreckung, InVo 1999, 3 f Hk-ZV/*Onderka*, Schwerpunktbeitrag „ZV in Immaterialgüterrechte", Rn 1 ff
Immobilienfonds	§§ 808 Abs. 2, 809, 821 ZPO	Pfändbar sind die Anteilsscheine an Immobilienfonds durch Wegnahme seitens des GVZ. Sie verbriefen Teilhaberrechte.		LG Berlin Rpfleger 1971, 229 *Kaiser*, Vollstreckung in Anteilsscheine von offenen und geschlossenen Investment- und Immobilienfonds, InVo 2001, 46 RGZ 53, 109
	§ 836 Abs. 3 ZPO § 106 GVGA	**Anteilscheine an einer GmbH** sind als bloße Beweisurkunden nur der **Hilfspfändung** zugänglich.		
	§§ 857, 829 ZPO	**Sammelverwahrte Anteilpapiere** bei Kreditinstituten: Die Pfändung des Anteils des Schuldners als Hinterleger an den im Sammeldepot verwahrten Papieren erfolgt durch das Vollstreckungsgericht (PfÜB).		BGH Rpfleger 2000, 420 (zur Pfändung im Depot verwahrter Wertpapiere)
	§ 106 GVGA	Der GVZ kann Nachweisurkunden beim Schuldner im Wege der **Hilfspfändung** wegnehmen.		
Indossable Papiere	§§ 808, 809, 831 ZPO § 123 GVGA	Pfändbar; Wegnahme der indossablen Papiere, die über Forderungen ausgestellt sind (Wechsel, Scheck, handelsrechtliche Orderpapiere gem. § 363 HGB), durch den GVZ.		
	§ 835 ZPO	Die Verwertung erfolgt durch vom Vollstreckungsgericht erlassenen Überweisungsbeschluss.		

Bendtsen

Tabelle pfändbarer Gegenstände

Gegenstand	Gesetzliche Grundlage	Pfändbarkeit	Austauschpfändung, §§ 811a, 811b ZPO	Entscheidungen/Literatur
Industrieobligationen	§§ 808, 809, 821 ZPO	Pfändbar, weil börsenfähiges Wertpapier (Inhaberschuldverschreibung, die von größeren Industrieunternehmen ausgegeben werden). Wegnahme durch den GVZ.		
Inhaberaktie	§§ 808 Abs. 2, 809, 821 ZPO § 105 Abs. 2 GVGA	Pfändbar; Wegnahme durch den GVZ.		
	§§ 857, 829 ZPO	**Sammelverwahrte Aktien** bei Kreditinstituten: Die Pfändung des Anteils des Schuldners als Hinterleger an den im Sammeldepot verwahrten Papieren erfolgt durch das Vollstreckungsgericht (PfÜB).		BGH Rpfleger 2000, 420 (zur Pfändung im Depot verwahrter Wertpapiere)
	§ 836 Abs. 3 ZPO § 106 GVGA	Der GVZ kann Nachweisurkunden beim Schuldner im Wege der **Hilfspfändung** wegnehmen.		
Inhaberanteilschein	§§ 808 Abs. 2, 809, 821 ZPO	Pfändbar; Wegnahme durch den GVZ. Sie verbriefen Teilhaberrechte.		
	§ 106 GVGA	**Anteilscheine an einer GmbH** sind als bloße Beweisurkunden nur der **Hilfspfändung** zugänglich.		RGZ 53, 109
	§§ 857, 829 ZPO	**Sammelverwahrte Anteilspapiere** bei Kreditinstituten: Die Pfändung des Anteils des Schuldners als Hinterleger an den im Sammeldepot verwahrten Papieren erfolgt durch das Vollstreckungsgericht (PfÜB).		BGH Rpfleger 2000, 420 (zur Pfändung im Depot verwahrter Wertpapiere)
	§ 106 GVGA	Der GVZ kann Nachweisurkunden beim Schuldner im Wege der **Hilfspfändung** wegnehmen.		
Inhaberpapiere (zB Inhaberaktien, -schuldverschreibungen, -grundschuldbriefe, -investmentanteile, -immobi-	§§ 808, 821 ZPO	Pfändbar; Wegnahme durch den GVZ.		
	§§ 857, 829 ZPO	**Sammelverwahrte Inhaberpapiere** bei Kreditinstituten: Die Pfändung des Anteils des Schuldners als Hinterleger an den im		BGH Rpfleger 2000, 420 (zur Pfändung im Depot verwahrter Wertpapiere)

Gegenstand	Gesetzliche Grundlage	Pfändbarkeit	Austauschpfändung, §§ 811a, 811b ZPO	Entscheidungen/Literatur
lienzertifikate, Losscheine, Theaterkarte)	§ 106 GVGA	Sammeldepot verwahrten Papieren erfolgt durch das Vollstreckungsgericht (PfÜB). Der GVZ kann Nachweisurkunden beim Schuldner im Wege der **Hilfspfändung** wegnehmen.		
Inhaberscheck (Überbringerscheck)	§§ 808, 831 ZPO § 123 GVGA	Pfändbar; Wegnahme durch den GVZ. Eines Überweisungsbeschlusses gem. §§ 835 f ZPO bedarf es für die Vorlage durch den GVZ bei der Bank nicht, weil es kein indossables Papier ist.		LG Göttingen NJW 1983, 635
Inhaberschuldverschreibung	§§ 808 Abs. 2, 821 ZPO §§ 857, 829, 835 ZPO § 106 GVGA	Pfändbar; Wegnahme durch den GVZ. **Sammelverwahrte Inhaberpapiere** bei Kreditinstituten: die Pfändung des Anteils des Schuldners als Hinterleger an den im Sammeldepot verwahrten Papieren erfolgt durch das Vollstreckungsgericht (PfÜB). Der GVZ kann Nachweisurkunden beim Schuldner im Wege der **Hilfspfändung** wegnehmen.		BGH Rpfleger 2000, 420 (zur Pfändung im Depot verwahrter Wertpapiere)
Internet-Domain	§§ 857, 829, 844 ZPO	Die Domain ist nur eine technische Adresse und als solche nicht pfändbar. Pfändbar ist die Gesamtheit der schuldrechtlichen Ansprüche, die dem Inhaber der Domain gegenüber der Vergabestelle (DENIC) aus dem Registrierungsvertrag zustehen. Str, ob DENIC Drittschuldner ist.		BGH MDR 2005, 1311 Diepold/Hintzen, Muster 103 Hk-ZV/Krone, Schwerpunktbeitrag „ZV in IT-Güter", Rn 24 ff Ja: LG Zwickau Rpfleger 2010, 34 Nein: AG Frankfurt MMR 2009, 709
Investmentzertifikat	§§ 808 Abs. 2, 809, 821 ZPO	Pfändbar sind die Anteilsscheine an Investmentfonds durch Wegnahme seitens des GVZ. Sie verbriefen Teilhaberrechte.		LG Berlin Rpfleger 1970, 361 = DGVZ 1970, 170

Tabelle pfändbarer Gegenstände

Gegenstand	Gesetzliche Grundlage	Pfändbarkeit	Austauschpfändung, §§ 811a, 811b ZPO	Entscheidungen/Literatur
	§ 836 Abs. 3 ZPO § 106 GVGA	**Anteilscheine an einer GmbH** sind als bloße Beweisurkunden nur der **Hilfspfändung** zugänglich.		RGZ 53, 109
	§§ 857, 829, 835 ZPO	**Sammelverwahrte Inhaberpapiere** bei Kreditinstituten: Die Pfändung des Anteils des Schuldners als Hinterleger an den im Sammeldepot verwahrten Papieren erfolgt durch das Vollstreckungsgericht (PfÜB).		BGH Rpfleger 2000, 420 (zur Pfändung im Depot verwahrter Wertpapiere)
	§ 106 GVGA	Der GVZ kann Nachweisurkunden beim Schuldner im Wege der **Hilfspfändung** wegnehmen.		

J

Gegenstand	Gesetzliche Grundlage	Pfändbarkeit	Austausch-pfändung, §§ 811a, 811b ZPO	Entscheidungen/Literatur
J				
Jagdhütte	§§ 808, 809 ZPO § 865 Abs. 2 ZPO §§ 93, 94, 95, 97 BGB	Pfändbar, wenn es sich weder um einen wesentlichen Bestandteil des Grundstücks (sondern um einen Scheinbestandteil) noch um Zubehör im Eigentum des Grundstückseigentümers handelt; ansonsten Vollstreckung nach ZVG.		BGH NJW 1985, 789
Jagdwaffe	§§ 808, 809 ZPO §§ 66, 95 Abs. 1 GVGA	Pfändbar, soweit nicht gem. §§ 2, 40 WaffG oder dem Kriegswaffenkontrollgesetz Erwerb und Veräußerung verboten sind.		
	§ 811 Abs. 1 Nr. 7 ZPO § 7 WaffG	**Ausnahme:** Dienstausrüstungsgegenstand, der beruflich genutzt wird.		
	§ 811 Abs. 2 ZPO	In den Fällen des § 811 Abs. 1 Nr. 1, 4, 5–7 ZPO stets pfändbar, wenn Verkäufer wegen durch Eigentumsvorbehalt gesicherter Kaufpreisforderung vollstreckt.		
Jahresteller	§§ 808, 809, 813 Abs. 1 S. 2 ZPO	Pfändbar; Schätzung durch Sachverständigen.		
Jahrmarktbude	§§ 808, 809 ZPO § 811 Abs. 1 Nr. 5 ZPO	Pfändbar. **Ausnahme:** Es handelt sich bei betriebswirtschaftlicher Betrachtungsweise um ein notwendiges Hilfsmittel zur Fortführung eines Erwerbsgeschäfts handelt, bei dem die persönliche Arbeitsleistung des Schuldners selbst überwiegt.		
	§ 811 Abs. 2 ZPO	In den Fällen des § 811 Abs. 1 Nr. 1, 4, 5–7 ZPO stets pfändbar, wenn Verkäufer wegen durch Eigentumsvorbehalt gesicherter Kaufpreisforderung vollstreckt.		
	§ 865 ZPO §§ 94, 95, 97 BGB	Pfändbar, weil es sich dabei regelmäßig weder um Zubehör noch um einen wesentlichen Bestandteil		

Tabelle pfändbarer Gegenstände

Gegenstand	Gesetzliche Grundlage	Pfändbarkeit	Austauschpfändung, §§ 811a, 811b ZPO	Entscheidungen/Literatur
		eines Grundstücks, sondern um einen Scheinbestandteil handelt, weil er nur zu einem vorübergehenden Zweck mit dem Grundstück verbunden ist.		
Jet-Ski	§§ 808, 809, 811 Abs. 1 Nr. 1 ZPO	Pfändbar, soweit es sich um einen Haushaltsgegenstand handelt.		
	§ 811 Abs. 1 Nr. 5 ZPO	**Ausnahme:** Nicht pfändbar, sofern es sich bei betriebswirtschaftlicher Betrachtungsweise um ein notwendiges Hilfsmittel zur Fortführung des Berufs oder eines Erwerbsgeschäfts handelt, bei dem die persönliche Arbeitsleistung des Schuldners überwiegt.	Zulässig, abhängig vom Wert.	
	§ 811 Abs. 2 ZPO	In den Fällen des § 811 Abs. 1 Nr. 1, 4, 5–7 ZPO stets pfändbar, wenn Verkäufer wegen durch Eigentumsvorbehalt gesicherter Kaufpreisforderung vollstreckt.		

K

Gegenstand	Gesetzliche Grundlage	Pfändbarkeit	Austauschpfändung, §§ 811a, 811b ZPO	Entscheidungen/Literatur
Kajak	§§ 808, 809, 811 Abs. 1 Nr. 1 ZPO	Pfändbar, sofern er ausschließlich privat genutzt wird, da regelmäßig nicht notwendiger Haushaltsgegenstand.		
	§ 811 Abs. 1 Nr. 5 ZPO	**Ausnahme:** Nicht pfändbar, sofern es sich bei betriebswirtschaftlicher Betrachtungsweise um ein notwendiges Hilfsmittel zur Fortführung des Berufs oder eines Erwerbsgeschäfts handelt, bei dem die persönliche Arbeitsleistung des Schuldners selbst überwiegt (Berufssportler); pfändbar hingegen bei Sportgerätevermieter).	Zulässig, abhängig von Wert und Ausstattung.	
	§ 811 Abs. 2 ZPO	In den Fällen des § 811 Abs. 1 Nr. 1, 4, 5–7 ZPO stets pfändbar, wenn Verkäufer wegen durch Eigentumsvorbehalt gesicherter Kaufpreisforderung vollstreckt.		
Kamera	§§ 808, 809, 811 Abs. 1 Nr. 1 ZPO	Pfändbar; regelmäßig nicht notwendiger Haushaltsgegenstand		
	§ 811 Abs. 1 Nr. 5 ZPO	**Ausnahme:** Nicht pfändbar, sofern es sich bei betriebswirtschaftlicher Betrachtungsweise um ein notwendiges Hilfsmittel zur Fortführung des Berufs oder eines Erwerbsgeschäfts handelt, bei dem die persönliche Arbeitsleistung des Schuldners selbst überwiegt (zB Fotograf, Reporter).	Zulässig, abhängig von Wert und Ausstattung.	
	§ 811 Abs. 2 ZPO	In den Fällen des § 811 Abs. 1 Nr. 1, 4, 5–7 ZPO stets pfändbar, wenn Verkäufer wegen durch Eigentumsvorbehalt gesicherter Kaufpreisforderung vollstreckt.		

Tabelle pfändbarer Gegenstände K

Gegenstand	Gesetzliche Grundlage	Pfändbarkeit	Austausch-pfändung, §§ 811a, 811b ZPO	Entscheidungen/Literatur
Kanu	§§ 808, 809, 811 Abs. 1 Nr. 1 ZPO	Pfändbar, sofern es ausschließlich privat genutzt wird, da regelmäßig nicht notwendiger Haushaltsgegenstand.		
	§ 811 Abs. 1 Nr. 5 ZPO	**Ausnahme:** Nicht pfändbar, sofern es sich bei betriebswirtschaftlicher Betrachtungsweise um ein notwendiges Hilfsmittel zur Fortführung des Berufs oder eines Erwerbsgeschäfts handelt, bei dem die persönliche Arbeitsleistung des Schuldners selbst überwiegt (Berufssportler); pfändbar hingegen bei Sportgerätevermieter).	Zulässig, abhängig von Wert und Ausstattung.	
	§ 811 Abs. 2 ZPO	In den Fällen des § 811 Abs. 1 Nr. 1, 4, 5–7 ZPO stets pfändbar, wenn Verkäufer wegen durch Eigentumsvorbehalt gesicherter Kaufpreisforderung vollstreckt.		
Kartoffel (s. auch Früchte auf dem Halm)		**1. Vom Boden getrennte Erzeugnisse:**		RG DNotZ 1933, 441 OLG Celle MDR 1962, 139 AG Oldenburg DGVZ 1988, 79 (Obstplantage)
	§§ 808, 809, 811 Abs. 1 Nr. 4 ZPO §§ 97, 98 Nr. 2 BGB	Pfändbar nur, sofern sie nicht Zubehör geworden sind, also nicht zur Fortführung der Wirtschaft oder zum Lebensunterhalt des Schuldners, seiner Familie und seiner Arbeitnehmer benötigt werden.		
		Zum Verkauf bereitgestellte Erzeugnisse sind kein Zubehör mehr.		RGZ 143, 33, 39 LG Kleve DGVZ 1980, 38
		2. Vom Boden noch nicht getrennte Erzeugnisse:		
	§ 810 ZPO § 865 Abs. 2 ZPO § 811 Abs. 1 Nr. 2–4 ZPO §§ 97, 98 Nr. 2 BGB	Pfändbar nur, wenn die Beschlagnahme im Wege der Immobiliarvollstreckung noch nicht wirksam erfolgt ist und sie bei Trennung nicht Zubehör werden, wenn sie also nicht zur Fortführung der Wirtschaft oder zum Lebensunterhalt des Schuld-		

Gegenstand	Gesetzliche Grundlage	Pfändbarkeit	Austauschpfändung, §§ 811a, 811b ZPO	Entscheidungen/Literatur
	§ 811 Abs. 2 ZPO	ners, seiner Familie und seiner Arbeitnehmer benötigt werden. In den Fällen des § 811 Abs. 1 Nr. 1, 4, 5–7 ZPO stets pfändbar, wenn Verkäufer wegen durch Eigentumsvorbehalt gesicherter Kaufpreisforderung vollstreckt.		
Karussell	§§ 808, 809 ZPO	Pfändbar.		AG Hannover DGVZ 1975, 15
	§ 811 Abs. 1 Nr. 5 ZPO	**Ausnahmen:** Nicht pfändbar, sofern es sich bei betriebswirtschaftlicher Betrachtungsweise um ein notwendiges Hilfsmittel zur Fortführung des Berufs oder eines Erwerbsgeschäfts handelt, bei dem die persönliche Arbeitsleistung des Schuldners selbst überwiegt.	Dürfte regelmäßig nicht in Betracht kommen.	
	§ 811 Abs. 2 ZPO	In den Fällen des § 811 Abs. 1 Nr. 1, 4, 5–7 ZPO stets pfändbar, wenn Verkäufer wegen durch Eigentumsvorbehalt gesicherter Kaufpreisforderung vollstreckt.		
	§ 865 Abs. 2 ZPO	Ein Karussell, welches ständig an demselben Platz steht, ist wesentlicher Bestandteil oder Zubehör des Grundstücks und unterliegt somit nur der Immobiliarvollstreckung.		
Kassenpfändung s. Bargeld; s. Wechselgeld				
Katamaran (s. auch Binnenschiff)	§§ 808, 809, 811 Abs. 1 Nr. 1 ZPO	Pfändbar, sofern das Boot ausschließlich privat genutzt wird, da regelmäßig nicht notwendiger Haushaltsgegenstand, und sofern es nicht im Schiffsregister eingetragen ist.		
	§ 811 Abs. 1 Nr. 5 ZPO	**Ausnahme:** Nicht pfändbar, sofern es sich bei betriebswirtschaftlicher Be-	Zulässig, abhängig von Wert	

Tabelle pfändbarer Gegenstände K

Gegenstand	Gesetzliche Grundlage	Pfändbarkeit	Austauschpfändung, §§ 811a, 811b ZPO	Entscheidungen/Literatur
		trachtungsweise um ein notwendiges Hilfsmittel zur Fortführung des Berufs oder eines Erwerbsgeschäfts handelt, bei dem die persönliche Arbeitsleistung des Schuldners selbst überwiegt.	und Ausstattung.	
	§ 811 Abs. 2 ZPO	In den Fällen des § 811 Abs. 1 Nr. 1, 4, 5-7 ZPO stets pfändbar, wenn Verkäufer wegen durch Eigentumsvorbehalt gesicherter Kaufpreisforderung vollstreckt.		
		Pfändbar stets nur, sofern es nicht im Schiffsregister eingetragen ist.		
	§§ 864, 870a ZPO §§ 2, 3, 77 SchiffsRG §§ 162 ff ZVG §§ 78 Abs. 6, 84, 153 Abs. 2, 4 GVGA	Schiffe, die im Schiffsregister vermerkt sind, werden wie eine unbewegliche Sache behandelt (Schiffshypothek, Zwangsversteigerung).		
Keyboard	§§ 808, 809, 811 Abs. 1 Nr. 1 ZPO	Pfändbar, da regelmäßig nicht notwendiger Haushaltsgegenstand.		
	§ 811 Abs. 1 Nr. 5 ZPO	**Ausnahme:** Nicht pfändbar, sofern es sich bei betriebswirtschaftlicher Betrachtungsweise um ein notwendiges Hilfsmittel zur Fortführung des Berufs oder eines Erwerbsgeschäfts handelt, bei dem die persönliche Arbeitsleistung des Schuldners selbst überwiegt (Berufsmusiker).	Zulässig, aber wohl nur bei besonders wertvollen Instrumenten.	
	§ 811 Abs. 2 ZPO	In den Fällen des § 811 Abs. 1 Nr. 1, 4, 5-7 ZPO stets pfändbar, wenn Verkäufer wegen durch Eigentumsvorbehalt gesicherter Kaufpreisforderung vollstreckt.		
KG, Kommanditanteil	§§ 857, 859 ZPO §§ 125, 135, 162 Abs. 2, 170 HGB	Pfändbar. Bei der Kündigung sind die §§ 131, 135 HGB zu beachten.		BGH MDR 2009, 1230 Thür. OLG OLGR Jena 2009, 467

Gegenstand	Gesetzliche Grundlage	Pfändbarkeit	Austauschpfändung, §§ 811a, 811b ZPO	Entscheidungen/Literatur
				Diepold/Hintzen, Muster 109
Kies	§ 865 Abs. 2 ZPO §§ 93, 94, 99 BGB	Grundsätzlich nicht pfändbar, da der Kies wesentlicher Bestandteil des Grundstücks ist und damit dem Hypothekenhaftungsverband unterliegt. Die Vollstreckung erfolgt im Wege der Zwangsversteigerung oder Zwangsverwaltung.		
	§§ 808, 809 ZPO	Bereits ausgebeuteter Kies ist als bewegliche Sache pfändbar, wenn er gem. §§ 1121, 1122 BGB aus dem Hypothekenhaftungsverband ausgeschieden ist.		
Kindergeld	§§ 829, 835 ZPO § 54 Abs. 5 SGB I	Grundsätzlich nicht pfändbar. Pfändbar, wenn wegen gesetzlicher Unterhaltsansprüche eines Kindes gepfändet wird, das bei der Festsetzung der Geldleistungen berücksichtigt wird.		
Kiosk	§§ 808, 809 ZPO § 865 Abs. 2 ZPO § 95 BGB	Pfändbar, sofern es sich um einen nicht wesentlichen Bestandteil eines Grundstücks handelt, der nur zu einem vorübergehenden Zweck mit dem Grundstück verbunden ist (Scheinbestandteil).		LG Aschaffenburg NJW 1952, 752 LG Berlin DGVZ 1953, 58 OLG Celle NdsRpfl 1958, 191 = DGVZ 1958, 192 LG Regensburg DGVZ 1978, 45
	§ 811 Abs. 1 Nr. 5 ZPO	Unpfändbar, sofern es sich bei betriebswirtschaftlicher Betrachtungsweise um ein notwendiges Hilfsmittel zur Fortführung des Berufs oder eines Erwerbsgeschäfts handelt, bei dem die persönliche Arbeitsleistung des Schuldners selbst überwiegt.		BGH NJW 1988, 2789 (Blockhaus)
	§ 811 Abs. 2 ZPO	In den Fällen des § 811 Abs. 1 Nr. 1, 4, 5–7 ZPO stets pfändbar, wenn Verkäufer wegen durch Eigentumsvorbehalt gesicherter		

Tabelle pfändbarer Gegenstände K

Gegenstand	Gesetzliche Grundlage	Pfändbarkeit	Austauschpfändung, §§ 811a, 811b ZPO	Entscheidungen/Literatur
	§ 865 ZPO §§ 93, 94, 97 BGB	Kaufpreisforderung vollstreckt. Unpfändbar, sofern es sich um einen wesentlichen Bestandteil eines Grundstücks oder um Grundstückszubehör im Eigentum des Grundstückseigentümers handelt.		
Klavier	§§ 808, 809, 811 Abs. 1 Nr. 1 ZPO	Pfändbar, da regelmäßig nicht notwendiger Haushaltsgegenstand.		OLG Hamburg OLGRspr. 33, 106 AG Essen DGVZ 1998, 30
	§ 811 Abs. 1 Nr. 5 ZPO	**Ausnahme:** Nicht pfändbar, sofern es sich bei betriebswirtschaftlicher Betrachtungsweise um ein notwendiges Hilfsmittel zur Fortführung des Berufs oder eines Erwerbsgeschäfts handelt, bei dem die persönliche Arbeitsleistung des Schuldners selbst überwiegt (Pianist).	Zulässig, aber wohl nur bei besonders wertvollen Instrumenten.	KG DGVZ 1939, 277 AG Mönchengladbach DGVZ 1974, 29
	§ 811 Abs. 2 ZPO	In den Fällen des § 811 Abs. 1 Nr. 1, 4, 5–7 ZPO stets pfändbar, wenn Verkäufer wegen durch Eigentumsvorbehalt gesicherter Kaufpreisforderung vollstreckt.		
Kleidung	§§ 808, 811 Abs. 1 Nr. 1 ZPO	Unpfändbar, soweit der Schuldner der Sachen im Hinblick auf seine Berufstätigkeit sowie der seiner Verschuldung angemessenen bescheidenen Lebens- und Haushaltsführung bedarf.	Zulässig, aber regelmäßig nur sinnvoll bei hochwertiger Kleidung.	LG Göttingen DGVZ 1994, 89
	§ 811 Abs. 1 Nr. 5 ZPO	Unpfändbar, sofern es sich bei betriebswirtschaftlicher Betrachtungsweise um ein notwendiges Hilfsmittel zur Fortführung des Berufs oder eines Erwerbsgeschäfts handelt, bei dem die persönliche Arbeitsleistung des Schuldners selbst überwiegt (zB als Warenbestand eines kleinen Bekleidungsgeschäfts).	Zulässig.	

Gegenstand	Gesetzliche Grundlage	Pfändbarkeit	Austauschpfändung, §§ 811a, 811b ZPO	Entscheidungen/Literatur
	§ 811 Abs. 1 Nr. 7 ZPO	Als notwendige Dienstkleidung oder als notwendige Kleidung der dort genannten Berufe für den Schuldner selber.	Unzulässig.	
	§ 811 Abs. 2 ZPO	In den Fällen des § 811 Abs. 1 Nr. 1, 4, 5–7 ZPO stets pfändbar, wenn Verkäufer wegen durch Eigentumsvorbehalt gesicherter Kaufpreisforderung vollstreckt.		
Kleinkläranlage	§ 865 Abs. 2 ZPO §§ 93, 94, 97 BGB	Unpfändbar, weil Grundstückszubehör.		LG Traunstein DGVZ 2009, 44
Kleintier s. Tiere				
Kohle	§ 811 Abs. 1 Nr. 2 ZPO §§ 93, 94, 99 BGB	Unpfändbar als notwendiges Befeuerungsmittel.		
	§ 865 Abs. 2 ZPO	Grundsätzlich nicht pfändbar, da die Kohle wesentlicher Bestandteil des Grundstücks ist und damit dem Hypothekenhaftungsverband unterliegt; die Vollstreckung erfolgt im Wege der Zwangsversteigerung oder Zwangsverwaltung.		
	§§ 808, 809 ZPO	Bereits abgebaute und zum Verkauf bereit gestellte Kohle ist als bewegliche Sache pfändbar, wenn sie gem. §§ 1121, 1122 BGB aus dem Hypothekenhaftungsverband ausgeschieden ist.		
Kommunalobligationen	§§ 808, 809, 821 ZPO	Pfändbar, da börsenfähiges Wertpapier (Inhaberschuldverschreibung, die von einer öffentlich-rechtlichen Kreditanstalt auf Grund von Kommunaldarlehen ausgegeben werden).		

Tabelle pfändbarer Gegenstände K

Gegenstand	Gesetzliche Grundlage	Pfändbarkeit	Austausch-pfändung, §§ 811a, 811b ZPO	Entscheidungen/Literatur
Konnossement „an Order" (Schiffsladebrief)	§§ 831, 835 ZPO	Pfändbar durch den GVZ, die Überweisung erfolgt durch das Vollstreckungsgericht. Als Wertpapier ausgestaltetes Verladepapier des Verfrachters, das gem. § 363 Abs. 2 HGB als Orderpapier ausgestellt werden kann. Die Übergabe des Konnossements hat die gleichen Wirkungen wie die Übergabe des Frachtgutes. Ohne Klausel „an Order" handelt es sich um ein Namenspapier (s. dort).		
Kontoauszüge	§ 836 Abs. 3 ZPO	Nicht pfändbar der selbständige Anspruch des Schuldners aus dem Girovertrag mit dem Kreditinstitut auf Auskunft, Rechnungslegung und Erteilung von Kontoauszügen.		BGH NJW 2006, 217
		Der Schuldner hat dem Gläubiger gem. § 836 Abs. 3 S. 1 ZPO die über die Forderung vorhandenen Urkunden herauszugeben. Dazu gehören auch Kontoauszüge.		BGH WM 2012, 542 und 593
Kontopfändung	§§ 829, 833a, 850k, 850l ZPO	Pfändbar ist das Guthaben auf einem Pfändungsschutzkonto nur im Rahmen von § 850k ZPO. Guthaben auf sonstigen Konten sind pfändbar, wobei Kontopfändungsschutz nur bis zum 31.12.2011 über § 850l ZPO gewährt wurde.		Grothe, Die Reform der Kontopfändung – das neue „P-Konto", in: Wolf u.a., Zwangsvollstreckungsrecht aktuell, 2010, S. 21 ff Hk-ZV/*Bendtsen*, § 833a ZPO Rn 1 ff Hk-ZV/*Meller-Hannich*, § 850k ZPO Rn 1 ff, § 850l ZPO Rn 1 ff
Kraftfahrzeug	§§ 808, 809, 811 Abs. 1 Nr. 1 ZPO § 811 Abs. 1 Nr. 5 ZPO	Pfändbar. **Ausnahmen:** Nicht pfändbar, sofern der Schuldner oder ein mitarbeitender Familienangehöriger es für die Fahrt zur Arbeitsstelle benötigt,	Zulässig, abhängig von Wert, Ausstattung und Zustand des Fahrzeuges (OLG	LG Lüneburg Rpfleger 1954, 313 (Zubehör) OLG Düsseldorf MDR 1957, 428 (Pkw Großhändler) OLG Hamm DGVZ 1961, 57 (Pkw Großhändler)

1014 *Bendtsen*

Gegenstand	Gesetzliche Grundlage	Pfändbarkeit	Austauschpfändung, §§ 811a, 811b ZPO	Entscheidungen/Literatur
		weil diese mit öffentlichen Verkehrsmitteln nicht in zumutbarer Zeit zu erreichen ist. Nicht pfändbar, sofern es sich bei betriebswirtschaftlicher Betrachtungsweise um ein notwendiges Hilfsmittel zur Ausübung des Berufs des Schuldners bzw eines mitarbeitenden Familienangehörigen oder zur Fortführung eines Erwerbsgeschäfts handelt, bei dem die persönliche Arbeitsleistung überwiegt.	Köln Rpfleger 1986, 57 = DGVZ 1986, 13 – Behinderten-Fahrzeug).	LG Traunstein DGVZ 1963, 89 = MDR 1963, 319 (Fahrt zur Arbeit) LG Nürnberg-Fürth FamRZ 1963, 650 (Pfändungsschutz auch für Ehegatten) BGH DGVZ 1983, 87 = NJW 1983, 746 (Zubehör, wenn Bedarfsgüter des Betriebes herbeigeschafft bzw die erzeugten Produkte ausgeliefert werden; nicht Speditionsfahrzeuge) OLG Hamm MDR 1984, 855 = DGVZ 1984, 138 (Fahrt zur Arbeit)
	§ 812 ZPO	Unpfändbar darüber hinaus alle Gegenstände, die zum Hausrat gehören, im Haushalt benutzt werden und keinen nennenswerten Übererlös in der Verwertung erzielen würden.		LG Stuttgart DGVZ 1986, 78 (Fahrt zur Arbeit) LG Koblenz JurBüro 1989, 1470 (Immobilienmakler) LG Oldenburg DGVZ 1991, 119 (LKW mit Anhänger) LG Tübingen DGVZ 1992, 137 (Fahrt zur Arbeit)
	§ 811 Abs. 2 ZPO	In den Fällen des § 811 Abs. 1 Nr. 1, 4, 5–7 ZPO stets pfändbar, wenn Verkäufer wegen durch Eigentumsvorbehalt gesicherter Kaufpreisforderung vollstreckt.		LG Rottweil DGVZ 1993, 57 (Fahrt zur Arbeit) LG Heidelberg DGVZ 1994, 9 (Fahrt zur Arbeit) FG Bremen DGVZ 1994, 14 (Hautarzt)
	§ 865 Abs. 2 ZPO	Nicht pfändbar, sofern es sich dabei um Zubehör im Eigentum des Grundstückseigentümers handelt.		LG Hagen DGVZ 1995, 40 (Fahrt zur Arbeit) LG Hagen DGVZ 1995, 121 (Gewerbebetrieb) LG Detmold DGVZ 1996, 120 (öffentliche Verkehrsmittel benutzen) FG Hessen DGVZ 1996, 120 (öffentliche Verkehrsmittel benutzen) LG Augsburg DGVZ 1997, 27 (unpfändbar; Schuldner betreibt Kfz-Werkstatt und Abschleppunternehmen) AG Gießen DGVZ 1997, 189 (unpfändbar der selbst genutzte Lkw) AG Neuwied DGVZ 1998, 31 (Benutzung von Taxen oder

Tabelle pfändbarer Gegenstände K

Gegenstand	Gesetzliche Grundlage	Pfändbarkeit	Austausch-pfändung, §§ 811a, 811b ZPO	Entscheidungen/Literatur
				öffentlichen Verkehrsmitteln zumutbar)
				AG Waldbröl DGVZ 1998, 158 (Fahrt zur Arbeit)
				AG Neuwied DGVZ 1998, 174 (Fortsetzung der Erwerbstätigkeit)
				AG Brühl DGVZ 2000, 127 (Handwerker)
				FG Köln DGVZ 2001, 10 (auch für Nebenerwerb)
				AG Ibbenbühren DGVZ 2001, 30 (Einrichtungsberater in Gründungsphase)
				AG Dülmen MDR 2001, 772 (Nutzung für Trainingsmaßnahme des Arbeitsamtes)
				AG Mannheim DGVZ 2003, 124 (geringe Gelegenheitsarbeiten)
				AG Köln NJW-RR 2003, 987 (Internist)
				AG Osterode DGVZ 2003, 28 (ausliefernder Gastwirt)
				BGH FamRZ 2004, 870 = Rpfleger 2004, 428 (Pkw eines außergewöhnlich Gehbehinderten)
				LG Stuttgart DGVZ 2005, 42 (Elektromonteur)
				LG Kaiserslautern Rpfleger 2006, 482 (Fahrten zum Arzt)
				LG Kleve ZVI 2007, 33 (Fahrt zur Arbeit; altes Fahrzeug)
				LG Wuppertal DGVZ 2009, 43 (Zweitwagen einer fünfköpfigen Familie)
				VG Göttingen, Beschl. v. 13.2.2009 – 2 B 4/09 (Arbeitsgelegenheit nach § 16 Abs. 3 SGB II; Arztbesuche)
				BGH MDR 2010, 405 = FamRZ 2010, 550 (Fahrt zur Arbeit durch Familienangehörigen)
				LG Lübeck DGVZ 2010, 173 (nicht für Vermieter)

Gegenstand	Gesetzliche Grundlage	Pfändbarkeit	Austauschpfändung, §§ 811a, 811b ZPO	Entscheidungen/Literatur
Kraftfahrzeug-Brief (heute: Zulassungsbescheinigung Teil II)		Unpfändbar, da kein Wertpapier.	Unzulässig.	*App*, Kraftfahrzeuge in der ZV, DAR 2000, 294 LG Berlin DGVZ 1962, 186 BGH MDR 1978, 836 KG JurBüro 1994, 502
	§ 106 GVGA	Er kann durch den GVZ im Wege der **Hilfspfändung** bei der Sachpfändung des Kfz weggenommen werden.		
Kraftfahrzeug-Kennzeichen	§ 803 Abs. 2 ZPO	Unpfändbar, weil sie keinen eigenständigen Wert darstellen.	Unzulässig.	LG Stuttgart DGVZ 1991, 58 AG Bad Sobernheim DGVZ 1998, 173 AG Neubrandenburg DGVZ 2005, 14
Kraftfahrzeug-Schein (heute: Zulassungsbescheinigung Teil I)		Unpfändbar, da kein Wertpapier.	Unzulässig.	LG Berlin DGVZ 1962, 186 KG JurBüro 1994, 502
	§ 106 GVGA	Er kann durch den GVZ im Wege der **Hilfspfändung** bei der Sachpfändung des Kfz weggenommen werden.		
Kreditkartenanspruch	§§ 829, 835 ZPO	Pfändbar ist der Zahlungsanspruch des Vertragsunternehmens gegen das Kreditkartenunternehmen.		
	§§ 808, 835, 836 Abs. 3 ZPO § 106 GVGA	Kreditkarte ist unpfändbar; auch nicht im Wege der Hilfspfändung pfändbar.		BGH Rpfleger 2003, 308 (EC-Karte keine Urkunde gem. § 836 Abs. 3 ZPO)
Kriegswaffen	§§ 808, 809 ZPO	Unpfändbar nach dem Kriegswaffenkontrollgesetz.	Unzulässig.	
Krücken	§ 811 Abs. 1 Nr. 12 ZPO	Unpfändbar, da Hilfsmittel für Behinderte.	Unzulässig.	
Küchengeräte (s. auch Hausrat)	§ 811 Abs. 1 Nr. 1 ZPO	Unpfändbar als Gegenstände, die zum Hausrat gehören, im Haushalt benutzt werden und deren der Schuldner angesichts seiner Berufstätigkeit sowie der seiner Verschuldung angemessenen bescheide-	Zulässig, abhängig von Wert, Ausstattung und Zustand der einzelnen Geräte.	

Tabelle pfändbarer Gegenstände K

Gegenstand	Gesetzliche Grundlage	Pfändbarkeit	Austauschpfändung, §§ 811a, 811b ZPO	Entscheidungen/Literatur
		nen Lebens- und Haushaltsführung bedarf.		
	§ 812 ZPO	Unpfändbar, soweit kein nennenswerter Übererlös in der Verwertung zu erzielen ist.		
	§ 811 Abs. 2 ZPO	In den Fällen des § 811 Abs. 1 Nr. 1, 4, 5–7 ZPO stets pfändbar, wenn Verkäufer wegen durch Eigentumsvorbehalt gesicherter Kaufpreisforderung vollstreckt.		
Küchenmöbel	§ 811 Abs. 1 Nr. 1 ZPO	Unpfändbar als Gegenstände, die zum Hausrat gehören, im Haushalt benutzt werden und deren der Schuldner angesichts seiner Berufstätigkeit sowie der seiner Verschuldung angemessenen bescheidenen Lebens- und Haushaltsführung bedarf.	Grundsätzlich zulässig. Aber unzulässig, wenn – wie in der Regel – kein die Kosten der Austauschsachen wesentlich übersteigender Erlös zu erzielen ist.	LG Heilbronn Rpfleger 1993, 119 (bescheidene Lebensführung) LG Ravensburg DGVZ 2001, 85 (Küchenzeile)
	§ 812 ZPO	Unpfändbar, soweit kein nennenswerter Übererlös in der Verwertung zu erzielen ist.		
	§ 811 Abs. 2 ZPO	In den Fällen des § 811 Abs. 1 Nr. 1, 4, 5–7 ZPO stets pfändbar, wenn Verkäufer wegen durch Eigentumsvorbehalt gesicherter Kaufpreisforderung vollstreckt.		
	§ 865 Abs. 2 ZPO §§ 94, 97 BGB	Unpfändbar, soweit es sich um Grundstückszubehör im Eigentum des Grundstückseigentümers handelt.		
Kühlautomat	§ 811 Abs. 1 Nr. 5 ZPO	Unpfändbar, sofern es sich bei betriebswirtschaftlicher Betrachtungsweise um ein notwendiges Hilfsmittel zur Fortführung des Berufs oder eines Erwerbsgeschäfts handelt, bei dem die persönliche Arbeitsleistung des Schuldners selbst überwiegt.	Zulässig, abhängig von Wert und Ausstattung.	OLG Celle Rpfleger 1972, 324
	§ 811 Abs. 2 ZPO	In den Fällen des § 811 Abs. 1 Nr. 1, 4, 5–7 ZPO		

Gegenstand	Gesetzliche Grundlage	Pfändbarkeit	Austauschpfändung, §§ 811a, 811b ZPO	Entscheidungen/Literatur
	§ 865 Abs. 2 ZPO §§ 94, 97 BGB	stets pfändbar, wenn Verkäufer wegen durch Eigentumsvorbehalt gesicherter Kaufpreisforderung vollstreckt. Unpfändbar, soweit es sich um Grundstückszubehör im Eigentum des Grundstückseigentümers handelt.		
Kühlschrank	§§ 811 Abs. 1 Nr. 1, 5, 812 ZPO	Unpfändbar, weil heute regelmäßig zum Hausrat gehörend.	Regelmäßig unzulässig, weil kein Verwertungserfolg zu erzielen ist.	LG Mannheim DGVZ 1962, 46 LG Berlin DGVZ 1962, 46 LG Traunstein DGVZ 1963, 59 = MDR 1963, 58 LG Hannover MDR 1964, 155
	§ 811 Abs. 2 ZPO	In den Fällen des § 811 Abs. 1 Nr. 1, 4, 5–7 ZPO stets pfändbar, wenn Verkäufer wegen durch Eigentumsvorbehalt gesicherter Kaufpreisforderung vollstreckt.		OLG Frankfurt Rpfleger 1964, 276 = MDR 1964, 1012 = DGVZ 1965, 85 AG München DGVZ 1974, 95
	§ 865 Abs. 2 ZPO §§ 94, 97 BGB	Unpfändbar, soweit es sich um Grundstückszubehör im Eigentum des Grundstückseigentümers handelt.		AG Mönchengladbach DGVZ 1996, 141

Tabelle pfändbarer Gegenstände

Gegenstand	Gesetzliche Grundlage	Pfändbarkeit	Austauschpfändung, §§ 811a, 811b ZPO	Entscheidungen/Literatur

L

Gegenstand	Gesetzliche Grundlage	Pfändbarkeit	Austauschpfändung, §§ 811a, 811b ZPO	Entscheidungen/Literatur
Ladeneinrichtung	§ 811 Abs. 1 Nr. 5 ZPO	Nicht pfändbar, sofern es sich bei betriebswirtschaftlicher Betrachtungsweise um ein notwendiges Hilfsmittel zur Fortführung eines Erwerbsgeschäfts handelt, bei dem die persönliche Arbeitsleistung des Schuldners überwiegt.	Zulässig, abhängig von Wert und Ausstattung.	AG Gießen DGVZ 1998, 30 LG Lübeck DGVZ 2002, 185
	§ 811 Abs. 2 ZPO	In den Fällen des § 811 Abs. 1 Nr. 1, 4, 5–7 ZPO stets pfändbar, wenn Verkäufer wegen durch Eigentumsvorbehalt gesicherter Kaufpreisforderung vollstreckt.		
	§ 865 Abs. 2 ZPO §§ 94, 97 BGB	Unpfändbar, soweit es sich um Grundstückszubehör im Eigentum des Grundstückseigentümers handelt.		
Ladenkasse (s. auch Bargeld; s. auch Wechselgeld)	§ 811 Abs. 1 Nr. 5 ZPO	Nicht pfändbar, weil zum Betrieb des Erwerbsgeschäfts notwendig.	Zulässig, aber kaum praktisch.	LG Leipzig DGVZ 1933, 58 LG Lübeck DGVZ 2002, 185
	§ 811 Abs. 2 ZPO	In den Fällen des § 811 Abs. 1 Nr. 1, 4, 5–7 ZPO stets pfändbar, wenn Verkäufer wegen durch Eigentumsvorbehalt gesicherter Kaufpreisforderung vollstreckt.		
	§ 865 Abs. 2 ZPO §§ 94, 97 BGB	Unpfändbar, soweit es sich um Grundstückszubehör im Eigentum des Grundstückseigentümers handelt.		
Landwirtschaftliche Erzeugnisse		**1. Vom Boden getrennte Erzeugnisse:**		RG DNotZ 1933, 441 OLG Celle MDR 1962, 139 AG Oldenburg DGVZ 1988, 79 (Obstplantage)
	§§ 808, 809, 811 Abs. 1 Nr. 4, 5 ZPO §§ 97, 98 Nr. 2, 99 BGB	Pfändbar nur, sofern sie nicht Zubehör im Eigentum des Grundstückseigentümers geworden sind, also nicht zur Fortführung der Wirtschaft oder zum Lebensunterhalt des Schuldners, seiner Familie und		

Gegenstand	Gesetzliche Grundlage	Pfändbarkeit	Austauschpfändung, §§ 811a, 811b ZPO	Entscheidungen/Literatur
		seiner Arbeitnehmer benötigt werden. Zum Verkauf bereitgestellte Erzeugnisse sind kein Zubehör mehr.		RGZ 143, 39 LG Kleve DGVZ 1980, 38 LG Bayreuth DGVZ 1985, 42
	§ 811 Abs. 1 Nr. 2 ZPO	Nicht pfändbar, soweit es um einen Vorrat für den Schuldner und in seinem Haushalt lebende Familienangehörige für die nächsten vier Wochen ab Pfändung geht. Ist weniger an Vorrat vorhanden, bleibt der zur Beschaffung notwendige Geldbetrag pfändungsfrei, es sei denn, die Beschaffung ist auf andere Weise sichergestellt (Zeitpunkt der nächsten Lohnzahlung).		
	§ 811 Abs. 2 ZPO	In den Fällen des § 811 Abs. 1 Nr. 1, 4, 5–7 ZPO stets pfändbar, wenn Verkäufer wegen durch Eigentumsvorbehalt gesicherter Kaufpreisforderung vollstreckt.		
		2. Vom Boden noch nicht getrennte Erzeugnisse:		
	§ 810 ZPO § 865 Abs. 2 ZPO § 811 Abs. 1 Nr. 2–4 ZPO §§ 97, 98 Nr. 2, 99 BGB	Pfändbar nur, wenn die Beschlagnahme im Wege der Immobiliarvollstreckung noch nicht wirksam erfolgt ist und sie bei Trennung nicht Zubehör werden, wenn sie also nicht zur Fortführung der Wirtschaft oder zum Lebensunterhalt des Schuldners, seiner Familie und seiner Arbeitnehmer benötigt werden.		
Landwirtschaftliche Geräte	§ 811 Abs. 1 Nr. 4 ZPO	Unpfändbar, sofern sie bei in der Landwirtschaft tätigen Personen zur Sicherung des Lebensunterhalt oder zur Fortführung des Betriebes unmittelbar erforderlich sind.		AG Neuwied DGVZ 1979, 62 LG Oldenburg DGVZ 1980, 39
	§ 811 Abs. 2 ZPO	In den Fällen des § 811 Abs. 1 Nr. 1, 4, 5–7 ZPO		

Tabelle pfändbarer Gegenstände   L

Gegenstand	Gesetzliche Grundlage	Pfändbarkeit	Austauschpfändung, §§ 811a, 811b ZPO	Entscheidungen/Literatur
		stets pfändbar, wenn Verkäufer wegen durch Eigentumsvorbehalt gesicherter Kaufpreisforderung vollstreckt.		
	§ 865 ZPO §§ 94, 97, 98 Nr. 2 BGB	Nicht pfändbar, sofern es sich dabei um Zubehör im Eigentum des Grundstückseigentümers handelt.		
Landwirtschaftliches Vieh	§ 811 Abs. 1 Nr. 3 ZPO	Nicht pfändbar, sofern es – in beschränktem Umfang – zur Ernährung des Schuldners und seiner Familie erforderlich ist.		RGZ 142, 379 LG Hildesheim NdsRpfl 1971, 257 (Legehennen) AG Neuwied DGVZ 1975, 63 (Vieh als Zubehör)
	§ 811 Abs. 1 Nr. 4 ZPO	Nicht pfändbar, sofern es für den Wirtschaftsbetrieb objektiv erforderlich ist und die Ausnutzung des Grund und Bodens damit verbunden ist.		AG Neuwied DGVZ 1979, 62 (Zubehör) LG Oldenburg DGVZ 1980, 170 (Zuchtstute) AG Kirchheim/Teck DGVZ 1983, 62 (Schafe)
	§ 811 Abs. 1 Nr. 5 ZPO	Pfändbar bei rein gewerbsmäßiger, von der Bodennutzung unabhängiger Viehzucht.		LG Bonn DGVZ 1983, 153 (Kühe) LG Rottweil MDR 1985, 1034 (Milch- und Mastvieh)
	§ 811 Abs. 2 ZPO	In den Fällen des § 811 Abs. 1 Nr. 1, 4, 5–7 ZPO stets pfändbar, wenn Verkäufer wegen durch Eigentumsvorbehalt gesicherter Kaufpreisforderung vollstreckt.		LG Frankenthal MDR 1989, 364 = NJW-RR 1989, 896 (Tierfarmen, Pferdezucht) AG Itzehoe DGVZ 1996, 44 (Rinder)
	§ 865 ZPO §§ 97, 98 Nr. 2 BGB	Nicht pfändbar, sofern es sich dabei um Zubehör im Eigentum des Grundstückseigentümers handelt. Zum Verkauf bereitgestelltes Vieh ist kein Zubehör mehr.		AG Neuwied DGVZ 1996, 44 (unpfändbar bei 20 Jahre altem Pferd, das Gnadenbrot erhält) LG Koblenz DGVZ 1997, 89 (§ 811 Abs. 1 Nr. 4 ZPO nur erfüllt, wenn der Schuldner das Futter für die Tiere durch eigenen Anbau selbst erzeugt) *Dietz*, Tiere als Pfandobjekt – Zur Auslegung des § 811 ZPO, DGVZ 2001, 83
Laptop s. Computer (Hardware)				
Lautsprecherboxen	§§ 808, 809, 811 Abs. 1 Nr. 1 ZPO	Pfändbar, sofern sie nicht zum Betrieb des einzigen	Zulässig, abhängig von Wert.	

Gegenstand	Gesetzliche Grundlage	Pfändbarkeit	Austausch-pfändung, §§ 811a, 811b ZPO	Entscheidungen/Literatur
	§ 811 Abs. 1 Nr. 5 ZPO	Fernseh- oder Rundfunkgeräts erforderlich sind. Pfändbar, sofern es sich bei betriebswirtschaftlicher Betrachtungsweise nicht um notwendige Hilfsmittel zur Fortführung eines Erwerbsgeschäfts handelt, bei dem die persönliche Arbeitsleistung des Schuldners selbst überwiegt (zB Discjockey, Musiker).	Zulässig, abhängig von Wert.	OVG Sachsen-Anhalt, Beschl. v. 29.4.2009 – 3 M 175/09 (Licht- und Tontechnik einer mobilen Diskothek)
	§ 811 Abs. 2 ZPO	In den Fällen des § 811 Abs. 1 Nr. 1, 4, 5–7 ZPO stets pfändbar, wenn Verkäufer wegen durch Eigentumsvorbehalt gesicherter Kaufpreisforderung vollstreckt.		
Leasing		Es ist zu unterscheiden, ob der Schuldner der Leasinggeber oder der Leasingnehmer ist.		LG Dortmund NJW-RR 1986, 1497 OLG Düsseldorf NJW 1988, 1676
	§§ 808, 809, 811, 812 ZPO	Beim Leasinggeber richtet sich die Pfändbarkeit nach den allgemeinen Bestimmungen, bezogen auf den konkreten Gegenstand.		AG Neuwied KKZ 1999, 46 (pfändbar, wenn der Leasingnehmer – Schuldner – vertraglich berechtigt ist, den Gebrauch des Leasingobjekts einem Dritten zu überlassen)
	§§ 857, 829 ZPO	Ist Schuldner der Leasingnehmer, kann der Leasinggegenstand nur gepfändet werden, wenn die Überlassung des Leasinggutes an eine beliebige Person gestattet ist.		
Lebensmittel	§ 811 Abs. 1 Nr. 2 ZPO	Nicht pfändbar, soweit es um einen Vorrat für den Schuldner und in seinem Haushalt lebende Familienangehörige für die nächsten vier Wochen ab Pfändung geht; ist weniger an Vorrat vorhanden, bleibt der zur Beschaffung notwendige Geldbetrag pfändungsfrei, es sei denn, die Beschaffung ist auf andere Weise sichergestellt (Zeitpunkt der nächsten Lohnzahlung).		OLG Düsseldorf MDR 1950, 295

Tabelle pfändbarer Gegenstände L

Gegenstand	Gesetzliche Grundlage	Pfändbarkeit	Austauschpfändung, §§ 811a, 811b ZPO	Entscheidungen/Literatur
	§ 812 ZPO	Unpfändbar, soweit nur ein geringer Erlös zu erwarten ist.		
	§ 811 Abs. 1 Nr. 4a ZPO	Unpfändbar sind ferner die für Arbeitnehmer in der Landwirtschaft als Vergütung geleisteten Naturalien, soweit der Schuldner diese zu seinem und seiner Familie Unterhalt benötigt.		
	§ 811 Abs. 1 Nr. 5 ZPO	Pfändbar als Waren in Handel und Gewerbe, sofern es sich bei betriebswirtschaftlicher Betrachtungsweise nicht um notwendige Hilfsmittel zur Fortführung eines Erwerbsgeschäfts handelt, bei dem die persönliche Arbeitsleistung des Schuldners selbst überwiegt („Tante-Emma-Laden").		
	§ 811 Abs. 2 ZPO	In den Fällen des § 811 Abs. 1 Nr. 1, 4, 5–7 ZPO stets pfändbar, wenn Verkäufer wegen durch Eigentumsvorbehalt gesicherter Kaufpreisforderung vollstreckt.		
	§ 5 LFGB § 76 Abs. 1 GVGA	Gesundheitsbeeinträchtigende Lebensmittel dürfen nicht gepfändet werden.		
Lebensversicherung	§§ 829, 825 ZPO §§ 850 Abs. 3 Buchst. b, 850b, 851c, 851d ZPO	Grundsätzlich pfändbar. **Ausnahmen:** Bei einer Lebensversicherung auf **Rentenbasis** ist zum einen § 850b ZPO zu prüfen, zum anderen sind diese, soweit sie der **Altersversorgung** dienen, unter den Voraussetzungen von § 851c ZPO bzw § 851d ZPO nur wie Arbeitseinkommen pfändbar. Diese Vorschriften gelten sowohl für abhängig Beschäftigte (Angestellte,		BGH NJW 1960, 912 (Widerruf einer Bezugsberechtigung) OLG Köln InVo 2003, 198 (betriebliche Altersvorsorge) BGH Rpfleger 2002, 272 (Nichtigkeit der Pfändung bei vorheriger Abtretung) BGH NJW 2003, 2679 = FamRZ 2003, 1264 (unwiderrufliches Bezugsrecht) BFH Rpfleger 2007, 672 (Kapitallebensversicherung mit Rentenwahlrecht) BGH MDR 2010, 1081

Gegenstand	Gesetzliche Grundlage	Pfändbarkeit	Austauschpfändung, §§ 811a, 811b ZPO	Entscheidungen/Literatur
		Arbeiter, Beamte) als auch für Selbständige. **Ausnahmen:** Unpfändbar sind: – alte Handwerkerlebensversicherungen, § 22 1. DVO HWG – reine **Todesfallversicherungen** mit einer Versicherungssumme bis 3.579 €. Geht die Versicherungssumme darüber hinaus, sind die Ansprüche pfändbar, soweit sie über die Ansprüche hinausgehen, die sich auf der Grundlage einer den Betrag von 3.579 € nicht übersteigenden Versicherungssumme ergeben. Insoweit ist dann aber noch eine Billigkeit gem. § 850 b Abs. 2 ZPO zu prüfen. – Bei einer Lebensversicherung in Form einer Direktversicherung ist der § 2 Abs. 2 S. 4 BetrAVG unterfallende Teil einer zukünftigen **betrieblichen Altersversorgung** unpfändbar. Die Vorschrift des § 2 BetrAVG ist nicht mehr anwendbar, wenn die Versorgungsanwartschaft zum Vollrecht erstarkt ist. Das Vollrecht Betriebsrente ist wie Arbeitseinkommen pfändbar. Private Versicherungsrenten von selbstständig oder freiberuflich tätig gewesenen Personen genießen nicht den Pfändungsschutz für Arbeitseinkommen nach § 850 Abs. 2, Abs. 3 Buchst. b ZPO und sind		BGH Rpfleger 2008, 267 = NJW-RR 2008, 412 (Kleinlebensversicherung) *Diepold/Hintzen*, Muster 114–115 *Stöber*, Forderungspfändung, Rn 191 ff OLG Köln OLGR 2003, 54 LG Konstanz Rpfleger 2008, 87 (betriebliche Altersvorsorge) LG Stuttgart JurBüro 2010, 155 BGH NJW 2010, 374 = MDR 2010, 267 (Kapitallebensversicherung mit Berufsunfähigkeitszusatzversicherung) BGH, Beschl. v. 28.10.2009 – VII ZB 82/09 BGH NJW-RR 2008, 496

Tabelle pfändbarer Gegenstände L

Gegenstand	Gesetzliche Grundlage	Pfändbarkeit	Austauschpfändung, §§ 811a, 811b ZPO	Entscheidungen/Literatur
		pfändbar nach Maßgabe des § 851 c ZPO.		
Lebensversicherungsschein	§ 836 Abs. 3 ZPO § 106 GVGA § 4 VVG	Unpfändbar, da kein Wertpapier; dient nur zum Nachweis der Berechtigung oder zum Beweis. Kann durch den GVZ im Wege der **Hilfspfändung** weggenommen werden.		RGZ 29, 297, 301; 145, 322 BFH Rpfleger 1991, 466 = NJW 1992, 527 LG Darmstadt JurBüro 1991, 730
Lederkleidung	§§ 808, 809, 811 Abs. 1 Nr. 1 ZPO	Unpfändbar, soweit der Schuldner der Sachen im Hinblick auf seine Berufstätigkeit sowie der seiner Verschuldung angemessenen bescheidenen Lebens- und Haushaltsführung bedarf.	Zulässig, aber regelmäßig nur sinnvoll bei hochwertiger Kleidung.	LG Göttingen DGVZ 1994, 89 LG Kassel JurBüro 1996, 215
	§ 811 Abs. 1 Nr. 5 ZPO	Unpfändbar, sofern es sich bei betriebswirtschaftlicher Betrachtungsweise um ein notwendiges Hilfsmittel zur Fortführung des Berufs oder eines Erwerbsgeschäfts handelt, bei dem die persönliche Arbeitsleistung des Schuldners selbst überwiegt (zB als Warenbestand eines kleinen Bekleidungsgeschäfts).	Zulässig.	
	§ 811 Abs. 1 Nr. 7 ZPO	Als notwendige Dienstkleidung oder als notwendige Kleidung der dort genannten Berufe für den Schuldner selber.	Unzulässig.	
	§ 811 Abs. 2 ZPO	In den Fällen des § 811 Abs. 1 Nr. 1, 4, 5–7 ZPO stets pfändbar, wenn Verkäufer wegen durch Eigentumsvorbehalt gesicherter Kaufpreisforderung vollstreckt.		
Leergut	§§ 808, 809 ZPO § 95 Abs. 1 GVGA	Leergut wird üblicherweise nur leih- oder darlehensweise überlassen und ist als Fremdeigentum kenntlich. Der GVZ pfändet es daher nur auf ausdrückliches Verlangen des Gläubigers und wenn ansonsten		

Gegenstand	Gesetzliche Grundlage	Pfändbarkeit	Austausch-pfändung, §§ 811a, 811b ZPO	Entscheidungen/Literatur
		keine ausreichenden Pfandstücke vorhanden sind.		
	§ 811 Abs. 1 Nr. 5 ZPO	Unpfändbar, sofern es sich bei betriebswirtschaftlicher Betrachtungsweise um ein notwendiges Hilfsmittel zur Fortführung des Berufs oder eines Erwerbsgeschäfts handelt, bei dem die persönliche Arbeitsleistung des Schuldners selbst überwiegt.		
	§ 811 Abs. 2 ZPO	In den Fällen des § 811 Abs. 1 Nr. 1, 4, 5–7 ZPO stets pfändbar, wenn Verkäufer wegen durch Eigentumsvorbehalt gesicherter Kaufpreisforderung vollstreckt.		
	§ 865 ZPO §§ 97, 98 Nr. 2 BGB	Nicht pfändbar, sofern es sich dabei um Zubehör im Eigentum des Grundstückseigentümers handelt.		
Legehennen	§ 811 Abs. 1 Nr. 3 ZPO	Nicht pfändbar, sofern sie – in beschränktem Umfang – zur Ernährung des Schuldners und seiner Familie erforderlich sind.		LG Leipzig DGVZ 1933, 75 OLG München DGVZ 33, 137 LG Dresden DGVZ 1939, 277 LG Hildesheim NdsRpfl 1971, 257 LG Oldenburg DGVZ 1980, 170
	§ 811 Abs. 1 Nr. 4 ZPO	Nicht pfändbar, sofern es für den Wirtschaftsbetrieb objektiv erforderlich ist und die Ausnutzung des Grund und Bodens damit verbunden ist. Rein gewerbsmäßige, von der Bodennutzung unabhängige Geflügelhaltung – in Batterien statt im Freien – gehört daher nicht dazu.		
	§ 811 Abs. 2 ZPO	In den Fällen des § 811 Abs. 1 Nr. 1, 4, 5–7 ZPO stets pfändbar, wenn Verkäufer wegen durch Eigentumsvorbehalt gesicherter Kaufpreisforderung vollstreckt.		
	§ 865 ZPO §§ 97, 98 Nr. 2 BGB	Nicht pfändbar, sofern es sich dabei um Zubehör im		

Tabelle pfändbarer Gegenstände L

Gegenstand	Gesetzliche Grundlage	Pfändbarkeit	Austauschpfändung, §§ 811a, 811b ZPO	Entscheidungen/Literatur
		Eigentum des Grundstückseigentümers handelt.		
Legitimationspapiere	§ 836 Abs. 3 ZPO	Nicht pfändbar, da kein Wertpapier. Sie dienen nur zum Nachweis der Berechtigung oder zum Beweis (zB Anteilschein an einer GmbH, Depotscheine, Pfandschein, Schuldschein, Sparkassenbuch, Versicherungsschein).		
	§§ 106, 122 GVGA	Sie können durch den GVZ im Wege der **Hilfspfändung** weggenommen werden.		
Lkw (s. auch Kraftfahrzeug)	§§ 803 Abs. 2, 808, 809, 811 Abs. 1 Nr. 1 ZPO	Pfändbar.		LG Darmstadt NJW 1955, 347
				LG Bonn MDR 1960, 770
	§ 811 Abs. 1 Nr. 4 und 5 ZPO	**Ausnahmen:** Kein Verwertungserlös zu erzielen oder zur Ausübung bzw Fortsetzung der Landwirtschaft bzw eines Erwerbsgeschäfts notwendig, bei dem die persönliche Arbeitsleistung des Schuldners selbst überwiegt.	Zulässig, abhängig von Wert, Ausstattung und Zustand des Fahrzeuges (OLG Köln Rpfleger 1986, 57 = DGVZ 1986, 13).	OLG Hamm DGVZ 1961, 57 = JMBl. NW 1961, 8
				AG Köln JurBüro 1965, 932
				AG Hannover DGVZ 1975, 15
				BGH WM 1980, 1384 (Zubehör, wenn Lkw dem Zu- und Abtransport von Gütern zum Betrieb dient)
	§ 811 Abs. 2 ZPO	In den Fällen des § 811 Abs. 1 Nr. 1, 4, 5–7 ZPO stets pfändbar, wenn Verkäufer wegen durch Eigentumsvorbehalt gesicherter Kaufpreisforderung vollstreckt.		BGH NJW 1983, 746 = DGVZ 1983, 87 (Lkw einer Spedition ist kein Zubehör)
				LG Oldenburg DGVZ 1991, 119
	§ 865 Abs. 2 ZPO §§ 94, 97 BGB §§ 107 ff GVGA	Nicht pfändbar, sofern es sich dabei um Zubehör im Eigentum des Grundstückseigentümers handelt.		AG Gießen DGVZ 1997, 189
Lohnabrechnung/Lohnbescheinigung	§ 836 Abs. 3 ZPO § 106 GVGA	Pfändbar nur im Wege der **Hilfspfändung** durch den GVZ im Rahmen der Pfändung des Anspruchs auf Arbeitsentgelt, die durch das Vollstreckungsgericht erfolgt. Die herauszugebenden Unterlagen sollten im Antrag und in den PfÜB aufgenommen werden.		BGH JurBüro 2006, 547 (laufende Abrechnungen)
				OLG Braunschweig Rpfleger 2005, 150 (laufende Abrechnungen)
				BGH Rpfleger 2007, 209 (auch für die letzten drei Monate vor Pfändung)

Gegenstand	Gesetzliche Grundlage	Pfändbarkeit	Austauschpfändung, §§ 811a, 811b ZPO	Entscheidungen/Literatur
Lohnabtretungsurkunde	§ 836 Abs. 3 ZPO § 106 GVGA	Pfändbar nur im Wege der **Hilfspfändung** durch den GVZ im Rahmen der Pfändung des Anspruchs auf Arbeitsentgelt, die durch das Vollstreckungsgericht erfolgt. Die herauszugebenden Unterlagen sollten im Antrag und in den PfÜB aufgenommen werden.		LG München II JurBüro 1998, 604 LG Paderborn JurBüro 2002, 159 BGH JurBüro 2006, 547
Lohnsteuerkarte/Lohnsteuerbescheinigung	§ 836 Abs. 3 ZPO § 106 GVGA	Nicht pfändbar, auch nicht im Wege der **Hilfspfändung** durch den GVZ im Rahmen der Pfändung des Anspruchs auf Durchführung des Lohnsteuerjahresausgleichs und Auszahlung des Erstattungsbetrages, weil nach der Rechtsprechung des BFH die Geltendmachung des Erstattungsanspruchs höchstpersönlicher Natur ist.		BFH KKZ 2000, 65 BFH NJW 2001, 462 LG Dortmund JurBüro 2000, 492 LG Frankenthal Rpfleger 2000, 462 BGH Rpfleger 2008, 372 *Viertelhausen*, Neues von der Pfändung der Lohnsteuerkarte, DGVZ 2004, 161
Lotterielose	§§ 808, 809, 821 ZPO	Pfändbar; Wegnahme durch den GVZ.		
Luftbefeuchter	§§ 808, 809, 811 Abs. 1 Nr. 1 ZPO	Pfändbar, weil nicht notwendiger Haushaltsgegenstand.		
	§ 811 Abs. 2 ZPO	In den Fällen des § 811 Abs. 1 Nr. 1, 4, 5–7 ZPO stets pfändbar, wenn Verkäufer wegen durch Eigentumsvorbehalt gesicherter Kaufpreisforderung vollstreckt.		
	§ 812 Abs. 1 Nr. 12 ZPO	Unpfändbar, sofern er aus gesundheitlichen Gründen erforderlich ist (zB Asthmatiker).	Unzulässig.	
Luftfahrzeuge	§§ 803 Abs. 2, 808, 809 ZPO	Pfändbar.		LG Braunschweig DGVZ 1990, 121 OLG Köln InVo 1996, 160
	§§ 864, 870a ZPO §§ 171a ff ZVG §§ 99, 100 LuftfzRG §§ 78 Abs. 6, 85, 153 Abs. 5 GVGA	**Ausnahmen:** Lfz, die in die Luftfahrzeugrolle oder in das Register für Pfandrechte an Luftfahrzeugen eingetragen sind, unterliegen nur der Immobiliarzwangsvollstreckung durch		

Tabelle pfändbarer Gegenstände

Gegenstand	Gesetzliche Grundlage	Pfändbarkeit	Austauschpfändung, §§ 811a, 811b ZPO	Entscheidungen/Literatur
		Zwangsversteigerung oder Eintragung eines Zwangsregisterpfandrechts.		
LZB-Scheck	§§ 808, 809, 821, 822, 831 ZPO § 123 GVGA	Pfändbar; Wegnahme durch den GVZ. Barauszahlung erfolgt nur von der LZB, andere Stellen der Deutschen Bundesbank nehmen den Scheck nur in Zahlung. Die Verwertung des **Inhaber-/Überbringer-** sowie **Namensschecks** erfolgt durch den GVZ, eines Überweisungsbeschlusses oder Beschlusses gem. § 825 ZPO bedarf es beim Inhaberscheck für die Vorlage durch den GVZ bei der Bank nicht; bei **Orderschecks** erlässt das Vollstreckungsgericht gem. § 835 ZPO den Überweisungsbeschluss. Die Scheckkarte ist nicht pfändbar, auch nicht im Wege der Hilfspfändung.		LG Göttingen NJW 1983, 635 = DGVZ 1984, 9 BGH Rpfleger 2003, 308 (Karte ist keine Urkunde gem. § 836 Abs. 3 ZPO)

M

Gegenstand	Gesetzliche Grundlage	Pfändbarkeit	Austauschpfändung, §§ 811a, 811b ZPO	Entscheidungen/Literatur
Mandelmaschine	§§ 808, 809, 811 Abs. 1 Nr. 1 ZPO	Pfändbar, da nicht notwendiger Haushaltsgegenstand.		AG Heidenheim DGVZ 1975, 75
	§ 811 Abs. 1 Nr. 5 ZPO	Unpfändbar, sofern es sich bei betriebswirtschaftlicher Betrachtungsweise um ein notwendiges Hilfsmittel zur Ausübung des Berufs des Schuldners bzw eines mitarbeitenden Familienangehörigen oder zur Fortführung eines Erwerbsgeschäfts handelt.	Zulässig, abhängig von Wert, Ausstattung und Zustand der einzelnen Maschine.	
	§ 811 Abs. 2 ZPO	In den Fällen des § 811 Abs. 1 Nr. 1, 4, 5–7 ZPO stets pfändbar, wenn Verkäufer wegen durch Eigentumsvorbehalt gesicherter Kaufpreisforderung vollstreckt.		
Marktstand	§§ 808, 809 ZPO	Pfändbar. **Ausnahmen:**		
	§ 811 Abs. 1 Nr. 5 ZPO	Unpfändbar als notwendiges Hilfsmittel zur Ausübung des Berufs des Schuldners bzw eines mitarbeitenden Familienangehörigen oder zur Fortführung eines Erwerbsgeschäfts handelt.	Düfte regelmäßig nicht in Betracht kommen.	
	§ 865 Abs. 2 ZPO §§ 94, 95, 97 BGB	Unpfändbar, sofern es sich um einen wesentlichen Bestandteil eines Grundstücks handelt, der also nicht nur zu einem vorübergehenden Zweck mit dem Grundstück verbunden ist.		
	§ 811 Abs. 2 ZPO	In den Fällen des § 811 Abs. 1 Nr. 1, 4, 5–7 ZPO stets pfändbar, wenn Verkäufer wegen durch Eigentumsvorbehalt gesicherter Kaufpreisforderung vollstreckt.		
Maschinen	§§ 808, 809, 811 Abs. 1 Nr. 1 ZPO	Je nach Art pfändbar.		LG Bochum DGVZ 1982, 43 (Hochdruckreiniger)

Tabelle pfändbarer Gegenstände   M

Gegenstand	Gesetzliche Grundlage	Pfändbarkeit	Austauschpfändung, §§ 811a, 811b ZPO	Entscheidungen/Literatur
				LG Traunstein DGVZ 2009, 44 (Kleinkläranlage)
	§ 811 Abs. 1 Nr. 5 ZPO	**Ausnahmen:** Nicht pfändbar, sofern es sich bei betriebswirtschaftlicher Betrachtungsweise ein notwendiges Hilfsmittel zur Ausübung des Berufs des Schuldners bzw eines mitarbeitenden Familienangehörigen oder zur Fortführung eines Erwerbsgeschäfts handelt.	Zulässig, abhängig von Wert, Ausstattung und Zustand der einzelnen Maschinen.	
	§ 811 Abs. 2 ZPO	In den Fällen des § 811 Abs. 1 Nr. 1, 4, 5–7 ZPO stets pfändbar, wenn Verkäufer wegen durch Eigentumsvorbehalt gesicherter Kaufpreisforderung vollstreckt.		
	§ 865 Abs. 2 ZPO §§ 94, 95, 97 BGB	Nicht pfändbar, sofern es sich dabei um einen wesentlichen Bestandteil des Grundstücks oder um Zubehör im Eigentum des Grundstückseigentümers handelt; dann erfolgt die Vollstreckung im Wege der Immobiliarvollstreckung.	Unzulässig.	
Medaillen	§§ 808, 809, 811 Abs. 1 Nr. 11 ZPO	Pfändbar, weil es sich regelmäßig um eine als Preis verliehene Auszeichnung und nicht um ein von einem in- oder ausländischen Staat dem Schuldner verliehenes Ehrenzeichen handelt.		
Miete	§ 829 ZPO	Pfändbar außerhalb des Pfändungsschutzes nach § 851 b ZPO.		BGH NJW 2005, 681
	§§ 1123, 1124, 1192 BGB	**Beachte:** Die Pfändung ist gegenüber einem Hypotheken- oder Grundschuldgläubiger nachrangig, wenn dieser die – auch zeitlich spätere – Beschlagnahme der Mietforderung aufgrund eines dinglichen Titels, also durch Pfändung oder Zwangsverwaltung erreicht		BGH NJW-RR 2005, 1466 BGH NJW 2008, 1599

Gegenstand	Gesetzliche Grundlage	Pfändbarkeit	Austauschpfändung, §§ 811a, 811b ZPO	Entscheidungen/Literatur
		hat. Die bloße Eintragung einer Zwangshypothek genügt insoweit nicht.		
Mietnebenkosten	§§ 829, 851 b, 857 ZPO	Unpfändbar, weil zweckgebunden (str).		OLG Celle NJW-RR 2000, 460
Mikrowelle	§§ 808, 809, 811 Abs. 1 Nr. 1 ZPO	Pfändbar, sofern das Gerät ausschließlich privat genutzt wird, da regelmäßig nicht notwendiger Haushaltsgegenstand. Unpfändbar, wenn kein anderes Koch- oder Gargerät zur Verfügung steht.	Regelmäßig kein nennenswerter Übererlös in der Verwertung zu erzielen.	
	§ 811 Abs. 1 Nr. 5 ZPO	Unpfändbar, sofern es sich bei betriebswirtschaftlicher Betrachtungsweise um ein notwendiges Hilfsmittel zur Ausübung des Berufs des Schuldners bzw eines mitarbeitenden Familienangehörigen oder zur Fortführung eines Erwerbsgeschäfts handelt, bei dem die persönliche Arbeitsleistung überwiegt (zB. Imbissstand).		
	§ 811 Abs. 2 ZPO	In den Fällen des § 811 Abs. 1 Nr. 1, 4, 5–7 ZPO stets pfändbar, wenn Verkäufer wegen durch Eigentumsvorbehalt gesicherter Kaufpreisforderung vollstreckt.		
Mineralien	§ 865 Abs. 2 ZPO § 810 ZPO	Grundsätzlich nicht pfändbar, weil sie als wesentliche Bestandteile oder Zubehör dem Hypothekenhaftungsverband unterliegen; die Vollstreckung erfolgt im Wege der Zwangsversteigerung oder Zwangsverwaltung. **Ausnahme:** Vom Grund und Boden getrennte Bestandteile, die nicht mehr im Eigentum des Schuldners stehen.		

Tabelle pfändbarer Gegenstände   M

Gegenstand	Gesetzliche Grundlage	Pfändbarkeit	Austauschpfändung, §§ 811a, 811b ZPO	Entscheidungen/Literatur
Miteigentumsanteil an beweglichen Sachen	§§ 857, 829, 851 ZPO § 747 BGB	Pfändbar. Der Anspruch auf Aufhebung der Gemeinschaft, Zustimmung zur Teilung und Auszahlung des Erlöses sollte ausdrücklich mitgepfändet werden.		*Diepold/Hintzen*, Muster 122 *Stöber*, Forderungspfändung, Rn 1547 f
Miteigentumsanteil an unbeweglichen Sachen	§ 864 Abs. 2 ZPO §§ 1 ff ZVG §§ 857, 829 ZPO	In den Miteigentumsanteil wird nach dem ZVG vollstreckt. Wirtschaftlich sinnvoll ist es, auch den Anspruch auf Aufhebung der Gemeinschaft zusammen mit dem Anspruch auf Teilung und Auszahlung des Erlöses zu pfänden.		*Diepold/Hintzen*, Muster 47 *Stöber*, Forderungspfändung, Rn 1542 ff BGH NJW 2006, 849
Miterbenanteil	§§ 859 Abs. 2, 857, 829, 835, 844 ZPO	Pfändbar nach Eintritt des Erbfalls und vor Nachlassteilung.		Hk-ZV/*Koch*, § 857 ZPO Rn 21 ff
Mobilfunkgerät	§§ 808, 809, 811 Abs. 1 Nr. 1 ZPO § 811 Abs. 1 Nr. 5 ZPO § 811 Abs. 2 ZPO	Pfändbar, sofern das Gerät ausschließlich privat genutzt wird. **Ausnahme:** Unpfändbar, sofern es sich bei betriebswirtschaftlicher Betrachtungsweise um ein notwendiges Hilfsmittel zur Ausübung des Berufs des Schuldners bzw eines mitarbeitenden Familienangehörigen oder zur Fortführung eines Erwerbsgeschäfts handelt, bei dem die persönliche Arbeitsleistung überwiegt. In den Fällen des § 811 Abs. 1 Nr. 1, 4, 5–7 ZPO stets pfändbar, wenn Verkäufer wegen durch Eigentumsvorbehalt gesicherter Kaufpreisforderung vollstreckt.	Zulässig, abhängig von Wert und Ausstattung.	
Modelleisenbahn	§§ 808, 809, 811 Abs. 1 Nr. 1 ZPO § 811 Abs. 1 Nr. 5 ZPO	Pfändbar, sofern die Anlage ausschließlich privat genutzt wird. **Ausnahme:** Sofern es sich bei betriebswirtschaftlicher Betrachtungsweise		*Lebek/Berg*, Grundeigentum 2000, 201

Gegenstand	Gesetzliche Grundlage	Pfändbarkeit	Austauschpfändung, §§ 811a, 811b ZPO	Entscheidungen/Literatur
		um ein notwendiges Hilfsmittel zur Ausübung des Berufs des Schuldners bzw eines mitarbeitenden Familienangehörigen oder zur Fortführung eines Erwerbsgeschäfts handelt, bei dem die persönliche Arbeitsleistung überwiegt.		
	§ 811 Abs. 2 ZPO	In den Fällen des § 811 Abs. 1 Nr. 1, 4, 5–7 ZPO stets pfändbar, wenn Verkäufer wegen durch Eigentumsvorbehalt gesicherter Kaufpreisforderung vollstreckt.		
Modellkleidung	§§ 808, 811 Abs. 1 Nr. 1 ZPO	Unpfändbar, sofern es sich um Sachen des persönlichen Gebrauchs handelt.	Zulässig, abhängig von Wert.	
	§ 811 Abs. 1 Nr. 5, 7 ZPO	Unpfändbar, sofern es sich bei betriebswirtschaftlicher Betrachtungsweise um ein notwendiges Hilfsmittel zur Ausübung des Berufs des Schuldners bzw eines mitarbeitenden Familienangehörigen oder zur Fortführung eines Erwerbsgeschäfts handelt, bei dem die persönliche Arbeitsleistung überwiegt.		
		Ausnahme: Besonders wertvolle Modellkleidung oder der Warenbestand eines Bekleidungsgeschäfts.		LG Kassel JurBüro 1996, 215
	§ 811 Abs. 2 ZPO	In den Fällen des § 811 Abs. 1 Nr. 1, 4, 5–7 ZPO stets pfändbar, wenn Verkäufer wegen durch Eigentumsvorbehalt gesicherter Kaufpreisforderung vollstreckt.		
Möbel	§§ 811 Abs. 1 Nr. 1, 812 ZPO	Unpfändbar sind alle Gegenstände, die zum Hausrat gehören, im Haushalt benutzt werden und keinen nennenswerten Übererlös in der Verwertung erzielen werden.	Regelmäßig unzulässig, weil kein Verwertungserfolg zu erzielen ist.	LG Wiesbaden DGVZ 1989, 141 LG Heilbronn Rpfleger 1993, 119 (bescheidene Lebensführung) FG Brandenburg JurBüro 1998, 664 (Wohnzimmermöbel, bestehend aus einer Couchgarnitur, zwei kleinen
	§ 811 Abs. 1 Nr. 5 ZPO	Unpfändbar, sofern es sich bei betriebswirtschaftli-		

Tabelle pfändbarer Gegenstände M

Gegenstand	Gesetzliche Grundlage	Pfändbarkeit	Austausch-pfändung, §§ 811a, 811b ZPO	Entscheidungen/Literatur
		cher Betrachtungsweise um ein notwendiges Hilfsmittel zur Ausübung des Berufs des Schuldners bzw eines mitarbeitenden Familienangehörigen oder zur Fortführung eines Erwerbsgeschäfts handelt, bei dem die persönliche Arbeitsleistung überwiegt.		Tischen und einer Schrankwand)
	§ 811 Abs. 2 ZPO	In den Fällen des § 811 Abs. 1 Nr. 1, 4, 5–7 ZPO stets pfändbar, wenn Verkäufer wegen durch Eigentumsvorbehalt gesicherter Kaufpreisforderung vollstreckt.		
Moped	§§ 808, 809, 811 Abs. 1 Nr. 1 ZPO	Pfändbar.		OLG Oldenburg MDR 1962, 486 (unpfändbar)
	§ 811 Abs. 1 Nr. 5 ZPO	**Ausnahme:** Es ist zur Erreichung der Arbeitsstelle notwendig.		
	§ 811 Abs. 2 ZPO	In den Fällen des § 811 Abs. 1 Nr. 1, 4, 5–7 ZPO stets pfändbar, wenn Verkäufer wegen durch Eigentumsvorbehalt gesicherter Kaufpreisforderung vollstreckt.		
Most (s. auch Früchte auf dem Halm)	§§ 808, 809, 810, 811 Abs. 1 Nr. 4 ZPO	Pfändbar, weil es sich um bereits zum Verkauf bestimmte Erzeugnisse handelt und sie auch nicht zum Lebensunterhalt unbedingt notwendig sind.		AG Worms DGVZ 1984, 126
Motorboot	§§ 808, 809, 811 Abs. 1 Nr. 1, 5 ZPO	Pfändbar, sofern es sich nicht um ein Binnenschiff handelt, welches im Schifffahrtsregister eingetragen ist.		
	§§ 864, 870 a ZPO §§ 2, 3, 77 SchiffsRG § 4 SchiffsRegO §§ 162 ff ZVG §§ 78 Abs. 6, 84, 153 Abs. 2, 4 GVGA	Schiffe, die im Schifffahrtsregister vermerkt sind, werden wie eine unbewegliche Sache behandelt (Schiffshypothek, Zwangsversteigerung).		
Motorsegler	§§ 808, 809 ZPO	Pfändbar.		

Gegenstand	Gesetzliche Grundlage	Pfändbarkeit	Austauschpfändung, §§ 811a, 811b ZPO	Entscheidungen/Literatur
	§§ 864, 870a ZPO §§ 171a ff ZVG §§ 99, 100 LuftfzRG §§ 78 Abs. 6, 85, 153 Abs. 5 GVGA	Unpfändbar, wenn das Flugzeug in der Luftfahrzeugrolle oder in das Register für Pfandrechte an Luftfahrzeugen (Amtsgericht) eingetragen ist. Dann erfolgt die Vollstreckung durch Zwangsversteigerung oder Eintragung eines Zwangsregisterpfandrechts.		
Mountainbike	§§ 808, 809, 811 Abs. 1 Nr. 1 ZPO	Pfändbar, sofern es nur privat genutzt wird, da nicht notwendiger Haushaltsgegenstand.		
	§ 811 Abs. 1 Nr. 5 ZPO	**Ausnahme:** Unpfändbar, sofern es sich bei betriebswirtschaftlicher Betrachtungsweise um ein notwendiges Hilfsmittel zur Ausübung des Berufs des Schuldners bzw eines mitarbeitenden Familienangehörigen oder zur Fortführung eines Erwerbsgeschäfts handelt, bei dem die persönliche Arbeitsleistung überwiegt.	Zulässig, abhängig von Wert und Ausstattung.	
	§ 811 Abs. 2 ZPO	In den Fällen des § 811 Abs. 1 Nr. 1, 4, 5–7 ZPO stets pfändbar, wenn Verkäufer wegen durch Eigentumsvorbehalt gesicherter Kaufpreisforderung vollstreckt.		
Münzsammlung	§§ 808, 809 ZPO	Pfändbar; bei wertvollen Sammlungen ist ein Sachverständiger hinzuzuziehen, § 813 Abs. 1 ZPO.		
	§ 811 Abs. 1 Nr. 5 ZPO	**Ausnahme:** Unpfändbar, sofern es sich bei betriebswirtschaftlicher Betrachtungsweise um ein notwendiges Hilfsmittel zur Ausübung des Berufs des Schuldners bzw eines mitarbeitenden Familienangehörigen oder zur Fortführung eines Erwerbsgeschäfts handelt, bei dem		

Tabelle pfändbarer Gegenstände   M

Gegenstand	Gesetzliche Grundlage	Pfändbarkeit	Austauschpfändung, §§ 811a, 811b ZPO	Entscheidungen/Literatur
	§ 811 Abs. 2 ZPO	die persönliche Arbeitsleistung überwiegt. In den Fällen des § 811 Abs. 1 Nr. 1, 4, 5–7 ZPO stets pfändbar, wenn Verkäufer wegen durch Eigentumsvorbehalt gesicherter Kaufpreisforderung vollstreckt.		
Musikanlage (s. auch Hi-Fi-Anlage)	§§ 808, 809 ZPO	Pfändbar.		OVG Sachsen-Anhalt, Beschl. v. 29.4.2009 – 3 M 175/09 (Licht- und Tontechnik einer mobilen Diskothek)
	§ 811 Abs. 1 Nr. 1 ZPO	**Ausnahme:** Unpfändbar, sofern darin das einzige Radiogerät enthalten ist (Kompaktanlage).	Zulässig, abhängig von Alter, Wert und Ausstattung.	
	§ 811 Abs. 1 Nr. 5 ZPO	Unpfändbar, sofern es sich bei betriebswirtschaftlicher Betrachtungsweise um ein notwendiges Hilfsmittel zur Ausübung des Berufs des Schuldners bzw eines mitarbeitenden Familienangehörigen oder zur Fortführung eines Erwerbsgeschäfts handelt, bei dem die persönliche Arbeitsleistung überwiegt.	Zulässig, abhängig von Alter, Wert und Ausstattung.	
	§ 811 Abs. 2 ZPO	In den Fällen des § 811 Abs. 1 Nr. 1, 4, 5–7 ZPO stets pfändbar, wenn Verkäufer wegen durch Eigentumsvorbehalt gesicherter Kaufpreisforderung vollstreckt.		
Musikinstrumente	§§ 808, 809, 811 Abs. 1 Nr. 1 ZPO	Pfändbar, da regelmäßig nicht notwendige Haushaltsgegenstände.		AG Mönchengladbach DGVZ 1974, 29
	§ 811 Abs. 1 Nr. 5 ZPO	**Ausnahme:** Unpfändbar, sofern es sich bei betriebswirtschaftlicher Betrachtungsweise um ein notwendiges Hilfsmittel zur Ausübung des Berufs des Schuldners bzw eines mitarbeitenden Familienangehörigen oder zur Fortführung eines Erwerbsgeschäfts handelt, bei dem die persönliche Arbeitsleistung überwiegt.	Zulässig, aber wohl nur bei besonders wertvollen Instrumenten.	

Gegenstand	Gesetzliche Grundlage	Pfändbarkeit	Austauschpfändung, §§ 811a, 811b ZPO	Entscheidungen/Literatur
	§ 811 Abs. 2 ZPO	In den Fällen des § 811 Abs. 1 Nr. 1, 4, 5–7 ZPO stets pfändbar, wenn Verkäufer wegen durch Eigentumsvorbehalt gesicherter Kaufpreisforderung vollstreckt.		

Tabelle pfändbarer Gegenstände N

Gegenstand	Gesetzliche Grundlage	Pfändbarkeit	Austausch-pfändung, §§ 811a, 811b ZPO	Entscheidungen/Literatur
N				
Nacherbenan-wartschaft	§§ 857, 829 ZPO §§ 2100 ff, 2139 BGB	Pfändbar nach Eintritt des Erbfalls und vor Anfall der Nacherbschaft.		*Diepold/Hintzen*, Muster 125–127 *Stöber*, Forderungspfändung, Rn 1653 ff
Nähmaschine	§§ 808, 809, 811 Abs. 1 Nr. 1 ZPO	Pfändbar.		OLG Köln MDR 1969, 151
Nahrungsmittel s. Lebensmittel				
Namensaktie	§§ 808 Abs. 2, 821 ZPO § 105 Abs. 2 GVGA	Pfändbar; Wegnahme durch den GVZ.		*Kunst*, Zwangsvollstreckung in Wertpapiere, InVo 2004, 3 BGH Rpfleger 2000, 420 (zur Pfändung im Depot verwahrter Wertpapiere)
	§§ 857, 829 ZPO	**Sammelverwahrte Aktien** bei Kreditinstituten: Die Pfändung des Anteils des Schuldners als Hinterleger an den im Sammeldepot verwahrten Papieren erfolgt durch das Vollstreckungsgericht (PfÜB).		
	§ 836 Abs. 3 ZPO § 106 GVGA	Der GVZ kann Nachweisurkunden beim Schuldner im Wege der **Hilfspfändung** wegnehmen.		
Namensanteil-schein, der auf den Inhaber lautet	§§ 808 Abs. 2, 809, 821, 822 ZPO	Pfändbar; Wegnahme durch den GVZ. Sie verbriefen Teilhaberrechte.		*Kaiser*, Vollstreckung in Anteilsscheine von offenen und geschlossenen Investment- und Immobilienfonds, InVo 2001, 46 RGZ 53, 109 *Kunst*, Zwangsvollstreckung in Wertpapiere, InVo 2004, 3 BGH Rpfleger 2000, 420 (zur Pfändung im Depot verwahrter Wertpapiere)
	§ 836 Abs. 3 ZPO § 106 GVGA	Anteilscheine an einer GmbH sind als bloße Beweisurkunden nur der **Hilfspfändung** zugänglich.		
	§§ 857, 829 ZPO	**Sammelverwahrte Anteilspapiere** bei Kreditinstituten: Die Pfändung des Anteils des Schuldners als Hinterleger an den im Sammeldepot verwahrten Papieren erfolgt durch das Vollstreckungsgericht (PfÜB).		
	§ 836 Abs. 3 ZPO § 106 GVGA	Der GVZ kann Nachweisurkunden beim Schuldner im		

Gegenstand	Gesetzliche Grundlage	Pfändbarkeit	Austauschpfändung, §§ 811a, 811b ZPO	Entscheidungen/Literatur
Namenspapiere (Rektapapiere)	§§ 808 Abs. 2, 809, 821, 822 ZPO	Wege der **Hilfspfändung** wegnehmen. Pfändbar; Wegnahme durch den GVZ (zB Scheck und Wechsel mit Klausel „nicht an Order", Namensaktie, Investmentzertifikate auf den Namen, auf einen Namen umgeschriebene Schuldverschreibungen).		LG Berlin Rpfleger 1970, 361 = DGVZ 1970, 170
Nießbrauch	§§ 857, 829 ZPO §§ 1030 ff BGB	Pfändbar ist das Recht als solches, auch wenn die Überlassung der Ausübung zwischen Eigentümer und Nießbraucher vertraglich ausgeschlossen ist (§ 851 Abs. 2 ZPO). Verwertung nicht durch Überweisung, sondern durch Ausübung des Nießbrauchs oder aufgrund gesonderter Anordnung (§ 857 Abs. 4 ZPO). Gläubiger hat keinen Anspruch auf Räumung und Herausgabe des Grundstücks.		BGH NJW 2006, 1124 *Diepold/Hintzen*, Muster 128–129 *Stöber*, Forderungspfändung, Rn 1709 ff
Notebook s. Computer (Hardware)				

Tabelle pfändbarer Gegenstände

Gegenstand	Gesetzliche Grundlage	Pfändbarkeit	Austauschpfändung, §§ 811a, 811b ZPO	Entscheidungen/Literatur
		O		
Obligationen	§§ 808 Abs. 2, 809, 821, 822 ZPO	Pfändbar, weil börsenfähiges Wertpapier (Inhaberschuldverschreibung, die von einem öffentlich-rechtlichen Kreditinstitut oder einer Hypothekenbank aufgrund von Kommunaldarlehen – **Kommunalobligationen** – oder von größeren Industrieunternehmen – **Industrieobligationen** – ausgegeben werden). Wegnahme durch den GVZ.		*Kunst*, Zwangsvollstreckung in Wertpapiere, InVo 2004, 3
	§§ 857, 829 ZPO	Bei sammelverwahrten **Bundesobligationen** erfolgt die Pfändung des Anteils des Schuldners als Hinterleger an den im Sammeldepot verwahrten Papieren durch das Vollstreckungsgericht (PfÜB).		BGH Rpfleger 2000, 420 (zur Pfändung im Depot verwahrter Wertpapiere)
	§ 836 Abs. 3 ZPO § 106 GVGA	Der GVZ kann Nachweisurkunden beim Schuldner im Wege der **Hilfspfändung** wegnehmen.		
Obst *s.* Landwirtschaftliche Erzeugnisse				
Ölgemälde	§§ 808 Abs. 2, 811 Abs. 1 Nr. 1, 813 Abs. 1 S. 2 ZPO § 79 GVGA	Pfändbar. Beachte aber § 113 UrhG bei Zwangsvollstreckung gegen den Urheber in das Original.		
		Vor der Verwertung ist ein Sachverständigengutachten einzuholen; eine andere Verwertungsweise, zB Auktionator, sollte geprüft werden.		
	§ 811 Abs. 2 ZPO	In den Fällen des § 811 Abs. 1 Nr. 1, 4, 5–7 ZPO stets pfändbar, wenn Verkäufer wegen durch Eigentumsvorbehalt gesicherter Kaufpreisforderung vollstreckt.		

Gegenstand	Gesetzliche Grundlage	Pfändbarkeit	Austauschpfändung, §§ 811a, 811b ZPO	Entscheidungen/Literatur
OHG, Geschäftsanteil	§§ 859, 857, 829 ZPO §§ 123 ff HGB	Pfändbar. Bei der Kündigung sind die §§ 131, 135 HGB zu beachten.		BGH MDR 2009, 1230 Thür. OLG OLGR Jena 2009, 467 *Diepold/Hintzen*, Muster 130, 131
Oldtimer (s. auch Kraftfahrzeug)	§§ 808, 809, 813, 825 ZPO	Pfändbar. Vor der Verwertung ist ein Sachverständigengutachten einzuholen; eine andere Verwertungsweise, zB Auktionator, sollte geprüft werden.		
	§ 811 Abs. 1 Nr. 5 ZPO	Nicht pfändbar, sofern er zur Ausübung bzw Fortsetzung des Berufs bzw der Erwerbstätigkeit notwendig ist.	Zulässig, abhängig vom Wert.	
	§ 865 Abs. 2 ZPO	Nicht pfändbar auch, sofern es sich dabei um Zubehör im Eigentum des Grundstückseigentümers handelt.	Nicht zulässig.	
	§ 811 Abs. 2 ZPO	In den Fällen des § 811 Abs. 1 Nr. 1, 4, 5–7 ZPO stets pfändbar, wenn Verkäufer wegen durch Eigentumsvorbehalt gesicherter Kaufpreisforderung vollstreckt.		
Orden	§ 811 Abs. 1 Nr. 11 ZPO	Nicht pfändbar ist das Original, soweit es von einem in- oder ausländischen Staat dem Schuldner verliehen worden und sich in dessen Besitz oder bestimmungsgemäß in der Familie verblieben ist. Pfändbar hingegen sind private Auszeichnungen.	Unzulässig.	
Orderpapiere	§§ 808, 809, 831 ZPO § 123 GVGA	Pfändbar; Wegnahme durch den GVZ. Die Verwertung erfolgt durch Überweisungsbeschluss des Vollstreckungsgerichts, § 835 ZPO. **Ausnahme:** Inhaberscheck (s. dort)		

Tabelle pfändbarer Gegenstände O

Gegenstand	Gesetzliche Grundlage	Pfändbarkeit	Austauschpfändung, §§ 811a, 811b ZPO	Entscheidungen/Literatur
Orderscheck	§§ 808, 809, 831 ZPO § 123 GVGA	Pfändbar; Wegnahme durch den GVZ. Die Verwertung erfolgt durch Überweisungsbeschluss des Vollstreckungsgerichts gem. §§ 835 f ZPO.		
Orderschuldverschreibung	§§ 808, 809, 831 ZPO § 123 GVGA	Pfändbar; Wegnahme durch den GVZ. Die Verwertung erfolgt durch Überweisungsbeschluss des Vollstreckungsgerichts gem. §§ 835 f ZPO.		RGZ 78, 149
Orientteppich	§§ 808, 809, 813 ZPO	Pfändbar. Vor der Verwertung sollte ein Sachverständigengutachten eingeholt werden; eine andere Verwertungsweise, zB Auktionator, sollte geprüft werden. **Ausnahmen:**		KG NJW-RR 1986, 201 AG Hannover DGVZ 1987, 174 (Gebetsteppich) AG München DGVZ 1995, 11 (kein Arbeitsmittel) KG DGVZ 1967, 105
	§ 811 Abs. 1 Nr. 1 ZPO	Notwendiger Haushaltsgegenstand.	Zulässig, abhängig von Wert und Alter.	
	§ 811 Abs. 1 Nr. 5 ZPO	Unpfändbar, sofern es sich bei betriebswirtschaftlicher Betrachtungsweise um ein notwendiges Hilfsmittel zur Ausübung des Berufs des Schuldners bzw eines mitarbeitenden Familienangehörigen oder zur Fortführung eines Erwerbsgeschäfts handelt, bei dem die persönliche Arbeitsleistung überwiegt.		
	§ 811 Abs. 1 Nr. 10 ZPO	Unpfändbar als religiös benutzter Gebetsteppich.		
	§ 810 Abs. 1 Nr. 12 ZPO	Unpfändbar auch bei fußkrankem Schuldner.		
	§ 811 Abs. 2 ZPO	In den Fällen des § 811 Abs. 1 Nr. 1, 4, 5–7 ZPO stets pfändbar, wenn Verkäufer wegen durch Eigentumsvorbehalt gesicherter Kaufpreisforderung vollstreckt.		

Gegenstand	Gesetzliche Grundlage	Pfändbarkeit	Austausch-pfändung, §§ 811a, 811b ZPO	Entscheidungen/Literatur

P

Pacht s. Miete				
Papierpresse	§§ 808, 809, 811 Abs. 1 Nr. 5 ZPO	Pfändbar.		AG Schweinfurt JurBüro 1977, 1287
Papierschneide-maschine	§§ 808, 809, 811 Abs. 1 Nr. 5 ZPO	Pfändbar.		LG Berlin DGVZ 1964, 88
PC-Anlage s. Computer (Hardware)				
Pelz s. im Übrigen Kleidung	§§ 808, 809, 811 Abs. 1 Nr. 1 ZPO	Unpfändbar, soweit es der einzige Wintermantel ist.	Zulässig, abhängig von Wert und Ausstattung.	
	§ 811 Abs. 2 ZPO	In den Fällen des § 811 Abs. 1 Nr. 1, 4, 5–7 ZPO stets pfändbar, wenn Verkäufer wegen durch Eigentumsvorbehalt gesicherter Kaufpreisforderung vollstreckt.		
Pensionen		Pfändbar wie Arbeitseinkommen.		
Perlen	§§ 808, 809, 811 Abs. 1 Nr. 1 ZPO § 813 ZPO	Pfändbar. Schätzung durch Sachverständigen.		
Perücke	§ 811 Abs. 1 Nr. 12 ZPO	Nicht pfändbar, sofern sie als Hilfsmittel wegen Haarausfall benötigt wird.	Nicht zulässig.	
Pfandbrief	§§ 830, 836 Abs. 3, 857 Abs. 6 ZPO § 106 GVGA	Unpfändbar, soweit es sich um Hypotheken- und Grundschuldpfandbriefe handelt; diese sind keine Wertpapiere. Sie können durch den GVZ im Wege der **Hilfspfändung** weggenommen werden.		RGZ 66, 27 BGH Rpfleger 1989, 248
	§§ 808, 821 ZPO	Pfändbar hingegen die – seltenen – **Grundschuldbriefe auf den Inhaber.**		
Pfandschein	§ 836 Abs. 3 ZPO § 106 GVGA	Unpfändbar, da kein Wertpapier. Es dient nur zum Nachweis der Berechtigung oder zum Beweis; kann		

Tabelle pfändbarer Gegenstände P

Gegenstand	Gesetzliche Grundlage	Pfändbarkeit	Austauschpfändung, §§ 811a, 811b ZPO	Entscheidungen/Literatur
		durch den GVZ im Wege der **Hilfspfändung** weggenommen werden.		
Pferd (s. auch Landwirtschaftliches Vieh)	§ 811 c ZPO	Unpfändbar, sofern das Tier – zum häuslichen Bereich gehört und nicht zu Erwerbszwecken gehalten wird oder	Pfändbar, wenn Härtefall, § 811 c Abs. 2 ZPO.	LG Oldenburg DGVZ 1980, 170 LG Frankenthal MDR 1989, 364 = NJW-RR 1989, 896 AG Paderborn DGVZ 1996, 44
	§ 865 ZPO §§ 97, 98 BGB	– als Grundstückszubehör im Eigentum des Schuldners anzusehen ist oder		AG Neuwied DGVZ 1996, 44 (unpfändbar bei 20 Jahre altem Pferd, das Gnadenbrot erhält)
	§ 811 Abs. 1 Nr. 4 ZPO	– für den Wirtschaftsbetrieb objektiv erforderlich ist bzw		LG Koblenz DGVZ 1997, 89 (§ 811 Abs. 1 Nr. 4 ZPO nur erfüllt, wenn Schuldner das Futter für die Tiere durch eigenen Anbau selbst erzeugt)
	§ 811 Abs. 1 Nr. 5 ZPO	– sich bei betriebswirtschaftlicher Betrachtungsweise als ein notwendiges Hilfsmittel zur Ausübung des Berufs des Schuldners bzw eines mitarbeitenden Familienangehörigen oder zur Fortführung eines Erwerbsgeschäfts erweist, bei dem die persönliche Arbeitsleistung überwiegt. Pfändbar daher als reine Kapitalanlage.		*Dietz*, Tiere als Pfandobjekt – Zur Auslegung des § 811 ZPO, DGVZ 2001, 83 *Wolf*, Das Pferd in der Zwangsvollstreckung, InVo 2007, 483
	§ 811 Abs. 2 ZPO	In den Fällen des § 811 Abs. 1 Nr. 1, 4, 5–7 ZPO stets pfändbar, wenn Verkäufer wegen durch Eigentumsvorbehalt gesicherter Kaufpreisforderung vollstreckt.		
Pflichtteilsanspruch	§§ 839, 852 ZPO	Pfändbar, auch vor vertraglicher Anerkennung oder Rechtshängigkeit.		BGH NJW 1993, 2876 BGH NJW 1997, 2384
		Die Verwertung – also der Überweisungsbeschluss – darf erst ergehen, wenn die Voraussetzungen des § 852 ZPO erfüllt sind.		BGH FamRZ 2009, 869 = MDR 2009, 648
Piano	§§ 808, 809, 811 Abs. 1 Nr. 1 ZPO	Pfändbar, da regelmäßig nicht notwendiger Haushaltsgegenstand.		OLG Hamburg OLGRspr 33, 106 KG DGVZ 1939, 277
	§ 811 Abs. 1 Nr. 5 ZPO	Nicht pfändbar, sofern es sich bei betriebswirtschaftlicher Betrachtungs-	Zulässig, aber wohl nur bei besonders wertvol-	AG Mönchengladbach DGVZ 1974, 29 AG Essen DGVZ 1998, 30

Gegenstand	Gesetzliche Grundlage	Pfändbarkeit	Austauschpfändung, §§ 811a, 811b ZPO	Entscheidungen/Literatur
		weise um ein notwendiges Hilfsmittel zur Fortführung des Berufs oder eines Erwerbsgeschäfts handelt, bei dem die persönliche Arbeitsleistung überwiegt (zB Discjockey, Musiklehrer).	len Instrumenten.	
	§ 811 Abs. 2 ZPO	In den Fällen des § 811 Abs. 1 Nr. 1, 4, 5–7 ZPO stets pfändbar, wenn Verkäufer wegen durch Eigentumsvorbehalt gesicherter Kaufpreisforderung vollstreckt.		
Pistole	§§ 808, 809 ZPO §§ 66, 95 Abs. 1 GVGA	Pfändbar, soweit nicht gem. §§ 2, 40 WaffG oder dem Kriegswaffenkontrollgesetz Erwerb und Veräußerung verboten sind.		
	§ 811 Abs. 1 Nr. 7 ZPO § 7 WaffG	**Ausnahme:** Dienstausrüstungsgegenstand, der beruflich genutzt wird.	Nicht zulässig.	
Pkw s. Kraftfahrzeug				
Platin	§ 808 Abs. 2 ZPO §§ 81 Abs. 2, 89 Abs. 2 GVGA § 817a Abs. 3 ZPO.	Pfändbar; Wegnahme durch den GVZ. Verwertung nicht unter dem Edelmetallwert.		
Plattenspieler	§§ 808, 809 ZPO § 811 Abs. 1 Nr. 1 ZPO	Pfändbar, sofern – er nicht mit dem einzigen Rundfunkgerät eine Einheit bildet oder	Zulässig, abhängig vom Wert.	OVG Sachsen-Anhalt, Beschl. v. 29.4.2009 – 3 M 175/09 (Licht- und Tontechnik einer mobilen Diskothek)
	§ 811 Abs. 1 Nr. 5 ZPO	– es sich bei betriebswirtschaftlicher Betrachtungsweise um ein notwendiges Hilfsmittel zur Fortführung des Berufs oder eines Erwerbsgeschäfts handelt, bei dem die persönliche Arbeitsleistung überwiegt (zB Discjockey, Musiker).	Zulässig, abhängig vom Wert.	
	§ 811 Abs. 2 ZPO	In den Fällen des § 811 Abs. 1 Nr. 1, 4, 5–7 ZPO stets pfändbar, wenn Verkäufer wegen durch Eigentumsvorbehalt gesicherter		

Tabelle pfändbarer Gegenstände

Gegenstand	Gesetzliche Grundlage	Pfändbarkeit	Austauschpfändung, §§ 811a, 811b ZPO	Entscheidungen/Literatur
		Kaufpreisforderung vollstreckt.		
Pokale	§§ 808, 809 ZPO § 811 Abs. 1 Nr. 11 ZPO	Pfändbar, sofern es sich um eine private Auszeichnung und nicht um ein von einem in- oder ausländischen Staat dem Schuldner verliehenes Ehrenzeichen handelt.		
Popcornmaschine	§§ 808, 809 ZPO § 811 Abs. 1 Nr. 1 ZPO	Pfändbar, soweit es lediglich ein Haushaltsgegenstand ist, weil ein solcher nicht notwendig ist.		AG Heidenheim DGVZ 1975, 75
	§ 811 Abs. 1 Nr. 5 ZPO	Unpfändbar, sofern es sich bei betriebswirtschaftlicher Betrachtungsweise um ein notwendiges Hilfsmittel zur Ausübung des Berufs des Schuldners bzw eines mitarbeitenden Familienangehörigen oder zur Fortführung eines Erwerbsgeschäfts handelt, bei dem die persönliche Arbeitsleistung überwiegt.	Zulässig, abhängig von Wert und Alter.	
	§ 811 Abs. 2 ZPO	In den Fällen des § 811 Abs. 1 Nr. 1, 4, 5–7 ZPO stets pfändbar, wenn Verkäufer wegen durch Eigentumsvorbehalt gesicherter Kaufpreisforderung vollstreckt.		
Porzellan	§§ 808, 809, 811 Abs. 1 Nr. 1, 812, 813 ZPO	Pfändbar, sofern es sich nicht um die zu dem entsprechenden Zweck (Teller, Tasse, Vase etc.) in ausreichender Anzahl notwendigen Hausratsgegenstände handelt; ggf Schätzung durch Sachverständigen.	Zulässig, aber nur bei hohem Wert lohnend.	
	§ 811 Abs. 2 ZPO	In den Fällen des § 811 Abs. 1 Nr. 1, 4, 5–7 ZPO stets pfändbar, wenn Verkäufer wegen durch Eigentumsvorbehalt gesicherter Kaufpreisforderung vollstreckt.		

Gegenstand	Gesetzliche Grundlage	Pfändbarkeit	Austauschpfändung, §§ 811a, 811b ZPO	Entscheidungen/Literatur
Postsparbuch	§ 836 Abs. 3 ZPO §§ 106, 122 GVGA § 808 BGB	Unpfändbar, weil es kein Wertpapier ist; es dient nur zum Nachweis der Berechtigung. Es kann durch den GVZ im Wege der **Hilfspfändung** weggenommen werden.		BGH NJW 1959, 622 AG Berlin-Charlottenburg DGVZ 1992, 62 Vgl *Röder*, DGVZ 1996, 169 (zur Gesetzesänderung)

Tabelle pfändbarer Gegenstände — R

Gegenstand	Gesetzliche Grundlage	Pfändbarkeit	Austauschpfändung, §§ 811a, 811b ZPO	Entscheidungen/Literatur

R

Gegenstand	Gesetzliche Grundlage	Pfändbarkeit	Austauschpfändung, §§ 811a, 811b ZPO	Entscheidungen/Literatur
Radio	§§ 808, 809 ZPO § 811 Abs. 1 Nr. 1 ZPO	Pfändbar, sofern ein anderes Informationsgerät im Haushalt zur Verfügung steht (Fernsehgerät), ansonsten als notwendiger Haushaltsgegenstand unpfändbar.	Zulässig, abhängig von Wert und Ausstattung.	LG Bochum DGVZ 1983, 12 OLG Stuttgart DGVZ 1986, 152 AG Essen DGVZ 1998, 94
	§ 811 Abs. 1 Nr. 5 ZPO	Als größerer Warenbestand bei einem Händler pfändbar (s. Warenvorrat).		
	§ 811 Abs. 2 ZPO	In den Fällen des § 811 Abs. 1 Nr. 1, 4, 5–7 ZPO stets pfändbar, wenn Verkäufer wegen durch Eigentumsvorbehalt gesicherter Kaufpreisforderung vollstreckt.		
Rasenmäher (s. auch Gartengeräte)	§ 808 ZPO	Unpfändbar, sofern	Zulässig, abhängig von Wert, Größe und Ausstattung des Gerätes.	
	§ 811 Abs. 1 Nr. 1 ZPO § 811 Abs. 1 Nr. 5 ZPO	– er zur privaten Gartengestaltung genutzt wird oder – es sich bei betriebswirtschaftlicher Betrachtungsweise um ein notwendiges Hilfsmittel zur Ausübung des Berufs des Schuldners bzw eines mitarbeitenden Familienangehörigen oder zur Fortführung eines Erwerbsgeschäfts handelt, bei dem die persönliche Arbeitsleistung überwiegt.		
	§ 865 ZPO §§ 94, 97, 98 Nr. 2 BGB	Nicht pfändbar, sofern es sich dabei um Zubehör im Eigentum des Grundstückseigentümers handelt.		
	§ 811 Abs. 2 ZPO	In den Fällen des § 811 Abs. 1 Nr. 1, 4, 5–7 ZPO stets pfändbar, wenn Verkäufer wegen durch Eigentumsvorbehalt gesicherter Kaufpreisforderung vollstreckt.		
Reallast	§§ 857 Abs. 6, 830, 851 ZPO §§ 1105 ff BGB	Die subjektiv-dingliche Reallast (§§ 1105, 1110 BGB)		*Diepold/Hintzen*, Muster 136–137

Gegenstand	Gesetzliche Grundlage	Pfändbarkeit	Austausch-pfändung, §§ 811a, 811b ZPO	Entscheidungen/Literatur
		ist als solche nicht pfändbar. Die subjektiv-persönliche Reallast (§§ 1105 Abs. 2, 1111 BGB) ist als solche pfändbar, soweit der Anspruch auf die Einzelleistungen pfändbar ist. Die aufgrund der Reallast geschuldeten Einzelleistungen sind bei beiden Arten pfändbar, es sei denn, die Einzelleistung wäre nicht übertragbar (zB bei Pflegeleistungen).		*Stöber*, Forderungspfändung, Rn 1734 ff
Receiver (s. auch Hi-Fi-Anlage)	§§ 808, 809, 811 Abs. 1 Nr. 1 ZPO	Pfändbar, regelmäßig aber nur zusammen mit der kompletten Hi-Fi-Anlage. Unpfändbar, wenn diese das einzige Radio enthält.		
Rechenmaschine	§§ 808, 809 ZPO § 811 Abs. 1 Nr. 1 ZPO	Pfändbar, sofern die Maschine ausschließlich privat genutzt wird.		
	§ 811 Abs. 1 Nr. 5 ZPO	**Ausnahme:** Unpfändbar, sofern es sich bei betriebswirtschaftlicher Betrachtungsweise um ein notwendiges Hilfsmittel zur Ausübung des Berufs des Schuldners bzw eines mitarbeitenden Familienangehörigen oder zur Fortführung eines Erwerbsgeschäfts handelt, bei dem die persönliche Arbeitsleistung überwiegt (zB Buchhalter).	Zulässig, abhängig von Wert und Ausstattung.	
	§ 811 Abs. 2 ZPO	In den Fällen des § 811 Abs. 1 Nr. 1, 4, 5–7 ZPO stets pfändbar, wenn Verkäufer wegen durch Eigentumsvorbehalt gesicherter Kaufpreisforderung vollstreckt.		
Registrierkasse	§§ 808, 809 ZPO § 811 Abs. 1 Nr. 5 ZPO	Unpfändbar, sofern es sich – wie regelmäßig – bei betriebswirtschaftlicher Betrachtungsweise um ein notwendiges Hilfsmittel zur Ausübung des Berufs	Zulässig, abhängig von Wert und Ausstattung.	LG Köln DGVZ 1964, 108 LG Lübeck DGVZ 2002, 185

Tabelle pfändbarer Gegenstände R

Gegenstand	Gesetzliche Grundlage	Pfändbarkeit	Austauschpfändung, §§ 811a, 811b ZPO	Entscheidungen/Literatur
	§ 811 Abs. 2 ZPO	des Schuldners bzw eines mitarbeitenden Familienangehörigen oder zur Fortführung eines Erwerbsgeschäfts handelt, bei dem die persönliche Arbeitsleistung überwiegt. In den Fällen des § 811 Abs. 1 Nr. 1, 4, 5–7 ZPO stets pfändbar, wenn Verkäufer wegen durch Eigentumsvorbehalt gesicherter Kaufpreisforderung vollstreckt.		
Regressanspruch	§§ 829, 857 ZPO	Pfändbar.		BGH WM 1996, 35 (gegen Anwalt)
Reisescheck	§§ 808, 809, 821 ZPO	Pfändbar (wie Bargeld).		
Reitpferd s. Pferd				
Rektapapiere s. Namenspapiere				
Rennrad	§§ 808, 809 ZPO § 811 Abs. 1 Nr. 1 ZPO	Pfändbar, sofern es nur privat genutzt wird, da nicht notwendiger Haushaltsgegenstand.		
	§ 811 Abs. 1 Nr. 5 ZPO	**Ausnahme:** Unpfändbar, sofern es sich bei betriebswirtschaftlicher Betrachtungsweise um ein notwendiges Hilfsmittel zur Ausübung des Berufs des Schuldners bzw eines mitarbeitenden Familienangehörigen oder zur Fortführung eines Erwerbsgeschäfts handelt, bei dem die persönliche Arbeitsleistung überwiegt (zB Fahrradkurier).	Zulässig, abhängig von Wert und Ausstattung.	
	§ 811 Abs. 2 ZPO	In den Fällen des § 811 Abs. 1 Nr. 1, 4, 5–7 ZPO stets pfändbar, wenn Verkäufer wegen durch Eigentumsvorbehalt gesicherter Kaufpreisforderung vollstreckt.		

Gegenstand	Gesetzliche Grundlage	Pfändbarkeit	Austauschpfändung, §§ 811a, 811b ZPO	Entscheidungen/Literatur
Renten (aus Lebensversicherungen, *s. dort*)	§§ 829, 835, 850 Abs. 3 Buchst. b, 850 b ZPO	Laufende Renten nach dem SGB sind wie Arbeitseinkommen pfändbar; das gilt auch für erst künftige Renten, sobald der erste Pflichtbeitrag gezahlt ist.		BGH Rpfleger 2003, 305
		Versorgungsrenten für das Alter, die ein früherer Arbeitnehmer aufgrund eines privaten Versicherungsvertrages bezieht, sind wie Arbeitseinkommen geschützt (§ 850 Abs. 3 Buchst. b ZPO). Dies gilt nicht für früher freiberuflich oder überhaupt nicht tätig gewesene Personen.		BGH MDR 2008, 288
		Zu prüfen ist aber § 850 b ZPO, der für alle anwendbar ist.		BGH MDR 2010, 1081
		Eine weitere Angleichung erfolgt durch § 851 c ZPO, welcher die aus einer privaten Altersvorsorge erzielte Rente mit derjenigen aus einer gesetzlichen Rente im Hinblick auf die Pfändbarkeit gleichstellt.		
Rentenschuldbrief	§§ 808, 809, 821 ZPO	Pfändbar, weil börsenfähiges Wertpapier (Inhaberpapier).		
Ring	§§ 808, 809 ZPO § 812 ZPO § 811 Abs. 1 Nr. 11 ZPO	Pfändbar. **Ausnahmen:** Modeschmuck ohne größeren Verwertungswert; Trauring, Verlobungsring.		
Rollstuhl	§§ 808, 811 Abs. 1 Nr. 12 ZPO	Unpfändbar, da notwendiges Hilfsmittel aufgrund Körperbehinderung.	Unzulässig.	
Ruderboot (*s. auch* Binnenschiff)	§§ 808, 809, 811 Abs. 1 Nr. 1 ZPO	Pfändbar, weil regelmäßig kein im Schifffahrtsregister eingetragenes Binnenschiff, auch kein notwendiger Haushaltsgegenstand.		
	§ 811 Abs. 1 Nr. 5 ZPO	**Ausnahme:** Unpfändbar, sofern es sich bei betriebswirtschaftlicher Betrachtungsweise um ein not-	Zulässig, abhängig vom Wert.	

Tabelle pfändbarer Gegenstände R

Gegenstand	Gesetzliche Grundlage	Pfändbarkeit	Austauschpfändung, §§ 811a, 811b ZPO	Entscheidungen/Literatur
		wendiges Hilfsmittel zur Ausübung des Berufs des Schuldners bzw eines mitarbeitenden Familienangehörigen oder zur Fortführung eines Erwerbsgeschäfts handelt, bei dem die persönliche Arbeitsleistung überwiegt.		
	§ 811 Abs. 2 ZPO	In den Fällen des § 811 Abs. 1 Nr. 1, 4, 5–7 ZPO stets pfändbar, wenn Verkäufer wegen durch Eigentumsvorbehalt gesicherter Kaufpreisforderung vollstreckt.		
Rundfunkgerät	§§ 808, 809, 811 Abs. 1 Nr. 1 ZPO	Pfändbar, sofern ein anderes Informationsgerät im Haushalt zur Verfügung steht (Fernsehgerät), ansonsten als notwendiger Haushaltsgegenstand unpfändbar.	Zulässig, abhängig von Wert und Ausstattung.	LG Bochum DGVZ 1983, 12 OLG Stuttgart DGVZ 1986, 152 AG Essen DGVZ 1998, 94
	§ 811 Abs. 1 Nr. 5 ZPO	Als größerer Warenbestand bei einem Händler pfändbar (s. Warenvorrat).		
	§ 811 Abs. 2 ZPO	In den Fällen des § 811 Abs. 1 Nr. 1, 4, 5–7 ZPO stets pfändbar, wenn Verkäufer wegen durch Eigentumsvorbehalt gesicherter Kaufpreisforderung vollstreckt.		

S

Gegenstand	Gesetzliche Grundlage	Pfändbarkeit	Austauschpfändung, §§ 811a, 811b ZPO	Entscheidungen/Literatur
Sahnespender	§§ 808, 809, 811 Abs. 1 Nr. 1 ZPO	Pfändbar, da kein notwendiger Haushaltsgegenstand.		LG Hildesheim DGVZ 1963, 28 = MDR 1962, 996
	§ 811 Abs. 1 Nr. 5 ZPO	Unpfändbar in Gaststätte, sofern es sich bei betriebswirtschaftlicher Betrachtungsweise um ein notwendiges Hilfsmittel zur Ausübung des Berufs des Schuldners bzw eines mitarbeitenden Familienangehörigen oder zur Fortführung eines Erwerbsgeschäfts handelt, bei dem die persönliche Arbeitsleistung überwiegt.	Zulässig, abhängig vom Wert.	
	§ 811 Abs. 2 ZPO	In den Fällen des § 811 Abs. 1 Nr. 1, 4, 5–7 ZPO stets pfändbar, wenn Verkäufer wegen durch Eigentumsvorbehalt gesicherter Kaufpreisforderung vollstreckt.		
Sand	§§ 810, 865 Abs. 2 ZPO	Grundsätzlich nicht pfändbar, weil er als Teil des Bodens wesentlicher Bestandteil des Grundstücks ist (§ 94 Abs. 1 BGB) und damit dem Hypothekenhaftungsverband (§§ 1120 ff BGB) unterliegt. Die Vollstreckung erfolgt im Wege der Zwangsversteigerung oder Zwangsverwaltung. **Ausnahme:** Vom Grund und Boden getrennter oder dort gelagerter Sand, der nicht mehr im Eigentum des Grundstückseigentümers steht.		BGH NJW 1992, 1101
SAT-Anlage	§§ 808, 809, 811 Abs. 1 Nr. 1 ZPO	Pfändbar, sofern sie nicht zum Empfang von Radio- bzw Fernsehsendungen erforderlich ist (keine Antenne vorhanden).		OLG Köln DGVZ 1968, 164 LG Tübingen DGVZ 1976, 28 (zum Verkauf bestimmte Waren) LG Lübeck DGVZ 1982, 78 (Einzelhändler)
	§ 811 Abs. 1 Nr. 5 ZPO	Unpfändbar, sofern es sich bei betriebswirtschaftlicher Betrachtungsweise um ein notwendiges Hilfs-	Zulässig, abhängig vom Wert.	

Tabelle pfändbarer Gegenstände S

Gegenstand	Gesetzliche Grundlage	Pfändbarkeit	Austausch-pfändung, §§ 811a, 811b ZPO	Entscheidungen/Literatur
	§ 811 Abs. 2 ZPO	mittel zur Ausübung des Berufs des Schuldners bzw eines mitarbeitenden Familienangehörigen oder zur Fortführung eines Erwerbsgeschäfts handelt, bei dem die persönliche Arbeitsleistung überwiegt; größere Warenvorräte sind stets pfändbar. In den Fällen des § 811 Abs. 1 Nr. 1, 4, 5–7 ZPO stets pfändbar, wenn Verkäufer wegen durch Eigentumsvorbehalt gesicherter Kaufpreisforderung vollstreckt.		LG Düsseldorf DGVZ 1985, 74 = JurBüro 1985, 788 (Einzelhändler) AG Köln DGVZ 1992, 47 (kleines Ladengeschäft) LG Saarbrücken DGVZ 1994, 30 (Ladengeschäft) LG Göttingen DGVZ 1994, 89 = JurBüro 1995, 160 (Bekleidungsgeschäft) LG Nürnberg DGVZ 1996, 123 (Satelliten-Empfangsanlage)
	§ 865 Abs. 2 ZPO §§ 93, 94, 97 BGB	Unpfändbar, sofern es sich um einen wesentlichen Bestandteil eines Grundstücks oder um Grundstückszubehör im Eigentum des Grundstückseigentümers handelt.		
Sauna	§ 865 Abs. 2 ZPO §§ 93, 94, 97 BGB	Unpfändbar, soweit sie in ein Gebäude eingebaut ist und daher als wesentlicher Bestandteil des im Eigentum des Schuldners stehenden Grundstücks dem Hypothekenhaftungsverband unterliegt; die Vollstreckung erfolgt im Wege der Zwangsversteigerung oder Zwangsverwaltung.		AG Ludwigsburg DGVZ 1991, 95 AG Aschaffenburg DGVZ 1998, 158
	§§ 808, 809, 811 Abs. 1 Nr. 1 ZPO § 95 BGB	**Ausnahme:** Leicht demontierbare Fertigbausauna als Scheinbestandteil des Mieters oder Pächters; als solche pfändbar, weil zur bescheidenen Haushaltsführung nicht notwendig.		LG Lübeck JurBüro 2004, 505 OLG Koblenz JurBüro 2004, 506
Scanner (*s. auch* Computer Hardware)	§§ 808, 809, 811 Abs. 1 Nr. 1 ZPO	Pfändbar, kein notwendiger Haushaltsgegenstand.		
	§ 811 Abs. 1 Nr. 5 ZPO	Unpfändbar, sofern es sich bei betriebswirtschaftlicher Betrachtungsweise um ein notwendiges Hilfsmittel zur Ausübung des Berufs des Schuldners bzw	Zulässig, abhängig vom Wert.	

Tabelle pfändbarer Gegenstände

Gegenstand	Gesetzliche Grundlage	Pfändbarkeit	Austauschpfändung, §§ 811a, 811b ZPO	Entscheidungen/Literatur
	§ 811 Abs. 2 ZPO	eines mitarbeitenden Familienangehörigen oder zur Fortführung eines Erwerbsgeschäfts handelt, bei dem die persönliche Arbeitsleistung überwiegt. In den Fällen des § 811 Abs. 1 Nr. 1, 4, 5–7 ZPO stets pfändbar, wenn Verkäufer wegen durch Eigentumsvorbehalt gesicherter Kaufpreisforderung vollstreckt.		
Schachcomputer	§§ 808, 809, 811 Abs. 1 Nr. 1 ZPO	Pfändbar, kein notwendiger Haushaltsgegenstand.		
Schafe (s. auch Landwirtschaftliches Vieh)	§ 811 Abs. 1 Nr. 3 ZPO	Nicht pfändbar, sofern sie – in beschränktem Umfang – zur Ernährung des Schuldners und seiner Familie erforderlich sind.	Nicht zulässig.	AG Kirchheim/Teck DGVZ 1983, 62
	§ 811 Abs. 1 Nr. 4 ZPO	Nicht pfändbar, sofern sie für den Wirtschaftsbetrieb objektiv erforderlich sind.	Nicht zulässig.	
	§ 811 Abs. 1 Nr. 5 ZPO	Pfändbar bei rein gewerbsmäßiger, von der Bodennutzung unabhängiger Viehzucht.	Zulässig.	
	§ 811 Abs. 2 ZPO	In den Fällen des § 811 Abs. 1 Nr. 1, 4, 5–7 ZPO stets pfändbar, wenn Verkäufer wegen durch Eigentumsvorbehalt gesicherter Kaufpreisforderung vollstreckt.		
	§ 865 ZPO §§ 97, 98 Nr. 2 BGB	Nicht pfändbar, sofern es sich dabei um Zubehör im Eigentum des Grundstückseigentümers handelt.	Nicht zulässig.	
Schallplatten	§§ 808, 809, 811 Abs. 1 Nr. 1 ZPO	Pfändbar, weil kein notwendiger Haushaltsgegenstand.		
	§ 812 ZPO	Unpfändbar, wenn der Erlös außer Verhältnis zum Wert steht.		
	§ 811 Abs. 1 Nr. 5 ZPO	Nicht pfändbar, sofern es sich bei betriebswirtschaftlicher Betrachtungsweise um ein notwendiges Hilfsmittel zur Fortführung	Zulässig, abhängig vom Wert.	OVG Sachsen-Anhalt, Beschl. v. 29.4.2009 – 3 M 175/09 (mobile Diskothek)

Tabelle pfändbarer Gegenstände

Gegenstand	Gesetzliche Grundlage	Pfändbarkeit	Austauschpfändung, §§ 811a, 811b ZPO	Entscheidungen/Literatur
	§ 811 Abs. 2 ZPO	des Berufs oder eines Erwerbsgeschäfts handelt, bei dem die persönliche Arbeitsleistung überwiegt (zB Discjockey, Alleinunterhalter). In den Fällen des § 811 Abs. 1 Nr. 1, 4, 5–7 ZPO stets pfändbar, wenn Verkäufer wegen durch Eigentumsvorbehalt gesicherter Kaufpreisforderung vollstreckt.		
Scheck	§§ 808, 821, 822, 831 ZPO § 123 GVGA	Pfändbar; Wegnahme durch den GVZ. Die Verwertung des **Inhaber-/Überbringer-** sowie **Namensschecks** erfolgt durch den GVZ; eines Überweisungsbeschlusses oder Beschlusses gem. § 825 ZPO bedarf es beim Inhaberscheck für die Vorlage durch den GVZ bei der Bank nicht. Bei **Orderschecks** erlässt das Vollstreckungsgericht gem. §§ 835 f ZPO den Überweisungsbeschluss.		LG Göttingen NJW 1983, 635 = DGVZ 1984, 9 *Viertelhausen*, Vollstreckung in Wertpapiere, DGVZ 2000, 129 f
Scheinbestandteile	§§ 808, 809 ZPO §§ 95, 97 BGB	Pfändbar, soweit sie nicht ausnahmsweise Grundstückszubehör sind. Als Zubehör im Eigentum des Grundstückseigentümers kommt gem. § 865 Abs. 2 ZPO nur eine Vollstreckung im Wege der Zwangsversteigerung oder Zwangsverwaltung in Betracht.		RGZ 143, 33, 39 (zum Verkauf bestimmte Erzeugnisse) BGHZ 8, 1, 5 (Behelfsheim) OLG Köln OLGZ 1993, 113 = DGVZ 1992, 116 (Grabstein) OLG Köln InVo 1996, 158 = DGVZ 1996, 59 AG Neuwied DGVZ 1996, 141 (mit Holzbau umgebenes Wohnmobilheim) AG Pirna DGVZ 1999, 63 (Halle) OLG Koblenz MDR 1999, 1059 (Mobilheim mit Holzanbau) OLG Naumburg NJ 2001, 652 (Bootshaus)

Gegenstand	Gesetzliche Grundlage	Pfändbarkeit	Austauschpfändung, §§ 811a, 811b ZPO	Entscheidungen/Literatur
				Brandenb. OLG BauR 2009, 1484 (Heizöltank)
				FG Nürnberg EFG 2009, 1140 (Lagerhallen)
				OLG Celle CuR 2009, 150 (Heizungsanlage)
				BFH BFH/NV 2010, 190 (vom Mieter errichtete Bauten)
Schiffe/Schiffsbauwerke	§§ 864, 870a ZPO §§ 2, 3, 77 SchiffsRG §§ 162 ff ZVG §§ 78 Abs. 6, 84, 153 Abs. 2, 4 GVGA	Schiffe oder Schiffsbauwerke, die in das Schiffs- bzw Schiffsbauregister eingetragen sind, unterliegen nur der Immobiliarzwangsvollstreckung durch Zwangsversteigerung oder Eintragung einer Schiffshypothek. Fehlt es an einer solchen Eintragung, sind sie pfändbar wie eine sonstige bewegliche Sache.		
	§ 811 Abs. 1 Nr. 1 Hs 2 ZPO	Nicht pfändbar allerdings, soweit das Schiff dem Schuldner zu ständigen Wohnzwecken dient.	Zulässig, abhängig vom Wert.	OLG Hamm MDR 1951, 738 OLG Zweibrücken Rpfleger 1976, 328 = DGVZ 1976, 172
Schiffspart	§§ 829, 858 ZPO	Pfändbar.		*Röder*, DGVZ 2002, 17 *ders.*, KKZ 2001, 280 *App*, KKZ 1999, 89 *Diepold/Hintzen*, Muster 155
Schiffszubehör	§§ 808, 809 ZPO §§ 864, 870a ZPO §§ 162 ff ZVG § 78 Abs. 6 GVGA	Pfändbar, sofern das Schiff nicht in das Schiffsregister eingetragen oder das Zubehör nicht in das Eigentum des Schiffseigentümers gelangt ist.		
Schlagzeug	§§ 808, 809 ZPO § 811 Abs. 1 Nr. 5 ZPO	Pfändbar. Nicht pfändbar, sofern es sich bei betriebswirtschaftlicher Betrachtungsweise um ein notwendiges Hilfsmittel zur Ausübung des Berufs des Schuldners bzw eines mitarbeitenden Familienangehörigen oder zur Fortführung eines Erwerbsgeschäfts handelt,	Zulässig, abhängig vom Wert.	

Tabelle pfändbarer Gegenstände S

Gegenstand	Gesetzliche Grundlage	Pfändbarkeit	Austauschpfändung, §§ 811a, 811b ZPO	Entscheidungen/Literatur
	§ 811 Abs. 2 ZPO	bei dem die persönliche Arbeitsleistung überwiegt (zB Discjockey, Musiker). In den Fällen des § 811 Abs. 1 Nr. 1, 4, 5–7 ZPO stets pfändbar, wenn Verkäufer wegen durch Eigentumsvorbehalt gesicherter Kaufpreisforderung vollstreckt.		
Schmuck	§§ 808 Abs. 2, 809 ZPO § 812 ZPO	Pfändbar; Wegnahme durch den GVZ, soweit nicht wertloser Modeschmuck. Verwertung ggf nach Schätzung durch Sachverständigen, § 813 Abs. 1 S. 2 ZPO.		LG Koblenz DGVZ 1986, 28 LG Frankfurt DGVZ 1993, 74
Schnurloses Telefon	§§ 808, 809, 811 Abs. 1 Nr. 1 ZPO	Unpfändbar, notwendiger Haushaltsgegenstand.	Zulässig, allerdings nur bei hochwertigen Geräten.	
	§ 811 Abs. 1 Nr. 5 ZPO	Unpfändbar, sofern es sich bei betriebswirtschaftlicher Betrachtungsweise um ein notwendiges Hilfsmittel zur Ausübung des Berufs des Schuldners bzw eines mitarbeitenden Familienangehörigen oder zur Fortführung eines Erwerbsgeschäfts handelt, bei dem die persönliche Arbeitsleistung überwiegt.		
	§ 811 Abs. 2 ZPO	In den Fällen des § 811 Abs. 1 Nr. 1, 4, 5–7 ZPO stets pfändbar, wenn Verkäufer wegen durch Eigentumsvorbehalt gesicherter Kaufpreisforderung vollstreckt.		
Schrankwand	§ 811 Abs. 1 Nr. 1 ZPO § 812 ZPO §§ 93, 94, 97 BGB	Nicht pfändbar, weil notwendiger Haushaltsgegenstand, zudem zumeist nur geringer Erlös. Aus Serienmaterial hergestellt, ist sie kein wesentlicher Bestandteil des Gebäudes; anders bei An- und Einpassen in ein Ge-	Zulässig, abhängig vom Wert.	OLG Schleswig SchlHA 1955, 201 AG Bochum-Langendreer DGVZ 1967, 188 OLG Düsseldorf OLGZ 1988, 115 OLG Schleswig NJW-RR 1988, 1459

Gegenstand	Gesetzliche Grundlage	Pfändbarkeit	Austauschpfändung, §§ 811a, 811b ZPO	Entscheidungen/Literatur
	§ 811 Abs. 2 ZPO	bäude; im letzteren Fall gilt § 865 ZPO. In den Fällen des § 811 Abs. 1 Nr. 1, 4, 5–7 ZPO stets pfändbar, wenn Verkäufer wegen durch Eigentumsvorbehalt gesicherter Kaufpreisforderung vollstreckt.		OLG Köln NJW-RR 1991, 1081
Schreibautomat	§§ 808, 809 ZPO § 811 Abs. 1 Nr. 5 ZPO	Pfändbar. Unpfändbar, sofern es sich bei betriebswirtschaftlicher Betrachtungsweise um ein notwendiges Hilfsmittel zur Ausübung des Berufs des Schuldners bzw eines mitarbeitenden Familienangehörigen oder zur Fortführung eines Erwerbsgeschäfts handelt, bei dem die persönliche Arbeitsleistung überwiegt.		
	§ 811 Abs. 2 ZPO	In den Fällen des § 811 Abs. 1 Nr. 1, 4, 5–7 ZPO stets pfändbar, wenn Verkäufer wegen durch Eigentumsvorbehalt gesicherter Kaufpreisforderung vollstreckt.		
Schreibmaschine	§ 811 Abs. 1 Nr. 5 ZPO	Nicht pfändbar in der Regel, weil es sich bei betriebswirtschaftlicher Betrachtungsweise um ein notwendiges Hilfsmittel zur Ausübung des Berufs des Schuldners bzw eines mitarbeitenden Familienangehörigen oder zur Fortführung eines Erwerbsgeschäfts handelt, bei dem die persönliche Arbeitsleistung überwiegt (Handwerker, Rechtsanwalt, Steuerberater, Schriftsteller).	Scheitert meist an der zu geringen Erlöserwartung.	OLG Düsseldorf JMBl. NW 1953, 105 LG Berlin DGVZ 1958, 175 LG Wiesbaden DGVZ 1997, 59 (selbständiger Maschinenbauingenieur ohne Aufträge)
	§ 811 Abs. 2 ZPO	In den Fällen des § 811 Abs. 1 Nr. 1, 4, 5–7 ZPO stets pfändbar, wenn Verkäufer wegen durch Eigentumsvorbehalt gesicherter		

Bendtsen

Tabelle pfändbarer Gegenstände   S

Gegenstand	Gesetzliche Grundlage	Pfändbarkeit	Austausch-pfändung, §§ 811a, 811b ZPO	Entscheidungen/Literatur
		Kaufpreisforderung vollstreckt.		
Schuldschein	§ 836 Abs. 3 ZPO § 106 GVGA	Unpfändbar, weil kein Wertpapier; er dient nur zum Nachweis der Berechtigung oder zum Beweis; kann durch den GVZ im Wege der **Hilfspfändung** weggenommen werden.		
Schuldverschreibung s. Inhaberschuldverschreibung; s. Orderschuldverschreibung				
Schweine (s. auch Landwirtschaftliches Vieh)	§ 811 Abs. 1 Nr. 3 ZPO	Nicht pfändbar, sofern sie – in beschränktem Umfang – zur Ernährung des Schuldners und seiner Familie erforderlich sind.	Unzulässig.	RGZ 142, 379 LG Hildesheim NdsRpfl 1971, 257 AG Neuwied DGVZ 1975, 63
	§ 811 Abs. 1 Nr. 4 ZPO	Nicht pfändbar, sofern es für den Wirtschaftsbetrieb objektiv erforderlich ist.	Unzulässig.	AG Neuwied DGVZ 1979, 62 LG Oldenburg DGVZ 1980, 170
	§ 811 Abs. 1 Nr. 5 ZPO	Pfändbar bei rein gewerbsmäßiger, von der Bodennutzung unabhängiger Viehzucht.	Zulässig, aber meist nicht sinnvoll.	LG Bonn DGVZ 1983, 153 LG Rottweil MDR 1985, 1034
	§ 865 ZPO §§ 97, 98 Nr. 2 BGB	Nicht pfändbar, sofern es sich dabei um Zubehör im Eigentum des Grundstückseigentümers handelt.	Unzulässig.	LG Frankenthal MDR 1989, 364 = NJW-RR 1989, 896
	§ 811 Abs. 2 ZPO	In den Fällen des § 811 Abs. 1 Nr. 1, 4, 5–7 ZPO stets pfändbar, wenn Verkäufer wegen durch Eigentumsvorbehalt gesicherter Kaufpreisforderung vollstreckt.		
Segelflugzeug s. Luftfahrzeuge				
Segelschiff s. Schiffe				
Siebdruckanlage	§ 811 Abs. 1 Nr. 5 ZPO	Nicht pfändbar, sofern es sich bei betriebswirtschaftlicher Betrachtungsweise um ein notwendiges Hilfsmittel zur Ausübung	Zulässig.	LG Hildesheim DGVZ 1976, 27

Gegenstand	Gesetzliche Grundlage	Pfändbarkeit	Austauschpfändung, §§ 811a, 811b ZPO	Entscheidungen/Literatur
	§ 811 Abs. 2 ZPO	des Berufs des Schuldners bzw eines mitarbeitenden Familienangehörigen oder zur Fortführung eines Erwerbsgeschäfts handelt, bei dem die persönliche Arbeitsleistung überwiegt. In den Fällen des § 811 Abs. 1 Nr. 1, 4, 5–7 ZPO stets pfändbar, wenn Verkäufer wegen durch Eigentumsvorbehalt gesicherter Kaufpreisforderung vollstreckt.		
Silber	§ 808 Abs. 2 ZPO §§ 81 Abs. 2, 89 Abs. 2 GVGA	Pfändbar. Wegnahme durch den GVZ. Verwertung nicht unter dem Edelmetallwert, § 817 a Abs. 3 ZPO.		
Silbermünze	§ 808 Abs. 2 ZPO §§ 81 Abs. 2, 89 Abs. 2 GVGA	Pfändbar. Wegnahme durch den GVZ. Verwertung nicht unter dem Edelmetallwert, § 817 a Abs. 3 ZPO.		OLG Köln DGVZ 1991, 24 = JurBüro 1991, 1406 = VersR 1991, 1000 = NJW 1992, 50
Ski s. Sportgeräte				
Snowboard s. Sportgeräte				
Software s. Computer (Software)				
Sonnenbank	§ 811 Abs. 1 Nr. 5 ZPO	Pfändbar, weil es sich bei betriebswirtschaftlicher Betrachtungsweise nicht um ein notwendiges Hilfsmittel zur Ausübung des Berufs des Schuldners bzw eines mitarbeitenden Familienangehörigen oder zur Fortführung eines Erwerbsgeschäfts handelt, bei dem die persönliche Arbeitsleistung überwiegt.		LG Oldenburg DGVZ 1993, 12 OLG Köln OLGR 2000, 480
	§ 865 ZPO §§ 94, 97, 98 Nr. 2 BGB	Nicht pfändbar, sofern es sich dabei um Zubehör im Eigentum des Grundstückseigentümers handelt.		

Tabelle pfändbarer Gegenstände

Gegenstand	Gesetzliche Grundlage	Pfändbarkeit	Austauschpfändung, §§ 811a, 811b ZPO	Entscheidungen/Literatur
Sparbrief	§§ 808 Abs. 2, 821 ZPO	Pfändbar; Wegnahme durch den GVZ.		
Sparbuch	§ 836 Abs. 3 ZPO §§ 106, 122 GVGA § 808 BGB	Unpfändbar, da kein Wertpapier; dient nur zum Nachweis der Berechtigung. Kann durch den GVZ im Wege der **Hilfspfändung** weggenommen werden.		BGH NJW 1959, 622 AG Berlin-Charlottenburg DGVZ 1992, 62
Spiegelreflexkamera	§§ 808, 809, 811 Abs. 1 Nr. 1 ZPO	Pfändbar, da kein notwendiger Haushaltsgegenstand.		AG Melsungen DGVZ 1978, 92
	§ 811 Abs. 1 Nr. 5 ZPO	Nicht pfändbar, sofern es sich bei betriebswirtschaftlicher Betrachtungsweise um ein notwendiges Hilfsmittel zur Fortführung des Berufs (Fotograf) des Schuldners bzw eines mitarbeitenden Familienangehörigen oder eines Erwerbsgeschäfts handelt, bei dem die persönliche Arbeitsleistung überwiegt (kleineres Fotogeschäft).	Zulässig, abhängig vom Wert.	
	§ 811 Abs. 2 ZPO	In den Fällen des § 811 Abs. 1 Nr. 1, 4, 5–7 ZPO stets pfändbar, wenn Verkäufer wegen durch Eigentumsvorbehalt gesicherter Kaufpreisforderung vollstreckt.		
Spielautomat s. Automat				
Sportgeräte	§§ 808, 809, 811 Abs. 1 Nr. 1, 812 ZPO	Pfändbar, da regelmäßig nicht notwendiger Haushaltsgegenstand.		
	§ 811 Abs. 1 Nr. 5 ZPO	Nicht pfändbar, sofern es sich bei betriebswirtschaftlicher Betrachtungsweise um ein notwendiges Hilfsmittel zur Fortführung des Berufs (Sportlehrer) des Schuldners bzw eines mitarbeitenden Familienangehörigen oder eines Erwerbsgeschäfts handelt, bei dem die persönliche	Zulässig, abhängig vom Wert.	

Gegenstand	Gesetzliche Grundlage	Pfändbarkeit	Austauschpfändung, §§ 811a, 811b ZPO	Entscheidungen/Literatur
	§ 811 Abs. 1 Nr. 12 ZPO	Arbeitsleistung überwiegt (kleineres Sportgeschäft). Nicht pfändbar als Hilfsmittel bei körperlichen Gebrechen.	Unzulässig.	
	§ 811 Abs. 2 ZPO	In den Fällen des § 811 Abs. 1 Nr. 1, 4, 5–7 ZPO stets pfändbar, wenn Verkäufer wegen durch Eigentumsvorbehalt gesicherter Kaufpreisforderung vollstreckt.		
Stahlkammerfach	§§ 808, 809 ZPO	Der Inhalt des Fachs ist je nach Gegenstand pfändbar, weil der Schuldner am Inhalt Alleingewahrsam hat. Bei Verweigerung des Zutritts durch die Bank ist der Anspruch des Schuldners gegen die Bank auf Zutritt und Mitwirkung bei der Öffnung gem. §§ 829, 835 ZPO zu pfänden.		LG Berlin DR 1940, 1639
Staubsauger	§§ 808, 809, 811 Abs. 1 Nr. 1, 812 ZPO	Nicht pfändbar, wenn ein Teppichboden vorhanden ist, ebenso wenn Klopfen von Teppichen wegen deren Größe unzumutbar.	Zulässig, scheitert aber meistens am Wert.	AG Jülich DGVZ 1983, 62 AG Wiesbaden DGVZ 1993, 158
	§ 811 Abs. 2 ZPO	In den Fällen des § 811 Abs. 1 Nr. 1, 4, 5–7 ZPO stets pfändbar, wenn Verkäufer wegen durch Eigentumsvorbehalt gesicherter Kaufpreisforderung vollstreckt.		
Stereoanlage	§§ 808, 809 ZPO	Pfändbar.		LG Bochum DGVZ 1983, 12
	§ 811 Abs. 1 Nr. 1 ZPO	Unpfändbar, sofern darin das einzige Radiogerät enthalten ist (Kompaktanlage).	Zulässig, abhängig vom Wert.	LG Duisburg MDR 1986, 682 LG Hannover JurBüro 1989, 1469 = DGVZ 1990, 60
	§ 811 Abs. 1 Nr. 5 ZPO	Unpfändbar, sofern sie zur Fortsetzung des Berufs (Discjockey, Musiker) des Schuldners bzw eines mitarbeitenden Familienangehörigen oder eines Erwerbsgeschäfts (kleineres	Zulässig, abhängig vom Wert.	VGH Mannheim DGVZ 1995, 150 = NJW 1995, 2804

Tabelle pfändbarer Gegenstände   S

Gegenstand	Gesetzliche Grundlage	Pfändbarkeit	Austausch-pfändung, §§ 811a, 811b ZPO	Entscheidungen/Literatur
	§ 811 Abs. 2 ZPO	Einzelhandelsgeschäft) notwendig ist. In den Fällen des § 811 Abs. 1 Nr. 1, 4, 5–7 ZPO stets pfändbar, wenn Verkäufer wegen durch Eigentumsvorbehalt gesicherter Kaufpreisforderung vollstreckt.		
Steuererstattungsanspruch	§ 46 AO	Pfändbar. Allerdings ist das Recht, den Erstattungsanspruch zu stellen, höchstpersönlich, kann daher nicht vom Gläubiger für den Schuldner ausgeübt werden.		BFH Rpfleger 1999, 339 BGH NJW 2001, 462 BGH Rpfleger 2008, 372 *Diepold/Hintzen*, Muster 169–171 *Stöber*, Forderungspfändung, Rn 353 ff
	§ 42 b EStG	Pfändbar ist der Anspruch des Arbeitnehmers auf Lohnsteuerjahresausgleich gem. § 42 b EStG, bei dem es keines Antrags bedarf.		BFH ZInsO 2010, 768 BGH MDR 2006, 891
Strafgefangener, Arbeitseinkommen	§§ 39, 43 ff StVollzG	Unpfändbar wegen der Zweckbindung zur Bildung von Hausgeld, Überbrückungs- und Eigengeld.		BGH NJW 2004, 3714 *Stöber*, Forderungspfändung, Rn 132 ff
Strafgefangener, Eigengeld	§ 52 StVollzG	Pfändbar, mit Ausnahme des gem. § 51 Abs. 4 S. 2 StVollzG unpfändbaren Teils in Höhe des Unterschiedsbetrages zwischen dem gem. § 51 Abs. 1 StVollzG zu bildenden und dem tatsächlich vorhandenen Überbrückungsgeld.		BGH NJW 2004, 3714 BFH JurBüro 2004, 495 LG Berlin NStZ 2005, 590 *Stöber*, Forderungspfändung, Rn 132 ff
Strafgefangener, Hausgeld	§ 47 StVollzG	Unpfändbar wegen der Zweckbindung.		LG Münster InVo 2001, 69 OLG Hamm MDR 2001, 1260
Strafgefangener, Überbrückungsgeld	§ 51 Abs. 4 StVollzG	Nicht pfändbar.		
	§ 51 Abs. 5 StVollzG	**Ausnahme:** Pfändbar für Unterhaltsgläubiger nach § 850 d ZPO, wobei dem Schuldner so viel zu belassen ist, als er für seinen notwendigen Unterhalt und zur Erfüllung seiner sonstigen gesetzlichen Un-		

Gegenstand	Gesetzliche Grundlage	Pfändbarkeit	Austauschpfändung, §§ 811a, 811b ZPO	Entscheidungen/Literatur
		terhaltspflichten für die Zeit von der Pfändung bis zum Ablauf von vier Wochen seit der Entlassung bedarf.		
Stromgeldrückzahlungsanspruch	§§ 829, 857 ZPO	Pfändbar.		LG Koblenz Rpfleger 2000, 339 und JurBüro 2006, 548
Surfanzug/Surfbrett s. Sportgeräte				

Tabelle pfändbarer Gegenstände   T

Gegenstand	Gesetzliche Grundlage	Pfändbarkeit	Austausch-pfändung, §§ 811a, 811b ZPO	Entscheidungen/Literatur
T				
Talon s. Erneuerungsschein				
Tandem	§§ 808, 809, 811 Abs. 1 Nr. 1, 5 ZPO	Pfändbar, weil es regelmäßig nur privat zu Freizeitzwecken genutzt wird.		
Taschengeldanspruch des Ehegatten	§§ 829, 835, 850 b Abs. 1 Nr. 2, 850 c ZPO §§ 1360, 1360 a BGB	Bedingt pfändbar, und zwar in Höhe von 7/10 aus 5–7% des Nettoeinkommens des Verpflichteten. **Voraussetzungen:** – Grundbedarf ist gedeckt; – eigene Erwerbstätigkeit deckt Anspruch nicht ab; – Pfändungsfreigrenzen werden überschritten; – sonstige Zwangsvollstreckung war erfolglos; – entspricht der Billigkeit.		BGH FamRZ 2004, 1784 OLG Frankfurt FamRZ 2009, 703 *Diepold/Hintzen*, Muster 174 *Stöber*, Forderungspfändung, Rn 1031 ff
Telefax-Gerät	§§ 808, 809, 811 Abs. 1 Nr. 1 ZPO	Pfändbar, da regelmäßig nicht notwendiger Haushaltsgegenstand.		FG Saarland DGVZ 1995, 171
	§ 811 Abs. 1 Nr. 5 ZPO	**Ausnahme:** Unpfändbar, sofern es sich bei betriebswirtschaftlicher Betrachtungsweise um ein notwendiges Hilfsmittel zur Ausübung des Berufs des Schuldners bzw eines mitarbeitenden Familienangehörigen oder zur Fortführung eines Erwerbsgeschäfts handelt, bei dem die persönliche Arbeitsleistung überwiegt.	Zulässig, abhängig von Wert und Ausstattung, insbesondere bei kombinierten Geräten mit Telefon, Anrufbeantworter.	
	§ 811 Abs. 2 ZPO	In den Fällen des § 811 Abs. 1 Nr. 1, 4, 5–7 ZPO stets pfändbar, wenn Verkäufer wegen durch Eigentumsvorbehalt gesicherter Kaufpreisforderung vollstreckt.		
Telefon	§§ 808, 809, 811 Abs. 1 Nr. 1 ZPO	Unpfändbar; ist ein notwendiger Haushaltsgegenstand.	Zulässig, allerdings nur bei hochwertigen	

Gegenstand	Gesetzliche Grundlage	Pfändbarkeit	Austauschpfändung, §§ 811a, 811b ZPO	Entscheidungen/Literatur
			Geräten, insbesondere bei kombinierten Geräten, zB mit Anrufbeantworter.	
	§ 811 Abs. 1 Nr. 5 ZPO	Unpfändbar, sofern es sich bei betriebswirtschaftlicher Betrachtungsweise um ein notwendiges Hilfsmittel zur Ausübung des Berufs des Schuldners bzw eines mitarbeitenden Familienangehörigen oder zur Fortführung eines Erwerbsgeschäfts handelt, bei dem die persönliche Arbeitsleistung überwiegt.		
	§ 811 Abs. 2 ZPO	In den Fällen des § 811 Abs. 1 Nr. 1, 4, 5–7 ZPO stets pfändbar, wenn Verkäufer wegen durch Eigentumsvorbehalt gesicherter Kaufpreisforderung vollstreckt.		
Telefonkarte	§§ 808, 809, 815 Abs. 1 ZPO	Pfändbar, sofern sie als mindestens teilweise noch nicht benutzte Karte einen in Geld umwechselbaren Gegenwert darstellt oder als Sammelobjekt anzusehen ist. **Ausnahme:** Bei Pfändung im Gewerbebetrieb ist § 811 Abs. 1 Nr. 5 ZPO zu beachten.		
Teleobjektiv	§§ 808, 809, 811 Abs. 1 Nr. 1 ZPO	Pfändbar, sofern es ausschließlich privat genutzt wird.		
	§ 811 Abs. 1 Nr. 5 ZPO	**Ausnahme:** Unpfändbar, sofern es sich bei betriebswirtschaftlicher Betrachtungsweise um ein notwendiges Hilfsmittel zur Ausübung des Berufs des Schuldners bzw eines mitarbeitenden Familienangehörigen oder zur Fortführung eines Erwerbsgeschäfts handelt, bei dem die persönliche Arbeits-	Zulässig, abhängig von Wert und Alter.	

Tabelle pfändbarer Gegenstände

Gegenstand	Gesetzliche Grundlage	Pfändbarkeit	Austauschpfändung, §§ 811a, 811b ZPO	Entscheidungen/Literatur
	§ 811 Abs. 2 ZPO	leistung überwiegt (zB Fotograf, Reporter). In den Fällen des § 811 Abs. 1 Nr. 1, 4, 5–7 ZPO stets pfändbar, wenn Verkäufer wegen durch Eigentumsvorbehalt gesicherter Kaufpreisforderung vollstreckt.		
Teppich	§§ 808, 809 ZPO	Pfändbar, insbesondere bei sehr wertvollen Objekten. **Ausnahmen:**		KG DGVZ 1967, 105 AG Hannover DGVZ 1987, 174 (Gebetsteppich)
	§ 811 Abs. 1 Nr. 1 ZPO	notweniger Haushaltsgegenstand	Zulässig, regelmäßig jedoch kein Verwertungserlös zu erzielen (§ 812 ZPO).	AG München DGVZ 1995, 11 KG NJW-RR 1986, 201 AG Itzehoe DGVZ 1998, 63 BFH KKZ 2000, 38
	§ 811 Abs. 1 Nr. 10 ZPO	religiös benutzter Gebetsteppich oder	Nicht zulässig.	
	§ 810 Abs. 1 Nr. 12 ZPO	bei fußkrankem Schuldner.	Nicht zulässig.	
	§ 811 Abs. 2 ZPO	In den Fällen des § 811 Abs. 1 Nr. 1, 4, 5–7 ZPO stets pfändbar, wenn Verkäufer wegen durch Eigentumsvorbehalt gesicherter Kaufpreisforderung vollstreckt.		
Tiefkühltruhe	§§ 808, 809, 811 Abs. 1 Nr. 1 ZPO § 812 ZPO	Pfändbar, sofern im Haushalt ein Kühlschrank vorhanden ist.		LG Kiel DGVZ 1978, 115 AG Paderborn DGVZ 1979, 27
	§ 811 Abs. 1 Nr. 5 ZPO	**Ausnahme:** Unpfändbar, sofern es sich bei betriebswirtschaftlicher Betrachtungsweise um ein notwendiges Hilfsmittel zur Ausübung des Berufs des Schuldners bzw eines mitarbeitenden Familienangehörigen oder zur Fortführung eines Erwerbsgeschäfts handelt, bei dem die persönliche Arbeitsleistung überwiegt (kleines Einzelhandelsgeschäft).	Zulässig, aber regelmäßig kein Verwertungserfolg zu erzielen (vgl § 812 ZPO).	AG Itzehoe DGVZ 1984, 30
	§ 811 Abs. 2 ZPO	In den Fällen des § 811 Abs. 1 Nr. 1, 4, 5–7 ZPO stets pfändbar, wenn Verkäufer wegen durch Eigen-		

Gegenstand	Gesetzliche Grundlage	Pfändbarkeit	Austauschpfändung, §§ 811a, 811b ZPO	Entscheidungen/Literatur
		tumsvorbehalt gesicherter Kaufpreisforderung vollstreckt.		
Tiere		Unpfändbar, sofern das Tier		OLG Celle DGVZ 1968, 133 (17 Hühner, 1 Hahn, 2 Enten)
	§ 811c Abs. 1 ZPO	– zum häuslichen Bereich gehört und nicht zu Erwerbszwecken gehalten wird oder	Pfändbar, wenn Härtefall, § 811c Abs. 2 ZPO.	LG Heilbronn DGVZ 1980, 111 (Hund) AG Itzehoe DGVZ 1996, 44
	§ 865 ZPO §§ 97, 98 BGB	– als Grundstückszubehör im Eigentum des Schuldners anzusehen ist oder		(Hunde) LG Koblenz DGVZ 1997, 89 (§ 811 Abs. 1 Nr. 4 ZPO nur
	§ 811 Abs. 1 Nr. 4 ZPO	– für den Wirtschaftsbetrieb objektiv erforderlich ist bzw		erfüllt, wenn Schuldner das Futter für die Tiere durch eigenen Anbau selbst er-
	§ 811 Abs. 1 Nr. 5 ZPO	– sich bei betriebswirtschaftlicher Betrachtungsweise als ein notwendiges Hilfsmittel zur Ausübung des Berufs des Schuldners bzw eines mitarbeitenden Familienangehörigen oder zur Fortführung eines Erwerbsgeschäfts erweist, bei dem die persönliche Arbeitsleistung überwiegt. Pfändbar, sofern es ausschließlich zu Erwerbszwecken bzw zur Kapitalnutzung gehalten wird.	Zulässig.	zeugt) LG Berlin Grundeigentum 2007, 721 (Koi-Karpfen, Papagei) *Röder*, Pfändung von Fischen als teichwirtschaftliche Erzeugnisse, DGVZ 1999, 38 *Dietz*, Tiere als Pfandobjekt – Zur Auslegung des § 811 ZPO, DGVZ 2001, 81 *Wolf*, Das Pferd in der Zwangsvollstreckung, InVo 2007, 483 *Haurand*, Der Hund im Recht, DVP 2010, 52
	§ 811 Abs. 2 ZPO	In den Fällen des § 811 Abs. 1 Nr. 1, 4, 5–7 ZPO stets pfändbar, wenn Verkäufer wegen durch Eigentumsvorbehalt gesicherter Kaufpreisforderung vollstreckt.		
Tonbandgerät (s. auch Diktiergerät)	§§ 808, 809, 811 Abs. 1 Nr. 1 ZPO	Pfändbar, da regelmäßig nicht notwendiger Haushaltsgegenstand.		LG Berlin DGVZ 1961, 122 (Diktiergerät) LG Düsseldorf DGVZ 1961, 57 LG Berlin DGVZ 1965, 117 LG Mannheim MDR 1966, 516
	§ 811 Abs. 1 Nr. 5 ZPO	**Ausnahme:** Unpfändbar, sofern es sich bei betriebswirtschaftlicher Betrachtungsweise um ein notwendiges Hilfsmittel zur Ausübung des Berufs des	Zulässig.	

Tabelle pfändbarer Gegenstände

Gegenstand	Gesetzliche Grundlage	Pfändbarkeit	Austausch-pfändung, §§ 811a, 811b ZPO	Entscheidungen/Literatur
	§ 811 Abs. 2 ZPO	Schuldners bzw eines mitarbeitenden Familienangehörigen oder zur Fortführung eines Erwerbsgeschäfts handelt, bei dem die persönliche Arbeitsleistung überwiegt. In den Fällen des § 811 Abs. 1 Nr. 1, 4, 5–7 ZPO stets pfändbar, wenn Verkäufer wegen durch Eigentumsvorbehalt gesicherter Kaufpreisforderung vollstreckt.		
Trauring	§ 811 Abs. 1 Nr. 11 ZPO	Unpfändbar, auch der Verlobungsring.		
Trekking-Bike	§§ 808, 809, 811 Abs. 1 Nr. 1 ZPO	Pfändbar, sofern es nur privat genutzt wird, da nicht notwendiger Haushaltsgegenstand.		
	§ 811 Abs. 1 Nr. 5 ZPO	**Ausnahme:** Unpfändbar, sofern es sich bei betriebswirtschaftlicher Betrachtungsweise um ein notwendiges Hilfsmittel zur Ausübung des Berufs des Schuldners bzw eines mitarbeitenden Familienangehörigen (Profi-Rennradler) oder zur Fortführung eines Erwerbsgeschäfts handelt, bei dem die persönliche Arbeitsleistung überwiegt.	Zulässig, abhängig von Wert und Ausstattung.	
	§ 811 Abs. 2 ZPO	In den Fällen des § 811 Abs. 1 Nr. 1, 4, 5–7 ZPO stets pfändbar, wenn Verkäufer wegen durch Eigentumsvorbehalt gesicherter Kaufpreisforderung vollstreckt.		
Trinkgeld	§§ 808, 809, 811 Abs. 1 Nr. 8 ZPO	Pfändbar als Bargeld. Nicht pfändbar als Forderungspfändung gegenüber Gastwirt.		LG Hamburg JAmt 2002, 44 OLG Stuttgart JurBüro 2001, 656 = MDR 2002, 294 LG Kaiserslautern DGVZ 2009, 165 (erst nach Abrechnung mit Gastwirt)

Gegenstand	Gesetzliche Grundlage	Pfändbarkeit	Austauschpfändung, §§ 811a, 811b ZPO	Entscheidungen/Literatur
Trompete (s. auch Musikinstrumente)	§§ 808, 809, 811 Abs. 1 Nr. 1 ZPO	Pfändbar, da regelmäßig nicht notwendiger Haushaltsgegenstand.		
	§ 811 Abs. 1 Nr. 5 ZPO	**Ausnahme:** Unpfändbar, sofern es sich bei betriebswirtschaftlicher Betrachtungsweise um ein notwendiges Hilfsmittel zur Ausübung des Berufs des Schuldners bzw eines mitarbeitenden Familienangehörigen (Musiker) oder zur Fortführung eines Erwerbsgeschäfts handelt, bei dem die persönliche Arbeitsleistung überwiegt.	Zulässig, aber wohl nur bei besonders wertvollem Instrument.	
	§ 811 Abs. 2 ZPO	In den Fällen des § 811 Abs. 1 Nr. 1, 4, 5–7 ZPO stets pfändbar, wenn Verkäufer wegen durch Eigentumsvorbehalt gesicherter Kaufpreisforderung vollstreckt.		
Tuner (s. auch Hi-Fi-Anlage)	§§ 808, 809 ZPO	Pfändbar, regelmäßig aber nur zusammen mit der kompletten Hi-Fi-Anlage. **Ausnahmen:**		OVG Sachsen-Anhalt, Beschl. v. 29.4.2009 – 3 M 175/09 (Licht- und Tontechnik einer mobilen Diskothek)
	§ 811 Abs. 1 Nr. 1 ZPO	Unpfändbar, sofern dieser zusammen mit den anderen Elementen der Kompaktanlage das einzige Radiogerät enthält.	Zulässig, abhängig von Alter, Wert und Ausstattung.	
	§ 811 Abs. 1 Nr. 5 ZPO	Unpfändbar, sofern es sich bei betriebswirtschaftlicher Betrachtungsweise um ein notwendiges Hilfsmittel zur Ausübung des Berufs des Schuldners bzw eines mitarbeitenden Familienangehörigen oder zur Fortführung eines Erwerbsgeschäfts handelt, bei dem die persönliche Arbeitsleistung überwiegt.	Zulässig, abhängig von Alter, Wert und Ausstattung.	

Tabelle pfändbarer Gegenstände U

Gegenstand	Gesetzliche Grundlage	Pfändbarkeit	Austauschpfändung, §§ 811a, 811b ZPO	Entscheidungen/Literatur
U				
Überbrückungsgeld s. Strafgefangener				
Uhr	§ 811 Abs. 1 Nr. 1 ZPO	Nicht pfändbar, soweit nur eine einzige Armbanduhr oder Taschenuhr bzw nur eine Wanduhr vorhanden ist.	Zulässig, abhängig vom Wert.	OLG München DGVZ 1983, 140 = OLGZ 83, 325
	§ 811 Abs. 2 ZPO	In den Fällen des § 811 Abs. 1 Nr. 1, 4, 5–7 ZPO stets pfändbar, wenn Verkäufer wegen durch Eigentumsvorbehalt gesicherter Kaufpreisforderung vollstreckt.		
Uniform	§ 811 Abs. 1 Nr. 7 ZPO	Nicht pfändbar, sofern es sich dabei um einen Dienstausrüstungsgegenstand handelt (zB für Polizisten, Soldaten, Vollzugsbeamte, Feuerwehr). Eine private Uniform (zB Chauffeur, Portier) fällt nicht darunter, doch wird hier § 811 Abs. 1 Nr. 5 ZPO eingreifen.	Unzulässig.	AG Sinzig NJW-RR 1987, 508
Urkunden	§§ 808, 809, 821, 831 ZPO	Pfändbar, soweit die Urkunde Träger des Rechts ist und zur Geltendmachung die Vorlage der Urkunde erforderlich ist (s. dazu bei den einzelnen Begriffen).		
	§ 836 Abs. 3 ZPO § 106 GVGA	Nicht selbständig pfändbar im Übrigen, weil die Urkunde dann nur zum Beweis oder zum Nachweis der Berechtigung dient. Solche können aber durch den GVZ im Wege der **Hilfspfändung** weggenommen werden.		
Urlaubsabgeltungsanspruch	§§ 829, 850 ff ZPO	Pfändbar wie Arbeitseinkommen.		LG Münster JurBüro 1999, 551 BAG MDR 2002, 280

Gegenstand	Gesetzliche Grundlage	Pfändbarkeit	Austauschpfändung, §§ 811a, 811b ZPO	Entscheidungen/Literatur
Urlaubsgeld	§§ 829, 850a Nr. 2 ZPO	Urlaubsgeld ist auch in erheblicher Höhe nicht pfändbar, soweit es den Rahmen des Üblichen in gleichartigen Unternehmen nicht übersteigt.		BGH, Beschl. v. 26.4.2012 – IX ZB 239/10

Tabelle pfändbarer Gegenstände V

Gegenstand	Gesetzliche Grundlage	Pfändbarkeit	Austauschpfändung, §§ 811a, 811b ZPO	Entscheidungen/Literatur

V

Gegenstand	Gesetzliche Grundlage	Pfändbarkeit	Austauschpfändung, §§ 811a, 811b ZPO	Entscheidungen/Literatur
VBL-Pflichtbeiträge	§ 850 e Nr. 1 S. 1 ZPO	Arbeitnehmerbeiträge zur Pflichtversicherung bei der Versorgungsanstalt des Bundes und der Länder sind unpfändbar.		BGH Rpfleger 2010, 149 = JurBüro 2010, 103
Verkaufskiosk/ Verkaufsstand	§§ 808, 809 ZPO § 95 BGB	Pfändbar, sofern es sich um einen nicht wesentlichen Bestandteil eines Grundstücks handelt, der nur zu einem vorübergehenden Zweck mit dem Grundstück verbunden ist (Scheinbestandteil).	Zulässig, aber selten sinnvoll, weil schwerlich zu verwerten.	LG Aschaffenburg NJW 1952, 752 LG Berlin DGVZ 1953, 58 OLG Celle NdsRpfl 1958, 191 = DGVZ 1958, 192 LG Regensburg DGVZ 1978, 45
	§ 811 Abs. 1 Nr. 5 ZPO	Nicht pfändbar, sofern es sich bei betriebswirtschaftlicher Betrachtungsweise um ein notwendiges Hilfsmittel zur Ausübung des Berufs des Schuldners bzw eines mitarbeitenden Familienangehörigen oder zur Fortführung eines Erwerbsgeschäfts handelt, bei dem die persönliche Arbeitsleistung überwiegt.	Zulässig, aber selten sinnvoll, weil schwerlich zu verwerten.	BGH NJW 1988, 2789 (Blockhaus)
	§ 811 Abs. 2 ZPO	In den Fällen des § 811 Abs. 1 Nr. 1, 4, 5–7 ZPO stets pfändbar, wenn Verkäufer wegen durch Eigentumsvorbehalt gesicherter Kaufpreisforderung vollstreckt.		
	§ 865 Abs. 2 ZPO §§ 93, 94, 97 BGB	Unpfändbar, sofern es sich um einen wesentlichen Bestandteil eines Grundstücks oder um Grundstückszubehör im Eigentum des Grundstückseigentümers handelt.	Unzulässig.	
Verlobungsring	§ 811 Abs. 1 Nr. 11 ZPO	Nicht pfändbar als Zeichen einer bestehenden Verlobung („zukünftiger Trauring").	Unzulässig.	
Vermögenswirksame Leistungen	§ 2 Abs. 7 S. 2 5. VermBG § 851 Abs. 1 ZPO	Unpfändbar.		*Stöber*, Forderungspfändung, Rn 921 ff

Gegenstand	Gesetzliche Grundlage	Pfändbarkeit	Austauschpfändung, §§ 811a, 811b ZPO	Entscheidungen/Literatur
Verrechnungsscheck s. Scheck				
Versicherungsschein	§ 836 Abs. 3 ZPO § 106 GVGA §§ 3, 4 VVG	Unpfändbar, da kein Wertpapier, dient nur zum Nachweis der Berechtigung oder zum Beweis. Kann durch den GVZ im Wege der **Hilfspfändung** weggenommen werden.		OLG Frankfurt Rpfleger 1977, 221 LG Darmstadt DGVZ 1991, 9
Vertikutierer s. Gartengeräte				
Video-Cassetten/-Filme/-Kamera	§§ 808, 809, 811 Abs. 1 Nr. 1 ZPO § 811 Abs. 1 Nr. 5 ZPO	Pfändbar, da nicht erforderlicher Haushaltsgegenstand. Nicht pfändbar, sofern es sich bei betriebswirtschaftlicher Betrachtungsweise um ein notwendiges Hilfsmittel zur Ausübung des Berufs des Schuldners bzw eines mitarbeitenden Familienangehörigen (zB Künstler, Kameramann) oder zur Fortführung eines Erwerbsgeschäfts handelt, bei dem die persönliche Arbeitsleistung überwiegt (kleineres Eventunternehmen). Das trifft nicht auf einen Videoverleih zu, weil das Schwergewicht dabei nicht auf der persönlichen Arbeitsleistung liegt.		LG Frankfurt NJW-RR 1988, 1471 AG Dortmund DGVZ 1988, 158 LG Augsburg DGVZ 1989, 138 = NJW-RR 1989, 1536 AG Essen DGVZ 1998, 30 OVG Sachsen-Anhalt, Beschl. v. 29.4.2009 – 3 M 175/09 (Licht- und Tontechnik einer mobilen Diskothek)
Videorecorder	§§ 808, 809 ZPO § 811 Abs. 1 Nr. 5 ZPO	Pfändbar, da nicht erforderlicher Haushaltsgegenstand. Unpfändbar, sofern es sich bei betriebswirtschaftlicher Betrachtungsweise um ein notwendiges Hilfsmittel zur Ausübung des Berufs des Schuldners bzw eines mitarbeitenden Familienangehörigen oder zur Fortführung eines Erwerbsgeschäfts handelt, bei dem die persönliche	Zulässig, abhängig vom Wert.	AG Düsseldorf DGVZ 1988, 125 LG Hannover DGVZ 1990, 60 = JurBüro 1989, 1469 LG Wiesbaden DGVZ 1992, 75 VGH Baden-Württemberg NJW 1995, 2804 = DGVZ 1995, 150 = JurBüro 1995, 664

Tabelle pfändbarer Gegenstände

Gegenstand	Gesetzliche Grundlage	Pfändbarkeit	Austausch-pfändung, §§ 811a, 811b ZPO	Entscheidungen/Literatur
	§ 811 Abs. 2 ZPO	Arbeitsleistung überwiegt (kleineres Einzelhandelsgeschäft); größere Warenvorräte sind stets pfändbar. In den Fällen des § 811 Abs. 1 Nr. 1, 4, 5–7 ZPO stets pfändbar, wenn Verkäufer wegen durch Eigentumsvorbehalt gesicherter Kaufpreisforderung vollstreckt.		
Vorruhestands-leistungen	§ 7 Abs. 3 VRG	Der Anspruch auf Vorruhestandsgeld ist wie Arbeitseinkommen pfändbar.		

W

Gegenstand	Gesetzliche Grundlage	Pfändbarkeit	Austauschpfändung, §§ 811a, 811b ZPO	Entscheidungen/Literatur
Wäsche (s. auch Kleidung)	§§ 808, 809, 811 Abs. 1 Nr. 1 ZPO	Unpfändbar, weil Sachen des persönlichen Gebrauchs.	Zulässig, aber regelmäßig nicht durchführbar (vgl § 812 ZPO).	
	§ 811 Abs. 1 Nr. 5, 7 ZPO	Unpfändbar als Berufskleidung. **Ausnahmen:** Luxuswäsche (besonders wertvoll) oder der Warenbestand eines kleinen Bekleidungsgeschäfts.		
	§ 811 Abs. 2 ZPO	In den Fällen des § 811 Abs. 1 Nr. 1, 4, 5–7 ZPO stets pfändbar, wenn Verkäufer wegen durch Eigentumsvorbehalt gesicherter Kaufpreisforderung vollstreckt.		
Wäscheschleuder	§§ 811 Abs. 1 Nr. 1, 812 ZPO	Unpfändbar, weil notwendigerweise zum Hausrat gehörend, im Haushalt benutzt wird und keinen nennenswerten Übererlös in der Verwertung erzielt.	Zulässig, abhängig vom Wert.	LG Traunstein DGVZ 1963, 58 = MDR 1963, 58
	§ 811 Abs. 2 ZPO	In den Fällen des § 811 Abs. 1 Nr. 1, 4, 5–7 ZPO stets pfändbar, wenn Verkäufer wegen durch Eigentumsvorbehalt gesicherter Kaufpreisforderung vollstreckt.		
Wäschetrockner	§§ 811 Abs. 1 Nr. 1, 812 ZPO	Unpfändbar, weil Haushaltsgegenstand, der im Haushalt benutzt wird und in der Regel keinen nennenswerten Übererlös in der Verwertung erzielen wird.	Zulässig, aber wohl nur bei neuwertigen Geräten.	LG Traunstein DGVZ 1963, 58 = MDR 1963, 58 AG Heidelberg DGVZ 1981, 31 AG Elmshorn DGVZ 1985, 191
	§ 811 Abs. 1 Nr. 5 ZPO	Unpfändbar, sofern es sich bei betriebswirtschaftlicher Betrachtungsweise um ein notwendiges Hilfsmittel zur Ausübung des Berufs des Schuldners bzw eines mitarbeitenden Familienangehörigen oder zur Fortführung eines Erwerbsgeschäfts handelt,		

Tabelle pfändbarer Gegenstände   W

Gegenstand	Gesetzliche Grundlage	Pfändbarkeit	Austauschpfändung, §§ 811a, 811b ZPO	Entscheidungen/Literatur
	§ 811 Abs. 2 ZPO	bei dem die persönliche Arbeitsleistung überwiegt. In den Fällen des § 811 Abs. 1 Nr. 1, 4, 5–7 ZPO stets pfändbar, wenn Verkäufer wegen durch Eigentumsvorbehalt gesicherter Kaufpreisforderung vollstreckt.		
Waffen	§§ 808, 809 ZPO §§ 66, 95 Abs. 1 GVGA	Pfändbar, soweit nicht gem. §§ 2, 40 WaffG oder dem Kriegswaffenkontrollgesetz Erwerb und Veräußerung verboten sind.		
	§ 811 Abs. 1 Nr. 7 ZPO § 7 WaffG	**Ausnahme:** Dienstausrüstungsgegenstand, der beruflich genutzt wird.	Nicht zulässig.	
Warenfonds (s. auch Investmentzertifikat)	§§ 808, 809, 821 ZPO	Pfändbar. Verwertung als Wertpapier (Anteilsschein im Investmentgeschäft, der die Rechtsstellung des Anteilsinhabers gegenüber der Kapitalgesellschaft am Anteil eines Sondervermögens verbrieft).		
Warenvorrat	§§ 808, 809, 811 Abs. 1 Nr. 5 ZPO	Unpfändbar nur, sofern er zur Fortsetzung des Erwerbsgeschäfts (kleineres Einzelhandelsgeschäft) notwendig ist; größere Warenvorräte sind stets pfändbar.		OLG Köln DGVZ 1968, 164 LG Tübingen DGVZ 1976, 28 (zum Verkauf bestimmte Waren) LG Lübeck DGVZ 1982, 78 (Einzelhändler)
	§ 811 Abs. 2 ZPO	In den Fällen des § 811 Abs. 1 Nr. 1, 4, 5–7 ZPO stets pfändbar, wenn Verkäufer wegen durch Eigentumsvorbehalt gesicherter Kaufpreisforderung vollstreckt.		LG Düsseldorf DGVZ 1985, 74 = JurBüro 1985, 788 (Einzelhändler) AG Köln DGVZ 1992, 47 (kleines Ladengeschäft) LG Saarbrücken DGVZ 1994, 30 (Ladengeschäft) LG Göttingen DGVZ 1994, 89 = JurBüro 1995, 160 (Bekleidungsgeschäft) LG Kassel JurBüro 1996, 215 (Textilien) AG Gießen DGVZ 1998, 30 (Schmuck) OLG Celle DGVZ 1999, 26 (Zierfische)

Gegenstand	Gesetzliche Grundlage	Pfändbarkeit	Austauschpfändung, §§ 811a, 811b ZPO	Entscheidungen/Literatur
				FG Rheinland-Pfalz, Urt. v. 26.5.2000 – 4 K 1809/97, juris (Frisör)
				AG Plön InVo 2002, 342 = JurBüro 2002, 607 (Damenbekleidung)
				LG Lübeck DGVZ 2002, 185 (Bekleidungsgeschäft)
				LG Cottbus InVo 2002, 428 = JurBüro 2002, 547 (Textilien)
Waschmaschine	§§ 811 Abs. 1 Nr. 1, 812 ZPO	Unpfändbar, weil notwendiger Hausratsgegenstand.	Zulässig, aber wohl nur bei neuwertigen Geräten.	LG Köln DGVZ 1967, 73 (pfändbar)
				AG Heidelberg DGVZ 1981, 31
	§ 811 Abs. 1 Nr. 5 ZPO	Unpfändbar, sofern es sich bei betriebswirtschaftlicher Betrachtungsweise um ein notwendiges Hilfsmittel zur Ausübung des Berufs des Schuldners bzw eines mitarbeitenden Familienangehörigen oder zur Fortführung eines Erwerbsgeschäfts handelt, bei dem die persönliche Arbeitsleistung überwiegt.		AG Elmshorn DGVZ 1985, 191
				AG Berlin-Schöneberg DGVZ 1990, 15 (pfändbar; Hinweis auf Waschsalon)
				LG Konstanz DGVZ 1991, 25 (pfändbar; Hinweis auf Waschsalon)
				LG Berlin NJW-RR 1992, 47
	§ 811 Abs. 2 ZPO	In den Fällen des § 811 Abs. 1 Nr. 1, 4, 5–7 ZPO stets pfändbar, wenn Verkäufer wegen durch Eigentumsvorbehalt gesicherter Kaufpreisforderung vollstreckt.		
Wasserscooter	§§ 808, 809, 811 Abs. 1 Nr. 1 ZPO	Pfändbar, sofern das Wasserfahrzeug ausschließlich privat genutzt wird.		
	§ 811 Abs. 1 Nr. 5 ZPO	**Ausnahme:** Unpfändbar, sofern es sich bei betriebswirtschaftlicher Betrachtungsweise um ein notwendiges Hilfsmittel zur Ausübung des Berufs des Schuldners bzw eines mitarbeitenden Familienangehörigen oder zur Fortführung eines Erwerbsgeschäfts handelt, bei dem die persönliche Arbeitsleistung überwiegt.	Zulässig, abhängig vom Wert.	

Tabelle pfändbarer Gegenstände   W

Gegenstand	Gesetzliche Grundlage	Pfändbarkeit	Austauschpfändung, §§ 811a, 811b ZPO	Entscheidungen/Literatur
	§ 811 Abs. 2 ZPO	In den Fällen des § 811 Abs. 1 Nr. 1, 4, 5–7 ZPO stets pfändbar, wenn Verkäufer wegen durch Eigentumsvorbehalt gesicherter Kaufpreisforderung vollstreckt.		
Wasserski s. Wasserscooter				
Wechsel	§§ 808, 809, 831, 835 ZPO	Pfändbar durch GVZ. Überweisung durch Beschluss des Vollstreckungsgerichts (forderungsrechtliches Wertpapier – Orderpapier – und Geldpapier; er verbrieft entweder eine Forderung gegen den Aussteller oder gegen einen Dritten).		LG Darmstadt DGVZ 1990, 157
Wechselgeld	§§ 808 Abs. 2, 809, 815 Abs. 1 ZPO	Pfändbar.		LG Heidelberg DGVZ 1971, 138 AG Horbach DGVZ 1989, 78
	§ 811 Abs. 1 Nr. 5 ZPO	**Ausnahme:** Unpfändbar, sofern das Geld zur Fortsetzung des Erwerbsgeschäfts benötigt wird.		LG Lübeck DGVZ 2002, 185 LG Cottbus InVo 2002, 428 = JurBüro 2002, 547
Wehrsold	WSG	Pfändbar wie Arbeitseinkommen.		*Stöber*, Forderungspfändung, Rn 906
Weinhaus, transportables	§§ 808, 809 ZPO § 865 ZPO §§ 93, 94, 95, 97, 98 BGB	Pfändbar, wenn es sich weder um einen wesentlichen Bestandteil des Grundstücks (sondern um einen Scheinbestandteil), noch um Zubehör im Eigentum des Grundstückseigentümers handelt; ansonsten wird es nur im Rahmen der Zwangsversteigerung verwertet.		LG Regensburg DGVZ 1978, 45
Werkzeug (*s. auch* Maschinen)	§§ 808, 809 ZPO	Pfändbar. **Ausnahmen:**		
	§ 811 Abs. 1 Nr. 5 ZPO	Unpfändbar, sofern es sich bei betriebswirtschaftlicher Betrachtungsweise um ein notwendiges Hilfsmittel zur Ausübung des Berufs des Schuldners bzw eines mitarbeitenden Familienangehörigen oder	Zulässig, abhängig von Wert, Ausstattung und Zustand der einzelnen Gegenstände.	

Gegenstand	Gesetzliche Grundlage	Pfändbarkeit	Austausch-pfändung, §§ 811a, 811b ZPO	Entscheidungen/Literatur
	§ 865 Abs. 2 ZPO §§ 95, 97, 98 BGB	zur Fortführung eines Erwerbsgeschäfts handelt, bei dem die persönliche Arbeitsleistung überwiegt. Unpfändbar, wenn es sich um einen wesentlichen Bestandteil des Grundstücks oder um Zubehör im Eigentum des Grundstückseigentümers handelt; dann wird es nur im Rahmen der Immobiliarvollstreckung verwertet.	Unzulässig.	
	§ 811 Abs. 2 ZPO	In den Fällen des § 811 Abs. 1 Nr. 1, 4, 5–7 ZPO stets pfändbar, wenn Verkäufer wegen durch Eigentumsvorbehalt gesicherter Kaufpreisforderung vollstreckt.		
Windkraftanlage	§§ 808, 809, 865 Abs. 2 ZPO §§ 93, 94 BGB	Unpfändbar, soweit es sich um einen wesentlichen Bestandteil des Grundstücks handelt; das Objekt wird nach dem ZVG verwertet.	Nicht praktisch.	OLG Schleswig BauR 2006, 358 (Scheinbestandteil) OLG Koblenz OLGR 2007, 78 (kein Scheinbestandteil, wenn der Grundstückseigentümer die Anlage bei Vertragsende übernehmen kann) *Röder*, Windkraftanlagen in der zivilrechtlichen Vollstreckung und im Verwaltungszwang, KKZ 2002, 144
	§ 95 BGB	Pfändbar durch den GVZ, wenn es sich um einen Scheinbestandteil handelt, wie bei der Ausübung eines zeitlich befristeten Nutzungsrechts.		
	§ 811 Abs. 1 Nr. 5 ZPO	Nicht pfändbar, sofern es sich bei betriebswirtschaftlicher Betrachtungsweise um ein notwendiges Hilfsmittel zur Ausübung des Berufs des Schuldners bzw eines mitarbeitenden Familienangehörigen oder zur Fortführung eines Erwerbsgeschäfts handelt, bei dem die persönliche Arbeitsleistung überwiegt.		
	§ 811 Abs. 2 ZPO	In den Fällen des § 811 Abs. 1 Nr. 1, 4, 5–7 ZPO stets pfändbar, wenn Verkäufer wegen durch Eigentumsvorbehalt gesicherter		

Tabelle pfändbarer Gegenstände

Gegenstand	Gesetzliche Grundlage	Pfändbarkeit	Austauschpfändung, §§ 811a, 811b ZPO	Entscheidungen/Literatur
Wochenendhaus	§§ 808, 809, 865 Abs. 2 ZPO § 811 Abs. 1 Nr. 1 ZPO	Kaufpreisforderung vollstreckt. Pfändbar, wenn es sich um einen nicht wesentlichen Bestandteil (Scheinbestandteil) des Grundstücks handelt; ansonsten wird das Objekt durch Zwangsversteigerung verwertet.		OLG Zweibrücken Rpfleger 1976, 328 = DGVZ 1976, 172 LG Hagen DGVZ 1978, 11 BGH NJW 1988, 2789 (Blockhaus) OLG Celle ZMR 2007, 690
Wohnboot	§§ 808, 809, 811 Abs. 1 Nr. 1 ZPO §§ 864, 870a ZPO §§ 2, 3, 77 SchiffsRG §§ 162 ff ZVG §§ 78 Abs. 6, 84, 153 Abs. 2, 4 GVGA	Pfändbar, sofern es sich nicht um ein Binnenschiff handelt, welches im Schifffahrtsregister eingetragen ist; diese werden wie eine unbewegliche Sache behandelt (Schiffshypothek, Zwangsversteigerung).		
	§ 811 Abs. 1 Nr. 1 ZPO	**Ausnahme:** Das Boot dient dem Schuldner auf Dauer zu Wohnzwecken.	Zulässig, abhängig von Wert, Ausstattung und Zustand des Bootes.	
Wohngeld	§ 54 Abs. 3 Nr. 2a SGB I	Unpfändbar, soweit nicht die Pfändung wegen Ansprüchen erfolgt, die Gegenstand der §§ 9 und 10 WoGG sind. Das sind Ansprüche der Vermieter wegen Miete bzw der Gläubiger der Belastungen (Kosten für den Kapitaldienst und die Bewirtschaftung von Wohnraum).		LG Mönchengladbach Rpfleger 2009, 577
Wohnlaube	§§ 808, 809, 865 Abs. 2 ZPO § 811 Abs. 1 Nr. 1 ZPO	Pfändbar, wenn es sich um einen nicht wesentlichen Bestandteil des Grundstücks handelt, also nur vorübergehend mit dem Boden fest verbunden ist; die Laube darf auch nicht dem Schuldner auf Dauer zu Wohnzwecken dienen.		LG Berlin DGVZ 1961, 154 LG Berlin DGVZ 1972, 90
	§ 811 Abs. 2 ZPO	In den Fällen des § 811 Abs. 1 Nr. 1, 4, 5–7 ZPO stets pfändbar, wenn Verkäufer wegen durch Eigentumsvorbehalt gesicherter		

Gegenstand	Gesetzliche Grundlage	Pfändbarkeit	Austauschpfändung, §§ 811a, 811b ZPO	Entscheidungen/Literatur
		Kaufpreisforderung vollstreckt.		
Wohnwagen (s. auch Kraftfahrzeug)	§§ 808, 809 ZPO	Pfändbar, sofern der Wohnwagen ausschließlich privat und zu Freizeitzwecken genutzt wird.		AG Neuwied DGVZ 1996, 141 (Wohnmobilheim, mit Holzbau umgeben – Scheinbestandteil)
	§ 811 Abs. 1 Nr. 1 ZPO	**Ausnahme:** Der Wohnwagen dient dem Schuldner auf Dauer zu Wohnzwecken.	Zulässig, abhängig von Wert, Ausstattung und Zustand des Wohnwagens.	OLG Koblenz MDR 1999, 1059
	§ 811 Abs. 2 ZPO	In den Fällen des § 811 Abs. 1 Nr. 1, 4, 5–7 ZPO stets pfändbar, wenn Verkäufer wegen durch Eigentumsvorbehalt gesicherter Kaufpreisforderung vollstreckt.		
Wurstschneidemaschine	§§ 808, 809 ZPO	Pfändbar. **Ausnahmen:**		
	§ 811 Abs. 1 Nr. 5 ZPO	Unpfändbar, sofern es sich bei betriebswirtschaftlicher Betrachtungsweise um ein notwendiges Hilfsmittel zur Ausübung des Berufs des Schuldners bzw eines mitarbeitenden Familienangehörigen oder zur Fortführung eines Erwerbsgeschäfts handelt, bei dem die persönliche Arbeitsleistung überwiegt.	Zulässig, abhängig von Wert, Ausstattung und Zustand.	
	§ 865 Abs. 2 ZPO § 95 BGB	Unpfändbar, sofern es sich um Zubehör im Eigentum des Grundstückseigentümers handelt.		
	§ 811 Abs. 2 ZPO	In den Fällen des § 811 Abs. 1 Nr. 1, 4, 5–7 ZPO stets pfändbar, wenn Verkäufer wegen durch Eigentumsvorbehalt gesicherter Kaufpreisforderung vollstreckt.		

Z

Gegenstand	Gesetzliche Grundlage	Pfändbarkeit	Austauschpfändung, §§ 811a, 811b ZPO	Entscheidungen/Literatur
Zaun	§§ 808, 809, 811 Abs. 1 Nr. 1 ZPO	Unpfändbar, sofern er zur Einfriedung oder zum Schutz des Hausgartens dient und damit einen notwendigen Haushaltsgegenstand darstellt.	Zulässig, abhängig vom Wert.	LG Münster DGVZ 1954, 125 AG Oldenburg DGVZ 1988, 79 OLG Hamm OLGR 2000, 5 AG Hamburg, Urt. v. 14.8.2006 – 644 C 89/04, juris
	§ 811 Abs. 1 Nr. 5 ZPO	Unpfändbar, sofern es sich bei betriebswirtschaftlicher Betrachtungsweise um ein notwendiges Hilfsmittel zur Ausübung des Berufs des Schuldners bzw. eines mitarbeitenden Familienangehörigen oder zur Fortführung eines Erwerbsgeschäfts handelt, bei dem die persönliche Arbeitsleistung überwiegt.	Zulässig, abhängig vom Wert.	
	§ 811 Abs. 2 ZPO	In den Fällen des § 811 Abs. 1 Nr. 1, 4, 5–7 ZPO stets pfändbar, wenn Verkäufer wegen durch Eigentumsvorbehalt gesicherter Kaufpreisforderung vollstreckt.		
	§ 865 ZPO §§ 94, 95, 97, 98 BGB	Unpfändbar, sofern es sich dabei um Zubehör im Eigentum des Grundstückseigentümers handelt. Pfändbar, sofern es sich um einen nicht wesentlichen Bestandteil eines Grundstücks handelt (Scheinbestandteil), der nur zu einem vorübergehenden Zweck mit dem Grundstück verbunden ist, und es sich nicht um Zubehör im Eigentum des Grundstückseigentümers handelt.	Unzulässig.	
Zelt	§§ 808, 809, 811 Abs. 1 Nr. 1 ZPO	Pfändbar, sofern das Zelt ausschließlich privat und zu Freizeitzwecken genutzt wird.		
	§ 811 Abs. 1 Nr. 5 ZPO	**Ausnahme:** Unpfändbar, sofern es sich bei betriebswirtschaftlicher Betrachtungsweise um ein not-	Zulässig.	

Gegenstand	Gesetzliche Grundlage	Pfändbarkeit	Austauschpfändung, §§ 811a, 811b ZPO	Entscheidungen/Literatur
		wendiges Hilfsmittel zur Ausübung des Berufs des Schuldners bzw eines mitarbeitenden Familienangehörigen oder zur Fortführung eines Erwerbsgeschäfts handelt, bei dem die persönliche Arbeitsleistung überwiegt (zB Ausstellungs- oder Bierzelt).		
	§ 811 Abs. 2 ZPO	In den Fällen des § 811 Abs. 1 Nr. 1, 4, 5–7 ZPO stets pfändbar, wenn Verkäufer wegen durch Eigentumsvorbehalt gesicherter Kaufpreisforderung vollstreckt.		
Ziege	§ 811 Abs. 1 Nr. 3 ZPO	Unpfändbar, sofern sie – in beschränktem Umfang – zur Ernährung des Schuldners und seiner Familie erforderlich ist.	Unzulässig.	AG Kirchheim/Teck DGVZ 1983, 62 (zur Schafherde)
	§ 811 Abs. 1 Nr. 4 ZPO	Unpfändbar, sofern sie für den Wirtschaftsbetrieb objektiv erforderlich ist und die Ausnutzung des Grund und Bodens damit verbunden ist.	Unzulässig.	
	§ 811 Abs. 1 Nr. 5 ZPO	Pfändbar bei rein gewerbsmäßiger, von der Bodennutzung unabhängiger Viehzucht oder zu Zuchtzwecken.		
	§ 811 Abs. 2 ZPO	In den Fällen des § 811 Abs. 1 Nr. 1, 4, 5–7 ZPO stets pfändbar, wenn Verkäufer wegen durch Eigentumsvorbehalt gesicherter Kaufpreisforderung vollstreckt.		
	§ 865 ZPO §§ 97, 98 Nr. 2 BGB	Nicht pfändbar, sofern es sich dabei um Zubehör im Eigentum des Grundstückseigentümers handelt. Zum Verkauf bereitgestelltes Vieh ist kein Zubehör mehr.	Unzulässig.	Vgl RGZ 143, 33, 39

Tabelle pfändbarer Gegenstände Z

Gegenstand	Gesetzliche Grundlage	Pfändbarkeit	Austauschpfändung, §§ 811a, 811b ZPO	Entscheidungen/Literatur
Zierfisch	§ 811 Abs. 1 Nr. 1 ZPO § 811c Abs. 1 ZPO	Unpfändbar, sofern er ausschließlich zu privaten Zwecken gehalten wird.	Pfändbar, wenn Härtefall, § 811c Abs. 2 ZPO.	OLG Celle DGVZ 1999, 26 (Fortführung der Erwerbstätigkeit, Warenbestand) LG Berlin Grundeigentum 2007, 721 (Koi-Karpfen) *Röder*, Die Pfändung von Koi-Fischen (Farbkarpfen) als teichwirtschaftliche Erzeugnisse im zivil- und öffentlich-rechtlichen Vollstreckungsverfahren, KKZ 2006, 174
	§ 811 Abs. 1 Nr. 5 ZPO	Unpfändbar, sofern es sich bei betriebswirtschaftlicher Betrachtungsweise um ein notwendiges Hilfsmittel zur Ausübung des Berufs des Schuldners bzw eines mitarbeitenden Familienangehörigen oder zur Fortführung eines Erwerbsgeschäfts handelt, bei dem die persönliche Arbeitsleistung überwiegt. Pfändbar, sofern die Tiere gewerblich oder zu Zuchtzwecken gehalten werden.		
	§ 811 Abs. 2 ZPO	In den Fällen des § 811 Abs. 1 Nr. 1, 4, 5–7 ZPO stets pfändbar, wenn Verkäufer wegen durch Eigentumsvorbehalt gesicherter Kaufpreisforderung vollstreckt.		
Ziervogel	§ 811 Abs. 1 Nr. 1 ZPO § 811c Abs. 1 ZPO	Unpfändbar, sofern er ausschließlich zu privaten Zwecken gehalten wird.	Pfändbar, wenn Härtefall, § 811c Abs. 2 ZPO.	LG Berlin Grundeigentum 2007, 721 (Papagei)
	§ 811 Abs. 1 Nr. 5 ZPO	Unpfändbar, sofern es sich bei betriebswirtschaftlicher Betrachtungsweise um ein notwendiges Hilfsmittel zur Ausübung des Berufs des Schuldners bzw eines mitarbeitenden Familienangehörigen oder zur Fortführung eines Erwerbsgeschäfts handelt, bei dem die persönliche Arbeitsleistung überwiegt. Pfändbar, sofern die Tiere gewerblich oder zu Zuchtzwecken gehalten werden.		
	§ 811 Abs. 2 ZPO	In den Fällen des § 811 Abs. 1 Nr. 1, 4, 5–7 ZPO stets pfändbar, wenn Verkäufer wegen durch Eigentumsvorbehalt gesicherter		

Tabelle pfändbarer Gegenstände

Gegenstand	Gesetzliche Grundlage	Pfändbarkeit	Austauschpfändung, §§ 811a, 811b ZPO	Entscheidungen/Literatur
		Kaufpreisforderung vollstreckt.		
Zinsschein	§§ 808, 809, 821 ZPO	Pfändbar durch den GVZ; Wertpapier (Nebenpapier zu Inhaber- und Orderschuldverschreibungen, welches einen selbständigen Zinsanspruch verbrieft, unabhängig vom Hauptpapier).		
Zirkus	§ 811 Abs. 1 Nr. 5 ZPO	Nicht pfändbar sind die zur Fortführung des Betriebes erforderlichen Ausstattungsgegenstände.	Zulässig, aber selten sinnvoll.	AG Oberhausen DGVZ 1996, 159
	§ 811 Abs. 2 ZPO	In den Fällen des § 811 Abs. 1 Nr. 1, 4, 5–7 ZPO stets pfändbar, wenn Verkäufer wegen durch Eigentumsvorbehalt gesicherter Kaufpreisforderung vollstreckt.		
Zubehör	§ 865 Abs. 2 ZPO §§ 97, 98 BGB	Unpfändbar durch den GVZ, soweit es im Eigentum des Grundstückseigentümers steht (s. auch bei den einzelnen Gegenständen). Die Vollstreckung erfolgt im Wege der Zwangsversteigerung oder Zwangsverwaltung.	Unzulässig.	BGH WM 1980, 1384 BGH NJW 1983, 746 = DGVZ 1983, 87 BGH NJW 1996, 916 LG Nürnberg DGVZ 1996, 123 (Satelliten-Empfangsanlage)
Zuchthengst	§ 865 Abs. 2 ZPO §§ 97, 98 BGB	Unpfändbar, sofern der Hengst als Grundstückszubehör im Eigentum des Schuldners anzusehen ist.	Unzulässig.	LG Oldenburg DGVZ 1980, 170 LG Frankenthal NJW-RR 1989, 896 = MDR 1989, 364
	§§ 808, 809, 811 Abs. 1 Nr. 5 ZPO	Unpfändbar, sofern es sich bei betriebswirtschaftlicher Betrachtungsweise um ein notwendiges Hilfsmittel zur Ausübung des Berufs des Schuldners bzw eines mitarbeitenden Familienangehörigen oder zur Fortführung eines Erwerbsgeschäfts handelt, bei dem die persönliche Arbeitsleistung überwiegt.	Nicht sinnvoll.	LG Koblenz DGVZ 1997, 89 (§ 811 Abs. 1 Nr. 4 ZPO nur erfüllt, wenn der Schuldner das Futter für die Tiere durch eigenen Anbau selbst erzeugt) *Dietz*, Tiere als Pfandobjekt – Zur Auslegung des § 811 ZPO, DGVZ 2001, 83

Tabelle pfändbarer Gegenstände

Gegenstand	Gesetzliche Grundlage	Pfändbarkeit	Austauschpfändung, §§ 811a, 811b ZPO	Entscheidungen/Literatur
	§ 811 Abs. 2 ZPO	Pfändbar, sofern das Tier ausschließlich zur Kapitalnutzung gehalten wird. In den Fällen des § 811 Abs. 1 Nr. 1, 4, 5–7 ZPO stets pfändbar, wenn Verkäufer wegen durch Eigentumsvorbehalt gesicherter Kaufpreisforderung vollstreckt.		*Wolf*, Das Pferd in der Zwangsvollstreckung, InVo 2007, 483
Zuchthunde	§ 865 Abs. 2 ZPO §§ 97, 98 BGB	Unpfändbar, sofern die Hunde als Grundstückszubehör im Eigentum des Schuldners anzusehen sind.	Unzulässig.	AG Itzehoe DGVZ 1996, 44
	§ 811 Abs. 1 Nr. 5 ZPO	Unpfändbar, sofern es sich bei betriebswirtschaftlicher Betrachtungsweise um ein notwendiges Hilfsmittel zur Ausübung des Berufs des Schuldners bzw eines mitarbeitenden Familienangehörigen oder zur Fortführung eines Erwerbsgeschäfts handelt, bei dem die persönliche Arbeitsleistung überwiegt.	Kaum sinnvoll.	
	§ 811 Abs. 2 ZPO	Pfändbar, sofern das Tier ausschließlich zur Kapitalnutzung gehalten wird. In den Fällen des § 811 Abs. 1 Nr. 1, 4, 5–7 ZPO stets pfändbar, wenn Verkäufer wegen durch Eigentumsvorbehalt gesicherter Kaufpreisforderung vollstreckt.		
Zuchtstute *s.* Zuchthengst				
Zwangsversteigerungserlös	§§ 829, 835 ZPO	Pfändbar als Erlösüberschuss aus der Versteigerung durch den GVZ nach Erteilung des Zuschlags. Pfändung durch PfÜB des Vollstreckungsgerichts; Drittschuldner ist nur der Schuldner selbst, nicht der GVZ.		

Stichwortverzeichnis

Fette Zahlen bezeichnen die Paragraphen/Artikel, magere die Randnummern.

Abstammungssachen
- Vollstreckung *FamFG* **96a** 1

Aktenabschrift **760** 1

Androhungsbeschluss **890** 19
- Inhalt **890** 4, 22
- rechtliches Gehör **890** 21
- Voraussetzungen **890** 20

Anerkenntnis
- Räumungsfrist **721** 2 ff

Anerkennung ausländischer Entscheidungen
- Abschriften *EuGVVO* **37** 9 ff
- Allgemeines *EuGVVO* **45** 21
- Anhörung des Gegners *EuGVVO* **37** 13, **45** 11
- Antrag *EuGVVO* **37** 38
- Antrag auf *EuGVVO* **37** 35 ff
- Antrag auf Feststellung *EuGVVO* **37** 4
- Antrag auf negative Feststellung *EuGVVO* **37** 44 f
- Antrag auf Versagung *EuGVVO* **45** 29 ff
- Antragsbegründung *EuGVVO* **37** 39
- Antragsberechtigung *EuGVVO* **37** 7, **45** 7
- Antragszurückweisung *EuGVVO* **37** 20, 26
- Anwaltszwang *EuGVVO* **45** 6
- anzurufendes Gericht *EuGVVO* **37** 37, **45** 31
- Begründung *EuGVVO* **37** 21, 31, **45** 15, 25
- Beschluss *EuGVVO* **37** 1
- Entscheidungsform *EuGVVO* **37** 16, **45** 13
- Erfordernis der *EuGVVO* **37** 2, 27
- fakultative mündliche Verhandlung *EuGVVO* **37** 13, **45** 11
- Feststellung *EuGVVO* **37** 1
- Feststellungsantrag *EuGVVO* **37** 6
- Feststellungsinteresse *EuGVVO* **37** 8
- Gebühren *EuGVVO* **37** 24, 33, 43, **45** 18, 27, 34
- gerichtliches Verfahren *EuGVVO* **37** 13 ff, 29, **45** 11 f, 23
- Grundlagen *EuGVVO* **37** 2 ff, 27 ff, 36 ff, **45** 2, 30
- Grundsatz der automatischen Anerkennung *EuGVVO* **37** 4, **45** 4
- positive Entscheidung *EuGVVO* **37** 16
- Prüfungsumfang *EuGVVO* **37** 13 ff, 29, **45** 11 F, 23
- Rechtsmittel *EuGVVO* **37** 25, 34, 43, **45** 19, 28, 34
- Rechtsquellen *EuGVVO* **37** 3, **45** 3
- Rechtsschutzbedürfnis *EuGVVO* **45** 8
- Tenor *EuGVVO* **37** 21, 30, **45** 15, 24
- Übersetzungen und Transliterationen *EuGVVO* **37** 9 ff
- Versagung *EuGVVO* **45** 14
- Versagungsantrag *EuGVVO* **45** 4 ff, 32
- Versagungsbeschluss *EuGVVO* **45** 1
- vorzulegende Unterlagen *EuGVVO* **37** 42
- vorzulegende Urkunden *EuGVVO* **37** 9 ff, **45** 9 f, 33
- weiteres Verfahren *EuGVVO* **37** 16 ff, 22 f, **45** 13 ff, 16 F
- Zurückweisung des Versagungsantrags *EuGVVO* **45** 20 ff
- Zuständigkeit *EuGVVO* **37** 5, 28, **45** 5, 22
- Zustellungen *EuGVVO* **37** 22, 32, **45** 16, 26

Anmeldung
- Forderungsaufstellung *ZVG* **45** 1
- Hausgelder *ZVG* **45** 18
- Löschungsanspruch *ZVG* **45** 15
- Zwangsversteigerung *ZVG* **9** 1 ff; s.a. Beteiligtenstellung

Anordnungsantrag
- Eigentumsnachweis *ZVG* **17** 6, **146** 9
- Hausgelder *ZVG* **17** 25
- Vollstreckungsunterlagen *ZVG* **17** 11, **146** 17

Anwartschaftsrecht
- Pfändung **857** 22 ff

Arbeitseinkommen
- Pfändung wg Unterhaltsforderung **850d** 7 ff

Stichwortverzeichnis

Arrestanspruch, Glaubhaftmachung,
  eidesstattliche Versicherung 920 13
Arrestgericht 920 2
Arrestgrund 920 16, 923 23
Arresthypothek 932 11
- Kosten 932 14
Arrestpfandrecht 930 7
- Erlöschen 934 9
Arrestpfändung 920 8
Arrestvollziehung
- Aufhebung 934 4
Aufgebot
- Antrag ZVG 140 1
- Ermächtigungsantrag ZVG 138 1
- Ermächtigungsbeschluss ZVG 138 5
- Verfahren ZVG 140 8
Ausländische Entscheidungen
  Vollstreckung
- Antrag auf Versagung
  EuGVVO 48 23 ff
- Antragsberechtigung EuGVVO 48 6
- Anzurufendes Gericht
  EuGVVO 48 25
- Begründung EuGVVO 48 10, 19
- Entscheidungsform EuGVVO 48 9
- Gebühren EuGVVO 48 12, 21, 28
- Gerichtliches Verfahren
  EuGVVO 48 8, 17
- Grundlagen EuGVVO 48 2 ff, 15, 24
- Grundsatz der automatischen
  Vollstreckbarkeit EuGVVO 48 3
- Prüfungsumfang EuGVVO 48 8, 17
- Rechtsmittel EuGVVO 48 13, 22, 28
- Rechtsschutzbedürfnis
  EuGVVO 48 6
- Tenor EuGVVO 48 10, 18
- Versagung EuGVVO 48 1 ff
- Versagungsantrag EuGVVO 48 5, 26
- Versagungsbeschluss EuGVVO 48 1
- Vorzulegende Urkunden
  EuGVVO 48 7, 27
- Weiteres Verfahren EuGVVO 48 11
- Weitere Verfahren EuGVVO 48 9
- Zurückweisung des Versagungsantrags
  EuGVVO 48 14 ff
- Zuständigkeit EuGVVO 48 4, 16
- Zustellungen EuGVVO 48 20
Ausländische Schiedssprüche,
  Vollstreckbarerklärung
- formelle Voraussetzungen, Grundsatz
  der Meistbegünstigung 1061 5
- Gegenstand des Verfahrens, lodo
  irrituale 1061 4

- Geltendmachung materiellrechtlicher
  Einwendungen 1061 9
- Geltendmachung von
  Anerkennungsversagungsgründen
  1061 7
- Grundsatz der Meistbegünstigung,
  Territorialitätsprinzip 1061 2
- Präklusion von
  Anerkennungsversagungsgründen
  1061 8
- Zuständigkeit 1061 3
Ausländische Urteile
- Vollstreckbarerklärung 723 1 ff
Ausländische Urteile,
  Vollstreckbarerklärung
- Endurteil 723 14 ff
- Klage 723 1 ff
Austauschpfändung 756 28, 811a 1,
  811b 1
- Gläubigerbenachrichtigung 811b 3
Bargebot
- Verzinsung ZVG 105 8
Befristeter Kontenschutz 850l 1 ff
Bereicherungsklage 882 9
Berliner Räumung 885a 2
Berufungsurteil
- Rechtskraft 705 6 ff
- vorläufige Vollstreckbarkeit 705 6 ff
Beschlussverfahren 923 2
Beschwerde
- ZVG-Verfahren
  ZVG Vor 95-104 1 ff
Beteiligtenstellung
- Anmeldung einer Pfändung
  ZVG 9 10
- Anmeldung eines Eigentumswechsel
  ZVG 9 11
- Anmeldung eines neuen Rechts
  ZVG 9 8
- durch Anmeldung ZVG 9 1 ff
- WE-Gemeinschaft ZVG 9 3a
Beugemittel 888 8
Bewegliche Sachen
- vertretbare, unvertretbare 883 4
BGB-Gesellschaft
- Zwangsvollstreckung gegen 736 1
Doppelausgebot ZVG 59 6
Drittauskünfte 802l 2
Drittschuldner
- Herausgabe an GV 854 1 ff

- Hinterlegungsverlangen 853 1 ff
Drittwiderspruch
- gegen Pfändung von Geld 815 1
Drittwiderspruchsklage 771 1
- bei Veräußerungsverbot 772 2
- Gütergemeinschaft 774 1
- Nacherbe 773 1
Druckklausel 794 16
Duldung 890 3
Duldung der Zwangsvollstreckung
- Klage 738 1, 870 21
Duldungsklage
- bei beendeter Gütergemeinschaft 743 1
- gegen Nießbrauch 738 1
Durchsuchung
- Anordnung 759 5
- Antrag 759 1, 2 ff
- Antragstellung 759 3
- Beschluss 759 15 ff
- Darlegungs- und Beweislast 759 4
- Entscheidung 759 13
- Formularzwang 759 6, 10
- gerichtliche Entscheidung 759 14
- Nachtzeit 759 9, 14
- Verfahrensbeschleunigung 759 12
- Verfügung des Gerichts 759 20
- Zuständigkeit 759 2
Durchsuchungsbeschluss *FamFG* 91 1
Eigentums- und Vermögensgemeinschaft
- Zwangsvollstreckung 744a 1
Einheitswert
- Mitteilung der Finanzverwaltung *ZVG* 17 14
Einstellung, einstweilige
- alternative Möglichkeiten *ZVG* 30c 3
- Antrag 707 1
- Antrag des Schuldners *ZVG* 30c 1
- Begründung des Antrags *ZVG* 30c 2, 10
- Begründung des Schuldners *ZVG* 30c 4
- Beschluss 707 9, 719 14 ff
- stattgebender Beschluss *ZVG* 30c 16
- Verfahrenshindernis *ZVG* 28 6
- Zurückweisungsbeschluss *ZVG* 30c 11
- Zwangsvollstreckung 707 1, 719 1
Einstellung der Vollstreckung 926 19
- Antrag des Schuldners *ZVG* 9 1
- Beschluss 769 1

- im Urteil 770 1
- Versäumnisurteil 719 9 ff
Einstellung der Zwangsvollstreckung
- Klauselgegenklage 768 1
Einstweilige Anordnung
- im Urteil 770 1
- Klauselgegenklage 768 1
- Zwangsvollstreckung 769 1
Einstweilige Verfügung
- Aufhebung 939 2 ff
- Aufhebungsurteil 939 1 ff
- Auflassungsvormerkung 935 14
- Bauhandwerkersicherungshypothek 935 15
- Beschlussverfahren 937 2 ff
- Besitzschutz 940 16
- Dringlichkeit 935 7, 940 7, 942 2
- Einsichtnahme 940 11
- Erwerbsverbot 938 1 ff
- Fristen 942 6 ff
- Gegendarstellung 940 18
- Geldforderungen 940 16
- Grundbuchwiderspruch 941 1 ff
- Kosten 935 6, 19 ff, 940 6, 942 9
- Leistungsverfügung 940 14 ff, 15, 940a 3
- Räumung 940a 1 ff
- Rechtfertigungsverfahren 942 4, 11
- Regelungsverfügung 940 1 ff
- Schadensersatz 945 1 ff
- Schutzschrift 945a 2
- Sequestration 935 12, 938 3
- Sicherstellung 935 11
- Sicherungsverfügung 935 1 ff
- Streitgegenstand 935 4, 940 4, 6, 15
- Streitwert 935 5, 937 5
- Terminierung 937 16 f
- Unterlassungsverfügung 940 21 ff
- Urteilsverfahren 937 14 ff
- Veräußerungsverbot 935 16
- Verfügungsanspruch 935 23, 940 13, 20, 26
- Verfügungsgrund 935 24, 940 13, 20, 26
- Vornahme einer Handlung 940 16
- Vornahme einer Reparatur 940 19
- Weiterbeschäftigungsanspruch 940 12
- Widerspruch 937 8
- zuständiges Gericht 935 2, 940 2, 942 2 f, 945 2
- Zustellung 937 7, 11, 19
- Zutrittsgewährung 940 10

Erbe
- Vollstreckungsabwehrklage   785 1 ff

Erbschein
- Antrag zur Vollstreckung   792 1 ff

Ergänzungsurteil
- Räumungsfrist   721 3 ff
- vorläufige Vollstreckbarkeit   716 8 ff

Erinnerung
- bei Eigentum- und Vermögensgemeinschaft   744a 1
- fortgesetzte Gütergemeinschaft   745 1
- gegen Vollstreckungsklausel   732 1 ff
- gegen Zwangsvollstreckung   739 1
- Gewahrsamsvermutung   739 1
- Gütergemeinschaft   740 1, 741 1

Erlösauskehr
- zugunsten späterer Pfändung   854 5

Erlösverteilung
- Terminsbestimmung   ZVG 105 1
- Zahlungsaufforderung   ZVG 105 2

Ersatzhaft   888 9
- Androhung, Anordnung   890 15

Ersatzvornahme   887 2
- Anordnungsbeschluss   887 17
- Duldung, Kosten   892 1
- Kosten   887 24
- Kostenvorschuss   887 21
- Rechtsmittel   887 23, 888 23
- Vorschusshöhe   887 10
- Widerstand des Schuldners   892 2

Erzwingungshaft   802g 1

Europäischer Vollstreckungstitel
- Aussetzung, Bestätigung   1085 4
- Aussetzung der Vollstreckung   1084 5 ff
- Berichtigung, Antrag   1081 1 ff
- Beschränkung der Vollstreckung   1084 5 ff
- Bestätigung, Antrag   1080 1 ff
- Bestätigung der Aussetzung, Antrag   1085 1 ff
- Bestätigung der Beschränkung, Antrag   1085 1 ff
- Bestätigung einer gerichtlichen Entscheidung   1080 8 ff
- Bestätigung eines gerichtlichen Vergleichs   1080 13 ff
- Einschränkung, Bestätigung   1085 4
- Ersatzbestätigung   1080 17
- Ersatzbestätigung, Antrag   1080 5
- öffentliche Urkunde, Bestätigung   1080 15 ff
- Verweigerung der Vollstreckung, Antrag   1084 1 ff
- Widerruf, Antrag   1081 1 ff

Europäisches Mahnverfahren
- Überprüfung des Europäischen Zahlungsbefehls in Ausnahmefällen, Verfahren   1092 1
- Verfahren nach Einspruch   1090 1

Europäisches Verfahren für geringfügige Forderungen
- Antrag auf Verweigerung der Vollstreckung   1109 1 ff
- Aussetzung der Vollstreckung   1109 4
- Beschränkung der Vollstreckung   1109 4
- Bestätigung des Urteils   1106 2
- Urteilsaussetzung, -beschränkung   1109 2
- Urteilsübersetzung   1108 1
- Zwangsvollstreckung   1105 2

Familiensachen, Beschluss
- Entscheidungsform des FamFG   FamFG 95 2

Familiensachen, Verweis aus ZPO   FamFG 95 1

Familiensachen, Vollstreckung
- ablehnender Beschluss   FamFG 87 11
- Antrag   FamFG 87 1
- Einleitung von Amts wegen   FamFG 87 1
- von Amts wegen   FamFG 87 1

Forderungspfändung
- Anwartschaftsrecht an einem Grundstück   857 22 ff
- Anwartschaftsrecht an einer Sache   857 17 ff
- Arbeitseinkommen   850 1 ff
- Arbeitseinkommen – Nichtberücksichtigung eines Unterhaltsberechtigten   850c 1 ff
- Auskunftsaufforderung an den Schuldner   836 1
- Bankkonten   829 45
- beendete Gütergemeinschaft   860 1
- Bruchteilsgemeinschaft an einem Grundstück   857 6 ff
- Bruchteilsgemeinschaft an einer Forderung   857 5 ff
- Bruchteilsgemeinschaft an einer Sache   857 1 ff
- Darlehensauszahlungsanspruch   829 48
- Drittschuldnererklärung   840 1

Stichwortverzeichnis

- Einziehungsklage 841 1
- elektronischer Antrag 829a 2
- erweiterte Pfändbarkeit bei vorsätzlicher unerlaubter Handlung 850f 5 ff
- GbR-Anteil 859 1 ff
- Girokonto 829 46
- GmbH-Anteil 857 10
- Grundbuchberichtigungsanspruch 857 26 ff
- Grundstücksübertragungsanspruch 848 1
- Herausgabeanspruch 847 1
- Hypothekenforderung 830 1
- Miete/Pacht 851b 1 ff
- Miterbenanteil 859 7 ff
- Nießbrauch 857 33 ff
- Patente 857 37 ff
- Pflichtteilsanspruch 852 1 ff
- privater Vorsorgevertrag 851c 1 ff
- Rückgabeanspruch des Schenkers 852 8 ff
- Rückkaufswert 851c 5 ff
- Schiffshypothekenforderung 831 1
- Schiffspart 858 1 ff
- Schiffsübertragungsanspruch 847a 1
- Sozialleistungen 829 43
- Sparguthaben 829 47
- Steuererstattungsanspruch 829 44
- Taschengeldanspruch 850b 1 ff
- Überziehungskredit 829 46
- Unterhaltsforderung 850d 1 ff
- Versicherungssumme 829 49
- Vollstreckungskosten 829 36
- Vorpfändung 845 1
- Zugewinnausgleichsanspruch 852 12 ff

Forderungsübertragung
- bei Nichtzahlung des Erlöses ZVG 118 1

Fortsetzungszusammenhang
- Ordnungsgeld 890 8

„Frankfurter Räumung" 885a 6

Fremdauskünfte 802l 2

GbR
- Zwangsvollstreckung gegen 736 1

GbR-Anteil
- Pfändung 859 1 ff

Gebrauchsmuster
- Pfändung 857 37 ff

Geldempfangsvollmacht
- bei Zwangsvollstreckung 704 8

Geldrente
- Vollstreckungsschutz 711 16 ff
- vorläufige Vollstreckbarkeit 708 7 ff

Gerichtliche Verwaltung
- nach Zuschlag ZVG 94 1

Gerichtsvollzieher
- Abgabe an Verteilungsgericht 854 7 ff
- Mitteilung an Schuldner nach § 808 Abs. 3 808 1

Gerichtsvollzieherverteilungsstelle 883 5

Gesamtgut
- Zwangsvollstreckung in 740 1

Geständnis
- Im Klauselerteilungsverfahren 730 1 ff

Glaubhaftmachung 924 12

Grundbuchberichtigungsanspruch
- Pfändung 857 26 ff

Grundbuchwiderspruch
- einstweilige Verfügung 941 1

Grundschuld
- Kündigung ZVG 17 10
- Pfändung 857 31

Grundstück
- Herausgabe an Sequester 855 1

Gutachten
- pdf-Datei ZVG 17 12

Gütergemeinschaft 740 1, 742 1, 744 8
- Drittwiderspruchsklage 774 1
- Drittwiderspruchsklage des Ehegatten 774 1
- fortgesetzte 745 1
- Titelumschreibung nach beendeter 744 1
- Zwangsvollstreckung 740 1
- Zwangsvollstreckung bei Erwerbsgeschäft 741 1
- Zwangsvollstreckung bei fortgesetzter 745 1
- Zwangsvollstreckung nach beendeter 743 1, 744 1

Gütergemeinschaft, beendete
- Pfändung 860 1

Güteverhandlung 924 17, 926 21

Haftbefehl 923 24
- Inhalt 802g 23
- Vermögensauskunft 802g 20

„Hamburger Räumung" 885a 5

Handlungs-, Unterlassungsgebot
- Abgrenzung 890 3

1095

Hausgeldanspruch   ZVG 17 14 ff, 27 6,
  45 18 ff, 146 18, 155 4, 161 3
- mehrere Einheiten   ZVG 17 21a
Haustier
- Pfändung   811c 1
Herrenloses Grundstück oder Schiff
- Zwangsvollstreckung   787 1 ff
Hinterlegung   720 1 ff, 853 1 ff
- Klage   856 1 ff
Immobiliarvollstreckung
- Arten   870 3
- Gegenstände der   870 23
- in Bruchteilseigentum   870 26
- in Grundstücke   870 24
- in grundstücksgleiche Rechte   870 25
- in Wohnungseigentum   870 27
- Verhältnis zur Mobiliarvollstreckung
  870 28
Inhibitorium   829 66
Inländische Schiedssprüche,
  Vollstreckbarerklärung   1060 2
- Antrag   1060 6
- Antragsbefugnis   1060 4
- Antragsgegner   1060 5
- formelle Voraussetzungen   1060 9
- Gegenstand des Verfahrens   1060 7
- Geltendmachung materiellrechtlicher
  Einwendungen   1060 14
- Geltendmachung von
  Aufhebungsgründen   1060 11 f
- mündliche Verhandlung   1060 16
- Schiedssprüche mit nicht
  vollstreckungsfähigem Inhalt   1060 8
- Streitwert des Verfahrens   1060 18
- Zuständigkeit   1060 3
Institutsverwalter
- Vorschlagsrecht   ZVG 146 14
Inzidentantrag
- Vollstreckungsschaden   717 5 ff

Kaution   890 16
Kautionsbeschluss   890 38
Kernverstoß
- vollstreckungsrechtliches
  Bestimmtheitserfordernis   890 28
Kind
- Herausgabe   FamFG 89 1
Kindesaufenthalt
- eidesstattliche Versicherung
  FamFG 94 1

Kindesherausgabe   FamFG 91 1
- gewaltsame Vollstreckung
  FamFG 89 3a
- Vollstreckung   FamFG 89 1
Klageerhebungsfrist   926 8
Klauselerinnerung   732 1 ff
- Beschluss   732 10 ff
Klauselerteilung
- nach Klauselklage   731 17
- nach Klauselurteil   731 18, 24
- Urteil   731 21 ff
Klauselgegenklage   768 1
- Urteil   768 13
Klauselumschreibung
- teilweise   733 14 ff
Klauselurteil
- Umsetzung   731 17
Kostenentscheidung   926 26
- Arrest   923 16
Kostenfestsetzung
- Zwangsvollstreckung   788 1 ff
Kostenpauschale   920 5
Kostenregelung
- Zwangsvollstreckung, Vergleich
  794 37
Kostenwiderspruch   924 6
Legalzession
- Titelumschreibung   727 5
Lohnpfändung
- Zusammenrechnung mehrerer
  Einkünfte   850e 5 ff
Lohnverschiebung
- Pfändung von Arbeitseinkommen
  850h 1 ff
Lohnverschleierung
- Pfändung von Arbeitseinkommen
  850h 5 ff
Löschungsanspruch
- Anmeldung   ZVG 45 15
Lösungssumme   920 9, 923 13, 932 7
Marke
- Pfändung   857 37 ff
Mehrfachpfändung
- Anzeige   854 3 ff
- Hinterlegung dch Drittschuldner
  853 3 ff
Minderjährigenhaftungsbeschränkung
- Vollstreckungsabwehrklage   786 1
Miterbenanteil
- Pfändung   859 7 ff

Stichwortverzeichnis

Mündliche Verhandlung 924 16
Nacherbe 728 1 ff
– Drittwiderspruchsklage 773 1
Namenspapiere
– Umschreibungsantrag 822 1
Nettoeinkommen
– Berechnung 850e 1 ff
Nießbrauch
– Duldung der Zwangsvollstreckung 738 1
– Pfändung 857 33 ff
– vollstreckbare Ausfertigung 738 7
Notfristzeugnis 706 14 ff
– Einholung durch Gericht 706 9 ff
Offenbarungsversicherung 883 10, 889 10
– Änderung des Wortlauts 883 12
– Antrag 889 1
– Antragsbegründung 889 8
– Kosten 889 13
– nach BGB 889 2
– Terminsbestimmung 889 9
– zuständiges Gericht 889 4
Ordnungsgeld *FamFG* 89 1
– Festsetzung 890 27
Ordnungsgeldbeschluss
– Kernverstoß 890 28
– Voraussetzungen 890 29
Ordnungshaft *FamFG* 89 1
– Antrag 890 1
– ursprüngliche Androhung 890 5
– Voraussetzungen 890 2
Ordnungsmittel *FamFG* 89 1
Ordnungsmittelbeschluss
– Rechtsbehelfe 890 44
– Vollstreckung 890 43
Patent
– Pfändung 857 37 ff
Pfändbares Einkommen
– Berechnung 850e 1 ff
Pfändung s.a. Forderungspfändung
– Anwartschaftsrecht an einem Grundstück 857 22 ff
– Anwartschaftsrecht an einer Sache 857 17 ff
– bei Drittgewahrsam 809 1
– Bruchteilsgemeinschaft 857 1 ff
– Bruchteilsgemeinschaft an einem Grundstück 857 6 ff
– GmbH-Anteil 857 10

– Grundbuchberichtigungsanspruch 857 26 ff
– Haustier 811c 1
– Herausgabe an GV 854 1 ff
– Hinterlegung 853 1 ff
– Nießbrauch 857 33 ff
– Pflichtteilsanspruch 852 1 ff
– Rückkaufswert 851c 5 ff
– Schutz für Landwirte 851a 1 ff
– spätere 827 3
– ungetrennte Früchte 810 1 ff
– unpfändbare Sachen 811 1, 811d 1
Pfändungsbeschluss
– Inhibitorium 829 66
– Pfändungsausspruch 829 37
– und Arrestbefehl 930 3
Pfändungsschutz
– Altersrente 851c 1
– Landwirte 851a 1 ff
– Miete/Pacht 851b 1 ff, 5 ff
– private Vorsorge 851c 4
Pfändungs- und Überweisungsbeschluss 829 19
– Anlagen 829 15
– Antrag 829 1
– Bezeichnung des Vollstreckungsgerichts 829 20
– Forderungsaufstellung 829 28
– Formularzwang 829 3
– Hilfspfändung 836 6
– Pfändungsausspruch 829 38
– Prozesskostenhilfe 829 13
– Schadensersatz 842 2
– Sonstige Anordnungen 829 64
– Zuständigkeit 829 2
– Zustellung 829 7
Pfändungsversuch, sofortiger 756 33
Pfändung von Arbeitseinkommen
– falsche Steuerklasse 850h 10 ff
– Heimarbeit 850i 7 f
– Lohnverschiebung 850h 1 ff
– Lohnverschleierung 850h 5 ff
Pflichtteilsanspruch
– Pfändung 852 1 ff
Ratenzahlungen des Beklagten
– Zwangsvollstreckung, Vergleich 794 12
Räumung
– einstweilige Verfügung 940a 1
Räumungsfrist 794a 1
– Anerkenntnis 721 2 ff
– Antrag 721 1 ff

- Ergänzungsurteil 721 3
- im Urteil 721 18 ff
- nachträgliche 721 9 ff
- Verlängerungsantrag 721 13 ff
- Verlängerungsbeschluss 721 25 ff

Räumungsvollstreckung
- Ehepartner ZVG 93 7
- Kinder, erwachsene ZVG 93 7
- Zuschlagsbeschluss als Titel ZVG 93 1

Reallast
- Pfändung 857 31

Rechtsbehelfe
- ZVG-Verfahren ZVG Vor 95-104 1 ff

Rechtsbehelfsbelehrung
- ZVG-Verfahren ZVG Vor 95-104 4a ff

Rechtskraft
- formelle 705 1 ff

Rechtskraftzeugnis 706 18 ff
- Antrag 706 1 ff

Rechtsnachfolgeklausel 727 1 ff

Renten
- vorläufige Vollstreckbarkeit 708 7 ff

Rentenschuld
- Pfändung 857 31

Rückkaufswert
- Pfändung 851c 5 ff

Sanktionsandrohung
- Nachholbarkeit 890 6

Schadensersatz
- einstweilige Verfügung 945 1

Schiff
- Herausgabe an Treuhänder 855a 1

Schiffspart
- Pfändung 858 1 ff

Schuldnerschutzanordnungen
- Unterbleiben von 705 1 ff

Schuldnerverzeichnis
- Löschung 882e 2
- Vorzeitige Löschung 882e 1

Schutzantrag
- vorläufige Vollstreckbarkeit 710 1 ff, 712 1 ff

Schutzschrift
- einstweilige Verfügung 945a 2

Sicherheitsleistung
- Anordnung der Rückgabe 715 11 ff
- Antrag auf Rückgabe 715 1 ff

- Arrest 923 9

Sicherungsvollstreckung
- Abwendung 720a 7 ff
- bewegliches Vermögen 720a 1 ff
- Rechte 720a 3

Sorgerecht
- Vollstreckung FamFG 89 1

Sozialleistungen
- Forderungspfändung 829 43

Streitwert
- Arrest 923 18

Teilklausel 725 17
- Bei Titelumschreibung 727 16 ff
- Weitere 733 14 ff

Teilumschreibung
- teilweise 733 14 ff

Teilungsplan
- Bereicherungsklage ZVG 115 4
- Beschwerde ZVG 115 6
- Briefvorlage ZVG 118 3
- Forderungsübertragung ZVG 118 1
- Hinterlegungszinsen ZVG 114 6
- Rechtspflegererinnerung, sofortige ZVG 115 5
- unbekannter Berechtigter ZVG 126 1 ff
- Widerspruch ZVG 115 1 ff

Teilungsversteigerung
- Anordnungsbeschluss ZVG 181 17
- Antrag ZVG 181 1
- Antragsrecht, großes und kleines ZVG 181 9
- Einstellungsantrag ZVG 28 1
- Einstellungsbeschluss ZVG 28 6
- Einstellung wegen Kindeswohl ZVG 181 11, 20
- Gemeinschaftsverhältnisse ZVG 181 8
- geringstes Gebot ZVG 181 7
- Gütetermin ZVG 181 10
- Scheidung ZVG 28 4
- Verfahrensgrundzüge ZVG 181 3
- Verfahrenshindernis nach § 1365 BGB ZVG 28 1

Teilvollstreckung
- Hinweis auf - 704 14

Teilvollstreckung, Sicherheitsleistung
- Sicht des Gläubigers 752 2
- Sicht des Schuldners 752 7

Teil-Vollstreckungsklausel 725 17
- Begriff 725 5 ff
- bei Titelumschreibung 727 16 ff

Stichwortverzeichnis

- weitere Klausel   733 14 ff
Teilweise Titelumschreibung
- Verfügung des Rechtspflegers   727 22
Titel
- auf Vornahme unvertretbarer Handlung   888 4
- Vollstreckungsfähigkeit   883 3
Titelherausgabe
- bei Vollstreckungsabwehrklage   767 9
Titelumschreibung
- auf Nacherben   728 1 ff
- beendete Gütergemeinschaft   744 1
- Eintritt Gütergemeinschaft   742 1
- Forderungsübergang   727 5
- gegen Firmenübernehmer   729 1 ff
- gegen Nießbrauch   738 7
- Handelsregister   729 11
- Klauselgegenklage   768 13
- Rechtsnachfolge   727 1 ff
- Schuldneranhörung   730 1 ff
- teilweise   727 5, 16 ff
- Unternehmensübertragung   729 6
- Verschmelzung   727 6
- vollständige   727 12 ff
Überweisung
- Antrag auf isolierten Überweisungsbeschluss   835 1
- an Zahlungs statt   835 12
- isolierter Überweisungsbeschluss   835 7
- zur Einziehung   835 11
Überweisungsbeschluss
- andere Verwertungsart   844 1
Umgangsrecht
- Vollstreckung   *FamFG* 89 1
Unbedenklichkeitsbescheinigung   *ZVG* 133 11
Unterhaltsanspruch
- Arrest   920 7
Unterhaltsforderung
- erweiterter Vollstreckungszugriff   850d 1 ff
- Pfändung   850d 1 ff
- Pfändung v Arbeitseinkommen   850d 7 ff
Unvertretbare Handlung
- Androhung von Zwangsmitteln   888 1
- Begründungsumfang   888 5
Urkundsbeamter
- vollstreckbare Ausfertigung   795b 1

Urteil
- bei Klauselgegenklage   768 13
- einstweilige Anordnung im   770 1
Urteilsergänzung
- vorläufige Vollstreckbarkeit   716 1 ff
Verein nicht rechtsfähiger
- Zwangsvollstreckung gegen   735 1
Vergleich
- Einbeziehung eines Dritten   794 33
Verhältnismäßigkeit   923 25
Verkehrswert
- Beschluss   *ZVG* 74a 14, 118 1
- Ermittlungsverfahren   *ZVG* 74a 7
- Rechtsmittel   *ZVG* 74a 19
- Stellungnahme   *ZVG* 74a 3
- Stellungnahme, Vorbereitung   *ZVG* 74a 1
Vermögensauskunft   802c 1 ff
- Antrag   802c 2
- Antrag auf Haftbefehl   802g 2
- Antrag eines Inkassounternehmens   802g 4
- ergänzende Abgabe   802d 13
- erneute Abgabe   802d 2
- erneute Abgabe Voraussetzung   802d 6, 802l 6
- Haftbefehl   802g 20
- Inhalt Haftbefehl   802g 23
- Kosten der Abgabe   802c 7, 807 7
- Löschungssumme   802g 7
- Schuldnerdaten   802c 5, 807 5
- Schuldnerverzeichnis Löschung   882e 2
- Sofortige Abnahme   807 1 ff
- Teilnahme am Termin   802c 12
- Verhaftungsauftrag   802g 11
- Voraussetzungen   802c 1
- zusätzliche Fragen   802c 13
- Zuständigkeit   802c 1, 3, 807 3
- Zuständigkeit des Gerichtsvollziehers   802c 9, 807 9
Verschmelzung
- Titelumschreibung   727 6
Versteigerung
- Bekanntmachung   816 5
- Einstellungsantrag   818 1
- Festsetzung eines neuen Termins   817a 1
- Parteivereinbarung über Ort und Zeit   816 3
- Verkürzung der Zeit bis   816 1

1099

Versteigerungsbedingungen
- Antrag auf Abänderung   ZVG 59 1 ff
- Doppelausgebot   ZVG 59 6

Versteigerungserlös
- Auskehr, schuldnerfremde Sache   817 1

Verteilungstermin
- Ersatzwert, Anmeldung   ZVG 92 2
- Kapitalabfindung, Anmeldung   ZVG 92 2
- Terminsbestimmung   ZVG 105 1
- Wertersatz (Rente), Anmeldung   ZVG 92 9
- Wertersatz, Anmeldung   ZVG 92 2
- Zahlungsaufforderung   ZVG 105 2

Verteilungsverfahren
- Aufforderung an Gläubiger   874 11
- Teilungsplan   874 12
- Verteilungstermin   877 2
- Voraussetzungen   874 2
- Widerspruch   877 6
- Wirkungen   874 6
- Zuständigkeit   874 10

Verwertung
- an einem anderen Ort   825 5
- auf andere Weise   825 1
- Aufschub   802b 1
- durch eine andere Person   825 9

Verzicht auf Grundschuld   ZVG 45 16

Vollstreckbare Ausfertigung
- Antrag   725 1 ff
- aufschiebende Bedingung   726 1 ff
- beendete Gütergemeinschaft   744 8
- bei Umwandlung   727 6
- einfache   725 1 ff
- Eintritt Gütergemeinschaft   742 1
- Erinnerung   732 1 ff
- Erteilung   725 11 ff, 726 14 ff
- Erteilungsvermerk   734 1
- für Nacherben   728 1 ff
- gegen Firmenübernehmer   729 1 ff, 768 13
- Gegenleistung Zug um Zug   726 11 ff
- gegen Nießbrauch   738 7
- Identitätswechsel   727 4
- Klage gegen   768 1
- Klauselklage   731 1 ff
- Klauselurteil   731 21 ff
- nach Klauselurteil   731 18, 24
- notarielle Urkunde   797 1 ff
- Rechtsnachfolge   727 1 ff
- Schuldneranhörung   730 1 ff
- teilweise Umschreibung   727 5
- Titelergänzende   726 1 ff
- ungewisse Befristung   726 6 ff
- Verfahren   797 1
- Vergleich   795b 1
- weitere   733 1 ff

Vollstreckbare Ausfertigung, weitere
- Antrag   733 1 ff
- Erteilung   733 11 ff

Vollstreckbarerklärung
- Antrag   796c 1 ff
- Notar   796c 1 ff

Vollstreckung
- Abstammungsverfahren   FamFG 96a 1
- aus Erbschein   792 1 ff
- Einstellung   FamFG 93 1
- Erblasser; Beginn zu Lebzeiten   792 2
- Gewaltschutzgesetz   FamFG 96 1
- Herausgabe Kind   FamFG 89 1, 91 1
- Sorge- und Umgangsrecht   FamFG 89 1
- unmittelbarer Zwang   FamFG 91 1
- Wohnungszuweisung   FamFG 96 1

Vollstreckungsabwehrklage   767 1
- Antragsvarianten   767 8
- Erbe   785 1 ff
- Minderjährigenhaftungsbeschränkung   786 1
- Titelherausgabe   767 9
- Urteil   767 30

Vollstreckungsandrohung   704 5, 6

Vollstreckungsauftrag
- Abschrift eines Pfändungsprotokolls   756 10
- Anordnung einer Sicherheitsleistung bzw Abwendungsbefugnis   756 2
- Anschlusspfändung, Antrag   826 1
- Auskünfte Dritter   756 9
- Austauschpfändung   756 28
- Beauftragung des Gerichtsvollziehers   756 24
- Befragung des Schuldners durch Gerichtsvollzieher   806a 1
- Beglaubigung   756 23
- bei Verurteilung Zug um Zug   756 4
- besondere Vollstreckungsaufträge/-hinweise   756 11
- Bestimmtheit der zu erbringenden Leistung   756 25
- Durchsuchungsantrag   756 8
- eidesstattliche Versicherung   756 9
- Formularzwang   756 12
- Fremdauskünfte   756 36

Stichwortverzeichnis

- Haftbefehl 756 9
- Internetversteigerung 814 1
- kombinierter Auftrag 756 9
- Pfändung bestimmter Gegenstände 756 26
- Sachpfändung 756 7
- Sicherheitsleistung 720 1 ff
- Vermittlung der Geschäftsstelle 756 13
- Vermögensauskunft 756 9
- Vollstreckung eines Teilbetrags 756 15
- Zinsen 756 16
- Zuständigkeit 756 14

Vollstreckungsbescheid
- Antrag 699 2
- Antrag auf Einstellung der Zwangsvollstreckung 700 72
- Durchführung der Hauptverhandlung bei Erscheinen des Beklagten 700 71
- Einspruch 700 2 ff
- inkorrekter Erlass 700 5, 8
- kein Eingang der Anspruchsbegründung 700 40
- Kosten 699 14
- Neuzustellung 699 10
- Nichtzustellung 699 9
- Übersendungsschreiben 699 22
- Verwerfung des Einspruchs 700 25
- zeitliche Frist 699 3
- zuständiges Erlassgericht 699 5

Vollstreckungsbescheid, Einspruch 700 11 ff
- Begründung 700 6
- Fristversäumung 700 11, 76
- gerichtliches Verfahren nach Einspruchseinlegung 700 24
- Hauptverhandlung bei Nichterscheinen des Beklagten 700 44
- Reaktion des Antragstellers 700 13, 20
- Unzulässigkeit 700 13
- verspäteter 700 24
- Zulässigkeit 700 20, 36

Vollstreckungserinnerung
- aus Sicht des Schuldners 766 1
- aus Sicht des Vollstreckungsgläubigers 766 5
- gerichtliche Entscheidung 766 9

Vollstreckungsgegenklage 767 1

Vollstreckungsgericht
- Amtsgericht 764 1 ff
- Zuständigkeit 764 1 ff

Vollstreckungsklausel
- Antrag 725 1 ff
- aufschiebende Bedingung 726 1 ff
- beendete Gütergemeinschaft 744 8
- Einfache 725 1 ff
- Eintritt Gütergemeinschaft 742 1
- Erinnerung 732 1 ff
- Erteilung 725 11 ff, 726 14 ff, 733 16 ff
- Erteilungsvermerk 734 1
- gegen Firmenübernehmer 729 1 ff, 768 13
- Gegenleistung Zug um Zug 726 11 ff
- gegen Nießbrauch 738 7
- Klage 731 1 ff
- Klage gegen 768 1
- nach Klauselurteil 731 18, 24
- Rechtsnachfolge 727 1 ff
- Schuldneranhörung 730 1 ff
- Titelergänzende 726 1 ff
- ungewisse Befristung 726 6 ff
- Vergleich 795b 1
- weitere 733 1 ff

Vollstreckungsklausel, weitere
- Antrag 733 1 ff
- Erteilung 733 11 ff

Vollstreckungsrechtliches Bestimmtheitserfordernis 887 5

Vollstreckungsschaden
- Inzidentantrag 717 5 ff
- Widerklage 717 5 ff

Vollstreckungsschutz 765a 1
- einstweilige Anordnung 765a 11
- formelle Voraussetzungen 765a 2
- für Gläubiger 710 6 ff, 711 16 ff
- für Schuldner 712 8 ff, 12 ff
- Unterbleiben 713 1 ff

Vollstreckungsschutzantrag
- Antragszeitpunkt 714 1 ff
- Begründung 765a 7
- Gläubiger 711 1 ff
- Schuldner 710 1 ff, 712 1 ff

Vollstreckungstitel
- Bestimmtheit 704 1
- Unbestimmtheit 704 2

Vollziehungsfrist 932 4

Vorabentscheidung
- über Vorläufige Vollstreckbarkeit 718 1 ff

Vorläufige Vollstreckbarkeit 708 1 ff, 709 1 ff, 711 6 ff
- Außerkrafttreten 717 1 ff
- Berufungsurteil 705 6 ff

1101

- Ergänzungsurteil 716 8 ff
- Geldrenten 708 7 ff
- Klauselgegenklage 768 13
- Klauselurteil 731 23 ff
- nachträgliche Entscheidung 716 1 ff
- nicht berufungsfähiges Urteil 704 1, 705 1
- Risikohaftung 704 12
- Schutzantrag 710 1 ff, 712 1 ff
- Urteilsergänzung 716 1 ff
- Vollstreckungsabwehrklage 767 30
- Vollstreckungsschutz 712 8 ff
- Vorabentscheidung 718 1 ff

Vorzugsweise Befriedigung
- Klage 805 1 ff

Wertgutachten 813 1

Widerklage
- wegen Vollstreckungsschaden 717 5 ff

Widerspruch
- Arrest, einstweilige Verfügung 924 2
- gegen den Teilungsplan ZVG 115 1

Widerspruchsklage
- Begründetheit 882 8
- Zulässigkeit 882 6
- Zuständigkeit 882 2

Wiederversteigerung
- Begriff ZVG 133 2
- Vollstreckungserleichterungen ZVG 133 7

Zahlungsklage 794 12, 19
- bei Zug um Zug zu erbringenden Leistung 794 10

Zubehör
- Zwangsvollstreckung 870 31

Zug um Zug
- Bestimmtheit der Gegenleistung 704 4

Zuschlagsbeschluss
- Räumungstitel ZVG 93 1
- vollstreckbare Ausfertigung ZVG 93 8

Zuständigkeitsanordnung 827 1

Zustellbescheinigung 883 6

Zwang, unmittelbarer
- Anordnung 91 15

Zwangsgeld 888 9; *EuGVVO* 35 1

Zwangsgeldbeschluss 888 14, 16
- Begründung 888 22
- Erfüllungseinwand 888 15
- Vollstreckung 888 13, 24

Zwangshaft *EuGVVO* 35 1
- Vollstreckung 888 25

Zwangshypothek 932 12
- Belastung mehrerer Grundstücke 870 19
- Eintragung 870 14
- Eintragungshindernisse 870 11
- Eintragungsvoraussetzungen 870 7
- gutgläubiger Erwerb 870 17
- Rechtsbehelfe 870 22
- Umwandlung in Eigentümergrundschuld 870 18
- Wertgrenze 870 4

Zwangsmittel
- Androhung *EuGVVO* 35 1
- Androhung, Anordnung 888 8
- Anordnung *EuGVVO* 35 1
- bei unvertretbaren Handlungen 888 6
- Wiederholung, Wechsel 888 18

Zwangsversteigerung
- Anmeldung ZVG 14 1 ff, 45 1 ff; s.a. Beteiligtenstellung; s.a. dort
- Anordnungsantrag wg. Grundschuld ZVG 17 1
- Anordnungsbeschluss ZVG 17 40
- Anordnung wg. Hausgeld ZVG 17 20
- Anordnung wg. Zahlungsanspruch ZVG 17 31
- Antragsrücknahme ZVG 29 16
- Aufhebungsbeschluss ZVG 29 16
- Beitrittsantrag ZVG 27 1
- Beitrittsbeschluss ZVG 27 8
- Beschlagnahme ZVG 17 44
- Beteiligtenstellung ZVG 9 1 ff
- Gerichtskosten ZVG 17 4
- örtliche Zuständigkeit ZVG 17 2
- Verfahrenstrennung ZVG 18 1
- Verfahrensverbindung ZVG 18 1
- Wiederversteigerung ZVG 133 1

Zwangsverwalter
- Auswahlkriterien ZVG 146 25
- Vorschlag einer geeigneten Person ZVG 146 13

Zwangsverwaltung
- allgemein (Ziele) ZVG 146 3 ff
- Anordnungsantrag ZVG 146 1
- Anordnungsbeschluss ZVG 146 20
- Antragsrücknahmen, mit Einschränkung ZVG 161 1 f
- Besitz als Voraussetzung ZVG 146 5
- Besitzübergang auf den Verwalter ZVG 146 28

- Gerichtskosten ZVG 146 7
- Kombiantrag ZVG 17 3
- örtliche Zuständigkeit ZVG 146 2
- verbundene Verfahren nur bei wirtschaftlichen Einheiten ZVG 146 32
- Vorschuss für Verwaltungsausgaben ZVG 161 1

Zwangsvollstreckung
- Akteneinsicht 760 1
- Androhung 704 6
- Aufhebung 776 1
- ausländische Urteile 723 1 ff
- bei Dritten 886 1
- bei Gütergemeinschaft 740 1
- bei Nachlassverwaltung und Insolvenzverfahren 783 1, 784 1
- bei vertretbaren Handlungen 887 2
- Berliner Räumung 885a 2
- beschränkte Erbenhaftung 781 1
- bewegliche Sachen 885 18
- Duldung der 743 1
- Durchführung durch den Gerichtsvollzieher 883 9
- durch Prozessgericht 887 5
- eidesstattliche Versicherung 883 13
- Einreden des Erben gegen Nachlassgläubiger 782 1
- Einstellung oder Beschränkung 776 1
- einstweilige Anordnung 769 1, 770 1
- einstweilige Einstellung 707 1, 719 1 ff
- Eintragung einer Vormerkung 895 1
- Einwand der genügenden Sicherung des Gläubigers 777 1
- Erinnerung gegen 739 1
- Ersatzvornahme 887 1
- Erteilung von Urkunden 896 1
- fortgesetzte Gütergemeinschaft 745 1
- Fortsetzung nach dem Tod des Schuldners 779 1
- „Frankfurter Räumung" 885a 6
- gegen den jeweiligen Grundstückseigentümer 800a 1 ff
- gegen Ehegatten 739 1
- Geldempfangsvollmacht 704 8
- Gerichtsvollzieheraufgaben 885 7
- Gewahrsamsvermutung bei Ehegatten 739 1
- Gütergemeinschaft 741 1
- gutgläubiger Erwerb 898 1
- „Hamburger Räumung" 885a 5
- Herausgabe beweglicher Sachen 883 2

- herrenloses Grundstück oder Schiff 787 1 ff
- Hinterlegung 720 1
- Hinweise des Gläubigers 883 8
- Immobiliarvollstreckung 885 5, 6
- in Gesamtgut 740 1
- in Schiffe/Schiffsbauwerke 871 2
- konkrete Handlung 887 6
- Kosten 885a 7, 887 15
- Kosten bei der Immobiliarvollstreckung 885 14
- Kosten der 885 12
- Kostenfestsetzung 788 1 ff
- Kostenvorschuss 885 15
- Leistung des Interesses 893 1
- Leistung einer Menge vertretbarer Sachen 884 1
- Leistungsaufforderung 704 5
- Mitwirkung eines Dritten 887 4
- nicht rechtsfähiger Verein 735 1
- Offenbarungsversicherung 883 10
- Protokoll des Gerichtsvollziehers 763 1
- Protokollierung 794 46
- Räumung 885 8
- Räumungsfrist 721 1 ff, 885 13
- Räumungsvergleich 794a 1
- Rechtsbehelfe 885 22
- Rechtskraftzeugnis 894 1
- Risikohaftung 704 12
- Sicherungsvollstreckung 720a 1 ff
- Tiere 885 19
- Titel 883 7, 885 3
- unpfändbare Sachen 885 20
- unvertretbarer Handlungen 888 1, 9
- unverwertbare Sachen, Müll 885 21
- Verfahren bei der Berliner Räumung 885a 3
- Verfahrenskosten 883 14
- Vergleich 794 1 ff
- Vermieterpfandrecht des Gläubigers 885a 1
- Verschaffung von Grundpfandrechten 897 1
- Verweigerung einer Handlung 887 7
- vollstreckbare Ausfertigung 725 1 ff
- vollstreckbare Urkunden 794 67, 800a 1
- Vollstreckungsklausel 725 1 ff
- Vollstreckungskosten 885 11
- Voraussetzungen 751 1
- Vorbehalt der beschränkten Erbenhaftung 780 1
- Vorbereitung 704 5
- vor Erbschaftsannahme 779 1

1103

- wegen der Prozesskosten 885 10
- Zubehör-Räumung 885 17

Zwangsvollstreckung, Vergleich
- Abgeltungsklausel 794 27
- Formulierung bei Zahlungsklage 794 4
- Handlungen 794 25
- Kostenregelung 794 37
- Ratenzahlungen des Beklagten 794 12
- Sicherung der Leistungsverpflichtung 794 19
- Streit um Wirksamkeit und Fortbestand des Vergleichs 794 47
- Unterlassungsverpflichtung 794 20
- vollstreckbare Ausfertigung 725 15
- Vollstreckungsklausel 795b 1
- Widerrufsvorbehalt 794 42
- Willenserklärung 794 22
- Zahlungsklage 794 10, 12, 19

Zwangsvollstreckung bei Testamentsvollstrecker
- Pflichtteilanspruch gegen den Nachlass 749 8
- Teilverwaltung einzelner Nachlassgegenstände 749 4

Zwangsvollstreckung in den Nachlass
- Vollstreckungsvoraussetzungen 747 2

Zwangsvollstreckung in ungeteilten Nachlass
- Rechtsmittel des Miterben 747 10

Zwangsvollstreckung wegen Geldforderungen
- gegen juristische Personen des öffentlichen Rechts 882a 2

Zwangvollstreckung
- auf Abgabe einer Willenserklärung 894 2

Abgeltungsklausel 794 27